Wörterbuch für Recht, Wirtschaft und Politik
Dictionary of Legal, Commercial and Political Terms

DICTIONARY OF LEGAL; COMMERCIAL AND POLITICAL TERMS

with commentaries in German and English

PART II
GERMAN-ENGLISH

incorporating American usage

by

Dr. jur. Clara-Erika Dietl †
Göttingen

Dr. jur. Egon Lorenz
Professor at the University of Mannheim

Fifth Edition, Completely Revised and Expanded

C. H. Beck oHG Munich 2005

WÖRTERBUCH FÜR RECHT, WIRTSCHAFT UND POLITIK

mit Kommentaren in deutscher und englischer Sprache

TEIL II
DEUTSCH-ENGLISCH

einschließlich der Besonderheiten des amerikanischen Sprachgebrauchs

von

Dr. jur. Clara-Erika Dietl †
Göttingen

Dr. jur. Egon Lorenz
Professor an der Universität
Mannheim

Fünfte, völlig neubearbeitete und erweiterte Auflage

C. H. Beck oHG München 2005

Verlag C. H. Beck im Internet:
beck.de

ISBN 3 406 48067 5

Wilhelmstraße 9, 80801 München
Druck: Druckerei C. H. Beck, Nördlingen
(Adresse wie Verlag)

Gedruckt auf säurefreiem, alterungsbeständigen Papier
(hergestellt aus chlorfrei gebleichtem Zellstoff)

Vorwort zur fünften Auflage

Die Neuauflage ist die erste, an der Frau Dr. Clara-Erika Dietl, die Begründerin des Gesamtwerks, nicht mehr mitgewirkt hat. Insbesondere durch ihren Tod (1996) und durch die Herstellung des im Jahre 2000 erschienenen Bandes I (englisch-deutsch) ist die Arbeit an der fünften Auflage des ebenfalls stark nachgefragten Bandes II (deutsch-englisch) mehrfach erheblich verzögert worden.

Ebenso wie den zuerst entstandenen Band I hat Frau Dr. Dietl den Band II mit anerkanntem Erfolg geprägt. Die völlige Neubearbeitung folgt deshalb im wesentlichen der von ihr festgelegten lexikographischen Konzeption.

Das seit der Vorauflage angefallene wichtige Begriffsmaterial ist immens, weil der deutsche Gesetzgeber in den vergangenen Jahren eine große Anzahl neuer Gesetze mit vielen neuen Begriffen geschaffen hat. Ein auffälliges Beispiel bildet die Insolvenzordnung, die an die Stelle der Konkurs- und der Vergleichsordung getreten ist. Besonders zu nennen sind ferner die Gesetze, durch die Richtlinien der EU in deutsches Recht umgesetzt worden sind. Die in dem Anhang als Fußnoten enthaltenen zahlreichen Hinweise auf die bei Erscheinen der Vorauflage geltenden gesetzlichen Vorschriften mußten daher vollständig überarbeitet und in erheblichem Umfang geändert werden.

Bei der Arbeit an dieser Neuauflage haben uns viele englische, amerikanische und deutsche Sachkenner durch die Beantwortung einzelner Fragen zu wichtigen Begriffen immer wieder sehr geholfen. Ihnen danken wir noch einmal herzlich. Ebenso danken wir neben anderen Hilfskräften Herrn Marco Steffan, der uns ständig mit großem Einsatz und nützlichen Ideen zur Seite stand, und Frau Studienassessorin Marga Teichmann, die uns bei den Korrekturen wiederum unermüdlich unterstützt hat.

Mannheim, April 2005 *Egon Lorenz*

Preface to the Fifth Edition

This new edition is the first to be published without the help of Dr Clara-Erika Dietl, the founder of the complete works. Her death in 1996 and the publication of Volume 1 (English-German) in 2000 caused serious delays to the work on the fifth edition of the eagerly awaited Volume II (German-English).

Both Volume I and Volume II owed much of their success to the guiding influence of Dr Dietl and although this edition has been completely revised, it essentially follows the lexicographical conception laid down by her.

The volume of new material arising since the previous edition is enormous as a consequence of the German legislator having passed a large number of new laws containing many new terms. Particularly significant examples are insolvency law, which replaced the former bankruptcy and composition legislation, and the European Directives which have had to be implemented into German law. The numerous references to the then current legislation contained as footnotes in the Appendix to the previous edition have had to be completely revised and substantially amended.

Many English, American and German experts helped us with this new edition on numerous occasions by answering individual questions on important terms. Once again we give them our sincere thanks. Among other helpers, we would like to thank Marco Steffan, who assisted us with great energy and useful ideas and Marga Teichmann who gave us her unstinting help with the proof correction.

Mannheim, April 2005 *Egon Lorenz*

Vorwort zur ersten Auflage

Das Erfordernis von Sach- und Sprachkenntnissen auf weit verzweigten Gebieten – insbesondere fast allen Rechtsgebieten – unter Hinzuziehung von Mitarbeitern im In- und Ausland ist ein Grund für die ungewöhnlich lange Zeit, die seit Erscheinen des bereits in der 2. Auflage vorliegenden Englisch-Deutschen Teiles des Wörterbuches vergangen ist. Der Deutsch-Englische Teil basiert auf einer mehr als 20jährigen Arbeit, weil es mir wichtig erschien, Übersetzungen und Erläuterungen für deutsche Begriffe der neuesten Rechts-, Wirtschafts- und politischen Entwicklung zu erarbeiten, wie sie in vielen Fällen bisher in keinem anderen Wörterbuch erschienen sind, sowie eine äquivalente Übersetzung dort zu finden, wo, bedingt durch die verschiedenen Rechtssysteme, die beiden Sprachen verschieden sind.

Die einzelnen Rechtsbegriffe sind durch in Klammern vorgesetzte Abkürzungen (SteuerR, ArbeitsR, PatR etc) näher bezeichnet. Besondere Berücksichtigung fanden die wichtigsten Bestimmungen des BGB. Einzelnen Stichworten beigefügte Fußnoten weisen auf das Gesetz und die Paragraphen hin, zu denen sie gehören. Durch erläuternde Hinweise in Kursivdruck und kurze Kommentare in Petitdruck in deutscher und englischer Sprache sind dem nicht besonders sprachkundigen Juristen oder dem nicht besonders rechtskundigen Übersetzer Orientierungshilfen gegeben.

Wenn auch der Schwerpunkt des Wörterbuches auf juristischem Gebiet liegt, sind viele Wirtschaftsbegriffe, wie sie im internationalen Geschäftsverkehr gebräuchlich und oft mit dem Recht verbunden sind, berücksichtigt. Das Studium ausländischer Zeitungen und anderer Veröffentlichungen sowie von der „Stiftung Volkswagenwerk" finanzierte Mitarbeiter ermöglichten es, neben den Begriffen aus Handels-, Steuer-, Kartell-, Arbeits-, Versicherungsrecht etc auch Wortbildungen aus dem Bank-, Börsen-, Finanz- und Rechtnungswesen, dem Verkehrs- und Zollwesen aufzunehmen. So findet der Benutzer in deutscher und englischer Sprache eine Definition für „soziale Marktwirtschaft", „Ecu", „Petrodollar", „Stabex-System", die regionalen Entwicklungsbanken der Welt oder aus dem EG-Bereich für „Abschöpfung".

Der politische Teil umfaßt nicht nur diplomatische, parlamentarische und verfassungsrechtliche Begriffe, sondern bringt auch eine umfassende Aufzählung der internationalen und europäischen Organisationen, Institutionen, Abkommen und Übereinkommen mit den entsprechenden Fundstellen.

Als Hilfe für den Übersetzer sind die in Kursivdruck gesetzten Hinweise sowie die Satzbeispiele gedacht, die dem Benutzer den Kontext bei Worten mehrfacher Bedeutung aufweisen.

Die Übersetzung der juristischen Begriffe wurde von Herrn Professor Dr. Egon Lorenz in rechtsvergleichender Arbeit überprüft, der auch die deutschen Rechtsbegriffe auf den neuesten Stand brachte.

Um die in England und den USA heute gebräuchlichen Übersetzungen und die Unterschiede zwischen britischem und amerikanischem Sprachgebrauch klarzustellen und ein modernes Sprachwerk zu schaffen, wurde das gesamte Werk von der englischen Anwältin (Solicitor) Anneliese Moss und große Teile des Manuskriptes von der amerikanischen Anwältin Dr. Jur. Wiebke Buxbaum fachlich durchgesehen. Dem englischen Anwalt Dr. jur. David Donaldson danke ich für Hilfe bei Übersetzungen von Begriffen des deutschen BGB, der amerikanischen Lektorin Dr. Melanie Richter-Bernburg für sachkundige Hilfe in Fragen des allgemeinen amerikanischen Sprachgebrauchs und beim Korrekturlesen.

Wenn dieses Wörterbuch auch mit großer Sorgfalt verfaßt ist – kein Werk ist vollkommen. Die Benutzer werden deshalb unter Benutzung der diesem Wörterbuch am Ende beigefügten beiden Seiten um Verbesserungsvorschläge gebeten.

Göttingen, September 1983 *Clara-Erika Dietl*

Preface to the First Edition

The requirements of language and specialized subject knowledge over a wide field, particularly almost every branch of law, and the consequent need for assistance from German and foreign specialists in many areas have led to an unusually long lapse of time since the appearance of the English/German part of this dictionary, now already in the second edition. The German/English part is the result of more than 20 years' work and is based on a recognition of the need for including the meanings of new German legal, economic and political terms, many of which cannot be found in any othe dictionary, and for working out translations of terms where, owing to differences in the two legal systems, no exact equivalents exist.

Legal terms are preceded by abbreviations in brackets to indicate the branch of law to which they relate, e. g. SteuerR (tax law), ArbeitsR (labo[u]r law), PatR (patent law). Special attention has been given to the BGB (German Civil Code). Footnotes refer to the laws and sections where the terms can be found. Short German and English commentaries in small print should help lawyers trying to cope with language problems, as well as translators lacking knowledge of German law.

Although the main emphasis is on law, numerous economic terms have been included since they are commonly used in international business dealings and likely to be encountered by lawyers. The study of the foreign press and other publications and the assistance of experts paid for by the Volkswagenwerk Foundation have enabled me to include special terms used in commerce, transport, customs and excise, taxation, competition and employment law, banking, stock exchange, insurance, accounting, and investment. Thus the user will find definitions in German and English of Soziale Marktwirtschaft, Ecu, Petrodollar, Stabex-System, the regional development banks of the world, and the EEC word Abschöpfung.

In the sphere of politics this work embraces not only diplomatic, parliamentary and constitutional terms, but also international institutions, agreements and conventions with references to the textual sources.

As aids to translators, explanations are added in italics and practical examples are given clarifying the use of words with more than one meaning.

Translations of legal terms have been checked by Professor Dr. Egon Lorenz from the point of view of comparative law; he has also brought the German legal terms up to date.

With the aim of producing a modern work that clarifies up-to-date translations and differences in British and American usage, entries have been professionally checked by the English lawyer (Solicitor) Anneliese Moss and the American attorney-at-law Dr. Jur. Wiebke Buxbaum. My thanks are due to the English barrister Dr. jur. David Donaldson for help with terms in the German Civil Code and to the American lecturer Dr. Melanie Richter-Bernburg for advice an general American usage and expert help in proof correction.

Notwithstanding the meticulous care with which this dictionary has been compiled, no work is perfect. Two blank pages have, therefore, been added at the end of the dictionary on which readers are requested to enter suggestions for improvements.

Göttingen, September 1983 *Clara-Erika Dietl*

Hinweise für den Benutzer

Die Rechtschreibung des vorliegenden Wörterbuches richtet sich im Englischen nach „Oxford Advanced Learner's Dictionary of Current English", im Amerikanischen nach „Webster's New International Dictionary of the English Language".
Während die begrifflichen Unterschiede zwischen dem britischen und amerikanischen Englisch jeweils durch *Br* und *Am* gekennzeichnet sind, ist die unterschiedliche Schreibweise ohne besondere Kennzeichnung nach folgendem Schema gehandhabt:

Br	Am	In diesem Wörterbuch gebrauchte Schreibweise
honour	honor	hono(u)r
licence	license	licen | ce (~se)
centre	center	cent | re (~er)
catalogue	catalog(ue)	catalog(ue)
traveller	traveler	travel(l)er
co-ordination	coordination	co(-)ordination

Die britische Schreibweise steht also in der Regel an erster Stelle, die amerikanische folgt in Klammern. Ebenso ist ein im amerikanischen Englisch ausfallender Buchstabe (z. B. „u" in honour) oder ein im britischen Englisch verdoppelter Buchstabe (z. B. „l" in traveller) in Klammern gesetzt.
Um bei der Verwendung des Bindestrichs Einheitlichkeit zu erzielen, ist der amerikanischen Tendenz, den Bindestrich fortzulassen, weitgehend gefolgt worden.

Advice to the User

For British and American spelling this dictionary relies respectively on "Oxford Advanced Learner's Dictionary of Current English", and "Webster's New International Dictionary of the English Language".
Conceptual differences between British and American terms are indicated by the signs *Br* and *Am*. However no special signs are used to distinguish between British and American spellings, which are dealt with in the following manner:

Br	Am	Spelling employed in this Dictionary
honour	honor	hono(u)r
licence	license	licen | ce (~se)
centre	center	cent | re (~er)
catalogue	catalog(ue)	catalog(ue)
traveller	traveler	travel(l)er

Thus British spelling generally comes first, followed by the American in brackets. A letter omitted in American spelling is also placed in brackets, e. g. the "u" honour, and so is a consonant doubled in the British form, e. g. the "l" in traveller.
In order to achieve uniformity the American tendency to omit the hyphen has largely been followed.

Im Erläuterungstext verwandte Abkürzungen

Abbreviations used in the explanatory text

Abl. EGem	Amtsblatt der Europäischen Gemeinschaften
abbr	abbreviation
Abk.	Abkürzung
adj.	Adjektiv
AG	Aktiengesellschaft
Am	American English (Vereinigte Staaten von Nordamerika)
bes.	besonders
betr.	betreffend
BGBl	Bundesgesetzblatt
Br	British English (Großbritannien und Nordirland)
cf.	confer
colloq.	colloquial
com	commercial term
DBA	Doppelbesteuerungsabkommen
d. h.	das heißt
dipl	diplomatic term
e-e	eine
e-m	einem
e-n	einen
e-r	einer
e-s	eines
eccl	ecclesiastical term
EDV	elektronische Datenverarbeitung
EG	Europäische Gemeinschaften
etc	usw.
etw.	etwas
EU	Europäische Union
ff.	folgende
fig	figuratively
Fr	French
gegr.	gegründet
Ger	German
Ggs.	Gegensatz
hist	historical
i. d. R.	in der Regel
i. e.	id est (that is to say)
IHK	Internationale Handelskammer
IPR	Internationales Privatrecht
jd	jemand
jdm	jemandem
jdn	jemanden
jds	jemandes
mil	military term
MMF	Markt- und Meinungsforschung
obs.	obsolet
od.	oder
opp.	as opposed to
o. s.	oneself
p.	person
parl	parliamentary term
PatR	Patentrecht
pl	Plural
pol	political term
ProzeßR	Prozeßrecht
R	Recht
RGBl	Reichsgesetzblatt
s.	see
sb.	somebody
Scot	Scottish
SeeversR	Seeversicherungsrecht
sl.	slang
sth.	something
StGB	Strafgesetzbuch
StPO	Strafprozeßordnung
StrafR	Strafrecht
th.	thing
u. a.	unter anderem
UK	United Kingdom
UN	United Nations
univ	university
USA	United States of America
v	Verb
VersR	Versicherungsrecht
vgl.	vergleiche
VN	Vereinte Nationen
VölkerR	Völkerrecht
WechselR	Wechselrecht
z. B.	zum Beispiel

Abkürzungen – Abbreviations

A

a. a. O.	am angegebenen Ort
AASMM	Assoziierte Afrikanische Staaten, Madagaskar und Mauritius
ABM	Arbeitsbeschaffungsmaßnahmen
Abs.	Absatz
a. D.	außer Dienst
ADAC	Allgemeiner Deutscher Automobilclub
Adgo	Allgemeine deutsche Gebührenordnung (für Ärzte)
ADIC	Allgemeine deutsche Investment Gesellschaft
ADS	Allgemeine Deutsche Seeversicherungsbedingungen
ADSp	Allgemeine Deutsche Spediteur-Bedingungen
a. F.	alte Fassung
AfA	Absetzung für Abnutzung
AFG	Arbeitsförderungsgesetz
AfS	Absetzung für Substanzverringerung
AG	Aktiengesellschaft, Amtsgericht
AGB	Allgemeine Geschäftsbedingungen
AGR	Europäisches Übereinkommen über die Hauptstraßen des Internationalen Verkehrs
AHK	Auslandshandelskammer
A. I. D. A.	Association Internationale de Droit des Assurances (International Association for Insurance Law) – Internationale Vereinigung für Versicherungsrecht
Aids	acquired immune deficiency syndrom
AIG	Auslandsinvestitionsgesetz
AKG	Allgemeines Kriegsfolgengesetz
AKP	Länder in Afrika, im Karibischen Raum und im Pazifischen Ozean
AktG	Aktiengesetz
AktR	Aktienrecht
AKV	Allgemeine Kreditvereinbarungen
AL	Ausfuhrliste
Am	Amerikanisches Englisch (Vereinigte Staaten von Nordamerika)
AMP	Arbeitsmarktpolitik
Änd.	Änderungen
Anm.	Anmerkung
AO	Abgabenordnung
AOK	(Allgemeine) Ortskrankenkasse
APO	Außerparlamentarische Opposition
APS	Allgemeines Präferenzsystem
ArbGG	Arbeitsgerichtsgesetz
Art.	Artikel
AStG	Außensteuergesetz
ASV	Atom(waffen)sperrvertrag
ASVG	Allgemeines Sozialversicherungsgesetz (Österreich)
ATA	Admission Temporaire – Temporary Admission
Aufl.	Auflage
AUG	Auslandsunterhaltsgesetz
AVAVG	Gesetz über Arbeitsvermittlung und Arbeitslosenversicherung
AVB	Allgemeine Versicherungsbedingungen
AVG	Angestelltenversicherungsgesetz
AWG	Außenwirtschaftsgesetz
AWV	Außenwirtschaftsverordnung
Azubi	Auszubildender

B

B	*(Börse)* Brief *(Kurszusatz für Angebot)*
-B	*(Börse)* "gestrichener Brief ,
BAföG	Bundesausbildungsförderungsgesetz
BAG	Bundesarbeitsgericht
BAK	Bundesaufsichtsamt für das Kreditwesen
BAnz	Bundesanzeiger
BauGB	Baugesetzbuch
BAV	Bundesaufsichtsamt für das Versicherungs- und Bausparwesen
BBankG	Gesetz über die Deutsche Bundesbank
BBauG	Bundesbaugesetz
BBesG	Bundesbesoldungsgesetz
BBG	Bundesbeamtengesetz
BBiG	Berufsbildungsgesetz
BDA	Bundesvereinigung der Deutschen Arbeitgeberverbände
BDI	Bundesverband der Deutschen Industrie
BDSG	Bundesdatenschutzgesetz
BEG	Bundesentschädigungsgesetz
BErzGG	Bundeserziehungsgeldgesetz
bes.	besonders
betr.	betreffend, betrifft
BetrVG	Betriebsverfassungsgesetz
BewG	Bewertungsgesetz
BfA	Bundesanstalt für Arbeit
BfA	Bundesversicherungsanstalt für Angestellte
BfAI	Bundesstelle für Außenhandelsinformationen
BFH	Bundesfinanzhof
BfV	Bundesamt für Verfassungsschutz
BGB	Bürgerliches Gesetzbuch
BGBl	Bundesgesetzblatt (BRD und Österreich)
BGH	Bundesgerichtshof
BinnSchG	Binnenschiffahrtsgesetz
BIP	Bruttoinlandprodukt
BiRiLiG	Bilanzrichtliniengesetz
BIRPI	Bureaux internationaux réunis pour la protection de la propriété intellectuelle – Vereinigte Internationale Büros für den Schutz des geistigen Eigentums
BIZ	Bank für Internationalen Zahlungsausgleich
BJagdG	Bundesjagdgesetz
BKA	Bundeskartellamt
BKA	Bundeskriminalamt
BKGG	Bundeskindergeldgesetz
BKZ	Baukostenzuschuß
BLZ	Bankleitzahl
BND	Bundesnachrichtendienst
BNotO	Bundesnotarordnung
BörsG	Börsengesetz
BPatG	Bundespatentgericht
BPerVG	Bundespersonalvertretungsgesetz
BPG	Bundespatentgericht
Br	Britisches Englisch (Großbritannien und Nordirland außer Schottland)
BRAGO	Bundesrechtsanwaltsgebührenordnung
BRAO	Bundesrechtsanwaltsordnung
BRD	Bundesrepublik Deutschland
BRH	Bundesrechnungshof
BRT	Bruttoregistertonne
BSG	Bundessozialgericht
BSHG	Bundessozialhilfegesetz
BSP	Bruttosozialprodukt
Btx	Bildschirmtext
BUK	Büro für Unternehmenskooperation

BVerfG	Bundesverfassungsgericht
BVerwG	Bundesverwaltungsgericht
BVG	Bundesversorgungsgesetz
b. w.	bitte wenden
BZT	Brüsseler Zolltarifschema
bzw.	beziehungsweise

C

CDU	Christlich-Demokratische Union
CEA	Comité Européen des Assurances (European Insurance Committee) – Europäisches Versicherungskommittee
CEEP	Europ. Zentralverband der öffentlichen Wirtschaft
CEMT	Europ. Verkehrsministerkonferenz
CEPT	Europ. Konferenz der Verwaltungen für Post- u. Fernmeldewesen
CERN	Europäische Organisation für Kernforschung
c. i. c.	culpa in contrahendo
CIF, cif	(cost, insurance, freight) Kosten, Versicherung, Fracht
CIM	Intern. Übereinkommen über den Eisenbahnfrachtverkehr; *(EDV)* Computer Integrated Manufacturing – computer-integrierte Fertigung
CIV	Int. Übereinkommen über den Eisenbahn-, Personen- u. Gepäckverkehr
Codest	Ausschuß für die europäische Entwicklung v. Wissenschaft und Technologie
com.	wirtschaftlich (commercial)
COST	Europ. Zusammenarbeit auf dem Gebiet der wissenschaftl. u. technischen Forschung
COTIF	→ Eisenbahnverkehr
Crest	Ausschuß für wissenschaftliche und technische Forschung
CSU	Christlich-Soziale Union

D

DAAD	Deutscher Akademischer Austauschdienst
DAG	Deutsche Angestelltengewerkschaft
DAV	Deutscher Anwaltsverein
DAX	Deutscher Aktienindex
DB	Deutsche Bundesbahn
DBA	Doppelbesteuerungsabkommen
DBB	Deutscher Beamtenbund
DBB	Deutsche Bundesbank
DBGM	Deutsches Bundesgebrauchsmuster
DBP	Deutsche Bundespost
DECT	schnurlose Digital-Kommunikation
DED	Deutscher Entwicklungsdienst
DEG	Deutsche Entwicklungsgesellschaft
DepG	Depotgesetz
DFG	Deutsche Forschungsgemeinschaft
DGB	Deutscher Gewerkschaftsbund
DGU	Deutsche Gesellschaft für Unternehmensforschung
DIHT	Deutscher Industrie- und Handelstag
DIN	Deutsche Industrie-Normen
DKK	Deutsche Kreditkarte
DKP	Deutsche Kommunistische Partei
DM	Deutsche Mark
DRiG	Deutsches Richtergesetz
DRK	Deutsches Rotes Kreuz
DTB	Deutsche Terminbörse
DVO	Durchführungsverordnung

E

EAFE	Europäischer Ausschuß für Forschung und Entwicklung
EAG	Einheitliches Gesetz über den Abschluß von internationalen Kaufverträgen über bewegliche Sachen; Europäische Aktiengesellschaft (geplant)
EAGFL	Europäischer Ausrichtungs- und Garantiefonds für die Landwirtschaft
EBM	Eisen, Blech und Metall
EBU	Europ. Rundfunk- und Fernsehunion
EBWE	Europ. Bank für Wiederaufbau und Entwicklung
ec	eurocheque
ECS	Echantillons Commerciaux – Commercial Samples
ECU	(European currency unit) Europäische Währungseinheit
EDV	Elektronische Datenverarbeitung
EEDB	Europäische Energiedatenbank
EEF	Europäischer Entwicklungsfonds
EFRE	Europäischer Fonds für regionale Entwicklung
EFTA	Europäische Freihandelsassoziation
EFWZ	Europäischer Fonds für währungspolitische Zusammenarbeit
EG	Europäische Gemeinschaften
EGB	Europäischer Gewerkschaftsbund
EGBGB	Einführungsgesetz zum Bürgerlichen Gesetzbuch
EGKS	Europäische Gemeinschaft für Kohle und Stahl (Montanunion)
EGStGB	Einführungsgesetz zum Strafgesetzbuch
EIB	Europäische Investitionsbank
EKA	Europäische Kernenergie-Agentur
EKD	Evangelische Kirche in Deutschland
EKG	Einheitliches Kaufgesetz (Einheitliches Gesetz über den internationalen Kauf beweglicher Sachen)
EKMB	Europäische Konferenz für Molekularbiologie
EKVM	Europäische Konferenz der Verkehrsminister
EMBO	Europäische Molekularbiologie-Organisation
EMRK	Europäische Menschenrechtskommission
EMV	Europäischer Metallarbeiterverband
EP	Europäisches Parlament
EPA	Europäisches Patentamt
EPZ	Europäische Produktivitätszentrale
ERA	Einheitliche Richtlinien und Gebräuche für Dokumenten-Akkreditive
ErbbauVO	Verordnung über das Erbbaurecht
ErbStG	Erbschaftsteuergesetz
ERE	Europäische Rechnungseinheit
ERG	Einheitliche Richtlinien und Gebräuche für Dokumentenakkreditive
ESF	Europäischer Sozialfonds
ESPRIT	Europ. Strategieprogramm für Forschung und Entwicklung auf dem Gebiet der Informationstechniken
EStDV	Einkommensteuer-Durchführungsverordnung
EStG	Einkommensteuergesetz
ESVG	Europäisches System der volkswirtschaftlichen Gesamtrechnungen
ETW	Europ. Transschall Windkanal
EuGH	Europäischer Gerichtshof
EuGHM	Eurpäischer Gerichtshof für Menschenrechte
EuGVÜ	Europäisches Gerichtsstands- und Vollstreckungsübereinkommen
EuIPRÜ	Übereinkommen über das auf vertragliche Schuldverhältnisse anzuwendende Recht
EUMELSAT	Europ. Organisation für die Nutzung von meteorologischen Satelliten
EuMRK	Europäische Menschenrechtskommission
EURATOM	Europäische Atomgemeinschaft
Eureka, EUREKA	Europäische Behörde für Koordinierung in der Forschung
EUROCONTROL	Europäische Organisation zur Sicherung der Luftfahrt
Eurostat	Statistisches Amt der Europ. Gemeinschaften
EUTELSAT	Europäische Fernmeldesatelliten-Organisation
e. V.	eingetragener Verein (eintragen)

EVO	Eisenbahnverkehrsordnung
EVSt	Einfuhr- und Vorratsstellen
EWE	Europäische Währungseinheit
EWG	Europäische Wirtschaftsgemeinschaft
EWIR	Europäische wirtschaftliche Interessenvereinigung
EWO	Europäische Weltraumorganisation
EWR	Europäischer Wirtschaftsraum
EWS	Europäisches Währungssystem
exB, exBR	ausschließlich Bezugsrecht
exD	ausschließlich Dividende
EZV	elektronischer Zahlungsverkehr

F

FAZ	Frankfurter Allgemeine Zeitung
FCKW	Fluorchlorkohlenwasserstoff
FDGB	Freier Deutscher Gewerkschaftsbund
FDP	Freie Demokratische Partei
FGG	Gesetz über die Angelegenheiten der freiwilligen Gerichtsbarkeit
FGO	Finanzgerichtsordnung
FHA	Freihandelsabkommen
fm	Festmeter
fob	(free on board) Frei an Bord
FORATOM	Europäisches Atomforum
FS	Fernschreiben
FTE	Forschung und technologische Entwicklung
FTK	Finanzterminkontrakte
FuE	Forschung und Entwicklung

G

G	Gesetz; *(Börse)* Geld
-G	*(Börse)* "gestrichenes Geld,
GAP	Gemeinsame Agrar-Politik
GASP	Gemeinsame Außen- und Sicherheitspolitik
GATT	Allgemeines Zoll- und Handelsabkommen
GAU	größter anzunehmender Unfall
GBl.	Gesetzblatt
GBO	Grundbuchordnung
GDV	grenzüberschreitender Datenverkehr
GebrMG	Gebrauchsmustergesetz
GEMA	Gesellschaft für Musikalische Aufführungs- und mechanische Vervielfältigungsrechte
GenG	Gesetz betreffend die Erwerbs- und Wirtschaftsgenossenschaften
GeschmMG	Geschmacksmustergesetz
ges. gesch.	gesetzlich geschützt
GewO	Gewerbeordnung
GewStG	Gewerbesteuergesetz
gez.	gezeichnet (zeichnen)
GG	Grundgesetz (für die Bundesrepublik Deutschland)
GKG	Gerichtskostengesetz
GmbH	Gesellschaft mit beschränkter Haftung
GmbHG	Gesetz betreffend die Gesellschaften mit beschränkter Haftung
GMO	Gemeinsame Marktorganisationen
GoB	Grundsätze ordnungsgemäßer Buchführung
GUA	Gemeinschaftliche Umweltaktionen
GUS	Gemeinschaft unabhängiger Staaten
GUV	Gewinn- und Verlustrechnung

GV	Generalversammlung
GV	Generalvertreter
GVG	Gerichtsverfassungsgesetz
GWB	Gesetz gegen Wettbewerbsbeschränkungen
GWG	geringwertige Wirtschaftsgüter
GZT	Gemeinsamer Zolltarif

H

HAG	Heimarbeitsgesetz
HandwO	Handwerksordnung
HBG	Hypothekenbankgesetz
h. c.	honoris causa, ehrenhalber
HGB	Handelsgesetzbuch
HHG	Häftlingshilfegesetz
HinterlO	Hinterlegungsordnung
HKR	Haager Kaufrecht
HLKO	Haager Landkriegsordnung
HV	Hauptversammlung
HwVG	Handwerkerversicherungsgesetz
HZPrÜbk	Haager Zivilprozeßübereinkommen

I

i. A.	im Auftrag
IAEO	Internationale Atomenergie-Organisation
IAO	Internationale Arbeitsorganisation
IBFG	Internationaler Bund Freier Gewerkschaften
IBIS	Interbank-Informationssystem
i. d. F.	in der Fassung
IEA	Internationale Energie-Agentur
IGB	Internationaler Genossenschaftsbund
IGH	Internationaler Gerichtshof
IHK	Industrie- und Handelskammer; Internationale Handelskammer
IJK	Internationale Juristen-Kommission
IKRK	Internationales Komitee des Roten Kreuzes
i. L.	in Liquidation
INMARSAT	Internationale Seefunksatellitenorganisation
INSIS	Interinstitutionelles Informationssystem
INTELSAT	Intern. Fernmeldesatellitenorganisation
Interpol	Internationale Kriminalpolizei-Organisation
IOK	Internationales Olympisches Komitee
IPR	Internationales Privatrecht
IPRNG	Gesetz zur Neuregelung des Intern. Privatrechts
i. R.	im Ruhestand
IRK	Internationale Rechtskommission
IRSG	Gesetz über die internationale Rechtshilfe in Strafsachen
i. S.	im Sinne
ISB	Internationales Signalbuch; Internationaler Studentenbund
ISSV	Internationaler Schiffssicherheitsvertrag
ITVV	Internationaler Transportversicherungsverband
i. V.	in Vertretung
IWF	Internationaler Währungsfonds
IZLO	Intern. Zivilluftfahrt-Organisation

J

JArbSchG	Jugendarbeitsschutzgesetz
JESSI	Europäisches Mikroelektronik-Projekt
JGG	Jugendgerichtsgesetz
JWG	Jugendwohlfahrtsgesetz

K

KAG	Kapitalanlagegesellschaft
KAGG	Kapitalanlagegesellschaftsgesetz
KBA	Kraftfahrt-Bundesamt
KfW	Kreditanstalt für Wiederaufbau
Kfz	Kraftfahrzeug
KG	Kommanditgesellschaft
KGaA	Kommanditgesellschaft auf Aktien
KGV	Kurs-Gewinn-Verhältnis
KIWZ	Konferenz für die internationale wirtschaftliche Zusammenarbeit
KMB	Klein- und Mittelbetriebe
KMK	Kultusministerkonferenz
KMU	kleine und mittlere Unternehmen
KNA	Kosten-Nutzen-Analyse
KO	Konkursordnung
KostO	Kostenordnung
KSchG	Kündigungsschutzgesetz
KStG	Körperschaftsteuergesetz
KSZE	Konferenz über Sicherheit und Zusammenarbeit in Europa
kv.	kriegsverwendungsfähig
KVAE	(Stockholmer) Konferenz über Vertrauensbildende Maßnahmen und Abrüstung in Europa (VSBM)
KVStG	Kapitalverkehrsteuergesetz
KWG	Gesetz über das Kreditwesen (Kreditwesengesetz)
KZ	Konzentrationslager

L

LAG	Lastenausgleichsgesetz
LIFFE	Londoner Börse für Finanzterminkontrakte
LJV	Landesjustizverwaltung
Lkw	Lastkraftwagen
LmBGG	Lebensmittel- und Bedarfsgegenständegesetz
LSHD	Luftschutzhilfsdienst
LStDV	Lohnsteuer-Durchführungsverordnung
LVA	Landesversicherungsanstalt
LZB	Landeszentralbank

M

MAD	Militärischer Abschirmdienst
MdB	Mitglied des Bundestages
MFA	Multifaserabkommen
MGK	Materialgemeinkosten
MHA	Madrider Herkunftsabkommen
MIGA	Multilaterale Investitions-Garantie-Agentur
MMA	Madrider Markenabkommen
MMF	Markt- und Meinungsforschung
MNU	multinationales Unternehmen
MOG	Marktordnungsgesetz

Mrd	Milliarde
MRK	Menschenrechtskonvention
MSA	(Haager) Minderjährigenschutzabkommen
MuSchG	Mutterschutzgesetz
MWSt	Mehrwertsteuer

N

NE-Metalle	Nichteisenmetalle
n. F.	neue Fassung
NGI	Neues Gemeinschaftsinstrument
NIMEXE	Warenverzeichnis für die Statistik des Außenhandels der Gemeinschaft und des Handels zwischen ihren Mitgliedstaaten
NKA	Nizzaer Klassifikationsabkommen
NPT	Netzplantechnik
NRO	Nichtregierungsorganisation
NRT	Nettoregistertonne
NRZZ	Nomenklatur des Rates für die Zusammenarbeit auf dem Gebiete des Zollwesens
NSDAP	National-Sozialistische Deutsche Arbeiterpartei
NSP	Nettosozialprodukt

O

OEG	Opferentschädigungsgesetz
OGAW	Organismen für gemeinsame Anlagen in Wertpapieren
OHG	Offene Handelsgesellschaft
OIWZ	Organisation für internationale wirtschaftliche Zusammenarbeit
O. J.	Official Journal
OLG	Oberlandesgericht
ORG	Oberstes Rückerstattungsgericht
ÖTV	Gewerkschaft öffentlicher Dienst, Transport und Verkehr
OVG	Oberverwaltungsgericht
OWiG	Gesetz über Ordnungswidrigkeiten

P

p. a.	per annum/jährlich
PatG	Patentgesetz
PatR	Patentrecht
PH	Pädagogische Hochschule
PKK	Persönlicher Kleinkredit
PKR	Plankostenrechnung
Pkw	Personenkraftwagen
PLO	Palästinensische Befreiungsorganision
ppa.	per procura
ProduktH	Produkthaftung
ProdHaftG	Produkthaftungsgesetz
ProduktHR	Produkthaftungsrecht
PrPG	Gesetz zur Stärkung des Schutzes des geistigen Eigentums und zur Bekämpfung der Produktpiraterie
PStG	Personenstandsgesetz
PV	Programmvirus (EDV)

R

R	Recht
RAO	Reichsabgabenordnung
R. B. Ü.	Revidierte Berner Übereinkunft
RE	Rechnungseinheit
RG	Reichsgericht
RGBl	Reichsgesetzblatt
RGW	Rat für gegenseitige Wirtschaftshilfe
RID, RIP, RICo, RIEx	Eisenbahnverkehr
RKG	Reichsknappschaftsgesetz
RVO	Reichsversicherungsordnung
RVS	Rollfuhrversicherungsschein
RZZ	Rat für Zusammenarbeit auf dem Gebiet des Zollwesens

S

SBR	Schneller Brutreaktor
Schufa	Schutzverband für allgemeine Kreditsicherung
SDI	Strategische Verteidigungsinitiative
SE	(Societas Europaea) Europäische Aktiengesellschaft
SED	Sozialistische Einheitspartei Deutschlands (ehem. DDR)
SeeSchStrO	Seeschiffahrtsstraßenordnung
S. I.	Sozialistische Internationale
SPD	Sozial-Demokratische Partei
SPRINT	Strategisches Programm für Innovation und Technologietransfer
SR	Sicherheitsrat (der Vereinten Nationen)
SSV	Schiffssicherheitsverordnung
StBA	Statistisches Bundesamt
StGB	Strafgesetzbuch
StPO	Strafprozeßordnung
StVG	Straßenverkehrsgesetz
StVO	Straßenverkehrs-Ordnung
StVZO	Straßenverkehrs-Zulassungs-Ordnung
SVN	Satzung der Vereinten Nationen
SVS	Speditionsversicherungsschein
SZR	Sonderziehungsrechte

T

Taric	integrierter Tarif der Europäischen Gemeinschaften
Tedis	elektronischer Datentransfer für kommerzielle Zwecke
T. H.	Technische Hochschule
THW	Technisches Hilfswerk
TNU	transnationales Unternehmen
TÜV	Technischer Überwachungsverein
TVG	Tarifvertragsgesetz

U

u. A. w. g.	um Antwort wird gebeten
UBGG	Unternehmensbeteiligungsgesellschaftsgesetz
UK	United Kingdom
ÜLG	Überseeische Länder und Gebiete
UmwG	Umwandlungsgesetz
UmweltHG	Umwelthaftungsgesetz
UNESCO	United Nations Educational, Scientific, and Cultural Organization
UNICE	Union der Industrien der Europäischen Gemeinschaften

UNICEF	United Nations Children's Fund
Unido	Organisation für industrielle Entwicklung
UrhG	Urheberrechtsgesetz
USD	United States Dollar
UrhR	Urheberrecht
USD	United States Dollar
UStDV	Umsatzsteuer-Durchführungsverordnung
UStG	Umsatzsteuergesetz
UVPG	Umweltverträglichkeitsprüfungsgesetz
UWG	Gesetz gegen den unlauteren Wettbewerb

V

VAG	Gesetz über die Beaufsichtigung der Versicherungsunternehmen (Versicherungsaufsichtsgesetz)
VDMA	Verein Deutscher Maschinenbau-Anstalten
VE	Verrechnungseinheit
VerbrKrG	Verbraucherkreditgesetz
VerglO	Vergleichsordnung
VerlG	Verlagsgesetz
VermBG	Vermögensbildungsgesetz
VerschG	Verschollenheitsgesetz
VersR	Versicherungsrecht
VGH	Verwaltungsgerichtshof
VGR	Volkswirtschaftliche Gesamtrechnungen
VN	Vereinte Nationen
VOB	Verdingungsordnung für Bauleistungen
VSBM	Vertrauens- und Sicherheitsbildende Maßnahmen in Europa
VStG	Vermögensteuergesetz
v. u. g.	vorgelesen und genehmigt
VVaG	Versicherungsverein auf Gegenseitigkeit
VVG	Versicherungsvertragsgesetz
VwGO	Verwaltungsgerichtsordnung
VwVfG	Verwaltungsverfahrensgesetz
VwZG	Verwaltungszustellungsgesetz

W

WA	Warschauer Abkommen
WAB	Währungsausgleichsbeträge
WBA	Weltbankübereinkommen zur Beilegung von Investitionsstreitigkeiten zwischen Staaten und Angehörigen anderer Staaten
WBO	Wehrbeschwerdeordnung
WdB	Wehrbeauftragter des Deutschen Bundestages
WDO	Wehrdisziplinarverordnung
WEB	Wareneingangsbescheinigung
WEG	Gesetz über das Wohnungseigentum und das Dauerwohnrecht
WEP	Welternährungsprogramm
WER	Welternährungsrat
WEU	Westeuropäische Union
WEZ	Westeuropäische Zeit
WG	Wechselgesetz
WGB	Weltgewerkschaftsbund
WGO	Weltgesundheitsorganisation
WHK	Welthandelskonferenz
WHO	Welthandelsorganisation
WiStG	Wirtschaftsstrafgesetz
WPV	Weltpostverein

WSA	Wirtschafts- und Sozialausschuß
WSB	Wertpapiersammelbanken
WSD	Wasser- und Schiffahrtsdirektion
WSG	Wirtschaftssicherstellungsgesetz
WStG	Wehrstrafgesetz
WSV	Winterschlußverkauf
WTO	Welt-Tourismus-Organisation
WUA	Welturheberrechtsabkommen
WV	Wiedervorlage
WVA	Weltverband der Arbeitnehmer
WWU	Wirtschafts- und Währungsunion
WZG	Warenzeichengesetz

Z

ZBR	Zentralbankrat (der Deutschen Bundesbank)
z. b. V.	zur besonderen Verfügung
z. d. A.	zu den Akten
ZG	Zollgesetz
z. Hd. v.	zu Händen von
Zif.	Ziffer
ZKA	Zentraler Kreditausschuß
ZKMA	Zentraler Kapitalmarktausschuß
ZKR	Zentralkommission für die Rheinschiffahrt
ZPO	Zivilprozeßordnung
ZVG	Gesetz über die Zwangsversteigerung und die Zwangsverwaltung

A

a. a. O. *(am angegebenen Ort)* loc. cit. (loco citato); op. cit. (opere citato)

a meta *(auf gemeinsame Rechnung zu zweit)* for (or on) joint account

ab 1. *(abzüglich)*, **~ Diskont** less discount; **~ Unkosten** deducting expenses
ab 2. *(zeitlich)*, **~ 1. Januar** on and after January 1; *Br* (as) from January 1; *Am* from January 1 (on); as of January 1; *Br* with effect from (*Am* effective) January 1; beginning (or starting) January 1; **~ heute** from today; starting today; effective today; **~ 18 Jahren** from 18 years onwards; age 18 and over; **von jetzt ~** from now on, from this time on; henceforth
ab 3. *(örtlich)* from; ex; **~ Berlin** from Berlin; **~ Fabrik**[1] ex factory; **~ Kai (verzollt) ... (benannter Hafen)**[1] ex quay (duty paid) ... (named port); **~ Lagerhaus**[1] ex warehouse; **~ Mühle**[1] ex mill; **~ Pflanzung**[1] ex plantation; **~ Schiff ... (benannter Bestimmungshafen)**[1] ex ship ... (named port of destination); **~ Werk (... benannter Ort)**[1a] *(jede Transportart)* Ex Works (... named place), EXW

abändern to amend, to change, to alter, to vary; *(teilweise)* to modify; *(nach Durchsicht)* to revise; **ein Abkommen ganz oder teilweise ~** *(VölkerR)* to revise a Convention in whole or in part; **die Bedingungen ~** to amend the terms; **die →Entscheidung der unteren Instanz ~**; **seine Forderungen ~** to modify one's claims; **ein Gesetz ~** to amend (or revise) a law; **die Vertragsbestimmungen ~** to vary the terms of the contract

Abänderung amendment, change, alteration, variation; *(teilweise)* modification; revision; **~ des angefochtenen Urteils** variation of the judgment on appeal; **~ des Gesellschaftsvertrages**[2] amendment of the articles of association; **~ e-s Gesetzes →beantragen**; *teilweise* **~ des Vertrages** modification of the contract; **die ~ des Abkommens tritt in Kraft** the amendment of the Convention takes effect; **~ vorbehalten** subject to modification; **~en vornehmen** to effect (or make) alterations; to make amendments

Abänderungsantrag *parl* (proposed) amendment; **e-n ~ annehmen** to pass (or adopt) an amendment; **e-n ~ einbringen (od. stellen)** to move (or propose) an amendment; *Br* to table an amendment

Abänderungsbefugnis power to amend; power of amendment

Abänderungsklage[3] *Br* application for variation of an order (for periodical payments); *Am* petition for modification of judgment
Tritt bei wiederkehrenden Leistungen (z. B. Unterhaltsrente) nach dem Urteil eine wesentliche Änderung der für das Urteil maßgebenden wirtschaftlichen Verhältnisse ein, so ist jeder Teil berechtigt, im Wege der Klage eine entsprechende Abänderung des Urteils zu erlangen.
Either party to a judgment for periodical payments (e. g. *Br* maintenance, *Am* support) is entitled to apply for a variation of the *Br* order (*Am* judgment), if a substantial change has occurred in the financial circumstances on which the order (*Am* judgment) is based.

Abänderungsurkunde instrument of amendment

Abandon abandonment; **~erklärung** notice of abandonment; **~frist** period allowed for abandonment; **~klausel** abandonment clause
Abandon ist die Aufgabe eines Rechts oder einer Sache mit der Absicht, dadurch von einer Verpflichtung entbunden zu sein.
Abandonment is the relinquishment of an interest, claim or thing with the intention to be released from an obligation.
Beispiele/examples:
a) *(GesellschaftsR)*[4] die Zurverfügungstellung eines GmbH-Anteils zwecks Befreiung von der Nachschusspflicht
the abandonment of a →GmbH-Anteil in order to be released from the obligation to pay additional assessments
b) *(SeeversR)*[5] das Recht des Versicherungsnehmers, gegen Abtretung der versicherten Sache Zahlung der Versicherungssumme zu fordern
the right of the insured (*Br* auch assured) to claim payment of the insurable value on assignment to the insurer of his interest in the subject-matter insured
c) *(Börsenterminhandel)* das Recht, gegen Zahlung der vereinbarten Prämie vom Bezugs- oder Lieferungsgeschäft zurückzutreten
the right (or option) to withdraw from call or delivery agreement (or transaction) against payment of an agreed premium

abandonnieren *(bes. SeeversR)* to abandon; to give up all claims (to); **ein Prämiengeschäft ~** to abandon an option

abarbeiten, **e-e Schuld ~** to work off a debt

Abbau 1. *(Verringerung)* reduction; cutting down; *(Beseitigung)* elimination; dismantling; *(schrittweise)* phasing out; *(Entlassung)* cutback, dismissal; axe; *(vorübergehende Entlassung)* lay(ing) off; **~ von Arbeitsplätzen** shedding of labo(u)r; **~ der Auftragspolster** reduction of order backlogs; **~ von Auslandsanlagen** reducing investments abroad; **~ der Bestände** stock reduction; **~ der Grenzen** elimination of frontiers; **~ der Handelsschranken** reduction (or dismantling) of trade barriers; **~ e-s Messestandes** dismantling a stand at a fair; **~ von Personal** →Personalabbau; **~ der →Umweltbelastung**; **~ der →Zölle**; **~ von →Zwangsmaßnahmen**

Abbau 2. *(BergR)* working; exploitation; **~ von Zinnerzlagern** exploitation of deposits of tin; **a~fähig** capable of being worked; **~recht** mining right; **~stätte** deposit; **~verfahren** working method; **a~würdig** workable

abbauen *(verringern)* to reduce, to cut down; *(beseitigen)* to eliminate gradually; *(stufenweise)* to phase out; *(demontieren)* to dismantle; *(Personal)* to dismiss, to make redundant, to cut down on; *Br colloq.* to axe; *(vorübergehend)* to lay off; *(BergR)* to work, to exploit; **die Arbeitslosigkeit ~** to reduce unemployment; **Beschränkungen ~** to relax restrictions; **Kohle ~** to mine coal; **Personal ~** to cut down on staff; to reduce the (number of) staff; **politische Spannungen ~** to reduce (or ease, relieve) political tensions

abbedingen, e-e Vereinbarung vertraglich ~ to contract out an agreement

abberufen *(entlassen)* to remove (from office), to dismiss; *(diplomatische Vertreter)* to recall

Abberufung removal (from office), dismissal; termination (or revocation) of an appointment; **~ e-s Botschafters** recall of an ambassador (from his post); **~ e-s Geschäftsleiters** dismissal of a manager; **~ des Vorstands e-r AG** dismissal (or removal) of the board of managers

Abberufungsschreiben *(VölkerR)* letters of recall

abbestellen to cancel (or revoke, countermand) an order (for goods etc); to cancel a reservation; **Karten ~** to cancel a booking; **e-e Zeitung ~** to discontinue (or stop) one's subscription to a (news)paper; **ein Zimmer ~** to cancel a (room) reservation

Abbestellung cancellation (or revocation) of an order; countermanding an order; **~ e-s Abonnements** discontinuance (or cancellation) of a subscription (to); **~ e-r Zeitung** discontinuance of a (news)paper; **~ vorbehalten** unless countermanded

abbezahlen →abzahlen

Abbezahlung →Abzahlung

Abbiegen *(Straßenverkehr)* turning; **~ nach links oder rechts in ein anliegendes Grundstück** turning left or right into a property bordering on the road

Abbiegeverbot *(etwa)* no right or left turns, ahead only

Abbildung illustration, illustrated matter; picture; *(PatR)* figure, drawing; **beleidigende ~en** insulting pictures (or illustrations); **~en wissenschaftlicher und technischer Art** *(UrhR)* scientific and technical drawings; **Recht auf eigene ~** right of personal portrayal; **mit ~en versehen** to illustrate; **ein Zeichnungsblatt kann mehrere ~en enthalten** *(PatR)* the same sheet of drawings may contain several figures (or diagrams)

Abblenden (von Kraftfahrzeugscheinwerfern) dipping (of headlights)

Abblendlicht dipped (or low) beams (of headlights)

abbrechen *(unterbrechen)* to discontinue, to break off, to cease; *(abreißen)* to demolish, to pull down; *(demontieren)* to dismantle; **die Ausbildung ~** to discontinue one's training; to terminate (or discontinue) one's studies; **→Beziehungen ~; e-e →Sitzung ~; →Verhandlungen ~**

abbröckeln *(Kurse)* to ease off, to drop, to decline; **die Kurse bröckelten leicht ab** (share) prices declined (or weakened, softened) slightly

Abbruch 1. *(Unterbrechung)* discontinuance, breaking off, cessation, rupture; **~ der (diplomatischen) Beziehungen** breaking off (or severance, rupture) of (diplomatic) relations; **~ der →Schwangerschaft; ~ der Verhandlungen** breaking off (or discontinuance) of negotiations

Abbruch 2. *(Nachteil)* detriment, prejudice, injury; *(dem Ruf etc)* **~ tun** to be detrimental (or prejudicial) to, to diminish, to injure, to damage (sb.'s reputation etc)

Abbruch 3. *(Abreißen)* demolition, pulling down; *(Demontage)* dismantling; **~ e-s Kernkraftwerks** dismantling a nuclear power station; **~arbeiten** demolition works; **~firma** →Abbruchunternehmen; **a~reif** dilapidated, condemned; due for demolition; **~unternehmen** demolition firm; *Am* wrecking firm; **~verfügung** demolition order; **ein Haus auf ~ verkaufen** to sell a house for scrap (or at a demolition value)

Abbuchen →Abbuchung; **→elektronisches ~**

abbuchen to debit (an amount); *(im Lastschriftverfahren)* to debit directly; **e-e zweifelhafte Schuld ~** to write off a bad debt

Abbuchung write off; *(aufgrund e-r Einzugsermächtigung)* direct debit(ing)

abbüßen, seine Strafe ~ to serve one's sentence (or time)

ABC-Waffen (Atomwaffen, biologische Waffen, chemische Waffen) ABC-weapons (atomic, bacteriological, and chemical weapons)

abdanken to abdicate

Abdankung abdication; **~surkunde** instrument of abdication

abdecken *(Schuld)* to settle, to repay; to (provide) cover; **e-n Kredit ~** to repay a credit (or loan), to provide cover for a loan

Abdeckung des Marktes market coverage

abdingbar (statutory or other rules which are) subject to contrary agreement; not mandatory, not obligatory; subject to the disposition of the parties; **~es Recht** →nachgiebiges Recht

Abdruck print; copy; impression; *(Wiedergabe)* reproduction; *(e-s Siegels)* stamp; **~srecht** right of reproduction by printing

Abendausgabe *(e-r Zeitung)* evening edition

abendländische Kultur western civilization

aberkennen, jdm etw. ~ to deprive sb. of sth.; to disallow (or deny) sb.'s right to sth.; **jdm die bürgerlichen →Ehrenrechte ~; jdm die Fähigkeit ~, öffentliche Ämter zu bekleiden** to disqualify a p. from holding public office; **den Ruhegehaltsanspruch ~** to declare the right to a pension forfeited; to cancel the pension right; **Schadensersatz ~** to disallow (or deny) compensation; to refuse to award compensation (or damages); **jdm die Staatsangehörigkeit ~** to deprive a p. of his citizenship (or nationality)

Aberkennung deprivation, disallowance, disallowing (of sb.'s right to sth.); **~ der bürgerlichen →Ehrenrechte; ~ des Anspruchs auf →Ruhegehalt; ~ der Staatsangehörigkeit** deprivation of citizenship (or nationality); **~ der →Versorgungsansprüche**

Abfahrt departure, start; *(Schiff)* sailing; *(von der Autobahn)* exit; **~shafen** port of sailing, port of departure, port of embarkation; **voraussichtlicher ~stermin** estimated time of departure (ETD); **~szeit** time of departure; *(Schiff)* time of sailing, sailing time

Abfälle →Abfall 1.; **giftige und gefährliche ~** toxic and dangerous waste; **→grenzüberschreitende Verbringung gefährlicher ~; →nukleare ~; radioaktive ~** radioactive waste *(→radioaktiv)*; **städtische ~** urban waste; **Beseitigung von ~n** →Abfallbeseitigung; **Verhütung der →Meeresverschmutzung durch das Einbringen von ~n; Verklappung von ~n (od. Verbringen von ~n auf hohe See)** dumping of waste at sea; **→Verbrennung von ~n auf See; ~ in die hohe See einbringen** to discharge waste on the high seas; **~ wiederverwerten** to recycle waste

Abfall 1. waste, refuse, rubbish; *Am* trash, garbage; **~beseitigung** waste (or refuse) disposal; **~bewirtschaftung** waste management; **~börse** recycling exchange; **~entsorgung** waste disposal; **~erzeuger** producer of waste; **~richtlinie** waste directive; **feste ~stoffe** solid waste; **~stoffe aus der Kernindustrie** nuclear waste; **~vermeidung** waste avoidance; **~verwertung** utilization of waste; recycling; **~wiederaufbereitung** waste reprocessing; **~wirtschaft** waste management *(→Europäische Datenbank für Abfallwirtschaft)*

Abfall 2. *(Lossagung)* desertion, defection, secession (von from); **~ von e-r Partei** desertion (or falling away) from a party

Abfall 3. *(Schlechterwerden)* deterioration, decline; falling off

abfallen *(Gewinn)* to yield; *(von e-r Partei)* to desert a party; to break away (or secede) from a party; **~ gegen** to be inferior to

abfällig unfavo(u)rable; disapproving; **~e Bemerkung** derogatory remark; **~e Kritik** adverse criticism

Abfangen *(von Postsachen, Funksprüchen etc)* interception

abfangen, e-n Brief ~ to intercept a letter; **Verluste ~** to absorb losses

Abfangsatellit interceptor satellite

abfassen *(Schriftstück)* to draw up, to draft, to word; to compose; **etw. schriftlich ~** to put sth. in writing; to reduce to writing; **e-n Bericht ~** to prepare a report; **ein Testament ~** to draft (or draw up) a will; **ein Urteil ~** to draft (or formulate) a judgment; to reduce a judgment to writing; **e-n Vertrag ~** to draft (or prepare, draw up) a contract

abgefasst, ein sorgfältig ~er Vertrag a carefully drawn up contract

Abfassung, ~ e-s Berichtes preparation of a report; **~ e-s Briefes** drafting (or drawing up) a letter; **~ des Schiedsspruchs** drafting of the award; **~ von Verträgen** drafting of contracts

abfertigen to dispatch, to despatch, to send off; **jdn (kurz) ~** to snub a p.; **das →Gepäck ~; Kunden ~** to attend to customers, to deal with customers, to serve customers; **sich am Schalter ~ lassen** *(Luftverkehr)* to check in (at an airport); **Waren zollamtlich ~ lassen** to clear the goods (through customs)

Abfertigung dispatch, despatch; *(Flughafen)* check-in; *(Zoll)* clearance; **~ des Gepäcks** →Gepäckabfertigung; **~ von Kunden** attending (to) customers; serving customers; **~ (von**

Personen) im Luftverkehr clearance (of persons) in air traffic; **Einreise und ~ von Personen und Ladung** *(Schiff)* entry and clearance of persons and cargo

Abfertigungs~, ~hafen *(Zoll)* port of clearance; **~gebühr** dispatching charge; **~schein** *(des Zollamtes)* permit; **~vorschriften** dispatch regulations; *(Flugverkehr)* clearance regulations; **~zeit** *(Zoll)* hours of clearance

abfinden 1. jdn ~ to pay sb. a sum of money in settlement of his claim; to pay a lump sum to sb.; to indemnify a p.; **sich ~ lassen** to accept a lump sum (payment) (in settlement of one's claim); to settle (against payment of a lump sum); **Aktionäre ~** to indemnify shareholders; **Erben ~** to pay a lump sum (or compensation) to a beneficiary in satisfaction (or full settlement) of his right of inheritance; *Br (untechnisch)* to buy out heirs; **Gläubiger im Wege des Vergleichs ~** to settle creditors' claims by way of composition; **e-n Teilhaber ~** to settle with a partner; to buy out a partner

abfinden 2. sich ~ mit to resign (or reconcile) oneself to; **sich mit e-m Urteil ~** to acquiesce in a judgment; *(Strafurteil)* to submit to a sentence

Abfindung lump sum payment (or settlement); compensation; indemnity; indemnification; settlement; **~ bei Entlassung** →Entlassungsabfindung; **~ e-s Erben** →Erbabfindung; **~ in Geld** settlement in cash; cash settlement; **als ~** by way of compensation; by payment of a lump sum; **angemessene ~** appropriate compensation; **als endgültige ~** in full and final settlement; **Höhe der ~** amount of compensation; **pauschale ~** global settlement; amount (or sum) paid in full settlement of all outstanding claims

Abfindung →Barabfindung; →**Entlassungs~**; →**Erb~**; →**Kapital~**; **zur ~ aller Ansprüche** in settlement of all claims; **~ des Arbeitnehmers** compensation paid to employee on dismissal (in full and final settlement of his claims); *(bei Abbau)* redundancy payment; **~ des geschiedenen Ehegatten in Kapital (statt Rente)** lump (or capital) sum settlement in lieu of periodical payments of *Br* maintenance (*Am* support) to a divorced spouse; **~ an Stelle von Ratenzahlungen** (z. B. Witwenrente bei Wiederverheiratung) lump sum settlement in lieu of periodical payments (e.g. in respect of widow's pension upon remarriage); **~ e-s Teilhabers** settlement with withdrawing partner; buying out of a partner; **~ an Stelle des Unterhalts des nichtehelichen Kindes** capital sum payment (or capitalized payments) of the illegitimate child's *Br* maintenance (*Am* support) claim (capital sum in lieu of periodical *Br* maintenance, *Am* support)

Abfindung, e-e ~ anbieten to offer compensation (or indemnity); **e-e ~ erhalten** to receive a lump sum payment; to receive a sum by way of settlement; **Anspruch auf angemessene ~ haben** to be entitled to reasonable compensation; to have a claim to an adequate indemnity; **den Arbeitgeber zur Zahlung e-r (angemessenen) ~ verurteilen** to order the employer to pay (reasonable) compensation; **e-e ~ vereinbaren** to settle the amount of compensation

Abfindungs~, ~forderung gegen die Gesellschaft[6] partner's claim against the partnership (in case of withdrawal or dissolution); **~geld** →Abfindungssumme; **~guthaben** →Abfindungsforderung gegen die Gesellschaft; **~summe** (amount of) compensation; indemnity (amount); sum in full settlement of all claims; **~vereinbarung** settlement agreement; **~vergleich** (zur Vermeidung e-s geringfügigen od. unsicheren Prozesses) nuisance settlement (to avoid nominal liability); **~vertrag zwischen dem nichtehelichen Kind und dem Vater über zukünftigen Unterhalt**[7] agreement between the illegitimate child and the father for payment of a capital sum in lieu of *Br* periodical maintenance *(Am periodic support)*; **~zahlung** lump sum payment *(→Entlassungsabfindung)*; composition payment

abflauen *(Kurse, Konjunktur etc)* to flag, to slacken, to ease (off), to slow down; **die Konjunktur flaut ab** the economy is slowing down

Abfluss *(von Kapital etc)* outflow, efflux, drain; **~ von Kapital ins Ausland** outflow of capital abroad; **~ von Gold** efflux of gold

abführen 1. *(Gelder)* to pay over; to transfer; →**Gewinne ~**; **Steuern an das Finanzamt ~** to pay taxes to the →Finanzamt; **an den Reservefonds ~** to pay into the reserve fund

abzuführender Gewinn profit to be transferred

abführen 2. *(wegführen)*, **jdn zur Haft ~** to take a p. into custody; **den Gefangenen ~ lassen** to order the prisoner to be taken away; to lead a prisoner to prison; **er wurde ins Gefängnis abgeführt** he was taken off to prison

Abführung paying over, payment; transfer; **~ e-s Gefangenen** taking a prisoner into custody; **~ von Steuern** payment of taxes

Abgabe 1. *(Finanzabgabe)* tax, duty, levy; charge; (Gemeindeabgabe) rate; **~n bei der Einfuhr** import charges, levies on imports; →**Kommunal~n**; →**Sozial~n**; →**Vermögens~**; →**Zölle und ~n**

Abgaben~, ~befreiung exemption (or immunity) from taxes (or duties); **~erhebung** collection of duties; **a~frei** exempt from taxes; exempt from charges; tax-exempt, tax-free; free from duty, duty-free; **~freiheit** →Abgabenbefreiung; **~ordnung** (AO)[7a] Tax Code, Fiscal Code; **a~pflichtig** taxable; dutiable, chargeable, liable to tax (or duty); *Br (hinsichtlich städtischer Abgaben)* rat(e)able; liable to (pay) charges; **~pflichtiger** person chargeable to taxes (etc); taxpayer

Abgabe, mit ~n belegen to impose duties on; **e-e ~ erheben** to levy a duty; to charge (or impose, raise) a levy

Abgabe 2. *(Abgeben, Abliefern)* delivery, handing over; *(Verkauf)* sale; *(Börse)* sale(s); **~ von →Angeboten; ~ e-r Erklärung** making a declaration (or statement); **~ von →Geboten; ~ e-r Rechtssache an das zuständige Gericht** transfer (or removal) of a case to the competent court; **~ e-r Steuererklärung** filing of a tax return; **~ seiner (Wahl-)Stimme** casting of one's vote, voting; **~ e-r Zollanmeldung** making (of) a customs declaration

Abgabedruck, unter ~ stehen *(bes. Börse)* to be under sales pressure

Abgabe~, ~frist →Abgabetermin; **~kurs** *(Börse)* selling rate *(Ggs. Ankaufskurs)*; **~land** *(bezüglich Arbeitskräfte)* country of origin; **~- und Rücknahmesätze für Geldmarktpapiere** selling and repurchase rates for money market paper; **~termin** delivery date, deadline; term for delivery (or filing); *(bei Ausschreibungen)* closing date; *Br* tenders (*Am* bids) will be accepted until ...

Abgang *(Abfahrt)* departure; *(Schiff)* sailing; *(Absendung)* dispatch; *(Ausscheiden)* leaving; *(VersR)* withdrawal, cancellation; *(Lebensvers.)* exit; *(von Arbeitskräften)* separation; *(Absatz)* sale; *(Abnahme)* decrease, reduction; *(Bilanz)* retirement; *(im Jahresabschluss)* disposal; **natürlicher ~ von Arbeitskräften** natural wastage of labo(u)r

Abgangs~, ~bahnhof station of departure; *(für Waren)* station of dispatch; **~flughafen** airport of departure; departure aerodrome; **~hafen** port of sailing (or departure); **~land** *(Luftverkehr)* country of departure; **~prüfung** leaving examination; **(monatl.) ~rate** *Am (der Arbeitnehmer)* separation rate; **~zeugnis** leaving (or final) certificate; diploma; **~zollstelle** customs office of departure

abgasarmes Auto low-emission car

Abgase, ~ und ihre Ableitung[8] exhaust fumes (or gases) and their venting; **→Luftverschmutzung durch ~ von Kraftfahrzeugmotoren**

Abgasnormen exhaust emission standards

abgeben *(übergeben)* to deliver, to hand in (or over); *(zur Aufbewahrung geben)* to deposit, to leave (bei with); *(einreichen)* to file, to submit; *(abtreten)* to cede; *(übertragen)* to make over, to transfer; *(aufgeben)* to resign; *(verkaufen)* to sell, to dispose of; **sich mit etw. ~** to concern (or occupy) oneself with; **Aktien ~** to sell shares; **e-e Erklärung ~** to make a declaration (or statement), to declare; **ein →Gutachten ~; seine →Meinung ~; sich mit →Politik ~; seine →Stimme ~**

abgegebene, ~ Stimmen votes cast (or polled); **die Mehrheit der ~n Stimmen erhalten** to receive a majority of the votes cast

Abgehen von der Wahrheit departure from the truth

abgehen 1. *(abfahren)* to depart, to leave, to start (nach for); *(Schiff)* to sail; *(abgeschickt werden)* to leave, to be dispatched (despatched), to be sent; **~ lassen** to send off, to forward, to dispatch (despatch)

abgehen 2. *(abweichen)* to deviate, to depart (von from); **von e-m Brauch ~** to depart from a custom; **von seiner eigenen Entscheidung ~** to alter (or go back on) one's (earlier) decision; to change one's mind; *Am* to overrule one's prior decision; **von der Wahrheit ~** to deviate from the truth

abgehen 3. *(von e-m Betrage)* to be deducted; to be allowed; **bei Barzahlung gehen 3 Skonto ab** a 3 cash discount will be given; 3 discount for cash (payment)

abgehen 4. *(Absatz finden)* to sell; to get sold; **gut ~** to sell well; to meet with a ready sale; **schwer ~** to sell badly (or with difficulty)

abgekartet collusive; preconcerted; **~e Sache** *sl.* put-up job

abgekürzt →abkürzen

abgelaufen →ablaufen

Abgeld disagio, discount

abgelten to pay (for); to compensate; **die Aufwendungen ~** to pay (or reimburse or cover) expenses

Abgeltung payment; compensation; **pauschale ~** lump sum payment; **zur ~ von Barleistungen** in lieu of cash; **~ e-s Urlaubs** payment in lieu (or to compensate for loss) of *Br* holiday *(Am vacation)*

Abgeordnete (der/die) deputy; delegate; *parl* representative; *Ger* Member of the →Bundestag (or →Landtag); *Br* Member of Parliament (M.P.); *Am* Member of the House of Representatives; Member of Congress (M.C.); Congressman; **der Herr ~** *(z.B. im Europäischen Parlament)* the hono(u)rable member; **(Versuch der) Beeinflussung von ~n** lobbying

Abgeordneten~, **~bank** bench; **~haus** *(Berlin)* Berlin City Parliament; **~sitz** parliamentary seat; **~wahl** parliamentary election; *Am* (Bundeswahl) Congressional election

abgeordneter Beamter *Br* official on secondment, seconded official

Abgesandte (der/die) delegate; *(mit geheimem Auftrag)* emissary

abgeschlossen →abschließen

abgeschnitten →abschneiden

abgesichert →absichern

abgesondert →absondern

abgestimmt →abstimmen

abgewichen →abweichen

abgewiesen →abweisen

abgeworfen →abwerfen

abgleiten *(Preise, Kurse)* to slide, to slip; to decline, to fall gradually; **die Währung gleitet ab** the currency is slipping

abgrenzen to delimit, to demarcate, to determine (or fix) the limits of; *(Begriffe)* to define; **jds Vollmachten ~** to define sb.'s powers

Abgrenzung delimitation, demarcation; *(Begriffe)* definition; **~ der Steuerhoheit** *(DBA)* delimitation of taxation powers; **~svereinbarung mit Warenzeichen** trademark differentiation agreement

Abgruppierung downgrading (of a job)

abhaken *Br (Posten)* to tick (off), to put a tick against; *Am* to check off; *(Zahl der Stücke)* to tally; **e-n Namen auf e-r Liste ~** to tick (or check) off a name on a list

abhalten *(Versammlung etc)* to hold; **jdn ~ von** to keep (or debar, prevent, restrain) sb. from; **e-e Sitzung ~** to hold a session; to be in session; to sit; **das Gericht hält e-e Sitzung ab** the court is sitting; **e-e Wahl ~** to hold an election; **abgehalten werden** *(Versammlung etc)* to be held, to take place

Abhaltung von Wahlen holding of elections

abhandeln *(herunterhandeln)* to beat down, to obtain an abatement; *(etw. wissenschaftlich darlegen)* to treat of, to deal with

abhanden kommen to be (or get) lost; to become missing (or lost); to be mislaid

abhandengekommen, an ~en Sachen - ausgenommen an Geld oder Inhaberpapieren - ist gutgläubiger Erwerb des Eigentums nicht möglich[9] delivery of lost articles to a transferee in good faith does not transfer ownership, unless the articles consist of money or bearer securities

abhandengekommen, e-n ~en Scheck →sperren

abhandengekommen, e-e ~e oder vernichtete Schuldverschreibung kann im Wege des Aufgebotsverfahrens für kraftlos erklärt werden[10] if a bearer bond is lost or destroyed, application may be made to the court in an →Aufgebotsverfahren for a declaration that the bond is null and void

abhandengekommen, ~e Urkunde lost (or missing) instrument; **~e Wertpapiere** lost (or missing) securities; **~ sein** to be lost (or missing)

Abhandlung treatise, paper; **kurze ~** essay

abhängen to depend, to be dependent (von [up]on); to be contingent (von [up]on); →**gegenseitig voneinander ~**; **von den Umständen ~** to be dependent on circumstances; **von jds Zustimmung ~** to be subject to sb.'s approval

abhängig dependent, dependant; contingent (von [up]on); **gegenseitig ~** interdependent; **~e Angehörige** dependants; dependent relatives; **~→Beschäftigte**; **~e Erwerbsperson** person in paid employment; employee; **~e Gebiete**[11] non-self-governing territories; **~e Gesellschaft** controlled company; **~er Patentanspruch** dependent claim; **~e und herrschende Unternehmen** controlled and controlling enterprises; **etw. ~ machen von** to make sth. dependent (or conditional, contingent) (up)on; **von einander ~ sein** to be mutually dependant, to depend on each other; to be interdependent; **von jds Zustimmung ~ sein** to be subject to sb.'s approval

Abhängigkeit dependence, dependency (von [up]on); →**gegenseitige ~**; **übermäßige ~** overdependence; **~ von Einfuhren** dependence on imports; **die ~ von Öleinfuhren verringern** to reduce the dependence on imported oil

Abhängigkeitsverhältnis dependent condition; state of dependence; **in e-m ~ stehen zu** to be dependent (up)on

Abheben *(Flugzeug)* take-off

abheben, die Dividende ~ to collect the dividend; **Geld von der Bank ~** to withdraw (or take out) money from the bank; **Geld von seinem Konto ~** to draw money from (or on) one's account; to withdraw money from one's account; **Zinsen ~** to collect interest

abgehoben *(Geldbetrag)* withdrawn; *(Dividenden)* cashed, collected; **nicht ~e Dividende** unclaimed dividend

Abhebung *(von Geld)* withdrawal; **~ vom laufenden Konto** withdrawal (or drawing) from the current account; **Bar~** cash withdrawal; **Einlagen und ~en** deposits and withdrawals

Abhebungsformular withdrawal form

abhelfen to redress, to remedy; **e-m Bedürfnis ~** to meet a need; **e-r Beschwerde ~** →Beschwerde 1., 2. u. 4.

abgeholfen, der Beschwerde wird ~ the appeal is allowed; **wenn der Beschwerde ~ wird** *(europ. PatR)* in the event of interlocutory revision *(→Beschwerde 1.)*

Abhilfe redress, relief; *(rechtlich od. prozessual)* remedy; **~ e-r Beschwerde** *(europ. PatR)* interlocutory revision; **~ gewährend** remedial; **~ schaffen (od. treffen)** to take corrective action (or measures); to take remedial action; to find remedies

abholen to collect, to call for, to (go and) fetch; to pick up; **etw. ~ lassen** to send for sth.; to have sth. collected; **jdn von der Bahn ~** to meet sb. at the station; to pick sb. up at the station; **das Gepäck vom Bahnhof ~** to collect (or claim) the luggage (or baggage) from the station; **die Post ~** to call for the mail

abgeholt collected; picked up; called for; **nicht ~er Brief** unclaimed letter; **nicht ~e verlorene Sachen** unclaimed lost property

Abhol~, ~fach post-office box (P.O. Box); **~gebühr** collecting (or collection) charge (or fee)

Abholung collection, collecting; pickup; **~ der Post** collection of the mail

abholzen to deforest, *Am* to disafforest; to clear (of timber)

Abholzung clearing of forests

Abhör~, ~aktion wiretapping action (or operation); **~anlage** telephone tapping equipment; (electronic) surveillance device, eavesdropping device; bugging device (or installation); **~skandal** wiretapping (or bugging) scandal

Abhören monitoring; *(mittels „Wanzen")* bugging, eavesdropping; **~ von Telefongesprächen** telephone tapping; interception of telephone calls

abhören to monitor; to bug; to tap (a telephone), to wiretap

Abitur school-leaving examination *(qualifying for admission to a university)*; *Br (etwa)* examination for the General Certificate of Education (G.C.E.) (A-level); *Am (etwa)* final high school exam necessary for graduation; **das ~ machen** to pass the Abitur

Abiturient, ~in candidate for the →Abitur; **~enzahl** number of candidates for the →Abitur; **~enzeugnis** (general) school leaving certificate (at advanced level); *Am (etwa)* high school diploma; graduation certificate

Abkehr, völlige ~ *(von e-r Meinung, Politik etc)* volteface, about-face

abklingende Konjunktur declining economic activity

Abkommen 1. *(VölkerR)* agreement, convention *(cf. Übereinkommen)*; →**Doppelbesteuerungs~**; →**Handels~**; **~ über handelsbezogene Aspekte des geistigen Eigentums** Agreement on the Trade Related Aspects of Intellectual Property Rights (TRIPS); →**Sonder~**; →**Steuer~**; →**Verwaltungs~**; →**Zusatz~**

Abkommen; →**Geltungsbereich e-s ~s**; →**Laufzeit e-s ~s**; →**Verlängerung e-s ~s**; →**Vertragsstaaten e-s ~s**

Abkommens~, ~entwurf draft convention (or agreement); **~länder** agreement countries

Abkommen, ein ~ ändern to amend an agreement (or convention); **ein ~ aufheben** to terminate an agreement; **ein ~ aushandeln** to negotiate an agreement; **e-m ~ beitreten** to accede (or adhere) to an agreement; to join a convention; **die Vorschriften e-s ~s durchführen** to carry out the provisions of an agreement; **ein ~ ergänzen** to supplement an agreement; **dieses ~ erstreckt sich nicht auf** the present Convention does not apply to; **unter ein ~ fallen** to be subject to a convention; to be governed by an agreement; **dieses ~ gilt für** the present Agreement shall apply to; **dieses ~ tritt am Tage seiner Unterzeichnung in Kraft** the present Agreement shall come into force (or become operative) on the date of signing (or signature thereof); **ein ~ →kündigen**; **das ~ läuft ab** the agreement is terminated; **ein ~ schließen** to make (or conclude) an agreement; **ein ~ verlängern** to extend a convention

Abkommen 2. *(Vereinbarung)* agreement, arrangement, settlement; **mit seinen Gläubigern ein ~ treffen** to come to an arrangement (or enter into composition) with one's creditors *(→Vergleich)*

abkommen, vom eigentlichen Thema ~ to deviate from the main subject

abkömmlich, nicht ~ sein to be engaged

Abkömmling descendant; **~e** descendants, issue, offspring; **~e in gerader Linie** lineal descendants; descendants in direct line *(s. gesetzliche →Erben)*; **eheliche ~e** legitimate offspring (or descendants)

Abkühlung cooling off; **~ der Hochkonjunktur** cooling off the boom; **~ des Konjunkturklimas** cooling off of the economic climate; **~svertrag** *(ArbeitsR)* cooling off contract; **~szeit** *(ArbeitsR)* cooling off period

abkürzen to shorten, to abbreviate; *(Inhalt)* to abridge; **e-e Frist ~** to shorten a period of time

abgekürzt abridged, abbreviated; **~e Lebensrente** temporary (life) annuity; **~e →Lebensversicherung**; **~es Verfahren** summary procedure (or proceedings); **~e Versicherung** (Versicherung auf Zeit) time insurance

Abkürzung shortening, abbreviation; abridg(e)ment; **~sverzeichnis** list of abbreviations; **~ der Versicherungsdauer** shortening of the insured term; shortening of the period of (insurance) cover (or *Am* coverage)

Ablade~, **~gewicht** weight loaded; **~hafen** port of discharge (or shipment); **~kosten** unloading charges; **~ort** place for unloading

Abladen, heimliches ~ *(von Abfall)* midnight dumping

abladen to unload, to discharge; to ship; *(Schüttgut od. Abfallstoffe)* to dump

Ablader unloader; *(Seefrachtgeschäft)* shipper

Ablage *(das Ablegen)* filing; *(das Abgelegte)* letters (or records) filed; **~korb** letter tray; **~system** filing system

ablassen *(jdm etw. verkaufen)* to let (sb.) have; *(den Preis herabsetzen)* to reduce (or abate) the price; to allow a reduction in price; *(Flüssigkeit)* to discharge; **jdm etw. vom Preise ~** to reduce the price for sb.

Ablauf *Br (Beendigung) bes.* expiry, *bes. Am* expiration; lapse; completion, termination, determination; *(Verlauf)* course; *(Abfluss)* discharge, outflow; **bei ~ von** at the expiration of; **durch ~** *(VersR)* by maturity; **nach ~ von** after (or upon) the expiration of; upon completion of; **nach ~ von 2 Jahren** after 2 years; at the end of a 2-year period; **vor ~ von** before (or prior to) the expiration of; **vor ~ von 2 Jahren** within a 2-year period; before the end of 2 years

Ablauf, **~ e-s Abkommens** expiry of an agreement; **~ der Amtszeit** expiration (or expiry) of the term of office; **~ der Dienstzeit** completion of service; **~ e-r Frist** expiry (or expiration) of a period (or time limit); end (or termination) of a period (or time limit); **mit ~ der in § 1 bezeichneten Frist** on the expiry of the time specified in section 1; **1 Monat nach ~ der Frist** one month after the expiry of the time limit; **10 Tage vor ~ der Frist** 10 days before the expiry of the time limit; 10 days preceding the expiration of the time limit; **nach ~ e-r angemessenen Frist** when a reasonable time has elapsed; **nach ~ der Kündigungsfrist** after the period of notice has run out (or expired); after expiry of the period of notice

Ablauf, **~ der Mietzeit** expiry (or expiration) of the lease; **nach ~ der Pacht** when the lease has expired; **~ e-s Patents** expiry (or expiration) of a patent; **~ e-r Police** expiry (or expiration) of a policy; **~ der Strafzeit** expiration of the prison sentence; after the (prison) sentence has been served; **~ e-s Vertrages** expiry (or expiration) of a contract (or an agreement); **~ e-s Waffenstillstandes** expiration of a truce; **~ e-s Wechsels** maturity of a bill

Ablauf~, **~diagramm** *(graphische Darstellung von Arbeitsabläufen)* flow chart; block diagram; **~frist** term of expiration; (date of) maturity; **~leistung** *(VersR)* maturity benefit

Ablaufhemmung[12] suspension of expiration of prescription; *Am* tolling of the statute of limitations (during a period of legal incapacity of the claimant, e.g. during minority)

Ist eine geschäftsunfähige oder in der Geschäftsfähigkeit beschränkte Person ohne gesetzlichen Vertreter, so wird die gegen sie laufende Verjährung nicht vor dem Ablauf von 6 Monaten nach dem Zeitpunkt vollendet, in welchem die Person unbeschränkt geschäftsfähig wird oder der Mangel der Vertretung aufhört.

If a person lacking legal capacity or having limited legal capacity has no legal representative, the time running against him cannot be completed until six months after the date on which he or a representative acquires legal capacity.

Ablaufs~, **~planung** scheduling; **~termin** date of expiry (or expiration); (date of) maturity

Ablauf, der ~ wird gehemmt time ceases to run (for purposes of limitation)

ablaufen *(zu Ende gehen)* to expire, to come to an end, to terminate; *(Pacht, Pass etc)* to run out; to elapse, to lapse; *(Wechsel)* to fall (or become) due; *(sich abwickeln)* to proceed; **das Abkommen läuft ab** the agreement is terminated; **die Frist läuft ab** the period expires; **der Vertrag läuft ab** the contract expires (or is terminated)

abgelaufen expired; run out; **(noch) nicht ~** unexpired; **~e Frist** expired period (of time); **~es Geschäfts- (od. Haushalts)jahr** preceding (or last, past) *Br* financial (*Am* fiscal) year; **~es Patent** expired patent; **~er Scheck** stale cheque (check); **~er Wechsel** overdue bill (or draft); **die Miete (od. Pacht) ist ~** the lease has run out; **der Wechsel ist ~** the bill (or draft) has fallen (or become) due; the bill (or draft) has become payable

Ableben death; demise; **beim ~** (des/der) on the death (of)

Ablege~, **~fach** →Fach 2.; **~system** →Ablagesystem

ablegen 1. *(Akten, Briefe)* to file; to pigeon(-)hole; **Briefe nach dem Datum ~** to file letters in order of date; **falsch ~** to file incorrectly; to misfile; **nach Sachgebieten ~** to file by subject

abgelegt filed; **~e Akten** dead files; *Am (auch)* stored files; **ein Brief wird ~** a letter is (or gets) filed; *(in die Akten eingeheftet)* a letter is put into the file

ablegen 2. *(etw. leisten)*, **e-n Eid ~** to swear (or take) an oath; **ein →Geständnis ~**; **Rechenschaft ~** to render account (über of); to account (über for); **Zeugnis ~** to give (or bear) evidence

ablegen 3. *fig* to give up; **e-n Namen ~** to give up using a name

Ablegung, **~ e-s Eides** taking (or swearing of) an oath; **Rechenschafts~** rendering (of) accounts

ablehnen 1. to refuse, to reject, to decline; to deny; to disclaim; **ein Angebot ~** to reject (or decline) an offer; **e-n Antrag ~** to refuse (or reject, dismiss, turn down) an application (or a petition); *(durch das Gericht)* to reject (or deny) a motion; *(VersR)* to decline a proposal; *(in e-r beratenden Versammlung)* →Antrag 4.; **e-n Antrag durch Abstimmung ~** to vote down a motion; **e-n Gesetzesentwurf ~** to defeat (or reject, throw out) a bill; **die →Haftung ~**; **e-n Kandidaten ~** to refuse a candidate; **die Verantwortung ~** to decline (or disclaim) responsibility

ablehnendes Gutachten adverse (or unfavo[u]rable) opinion

abgelehnt, **der Antrag wurde ~** *parl* the motion was rejected (or defeated); the noes had it

ablehnen 2. *(ProzessR)* to challenge; *Am (auch)* to disqualify; to object to; **sich selbst ~** to disqualify oneself; **e-n Geschworenen ~** to challenge (or reject) a juror; **die Geschworenen ~** to challenge the array; **e-n Richter wegen Besorgnis der Befangenheit ~** to challenge (*Am auch* disqualify) a judge (from sitting in a proceeding) on grounds of (possible) bias *(→Befangenheit)*; **beantragen, e-n Richter abzulehnen** to move to challenge a judge; **e-n Sachverständigen ~** to object to an expert

abgelehnt, **der ~e Geschworene** the juror objected to; **der ~e Richter** the challenged judge

Ablehnung 1. refusal, rejection, decline, denial; disclaimer; **~ eines Amtes** refusal of an office; **~ e-s Angebots** refusal (or decline, rejection) of an offer; **~ e-s Antrags** rejection of a motion; **~ e-s Gesuchs** refusal of a request (or a petition); **~ der Haftung** denial (or disclaimer) of liability; **~ der Verantwortung** denial (or abdication) of responsibility; **~ der Vertragserfüllung** repudiation of the contract; **~sandrohung** warning of refusal; **~sbescheid** notice of rejection; **die ~ e-s Gesetzesentwurfs beantragen** to move the rejection of a Bill; **e-e ~ erfahren** to receive a refusal

Ablehnung 2. *(ProzessR)* challenge; disqualification; objection (to); **~ e-s Geschworenen** challenge of (or objection to) a juror; **~ von Mitgliedern der Beschwerdekammer** *(Europ. PatR)* objection to members of the Board of Appeal *(→Befangenheit)*; **~ e-s Richters**[13] challenge (*Am auch* disqualification) of a judge on statutory grounds, or on the ground of (probable) bias and prejudice of the judge[14] *(→Befangenheit)*; **bei ~ e-s Richters durch eine Partei** should a judge be challenged by one of the parties; **~ e-s Schiedsrichters** challenging (or objection to) an arbitrator; **~ e-s Zeugen** objection to a witness; *Am* recusatio testis

Ablehnungs~, **~gesuch** motion (or application) to disqualify a judge (etc); **~grund** reason for objection; ground for disqualifying a judge (etc)

ableichtern to lighten

ableisten den →Wehrdienst ableisten

Ableistung e-s Versicherungszeitraums completion of an insurance period

ableiten *(wegleiten, z. B. Abfälle ins Meer)* to discharge; *(herleiten)* to derive (von from)

abgeleitet, **~es Einkommen** derived income; **~e Gesetzgebung** delegated (or secondary) legislation; **~e Nachfrage** derived demand

Ableitung *(Wegleitung)* discharge; *(Herleitung)* derivation; *(Folgerung)* deduction; **~ von Abfällen ins Meer** discharge of waste at sea

ablenken, **den Verdacht von sich ~** to divert suspicion from oneself

Ablenkung *fig* diversion; **~smanöver** diversionary operation; red herring

Ablesung *(e-s Instruments)* (meter) reading

ableugnen, **eidlich ~** to deny on oath; **die Vaterschaft ~** to deny paternity

Ableugnung denial

ablichten to photocopy

Ablichtung photocopy

abliefern to deliver; to hand over; **Waffen ~** to surrender weapons

Ablieferung delivery; handing over; surrender

Ablieferungs~, **~frist** delivery date, period allowed for delivery; **~gewicht** delivery weight, weight delivered; **~nachweis** proof of delivery; **~pflicht** obligation (*or* duty) to deliver (or surrender); **~ort** place of delivery; **~quote** delivery quota; **~soll** delivery quota, delivery obligation; required delivery

Ablistung des Erbanteils *(von unerfahrenen Erben)* catching bargain

ablösbar redeemable; commutable; **nicht ~e Rente** irredeemable annuity

ablösen 1. *(durch Geld)* to redeem; to commute; to pay off, to repay; **e-e Anleihe ~** to redeem a loan; **e-e Hypothek ~** to redeem (or discharge) a mortgage; to pay off (or repay) a mortgage debt; **ein Pfand ~** to redeem a pledge; **e-e Rente durch Kapitalabfindung ~** to commute an annuity into (or for) a lump sum

ablösen 2. *(ersetzen)* to supersede, to replace; to relieve; **einander ~** to take turns (with); to relieve one another

Ablösung 1. *(Tilgung, Abgeltung)* redemption; commutation; paying off, repayment; **~ von Krediten** repayment of credits

Ablösungs~, **~anleihe** redemption loan; **~berechtigter** party entitled to commutation (or redemption); **~berechtigung** entitlement to redemption (or commutation)

Ablösungsfinanzierung redemption financing, commutation financing
Finanzierungsmaßnahmen eines Unternehmens zur Ablösung von Fremdkapital durch Eigenkapital.
Financing measures of an enterprise to redeem (or replace) outside capital with its own capital (or resources).

Ablösungsrecht[15] right of redemption (of a third party [e. g. the mortgagor] whose rights are threatened by execution against his creditor); right (of a third party) to substitute performance

Ablösungsschuld redemption debt; commutation debt

Ablösung 2. *(Wechsel bei der Arbeit, Ersatz)* relief; replacement (durch by); **~ e-s Abkommens** *(VölkerR)* replacement of an agreement

ABM-Vertrag (Vertrag über die Begrenzung der Systeme zur Abwehr ballistischer Flugkörper) ABM-Treaty (Treaty on the Limitation of Anti-Ballistic Missile Systems)

abmachen to agree (upon), to arrange; *colloq.* to settle; *(vertraglich)* to stipulate; **e-n Preis ~** to agree upon a price; *(etw.)* **mündlich ~** to make a verbal agreement; **etw. schriftlich ~** to agree upon sth. in writing; **mit jdm etw. ~** to come to an agreement (or arrangement) with sb.

abgemacht agreed; settled; **~er Preis** agreed (or settled) price; price agreed upon

Abmachung agreement, arrangement; understanding; deal; *(vertraglich)* stipulation; *(VölkerR)* memorandum of understanding; **bindende ~** binding arrangement; →**finanzielle ~**; **laut ~** according to agreement; **vorherige ~** prearrangement; **e-e ~** nicht →einhalten; **e-e ~ treffen** to make (or enter into) an agreement (or arrangement) (über for or about sth.)

Abmahnung *(eines Konkurrenten)* cease-and-desist letter

Abmarkung *(NachbarR)*[16] boundary marking *(s. Errichtung od. Wiederherstellung von →Grenzzeichen)*

Abmelde~, **~bescheinigung** certificate of departure (or removal); certificate of registration of sb.'s change of address (issued by the local authority); **~formular** form for giving notice of one's departure (or removal, or change of address)

abmelden *(EDV)* to log off (or out); to terminate one's on-line to a computer; **sich polizeilich ~** to notify the police of one's departure (or removal, or change of address)

Abmeldung notice of withdrawal (or nonattendance); **~ e-s Kraftfahrzeugs** *(bei nur vorübergehender Stillegung)* application for temporary cancellation of the registration of a motor vehicle *(while it is not used or kept on a public road)*; **polizeiliche ~** *(im Melderegister)* notice of sb.'s departure (or removal, or change of address)

abmessen to measure; *(land)* to survey

abmustern, **Seeleute ~** to discharge (or pay off) seamen

Abnahme 1. *(Entgegennahme)* acceptance, accepting, taking (from sb.); *(Ware)* taking delivery (of); *(Kauf)* purchase, buying; **~ e-s Eides** administration of an oath, administering an oath; **~ der Waren** collection of goods; **~ des Werkes** *(beim Werkvertrag)*[17] acceptance of the completed work

Abnahme, **gute ~ finden** to sell well; **die ~ vertragswidriger Waren verweigern** to reject the goods which do not conform to the contract

Abnahme~, **~bedingungen** terms of acceptance; terms for taking delivery; **~bescheinigung** certificate of acceptance; **~frist** time for taking delivery (of); deadline for acceptance; **~garantie** purchasing guarantee; *(für e-e Effektenemission)* underwriting guarantee; **~pflicht**

des Bestellers *(beim Werkvertrag)*[18] obligation (or duty) of the customer to accept the completed work; **~pflicht des Käufers** obligation of the purchaser to take delivery (of the goods); **~prüfung** acceptance test; **~verpflichtung** duty of acceptance; obligation to accept (the goods); **~verweigerungsrecht** *(des Käufers)* right of rejection; **~verzug** *(beim Kauf)* default in taking delivery *(→Gläubigerverzug)*; *(beim Werkvertrag)* delay in taking over

Abnahme 2. (nach Besichtigung) acceptance (after inspection); (final) inspection; **~kontrolle** check on taking delivery; quality control (or inspection); **~prüfung** acceptance test

Abnahme 3. *(Verminderung)* decrease, decline, diminution, shrinkage, slackening; **→Bevölkerungs~**; **~ des Absatzes** decline in sales; **~ der Geschwindigkeit** slackening of speed, deceleration

Abnahme 4. *(Entfernen)*; **~ des Siegels** removal of (or taking off) the seal

abnehmen 1. *(entgegennehmen)* to accept, to take (from sb.); *(Ware)* to take delivery (of); *(abkaufen)* to buy (or purchase) (from); *(nach Besichtigung, z. B. Neubau)* to accept, to inspect, to pass after inspection; **jdm e-n Eid ~** to administer an oath to a p.; **jdm die Verantwortung ~** to relieve a p. of responsibility; **Waren nicht ~** to reject goods

abnehmen 2. *(geringer werden)* to decrease, to decline, to diminish, to fall off, to shrink, to slacken; *(an Wert)* to dwindle

abnehmend, **~e Bevölkerung** declining population; **~e Tendenz** downward tendency (or trend)

abgenommen, **die Mitgliederzahl hat ~** the number of members has decreased; **die Produktion hat bedeutend ~** production has gone down (or declined) considerably

abnehmen 3. *(entfernen)*; **den Hörer ~** *tel* to lift (or take up) the receiver; **das Siegel ~** to remove (or take off) the seal

Abnehmer buyer, purchaser; taker; customer; recipient; *(von Strom, Gas etc)* consumer, user; **ausländischer ~** foreign customer (or recipient); **~kreis** customers; **~land** buyer (or customer) country; **~land der Bundesrepublik Deutschland** country buying from the Federal Republic of Germany; **~zahl** number of customers; **~ finden** to find customers; **~ sein von** to be in the market for

abnutzbar depreciable; subject to wear and tear

abnutzen to wear out (by use); **sich ~** to wear out; to get worn out; *(Münzen)* to abrade

Abnutzung *(durch Gebrauch)* wear and tear; abrasion; attrition; *(Substanzverringerung)* depletion; **→Absetzung für ~**; **~skrieg** war of attrition; **der ~ unterliegen** to be subject to wear and tear

Abonnement subscription; **im ~** by subscription; **Jahres~** annual subscription; **Theater~** theatre (*Am* theater) season ticket

Abonnement, **sein ~ aufgeben** to give up (or drop) one's subscription; **ein ~ nehmen** to subscribe (to), to become a subscriber (to); **das ~ läuft ab** the subscription expires

Abonnements~, **~bedingungen** terms of subscription; **~erneuerung** renewal of subscription; **~fahrkarte** season ticket; *Am* commutation ticket; **~fahrpreis** cost of season ticket; *Am* commutation fare; **~fernsehen** pay-TV; **~karte** season ticket; subscription ticket; **~kündigung** subscription stop; **~preis** subscription price

Abonnent subscriber; *(Zeitkarteninhaber)* season-ticket holder; *Am* commuter; **~ e-r Zeitung** subscriber to (*Am auch* for) a newspaper; **~enliste** list of subscribers; **~enversicherung** *(Zeitschriftenversicherung)* subscribers' insurance; **~enwerber** subscription agent (or canvasser); **~en →werben**

abonnieren to subscribe (or to become a subscriber) (auf to, *Am auch* for); **e-e Zeitung ~** to subscribe to a (news)paper, to take out a subscription to a daily paper

abordnen to delegate, to depute; *mil* to detach, to detail; *Br* to second; **e-n Beamten ~** *Br* to second (*Am* to depute) an official

Abordnung delegation, deputation; body of delegates

abraten, **jdm dringend von etw. ~** to advise sb. strongly against sth.

abrechnen 1. *(Schlussrechnung aufstellen)* to account for; to settle (or balance) accounts; to file a statement of (one's) receipts and disbursements; *(im Clearing)* to clear; **mit jdm ~** to make (up) one's accounts with sb.; *(fig)* to settle (or square) accounts with sb.; **mit dem Kellner ~** to settle up with the waiter; **über Spesen ~** to account for one's expenses; to state one's expenses; **bitte rechnen Sie über das Ihnen anvertraute Geld ab** please account for the money entrusted to you; **wir werden monatlich miteinander ~** we shall settle accounts with each other monthly

abrechnen 2. *(abziehen)* to deduct, to allow; to make allowance (for); **ich bitte, die Spesen abzurechnen** please deduct the expenses; **für Tara 10 ~** to allow 10 for tare

Abrechnung 1. settlement of accounts; statement of account; (detailed) statement; account(ing); *(im Wertpapierhandel)* settlement; *Br* account; *(Kauf- od. Verkaufsabrechnung)* settlement note; **Erstellung falscher ~en** false accounting; **Gehalts~** salary statement; **laut ~** as per account rendered (or stated)

Abrechnung, ~ des Einkaufskommissionärs account purchases (A/P); **~ des Maklers** *(Börse)* contract sheet; **~ des Verkaufskommissionärs** account sales (A/S)

Abrechnung, e-e ~ machen to draw up a statement (of account); **e-e detaillierte ~ vorlegen** to submit a detailed statement of account

Abrechnungs~, ~kurs *Br (Terminbörse)* making up price; **~periode** →Abrechnungszeitraum; **~tag** *(Börse)* settlement (or settling) day; *Br* account day; *Br (im Devisenhandel)* value date; **~unterlagen** vouchers; **~zeitraum** accounting period; *(Börse)* settlement period; *Br* account period

Abrechnung 2. *(Abzug)* deduction, allowance; **nach ~ der Spesen** after deduction of (or deducting) expenses; **in ~ bringen** to deduct

Abrechnung 3. *(Aufrechnung gegenseitiger Forderungen der Clearingteilnehmer)* clearing; settlement; **~srücklage** clearing reserve; **~ssaldo** clearing balance; **~sstelle** clearing house; clearing office; *Am* agency effecting settlements; **~sverkehr** clearing (system)

Abrede agreement; *(KartellR)* arrangement; stipulation; *(vertragl. Zusicherung)* covenant; **Neben~** collateral (or subsidiary) agreement; **a~gemäß** according to agreement (or arrangement); **in ~ stellen** to deny; **mit jdm e-e ~ treffen** to come to an agreement (or arrangement) with sb.

abreißen, ein altes Haus ~ to pull down (or demolish) an old house

Abriss *(kurze Zusammenfassung)* abstract, abridg(e)ment; summary; outline

Abrogation abrogation (entire repeal or annulment of a law)

abrogieren to abrogate, to annul, to repeal

Abruf call, calling (off); *pol* recall; **Euro-~ durch den Internationalen Währungsfonds** Euro-calling by the IMF; **Kredit auf ~** credit on (or at) call; **~ von Daten** *(EDV)* retrieval of data

Abrufdarlehen callable loan (or credit); loan (or credit) on (or at) call

abrufbares Kapital callable capital

abrufen to call; *pol* to recall; **jdn ~ von** *(e-r Sitzung etc)* to call sb. away; **Daten ~** *(EDV)* to retrieve data; *(bewilligte)* **Mittel ~** to call for funds; **e-n Streik ~** to call off a strike

abrunden to round off; **e-n Betrag nach oben (unten) ~** to bring an amount up (down) to round figures

abrüsten to disarm

Abrüstung disarmament; reducing armaments; **atomare ~** nuclear disarmament

Abrüstungs~, ~gespräche disarmament talks; **~kontrolle** disarmament control; **~verhandlungen** negotations on disarmament

Absatz 1. *(Abschnitt)* paragraph; **Einteilung in Absätze** paragraphing; dividing into paragraphs; **Unter~** subparagraph; **~ e-s Gesetzes(textes)** sub-section (or paragraph) of a law; **der ~ lautet** the paragraph reads; **e-n ~ machen** to make a new paragraph

Absatz 2. *(Verkauf)* sale(s), marketing; distribution; **~berater** marketing consultant

Absatz , ~ finden to find a (ready) market; to find an outlet; to be saleable; **guten (od. schnellen) ~ finden** to sell well (or quickly, readily); **dieser Artikel findet keinen ~** this article does not sell; there is no market for this article; **dieser Artikel hat reißenden ~ gefunden** this article sells rapidly; **der ~ ging leicht zurück** sales declined slightly

Absatz~, ~analyse sales (or marketing) analysis; **~aufteilung** division of markets; **~bedingungen** marketing conditions, conditions under which goods are marketed; **~bemühungen** sales efforts; efforts to promote sales; **~chancen** sales prospects (or opportunities); **~einbuße** loss of sales, drop in sales; **~entwicklung** sales development; **~ergebnis** sales revenue; **a~fähig** sal(e)able, marketable; **~finanzierung** sales financing *(→Factoring)*; **~flaute** *Br* slackness (*Am* slack) in sales; slump in sales; stagnating sales; **~förderung** sales promotion, trade promotion; **~forschung** market(ing) research; **~garantie** sales guarantee; **~gebiet** marketing area; sales (or selling) area (or district, territory); market; outlet (for sales); **~genossenschaft** marketing cooperative *(Br society)*; **~höhe** level of sales; **~kartell** marketing cartel, sales cartel; **~kosten** sales (or distribution) costs; selling costs; marketing costs; **~krise** sales crisis; **~lage** market(ing) situation, sales situation; **~lenkung** sales control

Absatzmarkt (selling) market, outlet (for sales); **~ für industrielle Erzeugnisse** industrial market; **Aufteilung der Absatzmärkte** division of markets

Absatz~, ~methoden marketing methods, marketing techniques; **~möglichkeiten** sales (or marketing) possibilities (or opportunities); **~monopol** sales monopoly; **~orientierung** marketing orientation; **~plan** sales plan (or budget); **~planung** marketing; sales planning; **~politik** sales policy, marketing policy; merchandising; **~prognose** sales forecast; **~quote** sales quota; **~risiko** marketing risk; **~rückgang** sales decline; decrease in sales; **~schwan-**

kungen sales fluctuations; **~schwierigkeiten** sales difficulties; **~steigerung** increase in sales; **~stockung** stagnation (or flagging) of sales; stagnant market; **~struktur** market(ing) structure, sales structure; **~verhältnisse** market situation; **~weg** marketing channel; channel of distribution; **~wesen** marketing; **~wirtschaft** marketing (system)

absatzwirtschaftlich, **~e Maßnahmen** marketing operations; **~er Verband** marketing association; **Internationale A~e Vereinigung** International Marketing Federation (IMF)

abschaffen to abolish, to do away with; to abrogate, to repeal (by authority); to eliminate; *(allmählich)* to phase out; **Zölle ~** to abolish (or remove) customs duties

Abschaffung abolition; abrogation, repeal (by authority); *(allmählich)* phasing out; **~ der Sklaverei** abolition of slavery *(→Sklaverei)*; **~ e-r Steuer** repeal of a tax; **~ der Zwangsarbeit** abolition of forced labo(u)r

abschätzbar appraisable; assessable; rat(e)able

abschätzen to appraise, to make an appraisal (or appraisement), to assess, to evaluate, to value, to make a valuation (of), to estimate; *Br* to rate; **den Grundstückswert ~** to value land (or property); **Meinungen ~** to assess opinions; **den Schaden ~** to estimate the damage (auf at); to assess the loss; **Vermögen zur Besteuerung ~** to assess (or appraise) property for taxation; **den Wert ~** to estimate (or appraise, assess) the value

Abschätzer appraiser; *Br* valuer

Abschätzung appraisal, appraisement, assessment, evaluation, valuation, estimation; rating; **~ des Grundbesitzes zur Berechnung der Kommunalsteuer** valuation for local tax; **~ des Risikos** risk evaluation; **~ des Schadens** estimate of (the) damage (auf at); **~ durch e-n Sachverständigen** valuation by an expert; *Am* expert appraisal

Abschätzungsklausel *(VersR)* appraisal clause

Abschiebehäftling person kept in custody pending deportation after refusal of asylum

abschieben, **e-n lästigen Ausländer ~** to deport an undesirable alien

Abschiebung, **~ von Ausländern**[19] deportation of aliens; **~sbefehl** deportation order; **~shaft** custody to secure deportation

Abschied parting, farewell; *mil* resignation; **~sbesuch** farewell (or leave-taking, parting) visit; **~srede** farewell speech; **den ~ erhalten** *mil* to be placed on the retired list; **s-n ~ nehmen** to retire; *mil* to resign one's commission

abschirmen to screen, to shield; **den Markt ~** to shield the market

Abschirmdienst, **Militärischer ~** (MAD) Military Counter-Intelligence Service

Abschlag 1. *(Disagio)* disagio, discount; *(bei Börsenkursen)* marking down of (or reduction in) share prices (due to the deduction of dividends or subscription rights); share prices ex dividend and/or ex subscription rights; **Bezugsrechts~** deduction of (or ex) subscription rights; **Dividenden~** deduction of (or ex) dividend

Abschlag 2. *(Teilzahlung)*, **auf ~** on account; **~sdividende**[19a] dividend on account, interim dividend; partial dividend; **~sverteilung**[20] preliminary distribution of liquid assets of bankrupt's estate; **~szahlung** *(Teilzahlung)* payment on account; part(ial) payment; down payment; payment by instal(l)ments, instal(l)ment (payment); **auf ~ zahlen (od. e-e ~szahlung machen)** to make a part(ial) payment; to pay on account

abschlagen *(ablehnen)* to refuse; to decline

abschlägig negative; **~e Antwort** negative reply; refusal; **ein Gesuch ~ bescheiden** to refuse (or reject, decline) a request; to answer in the negative; **~ beschieden werden** to meet with a refusal; to have one's application (or request) denied

abschleppen, **ein betriebsunfähiges Fahrzeug ~** to tow off a vehicle in an unserviceable condition

Abschleppkosten expenses for towing off a car

Abschleppwagen tow truck

abschließen to conclude, to effect; *(Konten, Bücher)* to close, to balance; *(beenden)* to terminate, to complete; *(verschließen)* to lock (up); *(allmählich)* to phase out; **ein Abkommen ~** to conclude an agreement; **seine Ausbildung ~** to complete one's training (or education); **ein →Geschäft ~**; **mit →Gewinn ~**; **e-n Mietvertrag ~** to sign a lease; **Vereinbarungen ~** to close agreements; **Verhandlungen ~** to terminate negotiations; **die Verhandlungen erfolgreich ~** to conclude the negotiations successfully; **e-n Vertrag ~** to enter into (or conclude, make, sign) an agreement (or a contract); *(VölkerR)* to conclude a treaty; **zu diesem Preis kann ich nicht ~** I cannot close the deal at this price

abschließend final(ly); concluding; in conclusion; **~es Ergebnis** final result; **~e Feststellungen** concluding statements

abgeschlossen *(Wohnung)* self-contained; *(Ausbildung etc)* completed, finished; *(Vertrag, Geschäft)* concluded; **einige Geschäfte wurden ~** *(Börse)* a few transactions took place; **der Ver-**

trag wird auf die Dauer von 3 Jahren ~ the contract is concluded (or entered into) for (a period [or term] of) 3 years; **zwischen ... ~er Vertrag** agreement entered into between ...

Abschluss 1. conclusion; *(Konten, Bücher)* closing, balancing; *(Beendigung)* termination, completion; (Geschäfts~) transaction, deal; (Jahres~ →Abschluss 2.); *(Börse)* →Abschluss 3.; **Abschlüsse** sales, business done; **nach ~ der Ausbildung** after completion of training (or schooling, education); **neuer ~** new business; **bei ~ unserer Bücher** in closing (or at the closing of) our books (or accounts); **~ e-s Vergleichs** conclusion of (or effecting, making) a compromise; conclusion of an amicable settlement; **erfolgreicher ~ der Verhandlungen** successful conclusion (or completion) of negotiations; **~ e-s Vertrages** entering into (or signing) an agreement; conclusion (or making) of a contract; *(VölkerR)* conclusion of a treaty

Abschluss, mit e-m ~ abgehen *Am (Schule)* to graduate; **e-e Sache zum ~ bringen** to bring a matter to a conclusion (or completion); **schrittweise zum ~ bringen** to phase down; **über den ~ e-s Vertrages verhandeln** *(VölkerR)* to negotiate a treaty

Abschluss~, ~agent commercial agent (esp. insurance agent) authorized to conclude contracts; *Br* underwriting agent; **~bericht** final report; **~examen** →Abschlussprüfung; **~freiheit** freedom to contract; **~jahr** contract year; **~kosten** *(VersR)* acquisition costs; **~kurs** *(Börse)* trading price

Abschlussort place of contracting; place where contract is made; place of signature; **Recht des ~es** *(IPR)* lex loci contractus

Abschluss~, ~provision sales commission; *(VersR)* acquisition commission, new business commission; **~prüfer** →Abschluss 2.

Abschlussprüfung *(Buchprüfung)* auditing; *(Schule)* (school leaving) examination; *(Universität, Berufsausbildung)* final examination, finals; **Ablegen e-r ~** passing of a final examination; **e-e ~ an e-r höheren Schule machen** to sit for a leaving examination at a grammar (*bes. Am* high) school

Abschluss~, ~verweigerung refusal to deal; **~vollmacht** authority to conclude a contract; **~zahlung** final payment; *(Schlussrate)* final instal(l)ment; **~zeugnis** *Br* leaving certificate; *Am* graduation certificate, diploma (z. B. high school diploma); **~zwang** *(Kontrahierungszwang)* obligation to conclude a contract

Abschluss 2. *(→Jahresabschluss) Br* annual accounts; *Am* annual financial statement; year-end closure; *Am* year-end closing; **vorläufiger ~**[21] preliminary accounts (or financial statement); **Aufstellung e-s ~es** preparation of accounts (or a financial statement); **Grundsätze ordnungsgemäßer Durchführung von Abschlüssen** generally accepted auditing standards; **~ des Haushaltsjahres** close (or closing) of the *Br* financial (*Am* fiscal) year; **seinen ~ machen** *Br* to make up one's accounts

Abschlussprüfer auditor (of annual accounts); **Bericht des ~s** auditor's report; **Bestätigungsvermerk des ~s**[22] auditor's certificate

Abschlussprüfung (annual) audit; **~sbericht** audit report; **für ~ geltende Grundsätze** auditing standards; **e-e ~ vornehmen** to perform an audit, to audit

Abschlussstichtag closing date of the accounts (or *Am* financial statement)

Abschluss 3. *(Börse) (einzelner Abschluss)* deal, transaction; *Br (auch)* bargain; **e-n ~ tätigen** *Am* to make a commitment; **Abschlüsse auf Devisen in London tätigen** to effect exchange deals in London; **es wurden in ... wenig Abschlüsse getätigt** transactions in ... were few; **es kamen nur wenig Abschlüsse zustande** very few deals (or sales) were effected (or took place); dealing was slow

abschneiden to cut off; **die Lebensmittelzufuhr ~** to cut off food supplies; **jdm das Wort ~** to cut sb. short

abgeschnitten, *(von der Außenwelt)* **~e Stadt** town cut-off (from)

Abschnitt *(e-s Gesetzes, Vertrages)* section, chapter; **Kontroll~** counterfoil, stub; **Unter~** subsection; **Zeit~** period, phase; **~ e-r Anleihe** denomination unit; portion of a loan; tranche; **~ e-r Entwicklung** phase of a development

abschöpfen to absorb, to skim (off); **Gewinne ~** to absorb (excessive) profits

Abschöpfung 1. absorption; skimming off; **~ der überschüssigen Kaufkraft** skimming off surplus purchasing power

Abschöpfung 2. *(EU)*[23] (variable) levy; price adjustment levy; agricultural levy

Abgabe des Differenzbetrages zwischen dem (niedrigeren) Preis eines eingeführten Agrarproduktes und dem gesetzlich festgelegten (höheren) Inlandspreis. Die Einnahmen aus der Abschöpfung werden dem →Europäischen Ausrichtungs- und Garantiefonds für die Landwirtschaft (EAGFL) zugeführt.

Import charges as to the difference between low price of imported farm produce and the target price of the importing country. Receipts from this levy are paid over to the EAGGF.

Abschöpfung, bei der Einfuhr von ... zu erhebende ~en import levies to be charged on ...; **gegenwärtig gültige ~en** levies at present in force; **schrittweise Herabsetzung der ~en** progressive reduction of levies; **~sbetrag** levy; **a~spflichtige Waren** products subject to levy; **~en erheben** to impose (or charge) levies; **die ~en verringern** to reduce the levies

abschotten to partition off; to divide up, to segregate

Abschottung segregation

abschrecken to deter (von from)

abschreckende Wirkung *(e-r Strafe)* deterrent (or dissuasive) effect; **~ haben** to have a deterrent effect

Abschreckung deterrence; **~smittel** *mil bes.* deterrent

abschreibbar *(SteuerR)* depreciable, subject to depreciation

Abschreibepolice *(Transportvers.)* floating policy, declaration policy

abschreiben to copy 1. *(unerlaubt)* to plagiarize

abschreiben 2. *(schriftlich absagen)* to send a refusal

abschreiben 3. *(teilweise)* to write down; *(voll)* to write off; to depreciate, to deduct as depreciation *(→Abschreibung)*; **uneinbringliche Forderungen ~** to write off irrecoverable debts

abgeschriebener Wert written-off value

abzuschreiben, als wertlos ~de Sache write-off

Abschreibung writing down (or off), depreciation; (teilweise) writing down; writing off (partially); (völlige) writing off (completely); (complete) write-off; amount written off (or down); **~** *(für Wertminderung in der Bilanz sowie vom Reingewinn)* depreciation, amortization; *Br (auch)* capital allowance *(→Absetzung für Abnutzung)*; **~ uneinbringlicher Forderungen** writing off irrecoverable debts; **~ der Investitionen** →Investitionsabschreibung

Abschreibung, 10 e-~ tax benefits according to section 10 e of the German Income Tax Act

§ 10 e des Einkommensteuergesetzes (EStG) gewährt Steuerbegünstigung bei Herstellung einer zu eigenen Wohnzwecken genutzten Wohnung im eigenen Haus.

Section 10 e of the Income Tax Act provides tax benefits for building a *Br* freehold flat (*Am* condominium) for living purposes within someone's own house.

Abschreibung, außergewöhnliche (od. außerordentliche) ~ extraordinary (or exceptional) depreciation; **außerplanmäßige ~** unscheduled depreciation; **betriebsbedingte ~** →Absetzung für Abnutzung; **Buchwert~** declining balance depreciation; **degressive ~** *(Absetzung für Abnutzung in fallenden Jahresraten)*[24] reducing (or *Am* declining) balance depreciation; **digitale ~** sum-of-the-years' digits depreciation; **erhöhte ~** accelerated depreciation; **lineare ~** *(Absetzung für Abnutzung in gleichen Jahresraten)*[25] straight-line depreciation, linear depreciation; **ordentliche ~** ordinary depreciation; **planmäßige ~** scheduled depreciation; **progressive ~** *(Absetzung für Abnutzung in steigenden Jahresraten)* progressive depreciation; **Sonder~** special depreciation (or *Br* allowance); *Br (für Neuanschaffungen)* initial allowance; →**steuerrechtlich zulässige ~**; **übliche ~** normal depreciation

Abschreibung, ~ auf Anlagevermögen depreciation on fixed assets; **~ auf Betriebsanlagen** depreciation of (plant and) equipment; **~ auf Gebäude** depreciation on premises; **~ auf Lagervorräte** inventory depreciation; **~ wegen technologischer Veralterung** depreciation on account of technological obsolescence; **~ auf den Wiederbeschaffungswert** depreciation on replacement value

Abschreibung, für e-e ~ in Frage kommen to qualify for depreciation; **hohe ~en machen** to use high rates of depreciation; to write off large sums; **e-e ~ zulassen** to allow a depreciation (deduction)

Abschreibungs~, ~aufwand depreciation expense; **~betrag** depreciation amount; **~erlös(e)** proceeds resulting from depreciation; **a~fähig** depreciable; **nicht a~fähige Anlagegüter** non-depreciable fixed assets; **~grundwert** depreciable value; **~konto** depreciation account; **~methode** method of depreciation *(s. degressive, digitale, lineare, progressive →Abschreibung)*; **(steuerliche) ~möglichkeit** possibility for depreciation; *Br* depreciation allowance; **~restwert** depreciated value; **~richtsätze** depreciation guidelines; **~satz** depreciation rate, rate of depreciation; **linearer ~satz** *Am* straight-line rate; **~zeitraum** period of depreciation

Abschrift copy; transcript(ion); *(Zweitschrift)* duplicate; **~ e-r Urkunde** copy (of a) document; →**beglaubigte ~**; **gleichlautende** *(mit dem Original übereinstimmende)* **~** true copy; *Am* conformed copy

Abschrift, für die Richtigkeit der ~ copy certified correct; **die Richtigkeit der ~ beglaubigen** to certify that the copy agrees with the original

Abschrift, e-e ~ anfertigen to make (a) copy (of); *(bes. aus dem Stenogramm)* to transcribe; **e-e ~ beglaubigen** to certify a copy; to make an attested copy (of); **die Übereinstimmung der ~ mit dem Original bestätigen** to certify the conformity of the copy to the original; **e-e ~ erteilen** to furnish (or deliver) a copy

abschriftlich copied; by way of (a) copy

Abschuss *(e-r Rakete)* launching; **~anlagen** launching facilities; **~basis (od. ~gelände)**

launching site; **~ort** launching point; **~rampe** launching installation

abschwächen to weaken, to soften; **sich ~** to ease, to slow down, to slacken; **die Aktienkurse schwächten sich ab** →Aktienkurs; **der Anstieg der Industriepreise schwächte sich ab** the rise (or increase) in industrial prices slowed down; **die Wirkung e-r Rede ~** to weaken (or reduce, minimize) the effect of a speech

abgeschwächte Nachfrageentwicklung slackened demand trend; slower demand

Abschwächung weakening, easing, slow(ing) down, flagging; **konjunkturelle ~** slow- down in economic activity; economic (or cyclical) downturn, downturn in the cyclical trend; recession; **~ der Ausfuhr** downward trend (or downtrend) of exports; **~ der Geldmarktsätze** easing (or reduction, decrease) in money market rates; **~ des Wirtschaftswachstums** slowdown in economic growth

abschweifen, **vom Thema ~** to deviate (or digress) from the subject

Abschwemmen *(von Land)* erosion

Abschwung *com* downswing

absehbar, **nicht ~** unforeseeable; **~e Folgen** foreseeable consequences; **in ~er Zeit** within the foreseeable future, before long

absehen von *(etw. unterlassen)* to refrain from; *(etw. außer acht lassen)* to dispense with; **abgesehen von** except for, apart from; other than; **die Folgen sind nicht abzusehen** the consequences are not foreseeable (or predictable)

absenden to send (off); *(Güter)* to forward, to dispatch (or despatch), to consign, to ship; *(Post)* to post, *bes. Am* to mail; **Geld ~** *(überweisen)* to remit (or send, transfer) money

Absender *(e-s Briefes)* sender; *(von Gütern)* forwarder, dispatcher; *(im Frachtvertrag)* consignor; *(auf Postsachen)* name of sender; return address

Absendetermin dispatch date

absetzbar *(von der Steuer)* deductible, allowable (from income); *(verkäuflich)* sal(e)able, marketable; *(von e-m Posten)* removable; **nicht ~** nonallowable; unsal(e)able; irremovable; **schwer ~e Bestände** stocks (that are) difficult to dispose of

Absetzbarkeit deductability

absetzen 1. *(von der Steuer)* to deduct; *(wegen Abnutzung etc)* to deduct as depreciation; **Spesen ~** to deduct expenses; **etw. steuerlich ~ können** to be able to deduct sth. from one's taxable income

absetzen 2. *(verkaufen)* to sell, to market; to dispose of; **sich leicht ~ lassen** to be easy to sell; to find (or meet) with a ready sale (or market); to have a good sale; to sell well; **sich nicht ~ lassen** to be unsal(e)able

absetzen 3. *(etw. streichen)* to cancel, to withdraw; **ein Stück vom Spielplan ~** to withdraw a play; **von der Tagesordnung ~** to remove from the agenda

(von e-m Posten) **absetzen 4.** *(entfernen)* to remove; *(vorübergehend)* to suspend (from office)

Absetzung 1. deduction; **~ für Abnutzung** (AfA)[26] *(betriebsbedingte Abschreibung)* (deduction for) depreciation; *Br* (capital) allowance, depreciation for wear and tear; **~ für Abnutzung in fallenden Jahresraten** depreciation on basis of decreasing annual rates *(cf. degressive →Abschreibung)*; **~ für Abnutzung in gleichen Jahresraten** depreciation on basis of equal annual rates *(cf. lineare →Abschreibung)*; **~ für Abnutzung in steigenden Jahresraten** depreciation on basis of rising annual rates *(cf. progressive →Abschreibung)*; **~ für Substanzverringerung** (AfS)[27] deduction for depletion; *Br* depletion allowance, allowance for depletion; depreciation on wasting assets; **~ vom Wiederbeschaffungswert** depreciation on replacement value; **~ von Zinsen** interest deduction

Absetzung 2. *(Streichung, Entfernung) (von e-m Posten)* removal, dismissal; *(vorübergehend)* suspension; **~ e-s Punktes von der Tagesordnung** removal of an item from the agenda; **~ e-r Tagung** cancellation of a meeting

absichern, **ein Risiko ~** to cover (or guard, insure against) a risk; **der Anleger sichert sich gegen die Inflation ab** the investor hedges against inflation

abgesichert, **~er Kredit** collateral credit; **vertraglich ~** secured by contract

Absicherung *(Risikoeingrenzung)* hedge, hedging; **außerwirtschaftliche ~** safeguarding the economy against external influences; **~ gegen Inflation** inflation hedge; **~des Verkäufers** selling hedge

Absicht intention, intent, purpose, design; *(StrafRbes. Form des Vorsatzes)* criminal intent; *(bei Mord)* malice aforethought; **in der ~** intending; with the intention; in the intent; **in →betrügerischer ~**; **in →böser ~**; **ohne →böse ~**; **gesetzgeberische ~** legislative intent, intention of the legislator; policy of the law; **ohne ~** without intention; unintentionally; **verbrecherische ~** criminal intent; **die ~ haben, etwas zu tun** to intend to do sth.; to have the intention of doing sth.; **die ~ darlegen** to state the intention

Absichtserklärung declaration of intent(ion); **gemeinsame ~** *(VölkerR)* memorandum of understanding

absichtlich intentional(ly), wil(l)ful(ly), deliberate(ly); on purpose; **zufällig oder ~** by accident or design

Absinken, **~ der Kurse** slide in (or drop in) (share or *Am* stock) prices; **plötzliches ~ der Kurse** slump of prices

absinken to decline, to drop, to fall

absitzen, **seine Strafe ~** to serve one's time (or sentence)

absolutes Recht absolute right

Gegen jeden Dritten wirkendes Recht, z. B. Urheberrecht, Sachenrecht.

A right that is enforceable against everyone, e. g. copyright, legal ownership.

absolute Stimmenmehrheit absolute majority of votes

Absolvent, **Schul~** *Br* school leaver; *Am* graduate

Absolvierung, **nach ~ von** after the completion of; **nach ~ der höheren Schule** *Br* after passing through grammar school; *Am* after graduation from high school

absondern to separate, to set aside; *(Kranke)* to isolate; *(von den übrigen trennen)* to segregate; **Gläubigerforderung** *(bei Insolvenz)* **~** to treat a creditor's claim as preferential; **die Ware** *(als für den Käufer bestimmt)* **~** to set the goods aside

abgesondert separate; **~e Befriedigung** preferential payment; **Recht auf ~e Befriedigung** preferential right to satisfaction *(→Absonderung)*

Absonderung separation, setting apart; *(Rassen, Minderheiten)* segregation; *(Kranke)*[28] isolation; *(InsR)*[29] separate satisfaction, preferential treatment *(→Aussonderung)*

Das Recht bestimmter Gläubiger des Gemeinschuldners, aus einzelnen zur Insolvenzmasse gehörigen Gegenständen vorzugsweise Befriedigung zu erlangen (z. B. werden verpfändete bewegliche Sachen sowie durch →Hypothek, →Grund- od. →Rentenschulden belastete Grundstücke von der Insolvenzmasse abgesondert). Das anglo-amerikanische Recht kennt nicht den Unterschied zwischen Absonderung und Aussonderung.

Allocation of real and personal property in the bankrupt's estate to preferential satisfaction of creditors holding security interests (e. g. a mortgage lien) in such property. Any excess above the secured claim belongs to the bankrupt's estate. To be distinguished from Absonderung is →Aussonderung, a term unknown to Anglo-American law.

Absonderung, **Recht zur ~ des Sicherungsgegenstandes** right to separate settlement of the collateral security

absonderungsberechtigter Gläubiger *(InsR)* secured creditor

Absonderungsmaßnahmen *(zur Verhütung der Krankheitsverbreitung)* measures for isolation (to prevent the spread of disease)

abspalten, **sich ~** to split off, to secede (von from)

Abspaltung *pol* secession (von from)

abspenstig machen to entice away

absperren to block; *(von Strom etc)* to stop; *(durch Polizei)* to cordon off

abgesperrtes Gebiet *mil (Zutritt verboten)* off limits; out of bounds

Absperrung blocking; *(von Strom etc)* stoppage; **Errichtung von ~en** putting up barriers; **durch ~sgeräte abgesperrte Straßenflächen befahren**[30] to use road sections barred by blocking implements

Absprache agreement; arrangement; *(auch VölkerR)* understanding; *(KartellR)* concerted action; trading agreement; **~** *(zur Begehung e-r unerlaubten Handlung)* conspiracy; **~ bei Angebotsabgabe** *(bei Ausschreibungen)* collusive tendering (or *Am* bidding); **~ zwischen Leitern verschiedener Konzernunternehmen** intra-enterprise conspiracy; **beschränkende ~** *(unter Unternehmern)* restrictive agreement; **geheime ~** *(KartellR)* conspiracy; **heimliche ~** conspiracy; *(z. B. zur Irreführung des Gerichts)* collusive agreement; **wettbewerbsschädliche ~** anticompetitive agreement; **→Kartell~**; **→Monopol~**; **→Preis~**; **→Unternehmens~**; **gegen den →Wettbewerb gerichtete ~**; **e-e ~ treffen** to make (or enter into) an agreement

absprechen to disallow, to deny; **sich ~** to agree, to arrange; **e-n Preis ~** *(unter Wettbewerbern)* to fix (or settle on) a price; **jdm das Recht ~, etw. zu tun** to deny sb. the right to do sth.

abstammen to descend (or be descended) from; **in →gerader Linie ~ von**

Abstammung descent; parentage; antecedents; **eheliche ~** legitimate descent; descent in direct line; **nichteheliche ~** illegitimate descent; **~ in gerader Linie** lineal descent; **~ in der Seitenlinie** collateral descent; **~sprinzip** *(IPR)* jus sanguinis

Abstand 1. *(räumlich)* distance; *(Zwischenraum)* space; **e-n ausreichenden ~ einhalten** *(Straßenverkehr)* to drive at an adequate distance (from the preceding vehicle)

Abstand 2. *(zeitlich)* interval; space (of time); **in regelmäßigen Abständen** at regular intervals; periodically

Abstand 3. *(Abstandnahme)* desistance; **~ nehmen von** to desist (or refrain) from (doing); to distance oneself from

Abstand 4. *(Abfindung)* compensation, indemnification; **~ssumme** →Abstandszahlung; **~szahlung** *Br (im MietR)* key money (extra payment demanded from incoming tenant); premium (on a lease); **ungesetzliche ~szahlungen können durch Klage zurückgefordert werden** unlawful premiums may be recovered by action

abstecken to stake (out); **die Grenzen ~** to demarcate (or mark out) the frontiers (or boundaries, borders); *fig* to define the limits

absteigend, in ~er Linie in a descending line

abstellen to do away with, to abolish, to terminate, to put an end to; **~ auf** to gear to, to adjust to; **Beschwerden ~** to remedy (or redress) grievances; **das Gas ~** to shut (or turn) off the gas; *(durch das Gaswerk)* to disconnect the gas; to stop the supply of gas; **auf den Kriegsbedarf ~** to gear to wartime requirements; **Personal zeitweilig ~ nach** ... *Br* to second (*Am* to depute) staff temporarily to ...; **e-e Störung ~** to abate a nuisance; **den Wagen ~** to park the car; *(in der Garage)* to garage the car

Abstell~, ~gleis siding, sidetrack; **~raum** storage room; **auf ein ~gleis schieben** *fig* to sidetrack

abstempeln to stamp; *(entwerten)* to cancel, to obliterate

Abstempelung stamping; cancelling, obliteration; **~ e-s Postwertzeichens** cancelling a stamp; **Aktien durch ~ zusammenlegen**[31] to consolidate share certificates by stamping *(→Aktienabstempelung)*

Abstieg, sozialer ~ decline in social position, social decline; *Am* downward social mobility

abstimmen 1. *(seine Stimme abgeben)* to vote (über on); to take a vote; to poll; *(geheim oder durch Stimmzettel)* to ballot, to vote by (secret) ballot; **über etw. ~ lassen** to put (or submit) sth. to the vote; to take a vote on sth.; **durch Aufstehen oder Sitzenbleiben ~** to vote by rising or remaining seated; **über e-e Frage ~** to put a question to the vote; to (take a) vote on a question; **durch →Hammelsprung ~ (lassen); durch →Handaufheben ~; →namentlich ~; durch →Sicherheben von den Sitzen ~; durch →Stimmzettel ~; durch Zuruf ~** to vote by acclamation

abgestimmt, es wird ~ a vote is taken

abstimmen 2. *(aufeinander einstellen)* to coordinate, to harmonize, to reconcile, to cause to agree (with); *(kollationieren)* to reconcile, to collate; *(zeitlich)* to time; **Konten ~** to reconcile accounts; **Politiken aufeinander ~** to harmonize policies; **Termine aufeinander ~** to correlate dates; **Verhaltensweisen aufeinander ~** to concert practices

abgestimmt, ~e Aktion concerted action; **aufeinander ~e Politik** coordinated policy; **aufeinander ~es Verhalten** *(KartellR)*[31a] concerted practices; *(bewußtes gleichgerichtetes Verhalten der Wettbewerber)* conscious parallelism (of action)

Abstimmung 1. *(Stimmabgabe)* voting (über on); taking a vote, taking of votes; poll(ing); ballot; **→elektronische ~; in →geheimer ~; gesonderte ~**[32] **separate voting; →namentliche ~; durch offene ~** by open vote; **schriftliche ~** written vote; *(z. B. durch Gewerkschaftsmitglieder)* postal vote, postal ballot; **unentschiedene ~** *parl (mit je gleich vielen Stimmen)* tie division; **~ durch Aufstehen oder Sitzenbleiben** voting by rising or remaining seated; **~ ohne Fraktionszwang** *parl* free vote; **~ durch Hammelsprung** *parl* division *(cf. durch →Hammelsprung abstimmen)*; **~ durch Handzeichen** vote by show of hands; **~ nach dem Mehrstimmenwahlrecht** plural voting; **~ durch Namensaufruf** roll-call vote, vote by roll-call; **~ durch Stellvertreter** voting by proxy; **~ über die Vertrauensfrage** vote of confidence; **~ durch Zuruf** vote by acclamation

Abstimmung, e-n Vorschlag durch ~ ablehnen to vote down a proposal; **e-e ~ beantragen** to request a ballot; **Gelder durch ~ bewilligen** to vote funds; **e-e Frage zur ~ bringen** to put a question to the vote; **e-e ~ durchführen** to take a vote; **die ~ erfolgt in geheimer Wahl** the vote shall be by secret ballot; **die ~ ergab e-e Mehrheit von ... Stimmen** the vote resulted in a majority of ... votes (cast); **e-e ~ für ungültig erklären** to cancel a vote; to declare a vote invalid; **e-e zweite ~ findet statt** a second ballot will take place; **der Antrag wird zur ~ gestellt** the motion is put to the vote; **e-e ~ gewinnen** to head a poll; **zur ~ schreiten** to proceed to a vote; **an e-r ~ teilnehmen** to participate in a vote; **e-e ~ durch lange Debatten verhindern** to talk out; to get rid of a bill in Parliament etc. by prolonging discussion; to filibuster; **e-e ~ verlieren** to lose a vote; **der Antrag wurde zur ~ vorgelegt** the motion was put to the vote; **die ~ vornehmen** to take the vote (or poll); **durch ~ wählen** to vote in; **der Präsident wird in geheimer ~ gewählt** the election of the President takes place by (secret) ballot; **e-r ~ widersprechen** to protest against a vote

Abstimmungs~, ~art method of voting; **~befugnis** right to vote, franchise; **a~berechtigt** entitled to vote; **~computer** voting computer

Abstimmungsergebnis result of voting; poll; **knappes ~** close vote; **das ~ bekanntgeben** to declare the poll

Abstimmungs~, ~gebiet *(Volksabstimmung)* plebiscite zone; **~karte** *parl* ballot paper; **~modus** method of voting, voting system; **~niederlage** defeat in the poll (or ballot); **~ort** voting (or polling) place; **~sieg** victory at the polls; election victory; **~system** voting system; **~verfahren** voting procedure; **~vorschriften** voting rules; **~zettel** voting paper, ballot (paper)

Abstimmung 2. *(Angleichung)* coordination, harmonization; reconcilement, reconciliation; *(zeitlich)* timing; **gegenseitige ~** *(Kompromisslösung)* compromise trade-off; **~ der Konten** reconciliation (or reconcilement) of accounts; **~ der Politiken** coordination of policies; **zu e-r wechselseitigen ~ gelangen** to achieve concerted positions

abstoßen, Aktien ~ to sell off (or *sl.* unload) shares; **Waren ~** to dispose of (or push off) goods

abstraktes Rechtsgeschäft indefeasible legal transaction
Ein Rechtsgeschäft, dessen Wirksamkeit in der Regel nicht durch die Fehlerhaftigkeit (wie Irrtum, Täuschung, Gesetzwidrigkeit) des zugrundeliegenden Vertrages berührt wird. Typische Beispiele sind Übertragung[33], Schuldanerkenntnis[34] und Wechsel.
A legal transaction whose validity, as a rule, is not affected by flaws (such as mistake, misrepresentation, illegality) in the underlying contract. Typical examples are conveyances, written acknowledgment of indebtedness, and bills of exchange.

abstraktes Schuldversprechen[35] (bare) acknowledgment of debt

abstreiten to contest, to deny; **jds Recht ~** to contest sb.'s right

Abstrich *(Abzug)* curtailment, cut(ting); **~e** *(Einsparungen)* economies; **~e am Etat** cut in budget appropriations; budget cuts *(Am auch cutbacks)*; budget economies; **~e machen** to make cuts

abstufen to grade; to graduate

Abstufung grad(u)ation, grading

Absturz *(Flugzeug)* crash; **~stelle** scene of the crash

Abstützung support; **Recht auf ~ des eigenen Grund und Bodens**[36] right of support

absuchen, die Gegend nach dem Verbrecher ~ to search the area for the criminal

abtakeln *(Schiffe)* to unrig, to lay up

Abteilung *(Behörde, Firma, Kaufhaus)* department; division; *(Ministerium)* division, *Am* bureau; →**Personal~**; →**Rechts~**; →**Schaden~**; →**Versand~**; →**Werbe~**

Abteilungs~, ~gliederung departmentalization; **~leiter** head of a department (or division); *Br* departmental (*Am* department) head; *Br com* departmental (*Am* department) manager; **~versammlung**[37] department meeting

abtragen, Schulden ~ to pay off debts, to clear off debts, to liquidate one's debts

abträglich, den Interessen ~ sein to be detrimental (or prejudicial) to the interests

Abtragung e-r Schuld payment (or liquidation) of a debt

Abtransport transport(ation); removal

abtreiben to procure (or *Am* produce) an abortion; to procure a miscarriage; *(legal)* to terminate a pregnancy; **jd, der** *(illegal)* **abtreibt** abortionist

Abtreibung *Am* production of an abortion; procuring abortion; *(legal)* termination of pregnancy; **Anerbieten zur ~** offering (or solicitation) to procure abortion; **Eigen~** abortion procured by the pregnant woman; **Fremd~** abortion procured by a third person

Abtreibungs~, ~klinik abortion clinic; **~mittel** abortifacient; **~verbot** prohibition of abortion; **~versuch** attempt to procure abortion

Abtreibung, e-e ~ vornehmen *(bes. durch den Arzt)* to perform an abortion; to terminate a pregnancy

abtrennen *(Kupon etc)* to detach; to cut off; *(herausreißen)* to tear out; **~ von** *(z. B. Verfahren)* to separate (or sever) from; **ein Gebiet ~** *pol* to separate a territory

Abtrennpolice *(VersR)* coupon policy

Abtrennung, ~ e-s Gebietes *pol* separation of a territory; **~ von Kupons** detaching of coupons

abtretbar assignable, transferable; **~e Forderung** assignable claim

Abtretbarkeit assignability, transferability

Abtreten resignation (from office)

abtreten 1. *(zedieren)* to assign, to make an assignment; to transfer; to make over; *(Grundbesitz)* to convey; to cede; **blanko ~** to assign in blank; **e-e Forderung ~** to assign (or transfer) a claim (or debt); **ein Gebiet ~** *(VölkerR)* to cede (or surrender) a territory; **ein Patent ~** to assign a patent; **zur Sicherung ~** to assign as security

abgetretene Forderung assigned claim

abtreten 2. *(zurücktreten)* to resign; to retire (from office); **~der Gouverneursrat** outgoing board of governors

Abtretender assignor, transferor; cessionary; conveyer, conveyor

Abtretung *(Zession)* assignment, transfer; cession; *(Grundbesitz)* conveyance; *Scot* assignation
Der bisherige Gläubiger (Zedent) überträgt durch Vertrag seine Forderung auf den neuen Gläubiger (Zessionar).
The former creditor (assignor) assigns his claim by contract to the new creditor (assignee).

Abtretung, ~ sicherheitshalber assignment by way of security; **~ aufgrund rechtlicher Verpflichtungen** subrogation; **~ e-r Forderung** →Forderungsabtretung; **~ e-s Gebietes** →Gebietsabtretung; **~ von Gehaltsansprüchen** assignment of (future) salary; **~ e-s Urheberrechts** assignment of a copyright

Abtretungs~, ~anzeige notice of assignment; *Scot* intimation; **~empfänger** assignee; **~erklärung** declaration (or statement) of assignment; **~urkunde** deed of assignment; document evidencing an assignment; **~verbot**[38] prohibition of assignment; nonassignability; **~vertrag** contract of assignment; *(VölkerR)* deed of cession

Abtrünniger *(von e-r Partei)* turncoat

aburteilen, jdn ~ to sentence sb.; to pass sentence on sb.

abgeurteilt, (rechtskräftig) ~ sein to be convicted

Aburteilung, jdn zur ~ übergeben to hand sb. over for trial

abwägen to weigh (up); **das Für und Wider ~** to weigh the pros and cons; **die →Interessen der Allgemeinheit und der Beteiligten ~**; **das Risiko ~** to calculate the risk

Abwägung der Interessen balancing of interests

abwählen, jdn ~ to vote sb. out (of office)

Abwahl voting out (of office); deselection

abwälzen to pass on; to shift (auf on to); **die Kostensteigerung auf die Preise ~** to pass the cost increase on to the prices; **die Steuer ~** to shift the tax; **die Verantwortung ~** to shift responsibility

Abwälzung passing on, shifting; →**Steuer~**; **~ der Kosten** shifting (or passing on) of the costs; **~ des Risikos** shifting of the risk

abwandern, innerhalb der Gemeinschaft zu- und ~ to migrate (or move) within the Community; **zu- und ~de Arbeitnehmer** migrant workers

Abwanderung, ~ von Arbeitskräften *(von e-m Land in ein anderes)* migration (or drift) of labo(u)r; **~ von Fachkräften** brain drain; **~ aus e-m Gebiet** migration from a region; **~ von Kapital** outflow (or exodus) of capital; **~ vom Land in die Städte** rural exodus; **~ von Wissenschaftlern** *(ins Ausland)* drift of scientists abroad

abwarten, die Antwort ~ to await the reply

abwartend, ~e Haltung waiting (or observant) attitude; aloofness; **e-e ~e Haltung einnehmen** to adopt a wait-and-see policy; **sich ~ verhalten** to wait and see

Abwärtsbewegung *(der Preise od. Kurse)* downward movement (or tendency, trend), downtrend (of prices)

Abwässer waste water; sewage; **~ der Industrie** industrial sewage; **~beseitigung (od. ~entsorgung)** sewage disposal

abwechselnd alternate, alternating; by turns, in turn; *(turnusmäßig)* by rotation

Abwehr defence (defense); **Spionage~** counterintelligence *(→Abwehrdienst)*; **~ e-r Gefahr** warding off a danger; **Maßnahmen zur ~ e-r drohenden Gefahr** measures taken to avert an imminent danger; **~ des Zuflusses spekulativer Auslandsgelder** warding off the influx of speculative funds from abroad

Abwehr~, ~dienst *mil* counter-intelligence service *(z. B. Br MI 5 [Military Intelligence 5.], Am Central Intelligence Agency [CIA])*; **~flugkörper** *mil* antimissile; **~gesetz** blocking statute; **~kartell** →Kartell; **~marke** defensive trademark; **~patent** defensive patent; **~rakete** *(gegen einfliegende Feindraketen)* anti-ballistic missile *(ABM)*; **~zoll** protective tariff

Abweichen, ~ von der Parteilinie deviation from the party line; **~ von e-r →Vorentscheidung**; **~ von der Wahrheit** departure from the truth

abweichen to deviate (or diverge, differ, depart) (von from); to vary from, to be at variance with; *(nachteilig)* to derogate (von from); *(von e-r Gerichtsentscheidung)* to overrule; **erheblich voneinander ~** to differ substantially; **von Anweisungen ~** to deviate (or derogate) from instructions; **vom vorgelegten Muster ~** to diverge from the sample submitted; **vom Original ~** to depart from the original; **von e-r Vereinbarung ~** to deviate from an agreement; **von der Wahrheit ~** to depart from the truth; **die politischen Meinungen weichen voneinander ab** political opinions differ

abweichend different, divergent, diverging; *(Ansicht)* dissident, disagreeing, dissenting; **~ von Art. 1** in derogation of Art. 1; notwithstanding Art. 1; **~ vom üblichen** departing from the usual; out-of-line; **~e Entscheidung** diverging decision; **~e Meinung** *(des überstimmten Richters)* dissenting opinion; **~e Stimme** dissenting vote; **bei Fehlen e-r ~en Vereinbarung** in the absence of any different agreement; **vorbehaltlich e-r ~en Vereinbarung** unless otherwise agreed by the parties; **vom Vertrag ~e Vereinbarungen bedürfen der schriftlichen Bestätigung** agreements diverging from the contract require a written confirmation (or confirmation in writing); **~es Votum** dissenting opinion; **von einander ~e Zeugenaussagen** divergent testimony

Abweichender, von der Parteilinie ~ deviationist

Abweichler *pol* deviationist; **~tum** deviationism

Abweichung deviation, divergence, departure; difference, variance, variation; discrepancy; *(von e-m Vertrag)* derogation; **bei ~en** *(Widersprüchen)* if discrepancies arise (or in the event of discrepancies); **in ~ von** by way of derogation from; at variance with; **in ~ von Art. 1** →abweichend von Art. 1; **in ~ hiervon** notwithstanding this; **zulässige ~** remedy, tolerance, permissible variation (in weight etc); **zulässige ~ vom Feingehalt** remedy of (or for) fineness; **~ gerichtlicher Entscheidungen voneinander** *(in der gleichen Rechtsfrage)* divergence of judicial decisions (concerning the same legal question); **~ nach oben** *(z. B. Preiserhöhung)* **oder unten** *(z. B. Preisminderung)* plus or minus variation; **~ von der Parteilinie** deviation from the party line; **~ vom Preise** price variance; deviation from the price; **~ von der Qualität** deviation from quality; **~ von der Reiseroute** *(VersR)* deviation from voyage; **~ von Vertragsbedingungen** deviation from the terms of a contract; **~ in e-r Zeugenaussage** discrepancy in the de position of a witness

Abweichungsklausel *(SeeversR und in internationalen Kaufverträgen)* deviation clause (D/C)

abweisen to refuse, to reject; **e-n Antrag ~** to refuse (or *colloq.* turn down) an application; *(Zivilprozess)* to dismiss an application (or motion); **e-e Klage ~** to dismiss a complaint (or action, suit) *(→kostenpflichtig)*; to find for the defendant; **e-e Klage wegen Nichterscheinens ~** to dismiss an action on the nonappearance of the plaintiff at the trial; *Am* to nonsuit; **e-e Klage als unbegründet ~** to dismiss a complaint on the merits; to dismiss a case as being unfounded

abgewiesen, die Berufung ist ~ the appeal is denied; **er ist mit seiner Klage ~ worden** his claim was dismissed; **als rechtlich unbegründet ~** dismissed on a point of law; denied on the law; **erscheint der Kläger nicht, kann er mit der Klage ~ werden** if the plaintiff fails to appear at the trial, the action may be dismissed; *Am* in case of default the plaintiff may be nonsuited

Abweisung rejection, refusal; **~ e-r Klage** dismissal of a case (or an action); **~ des Konkursantrages** dismissal of petition (in bankruptcy); **~sbegehren** *(aus Rechtsgründen)* motion to dismiss; *Am* demurrer; **ich werde die ~ der Klage beantragen** I shall move that the action be dismissed

abwenden to avert, to avoid, to prevent; **e-e Gefahr ~** to avert a danger

Abwendung, ~ e-r Gefahr averting (or avoiding) a danger; **zur ~ des Konkursverfahrens** (in order) to avert bankruptcy proceedings; **zur ~ e-r Notlage** (in order) to relieve an emergency; to remedy a situation of distress

abwerben to attract away from; **Arbeitskräfte ~** to entice away (or pirate) employees; *colloq.* to poach labo(u)r

Abwerbung, ~ von Arbeitskräften enticement of employees; pirating employees; labo(u)r piracy (or poaching); *colloq.* poaching of labo(u)r; **~ von Kunden** enticing customers away; inducement of customers to change to another supplier

abwerfen, Bomben ~ to drop bombs; **über Bord** *(e-s Schiffes od. Flugzeugs bei Gefahr)* **~** to jettison; **Gewinn ~** to yield (or bring in, return) a profit; **Zinsen ~** to yield (or bear, carry) interest

abgeworfen, das Grundstück hat keinen Ertrag ~ no income was derived from the property

abwerten to depreciate; to devalue; **seine Währung ~** to devalue (or devaluate, depreciate) one's currency

Abwertung devaluation; depreciation; **~ des Pfundes** devaluation of the pound sterling; **~ e-r Währung** devaluation (or depreciation) of a currency

Abwertungs~, ~gewinn devaluation profit; **~klausel** devaluation clause; **~land** devaluing country; country whose currency has depreciated; **~satz** rate of devaluation; **~verlust** devaluation loss

abwesend absent (von from); **~e Aufsichtsratsmitglieder** *(e-r AG)* absent members of the supervisory board (or members who are not present); **vorübergehend ~e Person** temporary absentee

Abwesende (der, die) absent person; person not present; absentee

Abwesenheit absence; *(vom Arbeitsplatz)* absenteeism; **eigenmächtige ~** *(unerlaubte Entfer-*

nung von der Truppe)[39] absence without leave (AWOL); **Verurteilung in ~** *(nach e-m Kontumazialverfahren)* conviction by reason of contumacy; **in ~ verurteilt werden** to be sentenced in one's absence

Abwesenheits~, ~beweis evidence of absence; alibi; **~liste** absentees' list, list of absentees

Abwesenheitspfleger[40] curator for an absent person; *Am* curator absentis

Ein abwesender Volljähriger, dessen Aufenthalt unbekannt ist, erhält für seine Vermögensangelegenheiten, soweit sie der Fürsorge bedürfen, einen Abwesenheitspfleger. Das gleiche gilt von einem Abwesenden, dessen Aufenthalt bekannt, der aber an der Rückkehr und Besorgung seiner Vermögensangelegenheiten verhindert ist.

A curator may be appointed for an absent person of full age whose whereabouts are unknown and whose affairs have to be looked after. A curator may also be appointed if the whereabouts of the absent person are known, but he is prevented from returning to conduct his affairs.

Abwesenheits~, ~pflegschaft[41] curatorship for an absent person; **~urteil** sentence in absentis

abwickeln *(etw. erledigen)* to settle, to handle, to transact; *(liquidieren)* to liquidate, to wind up; **Geschäfte ~** to settle business; **seine Geschäfte** *(endgültig)* **~** to wind up one's affairs; **e-n Nachlass ~** *Br* to wind up (*Am* to settle) an estate; **Schadensfälle ~** *(VersR)* to settle claims arising from a damage (or damage claims); **Schulden ~** to settle debts; **der Verkehr wikkelt sich reibungslos ab** traffic flows smoothly

Abwickler liquidator; **gerichtlich bestellter ~**[42] liquidator appointed by the court

Abwicklung *(Regelung)* settlement, handling; *(Liquidation)* liquidation, winding up; **freiwillige ~** voluntary liquidation; **~ e-r Kapitalgesellschaft** winding up of a company (or *Am* corporation); **~ e-r aufgelösten Personengesellschaft** winding up of a dissolved partnership; **~ von Schadensfällen** *(VersR)* settlement of accident claims; **~ e-s Vertrages** winding up a contract; **~ des Zahlungsverkehrs mit dem Ausland** handling of international payment transactions; **e-e ~ durchführen** to carry out a liquidation

Abwicklungs~, ~firma firm in liquidation; firm in state of being wound up; **~maßnahmen** measures of liquidation; **~stelle** liquidating office (or agency); **~verfahren** winding up (or liquidation) procedure

abwiegen to weigh out, to weigh up

abwohnbarer Baukostenzuschuss tenant's contribution to the building costs deductible from the rent

abwracken *(Schiff)* to scrap, to break up (for scrap metal); to wreck; to dismantle

Abwurf *(von Bomben)* drop(ping); *(e-r Last)* discharge; *(über Bord e-s Schiffes od. Flugzeugs bei Gefahr)* jettisoning

abzahlbar, monatlich ~ payable by (or in) monthly instal(l)ments

abzahlen to pay off, to pay (up), to repay; *Am* to pay on account; *(in Raten)* to pay by (or in) instal(l)ments; *(gänzlich tilgen)* to clear off; **seine Schulden ~** to pay off (or repay, discharge, clear) one's debts

abzählen to count (up); *(Stimmen)* to tell

Abzahlung paying off, repayment; *Am* payment on account; *Am* deferred payment; *(Ratenzahlung)* payment by (or in) instal(l)ments; *(gänzliche Tilgung)* clearing off

Abzahlungs~, ~geschäft instal(l)ment sale business; *(einzelnes)* instal(l)ment sale (or purchase) transaction; *Br* hire-purchase transaction; *Br* tally trade; **~gesetz**[43] Statute Covering Instal(l)ment Sales; *Br* Hire-Purchase Act; *Am* Installment Purchase Law; **~hypothek** →Tilgungshypothek; **~kauf** *Br* hire-purchase (transaction); *Br* credit sale transaction; *Am* purchase on the installment system; *Am* installment purchase (or buying); *Am* buying on time

Abzahlungskäufer, der ~ kommt mit e-r Kaufpreisrate in Verzug *Br* the hirer defaults in the payment of an instalment of the hire-purchase price

Abzahlungs~, ~konto *Br (bei Teilzahlungen)* credit account; *Am* charge account; **~rate** instal(l)ment; **~verkauf** *Br* hire-purchase transaction; *Am* sale on the installment system, installment sale; conditional sale; *Br* credit sale; *Am* deferred payment sale; **~vertrag** *Br* hirepurchase agreement; *Br* credit sale agreement; *Am* installment sale contract; conditional sale agreement

Abzahlung, auf ~ kaufen to buy on the instal(l)ment plan (or system); *Br* to buy on hirepurchase (H. P.); *Am* to buy on deferred terms, to purchase on a time payment plan

Abzeichen, (Dienst-, Rang-)~ badge; ensign; **Hoheits~** national marking

abzeichnen to sign; *(paraphieren)* to initial, to put one's initials (to); *(abhaken)* to tick (off)

abziehbar deductible, allowable

abziehen *(von e-r Summe)* to deduct, to make a deduction; *(subtrahieren)* to subtract; **vom Lohn ~** to deduct (or withhold) from wages; →**Skonto vom Preise ~**; **Truppen** *(aus e-m Lande)* **~** to withdraw troops

abzinsen to discount, to deduct unaccrued interest

Abzinsung discounting, deduction of unaccrued interest; **~ssatz** discounting rate

Abzug deduction, allowance; *(Skonto)* discount; *(Einbehaltung)* withholding; *(Zurücknahme)* withdrawal; *Br (SteuerR)* allowance, relief; *Am* credit; *(vom Geldmarkt)* drain; withdrawal; **Fahnen~** galley proof; **Gehalts~** deduction from salary

Abzug vom Lohn deduction (or withholding) from wages; *Am* payroll deduction

Abzug an der Quelle, Steuern erheben durch ~ to levy taxes by deduction at (the) source

Abzug, ~ für Taragewicht allowance for tare; **~ von Truppen** withdrawal of troops; **~ von Wissenschaftlern od. Fachkräften** *(bes. nach USA)* brain drain

abzugsfähig deductible; admitted as deduction; **steuerlich ~** deductible for tax purposes; **~e Ausgaben** deductible *Br* expenses *(Am expenditure)*; *(von der Steuer)* **~er Betrag** allowable deduction; *Am* credit; **nicht** *(von der Steuer)* **~** non-deductible; **~ sind** ... deductions are allowed for ...

Abzugsfähigkeit von Steuern tax deductibility

Abzugsfranchise *(VersR)* excess; *Am* deductible (franchise)

Abzugssteuer withholding tax *(→Quellensteuer)*; **Befreiung von der ~** exemption from withholding tax; **~ auf Dividenden** *(z. B. Kapitalertragsteuer)* withholding tax on dividends; **~vorschriften** withholding rules; **von der ~ ausgenommen sein** to be exempt from the withholding requirement; **e-e ~ wird erhoben** a withholding tax is levied

Abzugsweg, unmittelbar oder im ~e zu zahlende Steuer tax payable directly or by deduction; **im ~e erhobene Steuer auf Dividenden** tax withheld on dividends; **Steuern im ~e erheben** *Br* to deduct taxes at source; *Am* to levy taxes by withholding

Abzug, in ~ bringen to deduct, to allow; **Zinsen in ~ bringen** to make deduction of interest; **Abzüge** *(vom Lohn)* **einbehalten** to retain deductions; **bei Barzahlung e-n ~ geben** to allow a discount on cash, to allow a cash discount; **zum ~ zulassen** *(DBA)* to allow as deduction; *Am* to allow as credit

abzüglich deducting, less, minus; allowing for; reduced by; **~ Diskont** deducting (or less) discount; **~ der Kosten** deducting expenses; **~ aller Kosten** all expenses deducted; **~ Skonto** less discount; **~ der Zinsen** less interest accrued

abzweigen, Geld für bestimmten Zweck ~ to earmark money; to set money apart (or to appropriate money) for a special purpose

Abzweigung *(Straße)* branching off, junction; *(Geld)* setting aside; *(für bestimmten Zweck)* earmarking; appropriation

Achslast, zulässige ~[44] permissible axle load

Acht~, ~prozenter *(Papier)* eight per cent paper; **~stundentag** eight hour day

acht, alle ~ Tage once a week; **für ~ Tage** for a week

achten to esteem, to respect; **~ auf** →achtgeben; **allgemein geachtet werden** to enjoy general esteem (or respect); to be generally esteemed

Achtergruppe (G8) Group of Eight (→Siebenergruppe plus Russia)

achtgeben to pay attention (auf to)

Achtung esteem, respect; *(Warnung)* attention; *(auf Schild)* caution, warning; **~ der Menschenrechte** respect for human rights

Acker field, (arable) land; *(Ackerboden)* soil; **~bau** agriculture, husbandry; **~wirtschaft** agriculture, farming

a. D. (außer Dienst) retired (from active duty, profession, business)

ad acta to be filed; **~ legen** to file (away), to shelve; *(fig)* to consider sth. finished

ad hoc ad hoc (specially for this purpose, for this special purpose); **~-Arbeitsgruppe** ad hoc working party; **~-Ausschuss** ad hoc committee; **auf e-r ~-Grundlage** on an ad hoc basis; **~-Publizität** ad hoc publicity; **~-Stelle** *(VölkerR)* ad hoc agency

Adäquanz adequacy, state of being adequate

adäquat adequate; satisfying a requirement

Addiermaschine adding machine

Adel nobility; **~sbrief** patent of nobility; **~stitel** title of nobility; **in den ~(sstand) erheben** *Br* to raise to the peerage

Adgo →Allgemeine Deutsche Gebührenordnung

administrierte Preise administered prices *(Ggs. Konkurrenzpreise)*

adoptieren to adopt

Adoptierte (der, die) adoptee

Adoption[45] *(Annahme als Kind)* adoption; **gerichtliche Aufhebung der ~**[46] revocation of the adoption order; **Vermittlung von ~en**[47] placement (or arrangement) of adoptions

Adoption, →Europäisches Übereinkommen über die ~ von Kindern

Adoptions~, ~beschluss *(gerichtl. Beschluss über die Zulassung der Adoption)* adoption order; **die ~urkunde unterzeichnen** to sign the adoption deed; **~verfahren** adoption proceedings

Adoption, die ~ aussprechen to grant an adoption; **e-e ~ beantragen** to apply for an adoption; **freigegeben zur ~** available for adoption; **durch die Behörde zur ~ freigegeben** (having been) officially declared (or declared by the authorities) to be available for adoption

Adoptiv~, ~bruder adoptive brother, brother by adoption; **~eltern** adoptive parents; **~kind** adoptive (or adopted) child; adoptee; **~mutter** adoptive mother; **~schwester** adoptive sister, sister by adoption; **~sohn** adoptive (or adopted) son; **~tochter** adoptive (or adopted) daughter; **~vater** adoptive father

Adrema addressing machine

Adressant *(von Waren)* consignor

Adressat addressee; *(von Waren)* consignee; *(e-r Geldsendung)* payee

Adressbuch directory; **Firmen~** trade directory

Adresse address; *(Geldmarkt)* borrower; **Deck~** cover; *Br* accommodation address; **falsche ~** wrong address; **Geschäfts~** business address, office address; **per ~** care of (c/o)

Adressen~, ~änderung change of address; **~liste** mailing list, list of addresses; **~überprüfung** address verification

Adresse, jdm seine ~ (an)geben to give a p. one's address; **an die falsche ~ senden** to misdirect, to address wrongly

adressieren to address, to direct; *(Warensendung)* to consign; **falsch ~** to misdirect; to address incorrectly; **um~** to readdress, to redirect

Adressiermaschine addressing machine, addressograph

ad valorem ad valorem, according to value; **~-Zoll** ad valorem duty

Advokat *(Schweiz)* →(Rechts-)Anwalt

Aerogramm (Luftpostleichtbrief) aerogramme

Aerobus air bus

aeronautisch aeronautical

Afghane, Afghanin, afghanisch Afghan

Afghanistan Afghanistan; **Republik ~** Republic of Afghanistan

Afrika, Organisation für die Einheit ~s Organization of African Unity (OAU); **Staaten in ~, im Karibischen Raum und Pazifischen Ozean** (→AKP-Staaten) African, Carribbean and Pacific countries (ACP States)

Afrikanische Entwicklungsbank[48] African Development Bank (ADB)
Die Afrikanische Entwicklungsbank ist eine der drei regionalen Entwicklungsbanken der Welt. Die beiden anderen sind die →Interamerikanische Entwicklungsbank Entwicklungsbank und die →Asiatische Entwicklungsbank.
The ADB is one of three regional development banks in the world. The other two are the Interamerican Development Bank and the Asian Development Bank.

Afrikanischer Entwicklungsfonds[49] African Development Fund

afrikanische Erdölproduzenten, Vereinigung afrikanischer Erdölproduzenten African Petroleum Producers' Association (Appa)

Afrikanischer Nationalkongress African National Congress (ANC)

Afrikanische Staaten, Assoziierte ~, Madagaskar und Mauritius (AASMM) Associated African States, Madagascar and Mauritius (AASMM)

AG →Aktiengesellschaft; **als ~ eingetragen** *Am* incorporated

AGB →Geschäftsbedingungen

Agenda agenda

Agent 1. *(Handelsvertreter)* agent; →**Abschluss~**; →**Schiffs~**; →**Versicherungs~**; **~enprovision** agent's commission

Agent 2. *pol* (intelligence) agent; **Geheim~** secret agent; **politischer ~** political agent

Agenten~, ~ring espionage ring; **~tätigkeit**[50] intelligence operations (or activities); the making (or maintaining) of contacts with foreign governments, parties or agencies or their members, for the purpose of treason; **landesverräterische ~tätigkeit**[50a] treasonable conduct as an agent; **~werbung** solicitation (or recruitment, enlistment) of (enemy) agents

Agentur agency; **Presse~** news agency; **Werbe~** advertising agency

Agentur~, ~provision agency commission; **~vertrag** agency agreement (or contract); **~vertreter** agency representative

aggressiv, ~e Verkaufsmethoden high-pressure selling methods; **~e Werbung** hard advertising

Agio *(Aufgeld)* agio, premium (on exchange); *Am* markup; **~ bei Aktenemission (od. Aktien~)** premium on shares, share premium; **Anleihe~** premium on bonds; **~geschäft** →Agiotage; **~gewinn** profit from premium; **~konto** premium account; **~papiere** securities redeemable at a premium

Agiotage agiotage, stockjobbing, stock exchange operation

agiotieren to do stockjobbing

Agioteur stockjobber, stock exchange operator

agitieren to agitate; **für höhere Löhne ~** to agitate for higher wages

Agnat~, **a~isch** agnate

Agnation *(Blutsverwandtschaft väterlicherseits)* agnation

Agrar~, **~abschöpfungen** *(EU)* agricultural levies *(→Abschöpfung 2.)*; **~ausgaben** agricultural expenditure; **~bevölkerung** agricultural population; **~erzeugnisse** agricultural (or farm) produce (or products); **~exporte** farm exports; **~forschung** agricultural research; **~genossenschaft** farmers' cooperative; **~gesetzgebung** farm legislation; **~hilfe** agricultural (or farm) subsidies; *(Entwicklungshilfe)* agricultural assistance; **~kredit** farm credit; **~markt** agricultural market; **~marktordnung** *(EU)* agricultural market organization; **~ökonomie** *Am* agribusiness; **Gemeinsame ~politik** (GAP) *(EU)* common agricultural policy; **~preise** farm prices, prices of farm products; **~produkte** →Agrarerzeugnisse; **~reform** agrarian reform; **~staat** agricultural (or agrarian) state; **~überschüsse** agricultural surpluses; **~wirtschaft** farming; agrarian economy; **~wirtschaftler** agricultural economist; agronomist

Agrément *dipl* agrément *(intimation that an ambassador etc is accepted)*; **das ~ erhalten** to be granted one's agrément; *(dem Missionschef)* **das ~ erteilen** to grant the agrément

Ägypten Egypt; **Arabische Republik ~** Arab Republic of Egypt

Ägypter(in), ägyptisch Egyptian

ahnden, mit e-r Geldbuße bis zu ... ~ to punish by a fine of up to ...

Ahnen ancestry; **~forschung** ancestry research, genealogical research

ähnlich, täuschend ~e Marken confusingly similar trademarks

Ähnlichkeit in wesentlichen Teilen *(von 2 Werken) (UrhR)* substantial similarity

Aids aids (acquired immune deficiency syndrome); **~-Bekämpfung** campaign against aids

Akademie academy; college; **Mitglied e-r ~** academician; **~ der Wissenschaften** Academy of Sciences (z. B. *Br* the Royal Society *[Naturwissenschaften]*, the British Academy *[Geisteswissenschaften]; Am* Academy of Sciences [New York])

Akademiker (university) graduate; *Am* (college) graduate; *(etwa)* professional person; **Nicht~** person without a university education

akademisch academic; **die ~en Berufe** the (academic) professions; professions requiring a university education; **Angehöriger e-s ~en Berufes** professional (man); **~e Bildung** university (or *Am* college) education

akademisch, ~er Grad (academic or university or *Am* college) degree; **ehrenhalber verliehener ~er Grad** honorary degree; →**Europäisches Übereinkommen über die Anerkennung von ~en Graden und Hochschulzeugnissen**; **e-n ~n Grad erlangen** to take (or receive) one's (university *or Am* college) degree (in); to graduate; **jdm e-n ~n Grad verleihen** to confer a degree upon a p.; to grant a degree to a p.; *Am (auch)* to graduate a p.

Akklamation acclamation

Akkord 1. *(Übereinstimmung)* →Vergleich

Akkord 2. ~arbeit *(Arbeit im Leistungslohn)* piece(-)work, job work; jobbing; task work; *Am* incentive operation; **~arbeiter** piece(-) worker, job worker; jobber; *Am* incentive employee; **~berechnung** *Am* incentive calculation

Akkordlohn piece(-)work pay; wage on piecework basis; job wage(s); contractual wage(s); task wage(s); **Gruppen- ~** payment of group (or team) in one lump sum according to the results achieved by the group (or team); **~satz** piece(-)work rate; piece rate, job rate

Akkord~, **~richtsatz** *(für Normalleistung gezahlter Akkordlohn)* standard piece(-)work rate; job rate; **~satz** →Akkordlohnsatz; **Festsetzung des ~(lohn)satzes** fixing the job rate; piece(-) rate fixing; **~system** piece(-)work system; *Am* contract system; **~verdienst** piece(-)work (or piece-rate) earnings; **~vertrag** piece(-)work contract; **~zettel** piece(-)work card; job ticket; **~zuschlag** piece(-)work bonus

Akkord, im ~ by the piece (or job); *Am* by contract; **im ~ arbeiten** to do piece(-)work; to work by the piece (or job); **im ~ bezahlen** to pay by the piece; **im ~ vergeben** to give out work by the piece (or job or *Am* by the contract)

akkreditieren 1. *(VölkerR)* to accredit; **e-n Gesandten** *(bei e-r Regierung)* **~** to accredit an ambassador (to a government)

akkreditieren 2. *com* to open a credit (in favo[u]r of a p.); to open a (letter of) credit

Akkreditierter accredited party; beneficiary (under a L/C)

Akkreditierung opening of a (letter of) credit

Akkreditiv letter of credit (L/C); credit
Die drei Beteiligten beim Akkreditiv sind der Kunde (Akkreditiv-Auftraggeber), die nach seinen Weisungen handelnde Bank (eröffnende Bank), die an einen

Dritten (Begünstigten) oder dessen Order Zahlung leistet.
The 3 parties to a (letter of) credit operation (or transaction) are the customer (the applicant for the credit), a bank (the issuing bank) acting in accordance with his instructions, and a third party (the beneficiary) to whom or to whose order payment (etc) is made.

Akkreditiv, →**Beistands~**; →**Dokumenten-~**; →**Vorschuss~**

Akkreditiv, **bestätigtes ~** confirmed L/C; **bestätigtes unwiderrufliches ~** confirmed irrevocable credit; **sich (automatisch) erneuerndes ~** revolving L/C; **teilbares ~** divisible L/C; **übertragbares ~** transferable L/C; **unbestätigtes ~** unconfirmed L/C; **unwiderrufliches ~** irrevocable L/C; **widerrufliches ~** revocable L/C; **~ mit hinausgeschobener Zahlung** deferred payment credit

Akkreditiv, **Anzeige e-s ~s** notification of a (letter of) credit; **Eröffnung e-s ~s** opening of a L/C; **Gegen~** back-to-back (letter of) credit; **Inhaber e-s ~s** holder of a L/C; **Laufzeit e-s ~s** life of a L/C; **Verlängerung e-s ~s** extension of the validity of a (letter of) credit

Akkreditiv~, **~änderung** amendment of credit; **~auftrag** application for a credit (or L/C); **~auftraggeber** *(Importeur/Käufer)* applicant for a credit (or L/C); **~bedingungen** terms of the credit; **~begünstigter** *(Exporteur/Verkäufer)* beneficiary (under a L/C); **~betrag** amount of the credit; **~deckungsguthaben** (credit) balance (held) as cover for letters of credit; **~ermächtigung** letter of authority; **~eröffnung** →Akkreditivstellung; **~eröffnungsantrag** credit application; **~konto** credit account; A/C for documentary credits; **~stellung** issuance (or opening) of a (letter of) credit; letter of credit opening

Akkreditiv, **ein ~ annullieren** to cancel a credit; **ein ~ anzeigen (od. avisieren)** to advise a credit; **ein ~ bestätigen** to confirm a credit; **ein ~ eröffnen (od. erstellen)** to open (or issue, establish) a credit (in favo[u]r of); **das ~ ist gültig bis** ... the credit is valid until ...; **das ~ läuft ab** the credit expires (or becomes invalid); **ein ~ widerrufen** to revoke a credit; **Zahlung soll durch ein unwiderrufliches bestätigtes ~ bei der ... Bank erfolgen** payment is to be made by irrevocable confirmed credit by the ... bank

Akontozahlung payment on account

AKP~, **~-Staaten** ACP states (→Afrika); **am wenigsten entwickelte ~-Staaten**[50b] least developed ACP countries (ACP-LLDCs); **~Binnenstaaten**[50b] land-locked ACP-countries; **~-EWG Abkommen von** →**Lomé**; **~Inselstaaten**[50b] island ACP-countries *(s. Staaten in →Afrika)*

Akronym acronym

Akquisiteur canvasser; *Am* solicitor

Akt act; **notarieller ~** notarial act; **staatlicher Hoheits~** Act of State

Akte(nstück) file, record

Akten files, records; documents; papers; **in (od. bei) den ~** on file, on record; **zu den ~** (z. d. A.) to be filed; for filing; file; **~ für Unerledigtes** pending files

Akten; →**abgelegte ~**; →**behördliche ~**; →**Bei~**; →**Gerichts~**; →**Hand~**; →**Personal~**; →**Prozess~**

Akten~, **~ablage** filing; **~anforderung** (making a) request for records; application for files; *Am (von e-m anderen Gericht)* invocation of papers; **~auszug** abstract (or extract) of records; **~bündel** bundle of documents (or papers)

Akteneinsicht inspection of records (or files); **Recht auf ~** right to inspect files; **(Möglichkeit der) ~ haben** to have access to the files; **~ gewähren** to lay files open to inspection (by)

Aktenexemplar record (or file) copy

aktenkundig *(Personen)* known to the police; on police files; *(Tatsachen)* on the record; on file; **etw. ~ machen** to place (or take) sth. on record; to make a written record of sth.; **~ sein** to be on the record

Aktenlage (state of) the dispute according to the documents before the court; **nach ~ entscheiden**[51] to make a decision (or to decide) on the documents before the court; to decide on the record

aktenmäßig, **~ feststehende Tatsache** matter of record; **etw. ~ festhalten** to place (or take) sth. on record; **~ feststehen** to appear (or to be) on the record

Akten~, **~notiz** *(innerbetriebliche Mitteilung)* memorandum, memo; memorandum for the file; **~schrank** filing cabinet; **~stoß** bundle (or pile) of files; **~tasche** briefcase; portfolio; **~vermerk** note for the records; memo; **~vernichter** records destruction equipment; shredder

Aktenzeichen reference number; *Am bes.* file number; **Unser ~** Our Ref.; **ein ~ angeben** to quote a reference number; **ein Schreiben mit e-m ~ versehen** to put a reference number on a letter

Akten, **~ ablegen** to file (away) records; **~** →**anfordern**; **~ anlegen** to open files; to compile records; **~ aufbewahren** to preserve (or retain) records; **~ durchsehen (od. einsehen)** to inspect files; to consult records; **zu den ~ einreichen** to submit (for insertion in the files); *(beim Gericht)* to lodge with the court; to file (for placing on the court records); **auf Grund der ~ entscheiden** to decide on the basis of the relevant documents; **~ führen** to keep records; **zu den ~ nehmen** to file; to take (or put, place) on file; to include in the records; *bes. fig* to shelve, to pigeonhole; **in den ~ vermerken** to make a note in the records

Aktie share; *Am* share of stock; *(Urkunde)* share certificate; **~n** shares; *Am* stock(s)

Aktien, →**Auto(mobil)~**; →**Bank~**; →**Belegschafts~**; →**Bergwerks~**; →**Bruchteils~**; →**Eisenbahn~**; →**Erdöl~**; →**Gratis~**; →**Gründer~**; →**Gummi~**; →**Inhaber~**; →**Mehrstimmrechts~**; →**Montan~**; →**Nachzugs~**; →**Namens~**; →**Nennwert~**; →**Pflicht~**; →**Prioritäts~**; →**Schiffs~**; →**Spitzen~**; →**Stamm~**; →**Stimmrechts~**; →**Vorzugs~**

Aktie, nicht abgeholte ~ unclaimed share (stock); share (stock) not called for; **abgestempelte ~** stamped share (stock) *(→Aktienabstempelung)*; **ausgegebene ~n** issued shares (stock[s]); **(noch) nicht ausgegebene ~n** unissued shares (stock[s]); **ausländische ~n** foreign shares (stock[s]); **beschädigte ~n** damaged share (stock) certificates

Aktien, eigene ~ *(e-s Unternehmens)* company-owned shares; shares of company stock; *(zurückerworbene)* **eigene ~** *Am* treasury shares (or stock); **Erwerb eigener ~** *(durch die Gesellschaft)*[52] acquisition of company stock; **Erwerb eigener ~** *(durch den Arbeitnehmer)* **zu e-m Vorzugskurs** purchase of shares in the employer company at a preferential price

Aktien, teil- (voll-)eingezahlte ~ →einzahlen; **sehr gefragte (aussichtsreiche) ~** glamo(u)r shares; **gezeichnete ~** shares (stocks) subscribed; *Br* shares applied for; **inländische ~** inland (or domestic) shares (stocks); →**junge ~**; →**kaduzierte ~**; →**kleingestückelte ~**; →**nachschussfreie ~**; →**nachschusspflichtige ~**; →**nennwertlose ~**; **stimmberechtigte ~** voting shares (stocks); **stimmrechtlose ~** non(-)voting shares (stocks); **verunstaltete ~**[53] defaced share (stock) certificates; →**verwässerte ~**; →**vinkulierte ~**

Aktien, ~ ausgeben to issue shares (stocks); **~ besitzen** to hold (or own) shares (stocks); **~ an der Börse einführen** to introduce shares (stocks) on the stock exchange; to have shares (stocks) admitted for quotation; **~ teilweise einzahlen** to pay up shares (stocks) partly; **~ voll einzahlen** to pay up shares (stocks) in full; **~→einziehen**; **die ~ erholten sich** the shares (stocks) recovered; **die ~ sind gefallen** the shares (stock) fell (or dropped, went down); **die ~ fielen von ... auf ...** the shares went down (or slipped back) from ... to ...; **die ~ sind →fest geblieben**; **die ~ werden an der ... Börse gehandelt** the shares (stocks) aretraded on the ... Exchange; **~ kaduzieren** to declare shares (stocks) forfeited; **~ für kraftlos erklären** to cancel shares (stocks); **die ~ stehen niedrig (hoch)** the shares (stocks) are down (up); **die ~ sind gestiegen** the shares (stocks) have gone up (or moved up); **die ~ stiegen von ... auf ...** the shares (stocks) advanced from ... to ...; **die ~ →tendierten uneinheitlich**; **~ übernehmen** to acquire shares (stocks); **~ umtauschen** to exchange old shares for new ones; **~ beim Publikum unterbringen** to place shares (stocks) with the public; **~ zeichnen** to subscribe for *(Br auch* to) shares (stocks); *Br* to apply for shares; **~zur Zeichnung auflegen** to invite subscription for *(Br auch* to) shares (stocks); **~** *(zu größeren Stücken)* **zusammenlegen** to consolidate shares; **~ zuteilen** to allocate (or allot) shares (stocks)

Aktien, Aufdrängung von *(oft wertlosen)* **~** share pushing; **Besitzer von ~** shareholder; *Am (auch)* stockholder; →**Einzahlung auf ~**; **Einziehung von ~**[54] withdrawal (or redemption) of shares (stocks); **Erwerb von ~** acquisition of shares (stocks) *(s. Erwerb eigener →Aktien)*; **Kaduzierung von ~** forfeiture of shares (stocks); **Kraftloserklärung von ~** *(im Aufgebotsverfahren)*[55] cancel(l)ation of share certificates; **Rückgabe von ~** *Br (an die Gesellschaft)* surrender of shares; **Rückkauf der** *(eigenen)* **~** *(durch die Gesellschaft)* shares (stock) redemption; **Unterbringung von ~** placing of shares (stocks); **Unterzeichnung der ~**[56] signature on share (stock) certificates; **Zeichnung von ~** →Aktienzeichnung; →**Zulassung von ~ zur Börsennotierung**; **Zusammenlegung von ~** →Aktienzusammenlegung; **Zuteilung von ~** allocation (or allotment) of shares (stocks)

Aktien~, ~abstempelung (Herabsetzung des Nennbetrages e-r Aktie) stamping of share (stock) certificates (reduction of the par value of a share); **~agio** premium on shares; share premium; **~anlage** investment in shares; **~aufteilung** share (stock) split; splitting

Aktienausgabe share (stock) issue; issue (or issuing, *Am* issuance) of shares (stocks); **verbotene ~**[57] prohibited issue of shares

Aktien~, ~austausch exchange of shares (stocks); **~baisse** decline in shares (stock) prices; *Am* stock market decline; **~bank** *Br* joint stock bank; *Am* incorporated bank; bank in the legal form of an AG *(→Aktiengesellschaft)*

Aktienbesitz share (stock) ownership; shareholding, *Am (auch)* stockholding; holding of shares (stocks); **~ durch e-n Strohmann** nominee shareholding; **Berechnung der ~zeit**[58] computation of the period of share (stock) ownership

Aktienbeteiligung shareholding, *Am (auch)* stockholding; equity participation (or interest) (in a business)

Aktienbewertung valuation of shares; *Am* stock valuation

Aktienbezugsrecht[59] →Bezug 3.; **~sschein** *Am* stock warrant

Aktien ohne Bezugsrecht shares (stocks) without preemptive right; *Br* ex rights shares

Aktien~, **~bonus** share (stock) bonus; **~börse** stock exchange; share market, stock market

Aktienbuch[60] share register, *Am* stock register; *Br* register of members; →**Einsicht in das ~**; **Eintragung im ~** entry in the share register; **Umschreibung im ~**[61] transfer of entries in the share register; *Br* registration of transfers; **Namensaktien in das ~ eintragen** to record (or register) registered shares (stock) in the company's (*Am* corporation's) share register

Aktien~, **~depot** share deposit; **~dividende** share (stock) dividend; **~einziehung**[62] withdrawal (or redemption) of shares (stocks); **~emission** →Aktienausgabe; **~fonds** investment fund for shares (or stocks); **~gattung** class of shares (stocks); **a~gebundene Police** *(VersR)* equity-linked policy

Aktiengesellschaft (AG) *Br* public limited company (plc); *Br* company limited by shares; joint stock company; *Am* (stock) corporation; →**Auflösung e-r ~**; →**Europäische ~**; →**Gründung e-r ~**; →**Satzung e-r ~**; →**Sitz e-r ~**; **als ~ eingetragen** *Br* registered as a company (with the Register of Companies); *Am* registered as a corporation; **die ~ hat 3 Organe** the AG has 3 organs (→Vorstand, →Aufsichtsrat, →Hauptversammlung); **e-e ~ gründen** to form a company *(Am corporation)*

Aktiengesetz *(AktG)* Stock Corporation Act (or Law); *Br* Company Law; *Am* Corporation Law

Das deutsche Aktiengesetz[63] regelt die Rechtsverhältnisse der Aktiengesellschaften und Kommanditgesellschaften auf Aktien.

The German Company (*Am* Corporation) Law applies to companies (*Am* corporations) and →Kommanditgesellschaften auf Aktien.

Aktien~, **~handel** dealing in shares (stocks); *Am* trading in stock, stockbroking; **~händler** dealer in shares (stock), stockbroker; **~hausse** rise in share (stock) prices; *Am* stock market boom

Aktienindex share index *(z. B. BRD Deutscher Aktienindex [DAX]; Br FTSE-100; Times share index; Am Dow-Jones Industrial Average)*

Aktieninhaber shareholder, stockholder

Aktienkapital *(das in Anteile zerlegte Grundkapital e-r AG)* share capital; *Am (auch)* capital stock; **~ e-r Bank** (share) capital of a bank; *Am (auch)* capital stock of a bank; **Beteiligung der Arbeitnehmer am ~ der Firma** employees' stock ownership; **Umwandlung von Reserven in ~** capitalization of reserves; *(von den Aktionären zur Einzahlung)* **eingefordertes ~** called-up capital; **teilweise eingezahltes ~** *Am* part(ly)-paid capital stock; **voll eingezahltes ~** fully paid-up (or paid-in) capital; *(zur Ausgabe)* **genehmigtes ~**[64] authorized capital; *Am (auch)* authorized capital stock; **das ~ erhöhen (herabsetzen)** to increase (reduce) the capital *(Am auch capital stock)*

Aktienkauf acquisition (or buying) of shares (stocks); share (stock) purchase

Aktienkurs share price; stock price; quotation of shares (stocks); **~entwicklung** trend in share (stock) prices; **~zettel** *Br* share (price) list; *Am* stock list; **die ~e sind weiter gefestigt** share (stock) prices firmed up somewhat more; **die ~e werden fester** share (stock) prices firm up (or become firmer, move up); **die ~e fielen (od. gingen zurück)** stock prices declined; **die ~e hielten sich** share (stock) prices were maintained (or remained firm); **die ~e schwächten sich ab** share (stock) prices declined (or weakened, moved down, decreased); **die ~e sind gesunken** share prices have dropped; **die ~e sind weiter gestiegen (gefallen)** share (stock) prices haven risen (fallen) further; **die ~e zogen weiter an** share (stock) prices increased (or strengthened) further

Aktien~, **~makler** stockbroker; share broker; **~mantel** share certificate

Aktienmarkt share market, *Am* stock market; market in ... shares (stock); equity market; **Aktien- und Rentenmarkt** equity and bond market; →**lustlose Stimmung am ~**; **am ~ haben sich die Kurse nur knapp behauptet** prices have only been barely maintained on the share (stock) market

Aktienmehrheit majority of shares (stocks); majority interest; **Besitzer der ~** majority shareholder(s) *(Am auch stockholder[s])*; **die ~ besitzen** to hold the majority interest; **die ~ ist im Besitz von** the majority of shares are held by

Aktien~, **~nennbetrag** par value of the shares (stock); nominal amount of the shares (stocks); **~notierung** share (stock) quotation; **~option** option to exchange convertible securities into shares (stock); share (stock) option; **~paket** block (or parcel) of shares (stocks)

Aktienrecht *Br* company law; *Am* corporate law; **~e** rights embodied in a share (stock) certificate

Im deutschen Recht umfasst das Aktienrecht die Rechtsnormen für Aktiengesellschaften und Kommanditgesellschaften auf Aktien.

In German law company (*Am* corporation) law includes provisions concerning →AG und →KGaA.

aktienrechtliche Bestimmungen provisions concerning company (*Am* corporation) law

Aktien~, **~reederei** shipping firm in the legal form of an →AG; **~reform** reform of the →Aktienrecht; **~register** share register; **~rendite** yield on shares (stocks); return on shares (stocks); **~spekulant** speculator on the stock exchange; share (stock) speculator

Aktienspekulation share (stock) speculation; *(im verächtl. Sinne)* jobbery; **~en durchführen** to speculate in shares (stocks); to carry out a share (stock) manipulation

Aktien~, **~split** share (stock) split; **~streubesitz** widely spread shareholding; **~stückelung** share (stock) denomination

Aktiensymbol ticker symbol

Aktientausch exchange of (block of) shares (between companies or individuals); **Angebot e-s ~s** share exchange offer

Aktien~, **~übernahme**[65] acquisition of shares; *Am* stock takeover; **~übertragung** transfer of shares; *Am* stock transfer; **~umlauf** share (stock) circulation; **~umtausch** exchange of share (stock) certificates for new ones; **~urkunde** share (stocks) certificate; *Am (auch)* certificate of stocks; **~zeichner** share (stocks) subscriber; *Br* applicant for shares; **~zeichnung** subscription for (*Br auch* to) shares (stocks); *Am* stock subscription; application for allotment of shares; **~zeichnungsliste** list of (share or stock) subscribers; **~zertifikat** →Aktienurkunde; **~zusammenlegung** consolidation of shares (stocks); *Am* reverse split, split down; **~zuteilung** allocation (or allotment) of shares (stocks)

Aktion action; *(große)* campaign, drive; **gemeinsame ~** joint action; **konzertierte ~** concerted action; **politische ~** political campaign; **große Sammel~ zugunsten von** drive to raise money for; **Werbe~** advertising campaign; **~ zur Mitgliederförderung** membership drive; **~seinheit** unity of action; **~sprogramm** action programme; **etw. in ~ setzen** to put (or set) sth. in action; **e-e ~ starten** to launch (or start) a drive; **e-e politische ~ unterstützen** to support a political campaign

Aktionär shareholder, *bes. Am* stockholder; **Allein~** sole shareholder; **Alt~** existing shareholder *(→Bezugsrecht)*; **ausländische und inländische ~e** resident and nonresident shareholders; **außenstehender ~**[69] outside shareholder; **eingetragener ~** registered shareholder; *Am* stockholder of record; **→Groß~**; **→Haupt~**; **→Klein~**; **maßgeblicher ~ (od. Mehrheits~)** controlling shareholder; **→Stamm~**; **→Vorzugs~**

Aktionär, **Klage e-s ~s anstelle der Gesellschaft** *Am* shareholder's bill; *Am* stockholder's derivative action; **Liste der ~e** list of names of shareholders (stockholders); **Recht der ~e, neue Aktien zu zeichnen** right of existing shareholders to subscribe to new issues *(→Bezugsrecht)*

Aktionärs~, **~schutz** protection of shareholders; **~vereinigung** association of shareholders; **~vertreter** shareholders' representative

aktiv active; *(Bilanz)* favo(u)rable; *mil* regular; **~e Bestechung** bribery

aktiv, **im ~en Dienst** on active service; **Liste der im ~en Dienst stehenden Offiziere** active list; **aus dem ~en Dienst ausscheiden** to retire from service

Aktiva assets; **~ und Passiva** assets and liabilities; **~ der Insolvenzmasse** assets of the insolvent's (or bankrupt's) estate; **Kauf der ~** *Am (bei Firmenübernahme)* asset purchase; **Verhältnis der ~ zum Eigenkapital** equity ratio; **leicht verwertbare ~** easily marketable assets; **sofort realisierbare ~** current assets; **sonstige ~** other assets; **transitorische ~** prepaid expenses; *Am* deferred expense; **unsichtbare ~** *(z. B. goodwill)* concealed assets

aktiv, **~e Handelsbilanz** favo(u)rable balance of trade; **~es Heer** regular army; **~er Teilhaber** active partner; **~es Wahlrecht** right to vote, franchise, suffrage; **sich ~ beteiligen an** to take an active part in; **~ dienen** *mil* to be on active service; **~ legitimiert** *(Zivilprozess)* →Aktivlegitimation; **~ legitimiert sein** to have a right of action

Aktiv~, **~geschäft** *(e-r Bank)* lending business; **~konten e-r Bilanz** assets accounts of a balance sheet

Aktivlegitimation *(Zivilprozess)* standing to sue; plaintiff's competence in respect of the (subject-matter of the) claim; plaintiff's right of action; **Einrede der mangelnden ~** plea (or defence [defense]) denying plaintiff's right of action
Das deutsche Recht unterscheidet zwischen Aktivlegitimation und Prozessführungsbefugnis.
German Law makes a difference between →Aktivlegitimation and →Prozessführungsbefugnis.

Aktiv~, **~masse** *(z. B. Insolvenz, Nachlass)* assets; **~posten** credit item

Aktivsaldo surplus; favo(u)rable balance; *(Bank)* credit balance; **~ der Dienstleistungsbilanz** surplus in the service balance (or in the balance on services); **~ der Handelsbilanz** surplus in the balance of trade; (balance of) trade surplus; **~ der Zahlungsbilanz** surplus in the balance of payments; BOP surplus; **die Handelsbilanz schloss mit e-m ~ ab** the balance of trade closed with a(n export) surplus; **e-n ~ aufweisen** to show a surplus

Aktiv~, **~seite** assets (side) (of the balance sheet); **~wechsel** *(Bilanz)* bills receivable; **~zinsen** interest received (or earned)

aktivieren to activate, to make active; *(Bilanz)* to capitalize; to enter on the assets side; **Ausgaben ~** to capitalize expenses; **die Zahlungsbilanz ~** to move the balance of payments into surplus *(Ggs. passivieren)*

Aktivierung activation; capitalization; entering on the assets side; *(der Zahlungsbilanz etc)* moving into surplus; **~ der Außenpolitik** activation of foreign policy; **~ des Gewinns** capitalization of profit; **~spflicht** *(Bilanz)* requirement to capitalize

Aktivist activist

aktualisieren to update, to bring up to date

Aktualisierung updating

Aktuar *(Versicherungsmathematiker)* actuary

aktuell topical, of present interest; up-to-date; **~e Themen erörtern** to discuss (or hold talks on) current problems

akut, **~e Gefahr** imminent (or immediate) danger; **~es Problem** acute (or critical) problem

Akzept *(WechselR)* acceptance; *(akzeptierter Wechsel)* accepted bill (of exchange); **Bank~** banker's acceptance; **Blanko~**[70] acceptance in blank, blank acceptance; **eingeschränktes ~**[71] qualified (or conditional) acceptance; **Ehren~** *(e-s →notleidenden Wechsels)* acceptance for hono(u)r (or by intervention, supra protest); **Gefälligkeits~** accommodation acceptance; **mangels ~ (zurück)** (returned) for want of acceptance; **Teil~** partial acceptance; **uneingeschränktes ~** general (or unqualified or unconditional) acceptance; clean acceptance; **mit e-m ~ versehene Tratte** accepted draft

Akzept~, **~frist** time for acceptance; **~gebühr** acceptance charge; **~kredit** acceptance credit; **~leistung** acceptance; **~provision** commission for acceptance; **~schuldner** debtor by acceptance; **~umlauf** acceptances in circulation; **~verbindlichkeiten** acceptance liabilities; bills payable; **~verweigerung** refusal of acceptance; dishono(u)r (by non-acceptance)

Akzept, **das ~ e-s Wechsels einholen** to obtain acceptance of a bill (of exchange); to get a bill accepted; **ein ~ einlösen** to hono(u)r (or meet) an acceptance; **e-n ~kredit einräumen** to grant an acceptance credit; **den Wechsel mit ~ versehen** to provide the bill with acceptance; to accept the bill; **e-n Wechsel dem Bezogenen zum ~ vorlegen** to present the bill upon the drawee for acceptance

Akzeptanz acceptance; **~ von Produkten** market acceptance of products

akzeptieren *(Vorschlag)* to accept; *(Wechsel)* to accept, to hono(u)r; **e-n Wechsel nicht ~** to refuse acceptance of a bill; to dishono(u)r a bill (by non[-]acceptance)

Akzeptierung accepting, acceptance

Akzession accession

akzessorisch accessory *(s. Kommentar zu →Bürgschaft)*; **~e Sicherheit** accessory security, collateral security; **die Hypothek ist ~** *(d. h. in ihrem Bestand von der Forderung abhängig)* the mortgage is accessory (or subsidiary) (to the claim which it secures)

Akzessorität (e-s Sicherungsrechts) accessoriness (of a security interest)

Akzidenzdruck job printing

Alarm alarm; **Einbruchs~** burglar alarm; **Feuer~** fire alarm; **Flieger~ (od. Luft~)** air-raid warning; **~anlage** alarm device (or installation)

Albaner(in), albanisch Albanian

Albanien Albania; **Republik ~** Republic of Albania

aleatorischer Vertrag *(dessen Rechtswirkung von e-m ungewissen Ereignis abhängt, z. B. →Spielvertrag, →Wettvertrag)* aleatory contract

Algerien Algeria; **Demokratische Volksrepublik ~** People's Democratic Republic of Algeria

Algerier(in), algerisch Algerian

Alibi alibi; **ein ~ beibringen** to produce an alibi; **sein ~ nachweisen** to establish (or prove) one's alibi; **ein unwahres ~ vorbringen** to set up a false alibi

Alibinachweis, **den ~ erbringen** to prove one's alibi

Alimente *Br (für nichteheliche Kinder)* maintenance; *Am* support

Alkohol alcohol; liquor; spirits; **~ am Steuer** drunk driving, driving under the influence of alcohol; **Fahruntüchtigkeit infolge Genusses von ~** unfitness to drive through excessive consumption of alcohol

Alkohol~, **~blutprobe** alcohol blood test; **~delikte** crimes committed under the influence of alcohol; **~gehalt** alcohol content; alcoholic strength; **~genuss e-s Verkehrsteilnehmers** consumption of alcohol by a driver or other road user; **~missbrauch** alcohol abuse; excessive consumption of alcohol; **~schmuggel** alcohol (or liquor) smuggling; *Am* bootlegging; **~schmuggler** alcohol (or liquor) smuggler; *Am* bootlegger; **a~süchtig** alcoholic; addicted to drink (or alcohol); **~süchtiger** alcoholic; alcohol addict; person addicted to drink; **~sün-**

der am Steuer drunken driver; driver who is under the influence of alcohol; **~test** breathalyser test; **~verbot** prohibition of sale of alcohol *(e. g. to minors or on election day)*; **~verbrauch** consumption of alcohol; **~vergiftung** intoxication; alcoholic poisoning; **unter ~ stehen** to be under the influence of alcohol

alkoholisch alcoholic; **~e Getränke** alcoholic drinks (or beverages)

alle, ~ Anwesenden all those present; **~ Rechte vorbehalten** all rights reserved; **~ 8 Tage** every week; **~ 14 Tage** every two weeks; fortnightly; **an ~, die es angeht** to whom it may concern; **an ~, denen diese Urkunde vorgelegt wird** to all to whom these presents shall come

allein, ein Haus ~ bewohnen to be the sole inhabitant of a house; to be the only person living in the house; **das Haus gehört ihm ~** he is the sole proprietor of the house; **die Arbeit ~** *(ohne Hilfe)* **erledigen** to do the work by oneself; **~stehen** to be single *(→alleinstehend)*; **~ verantwortlich sein** to be solely responsible; **~ zeichnungsberechtigt sein** to be the sole person authorized to sign (or with authority to sign)

alleinberechtigt exclusively entitled; **~ sein** to have the exclusive (or sole) right (zu to)

Allein~, ~berechtigung exclusive (or sole) right; **~besitz** exclusive (or sole) possession; **~bezugsvereinbarung** *(Bezugsbindung des Käufers)* exclusive purchasing (or dealing) agreement; **~eigentum** sole (or exclusive) property *(Objekt)*; sole (or exclusive) ownership *(Recht)*; **~eigentümer** sole owner (or proprietor)

Alleinerbe sole person entitled to a (*Br* deceased's, *Am* decedent's) estate; sole heir; *(untechnisch)* sole successor; **jdn zum ~n einsetzen** to appoint sb. as one's sole heir; *Br* to make sb. (the) universal beneficiary

Allein~, ~erfinder sole inventor; **~hersteller** sole maker (or manufacturer); **~herstellrecht** manufacturing monopoly

alleinig, ~er Eigentümer sole owner; **~es Eigentumsrecht** sole proprietorship; **~er Inhaber e-r Firma** sole owner (or proprietor) of a firm; **~er Kandidat** sole (or unopposed) candidate; **~e Rechte** sole rights; **den ~en Vertrieb haben** to be sole distributor (für for)

Allein~, ~lizenz sole (or exclusive) licen|ce (~se); **~pächter** sole tenant; **~recht** exlusive right

alleinstehend *(Person)* single, unmarried; without relatives (or dependants); *(Haus)* standing apart, detached; **A~e** single persons; persons living alone; **~e Frau** single woman

Alleinverkauf exclusive sale; **~srecht** sole right to sell; exclusive right for the sale of ...; (sales) monopoly; (exclusive) franchise; **~svertrag** exclusive sales contract

Alleinvertreter sole (or exclusive) agent; **~ e-r Firma** sole representative of a firm

Alleinvertretung exclusive sales agency; sole agency; sole (power of) representation; **a~sberechtigt** having sole (power of) representation; **~srecht** *(des Handelsvertreters)* sole and exclusive agency right; **die ~ haben** to be sole agent (or distributor)

Alleinvertrieb exclusive (or sole) distribution (or sale); **~shändler** sole (or exclusive) distributor; **~srechte und -pflichten** exlusive dealing rights and obligations; **~svereinbarungen** exclusive distribution agreements; **~svertrag** sole distributor contract; exclusive distribution (or dealing) agreement

Allfaserabkommen Multifibre Arrangement (MFA)

Allfinanz bancassurance

Allgefahrendeckung *(VersR)* all risk insurance, all risk coverage

allgemein general; *(allumfassend)* universal, across-the-board; common; comprehensive; **ganz ~** in broader terms; **im ~en und im besonderen** in general and in particular; generally and specially; **~ →anerkannt**; **~ →bekannt**; **~gesprochen** generally (or broadly) speaking; in broad terms; **~verbindlich** generally binding; **~ →zugänglich**

allgemein, A~e Deutsche Gebührenordnung *(für Ärzte)* (Adgo) (German) General Fee Schedule (applicable to physicians' fees and other medical costs); **A~e Deutsche Seeversicherungsbedingungen** (ADS) (German) General Rules of Marine Insurance; **A~e Erklärung der Menschenrechte** (der VN) (UNO-Menschenrechtsdeklaration)[71a] (UN-) Universal Declaration of Human Rights[71b]; **A~e →Geschäftsbedingungen**; **A~e Kreditvereinbarungen** (AKV) *(Internationaler Währungsfonds)* General Arrangements to Borrow (GAB) *(→Zehnergruppe)*; **A~e Liefer- und Montagebedingungen für den Import und Export von Maschinen und Anlagen**[72] General Conditions for the Supply and Construction of Plants and Machinery for Import and Export; **zum ~en Nutzen** to the general benefit; **~es Übereinkommen über den Handel mit Dienstleistungen (Dienstleistungsabkommen)** (GATS) General Agreement on Trade in Services (GATS); **A~es →Präferenzsystem** (APS); **A~e Versicherungsbedingungen**

(AVB) General Policy Conditions; **~e Volkswirtschaftslehre** general economics; **~es Wahlrecht** universal suffrage; **~e Wehrpflicht** compulsory military service; *Am* universal military training (U. M. T.); **A~es Zoll- und Handelsabkommen** General Agreement on Tariffs and Trade (→GATT)

Allgemeinbildung general education; allround education; **umfassende ~** liberal education

Allgemeingültigkeit generality, universal validity

Allgemeingut common property

Allgemeinheit, die ~ the (general) public; **Förderung der ~** benefiting the (general) public; **im Interesse der ~liegen** to be in the public interest

Allgemeininteresse *(EWGV)* public interest, general good; **Vorschriften zum Schutze des ~s** rules protecting the general good

Allgemeinmediziner general practitioner (G.P.)

allgemeinverbindlich, e-n Tarifvertrag für ~ erklären to declare a collective agreement (to be) generally applicable; to declare a union agreement (to be) generally binding

Allgemeinverbindlichkeitserklärung e-s Tarifvertrages[73] declaration of general application of a collective agreement

Der Bundesarbeitsminister kann einen Tarifvertrag unter bestimmten Voraussetzungen für allgemeinverbindlich erklären.

The Federal Minister of Labo(u)r can in certain circumstances declare that a collective agreement shall be of general application (i. e. apply not only to members of the contracting organizations but also to nonmembers in the particular industry concerned).

Allgemeinwohl general welfare

Allianz alliance

alliieren, sich ~ to ally (oneself) (mit with, to); to unite by treaty

Alliierte, die ~n the Allies *(die 4 Siegermächte des 2. Weltkriegs: Frankreich, Großbritannien, Sowjetunion, USA)*

Allmählichkeit~, ~sschaden *(VersR, UmwelthaftungsR)* damage caused gradually over time; **~sklausel** *(VersR, UmwelthaftungsR)* clause (of an insurance contract) excluding liability caused gradually over time

Allonge *Br (Ansatzstück an Wechseln)* allonge; *Am* rider *(slip of paper attached to a bill of exchange)*

Allphasen~, ~steuer all-stage tax; **~-Bruttoumsatzsteuer** all-stage tax on gross turnover

Alluvium *(angeschwemmtes Land)* alluvion (or alluvium) *(gradual increase of land on a shore or bank by action of water)*

alphabetisch, ~e Reihenfolge alphabetical order; **~es Verzeichnis** alphabetical index; **~ ordnen** to arrange alphabetically

Alphabetisierungsprogramm literacy program(me)

alt old; aged; **~bewährt** well-tried, old-established; **~eingesessene Firma** old- (or long-) established firm; **~hergebracht** old-established, of long standing; **~es Leiden** *(VersR)* previous illness; **~e Nummer** *(e-r Zeitung)* back number

Altbau old building; **~sanierung** renovation of old buildings

„Altehe" →Ehe

Alten~, ~heim →Altersheim; **~hilfe**[74] assistance for the aged; **~teil** life interest reserved to transferor on transfer of a farmstead to a descendant; **~teiler** retired farmer (who retains the right to continue to live at the farm); **~wohnheim** →Altersheim

Alter age; **Austritts~** *(VersR)* age at withdrawal; **Dienst~** seniority; **Eintritts~** *(VersR)* age of entry; **End~** *(VersR)* age at expiry; **im heiratsfähigen ~** at marriageable age; **hohes ~** advanced age; **pensionsfähiges ~** retiring age, age of retirement; **schulpflichtiges ~** (compulsory) school age; **im vorgerückten ~** of advanced age (or years)

Alters~, ~angabe statement of age; **~aufbau** *(der Bevölkerung)* age structure; **~diskriminierung** age discrimination; **~freibetrag** →Freibetrag; **~geld** social insurance benefits for farmers *(→Altershilfe für Landwirte)*

Altersgrenze age limit; retirement age; **infolge Erreichung der ~ in den Ruhestand treten** to retire upon reaching the age limit; **die ~ erreicht haben** to be due for retirement

Alters~, ~gruppe age group, age bracket; **~heim** old (or retired) people's home; home for the aged, home for old people; **~hilfe für Landwirte** farmers' old age assistance, farmers' pension scheme *(→Altersgeld)*; **~klasse** age group; **~pension** old age pension; retirement pension; **~präsident** president by seniority; **~rang** *(PatR)* priority; **~rente** old age pension; *Br* retirement benefits; *Am* old age insurance benefits; **~rentner (od. Bezieher von ~rente)** (old age) pensioner; **~ruhegeld** →Altersrente; **~unterschied** difference in age; **~versicherung** old age insurance; old age pension fund; *Br* retirement pension fund; *Am (Angestelltenversicherung)* (white collar) employee insurance;

Am (Arbeiterversicherung) (blue collar) employee insurance

Alters- und Hinterbliebenenversorgung provision for old age and survivors; old age and surviving dependants' pension

Altersversorgung provision for old age; old age pension (scheme); **~ mit Beitragszahlung der Arbeitnehmer** contributory pension scheme; **behördliche ~** *Br* superannuation scheme; **betriebliche ~** occupational pension scheme; company pension scheme

Alters~, **~vorsorge** old age provision; **~zulage** old age supplement

Alter, **sein ~ angeben** to state one's age; **ein hohes ~** →**erreichen**

älter, **~er Angestellter** senior employee; **~e Anmeldung** *(PatR)* previous application; **~er Anspruch** prior claim; **~e** →**Hypothek**; **~e Rechte** prior rights; rights of earlier date; **die Beschäftigung ~er Arbeitnehmer im Betrieb fördern**[75] to promote the employment of older employees in the establishment

Alternat *dipl (Unterschriftenfolge) bes.* alternat

Alternativ~, **~angebot** alternative offer; **~frage** alternative (or dichotomous) question; **~vermächtnis** alternative legacy

Alternative alternative; **es gibt keine ~ für meinen Vorschlag** there is no alternative to my proposal

Alterungsrückstellung[75a] *(VersR)* old age reserve

Ältestenrat *(im Bundestag)* Council of Elders

Alt~, **~material** junk, scrap; **~materialverwendung** salvage; **~ölbeseitigung** disposal of waste oil; **~papier** waste paper

ambulant, **~e oder stationäre Behandlung** out- patient or in-patient care; **~es Gewerbe** →Reisegewerbe

Amnestie amnesty, general pardon; **e-e ~ erlassen** to issue (or declare) an amnesty; **unter e-e ~ fallen** to be covered by an amnesty

amnestieren to amnesty

Amerika, **Vereinigte Staaten von ~** United States of America (USA)

amerika~, **~feindlich** anti-American; **~freundlich** pro-American

Amerikaner, **~in** American

amerikanisch (of the) United States (of America); American

Amerikanische Handelskammer in Deutschland American Chamber of Commerce in Germany (Am Cham Germany)

amerikanisieren *(nach amerikanischem Vorbild gestalten)* to Americanize

Amerikanisierung Americanization

Amerikanismus Americanism

Amerikanist Americanist

Amerikanistik Americanistics

Amok laufen to run amok; to go berserk

Amorti 1. *(allmähliche Tilgung e-r Schuld)*, **~sation** amortization (amortisation); redemption; gradual repayment of a debt (by means of a sinking fund); **~sationsanleihe** →Tilgungsanleihe; **~sationsfonds** sinking fund; redemption fund; **~sationshypothek** →Tilgungshypothek; **~sationquote** amortization quota; redemption rate; **~sationsschuld** instalment debt, debt repayable in equal instalments; **~sationszahlung** amortization payment, redemption payment; **den ~sationsfonds zu fremden Zwecken verwenden** to raid the sinking fund

Amortisation 2. *(jährl. Abschreibung von Anlagewerten)* amortization, annual writing off (of the value of an asset by depreciation); **~ e-r Maschine** amortization of (or writing off) a machine

amorti~, **~sierbar** amortizable (amortisable); redeemable

amorti~, **~sieren** to amortize (amortise), to redeem; to write off

(öffentl.) **Amt** office; *(Posten)* post, position, appointment; *(Behörde)* office, *Am* agency; **einflussreiches ~** post (or position) of authority; **hohes ~** high position (or post); **kraft seines ~es** by virtue of his office; →**öffentliches ~**; **von ~s wegen** ex officio

Amt, **ein ~ antreten** to accede to an office; to enter (into) office, to take office; to enter upon one's duties; **jds ~ antreten** to succeed sb. in office; **der Präsident tritt sein ~ an** the President takes office; **ein ~ aufgeben** to relinquish (or vacate; give up, renounce) an office; **aus e-m ~ ausscheiden** to leave office; to cease to hold office; to vacate (one's) office; **im ~ bleiben** to continue (or remain) in office; **lange im ~ bleiben** to have a long run; **jdn in ein ~ einführen** to introduce sb. to an office; *(feierlich)* to instal(l) (or induct, inaugurate) sb.; **jdn seines ~es** →**entheben**; **ein ~ innehaben** to hold an office; to fill an office; **für ein ~** →**kandidieren**; **sein ~ niederlegen** to retire from office; to resign one's office; to lay down one's office; **ein ~ übernehmen** to assume office, to take up a post; **jds ~ übernehmen** to succeed a p. in office; **im ~ verbleiben** s. im →Amt bleiben; **ein ~ versehen** to officiate (as or at); to perform the duties of an office; **jdn**

in seinem ~ vertreten to act for sb.; to deputize for sb.; to substitute for sb.; **jdn in sein ~ wiedereinsetzen** to reinstate a p. in his former office; **vom ~ zurücktreten** to resign (from) one's office

Ämter~, ~häufung plurality of offices; *(parteipolitische)* Ämterpatronage *Am* patronage, spoils system; **mehrere ~ gleichzeitig haben (od. auf sich vereinigen)** to hold a plurality of offices

Amts~, ~alter seniority in office; **~anmaßung**[76] (unlawful) assumption of (public) authority; *Am* impersonating a public servant; **bei ~antritt** on entering into office; **~anwalt**[76a] public prosecutor at an →Amtsgericht; **~arzt** public health officer; *Br* medical officer of health (M. O. H.); *Am* medical referee; **~ausübung** exercise of functions

Amtsbefugnis, im Rahmen seiner ~ handeln to act within the scope of one's authority

Amts~, ~bereich jurisdiction; official sphere; **~bezeichnung** official title; designation of office

Amtsblatt (Official) Gazette, Official Bulletin; **~ der Europäischen Gemeinschaften** Official Journal (O. J.) of the European Communities; **~ des Europäischen Patentamtes** Official Journal of the European Patent Office; **im ~ bekanntgegeben werden** to be published in the Gazette; *Br* to be gazetted

Amtsdauer term (or period) of office; tenure of office; run in office; *Am* term; **die ~ endet am ...** the term of office expires on ...

Amtsdelikt criminal offence (offense) committed by an official in the course of his duties

Amtseid official oath; *Am* oath of office; **den ~ ablegen** to take the official oath

Amtseinführung installation; *(feierlich)* inauguration

Amtsenthebung removal (or discharge) from office; dismissal from office; compulsory retirement; *Am* ouster; **vorläufige ~** suspension (from office); **~ e-s Geistlichen** *Br* deprivation (of benefice)

Amtsfähigkeit, Verlust der ~[76b] loss of the right to hold public office

Amtsführung performance of duties; conduct of business; administration (of an office)

Amtsgeheimnis, Bruch des ~ses[77] breach of official secrecy (or secret)

Amtsgericht (AG) local court; *Br (etwa)* county court; *Am (etwa)* municipal court
Das Amtsgericht ist das unterste Gericht der ordentlichen Gerichtsbarkeit in der Bundesrepublik Deutschland.
The Amtsgericht is the lowest German court of record in the Federal Republic of Germany.

amtsgerichtliches Verfahren local court procedure

Amtsgeschäfte official business (or functions, duties)

Amtsgewalt, Delegierung von ~ devolution of authority; **Missbrauch der ~** abuse of authority; misfeasance, wrongful exercise of authority

Amtshaftung[78] official liability, liability of an official, government liability

Amtshandlung official act; **e-e ~ vornehmen** to perform the duties of an office (or position); to officiate

Amtshilfe official assistance; *(in Verwaltungssachen)* administrative assistance, administrative cooperation *(→Rechtshilfe)*; **gegenseitige ~** mutual administrative assistance; **gegenseitige ~ der Steuerbehörden** mutual assistance between tax authorities; **~ leisten** to provide administrative assistance; **sich gegenseitig ~ leisten** to render each other administrative assistance

Amts~, ~inhaber *Br* office-bearer; officeholder; *Am* incumbent; **~jargon** officialese; **~missbrauch** abuse of authority; **~nachfolge** succession (to an office); **~nachfolger** successor in (or to an) office; **~niederlegung** resignation (or retirement) from office; **~periode** term (or period) of office; *Am (des Präsidenten)* Administration; **zwei aufeinanderfolgende ~perioden** two consecutive terms of office

Amtspflicht official duty; **Ausübung der ~en** discharge of (official) duties; **~verletzung**[79] breach (or dereliction) of (official) duty; malfeasance in office; breach by a civil servant of a duty owed by him to a third party by virtue of his office (or official position); **die ~ grob verletzen** to be guilty of a gross breach of (official) duty

Amts~, ~richter judge of the →Amtsgericht; **~schimmel** red tape; bureaucracy

Amtssiegel seal of office, official seal; **das ~ anbringen** to affix the seal of office

Amts~, ~sitz official residence; **~sprache** official language; *(Amtsjargon)* officialese; **~stempel** official stamp; **seine ~tätigkeit aufnehmen** to take up one's duties; **~träger** office- bearer, office-holder; **~übergabe** handing over of an office; **~übernahme** assumption of office; entry upon office; **bei seiner ~übernahme** when he assumed office; when he entered upon his duties; **~unfähigkeit** inability to meet the demands of the office

Amtsunterschlagung malversation; embezzlement of funds and objects received by an official in the course of his duties; misappropriation (or peculation) in one's official capacity

Amtsverlust loss of office; loss of official position

Amtsverschwiegenheit official secrecy; **Verletzung der ~**[80] disclosure of confidential information by an official; **zur ~ eidlich verpflichtet werden** to be sworn to secrecy

Amts~, ~vorgänger predecessor (in office); **~vormund** official guardian (for illegitimate children); **~vormundschaft**[81] guardianship by the →Jugendamt; **~wechsel** change in office; *(turnusmäßig)* rotation (in office); **~weg** →Dienstweg; **von ~ wegen** ex officio; officially; in exercise of sb.'s office; **~wohnung** official residence

Amtszeit period of office; term (of office); tenure (of office); **vor Ablauf der ~** prior to the expiration of the term (of office); **Dauer der ~** term of office; **Verlängerung der ~** extension of the term (of office); **die ~ ist abgelaufen** the term (of office) has expired; **die ~ verlängern** to extend the term (of office)

amtieren to act in an official capacity; to officiate

amtierend officiating; *(stellvertretend)* acting; **~er Minister** acting minister; **~er Präsident** officiating president; president-in-office; acting president

amtlich official; in an official capacity; **halb~** semi-official; *dipl* officious; **nicht~** unofficial, in an unofficial capacity; private; in one's private capacity; **~ zugelassen** licensed
amtlich, ~e Angelegenheit official matter, official business; **~e Bescheinigung** official certificate; **in ~er Eigenschaft handeln** to act in an official capacity; **~er Kurs** official price; *(Devisen)* official rate; **~e Mitteilung** official information; **aus ~en Quellen** from official sources; **~e Stellung** official status; **in Wahrnehmung e-r ~en Tätigkeit vorgenommene Handlungen** acts done in the performance of an official duty; **~e Unterlagen** official records; **~e Verlautbarung** official statement; **~e Veröffentlichungen** official publications *(cf. [zwischenstaatlicher] →Austausch von amtlichen Veröffentlichungen)*; **~e Werke** *(UrhR)* official works

analog analogous; **~ nach** s. im Wege der →Analogie; **in e-m ~en Fall** in an analogous case, in pari materia; **~ anwenden** to apply analogously, to apply by analogy

Analogie analogy; **unter →Anwendung von ~**; **im Wege der ~** by analogy (with); on the analogy of; **~schluss** argument by (or from) analogy; **~verfahren** *(PatR)* analogy process

Analphabet illiterate person; **das ~entum beseitigen** to eliminate illiteracy

Analyse analysis; **Bilanz~** analysis sheet; **Konto~** account analysis; **Markt~** market analysis

analysieren to analyse (analyze)

Analystenmeinung, ~ (*od.* **-schätzung)** analyst rating

Anarchist anarchist

Anbau 1. *(Landwirtschaft)* cultivation, tillage; **~beschränkung** restriction on cultivation; **~fläche** area under cultivation, area planted, arable acreage (or land); **~vertrag** crop contract
Anbau 2. *(an ein Gebäude)* annex *(Br auch annexe)*; addition; extension; **Hotel~** annex to a hotel; **~möbel** sectional (or unit) furniture; **e-n ~ zu e-m Krankenhaus machen** to build an extension to a hospital

anbauen *(Landwirtschaft)* to cultivate, to grow; *(an Gebäude)* to build on, to add, to annex

angebaut, ein Haus mit e-r ~en Garage a house with a garage attached

anbei enclosed, attached hereto; herewith

anberaumen to fix, to appoint, to call; *Am* to schedule; **e-e Sitzung ~ auf** to fix a meeting for; **e-n Termin ~** to fix (or set) a day (or date) (auf for); *(Gericht)* to appoint (or fix) a day for a hearing (or trial); *Am* to place the case on the calendar

anberaumt, die nächste Sitzung ist ~ für Juni the next meeting is fixed (or *Am* scheduled) for June

Anberaumung e-s Termins fixing (or appointment) of a day (or date); *(gerichtl.)* setting down a case for trial

Anbetracht, in ~ der Tatsache, dass in view of; considering that; whereas; **in ~ aller Umstände** considering all circumstances

anbetrifft, was ... ~ as regards; concerning; as far as ... is concerned; in terms of; **was die Verteidigung ~** in terms of defence (defense)

anbieten to offer, to make an offer (of a th. to a p.); *(als Zahlung od. Leistung)* to tender, to make a tender (of); **Beweis ~** to offer evidence; **seine Dienste ~** to offer (or tender) one's services; **die Dokumente ~** to tender the documents; **Hilfe ~** to offer assistance; **den Rücktritt ~** to tender one's resignation; **zum Verkauf ~** to offer for sale, to put up for sale; to tender (goods); **Vermietungen ~** *(Leasing)* to offer leases

Anbieter offerer, offeror, supplier, bidder; *(bei Ausschreibungen)* party tendering

anbohren, ein Schiff ~ *(um es zu versenken)* to scuttle a ship

Anbord~, ~gehen going aboard, boarding; embarking; **~lieferung** delivery f. o. b.

anbringen to affix, to attach (an to); *(Waren)* to dispose of, to sell; **e-e Beschwerde ~** to lodge a complaint; **ein Siegel ~** to affix a seal

Anbringung von →Kernwaffen auf dem Meeresboden

Anciennitätsprinzip *(Beförderung nach Dienstalter, nicht nach Leistung)* seniority principle

andauernde Inflation continuous (or persistent) inflation

Andenken, das ~ Verstorbener verunglimpfen to defame the memory of deceased persons

Andenpakt Andean Pact

Zu den Andenpaktstaaten gehören Bolivien, Ecuador, Kolumbien, Peru und Venezuela

Andean Pact countries are Bolivia, Ecuador, Colombia, Peru and Venezuela

Ander~, ~depot fiduciary deposit; **~konto** fiduciary account; *Br* trust account

andere, falls nichts ~s bestimmt ist (od. vereinbart wurde) failing (or in the absence of ([an]) agreement to the contrary;; **sofern nicht ausdrücklich ~ Vereinbarungen getroffen worden sind** unless otherwise expressly agreed; **soweit gesetzlich nichts ~s vorgeschrieben ist** unless otherwise provided for by law

ändern to alter, to amend, to change, to vary; *(teilweise)* to modify; **die Bestimmungen e-s Abkommens ~** to modify the provisions of an agreement; **e-n Gesetzesentwurf ~** to amend a bill; **seine Meinung ~** to change one's opinion; **seine Meinung völlig ~** to reverse one's opinion; **den Patentanspruch ~** to amend the claim; **seine Pläne ~** to alter one's plans; **sein Testament ~** to alter (or modify) one's will; **die Verfassung ~** to amend the constitution; **e-n Vertrag ~** to modify a contract

geändert, wesentlich ~ materially altered; **~er Patentanspruch** amended patent claim; **Gesetz ~ durch** law amended by; **die Preise haben sich erheblich ~** prices have changed considerably

anders, ~ als unlike; **~artig** of a different kind; **~artige Güter** dissimilar goods; **A~denkender** dissident; **vorbehaltlich ~lautender Bestimmungen in diesem Übereinkommen** except as otherwise provided in this agreement

Änderung alteration, amendment, change; *(teilweise)* modification; **~en vorbehalten** subject to alterations (or modification); **augenscheinliche ~** apparent alteration; **einschränkende ~** *(PatR)* narrowing amendment; **geringfügige ~** minor change; **grundlegende ~** fundamental change; **verbotene ~en** *(UrhR)* prohibited alterations; **wesentliche ~** substantial change; (e-r Urkunde) material alteration (of an instrument); **~ der Anmeldung** *(PatR)* amendment of the application; **~ von Bedingungen** amendment (or modification) of terms; **~ des Gerichtsstandes** →Gerichtsstand; **~ e-s Gesetzes** →Gesetzesänderung; **~ e-s Patents** amendment to a patent; **~ des Reiseziels** *(VersR)* change of destination (or voyage); **~ der Satzung** modification of the articles of association; **~ e-s Übereinkommens** *(VölkerR)* amendment to an agreement; **~ der Verfassung** modification of the constitution; **~ e-s Vertrages** alteration (or amendment, modification) of (the provisions of) a contract; *(VölkerR)* amendment (or revision) of a treaty

Änderungsantrag *parl* amendment; *Br* tabled amendment; **von e-r Fraktion vorgelegter ~** *Br* amendment tabled by a group; **e-n ~ annehmen** to pass (or adopt) an amendment; **e-n ~ einbringen (od. stellen)** to move (or introduce, propose) an amendment

Änderungs~, ~gesetz amending law; **~kündigung**[82] dismissal with the option of altered conditions of employment; **~verbot** *(UrhR)* prohibited alterations; **~vorbehalt** reservation of right of modification; **~vorschlag** suggestion for change; proposal for amendment; proposed amendment (or modification)

Änderung, sich den ~en anpassen to adapt to changes; **~ in den Verhältnissen anzeigen** to report a change in the circumstances; **~en und Ergänzungen in diesem Vertrag bedürfen der Schriftform** alterations and supplements to this contract must be made in writing; **~en sind eingetreten** changes have occurred; **~en unterliegen** to be subject to change; **e-e ~ vornehmen** to effect (or make) an alteration (or amendment)

anderweitig otherwise, in another way; elsewhere; **vorbehaltlich ~er Bestimmungen** except as otherwise provided; **~es Einkommen** income from other sources; **~ verwendete Mittel** diverted funds; **nicht ~ vorgesehen** not otherwise provided for

andienen to tender, to offer, to deliver; **der Bundesbank angediente Devisen** foreign exchange offered to the →Bundesbank

Andienung tender, offer; delivery

Andorra Andorra

Andorraner(in) Andorran

andorranisch Andorran

androhen, jdm etw. ~ to threaten sb. with sth.; to give warning of; **jdm ein Gerichtsverfahren ~** to threaten a p. with legal proceedings

Androhung threat; warning; **~ der Entlassung** threat of dismissal; **bei ~ e-r Geldstrafe** under penalty (or on pain) of a fine; **~ der Kündigung eines Vertrages** threat of notice of termination of a contract; **~ e-r Ordnungsstrafe** warning that a p. may render himself liable to an administrative fine

aneignen, sich ~ to appropriate; to occupy; to adopt; **sich rechtswidrig ~** to appropriate unlawfully, to misappropriate

Aneignung[83] appropriation; occupancy; **widerrechtliche ~** illegitimate (or wrongful) appropriation, misappropriation; usurpation
Wer eine herrenlose bewegliche Sache in Eigenbesitz nimmt, erwirbt das Eigentum an der Sache, sofern die Aneignung nicht gesetzlich verboten ist oder ein fremdes Aneignungsrecht verletzt wird (z. B. des Jagd- und Fischereiberechtigten).
Ownerless movables may be acquired through appropriation, except where appropriation is prohibited by statute or a third party having a legal right of appropriation (e. g. hunting or fishing rights).

Anerbenrecht law (prevalent in some →Länder) relating to inheritance of farms and forestland

Anerbieten offer(ing); tender; proposal; **~ zur Abtreibung** offering (or solicitation) to procure abortion; **~ von Diensten** tender of services; **~ der Leistung** tender of performance; **ein ~ annehmen** to accept an offer

anerkannt admitted, acknowledged, approved; recognized; accepted; *Am (vom Gericht) anerkannt* sustained; **allgemein ~** generally accepted; **allgemein ~e Grundsätze der Rechnungslegung** generally accepted accounting principles (GAAP); **allgemein ~e →Völkerrechtsgrundsätze**; **gegenseitig ~** mutually recognized; **staatlich ~** licenced (licensed); **staatlich ~ werden** to be awarded state recognition; *(als richtig)* **~e Abrechnung** settled (or stated) account; **~er Schadensersatzanspruch** *(VersR)* admitted claim; **~e Tatsache** admitted (or established, *Am* conceded) fact

anerkennen to acknowledge, to allow, to admit; *(förmlich)* to recognize, to own; *(als rechtsgültig)* to sustain; *(förmlich, im Zivilprozess)* to confess; *(lobend)* to appreciate; **nicht ~** to disallow, to refuse to allow, to disclaim; to disown, to reject, to repudiate; **als wahr ~** to admit as true; **e-n →Anspruch ~**; **e-n Eid nicht ~** to disavow an oath; **jdn als rechtmäßigen Erben ~** to recognize sb. as lawful heir; **e-e Regierung nicht ~** to refuse to recognize a government; **e-n Schadenersatzanspruch ~** to admit a claim; **e-e Staatsschuld nicht ~** to repudiate a public debt; **seine Unterschrift nicht ~** to deny (or refuse to recognize) one's signature; **die →Vaterschaft (nicht) ~**; **jds Verdienste ~** to give sb. credit for; **e-n Vertrag nicht ~** to repudiate a contract

Anerkenntnis acknowledgment; *(Nichtbestreiten e-r Tatsache)* admission; *(Zivilprozess)* confession; **~** *(des gegen e-e Partei vorgebrachten Anspruchs)* acknowledgment of the existence of plaintiff's claim; **~ der Haftung** acknowledgement of liability; **~ von Schiedsverträgen** recognition of arbitration agreements; **~ e-r Urteilsschuld** *Am* confession of judgment; **~ der Vaterschaft** acknowledgment of paternity *(→ Vaterschaftsanerkenntnis)*

Anerkenntnisurteil[84] judgment based on defendant's acknowledgment; *Am* judgment by confession; *Br* judgement by consent

Anerkenntnis, vor Gericht ein Schuld~ abgeben *Am* to recognize a debt; **ein schriftliches ~ der Unterhaltspflicht abgeben** to acknowledge in writing one's obligation to pay *Br* maintenance *(Am support)*; **ein ~ entgegennehmen** to take an acknowledgment

Anerkennung acknowledgment, allowance, admission; *(förml.)* recognition; *(lobend)* approval, tribute; *(Verdienst)* credit; **→de-facto (od. vorläufige) ~**; **→de-jure (od. endgültige) ~**

Anerkennung, gegenseitige ~ mutual (or reciprocal) recognition; **gegenseitige ~ der Diplome**[85] mutual recognition of diplomas

Anerkennung, in ~ recognizing; **Lehre von der ~ der in e-m anderen Staat begründeten, also wohl erworbenen Rechte** *(IPR)* vested right theory; **→Nicht~**; **staatliche ~** *(z. B. e-r Prüfung)* state recognition

Anerkennung, ~ e-s Anspruchs (od. e-r Forderung) allowance of a claim; **~ der Haftung** acceptance of liability; **~ der Vaterschaft**[88] recognition of paternity; **~e-s Staates** recognition of a state

Anerkennung, auf ~ klagen *Br* to propound a will

Anerkennung und Vollstreckung ausländischer Schiedsprüche →Schiedsspruch

Anerkennung und Vollstreckung von Entscheidungen auf dem Gebiet der →Unterhaltspflicht gegenüber Kindern

Anerkennung und Vollstreckung e-s ausländischen Urteils recognition and enforcement of a foreign judgment; **Verfahren zur ~** action on a foreign judgment

Anerkennungs~, ~erklärung der Vaterschaft[89] declaration of acknowledgment of paternity; **~leistung** part performance; **~protokoll** *(Europ. PatR)*[90] Protocol on Recognition; **~staat** country of the court applied to *(s. gegen-*

seitige →Anerkennung von gerichtl. Entscheidungen)

Anerkennung, ~ aussprechen für to pay tribute to; **~ finden** to meet with approval; to get credit (for), to gain recognition; **~ für e-e Leistung (od. e-n Erfolg) genießen** to enjoy (the) credit for an achievement; **um die ~ e-r gerichtl. Entscheidung nachsuchen** to seek to obtain recognition of a judgment; **~ verdienen** to deserve credit; **die ~ versagen** to refuse recognition; **gebührende ~ nicht versagen** to give credit where it is due; **die ~ verweigern** to refuse recognition

Anfall *(Ertrag, z. B. von Zinsen, während e-r bestimmten Zeit)* accrual; *(von Grundbesitz im Wege der gesetzl. Erbfolge)* devolution; **~ an den Fiskus** devolution to the Treasury; **~ e-r Dividende** accrual of a dividend; **~ e-r →Erbschaft**; **~ des Nachlasses an den Staat** *(e-s ohne Testament verstorbenen Erblassers)* devolution to the state (or *Br* Crown) of an intestate's estate; accrual to the public treasury of an intestate's estate; **~ e-s Rechts** accrual of a right; **~ von Vermögen** accession of property; **~ e-s Vermächtnisses** devolution of a legacy

anfallen, jdm ~ to accrue to sb.; **jdn ~** to attack (or assault) sb.; **jdm durch →Erbschaft ~**; **Zinsen fallen an** interest accrues

anfallend, ~e Arbeit work arising; **~e Beträge** accruing amounts; **unverhofft ~e Erträge** windfall earnings

angefallen, hohe Kosten sind ~ high costs have accrued

anfällig prone, susceptible, vulnerable, sensitive; **krisen~** prone to crises; **~e Demokratie** frail democracy; **~e Gebiete** vulnerable (or sensitive) areas

Anfälligkeit proneness, susceptibility, vulnerability, sensitivity; **~ e-s Systems** fragility of a system

Anfang beginning, start, outset; *(förmlich)* commencement; **am ~** at the beginning of; **von ~ an** from the beginning; ab initio; ex tunc; **von ~ an nichtig** void ab initio; **~ Januar** at the beginning of January; early in January; **~ e-r Frist**[91] beginning of a term; dies a quo; **~ nächster Woche** early next week

Anfangs~, ~bedingungen initial conditions; **~beitrag** initial contribution; **~bestand** →Bestand 1.; **großer ~buchstabe** *(e-s Namens)* initial; **~gehalt** starting (or initial, commencing) salary; **~guthaben** initial credit balance; **~kapital** initial (or opening) capital; **~kurs** opening (or initial) price (or rate); first quotation; **~lohn** starting wage; **~prämie** *(VersR)* initial premium; **~preis** starting price; **im ~stadium** in the initial stage; **~termin** dies a quo

Anfangsvermögen[92] initial (or original) assets
Das Vermögen, das einem Ehegatten nach Abzug der Verbindlichkeiten beim Eintritt des (gesetzlichen) Güterstandes der Zugewinngemeinschaft gehört.
Assets owned by one spouse - after deduction of the liabilities - at the beginning of the regime of →Zugewinngemeinschaft.

Anfangs~, ~warenbestand initial (or original) inventory; **~wert** initial value

Anfänger(in) beginner; novice; *(Auto)* learner-driver; **~kurs** course for beginners

anfechtbar voidable, contestable, disputable; *(Zeugenaussage)* challengeable, impeachable; **~es Rechtsgeschäft**[93] (a)voidable transaction; **e-e Entscheidung ist ~** a decision can be appealed against (or is subject to appeal); a decision can be challenged in the courts; **die (Willens-)Erklärung ist ~** the declaration is (a)voidable (or can be [a]voided or rescinded)

Anfechtbarkeit voidability, defeasibility; **~ wegen Irrtums** voidability due to error

anfechten to (a)void, to contest, to dispute, to rescind, to impugn, to challenge; *(Gerichtsentscheidung)* to appeal against; **e-n Beschluss ~**[94] to bring an action to set aside a resolution; **e-e Entscheidung ~** to contest (or impugn) a decision; **e-e Gerichtsentscheidung ~** to appeal against a decision of the court; **ein (Wahl-)Ergebnis ~** to challenge a(n election) result; **e-e irrtümlich abgegebene (Willens-) Erklärung ~**[95] to (a)void (or withdraw, retract) a declaration (of intention) made in error; **e-e falsch übermittelte (Willens-)Erklärung ~**[96] to (a)void (or withdraw, retract) a declaration (of intention) transmitted incorrectly to the other party; **die Gültigkeit e-s Schriftstücks ~** to impeach the validity of a document; **durch Klage ~** to bring an action to set aside ...; to sue for rescission; **ein Testament ~** to contest (or challenge, avoid) a will; **den Vertrag ~** to avoid (or rescind) the contract; to give notice of avoidance of a contract; **Zeugenaussagen ~** to challenge (or impeach) testimony

angefochten, ~e Gerichtsentscheidung decision appealed from; decision under appeal (or *Am* under attack); **~es Urteil** challenged judgment; **~e Wahl** *Br* disputed election; *Am bes.* contested election; **e-e Erklärung kann wegen Irrtums ~ werden** (wenn anzunehmen ist, dass sie bei Kenntnis der Sachlage und bei verständiger Würdigung des Falles nicht abgegeben worden wäre) a declaration can be voided (or rescinded) by the party who made it on the ground of error (assumable that it would not have been made, had that party known the true situation and given reasonable consideration to it) *(→Anfechtung wegen Irrtums)*

Anfechtung avoidance, rescission, contestation; challenge, impeachment; *(gerichtl. Entscheidung)* appeal against
Die erfolgreiche Anfechtung eines Rechtsgeschäfts führt zur Nichtigkeit von Anfang an.[97]
The successful avoidance of a transaction renders it void from the beginning.

Anfechtung, ~ der Anerkennung der Vaterschaft[98] challenging the acknowledgment of paternity; **~ e-r Anordnung** appeal from an order; **~ wegen arglistiger Täuschung oder Drohung**[100] avoidance on the ground of wilful deceit or duress; **~ wegen falscher Darstellung von Tatsachen** rescission for misrepresentation; **~ e-r Entscheidung des Gerichts** appeal against a decision of the court; **~ der Gültigkeit des Schiedsspruches** challenge to the validity of the award; **~ wegen Irrtums**[101] avoidance on the ground of error; **~ des Steuerbescheides** challenge to the notice of assessment; **~ e-r letztwilligen Verfügung wegen Übergehung e-s →Pflichtteilsberechtigten; ~ e-r Versicherung** challenge to the validity of a policy; **~ e-s Vertrages wegen unbeabsichtigter Falschdarstellung** avoidance (or rescission) of a contract on the ground of innocent misrepresentation; **~ der Wahl von Aufsichtsratsmitgliedern**[102] action to set aside election of members of the supervisory board

Anfechtungs~, ~berechtigter person entitled to avoid (or challenge) (a declaration, transaction etc); **~erklärung** declaration of avoidance

Anfechtungsfrist[103] time limit for avoiding (declaration, transaction etc); period within which a declaration of intention can be avoided (or withdrawn, rescinded); period for rescission; **~ für ein Testament** period within which a will can be contested; **~ bei Nichtehelichkeit des Kindes**[104] *(die Ehelichkeit e-s Kindes kann von dem Mann binnen zwei Jahren nach Kenntnis der für die Nichtehelichkeit sprechenden Umstände angefochten werden)* period during which an action may be brought by the husband for a declaration of illegitimacy (within two years after notice of the facts leading to the supposition of illegitimacy) *(→Ehelichkeitsanfechtung)*; **die ~ ist versäumt** the time (allowed) for rescission of the contract (or avoidance of the transaction) has expired

Anfechtungs~, ~gegner[105] party disputing (or opposing) avoidance; **~gesetz (Gesetz über die Anfechtung von Rechtshandlungen e-s Schuldners außerhalb des Insolvenzverfahrens vom 5.10.1994)** Law Concerning the Contest of a Debtor's Transactions; **~grund** ground for avoidance; cause for rescission; ground for action to set aside ...; **~klage** action to rescind (or for [a] rescission); action for (an) avoidance; action to set aside the declaration (resolution[106] etc); *Scot* rescissory action; **~klausel** avoidance clause; **~recht** right of avoidance; right of rescission; **~verfahren** proceedings to set aside ...; rescission proceedings

Anfeindung hostility

anfertigen to make; *(in Fabrik)* to manufacture; *(aufstellen)* to make out, to draw up, to prepare; **auf Bestellung ~** to make to order; **nach Maß ~** to make (according) to measure (or specifications); **ein Verzeichnis ~** to make out a list

Anfertigung making; manufacture, manufacturing; drawing up, preparation; **→Einzel~; →Sonder~**

anfordern to call (or ask) for, to demand, to claim; to require; *(höflich)* to request; **Akten ~** to call in records, to make a request for records; to ask (or to call) for files; **e-n Bericht ~** to call for (or to request) a report; **Unterlagen von jdm ~** to order a p. (or to request a p.) to submit documents

Anforderung demand, requirement; request; requisition; **auf ~ von** at the request (or on demand) of; **→Akten~; →berufliche ~en; geistige ~en** intellectual demands; **gesetzliche ~en** requirements of the law; **~ von Arbeitskräften** demand for labo(u)r; **~ von Personal** personnel requisition; **~ von Unterlagen** request for documents; **~en an jds Zuverlässigkeit** requirements as to sb.'s reliability; **den ~en entsprechen (od. genügen)** to comply with (or meet) the requirements (or demands); to meet (or satisfy) the standards; to have the necessary qualification(s); **den ~en nicht entsprechen** to be below standard; **hohe ~en stellen an** to set a high standard of; to be selective

Anfrage inquiry, enquiry; question; **auf Ihre ~** in answer (or referring) to your inquiry; **große ~** *Am parl* interpellation; **kleine ~** *parl* (written) question; **Preis~** inquiry for price; **e-e** *(schriftl.)* **~ einbringen** *Br parl* to table a question; **e-e ~ richten an** to address an inquiry to, to inquire of; to put a question to; *Am parl* to interpellate

anfragen to inquire, to enquire (bei jdm of a p., wegen about, concerning); to ask for information about; **brieflich ~** to inquire by letter; **telefonisch ~** to inquire by telephone

anfragend, die ~e Behörde the inquiring authority

anfügen to attach, to affix; to tack

anführen to lead, to head; *(zitieren)* to quote, to cite, to set forth; *(verweisen auf)* to refer to;

(behaupten) to allege; *(bemerken)* to state; *(beibringen)* to adduce; *(einzeln)* to specify; **falsch ~** to misquote, to quote wrongly; **Beweis(e) ~** to adduce proof; **e-e** *(gerichtl.)* **Entscheidung ~** to cite (or rely on) a (judicial) decision; **e-e Entscheidung** *(als Präzedenzfall)* **~** to quote a case; →**Gründe ~**; **e-e Meuterei ~** to lead a mutiny; **e-n Präzedenzfall ~** to quote a precedent; **e-e Revolte ~** to head a revolt; **der Angeschuldigte führte zu seiner Verteidigung an, dass ...** the accused alleged in his defence (defense) that ...

angeführt, **die auf der Liste ~en Waren** the goods specified on the list

Anführer leader; **~ e-r Bande** ringleader

Anführung quotation, citation; reference; allegation; statement; specification; **~ e-r Vorentscheidung** citing (or quoting, citation) of a precedent

Angabe indication, statement; *(VersR, Zoll)* declaration; *(genaue Angabe)* specification; *(Offenlegung)* disclosure; *(Beschreibung)* description; **~n** *(Daten, Unterlagen)* data; information; *(Einzelheiten)* particulars, details; **(ohne) mit ~ der Gründe** (without) giving (or stating, indicating) the reasons (for); **~ e-r Partei** *(vor od. bei Vertragsabschluss)* representation; **~n der Parteien** statements of the parties; **~n zur Person** *(z. B. im Pass)* particulars; personal data; **~ von Referenzen** indication of references; **unter ~ der Tatsachen** stating the facts; **~ des Wertes** declaration of value; **unter ~ des Zweckes** stating the purpose; **~n, die geeignet sind, in irreführender Weise den Anschein e-s besonders günstigen Angebots hervorzurufen**[107] data which are apt to create a misleading impression of a particularly favo(u)rable offer

Angabe, **falsche ~(n)** false statement(s) (or information, data); *(VersR)* false representation, misrepresentation; *(im Vertrag)* misdescription; *(auf Waren)*[107a] false indication; **falsche ~(n) über e-n** *(für die Beurteilung des zu versicherndes Risikos)* **wesentlichen Punkt** *(VersR)* material misrepresentation; **unwissentlich abgegebene falsche ~(n)** innocent misrepresentation; **wissentlich abgegebene falsche ~** fraudulent misrepresentation; **auf falschen ~n beruhen** to be based on false statements; **falsche ~n machen** to make false statements; to misrepresent; **vorsätzlich oder fahrlässig falsche ~n machen** to make false statements knowingly or recklessly

Angaben, **genaue ~** full particulars, exact details; **irreführende ~** misleading statements; **nähere ~** full particulars; (full) details; specifications; **sachdienliche ~** pertinent information; **ungenaue ~** inexact (or inaccurate) information (or statements); **unrichtige ~** →falsche Angaben; **unvollständige ~** incomplete information (or statements); **vertrauliche ~** confidential information; **sich widersprechende ~** conflicting statements

Angabepflicht disclosure requirement

Angabe, **~n machen** to make statements; to furnish data (or information); to give details; **ohne nähere ~n zu machen** without giving particulars (or data); **die Richtigkeit und Vollständigkeit der ~n nachprüfen** to check the correctness and completeness of the statements

Angarienrecht *(VölkerR)* right of angary

angeben to indicate, to state; *(VersR, Zoll)* to declare; *(genau)* to specify; **im einzelnen ~** to particularize, to itemize; **falsch ~** to misstate, to state wrongly; to misrepresent, to represent wrongly; →**genau ~**; **näher (od. Punkt für Punkt) ~** to specify; to itemize; **offiziell ~** to report; **zu hoch ~** to overstate; **zu niedrig ~** to understate; **sein Alter ~** to state one's age; **sein** →**Einkommen ~**; →**Gründe ~**; **e-n Preis ~** to quote a price; **im Vertrag ~** to state in the contract; **den Wert mit Euro 100.- ~** to declare the value at Euro 100

angeben, **geben Sie bitte in Ihrer Antwort an** please quote in your reply

angegeben, **~er Betrag** stated amount; amount indicated; **am ~en Ort** (a. a. O) *(e-s Buches)* loc. cit. (loco citato); **~er Preis** quoted price; **~er Wert** declared value; **sofern nichts anderes ~ ist** unless otherwise specified; **wie oben ~** as stated above

anzugeben, **in allen Mitteilungen ~** to be quoted in all communications; **bei Bezahlung der Rechnung ist die Rechnungsnummer ~** when paying the bill, please refer to the number

angeblich alleged; purported; *(mutmaßlich)* putative; supposed; **~er Dieb** alleged thief; **~e Teilnahme am Raubüberfall** alleged part in the robbery

Angebot 1. *(Offerte)* offer; *(mit Preis)* quotation; *(bei Ausschreibungen für Leistungen od. Lieferungen)* tender, bid; *(BörseBrief)* asked; **~ von Aktien** offer of shares *(Am stock)*; **~e an das Publikum zur Zeichnung von Aktien** invitation to the public to suscribe for (*Br auch* to) shares *(Am stock)*; **~ auf dem Stellenmarkt** offer of employment

Angebot, **bedingtes ~** conditional offer; →**befristetes ~**; **bindendes ~** binding offer; **festes ~** firm offer; →**freibleibendes ~**; **konkurrenzfähiges ~** competitive offer; **stillschweigendes ~** implied offer; **unverlangtes ~** unsolicited offer; **verlangtes ~** solicited offer

Angebot, **Abgabe von ~en** making offers; *(bei Ausschreibungen)* tendering, *Am* bidding; **zur Abgabe von ~en auffordern** to invite offers; *(bei Ausschreibungen)* to invite tenders, *Am* to invite (or solicit) bids; **Ablehnung eines ~s** rejection (or refusal) of an offer; **Einreichung von ~en** submission of offers (or quotations); *(bei Ausschreibungen)* submission of tenders *(Am bids)*

Angebotsabgabe, **~ s. Abgabe von** →**Angebot**; →**Absprache bei ~**; **Aufforderung zur ~** invitation to make offers; *(bei Ausschreibungen)* invitation to tender, *Am* invitation (or solicitation) to make bids

Angebots~, **~empfänger** offeree; person receiving an offer; **~preis** offer price, price quoted in an offer; *(bei Ausschreibungen)* price quoted in a tender, *Am* bid price; **~unterlagen** bidding documents

Angebot, **ein ~ abgeben** to make an offer; *(bei Ausschreibungen)* to make (or send in, submit) a tender, to tender, *Am* to (tender a) bid; **ein ~ ablehnen** to decline (or refuse, reject) an offer; **ein ~ anfordern** to request (or ask for) an offer (or a quotation); **zur Abgabe von ~en auffordern** s. Abgabe von →Angeboten; **~e einholen** to invite offers (or quotations); *(durch Ausschreibung)* to invite (or solicit) tenders (or *Am* bids); **ein ~ einreichen** to submit an offer; *(bei Ausschreibungen)* to make (or send in, submit) a tender (for); **~e erhalten** to receive offers; **an ein ~ gebunden sein** to be bound by an offer; **ein ~ machen** to make an offer, to offer; *(bei Ausschreibungen)* to tender, *Am* to bid; **ein ~ unterbreiten** to submit an offer (or a quotation); to quote an offer; **von jdm ein ~ mit Preis verlangen** to ask sb. for a quotation; **ein ~ widerrufen** to revoke an offer; **ein ~ zurückziehen** to withdraw an offer

Angebot 2. *(das am Markt Angebotene im Ggs. zur Nachfrage)* supply; **~ an Aktien** supply of shares (or *Am* stock); **~ an Arbeitskräften** supply of labo(u)r, labo(u)r supply

Angebot, **~ und Nachfrage** supply and demand; **wachsendes Missverhältnis zwischen ~ und Nachfrage** growing imbalance between supply and demand; **das ~ hängt von der Nachfrage ab** supply is relative to demand; **das ~ entspricht der Nachfrage** supply meets the demand; **die Nachfrage übersteigt das ~** demand exceeds supply

Angebotsabnahme decrease in supply

Angebots~, **~elastizität** (price) elasticity of supply; **~kurve** supply curve; **~lage** supply situation; **~überhang** excess of supply over demand; **~verknappung** scarcity of supply; **~zunahme** increase in supply

angefochten →anfechten

angegeben →angeben

angeheiratet (related) by marriage; **~er Verwandter** relative by marriage; in-law

angehen *(betreffen)* to concern, to regard; **jdn um Rat ~** to seek sb.'s advice, to ask sb. for advice; to consult sb.; **an alle, die es angeht** to whom it may concern

angehören to belong to; to be a member of; **dem Ausschuss ~** to be (or sit) on the committee; **e-r Partei ~** to be a member of a party

Angehörige (der/die) relative; *(e-r Organisation etc)* member; **nächste ~** next of kin; **berechtigte (Familien-)~** dependant; **~ e-s freien Berufes** member of a profession; **~ der Mitgliedstaaten** *(EU)* nationals of Member States; **~ der Streitkräfte** members of the armed forces

Angeklagte (der/die) accused (on trial); defendant; *(wenn inhaftiert)* prisoner; **~r, der aus der Untersuchungshaft vorgeführt wird** prisoner at the bar; **den ~n freisprechen** to find for the defendant; to acquit the accused; **den ~n →verurteilen**

Angeklagter[108] ist der →Beschuldigte oder →Angeschuldigte, gegen den die Eröffnung des Hauptverfahrens beschlossen ist.

"Angeklagter" is the word used for the accused once the opening of the trial has been decreed by the court.

Angelegenheit matter, affair; concern; business; **~en von gemeinsamem Interesse** matters of common concern; **in amtlicher (od. dienstlicher) ~** on official business; →**geschäftliche ~**; **innere (od. innerstaatliche) ~en** domestic affairs; matters of domestic concern; **Privat~** private matter; **soziale ~en** social matters; **Staats~en** affairs (or matters) of State; **wichtige ~** important matter; matter of consequence (or concern); **jds ~en besorgen** to attend to (or manage) sb.'s affairs; **seine (Vermögens)~en besorgen** to conduct (or manage) one's affairs; **unfähig, seine eigenen ~en zu besorgen** incapable of managing one's own affairs *(→entmündigt werden)*; **e-e ~ →erledigen**; **seine ~en ordnen** *(z. B. vor dem Tode)* to put one's affairs in order; to settle one's affairs; **seine geschäftlichen ~en regeln** to arrange one's business affairs; **e-e ~ gütlich regeln** to settle a matter amicably

angelernter Arbeiter semi-skilled worker

angemessen adequate (für to); appropriate; reasonable, fair; suitable; **~e Belohnung** adequate (or due) reward; **~e Entschädigung** adequate compensation; fair (or reasonable) (amount of) damages; **~e →Frist**; **~e Kündigungsfrist** reasonable (period of) notice; **~er Preis** reasonable (or fair) price; **~e Sorgfalt** reasonable care (or diligence); **~er Unterhalt** reasonable (amount of) *Br* maintenance *(Am support)*; **~er Wert** fair value; **den Umständen ~** appropriate under (or in) the circumstances; **dies ist für den Zweck ~** this suits the purpose

Angemessenheit adequacy; reasonableness; fairness; **~ der Bürgschaft** adequacy (or sufficiency) of the bail (or guaranty)

Angeschuldigte (der/die) accused (before trial); **den ~n außer Verfolgung setzen** *(etwa)* to dismiss (or quash) the indictment
Angeschuldigter ist der →Beschuldigte, gegen den die öffentliche Klage erhoben ist.
"Angeschuldigter" is the accused before trial against whom a(n) (bill of) indictment has been preferred.

angeschwemmtes Land alluvion, alluvium

angesehen esteemed, respected; renowned; of good standing; **ein ~er Jurist sein** to be an eminent lawyer; **~ sein** to be of good standing; **er ist in seinem Beruf nicht ~** his standing in the profession is not good; **~ werden als** to be deemed (or regarded) as

angesichts in view of; considering; in the light of; bearing in mind

Angestellte(r) (salaried) employee; white collar worker; *(im Büro auch)* clerk; →**Bank~**; →**Büro~**; →**kaufmännische(r) ~**; **leitende(r)~** executive; managerial (or managing) employee; *Am* (executive) officer; *(e-s Unternehmens)* director; **~ e-r Gesellschaft** employee of a company, company employee; on the company staff; *Am* corporate employee; **~des öffentlichen Dienstes** officer, official; (salaried) employee in public service; government employee; public employee; *Am* civil service employee

Angestellte *pl* (salaried) employees, (salaried) staff; white-collar workers, nonmanual workers; **~ e-s Unternehmens** *Am bes.* officers; **~ auf Zeit** temporary staff; →**Arbeiter und ~**; **leitende ~** executives; executive personnel; managers; senior staff; (members of the) executive staff, employees with managerial functions; **städtische ~** municipal employees; **technische ~** technical employees; **wichtige ~** key personnel

Angestelltenanteile employees' shares

Angestelltenberuf, sich in Ausbildung zu e-m ~ befinden to undergo training for office work

Angestellten~, ~bestechung[109] bribery of an employee; **~erfindung**[110] invention made by an employee; employee invention; **~gehälter** staff salaries; employee salaries; *(der leitenden Angestellten)* executive salaries; salaries of (or paid to) leading employees; **~gewerkschaft** employees' union; **~kündigungsschutzgesetz** (KSchG) Law on Termination of Employment; **~rabatt** *(für Betriebsangehörige)* employee discount; **~schaft** employees; *(e-s Betriebes)* staff, salaried personnel

Angestelltenverhältnis, im ~ stehen to be employed; to have the status of an employee

Angestelltenversicherung Salaried Employees' Pension Insurance (System) (Social Security for employees)
Zweig der Sozialversicherung für Angestellte. Träger ist die Bundesversicherungsanstalt für Angestellte in Berlin-Wilmersdorf. Die Leistungen der Angestelltenversicherung sind: Renten bei Berufsunfähigkeit oder Erwerbsunfähigkeit, Altersruhegeld bei Erreichung der Altersgrenze sowie Hinterbliebenenrenten.
Branch of the social security scheme for white collar employees. The scheme is administered by the Federal Insurance Fund for Employees in Berlin-Wilmersdorf. Benefits are: payments in case of inability to practice one's profession or incapacity to earn a living, retirement benefits upon reaching retirement age, and payments to the widow and surviving dependants.

Angestelltenversicherungs~, ~gesetz[113] Employees' Insurance Act; **~karte** employees' social security card; **a~pflichtig sein** to be covered by the compulsory insurance scheme for salaried employees

Angestellte, e-n ~n anstellen to take on an employee; **e-n ~n entlassen** to dismiss (or discharge) an employee; **zu den ~n e-r Firma gehören** to be on the staff of a firm; **e-m ~n kündigen** to give notice to an employee; **e-n ~n versetzen** to transfer an employee

angetrunken, in ~em Zustand sein to be under the influence of alcohol

angewandt, ~e Kunst applied art; **Werke der ~en Kunst**[114] works of applied art

angewiesen, wie ~ as directed (or ordered); **~ sein auf** to depend (or be dependent) on

angezeigter Kredit[115] reported credit

angleichen to adjust, to align (an with); to assimilate, to co(-)ordinate, to equalize; *(annähern)* to approximate; to harmonize; **sich ~ an** to align oneself with; **Einkommen ~** to equalize incomes; **Politiken einander ~** to approximate policies; **Preise ~** to align (or adjust) prices; **innerstaatliche Rechtsvorschriften ~** *(EU)* to align (or approximate) national laws

Angleichung adjustment, alignment; assimilation; coordination; equalization; *(Annäherung)* approximation; harmonization; *(IPR)* assimilation; **~ der Gehälter an die Lebenshaltungskosten** adjustment of salaries to the cost of living; **~ der Löhne** adjustment (or equalization) of wages; **~ der Mehrwertsteuer**

(EU) alignment of VAT; **~ der Preise** alignment (or adjustment) of prices; **~ der Rechtsvorschriften** *(EU)* approximation of legal provisions (or of laws); **~ der Währungen** adjustment of currencies; **~ widersprechender Interessen** accommodation (or reconciliation) of conflicting interests; **~ der Zollsätze** adjustment of tariff rates; alignment of customs duties

angliedern to affiliate (with); to attach; *(annektieren)* to annex; **sich ~** to become attached (an to)

Angliederung affiliation; attachment; *pol bes.* annexation

Angola Angola; **Volksrepublik ~** People's Republic of Angola

Angolaner(in), angolanisch Angolan

angreifen 1. to attack; *(tätlich)* to assault

angreifen 2. to draw on, to touch, to break into; **seine Ersparnisse ~** to draw on one's savings; **das Kapital ~** to touch (or break into) the capital; to make incursions into (the) capital; **die Reserven ~** to draw on (or raid) the reserves

Angreifer *(auch VölkerR)* aggressor

Angrenzen *(VölkerR)* contiguity (an to)

angrenzen to border on, to abut on, to adjoin; to be contiguous to; **das Haus grenzt an die Schule** the house adjoins the school

angrenzend bordering, abutting, adjoining; neighbo(u)ring; *(VölkerR)* contiguous; **an die Küste ~** contiguous to the coast; **~er Besitzer** abutter, abutting (or neighbo[u]ring) owner; **~er Grundbesitz** adjoining (or abutting, neighbo[u]ring) property; **~es Recht** *(z. B. Copyright an Funksendungen)* neighbo(u)ring right; ancillary right; **~er Staat** neighbo(u)ring state; *(an die Küstengewässer)* **~e Zone** contiguous zone

Angriff attack; assault; aggression; **gewaltsamer ~** violent attack; **tätlicher ~ gegen e-n Vorgesetzten**[116] bodily assault upon a superior; **~ der Baissepartei** bear campaign; **~ der Haussepartei** bull campaign; **~ auf das Leben** assassination attempt, murder attempt

Angriffs~, ~handlung act of aggression; **~krieg** war of aggression, aggressive war; offensive war; **~mittel** means of attack; **~waffen** weapons of attack (or offence [offense]); offensive (or aggressive) weapons; →**Nicht ~pakt**

Angriff, etw. in ~ nehmen to begin with, to start on, to initiate; **ein Problem in ~ nehmen** to tackle a problem

Angstgeld danger money

Angstkäufe scare buying, panic buying; **es wurden viele ~ getätigt** there was a lot of panic buying

anhaftend to be inherent; **~er Mangel** inherent defect

Anhalt, ~ für den Verdacht ground for suspicion; **~spunkt** clue (für to); **es liegen keine ~spunkte dafür vor, dass** there are no grounds to suppose that; there is no evidence to indicate that

Anhalten *(e-s Fahrzeugs od. von Maschinen)* stoppage, stop(ping); *(Fortdauer)* continuance; **~** *(e-s verdächtigen neutralen Handelsschiffes durch ein Kriegsschiff)* arrest; **~ von Post durch die Zensur** interception of mail by the censor; **Recht des ~s unterwegs befindlicher Waren** right of stoppage in transitu; **~ des Wohlstandes** continuance of prosperity

anhalten to stop, to bring to a stop; *(andauern)* to continue, to last; *(veranlassen)* to urge (sb. to do)

anhaltend continuing; continuous, prolonged, persistent; sustained; **~ starke Nachfrage** continuing heavy demand; **~ steigende Preise** steadily rising prices; **~e Arbeitslosigkeit** persistent (or sustained) unemployment; **~e Konjunktur** continuing boom; **~er (Zahlungs-) Verzug** protracted default

Anhang *(zu e-r Urkunde)* annex, addition; *(zu e-m Buch)* appendix; *(Ergänzung)* supplement; *(Zusatz)* addendum; *(Allonge)* rider; *(zu e-m Testament)* codicil; *(bei Wertpapieren)* slip; *(Bilanz)* notes to the financial statements

Anhänger *(e-r Bewegung, Partei etc)* adherent, supporter, follower, sympathizer (with); *(Anhängezettel)* tag; *Br* tie-on label; *(Lkw)* trailer; **Mitführen von ~n**[117] drawing of trailers; **zulassungsfreie ~** trailers which are exempt from licensing; **~brief**[118] trailer registration book; **~schein**[119] trailer licen|ce (~se)

Anhängerschaft adherents, supporters, followers, fans

anhängig *(schwebend)* pending; **~e Anmeldung** *(PatR)* pending application; **~er Prozess (od. Rechtsstreit)** pending litigation (lis pendens); pending lawsuit (or proceedings); **~es Strafverfahren** pending criminal proceedings; **solange ein gerichtliches Verfahren ~ ist** while court proceedings are pending, while litigation is pending; pendente lite; **gegen jdn ein gerichtliches Verfahren ~ machen** to bring sb. to trial; **e-n Streitfall beim Internationalen Gerichtshof ~ machen** to refer a dispute to the International Court of Justice; **~ sein** to be pending (beim Gericht before the court)

Anhängigkeit der Anmeldung *(PatR)* pendency of the application

Anhängigsein *(e-s Prozesses)* pendency

anhäufen, (sich) ~ to accumulate; to heap up; *(hamstern)* to hoard; **Kapital ~** to accumulate capital (by reinvesting interest); **meine Arbeit häuft sich an** my work keeps piling up

anhäufend cumulative

Anhäufung accumulation, heaping up; *(Ballung)* concentration; **~ von Gewinnen durch Spekulation** pyramiding; **~ der Post** pile-up of mail; **~ von Waren** accumulation of goods

anheben *(erhöhen)* to raise, to increase; *(aufheben)* to lift (up); **den Lohn ~** to raise the wage

Anhebung rise, increase; **~ des Gehalts** rise in salary; *Am* raise; **~ der Löhne** increase of wages; **~ der Preise** increase in prices; price increase, price rise; **~ der Tarife** rate increase; rising of (or increase in) tariffs; upward adjustment of rates

anheften to affix (to); to attach (to); *(mit Reißnagel)* to tack on; *(mit Büroklammer)* to clip on

anheimfallen →heimfallen

anheimgefallen, *(dem Staat)* **~e** →**Erbschaft**

anheimstellen, jdm etw. ~ to leave sth. to a p.'s discretion

anheuern, Seeleute ~ to engage (or hire) seamen (for service on a ship); to ship seamen; **die Mannschaft e-s Schiffes ~** to sign on the crew of a ship; **sich ~ lassen** to sign the ship's articles; to sign on; to ship

anhören to hear, to listen to; *(sich mit jdm beraten)* to consult with sb.; **die Parteien ~** to hear the parties

Anhörung hearing; *(Beratung)* consulting, consultation (von with); *(Gehör)* audience; **nach ~ der Parteien** after the parties have been heard; **~ der Zeugen** hearing of the witnesses

Anhörungs~, ~recht des Arbeitnehmers[120] employee's right to be heard; **~verfahren** hearing procedure; consultation procedure

Anhörung, e-e ~ durchführen to conduct a hearing

Ankauf buying, purchase, purchasing; **~ →gestohlener Sachen**; **~ von Wechseln und Schecks** purchase of bills and cheques (checks) *(→Diskontgeschäft e-r Bank)*

Ankaufs~, ~ermächtigung *(Form des Negoziierungskredits im Exporthandel)* authority to purchase; **~kurs** buying price; **~- oder Verkaufskurse** *(Devisenmarkt)* buying or selling rates; **zum ~kurs** *(bei Wertpapieren)* at the buying price; **~preis** purchase price, buying- in price; **~recht** purchase right, buying right; **~satz** →Ankaufskurs

ankaufen to buy, to purchase; **sich ~ in** ... to buy property in ...

Ankäufer purchaser, buying agent

Anker anchor; **Schiff vor ~** ship at anchor, anchored ship; **~geld (od. ~gebühren)** anchorage (dues); **~licht** anchor light; **~platz** anchoring place (or ground); berth; **~platzwegerecht** anchorage easement; **vor ~ gehen** to (come to) anchor, to bring (a ship) to anchor; **den ~ herablassen** to cast (or drop) anchor; **den ~ lichten** to weigh anchor; **vor ~ liegen** to lie (or ride) at anchor; to be moored; **vor ~ treiben** to drag anchor

ankern to anchor; to drop (or cast) anchor

Anklage charge; *(formlos)* accusation; *(schriftl., Am vor dem Schwurgericht)* indictment; *Am (grand jury)* presentment; *Scot* libel; *(gegen hohe Staatsbeamte)* impeachment; **~ wegen Betruges** charge of fraud; **~ gegen den Bundespräsidenten vor dem Bundesverfassungsgericht** *(wegen vorsätzlicher Verletzung e-s Bundesgesetzes)*[121] impeachment of the Federal President before the Federal Constitutional Court (for intentional violation of a Federal Law); **~ wegen e-s Verbrechens** criminal charge

Anklagebank dock; **auf der ~ sitzen** to be in the dock

Anklageerhebung[122] bringing (or preferring) a charge (against); (preferment of an) indictment (or a bill of indictment)
Die öffentliche Anklage wird durch den Staatsanwalt erhoben.
The charge is brought (or preferred) by the public prosecutor.

Anklagepunkt charge; count (of an indictment)

Anklageschrift charge; (bill of) indictment; *Am* complaint; *Am (grand jury)* true bill; **Einreichung der ~ bei dem zuständigen Gericht** filing (or presentation) of the charge with the court of jurisdiction

Anklage, die ~ kann nicht aufrechterhalten werden the charge cannot stand; **gegen jdn e-e ~ erheben** to bring (or prefer) a charge against sb.; to charge sb. (wegen Diebstahls with theft); to indict sb.; to lay (or prefer) an indictment against sb.; **unter ~ stehen** (wegen) to be charged (with); to be on trial, to stand trial (for); **jdn unter ~ stellen** (wegen) to charge sb. (with); to indict sb. (for); **sich wegen e-r ~ verantworten** to answer a charge

anklagen to charge (wegen ... with an offence [offense] or with doing); *(schriftlich, Am im Schwurgerichtsverfahren)* to indict (wegen for);

(formlos) to accuse (wegen of); *(hohe Staatsbeamte)* to impeach

angeklagt, **~ werden, getan zu haben** to be charged with doing; **~ wegen Diebstahls** on a charge of theft; **wegen Mordes ~** charged with murder; *Am* indicted for (first degree) murder; **~, ein Verbrechen begangen zu haben** charged with having committed a crime

Ankläger prosecutor *(→Staatsanwalt)*

Ankleben, **das ~ von Zetteln ist verboten** *Br* stick (*Am* post) no bills; no bill posting

anknüpfen, **neue Verbindungen ~** to establish (or create) new connections (or contacts)

Anknüpfungsgegenstand *(IPR)* relevant contact

Anknüpfungspunkt point of contact; *(IPR)* connecting factor *(which indicates the legal system to which the factual situation under consideration is related; e. g. lex loci actus, lex rei sitae)*; **einheitlicher ~** *(IPR)* unitary connection *(one legal system governs all the aspects of a contract)*

ankommen 1. *(an e-m Ort)* to arrive (at a place); **der Dampfer soll ~ am ...** the ship is scheduled to arrive at ...

ankommen 2. *(Stellung finden)* to find employment (or a situation) (bei at); to get a job (bei with)

ankommen 3. **~ auf** to depend on; to matter, to be of importance; **es ~ lassen auf** to risk sth.; to run the risk of (doing) sth.; **es kommt darauf an, ob** it depends on whether, the question (or decisive factor) is whether; **hierauf kommt es nicht an** this is of no importance, this is immaterial; it does not matter; **es auf e-n Prozess ~ lassen** to risk a lawsuit

ankreuzen to mark (with a cross); to check (or tick) off; to put check marks; **seinen Stimmzettel ~** to mark one's ballot (paper)

ankündigen to announce, to give notice of; *(öffentlich)* to publish; *com* to advise (sb. of sth.); *(in Zeitungen)* to advertise; **drohend ~** to threaten; **(etw.) ordnungsgemäß ~** to give due notice (of)

angekündigt, **wie ~** as announced (or advised)

Ankündigung announcement; *com* advice; *(öffentl.)* publication; *(in Zeitung)* advertisement; *(Buch)* prospectus; **vorherige ~** advance (or prior) notice; **ohne weitere ~** without further notice

Ankunft arrival; **~ und Abfahrt** *(von Schiffen)* arrival and sailing; *(von Zügen)* arrival and departure

Ankunfts~, **~anzeige** advice of arrival; **~bahnhof** station of arrival; **~flughafen** airport of arrival (or entry); **~hafen** port of arrival; **~ort** place of arrival; **~zeit** time of arrival; **~- und Abfahrtszeiten** arrivals and departures; **voraussichtliche ~zeit** *(e-s Schiffes im Hafen)* estimated time of arrival (ETA)

ankurbeln, **die Wirtschaft ~** to stimulate business (or economic activity); to pep up the economy

Ankurbelung der Wirtschaft boosting the economy; stimulation of economic activity; pump priming

Anlage 1. *(zu e-m Schriftstück)* enclosure; *(zu e-m Gesetz od. e-r Urkunde)* annex, appendix (*pl* appendices), schedule; **in der ~** enclosed (herewith); enclosed with this letter; **als ~ zu diesem Brief** attached to this letter; **als ~ beigefügte Urkunde** enclosed (or attached) document; **in der ~ überreiche ich Ihnen** enclosed please find; I enclose herewith

Anlage 2. *(von Geld, Kapital)* investment, invested capital; assets; **~ in Aktien** investment in shares (or *Am* stock); share investment; **~n im Ausland** investments abroad; **~ in Grundbesitz** real estate investment; property investment; *Br* investment in freehold and leasehold property; **~ von Vermögen** investment of capital; **~ in Wertpapieren** investment in securities

Anlage, **feste ~n** fixed (or permanent) assets; **flüssige ~n** floating (or liquid, quick) assets; **→gewinnbringende ~**; **kurzfristige ~** short-term investment; **langfristige ~** long-term investment; **unproduktive ~n** dead assets

Anlage~, **~abgänge** →Anlagenabgänge; **~abschreibung** *(Abschreibung von Anlagewerten-SteuerR)* capital allowance; **~art** type (or class) of investment; **beratender ~ausschuss** investment advisory board; **~bedarf** demand for investment purposes; investment requirement; **~berater** investment counsel(l)or (or adviser or consultant); *Am* security analyst; **~beratung** investment counsel(l)ing, investment advisory service; *Am* security analysis; **~bereitschaft** inclination (or readiness) to invest; **geringe ~bereitschaft** disinclination to invest; **~bewertung** *Am* investment rating (or appraisal); **~entscheidung** investment decision; **~finanzierung** financing of investments in fixed assets; **~fonds** investment fund; *Br* unit trust; *Am* mutual fund; **~form** form of investment; **~gegenstand** (fixed) asset; **~güter** fixed assets; capital goods; capital equipment; **immaterielle ~güter** intangible assets; **a~intensives Unternehmen** capital intensive enterprise; **~investitionen** fixed investments, investments in fixed assets; fixed capital formation; **~kapital** investment capital; fixed capital; **~käufe** investment buying; **~käufe der Investmentgesellschaf-**

ten portfolio buying by investment companies; **~konto** investment account; fixed asset account; **~kosten** capital expenditure; **~kredit** investment credit; **~möglichkeiten** investment possibilities; **~papiere** investment securities; securities suitable for investment; **~plan** investment plan; **~politik** investment policy; **~publikum** investing public; investors; **~rendite** return on investment; **~streuung** diversification (or dispersal) of investment; **~titel** investment securities

Anlagevermögen fixed assets; *(Bilanz)* capital assets

Vermögensgegenstände, die am Abschlussstichtag bestimmt sind, dauernd dem Geschäftsbetrieb zu dienen.[123] Hierzu gehören 1. Sachanlagen, 2. immaterielle Anlagegüter, 3. Finanzanlagen.

Items which at the date of the closing balance sheet are intended to serve the business permanently, including 1. tangible assets, 2. intangible assets, 3. financial assets[124].

Anlagewert value of fixed assets; *(e-s Wertpapiers)* investment value; **~e** *(Börse)* investment securities; **Abschreibung von ~en** *(SteuerR)* capital allowance; **immaterielle ~e** intangible assets; **Verzeichnis der ~e** schedule of investments

Anlage~, **~williger** would-be investor; **~ziel** investment objective; **~zugänge** →Anlagenzugänge; **zu ~zwecken** for investment purposes

Anlagen investments *(→Anlage 2.)*; **~abgänge** retirement (of fixed assets); **~beratung** →Anlageberatung; **~zugänge** *(Bilanz)* additions (to fixed assets); **die (Kapital-)~ brachten gute Zinsen ein** the investments returned a good interest

Anlage 3. *(Betrieb, Fabrik)* plant, works, factory; *(Anordnung)* layout, arrangement; *(Einrichtung)* installation, facility, equipment; *(Park)* park; **bewegliche ~** mobile plant; **elektrische ~** electric(al) installation; **Industrie~** industrial (or manufacturing) plant; **militärische ~n** military installations; **öffentliche ~n** parks, public grounds; **sanitäre ~n** sanitary facilities; **~n und Maschinen** plant and machinery; **~ e-s Friedhofs** layout of a cemetery

Anlagen~, **~bau** construction of plants; **~betreiber** *(z. B. e-r Kernenergieanlage)* operator of a plant (or facility); **~buch** plant (or property) ledger; **~buchhaltung** plant (or property) accounting; **~haftung** *(Umwelthaftung)* (environmental) liability of the owner or operator of environmentally hazardous property (such as a disposal site, plant or building); **~verpachtung** plant lease (or leasing); **~verträge** contracts for large industrial projects; **~verzeichnis** plant (or property) register

Anlage 4. *(Neigung, Begabung)* disposition, ability, capacity (für for)

Anlandung landing

Anlass *(Ursache)* cause, motive, inducement; *(Gelegenheit, Ereignis)* occasion; **aus ~** on the occasion of; **hinreichender ~** reasonable cause; **ohne allen ~** for no reason at all; **wichtiger ~** important event; **~ zur →Beunruhigung**; **jdm ~ geben zu** to give sb. occasion to; **seine Behandlung der Krise gab ~ zur Kritik** his handling of the crisis gave rise to criticism

anlässlich on the occasion of

Anlauf start(ing); **~erlaubnis** *(e-s Schiffes)*[125] free pratique; **~hafen** port of call, port of arrival; **~kosten** launching costs; starting costs; **~kredit** starting credit; **~zeit** initial period; starting period; setting-up time; running-in period

Anlaufen e-s Hafens call at a port

anlaufen to start (up); *(Schiff)* to call at (or enter) (a port); *(Schulden)* to mount up, to accumulate; *(Zinsen)* to accrue, to accumulate; **etw. ~ lassen** *(in Gang bringen)* to launch, to set going

anlegen 1. *(Schiff)* to (take) berth; **→Akten ~**; **e-e Fabrik ~** to set up (or establish) a factory; **ein Konto ~** to open an account; **ein Register ~** to establish a register; **e-e Straße ~** to lay out a street; **Vorräte ~** to lay in provisions

anlegen 2. *(Geld)* to invest; **sein Geld gewinnbringend ~** to invest one's money profitably (or to good account); **kurzfristig ~** to go in for (or to aquire, hold) short-term investments; **langfristig ~** to go in for (or to acquire, hold) long-term investments; **sicher ~** to invest safely; *(Wertpapiere)* **verschiedenartig ~** to diversify (securities); **sein Geld in Grundbesitz ~** to invest one's money in land; **sein Geld in Grundbesitz fest ~** to tie up one's money in land; **sein Geld verzinslich ~** to put out one's money at interest; to invest one's money to earn interest; **wieder ~** →reinvestieren

angelegt, in Grundbesitz fest ~es Kapital capital tied up in land; **gut ~es Kapital** well invested capital

Anleger investor; **~ mit Wohnsitz im Ausland** non(-)resident investor(s); **institutionelle ~** institutional investors; **private ~** private investors; **~publikum** investing public; **~schutz** protection of investors

Anlegung, ~ e-s Flughafens laying out an airport; **~ von Kapital** investment of capital; **~ von Mündelgeldern durch den Vormund**[126] investment of trust monies by a guardian

Anlehnung, in ~ an in accordance with, in conformity with

Anleihe loan; *Am bes.* bond, bond issue; *Br* loan stock; debenture; **~n der öffentlichen Hand**

public (sector) bonds (or loans); *Br (auch)* public loan stock, public authorities loans (or bonds); **~ mit Optionsscheinen** *Am* bond cum warrants; **~n mit fester Verzinsung** straight bonds; **~ mit variablem Zinssatz** floating rate note; floating rate bond; **~ ohne Optionsscheine** *Am* bond ex warrants

Anleihe; →**Ablösungs~**; →**Auslands~**; →**Doppelwährungs~n**; **Ecu-~** ECU loan; →**Euro~n**; →**Fundierungs~**; →**Industrie~n**; →**Inlands~**; →**Kommunal~**; →**Konsolidierungs~**; →**Kriegs~**; →**Options~**; →**Renten~n**; →**Staats~**; →**Staffel~**; →**Tilgungs~**; →**Wandel~**; →**Zwangs~**

Anleihe, ausländische ~ foreign (or external) bond; **im Freiverkehr gehandelte ~** outside loan; **inländische ~** domestic bond; **inländische öffentliche ~** *Br* domestic public loan stock; *Am* domestic public bond issue; **kündbare ~** callable loan; **nachrangige ~** subordinated issue; **öffentliche ~n** public (sector) loans (or bonds); bonds of the public sector; public bonds issue; **sechsprozentige ~** loan at six per cent; **steuerbegünstigte ~** loan with tax privileges; **überzeichnete ~** oversubscribed loan; **in Umlauf befindliche ~** loan (or bond) in circulation; **variabel verzinsliche ~** floating rate note (FRN); **zweckgebundene ~** tied loan

Anleihe, Ablösung e-r ~ redemption of a loan; **Auflegung e-r ~** floating (or issuing) a loan; floating a bond issue; **Aufnahme e-r ~** raising (or contracting) a loan; →**Begebung e-r ~**; **Laufzeit e-r ~** term (or duration) of a loan; →**Notierung der ~ an der Börse**; **Tilgung e-r ~** redemption of a bond; **Übernahme e-r ~** acquisition of a loan (or bond); **Umwandlung e-r ~** *(in e-e Konversionsanleihe)* conversion of a loan; **Unterbringung e-r ~** placing a loan; **Zeichner e-r ~** subscriber to a loan

Anleihe~, ~ablösung(sschuld) loan redemption (debt), loan commutation (debt); **~angebot** loan offer; **~ausgabe** →Anleiheemission; **~bedingungen** terms of a loan; **~dienst** loan service

Anleiheemission loan issue, bond issue; **e-e ~ garantieren** to underwrite a loan issue

Anleihe~, ~erlös proceeds of a loan; proceeds from the sale of a bond; **~geschäft** loan business; **~gläubiger (od. ~inhaber)** bond holder; **~kapital** loan (or bond) capital; loan fund; debenture capital; **~markt** loan (or bond) market; **~optionsschein ~** bond warrant; **~papiere** *Br* loan stock; *Am* bonds; **~schein** *(Mantel e-r ~) ())* loan document; loan (or bond) certificate; **~schuld** loan (or bond) debt; *Br* debenture stock; **~stücke** loans; *Am* bonds; **~tilgung** loan redemption; **~tranche** loan tranche; **~verpflichtung** loan liability; **~zeichnung** subscription to *(Br auch* for) a loan; bond subscription; **~zinsen** loan (or bond) interest

Anleihe, e-e ~ ablösen to redeem a loan; **e-e ~ auflegen** to float a loan; to issue a loan; to float a bond issue; **e-e ~ aufnehmen** to contract (or raise) a loan; **die ~ ist ausgestattet mit e-m Nominalzinssatz von 8, e-m Emissionskurs von 99, e-r festen Laufzeit von längstens 15 Jahren sowie mit e-m Jahreskupon** the loan has a nominal rate of interest of 8 (per annum), a price of issue of 99, a fixed maturity of up to 15 years, as well as an annual coupon; **e-e ~ bedienen** to service a loan; **e-e ~** →**begeben**; **die ~ an der** →**Börse einführen**; **e-e ~ kündigen** to call in a loan; **e-e ~ tilgen** to redeem a loan; **e-e ~ unterbringen** to place a loan; **über die Aufnahme e-r ~ verhandeln** to negotiate a loan; **e-e ~ zeichnen** to subscribe to *(Br auch* for) a loan; **e-e ~ vorzeitig zurückzahlen** to redeem a loan in advance

anleiten to instruct, to direct, to guide

Anleitung instruction, direction, guidance

anlernen to train

Anlernling trainee, learner
In der Ausbildung oder Umschulung befindlicher Arbeitnehmer, dessen Anlernzeit - in der Regel kürzer als die e-s Lehrlings - meist 2 Jahre dauert.
Employee receiving special training over a short period of time (usually 2 years) in contrast to the regular program(me) of an apprenticeship.

Anlernverhältnis employment as trainee (for semi-skilled work)

anliefern to deliver, to supply

Anlieferung delivery, supply

Anliegen request; (matter of) concern; **besonderes ~** special concern; **oberstes ~** top concern

anliegen to abut (or border) (on); to be adjacent (to)

anliegend 1. →angrenzend; *(beiliegend)* annexed (or attached) hereto; enclosed herewith; under same cover; **~ erhalten Sie** enclosed please find

Anlieger abutter, abutting owner, adjoining owner; *(e-r Straße)* wayside owner; *(am Ufer)* riparian owner; **frei für ~** (open to) residents only

Anliegerbeiträge →Erschließungs(kosten)beiträge

Anlieger~, ~grundstück adjoining real property; **~staat** bordering (or neighbo[u]ring) state; **~staaten des Rheins** countries bordering the Rhine; **~verkehr** *(Straßenschild)* residents only

anlocken to entice, to attract; **jds Kunden ~** to entice (away) sb.'s customers

anmahnen to remind, to send a reminder; **die fällige Zahlung ~** to remind sb. (or to send a reminder) that payment is due; to give notice requiring (the) due payment

anmeldbare →**Insolvenzforderung**

Anmelde 1. *(allgemein)*; **~datum** date of application (or registration); **~formular** application form; registration form

Anmeldefrist time allowed for (filing or making, lodging, putting in an) application; time for registration; *(für Zoll)* declaration period; period (set) for declaration; **die ~ versäumen** to fail to observe the time for application (or registration)

Anmelde~, **~gebühr** application fee, registration fee; **~pflicht** notification requirement; obligation to give notice (of); obligation to register; obligation to declare (dutiable goods); **von der ~pflicht befreit sein** to be exempt(ed) from notification

anmeldepflichtig subject to notification (to public authorities); subject to registration, registrable; **~e Krankheit** notifiable disease

Anmelde~, **~schluss** dead(-)line (or closing date) for application (or registration); **~stelle** registration office, registry; **~zwang**[127] obligation to register

Anmelde 2. *(PatR)*, **~amt** *(Europ. PatR)*[128] Receiving Office; **~bescheinigung** filing receipt; **~bestimmungen** regulations for (patent) applications; **~datum** filing date; **~formular** application form; **~gebühr** filing fee; application fee; **~prinzip** first-to-file system; **~priorität** priority of filing date; **~tag** date of filing of the application; filing date; **~unterlagen** filing documents

anmelden to announce; to apply for; to notify, to give notice of; to register; to file; *(zur Verzollung)* to declare; **sich ~ zu** to apply (or register, enrol) for; *(EDV)* to log on (or in); to open one's on-line to a computer; **sich ~ lassen** to have oneself announced; to send in one's name (or card); **zur Eintragung in das** →**Handelsregister ~**; **e-n Anspruch ~** to file a claim; **die Berufung ~** to give notice of appeal; **ein Fahrzeug ~** to register a vehicle; **e-e Forderung zur** →**Insolvenzmasse ~**; **ein Gewerbe ~** to register a trade; **e-e** →**Insolvenzforderung ~**; **sich zu e-m Kursus ~** to enrol for a course; **sich zu e-r Messe ~** to register for a fair; **ein Patent ~** to apply for a patent; to file a patent application; **sich polizeilich ~** to register with the police; to notify the police of one's arrival; **e-n Schaden bei der Versicherung ~** to file a claim with the insurance company; **e-n Todesfall ~** to give notice of a death; **zur Verzollung ~** to file a customs entry; **ein Warenzeichen zur Eintragung ~** to apply for registration of a trademark

(zum Zoll) **angemeldet** declared; **Patent ~** patent pending (or applied for)

Anmelder 1. applicant; registrant, person filing an application for registration; *(beim Zoll)* declarant; *(bei e-r amtl. Stelle)* person filing a notification (or giving notice of)

Anmelder 2. *(PatR)* applicant (for a patent); **bedürftiger ~** indigent applicant; **Einzel~** single applicant; **früherer ~** prior applicant; **gemeinsame ~** joint applicants; **mehrere ~** multiple applicants; **Mit~** co-applicant; **späterer ~** subsequent applicant; **Wohnsitz oder Geschäftssitz des ~s** residence or principal place of business of the applicant

Anmeldung 1. *(Ankündigung)* announcement; *(mit Antragstellung)* application; *(auf Grund gesetzlicher Vorschriften)* registration; notification; *(Zoll)* declaration; (customs) entry; *(Empfangsbüro)* reception; **~ zur Eintragung in das Handelsregister** application to be entered (or *Br* registered) in the Commercial Register; **~ und Eintragung in das Kartellregister**[129] application and registration in the Cartel Register; **~ e-r Forderung im Vergleichsverfahren**[130] proof of a debt in composition proceedings; **~ e-r** →**Insolvenzforderung**; **~ von Kraftfahrzeugen** registration of motor vehicles; **~ e-s Patents** →Anmeldung 2.; **~ e-s Schadens** *(VersR)* notice of a loss; **~ von Schusswaffen** reporting of firearms; **~ e-s** →**Warenzeichens zur Eintragung in die Zeichenrolle**; **~ beim Zollamt** declaration with the customs office; customs entry; **~von Zusammenschlüssen** notification of concentration (or mergers)

Anmeldung, e-e ~ einreichen to file an application (or registration); **die ~ zurückweisen** *(WarenzeichenR)* to disallow registration; **die ~ zurückziehen** to cancel (or withdraw) the application

Anmeldung 2. *(PatR)* application; **~ in e-m Verbandsland** Convention application; →**Ausscheidungs~**; →**Erst~**; →**Haupt~**; →**Parallel~**; →**Teil~**; →**Zusatz~**; **ältere ~** previous application; **anhängige ~** pending application; **ausgeschiedene ~** divisional application; **bekanntgemachte ~** published application; **frühere ~** prior (or earlier) application

Anmeldung, internationale ~ *(europ. PatR)*[131] international application *(Ggs. nationale Anmeldung)*

Nach dem →Patentzusammenarbeitsvertrag eingereichte Anmeldung.

Application filed under the Patent Cooperation Treaty.

Anmeldung, nationale ~ *(europ. PatR)*[131 a] national application *(Ggs. internationale Anmeldung)*
Anmeldung für die Erteilung nationaler oder regionaler Patente, sofern die Anmeldung nicht nach dem →Patentzusammenarbeitsvertrag eingereicht wird.
Application for national patents and regional patents other than applications filed under the Patent Cooperation Treaty.

Anmeldung, schwebende ~ undisposed application; **unerledigte ~** unsettled application; **vorausgegangene ~** prior application; **vorschriftsmäßige nationale ~** *(Europ. PatR)* regular national application

Anmeldung, Einreichung der ~ filing of the application; **Priorität der ~** priority of filing date; **Prüfung der ~** examination of the application; **Rücknahme der ~** withdrawal of the application; **Vorschriften für die ~** formal filing requirements; **Zeitpunkt der ~** filing date; **Zurückweisung der ~** refusal (or rejection) of the application

Anmeldungs~, ~frist period for filing an application; **~gegenstand** subject matter of the application; **~stau** backlog of pending applications; **~unterlagen** documents of the application; application documents

Anmeldung, e-e ~ aufgeben to abandon an application; **e-e ~ einreichen** to file an application; **e-e ~ fallen lassen** to abandon an application; **e-e ~prüfen** to examine an application; **e-e ~ weiterverfolgen** to process an application; **e-e ~ zurücknehmen** to withdraw an application; **e-e ~ zurückweisen** to refuse (or reject) an application

anmerken to mark; *(notieren)* to note down

Anmerkung note; *(Fußnote)* footnote; *(erklärend)* annotation; **mit ~en versehen** to annotate; annotated

anmieten *Br (bewegl. Sachen)* to hire; *Am* to rent

Anmietung von Großrechenanlagen hiring (or leasing) of (large-scale) computer systems

anmustern →anheuern

annähern, sich ~ to approximate, to align, to approach; **schrittweise einander ~** to approximate progressively

annähernd approximate(ly), rough(ly); **~er Durchschnitt** rough average; **seine Schulden betragen ~ Euro 1000.-** his debts amount to about Euro 1000

Annäherung approach (an to); approximation, alignment; *pol* rapprochement, overtures (to); **~ der Preise** approximation of prices; **~der Steuersätze** alignment (or approximation) of tax rates; **schrittweise ~ der Zollsätze** *(EU)* progressive alignment of customs duties (an with)

Annahme 1. *(Entgegennahme)* acceptance; *(Übernahme)* acceptance, adoption; *(Empfang)* receipt, receiving; **bedingte ~** conditional acceptance; **eingeschränkte ~** *(WechselR)* qualified (or conditional) acceptance; **mangels ~ zurück** *(WechselR)* returned for want of acceptance; **uneingeschränkte ~** *(WechselR)* unconditional (or unqualified) acceptance; **verspätete ~**[132] delayed acceptance, late acceptance

Annahme, ~ e-s Angebots acceptance of an offer; *(bei Ausschreibungen)* acceptance of a tender (or *Am* bid); **~ e-s Antrages** granting of a motion; **~ von Bedingungen** acceptance of conditions; **~ unter einer Bedingung** conditional acceptance; **~ ohne Einschränkungen oder Erweiterungen** unqualified acceptance; **~ e-r Erbschaft** acceptance of an inheritance[133]; **~ an →Erfüllungs Statt**; **~ e-s Gesetzes**[134] passing (or passage) of a bill; adoption of a bill (or law); **~ an Kindes Statt** *(jetzt: Annahme als Kind)* →Annahme 2.; **~ e-r Leistung als Erfüllung** acceptance of performance as fulfil(l)ment; **~ e-s (anderen) Namens** adoption of another name; name change; change of name; **~ e-s Planes** adoption of a plan; **~ e-s Vertrages (als bindend)**[135] acceptance of a contract; **~ e-s Vertragsangebots** acceptance of an offer; **~ e-s Wechsels** acceptance of a bill of exchange *(→Akzept)*

Annahme~, ~bedingungen conditions (or terms) of acceptance; **~bestätigung** acknowledgment of receipt; **~erklärung** declaration of acceptance; **~frist** time limit for acceptance; acceptance period; **~pflicht** *(VersR)* obligation to accept insurance; **~stelle** receiving office

Annahmeverweigerung refusal to accept, refusal to take delivery; **~ des Wechsel** dishono(u)r of the bill by non(-)acceptance; **das Recht der ~ der Ware ausüben** to exercise the right to reject the goods; **bei ~ e-s Wechsels Protest erheben** to make a protest in case of dishono(u)r

Annahmeverzug[136] default of (or in) acceptance; default in taking delivery; delay in accepting performance (or delivery); failure to accept delivery (or performance) after due notice (or tender); **der Käufer befindet sich in ~** the buyer has failed to take (or accept) delivery when tendered (or offered) by the seller; **in ~ sein** to be in default of acceptance

Annahme, die ~ erfolgt ... acceptance shall be effected; **die ~ e-s Briefes verweigern** to refuse acceptance of a letter; **die ~ der Ware verweigern** to refuse to take delivery of the goods; **die ~ e-s Wechsels verweigern** to dishono(u)r a bill; to refuse to accept a bill; **vorübergehend an der ~ verhindert sein** to be temporarily prevented from accepting (the offered performance)

Annahme 2. ~ als Kind[137] adoption *(→Adoption)*

Annahme 3. *(Vermutung)* assumption, presumption, supposition; **in der ~ dass** assuming that; on the assumption that; (it being) understood that; **irrtümliche ~** erroneous assumption; **es besteht (aller) Grund zur ~, dass** there is (every) reason to believe (or for presuming) that

Annahme 4. *(VölkerR)* acceptance; **~urkunde** instrument of acceptance; **zur ~ aufliegen** to be open to acceptance; **der ~ bedürfen** to be subject to acceptance; **dieses Übereinkommen bedarf der ~ durch die Unterzeichnerregierungen** this agreement shall be subject to acceptance by the signatory Governments; **die ~ erfolgt durch Hinterlegung e-r formgerechten Urkunde** acceptance shall be effected by the deposit of a formal instrument

annehmbar acceptable; **unter ~en Bedingungen** on accommodating (or acceptable) terms; **~er Preis** fair (or reasonable) price

annehmen 1. to accept, to take, to receive; to adopt; **e-n Antrag ~** →Antrag 1. und 4.; **e-n Auftrag ~** to accept an order; *(vormerken)* to book an order; **die Bedingungen ~** to accept the terms; **e-e Entschließung ~** to adopt (or pass) a resolution; **e-e Gesetzesvorlage ~** to pass a bill; **ein Kind (als Kind) ~** to adopt a child; **e-n anderen →Namen ~; sich e-r Sache ~** to take care (or charge) of a matter; to attend to (or take an interest in) a matter; **die Tagesordnung ~** to adopt the agenda; **ein Urteil ~** to submit to a judgment; **e-n Vorschlag ~** to accept (or agree to) a proposal; **Waren ~** to accept goods; to take delivery of goods; **e-n Wechsel ~** to accept (or hono[u]r) a bill; **e-n Wechsel nicht ~** to refuse to accept a bill; to dishono(u)r a bill (by non-acceptance)

angenommen accepted; *(Antrag)* carried, granted *(→Antrag 4.)*; *(Gesetzesentwurf)* passed; *(Kind)* adopted; **~er Name** adopted name; *(Deckname)* assumed (or fictitious) name; pseudonym; **~er Wechsel** accepted bill; **nicht ~er Wechsel** dishono(u)red bill; **~ mit 20 Stimmen, 10 Gegenstimmen, bei 3 Enthaltungen** approved by 20 votes, 10 against and 3 abstentions; **der Antrag wurde einstimmig ~** the motion was carried (or passed) unanimously; **der Gesetzesentwurf wurde nicht ~** the bill was rejected

annehmen 2. *(vermuten)* to assume, to presume, to suppose; **als selbstverständlich ~** to take for granted; **jds Unschuld ~** to assume (or presume) sb.'s innocence; **nehmen wir den Fall an, dass** let it be supposed that

angenommen, ~ dass supposing (or assuming) that

angenommen, es wird allgemein ~, dass it is generally assumed (or accepted) that

anzunehmen, der Wert ist ~ auf the value shall be deemed to be

Angenommene~, ~(r) *(der/die)* adoptee

Annehmende *(der/die)* the adopter, the adoptive parent

Annehmer acceptor; **→Ehren~**; **→Gefälligkeits~**

Annehmlichkeiten *(z. B. der Umwelt)* amenities

annektieren *(VölkerR)* to annex

Annektierung (od. Annexion) e-s Gebietes annexation

Annonce advertisement; *colloq.* ad *(→Anzeige 3.)*; **~nexpedition** advertising office (or agency); **~ngebühren** advertising rates; **e-e ~ aufgeben (od. in die Zeitung setzen)** to put (or insert) an advertisement in a (news)-paper

annoncieren to advertise

annoncierte Stelle advertised position

Annuität annuity; *(bei Tilgung e-r Kapitalschuld)* annual repayment; **bedingte ~** contingent annuity; **~enanleihe** annuity bond; **~enhypothek** annuity mortgage; **~enversicherung** annuity insurance

annullierbar annullable, voidable; subject to cancellation; *(z. B. durch auflösende Bedingung)* defeasible

annullieren to annul, to cancel, to nullify; to (make) void; to declare null and void; **e-n Auftrag ~** to cancel (or countermand) an order; **e-n Vertrag ~** to avoid (or cancel) a contract; to declare a contract null and void

Annullierung annulment, cancellation, nullification; voiding, avoidance; **~ der →Buchung; ~ e-s Vertrages** avoidance (or cancellation) of a contract

anonym anonymous; **~e Anzeige** anonymous complaint, anonymous report (to the police or public prosecutor); **~e Steuernachzahlung** *Br* conscience money; **~e Werke**[138] anonymous works; **~ bleiben** to remain anonymous

Anonymität anonymity

anordnen *(verfügen)* to order, to direct, to instruct; *(richterlich)* to decree; *(regeln)* to rule; *(einrichten, aufstellen)* to arrange, to dispose; **e-e Untersuchung ~** to order an inquiry

Anordnung order, direction, instruction; *(behördlich)* directive; *(gerichtlich)* decree; *(Regelung)* ruling; *(Gestaltung)* arrangement, layout; **auf ~ von** on the order of; by direction of; **bis auf weitere ~** until further order; **allgemeine ~** general order (or direction); **behördliche ~** order (or directive) by the authorities; official directive; **einstweilige ~** provisional (or interim, temporary) order; provisional arrangement; **gerichtliche (od. richterliche) ~** judicial order, order of the court, court order

Anordnung, ~ der Beschlagnahme →Beschlagnahmeverfügung; **~ der einzelnen Betriebsanlagen** departmental layout; **~ der →Inhaftnahme**; **~ der →Nachlassverwaltung**; **~ der →Vormundschaft**; **~ der →Zwangsversteigerung**[139]; **~der →Zwangsvollstreckung**

Anordnungspatent arrangement patent

Anordnung, zur Befolgung e-r (gerichtl.) ~ durch Ordnungsstrafe anhalten to enforce an order by means of an administrative fine; **e-e ~ →aufheben**; **e-e ~ ausführen** to execute an order; **e-e ~ des Gerichts befolgen** to comply with an order of the court; **e-e ~ nicht befolgen** to fail to obey an order; **e-e ~ billigen** to consent to (or acquiesce in) an order; **~en erbitten** to ask for instructions; **~en erhalten** to receive instructions; **e-e ~ erlassen** to make an order; **~en treffen** to give orders (or instructions); to make arrangements; **e-e ~ widerrufen** to revoke an order

anpassen *(in Einklang bringen)* to adapt, to adjust, to accommodate; to bring into line with; **sich ~** to adapt (or adjust) oneself, to conform (to); **das Angebot dem Bedarf ~** to adapt the offer (or supply) to the requirement (or demand); **die Industrie passt sich dem Bedarf der Verbraucher an** industry is geared to consumer needs; **sich den Verhältnissen ~** to adapt o. s. to circumstances

Anpassung adaption, adjustment, accommodation; **allmähliche ~** gradual adjustment; **berufliche ~ der Arbeitnehmer** readaptation of workers; **→strukturelle ~**; **~ der Kapazität an den Bedarf** adjustment of productive capacity to the demand; **~ an die neue Lage** adaptation to the new condition(s) (or situation); **~ der Löhne** adjustment of wages; **~ der Prämie an das konkrete Risiko** *(VersR)* individual rating; **~ der Preise** adaptation of prices; price adjustment; **~ der Renten** adjustment of pensions; **~ der Verträge** *(EU)* adjustment to the Treaties

Anpassung von Verträgen regulation of contractual relations; adaptation of contracts; **→Ständiger Ausschuss für die ~ der IHK**

Anpassungs~, ~beihilfe adjustment aid; **~beschluss** *(EU)* Adaptation Decision; **a~fähig** adjustable; **~fähigkeit** ability to adjust, adaptability

Anpassung, geeignete ~en stufenweise durchführen *(EU)* to make the appropriate adjustments gradually

Anrainer →Anlieger; **~staaten des Mittelmeeres** States bordering the Mediterranean; riparian (or littoral) States of the Mediterranean

Anraten, auf ~ von on the advice of

anrechenbar chargeable; allowable; creditable, eligible for credit; countable; **~e ausländische Steuern** *(DBA)* creditable foreign taxes; *Am* taxes eligible for credit; *Br* taxes eligible for double taxation relief; **auf die →Steuer ~e Gewinne**

anrechnen *(berechnen)* to charge; *(vergüten)* to allow (or make allowance) for; to credit, to allow as credit (auf against); *(abziehen)* to deduct; **sich ~ lassen** to allow to be credited; **jdm etw. hoch ~** to think highly of sb. for sth.; **jdm etw. nachteilig ~** to count sth. against sb.; **jdm zuviel ~** to overcharge sb.; **auf den Erbteil ~** to give credit for the portion already received; *Br (auch)* to bring into hotchpot sums already received (or advanced); *Am (auch)* to deduct from one's share in the inheritance; **10 Arbeitsjahre auf die Rente ~** to count ten years of employment towards the pension; **e-e Zahlung auf e-e Schuld ~** to appropriate a payment to a debt; **Steuern der USA auf Steuern der Bundesrepublik ~** *(DBA)* to allow United States taxes as a credit against Federal Republic taxes; **die ausländische Steuer im Inland ~** *(DBA)* to allow credit against sb.'s domestic tax for the tax paid abroad; **die →Untersuchungshaft auf die Strafe ~**; **jdm etw. als Verdienst ~** to give sb. credit for sth.

angerechnet, ~ werden auf *(DBA)* to be allowed as credit against; **ausländische Steuern werden nicht ~** *Am* no credit is available for foreign taxes; **die deutsche Steuer wird auf die amerikanische ~** the German tax is credited against the U. S. tax; **seine Dienstjahre wurden ihm ~** he was credited for his years of service

Anrechnung *(Berechnung)* charge, charging; *(Vergütung)* making allowance for; credit(ing); *(Aufrechnung)* setting off (against); **fiktive ~** *(DBA)* matching credit; **gewöhnliche ~** *(DBA)* ordinary credit; **uneingeschränkte ~** *(DBA)* full credit; **~ der im Ausland gezahlten Steuer** *(DBA)* foreign tax credit, credit for foreign tax; double taxation relief; **~ der ausländischen auf die deutsche Erbschaftssteuer** crediting of the foreign against the German inheritance tax; **~ auf den Erbteil**[140] deduction from one's share in the inheritance (of a portion received before the *Br* deceased's [*Am* decedent's] death); **~ e-r Gegenforderung** set-off; **~** *(e-r Zahlung)* **auf e-e Schuld** appropriation to a debt; **~ von Versicherungszeiten** crediting of insurance periods

anrechnungsfähige Versicherungsjahre (contribution) years countable towards eligibility for a pension; *Am* creditable period of coverage

Anrechnungsmethode *(DBA)* tax credit system *(Ggs. Methode der →Steuerquellenzuteilung)*

Anrechnung, die ~ beanspruchen to take (or claim) the credit; **in ~ bringen** to charge; to allow, to give credit for; **e-e ~ gewähren** *(DBA)* to allow a credit

Anrecht right, title; interest; *(Forderung)* claim; **sicher begründetes ~** vested interest; **~sschein auf Dividende** dividend warrant; scrip dividend; **ein ~ haben auf** to be entitled to, to have an interest in

Anrede address; *(im Brief)* salutation; **~ des Gerichts** address to the Court

Die Anrede in einem Geschäftsbrief ist: Dear Sir, Dear Madam; Dear Mr. (Mrs., Miss, M/s) X.; *(offiziell:)* Sir; Madam; *(an e-e Firma od. Organisation) Br* Dear Sirs; *Am* Gentlemen; *(an mehrere Frauen)* Ladies

anregen *(vorschlagen)* to suggest, to propose; *(beleben)* to stimulate; **das wirtschaftliche Wachstum ~** to stimulate economic growth

Anregung suggestion, proposal; stimulation; **auf ~ von** at the suggestion of; **auf meine ~ hin** following my suggestion

Anreiz incentive, stimulus, spur; **~e für Investitionen** incentives to invest, incentives for capital expenditure; **~e zum Sparen** incentives for saving

Anreiz~, ~effekte incentives; **~prämie** incentive bonus; **(Verlust-)Verkauf von ~waren** loss leader selling

Anreiz, ~e geben to stimulate; **~e schaffen** to provide incentives (or stimuli)

Anrufbeantworter *tel* answering machine; **e-e Nachricht per automatischen ~ bekommen** to get a recorded message (on the telephone answering machine)

anrufen 1. *tel*, **jdn ~** to call sb. up, to ring sb. (up); to telephone sb.; *Am (auch)* to phone sb.

anrufen 2. *(in Anspruch nehmen)* to have recourse to, to apply to; **das Gericht ~** to have recourse to the court; to seek redress in court; to bring a case before the court; **das für den Käufer zuständige Gericht ~** to sue in the court having jurisdiction over the purchaser and the subject matter; **das Schiedsgericht ~** to have recourse to arbitration; to apply to a court of arbitration

angerufen, das ~e Gericht the court seized of the matter (or case); the court applied to

Anrufung des Gerichts recourse (or appeal) to the court

Ansage *(Rundfunk, Fernsehen)* announcement

ansammeln to accumulate, to cumulate; to heap up, to pile up, to hoard; **sich ~** to accumulate; *(Personen)* to assemble, to gather; **Kapital ~** to accumulate capital; **Vorräte ~** to accumulate stocks; to stock (up) goods; *(hamstern)* to hoard

angesammelte Gewinne accumulated profits

Ansammlung accumulation, cumulation; piling up; *(heimlich)* hoarding; aggregation; *(Personen)* assembly, crowd, gathering; *(Stauung)* congestion; **~ von Fahrzeugen** concentration of vehicles; **~ von Kapital** accumulation of capital; **~ von Reserven** building up (or cumulation) of reserves; **feindliche ~en zerstreuen** to disperse hostile crowds

ansässig resident, residing; domiciled; settled; **im Ausland ~** *(bes. SteuerR)* resident abroad; non(-)resident; **im Ausland ~er Ausländer** non(-)resident alien; **in der Bundesrepublik Deutschland ~e Gesellschaft** a company with a seat (or with headquarters) in (or being a resident of) the Federal Republic of Germany; **in der Bundesrepublik Deutschland ~e Person** resident of (or person residing in) the Federal Republic of Germany; **in der Gemeinschaft ~e Arbeitnehmer** *(EU)* workers resident (or living) in the Community; **in Großbritannien ~e Person** U. K. resident; **im Inland ~er Ausländer** *(bes. SteuerR)* resident alien; **in den USA ~e Person** U. S. resident

ansässig, nicht ~ non(-)resident; **nicht ~e Aktionäre** non(-)resident shareholders; **nicht in der Bundesrepublik Deutschland ~e Person** non(-)resident of the Federal Republic of Germany; **~ sein** to reside in (or at); to be (a) resident (of); to be domiciled in (or at); **Staat, in dem die Versicherungsgesellschaft ~ ist** state in which the insurance company is domiciled; **als ~ gelten** to be deemed to be a resident; **die Vertragsparteien sind in verschiedenen Ländern ~** the parties to the contract reside in different countries

Ansässiger resident; **Orts~** local resident; **nur vorübergehend ~** temporary resident

Ansässigkeit residence; **Nicht~** non(-)residence

Ansatz *(Beginn)* start, beginning; *(Veranschlagung)* estimate; **~vorschriften**[140a] *(Bilanz)* assessment regulations; **Kosten in ~ bringen** to estimate costs

Ansätze, **~ des Haushaltsplans** budget estimates; **~ für Personalausgaben** estimates for personnel expenditure

Ansatzpunkt *fig* starting point

anschaffen *(kaufen)* to acquire, to purchase; *(beschaffen)* to provide; **Deckung für e-n Wechsel ~** to provide (or make provision) for the cover of a bill; **den →Gegenwert ~**; **Gelder für den Zinsendienst ~** to provide funds for payment of interest

Anschaffung *(Kauf)* purchase, acquisition, procurement; *(von Beträgen)* provision (of funds); remittance; *(von Devisen)* delivery; **~ und Veräußerung von Wertpapieren für andere** purchase and sale of securities for the account of others *(→Effektengeschäft)*; **→Bar~**; **→Dekkungs~**; **→Gegen~**

Anschaffung, **(persönliches) ~darlehen** (personal) purchase loan; **~geschäft über Wertpapiere** contracts for the acquisition of securities; **~kosten** cost; initial cost, acquisition cost, purchasing cost; historical cost, original cost; **~ und Herstellungskosten** initial cost and production cost; **~nebenkosten** ancillary costs of acquisition; **~preis** *(Erwerbspreis)* purchase price; cost price; original price

Anschaffungswert acquisition value; initial value

Der Anschaffungswert umfasst alle für den Käufer eines Gutes anfälligen Kosten einschließlich Frachtkosten, Versicherungskosten usw.

Acquisition value comprises all costs for the purchaser of a product including freight, insurance etc.

Anschaffung, **größere ~en machen** to make large purchases

Anschein appearance; **allem ~ nach** to all appearances; apparently; **dem →äußeren ~ nach**; **~ e-s Rechts** colo(u)r of title

Anscheinsbeweis *(Beweis des ersten Anscheins)* prima facie evidence

Anscheinshersteller *(Produzentenhaftung)* apparent producer

Ein Anscheinshersteller ist derjenige, der das Produkt zwar nicht hergestellt hat, dessen Marke od. Erkennungszeichen aber auf dem Produkt angebracht ist.

An apparent producer is someone who did not actually produce the product but whose trademark or brand name appears on the product.

Anscheinsvollmacht apparent (or ostensible) authority; authority (or power of attorney) by estoppel

Der Vertretene kann sich auf den Mangel der Vollmacht seines angeblichen Vertreters nicht berufen, wenn er dessen Verhalten zwar nicht kannte, es aber bei pflichtgemäßer Sorgfalt hätte erkennen und verhindern können.

A principal who does not know of the conduct of an apparent but unauthorized agent is not excused from liability if, in exercising due care, he could have known of and prevented such conduct.

Anschein, **den ~ haben** to appear; **die Schwierigkeiten sind größer, als es den ~ hat** the difficulties are greater than might appear at first sight (or than one might suppose)

anscheinend apparent(ly); **~es Eigentum** apparent (or reputed) ownership; **~er Eigentümer** apparent (or reputed) owner

Anschlag 1. *(Attentat)* (Anschlag auf das Leben) attempt (on the life of); plot; **Terroristen~** terrorist plot; **→Vereitelung e-s ~s**; **e-n ~ anzetteln** to hatch a plot; **e-n ~ machen (oder verüben) auf jdn** to make an attempt on sb.'s life; **e-n ~ vereiteln** to thwart a plot; **e-n ~ vorbereiten** to devise (or lay) a plot; to plot

Anschlag 2. *(Plakat)* poster, placard; bill; *(Bekanntmachung)* (written or printed) notice (posted up); **~brett** bulletin board; notice board; *Am* billboard; *Br* (advertisement) hoarding; **~tafel** →Anschlagbrett; **etw. durch ~ bekanntmachen** to announce (or advertise) sth. by (means of) bills (or placards); *Br* to announce sth. by putting up a notice; to bill (or placard) sth.

Anschlag 3. *(Veranschlagung)* estimate; valuation; *(Berechnung)* calculation; **Vor~** rough estimate; **die besonderen Umstände in ~ bringen** to make allowance for the special circumstances; to take the special circumstances into account

anschlagen *(zur Information)* to post, to placard, to put up; *(einschätzen)* to estimate, to rate, to value; **ein Plakat ~** to put a placard (on a wall etc); to post (or stick) a bill

anschließen *(anfügen)* to join, to add, to affiliate, to attach; *(verbinden)* to connect; **sich ~** to join, to attach oneself (an to), to affiliate with; *(nachfolgen)* to follow; **sich jds Ansicht ~** to agree with (or concur in) sb.'s opinion; to share sb.'s view; **sich der Berufung ~** to cross-appeal; **sich e-r Partei ~** to join a party; **sich e-m Verband ~** to join (or affiliate with) an association

anschließend subsequent(ly) (an to), following; **~e Aussprache** ensuing discussion

angeschlossen affiliated (an to or with); attached (an to); **~e Gesellschaft** affiliated company; *Am* affiliate; **das Institut ist der Universität ~** the institute is affiliated to the university

Anschluss *(Vereinigung)* joining, entry, affiliation; *(Verbindung)* connection; **im ~ an** subsequent to, following; **im ~ an mein Schreiben vom ...** referring to (or further to) my letter of ...; **→Gas~**; **→Neben~**; **→Telefon~**

Anschluss~, **~arbeitslosenhilfe** follow-up unemployment relief *(Am compensation)*; **~auftrag** follow-up order; **~berufung** →Berufung 1.; **~fahrkarte** transfer ticket; **~konkurs**[141] conversion of a composition proceeding into a bankruptcy proceeding; **~kunde** *(e-r Factoring-Gesellschaft)* (factoring) client; **~pfändung**[142] attachment of a chattel subject to a prior attachment; subordinate attachment; **~revision** cross-appeal; **~stelle** *(Verkehr)* interchange; **~zone** *(an die Küstengewässer)* contiguous zone; **~zug** connecting train; **~zwang** compulsory connection to main services *(Strom, Wasser, Kanalisation etc)*

Anschluss, **den ~ bekommen an** *fig* to catch up with; **keinen ~ bekommen** *tel* to get no connection; to be unable to get through; **~ haben** *(Zug)* to connect with; to have connection with; *(Person)* to meet a train; **den ~ versäumen** to miss one's connection

anschneiden, **e-e Frage ~** to raise (or broach) a question

Anschreiben writing; *(Begleitschreiben)* covering (or accompanying) letter

anschreiben, **jdn ~** to write to sb.; to address sb.; **jdm etw. ~** *(in Rechnung stellen)* to charge to (or debit) sb.'s account; to put on sb.'s account; to charge sb. (with an amount); **~ lassen** to charge to one's account, to run up bills (with a shop or store); to buy (or take) on credit; *Br colloq.* to run up a score; **Kunde, der ~ läßt** credit customer

Anschreibe~, **~konto** *Br (bei e-m Kaufmann)* credit account; *Am* charge account; **~kredit** account credit; trade credit

Anschrift address; **ohne ~** unaddressed; **~enverzeichnis** mailing list; **die genaue ~ ausfindig machen** to ascertain the full name and address

anschuldigen, **jdn ~ wegen** to charge sb. with, to accuse sb. of

Anschuldigung charge, accusation; **falsche ~**[143] false accusation against sb. before a public authority; *(böswillige Strafverfolgung)* malicious prosecution; **falsche ~en gegen jdn erheben** to incriminate another person falsely; **schwere ~en gegen jdn erheben** to bring serious charges against sb.

anschwärzen, **e-n Konkurrenten ~** to defame a competitor's reputation; *(durch schriftl. Mitteilung an e-n Dritten)* to publish a trade libel against sb.

Anschwärzung *(WettbewerbsR)*[144] disparagement; *Br* injurious falsehood; defamation of a competitor's reputation; trade libel; *Br (durch unwahre Herabsetzung der Qualität fremder Waren)* slander of goods; *Am* disparagement of goods; **~ des Konkurrenten** *(durch üble Nachrede od. Verleumdung)* slander of title; *(durch geschäftl. Schädigung)* malicious falsehood; **e-e ~ vornehmen** to commit trade libel

Anschwemmung *(angeschwemmtes Land)* alluvion; alluvial soil

Ansehen reputation, repute, standing; credit; prestige; **~ im Ausland** prestige abroad; **ohne ~ der Person** without distinction of person; **ohne ~ der Rasse** without regard to race; **berufliches ~** professional standing; **geschäftliches ~** business reputation (or standing); **ein Mann von hohem ~** a man held in high regard; a man of high standing (in a community or profession); an eminent man; **öffentliches ~** public image; **~ als Jurist besitzen** *Am* to have legal standing; **internationales ~ genießen** to enjoy an international reputation (or regard); **an ~** →**einbüßen**; **an ~ gewinnen** to rise in (or to gain) esteem

ansehen to look at, to view; *(halten für)* to consider (or regard) as; to take for; **etw. flüchtig (genau) ~** to look at (or inspect) sth. cursorily (closely) *(→angesehen)*

ansehnlich *(beträchtlich)* considerable

Ansehung, **ohne ~ der Person (Rasse)** →Ansehen; **in ~ seiner Verdienste** considering (or having regard to) his merits

ansetzen 1. *(festsetzen)* to fix, to set, to arrange, *Am* to schedule; **e-n Preis ~** to fix (or quote) a price; **e-e Sitzung ~** to fix a date for a meeting; *Am* to schedule a meeting

ansetzen 2. *(veranschlagen)* to estimate (value etc), to assess, to rate; *(im Haushalt)* to budget for; to appropriate; **höher (od. mit e-m höheren Wert) ~** to estimate (or assess) at a higher value; **zu hoch ~** to overrate; **zu niedrig ~** to underrate; **die Antiquitäten sind zu hoch angesetzt worden** the antiques were valued (or evaluated) too highly; the antiques were overvaluated

Ansicht 1. *(Meinung)* opinion, view (über on); **nach ~ von** in the opinion of; **~ der Mehrheit** majority opinion (or view); **~ der Minderheit** minority opinion (or view); **abweichende ~** diverging (or dissenting) opinion; **anderer ~ sein** to be of (a) different opinion; **ich bin leider anderer ~** I beg to differ; **fortschrittliche ~en** advanced views; **geteilte ~en** divided opinions; **politische ~** political opinion (or view); **weitverbreitete ~** widely held opinion

Ansichtssache matter of opinion

Ansicht, **seine ~ äußern** to state (or express) one's opinion (or view); **jds ~ beipflichten** to agree with sb.'s opinion (or view); **e-r ~ bei-**

treten to concur in an opinion; **seine ~ darlegen** to state one's view; **der ~ sein, dass** to be of the opinion (or view) that; to hold the opinion (or view) that; **e-e ~ teilen** to share an opinion; to be of the same opinion; **die ~ vertreten** to be of (the) opinion, to take the view (that); **die ~en weichen hierüber voneinander ab** the views differ on this point (or issue)

Ansicht 2. *(Besichtigung)* inspection, view; **zur ~** for inspection; on approval

Ansichts~, **~exemplar** specimen (copy); **~karte** picture postcard; **~muster** sample for inspection; **~sendung** consignment for approval; sample consignment

ansiedeln to settle; *(Industrien etc)* to locate; **sich ~** to settle; to take up residence; **Flüchtlinge ~** to settle refugees; **e-e Industrie ~** to locate an industry; **sich ohne Rechtstitel ~** to squat

Ansiedler settler; **~ ohne Rechtstitel** squatter

Ansiedlung settlement; *(Industrie)* location; **~ von Flüchtlingen** resettlement of refugees; **~ von Industrieunternehmen** industrial plant siting; **~ ohne Rechtstitel** squatting; **~spolitik** (von Industrien) (industrial) location policy

anspannen to strain, to make an intense effort

angespannt, **~e Finanzlage** strained financial position; **~er Geldmarkt** tight money market; **in Zeiten ~er Geldmarktlage** at times when the money market is strained; **der Geldmarkt war stark ~** the money market was under great pressure (or was very tight); **die Lage am Arbeitsmarkt ist ~** the situation on the labour market (or the manpower situation) is strained

Anspannung strain, tension, strained state; tightening; **~ am Geldmarkt** strain in (or tightening of) the money market

Ansporn incentive, stimulus; **~prämie** incentive premium

Ansprache address; speech; **Begrüßungs~** welcoming address; **Eröffnungs~** opening address; **e-e ~ halten** to deliver (or give) an address; to address; to make a speech (an to)

Anspruch 1. claim (auf to); right (auf to); *(bes. in Zusammenhang mit Liegenschaften)* title; (klagbarer Anspruch) cause of action; (Patentanspruch) claim *(→Anspruch 2.)*; (Versicherungsanspruch) claim; (zu befriedigender Anspruch) demand; (oft unberechtigter Anspruch) pretension

Legaldefinition: Recht, von einem anderen ein Tun oder Unterlassen zu verlangen.[145]

Legal definition: The right to demand of another the doing or the omission of an act.

Anspruch; →**älterer ~**; →**außervertraglicher ~**; →**begründeter ~**; →**dinglicher ~**; →**entgegenstehender ~**; →**Erbschafts~**; →**Gegen~**; →**gesetzlicher ~**; →**klagbarer ~**; →**obligatorischer ~**; →**rechtmäßiger ~**; →**späterer ~**; →**unberechtigter ~**; →**verjährter ~**; →**verwirkter ~**

Anspruch, **den ~ begründendes Ereignis** the occurrence giving rise to the claim; **~ auf Grund e-s Gesetzes** claim under an Act; claim founded on a statute; **~ auf Herausgabe** →Herausgabeanspruch; **~ auf (Versicherungs-) Leistung** right (or entitlement) to benefits; **~ auf Nebenleistung** accessory claim; **~ auf Pension** claim to a pension; **~ wegen Personenschäden** personal claim; **~ wegen Sachschäden** property claim; **~ auf Schadensersatz** claim for damages (or indemnity); **~ aus unerlaubter Handlung** *Br* claim in tort, cause of action in tort (or based on tort); *Am* tort claim, tort cause of action; **~ aus Vertrag** claim based on (a) contract; contract(ual) claim (or cause of action)

Anspruchs~, **~abtretung** assignment of a claim; **~begründung** justification of a claim; *(VersR)* proof of a claim; **a~berechtigt** entitled to claim; **~berechtigter** rightful claimant; person entitled to assert a claim; *(VersR)* beneficiary; **~erhebung** presentation of a claim; **~gegner** party against whom claims may be asserted; **~grundlage** basis for a claim; facts giving rise to a claim; **(Errechnung der) ~höhe** (computation of the) amount of the claim; **~konkurrenz** concurring (or competing) causes of action; several causes of action for single satisfaction; **~normenkonkurrenz** claim singly grounded in contract and in torts; **~schuldner** claim debtor; **~steller** claimant; **~verjährung** →Verjährung e-s Anspruchs

Anspruch, **e-n ~ abtreten** to assign a claim (an to); **e-n ~ anerkennen** to admit (or allow) a claim; to recognize a claim; **e-n ~ dem Grunde nach anerkennen** to admit a claim on the merits; **e-n ~ anmelden** to file a claim (bei with); **e-n ~ →aufgeben**; **e-n ~ befriedigen** to satisfy a claim; **e-n ~ begründen** →begründen 1. und 2.; **jds ~ bestreiten** to contest (or dispute) sb.'s claim; **e-n ~ durchsetzen** to enforce a claim; **der ~ entbehrt jeder →Grundlage**; **der ~ ist entstanden** the claim arose; **e-n ~ erfüllen** to meet a claim; **~ erheben** to make (or enter, lay, prefer, put in, file) a claim (auf to or for); **der ~ war erloschen** the claim became extinct; **e-n ~ geltend machen** to assert a claim; **e-n ~ gerichtlich geltend machen** to sue upon a claim; to enforce a claim by legal action; **e-n ~ aus e-m Vertrag geltend machen** to assert a contractual claim; **in einer Klage mehrere Ansprüche geltend machen** to claim relief in one action (against the same defendant) in respect of several causes of action; to join several causes of action; **den Ansprüchen genügen** to meet the requirements; **~ haben auf** to be entitled to; **e-n ~ nachweisen** to establish a claim

Anspruch, in ~ nehmen to make use of; *(zeitlich)* to claim on; **die Dienste der →Intern. Handelskammer in ~ nehmen**; **e-n Kredit in ~ nehmen** to use a credit, to make use of a credit; **den Kreditmarkt stark in ~ nehmen** to draw heavily on the credit market; **ein Recht für sich in ~ nehmen** to avail oneself of a right; **das Schiedsverfahren in ~ nehmen** to have recourse to arbitration

Anspruch, e-m ~ stattgeben to sustain (or to uphold, admit) a claim; **das Gericht gab seinem ~ statt** the court upheld his claim; **hohe Ansprüche stellen** to make heavy (or great) demands; **auf e-n ~ verzichten** to waive (or renounce) a claim; **e-n ~ vorbringen** to advance a claim; **e-n ~ als unbegründet zurückweisen** to reject a claim as unfounded

Anspruch 2. *(PatR)* claim; **abhängiger ~** dependent claim; **ausgeschiedener ~** divisional claim; **mehrere Gattungen umfassender ~** generic claim; **geänderter ~** amended claim; **gebührenpflichtiger ~** claim incurring fees; **Haupt~** main claim; **Hilfs~** alternative claim; **Neben~** independent claim; **durch den Stand der Technik neuheitsschädlich getroffener ~** claim met by the art; **unabhängiger ~** independent claim; **Unter~** sub-claim, dependent claim

Anspruch, Beschränkung e-s ~s narrowing of a claim; **Beschreibung des ~s** description of the claim; **kurze Darlegung der Gründe, auf die sich der ~ stützt** summary statement of the grounds on which the claim is based; **Umfang e-s ~s** scope (or extent, amount) of a claim

Anspruchs~, ~änderung amendment of claim; **~gebühr**[146] claims fee

Anspruch, e-n ~ einschränken to narrow a claim; **e-n ~ weiterverfolgen** to prosecute a claim; **auf e-n ~ verzichten** to abandon a claim

Anstalt establishment, institute, institution; **→Bildungs~**; **→Forschungs~**; **→Heil~**; **→Lehr~**; **→Straf(vollzugs)~**; **~ des öffentlichen Rechts** institution under public law

Anstalts~, ~fürsorge institutional care; **~leiter** head of an institution; **~insassen** inmates of institutions; **~ordnung** rules of an institution; **~pflege** institutional care; **~unterbringung** placing (of a person needing care) in an institution; institutionalization (institutionalisation); *Br* committal (*Am* commitment) to an institution

Anstalt, jdn in e-r ~ unterbringen to institutionalize (institutionalise) sb., to place (or put) sb. in an institution

anständige Handelsweise fair dealing

Anstand decency, propriety; **~sgeschenk**[146a] gift (or donation) in accordance with (or for the sake of) common decency; **mit der auf den ~ zu nehmenden Rücksicht** for the sake of common decency

ansteckende Krankheit contagious disease

ansteckungsverdächtige Person suspect (disease-carrier)

anstehen *(Schlange stehen)* to queue (up); to line up, to stand in line; **(Schuld) ~ lassen** to delay (or defer) (payment of a debt); **zur mündlichen Verhandlung ~** to be up (or down) for a hearing (or trial)

Ansteigen, ~ der Preise (od. Kurse) rise (or increase, stiffening) in (or of) prices; recovery of prices; *(steil)* upsurge of prices; **~ der Produktion** increase in production; **sich im ~ befinden** to be on the rise (or increase)

ansteigen *(von Preisen, Kursen etc)* to rise, to go up, to increase; *(sich erholen)* to recover; **rapide ~** to boom; **schnell ~** to soar; **~de Preise** rising prices; **~de Tendenz** upward trend

anstellen 1. *(einstellen)* to employ, to engage, to take on; to hire; *(ernennen)* to appoint, to assign to an office; **Personal ~** to employ (or engage) staff; **e-e Sekretärin ~** to engage a secretary; **noch 3 Sekretärinnen ~** to take on three more secretaries

angestellt in the employ (or employment) (bei of); employed (bei with or by); on the payroll (bei of); **~er Erfinder** *(PatR)* employed inventor; **fest ~** permanently employed; **fest ~e Mitarbeiter** *(e-r Firma)* permanent staff; **planmäßig ~** *(Beamte)* established; **auf Probe ~** employed on probation; employed for a probationary (or trial) period; **fest ~ sein** to be a permanent employee; to be in a permanent position (bei with); *(Planstelle haben)* to be on the establishment

anstellen 2. *(durchführen)* to make, to carry out, to conduct; **→Ermittlungen ~**; **e-n Vergleich ~** to draw a comparison

Anstellung *(Einstellung)* employment, engagement; *Am bes.* hiring; *(Ernennung)* appointment; **feste ~** permanent employment (or appointment); regular employment; *(als Akademiker)* tenure; **vorübergehende ~** temporary employment; **~ und Entlassung von Personal** employment and dismissal of staff; *Am* hiring and firing of staff; **~ auf Probe** trial engagement; **~ im Staatsdienst** government employment

Anstellungs~, **~bedingungen** conditions (or terms) of employment (or appointment); **~prüfung** *(im Wettbewerb mit anderen)* competitive examination

Anstellungsvertrag contract of employment, employment contract; **der ~ ist auf 2 Jahre befristet** the contract of employment is limited to 2 years

Anstellung, **e-e ~ finden** to find employment; **jdm e-e ~ verschaffen** to procure employment for sb. (als as)

Anstieg *(Preise, Kurse etc)* rise, increase; improvement, upswing; **konjunktureller ~** cyclical growth; **plötzlicher ~** spurt; jump; **schwacher ~** sluggish rise; **steiler ~** upsurge; **~ der Bevölkerung** rise in the population; **~ der Einfuhr** rise in imports; **~ der Kosten** increase in cost; **~ der Kriminalität** increase in crime; **~ der Preise** rise in prices; upswing in prices; **~ des Zinssatzes** interest rate increase; **der ~ der Industriepreise schwächte sich ab** the rise (or increase) in industrial prices slowed down

anstiften *(StrafR)* to instigate; *(etwa)* to abet; *Am* to solicit; **zum Meineid ~** to suborn to commit perjury

Anstifter *(etwa)* abetter; *(etwa)* instigator; accessory before the fact

Anstiftung[147] instigation, *(etwa)* abetment; *Am* solicitation; **~ zum Meineid** subornation of perjury; **~ zum Verbrechen** instigation to commit a crime

anstoßerregendes Gewerbe *Br* offensive trade

anstrengen, **sich ~** to endeavo(u)r, to make an effort; **e-n Prozess gegen jdn ~** to bring an action against sb.; to take legal proceedings against sb.

Anstrengung effort; **gemeinsame ~** combined (or common, joint) effort; **alle ~en machen** to make every effort; **in seinen ~en nachlassen** to slacken one's efforts

Antarktis~, **~-Vertrag**[148] Antarctic agreement; **Kommission zur Erhaltung der lebenden Meeresschätze der ~** (CCAMLR) Commission for the Conservation of Antarctic Marine Living Resources (CCAMLR)

antarktische Robben, Übereinkommen zur Erhaltung der antarktischen Robben[148a] Convention for the Conservation of Antarctic Seals

Anteil 1. share (an in); portion (an in); *(rechtl. od. finanziell)* interest (an in); *(verhältnismäßig)* proportion; *(zugewiesen)* quota, contingent

Anteil; **→Erb~**; **→Geschäfts~**; **→Gesellschafts~**; **→Gewinn~**; **→Kapital~**; **→Kosten~**; **→Markt~**; **→Verlust~**

Anteil, **~ an e-r Gesellschaft** →Gesellschaftsanteil; **~ an e-m Geschäft** →Geschäftsanteil; **~ am Gewinn** →Gewinnanteil; **~ an e-m Grundstück** interest (or share) in real estate (or a piece of real property); **~ e-s Mitreeders** share in a ship

Anteil am Nachlass share in the estate; *Am (auch)* portion of the estate; **jeder Erbe kann über seinen ~ verfügen**[149] any co-heir can dispose of his share in the estate

anteilmäßig pro rata, on a pro rata basis; *Am* proratable; proportionate, proportional; **~e Aufteilung** pro rata apportionment; *Am* proration; **~e Fracht** freight paid pro rata; **~ verteilen** to distribute proportionally; *Am* to prorate

anteilsberechtigt entitled to a share; participating

Anteilsberechtigter person (or party) entitled to a share

Anteilseigner shareholder; *Am (auch)* stockholder; equity holder; **Kapitalbeteiligung e-s ~s** equity holding; **Rechte der ~ an Vermögenswerten** *(e-s Unternehmens)* equity

Anteils~, **~kapital** equity (capital); **~papier** equity security; **~recht** equity interest; right to a share; **Kauf der ~rechte (Stammanteile) e-s anderen Unternehmens** buying of the equity of another firm

Anteilschein *(Zwischenschein)*[150] scrip (certificate); *(Urkunde über Beteiligung an e-m Anlagefonds)* investment trust certificate

Anteil, **zu gleichen ~en berechtigt sein** to be entitled to equal shares; **auf jds ~ entfallen** to fall to sb.'s share; **~ haben** to share, to have an interest (an in); **~ an e-m Geschäft haben** to own an interest in a business; **~ am Gewinn haben** to share (or participate) in the profit(s); **e-n ~ übertragen** to transfer a share; **als ~ zuweisen** to portion (sth. to sb.), to provide a portion (of sth. to sb.)

Anteil 2. **~ an e-r Investmentgesellschaft** (investment) share; (investment) certificate; investment fund certificate; *Br (e-s unit trust)* unit, investment fund unit *(→Investmentanteil)*; **~e im Umlauf** shares outstanding; **ausgegebene ~e** issued shares; **voll (ein)bezahlte ~e** fully paid shares

Anteil, **Bewertung von ~en** valuation of shares; **Namens~e** registered shares; **Rücknahme von ~en** redemption of shares; **Teilung e-s ~s**

in mehrere ~e mit geringerem Anlagewert split, splitting

Anteils~, **~bewertung** valuation of shares; **~eigner (od. ~inhaber)** shareholder, certificate holder (or owner); *Br (e-s unit trust)* unit holder

Anteilschein investment certificate; *Br (e-s unit trust)* unit certificate; **~ von Aktienfonds** *Br* unit certificate of share funds

Anteil, **~e (an die breite Öffentlichkeit) ausgeben** to issue shares (to the general public); **~e übertragen** to transfer shares; **~e zurücknehmen** to redeem shares

anteilig →anteilmäßig

antiautoritär anti-authoritarian

Antiboykott-Bestimmungen antiboycott provisions

Antidumping, **von der ~aktion betroffen** affected by the antidumping action; **~-Rechtsvorschriften** antidumping legislation; **~-Untersuchungen** antidumping investigations; **ein ~-Verfahren einleiten (einstellen)** to initiate (terminate) an antidumping procedure; **~zölle aufheben** to suspend antidumping duties

Antigua und Barbuda Antigua and Barbuda

Antiguaner(in), antiguanisch of Antigua and Barbuda

antiinflationäre Maßnahmen anti-inflationary measures

Antikörper antibodies

Antinomie antinomy

Antiquariat second-hand book-shop

Antiquitäten antiques; **Nachmachen von ~** making a replica of antiques; *(unter Vortäuschung der Echtheit)* simulating antiques; **~handel** trade in antiques; **~händler** antique dealer

Antirakete *mil* antimissile

Antiselektion *(VersR)* →Negativauslese

Antisemitismus, **Wiederaufleben des ~** resurgence of anti-Semitism

antisemitisch anti-Semitic

antizipativ, **~e Aktiva** accrued income; accrued assets; **~e Passiva** accrued charges (or expenses); accrued liabilities

antizipierter Vertragsbruch anticipatory breach of contract

antizyklische finanzpolitische Maßnahmen countercyclical fiscal measures

Antrag 1. *(Gesuch)* application (auf for, an to); request (auf for); *(Vertragsantrag)* offer; *(an das Gericht)* petition, application, motion *(→Antrag 2.)*; *(VersR)* proposal *(→Antrag 3.)*; *(in e-r beratenden Versammlung)* motion *(→Antrag 4.)*; *(Vorschlag)* proposal, proposition; **auf ~** (up)on application; at (or on) the request (von of); **Ablehnung e-s ~s** refusal of an offer (or application, request); **Einreichung e-s ~s** filing of an application; submission of a request; **~ auf Abschluss e-s Vertrages**[151] offer to make a contract (or to enter into an agreement); **~ auf Auslieferung** request for extradition; **~ auf Fristverlängerung** request for (an extension of) time; **~ auf Mitgliedschaft** application (or request) for membership

Antrag~, **a~berechtigt** entitled to apply (for); **a~berechtigt ist** application may be filed by; **~berechtigter** person entitled to apply (or to file) an application (or to submit a request); **~formular** application form; *Am bes.* application blank; **~frist** time for application; request period; **a~gemäß** as applied for

antragstellend, **~e Partei** party making the request; **der ~e Staat** the applicant state

Antragsteller applicant; party making the application (or request), requesting person; proposer; claimant *(→Antrag 2.)*

Antragstellung filing of an application; submitting a request; **im Zeitpunkt der ~** at the time of making (or filing) the application

Antrag, **e-n ~ ablehnen (od. abschlägig bescheiden)** →ablehnen 1.; **e-n ~ annehmen** to accept an offer; **e-n ~ bearbeiten** to deal with a request; to proceed with (or handle) an application; **e-n ~ einreichen** to make (or file, submit) an application (or request) (bei with); **der ~ erlischt, wenn er dem Anbietenden gegenüber abgelehnt oder nicht rechtzeitig angenommen wird**[152] the offer expires when the offeree rejects it or when he does not accept it in time; **e-m ~ stattgeben** to grant an application (or request); **e-n ~ stellen** to make (or file) an application; to make a request; **e-n ~ zurücknehmen (od. zurückziehen)** to withdraw an application; **den ~ zurückweisen** to reject the application

Antrag 2. *(an das Gericht)* application; petition; motion; *(in Klageschrift)* prayer; *(im Strafprozess)* complaint; *(im Schiedsverfahren)* submission; **~ und Gegen~** motion and cross-motion; **auf ~** (up)on application; on the motion of; **auf ~ e-r Partei** upon the motion of a party; **auf ~ nur einer Partei** ex parte; **die Tat wird nur auf ~ des Verletzten verfolgt** the offence (offense) shall be prosecuted only on complaint by the injured; **als rechtlich unbegründet abgewiesener ~** *Am* motion denied on the law; **~ auf →Insolvenzeröffnung**; **~ auf →Prozessabweisung**; **~ auf →Sachabweisung**

Antrag~, ~sdelikt[153] criminal offence (offense) prosecuted only upon application by the victim (e. g. slander, seduction); **~sgegner** opponent, adverse party; respondent; **~steller** applicant; petitioner; *(im Prozess)* counsel (or litigant) making a motion (or moving); mover, party moving (for)

Antrag, e-n ~ ablehnen to dismiss (or refuse) an application (or a petition); to deny (or reject) a motion; **der ~ ist nicht begründet** the petition has no merits; **über den ~ entscheidet das Gericht** the court decides the motion (or petition, application); **über den ~ kann erst nach mündlicher Verhandlung entschieden werden** the motion must be argued; **e-m ~ stattgeben** to grant a petition (or motion); **das Gericht gab dem ~ statt** the court sustained the motion; **e-n ~** *(an das Gericht)* **stellen** to file a petition (or motion)

Antrag 3. *(VersR)* proposal, application; **eingegangene Anträge** proposals received; **~ auf Abschluss e-r Versicherung** proposal of insurance; **~sformular** proposal form; **~sprüfung** examination of the proposal; **~steller** proposer, applicant; **e-n ~ ablehnen** to decline a proposal; **e-n ~ stellen** to submit a proposal for a policy

Antrag 4. *(in e-r beratenden Versammlung)* motion; **Anträge von Aktionären**[154] motions made by shareholders; **~ auf Debattenschluss** *parl* motion for closure; **~ zur Geschäftsordnung** *Am* procedural motion; **~ zur Sache** *parl* substantive motion; **~ zur Tagesordnung** motion on the agenda; **~ auf Vertagung** *(e-r Sitzung etc)* motion to adjourn (a meeting etc)

Antrag, →Dringlichkeits~; →Misstrauens~

Antrag~, ~sberechtigter person entitled to put (or propose, *Am* file, *Br parl* table) a motion; **~steller** person proposing (or presenting) a motion; *Br parl* mover (of a motion)

Antrag, e-n ~ ablehnen to dismiss (or deny, refuse) a motion; *parl* to defeat a motion (mit 10 gegen 5 Stimmen by 10 votes against 5); **e-n ~ absetzen** *Am* to table a motion; **über e-n ~ abstimmen** to put a motion to the vote, to vote upon a motion

Antrag, e-n ~ annehmen to agree upon (or adopt, grant) a motion; to carry a motion; **der ~ wurde mit 10 gegen 5 Stimmen angenommen** (bei 2 Stimmenthaltungen) the motion was passed (or adopted) by 10 votes to 5 (with 2 abstentions); **der ~ ist angenommen** *parl* the ayes have it; **der ~ wurde einstimmig angenommen** *parl* the motion was carried unanimously

Antrag, e-n ~ bekämpfen to resist (or oppose) a motion; **e-n ~ durchbringen** *parl* to carry a motion; **der ~ ging durch** the motion was carried; **e-n ~ einbringen** to bring in (or file, propose, move) a motion; **e-n ~ stellen** to introduce (or file, submit, present) a motion; to move; **für e-n ~ stimmen** to vote for a motion; **gegen e-n ~ stimmen** to reject a motion; **e-n ~ unterstützen** to support (or second) a motion; **e-n ~ auf unbestimmte Zeit →vertagen; e-n ~ vorlegen** to submit a motion; *Br* to table a motion; **der ~ wurde zur Abstimmung vorgelegt** the motion was put to the vote; **e-n ~ zurückziehen** to abandon (or withdraw) a motion

antreffen jdn auf →frischer Tat antreffen

antreten to take up, to enter (up)on; to make a start on; **ein (od. jds) →Amt ~; Beweis ~** to furnish (or produce) evidence; **den Dienst ~** to commence duty; to enter upon one's duties; to enter the employ (of); **e-e →Erbschaft ~; die Nachfolge im Amt ~** to succeed sb. in office; **e-e Reise ~** to set out on a journey; to start; **e-e Stellung ~** to enter upon (or take up) an employment

Antrieb~, ~(skraft) propulsion; **aus eigenem ~** of one's own accord (or on one's own initiative)

Antritt, →Beweis~; →Straf~; ~ e-r Erbschaft acceptance of an inheritance; taking possession of the (inherited) estate; **~sbesuch** first visit; **~srede** inaugural address (or speech); *Br parl* maiden speech; **~svorlesung** inaugural lecture

Antwort answer, reply, response; **abschlägige ~** negative reply; **ausweichende ~** evasive answer; **baldige ~** early answer; **bejahende ~** affirmative reply; **in ~ auf** in answer (or response) to; **postwendende ~** reply by *Br* return of post *(Am return mail)*; **telegrafische ~** reply by telegram (or wire); **umgehende ~** immediate reply; **verneinende ~** negative reply; answer in the negative

Antwort~, ~karte *Br (Postkarte mit Rückantwort)* reply postcard, *Am* reply postal card; **~note** *(VölkerR)* note in reply; **internationaler ~schein** international reply coupon

Antwort, ~ bezahlt *(Telegramm)* answer prepaid (AP); reply paid (RP); **in Erwartung Ihrer baldigen ~** awaiting your early reply; **um ~ wird gebeten** (u.A.w.g.) an answer is requested; RSVP[155]; **für baldige ~ wären wir Ihnen dankbar** we would be grateful for an early reply; **bitte geben Sie uns umgehend ~** please let us have your answer immediately; **die ~ wird vertraulich behandelt** all replies are treated in confidence

antworten to reply, to answer; **auf e-n Brief ~** to answer a letter; **ausführlich ~** to answer in detail; to supply a detailed answer; **telegrafisch ~** to answer by wire (or telegram)

anvertrauen to entrust; to charge (a person) with (a duty etc); to commit to the care (of); **jdm ein Geheimnis ~** to confide a secret to sb.

anvertraut, ~es Geld entrusted money, money in trust; **~e Person od. Sache** charge; person or thing committed to the care of another

Anwachsen growth, increase; **~** *(e-s Erbteils beim Wegfall e-s Miterben od. Mitvermächtnisnehmers)* accretion *(→Anwachsung)*; **~ der Schulden** accumulation (or running up) of debts

anwachsen 1. *(anfallen)* to accrue *(→Anwachsung)*
Scheidet ein Gesellschafter aus der Gesellschaft aus, so wächst sein Anteil am Gesellschaftsvermögen den übrigen Gesellschaftern zu.[156]
If a partner withdraws (or retires) from the partnership his share in the partnership accrues (or passes) to the remaining partners.

anwachsen 2. *(ansteigen)* to grow, to increase, to run up; **→lawinenartig ~; die Bevölkerung ist angewachsen** the population has grown; **ein Defizit ~ lassen** to run up a deficit; **mein Guthaben ist auf ... angewachsen** (the amount of) my credit balance has run up (or grown, increased) to ...

Anwachsung accrual; *(e-s Staatsgebietes)* accession; *(GesellschaftsR)* accrual *(→anwachsen 1.)*; *(ErbR)*[157] accrual, accretion
Bei den durch Verfügung von Todes wegen bedachten Miterben wächst der Erbteil eines vor oder nach dem Eintritt des Erbfalls weggefallenen Erben den übrigen Erben nach dem Verhältnis ihrer Erbteile an.
The portion of one of several testamentary co-heirs who cannot enter upon his estate (or inheritance) by reason of death or after disability occurring either before or after the testator's death accrues to the co-heirs in proportion to their shares.

Anwalt lawyer; counsel; *Br* barrister (at law); *Br* solicitor; *Am* attorney (at law); *Am* counsel(-l)or; *Scot bes.* advocate; *Am (der sich auf Prozessführungen spezialisiert hat)* litigator; *(vor dem intern. Gerichtshof)*[158] advocate; **beigeordneter ~** *Br* lawyer assigned to a legally aided litigant; *Am* counsel appointed for an indigent party *(→Offizialverteidiger, →Prozesskostenhilfe)*; **prozessbevollmächtigter ~** *Br* solicitor on the record; counsel retained; *Am* attorney of record; **~ des Beklagten** counsel for the defendant; *Am* defense counsel; **~ mit 4 jähriger Berufszeit** lawyer of 4 years' standing; **~ der Gegenpartei** counsel for the opposing party, opposing counsel; *Br (auch)* adverse (or opposing) solicitor; *Am (auch)* adverse lawyer; **~ des Klägers** counsel for the plaintiff; **~ für Steuersachen** *Am* tax lawyer; **→Patent~**

Anwalt, als ~ arbeiten to practise law; **als ~ auftreten** to appear in court; to act for sb. *(→auftreten)*; to hold a brief (für for); **e-n ~ befragen** to call in the aid of a lawyer; to consult a lawyer; to take (or seek) legal advice; **dem Angeklagten e-n ~ →beiordnen; e-n ~ bestellen (od. sich e-n ~ nehmen)** to employ a lawyer; to engage the services of a lawyer; *Am* to hire an attorney; *(nach Zahlung e-s Vorschusses)* to retain *Br* a solicitor or barrister *(Am an attorney)*; **sich als ~ niederlassen** to set up as a lawyer; **als ~ tätig sein** to practise as a lawyer; **e-e Sache e-m ~ übertragen** to place a case in the hands of a lawyer; **durch e-n ~ vertreten werden** to be represented by a lawyer; **als ~ zugelassen werden** to be admitted to practise as lawyer; *Br (als barrister)* to be called to the Bar; *(als solicitor)* to be admitted to the Roll of Solicitors (of the Supreme Court); **e-n ~ zuziehen** to consult a lawyer

Anwaltsberuf legal profession; **Ausübung des ~s** practice of law; **den ~ ausüben** to practise law

Anwalts~, ~bestellung engaging (or briefing) (of) a lawyer; *Br* appointing a solicitor to act for one; *Am* hiring an attorney; *(durch Zahlung e-s Vorschusses)* retainer; **~büro** lawyer's office; *Am* law office; **~firma** firm of lawyers; *Am* law firm

Anwaltsgebühren lawyer's fees, legal fees; *Br* solicitor's fees, barrister's (or counsel's) fees; *Am* attorney's fees, counsel's fees
Im amerikanischen Recht werden im Ggs. zum deutschen Recht die Anwaltsgebühren, wenn überhaupt, nur in beschränktem Umfange erstattet.
In American law, in contrast to German law, attorney's fees (counsel's fees) are awarded to the winning party in limited cases and to a limited extent, if at all.

Anwalts~, ~gemeinschaft →Sozietät von Rechtsanwälten; **~gutachten** lawyer's opinion; **~honorar** →Anwaltsgebühren

Anwaltskammer Chamber of Lawyers; *Br (für barristers)* Bar Council; *(für solicitors)* Law Society; *Am* Bar Association; *Scot* Faculty of Advocates; **→Patent~**

Anwalts~, ~kanzlei →~büro; ~kosten lawyer's (*Br* solicitor's) charges (or fees); cost of legal advice and representation; **~kostenvorschuss** advance of lawyer's fees; retainer

Anwaltsliste list of lawyers (admitted to practise); *Br (für solicitors)* roll; **e-n Anwalt von der ~ streichen** *Br* to strike a solicitor from the roll; *Br* to disbar a barrister; *Am* to disbar a lawyer (or attorney)

Anwaltsplädoyer lawyer's pleading; *Br* counsel's speech *(des barrister)*; *Am* attorney's speech

Anwaltspraxis practice of a lawyer, law practice; **gut gehende ~** flourishing law practice; **e-e ~ aufgeben** to discontinue a law practice; **e-e ~ ausüben** to practise law

Anwalts~, ~prozess proceedings in which the parties must be represented by a lawyer *(Ggs. Parteiprozess)*; **~prüfung** law examination; *Am* bar exam; **~schriftsatz** lawyer's (*Am* attorney's)

brief, brief (written or submitted) by a lawyer *(Am attorney)*; **~sozietät** law firm

Anwaltsverein, Deutscher ~ (DAV) German Lawyers' Association

Anwaltsvereinigung, Internationale ~ International Bar Association (IBA)

Anwaltszwang[159] statutory requirement to be represented by a lawyer
Vor dem Familiengericht, dem Landgericht und den höheren Gerichten müssen sich die Parteien durch einen bei dem Prozessgericht zugelassenen Rechtsanwalt als Bevollmächtigten vertreten lassen.
In the →Familiengericht, →Landgericht, →Oberlandesgericht and →Bundesgericht the parties must be represented by a lawyer admitted to practise before the respective court.

Anwältin woman lawyer *(→Anwalt)*

anwaltliche Hilfe in Anspruch nehmen to call on the services of a lawyer

Anwaltschaft the legal profession; the Bar

Anwärter *(auf ein Recht)* expectant; *(Anwartschaftsrecht bes. auf Grundbesitz)* reversioner, remainderman; *(auf e-e Stelle od. Mitgliedschaft)* candidate; *(Anspruchsberechtigter)* claimant; **~ auf e-e Erbschaft** expectant heir; heir in expectancy

Anwartschaft expectancy (auf of); **erworbene Rechte und ~en** →erwerben; **unverfallbare ~** expectancy not subject to lapse; vested interest; **~ auf e-e Erbschaft** expectancy of an estate; contingent interest in an estate; **~ auf Grundbesitz** reversion, remainder; **~ auf e-e Pension** pension expectancy; (vested) right to future pension payments; **~ auf e-e Stelle** expectation of a post

Anwartschaftsrecht expectant right; inchoate right (or title); **bedingtes ~** *(auf Grundbesitz)* contingent remainder; **unentziehbares ~** *(auf Grundbesitz)* vested remainder

Anwartschaftszeit *(z. B. auf Arbeitslosengeld)*, **die ~ erfüllen** to complete the qualifying period

anweisen *(anordnen)* to instruct, to direct, to order; *(zuweisen)* to assign; *(Geld überweisen)* to transfer, to remit; **die Bank ~, den Betrag von ... auf das Konto zu überweisen** to instruct the bank to transfer the amount of ... to the account; **jdm ein Zimmer ~** to assign a room to sb.; to direct sb. to a room

Anweisung 1. *(im Sinne des BGB)*[160] *(Geld)* payment order, instrument ordering payment; *(andere Sachen)* delivery order (a document [commercial paper] directing payment or delivery of money, securities or other fungibles to a third party); **kaufmännische ~**[161] delivery (or payment) order made out by a merchant (can be endorsed to order)

Anweisung 2. *(Anordnung)* order, direction, instruction; directive; briefing; **auf ~ von** by order of, by direction of; **entgegen unseren ~en** contrary to our instructions; **→Dienst~**; **→Gebrauchs~**; **~en genau befolgen** to observe instructions strictly; to act strictly in accordance with instructions; **~en erbitten** to request instructions; **~en erteilen (od. geben)** to give instructions; to instruct; to brief; **den ~en zuwiderhandeln** to act contrary to instructions

Anweisung 3. *(von Geld)* transfer, remittance; *(zu bestimmtem Zweck)* allocation; **telegrafische ~** cable transfer; **→Post~**; **~sempfänger** payee

anwendbar applicable (auf to); **nicht ~** inapplicable; **das auf diesen Fall ~e Gesetz** the law applicable to this case; **~es Recht** applicable law; **Frage des ~en Rechts** *(IPR)* choice of law question; **Irrtum über das ~e Recht** *(IPR)* mistake as to the applicable law; **das auf e-n Vertrag ~e Recht** *(IPR)* the law applicable to a contract; **unmittelbar ~er Vertrag**[162] self-executing treaty; **das Gesetz ist nicht ~** the law does not apply

Anwendbarkeit applicability; **gewerbliche ~** *(PatR)* industrial applicability; utility; **die ~ e-s Gesetzes auf e-n Fall prüfen** to consider the applicability (or purview) of a statute to a case

anwenden to apply; to use, to make use (of); to employ; **entsprechend ~** to apply mutatis mutandis; **falsch ~** to misapply, to apply wrongly; **ein Abkommen ~** *(VölkerR)* to apply (the provisions of) a convention; to implement an agreement; **e-e Erfindung praktisch ~** to reduce an invention to practice; **ein Gesetz ~** to apply a law; **Gewalt ~** to use force *(→angewandt)*

anzuwenden, das angemessenerweise ~de Recht *(IPR)* the proper law; **das ~de innerstaatliche Recht** the applicable national law; **Wahl des ~den Rechts** *(IPR)* choice of law; **Art. 10 ist entsprechend ~** Art. 10 shall apply mutatis mutandis

Anwendung application; use; **entsprechende ~** application mutatis mutandis; **unter ~ von Analogie** determined by analogy; applying the principle of analogy; **~ ausländischen Rechts** application of foreign law; **~ gesetzlicher Vorschriften** application of statutory provisions; **~ von Gewalt** use of force; **~ in der Praxis** *(PatR)* reducing to practice; **~ von Strafmaßnahmen** application of sanctions

Anwendungsbereich field of application; *(e-s Gesetzes, Abkommens usw.)* scope (or sphere) of application; *(PatR)* area (or field) of use; **persönlicher ~** scope of application as regards the person affected; **sachlicher ~** scope of application as regards the subject matter

Anwendungsgebiet →**Anwendungsbereich**

Anwendung, ~ finden to apply, to be applied (auf to); to be used; **entsprechende ~ finden** to apply mutatis mutandis; **§ 823 BGB findet (keine) ~** section 823 of the Civil Code applies (does not apply)

Anwerbeland recruitment country

anwerben *mil* to enlist, to enrol for military service; **ausländische Arbeitskräfte ~** to recruit foreign labo(u)r (or workers); **sich für** →**Spionagedienste ~ lassen**

Anwerbung, ~ von Arbeitskräften recruitment of labo(u)r; **~ im Ausland für e-e Beschäftigung als Arbeitnehmer in der Bundesrepublik** recruiting employees abroad with a view to their employment in the Federal Republic

Anwesen property, premises; **landwirtschaftliches ~** estate, farm, farming estate

anwesend present; **~e und abstimmende Mitglieder** members present and voting; **~e oder vertretene Mitglieder** *(bei Abstimmung)* members present in person or represented; **~ sein** to be present, to attend; **persönlich ~ sein** to be personally present; to appear in person, to put in a personal appearance

Anwesende, die ~n the persons (or those) present

Anwesenheit presence; attendance; **in ~ von** in the presence of

Anwesenheitsliste attendance list; record of attendance; list of those present; **sich in die ~ eintragen** to enter one's name on the attendance list; **die ~ herumgehen lassen** to circulate the attendance list

Anwesenheitsprämie attendance bonus

Anzahl number, quantity; **beschränkte ~** limited number

anzahlen to pay (a sum) on account; *Br* to pay (or leave) a deposit; *Am* to make a deposit, to pay down, to make an advance payment; *(bes. bei Ratenzahlungsgeschäften)* to make a down payment, to make a part(ial) payment; to pay a first instal(l)ment; **Euro 50 ~** to pay Euro 50 on account; to make a down payment of Euro 50; to pay Euro 50 in advance; *Br (auch)* to leave Euro 50 as deposit

Anzahlung *(Vorauszahlung e-s Teiles des Kaufpreises)* deposit; payment on account; *Am* advance payment; *(beim Ratenkauf)* part(ial) payment, down payment, first instal(l)ment; *(angezahlte Summe)* →Anzahlungsbetrag; **als ~** as deposit, as down payment; **erste ~** initial deposit; **~en von Kunden** *(Bilanz)* payments on account received (from customers); **~en an Lieferanten** *Am (Bilanz)* prepayments; advances to suppliers

Anzahlungs~, ~betrag (amount paid as) deposit; amount paid on account; sum of money paid in advance; amount paid as a down payment; **~garantie** payment guarantee

Anzahlung, e-e ~ machen (od. leisten) →anzahlen; **die vom Käufer geleistete ~** the deposit (or advance payment) made by the purchaser

Anzapfen von Telefonleitungen interception of telephone calls; (telephone) tapping

Anzeichen sign (für of); mark; **sicheres ~ für** sure sign (or indication) of; **ein ~ für die Besserung der Wirtschaftslage** a symptom (or indication) of the improvement of the economic situation; **es gibt wenig ~ für** there is little sign of

Anzeige 1. *(Benachrichtigung)* notice, notification; *(öffentl. Ankündigung)* announcement; *com* advice; **ohne weitere ~** without further notice; **~ von der Ladebereitschaft** *(des Schiffes)* notice of readiness; **~ von Mängeln der Kaufsache**[164] notice (or notification) of defects of the article (or merchandise) bought; **~ des Rücktritts vom Vertrag** notice of rescission; **~ e-s Schadens** advice of loss; *(VersR)* notice (or notification) of claim (or loss); damage report; **~ des Todes e-s Menschen** *(beim Standesamt)* report of the death of a person (given to the →Standesbeamten); **~ der Zahlungseinstellung** notice of suspension of payments

Anzeigepflicht obligation (or duty) to notify (sb. of sth.); duty to give notice (of)

Anzeigepflicht, Beistands- und ~en gegenüber den Finanzämtern[165] duty (or obligation) to assist and notify revenue offices

Anzeigepflicht bei Fund[166] duty to report finds

Der Finder hat dem Eigentümer oder einem ihm bekannten Empfangsberechtigten, sonst der zuständigen Polizeibehörde, unverzüglich Anzeige zu erstatten (außer bei einem Kleinfund unter 10 Euro Wert). Sonst macht er sich der Fundunterschlagung schuldig.

The finder shall report the find without delay to the owner or a person known by the finder to be entitled to receive the object or, failing such person(s), to the police (except in the case of finds worth less than Euro 10); otherwise the finder is guilty of theft by finding.

Anzeigepflicht bei Geburten und Sterbefällen[167] duty to report a person's birth or death to the office for registration of personal status (→Standesamt)

Diese gesetzliche Verpflichtung trifft im wesentlichen

nahe Verwandte, Mitbewohner und medizinisches Personal.
This obligation is imposed by law mainly on close relatives, fellow occupants of a dwelling, and medical personnel.

Anzeigepflicht des Mieters *(hinsichtlich e-s Mangels der gemieteten Sache, der sich im Laufe der Miete zeigt)*[168] obligation of the tenant (or hirer) to give notice of any defect discovered during the term of the tenancy (or hire)

Anzeigepflicht bei e-m Verbrechen duty to denounce a crime

Anzeigepflicht des Versicherungsnehmers *(bei Schließung des Vertrages)*[169] obligation of the proposer to disclose (or give notice of) all relevant facts to the insurer; **Verletzung der ~** non(-)disclosure; concealment; misrepresentation

anzeigepflichtig notifiable; **~e Entlassungen**[170] notifiable dismissals; **~e →Großkredite**; **~e Krankheit** notifiable disease; disease that must be notified (to public health authorities)

Anzeige, ~ erstatten (od. machen) von etw. to notify (sb.) of sth.; to give notice of sth. (to sb.); to give information of sth.; to make a report (to sb.); **von e-m Fund ~ machen** to report a finding

Anzeige 2. *(Strafanzeige)* information; complaint; **Erstatter e-r ~** informant; **→Nicht~**[171]; **→Selbst~**

Anzeigeerstattung *Br* laying an information (against sb. with the police); *Am* filing a complaint; **Anzeigepflicht** duty to report an offence (offense) (or a crime); duty to inform the police (of an offence [offense])

Anzeige, e-e ~ erstatten gegen jdn. to report sb. (or an offence [offense])to the police; *Br* to lay an information (or to inform) against sb.; *Am* to file a complaint about sb.

Anzeige 3. *(Inserat)* advertisement; *colloq.* ad; **~ unter Chiffre** advertisement under box number; **Aufgeber e-r ~** advertiser; **Aufnahme e-r ~** *(in e-e Zeitung)* insertion of an advertisement; **doppelseitige ~** double spread; **ganzseitige ~** one-page spread; **Klein~n** classified advertisements, classifieds

Anzeigen~, ~abteilung *(e-r Zeitung)* (classified) advertisement department; **~annahmestelle** advertising office; **~auftrag** insertion order; **~gebühren** advertising charges (or rates); **~größe** space; size of an advertisement; **~preis** space rate; cost of advertisement; **~schluss** *(Schluss der Annahme)* closing date (or hour) for advertisements; **~spalte** advertising column; **~teil** *(e-r Zeitung)* advertisements; **~tarif** advertising rate; **~vertreter** advertising representative; **~werbung** press advertising; **~wesen** advertising

Anzeige, e-e ~ aufgeben to advertise (for); to put (or place) an advertisement in a newspaper; **e-e ~ aufnehmen** to insert (or publish) an advertisement

anzeigen, jdm etw. ~ to notify sb. of sth., to notify sth. to sb.; to give notice of sth. to sb.; to inform sb. of sth.; *(ankündigen)* to announce; *(avisieren)* to advise; *(VersR)* to disclose *(→Anzeigepflicht des Versicherungsnehmers)*; *(bei Polizei od. Staatsanwalt)* s. Anzeige erstatten *(Anzeige 2.)*; *(inserieren)* to advertise; *(Gerät)* to indicate; **ordnungsgemäß (od. formgerecht) ~** to give due notice (of); **schriftlich ~** to notify in writing; to give written notice; **e-e Straftat ~** to report a criminal offence (offense); **jds Verlobung ~** to announce sb.'s engagement

anzetteln, e-e Verschwörung ~ to form (or hatch) a conspiracy; to hatch a plot, to conspire

Anziehen *(Preise, Kurse)* improvement; recovery; rising, rise, advance; **~ der Aktien** improvement in shares; *(langsames)* Anziehen der Kurse recovery of prices; *(plötzlich)* spurt; **~ der Preise** advance in prices

anziehen *(Preise, Kurse)* to gain, to advance, to go up, to move up, to stiffen; *(Kunden)* to attract; **die Aktien zogen an** the shares firmed up (or moved up); **die Aktien zogen kräftig an** share prices recovered (or improved) sharply; **der Goldpreis zog an** the price of gold went up (or moved up, increased); **das Pfund Sterling zog scharf an** the pound sterling increased strongly; **die Preise werden voraussichtlich weiter ~** prices will probably continue to rise (or to go up)

anziehend, bei ~en Kursen in a rising market

anzurechnen sein auf to be chargeable to

ANZUS-Pakt *(zwischen Australien, Neuseeland und USA)* ANZUS-Pact

anzweifeln to doubt, to question, to discredit; **die Glaubwürdigkeit e-s Zeugen ~** to discredit a witness, to impugn the credibility of a witness; *Am* to impeach a witness

Apanage ap(p)anage; life annuity

Apartheid *(Rassentrennung[spolitik])* apartheid; **Abschaffung der ~** abolition of apartheid; **Verurteilung der ~politik** condemnation of (the policy of) apartheid

Apartment *Br* flat; *Am bes.* apartment; **~hotel** *Br* service flats; *Am* apartment hotel

Apotheke[172] pharmacy, *Br* (dispensing) chemist's shop; **~nhelfer(in)** *Br* chemist's assistant

Apotheker pharmacist; *Br* (pharmaceutical or dispensing) chemist; *Am* druggist

Apparat *fig* machinery; **Verwaltungs~** administrative machinery

Appell appeal (an to); **~ richten an** to make an appeal to; **dringenden ~ richten** to appeal urgently (an to)

appellieren an to appeal to

Approbation licen|ce (~se) to practise (as a doctor, dentist, veterinary surgeon or pharmacist); **~sordnung für Ärzte**[172a] Order Regulating Licences (Licenses) to Practise as Doctors; **jdm die ~ entziehen** to revoke sb.'s licence to practise; **e-m Arzt die ~ erteilen** to license a doctor to practise medicine

approbiert qualified, licenced; duly (or legally) qualified to practise medicine

Äquivalenzprinzip principle of equivalence

Arabische Liga *(Vereinigung von 20 arabischen Staaten und der →PLO)* Arab League

Arbeit work; labo(u)r; *(Berufstätigkeit)* employment, occupation; (Stück Arbeit) job, (piece of) work; *(Arbeitsausführung)* workmanship; *(Aufgabe)* task; *(Prüfungsarbeit)* paper; **bei der ~** at work; **in ~** in the making, in hand

Arbeit, alltägliche ~ routine work; **in Ausführung begriffene ~** work in progress; **nach Akkord bezahlte ~** work at piece rates; piece(-)work; **nach Zeit bezahlte ~** work at time rates, time(-)work; **geistige ~** brain work, intellectual work, mental work; **gelegentliche kleine ~en verrichten** to do odd jobs, to job; **gelernte ~** skilled work; **gleichförmige ~** repetitive work; **gute ~** good work, good workmanship; **hervorragende ~** excellent (piece of) work; **körperliche ~** manual labo(u)r (or work); **öffentliche ~en** public works; **schlechte ~** bad work; poor work(-manship); **schwere ~** heavy manual labo(u)r; hard work, toil; **selbständige ~** self-employment, work in a self-employed capacity; *(z. B. DBA)* independent personal services; **unselbständige ~** employment; *(z. B. DBA)* dependent personal services; **vertraglich übernommene (od. vergebene) ~** work on contract, contract work

Arbeit, ~ annehmen to accept (an offer of) employment; to take employment; to accept a job; **~ aufnehmen** to take up work (or employment); to start work(ing) (or employment); **~ wieder aufnehmen** to resume work; **die ~ ausführen** to do (or perform) work; **die ~ →einstellen**; **~ erhalten** to obtain employment; to get work; **von der ~ fernbleiben** to absent oneself from work; **~ →finden**; **jdm ~ geben** to employ sb., to give sb. work; **etw. in ~ geben** to put sth. in hand; to have work started on sth.; **sein Auftrag ist in ~ genommen** his order is being worked on (or in process); **~ haben** to be employed (or in employment); to have a job; **keine ~ haben** to be unemployed; to be out of work; **etw. in ~ haben** to have sth. in hand; to be at work on sth.; **gute ~ leisten** to perform well; to do good work; *colloq.* to do a good job; **sich an die ~ machen** to set to work; **der ~ nachgehen** to go to work; to do one's job; **etw. in ~ nehmen** to take sth. in hand; to start work on sth.; **die ~ →niederlegen**; **in ~ sein** to be in hand (or in the making); to be in process of manufacture; **in ~ stehen** to work, to be employed; to have a job; **~ suchen** to seek employment; to look for a job (or for work); **~ →übernehmen**; **~ →vergeben**; **jdm ~ vermitteln** to find work (or a job) for sb.; **~ verrichten** to do (or perform) work; **gelegentliche (kleine) ~en verrichten** to do odd jobs; **jdm ~ verschaffen** to provide sb. with work; to secure work (or employment) for sb.; to make work available to sb.; **seine ~ wiederaufnehmen** to resume one's work; **jdm e-e ~ zuweisen** to assign work (or a task) to sb.

arbeiten to work (an at); to be working (or to work) (an on); *(Maschinen etc)* to work, to run, to operate; *(herstellen)* to make, to manufacture; **im →Akkord ~**; **als Anwalt ~** to practise law; **als Arzt ~** to practise medicine; **mit e-r Firma ~** to do business with a firm; **mit →Gewinn ~**; **planmäßig langsam ~** *Br* to work to rule; **selbständig ~** to be self-employed; **mit →Verlust ~**; **er arbeitet nicht mehr** he has retired; **das Kapital arbeitet nicht** the capital lies idle

arbeitend working; **nicht ~es Kapital** idle capital; **~es** *(nicht stillgelegtes)* **Unternehmen** going concern; operating concern

Arbeiter worker, workman; blue-collar worker, manual worker; wage-earner; (Fabrikarbeiter) operator, hand; *pl* labo(u)r; workpeople; manpower; **~in** (female) worker; **~ und Angestellte** blue-collar workers and white-collar workers; **angelernter ~** semi-skilled worker; **gelernter ~** skilled worker; **gewerkschaftlich organisierter ~** union (or unionized) worker; **→Fach~**; **→Gast~**; **→Gelegenheits~**; **→Heim~**; **→Hilfs~**; **→Industrie~**; **→Kurz~**; **→Land~**; **→Leih~**; **→Schwer~**

Arbeiterrentenversicherung[173] pension insurance for wage-earners (Social Security for workers); **~sträger**[174] *Br (etwa)* national insurance authority for (manual) workers

Zweig der Sozialversicherung für Arbeiter; Leistungen sind: Rentenzahlung bei Berufsunfähigkeit od. Erwerbsunfähigkeit, Altersruhegeld (Altersrente), Hinterbliebenenrente sowie Rehabilitationsmaßnahmen.

Branch of Social Security for bluecollar workers. The money benefits are: disability benefits, *Br* retirement benefits (*Am* old age insurance benefits), payments to widows and surviving dependants, and rehabilitation measures.

Arbeiterschaft working class, workers, workmen, labo(u)r

Arbeiter~, **~schutz** →Arbeitsschutz; **~siedlung** *Br* housing estate for workers; *Am* housing settlement; **~unfallversicherung** *Br* industrial injuries insurance; *Am* workmen's compensation insurance; **~vertretung** labo(u)r representation, labo(u)r representatives; **~wohnungen** *Br* workers' housing (or flats); *Am* workmen's dwellings (or housing); **~wohlfahrt** workers' welfare

Arbeitgeber(in) employer; *(Dienstherr)* master; *pl* management; **~(schaft)** employers

Arbeitgeber und Arbeitnehmer employers and employees (or employed); management and labo(u)r; management and the men on the shop floor; **Beziehungen zwischen Arbeitgebern und Arbeitnehmern** employer-employee relations; industrial relations

Arbeitgeber~, **~anteil** *(zur Sozialversicherung)* employer's contribution (or share); **~haftpflicht** employers' liability; **~haftpflichtversicherung** employers' liability insurance; **~verband** (AGV) employers' association; **~vertreter** employers' representative(s); **~zuschuss** *(zum Krankengeld etc)* employer's contribution

Arbeitnehmer employee, employed (person); worker; servant (who works for another under a contract of service); *pl* working force, labo(u)r; **~(schaft)** employees, workpeople; →**ausländische ~**; **gewerbsmäßig überlassene ~** worker(s) supplied by a temporary employment agency; temporary worker(s); →**gewerkschaftlich organisierte ~**; **ständiger ~** permanent worker *(Ggs. Leiharbeitnehmer)*; →**Gewinnbeteiligung der ~**; →**Leih~**; →**Mitbestimmung der ~**; **teilzeitbeschäftigte ~** part-time workers; →**Wander~**

Arbeitnehmer~, **~aktien** employees' shares; **~anteil** *(zur Sozialversicherung)* employee's contribution (or share); **~erfinder** *(PatR)* employed inventor; **~erfindung**[175] employee (or service) invention; **~freibetrag** →**Freibetrag**; **~schutz** →**Arbeitsschutz**

Arbeitnehmerüberlassung hiring out of an employee as a temporary worker; **~sgesetz**[176] Law on Temporary Employment; **gewerbsmäßige ~** temporary employment business; **gewerbsmäßige ~ betreiben** to carry on temporary employment business

Arbeitnehmerüberlassung ist die zeitweise und entgeltliche Überlassung eines Arbeitnehmers (Leiharbeiters) durch ein Zeitarbeitsunternehmen (Verleiher) an einen Dritten (Entleiher).

Temporary employment business is the temporary hire of an employee (temporary worker) for monetary reward by a temporary employment agency (hirer-out) to a third party (hirer).

Arbeitnehmer~, **~verband** employees' association; **~vertreter** workers' (or employees') representative(s); **~vertretung** workers' representation; employees' representatives; **~werk** *(UrhR)* work for hire

Arbeitsuche work-seeking, job-seeking, job hunting; **~nde** (der/die) person seeking work (or employment); *Am* job-seeker

Arbeits~, **~abkommen** working agreement; **~ablauf** flow of work; **~ablaufdiagramm** flow chart (or diagram)

Arbeitsamt (local) employment office; labo(u)r office; *Br* employment exchange; *Br* job- centre; *Am* government employment office; **Internationales ~** (IAA) International Labo(u)r Office (ILO); →**Landes~**

Arbeitsanfall volume of work; **der ~ ließ nach** there was less work; the volume of work decreased

Arbeitsangebot und -nachfrage labo(u)r supply and demand; supply and demand on the labo(u)r market

Arbeits~, **~antritt** commencement of work (or employment); **~aufnahme** taking up work; beginning of (the) employment; **~aufsicht** labo(u)r inspection

Arbeitsauftrag vergeben *(im Submissionswege)* to give out work by contract

Arbeits~, **~aufwand** expenditure on labo(u)r; **(fehlerhafte) ~ausführung** (faulty) workmanship; **~ausschuss** working committee

Arbeitsbedingungen conditions (or terms) of employment; working conditions; *(Umwelteinflüsse)* job conditions; **ungünstige ~** adverse working conditions; **in e-m Tarifvertrag vereinbarte ~** terms of employment agreed on in a collective agreement; **Wiederherstellung der früheren ~**[177] restoration of previous conditions of employment

Arbeits~, **~belastung** work load; **~befreiung** →Freistellung von der Arbeit; **~bereich** scope of work; **~bereicherung** job enrichment; **~bericht** work record

Arbeitsbeschaffung work creation; job (or employment) creation; provision of (or finding) work for the unemployed; **~smaßnahmen** (ABM) job-creating measures; **~sprogramm** work creation program(me) (or scheme)

Arbeits~, **~bescheinigung** certificate of employment; **~bewertung** job evaluation, job rating; **(betriebliche und kollektive) ~beziehungen** industrial relations; **~buch** employee-record book

Arbeitsdirektor, Bestellung e-s ~s[179] appointment of a (managing) director representing the employees

Arbeits~, ~einkommen earned income; income from employment, income from wages (or salaries); **~einsatz** *(e-r Person)* work input, work assignment; *(von Arbeitskräften)* deployment of labo(u)r

Arbeitseinstellung stoppage (or discontinuance, cessation) of work; **langsame ~** phase out, phasing out (of work); **vorübergehende ~** suspension of work

Arbeitsentgelt remuneration; pay; **gleiches ~ für Männer und Frauen** equal pay for men and women; **Netto~** net remuneration (after statutory deductions)

arbeitsentwöhnt, e-n ~en Hilfesuchenden an Arbeit gewöhnen[180] to rehabilitate an applicant for assistance who is no longer accustomed to work

Arbeitserlaubnis work (or labo[u]r) permit; employment permit; **~ für Ausländer** aliens' labo(u)r permit; **e-e ~ ist erforderlich** a work permit is required; **sich e-e ~ beschaffen** to obtain a work permit; **die ~ verlängern lassen** to have the work permit renewed

Arbeits~, ~ersparnis labo(u)r saving, saving of labo(u)r; **~ethos** work ethos; **~exemplar** working copy

arbeitsfähig able to work; capable of work; fit for work; **~es Alter** working age; **~e** *(ausreichende)* **Mehrheit** working majority

Arbeitsfähigkeit ability to work; working capacity; fitness for work (or employment); **Person mit verminderter ~** partly incapacitated worker

Arbeits~, ~fehler faulty workmanship; defect(s) in workmanship; **~feld** →Arbeitsgebiet; **~folge** sequence of operations; **~förderungsgesetz** (AFG)[181] Employment Promotion Act; **~freude** job satisfaction; **~frieden** industrial peace; **~gang** process (of work); stage, phase; operation; **~gebiet** field of action (or operation, activity); field (or sphere) of (one's) activities; **~gerät** implement, tool; **~gemeinschaft** working party (or team); study group; **~genehmigung** →Arbeitserlaubnis

Arbeitsgericht Labo(u)r Court; *Br* Industrial Tribunal; *(höhere Instanz:)* Employment Appeal Tribunal; →**Bundes~**; →**Landes~**; **~sbarkeit** jurisdiction in labo(u)r matters; **~sgesetz**[182] Labo(u)r Court Law; **a~liches Verfahren** Labo(u)r Court proceedings

Arbeitsgruppe working party; task force; **Einsetzung von ~n** setting up (or establishment) of working parties; **e-e nationale ~ bilden** to form a national panel

arbeitshemmender Faktor disincentive to work

Arbeitsinhalt job content; **arbeitsintensiv** labo(u)r intensive

Arbeitskampf industrial dispute(s) (or conflict); industrial action; **unfaires Verhalten im ~** unfair industrial action; **unlautere ~methoden** unfair labo(u)r practices
Die wichtigsten Kampfmittel sind Streik, Aussperrung und wirtschaftlicher Boykott.
The most important forms of industrial action are strikes, lockouts and economic boycotts.

Arbeits~, ~kleidung work(ing) clothes; **~klima** working climate; **~konflikt** industrial (or labo[u]r) dispute

Arbeitskosten labo(u)r cost; **~ je Produkteinheit** unit labo(u)r cost

Arbeitskraft working capacity; *(Arbeiter)* worker, workman

Arbeitskräfte labo(u)r, workers; *(Gesamtzahl)* labo(u)r force, work force; manpower, staff; →**ausländische ~**; **nicht** →**genügend ~ haben**; →**Zeit~**

Arbeitskräfte~, ~angebot labo(u)r supply; **~bedarf** labo(u)r (or manpower) requirement (or need); labo(u)r demand; **~ersparnis** saving in labo(u)r; **~mangel** labo(u)r shortage; lack of manpower; **Länder, in denen ~mangel herrscht** countries lacking manpower; **~nachfrage** demand for labo(u)r; **~potential** manpower potential; human resources; **~überschuss** manpower surplus; excess labo(u)r

Arbeitskräfte, ~ anwerben to recruit labo(u)r; **~ einstellen** to engage (or take on, hire) workmen; **~ entlassen** to dismiss workmen; *(wegen Betriebsstillegung etc)* to make workers redundant; **~ vermitteln** to procure labo(u)r

Arbeits~, ~kreis working party (or group); **(Zwangs-)~lager** labo(u)r camp; **~laufzettel** job ticket

Arbeitsleben, der Eintritt Jugendlicher in das ~ the entry of young people (or school leavers) into working life

Arbeitsleistung work performed; amount of work done; *(Maschinen)* output

arbeitslos unemployed, out of work (or employment); jobless, out of a job; idle; *(überflüssig)* redundant; **sich beim Arbeitsamt ~ melden** *Br* to register for work (or employment) at the jobcentre; *Am* to register with the local labo(u)r office as being unemployed; **~ werden** to become unemployed; to lose one's job (or employment)

Arbeitslose (der/die) unemployed person (man, woman); person out of work; **die ~n** the unemployed; **längerfristig ~** long-term unemployed; **schwer vermittelbarer ~r** hard-core unemployed; →**Langzeit~**; →**Teilzeit~**; →**Vollzeit~**; **die Zahl der männlichen ~n** the number of men out of work

Arbeitslosenfürsorge →Arbeitslosenhilfe

Arbeitslosengeld unemployment benefit; *Am* unemployment compensation; *Br colloq.* dole; **Empfänger von ~** recipient of unemployment benefit (or *Am* compensation); **~ beziehen** to draw unemployment benefit (or *Am* compensation); *Br colloq.* to be on the dole

Arbeitslosen~, **~hilfe**[183] unemployment relief (or assistance); **~quote** rate of unemployment, *Am* jobless rate; **~statistik** statistics on unemployment

Arbeitslosenversicherung[184] unemployment insurance; **Leistungen der ~** benefits under unemployment insurance

Arbeitslosenzahl number of unemployed; unemployed figure; **Anwachsen der ~** increase in the unemployment figure

Arbeitslosigkeit; →**fluktuierende ~**; →**hohe ~**; →**konjunkturelle ~**; →**Massen~**; →**saisonale ~**; →**strukturelle ~**; →**technologische ~**; **versteckte ~** concealed unemployment

Arbeitslosigkeit, Anstieg der ~ rise in unemployment; **Bekämpfung der ~** campaign against unemployment; **Rückgang der ~** decrease (or decline) in unemployment; **Zunahme der ~** increase in unemployment

Arbeitslosigkeit, die ~ schrittweise abbauen to reduce unemployment gradually; **von ~ bedroht** threatened with unemployment; **die ~ bekämpfen** to combat (or fight) unemployment; **die ~ beseitigen** to eliminate unemployment; **die ~ verringern** to reduce (the level of) unemployment

Arbeitsmarkt labo(u)r market, employment market, manpower market; **~lage** situation on the labo(u)r market, labo(u)r situation; employment situation; **~politik** (AMP) labo(u)r policy; **~reformen** labo(u)r market reforms; **die Lage am ~ ist angespannt** →anspannen; **die Spannungen auf dem ~ haben nachgelassen** the strains in the labo(u)r market have diminished (or abated)

Arbeitsmethode working practice; **Einführung grundlegend neuer ~n** introduction of completely new work methods

Arbeits~, **~minister**[185] *Br* Secretary of State for Employment; *Am* Secretary of Labor *(→Bundesminister für Arbeit und Sozialordnung)*; **~ministerium** *Br* Department of Employment; *Am* Department of Labor

Arbeitsmoral, schlechte ~ poor working morale; low staff morale

Arbeits~, **~nachweis** certificate of employment; **~niederlegung** stoppage of work; *colloq.* walkout; **gerechte ~normen** fair labo(u)r standards; **~papiere** *(Lohnsteuerkarte, Versicherungspapiere etc)* employment records; working papers; **~plan** working plan, schedule of work; *(Fertigungsplan)* production plan, manufacturing schedule

Arbeitsplatz *(Tätigkeit)* job, situation, position; *(örtlich)* place of employment, place of work, work place; **am ~** on the job; **Ausbildung am ~** on the job training; **freier (od. unbesetzter) ~** (job) vacancy; **Sicherheit des ~es** job security

Arbeitsplatz~, **~beschaffung** job creation; **~beschreibung** job description; **~bewertung** job evaluation; **a~bezogen** related to the work plan; at shop floor level; **~gestaltung** workplace layout; **~mangel** job shortage; **~(ring)-tausch** job rotation; **a~schaffend** job-creating; **~schutz** *(bei Einberufung zum →Wehrdienst)*[186] protection of civilian employment; **~teilung** jobsharing; **~unfall** occupational accident; **~untersuchung** job analysis; position analysis; **~verlust** loss of a job; **~wechsel** change of employment, job change; *(systematisch)* job rotation

Arbeitsplatz, seinen ~ behalten to keep one's job; *colloq.* to hold down one's job; **Arbeitsplätze erhalten** to preserve (or maintain) jobs; **neue Arbeitsplätze schaffen** to create new jobs; **e-n ~ verschaffen** to procure employment; **seinen ~ wechseln** to change one's job

Arbeits~, **~programm** action program(me); work program(me), work schedule; *(EDV)* working program; **~prozess** working process; **~psychologie** industrial psychology; **~raum** workroom; *(Werkstatt)* workshop; *(Büro)* office, bureau

Arbeitsrecht labo(u)r law; employment law; *Br* industrial law; *(älter:)* law of master and servant

Es gibt in der Bundesrepublik keine Kodifikation des Arbeitsrechts, sondern nur eine große Anzahl von Einzelgesetzen[187], die sich mit dem Arbeitsrecht befassen.

Labo(u)r law has not been codified in the Federal Republic but is governed by a large number of separate statutes

arbeitsrechtlich, **~e Gesetzgebung** labo(u)r legislation; **~e Streitigkeit** labo(u)r conflict; trade dispute; **~ unrechtmäßiges Verhalten**

unfair labo(u)r practices; **sich ~ unrechtmäßig verhalten** to engage in unfair labo(u)r practices

Arbeitsrichter Labo(u)r Court judge

Arbeitsrückstand work in arrears; backlog (of work); **Arbeitsrückstände haben** to have arrears of work

Arbeitssachen *Br* employment disputes; *Am* labor cases (or matters)
Die zur sachlichen Zuständigkeit der Arbeitsgerichte gehörenden zivilrechtlichen Streitigkeiten.
Civil disputes falling within the jurisdiction of the Labo(u)r Courts.

Arbeits~, **~schluss** end of work; finishing time; **~schutz** employment protection; (statutory) protection of labo(u)r (or employees) *(z. B. Vorschriften über Gefahren, [Br cf. Factory Acts]; Kündigungsschutz etc)*; **~sicherheit** safety at work; **~sicherheitsbestimmungen** industrial safety regulations; **~sitzung** →Arbeitstagung; **~sprache** working language

Arbeitsstatistik, (IAA-)Übereinkommen über ~[187a] (ILO-) Convention Concerning Labour Statistics

Arbeitsstätte place of employment (or work); **Fahrt zwischen Wohnung und ~** commuting (between home and place of work)

Arbeitsstelle place of work; **dauernde Abwesenheit von der ~** absenteeism

Arbeitsstreitigkeit industrial dispute; labo(u)r dispute (or *Am* conflict); *Br (zwischen Arbeitgebern und -nehmern od. zwischen Arbeitnehmern untereinander)* trade dispute; *Am* grievance; **Schlichtung von ~en** *Br* arbitration of industrial disputes; *Am* labor arbitration

Arbeits~, **~studie** work study (→REFA); job analysis; **~studien(fach)mann** →REFA-Mann; **~stunde** working hour; man-hour; **geleistete ~stunden** hours worked; **~suche** →Arbeitsuche; **~tag** working day; work(-) day; **~tagung** conference; symposium; workshop; **~team** (working) team; **~teilung** division of labo(u)r; **~umfang** work volume; **~umverteilung** work-sharing

arbeitsunfähig disabled; unable to work; unfit for work; incapacitated (for work); **dauernd ~** permanently disabled; **vorübergehend ~** temporarily incapacitated; **~ werden** to become disabled

Arbeitsunfähigkeit disability, disablement; incapacity for work; **dauernde ~** permanent disability; **teilweise ~** partial disability; **vollständige ~** total disability; **vorübergehende ~** temporary disability; **Person mit verminderter ~** partly incapacitated person

Arbeitsunfall industrial accident (or injury); accident (sustained) at work; **~entschädigung** *Br (Rente)* industrial injury benefit; disablement benefit; *Am* workmen's compensation; **e-n ~ erleiden** to suffer (or sustain) an industrial accident (or accident at work)

Arbeits~, **~unterbrechung** stoppage (or discontinuance) of work; suspension of work; **~unterlage(n)** working paper(s); work sheet; **e-e ~unterlage erstellen** to draw up a working paper

Arbeitsverdienst earnings; pay; wages and salaries; **Netto~** net earning(s)

Arbeitsverhältnis[188] employer-employee (or employment) relationship; **~se** employment relations; *(Arbeitsbedingungen)* working conditions; **Beendigung des ~ses** termination of employment (durch Zeitablauf by expiry, *Am* expiration; durch Kündigung by giving notice); **ein ~ eingehen** to enter into an employment relationship; **in e-m ~ stehen** to be in employment

Arbeitsvermittlung[189] *(Tätigkeit)* finding of employment (or work) for sb.; *Am* (job or employment) placement; *(Einrichtung)* employment agency (or bureau); placement service; **~ ausüben**[190] to run an employment agency

Arbeitsvermögen *(das durch Ausbildung geschaffene technische Wissen)* human capital

Arbeitsvertrag employment; contract of service; **befristeter ~** contract of employment for a fixed term; →**Einzel~**; **Gesamt~** collective agreement; **e-n ~ abschließen** to conclude (or enter into) a contract of employment (or service)

Arbeitsverträge und Arbeitsverhältnisse employment contracts and employment relations
Sie unterliegen dem gewählten Recht und mangels Rechtswahl dem Recht des Staates, in dem der Arbeitnehmer gewöhnlich seine Arbeit verrichtet.[190a]
They are governed by the law chosen by the parties and in the absence of a contractual choice by the law of the state in which the employee usually performs his (or her) services.

Arbeits~, **~vorbereitung** operations scheduling; **~vorgang** operation; **~weise** working method; *(e-r Maschine)* (method of) operation; **a~willig** willing to work; **~williger** person willing to work, non-striker; **~wertstudie** job evaluation study; **~wissenschaft** ergonomics; **~wissenschaftler** ergonomist; **~woche** working week; man-week

Arbeitszeit working hours, hours of work, working time; *(geleistete Arbeitszeit)* hours worked; *(für e-e Arbeit benötigte Arbeitszeit)* time for the job; time spent on a piece of work; **außerhalb der ~** outside working hours;

→**gleitende ~**; **Normal~** normal hours of work; **normale ~** ordinary working hours (o. w. h.); normal hours of work; *Am* straight time; **tarifliche ~** collectively agreed working hours; **~flexibilität** flexibility of working hours; **~gestaltung** organization of working time; **~ordnung** (AZO)[191] Hours of Employment Order; **~verkürzung** reduction in working hours; **Neugestaltung der ~** reorganisation of working time; **die ~ registrieren** to clock in (or out); **die ~ verkürzen** to reduce (or shorten) the working hours

Arbeits~, **~zeugnis** reference, testimonial; character; *Am* employment record; recommendation; **~zuweisung** work assignment; allocation of labo(u)r

Arbitrage 1. *(Schiedsgerichtsvereinbarung)* arbitration; →**Hamburger (freundschaftliche) ~**; **~klausel** *(Außenhandel)* arbitration clause; **~verfahren** arbitration proceedings; **zur ~ stellen** to submit to arbitration

Arbitrage 2. *(Börse)* arbitrage; →**Devisen~**; →**Effekten~**; **einfache ~** simple arbitrage; →**Mehrfach~**

Arbitrage~, **~geschäfte** arbitrage dealings (or transactions); **~geschäfte machen** to arbitrate, to practise arbitrage; **~händler** arbitrage dealer; **~rechnung** arbitrage calculation

Arbitrageur arbitrager, arbitrageur, arbitragist; arbitrage dealer

arbitrieren *(schätzen)* to assess by arbitrage

archäologisch, **~e Ausgrabungen** archaeological excavations; *colloq.* digs; **~e Entdeckungen** archaeological discoveries; **~e Fundstücke** archaeological finds; **~es Kulturgut**[192] archaeological heritage

Architekt architect; **~enbüro** architect's office; **~enhaftpflicht** architect's liability; **~enhonorar** architect's fees

architektonische|s Erbe Europas, Übereinkommen zum Schutz des architektonischen Erbes Europas[192a] Convention for the Protection of the Architectural Heritage of Europe; **das architektonische Erbe Europas unterhalten und wiederherstellen** to maintain and restore the architectural heritage of Europe

Architektur architecture; **Werke der ~** architectural works

Archiv archives; (place for storing) public records (or documents); **im ~** in the records; **~exemplar** file copy

Archivar archivist; person in charge of the archives (or records)

Argentinien Argentina

Argentinier(in) Argentine

argentinisch Argentine; **A~e Republik** Argentine Republic

Ärgernis nuisance; **öffentliches ~** public nuisance; scandal; **~ erregend** offensive; liable to give offence (offense); **~ erregendes Benehmen** disorderly conduct; **~ erregende Darstellung** *(WarenzeichenR)*[192b] representation liable to give offence (offense); **Erreger öffentlichen ~ses** disorderly person; **Erregung e-s öffentlichen ~ses (durch Unzucht)**[193] offending public morals (by indecent acts); indecent exposure; public indecency

Arglist malice; fraudulent intent *(→Einrede der Arglist)*

arglistig malicious; fraudulent; deceitful, with intention to deceive; **~ abgegebene unrichtige Tatsachendarstellung** fraudulent misrepresentation; **~ erschlichenes Urteil** judgment obtained by fraud

arglistige Täuschung[194] deceit; *(Vorspiegelung falscher Tatsachen)* fraudulent misrepresentation; fraud; **Anfechtung e-s Vertrages wegen arglistiger Täuschung** rescission of a contract for fraudulent misrepresentation; **durch ~ zur Abgabe e-r (Willens-)Erklärung bestimmt werden** to be caused to make a declaration of intention in reliance on a fraudulent misrepresentation

arglistig, **~es Verschweigen e-s Mangels** fraudulent concealment (or non[-]disclosure) of a defect; **etw. ~ verschweigen** to conceal sth. fraudulently

Argument argument; reason advanced (for or against); **stichhaltiges ~** valid (or sound) argument; **dieses ~ ist nicht stichhaltig** this argument will not hold; **ein ~ vorbringen** to advance (or put forward) an argument; **e-m ~ widersprechen** to counter an argument

Argumentation, **sich der ~ anschließen** to accept sb.'s arguments; **sich der ~ verschließen** to reject sb.'s reasoning (or arguments)

argumentieren to argue; to reason

arithmetisches Mittel arithmetical average (or mean)

Armee army; **~oberkommando** Army HQ Staff

Ärmelkanaltunnel Channel Tunnel

Armenanwalt s. beigeordneter →Anwalt

Armenkasse[196] public poor relief fund

Armenien Armenia

Armenier(in) Armenian

armenisch Armenian

Armenrecht *(jetzt: Prozesskostenhilfe)* legal aid; exemption from legal costs granted to parties with low incomes; **Gegenseitigkeit bei der Bewilligung des ~s**[198] reciprocity in the grant of legal aid *(Am auch in the grant of the right to litigate in forma pauperis)*; **die gleiche Behandlung hinsichtlich des ~s genießen** *(Inländerbehandlung)* to enjoy the same rights (or treatment) in respect of legal aid; to be equally eligible for legal aid

Armut poverty; **~ an** poverty in, lack (or want) of; **Bekämpfung der ~** fight (or campaign) against poverty; **~sgrenze** poverty line; **~szeugnis** *(welches Unvermögen zur Bestreitung der Prozesskosten bezeugt)* certificate of entitlement to legal aid *(→Erklärung über die wirtschaftlichen und persönlichen Verhältnisse)*; *Br (etwa)* civil aid certificate; *Am (etwa)* certificate of poverty

Arrest 1. (dinglicher ~)[200] (writ of) attachment; seizure (to preserve property in dispute); *Am* prejudgment attachment; arrest (of a ship)
Gerichtliche Anordnung im Arrestverfahren zur Sicherung einer künftigen Zwangsvollstreckung wegen einer Geldforderung oder eines Anspruchs, der in eine Geldforderung übergehen kann.
Court order in a special procedure to obtain security for a future execution to satisfy a money claim or a claim which may become a money claim.

Arrest in ein Schiff[201] arrest of a ship

Arrest in Seeschiffe →Internationales Übereinkommen zur Vereinheitlichung von Regeln über den Arrest in Seeschiffen

Arrest, dinglicher ~[202] attachment, seizure; *Am* prejudgment seizure; **e-n dinglichen ~ erlassen** to issue a writ of attachment, to make an attachment order; **Gläubiger, der e-n dinglichen ~ erwirkt hat** attaching creditor; **die Anordnung des dinglichen ~s erwirken** to obtain a writ of attachment

Arrest, offener ~[203] (protective) stay (upon commencement of bankruptcy proceedings); **persönlicher ~**[204] arrest; *Am (auch)* (body) attachment

Arrest, Aufhebung des ~es setting aside the seizure; *(Freigabe des Schiffes)* release of a ship

Arrest~, ~anordnung →**~befehl**; **~befehl**[204a] order (or writ) of attachment; *(für ein Schiff)* warrant for arrest; **den ~befehl aufheben** to quash (or set aside) the order (or writ) of attachment

Arrest~, ~gesuch application for a writ of attachment; **~grund**[205] reason why an →Arrestbefehl should be granted; **~hypothek** attachment lien (on real property) (to secure collection of a debt or of a judgment not yet obtained); **~verfahren** proceedings covering attachment (to secure execution levied upon the property of the [judgment] debtor)

Arrestvollziehung execution of attachment (of things) or arrest (of persons) following the →Arrestbefehl; **die ~ hemmen** to suspend the execution of attachment

Arrest, den ~ aufheben to set aside (or remove) the attachment; **den ~ in ein Schiff aufheben** to set aside an arrest of a ship; to release a ship (gegen Sicherheitsleistung against security); **den ~** *(in ein Schiff)* **aufrechterhalten** to maintain the arrest; **mit ~ belegen** to attach, to seize (personal property by lawful authority); **ein Schiff mit ~ belegen** to arrest a ship; **Waren mit ~ belegen** to attach goods; to have goods attached; **aus dem ~ entlassen** *(Schiff)* to free from arrest; **e-m ~ unterworfen sein** to be subject to attachment; **der ~ ist vollzogen** the arrest (of a ship) is made (or effected)

Arrest 2. *(Freiheitsentzug)* arrest; detention; confinement; →**Haus~**; →**Jugend~**; →**Straf~**

Art 1. *(Sorte)* kind, sort; type; *(Beschaffenheit)* nature; kind; *(Verfahren)* method; *(Art und Weise)* manner, way; **anderer ~** of a different kind; **besonderer (od. eigener) ~** sui generis; **von gleicher ~** of the same kind (or description); **von gleicher ~ und Güte** equal in kind and quality; **Waren gleicher ~** goods of the same description; **von mittlerer ~ und Güte** of average kind and quality; **auf jede mögliche ~** in every possible way

Art, ~ der Beförderung manner (or mode) of conveyance (or transport); **~ der Bezahlung** mode (or method) of payment; **bestimmte ~ von Geschäften** specified type of transactions; **~ des Schadens** type of damage; **~en von Unternehmen** categories (or classes) of enterprises; **bestimmte ~en der Werbung** certain kinds of advertising

Artvollmacht power of attorney for a special type of business

Art 2. *(bes. Tiere, Pflanzen)* species; **~enschutz** protection of species; (Washingtoner) Artenschutzübereinkommen[206] (Übereinkommen über den internationalen Handel mit gefährdeten Arten freilebender Tiere und Pflanzen) (Washington) Convention on International Trade in Endangered Species of Wild Fauna und Flora (CITES); **~erhaltung** conserving the species

Artikel 1. *(Abschnitt innerhalb e-s Textes)* article, clause; **Vertrags~** clause of a contract; **nach Art. ...** in conformity with article ...

Artikel 2. *(Handelsartikel)* article; commodity, merchandise; goods; *(Warenart)* line; *(einzelner Posten)* item; **Ausfuhr- (od. Export) ~** article of exportation; export goods; **e-n ~ führen** to deal in (or keep, *Am* carry) an article (or a line of goods); to stock an article, to have an article in stock; **e-n ~ nicht mehr führen** to have discontinued an article (or a line of goods)

Artikel 3. *(Aufsatz, Abhandlung)* article; **kurzer ~** news item; →**Leit~**; **in mehreren Zeitungen gleichzeitig erscheinender ~** syndicated article

Arznei medicine, medicament; drug; **Verordnung von ~en** prescription of medicines; **Versorgung mit ~en** supply of medicines; **Europäisches ~buch**[207] European pharmacop(o)eia; **~mittel**[208] medicines; pharmaceutical products (or drugs); →**rezeptpflichtige ~mittel**; **~mittelindustrie** pharmaceutical industry; **~mittelmissbrauch** drug abuse; **~mittelwerbung** pharmaceutical advertisement; **~spezialitäten** proprietary medicinal (or pharmaceutical) products

Arzneimittelgesetz (AMG) (German) Drug Law

Arzt physician; medical practitioner; doctor; *(Chirurg)* surgeon; **~ an e-m Krankenhaus** resident physician; **Assistenz~** assistant physician; *Am* intern; *Br* house physician, junior doctor; →**behandelnder ~**; →**Chef~**; **Fach~** (medical) specialist; **Haus~** family doctor; **Kassen~** panel doctor; **praktischer ~** general practitioner (G. P.)

Ärztekammer Medical Board; Medical Association; *Br* General Medical Council

Weitere Ärzteorganisationen in der BRD sind der Hartmannbund (Verband der Ärzte Deutschlands) und der Marburger Bund (Verband der angestellten Ärzte Deutschlands).

The other medical associations in the FRG are the Hartmannbund (Association of German Physicians) and the Marburger Bund (Association of employed physicians).

Arzt~, ~haftung *Br* medical practitioner's liability (in tort and contract); *Am* liability for medical malpractice; **~honorar** doctor's fee(s); medical fee(s); **~kosten** doctor's fees; **~rechnung** doctor's bill (or statement), medical bill; **freie ~wahl** free choice of a doctor

Arzt, als ~ seine Praxis ausüben to practise medicine; **sich als ~ niederlassen** to establish (or set up) a medical practice

ärztlich medical; **~e Approbation** licen|ce (~se) to practise medicine; **~es Attest** medical certificate; **~e Ausbildung** medical training; **~e Behandlung** medical treatment (or attendance); **falsche ~e Behandlung** incorrect (or wrong) (medical) treatment; *(fahrlässig)* malpractice; **~e** →**Bemühungen**; **~e Betreuung** medical care *(→Europ. Übereinkommen über die Gewährung ärztlicher Betreuung an Personen bei vorübergehendem Aufenthalt)*; **~es Gutachten** medical opinion; **~er Kunstfehler** (medical) malpractice, mistake; **~es Rezept** prescription; **~e Untersuchung** medical examination; **in ~er Behandlung sein** *Br* to receive (or undergo) medical treatment; *Am* to be under medical attendance; **das ~e Geheimnis wahren** to keep medical information confidential

ASEAN-Staaten ASEAN countries (→Assoziation der Südostasiatischen Nationen)

Aserbaidschan Azerbaijan

Asiatische Entwicklungsbank Asian Development Bank (ADB)[209] *(cf. Afrikanische Entwicklungsbank)*

asozial antisocial

Assekuranz insurance

Asservatenkonto suspense account (for a special purpose)

Assessor *(Anwärter der höheren Beamtenlaufbahn nach der 2. Staatsprüfung)* title (or classification) of new entrant into the administrative grade of the civil service (after passing the second state examination); **~examen** second state examination

Assistent assistant; **wissenschaftlicher ~** research assistant; **nichthabilitierter wissenschaftlicher ~** academic assistant without lecturer status

Assistenzarzt →Arzt

assortiert, gut ~es Lager well-assorted stock

Assoziation *(VölkerR)* association; **~ der Südostasiatischen Nationen** (Indonesien, Malaysia, Philippinen, Singapur, Thailand und Brunei, Vietnam, Laos, Myanmar, Kambodscha) Association of South-East Asian Nations, ASEAN (Indonesia, Malaysia, Philippines, Singapore, Thailand and Brunei, Vietnam, Laos, Myanmar, Cambodia)

Assoziations~, ~abkommen *(EU)* Association Agreement; **~ausschuss** *(EU)* Association Committee

assoziieren, sich ~ to associate; **sich mit jdm ~** to enter (or go) into partnership with; to take sb. into partnership

assoziiert associated; **~e Afrikanische Staaten, Madagaskar und Mauritius** *(EU)* Associated African States, Madagascar and Mauritius (AASMM); **~e überseeische Länder und Gebiete** *(EU)* associated overseas countries and territories; **~es Unternehmen** associated enterprise

Assoziierung →Assoziation

ästhetische Formschöpfung(en) aesthetic creation(s) (of form)

Astronaut astronaut

Asyl *(VölkerR)* asylum; **diplomatisches ~** diplomatic asylum; **politisches ~** political asylum; **Gewährung des ~s** grant of asylum

Asyl~, **~antrag** application (or request) for political asylum; **a~berechtigt** entitled to be granted asylum; **als ~berechtigter anerkannt**[210] recognized as having a right of asylum; **~bewerber** person seeking (or asking for, applying for) asylum; **~gesuch** →Asylantrag; **a~gewährendes Land** country granting asylum; **~gewährung durch ein neutrales Land** neutral asylum; **~recht**[211] right of asylum; **politisch Verfolgte genießen ~recht**[212] persons persecuted for political reasons enjoy the right of asylum; **unter ~schutz Stehender** person granted asylum; **~suchender** person seeking asylum; asylum seeker; **politisches ~ beantragen** to seek (or apply for) political asylum; **~ gewähren** to grant asylum

Asylant person seeking (political) asylum; **e-n ~en abschieben** to deport a person seeking (political) asylum

A. T. A. Übereinkommen A. T. A. Convention *(→Zollübereinkommen über das Carnet A.T.A.)*

Atemprobe breath test (on drivers suspected of being drunk); **~ entnehmen** to breathalyse

Äthiopien Ethiopia; **Demokratische Volksrepublik ~** the People's Democratic Republic of Ethiopia

Äthiopier(in), äthiopisch Ethiopian

Atlantik-Charta Atlantic Charter

atmosphärische Schadstoffe atmospheric pollutants

Atom atom, atomic, nuclear; **~abfall** nuclear waste; **~abrüstung** nuclear disarmament; **~angriff** nuclear attack; **~anlage** nuclear installation; nuclear power plant

atomar atomic, nuclear; **~e Abschreckung** nuclear deterrent; **~es Gleichgewicht** nuclear balance; **nicht ~e Staaten** non-nuclear-weapon states; **~e Überlegenheit** nuclear superiority; **~es Wettrüsten** nuclear arms race

Atombombe atom(ic) bomb, A-bomb; **Abwurf von ~n** atomic bombing

Atomenergie atomic (or nuclear) energy; **friedliche Verwendung von ~** peaceful use of atomic energy

Atomenergie~, **~behörde** *Br* Atomic Energy Authority; *Am* Atomic Energy Commission (AEC); **Europäische ~ -Gesellschaft** European Atomic Energy Society (EAES); →**Internationale ~organisation**

Atomexplosion nuclear explosion

Atomforum, **Europäisches ~** (FORATOM) European Atomic Forum (FORATOM)

Atomgemeinschaft, →**Europäische ~ (Euratom)**

Atomgesetz[213] (Gesetz über die friedliche Verwendung der Kernenergie und den Schutz gegen ihre Gefahren) Atomic Energy Law (Law Concerning the Peaceful Use of Atomic Energy and Protection against its Dangers)

Atomhaftung, **Pariser ~skonvention** (Paris) Convention on Third Party Liability in the Field of Nuclear Energy

Atomindustrie nuclear industry

Atominformationen mitteilen (verbreiten) to communicate (disseminate) nuclear information

Atomkraft atomic (or nuclear) power; atomic energy; **~gegner** opponent(s) of nuclear power stations; person(s) opposed to the setting up of nuclear reactors; *sl.* anti-nukes; **mit ~ angetrieben** nuclear-powered (or propelled)

Atomkrieg atomic (or nuclear) war; **~führung** atomic (or nuclear) warfare

Atommacht, **e-e ~ werden** to become a nuclear power

Atomminen atomic demolition munition (ADM)

Atom~, **~müll** radioactive waste (material); **~patt** nuclear stalemate; **~physik** nuclear physics; **~physiker** nuclear physicist; **~-Rakete** nuclear missile; **~reaktor** atomic pile; nuclear reactor; **~reaktorstilllegung** decommissioning of nuclear reactors (or power plants); **~recht** atomic energy law; **~risiko** nuclear risk; **~risikoversicherung** insurance against nuclear risk; **~schaden** nuclear damage

Atomschiff nuclear ship; **Inhaber e-s ~es** operator of a nuclear ship; **Brüsseler ~skonvention (Übereinkommen über die Haftung der Inhaber von ~en)**[214] Brussels Nuclear Ship Convention (Convention on the Liability of Operators of Nuclear Ships); **jdm die Genehmigung zum Betrieb e-s ~es erteilen** to authorize sb. to operate a nuclear ship

Atom~, **~sperrvertrag** →Atomwaffensperrvertrag; **~sprengstoff** nuclear explosive; **~staub** (atomic) fallout; **~streitkräfte** nuclear forces; **~test** nuclear test

(Atom-)Teststoppvertrag *(VölkerR)* s. Vertrag über das Verbot von →Kernwaffenversuchen in der Atmosphäre, im Weltraum und unter Wasser

Atom-U-Boot nuclear submarine

Atomunfall nuclear incident
Nach Art. I (8) der Brüsseler Atomschiffskonvention: ein einen nuklearen Schaden verursachendes Ereignis oder eine Reihe solcher Ereignisse.
According to section I (8) of the Brussels Nuclear Ship Convention nuclear incident means any occurrence or series of related occurrences causing nuclear damage.

Atom~, **~unterseeboot** nuclear submarine; **~versuch** →Atomwaffenversuch

Atomwaffen atomic weapons, nuclear weapons (or arms) *(→Kernwaffen)*; **a~freie Zone** nuclear-free zone; **Angriff mit ~n** nuclear attack; **Bestand an ~** nuclear stockpile; **Einfrieren der ~** freezing of nuclear arms; **Einsatz von taktischen ~** use of tactical nuclear weapons

Atom(waffen)sperrvertrag (ASV)[215] (Vertrag über die Nichtverbreitung von Kernwaffen) Nonproliferation Treaty (Treaty on the Non-Proliferation of Nuclear Weapons) (NPT)

Atom(waffen)versuch atomic (weapon) test; nuclear test(ing); **~sverbot** nuclear test ban; **Einstellung der ~e** suspension (or stopping) of nuclear tests; **~e verbieten** to ban (or suspend) atomic (or nuclear) weapon tests; **~e weiter durchführen** to continue testing of nuclear weapons; to continue nuclear weapon tests

Atomzeitalter atomic age

Atropin atropine

Attaché attaché; **Handels~** commercial attaché; **Kultur~** cultural attaché; **Luft~** air attaché; **Marine~** naval attaché; **Militär~** military attaché; **Presse~** press attaché

Attentat assassination; attempt on sb.'s life; **~sklausel** *(VölkerR)* assassination clause; **~splan** assassination plot; **~sversuch** assassination attempt; **ein ~ auf jdn machen (od. begehen)** to make an attempt on sb.'s life; to try to assassinate sb.; **jdn durch ~ umbringen** to assassinate sb.

Attentäter assassin; **gedungener ~** hired assassin; **Fahndung nach ~n** search for assassins

Attest certificate; **ärztliches ~** medical certificate; **ein ~ ausstellen** to issue (or make out) a certificate; **sich ein ~ ausstellen lassen** to obtain a certificate

attestieren to certify

Attraktivkraft der Betriebsstätte *(DBA)* force (or power) of attraction of the permanent establishment

Attrappe *(Schaupackung)* dummy (pack)

atypisch, **~e Geschäfte** atypical transactions; **~er stiller Gesellschafter** atypical silent partner

Audienz audience (bei with); **Privat~** private audience; **um e-e ~ bitten** to ask for an audience; **in ~ empfangen werden** to be received in audience; **e-e ~erhalten** to be granted an audience; **jdm e-e ~ gewähren (od. erteilen)** to give (or grant) sb. an audience

audio-visuell, **~e Hilfsmittel** audiovisual aids; **widerrechtliche Verwendung ~en Materials** audiovisual piracy *(→Bild- und Tonpiraterie)*

aufarbeiten *(Material)* to process; *(wieder instandsetzen)* to recondition; **Rückstände ~** to work off (or clear up) arrears

Aufbahrung *(e-r bekannten Persönlichkeit)* lying-in-state

Aufbau *(Errichtung)* building up, construction, erection; structure; *(Gründung)* establishment, setting up; **Wieder~** reconstruction; **~ e-r Behörde** *(Struktur)* structure of an authority; *(Gründung)* establishment of an authority; **~ e-r Existenz** establishing (or building up) one's (means of) livelihood

Aufbau~, **~arbeit** (re)construction work; **~förderung** *(Entwicklungshilfe)* development aid (or assistance); **~konto** investment savings account (savings account or plan invested in specific securities, providing for periodic cash contributions and reinvestment of earnings); **~schule** continuation school; late entry grammar school; **~werk** (re)construction work

aufbauen to build up, to construct, to erect; *(gründen)* to establish, to set up; **~ auf** to base on; **e-n Betrieb ~** to build up an enterprise; to develop (the operations of) an enterprise; **e-e Organisation ~** to establish (or set up) an organization

aufbauend constructive

aufbereiten to process; *(Rohstoffe)* to dress; *(Kohle)* to prepare, to clean; **Daten ~** *(EDV)* to process data

Aufbereitung processing; *(von Rohstoffen)* dressing; **bei der ~** in the process of dressing; **Wieder~** reprocessing

aufbessern to improve, to ameliorate; *(Gehalt, Lohn)* to raise, to increase; to give a *Br* rise *(Am raise)*

Aufbesserung improvement, amelioration; **~ des Gehalts** →Gehaltserhöhung

aufbewahren *(verwahren)* to keep, to preserve, to hold (or keep) in (safe) custody; *(einlagern)* to store, to warehouse; *(für späteren Gebrauch)* to lay by (or aside), to save; **~(lassen)** *(z. B. im Safe)* to deposit; to entrust for safekeeping;

sicher ~ to keep in safe custody; to store for safekeeping; **Akten ~** to keep (or preserve) records; to retain records; **sein →Gepäck ~ lassen**; **die Bank bewahrt Wertsachen in ihrem Tresor auf** the bank stores valuables in its strong room (or vault)

Aufbewahrung *(Verwahrung)* preservation; deposit; custody; safe custody, safekeeping; *(Einlagerung)* storage, storing; warehousing; **~ von Akten** keeping (or preservation) of files; retention of records; **~ e-r hinterlegten Sache**[216] storage of a deposited item; **~der Unterlagen** document preservation; **~ von Urkunden** custody of documents; **~ von Wertpapieren und Wertgegenständen** safekeeping of securities and valuables

Aufbewahrungs~, ~frist *(für Akten)* preservation period; retention period; *(für Geschäftsunterlagen)* period for which commercial records must be preserved; *(Zoll)* period of storage; **~gebühr** charge for storage (or deposit); *(für Wertsachen)* safe custody fee, safe deposit fee, fee for safe keeping; *(Gepäck)* charge for left luggage; *Br* cloak- room fee; *Am* checkroom fee; **~ort** depository; place of deposit (or storage); storehouse; **~ort des Pfandes** place of storage of the pledge; **~pflicht für Geschäftsunterlagen**[217] obligation to preserve commercial records; **~schein** deposit receipt; *Br (Gepäckschein)* luggage check (or receipt); *Am* baggage check

Aufbewahrung, zur ~ geben to entrust for safekeeping; to deposit (bei with); to place in the safe custody (of); *(größere Gegenstände, z. B. Möbel)* to place in storage (bei with); **der Gastwirt ist verpflichtet, Geld, Wertpapiere, Kostbarkeiten und andere Wertsachen zur ~ zu übernehmen**[218] the innkeeper is obliged to accept money, securities, valuables and similar items for safekeeping; **die Geschäftsführer e-r GmbH haben ihre Unterschrift zur ~ bei dem Gericht zu zeichnen** the officers of the →GmbH shall deposit their signatures with the court

aufbieten 1. *(Brautpaar)* to publish the banns; **sich ~ lassen** to have one's banns (of marriage) called

aufbieten 2. *(jdn zu etw. aufrufen)*; **den verlorenen Kraftfahrzeugbrief im „Verkehrsblatt" ~**[219] *Br* to search for the lost vehicle registration document by (putting) an advertisement in the "Verkehrsblatt"

Aufbietung, die ~ des Kraftfahrzeugbriefes war erfolglos[219] the advertisement for the lost vehicle registration document was unsuccessful; **unter ~ aller Kräfte** with the utmost effort

Aufbrechen der Zollverschlüsse breaking of customs seals

aufbrechen to break (or force) open; *(Siegel)* to unseal

Aufbringen wegen Seeräuberei seizure on account of piracy

aufbringen, Geld ~ to raise (or find) money; **Geld für Kosten (etc) ~** to find (or provide) money to pay costs; **Mittel ~** to raise funds, to find (or procure) funds; **e-e Mode ~** to start (or introduce) a fashion; **ein Schiff (als Prise) ~** to make (a) prize of a ship; to capture a ship; to seize (or effect seizure of) a ship

aufbringend, der ~e Staat the state making the seizure

Aufbringer *(SeeR)* captor

Aufbringung, ~ von Mitteln raising of funds; **~ e-s Schiffes** capture (or seizure) of a ship

Aufbringungs- und Beschlagnahmeklausel[220] *(Ausschluss von Kriegsrisiko/SeeversR)* Free of Capture and Seizure clause (F. C. S. clause)
Die Versicherer sind frei von Aufbringung, Beschlagnahme, Arrest, Verfügungsbeschränkung oder Zurückhaltung.
Insurers are warranted free of capture, seizure, arrest, restraint or detainment.

aufdecken to uncover, to reveal; to expose; to detect; to lay open; **e-n Spionagefall ~** to uncover a case of espionage; **ein Verbrechen ~** to detect a crime; **e-e Verschwörung ~** to uncover (or expose) a plot

Aufdeckung, ~ e-s Betruges discovery of a fraud; **~ von Mängeln** disclosure of deficiencies; **~ e-r Verschwörung** exposure of a plot

aufdrücken *(Siegel, Stempel)* to affix (to), to impress

aufeinander abgestimmte Verhaltensweisen concerted actions (or practices)

Aufeinanderfolge sequence, succession; **die ~ der Ereignisse** the sequence of events

aufeinanderfolgend consecutive, successive; **zwei ~e Amtsperioden** two consecutive terms of office; **zwei ~e Jahre** two successive years

Aufenthalt 1. *(ständiger Aufenthalt)* residence; abode; **dauernder ~** permanent residence

Aufenthalt, gewöhnlicher ~ ordinary (or habitual) residence; habitual abode; *(DBA)* customary place of abode; **gewöhnlicher ~ im Inland** customary domestic place of abode; **Personen mit gewöhnlichem ~ in ...** persons ordinarily resident in ...; **den gewöhnlichen ~ außerhalb der Bundesrepublik haben** to be ordinarily residing (*Br* resident) outside the Federal Republic of Germany; to have one's ordinary residence outside the FRG

Aufenthalt, ständiger ~ residence; **unbekannten ~es** of unknown residence
Aufenthalt, vorläufiger ~ *Am* parole; **vorläufigen ~ gestatten** to parole

Aufenthalts~, ~bedingungen conditions of residence; **~berechtigung** right to reside; **~beschränkung** *(für Ausländer)*[221] limitation (or restriction) of residence; **~dauer** length of residence

Aufenthaltserlaubnis *(für Ausländer)* (aliens') residence permit (or authorization); **Entziehung oder Verweigerung der ~** withdrawing or refusing the residence permit

Aufenthalts~, ~genehmigung →**~erlaubnis**; **~land** country of residence; **~ort** (place of) abode; residence *(→Aufenthalt 2.)*; **gewöhnlicher ~ort** habitual residence (or abode); **~papiere** residence papers; **~recht** right of residence

Aufenthalt 2. *(vorübergehender Aufenthalt)* stay; sojourn; *(derzeitiger Aufenthalt)* whereabouts; current place of residence; *(Zug)* stop(page); **vorübergehender ~** temporary stay; **~ im Ausland** stay abroad; foreign sojourn; **~** *(e-s Schiffes)* **in e-m Hafen** stay in a port

Aufenthalts~, ~dauer duration (or length) of stay; *(Zug)* length of stop(page); **~duldung** temporary stay of deportation; **~gestattung** right of abode *(by operation of law)* pending proceedings for political asylum; **Fahrt- und ~kosten** travelling and subsistence expenses; **~ort** place of abode; whereabouts; **~voraussetzung** residence condition

Aufenthalt, ein Fahrzeug zum vorübergehenden ~ einführen to import a vehicle temporarily; **den ~ verlängern** to lengthen (or extend) the stay

auferlegen, jdm. etw. ~ to impose sth. on sb.; to enjoin (or lay) sth. on sb.; **Bedingungen ~** to impose conditions; **die →Gerichtskosten ~**; **Verpflichtungen ~** to impose obligations

Auferlegung, ~ e-r Geldstrafe imposition (or infliction) of a fine; **unter ~ der (Prozess-) Kosten** with costs; awarding of costs

auffächern to diversify, to break down

Auffahrt approach; *Br (Zufahrt zu e-r Villa etc.)* drive, *Am* driveway; *(auf Autobahn)* entrance, access (road)

auffallen, es fällt dabei besonders auf particularly striking is the fact (that)

auffallend, in ~er Weise conspicuously

auffälliger Mangel conspicuous defect

auffangen, die Kosten ~ to absorb the costs

Auffang~, ~gebiet *(für Flüchtlinge)* reception area; **~lager** reception camp (for refugees)

Auffassung conception, view; opinion; **falsche ~** misconception; **nach ~ von** in the view of; **das Gericht ist der ~** it is the opinion of the court; **sich der ~ anschließen** to join (or concur) in the view; to adopt the opinion; **die ~ vertreten** to be of the opinion, to hold the view

auffinden to discover, to find (out); to trace; to locate

auffordern to call (on sb.); to request, to demand, to invite; *(bes. behördlich)* to summon; **zur Abgabe von Angeboten ~** →ausschreiben 2.; **zur Einzahlung der Einlagen auf gezeichnete Aktien ~** to make a call on shares; **jdn ~, als Zeuge zu erscheinen** to summon sb. to appear as a witness; **den Schuldner ~, die fällige Zahlung zu leisten** to demand payment of the amount due from the debtor; **dringend zur Zahlung ~** to demand immediate payment; to urge sb. to pay; to dun

Aufforderung call(ing) ([up]on) (or request, demand); *(Einladung)* invitation; *(e-r Behörde)* notice requesting; summons, summoning; **öffentliche gerichtliche ~ zur Anmeldung von Ansprüchen oder Rechten** →Aufgebot; **~ zur Einlösung** *(an Obligationäre)* call for redemption; **schriftliche ~ zur Einzahlung auf Aktien** call letter; **~ zur Prämienzahlung** *(VersR)* renewal notice; **~ zum Verbrechen**[222] inducement (or incitement) to commit a crime; **~ zur Zahlung** request for payment; demand for money; *(an Aktienzeichner)* call; **e-r ~ nachkommen** to comply with a request; **die Aktionäre haben die →Einlagen nach ~ einzuzahlen**

aufforsten to afforest

Aufforstung afforestation

aufführen *(angeben)* to set forth, to state; *(listenmäßig)* to list; *(näher angeben)* to specify, to itemize; *(Theater)* to perform; *(einzeln)* to list separately, to itemize, to particularize; **in der Preisliste ~** to specify in the price list; **den Sachverhalt ~** to set out the facts

aufgeführt, im Katalog ~e Artikel articles listed in the catalogue; **nachstehend ~** specified below

Aufführung *(Angabe im einzelnen)* specification, itemization; *(Theater)* performance; **öffentliche bühnenmäßige ~** public stage performance; **das ~srecht erwerben**[223] to acquire the right of performance (or the stage rights)

auffüllen to fill up; (wieder auffüllen) to replenish, to refill; **die Rücklagen (wieder) ~** to replenish the reserves

Auffüllung der Bestände replenishment of stocks; stockbuilding; building up of stocks

Aufgabe 1. *(Preisgabe, Aufgeben)* giving up, abandonment, relinquishment; resignation; waiver; surrender; **~ der Amtstätigkeit** relinquishment of office; retirement (or resignation) from office; **~ e-s Anspruchs** giving up a claim; disclaimer; *(durch schriftl. Erklärung)* signing a waiver (of a claim against sb.); **~ des Besitzes** →Besitzaufgabe; **~ des Eigentums** →Eigentumsaufgabe; **~ des Geschäfts** →Geschäftsaufgabe; **~ des Optionsrechts** abandonment of the option; **~ e-s Patents** surrender of a patent; **~ e-s Rechts** abandonment (or relinquishment, waiver, surrender, yielding) of a right (or interest); **~ der Staatsangehörigkeit** renunciation of (or giving up) one's nationality (or citizenship); **~ e-r Versicherung** *(gegen Rückzahlung e-s Teiles der eingezahlten Prämiensumme)* surrender of a policy; **~ e-s Vorhabens** abandonment of a project; **~ e-r Marke** abandonment of a trademark; **~ des Wohnsitzes** abandonment of one's residence

Aufgabe 2. *(Pflicht, zugewiesene Arbeit)* duty, function, job; *(auszuführende)* task; *(zugewiesene)* assignment; *(zukünftige schwierige)* challenge; **~n** *(e-r Kommission, e-s Schiedsrichters etc.)* terms of reference; **~n der Betriebsführung** managerial functions

Aufgabenbereich scope of duties (or functions); field of duty; area of responsibilities (or activity); terms of reference; **in jds. ~ fallen** to be within sb.'s scope of duties; to fall within sb.'s terms of reference; **zum ~ gehören** to pertain to one's functions; to form part of one's duties

Aufgaben~, ~erfindung *(PatR)* problem invention; **~gebiet** →Aufgabenbereich; **~stellung** problem definition; terms of reference; **~verteilung** distribution of functions; **~zuweisung** assignment of duties

Aufgabe, die jdm obliegenden ~n erfüllen to fulfil (or perform) the functions (or duties) incumbent (up)on sb.; **neue ~n sind ihm erwachsen** he acquired new functions (or responsibilities); **e-r ~ gewachsen sein** to be equal to a task; to be able to cope with a task; **~n übernehmen** to take over duties; **~n übertragen** to delegate functions; **~n wahrnehmen** to exercise (or perform, execute) duties; **~ zuweisen** to assign duties

Aufgabe 3. *(Übergabe, Absendung)*, **~ e-r Anzeige** placing (or inserting) an advertisement in a paper; **~ e-r Bestellung** placing (of) an order; **~ von Gepäck** →Gepäckaufgabe; **~ bei der Post** *Br* posting; *Am* mailing; **~ e-s Telegramms** sending a telegram(me)

aufgeben *(preisgeben)* to abandon, to give up, to relinquish; to resign; to waive; *Br (bei der Post)* to post, *Am* to mail; **jdm** *(gerichtlich)* **~ zu tun od. zu unterlassen** to enjoin sb. to do or refrain from doing sth.; **ein Amt ~** to resign from (or vacate) an office; **e-n Anspruch ~** to give up a claim; to abandon (or renounce, waive) a claim; *(schriftl.)* to sign a waiver of claim against sb.; **seinen →Beruf ~; den →Besitz ~; e-e Bestellung ~** to place an order; **sein →Gepäck ~; ein →Geschäft ~; ein Optionsrecht ~** to abandon an option; **ein Patent ~** to surrender a patent; **e-e Praxis ~** to retire from practice; **ein Recht ~** to abandon (or relinquish, waive) a right; **e-e Sicherheit ~** to surrender a security; **seine Staatsangehörigkeit ~** to renounce one's nationality (or citizenship); **e-e Stelle ~** to resign (or retire) from a post; to give up a position; **ein Unternehmen ~** to abandon an enterprise; **e-n Vermögensgegenstand (od. e-n Teil des Vermögens) ~** to part with property (or an asset); **e-e (Lebens-)Versicherungspolice ~** to surrender a policy; **den Versuch ~** to abandon the attempt; **ein Warenzeichen ~** to abandon a trademark

aufgegeben abandoned; *(herrenlos)* derelict; **~es Gepäck** registered luggage; *(Flugzeug)* checked baggage; **nicht ~es Gepäck** unchecked baggage

Aufgeber sender; *(Inserent)* advertiser

Aufgebot 1.[224] public notice (given by the court)
Gerichtliche Aufforderung zur Anmeldung von Ansprüchen oder Rechten mit der Wirkung, dass die Unterlassung der Anmeldung einen Rechtsnachteil zur Folge hat. Durch das Aufgebotsverfahren können bestimmte Gläubiger (z. B. Nachlassgläubiger)[225] mit ihren Rechten ausgeschlossen werden, ferner Inhaberschuldverschreibungen[226], Aktien[227], kaufmännische Orderpapiere[228], Wechsel[229] und Schecks[230] für kraftlos erklärt werden.
A judicial order (or call) for the presentation of claims with the effect that failure to present such claims may result in a legal detriment. By this procedure the claims of certain creditors (e. g. creditors of an estate) may be cut off and the named documents may be cancelled.

Aufgebotsverfahren[231] judicial call procedure, public notice procedure
Verfahren, in dem Rechtsinhaber durch öffentliche Bekanntmachung des Gerichts aufgefordert werden, ihre Rechte innerhalb einer Frist anzumelden. Falls die Anmeldung unterbleibt, wird die Durchsetzung des Rechts entweder ausgeschlossen oder erschwert.
Proceeding(s) in which holders of a right or interest are summoned by public notice given by the court to file their claims (or objections) within a fixed time period. Failure to file within the period may extin-

guish the claims or make their enforcement more burdensome.

Aufgebotsverfahren, Kraftloserklärung von Aktien im ~ cancellation of share certificates by means of the public notice procedure; **im Wege des ~s mit seinem Recht ausgeschlossen werden** to be deprived of one's right by means of the public notice procedure; **der Eigentümer e-s Grundstücks kann, wenn das Grundstück seit 30 Jahren im Eigenbesitz e-s anderen ist, im Wege des ~s mit s-m Recht ausgeschlossen werden**[232] the rights of an owner whose land has been in the adverse possession of another for 30 years may be terminated through the public notice procedure

Aufgebot 2. *(vor Eheschließung)*[233] public notice of intended marriage; *(kirchlich)* banns (of marriage); **Erlass des ~s** publication of the banns (of marriage); **das ~ bestellen** *(standesamtlich)* to give notice of intended marriage; *(kirchlich)* to call (or put up, publish) the banns

Aufgehen merger, amalgamation (in in); **~ von zwei oder mehreren Gesellschaften in e-e einzelne Gesellschaft** merger (or consolidation, amalgamation) of two or more companies (into a single company); **~ e-s Vertrages in e-n anderen** merger (or absorption) of one contract in another

Aufgeld agio, premium (on exchange)

aufgenommene Gelder borrowed funds

aufgliedern to break down, to classify, to analyse; to itemize; **Kosten ~** to break down costs, to itemize costs

Aufgliederung breakdown, classification, analysis; **berufliche ~** breakdown by occupations; occupational classification; **→Kosten~**; **→Preis~**

aufhalten *(zum Stillstand bringen)* to stop; to halt; *(hinhalten)* to delay, to detain; **sich (vorübergehend) ~** to stay, to reside temporarily, to sojourn; **jd, der sich nur vorübergehend aufhält** temporary resident; *Am* sojourner

aufgehalten, in e-m Hafen ~ werden to be detained in a port

aufgrund s. auf →Grund

aufhebbar voidable, rescindable; subject to avoidance (or cancellation); **~e Ehe**[234] voidable marriage

Aufhebbarkeit der Ehe voidability of marriage

aufheben *(für ungültig erklären)* to avoid, to set aside, to quash; to annul, to cancel; *(Gesetz, völkerrechtl. Vertrag)* to abrogate, to repeal; to rescind, to abolish; *(widerrufen)* to revoke; *(einstweilig)* to suspend; *(beenden)* to terminate; *(aufbewahren)* to keep, to preserve; **sich gegeneinander ~** to offset each other; **ein Abkommen ~** *(VölkerR)* to abrogate an agreement; to terminate a convention; **e-e Anordnung ~** to cancel (or revoke, annul) an order; to countermand an order (or direction); **den → Arrestbefehl ~**; **e-e →Beschlagnahme ~**; **die Blockade ~** to raise the blockade; **e-n Boykott ~** to call off a boycott; **e-e Ehe ~ to annul a marriage**; **→Einfuhrbeschränkungen ~**; **das Embargo ~** to lift the embargo; **e-e Entscheidung ~** to set aside (or reverse, quash) a decision; **ein Gesetz ~** to abrogate (or repeal, revoke) a statute; **die →Immunität ~**; **e-e Sitzung ~** to dissolve (or break up) a meeting; **ein Urteil** *(durch das erlassende Gericht od. Rechtsmittelgericht)* **~** to set aside a judgment, to annul a judgment; *Am* to vacate a judgment; **das Urteil der unteren Instanz ~** to reverse (or overrule) the judgment of the lower court; **e-n Schiedsspruch ~** to set aside an award; **e-e Verfügung ~** to cancel (or rescind) an order; **das Vergleichsverfahren ~**[235] to set aside the proceedings for a composition; **e-n Vertrag ~** to terminate (or cancel, annul, rescind) a contract; to give notice of avoidance of a contract; *(ex nunc)* to resolve a contract; *(VölkerR)* to abrogate a treaty; to terminate an agreement

aufgehoben, ~e →Entscheidung; ~e Rechtsvorschriften repealed enactments

Aufhebung avoidance, setting aside; annulment, dissolution, cancel(l)ation; *(Gesetz, völkerrechtl. Vertrag)* rescission, abrogation, repeal; abolition; lifting; *(Widerruf)* revocation; *(einstweilig)* suspension; *(Beendigung)* termination; **der ~ unterliegend** *(ProzessR)* reversible; **~ e-r Absprache** *(KartellR)* termination of an agreement; **~ des →Arrestes; ~ der Beschlagnahme** release of property seized; lifting of the seizure; **~ von Beschränkungen** abolition (or lifting, removal) of restrictions; **~ der →Ehe; ~ e-s Gesetzes** repeal (or abrogation) of a law (or statute); **~ des →Mietverhältnisses; ~ e-s Schiedspruches** setting aside of an (arbitral) award; **~ e-s Testaments**[236] **s. Widerruf e-s →Testaments; ~ e-s Urteils** setting aside a judgment; (Aufhebung *der unteren Instanz durch das Rechtsmittelgericht*) reversal of a judgment; **~ e-s Vertrages** avoidance (or cancellation, annulment, rescission) of a contract; termination of an agreement; *(VölkerR)* abrogation of a treaty; **die ~ e-s Vertrages erklären** to declare a contract rescinded; **auf ~ e-s Vertrages klagen** to sue for rescission of a contract

Aufhebung e-s Verwaltungsakts[237] annulment (or setting aside) of an administrative act; **Klage auf ~** *(Anfechtungsklage)* action to set aside an administrative act

Aufhebung, **~ des Vorzugs** *(bei Vorzugsaktien)*[238] cancellation of the preference; **~ der Zensur** lifting the censorship; **~ der Zwangsvollstreckung** cancel(l)ation of execution

Aufhebungs~, **~begehren s. Klage auf Aufhebung der →Ehe**; **~erklärung** declaration of rescission (of a contract); **~grund** *(für Aufhebung e-s Vertrages)* ground for rescission (of a contract)

Aufhebungsklage s. z. B. Klage auf Aufhebung der →Ehe, Klage auf Aufhebung des →Mietverhältnisses, Klage auf →Aufhebung e-s Verwaltungsaktes; **e-e ~ erheben** to bring an action for avoidance (or annulment, rescission, termination); *Br (EheR)* to file a petition (*Am* to make a complaint) for annulment of a marriage

Aufhebungsurteil *(EheR)* decree of nullity; judgment annulling (or avoiding, cancel(l)ing, terminating) (a contract etc.); *(beim Verwaltungsakt)* judgment rendering the administrative act null and void

Aufhebung, **der ~ unterliegen** to be subject to cancel(l)ation (etc.); to be voidable

aufhetzen to incite, to instigate, to stir up; **zur Meuterei ~** to incite mutiny

Aufhetzung incitement, instigation; (political) agitation

aufholen *(jdn od. e-n Vorsprung)* to catch up with; **verlorene Zeit ~** to make up for lost time; **den Vorsprung ~** to reduce the lead (of)

Aufhören cessation; discontinuance; *(vorübergehend)* suspension; **ohne ~** without cease, incessantly

aufhören to cease, to stop; *(vorübergehend)* to suspend; **~ zu arbeiten (od. mit der Arbeit ~)** to cease (from) working, to stop work; to discontinue work; *Br colloq.* to down tools; *Am* to lay down tools; **die Gesellschaft hört auf zu bestehen** the company ceases to exist

Aufkauf buying up; purchase; acquisition; *(zu spekulativen Zwecken)* corner, cornering; **~ von Gesellschaften** acquisition of companies; *Am* corporate acquisition; (spekulativer) Aufkauf *(von Wertpapieren) Am* scale buying *(Käufe werden über e-e Baisseperiode verteilt)*

aufkaufen to buy up; to purchase; to acquire; *(zur Beherrschung des Marktes)* to corner; **die gesamten Baumwollvorräte** *(zu spekulativen Zwecken)* **~** to corner the market in cotton

Aufkäufer buyer-up; buying agent; *Br* cornerer, speculative buyer; **~gruppe** corner

aufklären to clarify, to explain, to inform, to elucidate; to enlighten

Aufklärung clarification, explanation, information, elucidation; **~ des Sachverhalts** clarification of the circumstances; **a~sbedürftige Punkte** points needing explanation; **~sflugzeug** reconnaissance aircraft; **~spflicht** *(z. B. der Verwaltungsbehörde)* obligation to give information; *(des Richters)* duty to investigate the matter; *(des Arztes)* surgeon's duty of disclosure; **~ssatellit** surveillance satellite, reconnaissance satellite

Aufklebezettel sticker; *Br* stick-on label

Aufkommen aus Steuern yield (or revenue) from taxes

aufkommen *(entstehen)* to come into use; *(Mode)* to come into fashion; **für jds Ausgaben ~** to meet sb.'s expenses; **für die Kosten ~** to pay (or defray) the costs; **für den Schaden ~** to accept responsibility for the damage; **für jds Schulden ~** to make oneself liable for (or to pay) sb.'s debts; to accept liability for sb.'s debts

aufkündigen →kündigen

aufladen to load (goods onto a vehicle); **jdm viel Arbeit ~** to load a lot of work onto sb.; to burden sb. with work

Auflage 1. *(im PrivatR)* obligation, condition (which must be complied with); *(Belastung)* charge, burden; *(VerwaltungsR)* imposition of a duty by a competent authority; **~ im Erbrecht** s. testamentarische →Auflage; **mit der ~** subject to the obligation

Auflage, **Schenkung unter ~**[240] gift subject to a burden; **Schenkung unter ~, die die Schenkung lästig od. wertlos macht** onerous gift; **Vollziehung e-r ~** *(bei Schenkung)*[241] fulfilment of an obligation attached to a gift, execution of a burden

Auflage, **testamentarische ~**[242] burden (or charge, obligation) imposed by will; testamentary burden

Durch Verfügung von Todes wegen kann der Erblasser den Erben oder den Vermächtnisnehmer zu einer Leistung verpflichten, ohne einem anderen ein Recht auf diese Leistung zuzuwenden (z. B. Pflege eines Grabes).

By testamentary disposition the deceased can impose on the heir (or legatee) an obligation without conferring on another the right to claim performance thereof (e. g. maintenance of a grave).

Auflage, **unter ~n** subject to certain conditions

Auflage, **Vermächtnis unter ~** bequest encumbered with a charge

Auflage, **mit e-r ~ beschwert** encumbered with a charge (etc); **durch ~n einschränken** to limit by the imposition of obligations; **die ~ erfüllen** to comply with the obligation; **e-e Erlaubnis unter ~ erteilen** to grant a licen|ce (~se) subject to conditions; **~n machen** to impose obligations (or charges); **mit ~n ver-**

bunden sein to be subject to certain burdens (or charges, obligations); to have certain burdens attached; **die ~n vollziehen** s. die →Auflagen erfüllen; **e-r ~ zuwiderhandeln** to violate an obligation (attached to)

Auflage 2. *(e-s Buches)* edition; *(e-r Zeitung)* circulation; *(bes. unveränderte)* impression; **bearbeitete ~** revised edition; **Erst~ von 5000 Stück** first impression of 5000 copies; **gekürzte ~** abridged edition; **hohe ~** *(e-r Zeitung)* wide circulation; **Zeitung mit Massen~** mass circulation newspaper; **Neu~** new edition

Auflagen~, ~höhe size of an edition; *(e-s Buches)* total number of copies (in one edition); *(e-r Zeitung)* circulation figure; **~ziffer** →Auflagenhöhe

Auflage, 10 ~n erleben to go through 10 editions; **diese Zeitung hat e-e ~ von ...** this newspaper has a circulation of ...; **die ~ ist vergriffen** the edition is out of print

Auflage 3. *(bei Strafaussetzung zur →Bewährung)* condition; **Verstoß gegen e-e ~** breach of a condition; **e-e ~ beachten** to observe a condition; **~n erteilen** to impose conditions; **den ~n nachkommen** to comply with the conditions

auflassen to convey by agreement

Auflassung[243] (agreement as to the) conveyance (or transfer) of land; *Br (etwa)* completion of sale; **~svormerkung** →Vormerkung

Auflassung ist bei Übertragung des Eigentums an Grundstücken die Einigung zwischen Veräußerer und Erwerber, die bei gleichzeitiger Anwesenheit beider Teile vor einem Notar erklärt werden muß.

Auflassung is the agreement between the transferor and the transferee that ownership of the land shall pass from the one to the other. This agreement shall be declared by each party in the presence of the other before a notary.

auflauern, jdm ~ to lie in ambush for sb.

Auflauf unlawful assembly; riot

Auflaufen *(von Kosten, Zinsen etc)* accumulation, accrual

auflaufen to accumulate, to accrue; *(Schiff)* to run aground

aufgelaufen, ~e Dividenden accumulated dividends; **~e Schuld** accumulated debt

auflegen, e-e Anleihe ~ to issue (or float) a loan; **e-e Anleihe zur Zeichnung ~** to offer a loan for subscription; to invite subscription(s) for a loan; **ein Buch neu ~** to republish a book; **e-n Investmentfonds ~** *Br* to launch a unit trust *(Am mutual fund)*

aufliegen, zur Unterzeichnung ~ *(VölkerR)* to be open for signature; **zur Zeichnung ~** *(Aktien, Obligationen)* to be offered for subscription

auflockern, den Kreditmarkt ~ to ease (or relax) the credit market

Auflockerung des Kapitalmarktes easing of the capital market

auflösbar dissoluble; *(einseitig)* voidable

Auflösbarkeit dissolubility; *(einseitig)* voidability

auflösen to dissolve; to liquidate; to wind up; *(einseitig)* to void, to break up; **e-e Aktiengesellschaft durch Urteil ~**[244] to dissolve a *Br* public limited company (*Am* corporation) by judicial decision; **ein Geschäft ~** to dissolve (or liquidate, wind up) a business; **e-e offene Handelsgesellschaft ~**[245] to dissolve a partnership; **seinen Haushalt ~** to break up one's household; **ein Konto ~** to close an account; **das Parlament ~** to dissolve Parliament *(s. Auflösung des →Bundestags)*; **e-n Verein ~**[246] to dissolve (or wind up) an association; **e-e Versammlung ~** to break up an assembly; **e-n Vertrag ~** to annul (or cancel, rescind, void) a contract

auflösend bedingt subject to a condition subsequent

auflösende Bedingung[247] condition subsequent; resolutory condition *(→aufschiebende Bedingung)*

Bei der auflösenden Bedingung endet mit dem Eintritt der Bedingung das bisher voll wirksame Rechtsgeschäft und es tritt der frühere Rechtszustand wieder ein (z. B. Wiederverheiratungsklausel).

Upon the occurrence of the condition subsequent the existing obligation or right is terminated and the prior status is reestablished (e. g., operation of a remarriage clause).

Auflösung dissolution; liquidation; winding up; break(-)up; **~** *(e-s Ganzen in seine Teile)* disintegration; **gerichtliche ~ e-r Aktiengesellschaft**[248] judical dissolution of a *Br* public limited company *(Am corporation)*; **~ des Arbeitsverhältnisses**[249] termination of the (contract of) employment; **~ des →Bundestags**; **~ der →Ehe**; **~ e-s Fonds** liquidation (or winding up) of a fund; **~ e-r Gesellschaft des bürgerlichen Rechts**[250] dissolution (or liquidation) of a non-trading partnership; **~ e-s Haushalts** breaking up a household; **~ e-s Kartells** dissolution of a cartel; termination of a cartel agreement; **~ e-r Koalition** *pol* break- up of a coalition; **~ e-s Kontos** closing an account; **~ der Pensionsrückstellung** release of the pension reserve; **~ e-s Vereins**[251] dissolution (or winding up) of an association; dissolving a club; **~ e-r Versammlung** breaking up of an assembly

Auflösung e-s Vertrages annulment (or termination, rescission) of a contract; **~ wegen**

→**arglistiger Täuschung**; **im Falle der ~** if the contract is terminated (or rescinded)

Auflösungs~, **~beschluss** order to liquidate; dissolution order; **~erscheinungen** signs of disintegration; **~gründe** grounds for dissolution (or liquidation); **~klage** action for dissolution (or liquidation) (brought by a partner of a →GmbH, →OHG or →KG)

Auflösung, **in ~ begriffen sein** to be in the process of dissolution (or liquidation); **der ~ unterliegen** to be subject to dissolution (or liquidation)

aufmachen *(eröffnen)* to open; *(für den Verkauf zurechtmachen)* to make up, to get up; **e-n Artikel** *(in e-r Zeitung)* **groß ~** to feature an article; **die →Dispache ~**; **ein Geschäft ~** to start a business; to open a shop; **der Laden macht um 9 Uhr morgens auf** the shop opens at 9 a. m.

Aufmachung *(Anordnung)* lay-out; *(Ausstattung)* make-up; **äußere ~ der Ware** presentation (or layout) of the goods; **die Dokumente entsprechen der äußeren ~ nach den Akkreditivbedingungen** the documents appear on their face to be in accordance with the terms and conditions of the credit

aufmerksam attentive; **auf Rechte Dritter ~ gemacht werden** to be put on notice

Aufmerksamkeit attention; **mangelnde ~** lack of attention; **~ richten auf** to draw (or pay) attention to; **angemessene ~ schenken** to give proper attention (to); **besondere ~ verdienen** to merit special consideration

Aufnahme taking up; *(Empfang)* reception; *(Zulassung)* admission, admittance, admitting; *(feierlich)* initiation; *(Einschreibung als Mitglied od. Teilnehmer)* enrol(l)ment; *(in sich)* absorption; *(Einfügung)* insertion; *(Beherbergung)* accommodation; *(Bewirtung)* entertainment; **~ e-r Anleihe** raising (or floating) of a loan; **~ e-r Anzeige in e-e Zeitung** insertion of an advertisement in a newspaper; **~ der Arbeit** taking up work; beginning (or start) of (the) employment; **~ von Ausländern in ein Land** admission of aliens into a country; **~ von Beweisen** hearing of evidence; **~ von (diplomatischen) Beziehungen** establishment of (or establishing, taking up) (diplomatic) relations; **~ auf e-n →Bild- oder Tonträger**; **~ e-s Darlehens**; →**Darlehens~**; **~ von Flüchtlingen** *(durch ein Land)* reception of refugees; **~ von Geld** raising of money (or funds); borrowing; **~ der →Geschäftstätigkeit**; **~ e-s Gesellschafters** acceptance (or admission) of a partner; **~ e-r Hypothek** raising (or taking) a mortgage; **~ e-r Klausel in e-n Vertrag** inserting a clause into a contract; **~ in ein Krankenhaus** admission to a hospital; **~ e-s Kredits** →Kreditaufnahme; **~ e-s Namens in e-e Liste** entering (or placing) a name on a list; listing; **~ als Mitglied** admission of a member; admission to membership; affiliation; **~ von Schulden** contracting debts; **~ e-s Staates als Mitglied** admission of a state to membership; **~ e-s Teilhabers** admission of a partner; **~ von Verhandlungen** opening of (or entering into) negotiations

Aufnahme~, **~antrag** application for admission, application for membership; application of affiliation; **~bedingungen** conditions of admission; **~beitrag** initial contribution; **~bereitschaft des Marktes** receptivity of the market; **a~fähig** *(Markt)* capable of absorbing; receptive; **~fähigkeit des Marktes** absorptive capacity (or receptivity) of the market; **~gebühr** admission fee (or charge); *(für Aufnahme in ein Verzeichnis)* listing fee; **~gesuch** application for admission; **~lager** *(für Flüchtlinge)* reception camp; **~land** *(für Arbeitskräfte)* host country; *(für Einwanderer)* receiving country; *(für Asylanten)* country providing asylum; **~mitgliedstaat** *(EU) (Mitgliedstaat, in dem ein Versicherungsvermittler eine Zweigniederlassung hat oder Dienstleistungen erbringt)* host Member State *(Member State in which an insurance intermediary has a branch or provides services)*; **~prüfung** entrance examination; **~verfahren** admission procedure

Aufnahme, **sich um die ~ bewerben** to apply for admission; **die erforderlichen Voraussetzungen für die ~ erfüllen** to be eligible (or to possess the necessary qualifications) for admission; **günstige ~ finden** to meet with a favo(u)rable reception; **jdm die ~ verweigern** to refuse (or deny) sb. admission

aufnehmen to take up; *(empfangen)* to receive; *(feierlich)* to initiate; *(zulassen)* to admit; *(als Mitglied od. Teilnehmer)* to enrol(l); *(in sich)* to absorb; *(einfügen)* to insert; to include; *(unterbringen, fassen [können])* to accommodate; *(bewirten)* to entertain; **(es) mit jdm ~** to cope (or compete) with sb.; to be a match for sb.; **wieder~** to resume; **e-e (bestehende) Gesellschaft nimmt die andere (in sich) auf** one (existing) company absorbs another; **e-e Anleihe ~** to contract (or raise) a loan; **die →Arbeit ~**; **Bestimmungen in e-n Vertrag ~** to include (or insert, embody) terms (or regulations) in an agreement; **den Betrieb ~** →Betrieb 2.; **Beweis ~** to hear (or take) evidence; **(diplomatische) Beziehungen ~** to establish (or enter into) (diplomatic) relations; **ein Darlehen ~** to take up (or raise, secure) a loan; to borrow; **e-e Erklärung schriftlich ~** to take down a statement in writing; **jdn in e-e Firma ~** to admit sb. into a firm; to take sb. as a partner (of); **Geld (bei e-r Bank) ~** to borrow (or raise, take up) money (from a bank); **die**

→**Geschäftstätigkeit ~; jdn als** →**Gesellschafter ~; in das Gesetz ~** to incorporate in the law; **e-e** →**Hypothek ~;** →**Kredit ~; jdn als Mitglied ~** to admit (or adopt) sb. as member; to affiliate sb. (to); to enrol(l) sb. (in e-e Gesellschaft in a society); **ein Protokoll ~** to draw up the minutes; **im Protokoll ~** to record in the minutes; to enter (or take up) on the record; **den Schaden ~** *(VersR)* to assess the damage; **e-e Tätigkeit ~** to engage in an activity; to start (or take up) work (or employment); **jdn als Teilhaber ~** to admit sb. as a partner; to take sb. into partnership; **mit jdm** →**Verbindung ~; jdn in e-n Verein ~** to admit sb. to an association; to receive sb. into a club; →**Verhandlungen ~**

aufopfern *(Schiff, Ladung)* to sacrifice

aufgeopferte Güter (SeeversR) sacrificed goods

Aufopferung *(SeeversR)* sacrifice; **~ der großen Havarie** general average sacrifice; **durch ~ verlorengegangene Ladung** cargo lost by sacrifice

Aufopferungsanspruch claim to compensation against a public authority for impairment of health, e.g. →Impfschaden (completes the protection under German law against infringement of the rights of the individual through the exercise of administrative powers by public authorities; *(cf* →*Entschädigung bei Enteignung))*

Aufpreis additional price, surcharge

Aufräumungsarbeiten *(z. B. nach e-m Flugzeugunglück)* salvage work; clearing of debris

aufrechenbar subject to set-off

aufrechnen to set off, to offset; to make a set(-)off (of); **mit e-m Anspruch ~** to offset against a claim; **A. rechnet seine Forderung gegen die von B. auf** A. sets his claim off against B.'s claim on him

Aufrechnende, der/die ~ the party setting off (or effecting set[-]off)

Aufrechnung[252] *Br* set-off, *Am* setoff; offset; **im Wege der ~** by way of set(-)off

A. fordert eine ihm gebührende Leistung und bewirkt eine ihm obliegende Leistung.

A. demands performance of an obligation owed to him and effects performance of an obligation imposed on him.

Im Gegensatz zum anglo-amerikanischen Recht ist die Aufrechnung ein Rechtsinstitut des materiellen Rechts, nicht des Prozessrechts.

Contrary to the concept of set(-)off in Anglo-American law "Aufrechnung" is governed by substantive law, not by procedural law.

Aufrechnung, ~ mit e-m Anspruch setting off of a claim; offsetting against a claim; **~ beim Rücktritt vom Vertrag**[253] set(-)off on termination of the contract; **e-e ~ geltend machen** to claim a set(-)off; **die ~ e-s Anspruchs im Prozess geltend machen** to set off a claim in an action; to plead set(-)off by way of defence (defense); **sich von e-r Schuld durch ~ befreien**[254] to extinguish one's debt by set(-)off; **seine Schuld durch ~ tilgen**[255] to extinguish one's debt by set(-)off

aufrechterhalten to maintain; **e-n Anspruch ~** to sustain (or uphold) a claim; **e-e Entscheidung ~** to uphold (or confirm) a decision; **seine Kandidatur ~** to maintain one's *Br* candidature *(Am candidacy)*; **ein Patent ~** *(nach Einspruch)* to maintain a patent; **den Vertrag ~** to maintain the contract

Aufrechterhaltung maintenance; **~ der Ehe** continuance of marriage; **~ der öffentlichen Ordnung** maintenance of law and order; preservation of public order, maintaining public order; **~ e-s Patents**[256] maintenance of a patent; **~sgebühren**[256a] *(PatR)* renewal fees; **~ wohlerworbener Rechte** preservation of vested rights; **~ des Wettbewerbs** maintaining (or maintenance of) competition

Aufriss front elevation

aufrücken *(im Amt)* to advance (in rank), to be promoted (to a higher position)

Aufruf call, calling; **namentlicher ~** call(ing) by name; call-over, roll-call; **öffentlicher ~** appeal; proclamation; **~ der Gläubiger e-r AG durch die Abwickler**[257] notice to the company's (or *Am* corporation's) creditors given by the liquidators

Aufruf der Sache, der Termin beginnt mit dem ~ the proceedings commence with the calling of the case

Aufruf von Zeugen[258] calling of witnesses

Aufruf, e-n ~ ergehen lassen to issue (or make) a proclamation; to address an appeal (an to)

aufrufen to call; **namentlich ~** to call by name, to make a roll-call; **öffentlich ~** to appeal (to); to give public notice (of); **Aktienkapital** *(zur Zahlung)* **~** to call up capital; **Banknoten zur Einziehung ~** to call in (or withdraw) banknotes; **e-e Sache** *(bei Gericht)* **~** to call (up) a case; **zum Streik ~** to call out on strike; **Obligationen zur Tilgung ~** to call up bonds for redemption; **e-n Zeugen ~** to call a p. as a witness

Aufruhr riot, insurrection; revolt; rising against established authority; **Anstiftung zum ~** incitement to sedition (or riot); **Unterdrückung von ~** suppression of riot; **~, Bürgerkrieg und Streik** riot, civil commotion and strike (R C C S); **~ und bürgerliche Unruhen** riot and civil commotions (R C C); **zum ~ auf-**

rufend seditious; **an e-m ~ teilnehmen** to take part in a riot, to riot

aufrührerisch riotous; **~e Menge** disorderly crowd; **~es Verhalten** sedition; **zu ~en Zwecken einberufene Versammlung** seditious meeting (or assembly); unlawful assembly

aufrunden, e-e Summe ~ to round an amount up (von ... auf from ... to)

aufrüsten to (re)arm

Aufrüstung (re)armament; military buildup

aufschiebbar postponable, delayable, deferrable

aufschieben *(auf bestimmte Zeit)* to defer; to postpone; *(verzögern)* to delay; *(vertagen)* to adjourn; **e-e Entscheidung ~** to defer making a decision; **die Zahlung ~** to postpone (or put off) payment

aufschiebend dilatory; suspensive; **~ bedingt** subject to a condition precedent

aufschiebende Bedingung[259] condition precedent; *Am (auch)* suspensive condition *(→auflösende Bedingung)*

Wird ein Rechtsgeschäft unter einer aufschiebenden Bedingung vorgenommen (z. B. Eigentumsvorbehalt), tritt die gewollte Rechtswirkung erst mit Eintritt der Bedingung ein.

A transaction which is entered into subject to a condition precedent becomes effective only if and when the condition occurs (e. g. reservation of title until payment in full of purchase price).

aufschiebende Wirkung *(z. B. Anfechtung)*[260] suspensive (or suspensory) effect; **die Beschwerde hat ~**[261] the appeal suspends the effect of the decision

Aufschiebung postponement, deferment *(→Aufschub)*

Aufschlag surcharge; additional (or extra) charge; mark(-)up; *(bei Kursen)* premium; *(für Verwaltungskosten)* loading; **~ auf den Einfuhrpreis** (GATT) import mark(-)up; **Kalkulations~** mark(-)up (on cost); **Preis~** *(Zuschlag)* price mark(-)up; *(Erhöhung)* price increase; extra charge; **Steuer~** surcharge, additional tax

aufschlagen to surcharge, to demand a surcharge (or an additonal charge); **e-n höheren Preis auf die Waren ~** to mark up the goods; **auf den Preis ~** to add to the price; *(den Preis erhöhen)* to raise (or increase) the price

aufschließen *(Bauland, Bodenschätze, Markt)* to open up, to develop

Aufschließung opening up, development; **~sarbeiten** development work; **~skosten** development expense (or cost)

Aufschluss *(Erklärung)* explanation; disclosure; *(Auskunft)* information; **~ erhalten (geben) über** to receive (provide) information about; **~ darüber geben, wie ...** to give some clue as to how ...

aufschlussreich informative

aufschlüsseln *(z. B. für statistische Zwecke)* to break down, to classify, to analyse

Aufschlüsselung (detailed) break(-)down, classification, analysis; **~ nach Berufen** break(-) down by occupation; **~ der Haushaltsausgaben** classification of budget expenditures

aufschreiben to write down, to make a note of; **jdn ~** *(Polizei)* to take sb.'s name; to book sb., to record a charge against sb.; **seine →Auslagen ~**

Aufschrift *(auf Brief etc)* address; *(auf Münze, Denkmal etc)* inscription; *(Warenetikett)* label; **sein Gepäck mit e-r ~ versehen** to put a label on (or to lable) one's luggage (or baggage)

Aufschub deferment, deferring; deferral; *(auf bestimmte Zeit)* postponement; *(Vertagung)* adjournment; *(Stundung)* respite; **~ der Strafvollstreckung** stay (or postponement) of the sentence; *(bes. bei Todesstrafe)* reprieve, respite of the sentence; **~ der Zahlungsfrist** extension of the time for payment; **diese Angelegenheit duldet keinen ~** this matter allows no delay; **e-n ~ gewähren** to grant a respite (or *Am* deferral); to allow time

aufschwänzen *(Börse)* to corner

Aufschwung impulse; *(wirtschaftlicher)* ~ recovery, upturn, upswing, boom; *(Konjunkturzyklus)* prosperity; **im ~ begriffen** booming; **Geschäfts~** revival of business; **konjunktureller ~** cyclical upswing; **wirtschaftlicher ~ der Industrie** upward surge of industry; **neuen ~ geben** to give a new impulse; **e-n ~ nehmen** to improve, to advance; **e-n rapiden ~ nehmen** to boom, to be booming

Aufseher(in) supervisor, inspector; *(Vorarbeiter)* foreman; overseer; *(im Museum etc)* attendant, guardian; *(Parkplatz)* attendant; *Br (Gefängnis)* prison officer, (prison) warden; *Am* jailer, guard

aufsetzen to draw up, to prepare; *(entwerfen)* to draft, to make a draft; **schriftlich ~** to draw up in writing; **sein Testament ~** to prepare (or draw up, draft) one's will; **e-e Urkunde ~** to draw up (or draft) a document; **e-n →Vertrag ~**

Aufsicht control, supervision (über of); *(Überwachung)* monitoring; **staatliche ~** state (or government) supervision; control (or supervision) by the government; **unter der ~ von** under the supervision of, supervised by; **unter →Po-**

lizei ~; unter Staats~ state (or government)-controlled

Aufsicht, die ~ ausüben to supervise; **der ~ entziehen** to free (or remove) from (the) supervision; **unter jds ~ stellen** to place under sb.'s control; **der ~ unterliegen** to be subject to supervision (or control)

aufsichtführend supervisory, supervising; **~e Person** supervisor, superintendent; person who supervises (or superintends); **~er Richter** senior judge, presiding judge

Aufsichts supervising, supervisory, controlling; **~amt**[262] supervisory office, control board; **~beamter** suspervisor, superintendent; control officer; inspector; **~befugnis** authority to supervise; **~behörde** supervising (or supervisory) authority; **~behörde für den Warenterminhandel in den USA** Commodity Futures Trading Commission (CFTC); **~beschwerde** →Dienstaufsichtsbeschwerde; **(staatl.) ~organ** (public) supervisory body; **~person** s. die →aufsichtführende Person; **~personal** supervisory personnel; superintending staff

Aufsichtspflicht duty of supervision; **Verletzung der ~** breach of duty of supervision

aufsichtspflichtig liable to supervise; **~ sein** to have a duty to supervise

Aufsichtsrat[263] supervisory board
Der Aufsichtsrat der Aktiengesellschaft wird von der Hauptversammlung für längstens 4 Jahre bestellt.[264] Seine wichtigste Aufgabe ist die Überwachung der Geschäftsführung des Vorstandes[265], den er auch (auf höchstens 5 Jahre) bestellt.[266]
The members of the supervisory board are appointed by the shareholders for a period not exceeding 4 years. The supervisory board appoints the members of the managing board (for a period not exceeding 5 years) and supervises the management of the company.

Aufsichtsrat, Aufgaben des ~s[267] duties of the supervisory board; **Beschlussfassung des ~s**[268] resolution of the supervisory board; **Einberufung des ~s**[269] calling a meeting of the supervisory board; **Unvereinbarkeit der Zugehörigkeit zum Vorstand und zum ~**[270] incompatibility of membership of the managing board with membership of the supervisory board; **Vorsitzender des ~s** chairman of the supervisory board; **Zusammensetzung des ~s**[271] composition of the supervisory board

Aufsichtsrats~, ~beschluss resolution of the supervisory board; directors' resolution; **~gebühren** *(DBA)* directors' fees

Aufsichtsratsmitglied member of the supervisory board; non-executive director; outside director; **gerichtlich bestelltes ~**[272] member of the supervisory board appointed by the court; **Abberufung der ~er**[273] revocation of appointment (or dismissal) of directors; **Amtszeit der ~er**[274] term of office of directors; **Bestellung der ~er**[275] appointment of the directors; **persönliche Voraussetzungen für ~er**[276] personal requirements for membership of supervisory board; **Sorgfaltspflicht und Verantwortlichkeit der ~er**[277] duty of care and accountability of directors; **Vergütung der ~er** →Aufsichtsratsvergütung

Aufsichtsrats~, ~sitz seat on the supervisory board; **~sitzung**[278] meeting of the supervisory board; board meeting

Aufsichtsratsvergütung[279] remuneration of supervisory board members; *(DBA)* directors' fees; **Besteuerung von ~en** *(DBA)* taxation of directors' fees

Aufsichtsratsvorsitzender chairman (or president) of the supervisory board

Aufsichtsrat, e-n ~ bilden to form (or set up) a supervisory board; **den ~ einberufen**[280] to call a meeting of the supervisory board

Aufsichtsrecht right of supervision (or control); *(Inspektionsrecht)* visitatorial power

aufspalten to split up, to break down (or up); **sich ~ in** to split into

Aufspaltung splitting up; division; dispersion, dispersal; **~ e-r Gesellschaft in mehrere Abteilungen** division of a company into several departments

aufspüren, e-n entflohenen Gefangenen ~ to track down an escaped prisoner

Aufstand insurrection, rebellion, revolt; uprising; **e-n ~ niederschlagen** to put down an insurrection

aufständisch insurrectional, insurrectionary; insurgent, rebellious, in revolt; **~e Truppen** insurgent troops

Aufständische, ~r insurgent, insurrectionist, rebel, revolutionary; **von ~n gebildete Regierung** insurgent government

aufsteigend, Verwandte in ~er Linie ascendants; relatives in the ascending line; **in ~er Linie verwandt** related in the ascending line

aufstellen *(errichten)* to put up, to set up; to erect, to install *(Am auch instal)*; *fig* to draw up, to make up, to formulate, to prepare; *(im einzelnen)* to specify, to itemize; **Bedingungen ~** to set (or formulate, impose) conditions (or terms); **e-e Behauptung ~** to make an assertion, to assert; **die →Bilanz ~; den →Haushaltsplan ~; e-n →Kandidaten zur Wahl ~; sich als →Kandidat ~ lassen; e-e Maschine ~** to instal(l) (or *Br* erect, *Am* set up) a machine; **e-e →Rechnung ~; Regeln ~** to establish (or lay down) rules; **e-e Theorie ~** to put forward a theory

Aufstellung *(Errichtung)* putting up, setting up; erection, installation; *fig* drawing up, making up, formulating, preparation; *(Liste etc)* list, schedule; *(Nominierung)* nomination; *(im einzelnen)* specification, *bes. Am* itemization; **detaillierte (od. genaue) ~** detailed (or itemized) statement; **falsche ~** false statement; **laut ~** as per statement; **kurze ~** summary schedule; **statistische ~** statistic statement (or table); **tabellarische ~** tabular statement; **~ der Aktiven und Passiven** statement of assets and liabilities; **~ der Auslagen** →Auslagenaufstellung; **~ über den Gewinn** *Am* statement of income; **~ des Inventars** inventory-taking; **~ e-s Kandidaten** nomination of a candidate; **~ der Kosten** statement of costs (or charges); **~ e-r Liste** drawing up (or compiling, making out) a list; **~ von Normen** establishment of standards; **~ e-s Programms** preparation (or formulation) of a program(me); **~ e-s Rechnungsauszuges** making out a statement of account; **~ der Vermögenswerte** list of the assets

Aufstellungskosten *(e-r Maschine etc)* costs of installation (or *Br* erection, *Am* setting up)

Aufstellung, e-e ~ machen to make out (or draw up) a list; to prepare (or draw up) a statement

Aufstieg *(Aufwärtsentwicklung)* rise, advancement; **~ und Sturz e-s Staatsmannes** rise and fall of a statesman; →**beruflicher ~**; **sozialer ~** rise in social position; social advancement; upward social mobility; **steiler ~** upsurge; **Job ohne ~schancen** dead-end job; **~smöglichkeit** opportunity for advancement; promotion possibility; **sich im ~ befinden** to be on the rise

aufstocken to build up, to increase; to scale up; **das (Grund-)Kapital ~** to increase the capital; **ein Haus ~** to add a storey (*Am* story) to a house; **die Haushaltsmittel ~** to increase (or boost) the appropriations; **das Kontingent nach und nach ~** to increase the quota in stages

Aufstockung building up, increase; scaling up; **~ des Fonds** scaling up the fund; **~ der Bestände** stockbuilding; **~ des Grundkapitals** capital increase; **~ der (Mitglieds-)Quoten beim IWF** quota increase in the International Monetary Fund

aufstrebende Industrienationen newly industrialized nations

Aufsuchen von Bodenschätzen prospecting for natural resources

aufteilbarer Überschuss divisible surplus

aufteilen to divide (into portions among several); to partition; to share (out) (zwischen among, between); *(anteilsmäßig)* to apportion, *Am* to prorate; *(aufgliedern)* to allocate; **ein Gebiet ~** to divide a territory; to share (out) a territory (zwischen among); **den →Gewinn ~**; **die Kosten ~** to split (up) (or share) the costs; **ein Landgut ~** to partition an estate; **den Markt ~** to share (or partition) the market; *(Land)* **in →Parzellen ~**

Aufteilung division; partition; sharing; split; *(anteilsmäßig)* apportionment, apportioning, *Am* prorating; *(Aufgliederung)* allocation; **~ der** *(vorhandenen)* **Arbeit** *(anstelle von Entlassungen)* work-sharing; **~ der Gesamtgewinne** *(DBA)* apportionment of the total profits; **~ von Großgrundbesitz** breaking up (or partition) of large estates; **~ e-s Landes** partition (or dismemberment) of a country; **~ der Märkte** division (or sharing, allocation) of markets; **~ des Nachlasses** →Erbauseinandersetzung; **~ der Verantwortlichkeit** division of responsibilities

Auftrag 1. *(nach dem BGB)*[281] mandate

Durch die Annahme eines Auftrags verpflichtet sich der Beauftragte, ein ihm von dem Auftraggeber übertragenes Geschäft für diesen unentgeltlich zu besorgen.

With the acceptance of a mandate the mandatary enters into an obligation to do something for the mandator without remuneration.

Der Auftrag kann von dem Auftraggeber jederzeit widerrufen, von dem Beauftragten jederzeit gekündigt werden.

The mandate can be revoked by the mandator at any time and can be repudiated (or terminated) by the mandatary at any time.

Auftrag, Erteilung, Ausführung und Aufhebung e-s ~s giving, discharge and cancellation of a mandate; →**Geschäftsführung ohne ~**

Auftrag~, ~geber mandator; **~nehmer** mandatary; **a~sweise** under a mandate

Auftrag, e-n ~ durchführen to carry out (or perform) a mandate; **jdm e-n ~ erteilen** to entrust sb. with a mandate; **e-n ~ übernehmen** to accept a mandate; **e-n ~ widerrufen** to withdraw (or revoke, cancel) a mandate; **der ~ erlischt** the mandate expires

Auftrag 2. *(Beauftragung)* commission; (giving of) authority to act as agent, agency agreement *(→Auftragsverhältnis)*; *(Anweisung)* order, instruction, direction; *(Mission)* mission; **im ~ (i. A.)** by order (von of); *(in Vertretung)* by attorney; **im ~ und für Rechnung von** by order and for account of; **~geber** principal; **unbekannter ~geber** undisclosed principal; **~geber und Beauftragter** *(z. B. Vertreter)* principal and agent; **~nehmer** agent; acceptor of a commission

Auftrags~, ~erfindung *(PatR)* commissioned invention; **a~gemäß** according to instructions (received); **~verhältnis** contractual relations between principal and agent; agency; **~verwaltung**[282] execution of Federal Laws by →Länder or →Gemeinden according to the instructions of the Federal Government; **~werk** *(UrhR)* commissioned work; *Am* work for hire; **a~widrig** contrary to instructions

Auftrag, im ~ von Herrn X teile ich Ihnen mit Mr. X has requested (or directed) me to inform you; **e-n ~ durchführen** to discharge a commission; to perform a mission; **e-n ~ erhalten** to be commissioned (or instructed); **jdm e-n ~ erteilen (od. geben)** to commission (or instruct) sb. (to do); to give sb. an order (to do); **im ~ von ... handeln** to act on behalf of ...; **e-n ~ übernehmen** to accept (or undertake) a commission

Auftrag 3. *(Bestellung)* order; *(zu erledigender Auftrag)* job; *(bei Ausschreibungen)* contract; **~ bestens** *(Börse)* order at best; **~ der öffentlichen Hand** public authorities order

Auftrag, ausländischer ~ export order, order from abroad; **zu bearbeitender ~** job; **erledigter ~** executed order, *Am* filled order; **noch nicht erledigter ~** outstanding order; back order; *Am* unfilled order; **fester ~** firm order; **großer ~** large (or heavy) order; **in ~ gegebene Arbeit** commissioned work; **inländischer ~** domestic order; order from within the country; **mündlicher ~** verbal order; **öffentlicher ~** government order; *(bei Ausschreibungen)* public contract; →**telefonisch erteilter ~**; **vorliegender ~** order on hand

Auftrag~, ~geber party ordering; *(beim Werkvertrag)* customer; *(bei Ausschreibungen)* contract awarder; tenderee; *(Behörde)* contract placing authority; **~nehmer** *(bei Ausschreibungen und im Werkvertrag)* contractor; *(bei Ausschreibungen)* tenderer; *Am* bidder; **a~vergebende Stelle** *(bei Ausschreibungen)* tenderee

Auftrags~, ~ausfall loss of orders; **~ausführung** execution (or carrying out) of the order; **~bearbeitung** order processing

Auftragsbedingungen *(bei Ausschreibungen)* terms of the contract

Auftragsbestand orders on hand, backlog of orders; **den ~ abbauen** to reduce backlog of orders; **die Firma hat e-n guten ~** the firm has full order books

Auftrags~, ~bestätigung *(des erteilten Auftrags)* confirmation of the order; *(bei Ausschreibungen)* confirmation of the contract; *(des erhaltenen Auftrags)* acknowledgment of (receipt of) the order; **~buch** order book; job ledger; **~datum** date of order; **~dienst** *tel* answering service

Auftragsein~, ~gang (~gänge) incoming order(s); (new) order(s) received; **~gang aus dem Ausland** orders received from abroad; **~gang bei der Industrie** orders received by industry; **der ~gang ist etwas zurückgegangen** incoming orders have declined (or decreased) slightly

Auftrags~, ~erfindung invention made under contract; **~erneuerung** renewal of an order; **~erteilung** placing of an order, placing of orders; *(bei Ausschreibungen)* award of the contract; **Kasse (oder zahlbar) bei ~erteilung** cash with order (c.w.o.); **~flaute** sluggishness in orders; **~flut** flood of orders; **~formular** order form, order blank; **a~gemäß** according to order, as ordered; in conformity with the order; *(bei Ausschreibungen)* according to the contract; **~lage** order situation (or position); **~nummer** order number; **~polster** cushion (or backlog) of orders (on hand); **~rückgang** slowdown of orders; **~rückstand** backlog of orders; **~stop** stoppage of orders; **~stornierung (od. ~streichung)** cancel(l)ation (or withdrawal) of orders; **~vergabe** placing an order, placing of orders; *(bei Ausschreibungen)* award of the contract, awarding of contracts, *Am* letting (out) of contracts; **~vordruck** order form, order blank; **öffentliches ~wesen** public contracts; public procurement; **~zettel** *(des Börsenmaklers)* order slip; **~zufluss** influx of orders

Auftrag, e-n ~ ausführen to execute (or carry out, meet, *Am* fill) an order; **e-n ~ bevorzugt (fristgemäß) ausführen** to execute an order with priority (on time); **wir werden Ihren ~ zu Ihrer vollen Zufriedenheit ausführen** we shall execute (or attend to) your order to your complete satisfaction; **sich um e-n ~ bemühen** to solicit an order; **den** *(erteilten)* **~ bestätigen** to confirm (the receipt of) the order; **den** *(erhaltenen)* **~ bestätigen** to acknowledge (the receipt of) the order; **e-n ~ einholen** to solicit an order; **e-n ~ erhalten** to receive (or obtain) an order; *(bei Ausschreibungen)* to obtain the contract; **e-n ~ erledigen** to carry out (or execute) an order; to attend to an order; **(e-r Firma) e-n ~ auf ... erteilen** to place an order for ... (with a firm); to order ... (from a firm); *(bei Ausschreibungen)* to award the contract; **(jdm) e-n ~ geben** s. e-n →Auftrag erteilen; **in ~ geben** to order; to commission; **e-n ~ hereinholen** *(durch Werbung)* to canvass an order; *(erhalten)* to secure an order; **e-n ~ rückgängig machen** to revoke an order; **e-n ~ stornieren** to cancel (or countermand) an order; **mit Aufträgen überhäuft sein** to be overwhelmed with orders; **e-n ~ vergeben** to place an order (with); *(bei Ausschreibungen)* to award (or place) the contract (with); **wegen e-s größeren ~s verhandeln** to negotiate for a larger order; **e-n ~ vorziehen** to antedate an order; **e-n ~ widerrufen** to revoke an order; **die Aufträge sind zurückgegangen** orders have decreased

Auftreten appearance; *(Vorkommen)* occurrence; **~ als** *(z. B. Vermögensverwalter)* acting as; **~ vor Gericht** appearance in Court (gegen against); **zum ~ vor dem Gerichtshof der Europäischen Gemeinschaften zugelassen** *(EU)* permitted to plead before the Court of Justice (of the European Communities); **~ in der Öffentlichkeit** public appearance; *(e-m Anwalt)* **das ~ vor Gericht versagen** to debar from appearing before a court

auftreten to appear; *(vorkommen)* to occur; *(sich benehmen)* to behave, to conduct oneself; *(sich ereignen)* to occur; **~ als** to act as; **als Bürge ~** to act as surety (or guarantor); **vor Gericht** *(als Anwalt)* **~** to appear in a case; to plead before the court; to appear in court (as a lawyer) (on behalf of a party); to hold a brief (für for); *(als Anwalt regelmäßig)* **vor e-m Gericht ~** to practise in a court; *(als Anwalt)* **für Kläger oder Beklagten ~** to take or defend legal proceedings on behalf of sb.; to prosecute or defend a suit; **als Zeuge ~** to appear as witness

aufgetreten, ~e Fragen questions which have arisen; **~e Mängel** →Mangel

Auftrieb impetus, stimulus, impulse; upward trend (or tendency), uptrend, upsurge; →**Kosten~**; →**Preis~**; **dem Handel ~ geben** to give an impetus (or impulse) to trade

Aufwand expense(s), expenditure, cost; *(Luxus)* luxury; *(unnützer)* waste; **außerordentlicher ~** extraordinary expense(s); **betrieblicher ~** operating expense(s); **betriebsfremder ~** non-operating expense(s); **laufender ~** current expenditure; **~sentschädigung** expense allowance (or reimbursement); representation allowance; entertainment allowance; **als ~ verbuchen** to charge to expense

Aufwärtsbewegung *com* upward movement, upward tendency (or trend); uptrend, upturn; **~ der Aktienkurse** upward movement of share prices; advances on the stock market

Aufwärts~, ~entwicklung (od. ~tendenz) upward movement, upward tendency (or trend)

aufweisen to show; **ein Defizit ~** to show a deficit; **e-n →Gewinn ~**; **e-e Zunahme ~** to show an increase

aufwenden to spend, to expend; to use, to employ; **Kosten ~** to incur expenses; **Mühe ~** to take pains; **erhebliche Summen ~** to spend considerable sums

Aufwendungen expense(s), expenditure(s), cost(s) (für of); **~ für Altersversorgung** pension expense; pension cost; **~ in Erwartung der Ehe**[283] expenses incurred in expectation of marriage; **~ aus öffentlichen Mitteln** public spending; **~ zum persönlichen Gebrauch** personal (consumption) expenditure; **~ für Steuern** cost of taxes; **außerordentliche ~** extraordinary expense; **betriebliche ~** operational expenses; **einmalige ~** non-recurring expenses; **jdm entstandene ~** expenses incurred by sb.; expenses caused to sb.; **laufende ~** recurring expenses; **soziale ~** →Sozialkosten; **angemessene tatsächliche ~** actual expenses reasonably incurred; **mit Einkünften zusammenhängende ~** expenses connected with income *(→Betriebsausgaben, →Werbungskosten)*

Aufwendungen, Ersatz von ~ reimbursement of expenses; compensation for expenses; indemnity; **Ersatz von ~ bei Geschäftsführung ohne Auftrag**[284] compensation for expenses in negotiorum gestio; **Ersatz von ~ bei Verwahrung**[285] reimbursement (or indemnity) of expenses in a contract of deposit; **Ersatz von werterhöhenden ~** *(z. B. des Pächters bei Beendigung der Pacht)* compensation for improvements; **Ersatz der erforderlichen ~ verlangen** to demand compensation for necessary expenses

Aufwendungen, ~ entstehen expenses occur; **~ ersetzen (od. erstatten)** to reimburse the expense(s) (or expenditures); **~ machen** to incur expenses

aufwerfen, e-e Frage ~ to raise a question

aufwerten to revalue, to revalorize; **e-e Währung ~** to revalue a currency

Aufwertung revaluation, revalorization; *(Werterhöhung)* appreciation; **~ des Pfundes** revaluation of the pound (sterling)

Aufwertung~, a~bedingt as a result of (or caused by) (the) revaluation; **~erwartung** expectation of a revaluation; **~hypothek** revalorized mortgage; **~spekulation** speculation preceding (a) revaluation; **~satz** rate of revaluation; **~verlust** loss due to revaluation, revaluation loss

aufwiegeln to incite, to stir up, to agitate

aufzählen to enumerate; *(einzeln angeben)* to specify, to itemize; *(in e-r Liste)* to list

Aufzählung enumeration, listing

aufzeichnen to record, to note (down); *(eintragen)* to register, to enter

aufgezeichnet *(niedergeschrieben)* on record

Aufzeichnung(en) record(s), recording, entry; **~ e-s Vertrages** memorandum of agreement; **gerichtliche oder behördliche ~** case record(s); **geschäftliche ~** business records (or papers); **stenografische ~** shorthand notes;

die ~spflicht erfüllen[286] to comply with the duty to keep records; **~ machen** to keep records

aufziehen, **Kinder ~** to bring up children; *(e-e Organisation etc)* **~** to organize, to arrange

Augenblick, **lichter ~** lucid interval; **im richtigen ~** timely

Augenlicht, **Verlust des ~s** loss of sight

Augenschein, **(richterlicher) ~**[287] (judicial) inspection; **Beweis durch ~(seinnahme)**[288] evidence by inspection, real evidence; **Einnahme des ~s** inspection by the court; view by the judge of the locus in quo; **~seinnahme am Tatort** inspection of the scene of the crime; **die ~seinnahme vornehmen** to view (or inspect) the locus in quo; to inspect the place (or property or thing) (in question for proceedings)

augenscheinlich according to all appearances; obvious, apparent, manifest

Augenzeuge eye(-)witness; **~nbericht** eye(-) witness account

Auktion (sale *Br* by, *Am* at) auction; public sale; *Scot* roup *(→ Versteigerung)*; **Schein~** mock auction

Auktions~, **~gebühren** auction fees; **~liste** sale catalogue; **~lokal** auction room (or mart), sales room; **~posten** auction lot; **~termin** auction day

Auktion, **auf der ~ bieten** to bid at the auction; **auf der ~ erstehen** to buy *Br* by (*Am* at) auction; **auf der ~ verkaufen (od. versteigern)** to sell *Br* by (*Am* at) auction

Auktionator auctioneer

ausarbeiten to elaborate, to work out (in detail), to prepare, to formulate; **e-n Entwurf ~** to prepare a draft

Ausarbeitung elaboration, working out, preparation, formulation; **~ e-s Berichts** preparation of a report

Ausbau *(Vergrößerung)* extension, enlargement, expansion; *(Entwicklung)* development, improvement; *(Abmontieren)* dismantling; *(Fertigstellung)* completion; **~ der Beziehungen zu e-m Land** development of relations with a country; **~ e-s Geschäfts** extension of a business; **~ e-s Hafens** harbo(u)r extension; **~ e-s Hauses** *(Vergrößerung)* (building of an) *Br* extension *(Am addition)*; *(Fertigbau im Ggs. zum Rohbau)* finishing work on a house; **~ e-s Unternehmens** expansion of an enterprise

Ausbau~, **a~fähige Stellung** position with (good) potential; **~gewerbe** finishing trade; **~patent** improvement patent; **~vorhaben** development project; extension plan

ausbauen *(vergrößern)* to extend, to enlarge, to expand; *(entwickeln)* to develop, to carry out improvements; *(abmontieren)* to remove, to dismantle; **e-n Flughafen ~** to enlarge (or expand, develop) an airport; **seine Stellung ~** to consolidate (or strengthen) one's position

ausbedingen to stipulate (dass that); **etw. ~** to stipulate for sth.; **sich etw. ~** to make it a condition (that); *(sich vorbehalten)* to reserve; **sich in e-m Mietvertrag e-n bestimmten Mietzins ~** to reserve a certain rent in a lease

Ausbedingung stipulation; condition; *(Vorbehalt)* reservation

ausbessern to repair; to mend

Ausbesserung repair, mending; **~sarbeiten** repair work, repairs; **~skosten** cost of repair, repair cost; **der Pächter e-s landwirtschaftlichen Grundstücks hat die gewöhnlichen ~skosten zu tragen**[289] the tenant of an agricultural property is charged with the cost of ordinary repairs; **die ~skosten übernehmen** to assume the repair cost

Ausbeute *(Ertrag)* yield, output; *(der zu verteilende Gewinn e-r bergrechtl. Gewerkschaft)* dividend on a mining share

ausbeuten to exploit; *(Mineralvorkommen)* to work; *(missbrauchen)* to take (undue) advantage of; **Arbeitskräfte ~** to exploit labo(u)r; **Bodenschätze ~** to extract mineral resources; **jds Notlage ~** to exploit sb.'s need; to take (undue) advantage of sb.'s distressed condition

Ausbeuterbetrieb sweatshop

Ausbeutung exploitation; *(von Arbeitskräften auch)* sweating; **~ e-s Bergwerks** exploitation (or working) of a mine; **Vergütung für die ~ e-s Bergwerks** *(DBA)* royalty in respect of the operation of a mine; **(Stätte der) ~ von Bodenschätzen** (place of) extraction (or exploitation) of mineral resources; **Vergütung für die ~ von Bodenschätzen** mineral resources royalties; **~ der Notlage, des Leichtsinns oder der Unerfahrenheit e-s anderen**[290] exploitation of the indigence, irresponsibility or inexperience of another

ausbezahlen →auszahlen

Ausbietungsgarantie *(ZwangsvollstreckungsR)* bidding guarantee

Vertragliche Verpflichtung zugunsten eines Gläubigers, in einer Zwangsversteigerung mindestens bis zu einem bestimmten Betrag zu bieten.

Contractual obligation in favo(u)r of a creditor to bid in a judicial sale up to a certain amount.

ausbilden to train, to provide training; to teach someone a job; *(unterweisen)* to instruct; **am Arbeitsplatz ~** to train on the job

ausgebildet trained; **~e Arbeitskräfte** skilled labo(u)r

Ausbildender[291] training employer *(→Auszubildender)*

Ausbilder person responsible for training; trainer, instructor; *pl* training staff

Ausbildung training; *(des Auszubildenden)* apprenticeship; apprentice training; *(Schule, Universität)* education; *(Unterweisung)* instruction; **außerbetriebliche ~** training off the job; **berufliche ~** →Berufsausbildung; **innerbetriebliche ~** on-the-job training; **juristische ~** legal training; **kaufmännische ~** commercial training; **schulische ~** training at school; **~ betrieblicher Führungskräfte** management training; training within industry (TWI); **~ höherer Führungskräfte** advanced management training; **in ~ stehende Person** trainee

Ausbildungs~, ~bedingungen conditions with regard to training (or education); **~beihilfe** grant in aid of education and/or training; **~berater**[292] training adviser; *Am (auch)* training counselor

Ausbildungsberuf (Lern- und Anlernberuf) apprenticeship (and trainee) trade (trade requiring apprenticeship or other training); **staatlich anerkannte ~e (Handwerke)**[293] officially recognized trainee occupations (handicraft trades); **Verzeichnis der anerkannten ~e**[294] register of recognized trainee occupations; **~sbild**[295] (Fertigkeiten und Kenntnisse, die Gegenstand der Berufsausbildung sind) occupational description (abilities and knowledge to be imparted in the course of training)

Ausbildungs~, ~dauer period (or length) of training (or education); (term of) apprenticeship; **~förderung**[296] promotion of education (or training); **~freibetrag** →Freibetrag; **~gang** educational background; **~hilfe (Leistung für Lebensunterhalt und Ausbildung)**[297] educational (and/or training) assistance (benefits for living expenses and education or training); **~kosten**[298] cost of education (and/ or training); education expenses; **~kredit** education loan; **~kurs (od. ~lehrgang)** training course; course of instruction; **~möglichkeiten** training possibilities; **~ordnung**[299] training regulations; **~programm** educational (or training) program(me); **~programm für höhere Führungskräfte** advanced management training program(me); **~stätte** training centre (center) (or premises); *(Lehrbetrieb)* training shop; training company; **~verhältnis** →Berufsausbildungsverhältnis; **~versicherung** vocational insurance; educational endowment insurance *(Br assurance)*; **~zeit** →Ausbildungsdauer; **~zuschuss für die betriebliche Ausbildung Behinderter** →Behinderte

Ausbildung, seine ~ abschließen (od. beenden) to complete one's training; to finish one's apprenticeship; **e-e gute ~ bekommen** to receive a good education (or get good training); **in die ~ geben** to apprentice; **in der ~ sein** to be apprenticed (bei to)

Ausbleiben *(vor Gericht)* (non-)appearance, failure to appear; failure to comply with a summons; *(Nichtankunft)* non(-)arrival; **~ der Zahlung** failure in payment; default of payment, non(-)payment; **~ e-s Zeugen** default by a witness; witness's failure to appear (in court)

ausbleiben *(vor Gericht)* to fail to appear; to default; *(Zahlung)* to be overdue; **~der Zeuge** defaulting witness

ausbrechen, aus dem Gefängnis ~ to break out of prison; **ein Feuer ist ausgebrochen** a fire has broken out

Ausbreitung e-r Krankheit spread of a disease

Ausbruch, ~ e-r Epidemie outbreak of an epidemic (disease); **~ der Feindseligkeiten** outbreak of hostilities; **~ e-s Feuers** outbreak of a fire; **~ aus dem Gefängnis** escape from prison; prison break, jailbreak; **a~ssicher** escape-proof; **~ des Krieges** outbreak of war; **der ~sversuch aus dem Gefängnis misslang** the attempted escape from prison (or prison escape) failed

ausbürgern, jdn ~ to deprive sb. of his citizenship; to denaturalize sb.

ausgebürgert werden to be deprived of one's citizenship; to become denaturalized

Ausbürgerung[300] denaturalization; deprivation of citizenship; expatriation

ausdehnen to extend; **seinen Einfluss ~** to extend one's influence (auf to)

Ausdehnung extension; **~ der Hoheitsgewässer** extension of territorial waters

Ausdruck *(Begriff)* term; expression; **→Fach~**; **juristischer ~** legal term; **veralteter ~** obsolete term; **sie gaben ihrer Besorgnis ~** they expressed their concern

ausdrücken to formulate; **es klar ~** *(formulieren)* to put it clearly

ausdrücklich express(ly), explicit(ly); **~ erteilte Vollmacht** express authority; **~ oder stillschweigend** express(ly) or implicit(ly); **soweit das Gesetz nicht ~ etwas anderes bestimmt** except as otherwise expressly provided in the law; **~ im Vertrag vereinbart sein** to be expressly stipulated (or agreed upon) in the contract

auseinandergehende Meinungen diverging (or divergent) opinions

Auseinanderrücken *(von Machtblöcken)* disengagement

auseinandersetzen to explain, to set forth, to make clear; **sich mit jdm ~** to argue with sb., to come to an agreement with sb.; to settle a matter with sb.; **sich ~** (unter Gesellschaftern) to distribute the assets (among the partners); **sich mit seinen Gläubigern ~** to make an arrangement (or to compound) with one's creditors

Auseinandersetzung argument, debate, dispute; discussion (zwischen between); *(Abwicklung)* settlement, liquidation; **bewaffnete ~** armed conflict; **~ über das →Gesamtgut**; **~ unter den Gesellschaftern (nach Auflösung der Gesellschaft)**[301] payment of liabilities and distribution of assets among the partners (on termination of the partnership); winding up of the partnership; **~ mit Gläubigern** arrangement (or composition) with one's creditors; **~ unter Miterben** settlement (and division) between co-heirs (owning undivided interests in the estate of a *Br* deceased, *Am* decedent); **e-e ~ unter Miterben vornehmen** to divide a *Br* deceased's (*Am* decedent's) estate between coheirs *(→Erbengemeinschaft)*

auseinanderstrebende Interessen in Einklang bringen to reconcile divergent interests

Auseisungskosten[302] *(SeehandelsR)* costs of cutting passages through ice

Ausfahrt *(Autobahn)* exit; *(Schiff)* departure; *Br (aus e-m Grundstück)* drive, exit, *Am* (exit) driveway (from land, property); **~tafel** exit sign; **~ aus e-r →Ortschaft**

Ausfall shortage; deficiency; deficit; loss (durch arising from); shortfall; *(e-r Maschine)* breakdown, failure; **~ der Dividende** passing the dividend; **~ der Einnahmen** →Einnahmeausfall; **~ des Lohnes** loss of pay (or wages); wage loss; **~ an Steuern** deficit in taxes; shortfall in tax revenue; **bei ~ in der Zwangsversteigerung** when there is a deficiency on (forced) sale

Ausfall~, **~bürgschaft** deficiency (or deficit) guarantee; indemnity bond; **~haftung** contingent liability; **~muster** reference sample; **~quote** *(z. B. im Kreditgeschäft e-r Bank)* default rate; **~risiko** default risk; **~tage**[303] working days lost (days on which there is a shortage of work); **~zeit** lost time; *(Maschine)* down-time; *(VersR)*[304] excluded period

Ausfall, es entstand ihm ein ~ he suffered a deficiency; he sustained a loss; **Ausfälle sind entstanden** shortfalls have occurred

ausfallen *(nicht stattfinden)* to fail to take place; to be cancelled; *(Maschine, Strom etc)* to fail, to break down; *(sich erweisen als)* to turn out; **~ lassen** to drop; to omit; *(Dividende)* to pass; *(Zug)* to cancel

ausgefallen, ~e Arbeitsstunden hours of work lost, hours not worked; **die Ernte ist gut (schlecht) ~** the harvest turned out well (badly); **die Sitzung ist ~** the meeting was cancel(l)ed (or has not taken place)

ausfertigen to issue; to make out; *(rechtsgültig)* to execute; *(Wechsel)* to draw, to make out; **e-e Police ~** *(VersR)* to issue a policy; **e-e Urkunde ~** to execute a deed; **e-e Urkunde doppelt ~** to execute a deed in duplicate; **e-n Wechsel ~** to draw (or make out) a bill (or draft)

ausgefertigt, in zwei Urkunden ~ prepared in duplicate

Ausfertigung office (or official) copy; (executed) copy; *(rechtsgültig)* execution; issue; *(Wechsel)* making out, drawing; **~ des Führerscheins**[305] issue of the driving licen|ce (~se); **~ e-s Gesetzes durch den Bundespräsidenten** signing of a law by the Federal President; **~ e-r Police** *(VersR)* issue of a policy; **~ e-r Urkunde** execution of a deed; (executed) copy of a deed; **erste (zweite, dritte) ~ e-s Wechsels** first (second, third) of exchange; **zweite ~ e-r Urkunde** duplicate (of a) document; copy No. 2, second copy; counterpart; **in zweifacher ~** (done) in duplicate; **in dreifacher ~** in triplicate; in 3 copies; **in vierfacher ~** in quadruplicate; in 4 copies; **in fünffacher ~** in quintuplicate; in 5 copies; **e-e Urkunde in doppelter ~ ausstellen** to execute a deed in duplicate; **e-n Wechsel in mehreren ~en ausstellen**[306] to draw (or make out) a bill (of exchange) (or draft) in a set; **e-e ~ erteilen** to deliver a copy

ausfindig machen to discover, to trace; to locate; **die richtige Anschrift ~** to ascertain the proper address; **e-n Erben ~** to locate an heir

Ausfischung devastation of fishery resources

ausfliegen to depart from; **jdn ~** to fly sb. out; **aus dem →Hoheitsgebiet ~**

Ausflucht evasion; prevarication; **Ausflüchte machen** to use evasions, to give an evasive reply; to hedge

Ausfuhr export, exportation; **genehmigungsbedürftige ~**[307] export(s) subject to licensing; **genehmigungsfreie ~**[308] export(s) not subject to licensing; **sichtbare ~** (Waren) visible exports (merchandise); **unsichtbare ~** (Erbringung von Dienstleistungen) invisible exports

(services, personal or financial, rendered by citizens of one country to foreigners)

Ausfuhr, die ~ steigern to increase (or raise) export(s); **die ~ steigt** exports are rising; **die ~ stieg um ...** exports rose by ...; **die ~ nimmt ab (od. geht zurück)** exports are declining (or falling); **für die ~ vorgesehen** earmarked for export

Ausfuhr~ *(durch die Zollbehörde)*, **~abfertigung**[309] customs clearance of exports; **~abgaben** export duties; **~absprache** *(KartellR)* export agreement; **~anmeldung** →Ausfuhrerklärung; **~behandlung** *(Zoll)* clearance an exportation; **~bescheinigung** certificate of exportation

Ausfuhrbeschränkung[310] restriction on exportation, export restriction; **~ bei Kapital**[311] capital export restriction; **mengenmäßige ~en** quantitative restrictions on exports

Ausfuhr~, ~bestimmungen export regulations; **~bürgschaft** (des Bundes) *(für Ausfuhrverträge mit ausländischen Regierungen und Körperschaften)* export credit guarantee (of the Federal Government) *(for export agreements with foreign governments or corporate bodies; →Ausfuhrgarantie)*; **~einnahmen** export earnings

Ausfuhrerklärung[312] export declaration; **Versand~**[313] export shipping declaration

Ein gebietsansässiger Ausführer kann statt des Ausfuhrscheins eine Versandausfuhrerklärung, die mit einer vom Bundesamt für gewerbliche Wirtschaft zugeteilten Nummer versehen ist, verwenden.

A resident exporter may use an export shipping declaration, numbered by the Bundesamt für gewerbliche Wirtschaft, instead of an export declaration.

Ausfuhr~, ~erlaubnis export licen/ce (Ausfuhrse); **~erlöse** export earnings, export revenue *(→Stabilisierung der Ausfuhr)*; **~erstattung** *(EU)* →Erstattung bei Ausfuhr

Ausfuhrexpansion, die ~ hat sich abgeschwächt expansion of exports has slackened

Ausfuhr~, ~finanzierung export financing; **~förderung** (State) measures to encourage (or promote) exports; export promotion, export drive

Ausfuhrforderung[314] claim arising from exports; **die ~en sind noch nicht eingegangen** the claims arising from exports have not yet been received; the export receivables have not yet come in

Ausfuhrgarantie (des Bundes) *(für Ausfuhrverträge mit privaten ausländischen Schuldnern)* export credit guarantee (of the Federal Government) *(for export agreements with foreign private parties; →Ausfuhrbürgschaft)*

Ausfuhrgenehmigung[315] export permit, export licen|ce (~se)

Die Ausfuhrgenehmigung für Waren, deren Ausfuhr beschränkt ist, ist auf einem Vordruck zu beantragen und erteilen.

The export licence (license) for goods subject to an export limitation must be applied for and granted on a prescribed form.

Ausfuhr~, ~geschäft export transaction (or operation); **~güter** export(ed) goods; **~handel** export trade; **~kartell**[316] agreement which serves to protect or to promote exports; **~kommissionär** export commission agent; **~kontingent** export quota

Ausfuhrkredit~, ~bürgschaft export credit guaranty; **~-Gesellschaft** *(gegründet 1952 von e-r deutschen Bankengruppe)* Export Credit Company; **~-Versicherung** export credit insurance

Ausfuhrland exporting country

Ausfuhrlieferung export delivery; export shipment; **die ~en sind von der Mehrwertsteuer befreit**[317] export deliveries are exempt from (the) value-added tax (or from VAT)

Ausfuhr~, ~liste (AL)[318] (Liste von Waren, deren Ausfuhr e-r Genehmigung bedarf) export list (list of goods requiring a permit for exportation); **~nachweis**[319] proof of exportation; **~papier** export document; **~prämie** export premium; *Br* bounty on exports *(paid by the State to encourage export)*; **~preis** export price; **~rückgang** decline in exports; **~schein** →Ausfuhrerklärung; **~sendung** export consignment (or shipment); **~statistik** export statistics; **~überschuss** export surplus; surplus of exports over imports; **~überwachung** export control

Ausfuhrverbot export prohibition, prohibition on exports (or exportation); export ban; **mengenmäßiges ~**[320] quantitative export prohibition; **ein ~ verhängen** to impose a ban on exports

Ausfuhr~, ~verfahren export procedure; **~verträge**[321] export agreements; **~vertreter** export agent; **~waren** exports, articles for export, exported goods (or commodities); **~wirtschaft** export trade; **~ziffern** export figures

Ausfuhrzoll export duty; **~zölle und Abgaben** export duties and taxes; **a~pflichtig** liable (or subject) to export duty; **~tarif** export tariff

Ausfuhrzulieferungsvertrag export supply contract

ausführbar *(z. B. Plan)* feasible, practicable; *(zur Ausfuhr geeignet)* exportable

ausführen 1. *(durchführen)* to execute, to carry out, to implement, to carry into effect; to perform, to accomplish; *(darlegen)* to state, to explain; to argue; **näher (od. im einzelnen) ~** to specify; **schnell ~** to dispatch; **e-e Anordnung ~** to carry out (or execute, fulfil) an order; **e-n Beschluss ~** *(z. B. des Aufsichtsrates* *e-r AG)* to carry out (or implement) a resolution; **e-e strafbare Handlung ~** *(im Ggs. zum Versuch)* to commit a criminal act; **ein →Testament ~; die Länder führen die →Bundesgesetze als eigene Angelegenheit aus**

auszuführen(d), **(noch) ~** executory

ausführen 2. *(Waren)* to export; **wieder~** to re-export

Ausführer exporter

ausführlich detailed, in detail; (in) full; **~e Begründung** full reasons; **~ antworten** to answer in detail; **~ begründen** to give full reasons (for); **die Angelegenheit ~ besprechen** to discuss the matter in detail; **den Unfall ~ beschreiben** to give full particulars (or a detailed report) of the accident

Ausführung 1. *(Durchführung)* execution, implementation, carrying out; performance, accomplishment; *(Darlegung)* →Ausführung 2.; *(Ausführungsart)* finish, design, type; (Arbeitsausführung) workmanship; **in ~ befindliche Arbeit** work in progress (or process); **mangelhafte ~** defective workmanship; **schnelle ~ e-s Auftrags** prompt execution of an order; **→stellvertretende ~; ~ von Dienstleistungen** performance of services; **~ der →Erfindung; ~ e-s Gesetzes** implementation (or carrying out) of a law; **~ e-s Plans** carrying out (or realization) of a project; **~ e-s Verfahrens** *(PatR)* carrying out of a process

Ausführungs~, **~anzeige** *(Börse)* advice of execution; **besondere ~art** *(e-r Erfindung)* particular embodiment; **~bestimmungen** regulations; implementing provisions; **~sgesetz** implementing statute; **~verordnung** implementing regulation; decree implementing a statute

Ausführung 2. *(Darlegung)* statement, argument; **→Beweis~en; →Rechts~en**

ausfüllen to fill in; *Am bes.* to fill out; *(ergänzen)* to complete; **ein Formular ~** to fill in *(bes. Am* out) a form; **nicht ausgefülltes Formular** blank (form)

Ausfüllung *(e-s Formulars, Schecks etc)* filling in; *Am bes.* filling out; completion

Ausgabe 1. *(Emission)* issue, issuing; *Am* issuance; *(Aushändigung)* giving out, handing out; *(Ware, Briefe etc)* delivery; *(Austeilung)* distribution; **~ von Aktien** →Aktienausgabe; **~ von Effekten** →Emission; **~ von Gepäck** →Gepäckausgabe; **~ von Investmentzertifikaten** offering of investment fund certificates; **~ von Wertpapieren** →Ausgabe von Effekten

Ausgabekurs issue (or issuing) price; *(Investmentanteile)* offering price; **die Anleihe hat e-n ~ von 98** the loan is offered to the public at an issue price of 98

Ausgabe~, **~preis →~kurs**; **~stelle** issuing office; **~tag** date of issue

Ausgabe 2. (Geld~) expense, expenditure (für on); spending; outlay, outgo; **~n** expenses, expenditure, outlays, *Br* outgoings, *Am* outgo; **→Einnahmen und ~n**

Ausgaben, **außerordentliche ~** extraordinary expenses; *(der öffentl. Hand)* extra-budgetary expenditure; **einmalige ~** non-recurrent expenses; **große ~** heavy (or large) expenditure; great expenses; **kleine ~** petty expenses; **laufende ~** current (or running) expenses; **→obligatorische ~; öffentliche ~** public expenditure (or spending); **ordentliche ~** *(der öffentl. Hand)* ordinary expenses; **unvorhergesehene ~** unforeseen (or unexpected) expenses; **verschiedene ~** sundry expenses

Ausgaben, **→Geschäfts~; →Haushalts~** (s. Haushalt 1.); **→Investitions~; →Mehr~; →Neben~; →Personal~; →Sonder~; →Staats~; →Verbrauchs~; →Zweckbindung von ~**

Ausgaben~, **~ansätze** *parl* expenditure appropriations; **~aufstellung** statement of expenses; **~beleg** expense voucher; **~bewilligung** authorization of expenditure; **~budget** *Br parl* appropriation bill; **~defizit** spending deficit; **~erhöhung** expenditure increase; **~kürzung** expenditure cut, spending cut

Ausgabenlast, **sich e-r ständig wachsenden ~ gegenübersehen** to face a steadily growing burden of expenditure

Ausgaben~, **~plan** plan of expenditure; **~politik** *(der öffentl. Haushalte)* spending policy; **~senkung** drop in expenditure; **~steigerung** increase (or rise) in expenditure; **~überprüfung** verification of expenditure; **~überschuss** surplus of expenditure over revenue

Ausgaben, **über seine ~ abrechnen** to state one's expenses; **die ~ den Einnahmen anpassen** to adjust (or fit) expenditure to income; to bring one's expenses into line with one's income; **für jds ~ aufkommen** to meet sb.'s expenses; **~ bewilligen** to authorize expenditure; to appropriate funds; **die ~ decken** to cover the expenses; **die ~ und Einnahmen decken sich** the expenses balance the receipts; **die ~ haben sich erhöht** expenses have increased (or risen); **gemachte ~ ersetzen (od. erstatten)** to repay (or reimburse) expenses incurred; **dem X sind große ~ erwachsen** X has incurred great expenses; **seine ~ reduzieren** to curtail (or reduce) one's expenses; **die ~ haben sich verringert** expenses have decreased; **die ~ verteilen auf** to apportion the expenses among

Ausgabe 3. *(Buch)* edition; *(Zeitung, Zeitschrift)* issue; **bearbeitete ~** revised edition; **einbändige ~** single-volume edition; **gekürzte ~** abridged edition; **neubearbeitete ~** revised edition; **neueste ~ e-r Zeitschrift** latest issue of a periodical; →**Abend~**; →**Morgen~**; →**Nacht~**; →**Sonder~**; →**Sonntags~**; →**Taschen~**; **ungekürzte ~** unabridged edition; **die ~ ist vergriffen** the edition is out of print; **e-e neue ~ ist in Vorbereitung** a new edition is in (the course of) preparation (or is being prepared)

Ausgabe 4. *(EDV)* output; **~befehl** output instruction; **~daten** output data; **~datei** output file; **~gerät** output device

Ausgang 1. exit; way out; **(Kassen-)Ausgänge** outgoings; **Not~** emergency exit

Ausgangs~, **~abgaben** export charges (or duties); **~fracht** →Fracht; **~zollstelle**[322] customs office at the point of exit

Ausgang 2. *(Ergebnis)* result, outcome; **(un)günstiger ~ e-s Prozesses** (un)favo(u)rable outcome of a lawsuit (or a court action or legal proceedings); **Unfall mit tödlichem ~** fatal accident; **~ e-r Wahl** outcome of an election; election result

Ausgangs *(Anfangs-)*, **~- 3.** initial; basic; **~basis** initial position, starting point; **~material** basic material; *(AtomR)* source material; **~position** starting position; **~punkt** starting point; base point; point of departure; **~wert** initial value

Ausgeben, **~ seiner eigenen Ware(n) als die e-s anderen** passing off (or misrepresentation) (of one's own goods as those of another); **~ e-r fremden Ware od. Leistung als eigene** passing off (or misrepresentation) (of another's goods or services as one's own); **sich ~ für e-n anderen** impersonation

ausgeben 1. *(Geld)* to spend, to lay out, to expend; *(aushändigen)* to give out, to hand out; *(Ware, Briefe etc)* to deliver; *(austeilen)* to distribute; **sein Gehalt im voraus ~** to spend one's salary in advance; **zuviel ~** to overspend

ausgeben 2. *(in Umlauf setzen)* to issue; **zuviel ~** *(Wertpapiere)* to overissue; **Aktien ~** to issue (or emit) shares (stock); **Banknoten ~** to issue (or circulate) banknotes

ausgeben 3. *(EDV)* to output

ausgeben 4. sich ~ als to pretend to be, to hold oneself out to be, to impersonate; **sich (od. etw.) ~ als** *(bes. fälschlich)* to pass oneself (or sth.) off as; to represent oneself falsely to be; **sich als Gesellschafter ~** to hold oneself out as a partner

Ausgeber *(von Wertpapieren)* issuer, issuing person

ausgeglichen, **~e Devisenbilanz** equilibrated exchange balance, exchange balance in equilibrium; **~er (Staats-)Haushalt** balanced budget; **nicht ~er Haushalt** adverse budget; **~ sein** to balance, to be balanced; **unsere gegenseitigen Forderungen sind ~** our reciprocal claims are set off; **ein Konto ist ~** an account has been settled

ausgehen 1. *(knapp werden)* to run out, to come to an end, to fail; to become scarce; **dieser Artikel ist mir ausgegangen** I have run out of this article; this article is out of stock; **die Vorräte gingen aus** the supplies failed

ausgehen 2. ~ von etw. to start (out) from sth.; to originate from (or in) sth.; to proceed from sth; **von jdm ~** to emanate (or proceed) from sb.; to originate from (or with) sb.; to be initiated by sb.; **von der Annahme ~** to proceed on the assumption; **das Ersuchen ging aus von** the request emanated from; **von der Tatsache ~** to start from the fact; **es kann davon ausgegangen, werden** it may be presumed; it may be initially assumed; **es wird davon ausgegangen, dass** it is understood that

ausgehen 3. gut ~ to turn out (or end) well; to come to a favo(u)rable conclusion; **schlecht ~** to turn out (or end) badly

ausgehen 4. leer ~ to get nothing, to be left out; **die übrigen Gläubiger gingen leer aus** the rest of the creditors obtained (or got) nothing

ausgehend, **auf Gewinn ~** profit-seeking; **~e Fracht** outward freight; **~e Post** outgoing mail

ausgelastet sein *(Betrieb)* to be working to (or at full) capacity

ausgeliefert *(Ware)* delivered; *(Person)* extradited *(→ausliefern)*

ausgenommen except, with the exception of; **von der Pfändung ~** exempted from execution

ausgeschlossen 1. out of (the) question

ausgeschlossen 2. excluded, precluded, disqualified from; **~er Käufer bei Zwangsvollstrekkung**[323] person precluded by law from buying property sold in execution of a judgment; **~es Risiko** *(VersR)* excluded risk; **~es →Zeichen**; **weitere Ansprüche sind ~** any further claims shall be excluded; **von der Erbschaft ~** debarred from succession; **im Wege des →Aufgebotsverfahrens mit seinem Recht ~ werden (→ausschließen)**

ausgeschrieben →ausschreiben 2.

Ausgesetztsein exposure

Ausgesiedelter evacuee

ausgesperrte Arbeiter locked out workmen

ausgestattet, **~ sein mit** to be fitted (or equipped) with; **die →Anleihe ist ~ mit ...**;

mit Vollmacht ~ sein to be vested with authority

ausgewählt select(ed); **~es Amt** *(europ. PatR)* elected Office

ausgewiesen →ausweisen 1.

Ausgewiesener expellee; deportee, deported person *(→ausweisen 2.)*

ausgewogen, ~er Handelsverkehr balanced trade; **der Haushaltsplan ist nicht ~** the budget is unbalanced

Ausgleich adjustment, equalization; compensation, indemnification; settlement, balancing; offset; evening up, levelling; **angemessener ~** reasonable compensation; **Anspruch auf ~** right to demand compensation; **finanzieller ~** →Finanzausgleich; **zum ~ für** as (or by way of) compensation for; **zum ~ aller Forderungen** in settlement of all claims

Ausgleich e-s Kontos settlement of an account; **e-n Betrag zum ~ überweisen** to remit an amount in settlement of (or to balance) an account

Ausgleich, ~ e-r Rechnung settlement of an invoice (or account); **~ wirtschaftlicher Nachteile für Arbeitnehmer** →Betriebsänderungen; **~ des Zugewinns** →Zugewinnausgleich

Ausgleichsabgabe *(auf bestimmte Waren)*[324] countervailing duty (or charge) (to be levied on certain goods); *(Lastenausgleich)* equalization levy (or tax)

Ausgleichsanspruch des Handelsvertreters *(bei Vertragsende oder Vertragsauflösung)* compensatory claim of the commercial agent for loss of clientele

Ausgleichsansprüche leistungsschwacher Länder[325] equalization claim of financially weak Länder *(→Land 2.)*

Ausgleichsbeiträge (Beiträge leistungsfähiger Länder →*Land 2.*)[327] financial equalization payments (equalization contributions made by financially strong Länder)

Ausgleichsbetrag compensatory (or balancing) amount; *(EU)* countervailing amount; **~ des nichtehelichen Kindes**[326] sum (or award, amount) payable to the illegitimate child in lieu of inheritance rights *(s. vorzeitiger →Erbausgleich des nichtehelichen Kindes)*

Ausgleichs~, ~entschädigung *(EU) (z. B. für benachteiligte Gebiete)* compensatory allowance (e. g. for less-favoured areas); **~finanzierung von Ausfuhrschwankungen** (IWF) compensatory financing of export fluctuations (IMF); **~fonds** compensation fund; *(Lastenausgleich)* equalization (of burdens) fund; **~forderung** equalization claim *(bei Zugewinn →Zugewinnausgleich)*; **~guthaben** compensation balance

Ausgleichslager *(für Rohstoffe)* buffer stock *(→Marktausgleichslager)*; **~geschäft** buffer stock transaction; **~verkauf** buffer stock sale

Ausgleichsleistung equalization payment; *(Lastenausgleich)* equalization benefit; **~ aus der knappschaftlichen Rentenversicherung** compensatory benefit under the miners' pension insurance scheme

Ausgleichs~, ~maßnahmen countervailing measures; **~operation** *(Bankwesen)* settlement; **~pflicht** →Ausgleichungspflicht; **~posten** adjustment (or compensatory) item; **~rücklage** equalization reserve; **~summe** balance in cash; **~termin** *(Bankwesen)* settlement date; **~verbindlichkeiten** (leistungsfähiger Länder) equalization liabilities (of financially strong Länder); **~zahlungen**[328] compensation (or equalization) payments; **~zoll** countervailing duty; **~zuweisungen** (an leistungsschwache Länder) equalization grants (to be paid to financially weak Länder)

Ausgleich, e-n ~ bieten (für) to compensate (for), to offset; **e-n ~ vornehmen** to make an adjustment; to effect a compensation, to compensate

ausgleichen to adjust, to equalize, to equilibrate; to compensate, to make up; to settle; to balance; to offset; to even up, to level *(→ausgeglichen)*; **den Haushaltsplan ~** to balance the budget; **Paritäten ~** to adjust parities; **e-n Saldo ~** to settle a balance; **Unterschiede nach oben (unten) ~** to level the differences up (down); **e-n Verlust ~** to make up a loss; **Wertminderungen ~** to compensate for (or offset) a decline in the value (of assets etc); **die Gewinne gleichen die Verluste aus** the profits offset the losses

ausgleichend compensatory, balancing; **~e Maßnahmen** compensatory measures

Ausgleichung adjustment, equalization, compensation; **~ des →Vorempfanges unter gesetzlichen Erben**; **a~sberechtigter Miterbe** co-heir entitled to claim that a sum should be brought into account (in the division of an estate); **~sbetrag** *(ErbR)* sum to be brought into account

Ausgleichungspflicht, ~ der Gesamtschuldner[329] obligation to make contribution to codebtors (joint and several debtors); **~ der Gesamtgläubiger** duty to account to co-creditors for moneys received (joint and several creditors)[330]

Ausgleichungspflicht der gesetzlichen Erben obligation to make settlement; obligation to bring into hotchpot (or account) (on the distribution of an intestate's estate) any sum paid or settled by way of advancement; hotchpot obligation (*Am auch:* collation obligation) of statutory heirs

Abkömmlinge des Erblassers müssen sich auf ihren gesetzlichen Erbteil gewisse bei Lebzeiten des Erblassers erfolgte Zuwendungen anrechnen lassen (z. B. Ausstattung).

Descendants of the deceased must bring into account (or give credit for) certain advances made to them during the life-time of the deceased (e. g. dowry).

Ausgleichungspflichtiger party obliged to compensate

Ausgleichung, zur ~ bringen *(ErbR)* to bring into hotchpot

Ausgrabung, archäologische ~en archaeological excavations; **genehmigte ~en** authorized excavations; **unüberwachte ~en** uncontrolled excavations; **unzulässige ~en** illicit (or clandestine) excavations; **~stücke** archaeological finds

Aushandeln bargaining; negotiation; **~ von Tarifverträgen** *(durch die Sozialpartner)* collective bargaining; **~ e-s Übereinkommens** negotiation of an agreement

aushandeln to bargain (for sth.); to negotiate; **neu ~** to renegotiate; **ein Abkommen ~** *(VölkerR)* to negotiate an agreement; **e-n Tarifvertrag ~** to bargain collectively; **e-n Vertrag ~** to negotiate a contract

aushändigen to hand over, to deliver; to surrender

Aushändigung handing over, delivery; surrender; **gegen ~** (up)on delivery; *(förml.)* **~ e-r Urkunde** delivery of a deed

Aushandlung negotiation

aushängen to display; **e-n Anschlag ~** to display a notice

Aushebung von Verbrechern round-up of criminals (by police)

Aushilfs~, ~angestellter temporary employee; **~arbeiter** auxiliary worker; **~kräfte** emergency labo(u)r; **~lehrer** supply teacher; **~personal** temporary staff (or personnel); **~stellung** temporary post

aushilfsweise arbeiten to have a temporary position (or job); to substitute

auskehren, Gewinne ~ to distribute profits

ausklammern to leave out of account, to exclude (from)

ausklarieren *(Schiff zollfertig machen)* to clear outwards

Ausklarierung clearance outwards *(Ggs. Einklarierung)*

Auskommen, finanzielles ~ adequate means, sufficient means; competence; **ein gutes ~haben** to be well off, to be comfortably off, to have a good income

auskommen, mit seinem →Einkommen ~

Auskunft information (über about); *(erbetene)* inquiry; *(Offenlegung)* disclosure; *Br (Schalter)* inquiry office; *Am* information desk; *Br tel* Directory Enquiries; *Am* Information; **~ über →ausländisches Recht**; **→Einziehung von Auskünften**; **erbetene ~ über Kreditfähigkeit** credit inquiry; **~***(des Schuldners)* **über sein Vermögen** disclosure of property; **→falsche ~**; **genaue ~** detailed (or full) information; full particulars; **richtige ~** correct information; **telefonische ~** *(erbetene)* inquiry by telephone; *(erteilte)* information given by telephone; **unrichtige ~** incorrect information; **weitere ~** further information

Auskunftei information bureau (or office); private detective agency; status inquiry agency; mercantile (credit) agency; credit inquiry agency; *Br* inquiry agency; *Am* commercial (or mercantile) agency; **→Kredit~**; **Auskunft e-r ~** (private) agency report

Auskunfts~, ~berechtigter person entitled to receive information; **~büro** inquiry office (or bureau); information office (or bureau); **~ersuchen** request for information; *(schriftl.)* letter of inquiry

Auskunftserteilung giving (or supplying, furnishing) information; information given (or furnished); **Anforderungen an e-e vorherige ~** prior information requirements; **Recht auf ~** right to information; *(ProzessR)* right of discovery (or to disclosure [of])

Auskunftspflicht obligation (or duty) to give (or furnish) information; *(VersR)* duty of disclosure; **~ des Erben gegenüber dem Pflichtteilsberechtigten**[331] obligation of the heir to give (or disclose) certain information (as to the composition and value of the assets of the estate) to any person entitled to a statutory portion; **~ des Vormundes**[332] *(dem Vormundschaftsgericht gegenüber)* duty of the guardian to inform (or give information to) the guardianship court

auskunftspflichtig liable to give (or furnish) information; liable to disclose

Auskunftsrecht, ~ des Aktionärs[333] shareholder's right to (demand) information; **~ des**

Nacherben[334] right of the reversionary heir to be given certain information

Auskunfts~, **~stelle** information bureau (or office); *Br* inquiry office; **~verlangen** demand (or request) for information

Auskunftsverweigerung refusal to give (or furnish) information; **~srecht**[335] right to withhold information (with regard to certain questions)

Auskunft, **um ~ bitten** to ask for (or request) information (bei to); **~einholen** to seek information; to make inquiries; **~ erhalten** to receive (or obtain) information (über about); **~erteilen (od. geben)** to give (or furnish, provide) information; to furnish (or supply) particulars; **falsche ~geben** to inform wrongly, to misinform; **die ~ nicht richtig (rechtzeitig, vollständig) erteilen** to fail to furnish information correctly (promptly [or on time], fully); **~verlangen** to demand (or require) information (or disclosure); **~verweigern** to refuse to give information; **ich danke Ihnen im voraus für Ihre freundliche ~** thanking you in anticipation (or advance) for your kind information; **wir bitten um vertrauliche Behandlung dieser ~** it is requested (or we request) that this information be treated as confidential; we ask you to treat this information as confidential

Auslade~, **~bahnhof** *(für Autoreisezug)* detraining station; **~gebühren** unloading charges; **~hafen** port of unloading (or discharge); **~rampe** *(Eisenbahn)* unloading platform; **~zeit** time for unloading

Ausladen unloading; *(e-r Fracht)* discharge, discharging; **~über Schiffsseite** discharge overside

ausladen to unload, to discharge; *(Zug)* to detrain; *(Flugzeug)* to deplane; **die Fracht im Bestimmungshafen ~** to discharge the cargo at the port of destination

Auslader unloader

Ausladung →Ausladen; **~skosten** unloading costs (or charges)

Auslage 1. *(ausgestellte Waren)* display, goods exhibited (or displayed); **Schaufenster~** window display; **~nfenster** shopwindow; **~ngestaltung** display work

Auslage 2. *(verauslagter Betrag)* expense, expenditure, disbursement; outlay (für on); advance; **die ~n des X** expenditure incurred by X; **bare ~n** cash expenditure(s); cash disbursement(s), cash outlay; *(für Unkosten)* out- of-pocket expenses; **erstattungsfähige ~n** reimbursable expenses; **kleine ~** petty expenses; *Br* petties; **tatsächlich entstandene ~n** expenditures actually incurred

Auslage, **Ersatz für ~n** reimbursement of expenses (or *Am* outlays); **Anspruch auf Ersatz angemessener barer ~n haben** to have a claim for reimbursement of reasonable out-of-pocket expenses; to be entitled to be reimbursed for one's reasonable cash expenditures

Auslagen~, **~aufstellung** account (or specification) of disbursements; statement of expenses; expense account; **~erstattung** reimbursement (or refund) of expenses; **~rechnung** expense account; *Br* note of expenses; **~rückerstattung** →Auslagenerstattung; **~vergütung** →Auslagenerstattung

Auslagen, **seine ~ aufschreiben** to write down (or keep a record of) one's expenses; **~→belegen**; **jdm seine ~ ersetzen (od. erstatten)** to reimburse sb. (for) his expenses (or outlay); **seine ~ ersetzt (od. erstattet) bekommen** to receive reimbursement of one's expenses, to have one's expenses reimbursed; **A erstattet B seine baren ~** A reimburses B for his cash expenses; **~ haben (od. machen)** to incur expenses (or outlay); **~ rückerstatten** →Auslagen erstatten; **seine ~ vergütet bekommen** to have one's expenses reimbursed (or refunded)

auslagern to take (goods) out of storage (or of a warehouse)

Auslagerung removal from warehouse

Ausland foreign country (or countries); *(im Sinne des Außenwirtschaftsgesetzes*[336] *od. des Umsatzsteuergesetzes)*[337] foreign territory; **feindliches ~** enemy countries; **neutrales ~** neutral countries; **im In- und ~** at home and abroad; within the country and abroad; **im ~ ansässig** resident abroad; non(-)resident; **im ~ Lebender** expatriate; **im ~ erfolgte Verurteilung** foreign conviction; **im ~ gezahlte Steuer** foreign tax; **juristische Person mit Sitz im ~** legal entity with seat abroad; **natürliche Person mit Wohnsitz im ~** natural person resident abroad; **Vertreter im ~** foreign agent; **→Zwangsvollstreckung im ~**

Ausland, **ins ~gehen (od. fahren)** to go abroad; **im (ins) ~ →heiraten**

Ausländer(in) foreigner; foreign subject (or individual); *(nicht eingebürgerter)* alien; *(Gebietsfremder i. S. des AWG)* non(-)resident; non-national; **→Inländer und ~**; **~ von Geburt** foreign-born alien, alien né(e); **~ ohne Wohnsitz im Inland** non(-)resident alien; **im Inland lebender (od. ansässiger) ~** resident alien; **im Inland lebender** *(nicht ansässiger)* **~** foreign resident; **→befreundeter ~**; **eingebürgerter ~ →einbürgern**; **→feindlicher ~**; **→lästiger ~**

Ausländer~, **~behandlung** treatment of aliens; **a~behördlich erfasst** registered as an alien;

~eigenschaft status of aliens, alien status; *(Devisen)* non(-)residence; **a~feindlich** xenophobic; **~feindlichkeit** xenophobia; **~gesetz**[340] Aliens Act; **~gesetzgebung** legislation on aliens; **~meldepflicht** provision requiring aliens to register (with the police); **~recht** law concerning aliens; **~sicherheit**[341] security for costs to be given by a foreign plaintiff; **~statut** law applicable to the legal position of an alien

ausländisch foreign; *(nicht eingebürgert)* alien; *(gebietsfremd i. S. des AWG)* non(-)resident; →**in- und ~**; **~er Abnehmer**[342] foreign recipient

ausländische Arbeitnehmer, ~ (od. Arbeitskräfte) foreign workers (or labo[u]r); *(EU)* non(-)national labo(u)r; **~** →**anwerben**; **~ heranziehen** to import (foreign) labo(u)r

ausländischer Auftrag foreign (or export) order; order from abroad; **~geber**[343] foreign principal

ausländisch, in ~em Eigentum (befindlich) foreign-owned, owned by a foreigner; **~e Einkünfte**[343 a] foreign income; **~es Geld** foreign currency *(→Devisen)*; **~e Gesetzgebung** foreign legislation; **~er** →**Orden**

ausländisches Recht foreign law; **Beschaffung von Auskünften über ~**[344] obtaining information on foreign law; **ein Vertrag unterliegt ausländischem Recht** a contract is subject to foreign law; **das Gericht hat ~ nicht von sich aus zu ermitteln** judicial notice may not be taken of foreign law

ausländisch, ~er →**Schiedsspruch**; **~er Staatsangehöriger** foreign national; **~er** →**Titel**; **~es Urteil** foreign judgment *(→Anerkennung und Vollstreckung)*; **auf ~e Währung lautend** expressed in foreign currency; **~e Zahlungsmittel** foreign exchange, foreign currency

Auslands, ~- foreign, external; overseas; **~absatz** export sales; **~abteilung** foreign department; **~aktiva** foreign assets; **~anlagen** investments abroad

Auslandsanleihe foreign (or external) bond (or loan); **~geschäft** foreign loan business

Auslands~, ~aufenthalt stay abroad; *(dauernd)* residence abroad; **~auftrag** export order, foreign order; *(Warenbestellung des überseeischen Importeurs bei seinem Kommissionär)* indent; **~berichte** *(Presse)* foreign coverage; **~berichterstatter** foreign correspondent; **~berührung** *(IPR)* foreign element; **~besitz** foreign holding; **in ~besitz** foreign-owned (or -held); **~bestellung** export (or foreign) order; **~beteiligung** foreign investment; foreign participation; **~bonds** foreign currency bonds; **~brief** foreign letter; **~delikt** offence (offense) committed abroad; **~deutscher** German (living) abroad; **~dienst** assignment (or duties) abroad; foreign service; **~dienstreise** official trip abroad; **Steuerpflichtiger mit ~einkünften** tax-payer deriving foreign source income; **~einlagen** *(auf der Bank)* foreign(ers') deposits; deposits in foreign countries; **~einsatz** assignment (or appointment) abroad; expatriate assignment; **~emission** foreign issue; **~erfahrung** experience abroad; **Schiff auf ~fahrt** ship on international voyage; **~filiale** *(e-r Bank)* foreign branch; **~forderungen** foreign (or external) claims; foreign accounts receivable; **~geld(er)** foreign money, foreign funds, foreign capital; **~gebühr** *(Post)* foreign postage; **~geschäft** foreign business, business in foreign countries; *(Bank)* foreign operations; **~gespräch** *tel* international call; *Am* foreign call; **~guthaben** foreign assets, foreign credit balances; **~handelskammer** (AHK)[337 a] Chamber of (*oft:* Industry and) Commerce Abroad; **~hilfe** *(bes. Wirtschaftshilfe)* foreign aid (or assistance); **~hilfsprogramm** foreign aid program(me); **~investitionen** foreign investments, investments abroad

Auslandsinvestitionsgesetz (AIG)[338] Law on Investments Abroad

Auslandsinvestmentgesetz[339] (Gesetz über den Vertrieb ausländischer Investmentanteile und über die Besteuerung der Erträge aus ausländischen Investmentanteilen) Foreign Financial Investment Law (law covering the marketing of foreign investment shares or foreign trust units [*Am* mutual fund shares] and investment trust [closed-end fund] shares and the taxation of the income of such units or shares)

Auslands~, ~konto foreign (or external) account; **~korrespondent** *(e-r Zeitung)* foreign correspondent; *(e-r Firma)* foreign correspondence clerk

Auslandskredit foreign credit; credit (or loan) to foreigners (or non-residents); **kurzfristige ~e aufnehmen** to take up short-term credit abroad

Auslands~, ~messe trade fair abroad; **~nachrichten** foreign news; news from abroad; **~niederlassung** branch (or establishment) abroad; **~notierung** quotation on a foreign market; **a~orientiert** foreign-oriented; determined by external factors; **~passiva** foreign liabilities; **~patent** foreign patent; **~postanweisung** international money order; **~postverkehr** postal communication with foreign countries; international postal services; **~presse** foreign press; **~reise** journey (or trip) abroad; **(das) ~reisen** travel abroad; foreign travel; **~reisender** travel(l)er abroad; foreign tourist; *(Luftverkehr)* international passenger, passenger on international flights; **~reiseversicherung**

insurance for foreign travel; **~rente** pension payable (to a beneficiary) abroad; *(gerichtl.)* **~sache** (court) case with a foreign element; **~scheck** foreign cheque (check); **~schulden** foreign (or external) debts; debts in foreign countries; **~schuldverschreibung** external (or foreign) bond; **deutsche ~schule** German school abroad; **~stipendium** scholarship for studying abroad; **~strafen** penalties imposed abroad; **~stützpunkt** foreign base; **~tätigkeit** activity abroad; **~töchter** foreign subsidiaries; **~transaktionen** external transactions; **~überweisung** international transfer, transfer abroad

Auslandsunterhaltsgesetz (AUG)[339 a] *(Gesetz zur Geltendmachung von Unterhaltsansprüchen im Verkehr mit ausländischen Staatenetwa)* Reciprocal Enforcement of Support Act, Recognition of Foreign Support Judgments Act

Auslandsverbindlichkeiten foreign (or external) liabilities

Auslandsverbindungen, über ~ verfügen to have connections abroad, to have foreign connections

Auslandsverkäufe (Waren- und Wertpapierverkäufe in das Ausland) foreign sales (sales of goods and securities abroad)

Auslandsvermögen foreign assets, assets held abroad; **~ in der Bundesrepublik** foreign assets in Germany; **deutsches ~** German foreign assets

Auslandsverschuldung (e-s Landes) external indebtedness, foreign debt burden (of a country); **die ~ abbauen** to reduce foreign indebtedness

Auslands~, ~vertreter foreign representative (or agent); representative (or agent) abroad; **~vertretung** diplomatic representation; *(Firma, Bank etc.)* agency (or representation) abroad; **~vorwahl** foreign dialling code; **~wechsel** *(im Ausland zahlbarer Wechsel)* foreign bill (of exchange); foreign draft; **~werte** foreign securities; foreigners; **~zahlungsverkehr** foreign payment transactions; international transfers; **~zulage** foreign service allowance; living abroad allowance; *(EU)* expatriation allowance (or bonus); **~zweigstelle** branch abroad

auslassen *(Wort im Text)* to omit, to delete; to leave out; **e-e Dividende ~** to pass a dividend

Auslassung omission, deletion; **Irrtümer und ~en vorbehalten** errors and omissions excepted (E. O. E.); **e-e ~ ergänzen** to supply an omission

auslasten to utilize fully

Auslastung, ~ der Produktionskapazitäten utilization of productive capacities; **bei voller ~** at capacity; **~sgrad** *(der Kapazität)* capacity utilization rate

Auslaufen *(e-s Schiffes)* sailing, departure; *(aus undichtem Behälter)* leakage; **~ aus e-m Hafen** leaving port; **~ von Öl ins Meer** oil spill; **~ bestehender Rechte** phasing out of existing rights; →**Zeitpunkt des ~s** *(e-s Schiffes)*; **~ e-s Vertrages** *Br* expiry (*Am* expiration) date of an agreement

auslaufen 1. *(Schiff)* to sail, to depart; to put to sea; **aus dem Hafen ~** to leave port; *(nach Zollabfertigung)* to clear the port

auslaufen 2. *(Flüssigkeit)* to run out; *(aus undichtem Gefäß)* to leak

auslaufen 3. *(zu Ende gehen)* to decrease gradually; to taper off; to run out; to expire; **die Produktion ~ lassen** to taper off (or discontinue) production; **die Produktion langsam ~ lassen** to phase out production; **der Vertrag läuft aus** the contract expires (or runs out)

auslaufend, am ... ~es Abkommen agreement due to expire on ...; **~er Artikel** discontinued article

Auslauf~, ~genehmigung *(für ein Schiff)* clearance; **voraussichtliche ~zeit** *(e-s Schiffes)* estimated time of departure (ETD)

auslegen 1. *(erklären)* to interpret, to construe, to read; **etw. ~** to put a construction (upon); **ausdehnend ~** →extensiv auslegen; **einschränkend ~** to construe restrictively, to limit; **eng ~** to give a narrow interpretation, to construe narrowly (or strictly); **extensiv ~** to construe broadly; to extend; to interpret extensively; **falsch ~** to misinterpret, to misconstrue; to give a wrong interpretation (or construction); **restriktiv ~** →einschränkend auslegen; **sinngemäß ~** to interpret by analogy; **weit ~** to give a liberal interpretation; **e-e Gesetzesbestimmung extensiv ~** to extend a statutory provision; **Verträge sind so auszulegen, wie →Treu und Glauben mit Rücksicht auf die Verkehrssitte es erfordern**

auslegen 2. *(Waren, Zeitschriften etc)* to lay out; to expose, to display (for sale); **öffentlich ~** to lay open to public inspection; **Geld ~** to spend (or pay, lay out) money; *(vorschießen)* to advance money

Auslegung 1. interpretation, construction; **~ von Gesetzen** interpretation of statutes; *Am* statutory interpretation; **~ e-s Vertrages** interpretation of a contract (or treaty)

Auslegung, ausdehnende ~ →**extensive ~**; **einschränkende ~** restrictive (or limiting) construction; **enge ~** narrow (or strict) interpretation; **extensive ~** extension; extensive (or broad) interpretation; **falsche ~** misinterpretation, misconstruction; **günstige ~ zweifelhafter Umstände** *(StrafR)* benefit of the doubt;

restriktive ~ restrictive (or narrowing) construction; **sinngemäße ~** interpretation by analogy; **durch sinngemäße ~** *(e-r gesetzlichen Bestimmung)* by implication; **überdehnte ~ e-s Gesetzes** strained interpretation of a statute; **weite ~** broad (or liberal) interpretation (or construction)

Auslegungs~, **~bestimmung** interpretation clause; **~frage** question of interpretation; **~klausel** construction clause; **~regeln** rules of interpretation; canons of construction; **bei ~schwierigkeiten** should difficulties of interpretation (or construction) arise; **~vorschriften** (legal) provisions of interpretation

Auslegung, **e-e ~ geben** to put a construction (upon); **verschiedene ~en zulassen** to admit of different interpretations

Auslegung 2. öffentliche ~ *(PatR)* laying out to public inspection; **~ von Waren** display of goods

Ausleihen von Büchern lending of books

ausleihen to lend; *Am bes.* to loan; to hire out; **sich etw. ~** to borrow sth.; **Geld gegen Zinsen ~** to lend money at interest

Ausleihung lending, loan; **~en** *(der Banken)* advances; **~en am →Geldmarkt**; **langfristige ~en** *(Bilanz)* long-term lendings (or loans)

auslernen *(als Auszubildender)* to finish (or complete) one's apprenticeship

Auslese selection, choosing; **~ unter geeigneten Bewerbern** screening of applicants; **e-r ~prüfung unterziehen** to screen

ausliefern to deliver, to hand over; *(bes. auf Anforderung)* to surrender; *(VölkerR)* to extradite

Auslieferung 1. delivery, handing over; surrender; **gegen ~ von** against delivery of; **~ der Dokumente** delivery of the documents; **~sanweisung** delivery order (D/O); **~slager** distribution centre (center); *(dem Kommissionär zu zahlende)* **~sprovision**[345] commission for delivery of the goods; **~sschein** delivery note

Auslieferung 2. *(VölkerR)* extradition; **~ eigener Staatsangehöriger**[346] extradition of nationals; **~ von Straftätern** *(anders: →Überstellung)* extradition of offenders; **der ~ unterliegende strafbare Handlung** extraditable offence (offense)

Auslieferungs~, **~ersuchen** request for extradition; **Mehrheit von ~ersuchen**[348] conflicting requests for extradition; **a~fähige strafbare Handlung**[349] extraditable offence (offense); **vorläufige ~haft**[350] provisional arrest

Auslieferungsübereinkommen, Europäisches ~[347] European Convention on Extradition

Auslieferungs~, **~übereinkunft** extradition agreement; **~unterlagen** extradition documents; **~verfahren** extradition proceedings; **~verpflichtung** obligation to extradite; **~vertrag**[351] extradition treaty

Auslieferung, die ~ ablehnen (erlangen, bewilligen) to refuse (obtain, grant) extradition; **die ~ vom Bestehen e-s Vertrages abhängig machen** to make extradition conditional on the existence of a treaty

ausliegen *(zum Verkauf)* to be displayed for sale; *(zur Einsichtnahme)* to be open to inspection; *(Zeitungen etc)* to be available (or laid out) (for reading)

ausloben to offer (or promise, advertise) a reward

Auslobende, der/die ~ the offerer; party offering the reward

Auslobung[352] (public) offer (or promise) of a reward

Auslobung ist die durch öffentliche Bekanntmachung ausgesetzte Belohnung für die Vornahme einer Handlung, insbesondere für die Herbeiführung eines Erfolges.

"Auslobung" means a reward offered through public notice for the performance of an act or the bringing about of a particular result.

auslosbar drawable

auslosen, **etw. ~** to draw (lots) for sth.; to draw sth. by lot; **Obligationen ~** to draw bonds for redemption

ausgelost drawn by lot

auslösen to trigger off; **e-n Gefangenen ~** *(freikaufen)* ro ransom a prisoner; **ein Pfand ~** to redeem a pledge

Auslösepreis, **unterer (oberer) ~**[352a] lower (upper) trigger action price

Auslosung drawing by lot; *(bei Tilgung von Schuldverschreibungen)* drawing; **durch ~ rückzahlbare Obligationen** bonds redeemable by drawings

Auslosungs~, **~anleihe** lottery bond; **~recht** drawing right; right to participate in drawings (of bonds etc); **~schein** drawing certificate

Auslosung, die Tilgung der Anleihe erfolgt durch ~ redemption of the bonds will commence by drawings

Auslösung~, **~e-s Pfandes** redemption of a pledge *(→Pfand)*; (Vergütung an Arbeitnehmer bei auswärtigen Arbeiten, z. B. Dienstreise) daily allowance (paid to an employee for special expenses incurred while working away from his usual place of employment, e. g. business travel)

auslotsen to pilot out

ausmachen *(vereinbaren)* to agree upon, to arrange, to settle; *(von Bedeutung sein)* to matter; *(insgesamt betragen)* to come to, to amount to, to total, to reach the total of

ausgemacht agreed (upon); stipulated; **wenn die Parteien nichts anderes ~ haben** unless agreed otherwise by the parties

Ausmahlungssatz *(Mehl)* rate of extraction

Ausmaß *fig* extent; scope; *(Abmessung)* dimension, measurement; *(Grad)* degree; **in großem ~** to a great extent, on a large scale; **~ des Schadens** extent of the damage

Ausnahme exception (von to); exemption; **mit ~ von** with the exception of, excepting; other than; **mit ~ des Obengesagten** save as aforesaid; **~ von der Regel** exception to the rule

Ausnahme~, **~bestimmung** exceptional provision; exemption provision; **~betrieb**[353] excepted establishment; **~genehmigung** exemption permit; exceptional authorization

Ausnahmegericht extraordinary court

Ausnahmegerichte sind unzulässig. Niemand darf seinem gesetzlichen Richter entzogen werden.[354]
Extraordinary courts shall be inadmissible. No person shall be removed from the jurisdiction of his lawful judge.

Ausnahmeregelung, **unter e-e ~ fallen** to come under an exemption (provision), to come under a statutory exemption

Ausnahmevorschriften exceptional provisions

Ausnahmezustand *pol* state of emergency; **Aufhebung des ~s** lifting of the state of emergency; **Verhängung e-s ~es** proclamation of a state of emergency; **e-n ~ verhängen** to declare (or proclaim) a state of emergency

Ausnahme, **e-e ~ beantragen** to apply for an exemption; **e-e ~ bilden** to be an exception; **die in e-m Vertrag genannten ~n** the exceptions stipulated in a contract

ausnahmsweise exceptionally, by way of exception

ausnehmen to except, to exempt; **von der Besteuerung ~** to exempt from taxation *(→ausgenommen)*

ausnutzen to utilize, to make use of; *(ausbeuten, verwerten)* to exploit; *(Nutzen ziehen aus)* to profit by, to take advantage of; **jds Notlage ~** to take (undue) advantage of sb.'s distressed condition

ausgenützt, **ein (noch) nicht ~es Akkreditiv** a letter of credit not utilized

Ausnutzung utilization; exploitation; taking advantage of; **~ fremder Arbeitsergebnisse**[355] appropriation of another's work product; **~ der Kapazität** utilization (utilisation) of capacity; **missbräuchliche ~ e-r beherrschenden Stellung**[356] improper exploitation (or abuse) of a dominant position; **ein geschütztes Patent zur ~ überlassen** to licence a protected patent

Auspuff(abgase) exhaust

ausrechnen to calculate, to compute; **falsch ~** to calculate wrongly, to miscalculate

Ausrechnung calculation, computation; **~ der Kosten** calculation of the costs

ausreichend sufficient; adequate; **nicht ~** insufficient, inadequate; **~er Beweis** satisfactory evidence; **ohne ~en →Grund**; **~es →Guthaben**; **~e Mittel** adequate resources, ample (or sufficient) means; **~e Sicherheit** ample security; **nicht ~ →berücksichtigen**

Ausreise departure, exit (aus from); *(Schiff)* outward voyage; **bei der ~** when leaving the country; **Ein- und ~** entering and leaving the country; **auf der ~ befindliches Schiff** outward-bound vessel; **~dokumente** exit documents; **~genehmigung** exit permit; travel permit; **~pflicht** duty to leave the country; **~visum** exit visa

ausreisen, **aus e-m Lande ~** to leave a country; **ein- und ~** to enter and leave the country

ausrichten to align, to bring into line with; to co(-)ordinate

Ausrichtung alignment, co(-)ordination; **politische ~** political orientation; **→Europäischer ~s- und Garantiefonds für die Landwirtschaft**

ausrüsten to equip, to supply with; to fit out; **ein Schiff ~** to equip (or fit out) a ship; to man, equip and supply a ship

Ausrüster supplier of equipment; outfitter; *(e-s Schiffes)* ship's chandler; owner pro tempore

Ausrüstung equipment; outfit; **gewerbliche ~(en)** industrial equipment; **landwirtschaftliche ~(en)** farming equipment; **Schiffs~** equipment of a ship; **wissenschaftliche ~(en)** scientific equipment

Ausrüstungs~, **~gegenstände** equipment; **~gegenstände und Teile von Kraftfahrzeugen**[357] motor vehicle equipment and parts; **~investitionen** equipment investments; capital expenditure on (machinery and) equipment

Aussage statement, declaration; evidence; (Zeugenaussage) testimony; **~ unter →Eid oder in gleichermaßen verbindlicher Form**; **~ der Parteien** statement (or testimony) of the parties; **~ des Sachverständigen** expert opinion, expert testimony; **→beeidigte (od. →eidliche) ~**; **→eidliche falsche ~**; **→unbeeidigte**

~; →**uneidliche falsche ~**; **sich widersprechende ~n**[358] conflicting testimony; divergent testimonies

Aussage, **Recht zur Verweigerung der ~** →**Zeugnisverweigerungsrecht**; **Zeuge, der berechtigt ist, die ~ zu verweigern** privileged witness

Aussage~, **~erpressung**[359] extortion of testimony (or statements) by duress; **~genehmigung** permission to testify; **~verbot** duty to refuse to give evidence; **~verweigerung** refusal to testify (or to give evidence) *(→Zeugnisverweigerung)*; **~verweigerungsrecht** *(des Anwalts)* legal professional privilege; **~wert** (the) value of evidence

Aussage, **~n abnehmen** to take statements; **e-e ~** →**beeidigen**; **ich bleibe bei meiner ~** I abide by what I have said; I confirm my (prior) statement (or testimony); I adhere to my prior statement; **e-e ~ machen** to make a statement; to give evidence; to testify; to bear testimony; *(schriftl. und eidlich)* to make a deposition; **falsche ~ unter** →**Eid machen**; **(Zeugen-)~ zu** →**Protokoll nehmen**; **die ~ verweigern** to refuse to give evidence; **die ~ widerrufen** to withdraw (or recant, retract, disavow) testimony

aussagen to state, to make a statement; to declare; to certify; *(als Zeuge)* to give evidence, to testify; →**eidlich ~**; →**falsch ~**

ausschalten *(beseitigen)* to eliminate; **den Großhandel ~** to eliminate wholesalers

Ausschaltung *(Beseitigung)* elimination; **~ der Konkurrenz** elimination of competition

Ausscheiden withdrawal, leave, leaving; *(Pensionierung)* retirement; *(aus dem Amt)* resignation; **zwangsweises ~ s. zwangsweise** →**Pensionierung**; **~ aus dem Dienst** retirement (or resignation) from office; **~ e-s Gesellschafters**[360] withdrawal (or retirement) of a partner; **~ von Mitgliedern** withdrawal of members

ausscheiden to leave, to withdraw, to quit; to retire; to resign; *(aussondern)* to set aside, to eliminate; **aus dem Dienst ~** to quit the service; to resign (from) one's office; **aus dem Geschäft ~** to retire from business; **als** →**Gesellschafter ~**; **aus der Regierung ~** to resign from the Cabinet (or Government); →**turnusmäßig ~**; **aus der Versicherung ~** to cease to be insured; →**vorzeitig ~**; **ein Gesellschafter scheidet aus** a partner withdraws

ausscheidend, **~er Gesellschafter** outgoing (or withdrawing, retiring) partner; **die Nachfolge für den ~en X antreten** to be in succession to X who has resigned; to take the place of X; to succeed X (in office)

ausgeschieden, **~er Anspruch** *(PatR)* divisional claim; **~er Gesellschafter** former partner, ex-partner; **aus der (Sozial-)Versicherung ~ sein** to cease to be insured

Ausscheidetafel *(VersR)* table of decrements

Ausscheidung elimination; **~sanmeldung** *(PatR)* divisional application

ausschiffen *(von Bord ans Land bringen)* to disembark, to land

Ausschiffung disembarkation, landing; **~shafen** port of disembarkation

Ausschlag, **den ~ geben** to decide the issue; to turn the scale(s); **bei** →**Stimmengleichheit gibt die Stimme des Vorsitzenden den ~**

ausschlagen to refuse (to accept); to reject, to disclaim; **ein Amt ~** to reject (or decline) (an offer of) an office (or a position); **ein Angebot ~** to refuse (or reject) an offer; **e-e** →**Erbschaft ~**; **ein Vermächtnis ~** to disclaim (or repudiate) a legacy

ausschlaggebend determining, decisive (für for); **~er Aktionär** controlling shareholder; **~en Einfluss haben** to control; **~e Interessen** overriding interests; **~e Stimme** decisive vote, casting vote; **~ für ... ist** the main reason (or decisive factor) for ... is; **~ sein** to prevail

Ausschlagung refusal (to accept); rejection; disclaimer; **~e-r Erbschaft**[361] disclaimer of an estate (or *Am* inheritance); *Am* renunciation of an inheritance; **~ e-s** →**Vermächtnisses**

Ausschlagungsfrist[362] period for disclaimer; period within which an heir can disclaim (or disclaimer can be made or effected)

ausschließen to exclude, to preclude; to debar (from); *(vorübergehend)* to suspend; *(ausstoßen)* to expel, to disqualify; *(Möglichkeit etc)* to rule out; **etw. ~** to be exclusive of sth.; **jdn ~ von** to bar sb. from; **jdn von der Erbschaft ~** to debar sb. from succession; **vertraglich ~** to exclude by stipulation (or contract, agreement); to contract out; **e-n Aktionär ~**[363] to expel a shareholder; **aus der Anwaltschaft ~** to disbar a lawyer; **die Haftung ~** to exclude (the) liability; **ein Mitglied aus e-m Verein ~** to exclude sb. from membership in a society; **die Öffentlichkeit ~** to exclude the (general) public; to order a case to be heard in camera (or in chambers); **ein Recht ~** to bar a right; **dieses Abkommen schließt nicht aus** (dass) nothing in this agreement shall preclude; **ein Urteil schließt weiteres** →**Vorbringen aus** →ausgeschlossen

ausschließend preclusive; **zwei sich ~e Anmeldungen** *(WarenzeichenR)* two conflicting applications

ausschließlich exclusive, excluding; (ohne) ex; **~e Benutzung** *(PatR)* exclusive use; **~ Dividende** ex dividend (ex div.); **in ~em Eigentum des Verkäufers bleiben** to remain the exclusive property of the vendor; **~e Gesetzgebung des Bundes**[364] exclusive legislative power of the Federal Parliament; **~e Lizenz** exclusive licen|ce (~se); **~es Recht** exclusive right; **~ aller Rechte** *(Dividende etc)* ex all; **~ Zinsen** ex interest (ex int.); **~e und nicht ~e Zuständigkeit** exclusive and concurrent jurisdiction; **der ~e Zweck** the sole purpose; **~ zuständig sein** to have exclusive jurisdiction

Ausschließlichkeit exclusiveness; exclusivity; **~sbindungen**[365] exclusive dealing requirements; **~slizenz für Patente** exclusive patent licen|ce (~se); **~spatent** exclusive patent; **~srecht** sole and exclusive right; **~svereinbarung** exclusive distribution (or dealing) arrangement; **~svertrag** *(KartellR)* exclusive distribution (or dealing) contract; *(Lizenzvertrag)* exclusive licensing agreement

Ausschließung exclusion, preclusion, debarring; *(Ausstoßung)* expulsion; disqualification; *(zeitweilig)* suspension; **~ von der (gesetzlichen) Erbfolge**[366] excluding a p. from his statutory right to succeed on an intestacy; disinheriting a p. *(→Enterbung)*; **~ e-s Gesellschafters** exclusion (or expulsion) of a partner; **~ e-s Richters von der Ausübung des Richteramtes**[367] disqualification (or exclusion) of a judge from conducting a case

Ausschließungs~, **~frist** →Ausschlussfrist; **~gründe**[368] reasons for exclusion (or expulsion); **~klage** suit for expulsion of a partner

Ausschluss exclusion, expulsion; **unter ~ von** to the exclusion of; **unter ~ weiterer Ansprüche** any further claims excluded; to the exclusion of further claims; **~ e-s säumigen Aktionärs**[369] expulsion of a defaulting shareholder; **~ der Gewährleistung** *(Mängelausschluss des Verkäufers)* exclusion of (seller's) warranty (caveat emptor); **(vertraglicher) ~ der Haftung** (contractual) exclusion of liability; **~ e-s Mitglieds** *(dauernd)* expulsion of a member; *(vorübergehend)* suspension of a member; **~ von öffentlichen Ämtern** debarment from public office

Ausschluss der Öffentlichkeit exclusion of the (general) public; **unter ~** not open to the public; behind closed doors; in camera; in chambers; **die Parteien beantragen den ~** the parties ask for the public to be excluded; **die Verhandlung findet unter ~ statt** trial is held behind closed doors (or with the public excluded); **unter ~ verhandeln** to sit in closed (or secret) session; to sit in camera

Ausschluss, unter ~ des Rechtsweges ousting the jurisdiction of a court or tribunal; *(vertragl.)* **~ der Sachmängelhaftung** nonwarranty clause; **~ des Stimmrechts**[370] suspension of voting rights; **~ der Zuständigkeit des Gerichts** ousting of jurisdiction

Ausschlussfrist[371] cut-off period (period after which a right can no longer be exercised); term of preclusion; preclusive period

Der Ablauf der Ausschlussfrist muß - im Gegensatz zur Verjährung - vom Gericht von Amts wegen berücksichtigt werden.

In contrast to the ordinary Statute of Limitations, *(barring only the remedy which must be pleaded),* the passage of a period after which a right is precluded is subject to judicial notice.

Ausschlussurteil, ein ~ erwirken[372] to obtain a decision barring the owner's title; **Verlust e-s Grundstücks durch ~, wenn das Grundstück seit 30 Jahren im Eigenbesitz e-s anderen ist**[373] loss of ownership by reason of a judgment *Br* conferring title on (*Am* quieting title in) a person who has held the land in adverse possession for 30 years *(→Aufgebotsverfahren)*

Ausschlussverfahren *(gegen ein Mitglied)* expulsory proceedings

Ausschnitt (aus e-r Zeitung) (newspaper) clipping (or cutting); **~dienst** presscutting service

ausschöpfen, innerstaatliche →Rechtsmittel ~

Ausschöpfung der Quoten exhaustion of quotas

ausschreiben 1.; den Namen voll ~ to write the name (out) in full; **(Zahlen) voll ~** to write out (numbers) in words; **e-e Rechnung ~** to write (or make) out an invoice; to bill

ausschreiben 2. *(Angebot für Leistungen od. Lieferungen)* to invite (or solicit) tenders (for); to put out to tender; to send out an invitation to tender; *Am* to advertise (or solicit) (for) bids; **e-e (freie) Stelle ~** to invite applications for a position; to advertise a vacancy

ausschreibend, ~e Partei party inviting a tender; **das ~e Unternehmen** the contract awarding company; *Am* company soliciting bids

ausgeschrieben werden to be put out to tender

Ausschreibung *(Submission)* (open) invitation to tender; *Am* (formal) invitation (or advertising, solicitation) for bids; call for tenders (or *Am* bids); **durch ~ (od. auf dem ~swege)** by (way of) tender; by contract; **beschränkte ~** *(an bestimmte Zahl von Unternehmen)* limited (or closed, restricted) invitation to tender; **Dauer~** standing invitation to tender; **→freihändige**

~; **öffentliche ~** *(an unbestimmte Zahl von Unternehmen)* public invitation to tender; **~ öffentlicher Arbeiten** contract for public works; **~ von Arbeitsplätzen**[374] notification of vacancies (for internal competition); **~ e-r Stelle** advertisement of a vacancy

Ausschreibungs~, **~absprache** *(bei der Vergabe öffentlicher Aufträge)* collusive tendering (or *Am* bidding); **~bedingungen** *Br* tendering conditions; *Am* bidding conditions; **~frist** deadline for tenders; *Am* bidding period; **~garantie** →Bietungsgarantie; **~gebühr** charge for *Br* tender (*Am* bid) documents; **~unterlagen** *Br* tender (*Am* bid) documents; **~verfahren** *Br* tendering (*Am* bidding) procedure; procedure for inviting applications for a position

Ausschreibung, **sich an e-r ~ beteiligen** to participate in a tender; to tender (for the execution of a work etc); to make (or send in, submit) a tender; *Am* to submit a bid; **e-e ~ veranstalten (od. vornehmen)** →ausschreiben 2.

Ausschreitung outrage, riot; **es kam zu schweren ~en** serious riots broke out

Ausschuss 1. committee; panel; **im ~** on the committee; **Ad-hoc ~** ad hoc committee; **außenpolitischer ~** committee on foreign affairs; **beratender ~** advisory committee; **engerer ~** select (or restricted) committee; **erweiterter ~** enlarged committee; →**Fach~**; **gemeinsamer ~** joint committee; **gemischter ~** joint (or mixed) committee; **geschäftsführender ~** managing committee; **nachgeordneter ~** subordinate committee; →**Neben~**; **paritätischer ~** joint committee; **parlamentarischer ~** parliamentary committee; →**Rechts~ der Regionen** Committee of the Regions; **Sonder~**; **ständiger ~** permanent (or standing) committee; →**Unter~**; →**Untersuchungs~**; **zuständiger ~** competent committee; **~ für die europäische Entwicklung von Wissenschaft und Technoloige** (Codest) Committee for the European Development of Science and Technology (Codest); **~ für wissenschaftliche und technische Forschung** (CREST) Scientific and Technical Research Committee (CREST)

Ausschuss~, **~arbeit** committee work; **~bericht** committee report; **~mitglied** committee member; **~sitzung** committee meeting; **an e-r ~sitzung teilnehmen** to attend a committee meeting; **~vorsitzender** chairman of a committee

Ausschuss, **der ~ hält e-e Sitzung ab** the committee is in session; **e-m ~ angehören** to be (or sit) on a committee; to be member of a committee; **e-n ~bilden (od. einsetzen)** to set up (or establish, form, appoint) a committee; **in e-m ~ tätig sein** to serve on a committee; **an e-n ~ überweisen** *parl* to refer to a committee; **in e-m ~ den Vorsitz führen** to chair a committee; **an e-n ~ zurückverweisen** *parl* to recommit (or refer back) to a committee

Ausschuss 2. *(schlechte Ware)* reject(s); *(Abfall)* refuse, waste; **~ware(n)** reject(s), substandard goods, job goods; *Am* trash

ausschüttbarer Gewinn distributable earnings

ausschütten, **e-e Dividende ~** to distribute (or pay) a dividend; **keine Dividende ~** to pass a dividend; **die Konkursmasse ~** to divide (or distribute) a bankrupt's estate

ausschüttend, **die ~e Gesellschaft** the company making the distribution

ausgeschüttet, **~e Dividende** distributed (or paid) dividend; **~er Gewinn** distributed earnings; **nicht ~er Gewinn** undistributed (or *Am* unappropriated) earnings; retained earnings (or income)

auszuschüttend, **Höhe der ~en Dividende** dividend rate; **~er Gewinn** →ausschüttungsfähiger Gewinn

Ausschüttung distribution; payout *(→Dividendenausschüttung; →Gewinn*ausschüttung *())*; **~von Gesellschaftsgewinnen** distribution of company profits; **~en auf ausländische →Investmentanteile**

Ausschüttungs~, **~datum** date of distribution; **a~fähiger Gewinn** distributable profit (or earnings); profit available for distribution; **a~fähiger Reingewinn** (distributable) unappropriated earned surplus; **a~loser (Investment-)Fonds** accumulative fund *(→Wachstumsfonds)*; **~politik** dividend policy; **~quote** dividend payout ratio

außen, **nach ~** *(auswärts)* outward; **der Vorstand vertritt die Gesellschaft nach ~** the managing board represents the company *(Am corporation)*; **von ~ gesehen** on the face of it

Außen~, **~beitrag** net visible and invisible exports; **~bezirk** *(e-r Stadt)* outskirts; **~beziehungen** external relations

Außendienst field work, field service; **im ~** in the field; **im ~ tätiges Personal** field staff; *Br (auch)* outdoor staff; **im ~ tätig sein** to work in the field

Außen~, **~einsätze** *Am (Personal)* field assignments; **~finanzierung** external (or outside) financing; **~grenzen der Gemeinschaft** *(EU)* Community's external borders *(Ggs. innergemeinschaftliche Grenzen)*; **~grenze der Territorialgewässer** outside limit of the territorial sea; **~hafen** outer harbo(u)r, outport

Außenhandel foreign trade; external trade; *Am* foreign commerce; **Gesamt~** aggregate (or total) foreign trade; **~sabteilung** export department; **~sbank** foreign trade bank

Außenhandelsbilanz foreign trade balance; **aktive (passive) ~** favo(u)rable (adverse) trade balance

Außenhandels~, **~defizit** (foreign) trade deficit; export deficit; **~finanzierung** foreign trade financing, export financing; **~information** →Bundesstelle für Außenhandelsinformation; **~monopol** foreign trade monopoly; **~politik** foreign (or external) trade policy; **~statistik** foreign trade statistics; **~stelle** foreign trade office (or agency); **~überschuss** (foreign) trade surplus; exports in excess of imports; **~vertrag**[375] foreign trade agreement; **~volumen** volume of foreign trade; **~zahlen** foreign trade figures

Außenhandel, der ~ hat abgenommen (zugenommen) foreign trade has decreased (increased)

Außenminister Foreign Minister; *Br* Secretary of State for Foreign (and Commonwealth) Affairs; *Br* Foreign Secretary; *Am* Secretary of State *(→Bundesminister des Auswärtigen)*; **~konferenz** foreign ministers' conference

Außenministerium Ministry (or Department) of Foreign Affairs, Foreign Ministry; *Br* Foreign and Commonwealth Office; *Am* Department of State *(→Auswärtiges Amt)*

Außenpolitik foreign (or external) policy, foreign affairs

außenpolitisch with regard to foreign affairs; external; **~er Ausschuss** foreign affairs committee; **~e Debatte** *parl* debate on foreign policy; **~e Lage** international situation; **~e Verwicklungen** external entanglements

Außenseiter outsider; *(Schiff e-r Außenseiter-Reederei)* non-conference steamer

Außenstände outstanding accounts (or debts, amounts); accounts receivable (A/cs Rec.); **~ →eintreiben**; **~ einziehen** to collect outstanding debts

außenstehender Aktionär (od. Gesellschafter)[376] outside shareholder

Außenstehender outsider

Außenstelle branch office, field office; **leitender Angestellter e-r ~** field executive

Außensteuergesetz (AStG)[377] *(Gesetz über die Besteuerung bei Auslandsbeziehungen)* Law to Prevent International Fiscal Evasion; Foreign Tax Relations Act

Außenumsatzerlöse gross income (from sales and services) from sources outside the (affiliated) group (of enterprises)

Außenverhältnis external relationship; **im ~** externally, in external terms; vis-à-vis third parties

Außenwelt external (or outside) world; **von der ~ abgeschnitten** cut off (or isolated) from the outside world

Außenwert e-r Währung external value of a currency

Außenwirtschaft foreign trade and payments; **~sgesetz** (AWG)[379] Foreign Trade and Payments Law, Law on Foreign Trade and Payments; **~spolitik** foreign trade and payments policy; **aus a~spolitischen Gründen** on external economic policy grounds; **~srecht** foreign trade and payments law; **~sverordnung** (AWV)[380] (Verordnung zur Durchführung des AWG) Foreign Trade and Payments Ordinance

außenwirtschaftlich external, relating to foreign trade and payments; **~ bedingt** due to foreign trade and payments; **~e Beziehungen** external trade relations; **~es →Gleichgewicht**; **~e Lage** external position; **~e Maßnahmen** measures concerning foreign trade and payments

Außenzoll, gemeinsamer ~(tarif) *(EU)* common external tariff

außer outside; beyond; *(neben)* beside(s); *(noch dazu)* in addition to; *(ausgenommen)* except, save, other than; **~ seinem Gehalt** in addition to his salary; **nicht ~ Acht lassen** not to overlook, to keep in mind (that)

außeramerikanisch, Einkünfte aus ~n Quellen income from sources outside the United States

außer~, ~beruflich outside one's profession (or occupation); avocational; **~ Betrieb** →Betrieb 2.; **~betrieblich** external; outside the firm; **~betriebliche Ausbildung** training off the job

außerbörslich outside of an organized stock exchange; *Br* on the kerb; *(nachbörslich)* in the street; *Am* on the curb, over-the-counter; **~er Effektenmarkt** outside market; *Br* kerb market; *Am* over-the-counter-market; **~er Wertpapierhandel** over-the-counter trading of securities; **~handeln** to deal off the floor

außer, ~ Dienst *mil bes.* retired *(→a. D.)*; **ein Schiff ~ Dienst stellen** to put a ship out of commission; to lay a ship up; **~dienstlich** unofficial, private; outside one's official functions

außerehelich illegitimate, extramarital, out of wedlock *(→nichtehelich)*; **~ geboren** born out of wedlock; **~e Abstammung** illegitimate descent; **~e Beziehungen** extramarital relations,; **~er Verkehr** extramarital intercourse

außer~, ~etatmäßig extra(-)budgetary; not included in the budget; **~europäisch** non-European; **~gemeinschaftlicher Handel** *(EU)* trade with non-member countries

außergerichtlich extra(-)judicial, out of court *(→gerichtlich)*; **~e Kosten** *(z. B. Anwaltsgebühren)* extra-judicial costs; **~e Streiterledigung** extrajudicial settlement; **~er Vergleich** settlement out of court, private settlement; arrangement out of bankruptcy; **jdn →gerichtlich und ~ vertreten**

außergewöhnlich, ~e Aufwendungen →außerordentliche Aufwendungen; **~e Belastungen** →Belastung 1.; **~e Kosten** extraordinary costs; **Versicherung gegen ~e Risiken** contingency risks insurance; **unter ~en Umständen** in exceptional circumstances

außerhalb outside, out of, beyond; **von ~** from outside; *(aus der Stadt)* from out of town; *(aus dem Ausland)* from abroad; **~ des →Dienstes**; **~ Englands** outside England; **~ und innerhalb der Gemeinschaft** *(EU)* outside and inside the Community; **~ des →Hoheitsgebietes**; **~ der Küste** offshore; **~ der Schalterstunden** *(e-r Bank)* outside (the) banking hours

außer Kraft setzen to abrogate, to repeal; to cancel, to override; (zeitweilig) to suspend; **ein Abkommen ~** *(VölkerR)* to terminate (operation of) an agreement; **ein Gesetz ~** to abrogate (or repeal) a statute; to invalidate an Act

Außerkraftsetzung abrogation, repeal; cancellation, annulment; termination; *(vorübergehend)* suspension; **~e-s Verwaltungsaktes** setting aside of an administrative act; **~ von in das Register eingetragenen Wettbewerbsregeln**[381] repeal of rules of competition entered in the Register

Außerkrafttreten, ~ e-s Abkommens *(VölkerR)* termination of (operation of) a convention; cessation of validity of an agreement; **~ e-s Gesetzes** *(durch Aufhebung, Zeitablauf)* repeal (or expiration) of a statute; **~ e-s Vertrages** termination (or expiration) of a contract

außer Kraft treten to expire, to terminate; to cease to have effect (or be effective); to cease to be in force; to become inoperative; **wenn das Abkommen außer Kraft tritt** *(VölkerR)* in the event of the termination of the convention; **das Abkommen tritt außer Kraft** *(VölkerR)* the agreement shall terminate (or cease to be in force); **ein Gesetz tritt außer Kraft** a law expires; **der Vertrag tritt ... Monate nach seiner Kündigung außer Kraft** *(VölkerR)* the treaty shall terminate ... months from the date of its denunciation

außer Kurs setzen to withdraw from circulation; **Münzen ~** to demonetize (demonetise) coins

Außerkurssetzung withdrawal from circulation; demonetization (demonetisation)

äußerlich external; on the outside; **~ in gutem Zustand** externally in good condition; in apparent good order and condition

äußerlich, innere und ~e Angelegenheiten *(e-s Staates)* internal and external affairs; **dem ~en Anschein nach** judging (or going) by (the) outward appearance; **~e Umstände** external factors

äußern, sich ~ zu to comment on; to express one's view (or give one's opinion) on; **sich befriedigend ~** to express one's satisfaction; **Zweifel ~** to express doubts

außerordentlich extraordinary; **~e Abschreibungen** extraordinary depreciation; **~e Aufwendungen** extraordinary expense(s); **~er und bevollmächtigter →Botschafter**; **~e →Einkünfte**; **~e →Hauptversammlung**; **~er →Professor**; **~e Sitzung** special session; **zu e-r ~en Tagung zusammentreten** to meet in a special session

außerparlamentarisch extraparliamentary

außerplanmäßig *(Ausgaben)* extraordinary; extra-budgetary; *(Verkehr)* not on schedule; **~e Abschreibungen** extraordinary depreciation; **~er →Beamter**

äußerst utmost; **im ~en Falle** in the extreme case; at worst; at most; **~e Frist** final time limit; *Am* deadline; **die ~e Linke** *pol* the extreme left; **~er Preis** lowest possible price; *(bei Auktionen)* knock-down price; **~→preiswert**; **~e Sorgfalt** utmost care

außertariflich outside the agreed scale rate; *(Zoll)* non-tariff; **~e Zulagen** payments (or bonuses) over and above the agreed rates

Äußerung comment; expression, utterance; **~ im Rahmen der Immunität** *parl* privileged communication

außervertraglich outside the contract; extra - contractual; **~er Anspruch** non-contractual claim; **~e Haftung** non(-)contractual liability

Außerverfolgsetzung *(des Angeklagten)*[382] discharge of the accused by the court after preliminary judicial investigation

aussetzen *(unterbrechen)* to interrupt, to stay, to discontinue; *(einstellen)* to suspend; *(verschieben)* to postpone, to defer; *(e-r Einwirkung)* to expose; *(e-e Summe)* to allow, to settle; to offer; *(unterwerfen)* to subject to; **jdm etw. ~** to settle sth. (up)on sb.; **e-e →Belohnung ~**; **sich e-r →Gefahr ~**; **ein Kind ~**[383] to abandon (or *Br* expose) a child; **jdm e-e Rente ~** to settle a pension on a p.; **sich der strafrechtlichen Verfolgung ~** to make oneself liable to prosecution; **die Vollstreckung e-r Strafe ~** to suspend (execution of) a sentence *(s. Strafaussetzung zur →Bewährung)*; **das Verfahren (od. die Verhandlung) ~** to stay (or suspend) the proceedings; **ein →Vermächtnis ~**; **die Zwangsvollstreckung ~** to stay execution

Aussetzung *(Unterbrechung)* interruption, stay, discontinuance; *(Einstellung)* suspension; *(Verschiebung)* postponement, deferment; **~ e-s Beschlusses des Betriebsrats**[384] postponement (or deferment) of a decision taken by the works council; **~ der Freiheitsstrafe zur Bewährung** suspension of sentence; **~ der Hauptverhandlung** *(StrafR)*[385] suspension (or stay) of trial; **~ e-r hilflosen Person**[386] (criminal) abandonment of a destitute (or helpless) person; **~ e-s Kindes** abandonment of a child; **~ e-r Rente** settlement of an annuity (on a p.); **~ des Strafrestes zur Bewährung** suspension of the remainder of the sentence on probation; **~ der Strafvollstreckung** stay (or suspension) of execution of a sentence *(→Strafaufschub)*; **~ e-r Summe** settlement of a sum; **~ e-s Verfahrens (od. e-r Verhandlung)**[387] suspension of proceedings; **~ der Verkündung des Urteils** deferment of the announcement of the judgment; **~ der Vollstreckung des Todesurteils** stay of execution of a death sentence; reprieve; respite; **~ der Vollziehung** stay of executive; **~ der Zölle** suspension of customs duties; **~ der Zwangsvollstreckung** stay of execution *(→Vollstreckungsschutz)*

Aussicht *(Blick)* view, outlook; **~ auf** outlook for, chance of, prospect of; **~en auf e-n Arbeitsplatz** chances of finding employment; **~ auf Gehaltserhöhung** prospect of a rise in salary

Aussicht, **→Erfolgs~en**; **→Konjunktur~en**; **politische ~en** political outlook; **wirtschaftliche ~en** economic outlook; **~ haben** *(in Betracht kommen, z. B. für e-e Stelle)* to be in the running; **gute (schlechte) ~en haben** to have good (poor) chances (or prospects); **in ~ haben** to have in prospect (or in view); **etw. in ~ nehmen** to consider doing sth.; to envisage sth.; **in ~ genommen** envisaged; **in ~ stehend** prospective; **in ~ stellen** to hold out the prospect of; **in ~ gestellt** proposed, put forward in consideration; **jdm die ~ →verbauen**; **die Rechtsverfolgung bietet hinreichende ~ auf Erfolg** the litigation offers a reasonable prospect of success

aussichtslos *(Beruf)* offering no prospects

aussichtsreich promising; offering good prospects; **~er Kandidat** candidate with good prospects of success; promising candidate; potentially successful candidate; **dieser Beruf ist ~** this profession has (or offers) good prospects; the prospects in (or of) this profession are good

aussiedeln to evacuate

Aussiedler evacuee, resettler; ethnic Germans who left their homes in various countries of the former Eastern bloc countries in order to settle in the Federal Republic of Germany *(→Umsiedler)*

Aussiedlung evacuation, resettlement

aussöhnen, **sich mit jdm ~** to become reconciled with sb.; to make one's peace with sb.

Aussöhnung reconciliation

aussondern to separate, to set aside, to sever; to single out; *(InsR)* to recover *(→Aussonderung)*

ausgesondert, **der Verkäufer hat offensichtlich für die Vertragserfüllung vorgesehene Sachen ~** the seller has set aside goods manifestly appropriated to the contract

Aussonderung *(InsR)*[389] separation of property belonging to a third party from the insolvent's estate *(→Absonderung)*; right to separation

In der Insolvenz können Vermögenswerte (Sachen oder Forderungen), die nicht zum Vermögen des Gemeinschuldners sondern Dritten gehören, vom Insolvenzverwalter herausverlangt werden.

The insolvency administrator can separate assets which do not belong to the insolvent from the insolvent's estate and transfer them to their rightful owners.

Aussonderung der für den Käufer bestimmten Ware appropriation to the contract

Aussonderung ungeeigneter Bewerber elimination of unsuitable candidates; *Am* screening

Aussonderungsanspruch *(InsR)* claim (against the →Insolvenzverwalter) for separation and recovery of assets not belonging to the insolvent's estate; *Am* reclamation

aussonderungs~, **~berechtigt sein** *(InsR)* to have a right to separate one's property from the insolvent's estate; **~fähig** *(bei Insolvenz)* recoverable

Aussonderungsrecht *(bei Insolvenz)* right of separation

aussortieren to sort out, to grade, to select (from); *(Unbrauchbares)* to reject

aussperren, **Arbeiter ~** to lock out workers

ausgesperrte Arbeiter locked-out workers

Aussperrung lock(-)out; **Abwehr~** defensive lockout (against workers on strike); **Angriffs~** offensive lockout (against workers not on strike); **~srecht** (des Arbeitgebers) right (of the employer) to impose a lock(-)out

Ausspielung raffle (for prizes other than money) *(→Lotterie)*; **~svertrag** raffle contract

Aussprache *(Unterredung)* debate, discussion; **eingehende ~** in-depth discussion; **in der anschließenden eingehenden ~** in the broad exchange of views that followed; **sich an der ~ beteiligen** to participate in the discussion

aussprechen, sich dagegen (dafür) ~ to speak against (in support of or for) sth.; **seinen Dank ~** to express one's thanks

Ausspruch, richterlicher ~ dictum

Ausstand *(Arbeitseinstellung)* stoppage of work; strike; *colloq.* walk-out; **sich im ~ befinden** to be on strike; **in den ~ treten** to go on strike

ausstatten *(Haus, Zimmer etc)* to equip, to fit out, to furnish; *(versehen mit)* to provide with; *(Tochter od. Sohn)* to grant a portion (or dowry); *(mit Vermögenswerten)* to endow; **e-n Fonds ~ mit Euro …** to endow a fund with Euro …; **mit reichlichen finanziellen Mitteln ~** to endow with ample funds; **jdn mit Vollmacht ~** to vest sb. with authority

Ausstattung 1. equipment, furnishings; outfit; fixtures, fitting; *(mit Vermögenswerten)* endowment; *(Aufmachung)* get(-)up; presentation; make-up; **~ e-s Fonds** endowment of a fund; **~e-s Hotels** appointments of a hotel; **~ von Waren** external make-up; **~ des Warenzeichens** get(-)up of the trademark; **~ e-r Wohnung** *Br (z. B. Ölheizung, Bad)* fixtures and fittings of a flat; *Am* equipment of an apartment; *(Komfort)* convenience; **~skosten** cost of equipment

Ausstattung 2. ~ e-r Anleihe terms of a loan (Ausgabe- und Rückzahlungskurs sowie Zinshöhe issuing and redemption rate and rate of interest)

Ausstattung 3. *(FamilienR)*[390] portion; advancement; **e-e ~ gewähren (od. geben)** to grant a portion, to make an advancement

ausstehen *(noch nicht eingegangen sein)* to be outstanding; *(Zahlung)* to be owing; *(Arbeit)* still to be attended to; **~der Betrag** outstanding amount, amount due (or owing); **~de →Einlagen**; **~de Forderungen** outstanding claims; active debts; accounts receivable; **~de Verbindlichkeiten** accounts payable; **~de Verhandlungen** forthcoming negotiations; **~de Zahlung** outstanding payment; **die Entscheidung steht noch aus** the decision is still to be expected

aussteigen *(aus e-m Fahrzeug)* to get off, to alight from (a car, bus, plane); *(aus e-m Auto)* to get out (of); *(aus e-m Schiff)* to disembark; *fig* to opt out (of), to withdraw (from)

ausstellen 1. to make out; to draw (out); *(bes. behördl.)* to issue; **→falsch ~**; **e-e →Bescheinigung ~**; **e-n →Pass ~**; **e-e →Quittung ~**; **e-e →Rechnung ~**; **e-e →Urkunde ~**; **e-e →Vollmacht ~**; **e-n →Wechsel ~**

ausstellende Behörde issuing authority

ausstellen 2. *(zur Schau stellen)* to exhibit, to display, to show; to expose; **in e-r Galerie ~** to exhibit in a gallery; **Waren zum Verkauf ~** to expose (or display) goods for sale

ausstellende Firma exhibiting firm

ausgestellt, ~e Waren exhibits; **~ sein** to be on display (or show)

Aussteller 1. *(Behörde)*, **~ issuer** issuing authority; *(Wechsel, Scheck)* drawer; *(Eigenwechsel)* maker; **~ e-s →Gefälligkeitswechsels**; **zurück an ~** *(Scheckvermerk)* refer to drawer (R/D)

Aussteller 2. *(Messe, Ausstellung)* exhibitor; **~ausweis** exhibitor's card; **~verzeichnis** list of exhibitors

Ausstellung 1. issue, making out, drawing; **~ e-s Passes** issue of a passport; **~ e-r Rechnung** making out an invoice; invoicing; **~ e-s Schecks** writing (out) (or making out, drawing) a cheque (check)

Ausstellungs~, ~datum date of issue; **~ort** place of issue; *(Wechsel, Scheck)* place of drawing, drawer's domicile; **~tag** date of issue; *(e-s Wechsels, Schecks)* date of drawing; **~jahr** year of issue

Ausstellung 2. exhibition; *Am* exposition; show; *(Messe)* fair; *(von Waren)* display, exposure; **Abkommen über internationale ~en**[390a] Convention Relating to International Exhibitions; **→Auto(mobil)~**; **→Handwerks~**; **→Industrie~**; **→Kunst~**; **→Landwirtschafts~**; **→Wander~**; **→Welt~**

Ausstellungs~, ~bescheinigung[391] certificate of exhibition; **~büro**[390b] **International Bureau of Exhibitions** *(→Fachausstellung, →Weltausstellung)*; **~fläche** exhibition space, floor space; **~gelände** exhibition grounds (or site); **~güter** exhibited goods, exhibits; **~halle** exhibition hall; **~räume** exhibition rooms, showrooms; **~recht** right of exhibition; **~stück** exhibit, object exhibited, showpiece; **~versicherung** exhibition risks insurance

Ausstellung, e-e ~ eröffnen to open an exhibition; **e-e ~ findet statt** an exhibition is (or will be) held; **auf e-r ~ zeigen** to display at an exhibition; to put on exhibition

Aussteuer dowry; *(Brautausstattung)* trousseau; **~versicherung** dowry insurance
Ein Anspruch auf Aussteuer der Tochter ist durch das Gleichberechtigungsgesetz abgeschafft.

The Sex Equality Act has abolished the daughter's right to a dowry.

aussteuern to discontinue sb.'s entitlement to social security benefits

ausgesteuert sein to be no longer eligible to social security benefits

Aussteuerung discontinuation of sb.'s right to social security benefits

Ausstieg aus der Kernenergie *Br* abandonment of nuclear power; **den ~ vollziehen** to abandon nuclear energy

Ausstiegsklausel *(EU)* opt-out clause

Ausstoß output; quantity of goods produced; **~ je Arbeitsstunde** man-hour output, output per hour; **~zahlen** output figures; **~ziffer** output rate

Ausstrahlen, widerrechtliches ~ von Rundfunk- und Fernsehsendungen unauthorized transmission of radio or television signals

Austausch exchange; interchange; commutation; **im ~ für** in exchange for; →**Bevölkerungs~**; →**Erfahrungs~**; →**Gebiets~**; **~ von amtlichen Veröffentlichungen und Regierungsdokumenten**[392] exchange of official publications and government documents; **~ von Höflichkeiten** exchange of civilities; **~ von Lizenzen** *(PatR)* cross-licen | ce (~se); **~ von Patenten** exchange of patents; **~ von →Ratifikationsurkunden**

Austausch~, ~programm exchange program(me); **~relationen** →Austauschverhältnis; **~schüler** exchange pupil (or student); **~student** exchange student; **~verhältnis** *(Verhältnis von Ausfuhr- und Einfuhrpreisen)* terms of trade (T. o. T.); **~vertrag** exchange contract

austauschbar exchangeable, interchangeable; convertible; commutable; **frei ~e Währung** freely convertible currency; **nicht ~** nonconvertible

Austauschbarkeit interchangeability

austauschen to exchange, to interchange; to make an exchange of; **ein Wertpapier gegen ein anderes ~** to exchange one security for another

Australien Australia

Australier(in) Australian

australisch Australian

austreten to withdraw (from), to retire (from); to leave, to quit; **aus e-r →Gesellschaft ~**; **aus e-r →Gewerkschaft ~**; **aus der Kirche ~** to leave the Church; to secede from the Church; **als Mitglied ~ aus** to withdraw from membership of; to cancel one's membership in; **aus e-r Partei ~** to leave a party; to withdraw (or resign) from a party; **aus e-m Verein ~** to leave (or withdraw from) a society (or a club or an association); to take one's name off the books

Austritt withdrawal, retirement (from); cancel(l)ation of membership; resignation; **~ e-s Gesellschafters** withdrawal of a partner; **~ aus der Kirche** secession from the Church; **~ aus e-r Partei** withdrawal from a party; **~salter** *(VersR)* age at withdrawal; **~serklärung** notice of withdrawal; **~srecht** right of withdrawal; **seinen ~ erklären** to give notice of one's withdrawal; to declare (or announce) one's intention to leave (an association etc)

Austrocknung desiccation

ausüben to exercise; to follow, to carry on, to be engaged; **e-e Anwaltspraxis ~** to practise law; **e-n →Beruf ~**; **Druck ~** *fig* to exert pressure; **ein Gewerbe ~** to carry on (or follow) a trade; **ein Recht ~** to exercise (or make use of) a right

ausübend, ~e Gewalt executive power; **~er →Künstler**

Ausübung exercise, practice, carrying on; **in der ~ seiner Amtstätigkeit** in the performance of one's duties; **~ e-s →Berufes**; **~ des Ermessens** exercise of discretion; **~ der Gerichtsbarkeit** exercise of jurisdiction; **~ des →Geschäftsbetriebes**; **~ öffentlicher Gewalt** exercise of official authority; **~ e-s Patents** working of a patent; **~e-r Option** exercise of an option; **~ e-s Rechts** exercise (or use) of a right; **in der ~ seiner Tätigkeit behindert werden** to be obstructed in the discharge (or in the performance) of one's duties

Ausübungskurs der Option →Basispreis

Ausverkauf sale(s); clearance sale; *pol* sell-out; →**Saison~**; →**Total~**

Ausverkaufs~, ~anzeige advertisement of a sale; **~preis** sale price, clearance price; *Am* bargain price; **~waren** sale goods

Ausverkauf, etw. im ~ kaufen to buy sth. at a sale (or on sale)

ausverkaufen *(zu ermäßigten Preisen)* to sell off; *(total)* to sell out; **den Vorrat ~** to clear a shop, to clear goods; to clear (off) the stocks

ausverkauft *(Waren)* sold out, out of stock; *(Theater etc)* sold out, filled to capacity; **~ sein** to be sold out; *(Theater)* to be fully booked

Auswahl 1. choice, selection; *(an Waren)* assortment, range; *(Vielfalt)* variety (to choose from); **große ~ an** good selection of, wide choice (or range) of; **zur ~** for selection; **~ an Angeboten** range of offers; **~verschulden**[393a] culpa in eligendo; fault through a poor choice of servant

Auswahl, **engere ~liste** *(von Kandidaten)* short list; **~richtlinien**[393] guidelines for the selection of employees; **~sendung** assortment for selection; **~verfahren** selection procedure; open competition; *(Statistik)* sampling procedure; **e-e ~ treffen** to make a choice (or selection); to select (or choose) from

Auswahl 2. *(MMF, Statistik)* (Erhebungsauswahl) sample; **bewußte ~** purposive sample; **geschichtete ~** stratified sample; **Quoten~** quota sample; **repräsentative ~** representative sample; **Zufalls~** random sample

Auswahl~, **~fehler** sampling error; **~frage** *(mit vorgegebenen Antwortmöglichkeiten)* multiple choice question; **~plan** sample design; **gebietsweises ~verfahren** area sampling

auswählen to choose, to select

Auswanderer emigrant; **organisierte Beförderung von ~n**[393b] organized transfer of migrants

auswandern to emigrate

Auswanderung emigration; **~sbehörde** board of emigration; **~sbetrug**[394] emigration fraud; **~sland** emigration country; **~sstrom** stream of emigration; **~sverbot** ban on emigration

auswärtig external; foreign; from outside; **A~es Amt** Department for Foreign Affairs; *Br* Foreign and Commonwealth Office; *Am* State Department, Department of State *(→Bundesminister des Auswärtigen)*; **~e Angelegenheiten** foreign (or external) affairs; **~e Beziehungen** foreign relations; **~e Kunden** out-of-town customers; **~es Mitglied** *(e-r wissenschaftl. Gesellschaft)* →korrespondierendes Mitglied

auswärts out (side); out of town; abroad; **~ essen** to dine out

Ausweg *fig* way out, resort; **als letzter ~** as a last resort; **a~lose Situation** stalemate; deadlock, hopeless situation; **e-n ~ aus der Sackgasse finden** to find a way out of the deadlock

ausweichen to evade; to escape; *(im Verkehr)* to make way for, to give way; to yield; **e-r Frage ~** to evade (or avoid answering) a question; to hedge; **~de Antwort** evasive reply

Ausweich~, **~flughafen** alternate (or alternative) airport; alternate aerodrome; **~klausel** escape clause; **~lager** reserve store; **~pflicht** obligation to keep out of the way; **~pflichtiges Schiff** vessel required to keep out of the way, give-way vessel; **~stelle** lay-by; *Am* turnout; **~straße** bypass

Ausweis permit, pass; (Bankausweis) return, statement; **amtliche ~e** official identification papers; **→Personal~**; **~papiere** identity papers; identification papers; **~pflicht**[395] obligation to prove one's identity; **~pflicht für das Führen von Kraftfahrzeugen**[396] duty to carry a licen|ce (~se) for the driving of motor vehicles

ausweisen 1. *(den Nachweis bringen über)* to show; **sich ~** to identify oneself (als as); to produce (or present) one's papers; **sich durch e-n Personalausweis ~** to prove one's identity by way of an identity card; **e-n Überschuss ~** *(Bilanz)* to show a surplus

ausgewiesen identified (durch by); **~er Bilanzverlust** loss shown in the balance sheet; **~er Gewinn** reported earnings *(→Gewinnausweis)*; **~es Grundkapital** stated capital

ausweisen 2. *(des Landes verweisen)* to expel (an unwanted person) from the country; **jdn gerichtlich aus e-r Wohnung ~** to evict sb.

Ausweisung, **~ e-s Ausländers**[397] expulsion of an alien; **~ illegaler Einwanderer** expulsion of illegal immigrants; **~ Staatenloser**[398] expulsion of stateless persons; **~sbefehl (od. ~verfügung)** expulsion order; **e-n ~sbefehl erlassen** to make an expulsion order

ausweiten to expand, to extend; to enlarge; *(Sortiment)* to diversify; **(sich) ~** to broaden, to escalate; **den internationalen Handel ~** to expand international trade

ausgeweitete Hoheitsgewässer extended territorial waters

Ausweitung expansion, extension; enlargement; diversification; **~ des Handels** expansion of the volume of trade; **~ e-s Konfliktes** extension of a conflict; **→Geschäfts~**; **→Kredit~**; **→Produktions ~**

auswerten to evaluate; *(Unterlagen)* to analyse; *(Statistiken etc)* to interpret; *(ausnutzen)* to exploit, to utilize; **ein Patent ~** to exploit (or utilize) a patent

Auswertung evaluation; interpretation; exploitation, utilization; *(methodische)* analysis; **~ von Daten** *(EDV)* interpretation of data; **~ e-r Erfindung** exploitation of an invention; **~ von Statistiken** interpretation of statistics; **~ e-r Umfrage** survey analysis; **e-e patentierte Erfindung zur ~ überlassen** to permit the exploitation of a patented invention; **jdm die ~ e-s Patents überlassen** to let sb. have the use of a patent

auswirken, **sich ~** to operate; **sich ~ auf** to have an impact on; to affect; to result in; **sich nachteilig ~** to affect prejudicially, to have a negative effect; **sich gegen das öffentliche Interesse ~** to operate against the public interest

Auswirkung effect, impact (auf on); incidence; *(stillschweigende Folgerung)* implication; *(Rückwirkung)* repercussion; **mittelbare oder unmittelbare ~en** indirect or direct effects; **nachtei-**

lige ~en adverse effects; **soziale ~en** social consequences, social impact; **wirtschaftliche ~en** economic implications (or impact); **~en der Energiekrise** repercussions of the energy crisis; **~ der Inflation** impact of inflation; **~en des Krieges** results of the war; **~en auf die Umwelt** environmental impact (or effects); **~en e-s Vertrages** *(VölkerR)* impact of a treaty

Auswirkungsprinzip *(Internationales KartellR)* effects principle
Die Auswirkung von Kartellen auf das Inland wird als sinnvoller Anknüpfungspunkt für die Anwendung des inländischen Kartellrechts angesehen.
The effect of a cartel (or other combination in restraint of trade) on local trade is a reasonable contact supporting application of the lex fori (the local antifrust law).

auszahlbar payable

auszahlen to pay, to pay out; *(Gläubiger, Arbeiter)* to pay off; to disburse; **sich ~** *(lohnend sein)* to pay, to be worthwhile; **bar ~** to pay in cash, to pay cash down; **den Betrag voll ~** to pay the amount in full, to pay the full amount; **e-n Erbteil ~** to distribute (or pay out) a share in an estate (or inheritance); **die (Schiffs-) Mannschaft ~** to pay off the crew; **e-n Teilhaber ~** to buy out a partner

auszahlender Schalterbeamter paying cashier

auszählen, **Stimmen ~** to count the votes

Auszähler *parl (von Stimmen) bes.* teller

Auszählung der Stimmen counting of votes

Auszahlung payment; paying out (of money); paying off; disbursement; sum of money paid out; **telegrafische ~** cable transfer; telegraphic transfer (T. T.); **~ e-s Gläubigers** paying off of a creditor; **~ e-s Teilhabers** buying out a partner

Auszahlungs~, **~anweisung** order to pay; **~beleg** disbursement voucher; **~schein** *(Post)* advice of payment; **~sperre** stoppage of payments

auszeichnen 1. *(Preisauszeichnung)* to mark (or ticket, label) with a price; to price (goods); **mit e-m höheren Preis ~** to mark up; **mit e-m niedrigeren Preis ~** to mark down
auszeichnen 2. *(mit Orden)* to distinguish, to hono(u)r; to decorate; **sich ~** to distinguish oneself; to be remarkable (durch for); **jdn mit e-m Preis ~** to award a prize to sb.; **er hat sich im öffentlichen Leben ausgezeichnet** he won distinction in public life

Auszeichner *(PatR)* classifier

Auszeichnung 1. (Preis~) marking (or ticketing, labelling) with price(s); pricing; *(PatR)* classification; **höhere ~** *(e-r Ware)* mark(-)up; **niedrigere ~** *(e-r Ware)* mark(-)down
Auszeichnung 2. distinction, hono(u)r; *(durch Orden)* decoration; *(verliehene)* **~** ward (for distinction); *(Prüfung)* **mit ~ bestehen** to pass with hono(u)r; **e-e ~ erhalten** to receive a distinction; **e-e ~ verleihen** to award an hono(u)r

ausziehen, **aus e-r Wohnung ~** to move out of a *Br* flat *(Am apartment)*; to remove (from ... to); **der Mieter zieht aus** the tenant moves out

ausziehender Mieter outgoing tenant

Auszubildender[399] (Azubi) trainee, apprentice; **~ als Kaufmann** commercial trainee; **Auszubildende einstellen und ausbilden** *Br* to engage (*Am* to hire) and train apprentices
Wer einen anderen zur Berufsausbildung einstellt (Ausbildender), hat mit dem Auszubildenden einen Berufsausbildungsvertrag zu schließen.[400]
The training employer shall enter into a contract of apprenticeship with the trainee.
Lehrlinge (Auszubildende) darf nur ausbilden, wer persönlich und fachlich geeignet ist.[401]
A person shall not train apprentices (trainees) unless he is personally and technically qualified.

Auszug 1. extract; *(kurze Zusammenfassung)* abstract, summary, digest, compendium; *(e-s Buches, e-r Rede)* epitome; →**Bilanz~**; →**Konto~**; **e-n ~ machen aus** to extract from; to make an extract (or an abstract) from

auszugsweise in extracts

Auszug 2. *(aus e-m Haus)* move, moving, *Br* removing, removal (from a house); **~** *(e-r Partei)* **aus der Koalition** *parl* withdrawal from the coalition

autark autarkic(al); economically self-sufficient

Autarkie autarky, autarchy; (state of) economic self-sufficiency; **~bestrebungen** attempts to assure self-sufficiency

authentifizieren to authenticate

Authentifizierung authentication

authentische Fassung authentic text

Authentizität authenticity

Auto car; *Br (auch)* motor-car, motor-vehicle; *Am* auto(mobile) *(→Kraftfahrzeug)*; **mit dem ~** by car; **~ mit ~matik** car with automatic gearchange (or with automatic transmission); →**zugelassenes ~**
Auto~, **~abgase** car exhaust; **~aktien** motor shares, motors; *Am* auto(mobile) shares (stock); **~ausstellung** →Automobilausstellung

Autobahn *Br* motorway; *Am* speedway, freeway, thruway, express highway; **gebührenpflichti-**

ge ~ *Am* tollroad, toll highway, turnpike; **~gebühren** motorway charges

Auto~, **~diebstahl** car theft, *Am (auch)* auto theft; stealing (or theft of) a car; **~besitzer** car owner; **~bus** bus; *(für Fernverkehr)* coach; **~fabrik** *Br* car plant; *Am* auto(mobile) factory; **~fähre** car ferry; *Am* automobile ferry; **~fahren** driving (a car); *Br* motoring; **~fahrer** (car) driver; motorist; **~fahrerin** woman (or lady) driver; **~falle** speed trap; **~haftpflichtversicherung** →Kraftfahrzeughaftpflichtversicherung; **~industrie** car industry; *Br* motor industry; *Am* automobile (or automotive) industry; **~karte** road map; **~kennzeichen** registration number; **~kino** drive-in cinema; **~kolonne** procession of motor vehicles; motorcade; **~marke** make (of a car); **~miete** car hire; car rental; *Br (Gebühren)* charge for car hire, rental; *Am* rental fees

Automobil →Auto; **~ausstellung** automobile show; *Br* motor show; **~hersteller** automobile manufacturer; **~industrie** →Autoindustrie; **~verband** automobile association; *Br* Automobile Association (AA), *Am* American Automobile Association (A. A. A.) *(entsprechen etwa dem deutschen ADAC)*

Auto~, **~nummer** *Am* licen|ce (~se) number; *Br* car number, registration number; **~papiere** *Br* car documents; *Am* auto(mobile) papers; **~reparatur** car (or *Br* motor) repair; *Am* auto(-mobile) repair; **~schalter** *(Bank)* drive-in window (or counter)

Autounfall, **~ (od. ~unglück)** car accident; *Br* motor accident; *Am* auto(mobile) accident; **e-n ~ haben** to have (or meet with) a car accident

Auto~, **~verkehr** (motor) traffic; **~vermietung** car rental (service); *Br* car hire (service); *Br (Firma)* car hire firm; *Am* car rental firm; **~versicherung** →Kraftfahrzeugversicherung; **~werk** automobile factory (or plant, works); *Br* car plant; **~zubehör** car accessories

Auto, **ein ~ fahren** to drive a car; *Am* to operate a motor vehicle; **im ~ fahren** to go (or travel) by car; **jds ~ benutzen** to use sb.'s car; **ein ~ mieten** to hire a car; *Am* to rent a car; **ein ~ vermieten** *Br* to hire out a car; *Am* to rent out a car

Autogramm autograph; **~sammler** autograph hunter (or collector); **um ein ~ bitten** to ask for an autograph

Autokratie autocracy

Automat slot machine, vending machine; **~enmissbrauch** improper use (or misuse) of slot machines; **~enverkauf** *Br* automatic selling; *Am* automatic vending; **Aufstellung von ~en** installation (or placing, *Am* placement) of slot machines

Automation automation

automatisch automatic; **halb-~** semi-automatic; **~ sich erneuernder Fonds** revolving fund; **~e Verarbeitung** →**personenbezogener Daten;** *(Vertrag)* **~ verlängern** to extend automatically; **~ zusammentreten** *Am (ohne Einberufung)* to meet as of right

automatisieren to automate, to automatize

automatisiert, **~e** →**Datei/Datensammlung**; **~e Geschäftsräume** automated commercial premises; **~es** →**Kassensystem**

Automatisierung automation, automatization; **~ der Büroarbeit** office automation

autonom autonomous; **~e Zollsätze des Gemeinsamen Zolltarifs** *(EU)* autonomous duties of Common Customs Tariff (CCT); **~ werden** to achieve autonomy

Autonomie autonomy; →**Partei~**

Autopsie autopsy, post mortem examination; inquest

Autor author; **~in** authoress; **anonymer ~** ghostwriter; **~enhonorar** author's fees, (authors') royalty; **~enkorrektur** authors' alterations; **~enrechte** authors' rights; copyright; **~enverzeichnis** index of authors; **~schaft** authorship

autorisieren to authorize

autoritäres Regime authoritarian regime

Autorität authority; person with special knowledge (or of competence); **anerkannte ~** established authority

Aval guarantee (or guaranty) of a bill (of exchange); **~akzept** collateral acceptance; **~bürge** guarantor of a bill (of exchange); **~konto** guarantee account; **~kredit** credit by way of bank guarantee; guarantee credit; **~provision** commission on (bank) guarantee

avalieren to guarantee (payment of a bill of exchange)

Avalist →Avalbürge

Avis advice; **laut ~** as per advice; **Versand~** advice note

avisieren to advise; to give notice of; **ein Akkreditiv ~** to advise (or notify) a credit

Azubi →Auszubildender

B

Backbord *(linke Schiffsseite)* port

Bad(eort) (health) resort, spa; *(Seebad)* seaside (resort)

Bafög →Bundesausbildungsförderungesetz

Bagatell~, **~delikt** minor offence (offense); **~sachen** *(ZivilR)* small claims, minor cases (involving small sums of money); **~schaden** *(am Kfz)* minimal (or petty) damage; **~strafsachen** petty (or minor) offences (offenses); **~verfahren** small claims proceedings; *(Strafprozess)* summary criminal procedure for minor offences (offenses); **Ausnahme für ~fälle** de minimis exception

Bahamaer(in) bahamaisch Bahamian

Bahamas Bahamas; **Bund der ~** Commonwealth of the Bahamas

Bahn railway, rail, *Am* railroad *(→Eisenbahn)*; **frei ~** free on rail (f.o.r.); **mit der ~** by rail (or train)

Bahn~, **~aktien** →Eisenbahnaktien; **b~amtlich** by the railway (*Am* railroad) authorities; **~beamter** railway (*Am* railroad) official

bahnbrechend pioneering; **~e Erfindung** epoch-making invention; breakthrough; **~ sein** to be a pioneer (für of)

Bahn~, **~eigen** railway (*Am* railroad)-owned; **~eigentum** railway (*Am* railroad) property

Bahnfracht *(Frachtgut)* rail freight; *(Gebühr)* freight charges (or costs)

bahnfrei carriage paid; free on rail; free station

Bahnhof railway (*Am* railroad) station; *Am* depot; **großer ~** *fig* red carpet (reception); **~smission** Travellers' Aid Society; **~srestaurant** station restaurant

Bahn~, **~kreuzung** railway crossing; crossover; **b~lagernd** to be collected from the station; to be called for at station office; **b~mäßig verpackt** packed for railway transport (or *Am* rail[road] shipment); **~polizei** railway (*Am* railroad) police; **~post(amt)** post office at a railway (*Am* railroad) station; *Br* station post-office; **~spedition** rail forwarding agency; **~transport** *Br* rail transport (or carriage); *Am* railroad transportation, transportation by rail

Bahnübergang *Br* level crossing; *Am* grade crossing, railroad crossing; **unbeschrankter ~** railway (*Am* railroad) crossing without gate; *Br* ungated level crossing; **e-n ~ überqueren** to traverse a level crossing

Bahn~, **~verbindung** railway (*Am* railroad) communication; *(Anschluss)* railway (*Am* railroad) connection; **~verkehr** railway (*Am* railroad) traffic *(→Eisenbahnverkehr)*

Bahrain Bahrain; **Staat ~** State of Bahrain

Bahrainer(in), bahrainisch Bahraini

Baisse bear market; fall in the market; slump; drop (or fall) in prices *(Ggs. Hausse)*; **~engagement** short position; *Am* short account; **~geschäft** bear transaction; **~partei** short side; **~spekulant** bear; short (seller); speculator for a fall; **~spekulation** speculation for a fall; bear speculation; short selling; **~tendenz** bearish tendency

Baisseverkauf bear sale, short sale; **e-n ~ tätigen** to sell (securities) short; to short (to sell shares in anticipation of a fall in their prices)

Baisse, **e-e ~ ist eingetreten** a fall in prices has set in; **auf ~ spekulieren** to speculate for a fall; to bear (the market); to sell short; **seine Käufe über e-e ~periode verteilen** to buy on a scale

Baissier bear; short seller; person operating for a fall in prices

bakteriologisch, **~e Kriegführung** bacteriological (or germ) warfare; **~e →Waffen**

bald soon, before long; **ich bitte um ~ige Antwort** I would appreciate an early reply; I would be obliged by your letting me have an early reply; **~ige Erledigung** early attention

Ballast *(Schiff)* ballast; **~abgabe** ballast discharge; **~einnahme** ballasting; **~ladung** ballast; **~ abwerfen** to drop ballast; **~ einnehmen** to take in ballast; **nur mit ~ geladen** carrying ballast only

Ballen bale(s); **~ Baumwolle** bale of cotton; **~ladung** bale cargo; **~ware** bale goods; **b~weise** in bales

ballistisch, **interkontinentaler ~er Flugkörper** intercontinental ballistic missile (ICBM)

Ballung agglomeration; *(in Städten)* urban concentration; **~sgebiet (od. ~raum)** *(in Städten)* densely populated region (or area); *Br* conurbation; highly urbanised region; **~szentren** *Br* large conurbations

Baltische Republiken Baltic Republics (→Litauen, →Lettland, →Estland)

Band 1. (das) ~ *(Bindung)* bond, tie, link; *(Datenverarbeitung)* tape *(→Band 2.)*; *(Tonband)* tape *(→Band 3.)*; *(laufendes Band)* conveyer belt

(→*Band 4.)*; *(Farbband)* (typewriter) ribbon; *(um Fässer etc)* hoop, band, strap *(→Band 5.)*; **~ der Ehe** bonds of matrimony

Bandbreite, feste ~n fixed margins of fluctuations; **größere ~n** wider margins of fluctuations; larger spreads between the intervention points

Bandbreite des Wechselkurses margin (or spread) of exchange rates; spread between the intervention points
Die Bandbreite gibt an, innerhalb welcher Grenzen ein Wechselkurs schwanken darf.
The margin establishes the limits within which an exchange rate is allowed to fluctuate.

Band 2. *(EDV)* tape; **~datei** tape file; **~speicher** tape store

Band 3. *(Tonband)* tape; **~aufnahme** tape recording; **auf ~ aufnehmen** to tape, to record on tape; **das ~ löschen** to erase the recording, to clear the tape

Band 4. *(Förderband)* conveyer belt; production (or assembly) line *(→Fließband)*; **am laufenden ~** on the assembly line; *fig* non-stop, continously; **~fertigung** assembly line production

Band 5. *(um Fässer, Kisten etc)* band, (metal) strip, strap, hoop; **~eisen** hoop iron; **~eisenverschluss** steel strapping; **durch ~eisen verschlossen** bound with metal bands

Band 6. (der) ~ *(Buch)* volume; **in 2 Bänden** in two volumes; **~nummer** number of volume

Bande band, gang, ring; →**Schmuggler~**; **~ von Rauschgifthändlern** narcotics ring; **~nbildung**[1] raising armed bands; **~ndiebstahl**[2] gang robbery; **~nführer** gang leader; **~nmitglied** gang member

Banderole *(Steuerband bes. für Tabakfabrikate)* revenue stamp; *Br* inland (*Am* internal) revenue stamp; **~nsteuer** stamp duty

Bandscheibenvorfall slipped disc

Bangladesch Bangladesh; **Volksrepublik ~** People's Republic of Bangladesh

Bangladescher(in), bangladeschisch Bangladeshi, (of) Bangladesh

Bank bank, banking house, banking firm; *(Spielbank)* bank; →**Außenhandels~**; →**Europäische Investitions~**; →**Filial~**; →**Groß~en**; →**Haus~**; →**Hypotheken~**; →**Internationale ~ für Wiederaufbau und Entwicklung**; →**Lokal~**; →**Para~**; →**Privat~**; →**Regional~**; →**Spezial~**; →**Universal~**; **~ für Internationalen Zahlungsausgleich** (B.I.Z.) Bank for International Settlements (BIS); **~ mit Zweigstellen** branch bank

Bank, Geld von der ~ abheben to withdraw money from the bank; **seine ~ anweisen zu zahlen (zu überweisen)** to direct (or instruct) one's bank to pay (to remit money); *(als Dauerauftrag)* to give a standing order to a bank; *Br* to give a banker's order to pay; →**Geld auf die ~ bringen**; **Geld bei e-r ~ einzahlen** to pay money into a bank; to deposit money in a bank; to bank; **Geld auf die ~ legen** to place (or put) money in a bank; to bank; **die (Spiel-)~ sprengen** to break the bank; **Geld durch e-e ~ überweisen** to remit money through a bank

Bank~, ~aktien bank shares (stock); **~akzept** bank(er's) acceptance; **~angestellte(r)** bank employee, bank clerk; **~aufsicht** →Bankenaufsicht; **~ausgänge** bank payments; **~auskunft** banker's reference, banker's information; *(in Steuerstrafsachen)* bank disclosure; **~ausweis** bank return, bank statement; **~auszug** bank statement, customer's statement; **~automat** automated teller machine; *Br* cash dispenser, cash point; **~aval** bank guarantee (*Am* guaranty) of a bill of exchange; **~beamter** bank official (or officer, clerk); **~-bei-~-Einlage** inter-bank deposit; **~bericht** bank return

Bankbilanzrichtliniengesetz[3a] Bank Balance Sheet Guideline Law
Kreditinstitute sind jetzt verpflichtet, e-n Jahresabschluss und e-n Lagebericht aufzustellen.
Credit institutions are now required to prepare annual accounts and an annual report.

Bank~, ~bürgschaft bank guarantee *(Am guaranty)*; **~darlehen** bank loan, bank advance; **~depot** bank deposit; **~(dienst)leistungen** banking services; **~einbruch** break into a bank; bank break-in; **~einbruchsversicherung** bank burglary insurance; **~eingänge** bank receipts

Bankeinlagen bank deposits *(→Sichteinlagen, →Spareinlagen, →Termineinlagen)*

Bankeinzahlungsschein bank payment slip

Banken, zwischen ~ between banks, interbank; **bargeldlose Abrechnung zwischen ~** bank clearing

Banken~, ~aufsicht public supervision of banking; *Am* bank regulation (by the state); **~aufsichtsbehörde** bank supervisory (or *Am* regulatory) authority; **~debitoren** due from banks; **~fusion** merger (or consolidation) of banks; **~geldmarkt** interbank money market

Bankenkonsortium banking syndicate; group of underwriters; consortium of banks; **die Anleihe wurde von e-m ~ fest übernommen** the loan was underwritten by a syndicate of banks

Banken~, ~konzern banking group; **~kreditoren** due to banks; **~krise** banking crisis

Bankenliquidität bank liquidity; **Abnahme (Erhöhung) der ~** decline (rise) in bank liquidity; **die ~ verknappte sich** bank liquidity decreased

Banken~, ~markt *(Börse)* banking market; **~vereinigung** banking association

Bankfach banking (business); *(Stahlfach)* safe (deposit box); **im ~ tätig sein** to be in (the) banking (line)

Bank~, ~filiale branch bank; **~forderungen** *(Bilanz)* due from banks; **b~fremdes Geschäft** non-bank(ing) business; **~garantie** bank(er's) guarantee (*Am* guaranty) *(im Auslandsgeschäft z. B. →Anzahlungsgarantie, →Bietungsgarantie, →Lieferungsgarantie)*; **~gebäude** bank premises; **~gebühren** bank charges

Bankgeheimnis banker's duty of secrecy (or discretion); bank(ing) secrecy; **dem ~ unterliegen** to be subject to banker's discretion; **gegen das ~ verstoßen** to violate banker's duty of secrecy

Bankgeschäft banking (business); *(das einzeln durchgeführte)* banking operation (or transaction)[4] *(→Depotgeschäft, →Diskontgeschäft, →Effektengeschäft, →Einlagengeschäft, →Garantiegeschäft, →Girogeschäft, →Investmentgeschäft, →Kreditgeschäft)*; **~(e) in Anlagewerten** investment banking; **~e mit großen Unternehmen** wholesale banking; **Erlaubnis zum Betreiben von ~en**[5] licen|ce (~se) to conduct banking transactions; **irreguläre ~e** supplementary banking functions; **übliche ~e** normal banking (business); usual banking transactions; **~e betreiben** to do banking business; to carry on (the business of) banking; to be engaged in banking transactions; to bank (bei with); **im ~ tätig** engaged in banking

Bank~, ~gesetz bank law; **b~girierter Warenwechsel** bank endorsed bill; banker's acceptance; **~guthaben** credit balance at (or with) the bank; bank balance; cash at bank; **~haftung** *(bei Kreditkündigung)* lender liability; **~haus** bank(ing) house (or firm); **~institut** banking establishment; **~kapital** capital of a bank; bank stock; **~-konsortialgeschäft** syndicate banking; **~konsortium** →Bankenkonsortium

Bankkonto bank account, banking account; *Am (Girokonto)* checking account; **besonderes ~** separate bank account; **gemeinsames ~** joint (bank) account; **überzogenes ~** overdrawn account; bank overdraft; **e-n Betrag von e-m ~ abheben** to withdraw an amount from a bank account; **auf ein ~ einzahlen** →Konto; **ein ~ eröffnen (od. errichten)** to open a bank account; **ein ~ haben bei** to have a bank(ing) account with; to bank with; **ein ~ pfänden** to attach (or garnish) a bank account

Bankkredit bank credit; bank loan, bank advance; bank lending; **Vorzugszins für ~e an erstklassige Kreditnehmer** prime rate; **e-n kurzfristigen ~ gewähren (od. vergeben)** to grant a short-term bank loan; to grant a bridging loan; **~ haben** to be in credit at the bank; to have credit with a banker; to have a credit balance on one's bank account

Bank~, ~kreise banking circles, banking interests; **~kunde** customer of a bank; bank client; **~leitzahl** (BLZ) *Br* (Bank) Code Number; *Am* bank identification number, bank routing number

bankmäßig, ~e Sicherheit stellen to give a banker's guarantee; to provide collateral security according to bank practices; **~e Zahlung** payment by cheque (check) or transfer

Banknote (bank) note; *Am (auch)* bill; **~n in fremder Währung** foreign exchange notes, foreign bank notes; **ausländische ~n und Münzen** foreign notes and coin(s) *(→Sorten)*; **gefälschte ~** forged bank note; counterfeit note (or *Am* bill); *Am (auch)* bogus bill; **~nausgabe** issue of banknotes; *Br* note issue; **~ndruck** bank note printing; **~nfälschung** counterfeiting (or forging) of bank notes; *Br* currency forging; *Am* bill forgery; **~numlauf** circulation (or currency) of banknotes; **~n ausgeben** to issue banknotes; **~n →einziehen**

Bank~, ~papier bank paper; **~platz** banking centre (center); banking place (place having a branch of the →Landeszentralbank); **~provision** banker's commission; **~quittung** bank receipt; **~rate** →Diskontsatz; **~raub** bank robbery; **~räuber** bank robber; **~recht** banking law; **~referenz** banker's reference; **goldene ~regel** golden rule of banking; **~revision** bank auditing, bank examination; **~revisor** bank auditor; bank examiner; **~saldo** bank balance; **~saldenbestätigung** confirmation of bank balance; **~safe** bank safe; safe deposit box of a bank; **~satz** →Diskontsatz; **~schalter** →Schalter; **~scheck** *(den e-e Bank auf e-e andere zieht)* bank draft

Bankschulden bank debts; banking indebtedness; *(Bilanz)* liabilities to bank(s); due to banks; **Tilgung von ~** redemption of banking indebtedness

Bank~, ~schuldner debtor of a bank; **~schuldverschreibung** bank bond; **~sicherheit** security provided by banks; bank collateral; **~sparbuch** savings bank pass book; **~sparen** saving at banks; **~spesen** bank(ing) charges (or expenses); **~statistik** banking statistics; **~tresor** bank vault; safe deposit of a bank; **~überfall** bank raid, bank robbery; **~übernahmekonsortium** bank underwriting syndicate; **~überweisung** bank transfer, banker's transfer; *(vom*

Konto) credit transfer; **~überweisungsformular** credit transfer form

banküblich in accordance with bank practices; **~e Geschäfte betreiben** to handle normal banking business

Bankusance bank(ing) practice (or custom); **Abweichung zwischen ~n** divergence between bank practices

Bankverbindlichkeiten *Br (Bilanz)* bank loans and overdrafts

Bankverbindung banking connection; bank, banker (where an account is kept); *(e-r Bank mit e-r Bank in e-r anderen Stadt)* banker's correspondent; **in ~ stehen mit** to bank with

Bankverkehr banking (business); **im ~** in banking business, in interbanking dealings; **Einstellung (Wiederaufnahme) des Bank- und Börsenverkehrs** suspension (resumption) of banking and stock exchange business

Bank~, **~vollmacht** power of attorney (for banking transactions); *(zur Abhebung von Geld von jds Konto)* mandate; **~wechsel** bank acceptance; bank(er's) bill; bank draft; **~werte** bank shares (stock); **~werbung** bank publicity; **~wesen** banking (system); **~zinsen** bank (ing) interest; interest on bank loans; **~zusammenbruch** bank failure

Bankier banker; **~ im Anlagegeschäft** investment banker

Bankomat →Bankautomat

Bankrott[6] bankruptcy; (commercial, business) failure; insolvency; **betrügerischer ~** fraudulent bankruptcy; **einfacher ~** bankruptcy, failure; **Staats~** national bankruptcy; **~erklärung** declaration of bankruptcy; **dem ~ entgehen** to escape bankruptcy

bankrott bankrupt; insolvent; in debt; **~ machen** to go (or become) bankrupt; to fail; *Br sl.* to go bust; **das Unternehmen machte ~** the business went bankrupt; the business failed; *Br sl.* the business went bust

Bann~, **~bruch** infringement of the tariff laws; **~kreis** area within which open air meetings and processions are prohibited; **~meile** *parl* parliamentary precincts; protected zone around Parliament

bar cash, in cash; **~ ohne Abzug** net cash; **gegen ~** for cash, on cash terms, cash down; **gegen ~ kaufen (verkaufen)** to buy (sell) for cash (or ready money); **sie verkaufen nur gegen ~** their terms are cash only

bar, **in ~** in cash, cash down; **in ~ oder in Sachleistung(en)** in cash or in kind; **Zahlung in ~ mit 3 Skonto** cash payment at a discount of 3; **in ~ bezahlen** to pay (in) cash; *Br* to pay cash down

bare Auslagen →Auslage 2.; **A erstattet B seine baren Auslagen** A reimburses B for his cash expenditures

bar, ~es Geld →Bargeld; **~es Vermögen** property in cash; cash assets; liquid assets

Bar~, **~abfindung** settlement in cash; cash payment; **~abhebung** cash withdrawal, withdrawal of cash; **~abschluss** *(Börse)* cash transaction, cash deal; *Br* bargain for cash; **~anschaffung** cash remittance, remittance in cash; **~auslagen** →bare Auslagen

Barauszahlung cash payment; **~ der Dividenden** payment of dividends in cash

Barbados Barbados

Bar~, **~bestand** cash in (or on) hand; *(Bilanz)* balance in (or on) hand, balance in cash, cash balance; **~betrag** cash amount, amount in cash; **~deckung** cash cover; **~depotpflicht**[7] cash deposit requirement; **~devisen** spot exchange; **~devisenkurs** spot exchange rate; **~dividende** cash dividend; **~einkauf** cash purchase; **~einlage** cash deposit; *(e-s Gesellschafters)* contribution in cash; **e-e ~einlage leisten** to contribute cash; **~einnahmen** cash receipts (or takings); **~erlös** proceeds in cash, cash proceeds; **~erstattung** cash refund

Bargeld cash, ready money; cash in (or on) hand; **~automat** cash dispenser; **~bedarf** cash requirement(s); **~knappheit** shortage of cash; **~umlauf** notes and coins in circulation; currency in circulation; **knapp an ~ sein** to be short of cash

bargeldlos by cheque (check); non-cash; cashless; **~e Bezahlung** cashless payment; **~e Gehaltszahlung** non-cash salary payment; **~es Kassensystem** point of sale (POS) system; **~er Zahlungsverkehr** payments by cheque (check) or money transfer (or credit transfer); *Am* cashless payments (or transactions)

Bargeschäft cash transaction; purchase (or sale) on cash terms; *(Börse)* dealings for cash

Bar~, **~gründung** formation of a company by cash subscription; **~guthaben** balance in cash, cash balance; **~kauf** cash purchase, purchase for cash; cash sale; **~kredit** cash credit, cash advance; **~leistungen** cash payments; *(VersR)* cash benefits; **~lohn** wage(s) in cash; **~mittel** cash (funds); liquid funds; *Am (Bilanz)* cash and cash items; **~preis** cash price; cash terms; **~reserve** cash reserve; **~schaft** cash, ready money; **~scheck** cash cheque (check); *Br* open (or uncrossed) cheque; **~sendung** →Barüberweisung; **~sicherheit** cash security; **~überweisung** cash transfer (or remittance); remittance in cash; **~verdienst** cash earnings; **~vergütung** compensation (or remuneration) in cash; cash payment; **~verkauf** cash sale; **~verkehr** business (or trade) on cash terms; **~vermögen** cash assets; **~vorschuss** cash advance; **~wert** value in cash, cash value; present value; cash equivalent

Barzahlung cash payment, payment in cash; **nur gegen ~** terms strictly cash, cash terms only; on a cash basis; **nur gegen ~** terms strictly cash; *(gegen)* **sofortige ~** prompt cash; *(Börse)* spot cash; **Preis bei ~** cash price; **~srabatt** discount for cash payment; cash discount; **3 Skonto bei ~** 3 for cash; **bei ~ gehen 3 ab** 3 cash discount will be given; a discount of 3 for cash will be allowed; **gegen ~ verkaufen** to sell for cash

Baratterie *(SeeversR)* barratry

Barbadier(in), barbadisch Barbadian

Bärenmarkt *(Börse)* →Baisse

Barren *(Gold od. Silber)* bar, ingot; **~gold** bar gold, gold in bars (or ingots); (gold) bullion; →**Gold~**

Bartergeschäft *(Außenhandel)* barter transaction

Basar (charity) bazaar

basieren, auf etw. ~ to be based on sth.

Basis base, basis; **gemeinsame base** common basis; **Vergleichsbase** basis of comparison

Basisgesellschaft base company

Im steuerbegünstigten Ausland gebildete rechtlich selbständige Gesellschaft zur Umgehung der Steuerpflicht auf Einkommen vom Ausland.

Legally independent company established in a tax haven (in a country with low taxation) in order to avoid a tax obligation on income from abroad.

Basis~, ~industrie basic industries; **~jahr** *(Statistik)* base year; **~patent** basic patent; **~preis** basic price; *(BörseKurs, zu dem der Optionskäufer das Recht erwirbt, das Wertpapier zu kaufen oder zu verkaufen)* exercise (or striking) price; **~wert** *(e-s Unternehmens, e-r Aktie)* intrinsic value; *(bei Optionscheinen)* underlying value

Bau *(Bauen)* building, construction; *(Gebäude)* building, edifice, structure; **im ~ (befindlich)** under construction, in course (or process) of construction; **~ von Straßen** construction of roads; **~ von Wohnungen** building (or construction) of housing

Bau~, ~abnahme inspection (or survey) of a new building (by an official inspector); *Br* surveying a new building; **~abschnitt** phase of construction; **~amt** building authority; **~arbeiten** construction work; *(Straßenarbeiten)* road repairs; **~art** *(e-s Hauses)* (type of) construction; (style of) architecture; *(e-s Autos)* type, model, design; **~aufseher** inspector of buildings; district surveyor; **~aufsicht** construction supervision (or regulation, control) (by the state); **~auftrag** building order; construction contract

Bauaufträge, öffentliche ~ *(bei Ausschreibungen)* public works contracts; **Vergabe öffentlicher ~** awarding (or award of) public works contracts

Bau~, ~ausführung (execution of) construction (or building work); **~beginn** commencement of construction; **~behörde** building authority

Baubeschränkungen building (or *Br* planning) restrictions; *Am* zoning restrictions; **vertragliche Vereinbarung über ~** restrictive covenant

Bau~, ~beschreibung *(des Architekten)* (building) specification; **~bestimmungen** building regulations; **~bewilligung** →Baugenehmigung

Baudarlehen *Br* building (*Am* construction) loan; **die Bausparkasse gibt mir ein ~** *Br* the →Bausparkasse will make me an advance (or lend me money) to build (or repair) a house (against a charge on the house) (or the property); *Am* the →Bausparkasse will give me a (home) construction loan

Bau~, ~erlaubnis →Baugenehmigung; **b~fällig** dilapidated; in a bad state of repair; **b~fällig werden** to fall into disrepair; **~fälligkeit** dilapidation, dilapidated condition; disrepair; **~fehler** structural defect; **~finanzierung** *Br* building (*Am* construction) financing; **~fluchtlinie** building line; **~forderung** claim (against the →Bauherr) for building costs; **~frist** construction period; **~gefährdung**[7a] causing danger during construction or repairs

Baugelände building land (or ground); **nicht erschlossenes ~** *Br* undeveloped (*Am* unimproved) land; **~ erschließen** to develop building land

Baugelder *Br* building (*Am* construction) funds; *Br (Kredit)* building (*Am* construction) loan

Baugenehmigung building permit (or licen|ce [~se]); *Br* planning permission; **~ erteilen** to grant a building permit

Bau~, ~genossenschaft building co(-)operative (society); (cooperative) housing association; **~gesetzbuch** (BauGB)[8] Town and Country Planning Code; **~gesetze** building (or planning) laws; **~gewerbe** building trade (or industry); construction industry; **~grundstück** building site (or plot); *(Siedlungsgrundstück)* building estate; subdivision; **~haftpflichtversicherung** builder's risk insurance; **~handwerk** building trade; **~herr** builder (person placing a building order for himself or a third person); *(gewerblich)* (property) developer

Bauherrenmodell house-builders scheme
Scheme for financing the construction of new dwellings mainly out of taxsavings by wealthy persons joining together in associations.

Bau~, **~index** price index for house buildings; **~industrie** building (or construction) industry; **~investitionen** capital expenditure on building; investment in construction; **~jahr** year of construction; *(Auto)* year of manufacture

Baukosten building cost(s) (or expenses); construction cost(s) (or expenses); cost(s) of construction; **~index** index of building (or construction) costs; **~(vor)anschlag** building (or builder's) estimate; contractor's estimate; *Br* bill of quantities; **~zuschuss** (BKZ) tenant's contribution (or subsidy) to the construction costs (payment[s] required by the landlord in respect of construction, repairs or improvements); **abwohnbarer ~zuschuss** sums recoverable from the landlord during tenancy (by deduction from the rent)

Baukredit building loan

Baukunst architecture; **Urheber von Werken der ~**[9] author of works of architecture

Bauland *Br* building land, land suitable for development; *Am* construction ground (or land); *Am* subdivided parcel (ready for residential construction); **~beschaffung** acquisition of →Bauland; **~erschließung** →Erschließung von Bauland; **~preise** *(Preise für unbebaute Grundstücke)* prices for *Br* undeveloped land *(Am unimproved real estate)*; **~ →erschließen**

Bau~, **~leistungen** *Br* building work, construction work; **~leitplanung** urban development planning; **~leitung** construction management; supervision of building work

baulich constructional, architectural, structural; **~e Veränderungen e-s Hauses** structural alterations to a house; **~er Zustand** state of repair; structural condition; **in schlechtem ~en Zustand** in bad repair, in disrepair; in a bad state of repair; dilapidated; **in gutem ~en Zustand erhalten** to keep in good repair

Baulichkeiten buildings

Bau~, **~linie** building line; **~markt** *Am* construction market; **~nachfrage** demand for construction (or building) work; **~normen** building standards; **~ordnung** building regulations, building code, building ordinance; **~plan** plan of a building, architect's plan; **~planung** construction planning; **~platz** building ground, building site, building plot; **b~polizeiliche Genehmigung** building licence (license), building permit

Baupreis building (or construction) price (or cost); **~anstieg** increase in building prices (or costs); **~index** construction price index; **~niveau** level of construction prices (or costs)

Bau~, **~programm** building (or construction) program(me); **~projekt** building project (or scheme); **~recht** *(objektiv)* building law(s); *(subjektiv)* right to erect a building; **b~rechtliche Beschränkungen** building restrictions; *Am* zoning restrictions; **b~reif** ripe for development; **~schaden** construction damage; damage to the building; **~sicherungshypothek**[9a] building contractor's (security) mortgage
Der Unternehmer e-s Bauwerks kann für seine Forderung aus dem Vertrag die Einräumung e-r Sicherungshypothek an dem Baugrundstück verlangen.
A contractor who undertakes to construct a building may require the completion of a security mortgage on the building site as security for his claims arising from the contract.

Bausparen saving for building purposes or purchase of a *Br* house (*Am* home) at special savings institutions *(→Bausparkasse)*
Das Bausparen genießt beträchtliche Vorteile durch Prämien und Steuervergünstigungen.
Bausparen enjoys substantial benefits in the form of premiums and tax savings.

Bausparbeiträge *(an die Bausparkasse geleistete Beiträge zur Erlangung e-s Baudarlehens)* contributions paid to the →Bausparkasse in order to obtain a building loan

Bauspareinlage (home) savings deposit (from →Bausparer); **Auszahlung von ~n bei Vertragszuteilung** (out)payment of savings deposits (by →Bausparkassen) on allocation of the contract

Bausparer person saving with a →Bausparkasse for building purposes; investor with a →Bausparkasse; **~, dessen Zuteilungsdarlehen ausgezahlt (noch nicht ausgezahlt) ist** *Br* advanced (unadvanced) member

Bausparguthaben balance on a savings account with a →Bausparkasse

Bausparkasse[10] (state regulated) home savings bank (or institution); *Br (etwa)* building society; *Am (etwa)* savings and loan association; **~nvertreter** agent of a →Bausparkasse; **bei e-r ~ angesparte →Eigenmittel**

Bausparvertrag savings agreement with a →Bausparkasse

Baustelle building (or construction) site; *(auf der Straße)* road work; **Achtung, ~!** danger, road work(s) ahead

Baustoff, ~e building (or construction) material(s); **~industrie** building materials industry; **~wechsel** building material bill (or note)

Bautätigkeit building operations; **die ~ wurde durch das Wetter behindert** building activity was held up by adverse weather conditions

Bauten, öffentliche ~ public buildings; capital works

Bau~, ~unternehmen building (or construction) firm (or enterprise); **~unternehmer** building contractor; builder; **~vertrag** building (or construction) contract

Bauvorhaben, Planung und Durchführung von ~ planning and execution of construction projects

Bau~, ~vorschriften building regulations; **~wechsel** building bill; **~weise** style of building, way of building; **~werk** structure, edifice

Bauwesen building (industry); **~versicherung** builder's liability insurance; insurance against builder's risk

Bau~, ~wirtschaft building (or construction) industry (or trade); **~zeit** time for completion of the construction; **~zuschuss** *(vom Staat)* building subsidy

bauen to build, to construct

Bauer farmer, (einfacher Bauer) peasant; **~nhof** farm, farmstead

bäuerlicher Betrieb →Bauernhof

Baumwoll~, ~börse Cotton Exchange; **~erzeugnisse** cotton goods (or products); **~industrie** cotton industry; **~spinnstoffe** cotton textiles; **~terminbörse** cotton futures market; **~termingeschäfte** cotton futures; **Nicht ~textilien** non-cotton textiles; **Internationaler ~textilienhandel**[11] international trade in cotton textiles

Bausch, in ~ und Bogen in the lump; in bulk; wholesale; in gross

beabsichtigen to intend, to contemplate, to design; to have in view, to envisage

beabsichtigt, ~e Maßnahmen envisaged measures

beachten to pay attention (to); to note, to take notice (of); *(befolgen)* to observe, to comply with; **nicht ~** to ignore, to disregard; **es ist zu ~** it must be borne in mind; **die Gesetze ~** to comply with the laws; **die Vorschriften streng ~** to comply strictly with the provisions (or rules); to observe the provisions (or rules) strictly

Beachtung attention, notice; **~ e-s Gesetzes** compliance with a law; **~ der Ortsbräuche** observance of local customs; **unter ~ der Vorschriften** with due regard to the provisions; in compliance with the provisions

Beamte, ~r civil servant, public servant; officer; official; *Am (auch)* government employee; *Br (höchste Stufe des Civil Service)* administrative officer; *(zweithöchste Stufe des Civil Service)* executive officer; *Br (Ortsbehörde)* local government officer; **~ und Angestellte** established civil servants and employees; local government (*Am* municipal) officers and employees

Der Beamte wird von seinem Dienstherrn (Bund, Land, Gemeinde etc) durch Ernennungsurkunde mit dem Zusatz „auf Lebenszeit", „auf Probe", „auf Widerruf" etc angestellt. Besondere Pflichten: Amtsverschwiegenheit, Annahmeverweigerung von Geschenken, Residenzpflicht, politische Treuepflicht (demokratische Staatsauffassung). Besondere Rechte: Versorgung, Amtsbezeichnung.

The "Beamte" is appointed by a public authority (the Federal, Land or Local Government) by deed of appointment "for life", "on probation", "temporarily" etc. Special duties: official secrecy, refusal to accept gifts, duty to reside at the place of his office, allegiance to democratic government. Special rights: salary, pension, official title.

Beamte, ~r, (der ~, *pl* **die ~n)** official(s), civil servant(s); →**Bundes~**; →**Kommunal~**; →**Landes~**; →**Regierungs~**; →**Staats~**; →**Zoll~**

Beamter, außerplanmäßiger ~ extraordinary (od. supernumerary) civil servant (not provided for in the budget); *Br* unestablished civil servant; **hoher (od. höherer) ~ (~ des höheren Dienstes)** senior official; *Br* senior civil servant; *Br* officer (civil servant) in the (higher) administrative class (or grade); *Am (etwa)* career officer in the civil service; **mittlerer ~ (~ des mittleren Dienstes)** government employee; *Br* officer in the clerical class; clerical officer; medium-grade civil servant; **planmäßiger ~** established civil servant; *Am* career civil servant; **nicht planmäßiger ~** s. außerplanmäßiger →Beamter; **unterer ~** low- level official; subordinate official; lower-grade civil servant

Beamter, ~ auf Lebenszeit[12] civil servant (or official) appointed for life; *Br* established (or permanent) civil servant; *Am* career civil servant; **zum Beamten auf Lebenszeit ernannt werden** to be appointed as a civil servant until retirement age; *(für Akademiker)* to be appointed as civil servant with tenure (for life); *Am* to be granted tenure; **~ auf Probe**[13] civil servant on probation; **~ auf Widerruf**[14] temporary civil servant

Beamten~, ~anwärter candidate for civil service; *Am* candidate-trainee in government service; **~apparat** civil service machinery; **~beleidigung** defamation of a civil servant on duty; **~bestechung**[15] bribery (or corruption) of public servants; →**Deutscher ~bund**; **~eigenschaft** civil service status; **~gehälter** civil servants salaries; **~gesetz** Civil Service Code;

~haftung[16] liability of a civil servant *(→Amtshaftung)*; **die ~laufbahn einschlagen** to enter the civil service; **~nötigung** coercion of a civil servant; **~recht** civil service law; **b~rechtliche Vorschriften** civil service regulations; **~schaft** civil service; civil servants; body of public officials; **unterer ~stand** *Br* lower grades of the civil service; **~tum** →Beamtenschaft; **~verhältnis** civil service relationship; **im ~verhältnis stehen** to have civil service status

beamtet sein to be in the civil service (or local government)

beanspruchen to claim, to lay claim (to); to demand; to vindicate; *(unberechtigt)* to pretend; **den Geldmarkt ~** to have recourse to the money market; **Schadensersatz ~** to claim damages; **Schutz ~** *(UrheberR)* to claim protection

Beanspruchender claimant

Beanspruchung claim, demand (on); vindication; *(starke)* strain; *(von Maschinen)* load; *(unberechtigt)* pretension; **finanzielle ~** financial load (or strain); **~ des Aktienmarktes** resort (or recourse) to the share (*Am* stock) market; **~ der Priorität** *(PatR)* claim to priority; **übermäßige ~ des Straßennetzes** excessive strain on the road network

beanstanden to object (to), to make an objection (to); to find fault (with); to disapprove (of); to complain (of or about); to take exception (to); **gelieferte Waren ~** to complain about (or reject) delivered goods; **die Qualität ~** to object to the quality; **e-e Rechnung ~** to object to (or question) an invoice; **das Gericht sah keine Veranlassung, diese Feststellung zu ~** the court declined to interfere with this finding

beanstanden, **zu ~** objectionable

beanstandet, **~es Gut** *(Ware)* rejected goods; **den ~en Missbrauch abstellen** to discontinue the abuse to which objection was made

Beanstandung objection (to), exception (to); *(beim Kauf)* claim, complaint (about), notice of defect *(→Mängelanzeige, -rüge)*; **~ der minderwertigen Qualität** notice of defect in quality; **von e-r ~ absehen** to refrain from making a complaint; **e-e ~ anerkennen** to grant a claim; **~en geltend machen** to make (or raise) objections, to bring complaints to the notice of; **e-e ~ zurückweisen** to refuse (or reject) a claim

beantragen to apply (for); to make (or file) an application (for); to demand, to request; *(parl und ProzessR)* to move (for), to petition; **~, den Beklagten zur Zahlung von Euro 500.- an den Kläger zu verurteilen** to plead for judgment against the defendant for payment of Euro 500.- to the plaintiff; **die Abänderung e-s Gesetzes ~** to move for an amendment of the act; **Schadensersatz ~** to claim (or make a claim for) damages

beantragt, **den ~en Pass abholen** to collect the passport applied for; **Renten, die nachweislich ~ waren** pensions which can be shown to have been claimed

Beantragung von Mitteln application for funds

beantworten to answer, to reply (to); to make a reply

Beantwortung answer, reply; **in ~ Ihres Schreibens** in reply (or answer) to your letter

bearbeiten *(e-e Angelegenheit)* to deal with, to work on, to handle, to process; *(Material)* to process, to treat; *(Buch, Text)* to adapt, to revise, to edit; *(Land)* to cultivate, to farm; *(Kunden, Wähler)* to canvass; **Abgeordnete ~** to lobby; **Akten ~** to process files, to work on files; **e-n Antrag ~** →Antrag 1.; **ein Manuskript** *(für den Drucker)* **~** to edit a manuscript; **e-e Patentanmeldung ~** to process a patent application; **die Post ~** to handle the mail; **ein Werk ~** to adapt a work

bearbeitet, **neu ~e Auflage** revised edition; **für den Film ~** adapted for the film (or screen); **nach dem Französischen ~es Schauspiel** play adapted from the French

Bearbeiter person responsible (for) (or in charge of); *(e-s literarischen Werkes)* person responsible for adaptation; *(e-s Textes)* editor, reviser; *(e-s Wörterbuches)* compiler

Bearbeitung *(e-r Angelegenheit)* handling, processing; *(von Material)* processing, treatment, working (up); *(e-s Buches, Textes etc)* adaptation, revision, editing; *(UrhR)* derivative work; *(von Land)* cultivating, farming; **in ~ befindliche Sachen** work in hand; **filmische ~ e-s Werkes** cinematographic (or film) adaptation of a work; **~ von Aufträgen** processing orders; **~ von Beschwerden** handling of complaints; **~ e-s literarischen Werkes**[17] adaptation of a literary work; **~sdauer von Anmeldungen** *(PatR)* period of pendency (of a patent application); **~sgebühr** handling fee (or charges); service charge; processing fee; **~smangel** defect in workmanship

beaufsichtigen to supervise, to superintend; to control

Beaufsichtigung supervision, superintendence; control; **~ der Kreditinstitute**[18] supervision of credit institutions

beauftragen to mandate, to give a mandate *(→Auftrag 1.)*; **jdn mit etw. ~** to charge (or entrust) sb. with; *(jdn ermächtigen)* to authorize sb.; to commission sb.; to order sb.; **die Bank ~, den Betrag von ... zu überweisen** to instruct the bank to transfer the amount of ...; **jdn mit seiner Vertretung ~** to appoint sb. (as) one's agent (or attorney); *(AktR)* to appoint sb. one's proxy

beauftragt, **~er Richter** commissioned judge; **~ sein mit** to be in charge of; to be commissioned with

Beauftragter mandatary *(→Auftrag 1.)*; person entrusted (or charged) with; *(Bevollmächtigter)* authorized representative; authorized person, agent, attorney (in fact); *(AktR)* proxy; *(amtl. od. gerichtl.)* commissioner, person commissioned (by); **~ und Auftraggeber** agent and principal *(→Auftrag 2.)*; mandatory and principal *(→Auftrag 1.)*; **~ der Bundesregierung** person commissioned by the Federal Government; **~ e-r Regierung** agent of a government; **die Parteien können persönlich erscheinen oder sich durch bevollmächtigte ~ vertreten lassen** the parties may appear in person or be represented by (duly authorized) agents (or by proxy)

Beauftragung, **~ e-s Anwalts** briefing a lawyer; *(unter Zahlung e-s Vorschusses)* retaining a lawyer; **~ e-s →Maklers, Grundbesitz zu verkaufen**

bebauen to build on; *(Felder)* to cultivate, to farm; **ein Gelände ~** to erect buildings on a plot of land

bebaut, **~es Gebiet** built-up area; developed area; **~es Grundstück** built-up property; *Am* improved parcel; developed *(Am auch* improved) real estate; *Br (Bilanz)* freehold, land and buildings; **nicht ~es Grundstück** land (or property) awaiting development; *Br* undeveloped land; *Am* unimproved property; **ein dicht ~es Stadtviertel** a densely built-up quarter

Bebauung development; *(Felder)* cultivation, farming; **~sbeschränkungen** restrictions on use of land; *Am* zoning restrictions; **~splan** development plan; building scheme; *Am* zoning plan

Becquerel becquerel
Maßeinheit für die Menge der von einem radioaktiven Stoff ausgehenden Strahlung.
Unit of measurement for the amount of radiation issued (or emitted) from a radioactive substance.

Bedachter *(z. B. durch Vermächtnis)* beneficiary

Bedarf requirement(s) (an of); need, demand (an for); want (an of); **bei ~** if required, in case of need (or demand); whenever the need arises; **nach ~** as (and when) required, according to requirement(s) (or demand); **der Ausschuss tritt nach ~ zusammen** the Committee shall meet whenever necessary

Bedarf, **dringender ~** urgent need; **erhöhter ~** increased demand (or requirement); **Güter des →gehobenen ~s**; **inländischer ~** domestic requirements; *Br* home (or internal) demand; **für den persönlichen ~** for personal use; **Gegenstände des täglichen ~s** →Bedarfsgegenstände; **voraussichtlicher ~** anticipated requirement (or need)

Bedarf, **~ an Devisen** need of (foreign) exchange; **~ an Kapital** demand for capital; **~ an Lebensmitteln** demand for food supplies, food requirements

Bedarfs~, **~artikel** requisites, necessaries; **~berechnung** calculation of requirements; **~deckung** meeting the requirements; satisfaction of needs; **~fall** contingency; **im ~fall** in case of need; if required; **~gegenstände** daily needs; articles of daily use; **~lage** state of demand

Bedarf, **das Angebot dem ~ →anpassen**; **den ~ decken** to meet (or satisfy) the demand (or needs, requirements); **~ haben an** to require, to need, to be in want of; *(Waren)* to be in the market for (goods)

bedarf, **es ~ keines Beweises** →bedürfen

Bedauern, **zu meinem großen ~** much to my regret; **sein ~ ausdrücken (od. zum Ausdruck bringen)** to express one's regret; **mit ~ müssen wir feststellen (od. zur Kenntnis nehmen)** we note with regret

bedauern, **wir ~, Ihnen mitteilen zu müssen** we regret to have to inform you; we regret having to advise you; we are sorry to inform you

Bedenken *(Zweifel)* doubt; *(Zögern)* hesitation; *(Vorbehalt)* reservation; *(Einwand)* objection (gegen to); **moralische ~** scruples; **ohne ~** without doubt (or reservation, hesitation); unreservedly; **~ beseitigen** to remove objections; **falls keine ~ erhoben werden** if there are no objections; unless objections are raised; **~ haben gegenüber** to be doubtful about, to entertain doubts; to hesitate; to have reservations about

bedenken to consider; to think over; **neu ~** to reconsider; **jdn im Testament ~** to include sb. in one's will; to make provision for sb. in one's will; **wenn man bedenkt** bearing in mind

bedenklich doubtful, critical

Bedenkzeit time for reflection (or consideration, deliberation), time to consider; cooling-off period

bedeuten to mean, to signify

bedeutend *(wichtig)* significant, important; *(beträchtlich)* considerable; **~e Persönlichkeit** a person of importance; a distinguished (or prominent) personage

Bedeutsamkeit significance

Bedeutung *(Sinn)* meaning; *(Wichtigkeit)* importance, significance, consequence, import; **von allgemeiner ~** of general import(ance); **von entscheidender ~** of crucial importance; **von geringer ~** of little (or minor) importance (or consequence) (für to); **von grundsätzlicher ~** of fundamental importance; **innewohnende ~** implication; **Frage von nebensächlicher ~** side issue; **ohne ~** of no consequence (or significance); **rechtliche ~** legal meaning; **vorrangige ~** prime importance; **e-r Sache ~ beimessen** to attach importance to a matter; **zuviel ~ beimessen** to over-emphasize; **zunehmende ~ erlangen** to achieve (or gain) increasing importance (or prominence); **wieder ~ gewinnen** to regain importance; **~ haben (od. von ~ sein)** to be of consequence (or importance); to matter; **auf die ~ hinweisen** to highlight the importance; **ebensowenig ist es von ~** it is likewise immaterial; **an ~ sehr zunehmen** to gain greatly in importance

bedienen, **e-e Anleihe ~** to service a loan; **Kunden ~** to serve (or attend to) customers; **e-e Maschine ~** to operate a machine; **sich e-r Sache ~** to avail oneself (or to make use) of a th.; **werden Sie schon bedient?** *(in e-m Geschäft)* are you being served?

Bedienstete *pl* personnel; staff; **~r** employee; staff member; **öffentlich ~** government employees; public servants

Bedienung *(Tätigkeit)* attendance, attending (upon); service; *(e-r Maschine)* operation; *(im Hotel)* service; staff; waiter, waitress; *(im Geschäft)* service; *Br* shop assistant; *Am* sales clerk (or person); **einschließlich ~** service included; **die ~ ist im Preis** →**enthalten**

Bedienungs~, **~anleitung(en)** operating (or service) instruction(s); **~fehler** operating error; **~personal** *(für Maschine)* operating staff; (machine) operators

bedingt contingent, dependent (durch on); conditional (durch on); *(eingeschränkt)* qualified; →**auflösend ~**; →**aufschiebend ~**; **~e Annahme**[19] conditional (or qualified) acceptance; **~er Anspruch** qualified claim; **~es Darlehen** conditional loan; **~e Entlassung** →Aussetzung des Strafrestes zur Bewährung; **~e Kapitalerhöhung**[20] conditional capital increase; **~es Recht** contingent interest; qualified right; **~es Rechtsgeschäft** transaction subject to a condition; **~es Vermächtnis** contingent bequest (or legacy); **~er Vertrag** *(der von der Erfüllung e-r Bedingung abhängt)* dependent contract; **~e Zustimmung** qualified approval; **~ haften** to be contingently liable; **~ sein durch** to be contingent (or conditional) on; to depend on

Bedingung condition; *(vertragsmäßige Abrede)* proviso, stipulation; *(aufschiebend)* contingency; **~en** conditions, terms; **gemäß den ~en** in accordance with the conditions; pursuant to the terms; **ohne (zusätzliche od. einschränkende) ~en** without any (additional or limiting) conditions; *colloq.* without strings, with no strings attached; **unter der ~, dass** on condition that; with the proviso that; **unter der ~ der Zahlung von** conditional (up)on the payment of; **unter keiner ~** on no account, under no circumstances

Bedingung, →**Eintritt e-r ~**; **Erfüllung der ~en** compliance with terms (and conditions); **Nichteinhaltung der ~en** breach of conditions; failure to comply with conditions, non-compliance with conditions

Bedingung, **angemessene ~en** fair terms; →**auflösende ~**; →**aufschiebende ~**; **ausdrückliche ~** express condition; **zu** →**günstigen ~en**; **an ~en geknüpftes Abkommen** conditional agreement; **lästige ~** onerous term (or clause); **stillschweigend miteingeschlossene ~** implied condition; **strenge ~en** stringent (or strict) conditions; **zu den üblichen ~en** on the usual terms; **unerläßliche ~** conditio sine qua non; **vereinbarte ~en** agreed terms, stipulated terms; **sich widersprechende ~en** differing terms

Bedingung, **die Gewährung e-s Darlehens von e-r ~ abhängig machen** to subject the granting of a loan to a condition; to make the payment of a loan dependent upon a condition; **die ~en annehmen** to accept the terms; to consent to the terms; **jdm ~en auferlegen** to impose conditions on sb.; **~en in e-n Vertrag aufnehmen** to insert conditions in a contract; **~en aufstellen** to formulate conditions, to set terms; **~en aushandeln** to bargain for the terms, to negotiate the terms; **~en einhalten** to comply with conditions; **sich über die ~en einigen** to agree on the terms; **e-e ~ tritt ein** a condition occurs; a contingency comes to pass; **e-e ~ tritt nicht ein** a condition fails; **die ~ entfällt** the condition fails; **e-e ~** →**erfüllen**; **die ~en festsetzen** to fix (or determine, lay down, specify, state) the terms; to stipulate the conditions; **sich an die ~en halten** to adhere to (or comply with) the terms; **~en knüpfen an** to attach conditions to; **an e-e ~ geknüpft sein** to be subject to a condition; **es zur ~ machen** to make it a condition (or proviso) (dass that); to stipulate for sth.; **jdm seine ~en stellen** to offer (or state) one's terms to sb.; **den ~en zustimmen** to consent to the terms offered

bedingungsfeindliches Rechtsgeschäft *(z. B. Adoption, Eheschließung)* transactions which shall not be subjected to a condition

bedingungslos unconditional; **~e Kapitulation** unconditional surrender; **~ haften** to be absolutely liable

bedrängt *(notleidend)* distressed; **er wurde von seinen Gläubigern ~** he was hard pressed by his creditors

bedrohen to threaten, to menace; *(tätlich)* to assault

Bedrohung threat, menace; *(StrafR)*[21] threatening another person with the commission of a →Verbrechen; **tätliche ~ (od. ~ mit e-m tätlichen Angriff)** assault; **~ des Friedens** threat to peace; **~ e-s Vorgesetzten**[22] threatening a superior; **e-e ~ darstellen** *pol* to present a threat; **e-e ~ für die Sicherheit des Staates darstellen** to constitute a threat to the security of the state

bedrucken to print

bedürfen to need, to require, to want; **es bedarf keines Beweises** no proof is required; there is no need of proof; **der Genehmigung ~** to require the permission (or authorization, approval, ratification) (of); **dieser Vertrag bedarf der →Ratifikation**

Bedürfnis need, requirement, want (an of); **dringendes ~** urgent need; necessity; **bei nachgewiesenem ~** upon proof of need; **notwendige ~se (des Lebens)** necessities (of life); **~se des Verkehrs** traffic requirements; **~frage** question of necessity; **jds ~se befriedigen** to meet sb.'s requirements; to satisfy sb.'s needs; **e-m ~ entsprechen** to meet (or correspond to) a need; **den ~sen Rechnung tragen** to take account of the needs

bedürftig needy, necessitous, poor, indigent, impecunious; **~er Anmelder** *(PatR)* applicant in needy circumstances; indigent applicant; **~ sein** to be in need (or want)

Bedürftige, die ~n the needy; the indigent (or impecunious) persons

Bedürftigkeit need(iness); distress; poverty; indigence; **~ des Schenkers**[23] poverty of the donor; **Grad der ~** state of need; **~snachweis** proof of need; **~sprüfung** means test, test of need; *(Arbeitsförderung)*[24] means test (determining whether an unemployed person is indigent); **seine ~ nachweisen** to prove one's lack of means

beeiden →beeidigen

beeidigen to confirm by oath; to swear (to a th.); to declare (up)on oath (that sth. is true); *(schriftl.)* to make an affidavit; **jdn ~** to swear sb. in; to administer an oath to sb.; **e-e Aussage ~** to swear to one's evidence; to make a deposition; **e-n Sachverständigen ~** to administer an oath to an expert; **der Sachverständige wird vor oder nach Erstattung des Gutachtens beeidigt**[25] the expert may be sworn in prior to or upon completion of his testimony; **e-n Zeugen ~** to swear a witness in

beeidigt, ~e Aussage sworn statement, statement under oath; *Am* verified statement, verification; *(schriftlich)* affidavit; *(zu Protokoll gegeben)* deposition; **nicht ~e Aussage** unsworn statement; **~e unrichtige Aussage** →Falscheid, →Meineid; **~er Dolmetscher** sworn interpreter; **~er Zeuge** sworn witness

Beeidigung confirmation by oath; swearing (to); *(im Sinne von Vereidigung)* administering an oath, swearing (sb.) in

Beeidigung bezieht sich sowohl auf Personen wie auf Aussagen; →Vereidigung bezieht sich nur auf Personen.

The term "Beeidigung" is used with respect to persons and statements; →Vereidigung is used only with respect to persons.

Beeidigung, ~ von Zeugen (Sachverständigen, der Parteien) swearing in (or administering an oath to) witnesses (experts, the parties); **die ~ des Zeugen erfolgt nach der Vernehmung** the witness is sworn upon completion of his testimony; **auf die ~ verzichten**[26] to dispense with the oath

beeinflussen to influence, to affect, to have effect (upon); **sich ~ lassen** to be influenced by; **nachteilig ~** to exercise an adverse effect (on); to affect prejudicially (or adversely); **die Abgeordneten zu ~ suchen** to lobby; **Zeugen ~** to tamper with witnesses; to exert (secret or corrupt) influence upon witnesses

Beeinflussung influence; **unfaire ~** manipulation; bias; **ungebührliche ~** undue influence; **~ der öffentlichen Meinung** influencing of public opinion; *(Meinungspflege)* public relations; *(in unfairer Weise)* manipulation (or bias) of public opinion; **~ von Zeugen** tampering with witnesses; interference with witnesses; **politische ~ betreiben** to lobby

beeinträchtigen *(abträglich sein)* to prejudice, to impair, to injure (sb.'s interests, etc); to be detrimental to; to derogate from, to be derogatory to; *(störend einwirken auf)* to interfere with; *(schmälern)* to detract from; **das Ansehen der Firma ~** to detract from the firm's reputation; **jds Chancen ~** to put sb. at a disadvantage; **britische Interessen ~** to be detrimental to (or to interfere with) British interests; **jds Rechte (od. jdn in seinen Rechten) ~** to prejudice sb. (in his rights); to prejudice (or be prejudicial to, injure or interfere with) sb.'s rights

beeinträchtigt, die Rechte sind ~ the rights have been impaired; **die Sicherheit ist ~** security is impaired

Beeinträchtigung prejudice, impairment, (legal) injury; derogation, detraction (from); detriment; *(Störung)* interference (with); *(bes. vom Nachbargrundstück aus)* nuisance; **bleibende ~** permanent impairment; **ohne ~ der Rechte** without detriment to the rights; **~ des Besitzes** *(Störung od. Entziehung)* trespass; **~ der Gesundheit** impairment to health; **~ des Rufes** injury (or damage) to reputation; **sich der ~ e-s Werkes widersetzen** to object to any derogatory action in relation to the work

Beeinträchtigungsabsicht *(des Erblassers gegenüber dem Vertragserben)* (testator's) intention of prejudicing his contractual heir

beenden, ~ (od. beendigen) to (bring to an) end; to finish, to conclude; *(vollenden)* to complete; to terminate, to bring to a termination; **seine Arbeit ~** to finish (or complete) one's work; **das Mietverhältnis ~** to terminate the tenancy; **die Rede ~** to end off (or finish, conclude) the speech

Beendigung end, conclusion; *(Schluss)* close; *(Vollendung)* completion; termination; **~ des →Arbeitsverhältnis(ses)**; **~ des Klagevortrages (od. der Klageerwiderung)** close of plaintiff's (or defendant's) case; **nach ~ der Schulzeit** after finishing school; **~ der Strafzeit** completion of sentence; after serving of sentence; **~ e-r Tagung** close of a session; **~ e-s Übereinkommens** *(VölkerR)* termination of an agreement; **~ der Vormundschaft**[27] termination of the guardianship

beerben, jdn ~ to succeed to a *Br* deceased's (*Am* decedent's) estate (or property); to inherit from a p.; to be (or become) a p.'s heir; **gesetzlich beerbt werden** to die intestate

Beerbung e-s Ausländers *(der zur Zeit seines Todes seinen Wohnsitz im Inland hatte)*[28] succession to an alien's estate (who at the time of his death was a resident alien)

Beerdigung burial; funeral; **~sgeld** funeral benefit; *Br* death grant; **~sinstitut** (funeral) undertakers; undertaker(s' establishment); *Am (auch)* funeral home, mortuary; **~skosten** burial (or funeral) expenses

befähigt capable, able; qualified; **~ sein, zu tun** to be fitted to do

Befähigung capacity, ability; *(erforderliche Befähigung)* qualification; **~snachweis**[29] proof (or evidence, certificate) of qualification (or ability, competence); **die ~ zum Richteramt haben** to be qualified to hold judicial office; to be eligible for the office of a judge; **seine ~ nachweisen** to establish (or prove) one's qualification

befahrbar *(Weg)* passable; *(Gewässer)* navigable

Befahren der Wasserstraßen use of waterways

befangen *(voreingenommen)* bias(s)ed, prejudiced, partial; **e-n Richter als ~ ablehnen** →ablehnen 2.; **sich für ~ erklären** *Br* to withdraw (from a case) on the grounds of bias; to declare oneself to be prejudiced; *Am* to declare oneself disqualified on the grounds of bias; *(wegen Interesse an e-m Gegenstand)* to declare one's interest

Befangenheit *(Voreingenommenheit)* bias, prejudice, partiality; **Ablehnung e-s Richters**[30] **(e-s Dolmetschers,**[31] **e-s Sachverständigen)**[32] **wegen Besorgnis der ~** challenge (*Am auch* disqualification) of a judge (an interpreter, an expert) on grounds of bias (or as being bias[s]ed, on account of presumed partiality); **Mitglieder der Beschwerdekammer wegen Besorgnis der ~ ablehnen** *(Europ. PatR)* to object to members of the Board of Appeal if suspected of partiality (or on the ground of suspected bias); **e-n Richter wegen Besorgnis der ~ ablehnen** →ablehnen 2.; **wenn Besorgnis der ~ besteht** if there is reason to doubt the impartiality (of); if a p.'s impartiality is in doubt

befassen, sich ~ mit to deal with; to manage; to attend to; to concern oneself with, to be concerned with; to get involved with; *(bearbeiten)* to handle; **jdn mit e-r Sache ~** to bring (or refer, submit) a matter to sb.; **das Gericht mit e-r Sache ~** to make the court cognizant of a case; to bring a case before the court; to invoke the jurisdiction of the court (in a case); **sich mit Politik ~** to deal with politics; to get involved in politics

befasst, mit e-r Sache ~ sein to deal with a case; **das mit der Sache ~e Gericht** the court seized of the case; **das Gericht ist mit e-m Fall ~** the court has a case before it; a case is pending in the court; the court has a case (pending) for decision; **das Schiedsgericht ~ sich nicht mit diesen Fällen** the arbitration tribunal does not deal with these cases; these cases do not come within the jurisdiction of the arbitration tribunal

Befehl order, command; **auf ~ von** by order of; **höherer ~** *(als Rechtfertigung für Kriegsverbrechen)* superior order; **~sbefugnis** command authority; **b~sgemäß** according to order; **~snotstand** acting under binding orders; **e-n ~ ausführen** to carry out (or execute) an order

befestigen to consolidate, to make steady; **sich ~** *(Preise, Kurse)* to firm up, to harden; **seine Stellung ~** to consolidate one's position

Befestigung *mil* fortification; *fig* consolidation; **~ des Dollar** strengthening of the dollar; **~ der Kurse** firming (up) of prices; stronger tendency in prices

befeuern *(Küste etc)* to mark with lights

Befeuerung lights; markers, beacons

befinden *(erachten)* to find, to consider, to deem, to think; **sich ~** *(örtl.)* to be; to be located (or situated); **sich im Ausland ~** to be abroad; **sich in e-r Hochkonjunktur ~** to experience a boom; **entscheidend ist, wo sich die Sache befindet** *(IPR)* decisive is the location of the subject-matter (or the situs rei); **das Gericht soll darüber ~, ob** the court is called upon to consider whether

befindlich, im →Bau ~; in der Bundesrepublik ~es eheliches Vermögen matrimonial property situated in the Federal Republic

beflaggen to flag, to decorate with flags

befolgen to follow, to observe, to comply with; to adhere to; **nicht ~** to disregard, to ignore; **ein Gesetz ~** to observe (or comply with, abide by) a law; **e-n Rat ~** to take (or follow) advice; **e-n Schiedsspruch ~** to abide by an arbitral award; **e-e Weisung ~** to follow an instruction

Befolgung observance, compliance with; adherence to; **Nicht~** non-observance, non-compliance with; **~ von Vorschriften** compliance with instructions (or rules)

Beförderer carrier (by air, land, sea); *Am (auch)* forwarder, forwarding agent

befördern 1. *(Personen und Güter)* to carry, to transport, to convey; *(nur Güter)* to forward, to dispatch (or despatch), to ship; **Güter per Bahn ~** to forward (or ship) goods by train (or rail); **auf dem Landweg ~** to transport (or carry) by land (or road); **auf dem Luftweg ~** to transport by air; **auf dem Seeweg ~** to transport by sea

befördert, auf dem Seeweg ~ carried in ships, sea-borne

befördern 2. jdn ~ *(im Amt, Rang)* to promote sb., to advance sb. (in office); to prefer sb. (to); *(höher einstufen)* to upgrade sb.; **bevorzugt ~** to promote with priority

befördert, nach dem Dienstalter ~ promoted by seniority; **er wurde ~** he was promoted (or advanced); he got his promotion; **er wurde zum General ~** he was promoted (or raised) to the rank of a general; **nicht ~ werden können** to be disqualified from promotion (or advancement)

Beförderung 1. transport, *bes. Am* transportation; carriage, carrying; conveyance, conveying; shipment, shipping; forwarding; **gewerbliche ~ von Personen** commercial transport of persons; **internationale ~ gefährlicher Güter auf der Straße** international carriage of dangerous goods by road *(→Europäisches Übereinkommen über die internationale Beförderung gefährlicher Güter auf der Straße)*; **internationale ~ leicht →verderblicher Lebensmittel; von der ~ausgeschlossene Gegenstände** articles not acceptable for carriage; **~ mit der Bahn** carriage by rail; rail(way) (*Am* railroad) carriage (or transport); **~ von Gütern** carriage of goods; **~ auf dem →Luftweg; ~ im internationalen →Luftverkehr; ~ auf dem →Seewege; ~ auf dem →Wasserwege**

Beförderungs~, ~art mode (or method) of transport(ation) (or conveyance, carriage); way of forwarding; **~bedingungen** terms of conveyance (or transport); conditions of carriage, carriage conditions; **~dienst** transport service; *Am (auch)* shipping service; **~entgelt** transport rate(s); *Am* transportation fees; *(Personenverkehr)* fare; *(Güterverkehr)* freight; **~frist** period allowed for transport (ation) (or carriage, conveyance); **~gefahren** risks of carriage; **~kosten** forwarding charges; transport(ation) costs; cost(s) of carriage; **~leistung(en)** performance (or completion) of (the) transport(ation) (or carriage, shipment) transport services

Beförderungsmittel means of transport (or conveyance); *Am* (means of) transportation; **öffentliche ~** public (means of) conveyance; *Br* public transport; *Am* public transportation

Beförderungs~, ~papiere transport documents; **~pflicht** obligation to carry; **~sätze** transport rates; **~tarif** transport rate; *Am (auch)* shipping rate; **~tarif der Bundesbahn im Personenverkehr** Federal Railway passenger fares; **~unternehmen** transport company; **öffentlicher ~unternehmer** common carrier

Beförderungsvertrag contract of carriage; transport(ation) contract; *Am (auch)* shipping contract; **Übereinkommen über den ~ im internationalen Straßengüterverkehr**[32a] Convention on the Contract for the International Carriage of Goods by Road (CMR)

Beförderungsweg *(Güterverkehr)* (forwarding) route, route of transport

Beförderungswesen, Störung des ~s interference with transportation

Beförderungszwang compulsory conveyance

Beförderung, die ~ durchführen to perform the carriage (or transportation); **zur ~ übernehmen** to receive for carriage (or shipment)

Beförderung 2. *(im Amt, Rang)* promotion, advancement; *(höhere Einstufung)* upgrading; **~ außer der Reihe** *(nach der Leistung)* promotion by selection; **~ nach dem Dienstalter** promotion by seniority (or length of service); **~** *(von Beamten)* **nach Qualifikation** *Am* merit system

Beförderungs~, ~aussichten promotion prospects; opportunities for promotion (or advancement); promotional status; **~liste** promotion list; **~möglichkeit** opportunity for advancement; **~richtlinien** regulation of promotion

Beförderung, in der ~ an der Reihe sein to be (or come) up for promotion; to be next in line for promotion; to have seniority for promotion; **jdn zur ~ einreichen** to put sb. forward for promotion; **in der ~ übergangen werden** to be passed over for promotion

befrachten to load; to affreight, to freight; to charter; *(Überseeverkehr)* to ship

Befrachter freighter, shipper; charterer

Befrachtung affreightment; freighting; chartering; →**Stückgut~**; **~ nach dem Gewicht** freighting by weight; **~ nach dem Wert** freighting ad valorem; **~smakler** chartering broker; **~ssätze** charter rates; **~svertrag** contract of affreightment; charterparty

befragen to inquire (about, after, into); to interview; *(verhören)* to question; *(Zeugen)* to interrogate; *(MMF)* to poll, to survey; **e-n Anwalt ~** *(zu Rate ziehen)* to consult a lawyer

befragt, ~e Person person questioned *(→Befragter)*; **von der Polizei ~ werden** to be questioned by the police

Befrager interviewer; *(MMF)* pollster

Befragte(r) interviewee; (MMF) respondent

Befragung inquiry; interview; *(vor Gericht)* interrogation, questioning; *(MMF)* poll, survey, personal interview; **~ e-s beschränkten Personenkreises** *(Stichprobenerhebung)* sample survey (or testing); **~ auf dem Postwege** *(MMF)* mail survey; **Händler~** dealer interview (or survey); **Meinungs~** public opinion poll; **Verbraucher~** consumer interview; **Wähler~** election survey (or poll); **Befugnis zur ~** power to take statements; **e-e ~ durchführen** to conduct a survey (or poll)

befreien *(in Freiheit setzen)* to liberate, to set free, to set at liberty; *(gewaltsam)* to rescue; *(von Verpflichtung, Haftung etc)* to discharge (from), to relieve (of), to release (from), to dispense (from), to exonerate (from); *(bes. behördlich)* to exempt (from); **jdn von der Haftung ~** to discharge (or exempt) sb. from liability; **von Steuern ~** to exempt from taxes

befreiend, mit ~er Wirkung with the effect of discharging an obligation; operative as a discharge; exonerating

befreit, ~er Vorerbe[33] preliminary heir exempted from a number of otherwise applicable statutory restrictions; exempted preliminary heir; **~e Vorerbschaft** exempted preliminary succession; **~e →Vormundschaft**; **von der Haftpflicht ~** exempt (or discharged) from liability; **von Steuern ~** exempt(ed) from taxes, tax exempt, tax-free

Befreiung liberation, setting free (or at liberty); *(gewaltsam)* rescue; *(von Verpflichtung, Haftung etc)* discharge, release, dispensation, exoneration; *(bes. behördlich)* exemption; *(von gesetzl. Bindungen)* deregulation; **Anspruch auf ~ von der →Bürgschaft**; **~ von der →Doppelbesteuerung**; **~ vom →Eheverbot**; **~ von der Gerichtsbarkeit** exemption (or immunity) from (civil and criminal) jurisdiction; *(des Diplomaten)* jurisdictional immunity; **~ von der →Quellensteuer**; **~ von der →Sicherheitsleistung für Prozesskosten**; **~ von der Steuer** exemption from tax, tax exemption; **~ von e-r Verpflichtung** exemption from a duty; **~ e-s Aktionärs von der Verpflichtung zur Leistung von Einlagen** →Einlage 2; **~ gewähren** to grant (or accord) exemption

Befreiungsbewegung *pol* liberation (or independence) movement

Befreiung, Vorrechte und ~en gewähren (aufheben) to grant (waive) privileges and immunities

befreundet friendly, on friendly terms; **~er Ausländer** alien ami (or amy), alien friend, friendly alien; **~es Kreditinstitut** *(im Ausland)* banker's correspondent abroad; **~e Nation** friendly nation

befrieden, ein Land ~ to pacify a country

befriedigen to satisfy, to please; to pay off; *(Nachfrage)* to meet; **e-n Anspruch ~** to satisfy (or meet) a claim; **seine Gläubiger ~** to pay off one's creditors; to satisfy one's creditors' claims; **e-n Gläubiger bevorzugt ~** to prefer one creditor before others; **seine Gläubiger durch Vergleich ~** to compromise with one's creditors; **e-n Kunden ~** to satisfy (or please) a customer

befriedigend satisfactory; **alle Teile ~e Abmachung** mutually satisfactory arrangement

befriedigt, nicht ~er Gläubiger unsatisfied creditor

Befriedigung satisfaction; paying off; payment *(→Forderungsbefriedigung)*; **zur vollständigen ~ jds Forderung** in full satisfaction of sb.'s claim; **Anspruch auf vorzugsweise ~** claim to preferred satisfaction; **~ an der Arbeit** job satisfaction; **~ der Gläubiger** paying off the creditors; settlement of creditors' claims; **~ des →Hypothekengläubigers durch den Grundstückseigentümer**; **~ des Pfandgläubigers durch den Verpfänder** satisfaction of the pawnee by the pawner; **~srecht** right of satisfaction (right of a third party to satisfy the creditor); **er hat seine ~ zum Ausdruck gebracht** he expressed his satisfaction (über at); **sie können ~ verlangen** they are entitled to (obtain) satisfaction; **~ verweigern** to refuse to satisfy a creditor

Befriedung pacification; restoration of peace; **~spolitik** appeasement (policy)

befristen to set (or fix) a time-limit (or deadline) for (or on); to put a date to; to make subject to a time-limit; to restrict to a specified period; **die Debatte ~** to fix a time-limit for a debate; **e-n Vertrag ~ auf** to limit the duration of a contract to

befristet limited in time; for a limited period; for a fixed time; **~es Angebot** offer remaining open for a limited period; **~er Anspruch** claim limited in time; **~es Darlehen** term loan, time loan; **~e →Einlagen**; **~e Garantie** limited guarantee; **zeitlich ~e Police** *(bes. SeeversR)* time policy; **~es Recht** right limited by time; **~e Rente** annuity for a term certain; terminable annuity; **auf 4 Jahre ~e Termingelder** 4-year time deposits; **~er Vertrag** contract of limited duration; fixed-term contract

Befristung time limit (set for); (setting a) time limitation (or deadline); **~ e-s Vertrages** time limitation of a contract; **Termingelder mit ~en bis unter 3 Monaten** time deposits for less than 3 months; **Verbindlichkeiten mit e-r ~ von weniger als 4 Jahren** liabilities with maturities of less than 4 years

befruchtet, **künstlich ~** artificially inseminated

Befruchtung, **künstliche ~** artificial insemination

Befugnis power, authority; *(Zuständigkeit)* competence; *(hoheitsrechtl.)* jurisdiction; **außerhalb (innerhalb) der (rechtl.) ~se** *(e-r juristischen Person)* ultra (intra) vires; **→Entscheidungs~**; **→Verfügungs~**; **→Vertretungs~**; **→Überschreitung der ~se**; **→Übertragung von ~sen**; **~se ausüben** to exercise powers; **die ~se erlöschen** the powers cease; **im Rahmen seiner ~se handeln** to act within the scope of one's authority; **seine ~se überschreiten** to exceed one's powers (or authority); to act ultra vires; **seine ~se übertragen** to delegate (or transfer) one's powers (auf to)

befugt authorized, empowered, entitled (zu to), qualified; *(zuständig)* competent; **die hierzu gehörig ~en Unterzeichner** *(VölkerR)* the undersigned, being duly authorized hereto; **allein ~ sein** to have sole power

Befund finding(s); *(Gutachten)* (survey) report

befürworten to support (another's cause); to favo(u)r; to advocate; to recommend; to endorse; **e-n Antrag ~** to second (or support) a motion; to speak in support of the motion (immediately after the proposer); **warm ~** to recommend warmly

befürwortend, **e-e ~e Stellungnahme abgeben** to deliver a favo(u)rable opinion; to render an opinion agreeing (to); **der Ausschuss fasste e-e ~e Stellungnahme** the Committee delivered an opinion in favo(u)r of

Befürworter advocate; supporter; **~ e-r Politik** supporter (or backer) of a policy

Befürwortung advocacy; support (by speaking in favo[u]r of); recommendation; endorsement; **~sschreiben** letter of recommendation

begebbar negotiable; **~er Wechsel** negotiable bill; **~er eigener Wechsel** negotiable note; **~es Wertpapier** negotiable instrument (or paper)

Begebbarkeit negotiability

begeben *(ausgeben)* to issue, (or launch, float, emit); *(in Umlauf setzen)* to negotiate; **sich ~ nach** to proceed to; *(an e-n anderen Ort)* to adjourn to; **e-e Anleihe ~** to issue (or float) a loan; **e-e Anleihe** *(im Wege der festen Übernahme durch e-e Bank)* **~** to negotiate a loan; **e-n Wechsel ~** to negotiate a bill (of exchange)

Begebung *(Ausgabe)* issue; *(in Umlauf setzen)* negotiation; **~ e-r Anleihe** issue (or floating, launching, emission) of a loan (or bond); **~ e-s Wechsels** negotiation of a bill (of exchange); **~saviso** advice of negotiation

Begehen durch →Unterlassen

begehen to commit, to perpetrate; *(feiern)* to celebrate; to commemorate; **e-n Fehler ~** to make (or commit) an error (or a mistake); **e-e →strafbare Handlung ~**

begangen, **vorsätzlich ~e unerlaubte Handlung** intentional tort

Begehung *(e-r strafbaren Handlung)* commission, perpetration; **vorsätzliche ~** intentional commission; **bei ~ der Tat** in the commission of the offence (offense); **nach ~ der Tat Beteiligter** *(bes. Begünstiger, Helfer)* accessory after the fact; **vor ~ der Tat Beteiligter** *(bes. Anstifter)* accessory before the fact; **~sort** place where the offence (offense) was committed; scene of the crime

Beginn beginning, commencement, start; **zu ~ von** at the beginning of; **bei ~ seiner Amtszeit** at the commencement of his term of office; **~ des** →**Entladens**; **zu ~ der 80 er Jahre** in the early eighties; **~ der Verjährung** →Verjährungsbeginn; **~ und Dauer des Vertrages** commencement and term of the contract

beginnen to begin, to commence, to start; **ein neues Geschäft ~** to embark upon (or open, start) a new business; **das Risiko beginnt** *(VersR)* the risk attaches

beglaubigen to authenticate, to attest, to certify, to acknowledge; *(VölkerR)* to accredit; **notariell ~** to attest by a notary; *Am* to notarize; **e-e** →**Abschrift ~**; **die Richtigkeit der** →**Abschrift ~**; **e-e Unterschrift ~** to authenticate (or attest, certify) a signature; **e-e Urkunde ~ lassen** to have a document authenticated (or certified); **e-e Urkunde vom Notar ~ lassen** to get a document attested by a notary; to get a document notarially attested; to obtain a notarial attestation

beglaubigend, **der ~e Notar** the attesting notary

beglaubigt authenticated, attested, certified (as correct); **öffentlich ~**[35] attested by a public notary; **~e Abschrift** certified (true) copy; attested copy; *Am* exemplified copy; **~e Vollmacht** authenticated power of attorney; **als Missionschef bei dem Empfangsstaat ~ werden** to be accredited as head of a mission by the receiving state; **die Richtigkeit der Abschrift wird ~** certified true copy; it is hereby certified that this is a true copy of the original (document); **die Richtigkeit der Übersetzung wird ~** the translation is certified correct; **die Richtigkeit obiger Unterschrift wird hiermit ~** the above signature is certified herewith

Beglaubigung 1. authentication, attestation, certification, acknowledgment; **~ e-r Abschrift** certification of a copy; **~ e-r Unterschrift** authentication of a signature; *Br (für den Gebrauch im Ausland)* legalization; **öffentliche ~** certification by a notary public *(the document remains a private document, cf. notarielle →Beurkundung)*

Beglaubigung 2. *(VölkerR)* accrediting

Beglaubigungsschreiben *(des Missionschefs)* credentials, letters of credence; **Überreichung des ~s** presentation of credentials; **sein ~ überreichen** to present one's letters of credence

begleichen to pay, to settle (up); to discharge; **e-e Rechnung ~** to pay (or settle) an account (or a bill); *colloq.* to foot a bill; **e-e Schuld ~** to pay (or discharge) a debt; **ich werde meine Schulden bei Ihnen baldmöglichst ~** I shall settle (up) with you as soon as possible

beglichen, **~e Rechnung** settled account; **nicht ~e Schuld** undischarged debt

Begleichung payment, settlement, discharge; **zur ~ von** in settlement (or payment, discharge) of; **~ e-r Rechnung** payment of an invoice, settlement of an account; **wir bitten um baldige ~ unserer Rechnung** we ask for early settlement of our bill

begleitet von accompanied by

Begleit~, **~brief** →Begleitschreiben; **~dokument** accompanying document; **~papiere** accompanying documents; **~person** accompanying person; **~schaden** collateral damage; **(Waren-)~schein** waybill; **(Zoll-) ~schein** *Br bes.* bond note, transire; **~schiff** escort vessel; **~schreiben** accompanying letter; cover(ing) letter; **~umstände** accessory (or attendant, collateral, surrounding) circumstances; *Am bes.* concomitants, concomitant circumstances; *(der entscheidungserheblichen Tatsachen e-s Prozessvortrages)* res gestae; **~vertrag** collateral agreement

Begleitung *(Gefolge)* attendants; **in ~ von** accompanied by

begnadigen, **jdn ~** to pardon a p.; to grant a pardon to a p.; *(bes. bei Todesstrafe)* to reprieve

begnadigt werden to be granted (or to receive) a pardon

Begnadigter pardoned person

Begnadigung (grant of a) pardon; *(bei Todesurteil)* reprieve (from death sentence); **im Wege der ~** by way of pardon; **~srecht** power to grant a pardon, power of pardoning; *Br* prerogative of mercy; **um ~ bitten** to petition for a pardon

Begräbnis funeral; **Staats~** *Br* state (*Am* national) funeral; **~feierlichkeiten** funeral ceremonies; **~kosten** funeral expenses; **~kostenversicherung** funeral expenses insurance; **~platz** burial ground; **an e-m ~ teilnehmen** to attend a funeral

begrenzen to bound; *(beschränken)* to limit, to restrict, to confine, to circumscribe; *(genau festlegen)* to define; **Redezeit ~** to limit the time allotted to each speaker; **jds Vollmacht ~** to define sb.'s powers

begrenzt, **~e Anzahl** limited number; **~ aufnahmefähiger Markt** limited market; **für e-e ~e Zeit** for a limited period; **örtlich und zeitlich ~e Aktionen** actions limited in space and time; **zeitlich ~** terminable; **zeitlich ~ sein** to have limited duration

Begrenzung limitation; **zeitliche ~** limitation as to time; time limit; **~ der Mitgliederzahl** limitation of members; **~slinie** line of delimitation

Begriff *(Ausdruck)* term; *(Vorstellung)* concept, conception, notion; **feststehender ~** recognized term; **~sbestimmung** definition (of terms); **~sliste** term list

begründen 1. *(mit Gründen belegen)* to give (or state, specify) reasons (or grounds) for; to give reasons in support of; *(näher)* begründen to substantiate; **seinen Anspruch ~** to substantiate one's claim; to establish one's claim; to make allegations in support of one's claim; **der Antrag ist zu ~** the application must state the grounds (or reasons) (on which it is based); **e-n Klageanspruch ~** to substantiate an action; **die Klage schriftlich ~** *Br* to deliver a statement of claim; *Am* to file written pleadings; **ein Urteil ~** to state (or publish) the reasons for a judgment

begründet, **~er Anspruch** reasonable (or well-founded) claim; **rechtlich ~er Anspruch** legally justified claim; **sicher ~es Anrecht** vested interest; **~e** →**Berufung**; **~e Beschwerde** well-founded appeal (or complaint); **~e Einrede** good defence (defense); **~er Verdacht** reasonable suspicion; **sein Anspruch ist ~** his claim is justified; **der Antrag ist ~** *(berechtigt)* there are good (or valid) reasons (or grounds) for the application (or petition); *(es sind Gründe angegeben)* the grounds for the application are stated; **der Antrag ist nicht ~** the application (or petition) is without merit; there are no grounds stated for the application; **der Klageanspruch ist ~** an action lies; the action is justified (or well-founded)

begründen 2. *(gründen, bilden)* to found, to constitute, to establish, to create; **e-n Anspruch ~** to constitute a claim; **Haftung ~** to create liability; **ein Recht ~** to constitute a right; **ein Rechtsverhältnis ~** to establish a legal relationship; **ein Schuldverhältnis ~** to create an obligation; **seinen Wohnsitz ~** to establish one's residence; **die Zuständigkeit ~** to establish jurisdiction

Begründer founder; promoter

Begründetheit, **bei nachgewiesener ~** upon good cause shown; having made out a good case

Begründung 1. *(Angabe von Gründen)* reasons (or grounds) (given for); (statement of) reasons (or grounds); **ausführliche ~** full statement of the reasons; **mangels ausreichender ~** for lack of sufficient grounds; **mit der ~, dass** on the ground(s) that; **ohne ~** without (giving) reasons; **zur ~ von** in support of; **bei hinreichender ~** for sufficient cause, upon showing of sufficient cause; **nähere ~** substantiation; **~ zum Entwurf e-s Gesetzes** legislative intent, legislative history; **~ e-s Urteils** →Urteilsbegründung; **~szwang** obligation to indicate reasons; duty to submit supporting arguments; **zur ~ wurde ausgeführt** the following reasons were given; **die ~ geben** to give the reasons (for); **~ für etw. sein (od. geben)** to give grounds for (a claim etc); to substantiate

Begründung 2. foundation, constitution, establishment, creation; **~ e-s Gesellschaftsverhältnisses** establishment of a partnership; **~ e-s Rechts** constitution of a right; **~ e-s Schuldverhältnisses**[36] creation of an obligation; **der Verdacht entbehrt jeder ~** the suspicion is without any foundation

begrüßen, **jdn ~** *(z. B. auf e-r Tagung)* to welcome sb; **etw. ~** to be pleased with sth.; to welcome sth.

Begrüßungs~, **~ansprache** welcoming address; **~worte** words of welcome

begünstigen to favo(u)r, to support, to benefit, to promote, to foster; *(bevorzugen)* to prefer, to give preference to; *(StrafR)*[37] to aid the perpetrator of an offence (offense) after the fact; to act as an accessory after the fact; **e-n** →**Gläubiger ~**; **steuerlich ~** to give a fiscal advantage

begünstigt, **~er Dritter** third party beneficiary; *(durch Abkommen etc)* **~es Land** beneficiary country; **geographisch ~er Staat** geographically advantaged state; **~e Steuerpflichtige** *(DBA)* taxpayers favo(u)red by the →Doppelbesteuerungsabkommen; **steuerlich ~** tax privileged; **nach dem DBA ~ sein** →Doppelbesteuerungsabkommen; **durch ein Testament ~ sein** to benefit under a will, to be a beneficiary under a will

Begünstiger *(StrafR)* accessory after the fact

Begünstigter *(z. B. durch Testament od. aus e-r Versicherungspolice)* beneficiary; *(im Vertrag zugunsten Dritter)* third party beneficiary; *(aus e-r vertragl. Zusicherung)* covenantee; **bedingt ~** *(VersR)* contingent beneficiary; **~ e-s Akkreditivs** beneficiary under a L/C; accredited person

Begünstigung favo(u)ring; support; *(Bevorzugung)* preference; *(StrafR)*[38] aiding the perpetrator of an offence (offense) *(→ Verbrechen od. → Vergehen)* after the fact; acting as an accessory after the fact; →**Gläubiger~**; →**Schuldner~**; **~ der Einfuhr** encouragement of imports; **~sklausel** *(VersR)* benefit clause

begutachten to give (or deliver) an (expert) opinion (on); *(ärztlich)* to prepare a (medical) report; *(abschätzen)* to appraise; *(Zustand e-s Hauses od. von Waren)* to survey; **etw. ~ lassen**

to submit sth. to an expert; to obtain an expert opinion on sth.; **ein Haus ~ lassen** to have a house surveyed

Begutachtung opinion; *(Abschätzung)* appraisal; *(des Zustandes e-s Hauses od. von Waren)* survey; **~ durch e-n Sachverständigen** expert opinion; **~ e-s Schadens** appraisal (or assessment) of a damage; **~sgebühr** survey fee

behalten to keep; *(beibehalten)* to retain, to maintain; **in →Besitz ~**; **etw. übrig ~** to have sth. left over; **den Wert ~** to retain the value; **über die festgesetzte Zeit hinaus ~** to hold over

Behälter container; receptacle; tank; **~verkehr** container transport; **~wagen** container car, tank wagon; **Zollabkommen über ~** Customs Convention on Containers

Behältnis →Behälter

behandeln 1. to treat; to deal with, to manage, to handle; **ein Problem ~** to deal with (or handle) a problem; **jdn bevorzugt (nachteilig) ~** to discriminate in favo(u)r of (against) a p.; **e-n Rechtsfall →erschöpfend ~**; **Personen unterschiedlich ~** to discriminate between persons; **etw. vordringlich ~** to give urgent attention (or consideration) to sth.

behandeln 2. e-n Patienten *(ärztlich)* **~** to treat a patient, to attend a patient; **sich ~ lassen** to receive (or undergo) medical treatment; **der ~de Arzt** the physician (or specialist, consultant) attending ...; *Br* the doctor in charge of the treatment of

Behandlung treatment; handling; **~ von Beschwerden** handling of complaints; **→ärztliche ~**; **grausame, unmenschliche oder erniedrigende ~** →Folter; **nachlässige ~** negligent handling; **steuerliche ~** fiscal (or tax) treatment; **schlechte ~** ill-treatment; abuse; maltreatment; **unterschiedliche ~** differing (or different) treatment; *(abträglich)* discrimination (between); discriminatory treatment; **vorzugsweise ~** preferential treatment

Behandlungskosten expenses for (medical) treatment

behaupten to allege, to aver; to state, to declare; to contend, to maintain, to affirm; *(zugleich beanspruchen)* to claim; *(vorgeben)* to purport; *(zu Unrecht)* to pretend, to allege falsely; **sich ~** to stand (or hold) one's ground; *(Kurse, Preise)* to remain (or be) steady (or firm); to be maintained; **~, Eigentümer zu sein** to claim to be the owner, to claim ownership; **→fälschlich ~**; **das Gegenteil ~** to maintain the contrary; **seine Unschuld ~** to assert (or maintain) one's innocence (or that one is innocent); **die Preise ~ sich** the prices remain steady (or firm); **sich in seiner Stellung ~** to maintain one's position

behauptet, die Aktienkurse haben sich gut ~ the share prices have held up well (or kept steady); **der Kläger ~, der rechtmäßige Erbe zu sein** the plaintiff claims to be the rightful heir

Behauptung *(im Prozess)* allegation, averment; submission; assertion, affirmation; statement, declaration; *(Beanspruchung)* claim; *(Aufrechterhaltung e-s Rechts etc)* maintaining, maintenance; *(e-r anderen Meinung gegenüber)* contention; **→beleidigende ~**; **den Tatsachen nicht entsprechende ~** *(VertragsR)* misrepresentation; **→falsche ~**; **widerlegbare ~** confutable assertion; **e-e ~ aufstellen** to make an allegation (or assertion, statement); **e-e ~ bestreiten** to deny (or dispute) an assertion; **e-e ~ widerlegen** to refute an assertion

beheben to remove, to eliminate; **e-n Mangel ~** to remedy (or make good) a deficiency (or defect); **e-e Notlage ~** to relieve an emergency; **e-n Schaden ~** to repair a damage; to make good a loss

Behebung, **~ e-s Hindernisses** removal of an obstacle (or impediment); **gütliche ~ von Schwierigkeiten** friendly settlement of difficulties; **~ der Währungskrise** redress of (or relief from, remedy for) the monetary crisis; **~ von Zweifeln** dispelling (or elimination) of doubts

beheimatet domiciled (in)

behelfsmäßig makeshift, (used as) temporary substitute; provisional

Beherbergung lodging; accommodation; **~sgewerbe** hotel trade; **~svertrag** *(zwischen Gastwirt und Gast)* contract for accommodation

beherrschen to dominate, to command; *(Unternehmen)* to control; **e-e Fremdsprache ~** to (be) master (or to have command of) a foreign language; **den Markt ~** to command (or dominate, control) the market

beherrschend dominant; controlling; **~e →Gesellschafter**; **~es Unternehmen** controlling enterprise

beherrschende Stellung, missbräuchliche →Ausnutzung e-r beherrschenden Stellung

beherrschte Gesellschaft controlled company

Beherrschung domination, command; **~ e-r Gesellschaft** control of a company

Beherrschungsvertrag[39] control agreement, domination contract

Vertrag, durch den eine AG oder KGaA die Leitung ihrer Gesellschaft einem anderen Unternehmen unterstellt.

Agreement whereby an →Aktiengesellschaft or a

→Kommanditgesellschaft auf Aktien submits the management of the company to another enterprise.

behindern to hinder, to impede, to hamper, to obstruct, to handicap; *(im Genuss e-s Rechts)* to disturb; **jdn in der Arbeit ~** to hinder sb. from working; **den Fortschritt ~** to impede (or prevent) progress; **den Verkehr ~** to obstruct (or block) traffic; **die Tätigkeit des →Betriebsrats ~**

behindert, **~e Arbeitnehmer** handicapped (or disabled) workers; **körperlich, geistig und seelisch ~** physically, mentally and psychologically handicapped (or disabled)

Behinderte, **Arbeits- und Berufsförderung ~r**[40] industrial and vocational rehabilitation of handicapped persons (or the disabled); **Ausbildungszuschuss für die betriebliche Ausbildung ~r**[41] training subsidies (granted to employers) to enable the disabled to receive in-plant training; **berufliche Bildung ~r**[42] vocational training of the disabled; **berufliche →Eingliederung ~r**; **berufliche Fortbildung ~r**[43] (further) vocational training of handicapped persons; **Übereinkommen über die berufliche Rehabilitation und Beschäftigung der ~n**[43a] Convention Concerning Rehabilitation and Employment of Disabled Persons; **berufliche Umschulung ~r**[44] retraining of the disabled; **→Schwer~**

Behindertenfürsorge welfare for the disabled

Behinderung 1. hindrance, hampering, impediment, obstruction; restraint; **ohne ~** *(z. B. im Transitverkehr)* unimpeded; **rechtswidrige ~ e-s →Gerichtsverfahrens**; **~ des Gegenverkehrs**[45] obstruction (or hindrance) of approaching traffic; **~ in dem Genuss e-s Rechts** disturbance in the enjoyment of a right; nuisance; **~ im Straßenverkehr** obstruction of traffic

Behinderung 2. handicap; (mental or physical) disability; **Art und Schwere der ~** nature and gravity of the disability (or handicap); **körperliche, geistige oder seelische ~** physical, mental or psychological handicap (or disability); **Personen mit e-r angeborenen ~** congenitally handicapped persons

Behörde (public) authority; office; *Am bes.* agency; *(Regierungsstelle)* government agency; **→Bundes~**; **Landes~n** →Land 2.; **mittlere ~n** authorities at middle level; **nachgeordnete ~** subordinate authority; **örtliche ~ (od. Orts~)** local authority; **staatliche ~** state authority; **untere ~n** authorities at lower level; **vorgesetzte ~** superior authority; **→zuständige ~**

Behörden~, **~eigentum** government property; property of a public authority; **~gebrauch** official use; **~leiter** head of an authority (or agency); **~sprache** officialese

behördlich official; **~e Akten** public records; **~e Erlaubnis (od. Genehmigung)** permission (or permit) from an authority; official authorization; *(Zulassung)* licensing; **~e Vorschriften** government regulations; **~ zugelassen** officially authorized; licensed

bei at; *(örtlich)* near; *(per Adresse)* c/o (care of); **~ meiner Ankunft** at (or on) my arrival; **~ Sicht** at sight

Beiakten supplementary files; ancillary papers

beibehalten to maintain; to retain; to continue; to keep up; **e-n Brauch ~** to keep up a custom; **den (alten) Firmennamen ~** to continue the original firm name; **e-e Meinung ~** to maintain an opinion; **e-e Politik ~** to continue (or retain, maintain) a policy; **Preise ~** to maintain present prices; **seine Staatsangehörigkeit ~** to retain one's *Br* nationality *(Am citizenship)*

Beibehaltung maintenance, preservation, continuance, adherence (to), retention; **unter ~ dieser Klausel** retaining this clause; **~ des Mädchennamens** retention of the maiden name; **~ der alten Preise** maintaining (or keeping up) the former prices

Beiblatt supplementary sheet

beibringen to produce, to procure, to furnish; **Gründe ~** to adduce reasons; **Quellen ~** to cite authorities; **Zeugen ~** to produce witnesses

Beibringung production, producing, procuring; **~ e-s Alibis** producing an alibi; **~ von Belegen (Urkunden, Zeugen)** production of vouchers (documents, witnesses)

Beichtgeheimnis seal of the confession; secret of the confessional

beiderseitig mutual; **in ~em Einvernehmen** by mutual agreement (or consent); **zum ~en Nutzen** on a mutually beneficial basis; **Klausel „~es Verschulden"** both-to-blame collision clause

beidrücken, **ein Siegel ~** to affix a seal

Beifahrer co-driver, assistant driver; driver's mate

Beifall, **den ~ finden von** to meet with the approval of

beifolgend senden wir Ihnen we send you herewith; we enclose; enclosed please find

beifügen to add, to append; *(e-m Schriftstück)* to enclose; *(anheften)* to attach; *(als Anhang z. B. zu e-m Gesetz)* to schedule; *(als untergeordneten Teil)* to annex; **dem Vertrag e-e Liste ~** to append (or annex) a list to the contract; **dem Brief e-n Scheck ~** to enclose a cheque (check) with (or in) a letter; **der Urkunde ein Siegel ~** to affix a seal to the document

beigefügt, **~e Unterlagen** appended documents; **die Rechnung ist ~** the invoice is enclosed; **der Stellungnahme ist ein Bericht ~** the opinion is accompanied by a report

Beifügung, **unter ~ der Rechnung** enclosing the invoice

Beigabe extra; **als ~** into the bargain; as a free gift

Beigeordnete (der/die) assistant, deputy

beigeordnet, **~er** →**Anwalt**; **~e Sachverständige** *(z. B. bei UNESCO)* associate experts

Beiheft supplement

Beihilfe 1. *(geldliche Zuwendung)* (financial) aid; allowance, assistance, grant; subsidy; →**Miet~**; **staatliche ~** state aid, aid granted by the state; (state) subsidy; **~ für Behinderte** disablement allowance; **~ für Entbindungen** confinement grant; **Beantragung und Gewährung von ~n** application for and grant of aids; **Inanspruchnahme der ~** utilization of aid; **~ gewähren** to grant (financial) aid

Beihilfe~, **~antrag** application (or request) for aid; **~betrag** amount of the aid; **~empfänger** recipient of aid; **~gewährung** granting of aid; **~höchstsatz** maximum rate of assistance; **~maßnahmen** subsidy measures

Beihilfe 2. *(StrafR)*[47] assistance; *(etwa)* aiding and abetting (whether or not at the time of the commission of the crime); **~ zum Diebstahl** aiding and abetting a theft; **~ zur Flucht e-s Gefangenen** aiding the escape of a prisoner; **~ zur Patentverletzung** contributory infringement; **~ leisten** to aid and abet; to counsel and procure

Beiladung 1. *(Verwaltungsstreitverfahren)*[48] summons to interested parties (summons to persons who are not a party to the proceedings, but whose legal interests will be affected by the decision)

Beiladung 2. *(Ladegut)* additional load; supplementary load (or freight); **Schäden durch ~** *(VersR)* damage from other cargo

Beilage *(Anlage)* enclosure; insertion, *Am (auch)* insert; *(Zeitung)* supplement, printed enclosure

beiläufig incidental(ly); by the way; casual(ly)

beilegen 1. *(beifügen)* to enclose, to append; **dem Brief e-e Rechnung ~** to enclose an invoice with the letter; **sich e-n Titel ~** to assume a title

beilegen 2. *(regeln)* to settle, to adjust, to accommodate; **e-n Streit außergerichtlich ~** to settle a dispute out of court; **e-e Sache gütlich ~** to settle an affair amicably; **schiedsgerichtlich ~** to settle by arbitration; **e-n Streit durch Vergleich ~** to compromise, to reach a compromise; to settle a dispute (out of court)

Beilegung (von Streitigkeiten) settlement, settling, adjustment, accommodation (of disputes or differences) (durch Verhandlung, Vermittlung, Vergleich oder Schiedsspruch by negotiation, mediation, compromise or arbitration); **außergerichtliche ~ von Streitigkeiten** out of court settlement (or redress); **gütliche ~** amicable (or friendly) settlement; →**schiedsgerichtliche ~**; **~ e-s Titels** assumption of title; **sich um e-e gütliche ~ der Streitigkeiten bemühen** to endeavo(u)r to reach a friendly settlement of the dispute

Beileid condolence; sympathy; **~sschreiben** letter of condolence (or sympathy); **~stelegramm** telegram of condolence; message of sympathy sent by cable (or telegram); **wir möchten Ihnen unser tief empfundenes ~ aussprechen** we wish to express our sincere sympathy to you (on the death of)

beiliegen *(e-m Schriftstück)* to be enclosed; **~d erhalten Sie** enclosed please find

beimessen, **e-r Sache Bedeutung ~** to attach importance to a matter; **e-r Aussage Glauben ~** to give credit to a statement

beiordnen, **dem Angeklagten e-n Anwalt** *(als Offizialverteidiger)* **~**[49] to assign counsel to the accused (by the court)

Beiordnung e-s Anwalts *(im Prozesskostenhilfeverfahren)*[50] assignment (by the court) of counsel to the assisted party

Beirat *(Gremium)* advisory board (or council); *(Einzelperson)* adviser

Beischlaf →Beiwohnung

Beisein, **im ~ von** in the presence of

beiseitelegen to set aside; *(für besonderen Zweck)* to earmark; **Ware als für den Käufer bestimmt ~** to set goods aside (or apart)

beiseiteschaffen to remove, to take away; *(widerrechtlich)* to abstract, to misappropriate; *(unterdrücken)* to suppress; **Vermögensgegenstände ~** *(z. B. Gemeinschuldner)* to remove property

Beiseiteschaffen removal, taking away; *(widerrechtlich)* abstraction; **geheimes ~ von Waren** surreptitious removal of goods; **~ von gepfändeten Sachen**[51] removal of pledged goods; unlawful removal of property subject to a lien (or security interest); **~ von Urkunden**[52] suppression (or abstraction) of documents

Beisetzung burial; *(feierlich)* funeral

Beisitzer *(z. B. e-r Einigungsstelle)*[53] assessor; *(e-s Kollegialgerichts)* associate judge; **~ des Internationalen Gerichtshofes**[54] assessor(s) of the International Court of Justice

Beispiel, **zum ~** (z. B.) for instance (e. g.)[55]; **ein ~ anführen** to quote an instance

Beistand 1. *(Unterstützung)* assistance, aid; support; *(Bereitschaft)* standby; **gegenseitiger ~** mutual assistance; **gegenseitiger ~ in Steuersachen** fiscal cooperation; **~sabkommen** *(Vereinbarung über e-n ~ skredit an Mitgliedstaaten des IWF bei Zahlungsbilanzschwierigkeiten)* standby arrangement; **~sakkreditiv** standby letter of credit; **finanzieller ~sfonds**[56] financial support fund; **~skredit** standby credit; **~sleistung** *(e-s neutralen Schiffes für kriegführende Macht)* hostile assistance; **~spakt** *(VölkerR)* mutual assistance pact; **~spflicht gegenüber den Finanzämtern** →Anzeigepflicht *(Anzeige 1.)*; **jdm ~ leisten** to help (or assist) sb.; to render sb. assistance

Beistand 2. *(Person)* assistant; adviser; counsel; **~ e-r Partei** *(Intern. Gerichtshof)* counsel for a party; **Bestellung e-s ~es für die Ausübung der elterlichen Sorge**[57] appointment of a guardian (by the court) to assist the parent who has parental care

Beistand *(Zivilprozess)*[58] litigant's adviser, litigant's friend

Eine von einer Partei hinzugezogene prozessfähige Person, die in der Verhandlung neben ihr auftritt (soweit eine Vertretung durch Anwälte nicht geboten ist).

An adviser (usually not a qualified lawyer) having capacity to sue and to be sued who appears together with and on behalf of a party in a civil proceeding (provided that representation by a lawyer is not mandatory).

Beistand *(Strafprozess)*[59] adviser

Der Ehegatte oder gesetzliche Vertreter eines Angeklagten sind in der Hauptverhandlung als Beistand zuzulassen und auf ihr Verlangen zu hören.

The spouse or the legal representative (guardian) of the accused shall be admitted to assist the accused during the trial and shall be heard upon their request.

beisteuern to contribute (zu to)

beistimmen, **jds Ansicht ~** to concur in (or agree with) sb.'s opinion; **e-r Politik ~** to assent to a policy

Beitrag 1. *(einmalige od. wiederkehrende Leistung in Geld)* contribution (of money for a specific purpose); amount contributed; *(e-s Mitglieds)* subscription, sum subscribed; dues; *(für Versicherung)* premium *(→Beitrag 2.)*; *(Umlage)* assessment, levy; **auf ~ beruhend** *(z. B. Rente)* contributory; **~ zahlendes Mitglied** subscribing member; contributor; **~ zur Sozialversicherung** contribution to social security; **~ für wohltätige Zwecke** charitable contribution; **anteilsmäßiger ~** pro rata *(Am* proratable) contribution; **einmaliger ~ auf Lebenszeit** life subscription; **freiwilliger ~** voluntary contribution; →**rückständiger ~**; →**Jahres~**; →**Klub~**; →**Mitglieds~**; →**Monats~**; →**Partei~**

Beitrag, der ~ bemisst sich nach dem Arbeitsentgelt the contribution payable shall depend on earnings (or be calculated on the basis of remuneration); **den ~ einziehen** to collect the contribution (or subscription); **seinen ~ entrichten** to pay one's contribution (or subscription); **den ~ erhöhen** to raise contribution rates (or dues); to raise the subscription (fees); **den ~ festsetzen** to assess the contribution; to fix the subscription

Beitrags~, **~anteil** share in contribution; subscription quota; **~aufkommen** income from contributions, contribution income; **~ausfall** loss in contributions; **~bemessungsgrenze** *(Sozialvers.)* income limit for the assessment of contributions; **~bemessungsgrundlage** basis for the assessment of contributions; **~berechnung** computation (or calculation) of contributions; **b~bezogene (Sozial-)Leistungen** *Br* contributory benefits; earnings-related benefits

Beitragseinnahme receipt of contributions; **~n der Rentenversicherung** income of the pension insurance fund from contributions; contribution income of the pension insurance fund

Beitrags~, **~entrichtung** payment of the contribution; **~erhöhung** increase of subscription fees *(→Beitrag 2.)*; **~erstattung** contribution refund; refund of dues; **~forderung** claim for contribution (or dues)

beitragsfrei exempt from (payment of) contributions (or dues); exempted from contributions; non-contributory; **~e Leistungen** *(Sozialvers.)* non-contributory benefits; **~e Mitgliedschaft** free membership; **~e Rente** *(Einlagen bezahlt Arbeitgeber)* non-contributory pension

beitragsgebundene Leistungen *(Sozialvers.)* contributory benefits

Beitrags~, **~höhe** amount (or rate) of contribution; *(Umlage)* amount of the levy; **~klasse** *(Soz. Vers.)* class of contributions; **~land** *(Geberland)* contributing country; **~leistender** contributor

Beitragsleistung contribution subscription; payment of dues; **seine ~ einstellen** to discontinue one's subscription

Beitragspflicht obligation to contribute; liability to pay contributions; **Befreiung von der ~** exemption from the liability to contribute; **e-e die ~ des Arbeitnehmers begründende Be-**

schäftigung an employment rendering the employee liable to contribution

beitragspflichtig liable (or subject) to contribution (or subscription); contributory; **nicht ~** non(-)contributory; **~er Arbeitsverdienst** earnings liable to contribution; **~es Öl**[60] contributing oil; **~e Vermögenswerte** *(für große Havarie)* contributing (interests and) values; contributory mass

Beitrags~, **~pflichtiger** contributor(y); **~quittung** subscription voucher (or receipt); **~rückstände** contributions in arrears; **~satz** contribution rate; rate (of insurance); **~zahlung** (payment of) contribution (or subscription, dues); **~zeiten** contribution periods

Beitrag 2. *(VersR) (Prämie)* premium; **~sabrechnung** premium statement; **~sbefreiung** exemption from payment (or waiver) of premiums; **~sberechnung** calculation (or computation) of premiums; **~seinnahmen** income from premiums, premium income; **~seinziehung** collection of premiums; **~serhöhung** increase in premiums; **~sermäßigung** premium rebate; **~serstattung** *(e-r Versicherungsgesellschaft auf Gegenseitigkeit)* policy dividend; **b~sfreie Police** *(voll eingezahlte Police)* paid- up policy; **~snachlass für schadenfreies Fahren** reduction of premiums for accident-free driving; *Br* no claims bonus; no claims discount; **~srückerstattung** premium refund; **~srückstände** arrears of premium(s); **~sstaffelung** grading (or scale) of premiums; **~szahlung** payment of premiums; **~szuschlag** additional premium

Beitrag 3. *(Anteil zur Verwirklichung e-s Vorhabens)* contribution; share; **ein bescheidener (erheblicher) ~ zu** a modest (major) contribution towards; **e-n ~ leisten zu** to contribute (or make a contribution) to

Beitrag 4. *(Aufsatz für Zeitung etc)* contribution (to a newspaper etc); **Beiträge aus dem Leserkreis** letters to the editor

beitragen to contribute, to make a contribution (zu to[wards]); to help (to) bring about; to be accessory (to); **zu den Kosten ~** to contribute to the expenses; **zur Verbesserung der Geschäftsbeziehungen ~** to help to improve business relations

beitreibbar recoverable, collectable; **nicht ~e Forderung** irrecoverable (or non-collectable) debt; bad debt

beitreiben to collect, to recover; to enforce, to exact; **e-e Forderung ~** to collect a debt (or claim); *(zwangsweise)* to enforce payment of a debt; to enforce a claim; *(auf gerichtl. Wege)* to enforce (or collect) a claim by court action (or legal action); **Forderungen in der Zwangsvollstreckung ~** to enforce claims by execution; **e-e →Geldstrafe ~**; **(Zahlung der) Schulden gerichtlich ~** to enforce the payment of debts; **Steuern ~** to collect taxes; to enforce collection of the tax due

beigetriebener Betrag amount collected; amount of recovery

beizutreibender Betrag sum to be recovered; collectible (or collectable) amount

Beitreibung (enforced) collection (or recovery); exaction; **~ von Außenständen** recovery of outstanding amounts; **~ e-r Forderung** collection of a claim (or debt) *(s. e-e Forderung →beitreiben)*; **~ von Gebühren** *(europ. PatR)* enforced recovery procedure; **~ e-r Geldstrafe** recovery of a penalty; collection of (or collecting) a fine; enforcement of payment of a fine; **~ in der Insolvenz** debt collection under bankruptcy proceedings; **~ durch Pfandverwertung** debt collection by realization of pledged property; **~ rückständiger Beiträge**[61] recovery of contributions in arrears; **~ e-r Schuld** debt collection; **~skosten** recovering (or collecting) charges; **~smaßnahme** collection measure; **~sverfahren in Steuersachen** *(Zwangsvollstreckung wegen Steuerschulden)* proceedings to enforce tax liabilities

beitreten to accede (to); to join; to enter; to become a member (of); to associate oneself (with); **e-m Abkommen ~** *(VölkerR)* to accede to an agreement; **dem →Einspruchsverfahren ~** *→Einspruch 3.*; **e-r Partei ~** to join (or become a member of) a party; **e-m Prozess ~ (als Nebenintervenient)**[62] to intervene (or interpose [as third party]) in an action; to join an action (as intervener); *Br* to be added as a third party in an action; *Am* to enter a litigation (as intervener); **als Teilhaber ~** to enter into partnership with; to become a partner (e. g. in a firm); **e-m Verfahren ~** to intervene in a proceeding; **e-m →Vergleich ~**; **e-m Vertrag ~** *(VölkerR)* to join (or accede to) a treaty

beitretend, **(e-m Verfahren) ~e Partei** intervening party *(→Nebenintervenient)*; **~e Staaten** acceding States; **die e-m →Einspruchsverfahren ~en Dritten**

Beitritt accession, joining; entry; *(Zivilprozess)* intervention, joinder; **~ zu e-m Abkommen** *(VölkerR)* accession to an agreement (or convention); **~ zur Europäischen Union** *(EU)* accession to (or entry into) the European Union; **~ e-s Gesellschafters zu e-r (bestehenden) Gesellschaft** association of a p. as a partner; entry into a firm (or partnership) as a partner; **~ e-s Gläubigers zur Zwangsversteigerung**[63] joinder of an additional creditor in a judicial execution sale; **~ des vermeintlichen Patentverletzers**[64] intervention of the assumed infringer; **~ zu e-m Prozess** intervention

Beitritt zu e-m Vertrag joining (or joinder to) a contract; *(VölkerR)* accession to a treaty; **Antrag auf ~ stellen** *(VölkerR)* to apply for accession to a treaty

Beitritts~, **~absicht** intention to join (or enter or become a member of); **~alter** *(VersR)* age of entry; **~akte (Akte über die ~bedingungen und die Anpassungen der Verträge)** *(EU)* Act of Accession (Act Concerning the Conditions of Accession and the Adjustments to the Treaties); **~antrag** application for membership; application to join (or accede, enter); *(EU)* request (or application) for accession; **~bedingungen** conditions of accession (or membership); **~erklärung** declaration of accession (or joinder or entry); *(Beteiligung am Streit)* application to intervene; *(im EinspruchsverfahrenPatR)* giving notice of intervention; **~gesuch** application (or request) for membership; **~länder** acceding countries; **~pflicht** compulsory membership; **~urkunde** *(VölkerR)* instrument of accession; **~verhandlungen** *(EU)* negotiations for accession (or membership); **~vertrag** *(EU)* Treaty of Accession; accession treaty; **~zwang** compulsory membership

Beitritt, dieses →Protokoll liegt für ... zum ~ auf; **der ~ erfolgt durch Hinterlegung e-r Urkunde** accession shall be effected by depositing an instrument; **seinen ~ erklären** to declare one's accession (or joinder) (to); to declare one's entry (into); **den ~ zum →Einspruchsverfahren erklären** *Einspruch 3.*; **die Bedingungen für den ~ festsetzen** to determine the terms of accession

Beiwagen side-car

beiwohnen, e-r Sitzung ~ to attend (or be present at) a meeting

Beiwohnung attendance, presence; *(Beischlaf)* cohabitation; sexual intercourse; **(Möglichkeit der) ~** access; **Rechtsvermutung der ~**[65] presumption of access

beiziehen, Akten ~ to request the transmittal of files (from another court or agency); **e-n Sachverständigen ~** to call in an expert

bejahen to answer in the affirmative; **~d** affirmative

bekämpfen to fight (against); *(Meinung etc)* to oppose; to try to prevent; **e-n Antrag ~** →Antrag 4.; **die Inflation ~** to combat inflation; **monopolistische Geschäftspraktiken ~** to discourage (or fight) monopolistic practices; **die Luftverschmutzung ~** to combat air pollution

Bekämpfung, ~ der Armut fight (or struggle, action) against poverty; **~ des →Drogenmissbrauchs**; **~ des Hungers in der Welt** campaign against hunger in the world; **~ der Inflation** fighting (or fight against) inflation; **~ der →Luftverschmutzung**; **~ des →Terrorismus**; **~ von Verbrechen** fight against (or suppression of) crime; combatting (or fighting) crime

bekannt known; *(angesehen)* renowned; **~e Leute** well-known people; **von Person ~** personally known, of known identity; **allgemein ~ sein** to be generally known; to be a matter of common knowledge; *(im negativen Sinne)* to be notorious; **es ist allgemein ~** it is common knowledge; **dem →Gericht ~ sein**; **~ sein mit jdm** to be acquainted with sb.; **als ~ voraussetzen** to take (knowledge of sth.) for granted, to assume knowledge of sth.

Bekanntgabe *(Bekanntmachung)* notification; *(Verkündung)* (public) announcement, publication; promulgation; *(Offenlegung)* disclosure; **~ e-r Geburt** *(beim Standesamt)* notification of birth; **~ des Gewinns** disclosure of profits

bekanntgeben to make known, to give notice of; to notify; *(öffentl.)* to make public, to publish, to announce officially; *(verkünden)* to promulgate; *(offenlegen)* to disclose; **im Amtsblatt ~** *Br* to gazette; **das →Wahlergebnis ~**

bekanntgegeben, hierdurch wird ~ notice is hereby given

Bekanntheitsgrad degree of fame

bekanntmachen →bekanntgeben; **durch Anschlag ~** →Anschlag 2.; **im Bundesanzeiger ~** to publish in the Federal Gazette; **öffentlich ~** to publicize, to announce to the public, to publish; **in der Zeitung ~** to advertise

bekanntgemacht →bekanntgegeben; **~e Anmeldung** *(PatR)* published application

Bekanntmachung announcement, notification, notice; *(öffentl.)* publication, official announcement; *(Offenlegung)* disclosure; *(Verkündigung)* proclamation; *(durch Zeitung)* advertisement; **~ durch Anschlag** publication (or announcement) on a *Br* notice-board *(Am billboard)*; **~ e-r Erfindung** publication of an invention; **amtliche ~** official notification (or announcement); **öffentliche ~** public announcement, public notice; **~sgebühr** *(PatR)*[66] publication fee

Bekanntwerden in der Öffentlichkeit publicity

bekennen to confess, to admit; **sich →schuldig ~**

Bekennerbrief *(bei Bombenanschlägen etc)* letter claiming responsibility (for ...)

Bekenntnis confession; *(Konfession)* denomination; **~freiheit (Freiheit des religiösen und weltanschaulichen ~ses)**[67] freedom of belief (religious or ideological); **~schule** denominational school; *Am* parochial school

beklagt, ~e Gesellschaft defendant company; **die ~e Partei** the defendant

Beklagte, ~ (der/die) defendant; *Scot* defender; person being sued; *(bes. in Ehesachen od. Br in e-m Kartellverfahren)* respondent; →**Berufungs~**; **Mit~** co-defendant; →**Revisions~**

bekleiden, ein Amt ~ to hold an office

Bekleidung 1. ~ e-s Amtes holding (or tenure) of an office; **Unfähigkeit zur ~ öffentlicher Ämter**[68] loss of capacity to hold public offices

Bekleidung 2. clothing; wearing apparel; **~sindustrie** clothing industry; *Am* garment industry

Beköstigung board(ing); **Wohnung und ~ gewähren** to provide board and lodging, to provide room and board

bekräftigen to affirm, to confirm; to corroborate; **erneut ~** to reaffirm; **e-e Aussage ~** to confirm a statement

Bekräftigung affirmation, confirmation (by further evidence); corroboration; **eidliche ~** confirmation by oath; **zur ~ dieser Behauptung** in confirmation of this statement; **e-e ~ entgegennehmen** to take an affirmation

Beladen loading, lading; **~ von Fahrzeugen** loading of vehicles; **Be- und** →**Entladen**

beladen to load, to lade; **ein Schiff ~** to lade (goods on) a vessel; to put cargo on board a ship; **e-n Waggon ~** to load on a wag(g)on

beladen loaded; **voll ~** loaded to capacity

Beladung loading, lading; **höchste zulässige ~** maximum permissible loading; **~sgrenze** loading limit; **~sort** loading place

Belang importance, interest, concern; **berechtigte ~e** legitimate interests; **gemeinsame ~e** matters of common concern; **innenpolitische ~e** internal concerns; **nationale ~e** matters of national concern; **überwiegende ~e der Allgemeinheit** overriding interest(s) of the public

belangen, jdn gerichtlich ~ *(StrafR)* to prosecute sb.; *(ZivilR)* to bring an action (or to take legal proceedings) against sb.

belanglos, die Frage ist ~ the question is of no importance

belassen, jdn im Amt ~ to retain (or continue) sb. in office; →**Gewinne im Geschäft ~**

belastbar, mit Hypotheken ~ mortgageable

Belastbarkeit *(e-s Menschen)* capacity for stress, ability to take stress; *(Tragfähigkeit)* load capacity

belasten 1. *(mit e-r Last beladen)* to load, to put a load on (to sth., sb.); *fig* to burden; *(beanspruchen)* to put pressure on; to put strain on; **jdn ~** to subject sb. to strain; *(beschuldigen)* to incriminate sb., to charge sb. with; **den Etat ~** to burden the budget

belasten 2. *(debitieren, auf der Sollseite verbuchen)* to charge, to debit *(Ggs. erkennen)*; **zu gering ~** to undercharge; **zu hoch ~** to overcharge; **zuviel ~** to surcharge; **jdn mit e-m Betrag ~** to debit a p. with an amount; to charge sth. to sb.'s account; **jds Konto mit e-r Summe ~** to charge (or debit) sb.'s account with a sum

belasten 3. *(GrundstücksR)*, **seinen Grundbesitz ~** to charge (or encumber) one's land (or property); *Am* to put a lien on one's real property; **seinen Grundbesitz mit e-r** →**Hypothek ~**

belastend burdensome; onerous; *(beschuldigend)* incriminating; **~es Beweismaterial** *(Strafprozess)* incriminating evidence, evidence for the prosecution; →**umwelt~e Industrien**

belastet loaded; burdened, charged; *(dinglich)* mortgaged, charged, encumbered *(Br with a charge)*; subject to a mortgage (or *Br* charge); *Am* subject to a lien; →**erblich ~**; **mit Schulden ~** encumbered (or burdened) with debts; **steuerlich ~** tax-burdened; **~e Beziehungen** strained relations; **~er Grundbesitz** mortgaged property; property charged; property subject to an encumbrance; *Br* property encumbered with a charge; property subject to a mortgage (or *Br* charge, *Am* lien); **nicht ~er Grundbesitz** unencumbered (real) property; **~es Konto** debited account; **~es** *(und dadurch wertloses)* **Vermögen** onerous property

belästigen to harass, to molest, to annoy

Belästigung harassment, molestation, annoyance; **~ von Nachbarn** *(durch Lärm, Rauch etc)* (private) nuisance; **~ durch den Vermieter** harassment of the tenant by the landlord

Belastung 1. *(Last)* load(ing); charge, charging; strain; burden; **~ des Grundstücks mit e-m Recht** →Belastung 3.; **~ von Kraftfahrzeugen**[69] loading capacity of motor vehicles; **~ des Naturhaushalts** ecological pressure; **~ unserer Umwelt** strains on our environment; **außergewöhnliche ~en**[70] extraordinary expenses (which are deductible from income, e. g. caused by illness, medical treatment, death) *(s. zumutbare →Eigenbelastung)*; **dingliche ~** encumbrance *(→Belastung 3.)*; **erbliche ~** hereditary taint; **feste ~** fixed charge; →**finanzielle ~**; **fließende ~** floating charge; **zu hohe ~** overcharge; **körperliche ~** physical strain; **see-**

lische ~ mental stress; **steuerliche ~** tax (or fiscal) burden; →**unzumutbare ~**

Belastungs~, ~fähigkeit loading (or carrying) capacity; **~grenze** limit of load, loading limit; *(Umweltschutz)* pollution limit; **fast an der ~grenze stehen** to be near capacity

Belastung, Beziehungen ~en aussetzen to strain relations; **die Bezahlung der Rechnung bedeutete e-e große ~ meiner Mittel** payment of the bill was a great strain on my resources; **~en gewachsen sein** to be able to bear up under (or stand up to) stress (in respect of a person); to be able to withstand (or endure) stress (in respect of a thing)

Belastung 2. *(Buchführung)* debit (entry) *(Ggs. Gutschrift)*; **~ e-s Kontos** debit(ing) of an account; **~sanzeige (od. ~saufgabe)** debit advice (or note); *Am* debit memo(randum)

Belastung 3. *(GrundstücksR)*, **ohne ~en** without (or free from) encumbrance(s); unencumbered; **~ e-s Grundstücks mit e-m Recht**[71] (creation of an) encumbrance (or *Am* lien) on land (or real property); *Br* charging land; **~ mit e-r Hypothek** encumbrance by mortgage; *Br* mortgage charge; *Am* mortgage lien; **~ e-s Hauses mit e-r Hypothek** mortgaging a house; **Zusicherung des Nichtbestehens e-r dinglichen ~** *(bei Grundstücksübereignung)* lien covenant; **~sgrenze** limit of encumbrances

Belastung 4. *(Beschuldigung)* incrimination; charge; **~smaterial** incriminating evidence; evidence for the prosecution; **~szeuge** witness for the prosecution; *Br* Crown (*Am* State's) witness

belaufen, sich ~ auf to amount to, to come to; to add up to; **sich im ganzen (od. insgesamt) ~ auf** to total (or aggregate) to; **der Schaden beläuft sich auf** the damage amounts to

beleben to stimulate, to act as stimulus upon; to animate; **sich ~** to pick up; **die Sozialpolitik neu ~** to reanimate social policy; **an der Börse belebte sich das Geschäft** trading on the exchange became more active (or picked up, increased)

belebt *(Börse)* brisk, animated; *(Straße)* frequented, crowded

Belebung stimulation, animation; **~ der Investitionstätigkeit** stimulation of investment activity; **Maßnahmen zur ~ der Konjunktur** measures to stimulate (or animate) economic activity; **~ der Nachfrage** revival of demand

Beleg 1. *(Beweisstück)* proof, (supporting) evidence; *(Zahlungs-, Quittungs- etc)* voucher; *(Urkunde)* (supporting) document, documentary evidence; *(Buchungs-, Geschäftsbelege)* records; supporting entries; *(Stück Papier)* slip; *(Quittung)* receipt; **~ anliegend** voucher attached; **~e für e-e Abrechnung** vouchers in support of an account; **geprüfter ~** audited voucher; **gegen Vorlage der (urkundl.) ~e** on submission of documentary evidence; **~buch** *(Bank)* slip book; **~exemplar** voucher copy; **~leser** *(bei bargeldloser Zahlung)* machine for reading electronically data on cheques (checks), debit entries etc (for cashless payments); **~verzeichnis** voucher register; **~e beibringen** to furnish evidence (or proof); **~e einreichen** to submit vouchers; **e-n ~ erteilen** to issue a voucher; **durch ~e nachweisen** to evidence by vouchers

Beleg 2. *(Quelle)* authority; source; *(Zitat)* citation, quotation, passage quoted; **~stellen anführen** to quote supporting authorities, to list (or furnish) the cited authorities

belegen 1. *(nachweisen)* to prove, to furnish proof (of); **urkundlich ~** to support (or prove) by documents (or by documentary evidence); to furnish documentary proof; **Auslagen ~** to support expenses by vouchers; **e-e Forderung ~** to furnish proof of a debt; *(durch Urkunden)* to support a debt by documentary evidence

belegen 2. *(bestellen od. in Anspruch nehmen)*, →**Frachtraum ~**; **e-n Platz ~ (lassen)** to book a seat (or place); to reserve (in advance) a seat (or place)

belegen 3. *(jdm etw. auferlegen)* to impose (on); **mit Abgaben ~** →Abgabe 1.; **mit Arrest ~** →Arrest 1.; **jdn mit e-r →Geldstrafe ~**

belegen 4. *(Grundbesitz)* located; **in den USA ~es Vermögen** property located in the United States; **Recht der ~en Sache** *(IPR)* lex rei sitae (the law of the situation of the thing); **Recht des Ortes, wo das Grundstück ~ ist** *(IPR)* law of the situs of the land (or property); **~ sein** to be located

Belegenheit location; *(IPR)* situs; **~sprinzip** situs principle; **~sstaat** *(IPR)* state of situs, state of location (state where the property is located); **Recht des ~sortes** *(IPR)* lex rei sitae, lex situs; **Vorschriften über die ~** situs provisions; **Einkünfte aus unbeweglichem Vermögen im Staat der ~ besteuern** *Am* to tax realty income at the situs

Belegschaft personnel; staff; work force, labo(u)r force; **Management und ~** management and staff; **~saktien** *Br* staff shares; *Am* employee stock; **~saktionär** shareholder employee; **~sfirmen** workers' cooperatives; **zur ~ gehören** to be on the staff

belehren to instruct, to give instructions (or directions); to advise; *(warnen)* to caution (über about); **den Zeugen über sein Recht zur →Verweigerung der Aussage ~**; **jdn über →Rechtsbehelfe ~**

Belehrung instruction, direction, caution; **trotz ~** despite instructions (received); despite (or inspite of) having been instructed; **~ über die Rechtsfolgen** information (or directions) concerning the legal consequences; **~ über das zulässige Rechtsmittel** instruction (or directions) (by the court) concerning time and manner of appealing the decision

beleidigen *(allgemein)* to insult, to offend; *(verleumden)* to defame; *(durch Worte)* to slander, to vilify; *(schriftl.)* to libel; *(tätlich)* to assault

beleidigend insulting, offensive; defamatory; libel(l)ous, slanderous; **~e** →**Abbildungen**; **~e Äußerung, die der Rechtsverfolgung entzogen ist** privileged communication; **~e Behauptung** defamatory statement; **~e Worte zurücknehmen** to revoke offensive words

Beleidiger offender, insulter

Beleidigter injured (or offended) person; insulted (or libelled, slandered, defamed) person

Beleidigung[72] insult *(umfasst einfache Beleidigung sowie üble* →*Nachrede und* →*Verleumdung)*; **einfache ~** slanderous statement(s); **mündliche ~** slander; oral defamation; **schriftliche ~** libel; written defamation; **tätliche ~** assault (and battery); **unbeabsichtigte ~** unintentional defamation; **~ des Parlaments** contempt of Parliament; **~sklage** action for libel, libel action; action for slander, slander action; **~sprozess** libel suit; defamation action (or case, suit); **jdn wegen ~ verklagen** to bring a slander (or libel) action against sb.

beleihbar *(Wertpapiere)* eligible as security for an advance (or a loan); eligible to serve as collateral

beleihen to lend money on, to grant a loan on; *Am* to loan on; **Effekten ~** *(als Kreditgeber)* to lend (or advance) money on securities; **Effekten ~ lassen** *(als Kreditnehmer)* to pledge securities; to give (or pledge) securities as a collateral; **e-e Versicherungspolice ~** to lend money on an insurance policy; to make an advance against an insurance policy; **Waren ~** *(als Kreditnehmer)* to take up a loan on goods; **Wertpapiere ~ (lassen)** →Effekten beleihen

Beleihung granting a loan on; lending money on; **~ e-r (Lebens-)Versicherung** policy loan; **~ des Vermögens** lending on the property; **~ von Wertpapieren** pledging of securities; **~sfähig** →beleihbar; **~sgrenze** limit of credit, credit line; **~swert** value as security for an advance (or a loan); loan value

Beleuchtung lighting, illumination; **~ von Fahrzeugen** lighting of vehicles; **~skosten** lighting expenses

beleumundet, gut (schlecht) ~ in good (bad) repute

Belgien Belgium; **Königreich ~** Kingdom of Belgium

Belgier(in), belgisch Belgian

Belieben, nach jds ~ at sb.'s discretion (or pleasure); ad lib. (ad libitum) of sb.; **nach freiem ~**[73] without any limitations on the discretion (or decision); in sb.'s absolute (or unfettered) discretion; **in jds ~ stehen** to be in the discretion of sb.; **in jds ~ stellen** to leave it to sb.'s discretion

beliebig discretionary; at will; as desired; **~er Betrag** any amount; **zu e-m ~en Zeitpunkt** at any (given) time

beliebt *(gesucht, gefragt)* in demand (or request); popular (bei with)

Beliebtheit, von großer ~ very popular, of great popularity; **Meinungsumfrage zur Feststellung des ~sgrades e-r Person** popularity poll

beliefern, jdn mit etw. ~ to furnish (or supply) sb. with sth.; **sich ~ lassen von** to obtain one's supplies from; **den Markt ~** to supply the market; **Parties** *(etc mit Speisen und Getränken)* **~** to cater for parties

Belieferung supply, supplying, furnishing; **~ der Verbraucher** (delivery of) supplies to consumers; **die ~ e-s Händlers mit Waren verweigern** to withhold supply of goods from a dealer, to refuse to supply a dealer with goods

Belize Belize *(früher Brit.-Honduras)*

Belizer(in), belizisch Belizean

belohnen to reward, to recompense

Belohnung reward, recompense; *(Auszeichnung)* premium; **~ in Geld** monetary reward; **angemessene ~** due (or adequate) reward; **Aussetzung e-r ~** offering (or promise) of (a) reward; **e-e ~ aussetzen** to offer (or promise) a reward; *(durch öffentliche Bekanntmachung)* to advertise a reward; **der** →**Finder wird e-e ~ erhalten**

bemängeln to find fault with (sb. or sth)

bemannen *(Schiff etc)* to man

bemannt, ungenügend ~ *(Schiff)* undermanned; **~es Laboratorium in Erdumlaufbahn** manned orbiting laboratory; **~er Raumflug** manned space flight

Bemerkung, abschließende ~ concluding remark; **erläuternde ~en** explanatory comments

bemessen to measure (nach by); *(abschätzen)* to rate, to assess; **den Schaden ~** to assess the damage; **die Strafe ~** to assess (or determine) the penalty

Bemessung measurement; rating; assessment, assessing; **~ des Schadenersatzes** determination of damages; **~ der Strafe** assessment of the penalty; **~sgrundlage** *(zur Errechnung der Steuer)* basis of assessment, assessment basis; **~sgrundlage für Renten**[74] pension assessment basis; **~sgrundlage für die Veräußerungsgewinne** *(DBA)* basis for the taxation of capital gains; **~szeitraum** *(für Steuer)* assessment period; *Br* chargeable accounting period; *(DBA)* basis of charge

bemühen, sich ~ to endeavo(u)r, to make (every) effort, to strive; **sich um Aufträge ~** to solicit orders; **jdn um etw. ~** to trouble a p. for sth.; **sich weiter darum ~** to continue one's efforts

Bemühung endeavo(u)r, effort, trouble; **für ärztliche ~en erlaube ich mir, ... zu berechnen** charges for medical services ...

bemustern 1. to sample, to send samples *(→Kauf nach Muster)*; 2. to sample, to take samples (of) (to judge as to quality)

Bemusterung sampling

benachbart neighbo(u)ring; *(direkt angrenzend)* adjoining; *(in der Nähe liegend)* adjacent, contiguous

benachrichtigen, jdn ~ to inform sb.; *(förml.)* to notify sb., to give notice to sb.; *com* to advise sb.; **schriftlich ~** to notify in writing; **→umgehend ~**; **die Polizei ~** to inform (or notify) the police

benachrichtigt werden to be given notice

Benachrichtigung information (des/der to); notification, notice; *com* advice; **~ der Polizei** notification of the police; **rechtzeitige ~** due notice; **ohne vorherige ~** without previous (or prior) notice; **ohne weitere ~** without further notice; **~spflicht**[75] duty of notification, obligation to notify; **~sschreiben** letter of notification, letter of advice; **die ~ ergeht** notification is effected

benachteiligen, jdn ~ to prejudice sb., to discriminate against sb.; to place sb. at a disadvantage, to disadvantage sb.; **e-n →Gläubiger ~**; **jdn im Wettbewerb ~** to place sb. at a competitive disadvantage

benachteiligend discriminating, discriminatory, prejudicial; **~e Zollsätze** discriminatory rates of duty

benachteiligt disadvantaged, adversely affected; **sozial (od. wirtschaftlich) ~** underprivileged; **~e Gebiete** less-favo(u)red areas; **am stärksten ~e Gebiete** least-favo(u)red regions; **~ werden** to be placed at a disadvantage, to be prejudiced

Benachteiligter disadvantaged person (or party)

Benachteiligung disadvantage; prejudice, prejudicial treatment; discrimination (against sb.); discriminating (or discriminatory) treatment; **~sverbot** prohibition of discrimination; **~ im Arbeitsleben** *(z. B. wegen Rassenzugehörigkeit)* job discrimination; **~ e-r Minderheit** discrimination against a minority; **zum Zwecke der ~ der (Insolvenz-)Gläubiger** with intent to defraud (or prejudice) the creditors; **zu e-r unbilligen ~ e-s Unternehmens im Wettbewerb führen**[76] to put an enterprise at an unfair disadvantage in competition

Benannter *(für ein Amt od. e-e Wahl vorgeschlagener Kandidat)* person nominated, nominee

Benehmen 1. *(Verhalten)* behavio(u)r, conduct; **gutes ~** good behavio(u)r; **schlechtes ~** misbehavio(u)r; **ungehöriges ~** improper (or disorderly) conduct

Benehmen 2. im ~ mit in consultation with; **sich mit jdm ins ~ setzen** to contact a p., to consult with a p.; to get in touch with a p.

Beneluxländer Benelux countries (Belgium, the Netherlands, Luxemburg)

benennen to name; *(bezeichnen)* to denominate, to designate; *(für ein Amt)* to nominate (for an office); **falsch ~** to misname; **e-n →Stellvertreter ~**; **Zeugen ~** to name witnesses

Benennung naming; *(Bezeichnung)* denomination, designation; *(für ein Amt)* nomination; **→Erfinder~**; **falsche ~** *(e-r Person in e-r Urkunde)* misnomer (of a person); use of a wrong name (to designate a person in a legal document); misnaming; **~ e-s Vormundes**[77] nomination of a guardian; **~ e-s Zeugen** calling of a p. as a witness; **~sgebühr** *(Europ. PatR)* designation fee; **~ssystem** system of naming; nomenclature

Benin Benin; **Republik ~** Republic of Benin

Beniner(in), beninisch Beninese

benötigen, etw. ~ to need (or require, be in want of) sth.; **etw. dringend ~** to need (or require) sth. urgently, to be in urgent want of sth.; **Mittel ~** to be in need of funds

benutzbar usable; capable of being used

benutzen to use, to make use of; *(verwenden)* to employ; *(sich zunutze machen)* to utilize (utilise), to exploit, to avail oneself of; **jds Auto ~** to take sb.'s car; to use another's car; **e-e Erfindung ~** to exploit an invention; **e-e Gelegenheit ~** to avail oneself of an opportunity; **e-e Marke ~** to use a trademark

Benutzer user; **~ e-r Straße** road user, user of a road; **konkurrierende od. nebeneinander bestehende ~** *(MarkenR)* concurrent users

Benutzergruppe user group

Benutzung use, using; user; *(Ausnutzung)* utilization, exploitation; *(Behandlung)* usage; **ausschließliche ~** exclusive use; **falsche ~** misuse; **freie ~** *(e-s urheberrechtl. geschützten Werkes)* fair use; **gemeinsame ~** joint use; **unbefugte ~** unauthorized use; **unfreie ~** *(UrhR)* unfair (or non-free) use; **vorherige ~** prior use; **widerrechtliche ~ e-r gepfändeten Sache** abuse of distress; **~ fremder Bezeichnungen** *(Namen, Firma od. die besondere Bezeichnung e-s Erwerbsgeschäfts usw.)*[78] use (by another) of the name of an individual or a business enterprise; **~ e-r Straße** use of a road

Benutzungs, ernsthafte ~absicht *(MarkenR)* bona fide intention to use; **~anzeige** notification of use; **~gebühren** fees for using; charges for the use of; utilization charges; **~lizenz** licen|ce (~se) to use; **~recht** user, right to use; **~zwang** *(z. B. für Marken)* compulsory use, requirement to use

Benzin *Br* petrol; *Am* gas(oline); **bleifreies (od. unverbleites) ~** lead-free (or unleaded) petrol *(Am gas[oline])*; **bleihaltiges (od. verbleites) ~** leaded petrol *(Am gas[oline])*; **Normal~** regular; *Br* 2 star (**); **Super~** premium; *Br* 4 star (****); **~kostenanteil** share in the cost of petrol *(Am gas)*; **~verbrauch** petrol (*Am* gas) consumption

Benzol, durch ~ verursachte Vergiftungsgefahren[79] hazards of poisoning arising from benzene

beobachten to observe; to keep under observation (or surveillance); to watch; *(befolgen)* to comply with; *(heimlich)* to shadow

Beobachter observer; **e-r Sitzung als ~ beiwohnen** to attend a meeting as observer; **die Stellung von ~n haben** to have the status of observers, to have observer status; **sich durch ~ vertreten lassen** to be represented by observers; **jds Interesse** *(bei Gericht)* **als ~ vertreten** to hold a watching brief; **~ zulassen** to admit observers

Beobachterstatuts einräumen to grant observer status

Beobachtung observation; *(Überwachung)* surveillance; *(Befolgung)* observance, compliance with; **Einweisung in ein →psychiatrisches Krankenhaus zur ~**[80]; **unter ~ stehende Personen** persons under surveillance; **~ssatellit** observation satellite; surveillance satellite; **~szeitraum** observation period

beraten, etw. ~ to debate (or deliberate, discuss) sth.; **jdn ~** to advise sb., to give advice to sb.; **sich ~ mit** to confer (or consult) with; to hold consultation with; **sich (juristisch) ~ lassen** to take (or seek) (legal) advice; **den Klienten** *(als Anwalt)* **~** to advise the client; **über e-e Gesetzesvorlage ~** to debate a bill; **über ein Urteil ~** to deliberate on a judgment

beraten werden *(Person)* to get advice; *(Sache)* to be under consideration

beratend advisory; consultative; deliberative; **~er →Anlageausschuss**; **~er Ausschuss** advisory (or consultative) committee; **lediglich ~e Stimme haben** to attend in an advisory capacity only; **~e Versammlung** advisory (or consultative) assembly

Berater adviser; consultant; counsel(l)or; **~ der Regierung** adviser to the Government; **~ für Public Relations** public relations officer (P.R.O.); **juristischer ~** legal adviser; *Am* counselor; (legal) counsel; **→Steuer~**; **→Wirtschafts~**; **~gebühr** →Beratungsgebühr

Beratung (rendering of) advice (jds to sb.); counsel(l)ing; *(Beratschlagung)* deliberation (über on); debate, discussion; *(Besprechung)* conference, consultation; **~ des Gerichts** deliberation of the court; **~en in der UN- Vollversammlung** debates in the General Assembly of the United Nations; **ärztliche ~** medical advice; **fachkundige ~** expert advice; **e-e →geheime ~ abhalten**; **rechtliche und steuerrechtliche ~** legal and tax (consulting) advice

Beratungs~, ~ausschuss advisory (or consultative or consulting) committee; **~firma** (firm of) consultants; **~gebühr** advisory (or consulting, consultancy) fee; **~gegenstand** subject of deliberation, item for deliberation; **das (richterliche) ~geheimnis wahren** to preserve the secrecy of the deliberations of the court; **~gremium** advisory body; **~hilfe** *Br (etwa)* assistance under Legal Advice Scheme *(→Rechtsberatung Minderbemittelter)*; **~honorar** (consultancy) fee; **~leistungen** consultancy services; **~stelle** advisory board (or bureau); consultative body; **~tätigkeit** consultancy; **(Unternehmens-)~vertrag** consultancy agreement

Beratung, e-e ~ abhalten to hold a consultation; **in e-e ~ eintreten** to enter into a consultation (with sb.); **jdn zur ~ →hinzuziehen**; **in ~ sein** to be under consideration; **das Gericht zieht sich zur ~ zurück** the court withdraws to consider the judgment, the court retires to deliberate; **die ~en des Gerichts sind geheim** the deliberations of the court take place in private (or are held in secret or under exclusion of the public)

berauben to rob

Beraubung robbery; **~sversicherung** insurance against robbery

berauschend, **~e Mittel** intoxicants; **Einnahme ~er Mittel** intoxication; **unter erheblicher Wirkung geistiger Getränke oder anderer ~er Mittel am Verkehr teilnehmen** to participate in traffic while to a considerable extent under the influence of alcoholic drink or drugs

berechnen *(ausrechnen)* to calculate, to compute, to reckon; *(fakturieren)* to invoice, to make an invoice of goods; to bill; *(in Rechnung stellen)* to charge; *(festsetzen)* to assess; *(schätzen)* to estimate; **zu ~** chargeable; computable; **jdm etw. ~** to charge sb. for sth.; to charge sth. to sb.; **falsch ~** to miscalculate; to calculate wrongly; **jdm zuviel ~** to overcharge sb.; to charge sb. too much (or too high a price); **zu wenig ~** to undercharge; to charge too little for (sth.) or to (sb.); *Am (bei Waren)* to underbill; **e-e Frist ~** to compute a period (or time- limit); **Gebühren ~** to charge fees; **den Gewinn ~** to calculate the profit; **jdm e-n Preis ~** to charge sb. a price; **die Provision ~** to calculate (or compute) the commission; **wir ~ 1 Provision** we charge a commission of 1; **den Schaden ~** to calculate (or assess, compute) the damage (auf at); **den Schadenersatz ~** to assess the amount of damages; **Zinsen ~** to calculate (or compute) interest; **jdm Zinsen ~** to charge interest to sb.

Berechnung *(Errechnung)* calculation, computation, reckoning; *(Belastung)* charging; *(Fakturierung)* invoicing, billing; *(Festsetzung)* assessment; *(Schätzung)* estimate; **falsche ~** miscalculation; wrong calculation; **zu hohe ~** overcharge; **zu niedrige ~** undercharge; **ungefähre ~** rough (or approximate) calculation; **nach** →**vorläufiger ~**

Berechnung, **~ des Dienstalters** calculating seniority; **~ der Entschädigung** computation (or calculation) of compensation; **~ e-r Frist**[81] computation of a period of time; calculation of a time-limit; **~ von Gebühren** charging fees; **~ e-r Rente** calculation of a benefit (or pension); **~ der Zinsen** calculation of the interest; **~ von Zinsen** charging of interest

Berechnungs~, **~art** →Berechnungsmethode; **~grundlage** basis of calculation (or computation); **~grundlage des Akkordlohns** basis on which piece-rates are assessed; **~methode** method of calculation (or charging); **~verfahren** calculation procedure; **~zeitraum** period of computation; calculation period

Berechnung, **e-e ~ anstellen** to make a calculation; **der ~ zugrundelegen** to take as a basis for the calculation

berechtigen to entitle to, to give a right to; *(ermächtigen)* to empower, to authorize; *(rechtfertigen)* to justify, to warrant; *(Sonderrecht zugestehen)* to privilege

berechtigt entitled, authorized; *(rechtmäßig)* legitimate, rightful; justified; *(die nötigen Voraussetzungen erfüllend)* qualified, eligible; *(zuständig)* competent

berechtigt, **~er Anspruch** legitimate (or rightful) claim; justified claim; **~er Erbe** rightful heir; **~er** →**Grund**

berechtigtes Interesse rightful (or legitimate) interest; **Wahrnehmung berechtigter Interessen** *(bei Beleidigung)*[82] defence (defense) of protection of legitimate interests (in cases of defamation); **sich auf Wahrnehmung berechtigter Interessen berufen** to plead justification on the basis of protection of legitimate interests (in cases of defamation); **ein ~ geltend machen** to demonstrate a justified interest; **ein ~ haben** to be legitimately interested; **ein ~ nachweisen** to prove a legitimate interest; to show just cause

berechtigter Zweifel legitimate doubt

berechtigt, **etw. ~ jdn (zu)** sth. qualifies sb. (to do sth. or for sth.); sth. makes sb. eligible (for); **~ sein, zu tun** to be entitled (or authorized) to do; to have the right (or power) to do; **als ~ nachweisen** to prove to be justified; to make good; **die Beschwerde ist ~** the complaint is justified; **das Gericht sah die Klage als ~ an** the court upheld the action

Berechtigte, **das ~** the merit

Berechtigte, **der/die ~** obligee *(Ggs. Verpflichteter)*; the person (or party) entitled (or authorized, empowered, having [the] title, right or power to ...); *(Begünstigter aus e-m Vertrag)* beneficiary; *(aus e-m Grundpfandrecht)* encumbrancer

Berechtigung *(Rechtsanspruch)* title, right; *(Befugnis)* authorization, power, entitlement; *(Rechtfertigung)* justification; *(Zuständigkeit)* jurisdiction, competence; *(Vorrecht)* privilege; *(die nötigen Voraussetzungen erfüllend)* qualification; **~sschein** warrant; **die ~ der Reklamation bestreiten** to deny the justification of the complaint; **die ~ haben, etwas zu tun** to have the right (or to be entitled) to do sth.; **e-n Anspruch auf seine ~ nachprüfen** to examine the merits of a claim

Bereich *(örtlich)* area; *fig* area, range, sphere, scope; spectrum; *(Gebiet)* field; **erfasster ~** coverage; **öffentlicher ~** public sector; **privater ~ der Wirtschaft** private sector of the economy; **im ~ der Wirtschaft** in the economic field; →**Anwendungs~**; **Aufgaben~** →Aufgabe 2.; **Geltungs~ e-s Abkommens** scope of a convention

bereichern, **sich ~** to enrich oneself; **sich ungerechtfertigt ~** to benefit unjustly; **in der Absicht handeln, sich od. e-n anderen zu ~** to act with the intent to enrich oneself or another; to act with the intent of obtaining an advantage for oneself or another

Bereicherter *(bei ungerechtfertigter Bereicherung)* party who has been unjustly enriched

Bereicherung, ungerechtfertigte ~[83] unjustified (or unjust) enrichment; **Klage auf Herausgabe der ungerechtfertigten ~** action for unjustified enrichment; *Br* action for money had and received; **Herausgabe der ungerechtfertigten ~ verlangen** to claim restitution of the unjustified enrichment; →**Herausgabepflicht Dritter bei ungerechtfertigter ~**

Wer durch die Leistung eines anderen od. in sonstiger Weise auf dessen Kosten etwas ohne rechtlichen Grund erlangt, ist ihm zur Herausgabe verpflichtet.
A person who obtains a benefit without legal justification at the expense of another, through a performance rendered by such other person or in any other way, shall restore to him such benefit.
Ist die Herausgabe wegen der Beschaffung des Erlangten nicht möglich (z. B. grundlos geleistete Dienste), so ist der Wert des Erlangten zu ersetzen.[84]
If due to its nature the thing received cannot be returned (e. g. in the case of services rendered), compensation shall be made for its value.

bereinigen to clear up; to correct; to adjust; *(Wertpapiere)* to validate; **Konten ~** to adjust accounts; →**preisbereinigt**

Bereinigung clearing up; correction; adjustment; *(Wertpapiere)* validation

bereit, ~ zu prepared to, up to; **wir sind ~, die Ware umzutauschen** we are ready (or prepared) to exchange the goods

Bereiterklärung declaration of willingness

bereithalten to keep ready; **sich ~** to hold oneself in readiness

Bereitschaft readiness, preparedness; willingness; **~ zur Arbeit** readiness to work; **~sdienst** emergency service; stand(-)by service; *(im Krankenhaus)* emergency duty; **~skosten** stand(-)by costs; **~skreditvereinbarung** *(IWF)*[85] stand-by arrangement; **~spolizei** auxiliary police

bereitstehend available, disposable

bereitstellen to make available, to place at the disposal of; to provide; *(Geld für e-n bestimmten Zweck)* to appropriate, to earmark, to set aside (for special purpose); **Mittel ~** to make funds available; *(im Haushaltsplan)* to appropriate funds; **Truppen ~** to deploy troops

bereitgestellt, *(für besonderen Zweck)* **~er Betrag** earmarked sum of money; (sum of) money earmarked (or set aside or appropriated) for a specific purpose; *(im Haushaltsplan)* appropriations (in the budget)

Bereitstellung making available; placing at the disposal of; allocation; *(zweckgebundene)* appropriation; earmarking; **~ von Kapital** provision of capital; **~sbetrag** standby amount; **~sgebühr** *(für Kredite)* commitment fee; **~skonto** appropriation account; **~skredit** commitment credit; **~sprovision** *(jetzt)* →Kreditprovision

Berg~, ~akademie mining academy (or college); **~amt** mining office; **~arbeiter** miner, mine(-)worker; *(im Kohlenbergbau auch)* coal- miner; **Internationaler ~arbeiterverband**[86] Miners' International Federation (M.I.F.)

Bergbau mining, mining industry; working (of) mines; **Sicherheit im ~** mine safety; **~ingenieur** mining engineer; **~konzession** mining licen|ce (~se); **~regal** mining right; **~ betreiben** to be engaged in working mines

Bergbehörde[87] mining authority; authority supervising mines

Berggebiete, Landwirtschaft in ~n hill farming

Bergleute, Rettung eingeschlossener ~ rescue of trapped miners

Bergmann miner, mine worker; **~sprämie**[88] miner's premium; **~srente** miner's pension

Bergrecht[89] mining law

bergrechtliche Gewerkschaft →Gewerkschaft 2.

Berg~, ~schaden damage caused by mining operations; **~wacht** mountain rescue team

Bergwerk mine; *(Kohlenbergwerk)* coal mine, pit; **~saktien** mining shares (stock); mines; **~santeile** →Kuxe; **~seigentümer** mine owner; **~sgesellschaft** mining company; **~sunglück** mining (or pit) accident; **ein ~ betreiben** to work (or operate) a mine

Bergwesen mining (industry)

Bergegut property salvaged; salved (or salvaged) goods

Bergelohn salvage (money); **die Höhe des ~s** *(gerichtl.)* **festsetzen** to assess the amount payable as salvage

Bergerecht right of salvage

bergen to save (from loss, fire, wreck, etc); to salvage, to salve, to make salvage of; *(retten)* to rescue; **ein Schiff und seine Ladung ~** to salve a ship and its cargo (from loss at sea) *(→geborgenes Gut)*

Berger salvager, salvor, saver

Bergung salvage; *(Rettung)* rescue; **~ in Seenot**[90] salvage of a ship at sea in distress; **~ und Hilfeleistung zur See** maritime salvage; **~ e-s**

Schiffswracks salvage of a ship's wreck; wreck-raising (operation)

Bergungs~, ~arbeiten durchführen to conduct salvage operations; **~dampfer** wrecker; **~fall** case of salvage; **~gut** →Bergegut; **~kosten**[91] salvage charges; **~mannschaft** salvage (or rescue) party; **~schlepper** salvage tug; **~versuch** salvage attempt

Bericht (über) report (on); account (of); *(formal)* statement (of, on, about); *com* advice; *(schriftl.)* record; *(amtl.)* return; communiqué, bulletin; *(Presse, Fernsehen)* commentary; coverage; **ausführlicher ~** detailed report; full particulars; **außenpolitische ~e** *(Presse)* foreign coverage; **gesetzlich vorgeschriebener ~** statutory return; **laut ~** according to my (etc) return; as per statement; *com* as per advice (of); **zusammenfassender ~** summary report; synopsis

Berichterstatter reporter; *Am* referee; *parl* rapporteur; *(Radio etc)* commentator; *(Presse)* reporter, *(bes. aus dem Ausland)* correspondent; *(als Mitglied e-s Gerichts)* reporting judge; *(PatRim Erteilungsverfahren)* reporting examiner, *Am* rapporteur, referee

Berichterstattung reporting; commentary; *(schriftl.)* (written) report; drawing up and presenting a report; *(Presse auch)* coverage (series of press reports); **zur ~** ad referendum; for further consideration; **die Freiheit der ~ durch Rundfunk und Film wird gewährleistet**[92] freedom of reporting by means of broadcast and films is guaranteed

Berichts~, ~entwurf draft report; **~jahr** year under report (or review); **b~pflichtig** required to report (or to render returns)

Berichtspflicht obligation to report (gegenüber to); **Verletzung der ~** violation of obligation to return

Berichtszeit reporting period; **~raum** period under review

Bericht, e-n ~ abfassen to draw up a report; **e-n ~ anfordern** to call for (or request) a report; **e-n ~ ausarbeiten** to prepare a report; **~ erstatten über** to make a report (or a statement) on; to give an account of; **e-n ~ erstellen** to draw up a report; **e-n ~ vorlegen** to present (or submit) a report; **den ~ nicht rechtzeitig vorlegen** to fail to submit the report in good time (or on time)

berichten to report (über on); to give (or render) account (über of); to state; *(Presse etc)* to report on sth., to cover sth.; **amtlich ~** to state officially, to return; **ausführlich ~** to give a detailed account; to give full particulars; **falsch ~** to render a false report; to inform (sb.) wrongly, to misinform; **schriftlich ~** to make a written report (or account)

berichtigen to rectify, to set right, to correct, to adjust; *(abändern)* to amend; **e-e Buchung (od. Eintragung) ~** to rectify an entry, to adjust an entry; **e-n Fehler ~** to correct (or rectify) an error; **den Gewinn ~** *(SteuerR)* to adjust the profit; **die →Grenze ~**

Berichtigung rectification, correction, adjustment; *(Abänderung)* amendment; *(Druckfehler)* corrigendum; **~en vorbehalten** subject to correction; **vorbehaltlich späterer ~** subject to later amendment; **~ von Fehlern** correction of errors; **~ der Grenze** →Grenzberichtigung; **~ des Grundbuchs**[93] correction of the land register; **~ des Klagevorbringens** →Klageänderung; **~ e-r Urkunde** *Br (entsprechend dem wahren Willen der Parteien)* rectification *(Am* reformation) of an instrument; **~ e-s Urteils**[94] correction of a judgment

Berichtigungs~, ~aktien *Br* bonus shares; *Am* stock dividends; **~anzeige** notice of correction (or rectification); **~bescheinigung** *(PatR)* certificate of correction; **~buchung** adjusting entry; *(durch die Revision veranlasst)* audit adjustment; **~feststellung** →Berichtigungsveranlagung; **~haushalt(splan)** amending budget; **~schreiben** amending letter; **~veranlagung** *(SteuerR)* corrective assessment

Berliner Abkommen (Viermächteabkommen über Berlin)[95] Berlin Agreement (Quadripartite Agreement on Berlin)

Berliner Testament[96] Berlin will

Testament, in dem sich die Ehegatten gegenseitig als Alleinerben einsetzen und gleichzeitig bestimmen, dass nach dem Tode des Längstlebenden der beiderseitige Nachlass an einen Dritten (meist die Kinder) fallen soll.

Joint will by which one spouse appoints the other as his/her heir and also provides that on the death of the survivor the joint estate shall pass to a third party (usually to the children of the marriage).

Berlinförderungsgesetz (BFG)[97] law promoting the Berlin economy

Bermuda/die Bermudas Bermuda

Bermuder(in), bermudisch Bermudian

Berner, ~ (Verbands-)Übereinkunft (B.Ü.) (Übereinkunft zum Schutz von Werken der Literatur und Kunst) Berne Convention (Convention for the Protection of Literary and Artistic Works); **Revidierte ~** (R.B.Ü.)[98] Revised Berne Convention

Berner Verband Berne Union[99]

Der durch die Berner Übereinkunft errichtete internationale Verband.

The International Union established by the Berne Convention.

Die Verwaltungsaufgaben des Berner Verbandes werden vom →Internationalen Büro für geistiges Eigentum wahrgenommen.
The administrative tasks with respect to the Berne Union are performed by the International Bureau of Intellectual Property.

berüchtigt notorious

berücksichtigen *(in Betracht ziehen)* to consider, to take into consideration, to take into account; *(zugute halten)* to make allowance for, to allow for; **nicht ~** to disregard; to take no account of; to ignore; **nicht ausreichend ~** to fail to take sufficiently into account; **gebührend ~** to take due account (of); to pay due regard (to); **jds Jugend ~** to take sb.'s youth into account (or consideration); to make allowance for sb.'s youth; **e-e Reklamation ~** to consider a complaint; **besondere Risiken ~** to take special risks into account; **einige Tatsachen besonders ~** to pay special attention (or to give special consideration) to certain facts

berücksichtigt, **nicht ~er Bewerber** untopped applicant

Berücksichtigung taking into consideration, regard; **ohne ~** (der/des) without regard (to), without allowance (for); without taking (sth.) into account; **unter ~ von** in consideration of, considering, with regard to; taking into account; in the light of; **unter angemessener (od. gebührender) ~** with due regard (to), due regard being paid (to), with due consideration (for), due account being taken (of); **unter ~ der finanziellen Lage** taking into account the financial position; **unter ~ der Rechtsprechung** considering the precedents of the court(s); **~ finden** to be taken into consideration

Beruf *(geistige Arbeit)* profession; *(Gewerbe, insbes. Handwerk, kaufmännischer Beruf)* trade; *(derzeitige berufliche Beschäftigung)* occupation; vocation (employment, trade, profession); calling; job; *(Laufbahn)* career; **von ~** by profession; by occupation; by trade; **die →akademischen ~e**; **Ausübung e-s ~es** practice of a profession; pursuance of a vocation; *(als Angestellter, Beamter)* performance of one's duties

Beruf, **freier ~** (liberal) profession; **Angehörige der freien ~e** professional classes; **Tätigkeit in e-m freien ~** practise of a profession; occupation in a profession; rendering (or performance) of professional services; **e-n freien ~ ausüben** to practice a profession

Beruf, **seinen ~ aufgeben** to abandon one's profession; to give up one's occupation; **e-n ~ ausüben** to follow a profession (or occupation); to carry on a trade; to exercise a calling; **e-n ~ ergreifen** to enter (upon) a profession; to take up a profession (or a trade, an occupation); to go into a trade; **e-n ~ →erlernen**; **er wählte den falschen ~** he mistook his vocation, he chose the wrong profession (or vocation); **dieser ~ ist →aussichtsreich**; **dieser ~ ist →überfüllt**

berufen 1. jdn ~ *(einsetzen, ernennen)* to appoint (or nominate) sb.; **jdn auf e-n Lehrstuhl ~** to offer sb. a chair (or professorship); to appoint sb. professor; **e-n Stellvertreter ~** to appoint a substitute (or alternate)

berufen 2. sich ~ auf *(geltend machen)* to plead, to rely on, to set up; to invoke; **sich auf jdn ~** to refer to a p.; to give sb.'s name as reference; **sich auf e-e frühere Entscheidung** *(als Präjudiz)* **~** to quote (or to invoke) a precedent; **sich auf die Gesetzesbestimmung ~** to invoke the provisions of a statute; **sich auf seinen guten Glauben ~** to plead one's good faith; **sich auf sein Recht ~** to stand on one's right; **sich auf e-n Schiedsspruch ~** to avail oneself of an arbitral award; **sich auf e-n Umstand ~** to claim relief by reason of any circumstance; **sich auf →Verjährung ~**; **sich auf jdn als Zeugen ~** to call a p. as witness; **der Kläger berief sich auf das Gesetz** the plaintiff pleaded (or set up) the statute

berufen 3. *(ernannt)* appointed, called; *(berechtigt)* authorized, entitled; *(zuständig)* competent; *(befähigt)* qualified; **in das →Ministerium ~ werden**; **zur Vertretung ~ sein** to be authorized to represent

beruflich professional, in a professional capacity; occupational; vocational; for (or by) one's trade; **~e Anforderungen** demands (or requirements) of one's profession (or occupation, trade); **~er Aufstieg** advancement in one's profession (or occupation, vocation, trade); **~e Ausbildung** →Berufsausbildung; **~e Beweglichkeit** occupational mobility

berufliche Bildung vocational training *(→Berufsbildung)*; **Förderung der beruflichen Bildung**[100] promotion of vocational training; vocational training incentives

beruflich, **~e →Eignung**; **~e →Eingliederung Behinderter**; **~e Entwicklung** vocational development; **~e Fähigkeiten** professional (or occupational) skills; **~e Fortbildung**[101] (further) vocational training; **~es Fortkommen** advancement in one's profession, occupation or trade; **seine ~en Kenntnisse und Fähigkeiten erweitern** to extend one's occupational knowledge and skills; **~e Laufbahn** professional (or occupational) career

beruflich, **~e Tätigkeit** practice of one's profession; occupation, work, job; **Nachweis der ~en Tätigkeit** list of previous occupations *(→Berufstätigkeit)*

berufliche Umschulung[102] vocational (or occupational) retraining; **~** →**Behinderter**; **~ von Landwirten** retraining of farmers

beruflich, **~e Verpflichtung** professional obligation; **~er Werdegang** occupational career; employment history; **~e Wiedereingliederung** (vocational) rehabilitation; re-employment

Berufsakademie University of Cooperative Education

Berufsanfänger entrant (into a profession)

Berufsausbildung vocational (or professional) training; job training; training for a vocation or profession; apprenticeship (→Ausbildung); **betriebliche ~** industrial (or in-plant) vocational training; **Kosten der ~** educational expenses; **~slehrgang** vocational training course; **~sverhältnis** *(zwischen Ausbildendem und Auszubildendem)* apprenticeship; master- apprentice relationship; **~svertrag**[102a] contract (or deed) of apprenticeship; indenture(s) (of apprenticeship)

Berufs~, **~ausrüstung**[103] professional equipment; **~aussichten** professional (or vocational) prospects; prospects of a job

Berufsausübung practice (or exercise) of a profession; carrying on an occupation; following a trade; **Untersagung der ~** →Berufsverbot

Berufs~, **~beamte** civil servants; *Br (Kommunalbehörde)* local government officers; **~beamtentum** Civil Service; **~berater** *Br* vocational guidance counsellor; *Br* careers adviser; *Am* vocational (or job) counselor; **~beratung** vocational guidance (service); *Br* careers advice; *Am* job counseling; **~bezeichnung** designation of profession (or occupation); **~bild**[104] description of a trade (or occupation)

Berufsbildung vocational training

Berufsbildung im Sinne des Berufsbildungsgesetzes (BBiG) (§ 1) sind die Berufsausbildung, die berufliche Fortbildung und die berufliche Umschulung.

Vocational training as defined by Art. 1 of the Vocational Training Law means initial training, continuing training, and retraining.

Berufsbildung, **Förderung der ~**[105] promotion of vocational training; **~ im Handwerk**[106] vocational training in a craft; **~sausschuss**[107] vocational training committee; **betriebliche (außerbetriebliche) ~smaßnahmen** vocational training program(me)s within (outside) the establishment; **~spolitik** vocational training policy

Berufs~, **~diplomat** professional diplomat; career diplomat; **~eignungsprüfung** vocational aptitude testing; **~erfahrung** professional experience; **~erziehung** professional training; vocational education; **b~ethische Grundsätze** professional standards; **~ethos** ethics of the (legal, medical, etc) profession; code of ethics (of a profession); **~förderung** vocational advancement; vocational promotion (service); **~forschung** occupational research; **~fortbildung** →berufliche Fortbildung; **~freiheit** freedom to choose an occupation; **~gefahren** occupational hazards (or risks)

Berufsgeheimnis professional secrecy; professional secret; *(hinsichtl. dessen ein Zeugnisverweigerungsrecht besteht)* privileged communication; **Verletzung des ~ses** breach of professional secrecy; **ein ~ preisgeben** to disclose a professional secret; **das ~ verletzen** to violate professional secrecy; **unter das ~ fallen** to be covered by the obligation of professional secrecy; **unter das ~ fallend** privileged

Berufsgenossenschaft *(im weiteren Sinne: Vereinigung von Berufsgenossen)* professional association; trade association; *(im engeren Sinne: Träger der gesetzl. Unfallversicherung)* employers' liability insurance association

Berufs~, **~gliederung** occupational classification; **~gruppe** occupational (or professional) group

Berufshaftpflichtversicherung professional liability insurance; **~ der Ärzte** medical malpractice insurance; **~ der Rechtsanwälte** legal malpractice insurance; **~sschutz** professional indemnity cover

Berufs~, **~handel (od. ~händler)** *(Börse)* professional traders; **~jahre** working years; **~heer** *Br mil* regular army; *Am* volunteer (or professional) army; **~hilfe** *(bei Arbeitsunfall od. Berufskrankheit)* vocational aid (to enable sb. to keep or find employment after an industrial disease or accident); **~konsul** professional (or *Am* career) consular officer

Berufskrankheit industrial (or occupational) disease; **Art, Ursache und Behandlung von ~en** kind, cause and treatment of occupational diseases; **Rente wegen ~**[108] occupational disease pension (or benefit); **sich e-e ~ zuziehen** to contract an occupational disease

Berufsleben working life, career, active life; gainful activity; **in das ~ eintreten** to take up one's career, to enter working life; **aus dem ~ ausscheiden** to retire (from work)

berufsmäßig professional; **~er Künstler** public entertainer

Berufs~, **~offizier** regular (*Am* career) officer; **~politiker** professional (*Am* career) politician; **~richter** *(etwa)* (professional or regular) judge *(Ggs. →ehrenamtlicher Richter)*

Berufsschaden damage to (or loss of) a p.'s career (or vocation); **~sausgleich** *(des Schwerbeschädigten)*[109] payment (or compensation paid) to a severely injured person for loss of his career or vocation (or loss of earnings)

Berufsschule vocational school; *Br* vocational training centre; **die ~ besuchen** to attend a technical college (or vocational training college)

Berufsschulunterricht, den Auszubildenden für die Teilnahme am ~ freistellen to allow the trainee the necessary time off for his (part-time) vocational schooling

Berufs~, ~soldat *Br* professional (or regular) (*Am* career) soldier; **~spekulant** *(Börse)* professional operator; **~sportler** professional player, sportsman; **die höheren ~stände** the professional classes

berufstätig working; (gainfully) employed; active in one's profession, practising a profession; *(selbständig)* self-employed; **~e Frau** working woman, woman who goes out to work; *(im freien od. akademischen Beruf)* professional woman, woman practising a profession; career woman; **~e Mütter** working mothers

Berufstätige(r) person engaged in a gainful occupation; employed person; worker; **die ~n** the working population, employed persons

Berufstätigkeit (gainful) employment; occupation, work, job; **bisherige ~** previous positions (or work) (in one's profession or occupation); **selbständige ~**[110] professional activity of a self-employed person; independent professional activity,; **e-e ~ ausüben** to exercise a professional activity

Berufs~, ~umschulung →berufliche Umschulung; **b~unfähig** (occupationally) disabled; **~unfähigkeit** inability to practise one's profession; **Rente bei ~unfähigkeit**[111] occupational disability (or disablement) pension; disability benefit

Berufs~, ~unfall occupational accident; **~verband** professional association (or body); trade organization; **~verbot** prohibition of (or suspension from) exercising (or practising) a profession; prohibition of (or suspension from) following (or pursuing) a trade; **ein ~verbot verhängen** to prohibit sb. from pursuing a certain occupation; **~vereinigung** →Berufsverband; **~verbrecher** habitual criminal; **~verkäufe** *(Börse)* shop selling; **~verkehr** commuter traffic; office (or rush-) hour traffic; business traffic; **~verkehrsteilnehmer** commuter; **~vormund** public guardian

Berufswahl choice of a profession (or an occupation, a vocation, a career); occupational (or vocational) choice; **freie ~**[112] free choice of one's profession or trade

Berufs~, ~wechsel change of occupation; **~zugehörigkeit** occupational (or professional) classification

Berufung 1. appeal (on questions of fact and law) *(→Revision)*; **begründete ~** well-founded appeal; appeal supported by reasons *(→Berufungsbegründung)*; **form- und fristgerecht eingelegte ~** *Br* appeal lodged in correct form within the time laid down (or properly lodged appeal); *Am* appeal filed in due form and time; **verspätet eingelegte ~** *Br* appeal lodged out of time (or late); *Am* appeal not filed on time

Berufung, Anschluss~[113] cross-appeal; **Anschluss~ einlegen** to cross-appeal, to file a cross-appeal

Berufung, Einlegung der ~[114] *Br* lodging (*Am* filing) of an appeal; **Verwerfung der ~ als unzulässig** dismissal of the appeal as inadmissible; **Zulässigkeit der ~** admissibility of the appeal; **Zurücknahme der ~** withdrawal (or abandonment) of the appeal

Berufung, ~ gegen e-e Entscheidung an das OLG appeal from a decision to the →Oberlandesgericht; **~ in Strafsachen** appeal in criminal cases; **~ in Zivilsachen** appeal in civil cases; **die mit der ~ angefochtene Entscheidung** the decision under appeal

Berufungs~, ~antrag motion of appeal (stating details of the decision applied for); **~begründung**[115] statement of grounds for appeal; *Am (des Anwalts)* brief on appeal; **~beklagte(r)** person against whom an appeal is brought; *Am* appellee; *(in bestimmten Verfahren)* respondent

Berufungseinlegung lodging (or filing) of an appeal (bei dem Berufungsgericht with the court of appeal)

berufungsfähig appealable; subject to appeal

Berufungsfrist[116] period (or time) allowed for appeal; time for filing an appeal; **Versäumnis der ~** failure to appeal within the prescribed time; **die ~ ist abgelaufen** the time for appealing has elapsed

Berufungs~, ~gebühr appeal fee; fee for filing an appeal; **~gericht** court of appeal; appellate court; **~gründe** grounds for an appeal

Berufungsinstanz →Berufungsgericht; **Verhandlung in der ~** hearing before appellate court; **Zuständigkeit in der ~** appellate jurisdiction; **~ sein für** to have appellate jurisdiction over

Berufungs~, ~kläger appellant; **~sache** case on appeal; appealed case

Berufungsschrift notice of appeal; **die Berufung wird durch Einreichung der ~ bei dem Berufungsgericht eingelegt**[117] the appeal is filed (or lodged) by giving written notice of appeal to the appellate court

Berufungs~, **~summe**[118] amount in dispute on appeal; jurisdictional amount on appeal; **~verfahren** appellate proceedings (or procedure); proceedings on appeal; **~verhandlung** hearing of the appeal, appellate hearing; **~zurücknahme** withdrawal (or abandonment) of the appeal

Berufung, **die ~ ist abgewiesen** the appeal is dismissed; **sich der ~ anschließen** to cross-appeal *(→Anschlussberufung)*; **die ~ begründen** to give reasons for the appeal

Berufung, **~ einlegen** to file (or lodge, bring) an appeal; to appeal (bei e-m höheren Gericht gegen ein Urteil to a higher court from a judgment); **gegen das Urteil kann keine ~ eingelegt werden** the judgment is not appealable

Berufung, in die ~ gehen →Berufung einlegen; **e-r ~ stattgeben** to allow (or grant) an appeal; **e-r ~ nicht stattgeben** to dismiss (or disallow) an appeal; **der ~ unterliegen** to be subject to (an) appeal; **die ~ als unzulässig verwerfen**[119] to dismiss (or disallow) an appeal as being inadmissible; **die ~ für statthaft (od. zulässig) erklären** to grant leave for an appeal; **die ~ ist zulässig** the appeal lies; **die ~ zurücknehmen**[120] to withdraw (or abandon) the appeal; **für die ~ zuständig sein** to have appellate jurisdiction (over)

Berufung 2. *(Ernennung)* appointment, nomination; **~ als Erbe** appointment as (an) heir; nomination (of sb.) as heir; **~ als Professor an e-e Universität** appointment to a professorship (or a chair, or as professor) (at a university); **e-e ~ ablehnen (annehmen)** to refuse (accept) a professorship (or a chair)

Berufung 3. *(Bezugnahme)*, **unter ~ auf** referring to, making reference to; **unter ~ auf Art. 10** invoking Art. 10

beruhen, **~ auf** to rest (or be based) (up)on; to depend (up)on; to be caused by; **die Sache auf sich ~ lassen** to let the matter rest; **Gründe, auf welchen die Entscheidung beruht** grounds on which the judgment is based; **auf e-m Vertrag ~** to be based on a contract; **diese Klage beruht auf unerlaubter Handlung** this action is founded on tort

beruhend, **auf Tatsachen ~** founded on facts

beruhigen *(Börse)* to settle down; **die politische Lage hat sich beruhigt** the political situation has stabilized (or eased)

Beruhigung *(Börse)* settling down; **~ auf dem Arbeitsmarkt** stabilization of the labo(u)r market; **~ der Lohnentwicklung** slackening of the wage movement

berühren *(angehen)* to concern, to affect; **jds Interessen ~** to affect sb.'s interests; **das Recht des X wird nicht berührt** the right of X shall not be affected

Berühmung marking and notification (of patents)

besagen to purport, to mean; *(Text)* to say

Besatzung 1. *(e-s Schiffes, Flugzeugs)* crew; **~ e-s Raumfahrzeugs** space crew; personnel of a spacecraft; **~sausweis** *(ausländisches Flugpersonal)* crew member certificate; **~smitglied** member of the crew, crew member

Besatzung 2. *mil* occupation; **~sbehörden** occupation authorities; **~sgebiet** occupation area, area of occupation; **~sgeld** scrip money; **~skosten** occupation cost; **~smacht** occupying power; **~srecht** occupation law; **~sschaden** occupation damage; damage caused by foreign occupation; **~sstatut** occupation statute; **~sstreitkräfte** occupation forces; **~szone** occupation zone

beschädigen to damage, to cause damage (to); to injure; to mutilate; **ein Denkmal ~** to deface a monument; **e-e Urkunde ~** to deface (or mutilate) a document

beschädigt damaged; injured; **~e →Aktien**; **leicht ~** slightly damaged; **schwer ~** badly (or severely) damaged; *(Person)* severely injured; **stark ~** severely (or heavily) damaged; **auf dem Transport ~** damaged during transport (or in transit); **Ersatz für die ~e Ware** damages (or compensation) for the damaged goods; **in ~em Zustand** in a damaged condition; **Wert in ~em Zustand** *(VersR)* damaged value

Beschädigtenrente[121] disability pension

Beschädigter injured party (or person) *(→Schwerbeschädigte)*

Beschädigung damage (von to); injury; **→Sach~**; **Teil~** partial damage; **böswillige ~ amtlicher Bekanntmachungen**[122] wanton damage to official announcements; **frei von ~** *(Beschädigung nicht zu unseren Lasten)* free of damage; **mutwillige ~** wanton damage; **~ fremder Sachen**[123] damage to the property of another; **~ der Ladung** damage to cargo; **~ auf dem Transport** damage in transit; **~ e-r Urkunde**[124] defacement (or mutilation) of a document; **~ während des Versands** damage during shipment; **~swert** *(VersR)* damaged value; **~en aufweisen** to show signs of damage; **für ~ der Ware haften** to be liable for damage to goods

beschaffen 1. (sich) etw. ~ to procure sth., to provide sth.; *(liefern)* to furnish, to supply; **jdm Arbeit ~** to find (or get, procure) work (or employment) for sb.; **Geld ~** to furnish (or procure) money; **sich Geld ~** to get money;

jdm das nötige Kapital ~ to find (or procure) the necessary capital for sb.; **sich e-e Lizenz ~** to take out a licen|ce (~se); **e-e Urkunde ~** to procure (or supply) a document

beschaffen 2. gut ~ in good condition, well-conditioned; **schlecht ~** in bad condition, ill-conditioned

Beschaffenheit state, nature; condition, quality; **von gleicher ~ und Güte** of the like grade and quality; **von guter ~** of good quality, in good condition; **~ der versicherten Sache** nature of the subject matter insured; **unter Berücksichtigung der ~ der Ware** having regard to the condition of the goods; **~szeugnis** *(bes. bei verderblichen Waren)* certificate of inspection

Beschaffung procurement, procuring; provision; *(Lieferung)* supply; *(Anschaffung)* acquisition; **~ von Arbeit** →Arbeitsbeschaffung; **~ von ausländischen Arbeitskräften** recruitment of foreign labo(u)r; **~ von Arbeitsplätzen** job creation

Beschaffung von Dokumenten, dem Käufer bei der ~ behilflich sein, die dieser zur Einfuhr benötigt to render the buyer assistance in obtaining the documents needed for import

Beschaffung, ~ von Geldmitteln procurement (or raising) of funds; **~ von Kapital** finding (or provision, procurement) of capital; **~ von Krediten** procuring credit; **~ von Material** provision of material; **~ von Waren** procuring (or supplying) goods

Beschaffungs~, ~käufe der Regierung governmental purchase of supplies; **~markt** procurement market; **~planung** procurement planning; **~politik der öffentlichen Hand** public purchasing policies; **~stelle** procurement office (or agency); **öffentliches ~wesen** government procurement

beschäftigen, jdn ~ to employ sb., to give sb. employment (or work); to occupy sb.; **sich ~ mit** to occupy oneself with, to be occupied with, to concern oneself with; **sich mit Politik ~** to be involved in politics, to concern oneself with politics; **insgesamt ~** to employ a work force of ...; **wieder~** to re-employ

beschäftigt 1. *(angestellt)* employed; **~ sein bei** to be employed by (or with); to be in the employment (or pay) of; to be on the staff of

beschäftigt 2. *(tätig)*, **~ mit** engaged in, concerned with, occupied (or busy) with (or at); **vornehmlich ~ mit** preoccupied with

Beschäftigte employed persons; **~r im öffentlichen Dienst** civil servant; **abhängig ~** *(Beamte, Angestellte und Arbeiter)* wage and salary earners; employed persons; **unabhängig ~** self-employed persons

Beschäftigten~, ~stunde man-hour; **~zahl** number of employed (persons); work force

Beschäftigung *(Tätigkeit)* occupation, work, activity; *(Beruf)* employment, job; trade; business; **~ im öffentlichen Dienst** public employment; **in erster Linie dem →Erwerb dienende ~**; **→ganztägige ~**; **→Halbtags~**; **→Neben~**; **→selbständige ~**; **→unselbständige ~**; **→versicherungspflichtige ~**; **→Voll~**; **→Weiter~**

Beschäftigungs~, ~art employment category; **~aussichten** employment (or job) prospects; **~bedingungen** conditions of employment; **~fähigkeit** employability; **~förderungsgesetz**[125a] Act on the Promotion of Employment; **(hoher) ~grad** (high) level of employment; **~index** employment index; **~lage** employment situation; situation on the labo(u)r market; **b~los** unemployed, out of work, without work; **b~lose Jugendliche** young unemployed workers; **~losigkeit** unemployment; **~möglichkeiten** employment possibilities, occupational opportunities; **~nachweis** certificate of employment; **~optimum** maximum employment; **~niveau** level of employment; **~ort** place of employment; **~pflicht** (employer's) duty to give work (to); **~politik** employment policy; **~prognose** employment prognosis; **~rückgang** drop (or decline) in employment; **~schwierigkeiten** employment difficulties; **~situation** →Beschäftigungslage; **(hoher) ~stand** (high) level of employment; **~struktur** employment structure; **~verbot für werdende Mütter**[125] prohibition of employment of expectant mothers; **~sverhältnis** →Arbeitsverhältnis; **~wachstum** growth of employment

Beschäftigungszeit employment period, period of employment; **Zusammenrechnung der ~en** *(VersR)* aggregation of employment periods

Beschäftigung, e-e ~ aufnehmen to take up an employment; **e-e ~ ausüben** to carry on an employment (or a trade, an occupation); to follow an occupation; to be engaged in an occupation; **in e-e andere ~ überwechseln** to change one's employment, to change jobs; **jdm e-e ~ verschaffen** to find employment for sb.

beschatten, e-n Spion ~ to shadow a spy

Beschau examination, inspection; **→Fleisch~**; **→Zoll~**; **~befund** result of examination; **e-e ~ der Waren vornehmen** to carry out an examination of the goods

Bescheid *(Antwort)* answer, reply; *(amtl. od. gerichtl.)* notice (of an order or a decision); (official) notification; *(Auskunft)* information; *(Bank)* advice; *(Mitteilung)* communication; **Steuer~** assessment notice; **abschlägiger ~** negative reply, refusal; **bis auf weiteren ~** until further notice (or orders); **schriftlicher ~** notice in writing, written notification; **vorläufiger ~** preliminary answer; **wir bitten um →umgehenden ~**; **~ erhalten** to be notified (or informed); **jdm. ~ geben** to inform (or notify) sb.; **e-n** *(amtl. od. gerichtl.)* **~ erteilen** to notify sb.; **über etw. ~ wissen** to be informed of sth.; to be acquainted with sth.

bescheiden, ein Gesuch →abschlägig ~
bescheiden, ~e Forderungen modest claims

bescheinigen to certify, to attest (to); *(einstehen für)* to vouch for; **den Empfang e-r Summe ~** to acknowledge receipt of a sum; **den Empfang von Waren ~** to receipt (or make out a written receipt) for goods received; **hiermit wird bescheinigt, dass** this is to certify that; it is hereby certified that

Bescheinigung *(Tätigkeit)* certification, attestation; *(Schein)* certificate; *(Beleg)* voucher (über evidencing); *(Quittung)* receipt; **amtliche ~** official certificate (or certification); **ärztliche ~** medical certificate; **e-e ~ ausstellen (od. erteilen)** to issue (or make out) a certificate; **sich e-e ~ ausstellen lassen** to take out a certificate; to have a certificate made out; **e-e ~ nicht richtig od. nicht vollständig ausstellen** to make out a certificate incorrectly or incompletely

Beschenkte (der/die) donee

beschicken, die Messe ~ to send goods (or exhibits) to a fair

Beschilderung signage *(e.g. in streets, airports, stations, etc.)*

beschimpfen to insult, to abuse

Beschimpfung insult, abuse

Beschlag, mit ~ belegbar attachable, seizable, distrainable; **mit ~ belegtes Vieh** cattle distrained (up)on; **in ~ genommene Sachen** distress; **Verkauf der in ~ genommenen Sachen des Schuldners** *(zur Begleichung e-r Schuld)* distress sale; **jd, dessen bewegl. Sachen in ~ genommen werden** distrainee; **jd, der bewegl. Sachen** *(als Sicherheit für Ansprüche)* **in ~ nimmt** distrainer, distrainor; **mit ~ belegen (od. in ~ nehmen)** →beschlagnahmen

Beschlagnahme *(gerichtl.)* attachment; *(behördl.)* seizure; *(im Wege der Selbsthilfe)*[126] distraint, distress; *(entschädigungslose) Beschlagnahme (von Privateigentum)* confiscation; (Sicherungs-)Beschlagnahme *(e-s Schiffes od. der Ladung)* arrest; *(vorübergehend)* embargo; *(für Militärzwecke)* requisition; **~ von beweglichen Sachen aufgrund e-s gerichtl. Vollstreckungsbefehls** seizure in execution under process of court; **~ des Führerscheins** s. vorläufige Entziehung der →Fahrerlaubnis; **~ e-s Gegenstandes mit Drittverbot** *Am* foreign attachment; **~ und Aufbringung e-s Schiffes** seizure of a ship; **~ von Schriftstücken** seizure of documents; *(gerichtl. angeordnete)* **~ zur Sicherstellung im Strafprozess**[127] impounding, seizure; **~ durch Verfügungsverbot** constructive seizure; **~ von Vermögen** seizure of property; *(gerichtl. angeordnete)* **~ von Vermögen des Schuldners** *(zwecks Sicherstellung od. Zwangsverwaltung)* sequestration; **~ durch Wegnahme** actual seizure; **gerichtliche Ermächtigung zur ~** warrant of distress

Beschlagnahme~, ~anordnung →Beschlagnahmeverfügung; **b~fähig** seizable, attachable; distrainable; confiscable, liable to confiscation; **b~frei** exempt from seizure (etc); **vorbeugendes ~recht** *(e-s Schiffes im Falle e-r Seeblockade-VölkerR)* right of anticipated arrest; **~risiko** *(bei Außenhandelsgeschäften)* risk of seizure *(cf. Aufbringungsklausel)*; **~verfügung** order of attachment (or seizure); confiscation order; *(für Schiffe)* warrant of arrest; *Br (zur Sicherstellung für die Dauer des Prozesses)* charging order; **~versicherung** insurance against seizure

Beschlagnahme, e-e ~ aufheben to lift (or remove) a seizure (or attachment); to raise (or remove) an embargo; to de-requisition; **der ~ unterliegen** to be liable (or subject) to seizure (etc); **e-e ~ vornehmen** to effect (or carry out) a seizure (etc); **die ~ wird vorgenommen** the distress is levied; **gegen die ~ Widerspruch erheben** to object to the seizure (etc)

beschlagnahmen *(gerichtl.)* to attach; *(behördl.)* to seize, to effect a seizure; *(entschädigungslos einziehen)* to condemn; to confiscate; *(berechtigt eigenmächtig)*[128] to distrain, to levy a distress (on); *(vorübergehend)* to lay (or put) an embargo (on); *(Schiff mit Arrest belegen)* to arrest, to put under arrest; *(für Militärzwecke)* to requisition, to make a requisition (for); *(in gerichtl. Verwahrung nehmen)* to impound; **Vermögen ~** to seize property

beschlagnahmt, ~ werden können to be liable (or subject) to seizure (etc); **Schmuggelwaren können ~ werden** smuggled goods may be confiscated

beschleunigen to accelerate, to expedite, to speed up; **e-e Angelegenheit ~** to expedite a matter; **e-e Entscheidung ~** to accelerate a decision; **das Verfahren ~** to speed up the proceedings

beschleunigt speedy, expeditious; accelerated; **~e Eintragung von Marken**[129] urgent registration of trademarks (by summary procedure);

~e Erledigung speedy settlement; **~es Verfahren**[130] expedited procedure; summary proceedings

Beschleunigung acceleration, expedition, speeding up; *(schnelle Erledigung)* dispatch; **~ der Inflation** acceleration of inflation; **~sgebühr** *(für schnellere Be- od. Entladung)* dispatch money; **mit größtmöglicher ~** with the utmost expedition

beschließen 1. *(Beschluss fassen)* to decide, to come to a decision, to determine, to resolve; *(richterl.)* to decide, to determine, to order, to decree; *parl (od. in e-r Versammlung)* to resolve, to pass by formal vote the decision (that); *(formelle Zustimmung geben)* to adopt; *(mit Stimmenmehrheit)* to vote; **einstimmig ~** to decide unanimously; **mit Stimmenmehrheit ~** to decide by a majority of votes; **die Dividende ~** to declare the dividend; **ein →Gesetz ~**; **die Satzung ~** to adopt the by-laws; **die Vertagung e-r Versammlung ~** to vote the adjournment of a meeting; **die Hauptversammlung beschließt über ...**[131] the shareholders' meeting adopts a resolution concerning ... (or decides by resolution)

beschließend decision-making

beschlossen resolved; **→einstimmig ~**; **es ist ~e Sache** the matter is settled

beschließen 2. *(beendigen)* to finish, to terminate, to come (or bring) to an end; **die Sitzung ~** to close the meeting

Beschluss decision, resolution; *(gerichtl. Entscheidung, die nicht Urteil ist)* (court) order, ruling, decision; **→Aufsichtsrats~**; **→Beweis~**; **mit →Gründen versehener ~**; **in der Hauptversammlung gefasster ~** resolution passed at the shareholders' meeting
Beschluss, e-n ~ abändern to amend (or modify) a decision; **e-n ~ aufheben** to revoke (or set aside) an order; to reverse (or cancel) a decision; **e-n ~ ausführen (od. durchführen)** to carry out (or implement) a decision (or resolution)
Beschluss, e-n ~ ergehen lassen to issue an order (or a formal decision); **ein (Gerichts-)~ ergeht** an order (a court order) is issued; **in der Sache ... ist ein ~ ergangen** in the matter of ... an order has been issued
Beschluss, e-n ~ fassen to make (or reach, take) a decision; to pass (or adopt) a resolution; *(durch Abstimmung)* to vote a resolution; **wichtige Beschlüsse wurden gefasst** important decisions were taken
Beschluss, e-n ~ verabschieden to adopt a resolution

Beschlussabteilung *(z. B. des →Bundeskartellamts)*[132] rule-making branch

beschlussfähig competent to pass a resolution (or to make decisions); **~e Anzahl (od. Mitgliederzahl)** quorum (minimum number of persons required to constitute a valid formal meeting); **der Ausschuss ist nicht ~** a quorum of the committee is not present; the committee has no quorum; **~ sein** to constitute a quorum

Beschlussfähigkeit *(e-r Versammlung)* quorum; **mangelnde ~** lack of quorum; **die zur ~ nötige Zahl von Mitgliedern** the quorum required for a resolution; **es besteht keine ~** a quorum is not present; **die ~ feststellen** to ascertain (that there is) a quorum

Beschlussfassung taking of a decision, decision-making; (passing or adoption of a) resolution; **~ der Hauptversammlung**[133] resolution adopted by the shareholders' meeting; shareholders' (or *Am* corporate) resolution; **Gegenstand der ~** subject of the resolution; **die ~ bedarf e-r Zweidrittelmehrheit der abgegebenen Stimmen** the resolution requires a two-third majority of the votes cast; **die ~ aussetzen** to postpone the resolution

Beschlussorgane decision-making bodies

beschlussunfähig sein to lack a quorum, to be without a quorum

Beschlussunfähigkeit lack (or absence) of a quorum

Beschneiden von Metallgeld[134] clipping coins

beschneiden to make cuts; **ein Geldstück ~** to clip a coin; **Zuschüsse ~** to cut (or reduce) grants

beschränken to restrict, to limit (auf to); to confine; to restrain; *(kürzen)* to curtail; **sich ~ auf** to restrict (or confine) oneself to; **seine Haftung ~** to limit one's liability; **den Handel ~** to restrain trade; **die Produktion ~** to curtail production; **seine Verluste ~** *(Börse)* to restrict one's losses; **den Wettbewerb ~** to restrain competition

beschränkend restrictive, limiting

beschränkt restricted, limited; confined; **~ →geschäftsfähig**; **~ haftbar** with limited liability; **~ persönliche →Dienstbarkeit**; **~ Steuerpflichtige**[135] persons with limited tax liability; **erweitert ~ Steuerpflichtige** persons with broadened limited tax liability

beschränkte, ~ Auflage limited edition; **~ →Geschäftsfähigkeit**; **~ Haftung des Erben** limited liability of the heir; **~ Steuerpflicht** limited tax liability; **erweiterte ~ Steuerpflicht**[135a] broadened limited tax liability; **in ~n Verhältnissen leben** to live in straitened circumstances

Beschränkung restriction, limitation; confinement; restraint; **mengenmäßige ~en** quantitative restrictions; **verfassungsrechtliche ~en** constitutional limitations; **zeitliche ~** time limit; **~ e-s Anspruchs** *(PatR)* narrowing a claim; **~ der** →**Erbenhaftung**; **~en durch Gesetze** legal restraint(s); **~ des Patents**[135a] limitation of the patent; **~ des Schadenersatzes** limitation of damages; **~ der Vollmacht** limitation of authority (or of the power of attorney); **~ des Wettbewerbs** →Wettbewerbsbeschränkung; **~szeichen** *(Verkehr)* →Verbots- od. Beschränkungszeichen; **~en abbauen** to dismantle restrictions; **~en auferlegen** to impose restrictions (on); **~en aufheben** to lift restrictions; **~en unterliegen** to be subject to restrictions

beschreiben to describe, to give a description of; *(Tatsachen)* to represent; *(näher angeben)* to specify; **genau ~** to go into details, to give full details (or particulars) (of)

beschreibend descriptive

Beschreibung description; *(Darstellung)* representation; *(nähere Angabe)* specification, particulars; **endgültige ~** *(PatR)* complete specification; **falsche ~** wrong (or incorrect) description; misdescription; **nach ~** by description; **ohne nähere ~** without detailed description; **vorläufige ~** *(PatR)* provisional specification; **~ der Erfindung** description of the invention; specification; **~ des Musters** *(Musterangaben)* design data; **~ der Ware** description of the goods; **der ~ entsprechen** to correspond to (or answer) the description

beschreiten, den Rechtsweg ~ to go to court, to take legal proceedings

beschrifte, ~n to letter; *(Pakete, Kisten)* to mark; **die Kisten sind wie folgt ~t** the cases are marked as follows

Beschriftung inscription, lettering; characters; *(Kisten, Pakete)* marking, marks; **~ der Zeichnungen** *(PatR)* lettering of drawings

beschuldigen, jdn ~ wegen to charge sb. with; to accuse sb. of; to incriminate sb. for; *(jdm etw. vorwerfen)* to blame sb. for sth.; **jdn ~, etw. getan zu haben** to charge sb. with having done sth.; to accuse sb. of having done sth.

Beschuldigte (der/die) person charged with a crime (or an offence, [offense]); accused (before trial), defendant

Beschuldigter ist der einer Straftat Beschuldigte (bes. während des Ermittlungsverfahrens) vor Anklageerhebung *(vgl. Angeschuldigter, Angeklagter)*.

The designation "Beschuldigter" refers to a person charged with a criminal offence (offense) (especially during preliminary investigation) prior to the indictment.

Beschuldigung charge; accusation; incrimination; **~en erheben gegen** to make (or raise) charges against

Beschwer gravamen; **~ begründend** *Am* with prejudice

Beschwerde 1. *(als Rechtsmittel)*[136] appeal (gegen from); **auf Grund der ~ des** ... on an appeal by ...

Das Rechtsmittel der Beschwerde findet gegen solche Entscheidungen statt, durch die ein das Verfahren betreffendes Gesuch zurückgewiesen ist.

"Beschwerde" is an appeal to the higher court from the dismissal of a motion (or application) concerning a procedural issue.

Beschwerde, mit der ~ anfechtbar subject to appeal; **mit der ~ angefochtene Entscheidung** decision under appeal; **einfache ~** appeal not subject to a time-limit; **sofortige ~**[137] (special) appeal subject to a time-limit; **gegen gewisse Beschlüsse ist die sofortige ~ zulässig** certain orders are subject to a special appeal within a short statutory period; **weitere ~**[138] further appeal; **die weitere ~ ist ausgeschlossen** the decision shall not be subject to further appeal

beschwerde~, ~berechtigt entitled to appeal; having the right to appeal; **~fähig** appealable, subject to an appeal

Beschwerde~, ~begründung statement of appeal, reasons for the appeal; **~frist** period for filing an appeal; time-limit for (lodging an) appeal; appeal period; **~führer** appellant; **~gebühr(en)** fee(s) for (the) appeal

Beschwerdegegenstand issue on appeal; **Wert des ~es** amount in *Br* dispute (*Am* controversy) on appeal

Beschwerde~, ~gegner appellee; **~gericht**[139] court of appeal, appellate court; **~grund** ground of appeal; **in der ~instanz** before the appellate court; **(Große) ~kammer** *(des Europ. Patentamtes)*[140] (Enlarged) Board of Appeal; **juristische ~kammer** Legal Board of Appeal; **technische ~kammer** Technical Board of Appeal; **~recht des Verhafteten** right of appeal of the arrested person

Beschwerdeschrift notice of appeal; **die Beschwerde wird durch Einreichung e-r ~ eingelegt** the appeal is taken (or brought) by filing a notice of appeal

Beschwerde~, ~summe value of the →Beschwerdegegenstand; amount in *Br* dispute (*Am* controversy) on appeal; **~verfahren** appellate procedure, proceedings on appeal, appeal proceedings; **auf dem ~weg** by way of appeal; **~wert** →Beschwerdesumme

Beschwerde, der ~ abhelfen to grant the redress sought by an appeal (by modification of the appealed decision); to allow (or grant) the appeal; **die ~ begründen** to set out the grounds of appeal; **die ~ für begründet erachten** to consider the appeal to be well founded; **~ einlegen** to file (or lodge) an appeal, to appeal (gegen from); to make a motion; *(PatR)* to file a notice of appeal; **gegen den →Haftbefehl ~ einlegen**; **e-r ~ stattgeben** to grant an appeal; **die ~ zurücknehmen** to withdraw (or abandon) the appeal; **die ~ zurückverweisen** to reject the appeal; *Br* to refer (or send) the case back to the court of first instance for retrial; *Am* to remand the cause on appeal; **gegen die Entscheidung des Gerichts ist die ~ zulässig** the decision of the court is appealable (or subject to appeal)

Beschwerde 2. *(bei Arbeitsstreitigkeiten) bes. Am* grievance; complaint; petition (for redress of grievances); **sofortige ~** immediate complaint; **Behandlung von ~n durch den Betriebsrat**[141] treatment of grievances by the works council; **Beilegung von ~n** settlement of grievances; **~führer** complainant; **~grund** grievance; **~recht** *(des Arbeitnehmers)*[142] employee's right to seek redress of grievances (or to lodge complaints); **betriebliche ~stelle**[143] grievance committee (at the level of the plant or establishment); **~verfahren** grievance procedure; complaints procedure; **e-r ~ abhelfen** to redress (or adjust) a grievance; **e-e ~ einreichen** to file a grievance; **~ führen** to state one's grievance

Beschwerde 3. *(VölkerR)* complaint; *(an die →Europäische Kommission für Menschenrechte)* application; **auf ~ von** on complaint by; **~ an die Kommission** complaint to the Commission; **b~führendes Land** country making a complaint; complainant country; **~führer** *(im Verfahren der Europ. Kommission für Menschenrechte)*[144] applicant; **e-e ~ einreichen (od. erheben)** to file a complaint; to submit an application; **die ~ zurücknehmen** to withdraw the complaint (or application)

Beschwerde 4. *(Beanstandung)* complaint; *com* claim; **berechtigte ~** justified complaint; **eventuelle ~n** any complaints

Beschwerde~, **~ausschuss** complaints committee; **~brief** letter of complaint; *Am* claim letter; **~frist** time allowed for complaints; **~führer** complainant, claimant; person making the complaint; **~führung** lodging a complaint; **~gegenstand** object of the complaint; **~grund** ground for complaint(s); cause of the complaint; **~punkt** point of complaint; **~- und Petitionsrecht**[145] right to file complaints and petitions; **~schreiben** →Beschwerdebrief; **~stelle** complaints department (or panel); **~system** complaints system; **~verfahren** complaints procedure

Beschwerde, **e-r ~ abhelfen** to remedy a complaint; **e-e ~ anerkennen** to grant a claim; **~n bearbeiten** to handle claims; **e-e ~ einreichen** to file (or lodge) a complaint (bei with); **~ führen** to submit (or make) a complaint; to prefer a complaint (against); to complain (bei to); **die ~ als unberechtigt zurückweisen** to dismiss (or reject) the complaint as unjustified

beschweren, **sich über etw. ~** to complain (or make a complaint) about sth.; **sich bei jdm ~** to complain (or make a complaint) to sb.; *(bes. ArbeitsR)* to bring a grievance before sb.

beschwert, **~es Grundstücksvermächtnis** onerous devise; **~e Partei** aggrieved party; **durch e-e Entscheidung ~ sein** to be adversely affected by a decision; **sich ~ fühlen** to consider oneself aggrieved

beschwichtigen, *(durch Konzessionen)* **zu ~ versuchen** *pol* to appease

Beschwichtigung(spolitik) *(durch Konzessionen)* appeasement (policy)

beschwören, **etw. ~** to take an oath on sth., to swear to sth.; to confirm sth. by oath

beseitigen *(entfernen)* to dispose of, to discard, to put aside; *(abschaffen)* to do away with, to abolish; to abate; *(beheben)* to remove; *(ausschalten)* to eliminate; **jdn ~** to dispose of sb.; **e-e Belästigung** *(Störung des Besitzes etc)* **~** to abate a nuisance; **e-n Mangel ~** to remedy (or cure) a defect; **Schwierigkeiten ~** to remove difficulties; **Zweifel ~** to eliminate doubts

Beseitigung *(Abschaffung)* abolition, abatement; *(Behebung)* removal; *(Ausschaltung)* elimination; **gewaltsame ~** *(der Regierung, Verfassung etc)* subversion; **~ von Abfällen** waste disposal; **~ von Diskriminierungen** elimination of discriminatory practices; **~ der Doppelbesteuerung** abolition of double taxation; **~ von Elendsvierteln** slum clearance; **~ des Mangels durch den Unternehmer** *(beim →Werkvertrag)*[146] removal of the defect by the contractor; **~ von Mängeln** *(der Patentanmeldung)*[147] remedy of defects; **~ der Störung** removal of the interference; *(durch Klage od. Selbsthilfe)* abatement of nuisance; **~ von Zweifeln** elimination of doubts

besetzen *(Amt, Stelle)* to fill; *(mit Personal)* to staff; *mil (ein Land)* to occupy; *(rechtswidrig)* **ein Haus ~** to squat; **e-n Lehrstuhl ~** to fill a chair; **e-e (freie) Stelle neu ~** to fill a vacancy, to fill a (vacant) post; **in unserer Firma ist die Stelle e-s Buchhalters zu ~** our firm has a bookkeeper's position to be filled; there is a vacancy for a bookkeeper in our firm

besetzt *(Stelle)* filled (up); *(Platz)* taken, occupied; *(Hotel)* full; booked up; *Br tel* engaged, *Am* busy; **~es Gebiet** *mil* occupied territory; **bis auf den letzten Platz ~** filled to capacity;

personell ~ sein mit to be staffed by; **gut (od. ausreichend) mit Personal ~** well-staffed; **das Gericht war vorschriftsmäßig ~** the court was properly constituted; **die Stelle ist noch nicht ~** the position is (still) vacant

Besetzung, **~ mit Arbeitskräften** staffing; **~ e-s Gerichts** composition of a court; **rechtswidrige ~ von Grundbesitz** squatting; **~ e-s Landes** *mil* occupation of a country; **~ von Wohnhäusern (od. Wohnungen)** *(auch)* adverse occupation of residential premises

Besicht, **Kauf auf ~**[148] purchase on inspection

besichtigen to inspect, to examine, to view, to survey; *(von Touristen)* to go sightseeing; **zu ~ sein** *(in e-r Ausstellung)* to be on show; **die Sachen sind einen Tag vor der Auktion zu ~** the objects may be viewed (or inspected) one day before the auction; **den Schaden ~** to survey the damage; **den →Tatort ~**

Besichtigung inspection, examination, view, survey; **~ durch e-n Sachverständigen** expert's survey; **~ der Ware** examination (or inspection) of the goods; **Vorlegung von Sachen zur ~** *(wenn gegen den Besitzer der Sache ein Anspruch hinsichtl. der Sache besteht)*[149] producing (or making available) of personal property for inspection (in the case of a claim against the person in possession); **~sbericht** *(bei Havarie)* survey(or's) report; **~sreise** tour of inspection; **~sschein** *(bei Havarie)* surveyor's certificate; **e-e ~ durchführen** to carry out an inspection; **Sachen zur ~ vorlegen** to deliver (or make available) property for inspection

besiedeln *(Gebiet)* to settle; to populate

besiedelt, **dicht ~es Gebiet** densely settled (or populated) area (or district); **dünn ~** sparsely settled (or populated)

Besied(e)lung settlement; **~sdichte** density of population

besiegen, **den Gegenkandidaten ~** to defeat the opposing candidate

Besitz possession; *(Innehabung von Grundbesitz)* tenure (or occupancy) (of land); *(Bestand, bes. an Effekten)* holding; *(ungenau:)* ownership

Besitz[150] ist die tatsächliche Gewalt einer Person über eine Sache *(→Eigentum)*.

Possession is a person's actual power over a thing.

Besitz, **in ausländischem ~** (befindliches Unternehmen) foreign-owned (enterprise); **→Eigen~**; **→fehlerhafter ~**; **gemeinschaftlicher ~**[151] joint possession; **mittelbarer ~** indirect possession; **in privatem ~** privately owned; **rechtlicher ~** legal possession; **rechtmäßiger ~** lawful possession; **rechtswidriger ~** unlawful possession; **in staatlichem ~** state-owned, in public ownership; **→ungestörter ~**; **unmittelbarer ~** actual possession; **in vollem ~ meiner →geistigen Kräfte**

Besitz, **den ~ aufgeben** to give up (or yield up, abandon, relinquish) possession (an of); *(etw.)* **in ~ behalten** to keep (or retain) in one's possession; *(nach Ablauf der Pachtzeit)* to hold over; **wieder in den ~ eingesetzt werden** to be restored to possession; **den ~ entziehen** to deprive of possession; *(Immobiliarbesitz)* to eject; *(widerrechtlich)* to dispossess (sb.); **~ ergreifen von** to take possession of; **~ erlangen** to obtain possession; **etw. in ~ haben** to have sth. in one's possession, to have possession of sth.; to occupy sth.; **in ~ nehmen** to take possession (of); to appropriate; to seize; *(als Sicherheit für die Bezahlung e-r Schuld)* to distrain; **wieder in ~ nehmen** to repossess; **im ~ sein von** to be in possession of; to be possessed of; **jdn in den ~ setzen** to put sb. in possession; **jdn aus dem ~ setzen** *(Grundbesitz)* to evict sb.; to remove sb. (from premises); *(widerrechtlich)* **jdn im ~ stören** to interfere with sb.'s possession; to dispossess sb.; to trespass (upon sb.'s property) *(→Besitzstörung)*; **in anderen ~ übergehen** to pass into the possession (or hands) of another; **den ~ wiedererlangen** to recover possession of; **jdm den ~ wiedereinräumen** to reinstate sb. in possession

Besitz~, **~anspruch** claim for possession; **~aufgabe** giving up (or relinquishment) in possession

Besitzdiener[152] possessory servant, agent (or servant) in possession

Besitzdiener ist, wer die tatsächliche Gewalt über eine Sache nicht für sich selbst, sondern für einen anderen ausübt (in dessen Haushalt, Erwerbsgeschäft etc), dessen Weisungen er zu folgen hat. Nur der andere ist Besitzer.

An agent (or servant) in possession is one who exercises physical control over a thing (in the household, business etc) of another as a mere agent or instrument of the person in possession and who must exercise this power in accordance with the latter's discretion without obtaining possession himself.

Besitz~, **~einkommen** unearned income, property income; **~einweisung** putting (sb.) into possession

Besitzentsetzung[153] ejectment

Der Gerichtsvollzieher hat, wenn der Schuldner eine unbewegliche Sache herauszugeben oder zu räumen hat, ihn aus dem Besitz zu setzen und den Gläubiger in den Besitz einzuweisen.

If the debtor is obliged to give up possession of land, the sheriff shall remove him and shall put the creditor in possession.

Besitzentziehung[154] deprivation of possession; *(Immobiliarbesitz)* ejectment; recovery of land; *(widerrechtl.)* dispossession, disseisin (disseizin); **~sklage** →Besitzklage, verbotene →Eigenmacht

Besitzergreifung taking possession of; seizure; occupation; **gewaltsame ~ e-s Flugzeugs** unlawful seizure of an aircraft

Besitzklage possessory action
Bei Entziehung des Besitzes Klage auf Wiedereinräumung des Besitzes,[154] bei Besitzstörung Klage auf Beseitigung der Störung oder auf Unterlassung.[155]
In the case of dispossession: action for recovery of possession; in the case of disturbance of possession: action for abatement of the nuisance or for an injunction.

Besitz~, ~konstitut (od. ~mittlungsverhältnis)[156] constructive possession of chattels based on agreement

Besitzrecht right of (or to) possession, possessive right

Besitz~, ~schutz protection of possession *(in the case of →Besitzentziehung and →Besitzstörung)*; **~stand** status of possession[156b]; **~steuern** *(z. B. Einkommen-, Vermögen-, Erbschaftsteuern)* taxes based on possession (of income or capital); **~störer** trespasser

Besitzstörung disturbance of possession; interference with (or encroachment upon) (sb.'s) possession; trespass (an fremden bewegl. Sachen to chattels, an Grundbesitz to land); *(nachbarliche Besitzstörung des einzelnen)* private nuisance; **Beseitigung der ~** removal of the interference with possession; abatement of the nuisance; **Schadensersatzklage wegen ~** action for trespass

Besitz~, ~titel possessory title; **~übergabe** delivery of possession; **~übernahme** taking over possession; **~übertragung** transfer of possession; **~vorenthaltung** withholding possession; **~wechsel** change of possession; *(als Ggs. zum Schuldwechsel)* bill(s) receivable, *Am* note(s) receivable; **~zeit** period (or term) of possession

besitzen to possess, to be in (or have) possession of; *(innehaben)* to hold; *(als Eigentümer)* to own; *(bewohnen)* to occupy; **Aktien ~** to hold (or own) shares (stock)

besitzend possessory; *(begütert)* propertied

Besitzende, die ~n und die Besitzlosen *(reiche und arme Länder)* the haves and the have-nots

Besitzer possessor; *(Inhaber)* holder; *(als Eigentümer)* owner, proprietor; *(Bewohner)* occupant; *(mit dingl. Recht gegenüber Dritten)* bailee; **→bösgläubiger ~**; **früherer ~** former holder; prepossessor; **→gutgläubiger ~**; **mittelbarer ~** *(z. B. Pfandgläubiger)* constructive (or indirect) possessor (or holder); bailee; **nachfolgender ~** subsequent holder; **rechtmäßiger ~** lawful (or legitimate) holder; **unmittelbarer ~** actual (or direct) possessor (or holder); **→Eigen~**; **→Fabrik~**; **→Grund~**; **→Mit~**; **den ~ wechseln** to change hands

Besitztum possession

Besitzung possession; (landed) property, estate; **~en in Übersee** oversea(s) possessions

besolden to pay (a salary to)

besoldet paid (by salary), salaried

Besoldung payment, salary, pay; remuneration; **~sdienstalter** pay seniority; **~sgruppe** grade; salary scale; **~sordnung** pay regulations; *Am* pay plan; **~sunterschiede** salary disparities; **~sverbesserung für Beamte** pay increase for the civil service (or local government officers)

besonder~, ~(e, ~er, ~es) particular, special, specific; *(getrennt)* separate; *(außerordentlich)* extraordinary, exceptional; **~e Aufmerksamkeit** particular attention; **~e Bedingungen** special conditions; **~e Eigenschaften** peculiar characteristics; specific qualities; **ein ~er Fall** a special case; a case sui generis; **~e Gerichte**[156a] special courts *(s. ordentliche →Gerichte)*; **~e Kennzeichen** distinctive marks; *(im Pass)* special peculiarities; **~e Rechnung für jede Sendung** separate invoice for each consignment; **~es Risiko** particular risk; **~e Vorsicht** special care; **in ~er Weise** in an exceptional manner; **für e-n ~en Zweck** for a specific purpose

Besonderheit particularity; characteristic; peculiarity; special (or peculiar) feature; **für ... gilt die ~** a special feature of ... is

besonders, ~ bezeichneter Vermögensfonds specially designated fund; **~ günstiges Angebot** particularly favo(u)rable offer

besorgen *(erledigen)* to attend to, to arrange for, to handle, to manage; *(Sorge tragen für)* to take care of; *(beschaffen)* to procure, to provide, to get; **seine (od. jds) →Angelegenheiten ~**; **jdm Geld ~** to provide sb. with money; to find money (or obtain funds) for sb.; **jds →Geschäfte ~**; **den →Haushalt ~**; **das →Inkasso e-s Wechsels ~**; **jdm e-e Stelle ~** to find work (or a job) for sb.

Besorger, unentgeltlicher ~ fremder Geschäfte[157] volunteer *(→Auftrag 1.)*

Besorgnis concern; apprehension (über about); **~ der →Befangenheit**; **es besteht durch Tatsachen begründete ~, dass** there are grounds for concern (over); there is well-founded concern (or fear) that; **sie gaben ihrer ~ Ausdruck** they expressed their concern

besorgniserregend, ~er Anstieg der Kosten alarming (or disquieting) rise in costs; **die Lage ist weiterhin ~** the situation continues to cause concern

besorgt sein über to be concerned about

Besorgung *(Erledigung)* attending to, arrangement, handling, management; *(Beschaffung)* procurement, provision; *(Einkauf)* shopping; **~ von Geschäften** management of transactions, handling of business; **~ e-s fremden Geschäftes als eigenes**[158] handling of another person's business as one's own (or for one's own account, in one's own name, as a principal); **~en machen** to go shopping; **die ~ e-s Geschäftes für e-n anderen übernehmen** to manage (or handle) a business (or transaction) on behalf of another

bespitzeln, jdn ~ to spy on sb.

besprechen to discuss, to talk over; **sich ~** to confer (with one another), to hold a conference, to discuss (with each other); **sich mit seinem Anwalt ~** to confer with one's lawyer, to take counsel with one's lawyer; **ein Buch ~** to review a book; **ein Tonband ~** to record on tape, to make a tape recording; **die Vertragsbedingungen ~** to discuss (or confer about) the terms of a contract

besprochen, noch ~ werden müssen to be still under discussion

Besprechung discussion, talk, conference, negotiation; *(Buch)* review; **einleitende ~(en)** opening talk(s); **geschäftliche ~** business conference; **~sexemplar** reviewer's (or press) copy; **~sniederschrift** minutes; **~spunkt** item to be discussed, item on the agenda; **~sraum** conference room; **~steilnehmer** conferee; **~en abhalten mit** to hold talks with; **in ~en eintreten mit** to enter into talks with, to begin negotiations with; **e-e ~ führen** to conduct (or hold) a conversation (or conference)

besser, ~e Qualität better quality; **wider ~es Wissen** against one's better judgment; **sich ~ stehen** to be better off; to derive a better benefit (or advantage) from sth.

bessern to better, to improve; to reform; **sich ~** to improve; *(Kurse)* to advance, to gain, to rise, to go up; **die Geschäfte ~ sich** business is improving

Besserung improvement; change for the better, upturn; *(Preise, Kurse)* advance, gain, rise; **sittliche ~** moral improvement; reformation; **e-e ~ zeigen** to show an improvement

Besserungsmaßregeln →Maßregeln der Besserung und Sicherung

Besserungsschein debtor warrant

Im Vergleichsverfahren ist Besserungsschein das schriftliche Versprechen des Schuldners, wonach dieser bei Besserung seiner Verhältnisse zur Leistung weiterer Zahlungen über die Vergleichsquote hinaus bereit ist.

In composition proceedings Besserungsschein is the written promise of the debtor to make additional payments above the composition when his financial position improves.

best(e), (best(e, ~er, ~es), nach jds ~em Wissen und Gewissen to the best of one's knowledge and belief; **nach ~en Kräften bemüht sein** to use one's best efforts, to do one's best

Bestallung 1. →Approbation; *(Bestellung)* appointment; **~ e-s Betreuers** appointment as guardian; **~surkunde** certificate of appointment; letters patent

Bestand 1. *(Vorrat)* stock(s), store(s), supply; *Am bes.* inventory; holding(s); (existing) amount (of) *(→Bestände)*; *(an Wechseln, Wertpapieren etc)* portfolio; **Anfangs~** *(an Waren)* opening (or beginning) inventory, opening stock; →**Bar~**; →**eiserner ~**; **End~** *(an Waren)* closing inventory, closing stock; →**Holz~**; **Rest~** remainder; **~ an Aktien** holding of shares; (number of) shares owned (or held); **~ an eigenen Aktien** *Br (der Gesellschaft)* holding of own shares; *Am* treasury stock; **~ an Effekten** securities on hand; holding (or portfolio) in securities; **~ an lebendem Vieh** livestock holdings

Bestandsänderung increase or decrease in inventory, inventory change; change in holdings (or in stock), stock change; change in total

Bestandsaufnahme stocktaking; (taking an) inventory; ascertainment of quantity (or amount); **~ machen (od. vornehmen)** to draw up (or make) an inventory; to take inventory; to take stock; to ascertain the amount (of)

Bestands~, ~bewertung inventory (or stock) valuation; **~buch** inventory book, stock book; **~datei** *(EDV)* inventory file; **~erhaltung** *(Vieh)* preservation of livestock holdings; **~konto** real account, asset account; **~kontrolle** stock control, inventory control; **~minderung** decrease in inventory (or stock); **~risiko** inventory risk; **~übertragung** *(Wertpapiere)* transfer of portfolio; **~veränderung** →Bestandsänderung; **~verzeichnis** inventory, stock list; **in ein ~verzeichnis aufnehmen** to include in an inventory; **~zunahme** increase in inventory (or stock)

Bestand, ~ aufnehmen to take stock of; to draw up (or make, take) an inventory; **~ haben an** to have a stock of; **über den ~ verkaufen** to oversell

Bestände stocks, stores, supplies, holdings; *Am bes.* inventories; resources; →**Devisen~**; **~ an unerledigten Aufträgen** backlog of unfilled orders; **~ des Fonds** →Fondsbestände *(Fonds 1. und 2.)*; **~ an Waren** goods on hand; stock of goods; stock in trade; **seine ~ aufstocken** to increase one's stocks (or inventories, holdings); **seine ~ verringern** to cut (or decrease) one's stocks (or inventories, holdings)

Bestand 2. ([Fort-] Bestehen) (continued) existence, continuance; **um den ~ des Betriebes besorgt sein** to be concerned about the continued existence of the firm; **~ haben (od. von ~ sein)** to last, to be of lasting duration

beständig continuous; *(Börse, Nachfrage)* steady, stable; **die Kurse sind ~** the prices are steady

Beständigkeit steadiness, stability; *(feste Haltung)* firmness; **~ der Kurse** steadiness of prices

Bestandteil component (part); **~ e-s Abkommens sein** to form a component (or part) of an agreement (or convention); **als ~ des Vertrages angesehen werden** to be deemed part of the contract

Bestandteil, wesentlicher ~[159] essential component; *pol und colloq.* part and parcel; **wesentlicher ~ e-s Grundstücks**[160] fixture of a piece of real property; **wesentliche ~e können nicht Gegenstand besonderer Rechte sein**[159] essential components shall not be subject to several rights

Wesentliche Bestandteile sind Bestandteile einer Sache, die voneinander nicht getrennt werden können, ohne dass der eine oder andere zerstört oder in seinem Wesen verändert wird.

"Wesentliche Bestandteile" are those component parts of a thing which cannot be separated without destroying or substantially altering one or the other part.

bestätigen *(Empfang)* to acknowledge; to notify of the receipt of; *(Echtheit, Gültigkeit)* to authenticate, to verify, to vouch (for); *(bekräftigen)* to confirm, to corroborate, to ratify; *(bescheinigen)* to certify; **sich ~** *(z. B. Verdacht)* to prove (to be) true, to be confirmed; **ausdrücklich ~** to confirm expressly; **erneut ~** to reaffirm; **als richtig ~** to verify; **den** *(erhaltenen od. erteilten)* **Auftrag ~** →Auftrag 3.; **jds Aussage ~** to corroborate (or confirm) sb.'s statement; **e-e Behauptung ~** to confirm an assertion; **e-e Ernennung ~** to confirm an appointment; **die →Richtigkeit e-r Aussage ~**; **e-e Tatsache ~** to attest to a fact; **das Urteil** *(des unteren Gerichts)* **~** to affirm a judgment; **e-e Zeugenaussage ~** to corroborate the testimony of a witness; **ich bestätige hiermit den Eingang Ihres Schreibens vom** ... I herewith acknowledge receipt of your letter of ...

bestätigend, ~e Bank *(beim Akkreditiv)* confirming bank; **~e Zeugenaussage** corroborating testimony

bestätigt, ~es Akkreditiv confirmed (letter of) credit, confirmed L/C; **~er Scheck** *Br* marked cheque; *Am* certified check; **hiermit wird ~, dass** this is to certify that

Bestätigung acknowledgment; *(Bekräftigung)* confirmation, corroboration, affirmation, ratification; *(der Echtheit, Gültigkeit)* authentication, verification; *(Bescheinigung)* certification; **bis zur endgültigen ~** until final confirmation; **~ des** *(erhaltenen)* **Auftrags** acknowledgment of (the receipt of) the order; **~ des** *(erteilten)* **Auftrags** confirming (receipt of) the order; **~ e-r Ernennung** confirmation (or approval) of an appointment (or nomination); **~ e-s nichtigen Rechtsgeschäfts** confirmation of a void legal transaction; **~ e-s Schecks** *Br (durch die Bank)* marking a cheque; *Am* certification of a check; **schriftliche ~ des →Vertragsabschlusses**

Bestätigung, Akt der förmlichen ~ (die der Ratifikation entsprechende völkerrechtl. Handlung e-r internationalen Organisation [W106c]**)** act of formal confirmation (the international act of an international organization corresponds to that of ratification by a State)

Bestätigungsschreiben letter of confirmation; **kaufmännisches ~** commercial letter of confirmation

Das Schweigen auf den Empfang eines Bestätigungsschreibens gilt unter Kaufleuten als Zustimmung zu dem Inhalt.

In commerce the failure to reply to a letter of confirmation is deemed an approval of its content.

Bestätigungsvermerk *(des Abschlussprüfers)*[161a] certification of the annual financial statement; audit certificate (or opinion); auditor's report; **~ des gesetzlichen Abschlussprüfers** report of the statutory auditor; **Jahresabschluss mit ~** certified financial statement; **~ auf Scheck** *Br* marking a cheque; *Am* certifying a check; **den ~ erteilen** *(durch den Abschlussprüfer)* to certify a financial statement

Bestätigung, die ~ versagen to refuse to issue a confirmation, to withhold confirmation

Bestattung burial, funeral; **~sinstitut** (firm of) undertakers; *Am* funeral home (or mortuary)

bestechen to bribe; to give a bribe; to practise bribery (or corruption); to corrupt; *(Richter und Geschworeneauch)* to embrace; **sich ~ lassen** to take (or receive) a bribe (or bribes); **~ wollen** to offer a bribe; **Zeugen ~** *(bes. zum Meineid anstiften)* to suborn witnesses

bestochen, er wurde ~ he was bribed; he accepted a bribe; *colloq.* he was paid off

Bestecher briber; corruptor; suborner

bestechlich bribable; open to bribery (or corruption); corrupt(ible), liable to corruption; **~er Richter** corrupt judge

Bestechlichkeit receiving (or taking) a bribe; bribery, *Br* bribery and corruption

Bestechung[162] *(aktiv)* offering a bribe; bribing, bribery, *Br* bribery and corruption; subornation; *(von Richtern und Geschworenenauch)* embracery; *(von Zeugen, bes. zum Meineid)* subornation; *(passiv)* receiving (or taking) a bribe; bribery, *Br* bribery and corruption; **~ von Angestellten e-s geschäftlichen Betriebes**[163] commercial bribery; **~ von Beamten** →Beamtenbestechung; **~ von Richtern und Geschworenen**[164] judicial bribery (or corruption); embracery; **~ bei der Wahl**[165] electoral corruption; **~ von Zeugen** →Zeugenbestechung

Bestechungsgeld(er) bribe(s); **~ anbieten** to offer a bribe; **~ annehmen** to accept a bribe

Bestechungs~, **~manöver** *(bei Wahlen)* corrupt practices; **~summe** bribe (amount); **~versuch** attempt at bribery, attempted bribery

Bestehen *(Vorhandensein)* existence; *(Beharren auf)* insistence on; **~ e-r Prüfung** passing of an examination; **~ e-s Rechts** existence of a right; **~bleiben** continuance, continued existence; **während des ~s e-s Vertrages** during the existence of an agreement

bestehen *(vorhanden sein)* to exist; *(Gültigkeit haben)* to be in force; **~ auf** *(beharren)* to insist on; **~ aus** to consist of; to be composed of; **nicht mehr ~** to cease to exist; **die Abmachung besteht noch** the agreement is still in force; **es ~ keine Bedenken** there are no objections (gegen to); **es besteht noch der Brauch** the custom still subsists; **die Firma besteht seit 10 Jahren** the firm is of ten years' standing (or has existed for ten years); **auf seiner Forderung ~** to insist upon (or persist with) one's claim (or demand); **e-e →Prüfung (nicht) ~**; **auf seinen Rechten ~** to assert one's rights; **ein Recht besteht** a right exists

bestehenbleibende Rechte[166] continuing rights (e. g. creditors' rights which are not extinguished by a forced sale)

bestehend existing; *(seit längerer Zeit)* established; of long standing; *(Gültigkeit haben)* in force; **seit langem ~e Bräuche** established customs; **nicht mehr ~e Firma** a firm that has gone out of business (or out of existence); defunct firm; **~es Gesetz** existing law, law in force; **~e Preise** ruling (or prevailing) prices; **~es Recht** existing law; **~e Schulden** present debts; **~es Vertragsverhältnis** existing contractual relationship; **~e Versicherung** insurance in force

bestehlen to steal from

Bestellbuch order book

Bestelleingang inflow of orders, orders received; **schwacher ~** small (or slow) inflow (or receipt) of orders

Bestell~, **~formular** order form, order blank; **~kosten** ordering costs; **~(l)iste** order list; **~menge** ordering quantity, order size; **optimale ~menge** economic order quantity (EOQ); optimum lot quantity; **~nummer** order number; **~schein** order form; *(Bibliothek)* call slip; **~zettel** →Bestellschein; **wie auf beiliegendem ~zettel angegeben** as specified on the attached order form

bestellen 1. *(jdn ernennen)* to appoint sb., to nominate sb.; **e-n →Anwalt ~**; **jdn zu seinem Erben ~** to appoint sb. one's heir; **e-n →Verteidiger ~**; **e-n →Vertreter ~**; **jdn zum Vormund ~**[167] to appoint sb. as guardian

bestellt, gerichtlich ~ court-appointed

bestellen 2. *(in Auftrag geben)* to order, to give (or place) an order; to commission; **etw. bei jdm ~** to order sth. from sb.; to give *(an artist etc)* a commission for (a piece of work etc); **nach Muster ~** to order (sth.) according to sample; **telefonisch ~** to order by telephone; **voraus~** to order in advance; **Waren ~** to order goods (or merchandise); **e-e Zeitung ~** to subscribe to a newspaper

bestellt, nicht ~e Waren unordered goods; **die ~e Ware ist heute an Sie abgegangen** the goods you ordered were sent (off) to you today; **~ sein** to be on order

bestellen 3. *(begründen)* to create; **e-e →Hypothek ~**; **ein Pfandrecht ~** to create a pledge; **e-e Sicherheit ~** to create a security interest

bestellen 4. *(sich etw. reservieren lassen)* to book, to reserve, to make (a) reservation(s); **ein Hotelzimmer ~** to book (or reserve) a hotel room

bestellt, ich habe die Karten schon lange ~ I reserved the tickets (or I booked tickets) long ago

bestellen 5. *(Nachricht, Post etc überbringen)*, **jdm etw. ~** to deliver a message to sb.; **kann ich etwas ~?** can I take a message?

bestellen 6. *(den Boden bearbeiten)* to till, to cultivate

Besteller person (or firm) ordering sth.; *Am* orderer; *(Kunde)* customer, client; *(e-r Zeitung)* subscriber; *(beim Werkvertrag)* customer, person ordering the work; **→Gewährleistungsansprüche des ~s**; **die Aufträge des ~s ausführen** to execute the customer's orders

Bestellung 1. *(Ernennung)*, **~ e-s Anwalts** →Anwaltsbestellung; **~ e-s Vertreters** appointment of a representative; **~ des Vorstandes**[168] appointment of the managing board; **~ e-s Verteidigers**[169] assignment of counsel for the defendant; **e-e ~ vornehmen** to make an appointment; **e-e ~ widerrufen** to revoke an appointment

Bestellung 2. ~ von Waren order for goods; *(e-r Zeitung)* subscription; **auf ~** to (or on) order; **bei der ~** on placing the order; **feste ~** firm order; **große ~** large order; **laufende ~** standing order; **laut ~** (as) per order; →**Nach~**; →**Probe~**; **spätere ~** later order; **telefonische ~** order by telephone, telephone order; **unerledigte ~** unfilled order; →**Vor~**

Bestellung, **e-e ~ annehmen** to take (or accept) an order; **e-e ~ nicht annehmen** to refuse an order; **e-e ~ aufgeben** to place an order; **e-e (erhaltene) ~ bestätigen** to acknowledge an order; **es liefen viele ~en ein** many orders came in; **e-e ~ machen** to give (or place) an order (auf for); **e-e ~ stornieren** to cancel an order; **die ~en gingen leicht zurück** orders dropped (or declined) slightly; **e-e ~→vorziehen**

Bestellung 3. *(Begründung)*, **~ e-r Hypothek** creation of a mortgage (or *Br* charge); **~ e-r Sicherheit** creation of a security interest

Bestellung 4. *(Reservierung)* booking, reservation; →**Vor~**; →**Zimmer~**

Bestellung 5. *(Post)* delivery; *(Botschaft)* message; **jdm e-e ~ auftragen** to send sb. on an errand; to entrust a message to sb.

Bestellung 6. *(Feld, Garten)* cultivation, tillage, tilling

bestem, **nach ~ Können (od. Vermögen)** to the best of one's ability; **nach jds ~ Wissen und Gewissen** to the best of one's knowledge and belief

bestens *(Börse)* at best (price); *Am* at market; **~ verkaufen (kaufen)** *(Börse)* to sell (buy) at best

Bestensauftrag *(Börse)* order (to buy or to sell) at best; *Am* market order

besteuerbar taxable; subject (or liable) to tax; dutiable; assessable; *Br (Kommunalsteuer)* rat(e)able

besteuern to impose (or put, levy) a tax (on); to tax; to assess (mit at); *Br (Gebäude)* to rate; **Gewinne ~** to tax profits; **hoch ~** to tax heavily; *Br (Gebäude)* to rate heavily; **zu hoch ~** to overtax

besteuernd, **zu ~e Gewinne** profits to be taxed; taxable profits; **~er Staat** taxing state; state imposing the tax

besteuert taxed; **~ werden können** *(Einkommen etc)* to be taxable; *(Person)* to be subject (or liable) to tax

Besteuerung taxation, imposition of tax(es), imposing tax(es); assessment; **geringe ~** light taxation; **hohe ~** high (or heavy) taxation; **mehrfache ~** *(durch mehrere Staaten)* multiple taxation; **unterschiedliche ~** unequal (or discriminatory) taxation; **~ nach Durchschnittssätzen**[170] taxation at average rates; **~ des Einkommens** taxation of income; **~ des Vermögens** taxation of capital

Besteuerungs~, **~art** method of taxation; **~gegenstand** taxable object, item taxed; **~grenze** →Freigrenze; **~grundlage** tax basis, basis of taxation; **~recht** right to tax, right to impose a tax; **~verfahren** taxation procedure, tax assessment proceedings

Besteuerung, **Einkünfte von der ~ ausnehmen** to exempt income from tax; **der deutschen ~ unterliegen** to be subject to German taxation

bestimmbar determinable, ascertainable; *(definierbar)* definable

bestimmen *(festsetzen)* to determine, to fix, to set; *(näher)* to state, to specify; to define (more closely); *(bezeichnen)* to designate; *(im Gesetz od. vertraglich vorsehen)* to provide; *(ausbedingen)* to stipulate; *(ernennen)* to appoint; *(ermitteln)* to ascertain; *(anordnen)* to decide, to rule; *(regeln)* to regulate; *(für bestimmten Zweck)* to earmark, to appropriate; *(bestimmend sein)* to govern, to influence; **~ für (od. zu)** to destine for; to mark out for; to earmark for; **jdn ~, etw. zu tun** to order sb. to do sth.; **sich ~ nach** to be governed (or determined) by; **~ über** *(verfügen)* to dispose of

bestimmen, **e-n Erben ~** to designate an heir; **jdn zu seinem Erben ~** to appoint sb. as one's heir; **e-e Frist ~** to fix (or set) a time-limit; **e-n Geldbetrag für e-n bestimmten Zweck ~** to earmark (or set aside, assign) a sum of money for a definite purpose; **die Rechte und Pflichten möglichst klar und genau ~** to define the rights and duties as clearly and precisely as possible; **die Strafe ~** to assess (or determine) the penalty; **im Testament ~** to provide in one's (last) will; **die Ware zur Erfüllung des Vertrages ~** to appropriate goods to the contract; **die Satzung hat zu ~** the bylaws shall provide (or state)

bestimmend determining; decisive; **~ sein** to govern

bestimmt 1. determined, decided, fixed; definite; certain, given; *(konkret)* specific; *(näher)* specified; **~ für** intended (or destined) for; appropriated to; **~ nach** *(Schiff)* bound for; **genau ~** exactly defined; **gesetzlich ~** provided by statute

bestimmt, **~er Betrag** specific amount; given sum; **für e-e ~e Dauer** for a certain (or fixed) period of time; **~er Empfänger** designated recipient; **~e Geldsumme** fixed sum; given (or certain) sum; **letztwillige Verfügung über ~en Grundbesitz** specific devise; **~er Ort** particular place; **~e Person** specific person

bestimmte Sache, der Kauf bezieht sich auf e-e ~ the sale relates to a specific good; **Pfandrecht an e-r ~n Sache** specific lien

bestimmt, bis zu e-m ~en Termin by a set date; **mit ~en Vorbehalten** subject to certain reservations; **e-n Vertrag für e-e ~e Zeit abschließen** to make a contract for a definite period; **~e** *(konkret ausgesuchte)* **Waren** specific (or ascertained) goods *(→Spezieskauf)*; **~er Zeitabschnitt** specified period of time

bestimmt 2. *(→bestimmen)*, **der Vertrag ~** the contract provides; the agreement stipulates; **sofern nichts anderes durch das Gesetz ~ ist** unless the law (or statute) provides differently (or otherwise); **~ sein von (od. ~ werden durch)** to be determined by

Bestimmtheitsgrundsatz principle of certainty

Bestimmung 1. *(in Verträgen, Testamenten etc)* provision, term, stipulation; *(e-s Gesetzes)* provision; *(Festsetzung)* fixing, determination; *(Einsetzung, Ernennung)* designation, appointment; *(Bereitstellung für besonderen Zweck)* earmarking, appropriation; **~ für den Vertrag** *(Konkretisierung der Ware zur Erfüllung des Vertrages)* appropriation to the contract; **arbeitsrechtliche ~en** labo(u)r regulations; **mit der ausdrücklichen ~** with the express stipulation; **gesetzliche ~** legal provision; provision of the statute (or Act); **steuerrechtliche ~en** tax (or fiscal) regulations; **testamentarische ~** provision of (or under) a will; **vertragliche ~** contract provision (or term), stipulation; **→Mit~**; **→Selbst~**; **→Zeit~**; **→Zweck~**

bestimmungs~, ~gemäß in accordance with the regulations; **B~kauf** purchase to specification; **~widrig** contrary to the regulations

Bestimmung, diese ~ findet Anwendung this provision applies (or is applicable); **sich auf e-e Gesetzes~ berufen** to invoke the provisions of a statute; **strengere ~en beibehalten** *od.* **erlassen** *(EU)* to maintain *or* adopt more stringent provisions; **unter die ~en e-s Gesetzes fallen** to come within the provisions of an Act; **für diesen Vertrag gelten die ~en des BGB** this contract is subject to the provisions of the German Civil Code; **gegen die ~en verstoßen** to violate the provisions

Bestimmung 2. *(örtlich)* destination; **~samt** *(PatR)*[171] designated Office; **~sbahnhof** station of destination; **~sflughafen** airport of destination

Bestimmungshafen port of destination; **vereinbarter ~** agreed port of destination

Bestimmungsland country of destination; *(Europ. PatR)* country of designation

Bestimmungsort destination, place (or point) of destination; **franko (frei) ~** free delivered; **zahlbar am ~** payable at destination

bestmöglich best possible; optimum; at the highest possible price; *(Börse)* →bestens

bestrafen to punish; to inflict a penalty (on); *(allgemein:)* to penalize; **mit →Geldstrafe ~**

bestraft, mit →Freiheitsstrafe bis zu 6 Monaten ~ werden; mit e-r hohen →Geldstrafe ~ werden

Bestrafung punishment; penalty; **das Verbrechen fordert ~** the crime calls for punishment; **der ~ entgehen** to escape punishment; **sich der ~ entziehen** to evade punishment

Bestrahlung *(AtomR)* exposure (to rays); *(von Lebensmitteln)* irradiation; **~srisiko** exposure hazard (or risk); risk of irradiation

Bestreben, in dem ~, etw. zu tun anxious to do sth.

bestrebt anxious; **~ sein** to endeavo(u)r; to be willing (or anxious)

bestreiken to strike against

bestreikte Fabrik *Br* strike-bound factory, strike-hit factory; *Am* struck factory

Bestreiten contest; *(Zivilprozess)* denial, traverse; challenge; **~ e-s Anspruchs** denial (or rejection) of a claim; **~ einzelner Klagebehauptungen** specific denial; **~ des Klagevorbringens** denial of the plaintiff's claim; **~ des gesamten Klagevorbringens** general denial; **~ der →Schlüssigkeit der Klage**; **~ der Zuständigkeit** disclaimer of jurisdiction

bestreiten 1. *(Parteivorbringen)*, **~ to contest** to deny, to traverse; to dispute, to challenge, to impugn, to argue against; **e-n Anspruch ~** to deny (or contest) a claim; **die Gültigkeit e-s Testaments ~** to dispute a will; **die Haftpflicht ~** to deny liability; **den →Klageanspruch ~**; **die →Klagebeantwortung ~**; **jds Recht ~** to contest sb.'s right; **die Zuständigkeit ~** to challenge the competence

bestritten in dispute; **~e Forderung** contested (or disputed) claim; **~ werden** to meet with denial; to be disputed (or challenged)

bestreiten 2. die Ausgaben ~ to defray (or cover, meet) the expenses; **die Kosten ~** to defray the costs, to settle the costs by payment

Bestreitung →Bestreiten; **~ der Kosten** defrayal (or defrayment) of costs; **~ des Unterhalts** providing maintenance (or support, subsistence)

Besuch visit; *(kurzer förmlicher)* call; *(Anwesenheit)* attendance (e. g. at or of a lecture); **→Ab-**

schieds~; →**Antritts~**; →**Höflichkeits~**; **~ e-r Messe** visit to (or attendance at) a fair; **~ e-s Vertreters** call of a commercial travel(l)er; **~serlaubnis** visitor's permit; permission to visit; *(Sprecherlaubnis für das Gefängnis)* visitor's pass; **~srecht** *(Recht zum persönl. Verkehr mit dem Kinde nach Ehescheidung)* right of access; visitation right; **jdm e-n offiziellen ~ abstatten** to pay an official visit to sb.; **e-n ~ erwidern** to return a visit; **jdm e-n ~ machen** →jdn besuchen

besuchen, jdn *(formell)* **~** to visit sb., to pay a visit to sb.; *(kurz)* to call on sb., to pay a call on sb.; *(als Kunde, Stammgast etc)* to patronize; *(anwesend sein)* to attend (a meeting etc); **Kunden ~** to call on customers, to canvass customers (or clients); **e-e Messe ~** to attend a fair

besucht, gut ~ well attended; **sein Vortrag war gut ~** there was a good turn(-)out at his lecture; **schlecht ~** poorly attended

Besucher caller, visitor; *(Kunde)* client; *(Zuhörerschaft)* audience; **häufiger ~** frequent visitor; **regelmäßiger ~** *(in e-m Geschäft)* regular customer, patron; **~betreuung** looking after visitors; **~liste** visiting list, calling list; **~tribüne** *parl* public gallery; **~zahl** attendance (figure); turn-out; **~ empfangen** to receive visitors (or guests)

Beta *(WertpapierR)* beta

betagte →**Forderung**

Betätigung, politische ~ political activity; **~sfeld** field of activity (or action)

Betäubungsmittel drugs; narcotic(s); **~gesetz**[172] Narcotics Law

beteiligen, jdn ~ an to give sb. a share (or interest) in; **sich ~ an** to participate in, to share in, to take a share (or interest) in; to take part in; to join in; **sich finanziell ~ an** to take a financial interest in; **sich zu gleichen Teilen ~** to participate with equal shares; **jdn an seiner Firma ~** to give sb. a share (or an interest) in one's firm (or business); to make sb. a partner of one's firm (or business); **sich an e-r Gesellschaft (finanziell) ~** to participate in a company; to take an (a financial) interest in a company; **sich an e-m Geschenk ~** to contribute to a present; **jdm am** →**Gewinn ~**; **sich an den Kosten ~** to share in the cost; **sich am Risiko ~** to take a share in the risk; **sich mit ... Euro an e-m Unternehmen ~** to buy an interest of Euro ... in an enterprise; **sich am Verlust ~** to participate in the loss

beteiligt, die ~en Parteien the parties concerned (or involved); the interested parties; **~ sein an** to have an interest (or a share) in; to share in; to participate in; to be interested (or concerned) in; *(verwickelt)* to be involved in; **maßgeblich ~ sein** to have a significant interest in; **wechselseitig ~e Unternehmen**[173] interlocking enterprises; **an e-m Geschäft ~ sein** to be interested (or have a share) in a business; **zu 10 an e-m Geschäft ~ sein** to hold a 10 per cent interest in a business; **zu 50 ~ sein** to have a half share; **an e-r Gesellschaft ~ sein** to have a holding in a company; **am Gewinn und Verlust ~ sein** to share (in) the profit(s) and loss(es); **an e-m Unfall ~ sein** to be involved in an accident; **an e-m Verbrechen ~ sein** to be a party to a crime; **an e-r Verschwörung ~ sein** to participate in a plot

Beteiligte *der, die* **1.** party; party in interest, interested party; person concerned; person involved; **die ~n** those concerned; **an alle ~n** to all concerned; →**mittelbar ~**; →**unmittelbar ~**; **an e-r Absprache ~** *(KartellR)* party to an agreement; **an e-m Gerichtsverfahren ~** party to a legal action (or lawsuit); **~ im Zwangsversteigerungsverfahren**[174] interested party in compulsory sale proceedings

Beteiligte *(der/die)* **2.** *(StrafR)* party to a crime; participant

Beteiligung participation (an in); interest; stake; holding; participatory share; *(bes. durch Aktienbesitz)* equity interest, equity participation; shareholding, stockholding; *(Bilanz)* investment; *Br* trade investment; *(Teilnehmerzahl)* attendance; *(Unterstützung)* support; **~en** *(Finanzanlagen in Gesellschaftsanteilen)* interests, participations; shareholdings; investment in subsidiaries and associated companies; →**Aktien~**; →**Erträge aus ~en**; →**Gewinn~**; →**Industrie~en**; →**Kapital~**; →**Mehrheits~**; →**Minderheits~**; →**Wahl~**; **ausländische ~en** foreign interests (or participations); foreign investments; **dauernde ~en** permanent holdings; **finanzielle ~** financial interest (or participation); **finanzielle ~ des Bundes an den Ausgaben der Länder** Federal Government's assumption of a share of the Land Governments expenditure (für on); **geringe ~** →schwache Beteiligung; →**maßgebliche ~**; **prozentuale ~** quota; **schwache ~** *(z. B. an e-m Vortrag)* poor attendance; **staatliche ~en** government interests; state shareholdings; →**stille ~**; **wechselseitige ~** interlocking interest; reciprocal shareholding

Beteiligung, ~ der Arbeitnehmer am Aktienkapital der Firma employees' stock ownership; **~ der Arbeitnehmer am Betriebsergebnis** profit-sharing, share in the profits; **~ der Arbeitnehmer an der** →**Vermögensbildung**; **~ am Erlös** interest in the proceeds; **~ an e-m Geschäft** interest (or share) in a business; **~ am Gewinn** participation (or share) in the profits; **~ zur Hälfte** half-interest; **~ an**

e-r Messe participation in a trade fair; **~ an e-r Personengesellschaft** share in a partnership; →**Erträge aus ~en an Tochtergesellschaften**; **~ an e-m Unternehmen** equity participation (or equity interest) in a business enterprise; **~ an e-m Verbrechen** participation in a crime; **~ am Verlust** participation in the loss; sharing the loss

Beteiligungs~, **~besitz** holdings; shareholding; **~darlehen** →partiarisches Darlehen; **~erträge** income from investment in shares of subsidiaries and associated companies; **~erwerb** acquisition of a shareholding; **~gesellschaft** holding company; **ausländisches ~kapital** foreign equity capital (foreign ownership in domestic enterprises)

Beteiligungsrechte *(ArbeitsR)* (die Gesamtheit der Rechte der Arbeitnehmerschaft im Betrieb) worker participation (the totality [or sum] of the rights of employees at the place of work)

Beteiligungsvertrag participation agreement

Beteiligung, **e-e ~ an e-r Gesellschaft erwerben** to acquire an interest in a company; **e-e ~ von 25 erwerben** to acquire a 25 shareholding (or interest) (an in); **~en erwerben** to secure interests

beteuern to affirm, to make an affirmation; to asseverate; **seine Unschuld ~** to protest one's innocence

Beteuerung asseveration; affirmation; **dem Eid gleichstehende ~**[175] affirmation as a substitute for oath; verification; **~sformel** *(an Stelle des Eides)*[176] solemn affirmation; verification

betiteln to title, to give a title (or heading) to

Betonbau concrete building (or construction)

betonen to emphasize, to stress, to lay stress on; to underline

Betonnung und Befeuerung *(Fahrwasserbezeichnung)* buoyage and lighting

betr. →Betrifft

Betracht, **außer ~ bleiben** not to be considered; to be left out of account; **es soll außer ~ bleiben** no account shall be taken (of); **in ~ kommen** to come into question; to be taken into consideration; to be eligible (für for); **nicht in ~ kommen** to be out of the question; **in ~ ziehen** to take into consideration (or account); to consider; **e-e Möglichkeit in ~ ziehen** to consider a possibility

betrachten als to consider (or deem)

beträchtlich considerable, substantial; **~e Kosten** substantial costs

Betrachtung consideration; view; **bei näherer ~** on closer examination; **bei vernünftiger ~sweise** reasonably; **~szeitraum** period under review

Betrag amount; (Geldbetrag) sum; **bis zum ~e von** (up) to the amount of; **über den ~ von** *(auf Wechseln)* good for; **~ (dankend) erhalten** payment (or amount) received (with thanks); **~ des Schadensersatzes** quantum of damages; **~ des Vermächtnisses** amount of the bequest; **~ in Worten** sum in words; **~ in Zahlen** amount in figures

Betrag, **abgerundeter ~** round sum; **angezahlter ~** amount paid on account; *(bei Ratenzahlungen)* down payment; **beliebiger ~** any amount; **bestimmter ~** specified amount; **erheblicher ~** significant amount; **fälliger ~** sum due; **der mir geschuldete ~** the sum due to me; **größerer ~** larger sum; **kleiner ~** small sum; **restlicher ~** remaining (or residual) amount; balance; **überfälliger ~** amount overdue; **veranschlagter ~** estimated amount; **voller ~** full amount; **zuviel berechneter ~** overcharged amount; **zuviel gezahlter ~** excess payment, overpayment

Betrag, **jdn mit e-m ~ belasten** →belasten 2.; **e-n ~ einfordern** to call in an amount; **e-n ~ auf ein →Konto einzahlen**; **jdm e-n ~ →gutschreiben**; **e-n ~ überweisen** to remit (or transfer) a sum of money; **e-n ~ zurückerstatten** to refund (or repay) an amount

Betragen conduct, behavio(u)r; **schlechtes ~** misconduct, misbehavio(u)r; **sein ~ war einwandfrei** his behavio(u)r was correct

betragen 1. *(sich belaufen auf)* to amount to, to come to, to run to; **im ganzen ~** to total, to aggregate

betragen 2. sich ~ to conduct oneself, to behave; **sich gut ~** to behave well; **sich schlecht ~** to behave improperly, to misbehave

betrauen, **jdn mit etw. ~** to entrust sb. with sth.; to entrust sth. to sb.

betraut sein mit to be entrusted with, to be in charge of

betreffen *(sich beziehen auf)* to concern, to refer to, to relate to (→betroffen)

betreffend concerning, referring; **die diesen Fall ~en Akten** the records concerning this case; **das ~e Mitglied** the member concerned; **die ~e Person** the person concerned, the person in question; **ein Rechtsstreit ~** ... a case involving ...; **die ~e Sache** the matter under consideration, the matter at hand; **zu der ~en Zeit** at the material time; at the time in question

Betreiben, **auf ~ von** at the instigation of; **~ von Bankgeschäften** conduct of banking transactions; **~ e-s Gewerbes** pursuing (or carrying on) a trade; **~ e-s Prozesses** prosecution of an action

betreiben to operate; to manage, to run; to carry on; to pursue, to follow; **den Beruf als Arzt ~** to practise medicine; **etw. berufsmäßig ~** to do sth. professionally; **jds Ernennung ~** to work for sb.'s appointment; **ein Geschäft ~** to manage (or operate) a business; **ein Gewerbe ~** to carry on (or follow, pursue) a trade; **etw. gewerbsmäßig ~** to make one's living by ...; **e-n Prozess ~** to prosecute an action; to institute legal proceedings (against); **Studien ~** to pursue one's studies; **jd, der ein Schiff betreibt** operator of a ship; **die →Vollstreckung aus e-m Urteil ~**

betreibender Gläubiger *(im Zwangsvollstreckungsverfahren)* petitioning creditor

Betreiber e-r Kernanlage *(AtomR)* operator of a nuclear plant

Betreibung der →Zwangsvollstreckung

Betreten entering, entrance; **unbefugtes ~ von** trespass upon; **~ (ist) verboten** no entrance, no admittance; no trespassing; *Br mil* out of bounds; *Am* off limits; **unbefugtes ~ bei Strafe verboten** trespassers will be prosecuted

betreten to enter; **jds Grundbesitz ~** to enter upon sb.'s land; **jds Grundbesitz widerrechtlich ~** to trespass on sb.'s land (or property); **jd, der unbefugt ein Grundstück betritt** trespasser; **ein Schiff ~** to go on board a ship

betreuen to attend to; to care for, to take care of; *(FamR)* to be custodian of (→Betreuung 1.)

Betreuer *(FamR)* protector (or custodian) of persons of full age (→Betreuung 1.)

Betreuter *(FamR)* person of full age placed under the care and control of a protector (or custodian) (→Betreuung 1.)

Betreuung 1. *(FamR)* care and control (or custody) of persons of full age; **~sbehörde** public authority responsible for the co-ordination (but not the appointment) of custodies concerning persons of full age; **~ssachen** matters relating to care and control (or custody) of persons of full age

Durch das Betreuungsgesetz (BtG)[176a] wurden zum 1. 1. 1992 die →Entmündigung, die →Vormundschaft über Volljährige und die →Gebrechlichkeitspflegschaft abgeschafft und durch das neue Rechtsinstitut der Betreuung, eine modifizierte Vormundschaft, ersetzt.

As of January 1, 1992, guardianship concerning persons of full age and curatorship ordered in case of mental or physical incapacity habe been abolished and replaced by the new legal instrument called Betreuung, a modified guardianship of persons of full age.

Betreuung 2. attendance, care-taking; care of; **ärztliche ~** medical care; **soziale ~** social welfare; **~ durch Pflegepersonal** nursing care; **~seinrichtungen** welfare establishments; **~sgut für Seeleute**[177] welfare materials for seafarers; **~sstelle** welfare centre (center)

Betrieb 1. *(Einrichtung, Unternehmen)* business, plant; *Br bes.* works; undertaking, enterprise; concern; firm; shop, workshop; factory; farm; **gewerblicher ~** industrial undertaking; business (or commercial) enterprise; plant; *(Werkstatt)* workshop; **gewerblicher ~ der öffentlichen Hand** public sector industrial enterprise; **großer ~** large enterprise (or plant etc); **→Haupt~**; **→Klein- und Mittel~e**; **landwirtschaftlicher ~** farm; agricultural undertaking; **laufender ~** going concern; **→Haupt~**; **→Neben~**; **→Privat~**; **→Staats~**; **e-n ~ führen (od. leiten)** to manage (or *colloq.* run) a business; **e-n ~ stillegen** to close down a factory (etc)

Betrieb 2. *(Tätigkeit)* operation; working activity

Betrieb, **außer ~** out of operation; out of action; *(stillgelegt)* closed down; *(nicht in Ordnung)* out of order; not in use; **außer ~ genommenes →Kernkraftwerk**; **außer ~ setzen** to put out of operation (or action); to take out of service; *(Kernkraftwerk)* to decommission; **das Fahrzeug außer ~ setzen** to take the vehicle off the road; *Am* to withdraw the vehicle from traffic

Betrieb, **in ~ (befindlich)** in operation; **nicht in ~ (befindlich)** non(-)operating; **in vollem ~** in full action (or activity); **in ~ gehen** to come on line; to come on stream; **etw. in ~ halten** to keep sth. going; **in ~ nehmen** to put into operation; to bring on line, to bring on stream; *(Kernkraftwerk)* to commission; **wieder in ~ nehmen** to reopen; to bring (or put) back into service (or operation); **in ~ setzen** to put (or bring) into operation

Betrieb, **~ von Anlagen** *(AtomR)* operation of facilities; **~ e-s Bergwerks** operation of a mine; **~ e-s Geschäftes** operation (or running) of a business; **~ des Kreditgeschäfts** conduct of credit business; **~ e-s Schiffes** operation of a ship; **~ e-s Unternehmens** operation of an enterprise

Betrieb, **den ~ aufnehmen** *(Maschine etc)* to start operations; to go into operation; *(Geschäft etc)* to open; **den ~ einstellen** *(Fabrik etc)* to cease (or discontinue) operations; *(vorübergehend od. dauernd)* to shut down

betrieblich operational; operating; in-plant; in-service; **→außer~**; **→inner~**; **~e →Altersversorgung**; **~e und kollektive Arbeitsbeziehungen** industrial relations; **~e Aufwendungen** operating expense(s); **~e Ausbildung** training in the enterprise; in-plant training; industrial training; **~ bedingte Arbeitslosig-**

keit plant conditioned unemployment; **~ bedingte Verlustzeit** delay time; **~e →Berufsausbildung**; **~e Einrichtungen zur Berufsausbildung**[178] in-plant training facilities; **~e →Erfordernisse**; **~e Erträge** operating income (or revenue); **~e Führungskraft** business executive; **~e Leistungsfähigkeit** plant capacity; operating efficiency; **~e Lohngestaltung** pay (or wage) structure; remuneration arrangement in the establishment; **im Rahmen der ~en Möglichkeiten** as far as operational capacity allows; **(zwingende) ~e Notwendigkeiten** (imperative) operational requirements (or needs); **erfassbarer ~er Nutzen** *(PatR)* measurable benefit to the enterprise; **~e Planung** operational planning; **~es Ruhegeld** occupational pension; **~e Vermögensbeteiligung** employee (stock) participation

Betriebs, **~-** operational, operating; industrial; working; **~abrechnung** operational accounting

Betriebsänderung change in operations; change in conduct of the business; **geplante ~en, die wesentliche Nachteile für die Belegschaft zur Folge haben können**[179] proposed changes which may involve substantial disadvantages for the employees; **Ausgleich oder Milderung wirtschaftlicher Nachteile für die Arbeitnehmer infolge der geplanten ~** *(Sozialplan)*[180] full or partial compensation for financial hardship sustained by employees as a result of the proposed changes (social compensation plan)

Betriebs~, **~angehörige** employees; personnel; staff; **an ~angehörige ausgegebene Aktien** staff shares; **~anlage** plant (of the undertaking), industrial plant; **~arzt** *Br* works' (or company) doctor; *Am* plant (or company) physician; **~aufgabe** abandonment of the enterprise; closing down of the plant (or of operations); **~aufnahme** starting (up) of operations; **~aufwand** operating expenses

Betriebsausgaben operational (or operating) expenses; business expenses; **als ~ absetzen**[181] to deduct as operating expenses

Betriebsausschuss[182] works (or plant) committee

Hat ein Betriebsrat 9 oder mehr Mitglieder, so bildet er einen Betriebsausschuss.

If a works council consists of nine or more members, it shall set up a works committee.

Betriebs, **~(- und Geschäfts)ausstattung** plant and equipment; fixtures and fittings; *Am* fixtures and furnishings; **~bedingungen** working conditions; **aus b~bedingten Gründen** for operational reasons; **~berater** management (or business) consultant; *Am (auch)* business engineer; **b~bereit werden** to become operational; **~besetzung** workers' sit-in; occupation by workers of factory (etc) premises particularly as a means of protest against redundancies; **~buchführung** cost accounting; **b~eigen** factory-owned; company; *Am* in-house; **b~eigenes Geschäft** company shop (or store); **~einnahmen** operating income (or receipts); **~einrichtungen** plant facilities; operating equipment

Betriebseinstellung cessation (or discontinuance, *[vorübergehend]* suspension) of operations in the undertaking; closure of the factory (etc); shut-down of the factory (etc); **~ in der Landwirtschaft** cessation of farming

Betriebs~, **~erfindung** service invention; *(praktische)* Betriebserfahrung operational experience; operational know-how; industrial know-how; **~ergebnis** (net) operating results; **~ergebnisrechnung** operating statement; statement of operating results

Betriebserlaubnis *(für Kraftfahrzeuge)* operating permit, operating licen|ce (~se); *(EU)* type approval (of motor vehicles); **b~pflichtig**[183] obliged (or required) (by law) to obtain an operating permit; **Erteilung der ~**[184] grant of the operating permit; **Inhaber e-r allgemeinen ~ für Fahrzeuge**[185] holder of a general operating permit; **die ~ entziehen** to withdraw the operating permit

Betriebs~, **~ertrag** (net) operating income (or earnings); **~erweiterung** plant extension (or addition); extension of factory; **b~fähig** in (good) working condition; operational; **~ferien** (works) annual holidays; *Am* business vacation; *Br* holiday (*Am* vacation) shutdown; **~forschung** *Br* operational research; *Am* operations research; **b~fremde Aufwendungen** non-operating expenses

Betriebsfrieden, **den ~ ernstlich stören**[186] to disturb the peace in the plant; to cause a serious disturbance of industrial relations in the plant

Betriebsführer *Br* works manager; *Am* plant manager

Betriebsführung (industrial or business) management; *Am bes.* (plant) management; **oberste ~** top management; **(verantwortliche) ~** *(Linie)* line *(Ggs. Stab)*; **Beziehungen zwischen ~ und Gewerkschaften** relations between management and unions; industrial (or labo[u]r) relations *(→Sozialpartner)*; **Wissenschaft von der ~** management science; **wissenschaftliche ~** scientific management; **~sverträge über Betriebsstätten anderer Unternehmen**[187] contracts for the management of plants of other enterprises

Betriebsgefahren operational hazards

Betriebsgeheimnis[188] trade secret, operating secret, business secret, plant secrecy; **bekannt gewordene ~se** trade secrets which have been disclosed; **Verrat von ~sen**[189] betrayal of trade secrets *(→ Geheimhaltungspflicht)*; **Wahrung von ~sen** preservation of business secrets; **mit ~sen bekannt werden** to gain knowledge of trade secrets; **ein ~ darstellen** to constitute a trade secret; **ein ~ gefährden** to risk a disclosure of a trade secret; **ein ~ als →geheimhaltungsbedürftig bezeichnen; ein ~ unbefugt verwerten** to make unauthorized use of a trade secret

Betriebsgenehmigung operation authorization

Betriebsgewinn (net) operating profit(s); (net) earnings from operations; **netto ~ nach (vor) Steuerabzug** net operating profits after (before) tax

betriebsgewöhnliche Nutzungsdauer[189a] ordinary useful life

Betriebs~, **~größe** size of a company (or firm etc); plant size; **~haftpflichtversicherung** manufacturer's liability insurance; **~inhaber** owner of a business (or undertaking); **~jahr** working (or operating) year; *Br (Rechnungsjahr)* financial (*Am* fiscal) year; **~jugendversammlung**[190] works meeting for young employees; **~kapital** working (or operating) capital; *(e-r Genossenschaft)* share capital; **~klima** working conditions and human relations; **gutes ~klima** pleasant office atmosphere; pleasant working climate

Betriebskosten *Br* working expenses; operating costs (or expenses); business expenses; **~kalkulation** cost accounting; **laufende ~** current operating expenses; **niedrige ~** low running costs

Betriebskrankenkasse company's health insurance fund; works' sickness fund

Betriebsleiter *Br* works manager; *Am* plant manager; *Am* superintendent; *Am* operations manager, shop manager; *(Leiter e-s Unternehmens)* executive

Betriebsleitung plant management

Betriebsmittel working funds; working capital, means of operation; equipment; **~fonds** working capital fund; **~guthaben** working funds balance; operating loan; **~rücklage** operating cash reserves

Betriebs~, **~obleute** shop stewards; **~obmann**[191] works representative; shop steward; *Am* shop chairman, union steward

Der Betriebsrat besteht in Betrieben mit in der Regel 5 bis 20 wahlberechtigten Arbeitnehmern aus einer Person (Betriebsobmann).

In establishments which regularly employ between 5 and 20 employees the works council shall consist of one representative.

Betriebsordnung working regulations, factory regulations; works rules; shop rules

Betriebsorganisation, Änderung der ~[192] change in the organization of the enterprise (or establishment)

Betriebs~, **~pachtvertrag**[193] company lease agreement; **~pensionskasse** company pension fund; **~politik** →Unternehmenspolitik; **~prüfung** *(durch das Finanzamt)* investigation by the tax authorities (or *Br* by the Inland Revenue); **~psychologie** industrial psychology

Betriebsrat works council; *Br (auch)* shop stewards committee; *Am (auch)* shop council (or committee); **im ~ sein** to be on the works council; **Gesamt~**[194] central (or general) works council; **Konzern~** central works council of affiliated companies

Betriebsrats~, **~mitglied** member of the works council; shop steward; **b~pflichtiger Betrieb** establishment required by law to have a works council; **~sitzung**[195] meeting of the works council; **~tätigkeit** activities of the works council

Betriebsräteversammlung[196] meeting of works councils

Betriebsratswahl[197] election of the works council

Der Betriebsrat wird in geheimer und unmittelbarer Wahl gewählt.

The works council shall be elected directly by secret ballot.

Betriebsrat, aus dem ~ ausscheiden to quit the works council; **die Tätigkeit des ~ behindern oder stören**[198] to obstruct or interfere with the activities of the works council; **e-n ~ errichten** to establish a works council

Betriebs~, **~rente** occupational pension, company pension; **~rentengesetz**[198a] Company Pension Act; **~risiko** (Verpflichtung des Arbeitgebers zur Gehalts- od. Lohnzahlung bei unverschuldeter Betriebsstockung, z. B. Stromausfall) employer's risk (the obligation of the employer to pay salaries or wages in case of work stoppage not due to his fault, e. g., power failure)

Betriebsschließung plant closure; **kurze ~** *(für Reinigung, Renovierung etc)* temporary closing; down period; **dauernde ~** closing down of a factory (etc); shut(-)down

betriebssicher sein to be in good working order

Betriebs~, **~sicherheit** industrial safety; **~spionage** industrial espionage; **~statistik** operational (or operating) statistics

Betriebsstätte place of business (or operation); *(Intern. SteuerR)* permanent establishment; *(Anlage)* plant, factory; **Stammhaus - ~** *(Intern. SteuerR)* parent company - permanent establishment; **in der Bundesrepublik belegene ~ e-s amerikanischen Unternehmens** a US enterprise's permanent establishment in the Federal Republic; **der ~ zuzurechnende Gewinne** *(DBA)* profits to be attributed to the permanent establishment; **~nbilanz** balance sheet of the permanent establishment; **~nbesteuerung** taxation of permanent establishments; **~ngewinn** permanent establishment profit; **~nstaat** state where the permanent establishment is situated; **tatsächlich zur ~ gehören** to be effectively connected with the permanent establishment; **e-e ~ unterhalten** to maintain a permanent establishment; **die Einkünfte werden e-r deutschen ~ zugerechnet** the income is attributable to a German permanent establishment

Betriebsstillegung closure of works (etc); shut(-) down of a factory (etc); closing down the plant

Betriebsstoffe operating supplies

betriebsstörend, Entfernung von ~en Arbeitnehmern[199] removal of employees who disturb the peace in the plant (or who interfere with the operation of the establishment)

Betriebs~, ~störung (operational) breakdown; interruption of operations; **~teil**[200] division (or department) (of an enterprise); **~-übergang** transfer of (the ownership of) a firm; **~überlassungsvertrag**[200a] company surrender agreement; **~überlassungsverträge über ~stätten anderer Unternehmen**[201] contracts for the use and operation of plants of other enterprises; **b~übliche Arbeitszeit** regular (or customary) working hours in the establishment; **~umstellung** reorganization

Betriebsunfall industrial accident (or injury); occupational accident; accident at work; **~entschädigung** *Br (Rente)* industrial injury benefit; *Am* workmen's compensation; **~versicherung** *Br* Industrial Injuries Insurance; *Am* Workmen's Compensation Insurance; **e-n ~ erleiden** to suffer (personal injury because of) an industrial accident

Betriebsunterbrechung interruption of business; interruption of operations (or work) in the establishment; **~sversicherung** business interruption insurance; *Br (bes. bei Feuerschaden)* loss of profits insurance; *Am* use and occupancy insurance

Betriebsveräußerung sale of business (or undertaking)

Betriebsvereinbarung[202] (Vereinbarung zwischen Betriebsrat und Arbeitgeber zur Regelung betrieblicher Arbeitsbedingungen) works (or shop) agreement, company deal (agreement negotiated by the employer and the works council concerning working conditions); operating agreement; **freiwillige ~**[203] voluntary works agreement

Betriebsverfassung works constitution; (statutory) framework for the rights of employees at their place of work; **~sgesetz** (BetrVG)[204] Works Council Constitution Act (in particular concerning employees' rights of participation and complaint)

Betriebs~, ~vergleiche interfirm (or interfactory) comparative studies (or comparisons); **~verhältnisse** operating conditions; **~verlagerung** relocation of business; **~verlust** operating loss; trading loss; **~vermögen** assets of an enterprise; operating (or working) assets (of a firm); business capital

Betriebsversammlung[205] works meeting; **e-e ~ einberufen** to hold (or call, convene) a works meeting

Betriebs~, ~vorrichtungen fixtures; **~vorschriften** work rules; shop regulations; instructions for operation; **~wert** →Unternehmenswert; **~wirt** graduate in business administration; business (or management, industrial) consultant; **~wirtschaft** industrial administration

Betriebswirtschaftslehre *Br* (science of) business economics; *Am* (science of) business administration; **allgemeine ~** management studies; business studies

Betriebs~, ~wissenschaft scientific management; **(Dauer der) ~zugehörigkeit** length of service (with a firm); *Am (auch)* company seniority

Betriebszweck business objective; **Änderung des ~s**[206] change in the objective (or purpose) of the enterprise; **überwiegender ~** overriding business purpose; principle object (of the business)

Betr. (betrifft): *(in Geschäftsbriefen)* Re:; in the matter of; *Am* subject *(→Bezug)*

betrifft, was ... ~ as far as ... is concerned; in terms of ...

betroffen affected; involved; interested; **der/die B~e** the person (or party) involved (or concerned); **durch ein Gesetz ~ werden** to be affected by a law; to fall under a statute

Betroffener (bestimmte od. bestimmbare natürliche Person) *(Datenschutzrecht)*[206a] data subject (identified or identifiable individual)

betrogen, der ~e Ehegatte the deceived spouse

Betrug *(StrafR)*[207] fraud; *(ZivilR)* fraudulent misrepresentation; deceit, deception; *Br* obtaining (chattels, money, etc) by false pretences; →**Computer~**; →**Kapitalanlage~**; →**Kredit~**; →**Subventions~**; →**Versicherungs~**
Die durch Täuschung in Bereicherungsabsicht bewirkte Vermögensbeschädigung eines anderen wird als Betrug bestraft.[207]
Damage to sb.'s financial position is punishable as fraud if it was caused by deliberate deception committed with the intent to obtain unlawful gain.

Betrug, Anfechtung wegen ~es rescission for fraud; **Erlangung von Vermögen durch ~** obtaining property by deception; →**Kredit~**; →**Versicherungs~**; **~ beim Kartenspielen** cheating at cards; **~sabsicht** intent to defraud; **Maßnahmen zur ~sbekämpfung** anti-fraud measures; **~sversuch** attempt at fraud, attempted fraud; **~ begehen** to commit a fraud; *Br* to obtain property by deception; **wegen ~s verurteilt werden** to be convicted of fraud

betrügen to defraud (sb. of sth.); to deceive, to cheat, to swindle; to obtain by fraud (or deceit, false pretences); to commit (a) fraud; **sich ~ lassen** to allow oneself to be deceived (or defrauded or cheated)

betrügend, der ~e Ehegatte the person deceiving his/her spouse

Betrüger(in) defrauder; swindler; impostor; *(beim Glücksspiel)* blackleg, dishonest gambler

betrügerisch fraudulent; deceitful; **in ~er Absicht** with fraudulent intent; with intent to defraud (or deceive); **in ~er Absicht abgegebene unrichtige** →**Tatsachendarstellung**; **~er** →**Bankrott**; **~e Geschäftspraktiken** fraudulent business practices; **e-e ~e** →**Vermögensübertragung vornehmen**; **~ erlangt** fraudulently obtained; **~ erwerben** to obtain by fraud; **~ manipulieren** *(z. B. bei Kursen)* to rig

betrunken drunk, intoxicated; **Fahren in ~em Zustand** drunk(en) driving; **in ~em Zustand fahren** to drive under the influence of alcohol

Betteln begging; beggary

Beugehaft *(um störrische Zeugen zur Aussage zu zwingen)* imprisonment for contempt (of court)

beugen, das Recht ~ to pervert the (course of) justice; to deviate from justice; to misapply the law (corruptly)

beunruhigend alarming, disquieting

beunruhigt sein über to be worried by

Beunruhigung, Anlass zur ~ geben to be a cause for (or matter of) concern

beurkunden to record (in an official document); to authenticate; **etw. ~ lassen** to have sth. recorded (in an official document) (or authenticated) (by a notary or a →Standesbeamten)

Beurkundung recording (in an official document); authentication
Die von einer Beurkundungsperson[208] in gesetzlicher Form protokollierte Niederlegung der vor dieser abgegebenen Erklärung. Im Gegensatz zur öffentlichen →Beglaubigung wird bei der Beurkundung der gesamte Inhalt der Urkunde von der Urkundsperson aufgenommen; diese ist damit öffentliche Urkunde.[209]
The recording, made by a competent official in the form required by law, of a statement made before the official. In contrast to the öffentliche Beglaubigung (→Beglaubigung 1.) the official records the entire content of the document. Documents drawn up in this fashion are called official documents.

Beurkundung, notarielle ~ e-s Vertrages official recording of a contract; authentication of a contract by a notary; *Am* notarization of a contract; **ein** →**Erbverzichtsvertrag bedarf der notariellen ~**

beurlauben, jdn ~ to grant (or give) leave (of absence) to sb.; *(jdn vorübergehend des Amtes entheben)* to suspend sb. from office; *(krankheitshalber)* to grant sb. sick leave; **sich ~ lassen** to take leave

beurlaubt on leave (or absence); (absent) on leave; suspended (from office); **wegen Krankheit ~ sein** to be on sick leave

Beurlaubung (granting of a) leave; *(vorläufige Amtsenthebung)* suspension (from office)

beurteilen to judge (nach by); to form an opinion (of or about); to consider (sb. or sth.); *(bewerten)* to evaluate; *(negativ)* to criticize; **falsch ~** to misjudge, to judge (or estimate) wrongly; **die politische Lage ~** to consider (or appraise) the political situation; **jds Leistung ~** to rate (or appraise) sb.'s performance

Beurteilung judgment; *(Bewertung)* evaluation; **~ e-s Arbeitnehmers** employee appraisal (or rating); **~ der finanziellen Lage e-s Unternehmens** capital rating; **~ der Leistung** efficiency rating; merit rating; **~ des Personals** assessment (or valuation) of personnel; efficiency report; **~sspielraum** scope for judgment evaluation; **an die rechtliche ~** *(e-r Entscheidung durch das Gericht)* **gebunden sein** to be bound by the ratio decidendi

Beute spoil(s); loot; **~gut** looted property; **~kunst** looted art; **die Diebe teilten sich die ~** the thieves divided up the spoils

bevölkert, dicht ~ densely populated; **schwach ~** sparsely populated; **über~e Länder** overpopulated countries; **unter~** underpopulated

Bevölkerung population; **abnehmende ~** declining population; →**Gesamt~**; →**Grenz~**; →**Land~**; →**Stadt~**; →**Wohn~**

Bevölkerungs~, **~abnahme** decline (or decrease) in population; **~anstieg** increase (or rise) in population; **~aufbau** population structure; **~austausch** *(VölkerR)* population transfers; exchange of population; **~ballung** concentration of population; **~bewegung** population movement; **~dichte** population density; **~entwicklung** population trend; **~explosion** population explosion; **~kreise** →Bevölkerungsschichten; **~lage** demographic situation; **~merkmale** population characteristics; **~politik** population (or demographic) policy; **b~politische Maßnahmen** population policies; **~rückgang** decline (or decrease) in population; **~schicht(en)** social class(es), class(es) of population; social stratum (strata); **~statistik** population (or demographic) statistics; vital statistics; **~statistiker** demographer; **~struktur** population structure; **~überschuss** population surplus; overspill; **~vorausschätzung** population forecast; **~wachstum** population growth; **~wissenschaft** demography; **~zählung** population census; **~zunahme** population increase, increase in population; demographic increase

Bevölkerung, **die ~ hat abgenommen (zugenommen)** the population has decreased (increased)

bevollmächtigen, **jdn ~** *(ermächtigen)* to authorize sb., to empower sb.; *(jdm Vollmacht erteilen)* to give (or grant) sb. a power of attorney; *(Stimmrechtsvollmacht)* to appoint sb. (as) one's proxy; **jdn schriftlich ~** to authorize sb. by a power of attorney

bevollmächtigt authorized, empowered; having (or holding) a power of attorney; **von ihren Regierungen ~e Minister** *(VölkerR)* ministers furnished with full powers by their Governments; **ordnungsgemäß ~er Vertreter** duly authorized representative (or agent); **von jdm ~ sein** to be authorized (or empowered) by sb.

Bevollmächtigte, **~ (der/die) 1.** agent; authorized representative; person holding a power of attorney; attorney in fact; attorney; *(zur Stimmabgabe)* proxy(holder); **Vollmachtgeber und ~r** principal and agent; **tatsächlich od. rechtlich ~r** agent in fact or law; **Bestellung e-s ~n** appointment of an agent; **seine Stimme persönlich oder durch e-n ~n abgeben** to vote in person or by proxy; **jdn zum ~n** *(bei der Stimmabgabe)* **ernennen** to appoint sb. as one's proxy

Bevollmächtigte, **~ (der/die) 2.** *(VölkerR)* plenipotentiary; **der unterzeichnete ~** the undersigned plenipotentiary; **jdn zum ~n ernennen** to appoint (or designate) sb. as plenipotentiary

Bevollmächtigung authorization; conferment of authority; power of attorney; *(zur Stimmabgabe)* proxy

bevorraten, **jdn ~** to stock sb. up (with sth.)

Bevorratung stocktaking; storage

bevorrechtigen, **jdn ~** to privilege sb., to grant a privilege to sb.; to give sb. a prior claim (or a priority)

bevorrechtigt privileged; having priority; preferential, preferred; **Anspruch auf ~e Befriedigung** prior claim to satisfaction; **~e Forderung** prior claim (or debt); *(bes. bei Insolvenz)* preferential (or preferred) claim (or debt); **~er Gläubiger** creditor having priority; *(bes. bei Insolvenz)* preferential (or preferred) creditor; **nicht ~er Gläubiger** general creditor; **~e Gläubiger gehen gewöhnlichen Gläubigern im Rang vor** preferential creditors rank before ordinary creditors; **~e Stammaktien** *Br* preferred ordinary shares; **~ sein** to enjoy a privilege; to have a prior claim

bevorschussen to advance money; to grant an advance on (or for); **der Kaufmann bevorschusst die Kommissionsware** the merchant advances money on the consigned goods

Bevorschussung, **~ der Provision** advance on commission; **~ von Rechnungen** invoice discounting

bevorstehend impending; **(unmittelbar) ~e Gefahr** imminent danger; **~e Gespräche** forthcoming talks

bevorzugen to prefer, to give preference (gegenüber to); to favo(u)r; *(den Vorrang geben)* to give priority to; *(unberechtigt)* to show unfair preference (gegenüber for); **e-n Gläubiger ~** to prefer (or give preference to) one creditor over others

bevorzugt preferred, preferential; *(bevorrechtigt)* privileged; **~e Behandlung** preferential treatment; **~e Stellung** privileged position; **~ →befördern**; **e-n Gläubiger ~ →befriedigen**; **~ behandelt werden** to be given preference; to receive preferential treatment (vor to, over); **~ sein** to be preferred (vor to, over)

Bevorzugung preference (vor to, over); (giving) preferential treatment (to); **unter ~ gegenüber** in preference to; **unzulässige ~** undue preference; **~ e-s Gläubigers zum Zweck der Benachteiligung der anderen Gläubiger** *(InsR)*[209a] fraudulent preference

bewachen, **jdn ~** to guard sb.

bewachter Parkplatz car park with an attendant

Bewachung von Gefangenen custody of prisoners

bewaffnet, **~e Auseinandersetzung** *(VölkerR)* armed conflict; **~e Neutralität** armed neutrality; **~er Überfall** armed raid; **~er Widerstand** armed resistance

bewähren, **sich ~** *(Person)* to prove oneself, to make good; *(Sache)* to turn out well; to stand the test; **der Plan bewährt sich nicht** the plan has not proved successful, the plan does not work out

bewährter Mitarbeiter proven collaborator

Bewährung, **zur ~ ausgesetzte Haftstrafe** probationary custody; **Strafaussetzung zur ~**[210] (suspension of sentence on) probation *(→Auflage 3.)*; **gerichtliche Entscheidung, durch die auf Strafaussetzung zur ~ erkannt wird** probation order; **Person, deren Strafe zur ~ ausgesetzt ist** person on probation; probationer; **Strafaussetzung zur ~ anordnen** to give a probation order; **jds Strafe zur ~ aussetzen** to suspend sb.'s sentence on probation; to place sb. on probation

Bewährungsaufsicht probation supervision

Bewährungsfrist period of probation; probationary period; **Strafe mit ~** suspended sentence

Bewährungshelfer[211] probation officer; **jdn der Aufsicht e-s ~s unterstellen** to place sb. under the supervision of a probation officer

Bewährungshilfe[211] assistance rendered to a probationer by the probation officer, probation assistance

Bewährungszeit[211a] period (or length) of probation; probation period; **e-e ~ von 2 Jahren erhalten** to receive a term of probation of two years (or two years' probation)

Bewährung, **jdn zu 6 Monaten mit ~ verurteilen** to give sb. a six-months' suspended sentence

bewandert sein in to be conversant with, to be versed in; *colloq.* to be up on

Bewässerung irrigation; **~sanlage** irrigation plant; **~svorhaben** irrigation project

bewegen, **sich ~** (zwischen) *(Preise)* to range (between); **sich frei ~** to move about freely

Beweggründe motives; **eigennützige ~** motives of self-interest; **aus niedrigen ~n handelnd** acting from base motives

beweglich 1. movable; **~er Nachlass** personal (or movable) estate (or property)

bewegliche, **~ Sache** chattel; movable property; **→Eigentum an ~n Sachen**; **Rechte an ~n Sachen** interests in movables (or chattels)

bewegliches Vermögen personal property; personalty; (goods and) chattels; *Scot* movable property; *(bes. IPR)* movable property, movables; *(DBA)* capital represented by movable property; *(zum persönlichen Gebrauch bestimmtes) bewegliches Vermögen (Hausrat, Schmuck, Auto etc)* chattels personal; **bewegliches und un~** movables and immovables; mixed property

beweglich 2. *(flexibel)*, **~e Wechselkurse** flexible (or fluctuating) rates of exchange

Bewegung movement; motion; **~sbilanz** statement of changes in financial position; funds statement; **~sfreiheit** freedom of movement; **wirtschaftliche ~sfreiheit** freedom of economic activity; **~sstudie** *(Arbeitsstudie)* motion study

Beweis evidence; proof (für of); **als ~ dienend** probative; *Am* probatory; **als ~ für (od. zum ~e von)** in (or as) evidence of; in (or as) proof of; **als ~ vorgelegte Urkunde** exhibit; **durch ~ erwiesene Tatsache** evidentiary fact; established (or proved) fact

Beweis, **mangels ~es** in the absence of evidence; for lack of evidence; failing proof; **den Angeklagten mangels ~es →freisprechen**

Beweis, **~ des ersten Anscheins** prima facie evidence; **~ durch →Augenschein(seinnahme)**; **~ vom Hörensagen** hearsay evidence; **~ des →Gegenteils**; **~ durch Parteivernehmung**[212] evidence by interrogation of the parties; **~ durch Sachverständige**[213] expert evidence in the form of a written report; **~ durch Urkunden**[214] documentary evidence; **~ durch Zeugen**[215] evidence by witnesses

Beweis, **ausreichender ~** sufficient evidence (or proof); **indirekter ~** →mittelbarer Beweis; **mittelbarer ~** secondary (or indirect) evidence; hearsay evidence; **schlüssiger ~** conclusive evidence; **schriftlicher ~** written (or documentary) evidence (or proof); **→überzeugender ~**; **unmittelbarer ~** *(aus eigener Wahrnehmung)* direct evidence; **urkundlicher ~** documentary evidence; **sich widersprechende ~e** conflicting evidence; **zulässiger ~** admissible evidence

Beweis, **~ anbieten** to offer evidence (or proof); **~ antreten** to submit (or tender) evidence; **er trat ~ für die Wahrheit seiner Behauptung an** he submitted evidence to establish the truth of his allegation; **~ aufnehmen** to take (or hear) evidence; **den ~ erbringen** to furnish (or adduce, produce) evidence; to prove; to discharge the onus of proof; **~ erheben** →Beweis aufnehmen; **Tatsachen, über die ~ erhoben werden soll** facts in respect of which evidence is to be taken; **~ führen** to furnish (or produce) evidence; to establish one's case; **den ~ liefern** →Beweis erbringen; **etw. unter ~ stellen** to give evidence of sth.; **als ~ vorbringen** to put in evidence; to produce in evidence (of); **als ~(stück) vorlegen** to submit (or produce) in evidence; **~ würdigen** to weigh evidence; **als ~ zulassen** to admit in evidence

Beweis~, ~angebot →**~antritt**

Beweisantrag, e-n ~ ablehnen[216] **(zulassen)** to deny (grant) a motion for the admission of evidence

Beweisantritt[217] offer of proof; offer to produce evidence; production (or introduction) of evidence

Beweisaufnahme[218] taking (or hearing) of evidence; **~ im Ausland** taking of evidence abroad[219] *(→Haager Beweisaufnahmeübereinkommen)*; **~protokoll** transcript of the evidence; *Am* record (of the hearing of evidence); trial record; **die ~ ergab** the evidence showed; **die ~ schließen** to close the case (or trial); **die ~ vornehmen** to take (or hear) evidence; **das Ergebnis der ~ zusammenfassen** to sum up evidence

Beweisausführungen *(Zivilprozess)* (factual) arguments

beweis~, ~bar provable; capable of being proved, susceptible of proof; **~bedürftige Tatsache** matter (or fact) to be proved

Beweis~, ~beschluss order to take (or hear) evidence; **~ergebnis** result of evidence; **~erhebung** →Beweisaufnahme; **~ermittlung** discovery; **~frage** question of evidence; **b~führende Partei (od. ~führer)** party giving (or tendering) evidence; **~führung** giving (or tendering) (of) evidence; **lückenlose ~führung** close reasoning; **~gegenstand** →Beweisthema; **~grund** reason for an offer of proof; *Am* argument issue; point in controversy

Beweiskette, lückenlose ~ complete chain of evidence; **Verbindungsstück in e-r ~** link in a chain of evidence

Beweiskraft, ~ (z. B. der Bücher)[220] probative (or evidentiary, *Am* probatory) value (or force) (e. g. of business records); **Mangel der ~** inconclusiveness

beweiskräftig having probative (or evidentiary) value (or force); **als ~ anerkennen** to receive in evidence

Beweislast burden of proof, onus of proof, onus probandi; →**Umkehr der ~**; **jdm die ~ auferlegen** to impose the burden of proof on sb.; **die ~ für die Schuld obliegt ...** the burden of establishing guilt is on ...; **die ~ tragen** to bear the burden of proof; **die ~ trifft den Beklagten** the onus of proof lies (or rests) with the defendant; **die ~ umkehren** to shift the burden of proof; **die ~ geht über auf** the burden of proof shifts to

Beweismaterial evidence; **auf Grund des ~s** on the basis of the evidence; **vorliegendes ~** available evidence; evidence presented; **durch ~ belegt** supported by evidence; **~ beibringen** to supply evidence; **neues ~ sammeln** to collect fresh evidence; **~ unterdrücken** to conceal (or suppress) evidence; **das ~ ist unzulänglich (od. reicht nicht aus)** the evidence is unsufficient

Beweismittel evidence, proof; *(im Strafverfahren)* criminal evidence

Beweismittel sind im Zivilprozess: Augenschein, Zeugen, Sachverständige, Urkunden, Parteivernehmung und amtliche Auskunft;[221] im Strafprozess: Augenschein, Zeugen, Sachverständige und Urkunden.

The following evidence is admissible in civil proceedings: visual inspection by the court, witnesses, experts, documents, interrogation of the parties and official information; in criminal proceedings: visual inspection by the court, witnesses, experts and documents.

Beweismittel, (un)zulässiges ~ (in)admissible evidence (or proof); **~ beibringen** to present evidence; **~ sein für** to be evidence for; **falsche ~ unterschieben** to plant evidence; **als ~ zulassen** to admit (or receive) in evidence; **als ~ nicht zulassen** to exclude evidence; **als ~ zugelassen sein** to be receivable in evidence; **~ zurückhalten** to withhold evidence

beweispflichtig, ~ sein to be under the obligation of proving; *Am* to hold the affirmative burden of proof; **der Kläger ist ~** the burden (or onus) of proof lies on (or rests with) the plaintiff

Beweisregeln rules of evidence; rules as to the admissibility and evaluation of evidence

Nur in den durch das Gesetz bezeichneten Fällen ist das Gericht an gesetzliche Beweisregeln gebunden *(s. freie →Beweiswürdigung)*.

Only in cases designated by statute must the court observe fixed rules of evidence.

Beweisschwierigkeiten obstacles to proof of evidence; difficulties concerning proof of evidence

Beweissicherung[222] preservation (or conservation) of evidence; *(bei Zeugenaussage)* perpetuation of testimony; **~sgebühr** *(europ. PatentR)* fee for the conservation of evidence; **~sverfahren** proceedings for the preservation of evidence (or for the perpetuation of testimony); **Aussagen zur ~ aufnehmen** to perpetuate testimony

Beweisstück piece of evidence; exhibit; **ein ~ vorlegen** to offer (or produce) an exhibit

Beweis~, **~termin** hearing (fixed) for the taking of evidence; trial date; **~thema**[223] fact(s) in issue, factual issue, fact(s) to be proved; **~unterschlagung** suppression of evidence

Beweisurkunde[224] document in proof (or evidence) of a right (or claim etc); **~ über Eigentumsrechte** *(im Grundstücksrecht)* documentary evidence of title; title deed

Beweisverfahren procedure of taking evidence

Beweisverwertungsverbot exclusion of evidence improperly obtained; **Fernwirkung des ~s** *Am* fruit of the poisonous tree doctrine

Beweiswürdigung, **freie ~** free evaluation (or consideration) of evidence
Im deutschen Recht gilt der Grundsatz der freien Beweiswürdigung. Mit wenigen gesetzlichen Ausnahmen wird die Glaubwürdigkeit der Beweise von dem Richter nach freiem Ermessen beurteilt.[225] German law recognizes the principle of free evaluation of the evidence. With few statutory exceptions, the admission and weighing of evidence, including for instance hearsay, lies within the discretion of the court.

beweisen to prove; to give (or furnish, produce) evidence (of); to show (to be true or valid); *(nachweisen)* to establish; **er hat zu ~, dass** he must prove that; **zu ~de Tatsache** fact to be proved, fact in issue *(→ bewiesen)*

bewerben, **sich um etw. ~** to apply for sth. (bei jdm to sb.); **sich um ein Amt ~** to apply for a post; *Br (unbezahltes od. politisches Amt)* to stand for (*Am* to run for) an office; **sich um e-n ausgeschriebenen Auftrag ~** to make (or send in) a tender; *Br* to tender (*Am* to bid) for a contract; **sich um e-n Preis (mit)~** to compete for a prize; **sich um e-e Stelle ~** to apply for a post (or job, position, situation)

Bewerber applicant; *(um ein Amt od. e-n Sitz im Parlament)* candidate; *(um e-n ausgeschriebenen Auftrag)* contractor; tenderer; *Am* bidder; **Mit~** *(für e-n Preis)* competitor; **nicht berücksichtigter ~** untapped applicant; **~land** applicant country; **~liste** list of applicants (or candidates)

Bewerbung application; **→Stellen~**; **~ um e-e Anleihe** application for a loan; **~ mit Gehaltsforderung erbeten an ...** please apply to ..., stating the salary required; **~sbrief (od. ~schreiben)** letter of application; **~sunterlagen** application files, application papers; personal data and testimonials; **seine ~ einreichen bei** to submit one's application to

bewerten to value (auf, mit at); to evaluate, to appraise, to make an appraisal; to assess, to rate, to estimate the value of; **neu ~** to revalue; to rerate; **→über~**; **→unter~**; **Grundbesitz ~** to undertake the valuation of property, to value property; **ein Vorhaben ~** to assess a project; **Waren ~** *(Zoll)* to assess goods

Bewertung valuation, evaluation, appraisal, assessment, rating; estimate of the value; **→Anlage~**; **→Arbeits~**; **→Bestands~**; **→Leistungs~**; **→Über~**; **→Unter~**; **~ e-r Aktie** share rating; **~ e-s Anspruchs** assessment of a claim; **~ von Grundbesitz** valuation of property; **~ e-s Mitarbeiters** *(Leistungsbewertung)* merit rating; **~ für Nachlasszwecke** valuation of probate; **~ der Risiken** assessment of risks; **~ durch Sachverständige** valuation by an expert, *Am* expert appraisal; **~ e-r Tätigkeit** *(Arbeitsbewertung)* job evaluation; **~ von Unternehmen** valuation of companies; **~ von Vermögen(sgegenständen)** valuation of assets; **~ der Vorräte** stock evaluation

Bewertungs~, **~abschlag** reduction of the valuation; **~freiheit** *(EinkommensteuerR)* discretionary valuation; **~gesetz** (BewG)[227] Valuation Law; **~grenze** assessment limit; **~grundlage** basis of valuation; **~grundsätze** principles of valuation; **~maßstäbe** *(z. B. für Aktien)* valuation criteria, valuation standards; **~methode** valuation method; **~system** *(für Effekten)* rating system; **~vereinfachungsverfahren** procedures for simplifying valuation (or assessment); **~vorschriften** valuation provisions; **~wahlrecht** →Bewertungsfreiheit

Bewetterung *(Bergbau)* ventilation

bewiesen, **die Schuld des Angeklagten ist ~** the guilt of the accused has been proved (or established); **wenn ~ ist** upon proof; **~ sein durch** to be evidenced (or established) by

bewilligen *(amtlich)* to licen|ce (~se), to grant permission, to authorize; to allow, to grant, to permit; *(zugestehen)* to concede; **Gelder (od. Geldmittel) ~** to grant money; *(für bestimmten Zweck)* to appropriate funds; *parl* to vote the appropriation, to vote supplies; **ein Gesuch ~** to comply with a request; **Haushaltsmittel ~** to appropriate budget funds; **Kredit ~** to grant credit

bewilligt, **~er Betrag** *parl* vote, supply, appropriation; **~e Etatansätze** budget estimates as voted; **im Haushaltsplan ~e Mittel** appropriations in the budget

Bewilligung *(amtl.)* licen|ce (~se), permit, authorization; allowance, grant(ing); *parl* vote, appropriation(s) (in the budget); **~ e-r Frist** granting of time; **~ von Haushaltsmitteln** appropriation of budget funds

bewirken to effect, to cause, to bring about; **~, dass jd etw. tut** to cause sb. to do sth.; **e-e zu ~de Leistung** an obligation to be performed

bewirten *(Gäste etc)* to entertain

bewirtschaften to manage; *(verwalten)* to administer; *(lenken, regeln)* to control; *(rationieren)* to ration; **e-n Hof ~** to manage (or work) a farm

bewirtschaftet, **~e Waren** rationed (or quota) goods; **nicht ~** free, unrationed, not controlled; **nicht mehr ~** decontrolled

Bewirtschaftung management; *(Landwirtschaft)* husbandry; *(Zwangsbewirtschaftung)* rationing; control; **~und Lagerung radioaktiver Abfälle** management and storage of radioactive waste; **~ von Devisen** foreign exchange control; **~ e-s Gutes** management of an (agricultural) estate; **~ von Waren** rationing of goods; **Aufhebung der ~** abolition of rationing; decontrol; **aus der ~ herausnehmen** to decontrol, to deration

Bewirtung entertainment, entertaining; **Kosten der (Unterhaltung und) ~ von Geschäftsfreunden** (business) entertainment expenses

bewohnbar habitable; fit to be lived in; fit for occupation

Bewohnen e-s Hauses occupation (or *bes. Am* occupancy) of a house; residence in a house

bewohnen to inhabit, to live in; to reside in; *(Haus, Zimmer)* to occupy

bewohnt, **~es Gebäude** occupied building; **vom Eigentümer ~(er Grundbesitz)** owner-occupied (property)

Bewohner *(Einwohner)* inhabitant; resident; *(e-s Hauses, Wohnraums)* occupier, occupant; *(Mieter)* tenant; **~ des Bundesgebiets**[228] inhabitant of the Federal territory

bewußt aware (of, that), conscious(ly); knowing(ly), having knowledge (of); *(eingedenk)* mindful (of); *(absichtlich)* deliberate(ly); **nicht ~** not aware, unaware; **~e →Fahrlässigkeit**; **~es Verschweigen von Tatsachen** deliberate concealment of facts; **er war sich seiner Schuld ~** he was conscious of his guilt; **sich ~ sein** to be mindful (of), to be aware (that)

Bewußtlosigkeit unconsciousness

Bewußtsein, **in dem ~** aware (of), conscious (of); bearing in mind; in recognition of; **~sstörung** *(z. B. bei Testamentserrichtung)*[229] mental disturbance

bezahlen to pay, to make a payment, to settle; *(entgelten)* to remunerate; *(Wechsel, Scheck)* to hono(u)r; **jdm etw. ~** to pay sb. (for) sth.; to pay sth. to sb.; **nicht ~** to leave unpaid; to default; **in →bar ~**; **im ganzen od. in →Raten ~**; **nochmals ~** to repay; **pünktlich ~** to pay punctually (or on time); **schlecht ~** to pay poorly; to underpay; **teilweise ~** to pay partly; **umgehend ~** to pay promptly; **voll ~** to pay in full; **im voraus ~** to pay in advance, to prepay; **zuviel ~** to pay too much, to overpay; **zu wenig ~** to pay too little, to underpay

bezahlen, e-n Anwalt ~ to pay a lawyer's fee(s) (or to pay the fee to a lawyer); **die Auslagen ~** to defray the expenses; **jdn für seine Dienste ~** to remunerate sb. for his services; **e-e →Rechnung ~**; **seine →Schulden (nicht) ~**; **e-n Wechsel (nicht) ~** to hono(u)r (dishono[u]r) a bill; **mit e-m Wechsel ~** to pay by means of a bill

bezahlt paid; settled; remunerated; *(auf Rechnungen als Quittung)* settled; *(Börse)* (b., bez.) bargains done; **gut ~** well paid; **noch nicht ~** not yet paid, undischarged; *(überfällig)* overdue; **schlecht ~** *(Dienstleistung)* ill-remunerated; *(Stelle)* badly (or poorly) paid; **~e Rechnung** settled account; **~er →Urlaub**; **sich ~ machen** to pay; **es macht sich nicht ~** it does not pay, it is not profitable; **der Wechsel ist** *(bei Vorlage od. Fälligkeit)* **nicht ~** the bill has been dishono(u)red

Bezahltmeldung *(z. B. beim erfolgten Inkasso der Handelspapiere)*[230] advice of fate

Bezahlung payment; settlement; *(Vergütung)* remuneration; *(Lohn)* pay, wages; *(Gehalt)* salary; **bei ~ von** (up)on payment of; **gegen ~** against payment; **nicht genügende ~** inadequate payment, underpayment; **langsame ~** slow (or dilatory) payment; **ordnungsgemäße ~** due payment; **teilweise ~** part payment; **volle ~** payment in full; **~ von Dienstleistungen** remuneration of services; **~ e-r Rechnung** settlement (or settling, payment) of an account (or a bill); **~ gegen offene Rechnung** *(intern. Zahlungsverkehr)* clean payment; **~ von Schulden** discharge (or settlement) of debts; **~** *(der Ware)* **gegen Aushändigung der Verschiffungsdokumente** payment against documents; **die Ware bleibt bis zur vollständigen ~ unser →Eigentum**; **jdn an die ~ e-r Rechnung →erinnern**; **die ~ erfolgt monatlich** payment shall be made on a monthly basis

bezeichnen *(kennzeichnen)* to designate, to mark, to denote, to indicate; *(benennen)* to denominate, to name, to give a name to; *(beschreiben)* to describe; *(Waren auszeichnen)* to mark, to label; **jdn ~ als** to refer to sb. as; **genau ~** to specify; **näher ~** to define, to state precisely

bezeichnend significant, indicative, characteristic (für of); **(lediglich) ~e Worte** *(die nicht als Warenzeichen geschützt werden können)* descriptive words

bezeichnet, **~e Menge** denominated quantity; **falsch ~e Waren** misbranded goods; **die Firma wird nachstehend als ... ~** the firm is hereinafter referred to as ...

Bezeichnung *(Kennzeichnung)* designation, marking, indication; *(Benennung)* denomination, naming; *(Beschreibung)* description; *(Ausdruck)* expression, term; *(Warenauszeichnung)* mark(ing), label(ling); →**Amts~**; →**Herkunfts~**; →**Inhalts~**; →**Ursprungs~**; **falsche ~** *(e-r Person in e-r Urkunde)* misnomer; **falsche ~ von Waren** false marking of goods; **kurze ~** *(e-s Gesetzes)* short title; **technische ~** *(der ErfindungPatR)* technical designation; **~ der Erfindung** title of the invention; **~ der Firma** firm name, business name; **~sweise** nomenclature

bezeugen, **etw. ~** to testify (or witness) to sth.; to bear witness to sth; to attest sth.

bezichtigen to accuse of, to charge with, to incriminate; **sich selbst ~** to charge (or incriminate) oneself

bezichtigt werden to be under an imputation

Bezichtigung charge, accusation, imputation, incrimination; **Selbst~** self-incrimination

beziehbar *(Waren)* obtainable; *(Wohnung)* ready for *Br* occupation *(Am occupancy)*; **sofort ~** vacant possession

beziehen 1. *(regelmäßig erhalten)* to get, to obtain; *(kaufen)* to buy, to purchase; *(ausgezahlt bekommen)* to receive, to draw; *(abonnieren)* to subscribe; **jung, junge Aktien ~** to subscribe to (or take) new shares *(→Bezugsrecht)*; **Dividenden ~** to receive (or collect) dividends; **Einkünfte ~** to draw an income; to derive revenue; **ein Gehalt ~** to draw a salary; **Miete aus e-m Haus ~** to derive rent from a house; →**Unterhalt ~**; **Waren ~** to buy (or get, obtain, procure) goods (aus dem Ausland from abroad); **e-e Zeitung ~** to subscribe to a newspaper

beziehen 2. *(e-e Wohnung)* to move into, to occupy; **e-e Universität ~** to enter a university; **sofort zu ~** ready for occupancy; ready to move in

beziehen 3. sich ~ auf to refer to, to have reference to; to relate to, to pertain to; **wir ~ uns auf Ihr Angebot vom ...** we refer (or reference is made) to your offer of ...

Bezieher, **~ neuer Aktien** subscriber to new shares; **~ e-r Altersrente** old age pensioner; **~ e-r Pension** recipient of a pension; **~ e-r Zeitung** subscriber to a (news)paper

Beziehung relation, relationship; connection; reference (zu to); **in ~ zu** with reference to, with regard to, in respect of, referring to; **in dieser ~** in this respect; **in tatsächlicher und rechtlicher ~** in fact and in law; →**Vertrags~**; **~ haben (od. in ~ stehen) zu** to refer (or relate) to, to be related to; to have reference to

Beziehungen relations, connections (zu with); →**Abbruch der ~**; →**Aufnahme von ~**; **Auslands~** foreign connections; →**außereheliche ~**; →**diplomatische ~**; →**eheliche ~**; **in guten ~ zu** on good terms with; **persönliche ~** personal relations (or connections); **rechtliche ~** legal relations; →**Verbesserung der ~**; →**Verschlechterung der ~**; **vertragliche ~** contractual relations; **zwischenmenschliche ~** human relations; **~ zwischen Arbeitgebern und Arbeitnehmern** employer-employee relations; **~ zum Ausland** foreign connections; **~ zwischen Betrieb(sführung) und Gewerkschaften (od. zwischen den Sozialpartnern)** labo(u)r relations; industrial relations; **~ zur Öffentlichkeit** public relations

Beziehungs~, **~kauf** direct purchase (from producer or wholesaler); **~pflege** public relations; **b~weise** (bzw.) as the case may be; respectively

Beziehungen, **~ abbrechen** to break off (or sever) relations (zu with); **~ (weiter) ausbauen** to develop relations; **gute ~ haben** to have good connections; to be well-connected; **die guten ~ gefährden** to jeopardize the good relations; **die ~ verbessern** to improve relations

beziffern to mark with numbers, to number; to estimate (auf at); **sich ~ auf** to amount to, to come up to; **den Schaden auf Euro 100.- ~** to estimate the damage at Euro 100

Bezirk district; region; area; →**Post~**; **Wahl~** →Wahlkreis; **~ des Handelsvertreters** *(Vertragsgebiet)* contractual territory of the agent; **~sdirektion** regional office; **~sdirektor** district manager, branch director; **~svertreter** local agent; regional representative; **~sverwaltung** regional office (or administration); **e-n ~ geschäftlich bereisen** to work a district

bezogen, **~e Bank** the bank drawn upon; **~e Firma** drawee

Bezogene (der/die) *(Wechsel, Scheck)* drawee

Bezug 1. *(Bezugnahme)* reference *(in Schreiben: Our ref.:, Your ref.:)*; **in ~ auf** *(hinsichtlich)* with regard to; in terms of; **mit ~ auf (od. unter ~nahme auf)** referring to, with reference to; relating to; **~sjahr** year of reference; **~spatent** related patent; **~szeichen** reference mark; **auf etw. ~ nehmen** to refer to, to make reference to; **im Vertrag ausdrücklich ~ nehmen auf** to include expressly by reference in the contract

Bezug 2. *(Beziehen)*, **~ e-r Rente** drawing (or receipt) of a pension; **~ von Waren** purchase (or supply, procurement) of goods; **~ e-r Zeitschrift** subscription to a magazine

Bezugs~, **~bedingungen** terms of supply; *(Abonnement)* terms of subscription; **~berechtigter** *(VersR)* beneficiary; person to whom the insured sum has to be paid; *(Pension)* person entitled to draw a pension; **~bindung von Käufern** exclusive dealing contract; **~frist** *(z. B. für →Kurzarbeitergeld)* benefit period; **~gebiet** area of purchase; supplying area; **~kosten** purchasing costs; **~land** *(bei Exporten)* recipient country; *(bei Importen)* supplying country; **~preis** purchase price; cost price; *(Abonnement)* subscription price; **~quelle** source of supply; supplier; **~recht** *(VersR)* right to the insurance benefit; right to receive the insured sum; **~recht auf Aktien** →Bezug 3.; **~schein** (buying) permit; ration card; coupon

Bezugssperre[231] refusal to buy; **ein Unternehmen zu ~n veranlassen** to induce an enterprise to suspend (or boycott) purchases

Bezug 3. ~srecht *(AktienR)* subscription right; *Am* preemptive right, stock right; *Br* (application) rights

Bezugsrecht ist das auf Gesetz beruhende Recht der Aktionäre, bei neuen Aktienausgaben junge Aktien zu erwerben im Verhältnis ihrer bisherigen Beteiligung.[232]

"Bezugsrecht" is the right of the shareholders, based on statute, to subscribe to shares of a new issue in proportion to their existing equity interest.

Bezugs~, **~aktien**[233] shares of a new issue; *Am* preemptive shares (offered to shareholders in case of increase of capital); **~angebot** *(für neue [junge] Aktien)* rights issue; **~aufforderung** request to exercise the subscription right; **~berechtigter** owner of a subscription right; **~berechtigung** →Bezugsrecht; **~erklärung**[234] (written) declaration to exercise the subscription right

Bezugsfrist[235] subscription period; time limit for exercising the subscription right

Für die Ausübung des Bezugsrechts kann eine Frist von mindestens zwei Wochen bestimmt werden.

A time-limit of not less than 2 weeks may be set for the exercise of a subscription right.

Bezugs~, **~kurs** subscription price; **~obligationen** bonds with stock rights (or *Am* stock warrants)

Bezugspunkt *(Bezugsgröße bei einer Bewertung)* benchmark

Bezugsrecht →Bezug 3.; **ausschließlich ~e** →ohne Bezugsrechte; **einschließlich ~e** →mit Bezugsrechten; **Markt der ~e** rights market; **mit ~en** with (or cum) rights; *Am* with warrants; **ohne ~e** without (or ex) rights; *Br* ex news; *Am* without warrants; **~sabschlag** deduction of (or ex) subscription rights; **~sangebot** rights offer; letter of rights; **~semission** rights issue; **~serlöse** proceeds from the sale of subscription rights; **~spreis** price of the right(s); **~sschein** subscription warrant; **~swert** value of the subscription right; **von e-m ~ Gebrauch machen (od. ein ~ ausüben)** to exercise a subscription right; to exercise rights

Bezugstellen agencies for the receipt of applications from shareholders who wish to exercise rights; subscription agents

Bezug 4. *(Beziehen e-r Wohnung)*, **b~sfertige Wohnung** *Br* flat ready for (immediate) occupation; *Am* apartment ready for (immediate) occupancy

Bezüge emoluments; earnings; **Gehalt und andere ~** salary and other emoluments; **Geld- und Sach~** remuneration in cash and in kind

bezüglich referring to, relating to, respecting; as to, as regards

BGB (Bürgerliches Gesetzbuch) (German) Civil Code; **~-Gesellschaft** →Gesellschaft des bürgerlichen Rechts

Bhutan Bhutan; **Königreich ~** Kingdom of Bhutan

Bhutaner(in), bhutanisch Bhutanese

Bienenschwarm, **Verfolgungsrecht des Eigentümers e-s ~s**[236] right of pursuit of the owner of a swarm of bees

Biersteuer[236a] beer tax

Bietabkommen *(Zwangsvollstreckung)* agreement not to bid

Vereinbarung, in einer Zwangsversteigerung nicht oder nur bis zu einem bestimmten Betrag zu bieten.

Agreement not to bid or to bid only up to a certain amount during a judicial foreclosure sale.

Bieten *(Auktion)* bidding; **durch ~ den Preis hochtreiben** to bid up the price

bieten 1. *(anbieten)* to offer, to make an offer; **gute Aussicht ~** to offer a good chance; **Sicherheit ~** to give security; **wenn sich die Gelegenheit bietet** when an opportunity presents itself

bieten 2. *(bei Auktionen)* to bid, to make a bid; **mehr ~ (als)** to bid higher (than); to overbid, to outbid; **weniger ~ (als)** to make a lower bid (than); to underbid; **über~** →mehr bieten; **unter~** →weniger bieten

Bietender offerer, person making an offer; *(bei Auktionen)* bidder; →**Höchst~**; →**Meist~**

Bieter bidder; *(bei Übernahmeangebot)* offerer; takeover bidder; *(bei Ausschreibungen)* tenderer; **der ~ ist an sein Angebot gebunden** the tenderer is bound to keep open his tender

Bietungsabsprache (od. Bietungsvertrag) tender agreement

Bietungsgarantie *Br* tender guarantee; guarantee tender; *Am* bid bond
Sie hat die Funktion, einen Auftraggeber, der einen Auftrag ausschreibt, vor unseriösen und nicht ernst gemeinten Angeboten (Bewerbungen) zu schützen.
Its purpose is to protect the person inviting tenders (or *Am* advertising for bids) against tenders (*Am* bids) which are not genuine.

Bietungskonsortium tender panel

Bigamie[237] bigamy

Bilanz 1. *(allgemein)* balance, balance sheet; *Am* asset and liability statement; *Am (auch)* financial statement; **aufgestellte ~** balance sheet; **berichtigte ~** adjusted balance sheet; **finanzwirtschaftliche ~** funds statement; **geprüfte ~** audited balance sheet; **konsolidierte ~** *(bei Konzernbilanzen)* consolidated balance sheet; **verschleierte ~** dressed up balance sheet; **vorläufige ~** provisional balance sheet; **zusammengefasste ~** combined balance sheet
Bilanz, die ~ aufstellen to draw up (or make up, prepare) the balance sheet; **in der ~ erscheinen** to appear in the balance sheet; **die ~ prüfen** to audit (or examine) the balance sheet
Bilanz~, ~abschluss closing of the balance sheet; **~analyse** balance sheet analysis; **~aufstellung** drawing up (or preparing) the balance sheet; **~auszug** extract from the balance sheet; **~buchhaltung** balance sheet accounting; **~delikte** accounting frauds; **~ergebnis** balance sheet profit or loss; **~fälschung** falsification of the balance sheet; **~frisur** →Bilanzkosmetik; **~gewinn** *(AktienR)*[238] net earnings (or profit) for the year; **~gleichung** accounting equation

bilanzieren to draw up a balance sheet; to show in the balance sheet

Bilanzierungs~, ~verfahren balance sheet method; **~vorschriften** balance sheet regulations

Bilanzkennzahlen balance sheet ratios

Bilanzkontinuität, materielle ~ consistency

Bilanz~, ~konto balance sheet account; **~kosmetik** creative accounting; window dresssing; **~kurs** book value (of assets); **~posten** balance sheet item; **~prüfung** balance sheet audit

Bilanzrichtliniengesetz (BRG)[238 a] (Transformation der 4., 7. u. 8. EG-Richtlinie) Accounting Diretives Law; Accounting and Reporting Law (Adoption of the 4 th, 7 th, and 8 th EC Directions) *(Bankbilanzrichtliniengesetz)*
Das Bilanzrichtliniengesetz hat mehrere bestehende Gesetze geändert. Die wichtigsten Änderungen ergaben sich im Handelsgesetz durch die Einführung eines neuen dritten Buches.
The Bilanzrichtliniengesetz has amended several existing laws. The most important changes have been effected by adding a third book to the commercial law.

Bilanz~, ~stichtag date of the balance sheet; **~summe** balance sheet total; **~verlust** net loss; *(AktienR)*[238] accumulated losses; **~verschleierung** dressing up (or cooking of) the balance sheet; window dressing; **~volumen** →Bilanzsumme; **~wahrheit** truth in the balance sheet; **~wert** balance sheet value
Bilanz 2. *(Unterarten der Zahlungs~):*

Bilanz der laufenden Posten balance on current account (balance of trade, balance of service transactions and transfer payments)

Bilanz für den kurzfristigen und den langfristigen Kapitalverkehr balance of long-term and short-term capital transactions *(→Kapitalverkehrsbilanz)*

Bilanz der Übertragungen (od. der unentgeltlichen Leistungen) (z. B. die Überweisungen ausländischer Arbeitskräfte, Beihilfen) balance of transfer payments (e. g. transfers of foreign workers, grants)

Bilanz der unsichtbaren Leistungen balance of invisible services *(→Dienstleistungsbilanz)*

Bilanz der Waren- und Dienstleistungsbewegungen balance of goods and services *(→Leistungsbilanz)*

Bilanz, Devisen~ (foreign) exchange balance; net movement of foreign exchange
Sie zeigt die Veränderungen der Währungsreserven eines Landes.
It shows the changes in the currency reserves of a country.
Bilanz, Dienstleistungs~ balance of service transactions; balance on invisible payments; *Am* net position on services
Sie ist ein Teil der Zahlungsbilanz. Sie erfasst den Austausch von Leistungen mit dem Ausland, z. B. Transport- und Versicherungsleistungen, Reiseverkehr *(→unsichtbare Ausfuhren und Einfuhren)*.
It is part of the BoP. It records the exchange of services with other countries, e. g. transport and insurance services and the proceeds from international tourism.
Bilanz, Grund~ basic balance (balance on current account and long-term capital transactions)
Sie erfasst die Leistungsbilanz plus Bilanz des langfristigen Kapitalverkehrs plus Bilanz der unentgeltlichen Leistungen (Übertragungsbilanz).
It records the balance of visible and invisible items, the balance of long-term capital transactions and the balance of transfer payments.
Bilanz, Handels~ balance of trade *(→Handel)*
Bilanz, Kapital~ balance of capital transactions
Sie erfasst Ausfuhr und Einfuhr von Kapital.
It records export and import of capital.
Bilanz, Leistungs~ balance of goods and services; current account; balance of payments on

current account; balance of current transactions *(sie erfasst die →Handelsbilanz, die →Dienstleistungsbilanz und die →Bilanz der Übertragungen)*; **Leistungs~defizit** current account deficit; **Leistungs~saldo** current account balance; **Leistungs~überschuss** current account surplus

Bilanzierungsgrundsätze accounting principles

bilateral bilateral

Bild picture; image; *(Abbildung)* illustration; *(Gemälde)* painting; **Recht am eigenen ~** →Bildnis; **ein den tatsächlichen Verhältnissen entsprechendes ~** a true and fair view; **in Wort und ~** by word and image

Bild~, **~abtaster** picture scanning device; scanner; **~abtastung** scanning; **~aufnahmegerät** image recorder; *(Fernsehen)* pick-up equipment; **~bandgerät** video tape recorder (VCR); **~berichterstatter** press photographer

Bildaufklärer *(Flugzeug)* photo-reconnaissance plane

Bildberichterstattung, Freiheit der Bild- und Tonberichterstattung über Tagesereignisse[238 b] freedom of visual and sound reporting of events of the day

Bild~, **~dokumentation** pictorial documentation; **~- und Tonfolgen** *(UrhR)* series of images and sounds; **~fernsprecher** →Bildtelefon; **~funk** phototelegraphy; **Werke der ~hauerei**[239] works of sculpture; **~ideengestalter** *(für Werbedruck)* layoutman; **~- und Tonmaterial** audio-visual material; **~- und Tonpiraterie** audio-visual piracy

Bildschirm, **Arbeit an ~en** work on visual display units; *(EDV)* video screen; display screen; **~gerät** visual display unit (VDU); **~text** (Btx) videotext; **~übertragung**[239 a] transmission by screen

Bild~, **~telefon** video (tele)phone; **~-Telefonverkehr** videophone services; **~telegrafie** →Bildfunk

Bild- oder Tonträger, jede Aufnahme auf e-n ~ gilt als Vervielfältigung im Sinne der Berner Übereinkunft[240] visual or sound recordings are considered to be a reproduction for the purposes of the Berne Convention; **Recht der Wiedergabe durch ~** *(UrhR)* right of communication by means of visual or sound records

Bild~, **~werbung** pictorial advertising; **Ton- od. ~wiedergabegerät** sound or image reproducer; **~zeichen** figure; figurative trademark

bilden 1. to form; *(errichten, [be]gründen)* to set up, to establish, to constitute; **e-n Ausschuss ~** to set up (or constitute) a committee; **sich e-e Meinung ~** to form an opinion; **e-e Regierung ~** to form a government; **Vermögen ~** to accumulate capital *(→Vermögensbildung der Arbeitnehmer)*

bilden 2. *(belehren)* to educate, to instruct; **sich ~** to educate oneself

bildende, **~ Künste** the fine arts; the plastic and graphic arts; **Werke der ~n Künste** *(UrhR)*[240 a] artistic works

bildliche Darstellung *(PatR)* illustration

Bildnis, **Recht am eigenen ~**[241] privilege as to one's own image

Bildung 1. formation; *(Errichtung)* setting up, establishment, constitution; →**Block~**; →**Preis~**; →**Vermögens~**; **~ des Kabinetts** formation of the cabinet; **~ e-r Rücklage** establishment of a reserve; **~ von Unterausschüssen** setting up (or constitution, establishment) of sub-committees

Bildung 2. education; →**akademische ~**; →**Allgemein~**; →**berufliche ~**; **~ und Aus~** education and training

Bildungs~, **~anstalt** educational institution (or establishment); **~beratung** educational guidance; **im ~bereich** in the field of education

Bildungschancen, **gleiche ~** equal educational opportunities; **Ungleichheit der ~** inequality of (or imbalance in) educational opportunities

Bildungs, **betriebliche ~einrichtungen** industrial education centres (centers); **~fernsehen** educational television; **~forschung** educational research; **~gang** (course of) education; educational background; **regionales ~gefälle** regional discrepancy in education; **~gesamtplan** master plan of education; **~grad** educational status (or standard); **~mangel** lack of education

Bildungsmaßnahmen, **Durchführung betrieblicher ~**[242] implementation of vocational training in the establishment

Bildungsmöglichkeiten, **gleiche ~ für alle** equal educational opportunities for all

Bildungs, **hohes ~niveau** good educational background; high educational level; **~notstand** lack of educational opportunities; **~planung** educational planning; **~politik** education(al) policy; **~programm** education program(me); **~reform** education(al) reform

Bildungsstand educational level; **niedriger ~** low standard of education

Bildungs~, **~stätte** educational establishment (or institution); **bezahlter ~urlaub**[243] paid educational leave; *Br* sabbatical; **~veranstaltungen**

educational events; **~wesen** education system; **zu ~zwecken** for educational purposes

Bildunterschrift caption

billig 1. *(preiswert)* cheap, low-priced, inexpensive; **B~flaggen** →billige Flaggen; **B~flaggenländer** Panhonlib(co) States; **B~geld-Politik** easy (or cheap) money policy; **B~preisländer** low-price countries; **B~tarif bei Flugreisen** cheap air fare; **~e Flaggen** flags of convenience (FOC), cheap flags (flags of the Panhonlib(co) States)[244]; **~es Geld** easy (or cheap) money; money obtained at a low rate of interest; **~er Kauf** bargain; **~ kaufen** to buy cheap(ly) (or at a moderate price); **~e Wohnungen** low cost housing; **das Haus wurde ~ verkauft** *colloq.* the house went cheap

billig 2. *(gerecht)* equitable, fair, just, (fair and) reasonable; **recht und ~** just and equitable; **nach ~em →Ermessen**[245]

billigen to approve (of); to consent (to), *bes. Am (offiziell)* to approbate; **e-e →Anordnung ~**

gebilligt werden to meet with approval

billiger werden to become cheaper (or less expensive); to go down in price

billigerweise equitably, reasonably, fairly, justly

Billigkeit equity, reasonableness, fairness; **nach Grundsätzen der ~** on equitable principles, on principles of fairness; **aus ~sgründen** on grounds (or for reasons) of equity; **der ~ entsprechen** to be fair and just; to be reasonable; **soweit dies der ~ entspricht** if (this is) equitable, so far as is equitable; if this is just and fair under the circumstances

Billigkeitshaftung liability for equitable reasons

Billigung approval; consent; approbation; **~sfrist** period for approval; **jds ~ finden** to meet with sb.'s approval

Bimetallismus bimetallism

binden to bind; to be binding (für upon); *(Mittel festlegen)* to immobilize, to tie up, to lock up; *(an e-n Zweck binden)* to earmark; **sich ~** to bind oneself; *(sich festlegen)* to commit oneself (an to); **sich nicht ~ wollen** *pol* to be noncommittal; **Preise ~** to fix (or control) prices *(→gebunden)*

bindend binding (für upon); conclusive; obligatory; **~e Kraft gerichtlicher Entscheidungen** binding force (or authority) of court decisions; **~es Recht** binding (or compulsory, obligatory) law; **e-e rechtlich ~e Verpflichtung begründen** to create a legally binding obligation (or engagement); **~es Versprechen** covenant; **~ versprechen** to covenant

Bindung *(Verpflichtung)* engagement, obligation; *pol bes.* commitment; *(Band)* tie, link (-ing); **erneute ~** recommitment; **politische ~** political commitment (or tie) (an to); **vertragliche ~** contractual obligation; **~ an das Gold** *(IWF)* link to gold *(IMF)*; **~ an den Vertragsantrag**[246] (legal) commitment to the offer of contract; **~en bestehen zwischen zwei Konzernen** there are links between the two groups

binnen within; **~ e-r Frist von 3 Monaten** within a period of 3 months; **~ 30 Tagen nach Zustellung** within 30 days of being served

Binnen domestic, inland, internal; *Br bes.* home; **im b~deutschen Luftverkehr** in domestic German air traffic; **~fischerei** fresh water (or river) fishery; **~gewässer** inland waters (or waterways); domestic waters; **~grenzen der Gemeinschaft** *(EU)* Community's internal borders; **~hafen** inland harbo(u)r (or port); *Br* close port; **~handel** domestic (or internal, inland) trade; *Br* home trade; *Am* domestic commerce; **~- und Außenhandel** inland and foreign trade; **~kartell** domestic cartel; **~konjunktur** domestic state of business; internal economic trend; **~konnossement** inland waterway bill of lading (B/L); **~länder** land-locked countries; **b~ländisch** interior, inland, domestic; **~luftverkehr** inland air transport; domestic air traffic

Binnenmarkt domestic (or internal, inland) market; *Br* home market; *(EU)* single (or internal) market *(→EU-Binnenmarkt)*; **auf dem Weg zu e-m ~ für den Handel** towards a single market in distribution

Binnen~, **~meer** inland sea; **~nachfrage** domestic (or internal) demand; *Br* home demand; **~schiff** inland waterway vessel

Binnenschiffahrt inland navigation; inland waterways transport (or traffic, shipment); **See- und ~** sea and inland navigation; **~sgesetz** Inland Waterways Act; **~sverkehr** →Binnenschiffsverkehr; **Transport der ~** transport by inland waterways; **Unternehmen der ~** enterprise(s) engaged in inland (water) navigation (or traffic, shipment)

Binnen~, **~schiffsgüterverkehr** inland waterway(s) (goods) transport; carriage of goods by inland waterways; **~schiffsverkehr**[247] inland waterway(s) traffic (or transport); **~see** (inland) lake; **~staat** land-locked state *(→Durchgang durch das Hoheitsgebiet e-s Binnenstaates)*; **~tarif** inland (or domestic) tariff

Binnentransport inland transportation; **~versicherung** inland transportation (or marine) insurance

Binnen~, **~verkehr** inland transport, internal traffic; **~verkehrsträger** *Br* domestic transport operator; *Am* domestic carrier; **~währung** domestic (or internal) currency

Binnenwasserstraße(n) inland waterway(s); **Befahren der ~** use of the inland waterway(s); **Netz der ~** inland waterways network; **~verkehr** inland waterway transport (or traffic)

Binnenwirtschaft domestic trade and payments; **Binnen- und Außenwirtschaft** domestic and foreign trade and payments

binnenwirtschaftlich relating to domestic (or internal) trade and payments; **~es Gleichgewicht** internal economic equilibrium; domestic economic balance; **~e Lage** domestic economic situation

Binnenzollamt inland customs office

Bio~, **~-Landbau** organic farming; **~-Produkt** organic product

biologisch biological; **~er Landbau** organic farming; **~e Schätze des Meeres** biological resources of the sea; **~e Waffen (B-Waffen)** *(Viren, Bakterien etc.)* biological weapons

biomedizinische Forschung und Technologie[248] biomedical research and technology

Biometrik biometrics

biometrisch biometric; **~e Identifikationsmerkmale** biometric identifiers

Biotechnologie biotechnology

bis till, until; on or before; not later than; **~ auf** to, up to; *(ausgenommen)* with the exception of, except (for); **~ auf weiteres** until further notice; **~ auf weitere Anordnung** pending further order; **ich muß ~ Montag ausziehen** I have to move by Monday; **ich habe das Zimmer ~ Montag gemietet** I have rented the room until Monday

bis einschließlich up to and including; *Am* through

bisherig previous, prior, former; *(Recht, Bestimmungen)* heretofore in force; **~er Arbeitgeber** previous employer; **die ~en →Erfolge**; **~e Tätigkeit** previous employment; **die ~en Verhandlungen haben erwiesen** negotiations so far have shown

bis, ~ zu (zur, zum) up to; not exceeding; by, till, until; **~ zu Euro 300.-** up to Euro 300; **~ zum 30. Juni** until (or by, up to) June 30 (or 30 June, June 30 th, 30 th June); **~ zum Betrage von** (up) to the amount of; **~ zur endgültigen Entscheidung** pending final decision; **~ zur →Höhe von**; **→Freiheitsstrafe ~ zu zwei Jahren**; **die Bewerbung muß ~ zum ... bei ... vorliegen** application must reach ... not later than ...

Bitte request; *(Gesuch)* petition; **auf ~ von** at the request of; **~ um Auskunft** request for information; **e-e ~ abschlagen** to refuse a request; **e-e ~ richten an** to make a request to

bitte wenden (b. w.) please turn over (p. t. o.)

bitten to request; to ask (um for); to beg; *(dringend)* to entreat; *(schriftlich einkommen)* to petition (to); **um →Erlaubnis ~**; **jdn um e-n →Gefallen ~**; **um jds Zustimmung ~** to ask for sb.'s consent; to request the consent of sb.

Bittsteller petitioner; applicant

Blankett blank form; **~fälschung** (unauthorized) completion of a document signed by another person (in a manner contrary to that person's wishes)

blanko akzeptieren to accept in blank

Blanko~, **~akzept** acceptance in blank, blank acceptance; **~indossament**[249] **(od. ~giro)** blank indorsement; **~kredit** open (or blank) credit (or loan); blank advance; unsecured credit; **~scheck**[250] blank cheque (check); **~unterschrift** blank signature; **~verkauf** *(Börse)* short sale, bear sale; **~verkäufer** *(Börse)* short seller, uncovered bear; **~vollmacht** carte blanche; full power (of attorney),; **~wechsel**[251] blank bill, blank draft; **~zession** transfer in blank

Blauhelme[251 a] *mil* blue helmets

Blaubuch *pol* blue book

Blechschaden *(e-s Autos)* damage to (car) bodywork; slight material damage

Blei lead; **~bergwerk** lead mine; **b~freies Benzin** lead-free petrol, unleaded petrol *(Am gas[oline])*; **~(gehalt) im Benzin** lead (content) in *Br* petrol *Am* gasoline; **b~haltiges Benzin** leaded petrol; **durch ~vergiftung verursachte Todesfälle** deaths caused by lead poisoning; **~verseuchung der Umwelt** lead contamination of the environment

bleiben to remain, to stay; *(bei etwas bleiben)* to adhere to, to stick to; **im Amt ~** to remain in office; **ich bleibe bei meiner →Aussage**; **im →Geschäft ~ mit jdm**; **in →Haft ~**

bleibende →Beeinträchtigung

Blinde *(der/die)* the blind; *pl* blind persons, the blind; **~ in Anstalts- od. Heimpflege** blind persons cared for in an institution; **~nanstalt (od. ~nheim)** home (or institute) for the blind; **~nhilfe**[252] assistance to blind persons; **~n(schrift)sendungen** *(Post)* Braille literature; literature for the blind; **~nwaren** merchandise made by blind persons; **die Umsätze der ~n sind steuerfrei**[253] the turnover of the blind shall be exempt from taxation

blinder Alarm false alarm

Blindheit, von ~ bedrohte Person person in danger of becoming blind

Blinklicht *(Verkehr)* flashing light(s)

Blitzkrieg lightning war

Blitzschaden damage by lightning; **~versicherung** lightning insurance

Blockade *(VölkerR)* blockade; **friedliche ~** pacific blockade; **scharf durchgeführte (od. strenge) ~** close blockade; **Fern~** long distance blockade; **Papier~** paper blockade; **See~** sea (or naval) blockade; **~brecher** blockade runner; **~(durch)bruch** running a blockade; breach of blockade; **~erklärung** declaration of blockade; **~gebiet** blockade area; **die ~ aufheben** to lift (or raise) the blockade; **die ~ (durch)brechen** to run the blockade; **e-e ~ verhängen** to impose a blockade; **die ~ verschärfen** to tighten the blockade

Block *pol* bloc(k); **~bildung** formation of blocs; alignment; **b~freie Länder** nonaligned (or noncommitted) countries; **~freiheit** non(-)alignment

blockieren, den Verkehr ~ to block the traffic

Blut~, ~alkoholgehalt alcohol content (or level) in the blood; blood alcohol level; **~bank** blood bank; **~gruppenbestimmung** →Euroäisches Übereinkommen über ...; **~gruppenuntersuchung** blood group examination; group blood test; **Entnahme von ~proben** taking of blood tests; **~konserve** preserved blood; **~schande**[254] incest; **~spender** blood donor; **b~sverwandt** related by blood; consanguineous; **~sverwandte(r)** relative by blood; blood relation

Blutsverwandtschaft relationship by blood, consanguinity; **~ in der geraden Linie** lineal consanguinity; **~ in der Seitenlinie** collateral consanguinity

Blüte(zeit), wirtschaftliche ~ boom, period of prosperity; economic heyday

Boden (Erdboden) ground; earth; (Ackerboden) soil; land; *(e-s Fasses, Schiffes, des Meeres etc)* bottom; (Grund und Boden) real property, *bes. Am* real estate; **ertragreicher ~** productive soil; **leichter ~** light soil; **schwerer ~** heavy soil

Boden~, ~bearbeitung working of the soil, farming (of the land); **~beschaffenheit** soil condition; nature of (the) soil; **~ertrag** produce of the soil; **~erzeugnisse** agricultural produce; **~fläche** ground space; *(e-s Raumes)* floor space; **~kampftruppe** ground combat force; **~kredit** land credit, loan on landed property; **~kreditanstalt (od. ~kreditinstitut)** mortgage bank, land bank; **~-Luft- Rakete** ground-air missile; surface-to-air missile; **~nutzung** soil utilization; **~personal** *(Flughafen)* ground staff (or personnel, crew); **~politik** land policy; **~preis** land price; **~prinzip** *(IPR)* jus soli; **~produkt** product of the soil; **~reform** land reform, agrarian reform

Bodenschätze mineral resources (or wealth); wealth underground; **noch nicht gewonnene ~** unextracted mineral wealth; **Aufsuchen, Fördern oder Gewinnen von ~n** prospecting for, extraction (or exploitation) or winning of mineral resources; →**Ausbeutung von ~n; Gebiet mit ~n** mineral area; **Nutzung der ~ unter dem Meeresboden** exploitation of mineral resources on the sea bed; **~ ausbeuten** to extract mineral resources

Boden~, ~staat *(WeltraumR)* subjacent state; **~verbesserung** melioration of soil; **~verseuchung** soil contamination; **~verteilung**[255] land distribution; **~wert** land value

Boden, wieder an ~ gewinnen to regain ground

Bodmerei[256] bottomry; *(auf die Schiffsladung)* respondentia; **~brief** bottomry bond; **~darlehen** bottomry (or marine) loan; **~geber** lender on bottomry; **~gläubiger** bottomry bondholder; **~nehmer** borrower on bottomry; **~pfandrecht** bottomry lien; **~prämie** bottomry premium; **~reise** bottomry voyage; **~schuld** bottomry debt; **~schuldner** borrower on bottomry; **~vertrag** bottomry bond; **Geld auf ~ aufnehmen** to borrow money on bottomry; **Geld auf ~ geben** to give (or lend) money on bottomry

Bogen sheet (of paper); *(Kupon)* coupon sheet; **in →Bausch und ~**

bohren, nach Öl ~ to drill (or prospect) for oil

Bohr~, ~insel drilling platform; **~turm** (oil) rig; **~unternehmen** drilling company

Boje buoy; **durch ~n kennzeichnen** to mark with buoys, to buoy

Bolivianer(in), bolivianisch Bolivian

Bolivien Bolivia; **Republik ~** Republic of Bolivia

Bolschewismus Bolshevism

Bombe bomb; **~ mit Zeitzünder** time bomb; **~nabwurf** bombing, bomb dropping (or release); **falscher ~nalarm** bomb hoax; **~nangriff** bombing attack (or raid); **~nanschlag** bombing (incident), bomb attack; **~ndrohung** bomb threat; **falsche ~ndrohung** bomb hoax; **~nentschärfungskommando** bomb disposal squad; **b~ngeschädigt** bomb damaged; **~ngeschädigter** air raid victim; **e-e ~ versteckt**

anbringen to plant a bomb; **e-e ~ entschärfen** to defuse a bomb

Bon *(Gutschein)* credit note, credit voucher; *(Kassenquittung)* receipt(ed bill)

bona fide in good faith, bona fide

Bonifikation *(Vergütung, Preisnachlass)* allowance, compensation; *(Vermittlerprovision im Bankgeschäft)* (placing) commission

Bonität financial soundness; credit standing; creditworthiness; credit solvency; **~ des Kreditnehmers** reliability and solvency of the borrower; **~sanforderungen** credit standards; **~sbescheinigung** (financial) soundness certificate; **~sbeurteilung (od. ~seinschätzung)** (credit) rating

Bonus (pl. Boni) bonus; extra dividend; *Br (Kraftfahrzeugvers.)* no claims bonus; →**Aktien~**; **~flugmeilen** frequent-flyer miles; **~-Malus-System** *(Kraftfahrzeugvers.)* merit pricing system

Bonze *sl.* bigwig

Bord board; **an ~ e-s Schiffes oder Flugzeugs** on board a vessel or aircraft; →**frei an ~**; **an ~ von** →**Luftfahrzeugen begangene strafbare Handlungen**; **an ~ bringen** to put (or take) on board; **an ~ gehen** to go on board (a ship); to board; to embark (on a ship)

Bord, **über ~** overboard; over the side; **über ~ gespült** washed overboard (w. o. b.); **über ~ geworfene Ladung**[257] cargo jettisoned, jetsam (→*Überbordwerfen der Ladung*); **über ~ werfen** to jettison

Bord~, **~buch** log book; **~karte** *(Flugzeug)* boarding card; **~empfangsbescheinigung** board receipt; mate's receipt; **~konnossement** on board (or shipped) bill of lading; **~obmann** crew delegate; **~vereinbarung**[259] ship's agreement (works agreement for a ship); **~versammlung**[260] crew meeting; **~vertretung**[261] ship's committee; **~vorräte** ship's stores; aircraft stores

Bordell brothel, disorderly house

Bordereau bordereau, schedule of documents

borgen, **sich etw. von jdm ~** to borrow sth. from sb.; **jdm etw. ~** to lend sth. to sb., to lend sb. sth.

Börse exchange; *Br* Change; market; *(ausländische, bes. Effektenbörse)* bourse; **die ~** *(das Gebäude)* the Stock Exchange; **Baumwoll~** cotton exchange; **Devisen~** foreign exchange market; **Effekten~** stock exchange (Stock Exch., St. Ex., S. E.); **Frachten~** shipping exchange; **Getreide~** corn (or grain) exchange; **Nach~** *Br* street (or kerb) market; *Am* curb market; **Produkten~ (od. Waren~)** commodity exchange; **Wertpapier~** →Effektenbörse

Börse, **an der ~** on the (stock) exchange, in the money market; **an der ~ Geschäfte abschließen** to transact business on the exchange; **die Anleihe an der ~ einführen** to introduce the loan (or bond) on the stock exchange; **sich an der ~ einführen lassen** to go public; **an der ~ eingeführt** *(Effekten)* introduced (or listed) on the stock exchange; **an der ~ gehandelte Wertpapiere** securities traded (or listed) on the stock exchange; **an die ~ gehen** *(Aktien emittieren und anbieten)* to go public; **an der ~ handeln** to trade on the (stock) exchange; **an der ~ notiert werden** to be quoted on the stock exchange; **an der ~** →**spekulieren**

Börse, **die ~besuchen** to attend the (stock) exchange; **die ~ ist geschlossen** the (stock) exchange is closed; **die** *(geschlossene)* **(Devisen-) ~ wiedereröffnen** to resume foreign exchange operations; **Wertpapiere zur ~ zulassen** to admit securities for quotation

Börsen~, **~abkürzung** stock exchange abbreviation; tape abbreviation; **~abrechnung** securities trading statement; **~abrechnungstag** *Br (Terminbörse)* account day, settlement day

Börsenabschlüsse stock exchange transactions; *(tatsächlich getätigte Börsenabschlüsse)* business done, deals

Börsenaufsicht stock exchange supervision; **~sbehörde** *Am* stock market supervisory authority; *Br* Securities and Investments Board; *Am* Securities and Exchange Commission

Börsenauftrag stock exchange order; **für 1 Monat (1 Woche) gültiger ~** month order (week order); **limitierter** *(kursgebundener)* **~** stop (loss) order; **unlimitierter ~** unlimited order, *Am* market order

Börsen~, **~bericht** stock exchange report; *(in Zeitungen)* market report; **~besucher** stock exchange customer; visitor to the stock exchange; **~brauch** s. →Börsenusance; **~einführung** admission to stock exchange dealing; **~engagement** stock exchange commitment; **b~fähig** admitted to (or introduced to, listed on) the stock exchange; marketable; negotiable; *(Gesellschaft)* eligible for quotation on the stock exchange; **~fernschreiber** ticker

Börsengang Initial Public Offering (IPO)

börsengängig quoted on the (stock) exchange; marketable; **~e Dividendenwerte** marketable equities; **~e Wertpapiere** quoted (or listed) securities; **nicht ~e Wertpapiere** unmarketable securities

Börsengeschäfte (stock) exchange operations (or dealings, transactions); **~ machen** to deal on the stock exchange

Börsengesetz[262] Stock Exchange Act; *Am* Securities Exchange Act

Börsenhandel stock exchange transactions (or dealings); dealing(s) on the stock exchange; *Br* market dealings; *Am* trading(s); (Wertpapiere); **zum ~ zulassen** to admit (securities) for quotation on the stock exchange; to list (securities) on the stock exchange, to list (securities) for official trading; **Zulassung von Wertpapieren zum ~** →Börsenzulassung

Börsen~, **~händler** →Effektenhändler; **~index** stock exchange index; stock price average; **~konsortium** market syndicate; **~krach** collapse of the stock market, (stock) market crash; **in ~nkreisen** in (stock) exchange circles

Börsenkurs market price, market rate; stock exchange price *(→Aktienkurs)*; *Am (durch Börsenfernschreiber mitgeteilt)* tape price; **~entwicklung** price trend on the stock exchange; trend of share prices; **zum ~ kaufen** to buy at the price quoted (on the exchange); to buy at market price

Börsenmakler stockbroker; exchange broker; market maker; **unreeller ~** *Br* bucket shop operator; *Am* bucket(e)r; **~firma** stockbroking firm

Börsen~, **~manipulation** manipulation of the stock exchange; *(betrügerisch)* rigging the market; **~nachrichten** *(in Zeitung)* financial news; *Br* stock exchange intelligence; city news; **b~notierte Aktien** shares quoted on the stock exchange; (officially) quoted (or listed) shares; **sich b~notieren lassen** to go public; **b~notierte Gesellschaft** listed (or quoted) company; company listed on the stock exchange; **~notierung** (stock exchange) quotation (or listing); **amtliche ~notiz** official quotation (or listing); **~ordnung** (stock) exchange regulations; rules of the stock exchange; **~papiere** stock exchange securities; listed securities; *Br* stocks and shares; *Am* stock(s) and bonds; **~platz** stock exchange centre (center); town (or city) in which a stock exchange is situated

Börsenpreis stock exchange price; price quoted on an exchange; **zum amtlichen ~** at the official (stock) exchange quotation

Börsen~, **b~rechtliche Bestimmungen** stock exchange rules; **~saal** floor of the stock exchange; trading floor; **~scheinverkauf** sham stock exchange transaction; *Am* wash sale; **~schiedsgericht** arbitration court of the stock exchange; exchange arbitration tribunal

Börsenschluss close of stock exchange business; **bei ~** at the close; **nach ~** after official hours; *(Geschäft)* **nach ~** *(erledigt)* *Br* in the street

Börsen~, **~schwankungen** (stock) market fluctuations; **~sitz** stock exchange seat; **~spekulant** (stock) exchange speculator (or gambler) (for a fall or rise); stockjobber; *Br* punter; **kleiner ~spekulant** dabbler; **~spekulation** speculation (or gambling) on the stock exchange; (stock) jobbing; **~stand** *Am* trading post; *(für Termingeschäfte)* ring; **~stimmung** tone of the market; **~stunden** stock exchange hours, market hours; official hours; **~syndikat** stock exchange syndicate; **~tag** market day; **~telegraph** ticker; **~termingeschäft (od. ~terminhandel)** trading (or dealing, transaction) in futures on a stock exchange; forward operation (or transaction) on a stock exchange; time bargain; *Br* dealing for the account (or settlement); **~tip** stock exchange tip; **~transaktionen** stock exchange transactions; **~umsatzsteuer**[263] stock exchange turnover tax; *Br* transfer stamp duty; *Am* (stock) transfer tax; **b~unnotierte Gesellschaft** unlisted company; **~usance** (stock) exchange custom; **~verein des Deutschen Buchhandels** Association of German Book Traders

Börsen~, **~verkehr** stock exchange business; **~vorstand** stock exchange committee; *Br* Council of the Stock Exchange; **~vorstand der Frankfurter Wertpapierbörse** Governing Committee of the Frankfurt stock exchange; **~wert** market value; **Wertpapiere mit e-m ~wert** marketable securities; **~werte** →Börsenpapiere

Börsenzeit official trading hours (of a stock exchange); hours for trading (on a stock exchange)

Börsenzulassung *(von Personen)* admission (as member) to the stock exchange; *(von Wertpapieren)* admission (of securities) to the stock exchange; admission (or listing) (of securities) to (official) quotation; **~sgebühr** quotation fee; **~** *(für ein Wertpapier)* **beantragen (erhalten)** to apply for (to obtain) an official quotation

Börsianer →Börsenspekulant

böse Absicht malice, ill-will; **ausdrücklich ~** express malice; **vermutete ~** implied malice; **in böser Absicht** maliciously, with malice; **ohne ~** without malice, innocently, in good faith

böser Glaube[264] bad faith, mala fides

Der Erwerber ist nicht in gutem Glauben, wenn ihm bekannt oder infolge grober Fahrlässigkeit unbekannt ist, dass die Sache nicht dem Veräußerer gehört.

The transferee is not in good faith if he knows or due to his gross negligence does not know that the thing does not belong to the transferor.

bösgläubig in bad faith, mala fide; **~er Besitzer** holder in bad faith

Bösgläubigkeit →böser Glaube

böswillig malicious(ly), with malice; with evil intention; **in ~er Absicht** with malicious intent; *Am* with malice prepense (or aforethought); **~e Einleitung e-s Straf- od. Konkursverfahrens** malicious prosecution

Böswilligkeit malice

Bote messenger; *(Träger)* carrier; **durch ~n** by messenger, by hand, for delivery; **Inkasso durch ~n** collection by hand; **~ngänge machen** to run errands (or messages); **~nlohn** messenger's fee

Botschaft 1. message; **jdm e-e ~ bringen** to deliver a message to sb.
Botschaft 2. *(VölkerR)* embassy; **~sgebäude** embassy building; **~spersonal** embassy staff; **~srat** counsel(l)or (of embassy)

Botschafter ambassador; **außerordentlicher und bevollmächtigter ~** *(förml. Bezeichnung)* ambassador extraordinary and plenipotentiary; **Sonder~** ambassador-at-large; **auf ~ebene** at ambassador(ial) level; **~posten** ambassadorship

Botsuana Botswana; **Republik ~** Republic of Botswana

Botsuaner(in), botsuanisch (of) Botswana

Boykott boycott
Beim Boykott gibt es drei Beteiligte: den Verrufer, der zum Boykott auffordert, den Sperrer, der auf Grund der Aufforderung die Sperre durchführt und den Boykottierten (od. Gesperrten, Verrufenen).
The boycott includes three parties: the boycotter (party inducing the boycott), the boycotter (party responding to a boycott request) and the boycotted party.
Boykott, gemeinsamer ~ collective boycott; **mittelbarer ~** secondary boycott; **unmittelbarer ~** primary boycott
Boykott~, ~aufruf demand for boycott; **~hetze** incitement (or stirring up) to boycott; **~maßnahmen gegen dritte Unternehmer** →mittelbarer Boykott; **den ~ aufheben** to call off the boycott; **den ~ verhängen gegen** to declare a boycott against, to put a boycott on sb.

boykottieren to boycott

Boykottierter boycotted party

BRD →Bundesrepublik Deutschland

brachliegen *(Felder)* to lie fallow; **~de Kapazitäten** idle capacities; **~des Kapital** inactive capital; **~des Land** fallow land

Branche line (of business); (particular) trade; branch (of trade); sector; **~nadressbuch** trade (or commercial, business, classified) directory; **b~nfremd** not well up (or versed) in a trade; **~nbrauch** custom of the particular trade; **b~nkundig** experienced (or well up, versed) in a trade; **b~nüblich** usual in a line of business; customary in a (particular) trade; **~nvereinbarungen** inter-trade agreements; **~nverzeichnis** classified directory, *Am* trades index; **Firma, die in der ... ~ tätig ist** firm engaged in the ... trade; firm doing business in ...; **in bestimmten ~n auftreten** to be particular to certain trades

Brand fire; *(ausgedehnter)* conflagration; **~bekämpfung** fire-fighting

Brandgefahr, Herbeiführen e-r ~ causing a risk of fire

Brand~, ~kasse fire insurance, fire fund; **~mauer** fire wall; **~schaden** damage caused by fire; fire damage; **~schutz in Hotels** fire safety in hotels; **~stätte** scene of a fire; **~stifter** arsonist, person committing arson; incendiary; *Br* fire-raiser

Brandstiftung[265] arson; incendiarism; *Br* fireraising; **fahrlässige ~**[266] negligent causing of a fire; **schwere~** aggravated arson; **vorsätzliche ~**[267] arson; wilfully setting fire (to sth.); **~ begehen** to commit arson

Brandversicherung fire insurance

Brand, ein ~ entstand a fire broke out; **in ~ geraten** to catch fire; **in ~ setzen** to set on fire, to set fire to

Brandungsrisiko surf risk

Branntwein~, ~monopol spirits monopoly; **~steuer** tax on spirits

Brasilianer(in), brasilianisch Brazilian

Brasilien Brazil; **Föderative Republik ~** Federative Republic of Brazil

Brauch usage; *(Sitte)* custom; *(Übung)* practice; *(feste Regel)* convention; **bestehender ~** established custom; **entgegenstehender ~** practice to the contrary; **örtlicher ~** local custom; **internationaler ~** international usage; **parlamentarischer ~** parliamentary practice

brauchbar useful; usable

Brauchbarkeit usefulness; **~ der Waren** merchantability of the goods, fitness of the goods for use (or for a special purpose); **~sdauer** useful (or service) life

brauchen, dringend ~ to be in urgent need of, to need urgently; to want badly

Brauerei~, ~aktien brewery shares; **~werte** breweries

Braunkohle brown coal, lignite

Braut bride; fiancée; **Rückgabe der ~geschenke**[268] return of engagement gifts (or presents)

brechen, die Ehe ~ to commit adultery; **den Frieden ~** to break the peace; **e-n Vertrag ~**

to break a contract (or an agreement); →**Bundesrecht bricht Landesrecht**

Breite width

bremsen 1. *(Verkehr)* to brake, to apply the brakes; **~; der Vorausfahrende darf nicht ohne zwingenden Grund stark ~**[269] the driver ahead shall not brake abruptly without compelling reason

bremsen 2. *fig* to curb, to check, to restrain, to put a brake (on); **die Ausgaben ~** to curb expenditure (or spending); **Investitionen wurden gebremst** a break was put on investments; **den →Preisauftrieb ~**

Brems~, **~leuchte** brake light; **~licht** braking light; stop light; **~spuren** braking marks, skid marks; **~verzögerung** brake retardation; **~weg** braking (or stopping) distance; **~wirkung** braking effect(iveness)

Brennpunkt focus; focal point; **in den ~ rücken** to bring into focus

Brennstoff fuel; **fossile ~e** fossil fuels; **~verbrauch** fuel consumption; **~versorgung** fuel supply

Brett board; **schwarzes ~** *bes. Br.* notice-board; *Am* bulletin board; **am schwarzen ~ anschlagen** to post (or put up) on the notice (or bulletin) board

Brief 1. letter; *(Börse)* →Brief 2.; →**Absender e-s ~es**; →**Auslands~**; →**Beschwerde~**; →**Doppel~**; →**Eil~**; →**Einschreib(e)~**; →**Empfänger e-s ~es**; →**Geschäfts~**; →**Inlands~**; →**Leser~**; →**Luftpost~**; →**Mahn~**; **frankierter ~** prepaid (or stamped) letter; **gewöhnlicher ~** ordinary letter; **postlagernder ~** letter to be called for; →**unzustellbarer ~**

Brief~, **~ablage** letter file; **~ausgang** outgoing letter(s); **~befragung** mail inquiry; postal ballot; poll by mail; **~beilage** letter enclosure; enclosure in a letter; **~bogen** letter sheet, letter paper; **~eingang** incoming letter(s); **~fach** pigeon(-)hole; **~kopf** letter head

Briefgeheimnis secrecy (or privacy) of letters; secrecy of *Br* the post *(bes. Am the mail)*; **Verletzung des ~ses** violation of the secrecy of letters

Briefgrundschuld certificated land charge *(→Grundschuld)*

Briefhypothek[270] certificated mortgage (or *Br* charge)

Je nachdem ob über die Hypothek ein Brief vom Grundbuchamt ausgestellt wird, unterscheidet man zwischen Buchhypothek und Briefhypothek. Ist nichts vereinbart, so liegt eine Briefhypothek vor.

Depending on whether the →Grundbuchamt issues a mortgage certificate, a distinction is drawn between a "certificated mortgage", and an "uncertificated mortgage". In the absence of an agreement, a mortgage shall be certificated.

Brief~, **~karte** letter card; **~kasten** *Br* letter box; *Am* mailbox; **~kastenfirma** *(Scheinfirma aus steuerlichen Gründen)* letterbox company (set up in a tax haven where it exists only as an address for tax purposes. The business is carried on elsewhere). *Am* shell corporation establishing its offshore location by maintaining a foreign mailing address; **~kurs** →Brief 2.; **~mappe** letter case, portfolio

Briefmarke (postage) stamp; **~nautomat** *Br* stamp (dispensing) machine; *Am* stamp vending machine; **~nsammler** stamp collector, philatelist; **~nsammlung** stamp collection; **~nverkauf** stamp sale

Brief~, **~päckchen** letter packet, *Am* letter parcel; **~papier** letter(-)paper, stationery; **~papier mit gedrucktem ~kopf** letterhead stationery; **~porto** postage, letter rate; **~post** letter post; *Am* (first-class) mail; **~-, Post- und Fernmeldegeheimnis**[271] secrecy of mail and telecommunication; **~schulden** arrears of correspondence; **~sendungen** letter- post items; **~sperre** prohibition of correspondence; blockage of mail; **~tasche** wallet; *Am* billfold; **~text** body of the letter

Briefwahl postal vote (or ballot); *Am* absentee voting; **~zettel** absentee ballot; **seine Stimme durch ~ abgeben** to vote by post

Brief~, **~wähler** *Br* person voting by post, postal voter; *Am* absentee voter; **~waage** letter balance, letter scales; **~wechsel** exchange of letters (zwischen between); **mit jdm in ~wechsel stehen** to correspond with sb.; to conduct a correspondence with sb.

Brief, **e-n ~ ablegen** to file a letter; **e-n ~ aufgeben** *Br* to post (*Am* to mail) a letter; **e-n ~ aufsetzen** to draw up (or draft) a letter; **~folgt** letter follows; **e-n ~ →frankieren**; **e-n ~ nachsenden** to forward a letter

Brief 2. *(im Kurszettel, Bezeichnung für Angebot)* (B) asked; *Br* sellers; →**„gestrichener ~"**; **~ und Geld** asked and bid; *Br* sellers and buyers; **mehr ~ als Geld** *Br* sellers over; **mehr Geld als ~** *Br (mehr Nachfrage als Angebot)* buyers over; **~kurs** price asked, price offered; *(Devisen)* selling rate, rate asked; **~notiz** offer quotation

brieflich by letter, in writing; **~e Antwort** written reply; mail reply; **~e Befragung** *(MMF)* mail research; postal survey; **~e Kauf- und Verkaufsaufträge** *(Börse)* mail orders for purchase and sale; **~er Verkehr** correspondence

bringen to bring; **an sich ~** to acquire, to take possession of; to appropriate; *(widerrechtlich)* to misappropriate

bringen, jdn dazu ~, etw. zu tun to induce sb. to do sth.
bringen, mit sich ~ *(zur Folge haben)* to involve, to entail; *(beinhalten)* to imply; *(sich auswirken)* to operate
bringen, zum Abschluss ~ →Abschluss 1.; **Bescheid ~** to bring word; →**Geld auf die Bank ~; jdn vor (das)** →**Gericht ~; Gewinn ~** to yield profit, to be profitable; **auf den** →**Markt ~; zur** →**Versteigerung ~; Zinsen ~** to bear (or yield) interest

Bringschuld[272] obligation to be performed at the creditor's place of business (or residence) *(→Holschuld, →Schickschuld)*

britischer Staatsbürger British subject; **eingebürgerter ~** naturalized British subject; **geborener ~** natural-born British subject, British subject by birth

britische Steuer UK tax, British tax

broschiert stitched, in paper cover; **~es Buch** paperback

Broschüre pamphlet; (Werbebroschüre) booklet, brochure; *(gefaltet)* folder

Bruch 1. *(Verstoß, Verletzung)* breach; break(-ing); *(Abbruch)* rupture; **~ des Berufsgeheimnisses** breach of professional secrecy; →**Eid~**; →**Friedens~**; →**Gewahrsams~**; →**Rechts~**; →**Verlöbnis~**; →**Vertrags~**; →**Vertrauens~**
Bruch 2. *(von zerbrechlichen Waren)* breakage; **frei von ~** *(VersR)* free from breakage; **~gefahr** danger (or risk) of breakage; **~klausel** breakage clause; **~risiko des Eigentümers** owner's risk of breakage (o. r. b.)

Bruchschaden breakage; **Entschädigung für ~** payment for breakage; **~versicherung** insurance against breakage; **den ~ ersetzen** to pay for breakage

Bruchteil fraction, fractional part; portion; *(ideeller)* **~ an e-m Grundstücks**[273] part (undivided portion, fraction, share) of a piece of land

Bruchteils~, ~aktien fractional shares; **~anteil** fractional share

Bruchteilseigentum *(Miteigentum nach Bruchteilen)*[273] co-ownership; ownership in fractional (undivided) shares; severalty; *(an Grundbesitz)* tenancy in common; *Scot* common property

Bruchteilseigentümer co-owner; fractional owner; severalty owner; *(an Grundbesitz)* tenant in common

Bruchteilsgemeinschaft *(Gemeinschaft nach Bruchteilen)*[274] fractionally shared joint ownership; community of owners holding undivided shares (or interests) in property; community by undivided shares

Bruchteilsversicherung fractional insurance

Brunei Brunei; **Staat ~ Darussalam** State of Brunei Darussalam

Bruneier(in), bruneiisch (of) Brunei Darussalam

Brunnenvergiftung[275] poisoning of wells

Brüsseler Übereinkommen über die gerichtliche Zuständigkeit und die Vollstreckung gerichtlicher Entscheidungen in Zivil- und Handelssachen →Europäisches Gerichtsstands- und Vollstreckungsübereinkommen (EGVÜ)

(Brüsseler) Vertrag über wirtschaftliche, soziale und kulturelle Zusammenarbeit und über kollektive Selbstverteidigung (Brussels) Treaty on Economic, Social and Cultural Collaboration and Collective Self-Defence *(→ Westeuropäische Union)*

Brüsseler Zollnomenklatur[276] Brussels Tariff Nomenclature (BTN)

Brüsseler Zollrat[277] Brussels Customs Cooperation Council

Brüter, Schneller ~ fast breeder (or breeding) reactor

Brutreaktor, Vereinbarung über Zusammenarbeit auf dem Gebiet der natriumgekühlten ~en[278] memorandum of understanding for cooperation in the field of liquid metal for reactors

brutto gross; **~ erbringen** to gross

Brutto~, ~anlageinvestitionen gross fixed capital formation; **~aufschlag** mark(-)up; **~bestand** gross total; **~betrag** gross amount; **~bezüge** gross earnings, gross wages, gross pay

Bruttoeinkommen gross income; **gewerbliches ~** gross income from business

Brutto~, ~einnahmen gross receipts, gross revenue; **~erlös** gross proceeds; **~ertrag** gross return (or proceeds, revenue); **~fracht** gross freight; **~gehalt** gross salary; **~gewicht** gross weight

Bruttogewinn gross profit(s); **~(spanne)** gross margin; **e-n ~ haben** to gross, to gain (or bring in) a gross profit

Bruttoinlandsinvestitionen gross domestic fixed capital formation

Bruttoinlandsprodukt (BIP) gross domestic product (GDP); **~ per Kopf der Bevölkerung** per capital GDP
Das Bruttoinlandsprodukt ist die wirtschaftliche Leistung eines Volkes, die im Inland erbracht wurde. Es ist um den Saldo der Zahlungen von Erwerbs- und Vermögenseinkommen zwischen dem In- und

Ausland kleiner oder größer als das Bruttosozialprodukt.
The GDP represents the total of domestic economic output of a country. The GDP is smaller or greater than the gross national product according to the balance of income from gainful employment or property between the country in question and the rest of the world.

Bruttoinvestition gross investment; **~en des Anlagevermögens** gross fixed asset formation

Bruttolohn gross pay, gross wage; **b~bezogene Rente** earnings-related pension; pension related to gross wages

Brutto~, **~nachlass** gross estate; **~prämie** *(VersR)* gross premium, office premium; **~prinzip** *(Bankwesen, Währungspolitik)* gross principle; **~raumgehalt** gross tonnage; **~registertonne** (B. R. T.) gross register(ed) ton (g. r. t.); **~rendite** gross return, gross yield

Bruttosozialprodukt (BSP) gross national product (GNP); **auf der Grundlage des ~s** GNP- based; **das ~ hat sich erhöht** the GNP has increased
Das BSP umfasst den Wert aller von Inländern während eines bestimmten Zeitraums (meistens innerhalb eines Jahres) produzierten Güter und Dienstleistungen, die einen Marktwert besitzen.
The GNP comprises the value of all goods and services possessing a market value, which have been produced inside a country over a given period (usually one year).

Brutto~, **~stundenverdienst** gross earnings per hour; gross hourly earnings; **~tonnengehalt** gross tonnage; **~umsatz** gross sales, gross turnover; **~umsatzsteuer**[279] gross turnover tax; tax on gross turnover; **~verdienst** gross earnings; **~vermögen** gross assets; **~verzinsung** gross interest

BSE *(Bovine Spongiforme Enzephalopathie)* BSE

Buch book; *(Buchhaltungauch)* journal, ledger; →**Anlagen~**; →**Bestell~**; →**Grund~**; →**Haupt~**; →**Hilfs~**; →**Kassen~**; →**Konto~**; →**Lager~**; →**Loseblatt~**; →**Neben~**; →**Porto~**; →**Sammel~**; →**Tage~**; →**Warenausgangs~**; →**Wareneingangs~**

Bücher books; *(Buchhaltungauch)* accounts; **bei →Abschluss unserer ~**; **bei →Durchsicht unserer ~**; **zur Führung von ~n verpflichtet sein** to be obliged to keep books; **~ (ordnungsgemäß) führen** to keep books (or accounts) (properly); **~ prüfen** to audit books

Buch, ein ~ besprechen to review a book; **in das ~ eintragen** to enter in the book, to book; **~ führen über** to keep a record (or an account) of; **die Bücher führen** to keep the books (or records, accounts); **die Bücher e-r Gesellschaft prüfen** to audit the accounts of a company; **zu ~e stehen mit** to be valued at ... according to the books; **das ~ ist →vergriffen**

Buch~, **~abschluss** closing (or balancing) of books (or accounts); **~besprechung** book review

Bucheinsicht, **Recht zur ~**[280] right to inspect books

Buchersitzung[281] acquisition of title to real property by means of thirty years' possession as (falsely) registered owner; adverse possession; positive (or acquisitive) prescription *(→Ersitzung)*
Wer als Eigentümer eines Grundstücks im Grundbuch eingetragen ist, ohne dass er Eigentümer ist, erwirbt das Eigentum, wenn die Eintragung 30 Jahre bestanden hat und er während dieser Zeit das Grundstück in Eigenbesitz gehabt hat (guter Glaube ist hier im Gegensatz zur Ersitzung beweglicher Sachen nicht erforderlich).
A person who is entered in the →Grundbuch as the owner of a piece of land of which he is not the rightful owner will acquire title if the entry has existed for 30 years, provided that throughout that time he has been in possession of the land (good faith is not required, in contrast to →Ersitzung of movables).

Buch~, **~forderungen** accounts receivable; book receivables; **~führer** bookkeeper

Buchführung bookkeeping, accounting, keeping (business) accounts; **amerikanische ~** columnar (or tabular) (system of) bookkeeping; **doppelte ~** double entry bookkeeping, bookkeeping by double entry; →**Durchschreibe~**; **einfache ~** single entry bookkeeping, bookkeeping by single entry; **den Grundsätzen ordnungsgemäßer ~ entsprechen** to conform with proper (or sound) accounting principles

Buchführungs~, **~methoden** accounting methods; **~pflicht**[282] obligation to keep books (or accounts); requirement (or duty) to keep (accounting) records; **b~pflichtig** required to keep records; **~unterlagen** accounting data (or records, vouchers); **~wesen** accountancy

Buch~, **~geld** →Giralgeld; **~gemeinschaft** book club; **~gewinn** book profit; **~grundschuld** uncertificated land charge *(→Grundschuld)*

Buchhalter(in) book(-)keeper; accountant; accounts clerk; **Betriebs~** cost accountant; **Haupt~** head bookkeeper; chief accountant; →**Lohn~**

Buchhaltung →Buchführung; **~(sabteilung)** bookkeeping department, accounts department; *Am* accounting department; **Anlagen~** property accounting; **Betriebs~** cost accounting; **Lager~** stock accounting; **Personal~** personnel accounting

Buchhaltungs~, **~beleg** book-keeping (or accounting) voucher; **~methoden** bookkeeping (or accounting) methods

Buch~, **~handel** book trade; **~händler** bookseller; **~handlung** bookshop; *Am* bookstore; **~hypothek**[283] uncertificated mortgage (or *Br* charge) (→*Briefhypothek*); registered mortgage; **~kredit** book credit; credit in current account; open account credit; **~machen** *(Rennsport)* bookmaking; **~macher** *(Rennsport)* bookmaker

buchmäßig as shown by the books (or accounts); **~es Ergebnis** figures in the accounts; **~e Forderung** book debt; **~er Wert** book value

Buchmesse book fair

Buchprüfer, vereidigter ~ sworn auditor; certified accountant

Buchprüfung audit(ing); **außerbetriebliche ~** external audit; **innerbetriebliche ~** internal audit; **~sbescheinigung** accountant's certificate; **~sgebühren** audit fees; **allgemein anerkannte ~srichtlinien** generally accepted auditing standards; **e-e ~ vornehmen** to make (or undertake) an audit

Buchschulden book debts; *Am* accounts payable

Buchstabe *(e-s Absatzes)* sub(-)paragraph

Buchung booking, entering (or making an entry) (in the books); *Am* posting; *(gebuchter Posten)* entry; *(Schiff, Flugzeug)* reservation, booking; **nachträgliche ~** post(-)entry; **Annullierung der ~** *(bei e-m Reisebüro)* cancellation of reservation (or booking) with a travel agency; **~sbeleg** accounting record (or voucher); **~sfehler** book(-)keeping error; *Am* error in posting; **~snummer** number of entry; **~sposten** item; **~sunterlagen** accounting records; **~szwang** principle of obligatory registration (in the →Grundbuch); **e-e ~ berichtigen** to adjust an entry; **e-e ~ vornehmen** to make (or pass) an entry, to enter (in a book)

Buchversitzung extinguishment of rights in rem by reason of the barring of rights in personam

Ist ein dingliches Recht an einem Grundstück im Grundbuch zu Unrecht gelöscht oder ein kraft Gesetzes entstandenes Recht nicht in das Grundbuch eingetragen worden, so erlischt es, wenn der Anspruch des Berechtigten gegen den Eigentümer verjährt ist.

A property right whose entry in the →Grundbuch was wrongfully cancelled, or a property right which came into existence by operation of law but was never entered in the →Grundbuch shall become extinct after the statute of limitations has run on the underlying claim.

Buchwert book value, accounting value (value at which assets are shown in the accounts); **~e** nominal assets; **~ der Lagerbestände** book inventory; **~abschreibung** declining balance depreciation

buchen to book, to enter (or make an entry); *Am* to post; **falsch ~** to make a wrong entry; to misenter; *(Schiff, Flugzeug)* to make a reservation; **e-n Platz** *(im Flugzeug)* **~** to book a flight; to book (or reserve) a seat (on a plane)

Budget budget, estimate; *Br parl* the Estimates; **das ~ betreffend** budgetary; **~aufstellung** budgeting; **~ausgleich** →Haushaltsausgleich; **~beratung** →Haushaltsberatung; **~einsparung** budgetary economies; **~kürzung** reduction(s) in the budget; **das ~ aufstellen** to draw up the budget; to budget; **das ~ überschreiten** to exceed the budget; **das ~ vorlegen** to present the budget

budgetieren to draw up a budget, to budget

bugsieren, in den Hafen ~ to tow into the port

Bugsier~, **~kosten** towage (charges); **~schiff** steam-tug; tugboat; towboat

Bühne stage; **~naufführung**[283a] stage performance; **~nbearbeitung** adaptation for the stage, stage adaptation; **~nvertriebsvertrag** stage distribution contract

Bulgarien Bulgaria; **Republik~** Republic of Bulgaria

Bulgarier(in), bulgarisch Bulgarian

Bulkladung *(geschlossene Ladung e-s Schiffes in loser Schüttung)* bulk cargo; **Beförderung von Öl als ~ zur See** maritime carriage of oil in bulk; **Frachtschiff für ~** bulk carrier

Bullenmarkt *(Börse)* bull market

Bummelstreik *Br* work to rule; *Br* go-slow; *Am* (work) slowdown; *Scot* ca'canny; **e-n ~ durchführen** *Br* to go slow, to work to rule; *Am* to slow down

Bund 1. *(StaatsR)* confederation; federation; *(Bündnis)* alliance; league; *(Organisation)* association, union; →**Staaten~**; →**Völker~**; **~ und seine Gliedstaaten** federation and its constituent states

Bund 2. *(Bundesrepublik Deutschland, BRD)* Federal Republic, Federal Government; **~ und Länder** Federal and Laender Government(s); **~, Länder und Gemeinden** Federal and Laender Government(s) and local authorities; **die Kosten für ... tragen ~ und Länder** the cost of ... is shared between the Federal Government and Laender Governments

Bundes, **~-** Federal; **~amt** Federal Office; **~amt für gewerbliche Wirtschaft** Federal Office for Trade and Industry; **~amt für →Verfassungsschutz**; **~anleihe** Federal loan; *Am* government bond; **~anstalt** Federal institution (or agency)

Bundesanstalt für Arbeit (BfA)[284] Federal Employment Office (or Agency)

Bundesanstalt für Finanzdienstleistungsaufsicht (BAFin) Federal Financial Supervisory Authority
Die BAFin wurde am 1. Mai 2002 durch das Gesetz über integrierte Finanzaufsicht (FinDAG) errichtet. Sie tritt an die Stelle der früheren Bundesaufsichtsämter für das Kreditwesen, das Versicherungswesen und den Wertpapierhandel.
The BAFin was established on 1 May 2002 by the Law on Integrated Financial Services Supervision. It replaces the former Federal Offices for Banking Supervision, for Insurance Supervision and for Securities Supervision.

Bundesanwalt Federal Public Prosecutor; **~schaft**[285] Federal Public Prosecutor's Office

Bundes~, **~anzeiger** Federal Bulletin; Official Gazette of the Federal Republic; **~arbeitsgericht** (BAG)[286] Federal Labo(u)r Court *(in Kassel)*; **~archiv** *(in Koblenz)* Federal Archives; **~aufsicht** Federal Government supervision; **~aufsichtsamt für das Kreditwesen** (BAK) Federal Supervisory Office for Banking; **~aufsichtsamt für das Versicherungswesen** (BAV)[288] Federal Supervisory Office for Insurance; **~aufsichtsamt für den Wertpapierhandel** Federal Supervisory Office for Securities *(zu den Bundesaufsichtsämtern vgl. →Bundesanstalt für Finanzdienstleistungsaufsicht)*; **~ausbildungsförderungsgesetz** (BAföG)[289] Federal Law concerning the Promotion of Education (or Training); **~außenminister** Federal Minister for Foreign Affairs; **~autobahn** Federal →Autobahn; **Deutsche ~bahn** (DB) German Federal Railways (Administration); **~bahn-Versicherungsanstalt** Railway Employees' Insurance Fund

Bundesbank, Deutsche ~ (DBB)[290] Central Bank of Germany[291]; **~ausweis** return of the Bundesbank; **~diskontsatz** Bundesbank discount rate; **b~fähig** eligible for rediscount at the Bundesbank; **~guthaben** Bundesbank assets; **~rat** Council of the Bundesbank

Bundes~, **~beamter** Federal official, Federal civil servant; **~beamtengesetz** (BBG)[292] Federal Civil Service Act; **~beauftragter** Federal commissioner; **~bediensteter** Federal employee; **~behörde** Federal authority (or *Am* agency); **~besoldungsgesetz** (BBesG)[293] Federal Civil Service Remuneration Act; **~bürgschaft** Federal guarantee; **~datenschutzgesetz** (BDSG)[294] Federal Data Protection Act; *Am* Privacy Act; **~disziplinargericht**[295] Federal Disciplinary Court; **b~eigen** Federal Government-owned; federally owned; **in ~eigentum stehend** federally owned, owned by the Federal Government; **b~einheitliche →Gesetzgebung**; **b~einheitlich regeln** to regulate uniformly throughout the Federal Republic; **~einnahmen** Federal revenue

Bundesentschädigungsgesetz (BEG)[296] Federal Indemnification Law (Federal Reparations Law)
Das Gesetz entschädigt die Personen, die aus Gründen der Rasse, des Glaubens oder der Weltanschauung Schäden durch das nationalsozialistische Regime erlitten haben (→Wiedergutmachung).
Statute to indemnify those persons who because of their race, religion or beliefs suffered damage at the hands of the National Socialist Regime.

Bundeserziehungsgeldgesetz (BErzGG)[296a] Federal Educational Allowance Act

Bundesfernstraßen *(Bundesautobahnen und →Bundesstraßen)* Federal trunk roads; **Ausbau des ~netzes** development of the network of Federal trunk roads

Bundesfinanzbehörden Federal fiscal authorities (revenue authorities)

Bundesfinanzhof (BFH)[297] Federal Fiscal Court; (German) Supreme Tax Court
Oberstes Bundesgericht für die Finanzgerichtsbarkeit (oberstes deutsches Steuergericht) *(in München)*.
Federal Supreme Court in Tax Matters (*in Munich*).

Bundesfinanzminister Federal Minister of Finance

Bundesflagge, die ~ ist schwarz-rot-gold the Federal flag is black-red-gold; **die ~ führen** to fly the flag of the Federal Republic

Bundesforschungsminister Federal Minister for Research and Technology

Bundesgebiet (seit Oktober 1990 bestehend aus 16 Ländern) Federal territory, territory of the Federal Republic of Germany (since October 1990 consisting of 16 →Länder)

Bundesgebührenordnung für Rechtsanwälte (BRAGO)[298] Federal Code of Lawyers' Fees

Bundesgenosse ally, confederate

Bundesgerichte Federal Supreme Courts *(→Bundesarbeitsgericht, →Bundesfinanzhof, →Bundesgerichtshof, →Bundessozialgericht, →Bundesverfassungsgericht, →Bundesverwaltungsgericht)*

Bundesgerichtshof (BGH)[299] Federal High Court of Justice; Federal Supreme Court
Der BGH ist das höchste Gericht für Zivil- und Strafsachen in der BRD *(in Karlsruhe)*. Es entscheidet in Senaten (Zivil- und Strafsenate). Bedeutsame Entscheidungen des BGH in Zivil- und Strafsachen werden in amtlichen Sammlungen (BGHZ und BGHSt) veröffentlicht.

The BGH ist the highest court of the FRG in civil and criminal matters. The court sits in panels designated Senate (civil and criminal Senates). Important decisions of the BGH are published in two official reports (decisions in civil and criminal matters).

Bundesgesetz federal statute, federal law; **die ~e werden vom Bundestag beschlossen**[300] federal laws are passed by the →Bundestag; **die Länder führen die ~e als eigene Angelegenheit aus**[301] the Länder execute federal laws as matters of their own concern; **durch ~ regeln** to regulate by federal law

Bundesgesetzblatt (BGBl) Federal Law Gazette
Amtliche Sammlung der Parlamentsgesetze.
Official Collection of Statutes passed by the Parliament (corresponding to *Br* Statutes of the Realm, Annual Statutes; *Am* United States Statutes at large).

Bundesgesetzgebung federal legislation

bundesgesetzliche Regelung[302] regulation by federal law; settlement of the matter by federal legislation

Bundesgesundheitsminister Federal Minister of Health

Bundeshaushalt Federal Budget, Budget of the Federal Government; **aus Mitteln des ~s** from Federal budgetary funds; **~sordnung** Federal budgetary regulations

Bundes- →Immissionsschutzgesetz

Bundesinnenminister Federal Minister of the Interior

Bundesinstitut für Berufsbildung[304] Federal Institute for Vocational Training

Bundesjustizminister Federal Minister of Justice

Bundeskanzler[305] Federal Chancellor, Chancellor of the Federal Republic of Germany
Der Bundeskanzler wird auf Vorschlag des Bundespräsidenten vom Bundestag ohne Aussprache gewählt.
The Federal Chancellor shall be elected without debate by the →Bundestag upon the proposal of the Federal President.
Er bestimmt die Richtlinien der Politik und trägt dafür die Verantwortung.
He shall determine and be responsible for the general policy guidelines.

Bundeskanzleramt Office of the Federal Chancellor; Federal Chancellery

Bundes~, **~kartellamt** (BKA)[306] Federal Cartel Authority (or Office); **~kindergeldgesetz** (BKGG)[306a] Child Benefits Act; **~knappschaft** Federal Miners' Insurance *(Träger der →Knappschaftsversicherung)*; **~kriminalamt** (BKA)[307] Federal Office of Criminal Investigation; **~land** state (within the Federal Republic of Germany) *(→Länder; Land 2.)*

Bundesländer federal states; **5 neue ~** 5 new German Laender (states)
Brandenburg, Mecklenburg-Vorpommern, Sachsen, Sachsen-Anhalt und Thüringen, Ost-Berlin wurde mit West-Berlin vereinigt (s. DDR).
Brandenburg, Mecklenburg - Western Pomerania, Saxony, Saxony-Anhalt and Thuringia. East Berlin was reunited with West Berlin (cf. DDR).

Bundesminister Federal Minister; **→Geschäftsbereich e-s ~s**; **~ für Arbeit und Sozialordnung** Federal Minister for Labo(u)r and Social Affairs; **~ des Auswärtigen** Federal Minister of Foreign Affairs *(→Auswärtiges Amt)*; **~ für Bildung und Wissenschaft** Federal Minister of Education and Science; **~ für Ernährung, Landwirtschaft und Forsten** Federal Minister for Food, Agriculture and Forestry; **~ der Finanzen** Federal Minister of Finance; **~ für Forschung und Technologie** Federal Minister for Research and Technology; **~ des Innern** Federal Minister of the Interior; **~ der Justiz** Federal Minister of Justice; **~ für Post und Telekommunikation** Federal Minister for Post and Telecommunications; **~ für Raumordnung, Bauwesen und Städtebau** Federal Minister for Regional Planning, Building and Urban Development; **~ für Umwelt, Naturschutz und Reaktorsicherheit** Federal Minister for the Environment, Nature Conversation and Nuclear Safety; **~ für Verkehr** Federal Minister for Transport; **~ der Verteidigung** Federal Minister of Defen|ce (~se); **~ für Wirtschaft** Federal Minister of Economics; **~ für Wirtschaftliche Zusammenarbeit** Federal Minister for Economic Cooperation

Bundesministerium Federal Ministry, Federal Government Department

Bundesmittel federal funds; **Vergabe von ~n** disbursement of federal funds; **aus ~n finanziert werden** to be financed with federal funds

Bundes~, **~nachrichtendienst** (BND) *(Geheimdienst der BRD)* Federal Information Service; *(etwa)* Federal Intelligence Service; **~naturschutzgesetz**[307a] Federal Nature Conservation Law; **~obligationen** (Bobl) Federal bonds; **~oberbehörde**[308] *(z. B. Bundeskartellamt)* Superior Federal Authority; **~organe** federal organs; **~parteitag** federal party conference

Bundespatentgericht (BPatG)[309] Federal Patents Court *(in München)*
Es ist zuständig für die Entscheidung über Beschwerden gegen Entschlüsse der Prüfungsstellen oder Patentabteilungen des Patentamtes sowie über Klagen auf Erklärung der Nichtigkeit oder Zurücknahme von Patenten und auf Erteilung von Zwangslizenzen.[310]
The court has jurisdiction over appeals from decisions of Examiners or Patent Departments of the →Patent-

amt and over actions for the cancellation or revocation of patents and for the grant of compulsory licences (licenses).
Das Gericht ist entsprechend zuständig in Gebrauchsmuster- und Markensachen.[311]
The jurisdiction of the Patent Court includes matters relating to →Gebrauchsmuster and →Marken.

Bundespräsident[312] Federal President; President of the Federal Republic of Germany
Der Bundespräsident ist das Staatsoberhaupt der BRD.
The Federal President is the Head of State of the FRG.
Der Bundespräsident wird ohne Aussprache von der Bundesversammlung gewählt. Sein Amt dauert 5 Jahre. Anschließende Wiederwahl ist nur einmal zulässig.[313]
The Federal President shall be elected without debate by the →Bundesversammlung. His term of office shall be five years. Reelection for a consecutive term shall be permitted only once.
Der Bundespräsident vertritt den Bund völkerrechtlich.[314]
The Federal President shall represent the Federal Republic in its international relations.

Bundespräsidialamt Office of the Federal President

Bundespresse~, **~amt** Federal Press Office *(→Presse- und Informationsamt der Bundesregierung)*; **~konferenz** Association of Journalists accredited in Bonn

Bundesrat[315] Federal Council (the Upper House of Parliament) *(cf. Bundestag)*
Der Bundesrat besteht aus Mitgliedern der Regierungen der Länder, die sie bestellen und abberufen.[316]
The Federal Council consists of members of the Land Governments which appoint and recall them.
Durch den Bundesrat wirken die Länder bei der Gesetzgebung und Verwaltung des Bundes mit.[317]
Through the Federal Council, the →Länder shall participate in the legislation and administration of the Federal Government.
Ein vom Bundestag beschlossenes Gesetz kommt zustande, wenn der Bundesrat zustimmt ... oder wenn der Einspruch vom Bundestag überstimmt wird.[318]
A bill adopted by the →Bundestag shall become law if the Federal Council consents to it ... or if the latter's objection is overridden by the →Bundestag.

Bundesrechnungshof (BRH)[318a] Federal Audit Office

Bundesrecht federal law; **~ bricht Landesrecht**[319] Federal law shall override Land law

Bundesrechtsanwaltskammer German Federal Bar Association

bundesrechtlich under federal law

Bundesregierung[320] Federal Government
Die Bundesregierung besteht aus dem Bundeskanzler und den Bundesministern.
The Federal Government shall consist of the Federal Chancellor and the Federal Ministers.

Bundesrepublik Deutschland (BRD)[321] Federal Republic of Germany (FRG); **natürliche Person mit Wohnsitz in der ~** natural person (or individual) resident in the Federal Republic

Bundesrichter federal judge (judge of a →Bundesgericht)

Bundesschatz~, **~anweisungen** Federal discount paper; **~brief** federal savings bond; federal treasury bill

Bundesschuld~, **~buch** Federal Debt Register; **~enverwaltung** Federal Debt Administration

Bundessortenamt Federal Office for Plant Varieties

Bundessozialgericht (BSG)[322] Federal Social Court *(in Kassel)*

Bundessozialhilfegesetz (BSHG)[323] Federal Social Security Act

Bundesstaat federal state; federation; **~klausel**[324] federal clause

bundesstaatlich federal

Bundesstelle für Außenhandelsinformation (BfAI) Federal Office of Foreign Trade Information

Bundessteuer federal tax; **~blatt** Federal Tax Gazette

Bundesstraße federal highway, federal road *(→Bundesautobahn, →Bundesfernstraße)*; **~n des Fernverkehrs** federal highways for long- distance traffic; **Ausbau und Neubau von ~n** improvement of existing and construction of new federal highways; **~n-Mautgesetz (BStMG)** →Maut

Bundestag[325] Federal Parliament (the Lower House of Parliament) *(cf. Bundesrat)*
Der Bundestag wird auf 4 Jahre gewählt.
The Bundestag shall be elected for a four-year term.
Die Bundesgesetze werden vom Bundestag beschlossen.
Federal Laws shall require adoption by the Bundestag.

Bundestag, **Auflösung des ~es**[326] dissolution of the Bundestag; **Mitglied des ~es** (MdB) →Bundestagsabgeordnete(r); **~sabgeordnete(r)** Member of the Bundestag; Bundestag deputy; **~sausschuss** committee of the Bundestag; **~smandat** Bundestag seat; **~swahl**[327] election for the Bundestag; **dem ~ angehören** to sit in the Bundestag; **den ~ auflösen** to dissolve the Bundestag; **den ~ einberufen** to convene the Bundestag; **dem ~ zuleiten** to submit to the Bundestag

bundesunmittelbare Körperschaften federal corporations under public law (special administrative agencies of the Federal Government)

Bundesurlaubsgesetz *(Mindesturlaubsgesetz für Arbeitnehmer)*[328] Federal Holiday with Pay Act (sets minimum *Br* holiday [*Am* vacation] periods for employees)

Bundesverband der Deutschen Banken Federal Association of German Banks

Bundesverband der Deutschen Industrie (BDI) Federal Association of German Industry
Im BDI sind 30 Fachverbände - die Spitzenverbände der Industriezweige - vereinigt.
The BDI is a combination of 30 trade organizations, the top organizations of the industrial trades

Bundesverdienstkreuz Order of Merit of the Federal Republic of Germany

Bundesvereinigung der Deutschen Arbeitgeberverbände (BDA) Confederation of German Employer Associations

Bundesvereinigung der Fachverbände des Deutschen Handwerks National Union of German Handicraft Associations

Bundesverfassungsgericht[329] Federal Constitutional Court *(in Karlsruhe)*
Das Bundesverfassungsgericht kann z. B. im Wege der Verfassungsbeschwerde angegangen werden, wenn jemand behauptet, durch die öffentliche Gewalt in seinen Grundrechten verletzt zu sein.
The Federal Constitutional Court has e. g. jurisdiction to hear a claim based on the infringement of a person's basic constitutional rights by a public authority. This type of claim is designated →Verfassungsbeschwerde.

Bundesverfassungsrichter judge of the →Bundesverfassungsgericht

Bundesverkehrsminister Federal Minister of Transport

Bundes~, **~vermögen** federal property, federal funds; **~versammlung**[330] Federal Assembly

Bundesversicherungsanstalt für Angestellte (BfA)[331] Federal Insurance Office for Salaried Employees *(Träger der Rentenversicherung für Angestellte in Berlin)*

Bundesversorgungsgesetz (BVG)[332] Federal War Victims Relief Act (federal law on pensions to war victims) *(→Kriegsopferversorgung)*

Bundesverteidigungsminister Federal Minister of Defence(-se)

Bundesvertriebenengesetz[333] Federal Refugees Act

Bundesverwaltungsgericht (BVerwG, BVG)[334] Federal Administrative Court *(in Berlin)*

Bundes~, **~wahlgesetz**[335] Federal Electoral Act; **~wasserstraßen** federal waterways; **~wehr** Federal Armed Forces

Bundeswirtschaftsminister Federal Minister of Economics

Bundeswissenschaftsminister Federal Minister of Science

Bundes~, **~zentralregister** *(zentrales Strafregister in Berlin)* Federal Central Register (of Convictions); **~zollblatt** Federal Customs Gazette; **~zollverwaltung** Federal Customs Administration; **~zuschuss** federal grant (or subsidy); **~zuständigkeit** federal jurisdiction

Bundeszwang[336] Federal enforcement
Von der Bundesregierung zu treffende Maßnahme, um ein Land zur Erfüllung der ihm obliegenden Bundespflichten anzuhalten.
Measures to be taken by the Federal Government in order to enforce the federal obligations owed by a Land.

Bündel, →**Akten~**; **Banknoten~** bundle of notes; **~patent** batch patent

Bündnis *(VölkerR)* alliance; **b~freie Staaten** non(-)aligned states; **~losigkeit** non(-)alignment; **~politik** policy of alliance; **~treue** allegiance; **e-m ~ beitreten** to join an alliance; **ein ~ schließen** to enter into (or form) an alliance

Bunker *(Schutzraum)* shelter; *(Behälter zur Aufnahme von Kohle etc)* bunker; *mil* bunker; **~ für Binnenschiffe** inland ship bunker(s); **~ für Seeschiffe** seagoing ship bunker(s); **~hafen** bunkering port; **~treibstoffe** bunker fuels

Bunkerung bunkering

Bürge surety, guarantor; sponsor; *Scot* caution; *(zur Abwendung der Untersuchungshaft)* bail; **Gegen~** counter-surety; **Mit~**[337] co-surety; joint guarantor; **selbstschuldnerischer ~** *(ohne die →Einrede der Vorausklage)* jointly and severally liable debtor; guarantor primarily liable; *Am* absolute guarantor; →**Wechsel~**

Bürge, **Einreden des ~n**[338] defen|ces (-ses) of the surety *(→Einrede der Vorausklage)*
Der Bürge kann sämtliche dem Hauptschuldner zustehenden Einreden geltend machen einschließlich derer, auf die letzterer verzichtet hat.
The surety can plead all defences (defenses) open to the principal debtor including those waived by the latter.

Bürge, **e-n ~n in Anspruch nehmen** to apply (or resort) to a surety; **e-n ~n entlasten** to discharge a surety; **jds ~ sein** to be sb.'s guarantor; **e-n ~n stellen** to provide a surety; to provide security

bürgen to guarantee; to act as guarantor (or surety) (für for); to be (or become, stand) a surety (für for); to furnish (or give, provide) security; **für jdn ~** to guarantee for sb.; to sponsor sb.; to make oneself responsible for another; →**gesamtschuldnerisch ~**; **für ein Darlehen ~** to guarantee a loan; **für e-n Wechsel ~** to guarantee a bill (of exchange)

Bürger (Staatsbürger) citizen; *Br (auch)* subject; **~beauftragter** Ombudsman; **~begehren** petition for a referendum; **~initiative** citizens' initiative; **~krieg** civil war; civil commotion; civil conflict; **b~kriegsähnlicher Zustand** civil strife (or unrest); state (or condition) close to civil war; **~unruhen** civil disorder

bürgerlich civic; *(zivilrechtlich)* civil; **~e** →**Ehrenrechte**

Bürgerliche, ~s Gesetzbuch (BGB)[339] Civil Code; **Einführungsgesetz zum ~n Gesetzbuch** Introductory Law of the Civil Code (contains intertemporal and international choice of law rules)

bürgerliche, ~s Recht civil law; private law; →**Gesellschaft des ~n Rechts**

bürgerlich, ~e Rechtsstreitigkeiten civil actions; civil proceedings; →**Aufruhr und ~ Unruhen**

Bürgermeister mayor; **Regierender ~** *(Amtsbezeichnung des Regierungschefs des Landes Berlin)* governing mayor

Bürgerpflicht civic duty, duty as a citizen

Bürgerrechte civil rights; →**Ehren~**

Bürger~, ~rechtler civil rights campaigner (or supporter); **~schaft** citizens; *(Hamburg und Bremen)* City-State Parliament; **wahlberechtigte ~schaft** electorate; **~vereinigung** association (or group) of citizens

Bürgschaft (contract of) guarantee, *Am* guaranty; (contract of) surety; suretyship; bond; *Scot* cautionary obligation; *(zwecks Haftentlassung)* bail; *(untechnisch)* sponsorship; **gegen ~** on security

Bürgschaft ist ein Vertrag, durch den sich der Bürge gegenüber dem Gläubiger eines Dritten (dem sog. Hauptschuldner) verpflichtet, für die Verbindlichkeit des Dritten einzustehen.[340]

Surety(ship) is a contract in which the guarantor (or surety) promises the creditor of a third party (the so-called principal debtor) to become liable for the performance of the obligation of the third party.

Die Bürgschaft ist akzessorisch, d. h. in ihrer Entstehung und ihrem Umfang abhängig von der Hauptverbindlichkeit (Hauptschuld).

The obligation of the surety is strictly accessory. The extent of the principal obligation determines the extent to which the surety is responsible.

Bürgschaft, →**Ausfall~**; →**Bank~**; →**Kredit~**; →**Mit~**; →**Rück~**; →**Scheck~**; →**Wechsel~**

Bürgschaft, handelsrechtliche ~[341] commercial guarantee; **selbstschuldnerische ~**[342] *(ohne →Einrede der Vorausklage)* absolute guarantee *(Am guaranty)*; absolute suretyship; **selbstschuldnerische ~ leisten** to guarantee jointly and severally; **staatliche ~** state guarantee

Bürgschaft, Anspruch auf Befreiung von der ~[343] claim to be released from the guarantee; **Inanspruchnahme der ~** calling of the guarantee; **Übernahme e-r ~** assumption of a guarantee

Bürgschaft für ein Darlehen loan guarantee; **~ übernehmen** to guarantee a loan

Bürgschafts~, ~betrag →**~summe**; **~erklärung** declaration of suretyship; promise of surety; *(schriftl.)*[344] surety bond; **b~fähig** able to become a surety (or to give security); **~kredit** →Avalkredit; **~nehmer** guarantee; **~provision** commission on guarantee; **~schuld** guarantee indebtedness

Bürgschaftssumme amount of the guarantee; **die ~ hinterlegen** to deposit the guarantee

Bürgschafts~, ~übernahme assumption of a surety; **~urkunde** surety bond; **~verpflichtung** guarantee liability; **~vertrag** contract of surety(ship) (or guarantee)

Bürgschaft, ~ leisten to guarantee; to furnish (or give) a guarantee; to be a guarantor (for); to be (or become, stand) surety (for); **e-e ~ übernehmen** to assume a guarantee *(Am guaranty)*; to act as guarantor

Burkina Faso Burkina Faso *(früher Obervolta)*

Burkiner(in), burkinisch (of) Burkina Faso

Büro office; bureau; **~angestellte** (der/die) office employee (or worker); clerk; clerical employee (or worker); white collar worker

Büroarbeit(en) office work; *(untergeordnete)* clerical work; **täglich anfallende ~** office routine; **~ verrichten** to work in an office; to do clerical work

Büro~, ~ausstattung (od. ~einrichtung) office equipment (or furniture, fittings); **~bedarf** office supplies; stationery; **~gebäude** office building, office premises

Bürogemeinschaft, e-e ~ mit jdm haben to share an office with sb.

Büro~, ~kommunikation office communication; **~kosten** office expenses; **~kraft** office (or clerical) worker

Bürokrat bureaucrat; functionary

bürokratisch bureaucratic

Bürokratisierung bureaucratization

Bürokratismus bureaucracy, red tape

Büro~, ~lehrling office apprentice; **~leiter** office manager; (office) supervisor; **~material** office supplies; stationery; **~miete** office rent; **~möbel** office furniture; **~organisation** office layout; **~personal** office personnel, office staff; **~räume** offices; **~schluss** (office) closing time; **~stunden** office hours; **~vorsteher** senior clerk; office manager

Burundi Burundi; **Republik ~** Republic of Burundi

Burundier(in), burundisch (of) Burundi

Bus bus; *(für Fernverkehr)* coach; **~fahrt durch Europa** coach-tour of Europe

Buße 1. *(in Strafsachen)*[345] imposition of payment of money to charitable institutions

Buße 2. (administrative) fine *(→Geldbuße)*; **Auferlegung e-r ~** imposition of a fine

Bußgeld administration fine

Bußgeldbescheid[346] administrative order imposing a fine; **gegen den ~ kann der Betroffene Einspruch einlegen**[347] an administrative order imposing a fine may be appealed to the court

Bußgeldsachen[348] administrative fine matters

Bußgeldverfahren[349] proceedings for the imposition of administrative fines; monetary fine proceedings *(→Ordnungswidrigkeiten)*

Butterverordnung[350] butter order (order regulating quality control of butter)

C

Callgeld (→Tagesgeld) call money; day-to-day money

Carnet ATA, Zollübereinkommen über das ~ für die vorübergehende Einfuhr von Waren[1] Customs Convention on the ATA Carnet for the temporary admission of goods

Carnets ECS, Zollabkommen über ~ für Warenmuster[2] Customs Convention Regarding ECS Carnets for Commercial Samples

Carnet TIR, Zollübereinkommen über den internationalen Warentransport mit Carnets TIR[3] Customs Convention on the International Transport of Goods under Cover of TIR Carnets (TIR Convention); **~-Vordruck** TIR carnet form; **~-Inhaber** holder of the TIR carnet

causa *(Rechtsgrund)* actual and/or agreed upon legal basis for a transaction

CDU →Christlich-Demokratische Union Union

CEN →Europäisches Komitee für Normung

CENELEC →Europäisches Komitee für elektrotechnische Normierung

Ceylon →Sri Lanka Lanka

Chance chance, opportunity; *(Aussicht)* prospect; →**Absatz~n**; →**Erfolgs~**; →**Gewinn~**

Chancengleichheit equal chances for all; equality of opportunities; **~ im Bildungswesen** equal opportunities in education; **~ für Frauen und Männer** equal opportunities for men and women

chancenreich offering a good chance (of); promising

Chancen, die ~ stehen 2 zu 1 the odds are two to one

Charakteristikum characteristic, feature

charakteristisches Kennzeichen characteristic feature

charakterliche Eigenschaften qualities of character, moral qualities

Charta, →**Pariser ~; der Vereinten Nationen**[4] Charter of the United Nations

Charter, Reise *(charter für e-e ganze Reise)* trip (or voyage) charter; **Teil~** partial charter; **Zeit~** time charter

Charterflüge, Linien- und ~ regular and charter(ed) flights; **~ durchführen** to operate charters

Charter~, **~fluggesellschaft** charter airline; **~fluggunternehmer** charter operator; **~flugzeug** charter(ed) (air)plane (or aircraft); **~gebühren** charter fees; **~maschine** →Charterflugzeug; **~partie**[5] (document concerning the) charterparty; **~preis** charter price; **~sätze** charter rates; **~schiff** chartered ship; **~schifffahrt** tramping

Chartervertrag charterparty (C/P); **Luft~** air(-craft) charter agreement; **Zeit~** time charterparty; **~ über ein Schiff ohne Besatzung und Service** bare boat charterparty

Charterer charterer; **~ e-s Schiffes, der Ausrüster ist** demise charterer; **~ zahlt die Abgaben** charterer pays duties (c. p. d.)

Chartern, Charterung chartering, chartage; charter; **~ e-s Flugzeugs** charter(ing) an aircraft; **~ e-s bloßen Schiffskörpers** *(ohne Ausrüstung und Besatzung)* bare boat charter

chartern to charter, to take on charter, to hire (a ship, an aircraft)

Chef head, chief; principal; employer; *(colloq.)* boss; *(bei Teilhaberschaft)* senior partner; **~ des Protokolls** Chief of Protocol Department; **~arzt** *Br* medical superintendent (of a hospital); *Am* chief of (medical) staff (at a hospital); **~redakteur** (chief) editor, editor-in-chief; **~texter** copy chief

Chemie~, **~fasern** synthetic fibres, man-made fibres; **~werte** chemical securities, chemicals

Chemikaliengesetz[5a] *(Gesetz zum Schutz vor gefährlichen Stoffenetwa)* Toxic Substances Control Act

chemische Industrie chemical industry; manufacture of chemicals and chemical products

chemische Waffen, Verbot und Vernichtung der chemischen Waffen banning and destruction of chemical weapons

Chiffre *(Geheimzeichen)* cipher, code; *(in Annoncen)* box number; **Anzeige unter ~** *Br* advertisement under a box number; *Am* keyed advertisement; **~telegramm** telegram in cipher (or in code); **unter ~ inserieren** to insert an advertisement under a box number

chiffrieren *(verschlüsseln)* to cipher, to code

chiffriert in cipher, coded; **~es Telegramm** code(d) or cipher(ed) telegram; **nicht ~es Telegramm** telegram in plain language

Chile Chile; **Republik ~** Republic of Chile

Chilene, Chilenin, chilenisch Chilean

China China; **Volksrepublik ~** People's Republic of China

Chinese, Chinesin, chinesisch Chinese

Chipkarte chipcard
Elektronische Zahlungskarte, versehen mit einem Datenspeicher und einem Mikroprozessor.
Electronic payment card provided with a data memory and a microprocessor.

choreographische Werke choreographic works

Christlich-Demokratische Union (CDU) Christian Democratic Union

Christlich-Soziale Union (CSU) Christian Social Union

chronologisch, **in ~er Reihenfolge** in chronological order

CIF cif (Kosten, Versicherung, Fracht) CIF (cost, insurance, freight); **~-Preis** cif price

Clearing *(Aufrechnung gegenseitiger Forderungen der Clearingteilnehmer)* clearing; **~abkommen** clearing agreement (or arrangement); **~-Forderung** clearing claim; receivable; **~guthaben** clearing assets; **~konto** clearing account; **~schulden** clearing debts; **~verfahren** clearing (system)

Club *(Sport, Gesellschaft)* (sports or social) club

Cocom (Koordinierungsausschuss für multilaterale Exportkontrolle) Coordinating Committee for Multilateral Export Controls

Code *(Schlüssel zu Geheimschriften)* code; →**Strich~**; **~schlüssel** key to a code (or cipher); **e-n ~ entschlüsseln** to break a code

codieren to code, to put into code words; to cipher

Codierung der Waren →Internationales Übereinkommen über das Harmonisierte System zur Bezeichnung und Codierung der Waren

Comecon (Council for Mutual Economic Assistance, CMEA) Rat für gegenseitige Wirtschaftshilfe (RGW). *(Aufgelöst 1990/91)*
Economic community of 10 communist countries formed in 1949 (Bulgaria, Cuba, Mongolian People's Republic, Poland, Rumania, the former USSR, Czechoslovakia, Hungary, Viet Nam, and the former DDR) without any supranational organs.

Commonwealth-Präferenzen, **Länder, für die ~ gelten** countries enjoying Commonwealth preferences

Commonwealth~, **~-Staatsangehörigkeit** Commonwealth citizenship (or status); **Staatsangehöriger des ~** Commonwealth citizen

Computer computer; **mit ~ ausgestattet** computerized; **Aktienhandel per ~** computer trading; **Einsatz von ~n** use of a computer; computing; **mit Hilfe von ~n** computerbased; **~anlage** computer installation; **~ausfall** computer breakdown; **~betrug**[5b] fraud by computer manipulation; computer fraud; **~bildschirm** computer screen; **~eindringling**[5c] hacker; **c~gestütztes Bankgeschäft** computer-aided banking; **c~gestützter Unterricht** computer- assisted learning (CAL); **c~integrierte Fertigung** computer-integrated manufacturing (CIM); **~kriminalität** computer abuse, computer (-assisted) crime; **~sabotage**[5d] computer sabotage; **~spionage** computer espionage; **c~unterstützte Herstellung** computer-aided manufacturing (CAM); **c~unterstützte Herstellung von Texten etc vom Schreibtisch aus** desktop publishing; **c~unterstützte Konstruktion** computer-aided design (CAD); **c~unterstützte Qualitätskontrolle** computer-aided quality control (CAQ); **~verleih** computer hiring (or leasing) service; **~virus** computer virus

Computerzeit, **Diebstahl von ~** computer time theft

Computer, **e-n ~ benutzen** to use a computer, to compute; **auf ~ umstellen** to computerize

computerisieren to computerize

Conditio-sine-qua-non, ~-Probe but for test; **~-Regel** *(zur Feststellung der Kausalität e-r Handlung für e-n Schaden)* but for rule

Container container; **Entladung aus dem ~** unstuffing; **Serien~** type-series container
Container, Internationales Übereinkommen über sichere ~ (CSC)[6] International Convention for Safe Containers (CSC) *(→Sicherheitszulassungsschild)*; **Versand in ~n** container shipment
Container, Antrag auf Zulassung e-s ~s[7] application for approval of a container
Container~, ~bau container construction; **~-Blockzug** container block train; **~hafen** container port (or terminal); **~ladung** container load; **~schiff** container ship; **c~transportfähige Güter** goods transportable in containers; **~umschlagplatz** container handling station

Containerverkehr container transport; container services; **~ in Ganzzügen** container transport in block trains; **Groß~** large container transport; **Land~** overland container transport; **Umstellung auf ~** containerization

Container, ~ nach e-m Baumuster herstellen to manufacture containers to a design type; **~ in Serien herstellen** to manufacture containers by design type series; **in ~n transportieren** to transport by container; to containerize; **~ verladen** to handle containers

Copyright-Vermerk *Am* copyright notice

Costa Rica Costa Rica; **Republik ~** Republic of Costa Rica

Costaricaner(in), costaricanisch Costa Rican

Côte d'Ivoire *(früher: Elfenbeinküste)*, **Republik ~** the Republic of Côte d'Ivoire (→Ivorer[in])

Coupon →Kupon

Courtage *(Maklergebühr)*[8] brokerage; broker's commission; **Wechsel~** exchange brokerage; **~rechnung** brokerage account

CSC-Sicherheitszulassung *(Container)* CSC Safety Approval *(s. Intern. Übereinkommen über →sichere Container)*

CSU →Christlich Soziale Union Union

culpa in contrahendo (c. i. c.) (Verschulden bei Verletzung vorvertraglicher Pflichten[9]) breach of duty prior to contract

D

Dach~, ~fonds[1] fund of funds; holding fund; **~gesellschaft** holding company; parent company; **~organisation** holding (or parent) organization

dafür *(bei Abstimmungen)* for; in favo(u)r

dagegen *(bei Abstimmungen)* against, opposed

dahingestellt, es kann ~ bleiben it may remain undecided, it may be left open

Damnum (mortgage) debt discount (in building finance)

dämpfen, die Konjunktur ~ to restrain (or curb) the boom

Dampfer steamer, steamship; **→Fracht~**; **~schiffahrt** steam navigation

Dampfkesselanlage boiler plant

Dämpfung, ~ der Investitionen checking (or dampening) of investment activity; **~smaßnahmen** dampening measures

Däne, Dänin Dane

Dänemark Denmark; **Königreich ~** Kingdom of Denmark

dänisch Danish

daniederliegen, der Handel liegt danieder trade is dull; business is in a depressed state

Daniederliegung des Handels trade depression; stagnation of trade

dankbar grateful; thankful; *(lohnend)* profitable; paying; **für baldige Antwort wären wir ~** we would appreciate an early reply

dankend ablehnen to decline with thanks

Darbietung, (künstlerische) ~ performance

darlegen to explain, to set forth, to state; to demonstrate; →Gründe darlegen

Darlegung, nähere ~ specification; **~ der Ansprüche des Klägers** statement of claimant's case; **unter ~ der Tatsachen** setting forth the facts

Darlehen[2] loan; contract of loan; *(kurzfristig)* advance; **als ~** as a loan; **~ mit Tilgungsplan** sinking fund loan; **~ zu niedrigen Zinsen** low-interest loan; **befristetes ~** term loan, time loan; **gesichertes ~** secured loan; loan against security; **durch Hypotheken gesichertes ~** loan on mortgage; **kündbares ~** loan at notice; callable loan; **täglich kündbares ~** loan at call; **kurzfristiges ~** short-term loan; advance; **langfristiges ~** long term loan; **unbefristetes ~** undated loan; **unkündbares ~** uncallable loan; **unverzinsliches ~** interest-free loan; **verzinsliches ~** interest-bearing loan; loan at interest; **zinsloses ~** loan without interest; interest - free loan; **zinsverbilligtes ~** low- interest loan; **noch nicht zurückbezahltes ~** outstanding loan

Darlehen, →**Fälligkeitstermin des ~s**; →**Gewährung e-s ~s**; →**Höhe des ~s**; →**Kündigung e-s ~s**; →**Laufzeit e-s ~s**; →**Rückerstattung (od.** →**Rückzahlung) e-s ~s**; →**Tilgung e-s ~s**; →**Vermittlung e-s ~s**

Darlehens~, **~antrag** application for a loan; **~aufnahme** taking out (or up) a loan; borrowing; **~bedingungen** terms (or conditions) of a loan; **~bürgschaft** loan guarantee; **~forderung** claim for (re)payment of a loan; **~geber** lender; giver of a loan; **~gewährung** granting of a loan; **~hypothek**[3] mortgage (as security for a loan); *Am* straight mortgage; **~makler** loan broker; **~nehmer** borrower; taker of a loan; **~quittung** loan receipt; **~rückzahlung** repayment of a loan; **~schuld** loan debt; **~schuldner** →Darlehensnehmer; **~sicherung** security for a loan; **~summe** amount of the loan; **~tätigkeit** *(e-r Bank)* lending operations:; **~vereinbarung** loan agreement; **~vermittler** loan broker

Darlehensversprechen[4] promise of a loan

Ein Darlehensversprechen kann widerrufen werden, wenn in den Vermögensverhältnissen des anderen eine wesentliche Verschlechterung eintritt, durch die der Anspruch auf Rückerstattung gefährdet wird.

The promise of a loan may be revoked if the promisee's financial situation deteriorates to such an extent that the claim for repayment is put in danger.

Darlehens~, **~vertrag** loan contract; **~zinsen** interest on loan, loan interest; **~zusage** promise to grant a loan

Darlehen, ein ~ aufnehmen to take up (or raise) a loan; **~ gegen Verpfändung von Waren aufnehmen** to raise money on the security of goods; **jdm ein ~ geben (od. gewähren)** to give (or grant) sb. a loan; to make advances to sb.; **ein ~** →**kündigen**; **das ~ hat e-e Laufzeit von 8 Jahren und ist mit 9 zu verzinsen** the loan has a term of 8 years and an interest rate of 9; **das ~ der Europäischen Investitionsbank wird dem Staat für 30 Jahre (davon 8 tilgungsfrei) gewährt** the EIB loan is granted to the State for a term of 30 years, including an 8-year period of grace

darstellen *(beschreiben)* to represent, to describe, to state; *(bedeuten)* to constitute; **falsch ~** to misrepresent; to represent wrongly; to give a false account of; **den Sachverhalt ~** to state the facts; **e-e strafbare Handlung ~** to constitute an offence (offense); **seine Vermögenslage wissentlich falsch ~** knowingly to misrepresent one's financial position (or circumstances)

Darstellung representation, description; statement; **bildliche ~** *(PatR)* illustration; **eingehende ~** detailed description; **falsche ~** *(von Tatsachen)* misrepresentation; →**graphische ~**; **kurze ~ des** →**Sachverhalts**; →**zusammenfassende ~**; **~en wissenschaftlicher Art** *(UrhR)* illustrations of a scientific nature; **~ e-r Erfindung** disclosure of an invention; **(bildliche) ~ e-s Musters** representation of a design; **~ der Tatsachen** statement of the facts

Daseins~, **~mittelpunkt** *(IPR)* centre (center) of sb.'s existence; **~vorsorge** *(Leistungsverwaltung)* (totality of) services for the public

das heißt (d. h.) id est (i. e.)

Datei *(EDV, in e-m Speicher zusammengestellte Daten)* file

Datei, automatisierte ~/Datensammlung[4a] automated data file

Jede zur automatischen Verarbeitung erfasste Gesamtheit von Informationen.

Any set of data undergoing automatic processing.

Datei, Lohn~ *Am* payroll file; **Stamm~** master file; **Verantwortlicher für die ~** controller of the file; **~bezeichnung** file identification

Dateien mit personenbezogenen Daten personal data files

Datel →Datenfernverbindung

Daten *(EDV)* data; *Am* record(s); information; **behördliche ~** *Am* agency records; **gespeicherte ~** stored data; **personenbezogene (od. persönliche) ~** personal data *(→personenbezogen)*; **statistische ~** statistical data (or *Am* records); **Aufnehmen von ~** recording of data; **Erfassung von ~** collection of data; **Löschen (od. Löschung) von ~** erasure of data; **Speicherung von ~** storage of data; **Verarbeitung von ~** processing of data; **Weitergabe von ~** disclosure of data (or *Am* records); **Zugang zu ~** access to records

Daten, ~ abrufen to retrieve data; **~ aufbereiten** to process data; **unrichtige ~ berichtigen** to correct incorrect data; **~ erfassen** to collect data; **~ löschen** to erase data; **~ sammeln** to accumulate data; **~ speichern** to store data; **~ sperren** to block data; **~ übertragen** to transfer data; **~ über Einzelpersonen unterhalten** to maintain data (or *Am* records) on individuals; **~ verändern** to modify data; **~ verarbeiten** to process data; **~ stapelweise verarbeiten** to process batches of data

Daten~, **~anpassung** →Datenberichtigung; **~aufbereitung** data preparation; **~ausgabe** data output; **~austausch** data exchange

Datenbank data base, database; *Am* system of records; **Fach~en des Bundes** specialized data bases of the Federal Government; **Errichtung (od. Einrichtung) e-r ~** establishment (or setting up) of a data base; →**Europäische ~ für Abfallwirtschaft**; **Zugriff zur ~** access to the database; **e-e ~ unterhalten** to maintain a database *(Am a system of records)*

Daten~, **~austauschdienst** Data Exchange Service; **~bearbeitung** data handling; **~berichtigung** adjustment of data; **~bestand** data stock; **~diebstahl** *(Computer)* theft of data; **~eingabe** data input; **~entschlüsselung** decoding of data; data decoding; **~erfassung** data collection; **~fernübertragung** *(mit Techniken der Telekommunikation)* remote data transmission; **~fernverarbeitung** teleprocessing, remote data processing; **~fernverbindung** data telecommunication; **grenzüberschreitender ~fluss** transborder data flows (TDF); **~flussplan** data flow chart; **~geheimnis** data secrecy; **~gewinnung** data acquisition; **~haftung** data liability; **~missbrauch** data abuse; **~netz** data network; **missbräuchliche ~nutzung** improper use of data

Datenschutz data protection; safeguarding of data; protection of data privacy; **Bundesbeauftragter für ~** Federal Commissioner for Data Protection; **Bundes~gesetz** (BDSG)[5] (Gesetz zum Schutz vor Missbrauch personenbezogener Daten bei der Datenverarbeitung) Federal Data Protection Act (Act for protection against the misuse of personal data in data processing); *Am* Privacy Act; **~-konvention** s. Übereinkommen zum Schutz des Menschen bei der automatischen Verarbeitung →personenbezogener Daten

Daten~, **~sicherheit** data security; **~sicherung** →Datenschutz; **~speicherung** storage of data; **~träger** data medium (or carrier); **~trägeraustausch** *(Austausch von EDV-Daten zwischen e-r Bank und ihren Kunden [DTA])* exchange of data carriers

Datentransfer, **elektronischer ~ für kommerzielle Zwecke** (Tedis) trade electronic data interchange systems (Tedis)

Daten~, **~überprüfung** data screening; **~übertragung (od. ~übermittlung)** data transmission; **~veränderung**[5a] alteration of data; **~verantwortlichkeit** data liability; **d~verarbeitende Geräte** data processing equipment

Datenverarbeitung data processing (dp); **elektronische ~** (EDV) electronic data processing (EDP); **Leiter der ~** dp-manager; **Programme für die ~**[5a] programs for data processing; **~sanlage** computer; data processing system; **in ~sanlagen gespeicherte Unterlagen** computerized records; **auf ~ umstellen** to computerize

Datenverkehr, **grenzüberschreitender ~** (GDV) transborder data flow (TDF)

Datenverschlüsselung encoding of data

datieren to date; **falsch ~** to misdate, to date incorrectly; **nach~** to postdate; **vor~** to antedate

datiert dated; **~ (vom 20. Mai)** bearing date (May 20); **nicht ~** undated, without date; **~ sein** to bear a date

Datowechsel after-date bill, bill (payable) after date

Datum date; →**Ausstellungs~**; →**Fälligkeits~**; →**Geburts~**; →**Rechnungs~**; **mit ~ vom** bearing the date; dated; **gleichen ~s** of same date; **heutigen ~s** of this date; **ohne ~** without date, undated; **~ der Einreichung** filing date; **~ des Inkrafttretens** *(e-s Gesetzes)* effective date; **~ des Poststempels** date of the postmark; **im Vertrag vorgesehenes ~** contractual date

Datums~, **~angabe** date; **~aufdruck** *(bei Lebensmitteln)* date mark; **~stempel** date stamp; *(Gerät)* dater; **~wechsel** *(Tagwechsel)*[6] day bill (bill payable at a fixed day)

Dauer duration; length (or period) of time; term; time; *(Fortbestehen)* continuance; **auf die ~** in the long run; **für die ~ von 1 Monat** for (a period of) one month; **während der ~ des Krieges** for the duration of the war; **während der ~ des Prozesses** pending the *Br* action *(Am lawsuit)*; while proceedings are pending; *Br (EheR)* pending suit; **während der ~ der Verhandlungen** pending (the) negotiations; **während der ~ des Vertrags** during the subsistence of the contract

Dauer, **~ e-s Abkommens** duration (or term) of an agreement; **~ der Arbeitslosigkeit** duration (or length) of unemployment; **~ der Betriebszugehörigkeit** length of service with the company; **~ e-s Mietvertrages** duration (or period, term) of a lease; **~ des Vertrages** duration (or term) of the contract

Dauer~, **~akkreditiv** revolving letter of credit; **~anlage** permanent investment; **~arbeitsplatz** permanent working place (or job)

Dauerauftrag *(an Bank)* standing order; banker's order; *Am* preauthorized payment; **~ bis auf Widerruf** standing order until cancelled; **e-n ~ erteilen** to place (or give) a standing order

Dauer~, **~ausschreibung** standing invitation to tender; **~emittent** *(Börse)* tap issuer

Dauerexposition beruflich strahlenexponierter Personen[7] continuous exposure of persons to radiation in the course of their occupation

dauerhaft lasting; *(von Lebensmitteln)* non(-) perishable; **~er Datenträger** durable medium; **~es Wachstum** sustained growth

Dauer~, **~karte** season ticket; *Am (Bahn)* commutation ticket; **~mieter** permanent tenant

Dauernutzungsrecht[8] permanent right of use
Dingliches Recht auf Nutzung bestimmter Räume, die nicht zu Wohnzwecken dienen.
A property (or real) right to use certain parts of a building not used for residential purposes.

Dauerreden, **durch ~ lahmlegen** to filibuster

Dauer~, **~regelung** permanent settlement; **~rente** perpetual annuity; **~schaden** *(lebenslänglicher Körperschaden)* permanent disability; **~schulden** long-term (or permanent) debts; **~schuldverhältnis** *(z. B. Miete, Arbeitsvertrag)* (contract for the performance of a) continuing (or recurring) obligation; **~stellung** permanent position; **~vollmacht** permanent power of attorney; **~waren** non(-)perishable goods

Dauerwohnrecht[9] permanent dwelling (or residential) right; **Bestellung und Veräußerung von ~en** granting and alienation of permanent dwelling rights
Das Dauerwohnrecht ist ein beschränkt dingliches Recht, auf Grund dessen der Berechtigte eine bestimmte Wohnung in dem Gebäude eines anderen benutzen darf. Es ist frei verfügbar und muß im Grundbuch eingetragen werden.
The Dauerwohnrecht is a property right, similar to an easement, entitling its owner to use a designated *Br* flat (*Am* apartment) in a building owned by another. The right is freely alienable and must be *Br* registered (*Am* recorded) in the →Grundbuch.

dauernd permanent, lasting; **~e Arbeitsunfähigkeit** permanent disability; **~e Belastungen** standing charges; **~e Beteiligungen** permanent holdings

DAX →Aktiengesetz

DC-Karte Diners Club-Karte

DDR (Deutsche Demokratische Republik) German Democratic Republic (GDR); *(untechnisch:)* East Germany
Gegründet Oktober 1945. Der Bundesrepublik beigetreten 3. 10. 1989 *(→Einigungsvertrag)*.
Formed October 1945. Acceded to the Federal Republic of Germany 3. 10. 1989.

Debatte debate; discussion (über on); *(Meinungsstreit)* controversy; **außenpolitische ~** foreign policy debate; **Bundestags~** debate in the →Bundestag; **Eröffnung der ~** opening of the debate; **innenpolitische ~** internal policy debate; **Schluss der ~** closure (or end) of the debate; **Antrag auf ~nschluss** *(parl)* motion for closure; **in e-e ~ eingreifen** to intervene in a debate; **in e-e ~ eintreten** to enter into a debate; **zur ~ stehen** to be up for debate; to be at issue; **zur ~ stellen** to moot; **ein Thema zur ~ stellen** to raise an issue

Debet debit; debit side; **~ und Kredit** debit and credit; **im ~ stehen** to be on the debit side

Debet~, **~buchung** debit entry; **~konto** debit (or debtor) account; **~nota** *(Lastschriftanzeige)* debit note (D/N); **~posten** entry on the debit side; debit entry; **als ~posten buchen** to debit

Debetsaldo debit balance; **ein ~ in Höhe von ... aufweisen** to show a debit balance (in the amount) of ...

Debet~, **~scheck** *(im Clearing)* in-clearing cheque (check); **~seite** debit side; debtor (Dr); **~wechsel** *(im Clearing)* in-clearing bill; **~zinsen** interest on debit balances

debitieren to debit, to charge

Debitoren accounts receivable; receivables; debtors; **~ aus Wechseln** bills receivable; **verschiedene ~** *(Bilanz)* sundry debtors; **~buch** debtors ledger; sales ledger; *Am* accounts receivable ledger; **~kredit** accounts receivable loan; **~verlust** loss on receivables; **~versicherung** accounts receivable insurance; **~ziehung** bill(s) drawn (by a bank) on debtor(s)

dechiffrieren to decipher, to decode

Deck 1. *(Schiff, Bus)* deck; **~ladung** deck cargo (or load); **~verladung** shipment on deck; **auf ~ verladen** to ship on deck

Deck 2. **~adresse (od. ~anschrift)** assumed address; *Br* accommodation address; *Am*cover address; **~blatt** cover page; **an e-e ~adresse geschriebener Brief** *Br* letter sent to an accommodation address, *Am* letter under cover; **~name** assumed name, fictitious name; pseudonym

decken to cover; *fig* to protect, to shield; *(Bedarf)* to meet, to satisfy; *(Schaden)* to make good; **sich ~** *(gegen Verluste)* to secure oneself; *(Börse)* to hedge; **sich ~ mit** to coincide with; to correspond to; **den →Bedarf ~**; **ein Defizit ~** to make good (or cover) a deficit; **die Kosten ~** to cover (or meet, defray) the costs; **ein Risiko durch Versicherung ~** to cover a risk by insurance; **e-n Verlust ~** to make up for a loss; **die Einnahmen ~ die Ausgaben nicht** the receipts do not cover the outlay

gedeckt *(gesichert)* covered; **durch Versicherung ~e Risiken** risks covered by insurance; **die Unkosten sind ~** the expenses are covered (durch by)

Deckung cover; *Am bes.* coverage; *(Befriedigung)* meeting; *(Sicherung)* collateral security; *(Börse)* hedging; →**Bar~**; →**Gold~**; **ausreichende (od. genügende) ~** sufficient cover, sufficient funds; **keine ~** *(Scheckvermerk)* no effects (N/E), no funds (N/F); **mangels ~ zurück** *(Scheckvermerk)* returned for want of funds; **ohne ~ verkaufte Wertpapiere (od. Waren)** shorts; **vorläufige ~** provisional cover

Deckung, **~ e-s Akkreditivs** cover (or collateral) of a letter of credit; **~ der Ausgaben** cover for expenditure; **~ des Ölbedarfs** meeting the oil requirement; **Auskunft über die ~ e-s Schecks erbeten** advise fate; **~ durch Versicherung** insurance coverage

Deckungs~, **~anschaffung** provision for cover; remittance to (provide) cover; **~beitrag** contribution margin, marginal income; **~beitragsrechnung** contribution costing; **~bestände** *(e-r Notenbank)* cover of notes in circulation; **~bestätigung** *(VersR)* →Deckungszusage; **~dauer** period of cover(age); **d~fähige Wertpapiere** securities eligible as cover; **~forderung** covering claim

Deckungsgeschäft covering operation (or transaction); *(Börse)* hedge; **Abschluss e-s ~s** hedging; **ein ~ abschließen** to hedge

Deckungs~, **~grenze** limit of cover; *(VersR)* limit of indemnity; *Br* (office) limit; **~handlung** *(zur Verheimlichung)* cover up (action); **~höhe e-r Versicherung** insurance cover; **~kapital** coverage capital, capital sum required as cover; *(VersR)* mathematical reserve, premium reserve; *Br* cover of assurance

Deckungskauf purchase of goods in replacement; (covering) purchase; *(Börse)* short covering; **Preis des ~s** price paid for the goods bought in replacement; **Zwang zu e-m ~** *(Börse)* bear squeeze; **~ der Baissepartei** bear (or short) covering; **e-n ~ vornehmen** to buy goods in replacement; to purchase goods to replace those to which the contract relates; **zu Deckungskäufen zwingen** *(Börse)* to squeeze the bears

Deckungs~, **~klausel** cover clause; **~mittel** cover, covering funds (or resources); **~rücklage** premium reserve; **~schutz gewähren** to provide cover; **~sicherheit** collateral security

Deckungsstock *(VersR)* premium reserve; **~fähigkeit** eligibility of securities (and other investments) for the investment of funds set aside as capital reserves (premium reserves, cover of assurance); **~verzeichnis**[9a] statement (or table, schedule, list) of investments constituting the premium reserves; schedule of securities (investments) in which the insurance company's premium reserves are invested

Deckungs~, **~summe** amount covered, insured sum; **~verhältnis** *(e-r Währung)* cover ratio

Deckungsverkauf resale (of goods) (by unpaid seller); cover(ing) sale; **Preis des ~s** price obtained by the resale of goods; **ein ~ entspricht den Gebräuchen** it is in conformity with usage to resell the goods; **der Verkäufer hat e-n ~ vorgenommen** the seller has resold goods

Deckungsvorsorge *(UmwelthaftungsR)* provision for coverage (e.g. via self-insurance or insurance)

Deckungszusage *(VersR)* confirmation of cover; memorandum of insurance; *Br* cover(ing) note; *Am* binder (for insurance)

Deckung, **die ~ ablehnen** *(VersR)* to disclaim liability; **~ für e-n Wechsel anschaffen** to provide cover for a bill of exchange; **~ gewähren** to grant cover; **für ~ sorgen** to provide cover; **Wertpapiere ohne ~ verkaufen** →fixen; **die nötige ~ ist vorhanden** the necessary cover is available

de facto (as a matter of fact); **~-Anerkennung** *(VölkerR)* de facto recognition *(cf. de jure)*

Defaitismus defeatism

Defaitist defeatist

Defekt defect; *(Fehler)* flaw; **geistiger (od. psychischer) ~** mental defect

defekt defective, faulty; *(beschädigt)* damaged

Defensivzeichen *(WarenzeichenR)* defensive trade mark

Defizit deficit, deficiency, shortage; →**Außenhandels~**; →**Handelsbilanz~**; →**Haushalts~**; →**Zahlungsbilanz~**

Defizit~, **~finanzierung** deficit financing (or spending); **~- und Überschussländer** deficit and surplus countries; **ein ~ aufweisen** to show a deficit; **ein ~ haben** to run a deficit; **ein ~ von 100 Euro haben** to have a deficit of Euro 100; to be Euro 100 short; **das ~ ging leicht zurück** the deficit declined slightly

defizitär, **~e Zahlungsbilanz** balance of payments in deficit; **~ sein** to show a deficit

Deflation deflation; **~spolitik** deflationary policy, policy of deflation

deflatorische Lücke deflationary gap

degradieren to demote, to degrade; to downgrade, to reduce to a lower grade (or rank)

Degradierung demotion, degradation, downgrading *Am mil* reduction to a lower grade; *Br mil* reduction to the ranks

degressiv, **~e** →**Abschreibung** *cf. lineare Abschreibung*; **~e Steuer** degressive tax

Deich dike, dyke; **~bruch** breaking of a dike; **~gebühren** dike rates; **~recht** dike law

de jure (as a matter of law); **~-Anerkennung** *(VölkerR)* de jure recognition *(cf. de facto)*

Dekan *univ* dean

dekartellisieren to decartelize

Dekartellisierung decartelization

Deklaration *(VölkerR)* declaration; *(Zoll)* customs) declaration, (bill of) entry

deklaratorisch declaratory

deklarieren to declare; *(beim Zollamt)* to declare, to enter (dutiable goods)

deklariert, **~er Wert** declared value; **e-e falsch ~e Ware →einziehen**

Dekontaminierung von Strahlenarbeitern decontamination of workers exposed to radiation

dekorieren, **ein Schaufenster ~** to decorate a shop window

Delegation 1. *(Abordnung)* delegation, body of delegates; **Handels~** trade delegation; **~sführer (od. ~leiter)** head of (the) delegation; **e-e ~ anführen (od. leiten)** to head a delegation

Delegation 2. *(Übertragung von Zuständigkeiten)* delegation; **Sub~**[10] sub-delegation

delegieren to delegate; **seine Befugnisse ~** to delegate one's authority; **jdn zu e-r Konferenz ~** to send a delegate to a conference

delegierte Gesetzgebung delegated (or subordinate) legislation

Delegierter delegate; **Chef~** head of (the) delegation; **ständiger ~** permanent delegate

Delegierten~, **~liste** list of delegates; **~versammlung** assembly of delegates; **e-n ~ benennen** to designate a delegate

Delegierung delegation; **~ von Befugnissen** delegation of authority (or powers); **~ der Gesetzgebungsgewalt** delegation of legislative power

Delikt *(StrafR)* (criminal) offence (offense); *(ZivilR)* tort, civil wrong *(→unerlaubte Handlung)*; *Scot* delict; *(von Einzelpersonen begangene)* Delikte wider das Völkerrecht delicta juris gentium

Deliktsanspruch claim in tort; **deliktsfähig** (legally) responsible for tortious acts

Deliktsfähigkeit responsibility for torts (or civil wrongs); **beschränkte ~**[11] limited responsibility for torts

Delikts~, **~haftung** liability in tort, tortious liability, tort liability; **~klage** action in tort, tort action; **~recht** law of tort(s), tort law

deliktisch tortious

Delinquent offender, delinquent

Delkredere 1. *(Gewährleistung für den Eingang e-r Forderung)*[12] del credere; **~haftung** del credere liability; **~provision** del credere commission; **~risiko** *(Inkassorisiko)* collection risk; default risk; **~versicherung** del credere (or credit) insurance; **~vertreter** del credere agent; **das ~ übernehmen** to stand (or undertake, assume) the del credere

Delkredere 2. *(Wertberichtigung für zweifelhafte Forderungen)* del credere; provision for bad and doubtful debts; **~fonds** contingent fund; **~konto** del credere account, contingent account; **~rückstellung** contingency reserve; **~-Wertberichtigung** provision for doubtful accounts

Demagogie demagogy

demagogisch demagogic

Demarche *pol* démarche; diplomatic representation (to a foreign government)

Demarkationslinie line of demarcation

Dementi *pol* dementi; formal (or official) denial; **ein ~ herausgeben** to issue a denial

dementieren to deny officially (or formally)

Demission resignation

demissionieren to resign

demobilisieren to demobilize

Demobilmachung demobilization

Demograph *(Bevölkerungsstatistiker)* demographer

Demographie demography

demographische Entwicklung demographic (or population) trend

Demokratie democracy; **parlamentarische ~** parliamentary democracy; **Wiederherstellung der ~** restoration of democracy; **die ~ wieder einführen** to restore democracy

demokratisch democratic; **~es Bewußtsein** democratic awareness; **freiheitliche ~e Grundordnung**[13] free democratic order (or system of government); **→Christlich D~e Union**; **Freie D~e Partei** (F.D.P.) Free Democratic Party; **→Sozial~e Partei**

demokratisieren to democratize

Demokratisierungsprozess process of democratization

Demonetisierung demonetization; withdrawal (of metal) from use as currency

Demonstrant demonstrator

Demonstration demonstration; **Gegen~** counterdemonstration; **~srecht** right to demonstrate; **~svorhaben** demonstration project; **e-e ~ veranstalten** to organize a demonstration; **e-e ~ zerstreuen** to disperse a demonstration

Demontage dismantling, dismantlement

demontieren *(z. B. Industriewerk)* to dismantle

Demoskopie public opinion research

Denaturalisation denaturalization

denaturalisieren to denaturalize

denaturieren to denature

Denkmal monument; memorial; **Beschädigung öffentlicher Denkmäler**[14] defacing (or defacement) of public monuments; **~pflege** care (or preservation) of monuments

Denkmalschutz protection of monuments; **unter ~ stehen** to be scheduled (or classified) as an ancient monument; to be listed for preservation; *Br* to be under a preservation order; **ein Gebäude unter ~ stellen** to list a building

Denkmal, ein ~ beschädigen to deface a monument; **ein ~ enthüllen** to unveil a monument

Denkschrift memorial; petition; written statement of facts (sent to authorities)

Denunziant informer; *Am* denunciator; denouncer

Denunziation information; *Am* denunciation; denouncement

denunzieren, jdn ~ to inform against (or on) sb.; to denounce sb.; to lay information against sb.; *Am* to denunciate sb.

Dependance annex(e) (to a hotel etc)

Deponent depositor; bailor

deponieren to deposit (bei with); to place (or put) on deposit; *(Abfallstoffe abladen)* to dump; **Geld ~** to deposit (or lodge) money

Deport *(Kursabschlag)* discount; *Br* backwardation; delayed delivery penalty; **~geschäft** *Br* backwardation business; **~satz** forward discount rate; *Br* backwardation rate

Deport ist der Abschlag, um den der Rückkaufkurs vom Abgabekurs (Kassa-Mittelkurs) abweicht.

Deport is the discount by which the repurchase rate deviates from the selling rate (mean [or average] spot rate).

Deportation deportation

deportieren to deport

Deportierter deportee

Depositalschein →Depotschein

Depositar depositary; bailee

Depositen deposits *(→Einlagen)*; **→Sicht~**; **→Termin~**

Depositen~, **~bank** deposit bank, bank of deposit; **~buch** deposit book, deposit pass book; **~gelder** deposits *(→Giralgeld)*; **~geschäft** deposit banking, deposit business (acceptance of deposits); **~guthaben** deposit in a bank; **~kasse** branch office of a bank; **~konto** deposit account; **~schein** deposit receipt; **~zertifikat** certificate of deposit; **~zinsen** interest on deposit

Depot *(Verwahrungsort e-r Bank für Wertsachen, Wertpapiere etc)* deposit; *(aufbewahrter Gegenstand)* deposited item; *(Ort zur Aufbewahrung)* depository; *(Lager)* storehouse, warehouse; **im ~** on deposit; *Br* in safe custody; *Am* in custody; **→Effekten~**; **→Sammel~**; **→Streifband~**; **→Wertpapier~**; **in ~ gegebene Wertpapiere** deposited securities

Depot, **→geschlossenes ~**; **→offenes ~**

Depot~, **~abteilung** *Br* safe custody department; *Am* (customers') securities custody department; **~abstimmung** securities account reconciliation; **~auszug** statement of (deposited) securities; deposit slip; **~bank**[15] custodian bank; bank holding securities (etc) on deposit; *Am* depositary bank; **~bestand** securities account balance; **~bescheinigung** certificate of deposited assets; deposit certificate; **~buch**[16] deposit book, deposit ledger; **~gebühren** *Br* safe custody charges; *Am* custodianship charges; custodial fees

Depotgeschäft[17] *Br (Verwahrung und Verwaltung von Wertpapieren für andere)* investment (or portfolio) management; *Am* custodianship business; **das ~ betreiben** to be (engaged) in investment (or portfolio) management

Depot~, **~gesetz** (DepG)[18] Securities Deposit Act; **~konto** security deposit account; *Br* safe custody account; *Am* custodianship account; **~kunde** deposit customer; customer holding securities on deposit; **~prüfung** *(e-s Kreditinstituts)*[19] securities deposit audit; **~prüfungsrichtlinien** guidelines for security deposit audits; **~schein** deposit receipt; safe custody receipt; *Am* custodianship receipt; **~schiff** depot ship; **~stimmrecht** the depositary's right to vote the deposited shares; voting rights of nominee shareholders; **~unterlagen** deposit records; **~unterschlagung**[20] misapplication (or misappropriation) of deposit; **~verpfändung** pledging of securities (deposited by a customer with his bank); **~vertrag** securities deposit contract; (safe) custody agreement; **d~verwahrt** kept on deposit; **~verwahrung von Wertpapieren** safekeeping (or custody) of securities; **~wechsel** →Kautionswechsel

Depot, Effekten in ein ~ geben *Br* to deposit securities in safe custody; to put (or place)

securities into (a) deposit (or *Br* into safe custody, *Am* in custodianship); **Effekten aus e-m ~ nehmen** to withdraw securities from a deposit; **die Wertpapiere sind im ~ e-r Bank** the securities are in the custody of a bank

Depression depression; **wirtschaftliche ~** economic (or industrial) depression; depression in trade; **~szeit** period of depression

Deputat payment in kind

Deputation deputation, delegation

Deputierter deputy, delegate

Deregulierung *(Abbau von Vorschriften)* deregulation

Dereliktion →Eigentumsaufgabe

Derivat derivative; **~ Markt** derivatives market

derivativ, ~er Erwerb derivative acquisition; acquisition of derivative ownership (or title); **~er Zinskontrakt** derivative interest rate contract

Derogation derogation (partial repeal or annulment of a law); *(Zivilprozess)* agreement (between the parties to an action) excluding the jurisdiction of an otherwise competent court *(Ggs. Prorogation)*

derogieren to derogate, to annul in part

derzeitig present; acting

Deserteur deserter, *Am* runaway

desertieren to desert, *Am* to run away, to go A. W. O. L. (absent without order to leave)

Desertifikation *(Verwüstung)* desertification

designiert designate

Designierung designation

Desinflation disinflation

Desinvestition disinvestment

Desorganisation disorganization

destabilisierende Einflüsse destabilizing influences

Destabilisierungspolitik policy of destabilization

detailliert detailed, in detail; **~er Bericht** detailed report; **~e Rechnung** itemized bill

Detektiv (private) detective; plain clothes man

Detergentien detergents *(→Europäisches Übereinkommen über die Beschränkung der Verwendung bestimmter Detergentien)*

deutlich angeben to indicate clearly (or precisely)

deutsch German; **inner~** intra-German; **in ~em Besitz befindliches Unternehmen** German-owned enterprise

Deutsch-Amerikanischer Freundschafts-, Handels- und Schiffahrtsvertrag (von 1954)[21] Treaty of Friendship, Commerce and Navigation between the Federal Republic of Germany and the United States of America

Deutsch-Amerikanisches Doppelbesteuerungsabkommen United States - German Tax Convention

Deutsch-Amerikanische Handelskammer German-American Chamber of Commerce

Deutsch-Britisches Abkommen über die gegenseitige Anerkennung und Vollstreckung von gerichtlichen Entscheidungen in Zivil- und Handelssachen[22] Convention between the Federal Republic of Germany and the United Kingdom of Great Britain and Northern Ireland for the Reciprocal Recognition and Enforcement of Judgments in Civil and Commercial Matters *(s. [EWG] Übereinkommen über die →gerichtliche Zuständigkeit und die Vollstreckung gerichtlicher Entscheidungen in Zivil- und Handelssachen)*

Deutsch-Britisches Abkommen über den Rechtsverkehr[23] Convention regarding legal proceedings in civil and commercial matters *(→Zustellung gerichtlicher und außergerichtlicher Schriftstücke, →Rechtshilfeersuchen)*

Deutsch-Britische Stiftung für das Studium der Industriegesellschaft[24] Anglo-German Foundation for the Study of Industrial Society

Deutsche, ~ Angestelltengewerkschaft (DAG) (Trade) Union of German Office Workers; **~ →Bundesbahn; ~ →Bundesbank; ~ →Bundespost; ~ Demokratische Republik** →DDR; **~ Finanzierungsgesellschaft für Beteiligungen in Entwicklungsländern GmbH** (DEG) German Financing Company for Investments in Developing Countries LLC (*Br* Ltd.); **~ Forschungsgemeinschaft** (DFG) German research foundation; **~ Gesellschaft für Unternehmensforschung** (DGU) German Society for Company Research; **~ Industrie-Normen** (DIN) German Industrial Standards

Deutsche Industrie- und Handelskammer (in Großbritannien und Nordirland) German Chamber of Industry und Commerce

Deutsche, ~ kommunistische Partei (DKP) German Communist Party; **~ Mark** deutschmark; **~ Post (AG)** Deutsche Post (AG) *(besteht als eine Nachfolgegesellschaft der Deutschen Bundespost seit d. 1.1.1995)*; **~ Terminbörse** (DTB)

German Options and Financial Futures Exchange (Goffex)

Deutscher, ~ im Sinne des Grundgesetzes[25] German as defined by the →Grundgesetz; **~ Akademischer Austauschdienst** (DAAD)[26] German Academic Exchange Service; **~ Aktienindex** →Aktienindex; **~ →Anwaltverein**; **~ Beamtenbund** (DBB) German Civil Service Association; **~ Entwicklungsdienst** (DED) German Volunteers' Service, German Development Aid Service; **~ →Gewerkschaftsbund**; **~ Industrie- und Handelstag** (DIHT)[27] Federation of German Chambers of Industry and Commerce; **~ Staatsangehöriger** German national, German citizen *(→deutsch)*

Deutsches~, **~Bundesgebrauchsmuster** (DBGM) German federal utility model; **~ Inland** *(SteuerR)* German domestic territory; **~ Institut für Normung** (DIN) German Institute for Standardization; **~ Patent- und Markenamt** (DPMA) German Patent and Trademark Office *(Sitz: München)*; **~ Richtergesetz** German Judiciary Act; German Law on Judiciary; **~ Rotes Kreuz** (DRK) German Red Cross; **~ Unternehmen** Federal Republic enterprise

Deutschland, →**Bundesrepublik ~**; **vereintes~** unified Germany *(→Einigungsvertrag)*

Deutschland, Vertrag über die abschließende Regelung in bezug auf ~ (2 + 4-Vertrag)[27a] Treaty on the Final Settlement with Respect to Germany (2 + 4-Treaty)

Vertrag zwischen den beiden deutschen Staaten und den Vier (→Alliierten) Mächten über die Außengrenzen, Streitkräfte, Waffen des vereinten Deutschland, den Abzug der sowjetischen Streitkräfte und die Beendigung der Rechte und Verantwortlichkeit in bezug auf Berlin und Deutschland als Ganzes.

Treaty between the two German states and the Four (Allied) Powers on the external borders, armed forces, weapons of united Germany, withdrawal of the Soviet armed forces and termination of rights and responsibilities relating to Berlin and to Germany as a whole.

Deutschlandvertrag (1. 7. 1990) German Treaty of Unity *(→Staatsvertrag zwischen der BRD und der DDR)*

Devaluation →Abwertung

Devisen *(im engeren Sinn)* (foreign) exchange; *(im weiteren Sinn)* (foreign) currency; **An- und Verkauf von ~** buying and selling of foreign exchange; →**Bar~**; →**Reise~**; →**Termin~**

Devisen, **~ anmelden** to declare foreign currency; **~ besorgen** to procure foreign exchange; **in ~ umtauschen** to convert into foreign exchange

Devisen~, **~abfluss (~abflüsse)** foreign exchange efflux (or outflow); **~abrechnung** foreign exchange statement; **~angebot** supply of foreign exchange; **~arbitrage** (foreign) exchange arbitrage, currency arbitrage; arbitration in exchange; **~ausgaben** foreign exchange expenditure; **~ausgleich** foreign exchange offset; **~ausländer** non-resident; **~beschränkungen** exchange restrictions; **~bestände** foreign exchange holdings (or reserves), currency holdings; **~bestimmungen** change (or currency) regulations; **~bewirtschaftung** (foreign) exchange (or currency) controls; **~bilanz** →Bilanz 2.; **~börse** (foreign) exchange market; currency market, currency exchange; **~einkommen** foreign exchange income; **~einnahmen** (foreign) exchange receipts (or earnings); **~engagement** (foreign) exchange commitment; **~erklärung** (foreign) exchange declaration; **~freibetrag** foreign exchange (or currency) allowance; **~genehmigung** (foreign) exchange authorization (or permit); currency authorization (z. B. *Br* Bank of England consent)

Devisengeschäft *(An- und Verkauf von Devisen)* foreign exchange business; **~e** (foreign) exchange transactions (or operations, dealings); **das ~ betreiben** to engage in foreign exchange business; **~e durchführen** to transact exchange dealings

Devisen~, **~gesetzgebung** foreign exchange legislation; **~guthaben** foreign exchange assets (or balance, deposits); currency assets; **~handel** foreign exchange dealings; **~händler** (foreign) exchange dealer; **~inländer** resident; **~kassageschäfte** *(An- und Verkauf von Devisen per Kasse)* foreign exchange spot dealings; **~kassamarkt** foreign exchange spot market; **~knappheit** (foreign) exchange stringency; shortage of foreign currency; **~komponente** *(Währungspolitik)* currency component; **~konto** foreign exchange account; **~kontrollbestimmungen** exchange control regulations; **~kredit** (foreign) exchange credit (or loan); (foreign) currency credit (or loan)

Devisenkurs (foreign) exchange rate, rate of exchange; **zum gegenwärtigen ~** at the present exchange rate; **schwankende ~e** fluctuating exchange rates; **~zettel** (foreign) exchange list, list of exchange rates

Devisen~, **~lage** foreign exchange position; **~makler** (foreign) exchange broker

Devisenmarkt foreign exchange market; →**gespaltener ~**

Devisen, amtliche ~notierungen official foreign exchange quotations; **~option** currency option; **~pensionsgeschäft** foreign exchange (sale and) repurchase agreement; **~politik** (foreign) exchange policies; **~polster** foreign exchange reserve(s)

devisenrechtlich, ~e Beschränkungen (foreign) exchange restrictions (on); **~e Bestimmungen** (foreign) exchange (or currency) regulations

Devisen~, ~reserve(n) (foreign) exchange reserve(s); **~rückfluss** *(in das Ausland)* foreign exchange outflow, foreign exchange reflux (abroad); *(in das Inland)* foreign exchange repatriation, return of foreign exchange; **~rücklage** →Devisenreserve; **~rückstrom** →Devisenrückfluss; **~schieber** foreign exchange profiteer; currency smuggler; **~schmuggel** currency smuggling; **d~schwache Länder** countries with a shortage (or lack) of foreign exchange; **~schwemme** glut of foreign exchange; **~schwierigkeiten** (foreign) exchange difficulties

Devisenspekulation exchange speculation; speculation in (foreign) currency; **~sgewinne** profits on exchange speculation

Devisen~, ~sperre embargo on foreign exchange, exchange embargo; **~stelle** (foreign) currency office, (foreign) exchange office; **~swap** →Swap

Devisentermin~, ~geschäft(e) *(Börse)* forward exchange dealing(s) (or operation[s], transaction[s]); currency futures trading; forward trading; (foreign) exchange futures; **~handel** *(Börse)* forward exchange trading; currency futures trading; **~kontrakte** *(Börse)* currency futures; **~kurs** forward exchange rate, forward rate of exchange; **~markt** forward exchange market; *Am* foreign exchange futures market; **~sätze** forward exchange rates; *Am* rates for future exchange

Devisen~, ~transfer foreign exchange transfer, currency transfer; **~überschüsse** foreign exchange surplus; **~umtausch** currency exchange; **~verfügbarkeit** availability of foreign exchange; **~vergehen** currency offence (offense)

Devisenverkehr foreign exchange dealings; **Erleichterungen auf dem Gebiete des ~s** exchange facilities; **Regelung des ~s** exchange arrangements (or controls)

Devisen~, ~vorschriften (foreign) exchange rules (or regulations); **~wechsel** bill in (foreign) currency; currency bill; **~zufluss (~zuflüsse)** inflow(s) (or influx) of (foreign) exchange, (foreign) exchange inflow (or influx); **~zustrom** →Devisenzufluss; **~zuteilung** (foreign) exchange allocation, (foreign) exchange allowance, currency allowance; **~zwangswirtschaft** (foreign) exchange control(s)

Dezentralisierung decentralization

dezentralisieren to decentralize

Dezernat *(e-m Richter od. Beamten zugewiesenes Arbeitsgebiet)* department

Dezernent head of a department

Dezimalwährung decimal currency; **Umstellung auf ~** decimalization of the currency

Diagramm diagram; graph, chart

dialektischer Materialismus dialectic materialism

Diäten *parl* remuneration for Members of Parliament; *(Tagegeld)* daily (expense) allowance; *Br* (an M. P.'s) *(auch)* sessional expense allowance

dicht besiedeltes Gebiet densely populated (or congested) area (or district)

Dichte des Verkehrs density of traffic

Dieb thief; *(von geringwertigen Sachen)* pilferer; →**Laden~**; →**Taschen~**

Diebes~, ~bande gang of thieves; **~gut** stolen property; **d~sicher** theft-proof, burglar-proof

Diebstahl theft; *Am bes. (auch)* larceny; *(von geringwertigen Sachen)* pilferage

Diebstahl begeht, wer eine fremde bewegliche Sache einem anderen in der Absicht wegnimmt, dieselbe sich rechtswidrig zuzueignen.[29]

Theft is the taking of personal property of another with the intent to appropriate such property unlawfully.

Diebstahl, →Auto~; →Einbruchs~; →Groß~; →Haus- und Familien~; →Post~; einfacher ~ petty (or simple) theft; *Am* petit (or petty) larceny; **~ geringwertiger Sachen** petty theft; pilferage; **schwerer ~**[30] grand (or aggravated) theft, *Am* grand larceny; **~ geistigen Eigentums** literary theft, plagiarism

Diebstahl~, ~sgefahr risk of theft; **hohem ~srisiko ausgesetzt sein** to be subject to high risk of theft; **~sicherung** *(Kfz)* anti-theft device; **~versicherung** insurance for (or against) theft; **wegen ~s angeklagt sein** to be indicted for theft; **~ begehen** to commit a theft; **kleinen ~ begehen** to pilfer; to steal in small quantities; **jdn des ~s beschuldigen** to charge sb. with theft

dienendes Grundstück *(mit e-r →Grunddienstbarkeit belastetes)* servient tenement

Dienst service; *(im Beruf)* duty; **„~ nach Vorschrift"** →**Bummelstreik**; →**aktiver ~**; →**außer ~**; **außerhalb des ~es** outside the office; off-duty; **im ~** in office; on duty

Dienste, gute ~ *(VölkerR)* good offices; **Angebot der guten ~** tender of good offices; **seine guten ~ anbieten** to offer one's good offices; **die guten ~ in Anspruch nehmen** to secure the good offices; **gute ~ leisten** to lend one's good offices; **seine guten ~ zur Verfügung stellen** to make available one's good offices

Dienst, →**entgeltliche Inanspruchnahme von ~en**; →**entgeltliche Leistung von ~en**; →**öffentlicher ~**

Dienst, **~e anbieten** to offer one's services; **~e in Anspruch nehmen** to make use of services *(s. gute →e)*; **den ~ →antreten** *(vorläufig)*; **des ~es enthoben sein** to be suspended; **aus dem ~ entlassen** to dismiss (or discharge) from office; dismissed from office; **sich zum ~ melden** to report for duty; **in ~stellen** *(Schiff)* to commission

Dienstalter length (or years) of service; seniority; **nach dem ~** according to seniority; **Beförderung nach dem ~** promotion by seniority; **Berechnung des ~s** calculating seniority; **~zulage** seniority pay (or allowance), long service award; pay increase based on seniority

dienstältest, **der ~e Richter** the senior judge

Dienst~, **~antritt** entering upon (or taking up) one's duties; commencement of service; entering the service (bei of); **~anweisung** service (or office) instruction(s)

Dienstaufsicht administrative supervision; jurisdiction and control; **~sbeschwerde** petition (or request) for administrative review; **der ~ unterstehen von** to be under the jurisdiction and control of

Dienstbarkeit, **beschränkt persönliche ~**[31] limited personal servitude; *Am* easement in gross

Die beschränkt persönliche Dienstbarkeit steht - im Ggs. zur Grunddienstbarkeit - nicht dem jeweiligen Eigentümer eines Grundstücks, sondern einer bestimmten Person zu.

The beschränkt persönliche Dienstbarkeit, in contrast to the →Grunddienstbarkeit, is a right exercisable by a specific owner but does not run with the land.

Dienstbarkeit, →**Grund~**[32]; →**Staats~en**

Dienstbehörde, **oberste ~** highest administrative authority

Dienst~, **~berechtigter** *(beim Dienstvertrag)* person (or party) entitled to (performance of) service(s); employer; **~bezeichnung** title; **~bezüge** (official) emoluments; remuneration; salaries; **~eid** official oath, oath of office; **d~eintegrierendes digitales →Fernmeldenetz**; **~enthebung** suspension (from office) (mit Einbehaltung der Dienstbezüge without salary); **~entlassung** dismissal (or discharge, removal) (from office or service); **~entziehung durch Täuschung**[33] avoidance of service through deception; **~erfindung** service invention

dienstfrei off duty; **~er Tag** day off; **~ haben** to be off-duty

Dienstgebrauch, **nur für den ~** for official use only; *Am (Verschlusssache)* restricted (matter)

Dienstgeheimnis official secret; **Verrat von ~sen** disclosure of official secrets

Dienst~, **~gespräch** *tel* official call; **~grad** *mil* rank; **~gradabzeichen** *mil* badge of rank; **d~habend** on duty; **~handlung** official function; **~herr** employer; principal, master; **~jahre** years of service, years served; **~kraftfahrzeug** official (or company) vehicle

Dienstleistender person rendering (or performing) services; provider (or supplier) of services

Dienstleistungen (rendering or performance of) services; **aktive ~** *(Außenhandel)* services provided to other countries (invisible exports); **gelegentliche kleine ~** odd jobs; **passive ~** *(Außenhandel)* services received from other countries (invisible imports); **persönliche ~** personal services; **~ für Freizeitgestaltung** recreational services; **~ für Geschäftsbetriebe** business services; **~ für die Öffentlichkeit** community services

Dienstleistungen, **Aufträge über ~** service contracts, contracts in the service sector; **Erbringer von ~** person rendering services; **Erbringung von ~** rendering of services; **Vergütung für ~** remuneration for services; **Wett- und Lotterie-~** *(EU)* gaming and lottery services

Dienstleistungen, **~ in Anspruch nehmen** to make use of services; to receive services; **~ erbringen** to perform (or provide, supply) services

Dienstleistungs~, **~abkommen** service agreement; **~agentur** service agency; **~bereich** service sector; **~betrieb** service undertaking (or enterprise); **~bilanz** →Bilanz 2.; **~erbringer** →Dienstleistender; **~freiheit** freedom to provide services; **~gewerbe** service trade, service industries; **~haftung** liability for services; **~honorar** service fee; **~marke** service mark; **~pflicht** compulsory service; obligation to render services; **~sektor** tertiary sector; service sector; **~unternehmen** service undertaking, undertaking in the tertiary sector; **~vereinbarung** service agreement

Dienstleistungsverkehr service transactions; (movement of) services; **~ mit dem Ausland** foreign service transactions; *(Handelsbilanz)* invisible trade; **freier ~**[34] freedom to perform (or supply) services; **freier ~ der Rechtsanwälte** *(EU)* freedom of lawyers to provide services (or to practise); **Waren- und ~** goods and services

Dienstleistungsvertrag contract for (the performance of) services; service agreement; contract for hire of services

dienstlich official; in one's official capacity; on official business; →**außer~**; **~e Angelegenheit** official matter, official business; **für ~e Zwekke** for official purposes

Dienst~, **~marke** official stamp; **~ordnung** staff regulations; **~ort** place of office (or employment); **~pflicht** official duty; *mil* →Wehrpflicht; **~pflichtverletzung** →Amtspflichtverletzung; **~plan** work schedule; roster; **~post** official mail; **~räume** official premises; **~reise** official journey (or trip), journey on official business; business travel (or trip); **~sache** official matter, matter of official concern; **~siegel** official seal

Dienststelle office; (government) department; agency; *Am* bureau; **nachgeordnete ~** authority at a lower level; **übergeordnete (od. vorgesetzte) ~** authority at a higher level; **~nleiter** head of a department; **e-e ~ einrichten** to establish (or set up) an office

Dienst~, **~strafe** discipline, disciplinary punishment *(jetzt: →Disziplinarmaßnahme)*; **~stunden** office hours, official hours; **d~tauglich** fit for (military) service; **d~tuend** on duty; **d~unfähig** disabled; **~unfähiger** person disabled (for service)

Dienstunfähigkeit disability (for service); invalidity; →**Ruhegehalt bei ~**

Dienst~, **~unfall** accident sustained on duty; employment accident; industrial accident; **d~untauglich** unfit for (military) service; **~untauglichkeit** unfitness for (military) service; **~vereinbarung** →Betriebsvereinbarung; **~vergehen**[34 a] disciplinary offence (offense)

Dienstverhältnis employment, service; *(Arbeitgeber-Arbeitnehmer-Verhältnis)* employer/ employee relationship; **in e-m festen ~ stehen** to be a permanent employee; **in e-m öffentlich-rechtlichen ~ stehen** to have civil service status; to be subject to an employment contract under public law; **Angestellte, die in e-m unkündbaren ~ stehen** employees with tenure; **ein ~ eingehen** to enter into (or make) a contract of service(s) (or of employment)

Dienstverhinderung prevention from performing the service

dienstverpflichten to direct to work

Dienstverpflichteter *(beim Dienstvertrag)* party obliged to perform services; *(für Arbeit)* conscript labo(u)r

Dienstverpflichtung compulsory direction to work; conscription of labo(u)r; industrial conscription

Dienstverschaffungsvertrag contract for the procurement of services (or labo[u]r)

Dienstvertrag[35] contract for service(s); service contract; **durch privatrechtlichen ~ angestellt sein** to be employed under a contract of employment governed by private law

Im Gegensatz zum Werkvertrag ist beim Dienstvertrag die bloße Verpflichtung zum Tätigwerden, nicht zur Herbeiführung eines Erfolges, entscheidend.

In contrast to the →Werkvertrag the Dienstvertrag creates an obligation to provide services or to be active in the service of the other party, but not to bring about a particular result.

Dienst~, **~vorgesetzter** superior; **~vorschriften** (service) regulations, official instructions; **~wagen** official (or company) car

Dienstweg, **auf dem ~** through official (or authorized) channels; **den ~ einhalten** to go (or pass) through official channels; **den ~ nicht einhalten** to ignore (or circumvent) the official channels

Dienst(miet)wohnung flat (*Am* apartment) provided by the employer; *(für höhere Beamte)* official residence

Dienstzeit tenure of office; years in (or of) service; *(Dienststunden)* office hours; **Länge der ~** number of years in (or of) service

Dienstzeugnis testimonial; character

diesbezüglich referring to this; **~e Umstände** relevant factors

Dieselöl, **schweres ~** heavy diesel oil

diffamieren to defame

diffamierend defamatory

Diffamierung defamation

Differential~, **~fracht** differential (or discriminating) freight; **~lohnsystem** differential piece rate system; **~rente** differential return (or profit); **~zoll** differential (or discriminating) duty

Differenz *(Unterschied)* difference; *(Rest)* balance; *(Spanne)* spread; *(Meinungsverschiedenheit)* difference, disagreement in opinion; →**Gewichts~**; →**Kurs~**; →**Preis~**; **~betrag** differential amount; **~geschäft** *Br (Börse)* speculation for differences (to pay or to receive); *Am* margin business (or transaction); futures bargain; **~theorie** *(im SchadenersatzR)* balance theory; **~en bereinigen** to settle differences

digital, **~e** →Abschreibung; **diensteintegrierendes ~es** →**Fernmeldenetz**; **Schnurlose D~-Kommunikation** (DECT) cordless digital telecommunications (DECT)

Digital~, **~-Sprachrekorder** Digital Voice Recorder; **~-Tonband** digital audio tape (DAT); **~übertragung** digital transmission

Diktiergerät dictaphone; **Schreiben mit ~** audio-typing

Diktat~, **~zeichen** ref.; **~ aufnehmen** to take dictation

Diktatur dictatorship

dilatorische →Einrede

Ding, **wie die ~e liegen** as affairs (or matters) stand; as the case stands

dinglich real, in rem; *Scot* heritable *(Ggs. obligatorisch)*; **~ gesichert** secured by a charge (or lien) on real or personal property; secured by a property lien; **~ gesicherte Schuldscheine** borrowers' notes against ad rem security

dinglich, **~er Anspruch** claim in rem; claim based upon a property right; **~er →Arrest**; **~er Gerichtsstand**[35a] in rem jurisdiction; **~e Klage** real action, action in rem; **~es Recht** real right, right in rem; interest in property; *Am* property right; **~e Rechte Dritter** third parties' rights in rem; **beschränkte ~e Rechte** restricted rights in rem; **~e Sicherheit** real security, security interest; **~e und persönliche Sicherheiten** real and personal guarantees; **~er Vertrag** real contract

Diözese *(eccl)* diocese

Diplom diploma; **gegenseitige →Anerkennung der ~e**; **ein ~ erhalten** to be awarded (or to obtain) a diploma; **ein ~ erteilen** to award a diploma

Diplom~, **~dolmetscher** *Br* certificated (*Am* certified) interpreter; **~handelslehrer** *Br* qualified (or certificated) teacher of business studies; **~ingenieur** (Dipl.-Ing.) *Br* graduate engineer, *Am* graduated engineer; **~kaufmann** holder of a diploma (or degree) in business studies; commercial graduate; **~volkswirt** holder of a diploma in economics

Diplomat diplomat; diplomatic agent; **Berufs~** career diplomat; **~engepäck** diplomatic luggage; **~enschutzkonvention (Übereinkommen über die Verhütung, Verfolgung und Bestrafung von Straftaten gegen völkerrechtlich geschützte Personen einschließlich ~en)**[36] Convention on the Prevention and Punishment of Crimes Against Internationally Protected Persons, Including Diplomatic Agents; **~entribüne** diplomats' gallery; **~enviertel** diplomatic quarter

Diplomatie diplomacy

diplomatisch diplomatic; **~es Asyl** diplomatic asylum

diplomatische, **~ Beziehungen**[37] diplomatic relations; **→Abbruch**, **→Aufnahme**, **→Unterbrechung**, **→Wiederaufnahme der ~n Beziehungen**; **~ Beziehungen abbrechen** to break off (or sever) dipl. relations; **~ Beziehungen →aufnehmen**; **~ Beziehungen unterbrechen** to suspend dipl. relations; **~ Beziehungen unterhalten** to maintain dipl. relations; **~ Beziehungen wiederaufnehmen** to resume (or take up) dipl. relations; **~ Beziehungen wiederherstellen** to reestablish dipl. relations

diplomatisch, **~er Dienst** diplomatic service; **in den ~en Dienst eintreten** to enter the diplomatic service; **auf ~er Ebene** at the diplomatic level; **~e Immunität genießen** to enjoy diplomatic immunity; **~e Intervention** diplomatic intervention; **~es Korps** diplomatic corps (Corps Diplomatique, C. D.); **in ~en Kreisen** in diplomatic circles (or quarters); **~er Kurier** diplomatic courier; **die ~e Laufbahn einschlagen** to take up a diplomatic career; **~e Note** diplomatic note; **~er Notenaustausch** exchange of diplomatic notes; **Mitglieder des ~en Personals** members of the diplomatic staff; **~e Rangordnung** rank of diplomatic agents; **~er Schritt** diplomatic action; *(Demarche)* démarche; **~er Schutz** diplomatic protection; **~er Verkehr** diplomatic intercourse

diplomatisch, **~er Vertreter** diplomatic agent, diplomatic officer, diplomatic representative; **~e Vertreter abberufen (ernennen)** to recall (to appoint) diplomatic agents

diplomatisch, **~e Vertretung** diplomatic mission; diplomatic representation; diplomatic agency (im Ausland abroad); **Personal e-r ~en Vertretung** staff of a diplomatic mission; **~e Vorrechte** diplomatic privileges; **auf dem (üblichen) ~en Weg** through (ordinary) diplomatic channels:; **auf ~em Weg beilegen** to settle through diplomatic channels

dippen, **e-e Flagge ~** to dip a flag

Diptyk[38] diptych; **ein ~ ausgeben** to issue a diptych

direkt direct; straight; **~er Abkömmling** lineal descendant; **~e Befragung** *(MMF)* field survey; **~e Besteuerung** direct taxation; **~e Kosten** *(Einzelkosten)* direct cost; **~e Steuern** direct taxes; **~er Vertrieb** direct selling

Direkt~, **~absatz** direct marketing (or selling); **Garantie des ~absatzes von Wertpapieren** *(durch Banken od. Makler)* stand-by agreement (of the underwriters); **~anspruch** *(VersR)* third party (direct) claim; **~ausleihungen der Kreditinstitute** direct lending by banks

Direktgeschäfte[39] direct transactions

Geschäfte, die ein Unternehmen direkt, also ohne Einschaltung der Betriebsstätte, mit Kunden im Betriebsstättenstaat tätigt.

Transactions which an enterprise effects directly, without involving the permanent establishment, with a customer in the state of the permanent establishment.

Direkt~, ~investitionen ausländischer Privatunternehmen direct investments of foreign private enterprises (companies, corporations); **~kandidat** candidate for direct election to the Bundestag; **~kredit** direct loan (or advance[s]); **~kreditgewährung** direct lending; **~mandat** constituency seat; direct seat; **~sendung** *(Rundfunk, Fernsehen)* live program(me); **~verkauf (od. ~vertrieb)** direct selling; *(an den Verbraucher durch Vertreter)* house-to-house selling; **~versicherung** direct insurance; **~wahl** direct election; **~wahlen zum Europäischen Parlament** elections to the European Parliament by direct universal suffrage; *(an den einzelnen Käufer gerichtete)* **~werbung** direct advertising

Direktion board of directors, directorate; (board of) management; →**General~**; **~srecht** *(des Arbeitgebers)* right to give instructions (which the employee is obliged to carry out); **~ssekretärin** director's (or executive) secretary

Direktive directive; instructions

Direktor director; manager; *(hauptamtlich)* executive director; *Br (e-r Schule)* headmaster, *Am* principal; (Gremium der) Direktoren board of directors; **General~** director-general; **geschäftsführender ~** managing director; **leitender ~** chief executive; officer; **stellvertretender ~** deputy director; **~enstelle** directorship

direktorial directorial; **~ oder kollegial** *Am bes.* one-man or collegiate

Direktorium directorate; board of directors; *(e-r Institution od. Industriegesellschaft)* management council, council of management, management committee; **~ der Europäischen Investitionsbank**[40] Management Committee of the European Investment Bank

Dirigismus controlled (or planned) economy; government control of economy

dirigistische Maßnahmen state planning measures

Disagio disagio, discount; *Am* markdown; **Anleihe~** discount on bonds; **mit ~** *(Verlust)* **verkaufen** to sell at a discount

Disengagement *mil* disengagement

Diskette floppy disc

Diskont 1. *(Zinsabzug bei noch nicht fälligen Forderungen, bes. bei Ankauf von Wechseln)* discount; →Diskontsatz; **~en** *(inländische Wechsel)* discounts, bills discounted, discounted bills; **Bestand an ~en** discount holdings

Diskont~, ~bedingungen discount terms; **~bewegung** fluctuation of the discount rate; **~erhöhung** *Br* raising the bank rate, *Am* raise of the bank rate; bank rate increase; **~erlös** discount earned

diskontfähig discountable; eligible for discount; **~er Wechsel** *Br* eligible bill; *Am* eligible paper; *Am* bill eligible for rediscount

Diskont~, ~geber discounter; **~gebühr** discount charge; **~geschäft** *(Ankauf von Wechseln und Schecks durch e-e Bank)* discount business, discounting; **~häuser** discount houses; **~herabsetzung** lowering of (or reduction in) the bank rate, discount rate cut; **~heraufsetzung** →Diskonterhöhung; **~kredit** discount credit; discount loan; **~politik** bank rate policy, discount rate policy

Diskontsatz discount rate, bank rate; *Br (bis 1981)* minimum lending rate (MLR); *Am* rediscount rate; **~ und Lombardsatz der Deutschen Bundesbank** rates of the Deutsche Bundesbank for discounts and advances; **~ der Notenbanken** official rate (of discount); **den ~ erhöhen (od. heraufsetzen)** to increase (or raise) the bank rate; *Br* to raise the MLR; **den ~ senken** to lower (or reduce, cut) the bank rate

Diskont~, ~senkung →Diskontherabsetzung; **~spesen** discount(ing) charges; **~wechsel** bills to be discounted, discounts; **~zusage** discount promise

Diskont, e-n ~ einräumen to allow a discount; **für ~ in Betracht kommen (od. Voraussetzungen erfüllen)** to be eligible for discount

diskontieren to discount; **e-n Wechsel ~** to discount a bill; **e-n Wechsel ~ lassen** to have (or get) a bill discounted

Diskontierung, ~ von Tratten *(durch e-e Bank) negotiation of drafts*; **~ von Wechseln** discounting of bills of exchange; **~szeitraum** discount period

diskreditieren to discredit; to bring disrepute upon

Diskretion, wir bitten Sie, ~ zu wahren may we ask you to treat the information as confidential (or in strict confidence)

diskriminieren to discriminate

diskriminierend, nicht ~ non-discriminatory; **~e Behandlung** discriminatory treatment; **~es Verhalten**[41] discriminatory practices

Diskriminierung discrimination; discriminatory treatment; **~ in Beschäftigung und Beruf**[41a] discrimination in respect of employment and occupation; **~ auf Grund der Geschlechtszugehörigkeit** discrimination on the ground of sex; **~ im Unterrichtswesen**[42] discrimination in education; **unter Ausschluss jeder ~** on a non-discriminatory basis; **Rassen~** racial discrimination; **mittelbare ~** indirect discrimination; **steuerliche ~** tax discrimination; **Übereinkommen der vereinten Nationen über die Beseitigung jeder Form der ~ von Frauen**[42a] United Nations Convention on the Elimination of all Forms of Discrimination against Women; **Verbot der ~ aus Gründen der Staatszugehörigkeit**[42b] prohibition of discrimination based on nationality; **~sfall** case of discrimination; **~sverbot**[43] prohibition of discriminatory practices; banning of (or ban on) discrimination; **~en ausgesetzt sein** to be exposed to discrimination; **~en beseitigen** to do away with (or abolish) discrimination

Diskussion discussion; **zur ~ stehend** under discussion; **~sgegenstand** subject under discussion; agenda; **~sgrundlage** basis for discussion; **~sleiter** moderator; **~steilnehmer** person taking part (or participating) in a discussion; debater; *(im Fernsehen etc)* panel member; **die Frage zur ~ stellen** to bring the question up for discussion; **zur ~ gestellt werden** to come up for discussion

diskutieren (über) to discuss, to debate (upon)

Dispache *(bei der großen →Havarie)*[44] average; **Aufmachung der ~** average statement, adjustment of average; **die ~ aufmachen** to adjust (or make up, state) the average; to draw up an average statement

Dispacheur[45] average adjuster, average stater; average taker

Disparität disparity; **~en zwischen Zahlungsbilanzen** balance of payments divergencies

Dispens *(Befreiung von Eheverboten)* marriage licen|ce (~se); *(VerwaltungsR)* exemption, dispensation (from a prohibition)

Disponent managing clerk, authorized agent (of a firm), departmental manager

disponieren to make arrangements; to dispose of

Disposition *(Anordnung)* disposition, arrangement, planning (ahead); *(Verfügung)* disposal; **~sfonds** reserve funds; **~sgrundsatz** principle of (free) party disposition; **~skredit** (personal) drawing credit; **~smaxime** maxim of party disposition; **~spapiere** *(z. B. Konnossement, Lade-, Lagerschein)* documents of title (to goods); **~en treffen** to make arrangements

dispositives Recht optional law (which may be altered by agreement of the parties); dispositive law

Disqualifikation disqualification

disqualifizieren to disqualify

Dissens lack of agreement (or consent); *Am (auch)* dissent, dissensus; **offener ~**[46] patent lack of agreement (or consent); *Am* patent dissent (or dissensus); **versteckter ~**[47] latent (or hidden) lack of agreement; *Am* latent (or hidden) dissent (or dissensus)

Dissertation, an e-r ~ arbeiten to prepare a (doctoral) thesis (or dissertation)

Dissident *pol* dissident, dissenter; **~enprozess** trial of a dissenter (or dissenters)

Distanz distance; **~fracht**[48] pro rata freight; distance freight; **~wechsel** bill drawn on another place than that of issue; *Br* out-of-town bill

Distribution distribution; **~skanäle** channels of distribution; **~spolitik** distribution policy

Disziplin discipline; **Verstoß gegen die ~** breach of discipline; **die ~ aufrechterhalten** to maintain discipline

Disziplinar~, ~ausschuss disciplinary board; **~befugnis** disciplinary powers; **~gericht** disciplinary court; **die ~gewalt ausüben** to exercise disciplinary authority (über over); **~maßnahmen** disciplinary measures (or action); **~recht**[49] disciplinary law; **~strafe**[50] disciplinary penalty (or measure, action, punishment); **gegen jdn e-e ~strafe verhängen** to impose disciplinary measures (up)on sb.; to discipline sb.; to subject sb. to disciplinary action

Disziplinarverfahren disciplinary proceedings; *Am* departmental trial; **ein ~ wird eingeleitet (läuft)** disciplinary proceedings have been instituted (or are pending)

Disziplinarvergehen disciplinary offence (offense)

Divergenz divergence (→Abweichung gerichtlicher Entscheidungen voneinander)

Diverses sundries; sundry goods; sundry expenses

Diversifikation (od. Diversivizierung) diversification

diversifizieren to diversify

Dividende dividend; *(VersR)* bonus; **→Abschlags~**; **→Bar~**; **→Gesamt~**; **→Interims~**; **→Jahres~**; **→Sach~**; **→Schein~**; **→Schluss~**; **→Stamm~**; **→Vorzugs~**; **→Zwischen~**; **ausschließlich ~** ex dividend; *Am* dividend off; **einschließlich ~** cum dividend; *Am* dividend on; **~ mit aufgeschobener Fälligkeit** deferred dividend; **~ in Form von Gratisaktien** share (*Am* stock) dividend; **~ auf Stammaktien** common (shares or stock) dividend; **~ auf Vorzugsaktien** preferred dividend

Dividende, abgehobene ~ cashed (or collected) dividend; **nicht abgehobene ~** unclaimed dividend; **aufgelaufene ~** accrued (or accumulated) dividend; **außerordentliche ~** extraordinary dividend; **fällige ~** dividend due; **kumulative** *(zur Nachzahlung berechtigende)* **~** cumulative dividend; **rückständige ~** dividend in arrears; **satzungsmäßige ~** statutory dividend; **verfallene ~** prescribed dividend

Dividenden~, ~abrechnung dividend statement; **~ankündigung** notification of dividend; **~anspruch** dividend claim; **~ausfall** passing of the dividend; *Am* non-distribution; **~ausschüttung** dividend distribution, dividend payout; **d~berechtigt** entitled to dividend; *(Kapital)* ranking for dividend; **d~berechtigt sein** to rank for dividend; **~berechtigung** qualification for dividend; **~besteuerung** dividend taxation; **~bogen** coupon sheet (attached to a share); **~empfänger** recipient of dividends, dividend recipient; **~erhöhung** increase of dividend; **~erklärung** declaration of dividend; **~forderungen** dividends receivable; **~garantie** dividend guarantee; guaranteed dividend; **~herabsetzung** reduction (or cut) of dividend; **~heraufsetzung** increase of dividend; **~kontinuität** payment of an unchanged dividend; **~konto** dividend account; **~kupon** dividend coupon; **d~los** without dividend payout; **~papiere** →Dividendenwerte; **~politik** dividend policy; **~rendite** dividend yield; **~rücklage** dividend reserve fund; **~satz** dividend rate; **~schein** dividend coupon; *Br* dividend warrant; **~stopp** *(staatl. angeordnetes Limit für die Höhe der Dividenden)* dividend stop; **~verbindlichkeiten** dividends payable; **~vorschlag** dividend proposal; **~werte** dividend-bearing shares, equities, equity shares *(Ggs. Rentenwerte)*; **börsengängige ~werte** marketable equities

Dividende, e-e ~ ausfallen lassen to pass a dividend; **e-e ~ ausschütten** to pay (or distribute) a dividend; **~n beziehen** to draw (or receive) dividends; **e-e ~ erklären (od. festsetzen)** to declare a dividend; **keine ~ zahlen** to pass a dividend

DM (Deutsche Mark), German mark, deutschmark

DNS (Desoxyribonukleinsäure) DNA (desoxyribonucleid acid)

Dock dock; **Schwimm~** floating dock; **Trokken~** dry dock

Dock~, ~arbeiter dock worker, docker; **~arbeiterstreik** dock workers' strike; **~gebühren** dock charges (or dues); dockage; **~lagerschein** *Br* dock warrant; **~quittung** dock receipt

Doktor doctor; **~ der Rechte** (Dr. jur.) Doctor of Laws (LL.D.); *Am* Doctor of Jurisprudence (J.D.); **Ehren~** honorary doctor; **~arbeit** doctoral thesis; **seinen ~ machen** to take one's doctor's degree (or one's doctorate)

Doktorand doctorand, candidate for a doctor's degree; *Br* doctoral student; *Am* graduate student, Ph. D. candidate

Dokument document, deed, instrument; **ein ~ aufnehmen** to draw up a deed *(→Dokumente)*

dokumentär, ~es Inkasso documentary collection; **~e Rimesse** documentary remittance; **nicht ~er Wechsel** (dem keine Versanddokumente beigegeben sind) clean bill (of exchange) (without documents attached)

Dokumentarbericht documentary report

Dokumentation documentation; **Patent~** patent documentation; **~ssystem** retrieval system, indexing system; **~szentrum** documentation centre (center)

Dokumente *(Warenverkehr)* documents; **~ gegen Akzept** documents against acceptance (D/A); **~ gegen Zahlung** documents against payment (D/P); **Andienung von ~n** tender of documents; **Auslieferung der ~** delivery of documents; →**Beschaffung von ~n**

Dokumentenakkreditiv documentary (letter of) credit; **bestätigtes (unbestätigtes, widerrufliches, unwiderrufliches) ~** confirmed (unconfirmed, revocable, irrevocable) documentary credit; **Begünstigter e-s ~s** beneficiary of a documentary credit; →**Einheitliche Richtlinien und Gebräuche für ~e**; **Eröffnung von ~en** issuing of documentary credits; **ein ~ eröffnen** to issue a documentary credit

Dokumenten~, ~inkasso documentary collection; **vollständiger ~satz** full set of documents; **~tratte** *(Außenhandel)* acceptance bill; documentary bill (or draft)

Dokumente, ~ andienen to tender documents; **~ aufnehmen** to take up documents; **~ beibringen** to furnish documents; **~ vorlegen** to present documents; **~ zurückweisen** to reject documents

dokumentieren to prove by documents

Dollar dollar; **US-~** United States dollar; **auf ~ ausgestellter Wechsel** dollar draft; **auf ~ lautende Schuldverschreibung** bond denominated in dollars

Dollarabfluss, der ~ hat sich verstärkt the dollar drain (or efflux) has increased

Dollar~, ~abwertung devaluation of the dollar; fall in the value of the dollar; **~angebot** supply of dollars; **~-Ankaufskurs** dollar buying rate;

~anleihe dollar bond; **auf ~basis** dollar-based; **~bestände** dollar holdings; **~devisen** dollar exchange; **~guthaben** dollar balance(s); **~kurs** dollar rate (of exchange); **~lücke** dollar gap; **umlaufende ~noten** dollar currency (or dollars) in circulation; U. S. currency in circulation; **~notiz** dollar quotation

Dollar par value of the dollar; **unter ~** under dollar parity

Dollar~, **~raum** dollar area; **~schwäche** weakness of the dollar; **~schwankungen** fluctuations of the dollar

Dollarstrom dollar flow; **den ~ stoppen (od. abwehren)** to slow down the inflow of dollars; to stem the flow of dollars

Dollarstützungskäufe purchase to support the dollar

Dollarzuflüsse, **starke spekulative ~** heavy speculative dollar inflow

Dollar, **der ~ geriet unter →Druck**; **der ~ →notierte wieder fester**

Dolmetschen interpreting; **Simultan~** simultaneous interpreting

dolmetschen to act as interpreter, to interpret

Dolmetscher interpreter; **vereidigter ~** sworn interpreter; **Gerichts~** court interpreter; **~gebühren** interpreters' fees; **e-n ~ hinzuziehen** to call in an interpreter; **e-n ~ stellen** to supply an interpreter

Domäne state landed property; *Br* demesne of the Crown; crown land; *Am* state estate

Dominica Dominica; **der ~nische Bund** the Commonwealth of Dominica

Dominicaner(in), dominikanisch (of) Dominica

Dominikanische Republik Dominican Republic

Domizil 1. domicil(e); **Geburts~** domicil(e) of origin; **Recht des ~s** *(IPR)* lex domicilii; **ein ~ begründen** to establish a domicil(e); **nach dem Recht des ~s beurteilt werden** to be governed by the law of domicil(e)

Domizil 2. *(Zahlungsort, Zahlstelle e-s Wechsels, Schecks)* domicil(e); paying agent; **~provision** commission for domiciling; **~vermerk** *(auf e-m Wechsel)* domicil(e) of a bill; **~wechsel**[51] domiciled (or domiciliated) bill (bill payable at the domicile of a third party, e. g. a bank)

domizilieren, **e-n Wechsel ~** to domicile (or domiciliate) a bill; to make a bill payable at a designated place (esp. other than that of the residence of the drawee)

domiziliert domiciled, domiciliated

Domizilierung domiciliation

Donaukommission *(Binnenschifffahrt)* Danube Commission

dopen to dope; to stimulate with a drug

Doping doping, taking of stimulant drugs; drug abuse in sport

Doppel *(Duplikat)* duplicate; **→Rechnungs~**

Doppel~, **d~ansässige Gesellschaft** dual resident company; **~ansässiger** dual resident; **unnötige ~arbeit** unnecessary duplication (of work); **~band** double volume

Doppelbesteuerung double taxation; **Befreiung von der ~** relief from double taxation; **Beseitigung der ~** abolition of double taxation; **Vermeidung der ~** avoidance of (or relief from) double taxation; **~ vermeiden** to avoid double taxation

Doppelbesteuerungsabkommen (DBA)[52] (Abkommen zur Vermeidung der Doppelbesteuerung) Double Taxation Convention; tax treaty; Treaty; **nach dem ~ begünstigt sein** to be eligible for relief under the Double Taxation Convention; **durch das ~ begünstigte Steuerpflichtige** taxpayers favo(u)red by the Convention; **unter das ~ fallende Steuer** tax covered by the Double Taxation Convention

Doppel~, **~brief** letter requiring double postage; overweight letter; **~deutigkeit** ambiguity; **~ehe**[53] bigamy, bigamous marriage; **~haus** *(Hälfte)* semi-detached house; **Vermeidung von ~leistungen** *(VersR)* avoiding duplication in the payment of benefits; **~kontrolle** double check; **~mitgliedschaft** double (or dual) membership; **~mandat** *(Europ. Parlament)* dual mandate; **~patentierung** double patenting; **~prämiengeschäft** dealing in double options; **~preissystem** dual pricing; **~quittung** double receipt; **d~seitige Anzeige** double-page spread; **~staater** *(Inhaber von 2 Staatsangehörigkeiten)* dual national; holder of dual nationality; **~staatsangehörigkeit** dual nationality; **~verdiener** two-job holder; person with two jobs; husband and wife who are both earning; **~verdienst** double earnings; **~versicherung** double insurance; **~währung** double standard (or currency); bimetal currency; **~währungsanleihen** dual currency bonds; **~wohnsitz** separate (or second) residence

doppelt double; **~ so teuer** twice as dear; **in ~er Ausfertigung** in duplicate; **~ ausfertigen** to make out in duplicate; **~er Betrag** double the amount; **~e Buchführung** double entry bookkeeping; **~e →Haushaltsführung (→Haushalt 1.)**; **~e Leistung bei Unfalltod** *Br (VersR)* double fatal accident benefit; *Am* double accident indemnity; **~e Menge** double (the) quantity; **~e Staatsangehörigkeit** dual citizenship (or nationality); **Verbot der ~en →Strafverfolgung**; **der ~e Wert** double (or twice) the value

Doppelte, das ~ bezahlen to pay twice as much

Dotation endowment; allocation of a fund; **~skapital**[54] (stock) endowed capital

dotieren to endow; to allocate (a fund or money); **e-e Anstalt mit Euro 10 000,- ~** to endow an institution with Euro 10 000

Doyen *(des dipl. Corps)* doyen; *Am* dean

Dozent lecturer; *Br* university teacher; *Am* assistant professor

Dr. →Doktor

Draht, heißer ~ *pol* hot line; **~anschrift** cable (or telegraphic) address; **~antwort** cable (or telegraphic) reply; **~aviso** cable advice; **~bericht** cable report; **d~loser Fernsprechverkehr** wireless (*Am* radio) telephony; **~seilbahn** funicular (railway); **~überweisung** cable transfer

drahten to wire; *(von Übersee)* to cable

dramatische Werke *(UrhR)* dramatic works

drängen, auf Zahlung ~ to press for (or urge, insist on) payment; **jdn aus dem Geschäft ~** to force (or push) sb. out of business

Drängen, dem ~ der Gläubiger nachgeben to yield to the creditors' insistence

Draufgabe[55] token payment; earnest (money); deposit (a token payment made by a buyer to a seller as an earnest of his intention to fulfil complete payment at a later date); **Rückgabe der ~** return of the deposit; **~ bezahlen** to pay a deposit; **seiner ~ verlustig gehen** to forfeit one's deposit

Draufgeld →Draufgabe

Draufsicht *(PatR)* top view; *Am* place view

Drehbuch, Urheber e-s ~s *(Film)* author of a scenario; **~autor** script (or screen) writer

Dreiecks~, ~geschäft *(im intern. Handelsverkehr)* triangular transaction (or deal); **~vereinbarung** triangular arrangement; **~verkehr** triangular trade

Dreier~, ~abkommen *(VölkerR)* tripartite agreement; **~ausschuss** committee of three; **~gruppe** tripartite group; **~konferenz** tripartite conference; **~übereinkommen** *(VölkerR)* tripartite agreement

dreifach threefold, treble; in triplicate; **in ~er Ausfertigung** in triplicate; **~er Schadensersatz** treble damages; **~ ausgefertigt** drawn up in triplicate

Drei~, ~jahreshaushalt triennial budget; **~jahresprogramm** three-year program(me); **d~jährig** triennial, lasting for three years; **~mächteabkommen** tripartite agreement; **~mächtekonferenz** three-power conference; **~meilengrenze** three-mile limit; **~meilenzone** three-mile zone; **d~monatlich** quarterly

Dreimonatseinrede[56] three months' plea

Der Erbe kann die Berichtigung einer Nachlassverbindlichkeit innerhalb der ersten 3 Monate nach Annahme der Erbschaft verweigern, jedoch nicht über die Errichtung des Inventars hinaus.

The heir can refuse to discharge a liability of the estate for up to 3 months after acceptance of the inheritance or until he has filed an inventory with the court, whichever is earlier.

Dreimonats~, ~frist term of three months; three month period; **~geld** *(Geldmarkt)* three months' money, loan(s) for three months, ninety-day loan(s)

dreiprozentig bearing three per cent interest; **~e Papiere** three per cents

Drei-Säulen-System *(der Altersversorgung)* three-pillar system (or 3-pillar system)

Bezeichnet die drei Säulen der Altersversicherung, nämlich die Sozialversicherung, die betriebliche Altersversorgung und die private Altersversicherung.

Social insurance, occupational pensionscheme, private old age insurance.

dreiseitig tripartite; trilateral; **~es Abkommen** trilateral agreement

dreisprachig in three languages, trilingual; **~er Wortlaut e-s Abkommens** trilingual text of a convention

Dreißigster[57] *(ErbR)* thirtieth (day) (maintenance to be furnished by the heir for the first thirty days after the devolution of the estate to members of the houshold of the deceased who were maintained by him during his lifetime)

Dreiviertelmehrheit three to one majority, three fourths majority, three quarters majority

Dreizeugentestament[58] three-witness will

Testament durch mündliche Erklärung vor 3 Zeugen, wenn ein öffentliches Testament vor einem Notar nicht errichtet werden kann, z. B. da sich Erblasser in Todesgefahr befindet.

Will made by oral declaration in the presence of three witnesses (is valid only if the will cannot be recorded by a notary, e. g. if the testator is in danger of death).

dringen, auf sofortige Bezahlung ~ to insist on immediate payment

dringend urgent(ly); pressing; **jdm ~ →abraten**; **~ bitten** to request urgently; **~ →brauchen**; **~ empfehlen** to recommend strongly; **die Angelegenheit ist ~** the matter is pressing (or urgent)

dringend, **~e Angelegenheit** matter of great urgency; **bei ~em Bedarf** in case of urgent need; **~es** →**Bedürfnis**; **~er Fall** urgent case; **in ~en Fällen** in urgent cases; in an emergency; **~e Geschäfte** urgent business; **~er Verdacht** strong suspicion; **~e** →**Zahlungsaufforderung**

dringlich urgent, pressing; **etw. ~ behandeln** to give urgent consideration (or priority) to sth.; **den Fall für ~ erachten** to consider the matter urgent

Dringlichkeit urgency; *(Vorrang)* priority

Dringlichkeits~, **~antrag** *parl* privileged motion; **~bescheinigung** certificate of priority; **im ~falle** in case of urgency (or emergency); **~grad** (degree of) priority; **aus ~gründen** on grounds of urgency; **~liste** priority list, list of priorities; **~stufe** degree of priority; **höchste ~stufe** top priority; **~verfahren**[59] emergency procedure

dritt, **~e Ausfertigung** third copy; triplicate; **~e Länder** →Drittland; **~e Märkte** *(EU)* markets outside the European Union; **D~e Welt** (Entwicklungsländer) Third World (developing countries) *(Ggs. Industriestaaten)*

Dritt~, **~ausfertigung** *(e-s Wechsels)* third of exchange; **~begünstigter** *(aus e-m Vertrag)* third party beneficiary; **~erwerber** *(InsR)* third party purchaser

Dritte (der/die) third party, third person; *(im Sinne von Nichtpartei e-s Rechtsstreites)* nonparty; **~n gegenüber** vis-à-vis third parties; **für e-n ~n** on behalf of a third party; **außenstehender ~r** bystander; **begünstigter ~r** →Drittbegünstigter; **gutgläubiger ~r** third party acting in good faith; **unbeteiligter ~r** stranger; desinterested third party; **unschuldiger ~r** *(z. B. bei Produzentenhaftung)* innocent bystander; **im Namen e-s ~n klagen** to bring an action in the name of another

Dritte, **Rechte ~r** third party rights; **Vertrag zugunsten ~r**[60] contract for the benefit of a third party; *Am* third party beneficiary contract; **in Rechte ~r eingreifen** to interfere with rights of third parties; **die Rechte d~r Personen bleiben unberührt** the rights of third parties remain unaffected

Drittel~, **~beteiligung** one-third participation (or interest); **mit e-r Beteiligung von zwei ~n der abgegebenen Stimmen** with a two thirds majority of the votes cast

Drittgeschädigter injured third party; third party suffering loss or damage

Drittgläubiger third party creditor

Drittland third country; *(EU)* non-European Union (or non-member) country; **Einfuhr aus Drittländern** *(EU)* imports from outside the European Union; **gegenüber e-m ~** vis-à-vis a third country

Dritt~, **~lebensversicherungsvertrag** contract on the life of a third party; **~schaden** third party damage; **~schaden- Haftpflichtrisiko** third party risk; **~schaden- Haftpflichtversicherung** public liability insurance

Drittschuldner *(Schuldner des Pfändungsschuldners bei →Forderungspfändung)* third party debtor; garnishee; **Zahlungsverbot an den ~** *Br* garnishee order; *Am* garnishment order; **e-e Forderung beim ~ pfänden (lassen)** to garnishee a debt; to institute *Br* garnishee (*Am* garnishment) proceedings; to attach a debt by *Br* garnishee (*Am* garnishment) proceedings; to serve notice on the garnishee of attachment of a debt in his hands

Drittstaatler resident of a third country

Drittwiderspruch~, **~sklage**[61] action in opposition to execution of a judgment, brought by a third party who claims title to the attached property; **~ gegen ein Urteil erheben**[62] to institute third party proceedings to prevent execution of a judgment

Drittwirkung der Grundrechte effect of the basic (constitutional) rights between private parties (and not only against the state)

Droge drug; **Einnahme von ~n** taking (or consumption) of drugs; **~nabhängige** drug addicts; **~nbekämpfung** fight aganist (narcotic) drugs; **~nberatungsstellen** advisory bureaux for drug addicts or their families; **d~nerzeugende Länder** drug-producing countries; **~ngebraucher** abuser of drugs; **~geschäft** drug deal; **~nhandel** drug traffic, drug trafficking; **~nhändler** drug dealer, drug racketeer; **Bekämpfung des ~nmissbrauchs** fight (or campaign) against drug abuse; drug control measures; **~n- und Rauschgiftschmuggel** illicit traffic in drugs; **~nsucht** drug addiction; **~nsüchtiger** drug addict

Drogerie *Br* chemist's shop; *Am* drugstore

Drogist *Br* chemist; *Am* druggist

Drohbrief threatening letter

drohen to threaten; **es droht etw.** there is danger of sth.; sth. threatens (to)

drohend threatening, menacing; *(unmittelbar bevorstehend)* imminent,; **~e Gefahr** imminent danger; **~er Verlust** danger (or threat) of loss

Drohung threat; menace; **tätliche ~** assault; **e-e durch ~ zustandegekommene Willenserklärung ist durch den Bedrohten anfechtbar**[63] an offer made under threat shall be voidable by the threatened party

drosseln *(einschränken)* to curb, to curtail, to cut back; to slow down; **die Produktion ~** to curb (or cut back, curtail, put a check on) production

Drosselung curtailment; slowing down; **Preis~** price curb; **~ des Exports** cut-down in exports; **~ der Kultur** suppression of culture

Druck 1. *(Zwang)* pressure, squeeze; *(Belastung)* burden; *(auf die Kurse)* raid; **~ auf den Dollar** dollar pressure, dollar squeeze; **unter dem ~ der Verhältnisse** compelled by circumstances; **finanzieller ~** financial pressure (or trouble, embarassment); **moralischer ~** moral pressure; **~mittel** means to put pressure (on); **~ ausüben** to exert (or exercise) pressure; **der Dollar geriet unter ~** the dollar came under pressure; **dem ~ nachgeben** to give way (or yield) to pressure; **jdn unter ~ setzen** to put pressure on sb.; to put sb. under pressure; to squeeze sb.; **unter ~ stehen** to be under pressure

Druck 2. print, printing; **im ~** in course of printing, being printed

Druck~, **~erlaubnis** imprimatur; **~exemplar** printer's copy; **~fehler** misprint, erratum; typographical mistake; **~gewerbe** printing industry; **~kosten** printing expenses (or costs); **~kostengebühr** (für die Patentschrift) fee for printing (of a description); **d~reif** ready for the press (or for printing)

Drucksache(n) printed matter; *Br* printed paper(s); *Am* third class mail; **~ zu ermäßigter Gebühr** printed matter at reduced rate; **als ~** as printed matter

Druckschrift printed matter, publication; *(Buchstaben)* block letters; **öffentliche ~** publication made available to the public; printed publication

druckschriftlich, **~e Veröffentlichung** *(PatR)* printed publication; *(neuheitsschädliche)* **~e Vorveröffentlichung** *(PatR)* prior (printed) publication

Druckverbot prohibition to print

drucken to print

drücken *(Preise, Löhne etc)* to depress, to force down; **die Kurse** *(durch Verkäufe)* **~** to raid the market; **die Schulden ~ ihn** the debts press (or weigh) upon him; **ein Siegel ~ auf** to impress a seal on

drückend, **~e Bedingungen** onerous terms; **~e Schulden** heavy (or pressing) debts

Dschibuti Djibouti; **Republik ~** Republic of Djibouti

Dschibutier(in) Djiboutian; **dschibutisch** (of) Djibouti

dubiose Forderungen (od. Dubiosen) doubtful debts; doubtful accounts (receivable)

dulden to tolerate; *(stillschweigend zustimmen)* to acquiesce; *(etw. Unerlaubtes stillschweigend dulden)* to connive

Duldung toleration, sufferance; *(stillschweigende Zustimmung)* acquiescence; *(e-r rechtswidrigen Handlung)* connivance; **~spflicht** duty (or obligation) to tolerate; **~svollmacht** →Anscheinsvollmacht

Dumping dumping; **gegen das ~ gerichtet** antidumping; **verschleiertes ~** hidden dumping; **e-e ~beschwerde einbringen** to lodge an antidumping complaint; **~einfuhren** dumping imports, imports being dumped

Dumpingpraktiken dumping practices; **~ abstellen** to put an end to dumping practices; **~ feststellen** to find that dumping is being practised

Dumping~, **~preis** dumping price; **~spanne** margin of dumping; **~verbot** ban on dumping

Dumping betreiben to dump, to practise dumping

Düngemittel fertilizer(s)

Dunkelziffer percentage of undetected crimes

dünnbesiedelt thinly populated

Duopol duopoly

Duopson duopsony (an industry with a number of producers but only two purchasers)

Duplik *(gegen e-e →Replik gerichtete Einrede)* rejoinder

Duplikat duplicate; exact copy (of); →**Frachtbrief~**; →**Quittungs~**; →**Rechnungs~**; →**Wechsel~**; **~faktura** duplicate invoice; **~frachtbrief** duplicate (of the) consignment note *(or Am bill of lading)*; **~quittung** receipt in duplicate; **ein ~ anfertigen** to make in duplicate, to duplicate, to make (exact) copy of

durcharbeiten 1. to work through, to study thoroughly; *(ohne Unterbrechung od. Pause)* to work without intermission (or break)

durchbringen to get through; *(ernähren)* to support; **e-n Antrag ~** *parl* to carry a motion; **e-n Gesetzesentwurf ~** to get a bill through; to carry a bill; *Am* to pilot a bill (through Congress); **sein Vermögen ~** to squander (or dissipate) one's fortune

Durchbruch breakthrough

durchdringen to penetrate; **er konnte mit seiner Meinung nicht ~** he could not carry his point

Durchdringung, **gegenseitige ~** interpenetration; **kommunistische ~** Communist penetration; **~ des Marktes** penetration of the market

Durchfahrt passage; transit *(→Durchfuhr)*; *(Straße)* thoroughfare; **~ verboten** no entry; **friedliche ~** *(für Handelsschiffe VölkerR)* innocent passage; **~freiheit** freedom of transit; **~srecht** right of passage; transit right

durchfliegen, in das Hoheitsgebiet einfliegen oder es ~ to enter or fly across the territory

Durchflug *(im internationalen Verkehr)* transit flight; **~srecht** right of air transit

Durchfracht through freight; **~konnossement** through bill of lading

Durchfuhr transit; **~ der Ware durch ein anderes Land** transit of good through (or across) another country; **genehmigungsbedürftige ~ von Waren**[64] transit of goods subject to authorization; **Recht der ~ von Waren** right of transit; **sich auf der ~ befinden** to be in transit (through or across)

Durchfuhr~, **~abgaben** transit duties; **~behandlung** *(Zoll)* clearance for transit; **~berechtigungsschein**[65] transit authorization certificate; **~blätter** *(Zoll)* transit sheets; **~erklärung** *(Zoll)* transit entry; **~güter** transit goods, goods in transit; **~handel** transit trade; **~land** country of transit; **~verbot**[66] prohibition of transit; **~verkehr** traffic in transit; **~zoll** transit duty

durchführbar practicable; feasible; workable; **soweit ~** as far as practicable

Durchführbarkeit practicability; feasibility

durchführen to carry out, to execute, to carry into effect, to implement; *(Geschäfte etc)* to transact; *(zwangsweise)* to enforce; *(erfüllen)* to perform, to accomplish; **Aufgaben ~** to discharge (or perform) duties; **Beschlüsse ~** to carry out decisions; **e-n Plan ~** to carry out (or implement) a scheme; **ein →Strafverfahren ~**; **e-e Untersuchung ~** to conduct an investigation; **Waren durch ein drittes Land ~** to carry goods across a third country

Durchführung carrying out, execution, implementation; transaction; *(zwangsweise)* enforcement; *(Erfüllung)* performance, accomplishment; **~ e-s Abkommens** implementation of an agreement; **~ e-s Arbeitsvorgangs** performance of a (working) operation; **~ der Bankgeschäfte** conduct of banking transactions; **~ e-s Geschäftes** transaction of a piece of business; carrying out a deal; **~ e-s Gesetzes** implementation (or enforcement) of a law; **~ von Maßnahmen** execution (or putting into effect) of measures; **~ e-s Vertrages** performance (or execution) of a contract; **~ e-s Vorhabens** implementation (or execution) of a project; **praktische ~** *(z.B. der Konsultation)* the practical arrangements (e.g. for consultations)

Durchführungsabkommen[67] Implementing Convention

Durchführungsbestimmungen implementing regulations; **~ zu e-m Gesetz erlassen** to issue regulations implementing a law

Durchführungsverordnung (DVO) implementing regulation, regulation for the implementation (of); **~en erlassen** to adopt implementing regulations

Durchführungsvorschriften provisions for implementation (für of)

Durchgang passage; passing through; transit; **im ~ durch** in transit through; **freier ~ durch das Hoheitsgebiet e-s Binnenstaates**[68] free transit through the territory of a state having no sea- coast; **kein ~** no thoroughfare

Durchgangs~, **~gebiet** transit area; **~güter** transit goods, goods in transit; **~hafen** transit port; **~konto** suspense account; **~lager** *(für Flüchtlinge)* transit camp; **~recht** *(Wegerecht)* right of way; **~staat** state of transit; **~straße** through road; **~tarif** transit tariff

Durchgangsverkehr through traffic; transit traffic; **im ~** in transit; **~ von Luftverkehrsunternehmen** through airline operations

Durchgangszoll transit duty; **~stelle** customs office en route

durchgehen to go through; to pass; *(Antrag, Gesetz)* to be carried, to be passed, to be adopted; *(Ware)* to be in transit; **e-e Liste ~** to go through a list; **der Antrag ging durch** the motion was carried (or passed); **der Gesetzesentwurf ging durch** the bill was passed

durchgehend, **~e Arbeitszeit** straight (or uninterrupted) working hours; **~er Verkehr** through traffic; **~er Zug** through (or non-stop) train; **~ geöffnet** continuously open

durchgreifende Maßnahmen energetic (or drastic) measures

Durchgriffshaftung piercing the corporate veil
Unmittelbare (persönliche) Haftung eines Mitglieds eines Vereins oder einer Gesellschaft mit eigener Rechtspersönlichkeit über die Einlagen hinaus. Die Haftung greift ein, wenn die Berufung auf die Rechtspersönlichkeit des Vereins oder der Gesellschaft dem Grundsatz von Treu und Glauben widerspricht.
Direct (personal) liability of a member of an association, of a company or corporation with own legal personality beyond the assets brought in. Such liability arises if reference to the legal personality of the

association or company is deemed to contravene the principle of good faith.

durchkommen *(Antrag, Gesetz)* to carry, to be carried; to pass, to be passed; *(Kandidat)* to carry (the votes), to be carried

Durchkonnossement through bill of lading

durchkreuzen, jds Pläne ~ to interfere with sb.'s plans

Durchkreuzung von Plänen frustration of plans

durchlaufend, ~e Gelder transmitted amounts; **~e Kredite** transmitted loans; loans channel(l)ed through banks; **~e Posten** transmitted (or transitory) items

durchleiten to channel through

Durchleitkredite über Banken loans channel(l)ed through banks

Durchlieferung *(im Auslieferungsverfahren)*, **~ (durch das Hoheitsgebiet e-r der Vertragsparteien)**[69] transit (through the territory of one of the Contracting Parties); **~sersuchen** request for transit; **die ~ e-r Person bewilligen** to grant transit of a person

Durchreise journey through; passage; transit; **auf der ~** on one's way through; **~sichtvermerk (od. ~visum)** transit visa; **~verbot** prohibition of transit

Durchreisender person travelling through; transit passenger

Durchschlag carbon copy; **~ für die Akten** file copy

Durchschnitt *(Mittelwert)* average; mean; **im ~** on the (or an) average; **sich im ~ belaufen auf (od. im ~ ergeben od. erzielen)** to average, to amount to as an average; **im ~ über (unter) liegen** to average more (less) than; **über (unter) dem ~** above (below) (the) average (or standard); **den ~ nehmen** to take the average, to average

durchschnittlich average; on an average; mean; middle-of-the-road; **über~** above average; **unter~** below average; **~e Lebensdauer** average duration of life; expectation of life at birth; **~e Risikolaufzeit** mean risk period; **~er Verdienst** average earnings; **~ 8 Stunden am Tag arbeiten** to average eight hours' work a day; to work on an average eight hours a day

Durchschnitts~, ~alter mean age; **~bürger** average citizen; man in (*Am auch* on) the street; ordinary person; **~einkommen** average income; **~ertrag** average yield; **~fachmann** *(PatR)* average man skilled in the art; **~kosten** average cost(s); **~kurs** average price; market average; *(Devisen)* average rate; **~leistung** average performance; *(e-s Arbeiters od. e-r Maschine)* average output; **~mensch** average human being; man in (*Am auch* on) the street; **~prämie** *(VersR)* average premium; **~preis** average price

Durchschnittsqualität average quality; **gute ~** fair average quality (f. a. q.); good middling; **auf ~ bringen** to bring up to average quality

Durchschnittssatz average rate; **Besteuerung nach Durchschnittssätzen**[70] taxation at average rates

Durchschnitts~, ~verbraucher average consumer; ordinary customer; **~verdienst** average earnings (or wage); **~verkehr** normal run of traffic; **~wert** average (or mean) value; **~werte** *(Börse)* market averages

Durchschreibe~, ~buchführung mechanical book-keeping; **~papier** NCR (no carbon required) paper

Durchschrift carbon copy

durchsehen to look over; *(prüfen)* to examine, to check; to revise; to verify; **flüchtig ~** to glance over; to read cursorily; **genau ~** to peruse, to read thoroughly; to study; **die** *(eingegangene)* **Post ~** to go through the mail (or correspondence or *Br* post)

durchsetzbar enforceable; **im Rechtsweg ~** legally enforceable, enforceable by legal proceedings; **nicht ~** unenforceable

durchsetzen *(erzwingen)* to enforce; **sich ~** to assert oneself; **sich** *(im Leben)* **~** to make one's way; **sich mit seiner Ansicht ~** to carry one's point (bei with); **e-n Anspruch ~** to assert (or enforce) a claim; **e-n Anspruch ~ (wollen)** to push a claim; *(Ware)* **auf dem Markt ~** to prevail on the market (gegenüber against, over)

Durchsetzung, ~ e-s Anspruchs assertion (or enforcement, prosecution) of a claim; **~ von Bedingungen** enforcement of conditions; **~ e-s Gesetzes** enforcement of a law

Durchsicht looking over, perusal; *(Prüfung)* examination, check(ing); revising; **bei ~ der Akten** on consulting the records; **bei ~ unserer Bücher** in looking over our books; on going through (or over) our books

durchsickern *(Nachricht)* to leak out; to filter

durchgesickert, die Information ist ~ the information has leaked out

durchstreichen to strike (or cross) out, to cancel

durchsuchen to search, to rummage; *(ein Handelsschiff VölkerR)* to visit and search; **ein Haus ~** to search a house

Durchsuchung search; **amtliche ~** official search; **körperliche ~** body search; physical examination; **~ und Beschlagnahme** search and seizure; **~ des Gepäcks** search of the luggage (or baggage); **~ von Räumen**[71] search of rooms *(→Haussuchung)*; **Anordnung der ~**[72] search warrant; **~srecht** powers of entry; *(Recht e-s Kriegsschiffes, ein neutrales Handelsschiff zu durchsuchen)* right of visit and search; **e-e ~ vornehmen** to carry out (or make) a search

Durchwahl *tel* direct dialling

durchwählen *tel (im Selbstwählverkehr)* to dial direct

dürftig *(bedürftig)* indigent, poor; *(unzulänglich)* poor, insufficient; **in ~en Verhältnissen** in straitened (or *Am* narrow) circumstances

Dürftigkeit, Einrede der ~ des →Nachlasses

Dürre drought; **von der ~ betroffen** affected by drought; **Opfer der ~** victim(s) of the drought; **~folgen** effects of the drought

Düsenflugzeug jet (aircraft), jet (plane)

Dutzend dozen; **zu ~en einkaufen** to buy by the dozen

dynamische Rente dynamic (or flexible) pension, index-linked pension

E

Ebene *fig* level, plane; **auf Bundes~** at federal level; **auf höchster ~** at the highest level; at top level; **Konferenz auf hoher ~** high level conference; **auf staatlicher ~** at government level

Echo, ein lebhaftes ~ im In- und Ausland finden to meet with a lively response both at home and abroad

echt genuine; true; *(Urkunde etc)* authentic; *(Metall)* unalloyed; *(Farbe)* fast; **~es Gold** genuine (or real) gold; **ein Bild als ~ bescheinigen** to certify that a painting (or picture) is genuine; to establish the authenticity of a painting; to authenticate a painting

Echtheit genuineness; authenticity; *(Farbe)* fastness; **Bescheinigung der ~** authentication; **die ~ der Urkunde wurde durch e-n Notar bescheinigt** the authenticity of the document was verified by a notary; **die ~ e-r Urkunde bestreiten** to dispute the genuineness of a document; **die ~ e-r Unterschrift nachprüfen** to ascertain the authenticity of a signature; **die ~ steht fest** the authenticity is established

Echtheits, den ~beweis antreten für to prove the authenticity of, to prove sth. to be genuine; **~nachweis** proof of authenticity; **~zeugnis** certificate of authenticity

Echtzeit *(EDV)* real time; **~datenverarbeitung** real time processing

Ecklohn basic pay (or wage[s]); collectively agreed hourly wage

Eck~, ~wert benchmark figure; **~zins** basic rate (of interest)

ec-Karte *(Eurocheque-Karte)* ec card

E. C. S. Carnet →Carnet ECS (für Warenmuster)

ECU ECU *(→Europäische Währungseinheit)*; **~-Bonds** auf ECU lautende →Eurobonds; **~-Leitkurse** ECU central rates; **~-Notes** auf ECU lautende →Euronotes

Die ECU war eine Währungseinheit vom Typ „Währungskorb", die sich aus festen Beträgen der Währungen der Mitgliedstaaten zusammensetzt. Sie ist am 1. 1. 81 an die Stelle der →ERE getreten.

The ECU was a "basket" unit made up of specific amounts of Member States' currencies. On 1 Jan. 1981 the ECU replaced the EUA.

Ecuador Ecuador; **Republik ~** Republic of Ecuador

Ecuadorianer(in), ecuadorianisch Ecuadorian

Edelmetall precious metal; **ungemünztes ~** bullion (gold and silver in bulk); **~handel** bullion trade; **Makler im ~handel** bullion broker; **~händler** bullion dealer; **~markt** bullion market; **~terminkontrakte** *(Börse)* precious metal futures

Effekten securities (shares, bonds, etc); *Br (auch)* stocks; *Am (auch)* stocks and bonds; **börsengängige ~** marketable securities; **an der Börse eingeführte ~** listed securities; **lebhaft gehandelte ~** active securities; **lombardierte ~** securities pledged as collateral; **~ →beleihen**

Effekten~, ~abrechnung statement of securities transactions; **~abteilung** *(e-r Bank)* securities department; **~arbitrage** arbitrage in securities; **~beleihung** →Effektenlombard; **~besitz** holding of securities; **~bestand** security holdings; **~bewertung** securities rating; **~börse** stock exchange; securities market; **~depot** deposit of securities; *Br* safe custody of securities; **~depotkonto** securities deposit account; *Am* custodianship account; **~emission** issue of securities *(→Emission)*

Effektengeschäft *(e-s Kreditinstituts)* securities business *(→Anschaffung und Veräußerung von*

Wertpapieren für andere); *(einzelnes)* securities transaction; **das ~ betreiben** to conduct (or engage in) the securities business

Effekten~, ~giroverkehr transfer of (title to) securities by means of an →Effektenscheck; clearing system for settling transactions in securities; **~handel** dealing in securities; stockbroking; *Br* market making; **~händler** dealer (in securities), securities dealer (who acts for his own account); (stock)broker (who buys or sells securities on a commission basis); *Br* market maker; **~haus** securities (trading) house; **~kurs** securities price; **~lombard** advances against (or on) securities; loan on securities; **~lombardierung** lending against (or on) securities; **~makler** stockbroker; *Am* securities broker; **~markt** securities market; **~portefeuille** investment portfolio; **~scheck**[1] cheque (check) transferring title to securities *(→Effektengiroverkehr)*; **freihändiger ~verkauf** over-the-counter trading; **~verwahrung** deposit of securities; *Br* safe custody of securities

effektiv actual; real; true; effective; **~es Einkommen** real income; **~e Lieferung** *(z. B. von Wertpapieren)* actual delivery; **~er Wert** real value

Effektiv~, ~bestand *(Warenlager)* actual stock (on hand); *(an Wechseln, Wertpapieren etc)* actual balance; **~geschäft** actual transaction; **~klausel** *(z. B. auf Wechseln, wenn Zahlung in Auslandsvaluta erfolgen soll)* actual currency clause (according to which payment must be made in the specified currency); **~lohn** actual wage; **die ~löhne steigen schwächer als die Tariflöhne** actual wages rise less than wage rates; **~preis** cash price; **~verzinsung** effective (interest) yield, actual yield; **~wert** actual (or real) value

EFTA →Europäische Freihandelsassoziation

EG EC *(→Europäische Gemeinschaften)*

EG-Binnenmarkt, mit Vollendung des ~es (Ende 1993) upon completion of the Single European Market (end of 1993)

EG~, ~-Etikettierungsrichtlinie EC labelling directive; **~- →Fusionskontrollverordnung**; **~-Kapitalgesellschaft** EC company; **~-Normen** EC standards; **~- →Produkthaftungsrichtlinie**

EG-Recht Community law, EC law; **unvereinbar mit ~** incompatible with EC law; **dem ~ widersprechen** to conflict with Community law

EG-Richtlinie EC Directive; **→Umsetzung der ~**; **Vierte ~** (Rechnungslegungsvorschriften für Unternehmen) Fourth Directive (accounting rules for companies)

EG~, ~-Sortenschutzamt Community Plant Variety Office; **~-Sortenschutzrechte** Community Plant Variety Rights; **~-Sozialcharta** EC Social Charter; **~-weit** Community-wide; **~-Wettbewerbsrecht** EC law on competition *(→Kartellverbot, →marktbeherrschende Stellung)*

EGKS~, ~-Erzeugnisse ECSC products; **~-Vertrag** ECSC-Treaty *(→Europäische Gemeinschaft für Kohle und Stahl)*

Ehe marriage; **~(stand)** matrimony, wedlock; **~ ohne Trauschein** extra-marital cohabitation; *(untechnisch)* common law marriage; **„Alt~"**[2] marriage contracted prior to July 1977; **→aufhebbare ~**; **→Doppel~**; **→Misch~**; **→Namens~**; **→Nicht~**; **nichtige ~**[3] void marriage; **→Schein~**; **→Staatsangehörigkeits~**; **vollzogene ~** consummated marriage; **während der ~** during the marriage; during matrimony

Ehe, wilde ~ living together (or cohabiting) without being married; **in wilder ~ leben** to live together (without being married) *(→eheähnliche Gemeinschaft)*

Ehe, zerrüttete ~ failed marriage; marriage that has broken down; **unheilbar zerrüttete ~** marriage which has broken down irretrievably; *Am* irretrievably broken marriage

Ehe, Aufhebung der ~[4] (prospective) annulment of a marriage; **Klage auf Aufhebung der ~** petition for annulment of marriage *(→Aufhebungsgründe, →Aufhebungsklage, →Aufhebungsurteil)*

Die Aufhebung wirkt - wie die Ehescheidung - nur für die Zukunft (im Ggs. zur Ehenichtigkeit).

Aufhebung, like →Ehescheidung, operates only ex nunc, i.e. from the date of the decree (in contrast to →Ehenichtigkeit).

Ehe, Auflösung der ~ dissolution of a marriage (for both →Aufhebung and →Scheidung); **bei Eingehung der ~** (up)on marriage; on (or at the time of) entering into the marriage; **Nichtigkeit der ~** nullity of marriage *(→Nichtigkeitsklage)*; **Scheidung der ~** divorce; dissolution of the marriage *(→Ehescheidung)*; **→Scheitern der ~**; **→Vollziehung der ~**; **(unheilbare) →Zerrüttung der ~**

Ehe, e-e ~ aufheben to annul a marriage; **e-e ~ brechen** to commit adultery; **mit jdm e-e ~ eingehen** to contract a marriage with sb., to marry sb.; to get married to sb.; **die ~ ist gescheitert, wenn die e~liche Lebensgemeinschaft nicht mehr besteht** a marriage has failed, when the spouses live permanently apart (or on termination of the consortium); **e-e ~ für →nichtig erklären**; **e-e ~ →scheiden**; **e-e ~ schließen** to contract (or conclude) a marriage; to marry, to get married; *(Standesbeamter)* to perform a marriage

Ehe~, e~ähnliche Gemeinschaft[5] persons living together as husband and wife (or as cohabitants); **~aufhebung** s. Aufhebung der →Ehe;

~berater marriage counsel(l)or; **~beratung** marriage guidance (or counsel[l]ing); **~betrug** marriage under false pretences

Ehebrecher adulterer; **~in** adulteress; **mitbeklagter ~** *(im Ehescheidungsprozess)* co-respondent

ehebrecherische Beziehungen unterhalten to maintain adulterous relations

Ehebruch adultery; **~ begehen** to commit adultery

Ehe~, **~dauer** duration of marriage; **e~fähig** capable of (contracting a) marriage, marriageable; **~fähigkeit** capacity for (contracting a) marriage, marriageability; **~fähigkeitszeugnis**[6] *(für Ausländer)* certificate of no impediment

Ehefrau wife, married woman; **berufstätige ~** employed married woman

Ehe~, **~gatte** spouse; **~gatten** spouses, husband and wife; **~gattenunterhalt** *Br* maintenance for spouse; *Am* spousal (or spouse) support (payments); *Br (bei Scheidung etc. auch)* financial provision for spouse; **~gesetz**[7] Marriage Act; **~güterrecht** s. eheliches →Güterrecht; **~güterrechtsstatut**[8] choice of law rule for (the law governing) matrimonial property; **~hindernis** impediment (or bar) to marriage; **~leben** →eheliches Leben; **~leute** spouses, husband and wife

ehelich conjugal, matrimonial; *(von Kindern)* legitimate *(→außerehelich, →nichtehelich, →vorehelich)*; **~ geboren** legitimate, of legitimate birth; born in (lawful) wedlock; **ein Kind für ~ erklären**[9] to declare a child (to be) legitimate, to legitimate a child

ehelich, **~e Abkömmlinge** legitimate descendants (or offspring); **~e Abstammung**[10] legitimate descent; **~e Beziehungen** marital relations; **~e Geburt** legitimate birth, legitimacy; **~e Gemeinschaft** s. eheliche →Lebensgemeinschaft; **~e →Gütergemeinschaft**; **~es →Güterrecht**; **nicht~es →Kind**; **~es Leben** married life, conjugal life; **~e →Lebensgemeinschaft**; **~e Nachkommen** legitimate issue; **~e Pflichten** conjugal duties; marital (or matrimonial) obligations (or duties); **~e Rechte** conjugal rights, marital rights; **~e Treue** conjugal fidelity; **~es Verhalten** matrimonial conduct; **~er Verkehr** marital intercourse; **~es Vermögen** matrimonial property (or assets); **~er Wohnsitz** place (or locality) of the matrimonial home, matrimonial domicile or residence

Ehelicherklärung des nichtehelichen Kindes auf Antrag des Kindes[11] declaration of legitimacy (or legitimation) of an illegitimate child (up)on the application of the child
Ein nichteheliches Kind ist auf seinen eigenen Antrag vom Vormundschaftsgericht für ehelich zu erklären, wenn die Ehelicherklärung dem Wohle des Kindes entspricht und ihr keine schwerwiegenden Gründe entgegenstehen.
Upon the child's application, an illegitimate child shall be declared legitimate by the guardianship court, if the declaration is in the interest of the child and if there are no serious reasons against it.

Ehelichkeit *(des Kindes)*[12] legitimacy *(→eheliche Abstammung)*; **Erklärung der ~** declaration of legitimacy; **die ~ anfechten** to contest the legitimacy of a child

Ehelichkeitsanfechtung[13] action to contest the legitimacy (of a child)
Die Nichtehelichkeit eines Kindes, das während der Ehe oder innerhalb von 302 Tagen nach Auflösung oder Nichtigerklärung der Ehe geboren ist, kann nur geltend gemacht werden, wenn die Ehelichkeit des Kindes angefochten und die Nichtehelichkeit rechtskräftig festgestellt worden ist.
A child born within 302 days after the dissolution or annulment of the marriage is considered legitimate, unless his legitimacy has been contested and his illegitimacy determined by the court.

Ehelichkeitserklärung →Ehelicherklärung

Ehemäkler marriage broker
Der Ehemäkler hat für seine Tätigkeit keinen klagbaren Anspruch auf den Ehemäklerlohn.
A marriage broker's claim for a commission in respect of his services is unenforceable.

Ehe~, **~mann** husband, spouse; **e~mündig** of marriageable age; **~mündigkeit**[14] capacity to marry (as regards age)

Ehename the common family name of husband and wife; **Weiterführung des ~ns**[14a] retention of husband's name
Der in § 1355 I BGB als gemeinsamer Familienname der Ehegatten definierte Ehename ist nach § 1616 BGB auch der Familienname der ehelichen Kinder.
The "Ehename" defined in § 1355 I BGB as the common family name of husband and wife shall also be the family name of the legitimate children pursuant to § 1616 BGB.

Ehe~, **~nichtigkeit**[15] nullity of marriage, invalidity of marriage *(→Nichtigkeit der Ehe)*; **~paar** married couple; spouses; husband and wife; **~partner** spouse, married partner; **~recht** matrimonial law

Ehesachen matrimonial causes (or proceedings); **Prozess über ~** matrimonial suit; **Zuständigkeit in ~** matrimonial jurisdiction

Ehescheidung[16] divorce; dissolution of marriage *(→Scheidung)*; **auf ~ klagen** to petition (or sue) for divorce

Ehescheidungsgrund[17] ground for divorce
Einziger Scheidungsgrund ist nach dem 1. 7. 1977 das Scheitern der Ehe (Ersetzung des früheren Verschuldensprinzips durch das Zerrüttungsprinzip).

Since 1 July 1977 the only ground for divorce is the failure of a marriage (the former principle of guilt has been replaced by the principle of broken marriage).

Ehescheidungs~, **~klage**[18] petition for divorce, divorce petition; petition for dissolution of a marriage; **~prozess** divorce suit; **~sache** divorce case; **~urteil** decree of divorce, decree of dissolution of marriage; divorce decree; **~verfahren** divorce proceedings; **~ziffer** divorce rate

Eheschließung marriage, marriage ceremony; celebration of a marriage *(→standesamtliche Trauung)*; **Datum (Ort) der ~** date (place) of marriage; **zivile ~** civil marriage; **~sziffer** marriage rate; nuptiality rate
Eine Ehe kommt nur zustande, wenn die Eheschließung vor dem Standesbeamten stattgefunden hat.[19]
A marriage is valid only if the ceremony was performed by a registrar (otherwise it is a →Nichtehe).

Ehe~, **~schwierigkeiten** matrimonial (or marriage) troubles; **~stand** marital statuts; married state; matrimony, wedlock; **~störungen** interference with the marital relationship by a third party; **~streitigkeiten** matrimonial disputes (or causes); **~unbedenklichkeitszeugnis** →Ehefähigkeitszeugnis

Eheverbot[20] legal prohibition of marriage; marriage impediment; **Befreiung vom ~ wegen Schwägerschaft**[21] exemption from the prohibition of marriage in cases of relationship by marriage

Eheverfehlung matrimonial offence (offense); violation (or breach) of marital duties; **~en begehen** to commit matrimonial offences (offenses)

Ehevermittlung marriage brokage

Eheversprechen, **Bruch des ~s** breach of promise of marriage

Ehevertrag[22] marriage contract, marriage settlement; marriage articles; covenant of marriage
Vertrag zwischen Ehegatten oder Verlobten zur Regelung der güterrechtlichen Verhältnisse während der Ehe. Er muß bei gleichzeitiger Anwesenheit beider Teile vor einem Notar abgeschlossen werden.
(Prenuptial or post-nuptial) contract regulating marital property rights during the marriage. It must be concluded in the presence of both spouses in person, before a notary.

ehewidrig, **~e Beziehungen** association(s) in breach of marital obligations; **~es Verhalten** matrimonial offence (offense); misconduct

Ehewirkungen, **persönliche ~** *(IPR)* legal effects of marriage (except on property)

Ehe~, **~wohnung** matrimonial home; **~zerrüttung** →Zerrüttung der Ehe

Ehre hono(u)r; →**Standes~**; **zu ~n von** in hono(u)r of; **jdm die letzte ~ erweisen** to pay sb. the last hono(u)rs; to pay one's final respects to sb.

Ehren~, **~akzept** →**~annahme**; **~akzeptant** →Ehrenannehmer; **~amt** honorary post (or position, office); **ein ~amt bekleiden** to hold an honorary position

ehrenamtlich honorary, in an honorary capacity, on an honorary basis; unpaid; **~er Präsident** honorary president; **~er Richter** honorary judge (lay judge without legal training); **~e Stellung** honorary office (or post, position); **~ tätig sein** to serve in an honorary capacity

Ehren~ *(e-s notleidenden Wechsels)*, **~annahme**[23] acceptance for hono(u)r (or by intervention, supra protest); **~annehmer** acceptor for hono(u)r (or by intervention, supra protest); **zum ~beamten ernennen**[24] to give an official an honorary rank; **militärische ~bezeugungen** military hono(u)rs

Ehrenbürger honorary citizen; freeman; **~ e-r Stadt** freeman of a city; **zum ~ ernannt werden** to receive the freedom of a city; to be admitted as freeman of a city

Ehrenbürgerrecht freedom of a city; *Am* honorary membership rights conferred by a city; **jdm das ~ verleihen** to confer the freedom of a city on a p.

ehrend des verstorbenen X gedenken to pay homage to the memory of the late X; to pay tribute to X who died (on ...)

Ehrendoktor honorary doctor; **jdm den ~ verleihen** to confer the honorary doctor's degree on a p.; **den ~ (Dr. jur.) verliehen bekommen** to receive the honorary degree of doctor of law

Ehren~, **~eintritt** *(WechselR)* act of hono(u)r *(→Ehrenannahme, →Ehrenzahlung)*; **~erklärung** (full) satisfaction; **~gast** guest of hono(u)r; **~gericht** *(z. B. für Rechtsanwälte, Ärzte)* disciplinary court; **e~gerichtliche Bestrafung** disciplinary punishment

ehrenhalber honoris causa (h. c.); **~ verliehener akademischer Grad** honorary degree

Ehren~, **~karte** complimentary ticket; **~kodex** code of ethics; **~kränkung** defamation; slander; libel

Ehrenmitglied honorary member; **~schaft** honorary membership; **jdn zum ~ ernennen** to confer honorary membership on sb.

Ehrenrechte, **Aberkennung (Verlust) der bürgerlichen ~**[25] deprivation (loss) of civil rights; **jdm die bürgerlichen ~ aberkennen** to deprive sb. of his civil rights

ehrenrührig dishono(u)rable; defamatory; *(mündlich)* slanderous; *(schriftlich)* libellous

Ehren~, **~sache** matter (or point) of hono(u)r; **~schuld** debt of hono(u)r; **~schutz** protection of sb.'s hono(u)r; **~verleihungen** hono(u)rs; **e~volle Erwähnung** hono(u)rable mention; **~vorsitzender** honorary chairman

Ehrenwort word of hono(u)r; *(des Gefangenen)* parole; **sein ~ brechen** to break one's parole; **gegen ~ freigelassen sein** to be on parole

ehrenwörtlich on one's word of hono(u)r; *(Gefangener)* on parole; **~ erklären** to state on one's hono(u)r; **sich ~ verpflichten** to pledge one's hono(u)r

Ehren~, **~zahler**[26] payer for hono(u)r (or by intervention); **~zahlung** *(für e-n notleidenden Wechsel)*[27] payment for hono(u)r (or by intervention)

ehrlich honest, fair; **~e Handlungsweise** *(anständiges Geschäftsgebaren)* fair dealing

ehrlos dishono(u)rable; **~er** →**Lebenswandel**

Ehrverletzung defamation; insult; *(durch Schrift, Bild etc)* libel

eichen to gauge, to standardize, to calibrate; **ein Gewicht ~** to adjust a weight; **ein Schiff ~** to measure a ship

Eich~, **~amt** *Br* Office of Weights and Measures; *Am* Bureau of Standards; **~aufnahme** draught measurement; **~fehler** calibration error; **~meister** *Br* inspector of weights and measures; *Am* sealer (of weights and measures); **~schein** *(für Schiff)* certificate of measurement

Eid oath; **~ vor Gericht** judicial oath; →**Amts~**; →**Fahnen~**; →**Falsch~**; →**Mein~**; →**Zeugen~**

Eid, **unter ~** under (or on) oath; **Aussage unter ~ oder in gleichermaßen verbindlicher Form** evidence given under (or on) oath or in an equally binding form; **unter ~ aussagen** →eidlich aussagen; **unter ~ aussagender Zeuge** *(dessen Aussage protokolliert wird)* deponent; **e-e falsche Aussage unter ~ machen** to give false evidence under (or on) oath; to make a false statement under oath; **unter ~ erklären (od. e-e Erklärung abgeben)** to state (or make a statement) under oath; **X erklärt** *(zu Protokoll)* **unter ~** X, being duly sworn, deposes and says; X declares under oath

Eid, **e-n ~ ablegen** to take (or make, swear) an oath; **jdm e-n ~ abnehmen** to administer an oath to sb.; **e-n Sachverständigen unter ~ aussagen lassen** to take evidence on oath from an expert; **jdn von seinem ~ entbinden** to release sb. from his oath; **e-n ~ leisten** e-n →ablegen

Eidbruch perjury; breaking of an oath; **eidbrüchig werden** to break one's oath

Eides~, **~abnahme** administering (or administration of) an oath; **~belehrung**[28] caution (indicating the importance of an oath); **e~fähig** eligible for taking an oath before the court; **~formel**[29] form (or wording) of oath; **e~gleiche Bekräftigung**[30] solemn affirmation (deemed equivalent to an oath); **~leistung** taking an oath; swearing; **~mündigkeit**[31] age (allowing) to take an oath; **~pflicht** obligation to make a statement under (or on) oath

Eides Statt, **an ~** instead of an oath; **Versicherung an ~** →eidesstattliche Versicherung; **falsche Versicherung an ~**[32] false affirmation (or declaration) (made) in lieu of an oath; *Br (schriftl.)* false statutory declaration; false affirmation; **an ~ (od. eidesstattlich) versichern** s. e-e →eidesstattliche Versicherung abgeben

eidesstattliche Versicherung, **~ (od. Erklärung)** affirmation (or declaration) in lieu of an oath; affidavit; *Br (schriftl.)* statutory declaration; **~ vor e-m Notar** affirmation (or *Br* statutory declaration) executed before a notary; **e-e ~ abgeben** to make an affirmation (or to affirm, declare) in lieu of an oath; to verify under (or on) oath; *Br* to make a statutory declaration; *Am* to make a written verification (under penalty of perjury)

Eides~, **~unfähigkeit** ineligibility for (or disqualification from) taking an oath as witness or expert (established by a ruling of the court); **~verletzung** violation of an oath

eidlich under oath, on oath; *Am (auch)* upon oath; sworn; **nicht ~** unsworn; **~e Aussage** sworn statement; declaration (or statement) on (or *Am* upon) oath; verified statement; *(zu Protokoll gegeben)* deposition; **~e falsche Aussage** →Falscheid, →Meineid

eidliche Erklärung statement made on (or *Am* upon) oath; sworn statement; **schriftliche ~** affidavit; deposition; sworn statement in writing; **e-e schriftl. ~ abgeben** to make a deposition

eidlich, **~e Vernehmung**[33] examination under oath; **~e Zeugenaussage** evidence (or testimony) under oath; *(zu Protokoll gegeben)* evidence by deposition; **e-e ~e Zeugenaussage entgegennehmen** to take a deposition; **e-e ~e Zeugenaussage machen** to depose, to testify under oath

eidlich, **~ ableugnen** to deny under (or on, *Am* upon) oath; **~ aussagen** to state (or declare) under (or [up]on) oath; *(als Zeuge)* to give evidence under (or [up]on) oath; to testify under oath; *(zu Protokoll)* to depose; **e-n Zeugen ~ vernehmen** to hear a witness under oath

eigen (of one's) own; *(persönlich)* personal, private; **~e** →**Aktien**; →**Sorgfalt in ~en Angelegenheiten**; **für den ~en Bedarf** for one's own (or personal) requirement(s) (or need); **nach ~em** →**Ermessen**; **auf ~e** →**Gefahr**; **auf ~e Kosten** at one's own expense; **~e Mittel** own resources, own capital resources *(→Eigenkapital)*; **in ~em Namen** in one's own name; **für ~e oder** →**fremde Rechnung**; **aus ~em Recht** in one's own right; **mit dem ~en Vermögen haften** to be personally liable; **durch ~es Verschulden** through one's own fault; **~er Wechsel** promissory note (P/N); **Aussteller e-s ~en Wechsels** maker of a P/N; **e-n ~en Wechsel ausstellen** to make a P/N

Eigen~, **~art** peculiarity, special characteristics, characteristic feature, individual character, special nature; **~bedarf** personal (or one's own) requirement(s) (or needs); *(MietR)* personal use; *(e-s Landes)* home (or internal) requirement(s); **~behalt** self-retention; **zumutbare ~belastung** *(SteuerR)* burden which the taxpayer might be expected to bear himself; **~besitz**[34] proprietary possession, possession as of right, possession as owner; **~besitzer** proprietary possessor; possessor claiming title (or ownership); **~bestände** *(Wertpapiere)* own holdings; **~betriebe** municipal undertakings (operated as separate enterprises by a local authority); **~fabrikat** own make; **~finanzierung** self-financing; financing from internal earnings; *(durch Ausgabe von Aktien)* equity financing; **~finanzierungsgrad** equity ratio; **unrechtmäßiger ~gebrauch fremder beweglicher Sachen** conversion; **e~genutzte ~tumswohnung** owner-occupied *Br* flat *(Am condominium)*; **~geschäfte** dealings on one's own behalf; **~gewässer** *(VölkerR)* territorial waters, national waters; **~gewicht** net weight; tare weight; **~handel** dealing for one's own account; trading in one's own name and for one's own account; **im ~handel der Bank** where the bank is acting as trader for its own account

eigenhändig with one's own hand; handwritten; manu propria; **~ geschriebenes Testament**[35] holograph(ic) will; **~e Unterschrift** handwritten signature *(Ggs. facsimile)*; **~ signieren** to autograph; **~ übergeben** to deliver personally; **~ unterschreiben** to sign handwritten in one's own hand, to sign in person

Eigen~, **~händler** contract dealer, authorized dealer; (independent) dealer (selling goods on his own account); distributor; *Br (Börse)* market maker; *Am* floor trader; **~händler mit gebrauchten** →**Lebensversicherungspolicen** policy market makers; **Vereinigung der ~händler mit gebrauchten** →**Lebensversicherungspolicen** Association of Policy Market Makers (AMM); **~heim** home of one's own; owner-occupied home (or *Br* dwelling); individually-owned dwelling; **~heit** →Eigenart; **~investitionen** investments from one's own resources

Eigenkapital[35a] one's own capital (or resources); own funds; *(GesellschaftsR)* equity (capital); shareholders' (*Am* stockholders') equity; *Am (Bilanz)* net worth, capital ownership; *(Bausparer)* capital funds; **primäres ~** primary capital; **Eigen- oder Fremdkapital** capital owned or borrowed; debt/equity; **Verhältnis von Fremdkapital zu ~** debt/equity ratio; **~decke** equity position; **~geber** equity supplier; **~kosten** cost of equity; **~quote** capital (or equity) ratio; **~rendite** return on equity

Eigenmacht, verbotene ~[36] unlawful interference with the possession of another; unlawful private nuisance; trespass; **der Besitzer darf sich verbotener ~ mit Gewalt erwehren**[37] the possessor may resort to self-help against verbotene →Eigenmacht

eigenmächtig arbitrary

Eigenmarke house (or private) brand

Eigenmittel (one's) own funds; (bank's etc) own resources; **~ e-s Unternehmens** an enterprise's own resources (capital and reserves); **bei e-r Bausparkasse angesparte ~** funds saved with a →Bausparkasse; **~anforderungen** capital adequacy requirements; **~ausstattung e-s Unternehmens** an enterprise's provision with its own funds (capital and reserves); **~rendite** return on equity

Eigennutz self-interest, selfishness; **aus ~** motivated by one's personal advantages; for one's own profit, for personal gain

eigennützige →**Beweggründe**

Eigenschaft *(von Personen)* quality; *(von Dingen)* property; *(Qualität)* quality; *(Merkmal)* characteristic, feature; **in seiner ~ als** in his capacity as; **~ als Ausländer** status as alien *(→Ausländereigenschaft)*; **in amtlicher ~** in an official capacity; →**besondere ~en** *(für den Musterschutz erforderliche)*; **charakteristische ~en des Musters** design requirements; **geistige und körperliche ~en** mental and physical characteristics; →**zugesicherte ~en**; **~sirrtum** →Irrtum über wesentliche Eigenschaften; **~en zusichern** to guarantee qualities

eigenständige nationale Politik independent national policies

eigentlich actual, real; proper; **der ~e Leiter der Firma** the actual manager of the firm; **im ~en Sinne** in the proper sense

Eigentum[38] *(Recht und Rechtsobjekt)* property; *(Recht)* ownership, title; **im ~ von** owned by

Eigentum, →**Allein~**; →**Bruchteils~**; →**Gemein~**; →**Grund~**; →**Mit~**; →**Privat~**; →**Staats~**

Eigentum, **ausschließliches ~** exclusive property; **im britischen ~ befindlich** British owned; →**fiskalisches ~**; →**geistiges ~**; **gemeinsames ~** *(Gesamthandsgemeinschaft)* joint ownership (or tenancy); **in gemeinsamem ~ befindlich** jointly owned; →**gewerbliches ~**; **öffentliches ~** public property; **in öffentlichem ~ (befindlich)** publicly owned; **privates ~** private property; **in privatem ~ (befindlich)** privately owned

Eigentum, **~ an beweglichen Sachen** ownership of (or title to) movables; **Erwerb und Verlust des ~s an beweglichen Sachen**[39] acquisition and loss of ownership of (or title to) movables

Eigentum und andere dingliche Rechte an Grundstücken ownership and other interests in land *(Am real estate)*

Eigentum, **~ zur gesamten Hand** →Gesamthandseigentum; **~ an e-m Grundstück** ownership of (or *Am* in) land; title to land (or real property, real estate); **~ an Waren** title to goods

Eigentum, **sich im ~ befinden von** to be owned by; **die Ware bleibt bis zur vollständigen Bezahlung unser ~** until payment in full we retain title to the goods; title shall not pass until the goods are fully paid; **das ~ erwerben** to acquire ownership (of or in); to acquire title (to); *Am* to take title; to become the owner (or proprietor) of; **~ haben an** to own; to hold the title to; to hold property in; **in das ~ von ... übergehen** to pass into the ownership of ...; **das ~ an ... geht über auf ...** the ownership in (or title to) ... passes to ...; **~ übertragen** to transfer ownership (or title); to pass property (auf to); *(Grundeigentum)* to convey title to land; **„~ verpflichtet"**[49] property imposes duties (or entails reponsibility); **sich das ~ (an ...) vorbehalten** to retain the property (in); to reserve (one's) title (to); to retain title (to)

Eigentums~, **~anspruch** claim to ownership *(→Herausgabeanspruch)*; **~aufgabe (an e-r beweg. Sache)**[40] abandonment of movable property (by giving up possession); relinquishment of ownership; dereliction of title; **~beschädigung** property damage; **~beschränkungen**[41] (statutory) restrictions on property (or title); **~bildung** *(in der Hand der Arbeitnehmer)* creation of ownership; capital formation; **~delikt** property offence (offense)

Eigentumserwerb acquisition of ownership (or title); **gutgläubiger ~**[42] bona fide acquisition of title; acquisition of title in good faith

Eigentumserwerb von beweglichen Sachen tritt trotz guten Glaubens nicht ein, wenn die Sache dem Eigentümer gestohlen, verlorengegangen oder sonst abhanden gekommen war, soweit es sich nicht um Geld oder Inhaberpapiere handelt oder um Sachen, die im Wege der öffentlichen Versteigerung veräußert werden.[43]

Title to movable property does not pass, notwithstanding the good faith of the transferee, if the owner has lost the thing involuntarily through theft, loss or otherwise, except in the case of money, bearer paper or property sold by public auction.

Eigentumserwerb des Finders[44] acquisition of ownership (or title) by finding

Mit dem Ablauf von 6 Monaten nach der Anzeige des Fundes bei der Polizeibehörde erwirbt der Finder das Eigentum an der Sache.

The finder acquires ownership (or title) 6 months after reporting the find to the police.

Eigentumsfreiheitsklage[45] action for abatement; action to abate an interference with the right of ownership

Eigentumsherausgabeanspruch[46] (rei vindicatio) claim by the owner for the return of his property

Eigentumsnachweis proof (or evidence) of ownership; evidence of title; **~ für Grundbesitz** document of title to land; **den ~ erbringen** to establish a claim to the title

Eigentumsrecht ownership (interest); property right, title; estate; proprietary right; **gewerbliche ~e** industrial property rights; **~ an Grundbesitz** title to land; **~ an der Ware** title to (or ownership of) goods; **Mangel im ~** defect in title; **das ~ geltend machen** to assert one's ownership (or title); **das ~ übertragen** to transfer (the) ownership (or title)

Eigentums~, **~störung** (private) nuisance; trespass; (wrongful) interference with goods; **~streuung** dispersal (or dispersion) of ownership

Eigentumstitel title (of the owner); **abgeleiteter ~** derivative title; **fehlerhafter ~** imperfect title

Eigentumsübergang passing of ownership (or property, title); devolution of ownership (or property, title); **~ von Todes wegen** passing (or devolution) of property upon death

Eigentumsübertragung[47] transfer of ownership (or property, title); *(bei Grundbesitz)* transfer of title (to land); conveyance *(→Auflassung)*

Eigentums~, **~verhältnisse** property relations; (status of) ownership (rights); **~vermutung** presumption of ownership (in favo(u)r of the possessor); **~verzicht** relinquishment of ownership

Eigentumsvorbehalt reservation (or retention) of title

Nach § 449 BGB kann der Verkäufer einer beweglichen Sache sich bis zur vollständigen Zahlung des Kaufpreises das Eigentum vorbehalten.
Under § 449 BGB the vendor of personal property may retain title until the purchase price has been paid.
Am Der Begriff Eigentumsvorbehalt fällt im Sinne des Uniform Commercial Code unter den Oberbegriff security interest.

Eigentumsvorbehalt, Erweiterungsklausel beim ~ extended clause of reservation of ownership; **Verkauf unter ~**[48] conditional sale (agreement) (with reservation of ownership in favo[u]r of the seller until payment of the purchase price); →**verlängerter ~**

Eigentums~, ~wechsel change in ownership; **~wohnung** *Br* freehold flat; *Am* condominium; apartment (or condo); cooperative apartment; **~zeit** period of ownership

Eigentümer owner; proprietor; *(von Effekten etc)* holder; **~in** owner; proprietress; →**Allein~**; →**Bruchteils~**; →**Grund~**; →**Grundstücks~**; →**Mit~**; **~ nach Bruchteilen** →Bruchteilseigentümer; **~ von Grundbesitz** →Grundbesitzer; **~ zur gesamten Hand** joint owners (or tenants)

Eigentümer, gutgläubiger ~ bona fide owner (or holder); **rechtmäßiger ~** true (or rightful) owner; **vorheriger ~** predecessor in title

Eigentümergrundschuld[50] land charge in favo(u)r (or for the benefit) of the owner (of the real property or *Br* land) *(→Grundschuld)*

Eigentümerhypothek[51] mortgage (or *Br* charge) for the benefit of the owner (of the real property or *Br* land) *(→Hypothek)*

Eine Eigentümerhypothek entsteht entweder, wenn die Forderung, für die die Hypothek bestellt ist, nicht oder noch nicht entstanden ist, oder wenn die Forderung, für welche die Hypothek bestellt ist (z. B. infolge Tilgung) erlischt.
An Eigentümerhypothek arises when the debt (claim) secured by the mortgage (or *Br* charge) has not (yet) accrued, or has been extinguished (e. g. by payment).

Eigentümer sein to own; to hold the title (von Waren to goods); to be the owner (or proprietor)

Eigen~, e~verantwortlich on one's own responsibility; having sole responsibility; **~verbrauch** personal (or private) consumption; *(e-s Unternehmens)*[52] own consumption; use for private needs; **~versicherung** self-insurance; **~versorgung** self-sufficiency; **~verwaltung** *(InsR)*[52a] (debtor's) personal management (and disposition of the assets involved in insolvency proceedings under surveillance of the →Sachwalter); *Am* debtor in possession; **Anordnung der ~verwaltung** order for establishing personal management; **~wechsel** promissory note (PN)

eignen, sich ~ für to be qualified (or suitable, suited) for, to be fit for *(→geeignet)*

Eignung *(Person)* aptitude; *(bes. nach Ablegung von Examen)* qualification; *(Tauglichkeit)* fitness; *(Sache und Personen)* suitability; *(Erfüllung der Voraussetzungen)* eligibility; **~ zum Vormund**[53] qualification to be (a) guardian; **~ von Waren für e-n besonderen Zweck** *(zugesicherte Eigenschaft)* fitness of goods for a particular purpose; **~sprüfung** aptitude test; **berufliche ~** professional (or occupational) aptitude (or qualification, suitability); **fachliche ~** technical qualification; **geistige und körperliche ~** mental and physical fitness; **persönliche ~** personal aptitude

Eil~, ~auftrag dispatch order; rush order; urgent order; **e~bedürftig** urgent; **~bedürftigkeit** urgency; **durch ~boten** *Br (Post)* by express; *Am* by special delivery; **~botensendungen** express items; **~brief** *Br* express letter; *Am* special delivery letter; **e-n ~brief senden** to send a letter express; **~fracht** →Eilgut; **~frachtbrief** consignment note (*Am* bill of lading) for →Eilgut

Eilgeld *(für Einsparung von Ladezeit beim Schiff)* dispatch money; **~ in Höhe des halben Liegegeldes** dispatch half demurrage (d.h.d.); **~ nur im Ladehafen** *(nur für die gesparte Ladezeit)* dispatch loading only (d.l.o.); **~ nur im Löschhafen** *(nur für die gesparte Löschzeit)* dispatch discharging only (d.d.o.)

Eil~, ~gut goods sent by express; *Am* fast freight; **~paket** express parcel (or *Am* package); **ein ~paket senden** to send a parcel (*Am* package) express; **~sache** urgent matter; **~sachen** *(Post)* express items; **im ~verfahren** in a summary (or expedited) proceeding; **~zustellgebühr** *(für Pakete)* express charge; **~zustellung** *Br (Post)* express delivery; *Am* special delivery

eilt! urgent

einarbeiten, sich ~ in to make oneself familiar with; to adjust to; to work oneself in; **e-n neuen Angestellten ~** to introduce (or adapt) a new employee to his work; **etw. ~ in** to incorporate sth. in, to work sth. into; **gut eingearbeitetes Personal** experienced staff (or personnel); well-adapted personnel

Einarbeitung vocational adjustment; **~szeit** period of vocational adjustment; period of time to become acquainted with (or adjusted to) one's work (or job); **~szuschuss**[54] adaptation subsidy

Einäscherung incineration, cremation

Einbahn, - ~straße one-way street; **~verkehr** one-way traffic

Einbau installation; **~möbel** built-in (or fitted) furniture

einbauen *(z. B. Schrank)* to build in; *(z. B. Maschine)* to install

eingebaut built-in; installed; **(fest) ~e Anlagen** fixtures

Einbauten fixtures

einbegreifen to include; *(stillschweigend)* to imply

einbegriffen, im Preise ~ included in the price; **stillschweigend mit ~** implicitly included; implied

einbehalten to keep back, to retain, to withhold; *(abziehen)* to deduct; **e-n Betrag von jds Lohn ~** to withhold an amount from sb.'s pay; to retain an amount out of sb.'s pay; to deduct an amount from sb.'s wage(s); **die Lohnsteuer von der Lohnzahlung ~** to withhold the wage tax from the wage payment; **Steuern** *(durch den Arbeitgeber)* **~** to withhold taxes; **~er Betrag** amount withheld; retention; **~er Gewinn** retained profit (or earnings); **an der Quelle ~e Steuern** taxes withheld at the source

Einbehaltung retention, withholding; deduction; **~ des Beitrages des Arbeitnehmers durch den Arbeitgeber**[55] withholding of the employee's contribution by the employer; **~ e-s Betrages** retention of an amount; **~ von Löhnen** *Br* retention of (withholding from) wages (by agreement with employee); **~ der Steuer an der Quelle** withholding of the tax at the source

einberufen to call; to convoke, to convene; to summon; *mil* to call up, to conscript; to draft; *Br* to call to the colours; *Am* to induct; **den →Aufsichtsrat ~; das Parlament ~** to convoke Parliament; **die Sitzung auf 11 Uhr ~** to call (or convene) the meeting (or session) for 11 a. m.; **ordnungsmäßig ~e Versammlung** duly convened (or called) meeting

Einberufener *mil* conscript; *Am* draftee

Einberufung call(ing); convocation, convening; summoning; *mil* calling up, conscription; *Am* induction (into service), draft (call); **auf ~ durch** having been convened by, on being convened by; **~ des →Aufsichtsrats; ~ der →Hauptversammlung; ~ des Parlaments** convening (or convocation) of parliament; **die Versammlung tritt, ohne dass es e-r ~ bedarf, am ... zusammen** the assembly shall meet automatically (or as of right) on ...; **~ zum →Wehrdienst**

Einberufungsbescheid call-up order; *Am (auch)* draft order

Einbeziehung inclusion; **ohne ~** exclusive (of); **~ e-r Urkunde in ein Testament** incorporation of a document in a will; **~ in den Vertrag** inclusion in the contract

einbiegen, in e-e Straße ~ to turn into a road (or street)

Einbiegeverkehr traffic turning the corner

Einblick, e-n ~ in jds Finanzlage bekommen to get an insight into sb.'s financial standing

Einbootung embarkation

einbrechen to break and enter (with felonious intent); to commit burglary; **bei uns ist gestern eingebrochen worden** our house was broken into (or burgled) yesterday

Einbrecher burglar, housebreaker; **~alarm** burglar alarm; **~bande** gang of burglars

Einbringen, ~ von Abfällen ins Meer dumping of waste at sea *(→Meeresverschmutzung)*; **~ von Wertpapieren in e-e Gesellschaft** contribution of securities to a company

einbringen *(Geld, Gewinn)* to bring in; to contribute; to yield; **viel ~** to yield a large return; **wenig ~** to yield a small return; *(Verluste etc)* **wieder~** to recoup; **e-n Antrag ~** →Antrag 4.; **e-e →Gesetzesvorlage ~; Kapital in e-e Firma ~** to contribute to the (equity) capital of a firm; to bring capital into a firm; **hohe Zinsen ~** to yield high interest; **diese Wohnung bringt e-e hohe Miete ein** this *Br* flat (*Am* apartment) commands a high rent

eingebracht, ~es Gut (der Ehefrau) assets brought in (by the wife); **in e-e Firma ~es Kapital** capital brought into a firm; capital contributed to a firm; **~e Sachen**[56] objects deposited (bei with); **→Entfernung ~er Sachen**

Einbringung, ~ von Abfallstoffen ins offene Meer ocean dumping *(→Meeresverschmutzung)*; **~ e-s Gesetzesentwurfs** introduction of a bill; **~ von Kapital in e-e Gesellschaft** capital contribution; contribution of (equity) capital to a company; investment of capital in a company; **~ von Sachen bei Gastwirten**[57] deposit of things with the innkeeper

Einbruch 1. *(Einbrechen)* breaking and entering (with felonious intent); housebreaking; burglary; **Laden~** shop breaking; **~sdiebstahl** theft by means of housebreaking (or by breaking and entering); burglary; **~sdiebstahlversicherung** burglary and housebreaking insurance; **e~ssicher** burglar-proof; **~sversuch** attempted burglary; **~swerkzeug** burglary tool

Einbruch 2. *(starker Rückgang)* break, sharp drop, slump; **Kurs~** →Kurs 3.

einbürgern to naturalize; **sich ~ lassen** →eingebürgert werden werden

eingebürgert, **~er Amerikaner** naturalized American citizen; **~er Ausländer** naturalized foreigner; **~er britischer Staatsbürger** naturalized British subject; **~ werden** to become naturalized; *Am* to be admitted to citizenship by naturalization

Einbürgerung naturalization; **Staatsangehörigkeit durch ~** citizenship by naturalization; **~ von Ausländern**[58] naturalization of aliens; **~ Staatenloser**[59] naturalization of stateless persons

Einbürgerungs~, **~antrag** application (or petition) for naturalization; **~fähigkeit** eligibility for naturalization; **~urkunde** certificate of naturalization; **~verfahren** naturalization proceedings; **~voraussetzungen** qualifications (required) for naturalization

Einbuße loss, damage, forfeiture; →**Ertrags~**; **~ an Kunden** loss of customers; **e-e starke ~ erleiden** to suffer a heavy loss

einbüßen to lose, to suffer a loss, to forfeit; **an Ansehen ~** to suffer loss of one's reputation, to lose one's reputation, to have one's reputation impaired; **e-e Kaution ~** to forfeit a security (or bond); **Vermögen ~** to suffer a loss of property, to have one's property (or wealth) diminished

eindämmen *fig* to check, to restrain, to curb; to contain; **die Arbeitslosigkeit ~** to hold down unemployment; **die Hochkonjunktur ~** to curb the boom; **die Produktion ~** to contain production

Eindämmung *fig* checking, curbing, restraint (on); containment; **~ der Inlandsnachfrage** curbing domestic demand; **~ der Produktion** containment (or control) of production; **~ der Umweltverschmutzung** pollution control; reduction of pollution and nuisance

eindecken, **sich ~** to cover one's requirements; to lay (or take) in a stock; *(Börsevon Baissespekulanten)* to buy back, to cover

eingedeckt, **übermäßig mit Waren ~** overstocked with goods; **mit Wertpapieren (gut) ~ sein** to have sufficient securities; *(für e-e Kurssteigerung)* to be long of the market

Eindeckung covering one's requirements; laying in a store (or stores); *(Börse)* buying back, covering (the short position)

eindeutig unequivocal, equal; **~er Beweis** clear evidence

Eindringen, **gewaltsames ~** forced entry

eindringen to enter by force; to penetrate (in into); *(Flüssigkeit)* to soak in, to seep (into); **in den Markt ~** penetrate the market

Eindruck impression; **äußerer ~** appearance; **e-n falschen ~ hervorrufen** to create a false impression

einfach single; simple; **~e** →**Buchführung**; **~e** →**Fahrkarte**; **~es Inkasso** clear collection; **~e** →**Lizenz**; **mit ~er Mehrheit** by a simple majority (of the votes cast) *(→Stimmenmehrheit)*; **~es Mittel**[60] arithmetical average

Einfahren[61] *(in Straße)* driving into (or entering) the road; *(in ein Bergwerk)* descent

Einfahrt *(in ein Grundstück)* entrance, drive(-)way (from a road to a garage); *(Autobahn)* entry; **~ in den Hafen** entrance in(to) the harbour; **keine ~ (od. ~ verboten)** no entrance; no entry

Einfall, **feindlicher ~** incursion, invasion

einfallen, **in ein Land ~** to invade a country; to enter a country with armed forces

Einfamilienhaus one-family house (or residence)

einfliegen, **in das** →**Hoheitsgebiet ~**

Einflug entry (or entrance) by air; **unerlaubter ~ in den Luftraum von ...** unauthorized entry into the airspace of ...

Einfluss influence (auf [up]on); leverage; *(Macht)* power, control hold (auf over); →**entscheidender ~**; **Umstände, auf die jd keinen ~ hat** circumstances beyond sb.'s control; **~bereich (od. ~gebiet)** sphere of influence; **staatliche ~nahme** government intervention; **(Versuch der) ~nahme auf Abgeordnete** lobbying

einflussreich influential; **~es Amt** position (or post) of authority; **~e Personen** persons of consequence; **~er Politiker** influential politician; **~e Stellung** position of influence

Einfluss, **~ ausüben** to exercise influence (auf on); **seinen ~ geltend machen** to use (or exert) one's influence (bei with); **~ gewinnen** to gain influence; **~ haben** to have (or yield) influence; to be influential (bei with); to carry weight; to control

einfordern to call in; **e-n Betrag ~** to call in an amount; to demand (or exact) payment of an amount; **Steuern ~** to assess (or collect) taxes

eingefordert, **nicht ~e Dividende** unclaimed dividend; **die ~e** →**Einlage nicht rechtzeitig einzahlen** *Einlage 2.*; *(von der Gesellschaft)* **noch nicht ~es (Aktien-)Kapital** uncalled capital

Einforderung calling in

einfried(ig)en *(Land)* to enclose (with a fence or other protection); to fence (in)

Einfried(ig)ung enclosure, fencing

Einfrieren der Preise freezing of prices

einfrieren (lassen) to freeze

eingefrorene Guthaben frozen assets

einfügen to insert, to incorporate; **sich ~** to adapt oneself (in to); **e-e Klausel in e-n Vertrag ~** to insert (or incorporate) a clause into a contract

Einfügung insertion

Einfuhr import, importation; entry; →**Erleichterung der ~ von Warenmustern und Werbematerial**; **genehmigungsbedürftige ~**[63] import subject to licensing; **genehmigungsfreie ~**[64] import not subject to licensing; →**sichtbare ~**; →**unsichtbare ~**; **vorübergehende ~** *(ohne Entrichtung von Zöllen)* temporary importation *(→Zollabkommen über die vorübergehende Einfuhr)*; **zollfreie ~** duty-free importation; **~ und Ausfuhr** *(e-s Landes)* imports and exports; **~ von Gegenständen erzieherischen, wissenschaftlichen oder kulturellen Charakters**[62] importation of educational, scientific, or cultural materials

Einfuhr, die ~ erleichtern to facilitate (or ease) imports; **die ~ erhöhen** to increase imports; **die ~ erschweren** to make imports more difficult; **die ~ ist gestiegen** imports have increased; **die ~ stieg um ...** imports rose (or went up) by ... per cent; **die ~ ging zurück um ...** imports declined by ... per cent; **zur ~ zollfrei zulassen** to grant duty-free importation

Einfuhr~, **~abfertigung** *(durch Zollstelle)* customs clearance of imports; import clearance; clearance inwards; **~abgaben** import duties; **~abhängigkeit** dependence on imports; **~anmeldung** import declaration; **~bedarf** import needs (or requirements); **~behandlung** *(Zoll)* clearance on importation; **Internationale ~bescheinigung**[65] International Import Certificate

Einfuhrbeschränkung import restriction; **mengenmäßige ~en** quantitative restrictions on importation; **~en aufheben** to lift import restrictions; **~en lockern (verschärfen)** to relax (strengthen) import restrictions

Einfuhr~, **~erklärung** *(für genehmigungsfreie Einfuhren)* import declaration; **~erleichterungen** facilitation of imports; **~finanzierung** import financing; **die ~förmlichkeiten erfüllen** to comply with import formalities

Einfuhrgenehmigung *(für genehmigungsbedürftige Einfuhren)*[66] import licen|ce (~se) (or authorization); **Erteilung der ~** issue of the import licence

Einfuhr~, **~güter** import(ed) goods; imports; **~hafen** port of importation; **~handel** import trade; **~händler** importer; **~hemmnisse** import barriers; **~kartell**[67] agreement which serves to protect or to promote imports; **~kontingent** import quota; **~land** importing country; country of importation; **~liste**[68] *(Liste von Waren, deren Einfuhr genehmigungsfrei ist)* import list

Einfuhrlizenz, **Erteilung e-r ~** issue of an import certificate (or licen|ce [~se]); **e-r ~ unterworfene Erzeugnisse** products subject to an import licence

Einfuhr~, **~menge** import volume; **~papiere** import documents; **~preis** import price (without duties and other charges); entry price; **~regelung** import regulation; **~rückgang** decline (or decrease) in imports; **~schranken** barriers to importation; **~sog** pull of imports; **~sperre** embargo on imports; **~statistik** statistics on imports; **~steigerung** rise (or increase) of (or in) imports; upturn in imports

Einfuhr- und Vorratsstellen (EVSt)[69] Import and Storage Agencies

Einfuhr~, **~subvention** import subsidy; **~überschuss** import surplus; surplus of imports over exports; imports in excess to exports; **~überwachung** surveillance of imports

Einfuhrumsatzsteuer turnover tax on imports, import turnover tax; **e~pflichtig** subject to turnover tax on imports

Einfuhr~, **~verbot** import prohibition; prohibition on importation; ban on imports; **~verfahren**[70] import procedure; **steuerliche ~vergünstigung** fiscal import privilege; tax incentive for import; **~waren** import commodities (or articles); imports; import(ed) goods

Einfuhrzoll import duty, customs duty on importation (of); **e~pflichtig** subject (or liable) to import duty

einführen 1. *(importieren)* to import; **unbehindert ~** to import freely; **vorübergehend ~** to import temporarily; **wieder~** to reimport

eingeführt, **zum vorübergehenden Aufenthalt ~e Fahrzeuge** temporarily imported vehicles

einführen 2. *(Personen, Maßnahmen, neue Ware, neue Ideen etc)* to introduce; to initiate; **jdn in ein →Amt ~**; **jdn in e-e Arbeit ~** to familiarize sb. with a (new) job; to introduce sb. to a (new) job; **Effekten an der Börse ~** to introduce (or list) securities on the stock exchange; to have shares (or stock) admitted for quotation; **e-n Brauch ~** to institute a custom; **e-e Verbesserung ~** to introduce an improvement;

Waren auf dem Markt (neu) ~ to introduce goods on the market

einführende Worte introductory words (or remarks)

eingeführt, **gut ~e Firma** well-established firm

Einführer importer

Einführung introduction; establishment; initiation; **~ in ein Amt** →Amtseinführung; **~ von Effekten an der Börse** introduction (or listing) of securities on the stock exchange; **~ e-r Reform** initiation of a reform; **~ e-r neuen Steuer** introduction of a new tax

Einführungs~, **~angebot** introductory offer; **~brief** letter of introduction; **~gesetz zum →Bürgerlichen Gesetzbuch**; **~kurs** issue price; **~preis** initial (or introductory) price; offering price; **~programm für Mitarbeiter** trainee program(me); **~prospekt** *(Börse)* (listing) prospectus; **~werbung** initial (or introductory) advertising

Eingabe 1. petition, application, request; memorial; **e-e ~ machen (bei)** to make a petition (to), to file a petition (with)
Eingabe 2. *(Computer)* input; **~datei** input file; **~daten** input data; **~gerät** input device; **~zeit** data entry time

Eingang *(Einlaufen, Ankunft)* coming in; arrival, receipt; *(Zutritt)* entry, entrance; →**Auftrags~**; →**Post~**; →**Waren~**; **nach ~** on *(Am auch* upon) receipt; when paid; when cashed; **nach ~ Ihrer Bestellung** on receipt of your order

Eingänge *(Waren)* arrivals, goods received; receipts; *(Geld)* incomings, receipts; *(Anträge usw.)* filings; **~ und Ausgänge** *(Geld)* incomings and outgoings; *(vom Lager)* receipts and issues

Eingang, **~ der Akkreditivbestätigung** receipt of the confirmation of a credit; **~ e-s Auftrags** receipt of an order; **~ des Berichtes** receipt (or arrival) of the report; **~ von Post** arrival of mail; **~ vorbehalten** *(bei Annahme e-s Schecks)* due payment reserved; under the usual reserve; subject to collection

Eingangs~, **~abgaben**[71] import duties (or charges); **~anzeige** notice of arrival (or receipt); **~bestätigung** acknowledgment (or confirmation) of receipt; **~buch** book of arrivals; **~datum** date of receipt; **mit dem ~datum versehen** to stamp with the date of receipt; **~fracht** →Fracht; **~kontrolle** inspection of incoming goods; **~korb** in-tray, in- basket; **~nummer** receipt number; **~ort** *(für Ware im Durchfuhrverkehr)* place (or point) of entry; **~prüfung** *(PatR)* examination on filing; **~stelle** Receiving Section; **~stempel** receipt stamp; *Am (mit Datum und Uhrzeit)* clock stamp; **~vermerk** notice of receipt; **~zoll** duty of entry; **~zollstelle** entry customs office

Eingang, **den ~ des Schreibens bestätigen** to acknowledge receipt of the letter

eingedenk conscious (of); **~ dessen (dass)** recalling (that)

eingeben *(EDV)* to input

eingehen 1. *(eintreffen)* to arrive, to come in; *(Aufträge)* to come to hand; to be received; **mehrere Bestellungen gingen ein** several orders arrived; **das Geld ging nur langsam ein** the money came in but slowly

eingegangen, **~e Aufträge** orders received; **~e Verpflichtungen** liabilities incurred; **Ihr Scheck ist bei uns ~** your cheque (check) has been received

eingehen 2. ~ auf *(einwilligen)* to agree to, to yield to; to accept; *(in Erwägung ziehen)* to entertain, to consider; *(Bezug nehmen)* to enter (or go) into; **auf Bedingungen ~** to accept (or agree to, yield to) conditions; **auf e-e Frage ~** to go into (or consider) a question; **näher auf e-e Frage ~** to go thoroughly into a question
eingehen 3. ein Risiko ~ to incur (or run, take, undertake) a risk; **e-e Verpflichtung (od. Verbindlichkeit) ~** to incur a liability; to enter into an obligation (or engagement); to assume an obligation
eingehen 4. *(aufhören zu bestehen)* to cease to exist; to be closed down

eingegangen, **die Firma ist ~** the firm ceased to exist; **die Zeitung ist ~** the newspaper ceased publication (or folded)

eingehen 5. *(schrumpfen)* to shrink

eingehend 1. *(hereinkommend)* arriving, incoming, coming in; **~e Post** incoming mail; **~e Waren** incoming goods; **~e Zahlungen** incoming payments, receipts
eingehend 2. *(ausführlich)* detailed, thorough(ly); **~e Begründung** full reasons; **~er Bericht** detailed (or comprehensive) report; **~e Untersuchung** close investigation; **~ begründen** to give full reasons (for); **~ beschreiben** to give a full (or detailed) description (of)

Eingehung, **bei ~ der →Ehe**; **~ e-s Vergleichs** entering into an arrangement; **~ e-r Verpflichtung** incurring an obligation

eingemeinden to incorporate (or include) within (the boundaries of) a municipality (or town)

Eingemeindung incorporation (or inclusion) within (the boundaries of) a municipality (or town)

„Eingesandt" *(an Zeitung)* letter to the editor

eingeschränktes Akzept qualified acceptance

eingesessen, alt~e Firma old-established firm

eingestehen to admit, *(zugeben)* to acknowledge; *(Strafprozess)* to confess *(→Geständnis)*

eingetragen →eintragen

eingetreten →eintreten

eingeweihte Kreise →einweihen

eingliedern to integrate (in into); *(Gebiet)* to incorporate; *(in Klassen)* to classify; **Behinderte in den Arbeitsprozess wieder ~** to rehabilitate handicapped persons (or the disabled) *(→Eingliederungshilfe)*

eingegliederte Gesellschaft[72] integrated company

Eingliederung integration (in into); incorporation; *(von Behinderten auch)* rehabilitation, resettlement; **berufliche und gesellschaftliche ~ Behinderter**[73] vocational and social integration (or rehabilitation) of handicapped persons (or the disabled); **~ der ausländischen Arbeitnehmer** integration of foreign workers; **~ fremden Staatsgebiets** incorporation of foreign territory; **~ e-r Gesellschaft in e-e andere Aktiengesellschaft**[74] integration of a company into another →Aktiengesellschaft; **~shilfe für Behinderte**[75] rehabilitation aid for handicapped persons (or for the disabled); **die ~ ausländischer Arbeitnehmer im Betrieb fördern**[76] to promote the integration of foreign workers in the firm; **die ~ →Schwerbeschädigter fördern**

Eingreifen intervention; interference; action; **staatliches ~ (od. ~ des Staates)** government(-al) (or state) intervention; state action; **sofortiges ~ ist erforderlich** immediate action is required

eingreifen *(sich einmischen)* to intervene in, to interfere with; to take action; *(übergreifen)* to encroach upon; **in den →Gang der Rechtspflege ~**; **in jds Rechte ~** to encroach upon sb.'s rights; *(Besitz stören)* to trespass; **in die Verhandlungen ~** to intervene in (or interfere with) the negotiations

Eingriff *(Einmischung)* intervention (in); interference (with); action; *(Übergriff)* encroachment (upon); **staatlicher ~** *(in das Wirtschaftsleben)* government intervention (or interference); **~ in jds Rechte** encroachment on sb.'s rights; **~ in vertragliche Rechte** interference with contractual relations

Eingriffsbefugnis power of intervention

eingruppieren to group, to classify

Eingruppierung grouping, classification; **~ e-s Arbeitnehmers** *(Einstufung)* grading of an employee

Einhalt gebieten to stem, to check, to stop

einhalten *(befolgen)* to observe, to keep, to adhere to, to comply with, to abide by; **e-e Abmachung nicht ~** to fail to adhere to an agreement; to break an agreement; **die Bedingungen ~** to comply with (or observe) the conditions; **die Frist ~** to observe (or comply with) the time limit (or the time agreed upon); to meet the deadline; **die Frist nicht ~** to exceed the time limit; **ein Versprechen ~** to keep (or observe, adhere to) a promise; **e-n Vertrag ~** to observe (or keep, adhere to, comply with) (the terms of) a contract (or *[VölkerR]* treaty); **e-n Vertrag nicht ~** to dishono(u)r a contract; **Zahlungen ~** to keep up payments, to be punctual in one's payments

eingehalten, nicht ~es Versprechen unkept promise

Einhaltung *(Befolgung)* observance, keeping, adherence to, compliance with; **~ e-s Abkommens** *(VölkerR)* adherence to an agreement (or a convention); **~ e-r →Frist**; **~ des Preises** maintaining the price; price maintenance; **~ e-s Termins** observance of the (stipulated) date; **~ e-s Vertrages** adherence to (or observance of, compliance with) (the terms of) a contract (or *[VölkerR]* treaty)

einheben, Steuern ~ to collect (or levy) taxes

einheimisch home, domestic, inland; *(ortsansässig)* local; *(eingeboren)* native, indigenous; **~e Arbeitskräfte** local labo(u)r; **~e Bevölkerung** native (or indigenous) population; **~e Erzeugnisse** domestic products; inland manufacture; *Br* home(-grown) produce; **~e Industrie** domestic industry; *Br* home industry; **~e Produktion** domestic production; **~e Waren** inland commodities; domestic goods

Einheimische natives; *(Ortsansässige)* locals

einheiraten, in ein Geschäft ~ to marry into a business (or firm)

Einheit unit; *(Einigkeit, Einheitlichkeit)* unity; **Kosten pro ~** unit cost; **Preis pro ~** price per unit; **nationale ~** national unity; **wirtschaftliche ~** economic unit; **~ Deutschlands** unity of the two Germanies *(→Wiedervereinigung)*; **~ der europäischen Patentanmeldung**[77] unity of the European patent application

Einheits, ~- standard, flat; **~bestrebungen** *pol* tendencies towards unification; **~formular** standard form; **~gebühr** flat rate; **~gründung** *(AktienR)* single-step formation of a company *(Ggs. Stufengründung)*; **~kaufrecht** →Haager Kaufrechtsübereinkommen; **~kurs** *(Börse)* standard (or middle) price; **~liste** *pol* single list; **~mietvertrag** standard (form) lease; **~papier** *(EU) (Zoll) (einheitl. EG-Warenbegleitpapier)* Single Administrative Document (SAD); **~police** standard policy; **~preis** uniform (or standard) price; **~rente** flat pension; **~satz** standard rate; **~staat** centralized state; **~tarif** uniform (or flat) tariff; **~versicherung** omnium policy; **~vertrag** standard-type contract; *(für Steuerzwecke festgelegter)* **~vordruck** standard form; **~wert**[78] assessed value (for tax purposes); standard value (assessed for taxation); *Br* rateable value; **~wertermittlung** determination of the assessed value

einheitlich uniform; standard; *(Kurse, Preise)* regular; **nicht ~** *(Börse)* irregular; **~e Begriffe** uniform terms

Einheitliche Europäische Akte[78a] *(EU)* Single European Act (SEA), Single Act
Die Einheitliche Europäische Akte setzt der Gemeinschaft neue Ziele, insbesondere die Verwirklichung des Binnenmarktes bis Ende 1992 (bzw. bis 1993) und die Stärkung des wirtschaftlichen und sozialen Zusammenhalts.
The Single European Act sets new objectives for the Community, notably the completion of the internal market by the end of 1992 (resp. by 1993) and the strengthening of economic and social cohesion.

Einheitliches Gesetz Uniform Law; **~ über den Abschluss von internationalen Kaufverträgen über bewegliche Sachen** (EAG) Uniform Law on the Formation of Contracts for the International Sale of Goods; **~ über den internationalen Kauf beweglicher Sachen** (EKG) Uniform Law on the International Sale of Goods *(→Haager Kaufrechtsübereinkommen)*; **ein ~ in das Recht e-s Vertragsstaates aufnehmen** to incorporate a Uniform Law into a contracting state's own legislation

einheitliche internationale Regeln *(z. B. Incoterms)* uniform international rules

Einheitliches Kaufrecht uniform law on sale of goods *(→Haager Kaufrechtsübereinkommen, →UN-Kaufrechtsübereinkommen)*

einheitlich, *(für mehrere Staaten gemeinsam erteilte)* **~e Patente**[79] unitary patents (granted jointly in respect of several states); **~es Patenterteilungsverfahren** single procedure for the grant of patents; **~e Politik** *(z. B. der EU)* coordinated policy; **E~e Rechtsprechung** uniform application of the law; **E~e Richtlinien und Gebräuche für Dokumenten-Akkreditive** (ERA)[80] Uniform Customs and Practices for Documentary Credits (UCP); **E~e Richtlinien für →Inkassi**; **~er Satz** flat rate, standard rate

Einheitlichkeit uniformity; **~ der Erfindung** *(PatR)*[82] unity of invention; **~ der Rechtsanwendung** uniformity in the application of law, uniform application of law; **~ der Rechtsprechung** consistency of case law; **~ der →Verkehrsregeln in Europa**

einholen *(beschaffen)* to obtain, to get, to procure; *(erbitten)* to request, to ask for, to seek, to solicit; *(jdn od. e-n Vorsprung)* to catch up with; *(kaufen)* to buy; *(Flagge)* to haul down, to lower; **das →Akzept e-s Wechsels ~**; **→Angebote ~**; **Anweisungen ~** to ask for (or request) instructions; **Auskunft ~** to seek (or gather, collect) information; to make inquiries (über e-e Firma about a firm); **ein →Gutachten ~**; **Informationen ~** to collect information; **über jdn →Referenzen ~**

eingeholt, die Genehmigung kann nicht ~ werden *(z. B. aus Zeitgründen)* the permission (or consent) is unobtainable

Einholung, ~ von Aufträgen solicitation of orders; **~ weiterer Auskünfte** collection of (or request for) additional information; **~ e-s Gutachtens** request for an opinion

einig, (sich) über den Preis ~ sein to agree (up)on the price; **(sich) nicht ~ sein** to disagree, to dissent, to differ in opinion; **(sich) ~ werden** (über) to come to terms (about); to agree (on); **man war sich allgemein darüber ~** it was generally agreed

einigen, sich ~ to agree, to reach an agreement (über upon); to settle (auf for); to come to terms; to come to an understanding; **sich gütlich ~** to settle a matter amicably; **sich mit seinen Gläubigern ~** to settle (or arrange, compound) with one's creditors *(sich →vergleichen)*; **die Parteien einigten sich** a settlement was reached by the parties; **wenn die Parteien sich nicht ~** in default of agreement between the parties; in the event that the parties shall not agree

Einigung 1. agreement; (mutual) understanding; *(Regelung)* settlement; **→gütliche ~**; **~ mit Gläubigern** arrangement (or settlement, compounding) with one's creditors *(→Vergleich 1)*; **e-e ~ erzielen über** to reach an agreement (or settlement) on; to come to an agreement on; **keine ~ erzielen über** to fail to agree (up)on; to fail to reach agreement on; **zu e-r ~ kommen** →e-e Einigung erzielen; **e-e ~ der Parteien versuchen** *(bei Meinungsverschiedenheiten)* to attempt to reconcile the parties

Einigungsmangel *(beim Vertragsschluss)* lack of agreement *(→Dissens)*; **versteckter ~** hidden lack of agreement

Einigungsstelle *(bei Meinungsverschiedenheiten zwischen Arbeitgeber und Betriebsrat)*[83] conciliation committee (or board); *(bei Wettbewerbsstreitigkeiten)*[84] arbitration body; mediation board (for settling competition disputes); **Spruch der ~** award of the conciliation committee; **die ~**

anrufen to appeal to the conciliation committee

Einigungsverhandlungen settlement negotiations

Einigung 2. *pol* unification; **politische ~ Europas** political unification of Europe; **~sbemühungen** unification efforts; **~sprozess** unification process

Einigungsvertrag[84a] (BR Deutschland/DDR) *(unterzeichnet 31. 8. 1990)* Unification Treaty (FRG/GDR) *(signed 31. 8. 1990)*
Nach Art. 8 des Einigungsvertrags tritt im Gebiet der ehemaligen DDR, also in den 5 neuen →Bundesländern, mit dem Wirksamwerden des Beitritts Bundesrecht in Kraft.
West German Federal Law becomes applicable within the territory of the former German Democratic Republic (Art. 8 of the Treaty).

Einigung 3. *(SachenR) (als Voraussetzung für die →Eigentumsübertragung bei beweglichen Sachen)* (real) agreement; **zum Erwerb des Eigentums an e-m Grundstück sind ~** *(→Auflassung)* **und Eintragung im Grundbuch erforderlich**[85] acquisition of real property requires an agreement and registration (*Am auch* recordation) in the →Grundbuch

einkassieren, den Betrag e-r Rechnung ~ to collect a bill

Einkauf purchase, purchasing, buying; *(das Gekaufte)* buy, acquisition; **Ein- und Verkauf** purchase and sale; **Einkäufe machen (od. tätigen)** *(geschäftl.)* to make (or effect) purchases; *(privat)* to go shopping

Einkaufs~, ~abrechnung *(e-s Kommissionärs)* account purchases (A/P); **~abteilung** purchasing department; **~agent** *(Vertreter ausländischer Firmen im →Einkaufsland)* purchasing agent; resident buyer; **~gemeinschaft** buying group (or combine); purchasing pool; **~genossenschaft** *(z. B. Edeka)* purchasing cooperative (society) *(Br z. B. Co-operative Wholesale Society)*; **~kartell** purchasing cartel; **~kommission**[86] buying commission; **~kommissionär** buying agent; commission buyer; **~land** country of purchase, selling country *(→Käuferland)*; **~leiter** purchasing manager; **~politik** purchasing policy

Einkaufspreis cost price, cost; purchase price; **Brutto~** invoiced price; **Netto~** net purchase price; **unter ~** below cost

Einkaufs~, ~provision buying commission; **~vereinigung** →Einkaufsgemeinschaft; **~vertreter** buying agent; **~zentrum** shopping centre (center)

einkaufen to buy (bei from); to purchase; *(auf dem Markt)* to market; **im großen ~** to buy wholesale; **~ gehen** to go shopping; **sich in ein Heim ~** to buy a place in a home; **sich in e-e Lebensversicherung ~** to take out life insurance; to purchase a life insurance policy

Einkäufer buyer; purchaser; *(e-r größeren Firma)* purchasing agent; **ortsansässiger (ständiger) ~** resident buyer

einklagbar actionable; recoverable at law; *Am* suable; enforceable (by action [at law]); **~er Anspruch** cause of action; **~e Forderung** actionable (or enforceable) claim; debt recoverable at law; chose in action; **der Vertrag ist (nicht) ~** the contract is (un)enforceable

einklagen, Euro 100.- ~ to sue (sb.) for Euro 100; **e-n Anspruch (od. e-e Forderung) ~** to sue for a debt; to prosecute a claim; to bring an action for (the recovery of) a debt; to enforce a claim (by legal action); **Zahlung e-s Wechsels ~** to sue on a bill (of exchange)

eingeklagt, ~er Betrag amount sued for; **~e Forderung** claim sued on; claim which is the subject of litigation

Einklagung e-r Forderung action on a debt

Einklang, in ~ mit in harmony (or line) with; **~ in internationalen Angelegenheiten** harmony in international affairs; **in ~ bringen** to bring into line; to reconcile; to harmonize; **in ~ stehen mit** to be consistent with

Einklarierung *(zollamtl. Abfertigung e-s einlaufenden Schiffes)* clearance inwards *(Ggs. Ausklarierung)*

einkommen *(von Geldern)* to come in, to be paid; **um etw. ~** to make an application (or to apply, to petition) for

Einkommen income, earnings; *(des Staates)* revenue *(→Einkünfte)*; →**Arbeits~**; →**Brutto~**; →**Durchschnitts~**; →**Gesamt~**; →**Jahres~**; →**Kapital~**; →**Monats~**; →**Netto~**; →**Privat~**; →**Unternehmer~**; →**Volks~**

Einkommen, festes ~ regular (or fixed, settled) income; **frei verfügbares ~** discretionary (or disposable) income; **geringes ~** small income; **hohes ~** large income; **jährliches ~** annual income; **mittleres ~** medium income; **niedriges ~** low income; **steuerfreies ~** tax-free income; income exempt from taxes; **steuerpflichtiges ~** taxable (or assessable) income; **verfügbares ~** *(nach Abzügen)* disposable income; **zusätzliches ~** additional income

Einkommen, ~ vor Abzug der Steuern pretax income; **~ aus Anlagevermögen** income from investments; **~ aus Arbeit** earned income; **~aus freiberuflicher Tätigkeit** income from self-employment; **~ aus selbständiger Arbeit** *(DBA)* income from self-employment; **~ aus unselbständiger Arbeit** *(DBA)* income from employment; **~ aus**

Grundbesitz property income; **~ pro Kopf der Bevölkerung** per capita income; **~ aus Pension** pension income, income from pension; **~ nach Steuerzahlung** after-tax income; **~ aus Unternehmertätigkeit** *(DBA)* income from entrepreneurial activity; **~ aus Vermögen** unearned income; property income; **~ aus Vermögensanlagen** income from investments; **~ aus unbeweglichem Vermögen** income from immovable property; *Br (auch)* income from land

Einkommen, sein ~ angeben *(SteuerR)* to make a return of one's income; to report the income; *Br* to declare one's income; **mit seinem ~ auskommen** to live within one's income; to make ends meet; **ein ~ beziehen** to draw an income; to obtain (or receive, derive) an income; **das ~ wird im Ausland bezogen** the income is collected abroad; **das ~ ermitteln** to determine the income; **ein hohes ~ zu versteuern haben** to have a high taxable income; to be in a high income bracket

Einkommens~, ~aufstellung statement of income; **~ausfall** loss of income; **~ausgleich** equalization of incomes; **~beihilfen für →Landwirte**; **~bezieher** recipient of income; income earner; **e~bezogen** income-related; **~disparität** disparity of income; **~einbuße** loss in earnings; **~elastizität der Nachfrage** income elasticity of demand; **~erhöhung** rise (or increase) in income; **~ermittlung** determination of (taxable) income; **~garantie** income guarantee; **~grenze** income limit; **~gruppe** income bracket, income group (or class); **~höhe** income level; **~indexierung** indexation of income; **~politik** incomes policy; **~quelle** source of income; **~rückgang** drop in earnings; **untere ~schichten** lower income brackets; **e~schwache Länder** low income countries; **~sicherung** income maintenance

Einkommensteuer income tax; **~bescheid** income tax assessment notice; **~erklärung** income tax return; **seine ~erklärung abgeben** to file one's income tax return; to declare one's income; **e~frei** exempt from income tax; **~gesetz** (EStG)[87] Income Tax Act; *Am* Tax Reform Act of 1986; **~höchstsatz** top income tax rate; **~jahr** income tax year; taxable year; *Br* financial year; **e~pflichtig** liable to (pay) income tax; *Br* chargeable to income tax; *Am* subject to income tax; **~recht** (der BRD) (German) Individual Income Tax Law; **e~rechtliche Vorschriften**[87] income tax law provisions; **~-Richtlinien** (EStR)[87] income tax regulations; **~satz** rate of income tax; **~tabelle** income tax schedule; **~tarif** income tax scale; **~veranlagung** income tax assessment; **~vorauszahlung** advance payment of income tax; income tax prepayment; **der ~ unterliegen** to be subject to income tax

Einkommens~, ~streuung distribution of income; **~stufe** income level, income bracket; **steuerpflichtige ~teile** *(DBA)* taxable items of income; **~übertragung** transfer of income; **~umschichtung** income shift; **~unterschiede** differences (or disparities) in income; **~veränderung** variation of income; **~verlust** income loss; **~verteilung** distribution of income(s), income distribution; *(zwischen Bund und Ländern)* revenue sharing; **~verwendung** appropriation of income

Einkreisungspolitik policy of encirclement

Einkünfte income; revenue; *(Arbeitslohn)* earnings; *(aus e-m Amt)* emoluments; **ausländische ~** income from foreign sources; **außerordentliche ~**[89] (z. B. Nebeneinkünfte aus wissenschaftl. Tätigkeit) extraordinary income (e. g. emoluments from academic activities); **sonstige ~**[88] other items of income; **~ aus e-m freien Beruf** *(DBA)* income (or earnings) from a profession; **~ aus Gewerbebetrieb**[88] income from trade or business; **~ der öffentlichen Hand** public revenue; **~ aus Kapitalvermögen**[88] income from investments; unearned income; investment income; **~ aus land- und forstwirtschaftlichen Betrieben**[88] income from agriculture or forestry; **~ aus nichtselbständiger Arbeit**[88] income from employment (salaries and wages); **~ aus selbständiger Arbeit**[89] income from self-employment; **~ aus Spekulationsgeschäften**[90] income from speculative transactions; **~ aus Vermietung und Verpachtung**[88] income from rent; rental income; **~ aus unbeweglichem Vermögen und Bodenschätzen** *Br (DBA)* income from land and mineral resources; *Am bes.* income from real property and natural resources; **~ e-s Unternehmens** income of a business (or an enterprise); **~ aus wiederkehrenden Bezügen** income of a recurrent nature

Einkünfte, ~ beziehen to draw an income; to derive income (or revenue); **~ erzielen** to realize an income

Einkunfts~, ~abgrenzung *(Außensteuerrecht)* income allocation; **~arten**[88] types (or categories) of income; **~betrag** amount of income

Ein- und Ausladen von Gütern loading and unloading of goods; charging and discharging of goods

einladen to invite; *(Güter)* to load, to ship, to take on board

Einladung *(Güter)* shipment; **auf ~ von** at the invitation of; **e-e ~ absagen** to decline (or refuse) an invitation; **e-e ~ erhalten** to get (or receive) an invitation

Einlage 1. *(Bankeinlage)* deposit, money deposited (bei with); →**Auslands~**; →**Bar~**; →**Kontokorrent~**; →**Sicht~**; →**Spar~**; →**Termin~**; **befristete ~n** →Termineinlagen →Kündigungsgelder; **feste ~n** fixed deposits; **inländische private und öffentliche ~n** domestic private and public deposits; **kurzfristige ~n** deposits at short notice, short term deposits *(→Sichteinlage)*; **langfristige ~n** deposits at long notice, long term deposits *(→Termineinlage)*; **~n oder Abhebungen vom Girokonto** deposits or withdrawals from a current account

Einlagen~, **~bestand** total deposits; **~geschäft** *(e-r Bank)* deposit business, deposit banking; **~sicherung** guarantee of deposit; **~sicherungsfonds** deposit guarantee (*Am* guaranty) fund *(set up by the →Bundesverband der Deutschen Banken to safeguard depositors' accounts)*; **~werbung** advertising for deposits; **~zertifikate** certificates of deposit (CDs)

Einlage 2. *(GesellschaftsR)* contribution; contributed capital, capital introduced into a firm; assets brought in; investment, amount invested; **ausstehende ~n** outstanding contributions; **geleistete ~n** paid-in contributions, contributions rendered; **Kapital~n** capital contributions; →**Sach~n**; **~ e-s Gesellschafters** capital contributed (or invested, brought in) by a partner; **~n auf das Grundkapital** *(e-r AG)* contributions to the *Br* share capital, *Am* stated capital; **~n auf das Stammkapital machen**[91] to make contributions to the share capital

Einlage, Höhe der ~ amount of the capital contribution, amount of the investment; **Kommanditisten sind bis zur Höhe ihrer ~ haftbar** limited partners are liable to the extent of their contribution

Einlage, Leistung der ~ rendering (or payment) of the contribution; **Aufforderung zur Leistung der ~n auf gezeichnete Aktien** call (or assessment) on shares; **Befreiung e-s Aktionärs von der Verpflichtung zur Leistung von ~n**[92] discharge of a shareholder from the obligation to make (or pay) contributions

Einlage~, **~kapital** partner's capital (or contribution); paid-in capital; **~konto** deposit account; *(des stillen Gesellschafters)* investment account

Einlage, zur Einzahlung der ~n auf gezeichnete Aktien auffordern to make a call on shares; **die Aktionäre haben die ~n nach Aufforderung durch den Vorstand einzuzahlen**[93] the shareholders have to pay in their contributions upon a call by the →Vorstand; **die eingeforderte ~ nicht rechtzeitig einzahlen**[94] to fail to make timely payment of the contribution called in; **~n leisten** to render (or pay, make) contributions; **die geforderten ~n auf Aktien leisten** to pay a call on shares; **Aktien gegen ~n übernehmen** to subscribe to shares against contributions; **~n an die Aktionäre zurückgewähren**[95] to return (or repay) contributions to the shareholders

Einlage 3. *(Beilage)* insertion; inserts

Einlagerer depositor (of goods in a warehouse)

einlagern to store; *(in ein Lagerhaus)* to warehouse, to store in a warehouse; **unter →Zollverschluss ~**

eingelagert in storage

Einlagerung storage, storing; **~ unter Zollverschluss** warehousing in bond; **Gebühren der ~ unter Zollverschluss** (bonded) warehousing charges; **~skosten** storage (or warehousing) charges; **während der ~szeit** during storage (or warehousing); **für die ~ sorgen** to arrange for the storage; **die Kosten der ~ tragen** to bear storage costs

einlassen 1. sich auf ein Geschäft ~ to engage in a transaction; **sich auf Spekulationen ~** to engage (or get involved) in speculation

einlassen 2. *(Zivilprozess)*; **sich auf die Klage ~** to enter an appearance; *(Strafprozess)* **sich auf die Anklage ~** to plead to the charge; **sich zur Hauptsache ~** to proceed with the trial (on the merits)

Einlassung *Br (Zivilprozess)* filing of an acknowledgement of service; *Am* (entering an) appearance; *(Strafprozess)* defence (denfense); pleading to the charge; **bedingte ~** conditional appearance; **bei nicht erfolgter ~** in case of default (of appearance); **Mitteilung erfolgter ~** notice of appearance; **Versäumnis der ~** default of appearance; failure to enter an appearance; **~sfrist**[96] time for (entering an) appearance; **keine ~ ist erfolgt** no appearance has been entered; **die ~ versäumen** to make default of appearance; to fail to enter an appearance

Einlaufen *(im Hafen)* entry; *(Bestellungen, Post etc)* coming in, arrival; *(Textilien)* shrinkage

einlaufen to come in, to arrive; *(Textilien)* to shrink; **in den Hafen ~** to call at (or enter) the port; **es liefen viele Bestellungen ein** many orders came in

einlegen 1. to file, to lodge; →**Berufung ~**; →**Beschwerde ~**; **ein →Rechtsmittel gegen e-e gerichtliche Entscheidung ~**; **ein →Veto ~**

einlegen 2. to put in; *(Zug etc)* to put on an extra train; *(beifügen)* to enclose; **Geld ~** to deposit money; to invest money; *(als Gesellschafter)* to contribute money

Einleger *(von Geld)* depositor; **~schutz** depositor protection

Einlegung, **~ der Berufung** →Berufungseinlegung; **~ e-s Rechtsmittels** lodging (or filing) of an appeal

Einleiten schädlicher Stoffe ins Meer discharge of noxious substances into the sea

einleiten to open, to commence, to start; to initiate, to institute; *(ins Meer)* to discharge; **ein Verfahren ~** to institute (or open) proceedings (gegen against); to initiate an action; **Verhandlungen ~** to open (or enter into, initiate, start) negotiations

einleitend introductory; preliminary; **~e Erklärung** opening statement; **~e Formel** *(e-r Urkunde)* caption; **~e Worte** introductory (or preliminary) remarks (or words)

Einleitung opening, introduction; initiation; institution; *(Präambel)* preamble; **~ von Maßnahmen** introduction of measures; **~ e-r Untersuchung** institution of an inquiry; **~ e-s Verfahrens** institution of proceedings; starting of proceedings

einliefern to deliver; to hand in; *(Effekten)* to deposit; **jdn in ein Gefängnis ~** to commit sb. to prison; **in ein →Krankenhaus ~**; **jdn in →Untersuchungshaft ~**

Einlieferung delivery; handing in; *(Post)* posting, mailing; **~ in das Gefängnis** commitment to prison, taking to prison (or into custody); **~ von Postsendungen** posting of items; **~sbescheinigung** →Depotschein; **~sschein** *(Post)* (post-office) receipt; posting (*Am* mailing) certificate

einlösbar redeemable; *(Wechsel, Scheck etc)* payable; **nicht ~** irredeemable

einlösen to pay; to redeem; to cash (in); to meet, to hono(u)r; **nicht ~** to dishono(u)r *(s. e-n Wechsel nicht →einlösen)*; **ein Akzept ~** *(WechselR)* to hono(u)r (or meet) an acceptance; **e-e Anleihe ~** to redeem (or retire) a loan; **Obligationen ~** to pay (off) (or redeem) bonds; **ein Pfand ~** to redeem a pledge, to take out a pawn; **e-n Scheck ~** to pay (or hono[u]r) a cheque (check); *(zur Zahlung vorlegen)* to cash (or *Br* encash) a cheque (check); **e-n Scheck nicht ~** to dishono(u)r a cheque (check); **e-n Wechsel (e-e Tratte) ~** to hono(u)r (or pay, meet) a bill (a draft); to cash a bill; **e-n Wechsel nicht ~** to dishono(u)r a bill (by non[-] acceptance or non[-]payment)

eingelöst, **~er Scheck** hono(u)red cheque (check); **nicht ~er Scheck** unpaid (or dishono[u]red) cheque (check); *coloq.* bounced cheque (check); **e-n Scheck bei e-r Bank ~ bekommen** to get a cheque (check) cashed at (or by) a bank; **nicht ~er Wechsel** unpaid (or dishono[u]red) bill (of exchange)

Einlösung *(Bezahlung)* payment; cashing; *(Rückzahlung)* redemption; **~ des Akkreditivs durch die Bank** payment of the letter of credit by the bank; **~ von Banknoten** redemption of bank notes (or *Am* bills); **~ von Obligationen** redemption of bonds; **~ e-s Schecks** payment (or cashing) of a cheque (check); **~ e-s Wechsels** payment of a bill

Einlösungs~, **~frist** period of redemption, redemption period; **~kurs** redemption price; **~pflicht** obligation to redeem

Einlösung, **zur ~ von Schuldverschreibungen aufrufen** to call bonds (or debentures); to call for redemption of bonds (or debentures); **Investmentanteile zur ~ zurückgeben** to turn investment shares (or certificates) in for redemption

einlotsen to pilot in

einmal, **auf ~ bezahlen** to pay in a single sum

Einmalbeitrag →Einmalprämie

einmalig single; non(-)recurrent, non(-)recurring; *(einzigartig)* unique; **~e Abfindung** lump-sum payment (or settlement); **~e →Aufwendungen**; **~e Ausgabe** non(-)recurrent expenditure; **~e oder wiederkehrende Beiträge** *(VersR)* single or level premiums; **~e oder laufende Bezüge** one-time or continuing emoluments; **~e →Einnahmen**; **~e →Entschädigung**; **~e Summe** lump sum; **~e Zahlung** single payment, non(-)recurring payment

Einmalprämie *(VersR)* single premium

Einmanngesellschaft *(Gesellschaft, z. B. AG od. GmbH, mit nur einem Gesellschafter)* one-man company; single-member company; corporation sole

Einmann-GmbH one-man limited liability company

einmieten, **sich bei jdm ~** to take lodgings with sb.

Einmischung interference (in); *(VölkerR unzulässige)* Einmischung intervention; **~sklage** →Hauptintervention; **Nicht~spolitik** policy of non(-)intervention

Einmündung *(e-r Straße)* (road) junction; point of entry of a road

Einnahme 1. *(Vereinnahmung)*; **~ des →Augenscheins**; **~ von Geld** receipt of money

Einnahme(n) 2. *(aus eingehenden Geldern)* receipts, takings; *(Verdienst)* earnings; *(Einkommen)* income; *(Erlös)* proceeds; *(des Staates)* revenue

Einnahmen, **→Brutto~**; **→Gesamt~**; **→Ist~**; **→Jahres~**; **→Kommunal~**; **→Mehr~**;

→**Miet~**; →**Minder~**; →**Pacht~**; →**Staats~**; →**Steuer~**; →**Tages~**; →**Zoll~**

Einnahmen, **einmalige ~** extraordinary receipts, non(-)recurrent receipts; income from extraordinary items; **laufende ~** current receipts (or takings); current revenue; **öffentliche ~** (public) revenue(s); **sonstige ~** *(Bilanz)* other receipts; **steuerfreie ~**[97] tax-free receipts; **verschiedene ~** *(Bilanz)* sundry receipts, miscellaneous income

Einnahmen, **~ und Ausgaben** receipts and expenses (or disbursements or *Br* outgoings); **~ und Ausgaben des Bundes** revenue and expenditure of the Federal Government; **Überschuss von ~ über Ausgaben** surplus of revenue over expenditure; **die** →**Ausgaben den ~ anpassen**; **die** →**Ausgaben und ~ decken sich**; **die Ausgaben übersteigen die ~** expenditure exceeds receipts

Einnahmen, **~ des Haushalts** revenue(s) of the budget, budget revenue; **~ aus Kapitalvermögen** income from investment; **~ aus Steuern** revenue from taxes; *Br* Inland Revenue; **~ aus Unternehmertätigkeit** income from entrepreneurial activity; **~ aus Vermietung** income from rent; rental income, rental(s)

Einnahme~, **~anstieg** increase (or rise) in receipts (or income, revenue); **~ausfall** shortfall in (or loss of) receipts (or income); *(des Staates)* loss of revenue; **~posten** sum received; income item; **~quelle** source of income; *(des Staates)* source of revenue; **~rückgang** decrease of receipts; declining receipts (or income, revenue); **~rückstände** receipts in arrears; **~spitze** peak in receipts; **~steigerung** →Einnahmeanstieg

Einnahmeüberschuss surplus in receipts; excess of receipts over expenses; **ein ~ liegt vor** receipts have exceeded expenditure

Einnahme, **gute ~n haben** *(Geschäft)* to show a good profit; *(Person)* to do well in business; *(colloq.)* to make (good) money; **die ~n sind gestiegen (zurückgegangen)** receipts have increased (decreased)

einnehmen 1. *(in Empfang nehmen) (Geld)* to take (or receive); *(Steuern)* to collect; *(verdienen)* to earn, to have an income of; *(Fracht)* to take in, to ship; to take on board

einnehmen 2. *(Stellung innehaben)* to hold a position, to occupy a post, to fill a place; **jds Stelle ~** to take (or succeed to) sb.'s position (or place); to replace sb.

Einnehmer *(Zoll, Steuer)* collector, receiver

Einordnen *(Autoverkehr)* preselection

einordnen *(einreihen)* to arrange in proper order, to rank; *(sortieren)* to sort (out); *(in Akten)* to file; *(in Fächer)* to pigeonhole; *(in bestimmte Gruppe od. Klasse)* to classify; *(in ein übergeordnetes Ganzes)* to integrate, to incorporate; **sich ~** to adjust, to become a part of; to integrate; *(im Autoverkehr)* to get into the proper lane, to get into position (on the left/right side of the road); **sich vor dem überholten Fahrzeug ~** to move into the space in front of the overtaken vehicle

einpacken to pack (up); *(in Papier)* to wrap (up)

Einparteiensystem one-party system

Einpersonen~, **~gesellschaft** single-member company; **~-Haushalt** one-person household

Einphasensteuer single-stage tax

einplanen to include in the plan, to plan; **im Etat ~** to budget

einräumen 1. *(gewähren)* to grant, to allow; *(zugeben)* to admit, to concede; →**Frist** *(für Zahlung)* **~**; **e-n Kredit ~** to grant (or give, allow) a credit; **ein Recht ~** to grant a right; **ein** →**Vorrecht ~**

einräumen 2. to put (furniture) into a room; to move in; *(ordnen)* to put in order

Einräumung granting; concession; **~ von Rechten** granting of rights; **~ von** →**Teilzahlungen**; **~ e-r Wohnung** moving (of furniture) into *Br* a flat *(Am an apartment)*

einrechnen to include (in); *(einkalkulieren)* to take into account, to allow for

eingerechnet included, inclusive; taken into account, allowed for

Einrede plea; defence (defense); objection; *Am* und *Scot* exception; **im Wege der ~** by way of defence (defense) (to an action)

Die Einrede gibt nur ein Leistungsverweigerungsrecht; sie läßt den Anspruch als solchen unberührt *(→Einwendung)*.

The Einrede entitles the person under an obligation to refuse performance; it does not extinguish the claim as such.

Einrede, **aufschiebende ~** s. dilatorische →Einrede; **begründete ~** good defence (defense); **dauernde ~** s. peremptorische →Einrede; **dilatorische ~** *(z. B. Stundung)* dilatory plea (or defence [defense]); **peremptorische ~** *(z. B. Verjährung)* peremptory plea (or defence [defense]); *Am* plea in bar (e. g., statute of limitations); **Gegen~** →Replik; **prozesshindernde ~**[98] legal objection to an action; preliminary objection; *Am* demurrer to action

einredebehaftete Forderung[99] a claim subject to a defence (defense)

Einrede, **~ der Arglist** defence (defense) of fraud; exceptio doli; **~n des** →**Bürgen**; **~ der Dürftigkeit** plea of insufficiency (of the estate); **~ des höheren Befehls** *(VölkerR)* plea of superior orders; **~ des Mehrverkehrs** exceptio plurium; defence (defense) of multiple access (or of several lovers) in paternity actions; **~ des nichterfüllten Vertrages**[100] defence (defense) of lack of performance (or non[-]performance) of the contract; **~ der Rechtskraft** plea of res judicata; **~ der Unzurechnungsfähigkeit** plea of insanity; **~ der Unzuständigkeit** *(des Gerichts)* plea as to jurisdiction; objection to jurisdiction; defence (defense) of lack of jurisdiction; *Am (territoriale Unzuständigkeit)* foreign plea

Einrede der Verjährung[101] plea (or defence [defense]) of the statute of limitations; plea of lapse of time; **die ~ geltend machen** to plead the statute of limitations

Einrede der Vorausklage[102] beneficium excussionis; defence (defense) of lack of (prior) (judicial) prosecution; defence (defense) of failure to pursue remedies *(s. selbstschuldnerische →Bürgschaft)*; **auf die ~ verzichten** to waive the defence (defense) of failure to pursue remedies

Der Bürge kann die Befriedigung des Gläubigers verweigern, solange nicht der Gläubiger eine Zwangsvollstreckung gegen den Hauptschuldner ohne Erfolg versucht hat.

The surety may refuse to satisfy the creditor unless and until the creditor has attempted unsuccessfully to levy execution against the principal debtor.

Einrede der Vorveröffentlichung *(PatR)* plea of prior publication

Einrede, e-e ~ geltend machen (od. vorbringen) to put forward (or set up) a defence (defense); to plead (or raise) a defence (defense); to put in a plea; **e-e ~ zurückweisen** to reject a defence (defense) (or plea); **e-e ~ steht entgegen** there is a defence (defense)

einreichen to hand in, to submit, to present, to lodge, to file (bei with); **zu den →Akten ~**; **ein →Angebot ~**; **e-n Antrag ~** to send in (or lodge, file) an application; **e-n Bericht ~** to present (or submit) a report; **seine →Bewerbung ~**; **→Klage ~**; **Rechnungen ~** to send in accounts; **e-n Scheck zur Bezahlung ~** to present a cheque (check) for payment; **Unterlagen ~** to submit vouchers; **Urkunden bei →Gericht ~**

einreichende Bank remitting bank

Einreichung handing in, submission, presentation, filing; **~ der Anmeldung** *(PatR)* filing of the application; **~ e-r Beschwerde** submission (or filing) of a complaint; **~ der Klage** →Klageeinreichung; **~sdatum** date of filing; **~sfrist** time for filing; *(bei Ausschreibungen)* tendering period

einreihen *(einordnen)* to range; *(nach Klassen)* to classify

Einreihung der Waren in die →Zolltarife

Einreise entry (into a country); **bei der Ein- und Ausreise** when entering and leaving a country; **~beschränkungen** measures restricting entry; **~dokumente** entry documents; **~erlaubnis** entry permit; permission to enter (a country)

Einreisegenehmigung entry clearance, leave to enter; **e-e ~ besitzen** to hold entry clearance

Einreise~, **~sichtvermerk** entry visa; **~verbot** refusal of entry; **~visum** entry visa

ein- und ausreisen to enter and leave a country

Einrichtezeit set-up time

einrichten *(schaffen, eröffnen)* to institute; to set up, to establish; *(installieren)* to install; *(möblieren)* to furnish; *(ausstatten)* to fit up; *(ausrüsten)* to equip; **sich ~** to furnish one's home; **es ~** to arrange (for), to manage; **e-e Dienststelle ~** to establish (or set up) an office

eingerichtet, **~ sein für** to be organized for; **ein mit allem Komfort ~es Hotel** a hotel fitted out with all modern conveniences

Einrichtung 1. *(Schaffung, Eröffnung)* institution, setting up, establishment; **~ e-r Dienststelle** setting up an office; **~ e-s Lehrstuhls** establishment of a chair

Einrichtung 2. *(das Einrichten)* equipment (act of equipping); installation; furnishing; **~ e-s Büros** fitting up an office; **~ e-s Hauses** furnishing a house

Einrichtung 3. *(Ausstattung)* equipment (state of being equipped); furniture; furnishing; *(e-s Geschäfts od. Büros)* fittings; *(wesentlicher Bestandteil)* fixture(s); **→Büro~**; **→Geschäfts~**; **→Laden~**

Einrichtungs~, **~gegenstände** articles of furniture; equipment; fitments; installations; *Br* furniture and fittings; *Br (bewegl. und unbewegl.)* fixtures and fittings; *Am* furniture and fixtures; **~haus** home furnishing store; **~kosten** initial capital expenditure

Einrichtung 4. *(Vorrichtungen)* facilities; installations; **→Hafen~en**; **sanitäre ~en** sanitary installations; **Transport~en** transport facilities

Einrichtung 5. *(Institution)* institution; *(Stelle)* body, agency; **~en wissenschaftlicher oder kultureller Art** institutions of a scientific or cultural nature; **~en für Behinderte** facilities for the disabled; **→feste ~**; **öffentliche ~en** public institutions (or services); **soziale ~en** social services; **ständige ~** permanent body; **wohltätige ~en** charities

Einsatz employment, use; deployment; *(im Spiel od. in Wette eingesetzte Summe)* stake; **Arbeits~** *(e-r Person)* work input; **~ von Arbeitskräften**

deployment (or assignment) of labo(u)r; **~ von Atomwaffen** use of nuclear weapons; **~ von EDV-Anlagen** use of computers; computerization; **ein im ~ befindliches Luftfahrzeug** an aircraft in service; **~besprechung** briefing

einsatzfähig *(Person)* fit for employment; able-bodied; *(Maschinen)* usable; operational; in good working condition; **ganztägig ~e Arbeitskraft** person able to do a full-time job, person capable of full-time work; **voll ~e Arbeitskräfte** able-bodied labo(u)r

Einsatz, im ~ stehen to be on duty; **mit hohem ~ spielen** to play a high stake

einschalten *(Worte etc)* to insert, to put in; *(bes. unberechtigt)* to interpolate; **sich ~** to intervene, *(unberechtigt)* to interfere; **die Arbeitnehmer haben die Gewerkschaft in die Verhandlungen eingeschaltet** the employees involved the trade union in the negotiations

Einschaltquote *(Fernsehen)* share of audience; audience rating (figures), viewing figures

Einschaltung insertion, inserting; interpolation; intervention; **ohne ~** without recourse; **unter ~ von** through (the intervention of)

einschätzen to assess, to appraise, to estimate; *(Wert)* to value, to rate (auf at); **die Verhältnisse falsch ~** to make an erroneous appraisal of the circumstances, to misinterpret the conditions; **zu hoch ~** to overassess; to overvalue, to overrate; to assess at too high a value; **zu niedrig ~** to underassess; to undervalue, to underrate; to assess at too low a value

Einschätzung evaluation; assessment; appraisal, estimation; valuation, rating; **~ der Kreditfähigkeit** credit rating; *(Bankwesen)* status report; **~ des Leistungsgrades** assessment of performance; performance rating

einscheren *(Auto)* to get between (two cars); to slip in

einschicken to send in

einschießen, Geld ~ to put in (or contribute) money

einschiffen, sich ~ to embark, to go on board a ship; to take ship (nach for)

Einschiffung embarking, embarkation; going on board a ship; **~shafen** port of embarkation

einschlagen *(einwickeln)* to wrap; *fig (Erfolg haben)* to be a success; *(Waren)* to sell well; **e-e Laufbahn ~** to enter upon a career; **der neue Mitarbeiter schlug gut ein** the new collaborator (or colleague) was a success

einschlägig pertinent, relevant; **~e Bestimmungen** relevant (or applicable) provisions; **~e Gerichtsentscheidung** relevant judicial decision; **~es Geschäft** specialized (or specialty) shop; shop carrying a specific line of goods; **~e Literatur** pertinent literature; **~e Rechtsprechung** case law (in point); applicable case law; **~er Stand der Technik** *(PatR)* relevant prior art; **er war mit allen ~en Arbeiten beschäftigt** he performed every type of work (occurring in the firm)

einschleppen *(Schiff)* to tow in; *(Krankheit)* to introduce (or import) *(→quarantänepflichtige Krankheit)*

einschleusen *(Schiff)* to lock in; *(Spione)* to infiltrate

Einschleusung von Spionen infiltration of spies

Einschleusungspreis *(EU)* sluice-gate price
Mindestpreis für Schweinefleisch-, Eier- und Geflügelfleischimporte aus Drittländern.
Minimum price for pork, egg, and poultry imports from third countries.

einschließen to lock up; *(einbeziehen)* to include; to comprehend, to comprise; **stillschweigend ~** to imply

einschließend, alles ~ inclusive; blanket; **ein alles ~er Preis** an (all-)inclusive price; *Am* a blanket price; *(im Hotel etc)* inclusive terms

eingeschlossen, Bedienung ~ service included; **stillschweigend mit ~e Bedingung** implied condition; **Rettung ~er Bergleute** rescue of trapped miners

einschließlich inclusive of, including; **~ Bezugsrechte** cum rights; **~ Verpackung** packing included; **~ Zinsen** inclusive of (or including) interest; **bis 1. Mai ~** until and including May 1; (up) to and including May 1; to May 1 inclusive; *Am* through May 1; **von Montag bis Mittwoch ~** from Monday to Wednesday inclusive; *Am* (from) Monday through Wednesday

einschmuggeln, etw. ~ to smuggle sth. in

einschneidende Maßnahmen incisive measures; drastic (or radical) action

einschränken 1. *(beschränken)* to limit, to restrain, to restrict; *(teilweise abändern)* to modify; *(reduzieren)* to cut down, to reduce, to curtail, to retrench, to abridge; **sich ~** to make economies, to cut down expenses; to retrench; **e-n Anspruch ~** *(PatR)* to narrow a claim; **jds Befugnisse ~** to curtail sb.'s authority; **ein Recht ~** to limit (or restrict) a right; **den Verbrauch ~** to reduce consumption; **den Wettbewerb ~** to restrain competition

einschränkend restrictive, limiting; **~e Bedingung** restrictive condition

einschränkende Bestimmung restrictive clause, proviso; **Aufhebung einschränkender Bestimmungen** deregulation

einschränkend, ~es Indossament restrictive indorsement; **~ auslegen** to construe (or interpret) restrictively

einschränken 2. *(Vorbehalt machen)* to qualify; **e-e Erklärung ~** to make a statement subject to reservation; **Vertragsbestimmungen durch e-e Klausel ~** to qualify the terms of a contract by means of a (restrictive) clause

eingeschränkt, ~es Akzept *(Annahme unter Vorbehalt)* qualified acceptance; **~es Indossament** *(Indossament ohne Obligo)* qualified indorsement

Einschränkung 1. *(Beschränkung)* limitation, restraint, restriction; *(Reduzierung)* cutting down, cutback, reduction, retrenchment; **~ der Ausgaben** cutback in (or reducing, cutting down of) expenses; **~ der öffentlichen Ausgaben** public spending curb; **~ von Betrieben oder Betriebsteilen**[103] reduction of operations of establishments or parts thereof; **~ des Energieverbrauchs** cutback in energy consumption, reducing (or cutting down) energy consumption; **~ der Freiheit** restriction (or abridgement, curtailment) of freedom; *(selbstauferlegte)* **~ des Lebensstandards** *(bes. als Kriegsfolge)* austerity; **~ der Sozialhilfe** reduction of (or cutback in) state welfare assistance; **~smaßnahme** austerity measure; **~sprogramm** austerity program(me); **~en auferlegen** to impose restrictions (on)

Einschränkung 2. *(Vorbehalt)* qualification; **mit ~en** in a qualified sense; **ohne jede ~** without any qualification; **e-e Erklärung unter ~en abgeben** to make a statement subject to qualifications, to qualify one's statement; **eine ~ ist jedoch zu machen** one reservation exists, however; subject to one reservation

Einschreibe~, ~brief registered letter; **~gebühr** registration fee; **~sendung** registered item

„Einschreiben" "Registered"; recorded delivery; **als Einschreiben"** by registered post (or mail)

einschreiben *(eintragen)* to enter; *(in ein Register)* to register, to enter in a register; *Am* to record; *(als Mitglied)* to enrol(l); *(Post)* to register; **sich ~** to enter one's name; **sich in e-e Liste ~** to put down (or place) one's name on a list; to put oneself on a list; **e-n Brief ~ (lassen)** to register a letter

eingeschrieben, ~er Brief registered letter; **~es Mitglied e-r Partei** registered member of a party

Einschreibung registration; enrol(l)ment

Einschreiten intervention; *(unberechtigt)* interference; action (gegen against); **~ der Polizei gegen die Demonstranten** police action (or intervention) against the demonstrators; action by the police to restrain (or control) the demonstrators

einschreiten to intervene, *(unberechtigt)* to interfere; *(Maßnahmen ergreifen)* to take action (or steps); *(gerichtl.)* to proceed against, to take legal steps; **die Polizei lehnte es ab, einzuschreiten** the police declined to intervene

Einschüchterung intimidation; **~sversuch** attempt to intimidate

Einschulung school enrol(l)ment

Einschuss sum paid in; capital invested; *(für Wertpapierkauf auf Kreditbasis eingezahlter Betrag)* margin; *(Havarie)* contribution, deposit; **weiterer ~** additional margin; **Mindest~** *(Effektengeschäft)* minimum margin; **~konto** *(des Effektenkäufers, der auf Kredit kauft)* margin account; *(Wertpapiere)* **auf ~ kaufen** to buy on margin

einsehen *(Einsicht nehmen)* to inspect, to examine, to consult; *(verstehen)* to comprehend, to understand; *(erfassen)* to realize; **Akten ~** to consult (or inspect) records; **Akten ~ dürfen** to have access to records

eingesehen, das Register kann ~ werden the register is available for inspection

einseitig unilateral; *(Antrag etc nur einer Partei)* ex parte; **~e Rechtserklärung** *(z. B. Namensänderung)* deed poll; **~es Rechtsgeschäft** unilateral (or one-sided) legal transaction

einsenden to send in *(→„Eingesandt")*; **Geld ~** to remit money

einsetzen *(ernennen)* to appoint; *(in ein Amt)* to instal(l); *(etw., jdn verwenden)* to use, to employ; *(zum Einsatz bringen)* to deploy, to assign (to); *(einfügen)* to insert; *(Polizei)* to call in; *(Ersatzzug etc)* to put on; **sich für jdn ~** to use one's influence on behalf of sb.; **sich für etw. ~** to support (or speak in support of) sth.; to contend for sth.; **sich nachdrücklich ~ für** to plead strongly on behalf of; **Arbeitskräfte ~** to deploy labo(u)r; **jdn für e-e Aufgabe ~** to assign a task to sb.; **e-n Ausschuss ~** to set up (or establish) a committee; **das Datum ~** to insert the date; **jdn als Erben ~** to appoint (or make) sb. one's heir; to designate sb. as heir; **jdn in seine Rechte →wieder~**; **jdn in jds Rechte ~** to subrogate sb. *(→eingesetzt)*; **jdn wieder in den →vorigen Stand ~**; **Truppen ~** to deploy forces; **ein Wort** *(in e-e Urkunde etc)* **~** to insert a word; *(zur Verfälschung des Textes)* to interpolate

eingesetzt, die Nachfrage hat wieder ~ there has been renewed demand; there has been a resumption of demand (for); **die Polizei wurde gegen Demonstranten ~** the police were called in (to proceed) against the demonstrators; **ein Sonderbus wurde ~** a special bus was put on (or scheduled); **der Versicherer, der die Versicherungssumme gezahlt hat, wird in die Rechte des Versicherten ~** (zur Geltendmachung e-r Schadensersatzforderung) upon payment of the insured sum, the insurer is subrogated to the rights of the insured (for a claim for damages)

Einsetzung, ~ in ein Amt appointment to an office; *(Einführung)* installation; *(Einfügung)* insertion; *(e-r anderen Person an die Stelle des ursprüngl. Gläubigers, bes. im Versicherungs- und BürgschaftsR)* subrogation; **~ e-s Ausschusses** setting up (or establishment) of a committee; **~ e-s Erben** →Erbeinsetzung; **~ des Versicherers in die Rechte des Versicherten** (nach Zahlung der Versicherungssumme) subrogation of the insurer to the rights of the insured (upon payment of his claim); **~ e-s Verwalters** appointment of an administrator (or *[für ein Haus]* caretaker)

Einsicht *(Prüfung)* inspection, examination; *(Durchsicht)* perusal; *(Erkenntnis)* discernment, understanding; **zur ~ von** for the inspection of; **von der ~ ausgenommene Schriftstücke** documents excluded from inspection; **~ in Akten** →Akteneinsicht

Einsicht in das Aktienbuch, jedem Aktionär ist ~ auf Verlangen zu gewähren[106] each shareholder shall be given permission to inspect the share register upon request

Einsicht, ~ in das Grundbuch →Grundbucheinsicht; **~ des Inventars**[107] inspection of the inventory; **~ in das →Handelsregister**

Einsicht in, das Recht haben, ~ zu nehmen[108] to be entitled to inspect one's personnel file (kept by the employer)

Einsicht in Urkunden[109] inspection (or consultation) of documents

Wer ein rechtliches Interesse daran hat, eine in fremdem Besitz befindliche Urkunde einzusehen, kann von dem Besitzer unter bestimmten Voraussetzungen die Gestattung der Einsicht verlangen.

A party having a legal interest in inspecting a document in the possession of another is entitled, under certain conditions, to inspect such document.

Einsichtnahme inspection, examination; perusal; **zur öffentlichen ~** (to be available) for public inspection

Einsicht, die ~ in das Register ablehnen to refuse (or deny) inspection of the register; **zur ~ auslegen** to make available for inspection; **die ~ in Urkunden nicht erlauben** to fail to permit an examination of the documents; **~ in das Register gewähren (od. gestatten)** to permit (or grant permission) to inspect the register; **die ~ in das Register ist jedem gestattet** the register is open to public inspection; **~ in das Register haben** to have access to the register; **~ nehmen** to inspect, to examine; to look into; **zur ~ offen liegen** to be open for inspection by the public

einsparen to make economies, to economize; to cut down (or retrench) one's expenses (for saving purposes); to save; **gelernte Arbeitskräfte ~** to economize on skilled labo(u)r; **Kosten ~** to save expenses

Einsparung saving(s); economies, economizing; **~ von Arbeitskräften** saving of labo(u)r; reduction in the number of staff; cutting down on staff (for reasons of economy); **~en im** *(öffentl.)* **Haushalt** *Br* budget cuts; *Am* budget cutbacks; retrenchment in budgetary expenditure (for savings purposes); **~en machen (od. vornehmen)** →einsparen

Einsprechender *(PatR)* opposer, opponent

Einspruch 1. *(allgemein)* objection (gegen to); protest (gegen against); *(Veto)* veto; **→Kündigungs~**; **→Wahl~**; **~ wegen mangelnder Neuheit** *(PatR)* objection for want of novelty; **~ gegen e-n Zeugen** objection to a witness

Einspruchs~, ~frist period (set) for objection (or protest); **~grund** ground for the objection; **~recht** right to objection; right of veto

Einspruch, ~ einlegen →Einspruch erheben; **kein ~ ist erfolgt** no objection was made

Einspruch erheben to make (or raise) an objection; to object (gegen to); to make (or enter, file) a protest, to protest (against); *dipl* to offer objection, to put a veto on; **Einspruch gegen e-n Zeugen erheben** to object to a witness; **gegen e-e Frage an e-n Zeugen wird Einspruch erhoben** a question to a witness is objected to

Einspruch, e-m ~ stattgeben to allow (or grant) an objection; **e-n ~ verwerfen** to disallow an objection; **e-n ~ zurücknehmen (od. zurückziehen)** to withdraw an objection; **e-n ~ zurückweisen** to reject (or deny, disallow) an objection

Einspruch 2. *(Rechtsmittel gegen gerichtl. Entscheidung)* appeal; **zulässiger ~**[110] admissible appeal; appeal duly and timely filed; **~ gegen e-n Steuerbescheid** appeal against an assessment; **~ gegen ein →Versäumnisurteil**

Einspruchs~, ~frist time for filing an appeal (or *Am* a motion); period set for an appeal (or *Am* a motion); time limit for appeal; **~grund** ground for the appeal (or *Am* motion)

Einspruch, **e-n ~ einlegen** to lodge (or file) an appeal; to demur; *Am* to make a motion; *Am* to take an appeal; to appeal (schriftl. in writing); **e-m ~ stattgeben** to allow (or grant) an appeal; **e-m ~ unterliegen** to be subject to appeal; **e-n ~ verwerfen** to disallow (or deny, reject) an appeal (or *Am* a motion)

Einspruch 3. *(PatR)*[111] opposition; **zulässiger ~** admissible opposition; **~ gegen die Erneuerung e-s Patents** opposition against (or to) the renewal of a patent; *Br* caveat; **gegen die →Erteilung e-s Patents ~ erheben**

Einspruchs~, **~abteilung** *(des Europ. Patentamtes)* Opposition Division; **~begründung** statement of opposition; *(schriftl.)* **e~berechtigt** entitled to oppose; **~einlegung** notice of opposition (to the Patent Office); **~erwiderung** counterstatement in opposition proceedings

Einspruchsfrist period for entering an opposition; **die ~ ist abgelaufen** the opposition period has expired

Einspruchs~, **~gebühr** *(PatR)* opposition fee; **~gründe** grounds for opposition; **~schrift** notice of opposition

Einspruchsverfahren opposition proceedings; *Am (etwa)* public use proceedings; **die e-m ~ beitretenden Dritten** third parties intervening in opposition proceedings; **den Beitritt zum ~ erklären** to give notice of intervention in opposition proceedings; **e-m ~ beitreten** to intervene in the opposition proceedings; **das Patent ist im ~ widerrufen worden** the patent has been revoked in opposition proceedings

Einspruch, **beim Europäischen Patentamt gegen das erteilte europäische Patent ~ einlegen**[112] to give notice to the European Patent Office of opposition to the European patent granted; **den ~ schriftlich einreichen und mit Gründen versehen** to file written notice of opposition (or to give notice of opposition in writing) and state the reasons; **~ gegen e-e Anmeldung erheben** to oppose an application; **den ~ als unzulässig verwerfen**[113] to reject the opposition as inadmissible; **den ~ zurücknehmen** to withdraw the opposition; **den ~ zurückweisen** to reject the opposition

Einstandspreis cost price

einstehen, **~ für** to be guarantee for, to guarantee; to vouch for; to answer for, to be answerable (to sb.) for (sth.); **ich stehe für seine Ehrlichkeit ein** I will answer for his honesty, I guarantee that he is honest; **für jds →Kreditwürdigkeit ~**

Einsteigen, **durch Einbruch oder ~ erschwerter Diebstahl**[114] theft aggravated by breaking or entering; **Ein- und Aussteigen** *(Auto)* entering and leaving a car

einsteigen to get in, to enter (into); *(Flugzeug)* to board; **in die Politik ~** to launch into politics

einstellen 1. *(Arbeitskräfte)* to employ, to engage, to recruit, to take on, to sign on; to hire; **Arbeitnehmer ~ und entlassen** to engage and dismiss employees; *colloq.* to hire and fire employees

einstellen 2. *(aufhören)* to cease, to discontinue, to stop; *(vorübergehend)* to suspend; *(fallen lassen)* to drop; *(schrittweise)* to phase out; **die Arbeit ~** to stop (or discontinue) work(ing); *(vorübergehend)* to suspend work; *(langsam)* to phase out; **den →Betrieb ~**; **die Bezahlung (der Zeitung, des Abonnements etc) ~** to cease payment (for newspaper, of subscription); **Erscheinen** *(e-r Zeitung)* **~** to cease publication; to fold (a newspaper); **das Feuer ~** *mil* to cease fire; **die Produktion (endgültig) ~** to discontinue (or stop) production (definitely); *(schrittweise)* to phase out production; **das Verfahren ~** *(Zivilprozess)* to stay (or discontinue, suspend) proceedings; *(Strafprozess)* to dismiss (or withdraw) the charge (or an indictment); to drop the case; **die Wirtschaftshilfe ~** to drop foreign aid; **Zahlungen ~** to stop (or suspend) payments; *(Bank)* to cease payments; **die →Zwangsvollstreckung ~**

eingestellt, **neu ~e Arbeitskraft** (new) recruit; **die Fabrik hat den Betrieb ~** the factory ceased operations (or has been shut down); **endgültig ~e Produktion** production finally discontinued

einstellen 3. *(Denkweise)*; **sich ~ auf** to adjust to

einstellen 4.; **Beträge in die gesetzliche Rücklage ~**[115] to allocate amounts to the statutory reserve

Einstelllohn entrance (or starting) rate

Einstellung 1. *(von Arbeitskräften)* employment, engagement, engaging; recruitment, recruiting; taking on, signing on; hiring; **~ und Entlassung** engagement and dismissal; *colloq.* hiring and firing; **~ von Personal** recruitment of staff; **~en, Ernennungen und Entlassungen von Personal** staff movements; **Vertrag zur ~ von Bediensteten auf Zeit** temporary staff contract

Einstellungs~, **~gespräch** job interview; **~sperre** recruitment stop; employment freeze; ban on recruitment (in the public service); **~termin** starting date; **~verfahren** method of employment (or recruitment)

Einstellung 2. *(Aufhören)* cessation, ceasing, discontinuance; stoppage; *(vorübergehend)* suspension; *(allmählich)* phasing out; **→Arbeits~**; **→Betriebs~**; **→Zahlungs~**

Einstellung, **~ der Arbeit** →Arbeitseinstellung; **~ des Bank- und Börsenverkehrs**[116] suspension of banking and trading on the stock exchange; **~ des Betriebs** →Betriebseinstellung; **~ der Feindseligkeiten** *(VölkerR)* cessation of hostilities; cease- fire; **~ des Gerichtsverfahrens** →Einstellung des Verfahrens; **~ des Geschäftsbetriebes** discontinuance of business operations; **zeitweilige ~ der Geschäftstätigkeit** temporary suspension of operations; **~ des →Konkursverfahrens**; **~ der Lieferung** cessation (or suspension) of delivery; **~ der Produktion** →Produktionseinstellung; **~ der Propaganda** discontinuance (or suspension) of propaganda; **~ des Verfahrens** *(Zivilprozess)* stay (or discontinuation or termination) of proceedings; abatement of action; *(Strafprozess)*[117] dismissal of criminal proceedings; withdrawal of prosecution; nolle prosequi; **~ der Versteigerung** (bei ausreichendem Erlös) termination (or closing) of the auction (in case of sufficient proceeds); **~ der Zahlung(en)** stoppage (or suspension) of payment(s); cessation of payment(s); **~ der Zwangsvollstreckung** stay of execution

Einstellung 3. *(Denkweise)* attitude (gegenüber towards); **bürokratische ~** bureaucratism; **feindliche ~** hostile attitude; **politische ~** political opinion

Einstellung 4. ~ in Rücklagen[117a] allocation (of amounts) to the reserve

einstimmig unanimous; with one accord; by unanimous decision (or vote); by common consent; without a dissentient; nem. con. (nemine contradicente); **der Antrag wurde ~ angenommen** →Antrag 4.; **~ beschlossen** agreed (upon) unanimously; resolved unanimously; **die Versammlung beschloss ~** the meeting resolved unanimously (or passed a unanimous resolution); **~ gefasster Beschluss** unanimous decision (or vote); **der Beschluss wurde ~ gefasst** the resolution was adopted (or carried, passed) unanimously; **der Beschluss muß ~ gefasst werden** the resolution must be unanimous; **~ (wieder)gewählt** (re)-elected unanimously (or by unanimous vote)

Einstimmigkeit unanimity; unanimous vote (über on); **falls keine ~ erzielt wird** in the absence of (or failing) a unanimous decision (or vote); in the event of disagreement

einstufen to classify, to put into a class; to categorize, to place in a category; to grade, to rate; **Waren nach →Güteklassen ~**; **höher ~** to upgrade; to promote; *(VersR)* to rate up; **neu ~** to reclassify; to regrade; **niedriger ~** to downgrade; to demote, to reduce to a lower rank (or grade)

einstufiges Unternehmen single-stage enterprise

Einstufung classification; categorization, placing in a category; grading, rating; **Neu~** reclassification; **~ in e-e höhere (niedrigere) Besoldungsgruppe (od. Gehaltsklasse)** putting in a higher (lower) salary group; *Am* promotional (demotional) change in classification; **~ in Leistungsklassen** efficiency rating; **~sprüfung** placement test

Einsturz, **drohender ~** imminent collapse; **Haftung bei ~ e-s Gebäudes**[118] liability in case of building collapse; **~gefahr** danger of collapse

einstweilig temporary, provisional, interim, preliminary; **~e →Anordnung**; **~e Maßnahme** interim measure; **~er Ruhestand** non-active status; **in den ~en Ruhestand versetzt werden** to be suspended; *Am* to be assigned nonactive status

einstweilige Verfügung[119] (interlocutary or temporary or interim) injunction; *Am* temporary restraining order (TRO); preliminary injunction; *Scot* interdict; **Antrag auf Erlass e-r einstweiligen Verfügung** motion for an injunction; **~, weitere →Patentverletzungen zu unterlassen**; **e-e ~ aufheben** to cancel (or lift) an injunction; **e-e ~ erlassen** to grant (or issue) an injunction; **e-e ~ erwirken** to obtain an injunction; *Am* to obtain a temporary restraining order; **Antrag auf Erlass e-r einstweiligen Verfügung stellen** to apply (or sue) for an injunction

Die einstweilige Verfügung ist eine vorläufige gerichtliche Entscheidung (auf Antrag einer Partei). Sie ist zulässig, wenn zu besorgen ist, dass durch eine Veränderung des bestehenden Zustandes die Verwirklichung des Rechtes einer Partei vereitelt oder wesentlich erschwert werden könnte, oder wenn die Regelung eines streitigen Rechtsverhältnisses zur Abwendung wesentlicher Nachteile oder aus anderen Gründen nötig erscheint.[120]

The temporary injunction is a provisional order obtained from a court (on application of a party). It may be issued in order to prevent a threatening change of existing conditions which may render impossible or substantially more difficult the realization of a right of one of the parties; or, if the preliminary adjudication of a controversy is necessary, for the prevention of substantial damage or for other reasons.

Eintausch exchange; barter; **~wert** *colloq. (für in Zahlung gegebene Sache)* trade-in value

eintauschen to exchange (gegen against); to trade (gegen for); to take (or receive) in exchange for; *(in Zahlung geben)* to trade in (for)

einteilen to divide (in into); *(einstufen)* to grade; *(in Klassen)* to classify; **sein Geld ~** to plan one's expenditure(s); to budget one's money; **in Zonen ~** to zone, to divide into zones

Einteilung division (in into); *(Einstufung)* grading; *(in Klassen)* classification; **~ der Arbeit**

planning of work; **~ nach Berufen** breakdown by occupations; **~ von Waren in Zolltarife** classification of goods in customs tariffs; **~ in Zonen** zoning

Eintrag entry; item (entered); **falscher ~** misentry, wrong entry

eintragen 1. to enter (in a register, on a list etc), to make an entry of; to register, to record; to enrol(l); *(in Buch od. Liste)* to book; **sich ~** to enter one's name; **~ lassen** to register, to have registered; **sich ~ lassen** to be enrol(l)ed; **e-e Firma in das →Handelsregister ~ lassen**; **e-e →Hypothek ~ lassen**; **in e-e Kartei ~** to enter in a card index; **in das Register ~** to enter in the register, to register; **ein Schiff ~** to register a ship; **e-n Verein ~ (lassen)** to register an association; **e-e Marke ~ (lassen)** to register a trademark

eingetragen registered; *(Gesellschaft)* registered, incorporated; **nicht ~** unregistered, unincorporated; **als →Aktiengesellschaft ~**; *(in das Handelsregister)* **~e Firma** registered firm; **~es →Gebrauchsmuster**; **im →Grundbuch ~e Rechte**

eingetragenes Mitglied enrol(l)ed member; **~ sein** to be on the books (of)

eingetragen, **~er Sitz e-r Gesellschaft** registered office; registered place of business of a company; **~er Verein (e. V.)**[121] registered association; incorporated society; *Am* membership corporation; **nicht ~er Verein** *Br* unincorporated association; *Am* membership association; **~e Marke** registered trademark

eintragen 2. *(etw. einbringen)* to bring in, to yield (profit or gain)

einträglich profitable, yielding profit (or gain); lucrative

Eintragung *(das Eingetragene)* entry, item (entered); *(das Eintragen)* entering (in a book etc); making an entry (of); *(in ein Register)* registering, registration, recording; *Am* recordation; *(Einschreibung e-s Mitglieds, Teilnehmers etc)* enrol(l)ment; **falsche ~** wrong (or incorrect) entry; **→nachträgliche ~**; **Antrag auf ~** application for registration; **→Löschung e-r ~**

Eintragung e-r Belastung, **~ (im Grundbuch)** *Br* registration of a charge, *Am* recording of a charge (in the →Grundbuch); **Bescheinigung über die ~** *Br* certificate of the entry of a charge; *Am* certificate of recordation

Eintragung, **~ e-r Gesellschaft in das Handelsregister** registration (or entry) of a company (or partnership) in the Commercial Register; **~ e-r Hypothek im Grundbuch**[122] *Br* registration of (*Am* recording) a mortgage in the land register; **~ e-s Schiffes in das Schiffsregister** registry of a ship; **~ e-r Marke**[123] registration of a trademark

Eintragungs~, **~antrag** application for registration; **~bescheinigung** registration certificate; **~bewilligung**[124] consent (of the person whose rights are affected) to the making of an entry in the →Grundbuch; *(bei Berichtigungsbewilligung)* consent to correction of the →Grundbuch; **~datum** date of registration; entry date; **e~fähig** registrable, recordable; capable of being registered (or recorded); **~fähigkeit** registrability; **~gebühr** registration fee; **~hindernis** bar to registration; *(MarkenR)* grounds for refusal; **e~pflichtig** subject to registration; **~verfahren** registration procedure

Eintragung, **die ~ ablehnen**[125] to refuse registration; **den Verein zur ~ anmelden**[126] to apply for registration of an association; **der ~ bedürfen** to be subject to registration; **e-e ~ berichtigen** to correct an entry; **die ~ löschen** to cancel (or delete, expunge) the registration; **die ~ im Register löschen lassen** to cause the entry in the public register to be cancelled; **e-e ~ machen** →eintragen 1.; **die ~ erfolgte am ...** the entry was made (or effected) on ...

Eintreffen, **bis zum ~ der Polizei** until the arrival of the police; **bis zum ~ von Weisungen** pending instructions

eintreffen 1. *(ankommen)* to arrive, to come in; **bei jdm ~** to reach sb.; **die Sendung wird voraussichtlich am ... bei Ihnen ~** the goods are likely to reach you on ...; **das Schiff soll am ... ~** the ship is scheduled to arrive on ...; **die Waren treffen auf dem Seewege ein** the goods come by sea

eintreffen 2. *(sich ereignen)* to come to pass, to occur; **seine Voraussage ist eingetroffen** his forecast came true (or became reality)

eintreibbar collectable, collectible; recoverable *(→beitreibbar)*

eintreiben, **Außenstände ~** to recover (or call in) outstanding debts (auf gerichtl. Wege through the court or by court action); **e-e Forderung ~** →beitreiben; **Geld ~** to recover (or collect) money; **Geld** *(zwangsweise)* **~** to exact money, to enforce payment of money

Eintreibung recovery, collection; *(zwangsweise)* exaction, exacting (of money, taxes etc); **~ e-r Forderung** →Beitreibung e-r Forderung

eintreten 1. *(in e-n Raum)* to enter a room

eintreten 2. *(beginnen)*; **in Verhandlungen ~** to enter into negotiations (mit jdm. with sb.)

eintreten 3. *(beitreten)*; **~ in** to join, to enter; **in e-e Firma** *(als Gesellschafter od. Teilhaber)* **~** to enter (or join) a firm as partner; to become a partner (or member) of a firm; to enter into partnership with; **in e-n Klub ~** to join a club; to become a member of a club; **in ein Mietsverhältnis ~** to take over a lease *(→Eintrittsrecht von Familienangehörigen)*; **in e-e Partei ~** to enter (or join) a party, to become a member of a party

eintretender Teilhaber incoming partner

eintreten 4. *(sich ereignen)* to occur, to come to pass; *(entstehen)* to accrue, to arise; **e-e →Bedingung tritt (nicht) ein; ein →Fall tritt ein; sollte der →Fall ~; die Haftung des Versicherers tritt ein** the insurer's liability arises (or accrues); **ein Schaden tritt ein** a loss occurs

eingetreten, ein Verlust ist ~ a loss occurred; **nach Vertragsschluss ~er Umstand** a circumstance which originated after the contract was made

eintreten 5. für etw. ~ to advocate sth.; to support a cause; **für jdn ~** to stand (or intercede) for sb.; to speak in sb.'s favo(u)r; *(als Ersatz)* to be a substitute for sb.; **in jds Rechte ~** to succeed to a p.'s rights; to be subrogated to another p.'s rights; **er trat dafür ein, dass** he advocated that

Eintritt entry, entrance; *(Beitritt)* joining, entering; *(Ereignis)* occurrence; *mil* enlistment; *(Subrogation)* subrogation; **~ frei** free entrance; admission free; **~ verboten** no entry, no admittance; **sich gewaltsam ~ verschaffen** to force entry into

Eintritt e-r Bedingung, der ~ ist verhindert oder vereitelt[127] the fulfilment of a condition is impeded or made impossible

Eintritt, nach ~ des →Erbfalles; ~ in das Erwerbsleben entering into gainful employment; starting work; **bei ~ e-s neuen Gesellschafters in e-e Handelsgesellschaft**[128] upon a new partner (or person) joining the partnership (or firm); **~ in ein Mietverhältnis** taking over of a lease *(→Eintrittsrecht)*; **~ in e-e Partei** joining a party; **~ in Rechte des ursprünglichen Gläubigers** *(bes. im VersR und BürgschaftsR)* subrogation to the original creditor; **mit ~ der Rechtskraft der Entscheidung** from the date (or when) the decision becomes final; **~ e-s Schadenfalles** occurrence of a loss (or damage); **bei ~ des Todes** upon death; **~ des Versicherungsfalles** occurrence of the insurance contingency (or of the event insured against); **nach ~ der Volljährigkeit** after reaching majority; after coming of (full) age; **nach ~ der Zahlungsunfähigkeit** upon insolvency; after insolvency has occurred

Eintritts~, ~alter *(VersR)* age of entry; **~bedingungen** entry terms; **~datum** date of entry; date on which a person joined; **~gebühr** entrance fee; charge for admittance (or admission); *Am (z. B. für Gewerkschaft)* initiation fee; **~geld** entrance fee; admission charge (or fee); **~karte** (admission) ticket; **~preis** admission charge (or fee)

Eintrittsrecht von Familienangehörigen (in ein Mietverhältnis)[129] right of members of (a tenant's or lessee's) family to take over the tenancy (or lease)

Eintrittsrecht des Handelsvertreters *(Recht des Handelsvertreters, bei seinem Unternehmen auf eigene Rechnung einzukaufen)*[130] right of the agent to buy from the principal for his own account

Einvernehmen agreement, (good) understanding; **in gegenseitigem ~** by mutual agreement; **im ~ mit** (acting) in agreement (or consent) with; **~serklärung** *(VölkerR)* declaration of understanding; **es besteht ~ darüber, dass** *(VölkerR)* it is understood that; **in gutem ~ stehen mit** to be on good terms with; **ein ~ herstellen (od. erzielen)** to reach (an) agreement; **wird ein ~ nicht erzielt** if no agreement is reached

einvernehmlich by common consent; **~es Vorgehen** concerted action

einverstanden! agreed, all right; *colloq.* okay

einverstanden, ~ sein mit to agree to; *(genehmigen)* to approve (of), to consent to; *(mit etw. Unerlaubten)* to connive; **nicht ~ sein** to disagree; to be dissatisfied with; **sich ~ erklären** to agree (or consent) to

einverständliches Vorgehen concerted action

Einverständnis 1. agreement, understanding; *(Genehmigung)* approval (of), consent (to); **in ~ mit** in agreement with; with the approval of; **in gegenseitigem ~** by mutual agreement; **stillschweigendes ~** tacit agreement; acquiescence; **es besteht ~ darüber** it is agreed (or understood); **sein ~ erklären** to declare one's consent; **das ~ des X gilt als gegeben** X shall be deemed to have consented

Einverständnis, geheimes 2. *(unerlaubtes) Einverständnis (bes. zum Nachteil e-s Dritten im Prozess)* collusion; *(Duldung e-r gesetzwidrigen Handlung)* connivance, conniving; **in geheimem ~ mit jdm handeln** to collude with sb.; to act in collusion with sb.; to connive with sb.; **mit der Gegenpartei in ~ treten** to collude (or conspire) with the opposing party (in a lawsuit) *(→Parteiverrat, Partei 1.)*

Einwand objection (gegen to); defence (defense); plea; *Am* und *Scot* exception *(→Einwendung)*; **berechtigter ~** good defence (defense); **rechtshemmender ~** estoppel; **e-m ~ begegnen** to meet an objection; **e-n ~ erheben**

(od. machen) to make (or raise) an objection; to raise a plea; to veto; **e-n rechtshemmenden ~ erheben** to plead (an) estoppel; **kein ~ wurde erhoben** no objection was raised (or made)

Einwanderer immigrant

einwandern to immigrate; **in e-n anderen Mitgliedsstaat ~** *(EU)* to migrate to another Member State

Einwanderung immigration; **~sbeschränkungen** immigration restrictions, measures restricting immigration; **~sland** immigration country; **~squote** immigration quota (or rate); **~ssperre** stoppage of immigration; **~sverbot** ban on immigration

einwandfrei unobjectionable; *(fehlerfrei)* free from defect, faultless; flawless; perfect; *(eindeutig, klar)* incontestable; **charakterlich ~** of good moral character; **nicht ~** objectionable, faulty; **~es Alibi** sound (or perfect) alibi; **~es Benehmen** irreproachable conduct; **~e Vergangenheit** clean record; **in ~em Zustand** in perfect condition; **etw. ~ nachweisen** to establish sth. beyond doubt

einwechseln to (ex)change (gegen for)

Einweg~, **~flasche** one-way bottle; non(-)returnable bottle; **~verpackung** one-way (or non[-]returnable) package

einweihen to inaugurate; *Am* colloq. to dedicate; to open to the public formally; **ein Haus ~** to give a housewarming party

eingeweihte Kreise insiders; well-informed circles; *colloq.* people in the know

Einweihung inauguration; ceremonial opening; **~sfeier** inaugural (or opening) ceremony; **~srede** inaugural speech

einweisen, jdn kurz ~ to brief sb. (in on); **jdn in sein Amt ~** to instal(l) sb. in his office; **jdn in den Besitz e-r Sache ~** to put sb. in possession of sth.; **jdn in seine Pflichten ~** to assign sb. to his duties; to introduce sb. to his job; **jdn in ein →psychiatrisches Krankenhaus ~**

Einweisung *(Einführung, Unterweisung)* introduction (of sb.), instruction (of sb.); *(in e-e Arbeit)* assignment; *(feierl. Amtsübergabe)* installation; *(in e-e Anstalt nach strafgerichtl. Verurteilung)* commitment, committal; **~ in ein →psychiatrisches Krankenhaus zur Beobachtung**

einwenden to object (gegen to), to protest (gegen against); to put forward (or set up) a defence (defense); to put in a plea; to plead; **wir haben nichts dagegen einzuwenden** we have no objections to it

Einwendung objection (gegen to); plea; defence (defense); *Am* und *Scot* exception; **rechtsverhindernde ~** *(etwa)* plea by way of traverse *(der Anspruch des Gläubigers ist gar nicht entstanden, z. B. Nichtigkeit des Vertrages wegen Formmangels objection on the ground that the creditor's claim was void from the beginning [ab initio], e. g. voidness of the contract because of lack of form)*; **rechtsvernichtende ~** *(etwa)* plea by way of confession and avoidance *(der zunächst wirksam entstandene Anspruch ist nachträglich wieder erloschen, z. B. durch Schulderlass objection on the ground that a validly created claim has become extinct, e. g. by release)*

Die Einwendung ist im Gegensatz zur →Einrede von Amts wegen zu berücksichtigen.

Contrary to →Einrede the judge has to consider the Einwendung ex officio (even if not raised by the party).

Einwendung, **~en gegen Ansprüche aus Besitz**[131] defences (defenses) against claims arising from possession; **~en gegen den neuen Gläubiger**[132] defences (defenses) against the new creditor; **~en aus der Nichtigkeit der Ehe** defences (defenses) based upon the voidness of the marriage

Einwendung, e-e ~ entgegensetzen to put forward a defence (defense); to put in (or raise) a plea; to plead a defence (defense); **e-e ~ erheben (od. machen)** to raise (or make) an objection; to object (to); to demur; *Am* und *Scot* to take exception (to); **~en schriftlich mit Begründung niederlegen** to state (or set out) one's objections in writing, giving reasons; **e-e ~ als unberechtigt zurückweisen** to dismiss an objection as unjustified (or unfounded)

einwilligen to consent (to), to approve (of); **stillschweigend ~** to acquiesce, to consent (or agree) tacitly; **in e-n Vergleich ~** to acquiesce in an amicable settlement

Einwilligung *(vorherige Zustimmung)*[133] (prior) consent, approval *(→Genehmigung)*; **~svorbehalt** reservation of consent; **ausdrückliche ~** express approval; **stillschweigende ~** implied consent, acquiescence; **jds ~ erhalten** to obtain sb.'s consent; **seine ~ erteilen** to give one's consent; **seine ~ verweigern** to refuse (or withhold) one's consent; **seine ~ widerrufen** to withdraw one's consent

einwirken to have an effect (auf on); to affect; to influence; **störend ~ auf** to interfere with

Einwirkung effect, influence, impact (auf on); *(Immission)*[134] nuisance; **~en vom Nachbargrundstück** *(z. B. durch Rauch, Lärm etc)* nuisance by emission from neighbo(u)ring property; interference from adjacent land; **(schädliche) ~en auf die Umwelt** (harmful) effects on the environment

Einwohner inhabitant, resident; **~meldeamt** residents' registration office; **~zahl** number of inhabitants; population

einzahlen to pay in; →**Aktien teilweise (voll) ~**; **e-n Betrag auf ein** →**Konto ~**; **Geld bei der** →**Bank ~**

eingezahlt, teil~e Aktien[135] shares paid up in part; partly paid-up shares; *Am bes.* part(ly) paid stock; **voll ~e Aktien** fully paid-up shares; *Am bes.* paid-up stock; *(bei der Bank)* **~es Geld** money deposited (or paid in); deposit; *(von Aktionären)* **~es (Grund-)Kapital** paid-up capital; *Am* paid in capital; **(noch) nicht ~es Kapital** unpaid capital

Einzahler payer; person making the payment; *(bei e-r Bank)* depositor; *(e-r Postanweisung)* sender

Einzahlung 1. payment, paying in; *(auf das eigene Bankkonto)* deposit; *(auf ein Postscheckkonto)* inpayment; *(eingezahlter Betrag)* deposit; **~(en) und Abhebung(en)** cash paid and received; deposit(s) and withdrawal(s); **~en und Auszahlungen** *(Kasse)* cash receipts and payments; **~ für fremdes Konto** cash payment for third account; **~sbeleg (od. ~sschein)** paying-in slip; *Br* credit slip; *Am* deposit slip; *(z. B. Postbank)* paying-in form; **~stag** day (or date) of payment; **e-e ~** *(auf sein Konto)* **machen** to make a deposit; to pay (or make a payment) into one's (deposit) account

Einzahlung 2. *(GesellschaftsR)* payment; contribution *(→Einlage 2.)*; **nicht rechtzeitige ~** late payment

Einzahlung, ~ auf Aktien payment on shares; **eingeforderte ausstehende ~en auf Aktien** calls in arrears; **das zur ~ auf Aktien eingeforderte Kapital** called-up capital; **zur ~ auf Aktien bestimmte Stelle**[136] financial institution designated to receive payment on shares; receiving agent; **~ auf Aktien(en) annehmen** to receive payment(s) on shares; **zur ~ auf Aktien auffordern**[137] to make a call on shares; **~ auf Aktien leisten** to pay a call on shares

Einzahlung auf die Stammeinlage[138] payment on the initial contribution

Einzahlungs~, ~aufforderung *(AktienR)* call letter; **~verpflichtung des Aktionärs**[139] obligation of shareholders to make contributions

Einzahlungen leisten to make payments

Einzel~, ~abmachung detailed arrangement; **~akkord(lohn)satz** individual piece rate; **~anfertigung** individual production; manufacture to customer's specification; production of single parts; *Am* job production; **~anmelder** *(PatR)* single (or individual) applicant; **soziale ~arbeit** *(z. B. des Bewährungshelfers)* case work; **~arbeitsvertrag** individual contract of employment *(Ggs. Gesamtarbeitsvertrag)*; **~aufstellung** detailed statement, specification; *Am* itemization; **in ~beratungen eintreten** *parl* to go into committee; **~besteuerung**[140] individual taxation; **~bürgschaft** individual guarantee; **~erfinder** sole inventor

Einzelfall individual (or particular, specific) case; **im ~e** in a particular case; **~entscheidung** particular case decision; **~hilfe** *(Sozialfürsorge)* social case work; **~studien** *(Meinungsforschung)* case studies; **der für den ~ bestellte Ausschuss** the ad hoc committee; **soweit dies im ~e gerechtfertigt ist** if the circumstances of the individual case so warrant

Einzel~, ~fertigung →Einzelanfertigung; **~firma** individually-owned firm; *Am* individual (or single, sole) proprietorship; *Br* one-man firm; **Inhaber e-r ~firma** sole proprietor; **~forderung** several demand; **~genehmigung** individual licen|ce (~se); **~gläubiger** several creditor (or promisor); **~haft** solitary confinement; **~haftung** several liability *(Ggs. →gesamtschuldnerische Haftung)*

Einzelhandel retail, retail trade; retail trading; **im ~** *Br* by (*Am* at) retail; **im Groß- oder ~** by wholesale or by retail; **~sgeschäft** store; *Br* (retail) shop; *Am* market (e. g. meat market); **~spreis** retail price; **~spreisindex** retail price index; **~sumsatz** retail sales; **~sverkauf** retail sale (or selling); *(Waren)* **im ~ verkaufen** to sell by (*Am* at) retail; to retail; **das Buch kostet im ~ Euro 20.-** the book retails at (or for) Euro 20

Einzel~, ~händler retailer, retail dealer (or trader); **~haus** detached house; **~haushalt** one-person household

Einzelheiten details, particulars; **~ der Schriftsätze** particulars of pleadings; **~ e-s Vertrages** details (or individual terms) of a contract; **mit allen ~** with full particulars; **genaue ~** full particulars; **nähere ~ anführen** to give full details; to furnish full particulars; **auf ~ eingehen** to go (or enter) into particulars; **~ sind zu erfahren bei** details can be obtained from

Einzelkaufmann sole trader; *Am* sole proprietor; **das Handelsgewerbe als ~ betreiben** to carry on a business as sole trader

einzelkaufmännisches Unternehmen *Am* sole proprietorship

Einzel~, ~klage individual action *(opp. joint action)*; **~kosten** direct cost; *Am* prime cost; *Br* departmental charges; **~kundengeschäft der Banken** retail banking; **~mitglied** individual member

einzeln single; *(für sich allein)* individual; *(abgetrennt)* separate; *(gesondert)* several; *(Schuh etc)* odd; **~ und insgesamt** individually and collectively; **~ haftbar** severally liable *(Ggs. gesamthandschuldnerisch haftbar)*; **~ angeben (od. aufführen)** to detail, to specify; *Am* to itemize; to particularize; **gemeinschaftlich oder ~ handeln** to act jointly or singly; **~ verkaufen** to sell separately; *(Personen)* **~ vernehmen** to interrogate separately

einzeln, im ~en (od. bis ins ~e) in detail; **der ~e Fall** each individual case; **~er Mitgläubiger** several creditor; **~er Mitschuldner** several debtor; **ins ~e gehende Verhandlung** detailed negotiation

Einzel~, **~person** individual; single person; **~police** *(VersR)* individual policy; *(SeeversR)* voyage policy; **~posten** (single) item; **~preis** price by the piece, price per unit; **~prokura** "prokura" conferred on a single person *(→Prokura)*; **~rechtsnachfolge** *Am* und *Scot* singular succession *(Ggs. Gesamtrechtsnachfolge)*; **~rechtsnachfolger** *Am* und *Scot* singular successor; **~richter** judge sitting alone; **~risiko** individual risk; **~schiedsrichter** sole arbitrator; **~schuld** several debt *(Ggs. gemeinsame Schuld [→Gesamthandsschuld])*; **~schuldner** several debtor (or promisor); **~staat** individual state; *(e-s Bundesstaates)* constituent state

einzelstaatlich *(EU)* national *(Ggs. gemeinschaftlich)*; **unterschiedliche ~e Bestimmungen** *(EU)* disparities in national law; **auf ~er oder gemeinschaftlicher Ebene** *(EU)* at national or Community level; **~es Gericht** *(EU)* national (or domestic) court; **~es Recht** *(EU)* national law, municipal law

Einzelstatut *(IPR)*[141] separate (or special) conflict of law rule for particular property

Einzel~, **~tarifverhandlung** individual bargaining; **~teile** components; **~unternehmen** →Einzelfirma; **~unternehmer** sole trader; *Am bes.* sole proprietor (of a business); **~verbraucher** individual consumer; **~verpflichtung** individual commitment; **~versicherung** individual insurance; **~vertrag** individual contract *(Ggs. Kollektivvertrag)*; **~vertreter** sole representative; **~verwahrung** individual safekeeping (of securities); separate custody (of securities); **~vollmacht** power of attorney granted to one person; *(für ein bestimmtes Rechtsgeschäft)* special power of attorney; special agency; **~vorhaben** individual project; **~wertberichtigungen** allowance for losses on individual bank loan accounts; **~zelle** solitary cell; **~zimmer** single room

einziehbar *(beitreibbar)* collectable, collectible, recoverable; *(konfiszierbar)* confiscable, seizable, liable to confiscation (or seizure); **Beschlagnahme ~er Gegenstände**[142] seizure of seizable goods

einziehen *(beschlagnahmen)*[143] to confiscate; to take away (as penalty or precautionary measure); *(Forderungen etc.)* to collect, to call in; *(aus dem Verkehr ziehen)* to withdraw, to cancel; *(im Einzugsverfahren)* to debit directly; *(rückkaufen)* to redeem; *(prisengerichtlich)* to condemn; *mil* to call up (for military service); *Am* to draft; *(in e-e Wohnung)* to move in (to); **Aktien ~**[144] to redeem shares; **Aktien zwangsweise ~** to cancel shares by compulsory redemption; **ein Amt ~** to abolish an office; **Banknoten ~** to withdraw bank notes from circulation; to call in bank notes; **den fälligen Betrag ~** to recover the amount due; **→Erkundigungen ~**; **e-e Forderung ~** to collect the sum due; to recover a debt; **Steuern ~** to collect taxes; *(beim Zoll)* **falsch deklarierte Ware ~** to confiscate falsely entered goods; **leider sehe ich mich gezwungen, den Betrag der Rechnung durch ein →Inkassobüro ~ zu lassen**

eingezogen, ~e Aktie redeemed share; **~ werden können** to be liable to seizure (or confiscation); **Fahren trotz ~en Führerscheins** driving while disqualified

Einziehung 1. cancellation; *(entschädigungslos)*[143] confiscation, seizure; forfeiture; **Vermögens~** seizure of property; **~ von Banknoten** withdrawal of banknotes; **~ nachgemachten oder verfälschten Geldes**[145] seizure of counterfeited or forged money; **~ von Suchtstoffen** confiscation of drugs; **~sverfügung** confiscation order; **Verfahren auf ~ der für strafbare Handlungen benutzten Gegenstände** forfeiture proceedings; **Schmuggelwaren unterliegen der ~** smuggled goods are liable to confiscation

Einziehung 2. *(Einkassierung)* collection, recovery; cashing; *(aus dem Verkehr)* withdrawal; cancellation; *(Rückkauf)* redemption; **zur ~** for collection; **~ von →Aktien**; **~ von Auskünften** making (of) inquiries, gathering (of) information; **~ der Außenstände** collection of outstanding debts; **~ des →Erbscheins**; **~ e-r Forderung** collection of a claim (or of the sum due); recovery of a debt; **~ von Gebühren** recovery (or collection) of fees; **~ e-s Rechnungsbetrages** collection of a bill; **~ von →Sonderziehungsrechten**; **~ von Steuern** collection of taxes

Einziehungs~, **~gebühren** collection fees; **~verfahren** collection procedure; **~vollmacht** collecting power

Einziehung, Banknoten zur ~ aufrufen to call in (or withdraw) bank notes

einziger Erbe sole heir

Einzimmerwohnung bed sitter

Einzug *(Einkassieren)* collection, collecting; cashing; *(in e-e Wohnung)* moving (or *Am* move) (into); **zum ~** for collection; **~ von Steuern** collection of taxes; **~ durch ein Inkassobüro** collection by a collecting agency

Einzugsauftrag order for collection; direct debit order; **Überweisung im ~** debit transfer

Einzugs~, **~beauftragter** agent for collection; **~ermächtigung** direct debit authorization; **~gebiet** catchment area; **~gebühren** collection charges (or fees); **~verfahren** collection procedure; *(Bank)* direct debiting

Eisbrecher ice-breaker; **~kosten** ice-breaker charges

eisfrei clear of ice; free from (floating) ice; **Verschiffung erst bei ~em Wasser** first open water (f. o. w.)

Eisen iron; **~erz** iron ore; **~erzbergbau** iron ore mining; **e~schaffende Industrie** iron and steel producing industry; **~- und Stahlindustrie** (iron and) steel industry; **~waren** hardware; *Br* ironmongery; **~-, Blech- und Metallwaren** (EBM-Waren) metal goods; iron goods, sheet metal, and hardware

Eisenbahn *Br bes.* railway (Rly, Ry), *Am* railroad (R. R., RR); rail *(→Bahn, Deutsche →Bundesbahn)*; **mit der ~** by rail, by train; **Internationale Rechtsordnung der ~en**[146] Convention on the International Regime of Railways

Eisenbahn~, **~aktien** *Br* railway (*Am* railroad) shares (or stock); rails; *Br* railways; *Am* railroads; **~anschluss** rail connection; **~ausbesserungswerk** railway repair shop; **~betrieb** operation of a railway (railroad)

Eisenbahner *Br* railwayman; *Am* railroadman; **~gewerkschaft** Union of (German etc) Railwaymen (Railroadmen); **~streik** rail strike

Eisenbahnfracht →Bahnfracht; **~brief** railway consignment note; **~sätze** railway (railroad) freight rates

Eisenbahngüterverkehr *Br* railway goods traffic, rail freight traffic; carriage of goods by rail; *Am* railroad freight transportation

Eisenbahn~, **~knotenpunkt** railway (railroad) junction; **~kreuzung** railway (railroad) crossing; **~linie** railway (railroad) line; **rollendes ~material** rolling stock; railway equipment; **~netz** railway (railroad) network; **~obligationen** railway (railroad) bonds; **~personal** railway staff

Eisenbahnpersonenverkehr *Br* railway passenger transport; *Am* railroad passenger transportation

Eisenbahnstrecke, **Stillegung von ~n** closing (or closure) of *Br* railway (*Am* railroad) lines

Eisenbahntarif railway (railroad) tariff; *(für Personen)* railway (passenger) fares; *(für Fracht)* railway rates; **Erhöhung der ~e** increase in railway (railroad) tariffs

Eisenbahn~, **~übergang** level crossing; *Am* grade crossing; **~unglück** railway (railroad) accident; **~unternehmen** railroad carrier; **~verbindung** →Bahnverbindung

Eisenbahnverkehr railway (railroad) traffic; rail transport; **Eisenbahn-, Straßen- und Binnenschiffsverkehr** transport by rail, road, and inland waterways; **→Europäisches Übereinkommen über die Hauptlinien des internationalen ~s**

Eisenbahnverkehr, **Übereinkommen über den internationalen ~**[147] (COTIF[148]) Convention Concerning International Carriage by Rail (COTIF)

Anhänge A und B: Einheitliche Rechtsvorschriften für den Vertrag über die internationale Eisenbahnbeförderung
- von Personen und Gepäck (CIV),
- von Gütern (CIM).

Anlagen I bis IV zum Anhang B (CIM): Ordnung für die internationale Eisenbahnbeförderung
- gefährlicher Güter (RID),
- von Privatwagen (RIP),
- von Containern (RICo),
- von Expressgut (RIEx).

Appendices A and B: Uniform Rules Concerning the Contract for International Carriage
- of Passengers and Luggage by Rail (CIV),
- of Goods by Rail (CIM).

Annexes I-IV to Appendix B (CIM): Regulations concerning the
- International Carriage of Dangerous Goods by Rail (RID),
- International Haulage of Private Owners' Wagons by Rail (RIP),
- International Carriage of Containers by Rail (RICo),
- International Carriage of Express Parcels by Rail (RIEx).

Eisenbahn~, **~verkehrsordnung** (EVO)[151] *Br* Railway (*Am* Railroad) Regulations; **~verladebescheinigung** railway bill of lading; **~verwaltung** railway (railroad) administration (or board)

Eisenbahnwagen *Br (für Personen)* (railway) carriage (or coach, car); *Am* (railroad) car (or coach); *Br (für Fracht)* goods waggon (or truck, van); *Am* freight car

Eisenbahnwerte rails; *Br* railways, railway securities; *Am* railroads, railroad securities

Eisenbahn, **die Ware der ~ übergeben** to deliver the goods into the custody of the railway (railroad)

eisern, **~er Bestand** emergency reserves; reserve stock; reserve fund; **E~er Vorhang** *pol* Iron Curtain

elastisch elastic, flexible; **~e Außenpolitik** flexible foreign policy; **~e Nachfrage** elastic demand; **~e Währung** elastic currency

Elastizität des Angebots und der Nachfrage elasticity of supply and demand

elektrisch, **~e Energie** electricity; **Entziehung ~er Energie**[152] unlawful taking of electric(al) energy (or current); **~es Gerät** electric(al) appliance (or apparatus)

elektrische, **~r Stuhl** electric chair; **Vollziehung der Todesstrafe durch den ~n Stuhl** electrocution; **auf dem ~n Stuhl hinrichten** to electrocute

Elektrizität electricity; **~sversorgung** electricity supply; **~swerk** power station; **~swirtschaft** electricity supply industry

Elektro~, **~haushaltsgeräte** domestic electric(al) appliances; electric household appliances; **~industrie** electrical industry; electrical engineering; **~werte** electrical shares (or stock)

Elektronikpirat →Computereindringling

elektronisch, **~e Abbuchung am POS-Terminal** electronic funds transfer at the point of sale (EFTPOS); **~e Abstimmung** electronical voting; **~e Bankdienstleistungen** electronic banking services; **~es Bankgeschäft** electronic banking; **~es Bargeld** electronic cash; **~e Buchführung** computerized bookkeeping; **~er Datenaustausch** electronic data interchange (EDI); **~er Datentransfer für kommerzielle Zwecke** trade electronic data interchange systems (Tedis)

elektronische Datenverarbeitung *(EDV)* electronic data processing (EDP); **~sanlage** electronic data processing machine (EDPM)

elektronisch, **~e Kassen** *(für bargeldloses Einkaufen)* point-of-sale terminals; **~e Manipulationen** electronic embezzlement; **~e Rechenmaschine** electronic calculation machine, computer

elektronischer Zahlungsverkehr (EZV) *(der über Terminal, Telefon, Computer oder Magnetband abgewickelt wird)* electronic funds transfer (EFT)

Elektrotechnik *(als Wissenschaft)* electrotechnics; *(praktisch)* electrical engineering

Elends~, **~bezirk** distressed area; **~viertel** *(e-r Stadt)* slum(s); **Beseitigung von ~vierteln** slum clearance; *Am* urban renewal

Elfenbeinküste →Côte d'Ivoire

Elfergruppe *(→Zehnergruppe und Schweiz)* Group of Eleven

El Salvador El Salvador; **Republik ~** Republic of El Salvador (→Salvadorianer)

elterliche Sorge~, **~früher elterliche Gewalt für eheliche Kinder** parental care (or custody) of legitimate children; **die ~ umfasst die Sorge für die Person und das Vermögen des Kindes** parental care comprises the care for the person and the property of the child (nach Ehescheidung§ 1671 BGB upon divorce, bei Getrenntleben der Eltern§ 1672 BGB upon separation of the parents); **Bestellung e-s Beistandes für die Ausübung der elterlichen Sorge** →Beistand 2.

elterliche Sorge für nichteheliche Kinder[157] parental custody of illegitimate children

elterlich, **der ~en Verwaltung unterliegendes Vermögen** property subject to the administration (or management) of a parent

Eltern parents; **~- und Kindesverhältnis** parent- child relationship; **~rente** *(Hinterbliebenenrente)* parents' pension; **~teil** parent; **~teil, der das Sorgerecht hat** custodial parent; parent who has been awarded custody

Emballage *(Verpackung e-r Ware)* packing, packaging (material)

Embargo embargo; **→Export~**; **→Gold~**; **→Import~**; **→Waffen~**; **~ gegen die eigenen Staatsangehörigen** civil embargo; **~ gegen fremde Schiffe** hostile embargo; **Verhängung e-s ~s** imposition of an embargo; **das ~ aufheben** to lift (or raise) the embargo; **ein ~ legen (auf)** to lay (or put) an embargo (on a ship, trade, etc); to lay (a ship, trade, etc) under embargo; **ein ~ verhängen** to impose an embargo

Embryonenschutz embryo protection

emeritierter Professor mit Lehrtätigkeit emeritus (or retired) professor with a teaching post (or appointment)

Emigrant emigrant

Emission 1. *(von Effekten)* (new) issue, issuing; *Am (auch)* issuance; **~ e-r AG** company (or corporate) issue; **~ von Aktien** issue of shares, share issue; **~ von Obligationen** bond issue, debenture issue; **→Anleihe~**; **→Auslands~**; **→Effekten~**; **→Inlands~**; **Neu~** new issue; *(neue Ausgabe)* reissue; **→Über~**; **→Überpari~**; **→Unterpari~**

Emission, **Garantie (od. Übernahme) e-r ~** underwriting of an issue; **Provision für Übernahme der ~** underwriting commission; **die Unterbringung e-r ~ garantieren** to underwrite an issue

Emissions~, **~agio** issue premium; *Br* share premium; **~bank** issuing bank; *Br* issuing house; *Am* investment bank; **~bedingungen** terms and conditions of issue; **~disagio** issue discount; **~erlös** issue proceeds; **e~fähig** capable of issuing securities; **~geschäft** *(e-r Bank)* underwriting business; *(einzelnes)* issuing transaction; **~konsortium** underwriting syndicate; **~kredit** credit granted to the issuer by the bank by underwriting the issue; **~kurs** price of issue, issue price; **~land** country of issue; **~markt** new issue market; primary (issue) market; **~preis** issue price; **~prospekt** underwriting (or issue) prospectus; *(Investmentanteile)* sales prospectus; **~recht** right to issue securities; **~rendite** issue yield; yield(s) on newly issued bonds (or shares); **~syndikat** underwriting syndicate; **~tag** date of issue

Emissionstätigkeit, **die lebhafte ~ hat angehalten** the activity of issuers remained brisk

Emissionsvertrag underwriting contract

Emission, **e-e ~ auflegen (begeben)** to launch (float) an issue; **e-e ~ unterbringen** to place an issue

Emission 2. *(Luftverunreinigung)* emission; **Schadstoff~en** emissions of pollutants; **~snormen für Kernanlagen** emission standards for nuclear facilities

Emittent issuer; issuing company; **ausländische ~en** foreign issuers; **inländische ~en** domestic issuers

emittieren to issue

emittiert, **neu ~e Rentenwerte** newly issued bonds

Empfang 1. *(Erhalt)* receipt; **bei ~** (up)on receipt; *(Waren)* on delivery; **nach ~** (up)on receipt; when received; **~nahme** receipt, receiving; *(von Waren)* taking delivery; **~sanzeige** advice of receipt; **e~sbedürftiges Rechtsgeschäft** (z. B. Kündigung) declaration of intent which becomes complete upon receipt by the other party (e. g., notice of termination of a lease); **~sbekenntnis** (acknowledgment of) receipt; **e~sberechtigt** authorized (or entitled) to receive; **~sberechtigter** person authorized (or entitled) to receive; *(bei Zahlungen)* rightful recipient; *(aus e-m Versicherungsvertrag)* beneficiary; **~sbescheinigung** (acknowledgement of) receipt

Empfangsbestätigung acknowledgement of receipt; **vorläufige ~** *(Zwischenquittung)* temporary receipt; **wir erbitten ~** please acknowledge receipt

Empfangs~, **~bevollmächtigter** authorized receiving agent; **~hafen** receiving port; **~konnossement** received for shipment B/L; **~land** →Empfängerland; **~schein** (acknowledgement of) receipt; *(für eingelieferte Post)* certificate of posting, *(für empfangene Post)* advice of delivery; **~staat** receiving state, host state *(Ggs. Entsendestaat)*; **~stelle**[157a] receiving agency

Empfang, **den ~ bescheinigen** to acknowledge receipt of; *(quittieren)* to receipt; **den Brief in ~ nehmen** to receive the letter, to take receipt of the letter; **die Waren in ~ nehmen** to receive the goods, to take delivery of the goods

Empfang 2. *(offizieller Empfang)* reception; *(im Hotel etc)* reception desk; **~ durch die Stadtverwaltung** municipal reception; civic reception; **~schef** reception clerk; *Br* receptionist; *Am (Hotel)* room clerk; **~sstaat** receiving state *(Ggs. Entsendestaat)*; **~szimmer** reception room; parlo(u)r; **e-n ~ geben** to give (or hold) a reception; **an e-m ~ teilnehmen** to attend a reception

empfangen to receive; *(Waren)* to take delivery; *(Gehalt etc)* to draw; *(Gäste)* to receive, to entertain, to welcome

Empfänger receiver; recipient; *(von Waren, Fracht)* consignee; (Zahlungsempfänger) payee; *(e-s Angebots)* offeree; *(e-s Geschenkes)* donee; *(e-r Versicherungssumme od. e-s Vermächtnisses)* beneficiary; **~ e-s Briefes** receiver (or addressee) of a letter; **~ e-r Geldsendung** remittee; **~ e-r Rente** recipient of an annuity; annuitant; pensioner; **~ e-r Sendung** consignee; **~ e-s Zuschusses** recipient of a grant; **~land** recipient (or beneficiary, donee) country *(Ggs. Geberland)*; **„~ unbekannt verzogen"** "removed, address unknown"; **der Zoll geht zu Lasten des ~s** duty for consignee's account

Empfängnis conception; **~verhütung** contraception; **~verhütungsmittel** contraceptive; **vermutlicher Zeitpunkt der ~** presumed date of conception

Empfängniszeit, **gesetzliche ~**[158] period of conception by statutory presumption; **als ~ gilt die Zeit von dem 181. bis zu dem 302. Tage vor dem Tage der Geburt des Kindes** the (statutory) period of conception runs from 181 to 302 days before the date of birth of the child

empfehlen to recommend; **dringend ~** to recommend urgently; **ich bitte Sie, mich Herrn X zu ~** please remember me to Mr. X *(→empfohlen)*

empfehlenswert, **~e Kapitalanlage** recommendable investment; **es ist ~** *(gut)* it is worth recommending; *(ratsam)* it is advisable

Empfehlung recommendation; reference; suggestion; **~en** *(Grüße)* compliments, kind regards; *(VölkerR)* recommended practices; **→Preis~**; **auf ~ von** on recommendation of;

mit den besten ~en with kind regards; **mit ~en des Verfassers** with the compliments of the author; **~sschreiben** letter of recommendation; introductory letter; reference; **~en aussprechen** to make (or formulate) recommendations; **die ~en sind nicht verbindlich**[159] recommendations shall have no binding force

empfindlich, ~er Markt sensitive market; **~er Schaden** serious damage (or loss)

empfohlener Preis recommended (or suggested) price

emporarbeiten, sich ~ to work one's way up

emporschnellen *(von Preisen, Kursen etc)* to soar; to jump (up); *(raketenartig)* to skyrocket

Emulgatoren emulsifying agents, emulsifiers *(→Lebensmittelzusatzstoffe)*

en bloc en bloc; in bulk

Ende end, close; *(Beendigung)* termination; conclusion; *(Ablauf)* expiration; **am ~ e-s Geschäftsjahres** at the end of a business year; **am ~ seiner Rede** at the conclusion of his speech; **bis ~ der nächsten Woche** by (or until) the end of next week; **für ~ März anberaumte Sitzung** meeting scheduled for late March

Ende, ~ der achtziger Jahre in the late 1980 s; **~ der Debatte** *parl* closure of the debate; **~ e-r Frist**[160] termination of a time limit; dies ad quem; **unter ~ e-s Monats wird der letzte Tag des Monats verstanden**[161] end of the month means the last day of the month; **~ e-s Prozesses** close of an action

Ende, zu ~ bringen to bring to an end (or to a close); to terminate; **zu ~ gehen** to come to an end; *(Vorräte)* to run out, to run short (or low)

End~, ~abnehmer ultimate buyer (or consumer); **~abrechnung** final account; *(des Kommissionärs)* final account purchases (A/P), final account sales (A/S); **~alter** *(VersR)* maturity age; age at expiry; **~bestand** →Bestand 1.; **~betrag** final amount, sum total; **im ~effekt** in the final result; to all intents and purposes; **~ergebnis** final result; **~erzeugnis** end (or final) product; **~gerät** *(EDV)* terminal

endgültig definite, final; **zur ~en Abrechnung** in final settlement; **bis zur ~en Entscheidung** pending a final decision; **~e Fassung** definite version; **~ eingestellte Produktion** production finally discontinued; **~e →Quittung**; **~ entscheiden** to give a final decision, to decide definitely

End~, ~kontrolle final control; **nukleares ~lager** nuclear waste dump; **~lagerung von radioaktiven Abfällen** final storage (or permanent disposal) of radioactive waste; **~phase** final phase; **~preis** final (or ultimate) price; *(Verbraucherpreis)* consumer price

Endprodukt final product; *(in das ein Teilprodukt eingearbeitet wurdeProdHR)* end (or subsequent) product; **~hersteller** *(ProdHR)* assembler

End~, ~quote final quota; *(höchst erreichbare)* **~stellung** dead end job, terminal job; **~summe** sum total; grand total; **~termin** final date; end of a fixed term; deadline; dies ad quem; **~urteil**[162] final judgment; **~verbrauch** final consumption; **~verbraucher** ultimate consumer; **~verbraucherpreis** price to the ultimate consumer

Endvermögen e-s Ehegatten[163] assets owned by a spouse at the end of the statutory regime of →Zugewinngemeinschaft

enden *(aufhören)* to end, to expire, to come to an end, to finish; *(beenden)* to finish, to terminate, to bring to an end; *(zu Ende sein)* to have finished, to have come to an end, to have expired (or ended), to be at an end; **die Amtszeit endet am** the term of office ends on; **die Frist endet am** the time limit expires on; **ein Recht endet** a right terminates (or expires)

Energie energy, power; **→Kern~**; **~abhängigkeit** energy dependence (von on); **~bedarf** energy (or power) requirement (or demand); **im ~bereich** in the energy field (or sector); **~einfuhren** energy imports; **~einsparung** saving of energy; economizing on energy; **erneuerbare ~** renewable energy; **~erzeugerland** energy-producing country; **~erzeugung** production of energy; power production; **~forschung und ~entwicklung** energy research and development, energy R D; **~gewinnung aus Primärenergieträgern** *(z. B. Steinkohle und Braunkohle)* obtaining energy from primary energy sources; **~knappheit** energy shortage; **~kostensteigerung** increased costs of energy; **→Auswirkungen der ~krise**; **~lage** energy situation; **~lücke** energy gap; **~nachfrage** energy demand; **~nutzung** use of energy; **~politik** energy policy; **~preiserhöhung** increase in energy prices; **internationales ~programm**[164] international energy program(me); **alternative ~quellen** alternative sources of energy; **~sparmaßnahmen** energy conservation measures; **~speicherung** energy storage

Energieträger, die herkömmlichen ~ besser ausnützen to exploit conventional sources of energy more efficiently

Energieverbrauch energy consumption; use of energy; **Gesamt~** total energy consumption; **Einschränkung des ~s** energy saving

Energie~, ~verbraucherländer energy consuming countries; **~verknappung** energy shortage; **~verschwendung** waste (or wasting) of energy; **~versorgung** energy supply; power supply; **~versorgungsunternehmen** public utility; **~wirtschaft** power(-producing) industry

energisch vorgehen to take a strong line

eng narrow; close; tight; **~ verbündet** closely allied; **~e Auslegung** narrow (or strict) interpretation; **~er Ausschuss** select committee; **~er Kontakt** close contact; **~er Markt** narrow market; **im ~eren Sinne** in the strict (or narrow) sense; strictly speaking; **ein Gesetz ~ auslegen** to construe a law restrictively; **~ zusammenarbeiten** to cooperate closely

enger, als Kandidat in der ~en Wahl stehen to be on the short list of candidates

engst, sein ~er Mitarbeiter his closest colleague

Engagement *(Anstellung, bes. e-s Künstlers)* engagement; *(Verpflichtung)* commitment, involvement; **soziales ~** social commitment; **~ der Baissepartei** *(Börse)* bear engagement; short account; **~ der Haussepartei** *(Börse)* bull engagement; long account; **ein ~ eingehen** to enter into a commitment

engagieren, jdn ~ to engage (or employ, *Am* hire) sb.; **sich ~** to commit oneself; to campaign (für for)

engagiert committed

Engpass bottle(-)neck; shortage; →**Versorgungs~**; **e-n ~ beseitigen** to eliminate a bottleneck; **Verhandlungen aus dem ~ herausbringen** to break the deadlock in the negotiations; **Engpässe traten auf** bottlenecks appeared (or made themselves felt)

en gros wholesale; **E~handel** →Großhandel; **E~händler** →Großhändler; **E~preis** s. Preis im →Großhandel; **~ verkaufen** to sell wholesale

Enkelgesellschaft company controlled through subsidiaries, second-tier subsidiary; sub-subsidiary

Enklave *pol* enclave

Enquete-Kommission commission of inquiry

entbehr, ~en *(nicht haben)* to lack, to miss; **der Anspruch ~t jeder Grundlage** the claim is without merits; the claim lacks any foundation

entbinden *(jdn von etw. befreien)* to release (or dispense, exonerate) (sb. from an obligation etc); **den Schuldner von seinen Schulden und Verpflichtungen ~** *(z. B. im Vergleichsverfahren)* to release the debtor from his debts and liabilities

Entbindung 1. ~ von e-r Verpflichtung release (or exoneration) from an obligation

Entbindung 2. delivery, confinement, (child) birth; **Beihilfe für ~** maternity grant; **~sanstalt (od. ~sklinik)** maternity hospital; lying-in hospital; **~skosten** confinement costs

entdecken to discover; *(ausfindig machen)* to find out, to detect

enteignen to expropriate; *Am (zur öffentlichen Benutzung)* to condemn; **Grundbesitz ~** *Br* to purchase land compulsorily; *Am* to take land by (the power of) eminent domain; **zum allgemeinen Wohl und gegen gerechte Entschädigung ~** to expropriate for the public benefit and against just compensation

Enteignung expropriation; *Am* condemnation; *Scot* compulsory surrender; *Br (von Grundbesitz)* compulsory purchase (gegen Entschädigung for compensation); *Am* taking by (the power of) eminent domain; →Entschädigung bei Enteignung

Enteignungs~, **~beschluss** expropriation (or expropriating) order; *Am* condemnation order; *Br (gegen Entschädigung)* compulsory purchase order; **~entschädigung** →Entschädigung bei Enteignung; **e~gleicher Eingriff** unlawful public authority interference with private property (as distinct from lawful expropriation of property by a public authority, but having the same practical impact); **~recht** *(objektiv)* law of expropriation; *Br* law of compulsory purchase; *Am* law of eminent domain; *(subjektiv)* right to expropriate; *Am* right (or power) of eminent domain; **~verfahren** expropriation procedure; *Am* condemnation (or eminent domain) procedure

enterben to disinherit; *Am (auch)* to exheredate

Enterbung[165] disinheritance, disinheriting; *Am (auch)* exheredation

entern, ein *(feindliches)* **Schiff ~** to board a (hostile) ship

entfallen *(wegfallen)* to be cancel(l)ed; **~ auf** to fall to (sb.'s share); to be allotted (or attributed, allocated, apportioned) to; **auf e-n Anteil ~de Gewinne** profits attributable to a share; **auf X ~de Kosten** expenses attributable to X

„entfällt" *(auf Formularen)* not applicable; **die Bedingung entfällt"** the condition fails

Entfaltung development; **Recht auf freie ~ der Persönlichkeit**[166] right to the free development of one's personality

entfernen to remove; **jdn** *(zwangsweise)* **~** to evict (or dispossess, eject, oust) sb.; **aus dem Amt ~** to remove from office; **sich unerlaubt von der Arbeit ~** to absent oneself from work without leave

entfernt remote; **~ verwandt** distantly related

Enfernen, unerlaubtes ~ vom →Unfallort

Entfernung 1. *(räumlich)* distance; **kurze (größere) ~** short (longer) distance; **~sangabe** indication of distance

Entfernung 2. *(Wegschaffen)* removal; *(zwangsweise, z. B. e-s Mieters)* eviction, ejection, dispossession, ouster; **~ aus dem Amt** removal from office; **~ der eingebrachten Sachen**[167] removal of the objects brought in (by the tenant); **unerlaubte ~ von der Truppe** absence without leave (AWOL)

entflechten *(dekartellisieren)* to decartelize; *Am* to deconcentrate; *Am* to dissolve

Entflechtung decartelization; *Am* deconcentration, divestiture; **~e-s Konzerns** breakup of a conglomerate

entführen *(mit Gewalt)* to abduct, to kidnap; *(Flugzeug)* to hijack; *(zum Zwecke der Heirat)* to elope with

Entführer abductor; *(in erpresserischer Absicht)* kidnapper; *(e-s Flugzeugs)* hijacker; **den Forderungen der ~ nachgeben (nicht nachgeben)** to give in to (to resist) the kidnappers' demands

Entführung abduction; *(in erpresserischer Absicht)* kidnapping; *(e-s Flugzeugs)* hijacking; *(der heimlichen Braut mit ihrer Einwilligung)* elopement; **versuchte ~** attempted kidnapping; **~ von Geiseln** kidnapping of hostages; **~ von Kindern aus gemischt-nationalen Ehen** legal kidnapping (of children of a mixed marriage); **~splan** kidnapping plan (or plot); hijacking plan (or plot)

entgangen, es scheint Ihrer Aufmerksamkeit ~ zu sein it seems to have escaped your attention (or notice)

entgangen, ~er Gewinn[168] (lucrum cessans) lost (or missed, not realized) profit; **für ~en Gewinn haften** to be liable for loss of profit (or bargain)

entgegen § 1 contrary to section 1; notwithstanding section 1

entgegengesetzt →entgegensetzen

entgegenhalten, jdm etw. ~ to point sth. out to sb.; to cite sth. to sb. in opposition

Entgegenhaltung *(PatR)* citation

Entgegenkommen obligingness; helpfulness; courtesy; **durch freundliches ~ von** by courtesy of; **gegenseitiges ~** give and take; **jdm ~ zeigen** to oblige sb.; to comply with (or meet) sb.'s wishes; **ich danke Ihnen für Ihr (freundliches) ~** I thank you for your courtesy

entgegenkommen 1. jdm ~ to accommodate sb.; to oblige sb.; to meet sb.'s wishes; **e-m Kunden mit dem Preis ~** to accommodate (or meet) a customer with regard to the price; **jdm mit →Preiszugeständnissen ~**

entgegenkommend accommodating, obliging

entgegenkommen 2. *(Verkehr)* to approach; **~des Auto** approaching (or oncoming) car; **~der Verkehr** oncoming traffic

Entgegennahme receiving; acceptance; **~ e-s Auftrags** receiving (or taking) an order; **~ der Ware** taking delivery of the goods; **e-n Bevollmächtigten zur ~ gerichtlicher Urkunden ernennen** to appoint an agent for the purpose of accepting service of process

entgegennehmen to receive, to accept; **e-e Bestellung ~** to take (or receive) an order; **e-e (schriftl.) eidliche Erklärung ~** to take an affidavit; **die Ware ~** to take delivery of the goods; **Weisungen ~** to receive (or take) instructions

entgegensehen *(erwarten)* to await, to expect; *(freudig)* to look forward (to); *(e-r Gefahr)* to face; **wir sehen Ihrer Antwort mit (großem) Interesse entgegen** we await your reply with (great) interest; **Ihrer baldigen Antwort ~d** awaiting your early reply

entgegensetzen to counter (with), to oppose

entgegengesetzt opposite; contrary, opposed; **ungeachtet ~er Bestimmungen** notwithstanding any provision to the contrary; **~e Interessen** opposite (or conflicting) interests; **~e Ziele** opposing aims

entgegenstehen to be opposed to; *(ausschließen)* to negative; **e-r Maßnahme ~** to be an obstacle to a measure; to hinder (or prevent) a measure; **die Verordnung bleibt in Kraft, soweit ihr Bestimmungen dieses Gesetzes nicht ~** the regulation shall remain in force, in so far as it does not conflict with provisions of this Act

entgegenstehend, ~er Anspruch adverse (or conflicting) claim; **ungeachtet ~er Bestimmungen** notwithstanding any provisions to the contrary; **~e Vereinbarung** agreement to the contrary

entgegenstellen →entgegensetzen

entgegentreten to confront (or oppose) (sth.)

entgegenwirken to counteract, to thwart, to fight; **Missständen ~** to take action against abuses, to combat abuses; **e-r etwaigen Spekulation ~** to thwart any possible speculation

entgegnen to answer, to reply

Entgegnung answer, reply; *(Replik)* answer, replication; *(Duplik)* rejoinder

entgehen, der Bestrafung ~ to escape punishment *(→entgangen)*

Entgelt 1. *(Vergütung)* payment, remuneration; *(Gegenleistung)* consideration; *(Entschädigung)* compensation; *(Belohnung)* reward; **als ~ für** in consideration of; in return for; **gegen ~** for a consideration; against payment; for remuneration; **~e für die Überlassung von Lizenzen** royalties from licen|ces (~ses); **~ für Vormundschaft**[169] remuneration for services as a guardian; **~fortzahlung im Krankheitsfall** continued remuneration in case of sickness; **gegen ~ handeln** *(z. B. bei Verrat von Geschäftsgeheimnissen)* to act for reward

Entgelt 2. *(Umsatzsteuer)*, **der Umsatz wird bei Lieferungen und sonstigen Leistungen nach dem ~ berechnet**[170] in the case of deliveries and other performances the turnover shall be calculated according to the consideration; **vereinbartes ~** agreed (upon) consideration; **vereinnahmtes ~** consideration received

Entgelt ist alles, was der Leistungsempfänger aufwendet, um die Leistung zu erhalten, jedoch abzüglich der Umsatzsteuer.[171]

Consideration shall be everything which the recipient of a performance must expend under the contract in order to obtain the performance, reduced, however, by the turnover tax.

entgelten to pay; to compensate; to remunerate; **Überstunden ~** to pay for overtime

entgeltlich against (or in return for) payment; for a (valuable) consideration; for remuneration; nongratuitous; **~ oder →un~**; **~e Arbeitsvermittlung** fee-charging employment agency; **~e Inanspruchnahme von Diensten** purchase of services; **~e Leistung von Diensten** sale of services; **~e Leistungen** performances which are to be compensated (or paid for); **~e Überlassung e-s Arbeitnehmers** →Arbeitnehmerüberlassung; **~erworben** acquired for a consideration

entgiften to decontaminate

Entgleisen, **e-n Zug zum ~ bringen** to derail a train

Enthaftung release from liability

enthalten 1. to contain, to comprise; **die Bedienung ist im Preis ~** the price includes service (or is inclusive of service); **der Bericht soll ~** there shall be included in the report

enthalten 2. sich der Stimme ~ to abstain from voting

Enthaltung, **→Stimmen~**

entheben, **jdn seines Amtes ~** to remove (or dismiss) sb. from office; to relieve sb. of his post; *(vorübergehend)* to suspend sb.

enthoben, **des Dienstes ~ sein** to be compulsorily retired; *(vorläufig)* to be suspended

Enthebung, **→Amts~**; **→Dienst~**; **~ von Richtern vom Amt**[172] dismissal of judges

enthüllen to disclose, to reveal; **ein Denkmal ~** to unveil a monument

entkartellisieren to decartelize

Entkartellisierung decartelization

Entkolonialisierung decolonization

entkommen to escape, to get away

entkräfte, **~n** *fig* to weaken, to invalidate; **dieses Zugeständnis ~t den Anspruch** this admission vitiates the claim

Entkräftung *fig* invalidation

Entladen unloading, discharge (of cargo); **Beladen und ~ von Lieferwagen vor Geschäften** loading and unloading of delivery vans in front of shops; **~ von Schiffen** unloading of ships; **Beginn des ~s** breaking bulk

Entlade~, **~frist** unloading time; **~gerät** unloading equipment; **~hafen** port of unloading, port of discharge; **~kosten** discharging expenses, costs of unloading; **~platz (od. ~stelle)** unloading (or discharging) place

entladen to unload, to discharge (cargo); **ein Flugzeug ~** to deplane

Entladung →Entladen

entlassen to dismiss, to discharge (from service or office); to remove from office; *Am* to separate (from service), to terminate sb.'s employment; *colloq.* to fire; *(z. B. wegen Arbeitsmangels)* to lay off, to make redundant; *(aus e-r Verpflichtung)* to release; **fristlos ~** to discharge (or dismiss) without notice; to dismiss summarily; **aus der →Haft ~**

Entlassenenfürsorge *(für Strafgefangene)* aftercare; discharged prisoners' aid; rehabilitation aid

Entlassung dismissal, discharge; removal (from service or office); termination of employment; *Am* separation; *colloq.* firing; **betriebsbedingte ~** redundancy; **fristlose ~** dismissal (or removal) without notice; instant dismissal, summary dismissal; **gerechtfertigte ~** fair dismissal; **→Massen~en**; **unehrenhafte ~** *mil* dishono(u)rable discharge; **ungerechtfertigte ~** wrongful (or unfair) dismissal; **vorläufige ~** suspension; **vorübergehende ~** *(bes. wegen Auftragsmangels)* lay-off; **ohne vorzeitige ~** *(StrafR)* with no days suspended, without parole

Entlassung, **~ auf Antrag** resignation; **~ aus dem Gefängnis** release (or discharge) from prison; **~ aus e-m Krankenhaus** discharge from a hospital; **~ aus der Staatsangehörigkeit**[173] deprivation of citizenship *(→Ausbürger-*

ung); ~ **des Testamentsvollstreckers**[174] dismissal of the executor; ~ **aus** →**triftigem Grund**; ~ **wegen unzulänglicher fachlicher Leistungen**[175] dismissal for incompetence; ~ **aus dem Wehrdienst** discharge from military service

Entlassungs~, **~abfindung** settlement on (or compensation for) dismissal; *(EU)* dismissal indemnity; *Am* severance pay; dismissal pay; compensation for loss of office; *Br (bei Arbeitsmangel)* redundancy pay; **~antrag** (letter of) resignation; **~bescheid** notice of dismissal; *Am* separation notice; **~entschädigung** →Entlassungsabfindung; **~gesuch** →Entlassungsantrag; **~grund** cause for discharge (or dismissal); **~schein** *mil* discharge certificate; **~sperre**[176] waiting period for dismissals; **~welle** wave of dismissals

Entlassung, **die ~ des Angeklagten anordnen** to order the defendant to be discharged; **die ~** *(durch den Arbeitgeber)* **rechtzeitig anzeigen**[177] to give due notice of the dismissal; ~ **beantragen (od. um seine ~ bitten)** to resign; to hand in (or send in, tender) one's resignation; to hand in one's notice

entlasten *(Teil der Verantwortung etc abnehmen)* to relieve, to discharge, to ease (of); to release (from); *(von e-r zur Last gelegten Schuld befreien)* to exonerate, to discharge; **sich ~** to clear oneself; to exonerate oneself; **jdn für e-n Betrag ~** to credit an amount to sb.'s account; **e-n Bürgen ~** to discharge a surety; **die Direktoren ~** to discharge the directors from their responsibilities; to give formal approval to the actions of the directors; **die Kernstadt** *(verkehrsmäßig)* ~ to decongest the city (or town) centre (center); **den Verkehr ~** to ease the traffic

entlastendes Beweismaterial exonerating evidence

entlastet, **~er Gemeinschuldner** discharged bankrupt; **(noch) nicht ~er Gemeinschuldner** undischarged bankrupt; **von der ausländischen Steuer ~ sein** to be relieved of the foreign tax

Entlastung discharge, discharging (from a duty, obligation, responsibility, etc); formal approval of sb.'s acts; relief, release; exoneration; easing (of a burden); *(Buchhaltung)* credit (entry) *(Ggs. Belastung)*; *(schriftlich)* quittance; **zu meiner ~** to my discharge; **~ e-s Bürgen** discharge of a surety; **~ des Gemeinschuldners** *(von künftiger Haftung bezüglich unbezahlt gebliebener Schulden)* discharge of the bankrupt; **~ der Mitglieder des Aufsichtsrats**[178] acceptance of the directors' report; formal approval of the directors' action; **~sbeweis** evidence for the defence (defense); evidence in exoneration; **~sstraße** relief road; by(-)pass; **~szeuge** evidence for the defence (defense); **~ erteilen** to grant formal approval of sb.'s acts; to give a discharge; **rechtswirksame ~ erteilen** to give (or grant) effectual discharge; **zur ~ des Angeklagten genügt der Nachweis** it shall be a good (or sufficient) defence (defense) for the accused to prove ...

entleihen to borrow (von from)

Entleiher borrower; *(Arbeitnehmerüberlassung)* hirer (borrowing employee[s]); **e-n Arbeitnehmer an ~ überlassen** to hire out an employee; **der ~ hat die gewöhnlichen Kosten der Erhaltung der geliehenen Sache zu tragen**[179] the borrower bears the normal cost (or expenses) of maintaining the article borrowed

Entleihunternehmen *(Arbeitnehmerüberlassung)* hiring firm

Entlehnung *(UrhR)* quotation of (or borrowing from) another author's work

entloben to break off one's engagement

entlohnen to pay (off); to remunerate; *Am* to compensate

Entlohnung paying (off); remuneration; *Am* compensation; *(Bezüge)* pay, salary, wages; **~sgrundsätze**[180] principles of remuneration; **~smethoden** remuneration methods; *Am* methods of compensation

entmachten to deprive of power

entmilitarisieren to demilitarize

entmilitarisierte Zone demilitarized zone

Entmilitarisierung demilitarization

entmündigen *(bis 31. 12. 1991, cf. Betreuung 1.)* to place under the control of a guardian, to place under guardianship; *Br (e-n Geisteskranken)* to make (sb.) subject to an order of the Court of Protection; **jdn wegen Geisteskrankheit ~** to declare sb. of unsound mind and place him under guardianship; *Br* to appoint a guardian for a patient

Entmündigt werden konnte, 1. wer infolge von Geisteskrankheit oder Geistesschwäche seine Angelegenheiten nicht zu besorgen vermochte; 2. wer durch Verschwendung sich oder seine Familie der Gefahr des Notstandes aussetzte; 3. wer infolge von Trunksucht oder Rauschgiftsucht seine Angelegenheiten nicht zu besorgen vermochte.[181]

A person could be placed under guardianship on the ground 1. that he was unable to manage his own affairs because of mental disease or deficiency; 2. that by prodigality he exposed himself or his family to the danger of necessity; 3. that in consequence of habitual drunkenness or drug addiction he was unable to manage his affairs

Entmündigte *(bis 31. 12. 1991, cf. Betreuung 1.) (der/die)* person deprived of legal capacity; person (placed) under guardianship; **wegen Geisteskrankheit ~(r)** person subject to guardianship by reason of mental illness; *Br* person made subject to an order of the Court of Protection; *Am* person declared incompetent on the ground of mental illness

Entmündigung *(bis 31. 12. 1991, cf. Betreuung 1.)* placing sb. under guardianship; declaration (by judicial decree) of legal disability (or incapacity, *Am* incompetence); *Br* making sb. subject to an order of the Court of Protection

Entmündigungsbeschluss[182] *(bis 31. 12. 1991, cf. Betreuung 1.)* order (or decree) of guardianship; order placing sb. under guardianship; **Aufhebung e-s Entmündigungsbeschlusses** revocation of an order placing sb. under guardianship

Entmündigungs~, ~sachen *(bis 31. 12. 1991, cf. Betreuung 1.)* guardianship matters concerning *Br* persons suffering from mental disorder (*Am* mentally incompetent persons) (etc); *Br* Court of Protection matters (or cases); **~verfahren** proceedings for appointment of a guardian for *Br* a person suffering from mental disorder (*Am* an incompetent) (etc); *Br* Court of Protection proceedings

Entnahme[183] *(von Geld)* drawing, withdrawal; **Bar~n** cash drawings; →**Privat~n**; **widerrechtliche ~** *(PatR)* fraudulent abstraction; unlawful deprivation; **~ für persönliche Zwekke** withdrawal for one's personal use; **~ von Proben** taking samples, sampling; **~n aus Rücklagen** withdrawals from reserves; **~plan** withdrawal plan

entnazifizieren to denazify

Entnazifizierung[184] denazification

entnehmen 1. *(aus etw. herausnehmen)* to take (from); *(Geld)* to draw, to withdraw; **Gewinne ~** to withdraw profits

entnommen, nicht ~er Gewinn undrawn (or undistributed) profit; business savings; *(GesellschaftsR)* retained profits (or earnings)

entnehmen 2. *(aus etw. ersehen)* to infer from; to see (or understand) from; **Ihrem Schreiben entnehme ich** I see (or understand) from your letter

Entrattung deratization, deratting; **Bescheinigung über die Befreiung von der ~** deratting exemption certificate; **~sbescheinigung**[185] deratting certificate

Entreicherter *(bei ungerechtfertigter Bereicherung)* party who has suffered a loss

entrichten to pay; **Zölle ~** to pay duties

Entrichtung der Steuer payment of the tax

entschädigen *(Ersatz leisten)* to compensate, to make compensation (to); to indemnify, to make up for; *(rückerstatten)* to reimburse; **sich ~** *(schadlos halten)* to compensate (or indemnify, recoup) oneself; **den Eigentümer von enteignetem Grundbesitz ~** to give (or pay) compensation to (or to indemnify) the owner of property taken for public use; **jdn für e-n Verlust ~** to compensate (or indemnify, reimburse) a p. for a loss; to pay (or award) damages to a p.

entschädigt werden to be compensated; to obtain (or recover, be awarded) damages

Entschädigung compensation, indemnification, indemnity; recompense; reimbursement; *(Wiedergutmachung)* reparation; *(Schadloshaltung)* recoupment; *(Summe)* damages; compensation award; indemnification (award); indemnity; **als ~** as (or by way of) compensation; →**angemessene ~**; **doppelte ~ bei Unfalltod** *(VersR)* double indemnity in case of accidental death; **einmalige ~** lump sum compensation; single award (of damages or compensation); **finanzielle ~** pecuniary (or monetary) compensation; *(der Höhe nach)* **vertraglich vereinbarte ~** liquidated damages; contractually agreed damages (or compensation)

Entschädigung, ~ *(der Arbeitnehmer)* **bei Betriebsunfällen** →Betriebsunfallentschädigung; **~ für** →**Bruchschaden**; **~ bei Enteignung**[186] *Br* compensation for (or in respect of) compulsory purchase (or compulsory requisition); compensation for expropriation; *Am* compensation for condemned property, condemnation award; **~ in Geld** compensation in money, pecuniary compensation; monetary indemnity; **~ für Opfer von Gewalttaten** compensation for victims of violence *(→Opferentschädigungsgesetz)*; **~ für ungerechtfertigte** →**Strafverfolgungsmaßnahmen**; **~ von Zeugen** →Zeugenentschädigung

Entschädigungs, ~- compensatory; **~anspruch** claim for compensation (or damages, indemnification); *(für Aufwendungen)* right of indemnity; **e~berechtigt** eligible for compensation; entitled to claim compensation; entitled to be indemnified; **~betrag** (amount of) compensation (or indemnification); indemnity (sum); (quantum of) damages; **~fonds** compensation fund; **~gesetz** →Bundesentschädigungsgesetz; **~leistung** compensation (payment); compensation paid (or payable); **e~los** without compensation; **~pflicht** duty to compensate; liability to pay compensation; **e~pflichtig** liable to pay compensation; **~rente** *(z. B. im Lastenausgleich)* compensation (or reparation) pension; **~satz** rate of compensation; **~summe** →Entschädigungsbetrag; **~vereinbarung** compensation (or indemnity) agreement; **~verfahren**

compensation proceedings; **~zahlung** payment of compensation; **~zeitraum** compensation period

Entschädigung, ~ ablehnen to refuse compensation; **~ beanspruchen** to ask to be compensated; to ask for an indemnity; to claim damages; **~ erhalten** to receive compensation; **die ~ festsetzen** to assess (or determine) the compensation; **~ gewähren** to provide for (or award, grant) compensation; **e-e angemessene ~ verlangen** to demand reasonable compensation; **~ zuerkennen** to award compensation

entscheiden to decide, to determine; **~über** *(Gericht)* to rule on; **richterlich ~** to adjudge, to adjudicate; to hold; to judge; to hear and determine; *(behördlich)* to rule; **sich ~** to decide, to come to a decision; **nach →Aktenlage ~**; **→endgültig ~**; **über e-e Frage ~** to determine a question; to decide an issue; **zu jds Gunsten ~** to find for sb.; **durch Schiedsgericht ~** to arbitrate

entscheidend decisive; crucial (für to); *(endgültig)* final, conclusive; **~er Einfluss** decisive influence; **~en Einfluss haben** to control; **zu ~e Frage** *(strittiger Punkt)* point at issue; **~es Problem** *(Grundfrage)* crucial issue; **~e** *(ausschlaggebende)* **Stimme** casting vote

entschieden decided, determined; **noch nicht ~** pending; *(Rechtssache)* sub judice; **die Frage ist noch nicht ~** the question is in abeyance; the matter has not yet been decided; **der (Europäische) Gerichtshof hat ~** *(EU)* the Court of Justice held; **das Gericht hat die Sache ~** the court has decided the cause; **es wurde** *(vom Gericht)* **für ihn ~** the case went in his favo(u)r; he won the case; **es wurde** *(vom Gericht)* **gegen ihn ~** the case went against him; he lost the case; **die Klage ist rechtskräftig ~** a final judgment was given in respect of the claim; the claim was determined by final judgment

Entscheidung decision, determination; *(richterl.)* judgment, adjudication; *(amtl. od. gerichtl.)* order, decree, ruling; **bei der ~, ob** in determining whether; **bei seiner ~** in making a decision; **bis zur endgültigen ~** pending final decision; **nach ~ der Frage** upon determination of the question

Entscheidung, der zur ~ stehende Fall the case at issue; **zur ~ steht die Frage** the point at issue is; **e-e Frage zur ~ vorlegen** to submit a question for a decision

Entscheidung, jd, der e-e ~ trifft decision-maker, person making a decision

Entscheidung, ~ zugunsten des Beklagten judgment for the defendant; **~des Gerichts** decision of the court, court decision; **~ über die Kosten** decision on costs; **→Ermessens~**; **→Investitions~**; **→Kosten~**; **→Sach~**; **Treffen von ~en** decision-making

Entscheidung, angefochtene ~ decision appealed from; decision complained of; *(durch Rechtsmittelinstanz)* **aufgehobene ~** decision set aside; **einschlägige ~** relevant decision; *(Präzedenzfall)* precedent; **endgültige ~** final judgment; **→gerichtliche ~**; **mit →Gründen versehene ~**; **→rechtskräftige ~**; **nicht in der Sache selbst ergehende ~** non-substantive decision; **schiedsrichterliche ~** (arbitral) award; **vorläufige ~** temporary (or provisional) decision

Entscheidung, e-e ~ abändern to amend (or modify) a decision; **die ~ der unteren Instanz abändern** to modify (or reverse) the decision of the lower court; to allow the appeal; **von e-r ~ abweichen** to overrule a decision; **e-e ~ →anfechten**; **e-e ~ →aufheben**; **die ~ ist für die Parteien bindend** the decision shall be binding upon the parties; **bei seiner ~ bleiben** to adhere to one's decision; **e-e ~ fällen** to make a decision; to give (or make) a ruling; **zu e-r ~ kommen** to come to a decision, to arrive at a decision, to reach a decision; **e-e ~ treffen** to make (or *Br* take) a decision; **e-e ~ mit →Gründen versehen**

Entscheidungs~, ~befugnis power of decision, decision-making power (or authority); right to make a decision; jurisdiction; competence; **~begründung** (statement of the) grounds for a decision; **e~erheblicher Sachverhalt** merits of the case; **e~erheblicher Zeitpunkt** *(StrafR)* material time; **~freiheit** freedom of decision; discretion; **~freude** readiness to make decisions; **~gewalt** →Entscheidungsbefugnis; **~gründe** *(e-s Urteils)* reasons for the decision; ratio decidendi; **~maßstäbe** terms of reference; **~merkmal** decisive criterion; **~organ** decision-taking body; policy-making body; **~prozess** decision-making process; **e~reif** ready for (a) decision; **~sammlung** collection of cases; law reports; **~träger** decision-taker; policy maker

entschieden →entscheiden

entschließen, sich ~ to decide, to determine; to make up one's mind

Entschließung *(Resolution)* resolution; **Rats~** *(EU)* Council resolution; **~santrag** motion for (a) resolution; **~sentwurf** draft resolution; **e-e ~ annehmen (od. verabschieden)** to adopt (or pass) a resolution; **das Europäische Parlament verabschiedete e-e ~** the European Parliament adopted a resolution; **e-n ~sentwurf vorlegen** to submit a draft resolution

entschlossen determined, resolved; decided

Entschluss decision; determination, resolution; **~kraft** power of decision; **e-n ~ fassen** to make (or come to) a decision (or resolution); to adopt (or pass) a resolution

entschlüsseln, e-n (Geheim-)Code ~ to break a code; **ein Telegramm ~** to decipher (or decode) a telegram

Entschlüsselung deciphering, decoding

entschulden, Grundbesitz ~ *Am bes.* to disencumber real property; *Br* to free land of charges (or encumbrances); **sein Vermögen ~** to rid one's property of debt

entschuldigen to excuse, to pardon; **sich bei jdm ~ (wegen)** to apologize (or make [an] apology) to sb. (for); to offer an excuse (or express regret) to sb. (for); **sich ~ lassen** to ask to be excused; **bitte, ~ Sie die verspätete Lieferung** will you kindly excuse the delay in delivery; **sein Verhalten läßt sich nicht ~** there is no excuse for his conduct

entschuldigt fehlen to be absent on leave

Entschuldigung excuse, apology; **als ~ für** in excuse of; in apology for; **ausreichende ~** reasonable (or satisfactory) excuse; **ohne genügende ~** without adequate excuse; **e-e ~ wegen e-r Beleidigung veröffentlichen** to publish an apology for a libel; **~sgrund** (legally recognized) (ground of) excuse; **~sschreiben** letter of apology; **jdn um ~ bitten** to beg a p.'s pardon; to offer apologies (for); to apologize to sb. (for); **ich bitte um ~, dass ich Ihren Brief noch nicht beantwortet habe** I apologize for not having replied to your letter earlier

Entschuldung disencumberment; debt relief

Entsendestaat sending state *(Ggs. Empfangsstaat)*

entseuchen to decontaminate

entsiegeln to unseal, to break the seal

Entsorgung (nuclear) waste disposal, disposing of (long-life) radioactive waste; **~ von Klärschlamm** disposal of sludge; **~seinrichtungen** disposal facilities

entspannen *pol* to ease tension; **sich ~** to ease, to relax

entspannt, die Lage hat sich ~ *pol* the situation has eased (off)

Entspannung easing, relaxation; *pol* détente, easing of tensions, easing of strained relations (between states); **Ost-West-~** *pol* East-West détente; **~ am Arbeitsmarkt** relaxation of the labo(u)r market; **~ der Geld- und Kreditpolitik** easing of monetary policy; **~sbemühungen** *pol* efforts to achieve détente, détente efforts; **~spolitik** policy of détente, policy of easing tensions; **die internationale ~ fördern** to further the easing of international tension; **e-n Beitrag zur ~ leisten** to make a contribution to détente

entsprechen *(übereinstimmen mit)* to correspond to, to conform to; to be in accordance with; *(gleichkommen)* to match; *(nachkommen)* to meet, to answer; to comply with; **den →Anforderungen (nicht) ~**; **e-r Bitte ~** to comply with a request; **den →Erwartungen ~**; **den Fähigkeiten und Kenntnissen ~** to be in keeping (or accordance) with the capacity and skills; **dem →Muster ~**; **den Tatsachen ~** to be in accordance with the facts; **den gesetzlichen Vorschriften ~** to comply with the statutory provisions; **dem Zweck ~** to answer (or serve) the purpose

entsprechend *(übereinstimmend, gemäß)* in compliance with, in conformity with, corresponding to; accordingly; *(sinngemäß)* mutatis mutandis; *(analog)* analogous; *(jeweilig)* respective(ly); *(zugehörig)* pertinent; **~e Anwendung finden** to apply mutatis mutandis; **~e Mitteilung** notice to that effect; appropriate notice; **~e Mittel** adequate means; **~e Unterlagen** pertinent (or appropriate) data; **Ihrem Auftrag ~** according (or pursuant) to your order; **dem Gesetz ~** according (or pursuant) to the law; **§ 10 gilt ~** section 10 shall apply mutatis mutandis (or analogously)

Entsprechung correspondence; equivalent; *(Gegenstück)* counterpart

Entstehen, ~ e-s Anspruchs arising of a claim; **~ e-r rechtsgeschäftlichen Verbindlichkeit** creation of a contractual obligation; **im Zeitpunkt des ~s der Steuerschuld** at the time the tax liability comes into existence *(→Entstehung)*

entstehen *(auftreten)* to arise (aus from); *(erwachsen)* to accrue; to originate, to come into existence; *(Kosten, Verluste)* to incur; **~ durch** to result from, to be caused by; **ein Anspruch entsteht** a claim arises; **es entsteht ihm ein erheblicher Aufwand** he incurs considerable expenses; **die Frage entsteht** the question arises; **der Klaganspruch entsteht** the cause of action arises (or accrues); **hohe Kosten können ~** heavy costs can be incurred; **alle Streitigkeiten, die aus diesem Vertrag ~** any disputes that may arise under this contract

entstehend, die dem X ~en Kosten the costs incurred by X; **~er Schaden** loss arising (from); **jdn für alle ~en Verluste haftbar machen** to hold sb. liable for any losses incurred; **~e (anfallende) Zinsen** accruing interest

entstanden, ihm ~e Aufwendungen expenditures incurred by him; **ihm ~e Kosten** costs incurred by him; **ihm sind Kosten ~** he has incurred expenses; **die dadurch ~en Kosten** the costs arising (or resulting) therefrom; **Anspruch auf Ersatz von ~en Kosten** right to reimbursement of expenses; **das Recht ist ~** the right arose; **später ~es Recht** right subsequently created; junior right; **ein Schaden entstand** a loss occurred; **der dadurch ~e Schaden** the damage resulting therefrom; **ihm sind Unkosten ~** he has incurred expenses

Entstehung creation; accrual; coming into existence; *(Ursprung)* origin; **ein Jahr nach ~ des Anspruchs** one year from the date on which the right arose; **~ des Klaganspruchs** accrual of the cause of action; **~ e-s Pfandrechts** creation (or coming into existence) of the (right of) pledge *(→Entstehen)*; **~ e-s Rechts** accrual (or creation, arising) of a right

entstellen, **Tatsachen ~** to distort (or pervert) facts; *(falsch darstellen)* to misrepresent facts

entstellt, **unrichtige oder ~e Angaben** false or distorted information; **~er Bericht** distorted (or confused) account

Entstellung, **körperliche ~** disfigurement; **~ wahrer Tatsachen** distortion of material facts; misrepresentation; **Recht, ~en des Werkes zu verbieten** *(UrhR)*[187] right to prohibit any distortion (or mutilation) of the work; **~sverbot** *(UrhR)*[187] prohibition of distortion

Entstempelung des amtlichen Kennzeichens *(e-s Autos)* cancellation of *Br* registration number *(Am license number)*

enttäuscht sein über to be disappointed at

Entvölkerung depopulation

entwaffnen to disarm

Entwaldung disafforestation, deforestation

Entwarnung *(Luftschutz)* all clear (signal)

Entwässerung(sarbeiten) drainage (work)

entweichen to escape; to make one's escape; **e-n Gefangenen ~ lassen** to permit the escape of a prisoner; **e-n entwichenen Gefangenen wieder festnehmen** to recapture (or retake) an escaped prisoner

Entweichenlassen von Gefangenen[188] permitting a prisoner to escape; (voluntary) escape; **fahrlässiges ~** negligent escape (of a prisoner)

entwenden to take away, to steal; to misappropriate; to purloin; *colloq.* to abstract

Entwendung taking away, stealing, theft, misappropriation; *colloq.* abstraction

entwerfen *(Schriftstück)* to draft, to make a draft (of); to draw up; *(zeichnerisch)* to design

entwerten *(den Wert mindern)* to depreciate, to reduce in value; *(durch Abstempeln)* to cancel; **e-e Briefmarke ~** to cancel a stamp

Entwertung *(Wertminderung)* depreciation; decrease in value; →**Geld~** *(von Brief- od. Stempelmarken)* cancel(l)ation; **~ durch den Gebrauch** physical depreciation, depreciation through wear and tear

entwickeln to develop; **sich schnell ~** to boom

entwickelt, **hoch ~** highly developed; **am wenigsten ~e Länder** least developed countries (LLDSs)

Entwicklung 1. *(allgemein)* development; growth; *(Tendenz)* trend; **industrielle ~** industrial development; **konjunkturelle ~** cyclical trend; trend of business

Entwicklung, **künftige ~** future trend(s); **die künftige ~ voraussehen** to forecast future developments (or trends)

Entwicklung, **voraussichtliche ~ der Preise** price trends; foreseeable (or presumable) development with regard to prices; **wirtschaftliche ~** economic development

Entwicklung, **~ der Einkommen** growth of income; **~ des Handelsverkehrs** development of trade; **~ der Löhne** wage trend(s)

Entwicklungs~, **e~fähig** capable of development, developable; **~möglichkeiten** development possibilities; **~stand** stage (or level) of development; **~tendenz** (development) trend; **~vorhaben** development project; **~ziele** targets (or objectives) of development

Entwicklung 2. *(Entwicklungshilfe)* development; **~sanleihe** development loan; **~sbanken** development banks; **~sbedarf** need for development aid; **~sdarlehen** development loan; →**Deutscher ~sdienst**; →**Europäischer ~sfonds**; **~sgebiet** development area, less developed area; **Deutsche ~sgesellschaft** (DEG) German Development Corporation; **~shelfer**[189] development aid volunteer; volunteer (or voluntary) worker(s) in developing countries (or overseas); VSO worker (Voluntary Service Overseas); overseas volunteer

Entwicklungshilfe development aid; aid to developing countries; **Ausschuss für ~ der OECD**[190] Development Assistance Committee of OECD; **~darlehen (od. ~kredit)** development aid loan; **~ leisten** to provide development assistance

Entwicklungshilfe sind Maßnahmen zur Unterstützung des wirtschaftlichen Wachstums der Länder, deren Entwicklungsstand durch Kapitalmangel und geringes technisches Wissen weit hinter dem der Industrieländer zurückgeblieben ist (Entwicklungsländer). Die Entwicklungshilfe wird bilateral (von Staat zu Staat) oder multilateral (über internationale Organisationen) vergeben. Man unterscheidet Kapitalhilfe

(Kredite und nicht rückzahlbare Zuwendungen), technische Hilfe (Ausbildung und Beratung) und Handelshilfe (Absatzgarantien und Zollvergünstigungen).
Development aid consists of measures designed to support the economic growth of developing countries whose level of development, due to lack of capital and insufficient technical knowledge, has remained far behind that of the industrial nations. Development aid is granted bilaterally (from country to country), or multilaterally (through international organizations). One differentiates between capital aid (loans and non-recoverable grants), technical aid (training and counselling), and trade aid (sales guarantees and tariff preferences).

Entwicklungs~, **~land** developing country; less developed country (LDC); **Industrie- und ~länder** industrial and developing countries; industrial nations and the Third World; →**Internationale ~organisation**; **~planung** development planning; **~politik** development politics

Entwicklungsprogramm der Vereinten Nationen United Nations Development Programme (UNDP)
UNDP befasst sich mit Vorbereitung und Durchführung von Entwicklungsprojekten mit dem Ziel, den Lebensstandard und das Wirtschaftswachstum vor allem in den ärmsten Ländern der Welt zu fördern. Ihr Tätigkeitsgebiet erstreckt sich auf 150 Länder.
The UNDP is concerned with planning and carrying out of development projects with the object of raising living standards and economic growth chiefly in the poorest countries of the world. Its operations extend to 150 countries of the world.

Entwicklungsstand level of development

Entwicklungsstufe, **Länder der niedrigsten ~** countries at the bottom of the development scale

Entwicklungsvorhaben *(z. B. der Weltbank)* development project

Entwicklung 3. *(ProdhaftR)*, **~sfehler** incrementally developing defect, defect which develops in increments over time

Entwicklungsrisiko *Br* development risk; *(haftungsausschließender)* **Einwand des ~s** *Br* development risk defence
Im deutschen und britischen Produkthaftungsrecht ist die Haftung für Entwicklungsfehler nicht vorgesehen.
In the German and British product liability law there is no liability for incrementally developing defects

Entwidmung *(Aufhebung der Eigenschaft als öffentl. Sache)* annulment of declaration for public use

Entwürdigung humiliation

entwürdigende Behandlung[191] humiliating treatment

Entwurf draft, drafting; design; *(erste Entwurfsskizze)* outline; *(Skizze)* sketch; *(versuchsweise)* tentative draft; **im ~** in draft form; **abgeänderter ~** amended draft; **erster ~** rough draft (or copy); **neuer ~** redraft; →**Gegen~**; →**Gesetz~**; →**Vertrags~**; →**Vor~**; **~ e-s Abkommens** *(VölkerR)* draft convention; **~ e-s Briefes** draft letter; **~ des Haushaltsplans** draft budget; **~ der Tagesordnung** draft agenda; **Entwürfe von Stellungnahmen ausarbeiten** to prepare draft opinions

entziehen 1. to deprive (of), to divest (of); to withdraw (from); **den →Besitz ~**; **jdm die Erlaubnis ~** to withdraw permission from sb.; **die →Fahrerlaubnis ~**; **die Lizenz ~** to withdraw the licen|ce (~se); **jdm die Vollmacht ~** to revoke sb.'s power of attorney; **jdm das Wahlrecht ~** to disfranchise a p.; **dem Redner das Wort ~** to direct the speaker to discontinue his speech; *parl* to rule sb. out of order

entzieht 2. es ~t sich meiner Beurteilung it is beyond my judgment; **sich der Festnahme ~en** to evade arrest; to abscond from justice; **sich seinen Gläubigern ~en** to evade one's creditors; **sich e-r Sache ~en** to evade sth.; **sich der Strafverfolgung ~en** to evade justice; **sich seinen Verpflichtungen ~en** to escape one's obligations; **sich dem Wehrdienst ~en** to dodge military service

Entziehung deprivation; withdrawal, *(vorübergehend)* suspension; **~ des Besitzes** →Besitzentziehung; **~ der →Fahrerlaubnis**; **~ der Rechtsfähigkeit e-s Vereins**[192] revocation of the corporate status of an association; **betrügerische ~ von Sachen** *(StrafR)* fraudulent conversion; **~ der Staatsangehörigkeit**[193] deprivation of citizenship; **~ e-s Vermögensrechtes** withdrawal of a property right; **~ der Vollmacht** withdrawal (or revocation) of the authority; revocation of the power of attorney; **~ des Wahlrechts** disfranchisement; **~ des Wortes** withdrawal of the right to speak

Entziehungs, **Unterbringung in e-r ~anstalt**[194] *Br* accommodation in a centre for drug addiction; *Am* commitment to an institution for the treatment of chemical dependency; **~kur für Rauschgiftsüchtige** withdrawal treatment of drug addicts; **~verfahren** *(bei Entziehung der Fahrerlaubnis)*[195] proceedings for the withdrawal of the driving licence

Entziehung, **e-e ungerechtfertigte ~ darstellen** to constitute (or amount to) an unjust deprivation

entziffern to decipher; *(dechiffrieren)* to decode; **e-e Handschrift ~** to make out a handwriting

Entzug →Entziehung; →**Mittel~**; **~ der finanziellen Unterstützung** withdrawal of financial assistance

entzündlich, leicht ~e Stoffe articles of combustible materials; readily inflammable substances

epidemische Krankheit epidemic disease

erachten, es für notwendig ~ to deem (or consider) it necessary

Erb~, ~abfindung compensation paid to a beneficiary in satisfaction (or full settlement) of his right of inheritance; **~anfall** s. Anfall der →Erbschaft; **~anspruch** →Erbschaftsanspruch; **~anteil** share in the estate (or *Am* inheritance); inherited portion; **~anwärter** expectant heir; **~anwartschaft** expectancy of an estate (or *Am* inheritance); contingent interest in an estate; *(auf Grundbesitz)* contingent remainder

Erbauseinandersetzung *(unter Miterben)*[196] distribution of the estate (among coheirs); partition among coheirs, distribution (of the estate) among heirs; settlement of an estate; **e-e ~ fand statt** a partition of the estate was carried out

Erbausgleich, vorzeitiger ~ des nichtehelichen Kindes[197] premature settlement of the illegitimate child's future rights of succession

Ein nichteheliches Kind, welches das 21., aber noch nicht das 27. Lebensjahr vollendet hat, ist berechtigt, von seinem Vater einen vorzeitigen Erbausgleich in Geld zu verlangen.

An illegitimate child between the ages of 21 and 26 inclusive is entitled to receive from his father an advance settlement of his future rights of succession.

Erbausschlagung →Ausschlagung e-r Erbschaft

Erbbau~, ~berechtigter holder of the heritable building right; **~grundbuch** land register for heritable building rights

Erbbaurecht[198] hereditary building right; *(etwa)* building lease, ground lease; lease in perpetuity *(→grundstücksgleiches Recht)*

Das Erbbaurecht ist als Belastung eines Grundstücks das veräußerliche und vererbliche Recht, auf oder unter der Erdoberfläche ein Bauwerk zu haben.[199]

Mit dem Erlöschen des Erbbaurechts geht das Eigentum an dem errichteten Bauwerk automatisch auf den Grundstückseigentümer über. Der bisherige Erbbauberechtigte hat dafür einen Anspruch auf eine Entschädigung.

The Erbbaurecht is an encumbrance upon real property consisting of a transferable and heritable right to build or develop the land above or below the surface.

When the hereditary building right expires, ownership of the construction passes automatically to the owner of the land. The holder of the hereditary building right is entitled to compensation.

Erbbau~, ~rechtsvertrag heritable building right contract; **~zins** interest on heritable building rights; *(etwa)* ground rent

Erb~, e~berechtigt entitled to inherit; entitled to (a share in) an estate; entitled to succeed to a p.'s estate; **~berechtigter** person entitled to inherit (or to [a share in] a deceased's estate); person entitled to succeed to a deceased's (*Am* decedent's) estate; beneficiary; **~berechtigung** right of inheritance; right to (a share in) a *Br* deceased's (*Am* decedent's) estate; **e~biologisches Gutachten** anthropological (or genetical) opinion

Erbe 1. (das ~) estate (of a *Br* deceased, *Am* decedent); heritage; inheritance; **das kulturelle ~ Europas** the cultural heritage of Europe; **väterliches ~** patrimony, property inherited from one's father; **ein ~ antreten** to enter upon an inheritance *(→Erbschaft)*

Erbe 2. (der ~) heir; *Am* inheritor; successor (jds of or to a p.; e-s Vermögens to an estate); **alleiniger ~** →Alleinerbe; **berechtigter ~** rightful heir

Erbe, gesetzlicher ~ legal heir, heir at law, statutory heir; *Br (e-s Erblassers, der kein Testament hinterlassen hat)* person entitled to (succeed to) an intestate's estate; *Am* heir to an intestate estate; **als gesetzlicher ~** →**e~n**; **der Nachlass fällt an die ~n** the estate goes to the statutory heirs; **ein →nichteheliches Kind ist gesetzlicher ~ beider Elternteile**

Erbe, gesetzliche Erben der ersten Ordnung sind die Abkömmlinge des Erblassers und deren Abkömmlinge[200] the statutory heirs of the first class are the issue (or lineal descendants) of the deceased

Erbe, gesetzliche Erben der zweiten Ordnung sind die Eltern des Erblassers und deren Abkömmlinge[201] the statutory heirs of the second class are the parents of the deceased and their issue (or lineal descendants)

Erbe, gesetzliche Erben der dritten Ordnung sind die Großeltern des Erblassers und deren Abkömmlinge[202] the statutory heirs of the third class are the grandparents of the deceased and their issue (or lineal descendants)

Erbe, gesetzliche Erben der vierten Ordnung sind die Urgroßeltern des Erblassers und deren Abkömmlinge[203] the statutory heirs of the fourth class are the great-grandparents of the deceased and their issue (or lineal descendants)

Erbe, gesetzliche Erben der fünften und der ferneren Ordnungen sind die entfernteren Voreltern des Erblassers und deren Abkömmlinge[204] the statutory heirs of the fifth and subsequent classes are the remoter ancestors of the deceased prior to the great-grandparents and their issue (or lineal descendants)

Erbe, leiblicher ~ heir of the body; **mutmaßlicher ~** heir presumptive; **ohne ~(n)** heirless, having no heir(s); *(Sterben)* **ohne ~(n)** leaving no heir, without heir(s); **rechtmäßiger ~** rightful (or lawful) heir; →**testamentarischer ~**; →**vorläufiger ~**

Erbe, →**Allein~**; →**Ersatz~**; →**Mit~**; →**Nach~**; **Universal~** →**Allein~**; →**Vor~**

Erbe, **~ von Grundbesitz** heir to land (or real property); **~ kraft Testaments** →testamentarischer Erbe; **~ mütterlicherseits** heir in the maternal line; **~ väterlicherseits** heir in the paternal line

Erbe, **e-n ~n** →**abfinden**; **jdn zu s-m ~n** →**bestimmen**; **jdn als ~n** →**einsetzen**; **sich gegenseitig zum ~n einsetzen** to make reciprocal wills *(→Berliner Testament)*; **keine ~n hinterlassen** to die without an heir (or without leaving a person entitled to one's estate)

Erbeinsetzung[205] appointment (or designation) of an heir

Einsetzung einer Person als Erbe auf die ganze Erbschaft oder einen Bruchteil der Erbschaft (Erbteil) durch Verfügung von Todes wegen.

A person may be appointed heir in respect of the whole or a part of the estate by disposition on death.

Erbeinsetzung, **gegenseitige ~** mutual appointment of heirs

erben to inherit; to succeed to a p.'s estate (or property); to become heir to an estate; **als gesetzlicher Erbe ~** to succeed to an intestate's estate; **als gesetzlicher Erbe oder als Testamentserbe ~** to succeed to the estate of *Br* a deceased (*Am* a decedent) (person) on intestacy or under a will; **auf Grund gesetzlicher Erbfolge oder letztwilliger Verfügung ~** to inherit by way of intestate or testate succession; **Grundbesitz ~** to inherit land (or real estate); *(als gesetzl. Erbe)* to succeed to (or inherit) land by descent (or on an intestacy); to take (or acquire) land by descent; *(auf Grund letztwilliger Verfügung)* to succeed to land under a will; to take land by devise; **zu gleichen Teilen ~** to inherit in equal shares; **ein Vermögen ~** to inherit (or come into) a fortune (or money)

Erbenermittlung establishing the identity of an (unknown) heir; search for an (unknown) heir

Erbengemeinschaft[206] community of heirs; joint ownership of an estate by coheirs

Wird ein Erblasser von mehreren Personen (Miterben) beerbt, so wird bis zur Auseinandersetzung der Nachlass gemeinschaftliches Vermögen der Erben (Gesamthandsgemeinschaft).

Where several persons (coheirs) succeed to the inheritance (or estate), the estate is held by them in joint ownership until partition *(→Auseinandersetzung unter Miterben)*.

Erbenhaftung[207] liability of the heir for the debts of the estate; **Beschränkung der ~** *(auf das Nachlassvermögen)*[208] limitation of the heirs' liability ‚de bonis testatoris' *(→Nachlasskonkurs, →Nachlassverwaltung)*; **unbeschränkte ~** liability ‚de bonis propriis'

Erben~, **~mehrheit**[209] plurality of heirs; **~mutter**[210] indigent expectant mother of an heir (who is entitled to reasonable maintenance out of the child's share in the estate)

Erbersatzanspruch bei nichtehelichen Kindern[211] *(claim of an illegitimate child to receive the equivalent of his statutory share in the estate)* substitutional claim in the estate

erbfähig sein to have (legal) capacity to be an heir (or reversionary heir); to have (legal) capacity to inherit (or to succeed to property)

Erbfähigkeit *(Fähigkeit, Erbe oder Nacherbe zu werden)*[212] legal capacity to be an heir (or reversionary heir); legal capacity to inherit

Erbfall[213] *(death as the event upon which testate or intestate succession occurs)* accrual of the inheritance; **nach dem Eintritt des ~es** after the death of the testator (or person dying intestate); **~schulden** debts accruing to the heir at the time of the death of the *Br* deceased *(Am decedent)*

Erbfolge[214] succession (to the estate of the deceased); *Am* succession by inheritance; **festgelegte ~ für Grundbesitz** entail *(→Erbgut)*

Erbfolge, **gesetzliche ~** intestate succession, succession on intestacy; *Am (auch)* hereditary succession, succession ab intestato; **gesetzliche ~ in unbewegliches Vermögen** intestate succession to immovables; **Grundbesitz auf Grund gesetzlicher ~ erben** to inherit land by way of intestate succession

Erbfolge, **gewillkürte ~**[215] *(durch →Testament od. →Erbvertrag)* succession in accordance with a disposition by the deceased; **testamentarische ~** testamentary (or testate) succession; **durch testamentarische oder gesetzliche ~** by testamentary or intestate succession

Erbfolge, **im Wege der ~** by way of succession

Erbfolge nach Stämmen, **~ (**od. **Parentelen)**[216] succession per stirpes (or by stocks); representation (per stirpes); **in ~ erben** to take by representation (per stirpes)

Bei den gesetzlichen Erben der ersten, zweiten und dritten Ordnung *(→Erben)* tritt Erbfolge nach Stämmen ein, d. h. an die Stelle eines zur Zeit des Erbfalls nicht mehr lebenden Berufenen treten die durch ihn mit dem Erblasser verwandten Abkömmlinge.

In the first three classes of statutory heirs, the principle of representation per stirpes applies, i. e. any predeceased statutory heir is represented for the purpose of succession by his issue.

Erbfolge (Gradualsystem) representation per capita

Bei den gesetzlichen Erben der 4. und folgenden Ordnungen[217] *(→Erben)* tritt die Erbfolge nach dem Verwandtschaftsgrad ein, d. h. es erbt derjenige, der mit dem Erblasser dem Grade nach am nächsten verwandt ist; mehrere gleichnahe Verwandte erben zu gleichen Teilen.

In the fourth and fifth classes, the principle of representation per capita applies, i. e. persons nearest to the deceased (*Am* decedent) by degree of relationship inherit to the exclusion of those related in a remoter degree; persons equal in degree of relationship inherit in equal shares.

Erbfolge~, **~ordnung**[218] order of succession; **~recht** right of succession

Erbfolge, **die ~ in Grundbesitz aufheben** to bar (or cut off) the entail

Erbgang *(Vermögensübergang im Wege der Erbfolge)* devolution of the estate (of a deceased person)

Erbgegenstand →Erbschaftsgegenstände

Erbgut inherited property; *(biologisch)* →Erbmasse; *(Erbhof)* entailed estate; *(Vererbung od. Umwandlung in ein Erbgut)* entail; **in ein ~ verwandeln (od. als ~ vererben)** to entail

Erbhofrecht law governing the succession to a farm

Erbin heiress

Erbkrankheit hereditary disease

Erblasser testator; bequeather; deceased (person); *Am* decedent; *(von Grundbesitz)* devisor; **~in** testatrix; **~, der kein Testament hinterlassen hat** intestate; **~schulden** testator's debts

erblich hereditary; heritable; **~e Belastung** hereditary taint; **~ belastet** tainted with a hereditary disease

Erblinie line of succession

Erbmasse (assets of the) estate of a deceased (person); *(biologisch)* genetic constitution; **zur ~ gehören** to form (or be) part of the estate

Erbpacht hereditary tenancy

Erbrecht *(im objektiven Sinne)*[219] law of succession; *Am* law of decedent's estate; *(im subjektiven Sinne)* right to succeed; entitlement to a (share in a) *Br* deceased's (*Am* decedent's) estate; **~ des Erstgeborenen** birthright

Erbrecht, **gesetzliches ~** right of intestate succession; right to succeed to the estate of an intestate; statutory right of succession

Erbrecht, **gesetzliches ~ des Ehegatten**[220] statutory right of the surviving spouse to (a share in) the estate; *Am* the surviving spouse's right to interstate succession

Der überlebende Ehegatte des Erblassers erbt neben Verwandten der 1. Ordnung ein Viertel, neben Verwandten der 2. Ordnung oder neben den Großeltern die Hälfte. Lebte der Erblasser im gesetzlichen Güterstand der Zugewinngemeinschaft, so wird der Ausgleich des Zugewinns in der Regel dadurch verwirklicht, dass sich der gesetzliche Erbteil des überlebenden Ehegatten um ein Viertel der Erbschaft erhöht.[221]

If there are next kin of the first class, the surviving spouse of the deceased inherits one quarter of the estate. If there are no next kin of the first class, but next of kin of the second class or grandparents, the spouse inherits one half of the estate. If the *Br* deceased (*Am* decedent) was subject to the regime of →Zugewinngemeinschaft, the equalization of the →Zugewinn is, as a rule, carried out by increasing the statutory share of the spouse in the estate by one quarter.

Erbrecht, **gesetzliches ~ des Staates** the state's right to succeed to heirless property; *Am* escheat, the right of the state to succeed to (real or personal) property as bona vacantia, when no heir can be found

Erbrecht, **ein gesetzliches ~ geltend machen** to claim under an intestacy; to claim a right to intestate succession; **auf das gesetzliche ~ verzichten**[222] to renounce (or disclaim) the statutory right of succession

Erbrecht, **testamentarisches ~** right to succeed under a will

erbrechtliche Bestimmungen provisions of the law of succession; provisions relating to succession

Erbrechtsklage action on a claim to succession

Erbschaft estate of the deceased; inheritance; *(Vermächtnis)* legacy; property inherited; **angefallene ~** accrued inheritance; *(dem Staat)* **anheimgefallene ~** *Am* escheated inheritance; **zu erwartende ~** estate in expectancy

Erbschaft, **Anfall der ~**[223] accrual of the estate (or inheritance); (automatic) transfer of the estate of the deceased to the heir; (automatic) passage of title to *Br* deceased's (*Am* decedent's) property at death; →**Antritt e-r ~**; →**Ausschlagung e-r ~**

Erbschaft, **jdm durch ~ anfallen** to accrue to sb. by way of succession; to devolve (up)on sb.; **e-e ~ antreten** to take possession of an estate; to enter upon an inheritance; **e-e ~ ausschlagen** to renounce one's interest in an estate; to renounce one's right to succeed; *Br* to disclaim an estate (or a testamentary gift); *Am bes.* to disclaim an inheritance; **von der ~ ausschließen** to exclude from succession; **e-e ~ machen** to come into an inheritance; to inherit property; *(Vermächtnis)* to receive a legacy; **e-e ~ im ganzen verkaufen** to sell an accrued inheritance as a whole *(→Erbschaftskauf)*; **auf e-e ~ verzichten** to renounce (*Am auch* to relinquish) a (future) inheritance *(→Erbverzicht)*

Erbschafts~, **~anfall** passing of the inheritance (to the heir); **~anfall an den Fiskus** *Am* escheat; **~angelegenheiten** →Erbschaftssachen; **~anspruch**[224] claim to an inheritance; claim of the heir against a p. in possession of part or all of the decedent's estate; **~anteil** share in the inheritance; share in the *Br* deceased's (*Am* decedent's) estate; **~antritt** →Antritt einer Erbschaft e-r Erbschafts; **~anwärter** →Anwärter auf e-e Erbschafts

Erbschaftsbesitzer possessor of the inheritance (or of objects belonging to the inheritance) by virtue of an alleged right of inheritance to which he in fact is not entitled[225]

Erbschafts~, ~erwerber purchaser of an inheritance as a whole *(→Erbschaftskauf)*; **~gegenstände** items (or assets) of the *Br* deceased's (*Am* decedent's) estate; **~gläubiger** creditor(s) of the estate

Erbschaftskauf[226] sale (or purchase) of an accrued inheritance

Ein Erbe kann durch notariell beurkundeten Vertrag die ihm angefallene Erbschaft im ganzen verkaufen.

An heir may sell an accrued inheritance as a whole by a contract recorded by a notary (by a notarial agreement).

Erbschafts~, ~käufer →Erbschaftserwerber; **~klage** action by the heir for recovery of the *Br* deceased's (*Am* decedent's) estate as a whole or of specific assets of the estate; **~konkurs** →Nachlasskonkurs; **~sachen** matters arising on the administration of a *Br* deceased's (*Am* decedent's) estate; succession matters; *(Anfechtung des Testaments etc)* probate matters (or business) *(→Erbschaftsstreit)*

Erbschaftsteuer[227] inheritance tax; *Am* estate tax; **e~pflichtig** subject to inheritance tax; **→Anrechnung der ausländischen auf die deutsche ~; die auf das Auslandsvermögen entfallende deutsche ~ in e-m Pauschbetrag festsetzen** to determine the German inheritance tax applicable to foreign property at a flat rate; **~ zahlen** to meet inheritance tax liabilities

Erbschafts~, ~streit dispute concerning (an) inheritance; *(bes. Anfechtung e-s Testaments)* contentious probate business; **~teilung** →Erbauseinandersetzung; **~übergang**[228] passing of the estate (of the deceased) to the heir; devolution of the estate (on the heir); **~verfahren** probate proceedings

Erbschein[229] certificate of inheritance

Der Erbschein ist eine vom Nachlassgericht ausgestellte Bescheinigung über das Recht des/der Erben am Nachlass.

The Erbschein is a certificate issued by the probate court stating the share of the heir(s) in the estate.

Erbschein, Einziehung des ~s[230] revocation of the incorrect certificate of inheritance; **Vermutung der →Richtigkeit des ~s; e-n unrichtigen ~ einziehen**[230a] to revoke an incorrect certificate of inheritance; **e-n ~ für kraftlos erklären**[231] to declare a certificate of inheritance void (by decision of the probate court)

Erb~, ~schleicher legacy hunter; **~schleicherei** legacy hunting; inheritance snatching; **~statut** *(IPR)* lex successionis (the law of the *Br* deceased's [*Am* decedent's] nationality); (Familien-); **~stück** heirloom

Erbteil[232] *(Anteil e-s Miterben)* share (of a coheir) in the estate; share in an inheritance; portion of an estate; **gemeinschaftlicher ~** joint share in the inheritance; **gesetzlicher ~** statutory share of the *Br* deceased's (*Am* decedent's) estate; share under an intestacy; intestate share; *Am* distributive share; **auf den ~ →anrechnen; e-n gesetzlichen ~ geltend machen** to claim (one's share) under an intestacy; to claim one's intestate share

Erb~, ~teilskauf →Erbschaftskauf; **~teilung** →Erbauseinandersetzung; **~übergang** →Erbschaftsübergang; **e~unwürdig** unworthy to inherit (or to be an heir); **~unwürdigkeit**[233] unworthiness to inherit (or to be an heir)

Erbvermutung für den Fiskus[234] presumption that the treasury is the statutory heir

Wird der Erbe nicht innerhalb einer den Umständen entsprechenden Frist ermittelt, so hat das Nachlassgericht festzustellen, dass ein anderer Erbe als der Fiskus nicht vorhanden ist.

If the heir cannot be ascertained within a reasonable period of time, the court shall determine that there is no heir other than the treasury.

Erbvertrag[235] contract of inheritance; contract of succession (between the testator and an heir or a third party)

Der Erbvertrag ist ein Vertrag, durch den der Erblasser einen Erben einsetzen sowie Vermächtnisse und Auflagen anordnen kann.

The contract of inheritance is an agreement taking effect at *Br* deceased's (*Am* decedent's) death by which the contracting party may appoint a person as heir, leave legacies or impose (testamentary) burdens.

Ein Erbvertrag kann nur zur Niederschrift eines Notars bei gleichzeitiger Anwesenheit beider Teile geschlossen werden.[236]

A contract of inheritance must be recorded in writing by a notary in the presence of both parties.

Erbverzicht[237] renunciation of future inheritance (or successional rights); *Am* release of an expectancy; *Am* relinquishment of a future inheritance; **ein ~svertrag bedarf der notariellen Beurkundung**[238] an agreement by which an inheritance is renounced must be recorded by a notary

erbringen, den →Beweis ~; Dienstleistungen ~ to render (or supply) services; **hohe Zinsen ~** to yield high interest

Erbringen von Dienstleistungen rendering of services

Erbringer von Dienstleistungen →Dienstleistender

Erbringung des Nachweises production (or rendition) of proof

Erdbeben earthquake; **e~gefährdete Gebiete** areas prone to earth tremors; **~hilfe** earthquake relief; **~opfer** earthquake victim; **e~sicher** earthquakeproof; **~versicherung** earthquake insurance; **~warte** seismological station; **vom ~ betroffen (od. heimgesucht)** *(Bevölkerung)* afflicted by an earthquake; *(Gebiet)* devastated by an earthquake

Erdgas natural gas; **verflüssigtes ~** liquefied natural gas (LNG); **~bedarf** natural gas requirement; **~gewinnung** natural gas extraction; **~leitung** gas pipeline; **~transit** natural gas transit; **~versorgung** natural gas supply

erdichtete Forderung[239] bogus claim, sham claim

Erdnuss peanut, *bes. Br.* groundnut; **~anbau** peanut farming; **~erzeugnisse** peanut products; **~verarbeitung** groundnut processing

Erdöl oil,[240] petroleum; **~ aus der Nordsee** North Sea oil; **Herstellung der ~- und Kohlederivate** manufacture of products of petroleum and coal; **Schürfen und Erzeugung von ~** oil exploration and production

Erdöl~, **~aktien** oil shares (or stock); oils; **~angebot auf dem Weltmarkt** world petroleum supply; **~ausfuhrland** oil exporting country; **~bedarf** oil requirement; demand for oil; **~bohrinsel** drilling platform; **~einfuhrland** oil importing country; **~erzeugerland** oil producing country; **~erzeugnisse** petroleum products

erdölexportierend, **~e Länder** petroleum exporting countries; **Organisation der ~en Länder** OPEC (Organisation of Petroleum Exporting Countries)

Erdöl~, **~förderland** oil producing country; **~gesellschaft** oil company; **~industrie** oil (or petroleum) industry; **~kartell** oil producers' cartel; **~konzession** oil concession; **~lagerung** oil storage; **~lieferungen** petroleum deliveries; **~mangel** oil shortage; **~nachfrage** demand for oil

Erdölpreis, **Auswirkungen des Anstiegs der ~e** impact of the increased oil prices (auf on); **Rückgang der ~e** decline in oil prices

Erdöl~, **~produkte** petroleum products; **~raffinerie** oil refinery; **~sachverständige** petroleum experts; **~suche** search for oil fields; **~verknappung** oil shortage; **~versorgung** oil supplies; **~verteuerung** increase in oil prices (or costs); **~vorkommen** oil deposits; **~vorräte** oil resources (or stocks); **~werte** oils; oil shares (stock)

Erdöl, nach ~ bohren to drill for oil; **auf ~ stoßen** to strike oil

Erdrutsch *(überwältigende Stimmenmehrheit einer Seite)* landslide (victory)

Erdsenkung subsidence

erdumkreisend orbital

ERE EUA *(→Europäische Rechnungseinheit)*

ereignen, sich ~ to occur, to happen

Ereignis event, occurrence, incident; **außergewöhnliches ~** extraordinary occurrence; **→kriegsauslösendes ~**; **nukleares ~** nuclear incident; **politische ~se** political events; **Tages~se** current events; **unabwendbares ~** inevitable event; circumstance beyond one's control; **ungewisses (od. als möglich vorgesehenes) ~** contingency; uncertain event; **unvorhergesehenes ~** unforeseen event; **ein ~ trat ein** an event occurred

Ererbtes inherited property

erfahren 1. to learn, to gain knowledge, to come to know; *(erleiden)* to experience, to suffer; **wie wir ~ haben** as we have learnt; **Näheres ist zu ~ bei** for additional information apply to

erfahren 2. *(kundig)* experienced, skilled; **geschäfts~** experienced in business

Erfahrung experience; **→Berufs~**; **→Betriebs~**; **→Geschäfts~**; **große ~** wide experience; **technische ~(en)** technical experience, know-how

Erfahrungs~, **~austausch** exchange of experience; **e~gemäß** according to experience, as experience shows; **~regel** rule of thumb; **~satz** principle derived from experience

Erfahrung, **~en austauschen** to exchange (or compare) experiences; to keep each other informed of one's experiences; **in ~ bringen** to ascertain, to learn; **keine ~ haben** to lack experience

erfassen *(begreifen)* to comprehend; *(umfassen)* to cover; *(einbeziehen)* to include; *(zu organisatorischen od. statistischen Zwecken)* to register, to record; **Daten ~** *(EDV)* to collect data

erfasst, **~er Bereich** *(Statistik)* coverage; **durch ein Gesetz ~e Fälle** cases covered by a law; **~er Personenkreis** *(Meinungsforschung, Werbung)* coverage; **steuerlich ~ werden** to be (-come) subject to taxation

Erfassung coverage; registration; inclusion; *(listenmäßig)* listing; *(steuermäßig)* taxation; **~ von Daten** collection of data

erfinden to invent

Erfinder inventor; **angestellter ~ (od. Arbeitnehmer~)** employee inventor; **Einzel~** sole inventor; **freier ~** independent inventor; **gemeinsame ~** joint inventors; **Mit~** joint inventor(s); **~benennung** →Erfindernennung; **~eigenschaft** inventiveness; **~gemeinschaft** joint inventors

Erfindernennung[241] mention (or designation) of the inventor; **Recht auf ~** right of the inventor to be mentioned

Erfinder~, ~prämie award to inventors; **~prinzip** *(PatR)* first-to-invent system; **~schein** inventor's certificate; **~schutz** protection of inventors; **Einkünfte aus ~tätigkeit** income from inventive activity

erfinderisch inventive; creative; **~e Leistung** inventive merit; **~e Tätigkeit** inventive activity; **auf e-r ~en Tätigkeit beruhen** to involve an inventive step

Erfindung invention; →**Angestellten~**; →**Auftrags~**; →**Betriebs~**; →**Dienst~**; →**Spezies~**; →**Zufalls~**

Erfindung, angemeldete ~ invention for which an application has been made; **frühere ~** prior invention; **gemeinsame ~** joint invention; **gewerblich anwendbare ~** invention (which is) susceptible of industrial application; **patentfähige ~** patentable invention; **patentierte ~** patented invention; **gegen die guten Sitten verstoßende ~** invention offending public morals; **verwandte ~en** cognate inventions; **nicht verwertete ~** unexploited invention

Erfindung, gewerbliche Anwendung e-r ~ industrial application of an invention; **Ausführung der ~** reduction to practice of the invention; **Benutzung der ~** use of the invention; **ausführliche Beschreibung der ~** detailed description of the invention; **Bezeichnung der ~** title of the invention; **Darstellung der ~** disclosure of invention

Erfindung, Gegenstand der ~ subject matter of the invention; **den Gegenstand der ~ gebrauchen** to use the invention; **den Gegenstand der ~ praktisch herstellen**[242] to produce the subject matter of the invention commercially

Erfindung, →**Geheimhaltung e-r ~**; →**Naheliegen e-r ~**; →**Neuheit e-r ~**; **industrielle Nutzbarmachung von ~en** industrial exploitation of inventions; →**Offenbarung e-r ~**; **Recht an der ~** right in the invention; (praktische); →**Verwertung der ~**

Erfindungsgedanke inventive concept(ion) (or idea); **allgemeiner ~** general inventive idea; **verschiedene ~n** conceptual differences

Erfindungshöhe level of invention; inventiveness; inventive step; **mangelnde ~** lack of inventive step (or of inventiveness); non-obviousness; **~ haben** to amount to an invention; **die ~ verneinen** to deny the inventive step

Erfindungspatent, Übereinkommen zur Vereinheitlichung gewisser Begriffe des materiellen Rechts der ~e[243] Convention on the Unification of Certain Points of Substantive Law on Patents for Invention

Erfindungspriorität invention priority *(→Priorität)*

Erfindung, e-e ~ zum Patent anmelden to apply for a patent on an invention; **die ~ ausführen** to carry the invention into effect; to put the invention into practice; **e-e ~ auswerten** to exploit an invention; **diese ~ betrifft ...** this invention relates to ...; **mehrere haben e-e ~ unabhängig voneinander gemacht** two or more persons have made an invention independently of each other; **e-e ~ nutzen** to use an invention; **die ~ deutlich und vollständig offenbaren** to disclose the invention clearly and completely; **e-e ~ →patentieren lassen**; **e-e ~ verborgen halten** to conceal an invention; **e-e ~ gewerbsmäßig verwerten** to utilize the invention commercially; **e-e ~ praktisch verwerten** to reduce an invention to practice; **die ~ der Öffentlichkeit zugänglich machen** to make the invention public

Erfolg *(glücklicher)* success; *(Ergebnis)* result; outcome; **Miss~** failure; **mit der Leistung bezweckter ~** result intended to be produced by an act of performance; **die bisherigen ~e** the results obtained up to now; **hinreichende Aussicht auf ~ bieten** to offer a reasonable prospect of success; **die Beschwerde hat ~** the appeal is successful; **die Klage bietet keine Aussicht auf ~** the action is unlikely to succeed; **~ haben** to succeed (bei in); to be successful; **wir wünschen Ihnen weiter ~** we wish you further success

Erfolgs~, ~anteil share in the profit; share in the result; **~aussichten** chances of success; **~beteiligung** →Ergebnisbeteiligung; **~chancen** chances (or prospects) of success; **~delikt** result crime; **~faktoren** success factors; **~haftung** absolute liability; **~honorar** *(e-s Anwalts nach Prozenten des zugesprochenen Schadenersatzes)*[244] *Am* quota litis, contingency fee; *Br (nach Prozenten der Anwaltsgebühren)* conditional fee; **~konto** nominal account; income statement account; **~quote** success rate; **~rechnung** *(e-s Unternehmens)* profit and loss account (or *Am* statement); income statement; **~wahrscheinlichkeit** probability (or likelihood) of success

erfolglos unsuccessful; without success; abortive; *(nutzlos)* of no avail; **im Falle e-s ~en →Vergleichsverfahrens**; **~e Zwangsvollstreckung** unsatisfied execution; **~ sein** to be unsuccessful, to fail

erfolgreich, **~er Kandidat** successful candidate; **~ sein** to succeed (in doing), to be successful; **geschäftlich ~ sein** to succeed in business

erforderlich necessary, requisite; required; **unbedingt ~** essential, indispensable (für to); mandatory; **~ nach deutschem Recht** required under German law; **~es Kapital** required capital; **die ~e Mehrheit erzielen** to obtain the necessary majority; **für ~ halten** to consider necessary; **~ sein** to be necessary

erforderlichenfalls if necessary, if required; as far as necessary

Erfordernis requirement; requisite (für for); *(Vorbedingung)* qualification; **betriebliche ~se** operating requirements; **wesentliche ~se** essential requirements; **ein gesetzliches ~ fehlt** a legal requirement has not been complied with; **den ~sen entsprechen** to conform to (or satisfy, meet) the requirements

erforschen to explore; to try to ascertain (find out); **den →Willen der Partei(en) ~**

erfragen to ask (for); to inquire (about)

erfreuen, **sich großer Nachfrage ~** to be in great demand; **sich e-s guten Rufes ~** to enjoy a good reputation

erfüllen *(Pflicht)* to fulfil, to carry out, to perform; to comply with; *(Anspruch)* to satisfy, to meet; *(Vertrag)* to perform, to execute; **die jdm obliegenden →Aufgaben ~**; **e-e Bedingung ~** to comply with a condition; to meet (or observe, fulfil) a condition; **die Bedingungen sind erfüllt** the terms have been complied with (or fulfilled); the conditions have been met; **e-e Bitte ~** to comply with a request; **die Erwartungen ~** to meet (or answer, come up to) one's expectations; **seine Verpflichtungen ~** to meet (or perform, discharge) one's liabilities (or obligations); **ein Versprechen ~** to keep (or fulfil) a promise; **e-n Vertrag ~** to perform (or fulfil, implement, execute) a contract; **e-n Vertrag nicht ~** to break a contract; **die Voraussetzungen ~** to meet (or fulfil) the requirements; **den Zweck ~** to serve the purpose

erfüllend, **noch zu ~er Vertrag** executory agreement

erfüllter Vertrag executed agreement

Erfüllung fulfil(l)ment, performance, discharge; satisfaction; compliance with; **→Nicht~**; **→Unmöglichkeit der ~**; **mangelhafte ~** defective performance; **teilweise ~** partial performance; **vergleichsweise ~** accord and satisfaction; *(nicht vertragsgenaue, aber)* **im wesentlichen dem Vertrag entsprechende ~** substantial performance; **~ Zug um Zug**[245] contemporaneous performance

Erfüllung, **~ e-s Abkommens** implementation of an agreement (or a convention); **~ von Aufgaben** performance (or fulfilment) of tasks; execution of duties; **~ der Bedingungen** compliance with terms (and conditions); **~ e-r Garantiepflicht** performance of a guarantee obligation; **~ e-r Verpflichtung** fulfilment (or performance) of an obligation

Erfüllung e-s Vertrages performance (or completion, fulfil[l]ment) of a contract; **Klage auf ~** action for specific performance; **Vertragsstrafe für nicht gehörige ~**[246] penalty for failure to perform according to the terms of the contract (in particular for delay in performance); **auf ~ klagen** *(im Ggs. zur Klage auf Schadensersatz)* to sue for specific performance

Erfüllungs~, **~anspruch** claim to performance; **~garantie** *(Bankgarantie im internationalen Handel)* performance bond; contract guarantee (guaranty); **~gehilfe**[247] vicarious agent; person employed by the debtor in the performance of his obligation; **e~halber** on account of performance; **~hindernis** impediment to performance; **~interesse** *(z. B. bei unmöglicher Leistung)* interest in the performance of the contract (or transaction) (the creditor is entitled to compensation [damages] for the non-performance of the contract); **~klage** →Klage auf Erfüllung

Erfüllungsort[248] *(Leistungsort)* place of performance; *(Lieferort)* place of delivery; *(Zahlungsort)* place of payment; **~ London** to be delivered in London; **Recht des ~s** *(IPR)* lex loci contractus, lex loci solutionis

Erfüllung, an ~ in lieu of performance; **Annahme an ~**[249] acceptance (of sth.) in discharge of an obligation; accord and satisfaction; **Leistung an ~** substituted performance; **e-e andere als die geschuldete Leistung an ~ annehmen**[249] to accept a substitute performance; **e-e Zahlung an ~ annehmen** to accept a payment in discharge (or in satisfaction) of a claim

Erfüllungs~, **~übernahme**[250] contractual undertaking to perform the obligation of another *(→Schuldübernahme)*; **~vereitelung** frustration (of a contract); supervening impossibility of performance (or of fulfilling an obligation); *(vor Fälligkeit erklärte)* **~verweigerung** refusal of satisfaction; repudiation (of a contract); **~zeit** time (or date) of performance

erfunden, **~e Tatsachen** fictitious facts; **~es Wort** *(für e-n Markennamen)* coined word

ergänzen *(vervollständigen)* to complete, to supplement; to be supplementary to; *(Fehlendes)* to make up; *(Vorräte auffüllen)* to replenish; **ein Abkommen ~** to amend (or supplement) an agreement (or a convention); **das Fehlende ~** to make up (or supply) the deficiency; **das Lager ~** to replenish the stores; **e-e Police ~** to amend a policy

ergänzend supplementary (to); *(untergeordnet)* auxiliary, ancillary; **die Richtlinien haben nur ~en Charakter** the rules are merely of an auxiliary nature; **~e Vereinbarungen** *(der Vertragsparteien)* supplementary stipulations

Ergänzung completion, supplement; *(Auffüllung)* replenishment; *(Änderung)* amendment; **in ~ zu** supplementing; **Gesetz zur ~ des Gesetzes (über)** Act to supplement the Act (respecting)

Ergänzungs, **~-** supplementary; **~abgabe** *(DBA)* supplementary levy; **~abgabe zur Einkommenssteuer (Körperschaftsteuer)** surcharge on income tax (corporation tax); **~abkommen** *(VölkerR)* supplementary agreement (or convention); **~antrag** *parl* amendment; motion to amend; **~band** supplementary volume; **~bestimmungen** supplementary provisions; **~eid** supplementary oath; **~gesetz** supplementary law, amending law; **~haushalt** supplementary budget; **~pfleger**[251] special guardian (or curator)

Ergänzungspflegschaft[252] special curatorship

Ergänzungspflegschaft ist bei Personen, die unter elterlicher Sorge oder Vormundschaft stehen, für die Angelegenheiten anzuordnen, an deren Besorgung die Eltern oder der Vormund verhindert sind (z. B. Unterhaltsanspruch des Kindes gegen seinen Vater, Schadensersatzanspruch des Mündels gegen den Vormund).

A special curator shall be appointed to represent persons who are subject to parental care or guardianship in matters in which the parent(s) or general guardian may not act for the child (or ward) (e. g. *Br* maintenance, *Am* support claim of a child against his father, claim for damages by a ward against his guardian).

Ergänzungs~, **~richter** substitute judge; **~urteil**[253] supplementary judgment

Ergänzungsversicherung supplementary insurance; **Leistungen aus ~en** supplementary insurance benefits

Ergänzungs~, **~vorschriften** complementary rules; **~wahl** by-election

ergeben to result in; *(abwerfen)* to yield; *(aufweisen)* to show; *(ausmachen)* to amount to; **im Durchschnitt ~** to average; **e-n Gewinn (Verlust) ~** to yield (or show) a profit (loss); to result in a profit (loss)

ergeben, sich ~ aus to result (or follow) from, to ensue from; *(als Folge)* to be a consequence of; **wie sich aus dem →Zusammenhang ergibt**; **daraus ergibt sich** hence it follows; this shows that

ergebend, **aus jds Arbeit sich ~e →Gefahren**; **die sich aus ... ~en Rechte** the rights ensuing from ...; **alle sich aus dem Vertrag ~en Streitigkeiten** all disputes arising out of the contract; **die sich aus dem Amt ~en Verpflichtungen** the obligations arising from the office

Ergebnis result, outcome; issue; *(Ertrag)* yield; profit or loss, earnings; **→Abstimmungs~**; **→Betriebs~**; **→End~**; **→Gesamt~**; **→Prüfungs~**; **→Untersuchungs~**; **→Wahl~**; **günstiges ~** favo(u)rable result (or issue); **sehr knappes ~** very close result; **nach dem ~ der Beweisaufnahme** on the evidence; **~ des Jahres** result of (year's) operations; **~ e-r Untersuchung** result of an inquiry; finding

Ergebnis, ein ~ abwarten to await an issue; **gute ~se aufweisen** to show good results; **ein zufriedenstellendes ~ wurde erzielt** a satisfactory result was achieved

Ergebnisabführungsvertrag profit and loss transfer agreement

Ergebnisanteil share in the profit and loss; **Höhe des ~s** amount of the share in the profits and losses

Ergebnisbeteiligung profit-sharing; participating in yield; **vermögenswirksame ~** profit-sharing scheme for purpose of capital accumulation

Ergebnisbeteiligung ist die vereinbarte Beteiligung der Arbeitnehmer an dem durch ihre Mitarbeit erzielten Leistungserfolg des Betriebs.

Profit-sharing scheme means any agreed program of sharing the firm's profits with the employees whose efforts helped to produce them.

Ergebnisbeurteilung assessment of results

ergebnislos without result; abortive; **~e Bemühungen** ineffective (or fruitless) efforts; **die Tagung ist ~ verlaufen** the meeting has been abortive (or fruitless)

Ergebnisrechnung profit and loss statement; *Am (Bilanz)* statement of operating results

ergehen *(Gesetz etc)* to be promulgated (or published), to be issued; **→Beschluss ~ lassen**; **in der Sache ist ein →Beschluss ergangen**; **e-e Ladung ~ lassen** to issue a summons; **e-e richterliche Verfügung ergeht** a writ is issued

ergiebig productive; *(einträglich)* remunerative, profitable, paying

Ergonomie *(Teil der Arbeitswissenschaft)* ergonomics

ergonomisch ergonomical

ergreifen, **e-n →Beruf ~**; **Besitz ~** to take possession (of); **e-e →Gelegenheit ~**;

→**Maßnahmen ~**; **e-n Verbrecher ~** to apprehend (or seize, arrest) a criminal (**auf frischer Tat** in the act); **das →Wort ~**

Ergreifung des Diebes capture (or apprehension, arrest) of the thief

Erhalt, nach ~ when received, on receipt (of); **Zahlung bei ~ der Waren** payment on receipt of goods

erhalten 1. *(bekommen)* to receive, to obtain; **e-n Arbeitsplatz ~** to get a job; to find work; **e-n Auftrag ~** →Auftrag 3.; →**Bescheid ~**; **die →Erlaubnis ~**; **e-e →Mahnung ~**; **e-n höheren Preis ~** to obtain (or fetch) a higher price; →**Schadensersatz ~**; **das →Wort ~**

erhalten, Betrag dankend ~ *(als Quittungsvermerk)* received with thanks; **richtig ~** duly received

erhalten 2. *(bewahren)* to preserve, to keep, to maintain; **Arbeitsplätze ~** to preserve (or maintain) jobs; **den Frieden ~** to preserve peace; **die öffentliche Sicherheit und Ordnung ~** to keep the peace; **ein Gebäude in gutem Zustand ~** to keep a house in good repair

erhalten, gut ~ in good condition (or repair); well preserved; **schlecht ~** in bad condition (or repair); badly preserved

erhältlich obtainable, available, to be obtained (**bei** of); **schwer ~ sein** to be difficult to obtain

Erhaltung preservation; conservation; *(Instandhaltung)* maintenance, upkeep; **~ der Arbeitsplätze** preservation (or maintenance, safeguarding) of jobs; **~ der Erwerbsfähigkeit** maintaining the earning capacity; **~ der Fischbestände** conservation of fish stocks; **~ des →Friedens**; **~ der Natur** *(Umweltschutz)* nature conservation; **~ der Vermögenswerte** conservation of assets

Erhaltungs~, ~aufwand *(SteuerR)* (repair and) maintenance expense; **~kosten** cost of maintenance; upkeep; *(bei Verwahrung)* cost of preservation; **gewöhnliche ~kosten** *(z. B. bei Leihe)*[254] cost of ordinary maintenance; **~kosten e-s historischen Gebäudes** upkeep of a historic building; **~zustand** state of preservation (or repair)

erhärten *(bekräftigen)* to confirm; to corroborate; *(näher begründen)* to substantiate

erheben 1. *(geltend machen)*, **~ →Anklage ~**; **e-n →Anspruch ~**; **Bedenken ~** to raise objections; →**Einspruch ~**; →**Klage ~**

erheben 2. *(etw. fordern, einziehen)* to levy, to collect; **Abgaben ~** to levy duties; to collect charges; **Angaben ~** *(Statistik)* to collect data; **Eintrittsgeld ~** to collect the entrance fee; →**Gebühren ~**; **Mitgliedsbeitrag ~** to collect membership fees (or dues); **Zölle ~** to levy customs duties

erheblich *(beträchtlich)* considerable; substantial; *(wesentlich)* material, relevant; →**rechts~**; **~er Betrag** significant (or substantial) amount; **mit ~en Kosten gekauft** bought at a considerable expense; **~es Risiko** substantial risk; **~er Schaden** considerable damage

Erheblichkeit materiality; **~ des Beweises** relevancy (or relevance) of the evidence

Erhebung 1,. ~ von Abgaben levying charges; **~ der Anklage** →Anklageerhebung; **~ des Beweises** →Beweisaufnahme; **~ von Gebühren** levy of dues; levying of fees; **~ zum Gesetz** enactment; **~ e-r Klage** →Klageerhebung; **~ der Steuer** imposition (or levying) of a tax; collection of a tax; **~ der Steuer durch Abzug an der Quelle** levying (or imposition of) the tax by deduction at the source; **~ von Zöllen** levy of duties

Erhebungs~, ~verfahren für Zölle method of levying duties; **~zeitraum**[255] collection period

Erhebung 2. *(Nachforschung, Feststellung)* investigation, inquiry; *(MMF)* survey, research; *(Statistik)* collection, inquiry, survey; census; **~ an Ort und Stelle** inquiry on the spot; **statistische ~** statistical investigation (or inquiry); collection of statistics; **Primär~** *(persönl. Befragung)* field research; **Sekundär~** desk research; **(Betriebs-)~sangaben** survey data; **~sbereich** scope of survey; **~szeitraum** inquiry period; **e-e ~ anstellen (od. durchführen)** to conduct (or make) an inquiry (or investigation)

erhöhen to raise, to increase, to put up, to enhance; **sich ~** to increase, to be increased (or raised); **den Beitrag ~** →Beitrag 1.; **jds Gehalt ~** to raise (or increase) sb.'s salary; **das →Grundkapital ~**; **den Kredit ~** to increase (or extend) the credit; **Löhne ~** to increase (or raise) wages; *Am colloq.* to boost wages; **die Miete ~** to raise (or increase) the rent; **Preise ~** to increase (or raise, put up) prices (**um** by); **die Strafe ~** to increase the penalty; **den Wert ~** to increase (or enhance, improve) the value; **sich im Wert ~** to rise in value, to appreciate (in value); **die →Zinsen ~**

erhöht, ~er Bedarf increased demand; **~e Geschwindigkeit** increase in speed; **~e Lebenshaltungskosten** increased cost of living; **~es Risiko** aggravated risk; **~er Steuersatz** increased tax rate; **die Ausgaben haben sich ~** the expenses have risen (or increased)

Erhöhung rise, increase, increment; **Beitrags~** →Beitrag 1. und 2.; **~ der Eisenbahntarife** *Br* rise (*Am* raise) in railway (*Am* railroad) rates; **~ der Gefahr** aggravation of the risk; **~ des Grundkapitals** →Grund 1.; **~ der Löhne** increase of wages, wage increase; rise of wages; *Am* raise in wages; *Br* wage increment; *Am* colloq. wage boost; **~ der →Postgebühren**; **~ des Preises** →Preiserhöhung; **~ der Steuer** increase in taxation; **~ der Zölle** tariff increase; **e-e ~ aufweisen** to show an increase

erholen, sich ~ to recover, to relax; *(Preise, Kurse)* to pick up, to recover, to rally, to revive; **die Aktienkurse erholten sich** the share (stock) prices recovered; **die Auslandsanleihen erholten sich kräftig** foreign bonds picked up (or recovered, rallied) sharply (or smartly); **die Preise haben sich etwas erholt** there has been some recovery of prices; prices have picked up (somewhat); **die Textilindustrie erholte sich** the textile industry showed a recovery; **sich von e-m finanziellen Verlust ~** to recover from a pecuniary loss; to recuperate

Erholung 1. recovery, recreation, relaxation; **e~sbedürftig** requiring rest (or a holiday); **~sgebiet** recreation(al) (or amenity) area; **~sort** *Br* holiday resort, *Am* vacation resort; **~surlaub** holiday, *Am* vacation; convalescent leave

Erholung 2. *com* recovery, rally, recuperation; **~ der Aktienkurse** recovery (or rally) of share (stock) prices; **~ der Preise** recuperation of prices; **konjunkturelle ~sphase** phase of economic recovery

erinnern, sich ~ to remember; to recall; **jdn an die Bezahlung e-r Rechnung ~** to remind sb. to pay (or settle) an account

erinnert (gemahnt) werden an to be reminded of

Erinnerung 1. remembrance, reminding (an of); *(Mahnung)* reminder; **~shilfe** *(MMF)* recall aid; **~slücke** gap in sb.'s memory; **~sschreiben** follow-up letter; reminder; **~swerbung** reminder advertising; **~swert** sentimental value; *(Bilanz)* reminder value

Erinnerung 2. *(Rechtsbehelf in gesetzlich bestimmten Fällen)* special appeal (or motion); **gegen die Beschlüsse der Prüfungsstellen findet die ~ statt**[256] the orders of the Boards of Examiners are appealable by special motion

erkennbar recognizable

erkennen 1. *(für Recht erkennen)* to hold, to find, to adjudicate; to adjudge, to give a judicial decision; **gemäß dem Antrag ~** to find for the plaintiff; **auf →Schadensersatz ~**; **auf →Strafe ~**

erkennendes Gericht court of decision

erkannt, es wird auf Geldstrafe ~ a fine is imposed; **das Gericht ~e auf →Räumung**

erkennen 2. to recognize, to identify as known; *(einsehen)* to realize; *(Buchführungauf der Habenseite e-s Kontos verbuchen)* to credit *(Ggs. belasten)*; **~ lassen** *(darauf hindeuten)* to infer; to indicate; **jds Konto mit e-m Betrage ~** to credit sb.'s account with an amount

Erkenntnis *(Einsicht)* recognition, realization; *(des Gerichts)* finding, decision; **in der ~** in recognition (of); **nach dem Stand der neuesten ~se** in the light of current knowledge

Erkennung, ~ auf Buße award of an administrative fine; **~sdienst** (police) record department; **~smarke** *Br mil* identity disc; *Am* identification tag; **~smerkmal der Kraftfahrzeuge im internationalen Verkehr** identification mark of motor vehicles in international traffic; **~szeichen** distinguishing feature

erklären *(erläutern)* to explain; *(begründen)* to account for; *(darlegen)* to state, to set forth; *(förml. angeben)* to declare, to pronounce; *(genau bestimmen)* to define; **ausdrücklich ~** to state expressly; to represent and warrant; **seinen →Beitritt ~**; **e-e →Dividende ~**; **unter →Eid ~**; **näher ~** to specify; **für →tot ~**; **für ungültig ~** to declare void; to cancel; **als →Zeuge ~**

erklärt, zollamtlich ~ declared (at customs)

Erklärung *(Erläuterung)* explanation; *(Darlegung)* statement; *(förmlich)* declaration; *(VertragsR)* representation; *(vor Gericht)* testimony; *(schriftl. unter Eid)* affidavit; *(Begriffsbestimmung)* definition; **→Absichts~**; **→Einvernehmens~**; **Grundsatz~ →Grund 1.**; **→Kriegs~**; **→Todes~**; **→Willens~**; **→Zoll~**

Erklärung, amtliche ~ official statement; **befriedigende ~** satisfactory explanation; **→eidesstattliche ~**; **→eidliche ~**; **falsche ~** false (or untrue) statement; *(VersR)* false statement (or representation); misrepresentation; *(irrtümlich)* **falsche E~** mistaken (or erroneous) statement; **gemeinsame ~** joint statement (or declaration); **öffentliche ~** public statement; **schriftliche ~ unter Eid** sworn statement in writing; affidavit

Erklärung, ~ auf dem Sterbebett dying declaration; **~ über die wirtschaftlichen und persönlichen Verhältnisse** declaration concerning the economic and personal conditions *(→Prozesskostenhilfe)*; **~sirrtum** →Irrtum

Erklärung, e-e ~ abgeben to make a declaration (or statement); to declare; **schriftliche od. mündliche ~en abgeben** *(VertragsR)* to make written or oral representations; **e-e falsch übermittelte ~ →anfechten**; **e-e irrtümlich abgegebene ~ →anfechten**; **e-e ~ entgegennehmen** to take (or accept) a statement; to receive a declaration

erkundigen, sich bei jdm ~ nach to inquire (or make inquiries) of sb. about (or after) sth.; **sich nach jds Namen ~** to inquire after sb.'s name

Erkundigungen bei jdm über etw. einziehen to make inquiries of sb. about sth.; to collect (or gather) information from sb. about sth.

Erkundungsgespräche exploratory talks (or discussions)

erlangen *(sich verschaffen)* to obtain, to get, to procure; *(erwerben)* to acquire; *(auf dem Gerichtsweg)* to gain by legal process, to recover; →**Kenntnis ~**; **Schadenersatz ~** to recover damages

Erlangung von Vermögen durch Betrug obtaining property by deception

Erlass *(interne Verwaltungsanordnung)* decree; ordinance (or edict) (set forth by authority); official decision (of an authority); *(das Erlassen)* issue, issuance; *(Entbindung von einer Verpflichtung)* release, remission, abatement, waiver; **~ e-s Gesetzes** enactment (or *Am* issuance) of a law; passing of a law; **~ der Reststrafe** remission of the remaining sentence; **nach ~ des** →**Schiedsspruchs**; **~ e-r Schuld** release (or remission, *Am* forgiveness) of a debt; discharge (or remission) of a debt by agreement (requires a contract of discharge)[257]; **~ von Steuern**[258] abatement (or remission) of taxes; **~ e-s Urteils** delivery of a judgment; **~ e-r Verfügung** issue of an order; **e-n ~ herausgeben** to issue a decree

erlassen 1. *(ergehen lassen)* to publish; **ein Gesetz ~** to enact (or adopt) a law; **e-n Schiedsspruch ~** to make an award; **ein Urteil ~** to make (or pass) a judgment; *(Scheidungsurteil)* to make a divorce decree

erlassen 2. *(von e-r Verpflichtung entbinden)* to release, to remit, to abate, to waive, *Am* to forgive; →**Gebühren ~**; **jdm e-e Schuld ~** to release sb. from a debt; *Am* to forgive sb. a debt; to waive a debt; **e-e Steuer ganz oder teilweise ~** to remit a tax in whole or part; *Am* to forgive a tax totally or partially; **die Strafe ~** to waive (or remit) the penalty; **jdm die Zahlung e-r Summe ~** to dispense (or release) sb. from paying a sum; *Am* to forgive sb. the payment of a sum

erlauben *(amtl.)* to licen|ce (~se); to allow, to permit, to grant permission; *(zulassen)* to admit (of); **wir ~ uns die Anfrage** we would like to ask you; **wir ~ uns, Sie darauf aufmerksam zu machen** please, permit us to draw your attention to; **ich erlaube mir, Ihnen mitzuteilen** I beg to inform you

erlaubt permitted, permissible; allowable; **gesetzlich ~** permitted by law; lawful

Erlaubnis *(behördl.)* licen|ce (~se); permission; leave; *(schriftl.)* permit; *(vorherige Genehmigung)* authorization; **mit ~ von** with the permission of; *(ermächtigt durch)* by authority of; *(durch freundl. Entgegenkommen)* by courtesy of; **mit ~ des Gerichts** by leave of the court

Erlaubnis, nachträgliche ~ →Genehmigung; **ohne ~** without permission; **~ zum Betreiben von Bankgeschäften**[259] licen|ce (~se) to conduct banking transactions; **~ für e-n Geschäftsbetrieb** licen|ce (~se) (or permit) to transact business

Erlaubnis~, e~bedürftige Tätigkeit activity requiring a permit; **~erteilung** grant of permission (or permit, licen|ce [~se]); **e~pflichtig** subject to licensing (or permit, permission)

Erlaubnisschein licen|ce (~se); *(Jagdschein, Führerschein etc)* permit; **~inhaber** permit holder; **e-n ~ ausstellen** to issue a licen|ce (~se) (or permit); **sich e-n ~ ausstellen lassen** to take out a licen|ce (~se)

Erlaubnis, die *(amtliche)* **~ besitzen** to hold a licen|ce (~se); **um ~ bitten (od. fragen)** to beg leave; to ask (for) permission; **~ erhalten** to obtain (or be granted) permission; to be authorized (to do); **die ~ erlischt** the permit shall expire

Erlaubnis, ~ erteilen *(amtlich)* to grant a licen|ce (~se); to grant permission; to give (or grant) leave; **e-e ~ unter** →**Auflagen erteilen**; **e-e ~ eingeschränkt erteilen** to give permission subject to limitations, to grant limited permission

Erlaubnis, e-e ~ erwirken to obtain (or secure) permission; *(amtl.)* to obtain (or take out) a licence (license); **die ~ verlängern** to extend the licen|ce (~se) (for a further period); to permit (or to continue the permission) for a further period; **die ~ versagen** to refuse (the) permission; **die ~ verweigern** to withhold (the) permission; **die ~ zurücknehmen (od. zurückziehen)** to revoke (or withdraw) (the) permission

erläutern to explain (the meaning of), to provide with explanations; *(durch Beispiele)* to exemplify, to illustrate

erläuternde Bemerkungen explanatory commentaries

Erläuterung explanation, explanatory note (zu to)

Erlebensfallversicherung endowment assurance *(Am insurance)*

erledigen to handle, to deal with, to settle; to complete; to dispose of; →**schnell ~**; **e-e Angelegenheit ~** to carry out (or deal with, settle, attend to) a matter; to transact business; **e-e Arbeit (od. Aufgabe) ~** to perform (or accomplish, complete) a task; **e-n Auftrag ~** →Auftrag 3.; **seine Post ~** to take care of one's mail (or correspondence); to deal with one's mail *(Br auch post)*; **durch** →**Vergleich ~**

erledigt, die Angelegenheit ist damit ~ the matter is thus disposed of; the matter is herewith settled; the matter (or issue) is hereby resolved; **noch nicht ~er Auftrag** back order; **~e Frage** closed (or settled, resolved) issue; **viel Post wurde ~** much mail (*Br* auch post) was handled

Erledigung handling, dealing (with), attending (to); settlement; completion; **~ e-r Anfrage** answer to an inquiry; **~ e-r Angelegenheit** settlement (or completion) of a matter; **~ eigener Angelegenheiten** conduct of one's own affairs; **für die baldige ~ der Angelegenheit wären wir dankbar** we should be much obliged if you could give this matter your early attention; you would greatly oblige us by settling the matter soon; **prompte und sorgfältige ~ e-s Auftrags** prompt and careful execution of an order; →**schnelle ~ von Geschäften**; **~ der Hauptsache** termination (of the substantive dispute); **~ e-r Rechnung** settlement (or payment) of an invoice; **~ e-r Streitigkeit** handling (and determination) (or dealing with) a dispute; **Aufgaben zur selbständigen ~ übertragen** to delegate (or assign) tasks for independent action; **zur weiteren ~** for further action

Erledigungsbescheinigung *(Zoll)* certificate of discharge

erleichtern to ease, to make easier, to facilitate; **die Ausführung e-r Arbeit ~** to facilitate the execution of a task

Erleichterung easing, relief; facilitation; →**Kredit~**; →**Steuer~en**; →**Zahlungs~en**; **~ der Bedingungen** easing of terms; **~ der Einfuhr von Warenmustern und Werbematerial**[260] facilitation (or easing) of imports of commercial samples and advertising material; **~en für die Einfuhr von Waren, die auf Ausstellungen, Messen, Kongressen oder ähnlichen Veranstaltungen ausgestellt oder verwendet werden**[261] facilities for the importation of goods for display or use at exhibitions, fairs, meetings or similar events; **zur ~ des Verkehrs** for the convenience of the traffic; **~ der Zahlungsbedingungen** easing of terms of payment; (granting of) special terms; **~en gewähren** to grant relief (or alleviation); to afford facilities

erleiden to suffer, to sustain, to experience; →**Schaden ~**; **e-e** →**Wahlniederlage ~**; **e-e** →**Wertminderung ~**

erlittener Verlust loss suffered (or sustained)

erlernen, e-n Beruf ~ to be trained for a profession (or occupation)

Erliegen standstill; *(völliges)* deadlock; **der Verkehr kam zum ~** traffic slowed to a stop; traffic came to a halt (or standstill); **zum völligen ~ bringen** to deadlock

Erlös proceeds (of sale etc.); revenue; →**Ausfuhr~e**; →**Bar~**; →**Brutto~**; →**Export~**; →**Liquidations~**; →**Netto~**; →**Verkaufs~**; →**Versteigerungs~**; **~ aus dem Pfand**[262] proceeds (from a sale or other realization) of the pawn (or pledge, security); **Verteilung des ~es aus der Verwertung des Vermögens** *(InsR)* distribution of the proceeds of the realization of assets

erloschen *(untergegangen)* extinct, expired, extinguished, having come to an end; **~e Gesellschaft** defunct company; **~e Konzession** expired licen|ce (~se); **~e Vollmacht** expired (or terminated) power of attorney; extinct authority; **der Anspruch ist ~** the claim (or right) has become extinct; the claim lapsed; the right ceased; **die Firma ist ~** the firm ceased to exist; **das rote Licht ist ~** *(Verkehr)* the red light has gone off; **das Patent ist ~** the patent has expired (or lapsed); **die Police ist ~** the policy has expired; **ein Wechsel ist ~** a bill has been discharged

Erlöschen *Br bes.* expiry; *Am bes.* expiration; extinction, extinguishment, termination; *(von nicht rechtzeitig ausgeübten Rechten)* lapse; **~ e-s Anspruchs** extinction (or lapse) of a claim; **mit dem ~ der Ermächtigung** on the expiry (or at the date of expiration) of the authorization; **~ der Erlaubnis** expiry (expiration) of the licen|ce (~se); **~ e-r Grunddienstbarkeit**[263] extinguishment of an easement; **~ e-r Hypothek** discharge of a mortgage; **~ der Mitgliedschaft** cessation (or termination) of membership; **nach ~ der Mitgliedschaft e-s Staates** after a country ceases to be a member

Erlöschen, ~ e-s Patents expiry (expiration) of a patent; *(durch Nichtzahlung der Jahresgebühr)* lapse (or lapsing) of a patent; **Zeitpunkt des ~s e-s Patents** expiration date of a patent

Erlöschen, ~ des →**Pfandrechts**; **~ e-s Rechts** extinguishment (or extinction, lapse, termination) of a right; **~ von Rechten Dritter**[264] extinguishment of rights of third parties; **~ von Schuldverhältnissen** extinction of obligations; **~ e-r Versicherung** expiry (expiration) of an insurance policy; **~ der Vollmacht**[265] termination of the power of attorney; **~ e-r Marke** lapse of a trademark; **~ der** →**Zahlungsverpflichtung**

erlöschen to expire; to become extinct; to lapse; to terminate, to be terminated; *(Firma)* to cease (to exist)

erlischt, dieses Abkommen ~, wenn ... *(VölkerR)* this agreement shall expire (or lapse) if ...; **sein Anspruch ~ nicht** his claim does not expire; he does not forfeit his claim; **der An-**

spruch ~ durch →Verjährung; die →Erlaubnis ~; e-e →Garantie ~; die Hypothek ~ the mortgage is extinguished; **die Mitgliedschaft ~** membership expires (or terminates); **die Mitgliedschaft des Staates ~** a country ceases to be a member; **das Patent ~, wenn ...** the patent shall lapse if ...; **das Schuldverhältnis ~, wenn ...**[266] the obligation shall terminate (or expire) if ...; **die Versicherung ~** the insurance expires; **die Vollmacht ~** the authority expires (or terminates)

ermächtigen to authorize, to give (or grant) authority (to); to commission (sb. to do); to empower

ermächtigt, **ordnungsgemäß ~** duly authorized; **~ sein** to have authority, to be authorized; to be empowered; **diese Urkunde ~ zur Vornahme dieser Handlung** this document shall be sufficient warrant for this (course of) action

Ermächtigung authorization; *(Befugnis)* authority, power; *(schriftl.)* warrant; **auf Grund meiner ~** by virtue of (or based on) my authority; **mit ~ von** authorized by; **ohne ausdrückliche ~** (etw. nicht tun dürfen) unless specifically authorized; **~sgesetz** enabling act; **den ~srahmen überschreitend** (acting) ultra vires; **~ erteilen** to authorize; to give (or grant) authorization; to empower; **die ~ übertragen** to delegate the power

ermahnen to admonish; **zur Wahrheit ~** to admonish to tell the truth

Ermangelung, **in ~ von** in default of, in the absence of; failing; for want of; **in ~ e-r Bestimmung** in the absence of a provision; **in ~ besonderer Vereinbarung** in the absence of (or failing) special agreement; if there is no special agreement; **in ~ Ihrer Zustimmung** failing your consent

ermäßigen to reduce, to abate, to lower; **e-e Gebühr ~** to abate a fee; **den Preis ~** to reduce the price; to mark down the price; to cut down the price; **Preise drastisch ~** to reduce prices drastically; *colloq.* to slash prices

ermäßigt, **~er Preis** reduced (or cut) price; **der Preis kann nicht ~ werden** the price cannot be lowered (or reduced)

Ermäßigung reduction, abatement; cut; **→Fracht~**; **→Preis~**; **→Steuer~**; **~ bei Mengenabnahme** (Mengenrabatt) discount for quantities; **~ gewähren** to grant (or allow) a discount (or reduction)

Ermessen discretion; **nach seinem ~** (with)in (or at) his discretion; according to his discretion; **in das ~ gestellt (od. im ~ stehend)** discretionary

Ermessen, **nach billigem ~**[267] as appears just (or fair); in one's fair judgment; the reasonably (or equitably) exercised discretion (of the court, etc); **die Schiedsrichter entscheiden nach billigem ~** the arbitrators decide according to their reasonably exercised discretion; the arbitrators, in giving their ruling, act as amiables compositeurs (waiving the strict application of law); **die Schlichter entscheiden nach billigem ~** the conciliators shall decide ex aequo et bono

Ermessen, **nach eigenem ~** at one's discretion; **das Gericht handelt nach eigenem ~** the court exercises its discretion

Ermessen, **freies ~** absolute discretion; discretionary powers; **nach freiem ~** at one's complete discretion; **Entscheidung nach freiem ~** discretionary decision; **in freiem ~ des Gerichts stehen** to be within the discretion of the court

Ermessen, **nachprüfbares ~** reviewable discretion

Ermessen, **nach pflichtgemäßem (od. pflichtmäßigem) ~ entscheiden** to decide freely after a due assessment of the circumstances

Ermessens, **~-** discretionary, arbitrary; **~ausübung** exercise of (the) discretion; **~entscheidung** discretionary decision; *Am* decision ex aequo et bono (in equity and good conscience); **Befugnis, ~entscheidungen vorzunehmen** discretionary jurisdiction; **~frage** question of discretion; **~freiheit** (power of) discretion, discretionary power(s); **~missbrauch** abuse of discretion; misuse of discretionary power(s); **~missbrauch üben** to exceed one's discretionary powers; **~spielraum** margin of discretion; **~überschreitung** exceeding of one's discretion

Ermessen, **im ~ liegen von** to lie within sb.'s discretion, to be in the discretion of; **nach eigenem ~ handeln** to use one's discretion; **sein ~ missbrauchen** to abuse one's (power of) discretion; **in jds ~ stellen (od. jds ~ überlassen)** to leave to sb.'s discretion

ermitteln *(amtl. untersuchen)* to investigate; to find out by inquiry; to inquire into; to carry out an investigation (or inquiry); *(feststellen)* to ascertain, to determine, to establish, to find out; to get to know; **jds Aufenthaltsort ~** to ascertain (or find out) sb.'s (place of) abode; **e-n unbekannten Erben**[268] **~** to establish the identity of an unknown heir; **Gewinne ~** to determine profits; **die Kosten ~** to determine the costs; **den Tatbestand ~** to determine the facts

Ermittler, **verdeckter** *(verdeckt arbeitender)* **~** undercover agent

Ermittlung *(amtl. Untersuchung)* investigation; (finding out by) inquiry; *(Feststellung)* ascertainment, determination; discovery; *(durch Staatsanwalt od. Polizei)* criminal investigation; **polizeiliche ~** investigation by the police; **~ e-s Erben** establishing the identity of an (unknown) heir; search for an (unknown) heir; **~ der Gewinne** →Gewinnermittlung; **~ des Preises** determination of price; **~ des Schadens** *(dem Umfang nach)* ascertainment of the loss; assessment of the damage; **~ des schuldnerischen Vermögens** discovery of debtor's property; **~ e-r Unfallursache** research into the cause of an accident

Ermittlungs~, **~beamter** investigator, investigating officer; **~befugnis** power of investigation; **~handlung** investigative measure; **~material** investigatory material; **~richter** pretrial judge; **~verfahren durch die Staatsanwaltschaft**[269] preliminary investigation by the public prosecutor (preparation of a case before the indictment)

Ermittlung, **~en anstellen (od. durchführen)** to carry out (or institute, inititate, conduct) investigations; to make inquiries; to inquire (into), to investigate; **~en einleiten** to institute investigations; **gegen jdn ist ein ~sverfahren eingeleitet worden** sb. is under investigation; **~en einstellen** to discontinue (or drop) investigations; **die ~ ergab** the investigation revealed (or yielded)

ermöglichen to make (or render) possible; to enable; to render feasible

ermorden to murder; *(bes. aus politischen Gründen)* to assassinate

Ermordung murder, murdering; *(Meuchelmord)* assassination

Ermüdungserscheinungen symptoms of fatigue; **normalen ~** *(bei der Arbeit)* **ausgesetzt sein** to be subject to normal stress

Ernährer *(der Familie)* breadwinner, supporter; provider

Ernährung *(Nahrung)* food, nourishment; *(das Ernähren)* nutrition; *(Unterhalt)* support, maintenance; **für die menschliche ~ (un)geeignet** (un)fit for human consumption; **schlechte ~** malnutrition; **Unter~** nutritional deficiency

Ernährungs~, **~güter** foods, foodstuffs; **~lage** food situation (or condition); **~- und Landwirtschaftsorganisation** *(der Vereinten Nationen)*[270] Food and Agricultural Organization (FAO); **~problem** problem of nutrition; **~sektor** food sector; **den ~stand heben** to improve the nutritional level; **~wirtschaft** food industry; **Güter der ~wirtschaft** foodstuffs, food products; **~wissenschaftler** nutritionist

ernennen to appoint, to designate, to nominate; to constitute; *Am* to name; **jdn zum Bevollmächtigten ~** to appoint sb. as agent; **e-n Nachfolger ~** to nominate a successor

ernannt appointed; *(aber noch nicht im Amt eingeführt)* designate; **er wurde zum Präsidenten ~** he was appointed (or nominated) president

Ernennung appointment, nomination; designation; **~ e-s Stellvertreters** nomination of a deputy; **~sausschuss** nomination committee; **~surkunde** *(für Beamte)*[271] deed (or certificate) of appointment (as civil servant); **e-e ~ vornehmen** to make an appointment

erneuerbar renewable

erneuern to renew; *(neu machen)* to renovate, to make (as good as) new; **ein Abonnement ~** to renew a subscription; **e-n Vertrag ~** to renew a contract

Erneuerung renewal; *(von Sachen)* renovation; **~ e-s Abkommens** *(VölkerR)* renewal of an agreement (or convention); **~ e-s Vertrages** renewal of a contract

Erneuerungs~, **~datum** *(VersR)* renewal date; **~fonds** →Erneuerungsrücklage; **~gebühr** *(PatR)* renewal fee; **~prämie** *(VersR)* renewal premium; **~rücklage** renewals reserve, reserve for renewals, replacement reserve; **~schein** talon (for renewal of coupon sheet); renewal coupon; **~wechsel** renewal bill, renewed bill (of exchange)

erneut anew, again; **~e Entscheidung** decision upon rehearing, decision en banc; **~e Verhandlung** retrial

erniedrigend degrading, humiliating; **~e Behandlung** degrading (or humiliating) treatment

Ernstfall, im ~ in case of emergency

Ernstlichkeit, Mangel der ~[272] lack of seriousness

Ernte harvest; *(Ertrag)* crop; **~, die den Bedarf nicht deckt** short crop; **~ auf dem →Halm**; **~ausfall** crop shortfall; **~ausfallversicherung** crop insurance; **~aussichten** crop prospects; **~ertrag** crop yield; **~jahr** crop year; **~menge** crop quantity (harvested); **~versicherung** crop insurance; **die ~ einbringen** to gather the crop, to bring in the harvest; to harvest, to reap

erobern, den Markt ~ to take over the market

eröffnen to open; to establish; *(feierlich)* to inaugurate; **ein →Akkreditiv ~**; **die Diskussion ~** to open (the) discussion; **ein Geschäft ~** to start (or set up, establish) a business; to open a shop (or *Am* store); **das →Insolvenzverfahren ~**; **e-e →Praxis ~**; **ein →Testament ~**

eröffnend, die ~e Bank *(beim Akkreditiv)* the opening (or issuing) bank, the bank issuing the credit

eröffnet, neu ~ *(Geschäft)* newly opened (or established); **die Sitzung ist hiermit ~** the meeting is hereby declared open

Eröffnung opening; *(feierlich)* inauguration; **~ des Akkreditivs** opening (or establishing) a (letter of) credit; **~ e-s Geschäftes** →Geschäftseröffnung; **~ des Hauptverfahrens** opening of the trial; **~ des →Insolvenzverfahrens; ~ e-r Messe** opening of a fair; **~ e-s Testaments durch das Nachlassgericht** →Testamentseröffnung

Eröffnungs~, ~ansprache opening (or inaugural) address; **~antrag im Vergleichsverfahren**[273] petition to commence composition proceedings; **~beschluss im Insolvenzverfahren**[274] order of the court to institute insolvency proceedings; adjudication order; insolvency order; **~beschluss im Strafprozess** *(Beschluss, durch den das Hauptverfahren eröffnet wird)*[275] order by the court in a criminal proceeding that the case is to go to trial; order opening (a criminal) trial; *(etwa)* indictment; **~bilanz** opening balance (sheet); **~feier** opening (or inaugurating) ceremony; **~kurs** *(Börse)* opening price; *(Devisen)* opening rate; **~preis** *(bei Auktion)* starting price; **~protokoll** →Testamentseröffnung; **~rede** opening speech, inaugural address; **~sitzung** opening session; **~staat** *(InsR)* state of the opening of the (insolvency) proceedings

erörtern to discuss, to debate

Erörterung discussion, debate; **~srecht des Arbeitnehmers**[276] employee's right to get explanations

erpressen, jdn ~ to blackmail sb.; **von jdm Geld ~** to blackmail sb. for money; to extort money from sb. (by threats); **ein Geständnis von jdm ~**[277] to extort an admission (or confession) from sb.; **sich ~ lassen** (zu tun) to be blackmailed (into doing)

erpresstes Geld blackmail; money extorted by threats

Erpresser blackmailer; extortioner, extortionist; *Am* racketeer; **~brief** blackmail letter; **~methoden** blackmailing methods

erpresserischer Geldverleih lending money at exorbitant rates of interest; *Am* loan sharking

Erpressung[278] blackmail(ing), extortion; →**Aussage~; nukleare ~** nuclear blackmail; **~sversuch** attempted blackmail; **terroristischer ~sversuch** terrorist attempt at blackmail; **~ begehen** to commit (or practice) blackmail (or extortion)

Erprobung von Waffen testing of weapons

errechnen to calculate; *Am bes.* to compute, to make a computation of; **e-n Betrag ~** to calculate (*bes. Am* to compute) a sum; to arrive at a sum

Errechnung calculation, computation

Erregung, ~ e-s öffentlichen →Ärgernisses; ~ e-r irreführenden Vorstellung false representation; misrepresentation

erreichbar within reach; attainable; **nicht ~** out of reach; unattainable

erreichen to reach; to attain, to achieve; *(Zug)* to catch; *(erlangen)* to obtain; **nicht zu ~** out of reach; not available; **jdn →telefonisch ~; ein hohes Alter ~** to live to a great age; **das Alter von 18 Jahren ~** to attain the age of 18 years; **bessere Bedingungen zu ~ suchen** to try to obtain better terms; **das Produktionsziel ist nicht erreicht** the output target has not been attained; **sein Ziel ~** to reach one's goal; **seinen Zweck ~** to achieve one's purpose; **er hat nichts erreicht** he achieved nothing

Erreichung reaching; attaining, achievement; **bei ~ der Altersgrenze** upon reaching the age limit; **bei ~ der →Volljährigkeit; ~ der Ziele** attainment (or achievement) of objectives; **zur ~ e-s Zweckes** for the attainment of a purpose; with a view to achieving an objection

errichten *(gründen)* to establish, to set up; to found; to constitute; *(erbauen)* to erect, to construct; *(aufstellen)* to erect, to raise, to put up; **den Betriebsrat ~**[279] to establish the works council; **e-e Gesellschaft ~** to form (or establish, set up, constitute) a company; *Am* to set up (or incorporate) a corporation; **ein →Testament ~**

errichtet, mangelhaft ~e Gesellschaft defectively constituted company; *Am* defectively incorporated company; **die Gesellschaft ist ordnungsgemäß ~** the company has been duly constituted; *Am* the corporation has been duly incorporated

Errichtung *(Gründung)* establishment, foundation, constitution, setting up; forming; *(Bau)* construction; *(Aufstellung)* erection, putting up; **~ e-r Fabrik** construction (or setting up) of a factory; **Staat der ~ e-r Kapitalgesellschaft** *Am (DBA)* state of incorporation; **~ e-s →Testaments; ~ e-s Unternehmens** establishment of an undertaking

Errungenschaft, geistige ~ *(UrhR)* intellectual achievement; **soziale ~en** social achievements; **~en der Zivilisation** achievements (or attainments, benefits) of civilization

Errungenschaftsgemeinschaft[280] community of property acquired during marriage

Ersatz *(Ersatzleistung)* replacement; *(Entschädigung)* compensation, indemnification, indemnity, damages; *(Ersatzperson)* substitute, replacement, *Am* alternate; **als ~ für** as replacement (or compensation) for; **~ von →Aufwendungen; ~ für →Auslagen**

Ersatz, ~ des Schadens reparation of the damage; making up for the loss; **~ des erlittenen Schadens erhalten** to recover damages (or compensation) for the loss sustained; **zum ~ des aus der Vertragsverletzung erlittenen Schadens verpflichtet sein** to be liable for (payment of) the damages arising from the violation of the contract

Ersatz~, ~aktie[280 a] replacement share certificate; **~anspruch** claim for damages (or compensation) *(→Schadensersatzanspruch)*; claim for replacement (of an object); **unechter ~anspruch** *(VersR)* fictitious claim; **~bedarf** replacement demand; **e~berechtigt** entitled to damages (or replacement); **~beschaffung** replacement(s), procurement of replacement; **~beschaffungsrücklage** replacement reserve; **~betrag** indemnity

Ersatzbrief, e-n ~ ausfertigen (Kraftfahrzeugbrief) to make out a substitute registration *Br* book *(Am certificate)*

Ersatz~, ~deckung substitute cover (or security); **~dienst** *mil* →Zivildienst

Ersatzerbe[281] substitutional (or substitute) heir; *Am* alternate heir; **Einsetzung e-s ~n** substitution of an heir; **als ~n einsetzen** to appoint as substitute heir; *Am* to substitute an heir

Erbe, der für den Fall eingesetzt wird, dass ein Erbe vor oder nach dem Erbfall wegfällt (z. B. durch Tod od. Ausschlagung).

Person appointed to be heir in the event that a first appointed heir is unable or unwilling to accept the inheritance (e. g. in case of death or disclaimer before or after the death of the *Br* deceased *Am* decedent).

ersatzfähiger Schaden recoverable damage

Ersatz~, ~freiheitsstrafe[282] imprisonment for failure to pay a fine; *Am* jail sentence in lieu of (payment of) a (noncollectable) criminal fine; *Am* alternative sentence; **~haftung** substituted liability; **~investitionen** replacement of capital assets; **~kasse** substitute private health insurance (under German public law)

Ersatzkraft, Stellung e-r ~ supply (or provision) of a substitute (employee etc)

Ersatzleistung replacement; substituted performance; payment of damages; compensation, indemnification; *(Betrag)* indemnity

Ersatzlieferung replacement; delivery of a substitute, substitute delivery; consignment of replacement; **~ verlangen** to require goods in replacement; to require delivery of substitute goods; **vom Verkäufer ~ verlangen** to require the seller to deliver substitute goods

Ersatzmann substitute; replacement; *Am* alternate; **an seine Stelle tritt ein ~** his place is taken by a substitute

Ersatz~ *(z. B. für Betriebsrat)*, **~mitglied**[283] substitute (member), member for replacement; *Am* alternate member; **~(mittel)** substitute

Ersatzpflicht liability for damages; liability (or obligation) to compensate (or indemnify); **die ~ ausschließen oder beschränken** to exclude or limit the liability for damages

ersatzpflichtig liable for damages (or compensation); indemnifiable; **~ werden** to become liable for damages

Ersatzteil spare part, replacement (part); **gelieferte ~e** parts supplied in replacement (of defective parts); **ein ~lager unterhalten** to keep spare parts in stock

Ersatzurkunde replacement document *(→Führerschein)*

Ersatzvermächtnis[284] substitute legacy; substitutional gift; **~nehmer** substituted legatee, substitute for a legatee; **Einsetzung e-s ~nehmers** appointment of a substitute legatee; *Am* substitution of a legatee

Ersatz~, ~wahl election of a substitute; *parl* by-election; **~wert** *(VersR)* replacement value; **~zeiten** *(Rentenversicherung)* substitute qualifying periods (periods of time during which contributions towards a pension cannot be paid [e.g. because of military service] but are nevertheless counted towards the pension); **~zustellung**[285] substituted service

Ersatz, als ~ anbieten to offer as replacement; **~ leisten für** to pay damages for; to compensate, to make (or give, effect) compensation for; to make up for; to redress; **~ verlangen** to demand damages (or a replacement)

Erscheinen 1. appearance; **persönliches ~ der Parteien** appearance in person (or personal appearance) of the parties; **~ vor Gericht** appearance in court; **~ von Zeugen** attendance of witnesses; **→Nicht~**; **das zwangsweise ~ von Zeugen veranlassen** to enforce the attendance of witnesses

Erscheinen 2. *(Veröffentlichung)* publication; **bei ~** *(bei Neuemission von Wertpapieren)* when issued; **beim ~** when published; at (the) publication; **im ~ begriffen** in the course of publication; **die Zeitung mußte ihr ~ einstellen** the newspaper ceased to appear; the newspaper had to be discontinued

erschein 1. ~en to appear; **e-e Partei ~t persönlich oder wird durch ihren Anwalt vertreten** a party appears in person or (is represented) by his lawyer (or counsel); a party appears in person or is legally represented; **jd, der nicht zur Arbeit ~t** absentee; **vor Gericht ~en** to appear in court; **vor Gericht nicht ~en** to fail to appear; to (make) default; **~t der Kläger nicht, kann er mit der Klage abgewiesen werden** →abweisen

erschienen, *(trotz Ladung)* **nicht ~** contumacious; *(vor Gericht)* **nicht ~** defaulting; **nicht ~e Partei** party in default, defaulting party; **alle Aktionäre ~ oder waren vertreten** all of the shareholders were present or represented

Erschienene (der/die) the person appearing; **zum Termin nicht ~r** defaulter, party in default

erscheinen 2. *(veröffentlicht werden)* to be published; *(Zeitschriften etc)* to be issued; **in der Zeitung ~** to figure in the papers; **das Blatt erscheint einmal wöchentlich** the gazette is published once a week; **regelmäßig erscheinende Veröffentlichungen** periodical publications; **das Werk ist erschienen** the work has been published

Erscheinung, **äußere ~** (outward) appearance; **Neu~** *(Buch)* new publication; **~sjahr** *(Buch)* year of publication; **~stag** *(von Veröffentlichungen)* day (or date) of publication; *(von Wertpapieren)* day (or date) of issue

erschießen, **jdn ~** to shoot (and kill) sb.; →**standrechtlich erschossen werden**

erschleichen, sich etw. ~ to obtain sth. surreptitiously (or by artifice)

Erschleichung obtaining surreptitiously (or by artifice); *Am* subreption

erschließen to develop, to open (up); to tap; **Bauland ~** *(in Deutschland Pflicht der Gemeinde)*[285 a] to develop (*Am* to improve) land; **neue Kreditquellen ~** to tap new credit sources; **neue Märkte ~** to open up new markets

erschließend, **ein zu ~es Absatzgebiet** a sales territory to be developed

erschlossen *(Baugelände)* developed; *Am* improved; **nicht ~** undeveloped; *Am* unimproved

Erschließung, **~ von Bauland**[285 a] site (or land) development; *Am* improvement of land; **~ neuer Energiequellen** development of (or opening up, tapping) new energy sources; **~sarbeiten** development projects; **~skosten** development cost(s)

Erschließungs(kosten)beiträge[285 b] local improvement assessments; adjoining (or abutting) property charges

erschöpfen to exhaust, to deplete; to use up entirely

erschöpfend, **e-n Rechtsfall ~ behandeln** to deal with a case exhaustively; to go carefully into a case

erschöpft, **~e Bestände** depleted stocks; **die Rechtsmittel sind ~** the legal remedies have been exhausted; **der Vorrat ist ~** the stock is exhausted

Erschöpfung exhaustion, depletion; using up (entirely); **~seinrede** *(des Erben)* plea of exhaustion; **~ der Naturschätze** depletion (or exhaustion) of resources; **~ der innerstaatlichen Rechtsmittel** *(VölkerR)* exhaustion of local (or domestic) remedies; **die vorherige ~ des Rechtsweges zur Voraussetzung machen**[286] to require exhaustion of all other legal remedies; **(vorherige) ~ der verwaltungsinternen Rechtsmittel (od. des Verwaltungsweges)** exhaustion of the administrative remedy (remedies)

erschweren to render (more) difficult; to complicate; to impede; *(verschärfen)* to aggravate; **Importe ~** to impede imports; **die Währungskrise erschwert den Export** the monetary crisis is an impediment to exports

erschwerende Umstände aggravating circumstances

Erschwerung complication; *(Hemmung)* impediment; *(Verschärfung)* aggravation; **~ des Exports** impeding (or inhibiting, obstruction of) exports

erschwindeln, **Geld ~** to obtain money by false pretences (pretenses); to get money by swindling

ersehen aus to see (or learn) from

ersessen →ersitzen; **~es Recht** prescriptive right

ersetzbar replaceable; compensable, reparable, recoverable

ersetzen 1. *(an die Stelle setzen)* to replace (person or thing) (durch by); to substitute (durch for); to supply (or find, provide) a substitute (for); to supersede; *(an die Stelle treten von)* to replace; to take (or fill) the place of; to substitute for; to supersede; **A durch B ~** to substitute B for A; to replace A by B

ersetzt werden durch to be replaced by

ersetzen 2. *(entschädigen)* to compensate, to make amends (for loss or injury); to make good, to make up for, to indemnify (for); *(erstatten)* to reimburse, to refund; →**Aufwendungen ~**; →**Auslagen ~**; **den Schaden ~** to make good the damage; to make reparation for the damage; to indemnify (or make up) for the loss

ersetzend, laut Versicherungspolice zu ~er Schaden loss recoverable under the insurance policy

ersetzt, seine →Auslagen ~ bekommen; vom Versicherer den ganzen Schaden ~ bekommen to recover the entire damage (or loss) from the insurer

ersitzen to acquire by adverse possession; *(bewegl. Sachen)*[287] to acquire by means of 10 years' possession as owner; *(Grundbesitz)* to acquire by means of 30 years' possession as (falsely) registered owner

Ersitzer adverse possessor

Ersitzung (beweglicher Sachen)[287] acquisition (of movables) by means of 10 years' possession as owner; adverse possession; positive (or acquisitive) prescription

Wer eine bewegliche Sache 10 Jahre in Eigenbesitz hat, erwirbt das Eigentum, sofern er bei Erwerb des Eigenbesitzes in gutem Glauben war und nachträglich nicht erfahren hat, dass ihm das Eigentum nicht zusteht.

A person who possesses a movable for 10 years, regarding himself as owner thereof, shall acquire the legal title, provided he acquired possession in good faith and not discovered subsequently that he is not the owner.

Ersitzung, →Unterbrechung der ~; durch ~ (erworben) by prescription; **durch ~ erworbenes Recht** prescriptive right; **~ von Grundbesitz** →Buchersitzung

Ersitzung, ein Recht auf Grund von ~ beanspruchen to claim a right by prescription (or a prescriptive right); **sich auf ~ berufen (od. ~ geltend machen)** to plead prescription (or adverse possession); **die ~ ist gehemmt**[288] the period of prescription is suspended; **die ~ wird unterbrochen**[289] the period of prescription will be interrupted

Ersitzungsfrist, ~ (od. ~zeit) period of prescription, prescriptive period; **Ablauf der ~** expiration of the period of prescription; **die ~ läuft** (zum Nachteil von) the period of prescription runs (against)

Ersparnis(se) saving(s); economies; **→Arbeits~; →Steuer~; →Zeit~; ~se der Unternehmen** savings of enterprises; business savings; **~se machen** to save; to effect economies; **von seinen ~sen leben** to live on one's savings

Erspartes, e~ Geld savings

Erst~, ~absatz initial sale(s); *(von Wertpapieren)* initial placing of securities; **~anmeldung** *(PatR)* original (or first) application; **~auftrag** initial order, first order; **~ausfertigung** original (copy); *(e-s Wechsels)* first of exchange; **~begünstigter** first beneficiary

Erstbenutzung, Verfahren zur Feststellung der ~ e-r Marke interference proceeding(s)

Erst~, ~einlage *(e-s Gesellschafters)* original investment; **~erwerb** *(z. B. von Wertpapieren)* first acquisition, acquisition by first purchaser (or taker); **~erwerber** first purchaser, first taker; **~gebot** first bid; **~geburtsrecht** primogeniture; **e~instanzliche Entscheidung** decision of the court of first instance; **e~instanzliche Zuständigkeit** jurisdiction of first instance; original jurisdiction; **~investitionen** initial investments

erstklassig first class, first rate; A 1; **~es Wertpapier** security of the best quality; gilt-edged security; blue chips

Erst~, ~prämie *(VersR)* first premium; **e~rangig** *(an erster Stelle stehend)* (ranking) first; of first importance; overriding; **~risikoversicherung** *(VersR)* first loss insurance; **~schlag** *mil* first-strike; **~schuldner** primary debtor; **e~stellige Hypothek** first (-ranking) mortgage; **~täter** first offender; **~verkauf** initial sale (of securities); **~veröffentlichung** first publication; **~verpflichteter** *(WechselR)* person primarily liable; *Am* primary obligor; **~versicherer** first (or direct) insurer; original insurer; direct-writing company *(Ggs. Rückversicherer)*; **~versicherung** *(VersR)* direct insurance; **~wähler** first-time voter

erste, zum ~n, zum zweiten, zum dritten! *(bei Versteigerungen)* going, going, gone; **~ Anlagen** first-class investments; **~ Güte** →erste Wahl; **aus ~r →Hand; ~ Hilfe leisten** *(z. B. bei Verkehrsunfällen)* to render first aid; **Gericht ~r →Instanz; ~ Klasse** *com* grade A; **Hotel ~r Klasse** first-class hotel; **in ~r Linie** in the first place, primarily; **~ →Qualität; ~ Wahl** first (or finest) quality; **Waren ~r Wahl** firsts

erstatten 1. *(zurückzahlen)* to reimburse, to repay, to refund; to make restitution (of); **sich ~ lassen** to recover, to have reimbursed; **jdm seine →Auslagen ~; →Reisekosten ~**

erstattend, zu ~er Betrag amount to be refunded; refundable amount

erstattet, zu Unrecht ~er Betrag amount improperly refunded; **Auslagen ~ bekommen** to receive reimbursement of one's expenses

erstatten 2. Anzeige ~ →Anzeige 1. und 2.; **→Bericht ~; ein →Gutachten ~**

Erstattung 1. *(Rückerstattung)* reimbursement, repayment, refund; return; *(Wiedergutmachung)* restitution; **→Auslagen~; →Beitrags~; →Kosten~; →Prämienrück~; →Steuer~**

Erstattung bei der Ausfuhr *(EU)* refund(s) on exports; **~ gewähren** to grant export refunds

Erstattung der gerechtfertigten Auslagen, ~ (od. Spesen) reimbursement of expenses properly incurred; **~ erhalten** to be reimbursed for one's justifiable expenses

Erstattung, ~ von Steuern reimbursement of taxes; tax refund; **gegen ~ der Unkosten** with out-of-pocket expenses; **~ von Zöllen** refund (or remission) of (customs) duties

Erstattungs~, ~anspruch claim for reimbursement (or refund); refund claim; **~antrag** application for refund; refund claim; **e~berechtigt** entitled to a refund; **~berechtigter** person entitled to a refund; **~bescheid** *(SteuerR)* order of refund; **~betrag** amount of the refund; amount refunded (or reimbursed); **e~fähige Auslagen** refundable (or reimbursable) expenses; **~forderung** refund claim; claim for refund; **~pflicht** liability for reimbursement (or refund); refund obligation; **~satz** rate of refund, refund rate

Erstattungsverfahren *(SteuerR)*[290] proceedings for refund of taxes, tax refund proceedings; *(ErstattungsG)*[291] refund proceedings; proceedings instituted against persons responsible for a deficiency in public funds or public property (civil servants, employees or workers)

Erstattung 2. ~ e-r Anzeige →Anzeigeerstattung *(→Anzeige 2.)*; **~ von Berichten** rendering (or filing) reports; **~ e-s →Gutachtens**

erstehen to buy, to purchase, to acquire

Ersteher *(auf e-r Auktion)* auction buyer; *(Meistbietender)* highest bidder; *(bei Zwangsversteigerung)*[292] highest bidder (who obtains title to real property by court order)

Ersteigerer auction buyer, highest bidder

ersteigern to buy (or purchase) at auction; **selbst ~** to buy in

Ersteinschuss initial margin

erstellen *(errichten)* to construct, to erect; *(erarbeiten)* to draw up, to prepare; **ein →Akkreditiv ~; die →Geschäftsordnung ~**

erstrecken, sich ~ auf to apply to, to refer to; *(umfassen)* to cover; **sich ~ bis (od. über)** (räumlich oder zeitlich) to extend to, to prolong (in space or time) until; **dieses Abkommen erstreckt sich auf** the present convention applies to; **die Beratungen erstreckten sich über 2 Tage** the deliberations extended over 2 days

Ersuchen request; application; demand; petition; **auf ausdrückliches ~ von** at (or upon) the (express) request of; **ein ~ ablehnen** to refuse a request; **e-m ~ stattgeben** to grant a request; **ein ~ stellen** to make a request

ersuchen to request, to demand; to apply for; *(schriftl.)* to petition (for); **dringend ~** to appeal

ersuchend, die ~e Behörde *(bei Rechtshilfe)* the requesting authority; **der ~e Staat** the requesting state; **die ~e Stelle** the applicant

ersucht, die ~e Behörde the requested authority; *(bei Rechtshilfe)* the authority requested to grant judicial assistance; **der ~e Staat** the requested state

erteilen to give, to confer (up)on, to grant; **e-e Abschrift ~** to furnish a copy; **e-n Auftrag ~** →Auftrag 1., 2. und 3.; **→Auskunft ~; e-e Bescheinigung ~** to issue (or make out) a certificate; **→Erlaubnis ~; e-e →Konzession ~; e-e →Lizenz ~; ein Patent ~** to grant (or issue) a patent; **jdm →Vollmacht ~; das →Wort ~; den →Zuschlag ~ erteilt** *(PatR)* granted

Erteilung, ~ e-s Auftrags →Auftragserteilung *(→Auftrag 3.)*; **~ e-r Auskunft** →Auskunftererteilung; **~ e-r →Genehmigung; ~ e-r Lizenz** →Lizenzerteilung

Erteilung e-s Patents grant(ing) (or issue) of a patent; **gegen die ~ Einspruch erheben** to oppose the grant of a patent; to file a notice of opposition *(→Einspruch 3.)*; **die ~ verlangen** to request the grant (or *Am* issuance) of a patent

Erteilung europäischer Patente grant of European patents *(→Europäisches Patentübereinkommen)*

Erteilungs~, ~antrag *(PatR)* request for grant; **~beschluss** *(PatR)* decision to grant a patent; **~gebühr** fee for the grant (of a patent); issue fee; **~verfahren** *(PatR)* granting procedure; *(Europ. PatR)*[293] procedure up to grant *(→Eingangsprüfung, →Formalprüfung)*

Erteilung der Vollmacht, bei ~ when authority (or power of attorney) is given

Erteilung, um ~ von Weisungen bitten to request instructions; **~ des Wortes** granting of the right to speak; **~ der Zustimmung** granting of the consent (to)

Ertrag, Erträge *(erzielter finanzieller Gewinn)* proceeds, revenue, income; profit(s), return(s); *(erarbeiteter Gewinn)* earnings; *(Menge der erzeugten Güter)* produce, amount produced, yield, amount yielded, output; *Am* outturn; **→Betriebs~; →Boden~; →Brutto~; →Gesamt~; →Geschäfts~; →Kapital~; →Minder~; →Netto~; →Rein~**

Ertrag, abnehmender ~ diminishing return(s); **ansteigender ~** increasing return(s); **außerordentliche Erträge** extraordinary income; *Br (Bilanz)* income of non(-)recurrent nature;

Anlage mit festem (schwankendem) ~ fixed (variable) yield investment; **unverhofft anfallende Erträge** windfall profits

Ertrag, e-n ~ abwerfen to produce a yield; **die Erträge fließen dem X zu** the revenue accrues to X

Erträge, ~ aus Beteiligungen income from participating interests; **~ aus Beteiligungen an Tochtergesellschaften** income from subsidiaries

ertrag~, ~bringend yielding (a) profit; productive; **~bringende Anlagen** profitable assets; **~reich** →ertragbringend

Ertrags~, *(vertragl. festgelegter)* **~anteil** *(bes. an Autoren, Patentinhaber)* royalties; **~aufstellung** earnings statement; profit and loss account; **~aussichten** business prospects, chances of making a profit; **~berechnung** calculation of profits; **~besteuerung** taxation of revenue (or earnings); **~beteiligung** →Gewinnbeteiligung; **~einbuße** loss in revenue; loss (or setback) in profits; **~entwicklung** trend of (enterprise's) earnings; **e~fähig** (capable of) yielding a return; profitable; **~fähigkeit** earning capacity; *(z. B. des Bodens)* productivity; **~konsolidierung** consolidation of revenues; **~konto** revenue account; **~kraft** *(e-s Unternehmens)* earning power, earning capacity; *(Rentabilität)* profitability

Ertragslage earning situation (or position); profit position; operating results; **~ des Konzerns** consolidated results of operation; **die ~ der Wirtschaft hat sich gebessert (verschlechtert)** profits in trade and industry have shown a general improvement (or decline)

Ertrags~, ~minderung reduction in (the) yield; decline in earnings; **~rate** rate of return; **~rechnung** →Erfolgsrechnung; **~rückgang** reduction in yield; **~rücklage** *Br (Bilanz)* revenue reserve; *Am* earned surplus; **e~schwach** low-yielding; yielding a small (or low, slow) profit; **~schwelle** break-even point; **~spitze** peak yield; **e~stark** high-yielding, yielding a high profit; highly profitable; **~steigerung** increase in earnings; **~steuer** tax on income (or earnings) *(z. B. →Einkommensteuer, →Gewerbeertragssteuer, →Grundsteuer, →Körperschaftssteuer)*; **~wert** (e-s erwarteten zukünftigen Ertrags) capitalized value (of an anticipated yield); **~zinsen** interest received

Erträgnis →Ertrag; **~ausschüttung e-r Investmentgesellschaft** distribution of income of an investment company; **~se aus Urheberrechten** authors' royalties

erwachsen 1. *(sich herausbilden)* to arise, to accrue (aus from); **neue →Aufgaben sind ihm ~**; **dem X sind große →Ausgaben ~**; **die daraus ~en Kosten** the costs accruing (or arising) therefrom; the costs attendant thereon; **die e-r Prozesspartei ~en Kosten** the costs incurred by a party; **daraus sind ihm →Nachteile ~**; **ein Recht erwächst** a right (or title) accrues

erwachsen 2. adult; **ein ~er Angehöriger** an adult relative

Erwachsene, ~r adult (person), grown-up person; **berufliche ~nbildung** adult vocational training

erwägen to consider (etw. zu tun doing sth.); **erneut ~** to reconsider; **→wohlwollend ~**

Erwägung consideration; **in der ~, dass** considering that; **nach reiflicher ~** after due (or mature) consideration; **in ~ ziehen** to take into consideration; to give consideration (to)

erwähnen to mention, to make mention of; to refer to; **ausdrücklich ~** to mention expressly

erwähnt, wie oben ~ as mentioned above, as above mentioned

Erwähnung, ehrenvolle ~ hono(u)rable mention

Erwarten, wider ~ contrary to expectation

erwarten *(mit etw. rechnen)* to expect; *(erhoffen)* to anticipate; *(entgegensehen)* to wait for, to await; to look forward; **wir ~ Ihre Nachricht** we look forward to hearing from you; **es ist nicht zu ~** it cannot (reasonably) be expected

erwarteter Gewinn anticipated profit

Erwartung expectation; anticipation; **in ~, dass** expecting (or trusting) that; **in ~ Ihrer baldigen Antwort** awaiting (or looking forward to) your early reply; **in ~ der Ehe Aufwendungen machen**[294] to incur expenses in expectation of marriage; **in ~ des Todes** in contemplation of death; **den ~en entsprechen** to come up to (or answer) one's expectations; **~en übertreffen** to surpass (or exceed) one's expectations

erwartungsgemäß as expected

erweisen 1. *(jdm zuteil werden lassen)*, **jdm Achtung ~** to show respect for sb.; **jdm e-n Dienst ~** to render sb. a service; **jdm die letzte →Ehre ~**

erweisen 2. *(nachweisen)* to prove, to establish

erwiesen, durch Beweis ~e Tatsachen proved facts; facts established (or proved) by the evidence; **als ~ ansehen** to consider proved; **es ist ~, dass** it has been proved that; **~ermaßen** as proved; according to the evidence

erweisen 3. sich ~ als to prove (to be); to turn out (to be); **Vorschläge, die sich als annehmbar ~** proposals which prove acceptable; **sich als richtig ~** to prove (to be) correct; **er**

erwies sich als zuverlässig he proved to be reliable

erweitern, **~ (sich ~)** to expand, to extend, to enlarge; **e-n Anspruch ~** *(PatR)* to broaden a claim; **ein Geschäft ~** to expand (or extend) a business; **seine Kenntnisse ~** to broaden (or extend) one's knowledge; **die wirtschaftlichen Beziehungen ~** to extend the economic relations

erweiterte →**Strukturanpassungsfazilität**

Erweiterung expansion, extension, enlargement; →**Betriebs~**; →**Geschäfts~**; →**Kapazitäts~**; →**Zuständigkeits~**; **~ der Befugnisse** extension of the powers; **~ e-r Fabrik** extension of a factory; **~ der Gemeinschaft** *(EU)* enlargement of the Community; **~(sbau)** extension; **~sinvestition** expansion investment

Erwerb *(das Erwerben)* acquisition; *(durch Kauf)* purchase; *(das Erworbene Verdienst)* earnings; *(Lebensunterhalt)* living; →**gutgläubiger ~**; **in erster Linie dem ~ dienende Beschäftigung** employment (or occupation) primarily for the purpose of earning one's livelihood; **auf ~ gerichtet** acquisitive; profit-making; **auf ~ gerichtetes Unternehmen** enterprise carried on for profit; **nicht auf ~ gerichtete Organisation** non(-)profit organization

Erwerb, **~ eigener** →**Aktien**; **~ des Eigentums an beweglichen Sachen**[295] acquisition of ownership in movables; **~ des Eigentums an unbeweglichen Sachen**[296] acquisition of ownership in *Br* land (*Am* real property) *(→Auflassung)*; **~ unter Lebenden** acquisition inter vivos; **~ von Todes wegen**[297] acquisition mortis causa; acquisition by succession (or inheritance)

Erwerb e-r Staatsangehörigkeit acquisition of a nationality (or citizenship) *(→Abstammungsprinzip, →Territorialitätsprinzip)*; **Antrag auf ~** application for *Br* naturalization *(Am citizenship)*

Erwerb, **~ des** →**Urheberrechts**; **~ des Vermögens anderer Unternehmen**[298] purchase (or acquisition) of the assets of other enterprises

Erwerbs~, **~bevölkerung** labo(u)r force; working population; gainfully employed population; *(IAO-Statistik)* economically active population; **~einkommen** earned income; income from gainful employment; **e~fähig** able to work; capable of gainful employment; **e~fähiges Alter** working age

Erwerbsfähigkeit working (or earning) capacity; ability (or capacity) to work; **Minderung der ~** reduction (or impairment) of (the) earning capacity; **voraussichtlich dauernder Verlust der ~** loss of earning capacity likely to be permanent; **völliger Verlust der ~** total loss of earning capacity; total disability; **die ~ erhalten, bessern oder wiederherstellen** to maintain (or preserve), improve or restore (the) earning capacity; **die ~ ist gemindert um 50** earning capacity has been reduced by 50 per cent

Erwerbs- und Wirtschaftsgenossenschaften[299] trade and industrial cooperatives *(Br cooperative societies)*; *Br* industrial and provident societies

Erwerbsgeschäft, **selbständiger Betrieb e-s ~s durch e-n Minderjährigen**[300] independent conduct of a business by a minor; **selbständig ein ~ betreiben**[301] to be self-employed; to have one's own business; to do business as a sole trader

Erwerbs~, **~grund** actual and/or contractual (legal) basis for a transaction; **~kosten** acquisition cost; purchase cost

Erwerbsleben, **die im ~ Stehenden** those gainfully employed; **aus dem ~ ausscheiden** to withdraw from working life

Erwerbs~, **e~los** unemployed, out of work; **~losenfürsorge** →Arbeitslosenhilfe; **~loser** unemployed (person); **~losigkeit** unemployment; **~minderung** reduction in earning capacity

Erwerbspersonen labo(u)r force, work force; gainfully employed persons; **abhängige ~** wage earners, salary earners

Erwerbsquelle source of income

erwerbstätig gainfully employed (or occupied); **~e Bevölkerung** gainfully employed population; **in den USA ~ sein** to be engaged in trade or business in the United States

Erwerbstätige (der/die) *(unselbständig)* gainfully employed (person); wage (or salary) earner; *(selbständig)* self-employed person

Erwerbstätigkeit *(unselbständig)* gainful employment (or occupation); *(selbständig)* self-employment; non-salaried occupation; non(-)wage earning activities; **e-e ~ ausüben** to be gainfully employed

erwerbsunfähig disabled; incapacitated; incapable of gainful employment; **dauernd ~ wegen körperlicher oder geistiger Gebrechen** disabled on account of a physical or mental handicap (or defect); **völlig ~** totally disabled; **vorübergehend ~** temporarily disabled (or incapacitated)

Erwerbsunfähige (der/die) disabled person; **die ~n** the disabled

Erwerbsunfähigkeit disability (or disablement); incapacity for work (or employment); inability to earn one's living; **dauernde ~** permanent disability; permanent incapacity (for work or employment); **teilweise ~** partial disability; **völlige ~** total disability; **vorübergehende ~** temporary disability; **Rente bei ~** disability (*Br* disablement) benefit; *Am* disability insurance benefit

Erwerbs~, ~unternehmen profit-seeking enterprise; **~wert** →Anschaffungswert; **zum ~wert** at cost (price)

Erwerbszweck, ohne Verfolgung e-s ~s on a non-profit basis; without profit motive; not seeking (a) profit (or gain); **~en dienen** to serve profit-making purposes

Erwerbszweig line of business; branch of industry (or trade)

erwerben to acquire; *(durch Arbeit)* to earn; *(käuflich)* to (acquire by) purchase, to buy; *(etw. Erwünschtes)* to gain, to obtain, to secure; **betrügerisch ~** to obtain by fraud; **→Eigentum ~**; **ein Grundstück ~** to purchase a piece of real property; **sich Kenntnisse ~** to acquire knowledge; **das →Urheberrecht ~**; **Vermögen ~** to acquire capital (of property); to make a fortune

erworben, ~e Rechte und Anwartschaften acquired rights and expectancies (or rights accruing, conditional rights)

Erwerber *(bes. von Waren)* buyer; *(bes. von Grundbesitz)* purchaser, grantee; *Am* vendee; *(e-s übertragenen Rechts od. Vermögens)* transferee, assignee, alienee; **→gutgläubiger ~**

Erwerbung *(das Erwerben)* acquisition, acquiring; purchase; *(das Erworbene)* object acquired (or bought); acquisition; purchase

erwidern to answer (auf to); to (make a) reply

Erwiderung answer, reply (auf to); *(Duplik)* rejoinder

erwirken *(zustande bringen)* to effect; *(erlangen)* to obtain; **e-e →Erlaubnis ~**; **e-n Gerichtsbeschluss ~** to obtain an order; **ein Urteil ~** to obtain a judgment (gegen against); *Am (obsiegen)* to recover (a) judgment

Erz[302] ore; **Aufbereitung, Umwandlung oder Formung von ~en** processing, conversion (or transformation) or shaping of ores; **Versorgung mit ~en** supply of ores; **~gewinnung** exploitation of ore; **~grube** ore-pit; **~ladung** ore cargo; **~schürfung** prospecting for ores; **~verladung** loading of ore; **~e aufbereiten** to process ores

erzeugen to produce; to manufacture; to make

Erzeuger producer; manufacturer; maker; **~gemeinschaft** *(EU)* producer group; **~land** producer country; **~- und Verbraucherländer** producing and consuming countries; **~mindestpreis** minimum producer price; **~preis** producer('s) price; **industrielle ~preise** industrial producer prices; factory prices; **landwirtschaftliche ~preise** agricultural producer prices; farm prices; **~richtpreis** producer target price; **auf der ~stufe** at the producer level; **~verband** producers' association

Erzeugnis product; *(landwirtschaftl.)* produce; *(Fabrikat)* make; (Fabrikerzeugnis, Industrieerzeugnis) manufacture; **→Agrar~se**; **→Fertig~**; **→gewerbliche ~se**; **→Halb~se**; **→Industrie~**; **→Neben~**; **→Vor~**; **in den USA hergestelltes ~** product manufactured in the United States; **komplexes ~** complex product; **~se der Forstwirtschaft, des Gartenbaus und der Landwirtschaft** forestry, horticultural, and agricultural products; **~se mit Ursprung in** products originating in

Erzeugnis~, ~anspruch *(PatR)* product claim; **~planung** product planning; **~werbung** product advertising

Erzeugung production; manufacture; making; **einheimische ~** domestic production; **landwirtschaftliche ~** agricultural (or farm) production; **(allgemeine) ~skosten** (overhead) costs of production; **~spreis** producer's cost price; **~sstruktur** production structure

erziehen, ein Kind ~ to educate a child, to bring up a child

erzieherisch educational; **Abkommen über die →Einfuhr von Gegenständen ~en Charakters**

Erziehung education, upbringing; **~sanstalt** educational establishment (or institution); **~sbeihilfe** educational allowance; **e~sberechtigt** entitled to bring up a child; **~sgeldgesetz** →Bundeserziehungsgeldgesetz; **~swesen** education(al system); **~szoll** infant industry duty; *(Schutzzoll)* educational tariff

erzielen *(Einigung etc)* to arrive at, to reach, to come to; *(Ergebnis etc)* to achieve, to obtain; *(Gewinn)* to secure, to realize; *(erbringen)* to produce, to yield; **e-n guten Preis ~** to realize (or fetch, obtain) a good price; **hohen Umsatz ~** to attain a high turnover

Erzielung von hohen Gewinnen realization (or production) of large profits

erzwingbar enforceable; compellable; **nicht ~** unenforceable; **rechtlich ~** legally enforceable

Erzwingbarkeit von Zeugenaussagen compellability of witnesses

erzwingen to enforce, to obtain by force; to compel; **die Einhaltung der Vorschriften ~** to enforce compliance with the provisions; **Zahlung der Schulden von X ~** to enforce payment of the debts by X

Erzwingung enforcement

Eskalation escalation; **Abbau der ~** de-escalation

Esprit →Europäisches Strategieprogramm für Forschung und Entwicklung auf dem Gebiet der Informationstechnologie

Este, Estin, estnisch Estonian

Estland Estonia; **Republik ~** Republic of Estonia

Esswaren food; provisions, victuals

E-Straßennetz →internationales E-Straßennetz

ESZB →Europäisches Zentralbanksystem

etablieren, sich ~ to establish oneself

Etagenwohnung *Br* flat; *Am bes.* apartment

Etat budget *(→Haushalt[splan])*; estimate (made by public body or private person); *Br parl* the Estimates; →**Nachtrags~**; **ausgeglichener ~** balanced budget; →**außer~mäßig**

Etat~, ~ansätze budget estimates, budget appropriations; **~aufstellung** drawing up the budget; **~beratung** budget debate (or discussion); **~bewilligung** appropriation of funds; **~einsparungen** budget economies; **~entwurf** draft budget; **~jahr** *Br* financial year; *Am* fiscal year; **~kürzung** budget cut; **e~mäßig** according to the budget (or *Br* Estimates); budgetary; **~mittel** voted funds (in the budget); budget(ary) funds; **~planung** budget(ary) planning; **~posten** budget item; **~recht** →Haushaltsrecht; **~überschreitung** exceeding the budget

Etat, in den ~ aufnehmen to include in the budget; to budget for, to allow for in the budget; **den ~ aufstellen** to prepare (or make) the budget; *Br* to draw up the Estimates; **den ~ überschreiten** to exceed the budget; **seinen ~ nicht überziehen** to live within one's means; to keep to one's budget; **im ~ nicht vorgesehen** not budgeted for

etatisieren to include (or enter) in the budget; to budget (for)

Etikett label, docket; *(zum Anhängen)* tag, ticket, tally, label; *(zum Aufkleben)* stick-on (or adhesive) label; *(Preisschild)* price label, price tag; ticket; **mit ~ versehen** →etikettieren

etikettieren to label, to docket; to ticket; to tag, to tally; to attach a label to

Etikettiermaschine label(l)ing machine

Etikettierung label(l)ing; **erklärende ~** *(Gewicht, Lagerfähigkeit der Ware etc)* informative label(l)ing; **falsche ~** mis-label(l)ing; **~srichtlinie** *(EG)* labelling directive; **~vorschriften** labelling provisions

etwaig possible, eventual, contingent

EU →Europäische Union

EU-Mitgliedsstaat(en) EU Member State(s)
Im Jahr 2003 hatte die EU 15 Mitgliedsstaaten: Belgien, Dänemark, Deutschland, Finnland, Frankreich, Griechenland, Irland, Italien, Luxemburg, Niederlande, Österreich, Portugal, Schweden, Spanien, Vereinigtes Königreich von Großbritannien und Nordirland. Neue EU-Mitglieder ab 1. Mai 2004 sind: Estland, Lettland, Litauen, Malta, Polen, Slowakei, Slowenien, Tschechische Republik, Ungarn und Zypern.
In 2003 the EU consisted of 15 Member States: Belgium, Denmark, Germany, Finland, France, Greece, Ireland, Italy, Luxembourg, Netherlands, Austria, Portugal, Sweden, Spain, United Kingdom of Great Britain and Northern Ireland. New EU Member States since 1 May 2004: Estonia, Latvia, Lithuania, Malta, Poland, Slovakia, Slovenia, Czechoslovakia, Hungary and Cyprus.

Eugenik eugenic

EuGH (Europäischer Gerichtshof) ECJ; **~-Urteil** ECJ judgment *(→Gerichtshof der Europäischen Gemeinschaften)*

EuInsVO *(EU)* →Verordnung (EG) Nr. 1346/2000 des Rates vom 29. Mai 2000 über Insolvenzverfahren

EUMETSAT (Übereinkommen zur Gründung e-r →Europäischen Organisation für die Nutzung von meteorologischen Satelliten)

Euratom →Europäische Atomgemeinschaft; **~-Anleihe** Euratom loan; **~-Vertrag** Euratom Treaty

Eurco (European Composite Unit) *(EU)* Eurco *(Verrechnungseinheit für internationale Anleihen (→Europäische Rechnungseinheit))*

EUREKA →Europäische Behörde für Zusammenarbeit in der Forschung

Euro *(1,95583 DM)* Euro; **~angebot** Euro offer; **~anleihen** Eurocurrency loans *(von internationalen Konsortien vermittelte Anleihen in anderer Währung als der der Anleiheschuldner)*; **~anleihemarkt** Eurocurrency loan market; **~kurs** Euro rate (of exchange); **~noten und -münzen** Euro notes and coins; **~referenzkurs** reference rate for the Euro; **~stelle** Euro desk; **~-Teilnehmerkreis** Euro-area-countries; **~-Wertpapiermarkt** Euro-securities market; **~-Zone** Euro-area

Eurobarometer-Erhebung Eurobarometer survey

Eurobonds *(langfristige Anleihen in Eurowährung)* Eurobonds

Eurochemic →Europäische Gesellschaft für die chemische Wiederaufbereitung bestrahlter Kernstoffe

Eurocheque (ec) eurocheque; **~-Karte** (Ec-Karte) eurocheque card

Eurocontrol →Europäische Organisation zur Sicherung der Luftfahrt

Eurodevisen Eurocurrencies, Eurocurrency funds

Eurodollar Eurodollar *(US dollars held outside the USA)*; **~-Anleihe** Eurodollar loan; **~-Darlehen mit befristeter Laufzeit** Eurodollar term lending; **~-Einlagen** Eurodollar deposits; **~markt** Eurodollar market; **~-Obligation** Eurodollar bond; **~zinssatz** Eurodollar rate (of interest)

Euroemission Euro issue (of bonds)

Eurofima Eurofima (→Europäische Gesellschaft für die Finanzierung von Eisenbahnmaterial)

Eurogeldmarkt *(Markt nur für kurz- bis mittelfristige Anlagen)* Eurocurrency market; **Angebot am ~** supply of funds on the Eurocurrency market; **Zugang zum ~ haben** to have access to the Eurocurrency market

Eurokapitalmarkt *(Markt für Anlagen mit über 18 Monaten Laufzeit)* Eurocapital market, Eurocurrency market; **~anleihe** Eurocapital market issue (or borrowing)

Eurokommunismus Eurocommunism

Eurokredit Eurocredit; bank loan(s) in Eurocurrencies; **~aufnahme** borrowing in the Eurocredit market; **~geschäft** Euromarket lending business; **~markt** Eurocredit market

Euromarkt Euromarket
Ein Euromarkt umfasst alle Geld- und Kreditgeschäfte in einer Währung außerhalb ihres Ursprungslandes.
A Euromarket comprises all money and loan transactions in a currency held outside its country of origin.

Euronotes Euroschuldscheine
Auf dem →Eurogeldmarkt emittierte Schuldverschreibungen

Europa Europe; **Ost~** Eastern Europe; **West~** Western Europe; **~ AG** →Europäische Aktiengesellschaft; **~ der Bürger** a people's Europe; **~flagge** *(EU)* European flag; →**~rat**; →**~recht**; **e~weit** European-wide

Europäische Agentur für die Beurteilung von Arzneimitteln European Agency for the Evaluation of Medicinal Products (EMEA)

Europäische Agentur für Flugsicherheit European Aviation Safety Agency (EASA)

Europäische Agentur für Sicherheit und Gesundheitsschutz am Arbeitsplatz European Agency for Safety and Health at Work (EU OSHA)

Europäische Agentur für die Sicherheit des Seeverkehrs European Maritime Safety Agency (EMSA)

Europäische Agentur für den Wiederaufbau European Agency for Reconstruction (EAR)

Europäische Akte →Einheitliche Europäische Akte

Europäische Aktiengesellschaft (EAG) *(geplant)* European Company (Societas Europea, SE) *(→Europäische Unternehmensformen)*; **Statut der ~** (SE-Statut) European Company Statute (SE-status)
In den Staaten der EG gültige Unternehmensrechtsform für Kapitalgesellschaften (besonders für kleinere und mittlere Unternehmen, KMU).
A legal form of companies valid in the Community member states (especially for small and medium-sized enterprises (SME)).

Europäische Artikelnummer (EAN) *(auf Verpackungen von Lebensmitteln)* European article number (EAN); **~ Codierung** EAN Coding

Europäische Arzneibuchkommission[303] European Pharmacopoeia Commission

Europäische Atomgemeinschaft (EURATOM)[304] European Atomic Energy Community

Europäische Bank für Wiederaufbau und Entwicklung (Osteuropabank) (EBWE) *(Sitz: London)* European Bank for Reconstruction and Development (EBRD)

Europäische Bank für Wiederaufbau und Entwicklung, Übereinkommen zur Errichtung der Europäischen B. f. W. u. E.[304a] Agreement establishing the European Bank for Reconstruction and Development

Europäische Behörde für Koordinierung in der Forschung European Research Coordination Agency (EUREKA)

Europäische Behörde für Lebensmittelsicherheit European Food Safety Authority (EFSA)

Europäische Beobachtungsstelle für Drogen und Drogensucht European Monitoring Centre for Drugs and Drug Addiction (EMCDDA)

Europäische Charta der kommunalen Selbstverwaltung[304b] European Charter of Local Self-Government

Europäische Datenbank für Abfallwirtschaft European Waste Data Bank (EWADAT)

Europäische Eignungsprüfung *(als Vertreter vor dem Europ. Patentamt)* European qualifying examination

Europäische Energiecharta European Energy Charter
Charta, in der die Grundsätze, Ziele und Hilfsmittel einer gesamteuropäischen Zusammenarbeit im Energiebereich niedergelegt sind.

Charter setting out the principles, objectives and methods of pan-European cooperation in the energy field.

Europäische Energiedatenbank (EEDB) European Energy Data Base (EEDB)

Europäische Fernmeldesatelliten-Organisation (EUTELSAT)[304c] European Telecommunications Satellite Organization (EUTELSAT)

Europäische Freihandelsassoziation[305] European Free Trade Association (EFTA)
Mitglieder: Island, Norwegen, Österreich, Schweden, Schweiz (unter Einschluss Liechtensteins) und Finnland
Members: Iceland, Norway, Austria, Sweden, Switzerland (including Liechtenstein) and Finland

Europäische Gegenseitigkeitsgesellschaft European mutrial society (or Consortium Mutuum Europaeum, CME) (→Europäische Unternehmensformen)

Europäische Gemeinschaft für Kohle und Stahl (EGKS, Montanunion) European Coal and Steel Community (ECSC)

Europäische Gemeinschaften *(EU)* European Communities *(EC)*; →**Amtsblatt der Europäischen Gemeinschaften; integrierter →Tarif der Europäischen Gemeinschaften; Organe der Europäischen Gemeinschaften** institutions of the European Communities *(→Kommission, →Ministerrat, →Europäisches Parlament, →Gerichtshof)*
Europäische Gemeinschaften ist der Sammelbegriff für die Europäische Gemeinschaft für Kohle und Stahl (EGKS, Montanunion), die Europäische Wirtschaftsgemeinschaft (EWG) und die Europäische Atomgemeinschaft (EAG, EURATOM).
European Communities is the collective term for the European Coal and Steel Community, the European Economic Community (EEC), and the European Atomic Energy Community (Euratom).

Europäische Gesellschaft für die chemische Aufbereitung bestrahlter Kernstoffe *(1991 liquidiert)*[305a] European Company for the Chemical Processing of Irradiated Nuclear Fuels

Europäische Gesellschaft für die Finanzierung von Eisenbahnmaterial European Company for the Financing of Railway Rolling Stock (Eurofima)

Europäische Gesellschaft für Meinungs- und Marktforschung European Society for Opinion and Marketing Research (ESOMAR)

Europäische Güterwagengemeinschaft European Wagon Community (EUROP)

Europäische Güterzug-Fahrplankonferenz European Goods Train Timetable Conference

Europäische Investitionsbank (EIB) European Investment Bank
Die EIB ist das EG-Bankinstitut für langfristige Finanzierungen. Ihre Hauptaufgabe ist die Bereitstellung von Finanzierungsmitteln für Investitionsvorhaben.
The EIB is the EC-banking establishment for long-term financing. Its main task is the provision for financial resources for investment projects.

Europäische Kernenergie-Agentur (EKA) →Kernenergie-Agentur der OECD

Europäische Kommission zur Bekämpfung der Maul- und Klauenseuche[306] European Commission for the Control of Foot-and-Mouth Disease

Europäische Kommission für Menschenrechte →Europäische Menschenrechtskommission

Europäische Konferenz für Fernmeldeverbindungen mittels Satelliten European Conference on Satellite Communications

Europäische Konferenz für Molekularbiologie (EKMB) European Molecular Biology Conference (EMBC)

Europäische Konferenz der Verkehrsminister (EKVM)[306a] European Conference of Ministers of Transport (ECMT)

Europäische Konferenz der Verwaltungen für Post u. Fernmeldewesen (CEPT) European Conference of Postal and Telecommunications Administrations (CEPT)

Europäische Konferenz über Zivilluftfahrt[306b] European Civil Aviation Conference (ECAC)

Europäische Konvention über die Gleichwertigkeit der Reifezeugnisse[307] European Convention on the Equivalence of Diplomas Leading to Admission to Universities

Europäische Konvention über das grenzüberschreitende Fernsehen European Convention on Transfrontier Television

Europäische Kulturstiftung European Cultural Foundation

Europäische Menschenrechtskommission (EKMR) European Commission on Human Rights (ECHR) *(Sitz: Straßburg)*; **Arbeitsweise der Europäischen Menschenrechtskommission**[308] functioning of the European Commission on Human Rights; **Verfahrensordnung der Europäischen Menschenrechtskommission**[308] Rules of Procedure of the European Commission for Human Rights
Durch Abschnitt II und III der →Menschenrechtskonvention geschaffene erste Instanz zur Entscheidung über Beschwerden wegen Verletzung der Menschenrechte (→Europäischer Gerichtshof für Menschenrechte).
Set up by Section II and III of the Convention for the Protection of Human Rights and Fundamental

Freedoms to hear, as the court of first instance, complaints about the violation of human rights.

Europäische Menschenrechtskonvention (EMRK)[308a] Convention for the Protection of Human Rights and Fundamental Freedoms *(Konvention zum Schutze der Menschenrechte und Grundfreiheiten)*

Europäische Molekularbiologie-Organisation (EMBO)[309] European Molecular Biology Organization (EMBO)

Europäische Norm (EN) European Norm (EN)
Die EN ist die Festlegung von Standards durch die →CEN oder →CENELEC.
The EN is a designation of standards issued by →CEN or →CENELEC.

Europäische Notfall-Gesundheitskarte *(EU)* European emergency health card

Europäische Optionsbörse European Options Exchange (EOE) *(Sitz: Amsterdam)*

Europäische Ordnung der Sozialen Sicherheit European Code of Social Security[310]

Europäische Organisation für Kernphysikalische Forschung European Organization for Nuclear Research (CERN)[311]

Europäische Organisation für die Nutzung von meteorologischen Satelliten, Übereinkommen zur Gründung einer Europäischen Organisation (EUMETSAT)[312] Convention for the Establishment of a European Organization for the Exploitation of Meteorological Satellites (EUMETSAT)

Europäische Organisation zur Sicherung der Luftfahrt (EUROCONTROL)[313] European Organization for the Safety of Air Navigation (EUROCONTROL)

Europäische Organisation des Weltverbandes der Arbeitnehmer (WVA) European Organization of the World Confederation of Labour

europäische Patentanmeldung European patent application; **Datum der europäischen Patentanmeldung** date of filing of the E.p.a.; **Einreichung der europäischen Patentanmeldung** filing of the E.p.a.; **Gegenstand der europäischen Patentanmeldung** subject matter of the E.p.a.; **Jahresgebühren für die ~** renewal fees for the E.p.a.; **Unterlagen der europäischen Patentanmeldung** (Antrag, Beschreibung, Patentansprüche, Zeichnungen und Zusammenfassung) documents making up the E.p.a. (request, description, claims, drawings, and abstract); **Wortlaut der europäischen Patentanmeldung** text of the E.p.a.; **Zurückweisung der europäischen Patentanmeldung** refusal of the E.p.a.; **die ~ zurücknehmen** to withdraw the E.p.a.; **die ~ ist rechtskräftig zurückgewiesen worden** the E.p.a. has been finally refused

Europäische Patentorganisation[314] European Patent Organisation; **→Gebührenordnung der Europäischen Patentorganisation**
Aufgabe: Erteilung des europäischen Patents durch das Europäische Patentamt, dessen Tätigkeit vom Verwaltungsrat überwacht wird.
Functions: granting European patents by the European Patent Office supervised by the Administrative Council.

Europäische Patentschrift[315] specification of the European patent; European patent specification

Europäische Pflanzenschutzorganisation[316] European Plant Protection Organization (EPPO)

Europäische Produktivitätszentrale (EPZ)[317] European Productivity Agency (EPA)

Europäische Rechnungseinheit (ERE) European unit of account (EUA) *(ab 1. 1. 1981 ersetzt durch die →Europäische Währungseinheit)*

Europäische Reifeprüfung →Europäische Schulen

Europäische Rundfunk- und Fernsehunion (EBU) European Broadcasting Union (EBU)

Europäische →schnurlose Digital Kommunikation

Europäische Schulen[318] European schools; **Gründung Europäischer Schulen** setting up of European schools; **Satzung der Europäischen Schulen über die Prüfungsordnung der Europäischen Reifeprüfung** Statute for European Schools Establishing Regulations for the European Baccalaureate

Europäische Sicherheitskonferenz →Konferenz über Sicherheit und Zusammenarbeit in Europa

Europäische Sozialcharta[319] European Social Charter

Europäische Stelle zur Beobachtung von Rassismus und Fremdenfeindlichkeit European Monitoring Centre on Racism and Xenophobia (EUMC)

Europäische Stiftung European Foundation; **~ für Berufsbildung** European Training Foundation (ETF); **~ zur Verbesserung der Lebens- und Arbeitsbedingungen** European Foundation for the Improvement of Living and Working Conditions (EUROFOUND)

Europäische Strahlenschutzgesellschaft European Society for Radiation Protection

Europäische Teilanmeldung (PatR)[320] European divisional application

Europäische Übereinkunft über Formerfordernisse bei Patentanmeldungen[321] European Convention Relating to the Formalities Required for Patent Applications

Europäische Übereinkunft über die Internationale Patentklassifikation[322] European Convention on the International Classification of Patents

Europäische Umweltagentur *(EU)* European Environment Agency (AEE)

Europäische Union (EU) European Union (EU); **Vertrag über die ~** *(Vertrag von Maastricht von 1992)* Treaty on European Union

Europäische Unternehmensformen European enterprises' forms (→Europäische Aktiengesellschaft, →Europäische Gegenseitigkeitsgesellschaft, →Europäische Wirtschaftliche Interessenvereinigung)

Europäische Verbraucherzentren (Netzwerk) (Euroguichets) *(EU)* European Consumer Centres (Network) (Euroguichets)

Europäische Vereinigung für Risikokapital European Venture Capital Association (EVCA)

Europäische Verkehrsministerkonferenz European Conference of Ministers of Transport (CEMT)[323]

Europäische Währungseinheit (EWE) European Currency Unit (→ECU)

Europäische Weltraumorganisation (EWO)[324] European Space Agency (ESA)

Europäische Wirtschaftliche Interessenvereinigung (EWIV) European economic interest grouping (EEIG) *(→Europäische Unternehmensformen)*

Durch VO Nr. 2137/85 des Rates der EG (damals EWG) geschaffen, der →OHG ähnliche neue Rechtsform für die grenzüberschreitende Zusammenarbeit europäischer Unternehmen. Dazu ist in der Bundesrepublik Deutschland das Gesetz zur Ausführung der EWG-Verordnung über die Europäische Wirtschaftliche Interessenvereinigung in Kraft getreten.

Created by EEC Council Regulation No. 2137/85 the EWIV is a new legal structure, similar to the →OHG, for the crossborder cooperation of European firms. To implement the EEC Regulation, Germany has promulgated its Act to Implement the EEC Regulation on European Economic Interest Groupings.

Europäische Wirtschaftsgemeinschaft (EWG)[325] European Economic Community (EEC)

Europäische Wissenschaftsstiftung European Science Foundation *(Sitz: Straßburg)*

Europäische Zentralbank (EZB) European Central Bank (ECB)

Europäische Zivilluftfahrt-Konferenz[306 b] European Civil Aviation Conference (ECAC)

Europäische Zusammenarbeit auf dem Gebiet der wissenschaftlichen und technischen Forschung (COST) European Cooperation on Scientific and Technical Research (COST)

Europäischer Ausrichtungs- und Garantiefonds für die Landwirtschaft (EAGFL) *(EG)* European Agricultural Guidance and Guarantee Fund (EAGGF)

Europäischer Ausschuss für Forschung und Entwicklung (EAFE) *(EG)* European Research and Development Committee (ERDC)

Europäischer Binnenmarkt Single European Market

Europäischer Entwicklungsfonds (EEF)[326] European Development Fund (EDF)

Europäischer Fonds für regionale Entwicklung (EFRE) *(EU)* European Regional Development Fund (ERDF)

Der Regionalfonds ist das Hauptinstrument der europäischen Regionalpolitik. Er soll e-e zusätzliche Hilfe zu den Maßnahmen der einzelstaatlichen Behörden auf dem Gebiet der Regionalentwicklung leisten.

The Regional Fund is the main instrument of European regional policy. It is designed to provide additional aid for operations and projects mounted by national public authorities for regional development.

Europäischer Fonds für währungspolitische Zusammenarbeit (EFWZ) European Monetary Cooperation Fund (EMCF)

Europäischer Führerschein *(ab 1996)* European Driving License

Europäischer Gerichtshof (EuGH) →Gerichtshof der Europäischen Gemeinschaften

Europäischer Gerichtshof für Menschenrechte (EuGHMR) European Court of Human Rights (ECHR)

Sitz: Straßburg am Sitz des →Europarats.

Durch Abschnitt II und IV der →Menschenrechtskonvention errichtet *(→Europäische Menschenrechtskommission)*

Europäischer Gerichtshof für Menschenrechte, Verfahrensordnung des Europäischern Gerichtshofs f. M.[327] Rules of Court of the European Court of Human Rights; **den Europäischen Gerichtshof G. f. M. anrufen** to petition the European Court of Human Rights

Europäischer Gewerkschaftsbund (EGB) European Confederation of Trade Unions; European Trade Union Confederation (ETUC)

Europäischer Metallarbeiterverband (EMV) European Metalworkers' Federation

Europäischer Rat *(anders: →Europarat und →Rat der Europäischen Union) (Staats- und Regierungschefs der Mitgliedstaaten der EU)* European Council

europäischer Recherchenbericht *(PatR)* European search report; **Erstellung des europäischen Recherchenberichts** drawing up of the European search report

Europäischer Rechnungshof Court of Auditors of the European Communities

Europäischer Sozialfonds (ESF)[328] European Social Fund (ESF); **Zuschüsse aus dem Europäischen Sozialfonds erhalten** to receive assistance from the European Social Fund

Europäischer Transschall Windkanal (ETW)[328a] European Transsonic Windtunnel (ETW)
(Luftfahrt) Eine Gasströmung heißt transsonisch, wenn in einem schallnahen Störungsfeld sowohl Unterschall- als auch Überschallgeschwindigkeiten auftreten.

Europäischer Währungsfonds (EWF) European Monetary Fund (EMF)

Europäischer Wirtschafts- und Sozialausschuss European Economic and Social Committee

Europäischer Wirtschaftsraum (EWR) *(gemeinsamer Markt von EG und EFTA außer Schweiz)* European economic area (EEA)

Europäischer Zentralverband der öffentlichen Wirtschaft (CEEP)[328b] European Centre of Public Enterprises (CEEP)

Europäisches Abkommen zum Schutz von Fernsehsendungen[329] European Agreement on the Protection of Television Broadcasts

Europäische(s) Abkommen über Soziale Sicherheit[330] European Agreement(s) on Social Security *(→Soziale Sicherheit)*

Europäisches Amt für Betrugsbekämpfung, ~ (OLAF) European Anti Fraud Office (OLAF) *(Sitz: Brüssel)*

Europäisches Arzneibuch, Übereinkommen über die Ausarbeitung e-s Europäischen Arzeneibuches[331] Convention on the Elaboration of a European Pharmacopeoeia

Europäisches Atomforschungszentrum European Nuclear Research Centre

Europäisches Atomforum (FORATOM) European Atomic Forum (FORATOM)

Europäisches →Auslieferungsübereinkommen

Europäisches Fürsorgeabkommen[332] European Convention on Social and Medical Assistance

Europäisches Gerichtsstands- und Vollstrekkungsübereinkommen in Zivil- und Handelssachen (EuGVÜ)[332a] (Übereinkommen über die gerichtliche Zuständigkeit und die Vollstreckung gerichtlicher Entscheidungen in Zivil- und Handelssachen) European Civil Jurisdiction Convention (European Convention on Jurisdiction and Enforcement of Judgements in Civil and Commercial Matters)

Europäisches Gütesiegel European Technical Approval (ETA)

Europäisches Hochgeschwindigkeitsnetz European highspeed rail network

Europäisches Hochschulinstitut (in Florenz)[332b] European University Institute (in Florence)

Europäisches Informationssystem für Ausbildung European Educational Information System

Europäisches Institut für Telekommunikationsnormen European Telecommunications Standards Institute (ETSI)

Europäisches Jahr des Umweltschutzes European Year of the Environment (EYE)

Europäisches Kernenergiegericht[333] European Nuclear Energy Tribunal (ENET)

Europäisches Komitee für elektrotechnische Normung (CENELEC) European Comittee for Electrotechnical Standardization (CENELEC) *(Abkürzung von Comité Européen de Normalisation Electrotechnique)*

Europäisches Komitee für Normung (CEN) European Committee for Standardization (CEN) *(Abkürzung von Comité Européen de Normalisation)*

Europäisches Kulturabkommen[334] European Cultural Convention

Europäisches Laboratorium für →Molekularbiologie

Europäisches Mikroelektronik-Projekt →JESSI

Europäisches Netz für die außergerichtliche Streitbeilegung *(EU)* European Extra-Judicial Network (EEJ-NET)

Europäisches Netz für Verbraucherbeschwerden bei Finanzdienstleistungen

(EU) European Financial Services Complaints Network (FIN-NET)

Europäisches Niederlassungsabkommen[335] European Convention on Establishment

Europäisches Parlament (EP) (Versammlung der →Europäischen Gemeinschaften) European Parliament

europäisches Patent[336] European patent *(→europäische Patentanmeldung)*; **Erteilung e-s europäischen Patents**[337] grant of a E. p.; **Antrag auf Erteilung e-s europäischen Patents** request for the grant of a E. p.; **zur Erreichung und Erlangung des europäischen Patents berechtigte Person** person entitled to apply for and obtain an European patent; **die Erteilung e-s europäischen Patents beantragen** to file a European patent application; **Gebühr für die Aufrechterhaltung des europäischen Patents** renewal fees for European patents; **Inhaber e-s europäischen Patents** proprietor of a E. p.; **die Laufzeit des europäischen Patents beträgt 20 Jahre vom Anmeldetag an** the term of the E. p. shall be 20 years from the date of filing of the application; **Recht auf das europäischee Patent**[338] right to the E. p.; **Schutzbereich des europäischen Patents**[339] extent of protection conferred by the E. p.; protection covered by the E. p.; **Übereinkommen über das europäische Patent für den Gemeinsamen Markt**[340] Convention for the E. p. for the Common Market; **Urkunde über das europäische Patent**[341] certificate for a E. p.; **Widerruf des europäischen Patents**[342] revocation of the E. p.

europäische Patent, gegen das erteilte ~ Einspruch beim Europäischen Patentamt einlegen →Einspruch 3.; **das ~ erteilen** to grant the European patent; **das ~ ist im Einspruchsverfahren widerrufen worden** the European patent has been revoked in opposition proceedings

Europäisches Patentamt (EPA)[343] European Patent Office (EPO) (Sitz: München; Zweigstelle in den Haag) *(→Beschwerdekammer, →Eingangsstelle, →Einspruchsabteilung, →Prüfungsabteilung, →Recherchenabteilung, →Rechtsabteilung)*; **Amtsblatt des EPA** Official Journal of the EPO; **Amtssprachen des EPA**[344] official languages of the EPO; **Bedienstete des EPA** employees of the EPO; **Dienstgebäude des EPA** premises of the EPO; **Dienststelle Berlin des EPA** Sub-Office in Berlin of the EPO

Europäisches Patentblatt European Patent Bulletin

Europäisches Patenterteilungsverfahren European system for the grant of patents

Europäisches Patentregister[345] Register of European Patents; **Auszüge aus dem Europäischen Patentregister** extracts from the Register of E. Ps; **Eintragungen in das Europäische Patentregister**[346] entries in the Register of E. Ps; **in das Europäische Patentregister eintragen** to record in the Register of E. Ps

Europäisches Patentübereinkommen (EPÜ) (Übereinkommen über die Erteilung europäischer Patente)[347] European Patent Convention (Convention on the Grant of European Patents)

Europäisches, ~ Rahmenübereinkommen über die grenzüberschreitende Zusammenarbeit zwischen →Gebietskörperschaften; ~ Recht European law; *(EU)* Community Law; **~ Rundfunkabkommen** European Broadcasting Agreement; **~ Schiedsgerichtsübereinkommen** →Europ. Übereinkommen über die internationale Handelsschiedsgerichtsbarkeit; **~ →Sorgerechtübereinkommen; ~ Sozialbudget** *(EU)* European Social Budget

Europäisches Strategieprogramm für Forschung und Entwicklung auf dem Gebiet der Informationstechnologie European Strategic Programme for Research and Development in Information Technology (Esprit)

Europäisches System der volkswirtschaftlichen Gesamtrechnungen (ESVG) European System of Integrated Economic Accounts (ESA)

Europäisches Übereinkommen über die Adoption von Kindern[348] European Convention on the Adoption of Children

Europäisches Übereinkommen über die Anerkennung von akademischen Graden und Hochschulzeugnissen[349] European Convention on the Academic Recognition of University Qualifications

Europäisches Übereinkommen über die Anerkennung und Vollstreckung von Entscheidungen über das →Sorgerecht für Kinder und die Wiederherstellung des Sorgeverhältnisses

Europäisches Übereinkommen über die Gewährung ärztlicher Betreuung an Personen bei vorübergehendem Aufenthalt[349a] European Agreement Concerning the Provision of Medical Care to Persons during Temporary Residence

Europäisches Übereinkommen über die theoretische und praktische Ausbildung

von Krankenschwestern und Krankenpflegern[350] European Agreement on the Instruction and Training of Nurses

Europäisches Übereinkommen betr. Auskünfte über ausländisches Recht[351] European Convention on Information on Foreign Law *(→Empfangsstelle; →Übermittlungsstelle)*

Europäisches Übereinkommen über die Erlangung von Auskünften und Beweisen in Verwaltungssachen im Ausland[351a] European Convention on the Obtaining Abroad of Information and Evidence in Administrative Matters

Europäisches Übereinkommen zur Befreiung der von diplomatischen oder konsularischen Vertretern errichteten Urkunden von der Legalisation[352] European Convention on the Abolition of Legalisation of Documents Executed by Diplomatic Agents or Consular Officers

Europäisches Übereinkommen zur friedlichen Beilegung von Streitigkeiten[353] European Convention for the Peaceful Settlement of Disputes

Europäisches Übereinkommen zur Bekämpfung des Terrorismus[354] European Convention on the Suppression of Terrorism

Europäisches Übereinkommen über die Beschränkung der Verwendung bestimmter Detergentien in Wasch- und Reinigungsmitteln[355] European Agreement on the Restriction of the Use of Certain Detergents in Washing and Cleaning Products

Europäisches Übereinkommen über den Austausch von Reagenzien zur Blutgruppenbestimmung[355a] European Agreement Concerning the Exchange of Blood-grouping Reagents

Europäisches Übereinkommen zur Verhütung von →Folter

Europäisches Übereinkommen über die Fortzahlung von Stipendien an Studierende im Ausland[356] European Convention on Continued Payment of Scholarships to Students Abroad

Europäisches Übereinkommen über die Gleichwertigkeit der Reifezeugnisse[357] European Convention on the Equivalence of Diplomas Leading to Admission to Universities

Europäisches Übereinkommen über die Gleichwertigkeit der Studienzeit an den Universitäten[358] European Convention on the Equivalence of Periods of University Study

Europäisches Übereinkommen über die Hauptlinien des internationalen Eisenbahnverkehrs (AGC)[358a] European Agreement on Main International Railway Lines (AGC)

Europäisches Übereinkommen über die Hauptstraßen des Internationalen Verkehrs (AGR)[358b] European Agreement on Main International Traffic Arteries (AGR)

Europäisches Übereinkommen über die internationale Beförderung gefährlicher Güter auf Binnenwasserstraßen[358c] European Agreement Concerning the International Carriage of Dangerous Goods by Inland Waterway

Europäisches Übereinkommen über die internationale Beförderung gefährlicher Güter auf der Straße[359] European Agreement Concerning the International Carriage of Dangerous Goods by Road (ADR)

Europäisches Übereinkommen über die internationale Handelsschiedsgerichtsbarkeit[361] European Convention on International Commercial Arbitration

Europäisches Übereinkommen über die Kontrolle des Erwerbs und des Besitzes von Schusswaffen durch Einzelpersonen, Europäisches Übereinkommen über die Kontrolle des Erwerbs und des Besitzes von Schusswaffen[363a] **durch Einzelpersonen** European Convention on the Control of the Acquisition and Possession of Firearms by Individuals

Europäisches Übereinkommen über die obligatorische Haftpflichtversicherung für Kraftfahrzeuge[360] European Convention on Compulsory Insurance against Civil Liability in Respect of Motor Vehicles

Europäisches Übereinkommen über die Rechtshilfe in Strafsachen[362] European Convention on Mutual Assistance in Criminal Matters

Europäisches Übereinkommen über den Schutz von Schlachttieren[363] European Convention for the Protection of Animals for Slaughter

Europäisches Übereinkommen zum Schutze archäologischen Kulturgutes[364] European Convention on the Protection of Archaeological Heritage

Europäisches Übereinkommen zum Schutz von Heimtieren[364a] European Convention for the Protection of Pet Animals

Europäisches Übereinkommen über den Schutz von Tieren beim internationalen Transport[365] European Convention for the

Protection of Animals during International Transport

Europäisches Übereinkommen zum Schutz von Tieren in landwirtschaftlichen Tierhaltungen[366] European Convention for the Protection of Animals Kept for Farming Purposes

Europäisches Übereinkommen zum Schutz der für Versuche und andere wissenschaftliche Zwecke verwendeten Wirbeltiere European Convention for the Protection of Vertebrate Animals used for Experimental and other Scientific Purposes

Europäisches Übereinkommen über →Staatenimmunität

Europäisches Übereinkommen über die am Verfahren vor der Europäischen Kommission und dem Europäischen Gerichtshof für Menschenrechte teilnehmenden Personen[368] European Agreement Relating to Persons Participating in Proceedings of the European Commission and Court of Human Rights

Europäisches Übereinkommen zur Verhütung von Rundfunksendungen, die von Sendestellen außerhalb der staatlichen Hoheitsgebiete gesendet werden[369] European Agreement for the Prevention of Broadcasts Transmitted from Stations outside National Territories

Europäisches Übereinkommen über die Zollbehandlung von Paletten, die im internationalen Verkehr verwendet werden[369 a] European Convention on Customs Treatment of Pallets Used in International Transport

Europäisches Übereinkommen über die Zustellung von Schriftstücken in Verwaltungssachen im Ausland[369 b] European Convention on the Service Abroad of Documents Relating to Administrative Matters

Europäisches Umweltbüro European Environmental Bureau

Europäisches Versicherungskomitee European Insurance Committee; Comité Européen des Assurances (CEA)

Europäisches Währungsinstitut (EWI) European Monetary Institute (EMI)

Europäisches Währungssystem (EWS) European Monetary System (EMS) *(came into force 1979)* (→Ecu)

Das EWS hat zum Ziel, ein höheres Maß an Währungsstabilität in der Gemeinschaft herbeizuführen. Kernstück des EWS ist der →Wechselkursmechanismus

The purpose of the EMS is to establish a greater measure of monetary stability in the Community. Main feature of the EMS is the exchange rate mechanism.

Europäisches Zentralbanksystem (ESZB) European System of Central Banks (ESCB)

Europäisches Zentrum, ~ für die Förderung der Berufsbildung European Centre for the Development of Vocational Training (Cedefop); **~ für mittelfristige Wettervorhersage**[370] European Centre for Medium-Range Weather Forecasts

Europäisches Zusatzübereinkommen zum Übereinkommen, ~ über den →Straßenverkehr; ~ über →Straßenverkehrszeichen

europäisieren to europeanize

Europarat[371] Council of Europe (CE) *(anders: →Europäischer Rat)*

Gegr. 1949. Sitz: Straßburg. 45 Mitgliedsländer: Albanien, Andorra, Armenien, Aserbeidschan, Belgien, Bosnien und Herzegowina, Bulgarien, Dänemark, Deutschland, Estland, Finnland, Frankreich, Georgien, Griechenland, Irland, Island, Italien, Kroatien, Lettland, Liechtenstein, Litauen, Luxemburg, Malta, Ehemalige jugoslawische Republik Mazedonien, Moldawien, Niederlande, Norwegen, Österreich, Polen, Portugal, Rumänien, Russiche Föderation, San Marino, Schweden, Schweiz, Serbien und Montenegro, Slowakei, Slowenien, Spanien, Tschechische Republik, Türkei, Ukraine, Ungarn, Vereinigtes Königreich von Großbritannien und Nordirland, Zypern.

Set up in 1949. Seat: Strasbourg. 45 Member States: Albania, Andorra, Armenia, Austria, Azerbaijan, Belgium, Bosnia Herzegovina, Bulgaria, Croatia, Cyprus, Czech Republic, Denmark, Estonia, Finland, France, Georgia, Germany, Greece, Hungary, Iceland, Ireland, Italy, Latvia, Liechtenstein, Lithuania, Luxembourg, Malta, Moldova, Netherlands, Norway, Poland, Portugal, Romania, Russian Federation, San Marino, Serbia and Montenegro, Slovakia, Slovenia, Spain, Sweden, Switzerland, The Former Yugoslav Republic of Macedonia, Turkey, Ukraine, United Kingdom of Great Britain and Northern Ireland.

Europarecht (European) Community Law; law of the European Communities

Europawahl(en) European election(s), election(s) to the European Parliament

europaweit European-wide; throughout Europe

Euro~, ~pfund (od. ~sterling) Eurosterling (held in the European money market outside England)

Eurowährung Eurocurrency (money held outside the country of its issue); **~skredit** Eurocurrency loan

Eurozinssätze Euromarket interest rates

EUTELSAT →Europäische Fernmeldesatelliten-Organisation; **~Weltraumsegment**[372] EUTELSAT Space Segment

Euthanasie →Sterbehilfe

evakuieren to evacuate

Evakuierte (der/die) evacuee, evacuated person

Evangelische Akademie Academy of the Protestant Church

Evangelische Kirche in Deutschland (EKD) Protestant Church in Germany

Eventual~, **~antrag** →Hilfsantrag; **~budget** contingency budget; **~forderung** contingent claim; **~haftung** contingent liability; **~haushalt** contingency budget; **~planung** alternative planning

Eventualverbindlichkeit contingent liability; **Rücklage (od. Rückstellung) für ~en** contingency reserve

Eventualverpflichtung contingent liability

eventuell contingent; potential; possible; possibly (occuring); **~e Beschwerden** any complaints; **~er** *(noch nicht realisierbarer)* **Gewinn** contingent profit; **~e Verluste** possible losses

EWG →Europäische Wirtschaftsgemeinschaft; **~-Vertrag** EEC Treaty

ewige Renten perpetual annuities; *Br* Consols

EWS →Europäisches Währungssystem; **dem ~ beitreten** to enter (or join) the EMS

Examen examination; *colloq.* exam; **~skommission** examination board; **ein ~ bestehen** to pass an examination; **ein ~ nicht bestehen** to fail (in) an examination; **ein ~ machen** to take an examination

exB (od. exBR) (ausschließlich Bezugsrecht) *(Börse)* without rights, ex rights; *Am* without warrant

exceptio doli →Einrede der Arglist

exceptio plurium →Einrede des Mehrverkehrs

exD (ausschließlich Dividende) *(Börse)* ex dividend

Exekution execution; **~sbefehl** writ of execution

Exekutive executive (power)

Exekutiv~, **~ausschuss**[373] executive committee; **~organ** executive body; **~rat** executive council

Exemplar *(e-s Buches)* copy; *(e-r Zeitschrift)* number, issue

Exequatur *(VölkerR)* exequatur; **Zurückziehung der ~** withdrawal of (the) exequatur; **das ~ erteilen** to grant (or issue) the exequatur
Amtliche Anerkennung eines ausländischen Konsuls durch den Empfangsstaat.
The authority formally vested in a foreign consul by the country to which he is sent and by virtue of which he is able to exercise his official functions.

Exhibitionismus exhibitionism, indecent exposure

Exhibitionist exhibitionist

exhumieren to exhume, to disinter

Exilregierung government in exile

Existenz existence; **Darlehen zum ~aufbau** loan to make a new start possible

existenzfähig, **wirtschaftlich ~e Landwirtschaft** economically viable farming

Existenzfähigkeit der Landwirte farmers' capacity to make a living

Existenzgründung, **~en** setting up (or establishment) of new business enterprises (small firms); **~shilfe** (von Bund od. Land federal or state) government grants to finance establishment of small firms (particularly in the fields of handicraft trade and high technology)

Existenzminimum subsistence minimum (or level); minimum standard of living; living wage; **unter dem ~** below the poverty line

Existenzmittel means of subsistence

Existenz, **e-e ~ aufbauen** to establish o.s.; to set o.s. up; **e-e selbständige ~ gründen** to set up (or start) one's own business

Exklave *pol* exclave

Exklusivvertrag →Ausschließlichkeitsvereinbarung

ex nunc from that time(on), thenceforth

Exotenfonds *(Investmentfonds mit Sitz in e-r Steueroase)* offshore fund

Expansion expansion; →**Ausfuhr~**; **~sbestrebungen** expansionist tendencies; **e~sdämpfende Politik** policy to check economic expansion; **~sphase** period of expansion; **~spolitik** policy of expansion; **die ~ hat sich abgeschwächt** the expansion has eased off (or slackened); **die ~ hat sich beschleunigt** expansion is proceeding at an increasing rate; **die ~ fördern** to promote expansion

expansiv expansive; expansionary

Expedient forwarding clerk, dispatching clerk; shipping clerk; *Am* cargo clerk

expedieren to forward, to dispatch; to ship

Expedition 1. *(Versand)* dispatch(ing), forwarding; shipping; *(Versandabteilung)* forwarding department, shipping department
Expedition 2. *(Forschungsreise)* expedition

Experte expert (für on); **~ngremium** body of experts; panel; **~ntreffen** meeting of experts

Expertise expert opinion, survey

Explosion, **Herbeiführen e-r ~**[374] causing an explosion

Explosionsgefahr danger of explosion

explosionsgefährlich, **kennzeichnungspflichtige Kraftfahrzeuge mit ~en Stoffen** vehicles carrying explosives, subject to identification requirements

Export export, exportation *(→Ausfuhr)*; **für den ~ bestimmt** intended for export; **~abgabe** export duty; *(EU)* export levy; **~abteilung** export department; **~agent** export agent; **~akkreditiv** export (letter of) credit; **~artikel** export goods (or articles); export(s); goods for export; **~auftrag** export order, order from abroad; **~ausfall** export shortfall, export loss; **~basis** export base; **~beschränkung** export restriction; **freiwillige ~beschränkung** (FEB) voluntary export restraint (VER); **~bestimmungen** export regulations; **~bewilligung** →Ausfuhrgenehmigung; **~bonus** *(als Mittel der Ausfuhrförderung)* export premium; bounty on exports; **~bürgschaft** →Ausfuhrbürgschaft; **~einnahmen** export revenue; **~embargo** embargo on exports; **~erlöse** proceeds from export(s), export earnings; **~erschwernisse für ... Waren** obstacles to the exportation of ... goods; **~erzeugnisse** export products, products for export; **e~fähig** exportable; **~finanzierung** financing of exports; **~firma** export(-ing) firm (or house); **~forderung** →Ausfuhrforderung; **~förderung** →Ausfuhrförderung; **~gemeinschaft** export association; **~genehmigung** →Ausfuhrgenehmigung

Exportgeschäft export business; *(Einzelabschluss)* transport transaction; **~e tätigen mit** to do export business with

Export~, **~güter** export(ed) goods, exports; **~gütermesse** export goods fair; **~handel** export trade; **~händler** export merchant, exporter; **~haus** export house; **~inkasso** export collection; **e~intensiv** export intensive; **~investitionen** investments to promote exports; **~kartell** →Ausfuhrkartell; **~kaufmann** export merchant, exporter; **~kommissionär** export commission agent; **~kontingent** export quota

Exportkredit export(er's) credit; **~garantie** export credit guarantee *(Am guaranty)*; **~versicherung** export credit insurance

Export~, **~land** exporting country, country of exportation; **~lieferung** →Ausfuhrlieferung; **~liste** →Ausfuhrliste; **~lizenz** export licen|ce (~se); **~lücke** export gap; **~möglichkeit** export opportunity; **~multiplikator** export multiplier; **~musterlager** export sample store; **~prämie** →Ausfuhrprämie; **~quote** export quota; **~restriktionen** export restrictions; **~rückgang** export decline; decrease in exports; **~sendung** export consignment (or shipment); **~sperre** embargo on exports; **~steigerung** increase in exports; **~subventionen** *(EU)* export subsidies; **~subventionierung** subsidizing of exports; **~überschuss** →Ausfuhrüberschuss; **~verbot** →Ausfuhrverbot; **~vergütung** export refund; **~vertrag** export contract; **~wachstum** export growth, growth of exports; **~waren** export commodities (or articles); exported goods; exports; **~werbung** export advertising (or publicity); **~wirtschaft** export-oriented economy; export trade; **~zuwachs** →Exportwachstum; **Verminderung des ~zuwachses** decrease in export growth

Export, **der ~ geht zurück (od. ist rückläufig)** exports are declining (or falling); **der ~ ist gestiegen** exports increased (or went up); **die ~e nach ... sanken** exports to ... dropped

Exporteur exporter; export firm

exportieren to export

Expressgut express goods, goods sent by express; *Am (auch)* fast freight, goods sent by fast train *(→Eilgut)*; **~schein** express parcel(s) dispatch note; express parcel(s) consignment note; **~sendung** express shipment

extensiv extensive; **~e →Auslegung**; **~ →auslegen**

externe Revision external (or independent) auditing

exterritorial exterritorial; extraterritorial

Exterritorialität exterritoriality; extraterritoriality; **~ genießen** to enjoy exterritorial (or extraterritorial) status

extra extra, additional; in addition

Extra~, **~ausgaben** extra charges, extras; **~dividende** extra dividend; bonus; **~kosten** extra (or additional) costs, extras; *Am* overruns; **~lohn** premium; bonus; additional compensation

extrem links on the far left

Extremist *pol* extremist

ex tunc (von Anfang an) ab initio

Exzedent *(VersR)* surplus cover

Exzedenten~, **~deckung** *(VersR)* excess (or surplus) cover; **~rückversicherung** surplus reinsurance

EZB →Europäische Zentralbank; **~-Rat** the Governing Council of the ECB

F

Fabrik factory; (industrial) plant, works; mill; **ab ~** ex factory, ex works; **Preis ab ~** price ex works; **in der ~** in the factory (or plant); at the works

Fabrik~, **~anlage** factory, (manufacturing) plant, works; **~arbeit** factory work; *(Ware)* manufactured goods, factory-made goods; **~arbeiter** factory worker, industrial worker; factory hand; mill-hand; operative; **~arbeiterin** factory worker, factory girl; (female) operative; **~besitzer** factory owner; **~direktor** factory (or works) manager; **~gebäude** factory building; **~gelände** premises of a factory, plant premises; **~marke** *(für die Waren e-r bestimmten Fabrik)* manufacturer's mark (or brand) (on products made in a specific factory); **f~mäßig hergestellt** manufactured, factory-made; **~nummer** manufacturer's number; serial number; **~nummer des Fahrgestells** *(Kfz)* manufacturer's chassis number; **~preis** factory price; price ex works; manufacturer's price; **~stillegung** plant shutdown; **~vertreter** *Am* manufacturer's agent; **~waren** manufactured goods, manufactures

Fabrik, **e-e ~ betreiben** to operate a plant; **e-e ~ gründen** to set up a factory; **e-e ~ leiten** to run a factory; **e-e ~ schließen** to close a factory

Fabrikant *(Fabrikbesitzer)* factory owner; *(Hersteller)* manufacturer, maker

Fabrikat *(Industrieerzeugnis)* (manufactured) article, product; *(Marke, Erzeugnis)* make, manufacture; **ausländisches ~** foreign product (or make, manufacture); **deutsches ~** German - made article; *(als Aufschrift)* made in Germany; →**inländisches ~**

Fabrikation *(fabrikmäßige Herstellung)* manufacture, making, production; **~sanlagen** manufacturing (or production) plants; production facilities; **~sauftrag** factory order, job order; **~sfehler** manufacturing (or production) defect; flaw (in manufacture)

Fabrikationsgeheimnis secret of manufacture; manufacturing secret; **Wahrung von ~sen** keeping (or protection) of manufacturing secrets

Fabrikations~, **~kosten** manufacturing cost(s), production cost(s); **~lizenz** licen|ce (~se) to manufacture; **~nummer** serial number; **~programm** manufacturing (or production) program(me); line (of manufacture); **~stätte** factory; **~verfahren** manufacturing process; **~zweig** branch (or line) of manufacture

Fach 1. *fig (besonderes Arbeitsgebiet)* field (of activity or interest); line; occupation; trade; *(besonderes Wissensgebiet)* (special) field, province; special(i)ty; branch (of science, art, business etc); (Unterrichtsfach) subject, discipline; **das schlägt nicht in mein ~** it is not within my province (or in my line, field)

Fach~, **~anwalt** lawyer specializing in ...; specialist in ... law; **~arbeit** expert (or skilled) work

Facharbeiter skilled worker, craftsman; *pl* skilled labo(u)r; **industrieller ~** skilled industrial worker, skilled worker in industry; **~brief** skilled worker's certificate; **~prüfung der Industrie** industry test of skilled workers

Facharzt (medical) specialist (für in); **~ in der Ausbildung** trainee specialist (doctor); **~ für innere Krankheiten** consultant in internal medicine

Fachausbildung technical (or specialized) training; professional (or technical) education; **Arbeitskräfte mit ~** skilled labo(u)r; labo(u)r with specific skills

Fachausdruck technical term; term of art; **juristischer ~** legal term

Fach~, **~ausschuss** committee of experts; technical (or specialized) committee; **~ausstellung** specialized exhibition *(s. internationale →Ausstellung)*; **~berater** technical adviser; **~bücherei** special(ized) library

Fachgebiet (special) field, province, line; special(i)ty; *(PatR)* art; **auf dem ~ erfahren sein** to have experience in the field; *(PatR)* to be skilled in the art

fachgemäß workmanlike; *Br* skilful, *Am* skillful; competent

Fachgeschäft store (or shop) specializing in ...; specialty shop (or store); **~ des Einzelhandels** specialist retailer

Fach~, **~gewerkschaft** craft union *(Ggs. Industriegewerkschaft)*; **~gremium** technical body; **~gruppe** specialized group; group of specialists; functional group; **~handel** specialized trade; dealers specializing in ...; **~hochschule** University of Applied Sciences; **~kenntnis(se)** specialized (or expert, technical, professional) knowledge; *(PatR)* art; **~kommission** technical commission; functional commission; **~kraft** specialist; **~kräfte** specialists, specialized (or skilled) personnel (or workforce); **~kräfte mit Hochschulabschluss** graduate specialists; **~- und Führungskräfte** specialists and executive staff; **in ~kreisen** among experts (or specialists); **f~kundig** expert; *Br* skilful, *Am* skillful, competent; **f~kundige Beratung** expert advice; **~leute** experts, specialists; *(PatR)* those skilled in the art

fachlich special(ized); technical; professional; functional; **~ geeignet** professionally (or technically) qualified; having the necessary technical qualification; **~ geschult** skilled; **~e Eignung** technical (or professional) qualification; **~es Können** professional competence; technical knowledge; expertise

Fach~, **~literatur** specialized (or technical) literature; **~mann** expert, specialist; *(PatR)* person skilled in the art *(→Durchschnittsfachmann)*

fachmännisch expert, competent; **~es Können** *(PatR)* usual knowledge of the person skilled in the art; **~er Rat** expert advice

Fach~, **~messe** trade fair; **~oberschule** secondary technical school; **~organisationen der Vereinten Nationen** specialized agencies of the United Nations; **~personal** specialized (or technical) staff; skilled personnel; **~schule** technical school (or college)

Fachsprache technical language; **in der juristischen ~** in legal language; in legal parlance

Fach~, **~stellen** specialized bodies; **~übersetzer** technical translator; **~verband** vocational (or professional) association; *(der Wirtschaft)* trade association; **~verlag** specialist publisher; **in der ~welt** in professional circles; among experts; *(Handel)* in the trade; **berufliches ~wissen** professional (or specialist, export) knowledge; professional (or occupational) know-how; **~zeitschrift** professional journal (or magazine); *(der Wirtschaft)* trade journal

Fach 2. *(abgegrenzter Teil)* compartment, partition; *(für Schreibsachen)* pigeon(-)hole; *(für Bücher)* shelf; **Ablege~** pigeon(-)hole; **→Post~**

Factor *(Finanzierungsinstitut im Factoring-Geschäft)* factor (→factoring); **Entgelt des ~** factorage; **gesetzl. Sicherungsrecht des ~** factor's lien; **~erträge** factor returns; **~kosten** factor cost

Factoring~, **~(geschäft)** *(Methode der →Absatzfinanzierung und →Kreditrisikoabsicherung)* factoring

Factoring ist eine Absatzfinanzierungsmethode, bei welcher der Klient die Forderung gegen seine Kunden an einen anderen, den Factor, mit Disagio verkauft. Bei Factoring ohne Rückgriffsmöglichkeit wird das Delkredererisiko von dem Factor getragen; bei Factoring mit Rückgriffsmöglichkeit wird das Delkredererisiko von dem Klienten getragen.

Factoring is a method of sales financing whereby the client sells the accounts receivable from his customers to a third party, the factor, at a discount. In factoring without recourse, the credit risk is assumed by the factor; in factoring with recourse it is assumed by the client.

Factoringinstitut, **(größte) internationale Vereinigung von ~en** Factors Chain International (FCI)

Factoringkunde factoring client

fähig able, capable; *(geeignet)* apt; *(qualifiziert)* qualified, competent; **~ zu e-m Amt** qualified for an office; **→erwerbs~**; **→konkurrenz~**; **→zahlungs~**

Fähigkeit ability, capacity, capability; aptitude; qualification; competence; **→Arbeits~**; **→geistige ~en**; **→Geschäfts~**; **→Rechts~**; **→Zahlungs~**; **→berufliche ~en**; **den ~en und Kenntnissen entsprechen** to be in keeping with the capacities and skills

fahnden, **nach jdm ~** to search for sb.; **Verbrecher, nach dem gefahndet wird** wanted criminal

Fahndung search for (a fugitive etc); **~sblatt (od. ~sliste)** wanted persons list; (Zoll-, Steuer-); **~sdienst** investigation service

Fahne flag *(→Flagge)*; *mil bes.* colo(u)rs; *(Korrekturbogen)* galley proof; slip; **~neid** oath of allegiance; military oath

Fahnenflucht[1] desertion; **Beihilfe zur ~** assisting in desertion; **Verleitung zur ~** incitement to desertion; **zur ~ verleiten** to incite to desertion

fahnenflüchtig, **~ sein** to be a deserter; **~ werden** to desert the service (or the colours)

Fahnen~, **~flüchtiger** deserter; **~korrektur** slip proof; **~stange** flagstaff, flagpole

Fahrausweis ticket; **nicht benutzter ~** unused ticket

Fahrbahn carriageway, roadway; road surface; *(Fahrspur)* lane; **Straße mit zwei (getrennten) ~en** *Br* dual carriageway; *Am* divided highway; **verengte ~** *(Gefahrzeichen)* narrowing roadway; **~breite** width of the *Br* carriageway *(Am road)*; **falsche ~benutzung** improper lane usage; **~markierung** carriageway marking; **~mitte** centre (center) of the roadway

Fahrbahnrand *Br (Straßenkante)* kerb; *Am* curb, roadway border; **ganz dicht am ~ parken** to park *Br* close to the kerb *(Am close to the edge of the road)*

Fahrbahn~, **~seite** side of the carriageway; **~verengung** carriageway (or road) narrows

Fahrbahn, **die ~ betreten** to step on to the carriageway; **die ~ überschreiten** to cross the carriageway

Fahrbereitschaft (Fahrdienst) carpool

Fähre s. nach →Fahrzeug

Fahren s. nach →Führschein

Fahrer s. nach →fahrend

Fahrerlaubnis permission to drive; *Br (amtl. Bescheinigung der Fahrerlaubnis)* driving licence; *Am* driver's license *(→Führerschein)*; **~ zur Fahrgastbeförderung** permission to drive (or transport) passengers; **Entziehung der ~**[2] withdrawal of the *Br* driving (*Am* driver's) licen|ce (~se); disqualification (from driving); *Am* revocation of driver's license; **vorläufige Entziehung der ~**[3] suspension of the driver's licen|ce (~se); withdrawal of the driving licence for a limited period; **die Dauer e-r vorläufigen Entziehung der ~ ist auf das Fahrverbot ganz oder teilweise anzurechnen**[4] the period of the provisional withdrawal of the *Br* driving (*Am* driver's) licen|ce (~se) may be counted, in whole or in part, towards the driving ban; **die Entziehung der ~ anfechten**[5] to appeal against the withdrawal of the *Br* driving licence *(Am driver's license)*

Fahrerlaubnis, Erteilung e-r neuen ~ *(nach Entziehung)*[6] restoration of permission to drive; removal of disqualification; **Inhaber e-r ausländischen ~**[7] holder of a foreign driving licen|ce (~se); **~ auf Probe** *Br* probationary driving licence; **die ~ entziehen**[8] *Br* to impose a driving ban; to disqualify from driving; *Am* to withdraw (or revoke) a driver's license; **die ~ vorläufig entziehen** *Br* to withdraw the driving licence for a limited period; *Am* to suspend the driver's license; **die ~ erteilen** to grant a *Br* driving licence *(Am driver's license)*

Fahrgast passenger; **~, der an e-r Kreuzfahrt teilnimmt** cruise passenger; **~beförderung** transport (or conveyance) of passengers; **~schiff** passenger ship (or vessel); **Fahrgäste aufnehmen und absetzen** *(Schiff)* to embark and disembark passengers

Fahrgeld fare; **~(rück)erstattung** refund of fares

Fahrgemeinschaft car pool

Fahrgeschwindigkeit[9] (driving) speed; running speed; **höchstzulässige ~** maximum permissible speed; speed limit

Fahrgestell, Fabriknummer des ~s *(Kfz)* manufacturer's chassis number; **~nummer** chassis number

Fahrkarte ticket; **Fahr- und Flugkarte** travel ticket; **einfache ~** *Br (ohne Rückfahrt)* single ticket; *Am* one-way ticket; **Rück~** return ticket; *Am* roundtrip ticket; **~ zu halbem Preis** half-fare ticket; **~ zu vollem Preis** full-fare ticket

Fahrkarten~, ~ausgabe →Fahrkartenschalter; **~automat** (automatic) ticket machine; **~kontrolle** ticket inspection; ticket control; **~schalter** booking office; *Am* ticket office

Fahrkosten travel(l)ing expenses; **~zuschuss** travel(l)ing allowance; **~ erstatten** to reimburse travel costs

fahrlässig s. nach →Fahrerflucht

Fahr~, ~lehrer driving instructor; **~plan** time(-)table; *Am (auch)* schedule; *(Schiff)* sailing list; **f~planmäßig** in accordance with the timetable; on schedule; on time

Fahrpersonal *(im Straßenverkehr)* (driving) crew; **Mitglied des ~s** crew member

Fahrpreis fare; **~erhöhung** fare increase; **~ermäßigung** reduction of fare; **zu ermäßigtem ~** at reduced fare; **die ~e erhöhen** to raise the fares

Fahrprüfung, die ~ machen (bestehen) to take (pass) the *Br* driving test *(Am driver's test)*

Fahrrad bicycle; *colloq.* cycle, bike; **~ mit Hilfsmotor**[10] bicycle with auxiliary engine; autocycle; **~weg** cycle track; cycle path; **~ fahren** to ride a bicycle; to cycle

Fahrrinne fairway; navigable channel

Fahrschein ticket; coupon; **Sammel~** collective (or party) ticket; **~automat** ticket machine; **~heft** ticket book

Fahr~, ~schule driving school; **~schüler** learner(-driver) (L)

Fahrstreifen lane; **seitlicher ~** side lane; **Straße mit drei ~** three-lane road; **~wechsel** change in lane; **sich auf dem mittleren ~ einordnen** to get into position on the centre (center) lane; **den ~ wechseln** to change lanes

Fahrtüchtigkeit, Beeinträchtigung der ~ durch Alkohol impairment of the fitness to drive (or driving ability) through alcohol

Fahr~, ~unterricht driving instruction (or lessons); driving practice by learner-drivers; **~untüchtigkeit** unfitness (or inability) to drive; *(Fahrzeug)* not capable of running, not operative; unroadworthiness; **~untüchtigkeit infolge Genusses von →Alkohol**

Fahrverbot[11] driving ban; prohibition to operate a motor vehicle; **zeitliches und örtliches ~ für den Lastkraftwagenverkehr** driving ban on *Br* lorry (*Am* truck) traffic effective during certain times and in certain areas; **ein ~ verhängen** to impose a driving ban *(→Nebenstrafe)*

Fahr~, ~verhalten driving behavio(u)r; **~vorschriften** driving regulations

Fahrwasser fairway; shipping lane(s); channel; **~bezeichnung** channel marking; **~tiefe** depth of fairway; **~verhältnisse** fairway conditions

Fahrweg *Br* carriageway; road (for motor vehicles)

Fahrzeit des Schiffes running-time of the ship

Fahrzeug vehicle; *(Boot etc)* craft; **vorbeifahrende und überholende ~e** passing and overtaking vehicles; →**Kraft~**; →**Nutz~**; **~e des Güterkraftverkehrs** road freight vehicles; **unbefugter Gebrauch e-s ~s** unauthorized use of a vehicle; joyriding; **für ~e** →**gesperrt**

Fahrzeug~, **~art** type (or category) of vehicle; **~bau** vehicle building; **~führer** driver (of a vehicle); **~halter** keeper of a car (or motor vehicle); owner or other person entitled to the use of a car; **~hersteller** maker of the vehicle; vehicle manufacturer

Fahrzeugmotor, es ist verboten, den ~ unnötig laufen zu lassen[12] letting the engine idle is prohibited; idling prohibited

Fahrzeugpark fleet of cars

Fahrzeugschlangen haben sich gebildet columns of vehicles have formed

Fahrzeug~, **~sicherheit** safety of vehicles; **~typ** vehicle type; **technische ~überprüfung (od. ~überwachung)** technical inspection of vehicles, vehicle test (→TÜV)

Fahrzeug, ein ~ beherrschen to have a vehicle under control; **sich vor dem überholten ~** →**einordnen**; **ein ~ fahren (od. führen)** to drive a vehicle; *Am* to operate a vehicle; **sein ~ zur** →**Seite fahren**; **ein ~ zulassen** to register a vehicle

Fähre ferry; **Eisenbahn~** train ferry; **mit der ~ übersetzen** to cross by ferry; to ferry

Fähr~, **~geld** ferriage; fare; **~gerechtigkeit** (right of) ferrying; **~mann** ferryman; **~schein** ferry ticket

Fahren *(im Kraftwagen)* driving; **rücksichtsloses (od. grob fahrlässiges) ~** reckless driving; **zu schnelles ~** speeding; →**unachtsames ~**; →**unfallfreies ~**; **~ im Zustand der Trunkenheit**[13] driving when unfit to drive through drink; drunken driving; *Am bes.* driving while intoxicated

fahren *(mit e-m Fahrzeug)* to go, to drive; to ride (a bicycle, on a bus); *(e-s Fahrzeugs)* to run; **ein Kraftfahrzeug ~** to drive a motor vehicle; **langsam ~** to drive slowly; **schnell ~** to drive fast

fahrend, langsam ~es Fahrzeug slowly moving vehicle; **~es Personal der Binnenschiffahrt** personnel on board the ships employed in inland navigation

Fahrer driver; **flüchtiger ~** *(nach Unfall)* hit-and-run driver; **pflichtwidrig nicht versicherter ~** uninsured driver; **rücksichtsloser ~** reckless driver

Fahrerflucht[13a] absconding (or failing to stop) after a traffic accident; hit-and-run driving; **~ begehen** to abscond after a traffic accident

fahrlässig negligent; careless; by (or through) negligence; →**vorsätzlich oder ~**; **~ handelt, wer die im Verkehr erforderliche Sorgfalt außer acht läßt**[14] he acts negligently who fails to observe the duty of reasonable (or ordinary) care; negligence is a failure to act with due care

fahrlässig, grob ~ grossly negligent; *Am* wantonly negligent; *(StrafR)* reckless; **grob ~es Handeln** gross negligence; **grob ~e Schädigung** grossly negligent act causing damage; causing damage through gross negligence; **grob ~ handeln** to be grossly negligent

In zahlreichen Fällen haftet eine Person nur dann, wenn sie grob fahrlässig gehandelt, also in besonders schwerem Maße die im Verkehr erforderliche Sorgfalt verletzt hat.[15]

In numerous cases a person is liable only for gross negligence, i. e. for an aggravated breach of the common duty of care.

fahrlässig, ~es Fahren careless driving; **~e** →**Falschdarstellung**; **~er** →**Falscheid**; **~e** →**Körperverletzung**; **~e** →**Tötung**; **~ begangene** →**unerlaubte Handlung**; **~e** →**Unkenntnis der Verschuldung des Nachlasses**; **~e** →**Unterlassung**; **~es Verhalten** negligent conduct, negligence

Fahrlässigkeit *(ZivilR)* negligence; *(Nachlässigkeit)* carelessness; *(StrafR)*[16] (criminal) negligence, recklessness

In zahlreichen Fällen haftet eine Person nur dann, wenn sie diejenige Sorgfalt verletzt hat, welche sie in eigenen Angelegenheiten anzuwenden pflegt. In diesem Falle ist sie aber von der Haftung wegen grober Fahrlässigkeit nicht befreit.[17]

In numerous cases a person is liable only for that degree of care which he is accustomed to exercise in his own affairs (diligentia quam in suis). In such cases, however, he is not exonerated from any liability for gross negligence.

Fahrlässigkeit, bewußte ~ wanton (or wilful) negligence; recklessness; **grobe ~** gross negligence; *(StrafR)* recklessness; **leichte ~** slight (degree of) negligence; **mitursächliche ~** contributory negligence; **unbewußte ~** negligence; **zurechenbare ~** *(Haftung für fremdes Verschulden)* imputed negligence

Fahrlässigkeit, ~ begehen to be negligent; **auf ~ beruhen** to result from negligence; to be caused by negligence; **die Unkenntnis beruht auf grober ~** the lack of knowledge is caused by (or due to) gross negligence; **grobe ~ zu vertreten haben** to be liable for gross negligence

Fahrnis chattels, movables; **~gemeinschaft**[18] community of chattels; **~pfandrecht** *(Pfandrecht an bewegl. Sachen und Rechten)* lien (security interest) on personal property

Fahrt *(Reise)* journey, trip; *(Auto)* drive; *(zur See)* voyage; **während der ~ des Schiffes** while the ship is on voyage

Fahrt zwischen Wohnung und Arbeitsstätte travel (or commuting) between home and (place of) work; **Aufwendungen für Fahrten zwischen Wohnung und Arbeitsstätte** *(SteuerR)* commuting expenses to and from work (or between home and work)

Fahrt~, ~enbuch *(Fernlastverkehr)* driver's record book; **~ennachweis**[19] record of journeys; **~enschreiber** tachograph

Fahrtkosten travel(l)ing expenses; *(Auto)* expenses of a car; **~zuschuss** allowance for travel(ling) expenses

Fahrtrichtung, für Fahrzeuge vorgeschriebene ~ direction to be followed; **~sänderung** change of direction; **~sanzeiger** direction indicator

Fahrt~, ~route *(Schiff)* shipping route; **~unterbrechung** break(ing) of the journey; stopover; *(zur See)* interruption of voyage

Fahrt, e-e ~ antreten to start a journey; **die ~ unterbrechen** to break one's journey

Faksimile~, ~stempel facsimile stamp; **~unterschrift** facsimile signature

faktisch, ~er Leiter de facto manager; **~er Konzern** de facto group; **~er Vertrag** de facto contract

Faktor 1. →Factor

Faktor 2. *(Umstand)* factor; **Produktions~** factor of production, production factor; **Sicherheits~** safety factor

Faktor 3. *(technischer Leiter e-r Buchdruckerei)* foreman

Faktura invoice, bill *(→Rechnung)*; **laut ~** as per invoice; →**Konsulats~**

Fakturenbuch invoice book

fakturieren to invoice, to bill

Fakturier~, ~automat automatic billing machine; **~maschine** invoicing machine, billing machine

Fakturist *Br* invoice clerk; *Am* billing clerk

Fakultät, juristische ~ Faculty of Law; *Am* Law School

fakultativ optional; not obligatory; **F~klausel** optional clause; **F~-Protokoll** optional protocol

„Falke" *pol* hard-liner; hawk *(Ggs. „Taube")*

Fall 1. *(allgemein)* case, matter; *(Ereignis)* event, occurrence; **im →Bedarfs~**; **→Not~**; **→Schaden~**; **→Todes~**; **→Versicherungs~**; **im →Zweifels~**

Fall, →möglicher ~; **→vereinzelter ~**; **→vorliegender ~**

Fall, auf alle Fälle (od. auf jeden ~) at all events; in any event; at any rate; **für den ~ (od. im ~e)** in the event of; **für den speziellen ~** ad hoc; **auf keinen ~** on no account; under no circumstances; in no event; **im ~e e-s Krieges** in the event of war; **im ~e der Kündigung** if notice is given; in case of notice; **im ~e des Todes** in the event of death; **im ~e des →Verzugs**; **Planung nur für den jeweiligen ~** ad hoc planning; **von ~ zu ~** as the case may be (or arise); ad hoc; **von ~ zu ~ entscheiden** to decide each case as it arises; **von ~ zu ~ gebildeter Ausschuss** ad hoc comittee; **das Schiedsgericht wird von ~ zu ~ gebildet** the arbitral tribunal shall be constituted for each individual case (or on an ad hoc basis)

Fallstudien *(Meinungsforschung)* case studies

Fall, ein ~ tritt ein a case arises; **sollte der ~ eintreten** should the case arise; in the event of; **zu ~ bringen** to defeat

Fall 2. *(Rechtssache)* case; matter; **→Präzedenz~**; **der zur Entscheidung stehende ~** the case at issue; **der zur Verhandlung stehende ~** the case before the court; *Am bes.* the case at bar; **strittiger ~** case at issue; **→vorliegender ~**

Fallrecht case law

Fall, das Gericht ist mit e-m ~ →befasst; e-n ~ entscheiden to give a decision in a case; to sit on a case; **e-n ~ (vor Gericht) verhandeln** to try a case; **e-n ~ (vor Gericht) →vertreten**

Falle trap; **~nstellerei** trapping (of animals)

Fallen *(von Preisen, Kursen)* fall, drop, downward movement (in prices); *(plötzlich)* slump; *(Rückgang)* decline; **im ~ begriffen sein** to be falling; to be on the decline

Fallenlassen e-r Erfindung abandonment of an invention

fallen *(Preise, Kurse)* to fall, to drop, to go down, to ease, to drift back; *(plötzlich)* to slump, to undergo a slump; to tumble; *(zurückgehen)* to decline; **im Preis (od. Kurs) ~** to fall (or go down) in price; **die Kurse ~** the quotations are declining

fallen lassen *(aufgeben)* to drop, to discontinue; to abandon, to give up; **e-e Anmeldung ~** *(PatR)* to abandon an application; **e-e Forderung ~** to abandon (or relinquish) a claim

fallen an to fall (up)on; to fall to the share of; *(aufgeteilt od. umgelegt werden auf)* to be apportioned to; *(im Wege der gesetzl. Erbfolge)* to devolve (up)on; to pass by succession to

fallen auf (z. B. e-n bestimmten Tag) to fall on (e. g. a certain day); **die →Aktien fielen von ... auf ...**

fallen, unter ein →Abkommen ~; unter ein →Gesetz ~; unter e-n Vertrag ~ to come (or fall) under an agreement; to be covered by a contract; **unter die →Zuständigkeit ~**

fallend, ~e Aktienkurse declining (or falling) share prices; **unter das Abkommen ~e Steuern** *(DBA)* taxes covered by the Convention

gefallen *mil* killed in action; **die →Aktien sind ~; die Kurse sind ~** prices have fallen (or dropped, gone down); **der Wechselkurs ist ~** the rate of exchange has declined

fällen, e-e Entscheidung ~ to come to (or give) a decision; **ein Urteil ~** to deliver (or pass) a judgment; *(StrafR)* to pass sentence

fällig due; *(bes. Wechsel)* mature(d), with a maturity of; *(zahlbar)* payable; **~ bei Sicht** due at sight; **längst ~** overdue; not paid when due; **noch nicht ~** not yet due; not yet matured, unmatured; **täglich ~** due at call; due on demand; **täglich ~e Gelder** call money, money at call; *(Giroeinlagen)* sight deposits

fällig, ~e Forderung matured claim; claim (fallen) due; debt due (from sb.); **noch nicht ~e Forderung** unmatured claim; debt not due; **~e →Hypothek** *(zur Rückzahlung)*; **~e Obligationen** matured bonds; **~e Prämie** *(VersR)* outstanding premium; **~e Provision** due commission; **~e Rechnung** due bill; **seit einem Monat ~e Rechnung** amount of the invoice outstanding for one month

fällig, ~e Schuld due (or matured) debt; debt due for payment; **Zahlung e-r noch nicht ~en Schuld** early payment; **~er Steuerbetrag** amount of tax due; **~e Zahlungen** payments due; **~er Zahlungsbetrag** amount due for payment; **~e Zinsen** interest due; accrued interest; **noch nicht ~e Zinsen** accruing interest *(→fällig werdend)*

fällig, der Betrag ist ~ am the amount (or sum) is due (or will fall due) on; **~ sein** to be due

fällig stellen, vorzeitig ~ *(z. B. Wechsel)* to accelerate (maturity)

fällig werden to become (or fall) due (am on); to mature; *(Recht, Anspruch)* to accrue; **die →Hypothek ist fällig geworden; Schuldverschreibungen, die innerhalb e-s Jahres nach Erwerb ~** debt obligations maturing one year after acquisition; **die Versicherungspolice wird am ... fällig** the policy matures on ...; **der Wechsel wird fällig am ...** the bill matures for payment on ...; **zur Zahlung ~** to become due (or to mature) for payment; **die Zahlung wird fällig am ...** the payment falls due on ...

fällig werdend, ~ am maturing (or falling due) on; **~ ~e** *(noch nicht fällige)* **Zinsen** accruing interest; interest falling due; **auf Grund der ~en Forderung** on an accrual basis; **~e Zahlungen** payments falling due

Fälligkeit[20] maturity, due date; time of payment; **~ e-s Wechsels** maturity of a bill of exchange; **~ e-r Zahlung** date on which payment becomes due; **am Tage der ~** on the due date

Fälligkeit, bei ~ at (or on) maturity; **der Betrag ist bei ~ der Versicherungspolice zahlbar** the money (or insurance benefit) is payable when the policy matures (or on maturity of the policy); **die Tratte bei ~ einlösen** to hono(u)r the draft at maturity; **e-n Wechsel bei ~ zahlen** to pay a bill of exchange at maturity (or at its maturity date); **Zahlung bei ~** payment (to be made) when due

Fälligkeit, nach ~ der Forderung after the debt has become due; **vom Eintritt der ~ an** from the due date

Fälligkeit, vor ~ prior to maturity; **Wechselzahlung vor ~** payment of the bill before maturity; **e-e Rechnung vor ~ bezahlen** to settle a bill before the due date; **e-n Wechsel vor ~ einlösen** to pay a bill before maturity; to retire a bill; **vor ~ zahlen** to anticipate a payment

Fälligkeits~, ~basis accrual basis; **~datum** due date; maturity date; **~hypothek** mortgage repayable at a determined date *(Ggs. →Tilgungshypothek)*; **~klausel** *(Klausel über Vorverlegung der Fälligkeit)* acceleration clause

Fälligkeitstag due date; day of maturity; accrual date; **~ für die Mietzahlung** rent day; **~ der Versicherungssumme** (due) date of claim; **~ e-s Wechsels** (date of) maturity (or due date) of a bill (or draft)

Fälligkeitstermin →Fälligkeitstag; **~ des Darlehens** date on which the loan falls due; **die Verzinsung beginnt am ~ der Steuer** interest accrues from the due date of the tax

Fälligstellung, vorzeitige ~ *(z. B. e-s Wechsels od. e-r Ratenzahlung)* (maturity) acceleration

falls in case; in the event of; **~ erforderlich** if necessary

falsch false; *(unrichtig)* untrue, wrong, erroneous; incorrect; *(ungenau)* inaccurate; *(gefälscht)* base; forged, falsified; counterfeit; *(vorgetäuscht)* fictitious, sham, spurious; **~ →ablegen; ~ →adressieren; ~ →angeben; ~ →anwenden**

falsch aussagen to make false statement(s); to give false evidence; **uneidlich vorsätzlich ~**

to make deliberately an unsworn false statement

falsch, **~ ausstellen** to make out falsely (or wrongly); **~ →berechnen**; **~ →beurteilen**; **~ →bezeichnete Waren**; **~ →buchen**; **~ →darstellen**; **~ →datieren**

falsch, **als ~ nachweisen** to prove (to be) false; *(vor Gericht)* to falsify; *(vor Gericht)* **nachweisen, dass ein Rechnungsbetrag ~ ist** to falsify an item in an account

falsch, **~ →schwören**; **~ →übersetzen**; **~ verbunden** *tel* sorry, wrong number; **~ wählen** *tel* to dial a wrong number

falsch, **~e Adresse** wrong address; **~e Adressierung** misdirection; **~e →Angabe**; **~e →Anschuldigung**; **~e Anwendung** wrong application, misapplication

falsche Auskunft wrong (or false) information; misinformation; **(wissentlich) ~ geben** to misinform, to give wrong information, to mislead (knowingly)

falsche Aussage →Falschaussage

falsche Behauptung false claim, unfounded allegation; pretension; **geschäftsschädigende ~en** *Br* slander of goods; injurious (or malicious) falsehood; *Am* disparagement *(→Anschwärzung)*

falsche, **~ →Benennung**; **~ →Berechnung**; **~ Darstellung von Tatsachen** s. falsche →Tatsachenerklärung; **~ Datumsangabe** misdating; **~ →Eintragung**; **~ →Erklärung**; **~ Etikettierung** mislabelling

falsch, **unter ~er Flagge** under a false flag, under false colo(u)rs

falsches Geld counterfeit (or adulterated, base) money; *(Banknote)* counterfeit (or forged) (bank) note, *Am* bogus bill; *(Hartgeld)* counterfeit (or forged) coin; *(Münzverschlechterung)* base (or spurious, adulterated) coin; **~ in Umlauf setzen** to circulate counterfeit money *(→Falschmünzerei)*

falsch, **~e →Herkunftsangabe**; **~e Information (od. Informierung)** false (or wrong) information, misinformation; **~e Münzen** →falsches (Hart-)Geld; **~er Name** false name, fictitious name; **~e →Namensangabe**; **~e →Namensführung**; **~er Schluss** false conclusion; **→Vorspiegelung ~er Tatsachen**; **~e →Tatsachenerklärung**; **~e Versicherung an →Eides Statt**; **~e →Zeugenaussage**; **~es →Zeugnis**

Falschaussage false statement; **eidliche ~** s. (fahrlässiger) →Falscheid; **uneidliche (vorsätzliche)**[21] **~** *(e-s Zeugen od. Sachverständigen)*[22] unsworn false statement; **Verleitung zur ~**[22a] suborning a person to make a false statement

Falschbeurkundung, **~ im Amt**[23] falsification of official records; false recording by an official; **mittelbare ~**[24] indirect falsification of public records; causing the recording of false declarations, negotiations or facts

Falschdarstellung, **fahrlässige ~** negligent misrepresentation; **unbeabsichtigte (nicht vorsätzliche) ~** innocent misrepresentation; **wissentliche (vorsätzliche) ~** fraudulent misrepresentation; **Anfechtung wegen unbeabsichtigter ~** rescission for innocent misrepresentation

Falscheid, **fahrlässiger ~**[25] negligent false statement under oath; false swearing (or false oath) by negligence; **Verleitung zum ~**[26] inducing another person into swearing a false oath

Falsch~, **~geld** →falsches Geld; **~meldung** false report, false information; **~münze** counterfeit coin

Falschmünzer forger, coiner, counterfeiter, maker of counterfeit coin; **~ei**[27] counterfeiting (coins or notes); making of counterfeit money; coining

fälschen to falsify; to counterfeit, to forge; to alter fraudulently; to tamper with; to adulterate *(→verfälschen)*; *(nachahmen)* to fake, to make an imitation of; **Abrechnungen ~** to falsify accounts; **Antiquitäten ~** to counterfeit antiques; **Banknoten ~** to counterfeit (or forge) (bank)notes; **die Bilanz ~** to falsify (or fake, cook) the balance sheet; **Münzen ~** to counterfeit (or forge) coins; *(Münzverschlechterung)* to adulterate coins; **Rechnungen ~** to tamper with accounts; **ein Testament ~** to tamper with (or forge) a will; to alter a will fraudulently; **e-e Unterschrift ~** to counterfeit (or forge) a signature; **e-e Urkunde ~** to forge a document; to falsify a document; to alter a document fraudulently; **e-n Wechsel ~** to forge a bill (of exchange)

gefälscht forged, counterfeit; **~e Münzen** counterfeit coins; **~e →Urkunde**

Fälscher falsifier; counterfeiter; forger; adulterator; faker; **Münz~** →Falschmünzer; **Nahrungsmittel~** adulterator of food; **→Urkunden~**; **→Wechsel~**

fälschlich falsely; wrongly, erroneously; **sich ~ ausgeben für e-n anderen** to impersonate another person; to pretend falsely to be another person; **~ behaupten** to allege falsely; to lay false claim to; to pretend

Fälschung *(das Fälschen)* falsification; forgery; counterfeiting; adulteration; faking; fabrication; *(gefälschter Gegenstand)* forgery; fake, faked article; counterfeit; **→Banknoten~**; **→Pass~**; **→Unterschriften~**; **→Wechsel~**; **~ e-s Be-**

richts faking a report; tampering with a report; **~ von Büchern** falsification of accounts (or books); **~ von Geld** counterfeiting money (or coin); forgery of money *(→Falschmünzerei, →Münzverfälschung)*; **~ von →Gesundheitszeugnissen**; **~ von Nahrungsmitteln** adulteration of food (-stuff); **~ von Urkunden**[28] forgery (or adulteration) of documents; falsely and fraudulently making (or altering) documents; **f~ssicherer →Personalausweis**; **e-e ~ für das Original ausgeben** to pass off a forgery as the original; **e-e ~ begehen** to commit a forgery

Falsifikat counterfeit; forgery

Falsifikation falsification

Falt~, **~prospekt** folder; leaflet; **~karton** cardboard box, folding box

familiär, **aus ~en Gründen** for family reasons

Familienaktionär *Br* family shareholder

Familienangehöriger member of the family; (unterhaltsberechtigter) Familienangehöriger dependant; **im Haushalt lebender ~** member of sb.'s family forming part of his household; **ständig mitarbeitender ~ e-s Landwirts** family member permanently helping on the farm

Familien~, **~anzeige** *(in Zeitung)* personal announcement (or advertisement); **~arbeitskräfte** family workers; **~beihilfe**[29] family allowance, family benefits; **~betrieb** family (-owned) business (or firm); business (or firm) run by one family; family undertaking; family(-run) farm; **~bilder** *(im Nachlass)*[30] family pictures; **~buch** family register; **~gericht** family court; division of the →Amtsgericht dealing with; **→~sachen**; **~gesellschaft**[31] family-owned company; *Br* close company; *Am* close corporation; **~größe** family size; **~gut** family estate; *(erbrechtlich gebunden)* entailed estate; **~haupt** →Familienoberhaupt; **~hilfe** *(soziale Krankenversicherung)* family allowance (or benefits); **~konzern** family group; **~leben** domestic life; **~leistungen** family benefits; **~marke** family brand; **~name** family name; surname; **~oberhaupt** head of the family; **~-Personengesellschaft** family partnership; **~planung** family planning; planned parenthood; birth control; **~recht**[32] family law; *Am* law of domestic relations; **f~rechtliche Angelegenheiten** matters of family law; **~sachen** causes falling within the province of the family court; **~stand** personal (or civil) status, marital status (single, married, divorced, separated, widowed); **~stiftung** family foundation

Familienunterhalt[33] family maintenance (obligation of both spouses to grant adequate maintenance to the family); **Bestreitung des ~s** defraying family living expenses

Familien~, **~unternehmen** family(-owned) enterprise; **~verhältnisse** family circumstances; **~vorstand** head of the family; head of household; **~zulage**[34] family allowance; **~zusammenführung** family reunion; reunification of families; reuniting divided families; **~zuschlag**[35] family supplement (to unemployment benefit), supplementary payment for a family

Fang, **~ von Fischen** catching fish; **~frage** trick question; **~gerät** fishing gear (or implement); **~gründe** fishing grounds; **~platz** fishing ground; **~quote** catch quota; **~rechte** fishing rights; **~- und Schonzeiten** *(für Fische)* open and closed seasons; **~verbot für Heringe** ban on herring fishing; **~zeiten** fishing periods

FAO → Ernährungsgüter: Ernährungs und Landwirtschaftsorganisation und Landwirtschaftsorganisation *(der Vereinten Nationen)*

färbende Stoffe →Farbstoffe

Farben~, **~industrie** paint industry; **~werte** *(Börse)* IG Farben successors' shares

Farbige colo(u)red people; **Vorurteil gegen ~** colo(u)r prejudice

Farbiger colo(u)red man

Farbstoffe *(in Lebensmitteln)* colo(u)ring agents; **zulässige ~** permissible colo(u)ring matter(s)

Farm farm; **Muster~** model farm

Faschismus fascism

Faschist fascist

faschistisch fascist

Fass barrel (bar, bl or brl); *(großes)* cask; **~waren** goods in barrels; merchandise in casks; **Bier auf Fässer füllen** to barrel beer

fassen *(aufnehmen [können])* to hold, to have a capacity of, to accommodate; **sich kurz ~** to be brief; *(Gesetz etc)* **neu ~** to revise; **e-n →Beschluss ~**

Fassung *(Ausdrucksweise)* wording; *(Abfassung)* drafting; *(e-s Gesetzes)* version; **→Neu~** *(e-s Gesetzes); (e-s Gesetzes;)*; **~sraum (od. ~svermögen)** holding (or carrying) capacity; **das Gesetz in der ~ vom** the Act as amended on; the law as revised on; **das Gesetz in der jetzt gültigen ~** the Act as amended; **die deutsche ~ ist verbindlich** the German version shall be binding

Fast-Zusammenstoß *(von Flugzeugen)* near-miss, air-miss

Faustpfand pledged collateral, pledge (of movables) *(→Pfandrecht an beweglichen Sachen)*; **Hin-**

gabe von Darlehen gegen ~ granting loans against pledge(s)

Faustrecht right to private warfare; fist law

Faustregel (general) rule of thumb

Fautfracht dead freight (sum paid by a charterer for part of ship not occupied by cargo)

Fazilität *(Kreditrahmen von Banken, Devisenkreditrahmen des Internationalen Währungsfonds)* (credit) facility

FCKW (Fluorchlorkohlenwasserstoff) fluorcarbon; **~-Verbot** prohibition of fluorcarbons

F. D. P. →Freie Demokratische Partei

federführend leading; responsible (for coordination); **~e Bank** *(in Konsortialgeschäft)* lead bank, lead manager

Fehl~, ~anzeige nil return; negative report; **~besetzung** *(e-r Stelle)* placement error; **~bestand** deficiency; shortage

Fehlbetrag shortfall, shortage, deficit, (amount of) deficiency; *Am* wantage; →**Kassen~**; **~ im Haushaltsplan** budgetary deficit; **e-n ~ aufweisen** to show a deficit; **den ~ ausgleichen** to make up for the deficit (or shortage)

Fehl~, ~einschätzung miscalculation; **~entscheidung** wrong decision *(→Fehlurteil)*; **~fracht** →Fautfracht; **~geburt** miscarriage, abortion; **e-e ~geburt haben** to miscarry; **~geld** *(des Kassierers)* risk money; **~geldentschädigung** cash indemnity; **~gewicht** deficiency (or shortage) in weight; short weight; **~investitionen** misconceived capital projects; unprofitable investments; **~kalkulation** miscalculation; **~konstruktion** faulty design (or construction); **f~laufen** *(verlorengehen)* to go astray; **der Brief ist f~gelaufen** the letter has gone astray; **~leitung** *(e-r Postsendung)* misdirection

Fehlmenge shortage, deficiency, missing quantity; shortfall; **~nkosten** costs of shortages; **~nmitteilung** deficiency note; **e-e ~ ausgleichen** to make up a deficiency

Fehl~, ~rechnung miscalculation; **~schätzung** wrong estimate; **~schichten** shifts missed; absenteeism

Fehlschlag failure, abortion; **die Pläne erwiesen sich als ~** the plans proved abortive

Fehl~, ~spekulation bad (or wrong) speculation; **~stunden** *(ArbeitsR)* hours absent; **~urteil** miscarriage of justice; bad judgment; misjudgment; **~verhalten** misconduct, maladjustment; **~zeiten** *(Fernbleiben von der Arbeit)* absenteeism; **~zustellung** wrong delivery

Fehlen absence; *(Mangel)* lack (of); *(Bedürfnis)* want; **~ der Gegenleistung** absence of consideration; lack of reciprocity; **beim ~ gesetzlicher Vorschriften** in the absence of statute; **~ der verkehrsüblichen Sorgfalt** failure to use ordinary care; **~ von Vermögenswerten** *(z. B. im Konkurs)* lack (or deficiency) of assets

fehlen *(abwesend sein)* to be absent; *(nicht vorhanden sein)* to be missing; *(nicht ausreichend vorhanden sein)* to be short (of), to be in want (of), to be wanting (in); to lack; →**unentschuldigt ~**; **genaue Angaben ~** exact data are missing; **fehlt es an e-r solchen Anweisung** if there is no such instruction; **das Geld fehlte** money was lacking; funds were lacking; **es fehlte uns an dem nötigen Geld** we were short of the necessary money; we lacked the necessary funds; **die besseren Sorten ~ gänzlich** there is a complete lack of better quality goods

fehlend missing; lacking; deficient; **~er Betrag** amount lacking; short; **wegen ~er Gegenleistung** for want of consideration; **~e (Post-) Sendung** missing item; **~e Zuständigkeit** want of jurisdiction; **das F~e ergänzen** to make up (for) (or supply) the deficiency

Fehler *(Irrtum)* mistake, error; *(Mangel)* defect, fault, flaw; vice; →**Arbeits~**; →**Druck~**; →**Fabrikations~**; →**Kalkulations~**; →**Konstruktions~**; →**Material~**; →**Rechen~**; →**Schreib~**

Fehler, erkennbarer ~ →offener Fehler; →**grober ~**; **innerer ~** inherent defect; **offener ~** patent defect (or fault); obvious (or apparent) defect (or fault); **schwerwiegender ~** *(EDV)* uncoverable error; **verborgener (od. versteckter) ~** latent fault (or defect); hidden flaw

Fehler, ~ bei der Abfassung e-r Urkunde faulty drafting of a document; **~ des Produkts** defect in the product; **~ der Sache bei Kauf**[36] fault (or defect) of the thing sold *(→Sachmängelhaftung)*; **~ bei der Miete**[37] fault (or defect) of the rented object

fehlerfrei correct, without any mistake(s); free from defect(s); faultless, without fault; flawless, without flaw(s); sound; **~er Diamant** flawless diamond

Fehler~, ~freiheit faultlessness; **~grenze** margin of error

fehlerhaft defective; faulty; *(unrichtig)* incorrect; irregular; **~e Argumentation** faulty reasoning; **~er Besitz**[38] faulty possession; possession acquired illegally *(s. verbotene →Eigenmacht)*; **~es Gerichtsverfahren** irregular legal proceedings, mistrial; **~e Konstruktion** defective design; **~e Lieferung** defective (or faulty) delivery

fehlerhafte Produkte defective products *(→Produkt)*; **Hersteller fehlerhafter Produkte** maker of defective products *(→Produkthaftung)*

fehlerhaft, ~er Rechtstitel defective title; **~er Vertrag** faulty contract; **~e Waren** defective goods (in quality or state); faulty goods; **~beurteilen** to misjudge; **~konstruiert** defectively designed; **~ sein** to be faulty

Fehlerhaftigkeit faultiness; defectiveness; incorrectness; **Meinungsverschiedenheiten über die ~ der Waren** disputes as to whether the goods are defective (in quality or state)

Fehler~, f~los →fehlerfrei; **~quelle** source of errors (or mistakes); **~quote** error ratio

Fehler, ~ aufdecken to discover defects; **e-n ~ begehen** to commit an error; to make a mistake; **e-n ~ in e-r Rechnung berichtigen** to correct an error in an invoice; **ein ~ ist unterlaufen** an error has occurred; **den ~** *(e-r verkauften Sache)* **arglistig verschweigen**[39] to conceal a defect fraudulently

feierlich, ~ begehen to solemnize; **~ erklären** to declare solemnly; **~e Erklärung** solemn declaration

Feier(lichkeit) ceremony; celebration

Feierschicht dropped (or idle) shift; **e-e ~ einlegen** to drop a shift

Feiertag holiday, non-business day; **gesetzlicher ~** *Br* public holiday; *Am* legal holiday; **~sarbeit** holiday working; work on (a) *Br* public (*Am* legal) holiday(s); **~slohn** wage paid for work on a holiday; **~szuschlag** additional pay for work done on a holiday; public holiday overtime pay

Feilhalten offering for sale

feilschen to haggle

Feind enemy; **~begünstigung** giving aid and comfort to the enemy; **~einwirkung** enemy action; **~gebiet** hostile territory

feindlich hostile (gegen to); enemy; **~er Ausländer** enemy alien; **~es Ausland** enemy country; **~es Gebiet** enemy territory; **~e Handlung** hostile act; **~es Schiff** enemy ship; **~e Streitkräfte** enemy forces; **~er Zeuge** *(der Gegenseite)* adverse witness; *(eigener Zeuge, der sich unerwartet als feindlich erweist)* hostile witness

feindselige Handlung hostile act, hostility

Feindseligkeiten, Einstellung der ~ cessation (or suspension) of hostilities; *(Feuereinstellung)* cease-fire; **die ~ einstellen** to cease hostilities; **in ~ verwickelt sein** to be involved in hostilities

Feindstaat *(Feind e-s Unterzeichnerstaates der Charta der Vereinten Nationen)*[40] enemy state; **~enklausel**[41] enemy state clause

Feingehalt fineness; standard; **mit e-m ~ von mindestens** ... assaying not less than ...; **vorgeschriebener ~** standard quality; **Münze mit gesetzlich vorgeschriebenem ~** standard coin; **zulässige Abweichung vom ~** remedy (or tolerance) of fineness; **~sstempel** *(bei Edelmetallen)* hall-mark (stamp); plate mark

Feingold fine gold; **~gehalt** fine gold content; **~gewicht** weight of fine gold

Fein~, ~kostgeschäft delicatessen (shop or store); **~mechanik** precision engineering; **f~mechanische Industrie** precision engineering (industry); light engineering (industry)

Feld field; **im ~(e)** *mil* on active service, at the front; in the field; **Früchte auf dem ~e** growing (or standing) crop

Feld~, ~arbeit agricultural work, farm work; *(Meinungsforschung)* field work; **~bereinigung** →Flurbereinigung; **~diebstahl** theft in the field(s); **~forschung** *(Meinungsforschung)* field work; **~früchte** field produce; **~mark** field boundary; **~post** →Post; **~schaden** field damage; **~weg** field track

Feldzug *mil* campaign; *fig* campaign, drive; **→Presse~**; **→Reklame~**; **e-n ~ führen** to conduct a campaign; **e-n ~ starten** to launch a campaign

Fensterbriefumschlag window envelope

Ferien *Br bes.* holiday(s); vacation; *parl* recess; **in den ~** during the holidays (or vacation, *Am* recess); on holiday (or vacation); *Am* in recess; **→große ~**; **→Gerichts~**; **→Parlaments~**; **→Sommer~**

Ferien~, ~kammer *Br (des Gerichts)* vacation court; *Am* recess court; **~reiseverkehr** holiday season traffic; *Am* vacation traffic; **~sachen** *Br (des Gerichts)*[42] vacation business; *Am* cases to be dealt with during recess *(→Gerichtsferien)*; **~wohnungen** holiday homes

Ferien machen to take a holiday (or vacation, *Am* recess); to be on holiday (or on vacation, *Am* in recess)

Fernabsatz distance marketing (or selling); **~techniken** techniques for the distance marketing; **~vertrag** distance contract

Fernadoption adoption by proxy

Fernbleiben absence; **unentschuldigtes ~ von der Arbeit** absenteeism; being absent from work without good reason

fernbleiben, →unentschuldigt ~; der Sitzung ~ to fail to attend the meeting; to stay away from the meeting

Fern~, ~drucker teleprinter; **~erkundung mit Satelliten** remote sensing from space; **~gasversorgung** long-distance gas supply

Ferngespräch *Br* national call; *Am* long-distance call; **selbstgewähltes ~** *Br* dialled national call; *Am* direct-dialled long distance call; **ein ~ führen** to make a *Br* national call *(Am long- distance call)*

Fern~, **~heizung(sanlage)** district heating (plant); **~kommunikation** distance communication; **~kopieren** telecopying; **f~kopieren** to telecopy, to facsimile; *colloq.* to fax; **~kopierer** telecopier; fax terminal (or machine); **~kursus** correspondence course; **~laster** →Fernlastwagen; **~lastfahrer** *Br* long- distance lorry driver; *Am bes.* long-distance truck driver; **~lastverkehr** *Br* long-distance road haulage; *Am* long distance hauling, long- hauls; **~lastwagen** *Br* long-distance lorry, *Am* long haul truck; **~lehrgang** correspondence course; **~lenkrakete** guided missile

Fernlicht *(Auto)* main beam, headlamp, *Am* high beam; **das ~ ausschalten (einschalten)** to switch off (switch on) the driving beam

Fernmelde~, **~amt** telephone exchange; *Am* trunk exchange; **~anlagen** telecommunication facilities (or equipment); **~dienste** telecommunication services; **~geheimnis** secrecy of telecommunications; **~markt** telecommunications market

Fernmeldenetz telecommunications network; **diensteintegrierendes digitales ~** Integrated Services Digital Network (ISDN)

Fernmeldenormen, →**Europäisches Institut für ~**

Fernmelderechtsträger telecommunications entity

Fernmeldesatellitenorganisation, **Übereinkommen über die Internationale ~ „INTELSAT"**[43] Agreement Relating to the International Telecommunications Satellite Organization „INTELSAT" *(→Satelliten)*

Fernmelde~, **~unternehmen** telecommunications undertakings; **~verbindungen** telecommunications; **Internationaler ~vertrag**[44] International Telecommunication Convention; **~wesen** telecommunications; telecommunication services (telegraph, telephone, cable or radio, sound and television)

fernmündlich by telephone

Fernschreib~, **~anschluss** telex connection; **internationaler ~code** international teletype code; **~dienst** telex service

Fernschreiben (FS) telex; *Br* teleprinter message, *Am* teletype message; **per ~** by telex; **etw. durch ~ mitteilen** to telex sth.

fernschreiben to teleprint, *Am* to teletype

Fernschreiber *Br (Gerät)* teleprinter, *Am* teletyper, tele(type)writer; *(Person)* telex operator; *Am* teletypist, teletype operator; →**Börsen~**

Fernschreib~, **~gebühren** telex charges, teleprint charges; **~gerät** →Fernschreiber; **~leitung** *Br* teleprinter (*Am* teletyper) line; **~netz** telex; **~rechnung** telex bill

Fernschreibteilnehmer telex subscriber; **Verzeichnis der ~** telex directory

fernschriftlich by telex; **etw. ~ mitteilen** to telex sth.

Fernsehen television (TV); →**Bildungs~**; **Farb~** colo(u)r television; →**hochauflösendes ~**; →**Werbe~**; →**Europäische Konvention über das grenzüberschreitende ~**

Fernsehen, im ~ auftreten (od. erscheinen) to appear on television; **im ~ zu sehen sein** to be on television; **im ~ senden (od. übertragen)** to televise; to screen a program(me)

Fernseh~, **~ansager** television announcer; **~ansprache** television address, televised speech; (TV) broadcast; **~apparat** television set; *Am* video receiver *(→Miete (2.) für Fernsehapparate)*; **~bearbeitung** television adaptation (or version); **~berichterstattung** television reporting (or coverage); **~gebühren** (television) licen|ce (~se) fees; **~gerät** television set; **~netz** television network; **~programme ausstrahlen** to broadcast television programs; **~rechte** TV rights; **~reklame** television advertising; **~senderecht** television right; **~spot** TV commercial

Fernseher, Einkauf per ~ tele shopping

Fernsehsendung (television) broadcast; *Am* telecast; →**Europäisches Abkommen zum Schutz von ~en**

Fernsehteilnehmer television viewer; televiewer; **(Gesamtzahl der) ~** television audience

Fernsehübertragung television transmission; televising; telecast; **~ über** →**Satelliten**; **e-e ~ machen von** to televise

Fernseh~, **~unternehmen** television company; **~werbung** television advertising; (TV) commercials

Fernsprech~, **~amt** telephone exchange; *Am* central (office); **~anlage** telephone installation; **~anschluss** telephone connection; **~auftragsdienst** telephone service accepting and performing commissions; telephone order service; **~auskunft** *Br* Directory Enquiries; *Am* telephone information service; **~automat** →Münzfernsprecher; **~buch** telephone directory; **~gebühren** telephone charges; *Am* telephone rates; *Br (Ortsgebühren)* local (call) charges; *Am* local rates; *Br (Ferngesprächgebühren)* national (call) charges; *Am* long-distance (telephone) rates; **~geheimnis** secrecy of telephone communication(s); **~nebenanschluss** extension; **~netz** telephone network; **~tarif** telephone rates; **~teilnehmer** telephone subscriber; **~teilnehmerverzeichnis** telephone directory; **~verbindung** telephone connection

Fernsprechverkehr telephone traffic; **drahtloser ~** radio telephony

Fernsprech~, **~wesen** telephony; **~zelle** *Br* (tele)phone (or call) box, public telephone; *Am* (tele)phone booth

Fern~, **~straße** →Fernverkehrsstraße; **~studium (od. ~unterricht)** study by correspondence; correspondence course; home study courses; **~trauung** marriage by proxy; **~universität** open university

Fernverkehr long distance traffic (or transport); *(auf der Straße)* road traffic *(→Güterfernverkehr)*; **~sstraße** *Br* trunk road; *Am* highway; *(innerhalb der Stadt)* arterial highway (or road)

fertig *(zu etw. bereit)* ready, prepared; *(fertiggestellt)* finished, done; *(fertiggemacht, z. B. Kleidung)* ready-made; **~bringen** *(zustande bringen)* to accomplish, to bring about; **es ~bringen, etw. zu tun** to manage to do sth.; **mit etw. ~ sein** to have done with sth.; to have finished sth.; **mit etw. ~ werden** to cope with sth.

Fertig~, **~bauweise** prefabricated construction; **in ~bauweise erstellt** prefabricated; **~erzeugnis (od. ~fabrikat)** manufactured product; finished product (or goods); **~gericht** convenience food; **~haus** prefab(ricated house); **~kleidung** ready-made clothes; **~kost** manufactured cost

Fertigmahlzeiten, **Lieferant von ~** caterer; **Lieferung von ~** catering; **Unternehmen, das ~ liefert** catering firm; **~ liefern** to cater (for)

Fertig~, **~packungen** prepackaged goods; **Flüssigkeiten in ~packungen** prepackaged liquids; **~planung** manufacturing planning; **~produkt** finished product

fertigstellen to finish, to complete

Fertigstellung completion; **Datum der ~** completion date; **frühester ~stermin** earliest completion time (or date)

Fertigteil finished component; *(vorgefertigter Bauteil)* prefabricated part; **genormte ~e** *(fabrikmäßig)* **herstellen** to prefabricate

Fertigwaren finished goods (or products); manufactured goods; manufactures; **Bestand an ~** finished goods inventory; **gewerbliche ~** industrial manufactures; **~lager** stock of finished products; **~preise** prices of manufactured goods

fertigen to manufacture, to produce, to make

Fertigkeiten abilities; skills; *(Kenntnisse)* accomplishments, attainments; **berufliche ~** vocational proficiency; **erworbene ~** acquired skills

Fertigung manufacture, manufacturing; (process) production, making; →**Einzel~**; →**Massen~**; →**Serien~**; **Planung und Organisation der ~** industrial engineering

Fertigungs~, **~abteilung** production department; **~auftrag** production order; **~betrieb** manufacturing plant, factory; **~fehler** defect due to workmanship; **~gemeinkosten** factory expenses; production overhead(s); indirect production cost(s); **~industrie** manufacturing industry; **~jahr** year of production; **~kontrolle** production control; supervision of manufacture; **~kosten** production costs, costs of manufacture; **~lenkung** production control; **~löhne** direct labo(u)r cost(s); **~planung** production (or manufacturing) planning (or scheduling); industrial engineering; **~programmplanung** production program(e) planning; **~stätte** manufacturing plant; **~stellen** *(e-s Unternehmens)* production sections; **~steuerung** production control; process control; **~stufe** manufacturing stage; **~technik** manufacturing technique; production engineering

Fertigungsverfahren production (or manufacturing) process; **Einführung grundlegend neuer ~** introduction of entirely new production processes

Fertigungs~, **~vorbereitung** production scheduling; process engineering; *Am* industrial engineering; **~zeit** (duration of) production cycle, manufacturing time, production time

Fest festival; **~akt** (solemn) ceremony; **~ausschuss** festival committee; **~essen** banquet; **~schrift** publication in hono(u)r of; memorial (or commemorative) publication; **~tag** holiday

fest firm, steady; fixed; *(stabil)* stable; *(regelmäßig)* regular; **~ abgemacht** definitely settled; **~ angestellt** →anstellen; *(Geld)* **~ anlegen** to tie up; **~bleiben** *(Preise, Kurse)* to remain firm (or steady); **die Aktien sind ~ geblieben** share prices have remained firm; **~ davon überzeugt sein** to be firmly convinced; **mit dem Grund und Boden ~ verbunden** affixed (or annexed) to the land

fester, **~ werden** *(Kurse, Preise)* to harden, to stiffen; to firm up, to become firmer; **die →Aktienkurse werden ~**

fest, **~e Abfälle** solid waste; **~es Angebot** firm offer, binding offer; **~e Anlagen** fixed (or permanent) assets; **~e →Anstellung**; **~er Auftrag**

firm order; **~e Börse** strong (or steady) market; **~e Brennstoffe** solid fuels; **~es** →**Einkommen**

feste Einrichtung *(DBA)* fixed base; **e-e ~ unterhalten** to maintain a fixed base

fest, ~e Gelder →Festgeld; **~e Geschäftseinrichtung** *(DBA)* fixed place of business; **~e Haltung** firm stand; **~e Kapitalanlage** fixed investment; **~er Kauf** firm (or fixed) purchase; **~e Kundschaft** regular customers; **~e Kurse** firm prices; **~e Preise** *(stabile)* steady (or stable) prices; *(gebundene)* fixed prices; **~er Termin** fixed date; **~e Unkosten** standing (or fixed) charges; **~er Vorschuss** fixed advance; **~e Währung** stable currency; **~er Wechselkurs** fixed exchange rate; **~er Wohnsitz** permanent residence

festfahren, (sich) ~ to bog (down); **die Wirtschaftsverhandlungen sind festgefahren** the trade negotiations are deadlocked

Festgeld(er) fixed(-term) deposit(s); deposit(s) for a fixed period; *Br* (bank) deposit(s) in deposit account; time deposit(s); **~konto** time deposit account; **Geld auf ~konten anlegen** *Am* to deposit money (or funds) in time deposit accounts

festgelegt →festlegen 1.-3.

festgesetzt →festsetzen

Festhalten an adherence (or adhesion) to; **~ an e-m Plan** adhesion to a plan; **~ am Vertrag** abiding by the contract; complying with the terms of the contract

festhalten, jdn ~ to detain sb.

festhalten an to adhere to, to abide by; **an e-m Preise ~** to maintain a price; **an e-m Vertrage ~** to adhere to a contract; to comply with the terms of a contract

Festhypothek →Fälligkeitshypothek

festigen *(stärken)* to consolidate, to strengthen; *com* to firm up; *(stabilisieren)* to stabilize, to steady; **sich ~** to strengthen; to become firm (or steady)

gefestigt, die Kurse (Preise) haben sich ~ the prices have stabilized (or have become firm); the prices showed greater strength (or strengthened)

Festigkeit, ~ der Börse firmness of the market; **~ der Preise** stability of prices

Festigung, ~ der Beziehungen strengthening of the relations; **~ der Börse** firming up of the market; **~ der Demokratie** consolidation of democracy; **~ des Friedens** consolidation of peace; **~ der Kurse** stabilization (or steadying) of the prices

Fest~, ~kosten s. feste →Kosten; **~kredit** fixed (rate) advance

Festland mainland; **das europäische ~** *Br* the Continent

Festlandsockel *(VölkerR)* continental shelf; **Abgrenzung des ~s unter der Nordsee**[45] delimination of the Continental Shelf under the North Sea; **Protokoll zur Bekämpfung widerrechtlicher Handlungen gegen die Sicherheit fester Plattformen, die sich auf dem ~ befinden**[45a] Protocol for the Suppression of Unlawful Acts against the Safety of Fixed Platforms located on the Continental Shelf

festlegen 1. *(bestimmen)* to establish, to determine, to fix, to set; *Am* to schedule; *(genau angeben)* to specify, to define; *(vorschreiben)* to prescribe, to provide (that); *(vertraglich)* to stipulate; *(formulieren)* to lay down; **die Bedingungen ~** to fix the terms; to specify the conditions; *(vertraglich)* to stipulate the conditions; **Bestimmungen ~** *(aufstellen)* to lay down provisions; **die** →**Grenzen e-s Grundstücks ~**; **die Rechte ~** to define (or establish) the rights; **im Vertrag (od. vertraglich) ~ (dass)** to provide (or stipulate, specify) in the contract (that); **der Vertrag legt fest** the contract provides

festgelegt, gesetzlich ~ set (or established) by law; **im Vertrag ~** stipulated (or specified) in the contract; **im Vertrag ~e Bedingungen** conditions set forth in the contract; **~e Erbfolge** *(für Grundeigentum)* entail; **~e Linien** *(im Fluglinienverkehr)* specified routes; **~e Raten** fixed instal(l)ments; **innerhalb e-r ~en Zeit** within a stipulated time

festlegen 2. *(beschränken)* to tie up, to lock up; *(Kapital)* to immobilize; **Geld** *(bes. unvorteilhaft)* **~** to sink money; **sein Geld in Grundbesitz ~** to tie up one's money (or capital) in land; **das Testament legte den Nachlass fest** *(unterwarf ihn bestimmten Beschränkungen)* the will tied up the estate

festgelegt, in Grundbesitz ~es Geld capital tied up in land; money invested in land (or *Am* real property); **auf 6 Monate ~e Mittel** funds immobilized for 6 months

festlegen 3. *(binden)*, **sich ~** to commit oneself (auf to); to bind oneself to; to pledge oneself to

festlegend, sich nicht ~ *(ohne Bindung)* noncommittal

festgelegt, noch nicht ~e *(ungebundene)* **Beträge** uncommitted amounts; **auf 6 Monate ~e Mittel** funds committed for 6 months; **~ sein (od. sich ~ haben)** to be committed (auf to)

Festlegung 1. *(verbindliche Bestimmung)* →Festsetzung; **~ der Grenzen** fixation of boundaries
Festlegung 2. *(Beschränkung)* tying up; immobilization *(→festlegen 2.)*; **~ von Kapital** tying up of capital
Festlegung 3. *pol (Verpflichtung) bes.* commitment (auf to)

festlich, ein Ereignis ~ begehen to celebrate an event

Festlichkeit festivity, festive celebration; ceremony; **offizielle ~** ceremonial occasion

festliegen 1. *(feststehen)* to be fixed; to be settled; **die Vertragsbedingungen liegen fest** the terms of the contract have been (or are) settled
festliegen 2. *(Börse) (beständig sein)* to be firm
festliegen 3. *(beschränkt sein)*, **im Grundbesitz ~des Kapital** capital tied up in land
festliegen 4. *(nicht weiterkommen, z. B. wegen Motorschadens)* to be held up

Festmachergebühren *(Schiff)* fees for mooring, moorage

Festmeter (fm) *(Forstwirtschaft)* solid cubic metre (meter); cubic meter of solid timber

Festnahme arrest; apprehension; act of seizing and detaining a person; detention; **vorläufige ~**[46] provisional (or temporary) detention; taking into custody without a judicial warrant; **widerrechtliche ~** unlawful detention (or arrest); **e-e ~ durchführen** to carry out (or make) an arrest; **sich der ~ entziehen** to abscond from justice

festnehmen, jdn ~ to arrest (or apprehend, detain) sb.; to take a p. into custody; **jdn vorläufig ~** to detain a p. temporarily

Festplatte *(EDV)* hard disk

Festpreis fixed price; **~angebot** *(bei Ausschreibungen)* fixed price bid; **~vertrag** fixed price contract *(Ggs. Gleitklausel)*

Festsatzanleihe →Festzinsanleihe

Festschrift →Fest

festsetzen to fix; *(bestimmen)* to determine, to assign; *(Schadensbetrag, Steuer etc)* to assess; *(näher angeben)* to specify; *(anberaumen)* to appoint; *(vereinbaren)* to stipulate; **die Abfindung ~** to fix (or determine) the compensation; **→Bedingungen ~**; **die Beiträge ~** to assess the contributions; **e-e Dividende ~** to declare a dividend; **die Entschädigungssumme ~** to assess the (amount of) damages; **e-e →Frist ~**; **die →Gerichtskosten ~**; **den Preis ~** to fix (or assess, determine) the price (auf at); **die →Strafe ~**; **e-n Tag ~** to appoint a day; **e-n Termin ~** to fix (or set, assign, appoint, determine) a day (or date) (auf for); *Am* to schedule a day; **den Wert ~** to determine (or assess) the value

festgesetzt fixed, determined, set; *(vertraglich)* stipulated; **~e Bedingungen** conditions agreed upon; **innerhalb e-r ~en →Frist**; **zu ~en →Preisen**; **in ~en Raten** in specified instal(l)ments; by stated (or fixed) instal(l)ments; **zu e-m ~en Zeitpunkt** at a stated (or fixed, set) time; on a stipulated date; **die Sitzung ist ~ auf** the meeting is appointed (or scheduled) for

Festsetzung fixing; *(Bestimmung)* determination, assignment; *(Schadensbetrag, Steuer etc)* assessment; *(Anberaumung)* appointment; *(Vereinbarung)* stipulation; **~ der Bedingungen** determination (or fixing) of the conditions; *(vertraglich)* stipulation of the terms; **~ der Beiträge** assessment of the contributions; **~ e-r Frist** fixing of a timelimit; setting of a period (of time); **~ der →Gerichtskosten**; **~ von Normen** setting (or fixing, determination) of standards; **~ von Preisen** fixing (or setting, determination, formation) of prices; **~ der Quoten** determination of quotas; **~ des Schadens** *(VersR)* adjustment of the damage; **~ des Schadensersatzes** determination (or assessment) of damages; **~ der Steuern** assessment of taxes, tax assessment; **~ e-s Termins** fixing (or determination, setting) of a date; **~ des Zolls** assessment of the customs duties; **~ der Zollsätze** setting (or determination, establishment) of the rates of duties

feststehen to be certain; **~de Rechtsprechung** established case law (or precedents); **~de Tatsache** established fact; **die Echtheit steht fest** the authenticity has been established

feststellbar ascertainable; determinable; identifiable

feststellen to establish; *(ermitteln)* to ascertain, to find out; *(bestimmen)* to determine; *(darlegen)* to state; *(gerichtl.)* to find, to declare; *(den Wert bestimmen, bes. für Steuer)* to assess; **jds Aufenthalt(sort) ~** to find out (or trace) sb.'s whereabouts; to ascertain (or find out) where sb. is staying; **die Echtheit ~** to establish the authenticity; **den Gewinn ~** to determine the profit; **den Haushaltsplan ~** to establish the budget; **jds Identität (od. Personalien) ~** to establish sb.'s identity; to identify sb.; **Mängel ~** to find out (or locate, detect) deficiencies; **den Ort e-r Sache ~** to locate sth.; to state the locality of sth.; **den Schaden ~** to ascertain (or assess) the damage; **Tatsachen ~** to ascertain (or state) facts; **die →Vaterschaft ~**; **e-e →Zuwiderhandlung ~**

Feststellung 1. establishment; *(Ermittlung)* ascertainment, finding out; *(Bestimmung)* determination; *(Darlegung)* statement; *(Bewertung)* assessment; **~ der Angemessenheit** ascertainment of reasonableness (or adequacy, fairness); **~ der Echtheit e-r Unterschrift** establishing the authenticity of a signature; **~ des Haushaltsplans** establishment of the budget; **~ des →Jahresabschlusses**; **~ der Nichteignung** disqualification (für from); **~ der Person (od. Personalien)** establishing the identity (of); identification; **~ des Schadens** determination of the damage; *(der Höhe nach)* assessment of the damage; **~ von Tatsachen** ascertainment of facts; *(Darlegung)* statement of facts

Feststellungsbescheid *(SteuerR)*[47] declaratory decision (decision determining certain →Besteuerungsgrundlagen, z. B. →Einheitswert); *(Zoll)* notice of assessment

Feststellung, e-e ~ treffen to ascertain; to make a statement

Feststellung 2. *(des Gerichts)* declaration, finding; **→Tatsachen~**; **~ e-s Anspruchs** declaration (or recognition) of a claim; **~ der Nichtigkeit e-s Vertrages** declaration that a contract is void; avoidance of a contract; **~ des Sachverhalts (od. des Tatbestandes)** finding of the facts; **~ der Vaterschaft** →Vaterschaftsfeststellung

Feststellungs~, ~interesse[48] (plaintiff's) interest in a Feststellungsklage; **~klage**[49] action for a declaratory judgment; **~urteil** declaratory judgment; **durch ~urteil feststellen** to establish by declaratory judgment, to declare the (preexisting) rights

Festtag holiday

Festübernahme *(Konsortialgeschäft)* firm (or direct) underwriting

festverzinslich with a fixed rate of interest; fixed-interest; **~e Wertpapiere** fixed-interest securities

Festzins~, ~anleihe straight bond (fixed interest and maturity); **~hypothek** mortgage with fixed interest rate; **~kredit** fixed advance straight loan facility

Fett~, ~druck fat (or bold-faced) type; **~gehalt von Vollmilch** fat content of whole milk

Fettgesetz, Milch- und ~ *(Gesetz über den Verkehr mit Milch, Milcherzeugnissen und Fetten)*[50] Milk and Fats Law (Law on Trade in Milk, Milk Products and Fats)

Feuchtgebiete, Übereinkommen über ~, insbesondere als Lebensraum für Wasser- und Wattvögel, von internationaler Bedeutung[51] Convention on Wetlands of International Importance especially as Waterfowl Habitat

Feuchtigkeit, Schutz gegen ~ damp proofing; **~sgehalt** moisture content

Feuer fire; **~bekämpfung** fire fighting; **~bestattung** cremation; **~einstellung** *mil* ceasefire; **f~fest** fire-proof; **~gefahr** risk of fire, fire hazard

feuergefährlich inflammable; combustible; *Am bes.* flammable; **~e Güter** combustibles

Feuer~, ~löschanlagen (od. ~löscheinrichtungen) fire extinguishing appliances (or equipment); **f~löschende Chemikalien** fire extinguishing chemicals; **~löscher** fire extinguisher; **~löschung** fire extinguishing; **~melder** fire alarm; **~sbrunst** serious fire, conflagration; **~schaden** damage caused by fire; **~schutz** fire protection (or prevention); protection against fire; **~schutzsteuer** fire protection tax; **f~sicher** fire-proof; **~verhütung** fire prevention

Feuerversicherung fire insurance; **~sgesellschaft** fire insurance company; fire underwriters; **~sgesellschaft auf Gegenseitigkeit** fire insurance mutual

Feuerwehr *Br* fire brigade; *Am* fire department; **~fahrzeug** fire appliance; fire engine; **freiwilliger ~mann** volunteer fireman

Feuer, ein ~ ist ausgebrochen a fire has broken out

Fideikommiss[52] estate in fee tail, entail(ed estate); **ein Gut als ~ auflösen** to disentail an estate

Fidschi Fiji; **Republik ~** Republic of Fiji; **~aner(in), f~anisch** Fijian

Fiduziant settlor, *Am* trustor

Fiduziar trustee, fiduciary

fiduziarisch, ~e Abtretung fiduciary assignment; **~es Rechtsgeschäft** trust transaction

Fiktion fiction; **gesetzliche ~** fiction of law; **→Gewinn~**; **Rechts~** legal fiction; **kraft rechtlicher ~** implied in law

fiktiv fictitious; **~e →Anrechnung**; **~e Selbständigkeit der Betriebsstätte**[53] ficticious independence of the permanent establishment (arms-length-principle)

Filialbank branch bank; **~geschäft** branch banking; **~wesen** branch banking

Filialbetrieb (e-s Unternehmens) branch (of a firm), *Am (auch)* branch firm

Filiale branch; branch office (B.O.); branch establishment; branch house; *(Außenstelle)* field office; **~ im Ausland** foreign branch; **in der Bundesrepublik ansässige ~n ausländischer Banken** branches of foreign banks registered in the Federal Republic of Germany

(F.R.G.); **e-e ~ eröffnen (errichten)** to open (establish) a branch (office)

Filial~, **~geschäft** multiple store; chain store; **~gründung** establishing (or setting up) a branch; **~leiter** branch manager; **f~lose Bank** unit bank; **~netz** branch network; network of branches; **~scheck** →Kommanditscheck; **~unternehmen** *(Filiale)* branch (of a firm, company etc.); *Am (auch)* branch firm; **~unternehmen** *Br (Unternehmen mit Filialen)* multiplestore; *Am* chain

Film (cinematographic) film; *Am* motion picture; →**Kultur~**; **für den ~ →bearbeitet**

Film~, **~archiv** film library; **~bearbeitung** screen (*Br auch* film) adaptation; **~förderung** promotion of films; **~hersteller** film producer; producer of cinematographic works; **~herstellung** film production; **~industrie** film industry, *Am* motion picture industry; **~lizenzgebühren** *Am* motion picture (or film) royalties; **~manuskript** (film) script; **~produzent** film producer; **~rechte** film rights; **~schauspieler** film (or *Am* motion picture) actor; **~urheberrecht** copyright in a cinematographic work; **~verleih** film distribution; **~verleihfirma** film distributors

Filmwerk[53a] cinematographic work; **Urheber von ~en**[54] author of cinematographic works; **die Vorführung e-s ~s stellt keine Veröffentlichung dar**[55] the performance of a cinematographic work does not constitute a publication

Filmzensur film censorship

Film, **e-n ~ herstellen** to produce a film; **e-n ~ verleihen** to distribute a film; **e-n ~ vorführen** to show a film

filmische →Bearbeitung e-s Werkes

Finanz, →**Hoch~**; **~en** finance(s); **gesunde ~en** sound finances; **öffentliche ~en** public finance; **zerrüttete ~en** disordered finances; **seine ~en stehen schlecht** his financial position is bad

Finanz~, **~abkommen** financial agreement; **~abteilung** finance department; **~amt** tax office; *Br* inland revenue office; *Am* Internal Revenue Service; **~analyse** financial analysis; **~angelegenheiten** financial affairs; **~anlagen** financial assets *(→Anlagevermögen)*

Finanzausgleich[56] financial equalization, revenue equalization; financial compensation; →**vertikaler ~**

Der finanzielle Ausgleich zwischen finanzschwachen und finanzstarken Gebietskörperschaften (Bund, Länder und Gemeinden).

Revenue equalization between financially weak and financially strong public law entities (Federal Government, Länder and Communities).

Finanz~, **~ausschuss** finance (or financial) committee; **~autonomie** financial autonomy; **~beamter** finance officer; **~beauftragter** *(e-s Unternehmens)* financial agent; **~bedarf** financial requirement(s) or need(s); **~behörde** fiscal (or tax, revenue) authority; *Br* inland revenue; *Am* internal revenue; **~beitrag** financial contribution; **~berater** financial adviser (or consultant); **~bericht** financial report (or statement); **~buchhalter** financial accountant; **~buchhaltung** financial accounting; **~dienstleistungen** financial services; **~direktor** financial manager; *(z. B. des IWF)* treasurer; **~flussrechnung** funds flow statement; **~gebaren** financial behavio(u)r (or conduct); financial management

Finanzgericht fiscal court, tax court

Für steuerliche Streitigkeiten sind besondere Gerichte eingerichtet: die Finanzgerichte der Länder und der →Bundesfinanzhof.

Special courts have been established for tax disputes, namely the tax courts of the Länder and the Federal Fiscal Court.

Finanzgerichts~, **~barkeit** jurisdiction of the tax courts; (courts having) jurisdiction over tax matters; **~ordnung**[57] Tax Court Code; Rules (of Procedure) of the Tax Court

Finanz~, **~geschäfte** financial transactions (or operations); **~gesetz** Finance (or Revenue) Act; **~gesetzgebung** financial legislation

Finanzhilfe financial aid (or assistance); **kostenlose ~n** *(an andere Staaten zum Wiederaufbau od. zur Entwicklung ihrer Wirtschaft)* grants

Finanz~, **~hoheit**[58] financial (or fiscal) sovereignty, fiscal jurisdiction; **~innovationen** financial innovations

finanziell, Finanzierung s. nach Finanzzuweisungen

Finanzinstitute, **internationale ~** *(z. B. Weltbank, IWF)* international financial institutions

Finanz~, **~jahr** →Haushaltsjahr; **~konsortium** financial syndicate; **~kontrolle** financial (or budgetary) control; **~kraft** financial strength, financial power; financial capacity; **f~kräftiges Unternehmen** financially strong undertaking; **~kredit** financing loan; **~kreise** financial circles (or quarters); financial world

Finanzlage financial situation (or position); financial standing; *(e-s Unternehmens)* state of affairs; **e-n →Einblick in jds ~ bekommen**

Finanz~, **~makler** money broker; **~mann** financier; **~markt** financial market; **~minister** Minister of Finance; *Br* Chancellor of the Exchequer; *Am* Secretary of the Treasury; **~ministerium** Ministry of Finance; *Br* Treasury; *Am* Treasury Department; **~mittel** financial resources; funds; **~mittler** financial intermediary; **~monopol** *(z. B. Branntweinmonopol, Zündwarenmonopol)* fiscal monopoly

Finanzplan financial (or finance) plan (or scheme); *(e-s Unternehmens)* (financial) budget; **e-n ~ aufstellen** to set up a financial plan

Finanz~, ~planung financial (or fiscal) planning; budgeting; **~politik** financial (or fiscal) policy; *(des Staates)* budgetary policy; **f~politische Maßnahmen** measures of fiscal policy; **~quellen erschließen** to open up (or tap) financial resources; **~recht** revenue law; law of public finance; **~reform** financial reform

finanzschwach financially weak; **~e Länder** →Länder with inadequate financial resources

Finanz~, f~stark financially strong; **~statistik** financial statistics; **~status** financial position; **~swap** financial swap; **~tätigkeit** financial operations

Finanztermin~, ~börse financial futures market; **~geschäfte** financial futures; **~kontrakt** (FTK) financial futures contract

Finanz~, ~transaktionen financial transactions; **~unterlagen** financial records; **~verfassung** financial system; **~vermögen** *(der öffentlichen Hand)* financial assets; **~verwaltung** administration of the finances; *(Behörden)* finance (or fiscal, revenue) authorities; *Br* Inland Revenue; *Am* Internal Revenue Service; **~vorhersage** financial forecast; **~vorlage** *parl* Finance Bill; financial proposal; **~vorschau** financial forecast

Finanzvorschriften financial provisions (or regulations); **die ~ beschließen**[59] to adopt the financial regulations

Finanz~, ~wechsel finance bill, accommodation bill *(Ggs. Warenwechsel)*; **~welt** financial world, (world of) finance; money(ed) interests; **~wesen** finance; **~wirtschaft** finance; public finances; *(e-s Unternehmens)* finance management; **~wissenschaft** (public) finance; **~zoll** financial (or revenue) duty; customs duty of a fiscal nature *(Ggs. Schutzzoll)*; **(innerstaatliche) ~zuweisungen** *(z. B. von Bund an Länder)* grants-in-aid; support grants

finanziell financial; pecuniary; **~ abhängig von** financially dependent on; **~ beteiligt sein an** to have a financial interest in; to participate financially in; **~ gut gestellt sein** to be well off; to be financially secure; **~ schlecht gestellt sein** to be in a bad financial position; to be in financial straits; **~ unabhängig** financially self-sufficient; of independent means

finanziell, (etw.) ~ unterstützen to finance (sth.), to find capital for (sth.); *(mit öffentl. Mitteln)* to subsidize; **jdn ~ unterstützen** to aid sb. financially; to support sb. with money; to back sb.; **~ unterstützt werden** to receive financial support

finanziell, sich ~ wieder erholen to recover financially; **ein Projekt ~ fördern** to promote a project financially; **sich ~ →rentieren**

finanziell, ~e Abmachung financial agreement (or arrangement); **~e Anforderungen** financial strains; **~er Ausgleich** →Finanzausgleich; **~es →Auskommen; (voraussichtlicher) ~er Bedarf** (estimated) financial need; **~er Beitrag** financial contribution

finanzielle Belastung financial burden (or charge); **finanziellen Belastungen gewachsen sein** to be able to absorb (or shoulder) financial burdens

finanziell, ~e →Beteiligung; ~e Bewertung *Am (e-s Unternehmens)* capital rating; **~e →Entschädigung**

finanzielle Entwicklung financial trend; development of the financial position; **günstige ~** favo(u)rable financial trend

finanziell, ~er Gewinn financial gain (or profit); **aus ~en Gründen** for financial reasons; **in ~er Hinsicht** financially; **~e Interessen** financial (or pecuniary, moneyed) interests

finanzielle Lage financial position (or situation); financial standing (or status) *(→Finanzlage)*; **schlechte ~** unsound (or bad) financial position; **sich in e-r schwierigen finanziellen Lage befinden** to be in a difficult (or precarious) financial position

finanziell, ~e →Mittel; ~e Regelung financial arrangement (or settlement); **~er →Rückschlag; ~e Sanktion**[60] pecuniary sanction

finanzielle Schwierigkeiten financial (or pecuniary, monetary) difficulties; financial embarassment; **in finanziellen Schwierigkeiten** in financial straits; hard-up; **in finanziellen Schwierigkeiten sein** to be financially embarrassed

finanzielle Unterstützung financial (or pecuniary) assistance (or aid); financial support; financial backing

finanzielle Verhältnisse financial circumstances; **in guten finanziellen Verhältnissen** in good (or easy) circumstances; **in schlechten finanziellen Verhältnissen** in bad (or straitened) circumstances

finanziell, in e-r ~en Verlegenheit sein to be financially embarrassed; **~er Verlust** financial loss

finanzielle Verpflichtung financial obligation (or commitment); **~en gegenüber Unterhaltsberechtigten** financial commitments in respect of dependants; financial obligations towards dependants; **e-e ~ eingehen** to incur (or enter into, undertake) a financial commitment; **seinen finanziellen Verpflichtungen nicht nachkommen** to fail to meet (or fulfil) one's financial obligations

finanzielle Vorteile erlangen to obtain financial benefits (or pecuniary advantages)

finanzieller Zusammenbruch financial failure (or collapse)

Finanzier financier

finanzieren to finance, to furnish with finances; to find capital for; to provide money for; to fund; *Am* to bankroll; **~ oder zur Finanzierung beitragen** to finance or to contribute to the financing

Finanzierung financing (transaction); providing money (or capital) for; funding; →**Eigen~**; →**Export~**; →**Fremd~**; →**Nach~**; →**Selbst~**; →**Vor~**; →**Wohnungsbau~**; →**Zwischen~**; **gemeinsame ~** cofinancing, joint financing; **kurz- und mittelfristige ~** short-term and medium- term financing; **staatliche ~** state (or government) financing

Finanzierungs~, **~abkommen** financing agreement; **~art** method of financing

Finanzierungsbedarf financial requirement (or need); **den ~ decken** to meet the need for financing

Finanzierungs~, **~bedingungen** terms of financing; **~beitrag** financial contribution; **~bilanz** financial statement; **~gesellschaft** finance company

Finanzierungsinstitut, **ein Kreditkauf wird über ein ~ abgewickelt** a credit purchase is effected through a finance (or financing) institution

Finanzierungs~, **~kosten** financing expenses; cost of financing; **~mittel** financial resources; means available for financing; **~plafond** financial ceiling; **~plan** financing plan (or scheme); **~quelle** source of finance; **~risiko** financial risk; **~schätze** short-term *(one-two years)* financing treasury bonds; **~technik** financial engineering; **~verfahren** method of financing; **~vorhaben** financing project; **~wechsel** →Finanzwechsel; **~zusage** financing commitment (or promise)

Finanzierung, **die ~ ist gesichert** financing is secured (or assured); **die Frage der ~ ist noch offen** the issue of financing is still on the table

Findelkind foundling

finden to find; →**Absatz ~**; →**Anerkennung ~**; **Arbeit ~** to find a job (or employment)

Finder finder (of lost property); →**Eigentumserwerb des ~s**; **der ~ wird e-e Belohnung erhalten** the finder will be rewarded

Finderlohn finder's reward

Der Finder hat Anspruch auf Ersatz seiner Aufwendungen[61] und auf Finderlohn.[62]

The finder has a right to reimbursement of his expenses and to a reward

Fingerabdruck finger(-)print; dactylogram; **e-n ~ von jdm nehmen** to take sb.'s fingerprints; to fingerprint sb.; **genetischer ~** genetical fingerprint

fingiert fictitious, feigned, invented; *(auszulegen als)* constructive; **~e Rechnung** fictitious (or pro forma) invoice; **~er Totalverlust** *(SeeversR)* constructive total loss; **~er Vertrag** fictitious contract; sham contract; **gesetzlich ~er Vertrag** *(ohne Rücksicht auf den tatsächlichen Parteiwillen)* contract implied in law

Finne, Finnin Finn; **finnisch** Finnish

Finnland Finland; **Republik ~** Republic of Finland

Firma *(Unternehmen)* firm; business firm; (business) company; *(Handelsname)* firm name; registered trade name; **die ~ der Gesellschaft**[63] the name of the company; **die ~ X** the firm of X; **an die ~ X** *(im Schriftverkehr)* Messrs. X; **alteingesessene ~** old-established firm; **angesehene ~** renowned firm, firm of good standing; **befreundete ~** friendly firm; business connection; **mittlere und kleinere Firmen** medium and small-sized firms

Firma, **unter der ~** under the firm (or style) of; **die unter der ~ X Co. bekannte Handelsgesellschaft** the company known under the style of X Co.; **unter der ~** →**klagen oder verklagt werden**

Firma, **Änderung der ~** change of the firm name; **Errichtung (od. Gründung) e-r ~** establishment (or setting up) of a firm; →**Löschung e-r ~ im Handelsregister; Sitz e-r ~** →Firmensitz

Firma, **aus e-r ~ ausscheiden** to withdraw (or retire) from a firm; **e-e ~ in das** →**Handelsregister eintragen lassen**; **in e-e ~ als** →**Teilhaber eintreten**; **die ~ ist** →**erloschen**; **e-e ~ gründen** to establish (or found, set up) a firm; **e-e ~, die in der ... Branche (od. Stadt) tätig ist** a firm doing business in ...; **e-e ~** →**vertreten**; **für e-e ~ zeichnen** to sign a firm's name

Firmen, **~-** *Br* company-, *Am* corporate-; **~adressbuch** trade directory; **~änderung** change of the name of the firm; **~ausschlachter** asset stripper; **~berater** management consultant; **~bezeichnung** firm name, business name; **f~eigen** firm-owned, company-owned;

~fahrzeug company car; office car; **~flugzeug** company aircraft; **~fortführung** →Fortführung e-r Firma; **~fortführung durch Erben**[64] continuation (or carrying on) of the business by the heir; **unzulässiger ~gebrauch**[65] trade name infringement; unlawful use of a trade name (or business name); **~geschichte** business (or company) history; **~gründer** promoter of a firm; **~inhaber** owner of a firm; **~jubiläum** company (or firm) anniversary; **~kauf** acquisition; **~laden** *Am* company store; **~leitung** management (of a firm); **~mantel** shell company; corporate shell

Firmenname *(juristischer Name e-r Gesellschaft)* firm name, *Br* company name, *Am* corporate name; *(Handelsname)* trade name; **den ~n führen** to use the trade name of

Firmen~, **~pension** company pension, occupational pension; **~politik** corporate policy; **~praktikant** industrial (or *Am* on the job) trainee; **~register** →Handelsregister; **~schild** firm sign; firm's name plate; **~schutz** legal protection of the firm name; **~siegel** *Br* seal of the firm (or company); *Am* corporate seal; *Am* common seal; **~sitz** domicile (or seat) of the company; head office of a firm; location of principal office; **~stadt** *(z. B. Siemensstadt)* company town; **~stempel** firm stamp; **~übernahme** takeover (or acquisition) of a firm; **~vermögen** assets of a firm (or company); **~vertreter** manufacturer's agent; firm's (or company) representative; **~wagen** company car; **~wert** goodwill; going concern value; **~zeichen** brand (or symbol) of a firm; **~zusammenbruch** collapse (or failure) of a firm; **~zusammenlegung** merger (or combination, amalgamation) of firms

firmieren to sign with the firm name

Fisch fish; **~bestände erhalten** to conserve fish stocks (or fishery resources); **~dampfer** fishing vessel, trawler

Fischfang fishing, catching of fish; **Unfälle bei Ausübung des ~s** accidents in the course of fishing operations; **Übereinkommen über das Verhalten beim ~ im Nordatlantik**[66] Convention on Conduct of Fishing Operations in the North Atlantic; **~flotte** fishing fleet; **~quote** fishing quota, catch quota; **~ betreiben** to fish

Fisch~, **~gesetz**[67] Law on Trade in Fish and Fish Products; **~gründe** fishing grounds; **~handel** fish trade; **f~reich** *(Gewässer)* abounding in fish; **~verarbeitungsindustrie** fish processing industry; **~verarbeitungsschiff** factory vessel

Fischwilderei[68] fish poaching; **~ begehen** to poach fish

Fischwirtschaft fishing industry; **in der ~** in the fisheries sector

Fischzucht fish farming

Fischerei *(Fischfang)* fishing; *(Gewerbe)* fishery; fishing industry; **Binnen~** freshwater (or river) fishery; **Grund~** s. stationäre →Fischerei; **Hochsee~** deep sea fishery; **Küsten~** coastal fishery, in-shore fishery; **See~** sea fishery; **stationäre ~** *(Austern, Perlen und Korallen)* sedentary fishery

Fischerei, ~ im Nordostatlantik[69] North East Atlantic Fisheries; **~ in der Nordsee**[70] North Sea Fisheries; **~ im Nordwestatlantik**[71] North West Atlantic Fisheries; **~ in der Ostsee und den Belten**[72] fishing in the Baltic Sea and the Belts

Fischerei~, **~abkommen** fisheries agreement; **~erzeugnisse** fishery products; **~fahrzeug** fishing vessel; **~flotte** fishing fleet; **~gebiet** fishery; **~politik** Fisheries Policy

Fischereigrenze, **staatliche ~n** national fishery (or fishing) limits; **Erweiterung der ~n von ... auf ... Seemeilen** extension of fishing limits from ... to ... nautical miles

Fischerei~, **~hafen** fishing port; **~hoheit** jurisdiction over fisheries; **~-Kommission für den →Indischen Ozean**; **~pächter** holder of a fishing lease; **~recht** fishing right(s); right of fishery; **~schein** fishing licen|ce (~se); *Am* fishing permit; **~verhandlungen** fishery negotiations; **~wirtschaft** fishing industry

Fischereizone, **200 Meilen ~ der Gemeinschaft** *(EU)* 200-mile Community fishing zone

fiskalisch fiscal; of public revenue; **~es Eigentum** government (or state) property; **in ~em Eigentum befindlich** state (or government) owned; **~e strafbare Handlung** *(Abgaben-, Steuer-, Zoll-, Devisen-Vergehen)* fiscal offence (offense); **~e Zölle** customs duties of a fiscal nature

Fiskalpolitik fiscal policy

Fiskus treasury; exchequer; fiscal authorities, revenue authorities; *Br (etwa)* the Crown, *Scot* fisc
Im Zivilprozess kann der Staat als Fiskus klagen und verklagt werden.
In its fiscal (or proprietary) capacity, the State (the Government) may sue and be sued in civil proceedings.

fixe Kosten fixed costs (or expenses) *(Ggs. variable Kosten)*

Fixen *Br (Abschluss e-s →Leerverkaufs im Börsentermingeschäft)* bear sale; *Am* short sale, selling short

fixen *(ohne Deckung verkaufen)* to speculate for a fall (in prices); to sell a bear; to sell (securities or commodities) short

Fixer *(Börse)* speculator for a fall (in prices); bear (seller); *Am* short (seller)

Fixgeschäft[73] transaction for delivery by a fixed date; *(Börse)* time bargain (for a fixed date of delivery)

Fixkauf fixed-date purchase

Fixkosten →fixe Kosten

Fixum fixed sum; fixed allowance; *(Gehalt)* fixed salary; fixed remuneration

Fläche area; **landwirtschaftlich genutzte ~** agriculturally used area; land under cultivation

Flächen~, **~bombardement** *(VölkerR)* bombing of target areas; **~nutzung** land utilization, land development; **~nutzungsplan** (land) development plan; **~stichprobe** area sample

Flächenstillegung, **~ in der Landwirtschaft** *(EU)* set-aside of farmland (or areable land); **~sprogramm** set-aside programme

Flagge flag; colo(u)rs; **amerikanische ~** American flag (Stars and Stripes); **billige ~n** flag of convenience (FOC); **billige ~n-Staaten**[74] Panhonlib(co) States; **britische ~** British flag (Union Jack); →**Bundes~**; **falsche ~** wrong flag; **fremde ~** foreign flag; **Schiff fremder ~** foreign ship; **Handels~** merchant flag; **Not~** flag of distress; **Quarantäne~** yellow flag; **Schiffe unter US-~** vessels flying the flag of the United States

Flaggen~, **~attest** certificate of registry; certificate proving the right to flag; **internationales ~buch** international flag book; **~diskriminierung** flag discrimination; **Recht auf ~erkundung** *(VölkerR)* right of approach; **~gruß** flag salute; **Recht der ~kontrolle** *(VölkerR)* right of visit; **~missbrauch** flag misuse, unauthorized flying of a (foreign) flag; **~prüfung** *(VölkerR)* verification of the flag; **~recht** law of the flag; **~rechtsgesetz** Law of the Flag Act; **~signal** flag signal; **~signalsystem** code of signals; **~staat** flag state; **~verunglimpfung**[75] defamation of a flag; **~zeugnis** →Flaggenattest

Flagge, **die ~ aufziehen und einziehen** to hoist and lower the flag; **unter der ~ von ... fahren** to fly the flag of ...; **ein unter deutscher ~ fahrendes Schiff** a ship flying the German flag; **die ~ e-s Landes führen** to fly the flag of a country; to sail under the flag of a country; **die ~ hissen** to hoist the flag; **die ~ niederholen** to lower (or haul down, strike) the flag

flaggen to flag, to decorate with flags; to put a flag on; *(Schiff)* to signal by means of a flag; **halbmast ~** to fly (or display) the flag at half-mast

flagranti, **in ~ ertappt werden** to be caught in the (very) act, *collog.* to be caught red-handed

flankierende Maßnahmen related measures

flau *com* slack, sluggish; dull, flat, depressed; stagnant; *(still)* dead, quiet; **~e Börse** slack (or sluggish, flat, depressed) market; **~e Stimmung am Aktienmarkt** sluggish mood on the market; **~ werden** to slacken

Flaute slump, recession; *Br* slackness, *Am* slack; dullness, flatness, stagnation; depression; sluggishness; **konjunkturelle ~** recession, slump; →**Absatz~**; →**Auftrags~**; →**Geschäfts~**; **~jahr** year of recession; year of economic slow(-)down

Fleisch meat; **~beschau** meat inspection; **~beschauer** meat inspector

Fleischgesetz, **Vieh- und ~** (Gesetz über den Verkehr mit Vieh und Fleisch)[76] Law on Trade in Cattle and Meat

Fleisch~, **~konserven** tinned meat, canned meat; **~waren** meat products

Flensburgpunkte penalty points for motoring offences (offenses) (recorded in the central registry at Flensburg)

flexib, **~el** flexible; **~le Altersgrenze** flexible age limit; flexible retirement age; **~le Arbeitszeit** flexible working time; flextime; *Am* flexible schedule; **~ler Wechselkurs** flexible (or floating) exchange rate, floating exchange rate

Flexibilität flexibility

fliegen to fly, to go (or travel) by air; to be in the air; **in ein →Hoheitsgebiet ein~**

fliegendes Personal flying personnel, aircrew

Fliegeralarm air raid warning

Fließarbeit →Fließbandarbeit

Fließband assembly line, production line; conveyer-belt; **~arbeit** assembly line work, flow production; **~arbeiter** assembly line worker; **~fertigung** assembly line work, flow production; **~produktion** assembly line production

Fließfertigung →Fließbandfertigung

Floaten *(freies Schwanken der Wechselkurse)* floating; **sauberes ~** clean float(ing) *(freigegebener Wechselkurs ohne Intervention der Zentralbank)*; **schmutziges ~** dirty float(ing) *(freigegebener Wechselkurs, wobei die Zentralbank den Wechselkurs durch Devisenkäufe und -verkäufe in einem von ihr gewählten Rahmen [→Bandbreite] hält)*

floaten to float; **abwärts (aufwärts) ~de Währung** downward (upward) floating currency;

~de Wechselkurse floating exchange rates; **die Währung floatete nach oben (unten)** the currency appreciated (depreciated)

florieren to flourish, to prosper, to thrive

Flotte fleet; *mil* navy; →**Fischerei~**; →**Handels~**; →**Kriegs~**

Flotten~, **~abkommen** naval agreement; **~ausbau** expansion of a fleet; **~stützpunkt** naval base; **~vertrag** naval treaty; **~vorlage** *parl* navy bill

Flucht flight; *(e-s Gefangenen)* escape; **auf der ~** fleeing, escaping; during the flight (or escape); **~ nach e-m Verkehrsunfall** →Fahrerflucht; **die ~ ergreifen** to take to flight

Flucht~, **~gefahr** risk of escape (or flight); danger of absconding; **~geld(er)** →Fluchtkapital; **~helfer** aider and abettor of an escape; *pol* escape agent

Fluchtkapital *(Devisenbörse)* flight capital; hot money; **Rückführung des ~s** repatriation of flight capital; **das ~ strömt zurück** flight capital is returning

Flucht~, **~linie** alignment, straight line, building line; **~steuer** tax on capital flight; tax on exported property

Fluchtverdacht suspicion of intent to flee (or escape); *(als Voraussetzung der Untersuchungshaft)*[77] suspicion of intent to abscond; **es besteht bei dem Gefangenen ~** the prisoner is suspected of intending to escape (or abscond)

fluchtverdächtig suspected of attempting to escape (or abscond); suspected (or believed) to be (a) fugitive from justice

Fluchtversuch attempt to escape (or flee), escape attempt; **der Gefangene machte e-n ~** the prisoner attempted to escape

flüchten to flee, to escape; *(sich der Strafverfolgung entziehen)* to abscond, to evade justice; **der Schuldner will unter Mitnahme von Vermögen ~** the debtor is about (or intends) to abscond with property (or assets)

flüchtig 1. *(geflüchtet)* fugitive, fleeing, absconding; **~er Rechtsbrecher** fugitive from justice; **~er Schuldner** absconding debtor; **~e Personen verfolgen** to pursue escaped (absconding, fleeing) persons; to pursue fugitives (from justice); **~ werden** to abscond

flüchtig 2. *(kurz, eilig)* cursory; **~e Bekanntschaft** passing acquaintance; **~e Durchsicht** cursory perusal; **~** →**durchsehen**

Flüchtling fugitive, *pol* refugee; **VN-Hochkommissar für ~e** United Nations High Commissioner for Refugees (UNHCR); **Rechtsstellung der ~e** status of refugees; **Wiedereingliederung der ~e** reabsorbing the refugees; **~sausweis** refugee's identity card; **~sgruppen** refugee groups; **~shilfe**[79] assistance (or aid) for refugees; **~slager** refugee camp; **~sseeleute**[80] refugee seamen; **~sstrom** influx of refugees; **~e ansiedeln** to settle refugees

Flug flight; air passage; **außerfahrplanmäßiger ~** non-scheduled flight; →**Durch~**; **durchgehender ~** through flight; **(nicht) planmäßiger ~** (non-) scheduled flight; **~ ohne Zwischenlandung** non-stop flight; **während des ~es** in flight; **e-n ~ buchen** to book a flight

Flug~, **~anschluss** flight (or plane) connection; **~benzin** aviation fuel; *Am* aviation gasoline

Flugbetrieb 1. *(Gefahrzeichen)* air traffic

Flugbetrieb 2. flight operations; **im ~ beschäftigte Arbeitnehmer von Luftfahrtunternehmen** flight operations personnel of aviation companies

Flug~, **~blatt** leaflet, handbill, (small) pamphlet; **~dauer** flight duration

Flug~, **~gast** (air) passenger; **~auf Warteliste** stand- by passenger; **Beförderung von ~gästen** carriage of passengers; **~versicherung** aircraft passenger insurance; **~gäste aufnehmen und absetzen** to take on (or embark) and discharge (or disembark) passengers

Fluggesellschaft airline (company); **inländische ~** internal (or domestic) airline; national airline

Flughafen airport; →**Abgangs~**; →**Ankunfts~**; →**Ausweich~**; **Verkaufsstellen der Flughäfen** (duty-free) airport shops; **~gebäude** (air) terminal; **~zollamt** airport customs office; **auf dem ~ eintreffen** to arrive at the airport

Flugkarte →Flugschein; **e-e ~ nehmen** to buy an air ticket

Flugkörper, **~ großer Reichweite** longrange missile(s); **Fernlenk~** *(Raumfahrt)* remotely piloted vehicle (RPV); **Lenk~** guided missile(s)

Fluglärm aircraft noise

Fluglinie airline; air route; **~n des Durchgangsverkehrs** through traffic routes

Fluglíniendienst, **Aufnahme e-s ~es** inauguration of air(line) services

Fluglinien~, **~netz** airline network; **~plan** airline schedule

Fluglinienverkehr airline traffic; **planmäßiger ~** scheduled airline traffic; **Aufnahme e-s ~s** inauguration of airline operations; **Durchflug im internationalen ~**[81] transit flight; **den ~ aufnehmen** to inaugurate airline operations

Fluglotse →Flugverkehrsleiter

Flug~, **~navigationseinrichtungen** aeronautical navigation aids; **~personal** air (or flight)

staff; flight personnel; **~plan** flight plan; timetable; flight schedule

Flugplatz aerodrome; **Militär~** military aerodrome; airfield; **Zivil~** civil aerodrome; airport

Flugpreis (air) fare; **gegen Nachnahme des ~es** (IATA) on charges collect basis; **die ~e erhöhen (senken)** to raise (reduce) air fares; **die ~e sind gesunken (gestiegen)** fares have dropped (increased)

Flug~, **~reise** air travel; (air) journey, air trip; **~reisender** →Fluggast; **~reisewerbung** airline advertising

Flugschein (air) ticket, passenger ticket; **einfacher ~** *(Hinflug)* one-way ticket; single (journey) ticket; **~ für Hin- und Rückflug** return ticket; double journey ticket; *Am* round trip ticket; **Umschreibung (Umleitung) e-s ~s** rerouting

Flugschreiber black box

Flugsicherheit aviation security; **Erhöhung der ~** improvement of air safety; **~sbegleiter** sky marshal

Flugsicherung air traffic control (ATC); safeguarding of aircraft in flight; **~sbehörde** air traffic control authority; **~sdienste** air navigation services; **~seinrichtungen** air traffic control facilities

Flugstrecke air route; *(zurückgelegte Flugstrecke)* distance flown; **~nplan** air (flight) route schedule

Flug~, **~stunden** flight hours; aircraft hours; hours flown; **~stützpunkt** air base; **~tarif** air tariff; **~touristik** air tourism; **~tüchtigkeit** airworthiness; **~überwachung** flight monitoring

Flugunfall~, **~-Untersuchung** investigation of aircraft accidents; **~verhütung** prevention of aircraft accidents; **~versicherung** flight insurance

Flugverbindung flight connection; connection by air; air route; **direkte ~** direct flight

Flugverbot *(für Piloten)* ban on flying

Flugverkehr air traffic, air transport; **~sdienste** air traffic services; **~skontrolldienste** air traffic control services; **~skontrolle** air traffic control

Flugverkehrsleiter air traffic controller; **Streik von ~n** strike of air traffic control personnel

Flugverkehrsstrecke air traffic services route

Flug~, **~wesen** aviation; aeronautics; **~zeit** flight time; flight duration

Flugzeug airplane, aeroplane; *colloq.* plane; *(im Linienverkehr)* airliner; →**frei an Bord des ~s**; →**Charter~**; →**Firmen~**; →**Fracht~**; →**Geschäfts~**; →**gewerbliche ~e**; →**Großraum~**; →**Jagd~**; →**Linien~**; →**Passagier~**; →**Post~**; →**Privat~**; →**Sanitäts~**; →**Segel~**; →**Überschall~**; →**Verkehrs~**; →**Zubringer~**

Flugzeug~, **~absturz** air crash; air(craft) disaster; **~abwehrrakete** anti-aircraft missile; **~attentat** unlawful attack against (or on) aircraft; **~bau** aircraft construction; **~besatzung** aircrew; **~benzin** aviation fuel; **~entführer** aircraft hijacker; **~entführung** aircraft hijacking; **~ersatzteile** aircraft spare parts; **~führer** pilot; **~halter** aircraft owner; **~industrie** aircraft industry; **~kaskoversicherung** aircraft hull insurance; **~lärmbekämpfung** aircraft noise abatement; **~träger** aircraft carrier; **~unfall (od. ~unglück)** aircraft accident; **~wartung** aircraft maintenance; **~werk** aircraft works; **~werte** *(Börse)* airlines; **~wrack** aeroplane (airplane) wreck

Flugzeugzusammenstöße, **Gefahr von ~n** risk of collisions between aircraft; **nur knapp vermiedene ~** near-misses (*Am* near mid-air collisions) in the air (or on the ground)

Flugzeug, **aus e-m ~ aussteigen** to disembark from (or get off) an aircraft, to deplane; **ein ~ besteigen** to board (or get on) a plane; to go on board an aeroplane *(Am airplane)*; **mit dem ~ fliegen** to go (or travel) by air (or plane); **ein ~ führen** to pilot (or fly) a plane; **ein ~ ist verunglückt** an aircraft (has) crashed

Flügel *parl* faction, wing; **linker ~ e-r Partei** left wing of a party; **äußerster rechter ~** right-wing extremist group; **~bildung** factionalism; **~kämpfe** factional fighting; **in ~ zersplittert** to be factionalized

Fluktuation, **~ der Arbeitskräfte** fluctuation in manpower; labo(u)r turnover; **~sarbeitslosigkeit** frictional unemployment

Fluorbehandlung von Trinkwasser fluoridation of drinking water

Fluorchlorkohlenwasserstoffe, **Verbot für ~** prohibition of fluorocarbons

Flur~, **~bereinigung**[82] re(-)allocation of land; compulsory consolidation (or adjustment of the boundaries) of farmland (or agricultural land); **~buch** land register (kept by a →Gemeinde); **~schaden** field damage; **~stück** parcel of land

Fluss river; →**Grenz~**; **schiffbarer ~** navigable river; **flußabwärts (od. den ~ hinab)** downstream; **flußaufwärts (od. den ~ hinauf)** upstream

Fluss~, **~diagramm** flow chart; **~einzugsgebiet** drainage basin; **~fahrzeug** river craft, river boat; **~fracht** river freight *(→Frachtbrief, →Ladeschein)*; **~frachtgeschäft**[83] commercial transport of goods on inland waterways *(→Ab-*

sender, →*Frachtführer)*; **~hafen** river port; **~ladeschein** inland waterway bill of lading (or consignment note); **~schiffahrt** river shipping (or navigation); **~transportversicherung** river transport insurance; inland marine insurance; **~verkehr** river traffic; **~verschmutzung** river pollution

flüssig liquid; **~es Geld** liquid assets (or funds); *(Bargeld)* ready cash; *(verfügbares Geld)* available money; **~es Kapital** liquid capital; available funds

flüssige Mittel liquid assets, liquid funds (or resources); available funds; *(Bilanz)* cash in hand and at bank; **Mangel an flüssigen Mitteln** illiquidity; **über ~ verfügen** to have liquid funds at one's disposal

flüssig, den Verkeh ~ halten to keep the traffic flowing (or moving)

flüssig, sein Vermögen ~ machen to realize one's assets; to convert one's property into cash; to mobilize one's capital; **~ sein** to be liquid; to be in funds

Flüssigkeit *(Zustand)* liquidity; **~ auf dem Geldmarkt** easiness on the money market; **~sverlust** *(durch Auslaufen)* ullage; leakage

Flüssigmachung, ~ von Kapital setting free (or mobilization) of capital; **~ der Vermögenswerte** realization of assets; **~ von Wertpapieren** conversion of securities into cash; realization of securities

Flüsterpropaganda whispering campaign; **durch ~** by grapevine

Flut~, ~katastrophe flood disaster; **~zeit** flood tide; high water

fob~, ~-Klausel[84] FOB-clause, f. o. b.-clause; **~-Lieferung** delivery f. o. b.; **~-Preis** *(der zwischen Käufer und Verkäufer unter Anwendung der fob-Klausel vereinbarte Preis)* FOB-price; **~ verladen** to load f. o. b.

Föderalismus federalism

Föderalist federalist

föderalistisch federal

Föderation federation

föderativ federative, federal

Folge *(Auswirkung)* consequence, result; *(Reihenfolge)* succession, sequence; *(Fortsetzung)* continuation; sequel; **als ~ von** in consequence of; as a result of; **als logische ~** as a corollary; **nachteilige ~n** detrimental consequences; **schwerwiegende ~n** serious (or grave) consequences; considerable repercussions; →**Kriegs~n**; →**Rang~**; →**Rechts~**; →**Reihen~**

Folge~, ~erscheinung result, (natural) consequence; corollary; after-effect; **~konferenz** *(z. B. KSZE)* follow-up conference; review conference; **~prämie** *(VersR)* renewal premium; **~recht**[85] droit de suite (to ensure that painters and sculptors receive a percentage on the amount of successive sales of their works); **f~richtig** logical; consistent; **~richtigkeit** logical consequence; consistency

Folgesachen *(Ehescheidung)* ancillary matters, custody (of children) and ancillary relief

Folgeschaden consequential damage (or loss); indirect loss; **Schadensersatz für ~** compensation for consequential damage; consequential damages; **~versicherung** consequential loss insurance

Folgevertrag follow-up contract, subsequent contract

Folge, zur ~ haben to result in, to entail; **Kosten zur ~ haben** to involve (or entail) expense; **e-r Anordnung ~ leisten** to comply with (or obey) an order; **e-r Einladung ~ leisten** to accept an invitation; **e-r Ladung ~ leisten** to answer a summons; **die ~ sein von** to be consequent on; **die ~n tragen** to take the consequences

folgen to follow; **~ aus** *(sich ergeben aus)* to result from, to ensue (or follow) from; **jdm (od. auf jdn)** *(als Nachfolger)* **~** to succeed a p.; **Brief folgt** letter to follow; **Fortsetzung folgt** to be continued; **daraus folgt** from this (or hence) it follows that

folgend following; ensuing; subsequent; **im ~en** hereinafter; **~ auf** consequential on; **die ~en Seiten** the following (or succeeding) pages; the pages that follow; **~ermaßen** as follows

folgern to conclude (or infer, imply) (aus from); to derive as consequence *(→gefolgert)*

Folgerung conclusion, inference; **rechtliche ~en** conclusions of law; **stillschweigende ~** implication; **~en ziehen** to draw conclusions (aus from)

folglich consequently; as a result (of this); hence; accordingly

Folio folio

Folter, Europäisches Übereinkommen zur Verhütung von ~ und unmenschlicher oder erniedrigender Behandlung oder Strafe[85a] European Convention for the Prevention of Torture and Inhuman or Degrading Treatment or Punishment; **(VN-) Übereinkommen gegen ~ und andere grausame, unmenschliche oder erniedrigende Behandlung oder Strafe**[85b] (UN-) Convention against Torture and other Cruel, Inhuman or

Degrading Treatment or Punishment; **~methoden** torture methods

Folterung torture

Fonds 1. *(zweckgebundene Vermögensmasse)* fund; Fund *(→Europäischer Fonds; →Internationaler* Fonds *())*; **~ 1. aus freiwilligen Spenden** contributed (or donated) fund; fund of donated contributions; **~ 1. für unvorhergesehene Ausgaben** contingency fund; →**automatisch sich erneuernder ~**; →**Amortisations~**; →**Betriebsmittel~**; →**Garantie~**; →**Geheim~**; **Gemeinsamer Fond für Rohstoffe**[85 c] Common Fund for Commodities; →**Hilfs~**; →**Pensions~**; →**Sonder~**; →**Streik~**; →**Tilgungs~**; →**Unterstützungs~**

Fonds, →**Auflösung e-s ~**; **Bestände e-s ~** →Fondsbestände; **Inanspruchnahme e-s ~** use of a fund; **Mittel aus dem ~** →Fondsmittel; **Zuschüsse aus dem ~** subsidies from the fund; **Zweck des ~** objective of the fund

Fonds~, **~ausschuss** Fund Committee; **~bestände** resources of a fund; **~gründung** formation of a fund; **~mittel** resources (or assets, property) of a fund, fund resources; **allgemeine ~mittel zur Verfügung stellen** (z. B. IWF) to make general resources of the Fund available (e. g. IMF); **~vermögen** (net) assets of a fund

Fonds, **e-n ~ aufstocken** to increase a fund; **e-n ~ bilden** to create (or form) a fund; **zu e-m ~ beisteuern** to contribute to a fund; to pay into a fund; **e-n ~ errichten** to set up (or establish) a fund; **e-m ~ zufließen** to be placed in a fund; **auf e-n ~ zurückgreifen** to resort to a fund

Fonds 2. *(Investmentfonds)* fund *(→Investmentfonds)*; **gemischter ~** *(Aktien und Rentenwerte)* mixed (or balanced) fund; **geschlossener ~** *(nicht nach KAGG)* closed-end fund; investment trust; **offener ~** open-end fund; *Br* unit trust, *Am* mutual fund; **thesaurierender ~** fund accumulating its income; **Überwechseln von einem ~ zum anderen** switching; **Aktien~** share fund, equity fund; **Zertifikate für Aktien~** share fund certificates (or *Br* units); **in- und ausländischer Aktien~** domestic and foreign share fund; **Immobilien~** real estate fund; *Br* property (based) fund; **Publikums~** fund open to the general public; **Regionen~** regional fund; **Renten~** bond fund; fixed income fund (fund with no shares in its portfolio); **Spezial~** restricted fund (which is restricted to specific purchasers); **Wachstums~** growth fund; **Wertpapier~** securities fund

Fonds~, **~anteil** *Br* unit; **~anteilschein** share; *Br (beim Unit Trust)* unit certificate; **~ausschüttung** distribution of the fund; **~bestände** fund holdings; **~bestandteile** components of a fund; **f~gebundene Lebensversicherung** fundlinked life insurance; *Br* unit-linked assurance; **~gründung** formation (or launching) of a fund; **~leitung** fund management; **~vermögen** fund assets, fund holdings; **Zusammensetzung des ~vermögens** composition of fund assets; **~verwaltung** fund management

FORATOM →Europäisches Atomforum

Förder~, **~abgabe** mining royalty; **~anlage** conveyor system; *(Bergbau)* hauling plant; **~ausfall** →Förderungsausfall; (→Förderung 2.); **~band** conveyor belt; **~einrichtungen** conveying facilities; **~gebiete** development areas; *Br* assisted areas; **~jahr** *(z. B. Erdöl)* year of production; **~land** *(z. B. Erdöl)* producing country

Förderländer, **Verbraucher- und ~** consumer and producing countries

Fördermittel promotion funds

Förderer promotor; patron; *(Geldgeber)* sponsor, backer

förderlich conducive (to); promoting, tending to promote; supporting; **~ sein** to conduce to (-wards); **der Sache des Friedens ~ sein** to further the cause of peace

fordern *(beanspruchen)* to claim; *(verlangen)* to require, to demand (von jdm of sb.); to request; *(anfordern)* to ask, to call for, to request; **zuviel ~** to demand too much; *(Preis)* to overcharge; **zu wenig ~** to demand too little; *(Preis)* to undercharge; **noch zu ~** *(ausstehend)* receivable; **e-n →Preis ~**; →**Rechenschaft von jdm ~**; **Schadensersatz ~** to claim (or demand) damages; →**Zahlung nachdrücklich ~**

gefordert, **der ~e Preis** the price asked; asking price (e. g. on a home)

fördern 1. *(vorwärtsbringen)* to advance, to further, to promote; *(ermutigen)* to encourage, to provide encouragement; *(anregen)* to stimulate, to provide incentives; *(eintreten für)* to sponsor; **den Absatz ~** to promote sales; **die Ausfuhr ~** to promote (or encourage) exports; (durch Subventionen) to promote exports by subsidies; **e-n Plan ~** to advance (or further) a project; **die Wirtschaftsbeziehungen ~** to further (or stimulate) economic relations

förderndes Mitglied subscribing (or supporting, sponsoring) member

gefördert, **staatlich ~** government sponsored

fördern 2. *(Bergbau)*, **Bodenschätze ~** to extract natural resources; **Kohle ~** to mine (or produce, extract, haul) coal

Forderung *(Verlangen)* requirement, demand; *(Anspruch)* claim; *(schuldrechtlicher Anspruch)*[86] claim arising from contract or tort; debt; account receivable; **~en** *(Außenstände, Debitoren)* accounts receivable; receivables; **~ nach** demand for; **~ des A. an B.** claim of A. against B.; debt due from B. to A.; debt owed by B. to A.; **~en aus Lieferungen und Leistungen** trade accounts receivable; **~ gegen den Nachlass** claim against the estate; **~ aus Schuldverschreibung** bonded claim; **~ aus unerlaubter Handlung** tort claim; **~en an verbundenes Unternehmen** receivables from affiliated companies; **~ aus Vertrag** contract claim; **~en aus Warenlieferungen und Leistungen** trade accounts receivable; trade debtors

Forderung, →**Dividenden~en**; →**Gegen~**; →**Gehalts~**; →**Geld~**; →**Gesamt~**; →**Haupt~**; →**Konkurs~**; →**Mehr~**; →**Miet~**; →**Preis~**; →**Rest~**; →**Steuer~**; →**Wechsel~(en)**; →**Zins~(en)**

Forderung, abgetretene ~ assigned claim; **angemessene ~** adequate (or reasonable) claim; →**ausstehende ~en**; **(nicht)** →**beitreibbare ~**; **berechtigte ~** justified claim; *(der Höhe nach)* **bestimmte ~** liquidated claim (or demand); **bestrittene ~** contested claim; **betagte ~** *(die an e-m bestimmten zukünftigen Termin fällig wird)* claim with a fixed maturity date; →**bevorrechtigte ~**; →**dubiose ~en**; →**einklagbare ~**; **eingeklagte ~** →einklagen; **(nicht) eintreibbare ~** →beitreibbare Forderung; **erloschene ~** expired (or extinguished) claim; →**fällige ~**; **gerichtlich festgestellte ~** judicially recognized claim; debt of record; **rechtskräftig festgestellte ~** legally established claim; →**gegenseitige ~en**; →**gegenwärtige und künftige ~en**; →**gemeinsame ~**; **gepfändete ~** →pfänden; **gesicherte ~** secured claim; **nachweisbare ~** provable debt; **nachgewiesene ~** proved debt; **strittige ~** disputed claim; *(der Höhe nach)* **unbestimmte ~** unliquidated claim (or demand); **uneinbringliche ~** bad debt; uncollectible receivable; **ungesicherte ~** unsecured debt; **ungewisse ~en** doubtful receivables; **vertraglich begründete ~** claim based on a contract; **zweifelhafte ~en** *Br* doubtful debts; *Am* bad debts

Forderungsabtretung[87] assignment of a claim (or debt, choses in action or accounts receivable) *(→Zessionar, →Zedent)*; **Anzeige der ~**[88] notice of assignment; **Einwendungen des Schuldners bei ~**[89] defences (defenses) of the debtor in case of assignment

Forderungs~, **~anmeldung** filing a claim; *(in der Insolvenz)* filing proof of (a) debt; **~ausfälle** bad debt losses; **~auswechslung** exchange of the claim *(the claim for which the mortgage exists may be replaced by another claim)*

Forderungsbefriedigung satisfaction of a claim; claim settlement; **vergleichsweise ~** compounding of claims

Forderungs~, **~beitreibung** collection of a claim; **f~berechtigt** entitled to (a) claim; **~berechtigter** rightful claimant; obligee; *(VersR)* beneficiary; **~einziehung** collection of the sum due; collection of debts (or accounts receivable); **~erhöhung** increase in the claim; **~erwerb** acquisition of a claim; **~kauf**[90] purchase of accounts receivable; **~nachweis** proof of a claim (or debt)

Forderungspfändung[91] *(Pfändung e-r Geldforderung)* attachment of a debt; garnishment; attachment levied on a chose in action (belonging to the defendant or judgment creditor); **~sbeschluss** garnishee order; **~sverfahren** →Verfahren für Forderungspfändungen; **Partei, die e-e ~ bewirkt hat** *Am* garnisher; **Verfahren für ~en** *Br* garnishee *(Am* garnishment) proceedings

Forderungsrecht (right to) claim

Forderungsübergang, gesetzlicher ~[92] assignment of a right (or claim) by operation of law; transfer of a claim ipso jure; subrogation; **~ auf den Verpfänder**[93] transfer of the claim to the pledgor

Forderungs~, **~verkauf** sale of accounts receivable; factoring; **~verzicht** waiver (or renunciation) of claim

Forderung, e-e ~ →**abtreten**; **e-e ~ anerkennen** to admit (or allow) a claim; **e-e ~ anmelden** to file a claim (bei with); **e-e ~ zur** →**Insolvenzmasse anmelden**; **e-e ~** →**beitreiben**; **e-e ~ befriedigen** to satisfy a claim; **e-e ~ belegen** →belegen 1.; **e-e ~** →**einklagen**; **e-e ~ eintreiben** s. e-e Forderung beitreiben; **e-e ~ einziehen** to collect the sum due; to recover a debt; **den ~en der Verbraucher entsprechen** to meet consumers' requirements; **e-e ~ ist entstanden** a claim (or debt) has accrued; **e-e ~ erfüllen** to satisfy a claim; to pay a debt; **~en erheben** to raise claims; **e-e ~ erlischt** a claim has been extinguished; **e-e ~ geltend machen** to make (or enter) a claim; to assert a claim; **e-e ~ bei Gericht geltend machen** to plead (or assert) a claim in court; **e-e ~ nachweisen** to prove a debt; to furnish proof of a debt; **e-e ~ pfänden (lassen)** to attach a claim (or debt); **e-e ~ beim** →**Drittschuldner pfänden lassen**; **e-r ~ stattgeben** to admit (or allow) a claim; **~en stellen** to raise (or make, set up) claims; to make demands; **e-e ~ tilgen** to pay a debt; **seine ~ verpfänden** to pledge one's claim; **auf e-e ~ verzichten** to waive (or renounce) a claim

Förderung 1. promotion, advancement, furtherance; *(Unterstützung)* assistance (to), support, backing; *(Ermutigung)* encouragement, encouraging; *(Anregung)* stimulation; *(Anreiz)* granting incentives; →**Absatz~**; →**Import~**;

→**Investitions~**; →**Verkaufs~**; →**Wirtschafts~**; **~ der Entwicklung** promoting the development; **~ der Forschung** promotion (or furtherance) of research; **~ von Kapitalanlagen** incentives for capital investments; **~ der Konjunktur** stimulation of the economy; cyclical stimulation; **~ des Sprachstudiums** furtherance of language studies; **~ der** →**Vermögensbildung**

Förderungs~, **~gebiet**[94] development area; **~lehrgang** continuation course; advanced training course

Förderungsmaßnahmen promotional measures, promotion; incentive measures, incentives; **~ in landwirtschaftlichen Vorranggebieten** *(EU)* development operation in priority agricultural regions

förderungswürdig qualified to be promoted (or sponsored); deserving promotion; **~e Entwicklungsvorhaben** worthwhile development projects

Förderungszeit[95] period for which incentives may be granted

Förderung 2. *(BergbauFördern)* haulage; extraction; production, *(geförderte Menge)* output; **Kohlen~** production of coal; **~sausfall wegen Absatzmangel** production loss owing to lack of demand; **~smöglichkeiten an Steinkohle** coal production potential; **die ~ steigern** to increase the output

Forfaiteur forfaiter, forfaiting house *(the person or institution discounting the export receivable without recourse to the exporter)*

forfaitieren to forfait

forfaitierte Forderung forfaited debt

Forfaitierung *(Außenhandelsfinanzierung)* forfaiting

Ankauf von Wechseln oder Forderungen aus Exportgeschäften ohne Rückgriff auf den Exporteur.

Purchase of a company's export receivables without recourse to the exporter.

Form form; *(MusterR)* shape, configuration; **in gehöriger ~** in due form; **gesetzliche ~** form prescribed by law; legal form; **gesetzlich vorgeschriebene ~** form required by law; **in fester oder flüssiger ~** in solid or liquid form

Form, →**Anlage~**; →**Rechts~**; →**Schrift~**; →**Unternehmens~**

Form e-s Testamentes[96] form of a (last) will

Form~, **f~bedürftig sein** to require a specific form; **~erfordernis** requirement of (or as regards) form, formal requirement; **~erfordernisse bei Patentanmeldungen** formalities required for patent applications

Formfehler defect in form; formal defect (or error); irregularity; informality; **~ e-s Testaments** formal defect in a will; **~ e-s Vertrages** formal defect in a contract; **unter ~n leidendes Verfahren** irregular proceedings; **e-n ~ beseitigen** to correct an error of form; **e-n ~ heilen** to cure a defect of form

formfreier Vertrag informal contract

Formfreiheit, **es besteht ~** there ist no requirement as to form

Formgebung styling; design; *(MusterR)* configuration; **industrielle ~** industrial design

form~, **~gerecht** in due form; **~- und fristgerecht** in due form and time; **~- und fristgerecht eingelegte** →**Berufung**

Form~, **~gestalter** *(industrieller Erzeugnisse)* industrial designer; **~gestaltung** industrial design; **~gültigkeit** *(z. B. e-s Wechsels)* validity as regards requisites in form; **~kaufmann**[96a] company *(→Handelsgesellschaft)* on which the law confers merchant status, whatever the nature of its business

formlos formless, lacking form; informal; **~e Vereinbarung** informal agreement; **~er Vertrag** contract without a specific form; simple contract

Formlosigkeit lack of form

Formmangel defect of form, formal defect; defect as to formal requirement(s); →**Nichtigkeit e-s Rechtsgeschäfts wegen ~s**; **e-n ~ heilen** to cure a defect of form

Formsache, **lediglich e-e ~** merely a formality

Formvorschrift formal requirement; provision (or requirement) as to form *(z. B. →Schriftform, →Beglaubigung, →Beurkundung)*; **~en für die Anmeldung** *(PatR)* formal filing requirements; **Verletzung wesentlicher ~en** violation of substantial form requirements; infringement of essential procedural requirements; **die ~en sind erfüllt** the formalities have been observed (or complied with); **keinen ~en unterliegen** not to be subject to any formal requirements; **die ~en sind verletzt** the provisions as to form have been violated

formwidrig irregular; not in accordance with formal requirements

Formzwang mandatory form requirement; (statutory) requirement to observe the forms prescibed by statute

Form, **der Vertrag bedarf der schriftlichen ~** the agreement has to be in writing; **die ~ wahren (od. beachten)** to comply with the form; to observe the form

formal formal; technical; **F~beleidigung**[97] statement defamatory upon its face; **F~prüfung** *(PatR)* examination as to formal requirements; **f~rechtlich** in accordance with the letter of the law; **F~vertrag** formal contract

Formalismus formalism

Formalität formality; **die vorgeschriebenen ~en erfüllen (od. erledigen)** to comply with (or complete) the prescribed formalities

Formel formula; →**Eides~**; →**Schluss~**

formell formal; **~e Kapitalerhöhung bei deutscher Tochtergesellschaft durch amerikanische Muttergesellschaft**[98] formal increase in capital in German subsidiary by American parent company; **~es Recht** adjective law, procedural law; **~es und materielles Recht** adjective and substantive law; **~ und materiell gültig** valid in form and in substance

förmlich formal; ceremonial; **~er Anlass** ceremonial occasion; **~er Besuch** formal visit; ceremonial call; **~er Vertrag** formal contract; deed

Formular form; **Antrags~** →Antrag 3.; **nicht ausgefülltes (od. leeres) ~** blank form; *Am* blank; **(vorgedrucktes) ~** printed form; **~brief** form letter; **f~mäßig** according to (printed) form; **~vertrag** *(z. B. →Mustermietvertrag)* standard form contract; **ein ~ ausfüllen** to fill in (or *Br* up) a form; to complete a form

formulieren to formulate, to word, to put into words

Formulierung formulation, wording; **~ der Ansprüche** *(PatR)* drafting of claims; **~ e-s Vertrages** wording of a contract

forschen nach to inquire after (or for), to investigate; *(wissenschaftl.)* to (do) research

Forscher *(Wissenschaftler)* research worker; *Am* research scholar; *(MMF)* researcher; **~gruppe** research group (or team)

Forschung research; **angewandte ~** applied research; →**Ausschuss für wissenschaftliche und technische ~**; **Grundlagen~** basic (or fundamental) research; **Hochschul~** academic research; →**Konjunktur~**; →**Markt~**; →**Meinungs~**; →**Unternehmens~**; →**Weltraum~**; **wissenschaftliche ~** scientific research

Forschung und Entwicklung (FuE) research and development (R D); **FuE-Kosten** R D costs; **FuE-Vorhaben** R D project(s)

Forschung und technologische Entwicklung research and technological development (R TD)

Forschung, ~ und Lehre research and teaching; **~ der öffentlichen Hand** government research; **~ der Wirtschaft** industrial research

Forschungs~, ~abteilung research department; **~anstalt** research establishment (or institute)

Forschungsarbeit research work; **~en durchführen** to do (or conduct, be engaged in) research work

Forschungs, Vergabe von ~aufträgen award of research contracts; **e-n ~auftrag erteilen** to commission a research contract

Forschungs~, ~ausgaben research expenditure; **~beihilfe** research grant; **~bereich** area of research; **~einrichtung** research institute (or institution)

Forschungsergebnisse, Verwertung der ~ utilization of research results (or findings)

Forschungs~, ~förderung research promotion; **~haushalt** research budget; **~kosten** research costs; **~mittel** research funds; *(bewilligte)* research appropriations; **~mittel bereitstellen** to make research funds available; **~möglichkeiten** research potential; **~personal** research personnel

Forschungsprogramm, Durchführung e-s ~s implementation of (or carrying out) a research program(me) (or objectives)

Forschungs~, ~satellit research satellite; **~stipendium** research scholarship (or grant); **~vertrag** research contract; **~vorhaben** research project; **~zentrum** research centre (center); **~ziel** research objective

Forschung, ~en betreiben to do (or carry out, or be engaged in) research; *Am* to undertake research

Forst forest, wood(land); **~akademie** school of forestry; **~amt** forestry office; **~beamter** forestry official; **gewerblich genutzter ~besitz** woodlands managed on a commercial basis; **~frevel** →Forstvergehen; **~gesetz** forestry law; **~nutzung** forest exploitation (or utilization); **~recht** forest law; **~vergehen** offence (offense) against the forest laws; **~verwaltung** forest administration; **~widerstand** obstructing a forestry official in the execution of his duty; **~wirtschaft** forestry *(→Land- und Forstwirtschaft)*

forstwirtschaftlich, ~e Erzeugnisse forestry products; **~ genutzt** used for forestry

Fortbestand preservation; continuance; **~ von Rechten** continued existence of interests; **~ des geltenden Rechts** continuation of the prevailing law

Fortbestehen →Fortbestand; **~ e-r Firma** continuance of a firm

fortbestehen to remain in existence; to continue (to exist); to be still in existence

fortbilden, sich ~ to extend one's knowledge

Fortbildung further education, advanced training; *(für Erwachsene)* adult education; →**berufliche ~**; **~ von Führungskräften** management development; **~ des Rechts** development of (the) law

Fortbildungs~, ~kosten[99] costs for further training; **~kurs** advanced (or *Br* further) training course; refresher course; **~unterricht** continuing education, *Br* further education

Fortdauer continuation, continuance; **~ der Gültigkeit** continued validity; **~ e-s Staates** continuity of a state

fortdauern to continue; **~d** continuous; lasting

fortfahren to depart, to leave; *(fortsetzen)* to go on (doing sth.); to proceed (mit with); to pursue; **mit seiner Rede ~** to proceed with one's speech

Fortfall, ~ von Ausgaben cessation of expenses; **~ von Steuervergünstigungen** abolition of tax incentives

fortführen to go on (doing sth.); to continue; to carry on; **das Geschäft ~** to continue (or carry on) the business

fortgeführt, das Verfahren wird ~ the case will proceed

Fortführung, ~ e-r Firma[100] continued use (or retention) of a firm name; **~ e-r Personengesellschaft** (nach dem Tod e-s Gesellschafters) continuation of a partnership (after death of a partner)

Fortgang *(Fortdauer)* continuation; *(Fortschritt)* progress; **~ des Verfahrens** progress of the proceedings; **über den ~ berichten** to report on the progress

Fortgelten von Recht als Bundesrecht[101] continuance of law as federal law

fortgeltendes Recht law continuing in force

fortgeschritten advanced; **Kursus für F~e** advanced course; **die Arbeiten sind gut ~** (the) work has made good progress

Fortgespültwerden, Gefahr des ~s durch die See risk of being washed away by the sea

Fortkommen getting on; →**berufliches ~**

fortlaufen *(weitergehen)* to run on, to continue, to be continued

fortlaufend continuous, running; consecutive, successive, recurring; **~e Nummer** successive (or serial) number; **~e Verpflichtung** continuing obligation; **~e Zahlungen** payments at regular intervals; **~ numerieren** to number consecutively; to file in serial order; **jdn ~ unterrichten** to keep sb. continously informed

Fortschaffen removal; *(widerrechtl.) Fortschaffen (von bewegl. Sachen)* asportation

fortschaffen to remove

fortschreiben *(Statistik)* to project to a subsequent date; to update; *(SteuerR)* to adjust currently

Fortschreibung *(Statistik)* projection to a subsequent date; updating; *(SteuerR)* adjustment (of value of real estate [*Br* land] in the →Grundbuch)

fortschreitend progressive; advancing; **~e Automatisierung** advancing automation

Fortschritt(e) progress; advance(ment); headway; **bisher erzielte ~e** progress achieved to date; **fehlende ~e** lack of progress; **gewerblicher ~** *(PatR)* advance in the art; **sozialer ~** social progress (or advancement); →**technischer ~**; **~ gegenüber dem Stand der Technik** *(PatR)* improvement upon the prior art; **~ von Wissenschaft und Technik** progress of science and technology; **~sbericht** progress report; **die Arbeit macht ~e** work is progressing; (the) work is getting on well; **bedeutende ~e sind erzielt worden** considerable progress has been made; **es sind nur sehr begrenzte ~e gemacht worden** progress remains very limited; **die Wissenschaft hat große ~ gemacht** science has made great strides (or progress)

fortschrittlich progressive; advanced; go-ahead; streamlined; **~e Ansichten** advanced views

fortsetzen to continue, to carry on; *(fortfahren mit)* to proceed with, to pursue; **ein Geschäft ~** to continue a business; **die (Gerichts-)Verhandlung ~** to proceed with the trial; to continue the proceedings

fortgesetzt, die (Gerichts-)Verhandlung wurde ~ the case proceeded

Fortsetzung, ~ der Verhandlungen continuation of the negotiations; **~ folgt** to be continued; **in ~en erscheinend** appearing in successive parts (or numbers); serial

Forum forum; panel; chambers; **Teilnehmer am ~** panelist; **~sdiskussion** panel discussion; **~staat** *(IPR)* forum state

Fotokopie photocopy; **beglaubigte ~** certified photocopy

Fotokopiergerät photocopier; photocopying machine

Fracht *(Kostenper Bahn)* freight; *Br* carriage; *Am* freightage; *(zur See)* freight, freightage; *(per Luft)* (air) freight *(→Frachtkosten)*; *(Frachtgutper Bahn)* (rail) freight; *(per Schiff)* cargo, freight; *(per Flugzeug)* air cargo, air freight; **~ bezahlt** freight paid; *Br* carriage paid (c/p); **~ vom Absender bezahlt** freight (*Br* carriage) paid by the consignor; *Br* carriage free (or paid); **~ im voraus bezahlt** freight prepaid; **~ für Hin- und Rückfahrt** *(zur See)* freight out and home; **~ zu Lasten des Empfängers (od. ~ unfrei)** →Frachtkosten per Nachnahme; **~ zahlbar am Bestimmungsort** freight payable at destination

Fracht, Ausgangs~ *(Frachtkosten für ausgehende Waren)* freight out(ward); outward freight; →**Bahn~**; →**Distanz~**; **Eil~** →Eilgut; **Eingangs~** *(Frachtkosten für eingehende Waren)* freight in(ward); inward freight; →**Faut~**; →**Luft~**; →**Pauschal~**; →**Rück~**; →**See~**; →**Stückgut~**; →**Teil~**; →**Übersee~**

Fracht, anteilmäßige ~ pro rata freight; rat(e)-able freight; **fällige ~** freight due; **vertraglich vereinbarte ~** contract freight; **im voraus bezahlte ~** freight paid in advance; freight prepaid; **zuviel berechnete ~** freight overcharged; overcharge on freight

Fracht~, ~anteil share in the freight; **~aufschlag** additional freight; freight surcharge

Frachtbais *(Kalkulationsgrundlage)* (geographical) basis of freight accounting; basing point; **~system** basing point system

Fracht~, ~bedingungen terms of freight; **~berechnung** calculation of freight (or *Br* carriage); rate calculation; **~börse** shipping exchange; freight exchange

Frachtbrief consignment note; *Am (auch)* (railroad) waybill (W. B.); bill of lading; *(Binnenschiffahrt)* →Ladeschein; *(von Kraftverkehrsunternehmen)* trucking company bill of lading; **internationaler ~** international consignment note; **See~** →Konnossement; **~doppel (od. ~duplikat)** duplicate consignment note; duplicate (of the) bill of lading; *Am* counterfoil waybill; **e-n ~ ausstellen** to make out a consignment note

Fracht~, ~dampfer cargo steamer, freight steamer; cargo boat; freighter; **~dienst** *(e-s Schiffes)* freight service; **Nur~dienst** *(Luftfracht)* all-cargo service; **~empfänger** consignee

Frachten freight rates; **~börse** →Frachtbörse; **~makler** →Frachtmakler; **~pool** *(im Seeschiffsverkehr zur Verminderung des Risikos)* pool

Frachter →Frachtschiff

Fracht~, ~erhöhung increase in freight rates; **~ermäßigung** reduction in freight rates; **~erstattung** refund of freight overcharge (or overcharged freight); **~flug** freight (or cargo) flight; **~flugzeug** cargo aircraft; *Am* cargo plane; freighter

frachtfrei freight paid; *Br* carriage paid; **~ ... (benannter Bestimmungsort)**[102] *(jede Transportart)* CPT carriage paid to ... *(named place of destination)* CPT; **~versichert**[102] CIP; carriage and insurance paid to ... *(named place of destination)* CIP; **~ Grenze** carriage paid to frontier; **fracht- und spesenfrei** freight and charges prepaid

Frachtführer[103] carrier; bailee; **gewerbsmäßiger ~** common carrier; **Luft~** (air) carrier; **See~** →Verfrachter; **Haftpflicht des ~s**[104] carrier's liability; **Pfandrecht des ~s**[105] carrier's lien; **Unter~** second carrier; **die Waren dem ~ übergeben** to deliver the goods into the custody of the carrier; to bail goods to the carrier

Fracht~, ~gebühr (od. ~geld) →Frachtkosten; **~geschäft** carrying of goods by a →Frachtführer against payment; *(Gewerbe)* carrying trade; transportation (business)

Frachtgut →Fracht; **Ware als ~ versenden** *(per Bahn)* to dispatch (or send, *Am* ship) goods by rail; *(per Schiff)* to ship (or dispatch) goods by sea

Fracht~, ~hubschrauber cargo helicopter; **~kahn** (river) barge; **~konto** *Br* carriage account; *Am (und Br Seefracht)* freight account

Frachtkosten freight; freightage, freight charges; **~ für ausgehende Waren** freight out(ward); **~ für eingehende Waren** freight in(ward); **~ nach Gewicht (nach Maß)** carriage (or freight) according to weight (measurement); **~ per Nachnahme** *Br (per Bahn)* carriage forward; *(per Schiff)* freight forward; *Am* freight collect; **Ausgaben für ~** expenditure on freight (or *Br* carriage); **Übernahme der ~** *(seitens des Verkäufers)* payment of freight (*Br* carriage) by seller; freight absorption

Fracht~, ~liste manifest (list of ship's cargo); **~makler** freight broker; **~maklergebühr** freight brokerage; **~maklergeschäft** freight broking; **~nachnahme** freight collect; **~notierung** freight quotation, quotation of freight rates; **f~pflichtiges Gewicht** chargeable weight; **~rabatt** freight rebate (or discount)

Frachtrate (freight) rate; *Br* (carriage) rate; **Stückgut~** *Br* mixed cargo rate; *Am* mixed carload rate; *Am* less-than-carload-rate (LCL-rate); **Waggon~** *Am* carload rate; **die ~n sind gestiegen** the freight rates have risen

Frachtraum freight (or cargo) space; *(Ladefähigkeit)* freight capacity; freight tonnage; **~ belegen** to book freight space

Frachtsatz →Frachtrate; **~staffeln** freight scales; **verbilligter ~ für Leergut** *Am* returned shipment rate

Frachtschiff cargo ship; freighter; **~ im Liniendienst** cargo liner; **~fahrt** cargo shipping

Frachtsendung consignment; **Absender e-r ~** consignor; **Empfänger e-r ~** consignee

Fracht~, **~senkung** →Frachtermäßigung; **~spesen** →Frachtkosten

Frachtstück package; **schwere auf Schiffen beförderte ~e** heavy packages transported by vessels

Frachtstundung freight deferment; deferral of freight payments

Frachttarif carriage (or freight) rates; *(Stückgut)* general cargo rates (GCR); *Am* less-than-carload rates (LCL-rates); **Einzel~** *Am* commodity rate; *Am (nach Entfernungen gestaffelter) Frachttarif* rate scale

Fracht- und Liegegeld freight and demurrage

Frachtunterbietung rate cutting

Frachtverkehr freight (*Br* goods) traffic; traffic (or transport, transportation) of goods; **Eisenbahn~** rail freight traffic; *Br* railway goods traffic; **Internationales Übereinkommen über den →Eisenbahn~**

Fracht~, **~versender** consignor; **~versicherer** cargo underwriter; **~versicherung** freight (or cargo) insurance; **~vertrag** *(Bahn)*[106] freight contract; contract of carriage; *Am (auch)* shipping contract; *(Seefrachtvertrag)*[107] (contract of) affreightment; *(Chartervertrag)* charter, charter party (C/P); **~vorlage** *(durch Spediteur)* freight prepaid; **~zuschlag** additional (or extra) freight *(→Hafenverstopfungszuschlag),* surcharge

Fracht, als ~ aufgeben *(per Bahn)* to send goods by rail; *Am* to book freight; *(per Schiff)* to send (or ship) goods by sea; **~ aufnehmen** *(Flugzeug, Schiff)* to load cargo; **~ befördern** to carry cargo (or freight, goods); **~ erheben** to collect freight (or *Br* carriage)

Frage question; *(Anfrage)* inquiry; *(Problem)* problem, question, issue; →**Beweis~**; →**Gegen~**; →**Geld~**; →**Haupt~**; →**Kern~**; →**Preis~**; →**Rechts~**; →**Schuld~**; →**Streit~**; →**Suggestiv~**; →**Tat(sachen)~**; →**Zusatz~**; →**Zwischen~**

Frage, außer ~ beyond question; **zur Diskussion stehende ~** question in (or under) debate (or under discussion); **entscheidende ~** decisive question; **zur Entscheidung stehende ~** *(im Prozess)* point at issue; **schwebende (od. offene) ~** pending question (or problem); **soziale ~** social problem; **untergeordnete ~** subordinate issue (or question); **wesentliche ~** substantial (or important) question

Fragebogen questionnaire; **Umfragen an Hand von ~** *(MMF)* questionnaire surveys; **e-n ~ ausfüllen** to complete (or fill in) a questionnaire; **e-n ~ fälschen** to falsify (or forge) a questionnaire

Fragen, häufig gestellte ~ frequently asked questions (FAQ)

Fragenkomplex group of questions

Frage~, **~recht**[108] right of interrogation; right to put questions; **~steller** questioner; interrogator; **~stellung** questioning, formulation of a question; *(Befragung)* interrogation; **~stunde** *parl* question time

Frage, e-e ~ anschneiden to broach a question; **e-e ~ aufwerfen** to raise a question; **e-e ~ bejahen** to answer a question in the affirmative; **tiefer in e-e ~ eindringen** to go further into a question; **die ~ entsteht (od. erhebt sich)** the question arises; **in ~ kommend** *(Person od. Sache)* eligible, qualified; **die in ~ kommenden Ansprüche** the claims involved; **nicht in ~ kommen** to be out of the question; **an jdn e-e ~ stellen** to ask sb. a question; to put a question to sb.; **etw. in ~ stellen** *(den Ausgang zweifelhaft machen)* to render doubtful, to jeopardize, to endanger; **etw. in ~ stellen** *(zweifeln an)* to call in question, to challenge; **in ~ gestellt** *(unsicher)* questionable, open to being called into question; **schriftlich gestellte ~n** questions submitted in writing; **die ~ stellt sich** the question arises; **e-e ~ verneinen** to answer a question in the negative

fragen to ask; *(sich erkundigen)* to inquire (nach after); *(zu Rate ziehen)* to consult; *(befragen)* to interrogate, to ask questions; **nach jdm ~** to ask for (or inquire about) sb.; **jdn nach etw. ~** to ask sb. sth., to ask sth. of sb.; to inquire from sb. after sth.; **es fragt sich, ob** the question is whether; **um →Erlaubnis ~**; **nach dem →Preis ~**; **jdn um** →Rat fragen

gefragt, **~er Artikel** article in demand; much demanded (or popular) article; **sehr ~ sein** to be in great demand; to be (very) popular; to be in fashion; to meet with a ready market; **wenig ~ sein** to be in little demand, to be not much in demand

fraglich 1. *(unsicher)* questionable, doubtful
fraglich 2. *(betreffend)*, **die ~e Angelegenheit** the matter in question

Fraktion *parl* parliamentary group (or party); **~santrag** motion introduced (or tabled) by a parliamentary group (or party); **~sausschluss** expulsion from a parliamentary group (or party); **~sbildung** formation of a parliamentary group

Fraktionsdisziplin discipline of the parliamentary group (or party); *Br* parliamentary party whip; **sich der ~ unterwerfen** to submit to the discipline of the parliamentary group; *Br* to submit to the whip; **sich der ~ widersetzen** to rebel against the discipline of the parliamentary group; *Br* to defy the whip

Fraktions~, **~entscheidung** decision of a parliamentary group; **~flügel** faction of a parliamentary group; **~führer** parliamentary party leader; *Br* chief whip; *Am* floor leader; **f~los** independent, not belonging to a parliamentary group (or party); **~mehrheit** majority of a parliamentary group; **~mitglied** member of a parliamentary group; **~sitzung** parliamentary party meeting; *Am* caucus; **~sprecher** parliamentary party spokesman; **~stärke** number of deputies belonging to a parliamentary group; strength of a parliamentary group; **~versammlung** →Fraktionssitzung; **~vorsitz** parliamentary party chairmanship; **~vorsitzender** chairman of a parliamentary group (or party); *Am* floor leader; **~wechsel** change of parliamentary group (or party); **~zugehörigkeit** membership of a parliamentary group (or party)

Fraktionszwang *(bei Abstimmungen)* obligation to vote according to parliamentary party policy; mandatory party vote; *Br* three-line whip; **Abstimmung ohne ~** free vote; **der ~ ist aufgehoben** *Br* the whips are off; **unter ~ stehen** to be obliged to vote for the party line; *Br* to be under the party whip

Fraktion, **e-r ~ angehören** to be a member of a parliamentary group; to belong to a parliamentary group; **aus e-r ~ ausscheiden** to leave a parliamentary group; **aus e-r ~ ausschließen** to expel from a parliamentary group; **e-e ~ bilden** to form a parliamentary group

Franchise 1. *(Vertriebssystem im Einzelhandel)* franchise, franchising; **~bewerber** franchise candidate; **~geber** franchisor; franchising firm; **~nehmer** franchisee; franchised firm; **~vereinbarung** franchising agreement; **~vertrag** franchising agreement, franchise contract
Franchise 2. *(VersR)* franchise; →**Abzugs~**; **ohne ~** *(Schäden werden ohne Abzug ersetzt)* irrespective of percentage (i. o. p.); **~klausel** franchise clause

franchisiertes Unternehmen franchised firm

franco →franko

Franc-Zone franc area

Frankatur prepayment of carriage (or freight)

frankieren to prepay the postage; to stamp

frankiert postage paid, prepaid, stamped; **nicht genügend ~** insufficiently prepaid; postage due; understamped

Frankiermaschine *Br* franking machine; *Am* postage meter

franko postage paid, freight prepaid; delivered free *(→frei)*; **~ Hamburg** delivered free Hamburg; carriage (or freight) paid to Hamburg; **Lieferung ~ Bahnhof** delivered free at station; **~ Kurtage** *(Börse)* free of broker's commission; **~ Waggon ...** (benannter Abgangsort) →frei Waggon

Frankreich France (→Französische Republik)

Franzose, Französin French/man, woman; *pl* the French

französisch French; **~-britische Beziehungen** Franco-British relations; **F~e Republik** French Republic

Frau woman; →**Ehe~**; →**Geschäfts~**; →**berufstätige ~**; →**geschiedene ~**

Frauen~, **~arbeit** employment of women, female employment; **~bewegung** womeńs movement; **Unterdrückung des ~- und →Kinderhandels**; **~haus** women's refuge; house for battered wives; **~überschuss** surplus of women; **~wahlrecht** women's (or female) suffrage; **~zeitschrift** women's magazine

frei free; *(kostenlos)* free (of charge), gratis, gratuitous; *(unbesetzt)* vacant; *(in Freiheit)* free, at liberty, at large; *(leerstehend)* unoccupied, empty; *(unabhängig)* independent; *(unbeschrieben)* blank; *(unbeschränkt)* unrestricted, unrestrained; *(Telefonleitung)* free, not engaged; *Am* disengaged, vacant, not busy; *(Straße)* clear, free; **~ →schwanken**; **~ →verfügen über**; **~ werden** to become vacant
frei, **~ Bahn** free on rail (f.o.r.); **~ Bahnhof** free station; **~ Bestimmungsort** free delivered; **~ an Bord ... (benannter Verschiffungshafen)**[109] *(See- und Binnenschiffstransport)* f.o.b., FOB (free on board) ... (named port of shipment); **~ an Bord des Flugzeugs** free on aircraft (f.o.a.); free on plane (f.o.p.); **~ Eisenbahn** free on rail (f.o.r.)

frei Frachtführer (... benannter Ort)[109] *(jede Transportart)* FCA free carrier (... named place) FCA

frei, **~ Grenze** free (or franco) frontier; **~-Preis (od. Preis ~)** free-at-frontier-price; **~ Wert** free at frontier value

frei Güterwagen →frei Waggon

frei Haus free domicile, free (buyer's address); **Lieferung ~** free delivery; door delivery

frei von →Havarie

frei, **~ Kai** free on quay (f.o.q.), free at wharf; **~ Lager** free warehouse; **~ Längsseite Seeschiff (... benannter Verschiffungshafen)**[109] *(See-*

und Binnenschiffstransport) FAS free alongside ship (... named port of shipment) FAS; **~ Lastkraftwagen (~ Lkw)** *Am* free on truck (FOT); *Br* free on lorry; **~ Waggon ... (benannter Abgangsort)** FOR (free on rail) ... (named departure point); FOT (free on truck) ... (named departure point)

frei, ~ von Aufbringung und Beschlagnahme →Aufbringungs- und Beschlagnahmeklausel; **~ von Aufbringung und Beschlagnahme sowie inneren Unruhen** free of capture and seizure and/or riots and civil commotion (F.C. S. R. C.C.); **~ von →Beschädigung**; **~ von →Bruch**; **~ von →Haftung für Verluste oder Beschädigung**; **~ von (besonderer, großer, jeder) →Havarie**; **~ von Schulden** clear of debt; **~ von jedem Verdacht** clear of any suspicion

frei, ~e →Benutzung; **~er →Beruf**; **~e →Berufswahl**; **~e →Beweiswürdigung**; **F~e Demokratische Partei** (F.D.P.) Free Democratic Party; **~er →Dienstleistungsverkehr**; **~er Eintritt** free admission; **~es →Ermessen**; **auf ~em →Fuß**; **~er →Güterverkehr**; **~e →Hand**; **~er →Kapitalverkehr**; **~er →Markt**; **~e →Meinungsäußerung**; **~e →Mieten**; **~er →Mitarbeiter**; **~e →Rücklagen**; **~e →Station**; **~e Stelle** vacancy

frei, ~er Tag day off; **e-n ~en Tag nehmen** to take a day off

freier Verkehr *(betr. Kapital, Personen, Dienstleistungen; EWG-Vertrag)* free movement

frei, ~e →Wahlen; **~er Warenverkehr** free movement (or flow) of goods; **~er →Wechselkurs**; **aus ~em →Willen**; **~es Zimmer** vacant room

Frei~, ~abonnement complimentary subscription; **~anteile** *(an Kapitalgesellschaften)* bonus shares; stock dividends; **~berufler** →freiberuflich Tätiger

freiberuflich professional; *(unabhängiger Journalist, Politiker etc)* (on a) free-lance (basis); **~ (tätig)** self-employed; **~e Dienstleistungen** professional services; **~er Dolmetscher** free- lance interpreter; **~ Tätige(r)** self-employed (person); self-employed professional man (or woman); **~e Tätigkeit** self-employment; professional activities (or occupation); **Einkünfte aus ~er Tätigkeit**[111] income (or earnings) from self-employment (or from the exercise of a profession); **Gewinne aus ~er Tätigkeit** profits from self-employment (or from the exercise of a profession); **~ tätig sein** to be self-employed; to (work) free-lance

Freibetrag *(SteuerR)* tax-free amount (deductible from the taxable income); tax-free allowance; exclusion; **~ für Personen, für die der Steuerpflichtige unterhaltspflichtig ist** allowance (or *Br* relief, *Am* exemption) for dependants; **Alters~**[112] *Br* age allowance (or relief); *Am* old age exemption; **Arbeitnehmer~**[113] *Br* earned income relief (for employees); *Am* employee allowance (or exemption); **Ausbildungs~** (für Berufsausbildung e-s Kindes) education allowance (or *Am* exemption) (for the education of a dependent minor); **Jahres~** annual allowance (or *Am* exemption); **persönlicher ~** personal allowance; **Umsatz~** tax-free amount of turnover; **Versorgungs~** *(des überlebenden Ehegatten bei der Erbschaftssteuer)*[114] marital exemption (or deduction); spouses' exemption; *(bei Versorgungsbezügen aus früheren Dienstverhältnissen)* retirement or disability allowance (or *Am* exemption); allowance (or *Am* exemption) for retirement, disability or survivor benefits; **Weihnachts~**[115] Christmas allowance (or *Am* exemption) (the sum of Euro ... is deductible from earnings for the period from 8 November to 31 December); **e-n ~ von Euro 1000.- geltend machen** to claim a Euro 1000 allowance (or *Am* exemption)

freibleibend subject to confirmation; not binding; subject to change (or alteration) without notice; *Am* without engagement; **~es Angebot** offer by which the offeror is not bound; *Am* offer without engagement; **das Angebot wurde ~ gemacht** the offer was made without obligation (or *Am* engagement); **das Angebot ist ~ bis zur endgültigen Bestätigung** the offer is not binding until confirmed

Freibord freeboard; load line; **Internationales ~-Übereinkommen**[116] International Convention on Load Lines; **Internationales ~-Zeugnis** International Load Line Certificate

Freien, im ~ outdoor, in the open (air)

Frei~, ~exemplar free copy, complimentary copy, presentation copy; **~fahrkarte** free ticket, free pass; **~flug** free flight

Freigabe release; *(gesperrter Gelder)* unblocking; *(bewirtschafteter Waren)* decontrol; *(unverwertbarer Sachen und Rechte an den Gemeinschuldner im Konkursverfahren)* disclaimer; *(von beschlagnahmtem Raum)* de-requisitioning; **~ der Bankzinsen** decontrol of bank interest rates; **~ gepfändeter Güter** release of seized goods; **~ für die Presse** release to the press, press release; hand-out; **~ e-s Schiffes** *(Aufhebung des Arrestes)* release of a ship; **~ des Wechselkurses** floating of the rate of exchange

freigeben to release; *(gesperrtes Konto)* to unblock; *(bewirtschaftete Waren)* to decontrol; *(beschlagnahmten Raum)* to derequisition; *(zur Benutzung)* to make available; *(von der Arbeit beurlauben)* to give a time off; *Am (vom Geheimhaltungsschutz)* to declassify; **e-n Film ~** to release a film, to allow a film to be exhibited; **für den**

Verkehr ~ to open to traffic; **zur Veröffentlichung ~** to release; to allow to be published; **den Wechselkurs ~** to float (or free) the exchange rate

freigegeben, **~er Euro** floating Euro; **zur Veröffentlichung ~e Mitteilung** *(für die Presse)* handout; **Währung mit ~en Wechselkursen** floating currency; **von der Zensur ~** passed by the censor

Freigepäck *(Flugzeug)* free allowance; free (or allowed) luggage (or *Am* baggage); **die ~grenze überschreiten** to exceed the free luggage (or *Am* baggage) allowance

Freigewicht weight allowed free

Freigrenze free quota; *(SteuerR, z. B. bei Vermögenssteuer)* exemption limit (limit up to which an amount is tax-free)

Freigut *(Waren, die nicht →Zollgut sind)* duty- free goods

freihaben, **e-n Tag ~** to have a day off

Freihafen free port (where no customs duties are levied); **~zone** free (port) zone

freihalten *(e-n Platz)* to keep free; to reserve; **jdn ~** to defray the expenses of sb.; to pay for sb.

Freihandel 1. *(Außenhandel)* free trade; **~sabkommen** (FHA) *(zwischen EG und Staaten der Rest-EFTA)* free trade agreement; agreement on free trade; **~sgebiet** →Freihandelszone; **~szone** free trade area *(z. B. EFTA)*; **Länder der ~szone** free trade area countries

Freihandel 2. *(Börse)* →Freiverkehr

freihändig, **~e Ausschreibung** invitation for tenders with discretionary award of contract; contract made by direct agreement; **~e Vergabe** *(von [Bau-]Aufträgen)* single tender action; **~er Verkauf**[117] private sale (as opposed to sale by auction); *Br* sale by private treaty; *(Plazierung von Effekten)* direct sale (of securities) to the public; sale in the open market; over-the-counter trading; **~er Verkauf der gepfändeten Sache**[118] private sale of the seized property (through a recognised broker or auctioneer, if the property has a current market price); **~er Verkauf beim →Selbsthilfeverkauf**; **Aufträge für Lieferungen und Leistungen ~ vergeben** to enter into contracts for the supply of goods and services by direct agreement; **~ verkaufen** *(nicht durch Auktion)* to sell by private treaty; *(Börse)* to sell (securities) in the open market; *Am* to sell over the counter

Freiheit 1. freedom; liberty; **persönliche ~** →Freiheit der Person; **~ der Meere** *(VölkerR)* freedom of the (high) seas; **~ der Meinungsäußerung** freedom of speech; **~ der Person** personal freedom, freedom of the person; **~ der →Religionsausübung**; **→Bekenntnis~**; **→Ermessens~**; **→Gewerbe~**; **→Gewissens~**; **→Glaubens~**; **→Handlungs~**; **→Lehr~**; **→Niederlassungs~**; **→Presse~**; **→Rede~**; **→Religions~**; **→Vereins~**; **→Versammlungs~**; **→Wettbewerbs~**; **jdm die ~ entziehen** to detain sb.; **in ~ sein** to be free (or at liberty)

freiheitliche demokratische Grundordnung[118a] free democratic basis order

Freiheit 2. *(von Lasten)* exemption; immunity; **→Abgaben~**; **→Gebühren~**; **→Steuer~**; **Zoll~** exemption (or immunity) from customs duties

Freiheits~, **~beraubung**[119] false imprisonment; unlawful detention; deprivation of liberty; **~beschränkung** restriction of (or restraint on) liberty; restriction of freedom

Freiheitsentziehung deprivation of liberty; **widerrechtliche ~** unlawful detention; false imprisonment; **Zulässigkeit und Fortdauer e-r ~**[120] admissibility and continuation of a deprivation of liberty

Freiheitsrechte, **persönliche ~**[121] rights of individual (or personal) liberty; personal liberty rights

Freiheitsstrafe[122] imprisonment; term of imprisonment; prison sentence, sentence of imprisonment; custodial sentence; **→Aussetzung der ~**; **Dauer der ~** term of imprisonment; **→Ersatz~**; **Höhe der ~** term of imprisonment; **lebenslange ~** imprisonment for life; life imprisonment; **zeitige ~**[122a] fixed term of imprisonment; **~ bis zu 2 Jahren** (term of) imprisonment not exceeding two years; **e-e mit ~ bedrohte →Straftat**; **mit ~ bis zu 6 Monaten bestraft werden** to be punished with imprisonment of up to 6 months; **wer ..., wird mit e-r ~ bis zu einem Jahr und mit Geldstrafe oder mit einer dieser Strafen bestraft** any person who ... shall be liable to a term of imprisonment not exceeding one year or to a fine, or both; **e-e ~ in e-e →Geldstrafe umwandeln**; **e-e ~ verbüßen** to serve a (prison) sentence; to undergo imprisonment; **e-e ~ verhängen** to impose a prison sentence; **er wurde zu 12 Monaten ~ verurteilt** he was sentenced to 12 months' imprisonment

Frei~, **~jahr** *(für Studienzwecke etc)* sabbatical year; *(VersR)* year free of premium; **~karte** free ticket, complimentary ticket; *(auf der Bahn)* free pass; *(Theater)* (theatre, [theater]) pass; **~kauf** (politischer Häftlinge aus der ex-DDR) ransom (of political prisoners from the →ex-DDR); **~kirche** Free Church; **~lager** bonded warehouse

freilassen, jdn ~ to set a p. free (or at liberty); to release a p.; to discharge a p. from custody; **gegen Sicherheitsleistung ~**[123] to release on bail; **gegen Sicherheitsleistung freizulassend** (kautionsfähig) bailable; **gegen Sicherheitsleistung erwirken, dass jd freigelassen wird** to bail sb. out (if already in prison)

Freilassung release; discharge *(→Entlassung)*; **bedingte ~** *(bei Auslieferungshaft)* discharge under parole or probation; **~ auf Ehrenwort** release on parole; **~ von politischen Häftlingen** release of political prisoners; **~ gegen Sicherheitsleistung**[123] release on bail; **die ~ anordnen** to order release (from detention)

freilebende Tiere wildlife; **~ und Pflanzen**[124] wild fauna und flora; **Schutzgebiet für ~** wildlife sanctuary

Freiliste →Einfuhrliste

freimachen *(frankieren)* to stamp; to prepay the postage (on a letter, parcel etc.); *(räumen)* to clear, to vacate; **sich ~** to disengage (or clear) oneself (from)

Freimachung stamping (of mail); prepayment (of postage); *(von Verpflichtungen)* disengagement

Freimaurerei Freemasonry

freinehmen, sich e-n Tag ~ to take a day off

freisetzen, Arbeitskräfte ~ to make labo(u)r redundant

Freisetzung *(von Arbeitskräften)* →Entlassung

freigesetzt, vorübergehend *(von der Arbeit)* **~** laid off; temporarily redundant; suspended

freisprechen 1. to acquit (von e-r Anklage of a charge); to declare (a person) not guilty (of an offence [offense]); **den Angeklagten mangels Beweises ~** to acquit the accused (or dismiss the indictment) for want of evidence

freisprechendes Urteil acquittal

freigesprochen, →rechtskräftig ~

freisprechen 2. *(nach bestandener Prüfung)*, **~ e-n Auszubildenden ~** to release an apprentice from his articles

Freisprechung, das Urteil lautet auf ~ the judgment is an acquittal of the defendant

Freispruch acquittal (von e-r Klage of a charge); verdict of not guilty; **~ mangels Beweises**[125] acquittal for want of evidence (or on account of insufficiency of proof); **~ wegen erwiesener Unschuld** acquittal after proof that the accused was not guilty; **auf ~ plädieren** to plead for acquittal; **den ~ verkünden** to pronounce the acquittal

Freistaat *(Bayern, Sachsen)* Free State

freistehen, es steht ihm frei, zu tun 1. he is free to do; it is left to his discretion; **es steht den Parteien frei** the parties are at liberty to

freistehen 2. to be unoccupied, to be vacant; **~des Haus** detached house; **als ~des Doppelhaus gebaut** built semi-detached

freistellen 1. jdm etw. ~ *(jdm anheimstellen)* to leave it to sb.'s discretion (or option); to leave it to sb. (to do)

freigestellt *(dem Ermessen überlassen)* optional, not compulsory; *Am* facultative

freistellen 2. jdn ~ *(von Verpflichtungen befreien)* to release (or exempt) sb. (von from); to grant sb. leave; **den Auszubildenden für die Teilnahme am →Berufsschulunterricht ~**; **Mitglieder des Betriebsrates von ihrer beruflichen Tätigkeit ~**[126] to release members of the works council from their work duties; **jdn von der Haftung ~** to indemnify sb. against (or from) liability; **jdn von der →Kraftfahrzeugsteuer ~**; **→Lizenzgebühren von der Besteuerung ~**; **jdn von (dem Risiko von) Schadensersatzleistungen ~** to indemnify sb. against damages; **den Schuldner von seinen Verpflichtungen ~** *(im Vergleichsverfahren)* to release the debtor from his liabilities; **jdn vom →Wehrdienst ~**

freigestellt, von der deutschen Besteuerung ~ werden *(DBA)* to be exempted from German taxation; **von der Haftung ~e Person** person indemnified

Freistellung release; exemption; leave (of absence); **~ von der Arbeit** release from work (or duties); **zwangsweise** *(zeitweilige)* **~ von der Arbeit** lay-off; **~ von der Haftung** indemnity against liability; **~ vom →Kartellverbot**; **~ vom Militärdienst** deferment from military service; **~** *(im Beruf)* **wegen Militärdienstes** military leave; **~ von der Steuer** tax exemption; **~ bestimmter Warenarten** *Br (von der Preisbindung)* exemption of particular classes of goods

Freistellungs~, ~bescheid *(durch das Finanzamt)* exemption order; decision on exemption; **~bescheinigung**[127] certificate of exemption; **~entscheidung** decision granting exemption; **~erklärung**[128] declaration of exemption; **f~fähig** eligible for exemption; **~klausel** exemption clause; indemnity clause

Freistellung, e-e ~ gewähren (od. erteilen) to grant an exemption

Freiumschlag stamped (addressed) envelope (S. A. E.); *Am* postage paid envelope

Freiverkehr *(BörseHandel in amtlich nicht notierten Wertpapieren)* unofficial dealings; *Am* over- the-counter trading; *Br* kerb market, *Am* curb (market); unlisted trading; off-floor trading; dealing in unquoted stocks; **im ~** in the outside market; *Am* over the counter, on the curb; **geregelter ~** *Br* unofficial market (or dealing), unlisted securities market; *Am* regulated over-the-counter market; **ungeregelter ~** off-board market; **im ~ gehandelte Aktien** shares dealt with in the outside market; *Am* curb stocks; **im ~ gehandelte Anleihen** outside loans; *Am* over-the-counter loans

Freiverkehrs~, **~bescheinigung** *(EG, Zoll)* free circulation certificate; **~börse** outside market; *Br* unofficial market; *Am* over-the-counter market, unlisted securities market; *Br* kerb market; *Am* curb (market); **~kurs** free market price (or rate); street price, price in the street; *Am* curb price; **~makler** outside broker; *Am* curb broker; *Br* kerbstone broker; *Am* local broker over-the-counter; **~markt** →Freiverkehrsbörse

Freiverkehrswerte off-board securities; outside market securities; unlisted securities; securities not listed on the stock exchange; *Am* curb stocks; **Kursblatt der ~** unquoted list; *Am* over-the-counter reports (or quotations)

Freiverkehr, im ~ handeln to trade over-the-counter

Freiwerden, bei ~ e-r Stelle on the occurrence of a vacancy, if a vacancy occurs

frei werden to become vacant; to become free; **Kredite werden frei** credits will be released; **ein Sitz (od e-e Stelle) wird frei** a vacancy arises (or occurs); **die Stelle wird bald frei** the position will become vacant shortly; there will be a vacancy shortly

freiwerdend, **~er Boden** *(bei →Betriebseinstellung in der Landwirtschaft)* released land; **~e Stelle** position becoming vacant

freigeworden, *(durch Rationalisierungsmaßnahmen etc)* **~e Arbeitskräfte** redundant workers; **e-e ~e Stelle neu besetzen** to fill a vacancy

freiwillig voluntary, on a voluntary basis; *(aus eigenem Antrieb)* of one's own accord; *(ohne Anerkennung e-r Rechtspflicht)* ex gratia; **~ gezahlter Beitrag** voluntary contribution; **~ versichert** voluntarily insured; **~e Betriebsvereinbarungen**[129] works agreements on a voluntary basis

freiwillig, **~e Gerichtsbarkeit** jurisdiction over non-contentious matters; voluntary jurisdiction; **Angelegenheit der ~en Gerichtsbarkeit** matters of non-contentious jurisdiction; non-contentious matters

Die freiwillige Gerichtsbarkeit umfasst z. B. Nachlass- und Vormundschaftssachen, Registersachen (VereinsregisterVereinsregister, GüterrechtsregisterGüterrechtsregister, HandelsregisterHandelsregister etc), Grundbuch, Beglaubigung von Unterschriften etc.- Matters of non-contentious jurisdiction include matters relating to probate, guardianship, various public registers, GrundbuchGrundbuch, authentication of signatures, etc.

freiwillig, **~e Ketten** *com* voluntary chains; **~e Leistung** *(VersR)* ex gratia payment; *(e-s Gesellschafters)* voluntary contribution; **~e Pensionierung** optional retirement; **~e Rente an Angehörige** compassionate allowance; **~e →Schlichtung**; **~er Soldat auf Zeit** regular serviceman; soldier serving in the regular army (for a specific term); **~e Sozialleistungen** *(des Arbeitgebers)* fringe benefits; **~e Trinkgelder** discretionary tips; **~ Versicherter** voluntary insured person; *Br* voluntary contributer; **~e Versicherung** voluntary insurance; **~e Weiterversicherung** voluntarily continued insurance

Freiwilligkeit optional nature; **auf ~ beruhend** voluntarily

Freizeichen *tel* dial(ling) tone; *(WarenzeichenR)*[130] mark in general use for a particular trade, generic name (which cannot be registered in the →Warenzeichenrolle)

freizeichnen, sich ~ von to contract out of; **sich von der Haftung ~** to exclude one's liability by contract; to contract out of liability

Freizeichnung exclusion of liability; **~sklausel** *(Abbedingung der Haftung für Fahrlässigkeit)* exemption clause, clause exempting from liability for negligence; exculpatory clause; save error and omission (S. E. A. O.); exoneration clause; *(vertragl. Ausschluss der Sachmängelhaftung)* non-warranty clause; *(VölkerR)* contracting-out clause; *(in Charter- und Frachtverträgen)* excepted perils clause; negligence clause; *(SeeversR)* memorandum clause; **sich durch e-e ~ sichern** to protect oneself by a Freizeichnung

Freizeit leisure (time), spare time, free time; **Gewährung von ~** granting of time off; **~arbeit** spare time job; *colloq. (Schwarzarbeit)* moonlighting; **~arrest**[131] detention of a juvenile during his weekly leisure time; **~beschäftigung** leisure (time) occupation; **~einrichtungen** recreational facilities; **~gelände** recreation site (or area)

Freizeitgestaltung leisure activities; recreation (-al activities); organized recreation; **Einrichtungen der ~** leisure (or recreation) facilities; *Br* public amenities; **Dienstleistungen für ~** recreation services

Freizeit~, **~industrie** leisure industry; **~park** pleasure ground, amusement park; **~veranstaltung** *(unter freiem Himmel)* (outdoor) leisure event; **~wert** recreational value

Freizügigkeit freedom of movement; free movement of persons; **berufliche ~** vocational mobility; **örtliche ~** geographical mobility; **~ im Bundesgebiet**[132] freedom of movement throughout federal territory; **~ der Arbeitnehmer in der Gemeinschaft** *(EU)* free movement of workers (or mobility of labo[u]r) within the Community; **~ genießen** to enjoy freedom of movement

fremd *(ausländisch)* foreign, alien; **~e Angelegenheiten besorgen** to manage another person's business; **~es Eigentum** property of another; third party's property; **~e Gelder** borrowed (or external) funds; *(e-s Kreditinstituts)* deposits by customers; **~e Mittel** →Fremdmittel; **in ~em Namen handeln** to act on behalf of a third person; to act as sb.'s agent

fremde Rechnung, **Geschäfte für ~** transaction(s) entered into for the account of another; **für eigene oder ~ Geschäfte machen** to enter into business transactions for one's own account or for the account of others

fremde Währung, **auf ~ lauten** to be expressed in foreign currency

Fremdarbeiter foreign worker *(→Gastarbeiter)*

Fremdbesitz possession not as an owner (e. g. by the tenant); possession as a bailee; **in ~ haben** to possess (or hold) under another person, not as an owner

Fremdbesitzer *(auf vertraglicher Grundlage)* bailee

Fremd~, **~bezug** procurement from outside (the company), external procurement; outside purchasing; **~depot** →Anderdepot

fremdenfeindliche Stimmung anti-alien feeling

Fremdenfeindlichkeit xenophobia

Fremden~, **~führer** tourist guide; **~heim** boarding house, guest house; *Am* rooming house; **~pass**[133] alien's pass; **~recht** law relating to aliens (body of rules of law by which aliens are treated differently from nationals of the country)

Fremdenverkehr tourist traffic, tourism; **Einkünfte aus dem ~** receipts from tourism; **~samt** tourist office (or board); **~sgebiet** tourist area; **~sgewerbe** tourist industry; **~sindustrie** tourist industry (or trade); **~swerbung** tourist advertising, tourist promotion

fremdfinanziert, **~er Unternehmenskauf** leveraged buy-out; **in hohem Maße ~ sein** to have a high leverage

Fremdfinanzierung debt financing, financing with outside capital (or borrowed funds); **~sbedarf** need for borrowed funds; **~smittel** borrowed funds

Fremd~, **~gelder** third party funds; external funds *(→fremde Gelder)*; **~herrschaft** foreign rule, alien rule

Fremdkapital debt (capital), loan capital; outside (or borrowed) capital (or funds); capital from outside sources; liabilities; **Verhältnis von ~ zu Eigenkapital** debt-equity ratio; **Verhältnis von ~ zu Gesamtkapital (od. Gesamtvermögen)** debt ratio; **~erhöhung** high gearing; **~geber** lender; debt supplier; **~kosten** cost of debt; **~reduzierung** low gearing; **die Firma hat zuviel ~ aufgenommen** the firm is overlevered; **vorwiegend mit ~ finanziert** highly leveraged

Fremd~, **~körper** *(in Lebensmittelprodukten)* foreign object; **~leistung** outside service

Fremdmittel outside funds, borrowed funds; *(Entwicklungshilfe)* foreign capital; **~beschaffung** procuring outside funds; **~ aufnehmen** to take up outside funds

Fremdpreis →Fremdvergleichspreis

Fremdrente[134] foreigner's pension; pension payable to a refugee (or other persons mentioned in the Fremdrentengesetz)

Fremdsprachenkorrespondent(in) foreign language secretary

Fremdstoffe, **Lebensmitteln ~ zusetzen** to add foreign substances to foodstuffs

Fremdvergleich *(AußensteuerR)* arm's length principle; **~spreis (od. Fremdpreis)** arm's length price

Fremdversicherung insurance for another's account; insurance on behalf of a third party, third party insurance

Fremdwährung foreign currency; **Geschäfte in ~** foreign currency transactions; **auf ~ lautende Wertpapiere** securities denominated in foreign currency; foreign currency securities; **auf ~ lauten** to be denominated in foreign currency

Fremdwährungs~, **~anleihe** (foreign) currency loan, foreign currency bond issue; **~konto** foreign currency account; **~kredit** (foreign) currency credit (or loan); exchange credit; **~markt** →Euromarkt; **~schuldverschreibung** (foreign) currency bond; **~umrechnung** foreign currency translation; **~versicherung** foreign currency insurance; insurance in (foreign) currency; **~wechsel** (foreign) currency bill; bill (or note) in (foreign) currency; foreign bill (of exchange)

freuen, sich ~ to be pleased with, to be glad of; **wir ~ uns, bald wieder von Ihnen zu hören** we are looking forward to hearing from you soon; we would be pleased to hear from you soon; **wir ~ uns, Ihnen mitteilen zu können** we are pleased to inform you

freundlich friendly, cheerful; *(Markt)* buoyant; **~erweise** kindly; **mit ~er Genehmigung** (des Verfassers) by courtesy of (the author); **mit ~en** →**Grüßen**; **die Tendenz am Aktienmarkt war ~** the trend of the share market was friendly (or optimistic)

freundschaftlich, ~e Arbitrage →Hamburger Arbitrage; **~e Beziehungen** friendly relations; **zu jdm in ~en Beziehungen stehen** to be on friendly terms with sb.

Freundschafts-, Handels- und Schiffahrtsvertrag *(zwischen der Bundesrepublik Deutschland und den Vereinigten Staaten von Amerika)*[135] Treaty of Friendship, Commerce and Navigation (FCN-Treaty)

Wichtige Bestimmungen im Rechtsverkehr zwischen den beiden Staaten sind z. B. Inländerbehandlung hinsichtlich des Zutritts zu den Gerichten, des Armenrechts und der Befreiung von der Verpflichtung zur Sicherheitsleistung für die Prozesskosten.

Provisions of importance for the legal relations between the two States are e. g. national treatment with respect to access to the courts of justice, to *Br* legal aid (*Am* suits in forma pauperis) and to exemption from obligations to *Br* furnish (*Am* post) security for (legal) costs.

Freundschaftsvertrag *(VölkerR)* treaty of amity (or friendship); good-will treaty

Frieden peace; →**Arbeits~**; **dauerhafter ~** lasting (or enduring) peace

Frieden, Bedrohung des ~s threat to (the) peace; **Bruch des ~s**[135a] breach of the peace; **Erhaltung (od. Wahrung) des ~s** maintenance of (or maintaining) peace; preservation of peace; **zur Erhaltung des ~s beitragen** to contribute to the maintenance of peace

Friedens~, ~angebot peace offer (or overture); overture(s) of peace; proposal for peace; **~aussichten** prospects of peace; **~bedarf** peacetime needs (or requirements); **~bedingungen** conditions of peace; peace terms; **~bemühungen** efforts to maintain (or achieve, obtain) peace; peace efforts; **~bewegung** peace movement; **~blockade** pacific blockade; **~bruch** breach of the peace; violation of the peace (or of a peace treaty); **~forschung** peace research

Friedensfühler ausstrecken to put out peace feelers; to make a tentative peace approach

Friedens~, ~gespräche peace talks; **~konferenz** peace conference; **f~mäßig** as in peacetime; **~pflicht** *(ArbeitsR)* duty (of the parties to a collective [bargaining] agreement) to maintain industrial peace

Friedensproduktion peacetime production; **Umstellung e-r Industrie von der Friedens- auf Kriegsproduktion** changing over (or conversion) of an industry from peacetime production to production of war materials

Friedens~, ~regelung peace settlement (or regulation); **~schluss** conclusion of peace; peace settlement; **~stärke** *mil* peace establishment; **~stifter** peacemaker; **~störer** disturber of the peace; **~streitmacht** peace-keeping force; **~verhandlungen aufnehmen (wieder aufnehmen)** to take up (resume) peace negotiations; **~vermittlung** peacemaking

Friedensvertrag, Abschluss e-s ~s conclusion of a peace treaty; **f~liche Regelung** peace settlement

Friedens~, ~völkerrecht international law of peace; **~vorverhandlungen** peace preliminaries; **~wille** will for peace; **~wirtschaft** peacetime economy; **~wunsch** desire for peace

Friedenszeit peace time; **in ~en** in times of peace

Frieden, den ~ (aufrechter)halten to maintain peace; **den ~ des Betriebes beeinträchtigen** to disturb the peace of the establishment (or firm); **den ~ brechen** to break the peace

friedlich peaceful; **~e Beilegung von Streitigkeiten** *(VölkerR)* peaceful settlement of disputes; **~e Durchdringung** *(VölkerR)* peaceful penetration; **~e Durchfahrt für Handelsschiffe** *(VölkerR)* innocent passage; **Bemühungen um e-e ~e Lösung des Konflikts** *(VölkerR)* efforts towards a peaceful solution of the conflict; **Anwendung der Atomenergie für ~e Zwecke** use of atomic energy for peaceful purposes

friedliebend peace-loving

friktionelle Arbeitslosigkeit frictional unemployment

frisch fresh; new; **F~gemüse** fresh green vegetables; **bei Ergreifung auf ~er Tat** when caught in the act (of committing an offence [offense]); **jdn auf ~er Tat antreffen** to catch sb. in the very act (or red-handed)

frisieren *colloq. (Rechnungen, Bericht etc.)* to dress (up); *colloq. (Abrechnung)* to cook the accounts; **die Bilanz ~** to window-dress the balance-sheet; **die Einkommensteuererklärung ~** *Br colloq.* to fiddle (*Am* to doctor) the income tax return

Frist[136] time; period (of time); (fixed or set) term; time limit, time period; (äußerste Frist) deadline; **e-e ~ von 3 Tagen** a three-day (or three days') period; **innerhalb e-r ~ von 10 Tagen** within ten days

Frist, →**Anmelde~**; →**Annahme~**; →**Ausschluss~**; →**Einlassungs~**; →**Einspruchs~**; →**Garantie~**; →**Gewährleistungs~**; →**Klage~**; →**Kündigungs~**; →**Liefer~**; →**Monats~**; →**Nach~**; →**Rechtsmittel~**; →**Rüge~**; →**Schutz~**; →**Stundungs~**; →**Überlegungs~**; →**Umtausch~**; →**Verjährungs~**; →**Vorlegungs~**; →**Zahlungs~**; →**Zeichnungs~**

Frist, abgelaufene ~ expired period, expired term; **noch nicht abgelaufene ~** unexpired time; **angegebene ~** specified (or indicated) period; **angemessene ~** reasonable (or adequate) period (of time); **begrenzte ~** limited period; **innerhalb e-r bestimmten ~** within a specified (or fixed) period (of time); within a set (or stated) period; **innerhalb e-r festgesetzten ~** within a given (or set) period; **vor Ablauf der festgesetzten ~** before the specified period has expired (or elapsed); prior to expiration of the time limit; **noch festzusetzende ~** period yet to be fixed; **innerhalb der genannten ~** within the stated period; within the period specified; **gesetzliche ~** time (or period, term) prescribed by law; statutory period; **innerhalb der gewährten ~** within the period allowed

Frist, den Vertrag mit halbjähriger ~ kündigen to terminate the agreement by giving six months' notice

Frist, innerhalb kurzer ~ within a short period of time; promptly; **binnen kürzester ~** within the shortest possible time

Frist, vereinbarte ~ agreed period; period stipulated; **vertraglich vereinbarte ~** period stipulated in the contract; **verlängerte ~** extended period; **versäumte ~** unobserved time limit; **innerhalb der vorgeschriebenen ~** within the prescribed time limit; **innerhalb der in § 1 vorgeschriebenen 2 wöchigen ~** within the time limit of 2 weeks prescribed in section 1

Frist, ihm wurde e-e weitere ~ von 8 Tagen gewährt he was granted (or allowed) a further (or an additional) 8 days; he got an extension of 8 days

Frist, mit wöchentlicher ~ kündigen to give one week's notice

Frist, zusätzliche ~ additional period; *(Nachfrist)* period of grace

Frist, →**Ablauf e-r ~**; →**Anfang e-r ~**; →**Berechnung e-r ~**; **Einhaltung e-r ~** compliance with (or observance) of a (set) period; meeting a deadline; **ohne Einhaltung e-r ~ kündigen** to dismiss without (giving) due notice; **unter Einhaltung e-r 3 monatigen ~** within (or subject to) a term of 3 months; **dieses Abkommen kann unter Einhaltung e-r ~ von 6 Monaten gekündigt werden** *(VölkerR)* this agreement is subject to six months' notice; this agreement may be denounced by giving six months' notice; **Einhaltung der ~ ist wesentliche** →**Vertragsbedingung**

Frist, →**Ende e-r ~**; **Festsetzung e-r ~** fixing of a time limit; setting of a period (or time); →**Lauf(zeit) e-r ~**; **Nichteinhaltung der ~** non-observance of the time limit; →**Versäumnis der ~**

Frist, ~ zur Anmeldung der Forderung gegen seine Versicherung period for making a claim against one's insurance; **~ für die Klagebeantwortung** time for service of defence (defense); **~ für die Klageerhebung** time within which an action must be brought

Frist, e-e ~ abkürzen to shorten a period of time; to shorten (or abridge) the time allowed; **die ~ ist abgelaufen** the period (or time limit) has expired; the period has ended (or came to an end); **e-e ~ angeben** to indicate a timelimit; **die ~ beginnt** time begins to run; **die ~ beginnt am** the period shall run from, the time limit shall start on; **die ~ beginnt zu laufen** the period of time shall start (or starts) to run; **e-e ~ berechnen** to compute a time limit; **e-e ~ bestimmen** to fix (or determine) a term (or time limit); to specify a period; **e-e ~ bewilligen** to allow (or grant) time; **die ~ (nicht)** →**einhalten**; **e-e ~ einräumen** →e-e Frist gewähren; **die ~ endet** the period expires; the period shall expire; **e-e ~ festsetzen** →e-e Frist setzen; **an e-e ~ gebunden sein** to be subject to a time limit; **e-e ~ gewähren** to allow (or grant) an extension (of time); *(Zahlungsfrist)* to grant (or give) a respite; to defer payment; **e-e ~ von 3 Wochen für die Einreichung von ... gewähren** to allow 3 weeks for filing (or within which to file) ...; **den Vertrag mit halbjähriger ~ kündigen** to give half year's notice of termination of contract; **die ~ läuft** the period runs (or shall run)(bis until); **die ~ läuft ab** the period (or term) expires (or shall expire) (am on); **e-e ~ setzen** to set a deadline; to fix (or set, specify) a period of time (or time limit); **dem Schuldner e-e ~ zur Zahlung setzen** to give the debtor a time limit (or deadline) for payment; **die ~ überschreiten** to exceed the timelimit; to exceed the (prescribed) period (of time); **die ~ wird unterbrochen** the period shall be interrupted; **e-e ~ verkürzen** to shorten a time limit; to reduce a period (of time); **die ~ verlängern** to extend the time limit; **die ~ versäumen** to fail to observe the time limit; to default; **e-e ~** →**verstreichen lassen**; **die ~ ist** →**verstrichen**; **sich e-e ~** →**vorbehalten**; **im Vertrag ist e-e ~ vorgesehen** a time limit is set by the contract; the contract provides for (or specifies) a period of time; **die ~ wahren** s.

die Frist →einhalten; **e-e angemessene ~ zubilligen** to allow a reasonable time

Frist~, ~ablauf *Br* expiry (*Am* expiration) of the time limit *(→Ablauf e-r Frist)*; **nach ~ablauf** when the time limit has expired; upon *Br* expiry (*Am* expiration) of the time limit; **~beginn** →Anfang e-r Frist; **~berechnung** →Berechnung e-r Frist; **~bestimmung** fixing (or determination) of a time limit; provision specifying a period of time; **~bewilligung** granting of time; **~einhaltung** Einhaltung e-r →Frist; **~ende** →Ende e-r Frist

Fristenlösung (Fristenregelung) *(strafloser Schwangerschaftsabbruch während der ersten drei Monate e-r Schwangerschaft)* non-punishable termination of pregnancy during the first three months of pregnancy

fristgebundene Schriftstücke documents which have to be filed within a time limit

fristgemäß timely; in due time; on time; within the specified time; within the set period; within the required deadline; **nicht ~** late; out of time; **~e Bezahlung** due (or timely) payment; **~e Erfüllung** performance within the time allowed; punctual performance; **~e Kündigung** (dismissal with) due (or timely) notice; **~e Lieferung** delivery within the agreed time; timely delivery; **e-e Beschwerde ~ einlegen** to file an application within the prescribed time

fristgerecht →fristgemäß

Frist~, ~gesuch application for extension of time; *(Zahlungsfrist)* petition (or request) for respite, petition to grant a respite; **~gewährung** granting a respite (or an extension)

fristlos without (prior) notice; **~e →Entlassung**; **~e →Kündigung**; **~ →entlassen**; **jdm ~ kündigen** to terminate sb.'s employment without notice; to dismiss sb. summarily; **e-n Vertrag ~ kündigen** to terminate a contract without (prior) notice

Frist~, ~sachen matters which are subject to a time limit; **~setzung** fixing a period; setting a time limit; **in Ermangelung e-r ~setzung** if no time is fixed; **~überschreitung** exceeding (or overstepping) the time limit; **~unterbrechung** interruption of a period (of time)

Fristverlängerung extension of time (or a time limit); *(bei Zahlungen)* extension (or prolongation) of time (allowed) for payment; **~ beantragen (bekommen, gewähren, verweigern)** to request (get [or be granted], grant, refuse) an extension of time

Fristversäumnis default (in respect of time); non(-)observance of the timelimit

Front, im aktiven Dienst an der ~ *mil* on active duty; **~staaten** front-line states; **~zulage** *mil* active service allowance; **die Aktienkurse stiegen auf breiter ~** share prices rose across the board

Frontal-Zusammenstoß *(Kfz)* head-on collision; frontal impact

frontal zusammenstoßen *(Kfz)* to collide head-on

Frostschaden frost damage; **~versicherung** frost damage insurance

Frostschutzmittel anti-freeze

Frucht~, ~gewinnungskosten expenses of production of the fruits; **~handel** fruit trade; **f~los** ineffectual, without results; in vain, futile; **f~lose Pfändung** futile (or abortive, unsatisfied) seizure; **~nießer** *(Österreich)* →Nutznießer; **~nießung** →Nießbrauch

Früchte auf dem Halm growing (or standing) crops; emblements; **→Pfändung der ~**

Früchte~, ~anteil share of fruits; **~ e-s Rechts**[137] usufruct; **~ e-r Sache**[138] fruits of a thing; **das dingliche Recht, die ~ eines Gegenstands (des Schuldners) zu ziehen** *(InsR)* right in rem to the beneficial use of assets

Frühbezugsrabatt seasonal allowance (allowance for early orders)

Früherkennung, Voruntersuchung zur ~ von Krankheiten medical checks to allow early diagnosis of illnesses; health screening

Früh~, ~geburt premature birth; **~invalide** person who is disabled early in life; **~jahrsmesse** spring fair; **~pensionierung** early retirement; **~warnsystem** *mil* early-warning system; AWACS[139]

früher *(ehemalig)* former; past; late; *(vorhergehend)* previous; prior; *(einst)* formerly; *(eher)* earlier, sooner; **~e Abmachung** previous agreement; **~e Anmeldung** *(PatR)* prior (or previous, earlier) application; **~er Anspruch** antecedent claim; **~es Dienstverhältnis** past employment; **~er Inhaber** previous holder; **der ~e Präsident** the past president; **meine ~e Tätigkeit** my previous occupation; **~e Veröffentlichung** prior publication; **zu e-m ~en Zeitpunkt** at an earlier date; **Wiederherstellung des ~en Zustandes** restoration of the former condition

frühestens at the earliest; not earlier than; **die Frist endet ~ nach ...** the time limit shall expire at the earliest on; **~ wirksam werden am ...** to take effect on ... at the earliest

frühestmöglich, zum ~en Zeitpunkt at the earliest possible time

FTE (Forschung und technologische Entwicklung) RTD; **~-Politik der Gemeinschaft** *(EU)* Community RTD policy

FuE (Forschung und Entwicklung) RD (research and development); **~-Politik der Gemeinschaft** *(EU)* Community RD policy

fügen, sich ~ in to submit to, to defer to, to yield to, to acquiesce in

Fühlungnahme consultation; **nach ~** after consultation; **ständige ~** continuous contact; regular consultation

Führen, ~ von Kennzeichen[140] display of identification markings; **ungeeignet zum ~ von Kraftfahrzeugen**[141] unfit to drive motor vehicles; **unberechtigtes ~ e-s Titels** unauthorized bearing of a title

führen to lead, to guide, to conduct; (bei sich führen) to carry; *(e-n Betrieb)* to manage; *(Namen, Titel)* to bear; *(im Angebot haben)* to stock; **~ zu** *(zur Folge haben)* to lead to, to result in; **sich gut ~** to conduct oneself well; **sich schlecht ~** to misconduct oneself, to behave badly, to be guilty of misconduct; **e-n →Artikel ~**; **ein →Fahrzeug ~**; **ein →Geschäft ~**; **die →Geschäfte ~**; **e-n →Prozess ~**; **die Straße führt nach** the road leads to; **Waren ~** *(auf Lager haben)* to deal in goods; to have goods in stock, to stock goods; to carry goods; **Waren durch ein Land ~** to pass goods in transit

führend leading; *(leitend)* managerial; **~e Rolle** leading role, leadership; **~e Stellung** leading position; position of authority; *(in Geschäftsunternehmen)* executive position; **~e Vertreter des politischen Lebens** political figures; **~e Werte** *(Börse)* leaders, leading shares; **~e Wirtschaftsleute** business leaders, leading businessmen

geführt, gut ~ *(Unternehmen)* well-run; well-managed

Führer leader; *(e-s Fahrzeugs)* driver; **→Geschäfts~**; **→Partei~**; **→Rädels~**; **→Wirtschafts~**; **~eigenschaften** qualities of leadership; managerial qualities

Führerschein[142] *Br* driving licence; *Am* driver's license, operator's license; **~ auf Probe** *Br* probationary (or provisional) driving licence; *Am* temporary (or provisional) drivers' license; **internationaler ~**[143] international driving permit; **nationaler ~**[144] domestic driving permit; **Ausfertigung e-r Ersatzurkunde für e-n verlorenen ~** making out a duplicate of a lost Führerschein; **Entziehung des ~s** s. Entziehung der →Fahrerlaubnis; **Fahren trotz eingezogenen ~s** →einziehen; **Inhaber e-s ~s** holder of a licen|ce (~se); **~entzug** s. Entziehung der →Fahrerlaubnis; **den ~ einziehen** to withdraw and retain the *Br* driving licence *(Am driver's license)*; **den ~ entziehen** s. die →Fahrerlaubnis entziehen; **ihm wurde der ~ für 6 Monate entzogen** his driving licence was withdrawn (*Am* suspended) for six months; *Br* he was disqualified (from driving) for 6 months; **den ~ erwerben** s. die →Fahrprüfung machen; **e-e Strafe auf dem ~ vermerken** to endorse a licen|ce (~se); **den ~ amtlich verwahren** to have official custody of the driving licence

Fuhr~, **~park** fleet (of vehicles); car pool; *Br* lorry (*Am* truck) pool; **~unternehmer** haulage contractor

Führung *(Leitung)* conduct, direction; guidance; management; leadership; *(Verhalten)* conduct; **unter der ~ von** under the leadership of; under the management (or direction) of; directed (or guided) by; **gute ~** good management; good conduct; **bei guter ~** during good behavio(u)r; **schlechte ~** bad management; bad conduct; **jdn mit der ~ der Geschäfte betrauen** to entrust sb. with the management; **die ~ übernehmen** to take the lead

Führung, ~ der Bücher →Buchführung; **~ der Geschäfte** conduct of the business; **~ der Geschäfte e-r Gesellschaft** management of the business of a company (corporation, partnership, association, etc); **~ von →Handelsbüchern**; **~ e-s Haushalts** →Haushaltsführung; **~ von →Kraftfahrzeugen**; **~ des Protokolls** →Protokollführung; **~ e-s Prozesses** →Prozessführung; **~ von Verhandlungen** conduct of negotiations; **~ der Vormundschaft** acting as guardian, performing the duties of a guardian

Führungs, ~- managerial, managing; *Am* executive; relating to sb.'s conduct; **~aufgaben** managerial tasks; *Am* executive functions; **~aufsicht**[145] supervision of conduct (e. g. of a →Rückfalltäter) *(→Bewährungshelfer)*; **auf ~ebene** at executive level; **Gespräche auf ~ebene** *pol* top level talks; **~eigenschaften** managerial qualities; **~fähigkeit** leadership ability; executive ability; **~gremium (od. ~gruppe)** *(z. B. e-s Konzerns)* management group (or team); executive body

Führungskraft manager; executive; *Am* executive officer; *pol* leader; **ältere ~** senior manager; senior executive; **fachliche ~** functional manager; **→Nachwuchs~**; **oberste ~** chief executive; **weibliche ~** woman executive

Führungskräfte managers, managerial staff; management-level employees; executives, executive staff; **Auswahl von ~n** managerial selection; **höhere ~** advanced management; **industrielle ~** industrial management; **mittlere ~** middle management; **obere ~** top management; top executives; **untere ~** lower (or junior) management; junior executives; **wissenschaftliche ~** leading scientists

Führungs~, **~nachwuchs** young executives; **~qualitäten** leadership (or managerial qualities; management skills;; **~spitze** top management; **~stil** style (or pattern) of leadership; managerial style; **~struktur e-s Unternehmens** management structure of an enterprise; **~technik** management technique; **~wechsel** change in leadership, change at the top

Führungszeugnis, **polizeiliches ~** police certificate of good conduct; police evidence as to character

Fund[146] *(Auffinden)* finding; finding of lost property; *(Objekt)* find; found object; →**Anzeigepflicht bei ~**; **Klein~**[147] small find (found object worth up to Euro 10)

Fundament foundation, basis; **~aldaten** fundamentals

Fund~, **~büro** lost property office; *Am* lost and found (office); **~ort** place of discovery of lost property; **~sache** lost property; object found; **~stelle** source; reference; **~unterschlagung** stealing (or larceny) by finding

Der Finder hat dem Eigentümer oder einem ihm bekannten Empfangsberechtigten, sonst der zuständigen Polizeibehörde, unverzüglich Anzeige zu erstatten (außer bei einem Kleinfund bis zu Euro 10.-); er ist sonst der Fundunterschlagung schuldig.

The finder shall report the find without delay to the owner or a person known by the finder to be entitled to receive the object or, failing such person(s), to the police (except in the case of finds worth up to Euro 10.-); otherwise the finder is guilty of theft by finding.

fundieren to fund; to consolidate; to lay the foundation of

fundiert, **~e Anleihe** consolidated loan; **~es Einkommen** unearned income; **~e Schuld** *(langfristige öffentliche Schuld)* consolidated debt; **gut ~es Unternehmen** well-established enterprise

Fundierungsanleihe funding loan (or bond)

Fünfergruppe (G5) Group of Five (acting together to establish greater international currency stability) USA, Japan, Germany, United Kingdom, France

fünffach five-fold; **in ~er Ausfertigung** in quintuplicate

fünf~, **F~jahresplan** five-year plan; **F~tagewoche** five-day week; **F~unddreißig- Stundenwoche** thirty-five-hour week

fungib, **~el** fungible; **~le Produkte** *(Produkthaftung)* fungible (or generic no brand name) products; **~le Sachen** fungible items, fungibles; interchangeable items

Fungibilien →fungible Sachen

Fungibilität fungibility

fungieren, **~ als** to act (or function) as; *(amtieren)* to officiate as; **als jds Vertreter ~** to represent sb.; to substitute for sb.; to deputize for sb.

Funk radio; **~anlage** radio installation; **~bearbeitung** radio adaptation; **~bild** radio picture; telephoto; **~entstörung**[148] radio interference suppression; **~fassung** radio version; **~fernschreiber** radio teleprinter; *Am* radio teletyper (RTT); **~fernsprecher** radio (tele)- phone; **~piraten** radio pirates; **~piraterie** unauthorized broadcasting of radio or television signals

Funkruf radio paging; **~dienst** paging; **~system** radio paging; paging system

Funksendung[148a] radio transmission; broadcast; **Recht der Wiedergabe von ~en** *(UrhR)* right of communicating broadcasts

Funk~, **~sprechverkehr** radio telephony; **~spruch** radio message; **verschlüsselter ~spruch** radio code message; **e-e ~station errichten** to establish a radio station; **~störung** radio interference; *(beabsichtigt)* radio jamming; **~streifenwagen** (police) patrol car; *Am* squad (or prowl) car; *Am* cruiser; **~telegramm** radio(tele)gram; **~telegraphie** radio telegraphy; **~verkehr** radio communication; **~werbung** radio advertising

Funktion function; **beratende ~** deliberative (or advisory) function; **richterliche ~en** judicial functions; **f~sfähiger Wettbewerb** workable competition; **~srabatt** functional discount; **~sschwäche** functional weakness; **e-e ~ übernehmen** to assume a function

funktional functional

Funktionär functionary; official

Funktionieren, **reibungsloses ~** smooth functioning (or working); **~ e-s Abkommens** operation of an agreement

Für und Wider pro(s) and con(s)

Fürsorge care, assistance; welfare; **öffentliche ~** →Sozialhilfe; **Recht auf ~**[149] right to (social and medical) assistance

Fürsorgeabkommen, →**Europäisches ~**

Fürsorge~, **~einrichtungen** welfare institutions; **~empfänger** →Sozialhilfeempfänger; **~erziehung**[150] *(nach früherem Recht; →Heimerziehung)* care (of a child) by foster parents or *Br* in a community home; **~leistungen** →Sozialleistungen; **~pflicht** *(des Arbeitgebers)* duty to give (social and medical) assistance; **~wesen** social welfare, *Am* public assistance *(→Sozialhilfe)*

Fürsorger(in) social worker

Fürsprache intercession, interceding; **~ einlegen bei jdm für jdn** to intercede with sb. for sb.

Fürsprecher interceder, intercessor (bei with); *(für Interessengruppe)* advocate

Fusion *(Unternehmenszusammenschluss)* amalgamation, fusion; *(durch Aufnahme)*[151] merger (the acquisition by one company [*Am* corporation] of another through an exchange of shares or property or the purchase of assets); *(durch Neubildung)*[152] consolidation (a union of several companies [*Am* corporations] into a new one); **~ von branchenfremden Firmen** *Am* conglomerate (merger); **~ von Kapitalgesellschaften** consolidation (or merger) of companies; *Am* corporate consolidation (or merger); **Zusammenschluss von Unternehmen durch ~** concentration by means of consolidation (or merger)

Fusions~, ~bilanz balance sheet after merger (or consolidation); **~gewinn** consolidation (or merger) profit

Fusionskontrolle merger control, control of mergers

Fusionskontrolle ist die Ermächtigung des Bundeskartellamts, einen Zusammenschluss zu untersagen, wenn dadurch eine marktbeherrschende Stellung entstehen oder verstärkt würde.

Merger control is the power of the Federal Cartel Authority to prohibit a merger if it creates or strengthens a market-dominating position.

Fusionskontrollverordnung *(ist im Sept. 1990 in Kraft getreten) (EU)* Merger Control Regulation

Fusionsplan merger plan

Fusionsvertrag merger agreement; consolidation agreement, agreement of consolidation; amalgamation agreement; *(EG)* Merger Treaty

fusionier, ~en to merge; to effect a merger; to consolidate; *Br bes* to amalgamate; **ein Unternehmen ~t mit e-m anderen Unternehmen** an enterprise merges (or is consolidated, amalgamated) with another enterprise

fusionierte Gesellschaft merged company

Fuß, auf freiem ~ at large; **sich gegen →Sicherheitsleistung auf freiem ~ befinden; jdn auf freien ~ setzen** to release sb., to set sb. free

Fußballtoto football pools

Fußgänger pedestrian; *colloq. (verkehrswidriger)* jaywalker; **~ampel** pedestrian light; **~bereich** →Fußgängerzone; **~-Überweg** pedestrian crossing; zebra crossing; **~-Unterführung** pedestrian underpass (or subway); **~verkehr** pedestrian traffic; **~zone** *Br* (traffic-free) pedestrian zone (or precinct); *Am* pedestrian mall

Futter~, ~getreide feed grain; **~mittel** feeding stuffs; cattle feed

G

G 5 →Fünfergruppe

G 7 →Siebenergruppe

G8 →Achtergruppe

G10 →Zehnergruppe

Gabun Gabon; **~ische Republik** Gabonese Republic

Gabuner(in), gabunisch Gabonese

Gage *(an Künstler)* salary, pay, fee (of artists)

Gallone gallon (3,785 l)

Gambia The Gambia; **Republik ~** Republic of the Gambia

Gambier(in), gambisch Gambian

Gang *(Verlauf)* course; *(Besorgung)* errand; *(Fortgang)* progress; *(Ablauf)* process; *(Auto)* gear; *(Menü)* course; **→Arbeits~**; **→Geschäfts~**; **→Verfahrens~**; **im ~(e)** *(Konferenz, Verhandlungen, Arbeit etc)* in progress, in process; *(Maschine)* in operation, running; **in vollem ~e** in full activity (or operation); **in ~ bringen (od. setzen)** to launch, to start; to set going, to set in motion; to bring on stream; **in ~ halten** to keep going; **wieder in ~ kommen** to start up again

Gang, ~ der Ereignisse progress (or sequence) of events; **in den ~ der Rechtspflege eingreifen** to impede the course of justice; **~ der Verhandlung** *(bei Gericht)* course of trial; **~ der Verhandlungen** course of negotiations

gangbar *(praktisch möglich)* practicable, workable; *(verkäuflich)* →gängig

gängig *(üblich, bekannt)* current, common, prevalent; prevailing; *(verkäuflich)* sal(e)able, marketable; in frequent demand; **~e Münzen** current coins; **~er Preis** prevailing price; **~e Qualität** current quality; **~e Ware** readily sale(a)ble goods; **nicht mehr ~ sein** to be no longer in demand

ganz, **der ~e Betrag** the full amount; the total (amount); **~ Europa** all of Europe, the whole of Europe; **das ~e Jahr hindurch** throughout the (entire) year; **~e Ladung** full load

ganz, **im ~en** in full; as a whole; on the whole; taken altogether; *Br* by the bulk; *Am* in bulk; in the aggregate; **im ~en betragen** to total

ganz, **das Unternehmen als ~es verkaufen** to sell the enterprise (company) as a whole (or as a going concern)

ganz oder teilweise in whole or in part; **den Vertrag ~ erfüllen** to perform the contract either wholly or in part

ganzjährig all-year; **~ geöffnet** open throughout the year; open all the year round

ganzseitige Anzeige full-page ad(vertisement); spread

ganztägig full-time; **~ Arbeitender (od. Beschäftigter)** full-timer; full-time employee; **nicht ~ Beschäftigter** part-time employee; **~e Beschäftigung** full-time employment; **~ beschäftigt (od. tätig) sein** to be employed full-time; to be in full-time employment; **~** →**einsatzfähig**

Ganztags~, **~arbeit (od. ~beschäftigung)** full-time work (or job, employment)

Garage garage; **Einzel~** single garage, lock-up garage; **Groß~** *Br* multistorey car park; *Am* public garage, indoor car park; **~nbenutzung** garaging; **~neinfahrt** driveway

Garant guarantor; warrantor; person giving a guarantee (guaranty); *(für fremde Schuld)* surety; *(e-r Effektenemission)* underwriter

Garantie guarantee; *Am* guaranty; *(des Verkäufers)* warranty *(→Gewährleistung)*; *(e-r Effektenemission)* underwriting a shares issue; *(Versprechen der Schadloshaltung)* indemnity; *(für fremde Schuld)* suretyship; **ausdrückliche ~** express warranty; **befristete ~** limited guarantee; **gemeinsame (kollektive) ~** *(VölkerR)* joint (collective) guarantee; **staatliche ~** government guarantee; →**Bietungs~**; **Dauer~** continuing guarantee (until revoked by the guarantor); **Dauer e-r ~** term of a guarantee; **Einzel~** *(VölkerR)* individual guarantee; →**Konnossements~**; →**Liefer~**; **mit 2-wöchiger ~** guaranteed for 2 weeks; →**Zahlungs~**; **~ für Rechtsmängel** warranty of title

Garantie, **e-e ~ läuft ab** a guarantee expires; **e-e ~ in Anspruch nehmen** to enforce (claim under) a guarantee; **e-e ausstellen** to issue a guarantee; **~ bieten** to offer a guarantee; **e-e ~ erlischt** a guarantee expires (or is extinguished); **ein Jahr ~ geben (od. leisten)** to give a one-year guarantee; to guarantee for one year; **~ übernehmen** to guarantee; to warrant; **die ~ für die Bezahlung e-r Schuld übernehmen** to give a guarantee for the payment of a debt *(→Delkredere)*; **e-e ~ zurückziehen** to withdraw a guarantee

Garantie~, **~bedingungen** terms of guarantee; **~begünstigter** beneficiary under a guarantee; **~betrag** *(z. B. beim Delkredere des Handelsvertreters)* amount of the guarantee; **~brief** →Garantieschein; **~dauer** duration of guarantee; guarantee period; **~deckungsbetrag** *(VersR)* amount to cover guarantee

Garantieerklärung, **schriftl. ~** written guarantee *(Am guaranty)*; (guarantee) bond; *(Versprechen der Schadloshaltung)* letter of indemnity; **e-e ~ beibringen** to furnish a (guarantee) bond

Garantiefonds guarantee fund

Garantiefrist period (or term) of guarantee; warranty period; **alle innerhalb der ~ auftretenden Mängel kostenlos beseitigen** to remove free of charges any defects occurring during the guarantee (or warranty) period; **die ~ ist abgelaufen** the guarantee has expired

Garantiegeber guarantor, warrantor

Garantiegeschäft *(e-s Kreditinstituts)*[1] guarantee business

Übernahme von Bürgschaften, Garantien und sonstigen Gewährleistungen für andere.

The furnishing of bonds, personal and other guarantees for others.

Garantie~, **~gewährung** granting (or giving) a guarantee; **~haftung** →Gewährleistungshaftung; **~kapital** capital serving as a guarantee *(e. g. for the depositors of a bank)*; **~klausel** warranty clause; **~konsortium** underwriting syndicate, underwriters; **~leistung** (giving a) guarantee; guaranteeing; **~macht** *pol* guarantor power; **~nehmer** guarantee, warrantee; holder of the guarantee; **~pflicht** →Garantieverpflichtung; **~reserve** *(VersR)* liability reserve; **~schein** (guarantee) bond; certificate of guarantee (or warranty); **~schwelle** guarantee (*Am* guaranty) threshold; **~übernahme** giving of a guarantee; warranting; **~verletzung** breach of warranty

Garantieverpflichtung guarantee (obligation); warranty; **Verletzung e-r ~** breach of a guarantee (or warranty); **e-e ~ eingehen** to enter into a guarantee; **aus e-r ~ entlassen** to release from a guarantee; **e-r ~ nachkommen** to implement (or hono[u]r) a guarantee

Garantieversicherung *Br (Form der →Kautionsversicherung)* guarantee insurance; *Am* fidelity insurance; **~sgesellschaft** *Br* guarantee society; *Am* surety company

Garantievertrag guarantee agreement; contract of indemnity (guaranteeing to another party a defined risk); *(VölkerR)* treaty of guarantee; *(Effektenemission)* underwriting agreement

Garantiezeit period of guarantee; guaranty period; guaranteed period; **die ~ ist abgelaufen** the guarantee period has expired

Garantiezusage promise of guarantee

garantieren to guarantee; to warrant; *(Effektenemission)* to underwrite; **für die Echtheit ~** to guarantee the genuineness

garantiert *(Effektenemission)* underwritten; Reinheit garantiert *(bei Nahrungsmitteln)* warranted free from adulteration; **~e Anleihe** guaranteed bond; **~er Mindestlohn** guaranteed minimum wage

Garderobe cloakroom; *Am* checkroom; **~nmarke** cloakroom ticket; *Am* check

Gartenbau horticulture; gardening; *Am* trucking; **~erzeugnisse** horticultural products

Gas, Genfer Protokoll über das Verbot der Verwendung von erstickenden, giftigen oder ähnlichen ~en und bakteriologischen Kriegsmitteln im Kriege[2] Geneva Protocol prohibiting the use in war of asphyxiating, poisonous or other gases and the use of bacteriological methods of warfare

Gas~, ~anschluss gas connection; **schädliche ~ausströmung** emission of noxious gases

Gaserzeugung gas production; **~ aus Erdöl** oil-based gas production

gasgekühlt, ~er schneller Brutreaktor[3] gas-cooled fast breeder reactor (GCFR); **~er Reaktor**[3] gas-cooled reactor (GCR)

Gas~, ~heizung gas heating; **~kammer** gas chamber; **~pistole** gas pistol; **~rechnung** gas bill; **~tarif** gas rate; **~vergiftung** gas poisoning; **~versorgung** gas supply; **~vorkommen** gas deposits; **~werk** gas works; **~wirtschaft** gas industry; **~zähler** gas meter; **~zentrifugenverfahren zur Herstellung angereicherten Urans**[4] gas centrifuge process for producing enriched uranium

Gast guest; *(Besucher)* visitor; *(zahlender)* paying guest; boarder; **~arbeiter(in)** foreign worker; guest worker; immigrant worker; **~dozent** guest lecturer (or professor); visiting professor; **~freundschaft** hospitality; **~geber** host (to); **~geberland** host country; **~haus (~hof)** inn; *Br bes.* pub(lic house); **~hörer** *univ* guest student; occasional student; *Am* auditor; **~land** host country; **~lehrkraft** visiting teacher; **~professor** visiting professor; **~spiel** *(Theater)* guest performance

gastlich, jdn ~ aufnehmen to receive sb. as a guest (or hospitably); to entertain sb.

Gastronomie catering (industry)

Gaststätte restaurant, inn; public house; **~ngesetz**[5] Statute Governing Restaurants; **~ngewerbe** hotel and restaurant business; hotel and catering trade; **~nwesen** hotels and restaurants

Gastwirt innkeeper, owner of an inn; hotelkeeper; landlord; *(Speiselieferant)* caterer; **~shaftung** (Haftung des Gastwirts für die von seinen Gästen eingebrachten Sachen)[6] innkeeper's liability (liability of an innkeeper for the property brought by guests to the premises); **Pfandrecht des ~s**[6a] innkeeper's lien

Die Haftung des Gastwirts kann einseitig (z. B. durch Anschlag) nicht ausgeschlossen werden.
The liability of an innkeeper may not be excluded unilaterally (e. g. by posting of notice).

Gastwirtschaft restaurant; tavern, bar; *Br* pub(lic house)

GATT →Allgemeines Zoll und Handelsabkommen Zoll- und Handelsabkommen

GATT (General Agreement on Tariffs and Trade) ist ein 1947 von zunächst 23 Ländern abgeschlossener Vertrag, dem sich inzwischen zahlreiche Länder[7] angeschlossen haben. Ziel des GATT ist der Abbau der Hemmnisse des internationalen Handelsverkehrs (Zölle, Einfuhr-Kontingente, Diskriminierungen, Dumpingpreise). Bisher größte Leistung: Kennedy-Runde. Sitz: Genf.
GATT is an agreement first concluded in 1947 between 23 countries; since then numerous countries have become members. The aim of GATT is to abolish the restrictions on international trade (customs duties, import quotas, discrimination, dumping prices). Greatest achievement so far: Kennedy-Round negotiations. Seat: Geneva

Gatte →Ehegatte

Gattung kind, class; species; **mehrere ~en umfassender Anspruch** *(PatR)* generic claim; **~ der Aktien** class of shares

Gattungs~, ~begriff generic term; **~bezeichnung** generic name (or term); class designation; **~kauf**[8] purchase of fungible goods; purchase of unascertained goods; purchase by description *(Ggs. Spezieskauf)*

gattungsmäßig bezeichnete Waren unidentified goods

Gattungssachen fungible goods; unascertained goods; **der Kaufvertrag betrifft ~** the contract relates to a sale of unascertained goods

Gattungs~, ~schuld[9] obligation in kind; debt described by class; **~tierkauf** sale of animals by description

Gattungsvermächtnis[11] general legacy; **beschränktes ~** demonstrative legacy

Gattungswaren unascertained (or fungible) goods; goods by description

geändert, **wesentlich ~** materially altered; **~er Patentanspruch** amended claim; **Gesetz ~ durch** law amended by; **die Preise haben sich erheblich ~** prices have changed considerably

Gebäude building; *(großes)* edifice; *(mit Grund und Boden)* premises; **Bank~** bank premises; →**bewohntes ~**; →**leerstehendes ~**

Gebäude~, **~abschreibung** *(Bilanz)* depreciation on premises; **~bestandteil** fabric of a building; **~haftung** *(bei Einsturz od. durch die Ablösung von Teilen des Gebäudes)*[12] houseowner's liability (for damage caused by the total or partial collapse of a building); **~reparaturen** repairs to a building; **~teil** part of a building; **~unterhaltung** maintenance of a building; house maintenance; **~versicherung** insurance on buildings

geben, **e-n Kredit ~** to give (or grant, allow) a credit (or loan) *(→gegeben)*

Geberland *(Entwicklungshilfe)* donor country *(Ggs. Empfängerland)*

Gebiet 1. territory; *(Bezirk)* district; region; *(Fläche)* area; →**Absatz~**; →**Bundes~**; →**Grenz~**; →**Hoheits~**; →**Industrie~**; →**Jagd~**; →**Staats~**; →**Vertreter~**; →**Zoll~**

Gebiet, **auf deutschem ~** in German territory; on German ground; →**dichtbesiedeltes ~**; **ländliches ~** rural area; **städtisches ~** urban area; *Am* municipal area

Gebiets~, **~abtretung** *(VölkerR)* cession of a territory; **~änderung** territorial change; change of territory; **~ansässiger**[13] resident; **~anspruch** territorial claim; **~ausländer** non-national; **~austausch** exchange of territories; **~erwerb** acquisition of territory; **~fremder**[14] non-resident; **~grenze** territorial limit; **~hoheit** territorial jurisdiction (or sovereignty)

Gebietskörperschaften *(Staat, Länder, Gemeinden etc)* regional (and/or local) authorities; territorial authorities; political subdivisions; **Europäisches Rahmenübereinkommen über die grenzüberschreitende Zusammenarbeit zwischen ~**[14a] European Outline Convention on Transfrontier Co-operation between Territorial Communities or Authorities

Gebiets~, **~veränderung** territorial change; **~verletzung** territorial violation; **~verlust** loss of territory

Gebiet 2. *fig (Bereich, Fach)* field, province, sphere; scope; domain; line; →**Arbeits~**; →**Aufgaben~**; →**Interessen~**; →**Rechts~**; →**Tätigkeits~**

Gebiet, **auf dem ~ der Kunst** in the field of art; in the artistic domain; **neues ~** *fig* new frontiers; **neues ~ erschließen** to break new ground; **auf sozialem ~** in the social field; **es gehört nicht in mein ~** it is not within my province (or field)

geboren born; **im Ausland ~** foreign-born; →**außerehelich ~**; →**ehelich ~**; **~er Deutscher** German by birth

geborene (geb.) *(Hinweis auf den Mädchennamen e-r verheirateten Frau)* née

Geborenenziffer birth rate

geborgenes Gut salvage, property salvaged (saved from shipwreck, fire etc) *(→bergen)*

Gebot 1. *(bei Versteigerungen)*[15] bid; **Abgabe von ~en** bidding, offering a price (at public sale); **geringstes ~** lowest bid; **höheres ~** higher bid; **Höchst~** highest bid; **Über~** higher bid; **ein ~ abgeben** to bid; to make a bid (or an offer) (at an auction); **das erste ~ abgeben** to make the first bid; to start a price; **ein ~ erlischt, wenn ein Über~ abgegeben wird** a bid ceases to be effective when a higher bid is made; **die Abgabe von ~en bei e-r Auktion in die Höhe treiben** to run up the bidding at an auction

Gebot 2. **~e und Verbote** *(im Verkehr)* orders and prohibitions; **~szeichen** *(Verkehr)* obligatory (or mandatory) sign

gebotener Preis price offered; *(bei Auktionen)* bid price *(→bieten)*

Gebrauch 1. *(Benutzung)* use, using; usage; **allgemein in ~** in common use; **außer ~** out of use; in disuse; obsolete; **außer ~ kommen** to fall into disuse; to become obsolete; **gewöhnlicher ~** ordinary use; **bei ordnungsgemäßem ~** *(z. B. e-r Maschine)* with proper use; **für den persönlichen ~** for personal use; **Gegenstände des persönlichen ~s** personal effects; **unbefugter ~ von Kraftfahrzeugen** →Gebrauchsanmaßung; →**vertragsgemäßer ~**

Gebrauchsanmaßung (furtum usus) unlawful possession; temporary unauthorized use of the property of another; *(unbefugter Gebrauch von Fahrzeugen)*[16] taking a vehicle without the owner's consent; joy-riding; *(des öffentlichen Pfandleihers)*[17] unauthorized use of pledged property by the pawnbroker

Gebrauchsanweisung directions for use

gebrauchsfähig serviceable, workable; fit to be used; **ein Kraftfahrzeug ist ~** a motor vehicle is roadworthy

Gebrauchs~, **~gegenstand** article of daily use; *(bes. für Haushalt)* utensil; **persönliche ~gegenstände** personal effects; **~graphik** commercial art (or design); **~graphiker** commercial artist (or designer); art designer; **~güter** durable consumer goods, (consumer) durables;

utility goods; **angewandte ~kunst** applied utility art; **~lizenz** licen | ce (~se) to use

Gebrauchsmuster utility model; **eingetragenes ~** registered utility model; **Geheim~** secret utility model; **das ~ erlischt** the utility model lapses

Gebrauchsmusteranmeldung application for registration of a utility model; utility model application
Gegenstände, für die der Schutz als Gebrauchsmuster verlangt wird, sind beim Patentamt schriftlich anzumelden[21]. Das Patentamt verfügt die Eintragung in die Rolle für Gebrauchsmuster.[22]
With respect to articles which are sought to be protected as utility models a written application shall be filed with the Patent Office. The Patent Office directs registration in the Register for utility models.

Gebrauchsmusterberühmung[17a] marking and notification of utility model rights; **unberechtigte ~** fallacious allusion to protection of a utility model

Gebrauchsmuster~, **~eintragung** registration of a utility model; **~gesetz**[18] Utility Model Act; **~rolle**[19] Utility Model Register

Gebrauchsmusterschutz (legal), protection of a utility model (through registration); **steht ein Gegenstand unter ~, so kann darauf durch die Bezeichnung DBGM (Deutsches Bundes-Gebrauchsmuster) hingewiesen werden** if an article is subject to utility model protection, it may be marked with the designation "DBGM"

Gebrauchsmuster~, **~streitsachen**[20] utility model proceedings; **~zertifikat** utility certificate

Gebrauchstauglichkeit merchantability

Gebrauchsüberlassung permitting the use (of); transferral (of goods) for use; **unbefugte ~ der Mieträume an e-n Dritten** unauthorized subletting of the premises to a third party

Gebrauchs, **für g~unfähig erklären** to declare unfit for use; *(Gebäude)* to condemn (as unfit for habitation); **~wert** value in use, use value, utility value *(Ggs. Tauschwert)*

Gebrauch machen von to make use of; to avail oneself of; **hiervon wird häufig Gebrauch gemacht** this is often used *(or utilized)*; use is frequently made of this

Gebrauch 2. *(Gepflogenheit)* usage; (habitual or customary) practice; **nach den Gebräuchen** by usage; **Sitten und Gebräuche** established customs; manners and customs; **den Gebräuchen entsprechen** to conform with (the) custom (or customary practice), to be in accordance with custom

gebrauchen to use, to make use of; to utilize; to avail oneself (of); to employ; **falsch ~** to misuse, to use wrongly, to apply to wrong purpose

gebraucht used, second-hand; **G~gegenstände** used goods; second-hand goods; **G~wagen** used car; second-hand car; **G~warenhandel** dealing in second-hand goods; used goods trade; **G~wert** second-hand value

Gebrechen defect; infirmity; **körperliches oder geistiges ~** physical (or mental) defect (or incapacity)

Gebrechlichkeitspfleger[23] *(bis 31. 12. 1991, cf. Betreuung 1.)* curator appointed for a mentally or physically incapacitated person

Gebrechlichkeitspflegschaft[24] *(bis 31. 12. 1991, cf. Betreuung 1.)* curatorship ordered in case of mental or physical incapacity
Die Gebrechlichkeitspflegschaft ist abgeschafft. →Betreuung.
This kind of curatorship has been abolished; →Betreuung.

gebrochener Termin *(unübliche Fälligkeit e-s Devisentermingeschäftes)* broken (*or* odd) date

Gebrüder Meyer *(Firmenbezeichnung)* Meyer Bros. (brothers)

Gebühr fee; charge; rate; *(für Straßenbenutzung)* toll; **zu entrichtende ~** fee to be paid; fee payable; **ermäßigte (od. herabgesetzte) ~** reduced fee (or rate); **gesetzliche ~** fee required by law; statutory fee; **zusätzliche ~** additional charge; **~ für die Benutzung der →Transitwege**

Gebühren, **~ beitreiben** to recover fees; **~ berechnen** to charge (or calculate) fees; **die üblichen ~ berechnen** *(Arzt, Anwalt)* to charge at customary rates (professional charges); **die ~ rechtzeitig entrichten** to pay the fees in due time; **~ erheben** to charge fees; *(unstatthaft)* to extort (or exact) fees; **~ erlassen** to waive (or remit) fees; **~ niederschlagen** to abate fees; **~ senken** to lower (or cut) rates

Gebühren~, **~anhebung** *(z. B. der Post)* increase in charges (or rates); **~anzeiger** *tel* call charge indicator; **~aufstellung** statement (of fees or charges); schedule (of fees or charges); **~berechnung** calculation of fees (or charges); **~einheit** *tel* unit of charges; **~erhöhung** →Gebührenanhebung; **~erlass** remission (or waiver) of fees; **~ermäßigung** reduction of fees; **~erstattung** refund (or repayment) of fees (or charges)

Gebührenforderung, **unstatthafte ~** charging illegal (or improper, excessive) fees; extortion of fees

gebührenfrei free of charge(s); without charge; exempt from fees; *(Zollgebühren)* duty-free; **~e**

Lizenz royalty-free licen|ce (~se); **die Entscheidung erging ~** the decision was rendered free of costs

Gebührenfreiheit exemption from charges (or fees); *(Post)* free postage

Gebührenmarke, **Gebühren können durch Verwendung von ~n entrichtet werden** fees may be paid by using fee stamps (or revenue stamps)

Gebührenordnung *Br (z. B. der Anwälte)* scale of fees; *Am* schedule of fees (or rates), *(→Bundesgebührenordnung, →Allgemeine Deutsche Gebührenordnung)*; **~ für Ärzte** (GOÄ) scale of medical fees; **~ der Europäischen Patentorganisation**[25] Rules Relating to Fees of the European Patent Organisation

gebührenpflichtig subject (or liable) to a fee (or charge); *(Zollgebühren)* dutiable; *(Post)* subject to postage; postage to be paid; **~er Anspruch** *(PatR)* claim incurring fees; **~e Autobahn** turnpike road; toll road; **~e →Verwarnung**

Gebühren~, **~rechnung** note of fees; bill (or account); **~rückerstattung** refund (or repayment) of a fee (or charge),; **~satz** rate (or fees); *(Post)* postal rate; *Br* postage rate; **(amtl.) ~sätze** *(Gericht)* (official) scale of fees; **~senkung** lowering of charges (or rates); **~stempel** fee stamp; **~tabelle** scale (or table) of charges (or fees); fee schedule; *(Lizenz- od. Patentgebühren)* scale of royalties; **~tarif** scale of charges (or fees); **~überhebung**[26] unauthorized (or excessive) levying of charges (or fees) (by a person acting in an official capacity); **~verzeichnis** schedule of fees; **~vorschuss** advance payment of charges (or fees); charges paid in advance; *(e-s Anwalts)* retaining fee, retainer, *Br* (solicitor) payment on account (of costs)

gebührend due, duly; proper(ly); **unter ~er →Berücksichtigung**; **~e →Sorgfalt**; **~ →berücksichtigen**

gebunden bound; *(Kapital)* tied (up), *(gelenkt)* controlled; *(politisch)* committed; **politisch nicht ~** non-aligned; **vertraglich ~** bound by contract

gebunden, **an das Gold ~** linked to gold; **noch nicht ~e Haushaltsmittel** appropriations not yet committed; **~er Preis** *(behördlich)* regulated (or controlled) price; *(vertikal)* maintained price

gebunden, **an ein Angebot ~ sein** to be bound by an offer; **an e-e Frist ~ sein** to be subject to a time limit

Geburt birth; *(Entbindung)* confinement; **von ~** by birth; **eheliche ~** legitimate birth; **→Fehl~**; **Früh~** premature birth; **nichteheliche ~** illegitimate birth; **Betreuung vor (nach) der ~** pre-natal (postnatal) care; **Staatsangehöriger kraft ~** citizen (or national) by birth

Geburten~, **~ausfälle** birth deficiencies; **~beschränkung** birth control; voluntary parenthood; **~buch**[27] register of births; **abnehmende ~häufigkeit** decline (or fall) in the birth rate; **~kontrolle (od. ~regelung)** birth control; family planning; **~rückgang** decline in (or fall in) the birth rate; falling birth rate; **g~schwache (~starke) Jahrgänge** age groups having a low (high) birth rate; **~sterblichkeitsziffer** natal death rate; **~überschuss** excess of births; surplus of births over deaths

Geburtenziffer birth rate; **Rückgang (Steigen) der ~** decline (increase) in the birth rate; **die ~ geht zurück (steigt)** the birth rate is declining (rising)

Geburts~, **~anzeige** *(in der Zeitung)* announcement of birth; *(beim Standesamt)* registration of birth; **~beihilfe** maternity benefit; **~datum** date of birth; birth date; **~fehler** congenital (or birth) defect; **~jahr** year of birth; **~name** *(Mädchenname)* maiden name; **~ort** place of birth; **~schaden** birth injury; **~urkunde** birth certificate, certificate of birth; **~wohnsitz** (place of) residence at birth; place of birth; *(etwa)* domicil(e) of origin

Geburt, **die ~ e-s Kindes eintragen lassen** to register the birth of a child

gebürtig native (aus of); **~er Deutscher** native of Germany; native German; German by birth

Gedächtnis memory; **~feier** commemoration (ceremony); **~stätte** memorial (für to)

Gedanke thought, idea; **~naustausch** exchange of views (or ideas) (über on); **e-n ~naustausch führen** to exchange views; **der ~ ist mir gekommen** the idea (or it) has occurred (or come) to me

gedeckter →Kredit

gedenken to bear in mind; to think of; **das Haus gedachte des am ... Verstorbenen** the House paid tribute to ... who died on ...

Gedenk~, **~feier** commemoration (ceremony); **~gottesdienst** memorial service; **~minute** minute of silence, minute's silence; **~rede** commemorative address; **~sondermarke** commemorative stamp; **~stätte** memorial (für to); place of commemoration; **~tafel** memorial tablet (or plague)

Gedingelohn *(Bergbau)* (collective) piece wages

gedrängt, **~er Zeitplan** busy (or tight) schedule; **~e →Zusammenfassung**

gedrückt *(Börse)* depressed

gedungener Mörder hired assassin (or killer)

geehrt, **sehr ~er Herr X** Dear Mr. X.; **sehr ~e Herren** Dear Sirs; Gentlemen

geeignet *(Person)* fit, suited (by character, qualities, circumstances, education, etc); *(Sache)* appropriate, suitable, proper; *(in Frage kommend)* eligible; **für e-e Arbeit ~ befunden werden** to be found fit (or qualified) for a job; **~e Maßnahmen ergreifen** to take appropriate (or proper) measures; **in ~er Weise** in an appropriate manner; **zum ~en Zeitpunkt** at the proper time (or moment); **für jds Zwecke ~ sein** to be suitable for sb.'s purposes

Gefahr danger (für to); peril; risk; hazard, jeopardy; →**Brand~**; →**Bruch~**; →**Flucht~**; →**Kriegs~**; →**Lebens~**; →**See(transport)~**; →**Sonder~en**; →**Transport~**

Gefahr, auf ~ von at the risk of; **auf ~ des Absenders** at consignor's (or sender's) risk; **auf ~ des Empfängers** at receiver's (or consignee's) risk; **für Rechnung und ~ von** for the account and risk of; **gegen alle ~en** against all risks (a. a. r.); **im Falle von ~** if risk arises

Gefahr, (unmittelbar) bevorstehende (od. drohende) ~ imminent danger

Gefahr, auf eigene ~ at one's own risk; **Handeln auf eigene ~** →Handeln 1.

Gefahr, aus jds Arbeit sich ergebende ~en dangers inherent in sb.'s work; **der Ware →innewohnende ~**; **unmittelbare ~** immediate (or imminent) danger; **die damit verbundene ~** the hazard involved; →**versicherte ~**

Gefahr, ~en am Arbeitsplatz occupational hazards; **~ der Beschädigung** risk of damage; **~en der See** *(zufällige Unfälle und Verluste durch die See, →Zusammenstoß, →Schiffbruch, →Strandung)* perils of the sea (fortuitous accidents or casualties caused by the sea); **~ des zufälligen Untergangs der verkauften Sache** risk of accidental loss (or destruction) of the goods sold *(→Gefahrübergang)*; **~ des Verlustes** risk of loss

Gefahr im Verzug imminent danger; **bei ~**[28] in case of imminent danger; *(Strafprozess)* if there is a risk that a (further) delay may frustrate the conduct of a trial; **es ist ~** danger is imminent

Gefahr, sich e-r ~ aussetzen to incur a risk; to expose oneself to a danger; **sich in e-e ~ begeben (od. e-e ~ auf sich nehmen)** to assume a risk; to expose oneself to danger; **in ~ bringen** to endanger, to bring into danger, to imperil; **Stoffe, die e-e ~ darstellen** hazardous substances; **~ laufen** to run a risk, to risk; **der Käufer trägt die ~** the risk lies with the buyer; the goods are at buyer's risk; **die ~ geht mit →Lieferung der Ware auf den Käufer über**; **die ~ des →Untergangs der Ware ist auf den Käufer übergegangen**

Gefahren~, ~abwehr →Abwehr e-r Gefahr; **~abwendung** →Abwendung e-r Gefahr; **~änderung** *(VersR)* alteration of risk; **~geld** →Gefahrenzulage; **~herd** trouble spot; **~klasse** *(VersR)* class (or category) of risks; **~merkmale** *(VersR)* particulars of the risk

Gefahrenquelle source of risk; hazard; **~, die Kinder anzieht** *Br* dangerous allurement; *Am* attractive nuisance

Gefahren~, ~warnzeichen →Gefahrzeichen; **~zone** danger zone; **~zulage** danger money (or pay); *(Luftwaffe)* flying pay

Gefahrerhöhung *(VersR)* aggravation of the risk; increase of risk

Gefahrguttransport transport of dangerous goods

Beförderung von giftigen, explosiven, entzündbaren und anderen gefährlichen Substanzen.

Carriage of poisonous, explosive, inflammable, and other dangerous substances.

Gefahr~, ~stelle danger (point) (road sign indicating danger); **~stoffverordnung** Dangerous (or Toxic) Chemicals Ordinance; **~tragung** bearing the risk; risk taking, risk of loss

Gefahrübergang[29] passing of (the) risk

Mit der Übergabe der verkauften Sache geht die Gefahr des zufälligen Untergangs und einer zufälligen Verschlechterung auf den Käufer über.

On transfer of the thing (or goods) sold, the risk of accidental loss, destruction or deterioration passes to the buyer.

Gefahrübergang bei →Verzug des Gläubigers

Gefahrübergang, innerhalb von 6 Monaten vom Tage des ~s an within 6 months from the day of the passing of the risk; **vor dem ~** before the risk is passed; **der Zeitpunkt des ~s bestimmt sich nach** ... the time at which the risk shall pass shall be determined by ...

Gefahr~, ~übernahme assumption of risk; **~zeichen** *(Verkehrszeichen)*[29a] danger (or warning) sign (traffic sign indicating "danger" or "caution")

gefährden to endanger, to put in(to) danger, to imperil; *(aufs Spiel setzen)* to hazard, to jeopardize; **der Anspruch ist gefährdet** the claim is put in danger; **die Interessen ~** to endanger (or jeopardize) the interests; **jds Ruf ~** to endanger sb.'s reputation; to compromise sb.

Gefährdete, Hilfe für ~ help for socially disadvantaged persons; *(Familien)* help for problem families

Gefährdung endangering, exposure to danger; jeopardy; →**Strahlen~**; **~ des Straßenverkehrs**[31] reckless driving

Gefährdungshaftung strict (or absolute) liability (in tort); liability regardless of (or without) fault

gefährlich dangerous; (riskant) hazardous, risky; **Beförderung ~er Güter**[31a] transport of dangerous goods (→*Europäisches Übereinkommen über die internationale Beförderung gefährlicher Güter auf der Straße; s. Übereinkommen über den internationalen* →*Eisenbahnverkehr)*

gefährliche, Einstufung, Verpackung und Kennzeichnung ~r Stoffe classification, packaging and labelling of dangerous substances

gefährliche Tätigkeit, e-e besonders ~ ausüben to be engaged in an ultrahazardous activity

Gefälle *(Unterschied)* differential; *(Gefahrzeichen)* slope; grade; →**Lohn~**; →**Nord-Süd-~**; →**Zins~**; **~ in der Lebenshaltung** standard of living differential

Gefallen, jdn um e-n ~ bitten to ask a favo(u)r of sb.; **jdm e-n ~ tun** to do sb. a favo(u)r; to accommodate sb.

gefallen 1. to like, to please; to appeal (to); to suit; **Ihr Angebot hat uns ~** your offer has met our approval
gefallen 2. →fallen

Gefälligkeit favo(u)r; accommodation; **~sadresse** accommodation address; **~sakzept** accommodation acceptance; **~sakzeptant (od. ~sannehmer)** accommodation acceptor (to a bill); **~sbegünstigter** *(WechselR)* person accommodated; **~sdarlehen** accommodation loan; **~sflaggen** flags of convenience; **~sgiro** accommodation endorsement; **~sschuldner** *(WechselR)* person accommodating; **~svertrag** accommodation agreement (or contract)

Gefälligkeitswechsel accommodation bill, accommodation paper; accommodation note; **Aussteller e-s ~s** accommodation maker

gefangen, jdn ~halten to hold sb. prisoner (or captive); to keep sb. in confinement; **~nehmen** to capture; to take prisoner

Gefangenen~, ~arbeit prison (or *Am* convict) labo(u)r; prison-made merchandise; **~aufstand** prison riot; **~aussage** statement by prisoner; **~austausch** exchange of prisoners of war; **~befreiung**[32] rescue of a prisoner; aiding and abetting the escape of a prisoner; **~fürsorge** →Entlassenenfürsorge; **~lager** prison camp; prisoner of war camp; **~meuterei**[33] mutiny among prisoners; **~(transport)wagen** *Br* prison van; *colloq.* Black Maria; *Am* prisoner van, *colloq.* paddy wagon

Gefangener prisoner; person imprisoned; captive; **bewachter ~** close prisoner; **politischer ~** political prisoner; →**Kriegs~**; →**Straf~**; →**Untersuchungs~**

Gefangennahme taking prisoner, apprehension (or capture) (of sb.)

Gefangenschaft *(Kriegsgefangenschaft)* captivity; **in ~ geraten** to be taken prisoner, to be captured; **in ~ sein** to be in captivity; to be a prisoner of war

Gefängnis *(jetzt: Strafvollzugsanstalt, Justizvollzugsanstalt)* prison; jail; *Am* correctional institution; penitentiary; *(Strafe)* →Freiheitsstrafe; **3 Monate ~** imprisonment for 3 months; 3 months' imprisonment

Gefängnis~, ~aufseher *Br* prison officer, warder; *Am* prison guard, jailer; **~direktor** *Br* governor; *Am* warden, superintendent; **~insasse** prison inmate; **~strafe** →Freiheitsstrafe

Gefängnis, jdn in das ~ einliefern to commit (or take) sb. to prison; **aus dem ~ entlassen** to discharge (or release) from prison; **jdn ins ~ setzen** to put sb. in prison, to send sb. to prison; to jail sb.; **im ~ sitzen** to be imprisoned; *colloq.* to do time; **zu 1 Monat ~ verurteilt werden** to be sentenced to 1 month's imprisonment

gefärbt dyed; **~er Bericht** tendentious report; slanted report

Geflügel poultry; **~farm** poultry farm; **~handel** poultry trade

gefolgert constructive, inferred, implied

gefragt →fragen

Gefrieranlage freezing plant; **Schiff mit ~** cold storage vessel

Gefrier~, ~verfahren freezing (process); **~ware** frozen goods

gefroren, (tief)~es Fleisch (deep-)frozen meat

Gefüge *(Struktur)* structure; **soziales ~** social structure

gegeben, unter den ~en Umständen under the prevailing circumstances; **die Voraussetzungen sind ~** the requirements are fulfilled; **zu ~er Zeit** at the appropriate time; in due course

gegebenenfalls (ggf) if necessary; if any; if so; if appropriate; should occasion arise, should the case arise (or occur)

Gegebenheit actuality; condition; reality; **örtliche ~en** local conditions; **wirtschaftliche ~en** commercial conditions (or circumstances)

gegen, A. ./. B. 1. *(Zivilprozess)* A. against B.; A. v. (or vs.[34]) B.
gegen 2. *(in Tausch)* in exchange for; *(Zeit)* about, by; **~ Barzahlung** against (or for) cash; **~ die guten Sitten** *Br* against public policy; *Am bes.* contra bonos mores; **~ Quittung** against a receipt

Gegenakkreditiv back-to-back (letter of) credit, countervailing credit; secondary credit

Gegenangebot, **ein ~ machen (erhalten)** to make (receive) a counter(-)offer; to offer in return

Gegenanschaffung return remittance

Gegenanspruch counterclaim; adverse claim; cross-claim; **e-n ~ geltend machen** to plead (or set up) a counterclaim; to counter-claim; to cross-claim

Gegenantrag cross-application; cross-motion, counter-motion; **e-n ~ stellen** *(beim Gericht)* to file (or make) a cross-application; *(bes. EheR)* to (file a) cross-petition; *(in e-r Versammlung)* to propose a counter-motion

Gegen~, **~anwalt** opposing counsel; **~argument** counter(-)argument; **~aufstellung** counter(-)statement; **~befehl** counter(-)order

Gegenbeschuldigung countercharge; recrimination; **gegen jdn e-e ~ erheben** to raise a countercharge against sb.

Gegenbeweis evidence (or proof) to the contrary; counter(-)evidence, counter(-)proof; rebutting evidence; *Am* rebuttal evidence; **mangels ~es** in the absence of proof to the contrary; **den ~ antreten (od. erbringen)** to put in (or produce) counter(-)evidence; to introduce rebutting evidence; to offer counter(-) evidence (or *Am* rebuttal evidence); to offer evidence in rebuttal

Gegenbieten counterbidding

Gegenbuchung counterentry, contra entry; cross-entry; **e-e ~ vornehmen** to make a counterentry

Gegenbürge counter-surety

Gegendarstellung *(Berichtigung in der Presse)* counter(-)declaration, counter(-)statement; correction; protest, remonstrance

Gegendemonstration, **e-e ~ veranstalten** to make a counter(-)demonstration

Gegendienst service rendered in return; **e-n ~ erweisen** to reciprocate a service; to do a service in return; **zu ~en sind wir jederzeit gern bereit** we are always ready to do you a similar service in return

Gegen~, **~eintragung** counter(-)entry, cross entry; **~einwendung** counterplea; **~entwurf** counter(-)draft; alternative draft

Gegenerklärung counter(-)declaration; counter(-)statement; **Anspruch auf Abdruck e-r ~** *(bei beleidigenden Äußerungen)* right of reply

Gegenforderung *(allgemein und politisch)* counterdemand; *(des Beklagten)* counterclaim; set-off, claim set up by defendant against plaintiff; **als ~ verlangen** to counterclaim; to demand as a counterclaim; **e-e ~ geltend machen** to set up (or raise) a counterclaim

Gegen~, **~frage** counter(-)question; **~gebot** counter(-)offer; counter(-)bid; **~geschäft(e)** countertrade; **~gewicht** counterbalance; **~gutachten** counter(-)opinion

Gegenkandidat rival candidate; opposition candidate; opponent; **Wahl ohne ~en** uncontested election; **als ~ zu jdm auftreten** to run against sb.

Gegen~, **~klage** *Br* cross-action; *Am* cross- complaint; **~konto** contra (or counter) account; **g~läufige Entwicklung** contra movement (or trends)

Gegenleistung counter(-)performance; consideration; *colloq.* quid pro quo; **als ~ für** in return for; as consideration for; **Bestimmung der ~**[35] determination of the consideration; **angemessene ~** fair (or adequate) consideration; **erbrachte ~** executed consideration; **noch zu erbringende ~** executory consideration; **Fehlen (od. Mangel) der ~** absence (or failure) of consideration; **mangels ~** for want of consideration; **die ~ erbringen** to make counter(-) performance; to give consideration (for)

Gegen~, **~macht** countervailing force(s); **~maßnahme** counter(-)measure; *(vorbeugend)* preventive measure; **~partei** *(Zivilprozess)* adverse party; opposing party, opponent; **~parteirisiko** counterparty risk; **~posten** contra item; **~probe** check test, control test *(or sample)*; **~rechnung** bill in return; contra account; counter account; *Br (Kontrollrechnung)* check account; *Am* controlling account; **~regierung** counter(-)government

gegenseitig mutual, reciprocal; **~ voneinander abhängen** to be mutually dependent; to interdepend; **~→anerkannt**; **sich ~ zum →Erben einsetzen**; **sich ~ unterstützen** to assist one another

gegenseitig, **~e Abhängigkeit** interdependence; mutual dependence; **~er Beistand** →Beistand 1.; **~e Beziehung** interrelation, mutual relation; **~e Beschuldigung** recrimination; mutual accusation (or reproach); **in ~em Einvernehmen** by mutual agreement; **~e Forderungen** mutual (or reciprocal) claims; **~e erste Hilfe** mutual aid; **~es Nachgeben** mutual concession; **~er Schutz von →Kapitalanlagen**; **~e →Lizenzerteilung**; **~es Übereinkommen** mutual agreement; **~er Vertrag**[36] *(Kauf, Tausch, Miete etc)* reciprocal contract (or agreement); contract imposing mutual (or reciprocal) obligations; synallagmatic contract; **~es Währungskonto** *(IWF)* Mutual Currency Account (M. C. A) *(IMF)*

Gegenseitigkeit reciprocity; mutuality; **auf ~** on mutual terms; **bei fehlender ~** in the absence of reciprocity; **unter der Voraussetzung der ~** on condition of reciprocity; provided reciprocity exists; **~ der Ansprüche** mutuality of claims; **~ der Steuerbefreiung** reciprocity of tax exemption

Gegenseitigkeits~, **~abkommen** *(z. B. über Sozialversicherung)* reciprocal agreement; **das ~erfordernis erfüllen** to satisfy the reciprocity requirement; **~erklärung** declaration of reciprocity; **~feststellung** determination of reciprocity; **~gesellschaft** mutual association; **~regelung** reciprocity rule; **~versicherung(sgesellschaft)** mutual insurance (company); **~vertrag** *(VölkerR)* reciprocity treaty

Gegenseitigkeit, **auf ~ beruhen** to be based (up)on reciprocity; **~ gewähren** to grant (or accord) reciprocity (or reciprocal treatment); **~ verbürgen** to guarantee reciprocity

Gegenspionage counter(-)espionage

Gegensprechanlage intercom(munication)

Gegenstand object; *(Inhalt)* subject-matter; *(Thema)* subject, topic; *(einzelner Gegenstand, Posten)* article; →**Diskussions~**; →**Kunst~**; →**Pfand~**; →**Streit~**; →**Verkaufs~**; →**Vermögens~**; →**Wert~**

Gegenstände, **persönliche ~** personal effects; **~des privaten Ge- bzw. Verbrauchs** goods for private use or consumption

Gegenstand, **~ e-s Abkommens** purpose of a Convention; **~ der** →**Erfindung**; **~ der Klage** cause of action; subject matter of the action; **~ e-s Patents** subject matter of a patent; **~ der Steuer** taxable item; item subject to tax; **~ der Tagesordnung** item on the agenda; **~ e-s Unternehmens** object of a company; purpose of an enterprise; **~ der Verhandlung** subject (matter) of the negotiation; **~ der Versicherung** subject matter of the insurance

Gegenstand, **~ des Vertrages** subject matter of the contract; **Vereinbarungen, die ~ dieses Vertrages sind** agreements relating to matters covered by this contract; **der Vertrag hat zum ~** the contract involves

gegenstandslos pointless, without object; irrelevant; **~ gewordene Vorschriften** outdated (or obsolete) provisions

Gegenstand, **zum ~ haben** to have for subject; to deal (or be concerned) with; to involve; →**Rechtsstreitigkeiten, die zum ~ haben**

Gegenstimme adverse vote; vote against; *(von der Mehrheit abweichend)* dissenting vote; dissent; **ohne ~** with no one dissenting; **die Versammlung nahm mit 100 Stimmen ohne ~ und bei 10 Stimmenenthaltungen eine Entschließung an** the assembly (or meeting) passed a resolution by 100 votes to none with 10 abstentions

Gegenstück counterpart; tally

Gegenteil contrary; **Beweis des ~s**[37] evidence (or proof) to the contrary; **bis zum Beweis des ~s** until the contrary is proved; in the absence of (or save) proof to the contrary; **wenn nicht das ~ bewiesen wird** unless the contrary is proved (or shown)

gegenteilig contrary; opposite; to the contrary; **die ~e Auffassung vertreten** to take a contrary (or the opposite) view; **mangels ~er Bestimmung** in the absence of a provision to the contrary; **falls nicht ~e Weisungen vorliegen** unless contrary instructions are given; failing instructions to the contrary

Gegenteiliges, **nichts ~** nothing to the contrary; **soweit in ... nicht etwas ~ bestimmt ist** except where (or save as) otherwise provided (for) in ...

gegenüber *(örtlich)* opposite, facing; vis-à-vis; **~ dem Vorjahr** as compared with last year

gegenüberstehen *fig* to be faced (or confronted) with

gegenüberstellen to compare (sth. with sth.); **2 Zeugen ~** to confront one witnees with another

Gegenüberstellung *(Vergleich)* comparison; juxtaposition; *(Konfrontierung)* confrontation; **bei ~ von** in comparison with; **~** *(e-s Verdächtigen mit e-m Zeugen)* **zum Zwecke der Identifizierung** identification parade, *Am* line-up

Gegenunterschrift countersignature

Gegenverkehr oncoming traffic; approaching traffic; two-way traffic; →**Behinderung des ~s**; **Straßen mit ~** two-way roads; **~ durchfahren lassen** to let oncoming traffic pass

Gegenvorbringung ohne Bestreiten des Klageanspruchs confession and avoidance

Gegenvormund[38] controlling (or supervisory) guardian

Gegenvorschlag counter(-)proposal; alternative proposal

Gegenvorstellung remonstrance; **jdm ~en machen** to remonstrate with sb.

Gegenwart, **in ~ von** in the presence of; **~swert** present value; realisable value

gegenwärtig present, actual, current; at present, at the present time; for the time being; **~ gültig** at present in force; **~e und künftige Forderungen** present and future claims; debts owing and accruing; **mein (Ihr) ~es Guthaben**

balance standing to my (your) credit; **die ~en Kurse** the current (or prevailing, ruling) prices (or rates); **~er (derzeit gültiger) Preis** ruling (or current, present) price; **auf den ~en Stand bringen** to bring up to date; **~er Wohnsitz** actual residence; **~er** →**Zustand**

Gegenwert equivalent; *(Erlös)* proceeds (of sale); receipts; **~konto** counterpart account; **~mittel** counterpart funds; **den ~ anschaffen** to remit the proceeds

gegenzeichnen to countersign

Gegenzeichnung counter(-)signature

Gegner adversary, opponent; **Prozess~** opposing party; **zum ~** →**übergehen**

gegnerisch, ~er Anwalt opposing counsel; adverse lawyer; **~e Partei** the other side, opponent(s); opposing party; *Am bes.* adverse party, adversary

Gehalt 1. (der ~) content, amount contained; →**Alkohol~**; →**Feuchtigkeits~**; **von geringem ~** *(Gold, Silber)* of base alloy; **~ der Luft an** →**Radioaktivität**
Gehalt 2. (das ~) salary; pay; remuneration; *(für Geistliche)* stipend; **~ und andere Bezüge** salary and (other) emoluments; **~ der leitenden Angestellten** management salaries; executive salaries; **~ Nebensache** salary no object
Gehalt, →**Anfangs~**; →**Grund~**; →**Jahres~**; →**Monats~**; →**Spitzen~**; →**Vierteljahres~**
Gehalt, festes ~ fixed (or regular) salary (or pay); **hohes ~** high salary; **niedriges ~** low salary; **bei vollem ~** on full pay
Gehalt, das ~ aufbessern to raise the salary; **Ihr ~ würde sich belaufen auf ...** your salary would be (or amount to) ...; **ein ~ beziehen** to draw a salary; to receive a salary; **jds ~ erhöhen** to increase (or raise) sb.'s salary; **das ~ festsetzen** to fix the salary

Gehalts~, ~abrechnung salary statement, salary account(ing); **~abtretung** salary assignment; assignment of the right to receive one's salary; **~abzug** deduction from (the) salary; *Am* payroll deduction; **~anspruch** salary claim (or demand); salary required (or expected); **~aufbesserung** →Gehaltserhöhung; **~auszahlung** payment of salary; *Am* payroll disbursement; **g~bezogene Pension** earnings- related pension; **~einstufung** salary classification; **~empfänger** salary earner; salaried employee; *pl.* salaried staff

Gehaltserhöhung increase in salary, pay increase, salary increase; rise in salary; *Am* (pay) raise; **~ anläßlich e-r Beförderung** salary increase on promotion; **um ~ bitten** to ask (or apply) for an increase in salary (or pay)

Gehaltsforderung salary demand; salary requirement, salary required; **mit Angabe der ~** stating salary required; →**Bewerbung mit ~ erbeten an ...**

Gehalts~, ~gruppe salary group; **~klasse** salary bracket; **~konto** salary account; *Am* payroll account; **~kürzung** reduction (or cut) in salary; retrenchment of salary; **~liste** pay(-)roll, *Br* pay-sheet; **~nachzahlung** payment of arrears of salary; payment of salary in arrears; **~ordnung** *(für e-n Beruf)* salary scale; **~pfändung**[39] attachment of salary; *Br* attachment of earnings; **~rückstände** accrued salary; back pay; **~sätze** salary scale; pay scale; **~scheck** salary cheque (check); **~spanne** salary range; **~steigerung** salary increase; (salary) increment; **~struktur** salary structure

Gehaltsstufe salary level; pay level; **Überspringen von ~n** leapfrogging of salaries

Gehalts~, ~tabelle table of salaries; **~vereinbarung** pay agreement

Gehaltsvorschuss salary advance; *Am* advance salary (or pay); advance on salary; **~ bekommen** to receive part of one's salary in advance; to receive an advance (on one's salary); **~ nehmen** to anticipate one's salary

Gehalts~, ~wünsche salary desired (or expected); salary requirement; **bargeldlose ~zahlungen** non-cash remuneration; **~zulage** →Gehaltserhöhung; *(einmalig)* bonus, allowance

geheim secret; *(vertraulich)* confidential; *(verborgen)* hidden; *(unerlaubt)* clandestine, surreptitious; *(nicht öffentlich)* in private; *(unter Geheimschutz stehend)* classified; **streng ~** top secret; strictly confidential
geheim, in ~er Abstimmung by secret vote; by (secret) ballot; **e-e ~e Beratung abhalten** to sit (or meet) behind closed doors; **~e Dienstsache** *(Verschlusssache)* classified matter; restricted (matter); **~es** *(unerlaubtes)* **Einvernehmen** →Einverständnis 2.

geheime Information secret information; *sl.* dope; *(unter Geheimschutz stehend)* classified information; **durchsickernde ~** *(preisgegebenes Geheimnis)* leaked information

geheim, ~er Mangel secret (or hidden, invisible) defect; **in ~er Mission** on a secret mission; **~e** →**Verabredung**; **~er** →**Vorbehalt**; **~e** →**Wahl**

Geheim~, ~agent *(Spion)* intelligence agent; *(Detektiv)* detective agent; *Am* undercover agent; **~behandlung verteidigungswichtiger Erfindungen** classification (or secrecy) of defence-related inventions; **~bereich** →Intimsphäre; **~bericht** confidential report; *(unter Ge-*

heimschutz stehend) classified report; **~bund** secret association (or society); **~bündelei** offence (offense) constituted by membership in secret associations (or societies); **~dienst**[40] secret service; intelligence service *(→Bundesnachrichtendienst, Militärischer →Abschirmdienst [MAD], Bundesamt für →Verfassungsschutz [BfV]);* **~diensttätigkeit** intelligence operations (or activities), secret service activities; **~diplomatie** secret diplomacy; **~fach** secret compartment (or drawer); **~fonds** secret funds

geheimhalten to keep secret (gegenüber e-r Person from a person); to treat (sth.) as confidential (or secret)

geheimgehalten kept secret; **aus Verteidigungsgründen ~e Patente**[41] patents classified for defence (defense) reasons

Geheimhaltung (maintenance of) secrecy; classification; *pol* od. *mil* security; **~ e-r Erfindung** secrecy of an invention; **Aufhebung der ~** declassification; **Bestimmungen über die ~** provisions concerning secrecy (or security); security provisions; **Freigabe aus der ~** declassification; **aus Gründen der ~** on grounds of secrecy

Geheimhaltungs~, **~abkommen** Confidentiality Agreement; **~anweisung** secrecy order; **g~bedürftig** confidential, classified; **g~bedürftige Informationen** classified (or confidential) information; **ein Betriebsgeheimnis ausdrücklich als g~bedürftig bezeichnen** to declare a trade secret expressly to be (or as) confidential; **~einstufung** security classification; **~grad** (streng geheim, geheim, vertraulich, nur für den Dienstgebrauch) security grading (top secret, secret, confidential, restricted); **von der ~liste streichen** to declassify

Geheimhaltungspflicht obligation of secrecy; duty to observe secrecy *(s. Verrat von →Betriebsgeheimnissen);* **~ des Betriebsrats** *(in bezug auf Betriebsgeheimnisse)*[42] obligation of the works council to refrain from divulging trade secrets; **Verletzung der ~** violation of duty of secrecy; breach of confidence; **die ~ wahren** to maintain secrecy

Geheimhaltungs~, **~stufe** security classification (or grading); **höchste ~stufe** top secret; **~vorkehrungen** classification arrangements; **~vorschriften** provisions for ensuring secrecy; classification rules

Geheimhaltung, **unter die ~ fallen** to be of a classified nature; **strengste ~ wahren** to maintain (or observe) the strictest (or utmost) secrecy

Geheim~, **~konto** secret account; **~material** secret (or confidential, classified) material; **~nummer** *Br tel* ex-directory number; *Am* unlisted number; **~patent** secret patent; **~polizei** secret police; **~polizist** plain clothes officer; **~sachen** confidential material (or matters); confidential books; *(Verschlusssachen)* classified matter

Geheimschutz (system of) protection of secrets; *pol* od. *mil* security protection; **unter ~ stehende Angaben** *(z. B. Atominformationen)* restricted (or classified) data; **unter ~ gestellte Informationen** classified information; **Verschärfung des ~es** upgrading of classification; tightening of security (protection); **~grad** security grading; **~vorschriften** security regulations; **den ~ aufheben** to declassify (information, an invention, etc); **des ~es bedürfen** to require security protection; **unter ~ stehen** to be subject to a security system; to be classified; **e-e Erfindung unter ~ stellen** to impose secrecy on an invention

Geheim~, **~sender** secret radio station; **~sitzung** secret session; **~stellung e-r Erfindung** imposition of secrecy on an invention; placing an invention under secrecy; **~verfahren** secret process; **~vertrag** secret agreement, secret treaty

Geheimnis secret; →**Amts~**; →**Berufs~**; →**Betriebs~**; →**Brief~**; →**Dienst~**; →**Fabrikations~**; →**Geschäfts~**; →**Staats~**; **Preisgabe von ~sen** disclosure of secrets; **~verrat** betrayal (or divulging) of secrets; **ein ~ preisgeben (od. verraten)** to disclose (or betray, divulge) a secret; **ein ~ wahren** to keep (or safeguard) a secret; **das ärztliche ~ wahren** to observe medical confidentiality

gehen, **an die Arbeit ~** to set to work; **zu Ende ~** to be coming to an end; →**gut ~(d)**; **zu weit ~** to go too far

Gehilfe 1. assistant; *(Geselle)* journeyman; →**Erfüllungs~**; →**Handlungs~**; **~nhaftung**[42a] *(Haftung des Geschäftsherrn für Gehilfen)* liability for employees

Gehilfe 2. *(StrafR)*[43] person assisting the principal offender in the commission of a crime; accomplice

Gehirnerschütterung concussion (of brain)

Gehirnwäsche *pol* brainwashing; **~ vornehmen** to brainwash; **e-r ~ unterzogen** brainwashed

gehoben, **Güter des ~en Bedarfs** high quality goods (or products); luxury and semi-luxury goods; **~e Stellung** high (or senior, executive) position

Gehör 1. *(Anhören)* hearing; audience; **jdm ~ geben (od. schenken)** to hear a p.; to give sb. a (fair) hearing; to listen (impartially) to sb.

Gehör, **rechtliches ~** hearing in accordance with the law; due process of law; *Am* day in court; **Anspruch auf rechtliches ~** right to be heard before the court; right to due process of law; right of audience; **vor Gericht hat jedermann Anspruch auf rechtliches ~**[44] before a court, everyone shall be entitled to a hearing in accordance with the law; **den Parteien rechtliches ~ geben** to give the parties opportunity for explanation

Gehör 2. (sense of) hearing; **~fehler** defective hearing; **~schäden von Bauarbeitern** hearing defects (or impairment of hearing) of building workers

gehören 1. *(jds Eigentum sein)* to be owned by; to belong to; to be the property of; **dem Staat ~** to be state-owned

gehören 2. ~ zu to form (or be) part of; to belong (or appertain) to; *(zählen zu)* to rank among; *(verbunden sein mit)* to be incidental to; *(erfordern)* to be necessary for, to require; **nicht zur Sache ~** to be irrelevant, to be not germane

gehört, **dazu ~ ein großes Kapital** this requires a large capital

gehörig 1. *(zu jdm od. etw. gehörend)* belonging to, owned by; appertaining to; forming part of; *(sich auf etw. beziehend)* relating (or referring) to; **zur Sache ~** pertinent (or relevant) (to); to the point

gehörig 2. *(gebührend)* due; **~ befugt** duly authorized *(→befugt)*; **in ~er Form** in due form, in proper form

Gehorsams~, **~pflicht** duty of obedience; **~verweigerung**[45] refusal of obedience

Geh~, **~recht** (pedestrian) right of way; **~weg** *Br (Fußweg)* pavement; *Am* sidewalk

Geisel hostage; **~befreiung** *(Freilassung durch Geiselnehmer)* release of hostages; *(Befreiung durch Dritte)* rescue of hostages; **~erschießung** shooting of hostages; **~nahme**[46] (act of) taking of hostages (or hostage-taking); **~nahme begehen** to commit an act of hostage-taking; **~nehmer** kidnapper; **~n freilassen** to release hostages

Geistes~, **~arbeiter** brain worker; **g~gestört** mentally deranged (or disturbed, defective); of unsound mind; *Br* mentally disordered, suffering from mental disorder; demented; **~gestörter** (mental) defective; person of unsound mind; *Br* mentally disordered person; **~gestörtheit** mental disturbance

Geisteskräfte, **(nicht) im Besitz der vollen ~** (non) compos mentis; (not) in possession of one's full mental faculties

geisteskrank mentally ill; *Br* suffering from mental disorder; mentally disordered; of unsound mind; mentally defective; insane

Geisteskranke(r) *Br* mental patient, person suffering from mental disorder; person of unsound mind; insane person; **Unterbringung ~r in e-r Anstalt** placement (or commitment) of mentally ill persons in an institution

Geisteskrankheit mental disorder, mental illness, mental disease; unsoundness of mind; **wegen ~ →Entmündigte(r)**; **jdn wegen ~ →entmündigen**

Geistes~, **g~schwach** mentally deficient; feeble-minded; imbecile; **~schwäche** mental deficiency; feeble-mindedness; imbecility; **~schwacher** feeble-minded person; imbecile; *Br* defective; **~störung** mental derangement, mental disorder

Geistestätigkeit, **krankhafte Störung der ~** state of mental disturbance (or of unsound mind) *(→Deliktsfähigkeit, →geschäftsunfähig)*

Geistes~, **~wissenschaften** liberal arts; (the) arts; (the) humanities; **~zustand** state of mind; mental condition

geistig mental; intellectual; **~ arbeiten** to do intellectual (or brain-) work; **~→behindert**; **~ gesund** of sound mind; *(zurechnungsfähig)* compos mentis; **~ zurückgeblieben** mentally retarded

geistig, **~e Arbeit** mental (or intellectual) work; brain work; **~er Arbeiter** brain worker; **~e →Behinderung; die erforderlichen körperlichen und ~en Eigenschaften haben** to possess the necessary physical and mental qualities

geistig, **~es Eigentum**[46a] intellectual property; **Gesetz zur Stärkung des Schutzes des ~en Eigentums und zur Bekämpfung der Produktionspiraterie** (PrPG) Act for the Protection of Intellectual Property and for the Prevention of Counterfeit Merchandise (or the Counterfeiting or Plagiarizing of Merchandise); **Rechte des ~en Eigentums** intellectual property rights; **→Weltorganisation für ~es Eigentum**

geistig, **das ~e Erbe Europas** the cultural heritage of Europe; **~e Errungenschaft** intellectual achievement

geistige Fähigkeiten mental abilities (or faculties); **bleibende Beeinträchtigung geistiger Fähigkeiten** permanent impairment of mental faculties

geistig, **in vollem Besitz meiner ~en Kräfte** in full possession of my faculties; *Am* being of sound mind and memory; **körperliche oder ~e →Mängel**; **persönliche ~e Schöpfung** *(UrhR)* personal intellectual creation; **~e Tä-**

tigkeit intellectual activity; **das ~e oder →leibliche Wohl des Kindes**

geistlich *(nicht weltlich)* spiritual; *(kirchlich)* clerical, ecclesiastical; *(priesterlich)* ministerial; **~er Berater** *(Seelsorger)* spiritual adviser

Geistlicher priest, clergyman *(Br bes. anglikanischer Geistlicherr)*; minister *(Am protestantischer Geistlicherr)*; *(im Gefängnis, Schiff und mil)* chaplain

gekreuzter Scheck[47] crossed cheque (check)

gekündigt →kündigen

gekürzte Ausgabe abridged edition

geladen, **ordnungsgemäß ~** duly summoned

Gelände *(Gebiet)* tract, area (of land); *(abgegrenztes Stück Land)* ground, land; *(Ausstellungs-, Messegrundstück)* site; **~erschließung** land development

Geld 1. money; *(Bargeld)* cash; *(Börse)* →Geld 2.; **~er** money, moneys; funds; **~ auf der Bank** money lodged with a bank; **~ auf tägliche Kündigung →tägliches ~**; **~ in Umlauf** money in circulation

Geld, **→Bar~**; **→Buch~**; **→Fest~(er)**; **→Giral~**; **→Klein~**; **→Kündigungs~(er)**; **→Monats~**; **→Papier~**; **→Tages~**; **→Termin ~(er)**; **→Wechsel~**

Geld, **abgegriffenes ~** worn coin; **angelegtes ~** invested money; **ausstehendes ~** money due (or outstanding); **bares ~** →Bargeld; **→billiges ~**; **→falsches ~**; **geliehenes ~** borrowed money; **gemünztes ~** coined money, coinage; **kleines ~** →Kleingeld; **knappes ~** tight money; **→nachgemachtes ~**; **öffentliches ~** public funds (or money); **→tägliches ~**; **→umlaufendes ~**; **aus dem Verkehr gezogenes ~** money withdrawn from circulation

Geld, **~ →abheben**; **~ anlegen** →anlegen 2.; **~ →aufbringen**; **~ aufnehmen** to borrow (or raise, take up) money; **~ ausgeben** to spend (or expend, lay out) money; **~ auslegen** →auslegen 2.; **~ gegen Zinsen →ausleihen**; **~ auszahlen** to pay (out) money; **~ beiseitelegen** to put (or set) money aside; **(sich) ~ beschaffen** →beschaffen 1.; **~(er) →bewilligen**; **~ auf die Bank bringen** to bank; to deposit money in a bank; to put money into a bank; **~ einlegen** →einlegen 2.; **~ einnehmen** to receive money; *(z. B. für e-n guten Zweck)* to take in money; **~ bei der →Bank einzahlen**; **~ einziehen** to collect money; **das (nötige) ~ →fehlte**; **sein ~ in Grundbesitz festlegen** to tie up capital in land; **genügend ~ haben** to have ample funds; **kein ~ haben** to have no money, to be short of money; **viel ~ haben** to have plenty of money; to be well off; **~ herausbekommen** to get change; **~ herausgeben** to give change; **~ hineinstecken** to invest money (in a business, etc); **~ →hinterlegen**; **viel ~ →kosten**; **~ auf e-e →Bank legen**; **~ in ein Geschäft stecken** to put money into a business; to invest money in a business; to sink money in(to) a business; **~ →überweisen**; **jdn mit ~ →unterstützen**; **~ verdienen** to make (or earn) money; **sich ~ →verschaffen**; **jdn mit ~ versehen** to furnish sb. with money; **reichlich mit ~ versehen** amply supplied with money; well-heeled; **~(er) →veruntreuen**; **~ vorschießen (od. vorstrecken)** to advance money; **~ wechseln** to change money; **(sein) ~ →zählen**

Geld~, **~abfindung** cash settlement (or payment); **~abfluss (~abflüsse)** outflow of money; *(nach dem Ausland)* foreign drain; **~abhebung von e-m Konto** withdrawal of money from an account; **~abwertung** currency devaluation (or depreciation)

Geldangebot *(am Geldmarkt)* money supply, supply of money *(Ggs. Geldnachfrage)*; **Markt mit großem ~ und niedrigen Zinsen** easy money market

Geldangelegenheit money (or pecuniary) matter

Geldanlage investment; employment of money; **~ in Aktien** share investment, investment in stock(s); **~ im Ausland** (capital) investment(s) abroad; funds placed abroad

Geldanleger investor

Geld~, **~aufnahme bei** borrowing from; loan taken from; raising of money (or funds) from; **~aufnehmer** borrower; **~ausgabe** →Ausgabe 2.; **~ausgabeautomat** →Geldautomat; **~auslage(n)** outlay; **~ausleiher** money lender; **~automat** (GA) *Br* cash dispenser; *Am* automatic (or automated) teller machine (ATM); **~bedarf** cash (or money) requirement; need of (or for) money; demand for capital; **~beschaffung** money procurement; money raising; *(bes. für gemeinnützige Zwecke)* fund raising; **~beschaffungskosten** cost of procuring money

Geldbestand, **~ (Geldbestände)** money (or monetary) holding(s); **gesamter ~** *(e-s Landes)* monetary stock; **~ e-r Bank** money holdings of a bank

Geld~, **~betrag** amount (or sum) of money; **~bewilligung** granting of money; *(für besondere Zwecke)* appropriation (of funds or payments); *parl* vote of supplies; **~- und Sachbezüge** remuneration in cash and in kind

Geldbuße[48] (administrative) fine; **e-e ~ bis zu** a fine not exceeding; **~ gegen e-e Firma** fine imposed on a firm *(→Bußgeldbescheid)*; **Festsetzung der ~ durch die Kartellbehörde**[49] fixing (or determination) of the fine by the →Kartellbehörde; **die Höhe der ~ festsetzen**

to fix (or determine) the amount of the fine; **Verhängung e-r ~** imposition of a fine *(→Bußgeldverfahren)*

Geldbuße, mit e-r ~ bis ... ahnden to punish by a fine up to ...; **jdm e-e ~ auferlegen (od. jdn mit e-r ~ belegen)** to impose a fine on sb.; to fine sb.; **die festgesetzte ~ aufheben, herabsetzen oder erhöhen** to cancel, reduce or increase the fine imposed; **der Gerichtshof kann gegen ausbleibende Zeugen ~n verhängen**[50] the Court may impose fines on defaulting witnesses; **empfindliche ~n gegen einige Unternehmen verhängen** to impose (or levy) heavy fines on some firms (or companies)

Geld~, ~darlehen money loan; **~disposition** *(e-r Bank)* monetary arrangement; **~eingang** receipt of money; cash received; *(Einnahmen)* takings, receipts

Geldeinlage deposit *(→Einlage 1.)*; **~ e-s Gesellschafters** capital contributed by a partner *(→Einlage 2.)*

Geld~, ~einnehmer collector; **~einschuss** injection of money; **~einzahlungsautomat** automated cash deposit machine; **~einzug** →Inkasso; **~empfänger** recipient; payee; remittee; **~entschädigung** pecuniary (or monetary) compensation, compensation in money; **~entwertung** money (or monetary) devaluation; depreciation in currency; inflation

Geldeswert, in ~ in money's worth; **in Geld oder ~ erbrachte Leistung** consideration in money or money's worth; **g~e Gegenleistung** valuable consideration

Geld~, ~fälscher forger of coin (or banknotes); *Br* coiner; *Am* counterfeiter; **~fälschung** counterfeiting of money; **~flüssigkeit** *(Flüssigkeit am Geldmarkt)* easiness on the money market; **~forderung** pecuniary claim; claim for money; money claim; **~frage** pecuniary question (or problem); question of money; **~geber** financial backer; *(Geldverleiher)* lender; **~geschäft** financial operation; money transaction; **~geschenk** gift of money; *(für geleistete Dienste)* gratuity; *(Spende bes. an Institution)* donation

Geldhandel *(der Banken)* money dealing(s) (or trading); **~sgeschäfte** *(der Banken)* money market business; **internationale ~splätze** international money markets

Geld~, ~institut financial institution; **~kapital** monetary capital *(Ggs. Realkapital)*; **~kapitalbildung** money capital formation; **~kasse** strong box; *(Datenkasse)* till; **~knappheit** shortness (or tightness) of money; *(vorübergehend)* (money) squeeze; **~kredit** monetary credit; **~kreislauf** circulation of money; **~kurs** →Geld 2.

Geldleistung (money) payment; *(VersR)* cash benefit *(Ggs. Sachleistung)*; **~en der Sozialversicherung** social security benefits; **~en der Krankenversicherung** cash benefits payable by health insurance

geldlich pecuniary, monetary; financial; **~e Entschädigung** damages; **~e Hilfe** financial aid; accommodation; **~e Verpflichtungen** pecuniary liabilities; **~e Zuwendung** allowance

Geld~, ~lohn money wage *(Ggs. Naturallohn)*; **~makler** money broker; **~mangel** want (or lack) of money (or funds)

Geldmarkt *(Markt für kurzfristige Kredite; Ggs. Kapitalmarkt)* money market *(→Eurogeldmarkt)*; →**Anspannung am ~**; **Ausleihungen am ~** making loans in the money market; **Geschäfte am ~** money market operations; →**Schwemme am ~**; **Versteifung auf dem ~** tightening of the money market

Geldmarkt~, ~anlagen investments in the money market; **~flüssigkeit** easiness of the money market; **~fonds** money market fund; **~kredit** money market loan

Geldmarktlage money market situation; **die ~ ist angespannt** the money market is strained

Geldmarktpapiere[51] money market paper, money market securities

Geldmarktsätze money market rates (of interest); →**Abschwächung der Geldmarktsätze**

Geldmarkttitel →Geldmarktpapiere

Geldmarktverschuldung öffentlicher Haushalte gegenüber den Kreditinstituten public authorities' money market indebtedness to credit institutions

Geldmarktzinsen money market interest rates

Geldmarkt, der ~ ist knapp the money market is short of funds

Geldmenge money supply, money stock; **Zuwachs der ~** money supply growth; **die ~ hat zugenommen** the money supply increased

Geldmittel funds, means; (pecuniary) resources; **aufgenommene ~** money borrowed; **verfügbare (od. vorhandene) ~** available moneys (or funds); **~ anfordern** to request funds; **~ aufbringen** to raise (or put up) funds; **~ →bewilligen**

Geld~, ~nachfrage *(am Geldmarkt)* demand for money, money demand *(Ggs. Geldangebot)*; **~nehmer** borrower; **~not** →Geldmangel

Geldpolitik monetary policy; **restriktive ~** policy of monetary and credit restraint

geldpolitische Maßnahmen monetary measures

Geld~, ~preis money prize; **~quelle(n)** pecuniary resources; **~rente**[52] annuity; periodical (or regular) payment(s); **~rückfluss** reflux of money; **~sammlung** *(bes. für wohltätige od. gemeinnützige Zwecke)* fund-raising, (charity) collection; **~schein** (bank) note; *Am* bill; **~schöpfung** creation of money, money creation; **~schrank** safe, strong box

Geldschuld money-debt; obligation to pay money; **verzinsliche ~** pecuniary debt bearing interest

Geld~, ~schwemme glut of money; **~schwierigkeiten** monetary (or pecuniary) difficulties; **~sender** remitter

Geldsendung remittance (of money or funds); cash remittance; **Empfänger e-r ~** remittee

Geldsorten *(ausländische Banknoten)* foreign notes and coin

Geldsortenschuld[53] debt of (or to be paid in) a specified kind of money

Geldspende contribution; money gift; donation (of money)

Geld- und Sachspenden contributions in cash and in kind

Geldstrafe fine; (pecuniary) penalty *(im Ggs. zu fine auch in Verbindung mit Zivilverfahren gebraucht, z. B. Vertragsstrafe)*; **~ bis zu** fine up to; **hohe ~** heavy fine; **bei →Androhung e-r ~**; **→Auferlegung e-r ~**; **→Beitreibung e-r ~**; **Höchstmaß der ~** maximum fine; **im Falle der →Nichtzahlung e-r ~**; **jdm e-e ~ auferlegen** to impose (or levy) a fine (up)on a p.; to fine a p.; **e-e ~ beitreiben** to recover (or collect) a fine (or penalty); to enforce payment of a fine; **jdn mit e-r ~ belegen** →jdm e-e Geldstrafe auferlegen; **e-e ~ bemessen** to assess a fine; **mit e-r ~ bestrafen** to punish by (imposing) a fine (or by a [pecuniary] penalty); **mit e-r hohen ~ bestraft werden** to be heavily fined; **mit e-r ~ bis ... zu bestrafen sein** the maximum fine (that may be imposed) is ...; **mit Geld- oder Freiheitsstrafe bestraft werden können** to be subject to (or punishable by) a fine or imprisonment; **e-e ~ einziehen** to collect (or recover) a fine; **daneben kann auf ~ erkannt werden** in addition a fine may be imposed; a fine may be imposed concurrently; **e-e ~ erlassen** to remit a penalty; to revoke a fine; **e-e Freiheitsstrafe in e-e ~ umwandeln** to commute (a sentence of) imprisonment to a fine; **e-r ~ (bis zu ...) unterliegen** to be subject to a fine (not exceeding ...); **bei ~ verboten** forbidden on pain of a fine; **e-e ~ verhängen** to impose (or levy) a fine (upon a p.); **jdn zu e-r ~ verurteilen** to fine a p.; to sentence a p. to pay a fine; **jdn zu e-r ~ von Euro 1000.- verurteilen** to fine a p. Euro 1000.-; **e-e ~ verwirken** to incur a fine

Geldstück piece of money, coin; **ein ~ beschneiden (od. klippen)** to clip a coin

Geldsumme sum (of money); **e-e bestimmte ~** a certain sum of money; **Urteil auf Zahlung e-r bestimmten ~** money judgment; **~nvermächtnis** general legacy

Geld~, ~transportversicherung cash-in-transit insurance; **~überfluss** glut (or abundance) of money; **~überhang** excessive supply of money

Geldüberweisung remittance; money transfer; **telegrafische ~** telegraphic transfer (of money) (T. T.); telegraphic money order; *Am* wire transfer; *(nach Übersee)* cable transfer; **~en durch die Bank vornehmen** to effect bank transfers

Geldumlauf circulation of money; currency in circulation; **Aufblähung des ~s** increase of the money circulation; inflation of the money supply; **~geschwindigkeit** velocity of circulation (of money); **den ~ künstlich steigern** to inflate

Geld~, ~umsatz turnover of money; **~unterstützung** pecuniary aid (or assistance); **~verbindlichkeit** pecuniary obligation; **~verdiener** bread(-)winner

Geld- und Kapitalverkehr money and capital transactions (or market)

Geldverlegenheit pecuniary (or financial) embarrassment; **in ~ sein** to be pressed (or pushed, embarrassed) for money; to be in financial straits (or difficulties)

Geld~, ~verleiher *(gewerbsmäßig)* money(-)lender; **~vermächtnis** pecuniary legacy

Geldvermögen financial assets, assets in money; monetary wealth; **~sbildung** financial asset formation; monetary wealth formation

Geldvernichtung reduction of the volume of money *(Ggs. Geldschöpfung)*

Geldversorgung *(e-s Landes)* supply of money; **die ~ drosseln** to restrict the money supply

Geld~, ~volumen volume of money; quantity of money in circulation; **~vorrat** available funds; cash in hand; *(Geldmarkt)* supply of money; **~wäsche** *(Reinwaschung illegal erworbener Gelder)* money laundering, laundering of dirty money; **~wäschegesetz (Gesetz über das Aufspüren von Gewinnen aus schweren Straftaten - GwG)** Money Laundering Act (Act on the Detection of Proceeds of Serious Crimes);

~wechselautomat change-giving machine; **~wechselgeschäft** currency exchange business *(→Sortengeschäft)*

Geldwert value of money; monetary value; in money's worth; **~minderung** →Geldwertverschlechterung; **~sicherungsklausel** clause securing (or guaranteeing) the value of money; money (or value) guaranty clause; **~stabilität** stability of the value of money; monetary (or currency) stability; **~verschlechterung** currency depreciation; deterioration of the value of money; **~veränderung** fluctuations in the value of currencies

Geld~, **~wesen** finance; monetary system; **~wirtschaft** money economy; **~zeichen** monetary token

Geld~, **~zufluss** influx (or inflow) of money; **hohe ~zuflüsse aus dem Ausland** large money inflows (or influx of funds) from abroad; large influx of foreign (or external) funds *(→Abwehr)*; **~zuwachsrate** rate of increase in the supply of money; **~zuweisung** *(von Haushaltsmitteln)* appropriation of funds; **~zuwendung** monetary grant; allowance in cash

Geld-zurück-Garantie money-back guarantee

Geld 2. *(Börse) (im Kurszettel, Bezeichnung für Nachfrage)* (Abk.G) bid; *Br* buyers; **Brief und ~** →**Brief 2.**; →**„gestrichenes ~"**; **mehr ~ als Brief** →Brief 2.; **~kurs** *(Nachfragekurs für Wertpapiere)* bid price; *(für Devisen)* buying rate

gelegen 1. *(örtlich)* situated; *Am* located; **gut ~** well situated; **schlecht ~** badly situated; **ruhig ~e Wohnung** *Br* flat (*Am* apartment) in a quiet situation (or location); quiet flat

gelegen 2. *(passend)* convenient, suitable; **es ist mir viel daran ~** it is a matter of importance to me; I am anxious (to or that)

Gelegenheit *(Anlass)* occasion; (gute Gelegenheit) opportunity, chance; *(günstiger Kauf)* bargain; **bei ~** as (the) occasion arises; (up)on occasion; **passende ~** suitable opportunity

Gelegenheitsarbeit casual work (or labo[u]r); temporary work; odd job(bing); **~en verrichten** to do odd jobs, to job; *Am (auch)* to do chores

Gelegenheits~, **~arbeiter** casual (or temporary) worker, *pl.* casual labo(u)r; odd jobber; odd job man; **~beschäftigung** temporary employment (or job); **~dieb** casual (or sneak) thief; **~geschäft** occasional operation; chance business; **~gesellschaft**[54] ad hoc partnership; joint venture; **~kauf** chance purchase, occasional purchase; bargain; **~spediteur** occasional forwarding agent; **~verbrecher** casual criminal; **~verkehr** occasional traffic; non-regular traffic

Gelegenheit, sobald sich e-e ~ bietet should an opportunity offer (or present itself); **e-e ~ ergreifen** to seize (or take, avail oneself of) an opportunity; **jdm die ~ geben** to afford (or give) sb. the opportunity; **e-e ~ verpassen** to miss an opportunity

gelegentlich occasional; *(beiläufig)* incidental; *(anläßlich)* on the occasion of; *(bei Gelegenheit)* when the occasion arises

gelegentlich, ~e Arbeit casual work, occasional work; odd job; **(nur) ~e Benutzung e-s Büros** occasional use of an office

Geleit 1. sicheres (od. freies) ~ safe conduct

Geleit 2. *(VölkerR) (geleit von Handelsschiffen durch Kriegsschiffe im Krieg)* convoy; **im ~** under convoy; **~schein** (Navicert) navicert; **~schiff** convoy ship; **~zug** convoy; **im ~zug fahren** to sail with convoy

gelenkte Wirtschaft controlled economy

gelernt, ~e Arbeitskräfte skilled labo(u)r (or manpower); **~er Handwerker** craftsman, artisan

gelesen und genehmigt read and approved

geliefert →liefern

geloben to promise solemnly, to vow

Gelöbnis solemn promise, vow; **ein ~ ablegen** to take (or make) a vow

gelten *(gültig sein)* to be valid; *(in Kraft sein)* to be in force, to be in effect, to be effective, to be in operation; *(anwendbar sein auf)* to be applicable to, to apply to; *(gebräuchlicher sein als)* to prevail; **entsprechend ~** to apply mutatis mutandis; **(noch) ~** to hold good; **~ als (od. für)** to be considered as; to pass for; to be reputed to be; to go for; **~ lassen** to let pass, to allow; **nicht ~ lassen** to disallow, to contest; **dieses Abkommen gilt für die Dauer von 5 Jahren** the present agreement shall remain in force for 5 years; **für ... ~ die Bestimmungen des BGB** the provisions of the German Civil Code apply (or are applicable) to ...; **die Versicherung gilt weiter** the insurance continues

geltend *(gültig)* valid; *(in Kraft)* in force, effective, in operation; *(anwendbar)* applicable; *(gegenwärtig)* ruling; *(vorherrschend)* prevailing; **~e Bestimmungen** provisions in force; **~e Preise** prevailing (or current) prices; **~es Recht** applicable law; established law; law in force; prevailing law; **nach ~em Recht** under present (or existing) law; under the law in force; de lege lata

geltend machen to assert, to put forward; to argue, to contend; *(gerichtlich)* to claim, to plead; to enforce; **~, dass der Beklagte gewusst hat** →wissen; **e-n →Anspruch ~**; **sei-**

nen →**Einfluss ~**; **e-e** →**Einrede ~**; **e-n gesetzlichen** →**Erbteil ~**; **sein Recht ~** to assert one's right; to avail oneself of (or uphold) one's right; to enforce one's right (aus resulting from); **ein Recht aus e-m Vertrag ~** to assert a contractual claim; to enforce a contract; **e-n** →**Schiedsspruch ~**

Geltendmachung assertion; enforcement; **~ e-s Anspruchs** assertion (or vindication) of a claim; enforcement of a claim; **~ der** →**Nichtigkeit der Ehe**; **~ des Pfandrechts** enforcement of the pledge; **~ des** →**Unterhaltsanspruchs**; **auf die ~ e-r Einwendung verzichten** to waive a defence (defense)

Geltung *(Gültigkeit)* validity

Geltungsbereich area of application (or validity); scope; **~ e-s Abkommens** scope (or reach) of a convention; area to which a convention applies; **~ e-s Gesetzes** scope (or reach) of a law; purview of a statute; **örtlicher (od. räumlicher) ~ e-s Gesetzes** area or district in which a law is in force; territorial application (or scope) of a law; area of applicability of a law; **persönlicher ~ e-s Abkommens** personal scope of an agreement; **räumlicher ~** territorial application; **sachlicher ~ e-s Gesetzes** (substantive) scope (or coverage) of a law; **sachlicher ~ e-s Vertrages** *(VölkerR)* scope of a treaty; **sich im ~ e-s Gesetzes befinden** to be located in the area in which a law is valid

Geltungsdauer (period of) validity; duration; *(Laufzeit)* term; **~ e-s Abkommens** *(VölkerR)* duration of a convention; **das Abkommen hat e-e unbegrenzte ~** the Agreement will be of indefinite duration; **die ~ verlängern** to extend the validity; **die ~ des Abkommens verlängert sich stillschweigend um jeweils 5 Jahre** the Convention shall be renewed tacitly every five years

Geltungstag, **letzter ~** last day of validity

GEMA (Gesellschaft für musikalische Aufführungs- und mechanische Vervielfältigungsrechte) Society for Musical Performing Rights and Mechanical Reproduction Rights; *Br (etwa)* Performing Rights Society (PRS); Mechanical Copyright Protection Society (MCPS); *Am (etwa)* American Society of Composers, Authors and Publishers (ASCAP)

Gemarkung *(Grenze)* boundary, landmark; *(Gemeindegebiet)* communal district

gemäß according to, in accordance with; pursuant to; as per; **~ Art. 10** pursuant to (or in pursuance of, in accordance with) Art. 10; under Art. 10; **~ der beigefügten Liste** as per list enclosed; **~ den nachfolgenden Bestimmungen** as hereinafter provided; **~ Ihren Wünschen** in compliance with your wishes; →**auftrags~**; →**vertrags~**

gemäßigt *pol* moderate; **~e Politik** middle-of-the-road policy

Gemeinde 1. commune; community; (Stadtgemeinde) municipality; *(Behörde)* local authority, local government; **ländliche ~** *Br* (rural) civil parish; *Am* rural community; **städtische ~** municipality; *Br* borough; *Am* township; *Scot* burgh; **~ und ~verbände** local authorities

Gemeinde~, **~abgaben** *Br* rates; community charges; *Am* local taxes; **~beamter** *Br* local government officer; *Am* municipal officer; **~behörde** local authority; *Am bes.* municipal authority; **in ~eigentum überführen** to communalize; **~finanzen** local government finances

Gemeindeland common (ground); **Vieh, das auf ~ weiden darf** commonable cattle

Gemeindeordnung *(der Länder)* local government law; *Br* by(e)-laws; *Am* ordinance

Gemeinderat local (or municipal) council; *Br* parish council; *Am* city council; common council; **~sbeschluss** local council decision; **~smitglied** member of the local council; council(l)or; **~swahlen** local council elections; municipal elections

Gemeinde~, **~recht** →Kommunalrecht; **~satzung** municipal ordinance; by(e)-laws; **~schulden** municipal debts; **~schuldverschreibungen** municipal bonds; **~steuer**[55] local tax; **~straßennetz** local road networks; **~verbände** associations of local governments (→*Internationaler Gemeindeverband*); **~verfassung** municipal constitution; **~vermögen** local government property; municipal property; *Br* corporate property; **~versammlung** local authority meeting; *Br* parish meeting; town council meeting; **~verschuldung** local authorities' indebtedness; municipal debt; **~vertretung** local council; **~verwaltung** local government; **~wahl** local (or municipal) election

Gemeinde 2. (Kirchen-) congregation; *Br* parish; **~kirchenrat** *Br* parochial church council; **~mitglied** parishioner; **~schwester** *Br* district nurse

gemeiner Wert[56] fair market value

Gemeineigentum public ownership; **in ~ überführen**[57] to transfer to public ownership; to nationalize (→ *Vergesellschaftung)*

gemeinfrei, **~e Werke** *(UrhG)* *(UrhG)* works with no copyright protection; **~ sein** *(PatR, UrhR)* to be in the public domain

Gemeingebrauch public use

gemeingefährlich, ~e Straftaten[58] offences (offenses) dangerous to the public; offences (offenses) causing public danger; **~er Verbrecher** dangerous criminal; **~ sein** to be a public danger

gemeingültig generally admitted, commonly accepted

Gemeingut public property; public domain; **ein Werk ist infolge Ablaufs der Schutzdauer ~ geworden** *(UrhR)* a work has fallen into the public domain owing to the expiry (or expiration) of the term of protection

Gemeininteresse interest of the general public

Gemeinkosten overhead(s); overhead cost; indirect costs (or expenses); *Am* burden, *Br* oncost; **anteilige ~** prorated overhead(s); →**Fertigungs~**; →**Material~**; →**Vertriebs~**; →**Verwaltungs~**; **~abweichung** overhead (cost) variance; **~rechnung** overhead accounting; **~umlage** overhead(s) distribution (or allocation); **~ umlegen** to allocate overhead(s)

gemeinnützig non(-)profit (making); charitable; of public benefit; *Am* for the public (or social) welfare; **~e Einrichtungen** charities; charitable institutions (or organizations, establishments); non(-)profit (making) institutions; **~e Körperschaft** non(-)profit (or public benefit) corporation; **~e Leistungen erbringen** to render charitable services; **~e Organisation** charitable organization; non(-)profit(-making) organization; *Am bes.* social welfare organization; **~e Stiftung** charitable foundation; **~es Wohnungsbauunternehmen**[59] non-profit (making) housing enterprise(s); *Br* housing association; **Gesetz über ~e Körperschaften** non(-)profit corporation act; **Zuwendungen für ~e Zwecke** *(SteuerR)* charitable contributions; donations to a charity (or charities)

gemeinsam joint(ly); common; *(gesamtschuldnerisch)* joint and several; *(gegenseitig)* mutual; **~ mit** together (or jointly) with; **einzeln und ~** individually or collectively; **~ ausgeführt (od. geplant)** concerted; **~ haftbar** *(als Gesamtschuldner)* jointly and severally liable; *(als Gesamthandsschuldner)* jointly liable; **~ die →Haftung ~ übernehmen**; **~ vereinbarte Regelung** jointly agreed arrangement; **wir versprechen (od. verpflichten uns) ~** *(als Gesamtschuldner)* we promise jointly and severally; *(zur gesamten Hand)* we promise jointly; **~ vorgehen** to take joint (or concerted) action; to proceed jointly

gemeinsam, ~e Agrarpolitik (GAP) *(EU)* common agricultural policy (CAP); **~e Anmelder** *(PatR)* joint applicants; **~er Anschluss** *tel* party line; **~er Ausschuss** Joint Committee; **G~e Außen- und Sicherheitspolitik** (GASP) common foreign and security policy (CFSP); **~e Belange** matters of common concern; **~e Bilanz** *(bei Konzerngesellschaften)* consolidated balance sheet; **~es →Eigentum**; **~es Einkommen** combined income; consolidated income; **~e Erfinder** joint inventors; **~e Erklärung** *pol* joint declaration (or statement); **G~er Fonds für Rohstoffe**[59a] Common Fund for Commodities; **~e Forderung** *(der Gesamthandsgläubiger)* joint claim (or demand); **G~e Forschungsstelle** (GFS) *(EU)* Joint Research Centre (JRC); **~e Garantie** *(VölkerR)* collective guarantee; **~e Gläubiger** *(Gesamthandsgläubiger)* joint creditors; **~e Grenze** common frontier (or border); **~e Haftung** *(als Gesamtschuldner)* joint and several liability; *(als Gesamthandsschuldner)* joint liability; **~e Haltung** joint attitude; **~es Handeln** joint (or common, concerted) action; **~er →Haushalt**

gemeinsam, ~es Interesse common (or mutual) interest; interest in common; **Angelegenheiten von ~em Interesse** matters of common concern

gemeinsam, ~er Irrtum *(beider Vertragsparteien)* common (or mutual) mistake; **~e Kasse** joint (or common) purse; **~e Leitung** joint management

Gemeinsamer Markt (der Mitgliedstaaten der EU) Common Market (of the Member States of the European Union)

Gemeinsame Marktorganisationen (GMO) *(EU)* common organizations of the market

gemeinsam, ~e Note *(VölkerR)* collective note; **zum ~en Nutzen** for the joint benefit

gemeinsame Organe joint bodies (or institutions); **~ für die Europäischen Gemeinschaften** →Organe

gemeinsam, für (od. auf) ~e Rechnung for (or on) joint account; **~e Sache** common cause; **mit jdm ~e Sache machen** to team up with sb.; **~e Schuld** *(Gesamthandschuld)* joint debt; **~er Schuldner** *(zur gesamten Hand)* joint debtor

gemeinsame Steuererklärung *(von Ehegatten)* joint tax return; **Steuertarif für ~** (tax) scale for joint tax return

gemeinsam, ~es Unternehmen joint venture (or undertaking); **~es Vermögen** joint (or jointly) owned assets; common property; **~e Verpflichtung** joint obligation (or commitment); *(als Gesamtschuldner)* joint and several obligation; **~e Versicherung** collective insurance; **~es Vorgehen** joint action; **~er →Wohnsitz** *(von Ehegatten)*; **~es Ziel** common aim (or objective, end)

Gemeinsam, ~er Zolltarif (GZT) *(EU)* Common Customs Tariff (CCT); **Nummer des ~en Zolltarifs** CCT heading No.; **die Sätze**

des ~en Zolltarifs ändern oder aussetzen to amend or suspend the CCT duties

Gemeinschaft 1. community; **in ~ mit** jointly with, together with; **~ nach Bruchteilen** →Bruchteilsgemeinschaft; **~ zur gesamten Hand** →**Gesamthands~**; →**Erben~**; →**Güter~**; **häusliche ~** common household; →**Interessen~**

Gemeinschaft Unabhängiger Staaten (GUS) →Gemeinschaft 3.

Gemeinschafts~, **~anschluss** *tel* party line; **~arbeit** team work, cooperative work; **~aufgaben von Bund und Ländern** joint tasks of the Federal Government and the →Länder; **~einkauf** group buying; cooperative purchasing; **~einrichtungen** public facilities; **g~feindlich** antisocial; **~finanzierung** group financing; **~geschäft** joint transaction *(→Konsortialgeschäft)*; **~haft** confinement of prisoners in a group *(Ggs. Einzelhaft)*; **~konto** joint account (J/A); **~kredit** syndicate credit (or loan); **~praxis** *(mehrerer Ärzte)* group practice; **~projekt** cooperative (or joint) project; **~rechnung** *(für Rechnung wen es angeht)* for account of whom it may concern; **~steuern** *(die dem Bund und den Ländern gemeinsam zustehen)* combined Federal and Länder taxes; **~unternehmen** joint undertaking; *(zur Realisation e-s gemeinsamen Geschäftszieles)* joint venture; **~vertrieb** *(aus Gründen der Rationalisierung)* joint marketing

Gemeinschaft 2. *(EG)* Community; →**außerhalb und innerhalb der ~**; →**Europäische ~en**; **erweiterte ~** enlarged Community; **ursprüngliche ~** Community as originally constituted; **die ~ und ihre Bediensteten** the Community and its servants (or staff); **Länder der ~** Community countries; **Organe der ~** s. gemeinsame →Organe der EG; **der Zuständigkeit der ~ unterstehende Industrien** industries within the jurisdiction of the Community

Gemeinschaftspatent Community patent; **~übereinkommen** (Übereinkommen über das europäische Patent für den Gemeinsamen Markt)[59b] Convention for the European Patent for the Common Market

Gemeinschaft 3. ~ Unabhängiger Staaten (GUS) (Nachfolgeorganisation der Sowjetunion) Commonwealth of Independent States (CIS)

11 Republiken der bisherigen Sowjetunion sind übereingekommen, sich zu einer Gemeinschaft zusammenzuschließen (Dezember 1991). Seit 1993 12 Mitgliedsstaaten.

11 republics of the former Soviet Union have agreed to form a community (Dec. 1991). Since 1993 12 Member States.

Gemeinschafts, **~-** *(Ggs. einzelstaatlich)*; **~angehörige** Community nationals (or citizens); **von der ~behandlung ausschließen** to exclude from Community treatment; **~beschluss** Community resolution; **~bürger** Community citizen; **auf ~ebene** at Community level; **~eigentum** Community property; **~erzeugung** Community production; **~etat (od. ~haushalt)** Community budget; **~gebiet** area of the Community; **~gesetzgebung** Community legislation; **~gewässer** Community waters; **~hilfe** Community aid; *(geplante)* **~marke** Community trade mark; **~maßnahmen** Community measures; **~mittel** Community funds (or resources); **~organe** Community institutions *(s. gemeinsame →Organe der EG)*; *(geplantes)* **~patent** Community patent; **~patentübereinkommen** Community Patent Convention *(s. Übereinkommen über das →europäische Patent für den Gemeinsamen Markt)*; **~politik** Community policy

Gemeinschaftsrecht Community law; **abgeleitetes ~** Community secondary legislation; **Abweichungen vom ~** derogations from Community law; **Vereinbarkeit nationaler Gesetze mit dem ~** compatibility of national laws with Community law; **Verstöße gegen das ~** infringement (or violation) of Community law; **Vorrang des ~s** precedence (or primacy) of Community law; **mit dem ~ unvereinbar** incompatible with Community law

Bei Kollision zwischen Gemeinschafts- und einzelstaatlichem Recht muß ein deutsches Gericht das Gemeinschaftsrecht anwenden.

In case of conflict between Community and national law, a German court must apply Community law.

gemeinschaftsrechtlich under Community law

Gemeinschafts~, **~richtlinien** Community directives; **~unternehmen**[60] Community undertaking (or venture); **~verordnung** Community regulation; **~vorschriften einhalten** to comply with Community rules; **g~weit** throughout the Community; within the Community; on a Community-wide basis; **g~weiter Umsatz** Community-wide turnover; **~zollkontingent** Community tariff quota

Gemeinschaft, **innerhalb der ~ zu- und abwandern** to move within the Community; **die ~ kann vor →Gericht stehen**

gemeinschaftlich joint, common, combined *(→gemeinsam)*; *(EuropaR)* Community; **einzelstaatlich oder ~** *(EU)* national or Community; **~er →Besitz**; **~es Nutzungsrecht** *(an Grundbesitz)* (right of) common; **~es und einzelstaatliches Recht** *(EU)* Community and national law; **~es Rechtssetzungsverfahren** *(EU)* Community legislative procedure; **~e Rechtsvorschriften** *(EU)* Community legislation; **G~es Sortenamt** *(EU)* Community Plant Variety Office (CPVO); **~es Testament**[61] joint will (can only be made by spouses); **~e Überwachung** *(EU)* Community surveillance; **G~e Umweltaktionen** (GUA) action by the Community relating to the environment (ACE); **~es Vermächtnis** joint legacy; **~es →Versandverfahren; ~ oder →einzeln handeln; das Geschäft ~ führen** to carry on (or manage) the business jointly; **~ zur →Geschäftsführung befugt sein; haben mehrere e-e Erfindung gemeinsam gemacht, so steht ihnen das Recht auf das Patent ~ zu** if two or more persons have made an invention together, the right to the patent shall belong to them jointly; **mehreren steht ein Recht ~ zu** a right is owned jointly by two or more persons *(→Bruchteilsgemeinschaft)*

Gemeinschuldner *(Insolvenzschuldner)* (adjudicated) bankrupt (or insolvent); debtor in insolvency proceedings; *Scot* common debtor; **→Entlastung des ~s; (noch) nicht entlasteter ~** undischarged debtor; **e-e Forderung gegen den ~ haben** to have a claim in bankruptcy

Gemein~, ~wert →gemeiner Wert; **~wirtschaft** social economy; **g~wirtschaftlich** serving (or affecting) the public (or common) economic interest; serving (or affecting) the public (economic) welfare; **~wohl** common weal, public welfare; public policy; public interest

gemessen an in terms of; measured by; compared with

gemischt →mischen

Gen gene

genau exact, precise, accurate; **~ genommen** strictly speaking; **~ nach Muster** strictly according to (or as per) sample

genau, ~e Adresse full address; **~e Angaben** full particulars, exact details; detailed statements; specification; **~e Anweisungen** precise instructions; **~e →Auskunft; ~er Kostenanschlag** detailed estimate; **~e Wiedergabe** exact reproduction; **~er →Wortlaut**

genau, ~ angeben to specify, to indicate exactly; to state precisely (or in detail); **sich ~ an die Vorschriften halten** to follow the instructions closely

Genauigkeit accuracy, exactness, preciseness

genehmigen *(amtl. od. behördl.)* to licen|se (~ce), to grant a licence; to approve (of), to give one's approval; to allow, to permit, to give permission; to authorize; to approve formally; *(gültig machen)* to ratify, to sanction

genehmigt approved; **~es (Grund-)Kapital**[63] authorized capital

Genehmigung *(amtl. od. behördl.)* licen|ce (~se), permit; *(Erlaubnis)* permission, consent, approval; *(nachträgl.)* ratification; *(vorherig)* authorization, prior approval; *(Gültigmachung)* ratification, sanction; **mit ~** under (the) licen|ce (~se) (from); with (the) consent (etc) (of); **mit ~ des Gerichts** by leave of the court; **→Ausfuhr~; →Bau~; →Einfuhr~; →Einzel~; →Sonder~; mit freundlicher ~ von** *Am* by courtesy of; **schriftliche ~** written approval (or permission, permit); **staatliche ~** governmental authorization; permission by the government; permit; **stillschweigende ~** tacit approval; **vorbehaltlich der ~** subject to approval; **vorherige ~** prior consent (or approval), prior authorization

Genehmigung, Erteilung e-r ~ *(amtl.)* granting (or issuing) a licen|ce (~se) (or permit); grant of a permit (or an authorization); giving one's consent (or approval); **Antrag auf Erteilung e-r ~** *(amtl.)* licen|ce (~se) application; application for permission (or a permit)

genehmigungsbedürftig subject to permission (etc); subject to approval; requiring a permit; **~e →Ausfuhr; ~e →Einfuhr**

Genehmigungs~, ~bedürftigkeit need for (or requirement of) approval; **~behörde** authorizing body (or agency); licensing authority; **~bescheid** licen|ce (~se) permit; notice of approval; **~erfordernisse** licensing requirements; **~erteilung** s. Erteilung e-r →Genehmigung

genehmigungsfrei not requiring permission; **~e →Ausfuhr; ~e →Einfuhr**

Genehmigungspflicht duty to obtain a permit (etc); **e-r ~ unterliegen** to be subject to authorization (etc)

genehmigungspflichtig →genehmigungsbedürftig

Genehmigungs~, ~staat[64] licensing state; **~urkunde**[66] government permit; instrument evidencing authorization; **~verfahren** permit procedure, procedure to obtain permit for ...; licensing procedure; **~vermerk** "approved" endorsement; **~zeichen** approval mark

Genehmigung, jds ~ bedürfen to be subject to sb.'s approval; to require sb.'s permission; **~ einholen** to apply for consent; to ask (for) permission; **~ erhalten** to receive (or obtain) approval; **~ erteilen** *(amtl.)* to grant a licen|ce (~se), to license; to give one's approval (or consent); to authorize; *(schriftl.)* to issue a permit; **die ~ befristet oder bedingt erteilen** to make one's consent temporary or conditional; **die ~ versagen (od. verweigern)** to deny (or refuse) approval; to withhold one's consent; **zur vorherigen ~ vorlegen** to submit for prior approval; **~ liegt vor** approval has been given;

e-e ~ widerrufen to revoke an authorization; to withdraw one's consent

General~, **~akte** *(dipl)* general act; **~anwalt** *(des Gerichtshofs der EU)*[67] Advocate-General; **~bevollmächtigter** universal agent; fully authorized representative; **~bundesanwalt** *(beim Bundesgerichtshof)* Federal Public Prosecutor; **~direktion** management; directorate-general; *Am* executive board

Generaldirektor chief executive; general manager; *Br* managing director; *Am* president (of a corporation); **stellvertretender ~** deputy chief executive; assistant general manager

General~, **~gouverneur** governor-general; **~klausel** general (or blanket) clause; **~konsul** consul-general; **~konsulat** consulate-general; **~konto** general account; **~police** *(VersR)* floating policy, open policy; blank policy; **~prävention** general prevention (of crime); **~quittung** receipt in full; **~sekretär** secretary-general; **~sekretariat** general secretariat; **~staatsanwalt** chief public prosecutor (at an →Oberlandesgericht); **e-n ~streik ausrufen** to call a general strike

Generalversammlung *(→Hauptversammlung e-r AG, →Gesellschafterversammlung e-r GmbH)*, **~ (GV)** **general assembly**; **~ e-r Genossenschaft**[68] general meeting of a cooperative (society) *(→Vertreterversammlung)*; **~ der Vereinten Nationen**[69] general meeting of a cooperative (society) *(→Vertreterversammlung)*; **~ der Vereinten Nationen**[69] General Assembly of the United Nations

General~, **~vertrag** →Deutschlandvertrag; **~vertreter** (GV) general agent (GA); general representative; *(für e-n bestimmten Bezirk)* (sole or exclusive) distributor; **~vertretung** general agency; general representation; **~vollmacht** general (or full, unlimited) power (or attorney)

Generationenvertrag *(SozV)* inter-generation contract

Kein Vertrag im Rechtssinn, sondern Erklärungsmodell für die deutsche gesetzliche Rentenversicherung, wonach die jüngere Generation für die ältere die Renten finanziert. Dies geschieht im Vertrauen darauf, dass später einmal für die jetzigen Beitragszahler gesorgt wird.

No contract in the legal sense but an applied principle in the German social security pension insurance. According to this principle, the younger generation finances the pension payments for the elderly in the confidence that they will be provided for in the same way in the future.

Genesungsheim convalescent home

Genesungsurlaub sick leave

Genetik genetics

genetische Prädisposition genetic predisposition

Genfer Abrüstungskonferenz Geneva Conference on Disarmament

Genfer Konventionen (od. [Rotkreuz-]Abkommen)[70] Geneva Conventions

Genfer Protokoll, **~ über die Schiedsklauseln** *(von 1923)* Geneva Protocol on Arbitration Clauses; **~ über das Verbot der Verwendung von erstickenden, giftigen oder ähnlichen →Gasen und bakteriologischen Kriegsmitteln im Kriege**

Genom genom; **~analyse** genom analysis

Genfer Seerechtskonferenzen Geneva Conferences on the Law of the Sea

Genosse member of a cooperative (society); shareholder

Genossenschaft cooperative (*Br meist* cooperative society) *(Br society)*; **~ mit beschränkter (unbeschränkter) Nachschusspflicht**[71] cooperative (society) with limited (unlimited) liability to make an additional contribution; **~ ohne Nachschusspflicht**[71] cooperative (society) without liability to make an additional contribution

Genossenschaft, **→Absatz~**; **→Bau~**; **→Einkaufs~**; **→Erwerbs- und Wirtschafts~en**; **eingetragene ~** (eG) registered cooperative (society); **gewerbliche ~**[72] industrial cooperative (society); **→Handwerker~**; **→Konsum~**; **→Kredit~**; **landwirtschaftliche ~**[73] farmers' (or agricultural) cooperative (society); **→Produktions~**; **→Produktiv~**; **→Verbraucher~**

genossenschaftlich cooperative; **~e Kreditinstitute**[74] cooperative credit institutions

Genossenschafts~, **~bank** cooperative bank; **~bewegung** cooperative movement; **→Internationaler ~bund**; **~gesetz**[75] Cooperative Societies Act; *Br* Industrial and Provident Societies Act; **~recht** law relating to cooperatives *(Br cooperative societies)*; **~register**[76] Register of Cooperatives *(Br Cooperative Societies)*; **~verband** cooperative union; **~wesen** cooperative system

Genozid →Völkermord

Gentechnologie gene technology; genetic (or bio) engineering

Gentherapie gene therapy

genügen to be sufficient (or adequate); **den Anforderungen ~** to meet the requirements

genügend sufficient, enough; *(reichlich)* ample; **~ →Geld haben**; **nicht ~e →Bezahlung**; **nicht ~ Arbeitskräfte haben** to be short of hands, to be shorthanded; **nicht über ~ Kapi-**

tal verfügen to be undercapitalized, to lack sufficient capital

Genugtuung, seiner ~ Ausdruck geben to express one's satisfaction; **mit ~ zur Kenntnis nehmen** to note with satisfaction

Genuss, ~ e-s Rechts enjoyment of a right; **für den menschlichen ~ ungeeignet** unfit for human consumption; **jdn in den ~ e-r Sache kommen lassen** to let a p. have the benefit (or enjoyment) of sth.

Genuss~, ~aktie participating certificate provided with voting rights, bonus share *(→Vorzugsaktie; →Genussschein)*; **~mittel** semi-luxury and luxury foodstuffs; *(anregende)* stimulants; **Nahrungs- und ~mittelindustrie** food, beverage, and tobacco industry; **~rechte**[77] participation rights; rights embodied in a →Genussschein; **~schein** (profit) participating certificate (granting right to participate in profits and liquidation dividends, but not to vote or share in capital)

geographische Karten[78] maps

geographisch begünstigter (benachteiligter) Staat geographically advantaged (disadvantaged) state

geopolitisch politico-geographical

geothermische Energie geothermal energy

Gepäck luggage; *Am bes.* baggage; **aufgegebenes ~** registered luggage; *Am* checked baggage; **zur Aufbewahrung gegebenes ~** *Br* left (or deposited) luggage; *Am* checked baggage; **großes ~** large (or heavy) luggage (baggage); **→Hand~**

Gepäck~, ~abfertigung dispatch (or *Br* registration) of luggage; *Am* checking of baggage; *(Raum)* →Gepäckannahme; **~abschnitt** *(im Luftverkehr)* baggage check; **~annahme** *Br* luggage (registration) office; *Am* baggage checking counter; **~aufbewahrung(sstelle)** *Br* left-luggage office; *Am* baggage room, check room; **~aufgabe** *Br* registering (of) luggage, registration of luggage; *Am* checking baggage; **~ausgabe** handing-out luggage; *Am* baggage pick-up; *(am Flughafen)* baggage claim; **~kontrolle (od. ~revision)** *(Zoll)* inspection of luggage (baggage); **~schaden** damage to luggage (baggage); **~schein** *Br* luggage check (or ticket); *Am* baggage check; **~schließfach** luggage (baggage) locker; **~stück** item (or piece) of luggage (baggage); **~versicherung** luggage (baggage) insurance; **~zustellung** delivery of luggage (baggage)

Gepäck, das ~ abfertigen to dispatch (or *Br* register) the luggage; *Am* to check the baggage; **sein ~ zollamtlich abfertigen lassen** to take one's luggage (baggage) through customs; **sein ~ aufbewahren lassen** *Br* to deposit one's luggage at the left luggage office; *Am* to deposit one's baggage in the baggage room; **sein ~ aufgeben** *Br* to register one's luggage; *Am* to check one's baggage

Gepfändeter distrainee *(→pfänden)*

Gepflogenheit practice; custom; usage; **diplomatische ~** diplomatic usage; **geschäftliche ~** business practice(s); custom of a trade; **im Rahmen der gewohnheitsrechtlichen ~en** in accordance with practices sanctioned by custom (or customary law); **internationale ~en** international practice(s); **den bisherigen ~en entsprechend** in accordance with standard practice

geprüft →prüfen

gerade straight; *(direkt)* direct; *(Zahl)* even; **~aus** *(z. B. Fahrtrichtung)* straight ahead (or on); **in ~r Linie (verwandt)** lineal(ly); in direct line of descent; **→Abkömmlinge in ~r Linie**; **→Abstammung in ~r Linie**; **in ~r Linie abstammen von** to be lineally descended from; **in ~r Linie verwandt sein mit** to be directly related to

Gerät tool, instrument, implement; utensil, appliance, apparatus; **~e** equipment; **Haushalts~e** household appliances; **landwirtschaftliche ~e** agricultural implements; **optische ~e** optical instruments; **~abgabe** equipment levy; **~emietung** equipment hiring (or *Am* rental)

Geräusch~, ~belästigungen nuisance by noise; **~emission** noise emission; noise emitted (by); **~entwicklung**[79] noise generation, production of noise; **zulässiger ~pegel** permissible noise level

gerecht just; equitable; **~er Anteil** fair share; **~e Behandlung** fair (or just) treatment; **den Anforderungen ~ werden** to meet the requirements

gerechtfertigt justified; warranted (durch by); **sachlich ~** objectively justified; **→Erstattung der ~en Auslagen**; **~e Entlassung** fair dismissal

Gerechtigkeit justice; **ausgleichende ~** distributive justice; **soziale ~** social justice, social equity; **→Lauf der ~**; **jdm ~ widerfahren lassen** to do a p. justice; **dies würde verhindern, dass der ~ Genüge geschieht** this would prevent justice from being done

geregelter →Freiverkehr

Gericht court; court of justice; court of law; tribunal; *(während der Sitzung)* bench; **vor ~** in court; **~ erster (letzter, zweiter) →Instanz**; **~ des Urteilsstaates** original court

Gericht, →**Amts~**; →**Arbeits~**; →**Berufungs~**; →**Bundes~(e)**; →**Ehren~**; →**Land~**; →**Oberlandes~**; →**Schieds~**; →**Schwur~**; →**Verwaltungs~**

Gericht, das angerufene ~ →anrufen; **ein ordnungsgemäß besetztes ~** a court properly constituted; **erkennendes ~** court of decision; **erstinstanzliches ~** court of first instance; **höheres ~** higher (or superior) court; **innerstaatliches ~** domestic court; **letztinstanzliches ~** court of last instance (or resort); **oberes ~** upper court; **ordentliches ~** court of law; court of general jurisdiction *(Ggs. →besonderes Gericht)*; **übergeordnetes ~** higher (or superior) court; **unteres ~** lower court, court below; inferior court; →**zuständiges ~**

Gericht, →**Anrufung des ~s**; →**Auftreten vor ~**; **unter die** →**Zuständigkeit e-s ~s fallen**

Gericht, das ~ →**anrufen**; **vor ~** →**auftreten**; **dem ~ bekannt sein** to be known to the court; to be judicially noticed; **das ~ war vorschriftsmäßig** →**besetzt**; **jdn vor ~ bringen** to bring sb. before the court; *Am* to take sb. to court; *(Zivilprozess)* to take legal proceedings against sb.; to sue sb.; *(Strafprozess)* to bring sb. to trial; **Urkunden bei ~ einreichen** to file (or lodge) documents with the court; **vor ~ (nicht)** →**erscheinen**; **vor ~ gehen** (klagen) to go before a court; to take legal action; **dem ~** →**glaubhaft machen**; **vor ~** →**plädieren**; **vor ~ stehen** *(Zivilprozess)* to be a party to legal proceedings; *(Strafprozess)* to be on trial, to stand trial; **die Gemeinschaft kann vor ~ stehen** *(EU)* the Community may sue and be sued in its own name; the Community may be a party to legal proceedings; **jdn vor ~ stellen** *(Strafprozess)* to bring a p. to trial; to arraign a p.; **jdn vor ~** →**vertreten**

gerichtlich judical; **legal** by legal process; by order of the court

gerichtlich und außergerichtlich in and out of court; judicial(ly) and extra-judicial(ly); **gerichtlicher oder außergerichtlicher** →**Vergleich**; **jdn ~ vertreten** to represent sb. in and out of court

gerichtlich, ~ anerkannte Schuld debt recognized by a court; judgment debt; **~ durchsetzbar** enforceable by the court; legally enforceable; **Schulden ~** →**beitreiben**; **gegen jdn ~ vorgehen** to take legal action against sb.; to sue sb.; to proceed against sb.

gerichtlich, ~e Anweisung court order; writ; **~e Beschlagnahme** attachment; **~e Beurkundung** judicial recording

gerichtliche Entscheidung judgment; judicial (or court) decision; court order; ruling; decree; findings; →**rechtskräftige ~**

gerichtliche Schritte androhen (ergreifen) to threaten (institute or commence) legal proceedings

gerichtlich, **~e** →**Überprüfung**; **~e Untersuchung** judicial investigation (or inquiry); **~es** →**Verfahren**; **~es Vorgehen** court action; **gegenseitige ~e** →**Zusammenarbeit**

gerichtliche Zuständigkeit jurisdiction of a court; **(EWG-) Übereinkommen über die ~ und die Vollstreckung gerichtlicher Entscheidungen in Zivil- und Handelssachen**[79a] (EEC-) Convention on Jurisdiction and the Enforcement of Judgements in Civil and Commercial Matters *(→Deutsch-Britisches Abkommen über den Rechtsverkehr)*

Gerichts~, **g~ähnlich** quasi-judicial; **~akten** court records (or files); **~arzt** medical expert (of the court); **~assessor** →Rechtsassessor

Gerichtsbarkeit, →**Arbeits~**; **Bundes~** federal jurisdiction; →**Finanz~**; →**Sozial~**; →**Straf~**; →**Verfassungs~**; →**Verwaltungs~**; →**Zivil~**

Gerichtsbarkeit jurisdiction; **ausschließliche ~** exclusive jurisdiction; **nicht ausschließliche ~** s. konkurrierende →Gerichtsbarkeit; *(örtl. oder sachlich)* **beschränkte ~** limited jurisdiction; →**freiwillige ~**; **inländische ~** domestic jurisdiction; **innerstaatliche ~** national jurisdiction; **konkurrierende ~** *(mehrerer Gerichte)* concurrent jurisdiction; **obligatorische ~ des Internationalen Gerichtshofs** compulsory jurisdiction of the International Court of Justice; **ordentliche ~**[79b] ordinary jurisdiction (in civil or criminal matters); **streitige ~** contentious jurisdiction; **~über die Person** personal jurisdiction

Gerichtsbarkeit, ~ ausüben to exercise jurisdiction; **unter die obligatorische ~ des Internationalen Gerichtshofes fallen**[80] to lie within the compulsory jurisdiction of the International Court of Justice; **der ~ e-s Staates unterliegende Gewässer** waters under the jurisdiction of a state; **der ~ unterstehen** to be subject to (or to be within) the jurisdiction; **die Richter des Gerichtshofes der EG sind keiner ~ unterworfen** the judges of the Court of Justice shall be immune from legal process

Gerichtsbarkeits- jurisdictional

Gerichtsbeamter court official; **gerichtsbekannt sein** to be known to the court

Gerichtsbeschluss court order, order of the court; **e-n ~ erlassen (erwirken)** to make (obtain) an order of the court

Gerichts~, **~bezirk** (court) circuit; judicial district; jurisdiction; **~dolmetscher** court interpreter; **~entscheidung** →gerichtliche Entscheidung; **~ferien**[81] *Br* (court) vacation(s); *Am* recess (of the courts); **~gebäude** law court;

Am courthouse; **~gebühren**[82] legal costs; costs; court fees; **~gefängnis** court prison

Gerichtshof court of justice; tribunal; law court; **Europäischer ~** →Gerichtshof der Europäischen Gemeinschaften; →**Europäischer ~ für Menschenrechte**; →**Internationaler ~**
Gerichtshof, Oberster ~ (für England und Wales) *Br* Supreme Court of Judicature; **Oberster ~ (der Vereinigten Staaten)** *(oberstes Bundesgericht)* Supreme Court (of the United States)

Gerichtshof (der Europäischen Gemeinschaften) Court of Justice (of the European Communities); European Court of Justice (ECJ)
Der aus 13 Richtern bestehende Gerichtshof (unterstützt von 6 Generalanwälten) sichert die Wahrung des Rechts bei der Auslegung und Anwendung der Verträge der EG.
The Court of Justice, consisting of 13 judges and supported by 6 Advocates-General shall ensure that the EC treaties are interpreted and applied in accordance with the law.

Gerichtshof, Kanzler des ~s *(EU)* Registrar of the Court of Justice; **Sammlung der Rechtsprechung des ~s** Reports of Cases before the Court of Justice; **Satzung des ~s** Statutes of the Court of Justice; **Verfahrensordnung des ~s** rules of procedure of the Court of Justice
Gerichtshof, dem ~ unterbreitete Rechtssachen cases brought before the Court of Justice; **vor dem ~ Beschwerde darüber führen, dass** to complain to the Court of Justice that; **der ~ hob die Entscheidung der Kommission auf** the Court of Justice reversed the Commission's decision; **Klage beim ~ auf Aufhebung e-r Entscheidung erheben** to bring an action to (or to lodge an appeal with) the Court of Justice to annul a decision; **der ~ hat für Recht erkannt** the Court of Justice held (or ruled)

Gerichtshoheit jurisdiction; **~ über die Person** personal jurisdiction, jurisdiction over the person; **~ über die Sache** subject matter jurisdiction, jurisdiction over the subject matter

Gerichts~, ~kenntnis judicial notice; **~klausel** jurisdictional clause *(Ggs. Schiedsklausel)*

Gerichtskosten[83] (legal) costs (court fees), *Am* (court) costs, litigation costs; **dem X entstandene ~** *Am* (court) costs incurred by X; **Festsetzung der ~** assessment (*Br* taxation) of costs; **Höhe der ~** amount of the costs; **~marke** *Br* court fee (*Am* costs) stamp; **~vorschuss** *Br* payment on account of (or money paid on account for) court fees; advance towards the court costs; **die ~ auferlegen** to order to pay the costs; **die ~ festsetzen** to assess (*Br* to tax) the costs; **zur Tragung der ~ verpflichtet** liable to pay the costs

Gerichts~, g~kundig known to the court; within judicial notice; **~medizin** medical jurisprudence; forensic medicine; **g~notorisch** →Gerichtskundig; **Recht des ~orts** *(IPR)* lex fori; **~protokoll** record of the proceedings; **~referendar** →Rechtsreferendar

Gerichtssaal court(-)room; **den ~ räumen lassen** to order the Court to be cleared

Gerichtssitzung hearing; session of a court; **e-e ~ abhalten** to hold court; to sit

Gerichtssprache[84] official language in court

Gerichtsstaat state of the forum

Gerichtsstand (place of) jurisdiction (area of court's competence); venue; *(IPR)* forum; **Änderung des ~es** *(Verweisung an ein anderes Gericht wegen örtlicher Unzuständigkeit)* change of venue; **ausschließlicher ~** exclusive jurisdiction (or venue); **nicht ausschließlicher ~** concurrent jurisdiction; **deutscher ~** German jurisdiction (or venue), jurisdiction of German courts; **dinglicher ~** jurisdiction as to the subject matter, jurisdiction in rem; forum rei sitae; **örtlicher ~** local jurisdiction; **~ der belegenen Sache** forum rei sitae; **~ des Erfüllungsortes**[85] jurisdiction at place of performance; **~ in Nachlasssachen** jurisdiction in probate cases; **~ der unerlaubten Handlung**[86] forum delicti; forum rei gestae (jurisdiction where the act was committed); **~ des Wohnsitzes**[87] forum domicilii; **~sklausel** clause stipulating jurisdiction; choice of jurisdiction clause; **~svereinbarung** choice of forum agreement; agreement on jurisdiction; **~swahl** choice of venue (or of jurisdiction); **e-n ~ durch Vereinbarung ausschließen** to bar the jurisdiction of a court by stipulation (or agreement); **~ ist ...** venue shall be ...; **e-n ~ vereinbaren** to stipulate a jurisdiction

Gerichtstag day of hearing, hearing date, trial date

Gerichtstermin hearing (date); *(Strafverfahren)* (day of) trial, trial date; **e-n ~ anberaumen** to fix a hearing (date); to set down a case for trial

Gerichtsurteil (court) judgment; *(bes. Strafurteil)* sentence; **~ zugunsten des Klägers** judgment in favo(u)r of the plaintiff

Gerichtsverfahren *(Prozess)* legal proceedings; *(formelles Verfahren)* legal procedure; **ordnungsgemäßes ~** due process of law; **rechtswidrige Behinderung e-s ~s** unlawful obstruction of judicial proceedings; **ein ~ einleiten** to institute (or commence) legal proceedings; **e-m ~** *(Strafverfahren)* **entgegensehen** to await trial

Gerichtsverfassung organization of the court system; organization and government of the courts; **~sgesetz** (GVG)[88a] Judicature Act

Gerichtsverhandlung hearing, trial, *Br* proceedings, *Am* proceeding; **in öffentlicher ~** in open court

Gerichtsvollzieher[89] *Br* bailiff, sheriff's officer; *Am* sheriff; *Am (für Bundesgerichte)* marshal; **~gebühren** *Br* bailiff's fees; *Am* sheriff's fees

Gerichtswesen judicial system, court system

gering little, small, minor, insignificant; **mit ~en Ausnahmen** with minor (or marginal) exceptions; with few exceptions; **~e Auswahl** small (or poor) selection; **~e Bedeutung** insignificance, minor significance; **~e Besteuerung** light taxation; **~es Einkommen** small (or low) income; **Waren ~erer** →**Qualität**; **~er Schaden** slight damage; **zu ~ angeben** to understate

geringer inferior, minor, less; of less value (or quality); **~ werden** to decrease

geringfügig petty; slight; insignificant; trivial; marginal; **~e Änderung** minor change; **~e Beschäftigung**[90] insignificant employment; **~er Diebstahl** petty theft; pilferage; **~e Geschenke** small (or trifling) gifts; **~e Schulden** small debts; **~e Streitsache** petty case; **~e Verletzung** minor injury

Geringfügigkeit, das Strafverfahren wegen ~ einstellen[91] to discontinue (or terminate) the criminal *Br* proceedings (*Am* proceeding) (or the prosecution) on the ground of insignificance

geringstes Gebot[92] lowest bid

geringwertig inferior, of inferior quality; low-value, of small value; **~e Qualität** poor quality; **~e Wirtschaftsgüter** *(des Anlagevermögens)* (GWG) inferior assets; low-value assets

gern, ich nehme Ihre Einladung ~ an I shall be glad to accept your invitation; **etw. ~ tun** to be pleased to do sth.; to have pleasure in doing sth.; **ich möchte ~ wissen, ob** I wonder if; I should like to know if

Gerücht, hartnäckige ~e persistent rumo(u)rs; **ein ~ verbreiten** to spread a rumo(u)r

gesamt whole, entire, all; total; collective; *(einschließlich allem)* overall; global; *(zur gesamten Hand)* joint(ly); *(gesamtschuldnerisch)* joint (-ly) and several(ly); **das ~e Vermögen** all the property, the entire property; **der ~e Vertrag** the contract in its entirety; **in der ~en Welt** throughout the world; **die ~e Wirtschaft** the economy as a whole, the general economy

Gesamt~, ~absatz total sales, overall sales; **~abtretung** general assignment; **~aktie** →Globalaktie; **~angaben** global data; **~arbeitslosigkeit** overall employment

Gesamtarbeitsvertrag collective labo(u)r agreement; collective bargaining agreement; **Verhandlungen über den Abschluss e-s ~s** collective bargaining

Gesamt~, ~aufkommen total yield; **~ausfuhr** total exports; **~ausgabe** *(e-s Buches)* collected edition; **~ausgaben** total expenses; overall expenditure; **~ausschuss** *(e-r Konferenz)* Committee of the Whole; **~außenhandel** aggregate foreign trade; **~bedarf** total requirement(s); aggregate demand; **~belastung** *(mehrerer Grundstücke)* collective charge; **~bericht** general (or overall) report; **~betrag** total (amount), sum total; aggregate amount; **im ~betrag von** ... totalling

Gesamtbetrieb enterprise as a whole; **~sausschuss**[93] central (or general) works committee; **~srat** →Betriebsrat

Gesamt~, ~bevölkerung total population; **~bezüge** total remuneration; *(z. B. e-s Vorstandsmitglieds)*[94] total compensation; **~bilanz** comprehensive (or combined) balance sheet; consolidated balance sheet; **~budget** overall budget; **~darstellung** comprehensive statement; **g~deutsch** all-German; **~dividende** total dividend; **~eigentum** joint property; **~einkommen** total income, aggregate income; **~einnahmen** total receipts (or revenue); **~energiebedarf** overall energy requirement(s); **~energienachfrage** overall energy demand; **~entwicklung** general (or overall) trend; **~erbe** universal (or sole) heir; **~ergebnis** overall result, total result; **~ertrag** total proceeds (or revenue); **g~europäisch** all- European; pan-European; **zulässige ~fangmengen** *(Fische)* total allowable catches (TACs); **~forderung** total claim; *(der →Gesamtgläubiger)* joint and several claim; **~gefüge der Zinssätze** total structure of interest rates; **~geldstrafe** aggregate fine; **~geschäftsführung** *(durch mehrere Gesellschafter)* joint conduct of business; **~gewicht** total weight; **Ermittlung des ~gewinns** determination of total (or overall) profits

Gesamtgläubiger[95] joint and several creditor(s); co-creditor(s) *(→Gesamthandsgläubiger)*

Gesamtgläubiger sind eine Leistung in der Weise zu fordern berechtigt, dass jeder die ganze Leistung fordern kann, der Schuldner aber die Leistung nur einmal zu erbringen braucht.

Where there are joint and several creditors, each of them is entitled to claim the whole performance to himself, while the debtor owes only one performance.

Gesamtgut *(bei →Gütergemeinschaft)*[96] common property *(the joint property of both spouses)*
Gesamtgut wird grundsätzlich alles Vermögen, das beide Ehegatten zur Zeit der Eheschließung haben und später erwerben. Es wird Gesamthandsvermögen beider Ehegatten *(→Sondergut, →Vorbehaltsgut).*
Common property comprises all assets owned by both spouses at the beginning of the marriage and those acquired during the marriage. It is owned jointly by both spouses.

Gesamtgut, Auseinandersetzung der Ehegatten über das ~[97] division (or separation) of common property between spouses; **Haftung des ~s**[98] liability of the common property for obligations incurred by the spouse(s); **Verwaltung des ~s**[99] management of the common property; **~sverbindlichkeiten**[100] liabilities of (or attaching to, to be satisfied from) the common property

Gesamthaftung des Herstellers producer's total liability

Gesamthänder →Gesamthandseigentümer, →Gesamthandsgläubiger

gesamthänderisch joint(ly); **~es Eigentum** →Gesamthandseigentum; **~ gebundener Miteigentümer** *(an Grundbesitz)* joint tenant; **~ gebundenes Vermögen** assets held jointly, jointly held assets

Gesamthandseigentum joint tenancy; jointly held property; *Scot* joint property; **~ in Bruchteilseigentum umwandeln** to sever a joint tenancy

Gesamthands~, ~eigentümer joint tenant; **~forderung** jointly owned claim

Gesamthandsgemeinschaft joint ownership, co- ownership *(→Gesellschaft des bürgerlichen Rechts, →OHG, →KG, →Gütergemeinschaft, →Erbengemeinschaft)*
Bei der Gesamthandsgemeinschaft ist Rechtsträger nicht der einzelne Gesamthänder, auch nicht zu einem Teil, sondern alle Gesamthänder zusammen.
Joint ownership means the holding of property by two or more persons jointly (not in distinct shares), each having an identical interest in the undivided whole.

Gesamthandsgläubiger[101] joint creditor(s)
Jeder Gläubiger kann nur die Leistung an alle fordern, der Schuldner nur an alle gemeinschaftlich leisten *(→Gesamthandsgemeinschaft).*
Each of the joint creditors may demand performance only to all of the creditors jointly; the debtor may perform only to all of the creditors jointly.

Gesamthands~, ~schuld joint debt; **~schuldner** joint debtor(s) *(→Gesamtschuldner)*

Gesamthandsvermögen jointly owned property (or assets)
Gesamthandsvermögen ist ein von dem übrigen Vermögen der Gesamthänder zu trennendes Sondervermögen.
Assets owned in joint ownership are treated separately from the other assets owned by each co-owner in his individual capacity.

Gesamthaushaltsplan *(EU)* general budget

Gesamtheit, als ~ collectively; **in der ~** in its entirety; **die ~ von Maßnahmen** the measures (or steps) taken as a whole; the overall course adopted

Gesamt~, ~hochschule comprehensive university; **~hypothek**[102] general (or aggregate, blanket) mortgage; *Am* consolidated mortgage (charge of several properties simultane- ously for a single debt); **~interessen** general interests; **~investitionen** overall investments; **~jugendvertretung**[103] central (or general) youth delegation; **~kapazität** overall capacity; **~kapital** total capital; **~kosten** total costs, overall costs

Gesamtlage overall situation; **wirtschaftliche ~** general economic situation; state of the economy

Gesamt~, ~leitung overall direction; **~management** overall management; **~nachfolge** →Gesamtrechtsnachfolge; **~nachfrage** total (or overall) demand; aggregate demand; **e-n ~plan aufstellen** to prepare an overall (or master) plan; **~planung** overall planning; master planning (or *Am* scheduling); **~politik** overall policy; **~preis** total price; all-round price; **~produktion** total production (or output); **~prokura**[104] collective →Prokura; →Prokura conferred on several persons

Gesamtrechnung overall account; *(Betrag)* invoice total; **volkswirtschaftliche ~** national accounting (or accounts); **Europäisches System volkswirtschaftlicher ~en** (ESVG) European System of Integrated Economic Accounts (ESA)

Gesamt~, ~rechtsnachfolge universal succession, succession to entire estate; **~rechtsnachfolger** universal successor; **~- und Einzelrechtsnachfolger** successor and assignee; **~regelung** overall settlement; **~rendite** total yield; **~rentabilität** *(e-s Unternehmens)* overall profitability; **~risiko** overall risk; **~rücktritt** collective resignation; **~schaden** total loss; **~schuld** *(der Gesamtschuldner)* joint and several obligation (or debt)

Gesamtschuldner[105] joint and several debtor *(→Gesamthandsschuldner)*
Jeder muß die ganze Leistung bewirken, aber der Gläubiger kann sie nur einmal fordern.
Each of the debtors is liable for the whole obligation, but the creditor is entitled to one performance only.

Gesamtschuldner, als ~ haften[106] to be jointly and severally liable; to be liable as joint and several debtors; **mehrere Mitbürgen haften**

als ~[107] several cosureties are jointly and severally liable

gesamtschuldnerisch jointly and severally; *Scot* conjunct and several; **~e Haftung** *(z. B. der Ehegatten bei Gütergemeinschaft)*[108] joint and several liability; **~ bürgen für** to guarantee jointly and severally for; **~ haften** to be jointly and severally liable

Gesamtschuldnerschaft joint and several liability

Gesamt~, **~schule** comprehensive school; **g~staatlich** all-state; **~statut**[109] general choice of law rule (law governing all aspects of a person, transaction or event, e. g., succession); **~stimmenzahl** total number of votes; *(bes. Wahlergebnis)* total votes cast; **~strafe** cumulative punishment (or sentence); **~summe** sum total, total (amount); aggregate amount; **e-e ~übersicht aufstellen** to draw up an overall (or general) survey

Gesamtumsatz total sales, total turnover; **~zahlen** total turnover figures (or rates)

Gesamt~, **~unternehmen** enterprise (or company) as a whole; **~verantwortlichkeit** collective (or overall) responsibility; **~verband** general association; **~vereinbarung** *(Oberbegriff für →Tarifverträge und →Betriebsvereinbarungen)* collective agreement; **~verkauf** *(Veräußerung als ganzes)* aggregate sale; *Am* bulk sale, sale (of stocks of goods) in bulk; **~verkehr** total (or overall) traffic; **~verlust** total loss; **~vermögen** aggregate property; total (or overall) assets; **~verschuldung** total indebtedness; **~versicherung** *Br* all-in insurance; all-risks comprehensive insurance

Gesamtvertretung joint representation; joint agency; **zur ~ befugt**[110] authorized to represent (or act for) (the company) jointly

Gesamt~, **~verweisung** *(IPR)* reference to a foreign law including its conflict of laws rules; reference to a foreign law in its totality; **~vollmacht** joint power of attorney; joint agency; **~werk** complete works; **~wert** *(z. B. e-s Geschäfts)* total value, aggregate value; **~wirtschaft** *(e-s Landes)* overall economy, economy as a whole

gesamtwirtschaftlich, **~ betrachtet** looking at the economy as a whole; **~e Entwicklung e-s Landes** overall economic development of a country; **~es Gleichgewicht** overall economic equilibrium (or balance); **~e →Nachfrage**; **~e Verhältnisse** general economic conditions

Gesamtzahl total number, sum total; total; **~ der Beschäftigten** aggregate number of employees

Gesamt~, **~zahlungsbilanz** overall balance of payment; **~zeichnungsberechtigung** joint authority to sign

Gesandte, (der ~)[111] *dipl* envoy

Geschädigter injured person (or party); party having suffered damage (or loss); *(VersR)* person who suffered the damage (or loss); claimant *(→schädigen.)*

Geschäft business; *(das getätigte od. zu tätigende Geschäft)* transaction, deal, operation, trading; *(Angelegenheit)* affair; *(günstiges Kaufobjekt)* bargain; *(Firma)* business, firm; *(Laden)* shop, *Am* store; **→Bar~**; **→Börsen~(e)**; **→Devisen ~(e)**; **→Einzelhandels~**; **→Finanz~e**; **→Großhandels~**; **→Kassa~e**; **→Kredit~**; **→Termin~**; **→Versicherungs~**

Geschäft, **→grenzüberschreitende ~e**; **→gutes ~**; **(nicht) →gut gehendes ~**; **laufende ~e** current business (or transactions); day-to-day business; **bei lebhaftem ~** *(Börse)* in active trading; **bei ruhigem ~** *(Börse)* in quiet trading; **schlechtes ~** bad business; bad (or losing) bargain; **sittenwidrige und verbotene ~e** immoral and prohibited transactions; **wenig ~e** little business; few dealings; **zugrundeliegendes ~** underlying transaction; **zweifelhaftes ~** dubious transaction

Geschäft, **ein ~ abschließen** to transact business (with mit); to conclude (or enter into) a transaction; to close a deal; to make (or strike) a bargain; **ein ~ zum Abschluss bringen** to complete (or conclude, close) a transaction (or deal); **ein ~ aufgeben** to go out of business; to retire from a business; to abandon (or close, discontinue, terminate) a business; **ein ~ ausüben** to carry on (a) business; **jds ~e besorgen** to manage (or handle) the affairs of (or for) another; to look after the interests of another; **das abgeschlossene ~ bestätigen** to acknowledge a business transaction; **im ~ bleiben mit jdm** to stay in (or continue) business with sb.; **ein ~ erledigen** to transact business; **ein ~ schnell erledigen** to dispatch business; **ein ~ fortführen** to continue a business

Geschäft, **ein ~ führen** to manage (or conduct, carry on, run) a business (or shop); **die laufenden ~e führen** to deal with current business; to manage (or dispatch, deal with) the day-to-day business; **die ~e e-r Gesellschaft führen** to manage the affairs of a company; **die ~e der Bank sind ordnungsmäßig geführt** the operations of the bank have been conducted in a proper manner

Geschäft, **die ~e gehen gut** business is good (or prospering, flo[u]rishing, thriving); **die ~e gehen schlecht** business is bad (or slack)

Geschäfte machen to do business (or to deal, to have dealings) (with persons, in goods); **für eigene oder →fremde Rechnung ~**; **glän-**

zende ~ to run a very profitable business; Br *colloq.* to do a roaring trade; *Am colloq.* to do a land-office business; **gute ~** to do well

Geschäft, ein ~ →schließen; ~e tätigen to do business; to enter into business transactions; **~e →vermitteln; ein ~ →vornehmen; ein ~ weiterführen** to carry on a business; **von e-m ~ zurücktreten** to withdraw from a transaction; **sich vom ~ zurückziehen** to retire from business

Geschäftemacher profiteer

Geschäftemacherei profiteering

geschäftlich commercial; business; on business; **~e Angelegenheit** business matter (or affair); **in ~en Angelegenheiten** on business; **~es →Ansehen; mit jdm auf ~er Basis verhandeln** *(ohne vorhergehendes Vertrauensverhältnis)* to deal at arm's length with sb.; **~e Beziehungen** →Geschäftsbeziehungen; **~ genutzter Grundbesitz** land used for commercial purposes (or for office development); **~e Gepflogenheiten** business practices; **in ~er →Hinsicht; ~e Niederlassung** commercial establishment; place of business

geschäftliche Streitigkeiten, Beilegung geschäftlicher Streitigkeiten internationaler Art durch Vergleich oder Schiedsspruch[112] settlement of business disputes of an international character by conciliation or arbitration

geschäftlich, ~e Tätigkeit business activity; *Am* doing business; **~e üble Nachrede** →Anschwärzung; **~e Unterlagen** business documents (or records); **~e Verabredung** business appointment; **~e Verbindung** →Geschäftsverbindung; **~e Verhandlungen** business negotiations; **im ~en Verkehr** in the course of business activities; **~e →Verleumdung; ~e Verpflichtungen** business obligations (or commitments); **~er Vorgang** business transaction

geschäftlich, e-n Bezirk ~ bereisen to be travelling in a district; to work a district; **~ tätig sein** to be engaged in a trade (or business); to carry on business; **~ unterwegs sein** to be away on business; **~ verreist** away on business, on a business trip

Geschäfts, im gewöhnlichen ~ablauf in the ordinary (or regular) course of business; **~abschluss** conclusion of a deal (or transaction); *(Jahresabschluss)* annual statement of accounts; **~adresse** place of business; **~angelegenheit** →geschäftliche Angelegenheit; **laufende ~angelegenheiten** routine business; day-to-day business matters; **~anschrift** address of the place of business, business address

Geschäftsanteil 1. *(im weiteren Sinne)* share in a business, business share (or interest); interest in a firm; **e-n ~ haben von ...** to have a ... interest in a business, to hold a ... share in a business

Geschäftsanteil 2. *(im engeren Sinne),* **~ des Gesellschafters e-r GmbH**[113] quota of a →GmbH; share in a →GmbH; (equity) interest in a →GmbH; **~ des Genossen e-r Genossenschaft**[114] share in a cooperative (society)

Geschäftsanteil, Abtretung von ~en[115] assignment of shares; **Teilung von ~en**[116] splitting of shares; **Umtausch der ~e in Aktien**[117] exchange of quotas for shares; **~e einziehen**[118] to redeem shares; **den ~ im Wege der öffentlichen Versteigerung verkaufen lassen**[119] to have the quota sold by (way of) public auction; **e-n ~ für verlustig erklären**[120] to declare a quota forfeited

Geschäfts~, ~art type of transaction, type of business; **~aufgabe** retirement from business; abandonment (or termination) of a business; discontinuance of a business; **~aufschwung** revival of business; **~ausfall** business loss

Geschäftsausgaben business expenses; **Konto für ~** expense account

Geschäfts~, ~aussichten business prospects (or outlook); **~ausstattung** furniture and fixtures; *Am* fixtures and equipment; **~ausweitung** extension of business; **~bank** commercial bank

Geschäftsbedingungen terms (and conditions) of business; trading conditions; **allgemeine ~** (AGB)[120a] general terms and conditions (of trade or business); standard form contracts; standard business conditions; **~ der Banken** general bank conditions

Geschäfts~, ~beginn *(Aufnahme der Geschäftstätigkeit)* commencement of business; starting up of operations; **~belebung** revival of business, business recovery

Geschäftsbereich sphere of business (or action); scope; **~ e-s Ministers** portfolio of a Minister; **Minister ohne ~** Minister without portfolio

Geschäftsbericht business report *(obs. s. Anhang zum →Jahresabschluss, →Lagebericht)*

Geschäftsbesorgung management of business (or transactions); agency business; **~svertrag**[122] agency agreement (or contract); business management contract

Dienstvertrag oder Werkvertrag, der eine Geschäftsbesorgung zum Gegenstand hat (z. B. Tätigkeit des Rechtsanwalts, Gutsverwaltung, Vermögensverwaltung).

Contract for services by which one party undertakes (for a consideration) to look after the interests of the other (e. g. lawyer, estate manager, administrator of property).

Geschäftsbeteiligung participation (or interest, share) in a business (or firm); business interest

Geschäftsbetrieb *(Tätigkeit)* business (operation or activity); *(Firma)* business (enterprise); **kaufmännischer ~** business (or commercial) enterprise; **laufender ~** going concern; **im normalen (od. gewöhnlichen) ~** in the ordinary (or normal) course of business; **Ausübung e-s ~es** carrying on business; *Am bes.* doing business; **Einstellung des ~es** cessation of business; **Zulassung zum ~**[123] business licen|ce (~se); licen|ce (~se) to operate (a business); **den ~ aufnehmen** to commence business; **den ~aufrechterhalten** to continue in business; **den ~ einstellen** to discontinue business; to cease trading; **e-n ~ unterhalten** to carry on business

Geschäftsbeziehungen business relations (or dealings, connections) (zu with); **Wiederaufnahme der ~** resumption of business relations; **~ aufnehmen mit** to enter into business with; **~ beendigen** to terminate business connections; **mit jdm in ~ stehen** to have business relations with sb.; **~ unterhalten** to maintain business relations

Geschäfts~, ~branche business line, line of business; **~brief** business letter *(→Anrede)*

Geschäftsbücher account books, books of account; **~ e-r AG** books of account of a *Br* company *(Am corporation)*

Geschäfts~, ~buchhaltung financial accounting; **~einlage** brought-in capital; paid-in capital; capital contribution

Geschäftseinrichtung business equipment; business facilities; *(DBA)* place of business; **feste ~** *(DBA)* fixed place of business *(→Betriebsstätte)*; **Betriebs- und ~** business fittings; fixtures and fittings; furniture and fixtures; **~sgegenstand** equipment; **e-e ~ unterhalten** *(DBA)* to maintain a place of business

Geschäfts~, ~erfahrung business experience, know-how; **~ergebnis** business results; **die ~erlaubnis haben** to be permitted to do (or to carry on a) business; **~eröffnung** opening of a business (or firm, shop); starting a business; **~erträge** operating income; **~erweiterung** extension (or expansion) of business

geschäftsfähig capable of entering (or competent to enter) into legal transactions; of (or having) legal capacity (or *Am* competency); *(zum Vertragsabschluss befugt)* competent to contract; **beschränkt ~** of (or having) restricted (or limited) legal capacity (or *Am* competency); **Minderjährige über 7 Jahre sind beschränkt ~**[124] minors of more than 7 years have limited legal capacity (or *Am* competency); **nicht ~** →geschäftsunfähig; **voll ~** of full legal capacity (or *Am* competency); **(unbeschränkt) ~ werden** to acquire (unlimited) legal capacity (or *Am* competency), to cease to be under a disability

Geschäftsfähiger person having legal capacity (or *Am* legal competency); **beschränkt ~**[125] person of restricted (or limited) legal capacity (or *Am* competency); person under a special disability

Der beschränkt Geschäftsfähige kann Rechtsgeschäfte vornehmen, die ihm lediglich einen rechtlichen Vorteil bringen (z. B. Annahme e-r Schenkung). Alle anderen Willenserklärungen bedürfen der Zustimmung des gesetzlichen Vertreters.[126]

A person of limited legal capacity may enter only into transactions which confer a legal benefit upon him without imposing a legal burden (e. g., acceptance of a gift); other transactions require the consent of his statutory representative.

Geschäftsfähigkeit[127] capacity (or *Am* competency) to enter into legal transactions; legal capacity; *Am* (legal) competency; **in der ~ beschränkte Person** person having limited legal capacity (or *Am* competency); **beschränkte ~**[128] limited capacity to enter into legal transactions; limited (or restricted) legal capacity; *Am* limited (legal) competency; **beschränkte ~ haben** to have limited legal capacity (or *Am* competency); to be under a partial disability; **fehlende ~** legal incapacity; **keine ~ haben** to be without legal capacity; *Am* to be incompetent

Geschäfts~, ~flaute business slackness, slump; **~flugzeug** executive jet (or plane); **~frau** businesswoman

Geschäftsfreund business friend, business associate; *(auswärtiger)* correspondent; **Geschenke an ~e** business gifts

geschäftsführend managing, managerial; executive; acting; **~er Ausschuss** executive committee; **~er Gesellschafter**[129] managing partner; active (or acting) partner; **~er Vorsitzender** executive (or acting) chairman

Geschäftsführer(in) manager; managing director; managerial head; chief clerk; *(e-s Vereins, e-r Gesellschaft)* secretary; *Am* executive secretary; **~ ohne Auftrag** negotiorum gestor; person performing a service for (or acting on behalf of) another without authority to do so; **e-n ~ bestellen** to appoint a manager; **die Bestellung des ~s widerrufen**[130] to revoke the appointment of the managing director (or manager)

Geschäftsführung business management; control of business; **oberste ~** top management; **ordnungsmäßige ~** proper management; conduct of the management in a proper manner; orderly conduct of affairs; **schlechte ~** mismanagement; →**tatsächliche ~**

Geschäftsführung ohne Auftrag[131] negotiorum gestio; conducting another's affairs without authority to do so; **~ zur Gefahrabwendung**[132] negotiorum gestio (or acting without mandate) on behalf of another to obviate a threat of danger; agency of necessity; **Ersatz von →Aufwendungen bei ~**

Geschäftsführungs~, **~ausschuss** executive committee; **die ~befugnis entziehen** to terminate a manager's authority; **~kosten** management costs; executive expenses; **~organ** management body

Geschäftsführung, **gemeinschaftlich zur ~ befugt sein** to be authorized to manage (the business) jointly; **die ~ übernehmen** to take over the management

Geschäftsgang course of business; *(Entwicklung)* trend of business; *(Besorgung)* errand; **im Rahmen des normalen ~es** in the ordinary course of business; **schlechter ~** slow (or slack, sluggish) business; **täglicher ~** daily routine business; office routine; **üblicher ~** ordinary course of business

Geschäftsgebaren business practices (or policy); dealing; way (or manner) of doing business; **anständiges ~** fair dealing, fair practices; **betrügerisches ~** fraudulent business practices; **unlauteres ~** unfair practices

Geschäftsgeheimnis business (or trade) secret; **Verrat von ~sen**[133] disclosure of business secrets; **Wahrung von ~sen** protection of business secrets; **~se gefährden** to risk a disclosure of business secrets; **ein ~ preisgeben (od. nicht wahren)** to divulge (or disclose) a business secret

Geschäftsgewinn business profit; operating profit; **~e nicht entnehmen und wieder** *(im Betrieb)* **anlegen** to plough back profits

Geschäftsgrundlage implicit (or inherent) basis (or purpose) of a contract; foundation of a contract; **Änderung der ~** change in the inherent basis of the transaction; **Wegfall der ~** frustration of contract; **die ~ für e-n Vertrag ist weggefallen** a contract has become frustrated

Geschäfts~, **~grundsätze (od. ~prinzipien)** mission statement; **~grundstück** business premises, office premises; *Am* business real estate; **~gründung** foundation (or establishment, setting up) of a business

Geschäftsherr principal; master; **~ und Angestellter** master and servant; **~ und Vertreter** principal and agent

Geschäfts~, **~inhaber** owner (or proprietor) of a firm; *Br (e-s Ladens)* shopkeeper, owner of a shop; *Am* storekeeper; **~interesse** business interest; **~irrtum** →Irrtum

Geschäftsjahr *(für Bilanz- und Inventaraufstellung)*[134] *Br* financial year, *Am* fiscal year; business year; accounting period (of a business firm); *(im öffentl. Haushalt)* →Rechnungsjahr; **abgelaufenes ~** →**ablaufen**; →**Rumpf~**

Geschäfts~, **~jubiläum** jubilee, (50 th etc) anniversary (of a firm); **~kapital** capital (of the firm etc); **~konto** business account

Geschäftskosten business expenses; office expenses; expenditure on business; *(Gemeinkosten)* overhead expenses; **laufende ~** running costs (or expenses); **als ~ (falsch) angeben** to pass off as business expenses

Geschäftslage state (or condition) of business; business situation; *(örtl.)* location of a business; **schlechte ~** adverse trade conditions; **e-e günstige (schlechte) ~ haben** *(örtl.)* to have a favo(u)rable (bad) location

Geschäftsleben business life; **im ~ stehen** to be in business; **sich aus dem ~ zurückziehen** to retire (or withdraw) from business

geschäftsleitend managing; managerial

Geschäftsleiter manager; executive

Geschäftsleitung management; managerial staff, management board; *Am* executive officers; *Am (Ort)* executive office(s); **Ort der ~** place of management; **tatsächliche ~** *(DBA)* actual (or effective) management; **Spitzen der ~** top executives; **~svergütung** management fees; **der Staat, in dem sich die ~ des Unternehmens befindet** the state where the management (or *Br* head office, *Am* executive office) of the enterprise is located

Geschäftsleute businessmen; tradesmen; traders

geschäftslos *(Börse)* dull, slack; **~e Zeit** dead season

Geschäftsmann businessman; trader, tradesman; **die →Sorgfalt e-s ordentlichen ~s anwenden**

Geschäfts~, **g~mäßig** businesslike; on a commercial basis; **~methoden** methods of operation; **~moral** business morality (or ethics); **~neugründung** new establishment

Geschäftsordnung rules of procedure; internal rules; *parl bes.* Standing Orders; **~ des Bundestages**[135] Standing Orders of the →Bundestag; **Annahme der ~** adoption of the rules of procedure; **die ~ erstellen** to lay down (or prepare, establish) the rules of procedure (or internal rules); **sich e-e ~ geben** to adopt rules of procedure

Geschäfts~, **~papiere** business (or commercial) papers; **~partner** business partner (or associate); partner to a transaction; **~politik** business policy

Geschäftspraktiken commercial (or business) practices; **restriktive ~ anwenden**[136] to engage in restrictive business practices

Geschäftsräume commercial establishment; **ständige ~** permanent business premises (or offices)

Geschäftsraummiete rent for (business) premises

Geschäftsreise business trip, business travel; **sich auf e-r ~ befinden** to be (away) on a business trip; **auf e-r ~ im Ausland sein** to be on a business trip abroad

Geschäfts~, **~reisender** business traveller; **~reklame** commercial advertising; *Am (Radio, Fernsehen)* spot announcement, commercial; **~rückgang** decline in business; business set(-) back; business recession; drop in trade; **g~schädigende** →falsche Behauptungen; **~schädigung** damage done to sb.'s business *(→Anschwärzung, geschäftliche →Verleumdung)*

Geschäftsschluss closing time; **nach ~** after business hours

Geschäftssitz (principal) place of business; seat (of a firm); *Br* established place (of a company); *(Hauptsitz)* head office; **Gesellschaft mit ~ im Vereinigten Königreich** U. K. resident company; **e-n ~ begründen** to establish a place of business

Geschäftsstatut *(IPR)* law applicable to a legal transaction (or to the particular legal transaction)

Geschäftsstelle (branch) office; sub-office; *(e-s Gerichts)* registry; *Am* clerk's office; **Bank mit mehreren ~n** bank maintaining branch offices; **~nleiter** branch manager; *Am (e-s Gerichts)* clerk (*Br* chief clerk) (of the court); **e-e ~ unterhalten** to maintain a (branch) office

Geschäfts~, **~stille** dullness of business; dead season; **~störung** interference with business; **~straße** shopping street; **~stunden** business hours, office hours; *(Bank)* banking hours

geschäftstätig, **selbständig ~ sein** to be in business on one's own account, to be self-employed

Geschäftstätigkeit business activity; (business) operations; **gewöhnliche ~** ordinary (business) operations; **vorgespielte ~** fictitious business; **~ des Fonds** operations of the Fund; **Aufnahme der ~** commencement of (business) operations; **Beendigung der ~** termination of (business) operations; **Einstellung der ~** cessation (or suspension) of (business) operations; **im Rahmen seiner ordentlichen ~ handeln** to act in the ordinary course of one's business; **Verbot der ~** ban on (business) operations; **die ~ aufnehmen** to commence (or begin) (business) operations; **e-e ~ ausüben** to carry on a business

Geschäftsträger[137] *dipl* chargé d'affaires; **~ ad interim** *(vorübergehender Vertreter des Missionschefs)* chargé d'affaires ad interim

Geschäfts~, **~tüchtigkeit** business skill (or acumen); **~übergang** transfer of a business; **~übernahme**[138] business acquisition; taking over a business; takeover *(→Übernahmeangebot)*; **~übersicht** summary of business; **~übertragung** transfer of business; *Am (mit den beweglichen Sachwerten e-s Unternehmens)* transfer in bulk, bulk transfer; **~umfang** volume (or extent) of business; **~umsatz** business turnover

geschäftsunfähig[139] incapable of entering into legal transactions; under a disability; legally incapable (or incapacitated); *Am* incompetent; **~e Personen** →Geschäftsunfähige; **~ sein** to have no legal capacity; to be under a disability; *Am* to be (legally) incompetent

Geschäftsunfähig sind Kinder bis zu 7 Jahren und Personen, die sich in einem krankhaften Zustand ihrer Geistestätigkeit befinden, sofern nicht der Zustand nur ein vorübergehender ist.[139]

Persons without legal capacity are children of less than seven years and mentally disordered (or deranged) persons (provided the derangement is not merely temporary).

Geschäftsunfähige persons without legal capacity (to enter into transactions); persons under disability; *Am* incompetent persons; **die Willenserklärung e-s ~n ist nichtig**[140] a declaration of intent made by a person without legal capacity is void

Geschäfts~, **~unfähigkeit**[139] legal disability; legal incapacity; *Am* incompetence; **~unterlagen** business data, (business) records, records related to the business; **~unternehmen** business enterprise (or undertaking, concern); commercial enterprise (or establishment); **~veräußerung** sale of a business; **~verbindlichkeiten** business obligations (or liabilities); debts of a business enterprise; trade debts

Geschäftsverbindung(en) business connection(s) (or relation[s]); **~ aufnehmen** to enter into business relations (mit with); **~ einleiten** to initiate business connections; **in ~ stehen mit jdm** to have business connections (or dealings) with sb.; to do business with sb.; **in ~ treten** to enter into business connections (mit with); **über gute ~ verfügen** to have good business connections, to be well connected in business

Geschäftsverfahren, ein ~ preisgeben to disclose a trade process

Geschäftsverhandlung business discussion

Geschäftsverkehr business dealings (or transactions, operations); commercial intercourse; commerce; **im gewöhnlichen ~** in the ordinary course of business; **laufender ~** routine business, current transactions; current trade or business

Geschäftsverlauf trend of business; **im gewöhnlichen ~** in the ordinary course of business

Geschäfts~, ~verlegung transfer (or *Br* removal) of the (place of) business; **~verlust** business loss(es), operating loss(es); **~vermögen** business assets; **~verteilung** allocation of duties (or business); *(z. B. bei e-m Gericht)* assignments; assignment of business (or functions); **~verteilungsplan** schedule of responsibilities; **~viertel** business quarter, shopping centre (center); **~volumen** volume of business; **~vorfall (od. ~vorgang)** business transaction; operation; (accountable) event; **~wagen** business car

Geschäftswelt business world, commercial world; *Am* corporate America; **internationale ~** businessmen engaged in international trade; world of international business

Geschäftswert *(e-r Firma)* goodwill; *(für Gerichtsverfahren)*[141] value of the subject matter at issue; amount in controversy; **~abschreibung** goodwill depreciation; goodwill written off

Geschäftszeit business hours, office hours; **während der üblichen ~** during normal business hours

Geschäfts~, ~zentrum business (or trade) centre (center); **~zimmer** office

Geschäftszweck business purpose; **~ der Gesellschaft** objects of the company; **normale ~e** routine business purposes

Geschäftszweig line (of business); **e-n ~ fallen lassen** to drop a line of business

geschehen 1. to occur; to take place
geschehen 2. *(VölkerR)*, **~ zu Bonn in 4 Urschriften** done at Bonn in four copies

gescheitert, die →Ehe ist ~

Geschenk gift; present; **übliche ~e** customary gifts; **Herausgabe der ~e (beim Rücktritt vom Verlöbnis)**[142] return (or restoration) of presents (when the engagement has been broken off); **Rückforderung des ~s wegen Verarmung des Schenkers**[143] claim for the return of the gift on the ground that donor has become impoverished
Geschenk~, ~artikel gift (article); *pl* gifts, *(Reise- usw. -andenken)* souvenirs; **~geber** donor; **~gutschein** *(z. B. der UNESCO)* gift coupon; **~nehmer** donee; receiver of a gift; **→grenzüberschreitender ~paketverkehr**; **~sendung** gift parcel
Geschenk, jdm etw. zum ~ machen to present sth. to sb., to make someone a present of sth.

geschichtetes Stichprobenverfahren stratified sampling

Geschicklichkeit skill; **gewöhnlich vorausgesetzter Grad von ~** ordinary skill

geschieden divorced; **~er Ehegatte** divorced spouse; **~e Frau** divorced woman; divorcee; **Zahlung an den ~en Ehegatten** *Am* support payment; *Br* maintenance; **~ werden** to be divorced; to get (or obtain) a divorce; **rechtskräftig ~ werden** to be divorced absolute and final *(→scheiden 1.)*

Geschiedene(r) divorced man (woman); divorcee; **schuldig ~** the guilty party; **unschuldig ~** the innocent party

geschlechtliche Beziehungen haben mit to have a sexual relationship with

Geschlechts~, ~akt sexual act, coitus; **~krankheit**[144] venereal disease; **~neutralität** sex-neutrality; **außerehelicher ~verkehr** extra-marital sexual intercourse

geschlossen closed; *(alle gemeinsam)* in (or as) a body; *(einstimmig)* unanimous(ly); **in sich ~** self-contained; **~es Depot** sealed safe custody account *(Ggs. →offenes Depot)*; **~er →Güterwagen**; **~er →Immobilienfonds**; **~er (Investment-)Fonds** closed-end (investment) fund; **Verein mit ~er Mitgliederzahl** club with closed membership; **~e Ortschaft** built-up area; **die Börse bleibt ~** the Exchange remains closed; **die →Mitglieder legen ~ ihr Amt nieder**; **~ zurücktreten** to resign as a body; **ich erkläre hiermit die Versammlung für ~** I hereby declare the meeting closed

Geschmack taste; **~losigkeit** bad taste

Geschmacksmuster design; *Br* registered design; *Am* design patent; **~gesetz**[145] (Gesetz betreffend das Urheberrecht an Mustern und Modellen) (GeschmMG) Design Act (Act concerning Copyright in Designs and Models); **~schutz** protection of registered designs (or *Am* design patents); **ein ~ durch Eintragung in das →Musterregister schützen**

geschmackvoll tasteful, in a tasteful manner

geschrieben, mit der Hand ~ handwritten, written by hand; **mit der Maschine ~** typewritten; **~es Recht** statute law

geschuldet →schulden

geschützt →schützen

Geschwindigkeit *(e-s Kfz)* speed; **geringe ~** low speed; **mit hoher ~** at high speed; **überhöhte (od. unangemessene) ~** excessive speed; **zulässige ~** permissible speed

Geschwindigkeits~, ~begrenzung (od. ~beschränkung) speed limit (or limitation, restriction); **Zone mit ~begrenzung** limited speed zone; **die ~begrenzung für e-e Straße aufheben** to derestrict a road

Geschwindigkeitsgrenze speed limit; **Überschreiten der ~** exceeding the speed limit; speeding; *Am* speeding violation; **die ~ überschreiten** to exceed the speed limit; to speed

Geschwindigkeits~, ~messer speedometer; **~steigerung** increase in speed; **~verminderung** reduction of speed; slowing down

Geschwindigkeit, die ~ erhöhen to increase speed; **die ~ vermindern** to reduce speed, to slow down

Geschwister brother(s) and sister(s); siblings

Geschworene *jetzt:* →Schöffen; **~nliste** →Schöffenliste

„gesehen" *(Vermerk)* approved

Geselle (Handwerksgeselle) journeyman; **~nbrief** certificate of apprenticeship (issued to the journeyman after he has passed the Gesellenprüfung); **Abnahme der ~nprüfung**[146] holding of the apprentice's examination; **ein ~nstück fertigen** to make a journeyman's examination piece

Gesellschaft 1. company; *Am* corporation; partnership; association; **BGB-~** →**~ des bürgerlichen Rechts**; →**Handels~**; **Kapital~** *(→Aktiengesellschaft, →Kommanditgesellschaft auf Aktien, →Gesellschaft mit beschränkter Haftung [GmbH], bergrechtliche Gewerkschaft [→Gewerkschaft 2.])* company, *Am* corporation, incorporate enterprise *(Ggs. Personalgesellschaft)*; →**Konzern~**; **Personen~ (od. Personal~)** *(→Gesellschaft des bürgerlichen Rechts, →Offene Handelsgesellschaft [OHG], →Kommanditgesellschaft (KG))* , →stille Gesellschaft, →Reederei) partnership, unincorporated (business) association *(Ggs. Kapitalgesellschaft)*; **Tochter~** subsidiary company; →**Zwischen~**; →**zwischengeschaltete ~**

Gesellschaft, abhängige ~ controlled company *(Ggs. herrschende Gesellschaft)*; **in der BRD** →**ansässige ~**; **nicht mehr bestehende ~** defunct company; →**doppelansässige ~**; **eingetragene ~** registered company; **mangelhaft** →**errichtete ~**; **herrschende ~** controlling company; **inländische ~** domestic company; **innerhalb e-r ~** intracompany; **klassenlose ~** classless society; **rechtsfähige ~** company with legal personality; *Br* incorporated company; →**stille ~**; **in e-m Staate tätige (Versicherungs-)~** (insurance) company operating within a state

Gesellschaft, Angelegenheiten der ~ →**~sangelegenheiten** →Gesellschaftsangelegenheiten; →**Auflösung e-r ~**; **bei Eintritt in die ~** on joining the company; →**Führung der Geschäfte e-r ~**; **Gründung e-r ~** →Gesellschaftsgründung; **Sitz e-r ~** →Gesellschaftssitz

Gesellschaft des bürgerlichen Rechts[147] partnership under the Civil Code; civil law association; non-trading partnership

Wichtige Formen von Gesellschaften des bürgerlichen Rechts sind z. B. Zusammenschlüsse von Gewerbetreibenden (die Minderkaufleute oder überhaupt keine Kaufleute sind), Sozietäten von Rechtsanwälten, Gelegenheitsgesellschaften etc.

Important forms of partnerships are business associations of persons who are not merchants as defined by the Commercial Code; partnerships of lawyers (*Am* attorneys); ad hoc partnerships (or joint ventures), etc.

Die Gesellschaft hat keine Rechtspersönlichkeit. Die Führung der Geschäfte steht den Gesellschaftern gemeinschaftlich zu.[148]

A partnership under the Civil Code has no legal personality. The management of affairs is carried out jointly by the partners.

Das Gesellschaftsvermögen steht den Gesellschaftern zur gesamten Hand zu.[149]

Partnership assets are owned jointly by the partners in →Gesamthandsgemeinschaft.

Gesellschaft mit beschränkter Haftung[150] →GmbH

Gesellschaft auf Gegenseitigkeit *(VersR)* mutual society (or insurance company)

Gesellschaft für Musikalische Aufführungs- und Vervielfältigungsrechte →GEMA

Gesellschaft mit Geschäftssitz in Großbritannien U. K. resident company

Gesellschaft kraft →**Rechtsschein**

Gesellschaft ohne (Haupt-)Sitz in dem Staat, in dem sie inkorporiert ist non(-)resident company

Gesellschaftsangelegenheiten company (or partnership) matters

Gesellschaftsanteil *(des Gesellschafters e-r Personengesellschaft)* share in the partnership, partnership interest; partner's interest (or share); **~ an e-r Kapitalgesellschaft** share (in a company); *Am* (corporate) share; (equity) participation in a company (*Am* corporation) *(für GmbH → Geschäftsanteil 2. ())*

Gesellschafts~, **~beiträge** contributions made by the partners; **~einlage** capital contributed (or invested) by a partner; **~form** (legal) form of a company; **~fusion** company merger; **~gewinn** company (*Am* corporate) profit; **~gläubiger** creditor(s) of the company (or partnership); *Am* corporate creditor; **~gründer** founder (or promoter) of a company; *Am* incorporator

Gesellschaftsgründung formation (or establishment, constitution, setting up) of a company (*Am* corporation) (or partnership, society, etc); *Am* incorporation; **e-e ~ vornehmen** *Am* to incorporate

Gesellschafts~, **~kapital** share capital; authorized capital; partnership capital; **~kasse** partnership's cash; company's cash; **~konkurs** bankruptcy of a company; partnership bankruptcy; *Br* compulsory liquidation (or winding up) of a company; **~prospekt** prospectus of the company; **~räume** *(e-s Schiffes)* public spaces; **~recht** *(RechtsnormenKapitalgesellschaft)* company law; *Am* corporation (or corporate) law; *(Personengesellschaft)* partnership law; **g~rechtliche Vorschriften** rules of company law; *Am* corporate rules; **~reise** *(unter Reiseleiter)* conducted tour; guided package tour, group tour, package holiday; **~schulden** company's debts (or liabilities); *Am* corporation (or corporate) debts; partnership debts; **~sitz** company residence; registered office (or domicile) of a company; principal (administrative) office (or headquarters) of a company; *Am* corporate headquarters; **~struktur** *Am* corporate structure *(→Gesellschaft 2.)*

Gesellschaftsteuer[157] *Br* company tax; *Am* corporation tax, corporate income tax *(→Kapitalverkehrssteuer)*

Gesellschaftsvergleich[158] settlement of debts (or composition, compromise) made by a company (or partnership) to avoid bankruptcy

Gesellschaftsvermögen *(bei Personengesellschaften)* partnership assets; *(bei Kapitalgesellschaften)* company's assets; *Am* corporate assets (or property); **unbewegliches ~** *Am* corporate real property

Gesellschaftsvertrag company agreement *(e-r AG)* →Satzung; *(e-r GmbH)*[158a] shareholders' agreement, agreement among shareholders; *(e-r Personengesellschaft)*[159] partnership agreement; *Br* articles of partnership; partnership deed

gesellschaftsvertraglich, **Einhaltung der ~en Bestimmungen** Einhaltung der gesellschaftsvertraglichen Bestimmungen *(Personengesellschaft)* adherence to (or compliance with) the partnership terms; *(Kapitalgesellschaft)* adherence to the company (*Am* corporate) terms

Gesellschaftszweck object(s) (or objective) of a company; *Am* corporate purpose; **Handlung, die mit dem ~ nicht in Einklang steht** ultra vires act

Gesellschaft, **e-e ~ auflösen** to dissolve (or liquidate, wind up) a company (or partnership, association); **jdn in e-e ~ aufnehmen** to take a p. into a partnership; to admit a p. as member of a society; **aus e-r ~ austreten** to retire (or withdraw) from an association (or society, partnership); **e-r ~ als →Mitglied beitreten (od. in e-e ~ als →Mitglied eintreten)**; **e-e ~ errichten** →e-e Gesellschaft gründen; **die ~ fortführen** to continue the partnership; **e-e ~ gründen** to form (or establish, set up, launch, constitute) a company; to form a partnership (or a society); *Am* to incorporate a company; *Am* to form a corporation; **die ~** *(z. B. GmbH)* **kann vor Gericht →klagen und verklagt werden**

Gesellschaft 2. *(soziale Umwelt)* society (at large); **~sgliederung** social stratification; **~sklasse** social class; **~sordnung** social order; **~spolitik** social policy; **g~spolitisch** sociopolitical; **g~sschädigend** antisocial; **~sschicht** social class; **~sstruktur** structure of society; **~swissenschaft** →Soziologie

Gesellschafter *(Personengesellschaft)* partner, member of a partnership; *(Teilhaber)* associate; *(Kapitalgesellschaft)* shareholder, *Am* stockholder; **beherrschende ~** controlling shareholders; **Mit~** (co-)partner; **~ nach außen hin** *(ohne Eigeninteresse)* ostensible partner; **~ kraft Rechtsscheins** partner by estoppel; **nicht aktiver ~** nominal partner; **ausscheidender ~** outgoing (or withdrawing) partner; **beschränkt →haftender ~**; **neu eintretender ~** incoming partner; **geschäftsführender ~** managing partner; **persönlich →haftender ~**

Gesellschafter, **stiller ~** dormant (or silent, sleeping) partner; **atypischer (od. unechter) stiller ~**[160] pseudo (or atypical) dormant partner; **echter (od. typischer) stiller ~**[161] genuine (or typical) silent partner

Gesellschafter, **tätiger ~** active partner; **unbeschränkt haftender ~** s. persönlich →haftender Gesellschafter; **vorgeschobener ~** ostensible partner; person held out as (a) partner

Gesellschafter, **→Auseinandersetzung unter den ~n** *(nach Auflösung der Gesellschaft)*; **→Ausscheiden e-s ~s**

Gesellschafter~, **~beschluss** decision passed by the partners (or in the case of a →GmbH[162] by the shareholders) as a body; partner (or shareholder) resolution; **~darlehen** partner's (or shareholder's) loan; **~liste** list of partners; register of members of a company; *(e-r GmbH)*[163]

list of shareholders; **~versammlung** *(e-r GmbH)*[164] meeting of shareholders

Gesellschafter, jdn als ~ aufnehmen to take a p. into partnership; to admit a p. as partner; **als ~ ausscheiden** to cease to be a partner; to withdraw from a partnership; **als ~ in e-e Firma eintreten** →eintreten 3.; **als ~ persönlich haften** to be personally liable as partner (or member)

gesellschaftlich *com* company, *Am* corporate; partnership; *(Struktur, Stellung etc)* social(ly); **~e Stellung** social status; **~e Veranstaltungen** social events (or functions, activities); **~er Verkehr** social intercourse; **~e Verflechtung** corporate integration; **~e Verpflichtungen** social duties (or engagements, obligations)

Gesetz law; act; statute; *Br* Act (of Parliament); *Am* Act (of Congress); →**Aufhebung e-s ~es**; →**Ausführung e-s ~es**; →**Beachtung e-s ~es**; →**Inkrafttreten e-s ~es**; →**Verfassungsmäßigkeit e-s ~es**; →**Verfassungswidrigkeit e-s ~es**; →**Verkündung e-s ~es**

Gesetz, anwendbares ~ applicable law; **geltendes ~** law in force; **g~tes ~** statutory law; codified law *(Ggs. Gewohnheitsrecht)*; **rückwirkendes ~** retroactive law (or statute); law having retroactive effect; →**verfassungsänderndes ~**; **verfassungswidriges ~** unconstitutional law; **(nicht)** →**zustimmungsbedürftiges ~**

Gesetz, auf ~ oder Vertrag beruhend based on statute or contract; **~ betreffend** law relating to; **~ in der** →**Fassung vom**; **~e und sonstige Rechtsvorschriften** laws and regulations

Gesetz, auf Grund e-s ~es by virtue of a law (or statute); under a law; **kraft ~es** by operation of law, by act of law; implied in law; **nach dem ~** according (or pursuant) to (or under) the law

Gesetz, ein ~ (ab)ändern to amend (or revise) a law; **ein ~ annehmen** to adopt a bill (or law); **ein ~ ist nicht anwendbar** a law does not apply; **ein ~ anwenden** to apply a law; **ein ~ aufheben** to abrogate (or repeal) a law; **in das ~ aufnehmen** to incorporate in the law; **ein ~ auslegen** to interprete (or construe) a law; **ein ~ befolgen** to comply with a law; to observe a law; **ein ~ beschließen** to adopt a bill; to pass a bill; **das ~ bestimmt** the law provides; **ein ~ durchbringen** to get a bill through Parliament (or *Am* Congress); to secure the passage of a bill; **ein ~ durchführen** to implement a law (or statute); **~e einbringen** to initiate legislation *(→Gesetzesvorlage)*; **ein ~ ergänzen** to supplement a law; **ein ~ erlassen** to pass (or enact) a law; **~e erlassen** to legislate; **unter ein ~ fallen** to come (or fall) under a law (or statute); to be subject to a law; to be covered (or governed) by a law; **aus e-m ~ klagen** to sue under (or on) a law (or statute); **ein ~ (→außer) in Kraft setzen** to put a law into effect; **das ~ tritt in →Kraft**; **ein ~ übertreten** to infringe (or break, violate) a law; **ein ~ umgehen** to evade (or circumvent) a law; **ein ~ verabschieden** to pass a bill (or statute); to adopt a bill; **ein ~ verkünden** to promulgate a bill *(→Bundesgesetzblatt)*; **das ~ verlangt** it is a statutory requirement; **ein ~ verletzen** to violate (or infringe, contravene, break) a law; **gegen ein ~ verstoßen** to infringe (or violate, break) a law; **zum ~ werden** to become law; **e-m ~ zuwiderhandeln** to contravene a law

Gesetzblatt[165] law gazette; statute book; *Am* official gazette, official register; →**Bundes~**

Gesetz- und Verordnungsblatt Länder gazette; law gazette of the individual →Länder

Gesetzbuch Code; →**Bürgerliches ~**

Gesetzes~, ~änderung amendment of a law; **~annahme** adoption of a bill (or law); **~auslegung** interpretation of a law; construction of statute; **~beratung** consideration of a bill; deliberation on a bill; **~bestimmung** provision (of a) law; legal (or statutory) provision

Gesetzentwurf bill, draft bill *(→Gesetzesvorlage)*; **e-n ~ annehmen (od. verabschieden)** to adopt (or pass) a bill; **e-n ~ an e-n Ausschuss überweisen** to refer a bill to a committee

Gesetzesinitiative, Recht der ~ right (or power) to initiate legislation; right to introduce a bill into the →Bundestag

Gesetzes~, ~kollision collision between two laws; *(IPR)* conflict of laws; **~konkurrenz** *Am* merger (absorption of a minor offense in a greater)

Gesetzeskraft legal force, force of law; **~ erlangen** to pass into law; to be enacted; **~ verleihen** to enact, to give legal force (to)

Gesetzes~, ~lücke gap in the law; loophole; **~recht** statute (or statutory) law; enacted law; **amtliche ~sammlung** official compilation of laws *(→Bundesgesetzblatt)*; *Br* Public General Acts and (Church Assembly) Measures; *Am* United States Code; **~sprache** legal terminology; **~stelle** passage in the law; **~text** text of the law, legal text; **g~treu** law-abiding; **~übertreter** offender, law-breaker; *Am (auch)* scofflaw; **~übertretung** offence (offense); violation of the law; misdemeano(u)r; **~umgehung** evasion of the law; circumvention of a statute; **~verkündung** promulgation of a law; **~verletzung** violation (or infringement) of the law; **~vorbehalt** provison of legality

Gesetzesvorlage bill; draft bill

Gesetzesvorlagen werden beim Bundestag durch die Bundesregierung aus der Mitte des Bundestages oder durch den Bundesrat eingebracht.[166]

Bills shall be introduced in(to) the →Bundestag by the Federal Government, by members of the Bundestag or by the →Bundesrat.

Gesetzesvorlage, **e-e ~ ablehnen** to reject (or defeat) a bill; **über e-e ~ abstimmen** to vote on a bill; **e-e ~ annehmen** to pass a bill; **die ~ wurde angenommen (od. ging durch)** the bill was carried (or passed); **die ~ befindet sich in der parlamentarischen Beratung** the draft bill is under discussion in Parliament; **e-e ~ beraten** to debate a bill; **e-e ~ durchbringen** to get a bill passed (or through); **e-e ~ einbringen** to introduce (or bring in) a bill; *Br* to table a bill; to initiate legislation; **e-e ~ verabschieden** to pass a bill; **e-e ~ dem Parlament vorlegen** to submit a bill to Parliament

gesetzgebend legislative; *Am (auch)* lawmaking; **~e Gewalt** (Legislative) legislative power (or authority) *(→Gewaltentrennung)*; **~e Körperschaft** legislative body; legislature

Gesetzgeber legislator; lawgiver; *Am* lawmaker; **Absicht des ~s** legislative intent

gesetzgeberisch, **~e Absicht** aim (or objective, purpose) of the legislature (or legislation); **~er Akt** legislative act; **~e Maßnahmen treffen** to take legislative measures

Gesetzgebung legislation; *(Legislative)* legislative power; legislature; **ausschließliche ~ (des Bundes)**[167] exclusive legislative power (or legislation) (of the Federation) *(Ggs. konkurrierende Gesetzgebung)*; **bundeseinheitliche ~** federally uniform legislation; **delegierte ~** delegated legislation; **innerstaatliche ~** national legislation; **konkurrierende ~** *(zwischen Bund und Ländern)*[168] concurrent legislative powers; **im Wege der ~** by legislative act(ion)

Gesetzgebungs~, **~befugnis (od. ~kompetenz)** power to legislate, legislative power (or competence); **~initiative** legislative initiative; **den ~notstand erklären**[169] to declare a state of legislative emergency; **~recht** legislative power, lawmaking power; **~verfahren**[170] legislative procedure; **~vorhaben** legislative project(s)

gesetzlich legal; statutory; *(rechtmäßig)* lawful; **Maßnahmen ~ anordnen** to enact measures; **~ →festgelegt**; **~ geschützt (ges. gesch.)**[171] protected by law; registered; patented; **~ verpflichtet sein** to be under a legal obligation; **~ vorgeschrieben** prescribed by law; **~ zulässig** permitted (or recognized) by law

gesetzlich, **~er Anspruch** legal claim, statutory claim; claim based (up)on a statute; **~e Bestimmung** statutory provision, provision of law; **~es Domizil** domicile by operation of law; **~er →Erbe**; **~e →Erbfolge**; **~es →Erbrecht**; **~er →Erbteil**; **~es Erfordernis** statutory (or legal) requirement; **~er →Feiertag**; **~er →Forderungsübergang**; **~e →Form**; **~e →Frist**

gesetzlich, **auf ~er →Grundlage**; **~e Grundlage der Wettbewerbsregeln** legal foundation of the rules governing competition

gesetzlich, **~es →Güterrecht**; **~er →Güterstand**; **~e →Haftpflicht**; **~e →Kündigungsfrist**; **~es →Pfandrecht**; **~e Pflichten** statutory duties; **~e →Rücklagen**; **~es Verbot** prohibition by law; statutory ban; **~er →Vertreter**; **~e →Vertretung**; **~er →Vormund**; **~es Zahlungsmittel** legal tender

Gesetzlichkeit lawfulness; legality

gesetzlos lawless; illegal

Gesetzlosigkeit lawlessness

gesetzmäßig lawful; legal; legitimate; pursuant (or according) to law

Gesetzmäßigkeit lawfulness; legality; legitimacy

gesetzwidrig contrary to law; unlawful; illegal; **~e Handlung** unlawful (or illegal) act; act of illegality; **~er Vertrag**[172] unlawful (or illegal) contract; **~e Beschlüsse fassen** to pass illegal resolutions

Gesetzwidrigkeit illegality, unlawfulness

gesichert →sichern

Gesichtspunkt point of view; **wesentliche ~e** merits; **nach kommerziellem ~** from a commercial point of view; along commercial lines; **soziale ~e nicht genügend berücksichtigen** to take insufficient account of social aspects

gesondert *(getrennt)* separate; *(einzeln)* several *(Ggs. joint)*; **~ aufführen** to show (or list, present) separately; **~ in Rechnung stellen** to invoice separately; **~e Versammlung der Aktionäre** separate shareholders' meeting

gespalten split; **~er Devisenmarkt** two-tier (or dual) foreign exchange market

gespannte Beziehungen strained relations

gesperrt →sperren

Gesperrter boycotted party *(→Boykott)*

Gespräch 1. talk, conversation; **vertrauliche ~e** confidential talks

Gesprächs~, **~gegenstand** subject (of conversation); theme of a discussion; **~partner** partner (or participant) in a discussion; interlocutor; **~runde** round of talks; **~thema** →Gesprächsgegenstand

Gespräch, **~e aufnehmen** to open (or enter into) talks; **ein ~ führen** to conduct a conversation

Gespräch 2. *tel* call; **Dienst~** business call; **R-~** *Br (Empfänger zahlt die Gebühren)* reversed charges call; *Br* freefone; *Am* collect call; **~sdauer** duration of a call; **~seinheit** call unit; **~suhr** speaking clock; *Am* time check; **ein ~ umstellen** to transfer (or redirect) a call

gestaffelte Steuer graduated tax

Gestaltung arrangement, organization; *(e-s Plakates etc)* design; **~ des Arbeitsplatzes** layout of the workplace; **~ der Beziehungen** organization of relations; **~ e-r Politik** shaping (of) a policy

Gestaltungs~, **~erklärung** constitutive declaration; **~klage** action requesting a change of a legal right or status; action for a modification; **~recht** right to influence (or create, alter, terminate) a legal relationship by unilateral declaration; **~urteil** *(z. B. Scheidungsurteil)* judgment modifying (or changing) a legal right or status

geständig confessing (one's guilt); **~ sein** to make a confession; to confess (one's guilt); to admit one's guilt; **nicht ~ sein** to refuse to make a confession

Geständnis admission; avowal; *(im Strafprozess)* confession; **umfassendes ~** full confession; **ein ~ ablegen** to make a confession, to confess; **freiwillig ein ~ ablegen** to volunteer a confession; **jdn zu e-m ~ bewegen** to get (or induce) sb. to confess; **ein ~ erpressen**[173] to extort a confession

gestatten to permit, to allow; **ich gestatte mir, Ihnen mitzuteilen** I beg to inform you

gestehen to admit, to avow; to confess; **e-e strafbare Handlung ~** to admit an offence (offense); to confess to a crime

Gestehungs~, **~kosten** prime cost; original cost; **~preis** cost (price)

Gestellung *(beim Zollamt)* presentation to the customs office; **~sbefehl** *Br mil* call-up order; *Am* draft order; **~sbefreiung** *(EU, Zoll)* exemption from the presentation of goods; **~sgebühren** presentation-to-customs charge; **~sverzeichnis** *(Zoll)* summary declaration

gesteuerte Inflation controlled (or pent-up) inflation

gestiegen, **die →Aktien sind ~**; **die Ausfuhr ist stark ~** exports rose (or increased) considerably

gestohlen, **~e Sachen** stolen property (or items); **Ankauf ~er Sachen**[174] purchase of stolen property (or goods)

„gestrichen" *(börsentechnischer Ausdruck für gestrichenen Kurs)* no quotation; **~er Brief"** (-B) price quotation removed as only offer to sell at an unrealistic price. No sale; **~es Geld"** (-G) price quotation removed as only demand at an unrealistic price; No sale

gestrichen *(Textstelle)* deleted; **~e Mittel** cancel(l)ed appropriations

gestützt →stützen

Gesuch request; *(Eingabe)* petition; *(Antrag, Bewerbung)* application; *(in Zeitung)* want ad(vertisement); **→Stellen~**; **→Stundungs~**; **→Urlaubs~**

Gesuchsteller petitioner; applicant

Gesuch, **ein ~ ablehnen (od. abschlägig bescheiden)** to refuse (or reject) a request; **ein ~ bewilligen** to grant a request; **ein ~ einreichen** to file (or hand in) a request; to make an application (bei with); **ein ~ richten an** to make a request to; **e-m ~ stattgeben** to grant (or comply with) a request; **ein ~ stellen** to make a request; to file a petition

gesucht →suchen

gesund healthy; sound; **geistig ~** of sound mind; **wirtschaftlich ~es Unternehmen** economically sound firm; going concern; **wieder ~ werden** to recover (one's health); to get well again

Gesunderhaltung safeguarding (the) health

Gesundheit health; soundness; **körperliche und geistige ~** physical and mental health; **Arbeiten mit hohen Gefahren für die ~** occupations involving high health risks; **Erhaltung der ~** maintenance (or preservation) of health; **Wiederherstellung der ~** restoration of health

Gesundheit, **die ~ gefährden** to endanger health; **jds ~ schädigen** to injure sb.'s health; **seine ~ wiederherstellen** to restore one's health

gesundheitlich sanitary, hygienic; **~e Aufklärung** *(der Bevölkerung)* health education; **aus ~en Gründen** for reasons of health; **~er Schaden** injury to health

Gesundheits~, **~amt** Health Office; **~attest** health certificate; *(Schiff)* →Gesundheitspass; **~beeinträchtigung** impairment of health; **~behörde** health authority; **g~behördliche Überwachung** sanitation; sanitary inspection; **~dienst** public health service; **staatl. ~dienst** state health service; *Br* National Health Service; *Am* socialized medicine; **~dokumente** health documents; **~fürsorge** health care; **g~gefährdend** dangerous to health; **~gefährdung** health risk; **~gefahren** health hazards, dangers to health; **vorbeugende ~hilfe**[175] preventive health care (or measures); prophylaxis; **~kontrolle durchführen** to exercise sanitary (or health) control; **~maßnahmen einleiten** to initiate health measures; **~minister** health minister; **~nachweis** evidence of health; **gemeinsame ~normen festlegen** *(z. B. für Umweltschutz)* to lay down (or establish) common health norms

Gesundheitspass *(amtl. Bescheinigung für auslaufendes Schiff)* bill of health (B/H); **~ mit Vermerk „ansteckende Krankheit“** foul bill of health; **~ mit Vermerk „ohne Krankheit“** clean bill of health

Gesundheits~, ~polizei police in charge of public health; **g~polizeiliche Maßnahmen** police health precautions; **g~polizeiliche Untersuchung** health inspection; **~reform** health care reform, reform of the health care system; **aus ~rücksichten** for health reasons, on health grounds

Gesundheitsschädigung, Maßnahmen zur Verhütung von ~en action to prevent injury to health

gesundheitsschädlich harmful (or injurious) to health

Gesundheitsschutz health protection; safeguarding of health; **~ bei der Arbeit** occupational (or industrial) hygiene; **Maßnahmen für den ~** health measures; **hohes ~niveau** high level of human health protection; **öffentlicher ~** protection of public health; **Übereinkommen** *(der Intern. Arbeitsorganisation)* **über den ~ im Handel und im Büro**[176] Convention Concerning Hygiene in Commerce and Office

Gesundheits~, ~störung injury to health; **~überprüfung** medical check-up; health screening; **~überwachung** health supervision; **~verwaltung** health administration; **Internationale ~vorschriften**[177] International Health Regulations; **~vorsorge** health care; prevention of sickness; **auf dem Gebiete des öffentlichen ~wesens** in the field of public health

Gesundheitszeugnis health certificate, sanitary certificate; *(Schiff)* →Gesundheitspass; **Ausstellen unrichtiger ~se**[178] *Br* issue (*Am* issuance) of false health certificates; **Fälschung von ~sen**[179] falsification of health certificates

Gesundheitszustand physical condition; (state of) health; **schlechter ~** ill-health

Gesundung, wirtschaftliche ~ economic recovery; **Plan zur ~ des Bergbaus** redevelopment plan for the mining industry; plan for the recovery of the mining industry

Gesundwert *(VersR)* sound value (e. g. of goods)

Getränk drink, beverage; **alkoholische ~e** alcoholic beverages; **~eindustrie** beverage industry; **~esteuer** beverage tax

Getreide grain(s); *Br bes.* corn; cereals

Nach dem Weizenhandelsabkommen umfasst der Begriff Weizen, Roggen, Gerste, Hafer, Mais und Sorghum.

According to the Wheat Trade Convention the term includes wheat, rye, barley, oats, maize and sorghum.

Getreide~, ~anbau grain growing; cultivation of cereals; **~ausfuhr** grain (or cereal) exports; **~börse** grain exchange; *Br* corn exchange, Baltic Exchange; **~einfuhr** grain (or cereal) imports; **~einheit** *(Recheneinheit der amtl. Statistik)* grain equivalent unit; **~embargo** grain embargo; **~ernte** grain harvest; **~gesetz**[179] Grain Law; **~handel** grain trade; **~kauf** grain purchase; **~makler** grain broker; *Br* corn broker; **~markt** grain market, *Br* corn market; **~preise** grain prices; **auf dem ~sektor** in the grain sector; **~termingeschäfte** *(Börse)* grain futures; **~verladung** grain loading; **~vorrat** grain stock(s), grain in stock

getrennt *(gesondert)* separate; *(einzeln)* several *(Ggs. joint)*; **~er** →**Haushalt**; **mit ~er Post** under separate cover, by separate post; **e-e ~e Steuererklärung abgeben** to file a separate return; **~e Veranlagung von Ehegatten**[180] separate tax assessment of spouses

getrennt, ~ leben *(Ehegatten)* to live apart, to live separate, to be separated; **~ lebende Ehegatten** separated spouses; **er lebt von seiner Frau ~** he lives apart from his wife

Getrenntleben *(von Ehegatten)* separation; **angeordnetes ~**[181] judicial separation; **einjähriges ~** one year's separation; living apart for a period of one year; **Unterhalt bei ~** *Br* maintenance (for separated spouse and children); *Am* separate maintenance; **Vereinbarung des ~s** separation agreement

getreu, zu ~en Händen in trust

gewachsen, e-r Aufgabe ~ sein to be equal to a task; **Belastungen ~ sein** →Belastung 1.; **e-r Sache (nicht) ~ sein** to be (un)equal to a th.

gewagte Spekulation risky (or hazardous) speculation

Gewähr guaranty, *Br* guarantee; warranty; **ohne ~** without guaranty; not warranted; no responsibility taken; **~frist** *(beim Viehkauf)*[182] period of warranty

gewährbarer Anspruch *(PatR)* allowable claim

gewähren *(bewilligen)* to grant, to allow; *(einräumen)* to concede; →**Aufschub ~**; **ein** →**Darlehen ~**; →**Entschädigung ~**

gewährleisten to guarantee; to warrant; to ensure

Gewährleistende (der/die) warrantor, guarantor

Gewährleistung warranty; guaranty; *Br* guarantee; **ausdrückliche ~** express warranty; **ge-**

setzliche ~ (od. ~ kraft Gesetzes) implied warranty; **vertragliche ~** express warranty; →**Ausschluss der ~**; **~ der Eignung für e-n bestimmten Zweck** warranty of fitness for a particular purpose; **~, dass Waren e-e bestimmte Qualität haben** warranty of quality; **~ wegen Rechtsmängel**[183] warranty of title; undertaking as to title *(→Rechtsmängelhaftung)*
Der Verkäufer ist verpflichtet, dem Käufer den verkauften Gegenstand frei von Rechten zu verschaffen, die von Dritten gegen den Käufer geltend gemacht werden können.
The seller is obliged (*Am* obligated) to transfer the purchased goods to the purchaser free from any rights enforceable by third parties against the purchaser.

Gewährleistung, ~ wegen Mängel der Sache (od. ~ für Qualität)[184] warranty of quality; warranty against defects; undertaking as to quality; *Am (auch)* warranty of goods *(→Sachmängelhaftung)*

Gewährleistung wegen e-s Mangels im Recht oder wegen e-s Mangels der Sache bei Hingabe an Erfüllungs Statt[185] warranty of title or warranty of quality in case of substituted performance

Gewährleistung der Vollmacht warranty of authority

Gewährleistungs~, ~anspruch warranty claim, claim based on warranty *(z. B. →Wandelung, →Minderung)*; **~ansprüche des Bestellers bei Sachmängeln** *(beim Werkvertrag)*[186] customer's rights resulting from breach of warranty against defects; right of the customer to demand removal of defects; →**Verjährung der ~ansprüche**; **~ausschluss** exclusion of warranty

Gewährleistungsbestimmungen warranty provisions (or terms)

Gewährleistungsbruch *(Verletzung e-r vertragl. Zusicherung)*[187] breach of express warranty; **Rückgängigmachung des Vertrages wegen ~s** *(Wandelung)* rescission for breach of warranty

Gewährleistungs~, ~empfänger warrantee; **~frist** limitation period for buyers in actions for breach of warranty *(→Verjährung von Gewährleistungsansprüchen)*; **~garantie** →Erfüllungsgarantie; **~haftung** warranty liability; liability for breach of warranty; **~klage** action for breach of warranty; **~pflicht** warranty obligation; **~pflichtiger** person required to warrant; **~versicherung** *(des Herstellers)* product liability insurance

Gewährleistung, ~ nicht einhalten to break a warranty; **e-e ~ übernehmen** to give (or make) a warranty

Gewähr~, ~smangel failure to comply with warranty; *Am* redhibitory defect; **~smann** *(der Auskunft gibt)* informant; *(Quelle)* authority; **~vertrag** →Garantievertrag; **~zeichen** *Br* guarantee (*Am* guaranty) mark

Gewahrsam custody; bailment; safekeeping; →**Schutz~**; **~nahme** taking into custody; **in ~ des Gläubigers (Schuldners) befindliche Sachen** *(bei Pfändung)*[188] property (or assets) in creditor's (debtor's) custody

Gewahrsams~, ~bruch →Verwahrungsbruch; **~inhaber** *(Fremdbesitzer auf vertragl. Grundlage)* bailee; custodian; **~klausel**[189] bailee clause; **~staat** *(in dem sich der auszuliefernde Gefangene befindet)* detaining state (or power)

Gewahrsam, den Angeklagten in ~ halten[190] to hold the accused in custody; **die Urkunde befindet sich in seinem ~** he has custody of the document; the document is in his custody

Gewährung grant, granting; allowing, allowance; **~ e-s Darlehens** grant(ing) of a loan; **~ e-s →Lombardkredits**; **~ von Rabatt** →Rabattgewährung; **~ von Unterschlupf** giving shelter

Gewalt *(Macht)* power; *(Amtsgewalt)* authority, power; *(Gewalttätigkeit)* force, violence; →**gesetzgebende ~**; **häusliche ~** domestic violence; →**höhere ~**; **öffentliche ~** public authority; governmental authority (or power); →**rechtsprechende ~**; **tatsächliche ~**[191] (über e-e Sache) actual control (of a th.) *(→Besitz)*; →**vollziehende ~**

Gewaltakt act of force; **Opfer von ~en** victims of acts of violence; **Schutz des →Luftverkehrs vor ~en**

Gewalt~, ~androhung threat of force; **~anwendung** use of force; **(versuchte) ~anwendung** assault; **~delikt** *(z. B. Banküberfall)* crime of violence

Gewalten~, ~teilung (od. ~trennung) separation of powers *(→gesetzgebende, →rechtsprechende und →vollziehende Gewalt)*; *(etwa)* checks and balances

Gewalt~, g~los non-violent; **~losigkeit** nonviolence; **g~samer Tod** violent death; **~tat (od. ~tätigkeit)** act of force; (act of) violence; violent act; *(Greueltat)* atrocity; **e-e g~tätige Handlung verüben** to perform an act of violence; to use violence; **~verbrechen** crime of violence, violent crime

Gewaltverzicht *(VölkerR)* renunciation of violence (or force); **~serklärung** declaration of renunciation of force

Gewalt, ~ anwenden to use force; **mit ~ bedrohen** to threaten force (or violence); **von der ~ Gebrauch machen** to resort to force

Gewässer water(s); →**Binnen~**; →**Grenz~**; →**Hoheits~**; **innere ~ e-s Staates** internal waters of a state; →**Küsten~**; **schiffbare ~** navigable waters; →**Reinhaltung der ~**; →**Verschmutzung der ~**

Gewässer~, **~aufsicht** water control; **~güte** water quality; **~schutz** water protection; prevention of water pollution *(→Reinhaltung der Gewässer)*; **grenzüberschreitende ~verunreinigung** transboundary water pollution; **Rechtsvorschriften zur Bekämpfung der (Luft- und) ~verunreinigung** anti-pollution legislation

Gewerbe trade, business, industry; small scale industry; *(Handwerk)* craft; **Handel und ~** trade and industry

Gewerbe im Sinne der Gewerbeordnung[192] umfasst jede selbständige, auf Gewinnerzielung gerichtete und nicht nur vorübergehende Tätigkeit mit Ausnahme der Urproduktion (Bergbau, Land- und Forstwirtschaft etc) und der freien (wissenschaftlichen und künstlerischen) Berufe.

Trade or business within the meaning of the German Industrial Code comprises any independent activity carried on for profit and not merely temporarily, excluding, however, the exploitation of natural resources (mining, agriculture, forestry, etc) and the learned and artistic professions.

Gewerbe, →**Reise~**; →**stehendes ~**

Gewerbe, **ein ~ anmelden** to register a trade or business; **ein ~ ausüben (od. betreiben)** to carry on (or follow) a trade; **e-m ~ nachgehen** to pursue a trade

Gewerbe~, **~anzeige**[193] (application for) registration of a trade or business; **~aufsicht** trade supervision; **~aufsichtsamt** Trade Supervisory Office; **~ausübungsverbot** →Gewerbeuntersagung

Gewerbebetrieb business (or commercial, industrial) enterprise; industrial (or commercial) undertaking; trade or business establishment; workshop; plant; **in der BRD betriebener ~** business enterprise conducted in the Federal Republic of Germany; **Einkünfte aus e-m ~** income from a trade or business; **Gewinne aus ~** business profits; **im Rahmen seines ~s** within the scope of his trade or business

Gewerbeerlaubnis[194] business licen|ce (~se); trade (or trading) licen|ce (~se); **~ für Handwerker** licen|ce (~se) to practise as a craftsman (or to carry on a trade or craft); **Versagung der ~** refusal to issue a trade (or business) licen|ce (~se)

Gewerbeertrag trade income; trade or business profit(s); **~ssteuer** trade income tax, tax on trade income *(→Gewerbekapitalsteuer)*

Gewerbefreiheit[195] freedom (or liberty) of trade; **Beschränkung der ~** restraint of trade, restrictions on the freedom of trade

Gewerbe~, **~gebiet** enterprise zone; **~geheimnis** trade secret, industrial secret; **~hygiene** industrial hygiene

Gewerbekapital trading (or business) capital; **~steuer** trade capital tax, tax on trade capital *(→Gewerbeertragssteuer)*

Gewerbe~, **~ordnung** (GewO)[196] Industrial Code; **~polizei** *Br* factory inspectorate; **~politik** policy to promote trade and industry; **~recht** industrial law, trade law; **~schein** →Gewerbeerlaubnis, →Reisegewerbekarte; **~schule** trade (or technical) school; **höhere ~schule** advanced trade school; higher technical school, technical college

Gewerbesteuer[197] *(bemessen nach →Gewerbeertrag und →Gewerbekapital)* trade tax; **~gesetz** Local Business Tax Act; **die ~ ist als Betriebsausgabe abzugsfähig** the trade tax is deductible as a business expense; **der ~ unterliegt jeder Gewerbebetrieb**[198] every commercial establishment is subject to (the) trade tax

Gewerbetätigkeit, **e-e ~ ausüben** to carry on (or be engaged in) a trade or business

Gewerbe~, **~treibender** person engaged in a trade or business; person carrying on a trade (or craft); businessman; tradesman; *(Handwerk)* craftsman; **~überwachung** trade control (or inspection); **~untersagung**[199] prohibition on trading; **~verbot** prohibition on trading; **~zulassung** →Gewerbeerlaubnis; **~zweig** line of business; (branch of) trade

gewerblich industrial, commercial; on a commercial basis; **nicht~** noncommercial; **~ anwendbar** *(PatR)* susceptible of industrial application; capable of exploitation in industry; **~ betrieben** commercially operated (or run); **~ genutztes Gebäude** commercial (or non-residential) building; **~ genutztes** →**Grundstück**; **vom Eigentümer für berufliche oder ~e Zwecke genutzte Räume** accommodation (or space) used by the owner in his trade or profession; **~ tätig sein** to carry on a trade or business; to be engaged in a trade or business

gewerblich, **~e Anwendbarkeit e-r Erfindung** *(PatR)* industrial applicability of an invention; **~e Arbeitnehmer**[200] employees in trade and industry; **~e** →**Beförderung von Personen**; **~er Betrieb** →Betrieb 1.; **~er Dienstleistungsbetrieb** commercial service enterprise, service business

gewerblich, **~es Eigentum** *(→Patente, →Gebrauchsmuster, →Geschmacksmuster und →Warenzeichen)* industrial property *(→Pariser Verbandsübereinkunft zum Schutz des gewerblichen Eigentums)*; **rechtlich geschütztes ~es Eigentum** industrial property of a proprietary nature; **~e Eigentumsrechte (od. Rechte des ~en Ei-**

gentums) industrial property rights; **~e Einkünfte** trade or business income; income from trade or business; **~e Erzeugnisse** industrial products; **~e Fertigwaren** industrial manufactures; **~er Fluglinienverkehr** commercial airline services; **~e Flugzeuge** commercial aircraft; **~er Fortschritt** *(PatR)* advance in the art; **auf ~em Gebiet** in the industrial (or commercial) field; in industry; **~er Gegenstand** *(MusterR)* article of manufacture; **~e** →**Genossenschaft**; **~er Gewinn** business profit (or income); income (or profit) from a trade or business; **~e Künstler** gainfully employed artists; **~e Leistungen** commercial services; **~er** →**Mittelstand**; **~e Muster und Modelle** industrial designs and models *(→Haager Muster-Abkommen)*

gewerbliche Niederlassung[201] place of business; business (or commercial) establishment; **e-e ~ begründen** to set up (or establish) a business

gewerblich, ~e Produkte industrial products, manufactured products; **~e Räume** business premises; **~e Rechte** industrial rights

gewerblich, ~er Rechtsschutz *(Schutz des gewerblichen Eigentums)* protection of industrial property; **Rechtsvorschriften über den ~en Rechtsschutz** legislation on industrial property; **Zentralbehörde für den ~en Rechtsschutz** *(Europ. PatR)* central industrial property office (of a contracting state); **~e Schutzrechte** industrial property rights; **~ Tätige** gainfully employed persons

gewerbliche Tätigkeit[202] business (or commercial, industrial) activity (or occupation); (conduct of a) trade or business; **Unternehmer ist, wer e-e ~ oder berufliche Tätigkeit selbständig ausübt** an entrepreneur is a person independently engaged in a trade or business; **Ausübung e-r ~n Tätigkeit in den USA** doing business in the United States; **tatsächlicher Zusammenhang mit e-r ~n Tätigkeit** *(DBA)* effective connection with a trade or business; **e-e ~ ausüben** to carry on a trade or business

gewerblich, ~e Verwertbarkeit *(PatR)* industrial applicability; **~e Verwertung e-r Erfindung** *(PatR)* commercial (or industrial) exploitation of an invention; **~e Waren** industrial products

gewerblich, ~e Wirtschaft industry and trade; **Güter der ~en Wirtschaft** industrial commodities; **Unternehmen der ~en Wirtschaft** commercial (or manufacturing) enterprise

gewerblich, für ~e Zwecke for industrial (or business) purposes; **dem ~en Zweck dienendes Zubehör** trade fixture; **nicht~en Zwekken dienend** not serving as business purpose; **für nicht~e Zwecke verwenden** to use for non-commercial (or non-business) purposes

gewerbsmäßig for business (or commercial) purposes; commercial(ly); on a commercial basis, for profit; professional(ly); **~ betriebene Tätigkeit** business activity (activity conducted for profit and designed to continue for some time); **nicht~** non-profit; of a non-commercial nature; non-business; **~e** →**Arbeitnehmerüberlassung**; **~e** →**Hehlerei**; **es ~ übernehmen** to make it one's business (to do)

Gewerbsunzucht prostitution

Gewerke member (or shareholder) of a bergrechtliche Gewerkschaft *(→Gewerkschaft 2.)*; **~nbuch** list of the →Gewerken; **~nversammlung** *(Organ der →Gewerkschaft 2.)* mining company's shareholders' meeting

Gewerkschaft 1. *(Zusammenschluss zur Wahrung von Arbeitnehmerinteressen)* union; trade union; *Am* labor union; **~en** (organized) labor; **berufsgebundene ~ (od. Fach~)** craft union; **Industrie~** industrial union; **keiner ~ angehörig** non(-)union; →**Deutsche Angestellten~**; **Nichtmitglieder von ~en** non-unionists, non-members (of a union); **Zugehörigkeit zu e-r ~** union membership, union affiliation; **Zusammenarbeit zwischen ~en und Unternehmern** union-management cooperation

Gewerkschaft, aus e-r ~ austreten to resign from a union; to quit (or leave) a union; to give up (or cancel) one's membership in a union (or one's union membership); **e-r ~ beitreten** to join a union; to become a member of a union; **Arbeitnehmer in e-r ~ organisieren (od. e-r bestimmten ~ unterwerfen)** to organize workers (or employees) in a union; *Am* to unionize workers (or employees)

Gewerkschaftsangehöriger →Gewerkschafter

Gewerkschaftsbeiträge union dues; **Erhebung der ~ durch Lohnabzug** *Br* deduction of union dues from wages; *Am* dues checkoff

Gewerkschaftsbewegung (trade) union movement, (trade) unionism

Gewerkschaftsbund, Amerikanischer ~ AFL/CIO (American Federation of Labor and Congress of Industrial Organizations) *(Dachverband der amerikan. Gewerkschaften)*; **Britischer ~** TUC (Trades Union Congress) *(Dachverband der brit. Gewerkschaften)*; **Deutscher ~** (DGB) *(in der BRDsetzt sich aus 16 Einzelgewerkschaften zusammen)* Federation of German Trade Unions

Dem DGB angehörende Gewerkschaften unions affiliated with the DGB:

1. IG Bauen-Agrar-Umwelt (IG BAU)
 - Union of Construction, Agricultures and Environment
2. IG Bergbau, Chemie, Energie (IG BCE)
 - Union of Mining, Chemical and Energy Workers

3. Gewerkschaft Erziehung und Wissenschaft
- Union of Persons Employed in Education and Science
4. IG Metall
- Metalworkers' Union
5. Gewerkschaft Nahrung-Genuss-Gaststätten (NGG)
- Union of Food and Restaurant Workers, Representing Food, Beverages and Catering Workers
6. Gewerkschaft der Polizei
- Union of the Police
7. Transnet, vormals Gewerkschaft der Eisenbahner Deutschlands
- Transnet, formerly known as German Rail Workers' Union
8. Vereinigte Dienstleistungsgewerkschaft e.V. (ver.-di)
- Unified Services Union

Gewerkschaftsbund, Europäischer ~ (EGB) European Confederation of Trade Unions; **Internationaler ~** International Federation of Trade Unions *(→Internationaler Bund freier Gewerkschaften)*

Gewerkschafts~, ~delegierter union delegate (or representative); **g~feindlich** anti-union; **~feindlichkeit** hostility (or opposition) towards unionism; **~führer** union leader; labo(u)r leader; *Br colloq.* union boss; **~funktionär** (trade) union official; *Am* business agent; **~gegner** anti-unionist

Gewerkschaftsmitglied (trade) union member, (trade) unionist; **Masse der ~er** rank and file of the union; **~ sein** to hold a union card

Gewerkschafts~, ~politik (trade) union policy; **~verband** →Gewerkschaftsbund; **~vertreter** (trade) union representative (or delegate); *Am* business agent; **Verhandlung zwischen Unternehmensleitung und ~vertretern** collective bargaining; **~wesen** (trade) unionism; **~zugehörigkeit** union membership; *Am* (labor) union affiliation

Gewerkschaft 2. *(bergrechtliche Gewerkschaft)* mining company (established and governed by special legislation)[203]; *Br* (incorporated) cost book mining company *(→Gewerkenversammlung, →Kuxe, →Ausbeute, →Zubußen)*; **Umwandlung e-r bergrechtlichen ~ in e-e Kommanditgesellschaft auf Aktien**[204] transformation of a mining company into a partnership limited by shares

Gewerkschafter trade unionist; member of a (trade, *Am* labor) union; union member; **Nicht~** nonunionist, nonunion worker (or employee), non-member (of a union)

gewerkschaftlich (trade) union; **~ organisierte Arbeitnehmer** organized labo(u)r; workers affiliated by membership in (trade, *Am* labor) unions; *Am* unionized labor; **~ nicht organisierte Arbeitnehmer** unorganized labo(u)r; nonunion worker(s); free labo(u)r; *Am* not unionized labor

Gewicht weight; *(Last)* load; *(Edelmetall)* troy weight; *(Wichtigkeit)* weight, importance; **Maße und ~e** weights and measures; **→Brutto~**; **→Fehl~**; **→Frei~**; **→Gesamt~**; **→Höchst~**; **→Lebend~**; **→Mindest~**; **→Netto~**; **→Über~**; **Unter~**; **fehlendes ~** short weight; **geeichtes ~** standard weight; adjusted weight; **genaues ~** true (or exact) weight; **nach ~** by weight, on a weight basis; **zu hohes ~** overweight, overload; **höchst zulässiges ~** maximum allowable weight

Gewichts~, ~abgang (od. ~abnahme) loss of (or decrease in) weight; shortage; **~abweichung** discrepancy in weight; **~abzug** weight allowance; tare; **~angabe** declaration (or indication) of weight; **~bescheinigung** weight certificate; **~bezeichnung** marking of the weight; **~differenz** difference in weight; **~einheit** unit of weight; **~- und Maßeinheiten** units of weight and measures; **~kontrolle** weight check; supervision of weighing; **~kontrolleur** check weigher; **~manko** deficiency (or shortage) in weight

Gewichtsverlust loss in (or of) weight; **~ durch Auslaufen** loss by leakage; **~ auf dem Transport** loss in transit

Gewichtszertifikat certificate of weight

Gewichtszoll specific duty (or tariff) (on a weight basis); **g~bare Waren** goods chargeable by weight

Gewicht, ins ~ fallen to be of great weight (or importance, consequence); **das genaue ~ feststellen** to ascertain (or find out) the exact weight; **kein volles ~ haben** to be deficient (or short) in weight; **~ legen auf** to attach importance to

gewichten to weight

gewichtetes Mittel weighted average

Gewichtung weighting; **~sfehler** weight bias

gewillkürte →Erbfolge

Gewinn profit, gain; *(Ertrag)* income, earnings; *(Reinertrag e-s Unternehmens)* net income, net profit; *(Vorteil, Nutzen)* advantage, benefit; *(Lotterie)* prize; *(Überschuss)* surplus; **nicht auf ~ gerichtet** nonprofit making

Gewinn, →Betriebs~; →Buch~; →Geschäfts~; →Gesellschafts~; →Jahres~; →Kriegs~; →Kurs~; →Lotterie~; →Mehr~; →Netto~ (od. →Rein~); →Papier~; →Roh~; →Über~; →Unternehmer~; →Veräußerungs~

Gewinn, abzuführender ~ →abführen; **angemessener ~** reasonable (or fair) profit; **ange-**

sammelter ~ accumulated profit (or earnings); **(nicht) ausgeschütteter ~** →ausschütten; →**ausschüttbarer ~**; **einbehaltene ~e** retained earnings; →**entgangener ~**; **nicht entnommener ~** →entnehmen 1.; **erzielter ~** realized profit; **tatsächlich erzielter ~** actual profit; **eventueller ~** contingent profit; →**finanzieller ~**; →**gewerblicher ~**; **großer (od. hoher) ~** large (or big) profit; **laufende ~e** current profits; **nicht realisierbarer ~** unrealizable profit; **sicherer ~** certain (or secure) profit; **steigender ~** growing profit; **tatsächlicher ~** actual profit; →**thesaurierter ~**; **unerwarteter ~** unexpected profit; windfall profit; **verteilbarer ~** profit available for distribution; distributable profit; **wucherischer ~** usurious profit; **zuzurechnender ~** *(SteuerR)* attributable profit

Gewinn, **~ nach Abzug von Steuern** after-tax profit; **~ vor Abzug von Steuern** pre-tax profit; **~ vor Abzug von Zinsen und Steuern** earnings before interest and taxes (ebit); **~ vor Abzug von Zinsen, Steuern, Abschreibung und Amortisation** earnings before interest, taxes, depreciation and amortization (ebitda); **~ pro Aktie** earnings per share (EPS); **~e aus Gewerbebetrieb oder freier Berufstätigkeit** profits from business or profession; **~ aus Kapitalanlagen** profits (or earnings) on investments; **~ je Kapitaleinheit** *(Kapitalmarkt)* profitability (or earnings) ratio; **~ aus der Veräußerung von Vermögen** gain from the sale of property; capital gain(s); **~ aus der Veräußerung von unbeweglichem Vermögen** (capital) gain(s) from the sale of real property

Gewinn, **~e abführen**[204a] to transfer profits (net income) (between affiliated companies); **mit ~ abschließen** to show a profit; to result in a profit; **ohne ~ oder Verlust abschließen** to break even; **~** →**abwerfen**; **mit ~ arbeiten** to work (or operate) at a profit (or profitably); **den ~ aufteilen** to apportion (*Am* prorate) the profit; **e-n ~ aufweisen** to show a profit (or gain); **den ~ ausschütten** to distribute the profit; **den ~ im Geschäft belassen** to retain (or reinvest) the earnings (or profits) in the business; to plough (*Am auch* to plow) the earnings back into the business; **jdn am ~ beteiligen** to give sb. a share in the profits; **am ~ beteiligt sein** to share (or participate) in the profits; to have a share (or an interest) in the profits; **~ bringen** to yield (a) profit, to be profitable; to bring a return; **~e einbehalten** →Gewinne thesaurieren; **der ~ entfällt auf** the profit is attributable to; **~e entnehmen** to withdraw profits; **den ~ nicht entnehmen** →den Gewinn im Geschäft belassen; **e-n ~**→**ergeben**; **den ~ ermitteln (od. feststellen)** to determine the profit(s); **hohe ~e erzielen** to realize (or make, earn, obtain) large profits; **in kurzer Zeit e-n ~ machen** to make a quick profit; **~e realisieren** to realize profits; to take profits; **~e teilen** to share (or pool) profits; **~ und Verlust teilen** to share (in the) profit and loss; *colloq.* to go shares; **am ~ teilhaben** to share (or participate) in the profit; **~e thesaurieren** to retain (or accumulate) profits; **mit ~ verkaufen** to sell at a profit (or to advantage); *(Börse)* to sell at a premium; **~e zurechnen** *(SteuerR)* to attribute (or allocate) profits (to)

Gewinnabführung transfer of profit(s) (net income) (between affiliated companies); **~svertrag**[205] agreement to transfer profits; **Teil~svertrag**[205a] agreement to transfer a portion of the profit; profit transfer agreement

Gewinnabführungsvertrag ist ein Unternehmensvertrag, durch den sich eine AG oder eine KGaA verpflichtet, ihren Gewinn an ein anderes Unternehmen abzuführen *(→ Beherrschungsvertrag)*.

An agreement to transfer profits is an agreement by which an →Aktiengesellschaft or a →Kommanditgesellschaft auf Aktien undertakes (or *Am* obligates) itself to transfer its profits to another enterprise.

Gewinn~, **~abschluss** balance sheet showing a profit; credit balance; **~abschöpfung** skimming off (excessive) profits; **in ~absicht** with a view to profit; **g~abwerfend** profit yielding

Gewinnansprüche, **Abtretung zukünftiger ~** assignment of rights (or claims) to future profits

Gewinnanteil share in (or of) the profit(s); portion (or proportion) of profit(s); *(VersR)* dividend, bonus; *(Rückvers.)* profit commission; *colloq. (bei Betrügerei)* rake-off; **prozentualer ~** *(Provision, Tantieme etc)* percentage of profit(s); **Einkünfte aus ~en** income arising from participation in the profits of a company; profit-sharing income; **~ des einzelnen Gesellschafters** partner's share in the profits; **~schein**[206] dividend coupon, warrant coupon; **~zuweisung** *(VersR)* allocation of bonus; **die dem Gesellschafter zufließenden ~e** the shares in the profits to be received by the partner; **der Gesellschafter hat sich seinen ~ von der Gesellschaft auszahlen lassen** the partner arranged for the partnership to pay out his profit share to him

Gewinn~, **~aufschlag** (profit) mark-up; **~aufteilung** apportionment of profits; **~ausfall** loss of profit

Gewinnausschüttung distribution of profit(s); dividend payout; **offene ~** declared profit distribution; **verdeckte ~**[207] hidden profit distribution; disguised (or constructive) dividend(s); **~squote** pay-out ratio; **die ~ geht an** the profit distribution is payable to; the profits are distributable to

Gewinn~, **~aussichten** outlook for profit; chances of profit; **~ausweis** disclosure of earnings; reported earnings; **~berechnung** calculation (or assessment) of profits

gewinnberechtigt participating (in the profits); **~er Versicherungsnehmer** participating policyholder; *Br* with profits policyholder; **nicht ~er Versicherungsnehmer** non-profit policyholder

Gewinnberichtigung adjustment of profits; profit adjustment

Gewinnbeteiligung interest (or participation) in profit(s); profit-sharing; *(der Arbeitnehmer)* profit-sharing; *Br (auch)* labour copartnership; *Am (auch)* industrial partnership; **Anspruch auf ~** participation right; **mit ~** participating in profit(s); *Br* with profits; **ohne ~** *(VersR, GesellschaftsR)* nonparticipating; **Schuldverschreibung mit ~** →Gewinnschuldverschreibung; **Versicherungspolice mit ~** participating policy; *Br* with profits policy; **~splan** profit-sharing plan (or scheme); **~srechte** participating rights; **die ~ jedes Teilhabers entspricht seinen Einlagen** the interest of each partner in the profits is proportional to his investment

gewinnbringend profitable, paying, gainful, remunerative; profit-earning; **~e Anlage** profitable (or remunerative) investment; **sein Geld ~ anlegen** to invest one's money profitably

Gewinn~, **~chancen** →Gewinnaussichten; **~Dividende Verhältnis** dividend cover; **~einbuße** loss of earnings; **~entnahme** withdrawal of profits; **~entwicklung** movement in profits; profit performance; further course (or development) of profits; **~entwicklung je Aktie** earnings per share; **~erhöhung** raising the profit; increase in profits

Gewinnermittlung determination of profit(s) (or net income); *(SteuerR)* computation of taxable profit; **bei der ~** in determining (or calculating) the profit(s); **~smethode** *(internationales SteuerR)* method of determining profits; **direkte ~smethode** separate accounting; **indirekte ~smethode** fractional apportionment

Gewinnwartung profit expectation

Gewinnerzielung realization of profits; making of profit; **nicht auf ~ gerichtete Einrichtungen** non(-)profit making institutions (or organizations); **auf ~ gerichtete gewerbliche Tätigkeit** trade or business carried on for profit

Gewinn~, **~feststellung** determination (ascertainment) of profits (durch die Steuerbehörden[209] by tax authorities); **~fiktion** *(bei Betriebsstättengewinnintern. SteuerR)*[210] fictitious profits (to be attributed to a permanent establishment); **~gefälle** profits differential; **~gemeinschaft**[211] profit pool; **~konto** surplus account; **~korrektur** *(SteuerR)* adjustment of profits; profit correction

Gewinnlage, **günstige ~** favo(u)rable profit situation (or position); **Verschlechterung der ~** worsening in the earnings position

Gewinnliste list of winners; prize list

Gewinnmarge profit margin; **schrumpfende ~** shrinking profit margin; **die ~ einengen** to narrow the profit margin

Gewinn~, **~maximierung** maximization of profits; **~minderung** reduction in profit(s); **~mitnahme** *(Börse)* profit-taking; **~obligation** →Gewinnschuldverschreibung; **~plan** profit plan; *(VersR)* bonus scheme; **~poolungsvertrag** profit-pooling contract; **~prognose** profit forecast; **~quote** profit quota; **~realisierung** *(Börse)* realization of profits, profit-taking; **~rückgang** drop in profits; **~rücklage** revenue reserve; **~saldo** profit balance; **~schätzung** profit estimate; **~schrumpfung** profit shrinkage; **~schuldverschreibung**[212] *Br* participating debenture; *Am* participating bond, profit-sharing bond; **g~schwaches Jahr** year with low profits; **~schwelle** breakeven point; **~schwellendiagramm** breakeven chart; **~situation** →Gewinnlage

Gewinnspanne margin of profit, profit margin; **~ des Zwischenhandels** middlemen's profit margins

Gewinn~, **g~starkes Jahr** year with high profits; **~steigerung** advance in profits; profit rise; **in g~süchtiger Absicht** for the purpose of gain; for pecuniary benefit; **~teilung** sharing (or pooling) of profits; profit split; **~thesaurierung** *(e-s Unternehmens)* earnings retention; *Br* ploughing (*Am* plowing) back of profits

Gewinn und Verlust profit and loss (P. L.); income and loss; gains and losses; **~aufstellung**]ewinn und Verlustrechnung; **~rechnung** (GuV) *Br* profit and loss account; income (and loss) statement; statement of earnings; **~ berechnen** to draw up (or prepare) a profit and loss account; to ascertain the profit earned and the loss incurred

Gewinn~, **~überschuss** surplus (earnings); **~verlagerung** shift in earnings; **~verteilung** distribution of profits; profit distribution; **~verteilungskartell** pool; **~verwendung** use of earnings; appropriation (or utilization) of net income; disposition of profits (or net earnings); **~vorhersage** profit forecast; **~vortrag** *(Bilanz)* profit carried forward; **~warnung** earnings warning; **~zurechnung** *(SteuerR)* allocation of profits

gewinnen to win, to gain; to make a profit of; *(Erzeugnisse)* to produce; *(Bergbau)* to extract, to exploit; **jdn ~ für** to win sb. over to; **Einfluss ~** to gain influence; **am Kurs ~** to benefit by the exchange; **Land ~** *(urbar machen)* to reclaim land; **e-n Preis ~** to win a prize; **seinen Prozess ~** to win one's case *(Am [law] suit)*; *Am* to recover in one's suit; **e-e Wahl ~** to win (or carry) an election

gewinnende Partei winning party

Gewinnung winning, gaining; *(Erzeugnisse)* production; *(Bergbau)* extraction, exploitation; *(von Neuland)* reclamation; **~ von Öl** production of oil

Gewissen conscience; **nach jds bestem Wissen und ~** to the best of one's knowledge and belief; *Am (auch)* upon information and belief; **niemand darf gegen sein ~ zum Kriegsdienst mit der Waffe gezwungen werden**[214] no one may be compelled against his conscience to render war service involving the use of arms *(→Kriegsdienstverweigerer)*

gewissenhaft conscientious; scrupulous

Gewissens~, **~frage** case of conscience; **~freiheit**[214] freedom of conscience; **~fonds** conscience fund

Gewissensgründe, **aus ~n** on grounds (or for reasons) of conscience; **Kriegsdienstverweigerer aus ~n** conscientious objector (C. O.) *(→Zivildienst)*

gewogenes Mittel *(Statistik)* weighted means

gewöhnen, **sich an etw. ~** to become used to, to get accustomed to

Gewohnheit *(Herkommen)* custom; *(Brauch)* practice, usage; *(persönliche Gewohnheit)* habit

gewohnheitsmäßig habitual(ly), customary

Gewohnheitsrecht custom; customary law; *Am* legal custom; **→Handels~**; **partikuläres ~** local custom; **völkerrechtliches ~** international custom; customary international law; **~ sein** to be based on judicial precedents; to be sanctioned by custom

gewohnheitsrechtlich, **im Rahmen der ~en →Gepflogenheiten**: im Rahmen der gewohnheitsrechtlichen →Gepflogenheiten

Gewohnheits~, **~täter** →Gewohnheitsverbrecher; **~trinker** habitual drunkard; **~verbrecher**[215] habitual (or persistent) offender

gewöhnlich ordinary; *(üblich)* customary, usual; **~er →Aufenthalt**; **im ~en Geschäftsgang** in the ordinary course of business; **~e Post** ordinary mail; *(nicht luftbefördert)* surface mail; **~e Reparaturen** ordinary repairs

gezeichnet →zeichnen

gezielt, **~e Politik** deliberate policy; **~e Werbung** selective advertising

gezogen, **~er Wechsel**[216] bill (of exchange); draft; **durch das Los ~** drawn by lot

gezwungen sein, etw. zu tun to be forced (or compelled or under compulsion) to do sth.

Ghana Ghana; **Republik ~** Republic of Ghana

Ghanaer(in), ghanaisch Ghanaian

Gift poison; **→Rausch~**; **~beibringung**[217] administering poison, poisoning; **~gas** poison (or toxic) gas; **~mord** murder by poisoning; **~spritze** lethal injection

Giftmüll toxic (or poisonous) waste; **~deponie** toxic waste dump; **~export** export of toxic waste

Gift~, **~stoffe** →giftige Stoffe; **jdm ~ beibringen** to administer poison to sb.

giftige Stoffe toxic (or poisonous) substances

Giftigkeit poisonous character; toxicity

Gipfel~, **~gespräche** summit talks; **~konferenz** summit conference; **Erklärung der ~konferenz** summit statement; **~(konferenz)teilnehmer** summit participant; **~treffen** summit meeting, top level meeting

Giralgeld bank money; deposit money; bank deposits; *Am* check (book) money; **~schöpfung** (multiple) creation of deposit money

Girant endorser, indorser

Girat endorsee, indorsee

girierbar endorsable, indorsable; transferable by endorsement

girieren, **e-n Wechsel ~** to endorse a bill (of exchange); to transfer a bill by endorsement

Giro 1. *(Indossament)* indorsement, endorsement; **~gläubiger** creditor by indorsement; **~schuldner** debtor by indorsement; **~verbindlichkeiten** *(Bilanz)* indorsement liabilities; **durch ~ übertragen** to transfer by indorsement

Giro 2. *(Überweisung e-r Zahlung im bargeldlosen Zahlungsverkehr)* (system of) credit transfer(s) (between banks); *Br* giro; **~einlagen** deposits on a →Girokonto; sight deposits; **~geschäft**[218] INK; **~guthaben** credit balance on a →Girokonto

Girokonto current account; *Am (auch)* drawing account; *Br (auch)* giro account; **Einlagen und Abhebungen vom ~** deposits and withdrawals from the current account; **~inhaber** owner of a current account

Giro~, **~sammelverwahrung (od. ~sammeldepot)** general (or collective) deposit of securities *(Ggs. Streifbanddepot)*; **~sammelverfahren** collective securities deposit procedure

Giroüberweisung bank transfer, giro transfer *(→Giroverkehr)*

Giroverkehr transfer of money (pursuant to an →Überweisungsauftrag) by means of a clearing system; clearing operations; **~ mit Wertpapieren** transfer of (title to) securities by means of →Effektenscheck *(→Effektengiroverkehr)*

Giro~, **~zentralen** central giro institutions; **~zettel** *(im Postgiroverkehr)* giro transfer advice
Giro, mit ~ versehen to endorse, to indorse

Glas glass; **Sicherheits~** safety glass; **„Vorsicht ~"** "glass - handle with care"; **(Spiegel- und Fenster-)~versicherung** (plate) glass insurance; **~waren** glassware

Glasfasern fiberoptics

glatt, **~e Absage** flat refusal; **~er Betrag** round sum; **ein Geschäft ~ abwickeln** to settle a business smoothly

glattstellen *(erledigen)* to settle, to liquidate; *(Börse)* to even up; **e-e Position ~** to liquidate (or close) a position; **der Berufshandel stellte sich glatt** professional traders came out even

Glattstellung *(Erledigung)* settlement, liquidation; *(Börse)* evening up, liquidation of a position; position-closing; **Verkauf zwecks ~** *(Börse)* realization sale; **~von Terminkontrakten** futures contract settlement

Glaube faith, belief; **böser ~** mala fide; bad faith; **christlicher ~** Christian faith; **guter ~** bona fide, good faith; **in gutem ~n handeln** to act in good faith (or bona fide)
Glaube, öffentlicher ~ des Erbscheins[219] irrebuttable presumption of the accuracy of the certificate of inheritance (in favo[u]r of bona fide purchaser acquiring assets of the estate for value)
Glaube, öffentlicher ~ des Grundbuchs[220] irrebuttable presumption of the accuracy of the contents of the →Grundbuch (in favo[u]r of bona fide purchasers of *Br* land [*Am* real property] for value)

Glaubens~, **~bekenntnis** creed; confession of faith; **~freiheit**[221] freedom of religion (or faith); religious liberty (or freedom)

glaubhaft credible, probable, authentic; plausible; **~e Beweise vorbringen** to produce prima facie evidence; *(vor Gericht)* **~ machen** to show probable cause, to establish the probable validity of a claim; **dem Gericht ~ machen** to prove (or show) to the satisfaction of the court; to satisfy the court (that); **vom Beklagten ~ zu machen sein** *Am* to be affirmative defense; **ein rechtliches Interesse ~ machen**[222] to show a prima facie legal interest

Glaubhaftmachung[223] furnishing (or establishing) prima facie evidence
Geringerer Grad der Beweisführung, für die die überwiegende Wahrscheinlichkeit ausreicht.
Lesser burden of proof which is satisfied by a showing of probability.

Glaubhaftmachung, ~ e-s Anspruchs (od. e-r Forderung)[224] furnishing prima facie evidence for the existence of a claim; **zur ~ ausreichen** to be sufficient to establish the probability (of the alleged facts)

Gläubiger creditor; obligee; →**Anleihe~**; →**Gesamt~**; →**Gesamthands~**; →**Haupt~**; →**Hypotheken~**; →**Insolvenz~**; →**Masse~**; →**Nachlass~**; →**Wechsel~**
Gläubiger, (nicht) →**bevorrechtigter ~**; **drängender ~** insistent creditor; **einheimischer ~** *(Int. InsR)* local creditor; **~ der einheimischen Niederlassung** creditor of the local establishment; **(nicht)** →**gesicherter ~**; →**gleichrangiger ~**; **im** →**Range nachstehender ~**
Gläubiger, er wurde von seinen ~n bedrängt he was hard-pressed by his creditors; **seine ~** →**befriedigen**; **e-n ~ vor den übrigen begünstigen**[224a] to prefer one creditor over one's other creditors; **e-n ~ benachteiligen**[229] to defeat a creditor; **sich mit seinen ~n einigen** to settle with one's creditors; **seine ~ hinhalten** to put off (or delay) one's creditors; **sich mit seinen ~n** →**vergleichen**
Gläubiger~, **~anfechtung**[225] (→Insolvenzanfechtung) creditor's right to avoid a fraudulent transfer of property; **~ausschuss**[226] creditors' committee of inspection; **~begünstigung** *(InsR)*[227] fraudulent preference (of creditors); *Br (auch)* undue preference; **~beirat** creditors' advisory committee; **~benachteiligung**[229] defeat of a creditor; **~gefährdung** (durch Täuschung über die Kreditwürdigkeit des Schuldners) endangering creditor's interests (by fraudulently representing the debtor as creditworthy); **~land** creditor country *(Ggs. Schuldnerland)*; **~limit** *(Limit für die Gläubigerländer)* credit limit; **~schutz** protection of creditors; **~staat** creditor state; **~stellung** creditor position; **~streit**[230] interpleader

Gläubigerversammlung, Berufung der ~[231] convocation of the creditors' meeting; **die ~ einberufen** to convoke (or call, summon) the creditors' meeting

Gläubigerverzeichnis[232] list of creditors

Gläubigerverzug delay of the creditor, creditor's default of acceptance *(→Annahmeverzug)*
Wirkungen des Gläubigerverzugs[233]: Der Schuldner hat nur Vorsatz und grobe Fahrlässigkeit zu vertreten.
Effect of delay in acceptance of performance: the

debtor is liable only for wilfulness or gross negligence.

glaubwürdig *(von Personen od. Äußerungen)* credible, worthy of belief; *(verbürgt)* authentic, trustworthy; *(aus guter Quelle)* on good authority; **~er Zeuge** credible witness

Glaubwürdigkeit credibility; authenticity; trustworthiness; **~ von Zeugenaussagen** credibility of testimony *(freie →Beweiswürdigung)*; **~slücke** credibility gap; **die ~ e-s Zeugen →anzweifeln**

gleich equal; identical, same; *(gleichbedeutend)* equivalent, tantamount; *(ähnlich)* similar, alike; **alle Menschen sind vor dem Gesetz ~**[234] all persons shall be equal before the law; **~ behandeln wie** to put (or place) on the same footing with; **~** *(zu ~en Teilen)* **teilen** to share equally

gleich, ~e Anteile equal shares; **~e Artikel mit demselben Fehler** *(ProdH)* identical items with the same defect; **von ~er →Art (und Güte)**; **~e Behandlung gewähren** to accord identical treatment; **~er oder ähnlicher Betrieb** identical or similar establishment; **~en Datums** of the same date; **~er Lohn für Mann und Frau** equal pay for men and women; **in ~em Maße schuldig** equally guilty; **~er Meinung sein** to be of the same opinion; to concur (with sb. in sth.); to agree (with sb. about sth.); **mit ~er Post** by the same mail (*Br auch* post), *(in besonderem Umschlag)* under separate cover; **~en →Rang haben wie**; **~e Rangfolge** *(von Forderungen)* equal priority; **~e Rechte** equal rights; **~e oder einander sehr nahe kommende Rechtsvorschriften** close or closely related legal rules; **~e(r) Stimme(nanteil)** equal vote; equal number of votes; **auf ~er →Stufe**

gleich, zu ~en Teilen in equal parts (or shares); share and share alike; **Gesellschafter zu ~en Teilen** equal partner(s); **zu ~en Teilen teilen** to share in equal parts; to share pari passu; **zu ~en Teilen verteilen** to divide equally

gleich, ~e Waren identical goods; **in ~er Weise** in the same way; likewise; equally; **von ~em Wert** equal in value; equivalent; *(gleichbedeutend)* tantamount; **~e Wettbewerbsbedingungen** equal competitive conditions; **Maßnahmen ~er Wirkung** measures having equivalent effects

gleichaltrig of the same age

gleichartig of the same kind (or description); homogeneous; similar; identical; **~e Erzeugnisse** like (or homogeneous) products; **~e Leistungen** *(z. B. bei Aufrechnung)* obligations of a similar nature; **~e Risiken** *(VersR)* identical risks; **~e Waren** *(MarkenR)* goods of the same description; similar goods

Gleichartigkeit similarity

gleichbedeutend synonymous; equivalent (or tantamount) (mit to)

Gleichbehandlung equality of treatment; equal treatment; non-discrimination; **auf der Grundlage der ~** on a non-discriminatory basis; **~ von Inländern und Ausländern in der Sozialen Sicherheit**[235] equality of treatment of nationals and non-nationals in social security; **steuerliche ~** equal (or uniform) tax treatment; **~sgebot** non-discrimination clause; equal treatment requirement; **~sgrundsatz** principle of equal treatment

gleichberechtigt equally entitled (to); equally privileged; of equal rank; having (or enjoying) equal rights; on an equal footing, of equal standing; pari passu; **~ sein** to have equal (or the same) rights

Gleichberechtigung equality of rights; **~ von Mann und Frau**[235 a] equal rights for men and women; **auf der Grundlage der ~** on the basis of non-discrimination (or of equality, of equal rights); on an equal footing; **~sgesetz**[236] Sex Equality Act; *Br* Sex Discrimination Act

gleichbleibend constant; unchanging; steady; level; **~e Nachfrage** steady demand; **~e Prämie** *(VersR)* level premium; **~es Risiko** *(VersR)* constant risk

gleichermaßen in like manner; likewise; **der englische und deutsche Wortlaut sind ~ verbindlich** the English and German texts are equally authentic

gleichförmig uniform; **~e Arbeit** repetitive work; **~es Verhalten** *(der Wettbewerber)*[237] conscious parallelism of action; **sich im Markt ~ verhalten** to act uniformly in the market

gleichgeordnet, ~e Behörde authority of equal standing; **~es Gericht** court of equal authority

gleichgestellt coordinate; **jdm ~ sein** to be placed on the same level (or footing) with sb.; to have equal status (or rank)

Gleichgewicht balance; equilibrium; **~ der Kräfte (od. politisches ~)** balance of power; **~ des Marktes** market equilibrium

Gleichgewicht, außenwirtschaftliches ~ external balance (or equilibrium); **gestörtes außenwirtschaftliches ~** foreign trade and payments imbalance (or disequilibrium)

Gleichgewicht, Störungen im ~ der Zahlungsbilanz balance of payments imbalances (or disequilibria); **Behebung von Störungen im ~ der Zahlungsbilanz** remedying disturbances in the balance of payments; **Störungen des ~s beseitigen** to eliminate imbalances

Gleichgewichts~, ~preis equilibrium price; **~störung** disturbance of equilibrium, upheaval, imbalance

Gleichgewicht, **das ~ zwischen Haushaltsausgaben und -einnahmen herstellen** to balance the budget; **das ~wiederherstellen** to restore (or reestablish) the balance

gleichgültig, ob irrespective (or regardless) of whether; **es ist ~, ob** it is of no consequence (or it makes no difference) whether

Gleichheit equality; *(Identität)* identity; *(Gleichwertigkeit)* equivalence, parity; *(Ähnlichkeit)* similarity; →**Chancen~**; →**Stimmen~**; **~ vor dem Gesetz** equality before the law; *Am* equal protection of the law; **~ im Rang** equality of rank; coordination

gleichlautend identical; **~e** →**Abschrift**

gleichmachen to make equal (to or with), to equalize; to (make) level, to bring to a common level

gleichmäßig equal, even; uniform; **~ teilen** to divide equally; to share and share alike

Gleichordnungskonzern coordinate combine, horizontal group (of affiliates)

gleichrangig of equal rank (or priority); ranking equally (mit with); ranking pari passu ("with equal step", without preference); **~e Forderungen** claims of equal priority; **~er Gebrauch** *(MarkenR)* concurrent use; **~e Gläubiger** equally ranking creditors; creditors ranking pari passu

gleichschalten to coordinate; to bring into line

gleichstellen to equalize, to make equal; to place on similar footing; to treat as equivalent

Gleichstellung equalization; placing on an equal footing (mit with); treating as equivalent; **rechtliche ~ der Ausländer** equality (or equal treatment) of aliens before the law; **staatsrechtliche ~** equality under public law (existing between)

gleichwertig equivalent (mit to); equal (in value, amount etc); of equal worth (or value); **~e Tätigkeit** activity ranking on the same level; **annähernd ~ sein** to be approximately equal in value; to approach in value

Gleichwertigkeit equivalence; equal value (or standard); **~ der** →**Reifezeugnisse**; →**Europäisches Übereinkommen über die ~ der Studienzeit an den Universitäten**

gleichzeitig at the same time; simultaneous; **~ mit** concurrent(ly) with; **~e Anmeldung** *(PatR)* concurrent application; **der Vertrag muß bei ~er Anwesenheit beider Teile geschlossen werden**[238] the contract shall be concluded in the (simultaneous) presence of both parties

Gleis rail, line, track; **~anschluss** (own) siding

gleitend, **~e Arbeitszeit** flexible working hours; flextime; *Am (auch)* flexible schedule; **~e Lohnskala** sliding wage scale; **~er Preis** →Gleitpreis; **~er Zoll** →Gleitzoll

Gleit, **(Preis-, Lohn-) ~klausel** escalation (*Am auch* escalator) clause, index clause; **~preis** price subject to adjustment; **~preisklausel** *(in Kaufverträgen)* sliding price clause; **~zeit** →gleitende Arbeitszeit; **~zoll** sliding-scale tariff

Gliederung *(Aufgliederung)* classification, breakdown, analysis; *(Einteilung)* arrangement; *(Aufbau)* organization, structure; **~ der Bilanz** format of the balance sheet; **~ des Jahresabschlusses**[239] classification of the annual accounts; **~ der Jahresbilanz**[239] organization of the annual balance sheet

Gliedmaßen limbs, extremities

Gliedstaat constituent state; **Bund und seine ~en** Federation (or federal state) and its constituent states

global global, overall; across-the-board; worldwide; **~e Lösung** overall solution

Global~, **~abkommen** overall agreement; **~aktie** all-share certificate; blanket loan; **~betrag** overall amount; **~darlehen** global loan; **~kontingent** overall quota; **~schaden** *(VersR)* all risk damage; **~steuerung** global control (or management, steering); **~verhandlungen** global (or overall) negotiations; **~zession** blanket assignment

Globalisierung globalization

Glücksspiel game of chance; gaming; **öffentlich ein ~ veranstalten oder die Einrichtungen hierzu bereitstellen**[240] to organize or provide facilities for public gaming

Glückwunsch congratulation(s); best wishes; **~karte** *Br* greeting card, *bes. Am* congratulatory card; **~schreiben** letter of congratulation; **~telegramm** greetings telegram, telegram of congratulation

Glykol glycol

GmbH[150] limited liability company; *Br (etwa)* private (limited) company; *Am (etwa)* close corporation; **~-Anteil** GmbH-share *(→Geschäftsanteil des Gesellschafters e-r GmbH)*; **Zurverfügungstellung e-s ~-Anteils** →Abandon a)

Handelsgesellschaft mit eigener Rechtspersönlichkeit und mit einem bestimmten Kapital (Stammkapital), das von den Gesellschaftern durch Einlagen (Stammeinlagen) aufgebracht wird. Das Stammkapital der Gesellschaft muss mindestens 25.000 Euro,[151] die Stammeinlage jedes Gesellschafters mindestens 100 Euro betragen.

Business entity with separate legal personality and a fixed capital (share capital), contributed by the initial shareholders. The share capital of the company shall

be at least 25 000 Euro,[151] the original investment of each shareholder at least 100 Euro.
Für die Verbindlichkeiten der Gesellschaft haftet den Gläubigern nur das Gesellschaftsvermögen.[152] Die Gesellschafter haften nur mit ihren Einlagen und allenfalls mit Nachschüssen.[153]Only the company's assets are liable to the company's creditors. The shareholders' liability is limited to their investments and, if the articles of the company so provide, to assessments.
Die Organe der GmbH sind: Geschäftsführer,[154] Gesellschafterversammlung[155] und Aufsichtsrat.[156]
The agents of the GmbH are: managing director, shareholders' meeting and supervisory board.

GmbH & Co (general or limited) commercial partnership with GmbH as general partner
(Gebräuchliche Bezeichnung für) eine handelsrechtliche Personengesellschaft, meist eine →KG (vgl. GmbH Co KG) mit einer →GmbH als persönlich haftendem Gesellschafter.
(Usual term for) a commercial partnership, in most cases a limited liability partnership (→KG) (cf. GmbH Co KG) with a limited liability company (→GmbH) as personally liable partner.

GmbH & Co KG limited (commercial) partnership with a GmbH as general partner
Eine Kommanditgesellschaft (KG), bei der eine →GmbH persönlich haftender Gesellschafter (→Komplementär) ist und die Gesellschafter der GmbH (allein oder neben anderen) →Kommanditisten sind.
A limited partnership (KG) with a limited liability company (GmbH) as general (personally liable) partner (→Komplementär) and the shareholders of the GmbH (alone or with others) as limited partners (→Kommanditist).

Gnade grace, clemency, mercy; *(Begnadigung)* pardon; **~ erweisen** to grant a pardon

Gnaden, akt (od. ~erweis) act of pardon (or grace, clemency); **~frist** period of grace *(→Nachfrist)*; **~gehalt** compassionate allowance

Gnadengesuch petition for (a) pardon; petition for clemency (or mercy); **ein ~ ablehnen** to deny a pardon; to refuse a clemency plea; to reject a petition for mercy; **ein ~ einreichen** to submit a petition for (a) pardon; to file a petition for clemency; *(bes. bei Todesstrafe)* to petition for (a) reprieve; **e-m ~ stattgeben** to grant a pardon

Gnadenrecht power of pardon, power to grant a pardon; pardoning power; *(bes. bei Todesstrafe)* power to grant (a) reprieve *(→Begnadigung)*

Gnaden~, ~sachen clemency cases; **auf dem ~wege** by way of (a) pardon; by way of grace; by an act of clemency

Gold gold; **gemünztes und ungemünztes ~** gold coin and bullion gold

Gold~, ~abfluss efflux (or outflow) of gold; **~anleihe** gold loan; **~agio** premium on gold; **~arbitrage** arbitrage in bullion; **~ausfuhrpunkt** gold exporting point, export specie point *(oberer →Goldpunkt)*; **~ausfuhrverbot** →Goldembargo

Goldbarren gold bar (or ingot), ingot of gold

Gold~, ~bestand gold reserve (or stock); gold holdings; **~deckung** gold coverage; **~devisenwährung** gold exchange standard; **~einfuhrpunkt** gold importing point *(unterer →Goldpunkt)*

Goldeinlösungspflicht, Aufhebung der ~ suspension of gold convertibility

Gold~, ~embargo embargo on gold; **g~ene →Bankregel**; **~feingehalt** fineness of gold; **g~gebunden** tied to gold; **~gehalt** gold content; **~gewicht** troy weight; **~hortung** gold hoarding; **~kernwährung** gold bullion standard; **~klausel** gold clause; **~kurs** gold rate

Goldmarkt gold market; **gespaltener ~** two-tier gold market

Gold~, ~münze gold coin; **~münzklausel** gold coin clause; **~option** gold option; **~parität** gold parity, parity of gold

Goldpreis gold price, price of gold; **~erhöhung** increase in the price of gold; **der ~ zog an** the gold price increased (or advanced, moved up); **an den ~ gebunden sein** to be tied to the gold price

Goldpunkt gold point, specie point; **oberer ~** →Goldausfuhrpunkt; **unterer ~** →Goldeinfuhrpunkt
Grenze, über die hinaus die Wechselkurse zweier Länder (mit Goldwährung und Handel untereinander) nicht schwanken können.
Limit beyond which the exchange rate of the currencies of two countries (being on a gold standard and trading with each other) will not move.

Gold~, ~stück gold piece, gold coin; **~standard** gold standard

Goldtranche *(IWF)* gold tranche (that part of the subcription of a member of the IMF to be paid in gold); **~n-Ziehungsrechte** *(IWF)* gold tranche rights, drawing rights against the gold tranche position (claim on the Fund acquired by a country through cash payments within its quota)

Goldumlauf gold currency (or circulation); **~swährung** gold specie standard

Gold~, ~versendung transport (or shipment) of gold; **~vorräte** gold stock, gold reserve(s); **~währung** gold standard, gold currency

Goldwert gold value; **~garantie** *(IWF)* gold value guarantee; **Erhaltung des ~es** maintenance of the gold value; **g~gesichert sein** to carry a gold value guarantee

Gold, **~ in das Inland zurückführen** to repatriate gold; **~ für ausländische Rechnung im Depot halten** to hold gold earmarked for foreign account

Golf gulf; **~staaten** countries of the Gulf, Gulf States; **~krieg** gulf war; **~kriegssyndrom** gulf war syndrom

Gott, **"so wahr mir ~ helfe"** *(Formel bei Eidesleistung)* "so help me God"

Gottesdienst, **Störung des ~es**[241] disturbance of religious service; **~besuch** church attendance; **e-n ~ abhalten** to hold a religious service

Gotteslästerung[242] blasphemy

Gouverneur governor; **~srat** Board of Governors; Governing Council; **~ des IWF** Board of Governors of the IMF

Grab~, **~schändung**[243] robbing (or desecration, mutilation) of a grave; **~stätte** burial place

Grad 1. degree; *(Ausmaß)* extent; **bis zu e-m gewissen ~e** (up) to a certain degree (or extent); **~ der Haftung** degree (or extent) of liability; →**Verwandtschafts~**; **Verwandte(r) zweiten ~es** relation in the second degree; **im dritten ~ verwandt oder verschwägert sein** to be related by blood or by marriage within the third degree

Grad 2. (akademischer) ~ (academic) degree; **e-n ~ erlangen** to take (or obtain) one's degree; to graduate; **e-n ~ verleihen** to confer (or grant, award) a degree (in)

Graduierter[244] graduate; *Br (Student, der den 1. akadem. Titel bereits erworben hat)* post-graduate

graphisch, **~e Darstellung** chart, graph; diagram; **~es Gewerbe** printing trade; **~ darstellen** to graph; to show (sth.) graphically, to make a chart of

Gratifikation bonus; gratuity; ex gratia payment; **Weihnachts~** Christmas bonus

gratis free (of charge); gratuitous(ly); given (or obtained) without payment; gratis

Gratisaktien bonus shares (or stocks); *Am* stock dividend; **Ausgabe von ~** bonus issue

Gratismuster, **~ (od. ~probe)** free sample

grau, **~e Literatur** grey literature *(reports; records, technical papers, etc,)*; **~er Markt** *Br (inoffizieller Handel)* grey (*Am* gray) market

Grausamkeit, **seelische ~** mental cruelty

Gremi, **~um** body; forum; **internationale ~en** international forums; **ständiges ~um** standing body; **wissenschaftliches ~um** scientific body

Grenada Grenada

Grenadier(in), grenadisch Grenadian

Grenze *(Staatsgrenze)* frontier, border; *(Grenzlinie)* boundary; *(Schranke)* bound; **~n** *(e-s Grundstücks)* abuttals; *fig (Begrenzung)* limit(s); *(Grenzgebiet, auch fig)* confines; **an der ~** on (or at) the frontier (or border); **an der ~ liegend** *fig* marginal; →**„geliefert ~"**; **innerhalb der ~n des Möglichen** within the limits (or bounds) of possibility; **innerhalb der ~n seiner Vollmacht** within the scope (or ambit) of his authority; **natürliche und künstliche ~n** natural and artificial boundaries; **obere ~** upper limit; **untere ~** lower limit; **vertraglich festgelegte ~** *(VölkerR)* treaty frontier

Grenze, die ~n abstecken to demarcate (or mark out) the frontiers (or boundaries, borders); *Am* to locate the boundaries; **über die ~ bauen** to encroach upon adjoining land; **die ~ berichtigen** to rectify the frontier; to revise (or adjust) the boundary; **die ~ bestimmen** to determine the boundary; **die ~n bezeichnen** to mark the boundaries; **die ~n e-s Grundstücks festlegen** to fix (or establish, determine) the boundaries of a property; **über die ~ gehen** to cross the frontier (or border); **die ~ schließen** to close the frontier (or border); **für etw. e-e ~ setzen** to set a limit to sth.; **enge ~n setzen** to impose narrow limits (on); **die ~ überschreiten** to cross the frontier (or border); *fig* to exceed the limit; **die ~n seiner Vollmacht überschreiten** to exceed one's authority; **die ~ verletzen** to violate the frontier; **die ~ ziehen** *(internationale Grenze)* to draw the frontier, to demarcate; *(Grenze innerhalb e-s Staates)* to mark a boundary; *fig* to set a limit

Grenz~, marginal; **~abfertigung** *(Zoll)* customs clearance at the frontier; **~abfertigungsstellen** *(EU)* customs clearance locations; **~abmarkung**[245] boundary marking *(→Abmarkung)*; **~absteckung** delimination of a frontier; **~anlagen**[246] walls (or fences etc) owned in common; facilities (on boundary) owned in common by neighbo(u)rs (or owners of adjoining land); **~arbeiter (od. ~arbeitnehmer)** frontier worker; **~baum**[247] boundary tree (a tree through which a boundary runs); **~berichtigung** frontier rectification (or revision); boundary adjustment; **~bestimmung** determination of the boundary; **~bevölkerung** frontier population; **~bewohner** borderer; inhabitant of a border region; **~bezeichnung** boundary marking, marking of a boundary; demarcation; **~bezirk** frontier district, border district; **~einnahmen** marginal revenue; **~ertrag** marginal earnings (or income, yield); *(knapper Gewinn)* marginal profit; **~ertragsboden** *(Land, dessen Bestellung sich kaum lohnt)* marginal land; **~fall** borderline case; **~festsetzung** fixing (or establishing) the boundary; delimitation; **~fluss** frontier river; river forming (or marking) the frontier (between); **~for-**

malitäten frontier (or border) formalities; **~frage** question (or problem) relating to the boundary (of land) (or the frontier)

Grenzgänger *(Arbeitnehmer)* frontier (or border) worker; cross-border employee; cross-frontier commuter; border hopper; **illegaler ~** illegal frontier crosser

Grenz~, **~gebiet** frontier (or border) area; *fig* borderland; **~gewässer** boundary waters

Grenzkontroll, **~e** border control; frontier check; **Abbau von ~en** dismantling frontier checks; **Abschaffung von ~en** abolition of border controls; **Wegfall von ~en** *(ab 1993, EU)* disappearance of internal borders; **~punkt** check point (on the border)

Grenz~, **~kosten** marginal cost; **~kostenrechnung** marginal costing; **~land** area adjoining frontier; *(auch fig)* borderland; **~leistungsfähigkeit des Kapitals** marginal efficiency of capital

Grenzlinie border line, boundary line; line of demarcation; **~n** *(e-s Grundstücks)* metes and bounds; **Verlauf der ~** course of the boundary line

Grenz~, **~markierung für Parkverbote** delimiting markings for no parking zones; **~nutzen** marginal utility; **~ort** →Grenzstadt; **~plankostenrechnung** (standard) direct costing; marginal costing; **~polizei** frontier (or border) police; **~produkt** marginal product; **~produktivität** marginal productivity; **~rate der Substitution** marginal rate of substitution; **~regelung** *(bei Grundstücken)* boundary settlement *(→Abmarkung)*; **~scheiden** →Grenzanlagen; **~scheidung** settlement of a boundary dispute *(→Grenzverwirrung)*; **~schließung** closing of the frontier (or border); **~schutz** frontier protection; **~stadt** frontier (or border) town; town situated on the frontier; **~stein** boundary stone; **~stelle** border post; **~steuersatz** marginal tax rate; **~strecke** border section; **~streitigkeit** frontier dispute; *(NachbarR)* boundary dispute; **~überbau**[248] encroaching upon adjoining land; **~überflug** frontier crossing (by plane); flight across the border

Grenzübergang frontier crossing point; crossing the border; boundary crossing; **beim ~** when crossing the frontier; **~sstelle** frontier crossing point; point of entry; *(Kontrollstelle)* border check point; **Abfertigung an dem ~** clearance at the frontier crossing point; **den ~ vereinfachen und beschleunigen** to ease and speed border crossing

grenzüberschreitend border-crossing, frontier-crossing; cross-border; across the border (or frontier); transfrontier, transborder; transboundary; *(EU)* across the national borders; **~er Beförderungsverkehr**[249] transport(s) across the border; **~er** →**Datenverkehr**; **~er Fernabsatz** cross-border distance selling; **~e Geschäfte** cross-border business; **~er Güterkraftverkehr** international carriage of goods by road; **~er Handel** transfrontier trade; **~er Kapitalverkehr** crossborder capital movement; **~er Linienverkehr** regular services across the border (or frontier); **~e Luftverschmutzung** transboundary air pollution

grenzüberschreitender Personenverkehr transportation of persons across the border; **~ mit Kraftomnibussen** international carriage of passengers by coach and bus

grenzüberschreitender Personen- und Güterverkehr border-crossing traffic of persons and goods; *(EU)* transport of persons und goods across intra-Community borders

grenzüberschreitend, **~er Reiseverkehr** international travel; **~er Transport** cross-border transport; *Am (einzelstaatl. Grenzen)* interstate transport (or traffic); **~e Verbringung gefährlicher Abfälle** transfrontier shipment of hazardous waste; **~er Verkehr** crossfrontier traffic; **im ~en Verkehr tätige Verkehrsunternehmen** carriers undertaking international transport; **~e Verschmutzung** transboundary pollution; **~er Warenverkehr** border-crossing trade; frontier-crossing traffic in goods; movement of goods across the frontiers; **~e Werbung** cross-border advertising; **~e Zusammenarbeit zwischen** →**Gebietskörperschaften**

Grenz~, **~überschreitung (od. ~übertritt)** crossing the frontier (or border), frontier passage; **~übertrittsschein** *(für Kraftfahrzeuge)* pass sheet; **~überwachung** supervision of the frontier; frontier control

Grenzverkehr frontier (or border) traffic; **kleiner** *(erleichterter)* **~** local border traffic (or trade)

Grenzverlauf course of the frontier (or boundary); **der ~ des Grundstücks ist unkenntlich geworden** the boundary of a lot is no longer visible (or recognizable)

Grenz~, **~verletzung** violation of the frontier (or border); **~verrückung** removal of a boundary marking (or landmark); **~vertrag** frontier (or boundary) treaty; **~verwirrung**[250] confusion of boundaries *(→Grenzregelung)*; **~wache** frontier guard; **~wert** limiting value; **~zechen** marginal mines

Grenzzeichen boundary mark (or sign); landmark; **Errichtung oder Wiederherstellung von ~** erection or restoration of boundary signs *(→Abmarkung)*; **ein ~ verrücken** to remove a boundary sign

Grenzziehung marking the boundaries; delimination; demarcation; **~slinie** line of demarcation

Grenz~, **~zollamt** frontier custom-house; **~zone** frontier (or border) zone; **~zwischenfall** frontier (or border) incident

grenzen an to border on; to be contiguous to; *(Grundstück)* to abut

Greuel~, **~propaganda** atrocity propaganda; **~tat** atrocity

Grieche, Griechin Greek

Griechenland Greece

griechisch Greek; **G~e Republik** Hellenic Republic

grob →fahrlässig
grob, **~e** →**Fahrlässigkeit**; **~er Fehler** gross mistake; serious fault; **~er Undank** gross ingratitude *(→Widerruf der Schenkung)*; **~er Unfug** public nuisance; **~es Verschulden** *(Fahrlässigkeit)* gross negligence; serious default

Grönland Greenland

Grönländer(in) Greenlander

grönländisch Greenland

groß, **im ~en** large-scale; on a large scale; **im ~en und ganzen** on the whole; generally speaking; by and large; **(nur) im ~en verkaufen** to sell goods (only) wholesale
groß, **~e Anfrage** *parl* interpellation; **~e** →**Ausgaben**; **in ~em Ausmaß** on a large scale; **von ~er** →**Beliebtheit**; **~e Bestellung** large order; **~e Ferien** *Br* summer holidays; *Am (Br Hochschulen)* summer (or long) vacation; **~es Geld** banknotes; money in large denominations; **~es Grundstück** estate; **~e Kosten** heavy expenses; **~e Mehrheit** large majority; much the larger part; **~e Mengen** large (or bulk) quantities; **~es Publikum** public at large; **~e Sorgfalt** great care; **ein ~er Teil** a great part, a large portion; **zum ~en Teil** largely; **~es Vermögen** large property (or fortune); **~es Wirtschaftsunternehmen** big (business) firm

Groß~, **~abnehmer** bulk buyer (or purchaser); **~aktionär** major shareholder; **institutionelle ~anleger** large-scale institutional investors; **~anzeige** display advertisement; *(ganzseitig)* full-page advertisement; spread; **~auftrag** large(-scale) order

Großbank big bank; **die drei ~en** the Big Three *(Commerzbank AG, Deutsche Bank AG, Dresdner Bank AG)*

Groß~, **~bauten** capital works; **~betrieb** large-scale operation; large(-scale) concern (or enterprise); big company; *(landwirtschaftl.)* large farm; **~betriebe** *(auch im negativen Sinne)* big business; **g~betriebliche Unternehmensform**[252] organization on the lines of a large enterprise; **~brand** *(VersR)* conflagration

Großbritannien Great Britain; **Vereinigtes Königreich ~ und Nordirland** United Kingdom of Great Britain and Northern Ireland

Groß~, **~chemie** large chemical plants; **~diebstahl** large-scale theft; *Am* grand larceny

Großeinkauf bulk purchase, quantity purchase; buying in large quantities; **~sgesellschaft deutscher Konsumgenossenschaften** (GEG) *(etwa)* Co-operative Wholesale Society (CWS)

Groß~, **~eltern** grandparents; **~fabrikation** large-scale manufacture; **~fahndung** general search; **~familie** extended family; **~feuer** conflagration; **~feuerungsanlage** large combustion plant; **~format** large size; **~forschungseinrichtung** major research centre (center); **~frachtflugzeug** supercargo plane; **~grundbesitz** large (landed) estate; *(als Interessengruppe)* landed interest(s); **~grundbesitzer** owner of a large estate; big landowner

Großhandel wholesale trade, wholesaling; **im ~** *(Br by, Am at)* wholesale; **Groß- und Einzelhandel** wholesale and retail trade; **Preis im ~** wholesale price, trade price

Großhandels~, **~firma** wholesale firm (or house); **~geschäft** wholesale business; *Am* wholesale store; **~markt** wholesale market; **~preis** wholesale price, trade price; **~preisindex** wholesale price index, index number of wholesale prices; **~rabatt** wholesale discount, trade discount; **~spanne** wholesale margin; **~(verkaufs)preis** wholesale price; **~vertreter** wholesale representative; distributing agent

Großhandel, **~ treiben** to deal wholesale; to do wholesale trade; **Waren im ~ verkaufen** to sell goods *(Br* by, *Am* at) wholesale

Großhändler wholesale trader (or dealer), wholesaler; distributor; *Am* jobber; →**Lebensmittel~**

Groß~, **~handlung** wholesale firm (or house); **~industrie** large-scale (or big) industry; *Br* large industrial concerns; *Am* large corporations; **~industrieller** business magnate; captain of industry; *Am colloq.* tycoon

Grossist →Großhändler

großjährig of age; **~ werden** to come of age

Großkapitalismus large-scale capitalism

Großkredite large loans (or credits), commercial (or *Am* corporate) loans (or credits); syndicate credits; merchant credits *(opp. retail or consumer credits)*; **anzeigepflichtige ~**[253] large credits subject to notification requirements
Kredite an e-n Kreditnehmer, die insgesamt fünfzehn von Hundert des haftenden Eigenkapitals des Kreditinstituts übersteigen (Großkredite), sind unverzüglich der Deutschen Bundesbank anzuzeigen.

Credits granted to any borrower which together exceed fifteen per cent of the credit institution's liable capital (large credits), shall be reported forthwith to the Deutsche Bundesbank.

Großkundengeschäft der Banken merchant banking

Großlebensversicherung *Br* ordinary life assurance; *Am* ordinary life insurance; **~sgeschäft** Ordinary Business (O. B.); *Br* non-industrial business

Großmacht great (or big) power; **~stellung** position as a great power

Großpackung bulk package, family-size package; economy-size package

Großraum~, **~behälter** container; **~düsen(verkehrs)flugzeug(e)** large-capacity jetliner(s); jumbo jet(s); **~tanker** giant tanker

Großrechner mainframe

Groß~, **~reparatur** major repair; **~risiken** *(VersR)* large risks; **~schaden** *(VersR)* heavy loss (or casualty); major damage; **~schiffahrt** large-scale shipping; **~serienfertigung** manufacture in large series

Großstadt (major) city; large town; *(Hauptstadt)* capital, metropolis; **~bewohner** (big) city dweller; **~gebiet** metropolitan area; **~verkehr** (big) city traffic

Groß~, **~teil** the bulk of; **~unfall** major accident; **~unternehmen** large(-scale) enterprise (or concern); big firm (or company); big business; **~unternehmer** →Großindustrieller; **~verbraucher** large(-scale) consumer, bulk consumer; **~verpflegung** *(Lieferung von Fertigmahlzeiten)* catering; **~vertrieb** distribution in bulk; **~vorhaben** major (or large-scale) project

großzügig liberal; generous; magnanimous; **~es Angebot** liberal offer; **Vorschriften ~ anwenden** to apply provisions liberally

Größe size; *(Ausdehnung)* dimension; *(Umfang)* bulk; *(Ausmaß)* extent; *(Personenbeschreibung)* height; *(Nummer)* size; **nicht gangbare ~** odd size, broken size; **marktfähige ~** commercial size; →**Grundstücks~**; →**Zwischen~**; **~ e-s Auftrags** size (or volume) of an order; **~ e-s Raumes** size of a room; **~ des Risikos** size of the risk; amount of the risk involved; **g~nabhängig** dependent upon size, size-related; **~nangabe** statement of size; **~neinteilung der Schiffe** classification of ships; **~nklasse** *(z. B. für Fische)* size category; **~nsortierung** *(z. B. von Obst)* sizing; sorting by sizes; **~nvorteile** economies of scale; **die gewünschten ~n sind nicht mehr vorrätig** the required sizes are no longer available (or in stock)

größer, **~e Anschaffungen** major purchases; **~er Betrieb** larger enterprise; **~e Mengen** larger quantities; **der ~e Teil von** the bulk of

größt, **der ~e Teil** the greatest part, the bulk; **~enteils** for the most part; chiefly

Grube *(Bergwerk)* mine, pit; (Kohlengrube) coalmine, colliery; **~narbeiter** miner, pitman; coal(-)miner, collier; **Bekämpfung e-s ~nbrandes** extinction of a mine fire; **Opfer von ~nkatastrophen** victims of mining catastrophes; **~nrettungsdienst** →Grubenwehr; **~unfall (od. ~unglück)** mining accident (or disaster); **~nwehr** mine rescue service; **e-e ~ abbauen** to work a mine; **in e-e ~ einfahren** to go down a mine

grün, **~es Licht** *(Ampel)* green traffic light; **~es Licht geben** to give the go-ahead; **~e Kurse** →Kurs 3.; **~e Versicherungskarte** *(für das Ausland)* green insurance card; **~e Welle** *(bei Verkehrsampeln)* traffic pacer; linked (*Am* synchronized) traffic lights

Grün, die ~en *pol* the Green Party; the West German ecological party; **„~er"** member of the Green Party

Grünbuch green paper; **~ "Finanzdienstleistungen"** *(EU)* green paper entitled financial services

Grund 1. *(pl GründeUrsache, Beweggrund)* cause, reason, ground, motive; *(Grundlage)* basis, base, foundation; →**Beweg~**; →**Beweis~**; →**Ehescheidungs~**; →**Entlassungs~**; →**Entscheidungsgründe** *(e-s Urteils)*; →**Haft~**; →**Haupt~**; →**Kündigungs~**; →**Nichtigkeits~**; →**Scheidungs~**; →**Urteilsgründe**

Grund, ohne ausreichenden ~ without sufficient cause; **es bestehen ausreichende Gründe** (dafür dass); there are good grounds (or reasons) (for); there is good and sufficient reason (for); **berechtigter ~** good (or sufficient) cause; **berechtigte Gründe geltend machen** to establish sufficient (or good) reasons; **aus persönlichen Gründen** on personal grounds; **rechtlicher ~** legal reason (or cause); →**triftiger ~**

Grund, wichtiger ~ important (or substantial, cogent) reason; good cause; **e-n Vertrag aus wichtigem ~e kündigen** to terminate an agreement for (good) cause; **wichtige Gründe vorbringen** to give good (or sound) reasons; to show good cause

Grund, zwingende Gründe liegen vor there are compelling (or cogent) reasons

Grund~, **~des (Klag-)Anspruchs** basis of the claim (or cause of action), merits of the claim; **über den ~ des Anspruchs verhandeln** to deal with a case on the merits; **mit Gründen versehener Beschluss** order containing the reasons (on which it is based); **mit Gründen**

versehene Entscheidung decision setting forth reasons (or the grounds) (for); decisions supported by reasons; reasoned decision; **mit Gründen versehene Stellungnahme abgeben** to deliver an opinion setting forth reasons

Grund, auf ~ von by reason of; on (the) grounds of; *(kraft)* under; by virtue of; on the basis of; on the strength of; **auf ~ meiner Ermächtigung** by virtue of my authoritiy; **auf ~ e-s Gesetzes** under a law; **die Gründe für und wider** the pros and cons; reasons for and against; **dem ~e oder der Höhe nach** on the merits or in terms of amount

Grund, e-n →Anspruch dem ~ nach anerkennen; ~ zur Beschwerde geben to give cause for complaint; **e-r Sache auf den ~ gehen** to get to the bottom of sth.; to investigate a matter thoroughly; **den ~ legen für** to form (or lay) the basis (or foundation) of

Gründe, ~ anführen (od. angeben) to set forth (or adduce, give, state) the reasons (for), to show cause; **~ aufzählen** to enumerate reasons; **~ darlegen** to set forth the reasons; to specify the grounds; *(ProzessR)* to show cause; **mit ~n versehen** to provide with reasons; to set forth the reasons (for); **e-e Entscheidung mit ~n versehen** to state the reasons on which a decision is based; to state the grounds for the decision; **~ vorbringen** to advance reasons

Grund~, ~ausbildung basic training; **~bedarf** basic requirement; **~bedeutung** original meaning; **~bedingung** fundamental condition; main prerequisite; **~bedürfnisse** basic needs; **~begriff** basic term; **~beitrag** *(für Rentenversicherung)* flat rate contribution; **~betrag** basic (or base) amount; basic payment; **~bilanz** →Bilanz 2.; **~buch** *(der Buchführung)* journal *(s. auch Grundbuch, Grund 3.)*; **~daten** *(EDV)* original data; **~einstellung** fundamental attitude

Grunderzeugnisse primary (or basic) products; (basic) commodities; **Abkommen über ~** commodity agreement

Grundfreiheiten fundamental freedoms *(→Menschenrechtskonvention)*

Grund~, ~gebühr flat rate; basic charge (or fee); *Br tel* subscription rental; *Am* (monthly) service charge; **~gedanke** fundamental idea; concept; *(e-r Politik etc)* key note; **~gehalt** basic (or base) salary

Grundgesetz (GG) (Verfassung der Bundesrepublik Deutschland)[254] Constitution (of the Federal Republic of Germany); Basic (Constitutional) Law; **~ der Bank für Internationalen Zahlungsausgleich**[255] Constituent Charter of the Bank for International Settlements; **~änderung** amendment (or revision) of the Basic Law; **g~widrig** incompatible with the Basic Law; **mit dem ~ vereinbar** in conformity (or compatible) with the Constitution

Grund~, ~getreide(arten) basic cereals; **~industrie** basic industry

Grundkapital *(Gesellschaftskapital e-r AG od. KGaA)* share capital; *Am* capital stock; *Br* nominal capital; *Am* (stated) capital; **Erhöhung des ~s**[256] increase of the share capital; capital increase; **Herabsetzung des ~s** reduction of the share capital; capital reduction; **→Mindestnennbetrag des ~s; das ~ erhöhen** to increase the share capital; **das ~ herabsetzen** to decrease (or reduce) the share capital

Grundlage basis, base; foundation; substratum; footing; **~n** fundamentals; **auf der ~ der Gegenseitigkeit** on a mutual exchange basis; on the basis of reciprocity; **feste ~** firm basis; **gesetzliche ~** legal foundation; statutory basis; **auf gesetzlicher ~** founded (or based) on statute; on legal authority; **als ~ dienender Vertrag** underlying contract; **~nforschung** basic research; fundamental research; **~vertrag** →Grundvertrag; **jeder ~ entbehren** to be without any foundation; **der Anspruch entbehrt jeder ~** the claim is destitute (or devoid) of any merit; **die ~ schaffen für** to lay the foundation(s) of

grundlegend fundamental, basic; **von ~er Bedeutung** of fundamental importance; **~e Frage** fundamental issue; **~es Gesetz** basic law

Grund~, ~leistungen *(für Rentenversicherung)* flat-rate benefits; **~linien erarbeiten** to formulate (the) guiding principles; **~lohn** basic pay (or wage); **~lohnsatz** base rate of pay; **~mauer** foundation wall; **g~los** without reason, unfounded; **~mietzeit** *(beim Leasing)* basic term; **~nahrungsmittel** basic foodstuffs

Grundnorm basic norm, basic standard; **~en für den Strahlenschutz** radiation protection standards; **e-e Überschreitung der ~en vermeiden**[257] to prevent the basic standards from being exceeded

Grundordnung, ~ e-s Staates fundamental (or constitutional) order; **freiheitlich demokratische ~**[257a] liberal and democratic fundamental order

Grund~, ~patent basic patent, master patent; **~pfandrecht** charge on real property; **~prämie** *(VersR)* basic premium; **~prämiensatz** basic rate; **~preis** basic price; **~problem** fundamental issue; **~quote** basic quota; **~rechte** *(Bürgerrechte)*[258] fundamental rights, basic (constitutional) rights; civil rights; **~rente** *(Sozialrecht)* basic pension; basic rates of a benefit; *(Bodenrente)* →Grund 3.; **~richtlinie** basic directive

Grundsatz principle; rule; maxim; *(unbestreitbarer)* axiom; **Grundsätze** *(Richtlinien)* lines, policy; →**Rechts~**; **Grundsätze ordnungsmäßiger Buchführung** (GoB) generally accepted accounting principles (GAAP); **Grundsätze ordnungsmäßiger Prüfung** generally accepted auditing standards; **~ der Gegenseitigkeit** principle of reciprocity; **~ der →Verhältnismäßigkeit**; **in der Rechtsprechung bestehender ~** established principle of case law; **allgemein anerkannter ~** generally recognized principle

Grundsatz~, **~entscheidung** leading decision; landmark decision; fundamental decision *(→grundsätzliche Entscheidung)*; **~erklärung** declaration (or statement) of principle; policy statement; rationale; *(Absichtserklärung)* declaration of intent(ion); **~fragen** general policy matters; **~vereinbarung** agreement in principle

Grundsatz, e-n ~ aufstellen to lay down (or formulate, establish) a principle

grundsätzlich on (or in) principle; basic(ally), fundamental(ly); **e-e Rechtsfrage von ~er Bedeutung** a basic legal issue; a legal issue of fundamental importance; **~e Entscheidung** *(über e-e Rechtsfrage)* leading decision; leading case

Grund~, **~schule** primary school; **~schulunterricht** primary education; **~steinlegung** laying of the foundation stone; foundation ceremony

Grundstoffe basic materials; raw materials; (primary or basic) commodities

Grundstoff~, **~abkommen** commodity agreement; **im ~bereich** in the basic materials sector; **~handel** commodity trade; **~industrie** basic (materials) industry; primary industry; commodity industry; **~preise** prices of basic materials, prices of commodities

Grund~, **~tarif** basic rates; **~vergütung** basic remuneration; **~verordnung** basic regulation

Grund~, **~voraussetzung** basic requirement; requisite; **~vorrat** base stock; **~wehrdienst** basic military service

Grund 2. *(Meeresgrund)* (sea) bottom; **das Schiff ist auf ~ gelaufen** the ship ran aground

Grund 3. *(Gelände)* ground; land; *(Erdboden)* soil

Grund und Boden land; *Am bes.* real estate, (real) property; *Br (unbebauter)* undeveloped *(Am* unimproved) land; **~ und alles, was damit verbunden ist** land and permanent attachments thereto; **mit dem ~ fest verbunden sein** to be affixed to the land

Grundakten files of the →Grundbuchamt

Grundbesitz (Grundeigentum) (real) property; *Am bes.* real estate, landed property (or estate); **Grund- und Hausbesitz** ownership of property; →**belasteter ~**; **vom Eigentümer bewohnter ~** owner-occupied property; **gewerblich genutzter ~** business (or commercial) property; premises (or land) used for commercial purposes; **landwirtschaftlicher ~** agricultural property; **staatlicher ~** land owned by the State; public lands; *Am* public domain; *Br* Crown property (or land); **städtischer ~** land owned by the city; **seinen ~ belasten** to encumber one's land; *Br* to charge one's land; **~ →erben**; **~ erwerben** to acquire real property (or real estate); **~ verwalten** to manage property *(Am real estate)*; **e-n →Makler beauftragen, ~ zu verkaufen**

Grundbesitzer (Grundeigentümer) landowner; landed proprietor; property owner

Grundbuch[260] land register, register of land titles; title register; *Am (etwa)* land record; *(Buchführung)* book of original entry; **~amt**[261] real property register; *Br* land registry; *Am (etwa)* recording office, title registration office, registry of deeds; *Scot* Department of the Registers of Scotland; **~auszug** extract from the land register; *(etwa)* abstract of title; **(amtlich beglaubigter) ~auszug** *Br* (office copy of) entries in the (land) register; **~beamter** clerk (or official) in charge of the land register; *Am (etwa)* registrar of deeds; **~berichtigung** →Berichtigung des Grundbuchs; **~blatt** land register folio

Grundbucheinsicht[262] inspection of the land register

Die Einsicht in das Grundbuch ist jedem gestattet, der ein berechtigtes Interesse darlegt.

The land register is open to inspection by anyone who shows legitimate interest.

Grundbucheintragung[263] entry in the land register; *Br* registration in the land register; *Am* recording of deeds (or of title to real property); *Am* title registration

Grundbuch~, **~kosten**[264] land registry fees; **~ordnung** Land Register Code

Grundbuch, im ~ eingetragene Rechte *Br* registered (*Am* recorded) rights in land; **nicht im ~ eingetragene Rechte** *Br* unregistered (*Am* unrecorded) rights in land; **e-e →Hypothek in das ~ eintragen lassen**; **e-e →Hypothek im ~ löschen (lassen)**

Grunddienstbarkeit[265] easement; real servitude; easement appurtenant; **mit e-r ~ belastetes Grundstück** servient tenement; **e-e ~ bestellen** to grant an easement

Grunddienstbarkeit ist die Belastung e-s Grundstücks (des sog. dienenden Grundstücks) gegenüber dem jeweiligen Eigentümer eines anderen Grundstücks (des sog. herrschenden Grundstücks).

Grunddienstbarkeit is a charge on one piece of *Br* land (*Am* real property) (servient tenement) for the benefit of the owner of another piece of *Br* land (*Am* real property) (dominant tenement).

Der Berechtigte darf das fremde Grundstück in bestimmter Beziehung benützen (z. B. Geh- und Fahrrecht).

The holder of the right may use the servient tenement only for certain (limited) purposes (e. g., right of way with or without vehicles).

Grundeigentum →Grundbesitz; **~ und bewegliche Sachen** land and chattels; **Erwerb von ~** acquisition of *Br* land (*Am* real property) *(→Auflassung und →Grundbucheintragung)*; **~ erwerben** to acquire real property; to acquire (interests in) land; **~ haben (od. besitzen)** to own (or hold) land

Grundeigentümer →Grundbesitzer

Grunderwerb acquisition of *Br* land (or [freehold and/or leasehold] property) *(Am real property, real estate)*; **~skosten** real estate purchase costs; **~steuer**[266] (real) property acquisition tax; land transfer tax, tax on the transfer of real property (or *Br* land)

Grundhandelsgewerbe[266 a] basic commercial business (business activity that confers the merchant status)

Grundkreditanstalt, **öffentlich-rechtliche ~** public mortgage bank

Grundpfand~, **~recht** *(→Hypothek, →Grundschuld und →Rentenschuld)* charge on property; security interest in *Br* land *(Am real property)*; **durch ~recht gesichert** secured by mortgage *(Am auch by deed of trust)*

grundpfandrechtlich, **~ gesichertes Darlehen** mortgage loan; loan secured by mortgage (or other security interest in real property); **~e Sicherung** securing a claim by a mortgage (or other security interest in real property)

Grund~, **~prämie** *(VersR)* basic premium; **~recht** fundamental right; **~rente** *(Bodenrente)* ground rent; **~riss** ground plan, outline, sketch; *Am* plot

Grundschuld[267] land charge, charge on land (or real property) (without personal liability)

Die Grundschuld belastet ein Grundstück in der Weise, dass dieses für die Barzahlung einer bestimmten Geldsumme haftet. Sie unterscheidet sich von der Hypothek dadurch, dass sie zu ihrem Bestand eine Forderung nicht voraussetzt. Es gibt Brief- und Buchgrundschuld.

A Grundschuld creates a charge on real property for the payment of a definite sum of money. It differs from a mortgage in that it may exist without an underlying personal debt. The charge may be certificated or non-certificated.

Grundschuld~, **~brief** land charge certificate; **~forderung** claim arising from a land charge; **Hypotheken-, ~- und Rentenschuldforderungen** *(Bilanz)* mortgages

Grundschuld, **e-e ~ bestellen** to create a charge on land

Grundsteuer[268] land tax; tax on land and buildings; *Am* (real) property tax; *Br* (local) rates; **~erlass** remission of the (real) property tax

Grundstück *Br* piece of land; *Am* (piece of) real property (or real estate); property; plot (of land); *(mit Gebäude)* premises; *(Parzelle)* parcel, lot; *(Bauplatz)* (building) site; **~e** real property, real estate; premises; **~e und Gebäude** *(Bilanz)* property, plant and equipment; land (or real estate) and buildings; **~e in Eigentum** freehold tenure; **~e in Pacht** leasehold tenure; **~e der öffentlichen Hand** public lands; **→Geschäfts~**; **→Mietwohn~**; **bebaute und unbebaute ~e** *Br* developed and undeveloped land; *Am* improved and unimproved property; **belastetes ~** mortgaged (or encumbered) property; **→dienendes ~**; **gemischt genutzte ~e** premises for diversified use; multiple use real estate; **gewerblich genutztes ~** land used for industrial purposes; income (producing) property; **→herrschendes ~**; **unbefugtes Betreten e-s ~s** trespassing

Grundstück, **→Anteil an e-m ~**; **→Eigentum an e-m ~**

Grundstücks~, **~anlieger** abutter; **~art** type of real property; **~belastung** encumbrance on *Br* land *(Am real property)*; *Br* land charge; *Br* charge by way of (legal) mortgage; *Am (auch)* real property lien; *Scot* real burden; **~berater** property (*Am* real estate) consultant; **~bestandteil** s. wesentlicher →Bestandteil e-s Grundstückss; **~bewertung** appraisal (or valuation) of real property; **~eigentum** title to land; fee simple; **~eigentümer** property owner, landowner; owner of real estate; owner in fee simple

Grundstücksein- und -ausfahrt driveway; *Br* drive; **Verbot, vor oder gegenüber von ~en zu parken**[269] prohibition on parking in front of or opposite driveways *(Br drives)*

Grundstücks~, **~erschließung** land (or property) development, development of land; **~erwerb** acquisition of real property; purchase of land, land purchase; **~fonds** →Immobilienfonds; **~geschäfte** property transactions (or dealings); *Am* real estate transactions; transactions concerning land (or real property); **~gesellschaft** *Br* property company; *Am* real estate company

grundstücksgleich, **~es Recht** corporeal right in land treated as a right in real property; right equivalent to real property; **Grundstücke und ~e Rechte** real property and equivalent rights

Das Erbbaurecht ist ein grundstücksgleiches Recht. Es ist grundsätzlich wie ein Grundstück übertragbar und mit einer Hypothek belastbar.

The →Erbbaurecht is a real property right which may be transferred or mortgaged like any other immovable.

Grundstücks~, **~grenzen** boundaries of a property; property limits; metes and bounds; **~grö-**

ße size of the property; **zugesicherte ~größe**[270] guaranteed size of a piece of *Br* land *(Am real property)*; *Am* guaranteed lot size; **~kauf** purchase of *Br* land *(Am real property)*; **~kaufvertrag**[271] contract for the sale of land (or real property); *Br* agreement for sale and purchase (of land); *Am* agreement for the purchase and sale of real property; **~lage** site (or location) of the property; **~lasten** property charges; *Br* land charges; *Am* charges on real estate; **~makler** land agent; *Br* estate agent; *Am* real estate agent (or broker), realtor; **~markt** property market; *Am bes.* real estate market

Grundstücksmiteigentümer co-owner of real property; **~ nach Bruchteilen** tenant(s) in common; **gesamthänderisch gebundener ~** joint owner (of real property)

Grundstückspreise land prices; *Br* property prices; *Am* real estate prices; **die ~ steigen** land prices are rising; property (or *Am* real estate) prices are increasing (or climbing)

Grundstücks~, ~rechte *Br* interest in land; *Am bes.* rights in real property, real property rights; **~rendite** yield on property; **~spekulant** land jobber; property (or *Am* real estate) speculator; **~spekulation** speculation in land (or property); land (or property) speculation; *Br* land jobbing; *Am* real estate speculation; **~teilung** division of property; *(zwischen Miteigentümern)* partition; **~übereignung** conveyance (or transfer) of the ownership in a piece of land; **~veräußerungsvertrag** contract to transfer (or convey) (title to) land (or real property); contract for the disposition of land; **~verkauf** sale of land (or real property); **~verkäufer** grantor of real estate; *Br* property dealer; *Am* real estate salesman; **~verkehr**[272] property dealings; *Am* real estate transactions; **~vermessung** surveying a property; **~vermögen**[273] *Br* property investments (or assets); real assets; *Am* real estate, landed property; *(Investmentfonds)* funds made up of real estate; **~vertiefung** →Vertiefung e-s Grundstücks; **~verwaltung** *Br* property management; *Am* real estate administration

Grundstückswert[274] value of (real) property; land value; **den ~ abschätzen** to value land (or property); **der ~ steigt weiter** property values continue to rise (or advance)

Grundstücks~, ~zubehör appurtenances (to land); fixtures; **~zusammenlegung** consolidation of two or more plots of land

Grundvermögen land (and buildings); real assets; real estate, real property; **~ des Bundes** federally owned land

gründen to found, to form, to establish, to set up; *(e-e juristische Person)* to incorporate; *(ins Leben rufen)* to create, to launch, to promote, to float; **sich ~ auf** to be based (up)on; **den Anspruch ~ auf** to base the claim on; **e-e Familie ~** to start a family; **ein Geschäft ~** to set up (or establish, found, start) a business; **ein eigenes Geschäft ~** to set oneself up in business; to set up (or start) one's own business; **e-e →Gesellschaft ~**; **e-e Partei ~** to found a party; **ein Unternehmen ~** to launch (or establish) an enterprise

gegründet, neu ~e Gesellschaft newly-formed company

Gründer founder; promoter; organizer; *(e-r Aktiengesellschaft)*[275] incorporator(s); **~aktien** founders' shares (or stock); promoters' shares (or stock); management shares; **~anteile** →Gründeraktien; **~firma e-s Investmentfonds** fund sponsor; fund sponsoring organization; **~haftung**[276] liability of shareholders; **~rechte** founder's preference rights; **~zahl**[277] number of incorporators

Gründung foundation, formation; establishment, setting up; *(e-r juristischen Person)* incorporation; *(ins Leben rufen)* creation, floating; launching; *(durch Unterstützung)* promotion; **→Bar~**; **→Fonds~**; **→Geschäfts~**; **→Gesellschafts~**; **→Neu~**; **~ e-r AG** *Br* formation of a plc; **~ e-r Gesellschaft** →Gesellschaftsgründung; **~ e-r politischen Partei** creation of a political party; **~ von Unternehmen** formation (or setting up) of enterprises; **~ e-s Vereins** foundation of (or setting up) an association (or a club, society); **~ e-s Versicherungsvereins auf Gegenseitigkeit** (VVaG) incorporation of a mutual (insurance) company; **zur ~ e-r AG sind mindestens 5 Gründer erforderlich**[277] the foundation of an →AG requires at least 5 incorporators

Gründungs~, ~aufwand[278] expenses for formation; promotion expenses; **~bericht**[279] formation report; report on formation; **~bescheinigung** *(für e-e juristische Person)* certificate of incorporation; **~gesellschafter** *Br* subscriber (to the memorandum of association); **~jahr** year of foundation; **~kapital** original (or initial) capital; **~konsortium** foundation syndicate; **~kosten** *(e-s Unternehmens)* organization cost; preliminary and formation expenses; *Am* start-up expenses; **~mitglied** founder member; original member; **~prüfer**[280] auditor(s) of the formation; **~schwindel** *(Scheingründung)* fictitious foundation of a company; **~urkunde** foundation charter; *Br (für Kapitalgesellschaft)* memorandum of association; *Am* certificate of incorporation; articles of incorporation; corporate charter; *Am (für Kreditinstitute)* organization certificate; **~vertrag** →Gründungsurkunde

Gruppe group; class, category; *(Stufe)* bracket; **→Alters~**; **→Arbeits~**; **→Berufs~**; **→Dreier~**; **→Einkommens~**; **→Gehalts~**; **→In-**

teressen~; →**Sachverständigen~**; →**Steuer~**; →**Unternehmens~**; **~ von Personen** *(für bestimmte Aufgaben)* panel; **~ von Leistungsempfängern** category of beneficiaries (or recipients)

Gruppen~, **~abschreibung** group (or composite) depreciation; **~akkordarbeit** group piece(-)work; **im ~akkord** under a collective piece rate scheme; **~arbeit** teamwork; **~boykott** collective refusal to deal

Gruppenfreistellung block (or group, collective) exemption; **~sverordnung** block exemption regulation; **~erteilen** to grant group exemption

Gruppen~, **~klage** class action; **~lebensversicherung** group life insurance; **~prämiensystem** collective bonus scheme; **~versicherung** group (or collective) insurance

Gruppe, **e-e ~ bilden** to form a group; **etw. nach ~n ordnen** to group (or classify) sth.; to organize sth. into groups

gruppieren to group, to arrange in groups

Grüße, **mit freundlichen ~n** *Br* yours sincerely; *Am* sincerely yours

Guatemala Guatemala; **Republik ~** Republic of Guatemala

Guatemalteke, Guademaltekin, guatemaltekisch Guatemalan

Guerilla~, **~kämpfer** guerilla (fighter); **~krieg** guerilla war(fare)

Guinea Guinea; **Revolutionäre Volksrepublik ~** Revolutionary People's Republic of Guinea

Guineer(in), guineisch Guinean

Guinea-Bissau Guinea-Bissau; **Republic ~** Republic of Guinea-Bissau

Guineer(in), guineisch (of) Guinea-Bissau

Gulden, **niederländischer ~** Dutch guilder

gültig valid; in force; having legal force; applicable; (derzeit gültig) *(z. B. Preise)* current, ruling; **~ ab** effective from; **~ 2 Monate** *(z. B. Fahrschein)* valid two months; **allgemein~** of general validity; **bis auf Widerruf ~** good (or valid) until recalled (or cancelled); **~e Fahrkarte** valid ticket; **~e Münze** current coin; **~er Rechtsanspruch** good (or valid) title; **~es Testament** valid will; **~ bleiben** to remain in force; **der Pass ist nicht mehr ~** the passport is no longer valid; the passport has expired; **die Preise sind nicht mehr ~** the prices are no longer valid (or applicable)

Gültigkeit validity; legal force; **Rechts~** legal validity, validity in law; **Fahrkarte mit zweimonatiger ~** ticket valid for two months

Gültigkeitsbereich scope of validity

Gültigkeitsdauer (period of) validity; duration; running; life; **~ e-s Angebots** duration of an offer; **~ e-s Patents** life of a patent; **~ e-s Vertrages** life (or term) of a contract; **Ablauf der ~** expiration of the (period of) validity; **Verlängerung der ~** extension of the (period of) validity; **die ~ verlängern** to extend (or renew) the validity

Gültigkeitserklärung validation

Gültigkeit, **die ~ e-r Wahl anfechten** to challenge (or contest) the validity of an election; **die ~ behalten** to remain valid; **die ~ e-s Testamentes bestreiten** to dispute (or contest) (the validity of) a will; **rückwirkend ~ erlangen** to attain legal force with retroactive effect; **~ verlieren** to expire; to cease to be in force (or effective); to become invalid

Gummi rubber; **~aktien** rubber shares (stock); **~knüppel** (rubber) truncheon; *Am* billy (club); **~plantage** rubber plantation; **~waren** rubber goods; **~werte** rubber shares, rubbers

Gunsten, **zu ~ von** in favo(u)r of; **Versicherung zu ~ e-s Dritten** insurance for the benefit of a third party; **im Zweifel zu jds ~ entscheiden** *(StrafR)* to give sb. the benefit of the doubt ("in dubio pro reo"); **zu seinen ~ ergangenes Urteil** a judgment given in his favo(u)r

günstig favo(u)rable; *(vorteilhaft)* advantageous; *(vielversprechend)* promising; *(nützlich)* profitable; **~ gelegen** favo(u)rably situated; **~e Aufnahme** favo(u)rable reception; **~e Auslegung zweifelhafter Umstände** *(Rechtswohltat des Satzes „in dubio pro reo" zugunsten des Angeklagten)* benefit of the doubt; **~e Aussichten** promising (or good) prospects; **zu ~en Bedingungen** on advantageous (or accommodating) terms; on favo(u)rable conditions; **zu sehr ~en Bedingungen** on concessionary terms; **~e Gelegenheit** good opportunity (or chance); **~es Kaufobjekt** bargain; **~er Preis** favo(u)rable price; **besonders ~er Preis** bargain price; **~e Zahlungsbedingungen** convenient (or easy) terms (of payment); **etw. ~ aufnehmen** to receive sth. favo(u)rably; to give sth. a favo(u)rable reception; **~ sein** *(Gutes versprechen)* to promise well, to be promising

Gurtanlegepflicht seat belt requirement; obligation to wear seatbelts; compulsory wearing of seatbelts (in vehicles)

gut, **ein ~er Anfang** a promising beginning (or start); **~en** →**Absatz finden**; **~e** →**Arbeit**; **~e Führung** good conduct; **~es Geschäft** good business, good bargain; good (or excellent) buy; **~e Geschäfte machen** to do well; **~er** →**Glaube**; **~e** →**Qualität**; **aus ~er** →**Quelle**; **gegen die ~en** →**Sitten**; **in ~en** →**Verhältnissen leben**; **in ~em** →**Zustand**

gut, ~ →ausgehen; ~ besucht well attended; **~ eingeführte Firma (Waren)** →einführen 2.; **~ gehen** *(Artikel)* to be selling well; *(Geschäft)* to be flourishing (or successful, thriving); **nicht ~ gehendes Geschäft** slack (or slow) business; **~gehende →Praxis; ~ gehendes Unternehmen** *colloq.* going business (or concern); **~ gehende Ware** good seller; **~ gelegen** well sited (or situated, located); **~nachbarliche Beziehungen** good neighbo(u)rly relations; **sich ~ →rentieren; nicht wieder ~zumachender Schaden** irreparable injury

Gut 1. *(Vermögensgegenstände)* property, effects, assets; *(versandfertige Waren)* goods, freight; **→Gemein~; →Gesamt~; →Hab und ~; eingebrachtes ~** →einbringen; **fremdes ~** another person's property; **öffentliches oder privates ~** public or private property; **verderbliches ~** perishable goods; **Verlust und Beschädigung des ~es** *(Haftung des Spediteurs)*[281] loss and damage to property

Gut 2. *(Landgut)* (agricultural) estate, farm; **→selbstbewirtschaftetes ~; ein ~ bewirtschaften** to work (or manage) a farm

Guts~, ~besitzer landowner, landed proprietor; **~herr** landlord; **~hof** (landed) estate; manor; **~pächter** tenant farmer; **~verwalter** estate (or farm) manager; *Br* land agent, land steward; **~verwaltung** management of an estate

Gutachten (expert) opinion, (expert) report; expertise; *Am (und Intern. Gerichtshof)* advisory opinion; *(für Zustand e-s Hauses od. von Waren)* survey(or's) report; **→Rechts~; →Sachverständigen~; ablehnendes ~** adverse opinion; **ärztliches ~** medical opinion; **→erbbiologisches ~; technisches ~** technical opinion (or expertise) (s. *(ICC Internationale Zentralstelle für →Technische Gutachten))*; **Einholung e-s ~s** request for an opinion; **Erstattung e-s ~s** rendering (or giving) an opinion; **ein ~ abgeben** to give (or deliver) an (expert) opinion (über on); **ein ~ einholen** to request (or obtain, seek, take) an (expert) opinion; **ein ~ erstatten** to give (or render, deliver) an (expert) opinion

Gutachter expert; *(Berater)* consultant; *(für den Zustand e-s Hauses od. von Waren)* surveyor; **~ausschuss** committee of experts; advisory committee; **~tätigkeit** acting as an expert; giving of expert opinions; **~verfahren** *(VölkerR)* advisory procedure; **e-n ~ heranziehen** to consult an expert

gutachtlich expert; advisory; by means of an opinion; **sich ~ äußern** to give an (expert) opinion (über on)

Gutdünken, nach ~ handeln to act at one's discretion

Gute, ich wünsche ihm alles ~ für seine Zukunft *(im Zeugnis)* I wish him success in his future career (or the best for his future career)

Güte 1. in ~ *(ohne Streit)* in a friendly way; conciliatory; **~antrag** petition for conciliation; **~stelle**[282] conciliation (or settlement) authority

Güteverfahren[283] conciliation proceedings; **ein ~ einleiten** to institute conciliation proceedings

Güteverhandlung conciliation hearing

Verhandlung vor dem Vorsitzenden des Arbeitsgerichts zum Zwecke der vergleichsweisen Beilegung des Rechtsstreites.

Proceedings before the presiding judge of the Labo(u)r Court with a view to reaching a settlement.

Güteversuch[283 a] attempt at reconciliation

Güte 2. *(Beschaffenheit)* quality; (Waren); **von erster ~** first class, first grade; **von gleicher →Art und ~; von mittlerer →Art und ~; Sachen gleicher Art, ~ und Menge** articles of the same kind, quality and quantity

Güteklasse *(von Waren)* grade, class; quality category; **~nbezeichnung** grade label(l)ing; **Waren nach ~n einstufen** to grade goods

Güte~, ~kontrolle quality control; **~marke** →Gütezeichen; **~siegel** seal of quality; **~vorschrift** quality provision

Gütezeichen quality mark (or label) *(staatl. od. amtl.) Br* certification trade mark; *Am* certification mark; *(für Edelmetalle)* hallmark; **~ für mehrere Produkte** collective mark; **~gemeinschaft**[284] quality mark association

Güter *(→Gut 1.)* property, effects, assets; goods, commodities, freight; **~ in Ballen** bale goods; **der äußere Zustand der ~** the apparent condition of the goods; **~ des →gehobenen Bedarfs; ~ unter →Zollverschluss; →Investitions~; →Kapital~; →kurzlebige (Verbrauchs-)~; →langlebige (Gebrauchs-)~; (nicht) →lebensnotwendige ~; →zollpflichtige ~**

Güter~, ~abfertigung dispatch of goods; *Br (Stelle)* goods office; *Am* freight office; **~angebot** supply of goods; **~austausch** exchange of goods; **~bahnhof** *Br* goods station; *Am* freight depot, freight yard

Güterbeförderung carriage (or transport, conveyance, shipment) of goods; **Güter- und Personenbeförderung** carriage of goods and persons (or passengers)

Güterfahrzeuge commercial goods vehicles

Güterfernverkehr *Br* long distance goods traffic (or transport), long distance road haulage; *Am* long distance freight traffic (or transportation); long haul

Gütergemeinschaft *(der Ehegatten)*[285] (system or regime of) community of property (between

spouses); **fortgesetzte ~**[286] continued (or continuation of) community of property; **Klage auf Aufhebung der ~**[287] action for dissolution of the community of property
Gütergemeinschaft ist ein Güterstand des BGB. Sie kann durch Ehevertrag der Gatten vereinbart werden *(→ Gesamtgut, → Sondergut, → Vorbehaltsgut).*
Gütergemeinschaft is one of the marital property regimes of the German Civil Code. It is created by a marriage contract between the spouses *(→ Ehevertrag).*
Die Ehegatten können durch Ehevertrag vereinbaren, dass die Gütergemeinschaft nach dem Todes eines Ehegatten zwischen dem überlebenden Ehegatten und den gemeinschaftlichen Abkömmlingen fortgesetzt wird.
The spouses may agree by marriage contract that after the death of one spouse the community of property shall be continued between the survivor and the common descendants.

Güterkraftverkehr road haulage (of goods); transport (or carriage) of goods by road; *Am* trucking; **~smarkt** freight haulage market; market for the road transport of goods; **~sunternehmen** *Br* road haulier; road haulage firm; *Am* trucking firm; **~sunternehmer** road hanlage operator

Güter~, **~linienschiffahrt** (cargo) liner shipping; **~masse** total assets of a p.; estate (esp. of a deceased/decedent); **~nahverkehr** *Br* short distance goods traffic (or transport), short distance road haulage; *Am* short distance freight traffic (or transportation); short haul

Güterrecht, **eheliches ~**[288] matrimonial (or marital) property rights

Güterrechtsregister[291] matrimonial (or marital) property register; **Einsicht(nahme) in das ~** (right of) inspection of the Güterrechtsregister
Güterrechtsregister[292] ist ein beim Amtsgericht geführtes öffentliches Register, in das güterrechtlich erhebliche Verhältnisse eingetragen werden. Eintragungsfähig sind z. B. Eheverträge, Änderung der Ausschließung des gesetzlichen Güterstandes, Entziehung der Schlüsselgewalt.
Güterrechtsregister is a public register kept in the →Amtsgericht for the publication of dispositions affecting matrimonial property rights. For example, the following property rights may be entered: marriage contracts, variation or exclusion of the statutory marital property regime, revocation of the →Schlüsselgewalt.

Güterrechtsstatut *(IPR)* law applicable to the matrimonial (*Am* marital) property regime

Güter~, **~sendung** consignment of goods; **~spediteur** freight forwarder

Güterstand, **ehelicher ~** matrimonial (or marital) property regime; **gesetzlicher ~** statutory matrimonial property regime; statutory system (or regime) of matrimonial property *(→ Zugewinngemeinschaft)*; **vertraglicher ~** contractual system (or regime) of marital property *(→ Gütergemeinschaft, → Gütertrennung)*; **den ~ aufheben oder ändern** to terminate or change the matrimonial property regime; **den gesetzlichen ~ ausschließen oder aufheben**[293] to exclude or terminate the statutory regime *(→ Gütertrennung)*; **im gesetzlichen ~ der → Zugewinngemeinschaft leben**

Gütertarif freight tariff (or rate); *Br* goods tariff (or rate) *Br* railway (*Am* railroad) freight rates

Gütertransport carriage (or conveyance) of goods; transport (*Am* transportation) of goods (or freight); **~ per Bahn** goods transport (or carriage of goods) by rail; **~ per Kraftfahrzeug** goods transport by road (or land); **~ zu Wasser** sea transport; **~unternehmer in der Binnenschiffahrt** inland waterway carrier; **~versicherung** insurance (of goods) in transit, freight insurance

Gütertrennung[294] separation of property, separation of goods (between spouses); **es besteht ~ (od. die Ehegatten leben in ~)** the spouses are living under the marital property regime of separation of goods

Güterumschlag handling (or turnover) of cargo (or goods); *(Umladung)* transshipment of cargo (or goods)

Güterverkehr movement of goods; *Br* goods traffic (or transport); *Am* freight traffic (or transport); **→Eisenbahn~**; **→Personen- und ~**; **freier ~** free movement of goods; **~ mit Lastkraftwagen** (Lkw) transport of goods by road *(Am auch by land)*; *Am* highway transportation *(→ Güterkraftverkehr)*; **~ über See** shipping; maritime transport; **~smarkt** market for the carriage of goods

Güter~, **~verladeanlagen** cargo (or freight) handling facilities; **~versicherung** insurance of goods; cargo insurance

Güterwagen (Waggon) *Br* (goods) wag(g)on, (goods) truck, van; *Am* freight car, freight wagon; **geschlossener ~** *Br* goods van, box wag(g)on; *Am* box car; **offener ~** *Br* open railway wag(g)on, (goods) truck; *Am* open freight car, platform (or flat) car; **Beförderung mit ~** *Br* trucking; transporting by truck; *Am* transportation by freight car

Güterzug *Br* goods train, *Am* freight train

Gutgewicht *(für Gewichtsverluste)* good weight, allowance for weight

gutgläubig bona fide, in good faith; **nicht ~** in bad faith; **~ gegen Entgelt erwerben** to acquire in good faith (or bona fide) for value without notice; **~ handeln** to act bona fide (or in good faith)

gutgläubig, **~er Besitzer** bona fide holder; holder in good faith; **~er Dritter** innocent third party; **~er →Eigentumserwerb**

gutgläubiger Erwerb bona fide purchase (acquisition for value without notice); acquisition in good faith *(s. gutgläubiger →Eigentumserwerb)*; **~ (von bewegl. Sachen) vom Nichtberechtigten**[295] acquisition (of personal property) in good faith from a person having no title (or a defective title)

War der Veräußerer nicht Eigentümer der Sache, hatte er jedoch die Sache in mittelbarem oder unmittelbarem Besitz, so erwirbt trotzdem der Erwerber das Eigentum, wenn er gutgläubig war.

Although the transferor did not own the property, nevertheless, if the property was in his possession, direct or indirect (at the time of transfer) the transferee acquires ownership if he acted in good faith.

Der Erwerber einer beweglichen Sache ist nicht gutgläubig (in gutem Glauben), wenn ihm bekannt oder in Folge grober Fahrlässigkeit unbekannt ist, dass die Sache nicht dem Veräußerer gehört.[296]

The transferee of personal property was not in good faith if he knew, or but for his gross negligence would have known, that the thing did not belong to the transferor.

gutgläubiger Erwerb bei Grundstücksrechten[297] acquisition in good faith of rights to *Br* land (*Am* real property) *(s. öffentlicher →Glaube des Grundbuchs)*

gutgläubig-lastenfreier Erwerb[298] good faith acquisition of personal property free from encumbrances

Mit dem gutgläubigen Erwerb des Eigentums erlöschen bei gutem Glauben an die Belastungsfreiheit etwaige Belastungen der Sache (z. B. Pfandrecht).

Where property is acquired in good faith in the belief that it is free from encumbrances, any encumbrances are extinguished (e. g., pledge).

gutgläubiger Erwerber bona fide (or innocent) purchaser (without notice); transferee in good faith; purchaser for value without notice; *Br* bona fide purchaser for value; **~** *(e-s Wertpapiers)* holder in due course

Guthaben balance, credit balance; credit (bei jdm with sb.); assets; *(Bankeinlagen)* deposits; **~ im Ausland** credit abroad; foreign deposits, deposits abroad; **~** *(e-r Bank)* **bei anderen Kreditinstituten** inter-bank balances; **→Bank~**; **→Kontokorrent~**; **ausreichendes ~** sufficient balance; *(beim Scheck)* sufficient funds; **eingefrorene ~** frozen assets; **frei verfügbare ~** free assets; **kein ~** *(beim Scheck)* no funds (N/F); **ein ~ aufweisen zugunsten von** to show a balance in favo(u)r of; **Ihr gegenwärtiges ~ beträgt ...** the balance standing to your credit (or in your favo[u]r) amounts to ...; **ein ~ unterhalten** to maintain a credit balance

guthaben, e-e Summe (od. e-n Betrag) ~ to have a balance in one's favo(u)r

gutheißen to approve (of); to sanction

gütlich amicable, friendly; out of court; **~e →Beilegung**

gütliche Einigung amicable settlement (or agreement); (private) arrangement; *(Rechtsstreit)* settlement out of court; **in Ermanglung e-r gütlichen Einigung (od. wird e-e ~ nicht erzielt)** failing (amicable) agreement; **e-e ~ ist zustande gekommen** an amicable agreement has been reached

gütlich, ~e Erledigung (od. Regelung) *(e-r Sache)* amicable (or private) settlement; **~es Schiedsverfahren** *(VölkerR)* amicable composition; **im Wege ~er Verhandlungen (od. auf ~em Wege)** by amicable agreement; amicably; **e-e Angelegenheit ~ regeln** to arrange a matter amicably; to settle a matter out of court; **Meinungsverschiedenheiten ~ beilegen** to settle differences amicably

gutnachbarliche Beziehungen good relations with neighbo(u)rs; friendliness among neighbo(u)rs

Gutschein coupon, ticket (e. g. to be exchanged for goods); voucher; **Geschenk~** gift voucher (or coupon); **~heft** coupon book

gutschreiben, jdm e-n Betrag ~ to credit an amount to sb.; to credit sb. with an amount; to enter (or pass) a sum to sb.'s credit; **jds Konto e-n Betrag ~** to enter an amount to sb.'s account; to credit sb.'s account with an amount; **die Zinsen dem Konto ~** to credit the interest to the account

gutgeschrieben, ~er Betrag amount credited, credit; **wir haben Ihnen diesen Betrag ~** we have credited you with this amount

Gutschrift *(Buchführung)* credit (entry); *(Posten)* credit item; *(Mitteilung über die vorgenommene Buchung)* crediting; **Last- und ~en** debits and credits; **~ der Zinsen** crediting of interest; **~sanzeige** *(der Bank)* credit advice; *(bei zurückgenommenen Waren, z. B. bei Mängelrüge)* credit note, *Am* credit memo(randum); **~zettel** *(bei Postüberweisung)* advice of transfer; **e-e ~ erteilen** to credit an account; **e-m Kunden e-e ~ erteilen** to credit a customer

Guts~, ~verwalter →Gut 2.

Guyana Guyana; **die Kooperative Republik ~** the Co-operative Republic of Guyana

Guyaner(in), guyanisch Guyanese

Gymnasium *Br* grammar school; nine-year secondary school; *Am* college, preparatory high school

H

Haager Abkommen, ~ über die internationale Anerkennung der Auswirkungen von Trusts über die internationale Anerkennung der Auswirkungen von Trusts (1985 unterzeichnet) 1985 Hague Agreement on International Recognition of the Effect of Trusts; **~ über die internationale Hinterlegung gewerblicher Muster oder Modelle (Haager Muster-Abkommen)**[1] Hague Agreement Concerning the International Deposit of Industrial Designs or Models

Haager Beweisaufnahmeübereinkommen (HBewÜbk) Hague Evidence Convention *(→Haager Übereinkommen über die Beweisaufnahme im Ausland in Zivil- oder Handelssachen)*

Haager Kaufrechtsübereinkommen[2] *pl* Hague Conventions Relating to a Uniform Law on the International Sale of Goods

Übereinkommen zur Einführung eines einheitlichen Gesetzes über den internationalen Kauf beweglicher Sachen.
Convention Relating to a Uniform Law on the International Sale of Goods.
Übereinkommen zur Einführung eines einheitlichen Gesetzes über den Abschluss von internationalen Kaufverträgen über bewegliche Sachen.
Convention Relating to a Uniform Law on the Formation of Contracts for the International Sale of Goods.
Die Haager Kaufrechtsübereinkommen und die Einheitlichen Kaufgesetze, durch die sie in deutsches Recht überführt worden waren (→Einheitliches Gesetz), gelten für die Bundesrepublik Deutschland nicht mehr, seitdem sie 1991 das →UN Kaufrechtsübereinkommen in Kraft gesetzt hat.

Haager Konferenz für Internationales Privatrecht[3] Hague Conference on Private International Law

Haager Landkriegsordnung (HLKO)[4] (Abkommen über die Gesetze und Gebräuche des Landkrieges) Hague Convention on the Laws and Customs of War on Land

Haager Minderjährigenschutzabkommen (MSA)[4a] (Haager Übereinkommen über die Zuständigkeit der Behörden und das anzuwendende Recht auf dem Gebiet des Schutzes von Minderjährigen) Hague Convention concerning the jurisdiction of authorities and the law applicable in respect of the protection of minors

Haager Muster-Abkommen →Haager Abkommen über die internationale Hinterlegung gewerblicher Muster oder Modelle

Haager Regeln[5] Hague Rules

Haager Schieds(gerichts)hof s. Ständiger →Schiedsgerichtshof

Haager Übereinkommen, ~ über die Beweisaufnahme im Ausland in Zivil- oder Handelssachen[6] Hague Convention on the Taking of Evidence Abroad in Civil or Commercial Matters; **~ über die zivilrechtlichen Aspekte internationaler Kindesentführung**[6a] Hague Convention on the Civil Aspects of International Child Abduction; **~ über die Zustellung gerichtlicher und außergerichtlicher Schriftstücke im Ausland in Zivil- oder Handelssachen** (HÜZ)[7] Convention on the Service Abroad of Judicial and Extrajudicial Documents in Civil or Commercial Matters

Haager Verband[8] Hague Union

Haager Zivilprozessübereinkommen (HZPrÜbk)[9] Hague Convention of Civil Procedure *(→Zustellung gerichtl. und außergerichtl. Schriftstücke, →Rechtshilfeersuchen, →Sicherheitsleistung für Prozesskosten)*

Haager Zustellungsabkommen →Haager Übereinkommen über die Zustellung gerichtlicher und außergerichtlicher Schriftstücke im Ausland in Zivil- oder Handelssachen

Hab und Gut goods and chattels; belongings

Habe property; assets; **bewegliche ~** movables; **persönliche ~** personal effects; belongings

Haben *(rechte Seite e-s Kontos)* credit (side); **~buchung** credit entry; **~posten** credit item; **~saldo** credit balance; **~seite** credit side; **~zinsen** *(der Banken)* credit interest, interest payable; *(bei Spareinlagen)* interest on deposits *(Ggs. Sollzinsen)*; **~-Zinssatz** credit(or) interest rates; deposit rates

Habilitation habilitation; recognition as university lecturer

habilitieren, sich ~ to qualify as university lecturer; to habilitate

Hafen harbo(u)r; port; →**Abfertigungs~**; →**Abgangs~**; →**Ankunfts~**; →**Anlauf~**; →**Auslade~**; →**Ausschiffungs~**; →**Bestimmungs~**; →**Binnen~**; →**Einfuhr~**; →**Einschiffungs~**; →**Fluss~**; →**Frei~**; →**Heimat~**; →**Kriegs~**; →**Lager~**; →**Lösch~**; →**Not~**; →**See~**; →**Umschlag~**; →**Verlade~**; →**Versand~**; →**Zollabfertigungs~**; →**Zwischen~**; **eisfreier ~** ice-free harbo(u)r; **geschlossener ~** dock-port; **gesperrter ~** blocked port

Hafen~, **~abgaben** port dues (or charges); **~anlagen** port installations (or facilities, equipment); harbo(u)r docks; **~arbeiter** docker, longshoreman; **~arbeiterstreik** dock strike; **~ausbau** port development; **~bahn** port (or harbo[u]r) railway; **~bahnhof** harbo(u)r station; **~becken** dock; **~behörde** port authority; **~bereich** port area; **~betriebszeit** harbo(u)r operation time

Hafenbrauch custom of the port; **nach dem ~** in the manner customary at the port

Hafen~, **~dienstleistungen** harbo(u)r services; **~einrichtungen** port (or harbo[u]r) installations; **~gebühren** →Hafengeld; **~geld** harbo(u)r (or port) dues (or charges); *Am (auch)* port tolls; **~gesundheitsbehörde** port sanitary authority; **~kapitän** harbo(u)r master; **~konnossement** port bill of lading; **~leistungen** harbo(u)r services; **~liegetage** harbo(u)r laydays; **~meister** harbo(u)r master; **~ordnung** harbo(u)r (or port) regulations; **~polizei** harbo(u)r (or port) police; **~risiko** port risk; **~schlepper** *(Schiff)* harbo(u)r tugboat; **~sperre** embargo (on a port); harbo(u)r barrage; **~staatskontrolle**[9a] port state control; **~stadt** seaport; **~usance** →Hafenbrauch; **~verstopfung** (port) congestion; **~verstopfungszuschlag** congestion charge; **~vorschrift** port regulation

Hafen, **e-n ~ anlaufen** to call at a port; to put into a port; **in e-m ~ aufgehalten werden** to be detained in (or at) a port; **aus e-m ~ auslaufen** to leave (a) port; *(nach Zollabfertigung)* to clear a port; **in e-n ~ einlaufen** to enter a port; **ein Schiff liegt im ~** a ship is berthed in the port

Haft *(nach Strafurteil)* imprisonment *(→Freiheitsstrafe)*; *(das Gefangenhalten, auch im Zivilprozess)*[10] custody, detention, confinement; →**Einzel~**; →**Untersuchungs~**; **in ~** in custody; under detention (or arrest); **strenge ~** close confinement; **ungesetzliche ~** false imprisonment; wrongful arrest

Haft, **jdn zur ~ abführen** to take sb. into custody; **in ~ bleiben** to be remanded *Br* in (*Am* to) custody; **aus der ~ entlassen** to release from custody; **aus der ~ gegen Sicherheitsleistung (od. Kaution) entlassen** to release (or remand) on bail, to grant bail; to admit to bail; **in ~ gehalten werden** to be detained in custody; **jdn in ~ nehmen** to take sb. into custody; to arrest sb.; **in ~ sein** to be detained (or imprisoned)

Haftanstalt →Gefängnis

haftbar *(verantwortlich)* answerable, responsible (für for); *(gesetzlich)* liable; **~ bis ...** liable to the extent of; →**gemeinsam ~**; **gesondert (einzeln) ~** severally liable; **persönlich ~** personally (or individually) liable; **strafrechtlich ~** criminally liable; **zivilrechtlich ~** civilly liable; **jdn ~ machen** to hold sb. responsible (or liable); **~ gemacht werden** to be held responsible; **~ sein** to be liable; **beschränkt ~ sein** to have limited liability; **persönlich ~ sein** to incur personal liability

Haftbarkeit liability; responsibility

Haftbefehl[11] (judicial) warrant of arrest (or apprehension); bench warrant; order of commitment to prison; *Br* committal order; *Am (in bestimmten Fällen)* writ of capias; **Beschwerde gegen den ~ einlegen** to (file or lodge an) appeal against the warrant of arrest; **e-n ~ beantragen (erlassen)** to apply for (to issue) a warrant of arrest; **ein ~ ist ergangen** a warrant of arrest has been issued

Haft~, **~beschwerde**[12] appeal (or complaint) against a warrant of arrest; **~dauer** term of imprisonment (or custody); period of detention

Haftentlassung release (or discharge) from custody; **~ gegen Sicherheitsleistung** release on bail

Haftentschädigung[13] compensation for illegal custody (or imprisonment)

Haftentschädigung~, **h~sfähig** (physically or mentally) fit to undergo detention; **~sfortdauer** further period of detention (before trial); further (or extended) remand (in custody); **~sgrund**[14] reason for arrest; **~skaution** bail *(→Kaution)*

Haftpflicht (third party) liability, liability to third parties; third party indemnity; civil liability; **~ des Arbeitgebers** employer's liability; **~ des Besitzers e-s Grundstücks** *(gegenüber Personen, die das Grundstück betreten)* occupier's liability; **~ für Fahrlässigkeit** liability in tort for negligence; **~ des →Frachtführers**; **~ des Verursachers** *(Umweltschutz)* civil liability of the polluter; **beschränkte ~** limited liability; **gesetzliche ~** legal (or statutory) liability; **persönliche ~** personal liability; **unbeschränkte ~** unlimited liability

Haftpflicht~, **~beschränkung** limitation of liability; **~geschäft** *(VersR)* liability business; **~höchstgrenze** maximum liability; **h~versichert** covered by liability (or third party) insurance; insured against third party liability; **~risiken** liability risks

Haftpflichtversicherung[15] (third party) liability insurance; third party insurance; indemnity insurance; *(bes. für Privatpersonen)* personal liability insurance; *(bes. für Geschäftsleute)* public liability insurance; →**Arbeitgeber~**; →**Berufs~**; →**Unfall~**

Haftpflichtversicherung für Kraftfahrzeuge →Kraftfahrzeug-Haftpflichtversicherung

Haftpflicht, die ~ ablehnen to refuse liability; **die ~ ausschließen** to exclude liability; **die ~ bestreiten** to deny liability; **die ~ beweisen** to establish liability; **e-r ~ nachkommen** to discharge a liability; **der ~ nicht nachkommen** to fail to meet a liability; **sich gegen ~ →versichern**

haftpflichtig (legally) liable; responsible

Haftprüfung[16] review of a detention order; *Br* review of a remand in custody; **gerichtliche Anordnung e-s ~stermins** writ of Habeas Corpus; **~sverfahren** (proceedings for) review of pretrial order for committal to custody; application for release of unconvicted prisoner (examination whether continuance of detention is justified)

Haftraum *(früher Zelle)* cell

Haft~, h~unfähig (od. h~untauglich) (physically or mentally) unfit to undergo detention; **~urlaub** leave from detention; **~verschonung gegen Sicherheitsleistung** granting bail

haften *(verantwortlich sein)* to be answerable (or responsible); *(gesetzlich)* to be liable; **~ für** to be liable for; **bedingt ~** to be contingently liable; **bedingungslos ~** to be absolutely liable; **einzeln ~** to be severally liable; **gemeinsam ~** *(als Gesamtschuldner)* to be jointly and severally liable; *(als Gesamthandsschuldner)* to be jointly liable; **persönlich ~** to be personally (or individually) liable; **primär oder subsidiär ~** to be liable primarily or subsidiarily; **unbeschränkt ~** to be fully liable; to have unlimited liability; **mit seinem ganzen Vermögen ~** to be liable with all one's assets; to be liable to the extent of one's property

haftend, ~es Eigenkapital[17] liable funds; **beschränkt ~er Erbe** heir with limited liability; **beschränkt ~er Gesellschafter** *(z. B. Kommanditist)* limited partner; partner with limited liability; **persönlich ~er Gesellschafter** *(z. B. Komplementär)* general partner (who is fully liable for the obligations of the partnership); personally liable partner, partner with unlimited liability

Häftling detainee, prisoner

Häftlingshilfe[18] discharged prisoners' aid (for political prisoners discharged from prisons in territories outside the Federal Republic of Germany)

Haftung liability; responsibility; *(Gewährleistung)* guarantee; warranty; →**Amts~**; →**Erben~**; →**Erfolgs~**; →**Eventual~**; →**Gefährdungs~**; →**Gewährleistungs~**; →**Kollektiv~**; →**Mängel~**; →**Reeder~**; →**Regreß~**; →**Schadens~**; →**Schulden~**; →**Staats~**; →**Tierhalter~**

Haftung, außervertragliche ~ noncontractual liability; **beschränkte ~** limited liability; **frei von ~ für Verluste oder Beschädigung** free of liability for loss or damage; →**gemeinsame ~**; **gesetzliche ~** legal liability,; **ohne ~** *(WechselR)* without recourse; **persönliche ~** personal (or individual) liability; **primäre ~** primary liability; **solidarische ~** joint and several liability; **strafrechtliche ~** criminal liability; **subsidiäre ~** subsidiary (or secondary) liability; **uneingeschränkte (od. verschuldensunabhängige) ~** absolute (or strict) liability; no fault liability *(→ Gefährdungshaftung)*; **vertragliche ~** contractual liability; **völkerrechtliche ~** international liability; **zivilrechtliche ~** civil liability, liability under civil law; **von der ~ ausgenommene Personen** persons excluded from liability

Haftung, ~ der Aktionäre *(beim Empfang verbotener Leistungen)*[19] liability of shareholders (upon receipt of prohibited payments); **~ des Beamten** →Beamtenhaftung; **~ gegenüber Dritten** third party liability; **~ gegenüber Dritten auf dem Gebiet der →Kernenergie**; **~ des Ehemannes für die Verpflichtungen der Ehefrau** husband's responsibility for wife's expenditure; **~ für ausdrücklich oder stillschweigend zugesicherte Eigenschaften** s. →zusichern; **~ des Erben** →Erbenhaftung; **~ für den Erfüllungsgehilfen**[20] vicarious liability for →Erfüllungsgehilfe; **~ für fehlerhafte Produkte** product liability; **~ von Freiberuflern** professional liability; **~ des Gastwirts** →Gastwirtshaftung; **~ des →Gesamtguts**; **~ im Innenverhältnis der Ehegatten für Gesamtgutsverbindlichkeiten** liability between spouses for joint marital property debts; **~ für das Handeln ohne Vertretungsmacht** →Haftung des vollmachtlosen Vertreters; **~ des Kreditgebers** *(ggüber Kreditnehmer)* lender liability; **~ für Mängel** →Mängelhaftung, →Rechtsmängelhaftung →Sachmängelhaftung; **~ für nukleare Schäden** civil liability for nuclear damages; **~ der Inhaber von →Reaktorschiffen**; **~ aus unerlaubter Handlung** liability in tort, tortious liability; **~ für fremdes Verschulden** *(z. B. des Erfüllungsgehilfen)*[21] vicarious liability; **~ unabhängig von Verschulden** liability regardless of (or without) fault, strict liability (in tort) *(→Gefährdungshaftung)*; **~ aus Vertrag** contractual liability; **~ des vollmachtlosen Vertreters** (falsus procurator) liability for breach of warranty of authority; **~ für Schäden durch →Weltraumgegenstände**

Haftungsausschluss exclusion of (or exemption from) liability; non(-)liability; disclaimer of warranty; non(-)warranty; **gegenseitiger ~**

cross-waiver of liability; **~klausel** non-liability clause; non(-)warranty clause; *Br* exemption clause

Haftungs~, **~befreiung** exoneration of (or from) liability; **~begrenzung** →**~beschränkung**

Haftungsbeschränkung[22] limitation (or restriction) on liability; **Verbot von ~en** prohibition on limiting liability; **~sklausel** clause restricting liability; *Br* exemption clause; *(SeeversR)* memorandum clause

Haftungs~, **~bestimmungen** provisions regarding liability; **~dauer** period of liability; indemnity period; **~durchgriff** *(GesellschaftsR)* piercing the corporate veil *(→Durchgriffshaftung)*; **~freistellung** release from liability; **~grundlage** basis of liability; **~höchstbetrag** maximum amount of liability; **~klage** civil liability action; **~risiko** liability risk; **~übernahme** assumption of liability; **~umfang** extent (or scope) of liability; **~verhältnisse** *(im Jahresabschluss)* contingent liabilities; **beiderseitige ~verhältnisse** *(z. B. bei Autounfall)* cross-liabilities; *(vertragl. bestimmtes)* **~versprechen** bond; **~vorschriften** liability provisions

Haftung, **die ~ ablehnen** to deny liability; *(VersR)* to disclaim liability; **die ~ ausschließen** to exclude (or disallow) liability; **seine ~ ausschließen** to exempt oneself from liability; **von der ~ befreien** to relieve of (or release, exonerate from) a liability; to discharge from liability; to indemnify (against liability); **~ begründen** to create liability; **seine ~ beschränken** to limit one's liability; **die ~ bestreiten** to dispute (or contest) (the) liability; **die ~ erweitern** to extend liability; **von der ~ freistellen** s. von der →Haftung befreien; **aus e-r ~ freiwerden** to be discharged from (a) liability; **sich von der ~ →freizeichnen**; **die ~ tritt ein** the liability accrues; **die ~ mindern** to reduce liability; **~ übernehmen** to assume liability; to contract (or incur, undertake) a liability; **die ~ gemeinsam übernehmen** to assume a liability jointly; to accept joint liability; **die ~ setzt ein Verschulden voraus** (the) liability is based on fault

Hagel, **Sachschaden durch ~** damage to property by hail; **~versicherung** hail (storm) insurance

Haiti Haiti; **Republik ~** Republic of Haiti

Haitianer(in), haitianisch Haitian

halb half; **~ soviel wie** half as much as; **~ und ~** (zu gleichen Teilen) fifty-fifty; **~e Arbeitszeit** half-days; half-time; mornings (or afternoons) only; **ein ~es Jahr**[23] half a year; six months; **ein ~er Monat**[23] half a month; two weeks; **zum ~en Preis** at half-price; **Fahrkarte zum ~en Preis** half-fare ticket; **zum ~en Preis verkaufen** to sell at half price; **~er Tag frei** half-holiday

halb~, **~amtlich** semi-official; **~-amtliche Stellen** semi-public bodies; **H~bruder** half-brother, brother of the half-blood; **~bürtig** of the half-blood

Halberzeugnisse semi-finished goods (or products); semi-manufactured goods (or products); semi-manufactures; *Am (Bilanz)* work in process (or progress)

Halbfabrikate →Halberzeugnisse; **Bestand an ~n** *Am (Bilanz)* work in process inventory

halbfertig semi-finished (or manufactured); **~e und fertige Erzeugnisse** semi-manufactures and manufactures; *Am (Bilanz)* work in process and finished goods

Halbfertigwaren →Halberzeugnisse

Halbgeschwister half-brothers and sisters; brothers and sisters of the half-blood

Halbjahres~, **~abrechnung** semi(-)annual (or six-monthly, mid-year) settlement; **~bericht** semi(-)annual statement (or report); half-yearly (or six months') report; **~dividende** mid-year dividend; **~geld** *(Geldmarkt)* six months' money; loan(s) for six months; **~rate** semi(-)annual (or half-yearly) instal(l)ment; **~rechnung** semi(-)annual (or half-yearly) account

halbjährig *(ein halbes Jahr dauernd)* lasting six months; six-month(s'); **den Vertrag mit ~er →Frist kündigen**

halbjährlich *(jedes halbe Jahr wiederkehrend)* half-yearly; semi(-)annual; every six months; **~e Zinsen** semi(-)annual interest

Halbleiter[23a] *(EDV)* semiconductor; **mikroelektronische ~erzeugnisse** microelectronic semiconductor products *(→Halbleiterschutzgesetz:)*; **~markt** semiconductor market; **~schutzgesetz** (Gesetz über den Schutz der Topographien von mikroelektronischen Halbleitererzeugnissen) Semiconductor Protection Act (Act on the Protection of the Topographies of Microelectronic Semiconductor Products)

halbmast half-mast; **~ →flaggen**

Halbhalbmast, hhalbmastmonatlich fortnightly, every fortnight; half-monthly, semimonthly; **Halbmastmonatsrechnung** fortnightly account; **halbmastmond** *(auf Flagge etc)* crescent; **halbmastpension** *(Zimmer, Frühstück und eine Mahlzeit)* half-pension, half board; **halbmastschwester** half-sister, sister of the half-blood

halbseitig, **~e Anzeige** half-page advertisement; **~ gesperrt** *(Straße)* closed on one side

halbseitig, halbseitigstaatlich semi-governmental; **halbseitigstaatliche Körperschaft** semi-public body; **halbseitigstündig** lasting half an hour, half-hourly; **halbseitigstündlich** every half-hour, half-hourly

halbtägig lasting half a day; **~e Angestellte** →Halbtagskraft; **~ arbeiten** →halbtags, halbtags arbeiten arbeiten

halbtägig →Teilzeit; **halbtägigarbeit** part-time work (or job); **halbtägigarbeiter (od. halbtägigbeschäftigter)** part-time employee (or worker); part-timer; person employed part-time; **halbtägigbeschäftigung** part-time employment; **halbtägigkraft** part- time worker, part-time help, part-timer

halbtags, ~ arbeiten to work half-day (or half-time, part-time); **(nur noch) ~ beschäftigt werden** to be put on part-time

Halb~, **~waise** half-orphan; child who has lost one parent; **~waren** →Halbfabrikate; **h~wöchentlich** half-weekly; semi-weekly; **~zeug** semi-finished products; semi-manufactures

halbzwingend semi-mandatory; **~e Vorschrift** *(VersR)* semi-mandatory provision

Halde dump; stockpile; **~nbestände** *(Kohle)* pithead stocks; **~nbestandsentnahme** withdrawal from pithead stocks; **auf ~ nehmen** to stockpile; to put into a dump

Hälfte half; moiety; **um die ~** by half; **je zur ~** at equal moieties; one half to each; **erste (zweite) ~ e-s Monats** first (second) half of a month; **Beteiligung zur ~** half-interest; **an e-r Firma zur ~ beteiligt sein** to have a half-interest in a firm; **die Preise um die ~ senken** to reduce prices by half; **sich mit jdm in die ~ teilen** to go halves (or shares) with sb.; **wir erklären uns bereit, die ~ der Kosten zu tragen** we are ready to take half the costs upon us (or to pay [or bear] half the costs); we will assume one half of the costs

Halm, Ernte auf dem ~ growing (or standing) crop; →**Pfändung der Früchte auf dem ~**; **die Ernte ist auf dem ~ verkauft** the crop is sold standing

Halt, das Zeichen „~" the sign "Stop"; **~gebot** →Haltegebot; **~linie** *(Straßenmarkierung)* stop(-ping) line; **~verbot** →Halteverbot

haltbar *(aufrechtzuerhalten)* tenable, maintainable; *(dauerhaft)* durable; lasting; hard-wearing; *(fest)* firm, stable; *(nicht verderblich)* non(-) perishable; **e-n ~en Anspruch haben** *(im Prozess)* to have a good case; **~es Argument** tenable argument; **~ machen** *(Nahrungsmittel)* to preserve

Haltbarkeit tenability; *(von Lebensmitteln)* keeping quality; *(Lagerfähigkeit)* shelf life; *(Lebensdauer)* durability

Haltbarmachung durch Bestrahlung preservation through irradiation

Halte~, **~gebot** order to stop; **~(gebots)schild** stop sign; **ein ~gebot befolgen** to obey an order to stop; **~verbot**[24] no stopping (sign); stopping prohibition; prohibition on standing; **eingeschränktes ~verbot** limited no stopping

Halten 1. *(Verkehr)*, **~ und Parken** stopping (or standing) and parking

Halten 2. ~ e-s Kraftfahrzeuges keeping (or possession, ownership) of a motor vehicle; **~ von Vieh** keeping of cattle

halten to hold; to keep; *(haltmachen)* to stop, to halt; to stand; *(Bestand haben)* to last, to be lasting (or durable); **sich ~** *(Preise, Kurse)* to remain firm (or steady); to remain on its present level; *(Firma)* to keep going; **sich gut ~** *(Lebensmittel)* to keep well; **die →Aktienkurse hielten sich; die Preise ~ sich** the prices have remained stable (or firm)

halten, sich ~ an to adhere to; to abide by; **sich an jdn ~** *(z. B. wegen Schadensersatzes)* to have recourse to sb., to hold sb. liable; **sich an Bedingungen ~** to comply with conditions; **sich genau an die Vertragsbestimmungen ~** to adhere strictly to the terms of a contract

halten, jdn ~ für to consider sb. to be; **sich für berechtigt ~** to believe oneself to be entitled to

halten von to think of

halten, (sich) ein Auto ~ to keep a car; →**Frieden ~**; **in →Gang ~**; →**Preise ~**; **e-e →Rede ~**; **ein →Versprechen ~**; **(sich) e-e →Zeitung ~**

haltendes Fahrzeug standing vehicle

Halter, ~ e-s Kraftfahrzeugs →Fahrzeughalter; **~ von Tieren** →Tierhalter

Haltung *(Einstellung)* attitude (gegenüber towards); *(Benehmen)* behavio(u)r; *(Börse)* tone (of the market); **abwartende ~** waiting attitude; policy of wait and see; **feindliche ~** hostile attitude; **feste ~** firm attitude; *(Börse)* firmness

„Hamburger (freundschaftliche) Arbitrage" *(Klausel)* Hamburg (friendly) arbitration
Ist „Hamburger Arbitrage" vereinbart, so hat die betreibende Partei unter Namhaftmachung des von ihr gewählten Schiedsrichters die Gegenseite schriftlich aufzufordern, binnen einer angemessenen Frist ihrerseits den Schiedsrichter zu benennen.
Where "Hamburg arbitration" has been agreed on, the party seeking arbitration shall inform the other party in writing of the arbitrator they have selected, at the same time inviting them to name their arbitrator within a reasonable time.

Feststellungen über die Beschaffenheit der Ware, ihren etwaigen Minderwert oder über Marktpreise mangels ausdrücklicher anderer Vereinbarung haben durch zwei von der Handelskammer zu ernennende Sachverständige zu erfolgen.
Findings relating to the condition or quality of the goods, to any decrease in their value or to market prices shall, in the absence of an express agreement to the contrary, be arrived at by two experts appointed by the Hamburg Chamber of Commerce.

Hammelsprung *(Art der parlamentarischen Abstimmung)* (vote by) division; **durch ~ abstimmen (lassen)** *parl* to divide the House (by dividing the ayes from the noes and the abstentions for the counting of the votes); to (cause to) part in order to vote

Hammer, ~ und Sichel *(in Verbindung mit dem Stern der Sowjet-Union)* hammer and sickle; **unter den ~ kommen** to come under the hammer; to be sold by auction

hamstern to hoard

Hamsterkauf purchase for the purpose of hoarding

Hand hand (→Hände); **an ~ von** with the aid of; on the basis of; **(jdm) an die ~ geben** to make a firm offer; to give (sb.) the (right of first) refusal; **auf der ~ liegen** to be obvious (or clear); **unter der ~** secretly; unofficially; **sich unter der ~ informieren** to obtain information on the quiet; **unter der ~ verkaufen** *(ohne Makler)* to sell privately
Hand, aus erster ~ at first hand, first-hand
Hand, freie ~ haben to have a free hand, to be at liberty; **jdm freie ~ lassen** to leave sb. a free hand; to leave to sb.'s decision (or discretion); to give (or allow) sb. free rein; **Verkauf aus freier ~** →freihändiger Verkauf
Hand, zur gesamten ~ joint(ly)
Hand, öffentliche ~ public authorities; public sector; **in öffentlicher ~** in public ownership; publicly owned; **Anleihen der öffentlichen ~** public authorities bonds; government bonds; public loans; **Ausgaben der öffentlichen ~** public spending; **Eigentum der öffentlichen ~** public property; **Eingreifen der öffentlichen ~** intervention of the public authorities; **Unternehmen der öffentlichen ~** publicly owned undertakings; public enterprise(s); **in öffentliche ~ überführen** to take into public ownership
Hand, aus zweiter ~ at second hand, second-hand; used; →**Preisbindung der zweiten ~**

Hände, zu ~n von (z. Hd. v.) care of (c/o); for the attention of; *Am (auch)* attention; **zu treuen ~n anvertrauen** to give in trust; **in andere ~ übergehen** to pass into other hands; to change hands

Hand~, ~akten reference files; *(des Anwalts)* brief; *Am* file; **~arbeit** handwork, manual work, labo(u)r; *(Handwerk)* handicraft; **durch ~aufheben abstimmen** to vote by show of hands; **h~betriebene Maschine** hand-operated machine; **~bibliothek** reference library; **~buch** manual, handbook

Handel trade; dealing (mit in); *(in großem Umfang und Außenhandel)* commerce; *(alle Absatzstufen)* distributive trades; *(Geschäftsabschluss)* deal, business, transaction; bargain; *(Börse)* deal(ing), trading, purchase or sale of shares; *(Handelsverkehr, illegaler Handel)* traffic
Handel, →**Außen~**; →**Binnen~**; →**Börsen~**; →**Durchfuhr~**; →**Einzel~**; →**Gebrauchtwaren~**; →**Groß~**; →**Immobilien~**; →**Kommissions~**; →**Küsten~**; →**Rauschgift~**; →**Schleich~**; →**Schwarz~**; →**(Über-)See~**; →**Straßen~**; →**Tausch~**; →**Welt~**; →**Zwischen~**
Handel, amtlicher ~ *(Börse)* official trading (or dealing); **ausländischer ~** foreign (or international) trade; **elektronischer ~** electronic commerce, E-commerce; **inländischer ~** →Binnenhandel; →**innergemeinschaftlicher ~**; **mobiler ~** mobile commerce, M-commerce; **staatlicher ~** state trading; **stokkender ~** stagnant (or languishing) trade; **überseeischer ~** maritime (or overseas) trade; **unerlaubter ~** illicit trading; traffic (e.g. in drugs, arms)
Handel, ~ und Gewerbe trade (or commerce) and industry; **~ und Verkehr** trade and transport; **~ und Vertrieb** distributive trades; **~ mit →Wertpapieren**
Handel, e-n ~ abschließen to make a deal (with sb.); to conclude a business; to make (or conclude) a bargain; **den ~ ausbauen** to increase trade; **den ~ beeinträchtigen** to impair trade; **den ~ behindern** to obstruct trade; **in den ~ bringen (od. einführen)** to market; to bring (or put) on the market; **den ~ fördern** to promote (or encourage) trade; **in den ~ kommen** to be put (or appear) on the market; **im ~ sein** to be on the market; to be for sale; **im ~ tätig sein** to be engaged in commerce; **~ treiben** to trade, to carry on a trade, to buy and sell, to be engaged in trade; to deal; *Am* to merchandise; **der ~ liegt →danieder**; **der ~ stockt** trade is stagnant; **Aktien zum amtlichen ~ zulassen** to admit shares (stock) for (official) trading

handelbar negotiable; merchantable; *(Börse)* dealable; transferable

Handels~, ~abkommen trade agreement; commercial convention *(→GATT)*; **ein ~abkommen schließen** to conclude a trade agreement; **e-e ~abmachung treffen** to enter into a trade agreement; **~abordnung** trade delegation; **~abschlag** mark(-)down (on selling price); **~adressbuch** trade directory; **~agent** →Handelsvertreter; **~akzept** *(Warenwechsel)* trade acceptance; **~artikel** commodity; (article of) merchandise; **~attaché** commercial attaché; **~aufschlag** mark(-)up (on cost); **~auskunftei** *Br* credit inquiry agency; *Am* mercantile agency; **~bedingungen** trading conditions; **~beilage** *(e-r Zeitung)* trade supplement

Handelsbeschränkungen trade restrictions, re strictions on trade; *(Wettbewerbsbeschränkung)* restraint on trade; **mengenmäßige ~** quantitative restrictions on trade

Handels~, **~besprechungen** trade talks; commercial negotiations; **~betrieb** commercial (or trading) enterprise; business; **~bevollmächtigter** →Handlungsbevollmächtigter; **~bezeichnung** *(e-r Ware)* trade name

Handelsbeziehungen trade relations (or connections); commercial relations; **Ausweitung der ~** expansion of trade relations (zu with)

Handelsbilanz *(HandelsR)*[25] (commercial) balance sheet; commercial financial statements; *(Außenhandel)* balance of trade, trade balance; *Am (auch)* merchandise trade balance; **aktive ~** favo(u)rable balance of trade *(→Ausfuhrüberschuss)*; **passive ~** unfavo(u)rable (or adverse) balance of trade *(→Einfuhrüberschuss)*; →**Aktivsaldo der ~**; →**Passivsaldo der ~**

Handelsbilanz~, **~defizit** trade (balance) deficit; deficit in the balance of trade; trade gap; **~überschuss** trade (balance) surplus; surplus in the balance of trade; **~ungleichgewicht** imbalances of trade

Handelsbilanz, **die ~ hat mit e-m Fehlbetrag abgeschlossen** the trade balance showed a deficit; **die ~ wies hohe Überschüsse auf** the balance of trade showed a large surplus

Handelsblatt trade paper (or journal); financial paper

Handelsbrauch[26] trade practice, business practice; custom of trade; trade usage; law merchant; **nach ~** according to (or in conformity with) trade practice; **fest begründeter ~** well-established commercial usage; **sofern kein gegenteiliger ~ besteht** subject to any contrary practice in the trade; subject to trade custom

Handelsbücher commercial books; account books; **Führung von ~n** keeping of books of account

Handelsbürgschaft commercial guarantee

Die Handelsbürgschaft bedarf keiner Schriftform (wenn die Bürgschaft auf Seiten des Bürgen ein Handelsgeschäft ist).[27]

The commercial guarantee need not be in writing (if the guarantee is a commercial transaction for the guarantor).

Handels~, **~defizit** trade deficit; **~delegation** trade delegation; **(mit jdm) h~einig werden** to come to an agreement (or to terms) (with sb.); to strike a bargain (with sb.); **~erlaubnis** trading licen|ce (~se) (or permit)

handelsfähig marketable, merchantable; *(begebbar)* negotiable; **in ~em Zustand** *(Ware)* in (good) merchantable condition

Handels~, **~firma**[28] trade name; commercial firm; **~flagge** merchant flag; **~flotte** merchant fleet; **~förderung** trade promotion; **~frau** business woman; **~freiheit** freedom of trade; **~gebrauch (od. ~gewohnheiten)** →Handelsbrauch; **~gericht** commercial court *(→Kammer für Handelssachen)*; **~gerichtsbarkeit** commercial jurisdiction; **~geschäfte**[29] commercial transactions; **~gesellschaft** *(Personengesellschaft)* trading (or business) partnership *(→OHG, →KG)*; *(Kapitalgesellschaft)* trading company, commercial company *(→AG, →KGaA, →GmbH)*

Handelsgesetz~, **~buch** (HGB)[30] Commercial Code; **~gebung** commercial legislation

Handelsgewerbe[31] trade, business; **ein ~ betreiben** to engage in a trade (or business); to carry on a trade (or business)

Handels~, **~gewicht** commercial weight; **~gewinn** trading profit; **~gewohnheitsrecht** law merchant; custom of merchants, mercantile law

Handelsgut merchandise; **~ mittlerer Art und Güte** fair average quality

Handels~, **~haus** (trading) firm; **~hemmnisse (od. ~hindernisse)** barriers (or obstacles) to trade, trade barriers; **~hilfe** trade aid *(s. Kommentar zu →Entwicklungshilfe)*

Handelskammer Chamber of Commerce *(BRD: nur in Bremen und Hamburg - sonst →Industrie und Handelskammer und Handelskammer)*; →**Amerikanische ~ in Deutschland**; →**Auslands~**; →**Deutsch-Amerikanische ~**; →**Deutsche Industrie- und ~ in Großbritannien und Nordirland**; →**Internationale ~**

Handels~, **~kapital** commercial capital; **~kauf**[32] commercial transaction; **~klasse**[33] grade; **~klauseln** *(für den nationalen Geltungsbereich)* trade terms; *(für den internationalen Geltungsbereich)* Incoterms; **~korrespondenz** commercial correspondence; **~kredit** commercial credit; foreign trade credit; **~krieg** trade war, trade conflict; **~luftfahrt** commercial aviation; **~macht** commercial power; **~makler**[34] (commercial) broker; **~marine** merchant navy; *Br* mercantile marine; *Am bes.* merchant marine

Handelsmarke trademark; brand *(→Warenzeichen)*; **die ~ in der →Zeichenrolle löschen**

Handelsmesse trade fair

Handelsmonopol monopoly of trade, trade monopoly; **e-e Ware unterliegt e-m staatlichen ~** a product is subject to a state trade (or trading) monopoly

Handels~, ~nachrichten *(e-r Zeitung)* business (or commercial) news; **~name** firm name, trade name; **~niederlassung** commercial establishment; **~organisation** *(BRD)* trade organization; **~papier** *(bes. Wechsel, Solawechsel, Scheck, Rimesse)* commercial paper; *Am* commercial instrument; **~partner** trading partner; party to a transaction; **~platz** trade (or market) centre (center)

Handelspolitik trade policy, commercial policy

handelspolitisch, ~e Maßnahmen commercial policy measures; **~e Zugeständnisse** trade concessions

Handels~, ~praktiken trade (or commercial) practices; **~preis** →Marktpreis; **~rabatt** *(dem Händler vom Hersteller gewährter Handelsabschlag)* trade discount; *Am (bei Markenartikeln)* markdown

Handelsrechnung commercial invoice; trade account; **Beglaubigung e-r ~** *(Exporthandel)* certification of a trade account

Handels~, ~recht[35] commercial law, mercantile law; **h~rechtlich** according to commercial law; **~referenz** trade reference; **~regelung** trade arrangement

Handelsregister[36] commercial register; **Einsicht in das ~**[37] inspection of the commercial register; →**Löschung e-r Firma im ~**; **zur Eintragung in das ~ anmelden** to apply for entry (or registration) (*Am* listing) in the commercial register; **e-e Firma in das ~ eintragen lassen** to have a firm entered (or registered) in the commercial register

Handelsrichter *(ehrenamtlicher Richter [Kaufmann] als Beisitzer der Kammer für Handelssachen)*[38] commercial judge (an honorary lay judge who must be a merchant) sitting as assistant in a commercial court

Handelssachen[39] commercial matters, commercial cases (or *Br* causes)

Handelsschiedsgerichtsbarkeit commercial arbitration; **internationale ~**[40] international commercial arbitration

Handelsschiff merchant ship, merchantman; trading vessel; **ein ~ →durchsuchen**

Handelsschifffahrt merchant shipping; commercial shipping (or navigation); **~sgesetz** *Br* Merchant Shipping Act; *Am* Merchant Marine Act; **~ betreiben** to be engaged in merchant shipping

Handelsschranken trade barriers, barriers to trade; **~ abbauen** to remove (or abolish, reduce) trade barriers

Handels~, ~schule commercial college; business school; **~sitte** →Handelsbrauch

Handelsspanne (trading) margin; trade (profit) margin

Differenz zwischen Verkaufserlösen und Einkaufspreisen (Mehrwertsteuer eingeschlossen), ausgedrückt in Prozenten vom Umsatz.
Auch kurz als „Spanne" bezeichnet.
Difference between sales revenue and purchase price (including value-added tax), expressed as a percentage of the turnover. Also shortened to "Spanne".

Handels~, ~stand[41] trading class; *(Kaufleute)* merchants, traders; **~statistik** trade (or commercial) statistics

Handelsstreitigkeiten, Beilegung internationaler ~ settlement of international trade disputes

Handels~, ~ströme trade flows; **~stufe** commercial level; **~teil** *(e-r Zeitung)* commercial (or financial) columns; business pages; business section

handelsüblich customary (in the trade); usual in commercial practice; according to normal trade practice; commercial; **~e Bedingungen** usual trade terms; **~e Bezeichnung** commercial name, trade name; designation usual in the trade; **~e Frist** customary time allowance; **in ~en Mindestmengen** in minimum commercial quantities; **~e Qualität** merchantable quality; fair marketable quality; **~es Risiko** customary risk; **~→verpackt**; **~e Vertragsformeln**[42] Trade Terms; **~e Warenbezeichnung** trade description of goods; **~er Zinssatz** customary rate of interest

Handels- und Entwicklungskonferenz der Vereinten Nationen United Nations Conference on Trade and Development (UNCTAD)

Handels~, ~unternehmen trading (or commercial) enterprise; *Am* merchandising firm; **~usancen** →Handelsbrauch; **~verflechtungen** trade relations (or relationships); trade affiliations; interdependence in commerce

Handelsverhandlung trade negotiation; **Aufnahme von ~en** opening of trade negotiations; →**multilaterale ~en**

Handelsverkehr commercial intercourse (or exchange); trade; traffic; *(im großen)* commerce; **ausgewogener ~** balanced trade; **im normalen (üblichen) ~** in the ordinary (usual) course of business; **schrittweise Beseitigung der Beschränkungen im ~**[43] progressive abolition of restrictions in international trade; →**Rückgang des ~s**; **den ~ fördern** to promote trade (or commerce)

Handelsverlagerung deflection of trade

Handelsvertrag commercial treaty; →**Deutsch-Amerikanischer Freundschafts-, Handels- und Schiffahrtsvertrag**

Handelsvertreter[44] commercial agent; **~ für bestimmte Gruppen von Waren** special agent; →**Bezirk des ~s**; **selbständiger ~** self-employed commercial agent; **Verhältnis zwischen (vertretenem) Unternehmer und ~** relationship between principal and commercial agent

Handelsvertreter ist, wer als selbständig Gewerbetreibender ständig damit betraut ist, für einen anderen Unternehmer Geschäfte zu vermitteln (Vermittlungsvertreter) oder in dessen Namen abzuschließen (Abschlussvertreter).

A commercial agent is an independent contractor whose permanent business is either to act as a middleman in bringing about direct legal relations between his principal and the third party (Vermittlungsvertreter) or to enter into binding agreements with the third party in the name of the principal (→Abschlussagent)

Handelsvertreterrichtlinie commercial agents Directive

Handelsvertretervertrag agency contract (or agreement); **Abschluss e-s ~s zwischen Parteien in verschiedenen Ländern** drawing up of an agency contract between parties residing in different countries; **Ablauf oder Aufhebung des ~s** expiration or earlier termination of the agency contract

Handelsvertretung commercial agency; trade mission; **~ e-s Landes** trade representation (or mission) of a country

Handelsverzerrungen beseitigen to remove distortions to trade

Handels~, **~volumen** volume of trade; **~vorteil** commercial advantage; **~ware** (article of) merchandise; **~wechsel** →Warenwechsel; **~wege** trade channels, channels of trade; **~wert** commercial value; market value; **~zeichen** *(Warenzeichen e-s Händlers)* dealer's brand; **~zeitung** trade paper (or journal); **~zensus**[45] census of distribution

Handeln 1. *(Tätigsein)* acting, action; **gemeinsames ~** common action; **~ für einen anderen** acting on behalf of another (person); **~ auf eigene Gefahr** acting at one's own risk; (voluntary) assumption of risk

Handeln unter falschem Recht *(IPR)* mistake as to the applicable law

Beispiel: Ein Rechtsgeschäft wird nach dem Rechte des Staates A abgeschlossen, während in Wahrheit das Recht des Staates B anwendbar ist.

E. g., a transaction is concluded in accordance with the law of state A, when in reality the law of state B applies.

Handeln 2. *(Handel treiben)* trading; *(Feilschen)* bargaining; haggling

handeln 1. *(tätig sein)* to act; *(etw. veranlassen)* to take action; *(vorgehen)* to proceed; **rechtswidrig ~** to act unlawfully (or illegally); **für sich selbst (od. in eigenem Namen) ~** to act on one's own behalf; **in fremdem Namen ~** to act as sb.'s agent; to act on behalf of a third person; to act in the name (or for the account) of another; **unter Zwang ~** to act under duress

gehandelt, es muß sofort ~ werden immediate action is needed (or required, called for); sth. must be done immediately

handeln, es handelt sich um 2. *(die Rede sein von)* it is a matter (or question) of; the question (or issue) is; ... is involved; it concerns ...; **um was handelt es sich?** what is the (point in) question? what is the issue?

handeln 3. *(zum Gegenstand haben)*, **~ von** to deal with, to treat of

handeln 4. *(Handel treiben)* to trade, to carry on a trade (or *Am* commerce); to deal (mit e-r Ware in an article); to buy and sell; *Am* to merchandise; to do business; *(feilschen um)* to bargain for; *colloq.* to haggle about (or over); **mit sich ~ lassen** to be ready to bargain; to be accommodating; **mit Aktien und anderen Wertpapieren ~** to trade in shares (stocks) and other securities

gehandelt, an der →Börse ~e Wertpapiere; **lebhaft ~e Effekten** active securities

Hand~, **~geld** →Draufgabe; **h~gefertigte Erzeugnisse** handicraft (or handmade) products; **~gepäck** small luggage; hand luggage *(Am baggage)*; *Am (Flug)* carry-on baggage; **h~geschriebenes Testament** handwritten (or holograph(ic) will;; **~granate** (hand)grenade

Handhabung handling, manipulation; administration; **unsachgemäße ~** improper application (or use); handling malpractices; **~ der Rechtsprechung** administration of justice

Handkauf cash purchase

Händler dealer; trader; merchant; →**Antiquitäten~**; →**Berufs~**; →**Börsen~**; →**Devisen~**; →**Effekten~**; →**Einzel~**; →**Groß~**; →**Kunst~**; **Vertrags~**; →**Vieh~**

Händler~, **~befragung** *(Marktforschung)* dealer survey; **~geschäfte** *(Börse)* dealer transactions; **~marke** dealer's brand; private (or special) brand

Händlerrabatt trade discount; dealer's rebate; **wir gewähren e-n ~ von 30 auf unsere**

Katalogpreise we grant a trade discount of 30 on our catalogue prices; our catalogue prices are subject to a trade discount of 30

Händler~, **~vereinigung** association of dealers; retail (buying) group; **~zettel** *(Anhang bei Wertpapieren)* slip

Handlung *(Tat, Rechtshandlung)* act; *(Handeln)* action; **~ oder Unterlassen** act or omission; action or failure to act; **betrügerische ~** fraudulent act; **fahrlässige ~** negligent act, involuntary act; **gerichtliche ~** judicial act; **konkludente ~** implied act; **mehrere (selbständige) ~en** *(StrafR)* several actions (or acts); **offenkundige ~** overt act; **rechtswidrige ~** unlawful (or illegal) act; **richterliche ~** judicial act; **schädigende ~** damaging act; →**strafbare ~**; →**unerlaubte ~**; **mit** →Vorsatz begangene Handlung

Handlung, e-e ~ dulden to tolerate an act; **sich e-r ~ enthalten** to refrain from acting (or from an action); **e-e ~ unterlassen** to omit an act; **~en vornehmen** to take action; to do (or perform) acts

Handlungsbevollmächtigter[46] (general) agent (holder of a →Handlungsvollmacht); trade representative; **zum gesamten Geschäftsbetrieb ermächtigter ~**[47] agent empowered to bind the company in all aspects of its business; agent with authority to represent the company in the entire scope of its business

Handlungsfähigkeit capacity to act (in such a way as to produce legal consequences); legal capacity *(→Geschäftsfähigkeit, →Deliktsfähigkeit)*

Handlungsfreiheit freedom (or liberty) of action; **volle ~ haben** to have full discretion to act

Handlungsgehilfe[48] commercial employee
In einem Handelsgewerbe zur Leistung kaufmännischer Dienste gegen Entgelt Angestellter (z. B. Buchhalter, Verkäufer, Einkäufer, Kassierer).
Person employed under a contract of service with a merchant to perform services of a commercial nature (e. g., bookkeeper, sales staff, buyer, cashier).

Handlungsort, Recht des ~es *(z. B. des Abschlussortes bei VerträgenIPR)* lex loci contractus

Handlungsreisender commercial travel(l)er; sales representative; travel(l)ing salesman

handlungsunfähig unable to act; incapable of acting

Handlungsunfähigkeit incapacity to act

Handlungsvollmacht[49] commercial power of attorney; (mercantile) agency
Ermächtigung zum Betrieb eines Handelsgewerbes oder zur Vornahme einzelner zu einem Handelsgewerbe gehöriger Geschäfte.
Authorization to engage in a trade or business or to enter into transactions within the scope of trade.

Handlungsvollmacht, Einzel Handlungsvollmacht (od. Spezialhandlungsvollmacht) special agency; **General~** general agency

Handlungsweise way (or manner) of acting; (mode of) procedure; practices

Handhandlungsweise, jdm Handlungsweiseschellen anlegen to handcuff a p.; **handlungsweiseschriftlich** handwritten, written by hand; **Handlungsweisetaschenraub** handbag snatching; *Am* purse snatching

Handwerk craft, trade; craft trade(s); craft industries; (Kunsthandwerk) handicraft, arts and crafts; **im ~** in the (handi)craft trades

Handwerks~, **~ausstellung** handicraft (or arts and crafts) exhibition; **~betrieb** handicraft (or craftman's) business (or enterprise); **~betriebe** craft industries; **~geselle**[50] journeyman *(→Geselle)*; **~innung**[51] craft guild; **~kammer**[52] chamber of handicrafts; chamber of crafts; **h~mäßig** →handwerklich; **~meister** master craftsman; **~ordnung** (HandwO)[53] Handicrafts Regulation Act; **~rolle**[54] roll (or register) of craftsmen; **~unternehmen** craft enterprise; **~zeug** tools, implements

Handwerk, ein ~ ausüben to exercise a handicraft; to practise a craft; **ein ~ betreiben** to follow (or pursue) a trade; **ein ~ lernen** to learn a trade

Handwerker workman; (gelernter) artisan, tradesman; (bes. Kunsthandwerker) craftsman; **selbständiger ~** self-employed tradesman (or craftsman); **~ im Hause haben** to have workmen in the house

Handwerker~, **~genossenschaft** craft co(-)operative; **~versicherung**[55] insurance of craftsmen (who are entered in the →Handwerksrolle)

handwerklich relating to (handi)craft; **~er Beruf** craft, (skilled) trade; **~es Können** craft(s)manship; **~e Tätigkeiten** craft activities; activities of craftsmen; occupations in small- craft industries

Handzeichen[56] manual sign, mark; **Abstimmung durch ~** vote by show of hands; **mit ~ von** initialled by

Handzettel handbill, handout; *colloq.* throwaway

Hangtäter →Gewohnheitsverbrecher

Hansestädte *(bes. Hamburg, Bremen, Lübeck)* Hanseatic cities (or towns)

Harmonisierung, ~ der Steuern *(z. B. EU)* fiscal harmonization *(→Steuerharmonisierung)*; **~ der Steuervorschriften** *(z. B. EU)* harmonization of tax legislation (or tax laws); **~ der**

Warenkontrollen an den Grenzen[56a] harmonization of frontier controls of goods

Harmonisierungsamt für den Binnenmarkt (Marken, Muster und Modelle) (HABM) *(EU)* Office for Harmonization in the Internal Market (Trade Marks and Design) (OHIM) *(Sitz: Alicante)*

hart, Verfechter e-s ~en Kurses *pol* hardliner; *(Außenpolitik „Falke")* hawk; **~es Urteil** severe sentence; **~e Währung** *(die ohne Devisenbewirtschaftung auskommt)* hard currency; **~ arbeiten** to work hard; **~ bestraft werden** to be severely punished; **~ verhandeln** to drive a hard bargain

Hart~, **~geld** specie, coined money; metallic currency; *Am* hard money; **~währungsländer** hard currency countries *(Ggs. Weichwährungsländer)*

Härte hardship; *(Strenge)* severity; **unbillige ~** undue hardship

Härte~, **~ausgleich**[57] financial equalization in case of hardship; **~beihilfe**[58] hardship allowance; **~fall** case of hardship; **~fonds**[59] hardship fund, relief fund; **~klausel**[60] hardship clause, clause relieving hardship; **~regelung** settlement of hardship cases

Härte, besondere ~ bedeuten to involve particular hardship; **e-e unzumutbare ~ darstellen** to constitute an unreasonable hardship; **die Bestimmung führt zu ~n für** the provision causes (or leads to) hardship to (or for); **~n vermeiden** to avoid hardship

Häufigkeit frequency; **~ der Scheidungen** incidence of divorces; **~sdichte** *(Statistik)* frequency density

Häufung accumulation; →**Klagen~**; **~ von Ämtern** plurality of offices

Haupt, **~-** main, chief, general; primary; prime; **~absatzgebiet** main market; **~abteilung** main department; **~agentur** general (or head) agency; **~aktionär** principal shareholder

hauptamtlich full-time; **~ beschäftigt sein** to be employed on a full-time basis (or in a full-time capacity); to be employed full-time

Haupt~, **~anliegen** main (or major) concern; **~anmeldung** *(PatR)* main (or basic, parent) application; **~anschluss** *tel* exchange (line); main line; **~anspruch** main (or principal) claim; **~aufgabe** main task; prime function; **~ausschuss** principal committee, executive committee; **~bahnhof** main (or central) station; **~belastungszeuge** principal witness for the prosecution; **~beruf** main profession; regular (or primary) occupation; **im ~beruf** →hauptberuflich

hauptberuflich full-time; as one's regular (or primary) occupation; **~ tätiger Ausbilder** full-time professional instructor

Haupt~, **~bestandteil** essential part; main constituent; **~betrag** principal (amount); **~betrieb** principal establishment; main undertaking

Hauptbuch (general) ledger; **~auszug** ledger abstract; **~einträge** ledger postings; **~halter** general (or head) bookkeeper; chief accountant; **~konto** ledger account; **das ~ saldieren** to balance the ledger

Haupt~, **~büro** →Hauptgeschäftsstelle; **~einkommen** principal income; **~entschädigung** *(Lastenausgleich)* basic compensation; **~erbe** chief heir; **~erfindung** main invention; **~erzeugnis** *(e-s Landes)* staple product; **~fach** principal subject; *Am (Studium)* major; **~fahrbahn** principal carriageway; **~feststellung** *(von Einheitswerten)* main assessment; **~filiale** main branch; **~forderung** principal claim; **~frage** main (or primary) issue; chief (or principal) question

Hauptgeschäft main business (or transaction); *(mit mehreren Filialen)* main (or parent) store; **~sführer** general manager; *(e-r Gesellschaft)* chief executive; **~ssitz** principal place of business; head office; headquarters; **~sstunden (od. ~szeit)** rush hours; peak sales period; **~sviertel** *(e-r Stadt)* main business centre (center); *Am* downtown

Haupt~, **~gesellschafter** principal partner (or shareholder); **~gewinn** main profit; *(Lotterie)* first prize; **~gläubiger** chief (or principal) creditor; **~grund** chief (or primary) reason; main ground; **~handelsartikel** *(e-s Landes)* staple(s); **~handelspartner** major trading partner; **~interesse** principal interest

Hauptintervention[61] third party intervention by an action against the two parties to a pending lawsuit *(Ggs. Nebenintervention)*
Klage, mit der ein Dritter eine Sache oder ein Recht, über die zwischen zwei anderen Parteien ein Prozess anhängig ist, für sich beansprucht.
Action in which a third party claims a right or thing forming the subject matter of a pending lawsuit.

Haupt~, **~kartei** master file; **~lieferant** main (or principal) supplier; **~mangel** *(beim Viehkauf)*[62] principal defect (certain defects of domestic animals for which vendor is liable only within a certain period); **~merkmal** principal (or main) characteristic, feature; **~mieter** chief tenant; **~niederlassung** principal place of business; principal (or head) office *(Ggs. Zweigniederlassung)*; **~organ** principal organ; **~patent** main (or principal) patent; original patent, master patent *(Ggs. Zusatzpatent)*; **~police** *(für Gruppenversicherung)* master policy; **~pflichten** primary duties; **~postamt** main post office;

~problem key problem; main (or major) issue; **~prüfer** *(PatR)* chief examiner; *Am* examiner in chief

Hauptpunkt main (or principal) point; gist; **~e** *(wesentl. Gesichtspunkte)* merits; **~e e-s Vertrages** heads of (an) agreement

Haupt~, **~quartier** headquarters; **während der ~reisezeit** in the *Br* holiday (*Am* vacation) season

Hauptsache main point, main issue; **Verfahren in der ~** proceedings in the main action; **sich zur ~** →*einlassen 2.*; **in der ~ entscheiden** to decide on the merits (of a case); **zur ~ verhandeln**[63] to try (or consider) a case on its merits

Haupt~, **~saison** peak (or busy) season; **~schriftleiter** chief editor, editor-in-chief; **~schuldner** principal (debtor), *Am* primary obligor *(s. Kommentar zu →Bürgschaft)*; **~sitz** *(e-s Unternehmens)* head office, principal office; *Br* registered office; *(des Lieferers)* principal place of business (of seller); **~sorge** main concern; major preoccupation; **~stadt** capital; metropolis; **~straße** major road, main street *(→Hauptverkehrsstraße)*; **~straßen des internationalen Verkehrs** main international traffic arteries *(→Europ. Übereinkommen über die Haupt; →Internationales E-Straßennetz)*; **~täter** *(StrafR)* principal (in the first degree); **~täter und Mittäter** principal and his accomplice(s)

Hauptteil chief part, main part, bulk; **~ der Einkünfte** major part of the income; **er hinterließ den ~ seines Vermögens seiner Frau** he left the bulk of his property to his wife

Haupt~, **~teilhaber** principal partner; **~ursache** primary cause; **~veranlagung** *(zur Vermögensteuer)*[64] general assessment; **~verfahren** *(Strafprozess)*[65] main proceedings

Hauptverhandlung *(Strafprozess)*[66] trial; →**Termin zur ~**

Haupt~, **~verkehrsstraße** main road; arterial road; thoroughfare; **~verkehrszeit(en)** rush hour, peak (traffic) hour(s); **~verpflichteter** *(bei Bürgschaft)* →Hauptschuldner

Hauptversammlung (HV)[67] shareholders' meeting; meeting of shareholders *(Am auch stockholders)*; general meeting (of shareholders); **außerordentliche ~**[68] extraordinary (or special) shareholders' meeting; **ordentliche ~**[69] ordinary shareholders' meeting; *Am* regular meeting (of stockholders); **Einberufung der ~**[70] calling of a shareholders' meeting; **~sbeschluss**[71] shareholders' resolution; **die ~ beschließt mit einfacher Stimmenmehrheit** the shareholders adopt a resolution by simple majority; **e-e ~ einberufen** to call (or convene) a shareholders' meeting

Hauptvertrauensmann der Schwerbeschädigten[72] principal representative of the disabled

Haupt~, **~verwaltung** central administrative (office); head office; headquarters; *(e-r Gesellschaft auch)* central management; **~vorkommen von Öl** main deposit of oil; **~wohnsitz** principal residence; **~zeuge** principal witness; **~ziel** major goal; primary objective; **~zollamt** principal customs office

Haus house; *(Gebäude)* building; *(mit Nebengebäuden)* premises; *(Geschäftshaus)* business house, firm; **von ~ zu ~** *(Beförderung durch Bundesbahn)* transport from door to door; **Versicherung von ~ zu ~** warehouse-to-warehouse insurance; **von ~-zu-~-Klausel** *(Seevers.)* warehouse-to-warehouse clause; **zu ~e** at home; **nicht zu ~e sein** not to be in

Haus, **bewohntes ~** occupied house; →**frei ~**; **führendes ~ am Ort** leading firm in town; **geräumiges ~** spacious house; **aus gutem ~e** of good family; **leerstehendes ~** vacant house

Haus~, **~angestellte** →Hausgehilfin; *pl.* domestic staff; **~anschluss** *tel* private connection; **~apparat** *(Nebenstelle)* extension

Hausarbeit housework, indoor work; *(durch Hausgehilfin)* domestic service; *(Schule)* homework; **~stag** household day (one free day a month for employed women with a household of their own)

Hausarrest house arrest; **unter ~ stehen** to be kept under house arrest; **jdn unter ~ stellen** to place (or put) sb. under house arrest

Haus~, **~arzt** family doctor; **~bank** house bank; banker(s) (des/der to); firm's bank, bank affiliated to a commercial undertaking; **~bau** house building (or construction); *Am* home construction; *(illegaler)* **~besetzer** squatter; *(illegale)* **~besetzung** squatting; occupying empty houses without authority; **~besitz** house property; residential property; **~besitzer** *(untechnisch für)* →Hauseigentümer; **~besuch** *(Arzt)* home (or domiciliary) visit; **~bewohner** occupant of a house; *(Mieter)* tenant; **~eigentum** house ownership; **~eigentümer** owner (or proprietor) of a house, house owner; property owner

Hausentbindung, **Beihilfe für ~en** home confinement grant

Häuser~, **~block** block (of houses); **~makler** *Br* house agent, estate agent; *Am* real estate agent (or broker), realtor

Hauserwerb house purchase

Hausfrieden *(untechnisch)* sanctity of the home, domestic peace; **~sbruch**[73] unlawful entering another person's rooms; trespass; violation of the privacy of a p.'s house; **~sbruch im Amt** trespass while in office; **schwerer ~sbruch**[74] trespass committed by a riotous assembly; **den ~ stören**[75] to disturb the domestic peace

Hausgehilfin domestic (or household) help; *Br* domestic servant; housekeeper; **Abzug für die Kosten e-r ~**[76] *(SteuerR)* housekeeper allowance; *Am* deductions for the cost of a housekeeper

Hausgeld *(für Angehörige e-s Kranken)*[77] benefit for dependants of a hospitalized person

Hausgemeinschaft household; **jdn in seine ~ aufnehmen** to admit sb. as a member of one's household

Hausgewerbe[78] home work; **~treibender** home worker with no more than two assistants from outside his family

Haushalt 1. (Privat~) household; **Ehegatten, die im gemeinsamen ~ leben** husband and wife having a common household (or keeping house together, living under the same roof); cohabiting spouses; **getrennter ~** separate housekeeping; **e-n getrennten ~ führen** to maintain separate households *(→Trennungsentschädigung)*
Haushalt, Hilfe zur Weiterführung des ~s[79] assistance in connection with the continued maintenance of a household

Haushalts~, ~angehörige(r) member of a household; **~artikel** household (or domestic) article(s); **~auflösung** breaking up (or dissolving) of a household; **~ausgaben** household expenditure; **~besteuerung**[80] joint taxation of members of the household

Haushaltsetat, e-n ~ nicht überziehen to live within one's budget

Haushaltsführung housekeeping; keeping house; managing the affairs of a household; **doppelte ~** maintaining (or maintenance of) two households; upkeep of two homes

Haushaltsgegenstände household articles (or effects, items); **Ersatz von ~n** *(ehel. Güterrecht)*[81] replacement of household articles

Haushaltsgeld housekeeping money (or allowance)

Haushaltsgemeinschaft, mit jdm in ~ leben to share a household with sb.; to live in the same household with sb.

Haushalts~, ~hilfe household help, domestic aid; **~kosten** household (or domestic) expenses; **~vorstand** head of (the) household; householder; breadwinner

Haushalt, im ~ arbeiten to do housework; **den ~ besorgen (od. führen)** to run (or manage) the household; to keep house (for sb.)
Haushalt 2. (Staatshaushalt) the Budget; **→Berichtigungs~**; **→Bundes~**; **→Gemeinschafts~**; **→Nachtrags~**; **→Verteidigungs~**
Haushalt, ausgeglichener ~ balanced budget; **außerordentlicher ~** extraordinary budget; **ordentlicher ~** regular (or ordinary) budget; **unausgeglichener ~** unbalanced (or adverse) budget
Haushalt, im ~ ansetzen to budget for; **den ~ ausgleichen** to balance the budget; **den ~ kürzen** to cut the budget; **den ~ überschreiten** to exceed the budget; **den ~ verabschieden** to pass the budget; **im ~ veranschlagen (od. vorsehen)** to budget for; **im ~ nicht vorgesehen** not budgeted for; extrabudgetary

Haushalts~, ~abstimmung budget vote; **~abstriche** budget cuts; **~ansätze** appropriations in the budget; budget(ary) estimates, estimates entered in the budget; **~ausgaben** budget(ary) expenditure; **~ausgleich** balancing of the budget (as regards revenue and expenditure); **~ausschuss** budget(ary) committee; **~befugnisse** budget(ary) powers; **~beratung (od. ~debatte)** debate on the budget, budget debate; **~bewilligung** budget(-ary) appropriation (or vote)

Haushaltsdefizit deficit in the budget; budget (-ary) deficit; adverse budget; **das ~ abbauen (ausgleichen)** to scale down (balance) the budget deficit

Haushaltsdisziplin budgetary discipline

Haushaltseinnahmen budget(ary) revenue; budget receipts; **~ und -ausgaben** budget (-ary) revenue (or income) and expenditure

Haushaltseinsparungen budget savings; budget (-ary) economies

Haushaltsentwurf draft budget; **~ von Bund und Ländern** draft of the Federal Government and Länder budgets

Haushalts~, ~fragen budget(ary) questions (or problems); budget issue; budget matters; **~führung** budget(ary) management; **~gesetz** budgetary law; *Br* Finance Act

Haushaltsjahr *(Rechnungsjahr der öffentl. Haushalte)*[82] *Br (und EU)* financial year; *Am* fiscal year; budgetary year; *(Europ. PatentR)*[83] accounting period; **abgelaufenes ~** →ablaufen; **Einnahmen und Ausgaben für das ~ veranschlagen** to draw up estimates for the financial (or fiscal) year

Haushalts~, ~kontrolle budget(ary) control; **~kürzung** budget cut; **~lage** budget(ary) situation; **h~mäßig** budgetary; in budget terms

Haushaltsmittel budget(ary) means (or resources, funds); *(im Haushaltsplan bewilligte oder bereitgestellte)* Haushaltsmittel appropriations; **noch nicht gebundene ~** appropriations not yet committed; **öffentliche ~** public funds; **nicht verbrauchte ~** unexpended appropriations; **zur Verfügung stehende ~** available appropriations; **im Rahmen der (zugewiesenen) ~** within the limits of the appropriations; **~ bewilligen** to grant appropriations; *Br* to vote supplies; **die ~ überschreiten** to exceed the budget (or budgetary limit or limit of appropriations); **~ auf das nächste Haushaltsjahr übertragen** to carry forward appropriations to the following *Br* financial (*Am* fiscal) year

Haushaltsordnung[84] Financial Regulation

Haushaltsplan budget; →**Berichtigungs~**; →**Gesamt~**; →**Nachtrags~**

Haushaltsplan, →**Ansätze des ~s**; **Aufstellung des ~s** establishment (or preparation, drawing up) of the budget; **Titel des ~s** item of the budget; **Voranschlag des ~s** preliminary draft budget; **im ~ vorgesehene (od. bereitgestellte) Mittel** appropriations in the budget; **in den ~ aufnehmen** to include in the budget; **den ~ aufstellen** to establish (or prepare, draw up) the budget; **in den ~ einsetzen** to enter in the budget; **den ~ verabschieden** to pass (or adopt, vote) the budget

Haushaltsplan~, **~ung** appropriations in the budget; **in den ~ aufnehmen** to include in the budget; **den ~ aufstellen** to establish (or prepare, draw up) the budget; **in den ~ einsetzen** to enter in the budget; **den ~ verabschieden** to pass (or adopt, vote) the budget

Haushalts~, **~planung** budget(ary) planning, budgeting; **~politik** budget(ary) policy (or practices); **h~politische Maßnahmen** budget(-ary) policy measures

Haushaltsposten item; **ordentlicher ~** normal budgetary item; *Br* above the line item; **Sonder~** extraordinary budgetary item; *Br* below the line item

Haushalts~, **~probleme** budget(ary) problems; **~rechnung** budget account; revenue und expenditure account; **~recht** budget(ary) law; **aus h~rechtlichen Gründen** for reasons of budget law, for budgetary reasons; **~regelung** budgeting; **~titel** budget item; **~überschreitung**[85] budget(ary) overspending; expenditure exceeding the budget; **~überschuss** (unappropriated) budget surplus; **~ungleichgewicht** budgetary imbalance; **~verfahren** budget(ary) procedure; **~voranschlag** estimates; *Br parl* the Estimates *(→Etat)*; **~vorgriffe**[86] advances on the succeeding budget; **~vorlage** budgetary bill; appropriation bill; **~vorschriften** budget(-ary) provisions; **~wirtschaft** budget management; **~zuweisung** budget allocation

Haushaltung *(Haushalt)* household; *(Haushaltsführung)* housekeeping; **~sgeld** housekeeping money; **~sschule** college (or school) of domestic science; **~svorstand** →Haushaltsvorstand *(Haushalt 1.)*

Haus~, **~kauf** house purchase; **~mann** husband who looks after the household and children (while the wife is the breadwinner); **~marke** private (or house) brand; **~meister** caretaker; *Am* janitor; *(e-s öffentl. Gebäudes)* custodian; **~müll** domestic waste; **~ordnung** house regulations; rules of the house; **~personal** domestic staff (or *Br* servants)

Hausrat household effects (or furniture); contents (of a house); **~sentschädigung** *(Lastenausgleich)* compensation for the loss of household effects; **~versicherung** insurance on contents; *Am* home-owners' insurance; **~sverteilung** (bei Getrenntleben der Ehegatten)[87] division (or allocation) of household effects (or of the contents of the matrimonial home) (on separation of spouses)

Hausrecht right of owner (or occupier) of premises to undisturbed possession (or to keep out trespassers); domestic authority; **Verletzung des ~s** trespass *(→Hausfriedensbruch)*

Hausstand household; **mit jdm e-n gemeinsamen ~ führen** to share one's household with sb.; **e-n ~ gründen** to set up a home

Haussuchung house search, search of rooms *(→Durchsuchung)*; **(gerichtl.) ~sbefehl** search warrant; **e-e ~ vornehmen** to search a house

Haustarif company wage scale

Haustür, **Verkauf an der ~** door-to-door selling; doorstep selling; **~widerrufsgesetz** (HausTWG)[87a] (Gesetz über den Widerruf von Haustürgeschäften und ähnlichen Geschäften) Law Regarding Revocation of Door-to-Door and Similar Dealings

Haus, **~ und Familiendiebstahl**[87b] theft in the home and family; **~verwalter** property manager, steward *(→Hausmeister)*; **~verwaltung** property management; manager's office; **~wirt** landlord; **~wirtin** landlady

Hauswirtschaft *(Tätigkeit)* housekeeping; *(Lehrfach)* domestic science; home economics; **~erin** housekeeper; **in der ~ beschäftigt** employed in domestic service; **~sschule** domestic science college (or school)

hauswirtschaftlich, **~er Beruf** domestic occupation; **~e Dienste** domestic services

Hausieren hawking; peddling; *Br (auch)* pedlary; door-to-door selling

hausieren to hawk, to peddle

Hausierer hawker, pedlar; door-to-door salesman; *Am bes.* peddler

Hausier~, **~gewerbe** →Reisegewerbe; **~handel** itinerant trade

häuslich, **~e Gemeinschaft** s.eheliche →Lebensgemeinschaft; **~e Pflichten** domestic obligations; **die ~e Gemeinschaft ist seit 3 Jahren aufgehoben** the spouses have lived apart for a period of 3 years; the marriage partners have not kept a common household for 3 years

Hausse boom; *(Börse)* rise in the market, bull market *(Ggs. Baisse)*

hausseartig, **~e Kurssteigerung** bullish price rise; **die Kurse sind ~ gestiegen** share (or stock) prices rose (or increased) sharply

Hausse~, **~bewegung** upward movement of share prices; bull movement; **~engagement** long position; long account; **~geschäft** bull transaction

Haussekauf bull buying; buying long; **e-n ~ tätigen** *Br* to buy a bull; *Am* to buy long

Hausse~, **~neigung** →Haussetendenz; **~partei** bull clique; *Am* long side

Hausseperiode, **seine Verkäufe über e-e ~ verteilen** to sell on a scale

Hausse~, **~position** long position; *Br* bull account; long account; **~spekulant** speculator (or operator) for a rise; bull; **~spekulation** speculation for a rise; bull speculation; **~stimmung** bullish tone; boom mentality; **~tendenz** bullish (or upward) tendency (or trend)

Hausse, **e-e künstliche ~ hervorrufen** to rig the market; **auf ~ spekulieren** to operate (or speculate) for a rise; to bull (the market); to buy long; **die ~ hält an** the rise continues

Haussier bull; long; operator for a rise

haussieren to move upwards; to bull; **Aktien ~** shares are in a boom mentality; **~der Markt** *(Börse)* bull(ish) market

Haustier domestic animal

Havarie *(Beschädigung von Schiff od. Ladung während der Seereise)* average; damage by sea; **besondere ~**[88] particular average; **einschließlich besonderer ~** with particular average (W. P. A.); **gegen besondere ~ versicherte Waren** goods covered against particular average

Havarie, **frei von ~** *(nicht gegen Havarie versichert)* free from average; **frei von besonderer ~** *(nicht gegen Beschädigung versichert, Schadensersatzanspruch nur bei Verlust)* free from particular average (F. P. A.); **frei von großer ~** *(nicht gegen große Havarie versichert)* free from general average (F. G. A.); **frei von jeder ~** *(nicht gegen große und besondere Havarie versichert)* free from all average (F. A. A.)

Havarie, **gemeinschaftliche ~** s. große →Havarie

Havarie, **große ~**[89] general average (G/A) *(→York-Antwerpener Regeln)*; **große ~klausel** G/A clause; →**Aufopferung der großen ~**; **Aufwendungen der großen ~** general average expenses; **als große ~ vergütet werden** to be admitted (or allowed) as general average *(→Havariegrosse)*

Havarie, **kleine ~**[90] petty average; **Teil~** s. besondere →Havarie; **Klausel frei von Teil~**[91] FPA clause

Havarie~, **~agent** average adjuster; **~beitrag** average contribution; **~berechnung** →Dispache; **~bestimmungen** rules for (general) average; **~fall** case of average; **~gelder** →Havariekosten

Havariegrosse s. große →Havarie; **anteiliger ~- Beitrag** rateable general average contribution; **~-Verpflichtungsschein** general average bond; **beitragspflichtig zu e-r ~ sein** to be liable to pay general average contributions; **Recht auf Vergütung in ~ haben** to be admissible (or allowable) in general average

Havarie~, **~gutachten** average report; damage survey; **~klausel** average clause; **~kommissar** average adjuster (or surveyor); **~kosten** average charges (or expenses); **~rechnung** average bill; **~(verpflichtungs)schein** average bond; **~zertifikat** survey report (issued by the Havariekommissar); certificate of average; damage certificate

Havarie, **Ersatz für ~ erhalten** to recover average; **~ erleiden** to suffer (sea) damage; **das Schiff hat ~ erlitten** the ship was damaged

havariert sea-damaged; **~es Schiff** ship under average

Haverei →Havarie

Hebamme midwife

Hebe~, **~gebühr** *(VersR)* collection charge; **~satz** *(für Erhebung der Gewerbe- od. Grundsteuer)* rate of assessment

Hebelwirkung leverage (effect)

heben *(Last)* to lift; *(Wrack etc)* to raise; *(Lebensstandard etc)* to improve, to raise

Hedgegeschäft *(zum Schutz eventueller Verluste durch Preisänderungen an Terminmärkten)* hedge-transaction

Heer army; **aktives ~** standing army

Heeres~, **~bericht** official army communiqué; **~bestände** army stores; **~dienst** military service; **~dienstvorschrift** (H. D. V.) Army Manual; **~gruppe** army group; **~lieferant** army contractor

Hegezeit *Br* close (*Am* closed) season

Hehler *(Sachhehlerei)* receiver of stolen goods; *(Personenhehlerei)* accessory after the fact

Hehlerei *(Sachhehlerei)*[92] (offence [offense] of) receiving stolen property (or things) obtained by other criminal acts; *Br* handling stolen goods; **gewerbsmäßige ~**[92a] receiving stolen property as a business; **~ begehen** to receive stolen property

Heil, ~- und Pflegeanstalt →psychiatrisches Krankenhaus; **h~barer Mangel** curable (or remediable) defect; **~behandlung** therapeutic (or curative) treatment; **~gymnast(in)** physical therapist; *Am* physiotherapist; **~mittel** medicaments; **unerlaubte ~mittelwerbung**[93] illicit advertising of medicaments; **~praktiker**[94] non-academic medical practitioner

heilen, e-n Rechtsmangel ~ to cure (or remedy) a defect of title

Heilsarmee Salvation Army

Heilung von Rechtsmängeln curing of defects of title

Heim home; institution; hostel; →**Alters~**; →**Blinden~**; →**Studenten~**; **in ein ~ einweisen (od. in e-m ~ unterbringen)** to in stitutionalize

Heimarbeit[95] homework, outwork; **in ~ Beschäftigte** persons employed (or engaged) in homework; homeworkers; **nach Stück bezahlte ~** contract work

Heimarbeiter(in) homeworker, outworker; **Auftraggeber von ~n** homework employer

Heimarbeits~, ~industrie home industry; *Br* cottage industry; **~schutz** protection of homeworkers

Heimerziehung[95a] *jur. (im Kinder- und Jugendhilfe R)* care and education (of a socially jeopardized child or youth) by foster parents or *Br* in a community home; *(allgemein)* upbringing in a home

Heimfall[96] reversion; *(ErbR des Staates)*[97] right of the state to succeed to property (when no heir can be found) (or *Br* to bona vacantia) *(→Heimfallsrecht des Fiskus)*; **~sanspruch** reversionary claim; claim for reversion of the →Heimstätte; *(ErbbauR)* claim for reversion of the building (constructed by the holder of the hereditary building right); **~sberechtigter** reversioner; **~sgut** property reverted; *Br (des Fiskus)* bona vacantia; *Am* escheated estate (or property); **~srecht** right to reversion; *Br (des Fiskus)* right to take as bona vacantia; *Am* escheat; *(VölkerR)* right of aubaine; **als ~sgut einziehen** *Br* to take as bona vacantia; *Am* to escheat

heimfallen to revert (an to); *Am (an den Staat)* to pass (or lapse) by escheat

heimführen *(in die Heimat zurückführen)* to repatriate; to send (or bring) back to sb.'s country

Heim~, ~gang *(Ableben)* death, decease; **~gegangene(r)** deceased; **~industrie** home (or cottage) industry; **~kehrer**[98] repatriated prisoner of war; repatriate (from); **~kinder** children in institutions (or homes); children in care; **~schaffung der Seeleute** repatriation of seamen

Heimstätte[99] homestead (land given to a settler on certain conditions); **~nbesitzer** homesteader; holder of a homestead; **~nwesen** homestead matters

Heimtiere pet animals; →**Europäisches Übereinkommen zum Schutz von ~n**

Heimunterbringung →Anstaltsunterbringung

Heimat home; **~anschrift** home address; **~gewässer** home waters

Heimathafen *(des Schiffes)* port of registry; home port (or harbo[u]r); **Recht des ~s** *(VölkerR)* law of the flag

Heimatland native country (or land)

heimatlose Ausländer[100] homeless (or stateless) aliens

Heimat~, ~ort native place; **~recht** *(IPR)* lex patriae; **~schein**[101] certificate of nationality; **~staat** state of origin; home country; **~überweisungen** remittances by foreign workers employed in the Federal Republic of Germany

Heimatvertriebene[102] displaced persons; **Unterbringung von ~n** settlement of displaced persons

heimisch home, domestic; **~e Gewässer** inland waters; **~er Markt** home (or domestic, inland-) market

heimlich secret, hidden; clandestine; *(unerlaubt)* collusive; **~e Absprache** secret understanding; *(zum Nachteil Dritter od. zur Irreführung des Gerichts)* collusion; collusive agreement; *(bei Angebotsabgabe)* collusive bidding; **~er Mangel** latent defect; hidden fault; **~** *(unerlaubt)* **handeln mit** to act in collusion with

Heirat marriage

Heirats~, ~alter age at marriage; **~anzeige** announcement of marriage; **~buch**[103] marriage register; **~fähigkeit** marriageable age; **~gut** dowry; **~häufigkeit** *(Statistik)* nuptiality; **~mindestalter**[103a] minimum age for marriage;

~schwindler marriage impostor; **~urkunde** marriage certificate; **~vermittler**[104] marriage broker; **entgeltliche ~vermittlung** *(durch Makler)* marriage-broking for gain; **~vermittlungsbüro** matrimonial agency; *Br* marriage bureau; **~vertrag** →Ehevertrag; **~ziffer** marriage rate

heiraten to marry, to get married; **wieder ~** to remarry; **im Ausland ~** to contract a marriage abroad; **ins Ausland ~** to get married and live abroad

heiß, **~er Draht** *pol* hot line (or wire); **~es Geld** *(Fluchtgeld)* hot money; **~e Ware** *(Diebesgut etc)* hot goods

heißt, **das ~** (d. h.) i. e. (id est); that is to say

Heizkostenbeihilfe heating expenses subsidy

Heizöl fuel oil; **(leichtes) ~** home heating oil; light fuel oil; **steigende ~preise** rising fuel oil prices; **~steuer** tax on fuel oil

Heizungs~, **~anlage** heating installation; **~kosten** cost of heating

helfen, **sich gegenseitig ~** to assist one another, to render mutual aid

Helfer, **freiwilliger ~** volunteer; **~s~** accomplice

Helsinki, **Schlussakte von ~, 1975**[104a] Helsinki Final Act, 1975 *(→KSZE)*; **~ Abkommen** Helsinki Agreement (→KSZE); **~ Erklärung (über Prinzipien, die die Beziehungen der Teilnehmerstaaten leiten)**[104b] Helsinki Declaration (on Principles Guiding Relations between Participating States); **~ Folgeprozess**[104c] Helsinki follow-up process; **~-Übereinkommen** s. Übereinkommen zum Schutz der Meeresumwelt des →Ostseegebiets

hemmen *(behindern)* to hinder, to obstruct, to impede; *(etw. verlangsamen)* to check, to cause to stop; *(zeitweilig)* to stop for a time, to suspend; **den Lauf e-r Frist ~** to suspend the running of a (period of) time; **den Schiedsspruch in seiner Wirkung einstweilen ~** to suspend the award; **die Verjährung ~** to interrupt (or suspend) the (running of the) statute of limitations; *Am* to toll (or suspend) the statute of limitations

hemmend, **sich ~ auswirken auf** to have obstructive effects on

gehemmt, **die →Ersitzung ist ~**; **die Verjährung ist ~**[105] the period of limitation does not run; the period of limitation is subject to extension; the statute of limitations is suspended (or *Am* tolled)

Hemmnis hindrance, impediment, obstacle; **Beseitigung der technischen ~se im Handelsverkehr** removal of technical obstacles to trade

Hemmung hindrance, obstruction, impediment; check(ing); **~ der Ersitzung**[106] suspension of the period of prescription; **~ des Laufes e-r Frist** suspension of the running of time; **~ der Verjährung**[105] interruption (or suspension) of (the running of) the statute of limitations (or the prescriptive time); *Am* tolling of the statute of limitations; extension of the limitation period (e. g. in case of disability)

Hemmungsgründe *(für Verjährung, z. B. Minderjährigkeit, Geisteskrankheit)* impediments

herabsetzen *(Preise, Kosten etc.)* to reduce, to lower, to abate, to cut; *(mit e-m niedrigeren Preis versehen)* to mark down; *(verhältnismäßig)* to scale down; *(verächtlich machen)* to disparage; *(mildern)* to mitigate; **die Buße ~** to reduce (or mitigate) the fine; **das →Grundkapital ~**; **den Kaufpreis ~** to abate the purchase price *(→mindern)*; **die Miete ~** to reduce (or lower) the rent; **den Preis ~** to reduce (or cut, lower) the price; **die Waren zum Ausverkauf im Preise ~** to mark down the goods for a sale; **im Werte ~** to depreciate; to reduce the value (of)

herabgesetzt, **zu ~en Preisen verkaufen** to sell at reduced (or cut) prices; to sell at bargain prices

herabsetzend, **~e Behauptung** disparaging statement *(→Anschwärzung)*; **~e Bezugnahme** *(Anschwärzung in der Werbung)* denigration; **~e Werbung** disparaging (or knocking) advertising

Herabsetzung reduction, lowering, abatement, cut(ting); *(Verächtlichmachung)* disparagement; **~ der Altersgrenze** reduction (or lowering) of the age limit; *(Pensionsalter)* reduction of retirement age; **unrichtige ~ der Erzeugnisse des Wettbewerbers** *Am* false disparagement of a competitor's products; *Br* slander of goods *(→Anschwärzung)*; **~ des Grundkapitals** *Br (e-r AG)* reduction of capital (or *Am* capital stock); reduction of the share capital *(→Kapitalherabsetzung)*; **~ des Kaufpreises** abatement of the purchase price *(→Minderung)*; **~ der Löhne** cutting down wages, wage cut; reduction in wages; **~ des Schadensersatzes** reduction (or mitigation) of damages; **~ des →Stammkapitals** *(e-r GmbH)*; **~ der Steuer** tax abatement; **~e-r Strafe** mitigation (or reduction) of a sentence; **~ der Zollsätze** reduction of customs duties

herabstufen *(niedriger einstufen)* to demote, to reduce to a lower rank (or grade); to downgrade

Herabstufung *(z. B. in e-e niedrigere Gehaltsstufe)* demotion, downgrading

Heranbildung neuer Manager manager training, manager development

Herangehen an approach to

herantreten, an jdn ~ wegen e-r Sache to approach sb. with regard to sth.

Heranwachsender[107] adolescent; *(strafrechtl.)* young offender (anyone who, at the time of the offence [offense], was 18 but not yet 21) *(→Jugendlicher)*

heranziehen *(etw. in Betracht ziehen)* to consider, to take into account; *(Literatur etc)* to consult; **jdn zur Beitragszahlung ~** to call upon sb. to pay contributions; **Gefangene zur Arbeit ~** to use prisoners for work

heraufsetzen to increase, to raise, to put up; *(mit e-m höheren Preis versehen)* to mark up; *(verhältnismäßig)* to scale up; **den Diskontsatz ~** to raise the discount rate; **die Löhne um 10 ~** to increase (or put up, raise) wages by 10; **die Miete ~** to put up the rent; **die Preise ~** to raise the prices; **alle Waren in dem Geschäft im Preise ~** to mark up all the goods in the shop

heraufgesetzter Preis raised (or advanced) price; **um 10 ~** a price increased (or put up) by 10

Heraufsetzung increase, raising, putting up

herausbekommen, (Wechsel-)Geld ~ to get ... change; **das angelegte Kapital ~** to recover the invested capital

herausfordern *(Gegenstand)* to ask for the return of; *(zu etw. herausfordern)* to challenge; *(provozieren)* to provoke; **~d** provocative

Herausforderung, wirtschaftliche ~ economic challenge (für to); **e-r ~ begegnen** to face (or meet) a challenge

Herausgabe *(Übertragung des unmittelbaren Besitzes)* surrender (of possession); *(Rückgabe)* return (of property), giving back, restoration; *(Rückgabe unrechtmäßig erworbenen Eigentums)* restitution; *(Aushändigung)* delivery, handing over; *(Veröffentlichung)* publication; **→Unmöglichkeit der ~**; **~ der Erbschaft**[108] delivery of the assets of the estate by the →Erbschaftsbesitzer; **~ der →Geschenke**; **die ~ des Gewinns verlangen** to recover the profits; **~ hinterlegter Sachen**[109] return of objects deposited; **~ e-s Kindes**[110] surrender of a child; **~ der ungerechtfertigten →Bereicherung verlangen**; **~ von Urkunden**[111] delivery of documents

Herausgabeanspruch claim for return (or restoration) (of property); claim for return of a (borrowed, deposited etc) object; claim for surrender (of a child etc); claim for restitution (of stolen property etc); **→Eigentums~**

Herausgabeklage *(bei bewegl. Sachen)* action for recovery of goods; *(bei unbeweglichen Sachen)* action for the return of property; *(gerichtet auf Herausgabe angeblich zu Unrecht gepfändeter Sachen gegen Sicherheitsleistung)* replevin; **Klage auf Herausgabe der ungerechtfertigten →Bereicherung**

Herausgabepflicht obligation to return (or surrender, restore, restitute) sth.; **~ Dritter bei ungerechtfertigter Bereicherung**[112] obligation of a third person to return (or restore) property in a case of unjust enrichment

Herausgabeschuldner person liable to surrender (etc)

herausgeben *(den unmittelbaren Besitz übertragen)* to surrender (possession); *(zurückgeben)* to return, to give back, to restore; *(unbewegl. Vermögen)* to give up possession of land (or *Am* real property); *(unrechtmäßig erworbenes Eigentum)* to restitute; *(aushändigen)* to deliver, to hand over; *(veröffentlichen)* to publish; *(als Bearbeiter)* to edit; **(kleines) Geld ~** to give change; **e-e Zeitung ~** to edit a newspaper

Herausgeber editor, publisher

heraus~, ~gehende Post outgoing mail; **~kommen** *(Buch)* to be published; to appear; *(zur Folge haben)* to come of it; *(neues Fabrikat)* to come out, to appear (on the market); **den Mieter (od. Pächter) wegen Nichtzahlung der Miete (Pacht) ~setzen** to evict (or eject) the tenant for non(-)payment of rent

Heraussetzung *(e-s Mieters, Pächters)* eviction, ejection

herausstellen *(betonen, hervorheben)* to emphasize, to give emphasis to, to highlight; **groß ~** *(in Presse, Werbung etc)* to feature; **sich ~ als** to turn out to be; **sich als falsch (richtig) ~** to prove false (correct)

heraus~, ~verlangen to reclaim, to demand that sth. be given back; to demand the return of sth.; **~wirtschaften** to make a profit (out of), to extract a profit (from)

herbeiführen *(verursachen)* to bring about, to cause; *(nach sich ziehen)* to entail; **hohe Ausgaben ~** to entail large expenses; **e-e Einigung ~** to bring about an agreement; **e-n Unfall ~** to cause an accident

Herbeiführung, vorsätzliche ~ e-s Versicherungsfalles causing an insured loss deliberately

herbeiziehen, Akten ~ to consult records

Herbeiziehung von Urkunden consultation of documents

Herbst~, ~ferien *Br* autumn holidays; *Am* fall vacation; **~messe** autumn (*Am* fall) fair

herein~, ~bekommen *(Ware)* to get in, to receive; *(Außenstände)* to recover; **H~geber**

(Börse) giver *(→Reportgeschäft)*; **H~holen** getting in; **Aufträge ~holen** to get (in) orders, to canvass orders; **~nehmen** *(Börse)* to take in *(→Reportgeschäft)*; **Wertpapiere ~nehmen** to take securities on deposit; **H~nehmer** *(Börse)* taker *(→Reportgeschäft)*

Herkommen →Herkunft

herkömmlich traditional, conventional; established; **~erweise** traditionally

Herkunft *(Ursprung)* origin; provenance; *(Abstammung)* descent, parentage, origin; *(Milieu)* (family) background; *(Quelle)* source; **ethnische ~** ethnic origin; **soziale ~** social background (or origin); **Erzeugnisse mit ~ aus** products coming from

Herkunftsangabe, falsche ~n auf Waren false indications of origin on goods[113] *(→Madrider Herkunftsabkommen)*

Herkunfts~, ~bescheinigung *(e-r Handelsware)* certificate of origin; **~bezeichnung** designation (of place) of origin; **~land** country of origin; country from which goods are shipped; **~mitgliedstaat** home Member State; **~nachweis** proof of origin; **~ort** place of origin; **~zeichen** mark of origin (or provenance)

herleiten, sein Recht ~ aus to derive one's title from

Herleitung e-s Anspruchs derivation of a claim

herrenlos ownerless; derelict; abandoned; **~e bewegliche Sachen** ownerless movables *(→Aneignung)*; **~e Erbschaft** vacant inheritance; **~e Sache** ownerless object; derelict (property); res nullius; **~es Tier** ownerless animal; estray; **~es Wrack** unclaimed wreck; **~ werden** to become ownerless

Herrschaft dominion, domination; control (über over); sovereignty, reign; →**Fremd~**; **~ der Mehrheit** majority rule; **~srechte** absolute rights (rights protected against anyone) *(opp. personal rights arising from obligations)*

herrschen to have dominion over, to control, to rule; *(Monarch)* to reign; *(vorherrschen)* to prevail

herrschend dominant, controlling; *(vorherrschend)* prevailing, ruling; **es ist die ~e Ansicht** it is generally agreed upon; it is the prevailing view (or opinion); **~es Grundstück** *(bei Grunddienstbarkeit)* dominant tenement *(Ggs. dienendes Grundstück)*; **~e Meinung** prevailing (or dominant) opinion; **nach ~er Meinung** according to the prevailing view; by the weight of authority; **~e Rechtsprechung** prevailing case law *(s. maßgeblicher →Präzedenzfall)*; **~es (abhängiges) Unternehmen**[114] controlling (controlled) company; **die jetzt ~en Verhältnisse** the conditions now prevailing, the prevailing conditions; the present circumstances

herrühren von to come from, to be due to

herstammen von to come from; to originate from; *(abgeleitet von)* to be derived from

herstellen 1. *(fertigen)* to manufacture, to make, to produce; to turn out; *(genormte Fertigteile)* to prefabricate

hergestellt, mit der Hand ~ hand-made; **mit der Maschine ~** machine-made; →**serienmäßig ~**; **in den USA ~es Erzeugnis** a product manufactured in the United States

herstellen 2. *(zustande bringen)* to establish; **wieder~** to restore; **politische Kontakte ~** to establish (or create) political contacts; **die öffentliche Ordnung wieder~** to restore public order

hergestellt, gesundheitlich wieder ganz ~ quite restored to health

Hersteller manufacturer, maker, producer; →**Endprodukt ~**; →**Quasi-**: **~erlaubnis** manufacturing permit; **~firma** manufacturing firm, manufacturer(s); **~haftung** manufacturer's liability; product liability; **~länder** manufacturing (or producing) countries; **~marke** producer's brand; **~werbung** producer advertising; **~ des Endprodukts** *(ProdHR)* manufacturer of a finished product; **~ e-s Grundstoffes** *(ProdHR)* producer of raw material; **~ e-s Teilprodukts** *(ProdHR)* manufacturer of a component part; **sich als ~ ausgeben** to present oneself as producer

Herstellkosten manufacturing costs

Herstellung 1. *(Fertigung)* manufacturing, manufacture, making, production; turning out; **in der ~ begriffen** in process of manufacture; **die ~ einstellen** to discontinue the manufacture (of)

Herstellungs~, ~aufwand *(Einkommensteuer)* capital expenditure *(Ggs. Erhaltungsaufwand)*; **~geheimnis** manufacturing secret; **~jahr** year of manufacture; **~kosten** production costs, costs of production (or manufacture); **~land** country of manufacture, country where ... is manufactured; **~lizenz** manufacturing licen|ce (~se); **neuartige ~methode** *(PatR)* new manner of manufacture; **~monopol** production monopoly; **~ort** place of manufacture; **~preis** manufacturing price; **~tag** day of manufacture; **~verfahren** method of manufacture; manufacturing process; **~vertrag** manufacturing agreement; contract of manufacture

herunterdrücken, den Kaufpreis ~ to beat (or force) down the purchase price; **die Löhne**

um 10 ~ to decrease (or cut) wages by 10 per cent

heruntergehen, mit seiner Forderung ~ to modify (or reduce) one's claim; **mit dem Preis ~** to lower the price, to go down in price, to reduce the price

herunterkommen, der Betrieb kam immer mehr herunter the company (or concern) went steadily downhill

heruntersetzen →herabsetzen

herunterwirtschaften to ruin (by mismanagement), to run down

hervorgehen to come (or arise) (aus from); *(sich als Folge ergeben)* to result (or follow) (aus from); **aus den Akten geht hervor** it appears from the records; the files show (or prove, establish); **aus der Entscheidung geht klar hervor, dass** the decision makes it clear that

hervorheben *(betonen)* to emphasize, to stress, to underline

hervorragend, ~e Arbeit excellent work; **~e Fachleute** outstanding experts; **~e Persönlichkeiten des Wirtschaftslebens** eminent businessmen; personalities of high standing in industrial and commercial circles

hervorrufen *(verursachen)* to cause, to bring about; **e-e Veränderung ~** to cause a change

heterogen heterogeneous

Hetz~, ~presse *(etwa)* yellow press, gutter press; **~rede** inflammatory speech

Heuer (seaman's) pay, wages; **~buch** (seaman's) pay-book; **~büro** seamen's employment agency; shipping office; **~vertrag** seamen's articles of agreement; ship's articles *(s. sich →anheuern lassen)*

heuern to engage; to sign on seamen *(→anheuern)*

heute today; **ab ~** from today (on); starting today; **bis ~** up to this date; till today; to date; **von ~ an** from this day forth, from today's date; **~ in e-r Woche (od.** *colloq.* **~ in 8 Tagen)** a week from today; *Br* this day week; **~ vor e-r Woche (od.** *colloq.* **~ vor 8 Tagen)** a week ago (today)

heutig, auf der ~en Börse at to-day's market; **~es Datum** today's date; **unser ~es Ferngespräch** our telephone conversation of today; **mit der ~en Post** by today's mail (or *Br* post); **dem ~en Stande angepasst** up-to- date; **~e Verhältnisse** present-day conditions

HGB →Handelsgesetzbuch

Hieb- und Stoßwaffen side arms

hierdurch hereby; *(durch diese Urkunde)* by these presents; **~ wird bekanntgemacht** this is to notify; notice is hereby given; **~ wird bescheinigt** this is to certify

hiermit herewith; *(durch diese Urkunde)* by these presents; **~ übersenden wir Ihnen** enclosed we send you; enclosed please find

hiesig of this place, local; **e-e ~e Firma** a local firm

High-Tech-Unternehmen high-tech companies

Hilfe help, aid, assistance; *(Unterstützung)* support, relief; *(Person im Haushalt)* (domestic) help; →**Flüchtlings~**; →**Kapital~**; →**Kredit~**; →**Nahrungsmittel~**; →**Rechts~**; →**Sofort~**; →**Sozial~**

Hilfe, ärztliche ~ medical aid; **außerordentliche ~** exceptional aid; →**Erste ~**; **freiwillige ~ leisten** to volunteer help

Hilfe, gegenseitige ~ mutual aid; **die Behörden leisten sich gegenseitig ~** the authorities assist one another

Hilfe, →**humanitäre ~**; **staatliche ~** government (or state, public) aid; *(Subvention)* government subsidies; **~ zur** →**Selbst~**

Hilfe, die angebotene ~ ablehnen to refuse the assistance offered; **ständig fremder ~ bedürfen** to require the constant help of another person; **um ~ bitten** to ask for help; **jdm ~ leisten** to give (or lend) aid to sb.; to render (or provide) assistance to sb.; **mit jds ~ rechnen** to count on sb.'s assistance; **um ~ rufen** to call for help; **sich an jdn um ~ wenden** to apply to sb. for assistance

Hilfeleistung help, assistance; **~ in Seenot**[115] assistance to ships in distress; salvage; **(geschäftsmäßige) ~ in Steuersachen** (professional) assistance in tax matters; **unterlassene ~**[116] failure to lend assistance; **Verpflichtung zur ~ für Verletzte** obligation to assist the injured

Hilfs, ~- ancillary, auxiliary, subsidiary; **~angestellte(r)** supernumerary; **~anspruch** additional claim; *(PatR)* alternative claim; **~antrag** *(Zivilprozess)* subsidiary motion; *(PatR)* alternative claim; **~arbeiter** labo(u)rer; unskilled worker; auxiliary (or temporary) worker; *(wissenschaftl.)* assistant; **~ausschuss** auxiliary committee; **h~bedürftig** in need of assistance; requiring help; **~betrieb** ancillary plant; ancillary undertaking; **~buch** subsidiary book; **~dienste** ancillary services; **~fonds** relief fund; *(Unterstützungskasse)* provident fund; **~gebrauchsmuster** auxiliary utility model

Hilfsgelder subsidies; **~ zahlen an** to give a subsidy to; to subsidize

Hilfs~, ~geschäfte auxiliary transactions; **~konto** subsidiary account; **~kosten** *(bei Hilfeleistung in Seenot)* salvage charges; **~kräfte** auxiliary staff;

helpers; **~lohn** *(für Hilfeleistung in Seenot)* salvage; compensation for assistance to ships in distress; **~maßnahmen** relief measures; **~material** →Hilfsstoffe; **~mittel** aid(s); (auxiliary) means; remedies; **finanzielle ~mittel** financial aid; **orthopädische ~mittel** orthopaedic appliances; **~organ** subsidiary organ; auxiliary body; **~organisation** relief organization; **~personal** auxiliary personnel; **~programm** relief program(me); **~prüfer** *(PatR)* assistant examiner

Hilfsquelle resource; source (of help); **natürliche ~n** natural resources; **Erschließung neuer ~n** opening up new resources; **neue ~n erschließen** to tap new resources

Hilfsrichter assistant judge

Hilfs~, ~stoffe auxiliary material; **~- und Betriebsstoffe** material and supplies

Hilfstatsache →Indiztatsache

hilfsweise *(wahlweise)* alternative(ly), in the alternative; **~** *(in zweiter Linie)* **haftpflichtig** secondarily liable

Hilfswerk relief (or charitable) organisation; **~ der Vereinten Nationen für die →Palästina- Flüchtlinge**

Himmel, Versammlung unter freiem ~ open air assembly, assembly in the open

hinauf~, im Preis ~gehen to go up in price; **den Preis ~setzen** to increase (or raise) the price; **Kurse ~treiben** to force up prices

hinaus~, ~gehen über to go beyond, to exceed; **über die Befugnisse ~gehend** ultra vires; **~laufen auf** to result in, to amount to; **die Bezahlung ~schieben** to postpone (or defer) payment; **~werfen** to throw out; *(aus Firma)* to dismiss (sb.); *Am (Br colloq.)* to fire (sb.); *colloq.* to give (sb.) the sack; *(Mieter, Pächter)* to evict, to eject

Hinblick, im ~ auf with regard to, in consideration of, with a view to; noting that; realizing that

hindern *(behindern)* to hinder, to impede; **jdn daran ~, dass er etw. tut** to prevent sb. from doing sth.

Hindernis hindrance, impediment; obstacle; bar; barrier; *(im Straßenverkehr)* obstruction; **→Ehe~**; **→Eintragungs~**; **→Erfüllungs~**; **→Handels~se**; **→Patent~**

Hindernis, gesetzliches ~ statutory bar; **rechtliches ~** (legal) bar; **rechtliche od. sachliche ~se** legal or material obstacles; **ein ~ beheben (od. beseitigen)** to remove an obstacle; **die unterlassene Anzeige** *(z. B. Gepäckschaden im Luftverkehr)* **bietet ein ~ für die Klageerhebung** failure to give notice shall be a bar to (the right to bring) an action

Hinderungsgrund obstacle; impediment; **~ sein für** to be an impediment (or obstacle) to

hineinziehen, jdn ~ *(verwickeln)* **in** to implicate (or involve) sb. in

Hinfahrt *Br (Zug)* journey there; outward journey; *Am* trip to; *(Schiff)* voyage (or passage) there

Hin- und Rückfahrt *(Zug)* round trip; *Br* journey there and back; outward and return journey; *Br (Schiff)* outward and return voyage; *Am* return passage (out and home); voyage out and home; **Fahrkarte für ~** *Br* return ticket; *Am* two-way ticket, round trip ticket

hinfällig *(ungültig)* void, no longer valid; *(gebrechlich)* frail; **~ werden** to become (null and) void; to be rendered invalid; **~ gewordenes Vermächtnis** lapsed legacy

Hin, ~- und Rückflug *Br* return flight; *Am* round trip; **~fracht** *(Kosten)* outward (or outgoing) freight

Hingabe *(Übergabe)* delivery; **gegen ~ von** on delivery of; **~ an Erfüllungs Statt** (delivery as) substituted performance; **durch ~ e-s Pfandes** by way of a pledge; **~ an Zahlungs Statt** surrender in lieu of payment

hinhalten, seine Gläubiger ~ to delay (or put off) one's creditors

Hinhaltetaktik delaying action

hinkendes Rechtsverhältnis limping legal relationship

Rechtsverhältnis, das nicht von allen Rechtsordnungen als wirksam anerkannt wird. Wichtigstes Beispiel: hinkende Ehe.

A (legal) relationship not recognized by the laws of all countries (e. g. a limping marriage).

hinkende Goldwährung limping gold standard

hinreichend sufficient, adequate; **bei ~er →Begründung**; **~er Beweis** sufficient (or satisfactory, substantial) evidence (or proof); **~er Grund** sufficient reason; reasonable cause; **~er Rechtstitel** good title; **~e Verdachtsgründe** reasonable grounds for suspicion

hinrichten to execute; *(durch Erschießen)* to shoot; *(durch Erhängen)* to put to death by hanging, to hang; *(auf dem elektrischen Stuhl)* to electrocute

Hinrichtung execution; *(auf dem elektrischen Stuhl)* electrocution

Hinsicht, in ~ auf →hinsichtlich; **in dieser ~** in this respect; **in geschäftlicher ~** as regards business; **in jeder ~** in every respect; to all intents and purposes; **in materieller ~** on the merits of the case; **in tatsächlicher und rechtlicher ~** in fact and in law

hinsichtlich regarding, with regard to; as to; in terms of

Hinterbänkler *parl* backbencher

Hinterbliebene *pl.* survivors, surviving dependants; **Versicherungsleistungen an ~** benefits payable to surviving dependants

Hinterbliebenen~, ~bezüge payments to dependants (of a deceased person); **~pension** survivors' pension; **~rente** widows' and surviving dependants' pension; *Am* survivors' benefits; **~versicherung** insurance for surviving dependants; *Am* survivors' insurance; **~versorgung** provision for surviving dependants

hintergehen, jdn ~ to deceive (or *colloq.* double-cross) sb.

Hinterhalt, (bewaffneter Überfall aus dem) ~ ambush

Hinterland hinterland

hinterlassen, jdm etw. ~ to leave sth. to sb.; *(bewegl. Sachen od. Geld)* to bequeath; *(Grundbesitz)* to devise; **keine** →**Erben ~**; **sterben, ohne ein Testament zu ~** to die intestate

Hinterlassenschaft property left (by deceased person); inheritance; estate

Hinterlassung, er starb unter ~ von Schulden he died leaving debts behind him; **ohne ~ e-s Testaments sterben** to die intestate; **unter ~ e-s Testamentes sterben** to die testate; to die leaving a will

hinterlegen to deposit (bei with); to place on deposit; to bail; to lodge; **bei einem Dritten** *(als Treuhänder)* **~** *(bis zur Erfüllung e-r Vertragsbedingung)* to give in escrow; **Geld ~** to deposit (or lodge) money (bei with); **Geld bei Gericht ~** to deposit money in court; to pay into court; **Wertpapiere bei e-r Bank ~** to lodge (or deposit) securities with a bank for safe custody

hinterlegt, ~er Betrag amount deposited, deposit; **bei Gericht ~e Gelder oder Wertpapiere** funds in court; **~e Sache** deposited chattel; object deposited; deposit; →**Aufbewahrung e-r ~en Sache**; **die ~e Sache zurücknehmen** to withdraw the deposit

Hinterleger depositor; bailor

Hinterlegung deposit, depositing; bailment; lodg(e)ment

Geld, Wertpapiere und sonstige Urkunden sowie Kostbarkeiten kann der Schuldner bei einer dazu bestimmten öffentlichen Stelle für den Gläubiger hinterlegen, wenn der Gläubiger im Verzuge der Annahme ist.[117]

Money, securities, documents and valuables can be deposited by a debtor in an officially designated place if the creditor does not accept delivery (or performance) at the due time.

Hinterlegung, ~ von Dokumenten bei Gericht deposit (or lodgment) of documents in court; **~ von Geld oder Wertpapieren**[118] depositing of money or securities; **~ e-s Geldbetrages bei Gericht** paying money into court; **internationale ~ gewerblicher Muster und Modelle** international deposit of industrial designs and models *(→Haager Musterabkommen)*; **~ e-r** →**Kaution**; **~ der** →**Ratifikationsurkunde**; **~ als Sicherheitsleistung** depositing as security

Hinterlegungsbescheinigung, e-e ~ falsch ausstellen oder verfälschen[119] to issue a certificate of deposit falsely or to falsify one

Hinterlegungs~, ~gelder moneys deposited; *(bei Gericht)* moneys paid into court; funds in court; **~geschäfte**[120] deposit transactions; **~ort** place of deposit; **~schein** deposit receipt; **~stelle** depository; **~summe** sum deposited; *(bei Gericht)* sum paid into court

hinterlegungsunfähig, Versteigerung ~er Sachen[121] sale by auction of property not capable of (or not suitable for) official deposit

Hinterlegungsvertrag →Verwahrungsvertrag

Hintermann person behind the scenes; *(der mit Rat oder Geld Unterstützung gibt)* backer; *(e-s Wechsels)* subsequent endorser

hintertreiben, e-n Plan ~ to frustrate a plan; to prevent sb.'s plan from being carried out

hinterziehen, Steuern hinterziehen *Br* to defraud the revenue; to evade paying taxes; **den Zoll ~** to defraud the customs; to evade customs duties

hinterzogener Steuerbetrag fraudulently concealed tax amount

Hinterziehung, ~ von Steuern evasion of taxes *(→Steuerhinterziehung)*; **~ von Zöllen** evasion of duties *(→Zollhinterziehung)*; **dem Steuerpflichtigen wird ~ nachgewiesen** fraud on the part of the taxpayer has been established

hinüberwechseln to switch (over) (zu to)

Hinweis *(Angabe)* indication (auf to); *(Wink)* hint; *colloq.* tip-off; *(Verweisung)* reference (auf to); **unter ~ auf** referring to; **unter ~ auf das Abkommen von Helsinki** invoking the Helsinki Agreement; **~zeichen** *(Verkehr)* informative sign; **der Polizei e-n ~ geben** to give the police a tip-off

hinweisen to indicate; **~ auf** *(darauf schließen lassen)* to be indicative of; **jdn darauf ~** to draw sb.'s attention to; to point out to sb.

hinziehen *(verzögern)* to protract, to drag out; **sich ~** to drag on

hinzufügen to add

Hinzufügung, ohne ~ oder Änderung without addition (to) or alteration (of)

Hinzukommen von Vermögen accession of property

hinzukommen, es kommt noch hinzu, dass it must be added that

hinzukommend additional; accessory

hinzu~, ~rechnen to add to; **~wählen** to co- opt

hinzuziehen *(Arzt etc)* to call in, to consult; **jdn zur Beratung von ... ~** to call in sb. when discussing ...

Hippokratischer Eid Hippocratic Oath

Hirtenbrief *(e-s Bischofs)* pastoral letter

hoch high; **~ besteuert werden** to be heavily taxed; **~ entwickelt** highly developed; sophisticated; **~ im Kurs stehende Aktien** high-priced shares (stock); *(vorübergehend)* glamo(u)r shares; **~ im Preis** high-priced; dear; **die Aktien stehen ~** the shares (stocks) are up

hoch, zu ~ too high, excessive; **zu ~ berechneter Betrag** excessive charge; overcharge; **zu ~ angeben** to overstate; **zu ~ besteuern** to overtax; **zu ~ einschätzen (od. veranlagen)** to overassess; **zu ~ versichert** overinsured

Hoch *(z. B. am Aktienmarkt)* peak

Hochachtung, mit vorzüglicher Hochachtung →hochachtungsvoll; **h~svoll** *Br (als Briefschluss)* yours faithfully; *Am* sincerely yours; yours (very) truly; very truly (yours)

hochauflösendes Fernsehen high-definition television (HDTV)

Hochbahn elevated railway

Hoch~, ~bau construction engineering; building construction; **~- und Tiefbau** constructural and civil engineering

Hochburg e-r Partei party stronghold

Hoch~, ~finanz high finance; **~garage** multistor(e)y garage (or car park)

hoch~, ~gehen *(Preise, Kurse)* to rise, to go up; **~halten** *(Preise, Kurse)* to keep up; *(stützen)* to peg

Hochhaus tower block; *Br* high-rise block (or building); multistorey building; **Wohnung in e-m ~** *Br* high-rise flat; *Am* high-rise apartment; **~abschattungsgebiete** areas blacked out by high-rise buildings

Hochheben, durch ~ der Hände by show of hands

hochindustrialisierte Länder highly industrialized countries

Hochkommissar High Commissioner *(s. UNO-Hochkommissar für →Flüchtlinge)*; **~iat** Office of the High Commissioner

Hochkonjunktur boom; peak prosperity; **~ im Inland** domestic boom; **Abklingen der ~** decline in peak activity; **Jahre der ~** boom years; **sich in e-r ~ befinden** to experience a boom; **die ~ eindämmen** to check (or curb) the boom; **~ haben** to be booming

Hochland, Hügel und ~gebiete mountain and hill regions

hochqualifiziert highly qualified; *(Arbeiter)* highly skilled

Hochrechnung computer forecast, computer projection; extrapolation

Hochsaison height of the season; peak season

Hochschule university; institution of higher education; college

Hochschul~, ~abschlüsse higher-education diplomas *(→Hochschulzeugnis)*; **~absolvent** university graduate, university leaver; **~ausbildung** higher education; university education; **Berufe, die e-e ~ausbildung voraussetzen** professions requiring university qualification; **~bau** construction of universities; **im ~bereich** in the field of higher education; in the higher education sector; in the universities; **~bildung** →Hochschulausbildung; **~diplom** higher education diploma; **~dozent** university teacher; **~einrichtungen** institutions of higher education; **~forschung** academic research; **h~freie Forschung** non-academic research; **~konferenz** university conference; **~lehrer** university teacher; professor; **~politik** policy regarding university education; **~recht** law regarding higher education; university legislation; **~reform** university reform; **~reife** examination qualifying for enrol(l)ment at a university; entrance level required for a university

Hochschulstudium, ein ~ durchführen to pursue university studies; **Bewerber mit abgeschlossenem ~** applicants with a university degree; **Weiterbildung nach dem ~** *Br* postgraduate training; *Am* graduate program

Hochschul~, ~verband University Professors' Association; **~ wesen** universities in general; higher education (system)

Hochschulzeugnis, Anerkennung von akademischen Graden und ~sen[122] und Hochschulzeugnissen recognition of university qualifications

Hochsee high sea(s), open sea; **~fischerei** deep-sea fishing; **~flotte** deep-sea fleet; sea-going fleet; **~schiff** deep-sea vessel; ocean-going ship; **~schiffahrt** ocean shipping

Hoch~, **~stapelei** confidence trick (or *Am* game); fraud; imposture; obtaining property by deception; **~stapler** confidence man (or trickster); impostor; con man

höchst- s. nach Hochzinspolitik

hochtechnisiert technically advanced, sophisticated

Hochtechnologie high technology

hochtreiben, **Preise ~** to push (or drive) up prices; *(bei Auktionen)* to force to bid higher; to bid up

Hochverrat[123] (high) treason (against the internal security of the state) *(→Landesverrat)*; **~sprozess** treason trial; **~ begehen** to commit treason

hochverräterische Handlungen treasonable acts

hochverzinslich bearing a high rate of interest; yielding high interest

Hochwasser *(e-s Flusses)* high water; *(Überschwemmung)* flood; **~geschädigte** flood victims; **~notstand** flood emergency; **~schaden** flood damage; **~schutz** flood control

hochwertig high-grade, high-quality; of high value

Hochzeitsgeschenk wedding present

Hochzinspolitik high interest rate policy

höchst~, **~ens** at (the) most; no more than, not exceeding; **~er Betrag** maximum (amount); **auf ~er Ebene** on the highest level, at top level; **~es Gebot** highest bid; **~er Stand** peak level

Höchst~, **~alter** maximum age; **~arbeitszeit** maximum working time; **(zulässige) ~belastung** maximum load; **~bestand** maximum stock

Höchstbetrag maximum amount; *(Preisgrenze)* limit; *(vom Versicherer übernommener Höchstbetrag)* (office) limit; line; **Geldstrafe bis zum ~ von** fine not exceeding

Höchstbetragshypothek[124] maximum amount mortgage

Hypothek, bei der nur der Höchstbetrag einer Forderung, für die das Grundstück haften soll, bezeichnet und im Grundbuch eingetragen ist.

A mortgage under which only the maximum amount to which the land (or real property) can be encumbered is entered in the register.

Höchst~, **~bietender** highest (or best) bidder; **~dauer** maximum duration; **für e-e ~dauer von 4 Monaten** for a period not exceeding 4 months; **~entschädigung** limit of indemnity; **Bau und Betrieb e-s ~flussreaktors**[125] construction and operation of a very high flux reactor; **~gebot** *(bei Versteigerungen)* highest bid

Höchstgeschwindigkeit maximum speed; **zulässige ~** speed limit; **Überschreiten der ~** speeding; exceeding the speed limit

Höchstgewicht maximum weight

Höchstgrenze upper (or maximum) limit; *(amtl. festgesetzt)* ceiling; **~ der Annahme** *(VersR)* gross line; **~ der Preise** price ceiling; **~ des Selbstbehalts** *(VersR)* net line (or limit)

Höchstkurs highest (or maximum) price; top price; *(Devisen)* highest (or maximum) rate; **Höchst- und Tiefstkurse** highest and lowest quotations; **~e erzielen** to reach peak levels

Höchst~, **~laufzeit e-r Schuldverschreibung** maximum term of a bond; **~leistung** *(VersR)* maximum benefit; *(Arbeit, Produktion)* maximum output; **~lohn** maximum wage(s); *(gesetzl. zugelassen)* wage ceiling; **~maß an** maximum of; **~menge** maximum quantity

höchstpersönlich strictly personal; **~e Rechte** rights which cannot be transferred

Höchstpreis maximum (or highest, top) price; *(amtl. festgesetzt)* ceiling price; **→Niedrigst- und ~e**; **zum ~ verkaufen** *(Börse)* to sell at best (price)

höchstrichterliche Entscheidung decision by the supreme (or highest) court

Höchstsatz maximum rate, top rate; **Höchstschaden** *(VersR)* maximum loss; **geschätzter ~** estimated maximum loss (EML); **möglicher ~** maximum possible loss (MPL); **vorhersehbarer ~** maximum foreseeable loss (MFL); **wahrscheinlicher ~** probable maximum loss (PML); **Höchststand** peak (level), top level; *(Börse)* high; **historischer ~** all-time high; **den ~ erreichen** *(Preise, Kurse)* to reach (the) peak (level)

Höchst~, **~strafe** maximum penalty (or sentence); *(Geldstrafe)* maximum fine; **~verkaufspreis** maximum selling price; **~versicherungssumme** maximum insured sum; **~wert** maximum (or highest) value; **~zollsatz** maximum rate of customs duties

Hof 1. *(Bauernhof)* farm, farmstead; holding; **Preis ab ~** ex farm price; **~erbe** heir to a farm; successor to take over the farm; **Höfeordnung**[126] law (prevalent in some →Länder) relating to inheritance of farms and forest land; **Höferecht** →Höfeordnung; **~übergabe** surrender (or transfer) of the farm; **e-n ~ bewirtschaften** to manage (or operate) a farm; **e-n ~ →pachten**; **→verpachteter ~**

Hof 2. *(Fürstenhof etc)* Court; **bei ~e** at Court; **~lieferant** purveyor to the Court; **~trauer** Court mourning; **~zeremoniell** Court etiquette

Hoffnung~, **~skauf** speculative purchase; **der ~ Ausdruck geben** to express the hope

Höflichkeit, **internationale ~en** international courtesies; comity of nations; **e-n ~sbesuch abstatten** to pay a courtesy call (or visit) (bei on)

hohe, **~s Alter** old age, advanced age; **~s Amt** high position (or post); **~ Anforderungen** great demands; **von ~m Ansehen** of high standing; **~ Arbeitslosigkeit** high (level of) unemployment; **~ Auflage** wide circulation; **zu ~ Ausgabe** *(von Wertpapieren)* overissue; **~r** →**Beamter**; **~r Betrag** large amount; large sum (of money); **~ Ehre** great hono(u)r; **~s Einkommen** large income; **mit e-r ~n** →**Geldstrafe bestraft werden**; **H~s Gericht** *Br (AnredeSupreme Court)* Your Lordship; *Am* Your Honor; **zu ~s Gewicht** overweight; overload; **~r Gewinn** large profit; *(Lotterie)* big prize; **übermäßig ~r Gewinn** excessive profit; **~r Preis** high price; stiff price; **jdm e-n zu ~n Preis berechnen** to overcharge sb.

Hohe, **~ See** high seas; open sea; **Übereinkommen über die ~ See**[127] Convention on the High Seas; **das Schiff befindet sich auf ~r See** the ship is on the high seas; **e-m Schiff auf ~r See begegnen** to encounter a ship on the high seas

hohe, **~r Stand** high level; **~ Strafe** high penalty; severe punishment; **H~e Vertragsparteien** *(VölkerR)* High Contracting Parties; **~r Zinssatz** high rate of interest; **~ Zinsen zahlen** to pay a high interest rate

Höhe height; *(Ausmaß)* extent; *(Betrag)* amount; *(Stand, Stufe)* level; *(Grad)* degree; **bis zur ~ von** up to the amount of; to the extent of; not exceeding; **in ~ von** to the amount of, amounting to; **in der ~ von ... bis ...** ranging from ... to ...; **der ~ nach (noch) unbestimmter** →**Schadensersatz**; **im voraus der ~ nach vertraglich festgesetzter** →**Schadensersatz**

Höhe, **angemessene ~ der Kosten** reasonable level of costs; **in beliebiger ~** to any amount (or extent); **Beträge geringer ~** minor amounts; **auf gleicher ~** on the same level; **in gleicher ~ mit** on a level with; **die Rechnung ist in voller ~ zu begleichen** the account has to be settled in full

Höhe, **~ der Ausgaben** amount (or level, size) of expenditure; **~ des Beitrags** amount of the contribution; **~ des Darlehens** amount of the loan; amount advanced; **~ des Einkommens** amount (or size) of the income; **~ e-s Flugzeugs** altitude of an aircraft; **~ e-r Forderung** amount of a claim; **~ der Freiheitsstrafe** term (or period) of imprisonment; **~ des Gewinns** extent of profit; **~ des Kredits** amount (or extent) of the credit; **~ der Miete** amount of rent; **~ der Nachfrage** level of demand; **~ des Preises** price (charged); **~ der Preise** level of prices; **~ des Schadens** extent of the damage; **~ des Schadensersatzes** measure (or amount) of damages; quantum of damages; **~ der Steuer** amount (or level) of the tax; **~ der Strafe** degree (or measure) of the penalty (or punishment); **~ des Streitwertes** value of the matter in dispute; *Am* extent of the jurisdictional amount; **~ des Umsatzes** size of the turnover; **~ der Zölle** amount of customs duties; **~ der Zollsätze** level of the rates of duty

Höhenforschungsrakete, **Abschuss von ~n**[128] launching of sounding (research) rockets

Höhepunkt peak, climax, height; **auf dem ~ der Konjunktur** at the peak of the economic cycle; **den ~ erreichen** to culminate (in); to peak

Höhe, **die Kurse (od. Preise) gehen in die ~** prices are going up; prices are rising (or have an upward tendency); **im Preis in die ~ gehen** to increase in price; **die Preise auf derselben ~ halten** to maintain prices on the same level; **in die ~ schnellen** to soar, to rise suddenly, to jump; to shoot up, to rocket; *(Preise)* **in die ~ treiben** to run up, to force up; *(durch Bieten)* to bid up; *(Kurse)* **in die ~ treiben** to bull, *Am* to balloon

Hoheit *(Souveränität)* sovereignty; *(Hoheitsgewalt)* jurisdiction; →**Finanz~**; →**Gebiets~**; →**Luft~**; →**Münz~**; →**Steuer~**; →**Tarif~**; **Ihre (Seine) Königliche ~** *(Titel)* Her (His) Royal Highness (H. R. H.)

hoheitliche Gewalt ausüben to exercise jurisdiction

Hoheits~, **~abzeichen** *(z. B. e-s Flugzeugs)* national marking; **staatlicher ~akt** Act of State; **~aufgaben** sovereign tasks; **~betriebe** public service undertakings

Hoheitsgebiet sovereign territory; **außerhalb des ~s** outside the territory; extraterritorial; **im ~ e-s Staates** within the territory of a state; **~e ohne Selbstregierung**[129] non-self governing territories; **das ~ betreten** to enter the territory; **in ein ~ einfliegen, aus ihm ausfliegen, es durchfliegen** to enter, depart from or fly across a territory; **ein ~ ohne Landung überfliegen** to fly across a territory without landing

Hoheitsgewalt sovereignty, sovereign power; jurisdiction; **der ~ e-s Staates unterliegende Gewässer** waters under the sovereignty of a state

Hoheitsgewässer territorial waters, jurisdictional waters, national waters; **Ausdehnung**

der ~ extension of territorial waters; **Grenze der ~** limit of territorial waters; **an die ~ angrenzendes Gebiet** area adjacent to the territorial waters; **in ~** *(ohne Erlaubnis)* **eindringen** to violate territorial waters

Hoheitsgrenze *(auf See)* limit of territorial waters; territorial limit

Hoheits~, **~rechte**[130] sovereign rights (or powers); sovereignty; **~zeichen** national emblem, sovereign emblem

Höher~, **~bewertung** higher valuation; appreciation; writeup; **~bewertung von Anlagegütern** appreciation of fixed assets; **~gruppierung** upgrading, raising to a higher grade; *(Beförderung)* promotion; **~versicherung** increased insurance; **h~wertig** of higher value, superior

höher, **~er** →**Beamter**; **~e Bildung** higher education; **~es Dienstalter** seniority (in rank); **~es Gericht** higher (or superior) court

höhere Gewalt *(durch Naturereignisse)* act of God; *(weitergehend, z. B. auch Krieg und Streik umfassend)* force majeure; **bei höherer Gewalt** in case of force majeure; **auf ~ zurückzuführen sein** to be due to circumstances amounting to force majeure

höher, **~e Instanz** *(Gericht)* higher court; *(Verwaltung)* higher authority; **~er Offizier** senior officer; **~en Ortes** by higher authority; **~e Preisauszeichnung** mark(-)up; **~e Rente** higher pension; **~e Schule** *Br* grammar school; secondary school; *Am* high school; **~e Schulbildung** secondary education

höher, **~ bewerten** to rate (or value) higher; to appreciate; **~ bieten** to make a higher bid, to outbid; **~ einstufen** to upgrade; **~ notieren** *Br (Börse)* to mark up

Holdinggesellschaft holding company, controlling company

Holland Holland *(→Niederlande)*

Holländer(in) Dutch/man, woman, *pl* the Dutch

holländisch Dutch

holographisches Testament[131] holographic will (a will in the handwriting of the *Br* deceased, *Am* decedent)

Holschuld[132] obligation to be performed at the place of business (or residence) of the debtor *(→Bringschuld, →Schickschuld)*

Holz wood; *(Nutzholz)* timber, *Am (auch)* lumber; **Brenn~** fire-wood; **Roh~** wood in the rough; *Am* rough lumber; **Sperr~** plywood; **Schlagen von ~** cutting of timber

Holz~, **~bearbeitung** wood working; **~bestand** amount of timber; lumber (in) stock, lumber supply; **~diebstahl** theft of wood (or timber); **~gerechtigkeit** *(Recht, Holz zu entnehmen)* common of estovers; **~handel** timber (or *Am* lumber) trade; **~industrie** wood (or timber or *Am* lumber) industry; **~verarbeitung** woodworking (or processing)

Homosexualität homosexuality

Honduras Honduras; **Republic ~** Republic of Honduras

Honduraner(in), honduranisch Honduran

Honorant *(Ehrenannehmer)*[134] acceptor for hono(u)r (or by intervention, supra protest)

Honorar *(Vergütung für freiberufl. Tätigkeit)* (professional) fee; remuneration; *(für Autor)* royalty; →**Anwalts~**; →**Arzt~**; **~anspruch** claim for a fee; fee payable; **~konsul** honorary consul; **e-e ~vereinbarung treffen** to reach an agreement as to the fee(s) (or a fees agreement); **~vertrag** fee contract; **~vorschuss** fee paid in advance; *(e-s Anwalts)* retainer; **~ berechnen (od. liquidieren)** to charge a fee

Honorat *(e-s notleidenden Wechsels)*[135] person hono(u)red

honorieren *(ein Honorar zahlen)* to pay a fee; to remunerate; *(Wechsel, Scheck etc)* to hono(u)r; **e-n Wechsel nicht ~** to dishono(u)r a bill of exchange; to refuse to make payment on a bill of exchange

Honorierung *(Honorarzahlung)* payment of a fee; remuneration; *(Wechsel, Scheck)* hono(u)ring

hören to hear; *(Radio)* to listen; *(zu Rate ziehen)* to consult

Hörensagen, **vom ~** by hearsay; **Beweis vom ~** hearsay evidence

Hörfähigkeit, **Beeinträchtigung der ~** hearing defect

Hörspiel radio play

Hörverlust loss of hearing

horizontal, **~e und vertikale Absprachen** horizontal and vertical agreements; **~e** →**Wettbewerbsbeschränkungen**; **~er Zusammenschluss** *(Verschmelzung von Firmen derselben Produktionsstufe)* horizontal combination *(→Kartell, →Konzern)*

Hormonverbot hormone prohibition

Horten von Arbeitskräften labo(u)r hoarding

horten to hoard (up); to lay up a store; *(Rohstoffe)* to stockpile; **Gold ~** to hoard (up) gold

gehortete Vorräte hoarded stocks; *(von staatl. Stellen)* stockpiles

Horter hoarder

Hortung hoarding; (excessive) building-up of stocks; *(von Rohstoffen durch die Regierung)* stockpiling; **~skauf** hoarding purchase

Hospitalschiff hospital ship

Hotel hotel; **Unterhalten e-s ~betriebes** running a hotel; **~besitzer** hotel owner (or proprietor); **~dieb** hotel thief; **~fach** hotel business; **~fachschule** (catering and) hotel management school; college of hotel management; **~ garni** hotel providing bed and breakfast only; **~gewerbe** hotel trade (or industry); **~- und Gaststättengewerbe** hotel and catering (industry); **~personal** hotel staff; **~rechnung** hotel bill (or invoice); **~unterbringung (od. ~unterkunft)** hotel accommodation; **~zimmerreservierung** hotel room reservation; **ein ~zimmer bestellen** to book (or reserve) a hotel room; to book hotel accommodations; **ein ~ leiten** to run a hotel

Hubraum[136] cubic (or cylinder) capacity

Huckepackverkehr piggyback *Br* transport (*Am* traffic) (combined rail and road transport); *Br* pickaback transport *(Am pick-a-back traffic)*; *Am* trailer-on-flat-car transport (TOFC transport) →Plattformwagen; piggy backing

Hügel- und Berggebiete hill and mountain areas

Humanisierung der Arbeit humanization of work; job humanization

humanitär, **~e Hilfe** humanitarian aid (or assistance, relief); **aus ~en Gründen** on humanitarian grounds

Human~, **~kapital** human capital; **~ressourcen** human resources; **~vermögen** *(menschliches Potential, z. B. Arbeitsleistung, Berufserfahrung)* human resources

Hundert~, **~jahrfeier** centenary, 100 th anniversary; **h~prozentige Tochter** wholly-owned subsidiary; **~satz** percentage

Hundesteuer dog tax (or *Br* license)

Hunger hunger; **Linderung des ~s in der Welt** mitigation of hunger in the world; **Massensterben durch ~** mass starvation; **Welt~problem** problem of hunger in the world; **~gebiet** starvation area; **~löhne** starvation wages

Hungersnot famine; **von ~ bedrohte Länder** countries threatened with famine; **unter ~ leiden** to suffer from famine

Hungerstreik, **in den ~ treten** to go on (a) hunger strike

Hungertod death from starvation; **den ~ sterben** to starve to death

Hupverbot prohibition of the use of audible warning devices; prohibition of horn- sounding

Hure →Prostituierte

Hütte →Hüttenwerk; **~narbeiter** worker in a smelting works; steelworker; **~nindustrie** metallurgical industry; **h~nknappschaftliche Zusatzversicherung** steelworkers' supplementary pension insurance; **~nwerk** smelting works; metallurgical plant; iron and steel works

Hygiene am Arbeitsplatz industrial hygiene

Hypothek[137] mortgage:NE: (on *Br* land, *Am* real property); *Br* charge (by way of legal mortgage); *Am (auch)* deed of trust; *Scot* security *(→ Grundschuld)*; **Belastung (e-s Hauses) mit e-r ~** →Belastung 3; →**Eintragung e-r ~ im Grundbuch**

Ein Grundstück kann in der Weise belastet werden, dass an denjenigen, zu dessen Gunsten die Belastung erfolgt, eine bestimmte Geldsumme zur Befriedigung wegen einer ihm zustehenden Forderung aus dem Grundstück zu zahlen ist (Hypothek).

Br Land (*Am* real property) can be encumbered (or *Br* charged) with the payment of a certain sum as security for the performance of an obligation in favo(u)r of the holder of the encumbrance (mortgage or *Br* charge).

Bei der Bestellung der Hypothek braucht der Grundstückseigentümer nicht zugleich der persönliche Schuldner der Forderung zu sein.

It is not necessary for the creation of a mortgage that the owner of the *Br* land (*Am* real property) be the personal debtor in respect of the claim secured by the mortgage.

Für die Hypothek haftet das Grundstück nebst allen Grundstücksbestandteilen und das im Eigentum des Grundeigentümers stehende Grundstückszubehör, außerdem etwaige Miet- und Pachtzinsforderungen und gewisse Versicherungsforderungen.

The mortgage extends to (or is enforceable against) the *Br* land (*Am* real property) and fixtures and such appurtenances as are owned by the mortgagor, also rents and certain insurance claims.

Hypothek, **Amortisations~** →Tilgungshypothek; →**Brief~**; →**Buch~**; →**Gesamt~**; →**Höchstbetrags~**; →**Restkaufgeld~**; →**Schiffs~**; →**Sicherungs~**; →**Tilgungs~**; →**Verkehrs~**; →**Zwangs~**

Hypothek, **ältere ~** s. im Rang vorgehende →Hypothek; **erste (od. erstrangige) ~** first mortgage; **frei von ~en** unencumbered; free from encumbrances; **fällige ~** mortgage payable; **gewöhnliche ~** regular mortgage; **jüngere (od. nachrangige, im Rang nachstehende) ~** subsequent (or *Am* junior) mortgage; mortgage (or *Br* charge) with a lower priority; **für mehrere Gläubiger bestellte ~** contributory mortgage; **im Rang vorgehende ~** prior mortgage; *Am* senior mortgage; **überfällige (od. in Verzug befindliche) ~**

defaulted mortgage; **zweite ~** second mortgage

Hypothek, e-e ~ ablösen →ablösen 1.; **e-e ~ aufnehmen** to raise (or take out) a mortgage; to lend on mortgage; **seinen Grundbesitz mit e-r ~ belasten** to mortgage one's property; to encumber one's property with a mortgage; *Br (auch)* to charge one's land (by way of security); **mit e-r ~ belastet** subject to a mortgage; **ein Haus ist zugunsten der Bausparkasse mit e-r ~ belastet** the property is mortgaged to the →Bausparkasse; **e-e ~ bestellen** to create a mortgage (or *Br* a charge on land); to grant a mortgage on one's property (as security for a loan); **e-e ~ in das Grundbuch eintragen lassen** *Br* to have a charge (against a property) entered in the land register; *Am* to have a mortgage recorded in the land register; **die ~ erlischt**[142] the mortgage is extinguished; **die ~ ist fällig geworden** the debt secured by mortgage has become due; the mortgage money has become due; **jdm e-e ~ geben** to grant a loan secured by a mortgage; to grant a mortgage as security for a loan; **sich e-e ~ von Euro 5000.- auf sein Haus geben lassen** to mortgage one's house to sb. for Euro 5000; **e-e ~ →kündigen; e-e ~ im Grundbuch löschen (lassen)** to cancel a mortgage in the land register; to release (or *Br* discharge) a mortgage; *Am* to enter a satisfaction; **e-e ~ tilgen** →e-e Hypothek zurückzahlen; **e-e ~ übernehmen** to assume a mortgage *(→Hypothekenübernahme)*; **e-e ~ zurückzahlen** to pay off (or repay) a mortgage (debt); to redeem a mortgage; to repay (the) mortgage moneys; **aus e-r ~ zwangsvollstrekken (od. die Zwangsvollstreckung betreiben)** to foreclose a mortgage

hypothekarisch by (or on) mortgage; as a mortgage; **~ belastbar** mortgageable; **~ belasteter Grundbesitz** mortgaged (real) property; **~e Belastung von Grundbesitz** mortgaging (real) property; *Br* charge by way of legal mortgage; mortgage charge; **~ gesichertes Darlehen** mortgage loan; **~e Haftung** liability under a mortgage (or liability for mortgage repayments); **~e Schuld** debt on mortgage; **~e Sicherheit** security by mortgage; **Geld gegen ~e Sicherheit aufnehmen** to borrow (money) on mortgage; **e-e Forderung ~ sichern** to secure a debt by mortgage

Hypothekarkredit mortgage loan; **e-n ~ aufnehmen (gewähren)** to raise (grant) a mortgage loan

Hypotheken~, ~ablösung redemption of a mortgage; repayment of a mortgage debt; **~anlage** investment in mortgages; **~bank** mortgage bank; **~bankgeschäft** mortgage banking; **~bankgesetz** (HBG)[137a] The Mortgage Banks Law; **~belastung** mortgage charge, encumbrance by mortgage; **~beschaffung** *(des Kreditnehmers)* obtaining a mortgage; *(des Kreditgebers)* providing (or provision of) a mortgage; **~bestellung** creation of a mortgage (or *Br* charge); **~betrag** mortgage money

Hypothekenbrief[138] mortgage deed; *Br* certificate of charge; **e-n ~ erteilen** to issue a mortgage deed *(→Briefhypothek)*

Hypothekendarlehen mortgage loan (or advance); loan on mortgage; loan (or advance) secured by a mortgage

Hypothekenforderung mortgage claim (or debt); **~en** *(Bilanz)* mortgages receivable; **persönliche Haftung für die ~** personal liability under a mortgage; **die ~ ist fällig geworden** the debt secured by a mortgage has become due

Hypotheken~, h~frei unencumbered; **~gewinnabgabe**[139] levy on mortgage profits

Hypothekengläubiger mortgage creditor, mortgagee; *Br* chargee; **im Rang nachstehender (vorstehender) ~** subordinate (prior) mortgagee; **Befriedigung des ~s durch den Grundstückseigentümer**[140] repayment of the mortgage debt; discharge of the mortgage (or *Br* charge) by the mortgagor; **Klage des ~s auf Geltendmachung seiner Forderung** foreclosure action (or suit); **~ sein** to hold a mortgage; to be the mortgagee

Hypotheken~, ~klage s. Klage des →Hypothekengläubigers; **~kredit** mortgage loan; **~löschung** cancellation of the mortgage (or *Br* charge) (in the →Grundbuch); **(Eintragung der) ~löschung** *Am* entry of satisfaction of mortgage; **~makler** mortgage broker; **~markt** mortgage loan market; **~pfandbrief** mortgage debenture, mortgage bond; **~rang** ranking of mortgages; **~register** *(der Hypothekenbanken)* mortgage register; *Br* charges register

Hypothekenschuld mortgage debt, debt secured by a mortgage; **~en** *(Bilanz)* mortgages payable; **Übernahme e-r ~** →Hypothekenübernahme

Hypotheken~, ~schuldner mortgagor; *Br* chargor; mortgage debtor, debtor under a mortgage (or *Br* charge); **~tilgung** redemption of a mortgage; **~tilgungsversicherung** mortgage protection policy; **~übernahme**[141] assignment of mortgage debt (purchase of *Br* land [*Am* real property] subject to an existing mortgage); **~urkunde** mortgage deed; **~verbindlichkeiten** *(Bilanz)* mortgages payable; **~versicherung** mortgage insurance; **~zinsen** mortgage interest; **~zinssatz** mortgage (interest) rate; interest on mortgage loans; **~zusammenlegung** mortgage consolidation

hypothekenbesichert mortgage-backed

Hypothese hypothesis

I

ICC (IHK) →Internationale Handelskammer; **~ Einheitliche Richtlinien für Vertragsgarantien**[1] ICC Uniform Rules for Contract Guarantees; **~ Internationale Zentralstelle für →technische Gutachten**; **~ Kommission für internationale Handelspraxis** ICC-Commercial Practice Commission; **~ Internationale Verhaltensregeln für die →Verkaufsförderung**; **~ Internationale Verhaltensregeln für die →Werbepraxis**; **~ Schiedsgerichtsbarkeit** ICC arbitration; **~→Schiedsgerichtshof der Internationalen Handelskammer**; **~ Schiedsgerichtsordnung**[1a] ICC Rules of Arbitration; **~ Schiedsklausel** ICC arbitration clause (clause stipulating arbitration by the ICC); **~-Schlichtungsordnung** →ICCVergleichsordnung; **~-Schlichtungsregeln** →ICCVergleichsordnung; **~-Vergleichsordnung**[1b] ICC Rules of (Optional) Conciliation, ICC Conciliation Rules; **die Parteien vereinbaren das Schiedsgerichtsverfahren der ~** the parties agree to submit their case to arbitration by the ICC *(→ICCSchiedsklausel)*
Die überwiegend verwendete englische Abkürzung „ICC" vermeidet die Doppeldeutigkeit der deutschen Abkürzung IHK

Idealkonkurrenz[2] *(Tateinheit)* concurrence of offences (offenses) (in one act) *(→Realkonkurrenz)*

Idealverein[2a] non-profit (making) association; non-profit organization (including many kinds of "societies")

ideell, **~er Anteil** undivided interest *(→Bruchteil)*; **~es Eigentum** →Bruchteilseigentum; **~er Firmenwert** goodwill; **~er Schaden**[3] non-pecuniary damage; immaterial damage

Identifikationsnummer, **persönliche ~** personal identification number (PIN)

identifizierbar identifiable

identifizieren to identify; to establish the identity (of)

Identifizierung e-r Person identification of a person

Identität identity; *(Zoll)* →Nämlichkeit; **~sirrtum** mistaken identity; **~snachweis** proof of identity; **die ~ feststellen** to establish the identity; **seine ~ nachweisen** to establish (or prove) one's identity; **seine ~ offenbaren** *(z. B. der anonyme Erfinder)* to reveal one's identity

ideologisch, **aus ~en Gründen** on ideological grounds

Ifo-Konjunkturtest, Ifo[4]**-Konjunkturtest** Ifo business-trends barometer

IHK →ICC; **~→Internationale Handelskammer**; **→Industrie- und Handelskammer**; **~-Landesgruppe** ICC National Committee

illegal illegal; contrary to law; unlawful; **Vermittler ~er Arbeitskräfte** manpower trafficker(s)

Illegalität illegality

illegitim illegitimate

illiquid(e) illiquid; *(von Firma etc)* short of liquid assets

Illiquidität illiquidity; shortage of liquid assets

Illustrationen[4a] illustrations

Image image; **~schädigung** *(e-s Unternehmens)* damaging of the image (of an enterprise); **ein gutes ~ besitzen** to enjoy a good image

imaginärer Gewinn[5] imaginary profit

Imitation imitation; *(Fälschung)* counterfeit

Immaterialgüter intangibles; intangible assets (or property); incorporeal chattels; **~recht** *(UrheberR, PatentR etc)* intangible property rights

immateriell intangible; incorporeal; **~e Aktiva** intangible assets; **~er Schaden**[6] non-material (or non-pecuniary or non[-]economic) damage; noneconomic damage; **Ersatz für ~en Schaden** solatium; **~e Vermögenswerte (od. Wirtschaftsgüter)** intangible assets, intangibles; *Am (auch)* intangible property

Immatrikulation *univ* enrol(l)ment

immatrikulieren, **sich ~ lassen** to enrol(l) (at a university)

Immigrant immigrant

Immissionen[7] nuisance *(→Einwirkungen vom Nachbargrundstück)*; **~schutz**[8] protection against harmful effects on the environment

Immissionsschutzgesetz, **Bundes-~**[8a] Law Concerning the Protection against Harmful Effects on the Environment through Air Pollution, Noise, Vibrations, and Similar Factors

Immobiliar~, **~kredit** real estate credit (or loan); credit on (the security of) real property (or real estate or landed property); **~nachlass** real assets; **~vermögen** real assets; real estate, real property; **~zwangsvollstreckung**[9] execution levied upon real property (or ships); *Scot* adjunction

Immobilien immovables; immovable property; real estate, real property; property, properties; **~anlage** real estate investment; **~firma** estate agency; *Am* real estate firm

Immobilienfonds real estate fund, *Am* real estate investment company, *Br (auch)* property(-based) fund; **geschlossener ~** *(mit festgelegter Emissionshöhenicht nach KAGG)* closed-end real estate fund; **offener ~** *(einer Investmentgesellschaft, →Kapitalanlagegesellschaft)* open-end real estate fund

Immobilien~, **~geschäfte** →Grundstücksgeschäfte; **~gesellschaft** *Br* property company; *Am* real estate company; **~handel** dealing in real estate (or *Br* property); **~-Investmentgesellschaft** *Br* property investment trust (or company); *Am* real estate investment trust; **~-Leasing** *Am* real estate lease; **~makler** →Grundstücksmakler; **~markt** property market; *Am bes.* real estate market; **~versicherung** *Br* property insurance; *Am* real estate insurance; **~zertifikat** *(e-s Investmentfonds)* real estate fund certificate; *Br* property unit

Immunität immunity; privilege; **Aufhebung jds ~** withdrawal (or lifting) of sb.'s immunity; **Äußerung im Rahmen der ~** *parl* privileged communication; **diplomatische ~** diplomatic immunity (or privilege); →**Staaten~**; **strafrechtliche ~** immunity from criminal jurisdiction; **zivilrechtliche ~** immunity from civil jurisdiction; **~srecht** privilege of immunity; **~sverletzung** breach of privilege (or immunity); **~ der Abgeordneten**[10] parliamentary immunity; privilege of (members of) Parliament *(→Bundestag)*; **~ von der Gerichtsbarkeit** immunity from jurisdiction

Immunität, die ~aufheben to lift immunity; to withdraw (the privilege of) immunity; **die ~ aufrechterhalten** to maintain immunity; **~ beanspruchen** to claim immunity; **unter die ~ fallend** privileged; **~ genießen** to enjoy immunity; **~ gegen gerichtliche Verfolgung genießen** to be immune from legal proceedings; **~ gewähren** to grant immunity

Imperialismus imperialism

Imperialist imperialist

imperialistisch imperialistic

Impf~, **~aktion** vaccination campaign; **~pflicht** compulsory vaccination; **i~pflichtig** liable to vaccination; **~schaden** adverse effect of vaccination; **~schein (od. ~zeugnis)** certificate of vaccination; **~stoff** vaccine

Impfung vaccination; inoculation

Import import, importation *(→Einfuhr)*; **~abgabe** import duty, charge on imports; **~abhängigkeit von Öl** dependence on imported oil; import dependence on oil; **~akkreditiv** import (letter of) credit; **~antrag** application for import permit; **~artikel** imported article(s), imports; **~beschränkung** import restriction; **~embargo** embargo on imports; **~firma** importing firm (or house); **~förderung** promotion of imports; **~genehmigung** import licen|ce (~se); **~geschäft** import business (or firm); *(das einzelne)* import transaction; **~kartell** →Kartell; **~kontingent** import quota; **~kontingentierung** introduction of import quotas; **~land** importing country; **~neigung** propensity to import; **~quote** import quota; **~restriktion** import restriction; **~sog** import pull; **~stop** ban on imports; **~subventionen** import subsidies; **~überschuss** import surplus; surplus of imports over exports; **~verbot** import ban (or prohibition); **~vertreter** import agent; **~vertretung** import agency; **~volumen** volume of imports; **~ware(n)** imported goods (or commodities); imports, goods imported; **~zoll** import duty

Importeur importer

importieren to import

Impressum imprint

Impuls impulse, impetus, stimulus; **~kauf** impulse buying

Inangriffnahme starting, beginning; *(e-s Plans)* putting into action

Inanspruchnahme *(Beanspruchung)* demands (on); *(Verwendung)* use, utilization; *(Zuflucht)* recourse, resort; *(Belastung)* drain, strain (für on); **~ von Dienstleistungen** use of services; **entgeltliche ~ von Dienstleistungen** purchase of services; **starke finanzielle ~** financial drain; **starke ~ der Geldmittel e-s Landes** great drain on a country's resources; **~ der Gerichte** recourse to the courts; **~ der** *(bewilligten)* **Haushaltsmittel** utilization (or making use) of appropriations; **~ des Kapitalmarktes** recourse to the capital market; borrowing in the capital market; **~ e-s Kredits** recourse to a credit; availment of a credit; **starke ~ des Personals** heavy demands on the staff; **~ der Priorität** claiming priority; **~ von Vergünstigungen** taking advantage of concessions *(in →Anspruch nehmen)*

Inaugenscheinnahme →Augenscheinseinnahme

inbegriffen included, inclusive; *(stillschweigend)* implicit, implied *(→einbegriffen)*; **alles ~** *(z. B. im Hotel)* all included; (terms) inclusive, inclusive terms; **im Preise nicht ~** not included in the price

Inbesitz~, **~halten** *(nach Ablauf des Miet- od. Pachtvertrages)* holding over; **~nahme** taking possession of; appropriation; seizure; entry (upon); *(Beschlagnahme, bes. zur Sicherung von Miet- od. Pachtforderungen)* distress; **widerrechtliche ~ von →Luftfahrzeugen**

Inbetriebnahme coming into operation; **~ des Geschäfts** commencement of business; **~ e-r Maschine** putting into service (or operation) of a machine; **~ e-s Reaktors** commissioning of a reactor

in →Betrieb nehmen

Inbetriebsetzung putting into operation; bringing on stream

Incoterms[11] (International Commercial Terms) Internationale Regeln für die Auslegung von Handelsklauseln *(14 Lieferklauseln im internationalen Handel; z. B. ab ... [örtlich])*; **freiwillige Benutzung der ~**[12] optional use of Incoterms; **der Vertrag wird auf Grund der Bestimmungen der „~ 1990" abgeschlossen** the contract will be governed by the provisions of "Incoterms 1990"

Die Incoterms 1990 sind revidiert worden, um modernen Transporttechniken Rechnung zu tragen und sie den neuesten Entwicklungen auf dem Gebiet des elektronischen Datenaustauschs anzupassen.

Incoterms 1990 have been revised to take account of changes in transportation techniques and to render them compatible with new developments in electronic data exchange.

Indemnität *parl (Straflosigkeit*[13] *mit Ausnahme von Verleumdungen*[14]*)* indemnity; exemption from punishment of members of Parliament for statements made or votes cast in Parliament (with the exception of defamatory statements)

Indemnitätsbriefe *(im Außenhandel Urkunde über Entschädigungsgarantie)* letters of indemnity

Inder →Indien

Index 1. *(statistische Messziffer)* index; *(alphabetisches Stichwörterverzeichnis)* index; **→Aktien~**; **(saison-)bereinigter ~** (seasonally adjusted index;; **→Beschäftigungs~**; **→Börsen~**; **→Einzelhandelspreis~**; **→Großhandelspreis~**; **→Lebenshaltungskosten~**; **→Preis~**; **→Verbraucherpreis~**; **~ der Gewinn-(Dividenden-)Stabilität** *(Kapitalmarkt)* stability ratio; **~ der Lebenshaltungskosten** →Lebenshaltungskostenindex; **~ der Verbraucherpreise** →Verbraucherpreisindex

Index~, **~anleihe** index-linked loan (or bond issue); **~bindung** index-linking, indexing; indexation; **~entwicklung** trend of the index; **i~gebunden** index-linked; **i~gebundene Lohnerhöhung** threshold payment; **i~gesichert** safeguarded by indices; **~klausel** *(Wertsicherungsklausel)* index clause; *(Gleitklausel)* escalator clause; **~lohn** index-linked (or index-tied) wages; **~obligation** bond tied to an index; **~rente** →dynamische Rente; **~terminkontrakte** *(Börse)* stock index futures; **~versicherung** index-linked insurance; insurance with index clause; **~währung** index-linked currency; **~zahl (od. ~ziffer)** index number; **~zertifikat** index certificate

Index, **der ~ erhöhte sich um 4 (Prozent-) Punkte** the index gained 4 (percentage) points; **der ~ schloss bei ...** the index closed at ...

Index 2. (prohibitory) index (librorum prohibitorum); **ein Buch auf den ~ setzen** to put a book on the index

indexieren to link to an index; to index, to make an index for a book

indexiert indexed, index-linked

Indexierung indexation; **~svereinbarung** indexation arrangement (or agreement)

Indien India; **Republik ~** Republic of India

Inder(in), indisch Indian

Indienststellung *(e-s Schiffes)* commissioning

Indikation *(StrafR)* condition under which an abortion will be exempt from punishment

Indikator *(Messgröße)* indicator; **~preise**[15] indicatory prices

indirekt, **~e Abschreibung** indirect depreciation; **~e →Investitionen**; **~e Steuern** *(Verbrauchssteuern)* indirect taxes

Indischer Ozean, Fischerei-Kommission für den Indischen Ozean Indian Ocean Fishery Commission (IOFC)

Indiskretion, **e-e ~ begehen** to commit an indiscretion

Individualabrede, **Vorrang der ~ vor Allgemeinen Geschäftsbedingungen**[16] precedence of an individual agreement over standard business conditions

Individual~, **~beschwerde**[17] individual application; **~einkommen** individual income; **~haftung** several liability; **~versicherung** personal (or individual) insurance *(Ggs. Sozialversicherung)*

Indiz indication (für of); **~tatsache** *(als Gegenstand des Indizienbeweises)* evidentiary fact

Indizienbeweis circumstantial evidence; inferential (or presumptive) evidence; **durch ~ beweisen** to establish by circumstantial evidence

indizieren to put on the index

Indonesien Indonesia; **Republik ~** Republic of Indonesia

Indonesier(in), indonesisch Indonesian

indossabel →indossierbar

Indossament[18] *(Vermerk der Übertragung auf der Rückseite e-s Orderpapiers)* indorsement, endorsement *(→Giro)*; **durch ~ begebbares (od. übertragbares) Wertpapier** negotiable instrument; **~ fehlt** indorsement required; **~ nicht in Ordnung** *(auf Wechsel od. Scheck)* indorsement irregular; **mit ~ versehen** indorsed, endorsed

Indossament, beschränktes ~ (~ ohne Obligo) qualified indorsement; **eingeschränktes ~** *(z. B. durch Weitergabeverbot)* restrictive indorsement; **nachfolgendes ~** subsequent indorsement

Indossament, Blanko~[19] indorsement in blank, blank indorsement; **Gefälligkeits~** accommodation indorsement; **Teil~** partial indorsement; **Voll~** indorsement in full; special indorsement; **~sverbindlichkeiten** indorsement (or indorser's) liabilities; commitments arising from indorsement(s); **durch ~ übertragen** to transfer by indorsement

Indossant indorser, endorser; **nachfolgender (vorhergehender) ~** subsequent (previous) indorser

Indossat(ar) indorsee, endorsee

indossierbar indorsable, endorsable; transferable by indorsement; negotiable

Indossierbarkeit indorsability; negotiability

indossieren to indorse, to endorse; to place an indorsement (on); **blanko ~** to indorse in blank; **voll ~** to indorse in full (or specially)

in dubio pro reo *(StrafR günstige Auslegung zweifelhafter Umstände für den Angeklagten)* giving the defendant the benefit of the doubt

industrialisiert, hoch ~ highly industrialized; **wenig ~e Gebiete** less industrialized areas; **~e und Entwicklungsländer** industrialized (or developed) and less developed countries

Industrialisierung industrialization

Industrie industry; →**Auto(mobil)~**; →**Bau~**; →**Bekleidungs~**; →**Eisen- und Stahl~**; →**Fertigungs~**; →**Film~**; →**Flugzeug~**; →**Groß~**; →**Grund(stoff)~**; →**Investitionsgüter~**; →**Klein~**; →**Lebensmittel~**; →**Leder~**; →**Leicht~**; →**Metall~**; →**Montan~**; →**Porzellan~**; →**Privat~**; →**Schwer~**; →**Textil~**; →**Verarbeitungs~**; →**Verbrauchsgüter~**; →**Veredelungs~**

Industrie, einheimische ~ domestic (or home) industry; **eisenschaffende ~** iron and steel producing industry; **junge ~** infant industry; **metallverarbeitende ~** metal-working industry; **stahlverarbeitende ~** steel- working industry; →**verarbeitende ~**

Industrie, Tätigkeit in der ~ work (or occupation) in industry; **~- und Entwicklungsländer** industrial(ized) (or developed) and developing countries; **~ und Handel** industry and commerce; **~- und Handelskammer** (IHK)[20] Chamber of Industry and Commerce; **in der ~ beschäftigt** employed (or working) in industry

Industrie~, ~abfälle industrial waste; **~abwässer** industrial sewage; **~aktien** industrial shares (stocks, equities); **Sicherheit durch Hinterlegung von ~aktien** industrial collateral; **~anlage** industrial plant; **~anleihen** industrial bonds; **Markt für ~anleihen** industrial bond market; *Am* corporate bond market; **~arbeiter** industrial worker; **~ansiedlung** establishment of industries; **~arbeiterlöhne** industrial wages; **~ausstellung** industrial exhibition; **~berater** industrial consultant; **~beratung** →Unternehmensberatung; **~berichterstattung** industry reports; **~beteiligungen** industrial interests; **~betrieb** industrial enterprise (or undertaking); *(Werk)* industrial (or manufacturing) plant; **~darlehen** industrial loan(s); loan(s) to industry; **~erzeugnisse** industrial products; manufactured goods; **~forschung** industrial research; **~gebiet** industrial area (or zone, district); **~gelände** industrial site; **~gesellschaft** industrial company; *(soziologisch)* industrial society; **~gewerkschaft** industrial trade union; **~gleis** *(Anschlussgleis)* siding; **~grundstück** industrial property (or land); **~investitionen** industrial investments; **~kredit** industrial credit; loan(s) to industry; **~land** industrial country; industrialized country; **~magnat** industrial magnate; tycoon; **~messe** industrial fair; **~müll** industrial waste; **~nation** industrial nation *(→aufstrebende Industrienationen)*

Industrienormen standards in industry; →**Deutsche ~**

Industrie~, ~obligationen industrial bonds; *Am* corporate bonds; **~papiere** industrial securities; industrials; **~park** industrial estate, trading estate; **~politik** industrial policy; **~produkt** product of industry; **~produktion** industrial output (or production); **~siedlung** industrial estate, trading estate; **~soziologie** industrial sociology; sociology of work; **~spionage** industrial espionage (or spying)

Industriestaat industrial state (or country); *(im Ggs. zur Dritten Welt)* developed country; **zu e-m ~ machen** to industrialize

Industrie~, ~statistik industrial statistics; **~struktur** structure of industry; industrial structure; **~subvention** industrial subsidy; **~unternehmen** industrial undertaking (or enterprise, establishment); industrial concern (or firm, company); **~verband** industrial association; **~verlagerung** relocation of industry; **~viertel** *(e-r Stadt)* industrial quarter

Industrievorhaben, kleinere und mittlere ~ small and medium-scale industrial ventures

Industrie~, ~werbung industrial advertising; **~werte** industrial securities, industrials; **~zusammenschluss** industrial grouping; **~zweig** branch of industry; industry; **neu entstandene ~zweige** infant industries

industriell industrial; **~ gefertigte Artikel** industrial (or manufactured) articles; **in verschiedenen ~en Bereichen** in various industrial sectors

industrielle Entwicklung, Organisation der Vereinten Nationen für ~ United Nations Industrial Development Organization (UNIDO)

industriell, ~e Erzeugnisse industrial products; **~er →Facharbeiter; ~e Formgebung** industrial design; styling; **~es Verfahren** industrial processing; **~es Wachstum** industrial growth

Industrieller industrialist; owner of an industrial undertaking; **→Groß~**

ineinandergreifend *(sich verschachtelnd)* interlocking

INF-Vertrag INF-Treaty[20 a] *(nukleare →Mittelstreckensysteme)*

Infektion~, i~sfrei free from infection; **i~sfreies Gebiet** non-infected area; **~sgebiet**[21] infected area; **~sgefahr** danger of infection; **~skrankenhaus** hospital for infectious diseases; isolation hospital

infektiöse Krankheiten infective (or contagious) diseases

Infiltration infiltration

infiziert, e-e ~e Person absondern to isolate an infected person

in flagranti red-handed; in the (very) act

Inflation inflation; **→Auswirkung der ~; →Schutz gegen ~; →Wiederaufflammen der ~**

Inflation, →Kosten(druck)~; →Lohn~; →Nachfrage~

Inflation, andauernde ~ continuous inflation; **sich beschleunigende ~** accelerating inflation; **galoppierende ~** galloping inflation; run-away inflation; **gestoppte ~** suppressed inflation; **schleichende ~** creeping inflation; **versteckte ~** hidden inflation; **weltweite ~** worldwide inflation; **zurückgestaute ~** pent-up inflation

Inflations~, ~abbau *(durch Regierungsmaßnahmen)* disinflation; anti-inflationary measures (or policy); **i~anheizend** stimulating inflation; **~ausgleich** inflationary compensation

Inflationsbekämpfung struggle against inflation; combatting inflation; **~spolitik** anti-inflationary policy; **Aktionsprogramm zur ~** anti-inflation campaign; **Maßnahmen zur ~** measures against inflation; measures to combat inflation

Inflations~, i~bereinigte Rechnungslegung inflation accounting; **~druck** inflationary pressure; **~erscheinungen** inflationary symptoms; **~faktor** inflationary factor; **i~freie Wirtschaftsexpansion** non-inflationary expansion; **~gefahr** danger of inflation; inflation(ary) danger; **~gewinn** profit arising from inflation; **~konjunktur** inflationary boom; **~lücke** inflationary gap; **~politik** inflationary policy; *(Herbeiführung e-r Inflation)* inflationism; **~prozess** process of inflation

Inflationsrate rate of inflation, inflation rate; **Senkung der jährlichen ~ auf ...** reduction in the annual rate of inflation to ...; **die ~ senken** to reduce the inflation rate

Inflations~, ~schraube inflationary spiral; **an die ~steigerungen angeglichen (od. angepasst)** adjusted for inflation; **~tendenzen** →inflatorische Tendenzen; **~zeichen** symptom(s) of inflation; **~zeit** period of inflation

Inflation, die ~ bekämpfen to combat (or fight) inflation; **die ~ bremsen** to curb (or restrain) inflation; **die ~ eindämmen** to reduce inflation; **die ~ verlangsamte sich** inflation eased

inflationär inflationary; **anti-~** anti-inflationary

inflationistische Tendenzen inflationary tendencies (or trends)

inflatorisch inflationary; **~ bedingt** inflation-induced; **~e Lücke** inflationary gap

inflatorische Tendenzen inflationary tendencies (or trends); **Abschwächung (Eindämmung) der inflatorischen Tendenzen** lessening of (curbing the) inflationary tendencies

Informatik[22] data processing; computer science; **~industrie** data processing industries; **Europäisches ~netz** European data processing network

Information information; *(Anweisung)* briefing; **~en** *(EDV)* data; **falsche ~** wrong information; misinformation; **nach den neuesten ~en** according to the latest information; **personenbezogene ~** *(EDV)* personal information; **unverbindliche ~en** non-committal information; **vertrauliche ~en** confidential information; **→Weitergabe von ~en; ~ der Öffentlichkeit** public information

Informations~, **~austausch** exchange of information; **~bedarf** need to require information; **~büro** information office; **~diebstahl** *(EDV)* data theft; **freier ~fluss** free flow of information; **~gespräch** informative discussion; *(Presse)* briefing; **~kampagne** campaign to provide information; **~medien** information media; **~netz** *(EDV)* data network; **~pflicht** duty to furnish (or supply) information; duty to inform; reporting requirement; **~quelle** source of information; **~recht** right to (obtain) information; **~reise fact-finding journey; ~sitzung** fact-finding meeting; briefing session; **~speicherung** *(EDV)* information storage; **~technologie** (IT) information technology (iT) *(→Europäisches Strategieprogramm für Forschung und Entwicklung auf dem Gebiet der Informationstechnologie)*; **~verarbeitung** information processing; *(EDV)* data processing; **~vorsprung** information lead

Information(en), **~ anfordern** to request information; **sich ~ über e-e Firma beschaffen** to collect (or secure) information about a firm; **~ einholen** to collect information; **~ erteilen** to furnish (or give) information; **~ liefern** to supply information; **~ preisgeben** to disclose information; **~ übermitteln (od. weitergeben)** to transmit (or pass on) information

informatorische Anhörung hearing of a person for the purpose of information

informative Werbung informative advertising

informelles Gespräch informal conversation

informieren, **jdn ~** to inform sb. (über of); to give information to sb.; *(einweisen)* to brief sb.; **sich ~ über** to collect information about; to inform oneself about

informiert, **gut ~** well informed; **Sie sind falsch ~ worden** you have been misinformed

Infrastruktur infrastructure; **Ausbau der ~** development of the infrastructure; **Basis~** basis infrastructure; **Verkehrs~** transport infrastructure; **~investitionen** infrastructure investments; **~kosten** infrastructure costs; **~politik** infrastructure policy; **~projekt (od. ~vorhaben)** infrastructure project

Ingangsetzung *(e-s Betriebes)* start-up, actuating; *(e-r Maschine)* putting into operation

Ingenieur engineer; **Berg~** mining engineer; **Betriebs~** operating (or works) engineer; **Elektro~** electrical engineer; **Hütten~** metallurgical engineer; **~sbüro** engineer's office, engineering consultant's office

Inhaber *(Eigentümer)* owner, proprietor; *(Besitzer)* possessor; *(von Wertpapieren)* bearer, holder; *(e-s Kontos, e-r Vollmacht)* holder; *(e-r Wohnung)* occupant

Inhaber, **→Aktien~**; **→Firmen~**; **→Geschäfts~**; **→Konto~**; **→Laden~**; **→Lizenz~**; **→Scheck~**; **→Wechsel~**

Inhaber, **alleiniger ~** sole owner (or proprietor); **bösgläubiger ~** mala fide holder; **früherer ~** former owner; *(Vorbesitzer)* previous holder; **gegenwärtiger ~** actual holder; **gutgläubiger ~** bona fide holder; holder in good faith; **legitimierter ~** *(e-s Wechsels, Schecks kraft guten Glaubens)* holder in due course; **nachfolgender (od. späterer) ~** subsequent holder; **rechtmäßiger ~** lawful (or rightful) holder

Inhaber, **~ e-s Akkreditivs** holder of a letter of credit; **~ von Aktien** →Aktieninhaber; **~ e-r** *(schriftl.)* **Erlaubnis** holder of a permit, permit holder; **~ e-r Firma** →Firmeninhaber; **~ e-s Hotels** proprietor of a hotel, hotel proprietor; **~ e-r Lizenz** →Lizenzinhaber; **~ von Namensaktien** registered shareholder; **~ e-r Marke** owner of a trademark; **~ e-s Passes** holder of a passport; **~ e-s →Patents**; **~ e-s Rechts** holder of a right; **~ e-s Rechts an Grundbesitz** holder of an interest in *Br* land *(Am real property)*; **~ e-r Schuldverschreibung** bondholder; debenture holder; **~ von Stammaktien** ordinary shareholder; **~ e-r Stelle (od. Stellung)** occupant (or holder) of a position (or post); **~ e-s Unternehmens** proprietor of an enterprise; **~ e-s Urheberrechts** →Urheberrechtseintragung: Urheberrechtsinhaber; **~ e-r →Vollmacht**; **~ von Vorzugsaktien** preference shareholder; **~ von Wertpapieren** holder (or owner) of securities; **~ e-r Wohnung** →Wohnungsinhaber

Inhaber, **auf den ~ ausstellen** to make out (or issue) to bearer; **auf den ~ lauten** to be made out to bearer; to be made out in the name of the holder; **auf den ~ lautend** payable to bearer; **die Aktien können auf den ~ oder auf den Namen lauten**[23] shares may be issued either in bearer or in registered form

Inhaberaktien[23a] bearer shares, shares payable to bearer; *Am* bearer stock; **~ in Namensaktien umwandeln**[24] to convert bearer shares into registered shares

Inhaber~, **~grundschuld**[25] land charge with a deed issued to the bearer *(→Grundschuld)*; **~hypothek**[26] mortgage created in respect of a bearer bond; **~karten** bearer tickets; **~klausel** bearer clause; **~konnossement** bill of lading (made out to bearer); **~obligation** →Inhaberschuldverschreibung; **~papier** bearer instrument, instrument payable to bearer; **~papiere** bearer securities; **~police** *(VersR)* bearer policy, policy to bearer; **~schaft** *(an Rechten)* ownership, proprietorship; **~scheck**[27] *Br* cheque (*Am* check) (payable) to bearer, bearer cheque (check); **~schuldverschreibung** bearer bond, bond (payable) to bearer; bearer debenture;

~wechsel promissory note made out to bearer; **~zertifikat** certificate made out to bearer

inhaftieren to imprison, to put in prison; *(in Haft nehmen)* to arrest, to take into custody; *(in Haft halten)* to keep in prison, to hold in custody; to detain

inhaftiert, die I~en the detainees; persons in prison; **ohne Gerichtsverfahren ~e Person** person summarily detained; **~ sein** to be under arrest; to be detained, to be held in prison, to be imprisoned

Inhaftierung imprisonment, arrest; detention, custody; **vorläufige ~** temporary detention

Inhaftnahme →Inhaftierung; **Anordnung der ~** order of commitment (to prison); committal order

Inhalt contents; *(Gegenstand)* subject-matter; *(erklärte Absicht)* purport; **ein Brief folgenden ~s** a letter running as follows; **wesentlicher ~** *(e-r Urkunde etc)* tenor, gist

Inhalt, ~ e-s Beschlusses purport of a decision; **~ e-s Buches** contents of a book; **~ e-s Fasses** contents of a barrel (or cask); **~ e-r Rede** subject matter of a speech; **~ e-s Urteils** terms of a judgment; **~ e-s Vertrages** →Vertragsinhalt

Inhaltsangabe indication (or statement) of contents; *(kurze Übersicht)* summary (of contents); *(Zoll)* declaration of contents; **Register mit ~** *(an Akten und Urkunden)* docket; **mit ~ versehen** to docket

Inhalts~, ~bezeichnung description of contents; **~irrtum** →Irrtum; **~verzeichnis** *(e-s Buches)* table of contents

Initiative initiative; *(Unternehmensgeist)* enterprise; **aus eigener ~** on one's own initiative; →**Gesetzes~**; **Mangel an ~** lack of initiative

Initiativ~, ~antrag notice of motion; **~gesetzesvorlage** *Br* private member's bill; **~recht** right to initiate legislation

Initiative, ~ entfalten to display (or show) initiative; **die ~ ergreifen** to take the initiative

Inkassi, IHK Einheitliche Richtlinien für ~[28] ICC Uniform Rules for Collections

Inkasso collection, collecting (sums due); encashment; *(Außenhandel)* cash against documents; →**Dokumenten~**; →**Scheck~**; →**Wechsel~**; **zum ~** for collection

Inkasso von Handelspapieren collection of commercial papers; →**Einheitliche Richtlinien für das ~**

Inkasso, ~ von Wechseln collection of bills (of exchange); **~ zum Pariwert** par collection

Inkasso~, ~abteilung collection department; debt-collecting department; **~abtretung** →Inkassozession; **~akzept** acceptance for collection; **~anzeige** advice of collection

Inkassoauftrag collection order, order for collection; **der Bank e-n ~ erteilen** to entrust the (operation of) collection to a bank

Inkasso~, ~bank collecting bank(er); **~beauftragter** collection (or collecting) agent; debt collector; **~bedingungen** conditions of collection

Inkassobüro collection agency, (debt-)collecting agency; **leider sehe ich mich gezwungen, den Betrag der Rechnung durch ein ~ einziehen zu lassen** I regret that I must instruct a collecting agency to recover the amount due

Inkasso~, ~dienst collection service; **~erlös** proceeds of collection; **~gebühr** collection (or collecting) fee

Inkassogeschäft collection business; **~e vornehmen** to undertake collection transactions

Inkasso~, ~indossament indorsement for collection; **~kommission** collecting commission; **~konto** collection account; **~kosten** collection costs; **~mandatar** *(WechselR)* collecting agent; **~papiere** documents (sent) for collection; **~provision** collection (or collecting) commission; **einheitliche ~richtlinien** →Einheitliche Richtlinien für das Inkasso von Handelspapieren; **~scheck** *Br* cheque (*Am* check) for collection (only); **~spesen** collection expenses (or charges); **~stelle** collection (or collecting) agency (or agent); **~tratte** draft for collection; **~vollmacht** authority to collect; **~wechsel** bill (sent) for collection; **~wert** value for collection; **~zession** assignment of accounts receivable for collection

Inkasso, das ~ e-s Wechsels besorgen to attend to (or effect) the collection of a bill; **e-e Bank mit dem ~ betrauen** to entrust a bank with the (operation of the) collection; **das ~ übernehmen** to undertake the collection; **e-n Wechsel zum ~ übersenden** to remit a bill for collection; **zum ~ vorlegen (od. vorzeigen)** to present for collection; **das ~ vornehmen** to undertake (or handle) the collection; **das ~ ist noch unerledigt** the collection is still outstanding

Inkognitoadoption[29] incognito-adoption; adoption without disclosing identity of adoptive parents to child's mother

inkorporieren to incorporate

Inkraftsetzen, Inkraftsetzung putting into force; enforcement; enactment; **~ von Maßnahmen** activation

Inkrafttreten coming into (or taking) effect; coming (or entry, entering) into force; **(Tag des) ~(s) e-s Gesetzes** commencement of an Act; effective date of a law; **bei ~ des Gesetzes** at the effective date of the law; at the time when the law comes (or came) into force; **vor dem ~ des Gesetzes** prior to the effective date of the law; **mit dem ~ des Vertrages** on the commencement (or upon [the] entry into force) of the contract; **nach ~ dieses Vertrages** *(VölkerR)* after the entry (or coming) into force of this Treaty; **vom ~ des Vertrages an** *(VölkerR)* after the date of the entry (or coming) into force of the Treaty

Inkrafttretungsklausel *parl* enacting clause

Inkubationszeit[30] incubation period

Inland home country; *(Binnenland)* inland; **im ~** within the country; within the domestic territory; domestically; **im In- und Ausland** at home and abroad; **In- und Auslandsgeschäft** domestic and export business; **im ~ ansässiger Ausländer** resident alien; **im ~ nicht ansässige Person** non(-)resident; **im ~ ansässiger Steuerpflichtiger** resident taxpayer; **im ~ betriebenes Gewerbe** business carried on domestically; **im ~ erzeugt** *(nicht eingeführt)* domestically produced; *Br* home-produced; **für das ~** *(zum Verbrauch)* **bestimmt** for home consumption; **zum Verbrauch im ~** for home use

Inlandflug →Inlandsflug

Inlands~, **~absatz** domestic sales; *Br* home sales; **~anleihe** domestic (or internal) bond; **~auftrag** domestic order, order from domestic customer(s) (or from within the country); *Br* home order; **~bedarf** domestic (or *Br* home) demand (or requirement); **~berührung** *(IPR)* domestic element; contact with municipal law; **~besitz** holding within the country; **~brief** *Br* inland letter; *Am* domestic letter; **~einkommen** domestic income; **~emission** domestic issue; **~erzeugnis** domestic (or *Br* home) product (or produce); *Br* home-grown produce; **~flug** domestic flight; **~investitionen** domestic investments; **~konjunktur** level of domestic economic activity; **~konto** internal account; **~luftverkehr** domestic (or inland) air traffic; **~markt** domestic market; *Br* home market; **~nachfrage** domestic (or *Br* home) demand; **~porto** *Br* inland rate (of postage); *Am* domestic postal rate; **~postanweisung** domestic (or inland) money order; **~post(verkehr)** internal postal service; *Am* domestic mails; **~preis** domestic price; **~produkt** →Inlandserzeugnis; **~produktion** domestic production; **~schuld** *(e-s Staates)* internal (or national) debt; **~strecke** *(Luftverkehr)* domestic flight stage; **~tarif** *(Post)* inland (postal) rates; *Am* domestic rates; **~telegramm** *Br* inland (*Am* domestic) telegram; **~transport** domestic transport; **~umsatz** domestic turnover; domestic (or *Br* home) sales; **~verbindlichkeiten** domestic liabilities

Inlandsverbrauch domestic (or internal, *Br* home) consumption; **Gesamt~** overall domestic consumption; **Waren für den ~** goods for domestic (*Br* home) use

Inlands~, **~verkehr** inland (or domestic) traffic; traffic within the country (e.g. within the Federal Republic of Germany); **~vermögen** *(SteuerR)* domestic capital (or property, wealth); **~verschuldung** domestic indebtedness; **~vertreter** domestic representative; **~währung** domestic currency; *Br* home currency; **~wechsel** *Br* inland bill (of exchange); *Am* domestic bill (of exchange); **~zahlung** payment within the country

Inland, Gold in das ~ zurückführen to repatriate gold

Inländer national; resident; →**Steuer~**; **In- und Ausländer** nationals and non-nationals; **~begriff** national concept

Inländerbehandlung national treatment, treatment as a national; **~ hinsichtlich der Ausübung jeder Art von gegen Entgelt vorgenommenen Tätigkeit**[31] national treatment with regard to engaging in any kind of gainful occupation; **~ gewähren** to accord national treatment

Inländerbesteuerung resident taxation

inländisch domestic, inland; *Br* home, of the home affairs of a country; internal; *Br (im Inland hergestellt)* home produced; *Am* made in the USA; produced within the country; **in- und ausländisch** domestic and foreign; German (etc) and foreign; **in- und ausländische Aktionäre** resident and non(-)resident shareholders; **im in- und ausländischen Eigentum stehende Unternehmen** domestic and foreign-owned enterprises

inländisch, **~e Abgaben** inland duties; domestic charges; **~e Aktien** domestic (*Br* home) shares (stock); **~e Anleihe** domestic loan; **~er Arbeitnehmer** domestic (or national) worker; **~er Auftrag** →Inlandsauftrag; **~er Bedarf** →Inlandsbedarf; **~e Einkünfte** domestic income; **~es Fabrikat** domestic product (or make, manufacture)

inländische Gerichtsbarkeit domestic jurisdiction; **der inländischen Gerichtsbarkeit unterstehen** to be subject to domestic jurisdiction (e.g. to the jurisdiction of the German Federal Republic)

inländisch, **~e Gesetzgebung** domestic legislation; **~er Handel** domestic (or inland, *Br* home) trade; *Am* inland commerce; **~e Kapitalgesellschaft** domestic company *(Am corporation)*; **~es Recht** domestic law, national law; *(innerstaatliches Recht)* municipal law; *(IPR)* lex fori, law of the forum; **~er Schiedsspruch** domestic arbitral award; **~e Waren** *Br* home-produced goods; *Am* goods made in the USA

INMARSAT →Internationale Seefunksatelliten-Organisation

Innehaben, Innehabung holding; possession; occupation, occupancy; *(Amt, Grundbesitz)* tenure; **~ e-s politischen Amtes** holding of a political office; *(hinsichtl. der Zeit)* tenure of a political office; **~ e-s Lehrstuhls** tenure of a chair; **~ e-r Wohnung** occupancy of a *Br* flat *(Am apartment)*

innehaben to hold, to possess, to be in possession of; **ein Amt ~** to hold (or fill) an office

Innen~, **~arbeiten** *(beim Bau e-s Hauses)* work on the interior finishing of a building; **~architekt** interior decorator; **~ausstattung** *(e-r Wohnung)* interior decoration; **~ausstattung** *(e-s Autos)* interior fittings; **~beleuchtung** *(e-s Autos)* interior light (or lighting)

Innendienst indoor work; **Personal vom ~** inside staff; **im ~ tätig sein** to work indoors

Innenfinanzierung *(e-s Unternehmens)* internal financing; **~smittel** internal sources

Innen~, **~gesellschaft** undisclosed partnership; **~minister** Minister of the Interior; *Br* Home Secretary; *Am* Secretary of the Interior; **~ministerium** Ministry of the Interior; *Br* Home Office; *Am* Department of the Interior

Innenpolitik domestic (or internal, *Br* home) policy; internal politics; *Br* home affairs; **Innen- und Außenpolitik** domestic and foreign policy; internal and external policies; national and international affairs; **was die ~ anbetrifft** in domestic terms

innenpolitisch internal, domestic(ally); relating to domestic (or *Br* home) affairs; **~e Angelegenheiten** domestic (or *Br* home) affairs; **~e Erwägungen** internal political considerations

Innen~, **~revision** internal audit(ing); **~verhältnis** internal relationship; **im ~verhältnis** internally

inner, **~e Angelegenheiten** *(e-s Staates)* internal affairs; domestic affairs; matters of domestic concern; *Br* home affairs; **~er Fehler** inherent defect (or vice); **~e Gewässer** *(e-s Staates)* internal waters; **I~e Mission** Home Mission; **~e Sicherheit** *(e-s Landes)* internal security; **~e** →**Unruhen**; **~er Verderb** inherent vice; **~e Verletzungen** internal injuries; **~er Wert** intrinsic value; **~er Zusammenhang** interdependence

innerbetrieblich internal; inside a firm (or company); intra-company; *Am* in-plant; **~e Ausbildung** on-the-job training; **~e Mitarbeiterbeziehungen** human relations; **~e Mitteilung** memorandum (or memo); **~e Preisfestsetzung** internal pricing

innereuropäischer Handel intra-European trade

innergemeinschaftlich, **~e Grenzen** *(EU)* Community's internal borders; intra-Community frontiers; **~er Handel (od. Handelsverkehr)** *(EU)* intra-Community trade; inner-community trade; trade within the Community; **~er Verkehr** intra-Community traffic

innerhalb 1. *(zeitlich)* within; **~ e-r angemessenen Frist** within a reasonable time; **~ e-r Frist von 10 Tagen** within 10 days

innerhalb 2. *(räumlich)* within, inside, intra; **~ der** *(rechtl.)* →**Befugnisse**; **~ des Dienstes** inside the office; internal(ly); **~ der Gemeinschaft** *(EU)* within the Community; **~ und außerhalb der Gemeinschaft** *(EU)* inside and outside the Community

inner~, **~parteilich** within the party, intraparty; internal; **~politisch** →innenpolitisch

innerstaatlich internal, domestic; *Am* intrastate; *(einzelstaatlich)* national; **~e Angelegenheit** matters of domestic concern; **~es Gericht** domestic court; **~e Gerichtsbarkeit** domestic (or national) jurisdiction; **~e Gesetzgebung** national legislation

innerstaatlich, **~es Recht** domestic (or internal, national) law; **~e Rechtsbehelfe** *(VölkerR)* domestic remedies; **~e Rechtsmittel ausschöpfen** to exhaust local judicial remedies; **~e Rechtsvorschriften** provisions of domestic (or national) legislation; **~e Zuständigkeit** *(VölkerR)* domestic jurisdiction

innewohnend, **~e Bedeutung** implication; **der Ware ~e Gefahr** the risk inherent in the goods; **~er Mangel** inherent vice (or deficiency)

Innovation innovation; **~sbereitschaft** readiness to innovate; **~sförderung** innovation promotion; encouragement of innovation; **~spolitik in der Industrie** industrial innovation policy; **technologische ~** technological innovation

innovativ innovative

Innung[32] guild; **~sausschuss** guild committee; **~sverband** association of guilds; **~sversammlung** guild assembly

inoffiziell unofficial, in an unofficial capacity; *(nicht für die Öffentlichkeit bestimmt)* off the record

Inrechnungstellung invoicing

Insasse *(e-s Fahrzeugs)* occupant, passenger; *(e-r Anstalt)* inmate; *(e-s Heims)* resident; **~nunfallversicherung** passengers' accident insurance; *Br* motor vehicle passenger insurance

insbesondere notably, in particular, above all

Insemination, **heterologe ~** heterologous insemination; **homologe ~** homologous insemination; **künstliche ~** artificial insemination

Inserat →Anzeige 3.; **~enannahme** *(e-r Zeitung)* advertisement department; advertising section; **~enteil** advertisement columns; **ein ~ aufgeben** to insert (or put) an advertisement in a newspaper; to advertise; **durch ~ suchen** to advertise for

inserieren s. ein →Inserat aufgeben; **unter →Chiffre ~**

Insertion insertion, advertisement (in a newspaper)

insgesamt all together; in the aggregate; collectively; **~ (gesehen)** in an overall view; **einzeln und ~** individually and collectively; **~ →beschäftigen**; **~ betragen** to total, to aggregate

Insichgeschäft self-dealing; acting as principal and agent; transaction concluded by sb. with himself as representative of another

Insider(handels)geschäft *Br* insider dealing; *Am* insider trading (dealing in shares with the advantage of inside information); **verbotene ~e** prohibited insider transactions

Insiderinformation, **missbräuchlich Ausnutzung von ~en** abusive exploitation of insider information

Insiderpapiere insider securities

Insider Regeln[32a] Insider Rules; **die ~ anerkennen** to submit oneself to the Insider Rules

Sie umfassen: (a) Insiderhandels-Richtlinien (b) Händler- u. Beraterregeln (c) Verfahrensordnung für die bei den Wertpapierbörsen zu bildenden Prüfungskommissionen.

They comprise: (a) Insider Trading Guidelines (b) Rules for Traders and Advisers (c) Rules of Procedure for the Investigation Commissions to be established at the individual stock exchanges.

insolvent *InsR*, **Vermögen eines ~en Schuldners** an insolvent debtor's assets

Insolvenz *(Zahlungsunfähigkeit)* insolvency, inability to pay one's debts; *(InsolvenzR)* insolvency; *Am* bankruptcy; *Br* insolvency, *(bei natürlichen Personen)* bankruptcy; **betrügerische ~** fraudulent insolvency (or bankruptcy)

Die am 1.1.1999 in Kraft getretene[32b] →Insolvenzordnung hat das Konkurs-, das Vergleichsverfahren und das Gesamtvollstreckungsverfahren (in den neuen Bundesländern) zu dem →Insolvenzverfahren verschmolzen.

Bankruptcy and composition proceedings have been merged into one →Insolvenzverfahren according to the Insolvenzordnung, entered into force on January 1, 1999.

Insolvenz, **die ~ abwenden** to avoid insolvency (proceedings); **die ~ anmelden** to file an insolvency petition (→Insolvenzantrag); **~ eröffnen** to open insolvency proceedings; **in ~ gehen (od. geraten)** to go (or become) (an) insolvent; **vor der ~ stehen** to be in danger of collapse (or insolvency)

Insolvenz~, **~anfechtung**[32c] *(durch die →Insolvenzgläubiger)* (creditors' of the insolvency proceedings) contesting (or contest of) the transactions of (or dispositions by) the insolvent prior to the →Insolvenzeröffnung and in disadvantage to the creditors; **~anmeldung** filing an insolvency petition

Insolvenzantrag[32d] *(Antrag auf Eröffnung des Insolvenzverfahrens)* petition (or request) to open insolvency proceedings, insolvency petition; **Abweisung e-s ~s** dismissal (or refusal) of a petition (in insolvency); **Einreichung eines ~s** filing (or presentation of) an insolvency petition; **~spflicht** obligation to file an insolvency petition; **e-n ~ gegen sich selbst stellen** to file (or present) an insolvency petition against oneself

Insolvenz~, **~aufhebung** *(Aufhebung des Insolvenzverfahrens)* termination of insolvency proceedings; annulment of adjudication (in insolvency or bankruptcy); **~beendigung** (→Insolvenzaufhebung od. Einstellung des →Insolvenzverfahrens) termination of insolvency proceedings; **~delikt** insolvency offen|ce (se); act of fraudulent insolvency; **~dividende** dividend (in insolvency proceedings); **~einstellung** s. Einstellung des →Insolvenzverfahrens

Insolvenzeröffnung s. Eröffnung des →Insolvenzverfahrens; **Antrag auf ~** →Insolvenzantrag; **~sbeschluss** *(des →Insolvenzgerichts)* order (of the Insolvenzgericht) to open (or institute) insolvency proceedings; adjudication order; *Br* receiving order; **~sstaat** state in which insolvency has been opened; opening state; **~ beantragen** to file a petition (or request) (in insolvency); **die ~ verfügen** *Br* to make the receiving order

Insolvenzforderung claim against an insolvent's estate; claim of a creditor in insolvency proceedings; **anmeldbare ~** claim provable in insolvency proceedings; allowable claim; **bevorrechtigte ~** preferential claim; **gewöhnliche ~**

ordinary claim; **nachrangige ~** lower ranking claim; **Anmeldung e-r ~**[32e] lodgement of claim; **Anmeldung, Prüfung und Feststellung e-r ~** the lodging, verification and admission (or allowance) of a claim; **Rang der ~en** ranking of claims; **im Rang nachgehende ~** →nachrangige Insolvenzforderung; **Recht auf Anmeldung e-r ~** right to lodge a claim; **e-e ~ (beim →Insolvenzverwalter) anmelden** to lodge (or file) a claim (with the →Insolvenzverwalter)

Insolvenz, **bei ~gefahr** in case of imminent insolvency; **~gericht** insolvency court; **~geld**[32f] money paid to the employees in the case of the employer's insolvency; **~gesetz** →Insolvenzordnung

Insolvenzgläubiger[32g] creditor(s) in (or of) the insolvency proceedings; creditor(s) of an insolvent; **bevorrechtigter ~** preferential creditor (in insolvency proceedings); **nicht bevorrechtigter ~** ordinary (or general) creditor; **nachrangiger ~** lower ranking creditor; **Gleichbehandlung der ~** equal treatment of the creditors (of insolvency proceedings); **im →Rang vorgehender ~**; **Rangordnung der ~** ranking of the creditors; **Verzeichnis der ~** *(Gläubigerverzeichnis)* list (or record) of creditors; **~ benachteiligen** (→Insolvenzanfechtung) to put the creditors at a disadvantage; to disadvantage the creditors

Insolvenzgrund *(Eröffnungsgrund)* cause (or ground) for opening insolvency proceedings; **e-n ~ liefern** to commit an act of insolvency

Insolvenzhandlung act of insolvency

Insolvenzmasse[32h] (debtor's) assets involved in the insolvency proceedings; insolvent's assets (or estate, property); →**Eigenverwaltung der ~**; **Verwertung der ~** (durch den →Insolvenzverwalter) realisation of the assets involved in the insolvency proceedings (by the →Insolvenzverwalter); →**Massegläubiger**; →**Masseverbindlichkeiten**; **Verkauf von Waren aus der ~** sale of goods from insolvency estate *(§ 6 UWG)*

Insolvenz~, **~ordnung**[32i] *(InsO)* Insolvency Act (Code, Statute); **~dividende** dividend (in insolvency proceedings); **~quote** →Dividende; **~plan**[32j] insolvency plan; **den ~plan bestätigen** to confirm the insolvency plan; **darstellender Teil des ~plans** describing (or reporting) part of the insolvency plan; **gestaltender Teil des ~plans** regulating part of the insolvency plan (legal status of the parties involved in insolvency proceedings); **~recht** insolvency law; law of insolvency proceedings; **~richter** insolvency judge; *Am* bankruptcy judge *(seit 1978 anstelle des referee in bankruptcy)*; **~schuld** insolvency debt; debt owing from an insolvent's assets; **~schuldner** debtor (in insolvency proceedings); **~sperre** automatic stay; **~statistik**[32k] insolvency statistics; **~straftaten** insolvency offen|ces (ses); **~tabelle** schedule (or list) of creditor's claims

Insolvenzverfahren insolvency proceedings; **Anerkennung des (in einem anderen Staat eröffneten) ~s** recognition of insolvency proceedings; **~ auf Antrag des Schuldners** voluntary insolvency (or bankruptcy); **~ auf Antrag der Gläubiger** involuntary insolvency (or bankruptcy); **Beendigung e-s ~s** *(z.B. durch Vergleich)* closure of insolvency proceedings *(e.g. by composition)*; **während der Dauer des ~s** during the pendency of the insolvency proceedings; **Einleitung e-s ~s** initiation of insolvency proceedings; **Einstellung des ~s**[32l] termination of insolvency (mangels Masse due to insufficient assets *or* for insufficiency of assets); **Eröffnung e-s ~s** opening (of) insolvency proceedings (→Insolvenzeröffnungsbeschluss); **Haupt~**[32m] *(Int. InsR)* main insolvency proceedings; **nachträgliche Eröffnung des Haupt~s** subsequent opening of the main insolvency proceedings; **Nachlass~** insolvency proceedings of a deceased's (*Am* decendent's) estate; →**Partikularverfahren**; **das Recht, die Eröffnung e-s ~s zu beantragen** the right to request the opening of insolvency proceedings; **Sekundär~**[32n] *(Int. InsR)* secondary insolvency proceedings; **Verbraucher~** consumer insolvency proceedings; **Wirkungen des ~s (auf den Arbeitsvertrag und auf das Arbeitsverhältnis)** effects of insolvency proceedings (of the employer) on employment contract and (employment) relationships; **grenzüberschreitendes ~** cross-border insolvency proceedings; **(internationale) Zuständigkeit zur Eröffnung des ~s** jurisdiction to open insolvency proceedings; **gegen jdn. ein ~ einleiten** to institute insolvency proceedings against a.p.; *Br* to have a receiving order in bankruptcy made against a.p.; **das ~ einstellen** to terminate (or discontinue) insolvency proceedings; **das ~ eröffnen** to open insolvency proceedings; to adjugde the debtor (an) insolvent (or a bankrupt); to institute insolvency proceedings; **über das Vermögen der Gesellschaft ist das ~ eröffnet** the company's assets have been subjected to insolvency (*Br* winding-up) proceedings; insolvency proceedings have been instituted against the assets of the company

Insolvenz~, **~vergehen**[32o] insolvency offen|ce (se); **~verschleppung** delay in filing a petition in insolvency; **~versicherung** insolvency insurance

Insolvenzverwalter[32p] insolvency administrator; administrator in insolvency (or bankruptcy)

proceedings; *(in EU-Vorschriften)* liquidator; *Br (bis zur Bestellung durch die Gläubigerversammlung)* official receiver; *(nach Bestellung durch die Gläubigerversammlung)* trustee (in bankruptcy or of the estate); *Am* (bankruptcy) trustee; trustee in bankruptcy; **vorläufiger ~** temporary insolvency administrator; receiver; *Am* interim trustee; **Antrag des ~s (z.B. auf Eintragung der Insolvenzeröffnung in öffentliche Register)** request of the insolvency administrator (or liquidator, trustee) (that the judgement opening the insolvency proceedings be registered in public registers); **Nachweis der Bestellung des ~s** *(der Verwalterbestellung)* proof of the administrator's (or liquidator's, trustee's) appointment

Insolvenz~, ~verwaltung administration of an insolvent's (a bankrupt's) estate (or assets); receivership; **~vorrechte** rights giving a prior claim to satisfaction

Inspektion inspection; supervision; check-up; *(Auto)* service, servicing; **~sprotokoll** *(zum →INF-Vertrag)* Protocol on Inspection; **e-e ~ durchführen** to carry out an inspection; *(Auto)* to service a car; **e-e ~ durchführen lassen** *(Auto)* to have a car serviced

Inspektor inspector; supervisor; *Br (Gutsverwalter)* farm bailiff; *Am* overseer

Installation installation; **~en** fittings

Instandhaltung maintenance; keeping in good order and repair, upkeep; *(nach Verkauf, z. B. Auto, Radio)* servicing; **gewöhnliche ~** routine maintenance; **vorbeugende ~** preventive maintenance; **~sarbeiten** maintenance work; **~skosten** maintenance costs (or charges); upkeep expenses; **~sprüfung** maintenance examination; **universelle ~srichtwerte** universal maintenance standards (UMS)

instand setzen to repair, to restore to good condition; to do up; to renovate; *(Gebäude auch)* to rehabilitate

instand gesetzt, das Haus muß ~ werden *colloq.* the house needs to be done up (or doing up)

Instandsetzung repair; renovation, restoration; reconditioning; **notwendige ~sarbeiten** necessary repairs (or repair work); repairs required; **~skosten** repair costs, expenditure for repairs; *(Haus auch)* rehabilitation costs

Instanz instance; **Gericht erster ~** court of first instance; trial court; **höhere ~** higher instance; court above; **Gericht letzter ~** court of last instance (or resort); **untere ~** lower instance; court below; **zweite ~** second instance; **Gericht zweiter ~** appellate court; **→Rechtsmittel~**; **Zuständigkeit in der ersten (zweiten) ~** original (appellate) jurisdiction

Instanzenweg *(Gericht)* stages of appeal; *(Dienstweg)* official channels; **den ~ (nicht) einhalten** s. den →Dienstweg (nicht) einhalten

Instanz, die Entscheidung der unteren ~ aufheben to reverse the decision of the lower court; **in der ersten (zweiten) ~ →zuständig sein**

Institut institute, institution; **Forschungs~** research institute; **Kredit~** credit institution; **ein ~ errichten** to set up (or establish) an institute

Institution institution; **finanzielle ~en** *(Banken, Bausparkassen und Versicherungen)* financial institutions

institutionalisieren to institutionalize

institutionelle Anleger *(Banken, Versicherungen etc)* institutional investors

Instruktion instruction, direction; *(Einweisung)* briefing; **~sfehler** *(Produkthaftung)* instruction defect (inadequate information); **~en einholen** to ask for instructions; **~en erhalten** to receive instructions; **~en erteilen** to give instructions

Instrument, ~ der Geld- und Währungspolitik instrument of monetary policy

Instrumentarium instruments; machinery

Integration integration; **berufliche ~ der Behinderten** vocational integration of the disabled; **europäischer ~sprozess** process of European integration

integrieren to integrate; **sich ~de Wirtschaft** economy in process of integration

integriert, I~es Mittelmeerprogramm *(EU)* Integrated Mediterranean Programme (IMP); **~er →Tarif der Europäischen Gemeinschaften**

Integrität integrity; **sich zur Achtung (od. Wahrung) der uneingeschränkten territorialen ~ verpflichten**[33] to undertake fully to respect each other's territorial integrity

INTELSAT →Internationale Fernmeldesatellitenorganisation; **~-Weltraumsegment** Intelsat space segment

intensiv intensive; **→kapital~**; **→lohn~**

Intensiv-Sprachkurs crash language course

Interamerikanische Entwicklungsbank[34] Inter- American Development Bank (IADB)

Interamerikanische Investitionsgesellschaft, Übereinkommen zur Errichtung der Interamerikanischen Investitionsgesellschaft[34a]: Übereinkommen zur Errichtung der Interamerikanischen Investitionsgesellschaft

Agreement Establishing the Inter- American Investment Corporation

Interbank~, **~engeldmarkt** interbank money market; **~geschäfte** interbank business

Interbank-Informationssystem (IBIS) interbank information system
Sitz in Frankfurt; stellt Banken und Wertpapiermaklern Daten für den computerisierten Börsenhandel zur Verfügung.
Based in Frankfurt; supplies banks and stockbrokers with data for use in computerized Stock Exchange transactions.

Interbank~, **i~mäßig** interbank; **~rate** *(Eurogeldmarkt)* interbank rate; **~zahlungsverkehr** interbank payment transactions

Interdependenz interdependence

Interesse interest (an in); →**Erfüllungs~**; →**Geschäfts~**; →**Staats~**; →**Vermögens~**; **von allgemeinem ~** of general interest (or concern); →**berechtigtes ~**; **berufliches ~** professional interest; **finanzielles ~** pecuniary interest; **im ~ von** in the interest of; on behalf of; **im ~ aller Beteiligten** in the interest of all (parties) concerned; **in gegenseitigem ~** in the mutual interest; →**gemeinsames ~**; **lebenswichtige ~n** *pol* vital interests; **negatives ~** →Vertrauensschaden
Interesse, **öffentliches ~** public interest; **im öffentlichen ~** for the public benefit; for the common good; **Verletzung des öffentlichen ~s** injury to the public interest; **im öffentlichen ~ liegen** to benefit the public interest
Interesse, **rechtlich anerkanntes ~** legal interest; **ein rechtliches ~ glaubhaft machen** to show a prima facie legal interest
Interesse, →**schutzwürdige ~n**; **überwiegendes ~** overriding interest; **versicherbares ~** insurable interest; **wesentliches ~** substantial interest; **widerstreitende ~n** conflicting (or clashing) interests

Interessenabstimmung agreement of interests

Interessenausgleich reconciliation of interests; **der Unternehmer weicht von e-m ~ über die geplante Betriebsänderung ohne zwingenden Grund ab**[34b] the employer fails, without any compelling reasons, to comply with an agreement on the reconciliation of interests in connection with the alterations proposed *(→Nachteilsausgleich)*

Interessen, **gemeinsame ~beziehung** privity; **~gebiet** field of interest; *(VölkerR)* sphere of interest; **~gegensatz** divergence (or conflict) of interest; **~gemeinschaft** community of interests, pooling of interests; pool; *Am* joint venture; *(organisierte)* **~gruppe** pressure group; lobby; **~kollision** conflict (or clash, collision) of interests; **~sphäre** *(VölkerR)* sphere of interest; **~verflechtung** interdependence (or interlocking) of interests; **~vertretung** representation of interests; **~wahrnehmung** safeguarding (or protection) of interests

Interesse, **die ~n der Allgemeinheit und der Beteiligten abwägen** to balance the public interest and the interest of the parties; **jds ~n beeinträchtigen** to impair (or prejudice or interfere with) sb.'s interests; **den ~en dienen** to further the interests; **für etw. ~ haben** to take an interest in; **jds ~n wahren (od. wahrnehmen)** to safeguard (or protect, attend to) sb.'s interests

Interessent person (or party) interested (in); interested person (or party); →**Kauf~**; **die ~en** the parties (or those) concerned

Interferenzverfahren *Am (PatR)* interference proceedings

Interims~, **~abkommen** interim agreement; **~ausschuss** interim committee; **~dividende** interim dividend; **~konto** suspense account; **~quittung** provisional receipt; **~regierung** provisional (or caretaker) government; **~schein** →Zwischenschein

inter~, **~institutionell** interinstitutional; **I~institutionelles Informationssystem** (INSIS) *(EU)* interinstitutional information system (Insis); **I-kontinentalrakete** intercontinental ballistic missile (ICBM); **I~konzernpreis** intercompany price; **~lokales (Privat-)Recht** interstate conflict of laws; **~ministeriell** interdepartmental; interministerial

intern internal(ly); **~e Angelegenheiten** internal affairs; **~e Mitteilungen** *(innerhalb e-s Betriebes)* memo(randum); **~er Zinssatz** *(e-r Investition)* internal rate of interest

Internat boarding school; **~sschüler** boarder

Internationale, **Sozialistische ~** (S. I.) Socialist International

international international; **~ denkend** cosmopolitan in outlook; **~ gehandelte Wertpapiere** international securities; **auf ~em Wege** internationally

Internationale, **i~ Anmeldung** *(PatR)* →Anmeldung 2.; **~ Anwaltsvereinigung** International Bar Association (IBA); **~ Arbeitsorganisation** (IAO)[35] International Labour Organization (ILO); **~ Atomenergie-Organisation** (IAEO)[36] International Atomic Energy Agency (IAEA); **~ Bank für Wiederaufbau und Entwicklung**[37] International Bank for Reconstruction and Development (IBRD); **~ Bankkonto Nummer** International Bank Account Number (IBAN); **i~** →**Beförderung (gefährlicher Güter auf der Straße**; **i~ Beförderung leicht** →**ver-**

derblicher Lebensmittel; ~ **Chemiefaservereinigung** International Rayon and Synthetic Fibres Committee; **i~ Datenübertragungsdienste** international data transmission services (datel services); ~ **Demokratische Union** (IDU) International Democratic Union *(in Washington; Zusammenschluss konservativer, liberaler und christdemokratischer Parteien aus 21 Ländern)*; ~ →**Einfuhrbescheinigung**; ~ **Energie-Agentur)** (IEA) *(der OECD)*[38] International Energy Agency; ~ **Entwicklungsorganisation** *(der Weltbank)*[39] International Development Association (IDA); ~ **Fernmeldesatellitenorganisation**; **~Fernmeldeunion** →Internationale Organisation für das Fernmeldewesen; ~ **Finanz-Corporation**[41] International Finance Corporation (IFC); ~ **Gesundheitsvorschriften**[42] International Health Regulations

Internationale Handelskammer (IHK) International Chamber of Commerce (→ICC) *(Sitz in Paris; Deutsche Gruppe der IHK/ICC in Köln)*; **die Dienste der Internationalen Handelskammer in Anspruch nehmen** to secure the services of the International Chamber of Commerce; **das →Schiedsverfahren der Internationalen Handelskammer in Anspruch nehmen**
Die Internationale Handelskammer ist die Weltorganisation der Wirtschaft.
The ICC ist the world business organisation.

Internationale Handelsschiedsgerichtsbarkeit international commercial arbitration *(→Europäisches Übereinkommen über die Internationale Handelsschiedsgerichtsbarkeit)*

Internationale, i~ →Hinterlegung gewerblicher Muster und Modelle; ~ **Hydrographische Organisation**[43] International Hydrographic Organization; ~ **Juristen-Kommission** (IJK) International Commission of Jurists; ~→**Jute-Organisation**; ~ **Kaffee-Organisation** International Coffee Organization; ~ **Kakaoorganisation** International Cocoa Organization; ~ →**Klassifikation von Waren und Dienstleistungen**; ~ **Kommission für die Fischerei im Südostatlantik** International Commission for the South-East Atlantic Fisheries; ~ **Kommission zum Schutze des →Rheins**; ~ **Kommission für Strahlenschutz** International Commission on Radiological Protection (ICRP); ~ **Kriminalpolizei-Organisation** (Interpol) International Criminal Police Organization; ~ **Organisation der Arbeitgeber** International Organization of Employers (IOE)

Internationale Organisation für das Fernmeldewesen International Telecommunications Union (ITU)

Internationale~, ~Organisation für das gesetzliche Messwesen[44] International Organization of Legal Metrology; ~ **Organisation für Seeschiedsgerichtsbarkeit**[44a] International Maritime Arbitration Organization; ~ **Organisation für Wanderung**[44b] International Organization for Migration; ~ **Patentklassifikation** International Patent Classification[44c]; **i~ vorläufige →Prüfung der Anmeldung**; ~ →**Recherchenbehörde**; ~ **Rechtskommission** (IRK) International Law Commission; ~ **Rechtsordnung der →Eisenbahnen**; ~ **Rechtsordnung der →Seehäfen**; ~ **Regeln für die Auslegung von Handelsklauseln** →Incoterms; ~ **Regeln zur Verhütung von →Zusammenstößen auf See**; **i~ Richtlinien** international standards; ~ **Rohstoffbank** International Resources Bank; ~ **Rohstofforganisation**[44d] International Commodity Organization; **i~ Schiedsgerichtsbarkeit** international arbitration *(→Schiedsgerichtsbarkeit der IHK)*; ~→**Schiedsstelle der ~n Handelskammer für Fälle unlauterer Werbung**; ~ **Schiffahrtskammer** International Chamber of Shipping (ICS); ~ **Seefunksatelliten-Organisation**[45] International Maritime Satellite Organization (INMARSAT); ~→**Seeschiffahrts-Organisation**; ~ **Strahlenschutzkommission** International Commission on Radiological Protection (ICRP); ~ **Studienzentrale für die Erhaltung und Restaurierung von Kulturgut (Römische Zentrale)**[46] International Centre for the Study of the Preservation and Restoration of Cultural Property (Rome Centre); ~ **Tropenholzorganisation** International Tropical Timber Organization (ITTO); ~ **Union zur Erhaltung der Natur und der natürlichen Hilfsquellen** International Union for Conservation of Nature and Natural Resources (IUCN); ~ **Vereinigung für Entwicklungshilfe** →Entwicklungsorganisation; ~ **Vereinigung der Juristinnen** International Federation of Women Lawyers (IFWL); ~ **Vereinigung von Luftfrachtmaklern** International Aircraft Brokers' Association (IABA); ~ **Vereinigung zum Schutz des gewerblichen Eigentums** International Association for the Protection of Industrial Property (IAPIP); ~ **Vereinigung für Steuerrecht** International Fiscal Association (IFA); ~ **Verhältnisregeln für die →Werbepraxis**; **i~ Vertragswerke** international instruments; ~ **Völkerrechtskommission** →~ **Rechtskommission**; ~ →**Warenklasseneinteilung**; ~ **Weizen-Übereinkunft von 1986**[46a] International Wheat Agreement 1986; ~ **Zentralstelle für →Technische Gutachten**; ~ **Zivilluftfahrt-Organisation** (IZLO) International Civil Aviation Organization (ICAO) *(Sonderorganisation der VN)*; ~ **Zwangsschlichtung** international mandatory conciliation; **i~ Zusammenarbeit auf dem Gebiet des Patentwesens** →Patentzusammenarbeitsvertrag; **i~ Zuständigkeit** international jurisdiction

Internationaler, ~ Antwortschein international reply coupon; **~ Beratender Baumwollausschuss** International Cotton Advisory Committee (ICAC); **~ →Bergarbeiterverband**; **~ Bund Freier Gewerkschaften** (IBFG) International Confederation of Free Trade Unions (ICFTU); **~ Eisenbahnverband** International Union of Railways (UIC)

Internationaler Eisenbahnverkehr →Übereinkommen über den Internationalen Eisenbahnverkehr; →**Europäisches Übereinkommen über die Hauptlinien des Internationalen Eisenbahnverkehrs**

Internationaler~, ~→Fernmeldevertrag; ~ →Fluglinienverkehr; ~ Fonds für landwirtschaftliche Entwicklung[47] International Fund for Agricultural Development (IFAD); **~ Fonds zur Entschädigung von →Ölverschmutzungsschäden; ~ Gemeindeverband** International Union of Local Authorities (IULA); **~ Genossenschaftsbund** (IGB) International Cooperative Alliance (ICA)

Internationaler Gerichtshof (IGH)[48] International Court of Justice (ICJ); →**Statut des Internationalen Gerichtshofs**; →**Zuständigkeit des Internationalen Gerichtshofs; e-e Streitigkeit vor den Internationalen Gerichtshof bringen** to submit a dispute to the ICJ

Internationaler, i~ Handel mit gefährdeten Arten freilebender Tiere und Pflanzen *(s. Washingtoner →Artenschutzübereinkommen)* international trade in endangered species of wild fauna and flora; **~ Hotelverband** (IHV) International Hotel Association; **~ Hochschulverband** International Association of Universities (IAU); **~ Journalistenverband** International Federation of Journalists; **~ Jugendherbergsverband** International Youth Hostel Federation (IYHF); **~ Kakaorat**[49] International Cocoa Council; **~ Kauf beweglicher Sachen** international sale of goods *(→Haager Kaufrechtsübereinkommen, →UN-Kaufrechtsübereinkommen)*; **~ Luftverkehrsverband** International Air Transport Association (IATA); (Vereinigung 198 international tätiger Luftverkehrsgesellschaften Association of 198 international airlines); **~ Normenausschuss** International Standardization Organization (ISO); **~ Pakt über bürgerliche und politische Rechte**[50] International Covenant on Civil and Political Rights; **~ Pakt über wirtschaftliche, soziale und kulturelle Rechte**[51] International Covenant on Economic, Social and Cultural Rights; **~ Rat für Denkmalpflege** International Council of Monuments and Sites (ICOSMOS); **~ Rat für Meeresforschung** International Council for the Exploration of the Sea (ICES); **~ Rat Wissenschaftlicher Vereinigungen** International Council of Scientific Unions (ICSU); **~ Reederverein** International Shipping Federation (ISF); **~ Schiffssicherheitsvertrag** (ISSV) s. Internationales Übereinkommen zum Schutz des menschlichen Lebens auf →See; s. Internationale →Seestraßenordnung; **~** →Seeverkehr

internationaler Straßengüterverkehr s. Übereinkommen über den →Beförderungsvertrag im internationalen Straßengüterverkehr

Internationaler, ~ Suchdienst International Tracing Service; **~ Transportarbeiterverband** International Transport Workers' Federation; **~ Transportversicherungs-Verband** (ITVV) *(Seevers.)* International Union of Marine Insurance; **~ Verband für Akademikerinnen** International Federation of University Women (IFUW); **~ Verband von Gesellschaften für Unternehmensforschung** International Federation of Operational Research Societies (IFORS); **~ Verband der Hochschulprofessoren und Hochschullehrer** International Association of University Professors and Lecturers (IAUPL); **~ Verband für die Zusammenarbeit auf dem Gebiet des Patentwesens**[52] International Patent Cooperation Union; **~ Währungsfonds** (IWF)[53] International Monetary Fund (IMF)

Internationaler Warenkauf international sale of goods; **Übereinkommen der Vereinten Nationen über den Internationaln Warenkauf**[54] United Nations Convention on Contracts for the International Sale of Goods; **i~**]nternationaler Warenkaufvertrag

Internationaler~, ~Weizenrat International Wheat Council; **~ Werbeverband** International Advertising Association (IAA); **i~ →Zahlungsverkehr; ~ Zinnrat** International Tin Council; **~ Zuckerrat** International Sugar Council

Internationales Abkommen zur Erleichterung der Einfuhr von Warenmustern und Werbematerial[54a] International Convention to Facilitate the Importation of Commercial Samples and Advertising Material

Internationales Abkommen über den Schutz der ausübenden Künstler, der Hersteller von Tonträgern und der Sendeunternehmen[54b] über den Schutz der ausübenden Künstler: der Hersteller von Tonträgern und der Sendeunternehmen International Convention for the Protection of Performers, Producers of Phonograms and Broadcasting Organizations

Internationales Abkommen zur Vereinheitlichung von Regeln des Rechts der Konnossemente[54 c] von Regeln des Rechts der Konnossemente International Convention for the Unification of Certain Rules of the Law Relating to Bills of Lading

Internationales Arbeitsamt →Internationale Arbeitsorganisation

Internationales Büro[55] *(Sekretariat der →Weltorganisation für geistiges Eigentum)* International Bureau

Internationales, i~ Energieprogramm[56] international energy program; **~ E-Straßennetz**[56 a] international E-road network; **~ →Freibord-Übereinkommen**; **i~ Gewerkschaftswesen** international trade unionism; **i~ Gewohnheitsrecht** international custom

internationales Handelsrecht international trade law; **Kommission der Vereinten Nationen für I~** United Nations Commission on International Trade Law (UNCITRAL)

Internationales, ~ Institut für die Vereinheitlichung des Privatrechts International Institute for the Unification of Private Law; **~ Kaffee-Übereinkommen**[57] International Coffee Agreement; **~ Kakao-Übereinkommen**[58] International Cocoa Agreement; **~ Kälteinstitut**[59] International Institute of Refrigeration; **~ Komitee des Roten Kreuzes** (IKRK) International Committee of the Red Cross (ICRC); **~ Komitee für wissenschaftliche Betriebsführung** International Committee of Scientific Management; **~ Naturkautschuk-Übereinkommen**[59 a] International Natural Rubber Agreement; **~ Olivenöl-Übereinkommen**[60] International Olive Oil Agreement; **~ Olympisches Komitee** (IOK) International Olympic Committee (IOC); **~ Opiumabkommen**[61] International Agreement on Narcotizing Drugs; **~Patentinstitut** International Patent Institute; **~ Pflanzenschutzabkommen**[62] International Plant Protection Convention; **~ Presseinstitut** International Press Institute

Internationales Privatrecht (IPR) private international law; conflict of laws; **Gesetz zur Neuregelung des Internationalen Privatrechts** (IPRNG)[62 a] Law for Revision of Private International Law

Hauptquellen des deutschen IPR sind die Art. 3-46 EGBGB.

Eine weitere besonders wichtige Quelle des IPR bilden die völkerrechtlichen Vereinbarungen, soweit sie unmittelbar anwendbares innerstaatliches Recht geworden sind. Sie gehen nach Art. 3 II EGBGB den Vorschriften des EGBGB vor.

The principal source of German private international law (conflict of laws) are Arts. 3-46 EGBGB (Introductory Law of the Civil Code). Other important sources of the IPR are the agreements under international law as far as they have become self-executing national law. According to Art. 3 II EGBGB they take precedence over the provisions of the EGBGB.

Internationales Recht, Vereinigung für ~ International Law Association (ILA)

Internationales, ~ Rohstoffgremium[62 b] International Commodity Body; **~ Signalbuch** International Code of Signals; **~ Statistisches Institut** International Statistical Institute (I. S. I.); **~ Steuerdokumentationsbüro** International Bureau of Fiscal Documentation; **~ Studentenwerk** International Student Service (ISS); **~ Suchtstoff-Kontrollamt** International Narcotics Control Board; **~ Tierseuchenamt**[63] International Office for Epizootic Diseases; **~ Tropenholz-Übereinkommen**[63 a] International Tropical Timber Agreement

Internationales Übereinkommen International Convention (or Agreement); **~ zur Vereinheitlichung von Regeln über den Arrest in Seeschiffe**[63 b] International Convention Relating to the Arrest of Seagoing Vessels; **~ über das harmonisierte System zur Bezeichnung und Codierung der Waren**[63 c] *(seit 1. 1. 1988 für Zollfestsetzung eingeführt)* International Convention on the Harmonized Commodity Description and Coding System; **~ über sichere Container**[63 d] International Convention for Safe Containers (C.S.C.); **~ gegen Geiselnahme**[63 e] International Convention against the Taking of Hostages; **~ über Zusammenarbeit zur Sicherung der Luftfahrt "EUROCONTROL"** International Convention Relating to Cooperation for the Safety of Air Navigation "EUROCONTROL" *(→Europäische Organisation zur Sicherung der Luftfahrt)*; **~ zur Verhütung der Meeresverschmutzung durch Schiffe**[63 f] International Convention for the Prevention of Pollution from Ships; **~ zur Verhütung der Verschmutzung der See durch Öl**[63 g] International Convention for the Prevention of Pollution of the Sea by Oil; **~ über die zivilrechtliche Haftung für →Ölverschmutzungsschäden**; **~ über Maßnahmen auf Hoher See bei →Ölverschmutzungsunfällen**; **~ zum Schutz von Pflanzenzüchtungen**[63 h] International Convention for the Protection of New Varieties of Plants; **~ zur Beseitigung von jeder Form der →Rassendiskriminierung**; **~ zur Vereinheitlichung von Regeln über die zivilrechtliche Zuständigkeit bei Schiffszusammenstößen**[63 i] International Convention on Certain Rules Concerning Civil Jurisdiction in Matters of Collision (at sea); **~ zum**

Schutz des menschlichen Lebens auf →See; ~ über den Such- und Rettungsdienst auf See[63j] International Convention on Maritime Search and Rescue; **~ über die Beschränkung der Haftung der Eigentümer von →Seeschiffen; ~ zur Harmonisierung der Warenkontrollen an den Grenzen**[64] *(EG)* International Convention on the Harmonization of Frontier Controls of Goods

Internationales, ~ Warenverzeichnis für den Außenhandel[65] Standard International Trade Classification (SITC); **~ Weinamt**[66] International Wine Office; **~ Weizenabkommen** International Wheat Agreement; **~ Zentrum zur Beilegung von Investitionsstreitigkeiten**[66a] International Centre for the Settlement of Investment Disputes (ICSID); **~ Zinnübereinkommen**[66b] International Tin Agreement

Internationalismus internationalism; cosmopolitanism

internationalisieren to internationalize

Internationalisierung internationalization

Internet~, ~-Dienstleister Internet Service Provider (ISP); **~-Protokoll** internet protocol (IP); **~zugang** internet access; **drahtloser ~zugangsanbieter** access provider; **drahtloser ~zugangsstandard** (→UMTS) *(für Mobiltelefone)* wireless application protocol (WAP)

internieren to intern

Internierte (der/die) internee

Internierung internment; detention; **aus e-m ~slager entlassen werden** to be released from an internment camp

Internist specialist in internal medicine; **~enkongreß** Congress of Internal Medicine

Internuntius[67] *dipl* internuncio

interparlamentarisch interparliamentary; **I~e Union** (IPU) Interparliamentary Union

Interpellant interpellator

Interpellation *parl (große Anfrage)* interpellation; major parliamentary question

interpellieren to interpellate

interpersonales Privatrecht interpersonal law

Interpol →Internationale Kriminalpolizei-Organisation

Interpretation interpretation *(→Auslegung)*; **~sklausel** interpretation clause

interpretieren to interpret *(→auslegen)*

interregionaler Luftverkehr interregional air services

intertemporales Recht *(IPR)* intertemporal law

Intervenient intervening party

intervenieren to intervene; *(sich einmischen)* to interfere

Intervention 1. intervention; *(Einmischung)* interference; *(Zivilprozess)* →**Haupt~** →Nebenintervention; *(WechselR)* →Ehreneintritt; *(BörseMaßnahmen zur Beeinflussung der Kursentwicklung)* intervention; *(e-r Notenbank auf den Devisenmärkten)* intervention; *(staatl. Eingriff)* intervention; interference *(EG →Intervention 2.)*; **bewaffnete ~** *(VölkerR)* armed intervention; →**intramarginale ~**

Interventions~, ~akzept acceptance for hono(u)r (or by intervention); **~auftrag** *(Börse)* supporting order; **~bestände** intervention stocks; **~grenze** *(e-r Notenbank)* intervention limit; **~käufe** *(Börse)* supporting purchases; *(e-r Notenbank)* intervention buying; **~klage** →Drittwiderspruchsklage; **~kurs** intervention rate; **~pflicht** *(z. B. Bundesbank)* obligation to intervene

Interventionspunkt *(im Devisenhandel)* intervention point; **der Dollarkurs hat den unteren ~ erreicht** the dollar quotation (or rate) has reached the lower point of intervention

Intervention 2. *(EU)* intervention; **~sbestände** intervention stocks; **~skäufe** intervention buying; **~smaßnahmen** intervention measures; **~spreis** intervention price; **~sschwelle** intervention threshold; **~sstelle** intervention agency

Interventionismus *(Eingreifen des Staates in die Wirtschaft)* interventionism

Interview, im ~ Befragter interviewee; **jdm ein ~ geben** to give sb. an interview

Interviewer interviewer; *(Meinungsforschung)* investigator; field worker; **~anweisung** interview guide

Interviewter interviewee

Interzedent surety

Interzession suretyship

interzonales Privatrecht *(befasst sich mit dem Gegensatz des Privatrechts der früheren BRD und der ehemaligen DDR)* interzonal law

Intestat~, ~erbe intestate successor; *Am* intestate heir; *Br (etwa)* person entitled to (a share in) an intestate's estate; **~erbfolge** intestate succession; succession on intestacy; *Am (auch)* hereditary succession; **~erblasser** intestate; *Am* intestate decedent; **~nachlass** intestate's estate

Intimsphäre, (Recht auf) ~: (Recht auf) **Intimsphäre** privacy; **Eindringen in die ~** invasion of (or intrusion upon) privacy; **in jds ~ eindringen** to invade (or intrude upon) sb.'s privacy; **jds ~ verletzen** to violate sb.'s privacy

intramarginale Intervention intramarginal intervention
Intervention, bevor der Wechselkurs e-r Währung die Grenze seiner schwangungsmarge erreicht.
Intervention before a currency's exchange reaches the limit of its fluctuation margin.

Intrige intrigue, machination, plot

intrigieren, gegen jdn ~ to intrigue (or plot) against sb.

Invalide *(Arbeits-, Erwerbsunfähiger)* disabled person; disabled (or incapacitated) worker; *(Körperbehinderter)* disabled (or [physically] handicapped person); **~nrente** disablement pension *(s. Rente bei →Berufsunfähigkeit od. bei →Erwerbsunfähigkeit)*; **~nversicherung** →Arbeiterrentenversicherung

Invalidität disablement, disability; invalidity; **teilweise ~** partial *Br* disablement *(Am invalidity)*; **vollständige ~** total *Br* disablement *(Am invalidity)*; **vorübergehende ~** temporary *Br* disablement *(Am invalidity)*; **vorzeitige ~** premature disablement

Invalidität, Grad der ~ degree of *Br* disablement *(Am invalidity)*; →**Leistungen bei ~**; **~sbegriff** concept of *Br* disablement *(Am invalidity)*; **~srente**[70] disablement pension; invalidity pension; **~s-Zusatzversicherung** *(bei Lebensversicherung)* additional disablement insurance (in case of premature disablement)

Invasor invader

Inventar 1. *(zum gewerblichen od. landwirtschaftlichen Betrieb gehörende Einrichtungsgegenstände)* inventory; **gewerbliches ~** trade inventory; **lebendes ~** farm stock; **lebendes und totes ~ e-s landwirtschaftlichen Betriebes** livestock and equipment used in agriculture; **totes ~** dead stock; **~stück** inventory item; fixture; **~übernahme** taking over inventory; **der Pächter trägt die Gefahr des zufälligen Untergangs des ~s**[71] the tenant bears the risk of the accidental destruction or loss of the stock (or inventory); **ein Grundstück mit ~ verpachten**[72] to lease land together with an inventory

Inventar 2. *(vom Kaufmann jährlich aufzustellendes Verzeichnis der Vermögensgegenstände und Schulden)*[73] inventory; **~aufnahme** →Inventur; **~verzeichnis** inventory (sheet); *Am* inventory listings; **~wert** inventory value; **ein ~ aufnehmen** to take (or make, draw up) an inventory; to take stock; **in ein ~verzeichnis aufnehmen** to put down (or include) in an inventory

Inventar 3. *(Verzeichnis des Erblassers)* inventory; **~errichtung**[74] filing an inventory with the court; **~frist**[75] inventory period; period fixed by the court for an inventory to be drawn up and filed; **~untreue**[76] intentionally filing an incomplete or incorrect inventory; **Einsicht des ~s**[77] inspection of the inventory; **ein ~ bei Gericht einreichen** to file an inventory with the court *(→Nachlassverzeichnis)*; **ein ~ errichten** to file an inventory with the court

inventarisieren to take (or draw up) an inventory (of); to take stock; to inventory

Inventur *(wert- und mengenmäßige Bestandsaufnahme)*[78] (taking an) inventory; stock-taking; **Abschluss~** closing inventory; **Eröffnungs~** opening inventory; **~liste** →Inventar 2.; **~prüfung** inventory audit; **~richtlinien** *Br* stock-taking rules; *Am* inventory rules; **~verkauf** clearance sale, stock-taking sale; **~ machen** to take (or make, draw up) an inventory; to take stock; **das Geschäft ist wegen ~ geschlossen** the shop is closed on account of stock-taking

Inverkehrbringen bringing (or putting) into circulation; placing on the market; marketing; **~ von Falschgeld**[78a] putting false money into circulation; uttering counterfeit money; **~ e-s Werkes** *(UrhR)* distribution of a work; **das ~ untersagen** to bar from the market

investieren to invest; to make an investment; **sein Geld gut ~** to invest one's money well; to make a good investment; **wieder** *(im Betrieb)* **~** *Br* to plough back; *Am* to plow back

Investierung investment; **sichere ~** safe investment; **~sfreudigkeit** propensity to invest; **~smöglichkeit** investment opportunity

Investition(en) investment(s); *(Investitionsausgaben)* capital expenditure, capital investment; **Anfangs~** initial investments; →**Anlage~**; →**Auslands~**; →**Ausrüstungs~**; →**Bau~**; →**Brutto~**; →**Eigen~**; →**Fehl~**; **Gesamt~** overall investments; **Inlands~** domestic investments, investments at home; →**Lager~**; **Neu~** new investments; fresh capital expenditure; →**Rationalisierungs~**; **ausländische ~en** investments abroad, investments in foreign countries; **betriebliche ~en** business investments; capital projects in a particular enterprise; **indirekte ~en** portfolio investments; **öffentliche ~en** public (sector) investments; public capital expenditure; **übermäßige ~** excessive investments

Investitionen, die ~ wurden gebremst investments were checked; **~ durchführen** to realize investments; **~ fördern** to promote investments; **~ vornehmen** to effect investments

Investitions~, ~abbau *(bes. als polit. Sanktion)* disinvestment; **~abschreibung** *Br* investment allowance; *Am* investment credit; capital expenditure write-off; **~anleihe** investment loan; **~anreize** incentives to invest; **~aufwendungen** →Investitionsausgaben; **~ausgaben** capital expenditure, capital spending; investment expenditure; **~beihilfe** investment aid; investment subsidy; **~bereitschaft** propensity to invest; **~beschränkungen** *(e-r Investmentgesellschaft)* investment restrictions; **~besteuerung** taxation of investments; **die ~bremse ziehen** to slow down investment; **~entscheidung** decision to invest, investment decision; **~entwicklung** trend of capital expenditure; investment trends; **~finanzierung** investment financing; financing of capital expenditure (or of capital projects)

Investitionsförderung investment promotion, promoting investment; encouragement of investment; **Maßnahmen zur ~** measures to promote (or of promoting) investment; **Politik der ~** policy to stimulate investment

Investitions-Garantie-Agentur →Multilaterale Investitions-Garantie-Agentur

Investitionsgüter capital goods, investment goods; industrial products; **~industrie** capital goods industry; **~-Marketing** industrial marketing; **~nachfrage** demand for capital goods

Investitions~, **~haushalt** investment budget; **~hilfe** investment assistance; *(steuerl. Vergünstigungen)* investment grant(s); **~konjunktur** investment boom; **~kosten** investment cost(s); capital cost(s); cost of the investment; **~kredit** investment credit (or loan); loan to promote investment; capital investment loan; **~mittel** investment funds, investment resources; **~nachfrage** investment demand; demand for capital goods

Investitionsneigung, nachlassende (steigende) ~ diminishing (increasing) propensity to invest

Investitions~, **~niveau** level of investment; **~objekt** object of capital expenditure; **~plan** investment scheme; capital expenditure plan; **~planung** investment planning, capital expenditure planning; **~politik** *(von Unternehmen)* investment policy; **~prämie** premium for investments; **~programm** investment program(me), capital expenditure program(me); **~quote**[79] rate of investment; investment ratio; **~rate** →Investitionsquote; **~rechnung** investment appraisal (or analysis); **~risiko** risk incurred by (an enterprise's) capital expenditure; business risk; **~rückgang**[80] decline in investment(s); **~schutzabkommen** agreement on the protection of investment; **~steuer**[81] investment tax

Investitionsstreitigkeiten, →**Internationales Zentrum zur Beilegung von ~**; **Übereinkommen zur Beilegung von ~ zwischen Staaten und Angehörigen anderer Staaten** (Weltbankübereinkommen)[82] Convention on the Settlement of Investment Disputes between States and Nationals of Other States

Investitionstätigkeit investment activity, capital expenditure activity; →**Belebung der ~**; **die ~ hat spürbar zugenommen** investment activity has increased noticeably

Investitionstendenzen investment trends

Investitionsvorhaben investment project, capital expenditure project; **~ auf dem Gebiete des Umweltschutzes** environmental investment projects; **Darlehen für ~ gewähren**[83] to grant loans for investment projects

Investitions~, **~zulage**[84] investment grant (or subsidy); **~zurückhaltung** reluctance to invest; **~zuschuss** investment grant; **~zweck** investment purpose

investive Ausgaben des Bundes Federal investment expenditure

Investivlohn invested wages (part of an employee's wages which, by arrangement, is invested for a period instead of being [immediately] paid)

Investmentanteil (an e-m →Investmentfonds) *Br* (trust) unit (in a unit trust); *Am* (mutual fund) share; **~ in Umlauf** outstanding *Br* trust units, *Am* mutual fund shares; **ausgegebene ~e** issued *Br* trust units *(Am mutual fund shares)*; **Ausschüttungen auf ausländische ~e**[85] distribution (payout) on foreign investment shares; **Teilung e-s ~s in mehrere mit geringerem Anlagewert** split; **~e zurücknehmen** to redeem *Br* trust units *(Am mutual fund shares)*

Investmentfonds *(→Sondervermögen e-r →Kapitalanlagegesellschaft)* open-end trust; *Br* unit trust; *Am* mutual fund *(→Fonds 2.)*; **Erträge des ~** fund's income; **~ mit hochspekulativer Anlagepolitik** hedge fund; **~, dessen Portefeuille je zur Hälfte aus Aktien und Schuldverschreibungen besteht** balanced fund; **~, dessen Wertpapierbestand unveränderlich ist** fixed fund; **~, dessen Wertpapierbestand sich ständig ändern kann** flexible fund

Investmentgeschäft *(e-r Kapitalanlagegesellschaft)* investment business; *(Konsortialgeschäft der Kreditinstitute)* investment banking

Investmentgesellschaft →Kapitalanlagegesellschaft

Investmentgesetz s. Gesetz über →Kapitalanlagegesellschaften, →Auslandsinvestmentgesetz

Investment~, **~papier** →Investmentzertifikat; **~sparen** saving by subscribing to *Br* trust units *(Am mutual fund shares)*; **~vertreter** representative of a →Kapitalanlagegesellschaft; fund salesman

Investmentzertifikat investment certificate; *Br* unit certificate; *Am* mutual fund certificate;

~sbesitzer *Br* unit holder; **~e in kleiner Stückelung ausgeben** to issue investment certificates in small units

Investor investor

In-vitro-Fertilisation *(Befruchtung im Reagenzglas)* in vitro fertilization

in vivo in vivo

inwieweit to what extent

Inzahlungnahme trade-in; *Br* part-exchange

Inzidenz incidence; **~feststellungsklage** →Zwischenfeststellungsklage

ionisierende Strahlen ionizing radiation; **höchstzulässige Dosen ionisierender Strahlen** maximum permissible doses of ionizing radiation; **Grundnormen für den Gesundheitsschutz der Bevölkerung gegen die Gefahr ionisierender Strahlen**[86] basic standards for the protection of the health of the general public from ionizing radiation; **Missbrauch ionisierender Strahlen**[86a] misuse of ionizing radiation; **Schutz der Arbeitnehmer vor ionisierenden Strahlen**[87] protection of workers against ionizing radiations; →**Spätwirkungen ionisierender Strahlen; ionisierenden Strahlen ausgesetzt sein** to be exposed to ionizing radiation; **mit ionisierenden Strahlen behandelte Lebensmittel** foods treated with ionizing radiation

Irak Iraq; **Republik ~** Republic of Iraq

Iraker(in), irakisch Iraqi

Iran, Islamische Republik ~ Islamic Republic of Iran

Iraner(in), iranisch Iranian

Ire, Irin Irish/man, woman; *pl* the Irish

irisch Irish

Irland Ireland; **Republik ~** Republic of Ireland

irreführen to mislead, to be misleading; *(unrichtig angeben)* to misrepresent; *(täuschen)* to deceive; **das Gericht ~** to perpetrate a fraud on (or to deceive) the court; **den Käufer ~** to mislead the buyer; **die Öffentlichkeit ~** to practise deception on the public

irreführend misleading; *(täuschend)* deceptive; **~e Angaben**[88] misleading statements; *(wissentlich)* fraudulent misrepresentation; **Erregung e-r ~en Vorstellung** false representation; **~e Marke** deceptive trademark; **in ~er Weise** in a misleading way; **Verbot der ~en Werbung**[88] ban on misleading advertising

irregeführt, durch die Presse ~ werden to be misled by the press

Irreführung misleading; *(Täuschung)* deception, deceiving, misrepresentation; **~ durch Vorspiegelung falscher Tatsachen** *(VertragsR)* fraudulent misrepresentation; **~ von Verbrauchern** misleading of consumers; **~ über die Herkunft der Waren**[88] (fraudulent) passing off; **~ von Zeugen** deceiving witnesses

irren, sich ~ to be mistaken, to be wrong

Irrenanstalt →psychiatrisches Krankenhaus

irrig, in der ~en Annahme under the misapprehension (that)

Irrläufer *(Post)* misdirected mail (or letter); *(Urkunde)* misrouted document

Irrtum mistake, error; **Irrtümer vorbehalten** errors excepted (E. E.); barring errors; **Irrtümer und Auslassungen vorbehalten** errors and omissions excepted (E. O. E.); **~ über das anwendbare Recht** *(IPR)* mistake as to the applicable law; **~ in der Erklärung** s. Erklärungs→Irrtum; **~ über die Identität des Vertragsgegenstandes** mistake as to the identity of the subject matter (of the contract); **~ im Motiv** mistake in the inducement; **~ über die Person** error regarding sb.'s identity; mistaken identity; **~ über wesentliche Eigenschaften**[89] mistake as to important qualities of the subject matter (of the contract)

Irrtum, Eigenschafts~ →~ über wesentliche Eigenschaften; **Erklärungs~** mistake of expression; **Geschäfts~ (od. Inhalts~)**[90] mistake (or error) as to the content of the declaration (which has been made); **Motiv~** →Irrtum im Motiv; **Rechts~** error in law; **Tatsachen~** error in fact

Irrtum, allgemein verbreiteter ~ common mistake; **beiderseitiger ~** mutual mistake; **einseitiger ~** unilateral mistake; →**gemeinsamer~**; **wesentlicher ~** mistake of intrinsic fact; error on a material point

Irrtums~, ~anfechtung →Anfechtung wegen Irrtumss; **~vorbehalt** clause reserving errors

Irrtum, e-e Erklärung kann wegen ~s angefochten werden →anfechten; **sich im ~ befinden** to be mistaken, to be under a misapprehension; **e-n ~ begehen** to commit (or make) a mistake (or error); **e-n ~ beheben** →e-n Irrtum richtigstellen; **e-n ~ erregen** to cause an error; **e-n ~ richtigstellen** to rectify (or correct) an error; **e-n ~ unterhalten** to sustain error

irrtümlich erroneous, mistaken, in error; by mistake; **~ falsche Angaben** innocent misrepresentation; wrong (or incorrect) information innocently supplied; **~e Angabe e-r Person als Miterfinder** *(PatR)* misjoinder of inventor; **~ abgegebene (Willens-)Erklärung** declaration (or intention) made in error *(→anfechten)*;

jdn ~ halten für to take (or mistake) sb. for; **e-n Betrag ~ in Rechnung stellen** to bill (or charge) an amount by mistake

Island Iceland; **Republik ~** Republic of Iceland

Isländer(in) Icelander

isländisch Icelandic

Isolationismus *pol* isolationism; *Br* insularism

Isolationist *pol* isolationist

isolationistisch *pol* isolationist; *Br* insular

Isolationshaft solitary confinement

isolieren *(Land, Gefangene, Kranke)* to isolate

Isolierung isolation; *tech* insulation

Isotopentrennanlage[91] isotope separation plant

Israel Israel; **Staat ~** State of Israel

Israeli~, **i~sch** Israeli

Ist~, **~ausgabe** actual expenditure *(Ggs. Sollausgabe)*; **~bestand** *(an Wechseln, Wertpapieren etc)* actual balance; **~einnahmen** actual receipts; **~kosten** actual costs; **~prämie** *(VersR)* premium paid; actual premium; **~stärke** *mil* actual strength; **~stunden** actual manhours; **~zahlen** actuals; **~zeit** actual hours

Italien Italy; **~ische Republik** Italian Republic

Italiener(in), italienisch Italien

i. V. s. in →Vertretung

Ivo | rer, ~in Ivorian *(Einwohner der →Côte d'Ivoire)*

IWF →Internationaler Währungsfonds; **Gewährung e-s ~-kredits** granting of an IMF credit

J

Ja-Nein-Frage dichotomous question

Ja-Stimmen votes for (or in favo[u]r of) a motion (or candidate); affirmative votes; ayes; *Br parl* Ayes; **es gab 40 ~ und 10 Nein-Stimmen** there were 40 votes for (the motion) and 10 against (or nays [*Br parl* Noes])

Jacht yacht; **Motor~** motor yacht; **Segel~** sailing yacht

Jagd hunt(ing); shooting; *(Verfolgung)* chase, pursuit; **~aufseher** *Br* gamekeeper; *Am* game warden; **~ausübung** hunting, shooting; **j~bares Wild** huntable (or fair, legal) game; **j~berechtigt** licen | ced (~sed) to hunt; **~berechtigung** authorization to hunt; **~beschränkungen**[1] hunting restrictions (or restrictions on hunting); **~bezirk** hunting area (or ground); **~erlaubnis** permission to hunt; **~flugzeug** fighter; **~gebiet** →Jagdbezirk; **~gehege** game preserve; **~geräte** hunting equipment; **~gesetz**[2] game law, hunting law; **~haftpflichtversicherung** hunting liability insurance; **~pacht** lease of a hunting ground; game tenancy; *(Pachtzins)* rent for hunting ground; **~pächter** game tenant; game lessee; **~recht** →Jagdgesetz; *(im subjekt. Sinne)* hunting right, shooting right, sporting right; **~schaden**[3] damage caused by hunting

Jagdschein game (or hunting, shooting) licen | ce (~se); *Am (auch)* hunting (or shooting) permit; **sich e-n ~ beschaffen** to take out a game licen | ce (~se)

Jagd, **(~-)Schonzeit** closed season (for game); **~steuer** tax on hunting; **~unfallversicherung** insurance against hunting accidents; **~vorschriften** hunting regulations

Jagd~, **~wild** game; **~wilderei** poaching; **~wilderei begehen** to poach; **~zeit** hunting (or shooting) season; open season

Jagd, **auf die ~ gehen** to go hunting; **e-e ~ (ver)pachten** to lease a hunting ground

Jahr, **alle ~e** every year, yearly; **auf ~e hinaus** for years to come; **das ganze ~ über** all the year round; **(heute) in drei ~en** 3 years hence; **heute vor 3 ~en** three years ago today; **mit 30 ~en** at the age of thirty; **er ist 30 ~e alt** he is 30 years of age (or old); **Personen über (unter) 18 ~en** persons aged 18 and over (persons under 18)

Jahr, **abgelaufenes ~** last (or past) year; **zu Beginn der 80 er ~e** in the early eighties; **die kommenden ~e** the years ahead; **laufendes ~** current (or present) year; **nachfolgendes ~** subsequent year; **pro ~** per annum; **übernächstes ~** the year after next; **vergangenes ~** last (or past) year; **vorhergehendes ~** preceding (or previous) year

Jahres~, **~abonnement** *(Zeitschrift etc)* annual subscription; **~abrechnung** yearly (or annual) account(ing); yearly statement (of account)

Jahresabschluss *Br (Bilanz und Gewinn- und Verlustrechnung e-s Unternehmens)* (annual) accounts; *Am* annual statement of accounts, (annual) financial statements *(→Abschluss 2.)*; **~ mit →Bestätigungsvermerk**; **~prüfung** annual audit; *Am* yearly audit of financial statements; **Anhang zum ~** notes to (annual) accounts *(Am statement of accounts)*; **Aufstellung und Offenlegung von Jahresabschlüssen**[4] drawing up (or preparation) and publication of *Br* accounts *(Am financial statements)*; **Aufstellung, Veröffentlichung und Prüfung der Jahresabschlüsse** drawing up, publishing and auditing of annual accounts; **Feststellung des Jahresabschlusses** *Br* adoption of the annual accounts; *Am* approval of the annual financial statement; **den ~ aufstellen** to prepare annual accounts; **seinen Jahresabschluss machen** to make up one's accounts; **den ~ prüfen** to audit the annual accounts; **den ~ veröffentlichen** to publish the accounts

Jahres~, **~arbeitsverdienst**[5] gross annual earnings; **~ausgleich** *(Lohnsteuer)* annual wage-tax adjustment; **~ausweis** *(e-r Bank)* annual bank return; **~beitrag** annual contribution (or subscription)

Jahresbericht annual report, annual return; **Einreichung des ~es** filing of the annual report; **den ~ vorlegen** to present the annual report

Jahres~, **~bilanz** annual balance sheet; *Am* balance sheet for the fiscal year; **~dividende** annual dividend

Jahresdurchschnitt annual average; **im ~** taking the average for the year

Jahres~, **~einkommen** annual (or yearly) income; annual revenue; **~einnahmen** annual receipts; **~ende** end of the year, year-end; **~fehlbetrag** annual deficit; *(AktR)*[5a] year's net loss, net loss for the year; **~freibetrag** →Freibetrag; **binnen ~frist** within (a period of) one year; **~gehalt** annual salary; **~geld** *(Geldmarkt)* twelve months' money; loan(s) for twelve months; *(jährliche Zahlung)* annuity

Jahresgewinn annual profit; **~ der Gesellschaft** company's profit for the year (or for the period)

Jahres~, **~haushaltsplan** annual budget; **~kontingent** annual quota; **~lohn** annual wage; **bis zur ~mitte** until the middle of the year

Jahresplan plan for one year; **3-~** three year plan

Jahres~, **~prämie** *(VersR)* annual premium; *(an Arbeitnehmer)* annual bonus; **~produktion** annual output

Jahresrate, **in ~n rückzahlbare Schuld** debt repayable by annual instalments

Jahres~, **~rechnung** annual account; **~rente** annuity; **~rückblick** summary of the past year; **~schluss** end of the year; **~tag** anniversary; **~überschaden-Rückversicherung** stop- loss reinsurance; **~überschuss** annual surplus; *(AktR)*[5a] net income for the year; **(bezahlter) ~urlaub**[7] annual holiday (*Am* vacation) (with pay); **~verlust** annual loss; *(e-r Gesellschaft)* net loss for the year

Jahreswende, **um die ~** around the turn of the year

Jahreswirtschaftsbericht Annual Economic Report
Er muß jährlich von der Bundesregierung dem Bundestag und dem Bundesrat vorgelegt werden.
It must be presented annually by the Federal Government to the →Bundestag and →Bundesrat.

jahreszeitlich seasonal; **~ bedingte Preisschwankungen** seasonal price fluctuations; **~ bedingt sein** to be due to seasonal factors; **~en Schwankungen unterliegen** to be subject to seasonal fluctuations

Jahres~, **~zins** interest per annum; **~zuschuss** annual grant

Jahrgang age group

jährlich annual(ly); per annum; yearly; **einmal ~** once a (or every) year; **~e Zahlung** annuity

Jahrtausend, **das dritte ~** the third millenium

Jamaika Jamaica

Jamaikaner(in), jamaikanisch Jamaican

Japan Japan

Japaner(in), japanisch Japanese

je nachdem as the case may be

jederzeit widerruflich sein to be revocable at any time

Jemen Yemen; **Republik ~** Republic of Yemen
Am 22. 5. 1990 hervorgegangen aus der Jemenitischen Arabischen Republik und der Demokratischen Volksrepublik Jemen

Jemenit(in) Yemenite

jemenitisch Yemeni

jenseits der Grenze beyond the border

JESSI-Projekt JESSI (Joint European Submicron Silicon) project
Ziel: Schaffung der Grundlagen für eine eigenständige Produktion von Speicherchips der übernächsten Generation (sogen. 64-Mega-Bit-Chip)

jetzt, **von ~ ab** from now on; henceforth; ex nunc

jeweilig, **der ~e Eigentümer** the respective owner; **Planung nur für den ~en Fall** ad hoc planning; **der ~e Präsident** the president for the time being (or pro tempore); **~e Preise** current prices; **den ~en Umständen nach** as the circumstances may require

Jordanien Jordan; **Haschemitisches Königreich ~** Hashemite Kingdom of Jordan

Jordanier(in), jordanisch Jordanian

Journal *(Grundbuch der Buchführung)* journal; day(-)book; *(Zeitschrift)* magazine; **amerikani-**

sches ~ ledger-type journal; **Eintragung im ~** journal entry; **ins ~ eintragen** to enter in the journal, to journalize

Journalist journalist; **Verband europäischer ~en** European Journalists Association; **eingebetteter ~** embedded journalist; **freier ~** free lance (journalist); **~enausweis** press credentials; **als freier ~ tätig sein** to free-lance

Jubiläum jubilee, anniversary; →**Geschäfts~**; **~sgabe** →Jubiläumszuwendung; **~sjahr** anniversary year; **~sschrift** anniversary (or jubilee) publication; **~sverkäufe**[7a] jubilee sales; **~szuwendung** anniversary bonus; **die Firma begeht ihr 25jähriges ~** the firm celebrates its twenty-fifth anniversary (or its silver-jubilee)

Jugend *(junge Leute)* youth, young people; **~amt**[8] youth welfare office (or department) *(→Anzeigepflicht des Jugendes)*; **~arbeitslosigkeit** unemployment among school leavers (or among young people); youth unemployment; **~arbeitsschutz**[9] protection of young workers; **~arrest**[10] detention of juvenile delinquents (or young offenders); **~arrestanstalt** *Br* detention centre; **~austausch** youth exchange; **~behörden** youth authorities; **j~gefährdend** *(Schriften, Filme etc)*[11] morally harmful to youth; **~gefängnis** →Jugendstrafanstalt; **~gericht**[12] juvenile court; **~herberge** youth hostel; **~hilfe**[12a] youth welfare service; public assistance to young people *(→Jugendfürsorge und →Jugendpflege)*; **~kammer** division of a juvenile court; **~kriminalität** juvenile delinquency

Jugendliche[13] young persons, young people; **Straftat e-s ~n** juvenile offence (offense); offence committed by a young person; **~ unter ... Jahren haben keinen Zutritt** young persons under the age of ... not admitted

Jugendlicher ist, wer zur Zeit einer Straftat vierzehn, aber noch nicht achtzehn, Heranwachsender, wer zur Zeit der Tat achtzehn, aber noch nicht einundzwanzig Jahre alt ist.

A juvenile (offender) is anyone who, at the time of the offence (offense), was 14 but not yet 18; a →Heranwachsender is anyone who, at the time of the offence (offense) was 18 but not yet 21.

jugendlich, **~es Alter** adolescence; **~er Täter** juvenile delinquent (or offender); young person committing an offence (offense)

Jugend~, **~-pflege**[14] youth welfare; **~richter** judge of a juvenile court; **~sachen** cases before the juvenile courts; **gesetzlicher ~schutz**[15] legal protection for youth (in public places); **~strafanstalt** *Br* community home (for young offenders); youth custody centre; *Am* house of correction, reformatory; **~strafe** *Br* (sentence of) youth custody; **~strafrecht** criminal law relating to young offenders; **~strafvollzug** execution of a sentence passed by a juvenile court; **~verband** youth association; **~vertreter**[16] youth representative

Jugendvertretung[17] representation of young employees; youth delegation; **Gesamt~**[18] central youth delegation

In Betrieben, in denen in der Regel mindestens 5 Arbeitnehmer beschäftigt sind, die das 18. Lebensjahr noch nicht vollendet haben (jugendliche Arbeitnehmer), werden Jugendvertretungen gewählt.

In establishments normally employing at least five persons below the age of 18 (young employees) youth representatives shall be elected.

Jugend~, **~wohlfahrt** →Jugendhilfe; **~zeitschriften** youth magazines

Jugoslawe, Jugoslawin, jugoslawisch Yugoslav

Jugoslawien Yugoslavia

jung, **~e Aktien** new shares, new stock(s), new issue(s) *(→Bezugsrecht)*; **~es Unternehmen** start-up company; **~e Industrie** infant industry

jünger junior; **~e Anmeldung** *(PatR)* subsequent application; **~es Patent** subsequent patent; **~er Teilhaber** junior partner

jüngst, **~e Ereignisse** most recent events; **~e Schätzungen** latest estimates

Jungfernrede *parl* maiden speech

Junktim link(ing); package deal; tandem measure

Junta junta

Jura~, **~student** (stud. jur.) law student, student of law; **~ studieren** to study law, to go in for the law

Jurisprudenz jurisprudence, legal science

Jurist lawyer; *(bedeutender)* jurist; legal expert; *(Student)* law student, student of law; **Voll~** trained (or qualified) lawyer; **~ sein** to be in law, to be a lawyer; **~ werden** to enter the legal profession

Juristendeutsch lawyers' German, German legalese

Juristentag Jurists' Forum

juristisch legal; juridical; **~e Abteilung** legal department; **~e Ausbildung** legal education (or training); **~er Ausdruck** legal term; **~e Fakultät** *univ* faculty of law; *Am* law school; **~e Kenntnisse** legal knowledge; **die ~e Laufbahn einschlagen** to enter the legal profession; **sich ~ beraten lassen** to take legal advice

juristische Hilfskraft paralegal (assistant)

juristische Person legal (or artificial) person; legal entity; juristic person; *(Körperschaft)* body corporate; **inländische ~** domestic juristic person; **~ des öffentlichen Rechts** legal person under public law; public law entity; public corporation; **~ des Privatrechts**[19] legal person under private law; **e-e ~ gründen** to create (or establish) a legal person; **e-e ~ erlischt** a corporate body ceases to exist

juristische Zeitschrift law journal; law review

Jury jury; panel of judges (selected to award prizes in competition); selection committee

justitiabel justiciable; liable for trial in a court of justice

Justitiabilität *(Gerichtunterworfenheit e-r Angelegenheit)* justiciability

Justitiar (permanent) legal adviser; lawyer employed by a company; in-house counsel; *Am* corporate counsel

Justiz administration of justice (in civil and criminal matters); judiciary; **~angestellte(r)** employee of a court; *Br* court clerk; **~ausbildung** legal training; **~beamter** judicial officer; officer of the court; *Br* court clerk; **~behörden** judicial authorities; **~gewährungsanspruch** right to have recourse to a court; **~hoheit** →Gerichtshoheit; **~irrtum** miscarriage of justice; **~konflikt** jurisdiction conflict; **~minister**[20] Minister of Justice *(→Bundesminister der Justiz)*; *Am* Attorney- General; **~ministerium**[21] Ministry of Justice; *Am* Department of Justice; **~mord** judicial murder; **~personal** legal personnel; **~reform** legal (or judicial) reform; **~verwaltung** administration of justice; **~vollzugsanstalt** *(früher Gefängnis)* penal institution; prison; **~wachtmeister** court officer; bailiff; **~(wesen)** →Justiz; **in der ~ tätig sein** to practise law

Jute jute; **Internationale ~-Organisation**[22] International Jute-Organization; **Internationaler ~rat**[23] International Jute Council; **Internationales Übereinkommen über ~ und ~erzeugnisse** International Agreement on Jute and Jute Products

Juwelen jewelry, *bes. Br* jewellery; **~diebstahl** theft of jewel(le)ry; jewel robbery; **~versicherung** jewel insurance

K

Kabel~, **~antwort** cable(d) reply; **~auftrag** cable order; **~auszahlung** cable transfer; **~fernsehen** cable television; *Am* secondary transmission; **~kurs** cable rate; **~nachricht** news sent by cable; **~pfund** *(Devisenhandel)* cable pound sterling; **~telegramm** cablegram, cabled telegram

kabeln to cable, to inform (sb.) by cable

Kabinett cabinet; **~smitglied** *Br* cabinet minister; *Am* cabinet member; **~ssitzung** cabinet meeting; **~sumbildung** cabinet reshuffle; **dem ~ angehören** to sit (or serve) in the cabinet; **das ~ tritt zusammen** the cabinet meets

Kader political cadre; nucleus

Kadi (Richter in islamischen Ländern) Cadi; **~justiz** cadi-justice

Kabotage[1] cabotage

kaduzieren, **Aktien**[2] **(od. e-n Geschäftsanteil**[2]**) ~** to declare shares (or a share) forfeited

kaduzierte Aktien forfeited shares (stocks)

Kaduzierung[3] forfeiture of shares (or a share)

Kaffee coffee; **~(e)rzeugerland** coffee-producing country; **~fahrt** (marketing) sales excursion; **~handel** trade in coffee; **~lagerhaltung** storage of coffee stocks; **Internationale ~-Organisation** International Coffee Organization; →**Internationales ~-Übereinkommen**

Kahlpfändung seizure (in execution) of all the debtor's goods

Kai quay, wharf; *Am* dock; **Ab ~(verzollt) ... (benannter Hafen)**[5] Ex Quay (duty paid) ... (named port); **Ab ~(unverzollt) ... (benannter Hafen)**[5] Ex Quay (duties on buyer's account) ... (named port)

Kai~, **~anlagen** wharfage; **~empfangsschein** quay receipt, wharfinger's receipt; *Am* dock receipt; **~gebühren (od. ~geld)** quay dues; wharfage, pierage; *Am* dock charges; **~lagerschein** *Br* wharfinger warrant

Kai, an e-m ~ anlegen to wharf (a vessel); **am ~ löschen** to discharge at the quay

Kakao cocoa; **~bohnen** cocoa beans; →**Internationaler ~rat**; →**Internationales ~übereinkommen**

Kalender~, **~halbjahr** half of a calendar year; calendar half-year; six-month period; **~jahr** calendar year; twelve-month period; **~vierteljahr** calendar quarter; three-month period

Kali potash; potassium; **~bergwerk** potash mine; **~syndikat** potash combine

Kalkulation calculation; estimate; *(Teil der Kostenrechnung)* costing, cost estimating; **falsche ~** wrong calculation, miscalculation; **~sabtei-**

lung cost estimating department; **~saufschlag** →Handelsaufschlag; **~sfehler** error (or mistake) in calculation; **~snorm** calculation standard; **~srichtlinien** cost accounting guidelines; **~sunterlagen** calculation (or costing) data; **~sverfahren** costing procedure; **~szeitpunkt** costing reference date

kalkulatorisch calculated; **~er Gewinn** profit in cost accounting; **~e Kosten** imputed costs

kalkulieren to calculate; *(schätzen)* to estimate

kalkuliert, äußerst ~er Preis keenest price; *colloq.* rock-bottom price

Kalter Krieg cold war

Kälteinstitut, Abkommen über das Internationale ~[6] Agreement Concerning the International Institute of Refrigeration

kaltstellen, jdn politisch ~ to deprive sb. of political influence

Kambodscha Cambodia

Kambodschaner(in), kambodschanisch Cambodian

Kamerun, Vereinigte Republik ~ United Republic of Cameroon

Kameruner(in), kamerunisch Cameroonian

Kammer, ~ für Baulandsachen[7] division of the →Landgericht deciding disputes with regard to →Bauland; **~ (des EUGH mit 3 od. 5 Richtern)** chamber (consisting of 3 or 5 judges); **~ für Handelssachen** (KfH)[8] panel for commercial matters (commercial division of the →Landgericht); →**Anwalts~**; →**Industrie- und Handels~**; →**Straf~**; →**Zivil~**; **~gericht** *(OLG für Berlin)* Court of Appeal

Kämmerer treasurer

Kampagne campaign; **Absatz~** sales drive; **e-e ~ starten** to launch a campaign

Kampf fight (um for); **Existenz~** fight for existence; →**Straßen~**; →**Wahl~**; **~abstimmung** vote in a contested election; crucial vote; vote on a controversial issue; **~handlung** *mil* action; **~handlungen** military operations, hostilities; **(Arbeits-)~maßnahmen** industrial action; **~preis** *(in besonderen Konkurrenzsituationen)* cut price, competitive price; dumping price; **~zoll** →Retorsionszoll

kämpfen, um e-n Preis ~ to contend for a prize; to fight for a prize

Kanada Canada

Kanadier(in), kanadisch Canadian

Kanal *(natürlich)* channel; *(künstlich)* canal; **~gelder** canal dues; **~netz** system of canals; **~tunnel** Channel tunnel

Kanalisation *(Abwässerbeseitigung)* sewerage, drains; drainage; *(von Flüssen)* canalization

Kandidat candidate; →**aussichtsreicher ~**; →**Spitzen~** *(vorgeschlagener)* nominee; **~enaufstellung** nomination of a candidate; **~enliste** list of candidates; *Am* ticket, slate; **e-n ~en ablehnen** to reject a candidate; **e-n ~en** *(zur Wahl)* **aufstellen** to nominate a candidate; **sich als ~ aufstellen lassen** to stand as a candidate (for); to contest a seat; **~en mehrerer Parteien seine Stimme geben** →panaschieren; **~en vorschlagen** to put forward candidates

Kandidatur *Br* candidature; *Am* candidacy; **seine ~ anmelden** to announce (or declare) one's candidature; **die ~ annehmen** to accept the candidature; **seine ~ zurückziehen** to withdraw one's candidature; to stand down

kandidieren to run for (nomination); to stand as a candidate for; **~ für ein Amt ~** run for an office; to stand as a candidate for an office; **für den Bundestag ~** to run as a candidate for the Bundestag; to stand in the Bundestag elections; **für das Parlament ~** to contest a seat in Parliament; *Br* to stand for Parliament; **für das Präsidentenamt ~** *Am* to run for the presidency

Kann~, ~kaufmann →Kaufmann; **~leistungen** *(Sozialvers.)* discretionary benefits; **~vorschrift** optional provision; discretionary provision *(→Mußvorschrift)*

kanonisches Recht canon law

Kanzelmissbrauch misuse of the pulpit

Kanzlei *(e-s Anwalts)* lawyer's office; law office; *(e-s Gerichts)* court office; *(Europ. Gerichtshof für Menschenrechte u. einige britische Gerichte)* Registry

Kanzler chancellor; →**Vize~**; **~ des Gerichtshofs** *(EU)*[9] Registrar of the Court of Justice; **~amt** chancellorship; **~kandidat** candidate for the office of chancellor

Kapazität capacity; *(Fachgröße)* authority; **genutzte ~** utilized capacity; **ungenutzte ~** *Br* spare (*Am* idle) capacity; →**Produktions~**; →**Über~**; **~enverringerung** capacity reduction

Kapazitäts~, ~auslastung utilization (or use) of capacity; capacity utilization; **zu geringe ~auslastung** idle capacity; **~ausnutzungsgrad** degree of capacity utilization; utilization rate; **~engpass** capacity shortage; **~erhöhung** increase in capacity; **~ermittlung** capacity determination; **~erweiterung** expansion (or extension) of capacity; **~grenze** capacity limit; **~kosten** capacity cost(s); **~überhang** surplus capacity, overcapacity; **~verminderung** capacity reduction

Kapazität, die ~ an den Bedarf anpassen to adjust capacity to demand; **mit voller ~ arbeiten** to work at full capacity; **die verfügbaren ~en ausschöpfen** to exploit the available capacities; **die ~erweitern** to expand capacity

kapern to capture (a ship)

Kapital capital; **~ und Zinsen** principal and interest; →**Aktien~**; →**Anfangs~**; →**Anlage~**; →**Betriebs~**; →**Eigen~**; →**Fremd~**; →**Gesellschafts~**; →**Grund~**; →**Nominal~**; →**Spekulations~**; →**Stamm~**; →**Umlauf~**

Kapital, gut angelegtes ~ well-invested capital; **anlagesuchendes ~** capital seeking investment; **aufgerufenes** *(Aktien-)*~ called-up capital; **brachliegendes ~** idle capital; **eingebrachtes ~** contributed capital; **nicht eingezahltes ~** non-paid-up capital; *(von den Aktionären)* **voll eingezahltes ~** (fully) paid-up capital; **eingezahltes ~** capital paid-in; **erforderliches ~** requisite capital; **festliegendes ~** fixed capital, tied-up capital; *(zur Ausgabe)* **genehmigtes ~** authorized capital; *(von Aktionären)* **gezeichnetes ~** subscribed capital; **haftendes ~** risk capital; **totes ~** unproductive (or idle) capital; barren capital; **verfügbares ~** available capital

Kapital, das ~ →angreifen; ~ anlegen to invest capital; **~ aufnehmen** to raise (or take up) capital; **mit ~ ausstatten** to capitalize; **~ beschaffen** to procure capital; **50 des ~s e-r Gesellschaft besitzen** to hold half the shares in a company; **~ binden** to tie up capital; **~ brauchen** to be in need of capital; **von seinem ~ leben** to live on one's capital; **~ schlagen aus** to make capital out of; **in ~ umwandeln** to convert into capital; to capitalize; **über genügend ~ verfügen** to be sufficiently (or adequately) provided with capital; **nicht über genügend ~ verfügen** to be undercapitalized; **mit ~ versehen** to provide with capital

Kapitalabfindung lump sum payment (or settlement); satisfaction by payment of a lump sum; capital sum payment (by way of compensation, composition or indemnification); **~ anstelle von Geldrente**[10] payment of a lump sum in lieu of a pension (or regular payments); **e-e Rente durch ~ ablösen** to commute an annuity into a lump sum

Kapitalabfluss, den ~drosseln to check (or slow down) the capital outflows

Kapital~, ~abgabe *(an den Staat)* capital levy; **~abwanderung** *(nach dem Ausland)* exodus of capital; **~angebot** supply of capital

Kapitalanlage (capital) investment *(→Anlage 2)*; **~n** *(auch)* (financial) assets; **Förderung und gegenseitiger Schutz von ~n** encouragement and reciprocal protection of investments; **~ in e-m Geschäft** placing of capital in a business; **~ in Grundbesitz** *Br* property investment; investment in freehold and leasehold property; *Am* real estate investment; **~betrug**[10a] investment fraud

Kapitalanlagegesellschaft (KAG)[11] (financial investment) management company (managing unit trusts - US mutual funds - held by a qualified bank functioning as custodian trustee and thereby keeping them separate from the companies assets) *(→Investmentfonds)*

Die Kapitalanlagegesellschaft darf nur in der Rechtsform der Aktiengesellschaft oder GmbH betrieben werden. Sie ist zu unterscheiden von der investment (trust) company des englischen und amerikanischen Rechts, bei der das Gesellschaftsvermögen das Anlagevermögen ist (geschlossenes Anlagevermögen).

Only an AG or a GmbH may operate as an investment management company. It is to be distinguished from the investment (trust) company in English and American law where corporate capital is used for the financial investment (closed-end trust - though rarely a trust in law)

Kapital~, ~anleger (capital) investor; **~ansammlung** accumulation of capital; **~anteil** share in capital; (capital) interest (in a firm etc); **ausschlaggebender ~anteil** controlling interest; **~aufnahme** taking up (or raising) of capital; long-term borrowing; **k~aufnehmend** capital-raising; **~aufstockung** *(e-r AG)* increase of share capital; capital increase; **~aufwendungen** capital expenditure; **~ausfuhr** export of capital; **~ausfuhrland** capital exporting country; **~ausstattung** capital resources; capitalization

Kapitalbedarf capital requirement(s); need for capital; **aktueller ~** immediate need of capital; **aufgestauter ~** accumulated demand for capital; **den ~ befriedigen** to satisfy the capital requirement

Kapitalbeitrag capital contribution

Kapital~, ~bereitstellung provision of capital; **~bereitstellungsprovision** commitment commission; **~berichtigung** capital adjustment; **~berichtigungsaktien** bonus shares; **~beschaffung** procurement of (or procuring) capital; provision of capital; **~besitz** holding of capital

Kapitalbeteiligung equity participation, equity interest; capital participation; **~ der Arbeitnehmer** →Belegschaftsaktien; **deutsche ~en im Ausland** German capital interests abroad; **~sgesellschaft** equity investment company

Kapital~, ~betrag amount of capital; principal (amount); **~bewegung** capital movement, capital flow; **~bewertung** *(e-s Unternehmens)* capital rating; **~bilanz** →Bilanz 2.; **~bildung**

formation (or accumulation) of capital; **~bindung** capital tie-up; **~decke** capital cover

Kapitaldeckungsverfahren process of forming coverage capital
Finanzierungsform in der privaten Rentenversicherung. Jeder Versicherungsnehmer spart grundsätzlich die später fälligen Leistungen selbst an. Anders als beim →Umlageverfahren sorgt jede Generation über Kapitalbildung für sich selbst.
One way of financing in the annuity insurance industry. Each insured person accumulates for oneself the benefits which are due later. In contrast to social insurance on a pay-as-you-earn basis each generation hereby provides coverage for themselves.

Kapital~, **~dienst** service of capital; **~einkommen** unearned income; investment income; **~einlage** *(e-s Gesellschafters)* capital contribution; equity contribution; capital investment *(→Einlage 2.)*; **~entnahme** withdrawal of capital; **~erhaltung** maintenance of capital

Kapitalerhöhung[12] increase of the share capital; capital increase; *Am* increase in the capital stock; →**formelle ~**; **~ aus Gesellschaftsmitteln**[13] capital increase out of retained earnings

Kapital~, **~erträge** income from capital, capital income; investment income; capital yield; return on investment; **Einkommen aus ~ertrag** unearned income; **~steuer**[14] tax on investment income; capital yield tax; *Am und DBA* withholding tax on capital; **im Ausland von den Dividenden ausländischer Gesellschaften einbehaltene ~steuer** tax withheld abroad on dividends paid to German residents by foreign companies

Kapital~, **~fehlleitung** misguided investment; **~flucht** flight (or exodus) of capital; **~fluss** flow of funds; **~flussrechnung** funds statement; statement of changes in the financial position; **~forderungen** claims for payment of money; **~geber** investor; financial backer

Kapitalgesellschaft *Br (z. B. AG, GmbH)* company limited by shares; *Am* corporation; *(VersR)* (zur Abgrenzung von der Gegenseitigkeitsgesellschaft mutual company) proprietary company; **EG-~** EC company; **Umwandlung e-r Personalgesellschaft in e-e ~** conversion of a partnership into a corporation

Kapital~, **~gewinn** capital gain; **~güter** capital goods; **~herabsetzung**[15] capital reduction; reduction of capital *(Am capital stock)*; reduction of the share capital

Kapitalhilfe *(an Entwicklungsländer)* capital aid, financial assistance *(s. Kommentar zu →Entwicklungshilfe)*; **~ erhaltendes Land** recipient country

Kapital~, **~intensität** capital intensity; **k~intensiv** capital-intensive; **~investierung (od. ~investition)** (capital) investment; **~knappheit** shortage of capital; **~koeffizient** capital output ratio; **~konto** *(des Unternehmers)* capital account, ownership account; **~konzentration** concentration of capital; **~kosten** cost of capital; capital charges; **k~kräftig** well provided with capital; financially strong; **~mangel** lack (or shortage) of capital

kapitalisierbar capitalizable

kapitalisieren to capitalize; to convert into capital; **e-e Rente ~** to commute a pension

kapitalisierter Wert capitalized value

Kapitalisierung capitalization

Kapitalismus capitalism

Kapitalist capitalist

kapitalistisches System capitalist(ic) system

Kapitalmarkt *(Markt für langfristige Kredite und Kapitalanlagen)* capital market *(Ggs. Geldmarkt)*; **~enge** tightness of the capital market; **~kommission** →Zentraler Kapitalmarktausschuss; **~lage** situation on the capital market; **~sätze** capital market rates; **~zins** long-term interest rate; **den ~ in Anspruch nehmen** to have recourse to the capital market

kapitalmäßig beteiligt sein an to have a financial interest in

Kapital~, **~mehrheit** capital majority; controlling interest; **~nachfrage** demand for capital; **~nutzung** utilization of capital; **~rendite (od. ~rentabilität)** return on investment (RoI); **~rückfluss** reflux of capital; **~rückflussdauer** payback period; pay-off period; **~rückführung** repatriation of capital; recycling of capital; **~rücklage** capital reserve; *Am* capital surplus; **~rückzahlung** repayment of capital (or principal); **~sammelstellen** *(Versicherungen, Kapitalanlagegesellschaften etc)* institutional investors; **~schwund** dwindling of assets; **~spritze** cash injection, injection of capital; **k~stark** →kapitalkräftig; **~strom** capital flow; **~struktur** capital structure; **~transfer(ierung) (od. ~übertragung)** capital transfer; **~umschlag** capital turnover; turnover of assets; **~veräußerungsgewinn** capital gain; **~veräußerungsverlust** capital loss; **~verbindlichkeiten** capital liabilities

Kapitalverbrechen capital crime

Kapital~, **~verflechtung** capital link; interlacing of capital; capital interrelation; **Neuordnung der ~verhältnisse** capital reorganization

Kapitalverkehr capital transactions; movement of capital; **freier ~** *(EU)*[16] free movement of capital (within the Community); →**Liberalisierung des ~s**; **~ mit dem Ausland** external capital transactions; **~sbeschränkungen** restrictions on the free movement of capital; **~sbilanz** balance of capital transactions *(→Bilanz 2.)*; **~steuern**[17] capital transaction tax; capital investment tax *(→Gesellschaftsteuer, →Börsenumsatzsteuer)*

Kapital~, **~verlust** capital loss; loss of capital; **~vermögen** capital assets; **~verschuldung** capital indebtedness; **~versicherung** insurance for a lump sum; **~verwaltungsgesellschaft** →Kapitalanlagegesellschaft; **~verwässerung** *(AktR)*[18] watering of capital stock, dilution; **~verzinsung** return on investment; **~wert** net present value (NPV); **~wertmethode** *(Methode der Investitionsrechnung)* net present value (NPV) method; **~wertzuwachs** capital appreciation; **~zinsen** interest on capital, interest on principal; **~zufluss** influx (or inflow) of capital; **~zuwachs** growth of capital

Kapitän captain; **~ (e-s Handelsschiffes)** master; **~ und Mannschaft** master and crew; **~spatent** master's certificate

Kapitulation, bedingungslose ~ unconditional surrender; **~sbedingungen** surrender terms

Kap Verde Cape Verde; **Republik ~** Republic of Cape Verde

Kapverdier(in), kapverdisch Cape Verdean

Karenzzeit *(VersR)* qualifying period, waiting period; *(ArbeitsR)* time of competitive restriction (period for which a person leaving employment agrees not to compete with his previous employer); cooling off period

Kargoversicherung cargo insurance

Karibisch, ~e Entwicklungsbank[18a] Caribbean Development Bank (CDB); **~e (Wirtschafts-)- Gemeinschaft** *(13 Mitgliedsländer)* Caribbean Community (CARICOM)

karitativ charitable; eleemosynary; **~e Einrichtungen (od. Organisationen)** charitable institutions; charities; **jds Hilfe für e-e ~e Sache gewinnen** to enlist sb.'s help in a good cause

Karriere machen to make one's career

karrieresüchtig sein to be a careerist

Kartei card-index, (card-)file; **Zentral~** master file; **~führung** keeping of a card-index; **~karte** index card, file card; **e-e ~ anlegen** to compile a card-index; **in e-e ~ eintragen** to enter in a card-index

Kartell cartel; combination in restraint of trade; *Br* restrictive agreement; *Am* (horizontal) agreement in restraint of trade; **~e** restrictive practices

Vereinbarung zwischen Unternehmen zur Beschränkung des Wettbewerbs. Das Kartell kann z. B. eine Regelung der Preise, der Geschäftsbedingungen, der Produktions- od. Absatzmenge oder eine Aufteilung des Marktes unter die Kartellmitglieder zum Gegenstand haben.

An agreement between enterprises in restraint of competition. The cartel may, for instance, have as its object the fixing of prices or other terms of trade, the fixing of production or sales quotas, or a (territorial) division of markets.

In der Bundesrepublik sind Kartelle durch das „Gesetz gegen Wettbewerbsbeschränkungen" grundsätzlich verboten. Soweit das Gesetz Ausnahmen zuläßt, betreffen sie Kartelle, die der Erhöhung der wirtschaftlichen Leistung dienen sollen (z. B. Rationalisierungskartelle, Importkartelle). Solche Kartelle bedürfen der Genehmigung durch die Kartellbehörde.

In the Federal Republic of Germany, cartels are prohibited in principle by the Law against Restraints on Competition. The law permits exceptions only for cartels designed to increase economic output (e. g. efficiency cartels, import cartels). These cartels require the approval of the Federal Cartel Office.

Kartelle der Internationalen Schiffahrtslinien Conferences (Ocean shipping) *(→Linienkonferenz, Internationale →Zwangsschlichtung)*

Kartell, Abwehr~e bilden to engage in defensive restrictive practices; **Ausfuhr~ (od. Export~)**[19] export cartel (agreement which serves to protect or promote exports); **Einfuhr~ (od. Import~)**[20] import cartel (agreement which serves to protect or promote imports); →**Einkaufs~**; →**Gewinnverteilungs~**; **Konditionen~**[21] agreement relating to terms (or conditions) of trade; *(auch:)* cartel regulating general terms; **Krisen~**[26] structural crisis cartel; **Produktions~** quota agreement; agreement restricting production; **Rabatt~**[22] rebate cartel, cartel to enforce uniform rebates

Kartell, Rationalisierungs~[23] efficiency cartel; cartel for rationalization

Vereinbarung über die einheitliche Anwendung von Normen oder Typen.

Agreement for the uniform use of standards or types.

Kartell, Sonder~[24] special cartel (authorized only by the Minister of Economics)

Kartell, Spezialisierungs~[25] specialization cartel

Vereinbarung über die Rationalisierung wirtschaftlicher Vorgänge durch Spezialisierung.

Agreement dealing with rationalization through specialization of economic processes.

Kartell, Strukturkrisen~[26] structural crisis cartel

Kartell~, **~absprache** cartel agreement; **k~ähnliche Vereinbarung** cartel-like agreement; **~amt** →Bundeskartellamt; **~anteile** cartel interests; **~auflösung** →Auflösung e-s Kartells; **~aufsicht** supervision of cartels; cartel control

Kartellbehörde cartel authority; *Br (etwa)* Monopolies and Mergers Commission; *Am* Federal Trade Commission (FTC); *Am* Antitrust Division (of the Department of Justice);

die ~ leitet ein Verfahren von Amts wegen oder auf Antrag ein[27] the Cartel Authority institutes proceedings upon its own initiative or upon application

Kartell~, **~beschluss**[28] cartel decision; **~beteiligung** cartel participation; **~bildung** cartel formation; **~gericht** *Br* Restrictive Practices Court; **~gesetz** s. Gesetz gegen →Wettbewerbsbeschränkungen; Cartel Law; Restrictive Practices Law; *Am* Federal Trade Commission Act, *Br* Restrictive Trade Practices Act; *Br* Fair Trading Act; *Am* Antitrust Law (Sherman Act, Clayton Act, Robinson- Patman Act, Miller-Tydings Act, u. a.); *(Kanada)* Combines Investigation Act; **~gesetzgebung** *Am* antitrust legislation; **~klage** *Am* antitrust action (or suit, proceeding); **~kündigung** cartel termination; **~mitglied** member of a cartel; cartel participant; **~politik** antitrust policy

Kartellrecht cartel law; *Br* restrictive practices law; *Am* antitrust law; **europäisches ~** European cartel law (or antitrust law)

kartellrechtlich, **auf ~em Gebiet** in antitrust matters

Kartellregister[29] Register of Cartels; →**Anmeldung zur Eintragung in das ~**[29]; **die Einsicht in das ~**[29] **ist jedem gestattet**[30] the Cartel Register shall be open to public inspection

Kartell~, **~strafe** cartel penalty; **~überwachung** supervision of cartels; **~untersuchung** antitrust investigation

Kartellverbot[31] prohibition of restraints of trade; cartel prohibition; cartel ban, ban on cartels (or restrictive practices); **Freistellung vom ~**[32] exemption from the prohibition of restrictive practices; exemption from the cartel prohibition

Kartell~, **~verfahren** antitrust proceedings; **~verstoß** antitrust violation; **~vertrag** cartel agreement; restrictive practices agreement; **~vertreter**[33a] representative concerning cartel matters; **~vorschriften des EWG-Vertrages**[33] Common Market antitrust rules; **~wesen** cartelism; **~zwang** compulsory cartel; enforcement of the cartel agreement

Kartellierung cartelization; forming a cartel; bringing under the control of a cartel

Karten~, **~inhaber** *(Kreditkarte)* cardholder; **~schlüsse** *(Post)* closed mails; **~verkauf** sale of tickets; *(Stelle)* ticket office; *Br* booking-office; **~vorverkauf** advance ticket sale, advance booking

Kartenzahlungssystem, neues ~ (für den freien Zahlungsverkehr in der Gemeinschaft) *(EU)* new card payment system (to liberalize payments in the Community)

Kartothek card-index; card-filing system

Kasernenarrest confinement to barracks

Kasko~, **~police** comprehensive insurance policy; *(Schiff, Flugzeug)* hull policy; **~versicherer** *(Schiff, Flugzeug)* hull underwriter; **~versicherung** comprehensive insurance; *(Schiff, Flugzeug)* insurance on hull and appurtenances; hull insurance

Kassa~, **~devisen** spot exchange; **~geschäft** *(Börse)* cash transaction (or dealings); spot transaction; **~geschäfte in Devisen** spot exchange transactions; **~kauf** purchase for cash, cash purchase; **~kurs** *(Effekten)* spot price; *(Devisen)* spot rate *(Ggs. Terminkurs)*; **~markt** *(Effektenbörse)* spot market; **~-Mittelkurs** *(Devisen)* mean (or average) spot rate; **~notierung** spot quotation; **~obligation** →Kassenobligationen; **~skonto** *(Barzahlungsrabatt)* cash discount; **~waren** spot goods (or commodities) *(Ggs. Terminwaren)*; **~werte** securities quoted on the stock market

Kasse *(Bargeld)* cash; *(Behälter)* cash box; *(Geschäftsraum)* cash(ier's) office, cash desk; (Ladenkasse) till; (Theaterkasse) box office, *Am* ticket office; *(Supermarkt)* checkout; **~ gegen Dokumente** cash against documents (c/d); documents against payment (D/P); **gut bei ~** in funds; **schlecht bei ~** out of funds; short of money; **gemeinsame ~** joint purse; common funds; **netto ~** net cash; **öffentliche ~(n)** public funds; **sofort netto ~** prompt net cash

Kasse, **die ~ führen** to keep the cash; **die ~ machen** to make up the cash; **gut bei ~ sein** to be in funds; **nicht bei ~ sein** to be out of cash; to be short of money

Kassen~, **~abschluss** balancing of the cash account; making up the cash; cash result; **~abstimmung** cash reconciliation; **~anweisung** cash note; order for payment

Kassenarzt panel doctor; *Br* doctor on the register of the National Health Insurance Scheme; **zugelassener ~** *Br* registered doctor; **als ~ zugelassen sein** *Br* to be admitted to the register

kassenärztliche Versorgung *Br* treatment under a health insurance scheme

Kassen~, **~ausgänge** cash outgoings; **~auszahlungen** cash payments, cash disbursements; **~bedarf** cash requirement; **~beleg** cash voucher; cash record; **~bericht** cash report; **~bestand** cash in (or on) hand; cash holding; *(Bilanz)* cash assets; **~bestände der Kreditinstitute** banks' cash holdings; **~buch** cash book, cash journal; **~buchhalter** cash accountant

Kassendefizit adverse cash balance; cash deficit; shortage in cash; *Am* cash short(s); **ein ~ aufweisen** to show a cash deficit; **das ~ decken** to meet the cash deficit

Kassen~, **~differenzkonto** *Am* over and short account; **~eingänge** cash receipts; takings; **~fehlbetrag** →Kassendefizit; **~fehlbeträge und ~überschüsse** *Am* cash shorts and overs; **~führer** cashier; *(e-s Vereins etc)* treasurer; **~führung** cash-keeping; *(e-s Vereins etc)* treasurership; **~konto** cash account; **~kredit** cash credit; *(durch die Bundesbank)* cash lendings; **~leistung** benefits paid by a →Krankenkasse; **~manko** →Kassendefizit; **k~mäßig** in cash terms; **~mittel** cash funds; **~(mittel)bedarf** cash requirement; **~obligationen** *(von Bund, Ländern, Bundesbahn etc aufgelegte mittelfristige Schuldverschreibungen)* medium-term bonds (or notes); **~patient** panel patient; patient receiving treatment under a health insurance scheme; *Br (etwa)* National Health (Service) patient; **~prüfer** cash auditor; **~prüfung** cash auditing; **~quittung** sales slip; *Am* sales check; **~raum** cash room; *(e-r Bank)* cashier's hall; **~reserven** cash reserves; **~revision** →Kassenprüfung; **~saldo** balance in cash, cash balance; **~schein** →Kassenobligation; **~stunden** business hours; *(Bank)* banking hours; **~sturz** making the cash; **~sturz machen** to make (up) the cash; **automatisiertes ~system** *(bargeldlose Kassen)* POS (point- of-sale) system; **~terminal** POS (point-of- sale) terminal; **~überschuss** cash surplus; *(durch Irrtum)* over in (the) cash, cash over(s); **~verein** →Wertpapiersammelbank; **~vorschuss** cash advance; **~zettel** sales slip; *Am* sales check

kassieren, **Geld ~** to collect money

Kassierer cashier, collector; *(Bank)* teller; **zweiter ~** assistant cashier

Katalog catalogue, *Am (auch)* catalog; **bebilderter ~** illustrated catalog(ue); **Messe~** fair catalog(ue); **Sach~** subject catalog(ue); **~bildfreiheit**[33b] freedom of catalogue illustrations; **~nummer** catalog(ue) number; index number; **in e-n ~ aufnehmen** to list (or include, put) in a catalog(ue); **e-n ~ aufstellen** to prepare a catalog(ue); to make a catalog(ue) (of); to catalog(ue)

katalogisieren to catalog(ue); to list; to make a catalog(ue) (of)

Katalysator catalyst; catalyzer; *Br (Auto)* catalytic converter

Katar Qatar; **Staat ~** State of Qatar

Katarer(in), katarisch (of) Qatar

Kataster cadaster (Katasterer) (an official register of the value, extent, use, ownership of *Br* land [*Am* real estate], mainly used for tax purposes); *Br (etwa)* valuation list; *Scot (etwa)* valuation roll; **~amt** *Br* valuer's office; **~plan** cadastral survey (or map, plan)

Katastrophe disaster; **Natur~** natural disaster; **Naturkatastrophen und sonstige ~n** natural disasters and other emergencies; **~nfolgen** effects of disasters; **~ngebiet** disaster area; **zum ~ngebiet erklären** to declare (a district) a disaster area; **k~ngeschädigte Länder** disaster-stricken countries; **k~ngeschädigte Personen** disaster victims; **~nhilfe** disaster relief; *(bei Naturkatastrophe od. Unglücksfall)*[34] assistance in case of a natural disaster or an especially grave accident; **~nopfer** victims of national disasters; **~nschutz**[35] disaster services (or unit); **~nwagnis** catastrophe hazard

Kategorie category, class; **spezielle ~ von Rechten in der deutschen Rechtswissenschaft** special category of rights in German legal theory

kategorisch ablehnen to refuse flatly

Kauf buying, purchasing; purchase; →**An~**; →**Angst~**; →**Bar~**; →**Forderungs~**; →**Gattungs~**; →**Gelegenheits~**; →**Grundstücks~**; →**Kommissions~**; →**Kredit~**; →**Miet~**; →**Mobiliar~**; →**Regierungskäufe**; →**Rück~**; →**Schein~**; →**Teilzahlungs~**; →**Termin~**; →**Übersee~**; →**Vieh~**; →**Vor~**

Kauf, **fester ~** firm (or fixed) sale; **guter ~** good purchase; bargain; **internationaler ~ beweglicher Sachen** →Haager Kaufrechtsübereinkommen

Kauf, **~ auf Abzahlung** →Abzahlungskauf; **~ auf →Besicht**; **~ nach Beschreibung** sale by description; **~ e-r bestimmten Sache** sale of specific goods; **~ e-r ~option** long call; **~ e-r Verkaufsoption** long put; **~ auf feste Rechnung** firm purchase; **~ von Forderungen** factoring; **~ auf Hausse** *(Börse)* purchase for a rise, bull buying; **~ entgegen ~verbot** (bei →Pfandkauf) purchase despite prohibition of purchase; **~ auf Kredit** purchase on account; **~ auf Lieferung** forward purchase, purchase for delivery; **~ nach Muster** sale by sample; **~ auf Probe**[36] sale on approval; purchase on (a) trial (basis); trial purchase; sale subject to the approval of the goods by the buyer; **~ nach Probe**[37] sale by sample (there is an understanding that the goods will correspond to the sample); **~ auf Ratenzahlung** →Abzahlungskauf; **~ mit Rückgaberecht** sale with right of redemption; sale or return; **~ auf Umtausch** sale for exchange; **~ auf Zeit** forward purchase; *Am* purchase on credit; *(Börse)* time bargain; *(Devisen)* forward exchange; **~ auf Ziel** purchase on credit; **~ ohne Ziel** cash purchase

Kauf, **~ bricht nicht Miete**[43] a purchaser (of real property) is bound by a prior lease; **e-n ~**

machen (od. tätigen) to conclude (or make, effect) a purchase; **e-n ~ rückgängig machen (od. von e-m ~ zurücktreten)** to cancel a purchase, to withdraw from a purchase; **durch Käufe stützen** *(Börse)* to carry out support buying; to give buying support

Kauf~, **~abschluss** conclusion of a sales contract; **~angebot** offer to buy; bid; purchase offer; **öffentliches ~angebot** public purchase offer; **~anreiz** buying incentive; **~anwärter** prospective buyer; **~auftrag** *(Börse)* buying order; **~bedingungen** buying conditions; purchase terms; **~eigenheim** *(sozialer Wohnungsbau)*[38] private house built with a view to being sold to an applicant as →Eigenheim; **~gegenstand** object of purchase (or sale); **~gelegenheit** opportunity (to buy); →**Einheitliches ~gesetz**; **~hausunternehmen** department store company; **~interessent** prospective buyer (or customer); prospect

Kaufkraft *(des Käufers)* purchasing power, spending power (or capacity); *(des Geldes)* buying (or purchasing) power; **überschüssige ~** excessive buying (or purchasing) power; **Verschlechterung der ~ des Geldes** decline in the purchasing power of money; **~parität** purchasing power parity; **~schwund** shrinkage in purchasing power; **~überhang** excessive purchasing power; **die überschüssige ~ abschöpfen** to absorb (or skim off) the excessive purchasing power

Kauf- und Verkaufskurse buying and selling prices (or rates)

Kaufleute businessmen; traders, merchants

käuflich (available) for sale; *fig* venal, corrupt; **etw. ~ erwerben** to acquire sth. by purchase

Kaufmann businessman; merchant; *(Händler)* trader, dealer; **selbständiger ~** businessman on his own account; independent trader; **als ~ Auszubildender** commercial trainee; →**Sorgfalt e-s ordentlichen ~s**; **Groß~** wholesale merchant; wholesaler; **Kann~** merchant by voluntary registration (in the →Handelsregister); **~ kraft Eintragung** (in das →Handelsregister) merchant by registration (in the →Handelsregister); **Muß~**[39] merchant whose classification as such derives from the type of trade or business he carries on, and not from registration in the →Handelsregister; **Soll~**[40] person who acquires the status of a merchant only by registration in the →Handelsregister; **Voll~** merchant who has been entered in the →Handelsregister as a merchant (particularly all commercial companies); **~seigenschaft** status of a merchant; **~sgehilfe** →Handlungsgehilfe or →kaufmännischer Angestellter; **~sstand** commercial class; **dem Verhalten e-s redlichen ~s entsprechen** to be in conformity with fair dealing

kaufmännisch commercial; business; **~er Angestellter** commercial employee (or clerk) *(→Handlungsgehilfe)*; *(in leitender Stellung)* commercial executive; **~e Anweisung** →Anweisung 1.; **~e Buchführung** commercial accounting; **~e Tätigkeiten** activities of a commercial character; **~er Verpflichtungsschein**[41] commercial certificate of obligation (in which obligation is not shown to be dependent on a consideration to the person incurring it); **~es** →**Zurückbehaltungsrecht**; **~ tätig sein** to be in business

Kauf~, **~mitteilung** notice of purchase; **günstiges ~objekt** bargain; **~option** *(Börse)* call option, option to buy; **~order** *(Börse)* buying order

Kaufpreis purchase price; **Herabsetzung des ~es** →Minderung; **~rest** (outstanding) balance of the purchase price; **~restfinanzierung** residual purchase price financing; **den ~ herabsetzen (od. mindern)** to abate (or reduce) the purchase price; **den ~ nicht rechtzeitig zahlen** to be in delay in paying the purchase price

Kaufrechtsübereinkommen →Haager Kaufrechtsübereinkommen und UN-Kaufrechtsübereinkommen

Kauf~, **~summe** purchase money, amount of purchase; **~vereinbarung** purchase agreement; **~verpflichtung** obligation to buy; purchase commitment

Kaufvertrag[42] contract of sale; sales contract, sales agreement; agreement of purchase and sale; *(Urkunde)* purchase deed; bill of sale; **Abschluss e-s ~es** conclusion (or formation, making) of a sales contract; **Abschluss von internationalen Kaufverträgen über bewegliche Sachen** →Haager Kaufrechtsübereinkommen, →UN-Kaufrechtsübereinkommen[41a]; **Partei e-s ~es** party to a contract of sale; **~ unter Eigentumsvorbehalt** conditional sales contract (or agreement); **die Ware in Übereinstimmung mit dem ~ liefern** to supply the goods in conformity with the contract of sale

Im deutschen Recht bewirkt der Kaufvertrag noch nicht die Übereignung.
According to German law, the sales contract as such does not yet effect devolution of property resp. devolution of title.

Kauf~, **~wert** market value; **kein ~zwang** no obligation to buy; free inspection invited

kaufen to buy, to purchase; **auf** →**Abzahlung ~**; **gegen Barzahlung ~** to purchase for cash; to buy for ready money; **etw. fest ~** to buy sth.

firm; to make a firm purchase; **auf Kommission ~** to buy on commission; **auf Kredit ~** to buy on credit; **nach Muster ~** to buy by sample; **auf Rechnung ~** to buy on account; **Stimmen ~** to buy votes; **auf →Termin ~**; **ein Unternehmen ~** to acquire a company; **~ und ver~** to buy and sell; *Am* to merchandise; **zu ~ gesucht** required; wanted

Käufer buyer, purchaser; *(Kunde)* customer; **mittelbarer ~ (~ aus zweiter Hand)** *(Produzentenhaftung)* subpurchaser; **möglicher (od. potentieller) ~** prospective buyer, would-be buyer; **ungenannter ~** undisclosed buyer; **auf Gefahr des ~s** at buyer's risk; *(Lieferung)* **nach ~s Wahl** *(Börse)* at buyer's option; **~ von Forderungen (od. ~ e-r Forderung)** factor; **~ e-r Rückprämie** *Br (Börse)* taker for a put; **~ e-r Vorprämie** *Br (Börse)* giver for a call

Käufer~, **~gruppe** buyer (or purchaser) group; category of buyers; **~land**[44] purchasing country *(Ggs. Verbraucherland)*; **~markt** buyer's market; **~pflicht** purchaser's duty; **~staat** →Käuferland; **~streik** buyers' strike

Käufer, als ~ auftreten für to be in the market for; **dem ~ die Sache übergeben und das Eigentum an der Sache verschaffen**[45] to transfer possession and property of an article to the buyer

Kauffahrteischiff merchant ship (or vessel)

kausal causal; **~ bedingt** consequential

Kausalität causality, causation; **hypothetische ~** reserve (or hypothetical) causation; **überholende ~** overtaking (or intervening) causation; **~svermutung** presumption of causation

Kausalhaftung strict liability

Kausalzusammenhang relation between cause and effect; causal connection (or relationship); chain of causation; cause-and-effect link; **den ~ unterbrechende Ursache** intervening cause; **ein ~ besteht** a causal relation exists; **den ~ unterbrechen** to break the chain of causation

Kaution *(Sicherheitsleistung)* security, surety, guarantee; *(hinterlegte Sicherheit)* (guarantee) deposit; *(Haftungsversprechen)* bond; *(StrafR)* bail; *(für Fälle von Veruntreuung)* fidelity guarantee; **~ ist festgesetzt auf 500 Euro** bail is set at 500 Euro; **gegen e-e ~** against a security; on bail; **Hinterlegung e-r ~** making (or lodging) a deposit; **Verfall der ~** forfeiture of the bond (or bail); **~ des Arbeitnehmers** security given by an employee; **~ verfallen** bond (etc) forfeited

Kautions~, *(schriftl.)* **~erklärung** surety bond; **k~fähig** able to give (or furnish) security; *(gegen Sicherheitsleistung freizulassend)* bailable; **~geber (od. ~steller)** bailor; **~höhe** amount of security; **~kredit** guarantee (*Am* guaranty) credit (taken over by a bank); **~nehmer** bailee; **k~pflichtig** liable to give (or furnish) security (or a bond); **~stellung** provision of (or furnishing) security; deposit of a guarantee; **~summe** amount of security; amount of the deposit; (amount of) bail; **~verpflichtung** *(e-s Versicherers im Falle von Veruntreuung)* fidelity guarantee; **~versicherung** *Br* guarantee (*Am* guaranty) insurance, fidelity insurance; **~versicherungsgesellschaft** *Am* surety company; *Am* guaranty trust; **~wechsel** bill of exchange given as security; collateral bill (deposited with a bank)

Kaution, die ~ einbüßen to forfeit a security (or bond, bail); **gegen ~ aus der →Haft entlassen**; **e-e ~ hinterlegen** to deposit money by way of (or as) security; to make (or pay) a deposit; **~ stellen** to furnish (or give, provide) security; to pay a deposit; to furnish (or give) bail; to stand (or go) bail (for sb.); to enter into a (fidelity) bond; **e-e ~ muß gestellt werden** a bond is required; **jd, für den ~ gestellt worden ist** bailed person; **die ~ verfällt** →verfallen; **die geleistete ~ ist →verfallen**; **die ~ für →verfallen erklären**; **die ~** *(bei Nichterscheinen vor Gericht)* **verfallen lassen (od. verlieren)** to forfeit one's bail; *colloq.* to jump bail; **~ zulassen** to grant bail

Kautschuk rubber; **→Natur~**; **~industrie** rubber goods industry

Kehrtwendung *(auch pol)* U-turn

Kellerwechsel fictitious bill; kite

Kenia Kenya; **Republik ~** Republic of Kenya

Kenianer(in), kenianisch Kenyan

Kennedy-Runde *(Zollsenkungsverhandlungen im Rahmen von →GATT)* Kennedy Round

kennen to know; **jdn persönlich ~** to be acquainted with sb.; **jdn ~lernen** to get to know sb.; to become acquainted with sb.; **Umstände, die die Partei gekannt hat oder hätte ~ müssen** facts which were known or ought to have been known to the party

Kennenmüssen gewisser Umstände[46] constructive notice of certain circumstances

Kenn~, **~karte** identity card; identification card; **~marke** identification mark; **~nummer** identification number

Kenntnis knowledge; *(Auskunft)* information; *(der Rechte Dritter seitens e-s Erwerbers von bewegl. od. unbewegl. Vermögen od. Rechten)* notice; **~se und Fähigkeiten** skills; **~ des Mieters** *(vom Mangel der Mietsache)* lessee's knowledge (of defect of leased property); **~ des Gerichts** judicial notice; cognizance; **bei ~ der Sachlage**

upon (full) knowledge of the facts; **~ besonderer Umstände** notice (or knowledge) of special circumstances; →**berufliche ~se**; **besondere ~se** special skills; **juristische ~se** legal knowledge (or attainments); **nach meiner ~** to the best of my knowledge; **tatsächliche ~** *(der Rechte Dritter)* actual notice; **zurechenbare ~** *(der Rechte Dritter)* constructive notice; imputed notice

Kenntnisnahme taking of notice; **~ des Gerichts** taking of judicial notice; cognizance; **nach ~** after being informed; **zu Ihrer ~** for your information

Kenntnis, zur ~ bringen to bring to the notice (or knowledge) (of); *(offiziell)* to notify; **~ erlangen** to obtain knowledge; to note; to take notice (of); to gather information; **jd hat ~ erlangt oder hätte ~ nehmen müssen** sb. had knowledge or ought reasonably to have had knowledge; **zur ~ nehmen** to note, to take note (or notice) of; *(richterlich)* to take cognizance (of); to become officially aware (of); **mit Befriedigung zur ~ nehmen** to note with satisfaction; to be pleased to note; **~se preisgeben** to disclose information; **jdn von etw. in ~ setzen** to inform sb. of sth.; to notify (or inform) sb. of sth.; **dem Beklagten ist die ~ zuzurechnen** the defendant has constructive knowledge

Kenn~, ~wort code word; *Br (Chiffre)* box number; **~zahl (od. ~ziffer)** code number, key number; *(Messzahl)* ratio; **finanzwirtschaftliche ~zahlen** financial ratios

Kennzeichen mark; sign; *(charakteristisches Kennzeichen)* feature, characteristic; *(auf Kisten)* tally; *(Unterscheidungsmerkmal)* distinctive (or distinguishing) mark (or feature); **amtliches ~** *(für Kraftfahrzeuge)*[47] *Br* registration number; *Am* license number; **Abstempelung (Anbringung) des amtlichen ~s** stamping (attachment) of the registration number; →**Entstempelung des amtlichen ~s**; **das amtl. ~ entstempeln lassen**[50] to have the official stamp removed from the registration number

Kennzeichen, besondere ~ distinctive marks; *(z. B. im Pass)* special peculiarities; **unterscheidendes ~** distinguishing mark; **Führen von ~** *(intern. Zivilluftfahrt)*[49] display of markings; **~ der Kraftfahrzeuge im internationalen Verkehr**[48] registration number of motor vehicles in international traffic; **mit e-m ~versehen** to put a mark (on)

Kennzeichenmissbrauch misuse of the registration number of a motor vehicle

kennzeichnen to mark; to label; to earmark; to feature; *fig* to characterize

kennzeichnend für distinctive of; **es ist ~** it is a typical feature of

Kennzeichnung marking, labelling; identification; *fig* characterization; **k~spflichtig** subject to identification requirements *(→explosionsgefährlich)*; **~svorschriften** marking (or labelling, identification) requirements

Kennziffer code number; *(e-r Anzeige)* key, box number; **mit ~ versehene Anzeige** advertisement under a box number; keyed advertising

kentern to capsize

Keramik ceramics, pottery

Kern 1. *fig* core; essence; **harter ~** hard core; **~frage** (central) issue; crucial point; **~problem** central (or crucial) problem; key issue; **~punkt** central (or crucial) point; **~punkt des Rechtsstreites** essence of the case; **~stück** main item; most important part; **~zeit** *(bei →gleitender Arbeitszeit)* core hours, core time

Kern 2. *(Atomkern)* (atomic) nucleus

Kernanlage nuclear installation (or facility); **Arbeitnehmer in ~n** nuclear workers; **Betreiber e-r ~** operator of a nuclear installation; **mit e-r ~ ausgerüstetes Schiff** ship equipped with a nuclear power plant *(→Reaktorschiff)*

Kernbrennstoffe nuclear fuels; **Lagerung von ~n** storage of nuclear fuels

Kernenergie nuclear energy; →**Ausstieg aus der ~**; →**Europäisches ~gericht**; **friedliche Verwendung der ~** peaceful use of atomic energy *(→Atomgesetz)*; **Haftung gegenüber Dritten auf dem Gebiet der ~**[51] third party liability in the field of nuclear energy *(→Pariser Atomhaftungsübereinkommen)*; **Errichtung e-r Sicherheitskontrolle auf dem Gebiet der ~**[52] establishment of a security control in the field of nuclear energy; **~Agentur der OECD** (NEA) OECD's Nuclear Energy Agency (NEA)

Kernenergieerzeugung, schrittweiser Abbau der ~ progressive reduction of nuclear energy production

Kernenergie~, ~nutzung use of nuclear energy; **~planung** nuclear energy planning

Kern~, ~explosion nuclear explosion; **Gemeinsame ~forschungsstelle**[53] Joint Nuclear Research Centre

Kern~, ~fusion (thermo)nuclear fusion; **~industrie** nuclear industry

Kernkraftanlage nuclear installation; **Betreiber e-r ~** operator of a nuclear installation

Kernkraft~, ~gegner opponent(s) of atom (or nuclear) power; anti-nuclear groups; **~kapazi-**

tät nuclear power capacity; **~technologie** nuclear technology; **~unfall** nuclear accident

Kernkraftwerk, außer Betrieb genommenes ~ disused nuclear power station; **Abbruch e-s ~s** dismantling of a nuclear power plant; **Bau von ~en** construction of nuclear power stations; **Schließung sämtlicher ~e** shutting down of all nuclear power stations; **Standortpolitik für ~e** siting policy for nuclear power stations; →**Stillegung von ~en; ein ~ außer Betrieb setzen** to take a nuclear power plant out of service; to decommission a nuclear power station; **ein neues ~ wurde in Betrieb genommen** a nuclear power station began operating (or came on stream)

Kernmaterial nuclear material; **Bewirtschaftung von ~** nuclear materials management; **Lagerung, Verarbeitung und Verwendung von ~** storage, processing and use of nuclear material; **Übereinkommen über den physischen Schutz von ~**[53a] Convention on the Physical Protection of Nuclear Material; **zivilrechtliche Haftung bei der Beförderung von ~ auf See**[54] civil liability in the field of maritime carriage of nuclear material; **~überwachung** nuclear safeguards

Kern~, ~physiker nuclear physicist; **~reaktor** nuclear reactor; **~sicherheit** *(Sicherheit auf dem Kernsektor)* nuclear safety; **~spaltung** nuclear fission; **~sprengkörper** nuclear explosive device(s); **~stoffe** nuclear fuels; **~technik** nuclear technology; **k~technische Anlagen** nuclear installations; **~technologie** nuclear technology

Kernwaffen nuclear weapons *(→Atomwaffen)*; **Vertrag über das Verbot der Anbringung von ~ und anderen Massenvernichtungswaffen auf dem Meeresboden und im Meeresgrund**[55] Treaty on the Prohibition of the Emplacement of Nuclear and Other Weapons of Mass Destruction on the Sea-Bed and the Ocean Floor and in the Subsoil thereof; **Vertrag über die Nichtverbreitung von ~**[55a] Nonproliferation Treaty (Treaty on the Non- Proliferation of Nuclear Weapons) (NPT); **Einstellung der Produktion von ~** cessation of the manufacture of nuclear weapons; **Verbreitung von ~** proliferation of nuclear weapons; **Verhinderung der weiteren Verbreitung von ~** prevention of dissemination of nuclear weapons; **Versuchsexplosionen von ~** test explosions of nuclear weapons; **~abrüstung** nuclear disarmament; **k~lose Staaten** non-nuclear-weapon states; states not equipped with nuclear weapons; **~mitbesitz** sharing of nuclear weapons; **~staat** nuclear-weapon state; **Nicht~staat** non-nuclear-weapon state; **~träger** nuclear weapon carriers; **~überraschungsangriff** surprise nuclear attack

Kernwaffenversuche, Vertrag über das Verbot von ~n in der Atmosphäre, im Weltraum und unter Wasser (Moskauer Teststop-Vertrag)[56]: Vertrag über das Verbot von Kernwaffenversuchen in der Atmosphäre, im Weltraum und unter Wasser (Moskauer Teststop-Vertrag) Treaty Banning Nuclear Weapons Tests in the Atmosphere, in Outer Space and Under Water

Kette~, ~nbankwesen chain banking; **~nhandel** chain trade; **~nladen** chain store; **~nunternehmen** multiple store enterprise

Kfz →Kraftfahrzeug

KG →Kommanditgesellschaft; →**Publikums-~**

KGaA →Kommanditgesellschaft auf Aktien

Kilomet~, ~ergeld allowance per kilometre (kilometer); mileage (allowance); **~erpauschale** flat mileage rate; adometer

Kind child; **~er** *(im Sinne des Jugendarbeitsschutzgesetzes)*[57] children under 14 years of age; **eheliches ~** legitimate child; **für ehelich erklärtes (nichteheliches) ~** legitimated child; **nichteheliches ~** illegitimate (or natural) child; child born out of wedlock; **unterhaltsberechtigtes ~** dependent child

Kind, Recht zum persönlichen →**Verkehr mit dem ~**; →**Sorge für die Person des ~es**

Kinderarbeit[58] child labo(u)r; employment of children; **Abschaffung der ~** abolition of child labour

Kinder~, ~ausweis child's travel certificate; **~beihilfe** children's allowance; **~betreuung** child care; **~dörfer** children's communities; **~erziehung** bringing up of children; **~geld**[59] *Br* child benefits; family credit; **~geldgesetz** →Bundeskindergeldgesetz

Kinderhandel, Unterdrückung des Frauen- und ~s[60] suppression of the traffic in women and children

Kinder~, ~hilfswerk →Weltkinderhilfswerk; **k~los** without issue; childless; **~losigkeit** failure of issue; childlessness; **k~reiche Familie** large family; family with a large number of children; **~rente** child's insurance benefit; [61] **~schutzbund** Child Welfare League; **~tagesstätte** *Br* day nursery; creche; *Am* day care (center); **~zulage** *(gesetzl. Unfallversicherung)*[62] children's supplements; **~zuschüsse**[63] children's supplements

Kindes~, ~annahme adoption; **~aussetzung** abandonment of a child

Kindesentführung child abduction *(→Haager Übereinkommen über die zivilrechtlichen Aspekte internationaler Kindesentführungen)*

Kindesmisshandlung maltreatment of children; child abuse

Kindesraub child stealing; **erpresserischer ~** kidnapping

Kindes~, **~tötung** →Tötung; **~unterhalt** *Br* maintenance for children; *(bei Scheidung etc auch)* financial provision for children of the family; *Am* support for children; child support; **~unterschiebung** substitution of a child

Kindesvermögen, **Verwendung der Einkünfte des ~s**[64] application of the income of the child's property; **das ~ gefährden**[65] to endanger the property of the child

Kindeswohl welfare of the child

Kindschafts~, **~recht** law of parent(s) and child; **~sachen**[66] parent(s) and child cases (concerning parent/child [legal] relationship: legitimacy, paternity, existence of →elterliche Sorge)

kinematographische Filme cinematographic films

Kino~, **~besucher** cinema-goer; *Am* movie-goer; **~werbung** cinema (or film) advertising

Kirche church; →**Austritt aus der ~**; **Trennung von Staat und ~** separation of State and Church; disestablishment of the Church; **Zugehörigkeit zu e-r ~** church affiliation

Kirchen~, **~besuch** church attendance; **~buch** parish register; **~diebstahl** theft from a church; **~eintritt** joining a church; **~gemeinde** parish; congregation; **~recht** ecclesiastical law; law spiritual; canon law; **~schändung** sacrilege; **~steuer** church tax, church rate; **~tag** church congress; church assembly; **~vermögen** church property; **~vertrag** agreement between the (Protestant) Church and the State; **~vorstand** parish council

kirchlich, **~e Einrichtungen** church institutions; **~e Trauung** church wedding (ceremony); religious marriage; **sich ~ trauen lassen** to have a church wedding

Kiste case, box; crate; **Blech~** tin case; **Holz~** wooden box; **k~nweise** by the case; **etw. in ~n verpacken** to pack sth. in cases (or crates)

KIWZ CIEC →Konferenz über die internationale wirtschaftliche Zusammenarbeit

KSZE CSCE →Konferenz über Sicherheit und Zusammenarbeit in Europa

klagbar actionable; *Am* suable; enforceable (by legal action); **~er Anspruch** cause of action; **der Anspruch ist nicht ~** the claim is unenforceable in a court of law

Klagbarkeit enforceability, *Am* suability

Klage *(Zivilprozess)* (legal) action; law suit, complaint; *(Ehescheidung)* petition; **auf ~ der Kommission** *(EU)* on Commission complaint; →**Besitz~**; →**Feststellungs~**; →**Gestaltungs~**; →**Leistungs~**; →**Räumungs~**; →**Scheidungs~**; →**Wider~**; →**dingliche ~**; →**obligatorische ~**; **~ e-s** →**Aktionärs (anstelle der Gesellschaft)**; **~ auf Erfüllung des Vertrages** action for specific performance; **~ auf Feststellung** →Feststellungsklage; **~ auf Herausgabe** →Herausgabeklage; **~ des** →**Hypothekengläubigers**; **~ im Interesse e-r Gruppe von Beteiligten** class action; representative action; **~ der** →**Kommission**; **~ wegen Patentverletzung** action for infringement of a patent; **~ auf Räumung** →Räumungsklage; **~ auf Scheidung** petition for divorce; **~ aus unerlaubter Handlung** action in tort, action founded on tort; **~ auf Unterlassung** action for an injunction; **~ aus Vertrag** action in contract; action founded on (a) contract; **~ wegen Vertragsbruchs** action for breach of (the) contract; **~ auf Zahlung** action for the recovery of money

Klage, **e-e ~**→**abweisen**; **durch ~** →**anfechten**; **die ~ schriftlich** →**begründen**; **e-e ~ ist begründet** an action lies (or is well founded); **mit seiner ~ durchkommen** to succeed in an action; **e-e ~ einbringen** →e-e Klage erheben; **sich auf die ~**→**einlassen**; **e-e ~ bei e-m Gericht einreichen** to bring (or file) an action before a court; *Am* to file a suit with a court; **die ~ ist rechtskräftig** →**entschieden**; **~ erheben** to bring an action (gegen against); to take legal action; to institute legal proceedings; *Am* to file a suit; **~ führen über** s. sich →beschweren; **die ~ geht auf Schadensersatz** the action is for damages; **in einer ~ mehrere Ansprüche geltend machen** →Anspruch 1.; **e-r ~ stattgeben**; **die ~ stützt sich auf Vertrag (Delikt)** the action sounds in contract (tort); **~n miteinander verbinden** to consolidate actions; **die ~ ist zulässig** an action lies; **e-e ~ zurücknehmen** to discontinue (or withdraw) an action (or *Am* suit); to drop an action; **der Kläger hat seine ~ zurückgezogen** the plaintiff has discontinued proceedings

Klage~, **~abweisung** the action sounds in contract (tort); **~n miteinander verbinden** to consolidate actions; **die ~ ist zulässig** an action lies; **e-e ~ zurücknehmen** to discontinue (or withdraw) an action (or *Am* suit); to drop an action; **der Kläger hat seine ~ zurückgezogen** the plaintiff has discontinued proceedings

Klageabweisung dismissal of action; nonsuit; **Antrag auf ~** motion for dismissal; **~ auf Grund e-r Sachentscheidung** dismissal (of action) on the merits; **~sbeschluss** order to dismiss the action; **die ~ beantragen** to make a motion for dismissal; to move that the action be dismissed

Klageänderung amendment of (statement of) claim; *(Abweichung des Schriftsatzes vom früheren)* amendment of pleadings; departure

Klageandrohung threat of (legal) proceedings

Klageanspruch cause of action; claim; **der ~ ist begründet (od. gegeben)** an action lies; the action is justified (or well founded); **den ~ bestreiten** to defend the action (or *bes. Am* suit); **der ~ entsteht** the right of action accrues

Klageantrag demand for relief, relief sought; *(bes. im Ehescheidungsprozess)* prayer; **dem ~ entsprechen** to grant the relief sought in the petition

Klagebeantwortung defence (defense); *Br* statement of defence; *Am* answer to a complaint; *(Schiedsgericht)* reply to the request for arbitration; **Unterlassung rechtzeitiger ~** default of defence (defense); **Ablauf der ~sfrist** expiration of (the) time for service of the defence (defense); **die ~ bestreiten** to join issue upon the defence (defense)

Klage~, ~befugnis right of action; *Am (bes. in verfassungsrechtl. Streitigkeiten)* standing to sue; **~begehren** plaintiff's claim; prayer for relief; relief sought; **~begründung** statement of claim

Klagebehauptung assertion, allegation (of a claim or right); **Bestreiten einzelner ~en** special denial

Klage~, ~berechtigter person entitled to bring an action; **~berechtigung** right to sue; entitlement to bring an action; *Am* standing to sue; **~drohung** →Klageandrohung; **(formelle) ~einlassung** (entering an) appearance; *Br* (filing of an) acknowledgement of service (and notice of intention to defend) *(→Einlassung)*; **~einreichung** filing an action (or *Am* suit); **~ergänzung** *Br* amendment of (statement of) claim; *Am* supplemental complaint

Klageerhebung bringing (or commencement of) an action (or suit); filing of a complaint; *Scot* raising an action; **bei ~** in commencing an action; **Frist für die ~** time within which the action must be brought; **Recht auf ~** right to bring (an) action

Klage~, ~erweiterung extension of (plaintiff's) claim; **~erwiderung** →Klagebeantwortung; **die ~forderung ist berechtigt** the claim is justified

Klagefrist period within which an action must be brought; period for filing an action; **Versäumung der ~** failure to file timely complaint; **die ~ beginnt zu laufen** the time for institution of proceedings begins to run

Klage~, ~gegenstand subject matter of an action; **~grund** cause of action; ground for claim; **der ~grund ist entstanden** the cause of action has accrued

Klagenhäufung joinder (or consolidation) of actions; **objektive ~**[67] joinder of causes of action; **subjektive ~**[68] joinder of parties *(→Streitgenossenschaft)*; **unzulässige objektive ~** misjoinder of causes of action; **unzulässige subjektive ~** misjoinder of parties

Klagenverbindung joining of actions

Klagerecht, der Kläger muß sein ~ begründen the plaintiff must establish his right of action

Klagerücknahme withdrawal of the action; discontinuance (of action); abandonment of action

Klageschrift statement of claim; complaint; statement of case; *(beim Gerichtshof der EU)* petition, request; application; **e-e ~ einreichen** to lodge (or file) a complaint; **e-e ~ordnungsgemäß und rechtzeitig zustellen** to serve a complaint properly and timely

Klage~, ~unterlassung →Unterlassung; **~veranlassung**[69] causing the bringing of an action; causing the plaintiff to commence the suit; *(prozessuale)* **~verjährung** limitation of actions

Klagevorbringen allegation of facts; pleading; **Bestreiten des ~s** denial; **Bestreiten des gesamten ~s** general denial

Klageweg, im ~e by way of action; **den ~ beschreiten** to go to court; to resort to litigation; **im ~ geltend machen, dass** to bring an action claiming

Klagezustellung service of an action

klagen, gegen jdn ~ to bring an action (or a legal action) against sb.; to sue sb.; to file a lawsuit against s. b.; *colloq.* to take sb. to court; **aus e-m Gesetz ~** to sue under (or on) a law (or statute); **auf Schadensersatz ~** to sue for damages; **auf Scheidung ~** to institute divorce proceedings; to sue for a divorce; **auf →Unterlassung ~; e-e Firma kann ~ oder verklagt werden** an action may be brought by or against a firm; **unter der Firma ~ oder verklagt werden** to sue or be sued under the firm name; **die Gesellschaft** *(z. B. OHG)* **kann vor Gericht ~ und verklagt werden** the company may sue and be sued

klagende Partei complaining party; prosecuting party *(→Kläger)*

geklagt, aus dem Vertrag kann ~ werden the contract is enforceable

Kläger plaintiff; complainant; applicant; *Am* suitor; *(z. B. im Schiedsverfahren)* claimant; *(in Ehescheidungssachen)* petitioner; *Scot* pursuer; **Berufungs~** appellant; **Mit~** joint plaintiff; **als ~ auftreten** to appear as plaintiff; **zugunsten des ~s entscheiden** to find for the plaintiff

Kläger(in) und Beklagte(r) plaintiff and defendant; *(bei Ehescheidung)* petitioner and defendant; *Am* person suing and being sued

Klär~, ~anlage sewage (treatment) plant; **~schlamm** sludge

klären (od. klarstellen) to clear up, to clarify

klarieren, ein Schiff ~ to clear a ship (inwards or outwards)

Klarierung clearance (inwards or outwards)

Klärung (od. Klarstellung) e-r Angelegenheit clearing up (or clarification of) a matter

Klasse class, category; *(Waren)* class, grade; →**Gefahren~**; →**Güte~**; **erste ~** *(Waren)* grade A; **~neinteilung von Waren und Dienstleistungen**[69a] list of classes of goods and services; **~ngebühr** *(PatR)* class fee; **~nkampf** class struggle; **k~nlose Gesellschaft** classless society; **(Schiffs)~nregister** classification register; **~nverzeichnis** *(PatR)* class index; **in ~n einteilen** to classify

Klassifikation classification; **Gemeinsame ~ für Erfindungspatente, Erfinderscheine, Gebrauchsmuster und Gebrauchsmusterzertifikate**[70] common classification for patents for invention, inventors' certificates, utility models and utility certificates; **Internationale ~ von Waren und Dienstleistungen für die Eintragung von Marken** international classification of goods and services to which trade marks apply *(s. Abkommen von →Nizza)*; **Internationale →Patent~**; **Symbole der ~ der europäischen Patentanmeldung** classification code given to the European patent application; **~sattest** *(für Schiffe)* classification certificate; **~sgesellschaft** *(beurteilt die Bauausführung und den Erhaltungszustand von Schiffen)* classification society; *Br* Lloyd's Register (of Shipping) (LR); *Am* American Bureau of Shipping (ABS)

klassifizieren to classify; **ein Schiff ~** to classify (or rate) a ship; **Waren ~** to grade goods

Klassifizierung classification; *(von Waren)* grading; **~ von Patenten** →Patentklassifikation; **~ ~von Schiffen** →Schiffsklassifikation

Klausel clause; proviso; stipulation; **~n** terms; →**Abweichungs~**; →**Garantie~**; →**Konkurrenz~**; →**Meistbegünstigungs~**; →**Schieds~**; →**Schutz~**; →**Vertrags~**; →**Vorbehalts~**; **~ über Kollisionen** *(von Schiffen)* **bei beiderseitigem Verschulden**[71] both-to-blame-collision clause; **e-e ~ in e-n Vertrag aufnehmen** to insert a clause into a contract

Klebezettel stick-on (or adhesive) label; sticker

Kleidergeld clothing allowance

Kleidung clothing; **~sstücke** clothes; wearing apparel; garments

klein, ~e Auflage small number of copies; **~er Auftrag** small order; **~e Ausgaben** small (or petty) expenses; **~e →Auslagen**; **~er Betrag** *Br* small (or trivial or insignificant) amount; **~er Druck** small print; **~es Geld** (small) change; loose cash; **~er Geschäftsmann** small trader; **~er →Grenzverkehr**; **~e →Havarie**; **~ere Projekte** smaller-scale projects; **in ~em Umfang** on a small scale; **~e und mittlere Unternehmen** (KMU) small and medium-sized enterprises (SMEs); small business(es) (→KMU); **~ere Unternehmen** smaller(-sized) enterprises; **möglichst ~er Verwaltungsapparat** minimum of administrative machinery

Klein~, ~aktie share with low par value; baby share; **~aktionär** small (or minor) shareholder; **~anzeige** small (or classified) advertisement; **~anzeigen(teil)** classified ads; **Werbung mit ~anzeigen** classified advertising

Kleinarbeit detail work; **die tägliche ~ verrichten** to run the daily routine

Klein~, ~bahn light railway; **~bauer** small farmer; *Br* smallholder

Kleinbetrieb small business (or undertaking, enterprise, firm); **landwirtschaftlicher ~** small farm; *Br* smallholding; →**Klein- und Mittelbetriebe** (KMB)

Klein~, ~diebstahl petty theft (or *Am* larceny); pilferage; **~einfuhren** minor importations; **~fund** →Fund; **~garten**[71a] *Br (früher Schrebergartenetwa)* allotment garden; **k~gedruckt** in small print; **~geld** (small) change; small coin; loose cash; **~geschäft der Banken** retail banking; **k~gestückelte Aktien** fractional shares; **~gewerbe** small(-scale) business (or trade); **~gewerbetreibender** small(-scale) trader; **~grundbesitz** *Br* smallholding; small estate; **~handel** retail trade; **~handelspreis** retail price; **~händler** retailer; small trader; **~industrie** the small industries; **~kraftrad** light motor cycle; **~kredit** *(bis Euro 1.000,-) (up to Euro 1,000)* (small) personal loan; **~lebensversicherung** industrial (life) *Br* assurance *(Am insurance)*; **~obligationen** *Am* baby bonds; **~rechner** minicomputer; **~schaden** *(VersR)* minor loss; **~sendungen** (goods sent in) small consignments; **~siedlung** small housing estate;

Am (residential) small holding; **~sparer** small saver

Klein, ~- und ~stbetriebe smallest businesses; **~- und Mittelbetriebe** (KMB) small and medium-sized enterprises (SMEs); **~unternehmen** small business; **~unternehmer** small businessman, small trader; **~verkauf** retail sale; **~verkaufspreise** retail prices; **~wagen** small car

Kleinst~, ~betrieb (very) small business; **~vorhaben** micro-project

Klemme am Geldmarkt difficulty (or *Am* jam) in the money market

Klerus clergy

Klient(in) client

Klientel clientele, clients

Klima climate; **angenehmes ~** *fig* pleasant atmosphere; **geschäftliches ~** business climate; **~anlage** air conditioning (equipment); **~veränderung** climatic changes; **~wechsel** change of climate

klimatische Verhältnisse climatic conditions

klimatisiert air-conditioned

Klimatologie climatology

Klub~, ~beitrag club subscription; **~einrichtungen** club facilities

Kluft, die ~ überbrücken zwischen to bridge the gap between

KMU (kleine und mittlere Unternehmen) SMEs (small and medium-sized enterprises)
Die KMU beschäftigen in der Regel nicht mehr als 500 Mitarbeiter.
SMEs generally do not have more than 500 employees.

knapp short, narrow; *(kaum vorhanden)* in short supply; scarce; *(angespannt)* tight; *(vor e-r Zahl)* just under; **~ mit Kapital** short of capital; **~ bei Kasse** short of money; **~ kostendeckend** marginal; **~es Abstimmungsergebnis** close vote; **Wahl mit ~em Ergebnis** closely fought election; **Politik des ~en Geldes** tight money policy; **mit ~er Mehrheit** by a narrow majority; **~er Wahlsieg** narrow victory; **~e Waren** commodities in short supply; **~ abwiegen** to give short weight; **~ halten** to keep short (or scarce); **~ sein** *(Waren)* to be in short supply; **die Arbeitskräfte sind ~** labo(u)r is scarce; there is a labo(u)r shortage; **mit Geld ~ sein** to be short of cash (or money); **~ werden** to run short (or low); to run out (an of); to get scarce

Knappheit scarcity; *(Mangel)* shortness; shortage; *(vorübergehend)* squeeze; →**Geld~**; →**Lebensmittel~**; **~ an Arbeitskräften** shortage (or scarcity) of labo(u)r (or manpower); labo(u)r (or manpower) bottleneck

Knappschaft body of miners

knappschaftlich, ~ versicherte Arbeitnehmer employees insured under the miners' social insurance scheme; **~er Betrieb** mine; **~e Rentenversicherung** →Knappschaftsversicherung

Knappschafts~, ~ausgleichsleistung[72] *(für e-n Bergmann, der die bergmännische Beschäftigung aufgegeben hat)* compensatory cash benefit (for a miner close to retiring age who has been made redundant or who retires voluntarily); **~gesetz** →Reichsknappschaftsgesetz; **~kasse** miners' provident fund; **~verein** miners' union; **Kasse e-s ~vereins** miner's union fund; **~rente**[73] miners' pension; **~ruhegeld**[74] miners' (retirement) pension; **~versicherung** Miners' Social Insurance; Miners' Pension Insurance (Scheme)

Kleptomanie kleptomania

Knebelungs~, ~klausel tying clause; **~vertrag** tying contract; oppressive contract

Knoten *(Seemeile je Stunde)* knot

Know-how~, ~abtretung assignment of know-how; **~-Austausch** exchange of know-how; **~geber** grantor of know-how; **~nehmer** grantee of know-how; **~-Vergütungen** know-how payments (or royalties); **~-Vertrag** know-how agreement

koalieren to form a coalition

Koalition *pol* coalition; *(ArbeitsR)* association, combination; **Links~** left-wing coalition; **Rechts~** right-wing coalition; **~sabkommen** coalition agreement; **~sabsprache** agreement between the coalition parties; **~sausschuss** committee of coalition party representatives; **~sbildung** formation of a coalition; **~sbruch** break up of the coalition; **auf ~sebene** at coalition level; **~sfreiheit** *(ArbeitsR)*[75] freedom of association; **~sgespräche** coalition talks; **~spartei** coalition party; **~spartner** coalition partner; **~srecht** *(ArbeitsR)* right of association; **~sregierung** coalition government; **~sstreit** controversy within the coalition; **die ~ auflösen** to break up a coalition; **aus e-r ~ ausscheiden** to leave a coalition; **e-e ~ bilden** to form a coalition; **e-e ~ eingehen** to enter into a coalition

Kode →Code

Kodex code; **Verhaltens~** code of conduct; **~ von Verhaltensregeln** code of obligations

Kodierung coding

Kodifikation codification

kodifizieren to codify

kodifiziertes Recht codified law; statute law

Kodizill codicil (to a will)

Koexistenz co-existence

Kofinanzierung cofinancing

Kohärenz coherence, consistency

Kohäsionsfonds cohesion fund

Kohle coal *(→Braunkohle, →Stein*kohle *())*; **Umstellung auf ~** change-over to coal; **~kraftwerk** coal- fired power station; **~lagerhaltung** storage of coal

Kohlen~, **~bergbau** coal mining (industry); **~bergwerk** coal mine, coal pit; *Br* colliery; **~förderung** coal output; coal production; **~halde** coal dump; **~industrie** coal industry; **~verbrauch** coal consumption; **~vorkommen** coal deposit

Kohlenwasserstoff hydrocarbon (crude oil and natural gas); **ins Meer abgelassene ~e** hydrocarbons discharged at sea; **Umwandlung der Kohle in ~e** conversion of coal into hydrocarbons; **~erzeugung** hydrocarbon production; **~öl** hydrocarbon oil

Kohlen~, **~wertstoffindustrie** coal derivatives industry; **~zeche** →Kohlenbergwerk

Kohle~, **~papier** carbon paper; **~technologie** coal technology; **~verbrauch** consumption of coal; **~vergasung** gasification of coal; **~versorgung** coal supply; **~vorrat** coal reserves; supply of coal; **~wirtschaft** coal industry

Kohle, **~ abbauen (od. fördern)** to mine (or extract) coal; **~n einkellern** to store coal; **~ auf Halde legen** to stock coal

Kokerei coking plant

Kokskohle coking coal

Kollaborateur collaborator

kollationieren to collate, to compare

Kollege, Kollegin colleague; **~nrabatt** intertrade discount

Kollegial~, **~gericht** court composed of several judges *(Ggs. Einzelrichter)*; **~prinzip** collegial principle; **~system** collegial system, board system

Kollegium board; collegium

Kollektion *(Zusammenstellung)* collection; range, line; assortment; →**Muster~**

kollektiv collective; **betriebliche und ~e Arbeitsbeziehungen** industrial relations; **~ betriebene Landwirtschaft** collective farming; **~e Reserveeinheit** *(intern. Währungspolitik)* Collective Reserve Unit (C.R.U.); **~e Sicherheit** *(VölkerR)* collective security; **~e Verhandlungen führen** *(ArbeitsR)* to bargain collectively

Kollektiv~, **~arbeitsvertrag** collective labo(u)r contract; **~bedürfnisse** collective needs; **~delikt** collective crime; **~eigentum** collective ownership (or property); **~garantie** *(VölkerR)* collective guarantee; **~geldstrafe** collective fine; **~haftung** *(VölkerR)* collective liability; **~interessen (der Verbraucher)** collective interests (of consumers); **~klage** class action; joint action; **~maßnahmen ergreifen** to take collective measures; **~note** *(VölkerR)* collective note; **~prokura** →Gesamtprokura; **~schuld** *(VölkerR)* collective guilt; **~verantwortung** collective responsibility; **~vereinbarung** →Gesamtvereinbarung; **~verhandlungen** *(ArbeitsR)* collective bargaining; **Recht zu ~verhandlungen** right to bargain collectively; *Am* bargaining right; **~versicherung** group insurance

Kollektivvertrag collective contract (or agreement) *(Ggs. Einzelvertrag)*; *(VersR)* group contract; **über e-n ~ verhandeln** to bargain collectively

Kollektiv~, **~vertretung** →Gesamtvertretung; **~vollmacht** joint power of attorney

kollektivieren to collectivize

Kollektivierung collectivization

Kollektivismus collectivism

kollidieren mit to collide with; to (be in) conflict with; *(störend einwirken auf)* to interfere with; **~ e-r Anmeldung** *(PatR)* to collide with an application

kollidierend, **~er Anspruch** *(PatR)* conflicting (or interfering) claim; **~e Interessen** conflicting (or concurrent) interests; **~es Patent** interfering patent

Kollision collision; conflict; *Am (PatR, MarkenR)* interference; **~ zwischen zwei Rechten** *(IPR)* conflict between two laws; →**Interessen~**; **~sgefahr** risk of collision; **(Schiffs-) ~sklausel** running down clause; collision clause

Kollisionsnormen *(IPR)* conflict (of law) rules; rules (or principles) of the conflict of laws; choice of law rules; **allseitige ~** total conflict rules; **einheitliche ~** uniform rules on conflict of laws; **einseitige ~** partial conflict rules; **Einordnung unter die Verweisungsbegriffe der ~** qualification

Kollisionsrecht *(IPR)* conflict of laws provisions; body of principles for deciding which of two or more competing or conflicting rules shall apply

kollisionsrechtliche Verweisung *(IPR)* →Verweisung 2.

Kollo *(pl. Kolli)* package

Kolloquium colloquium; symposium (über on); seminar

Kollusion collusion; secret agreement for a fraudulent purpose *(→ Verdunkelung)*

Kolonie colony, settlement

Kolonial~, **~handel** colonial trade; **~waren** groceries; **~warenhandel** grocery trade; **~werte** colonial stocks, colonials

Kolonne, **Fahrzeug~** convoy of vehicles; **~nspringer** *(Verkehr)* queue jumper

Kolumbien Colombia; **Republik ~** Republic of Colombia

Kolumbianer(in), kolumbianisch Colombian

Kombination combination; **~spatent** combination patent

kombiniert, **~er Güterverkehr Schiene/Straße** combined rail/road carriage of goods; **~es Transportdokument** combined transport document; **~es Transportkonnossement** combined transport bill of lading; **~e Versicherung** all-risks insurance; comprehensive insurance

Kombi 1. ~schiff passenger-cargo ship; combined carrier, all-freight ship; **~wagen** *Br* estate car; *Am* station wagon

„Komitee für das Erbe der Welt“[76] “The World Heritage Committee“

Kommandit~, **~aktiengesellschaft** →Kommanditgesellschaft auf Aktien; **~aktionär**[77] limited (liability) shareholder of a →Kommanditgesellschaft auf Aktien; **~anteil** →Kommanditeinlage; **~einlage** limited partner's capital contribution (or interest); capital contributed by the →Kommanditist

Kommanditgesellschaft (KG)[78] limited partnership

Eine Personengesellschaft, deren Zweck auf den Betrieb eines Handelsgewerbes unter gemeinschaftlicher Firma gerichtet ist. Sie besteht aus einem od. mehreren →Komplementären und mindestens einem →Kommanditisten.

A partnership for the conduct of a commercial enterprise under a common firm name, consisting of one or more →Komplementäre and at least one →Kommanditist.

Kommanditgesellschaft auf Aktien (KGaA)[79] partnership limited by shares

Die Rechtsform der KGaA kombiniert →Kommanditgesellschaft und →Aktiengesellschaft. Die KGaA hat mindestens einen →Komplementär, der unbeschränkt haftet, und →Kommanditaktionäre, die an dem in Aktien zerlegten Grundkapital beteiligt sind, ohne persönlich für die Verbindlichkeiten der Gesellschaft zu haften.

The legal form of the KGaA combines limited partnership and company limited by shares. The KGaA has at least one general partner whose liability is unlimited, and limited shareholders who have an interest in the stated capital divided into shares and who are not personally liable for the obligations of the company.

Kommanditist[80] limited partner

Gesellschafter einer Kommanditgesellschaft, dessen Haftung gegenüber den Gesellschaftsgläubigern auf den Betrag einer bestimmten Vermögenseinlage beschränkt ist *(→Komplementär)*.

A partner in a limited partnership whose liability in respect of the partnership's creditors is limited to the specific amount of his contribution.

Kommandit~, **~scheck**[81] cheque (check) drawn by one branch of a firm on another; **~vertrag** agreement establishing a limited partnership

kommen, **die ~den Jahre** the years ahead

Kommentar commentary, comment (zu on)

kommentieren to comment

Kommerzialisierung commercialization

kommerziell commercial; **~e Nutzung** commercial use (or exploitation); **~ verwerten** to commercialize, to exploit commercially; **~e Verwertung** commercialization

kommissarisch *(einstweilig)* temporary; *(beauftragt)* on commission; by a commissioner

Kommission 1. *(Ausschuss)* commission; **in der ~** on the commission; **gemischte ~** joint commission; **ständige ~** standing (or permanent) commission; **Sonder~** special commission; **Unter~** sub-commission; **Klage der ~** *(EG)* Commission complaint

Kommission der Europäischen Gemeinschaften *(EU)* Commission of the European Communities

Kommission für Menschenrechte →Europäische Menschenrechtskommission

Kommissions~, **~dienststelle** *(EU)* Commission Department; **~mitglied** member of a commission; **~präsident** *(EU)* President of the Commission; **~vorschlag** *(EU)* Commission proposal

Kommission, **e-r ~ angehören** to be a member of a commission; **aus der ~ ausscheiden** to cease to be a member of the commission; **e-e ~ bilden (od. einsetzen)** to set up a commission; **die ~ tagt** the commission is in session

Kommission 2. *(Ausführung e-s Geschäftes für Rechnung e-s anderen im eigenen Namen mit Dritten)* commission; →**Einkaufs~**; →**Verkaufs~**;

in ~ on a commission basis; *(auf dem Konsignationswege)* on consignment; **~sagent** dealer who permanently buys and sells goods in his own name for the account of another

Kommissionsbasis, **auf ~** on a commission basis; on a consignment basis; **auf ~ verkaufen** to sell on commission

Kommissionsgeschäft[83] commission business; transaction on a commission basis; **~e machen** to buy and sell (goods or securities) on commission

Kommissions~, **~gebühr** factorage; **~gut** →Kommissionswaren; **~handel** commission trade; **~kauf** purchase on commission; **~lager** stock on commission; *(Konsignationslager)* consignment stock; **~verkauf** sale on commission; **~vertrag** contract concluded by a commission agent (or factor); consignment agreement; **~vertreter** →Kommissionsagent; **~waren** goods (for sale) on commission; *(Konsignationswaren)* consignment (or consigned) goods; **k~weise** on a commission basis; by (way of) commission; on consignment

Kommission, **in ~ geben** to give on commission; *(Überseehandel)* to give (goods) on consignment; **in ~ nehmen** to take on commission; *(in Konsignation)* to take on consignment

Kommissionär[84] commission agent; commission merchant; factor; **überseeischer ~** consignee; →**Einkaufs~**; →**Verkaufs~**; **Provision des ~s** factorage; **~spfandrecht** factor's lien

Kommittent *(Kommissionsgeschäft)* principal; *(Überseehandel)* consignor; **~ und Kommissionär** principal and commission agent

Kommorienten *(Personen, die durch den gleichen Unfall sterben)* commorients

Kommunal, **~-** local; *Am* municipal; **~abgaben** local taxes (or rates); **~angelegenheiten** local affairs; **~anleihe** *Br* local authorities loan, corporation loan; *Am* municipal loan; **~beamter** *Br* local government officer; *Am* municipal officer (or official); **~aufsicht** supervision of local authorities by the state; **~behörde** local authority; *Am bes.* municipal authority; **~betrieb** municipal undertaking; **~einnahmen** local revenue; **~finanzen** local government finances; **~kredit** loan granted to a local authority; **~obligationen** local bonds; *Br* corporation stock; municipal bonds; **~politik** local government policy; **~recht** local laws; by-laws; **~schuldverschreibungen** →Kommunalobligationen; **~steuer** loxal tax; **~steuerzahler** local tax payer; **~verband** association of local authorities (or local government bodies); **~verwaltung** local government; **~wahlen** local (government) elections; municipal elections

kommunal, **~e Gebietskörperschaften** local authorities; **~e Selbstverwaltung** local self-government, local autonomy *(→Europäische Charta der kommunalen Selbstverwaltung)*

kommunalisieren to communalize

Kommune commune, parish, local authority

Kommunikations~, **~mittel** means of communication; communication medium *(pl. media)*; **~technologie** communication technology; **~weg** channel of communication

Kommuniqué communiqué; official statement; **Schluss~** final communiqué; **ein ~ herausgeben** to issue a communiqué

Kommunismus communism; →**Euro~**

Kommunist communist

kommunistisch, **das ~e Manifest** the Communist Manifesto; **~e Partei** Communist Party; **~e Unterwanderung** communist penetration

Kompatibilität compatibility

Kompensationsgeschäft *(Außenhandel)* counter trade (transaction); barter transaction (or deal); *(Wertpapierhandel)* offset transaction (not routed through the stock exchange); compensation transaction

kompensieren to counterbalance, to offset; to compensate for

Kompetenz competence; jurisdiction; **~ zum Abschluss von Verträgen** *(VölkerR)* treaty-making power; **~ des Bundes** jurisdiction of the Federal Government; **~konflikt** conflict of competence; **~streit zwischen Bund und Ländern** conflict of competence between the Federation and the Länder; **~überschreitung** exceeding one's powers; *(bei Gerichten)* exceeding one's competence; **~übertragung** transfer of competence; **~verlagerung** competence shifting; **~verteilung** allocation of competences

Komplementär general partner

Gesellschafter einer Kommanditgesellschaft oder einer Kommanditgesellschaft auf Aktien, der persönlich unbeschränkt für die Schulden der Gesellschaft haftet (→*Kommanditist*).

A partner of a KG or KGaA with full personal liability for the liabilities of the partnership.

Komplementärgüter complementary goods

Komplice accomplice

Komplott plot, conspiracy *(→ Verschwörung)*

Kompositionen, **musikalische ~** musical compositions

Kompositversicherer *Am* multiple-line underwriter; composite insurer

Kompromiss compromise; **k~bereit** willing to compromise; **~bereitschaft** willingness to (reach or deliver a) compromise; willingness for give-and-take; **k~los** uncompromising; **~lösung** compromise solution; **~vorschlag** compromise proposal; **zu e-m ~ kommen** to arrive at a compromise; **e-n ~ schließen** to reach a compromise, to compromise

kompromittieren, sich ~ to compromise oneself (or one's reputation); **jdn ~** to expose sb.'s reputation to risk

Kondemnation *(SeeR)* condemnation

Kondenswasserschaden *(Schiffsdunstschaden)* sweat damage

Konditionen terms; conditions; **~kartell** →Kartell

Kondolenzbrief letter of sympathy (or condolence)

kondolieren to express one's sympathy

Kondominium *(VölkerR)* condominium

Konfektionsindustrie ready-made clothing industry

Konferenz 1. conference; **auf der ~** at the conference; →**Seerechts~**; **~ auf höchster Ebene** top level conference; **~ der Europäischen Kultusminister** Conference of European Ministers for Cultural Affairs; **~ der Vereinten Nationen für Handel und Entwicklung** →Welthandels-Konferenz; **~ für Umwelt und Entwicklung der Vereinten Nationen** U. N.-Conference on Evironment and Development *(Rio de Janeiro, Juni 1992)*; **~ über internationale wirtschaftliche Zusammenarbeit** (KIWZ) Conference on International Economic Cooperation (CIEC) *(→Nord-Süd-Dialog)*

Konferenz über Sicherheit und Zusammenarbeit in Europa (KSZE) *(über 50 Mitgliedstaaten)* Conference on Security and Cooperation in Europe (CSCE) *(→Helsinki; →KSZE)*

Konferenz~, **~über vertrauens- und sicherheitsbildende Maßnahmen und Abrüstung in Europa** (KVAE) und sicherheitsbildende Maßnahmen und Abrüstung in Europa Conference on Confidence- and Securitybuilding Measures and Disarmament in Europe; **~dolmetscher** conference interpreter; **~teilnehmer** conference participant; participant in the conference; *Am* conferee; **e-e ~ abhalten** to hold a conference; **e-e ~ einberufen** to convene (or call, convoke) a conference; **e-e ~ findet statt** a conference is held; **die ~ tagt** the conference meets (or is sitting)

Konferenz 2. *(kartellartiger Zusammenschluss internationaler Schiffahrtslinien)* conference; **Reederei, die nicht Mitglied e-r ~ ist** outsider; **~bedingungen** conference terms (C.T.); **~frachtraten** conference rates; **Schiff e-r ~reederei** conference steamer; **~tarif** conference tariff; **~vertrag** conference agreement

Konfession denomination; **~sschule** denominational school

Konfiskation confiscation, seizure

konfiszieren *(entschädigungslos einziehen)* to confiscate, to seize

Konflikt conflict, clash; **~ausweitung** escalation of a conflict; **~herd** focus of conflict; **~snormen** *(IPR)* (rules of) conflict of laws; *Br* private international law; **~srecht** conflict of laws; *Br* private international law; **~zone** area of conflict; **den ~ beilegen** to settle the dispute

Konföderation confederation; **Anhänger e-r ~** confederalist

Konfrontation confrontation

konfrontiert, **mit e-r Aufgabe ~ sein** to be faced with a task

Konfusion *(SchuldR)* merger; confusion of rights

Konglomerat →Mischkonzern

konglomerater Zusammenschluss *(branchenverschiedener)* conglomerate merger

Kongo Congo; **Volksrepublik ~** People's Republic of the Congo

Kongolese, Kongolesin, kongolesisch Congolese

Kongress 1. *Am* Congress (Senate and House of Representatives)

Kongress 2. *(Tagung)* congress; **auf dem ~** at the congress; **Ärzte~** medical congress; **Teilnahme an e-m ~** participation in a congress; **~teilnehmer** congress member; **sich zu e-m ~ anmelden** to register for a congress; **an e-m ~ teilnehmen** to attend a congress

Kongruenzvorschriften *(EU) (VersR)* matching rules

betreffen die Bedeckung von Rückstellungen e-s Versicherungsunternehmens in bestimmter Währung durch kongruente Vermögenswerte

Konjunktur business cycle; state of business; economic trend, economic situation, economic activity; →**Binnen~**; →**Hoch~**; **abklingende ~** declining economic activity; **anhaltende ~** continuing boom; **derzeitige (od. gegenwärtige) ~** present economic situation; present state of the economy; **gute ~** favo(u)rable business situation; **rückläufige ~** depression; declining economic activity; slump; **überhitzte ~** overheated economy; excessive boom

Konjunktur, **die ~ flaut ab** →abflauen; **die ~ anheizen** to stimulate (or kindle) economic activity; **die ~ bremsen (od. dämpfen)** to apply the brakes to economic activity (or boom); to restrain the boom; **die ~ bröckelt weiter ab** the economy (or economic activity) is slowing down further; **die (Hoch-)~ eindämmen** to curb the boom; **die ~ kühlte sich ab** the economy was cooling off; **die ~ ist in der →Talfahrt**

Konjunktur~, k~abhängig depending on the cyclical trend; **~abkühlung** cooling off of the economy; decline (or slackening) of economic activity; **~abschwächung** s. konjunkturelle →Abschwächung; **~abschwung** cyclical downswing (or downturn); recession; **~analyse** (short-term) economic analysis; business cycle analysis; **k~anregende Maßnahmen** measures for stimulating economic activity; pump-priming measures; **~anregung** stimulation of economic activity (or the economy); **~anstieg** increase in economic activity; cyclical upswing; upward economic trend; **~aufschwung** cyclical upswing, upswing in the cyclical trend; recovery; **starker ~aufschwung** boom; **der ~aufschwung hat s-n Höhepunkt überschritten** boom conditions have passed their peak

Konjunkturausgleichsrücklage[86] (compulsory) anticyclical reserve; **als ~ festlegen** to immobilize as an anticyclical reserve

Verpflichtung von Bund und Ländern, unverzinsliche Guthaben bei der Bundesbank zu unterhalten.

An obligation on the part of the Federal and Länder Governments to maintain interest-free deposits in the Bundesbank (in order to counterbalance economic trends).

Konjunkturaussichten (short-term) economic prospects; business outlook

konjunkturbedingt cycle-induced; for cyclical reasons; depending on market conditions (or the economic situation); **~e Anpassungen** cyclical adjustments; **den ~en Schwankungen der Nachfrage gerecht werden** to cope with cyclical fluctuations in demand

Konjunktur~, ~befragung business survey carried out (bei among); **~belebung** economic upturn (or recovery); improvement in the economic situation; revival of economic activity; **Politik der ~belebung** anti-recession policy; **~beobachtung** →forschung; **~bericht** report on the economic situation; **~bewegung** cyclical movement (or trend); **~bremse** braking (or curbing) the boom (or economic activity); **~dämpfung** checking excessive economic activity; **~dienst** *(Berichterstattung über ~forschung)* economic service; **~einbruch** setback in economic activity

konjunkturell economic; cyclical; **~ bedingte Arbeitslosigkeit** cyclical unemployment; unemployment due to the economic situation; **~e** →**Abschwächung**; **~er Anstieg** cyclical growth; **~e Auswirkungen** cyclical repercussions

konjunkturelle Entspannung cyclical relaxation; **der Arbeitsmarkt zeigt e-e ~** the labo(u)r market shows (or reflects) a slowdown (or slackening) in economic activity

konjunkturell, ~e →Erholungsphase; ~e Faktoren cyclical factors; **den ~en Höhepunkt überschreiten** to pass the cyclical peak; **~e Preiserhöhungen** cyclical price increases; **~e Schwankungen** fluctuations in the economic situation; **~e Spannungen** cyclical strains (or tensions); **sich ~ abschwächen** to show a downward trend of economic activity; **~ steigen** to show an upward trend of economic activity; to show a trend increase

Konjunktur~, k~empfindlich cyclically sensitive; **~empfindlichkeit** sensitivity to economic fluctuations; **~entwicklung** economic (or cyclical) trend; trend of business; development in the economic situation; **~erholung** economic recovery; revival of the economic situation; **~flaute** recession; slowdown in economic activity; slump; **~forschung** economic (or business) research; **~forschungsinstitut** economic research institute; **~gewinn** boom profit; **~hoch(stand)** boom, peak; **~indikator** economic indicator; **~jahr** boom year; **~klima** economic climate; **~krise** cyclical crisis; **~lage** (short-term) economic situation; state of the economy; cyclical situation; **allgemeine ~lage** general economic conditions; **schlechte ~lage** economic downturn; **~phase** phase of the business cycle

Konjunkturpolitik (short-term) economic policy, business cycle policy; anticyclical policy; **monetäre ~** counter-cyclical monetary policy

konjunkturpolitisch, ~e Erwägungen cyclical policy considerations; **~e Fragen** questions of economic (or cyclical) policy; **aus ~en Gründen** for anticyclical reasons; for reasons of economic policy; **~e Maßnahmen** (short- term) economic policy measures

Konjunktur~, ~prognose economic forecast(-ing); **~programm** anticyclical program(me); program(me) for stimulating economic activity

Konjunkturrat *(für die öffentliche Hand)*[87] Business Cycle Market Development Council

Er wurde für die Abstimmung der Finanz- und Wirtschaftspolitik von Bund, Ländern und Gemeinden, insbesondere der Haushaltswirtschaft der öffentlichen Hände geschaffen.

It was established to harmonize the financial, economic and especially budget policies of the Federal Government, Länder and Communities.

Konjunkturrückgang decline in economic activity; business slowdown; **leichter ~** recession; **starker ~** slump

Konjunktur~, **~rückschlag** setback in economic activity; **~schwäche** bad economic condition

Konjunkturschwankungen cyclical (or economic) fluctuations; fluctuations in economic activity; **Ausgleich der ~** evening out of cyclical fluctuations; **Dämpfung der ~** check on economic fluctuations; checking excessive economic activity; stabilization of economic activity

Konjunktur~, **~spritze** pump-priming; **~stütze** support for economic activity; **~tendenz** economic trends; **~test** *(Unternehmensbefragung)* check on business climate (or conditions); **~tief(stand)** trough; recession; **~überhitzung** overheating of (measures for stimulating) economic activity; excessive boom; **~verlauf** economic trends; course (or trend) of economic activity; **~wellen** trade cycle; **~zyklus** *(konjunkturabschwung, Konjunkturaufschwung, Konjunkturhochstand, Konjunkturtiefstand)* business cycle, *Br* trade cycle

Konklave *(Versammlung der Kardinäle zur Papstwahl)* conclave

konkludent implied; **durch ~es Handeln geäußerte Absicht** implied intent; **durch ~es Handeln geschlossener Vertrag** implied contract; contract inferred from acts of parties; **~es Verhalten** conduct implying an intent (to effect a change in the legal position)

Konkordat *(Vertrag zwischen e-m Staat und dem Vatikan)* concordat

konkret concrete, definite; specific; **~er Beweis** concrete evidence (or proof); **~er Schaden** special damage

konkretisieren to make concrete (or definite); *Am* to concretize; **die Ware ~** *(zur Erfüllung des Vertrags)* to appropriate the goods to the contract

Konkretisierung der Ware *(zur Erfüllung des Vertrags)* appropriation of the goods to the contract

Konkubinat →eheähnliche Gemeinschaft

Konkurrent competitor, rival; **geschäftliche ~en** business rivals; **Haupt~** major competitor; **~enländer** competitive countries; **Ausnutzung der Arbeit und Gedanken des ~en** piratrical competition; **e-n ~en aus dem Amt drängen** to oust a rival from office; **e-n ~en im Handel unterbieten** to undercut a competitor in trade

Konkurrenz competition; rivalry; **~ von Straftaten**[88] relationship between several offences (offenses) committed by one act or a series of acts *(→Realkonkurrenz, →Idealkonkurrenz)*; **~ zwischen politischen Parteien** rivalries between political parties; **ausländische ~** competition from abroad; **außer ~** not competing; **halsabschneiderische (od. existenzgefährdende) ~** cut-throat competition; **→mögliche ~**; **scharfe (od. starke) ~** keen (or severe) competition; **unlautere ~** unfair competition; **~angebot** competing (or competitor's) offer (or tender); rival offer (or bid); **~artikel** competitive article; rival article; **~betrieb** competing business (or firm); **wachsender ~druck** increasing competitive pressure; **~erzeugnisse** competitor's products

konkurrenzfähig competitive; able to meet competition; **nicht ~** uncompetitive; **~es Angebot** competitive offer (or quotation); **~ bleiben** to remain competitive; to maintain a competitive position; **~ werden** to become competitive

Konkurrenz~, **~fähigkeit** competitiveness; competitive position; ability to compete; **~firma** competitor; rival firm; **~geschäft** competing business; rival store; **~gesellschaft** rival company; **~industrie** competing industry; **~kampf** competition; rivalry; **~klausel**[89] noncompetitive clause; stipulation (or covenant) in restraint of trade; **k~los** without competition, without competitor(s); unrival(l)ed; non-competitive; **~marke** rival brand; **~preis** competitive price; price that competes with prices of other firms; **~produkt** competitive (or rival) product; **Unterlassung von ~tätigkeit** abstention from competitive activity; **~unternehmen** competing (or competitor) undertaking (or enterprise); rival business; **~verbot** prohibition of competition; agreement in restraint of trade

Konkurrenzwaren competing goods; **dem Handelsvertreter jede Tätigkeit in bezug auf ~ oder mögliche ~ (gegenüber den Vertragswaren) verbieten** to prohibit the agent from dealing in goods of a type competing or likely to compete with the contractual products

Konkurrenz, **scharfer ~ ausgesetzt sein** to be exposed to severe competition; **die ~ ausschalten** to eliminate competitors; **der ~ begegnen** to face competition; **die Firma hat starke ~** the firm has strong competition; **bei der ~ kaufen** to buy from the competitor(s); **jdm ~ machen** to compete with (or against) sb.; to enter into rivalry with sb.; **sich gegenseitig ~ machen** to compete with one another; **es mit e-r ~ zu tun haben** to meet competition; **er ist zur ~ übergegangen** he has gone over to the competitors; **die ~ übertreffen** to overcome competitors; **die ~ verschärfen** to sharpen (or step up) competition

konkurrieren, miteinander ~ to compete with one another; **preislich ~ können** to be competitively priced

konkurrierend competing; *(Ansprüche etc)* concurrent, concurring; **~e** →**Benutzer**; **~er Gebrauch** *(WarenzeichenR)* concurrent use; **~e** →**Gerichtsbarkeit**; **~e Gesellschaft** competing company; **~e** →**Gesetzgebung**; **~e Hersteller** competing producers; **~es Verschulden** →Mitverschulden; **~e Zuständigkeit** concurrent jurisdiction

Konkurs bankruptcy

Der Konkurs ist mit dem Inkrafttreten der →Insolvenzordnung am 1.1.1999 (zusammen mit dem Vergleich und der Gesamtvollstreckung in den neuen Bundesländern) aufgegangen in die →**Insolvenz**. Wegen der Begriffe des aufgehobenen Konkursrechts wird auf die Vorauflage, insbesondere S. 438 f., verwiesen.

Können, nach bestem ~ to the best of one's ability; **fachliches (od. fachmännisches) ~** professional competence; *(PatR)* usual knowledge of the man skilled in the art

Konnivenz connivance

Konnossement *(Seefrachtbrief)*[99] bill of lading (B/L); **durchgehendes ~** through bill of lading; **laut ~** as per bill of lading; **reines ~** *(ohne einschränkenden Vermerk)* clean B/L; **unreines ~** *(mit Vorbehalten)* foul B/L; **Bord~** shipped B/L; **Durch(fracht)~** through B/L; **Hafen~** harbo(u)r B/L; **Order~** B/L (made out) to order; **See~** ocean (or marine) B/L; **Übernahme~** received for shipment B/L

Konnossements~, ~bedingungen terms of the bill of lading; **~garantie** *(Außenhandel)* letter of indemnity; **~klausel**[100] Bill of Lading Clause; **~satz** set of bills of lading

Konnossement, ein ~ ausstellen to make out a bill of lading

Konsens consensus; **~prinzip** principle of the unanimous vote; **ein ~ ist herbeigeführt** a consensus has been reached

konservativ conservative

Konserven cans, tins, preserves; **~industrie** canning industry

Konservierungsstoffe preservatives; **~, die in Lebensmitteln verwendet werden dürfen** preservatives authorized for use in foodstuffs

Konsignant *(Absender e-r Konsignationsware bes. im Überseehandel)* consignor

Konsignatar *(Empfänger e-r Konsignationsware bes. im Überseehandel)* consignee

Konsignation *(überseeisches Verkaufskommissionsgeschäft)* consignment; **~sfaktura** consignment invoice; **~skonto** consignment account; **~slager** consignment stock; **~sverkauf** consignment sale, sale on a consignment basis; **~swaren** consignment goods; **Empfänger von ~swaren** →Konsignatar; **auf dem ~swege** on consignment; **Waren in ~ geben** to consign goods for sale; **Waren in ~ übernehmen** to take over goods on a consignment basis

konsignieren to consign

Konsolidation *(SachenR)*[101] merger (union of [differing] rights in one hand; e. g. the holder of an encumbrance becomes owner of the land); *(Fundierung)* →Konsolidierung

konsolidieren to consolidate; to fund

konsolidiert, ~er (Jahres-)Abschluss →Konzernabschluss; **~e Anleihe** consolidated bond (or loan); **~e Bilanz** →Konzernbilanz; **~e Schuld** consolidated debt

Konsolidierung consolidation; *(Umwandlung kurzfristiger Schulden in langfristige)* funding; **~sanleihe** funding bond (or loan); consolidation bond (or loan)

Konsorte member of a syndicate, underwriter

Konsortial~, ~anleihe syndicated loan; **~bank** member bank of a syndicate; underwriting bank; **~beteiligung** syndicate participation; share in a syndicate; **~führer** *(führende Bank e-s Konsortiums)* syndicate leader (or manager); leader of a consortium; lead manager; managing underwriter; **~führung** *(bei Effektenemission)* management group

Konsortialgeschäft syndicate transaction; underwriting business; transaction on joint account; **Bank-~** consortium banking transaction; *Am* syndicate banking

Konsortial~, ~kredit syndicated credit (or loan); **~mitglied** underwriter; **~quote** underwriting share; **~system** *(VersR)* syndicate system; **~verpflichtung** *(bei Effektenemission)* underwriting commitment; **~vertrag** *(bei Effektenemission durch ein Emissionskonsortium)* underwriting agreement

Konsortium consortium; syndicate; management group; **Banken~** consortium of banks; banking syndicate; **Emissions~** underwriting syndicate; **Gründer~** promoter syndicate; **ein ~ bilden** to form a syndicate

Konspiration conspiracy; plot

konspirieren to conspire; to plot

konstant, **~e Preise** constant prices; **~ bleiben** to remain unchanged

konstituierende Versammlung constituent assembly

Konstruktion design(ing); construction; **~sänderung** design change; **~sfehler** constructional flaw (or defect); design defect; **~szeichnungen** design drawings; blueprints

konstruktiver Vorschlag constructive proposal

Konsul consul; consular officer; **Berufs~** career consular officer; **General~** consul general; **Wahl~** honorary consular officer; **Vize~** vice-consul

Konsular~, **~abkommen** consular agreement; **~agent** consular agent; **~beamter** consular officer; **~bezirk** consular district; **~einnahmen** consular receipts; **~gebühren** consular fees; **~gericht** consular tribunal; **~vertrag** consular convention

konsularisch, **~e Amtshandlungen** consular transactions; **~e Aufgaben** consular functions; **~e Bescheinigung** consular certificate; **~e Beziehungen** consular relations; **~er Dienst** consular service; **~e Immunitäten** consular immunities; **~e Räumlichkeiten** consular premises; **~er Vertreter** consular representative; consular officer; **~e Vertretung** consular representation; consular post; **Errichtung e-r ~en Vertretung** establishment of a consular post

Konsulat consulate; **General~** consulate-general; **Vize~** vice-consulate

Konsulats~, **~angehöriger** consular employee; **~diensträume** consular offices; **~faktura** consular invoice; **~gebühren** consular fees; **~sichtvermerk** consular visa

Konsultation consultation; **~en auf hoher Ebene** high-level consultations; **~ssitzung** consultation meeting; **~sverfahren** consultation procedure (or machinery); **in ~en eintreten** to enter into consultations

konsultieren to consult

Konsum consumption; **~ausgaben** consumption expenditure; **~einschränkung** *(z. B. als Kriegsfolge)* reduction in consumption; austerity; **~elektronik** consumer electronics; **~forschung** consumer research; **~freudigkeit** propensity to consume; **~funktion** consumption function; **~genossenschaft** →Konsumverein; **~gewohnheiten** consumer habits

Konsumgüter consumer goods, consumption goods *(Ggs. Investitionsgüter)*; **gewerbliche ~** industrial consumer goods; **kurzlebige ~** →Verbrauchsgüter; **langlebige ~** →Gebrauchsgüter; **~industrie** consumer goods industry; **~-Leasing** consumer goods leasing; **~markt** consumer goods market

Konsum~, **~neigung** propensity to consume; **~verein**[102] (consumer) cooperative *(Br meist society)*; **~verhalten** consumption pattern, behaviour in consumption; **~verzicht** voluntary restraint in consumption; **~waren** consumer goods

Konsum, **den ~ anregen** to stimulate consumption; **den ~ einschränken** to reduce consumption; **den ~ steigern** to increase consumption

Konsument consumer; **~engesellschaft** consumer society; **~enhandel** consumer cooperative trade; **~enkaufkraft** consumer's ability to buy; **~enkredit** consumer credit; **~enpreis** consumer price, retail price; **~enrente** consumer's surplus; **auf der ~enstufe** at the consumer stage

Konsumerismus consumerism

Kontakt contact; **in engem ~** in close contact; **~aufnahme** establishment of contact, entering into contact; **~er** *(e-r Werbeagentur zu e-m Kunden)* account executive; **~mann** informant *(→Kontakter)*; **~pflege** maintenance of good relations; human relations; **~sperre** cutting off detainees (especially terrorists) from contact with the outside; **~verbot** ban on contact (or communication); **zu jdm ~ aufnehmen** to contact a. p.; to make contact with a. p.

Kontamination durch Giftstoffe contamination by toxic products

kontaminieren, **~de Stoffe** contaminants

kontaminierte Lebensmittel contaminated foods

Konten accounts *(→Konto)*; **~abrechnung** settlement of accounts; **~abstimmung** reconciliation of accounts; **~aufgliederung** account classification; **~bereinigung** adjustment of accounts; **~bezeichnung** account title; **~führung** keeping accounts; **~information** account information; **~klasse** class of accounts; **~plan** plan (or chart) of accounts; **~rahmen** standard form of accounts

Kontensaldo (account) balance; **die Richtigkeit e-s ~s bestätigen** to verify an account

Konten~, **~sparen** saving through savings accounts; **~sperre** blocking of account

Konten, **~ bereinigen** to adjust accounts; **~ führen** to keep accounts

Konterbande *(SeekriegsR)* contraband; **~(waren)** contraband articles (or goods); **~liste** list of contraband (articles); **als ~ beschlagnahmt werden** to be seized as contraband

kontieren to allocate to an account

Kontierung allocation to an account

Kontiguitätszone *(VölkerR)* contiguous zone

Kontinentalschelf *(an das Küstenmeer angrenzender Meeresgrund)* continental shelf

Kontingent quota (für for); contingent; **Anfangs~** initial quota; **Ausfuhr~** export quota; **Devisen~** foreign exchange quota; **Einfuhr~** import quota; **Gesamt~** total quota; **Verkaufs~** sales quota; **Zoll~** tariff quota; **Zusatz~** additional quota

Kontingents~, **~anteil** quota share; **~aufstockung** quota increase; **~kürzung** reduction of a quota; **~menge** quota volume; **~schein** quota certificate; **~zeitraum** quota period; **~zuweisung** allocation of a quota

Kontingent, **auf ein ~ anrechnen** to charge to (or count against) a quota; **das ~ aufstocken** to increase the quota; **das ~ ausnutzen** to use up the quota; **das ~ erhöhen** to increase the quota; **ein ~ erschöpfen** to exhaust a quota; **ein ~ festsetzen** to fix a quota; **das ~ kürzen** to reduce the quota

kontingentieren to fix (or impose) a quota (for); to allot quotas; **Devisen ~** to ration foreign exchange; **Importe ~** to make imports subject to a quota

kontingentiert subject to a quota; **~e Waren** quota goods; **nicht ~e Waren** non-quota goods

Kontingentierung fixing (or imposition) of a quota (or of quotas); subjecting to a quota; **~ der Einfuhren** introduction of import quotas

Kontinuität, **die ~ wahren** to maintain continuity

Konto account; **~„Verschiedenes"** sundry account; →**Bank~**; →**Gehalts~**; →**Giro~**; →**Kunden~**; →**Personen~**; →**Sach~**; →**Sammel~**; →**Sonder~**; →**Spar~**; →**Sperr~**; →**Spesen~**; **abgeschlossenes ~** closed account; **Allgemeines ~** (des IWF) General Resources Account (of the IMF); **gemeinsames ~** joint account; **gesperrtes ~** blocked account; **laufendes ~** current (or running) account; **überzogenes ~** overdrawn account; **umsatzloses ~** inactive account; **umsatzstarkes ~** active account; **unbewegtes ~** dead (or dormant) account; **zweckgebundenes ~** earmarked account

Konto, **von e-m ~ abheben** to withdraw from an account; to draw (money) on an account; **ein ~ abschließen** to close (or rule off) an account; **ein ~ auflösen** to close an account; **ein ~ belasten** to debit an account; to pass to the debit of an account; **ein ~ bereinigen** to adjust an account; **e-n Betrag auf ein ~ einzahlen** to pay a sum of money into an account; *(auf das eigene Bankkonto)* to deposit money with a bank; *Am* to make a deposit; **jds ~ mit e-m Betrage** →**erkennen**; **ein ~ eröffnen** to open an account (with or at a bank); **ein ~ führen** to hold (or keep) an account; **e-m ~ gutbringen (od. gutschreiben)** to credit an account (with an amount); to pass to the credit of an account; **ein ~ bei e-r Bank haben** to keep an account with a bank; to bank (with); **ein ~ pfänden** to attach an account; **ein ~ prüfen** to audit an account; **ein ~ saldieren** to balance an account; **Geld auf ein ~ überweisen** to transfer money to an account; **ein ~ überziehen** to overdraw an account; **ein ~ bei e-r Bank unterhalten** to keep (or hold, maintain, operate) an account with a bank; **auf e-m ~ verbuchen** to enter in an account

Konto~, **~abschluss** closing an account; **~analyse** account analysis

Kontoauszug statement of account; *Br* bank statement; **e-n ~ machen (od. erstellen)** to prepare a statement of account; to abstract an account; **der ~ zeigt e-n Saldo von ... zu unseren Gunsten** the statement of account shows a balance of ... in our favo(u)r

Konto~, **~bewegungen** movements in an account; **~blatt** account sheet; **~buch** account book; **~eröffnung** opening (of) an account; **~führung** keeping (or holding) of an account; **~gutschrift** credit (to an account); **~inhaber** account holder; owner of an account

Kontokorrent account current, current account; *Am* checking account; **~auszug** statement of (current) account; **~buch** customer's ledger; current account ledger; **~einlagen** current deposits; deposits on current account; **~guthaben** balance (or assets) on current account; **~konto** current account; *Am* checking account; **~kredit** current account credit; advance on current account; overdraft (on current account); **~verkehr** current account transactions; **~vertrag** current account agreement; **~zinsen** interest on current account

Konto~, **~nummer** account number; **~spesen** bank charges; **~stand** account balance; state of an account; **wie ist mein ~stand?** what is the balance on my account?

Konto~, **~überziehung** overdraft; overdrawing of an account; **~umsatz** account turnover; **~unterlagen** account files; **~vollmacht** power to draw on an account; *Br* third party mandate, account mandate

kontra versus (vs.)

kontradiktorisches Urteil judgment on the merits; judgment after trial

Kontrahent contractor, contracting party

kontrahieren, mit sich selbst ~ to contract with oneself

Kontrahierungszwang obligation to contract

Kontrakt →Vertrag

Kontratabularersitzung →Buchersitzung

Kontribution contribution

Kontrolle control; *(Überprüfung)* check, checking, checkup; inspection, supervision; *(Buchprüfung)* audit(ing); *(Überwachung)* monitoring; **~ von Unternehmenszusammenschlüssen** merger control; **genaue ~** close check(ing); **staatliche ~** government control; **strenge ~** strict control (or inspection); →**Doppel~**; →**Fertigungs~**; →**Gepäck~**; →**Material~**; →**Pass~**; →**Preis~**; →**Qualitäts~**; →**Verkehrs~**; →**Waren~**; **Zoll~** customs control (or inspection)

Kontroll~, **~abschnitt** counterfoil; stub; control slip; **~ausschuss** control commission; **~befugnis** supervisory power; power of control, controlling authority; **~gerät im Bereich des Straßenverkehrs** checking (or recording) device in road transport; **~karte** *(Arbeitszeit)* time card; **~(l)iste** check list; tally sheet; **~maßnahme** measure of control; **~nummer** check (or code) number; **~organ** control body; **k~pflichtig** subject to control; **~punkt** →Kontrollstelle; **~stelle** (an der Grenze) checkpoint (on the border); **~uhr** time clock; **~vorrichtung** controlling (or checking) device; **~zeichen** check mark; **~zone** *(des Luftraums)* control zone

Kontrolle, die ~ aufheben to decontrol; to lift a control; to release from control; **~n durchführen** to carry out checks; **etw. unter ~ haben** to be in control of sth.; **unter ~ halten** to hold in check; **der ~ unterliegen** to be controlled; **jdn e-r ~ unterziehen** *(z. B. hinsichtlich politischer Zuverlässigkeit)* to make a check on sb.; **~n vornehmen** to make (or effect) checks

kontrollieren to control, to check (up); to inspect; to supervise; **die Pässe ~** to check the passports

kontrolliert, vom Staate ~ government controlled

Kontroverse controversy

Kontumaz failure to appear in court

Kontumazialverfahren proceedings in the absence of the defendant *(→ Versäumnisurteil)*; *(StrafR)* trial in the absence of the accused

Konvention convention; →**Genfer ~en**; **~ zum Schutz von** →**Kulturgut bei bewaffneten Konflikten**; **~ zum Schutze der Menschenrechte und Grundfreiheiten** →Menschenrechtskonvention

Konventionalstrafe →Vertragsstrafe

konventionell, **~e** →Streitkräfte; **~e Verteidigung** conventional defence (defense)

Konvergenz convergence

Konversion *(Umdeutung von nichtigen Rechtsgeschäften)*[103] conversion (of void legal transactions into others which are valid, when it can be assumed that the parties would have wished this, if they had known of the invalidity); *(WertpapierRUmschuldung, Konvertierung)* conversion; **Zwangs~** compulsory conversion; **~sangebot** conversion offer; **~sanleihe** conversion loan; **~sfaktoren** conversion factors; **~sguthaben** conversion balance; **~smöglichkeit** possibility of conversion

konvertible Währung convertible currency

Konvertibilität convertibility

konvertierbar convertible; **beschränkt ~** with (or of) limited convertibility; **frei ~** freely convertible; **nicht ~** non-convertible, inconvertible; **voll ~** fully convertible

Konvertierbarkeit der Währungen convertibility of currencies

konvertieren to convert

Konvertierung conversion; **~srisiko** conversion risk

Konzentration concentration; *(Unternehmenszusammenschluss)* merger; **~ wirtschaftlicher Macht** *(durch Unternehmenszusammenschlüsse)* concentration of economic power; **Billigung der ~** merger clearance; **~sgrundsatz**[104] principle of concentration; **~skontrolle** merger control; **~slager** (KZ) concentration camp; **~sverminderung** *(Entflechtung)* divestiture

konzentrieren, (sich) ~ to concentrate, to focus (auf on)

Konzept draft; notes; **~papier** scribbling paper

Konzeption conception; →Empfängnis

Konzern[105] group (of companies); *Br* combine; *Am* combination; consolidated companies; **großer ~** large group; →**Misch~**; **Riesen~** giant group; **Teil~** sub-group; **Warenhaus~** department store group; **Geschäfte innerhalb e-s ~s** intercompany (or intercorporate) transactions

Konzern~, **~abschluss**[106] group accounts; *Br* consolidated (annual) accounts; *Am* consolidated financial statements; **~abschlusspflicht** duty to prepare group accounts; *(unerlaubte)* **~absprache** intra-enterprise conspiracy; **~anteile** shares in (or of) a →Konzern; **~betriebs-**

rat →Betriebsrat; **~bilanz**[107] group balance sheet; consolidated balance sheet; *Am* consolidated return; **auf ~ebene** at *Br* combine (*Am* combination) level; **k~fremd** outside the group; **k~fremder Gesellschafter** outside shareholder; minority shareholder; **~geschäftsbericht**[108] consolidated business report

Konzerngesellschaft company of the same group; group (member) company; affiliated company *(Am corporation)*; **Verkäufe zwischen ~en** intercompany sales

Konzern~, **~gewinn** *(Bilanz)* group profit; consolidated profit; **~gewinn- und Verlustrechnung**[109] consolidated profit and loss statement; consolidated statement of earnings; **k~intern** intra-group; intercompany; intercorporate; **~jahresabschlüsse** annual group financial statements; **~lagebericht** group report; **~leitung** top management of a group; **~mitglied** group member; **~recht** law concerning groups of companies; company law relating to groups; **~spitze** company heading the group; **~unternehmen** →Konzerngesellschaft; **~vereinbarung** group agreement; **~verflechtung** interlocking combine (or combination); **~verlust** *(Bilanz)* group loss; consolidated loss

Konzertabonnement subscription to a concert series; *Am* season tickets for concerts

konzertiert *(aufeinander abgestimmt)*, **~e Aktion** concerted action *(stabilization policy aimed at achieving an economic consensus on the part of government, regional bodies, trade unions and employers' associations)*

Konzertierung concerted action (on); co(-)ordination; harmonization; **~sverfahren** *(EU)* conciliation procedure

Konzert~, **~zeichner** *(Börse)* stag; **~zeichnung** *(Börse)* stagging

Konzession *(Betriebsbewilligung)* licen|ce (~se) (to operate); *(Verleihung e-s besonderen Rechts)* concession; *Am* franchise; charter; →**Bergbau~**; →**Erdöl~**; →**Taxi~**

Konzessionseinnahmen royalties; **Konzessionsentziehung** cancellation of a licen|ce (~se); withdrawal of a concession; **Konzessionserteiler** grantor of a licen|ce (~se) (or concession); licensor

Konzessionserteilung granting of a licence; awarding of a concession; *Am* franchise; **um ~ bitten** to file an application for a licence

Konzessions~, **~gebühr** licence fee, concession fee; **~gesuch** application for a licence (or concession); **~inhaber** holder (or grantee) of a licence (or concession); licensee; *Am* franchise owner; **~pflicht** obligation to obtain a licence; **~urkunde** charter; **~vergabe** →Konzessionserteilung; **~verlängerung** renewal of a licence; **~vertrag** concession (or licensing) agreement

Konzession, e-e ~ beantragen to apply for a licence (etc); **e-e ~ entziehen** to withdraw a licence (etc); *Am* to disfranchise; **e-e ~ erhalten** to obtain a licence (etc); **e-e ~ erteilen** to grant a licence (etc); *Am* to grant a franchise; **um e-e ~ nachsuchen** to apply (or file an application) for a licence (etc); **e-e ~ vergeben** →e-e Konzession erteilen

Konzessionär →Konzessionsinhaber

konzessionieren to license, to grant a licen|ce (~se) (or concession); *Am* to franchise

konzessioniertes Unternehmen licensed undertaking

Kooperation cooperation; **~sabkommen** cooperation agreement; **~sangebot** offer of cooperation; **~sbereitschaft** willingness to cooperate; **~kartell**[109a] *(zugelassen für kleine und mittlere Unternehmen)* cooperation cartel; **~svereinbarung (od. ~vertrag)** cooperation agreement, agreement for cooperation; **~sverhandlungen** negotiations for (or with a view to) cooperation; **~svorhaben** cooperation project

kooperativ cooperative

Kooptation *(nachträgliche Hinzuwahl)* cooptation

koordinieren to coordinate, to trade off

Koordinierung coordination; trade-off; **~sausschuss**[110] coordinating committee

Kopf *(Überschrift)* head(ing), headline; **~ der Seite** head (or top) of page; **pro ~** per head, per capita; **pro ~-Einkommen** income per head of population; per capita income; individual earnings

Kopf~, **~arbeiter** brain worker; **~bahnhof** terminus, terminal (station); **~geld** money on sb.'s head; reward paid (or premium) for the capture of a criminal; **~steuer** poll tax

Kopftuchverbot headscarf ban

Kopie copy, duplicate; *(Schreibmaschine)* carbon copy; **beglaubigte ~** certified copy; **e-e ~ zu seinen Akten nehmen** to retain a copy for one's files

Kopiergerät copying machine, copier

koppeln to link, to tie

gekoppeltes Produkt tied (or linked) product

Kopplungs~, **~geschäft**[111] tie-in (or tying) transaction; **~verkauf** tie-in (or tying) sale; **~vertrag** tie-in (or tying) agreement

Korbwährung *(Fin)* basket currency

Korea, Demokratische Volksrepublik ~ Democratic People's Republic of Korea (North Korea)

Koreaner(in), koreanisch Korean, (of the Democratic People's Republic of Korea)

Korea, Republik ~ Republic of Korea (South Korea)

Koreaner(in), koreanisch Korean, (of the Republic of Korea)

Körper~, k~behindert disabled; physically handicapped; **~behinderte** disabled; **~behinderung** disability; **~beschädigte** disabled

körperlich physical; corpor(e)al; **~ oder geistig behindert** physically or mentally disabled; **~e Arbeit** manual work; **~e Behinderung** physical disability; **die erforderlichen ~en und geistigen Eigenschaften haben** to possess the necessary physical and mental qualities (or ability); **~e od. unkörperliche Güter** tangible or intangible property; **~e Sachen** tangibles; **~er Schaden** bodily (or physical) injury; personal injury; **~e Untersuchung**[112] physical examination; body check (or search); **~e Unversehrtheit** physical well-being; **~e Wirtschaftsgüter** tangible assets

Körperschaden personal injury; **lebenslänglicher ~** permanent disability (or disablement)

Körperschaft corporation; corporate body; **gesetzgebende ~** legislative body; **öffentlich-rechtliche ~ (od. ~ des öffentlichen Rechts)** *(z. B. → Gebietskörperschaft)* public corporation; corporation (or body corporate) under public law, statutory corporation; **privatrechtliche ~ (od. ~ des privaten Rechts)** private corporation; corporation under private law; **~en ohne Erwerbscharakter** non(-) profit making (corporate) bodies

Körperschaftsteuer *Br (und BRD-US DBA)* corporation income tax; *Am* corporation (or corporate) (income) tax; **~befreiung**[113] exemption from corporation tax; **~-Durchführungsverordnung** (KStDV) Regulation Implementing Corporation Tax; **~erklärung** corporation (income) tax return; **~gesetz**[114] law on corporation (*Am* corporate) taxation; **~satz** corporation (income) tax rate; **der ~ unterliegen** to be subject to corporation (income) tax

Körperverletzung[115] bodily injury (or harm); personal injury; **fahrlässige ~**[115a] bodily injury caused by negligence; **gefährliche ~**[116] very serious (or dangerous) injury; **schwere ~**[117] *Br* grievous bodily harm; *Am* serious bodily injury; **vorsätzliche schwere ~** maliciously inflicted grievous bodily harm; assault with intent to do grievous bodily injury; **~ mit Todesfolge**[117a] bodily injury followed by death; **~ durch Unfall** injury caused by an accident; accidental injury; **~ begehen** to cause an injury (or injuries); **~ erleiden** to sustain an injury (or injuries); **wegen ~ klagen** to sue for personal injuries

Korrektur[117b] proof corrections; **~bogen** proof; **~lesen** proof-reading; **~zeichen** proof mark

Korrelation correlation

Korrespondent *(e-r Zeitung)* correspondent; *(e-r Firma)* correspondence clerk; **Auslands~** foreign correspondent; **~reeder** managing owner (of a ship); ship's husband

Korrespondenz correspondence; **~anwalt** lawyer (or *Br* solicitor, *Am* attorney) (acting as) agent (for another lawyer); **ausländische ~bank** correspondent bank abroad; foreign correspondent; **~bankverkehr** correspondent banking; **~versicherung** home-foreign insurance; **die ~ erledigen** to attend to (or deal with) the correspondence

korrespondierendes Mitglied *(e-r wissenschaftlichen Gesellschaft)* associate (member)

korruptes Verhalten *(in e-r amtl. od. Vertrauensstellung)* malversation

Korruption corruption; graft

Kost, ~ und Logis board and lodging; **~barkeiten** precious objects; valuables; **~geschäfte** *(Börse)* take-in transactions; **k~spielig** costly, expensive; *(Papiere)* **in ~ nehmen** to take in

Kosten cost(s); *(Belastung)* charges; *(Ausgaben)* expense(s); **auf ~ von** at the expense of; **auf meine ~** at my expense; **nach Abzug der ~** after deducting expenses; less charges; **mit großen ~ verbunden** entailing great expense; **~ pro Einheit** costs per unit, unit cost; **~ der Rechtsverfolgung** *(e-s Anspruchs)* legal costs; **auf ~ des Verkäufers** at seller's expense; **~der → Zahlung**

Kosten, **→ Anschaffungs~**; **→ Anwalts~**; **Aufenthalts~** → Aufenthalt 2.; **→ Ausbildungs~**; **→ Bau~**; **→ Betriebs~**; **→ Einzel~**; **→ Fahrt~**; **→ Fertigungs~**; **→ Gemein~**; **→ Gerichts~**; **→ Gründungs~**; **→ Herstellungs~**; **→ Instandhaltungs~**; **→ Kredit~**; **Lager(haltungs)~** storage costs; **→ Lebenshaltungs~**; **→ Lohn~**; **→ Material~**; **→ Mehr~**; **→ Montage~**; **→ Neben~**; **→ Personal~**; **→ Prozess~**; **→ Reise~**; **→ Selbst~**; **→ Soll~**; **→ Sozial~**; **→ Transport~**; **→ Übernachtungs~**; **→ Umzugs~**; **→ Verwaltungs~**; **→ Wiederbeschaffungs~**

Kosten, anfallende ~ accruing costs; **anteilige ~** prorated costs; **direkte ~** direct costs; **einmalige ~** non(-)recurring costs; **daraus entstehende ~** costs resulting from; **dem X entstehen-**

de ~ costs incurred by X; **vom Prozessgegner zu erstattende ~** costs recoverable from the unsuccessful party; **erstattungsfähige ~** recoverable costs; **feste ~** fixed (or standing) costs (or charges); **auf gemeinsame ~** at joint expense; **geschätzte ~** estimated costs; **mit großen ~** at great expense; **große (od. hohe) ~** heavy expense(s), high cost(s); **ungewöhnlich hohe ~** exceptionally high costs; **indirekte ~** indirect costs; **laufende ~** current (or running) costs; **ohne ~** gratis; free of cost, free of charge; **relevante ~** relevant costs; **ständig steigende ~** ever-increasing (or rising) costs; **tatsächliche (od. tatsächlich entstandene) ~** actual costs; costs actually incurred; **ungedeckte ~** uncovered costs; **unvermeidbare ~** unavoidable costs; **variable ~** variable costs; **veranschlagte ~** estimated costs; **die damit verbundenen ~** the costs involved; **vereinbarte ~** agreed costs; **verschiedene ~** sundry expenses; **voraussichtliche ~** estimated costs; **zusätzliche ~** additional expenses (or costs)

Kosten, hohe ~ sind angefallen heavy costs have accrued; **jdm die ~ auferlegen** to impose the costs upon sb.; **dem Kläger die ~ auferlegen** to order the plaintiff to pay the costs; to award costs against the plaintiff; **die ~ gegeneinander aufheben** to compensate the costs; **für die ~ aufkommen** to meet the costs (or expenses); **die ~ berechnen** to calculate the costs; *(in Rechnung stellen)* to charge the costs (to sb.); **sich an den ~ beteiligen** to share in the costs; **die ~ decken** to cover (the) costs (or expenses); **~ entstehen** costs accrue; **die ~ ermitteln** to ascertain the costs; **die ~ erstatten** to reimburse the costs; **die ~ festsetzen** to fix the costs; *(Gerichtskosten)* to tax the costs; **~ zur Folge haben** to involve expense; **die ~ gehen zu →Lasten des Käufers**; **die ~ senken** to reduce the costs; to cut the expenses; **~ sparen** to save expense; **~ spielen keine Rolle** expense is no object; **die ~ steigen** the costs rise; **sich in die ~ teilen** to share the expenses; *(zu zweit)* to go halves with sb.; **die ~ tragen** to bear the costs (or expenses); **die ~ ganz oder teilweise tragen** to defray all or part of the costs; **die ~ sind von der unterlegenen Partei zu tragen** the costs are recoverable from the losing party; **die ~ übernehmen** to take over (or assume) the costs; **die ~ überwälzen auf** to pass costs on; **~ umlegen auf** to apportion expenses to; **die ~e-s neuen Hauses →veranschlagen auf**; **mit weiteren ~ verbunden sein** to involve additional expenses; **die ~ verteilen** to apportion the expenses (unter among); **jdm ~ →verursachen**; **zur Tragung der ~ verurteilt werden** to be ordered to pay the costs; **die ~ vorschießen** to advance the costs; **~ zurechnen** to apportion costs (to)

Kosten~, ~abbau diminuation (or reduction) of costs; **~abweichung** cost variance; **~analyse** cost analysis; **~anschlag**[118] estimate (of cost); quotation; **~anstieg** cost increase; rise in costs; **~anteil** share in the costs; **~art** cost type, cost group; **~auferlegung** award(ing) of costs; **~aufgliederung** breakdown (or classification, *Am* itemization) of costs; **~aufstellung** statement of costs; **~aufteilung** allocation of costs

Kostenauftrieb uptrend (or upsurge) in costs; **Dämpfung des ~s** dampening of the uptrend in costs

Kostenaufwand expenditure; **mit e-m ~ von** at a cost of

Kosten~, ~befreiung cost exemption; **~belastung** cost burden; **~berechnung** calculation of costs (or expenses); costing; **~beteiligung** cost sharing; **~betrag** amount of the costs; **k~bewußt** cost-conscious

Kostendämpfung combatting rising costs; **~ im Gesundheitswesen** limitation of health-care costs

Kosten~, k~deckend cost covering; **k~deckend** *(ohne Verlust)* **arbeiten** to cover one's costs; to break even; **~deckung** covering of costs; cost recovery; **~degression** cost degression; economies of scale; **~druck** cost pressure; **~druckinflation** cost-push inflation; **~effektivität** cost effectiveness; **~einsparung** cost saving; cost reduction

Kostenentscheidung order for payment of costs; court order as to costs; **die ~ richtet sich nach dem Ausgang des Prozesses** the costs follow the event

Kosten~, ~entwicklung trend of (or in the) costs; **~erfassung** recording of costs; **~erhöhungen auffangen** to absorb (or parry) cost increases; **~ersparnis** cost saving; cutting of cost; **~ersparnisse durch optimale Betriebsvergrößerung** economies of scale; **~erstattung** reimbursement of costs; refund of expenses; **~erstattungsanspruch** *(e-r Prozesspartei)* claim of a party to payment of his costs of the proceedings; **~eskalation** cost escalation; **~faktor** cost factor; **~festsetzung** *(durch das Gericht)*[119] taxation of costs; **~festsetzungsentscheidung** decision fixing costs; **~festsetzungsgebühr** *(europ. PatR)* fee for the awarding of costs; **~frage** question of costs; **k~frei** →kostenlos; **~freiheit** exemption from costs; **k~günstig** cost-advantageous, advantageous as far as costs are concerned; favourably priced; **~inflation** cost-push inflation; **~kontrolle** cost control; **~lage** situation as to costs; **k~los** free of charge, free of costs; without costs; at no cost; *(unentgeltlich)* gratuitous; **~miete** rent covering costs; **~minderung** reduction of costs; **~-Nutzen-Analyse** (KNA) cost-benefit analysis; **~ordnung** scale of costs; *Br* Court Fee

Rules; Order Regulating *Br* Court Fees *(Am Court Costs)*; **~pflicht** liability to pay the costs

kostenpflichtig liable to pay the costs; *(unter Auferlegung der Kosten)* with costs; **e-e Klage ~ abweisen** to dismiss a case with costs

Kosten~, **~preis** cost price; **~rechnung** *(Aufstellung der Kosten)* bill (or statement) of costs; *(Betriebskalkulation)* cost accounting; costing; **~recht** law of costs; **~regelung** regulation concerning costs; **~rückerstattung** →Kostenerstattung; **~schätzung** estimate of costs; **~schuld**[120] liability for costs; liability to pay the costs; **~schuldner** debtor of the costs; party liable for costs; **~senkung** cost reduction; **~sicherheit** security for costs; **k~sparend** cost-saving; **~spezifizierung** breakdown of costs (or expenses)

Kostensteigerung increase in costs; **~ im Gesundheitswesen** rise in health care costs; **~ auf die Preise** →**abwälzen**

Kostenstelle cost centre (center); **~nrechnung** cost centre accounting

Kosten~, **~tabelle** schedule of costs; **~teilung** sharing of costs; cost splitting; **~teilungsvertrag** shared- cost contract; **~träger** cost (or costing) unit; **~übernahme** taking over the costs; absorption of costs; **~überschreitung** overrun of estimated costs; **~überwälzung** passing on of costs; **~umlage** apportionment of costs; cost allocation; **~ und Fracht (... benannter Bestimmungshaften)**[120a] *(See- und Binnenschiffstransport)* CFR cost and freight (... named port of destination) CFR; **~unterschied** cost differential; **~vergleich** comparison of costs; **~, Versicherung, Fracht (... benannter Bestimmungshafen)**[120a] *(See- und Binnenschiffstransport)* CIF cost insurance and freight (... named port of destination) CIF; **~verteilung** distribution (or allocation) of costs; apportionment of costs; **~voranschlag** estimate of cost (or expenses); **~vorschuss** *(bei Gericht)* security for costs; advance on costs; *(Anwalt)* payment on account of costs; *Br* retainer; *(beim Vergleichsverfahren der IHK)* deposit (laid down for the expenses incurred); *(InsR)* advance payment of costs and expenses; **~vorschusspflicht** obligation to make advance payments as to costs; **~vorteil** cost advantage; **~wert** cost value; **k~wirksam** cost-effective; **~wirksamkeitsanalyse** cost-effectiveness analysis; **~zunahme** increase in costs; **~zurechnung** cost allocation

kosten to cost; **es kostet zuviel** it costs too much; it is too expensive (or dear); **viel Geld ~** to be dear (or expensive)

kostspielig expensive, costly

kotieren *(Börse)* to admit to official quotation

Kotierung *(Börse)* admission (of shares) to official quotation

Kraft strength; power; *fig* force; **Kräfte des Marktes** market forces; →**Beweis~**; →**Kauf~**; →**Rechts~**

Kraft, außer ~ ineffective; →**Außer~setzung**; →**Außer~treten**; **ein Gesetz** →**außer ~ setzen**; →**außer ~ treten**; →**In~setzen**; →**In~-treten**

Kraft, in ~ bleiben to remain in force; **auf unbestimmte (od. unbegrenzte) Zeit in ~ bleiben** to remain (or continue) in force (in effect) indefinitely

Kraft, in ~ sein *(gelten)* to be in force, to be in operation; to be effective; **in ~ getreten** *(Gesetz)* enacted; **in ~ setzen** to put into force (or effect, operation); to give effect (to); **wieder in ~ setzen** to reinstate; **in ~ treten** to come (or enter) into force; to come into operation; to take effect; to become operative; →**rückwirkend in ~ treten**; **in ~ treten lassen** to make effective (or operative); **dieses Gesetz tritt am ... in ~** this law shall take effect (or come into operation) on ...; **die Versicherung tritt in ~** the insurance attaches; **sobald der Vertrag in ~ getreten ist** *(VölkerR)* upon the entry into force of the treaty

Kraft, sich nach besten Kräften bemühen to use one's best efforts; to do one's utmost; **aus eigener ~** on one's own account; **in vollem Besitz meiner** →**geistigen Kräfte**; →**rückwirkende ~**; **alles in seinen Kräften Stehende tun** to make every effort; to do all one can; to do everything within one's power

kraft, ~ seines Amtes in (or by) virtue of his office; ex officio; **~ Gesetzes** by act of law; by operation of law

Kräfteverhältnis comparative strength of forces

Kraftfahrer driver; motorist; motor vehicle operator

Kraftfahr~, **~straße**[121] fast road for motor vehicles; expressway; **~technik** automotive engineering

Kraftfahrt~, **~-Bundesamt** (KBA)[122] Federal Office for Motor Traffic; **~haftpflichtversicherung** →Kraftfahrzeughaftpflichtversicherung; **~versicherung** →Kraftfahrzeugversicherung

Kraftfahrzeug (Kfz) (motor) vehicle; *Br* (motor) car; *Am* automobile; **Nutz~** commercial vehicle; **Personen~** →Personenkraftwagen; →**Anmeldung von ~en**; →**Ausrüstungsgegenstände und Teile von ~en**; **Führen (od. Führung) von ~en** driving (or operation) of motor vehicles; **Erlaubnis zum Führen von ~en** (vehicle) driving licen|ce (~se); **ungeeignet zum** →**Führen von ~en**; →**Halten e-s**

~es; **technische** →**Überprüfung der ~e**; **Zulassung von ~en** →Kraftfahrzeugzulassung

Kraftfahrzeug~, **~anhänger** trailer; **~anmeldung** motor car registration; **~bestand** total number of vehicles

Kraftfahrzeugbrief[123] *Br* vehicle registration document book; *Am* (motor vehicle) registration certificate; **den verlorenen ~** →**aufbieten**

Kraftfahrzeug~, **~diebstahl** →Autodiebstahl; **~einfuhr** →Kraftfahrzeugimporte; **~führer** driver (or *Am* operator) of a motor vehicle; **~haftpflicht** motor vehicle third-party liability; **~haftpflichtversicherung** motor vehicle (third-party) liability insurance; *Br* third party motor insurance; *Br* third-party risk policy; *Am* automobile liability insurance *(→Europäisches Übereinkommen über die obligatorische Haftpflichtversicherung für Kraftfahrzeuge)*; **~halter** →Fahrzeughalter; **~hersteller** car manufacturer; **~importe** imports of motor vehicles; car imports; **~industrie** motor (vehicle) industry; automobile (or automotive) industry; **~insassenversicherung** motor car passenger insurance; **~marke** mark of vehicles; **~montage** assembly of motor vehicles; **~park** →Fuhrpark; **~reparaturen** *Br* (motor) car repairs; *Am* automotive (or automobile) repairs; **~schein** motor vehicle certificate

Kraftfahrzeugsteuer motor vehicle tax; *Br* motor vehicle licence duty, excise duty on mechanically propelled vehicles[124]; *Am* automobile license fee (or tax); **jdn von der ~ ganz oder teilweise freistellen** to exempt sb. wholly or in part from the motor vehicle tax

Kraftfahrzeug~, **~unfall** →Autounfall; **~verkehr** motor (vehicle) traffic

Kraftfahrzeugversicherung *Br* motor insurance, (motor) car insurance; motor vehicle insurance; *Am* automobile insurance; **~sgebühren** *Br* motor (insurance) rates; *Am* automobile insurance rates (or fees); **~ mit Schadenfreiheitsrabatt** *Br* motor insurance (*Am* automobile insurance) with no claims discount (or bonus)

Kraftfahrzeug~, **~zubehör** *Br* car accessories; *Am* automobile (or automotive) supplies; accessories for the motor industry; **~zulassung** motor vehicle licensing; *Br* car (*Am* automobile) registration

Kraftfahrzeug, **ein ~ abmelden** to cancel the registration of (or to deregister) a motor vehicle; **ein ~ anmelden** to register a motor vehicle; **ein ~ führen** to operate a motor vehicle; **ein ~ zulassen** to register (or to license) a motor vehicle

kraftlos *(ungültig)* invalid, void; **für ~ erklären** *(z. B. im →Aufgebotsverfahren)* to declare invalid; to cancel; →**Aktien für ~ erklären**; **e-n** →**Erbschein für ~ erklären**; **die Vollmachtsurkunde durch öffentliche Bekanntmachung für ~ erklären**[125] to declare by public advertisement that the document conferring authority is no longer valid

Kraftloserklärung invalidation; declaration of nullity; cancellation; **~ von Aktien im** →**Aufgebotsverfahren**; **~ von (abhandengekommenen) Wertpapieren**[126] legal annulment (or invalidation) of (lost) securities

Kraftomnibus motor bus; coach; →**Linienverkehr mit ~sen**

Kraft~, **~probe** trial of strength; **~rad** motor cycle

Kraftstoff fuel; **~industrie** fuel industry; **~verbrauch** fuel consumption

Kraftverkehr motor traffic; →**Güter~**; →**Personen~**; **~sunternehmen** *Br* road haulage company (or undertaking); *Am* trucking company (or firm); **~sversicherung** →Kraftfahrzeugversicherung

Kraftwagen motor vehicle; *Am* automobile; **(Personen-)~** *Br bes.* (motor)car; *Am* passenger car; **~kolonne** column of motor vehicles; **~kosten** expenses incurred by using a motor vehicle; **~park** →Fuhrpark; **~verkehr** →Kraftverkehr

Kraftwerk power station, power plant; **Kern~** nuclear power station; **ein ~ in Betrieb nehmen** to commission a power station

Krangebühren cranage, crane charge

krank ill; sick; **sich ~ melden** to report (*Am* in) sick; **jdn ~ schreiben** to certify sb. as unfit for work; to put sb. on the sick list

Kranken~, **~behandlung** treatment of the sick (or sick persons); **~geld** *(VersR)* sickness benefit; sick(ness) pay; **~geld beziehen** to receive (or draw) (a) sickness benefit; **~gymnastin** →Heilgymnastin

Krankenhaus hospital; →**psychiatrisches ~**; **Aufnahme in ein ~** →Krankenhausaufnahme; **Betreuung im ~** hospital care; **Unterbringung im ~** hospitalization

Krankenhaus~, **~aufenthalt** stay in a hospital; hospitalization; **~aufnahme** admission to a hospital; **~behandlung** hospital treatment; **~einweisung** committal to a hospital

Krankenhauskosten hospital costs (or expenses); **Arzt-, Arzneimittel- und ~** medical (practitioners') fees and prescription and hospital charges; **~versicherung** *Br* insurance for private hospital treatment; *Am* hospitalization insurance

Krankenhaus~, **~pflege** hospital care; **~tagegeldversicherung** daily benefits insurance during hospitalization; **~unterbringung** hospitalization; **~verwaltung** hospital administration; **in ein ~ einliefern** to take (sb.) to hospital; **ins ~ kommen** to be taken to hospital; *Am* to be hospitalized

Krankenhilfe[127] assistance during sickness

Krankenkasse health insurance (fund); *Am (etwa)* health insurance agency (or company); **Ersatz~** →Ersatzkasse; **(Allgemeine) Orts~** (AOK) Local Health Insurance (Fund); **~nbeitrag** contribution to health insurance; **~npatient** health insurance patient; **e-r ~ angehören** to be a member of a health insurance; *Br* to subscribe (or belong) to a health insurance scheme

Krankenpflege medical care; nursing; **~personal** nursing staff

Krankenpfleger nurse; **theoretische und praktische Ausbildung von Krankenschwestern und ~n**[128] theoretical and practical training of nurses

Kranken~, **~schein** health insurance certificate; **staatlich geprüfte ~schwester** state-registered nurse; **~stand** number of employees absent from work owing to sickness; **~- und Invaliditätsversicherung** sickness and invalidity insurance; **~urlaub** sick leave

Krankenversicherung health (or medical) insurance; **freiwillige ~** voluntary health insurance; **gesetzliche ~** statutory (or compulsory) health insurance; **~sgesellschaft** health insurance company; **Leistungen aus der ~** health insurance benefits; **Zusatz~** supplementary health insurance; **k~spflichtig** subject to health insurance; **k~spflichtige Beschäftigung** employment with compulsory statutory health insurance; **sich bei e-r ~ anmelden und abmelden** to register and cancel registration with a health insurance (company); to join and leave a health insurance *Br* scheme *(Am plan)*

Krankheit illness, sickness, disease; →**Berufs~**; →**Erb~**; →**Geistes~**; **angeborene ~** congenital disease; **ansteckende ~** contagious (or infectious) disease; **meldepflichtige ~** notifiable disease; **schwere ~** serious disease (or illness); **seelische ~** psychological illness; **übertragbare ~** →ansteckende Krankheit

Krankheitsattest medical certificate; **krankheitsbedingtes Fehlen** absence due to illness; sickness absenteeism

Krankheitsfall case (of illness); **im ~e** in the event of illness (or sickness); **Leistungen im ~** *(VersR)* sickness benefits

Krankheits~, **~häufigkeitsziffer** illness frequency rate, morbidity rate; **~kosten** sickness costs; medical expenses; **~urlaub** sick leave; **~verbreitung** spread of disease; **~verhütung** prevention of sickness; **~zustand** morbid condition

Krankheit, **von e-r ~ betroffen sein** to suffer from a disease; **wegen ~ beurlaubt sein** to be on sick leave; **e-e ~ übertragen** to communicate a disease; **gegen ~ versichert sein** to be insured (or have insurance cover) against illness

Krankmeldung reporting sick; notification of illness (or sickness)

Kranksein vortäuschen to feign disease; to fake illness

Kranzniederlegung laying of a wreath, wreath-laying

Krawall *(Aufruhr)* riot

Krebsbekämpfung action against cancer; **krebserregende Stoffe und Einwirkungen** carcinogenic substances (or carcinogens) and agents

Krebsforschung, **Internationales ~szentrum** International Agency for Research on Cancer

Krebsverhütung prevention of cancer

Kredit credit, loan; *(Vorschuss)* advance; **auf ~** on credit; **Kauf auf ~** →Kreditkauf; **~ auf Abruf** credit on call; **~ zu günstigen Bedingungen** credit on easy terms; **~ mit bestimmten Fälligkeiten** credit of fixed maturities; **~ in laufender Rechnung** →Kontokorrentkredit; **~e mit Laufzeit von über 1 Jahr** loans with maturities of more than one year; **~ mit e-r Laufzeit von 6 Monaten** credit running for 6 months; **~ gegen Sicherheit** loan against security; **~ ohne Sicherheit** loan without collateral; **~ zu niedrigen Zinsen** low interest credit

Kredit, →**Agrar~**; →**Anlauf~**; →**Anschreibe~**; →**Aval~**; →**Bank~**; →**Bar~**; →**Beistands~**; →**Blanko~**; →**Boden~**; →**Buch~**; →**Fremdwährungs~**; →**Groß~e**; →**Immobiliar~**; →**Industrie~**; →**Investitions~**; →**Klein~**; →**Konsortial~**; →**Konsumenten~**; →**Kontokorrent~**; →**Kunden~**; →**Lieferanten~**; →**Lombard~**; →**Meta~**; →**Personal~**; →**Rahmen~**; →**Real~**; →**Rembours~**; →**Staats~**; →**Teilzahlungs~**; →**Überbrückungs~**; →**Verbraucher~**; →**Waren~**; →**Warenbeschaffungs~**; →**Zwischen~**

Kredit, **in Anspruch genommener ~** used (or utilized) credit; **nicht in Anspruch genom-**

mener ~ unused credit; **sich automatisch erneuernder ~** s. revolvierender →Kredit; **eingefrorener ~** frozen credit; **gebundener ~** tied loan; *(durch Sicherheit)* **gedeckter ~** covered credit, secured loan *(Ggs. Blankokredit)*; **kurzfristiger ~** short-term credit (or loan); **landwirtschaftlicher ~** agricultural loan

Kredit, langfristiger ~ long-term credit (or loan); **Aufnahme langfristiger ~e** borrowing at long term; **Gewährung langfristiger ~e** long-term lending

Kredit, laufender ~ current (or standing) credit; **mittelfristiger ~** medium-term credit (or loan); **persönlicher ~** personal loan; **revolvierender ~** revolving credit; **unbeschränkter ~** unlimited credit; **ungebundener ~** untied loan; **ungedeckter ~** unsecured credit (or loan); open credit; **widerrufbarer ~** revocable credit; **zinsgünstiger ~** low-interest loan; loan at concessionary rates; **zinsloser ~** interest-free loan; **zinsverbilligter ~** reduced interest (rate) loan; **zugesagter ~** promised credit

Kredit, e-n ~ →abdecken; e-n ~ in Anspruch nehmen to take (or make use of) a credit; to draw upon a credit; to utilize a credit; **e-n ~ aufnehmen** to take up (or raise) a loan; to borrow money; **~ beantragen** to apply for a credit; **~ bekommen** to obtain a credit; **~beschaffen** to provide credit; to procure a loan; **~ bewilligen** to grant (or allow) a credit (or loan); **~ erhalten** →Kredit bekommen; **den ~ erhöhen** to increase (or extend) the credit; **e-n ~ geben** to give a credit (in Höhe von for); *Am bes.* to loan; to make a loan (to); **auf ~ geben** to give on credit; **~ gewähren** to grant (or allow) a credit (or loan); **auf ~ kaufen** to buy on credit; to purchase on account; *(anschreiben lassen)* to run up an account; **e-n ~ kündigen** to call in (or withdraw) a credit; to revoke a credit; **seinen ~ überschreiten** to overdraw (or exceed) one's credit (um by); **auf ~ verkaufen** to sell on credit; **e-n ~ verlängern** to renew (or extend) a credit

Kredit~, ~abkommen credit (or loan) agreement; **~abteilung** credit (or loan) department; **~angebot** offer of a credit; *(am Geldmarkt)* supply of credit; **~anstalt** credit institution; credit (or loan) bank; **~anstalt für Wiederaufbau** (KfW)[129] Reconstruction Loan Corporation; **~antrag** application for credit (or for a loan); **~anstragsteller** credit applicant

Kreditaufnahme borrowing (bei from); raising of a credit (or credits); **~ des Bundes** government borrowing; **~n deutscher Firmen im Ausland** borrowing abroad by German firms; **~ der öffentlichen Hand** public sector borrowing; debt creation; **Begrenzung der ~ der öffentlichen Hand** public sector debt ceiling; **Möglichkeiten der ~ beim IWF** IMF facilities

Kredit~, ~aufsicht state supervision of credit institutions; **~auftrag**[130] mandate to provide credit for a third party

Kreditausfall loan default *(→Ausfallquote)*

Kreditauskunft credit information; credit report; trade reference; **Bitte um ~** credit inquiry; **um ~ bitten** to send a credit inquiry (or status inquiry); to ask for credit information (or report)

Kredit~, ~auskunftei *Br* credit agency (or bureau); *Br* status enguiry agency (or bureau); *Am* credit reporting bureau; *Am* commercial (or mercantile) agency; *Am* (credit) rating agency (or bureau); **~ausweitung** expansion of credit; **~bank** commercial bank

Kreditbedarf credit demand; **hoher ~** large borrowing requirement (or needs); large credit demand; **~der öffentlichen Hand** public sector borrowing requirement (PSBR)

Kreditbedingungen credit terms (or conditions); **günstige ~** easy terms

Kredit~, ~bereitschaft readiness to grant (or to raise) credits; **~beschaffung** credit supply; **~beschaffungskosten** →Kreditkosten; **~beschränkung** credit restriction; **~betrag** amount of credit

Kreditbetrug[131] credit fraud; obtaining credit by false pretences (pretenses); *Br* obtaining pecuniary advantage by deception; **~ begehen** to obtain credit by fraud (or false pretences [pretenses])

Kreditbewilligung granting of credit

Kreditbeziehung, zweiseitige ~ *(intern. Währungspolitik)* bilateral credit facility

Kredit~, ~bremse credit squeeze; **~brief** letter of credit; **~bürgschaft**[132] credit (or loan) guarantee (guarantee of a future or conditional obligation); **~drosselung** credit squeeze; **~empfänger** borrower; **~engagement** credit commitment; **~erleichterung** easing of credit (conditions); **~erleichterungen** credit facilities; **~eröffnung** opening of a credit; **~expansion** credit expansion; **k~fähig** →kreditwürdig

Kreditfähigkeit financial standing, credit standing; **Anfrage wegen ~** credit inquiry; *Br* status inquiry; **Einschätzung der ~** status report; *Am* credit rating

Kredit~, ~fazilitäten credit facilities *(→Fazilität)*; **~finanzierung** financing by way of credit; **~garantiegemeinschaft** (KGG) credit guarantee (guaranty) association; **k~gebendes Land** *(Gläubigerland)* creditor country; **~geber** lender; grantor of credit; **~gebühren** credit (or loan) charges; **~gefährdung**[133] endangering the credit of a person or firm (assertion or publication of an untruth likely to endanger the credit of another or to have other disadvantageous financial consequences); **~geld** credit money

Kreditgenossenschaft credit cooperative; *Am* credit union; **gewerbliche ~** *(Volksbanken)* industrial credit cooperative; **ländliche ~** *(Raiffeisenkassen)* agricultural (or rural) credit cooperative

Kreditgeschäft *(e-r BankGewährung von Darlehen und Akzeptkrediten)* credit (or loan) business, lending business; *(das einzelne Kreditgeschäft)* credit transaction; **kurzfristiges ~** short-term lending; **das internationale ~ betreiben** to handle international loan business

Kreditgesuch, ein ~ ablehnen to decline (or refuse) an application for credit

Kredit~, ~gewährung lending; granting of credit; **~gläubiger** →Kreditgeber; **~grenze** credit limit; credit line; **~hilfe** credit aid; **~höhe** amount (or extent) of credit; **~inanspruchnahme** recourse to credit

Kreditinstitut credit institution; financial institution; bank; **genossenschaftliche ~e** *(Volksbanken und Raiffeisenkassen)* cooperative credit institutions; **öffentlich-rechtliche ~e** *(Sparkassen und Girozentralen)* public credit institutions

Kredit~, ~instrument credit instrument; **~kapital** borrowed capital; **~karte** credit card *(e. g. Access, Barclay card, American Express, Diners Club, Master Card, Visa)*; **~kartenkunde** credit cardholder; **~kauf** credit purchase, purchase on credit; buying on a credit basis; *Am* deferred payment purchase; **~knappheit** credit stringency; tightness of credit; **~konsortium** loan syndicate; **~kontingentierung** credit rationing; **~konto** →Kunden(kredit)konto; **~kontrolle** *(bei Kreditinstituten)* credit control by the state; *(bei Firmen)* supervision of credit transactions; **~kosten** cost of credit (or of a loan); borrowing costs; credit charges; **~kunde** borrowing customer; *Br (der anschreiben läßt)* account customer; *Am* charge customer; **~kündigung** (notice of) withdrawal of credit; calling in of a credit; **~laufzeit** duration (or term) of credit (or loan); **~limit** credit limit, borrowing limit; **~linie** credit line; **~lockerung** easing of credit

Kreditmarkt credit market; money and capital market; **den ~ stark in →Anspruch nehmen**

Kredit~, ~mittel borrowed funds, credit(s); **~möglichkeiten** credit facilities; **~nachfrage** demand for credit; **k~nehmendes Land** borrowing country; **~nehmer** borrower; **~plafond** credit ceiling; **~plafondierung** imposing a limit on credits

Kreditpolitik credit policy, borrowing policy; **restriktive ~** restrictive credit policy; **die ~ erleichtern (od. entspannen)** to ease credit policy

kreditpolitisch as regards credit policy; **aus ~en Gründen** for reasons of credit policy; **~e Maßnahmen der Bundesbank** Bundesbank's credit policy measures; **~e Restriktionsmaßnahmen** measures of credit (or monetary) restriction

Kredit~, ~potential credit (or lending) potential; **~provision** credit commission, commitment commission; **~prüfung** credit status investigation; credit control

Kreditquelle, neue ~n erschließen to tap (or open up) new sources of credit

Kreditrestriktion credit restriction; credit squeeze; **Lockerung der ~en** easing (or relaxation) of credit restrictions

Kreditrichtsätze credit standards

Kreditrisiko credit risk; **Übernahme des ~s des Exporteurs durch e-e Versicherungsgesellschaft** underwriting (or assumption of) the credit risk of the exporter by an insurance company *(→Ausfuhrbürgschaft, →Ausfuhrgarantie)*; **~absicherung** nonrecourse financing; factoring; **das ~ übernehmen** to assume the credit risk

Kredit~, ~rückzahlung credit repayment; repayment of loans; **~saldo** credit balance; **~schöpfung** creation of credit

Kreditschraube, die ~ anziehen to tighten credit

Kredit~, ~schrumpfung contraction of credit; **~schuldner** →Kreditnehmer; **~schutz** protection of credit; **~sicherheit** security of credit; credit collateral; **~sicherung** safeguarding of credits; **~sonderkonten** special advance accounts; **~sperre** stoppage of (lending on) credit; lending stop; credit freeze; **~spielraum** credit margin; swing; **~spritze** injection of credit(s); **~status** credit standing (or status); **~strom** credit flow; **~suchender** applicant for credit; **~summe** amount of credit (or loan); **~täuschungsvertrag** fraudulent agreement entered into with a view to misrepresenting the creditworthiness of one of the parties to it; **~tranche-Ziehungen** *(IWF)* drawings against the credit tranche; **~überschreitung** credit overdraft; **~überwachung** →Kreditkontrolle; **~überziehungen bei Banken** bank overdrafts; **~unterlagen** information required from borrowers; **k~unwürdig** unworthy of credit; **~vergabe** lending; **~verein** →Kreditgenossenschaft

Kreditvereinbarung credit (or loan) agreement, borrowing arrangement; **Allgemeine ~en** *(IWF)* General Arrangements to Borrow (GAB)

Kredit~, **~verflechtung** *(zwischen Unternehmen)* credit interlocking; credit ties; **~verhandlungen** credit negotiations; **~verkauf** credit sale *(→Abzahlungsverkauf)*

Kreditverkehr credit transactions; **internationaler ~** international lending; **~ mit dem Ausland** external credit transactions

Kredit~, **~verknappung** credit tightness; credit stringency; **~verlängerung** extension (or renewal) of credit; **~vermittler** money broker; **~vermittlung** arranging for a credit; **~versicherer** credit (or loan) insurer

Kreditversicherung credit (or loan) insurance; **~ bei Ausfuhrgeschäften** export credit insurance; **~spolice** credit insurance policy

Kredit~, **~versorgung** supply of credit; **~verteuerung** increase in the cost of credit

Kredit~, **~vertrag** credit agreement; **~volumen** volume of credit; total credit outstanding; **~wechsel** →Finanzwechsel; **auf dem ~wege** by means of credit; **~wesen**[134] credit system; **~wucher**[135] usurious credit; lending at usurious interest rates; **k~würdig** creditworthy

Kreditwürdigkeit creditworthiness; credit standing (or status); *(geschätzte)* **~** credit rating; **~sprüfung** investigation of the creditworthiness; **Anfrage wegen ~** status inquiry; **für jds ~ einstehen** to pledge sb.'s credit; to vouch for (or guarantee) sb.'s credit standing

Kredit~, **~zinsen** interest on loans, lending interest (rates); **~zusage** promise of credit, promise of a loan; advance commitment; *(IWF)* standby arrangement; *(für e-n bestimmten Zweck)* loan earmarked (by)

kreditieren *(e-m Konto gutschreiben)* to pass (or place) to the credit of an account; to credit an account; *(Kredit geben)* to give (or grant) a credit (or loan)

Kreditierung granting of credit(s); crediting

Kreditor creditor; **~en** *Br (Bilanz)* creditors; *Am* accounts payable; **~enbuch** *Br* creditors' ledger; *Am* accounts payable ledger; **~enbuchhaltung** *Am* accounts payable department

Kreis 1. *(unterer Verwaltungsbezirk)* county; administrative district; **Land~** rural district; **Stadt~** urban district (self-governing town); **k~angehörige Stadt** town which is an administrative part of a →Landkreis; **~ausschuss** district committee; *(der Kreisverwaltung)* district council; **~bediensteter** employee of a county council; **~direktor** deputy clerk of the county council; **k~freie Stadt** town which does not belong to a →Landkreis; **~haus** county hall; **~rat** *(z. B. in Bayern)* member of a →Kreistag; **~stadt** *Br* county town, *Am* county seat; administrative seat of a →Landkreis; **~tag** county council; **~tagsabgeordneter** county councillor; **~verwaltung** local authority of a →Kreis; **~wahlen** →Kommunalwahlen

Kreis 2. *(von Menschen) fig* circle; **Fach~e** specialist circles; **maßgebende ~e** influential circles (or quarters); **in Regierungs~en** in government(al) circles

Kreis 3. **~lauf** cycle, circle; **in den ~lauf zurückgeführt werden** to be recycled; **~verkehr** roundabout traffic; *Am* traffic circle

Kreml the Kremlin

Kreuz *(als Unterschrift)* mark; **~band** →Streifband; **~elastizität der Nachfrage (des Angebots)** cross-elasticity of demand (supply)

Kreuzfahrt cruise; **Schiff auf ~** ship engaged on cruises; cruise ship; **Fahrgäste, die an e-r ~ teilnehmen** cruise passengers

Kreuzkurs cross rate

Kreuzverhör cross-examination; **jdn ins ~ nehmen** to cross-examine sb.

Kreuzverweisung cross-reference

Kreuzung *(Verkehr)* crossing; *Br* road junction; intersection; crossroad(s); **Halt vor der ~** stop at the intersection, road junction; **höhengleiche ~** level crossroad(s) (or crossing); **Vorfahrtsregeln an ~en** priority rules at intersections, right-of-way rules at intersections

Krieg war; **im ~ mit** at war with; **kalter ~** cold war; →**Angriffs~**; →**Atom~**; →**Blitz~**; →**Bürger~**; →**Luft~**; →**Präventiv~**; →**See~**; →**Verteidigungs~**; →**Zermürbungs~**

Krieg, der ~ ist ausgebrochen war has broken out; **in den ~ eintreten** to enter (the) war (against); **e-m Lande den ~ erklären** to declare war (up)on a country; **im ~ fallen** to be killed in action; **gegen ein Land ~ führen** to levy (or make, wage) war on a country; to be at war with a country; **für den ~ rüsten** to arm for war; **in e-n ~ verwickelt sein** to be engaged in a war; **dem ~e zutreiben** to drift into war

Krieger~, **~denkmal** war memorial; **~witwe** war widow

kriegerischer Konflikt armed conflict

kriegführender Staat belligerent state; country at war

Kriegführung conduct of war; warfare; **chemische ~** chemical warfare; **psychologische ~** psychological warfare

Kriegs~, ~ächtung outlawing of war; **k~ähnliche Handlungen** war(-)like operations; **~akademie** *Br* military academy; *Am* war college; **~anleihe** war loan (or bond); **bei ~ausbruch** on the outbreak of war; when the war broke out; **k~auslösendes Ereignis** casus belli; event leading to war; **~auswirkung** *(z. B. auf e-n Vertrag)* effect of war; **k~bedingt** due to the war; as a result of the war; **k~beschädigt** war-disabled; disabled by war; **~beschädigte** war-disabled persons; **~beschädigtenrente** →Beschädigtenrente; **~beschädigung** war disablement; **~dauer** duration of the war

Kriegsdienst~, ~verweigerer *(aus Gewissensgründen)* conscientious objector (C. O.); *Am* draft resister *(→Zivildienst)*; **~verweigerung** *(aus Gewissensgründen)*[135a] conscientious objection (to military service); **den ~ aus Gewissensgründen verweigern** to refuse to render military service on grounds of conscience

Kriegs~, ~eintritt entry into (the) war; **durch ~einwirkung** as a result of the war; by enemy action; **~entschädigung** war indemnity; reparations; **~erklärung** declaration of war; **~fall** casus belli; **im ~fall** in the event of war; **~flotte** navy

Kriegsfolge, ~n consequences of (the) war; **~lasten** *(des Staates)*[136] war-induced burdens; **Allgemeines ~ngesetz** (AKG)[137] General Law Regulating Compensation for War-induced Losses

Kriegs~, ~führung →Kriegführung; **~gebiet** combat area; war zone; **~gefahr** war risk; danger (or peril) of war

Kriegsgefangene prisoners of war (P. O. W.) *(→Genfer Konventionen)*; **~nentschädigung**[138] compensation paid to ex-prisoners of war; **~nlager** prisoner of war camp; **~ freilassen** to release prisoners of war

Kriegs~, ~gefangenschaft →Gefangenschaft; **~gegner** opponent of war

Kriegsgericht court-martial; military tribunal; **Verhandlung vor dem ~** trial by court-martial; **~srat** judge advocate; **jdn vor ein ~ stellen** to court-martial sb.; to place sb. before (or to subject sb. to trial by) a court-martial (or military tribunal)

Kriegs~, ~geschädigte →Kriegssachgeschädigte; **~gewinn** war profit(s); **~gewinnler** war profiteer

Kriegsgräber war graves; **~betreuung** care for war graves; **~fürsorge** war graves commission

Kriegs~, ~hafen naval port; **~handlungen** acts of war; hostilities; **~hetze** warmongering; **~hetzer** warmonger; **~hinterbliebene** surviving dependants of a person killed on active service (or as result of the war); **~klausel** war risk clause; **~kosten** cost(s) (or expenses) of war; **~lasten** burdens of war; **~lieferungen** war supplies; **~marine** navy; **~maßnahmen** wartime measures; **k~müde** war-weary; **~müdigkeit** war-weariness

Kriegsopfer war victim(s); **~fürsorge** care for war victims; **~versorgung** pensions and related benefits for war victims *(→BundesversorgungsG)*

Kriegsproduktion war(-time) production (or output)

Kriegsrecht *(KriegsvölkerR)* law of war; *mil* martial law; **Aufhebung des ~s** abolition of martial law; **das ~ aufheben** to end the state of martial law; to abolish martial law; **das ~ verhängen** to proclaim martial law

Kriegs~, ~risiko risk of war; **~risikoversicherung** war risk insurance; **~sachgeschädigte** persons who have suffered (material) war damage; **~(sach)schaden** (material) war damage; **~schauplatz** theatre (theater) of war

Kriegsschiff warship, man-of-war; **~besuch** *(im Ausland)* naval visit

Kriegs~, ~schuld war guilt; **~schulden** war debts; **~stärke** *(e-s Landes)* war establishment (or footing); **~teilnehmer** combatant; **ehemaliger ~teilnehmer** ex-serviceman; *Am* veteran; **~trauung** wartime wedding; **~verbrechen** war crime; **~verbrecher** war criminal; **~verbrecherprozess** trial of war criminals; **~verhütung** prevention of war; **~verletzung** war injury; **~verluste** war losses; war casualties; **k~versehrt** →kriegsbeschädigt; **~versicherung** war risk(s) insurance; **k~verwendungsfähig** (kv.) fit for active service; **~völkerrecht** international law of war; **~vorbereitung** preparation for war; **~waise** war orphan; **~witwe** war widow; **~wirtschaft** wartime economy; **in ~zeiten** in wartime; **k~zerstörte Länder** war-ravaged countries; **~zustand** state of war; belligerency

Kriminal~, ~beamter officer charged with criminal investigation; detective officer; *Br* C. I. D. officer; *Am* F. B. I. officer; **~fall** criminal case; **~polizei** →Bundeskriminalamt; →Landeskriminalamt; *Br* Criminal Investigation Department (C. I. D.); *Am* Federal Bureau of Investigation (F. B. I.); **Internationale ~polizeiliche Organisation** (Interpol) International Criminal Police Organization (Interpol); **~psychologie** criminal psychology; **~statistik** criminal statistics

Kriminalistik criminalistics

Kriminalität criminality; delinquency; →**Jugend~**; →**Wirtschafts~**; **Abnahme der ~** decrease in crime; **Zunahme der ~** increase in crime; **~ziffer** crime rate; **die ~ bekämpfen** to combat crime

kriminell criminal; **~e Vereinigung**[139] criminal association; **jd, der e-r ~en Vereinigung angehört** gangster, member of a criminal gang; *Am* racketeer

Kriminologie criminology

Kripo →**Kriminalpolizei**

Krise crisis; **gegenwärtige ~** current crisis; →**Versorgungs~**; →**Welt~**; →**Wirtschafts~**; **in e-r ~ befindlich** *(Industrie etc)* depressed

Krisen~, **k~anfällig** prone to crises; **~(bekämpfungs)maßnahmen** anti-crisis measures; **für den ~fall** in the event of a crisis; **k~fest** immune to crises; slump-proof; **~gebiet** crisis area; **~herd** centre (center) of a crisis; trouble spot; **~kartell** structural crisis cartel *(→Kartell)*; **~management** crisis management; **~manager** crisis manager; trouble-shooter; **~stab** crisis management group; **~ursache** cause of the crisis

Krise, **sich in e-r ernsten ~ befinden** to be in a serious crisis situation; **von der ~ betroffen** affected (or hit) by the crisis; **mit e-r ~ fertig werden** to meet (or cope with) a crisis; **die ~ überwinden** to overcome the crisis

Kriterium criterion; **den Kriterien genügen** to meet the criteria

Kritik criticism (an of); *(Rezension)* review; **abfällige ~** adverse criticism; **gute (od. günstige) ~** favo(u)rable review; **~ üben** to criticize, to express criticism

kritische Lage critical situation

kritisieren to criticize

Kronzeuge witness for the prosecution; principal witness; **(Aussage des) ~(n)** *Br* Queen's (or King's) evidence; *Am* State's evidence; **als ~** *(gegen seine Mitschuldigen)* **aussagen** to turn Queen's (*Am* State's) evidence

KSE-Vertrag[139a] (Vertrag über konventionelle Streitkräfte in Europa) CFE Treaty (Treaty on Conventional Armed Forces in Europe)

KSZE →Konferenz über Sicherheit und Zusammenarbeit in Europa; **~-Folgekonferenz od. -treffen**[139b] CSCE Follow-up Conference (or Meeting); **Korb 1 (2, 3, 4) der ~ (od. Helsinki)-Schlussakte** First (Second, Third, Fourth) Basket of the CSCE (or Helsinki) Final Act

Kuba Cuba; **Republik ~** Republic of Cuba

Kubaner(in), kubanisch Cuban

kühl lagern to coldstore; to put (or keep) in cold storage

Kühl~, **~anlage** refrigeration (or refrigerating) plant; **~haus** cold-storage depot; refrigerated warehouse; **~ladung** chilled (or refrigerated) cargo; **~schiff** refrigerator ship; cooler; **~transportwagen** cold storage *Br* lorry *(Am truck)*

kulant *(entgegenkommend)* accommodating; obliging; fair

Kulanz accommodation; fair dealing; fairness in trade; **~regulierung (od. ~zahlung)** *(VersR)* ex gratia payment

Kulisse *(Börse)* unofficial (or outside) stock market; *(auch)* dealers operating for their own account *(Ggs. Parkett)*

Kultur culture; **~abkommen** cultural agreement (or convention) *(→Europäisches Kulturabkommen)*; **~austausch** cultural exchange; **~bau** land reclamation

Kulturerbe cultural heritage; **Übereinkommen zum Schutz des Kultur- und Naturerbes der Welt**[140] Convention for the Protection of the World Cultural and Natural Heritage

Kulturfilm documentary

Kulturgut cultural property (or object); **nationales ~ von künstlerischem Wert** national treasures of artistic value; →**Internationale Studienzentrale für die Erhaltung und Restaurierung von ~**; **Konvention zum Schutz von ~ bei bewaffneten Konflikten**[141] Convention for the Protection of Cultural Property in the Event of Armed Conflict

Kultur~, **~hoheit** *(der Länder)* independence in cultural and educational matters; sovereignty (of the Länder) in cultural affairs; **~politik** cultural and educational policy; **~schätze** cultural treasures, cultural heritage; **~volk** civilized nation

kulturell cultural; **~e Angelegenheiten** cultural affairs; **~e Aufgaben erfüllen** to carry out cultural tasks; **Pflege der ~en Beziehungen** administration of cultural relations; **~e Einrichtungen** cultural institutions; **~e Veranstaltungen** cultural events

Kultusminister minister of education; *Br* Secretary of State for Education and Science; *Am* Secretary of Education; **~konferenz** (KMK) Standing Conference of Ministers of Education and Cultural Affairs

Kumulation cumulation; **~seffekt** *(SteuerR)* cumulation effect

kumulativ cumulative; **~e** *(zur Nachzahlung berechtigende)* **Dividende** cumulative dividend; **die Umsatzsteuer nach dem System der ~en Mehrphasensteuer erheben**[142] to levy a turnover tax calculated by a cumulative multistage system; **~e →Nettozuteilung von Sonderziehungsrechten**; **~e Schuldübernahme** →Schuldmitübernahme; **~e Stimmabgabe** cumulative voting; **~e Vorzugsaktien** *Br* cumulative preference shares; *Am* cumulative preferred stock

kumulieren to cumulate, to accumulate; (sich überschneiden) to overlap

Kumulierung cumulation, accumulation; *(Überschneidung)* overlapping; **~ von Ämtern** cumulation of offices; **~ von Renten** *(durch 2 verschiedene Rententräger)* overlapping of pensions; **~ der Steuer** cumulation of the tax; **~sverbot** ban on accumulation

Kumulrisiko *(VersR)* accumulation risk

kündbar terminable, subject to termination; subject to notice; *(VölkerR)* subject to denunciation; *(Geld etc)* callable; redeemable; **jederzeit ~er Mieter** tenant at will; **kurzfristig ~es Arbeitsverhältnis** employment subject to termination upon short notice; **kurzfristig ~es Geld** money at short notice; **täglich ~es Geld** money at call; **~es Darlehen** loan at notice; **täglich ~es Darlehen** callable loan; **das Dienstverhältnis ist ~** service (or employment) may be terminated (by notice); **diese Vereinbarung ist mit e-r Frist von 6 Monaten ~** this agreement is subject to 6 months' notice; this agreement may be terminated on either party giving 6 months' notice; **der Vertrag ist ~** the contract is terminable; *(VölkerR)* the treaty is subject to denunciation

Kunde customer; *(bei Dienstleistungen)* client; *colloq.* patron; **~, der anschreiben läßt** charge (or credit or account) customer; **→Lauf~**; **→Stamm~**; **auswärtiger ~** out-of-town customer; **fester ~** regular (or standing) customer; **möglicher ~** potential (or prospective) customer; **vereinzelter ~** stray customer; **von ~n zurückgekommene Waren** returns inwards

Kunde, ~n →abfertigen; **(voraussichtliche) ~n aufsuchen** to call on (prospective) customers; **~n →bedienen**; **~n beliefern** to supply customers; **~n beraten** to advise customers; **~n besuchen** to visit (or call on) customers; **~n gewinnen** to attract (or acquire) customers; **~ sein bei** *(Geschäft regelmäßig besuchen)* to patronize; **~n werben** to canvass (or drum up) customers; **e-m Auftraggeber neue ~n zuführen** to introduce new customers to a principal; **alte ~n zurückgewinnen** to win back old customers

Kunde~, ~nabwanderung to call on (prospective) customers; **~n →bedienen**; **~n beliefern** to supply customers; **~n beraten** to advise customers; **~n besuchen** to visit (or call on) customers; **~n gewinnen** to attract (or acquire) customers; **~ sein bei** *(Geschäft regelmäßig besuchen)* to patronize; **~n werben** to canvass (or drum up) customers; **e-m Auftraggeber neue ~n zuführen** to introduce new customers to a principal; **alte ~n zurückgewinnen** to win back old customers

Kunden~, ~abwanderung disaffection of customers; **~abwerbung** →Abwerbung 1.; **nach ~angaben hergestellt (od. gefertigt)** custom- built; customized; *(von Kleidern)* custom-made, made-to-measure; **~anzahlungen** customers' deposits; **~auftrag** customer's order; **~ausfall** loss of customers; **~bedienung** service (to customers); **~berater** customer adviser; sales consultant; **~beratung** account service; **~beratungsdienst** advisory service for customers; **~besuch** call (-ing) on customers; business call; **auf ~bestellung** (hergestellt) custom-made, customized; **~betreuer** customer adviser; **~buch** sales (or debtors) ledger; **~dienst** customer (or sales) service; after-sales service; **~dienstabteilung** service department; **~fang** canvassing; *(aufdringlich)* touting for customers; **~finanzierung** customer financing; instal(l)ment sales financing; **~forderungen** accounts receivable

Kundengelder clients' money; **unrechtmäßige Verwendung von ~n** misappropriation of clients' money

Kunden~, ~kartei customer list; file of customer cards; **~karteikarte** customer card; **~konto** account with customers; personal account; **~konten** *(Forderungen)* accounts receivable

Kundenkredit consumer credit; *Am* retail credit; *(durch Kreditinstitut)* customer's loan; **~gesellschaft** *Br* finance house; *Am* sales finance company; *Br* hire-purchase company; **~konto** budget account; *Br* credit account; *Am* charge account

Kundenkreis clientele; (collective) customers; circle of customers; *(als Geschäftswert)* goodwill; **der ~ hat sich vergrößert** the number of customers has increased

Kunden~, ~liste customer list, list of customers; **~rabatt** discount for customers; *Am* patronage refund; **~schutz** clientele protection *(s. Verlust der →Kundschaft)*; **~skonto** discount for customers; sales discount

Kundenstamm regular customers; established clientele; **~entschädigung** compensation for loss of clientele *(→Ausgleichsanspruch des Handelsvertreters)*

Kunden~, ~termineinlagen customer fixed deposits; **~wechsel** customer's bill; trade bill, commercial bill; **~werber** canvasser; *(aufdringlicher)* tout; **~werbung** canvass(ing); soliciting of customers; **Sacharbeiter für ~werbung** account executive

Kundgebung demonstration; declaration of views; **~ der Missachtung e-s anderen** defamatory statement

kundgetan, hiermit wird allen ~ know all men by these presents

kündigen to give (sb.) notice; to terminate; *(Geld, Kredit etc)* to call in; *(Wohnung)* **~ zum ...** to give notice to quit on ...; *(Angestellten)* **~ zum** to give notice of dismissal to take effect on ...; →**fristlos ~**; **aus wichtigem** →**Grunde ~**; **kurzfristig ~** to give (sb.) short notice; **ordnungsgemäß (od. rechtzeitig) ~** to give due notice; **schriftlich ~** to give notice in writing; to give written notice of termination; **ein Abkommen ~** *(VölkerR)* to denounce a convention; to give notice of termination of an agreement; **das Angestelltenverhältnis ~** to terminate (or give notice of termination of) a contract of employment; **e-e Anleihe ~** to give notice of redemption of a loan; **seinem Arbeitgeber ~** to give notice to one's employer; to terminate one's contract of employment; **ein Darlehen ~** to call in a loan; to give notice requiring repayment of a loan; **ohne (unter) Einhaltung e-r** →**Frist ~**; **jdm mit e-r Frist von 4 Wochen ~** to give a p. (a) four weeks' notice; **e-e Hypothek ~** *(Gläubiger)* to call in a mortgage (to ask for repayment of the money); to foreclose a mortgage; *(Schuldner)* to give notice of redemption of the mortgage; **Kapital ~** to call in capital; **e-e Leihe ~**[143] to terminate a loan; **das Mietverhältnis ~** to give notice of termination of the lease (or hire); **Spareinlagen ~** to give notice of withdrawal of savings deposits; **den** →**Tarif ~**; **e-e Versicherung ~** to give notice of cancellation of (or to cancel) a policy; **e-n Vertrag ~** to terminate (or cancel) a contract; *(VölkerR)* to denounce (or withdraw from) a treaty; **den Vertrag fristlos ~** to terminate the contract without notice; to cancel the contract immediately (or with immediate effect); **den Vertrag mit halbjähriger Frist ~** to terminate the agreement by giving a month's notice; **den Vertrag mit sofortiger Wirkung ~** to terminate the contract with immediate effect

kündigend, die ~e Partei the notifying (or terminating) party; the party terminating the contract; **der ~e Staat** the denouncing State

gekündigt *(Geld, Kredit)* called (in); **~, werden** to receive notice (to quit); to be given notice; *sl.* to be sacked; to be fired; **das Dienstverhältnis kann von jedem Teil ohne Einhaltung e-r Frist ~ werden, wenn ein wichtiger Grund hierfür vorliegt**[144] the contract of service(s) can be terminated without notice by either party, if there is an important reason for termination; **~e Wertpapiere** securities called for redemption

Kündigung notice; termination; *(e-s Arbeitsverhältnisses)* notice of termination of (contract of) employment; *(Kapital, Kredit)* calling in; *(e-r Anleihe od. Hypothek)* notice of redemption; *(Wertpapier)* notice of withdrawal; *(Völkerrechtsvertrag)* denunciation; **durch ~** by giving notice; **~ ohne Einhaltung e-r ~sfrist** termination without notice; **~ aus schwerwiegenden Gründen** notice for serious reasons

Kündigung, außerordentliche ~ exceptional dismissal (dismissal without notice on grounds provided for by statute or agreement); **Recht zur außerordentlichen ~** right to terminate an employment relationship in exceptional cases; →**fristgemäße ~**

Kündigung, fristlose ~ termination (or dismissal) without notice; summary termination (or dismissal); **fristlose ~ e-s Dienstverhältnisses aus wichtigem Grund**[145] termination without notice (or summary termination) of a contract of employment (or contract of service) for cause; **fristlose ~ des Mietverhältnisses** *(durch Vermieter)* **bei Zahlungsverzug**[146] termination of a lease without notice, if the tenant is in default with the rent; **fristlose ~ des Mietverhältnisses** *(durch den Vermieter)* **bei vertragswidrigem Gebrauch der gemieteten Sache**[147] *(bes. Grundbesitz)* termination without notice of a lease (by the lessor) when the lessee uses the property in a manner contrary to (or inconsistent with) the terms of the lease; *(bewegl. Sachen)* termination without notice of a letting to hire (by the person letting) when the hirer uses the hired thing in a manner contrary to (or inconsistent with) the terms of the hire; **fristlose ~ e-s Vertrages** termination of a contract without notice

Kündigung, monatliche ~ a month's notice; **ordentliche ~** routine dismissal (dismissal subject to a period of notice and other statutory or contractually agreed conditions); **ordnungsgemäße (od. rechtzeitige) ~** due notice; **schriftliche ~** written notice, notice in writing; **sozial ungerechtfertigte~**[148] socially unjustified dismissal; **Geld auf tägliche ~** →tägliches Geld; **vertragsgemäße ~** notice as per (or according to) contract; **vierteljährliche ~** three months' notice; **vorzeitige einseitige ~ des Vertrages** premature unilateral termination of the contract

Kündigung, nach Eingang der ~ after the date of receipt of the notice; **im Falle der ~** if notice is given; →**Rücknahme der ~**; →**Widerspruch des Mieters gegen die ~**; **Wirksamwerden der ~**[149] date on which dismissal becomes effective

Kündigung, ~ e-s Abkommens *(VölkerR)* denunciation (or notice of termination) of an agreement (or convention); **~ e-s Arbeitsverhältnisses** *(durch den Arbeitnehmer)* (notice of) termination of employment; *(durch den Arbeitge-*

ber) notice of dismissal; **~ e-s Darlehens**[150] termination (by giving notice) of a loan; notice requiring repayment of a loan; **~ der Gesellschaft** *(des bürgerlichen Rechts)* **(***auch:* **der stillen Gesellschaft) durch e-n Gesellschafter**[151] dissolution (or termination) of the partnership by notice given by a partner; giving notice to terminate (or dissolve) the partnership; **~ e-r Hypothek**[152] *(durch den Gläubiger)* calling in the mortgage debt; giving notice requiring repayment (or redemption) of the mortgage debt; *(durch den Schuldner)* giving notice of redemption of the mortgage debt; **~ durch den Mieter** tenant's notice to quit; **~ e-s Mietverhältnisses** giving notice to terminate a lease (or tenancy); **~ von Obligationen** notice of withdrawal of bonds; **~ durch den Vermieter** landlord's notice to quit (or vacate); **~ e-r Versicherung** giving notice of cancel(l)ation of an insurance policy; **~ e-s Vertrages** notice to terminate (or cancel) a contract (or an agreement); termination of a contract; *(VölkerR)* denunciation of a treaty; withdrawal from a treaty; **~ e-s Übereinkommens** *(VölkerR)* denunciation of a convention; withdrawal from a convention; **~ von Wertpapieren** notice of redemption of securities

Kündigung, **die ~ aussprechen** to give notice (of dismissal etc); **die ~ ist an bestimmte Fristen gebunden** dismissal is subject to certain periods of notice; **seine ~ einreichen** to hand in one's notice (or resignation); **~ erhalten** to be given notice; *colloq. (ArbeitsR)* to be sacked, to be given the sack; **der ~ widersprechen** to lodge an objection (or to object) to the notice; **die ~ wird 6 Monate nach Eingang der Notifikation wirksam** *(VölkerR)* the denunciation shall take effect six months after the date of receipt of the notification; **die ~ wird wirksam am** the notice ([*VölkerR*] denunciation) takes effect on; **die ~ wird zurückgenommen** the notice to terminate is withdrawn; **der Vermieter stellte dem Mieter die ~ ordnungsgemäß zu** the landlord duly served notice on the tenant

Kündigungs~, **~abfindung für entlassene Arbeitnehmer** dismissal indemnity for dismissed employees *(→Entlassungsabfindung)*; **~einspruch**[153] protest against dismissal (i. e. socially unjustified dismissal); *Br* complaint of wrongful (or unfair) dismissal

Kündigungsfrist period of notice, term of notice; giving of notice; notice period; **~bei Arbeitsverhältnissen**[154] length of notice to terminate a contract of employment (or service); **~ bei Mietverhältnis über Grundstücke oder Räume**[155] period of notice to terminate a lease (of land) or a tenancy of *Br* a flat (*bes. Am* an apartment) or rooms; **~ bei der Pacht e-s Grundstücks**[156] period of notice to terminate a usufructuary lease of land; **~für e-n Vertrag** *(VölkerR)* deadline for denouncing an agreement; **angemessene ~** reasonable (period of) notice; **mit einjähriger ~** subject to one year's notice; **gesetzliche ~** legal (or statutory) period of notice; **mit monatlicher ~** at (or subject to) a month's notice; **vereinbarte ~** agreed period of notice; **nach →Ablauf der ~**; **unter Einhaltung e-r ~ von sechs Monaten** upon six months' notice; **ohne Einhaltung e-r ~ kündigen** to terminate (the agreement etc) without complying with the period of notice; **die ~ einhalten** to observe (or respect) the period of notice; **jdn unter Einhaltung e-r einmonatigen ~ entlassen** to dismiss a p. giving him one month's notice; **den Vertrag mit e-r ~ von 6 Monaten kündigen** to terminate the contract with a notice period of 6 months; **e-e längere ~ als die gesetzliche vereinbaren** to agree on a period of notice in excess of the legal period

Kündigungs~, **~geld(er)** deposits at notice *(→Festgelder, →Termineinlagen)*; **~grund** ground for giving notice; reason for the termination (of); ground for dismissal; **~jahr** year in which the notice is given; **~klausel** termination clause; *(VölkerR)* denunciation clause

Kündigungsrecht right to give notice (to terminate); right of termination; right to call in (money); **von dem ~ Gebrauch machen** *(VölkerR)* to exercise the right of denunciation

Kündigungsschreiben *(des Arbeitgebers)* notice of termination of employment; letter of dismissal; *(des Arbeitnehmers)* (letter of) resignation; *(des Mietverhältnisses)* (written) notice to quit; **sein ~ einreichen** to send in one's resignation

Kündigungsschutz *(des Arbeitnehmers)*[157] protection against (unlawful) dismissal; *(für Mieträume)*[158] protection against (or from) eviction; granting of security of tenure, Kündigungsschutz der Betriebsratsmitglieder[159] protection of members of the works council against dismissal; **~gesetz** Termination of Employment Act; Protection against Dismissal Act *(→Wohnraumkündigungsschutzgesetz)*; **unter ~ stehender Mieter** statutory tenant; protected tenant

Kündigungs~, **~termin** *(ArbeitsR)* contractual date for termination of the contract of employment; **~urkunde** *(VölkerR)* instrument of denunciation; **~verbot** prohibition against dismissal; **~vorschriften** *(ArbeitsR)* regulations on termination of employment

Kundschaft clientele, customers; *colloq.* patronage; connection; **ausgedehnte (od. große) ~** large number of customers; a good connection; a large patronage; **Stamm~** regular clientele; **→Ausgleichsanspruch des Handelsvertre-**

ters für Verlust der ~; **~seinlagen** customers' deposits; **~ verlieren** to lose customers (or business)

künftig from now on; henceforth; **~e** →**Entwicklung**; **gegenwärtige und ~e Forderungen** debts owing and accruing; **gegenwärtige und ~e Rechte** present and future rights

Kunst 1. art; **angewandte ~** applied art; **die schönen Künste** the fine arts; **auf dem Gebiet der ~** in the artistic domain; **Werke der ~** artistic works *(Werke der →Literatur und Kunst)*; **Urheber von Werken der ~** author of artistic works

Kunst~, **~ausstellung** art exhibition; exhibition of works of art; →**ärztlicher ~fehler**; **~gegenstand** objet d'art, art object; art work; **~gegenstände** works of art, artistic works; **~gewerbe** arts and crafts; applied arts; **~händler** art dealer; **~handlung** art dealer's shop; art store; **~markt** art market; **~sachverständiger** art expert; **~sammlung** art collection; **~schätze** art treasures; **~werk** work of art

Kunst 2. ~dünger chemical fertilizer; **~faser** synthetic fibre (fiber); **~gummi** synthetic rubber; **~leder** imitation leather; **~seide** artificial silk, rayon; **~stoff** plastics; synthetic material; synthetics; **~stofferzeugnisse** plastic products; **~stoffindustrie** plastic industry; **~währung** artificial currency

Künstler artist; **ausübender ~**[160] performing artist, performer; **berufsmäßige ~** public entertainers; **~bedarfsartikel** artists' materials; **~sozialversicherung** social security for selfemployed artists; **~zeichen** *(UrhR)* artist's mark

künstlerisch, **~er Beruf** artistic profession; **auf ~em Gebiet** in the field (or sphere) of art; **Verwertung ~er Leistungen** commercialization of artistic performances; **Urheberrecht an ~en Werken** copyright of artistic work; **~e Leistungen gewerblich verwerten** to commercialize artistic performances

künstlich artificial; **~ befruchtet** artificially inseminated; **~e Befruchtung** artificial insemination; **~gehaltener Preis (od. Kurs)** pegged price; **~e** →**Samenübertragung**

Kupfer copper; **~aktien (od. ~werte)** coppers, copper shares; **Markt für ~werte** copper market

Kupon coupon *(→Dividendenschein, →Zinsschein)*; **mit ~** cum coupon; **ohne ~** ex coupon; **Abtrennung von ~s** detaching of coupons; **~bogen** coupon sheet; **~inhaber** coupon holder; **~kasse** coupon collection department; **~steuer**[161] coupon tax; **~termin** (dividend or interest) coupon date; **e-n ~ abtrennen** to detach a coupon; **e-n ~ einlösen** to cash a coupon

Kuppelei procuration, procuring; pandering *(s. Förderung der →Prostitution)*; **~ treiben** to procure

Kuppelprodukt joint product

Kur cure; **~(aufenthalts)kosten** rest cure costs; cost of a course of treatment; **~karte** visitors' tax ticket; **~ort** health resort; spa; **~taxe** visitors' tax (at a health resort)

Kuratorium board of trustees

Kurier *dipl* courier; **~gepäck (od. ~tasche)** diplomatic bag; *Am* diplomatic pouch

Kurs 1. →Kursus

Kurs 2. *(Fahrtrichtung)* course; *fig (nach bestimmten Prinzipien festgelegte Richtung)* course, line, (alignment of) policy; **harter ~** *fig* hard line; **Befürworter e-s harten ~es** *pol* hard-liner; **~abweichung** deviation from the course; **~änderung** change (or alteration) of course; *fig* change (or new alignment) of policy; **~buch** railway (*Am* railroad) timetable (or guide); **~wagen** *Br* through coach (or carriage), *Am* through car; **~wechsel** *pol* change of line, change of policy; **vom ~ abweichen** to deviate from the course; *pol* to deviate from the (official) line; **das Schiff fährt auf seinem ~** the ship is proceeding en route; **das Schiff hält den ~ ein** the ship is on her right course

Kurs 3. *(Börse) (von Effekten)* (market) price; *(von Devisen)* rate (of exchange), exchange rate; **~ bei Barzahlung** cash price; **~ für Kabelauszahlungen** rate for cable transfers; **~ für Termingeschäfte**; →**Termin~**; →**Aktien~**; →**Börsen~**; →**Brief~**; →**Devisen~**; →**Durchschnitts~**; →**Eröffnungs~**; →**Freiverkehrs~**; →**Geld~**; →**Höchst~**; →**Kabel~**; →**Kassa~**; →**Paritäts~**; →**Schluss~**; →**Tages~**; →**Termin~**; →**Umrechnungs~**; →**Verkaufs~**; →**Wechsel~**; **amtlicher ~** official price (or rate); official quotation; →**außer ~ setzen**; **außerbörslicher ~** →Freiverkehrskurs; **zu e-m höheren ~** at a higher price; **fallende ~e** falling (stock) prices (or rates); **fester ~** firm price (or rate); **zum gegenwärtigen ~** at the present price (or rate); **grüne ~e** *(EU)* (Gegenwert der Ecu in Landeswährung für Agrarpreise) green rates (Ecu equivalent in national currencies for agricultural prices); **günstiger ~** favo(u)rable price (or rate); **heutiger ~** day's price; →**hoch im ~ stehende Aktien**; **die letzten ~e** the latest quotations; **durch Börsenfernschreiber mitgeteilter ~** tape price; **nachbörslicher ~** price after official hours; **notierter ~** quoted price; →**repräsentative ~e**; **schwankender ~** fluctuating price (or rate); **steigende ~e** rising (stock) prices (or rates); **ungünstiger ~** unfavo(u)rable price (or rate); **unter dem ~** below the price (or rate)

Kurs, die ~e haben sich knapp behauptet prices have only barely been maintained; **die ~e bröckelten ab** prices eased; **die ~e erreichten ihr altes Niveau wieder** prices recovered their old level; **die ~e sind fest** prices are firm; **die ~e haben sich gefestigt** prices have strengthened; **e-n ~ feststellen** to fix a price (or rate); **der ~ fiel** the price (or rate) fell; **der ~ ist gefallen** the price (or rate of exchange) has depreciated; **die ~e gehen zurück** the prices are on the decline; the prices are falling (or dropping); **die ~e gaben weiter nach** the price (or rates) deteriorated further; **die ~e haben nachgegeben** prices have eased off; **die ~e haben sich gebessert** prices have improved; **e-n ~ halten** to maintain a price; **die ~e halten sich** prices remain steady; **die ~e liegen hoch** prices run high; **~e notieren** to quote prices; *Br* to mark prices; **die ~e schwächten sich ab** the quotations weakened; *(Münzen)* **außer ~ setzen** to demonetize; to withdraw from circulation; *(Münzen)* **neu in ~ setzen** to bring into circulation; *(Münzen)* **wieder in ~ setzen** to remonetize; **den ~ sichern** to hedge (or fix, cover) a rate; **die ~e steigen** the prices are going up; *(Devisen)* the rates are going up; **im ~ steigen** to be on the rise; **die ~e stiegen von ... auf** the prices (or rates [of exchange]) advanced from ... to ...; **die ~e sind hausseartig gestiegen** share prices rose (or increased) sharply; **die ~e sind kräftig gestiegen** prices showed a sharp upward trend; **den ~ stützen** to support the price (or rate); **die ~e ziehen an** prices are firming (or hardening)

Kurs~, ~abschlag →Deport; **~abschwächung** weakening of prices; bearish tendency in prices; **~abweichungen** differences between exchange rates; **~angabe** quotation of prices

Kursanstieg increase in share prices; price advance; **Spekulant auf ~** bull; **das Tempo des ~s verlangsamte sich** the price rise slowed down

Kurs~, ~anzeigetafel quotation board; exchange board; **~aufschlag** markup; **~aufschwung** upturn in prices; bullish tendency in prices; **~avancen** price rises; **~berechnung** *(Börse)* price calculation; *(Wechselkurs)* exchange calculation; **~bericht** →Kurszettel; **~besserung** improvement in price; **~beständigkeit** steadiness of prices

Kursbewegung price movement (or trend), movement of prices; **nach oben gerichtete ~** upward tendency (or trend) in prices; **rückläufige ~** downward movement of prices; declining price trend

Kurs~, ~blatt →Kurszettel; **~differenz** *(Effekten)* difference in prices; difference in quotations; *(Wechselkurse)* difference in the exchange rates; exchange difference; **~einbruch** fall (or break) in prices; **~einbuße** →Kursverlust; **~entwicklung** *(Börse)* trend of prices; *(Devisenmarkt)* trend of exchange rates; **~erholung** price rally; recovery of prices; **~erwartung** expectation of price gains; **~festigung** consolidation of prices; **~festsetzung** rate fixing; **~feststellung** fixing of (share) prices; *(Devisen)* fixing of rates; *Am* rate fixing; **~gefälle** price differential; exchange rate differential; **~gefüge** price structure; rate structure; **k~gesichert** rate-hedged

Kursgewinn price gain (or profit); *(Devisen)* rate gain (or profit); **realisierter ~** *(e-r Investmentgesellschaft)* capital gain

Kurs~, ~-Gewinn-Verhältnis (KGV) price-earnings ratio (P/E ratio, p/e, P.E.R.); **~index** →Börsenindex; **~intervention** price intervention; *(Devisenhandel)* exchange intervention *(→Interventionspunkt)*; **~klausel** *(bei Auslandswechseln des Exporteurs)* currency clause; **~limit** price limit; stop price; **~makler**[162] stockbroker; *(Devisen)* exchange broker; *Br* market maker; *Am* specialist; *(Warenbörse)* commodities broker; **~notierung** quotation of prices; (price) quotation; *(Devisen)* quotation of exchange rates; **~parität** *(Parität der Devisenkurse)* parity of rates (of exchange), exchange parity; **letzter →Stand der ~notierungen**; **~pflege** price nursing; **~rechnung** →Kursberechnung; **~regulierung** price regulation; rate regulation; **~risiko** price risk; *(Devisen)* (foreign) exchange risk; **das ~risiko decken** to cover the exchange risk *(→Kurssicherung)*

Kursrückgang decline (or fall) in prices; *(Devisen)* decline in the rateof exchange; **~ bei den Rentenwerten** decrease in bond prices; **geringfügiger ~** shading; **Spekulant auf ~** bear; **e-n ~ erleiden** to experience a decline in prices

Kursschwankungen price fluctuations; fluctuations in the exchange rate; **Ausnutzung von ~** taking advantage of the differences in prices quoted *(→Arbitrage)*; **geringe ~ aufweisen** to move in a narrow range; **kleine ~ als Gewinn ausnutzen** to take advantage of slight price fluctuations

Kursschwankungsrisiko risk of exchange rate fluctuations

Kurssicherung *(bei schwankenden Devisenkursen für den Exporthandel)* exchange hedging, hedging a rate; (exchange) rate guarantee; covering the exchange risk; *(am Devisenterminmarkt)* forward exchange cover (or guarantee); **~sgeschäft** hedging transaction; **~skosten** costs of hedging (or covering) the exchange risk; *(Devisenterminmarkt)* costs of forward exchange; **~smöglichkeiten** possibilities of hedging a rate cover

Kurs~, **~spanne** difference between purchase and selling price; **~spielraum** price margin; rate margin; **plötzlicher ~sprung** jump in prices; **~stabilisierung** price stabilization; **~stabilität** stability of prices; *(Devisen)* exchange rate stability

Kursstand price level, level of the prices (of shares etc); **bei dem gegenwärtigen ~** at present prices

Kurssteigerung price advance, upturn in prices (or quotations); →**hausseartige ~**; **e-e (künstliche) ~ hervorrufen** to rig the market

Kurs~, **~sturz** collapse of prices (of securities); slump; decline of stock market quotations; decline of rates of exchange; **~stützung** price support; price pegging; *(der Wechselkurse)* support (or pegging) of the exchange rates; **~treiberei** *(betrügerische Börsenmanipulation)* market rigging; **~unsicherheit** insecurity in share prices; **~unterschied** →Kursdifferenz; **~veränderung** price change; change of rates; **~verfall** decline in share prices; **~verlust** price loss; exchange loss

Kurswert currency rate of exchange[162a]; market value; **täglich ermittelter ~** daily ascertained market value; **~ e-s notierten Wertpapiers** market price of a share *Br* quoted (*Am* listed) on the securities market; **~steigerung** share (or stock) price appreciation

Kurszettel stock exchange list; list of (stock exchange) quotations; *Br* Stock Exchange Official List; (Aktienkurszettel) *Br* share list; *Am* stock list; (Devisenkurszettel) (foreign) exchange list

Kursivschrift italics

Kursus course; *(Lehrgang)* course (of instruction); *(Seminar)* seminar, *bes. Am* workshop; **Anfänger~** beginners' course; **Fortgeschrittenen~** advanced course; **Schulungs~** training course; **e-n ~ abhalten** to hold a course; **e-n ~ belegen** to enrol (for a course); **e-n ~ besuchen** to attend a course; **an e-m ~ teilnehmen** to take a course

Kurtage →Courtage

Kurve *(Gefahrenzeichen)* curve; **Doppel~** double (or twin) curve; **scharfe ~** sharp curve (or bend); **k~nreiche Straße** winding road

kurz short; *(bündig)* brief, concise; **~ gesagt** in brief, briefly; **~ zusammengefasst** summarized; **~e Ansprache** short (or brief) address; **~e Bezeichnung e-r Erfindung** *(PatR)* title of the invention; **~e Bezeichnung** *(e-s Gesetzes)* short title; **bis vor ~em** until (quite) recently; **innerhalb ~er Frist** within a short period of time; promptly; **auf ~e** →**Sicht**; **~e Zusammenfassung** summary

kurz, **~ arbeiten** *Br* to be on (or to work) short time; *Am* to be on (or to work) short hours; **jdn ~ halten** to keep sb. short (of money etc); **in ~er Zeit e-n Gewinn machen** to make a quick profit; **~ zusammenfassen** to summarize

Kurzarbeit short-time work(ing); *Am* working short hours; *(halbe Arbeitszeit)* half-time work; **Ausmaß der ~** extent of short-time work; **im Falle der ~** if short time is worked; **Plan, der anstelle von Entlassungen ~ aller Beteiligten vorsieht** work-sharing plan; **~ einführen**[163] to introduce short-time working; **~ leisten** →kurz arbeiten

Kurzarbeiter short-time worker; **~geld**[164] short-time allowance; **Bezieher von ~geld** recipient of short-time allowance

Kurz~, **~ausbildung** shortened (or accelerated) training; **~bericht** short (or brief) report; summary; record; **~beschreibung der Zeichnungen** *(PatR)* brief description of drawings

Kurzfassung abridged version; summary; **~ der Patentschrift** abridg(e)ment of specification

kurzfristig short-term; within a short time; at short notice; **~e** →**Einlagen**; **~e Kapitalanlage** short-term investment; **~er Kredit** short (term) credit; **~** →**kündbar**; **~e Planung** short-range planning; **~e Verbindlichkeiten** short-term (or current) liabilities; **~ und mittelfristige Wirtschaftspolitik** short and medium-term economic policy; **~** →**anlegen**; **jdn ~ beschäftigen** to employ sb. for a short time; **~ liefern** to supply at short notice

Kurzläufer *(Papiere mit kurzer Laufzeit)* shorts

kurzlebig short-lived; transitory; **~e (Verbrauchs-)Güter** non-durable consumer goods; perishables; **~e Wirtschaftsgüter** short-lived assets

Kurz~, **~lehrgänge** short courses; **~schrift** shorthand

Kurzstrecken~, **~flug** short-haul flight, short-distance flight; **~flugzeug** short-haul aircraft, short-range aircraft; **~fracht** short-haul (freight or traffic); **~rakete** short-range missile; **~verkehr** short-haul (or short-distance) traffic (or transport); local traffic; **im ~verkehr** *(Flugzeug)* on short-haul operations

Kurz~, **~streik** quicky strike; **~titel** *(e-s Gesetzes)* short title; **~urlaub** short holiday (or *Am* vacation); **~waren** *Br* haberdashery; *Am* notions

Kürze conciseness; **in ~** in the near future; shortly; *(zur rechten Zeit)* in due course

kürzen *(reduzieren)* to cut down, to reduce; *(einschränken)* to retrench, to curtail; *(abkürzen)* to abridge; **drastisch ~** to cut drastically; *colloq.* to slash; **Ausgaben ~** to retrench expenses; **e-e Frist ~** to shorten (or reduce) the time (allowed) (for); **jds Gehalt ~** to reduce sb.'s salary; **e-e Rede ~** to curtail (or shorten) a speech; **Vermächtnisse (verhältnismäßig) ~** *(bei nicht ausreichender Erbmasse)* to abate legacies

gekürzt, **~e Ausgabe** *(e-s Buches)* abridged edition; **~e Mittel** reduced appropriations

Kürzung reduction, cut, cutback, curtailment; **~ der Arbeitszeit** reduction in working hours (or working time); **~ der Ausgaben** cut(back) in expenditure; **~ der Ausgaben der öffentlichen Hand** public expenditure cut; **~ der Mittel** reduction of appropriations; trimming of resources; **~en vornehmen** to make reductions

Küste coast; shore; **an die ~ angrenzend** contiguous to the coast; **an der ~ (gelegen)** coastal; **außerhalb der ~** offshore; **vor der ~ (gelegen)** off the coast; offshore; **Länder ohne ~** land- locked countries *(→Binnenstaaten)*

Küsten~, **~dampfer** coasting vessel (or ship), coaster; **k~ferne Länder** landlocked countries; **~fischerei** coastal (or inshore) fishing (or fishery); inshore fishing industry; **~gebiet** coastal area; **~gewässer** coastal waters; contiguous waters; *(Hoheitsgewässer)* territorial waters; **~handel** coastal trade, coastwise trade (or traffic); intercoastal trade; *Br* home trade; **~land** coastal land; littoral; seaboard; **~meer** territorial sea; **~meergrenzen** territorial sea limits; **k~nah** offshore; coastal; **in ~nähe** offshore; coastal; **~polizei** coast guard; **~schiff** inshore vessel; **~schiffahrt**[165] coastal shipping, coasting (trade); *Am* coastwise shipping; **~schutz** coastal protection; preservation of the coasts; *mil* coastal defence (defense); **~staat** coastal state, littoral state; **~- und Binnenstaaten** coastal and noncoastal states; **~tankschiff** intercoastal tanker; **~verkehr** coastal traffic; **~verschmutzung** coastal pollution; **~(zoll) wachdienst** coastguard service; **~wachschiff** coastguard vessel

Kuwait Kuwait; **Staat ~** State of Kuwait

Kuwaiter(in), kuwaitisch Kuwaiti

Kuxe *(Anteile an e-r bergrechtlichen Gewerkschaft)* mining shares (or stocks); shares in a mining company; registered mining shares of no par value *(→Gewerkschaft 2.)*; **~nbesitzer** →Gewerke; **~nschein** mining share certificate; **~nbörse** stock exchange for mining shares

Kybernetik cybernetics

L

Laboratorium laboratory

Lade~, **l~bereit** ready for loading; **Anzeige von der ~bereitschaft des Schiffes** notice of readiness (to load); **~buch** cargo book; **~einrichtungen** facilities for loading; **~erlaubnis** loading permit; **~fähigkeit** carrying capacity, load capacity; *(Schiff, Flugzeug)* hold volume; **~frist** time allowed for loading; **~gebühren** loading charges; **~geschäft** loading and unloading; **~gewicht** →Ladungsgewicht; **~hafen** port of loading; port of lading; **~kai** cargo dock; **~kosten** loading charges; **~liste** loading list; list of ship's cargo; manifest; **~marke** loadline (mark); **~möglichkeiten** loading possibilities; **~platz** *(e-s Schiffes)* loading berth; *(am Kai)* wharf; **~rampe** loading ramp; *Am* dock; **~raum** *(im Güterzug)* cargo space; *(e-s Schiffes)* hold, cargo space; *(e-s Flugzeugs)* cargo compartment; *(für Transport von Tieren)* compartment

Ladeschein *(Binnenschiffahrt)*[1] inland waterway(s) bill of lading (B/L)

Lade~, **~stelle** place of loading, loading berth; *(am Kai)* wharf; **~tage** loading days; **~tonnage** load displacement; **~verzeichnis** cargo list; **~verzögerung** delay in loading; **~- und Löschvorrichtungen** loading and unloading equipment; **~zeit**[2] time for loading; **die ~zeit überschritten haben** to be on demurrage

Laden 1. *Br (Geschäft) bes.* shop; store; **~angestellte** *Br* shop assistant; sales assistant; *Am* sales clerk; saleswoman, salesgirl; *Am* sales lady; **~angestellter** *Br* shop assistant; sales assistant; *Am* sales clerk; **~besitzer** →Ladeninhaber; **~dieb(in)** shop(-)lifter

Ladendiebstahl shop(-)lifting; stealing from shop(s); **jdn beim ~ erwischen** to catch sb. shop(-)lifting

Laden~, **~einbruch** smash-and-grab raid; shop breaking; **~einrichtung** shop (or store) fittings; **~geschäft** *Br* shop, bes. *Am* store; **~geschäft oder andere Verkaufseinrichtung** store or other sales outlet; **~handlung** *(ebenerdiges Ladengeschäft, Etagengeschäft, Warenhaus)* shop, *bes. Am* store; retail establishment (or outlet); **~hüter** dead (or unsal[e]able) article; old stock; drug on the market; **~inhaber** owner (or proprietor) of a shop (or store); shopkeeper; *Am* storekeeper; **~kasse** till; *Am* cash box; **~kette** chain of shops (or stores); retail chain; **~miete** shop rent; *Am* store rental; **~öffnungszeiten** shop opening hours

Ladenpreis retail price; shop price; *(Buchhandel)* publication price; **empfohlener ~** recommended retail price; **e-n ~ von ... erzielen (od. haben)** to retail at (or for) ...

Laden~, **~räume** shop premises; **~schluss** shop closing; closing time (of shops); **Gesetz über den ~schluss** Shop Closing Hours Act; **~schlusszeit** shop closing hours; **~verkaufspreis** →Ladenpreis

Laden, **e-n ~ haben (od. führen)** to keep a shop (or store); **e-n ~ (ver)mieten** to rent a shop; **e-n ~ schließen** to close a shop

Laden 2. ~ und Ent~ (od. Löschung) von Schiffen loading and unloading of ships

laden 1. *(vorladen)* to summon to appear; *(unter Strafandrohung für den Fall des Ausbleibens)* to subpoena; **jdn zu e-r Vernehmung vor ... ~** to issue a summons requiring sb. to appear before ...; **jdn ~ lassen** to take out a summons against sb.; **e-n Zeugen ~** to summon a witness; to summon sb. to appear as witness

geladen, **ordnungsgemäß ~** duly summoned

laden 2. *(beladen)* to load; **Säcke auf e-n Lkw ~** to load a *Br* lorry (*Am* truck) with sacks; to load sacks on(to) a lorry (or truck)

Ladung 1. *(Vorladung)* summons to appear; *(Klageschrift mit Prozessladung)* writ of summons; **Nichtbeachtung der ~ des Gerichts** contumacy; **~ unter Strafandrohung** subpoena; **~ von Zeugen** summoning of witnesses; **~sfrist**[3] period indicated in the summons (period between service of the summons and date of the hearing [or trial]); **~sgesuch** request for summons; **~szustellung** service of (a writ of) summons; **trotz ~ nicht erschienen** contumacious; **bleibt e-e Partei trotz ordnungsgemäßer ~ aus ...** if one of the parties having been duly summoned fails to appear before the court ...; **e-e ~ ergehen lassen** to issue a summons; **e-e ~** *(unter Strafandrohung)* **für das Erscheinen von Zeugen erlassen** to issue a subpoena requiring the attendance of witnesses; **e-r ~ Folge leisten** to answer (or comply with) a summons; **die ~ wurde der Partei ordnungsgemäß zugestellt** the summons was duly served on the party

Ladung 2. *(das Aufgeladene)* load; *(Fracht)* cargo, freight; shipment; →**Bei~**; →**Sammel~**; →**Schiffs~**; →**Stückgut~**; →**Teil~**; →**Wagen~**; →**Waggon~**; **e-e Lkw-~ Kohlen** *Br* a lorry-load of coal; **~ e-s Fahrzeugs** load on a vehicle; **abgehende ~** outward cargo; **aufgeschüttete ~** bulk cargo; **gut befestigte ~** firmly fastened load; **nicht deklarierte ~** undeclared cargo; **gemischte ~** mixed cargo; *Am* mixed carload; →**sperrige ~**; **volle ~** full cargo

Ladungs~, **~absender** consignor; **~diebstahl** stealing goods from vehicles (in transit); *(geringfügiger Ladungsdiebstahl)* pilferage; **~empfänger** consignee; *(Seefracht)* receiver; **~gewicht** cargo weight; *(Nutzlast)* payload; **~gläubiger** creditor(s) having a (statutory) lien on the cargo; **~kosten** →Ladekosten; **~pfandrecht** lien on cargo; **~tüchtigkeit** fitness of a ship's cargo spaces to keep the cargo; **~verzeichnis** →Ladeliste

Ladung, **~ einnehmen** to take on freight; *(auf Schiff od. Flugzeug)* to take in cargo; to embark cargo; **~ löschen** to unload (or discharge) cargo

Lage situation, position; state; *(nur örtlich)* location; site; →**Akten~**; →**Arbeitsmarkt~**; →**Ernährungs~**; →**Finanz~**; →**Geschäfts~**; →**Konjunktur~**; →**Markt~**; →**Rechts~**; →**Sach~**; →**Wettbewerbs~**; →**Wirtschafts~**; →**Zwangs~**; **allgemeine ~** *(e-s Unternehmens)* general standing; **finanzielle ~** financial position (or situation); credit standing (or status); **seine geschäftliche ~** *(als Insolvenzschuldner)* **offenbaren** to disclose one's status; **für alle, die sich in der gleichen ~ befinden** for all others similarly situated; **in** *(finanziell)* **guter ~** well situated; **Geschäft in** *(örtlich)* **guter ~** well situated business; *(örtlich und finanziell)* business in a good situation; **in e-r schlechten ~** *(örtlich und finanziell)* badly situated; **schwierige ~** precarious position; **die wirtschaftliche ~ offenlegen** to give full account of one's business (or financial) situation; **nach ~ der Akten entscheiden** →Aktenlage; **je nach ~ des Falles** as the case may be; **~ der** →**Landwirtschaft**

Lagebericht report on the situation; fact- finding survey; statement of affairs; *(e-r Kapitalgesellschaft)* report on the economic position; directors' report; **e-n ~ aufstellen** to prepare a management report

Lage~, **~besprechung** discussion of the situation; **Recht des ~ortes** *(IPR)* lex rei sitae, lex situs (the law of the place where the property is situated); **~wert** *(e-s Grundstücks)* site value

Lage, **die ~ hat sich gebessert** the situation has improved; **die** *(örtl.)* **~ bestimmen (od. ausfindig machen)** to locate; **in der ~ sein, zu tun** to be capable of doing; **die ~ hat sich** →**verschärft**; **die ~ hat sich verschlechtert** the situation has deteriorated; **in die ~ versetzt werden** to be put in the position

Lager 1. *(Bestand)* stock, store; inventory; *(Raum)* warehouse, storage room; *(für Möbel etc)* storehouse; →**Kommissions~**; →**Konsignations~**; →**Vorrats~**; →**Waffen~**; →**Waren~**; →**Zollgut~**; **~ unter Zollverschluss** bonded warehouse; **ab ~** ex (or from) stock; ex warehouse

Lager, **auf ~** in stock, in store; **Waren auf ~** stock on hand; warehouse goods; **auf ~ haben** to have (or keep) in stock; to stock; **auf ~ legen (od. nehmen)** to stock up; to lay (or take) (goods) in stock; **nicht mehr auf ~ sein** to be out of stock

Lager, **ein ausreichendes ~ haben** to be well stocked; **ein zu großes ~ führen** to be overstocked; **ein zu kleines ~ haben** to be understocked

Lager, **ein ~ anlegen** to establish a stock; **Waren im ~ aufbewahren** to keep goods in a store (or warehouse); **das ~ (wieder) auffüllen** to replenish (or fill up) the stock; **dem ~ entnehmen** to withdraw from (or take out of) a warehouse; **Waren auf ~ haben** to have goods in stock; **das ~ ist fast völlig leer** the stock is nearly exhausted (or depleted); **das ~ räumen** to clear the stock; **seine Möbel auf ~ stellen** to put one's furniture into storage; to warehouse one's furniture

Lager~, **~abbau** reduction of stock (or inventories); destocking; *Am* inventory liquidation; **~anlagen** storage facilities; **~arbeiter** warehouse worker; **~auffüllung** replenishment of stocks; inventory replenishment; **~aufstokkung** stockbuilding

Lagerbestand stock (of goods etc); goods in stock; stock on hand; *Am* inventory; **Erhaltung des ~es** maintenance of the stock; **Verzeichnis des ~es** list of the stock on hand; **Wiederauffüllung des ~es** replenishing of the stock; **~saufnahme machen** to take stock; to make inventory; **~sbewertung** stock (or inventory) valuation; **~skarte** inventory card; **~skontrolle** inventory control; checking of stored goods; **~sveränderung** change in inventory; increase (or decrease) in stocks; **e-n guten ~ haben** to be well stocked; **der ~ geht zu Ende** the stock is running low; **den ~ überprüfen** to check the stock; **den ~ umschlagen** to turn over the stock

Lagerbildung stockpiling

Lagerbuch stock book, stock record; warehouse book; **~führung** stock accounting (or bookkeeping)

Lager~, **~butter** storage butter; **~dauer** duration of storage; **~einbruch** warehouse breaking; **~einrichtungen** storage facilities; installations for storing; **~empfangsschein** warehouse receipt (W/R); warehouse warrant (W/ W); **l~fähig** storable; suitable for storage; **~fähigkeit** suitability for storage; shelf life; **~finanzierung** inventory financing; *(durch Kredite)* inventory loan; **~frist** →Lagerdauer; **~gebühren** storage (charges); warehouse charges; inventory charges; **~geld** →Lagergebühren; **~geschäft**[4] storing (or warehousing) business; **~hafen** warehousing port; **~halter** stockkeeper, warehouse keeper; **~halterpfandrecht** warehouseman's lien

Lagerhaltung stockkeeping, storage, storing; warehousing; **öffentliche ~** public storage; **staatliche ~** *(strategisch wichtiger Rohstoffe)* stockpiling; **~s-Konnossement** custody bill of lading; **~skosten** storage charges (or costs); warehousing costs; **~spolitik** inventory policy

Lagerhaus warehouse, storehouse, depository; **~ unter Zollverschluss** bonded warehouse; **~verwalter** warehousekeeper; warehouseman; storekeeper; **in e-m ~ einlagern** to deposit (or store) in a warehouse

Lager~, **~investitionen** investment in stock of goods; inventory investments; **~kapazität** storage capacity; **~karte** inventory card; **~kontrolle** inventory control; **~kosten** cost of storage; inventory costs; warehousing costs; **~liste** stock list (or sheet); **~miete** warehouse rent; **~ort** →Lagerplatz; **~pfandschein** warrant; **~platz** storage place

Lagerraum storage (space); store (or stock) room; **~ mieten** to rent storage; **~ vermieten** to let storage

Lager~, **~räumung** stock clearance; **~risiko** storage risk; inventory risk

Lagerschein[5] warehouse warrant; *Am* negotiable warehouse receipt; →**Dock~**; →**Kai~**; **durch ~ gesicherte Güter** goods covered by warrant; **Inhaber des ~s** bearer of the warrant; **~vorschüsse** advance on warrant; **durch ~ sichern** to secure by warrant

Lagerstätte deposit; **Abbau e-r Salz~** exploitation of a salt deposit

Lager~, **~überwachung** stock control; **~umschlag** stock turnover; *Am* inventory turnover; (rate of) stockturn; **~verkauf** sale from stock; *(für Selbstabholer, ohne Kredit und Kundendienst)* cash and carry; **~versicherung** storage insurance; **~vertrag** storage contract; **~verwalter** stockkeeper; warehouse manager; inventory clerk; **~vorrat** →Lagerbestand; **~wirtschaft** inventory management; **~zeit** time of storage; **~zyklus** stock cycle

Lager 2. camp; →**Durchgangs~**; →**Internierungs~**; →**Konzentrations~**; →**Kriegsgefangenen~**

lagern *(aufbewahren)* to store; to put in storage; **Waren kühl und trocken ~** to store goods in a cool and dry place; **im Kühlhaus ~** to keep in cold storage

Lagerung storage, storing; warehousing; **Einrichtungen für die ~** storage facilities; **~ unter Zollverschluss** warehousing in bond; storing in a warehouse; **~sgebühren** storage charges, warehousing charges

Laie *(Nichtfachmann)* layman; **Sachverständige und ~n** experts and laymen; **~nrichter** lay judge(s) *(→ehrenamtlicher Richter)*; **~nstand** *rel.* laity

laienhaft lay

Land 1. *(Grund und Boden)* land, soil; *(dörfliche Gegend)* country, countryside; **~ und Gebäude** land and buildings; **an ~ oder auf See** ashore or afloat; **auf dem ~e** in the country; **Stück ~** plot of land, lot; **~, auf dem Lasten ruhen** encumbered land

Land~, ~abgaberente[6] pension to farmers giving up their holdings (for the enlargement of other holdings); **~arbeiter** agricultural labo(u)rer; farm worker; **~arzt** country doctor; **~beschaffung**[7] procurement of land (for defence [defense] purposes); **~betrieb (von Seeschiffahrtsunternehmen)**[7a] shore establishment (of a shipping company); (von Luftfahrtunternehmen)[7b] ground establishment (by airlines); **~besitz** holding of land *(→Grundbesitz)*; **~bevölkerung** rural population; **~erwerb** acquisition of land; **~flucht** exodus from the land; migration from country to city (or town); **~fracht** land carriage

Landgang shore leave; **den Besatzungen ~ gewähren** to permit the crew to go ashore

Land~, ~gemeinde *Br* rural parish; *Am* rural township; **~gewinnung** land reclamation; **~gut** agricultural estate; country seat; landed property

ländlich, ~e Arbeitskräfte rural workers; **~es Gebiet** rural area (or district); **~e →Kreditgenossenschaft**

Land~, ~pacht[8] farm lease, farm tenancy; **~parzelle** plot of land; **~polizei** rural police; **~postzustellung** rural postal delivery; **~praxis** *(e-s Arztes)* rural (medical) practice

Landschaft landscape; countryside; **~sgestaltung** landscaping; **~spflege** landscape conservation; **~szerstörung** (causing) ecological damage; disturbing the ecological balance (or balance of nature) *(→Umweltverschmutzung)*

Landsitz country seat

Landstraße highroad, main (public) road; **~n des Fernverkehrs** long-distance highways

Land~, ~streicher tramp; vagrant; **~streicherei** vagrancy; **~streitkräfte** land forces; ground forces; **~tag** →Land 2.; **~transport** *(Bahn, Post, Lkw)* land carriage (or conveyance); *(im Ggs. zum Seetransport)* overland transport; **~verkehr** land transport; inland transport; **~vermessung** land survey

Landweg, Transport auf dem ~ overland transport(ation); transport by land; **auf dem ~ →befördern**

Landwirt farmer; agriculturist; **→Altershilfe für ~e; Einkommensbeihilfen für ~e** income support for farmers

Landwirtschaft agriculture; farming; **im großen betriebene ~** large scale farming; **~ in →Berggebieten; Land- und Forstwirtschaft** agriculture and forestry; **in der ~ tätige Arbeitskräfte** agricultural working force; labo(u)r force engaged in agriculture; **Einkünfte aus der ~** farm(ing) income; income from agriculture; **Lage der ~** agricultural situation

Landwirtschafts~, ~ausstellung agricultural show (or exhibition); **~behörden** agricultural authorities; **~kammer** Chamber of Agriculture; **~minister** Minister (*Am* Secretary) of Agriculture; **~politik** agricultural (or farm) policy; **~recht** agricultural law; **~sachen**[9] cases concerning the law for the protection of agriculture; **~schule** agricultural college

Landwirtschaft, aus der ~ ausscheiden (od. abwandern) to leave agriculture; **~ betreiben** to be engaged in agriculture (or farming)

landwirtschaftlich agricultural; **~ genutzt** used for agricultural purposes; **~ genutzter Boden** cultivated land; **~e Angestellte** persons employed in agriculture; **~er Arbeiter** →Landarbeiter; **~er Betrieb** agricultural establishment (or undertaking); farm (holding); **~es Erzeugnis** agricultural product (or produce); **~e Erzeugung** agricultural production; **~e →Genossenschaft; ~e Grundstoffe** agricultural commodities; basic foodstuffs; **~e Nutzung** agricultural utilization (or use); **~es →Pachtwesen**

landwirtschaftliche Tätigkeit agricultural activity; farming; **die ~ aufgeben** to leave farming, to retire from farming; **die ~ einstellen** to cease farming

landwirtschaftlich, ~es Unternehmen farm; agricultural enterprise; **~e →Verarbeitungserzeugnisse; ~es Vermögen** agricultural property; **dem ~en Zweck dienendes Zubehör** agricultural fixture

Land~, ~zuteilung assignment of land; **~zuwachs** accretion of land *(→Anschwemmung)*; **~zwang** →Land 2.

Land 2. *(Staat)* country, state *(innerstaatl. Gebietsteil) (BRD)* Land, state *(→Länder)*; **im ganzen ~** nation-wide; **→Ausfuhr~; →Bestimmungs~; →Durchfuhr~; →Einfuhr~; →Entwicklungs~; →Gläubiger~; →Heimat~; →Herkunfts~; →Schuldner~; →Verbands~**

Länder *(Gliedstaaten der BRD)* Länder, states (within the Federal Republic of Germany); **5 neue →Bundes~**
Baden-Württemberg, Bayern, Berlin, Brandenburg, Bremen, Hamburg, Hessen, Mecklenburg-Vorpommern, Niedersachsen, Nordrhein-Westfalen, Rheinland-Pfalz, Saarland, Sachsen, Sachsen-Anhalt, Schleswig-Holstein, Thüringen. Ost-Berlin wurde mit West-Berlin vereinigt.
Baden-Wuerttemberg, Bavaria, Berlin, Brandenburg, Bremen, Hamburg, Hesse, Mecklenburg-Western Pomerania, Lower Saxony, North-Rhine Westphalia, Rhineland-Palatinate, Saar, Saxony,Saxony-Anhalt, Schleswig-Holstein, Thuringia. East Berlin was reunited with West Berlin

Länder, Bund und ~ →Bund 2.; **am wenigsten →entwickelte ~**; **→leistungsschwache ~**; **neue ~** states that formerly made up East Germany *(→DDR)*; **→überseeische ~**; **→währungsschwache ~**; **~block** block of countries; **l~eigene Steuern** *(BRD)* taxes of the Länder; **~finanzausgleich** *(BRD)* financial equalization scheme between the Federal Government and the Länder *(→Finanzausgleich)*

Landfriedensbruch[10] breach (or violation) of the public peace; *Am* offenses against the laws relating to civil disorders and rioting

Landgemeinde *Br* rural parish; *Am* rural township

Landgericht (LG)[11] regional court; district court
Das Landgericht ist in erster Instanz zuständig für alle bürgerlichen Rechtsstreitigkeiten, die nicht den Amtsgerichten zugewiesen sind, sowie zur Aburteilung von Verbrechen. In zweiter Instanz ist es zuständig für Berufungen gegen die meisten Urteile der Amtsgerichte. Es entscheidet durch Kammern. Die Berufungsinstanz für die erstinstanzlichen Entscheidungen der Landgerichte ist das Oberlandesgericht.
The Landgericht has in the first instance jurisdiction in all civil litigation, apart from those matters which are assigned to the →Amtsgerichte, and in the more serious criminal matters (*→Verbrechen*). It also has appellate jurisdiction against most judgments passed by the →Amtsgerichte. It decides in divisions (*→Kammer für Baulandssachen, →Kammer für Handelssachen, →Strafkammer, →Zivilkammer*). Appeals from the decisions of first instance of the Landgerichte lie with the →Oberlandesgericht

Land~, ~kreis rural district; *Am* county; **~rat** chief administrative officer of a →Landkreis *(→Oberkreisdirektor)*

Landtag Parliament of a Land *(→Länder)*; Land Parliament; **~sabgeordneter (od. Mitglied des ~s, MdL)** member of a Land Parliament; Landtag deputy; **~swahlen** elections to the Landtag; Land parliamentary elections

Landzwang[12] disturbing the peace by threatening the commission of a crime endangering the public

Landes~, ~amt für Verfassungsschutz Land (or state) Office for the Protection of the Constitution; **~angehörige** nationals; **~anwaltschaft** →Staatsanwaltschaft with the courts of administrative jurisdiction; **~arbeitsamt** regional (or Land) employment office; **~arbeitsgericht**[13] Higher Labo(u)r Court; **~aufsichtsbehörde** supervising authority of a Land (or state); **~ausschüsse** Land (or state) Committees; **~bank** Land (or state) Bank; **~beamter** official of a Land (or state); **~behörden** Land (or state) authorities; **~brauch** national custom; custom of a country; **auf ~ebene** at the Land level; **l~eigen** state-owned; *(BRD)* owned by a Land; **~entwicklung** regional development; **~farben** national colo(u)rs; *(BRD)* colo(u)rs of a Land; **Oberstes ~gericht** *(Bayern)* Higher Bavarian Court; **~gesetz** law of a country; municipal law; national law; *(BRD)* statute of a German Land *(not of the →Bund)*; Land (or state) law; **~gesetzgebung** *(BRD)* Land (or state) legislation

Landesgrenze national border; frontier (of a country) *(BRD)* boundary of a Land (or state); **über die ~n hinaus** *fig* on a supranational basis

Landes~, ~gruppe der IHK[14] National Committee of the ICC; **~hoheit** territorial sovereignty; *(BRD)* sovereignty of a Land (or state); **~jugendamt** Land Youth Welfare Office; **~justizverwaltung** (LJV) Land administration of justice; **~kinderklausel** regulation providing for preferential treatment on the award of university places for candidates who reside in a Land and have attained their pre-entry qualification there; **~kriminalamt** Land (or state) Office of Criminal Investigation; **~liste** Land party list; **~minister** Minister of a Land (or state); **~mittel** funds of a Land (or state); **~planung** regional planning *(→Landesentwicklung, →Raumordnung)*; **~produkte** produce of the country

Landesrecht national law; *(BRD)* Land law, state law; **→Bundesrecht bricht ~**

Landes~, l~rechtliche Regelung *(BRD)* provisions of Land law; **~regierung** *(BRD)* government of a Land; state government; **~sitte** custom of the country; national custom; **~sozialgericht** Higher Social Court (appellate court for social security [and related] matters); **~steuern** Land (or state) taxes; **~strafrecht**[15] Land (or state) criminal law; **l~üblich** customary in a country; **l~üblicher Zins** usual (rate of) interest; **l~unmittelbare Körperschaften** *(BRD)* corporate bodies directly under a Land (or state); **~verfassungsgericht** Land (or state) Constitutional Court *(→Staatsgerichtshof)*; **~vermessung** topographic survey; *Br* Ordnance Survey

Landesverrat[16] treason (against the external security of the State) *(→Hochverrat)*; **~ begehen** to commit treason

Landes~, **~verräter** traitor (to one's country); **l~verräterisch** treasonable; **~verräterische →Agententätigkeit**; **~versicherungsanstalt** (LVA)[17] Regional Insurance Institution *(→Arbeiterrentenversicherung)*; **~versorgungsamt** Land (or state) War Pension Office; **~verteidigung** national defence (defense); **~vertretung** *(beim Bund)* permanent representation of a Land with a Federal Government; **~verwaltungsgericht** Administrative Court of a Land (or state); **~verweisung** expulsion (of an alien)

Landeswährung national currency; local currency; **in ~ umrechnen** to convert into national currency

Landes~, **l~weiter Streik** nation(-)wide strike; **~zentralbank** (LZB)[18] *(Bundesbankzweiganstalt)* Land (or state) central bank; *Am (etwa)* Federal Reserve Bank

Landeerlaubnis permission to land; **Erteilung der Anlauf- bzw. ~ an ein Schiff oder Luftfahrzeug**[19] granting of free pratique to a ship or an aircraft

Lande~, **~flughafen** airport of arrival; **~gebühren** landing charges; **~hafen** port of call; **~platz** *(Schiff)* landing place; *(Flugzeug)* landing ground; landing strip; **~verbot** landing prohibition; ban on landing

landen to land; **zu nichtgewerblichen Zwekken ~** to land (or make stops) for nontraffic purposes

Landung landing; **unvorhergesehene ~** unscheduled landing; **ein →Hoheitsgebiet ohne ~ überfliegen**; **~en zu nicht gewerblichen Zwecken vornehmen** to make stops for nontraffic purposes

lang long; **nach ~en Jahren** after many years; **~er →Samstag**; **auf ~e →Sicht**; **~e Strecke** long haul; **seit ~er Zeit bestehend** of long standing; **vor ~er Zeit** a long time ago

langfristig long-dated, long-term, on a long-term basis; *Am* long-run; **~e →Einlagen**; **~ angelegtes Kapital** long-term capital investment; **~er →Kredit**; **~e Miete** long(-dated) lease; **~e Verbindlichkeiten** long-term (or fixed) liabilities; **~er Vertrag** long-term contract; **~** →anlegen

langjährig long-standing; **~er Gesellschafter** partner for many years (or of long standing); **~ wohnhaft sein** to be a long-term resident

langlaufende Termingelder long-term time deposits

Langläufer longs; long-dated securities

langlebig long-lived; **~e (Gebrauchs-)Güter** durable goods, (consumer) durables; **~e Wirtschaftsgüter** long-lived assets

Langlebigkeit longevity

Langstrecken~, **~flug** long haul (or long-distance) flight; **~flugzeug** long-haul (or long-range) aircraft; **~fracht** long-haul freight (or cargo); **~rakete** long-range missile; **~verkehr** long-haul (or long-distance) traffic (or transport); **im ~verkehr** *(Flugzeug)* on long-haul operations

langwierige Verhandlungen lengthy negotiations

Langzeit~, **~arbeitslose** long-term unemployed; **~arbeitslosigkeit** long-term unemployment; **~urlaub** a long period off work (allowed for rest, study etc); **~wirkung** long-term effect

Länge length; **~ der Dienstzeit** term of service; **in die ~ ziehen** to extend, to prolong; to draw out

länger longer; **~fristiger Kredit** longer-term loan; **~ dauern** to take some time

Längs, **von ~markierungen begrenzte Fahrbahnen** lanes indicated by longitudinal markings; **l~seits** alongside; **die Ware l~seits Schiff liefern** to deliver the goods alongside ship

langsam slow; *(planmäßig)* **~ arbeiten** *Br* to work to rule; to go slow; to work according to the book *(→Bummelstreik)*; **~ fahren** to drive slowly; **~er fahren** to slow down

längst, **~ →fällig**; **bis ~ens ein Jahr** not exceeding a year

Laos Laos; **die Laotische Demokratische Volksrepublik** the Lao People's Democratic Republic

Laote, Laotin, laotisch Lao

Lärm noise; **ruhestörender ~** disturbing noise; **~bekämpfung** noise abatement; **~belästigung** noise pollution; **~exposition** exposure to noise; **~pegel** noise level; **~schutzwand** noise protection wall; **~ verursachen** to cause noise

Last load; charge; burden; encumbrance; **→Ausgaben~**; **→Beweis~**; **→Nutz~**; **→Schulden~**; **→Steuer~**; **finanzielle ~** financial burden; **öffentliche ~** public charge; **~anhänger** goods trailer; *Am* freight trailer; **~fahrzeug** →Lastkraftwagen; **~kahn** barge

Lastkraftwagen (Lkw) *(s. auch →Lkw)* goods vehicle; *Br bes.* lorry; van; *Am* truck; **~ für den Fernverkehr** long-distance lorry (or truck); **→Fahrverbot für den ~verkehr**; **→Güterverkehr mit ~**; **~fahrer** →Lkw-Fahrer; **per ~**

transportieren to transport by lorry; *Am* to truck

Lastschrift debit entry; **~anzeige** debit note; *Am* debit memo(randum); **~verfahren** direct debiting; debit charge procedure; **~verkehr** direct debiting transactions

Lastwagen →Lastkraftwagen

Lastzug *(miteinander verbundene Fahrzeuge)* tractor-trailer unit; *Am* trailer truck

Last, der Öffentlichkeit zur ~ fallen to be a charge on public funds; to be a burden on the community; **Verzögerung, die ihm nicht zur ~ gelegt werden kann** delay not imputable to him

Lasten burdens, encumbrances; **auf ~ der Pachtsache** *(keine Grundpfandrechte sondern z. B. Steuer- u. Kanalisationslasten)* burdens on the leased property

Lasten, zu ~ von at the expense of; **zu ~ des Verkäufers** at the expense of the seller; for seller's account; **die Kosten gehen zu ~ des Käufers** the costs shall be borne by the buyer

Lastenausgleich[20] equalization of burdens; **~sabgabe** equalization of burdens levy; **~sfonds** Equalization of Burdens Fund

lastenfrei free from encumbrances; unencumbered; *Am* clear

Lastenhefte →Ausschreibungsunterlagen

Lastenteilung burden-sharing

Lastentragung *(e-r Sache od. e-s Rechts)* bearing the charges *(upon a thing or a right)*

Lastenverteilung, gerechte ~ equitable distribution of the burden

lästig burdensome; *(hinsichtl. rechtl. Verpflichtungen)* onerous; **~er Ausländer** undesirable alien; **~e Bedingung** onerous clause

Lateinamerikanisches Wirtschaftssystem (SELA) Latin American Economic System

latente Steuern deferred taxes

Lauf *(Verlauf)* course; *(Laufzeit)* running; →**Lebens~**; →**Wasser~**; **~ der Ereignisse** course of events

Lauf e-r Frist running of a period (of time); running of time; **der ~ beginnt** the period begins to run; **der ~ ist unterbrochen** the running of time is suspended

Lauf, ~ der Gerechtigkeit course of justice; **im ~e des Verfahrens** in the course of the proceedings

Laufbahn career; **~ im Staatsdienst** career in public service; civil service career; **~strafe** disciplinary penalty (imposed by a →Disziplinargericht) affecting the status of a civil servant; **e-e ~ einschlagen** to enter upon a career

Lauf~, ~index ticker; **~karte** *(für Arbeitsvorbereitung)* route card, operation card; job process card; **~kunde** chance customer

Laufzeit term, duration; currency; life; maturity; **~sverzicht** *Am (PatR)* terminal disclaimer; **Abkommen mit unbegrenzter ~** agreement for an indeterminate period; **Anleihen mit e-r ~ bis 5 Jahre** bonds with maturities of up to 5 years; **Wechsel mit e-r ~ von höchstens 3 Monaten** bills having maturity dates not exceeding 3 months; **~ e-s Abkommens** duration (or currency) of an agreement; **~ e-r Anleihe** term (or period, duration) of a loan; **~ e-s Darlehens** maturity (or term) of a loan; **~ e-r Frist** running of a period (of time); **~ e-r Hypothek** mortgage term; **~ e-s Mietvertrages** life (or duration, currency) of a lease; **~ e-s Patents** life(time) of a patent; **~ des →europäischen Patents**; **~ e-s Vertrages** term of a contract; **während der ~ des Vertrages** for the duration of the contract; **~ e-s Wechsels** currency (or life, tenor) of a bill of exchange; term of a bill; **~ der Zinsen** running of the interest; **das Abkommen hat e-e ~ von ...** the agreement is for ...

laufend running; **~e Abrechnung** current (or running, continuous) settlement (or account); **~e** *(gewohnheitsmäßige)* **Arbeiten** routine work; **~e →Aufwendungen**; **~e Ausgaben** current expenses; **~er Betrieb** going concern; **~e →Einnahmen**; **~e →Geschäfte**; **~e →Geschäftsangelegenheiten**; **~er →Geschäftsverkehr**; **~e Inventur** continuous stocktaking; **~er Kredit** standing credit; **~e und einmalige Leistungen** *(z. B. der Sozialhilfe)*[21] regular and non-recurring benefits; **~e Nummer** serial number; **~e Police** *(VersR)* floating policy; **~e Rechnung** current account; **~e Verpflichtungen begleichen** to meet current liabilities

laufend, jdn auf dem ~en halten to keep sb. (currently) informed (or up-to-date); **jdn über den Fortgang auf dem ~en halten** to inform sb. of one's progress; **auf dem ~en sein** to be up to date

Lauschoperation wiretapping; (electronic) surveillance; bugging; **e-e ~ unternehmen** to intercept (sb.'s) telephone calls, to bug (a room, etc)

laut according to, in accordance with; (as) per; **~ Vertrag** in accordance with the contract

lauten to run, to read; to be made out; **der Absatz lautet** the paragraph reads; **auf fremde Währung ~** to be expressed in foreign currency

lautend, **auf Dollar ~e Schuldverschreibungen** bonds denominated in dollars

lauter, **~e Werbung** fair competition; **Grundsätze ~er Werbung gegenüber dem Verbraucher** rules of advertising ethics vis-à-vis the consumer; **den Grundsätzen des ~en Wettbewerbs zuwiderlaufendem Verhalten entgegenwirken**[22] to prevent conduct violating the principles of fair competition

Lauterkeit, **Richtlinien für die ~ in der Werbung** code of standards of advertising practices[23]; **~sregeln** rules of fair trading

Lautsprecherübertragung[23a] transmission by loudspeaker

lawinenartig anwachsen to snowball; to grow quickly in size (or importance)

Leasing *(mietähnliche Überlassung von Investitionsgütern durch Finanzierungsinstitute und ähnliche Unternehmen sowie neuerdings Überlassung oder Vermittlung von Personen)* leasing; **Finanzierungs~** finance (or financial) leasing; **grenzüberschreitendes ~** cross-border leasing; **~antrag** application for leasing; **~dauer** leasing period; **~geber** *(Vermieter)* lessor; **~gesellschaft** leasing company; **~nehmer** *(Mieter)* lessee; **~raten** leasing instalments; rental payments; **~vertrag** leasing agreement (or contract); **~zins** rent under lease

leben to live; →**getrennt ~**; **über seine →Verhältnisse ~**; **von seinem Vermögen ~** to live on one's capital

lebend living; alive; **Schenkung unter L~en** lifetime gift; donatio inter vivos; **L~geburten** live births; **L~gewicht** live weight; **~es Inventar** livestock; **Erhaltung der ~en Schätze des Meeres sowie der Tier- und Pflanzenwelt** conservation of living marine resources and of wildlife

Leben life; →**eheliches ~**; **Schutz des menschlichen ~s auf →See**; **öffentliches ~** public life; **Persönlichkeit des öffentlichen ~s** public figure; well-known personality; **Rente auf verbundenes ~** annuity on joint lives

Lebens~, **~alter** (period of) life; **~arbeit** life work

Lebensbedarf necessaries; necessities of life

Lebensbedingungen, **Verbesserung der ~** improvement of living conditions

Lebensbedürfnisse, **die ~ befriedigen** to meet (the) essential needs

Lebensbescheinigung certificate of existence (of pension recipient); certificate stating that a person is alive

Lebensdauer duration (or length) of life; *(Nutzungsdauer)* useful life; *(e-s Geräts)* durability; *(e-r Maschine)* (working) life; →**durchschnittliche ~**; **mittlere ~** average life span; **unbegrenzte ~** continuity of life

Lebens~, **~erfahrung** experience of life; **~erinnerungen** memoirs

Lebenserwartung expectation of life; life expectancy; **mittlere ~** average expectation of life; **wahrscheinliche ~** *(VersR)* probable duration of life

lebensfähig viable; able to survive; **wirtschaftlich ~** economically viable

Lebens~, **~fähigkeit** viability; ability to survive; **~fremdversicherungsvertrag** contract on the life of a third party; **~führungskosten** →Lebenshaltungskosten

Lebensgefahr danger to life, mortal danger; **in ~** in peril of one's life; **unter ~** at the risk of one's life

Lebens~, **l~gefährlich** dangerous to life; perilous; **~gefährte (~gefährtin)** companion (or partner) in (or for, through) life; cohabitant cohabiter

Lebensgemeinschaft, **eheliche ~**[23b] (marital) cohabitation; *Am* conjugal community; →**nichteheliche ~**; **Wiederherstellung der ehelichen ~** restitution of conjugal community; **die eheliche ~ aufgeben** to terminate (or bring to an end) the (matrimonial) consortium; to separate; **die Ehegatten sind einander zur ehelichen ~ verpflichtet** cohabitation is a marital duty; **die eheliche ~ wiederherstellen** to resume (marital) cohabitation *(→eheähnliche Gemeinschaft)*

Lebensgrundlage basis of existence

Lebenshaltung standard of living; **angemessene ~** fair (or reasonable) standard of living; **Hebung (od. Verbesserung) der ~** rise in the standard of living

Lebenshaltungskosten cost of living; **Anstieg der ~** increase in the cost of living *(→Lohnangleich)*; **~index** cost-of-living index; **~zulage** cost of living allowance (or bonus); **die Löhne den ~ angleichen** to adjust wages to the cost of living; **die ~ steigen** the cost of living is rising

Lebenshaltungspreisindex cost of living index; *Br* general index of retail prices (or Retail Price Index [R.P.I.]); *Br* Consumer's expenditure deflator; *Am* consumer price index *(CPI)*

Lebensinteressen vital interests; **Mittelpunkt der ~** *(SteuerR)* centre (center) of vital interests

Lebensjahr, nach Vollendung des 18. ~es after attaining the age of 18 years; **das 50. ~ vollendet haben** to have reached the age of 50 years

Lebenslage situation (in life); **Sozialhilfe in besonderen ~n** social welfare assistance to meet special contingencies in life

lebenslänglich for life; **~e Anstellung** *Br* life tenure; **~e Freiheitsstrafe** life imprisonment; imprisonment for life; life sentence; **~e Rente** life annuity

Lebenslauf curriculum vitae; life history; personal record; **e-n ~ abfassen (od. aufsetzen)** to draw up a curriculum vitae

Lebensmittel foodstuffs, groceries, victuals, provisions; **abgepackte ~** pre-packed (or prepackaged) foods; **verarbeitete ~** processed foods; →**verderbliche ~**; **~bedarf** food requirement; **im ~bereich** in the foodstuffs sector; **~bestrahlung** foodstuff irradiation; **~bewirtschaftung** food rationing; **~branche** food trade, grocery trade; **~etikettierung** labelling of foodstuffs; **~fälschung**[24] adulteration of food; **~geschäft** *Br* grocer's (shop); grocery store (or shop); **~gesetz**[25] Food Act; Law on Food Products; **~großhändler** wholesale grocer; **~handel** grocery trade; **~händler** grocer; **~hersteller** food manufacturer; **~industrie** food (manufacturing) industry; **~kennzeichnung** description of foodstuffs; **~kettenfirma** food chain (store); **~knappheit** food shortage; scarcity of food products; **~kontrolle** →Lebensmittelüberwachung; **~lieferant** supplier of grocery goods; **~messe** food fair; **~preise** prices of foodstuffs; **~recht** law relating to food and drugs; **~technologie** food technology; **~überwachung**[26] inspection of foodstuffs; **~verfälschung** adulteration of foodstuffs; **~vergiftung** food poisoning; **~verkauf** sale of foodstuffs; **~verseuchung** food contamination; **~vorräte** food stocks; **~zusatzstoffe** food additives *(→Reinheitskriterien)*

Lebensmittel, ~ bestellen to order groceries; **~ einkaufen** to buy (or purchase) groceries (or food); **~ fälschen** to adulterate foods

lebensnotwendig vital; **~er Bedarf** vital requirement; necessaries; necessities of life; **~e Güter** essential goods; **nicht ~e Güter** nonessentials

Lebens~, ~qualität *(Sinn und Inhalt des Lebens)* quality of life; **~raum** living space; **~raum für bedrohte Pflanzen- und Tierarten** habitat of threatened species of plants and animals

Lebensrente life annuity; pension for life; **Empfänger(in) e-r ~** life annuitant

Lebensrettung life(-)saving

Lebensstandard living standard, standard of living; **niedriger (hoher) ~** low (high) living standard (or standard of living); **steigender ~** rising living standard; **Sinken des ~s** decline in (the) living standard; **Steigen des ~s** rise in (the) living standard

Lebensstellung *(Anstellung [od. Ernennung] auf Lebenszeit)* appointment for life; permanent position; **e-e selbständige ~ erlangen** to attain an independent position in life; to set oneself up independently in life

Lebensunterhalt subsistence, livelihood, living expenses *(→Unterhalt)*; **notwendiger ~** minimum subsistence level; **zur Bestreitung des ~s angemessener Lohn** adequate living wage; **ihm fehlen die zum ~ notwendigen Dinge** he lacks the necessities of life; **seinen ~ verdienen** to earn (or gain) one's livelihood; to make one's living

Lebensverhältnisse, jds ~n entsprechend in accordance with sb.'s standard of living

Lebensverlängerung, künstliche ~ artificial prolongation of life

Lebensvermutung presumption of life *(s. amtliche →Todeserklärung)*

Lebensversicherer →Lebensversicherungsgesellschaft

Lebensversicherung life insurance, *Br* life assurance *(→Erlebensfallversicherung, →Fremdversicherung, →Kapitalversicherung, →Todesfallversicherung)*; →**Groß~**; →**Klein~**; →**Rückkaufe-r ~**; →**Wiederherstellung e-r ~**; **abgekürzte ~** *(auf den Todes- und Erlebensfall)* combined life and endowment insurance *(Br assurance)*; **voll eingezahlte** *(d. h. in Zukunft prämienfreie)* **~** paid-up life insurance; **fondsgebundene ~** fund-linked insurance *(Br assurance)*; **gemischte ~** s. abgekürzte →Lebensversicherung; **verbundene ~ (od. ~ auf verbundene Leben)** joint lives insurance *(Br assurance)*; joint life policy; **~ mit festem Auszahlungszeitpunkt** term insurance; **~ auf den Erlebensfall** endowment insurance *(Br assurance)*; **~ mit Gewinnbeteiligung** *(des Versicherungsnehmers)* life insurance with profits; participating (life) policy; **~ ohne Gewinnbeteiligung** life insurance without profits; **~ mit steigenden od. fallenden Prämien** *(während der Laufzeit der Versicherung)* step-rate premium insurance; **~ auf den Todesfall** whole life insurance *(Br assurance)*; *Am* ordinary (or straight) life insurance

Lebensversicherungs-Aktiengesellschaft joint stock life insurance company

Lebens- und Sachversicherungsgeschäft life and non-life insurance business; **das ~versi-**

cherungsgeschäft betreiben to transact life insurance (*Br* assurance) business

Lebensversicherungsgesellschaft life insurance (*Br* assurance) company; *Br* life office; **~ auf Gegenseitigkeit** mutual life insurance (*Br* assurance) company; *Am (auch)* mutual life society; *(Australien)* mutual life assurance society; **~ auf Aktien- und Gegenseitigkeitsbasis** *(z. B. in Australien)* mutual and proprietary life office

Lebensversicherungs~, **~police** life insurance policy; **gebrauchte** *(vor Ablauf verkaufte)* **~police** traded endowment policy (TEP); **~prämie** life insurance premium; **e-n ~vertrag abschließen** to take out (or effect) a life insurance (*Br* assurance) contract

Lebenswandel conduct, life; **e-n ehrlosen ~ führen** *(z. B. für Pflichtteilsentziehung)*[27] to lead a disreputable life; to conduct oneself disreputably

lebenswichtig vital (für to); vitally important, of vital importance; **~er Bedarf** essential supply; **~e Güter** essential commodities, essentials

Lebenszeit lifetime; **auf ~** for life; during (or for) sb.'s natural life; **auf ~ e-s Dritten** per autre vie; →**Beamter auf ~**; **Pension auf ~** pension for life, life pension; **auf ~ angestellt** appointed for life; **auf ~ ein Amt innehaben** to hold office for life

Leben, **am ~ bleiben** to stay alive; to survive; **sein ~ bei e-r Gesellschaft versichern** to insure (*Br* assure) one's life with a company

lebhaft, **~e Diskussion** animated discussion; **~ gehandelte Effekten** active securities; **bei ~em Geschäft** *(Börse)* in active trading; **~er Handel** brisk trade; **~es Interesse** keen interest; **~e Nachfrage** buoyant demand

Lebzeiten, **zu ~ von** during the life of; **Schenkung zu ~** lifetime gift; gift inter vivos

Leckage *(Ausfließen flüssiger Ladung)* leakage; **~ und Bruch** leakage and breakage

Leder~, **~industrie** leather industry; manufacture of leather; **~warenindustrie** leather goods industry, manufacture of leather products

ledig *(unverheiratet)* single, unmarried

leer empty; vacant; *(unbeschrieben)* blank; **~stehendes Gebäude** vacant (or unoccupied) building; **~ ausgehen** →ausgehen 4.; **~ zurück** returned empty

Leer~, **~aktien** shares not fully paid (up); **~fahrt** unladen run; **~flug** empty flying; **~fracht** dead freight; **~gewicht** tare; *(e-s Fahrzeugs)* unladen weight

Leergut empties; **verbilligter Frachtsatz für ~** *Am* returned shipment rate; **~rücksendung** return of empties

Leer~, **~lauf** *(e-r Maschine)* running idle; *fig* idleness; time (or energy) wasted; **~packung** dummy, sham package; **~übertragung** *(e-r Firma)*[28] transfer of a firm name without the business

Leerverkauf *Br (Börse) bes.* bear sale; short sale; *(Investmentfonds)* selling short; **e-n ~ tätigen** to sell short; to undertake a short sale

Leer~, **~verkäufer** *Br bes. (Börse)* bear seller; short seller; **~wechsel** →Finanzwechsel

legal legal, legitimate; **L~definition** legal (or statutory) definition; **L~zession** (cessio legis)[29] assignment (or subrogation) by operation of law

Legalisation legalization; **Befreiung ausländischer öffentlicher Urkunden von der ~**[30] abolishing the requirement of legalization for foreign public documents; →**Europäisches Übereinkommen zur Befreiung der von diplomatischen od. konsularischen Vertretern errichteten Urkunden von der ~**

legalisieren to legalize

Legalität legality; **~sprinzip**[31] principle of legality; principle according to which prosecution of an offence (offense) is mandatory for the →Staatsanwalt *(Ggs. Opportunitätsprinzip)*

Legat →Vermächtnis

Legislative legislature; legislative power

Legislaturperiode legislative period; lifetime of a Parliament; *Am* session of legislature

legitim legitimate; **~e Rechte** legitimate rights

Legitimation 1. *(Berechtigungsausweis)* legitimation; evidence of authority; proof of identity; →**Aktiv~**; →**Passiv~**; **~spapier**[32] title- evidencing instrument; *(Ausweispapier)* identification paper; **~sübertragung** *(AktienR)* transfer of the right to vote to a third person

Legitimation 2. ~ nichtehelicher Kinder legitimation of illegitimate children; **~ durch nachfolgende Ehe**[33] legitimation by subsequent marriage; **~ durch Ehelicherklärung**[34] legitimation by declaration of legitimacy

legitimieren *(für legitim erklären)* to legitimate; *(jdn berechtigen)* to authorize; **sich ~** to prove one's identity; **ein nichteheliches Kind ~** to legitimate an illegitimate child

legitimiert authorized; **aktiv ~** →Aktivlegitimation; **passiv ~** →Passivlegitimation

Legitimierung legitimation; proof of identity

Legitimität legitimacy

Lehr~, **~amt** teaching (profession); teaching position; **~anstalt** educational establishment (or institution); **~auftrag** *univ* teaching assignment, lectureship; **~befugnis** licen|ce (~se) to teach; **~beruf** *(für Lehrer)* teaching profession; *(für Auszubildende)* →Ausbildungsberuf; **~betrieb** →Ausbildungsstätte; **landwirtschaftlicher ~betrieb** training farm; **~brief** →Gesellenbrief

Lehre teaching; doctrine; science; *(Ausbildungszeit)* apprenticeship, training; **in der ~ (befindlich)** apprenticed; articled *(→Ausbildung)*

Lehrer teacher; **~fortbildung** further education of teachers; **~mangel** shortage of teachers; **~überschuss** surplus of teachers

Lehrfreiheit[35] freedom of teaching

Lehrgang course, educational (or training) course; **Durchführung e-s ~s** conducting (or holding) a course; **~steilnehmer** participant in a course; trainee

Lehr~, **~herr** →Ausbildender; **~jahr** year of apprenticeship; **~kraft** teacher; **~kräfte** teaching staff

Lehrling[36] *(jetzt: →Auszubildender)* apprentice; *(im nicht handwerklichen Beruf)* trainee; **~sausbildung** apprenticeship, training; **~srolle**[37] *(von der →Handwerkskammer geführtes Verzeichnis)* register of apprentices; **~e ausbilden** to train apprentices

Lehrmaterial pedagogic material[38]; **~ zur vorübergehenden Einfuhr zulassen** to grant temporary admission to educational material

Lehr~, **~mittel** teaching aids; educational materials; **~plan** syllabus; curriculum

Lehrstelle apprenticeship place; **~nbewerber** applicant for an apprenticeship; **~nmarkt** apprenticeship market

Lehrstuhl chair; **~inhaber** holder of a chair; **Innehaben e-s ~s** tenure of a chair; **Ruf auf e-n (unbesetzten) ~** call to a (vacant) chair; **jdn auf e-n ~ →berufen**; **e-n ~ errichten** to establish a chair (für in)

Lehr~, **~tätigkeit** teaching; **~verhältnis** →Berufsausbildungsverhältnis; **~vertrag** →Berufsausbildungsvertrag; **~werkstatt** apprenticeship workshop; training centre (center) for →Auszubildende; **~zeit** →Ausbildungsdauer

Leibes~, **~erbe** heir of the body; **~frucht**[39] unborn child; nasciturus; child en ventre sa mère; foetus; **~visitation** body (or personal) search; **jdn e-r ~visitation unterziehen** to subject sb. to personal search

Leibgedinge agreement reserving to the outgoing farmer special rights

Leibgedinge wird die bei Übergabe eines landwirtschaftlichen Anwesens an den Übernehmer übliche lebenslange Versorgung des Übertragenden (Wohnung, Kost etc) genannt.
"Leibgedinge" is the name given, in the case of a farm transfer, to a customary lifelong maintenance allowance (dwelling, food etc) provided for the outgoing farmer by his successor.

Leibrente[40] (life) annuity; **~nempfänger** (life) annuitant; **~nversprechen** promise to pay an annuity; **~nvertrag** contract of annuity
Ein Vertrag, durch den sich jemand verpflichtet, einem anderen für die Lebensdauer des Gläubigers regelmäßig wiederkehrende Leistungen zu erbringen.
A contract by which someone agrees to make regular payments to the creditor for the remainder of his life.

Leibwächter bodyguard

leiblich, **~e Eltern** *(des Adoptivkindes)* natural parents; **das ~e oder geistige Wohl des Kindes gefährden**[41] to endanger the moral or physical welfare of the child

Leiche corpse; (dead) body

Leichen~, **~ausgrabung** exhumation (of a body); *(gerichtl.)* **~beschauer** coroner; *Am (auch)* medical examiner; **~bestatter** undertaker; *Am (auch)* mortician; **~entwendung** body-snatching; **~flecken** postmortem lividity; **~fledderei** robbing the dead; **~fund**[42] finding the dead body of an unknown person; **~öffnung**[43] *(äußere)* post- mortem examination; *(innere)* autopsy; **~raub** body-snatching; **~räuber** body-snatcher; **~schänder** desecrator of dead bodies; **~schändung** desecration of a corpse; necrophilism; **~schau** coroner's inquest; **~starre** rigor mortis, stiffness of death; **~verbrennung** cremation

leicht easy; **~ beschädigt** slightly damaged; **~ erreichbar** easily accessible; **~fertig** reckless; **~ verderblich** perishable; **~ verdientes Geld** easy money; **~ verkäuflich** easy to sell; easily saleable

leichte →Fahrlässigkeit

Leicht~, **~bau** light (weight) construction; **~fertigkeit**[44] recklessness; hazardous negligence; **~gläubigkeit ausnutzen** to take advantage of (someone's) credulity; **~gut** light cargo; **~industrie** light industry; **~metallindustrie** light metal industry; **~wasserreaktor** light water reactor

Leichter lighter; **~ etc. Klausel**[45] craft etc. clause; **Frachtschiffe mit ~n an Bord** lighter aboard ship; **Transport durch ~** lighterage; **~gebühr (od. ~lohn)** lighterage; **~miete** lighterhire; **~schiffer** lighterman

Leichterung *(e-s Schiffes)* lighterage; lightering; **~skosten** lighterage charges

Leiden, **altes ~** *(VersR)* previous illness

leider müssen wir Ihnen mitteilen we regret (or we are sorry) to inform you

Leihanstalt →Pfandleihanstalt

Leiharbeit temporary work, temporary (or loan) employment; **~nehmer** loaned employees; **~sfirma (od. ~sunternehmen)** temporary employment agency; **~skräfte** hired labo(u)r; **~sverhältnis** temporary employment relationship *(→Arbeitnehmerüberlassung, →Entleiher, →Verleiher)*; **~svertrag** contract regarding the hiring out of a temporary worker

Leiharbeiter, **~ (od. Leiharbeitnehmer)** temporary worker(s) (or employees); hired labo(u)r; **unerlaubt verliehener ~** temporary worker hired out unlawfully; **Beschäftigung von ~n** employment of temporary workers; **Überlassung (od. Verleihung) von ~n an e-n Entleiher** hiring (out) of temporary workers to a hirer; **~ sind der Aufsicht und Anleitung des Entleihers unterworfen** temporary workers are subject to the supervision and under the direction of the borrowing employer; **der Verleiher darf e-n ~ höchstens 3 aufeinanderfolgende Monate überlassen** the agency (hirer-out) must not hire out a temporary worker to a hirer for more than 3 months in succession; **als ~ dem Entleiher überlassen (od. verliehen) werden** to be hired out as temporary worker to the hirer

Leih~, **~bücherei** lending library; *Am (auch)* rental library; **~frist** lending period; **~gabe** *(für Ausstellungen)* loan; **als ~gabe geben** *Br* to lend; *Am* to loan; **~gebühr(en)** lending fee(s), rental(s); **~haus** →Pfandleihanstalt; **~kapital** →Fremdkapital

Leihmutter surrogate mother; **Baby von e-r ~** surrogate baby; **~mutterschaft** surrogacy, surrogate motherhood

Leih~, **~schein** pawn ticket; *(Bibliothek)* library ticket; **~vertrag** contract of loan for use; **~wagen** *Br* hire car; *Am* rented car; **~wagenunternehmen** car rental firm; **l~weise** as a loan; on loan; **~zins** interest rate on a loan

Leihe[47] loan for use, gratuitous loan; lending (free of charge) *(→Entleiher, →Leihvertrag)*; **die ~ kündigen**[48] to terminate the loan

Leihen und Ausleihen von Geld borrowing and lending of money

leihen *Br* to lend; *Am bes.* to loan; **sich ~ von** *(entleihen)* to borrow from

geliehen, **~es Geld** borrowed money; **~e Sache** lent (*bes. Am* loaned) article; *(entliehen)* borrowed article *(→Entleiher)*

leisten to do, to perform, to render; **Arbeit ~** to do (or perform) work; →**Bürgschaft ~**; **Dienste ~** to render services; →**Widerstand ~**; **Zahlung ~** to make payment

Leistende (der/die) *(bei Dienstleistung)* the person providing (or supplying) a service

Leistung 1. performance, achievement; merit; (Versicherungsleistung) benefit *(→Leistung 2.)*; (Arbeits-, Produktionsleistung) output; *(Leistungsstand)* efficiency; (Dienstleistung) service; *(das bisher Geleistete)* record; **auf Grund seiner besonderen ~en** due to his outstanding efficiency; **die empfangenen ~en zurückgewähren** *(beim Rücktritt vom Vertrag)*[49] to restore what has been received in performance of the contract; **entgeltliche ~en** services which are to be compensated; **entgeltliche ~ von Diensten** sale of services; **erbrachte ~en** services provided; **im wesentlichen erbrachte ~**[49a] substantial performance; **zu erbringende ~** service to be provided; **erfinderische ~** creative act; **fachliche ~** professional achievement; **künftig fällig werdende ~** performance due on a future date; **geschuldete ~**[50] obligation (or duty) owed by the debtor; **gewerbliche ~en** commercial services; **die jdm obliegende ~** sb.'s obligation; **soziale ~en** social benefits; **teilbare ~** divisible performance; **überragende ~** outstanding achievement (or performance); **vergangene ~en** (personal) record; →**vermögenswirksame ~en**; **regelmäßig wiederkehrende ~en** periodic performances; performances at regular intervals; **wirtschaftliche ~** economic performance; **zusätzliche ~en** *(des Arbeitgebers)* fringe benefits

Leistung, →**Arbeits~**; →**Eides~**; →**Gegen~**; →**Höchst~**; →**Mindest~**; →**Produktions~**; →**Schul~en**; →**Sicherheits~**; →**Stunden~**; →**Tages~**; **Versicherungs~** →Leistung 2.

Leistung, **~ durch e-n Dritten**[51] performance by a third party; **~ der Einlage(n)** →Einlage 2.; **~ der Entschädigung** →Entschädigungsleistung; **~ an** →**Erfüllungs Statt**; **~ als Erfüllung anbieten**[52] to offer a (substituted or defective) performance in fulfilment of an obligation; **~ des vertraglich Geschuldeten** specific performance; **~en der Gesellschafter** contributions of shareholders; **~ e-r Sicherheit** furnishing a security; **~ Zug um Zug** contemporaneous performance

Leistung, **e-e ~ ausführen** to effect a performance; **~en erbringen** to render (or perform) services; to effect performance; **von der Verpflichtung zur ~ frei werden** to be released from the obligation to perform; **Beförderungen sollen sich nach der ~ richten** promotions should be based on performance (or output); **die ~ steigern** to improve (or raise) the performance; *colloq.* to pep up performance; **an**

~ übertreffen to outperform; **die ~ verweigern** to refuse performance

Leistungs~, **~abfall** decline in performance; **~anforderungen** requirements of performance; **~angebot** *(bei Ausschreibungen)* tender, *Am* bid; **~austausch** *(z. B. zwischen 2 Gesellschaften)* exchange of goods and services; **~beschreibung** specification of services; **~beurteilung** *(von Beamten od. Angestellten)* merit rating; efficiency (or performance) rating; performance appraisal; **~bewertung** assessment of performance; efficiency rating; output evaluation; **l~bezogene Bezahlung** merit pay; **~bilanz** →Bilanz 2.; **~druck** pressure to produce results; **~einheit** production unit; **~einkommen** factor income; **~empfänger** beneficiary; recipient of a performance; *(bei Dienstleistungen)* person to whom the services are supplied *(→Leistung 2.)*; **~entgelt** compensation for services rendered

leistungsfähig efficient; capable; productive; **nicht ~** inefficient; **~e Länder** financially strong states (*in BRD* Länder) *(→Ausgleichsbeiträge)*

Leistungsfähigkeit efficiency; capacity; *(e-r Institution)* operating effectiveness; →**betriebliche ~**; **finanzielle ~** financial capacity; financial standing; **körperliche ~** physical fitness; **steuerliche ~** taxable capacity; **wirtschaftliche ~** economic efficiency; **die ~ heben** to raise the efficiency

Leistungs~, **~garantie** *(Außenhandel)* performance bond (or guarantee, guaranty); **~gesellschaft** efficiency-orientated society; meritocracy; **~grad** level of performance (or efficiency); **l~hemmender Faktor** disincentive; **~klage** action for performance (or injunction) (action for judgment or order requiring defendant to do or refrain from doing something) *(opp. →Feststellungsklage, →Gestaltungsklage)*; **~kraft** *(e-s Unternehmens)* potential; efficiency; **~lohn** payment by result; incentive pay; wage based on output; **~lohnsystem** wage incentive plan; **~niveau** level of performance; **dem ~niveau nicht genügen** to be below standard; **l~orientiert** oriented towards achievement; performance-oriented; **~ort**[53] place of performance; **~pflicht** obligation to perform a contract (or to render services or to make a payment); **~prämie** incentive bonus; performance bonus; **~prinzip** performance (or merit) principle; **~prüfung** performance test; **~quotient** achievement quotient; **~regeln** rules of effective competition; **~schuldner** person obliged to effect a performance (or to render services); **~schutzrecht** *(UrhR)*[54] ancillary copyright; **l~schwache Länder** financially weak (or less efficient) states *(in BRD Länder)*; **~steigerung** increase in efficiency (or performance, output); **~störung** interference with (or impairment of the) performance of an obligation *(z. B. →Unmöglichkeit der Leistung, →Schuldnerverzug)*; **~test** achievement test; **l~unfähig** inefficient; **~unfähigkeit** inefficiency; **~urteil** judgment (passed in a →Leistungsklage) which obliges a party to perform or refrain from a certain act; **~verweigerungsrecht** right to refuse performance; **~verzug**[55] delay of performance; **~wettbewerb** non-price competition; *(bei Ausschreibungen)* competition for tender; **~zeit**[56] time of performance; **~zulage** merit bonus; merit increase; efficiency bonus

Leistung 2. (Versicherungsleistung) benefit; **~en an** benefits (payable) to; **~en an Hinterbliebene** survivors' benefits; **~en bei Invalidität** disablement (or invalidity) benefits; **~en bei Krankheit** sickness benefits; **~en bei Sterbefällen** death benefits; **einmalige ~** lump sum payment; **Geld~** cash benefit; **Mindest~** minimum benefit; **Sach~** benefit in kind; **sofortige ~** immediate benefit

Leistungsangebot benefit claim; benefits offered

Leistungsanspruch benefit claim; right (or entitlement) to benefits; **Feststellung des ~s** determining the right to receive benefits

Leistungs~, **~ausschluss** exclusion of benefits; **~berechtigter** person eligible for benefits; beneficiary; **~berechtigung** eligibility for benefits; **~betrag** rate (or amount) of the benefit; **~dauer** indemnity period; duration of the benefit; **~empfänger** recipient of benefits; beneficiary; **~gewährung** grant of benefits; **~pflicht** liability; **~tabellen** scale of benefits; **~zuschlag** *(knappschaftl. Rentenversicherung)* increment to benefits

Leistung, **~en erbringen** to pay benefits; **~en gewähren** to grant (or provide) benefits; **die ~en haben geruht** the benefits have been suspended; **~en, die sich überschneiden** overlapping benefits; **die Voraussetzungen zum Bezug der ~en liegen vor** the conditions for the receipt of benefit(s) have been fulfilled

Leit~, **~artikel** *(e-r Zeitung)* leading article, leader, editorial (article); **~artikelschreiber** leader (or editorial) writer

leiten *(an der Spitze stehen von)* to manage, to run, to be in charge of; **e-e Fabrik ~** to run (or manage) a factory; **e-e Versammlung ~** to preside at a meeting, to chair a meeting

leitend managing, managerial, executive; **~e(r)** →**Angestellte**; **~e Kräfte** *(von Unternehmen)* business executives; **~es Personal** managerial staff; key personnel; **~e Stellung** leading position; policy-making position; *Am* executive position; post as manager; **~e und ausführen-**

de Tätigkeit managerial and non-managerial activities

geleitet, **gut ~** well managed; **schlecht ~** ill managed

Leiter head; *(e-r Firma)* manager; director; **kaufmännischer ~** business manager; **stellvertretender ~** assistant manager; **~ e-r Abteilung** →Abteilungsleiter; **~ e-r Behörde** *Br* chief officer of an authority; *Am* head of an agency; **~ der Verkaufsabteilung** sales manager

Leit~, **~erzeugnis** pilot product; **~faden** guide; **~karte** *(in Karteien)* guide card; **~kurs** *(von Währungen)* central rate; **~linie** guideline; *(Verkehr)* dividing line; **~lombardsatz** key lending rate (for advances on securities); **~satz** guiding (or basic) principle; guideline; *(e-s Urteils)* headnote; **~vermerk** *(auf Auslandspaketen)* routing label; route instruction; **~zinssatz** key rate (of interest); *Am* prime rate

Leitung 1. *(Führung)* management; guidance, direction; *(Aufsicht)* control; **unter der ~ von** under the direction of; headed (or directed) by; **Ort der ~** place of management; head office; **Übernahme der ~ e-r Gesellschaft** taking over the management of a company; **~ e-s Geschäfts** management of a business; **~e-r Veranstaltung** organization of an event; **~smacht**[56a] power of direction; **~sorgane** managerial (or supervisory) organs; **jdm die ~ übergeben** to put sb. in charge of; **die ~ übernehmen** to assume (or take over) the management

Leitung 2. *(für Wasser, Gas etc)* pipe; *tel* line; **die ~ ist besetzt** *tel* the line is engaged *(Am busy)*

Lektor *univ* lecturer; *Am* lector; *(Verlag)* reader

Lenken e-s Fahrzeugs driving of a vehicle[56b]

Lenk~, **~flugkörper** guided missile; **~zeit** *(e-s Fahrers)* driving period (or time)

lenken, **Arbeitskräfte ~** to direct labo(u)r; **ein Fahrzeug ~** to steer a vehicle; **den Verkehr ~** to direct the traffic

gelenkte Wirtschaft controlled economy

Lenkung direction, control; **~sausschuss** steering committee; **~smaßnahme** control measure

Lernmittelfreiheit (principle of) free supply of educational aids to pupils at state schools

Lesart version; reading; interpretation

lesen to read

gelesen und genehmigt read and approved

Leser reader; **~analyse** readership (or audience) analysis; **~brief** letter to the editor; **~schaft** audience; readers; **~umfrage** readers' (interest) research; reader survey

Lesotho, Königreich ~ Kingdom of Lesotho

Lesother(in), lesothisch (of) Lesotho

Lesung *parl* reading; **erste ~** first reading; **der Gesetzesentwurf kam zur ersten ~** the bill was read for the first time

Lettland Latvia; **Republik ~** Republic of Latvia

Lette, Lettin, lettisch Latvian

letzt, **~es Angebot** last (or final) offer; **als ~er Ausweg** as a last resort; **~es Gebot** last (or final) bid; **Gericht ~er Instanz** court of last instance; **~e Nachrichten** latest news; **~er Termin** final date; deadline; **~er →Wille**

Letzt~, **~begünstigter** ultimate beneficiary; **~bietender** last bidder; **~lebender** last survivor; **~verbraucher** ultimate user, consumer

letzt~, **~erwähnt** last mentioned; **~instanzlich** in the last instance; **~jährig** last year's

letztwillig, **~ Begünstigter** beneficiary under a will; **~e Verfügung**[57] disposition on death; testamentary disposition; (last) will; disposition mortis causa; **mündlich erklärte ~e Verfügung** nuncupative will; **das auf die Form ~er Verfügungen anzuwendende Recht**[58] law by which formal validity of will is determined; **Anfechtung e-r ~en Verfügung wegen Irrtums oder Drohung**[59] avoidance (or challenge) of a will (or disposition on death) for mistake or duress; **e-e ~e Verfügung anfechten** to avoid a will; **(Grundbesitz) auf Grund ~er Verfügung →erben**; **über etw. ~ verfügen** to dispose of sth. by will

letztwillige Zuwendung bequest, legacy *(→ Vermächtnis)*; **jdm e-e ~ machen** to make a bequest to sb.; to leave a legacy to sb.

Leuchten *(Fahrzeug)* lights; **→Brems~**; **→Park~**; **→Schluss~**

Leucht~, **~bojen** light buoys; **~feuergebühren** light dues; **~kugeln** *(als Notsignal)* flares; **~mittelsteuer**[60] excise duty on lamps; **~reklame** neon sign advertising; **~turmgebühren** lighthouse fees

Leugnen denial, denying; *(im pleading)* traverse; **~ des Klagegrundes** denial of facts constituting plaintiff's cause of action; denial of facts on which plaintiff relies to support his claim

leugnen to deny; *(im pleading)* to traverse; **~, von dem Plan gewusst zu haben** to deny having known anything about the plan, to deny any knowledge of the plan

Leumund reputation, (good) repute; record; character *(→beleumundet)*; **Beweis für den gu-**

ten ~ evidence of good character; **~szeugnis** →Führungszeugnis

Leutehaftung *(Österreich)* vicarious liability

lex *(Gesetz)* law; **~ causae** *(IPR)* the law (not necessarily foreign) which (according to the rules of the conflict of laws) governs the question; the proper law; **~ domicilii** *(IPR)* the law of the domicile; **~ fori** *(IPR)* the domestic law of the forum (the court in which the case is tried); **~ loci actus** *(IPR)* the law of the country where a legal act takes place; **~ loci celebrationis** *(IPR)* the law of the country where a marriage is celebrated; **~ loci contractus** *(IPR)* the law which governs the contract; **~ loci delicti** (commissi) *(IPR)* the law which governs the tortious liability; **~ loci solutionis** *(IPR)* the law of the country where a contract is to be performed or a debt is to be paid; **~ loci stabuli** *(IPR)* the law of the country where a motor is garaged; **~ monetae** *(IPR)* the law of the country in whose currency a debt is expressed; **~ patriae** *(IPR)* the law of the nationality; **~ rei sitae (od. situs)** *(IPR)* the law of the country where a thing is situated; **~ scripta** the written law (statute law)

Libanon Lebanon,; **Libanesische Republik** Lebanese Republic

Libanese, Libanesin, libanesisch Lebanese

liberal liberal

Liberaler *Br* Liberale, Liberal Democrat

liberalisieren to liberalize; *(einengende Bestimmungen aufheben)* to deregulate

liberalisierte Ware liberalized product

Liberalisierung liberalization; *(Aufhebung einengender Bestimmungen)* deregulation; **~ des Handels** liberalization of (or liberalizing) trade; **~ des Kapitalverkehrs** liberalization of capital movements; **~sgrad** degree of liberalization; **~sliste**[61] list of liberalized products

Liberalismus liberalism

Liberia Liberia; **Republik ~** Republik of Liberia

Liberianer(in), liberianisch Liberian

Libyen Libya; **die Sozialistische Libysch-Arabische Volks-Dschamahirja** the Socialist People's Libyan Arab Jamahiriya

Licht~, ~bild photograph; **~bildwerke** *(UrhR)*[62] photographic works; **~recht** right to light (protection against obstruction of light); **~reklame** electric sign (or neon) advertising; **~signal** light signal; **~signaleinrichtungen** *(am Kfz)* light-signalling devices; **~spieltheater** cinema; *Am* motion picture theater

lichter Augenblick lucid interval

Liebes~, ~gaben (charitable) gifts; **(zollfreie) ~gabensendung** (duty free) gift parcel; **~paragraph**[63] legal provision concerning wilful failure to render assistance in emergencies; **~verhältnis** love affair

Liebhaber, ~ei hobby; **beeinträchtigtes ~interesse** sentimental value damage; **~preis** fancy price; **~wert** sentimental value; affection value

Liechtenstein Liechtenstein,; **Fürstentum ~** Principality of Liechtenstein

Liechtensteiner(in), liechtensteinisch (of) Liechtenstein

Lieferangebot offer to deliver; *(bei Ausschreibungen)* tender; *Am* bid

Lieferant supplier; *(bes. für Lebensmittel im großen)* purveyor; *(auf Vertragsbasis, z. B. Heereslieferant)* contractor; *(von Fertigmahlzeiten)* caterer; →**Heeres~**; →**Hof~**; →**Party~**; →**Staats~**; →**Waren~**; **~enkonto** supplier's account; **~enkonten** *(Verbindlichkeiten auf Grund von Warenlieferungen)* accounts payable; **~enkredit** supplier's credit, credit granted by supplier(s); trade credit; **~enkreditgeber** trade creditor; **~enliste** list of suppliers; **~enpreis** suppliers' price; **~enschulden** *(Bilanz)* liabilities to suppliers; **~enskonto** discount allowed by supplier; purchase discount; **an ~en zurückgesandte Waren** returns outwards

Lieferauftrag order for delivery; *(bei Ausschreibungen)* supply contract; **öffentliche Lieferaufträge** public supply contracts; **e-n ~ vergeben** to award a supply contract

lieferbar deliverable; available; **beschränkt ~** in short supply; **nicht mehr ~** no longer available; no longer on sale; **sofort ~** for immediate delivery; immediately available; *(Börse)* spot; **in 6 Tagen ~** to be delivered in 6 days; **nicht (gut) ~ sein** *(Börse)* to be bad (good) delivery

Lieferbarkeit deliverability, availability; **~sbescheinigung** *(für Wertpapiere)* certificate of good delivery

Lieferbedingungen terms of delivery; terms and conditions of sale; →**Allgemeine Liefer- und Montagebedingungen**

Liefer~, l~bereit ready for delivery; **~bezirk** delivery area; **~engpass** supply bottleneck

Lieferer →Lieferant

Lieferfähigkeit ability to deliver (or supply) (the goods etc); **~ vorbehalten** delivery subject to the availability of goods

Lieferfirma supplier(s), supplying firm

Lieferforderungen *(Forderungen aufgrund von Warenlieferungen)* accounts receivable

Lieferfrist time (or term) for delivery; period of delivery; delivery time; **mit 6 tägiger ~** to be delivered in 6 days; **nach Ablauf der ~** on *(Br)* expiry (*Am* expiration) of the delivery period; **die ~ beginnt ab ...** the delivery period shall run from ...; **die ~ einhalten** to adhere to the delivery time; **e-e ~ von 4 Wochen einräumen** to allow 4 weeks for delivery; **die ~ überschreiten** to exceed the delivery term; **die ~ verlängern** to extend (or lengthen) the delivery period

Liefer~, ~garantie *(Bankgarantie im Auslandsgeschäft)* guarantee of delivery; *Br* performance guarantee; *Am* performance bond; **~klausel** delivery clause *(→Incoterms, →handelsübliche Vertragsformeln)*; **~kredit** supplier's credit; **~land** supplying country *(Ggs. Abnehmerland)*; **~menge** supply quantity, quantity (to be) delivered; **~ort** place (or point) of delivery; **~pflicht** obligation to deliver; **~preis** delivery price; **~quote** delivery quota; selling quota; **~schein** delivery note; bill of delivery; **~schwierigkeiten** supply (or delivery) problems; **~sperre**[63a] refusal to deal (or sell) *(→Lieferungssperre)*

Liefertermin date of delivery; **fester ~** fixed delivery date; **frühester ~** earliest (possible) date of delivery; **letzter ~** delivery deadline; **Einhaltung des ~s** keeping (of or to) the delivery date; compliance with the delivery date; meeting of the delivery deadline; **den ~ einhalten** to adhere to (or meet) the delivery date

Lieferverpflichtung supply commitment (or obligation); **den ~en nachkommen** to meet delivery commitments

Lieferversprechen, Einhaltung des ~s keeping of the promise to deliver; **ein ~ einhalten** to keep a delivery promise

Liefervertrag supply contract; contract for delivery; **sich um e-n ~ bewerben** *(bei Ausschreibungen)* to tender for a supply of goods

Liefer~, ~verweigerung refusal to supply (or deliver); withholding supplies of goods (from a dealer); *Am (AntitrustR)* concerted refusal to deal; **~verzögerung** →Lieferverzug

Lieferverzug delay in delivery, default in delivery; failure to deliver; **bitte entschuldigen Sie den ~** please excuse the delay in delivery

Lieferwagen delivery van, goods vehicle, *Am* delivery truck; **Be- und Entladen von ~ vor Geschäften** loading and unloading of goods vehicles (*Am* delivery trucks) in front of trade premises

Lieferwert *(im Bahnverkehr)* declared value of goods (to be delivered)

Lieferzeit delivery time, lead time; period of delivery; **die ~ angeben** to state the time of delivery; **die ~ beträgt 4 Wochen** time of delivery is 4 weeks; **die angegebene ~ einhalten** to adhere to the delivery schedule

liefern to deliver, to supply, *(Ertrag)* to yield; *(Lebensmittel)* to provide, to purvey; *(versenden)* to consign, *Am* to ship; **fristgerecht ~** to deliver within the time stipulated; **noch zu ~** still awaiting delivery

geliefert, ~ ab Kai (verzollt) DEQ[63b] (... benannter Bestimmungshafen) delivered ex quai (duty paid) DEQ[63b] (... named place of destination); **~ ab Schiff DES**[63b] (... benannter Bestimmungshafen) delivered ex ship DES (... named port of destination); **~ Grenze DAF**[63b] (... benannter Ort) delivered at frontier DAF (... named place); **~ unverzollt DDU**[63b] (... benannter Ort) delivered duty unpaid DDU (... named place of destination); **~ verzollt DDP**[63b] (... benannter Ort) delivered duty paid DDP (... named place of destination)

geliefert, zuviel ~e Waren surplus goods delivered; excess goods

Lieferung delivery; supply (an to); *(bes. von Lebensmitteln)* purveyance; *(Warensendung)* consignment, *Am* shipment; **→Kriegs~en**; **→Nach~**; **→Teil~**; **→Waren~**; **~ frei Haus** delivered free house (or domicile); free delivery; **~en und (sonstige) Leistungen** *(UmsatzsteuerR)* deliveries of goods and provision of services; **~ gegen Nachnahme** cash (*Am* collect) on delivery (COD); **~ in Raten** delivery by instal(l)ments; **baldige ~** early delivery; **bei ~** on delivery; **effektive ~** *(Börse)* actual delivery; **kurzfristige ~** short-term delivery; delivery at short notice; **mangelhafte ~** defective delivery; **nach (erfolgter) ~** when delivered; **sofortige ~** prompt (or immediate) delivery; *(Börse)* (gegen Kasse) spot delivery; **spätere ~** *(Börse)* future delivery; **unvollständige ~** incomplete delivery (or consignment); **verspätete ~** late delivery; **vollzogene ~** accomplished delivery; **zahlbar bei ~** payable on delivery; *Br* cash on delivery (C. O. D.); *Am* collect on delivery (C. O. D.)

Lieferungs~, ~angebot →Lieferangebot; **~bedingungen** terms (or conditions) of delivery; **~garantie** →Liefergarantie; **~geschäft** transaction concerning future delivery; *(Börse)* time bargain; **~kauf** *(BörseKauf auf künftige Lieferung)* forward buying; purchase for future delivery; **~kosten** delivery expenses; **~ort** place of delivery; **~sperre** *(bei der Emission von Wertpapieren)* period during which delivery of newly-issued securities is not allowed *(→Liefersperre)*; **~tag** *(Börse)* delivery day; **~vertrag** →Liefervertrag; **~verzug** →Lieferverzug; **~werke**[63c] serial works

Lieferung, die ~ anbieten to tender delivery; **e-e ~ ausführen** to effect a delivery; **die ~ beschleunigen** to expedite delivery; **wir müssen auf sofortiger ~ bestehen** we must insist on immediate delivery; **die ~ durchführen** to effect delivery; **~en einstellen** to cease deliveries; **die Gefahr geht mit ~ der Ware auf den Käufer über** the risk is transferred (or passes) to the buyer on delivery; **falls die ~ unterbleibt** in case of non(-)delivery; **in ~en veröffentlicht werden** to be published in instal(l)ments; **die ~ verweigern** to refuse delivery; **mit der ~ 10 Tage in →Verzug sein**; **bei ~ zahlen** to pay on delivery; **die ~en zurückhalten** to withhold supplies; **die ~ zurückweisen** to reject delivery; **die ~ (fest) →zusagen**

Liege~, **~gebühren** →Liegegeld; **~geld** *(bei Überschreiten der Lade- od. Löschzeiten)* demurrage (charge[s]); **~geldsatz** demurrage rate; **~platz** *(e-s Schiffes)* berth; **~tage** *(e-s Schiffes im Hafen)* lay days; **~wagen** *(Eisenbahn)* couchette car; **~zeit** *(e-s Schiffes)* lay days *(→Überliegezeit)*; *(bei Betriebsstörung)* idle period; **die ~zeit überschritten haben** to be on demurrage

liegen *(gelegen sein)* to be located; **Vermögen, das im Ausland liegt** property located abroad; **je nachdem wie der Fall liegt** as the case may be

Liegenbleiben von Fahrzeugen *(auf öffentl. Straßen)* breakdown of vehicles

Liegenschaften →Immobilien

Liegenschafts~, **~gewinne** profits on real property; **~recht** land law; law of real property

Liga der Rotkreuzgesellschaften (Licross) League of Red Cross Societies

Limit limit; **→Kredit~**; **→Preis~**; **~auftrag** *(Börse)* limit order; **~preis** limit price; **das ~ einhalten** to keep within (or observe) the limit; **das ~ erhöhen** to raise the limit; **ein ~ festsetzen** to fix (or set, give) a limit; **an ein ~ gebunden sein** to be bound to a limit; **das ~ überschreiten** to exceed (or go beyond) the limit

limitieren to limit

limitierter Börsenauftrag limited order; *(kursgebunden)* stop loss order

Linderung der Not relief (or alleviation) of distress

linear linear; **~e →Abschreibung**; **L~planung** linear programming; **~e Steuererhöhung** linear increase of taxes

Linie 1. *(Richtlinie)*, **~ line** course, policy; *(Verwandtschaftslinie)* line; *(Verkehrslinie)* route; line; **in →absteigender ~**; **in →aufsteigender ~**; **in erster ~** *fig* in the first place, primarily; **in →gerader ~ (verwandt)**; **→Eisenbahn~**; **→Erb~**; **→Flucht~**; **→Kredit~**; **→Neben~**; **→Partei~**; **→Richt~**; **→Schiffahrts~**; **→Seiten~**; **→Zubringer~**

Linien~, **~dienst** *(Schiffahrt)* liner service; **~flüge** regularly scheduled flights; **-und Charterflüge** regular and chartered flights; **~fluggesellschaft** regular airline, scheduled airline; **~flugtarife** scheduled flight rates

Linienflugverkehr scheduled air transport, scheduled flights; scheduled air services; **~ zur Beförderung von Personen** scheduled passenger air service; **Tarife im ~** scheduled passenger air fares

Linien~, **~flugzeug** (commercial) airliner; **~frachter** cargo liner; **~frachtraten** liner freight rates

Linienkonferenz Liner Conference; **Verhaltenskodex für ~en**[63 d] code of conduct for liner conferences

Linien~, **l~mäßiger →Personenkraftverkehr**; **~reederei** shipping line; liner company; *(Frachtschiffahrt)* cargo liner service operator; **~schiff** liner; **~schiffahrt** (passenger or cargo) liner traffic; **~schiffsverkehr** liner trade; **l~treu** *pol* following the party line; **~treue** loyalty to the party line; *(Personen)* party liners

Linienverkehr regular (or scheduled) services; *(Flugverkehr)* scheduled air services; **~ mit Kraftomnibussen** regular coach and bus service; **→Personen~**; **Fahrzeuge des öffentlichen ~s** regular public-transport service vehicles; **Flugtarife im ~** scheduled air fares; **Flugzeug im ~** airliner

Linie, die ~ der Partei einhalten to toe the party line; **e-e ~** *(der Eisenbahn)* **stillegen** to close a line

Linie 2. *(verantwortliche Betriebsführung)* line *(Ggs. Stab)*; **~naufgaben** line duties (or responsibilities) *(Ggs. Stabsaufgaben)*; **~nmanagement** line management; **~norganisation** line organization *(Ggs. Stabsorganisation)*; **~npersonal** line personnel *(Ggs. Stabspersonal)*; **~nstelle** line position *(Ggs. Stabsstelle)*

Linke, die ~ *pol* the Left, Leftists; *(Flügel e-r Partei)* the left wing; **die äußerste ~** the far left; the extreme left wing (of a party)

linken, dem ~ Flügel angehören *pol* left-wing; **jd, der dem ~ Flügel e-r Partei angehört** left- winger

Linker *pol* leftist

Links~, **~abbiegen (oder geradeaus)** left turn (or straight ahead); **~abbiegen verboten** no left turn; **l~eingestellte Zeitung** leftist paper;

l~gerichtet *pol* left-wing; leftist; **l~ halten!** *(Verkehr)* keep (to the) left; **sich nach l~ orientieren** *pol* to turn left; **l~orientierte Regierung** *pol* left-wing government; **~partei** left-wing party; **~politiker** leftist; **~presse** leftist press; **l~radikal** extreme left-wing; **~radikaler** left-wing extremist; **~sozialist** left-wing socialist; **~stehender** *pol* leftist; **l~stehende Organisation** left-wing organization

Linksverkehr left-hand traffic; **bei ~** where traffic keeps to the left; **Länder mit ~** countries with left-hand traffic; countries where traffic keeps to the left

liquid liquid; **~e Mittel** liquid resources, liquid (or cash) assets

Liquidation *(e-r Gesellschaft)* winding up; *Am bes.* liquidation; realization; *(Kostenrechnung, z. B. e-s Arztes)* bill; *(Börsentermingeschäft)* settlement (of time bargain) *(→Skontration)*; **~ e-r Aktiengesellschaft** winding up (or liquidation) of an →Aktiengesellschaft; **~ e-r offenen Handelsgesellschaft**[64] winding up of a partnership; **im Falle der ~ der Firma** should the firm go into liquidation; should the firm be wound up; **freiwillige ~** voluntary liquidation; *Br bes.* voluntary winding up; **Zwangs~** compulsory liquidation (or *Br* winding up); liquidation (or *Br* winding up) by order of the court

Liquidationsantrag winding-up petition; application for winding up; petition to liquidate

Liquidationsbeschluss resolution for winding up (or for liquidation); winding-up order *(s. gerichtl. Beschluss auf Eröffnung des →Liquidationsverfahrens)*; **den ~ ergehen lassen** to make the winding-up order

Liquidations~, **~bilanz**[65] balance sheet drawn up by the liquidators; **~erlös** remaining assets after liquidation; **~kasse** *(Börsentermingeschäft)* time bargain settlement office; **~konto** *(e-r Gesellschaft)* realization account; *(Abwicklung der Börsentermingeschäfte)* settlement account; **~kurs** *(im Börsentermingeschäft)* making-up price; settling price; **~masse** assets of a company in liquidation; **~planung** cash budgeting, cash forecasting; **~tag** *Br (Börse)* account day, settlement day

Liquidationsverfahren winding-up proceedings; *Am (auch)* liquidation proceedings; *(InsR)* (Insolvenzverfahren, das zur Liquidation des Schuldnervermögens führt) winding-up proceedings involving the realization of the debtor's assets; **Antrag auf Eröffnung des ~s** winding-up petition; **gerichtlicher Beschluss auf Eröffnung des ~s** winding-up order by the court; **das ~ wird eröffnet** winding-up proceedings are opened (or have commenced)

Liquidations~, **~vergleich**[66] composition in winding-up proceedings; **~verkauf** realization sale; sale of bankrupt's assets; **~wert** liquidation value (total value of assets after a company has been wound up); break-up value

Liquidation, die Gesellschaft befindet sich in ~ the company is being wound up; **die ~ durchführen** to wind up (or liquidate) a company; to carry out the winding-up (or liquidation) of a company; **in ~ treten** to go into liquidation, to be wound up

Liquidator[67] liquidator *(→Abwickler)*; **Abberufung e-s ~s** removal of a liquidator; **Bestellung e-s ~s** appointment of a liquidator

Liquidierbarkeit convertibility into cash

liquidieren *(auflösen)* to wind up, to liquidate; *(in Rechnung stellen)* to charge a fee (for medical services etc); *(Sachwerte in Geld umwandeln)* to realize, to convert into cash

Liquidität liquidity; state of being liquid; cash position; →**Über~**; **Erhöhung der internationalen ~** increasing international liquidity *(→Sonderziehungsrechte)*; **uneingeschränkte ~** unconditional liquidity; **unzureichende ~** illiquidity; **~ der Banken** →Bankenliquidität

Liquiditäts~, **~abfluss** efflux of liquidity; **~anreicherung** *(der Bundesbank)* **aus den Devisenzuflüssen** increase (or swell) in liquidity owing to the influx of foreign currency; **~anspannung** strain on liquidity; **~bedarf** liquidity requirement (or need); **~beschaffung** creation of liquidity; **~bilanz** balance sheet showing liquidity; **~bindung** immobilization of liquid funds; **~enge** liquidity squeeze; **~entzug** withdrawal of liquidity; **~erhaltung** maintenance of liquidity; **~falle** liquidity trap; **~gefälle** liquidity differential; **~grad** liquidity ratio; degree of liquidity; **~hilfe** liquidity assistance; **~klemme** liquidity squeeze; lack of liquidity; **~koeffizient** liquidity ratio; *Am* work capital ratio; **~lage** liquidity situation (or position); **~mangel** lack of liquidity; **~papiere** *(des Bundes an Bundesbank)* liquidity papers *(→Schatzwechsel, unverzinsliche →Schatzanweisungen)*; **~planung** cash forecasting; **~politik** liquidity policy; **~polster** liquidity cushion; **~präferenz** liquidity preference; **~quote der Banken** bank's liquidity ratio; **~reserven** liquid(ity) reserves; **~schwankung** fluctuating liquidity; **~schwierigkeiten** liquidity difficulties; **~spielraum** liquidity margin; **~status** liquidity status; **~steuerung** liquidity management; **~ströme** liquidity currents; **~überhang** excess liquidity; **~verbesserung** liquidity improvement; **~verkauf** sale for the purpose of raising liquid funds; **~verknappung** liquidity shortage; tight liquidity; tight money conditions; **asymmetrische ~verteilung** *(im Wäh-*

rungssystem) asymmetric distribution of liquidity; **~vorteil** liquidity advantage; **~zufluss** influx of liquidity; liquidity inflow; inflow of liquid funds

Liquidität, den Banken ~ entziehen to withdraw liquidity from the banks

Liste list; *(Verzeichnis, Arbeitsplan)* schedule; roster; *(von Namen)* roll; **~ der börsenfähigen Aktien** official list; **gemäß der (anliegenden) ~** as per (enclosed) list; →**schwarze ~**; →**Anwalts~**; →**Anwesenheits~**; →**Bestell~**; →**Gesellschafter~**; →**Kontroll~**; →**Kunden~**; →**Preis~**; →**Redner~**

listenmäßig according to a list; as listed; **~ aufführen** to list, to put on a list

Listen~, ~preis list price; *(für Öl der Opec-Länder)* posted price; **~wahl** list election; *Am* ticket election *(→ Verhältniswahl)*

Liste, in e-e ~ aufnehmen to enter in a list; to add to a list; to list; **e-e ~ aufstellen** to draw up (or compile) a list; **dem Vertrag e-e ~ beifügen** to append a list to the contract; **e-e ~ einreichen** to submit a list; **sich in e-e ~ eintragen** to enter (or register) one's name on a list; **sich in e-e ~ eintragen lassen** to enrol(l); **e-e ~ führen** to keep a list; **von der ~ löschen** to delete from the list; **jds Namen von der ~ streichen** to expunge sb.'s name from the list; to strike sb.'s name off the list (or roll, register) *(→Anwaltsliste)*

Litauen Lithuania; **Republik ~** Republic of Lithuania

Litauer(in), litauisch Lithuanian

literarisch literary; **~er Diebstahl** literary piracy *(→Plagiat)*; **~e und künstlerische Eigentumsrechte** *(UrhR)* literary and artistic property rights; →**Urheberrecht an ~en Werken**

Literatur literature; **einschlägige ~** appropriate (or relevant) literature; **~verzeichnis** list of references; bibliography; **Werke der ~ und Kunst** literary and artistic works; **die Rechte der Urheber an ihren Werken der ~ und Kunst schützen** to protect the rights of authors in their literary and artistic works

Die Bezeichnung "Werke der Literatur und Kunst" umfasst alle Erzeugnisse auf dem Gebiet der Literatur, Wissenschaft und Kunst, ohne Rücksicht auf die Art und Form des Ausdrucks, wie Bücher, Broschüren und andere Schriftwerke; Vorträge, Ansprachen, Predigten und andere Werke gleicher Art; dramatische oder dramatisch-musikalische Werke; choreographische Werke und Pantomimen; musikalische Kompositionen mit oder ohne Text; Filmwerke ...; Werke der zeichnenden Kunst, der Malerei, der Baukunst, der Bildhauerei, Stiche und Lithographien; photographische Werke ...; Werke der angewandten Kunst; Illustrationen, geographische Karten; Pläne, Skizzen und Darstellungen plastischer Art auf den Gebieten der Geographie, Topographie, Architektur oder Wissenschaft.

The expression "literary and artistic works" shall include every production in the literary, scientific and artistic domain whatever the mode or form of this expression, such as books, pamphlets and other writings; lectures, addresses, sermons and other works of the same nature; dramatic or dramatico- musical works; choreographic works and entertainments in dumb show; musical compositions with or without words; cinematographic works ...; works of drawing, painting, architecture, sculpture, engraving and lithography; photographic works ...; works of applied art; illustrations, maps; plans, sketches and three-dimensional works relative to geography, topography, architecture or science[68].

Lithographie lithography

Live-Sendung live broadcast; on the spot transmission

Lizenz *Br (Befugnis, das Recht e-s anderen zu benutzen, bes. im UrhR und PatR)* licence, *Am* license; **~ an e-m Patent** licen|ce (~se) under a patent; **ausschließliche ~** exclusive licence; **einfache ~** non-exclusive licence; **gebührenfreie ~** royalties-free licence; **gebührenpflichtige ~** licence subject to royalties; **nichtausschließliche ~ an e-m Patent** non- exclusive licence under a patent; **unentgeltliche ~** royalty-free licence; **vertragliche ~** contractual licence; **wechselseitige ~** cross-licen|ce (~se); →**Allein~**; →**Benutzungs~**; →**En bloc-~**; →**Gebrauchs~**; →**Herstellungs~**; →**Nachbau~**; →**Parallel~**; **Patent~**; →**Stück~**; →**Unter~**; →**Verkaufs~**; →**Marken~**; →**Zwangs~**

Lizenz, e-e ~ beantragen to apply for a licence; **sich e-e ~ beschaffen** to take out a licence; **e-e ~ an e-m Patent bestellen** to grant a licence under a patent; **seine ~ einbüßen** to forfeit one's licence; **e-e ~ einholen** to obtain a licence; **die ~ entziehen** to revoke (or withhold) a licence; **die ~ erlischt** the licence terminates; **e-e ~ erteilen (od. gewähren)** to give (or grant) a licence, to license; *Am (auch)* to issue a license; **e-e ~ innehaben** to hold a licence; **e-e ausschließliche in e-e einfache ~ umwandeln** to convert an exclusive licence into a non-exclusive licence; **e-e ~ vergeben** to grant a licence; **e-e ~ zurückziehen** to revoke a licence; **e-e ~ verweigern** to refuse a licence

Lizenz~, ~abkommen licence agreement; **~abkommen auf Gegenseitigkeit** cross-licence agreement; **~abrechnung** royalty statement; **~antrag** licence application; **~ausgabe** licensed edition; **~austausch** cross-licence, cross- licensing; **~austauschvertrag** cross-licensing agreement; **~auswertung** exploitation of a licence; **~bau** *(erlaubter Nachbau)* construction under licence; **~berater** licensing consultant

Lizenzbereitschaft willingness to grant a licence; **Erklärung der ~** *Br (PatR)* licence of right

Lizenzbestimmungen, die ~ vereinbaren to conclude the terms of a licence

Lizenz~, ~dauer period (or duration) of a licence; **~einnahmen** royalties; **~entzug** revocation (or withdrawal) of a licence

Lizenzerteilung granting *(Am auch* issuance*)* of a licen|ce (~se); licensing; **gegenseitige ~** cross-licensing; **~ an Patenten** licensing of patent rights

Lizenz~, ~fertigung manufacture under licence; **~geber** licenser, *Am (auch)* licensor; grantor of a licence

Lizenzgebühr royalty; **Empfänger von ~en** recipient of royalties; **Höhe der ~en** amount of royalties; **sich aus den ~en ergebende steuerpflichtige Einkünfte** taxable income accruing from royalties; **gegen Zahlung e-r ~** on a royalties basis; **über die ~en abrechnen** to render royalties accounts; **~en beziehen** to derive royalties; **~en fließen jdm zu** royalties accrue to sb.; **~en von der Besteuerung freistellen** to exempt royalties from taxation

Lizenz~, ~gewährung →Lizenzvergabe; **~handel** dealing in licences; **~inhaber** licensee, licence holder; **~kosten** expenses on licences; **~nahme** taking out a licence; **~nehmer** licensee *(→Unterlizenznehmer)*; *Br (MarkenR)* registered user; **~periode** licensing period; **l~pflichtig** subject to licence; subject to payment of royalties; **~vereinbarung** licensing agreement

Lizenzvergabe granting *(Am auch* issuance*)* of a licen|ce (~se); licensing; **Bestimmungen für e-e ~** licensing terms

Lizenzvertrag licence agreement (or contract); licensing agreement (or contract); **gegenseitiger ~** cross-licen|ce (~se) agreement; **~ über e-e Marke** trademark licensing agreement; **e-n ~ schließen** to sign a licensing agreement

Lizenz~, ~verwertung exploitation of a licence; **~zahlung** royalty payment; payment of royalties; **~zusammenfassung** package licensing

lizenzieren to license; to grant a licence

Lkw (→Lastkraftwagen) goods vehicle(s); *Br bes.* lorry; *Am bes.* truck; **Beförderung (od. Güterverkehr) mit ~** *Br* road haulage; *Br* (transport) by road; carriage of goods by road; *Am* transport by motor truck; **frei ~** *Am* free on truck (F. O. T.); **~-Fahrer** *Br* lorry driver; *Am* truck driver, truckman, trucker, teamster; **~-Hersteller** lorry producer; **~-Ladung** lorry (or truck) load; **~-Straßenbenutzungsgebühr** tolls for lorry road usage; **~-Stückgutladung** *Am* less than truckload (l.t.l.); **~-Transporte** lorry transportation; **~-verbot** ban on (driving) lorries (or trucks)

Lobby lobby; **~ismus** lobbying; *Am* lobbyism

Lobbyist lobbyist

lobend erwähnen, jdn ~ to make hono(u)rable mention of sb.; to commend sb.

Lochkarte punch(ed) card; **~nabteilung** punch(ed) card department; **~nbuchführung** punch(ed) card accounting; **~nindex** punch(ed) card index; **~nschlüssel** punch(ed) card code

Lock~, ~artikel bait; loss leader; inducement article; *Br* leading article; **~mittel** (unfair) inducements to buy; unfair advertising; **~spitzel** *pol* agent provocateur; **~vogelwerbung**[69] advertisement by enticement; bait and switch tactics; loss-leader sales promotion

lockern, Bedingungen ~ to ease (or relax) conditions

Lockerung, ~ der Kreditpolitik relaxation of monetary policy; **~ des Verbots** relaxing the ban; **~smaßnahmen** measures easing restrictions; relaxation measures

loco →loko

Logbuch *(Schiffstagebuch)* log-book

Logistik logistics

Lohn wage(s); pay; *(Verdienst)* earnings; *(Vergütung)* remuneration; **Löhne und Gehälter** wages and salaries; pay(-)rolls; →**Akkord~**; →**Brutto~**; →**Effektiv~**; →**Grund~**; →**Höchst~**; →**Leistungs~**; →**Mindest~**; →**Monats~**; →**Natural~**; →**Netto~**; →**Nominal~**; →**Normal~**; →**Prämien~**; →**Real~**; →**Spitzen~**; →**Stück~**; →**Stunden~**; →**Tages~**; →**Tarif~**; →**Wochen~**; →**Zeit~**; **gleicher ~ für gleiche Arbeit** equal pay for equal work; **hoher ~** high wage; **monatlicher ~** monthly pay; **niedriger ~** low wage; **ortsüblicher ~** local wage(s); **rückständiger ~** back pay (or wages); **steigende Löhne** rising wages; **vertragsmäßiger ~** contractual wage; **wachsende Löhne** growing wages

Löhne, die ~ wurden angehoben wages were raised; **~** →**pfänden**; **die ~ steigen** wages are rising

Lohn~, ~abkommen wage agreement; **~abrechnung** wages accounting; *Am* payroll accounting; *(Zettel)* pay (or wage) slip; **~abtretung** assignment of wages; **~abzug** deduction (or withholding) from pay (or wages); *Am* payroll deduction; **~angleich** *(an die Lebenshaltungskosten)* cost of living adjustment; **~anreiz** wage incentive

Lohnanspruch wage (or pay) claim; wage required; →**Pfändbarkeit des ~s**; **Verwirkung des ~s des Maklers**[70] forfeiture (or loss) of the broker's right to a commission

Lohn~, **~anstieg** wage increase, increase in wages; **~ausfall** loss of wages (or pay), pay loss; **~ausfallvergütung** compensation for wages (or pay) lost; wage adjustment; *(z. B. bei Arbeitsausfall infolge von schlechtem Wetter)* compensatory wage, compensation for loss of earnings; *(für Akkordarbeiter)* fall-back; **~ausgaben** wage spending; **~beleg**[71] statement of wages; **~berechnung** calculation of wages; **~bestimmung** wage fixing; **l~bezogene Rente** (wage-)index-linked pension; earnings-related pension; **~buchhalter** *Br* wages clerk; *Am* payroll clerk; **~buchhaltung** personnel accounting; wage accounting; *Am* payroll accounting; **~drift** wages drift; **~einbehaltung** →Einbehaltung von Löhnen; **~einzelkosten** (expenditure for) direct labo(u)r; **~empfänger** wage earner; **~- und Gehaltsempfänger** *pl* wage earning and salaried employees; recipients of wages and salaries; blue and white collar workers; **~entwicklung** movement of wages; pay development

Lohnerhöhung increase in wages; wage increase; *Br colloq.* rise in pay (or wages); *Am* raise, raising of wages; **indexgebundene ~** threshold payment; →**rückwirkende ~**; **e-e 5 ige ~ bekommen** to get a 5 per cent increase in wages

Lohn~, **~expansion** expansion in wages; **~festsetzung** wage fixing, wage determination

Lohnforderung wage (or pay) claim; wage (or pay) demand; **neue ~en** fresh wage demands; *(freiwillige)* **Zurückhaltung bei ~en** wage (or pay) restraint; *(vom Arbeitgeber od. dem Staat erzwungen)* wage curb

Lohn~, **~fortzahlung**[73] continued payment of wages (during illness of employee); **~gefälle** wage differential; **~gefüge** wage structure; **l~gekoppelte Versicherung** wage-related insurance; **~gerechtigkeit** *(Äquivalenz von Lohn und Leistung)* wage equity

Lohngleichheit equality of wages (or wage rates); **~ für männliche und weibliche Arbeitnehmer** equal pay for male and female workers

Lohn~, **~gleitklausel** escalator clause; **~gruppe** wage group; **~höhe** wage level; **~indexbindung** wage indexation; **~inflation** wage- push inflation; **l~intensive Industrie** wage (or labour)-intensive industry; **~kampf** wage conflict; **~klasse** wage bracket; **~konto** wage account; *Am* payroll account

Lohnkosten cost of wages, wage costs; labo(u)r costs *(→Lohnnebenkosten)*; **~ je Produkteinheit** unit labo(u)r cost; **~anstieg** rise in wage costs; **~belastung** wage cost burden; **~druck** pressure of wage costs; **die ~ sind gestiegen** wage costs have gone up

Lohn~, **~kürzung** wage cut; reduction in pay (or wages); **~liste** payroll; pay-sheet; **~nachzahlung** retroactive payment of wages, back pay; **~nebenkosten** *(z. B. Arbeitgeberbeiträge zur Sozialversicherung, Urlaubsgelder, Beihilfen)* ancillary wage costs; **~nebenleistungen** fringe benefits

Lohnniveau wage level; standard of wages; **angemessenes ~** proper level of earnings; **durchschnittliches ~** average wage level

Lohnpfändung[74] attachment of earnings (or wages); *Am* garnishment of wages *(→Pfändungsfreigrenze)*; **der ~ unterliegen** to be subject to attachment of wages

Lohn~, **~politik** wage policy; **~-Preis-Spirale** wage-price spiral; **~quote** *(Anteil des Einkommens aus unselbständiger Arbeit am Volkseinkommen)* wage (and salary) ratio; **~rückstände** outstanding wage payments

Lohnsatz wage rate; →**Akkord~**; →**Stück~**; →**Stunden~**; →**Tages~**; →**Überstunden~**; →**Wochen~**

Lohnscheck *Br* pay cheque; *Am* pay check

Lohnschiebung[75] dispositions made by a debtor to prevent *Br* attachment (*Am* garnishment) of earnings (involving misuse of provisions relating to protected earnings)

Lohn~, **~senkung** wage reduction; **(gleitende) ~skala** (sliding) wage scale; **~spanne** range of wages; **~- und Kostenspirale** wage and costs spiral; **~stabilisierung** wage stabilization; **~stand** wage level; **~steigerung** wage increase, increase in wages; pay rise

Lohnsteuer wage(s) (and salary) tax; *(etwa)* income tax (*Am* withholding tax) on salaries and wages; payroll tax; **einbehaltene ~** wage tax *Br* deducted (*Am* withheld) at source; **Bescheinigung über einbehaltene ~** *Br* tax deduction certificate; *Am* withholding statement; **~abzug** *Br* wage(s) tax deduction; *Am* wage(s) tax withheld; **~abzugssystem** *Br* pay-as-you-earn (PAYE) system; *Am* pay as you go system; **~anmeldung**[76] employer's duty to notify fiscal authorities of wage tax deducted from employees' earnings; **~aufkommen** wage tax revenue; revenue from wage tax; **~außenprüfung**[77] (regular) official inspection of employers' wage tax records; **~befreiung** exemption from wage tax; **~- Durchführungsverordnung** (LStDV)[78] Wages Tax Implementing Regulation; **~erstattungsantrag stellen** to file a claim for a refund of wage tax; **~freibetrag** *Br* wage tax allowance; *Am* withholding exemption; **~freistellungsbescheinigung** certificate of tax exemption in respect of wage tax

Lohnsteuerjahresausgleich annual adjustment of wage tax; **Erstattungen im ~** refunds under the annual adjustment of wages tax

Lohnsteuer~, **~karte** (employee's) wage tax card; *Br* tax deduction card; **~pflichtiger** person liable to pay wage tax; **~tabelle** *Br* wage tax table; *Am* withholding tax table

Lohnsteuer, die ~ von der Lohnzahlung →einbehalten

Lohnstopp wage freeze; **~ durchführen** to freeze wages

Lohnstreit(igkeit) wage dispute; **Schlichtung von ~en** wage arbitration

Lohn~, **~struktur** wage (or pay) structure; **~stückkosten** unit labo(u)r costs; **~stufe** wage scale; **~stunden** earned hours; **~stundensatz** hourly wage rate, wage rate per hour

Lohnsumme total wages and salaries (paid by an enterprise); wage bill; *Am* payroll (total); **~nsteuer**[79] payroll tax; tax on the total amount of wages or salaries paid by an enterprise

Lohn~, **~tabelle** wage schedule; **~tafel** wage table; **~tarif** wage rate; **~tarifvertrag** collective wage agreement; **~tüte** wage (or pay) packet; *Am* pay envelope; **~überweisungen der ausländischen Arbeitskräfte** wage remittances (or transfers) by foreign workers

Lohnunterschiede wage differentials; **~ bei Männern und Frauen** difference between male and female earnings

Lohnveredelung job processing, contract processing; making up work from materials supplied; **~sindustrie** job processing industry *(→ Veredelungsverkehr)*

Lohnveredelungen sind alle Bearbeitungen und Verarbeitungen eines Gegenstandes.[80]

Contract processing comprises all treatment and modification of an item.

Lohnvereinbarung wage agreement; **stillschweigende ~** *(z. B. Maklerlohn)* implied agreement on remuneration

Lohnverhandlungen wage negotiations, pay negotiations; **tarifliche ~** wage bargaining

Lohn~, **~vorauszahlung** advance wage payment; *Am* advance on payroll; **~zahltag** pay day

Lohnzahlung wage payment; **~ im Krankheitsfall** →Lohnfortzahlung; **~szeitraum** wage payment period; *Am* payroll period

Lohn~, **~zettel** pay slip; **~zuschlag** extra pay; wage supplement; premium payment

lohnen, sich ~ to be worthwhile

lohnend worthwhile; *(Geschäft)* profitable

Lokal~, **~bank** local bank (bank doing business locally, only with one city or county); **~blatt** local (news)paper; **~nachrichten** local news; **~politik** local politics; **~redakteur** *Br* editor in charge of local news; *Am* city editor; **~termin**[81] hearing at the locus in quo *(→Augenschein)*; **~verkehr** local traffic

Loko~ *(Warenbörse)*, **~geschäft** spot business *(Ggs. Termingeschäft)*; **~kauf** spot purchase; **~kurs** spot price; **~markt** spot market; **~preis** spot price; **~waren** spot commodities; spots

Lombard, **→Effekten~**; **→Waren~**; **~darlehen** →Lombardkredit; **~effekten** securities serving as collateral; **l~fähig** acceptable (or eligible) as collateral; **~geschäft** →Lombardkredit

Lombardkredit *(Bankkredit gegen Verpfändung von Wertpapieren)* lombard loan; collateral credit (or loan); advance (or loan) against security; **Gewährung e-s ~s** lending against (or on) security; lending on collateral; **Inanspruchnahme des ~s** recourse to advances on security; **~ aufnehmen** to take advances against security

Lombardsatz rate for advances on securities; rate for advances against collateral; interest rate fixed by the →Bundesbank on a →Lombardkredit; lombard rate; **den ~ anheben (od. erhöhen)** to raise the lombard rate; **den ~ senken** to lower (or reduce) the lombard rate; **der ~ liegt in der Regel 1 höher als der Diskontsatz** (Lombardpolitik) the Federal Bank's rate for advances against securities is usually 1 higher than its discount rate (lombard rate policy)

Lombard~, **~verpflichtungen der Banken gegenüber der Bundesbank** collateral loan commitments of the banks vis-à-vis the Federal Bank; **~verzeichnis** list of securities eligible as collateral; **~vorschuss** collateral advance; **~zinsfuß** →Lombardsatz

lombardieren, **Effekten ~** *(Bank)* to advance money on securities; **Effekten ~ lassen** *(als Kreditnehmer)* to give securities as a collateral; to take up a loan on securities; **Waren ~** *(als Kreditnehmer)* to take up a loan on goods

lombardiert, **~e Effekten** securities pledged as collateral; collateral securities; **~er Wechsel** bill pledged (or taken) as collateral security for an advance

Lombardierung von Wertpapieren (granting) advances against securities; pledging of securities

Lomé, (AKP-EWG) Abkommen von ~[81a] Lomé Convention *(s. Staaten in →Afrika etc)*
Das Abkommen, 1975 in Lomé, Togo, unterzeichnet und periodisch verlängert, gestattet Handelsvorteile für AKP Exporte zur EG. Das Vierte Abkommen ist am 29.2.2000 ausgelaufen und am 23.6.2000 wurde ein neues Partnerschaftsabkommen in Cotonou (Benin) unterzeichnet. Es ist am 1.4.2003 in Kraft getreten.
The Convention, signed at Lomé, Togo, in 1975 and periodically renewed allows trade advantages for ACP exports to the EC.
The fourth Convention expired on 29 February 2000 and a new partnership agreement was signed in Cotonou, Benin, on 23 June 2000. It entered into force an 1 April 2003.

London, ~er Börse (London) International Stock Exchange; **~er Börse für Finanzterminkontrakte** (LIFFE) London Internatioal Financial Futures Exchange; **~er Interbankenzins** *(der Zinssatz für Londoner Interbanken-Eurodollar-Anleihen)* London interbank offered rate; Libor; **~er Schuldenabkommen** (Londoner Abkommen über deutsche Auslandsschulden)[82] London Agreement on German External Debts; **~er Wirtschaftshochschule** London School of Economics (LSE)

Lorokonten vostro (or loro) accounts *(Ggs. Nostrokonten)*

Los lot; **Lotterie~** lottery ticket; **~anleihe** →Lotterieanleihe; **~nummer** lottery ticket number; lot number; **etw. durch das ~ entscheiden** to decide sth. by drawing lots; **durch ~ verteilen** to distribute by lot; **ein ~ ziehen** to draw a lot; **das große ~ ziehen** to draw the first prize

Lösch (→löschen 2. und 3.),; **~anlage** fire extinguishing equipment; **~arbeiten** firefighting; *(Schiffsladung)* unloading operations; **~bescheinigung** landing certificate; **~gebühren** discharging expenses; **~hafen** unloading harbo(u)r; port of discharge; **~kosten** unloading costs; discharging expenses; **~platz** place of discharge; unloading berth; discharging berth; **~risiko** *(VersR)* unloading risk; **~tage** days for discharge; lay days; **die ~zeit überschritten haben** to be on demurrage

Löschen (→löschen 1.) cancellation, deletion; **~ von Daten**[82a] *(EDV)* erasure of data

Löschen (→löschen 2. und 3.) discharge, unloading; **Laden und ~** *(e-r Schiffsladung)* loading and unloading; **~ e-s Feuers** extinguishing a fire; **~ e-r Ladung** discharge of a cargo; breaking bulk

löschen 1. *(etw. tilgen, beseitigen)* to cancel, to expunge; to extinguish; to strike out, to obliterate; to delete; **die →Eintragung ~**; **e-e Firma ~** to strike a firm off the register; **e-e →Hypothek im Grundbuch ~ (lassen)**; **ein Warenzeichen ~** to cancel a registered trademark

löschen 2. e-e Schiffsladung ~ to discharge (or unload) a cargo; to break bulk

löschen 3. e-n Brand ~ to extinguish (or put out) a fire

Löschung 1. *(→löschen 1.)* cancellation, extinguishment; striking out, obliteration; **~ von Amts wegen** cancellation ex officio; **zwangsweise ~** cancellation by order of the court; **~ e-r Eintragung** cancellation (or deletion) of an entry (or a registration); **~ e-r Firma im Handelsregister** cancellation of the registration of a firm in the commercial register; deregistration of a firm; **~ e-r Hypothek** cancellation of a mortgage (or *Br* charge) in the →Grundbuch; *Br* discharge of a mortgage; *Am* entry of satisfaction of a mortgage; **~ e-r Marke in der Zeichenrolle**[83] cancellation of a trademark in the Trademarks Register

Löschungs~, ~anspruch claim for cancellation; **~antrag** request (or petition) for cancellation (of a registration); cancellation request; **~bewilligung**[84] consent to cancellation of a mortgage in the →Grundbuch; **l~fähige Quittung** notarially attested receipt for cancellation of an entry in the →Grundbuch; **~klage**[85] action for cancellation of an entry; **~pflicht**[86] obligation to have an entry cancelled; **~verfahren**[87] cancellation procedure; proceedings for cancellation of an entry in the →Grundbuch; **~vermerk** notice of cancellation; **~vormerkung** notice of right to cancellation of mortgage entry; entry in →Grundbuch protecting mortgagee's rights to cancellation of prior mortgage should this mortgage fall into the hands of the registered proprietor

Löschung, im Grundbuch eingetragene Rechte, die nicht bestehen, zur ~ bringen to cancel entries in the →Grundbuch relating to non-existing rights *(→Löschungspflicht)*; **e-e ~ vornehmen** to effect a cancellation

Löschung 2. *(Ausladen)* discharge, discharging, unloading; **franco ~** landed terms

lose *(unverpackt)* loose, not packed, bulk; **~ Beilage** loose insert; **~ Ladung** *(Schüttgut)* bulk cargo; **~ oder verpackte Waren** loose (or bulk) or packed goods

Loseblatt~, ~ausgabe loose-leaf edition; publication in loose-leaf form; **~buch** loose-leaf book; **~hauptbuch** loose-leaf ledger; **~system** loose-leaf system

Lösegeld ransom (money); **~ zahlen** to pay ransom

Loskauf e-s Gefangenen buying the release of a prisoner

Lösung, **~ von Dauer** lasting solution; **~smöglichkeiten** possibilities for a solution; **e-e befriedigende ~ herbeiführen** to arrive at a satisfactory solution

Lotse pilot; **Hochsee~** deep-sea pilot; **Schüler~** school crossing patrol; **~ndienst** pilot service; piloting, pilotage; **~nfahrzeug** pilot vessel; **~~ngebühren** pilotage, pilot charges; **~ngeld** →ngebühren; **~ngeld für Auslotsen** pilotage outwards; **~ngeld für Einlotsen** pilotage inwards; **~npatent** pilot's licen|ce (~se); **~nstrecke** pilotage waters; **~nzwang** compulsory pilotage

lotsen to pilot; **aus~** to pilot out; **ein~** to pilot in

Lotterie lottery; **Klassen~** class (or Dutch) lottery; **~anleihe** lottery bond; **staatlicher ~einnehmer** state lottery agent; **~gewinn** lottery winnings, lottery prize; **~los** lottery ticket; **~steuer** lottery tax *(→Rennwett- und Lotteriesteuer)*; **staatlich genehmigte ~verträge und Ausspielverträge** state-approved lottery contracts and gaming contracts; **an e-r ~ teilnehmen** to take part in a lottery

Lotto, **(Zahlen-)~** (number) pool; **~schein** lottery (or pools) coupon

Loyalität loyalty; allegiance

Lücke gap; **~ im Gesetz** loophole in the law; **l~nhaft** incomplete; **l~nlos** complete; uninterrupted, unbroken; **die ~ schließen** to bridge (or fill) the gap

Luft, **verschmutzte ~** polluted air; **→Reinhaltung der ~**; **Verschmutzung der ~** air pollution; **~abwehr** air (or aerial) defence (defense); **~angriff** air raid; air attack; aerial assault; **~aufklärung** aerial reconnaissance; **~aufnahme (od. ~bild)** aerial photograph; **~beobachtung** aerial observation; **~brücke** air bridge, air lift; **~chartergeschäft** air chartering; aircharter business; **l~dicht verschlossener Behälter** airtight container; hermetically sealed container

Luftfahrerschein[88] pilot's licen|ce (~se)

Luftfahrt aviation; aeronautics; air navigation; **→Europäische Organisation zur Sicherung der ~**; **→Internationale Zivil~-Organisation**; **→Verkehrs~**; **~behörde** aeronautical authority; *Br* Civil Aviation Authority; *Am* Civil Aeronautics Board (CBA); **~-Bundesamt**[89] Federal Civil Aviation Authority; Federal Aviation Administration (in charge of civil aviation and the →Luftfahrzeugrolle); **~einrichtungen** aviation facilities; **~gesellschaft** airline company; air carrier; **~gesetzgebung** legislation on civil aviation; **~industrie** aircraft industry; aeronautics industry; aviation industry; **~kommission**[90] Air Navigation Commission; **~politik** aviation politics; **~recht** law of aviation; law of the air; **~unternehmen**[91] airline; **~versicherer** aviation underwriter; **~versicherung** aviation insurance; *(für Flugzeuge)* aircraft insurance; *(für Personen)* air-travel insurance; **~werte** *(Börse)* aviation stocks; **~wesen** aeronautics

Luftfahrzeug(e)[92] aircraft; **Privat~** civil aircraft; **Staats~** state aircraft; **Überschall~** supersonic aircraft; **Unterschall~** subsonic aircraft; **Zivil~** civil aircraft, passenger airplanes; **an Bord von Luftfahrzeugen begangene strafbare Handlungen**[93] offences (offenses) committed on board aircraft; **Bekämpfung der widerrechtlichen Inbesitznahme von Luftfahrzeugen**[94] suppression of unlawful seizure of aircraft; **Betrieb von Luftfahrzeugen** operation of aircraft; **Pfandrecht an Luftfahrzeugen** aircraft mortgage; **Rechte an Luftfahrzeugen**[95] rights in aircraft

Luftfahrzeug~, **~bau** manufacture of aircraft; **~besatzung** aircrew; **~führer** pilot (in command of an aircraft); **~halter** owner or other person entitled to the use of an aircraft; aircraft owner; operator; **~kaskoversicherung** →Luftkaskoversicherung; **~rolle** *(Verzeichnis der deutschen Luftfahrzeuge)* aircraft register, register of German aircraft

Luftflotte air fleet

Luftfracht *(Frachtgeld)* air freight (charges); *(Frachtgut)* air cargo, air freight; **~agent** air cargo agent; **~beförderung** air freight transportation; **~brief** airway bill (a. w. b.); *Br* air consignment note; **~büro** cargo office

Luftfrachtdienste air freight services; **planmäßige und nichtplanmäßige ~** scheduled and non-scheduled air freight services

Luftfracht, **~ ~führer** (air) carrier; **~kosten** air freight charges; **~makler** aircraft broker; **~sendung** air freight shipment; **~spediteur** air freight agent; **~tarif** air freight rate; **~unternehmen** air freight carrier; **~verkehr** air freight traffic; **~versicherung** air cargo insurance; **durch ~ befördern** to airfreight; **die Ware ist als ~ versandt worden** the goods were sent (or dispatched) by air

Luft~, **~haftpflichtversicherung** aircraft liability insurance; **~herrschaft** air supremacy; aerial dominance; **~hoheit** air sovereignty; sovereignty over air space; **~hoheitsgebiet** territorial air space; **~kampf** aerial combat; **~kaskoversicherung** aircraft hull insurance; **~kissen-**

fahrzeug hovercraft; air cushion vehicle; **~krieg** air warfare; **~landetruppen** airborne troops; paratroops; **~landung** deployment of airborne troops; airborne landing; **~linie** air distance; *(Verkehrslinie)* air route; **~macht** air power; **~pirat** hijacker; *(colloq.)* skyjacker; **~piraterie**[96] air piracy; hijacking; *(colloq.)* skyjacking

Luftpost airmail; **mit ~** by airmail; **~brief** airmail letter; **~briefsendungen** airmail correspondence; **~leichtbrief** aerogramme, air letter; **~paket** air parcel; **~sendung** dispatch of mail by air, air dispatch; **~verkehr** airmail service; **~zuschlag** air surcharge

Luftqualitätsnormen air quality standards

Luftraum airspace; **unerlaubter →Einflug in den ~**; **~überwachung** air surveillance; **~verletzung** violation of the air space

Luft~, **~recht** air law, law of the air; **~reeder** airline operator; **~reinhalteplan** anti-air-pollution scheme; **~reinhaltung** air pollution control; **~reklame** *(Himmelsschrift)* air (or aerial) advertisement; **~rettungsdienst** air-rescue service; **~schadstoffe** air pollutants; **~schneise** air corridor; **~schrift(werbung)** *(durch Flugzeuge)* sky writing

Luftschutz air raid precautions (A.R.P.) *(→Zivilschutz)*; **~alarmdienst** →Warndienst; **~bunker** air raid (or bomb) shelter; **~hilfsdienst** (LSHD)[97] air raid protection service; **~maßnahmen** air raid measures; **~-Sirene** air raid siren; **~übung** air raid drill

Luft~, **~sieg** aerial victory; **~sperrgebiet** prohibited air space; **~straße** airway; **~streitkräfte** air forces; **~stützpunkt** air base

Lufttransport air transport; *Am* air transportation; **~mittel** means of air transport; **~versicherung** aviation insurance

lufttüchtig airworthy

Lufttüchtigkeit airworthiness; **~sbestimmungen** airworthiness regulations; **~szeugnis**[98] airworthiness certificate

Luft- und Raumfahrt aeronautics; **~forschung** aeronautical research; **~industrie** aerospace industry

Luft- und Seeverkehr air and sea transport

Luftunfallversicherung aviation liability insurance

Luftverkehr air transport; air traffic; *(Flugdienst)* air service; **gewerblicher ~** commercial air transport; **→Zivil~**; **Beförderung im internationalen ~** international carriage by air *(→Warschauer Abkommen)*; **(nicht-)planmäßiger ~** (non-)scheduled air services; **Schutz des ~s vor Gewaltakten** protection of air traffic against acts of violence

Luftverkehrs~, **~abkommen**[99] Air Transport Agreement; **Betrieb von ~diensten** operation of air services; **~gesellschaft** airline (company); (air) carrier; **~gesetz**[100] Air Traffic Act; **~haftung** strict liability *(→Gefährdungshaftung)* of the →Luftfahrzeughalter towards passengers[101] and non-passengers[102] for accidental damage to person or property; **~kontrolle** air traffic control *(→Eurocontrol)*; **~linie** airline, air route; **~ordnung**[103] Air Traffic Regulations; **~regeln** rules of the air; **~übereinkommen** →Luftverkehrsabkommen; **~unternehmen** airline; undertaking in the air transport sector; **Internationaler ~verband** International Air Transport Association (IATA); **~verwaltung**[104] Aviation Administration; authority responsible for civil aviation; **~vorschriften** air (traffic) regulations

Luftverschmutzung air (or atmospheric) pollution; **Bekämpfung der ~** campaign against air pollution; air pollution control; **Rechtsvorschriften zur Bekämpfung der Luft- und Gewässerverschmutzung** antipollution legislation; **weiträumige grenzüberschreitende ~** long-range transboundary air pollution (LRTAP); **~ durch Abgase von Kraftfahrzeugmotoren** air pollution caused by motor vehicle exhaust

Luftverschollenheit →Verschollenheit

Luftversorgung supply by air

Luftverstaubung, **Kampf gegen ~** combatting inhaled dusts

Luftverteidigung air defence (defense)

luftverunreinigend, **Emission ~er Gase aus Motoren** emission of gaseous pollutants by engines; **~e Stoffe** air pollutants

Luftverunreinigung, **Übereinkommen über weiträumige grenzüberschreitende ~**[104a] Convention on Long-Range Transboundary Air Pollution

Luft~, **~waffe** air force; **~waffenstützpunkt** air force base, air base; **~warenversicherung** air cargo insurance

Luftweg (air) advisory route; **auf dem ~** by air; **Beförderung auf dem ~** transport by air, air transport

Luft~, **~werbung** →Luftreklame; **~zwischenfall** aerial incident

Lüge lie; **Not~** white lie; **~ndetektor** lie detector

lügen to lie; to tell lies

lukrativ lucrative, profitable

lustlos *(Handel, Börse)* dull, slack; lifeless; flat; inactive; **~er Markt** slack (or inactive) market; **~e Stimmung am Aktienmarkt** sluggish (or quiet, dull) mood on the share market; **das Aktiengeschäft ist ~** share trading is dull

Lustlosigkeit *(Börse etc)* dullness, slackness, flatness

Lustmord sexually motivated murder

Luxemburg Luxembourg,; **Großherzogtum ~** Grand Duchy of Luxembourg

Luxemburger(in), luxemburgisch Luxembourg

Luxus~, ~artikel luxury artikel; *pl* luxuries; **~ausführung** de luxe model; **~hotel** luxury hotel; **~modell** de luxe model; **~steuer** luxury tax; tax on luxury articles; *Am* luxury goods tax

lynchen to lynch

Lynchjustiz lynch law, mob law; **an jdm ~ üben** to lynch sb.

M

Machenschaften (evil) schemes; intrigues; machinations; **betrügerische ~** fraudulent practices; **auf Täuschung angelegte geschäftliche ~** deceptive business practices; **politische ~** political machinations (or manoeuvres); **durch betrügerische ~ erwirken** to obtain by fraudulent practices; **~ vereiteln** to upset machinations; to thwart intrigues

Macht power; **~** *(e-s Unternehmens)* **auf dem Markt** market power; **ausländische ~** foreign power; **außerhalb jds ~ stehend** beyond sb.'s power; **gegengewichtige ~** countervailing power; →**Groß~**; →**Luft~**; →**Markt~**; →**Militär~**; →**See~**; **~anspruch** claim to power

Machtbefugnis power, authority; **seine ~se überschreiten** to exceed one's powers

Macht~, ~bereich *pol bes.* sphere of influence; **~ergreifung** seizure of power; **~kampf** struggle for power; **~konzentration** concentration of power; **~missbrauch** abuse of power; **~politik** power politics

Machtstellung position of power; **wirtschaftliche ~** market (dominating) power, monopoly power; **Missbrauch der wirtschaftlichen ~** abuse of economic power

Macht~, ~übernahme assumption of power; accession to power; **~überschreitung** exceeding one's authority (or discretion or powers); **~verhältnis** balance of power; **~zusammenballung** concentration of power

Macht, ~ ausüben to exercise power; **an der ~ bleiben** to remain in power; **die ~ ergreifen** to seize power; **die ~ haben** to be in power; **an der ~ sein** *(politische Partei)* to be in office; **nicht an der ~** *(in Opposition)* **sein** to be out of office; **alles in jds ~ stehende tun** to do all in one's power; **die ~ übernehmen** to take over (or assume) power

Madagaskar Madagascar,; **Demokratische Republik ~** Democratic Republic of Madagascar

Madagasse, Madagassin, madagassisch Malagasy

Mädchenhandel white slave traffic; white slavery; **Bekämpfung des ~s**[1] suppression of white slave traffic

Mädchenname maiden name; **seinen ~n wieder annehmen** to resume one's maiden name

Madrider Herkunftsabkommen (MHA) (Madrider Abkommen über die Unterdrückung falscher und irreführender Herkunftsangaben auf Waren)[2] the Arrangement of Madrid for the Prevention of False Indications of Origin on Goods

Madrider KSZE-Folgetreffen Madrid CSCE Follow-up Conference

Madrider Markenabkommen (MMA) (Madrider Abkommen über die internationale Registrierung von Fabrik- und Handelsmarken)[3] Madrid Agreement (concerning the International Registration of Marks)

Mafia Mafia

Magazin *(Vorratshaus)* warehouse; storehouse; depot; *(e-r Bibliothek)* stack room; *(Zeitschrift)* magazine, periodical, journal; *mil* arsenal, magazine, storage (for ammunition, arms, etc); **~buchhaltung** →Lagerbuchführung; **~raum** store room; **~verein** warehousing cooperative (a kind of →Absatzgenossenschaft); **~verwalter** →Lagerhausverwalter

Maghreb-Länder (Algerien, Libyen, Mauretanien, Marokko und Tunesien) Maghreb countries (Algeria, Libya, Mauretania, Morocco and Tunisia)

Magisches Dreieck (Viereck) uneasy triangle (quadrangle)

Die widerstreitenden Ziele antizyklischer Konjunkturpolitik nach dem →Stabilitätsgesetz: →Geldwertstabilität, →Vollbeschäftigung, außenwirtschaftliches →Gleichgewicht bei (viertens) angemessenem Wachstum.

The conflicting goals of countercyclical short-term economic policy according to the →Stabilitätsgesetz: monetary stability, full employment, external equilibrium under the conditions of (fourthly) adequate growth.

Magistrat *Br (kollegiale Verwaltungsbehörde in einigen Städten von Schleswig-Holstein oder Hessen)* municipal corporation; **~sverfassung** constitution of the →Magistrat; (type of) local government constitution providing for a clear division of functions between the →Gemeindevertretung and the →Magistrat

Magnat *(Großindustrieller)* (industrial) magnate

Magnetband *(EDV)* magnetic tape; **~gerät** (magnetic) tape recorder; **~speicher** magnetic tape storage

Magnetschrift magnetic characters; **~drucker** magnetic character printer

Magnet~, ~speicher-Archiv magnetic storage library; **~streifen** *(Kreditkarte)* magnetic strip *(enthält verschlüsselt Angaben zur Kontoverbindung)*

magnetohydrodynamische Energieumwandlung[4] magnetohydrodynamic energy conversion

Mahlgeld miller's fee; milling dues

Mahlzeiten, fertige ~ take-away meals

Mahnbescheid payment order (issued by the court in a →Mahnverfahren); *(etwa)* default judgment; **Antrag auf Erlass e-s ~es**[5] application for an order for payment of a debt (within 2 weeks of service of order, unless defendant raises objection within that time); *Br (etwa)* default summons

Mahn~, ~brief *com* reminder, collection letter; letter demanding (or requesting) payment; *(schärfer)* dunning letter; **~kosten** costs incurred in making request for payment (part of the damage suffered by creditor when debtor is in delay); dunning costs; *(Gebühren e-s Inkassobüros)* collection charges; **~schreiben** →Mahnbrief; **~verfahren**[6] summary proceedings for order to pay debts; *Br (etwa)* default action; **~wesen** dunning (activity)

mahnen to remind (sb. to do sth.); **den Schuldner ~** to give notice to the debtor; to send the debtor a reminder

gemahnt werden to be reminded of

Mahnung demand (or request or warning) for payment; giving of notice by creditor; *(Mahnbrief)* reminder; *(VersR)* renewal notice; **mehrfache ~** repeated demand (or request) for payment; repeated reminder; **versteckte ~** hidden reminder; **~ mit Fristsetzung** reminder with fixing of a period of time; **e-e ~ erhalten** to receive a reminder; **e-e ~ unbeachtet lassen** to ignore a request for payment

Majestätsbeleidigung lese-majesty

Majorat *(Erbfolgeordnung)* (right of) primogeniture; *(dem Majorat unterliegendes gebundenes Vermögen)* estate in tail devolving on the eldest son

Majorität majority *(→Mehrheit, →Stimmenmehrheit)*; **~skäufe** *(Börse)* buying of shares to secure the controlling interest in a company

Makler broker; *(Börse)* market maker; →**Aktien~**; →**Börsen~**; →**Effekten~**; →**Ehe~**; →**Finanz~**; →**Fracht(en)~**; →**Geld~**; →**Grundstücks~**; →**Handels~**; →**Immobilien~**; →**Kurs~**; →**Schiffs~**; →**Versicherungs~**; →**Waren~**; →**Wechsel~**

Makler, Beauftragung e-s ~s, Grundbesitz zu verkaufen *Br* instructing an estate agent to sell a property (or properties); *Am* authorizing a broker to sell one's real estate; *Am* listing

Makler, *(zur Börse)* **amtlich zugelassener ~** *Br* inside broker; **nicht zur Börse zugelassener ~** *Br* outside broker; **freier ~** *Am* street broker; **~ in kleinen Effektenabschnitten** odd lot broker

Makler~, ~buch dealings book of the →Kursmakler; **~büro** broker's office; **~firma** broker firm; *Am* brokerage firm; **unreelle ~firma** *Am* bucket shop; **~gebühr(en)** brokerage; **broker's commission** *(→Courtage)*; **~geschäft** broker's business; *(Börse)* stockbroking; *Br* brokerage; **~kammer** association of →Kursmakler; **~lohn**[7] broker's commission; brokerage (fee); **~provision** broker's commission; brokerage; **Satz der ~provision** commission rate; **~stand** *Am* trading post; *Br* pitch

Maklervertrag[8] brokerage agreement (or contract); contract of brokerage

Ein Vertrag, durch den jemand für den Nachweis der Gelegenheit zum Abschluss e-s Vertrags oder für die Vermittlung e-s Vertrags einen Maklerlohn verspricht.

A contract by which one party promises to pay a brokerage fee (or commission) either for supplying information leading to the conclusion of a contract with a third party or for negotiating a contract with a third party.

Makler, e-n ~ beauftragen, Grundbesitz zu verkaufen oder zu vermieten to place a property in the hands of *Br* an estate (*Am* a real estate) agent for sale or *Br* letting *(Am rent)*; *Am (auch)* to list property with a real estate broker; **als ~ tätig sein** *(Börse)* to act as a broker

Makroökonomie macroeconomics

makroökonomisch macroeconomic

Malawi Malawi,; **Republik ~** Republic of Malawi

Malawier(in), malawisch Malawian

Malaysia Malaysia

Malaysier(in), malaysisch Malaysian

Malediven, die ~ *(pl)* Maldives,; **Republik ~** Republic of Maldives

Malediver(in), maledivisch Maldivian

Malerei painting; **Werke der ~** *(UrheberR)*[9] works of painting, artistic works

Mali Mali,; **Republik ~** Republic of Mali

Malier(in), malisch Malian

Malta Malta,; **Republik ~** Republic of Malta

Malteser(in), maltesisch Maltese

Malus *(VersR)* extra premium; surcharge *(→Bonus)*

Mammutkonzern giant group (or combine)

Management *(Unternehmensführung)* management; **mittleres (oberes, unteres) ~** middle, (top, lower) management; **~-Berater** management consultant

Manager manager, executive, management leader; **~-Fähigkeiten** managerial skills

Mandant *(bes. e-s Rechtsanwalts)* client; **~en (-stamm)** clientele; **unrechtmäßige Verwendung von ~engeldern** misappropriation of clients' money

Mandat 1. *(e-s Anwalts)* (client's) authorization to be represented by a lawyer; retainer; brief; **~sniederlegung** withdrawal from a case; **e-m Anwalt das ~ entziehen** to withdraw (or cancel) a retainer; **sein ~ niederlegen** to cease to act for a client; to withdraw from a case; **ein ~ übernehmen** to take a case, to accept a retainer

Mandat 2. *pol* mandate; authority given to representatives by voters; term of office; (parliamentary) seat; **Aberkennung des ~s** deprivation of the mandate; **Doppel~** dual mandate; **~sniederlegung** resignation of one's mandate (or seat); **~sstärke** number of seats; **~sverlängerung** renewal of a mandate; extension of the term of office; **~sverteilung** allocation (or distribution) of seats; **~szahl** →Mandatsstärke; **~szuteilung** assignment (or allotment) of seats; **das ~ ist abgelaufen** the mandate has expired; **ein ~ ausüben** to exercise a mandate; **sein ~ behalten** to maintain one's seat; **sich um ein ~ bewerben** to contest a mandate (or seat); **ein ~ erteilen** to grant a mandate; **sein ~ niederlegen** to vacate (or resign) one's seat

Mandat 3. *(VölkerR)* mandate; **~sgebiet** mandate(d territory); territory held under mandate

Mandatar mandatary; agent

Mangel *(Fehler)* defect; *(Fehlen)* lack, deficiency; *(Bedarf)* want; *(Knappheit)* shortage (an of); *(Sachmangel)* fault; *(Unzulänglichkeit)* shortcoming; *(Fehlen der geschuldeten Leistung)* default; (→Mängel); →**Bildungs~**; →**Einigungs~**; →**Form~**; →**Geld~**; →**Gewährs~**; →**Kapital~**; →**Personal~**; →**Rechts~**; →**Sach~**; →**Verfahrens~**; **geheimer ~** secret (or hidden, invisible) defect; **innerer ~** intrinsic defect; **offener (od. sichtbarer) ~** *(beim Kauf)* apparent defect; **verborgener (od. versteckter) ~** *(beim Kauf)* hidden (or latent) defect; **aus ~ an** for lack of; **~ an Arbeitskräften** manpower shortage; **~ an Beweisen** lack of evidence; **~ der Gegenleistung** failure of consideration; **~ der Geschäftsfähigkeit** disability; legal incapacity; **~ an Mitteln** lack of funds; **~ an Sicherheit** lack of safety; **~ an Sorgfalt** lack of (proper) care; **~ an Vertrauen** lack of confidence; →**Bearbeitungs~**; **Beseitigung des ~s durch den Unternehmer**[9a] removal of the defect by the contractor

Mangelfolgeschaden consequential harm caused by a defect

mangelfrei free of defect(s) (or faults); faultless; **~er Zustand der verkauften Sache** perfect condition of the property sold

Mangelgebiet area of shortage *(Ggs. Überschussgebiet)*

mangelhaft defective; faulty; imperfect; insufficient; **~e Arbeitsausführung** defective workmanship; **~ →errichtete Gesellschaft**; **~e Lieferung** faulty delivery; **~e Qualität** poor quality; **~e Waren** defective (or faulty) goods

Mangelhaftigkeit defectiveness, faultiness; insufficiency

Mangellage shortage; scarcity situation; **allgemeine ~** situation of general shortage

Mangelware(n) goods in short supply; scarce goods

Mangel, e-m ~ abhelfen to remedy a defect; **e-n ~ anzeigen** to give notice of a defect; to notify a defect; **e-n ~ beheben (od. beseitigen)** to remedy (or correct) a defect; *(Knappheit)* to relieve a shortage; **e-n ~ heilen** to remedy a defect; **e-n ~ rügen** to make a claim in respect of a defect; to notify a defect; **der Käufer rügt den ~ schriftlich** the buyer gives a written notice to the seller specifying the matters complained of; **ein ~ tritt auf** a defect is discovered; **e-n ~ der verkauften Sache arglistig verschweigen** to conceal fraudulently a defect of (or in) the property agreed to be sold

Mängel, aufgetretene ~ defects which have appeared; **festgestellte ~** defects discovered; **kör-**

perliche oder geistige ~ physical or mental defects; **(nicht) offensichtliche ~** (non)(-)obvious defects; **verschwiegene ~** undisclosed defects; **vorhandene ~** existing defects; **Garantie für verborgene ~** warranty for hidden defects

Mängel~, **~anspruch des Käufers** claim of the purchaser based on defects; **~anzeige des Mieters**[10] notification of defect given by the tenant (or [*bei bewegl. Sachen*] by the hirer); **~ausschluss des Verkäufers** →Ausschluss der Gewährleistung; **~beseitigung** *(beim Werkvertrag)*[11] removal of defects; **~einrede**[12] defence (defense) to actions for breach of warranty of quality or title; plea of defect; **~freiheit** faultlessness; **~garantie** warranty for defects; **ohne ~gewähr** with all faults; as is; **~haftung** liability for defects *(→Rechtsmängelhaftung, →Sachmängelhaftung)*; **~heilung** remedying of a defect; **~rüge**[12a] notice (or notification) of defects (of quality or quantity given by purchaser to seller in sales governed by the Commercial Code); **e-e ~rüge erheben (od. vorbringen)** to file (or lodge, make) a complaint (in respect of a defect of goods)

Mängel, **~ aufweisen** to have defects; **das Verfahren weist schwerwiegende ~ auf** the proceeding discloses substantial errors (or defects); **~ beheben (od. beseitigen)** to remedy defects (or deficiencies); **~ feststellen** to discover (or find out) defects; **~geltend machen** to assert defects; **für ~ der Ware haften** to be liable for defects of the goods; **für ~ im Recht haften** to be liable for defects in title

mangeln to lack; *(Geld)* to be short of

mangelnde, **~ Gegenleistung** absence of consideration; **~ Neuheit** *(PatR)* want of novelty

mangels for lack of, for want of; in the absence of; **~ Annahme zurück** *(Wechsel)* returned for want of acceptance; **~ Beweises** for lack of evidence; **~ Deckung zurück** *(Scheck)* returned for want of funds; **~ Masse** *(z. B. Ablehnung der Konkurseröffnung)* for lack of assets

Manifest *(Grundsatzerklärung)* manifesto; *(Schiffsladungsverzeichnis)* manifest

Manipulation manipulation; handling; **Börsen~** manipulation on the stock exchange; **genetische ~** genetical manipulation; **Wahl~** manipulation of an election; **Währungs~** manipulation of the currency

manipulieren to manipulate; to handle; *colloq.* to rig; **die Kurse ~** to rig the market

manipulierte Währung managed currency

Manko shortage; deficit; deficiency; **Gewichts~** short weight; **~gelder** (cashier's) allowance for shortages; risk money

Mannheimer Akte s. revidierte →Rheinschifffahrtsakte

Mannigfaltigkeit diversity

Mannschaft *mil* enlisted men; *(Schiff)* crew; *Br* ratings; **Unteroffiziere und ~en** other ranks (O. R.); rank and file

Manöver manoeuvre *(Am maneuver)*; **Durchführung von ~n** conduct (or carrying out) of manoeuvres

manövrier~, **~behinderte Fahrzeuge** vessels restricted in their ability to manoeuvre; **~unfähige Fahrzeuge** vessels not under command; **M~fähigkeit** *(e-s Fahrzeugs)* manoeuvrability *(Am manoeuverability)*

Mantel *(e-r Kapitalgesellschaft)* shell; *(bei Wertpapieren)* share certificate; debenture certificate; **~tarifvertrag** *(ArbeitsR)* outline collective agreement (on working conditions); skeleton wage agreement; *Am* basic agreement; **~vertrag** covering agreement; overall agreement; **~zession** overall assignment (of receivables)

manuell *(mit der Hand)* manual

Manuskript manuscript; *(mit der Maschine geschrieben)* typescript; *(gedruckt)* copy

Marge margin, spread; *(Börseals Sicherheit zu hinterlegender Bareinschuss)* margin *(→Einschuss)*; **~ntarif** *(im gewerbl. Güterkraftverkehr)* bracket tariff

Marginalien marginal notes

Marine, →**Handels~**; **Kriegs~** navy

Marine~, **~angelegenheiten** naval affairs; **~attaché** naval attaché; **~état** naval estimates; **~flugzeug** naval aircraft; **~ministerium** *Br* Admiralty; *Am* Navy Department; **~offizier** naval officer; **~stützpunkt** naval base

Marionettenregierung puppet government

Marke 1. *(Kennzeichen)* mark; *(Briefmarke)* stamp; **Erkennungs~** *mil* identification tag; **Gedenk~** commemorative stamp; **Hunde~** dog tag; →**Rabatt~**; →**Versicherungs~**; **e-e ~ kleben auf** to affix a stamp to

Marke 2. *(MarkenR)* trademark *(→Warenzeichen)*; mark; brand; **Auto~** car make; →**Fabrik~**; **Garantie~** guarantee mark; **Gemeinschafts~** *(EU)* Community trade mark (CTM); **Gewährleistungs~** certification mark; →**Handels~**; →**Haus~**; **Individual~** individual mark; individual brand; **Kollektiv~** collective mark; **Anmeldung einer ~ zur Eintragung**[12b] application for registration of a trademark; **Aufgabe einer ~** abandonment of a trademark; **eingetragene ~** (→Zeichenrolle) registered trademark; **nicht eingetragene ~** unregistered trademark; **Erlöschen e-r ~**[12c] lapse of a trademark; **Verfahren zur Feststel-**

lung der Erstbenutzung e-r ~ interference proceedings; **Gebrauch e-r ~** use of a trademark; **gefälschte ~** forged trademark; **internationale Registrierung e-r ~** →Madrider Markenabkommen; **irreführende ~** deceptive trademark; **Löschung e-r ~**[12d] cancellation of a trademark; **unterscheidungskräftige ~** distinctive trademark; **~ ohne Unterscheidungskraft** non-distinctive trademark; **täuschend** →**ähnliche ~n**; **ältere ~n** earlier trademarks; **Übereinstimmung zwischen zwei ~n** similarity of two trademarks

Marke, e-e ~ anbringen to affix a trademark (on); **e-e ~ zur Eintragung anmelden** to apply for registration of a trademark; **e-e ~ aufgeben** to abandon a trademark; **e-e ~ eintragen (lassen)** to register a trademark; **e-e ~ nicht erneuern** to let a trademark lapse; to drop a trademark; **e-e ~ nachahmen** to pirate a trademark; **e-e ~ wird für verfallen erklärt** a trademark shall be liable to revocation; **e-e ~ verletzen** to infringe a trademark

Marken~, ~abkommen →Madrider Markenabkommen; **~amt der Gemeinschaft** *(EU)* Community Trade Marks Office; **~anmeldung** trademark registration; **~artikel** *Br* branded article(s); *Am* trademarked goods; **~(artikel)werbung** brand advertising; **~(artikel)wettbewerb** brand competition; **~arznei** patent medicine; **~benzin** branded *Br* petrol (*Am* gasoline); **~bevorzugung** brand preference; **~butter** nonblended butter; best quality butter; **gleiche ~eintragung mehrerer Anmelder** *Am* concurrent registration; **~familie** brand family (product line under one brand label); **~führer** brand leader; **~image** brand image; **~inhaber** trademark owner; proprietor of a trademark; **~lizenz** trademark licen|ce (~se); **~lizenzgeber** trademark licensor; **~lizenzvertrag** trademark licensing agreement; **~missbrauch** misuse of trademarks; **~nahrungsmittel** patent foods; **~name** brand name; **m~pflichtige Waren** *(im Krieg)* rationed goods; **~pirat** trade mark pirate; **~piraterie** trade mark piracy; **~prozess** trademark suit

Markenrecht trademark law; **~e** *(e-r Person)* trademark rights; **gemeinschaftliches ~** *(EU)* Community system of trademark law; **durch ~ geschützter Artikel** trademark article *(→Markenartikel)*; **Inhaber e-s ~s** proprietor of a trademark right

markenrechtlicher Schutz, ausdrücklich erklären, dass kein ~ des Wortes ... in Anspruch genommen wird to disclaim any trademark of the word ...

Marken~, ~schutz trademark protection; **~streitsachen** contentious trademark matters; trademark litigation; **~verletzung** trademark infringement; infringement of a trademark; *Am* misappropriation of a trademark; **~verletzungsklage** action for infringement of a (registered) trademark; **~zeichen** brand

Marketing marketing; **~-Berater** marketing consultant; **~-Direktor** marketing manager; **~-Strategie** marketing strategy

markieren to mark

markierte Waren marked goods; *(durch Warenzeichen)* branded goods

Markierung mark, marking; *(Kontrollzeichen)* check mark; **~ durch Bojen** buoyage; **~ von Fahrstreifen** traffic lane marking; **~sanweisungen** marking instructions; **die ~ überfahren** *(Verkehr)* to cross the marking

Markscheider mine surveyor

Markt market; *(Marktplatz)* market place; *(Markttag)* market day; **auf dem ~** on the market; →**Agrar~**; →**Aktien~**; →**Arbeits~**; →**Binnen~**; →**Devisen~**; →**Emissions~**; →**Freiverkehrs~**; →**Geld~**; →**Inlands~**; →**Kapital~**; →**Kassa~**; →**Käufer~**; →**Kredit~**; →**Renten~**; →**Rohstoff~**; →**Termin~**; →**Übersee~**; →**Verkäufer~**; →**Welt~**; →**Wochen~**

Markt, aufnahmebereiter ~ receptive market; **aufnahmefähiger ~** ready market; **auftragsgetriebener ~** order-driven market; **fester ~** steady market; **freier ~** free market; open market; *(Börse)* →Freiverkehrsmarkt; **gedrückter ~** depressed market; **Gemeinsamer ~** *(EU)* Common Market; **grauer ~** *Br* grey market; *Am* gray market; **inländischer ~** home (or domestic) market; **lebhafter ~** active (or brisk) market; **lustloser ~** inactive (or dull, slack) market; **am offenen ~** on the open market; **preisgetriebener ~** quote-driven market; →**schwarzer ~**; **stagnierender ~** stagnant market; **überschwemmter ~** glutted market; **verlorene Märkte zurückgewinnen** to recapture lost markets

Markt, den ~ aufteilen to divide (or apportion) the market; **sich selbst vom ~ ausschließen** *(durch hohe Preise)* to price oneself out of the market; **den ~ beherrschen** to control (or command) the market; **den ~ beliefern** to supply the market; **auf den ~ bringen** to put on the market; to market; **in großen Mengen auf den ~ bringen** to mass-market; **versuchsweise auf den ~ bringen** to test-market; **den ~ erobern** to conquer the market; **neue Märkte erschließen** to open up new markets; **den ~ stützen** to support the market; **den ~ überschwemmen** to glut (or flood, congest) the market; **vom ~ verdrängen** to oust from the market; to press out of the market; **auf den ~ werfen** to put (or throw) on the market; **e-n ~ zurückerobern** to win back a market

Markt~, **~abriegelung** market segregation; **~absprache** marketing agreement (or arrangement); **~analyse** market analysis; **~analytiker** market analyst

Marktanteil market share; **beträchtlicher ~** appreciable market share; **wesentlicher ~** *(Produkthaftung)* substantial market share; **~shaftung** market share liability (msl, MSL)

Marktaufteilung market sharing; partition of the market; market allocation; **~sabsprachen** market sharing agreements

Marktausgleichslager *(für Rohstoffe)* buffer stock
Sie dienen dazu, Fluktuationen des Angebots, und deshalb der Preise, durch Aufkauf des Überangebots oder durch Verkauf bei Übernachfrage auszugleichen (Zinn, Kupfer, Erdöl etc).
Stocks built up to iron out fluctuations of supply and therefore of price by accumulating when supply is plentiful, and by releasing to the market when there is strong demand (tin, copper, petroleum, etc).

Markt~, **~bedarf** market requirement; needs of the market; **m~bedingt** market-induced; due to market factors; **~bedingungen** market conditions; **~beeinflussung** influencing the market

marktbeherrschende Stellung, missbräuchliche Ausnutzung e-r marktbeherrschenden Stellung: missbräuchliche Ausnutzung e-r marktbeherrschenden Stellung abuse of (a) dominant position (on the market)

marktbeherrschend, **Unternehmen mit e-r ~en Stellung** company holding a dominant position; **die ~e Stellung missbräuchlich ausnutzen**[13] to abuse a dominant position on the market

marktbeherrschendes Unternehmen[14] market- dominating enterprise; undertaking dominating the market; monopoly enterprise
Soweit ein Unternehmen für eine bestimmte Art von Waren oder gewerblichen Leistungen ohne Wettbewerber ist oder keinem wesentlichen Wettbewerb ausgesetzt ist, ist es marktbeherrschend im Sinne dieses Gesetzes.[14]
If an enterprise has no competitor or is not exposed to substantial competition for a certain type of goods or commercial services, it is considered market- dominating within the meaning of this law.

marktbeherrschenden Unternehmen ein missbräuchliches Verhalten untersagen[15] to prohibit market-dominating enterprises from abusing their dominant position

Marktbeherrschung market domination; market control; monopoly situation; **~svermutung** presumption of a dominant position

Markt~, **~beobachtung** observation (or surveillance) of markets; market study; **~bericht** market report (or review); **~beschickung** supply of the market; supplies reaching the market; **~beteiligte** participants in the market; **~bewertung** market appraisal; **~durchdringung** market penetration; **~einführung** product placement; **~eintritt** entry into the market; **~entwicklung** market development, market trend; **~erkundung** market investigation; **~erschließung** opening (up) of new markets; **m~fähig** →marktgängig; **~fähigkeit** →Marktgängigkeit; **~forscher** market researcher; **e-e ~forschung durchführen** to conduct market research; **~forschung an Ort und Stelle** marketing (field) survey; **~führer** market leader; *(Markenartikel)* brand leader; **m~gängig** marketable, merchantable, sal(e)able; **m~gängige Größe** commercial size; **~gängigkeit** marketability; merchantability; **~gebiet** market territory; **~gebühren** market dues; **~geld** →Marktstandgeld

marktgerecht in line with market conditions; **zu ~en Bedingungen** on standard market conditions; **~er Preis** fair market price

Marktgleichgewicht market balance, balance of the market; market equilibrium; **Störung des ~s** market disequilibrium; **das ~ wiederherstellen** to reestablish a balance in the market

Markt~, **~halle** covered market; market hall; **~kapitalisierung** market capitalization; **~kenntnis** market knowledge; knowledge of the markets; market expertise; **m~konform** in conformity with market conditions; **~kräfte** market forces

Marktlage market situation, state of the market; **gegenwärtige (schwierige) ~** current (difficult) market situation; **die ~ ist unerfreulich** the market is still depressed

Marktlücke market gap; loophole in the market; **die ~ schließen** to bridge (or close) the gap in the market; to meet marketing needs

Marktmacher *(Börse)* market maker

Marktmacht market power; **gegengewichtige ~** countervailing (market) power

marktmäßig bedingt determined by the market; market-induced

Markt~, **~mechanismus** market mechanism; **m~nahe** close to the market; **~nische** market niche

Marktordnung market organization; market regulations; **einzelstaatliche ~** *(EU)* national market organization; **europäische ~** market organization as prescribed by the EEC-Treaty[16] (for any given [mainly] agricultural product or product line); **~sgesetz** (MOG)[17] law regulating the gemeinsame →Marktorganisationen; **~sstellen**[18] agencies competent for the gemeinsame →Marktorganisationen *(→Einfuhr-*

und Vorratsstellen); **~svereinbarung** Orderly Marketing Arrangement (OMA)[19] (→ *Selbstbeschränkungsabkommen)*; **~swaren** products which are covered by a common organization of the market

Marktorganisation, Gemeinsame ~ (GMO) *(EG)*[17] common organization of the market (für Agrarerzeugnisse in agricultural products)

Markt~, m~orientiert market oriented; **~planung** market planning, marketing; **~position** market position; **~potential** market potential

Marktpreis market price; current (or prevailing) price; **~entwicklung** market price trend; **wenn die Ware e-n ~ hat** when there is a current price for the goods

Markt~, ~prognose market forecast; **~regelung** regulation of the market; **~sättigung** market saturation; **~schwankungen** market fluctuations; **~segmentierung** market segmentation; **~stabilisierung** stabilization of the market; **~standgeld** toll for the market stand; **m~starkes Unternehmen** enterprise with strong market position; **~statistik** market statistics

Marktstellung market position; **die regionale ~ erweitern** to expand the market position geographically; **überragende ~** dominant position in the market

Markt~, ~strategie market strategy; **~struktur**[20] market structure; **~studie** market study; **~stützung** market support; **~tätigkeit** marketing; **~teilnehmer** market participant; **~tendenzen** market tendencies (or trends); **~test** market test; **~transparenz** market transparency; transparency of the market; **~überschwemmung** glut in (or on) the market; **~überwachung** market supervision

marktüblich usual in the market; customary in the particular market; **~e Qualität** merchantable quality

Markt~, ~untersuchung market survey; **~verflechtung** integration of markets; **~verhalten** market behavio(u)r; **~verhältnisse** market conditions; **~verkehr** *(Verkehr auf öffentlichen Märkten)*[21] market dealing (or trading); **(künstliche) ~verzerrung** (artificial) distortion of the market; **~versorgung** supply of the market; **~vorausschätzung** market forecast

Marktwert fair market value

Marktwirtschaft, (freie) ~ free market economy, free enterprise economy; **offene ~** open market-oriented economy

Marktwirtschaft, soziale ~ "social market economy"

Privates Eigentum an den Produktionsmitteln, funktionsfähiger Wettbewerb, Mitbestimmung der Arbeitnehmer an den Unternehmensentscheidungen, Koalitionsfreiheit und Tarifautonomie sowie soziale Sicherung für den Fall der Krankheit, Arbeitslosigkeit und Altersversorgung.

Private property in the means of production, workable competition, workers' participation in management decisions, freedom of combination and autonomy in negotiating wage rates as well as social security in cases of illness, unemployment and provision for old age.

Marktzerrüttung market disruption

Marktzins(satz) market rate of interest; **Darlehen zum ~** loans at market rates

Marktzugang (od. -zutritt) access to the market; market access; entry into (a) market; market entry

Marokko Morocco,; **Königreich ~** Kingdom of Morocco

Marokkaner(in), marokkanisch Moroccan

Marschflugkörper *mil* cruise missile(s); **bodengestützter ~** ground-launched cruise missile; **seegestützter ~** sea-launched cruise missile

Marxismus Marxism

marxistisch Marxist

Maschenweite *(Fischfang)* mesh size

Maschine machine; **→Addier~**; **→Addressier~**; **Bedienungsperson e-r ~** machine operator; **→Fakturier~**; **→Frankier~**; **→Rechen~**; **→Vervielfältigungs~**; **e-e ~ bedienen** to operate a machine; *(Brief etc)* **mit der ~ schreiben** to typewrite; **Diktat in die ~ übertragen** to transcribe dictation

maschinell by machine; **~ hergestellt werden** to be machine-made; to be mechanically produced

Maschinen machinery; **~ und maschinelle Anlagen** machinery and equipment; **landwirtschaftliche ~** agricultural machinery; **→Werkzeug~**

Maschinen~, ~arbeiter operator; **~ausfall** machine breakdown

Maschinenbau mechanical engineering; construction of machines; **~industrie** mechanical engineering industry; manufacture of machinery; **mittleres ~-Unternehmen** mediumsized mechanical engineering enterprise; **~werte** engineerings

Maschinen~, ~buchführung (od. ~buchhaltung) machine accounting, machine bookkeeping; **~fabrik** engineering works; **~fahrzeug** power-driven vessel; **~halle** machine shop; **~park** machinery; **~räume** *(Schiff)* engine room; **~saal** *(e-s Unternehmens)* machine shop; **~schaden** machinery breakdown; machine failure; **~stillstandszeit** machine downtime; **~versicherung** engineering insurance

Maschrik-Länder (Ägypten, Libanon, Jordanien, Syrien) Mashreq countries (Egypt, Lebanon, Jordan, Syria)

Maß *(Grad, Höhe, Umfang)* measure; *(Maßeinheit)* measure; *(Abmessung)* measurement; *fig* degree, measure, extent; **~e und Gewichte** weights and measures; **in beschränktem ~e** to a limited extent; **in hohem ~e** to a high degree; highly; **nach ~ gefertigt** made to measure (or specification); custom- made, custom-tailored

Maß~, **~anfertigung** manufacture to measure; bespoke tailoring; **~angaben** (specification of) dimensions; **~einheit** unit of measurement; **~fracht** freighting on measurement; **mit der ~gabe, dass** provided that; subject to the proviso that; **nach ~gabe des Vertrags** in accordance with the contract

maßgebend authoritative; **im Zweifelsfalle ist der englische Wortlaut ~** in case of doubt the English text shall prevail; **der französische und der englische Wortlaut sind in gleicher Weise ~** the French and English versions of the text are equally authoritative

maßgeblich authoritative; decisive; controlling; **~e Beteiligung** significant (or controlling) interest; **~e Persönlichkeit** influential person; a person whose words (or views) carry weight; **~e Quellen** authoritative sources; **~es Recht** governing law

Maßhalteappell moral suasion; appeal for moderation

Maßnahme measure; action; *(Schritt)* step, move; →**Gegen~**; →**Kontroll~**; →**Lockerungs~n**; →**Notstands~n**; →**Sicherheits~n**; →**Spar~n**; →**Verwaltungs~n**; →**Vollstreckungs~n**; →**Vorsichts~n**; →**Zwangs~n**; **einstweilige ~** interim measure; **erforderliche ~n** necessary measures (or steps); **geeignete ~n** appropriate measures (or action); **gegenwirkende ~n** reactive measures; **getroffene ~n** measures taken; **notwendige ~n** necessary measures; **vorbeugende ~n** preventive measures; *(Intern. Gesundheitsvorschriften)*[22] prophylactic measures; **vorrangige ~n** priorities

Maßnahmen, ~ aufheben to abolish (or revoke) measures; **~ ergreifen** to take measures (or steps); to take action; **~ treffen** →Maßnahmen ergreifen; **~ treffen für (gegen)** to provide for (against)

Maßregeln der Besserung und Sicherung[23] measures of rehabilitation and security; measures of correction and prevention; measures other than punishment for dealing with serious offences (with a view to reformation of the offender or the protection of the public) *(z. B. Unterbringung in e-m →psychiatrischen Krankenhaus; Unterbringung in e-r →Entziehungsanstalt; →Sicherungsverwahrung; Entziehung der →Fahrerlaubnis; →Berufsverbot)*

maßregeln to reprimand, to discipline; *(unfair)* to victimize

Maßregelung reprimand; disciplinary measure; *(schikanös)* victimization; **~sklausel** no-victimization clause

Maßregelungsverbot *(tarifliches ArbR)* prohibition of victimization of workers after a strike

Maßregelungsverbot wird meist aus Anlass der Beendigung eines Streiks im Tarifvertrag vereinbart und besagt, dass dem Arbeitnehmer aus der Beteiligung am Streik kein Nachteil erwachsen darf

"Maßregelungsverbot" is usually stipulated in a collective bargaining agreement for the purpose of protecting workers who participated in a strike against any prejudice as a result thereof.

Maßstab *(technisch)* scale; *fig* standard, criterion; **nach europäischen Maßstäben** by European standards; **Maßstäbe für die Bewertung von Aktien** criteria for the valuation of shares; **Maßstäbe setzen** to set standards

Masse mass; large quantity (or number); *(Menge)* bulk; *(Menschenmenge)* crowd; *(Vermögensmasse)* estate, assets; **die große ~ der Mitglieder** *(e-r Partei etc)* rank and file members; →**Erb~**; →**Insolvenz~**; →**Rest~**; →**Teilungs~**; **mangels ~** *(InsR)* for insufficiency of assets

Masse~, **~ansprüche** *(InsR)* preferential claims (against the bankrupt's or insolvent's estate); **~gläubiger** *(InsR)*[24] preferential creditors; **~kosten** *(InsR)*[25] expenses incurred during the bankruptcy (or insolvency) proceedings (including remuneration of the →Insolvenzverwalter as well as maintenance granted to the →Gemeinschuldner); **~schulden (od. ~verbindlichkeiten)** *(InsR)*[26] preferential (or preferred) debts of the estate; **~verwaltung** administration of the bankrupt's (or insolvent's) estate; **~verzeichnis** statement of affairs of a bankrupt; list of assets

Massen, ~- mass, bulk; large-scale; **~angebot** large-scale supply; **~ankauf** bulk buying; **~arbeitslosigkeit** mass (or large-scale) unemployment; **~artikel** bulk article, mass-produced article; **~auffahrunfall** pile-up; **~auflage** mass circulation; **~bedarfsgüter** commodities in mass demand; **~entlassungen** mass (or collective) dismissals; mass (or collective) redundancies *(→anzeigepflichtige Entlassungen)*; **~fertigung** mass (or large-scale) production; production in bulk; **~filialbetrieb** chain store business

Massengüter bulk goods (or products), goods in bulk; **Ankauf von ~n** bulk buying; **Transport**

von ~n bulk transport; **ein Schiff mit ~n beladen** to load a vessel in bulk

Massengut~, **~fracht** bulk cargo freight, bulk shipping *(Ggs. Stückgutfracht)*; **~frachter** bulk carrier; **~frachtrate** bulk cargo rate; **~ladung** bulk cargo; **~umschlag** handling of bulk cargo; **~verschiffung** shipment of bulk cargo

Massen~, **~hinrichtung** mass execution; **~kaufkraft** purchasing power of the population; **~kommunikationsmittel** mass medium (*pl* media) (of communication); **~konsumgüter** mass consumer goods; **~kundgebung** mass demonstration; **~kündigung** mass dismissals

Massenmedien *(Presse, Rundfunk, Fernsehen)* mass media; **e-e Werbeaktion in den ~ durchführen** to run a media campaign

Massen~, **~mord** mass murder; **~nachrichtenmittel** means of mass communication; **~organisationen** mass organizations; **~produktion** →Massenfertigung; **~tötung von Robben** slaughtering of seals; **~verbrauchsgüter** →Massenkonsumgüter; **~verfolgung** mass persecution; **~verhaftungen** mass arrests; **~verhalten** crowd behavio(u)r; **~verkauf** bulk selling, mass sale; **~verkehr** mass transport; **~vernichtungswaffen** weapons of mass destruction; **~versammlung** mass meeting, rally; **~vertrieb** mass distribution; **m~weise herstellen** to make in bulk, to produce in large quantities; **~werbung** mass advertising, large-scale advertising

Material material; *(Unterlagen)* data, documents; *(Beweismaterial)* evidence; *(Effektenbörse)* securities on offer; **Roh~** →Rohstoffe; →**Schreib~**; **belastendes ~** incriminating evidence; **fehlerhaftes ~** defective (or faulty) material; **gutes ~** sound material; **neues ~** *(Beweismaterial)* fresh evidence; **rollendes ~** *(Eisenbahn)* rolling stock; **schlechtes ~** inferior material; **statistisches ~** statistical data

Material~, **~abrechnung** materials accounting; **~anforderung** material requisition; **~angaben** materials specifications; **~aufwand** cost of materials; **~ausgabe** materials issue; *Am* issuance of material; **~bedarf** materials requirement; **~bedarfsplanung** materials requirement planning (MRP); **~einzelkosten** direct material; **~fehler** defect(s) in material; faulty material; **~gemeinkosten** *(MGK)* indirect material; materials overhead(s); **~knappheit** shortage of material(s); **~kontrolle** materials control; **~kosten** materials cost, cost of materials; **~liste** bill of materials; **~mangel** shortage of materials; *(Effektenbörse)* shortage of securities on offer; **~prüfung** testing of materials; **~sammlung** gathering of materials; **~schaden** material damage; **~verbrauch** consumption of materials; **~wert** material value; **~wirtschaft** materials management

Material, **~ beschaffen** to procure material; **~ sammeln** to gather material(s)

Materialismus materialism; **dialektischer (historischer) ~** dialectical (historical) materialism

materiell material; **~es Recht** substantive law; **~es oder formelles Recht** substantive or adjective law; **nach ~em Recht** (up)on the merits; **Begriffe des ~en Rechts der** →**Erfindungspatente**; **~e Vermögenswerte** tangible assets; tangibles; **~rechtliche und verfahrensrechtliche Vorschriften** substantial (or substantive) and procedural rules; **~er Vorteil** material benefit; **seine ~e Lage verbessern** to improve one's financial situation

Maul- und Klauenseuche, →**Europäische Kommission zur Bekämpfung der ~**

Mauer wall; **Berliner ~** *pol* Berlin Wall *(until Nov. 9, 1989)*; **gemeinsame (Grenz-)~** party wall

Mauretanien Mauritania,; **Islamische Republik ~** Islamic Republic of Mauritania

Mauretanier(in), mauretanisch Mauritanian

Mauritius Mauritius

Mauritier(in), mauritisch Mauritian

Maut toll; **~gebühr** tollage; **~preller** toll dodger; **~schranke** toll bar; **~straße** toll road; **~system** toll system; **~tarife** toll tarriffs; **Bundesstraßen-~gesetz 2002** (BStMG) Federal Roads Toll Act of 2002; **Ersatz~** substitute toll

maximale Kapazität maximum capacity

Maximal~, **~betrag** maximum amount; **~hypothek** →Höchstbetragshypothek; **~zinssatz** cap rate

Maximierung maximization; **Gewinn~** maximization of profits

maximieren to maximize

Mäzen patron of the arts

mechanisch, **~e Arbeit** routine work (or job); **~e Geräte** mechanical appliances

Mechanisierung mechanization

Media~, **~direktor** media manager; **~selektion** media selection

Medien, **öffentliche ~** *(Zeitungen, Zeitschriften, Fernsehen, Radio)* public media; **~gesetze** media laws; laws regulating radio and television broadcasting

Medikament medicine, medicinal product; **Abgabe von ~en durch Apotheker** supply of medicines by pharmacists

Medio *(der 15. e-s jeden Monats; cf. Ultimo)* midmonth; **~abrechnung** *(Bank, Börse)* midmonth account (or settlement); **~geld** *Br* fortnightly settlement loan; **~wechsel** bill due on the 15 th of a month

Medizin medicine; **gerichtliche ~** forensic medicine; medical jurisprudence; **Zulassung zum ~studium** admission to medical studies

Medizinproduktgesetz (MPG) Medical Devices Act

Meer sea; ocean; **geschlossenes ~** *(VölkerR)* mare clausum; **offenes ~** open sea, high sea(s); **~enge** straits

Meeresboden seabed, ocean floor; **Anbringung von →Kernwaffen auf dem ~**; **friedliche Nutzung des ~s** peaceful use of the seabed; **Schätze des ~s** resources of the seabed; ocean resources; **UN-~ausschuss** United Nations Seabed Committee; **Internationale ~behörde** International Seabed Authority; **~sperrvertrag** Treaty on Denuclearization of the Ocean Floor *(s. Vertrag über das Verbot der Anbringung von →Kernwaffen auf dem Meeresboden und im Meeresgrund)*; **~vertrag**[26a] Seabed Treaty

Meeres~, **~fauna und ~flora** marine fauna and flora

Meeresforschung exploration of the sea; **wissenschaftliche ~** marine scientific research; **Internationaler Rat für ~**[27] International Council for the Exploration of the Sea (ICES)

Meeresgewässer marine (or maritime) waters; **der Hoheitsgewalt e-s Staates unterliegende ~** maritime waters under a state's sovereignty

Meeres~, **~grund** seabed; **Nutzung des ~grundes** exploitation of the sea bed; **Erhaltung der ~lebewesen (od. der lebenden ~ressourcen)** conservation of living marine resources; **~ökologie** marine ecology; **~schätze** resources of the sea (or of the oceans); **Erhaltung der biologischen ~schätze** conserving the biological resources of the seas; **~technologie** marine technology

Meeresumwelt marine environment; **Ausschuss für den Schutz der ~**[27a] Marine Environment Protection Committee; **Übereinkommen zum Schutz der ~ und des →Ostseegebiets**

Meeresuntergrund subsoil (of the seabed)

Meeresverschmutzung pollution of the seas; marine (or maritime) pollution; **Bekämpfung der ~** fight against marine pollution; **Verhütung der ~ durch das Einbringen von Abfällen und anderen Stoffen**[28] prevention of marine pollution by dumping of wastes and other matters; **Verhütung der ~ durch das Einbringen durch Schiffe und Luftfahrzeuge**[29] prevention of marine pollution by dumping from ships and aircraft; **(Internationales Übereinkommen zur) Verhütung der ~ durch Schiffe**[29a] (International Convention for the) prevention of Pollution from Ships; **~ durch Kohlenwasserstoffe** hydrocarbon pollution of the sea; marine pollution caused by oil spills at sea; **~ vom Lande aus**[30] marine pollution from land-based sources; **~sschaden** marine pollution damage; **~ verhüten und bekämpfen** to prevent and control pollution of the sea

Meeresvölkerrecht public international law of the sea; international maritime law

Meereswissenschaft marine science

mehr more; **~ Angebot als Nachfrage** *(Börse)* sellers over

mehrere several; **~ →Ämter gleichzeitig haben**; **~ Anmelder** *(PatR)* multiple applicants; **~ →Ansprüche in e-r Klage geltend machen**; **Einbringung ~r Klagen für den gleichen Anspruch** multiplicity of actions

Mehrarbeit additional work; excess hours (hours worked in excess of the normal working hours); **~szuschlag** additional payment for excess hours

Mehraufwand bei auswärtiger Tätigkeit additional expenditure incurred through working away from one's usual place of employment

Mehr~, **~aufwendungen** additional expenditure (or expenses); extra outlays; **~ausgabe(n)** additional (or increased) expenses (or expenditure); excess expenditure; **m~bändig** consisting of several volumes; **~bedarf** additional requirement; **~belastung** additional burden (or charge); *(zu hohe Belastung)* overcharge; **~betrag** additional amount; excess amount; *(Überschuss)* surplus; **m~deutig** ambiguous; **~deutigkeit** ambiguity; **~ehe** plural marriage; polygamous marriage; **~einnahmen** additional income; increase of receipts

Mehrerlös additional receipts; **Abführung des ~es** *(bei Wirtschaftsvergehen)*[31] transfer of the excess proceeds; **~abschöpfung**[31a] skimming off additional receipts

mehrfach multiple; *(wiederholt)* repeated(ly); *(mehr als erforderlich)* several times over; **~e Besteuerung** *(durch mehrere Staaten)* multiple taxation; **~e Gerichtsbarkeit** multiple jurisdiction; **~e →Mahnung**; **~ →vorbestraft sein**; **~er Wähler** plural voter

Mehrfach~, **~arbitrage** compound arbitrage; **~beschäftigte** persons holding several (compulsorily insurable) employments; **~besteue-**

rung multiple taxation; **~beteiligung** multiple ownership; **~sprengköpfe** *mil* multiple independently targetable reentry vehicles (MIRV); **~stichprobenprüfung** multiple sampling inspection; **~telegramm** multiple (address) telegram; **~versicherung** multiple insurance

Mehr~, **~familienhaus** multiple dwelling (house in multiple occupation); **~forderung** higher claim (or demand); **~gebot** advance on an offer; *(Auktion)* higher bid; **~gewinn** excess (or surplus) profit(s)

Mehrheit majority; plurality; **mit e-r ~ von** by a majority of; →**Aktien~**; →**Dreiviertel~**; →**Stimmen~**; →**Zweidrittel~**; **absolute ~** (der abgegebenen Stimmen) absolute majority (of the votes cast); **arbeitsfähige (od. ausreichende) ~** working majority; **einfache ~** *(50 der Stimmen und mehr)* simple majority; **die erforderliche ~** the requisite (or prescribed) majority; **geringe ~** small majority; **große ~** large (or vast) majority; **knappe ~** narrow (or bare) majority; **parlamentarische ~** parliamentary majority; **qualifizierte ~** qualified (or special) majority; **regierungsfähige ~** working majority; **relative ~** relative majority; **überwältigende ~** overwhelming majority; **überwiegende ~** vast majority; **~ gegen den Antrag** adverse majority; **~ von Erben**[32] plurality of heirs; **~ von Gläubigern** plurality of creditors *(→Gesamtgläubiger, →Gesamthandsgläubiger)*; **~ nach Kapital** majority of shares; **~ nach Köpfen** *(GesellschaftsR)* majority of members; **die ~ der Partei** the bulk of the party; **~ von Schuldnern** plurality of debtors *(→Gesamtschuldner, →Gesamthandsschuldner)*; **~ der** *(abgegebenen)* **Stimmen** majority of votes cast *(→Stimmenmehrheit)*

Mehrheits~, **~aktionär** majority (or controlling) shareholder; **~beschluss** resolution of the majority; majority decision; **durch ~beschluss** by majority vote; **in ~besitz stehende Unternehmen**[33] majority-owned enterprises

Mehrheitsbeteiligung majority participation (or holding, interest); majority shareholding; **inländische Unternehmen mit ausländischer ~** domestic enterprises in which non-residents have a majority interest; **e-e ~ erwerben** to acquire a majority (or controlling) interest (an in)

Mehrheits~, **~entscheidung** majority decision; **~grundsatz (od. ~prinzip)** principle of majority rule; **~rechte** *(der Aktionäre)* majority rights; **~votum** majority opinion; **~wahl** majority vote; **~wahlsystem** majority voting system *(Ggs. Verhältniswahl)*

Mehrheit, **die ~ ist für den Antrag** the ayes have it; **sich der ~ anschließen** to join the majority; **e-r ~ bedürfen** to require a majority; **mit einfacher ~ beschließen** to decide by a simple majority; **die ~ besitzen** to hold the majority; **die erforderliche ~** *(der Stimmen)* **erzielen** to obtain the necessary majority; **mit großer ~ verabschiedete Stellungnahme** opinion which was adopted by a large majority

Mehrjahresforschungsprogramm research program(me) extending over several years

mehrjährig multiannual, lasting several years, several years'

Mehrkosten additional cost(s) (or expenses); extra expenses; incremental cost; **die sich hieraus ergebenden ~** the additional costs hereby incurred

Mehr~, **~leistung** *(e-r Person)* increased efficiency; *(der Produktion)* increased (or additional) output; *(Sozialversicherung)* additional benefit(s); **~lieferung** additional delivery; excess delivery; **m~monatig** lasting several months, several months'; **~parteiensystem** multiparty system; **~parteienvertrag** *(VölkerR)* multilateral treaty

Mehrphasen~, **~steuer** multi-stage tax; **~-Umsatzsteuer** multi-stage sales tax; **Umsatzsteuer nach dem System der →kumulativen ~steuer erheben**

Mehr~, **~preis** additional price; extra price; surplus price; **m~seitig** multilateral; **~spartenunternehmen** composite insurance companies; **~spartenversicherer** multiple-line (under)-writer; **m~sprachig** multilingual; polyglot; **~sprachigkeit** multilingualism; **m~spuriger Verkehr** multilane traffic; **~staater** *(Inhaber mehrerer Staatsangehörigkeiten)* multiple national; holder of multiple nationality

Mehrstaatigkeit multiple nationality; **Übereinkommen über die Verringerung der ~ und über die Wehrpflicht von Mehrstaatern**[34] Convention on Reduction of Cases of Multiple Nationality and Military Obligations in Cases of Multiple Nationality

Mehrstimmrecht multiple voting right; **~saktien**[35] multiple voting shares (or *Am* stocks)

Mehr~, **~stufenrakete** multistage rocket; **m~stufiger Konzern** multistage group; **~umsatz** increase in sales (or turnover); additional sales

Mehrverkehrseinrede →Einrede des Mehrverkehrs

Mehr~, **~völkerstaat** multinational state; **~wegpackung** re(-)usable package

Mehrwert additional value, increase in value; added value, value added

Mehrwertsteuer (MwSt)[36] value-added tax (VAT) *(→Umsatzsteuer, →Vorsteuer)*
Die seit 1. 1. 1968 geltende Mehrwertsteuer erfasst im Gegensatz zu der Umsatzsteuer, die bis dahin galt (Bruttoumsatzsteuer) nur den Nettoumsatz des Unternehmens.
The value-added tax, in force since 1. 1. 1968, applies only to the net turnover of the entrepreneur, in contrast to the turnover tax in force up to that time (tax on gross turnover).

Mehrwertsteuer, einschließlich ~ VAT included; **ohne ~** excluding VAT; **Erhebung der ~** levying VAT; **Voranmeldezeitraum für ~** VAT accounting

Mehrwertsteuer, von der ~ befreit exempt from VAT; *Br* zero-rated; **von der ~ befreit sein** to be exempted from VAT; **~ erheben** to levy VAT; **der ~ unterliegen** to be liable for (or subject to) VAT; **die ~ zurückbekommen (od. -verlangen)** to recover VAT

Mehrwertsteuer~, ~abzug deduction of VAT charged; **~ausnahme** VAT exemption; **m~befreit** exempt(ed) from VAT; **~befreiung** exemption from VAT, VAT exemption; **~bemessungsgrundlage** VAT base; **~einnahmen** VAT revenue; **~erhebung** collection of VAT, VAT collection, levying VAT; **~erhöhung** VAT increase; **~erklärung** VAT declaration; **~erstattung** reimbursement of VAT; **m~frei** exempt from VAT; **~harmonisierung** value-added tax harmonization; **~pauschale** flat-rate VAT; **~pflicht** duty to pay VAT; **m~pflichtig** subject to (or liable for) VAT; **~richtlinie** *(EU)* VAT Directive; **~rückerstattung** VAT refund (or recovery)

Mehrwertsteuersatz VAT rate; **~Null** VAT zero-rating; **den ~ anheben** to increase the VAT rate

Mehrwertsteuer~, ~system mit Vorsteuerabzug VAT system with input tax deduction; **~vergütung** VAT refund

Mehrzahl, die ~ der Kunden the majority of clients, most clients

Mehrzweck, ~- multi-purpose; **~frachter (od. ~frachtschiff)** multi-purpose (cargo) carrier, combination carrier *(→Kombischiff)*

Meile mile *(1 mile 1,609 km)*; **12-~n-Grenze** *(Küstenmeer)* 12-mile limit

Meineid perjury; false swearing; →**Anstiftung zum ~**; **zum ~ →anstiften**; **~ begehen (od. e-n ~ leisten)** to commit perjury

Meineidige (der/die) perjurer

meineidig werden to perjure oneself

Meinung opinion, view (über on); **meiner ~ nach** in my opinion; to my mind; **abweichende ~** dissenting opinion; **allgemeine ~** current (or prevailing) opinion; **anderer ~ sein** to disagree (with sb.), to take a different view; to dissent (from); **eigene ~** personal opinion; *(abweichende)* **~** separate opinion; **einstimmige ~** unanimous opinion; **geteilter ~ sein** to be divided in opinion; →**herrschende ~**; **übereinstimmende ~** consensus of opinion; **weit verbreitete ~** prevalent opinion; widely held opinion; **verschiedener ~ sein** to differ (in opinion); to hold a different opinion (or view)

Meinung, seine ~ abgeben to give one's opinion (über on); **e-e ~ annehmen** to take an opinion; **seine ~ äußern** to express one's opinion (or view); **der ~ sein, dass** to hold the opinion that; **die ~ vertreten** to hold (or express) the opinion; to be of the opinion

Meinungsänderung change of opinion; *(völlige Abkehr von der früheren Meinung)* volte face

Meinungsäußerung, freie ~ free expression of opinion; **Freiheit der ~** freedom of expression; **Recht der freien ~**[37] right freely to express one's opinion (by speech, writing and pictures); **Unterdrückung der ~** suppression of opinion

Meinungs~, ~austausch exchange of opinions (or views); **~befragung** →Meinungsforschung; **~bildung** forming of an opinion; **~forscher** poll- taker; opinion pollster

Meinungsforschung (public) opinion poll (or research, survey); **Internationaler Verband für ~** World Association for Public Opinion Research (W. A. P. O. R.)

Meinungs~, ~freiheit free expression of opinion; freedom of speech; **~führer** opinion leader; **~käufe** *(Börse)* speculative buying; **~monopol** institutional monopoly; *pol* dominating influence on public opinion; **~pflege** public relations; **~streit** controversy

Meinungsumfrage (public) opinion poll; **Gallup- ~** Gallup Poll; **e-e ~ durchführen** to carry out an opinion poll; to poll; **~n veranstalten** to take polls (of opinion)

Meinungsverkäufe *(Börse)* speculative selling

Meinungsverschiedenheit difference (or divergence, division) of opinion; disagreement (in opinion); dissent; **bei ~** in the event of any dispute (between); when a dispute arises; **Beilegung von ~en** settling of divergences of opinion; **es bestehen ~en** opinions differ; **~en gütlich beilegen** to settle disputes by conciliation; **die ~ e-m Schiedsgericht zur Entscheidung vorlegen** to refer the dispute for decision to an arbitral tribunal

meistbegünstigtes Land most-favo(u)red country

Meistbegünstigung most-favo(u)red nation treatment; **~sklausel** most-favo(u)red nation clause; **~ssatz** most-favo(u)red nation rate;

~s(zoll)tarif most-favo(u)red nation tariff; **einander ~ einräumen** to grant each other most-favo(u)red nation treatment; **~ genießen** to be accorded (or enjoy) most-favo(u)red nation treatment

meistbietend, etw. ~ versteigern to sell sth. to the highest bidder

Meistbietende (der/die) highest bidder; **Zuschlag an den ~n** knocking down to the highest bidder

Meistgebot *(im Zwangsversteigerungsverfahren und der Auktion)* highest bid

Meister foreman; *(Handwerksmeister)* master (craftsman); **~brief** master craftsman's certificate; **~prüfung** master craftsman's qualifying examination

Melde~, ~behörde registration office; **~bestimmungen** registration regulations; reporting regulations; **~formular** registration form; **~frist** period for registration; time for notifying (the authorities)

Meldepflicht obligation to register; →**Ausländer~; den Vorschriften über die ~ für Ausländer unterliegen** to be subject to the provisions governing aliens' registration

meldepflichtig required to register (e. g. with the police); subject to registration; required to report; required to notify (the authorities); **~e Krankheit** notifiable disease

Melde~, ~schein registration form; **~stelle** registration office; **~termin** reporting date; **~vorschrift** regulation governing registration (etc) requirements; **~wesen** matters relating to the →Meldepflicht; system of registration

melden *(offiziell zur Kenntnis bringen)* to notify, to give notice of; to report; *(sich bei e-r Behörde anmelden)* to register; **sich freiwillig ~ (zu)** to volunteer (for); **den Behörden ~, dass** to notify the authorities that; **sich auf e-e Anzeige ~** to answer an advertisement; **sich zum Dienst ~** to report for duty; *(der Versicherung)* **e-n Schadensfall ~** to report an accident

Meldung report; *(Bekanntgabe)* notification; *(Anmeldung bei e-r Behörde)* registration; *(Nachrichten)* news; *(Mitteilung)* information, advice; **unterlassene ~** failure to report (or notify); **~ von Tierkrankheiten** notification of animal diseases; **~ erstatten** to notify; to report, to give a report

Melioration land improvement; **~skredit** land improvement loan; **~smaßnahmen** land improvement measures

Memorandum memorandum

Menge *(Anzahl)* quantity, number, amount; *(meist große Anzahl)* bulk, volume; *(Menschenmenge)* crowd; **Absatz~** quantity sold; →**Produktions~**; →**Waren~**; **gleiche ~n** equal quantities; **in großen ~n** in large quantities; in bulk; →**übermäßig große ~**; **in großen ~n auf den Markt bringen** to mass-market; *(verschleudern)* to dump; **nicht zum Handel geeignete ~n** non(-)commercial quantities

Mengen~, ~abschreibung *(mengenleistungsbedingte Abschreibung)* depreciation based on quantitative output; **~abweichung** quantitative variance; variation in quantity; **~angabe** indication of quantities; **~bescheinigung** certificate of quantity; **~beschränkungen** quantitative restrictions; **~einkauf** bulk (or quantity) buying; **~fehler** error in quantity; **~geschäft** *(für breiten Kundenkreis)* volume (banking) business; **~index** quantity index; **~kauf** →Mengeneinkauf; **~kontrolle** quantity control; **~leistung** quantitative output

mengenmäßig quantitative; in terms of quantity; in volume terms; **~e Abweichung** →Mengenabweichung; **~e Angaben** quantitative data; **~e Beschränkungen der Einfuhr** quantitative restriction on imports

Mengen~, ~nachlass →Mengenrabatt; **~notierung** *(Devisenkurs)* indirect quotation; **~prämie** *(ArbR)* quantity bonus; **~rabatt** quantity discount (or rebate); bulk discount; *(bei Anzeigen)* space discount; **~staffel** quantity scale; **~tarif** *(für Waggonladungen)* quantity rate; **~umgruppierung** *(Teilung der Ladung in kleinere Mengen)* breaking bulk; **~verschleierung** misrepresentation (or inaccurate statement) of quantity; **~vorschriften** quantitative regulations; **~zoll** specific duty

Menschen~, ~ansammlung gathering of people; **~führung** leadership; **seit ~gedenken** within living memory; **~handel**[38] traffic in human beings; slave trade; **~händler** slave trader; **Verluste an ~leben** loss of (human) life; **~menge** crowd (of people); **~raub**[39] kidnapping; **erpresserischer ~raub**[39a] extortionary kidnapping; **~räuber** kidnapper

Menschenrechte human rights; **Achtung der ~** respect for human rights; →**Allgemeine Erklärung der ~; Engagement für die ~** human rights campaign, campaign for human rights; →**Europäischer Gerichtshof für ~; Konvention zum Schutz der ~ und Grundfreiheiten** →Menschenrechtskonvention; **Unterdrückung der ~** suppression of human rights; **(Beschwerden wegen) Verletzung der ~** (complaints of) violation of human rights; **Wahrung der ~** observance (or protection) of human rights; **~achten** to respect human rights

Menschenrechts, **UNO-~deklaration** →Allgemeine Erklärung der Menschenrechte; →**Europäische ~kommission**; →**~konvention**[40]; **~verletzung** s. Verletzung der →Menschenrechte

Menschen~, **~unwürdige Arbeitsbedingungen** inhuman working conditions; **gesunder ~verstand** common sense; **~würde** human dignity

menschlich, **~e Beziehungen** human relations; **für die ~e Ernährung (bestimmt)** for human consumption; **Internationales Übereinkommen zum Schutz ~en Lebens auf** →**See**; **der Verkehrsunfall beruhte auf ~em Versagen** the traffic accident was due to human failure

Mentalreservation *(geheimer Vorbehalt)* mental reservation

meritorische Güter merit goods

merkantil mercantile

Merkblatt instruction sheet; leaflet

merklich noticeable; appreciable; marked

Merkmal feature, characteristic; mark; →**Tatbestands~**; →**Unterscheidungs~**; **~e der Erfindung** elements (or features) of the invention; **besonderes ~** special feature; characteristic; **erfindungswesentliches ~** essential element (or feature) of the invention; **hervorstechendes ~** major feature; **technische ~e der Erfindung** technical features of the invention

Merkposten *(Bilanz)* memorandum item

Mess 1. (→messen),; **~brief** →Schiffsmessbrief; **~einrichtungen** measuring instruments; **~fehler** measurement error; **~geräte** measuring instruments; **Internationale Organisation für das gesetzliche ~wesen**[41] International Organization of Legal Metrology (IOLM); **~zahl (od. ~ziffer)** index; relative

Mess 2. **~- und Marktsachen** disputes arising at fairs and markets in the course of trade (dealt with by a special summary procedure)

Messe fair, trade fair; *Am (auch)* exposition; **Antiquitäten~** antique fair; **Buch~** book fair; **Frühjahrs~** spring fair; **Herbst~** autumn fair; **Industrie~** industrial fair; **Textil~** textile goods fair

Messe~, **~ausweis** fair pass; **~besucher** visitor to a fair; **~dauer** duration of a fair; **~gelände** fair ground, fair site; **~katalog** fair catalogue; **~leitung** fair authorities; **~ordnung** fair regulations

Messestand, **e-n ~ abbauen** to remove (or dismantle) a stand (at a trade fair); **e-n ~ aufbauen** to set up (or install) a stand

Messe- und Ausstellungsversicherung trade fair and exhibition risks insurance

Messe, **sich zur ~ anmelden** to apply for space (at a fair); **auf der ~ ausstellen** to exhibit at the fair; **e-e ~ besuchen** to attend (or visit) a fair; **e-e ~ veranstalten** to organize a fair

messen to measure

Meta~, **~geschäft** joint transaction; joint business venture (transacted by two partners only, each of whom takes part of the profit or loss); **~konto** joint account (of the →Metisten); **~kredit** credit (given) on joint account

Metall metal; **edle ~e** precious metals; **unedle ~e** base metals; **Europäischer ~arbeiterverband** (EMV) European Metal Workers' Federation (EMF)

Metall~, **~arbeiter** metal worker; **~bearbeitung** metal working; **~bergbau** metal mining; **~börse** Metal Exchange; **~erzbergbau** non(-)ferrous metal ore(s) mining; **~gehalt** metal content; **~geld** metal(lic) money; **~industrie** metal industry, metallurgical industries

metallurgische Grundindustrien basic metal industries

Metall~, **m~verarbeitende Industrie** metal working industry; **~verarbeitung** metal manufacturing; metal processing; **~währung** metallic currency; **~waren** metal goods (or articles); *(Eisenwaren)* hardware

Meteorologie, **Weltorganisation für ~**[42] World Meteorological Organization (WMO)

meteorologisch, **~e Auskünfte** meteorological information; **M~e Regionalverbände** Regional Meteorological Associations; **Übereinkommen zur Gründung einer** →**europäischen Organisation für die Nutzung von ~en Satelliten** (EUMETSAT); **M~er Weltkongreß**[42] World Meteorological Congress; **~e Zentralstellen**[42] meteorological centres (centers)

Met~, **~erware** goods sold by the metre (meter); piece goods; *Am* yard goods

metrisch, **~e Einheiten** metric units; **~es System** metric system (or measurement); **Umstellung auf das ~e System** metrication

Methode method; system

Methodologie methodology; scientific method

Metisten parties to a joint business venture *(→Metageschäft)*

Meuchel~, **~mord** assassination; **~mörder** assassin

Meuterei[43] mutiny; *(im Gefängnis)* prison mutiny (or riot)

Meuterer mutineer; participant in a mutiny; (prison) rioter

meuterisch mutinous; **~e Verhinderung der Abfahrt e-s Schiffes** riotously preventing the sailing of a ship

meutern to mutiny; *(Gefangene)* to riot

Mexiko Mexico,; **die Vereinigten Mexikanischen Staaten** the United Mexican States

Mexikaner(in), mexikanisch Mexican

Miete 1. *(Mietverhältnis)*[44] lease, tenancy; *(bewegl. Sachen)* hire; **~ e-s Autos** →Automiete; **~ von Wohnräumen** lease *(Am* renting) of living accommodation; →**Kauf bricht nicht ~**; **die ~ ist abgelaufen** the lease has run out; the tenancy has expired; **bei jdm zur ~ wohnen** to be a tenant of sb.

Miete 2. *(Mietzins)* rent; *Am bes.* rental (payment); amount of rent (paid or received); *(für bewegl. Sachen)* hire; rental; →**Büro~**; →**Laden~**; →**Monats~**; →**Soll~**; →**Vergleichs~**; **~ für Fernsehapparate** television rental; **~ aus Grundbesitz** *Br* ground rent; *Am bes.* rent from lettings; *Am* rent from rentals; **angemessene ~** fair rent; **aufgelaufene ~** accrued rent; **freie ~n** uncontrolled rents; **hohe ~** high rent; **niedrige ~** low rent; **rückständige ~** back rent; **zu zahlende ~** rent due; **e-e hohe ~ abwerfen** to yield a high rent; **er berechnet seinen ~rn e-e niedrige ~** he charges his tenants a low rent; **die ~ einziehen** to collect the rent (or hire); **die ~ erhöhen** to raise the rent; **die ~n sind gestiegen** rents have gone up

Miet~, ~anhebung rent increase; **~aufhebungsklage** s. Klage auf Aufhebung des →Mietverhältnisses; **~ausfall** loss of rent; **~ausfallversicherung** rent insurance; **~auto** *Br* hire car; *Am* rented (or leased) car; *Am bes.* rental car; **~autoverleih** car-rental firm; *Br* car-hire service; **(staatl.) ~beihilfe** rent subsidy *(→ Wohngeld)*; **~betrag** amount of rent (paid or received); rental; *(bewegl. Sachen)* hire; **~einnahmen** income from rent; rentals; **~erhöhung** increase of (or in) rent; *Am* raise in rent; *colloq.* rent hike; **~ertrag** rent return; rental revenue; **~finanzierung** leasing; **~forderung** claim for rent; rental claim; **m~frei** free of rent, rent-free; **~gebühren** *(für bewegl. Sachen)* rental fees (or charges); hire charges; **~gegenstand** →Mietsache; **~grundstück** rental property; leasehold property; **~herabsetzung** reduction of rent; **~höhe** amount of the rent; **~jahr** lease (or tenancy) year

Mietkauf lease with option to purchase; lease-purchase agreement

Miet~, ~kaution security for rent; **~kosten** rent expenses; *(für bewegl. Sachen)* rental charges; *(beim Leasing)* leasing costs; **~mutter** surrogate mother; **~nebenkosten** additional property expenses; *(beim Leasing)* ancillary leasing costs; **~objekt** *(bes. Immobilien)* rented property; *(Mobilien)* hired article

Mietpreis (amount of the) rent; *(für bewegl. Sachen)* rental charge; **~anhebung** rent increase; **~bindung** rent restriction, rent control; **~recht** law regulating the rent; **~überhöhung** excessive claim for rent

Mietrate rent instal(l)ment, instal(l)ment of rent

Mieträume rented premises; **unbefugte →Gebrauchsüberlassung der ~ an e-n Dritten**

Mietrecht landlord and tenant law

Mietrückstände arrears of rent; **der Mieter geriet in ~** the tenant got into arrears with the rent

Mietsache leased (or rented) property, object of lease; *(bei bewegl. Sachen)* hired article; *(vor Gericht)* landlord and tenant case; *(beim Leasing)* leased equipment; **Rückgabe der ~**[45] return of the property let on hire

Miets~, ~haus *Br* block of flats; *Am* apartment house; *(billige Wohnungen)* tenement house; **~kaserne** tenement (house); **~wohnhaus** house (or building) divided into separately let *Br* flats *(Am apartments)*

Miet~, ~spiegel rental table (setting out rental values in a locality) *(→ Vergleichsmiete)*; **~stopp** freezing of rents; **~streitigkeit** dispute between landlord and tenant; rent dispute; **~vereinbarung** rental arrangement

Mietverhältnis landlord and tenant relationship; tenancy; lease; **~ über bewegliche Sachen** hire of movables; **befristetes ~** *(über Wohnraum)*[46] tenancy (or lease) for a limited period; **Aufhebung des ~ses** termination of the lease (by the landlord); **Klage auf Aufhebung des ~ses** action (by the landlord) to terminate the lease; *Br* landlord's action for possession *(unbefugte → Gebrauchsüberlassung der Mieträume an e-n Dritten; → Zahlungsverzug des Mieters)*; **~**; **fristlose →Kündigung des ~ses bei Zahlungsverzug**; **in ein ~ eintreten** to take over a lease *(→Eintrittsrecht)*; **die Fortsetzung des ~ses ist nicht zumutbar** (bes. bei Störung des Hausfriedens) it would be unreasonable to require a party to continue the lease (especially when the other party disturbs or annoys other occupants of the premises); **das ~ →kündigen**

Miet~, ~verlängerung renewal of lease; **~verlustversicherung** insurance against loss of rent; *Am* use and occupancy insurance

Mietvertrag agreement between landlord and tenant; tenancy agreement; lease; *(über bewegl. Sachen)* contract of hire, rental agreement; *(über gewerblich genutzte Räume)* commercial (or business) lease (or leasing); **Dauer e-s ~es** duration (or term, life) of a lease; **e-n ~ abschließen** to sign a lease; to conclude a contract of hire; **der ~ läuft ab** the lease expires (or matures)

Miet~, ~vorauszahlung advance on the rent; **~wagen** →Mietauto

mietweise on lease; on hire; **~e Überlassung von Investitionsgütern** (etc) leasing; **~ überlassen** to let for hire

Miet~, ~wert rental value; **~wert der vom Eigentümer genutzten Wohnung** imputed rent; **~wohngrundstück** rental income property; rented house property; **~wohnung** *Br* flat let for rent; *Am* (rented) apartment; tenement; **~wucher** charging an usurious (or extortionate) rent

Mietzahlung rental payment, lease payment; **Fälligkeitstag für die ~** rent day; **er geriet mit der ~in →Verzug**

Mietzeit term of lease (or hire); *Am* rental period; hire period

Mietzins →Miete 2.; **vereinbarter ~** agreed rent (or hire); **~forderung** claim for the payment of rent; **der ~ ist nach Monaten berechnet** rent (or hire) is calculated by the month; **den ~ entrichten** to pay the rent (or hire)

Mietzuschuss rent subsidy

mieten *(unbewegl. Sachen)* to rent; to take on lease, to take a lease of; *(bewegl. Sachen)* to hire; *(Schiff, Flugzeug)* to charter; **zu ~** *(Grundbesitz)* to let; *(bewegl. Sachen)* for hire; **ein →Auto ~; ein Safe ~** to rent a safe; **e-e Wohnung ~** to rent a *Br* flat *(Am apartment)*

gemietet rented; leased; on lease; on hire; **~es Fahrzeug** hired vehicle; **~er Grundbesitz** rented property; leasehold property; **Mangel der ~en Sache**[47] defect of the article hired; **→Vorenthaltung des Gebrauchs e-r ~en Sache**

Mieter *(von unbewegl. Sachen)* tenant, lessee; *(von bewegl. Sachen)* hirer; *(e-s Autos)* renter; *(e-s Schiffes, Flugzeugs)* charterer; **ausziehender ~** outgoing tenant; **einziehender ~** incoming tenant; **→Mit~; →Unter~; Ver~ und ~** landlord and tenant; **~darlehen** tenant's loan; **~haftpflichtversicherung** insurance against tenant's liability; **~schutz** protection of tenants; security of tenure; *Br* rent restriction; **~vereinigung** tenants' association; **als ~ bewohnen** to occupy as a tenant; to tenant

Mikro~, ~elektronik microelectronics *(s. auch: Europäisches Mikroelektronik Projekt →JESSI)*; **m~elektronische Halbleitererzeugnisse** microelectronic semiconductor products *(→Halbleiterschutzgesetz)*; **~film (-geräte)** microfilm (equipment); **~ökonomie** microeconomics; **m~ökonomisch** microeconomic

Mikroorganismen, Budapester Vertrag über die internationale Anerkennung der Hinterlegung von ~ für die Zwecke von Patentverfahren[48] Budapest Treaty on the International Recognition of the Deposit of Microorganisms for the Purposes of Patent Procedure

Mikrophon microphone; **verstecktes ~** hidden microphone; bug

Mikroschaltung, Karten mit ~ (EDV) microchip cards

Mikroverunreinigungen im Wasser micropollutants in water

Mikrowellen, Gefahren der ~ dangers of microwave radiation

Mikrozensus *(Repräsentativstatistik der Bevölkerung und des Erwerbslebens)*[48a] census on a representation basis; sample census

Milch milk; **Landwirte mit ~betrieben** dairy farmers; **~erzeugnisse** dairy produce; milk products; **~gesetz** Milk Act (dealing with hygiene and health protection); **~- und →Fettgesetz**; **~richtpreis** *(EU)* target price for milk; **~überschuss** milk surplus; **m~verarbeitende Industrie** milk-processing industries; **~wirtschaft** dairy farming; **Internationaler ~wirtschaftsverband** International Dairy Federation

milde Strafe lenient sentence

mildern, die Strafe ~ to reduce the punishment

mildernde Umstände zubilligen *(StrafR)* to allow extenuating circumstances

Milderung der Strafe mitigation of punishment

mildtätig, ~e Organisation charitable organization; **~e Zwecke** charitable (or benevolent) purposes

Militär military; armed forces

Militär~, m~ähnliche Organisation para-military organization; **~attaché** military attaché; **~ausschuss** *(der NATO)* Military Committee; **~behörden** military authorities

Militärbündnis, e-m ~ beitreten to accede to a military alliance

Militärdienst military service *(→ Wehrdienst)*

Militärdiktatur, e-e ~ errichten to set up a military dictatorship

Militär~, **~etat** military budget; **~flugzeug** military aircraft; **~flugplatz** military aerodrome (or airfield); **~gericht** military court, court martial *(→ Wehrstrafgericht)*; **~gerichtsbarkeit** military jurisdiction; **~haushalt** →Verteidigungshaushalt; **~junta** military junta; **~kolonnen** troop columns; **~macht** military power; **~person** member of the armed forces

Militärpflicht, Befreiung von jeglicher ~ exemption from all obligations in respect of military service *(→ Wehrpflicht)*

Militär~, **~polizei** military police; **~putsch** military coup; **~regierung** military government; **~strafgesetz** →Wehrstrafgesetz; **~strafrecht** →Wehrstrafrecht; **~zeit** time of military service

militärisch military; **~er →Abschirmdienst**; **~e Anlagen** military facilities (or installations); **~e Ausbildung** military training; **~e Ehrenbezeugungen** military hono(u)rs; **~es Gleichgewicht** military basis; **~e Straftat** military offence (offense); **~es Ziel** military objective

Militarismus militarism

Millenium Strategie zur Prävention und Bekämpfung der Organisierten Kriminalität Millenium Strategy for the Prevention and Control of Organised Crime

Milliarde (Mrd) billion (bn) *(früher: Br milliard)*

minder, **~e Qualität** lower (or inferior) quality; **Waren ~er Qualität** low quality goods

Minder~, **m~bemittelt** of moderate (or limited) means; less well-off; **~betrag** deficit; short amount; **~bewertung** lower valuation; undervaluation; **~einnahmen** deficiency (or shortfall) in receipts; **~ertrag** deficiency in the proceeds; **~gewicht** deficiency in weight; shortage of weight

Minderheit minority; minority group; **→Benachteiligung e-r ~**; **→Stimmen~**; **in der ~ sein** to be in the minority

Minderheiten *(VölkerR)* minorities; **~frage** minorities problem; **~rechte** rights of minorities; **~schutz** protection of minorities

Minderheits~, **~aktionär** minority shareholder; **~beschluss** minority decision; **~beteiligung** minority participation (or holding, interest); minority shareholding; **~gesellschafter** minority (or outside) shareholder; **~gruppe**[49] minority group; **~rechte**[50] minority rights; **~votum** dissenting opinion

minderjährig under age; not being of (full) age; **~ sein** to be a minor

Minderjährige (der/die) minor; **Schutz von ~n** →Haager Minderjährigenschutzabkommen; **~ sind nicht voll geschäftsfähig** minors are subject to various disabilities

Minderjährigkeit minority; state of being under age

Minder~, **~kaufmann**[51] small trader (whose business does not require a commercial organization); **~lieferung** short delivery; **~menge** reduced quantity; **~wert** reduced value; undervalue; **m~wertig** of inferior (or poor) quality; of low value; **m~wertige Waren** inferior quality merchandise; substandard goods

Minderzahl, in der ~ sein to be in the minority

mindern *(verringern)* to reduce, to decrease, to diminish; *(den Kaufpreis herabsetzen)* to lower (or reduce) the purchase price

gemindert, die →Erwerbsfähigkeit ist um 50nbsp;~

Minderung reduction, decrease, diminution; *(Herabsetzung des Kaufpreises)*[52] reduction (or lowering) of the purchase price *(→ Wandelung)*; *(Herabsetzung der Vergütung beim Werkvertrag)* reduction in price; **~ der →Erwerbsfähigkeit**; **Grad der ~ der Erwerbsfähigkeit** disability degree; **das Recht der ~ geltend machen** to claim the reduction of the purchase price

Mindest~, **~alter** minimum age; **~anforderungen** minimum requirements; **~anrechnung** *(DBA)* allowance as a minimum credit (of a tax); **~anzahlung** minimum (initial) deposit; **~arbeitsbedingungen**[53] minimum conditions of labo(u)r; **~auflage** minimum circulation; minimum condition; **~auftragsgröße** *(Börse)* minimum quotation size (MQS); **~bedarf** minimum demand; **~beitrag** minimum contribution; **~bestand** minimum stock; **~betrag** minimum amount; **Urlaub von e-r ~dauer** *Br* holiday (*Am* vacation) of a minimum length; **garantiertes ~einkommen** guaranteed minimum income; **~einlage** *(auf e-e Beteiligung)* minimum investment; *(bei e-r Bank)* minimum deposit; **~erfordernisse** minimum requirements (or standards); **~forderung** minimum claim; **~gebot**[54] reserve price; **~gehalt** minimum salary; **~geschwindigkeit** minimum speed; **~gewicht** minimum weight; **~grenze** lowest limit; **~haltbarkeitsdauer** "use by date"; **~inhalt** *(z. B. e-r Satzung)* minimum requirements; **~-→Interbankgebühr**; **~kapital** minimum capital; **~klausel** *(EU)* minimal clause; **~kurs** *(Börse)* minimum price; *(Devisen)* minimum rate; **~laufzeit** minimum duration; **~leistung** *(VersR)* minimum benefit; *(Arbeit, Produktion)* minimum output; **~löhne in der Landwirtschaft**[55] minimum wages in agriculture

Mindestmaß, auf ein ~ beschränken (od. verringern) to reduce to a minimum; to minimize

Mindestmenge minimum quantity; **handelsübliche ~n** minimum commercial quantities; **~naufpreis** surcharge for minimum quantities

Mindestnennbetrag minimum nominal amount; **~der Aktien**[55a] minimum par value of shares; **der ~ des Grundkapitals ist fünfzigtausend Euro**[56] the minimum nominal capital amount is fifty thousand Euro

Mindest~, **~normen** minimum standards; **~pensionsalter** minimum pension(able) age; **~prämie** *(VersR)* minimum premium; **~preis** minimum price, floor price; *(bei Auktionen)* reserve price, lowest price limit; **~produktion** minimum output (or production); **~rendite** minimum yield (or return)

Mindestreserve 1. *(Bank)*, **~n**[57] minimum (legal) reserves (which credit institutions are required to maintain at the →Bundesbank); *Br (etwa)* special deposits; **~bestand** minimum reserve stock; **~bestimmungen** provisions as to minimum reserves; **m~frei** exempt from minimum reserve requirement; **m~freie Mittel** *(von Banken)* funds not subject to minimum reserves; **~-Freigabe** release of minimum reserves; **der ~pflicht unterliegen** to be subject to the minimum reserve requirement; **m~pflichtig** subject to minimum reserve requirement; **~politik** minimum reserve policy; **~satz** minimum reserve ratio; **Anhebung (Senkung) der ~sätze** raising (lowering) the minimum reserve ratios; **~soll der Kreditinstitute** minimum reserve required of banks; **Unterschreitung des ~solls** failure to meet minimum reserve requirement; **~-Verpflichtung** minimum reserve liability; **~vorschriften** minimum reserve regulations

Mindestreserve 2. minimum reserve; **e-n ~bestand an Erdöl halten** to keep (or hold) a minimum reserve stock of oil

Mindest, tägliche ~ruhezeit minimum daily rest period; **~satz** minimum rate; **~schutz** minimum level of protection; **~strafe** minimum sentence (or penalty); **~umsatz** minimum turnover; **~urlaub** minimum *Br* holiday (*Am* vacation) to be granted to workers (or employees); **~versicherungszeit**[58] minimum period of coverage; **~vertragsdauer** minimum duration of the contract; **~vorräte** minimum stocks; **~wert** minimum value; **~zahl** minimum number; *(zur Beschlussfähigkeit)* quorum; **~zeichnung** *(AktienR)* minimum subscription; **~zinssätze** minimum interest rates; floor rates (of interest)

Mine *mil* mine; **~nsuchen** minesweeping operations; mine-clearing; **~nsuchgerät** mine detector; **auf e-e ~ laufen** to strike a mine

Mineralgewinnungsrecht[59] mineral exploitation right

Mineralöl mineral oil; petroleum; **~erzeugnisse** oil products, petroleum products; **~konzern** oil group; **~markt** oil market; **~politik** oil policy; **~steuer**[60] mineral oil tax; excise duty on mineral oils; **~unternehmen** oil company; **~verbrauch** oil consumption; **~wirtschaft** oil industry

Mineralvorkommen mineral deposits; natural resources; **Ausbeutung von ~** working of mineral deposits; **Stelle mit Anzeichen für ~** site giving signs (or prospects) of mineral deposits

mineralisch mineral; **~e Brennstoffe** mineral fuels; **~e Rohstoffe** mineral resources

Minimal~, **~kosten** minimum (or least) cost; **~preis** minimum price

Minister minister; *Br* Secretary of State; *Am* Secretary (of ...); Department head, head of a Department *(für die BRD: →Bundesminister und Minister of a →Land 2.)*; **~ ohne Geschäftsbereich** minister without portfolio; **in seiner Eigenschaft als ~** in his ministerial capacity

Minister~, **~anklage**[61] impeachment of a minister; **~ausschuss** ministerial committee; **auf ~ebene** at ministerial level; **Tagung auf ~ebene** meeting at ministerial level; **~konferenz** conference of ministers; ministerial conference; **~präsident** prime minister; *(e-s Landes der BRD)* minister-president; **~rat** council of ministers

Ministerrat der Europäischen Gemeinschaften Council of Ministers of the European Communities *(cf. →Rat 2.)*

Er besteht aus den Vertretern der Mitgliedstaaten. Er erläßt jedes Jahr mehrere hundert Rechtsakte (Verordnungen, Richtlinien etc).

It is made up of the representatives of the Member States. Each year it adopts several hundred legal instruments (Regulations, Directives, etc).

Minister~, **~treffen** ministerial meeting; **~verantwortlichkeit** ministerial responsibility

Ministerial~, **~beamte** officials in a ministry; government officials; *Am* departmental officials; **~erlass** ministerial order; *Am* departmental order

Ministerium ministry; *Br* (Government) Department; *Am* (Governmental) Department; **zwischen Ministerien** interdepartmental; **in das ~ berufen werden** to be offered a post in the ministry

Minorität →Minderheit

Misch~, **~ehe** mixed marriage; **~finanzierung** mixed financing; **~konzern** diversified company; *(heute zurückhaltender verwendet:)* conglomerate; **~kredit** mixed loan; **~verwaltung** mixed administration (by Federal Government and →Länder); **~wald** mixed forest; **~zoll** *(Wertzoll und Gewichtszoll)* compound duty (or tariff)

mischen to mix

gemischt mixed; **~er Ausschuss** mixed (or joint) commission (or committee); **~er Fonds** →Fonds 2.; **~e Risiken** *(VersR)* miscellaneous (or mixed) risks; **~er Zoll** compound duty

gemischtwirtschaftliches Unternehmen *(unter Beteiligung der privaten Wirtschaft und der öffentl. Hand)* mixed enterprise

Mischung *(verschiedener Sorten)* blend

missachten to disregard; to ignore

Missachtung, **bewußte ~** conscious disregard; **~ des Gerichts** contempt of court; **unter ~ e-s Verbots** in disregard of a prohibition

Missbildung, **angeborene ~** congenital deformity (or malformation)

missbilligen to disapprove

Missbilligung disapproval; **~svotum** *parl* vote of censure; **jdm ein ~svotum aussprechen** to pass a vote of censure on sb.; **seine ~ aussprechen** to express one's disapproval

Missbrauch abuse, misuse; →**Amts~**; →**Ermessens~**; →**Flaggen~**; →**Rechts~**; **~ der Amtsgewalt** misuse of official authority; *Am* official oppression; **~ von Ausweispapieren** misuse of identity papers; **~ e-r (markt)beherrschenden Stellung** abuse of a dominant position; **offensichtlicher ~ zum Nachteil des Anmelders** *(PatR)* evident abuse in relation to the applicant; **~ von Notrufen**[63] misuse of emergency calls; **~ der Stellung** misuse of office (or position); *(z. B. der Direktoren gegenüber den Aktionären)* oppression; **~ von Titeln, Berufsbezeichnungen und Abzeichen**[64] misuse of titles, professional names and symbols; **~ der →Unerfahrenheit e-s Jugendlichen**

Missbrauchsaufsicht *(KartellR)* control of abusive practices *(→marktbeherrschendes Unternehmen)*

Missbräuche abstellen (od. beseitigen) to remedy (or eliminate) abuses

missbrauchen to abuse, to misuse; to make improper use (of)

missbräuchlich improper; abusive; unfair; **~e →Ausnutzung e-r beherrschenden Stellung**; **~e Bestimmung in e-m Vertrag** abusive clause in a contract; **~er Gebrauch** misuse; **~e Handelspraktiken** unfair commercial practices; **~e Klauseln** abusive clauses; **~e Klauseln in Verbraucherverträgen** unfair terms in contracts concluded with consumers; **~e Patentbenutzung** abuse of patent; **~e Rechtsausübung** abuse of right; **~e Verwendung von Geldern** misapplication of funds

missdeuten to misinterpret

Misserfolg failure; **~ haben** to fail

Missernte crop failure

missgebildet deformed

misshandeln to ill-treat, to abuse

Misshandlung ill-treatment, maltreatment; →**Kindes~**; **grobe ~** gross ill-treatment

Misskredit, jdn in ~ bringen to discredit sb.

Mission 1. *(ständige Vertretung im Ausland)* mission; **diplomatische ~** diplomatic mission; **Handels~** commercial (or trade) mission; **Militär~** military mission; **Personal der ~** staff of the mission; **~schef** head of the mission *(→Beglaubigungsschreiben)*
Mission 2. Innere ~ home mission

Missstand grievance; deplorable state of affairs; **e-m ~ abhelfen** to redress a grievance

Misstrauensantrag[65] *parl* motion of censure, motion of no confidence; **der ~ ist angenommen** the motion of censure is carried; **e-n ~ einbringen** to introduce (or present, *Br* table) a motion of no confidence

Misstrauensvotum vote of no confidence; vote of censure

Missverhältnis, **~ zwischen Leistung und Gegenleistung** disproportion (or incongruity) of consideration and performance; **in auffälligem ~ stehen zu** to be markedly out of proportion to

Missverständnis, **zu ~sen führen** to lead to misunderstandings; **ein ~ beseitigen** to clear up a misconception

Misswirtschaft (economic) mismanagement

Mit~, **~angeklagte** (der/die) codefendant; **~anmelder** *(PatR)* joint applicant(s) for a patent

Mitarbeit cooperation; collaboration; working with sb.; **~ des Ehegatten**[66] marital collaboration; **~spflicht der Ehegatten** duty to work in the profession or business of one's spouse

mitarbeiten to cooperate, to collaborate

Mitarbeiter cooperator; collaborator; *(e-s Betriebes)* staff member; fellow worker, fellow employee; assistant; *pl* staff; *(e-r Zeitung)* free contributor; contributing editor; **freier ~** *colloq.*

free-lance; **als freier ~ tätig sein** to free-lance; to work as a free-lance; **~ im Außendienst** field worker; **~beteiligungspläne** Employees Share Ownerships Plans (ESOPs); **~beziehungen** industrial relations, labo(u)r relations; **~führung** management leading; **~stab** staff

Mit~, **~autor** coauthor; **~begünstigter** co-beneficiary; **~begründer** cofounder; founder member; **~beklagte** (der/die) codefendant; **~benutzer** joint user

Mitbenutzung joint use; **~srecht** right to use jointly (with sb.)

Mit~, **~berechtigter** co-beneficiary; person jointly entitled; **~berechtigung am Geschäftsanteil**[67] joint holding of a share; **~besitz**[68] joint possession; *(Grundbesitz)* joint tenancy; **~besitzer** joint possessor; joint holder

mitbestimmen *(Arbeitnehmer)* to codetermine; to participate in management

Mitbestimmung *(der Arbeitnehmer)* codetermination (of labo[u]r); workers' participation (in management); **~ bei Kündigungen**[68a] codetermination in the case of notice of dismissal
Eine ohne Anhörung des Betriebsrats ausgesprochene Kündigung ist unwirksam.
Any notice of dismissal that is given without consulting the works council shall be null and void.

Mitbestimmung, **paritätische ~** codetermination on a basis of parity; equality in participation; **~sgesetz**[69] Codetermination Law; **~sergänzungsgesetz**[70] Codetermination Amendment Law; **~srecht** right of codetermination

mitbeteiligt having a share (or interest) (an in)

Mit~, **~beteiligung der Arbeitnehmer** employee shareholding; **~bewerber** competitor, rival; **~bewohner** fellow lodger, co(-)inhabitant

Mitbürge[71] co(-)surety; joint guarantor; **mehrere ~n haften als →Gesamtschuldner**

Mitbürgschaft joint guarantee *(Am guaranty)*; co(-)surety

Miteigentum co-ownership; *(nach Bruchteilen)* →Bruchteilseigentum; *(zur gesamten Hand)* joint ownership; jointly held property; **~ an Grundbesitz** *(nach Bruchteilen)* tenancy (or estate) in common; **~ an Grundbesitz** *(zur gesamten Hand)* joint tenancy; **~santeil** co-owner's interest (or share); **in ~ stehen** to be owned jointly (von by)

Miteigentümer co-owner; joint proprietor; *(nach Bruchteilen)* →Bruchteilseigentümer; *(zur gesamten Hand)* joint owner; joint proprietor; **~ an Grundbesitz** *(nach Bruchteilen)* tenant in common; *(zur gesamten Hand)* joint tenant; **~ von ererbtem Grundbesitz** coparcener

Miterbe co(-)heir; person entitled to share in an estate; *(e-r ungeteilten Gemeinschaft zur gesamten Hand)* joint heir *(→Erbengemeinschaft)*; **→Auseinandersetzung unter ~n**; **jeder ~ kann über seinen Anteil an dem Nachlass verfügen**[72] a co(-)heir can alienate (or dispose of) his share in the estate

Miterbin co(-)heiress, joint heiress

Miterfinder joint inventor; **~schaft** joint inventorship

Mitfahrer car passenger; *(der nicht bezahlt)* guest passenger; **~zentrale** car passenger service (agency that arranges lifts for persons contributing towards driver's expenses); private car transport agency

Mit~, **~finanzierung** co(-)financing; **~gesellschafter** copartner; **~gift** marriage portion; dowry

Mitgläubiger co-creditor, joint creditor; **einzelner ~** several promisee

Mitglied member; **→Ehren~**; **→Ersatz~**; **→Gründungs~**; **~ des →Bundestages**; **~ des →Landtages**; **~ auf Lebenszeit** life member; **~ kraft Rechts** member as of right; **~ e-r wissenschaftlichen Vereinigung** fellow of a learned society; **anwesende und abstimmende ~er** members present and voting; **angeschlossenes ~** affiliate member; **ausgeschlossenes ~** excluded member; **ausscheidendes ~** withdrawing member; **eingetragenes ~** →eintragen; **förderndes ~** paying (or subscribing) member; **gewöhnliche ~er** rank and file; **→korrespondierendes ~**; **ordentliches ~** full member; **ständige ~er** *(e-r Schiedsstelle)* ex officio members; **stellvertretendes ~** deputy member; **zurücktretendes ~** withdrawing member

Mitglieder~, **~abwerbung** *Br (z. B. bei Gewerkschaften)* poaching of members; *Am* raiding; *(vorübergehender)* **~ausschluss** suspension of members

Mitgliederversammlung meeting of members; general meeting; **~ e-s Vereins**[73] general assembly of members; **die ~ einberufen**[74] to summon the general assembly

Mitglieder~, **~verzeichnis** list (of names) of members; membership register; **~zahl** number of members; **~zuwachs** increase in membership

Mitglieds~, **~aufnahme** admission of a member; affiliation; **~ausweis e-r Gewerkschaft** *Br* union card; *Am* working card; **~beitrag** membership dues (or fees); (member's) subscription; **~karte** membership card; **~nummer** membership number; **~regierung** membership government

Mitgliedschaft membership; *(bei e-r wissenschaftlichen Gesellschaft)* fellowship; →**Pflicht~**; →**Voll~**; **angeschlossene ~** affiliate membership; →**Erlöschen der ~**; **~santrag** application for membership; **seine ~ aufgeben** to take one's name off the books; **die ~** →**erlischt**

Mitgliedsstaat, **~en der Europäischen Union (EU)** Member States of the European Union (EU); **~en der Gemeinschaft** *(EG)* Community Member States; **e-m ~ die Mitgliedschaft entziehen** to deprive a member state of its membership

Mitglied, **jdn als ~** →**aufnehmen**; **e-r Gesellschaft als ~ beitreten (od. in e-e Gesellschaft als ~ eintreten)** to join a company (or partnership, association); to become a member of a society; **sich als ~ eintragen lassen** to enrol(l); **als ~ in Frage kommen** to be eligible for membership; **die ~er legen geschlossen ihr Amt nieder** the members resign as a body; **~er werben** to enlist members; **ein ~ werden** to become a member; to join

Mitgründer to join a company (or partnership, association); to become a member of a society; **sich als Mitglied eintragen lassen** to enrol; **als Mitglied in Frage kommen** to be eligible for membership; **die Mitglieder legen geschlossen ihr Amt nieder** the members resign as a body; **Mitglieder werben** to enlist members; **ein Mitglied werden** to become a member; to join
Mitgründer →Mitbegründer

mithaften to be jointly liable

Mithaftung joint liability

mithelfende Familienangehörige family members assisting in business

Mitherausgeber joint editor, co-editor

Mithören *(durch Anzapfen e-r Telefonleitung)* telephone (or wire) tapping

Mithöreinrichtung monitoring device; telephone tapping equipment

Mitinhaber joint owner, co-owner; *(von Wertpapieren)* joint holder; *(e-r OHG)* co-owner, copartner; *(e-s Patents)* joint proprietor of a patent

Mit~, **~kläger** joint plaintiff; **~läufer** *pol* nonactive member; fellow-travel(l)er; **~mieter** joint tenant, co(-)tenant

Mitnehmen im Kraftfahrzeug taking a passenger in a motor vehicle; *colloq.* giving a lift

Mitpacht joint tenancy

Mitpächter joint tenant

Mitreeder joint owner of a ship; **Anteil e-s ~s** share in a ship *(→Schiffspart)*

Mitreisender fellow-travel(l)er

mitschneiden *(Rundfunk, Fernsehen)* to record, to tape

Mitschuld joint guilt; complicity *(→Mitverschulden)*

mitschuldig jointly guilty (an of); accessory (an to); **beiderseits ~** equally at fault; in pari delicto; **~ sein an e-m Unfall** to be partly to blame for an accident

Mitschuldige (der/die) accessary, accessory; accomplice

Mitschuldner co-debtor; *(gesamthänderisch gebundener)* joint debtor; **einzelner ~** several debtor

Mitspracherecht right to be consulted (or heard); *(der Arbeitnehmer)* share in decision-making; co-determination right

Mittäter *(StrafRetwa)* joint perpetrator; *Am* accomplice

Mittäterschaft *(StrafRetwa)* joint perpetration; *Am* complicity

Mitte s. nach →Mitwisser

mitteilen to inform sb. (of sth.); to communicate; *(förmlich)* to notify; **bitte teilen Sie uns umgehend mit** kindly inform us immediately; please let us know immediately

Mitteilung information; communication; *com* advice; *(förmlich)* notification, notice; **~ an die Presse** press release; **amtliche ~** official communication (or notice); **innerbetriebliche ~** memorandum (memo); **schriftliche ~** notice in writing; notification by letter; **sofortige ~** immediate notice; **unbefugte ~** unauthorized disclosure; **vertrauliche ~** confidential communication (or information); disclosure in confidence; *(hinsichtlich deren ein Zeugnisverweigerungsrecht besteht)* privileged communication; **~sblatt** information bulletin; **~spflicht** obligation to furnish information; duty to inform; disclosure requirement; **m~spflichtig** subject to the disclosure requirement; **m~spflichtige Krankheit** compulsorily notifiable disease; *(förmlich)* **~ machen von** to notify

Mittel s. nach →Mitte

Mittestamentsvollstrecker co-executor

Mittreuhänder co-trustee

Mitunternehmer *(SteuerR)* partners in a →Personengesellschaft (in their position as entrepreneurs)

Mitunternehmerschaft *(SteuerR)*[75] partnership *(→Personengesellschaft)* whose partners are entrepreneurs *(Ggs. Kapitalgesellschaft od. stille Gesellschaft)*

mitunterzeichnen to sign together with; to countersign; to cosign

Mitunterzeichner cosignatory

Miturheber[75a] coauthor, joint author

Miturheberschaft, in ~ geschaffene Werke works of joint authorship

Mitursache contributing factor; concurrent cause

mitursächliche →**Fahrlässigkeit**

mitverantwortlich jointly responsible

Mitverantwortung joint responsibility; **~sabgabe** (MVA) *(EU)* co-responsibility levy (CL)

mitverdienende Ehefrau wife who works; wife with independent earnings

Mitvermächtnis joint legacy; **~nehmer**[76] joint legatee

Mitverschulden[77] contributory fault; *(auf Seiten des Verletzten)*[78] contributory negligence; *Am* comparative negligence

Mitversicherer coinsurer

mitversichern to coinsure; to insure jointly with another person (or other insurance firms)

Mitversicherte (der/die) jointly insured person

Mitversicherung coinsurance, insurance jointly with another person (or other insurance firms)

mitvertragschließend cocontracting

mitverursachende Umstände contributory causes

Mitverursachung →Mitverschulden

Mitverwaltung coadministration

Mitvormund[79] joint guardian, co-guardian

Mitvormundschaft joint guardianship

mitwirken to cooperate, to assist (bei in); to contribute (bei to); to participate; **~des Verschulden** contributory negligence

Mitwirkung cooperation, assistance; contribution; **~ der Arbeitnehmer**[79a] employees' participation; workers' participation *(→Mitbestimmung)*; **~srecht** right of participation

Mitwissen privity; having secret knowledge of (a crime)

Mitwisser person who has secret knowledge of sb.'s crime

Mitte middle; **Partei der ~** centre (center) party; middle-of-the-road party; **~ 1980** in mid-1980; **~ der 80-er Jahre** mid-eighties; **~ des Monats** middle of the month; **die Versammlung wählt aus ihrer ~ ihren Vorsitzenden** the assembly elects a chairman from among its members

Mittel 1. *(Hilfsmittel)* means; *fig* remedy; medium; *(Durchschnitt)* average; *(geographisch)* middle, mid; **~ und Wege** ways and means; →**arithmetisches ~**; →**einfaches ~**; **geeignete ~** appropriate means; **grausame und verwerfliche ~ bei der Begehung e-r Straftat anwenden**[80] to use cruel or vicious means in the commission of an offence (offense); **pharmazeutische ~** pharmaceutical preparations

Mittel~, ~behörden authorities at the intermediate level; **~betrieb** medium-sized business; **~- und Großbetriebe** medium and large firms; **~- und Kleinbetriebe** medium and small (-scale) enterprises; **~- und Osteuropa** Central and Eastern Europe; **m~europäische Staaten** Central European States; **m~fein** *(Qualität)* good medium quality; **m~fristig** medium-term; **m~fristige Werte** mediums; **m~- und langfristiger Kredit** medium and long-term credit; **m~fristige Wirtschaftspolitik** medium- term economic policy; **m~großer Betrieb** medium-sized firm; **~klassewagen** car in the medium range; **~kurse** medium prices; *(Devisen)* mean rates; **m~mäßig** mediocre

Mittelmeer~, ~bereich in the Mediterranean region (or basin); **~länder** Mediterranean countries; **~politik** Mediterranean policy; →**Integriertes ~programm**

Mittel~, ~punkt der →**Lebensinteressen**; **gute ~qualität** fair average quality; **~smann** *(Zwischenhändler)* middleman; *(Vermittler)* intermediary; go-between; **~sperson** →Mittelsmann; **~sorte** middling

Mittelstand middle class(es); middle income groups; **gewerblicher ~** small business; **zum ~ gehörig** (belonging or pertaining to the) middle-class; **~sunternehmen** small business; small and medium-sized enterprise (SME); **~svereinbarungen** *(KartellR)* agreements between small firms

mittelständische Betriebe small and medium-sized firms

Mittelstreckenflugzeug medium-range aircraft

Mittelstreckenrakete medium-range (ballistic) missile; **Abschaffung der ~n** elimination of medium-range missiles

Mittelstreckensystem, nukleare ~e INF (intermediate-range nuclear forces); **nukleare ~ kürzerer Reichweite** shorter-range INF (SRINF); **nukleare ~ größerer Reichweite** longer-range INF (LRINF)

Mittelstrecken~, **~vertrag** →INF-Vertrag; **nukleare ~waffen** intermediate-range nuclear weapons

Mittelwert average value, mean value; mean

Mittel 2. *(Geldmittel)* resources, funds, means; appropriations *(→Haushaltsmittel)*; **Erwerb beweglicher Sachen mit ~n des Kindes**[81] acquisition of movable property (or movables) with assets of the child; **aufgenommene ~** borrowed funds, borrowings; **im Haushaltsplan bereitgestellte ~** budget appropriations; **begrenzte ~** limited means; **beträchtliche ~** substantial funds; **bewilligte (Haushalts-)~** appropriations; **aus eigenen ~n** out of (or from) one's own resources; **finanzielle ~** financial resources (or funds, means); **→flüssige ~**; **öffentliche ~** public funds; **aus öffentlichen ~n unterstützen** to subsidize; **private ~** private means (or funds); **reichliche ~** ample means; **nicht verbrauchte ~** unexpended appropriations; **verfügbare ~** available funds; available appropriations; *(im Haushaltsplan)* **vorgesehene ~** appropriations; **im Rahmen der zugewiesenen ~** within the limits of the allocated appropriations; **zweckgebundene ~** earmarked funds

Mittel~, **~abfluss** outflow of funds; **~anforderung** request for appropriations; **~ansätze** (budget) appropriations; **~aufbringung** raising of funds; **~aufstockung** increase in funds; **~bedarf** fund requirement; **~bereitstellung** placing funds; *parl* appropriation; **~beschaffung** procurement of funds; fund raising; **~bindung** commitment of funds; immobilization of funds; **~empfänger** beneficiary; **~entzug** withdrawal of funds; **~erhöhung** increase in appropriations; **~herkunft** source (or origin) of funds; **~kürzung** reduction in appropriations; **m~los** without means; destitute; **~losigkeit** lack of funds; **~losigkeitszeugnis** certificate of lack of means; *Am* certificate of poverty; **~übertragung** *(auf ein anderes Kapitel)* transfer of appropriations; *(auf das neue Haushaltsjahr)* carrying forward of appropriations; **~vergabe** allocation of funds; **~verwendung** application (or use) of funds; utilization of appropriations; use of resources; **~zufluss** inflow of funds; **~zuweisung** allocation of funds; appropriation of funds

Mittel, **~ aufbringen** to raise funds; **die ~ aufstocken** to increase the appropriations; **~ bereitstellen** to make funds available; to provide funds; *(für bestimmten Zweck)* to earmark funds; **~ bewilligen** to grant appropriations; **~ binden** to tie up (or lock up) funds; **~ erhöhen** to increase appropriations; **~ festlegen** to immobilize (or tie up) means; **~ kürzen** to reduce appropriations; **~** *(auf das nächste Haushaltsjahr)* **übertragen** to carry forward appropriations; **~ →überschreiten**; **~ zuweisen** to allocate funds

mittelbar indirect; consequential; *(nicht zurechenbar)* remote; **~ oder un~** directly or indirectly; **~er →Besitz**; **~er →Besitzer**; **~ Beteiligter** *(WechselR)* remote party; **~er →Beweis**; **~er Eigenbesitzer** indirect proprietary possessor; **Anspruch e-s ~ Geschädigten**[82] derivative claim; **~er →Käufer**; **~e Patentverletzung** contributory infringement of patent; **~er Schaden** indirect damage; *(Folgeschaden)* consequential damage; **~er Stellvertreter** undisclosed agent; **~e Stellvertretung** undisclosed agency

mittlere middle, mean; **von ~r Art und Güte** of average kind and quality; **~r →Beamter**; **~ →Behörden**; **~r Betrieb** medium-sized undertaking; **~s Einkommen** average (or medium) income; *Am* median income; **~e Einkommensgruppe** middle income group; **~s Europa** Central Europe; **~ Führungskräfte** middle management; **~r Marktwert** average (or medium) market value; **Waren in ~r →Preislage**; **~ →Qualität**; **M~ Reife** intermediate school certificate (school leaving examination); *Br (etwa)* G. C. E. "O" Level[83] Certificate of Secondary Education (CSE); **~ Schulbildung** *Br* secondary school education to "O" level (or fifth form) standard; **~ Unternehmen** medium-sized businesses (or firms, enterprises)

Möbel furniture; **~fernverkehr** removal (*Am* moving) of furniture and household goods by →Güterfernverkehr; **~geschäft** furniture shop (or *Am* store); **~spediteur** *Br* furniture remover; *Am* furniture mover; **~transport** *Br* furniture removal; *Am* furniture moving; **~wagen** *Br* furniture van; *Am* moving van

Mobilfunk mobile communications; **~dienst** mobile telephone service-provider; **~netz** cellular radio system

Mobiliar furniture; furnishings; movable goods, movables, chattels; **~kauf** sale of goods; **~pfandrecht** pledge; **~sicherheit** chattel mortgage; **~versicherung** insurance on furniture (or contents); **~(zwangs)vollstreckung**[84] execution levied upon movables

Mobilien movable goods, movables *(Ggs. Immobilien)*

mobilisieren to mobilize

mobilisierbar mobilizable

Mobilisierung mobilization; **~spapiere (od. ~stitel)** *(der Bundesbank→Schatzwechsel und unverzinsliche →Schatzanweisungen)* mobilization paper

Mobilität mobility; **berufliche ~** occupational mobility

Mobilmachung *mil* mobilization; **~sbefehl** mobilization order

Mobiltelefon cellular phone; cell-phone

möbliert furnished; **nicht ~** unfurnished; **teil~** part(ly) furnished; **~e Zimmer vermieten** *Br* to let furnished rooms (or lodgings); *Am* to rent furnished rooms; **~ wohnen** to live in furnished rooms (or *Br* in lodgings)

Modalitäten modalities

Mode fashion; **in ~** in vogue; **~artikel** fashion article(s); fancy goods; **~haus** fashion house; **~nschau** fashion show; style show; **~schöpfer** fashion designer; **~spionage** fashion spying; **~waren** fancy articles; novelties; **e-e ~ →aufbringen**; **aus der ~ kommen** to go out of fashion; **in ~ kommen** to come into fashion, to become fashionable

Modell model, design (to be copied); type; pattern; **das neueste ~ e-s Autos** the latest model of a car; **~ e-s Flugzeugs** model (or prototype) of an aircraft; **~bau** model-making; **~forschungsvorhaben** pilot research project; **~gesetz** model law; **~studie** pilot study; **~versuche** pilot schemes; **~vorhaben** pilot project; **~zeichner** pattern designer; **solange das ~ hergestellt wird** during the currency of the model

modernisieren to modernize; to streamline; to update

Modernisierung modernization; streamlining; updating; **~ landwirtschaftlicher Betriebe** modernizing farmholdings; farm modernization; **~ militärischer Ausrüstung** updating of military equipment; **~sinvestitionen** modernization investments; **~svorhaben** modernization project

Mogelpackung deceptive packing (or package); mock package

möglich possible; **finanziell ~** financially viable; **~er Fall** contingency; **~e Konkurrenz** potential competitor (or competition); **~er Markt** potential market

möglichst bald as soon as possible; at your earliest convenience

Möglichkeit possibility; *(Gelegenheit)* opportunity; *(möglicher Fall)* contingency; *(möglichkeit, etw. zu wählen)* option; **bestehende ~en voll nutzen** to make full use of existing possibilities; **~en offen lassen** to keep options open

Mohnanbau zur Opiumgewinnung poppy growing for opium

Mole pier

Molekularbiologie, Europäisches Laboratorium für ~[85] European Molecular Biology Laboratory (EMBL); **Europäische ~-Konferenz** European Molecular Biology Conference (EMBC); **Europäische ~-Organisation** (EMBO) European Molecular Biology Organization (EMBO)

Molekularforschung molecular research

Molkereigenossenschaften dairy co(-)operatives

Monaco Monaco,; **das Fürstentum ~** the Principality of Monaco *(→Monegasse)*

Monat month; **dieses ~s** this month's; **am 20. dieses ~s** on the 20 th of this month; on the 20 th inst.; **vom 20. dieses ~s** *(Bestätigung e-s Schreibens)* of the 20 th of this month; **der 20. nächsten ~s** the 20 th of next month; the 20 th prox.; **vorigen ~s** last month's; **vom 20. vorigen ~s** *(Bestätigung e-s Schreibens)* of the 20 th of last month; on the 20 th ult.; **vor 2 ~en** two months ago; **→Ende des ~s**; **→Mitte des ~s**; **unter e-m halben ~ wird e-e Frist von 15 Tagen verstanden**[86] half a month means 15 days

Monats~, **~abschluss** monthly balance; **zum ~anfang** at the beginning of the month; **~ausweis** *(e-r Bank)* monthly return (or statement); **~beitrag** monthly subscription; **~bericht** monthly report; **~bilanz** monthly balance sheet; **~einkommen** monthly income; **am ~ende** at the end of the month *(→Ultimo)*; **~frist** period of one month; **binnen ~frist** within a month; **~gehalt** monthly pay (or salary)

Monatsgeld monthly allowance; *(Versicherungsleistung)* monthly benefit; *(am Geldmarkt)* money (lent) for one month; one month money; loan for one month, monthly loan(s); **Drei~** loan(s) for three months; **Sechs~** six-month money

Monats~, **~karte** monthly ticket; **~lohn** monthly wage (or pay); **~miete** a month's rent, monthly rent; **~rate** monthly instal(l)- ment; **~rechnung** monthly account; **~ultimogeld** →Ultimogeld; **~wechsel** *(e-s Studenten)* monthly allowance; **~zeitschrift** monthly magazine

monatlich monthly *(→Monatsmonatlich)*; **~ bezahlen** to pay by the month; **die Rente ist ~ im voraus zu bezahlen** pension payments are to be made monthly in advance; **~ erscheinende Zeitschrift** monthly periodical; **jdm mit ~er Frist kündigen** to give sb. a month's notice

Mond →Weltraumvertrag

„Mondscheintarif" *tel* reduced night rate for long-distance calls

Mondumfliegung circumlunar flight

Monegasse, Monegassin, monegassisch Monegasque *(→Monaco)*

monetär monetary; **~e Entwicklung** monetary trend; **~e Konjunkturpolitik** anticyclical monetary policy

Mongolei Mongolia,; **die Mongolische Volksrepublik** the Mongolian People's Republic

Mongole, Mongolin, mongolisch Mongolian

Monographie treatise

Monokultur monoculture; one-crop economy; **Land mit ~** one-crop country

Monopol monopoly; **Absatz~** sales monopoly; **Fabrikations~** production monopoly; **Finanz~** fiscal monopoly; **gesetzliches ~** *(z. B. durch Patente)* legal monopoly; **staatliches Handels~** state trading monopoly; →**Nachfrage~**; **Staats~** government monopoly; *Am* public monopoly

Monopol~, **~absprache** monopoly agreement; **m~ähnlich** quasi-monopolistic; **m~artige Absprachen** restrictive agreements; **~ausdehnung** extension of monopoly; **~betrieb** company having a monopoly; **m~fördernd** promotive of monopoly; **~gesetzgebung** legislation relating to monopolies *(→Kartellgesetz)*; **~gewinn** monopoly profit; **~güter** monopoly goods; **~inhaber** holder of a monopoly; **~kapitalismus** monopoly capitalism; **~kommission**[88] Monopolies Commission; **~macht** monopoly power; **~missbrauch** improper use of monopoly power; **~nutzung von Patenten** monopolistic use of patents; **~preis** monopolistic price; **~rente** →Monopolgewinn; **~stellung** monopoly position *(→marktbeherrschendes Unternehmen)*; **~verbot** prohibition of monopoly; **~wirtschaft** monopolism

Monopolisierung monopolization

Monopolist monopolist

monopolistisch monopolistic; **~e Konkurrenz** monopolistic competition; **~er Markt** monopolistic market; **~e Geschäftspraktiken bekämpfen** to discourage monopolistic business practices

Montage assembly; assembled goods; erection (work); installation; *(Vorhaben)* assembly project; **~ zu Pauschalpreis** lump sum erection; **~ nach Zeitberechnung** erection on a time basis; **~bahn** assembly line; **~betrieb** assembly firm (or plant); **~kosten** assembly charges; installation costs; **~land** country of assembly; **~versicherung** erection insurance; **~vorhaben** assembly project; **~werkstatt** assembly shop

Montan~, **~aktien** mining shares; iron, coal and steel shares; **~anleihe** ECSC loan *(→Europäische Gemeinschaft für Kohle und Stahl)*; **~güter** ECSC products; **~industrie** mining industry; coal iron and steel industry; ECSC industry; **~markt** *(Markt der →Montanwerte)* mining market; **~union** →Europäische Gemeinschaft für Kohle und Stahl; **~vertrag** ECSC Treaty; **~werte** →Montanaktien

Montrealer Protokoll über Stoffe, die zu e-m Abbau der →Ozonschicht führen

Moral, **Geschäfts~** business morality

moralisch, **~er Druck** moral pressure; **~es Risiko** *(VersR)* moral hazard; **~er Ruf** moral (or ethical) standing; **~ verwerfliches Verhalten** conduct involving moral turpitude; **~e Verpflichtung** moral obligation; **jdn ~ unterstützen** to lend moral support to sb.

Moratorium moratorium

Morbidität morbidity

Mord[88a] murder; **Lust~** rape and murder; **Raub~** murder attended with robbery; **unter ~anklage** charged with murder; **~anschlag** murder attempt; murder plot; *(Attentat)* assassination attempt; **~aufruf** *(z. B. des Iran)* incitement to murder; **~drohung** threat of murder; **~kommission** murder squad; **~komplott** conspiracy to murder; **~prozess** murder trial; **~versuch** murder attempt, attempt to murder; assassination attempt; **wegen ~es angeklagt** →anklagen; **e-n ~ begehen** to commit a murder

Mörder murderer; assassin; **e-n ~ dingen** to hire a murderer

Morgen *(Feldmaß)* a land measure with local variations from 0,6 to 0,9 acres

Morgenausgabe *(e-r Zeitung)* morning edition

Morseschrift *(Telegrafie)* Morse code

Mortalität mortality

Mosambik Mozambique; **Volksrepublik ~** People's Republic of Mozambique

Mosambikaner(in), mosambikanisch Mozambican

Moskauer Teststop-Vertrag Moscow Nuclear Test Ban Treaty *(s. Vertrag über das Verbot von →Kernwaffenversuchen)*

Motiv motive; **leitendes (od. vorwiegendes) ~** substantial (or effectual, dominant) motive; **~forschung** motivation research; **~irrtum** →Irrtum im Motiv

Motivation motivation

motivieren to motivate

Motor motor; *(Auto)* engine *(→Fahrzeugmotor)*; **~fahrzeug** motor vehicle; **~radfahrer** rider of a motorcycle; motorcyclist

Mühlenindustrie flour-milling industry

Müll rubbish, refuse, waste; *Am bes.* garbage; *Am* trash; →**Atom~**; **Haus- und Gewerbe~** domestic and commercial waste; →**Industrie~**; →**Sperr~**; →**Verpackungs~**; **~abfuhr** *Br* refuse (*Am* garbage) collection (or disposal); collection of refuse; *Am* sanitation service; **~deponie** refuse disposal depot; **~verbrennungsanlage** waste (or refuse, *Am* trash) incinerating plant, refuse (*or* waste, *Am* trash) incinerator

Multifaserabkommen (MFA) →Welttextilabkommen

multilateral, **~es Abkommen** multilateral agreement; **~e Handelsverhandlungen** (MHV) multilateral trade negotiations (MTN)

Multilaterale Investitions-Garantie-Agentur, Übereinkommen zur Errichtung der ~ (MIGA-Übereinkommen) (MIGA)[88b] Convention Establishing the Multilateral Investment Guarantee Agency

Multilateralismus multilateralism

multinational multinational; **~e Gesellschaft** multinational corporation (MNC); *Am* transnational corporation; **~e Gesellschaften** multinationals; **~er Konzern** multinational group; **~e Partnerschaften** multinational partnerships (MNP); **~e Unternehmen** (MNU) multinational enterprises (MNE); *Am* multinational corporation (MNC); transnational enterprises; multinationals; *colloq.* multis

multiple Wechselkurse multiple exchange rates

Multiplikator multiplier

Mündel ward; **~ unter Aufsicht des Gerichts** ward in court; **~geld** money held in trust for a ward; →**Anlegung von ~geldern durch den Vormund**; **m~sichere Anlegung von Geld**[89] investment of money in statutorily prescribed securities; **m~sichere Wertpapiere** securities eligible for investment of trust money for a ward; trustee securities, trustee stock; *Br (etwa)* gilt-edged securities; gilts; **~sicherheit** trustee security status; eligibility for trusts (eligibility [or qualification] of certain securities as an investment for guardianship trusts); investment grade (of securities for trustee investments); **~vermögen** a ward's property; property (or funds) held in trust for a ward

mündig of age; **~ werden** to attain (or reach) one's majority; to come of age

Mündigkeit full age, majority *(→ Volljährigkeit)*

mündlich verbal, oral; **~ oder schriftlich** verbally or in writing; **~es Angebot** verbal offer; **~e Befragung** personal interview; **~e Prüfung** viva voce examination; **~es Verfahren** oral proceedings; **~** *(vor Zeugen)* **erklärte letztwillige Verfügung** nuncupative will; **~e Verhandlung** hearing (in court); oral proceedings (or hearing); trial

Mündlichkeitsgrundsatz[90] principle of orality; *(Zivilprozess)* principle of oral presentation; *(Strafprozess)* principle of oral proceedings

Mundpropaganda word-of-mouth publicity (or advertising)

Mundraub theft of food (or small household articles) for immediate consumption

Munition ammunition; **~sfabrik** ammunition factory; munitions factory

Münze coin; **abgegriffene ~** worn coin; **falsche ~** counterfeit coin; *Br* base coin; **gangbare ~** current coin; **im Lande gültige ~** lawful currency; →**Scheide~**; **~ mit gesetzlich vorgeschriebenem Feingehalt** standard coin

Münz~, **~automat** vending machine; coin-operated machine; *Br* slot machine; **~betrug** uttering counterfeit coin; **~delikte**[91] coinage offences (offenses) *(→Falschmünzerei, →Münzverfälschung, →Münzbetrug, →Münzverringerung)*; **~einheit** monetary unit; **~einnahmen** *(des Bundes)* seignorage; **~fälscher** →Falschmünzer; **~fälschung**[92] imitating coins (without intent to make them pass for current coin); **~fernsehen** pay TV; coin-operated TV

Münzfernsprecher *Br* call box; *Am* pay (or public) telephone, pay phone; (tele)phone booth; **Anruf vom ~** call from a public (or *Am* pay) telephone; *Br* coin box call

Münz~, **~fuß** standard of coinage; **~gebühr** charge for coining; **~geld** coin(s); specie; **~gewinn** *Br (Prägegewinn)* seignorage; **~gold** coinage gold; standard gold; **~handel** dealings in gold and silver coins; **~hoheit** monetary sovereignty; **~parität** mint parity; **~prägung** minting; **~regal** exclusive right of coinage; state monopoly of coinage; coinage prerogative; **~silber** standard silver; **~stätte** mint; **~stempel** coinage die; **~stückelung** coin denomination; **~system** coinage (system); **~tankstelle** coin-operated *Br* petrol (*Am* gasoline) station; **~union** monetary union; **~verbrechen**[93] serious coinage offence (offense); **~verfälschung**[94] adulteration of the coinage; **~vergehen** coinage offence (offense); **~verringerung** defacement of coins *(e. g., by clipping)*; **~verschlechterung** debasement of coinage *(e. g., by reducing the percentage of silver)*; **~wesen** coinage *(system)*; **~zeichen** mint mark

Münze, ~n fälschen to counterfeit coins; **~n prägen** to strike coins; **gefälschte ~n in den Verkehr bringen** to utter counterfeit coins *(→Münzbetrug)*; **neue ~n in den Verkehr bringen (od. in Umlauf setzen)** to put new coins in circulation

münzen to coin; to mint

gemünztes Gold coined gold

Musik, Werke der ~ *(UrhR)*[94a] musical works *(→Tonkunst)*; **~hochschule** academy of music; **~instrumente** musical instruments; **~stück** musical work; **~verlag** (firm of) music publishers

musikalische Kompositionen mit oder ohne Text musical compositions with or without words

Muss~, ~kaufmann →Kaufmann; **~vorschrift** obligatory disposition; peremptory provision; *Am* mandatory provision *(→Kannvorschrift)*

Muster *(Warenprobe)* sample; *(Probe)* specimen; *(geschmacklicher od. technischer Art) (MarkenR)* design; *(auf Stoff, Tapete etc)* pattern; *(Vorbild)* model; **„~ ohne Wert"** *(Post)* sample, no commercial value; **→Gebrauchs~**; **→Geschmacks~**; **→Waren~**; **nach ~** according to (or up to) sample; **eingetragenes ~** registered design; **gewerbliches ~** industrial design *(→Haager Musterabkommen)*; **gegen die öffentl. Ordnung oder die guten Sitten verstoßendes ~** design contrary to public policy or morality; **repräsentatives ~** representative sample; **übliches ~** conventional sample; **unverkäufliches ~** sample not for sale; free sample

Muster~, ~abkommen model convention; **~amt** *(z. B. Benelux-) (e.g. Benelux)* Design Office; **~angaben** design data; **~auswahl** range of samples (or patterns)

Musterbetrieb model establishment (or plant); **landwirtschaftlicher ~** model farm

Muster~, ~brief specimen letter; **~buch** sample (or pattern) book; **~diebstahl** theft of design(s); **~fall** model case; **m~getreu** according to sample; **~karte** sample (or pattern) card; **~klage** test case; **~koffer** sample bag (or case)

Musterkollektion collection of samples (or patterns); assortment of samples; **e-e ~ zusammenstellen** to prepare a sample collection

Muster~, ~lager stock of samples; **~messe** trade fair; samples fair; **~mietvertrag** standard form of lease (or tenancy agreement); **~police** policy specimen; **~prozess** test case; **~rabatt** *(z. B. an Importhändler)* sample discount; **~regeln** design rules

Musterrecht *(als Recht der Muster)* design law; *(als Musterschutzrecht)* design right

Ein Muster wird durch ein Musterrecht geschützt, wenn es neu ist und Eigenart hat.

A design shall be protected by a design right to the extent that it is new and has individual character.

Musterregister[95] Design Register; **Einsicht in das ~**[95a] inspection of the Design Register; **ein Geschmacksmuster durch Eintragung in das ~ schützen** to protect a design by registration in the Design Register

Musterrolle →Gebrauchsmusterrolle; *(für Geschmacksmuster)* →Musterregister; *(für Schiffsbesatzung)*[96] list of the crew; muster roll

Musterschutz copyright in designs, legal protection of designs; **→Gebrauchs~**; **→Geschmacks~**; **Waren, die unter ~ stehen** articles protected by the registration of a design

Muster~, ~tarifvertrag master (or standard) collective bargaining agreement; **~vertrag** standard form of contract; **~zieher** sampler; **~ziehung** sampling, taking of samples, sample taking

Muster, vom ~ abweichen to deviate from the sample; **etw. nach ~ bestellen** to order sth. according to sample; **dem ~ entsprechen** to be in accordance with (or up to) sample; to correspond to pattern; **Waren, die e-m dem Käufer ausgehändigten ~ nicht entsprechen** goods which lack the qualities of a model which the seller has handed over to the buyer; **die Ware stimmt mit dem ~ überein** the goods agree (or conform) with the sample; **gemäß ~ verkaufen** to sell by sample; **~ ziehen** *(zur Qualitätskontrolle)* to draw samples

Musterung *mil* examination before enlistment; **~sausschuss** recruiting board; **~sbescheid** written decision of a recruiting board

Mutation mutation; **~srate** mutation rate

muten to claim a mining concession

mutmaßlich presumable; probable; putative; **~er Erbe** heir presumptive; **~er Grund** probable cause; **~er Parteiwille** implied intention; **~er Vater** *(e-s nichtehelichen Kindes)* putative father

Mutter mother; **ledige ~** unmarried mother; **werdende ~** expectant mother; mother-to-be

Mutter, Müttergenesungswerk Maternity Convalescent Society; **~gesellschaft** parent company, holding company; *Am (auch)* parent corporation; **~land** mother country; metropolitan country *(Ggs. Kolonien)*

mütterlich, ~es Erbe maternal inheritance; **Verwandte(r) ~erseits** maternal relative; relative(s) on the mother's side

Mutterschaft maternity; motherhood; **~sgeld**[97] *(im Rahmen der Mutterschaftshilfe)* maternity benefit; *(einmalig)*[98] maternity grant

Mutterschaftshilfe[99] *(Leistungen von Krankenkassen vor und nach der Entbindung)* maternity benefits; **Leistungen im Rahmen der ~** granting of maternity benefits

Mutterschafts~, **~leistungen** *(österreichisches SozialversR)*[100] maternity benefits; **~surlaub**[101] maternity leave; **~versicherung** maternity insurance

Mutterschutz maternity protection; protective legislation for working mothers (protection during pregnancy and maternity); **~gesetz** (MuSchG)[102] *(Gesetz zum Schutz der erwerbstätigen Mutter)* Maternity Protection Act

Mutter~, **~-Tochter-Richtlinie** parent/subsidiary directive; **~- und Tochtergesellschaft** parent company and subsidiary; **~unternehmen** parent enterprise

Mutung *(BergR)* mining claim; application for a mining concession; **~ einlegen** to apply for permission to work a mine

mutwillig, **~e Beschädigung** wanton damage; **~e Zerstörung** wanton destruction; vandalism; **~ beschädigen** to inflict wanton damage; to vandalize

N

nachahmbar imitable

nachahmen to imitate, to copy; *(unerlaubt)* to pirate; **e-e Marke ~** to pirate a trademark

nachgeahmte Waren counterfeit goods, pirated goods

Nachahmung imitation, copy; *(unerlaubt)* pirating; **~ von Münzen** imitation of coins; **unzulässige ~ e-s Musters** piracy of a design; **schlechte ~** poor (or weak) imitation; **sklavische ~** *(UrhR)* slavish imitation; colo(u)rable imitation; **~stäter** copy-cat criminal; **~serzeugnisse** imitation goods; **vor ~en wird gewarnt** beware of imitations

Nachanmeldung *(PatR)* subsequent application

Nachbar neighbo(u)r; **unmittelbarer ~** immediate neighbo(u)r; next-door neighbo(u)r; **~eigentümer** adjacent owner; **~grundstück** neighbo(u)ring (or adjoining, abutting) property (or piece of land); **~land** neighbo(u)ring country; **gut n~liche Beziehungen** good neighbo(u)r(ly) relations

Nachbarrecht law concerning the respective interests of neighbo(u)rs (or occupiers of adjoining property); **zwischenstaatliches ~** law concerning the neighbo(u)rly relations between states

Nachbarschaft, **Politik der guten ~** *(VölkerR)* good-neighbo(u)r policy

Nachbarstaat neighbo(u)ring state

Nachbau construction after a model; **erlaubter ~** →Lizenzbau; **unerlaubter ~** unlicensed construction; **~lizenz** construction licen|ce (~se)

Nachbehandlung after(-)care

Nachbesserung subsequent improvement; rectification of defects; repair; **~spflicht** *(beim Werkvertrag)* contractor's obligation to remedy a defect complained of

nachbestellen *(neu bestellen)* to place a repeat order; to repeat an order; to re(-)order; *(zusätzlich)* to order (some) more (of)

Nachbestellung repeat order, reorder; additional order; **e-e ~ machen** →nachbestellen

Nachbesteuerung subsequent taxation

Nachbewilligung *parl* supplementary vote

nachbezahlen →nachzahlen

Nachbezugsrecht *(AktienR)* right to a cumulative dividend

nachbilden to copy, to reproduce, to imitate; to pattern, to model (upon); *(fälschen)* to counterfeit

Nachbildung copy, imitation; reproduction, *(Fälschung)* counterfeiting; **verbotene ~**[1] prohibited imitation

Nachbörse after-hours dealing; *Br* street (or kerb) market; *Am* curb market; **Kurs an der ~** *Br* street price; *Am* curb market price

nachbörslich after market; *Br* in the street; *Am* on the curb; **~e Kurse** prices after (official) hours; **~er Verkauf von Wertpapieren** sale of securities after hours

Nachbuchung after entry

Nachbürge surety for a surety; collateral surety

nachdatieren *(mit e-m früheren Datum versehen)* to antedate *(Ggs. vordatieren)*

Nachdeckungspflicht obligation to provide additional security (when necessary)

Nachdruck 1. *(meist unveränderter Neudruck)* reprint; reproduction; *(unerlaubt)*[1a] piracy, pirated edition; **der ~ ist nur mit Quellenangabe**

gestattet reproduction of the text is authorized on the condition that the source is indicated

Nachdruck 2. emphasis; **mit ~ erklären** to state (or declare) emphatically; to stress

nachdrucken to reprint, to reproduce; *(unerlaubt)* to pirate

nachdrücklich, →**Zahlung ~ fordern**

nachehelich post-nuptial

Nacheile *(PolizeiR)*[2] pursuit; *(VölkerR)*[3] hot pursuit; **~recht** right of hot pursuit; **~ durch ein Luftfahrzeug** pursuit effected by an aircraft; **das Recht der ~ ausübender Staat** pursuing state; **die ~ nach e-m fremden Schiff vornehmen** to effect the hot pursuit of a foreign ship

nacheilen, **das ~de Schiff** the pursuing ship *(Ggs. das verfolgte Schiff)*

Nachemission follow-up issue (on the same conditions as before)

nachentrichten, **Beiträge zur Rentenversicherung ~** to pay contributions towards one's pension retroactively

Nachentrichtung von Beiträgen retroactive payment of contributions

Nacherbe[4] reversionary (or subsequent) heir; →**Auskunftsrecht des ~n**; **~nrecht** right of a reversionary heir

Erbe, der erst Erbe wird, nachdem zunächst ein anderer Erbe geworden ist.

Person entitled to the estate (or a share in the estate) of a deceased on the determination of the interest of a prior (or limited) heir.

Nacherb~, **~folge** reversionary succession; future interest; **~schaft** reversion; estate of a reversionary heir

Nacherhebung, **~ von Steuern** subsequent assessment; **~ von Zöllen** subsequent levy of duties

Nachfassbrief follow-up letter

nachfassen *(weiterverfolgen)* to follow up

nachfinanzieren to provide with supplementary financing

Nachfinanzierung supplementary financing

Nachfolge succession; →**Amts~**; →**Rechts~**; →**Staaten~**; **~ in Anteile an e-r Personengesellschaft** succession to shares in a partnership

nachfolgeberechtigt entitled to succession; *(ErbR)* entitled to a *Br* deceased's (*Am* decedent's) estate

Nachfolge~, **~gesellschaft** successor company; **~konferenz** follow-up conference; **~verhältnis** successor relationship; **~zusatz** *(bei Firmenfortführung)* addition indicating the successor relationship

Nachfolge, **jds ~ antreten** to succeed a p.; to become sb.'s successor; **die ~ regeln** to settle the succession

nachfolgen, **jdm ~** to succeed a p.

nachfolgend following; subsequent (auf to); *(im Amt)* succeeding

Nachfolger successor (für jdn to sb.); →**Amts~**; →**Rechts~**; **e-n ~ bestimmen** to designate a successor; **jdn zu s-m ~ ernennen** to appoint a p. one's successor

nachfordern to demand sth. in addition

Nachforderung additional (or supplementary) claim (or demand); *(Preiserhöhung)* asking a higher price

nachforschen to investigate, to inquire

Nachforschung investigation, inquiry; *(Suche)* search (nach for); **~ an** →**Ort und Stelle**; **~santrag** *(Post)* inquiry; **~sgebühr** *(Post)* inquiry charge; **~en anstellen (od. durchführen)** to make inquiries (about sb. or sth.); **~en anstellen lassen** to cause investigations to be made

Nachfrage enquiry, inquiry (bei at); *com* demand (nach for); **~ nach Automobilen** demand for cars; **~ nach Euro** demand for Euro; →**Angebot und ~**; **Auslands~** foreign (or external) demand; →**Binnen~**; →**Geld~**; →**Gesamt~**; →**Inlands~**; →**Über~**; →**Verbraucher~**; **abnehmende ~** decreasing demand; **elastische ~** elastic demand; **anhaltende ~** persistent demand; **geringe ~** poor demand; **gesamtwirtschaftliche ~** demand in the overall economy; aggregate demand; **lebhafte ~** brisk demand; **ohne ~** not in demand; **schwache ~** slack demand; **starke ~** heavy demand; **steigende ~** increasing demand; **unelastische ~** inelastic demand; **wirksame ~** effective demand

Nachfrage~, **~abschwächung** decrease in demand; **~anstieg** rise in demand; **~ballung** accumulated demand; **n~bedingt** demandinduced; **Maßnahmen zur ~belebung** measures to stimulate demand; **n~bezogen** demand-related; **~dämpfung** damping (or curbing) of demand; **~druck** demand pressure; **~elastizität** elasticity (or flexibility) of demand; **abgeschwächte ~entwicklung** slackened demand trend; **~expansion** expansion of demand; **~funktion** demand function; **~inflation** demand-pull inflation; **~kurve** demand curve; **~mangel** lack of demand; **~monopol** buyer's monopoly; monopsony; **~monopolist** monopoly buyer; **~oligopol** oligopsony; **n~orientiert** demand-oriented; **~rückgang** decrease (or decline) in demand; **auf der ~sei-**

te on the side of demand; **ausländischer ~sog** pressure of foreign demand; external demand pull; **~steigerung** increase in demand; **~steuerung** demand management; **~überhang** excess of demand over supply; excess demand; **~verschiebung** demand shift; **~wandel** change in demand

Nachfrage, die ~ befriedigen to meet (or satisfy) the demand; **die ~ drosseln** to restrain (or check) the demand; **die ~ hat wieder eingesetzt** →einsetzen; **das Angebot entspricht der ~** supply meets the demand; **die ~ nach ... steigt** demand is growing for ...; **die ~ übersteigt das →Angebot; die ~ ist gewachsen** demand has grown; **die ~ ist zurückgegangen** demand has dropped (or declined, decreased)

Nachfrist period of grace, grace period; additional respite (or time); additional period (of time); *(bes. bei Wechsel)* days of grace; **~ von 2 Jahren** two-year grace period; **fruchtloser Ablauf der dem X gesetzten ~** lapse of a reasonable extension granted to X; **e-e ~ von angemessener Dauer setzen** to grant an additional period of time of reasonable length; **die dem X gesetzte ~ ist verstrichen** the grace period granted to X has elapsed; **~ gewähren bis ...** to give additional time until ...

Nachgang, im ~ zu unserem Schreiben vom ... with reference to our letter of ...

nachgeben, jdm ~ to give way (or yield) to sb.; to come to terms with sb.

nachgegeben, die Kurse haben ~ prices have eased off (or weakened)

nachgebende Kurse declining (or receding) prices

nachgeborenes Kind posthumous child

Nachgebühr *(Post)* surcharge; postage due; **n~pflichtige Sendungen** items liable to surcharge

nachgehend, *(im Rang)* **~e Forderung** deferred (or postponed) debt; *(im Rang)* **~er Insolvenzgläubiger** postponed creditor (in insolvency proceedings)

nachgeholte Abschreibung →nachholen

nachgelassene Werke →nachlassen

nachgeordnet, ~e Beamte lower ranks of the civil service; lower-ranking (local) government officials; **~e Behörde** subordinate authority; authority at a lower level; **~e Stelle** subsidiary (or subordinate) body

nachgiebiges (od. abdingbares) Recht law (or provisions of a statute) which may be varied by agreement between the parties (or which are subject to the disposition of the parties)

Nachgründung *(AktienR)*[5] post-formation acquisition

nachhinken *(zurückbleiben)* to lag (behind), to slip

nachhinkende Löhne, Missverhältnis zwischen Boom und nachhinkenden Löhnen disparity between economic boom and lagging wages

Nachhol~, ~bedarf need to catch up with; *com* pent-up demand, backlog demand; **~gut** goods reimported (as replacement)

(etw.) **nachholen** to catch up on; to make up (for); to recover

nachgeholte Abschreibung backlog depreciation

Nachindossament indorsement of an overdue bill of exchange

Nachkalkulation calculation of the historical costs; historical costing *(Ggs. Vorkalkulation)*

Nachkomme descendant; **~n(schaft)** issue; **ohne (männliche) ~n** without (male) issue; **auf ~n beschränktes Recht** interest in tail; **~n hinterlassen** to leave issue

nachkommen, e-r Verpflichtung ~ to perform (or fulfil, meet) an obligation; **seinen Verpflichtungen nicht ~** to fail to hono(u)r one's obligations; to default

Nachkriegs~, ~bedürfnisse post(-)war demands; **~zeit** post(-)war period

Nachlass 1. estate (of a deceased person); deceased's (*Am* decedent's) estate; *Am* estate of inheritance; property left; assets under a will; **beweglicher ~** personal estate (or assets); **herrenloser ~** vacant succession; **unbeweglicher ~** immovable part of an estate; **→Anfall des ~es an den Staat; →Anteil am ~; Einrede der Dürftigkeit des ~es** plea of insufficiency of estate

Nachlass, e-n ~ →abwickeln; der ~ fällt an die gesetzlichen →Erben; den ~ sichern to preserve the estate; **→verschuldeter~**

Nachlass~, ~abwicklung administration (or settling) of an estate; **Planung der ~abwicklung** estate planning; **~anspruch** claim belonging to an estate; **~auseinandersetzung** distribution of an estate; **~besteuerung** taxation of the estate (of a deceased person); **~forderung** claim by the estate; debt due to the estate

Nachlassgegenstände items (or assets) constituting the estate; **Verzeichnis der ~** →Nachlassverzeichnis

Nachlassgericht[7] probate court; *Am (auch)* Surrogate's Court; *Br* district probate registry

Bis zur Annahme der Erbschaft oder bis zur Ermittlung eines unbekannten Erben hat das Nachlassge-

richt für die Sicherung des Nachlasses zu sorgen, insbesondere durch die Bestellung eines Nachlasspflegers.[8]
Until the estate is accepted or the identity of an heir established, the court must take such steps as are necessary to preserve the estate - in particular by appointing a curator of the estate.

Nachlassgläubiger creditor of the estate
Die Nachlassgläubiger können im Wege des Aufgebotsverfahrens zur Anmeldung ihrer Forderungen aufgefordert werden.[9]
Notice may be given by public advertisement summoning creditors of the estate to present their claims within a specified period.

Nachlassinsolvenz[10] administration in bankruptcy (or insolvency) of a deceased's (*Am* decedent's) estate; *(etwa)* administration of an insolvent estate; *Am* bankruptcy of decedent's estate
Durch den Nachlasskonkurs wird die Haftung des Erben auf den Nachlass beschränkt.
When an insolvent estate is administered in bankruptcy (or insolvency), the liability of the heir is limited to the assets of the estate.

Nachlassinventar inventory of the estate *(→Inventar 3.)*

Nachlass~, ~pfleger curator of the estate (appointed by the court; →Nachlassgericht); **~pflegschaft**[11] curatorship of the estate; **~planung** estate planning

Nachlasssache, ~n probate cases; matters relating to probate; cases concerning *Br* deceased's (*Am* decedent's) estate; **in der ~** in the matter of the estate of; **Klage in ~n** action relating to succession

Nachlass~, ~schulden debts of the estate; **~sicherung** measures to preserve the estate *(→Nachlassgericht)*

Nachlassspaltung *(IPR)* splitting of an inheritance (or *Br* a deceased's estate); application of two laws of succession to an inheritance (or *Br* estate); inheritance governed by more than one legal system
Die Beerbung einer Person richtet sich hinsichtlich des beweglichen Nachlasses nach deren Aufenthalts- bzw. Heimatrecht, während der unbewegliche Nachlass nach dem Recht des Lageortes vererbt wird.
Intestate succession to movables is governed by the law of the *Br* deceased's (*Am* decedent's) domicile or his national law, whereas succession to immovables is governed by the lex situs.

Nachlass~, ~teilung distribution (or partition) of the estate; **~verbindlichkeiten** liabilities of the estate *(→Erbfallschulden, →Erblasserschulden)*; **~vergleichsverfahren**[12] composition proceedings in respect of an (insolvent) estate; **~verwalter** administrator of the *Br* deceased's (*Am* decedent's) estate

Nachlassverwaltung administration of the estate; **Anordnung der ~ (zum Zwecke der Befriedigung der Nachlassgläubiger)**[13] *Br* court (*Am* judicial) order subjecting estate to administration (for the benefit of the creditors of the estate)

Nachlassverzeichnis[14] inventory of the estate *(→Inventar 3.)*; **ein ~**[14] **aufstellen** to draw up an inventory

Nachlass 2. *(Preisherabsetzung)* deduction (from the price); allowance; reduction; *(vorausgewährter Preisnachlass)* discount; **~ vom Verkaufspreis** *(bei beanstandeten Mängeln)* sales allowance; **→Mengen~**; **→Preis~**; **→Sonder~**; **→Steuer~**; **e-n ... igen ~ gewähren** to allow a discount of ...

Nachlassen, ~ des Exports slackening of exports; **~ der Nachfrage** slowdown of (or in) demand

nachlassen to decline, to slacken, to ease; **in seinen →Anstrengungen ~**; **in seinen Forderungen ~** to moderate one's demands; **vom Preise ~** to make an allowance (or a reduction) in price; to allow a discount; **die Verkäufe lassen nach** sales are declining

nachgelassen, ~e Werke posthumous works; **die Mittelzuflüsse haben ~** the inflows of funds slackened; **die Spannungen auf dem Arbeitsmarkt haben ~** the strains in the labo(u)r market have diminished (or eased)

nachlässig careless, neglectful; **~e Behandlung** negligent handling

Nachleistung subsequent performance

Nachlieferfrist deadline for delayed delivery; **e-e ~stellen** to set a deadline for delivery

nachliefern to deliver subsequently; *(ergänzend)* to deliver in addition, to furnish an additional supply

Nachlieferung subsequent delivery; additional delivery (or supply)

nachlösen *(Fahrkarte)* to buy a supplementary-ticket

Nachmachen von →Antiquitäten

nachmachen to copy, to imitate; **ein Warenzeichen ~** to counterfeit a trademark

nachgemachtes Geld counterfeit money

Nachmann *(nachfolgender Indossant)* subsequent endorser

Nachmünzung →Nachprägung

Nachnahme, gegen ~ *Br* cash on delivery, *Am* collect on delivery (c.o.d.); **→Frachtkosten per ~**; **~betrag** c.o.d. amount; **~brief** c.o.d. letter; **~gebühr** c.o.d. fee; *Am* collection fee;

~paket c.o.d. parcel; *Br* cash on delivery parcel; *Am* c.o.d. package; **~postanweisung** c.o.d. money order; **~sendung** c.o.d. consignment; *Br* shipment cash on delivery; *Am* c.o.d. shipment; **~zahlkarte** c.o.d. inpayment money order; **per ~ senden** to send c.o.d.

Nachname surname, family name; *Am* last name

Nachpfändung second distress

Nachporto →Nachgebühr

Nachprägung imitation of coins

nachprüfbar verifiable

nachprüfen to check, to reexamine; *(Richtigkeit bestätigen)* to verify; *(kontrollieren)* to control; **vergleichend ~** to check against; **die Echtheit e-r Unterschrift ~** to verify a signature; **e-e** *(gerichtl.)* **Entscheidung ~** to review a decision; **die Stimmen ~** to scrutinize the votes

Nachprüfung check, reexamination; *(Bestätigung der Richtigkeit)* verification; control; **gerichtliche ~** judicial review *(→Überprüfung)*; **~sbefugnis** power of inspection; **~ der Unterlagen** check on the documents; **~ des Wahlergebnisses** scrutiny; **~srecht** right to check; **~sverfahren** verification procedure; *(durch das Gericht)* judicial review; **Antrag auf ~ stellen** to petition for review; **der ~ durch das Gericht unterliegen** to be subject to review by the court; **~en vornehmen** to carry out (or make) checks; to make verifications

nachrangig, **~e** →**Hypothek**; **~es** →**Pfandrecht**; **~es Recht** *(SachenR)* a right (encumbrance) having a lower priority; **~e Schuld** subordinated debt; **~e Verbindlichkeiten** *(z. B. in der Insolvenz)* deferred liabilities; *Am* subordinated liabilities

nachrechnen to check the calculation

Nachrede, üble ~[15] defamatory statement, defamation; slander; *(schriftl.)* libel; **geschäftliche üble ~** →Anschwärzung

nachreichen to file subsequently; to send in later

Nachricht (piece of) news; communication; *(Benachrichtigung)* message, information, notice; **~en** *(Radio, Fernsehen)* news; *(außenpolitisch wichtige Informationen)* intelligence

Nachrichten~, **~agentur (od. ~büro** news agency; press agency; **~beschaffung** collection of information

Nachrichtendienst news service; *mil (geheimer) Nachrichtendienst* intelligence service; *Br* und *USA* →Geheimdienst; **~e der BRD:** →Bundesnachrichtendienst; →Verfassungsschutz; Militärischer →Abschirmdienst

Nachrichten~, **~magazin** *(z. B. „Der Spiegel", Am „Newsweek")* news magazine; **~medien** *(Presse, Rundfunk, Fernsehen)* news media; information media; **~meldung** *(Radio, Fernsehen)* news item; **~mittel** means of communication; **~redakteur** news editor; **~satellit** communications satellite (→INTELSAT); **~sendung** news broadcast, newscast

Nachrichtensperre news ban, news blackout; **e-e ~ verhängen** to impose a blackout on information

Nachrichten~, **~übermittlung** transmission of news; delivery of a message; communication; **~übertragung durch Satelliten** satellite communication; **~verbindung** communication; **amtlicher ~verkehr** official communications; **~weg** lines of communications; **~wesen** communications

Nachricht, **um ~ bitten** to ask to be informed; **wir bitten um ~, ob** please let us know (or inform us) whether; **jdm von etw. ~ geben** to inform sb. of sth.; **die ~en hören** to listen to the news

nachrücken *(z. B. von Abgeordneten)* to move up

Nachruf *(in Zeitung etc)* obituary (notice)

Nachrüstung *(im Sinne des →NATO-Doppelbeschlusses)* INF modernization

Nachsaison late season, post season

Nachschau *(Nachprüfung der Steuer- od. Zollanmeldung)* search (of firm's premises)

Nachschieben von Waren *(WettbewerbsR)* putting into a (clearance) sale of goods bought after the sale has begun

nachschießen, **Geld ~** to pay an additional amount of money; *Br (bei Liquidation e-r Gesellschaft)* to make a further contribution (to the assets of a company)

Nachschlagewerk work of reference, reference book

Nachschrift postscript (to a letter)

Nachschub *mil* supply

nachschulische Ausbildung post-school training; further education

Nachschuss subsequent payment; additional contribution; additional assessment

Nachschusspflicht[18] obligation to make an additional contribution; *(VersR)* obligation to pay an additional premium; **Befreiung von der ~** →Abandon a)

Nachschuss~, **n~pflichtig** liable to make an additional payment (or contribution); **n~pflichtige Aktien** *Am* assessable stock; **~verpflichtung** obligation to make additional contributions; **~zahlung** additional payment; additional cover

nachschüssig, **~e** →**Rente**; **~ zahlbar** payable in arrear(s)

Nachsende~, **~anschrift** forwarding address; **~antrag** *(Post)* application for redirection; application to have one's mail forwarded

nachsenden, jdm e-n Brief ~ to forward a letter to sb.; **bitte ~** please forward

Nachsendung forwarding; *(Umadressierung)* redirection (of mail)

Nachsicht gewähren *(SteuerR)*[19] to grant an extension of time

Nachsichtwechsel[20] after-sight bill, bill payable at fixed period after sight *(→Sichtwechsel)*

nächst, **~-** nearest; next; **~e(r)** *(Reihenfolge)* next; **~berechtigt** next in order of entitlement; **~ erreichbarer Markt** nearest available market; **~folgend** next, following; **am ~en gelegen** nearest; closest; **~liegend** most likely; obvious; **~en Monat** next month; **mit der ~en Post** with the next mail; **~e(r) Verwandte(r)** next-of-kin; **die ~en Verwandten seines Vaters** his father's next-of-kin

nachstehen, im →Rang ~

nachstehend, **im ~en** hereinafter; **~ aufgeführt** shown below

Nachsteuer, **e-e ~ erheben** to impose a supplementary tax

Nachtarbeit night-work; night-shift work; **~sverbot** ban on night working; **~szuschlag** nightwork pay

Nacht~, **~ausgabe** *(e-r Zeitung)* night edition; **~dienst** night duty; **~luftpostverkehr** air mail service during the night

Nachtruhe, **Störung der ~** disturbing the peace at night

Nacht~, **~schicht** night shift; **~tarif** night tariff *(→Mondscheintarif)*; **~tresor** night safe

Nachteil disadvantage, detriment (für to); drawback; prejudice; **ohne ~ für** without prejudice to; **zum ~ von** to the disadvantage (or prejudice) of; **Vor- und ~e** advantages and disadvantages; *colloq.* pros and cons; **steuerliche ~e** tax disadvantages; **wesentliche ~e für die Belegschaft** substantial disadvantages for the staff; **zum ~ anrechnen** to count against; **der Kläger hat (dadurch) keinen ~ erlitten** the plaintiff has not been prejudiced (or has suffered no prejudice); **daraus sind ihm ~e erwachsen** he suffered prejudice thereby; **bewußt zu jds ~ handeln** to act knowingly to the detriment of sb; **im ~ sein** to be at a disadvantage; **jdm e-n wirtschaftlichen ~ zufügen**[21] to cause an economic disadvantage to sb.

Nachteilsausgleich[20a] making good the financial prejudice sustained by an employee through his employer's failure to effect an →Interessenausgleich in connection with →Betriebsänderungen

nachteilig *(ungünstig)* disadvantageous; *(schädlich)* prejudicial, detrimental, harmful; **~e →Auswirkungen**; **~e Folgen** prejudicial consequences; negative effects; **jdm etw. ~ →anrechnen**; **sich ~ →auswirken**; **~ →beeinflussen**; **jdn ~ →behandeln**; **dem Ruf ~ sein** to be prejudicial to the reputation

Nachteiliges, es ist nichts ~ über ihn bekannt nothing is known to his detriment, nothing detrimental is known about him

Nachtrag *(Ergänzung)* supplement; *(Zusatz)* addendum, addition; *(Anhang)* annex; *(Nachschrift)* postscript; *(zu e-r Urkunde)* rider; **~ zu e-r Police** *(VersR)* endorsement on a policy; *(zu e-m Testament)* codicil

Nachtrags~, **~anklage**[22] supplementary charge; **~bewilligung** *parl* supplementary appropriation; *Am* deficiency appropriation; **~buchung** supplementary (or subsequent) entry; **~etat** →**~haushalt**; **~haushalt(splan)** *parl* supplementary budget; **~police** *(VersR)* supplementary (or subsequent) policy; **~register** *(VersR)* endorsement book; **~verteilung** *(InsR)* subsequent distribution

nachtragen *(nachträglich einfügen)* to add, to make an additional entry

nachträglich later, subsequent; *(zusätzlich)* supplementary; *(verspätet)* belated; **~e Eintragung** later (or subsequent) entry; **~e Kosten** after costs; **~e Unmöglichkeit der Erfüllung** subsequent impossibility of performance; **~e Zollerklärung** post(-)entry; **~ zahlen** to pay afterwards; **~ zustimmen** to give one's approval subsequent (to); to approve subsequently

Nachunternehmer subcontractor

Nachurlaub additional (or extended) holiday (or leave); *mil* extension of leave

Nachveranlagung *(zur Vermögensteuer)*[23] subsequent (or additional) assessment

Nachverfahren[24] subsequent proceedings

Nachvermächtnis[25] reversionary legacy; **~nehmer** reversionary legatee

nachversichern to take out subsequent insurance; *(Rentenversicherung)* to insure retrospectively

Nachversicherung subsequent (or supplementary) insurance; *(Rentenversicherung)*[26] payment of retrospective pension contributions

Nachversteuerung retrospective taxation (taxation of previously granted tax-free amounts when the grounds for the relief no longer apply)

Nachwahl by-election; **e-e ~ durchführen** to hold a by-election

Nachweis evidence, proof; *(Beleg)* supporting document; *(nähere Begründung)* substantiation; **als ~ dafür, dass** as evidence that; **mangels des ~es** failing proof; **zum ~ von** in proof of; →**Befähigungs~**; →**Echtheits~**; →**Eigentums~**; →**Forderungs~**; →**Gesundheits~**; →**Herkunfts~**; →**Identitäts~**; →**Zustellungs~**; **~ der Bedürftigkeit** proof of need; **~ des Eigentumsrechts** proof of title; **~ e-r Insolvenzforderung** proof in bankruptcy (or insolvency); **~ e-s Rechts** proof of a right; **~ des Todes** *(bei Gericht)* proof of death; **~makler** broker only supplying information (which could lead to the conclusion of a contract with a third party) *(→Maklervertrag)*; **~pflicht** obligation to produce supporting documents (or vouchers); *(SteuerR)*[27] obligation to prove the accuracy of a tax return; **als ~ für ... anerkannt werden** to be accepted as constituting evidence of; **~(e) benötigen** to require proof; **den ~ erbringen (od. führen)** to produce (or furnish) evidence; to furnish (or give) proof (für of); to supply the proof; **der ~ ist einwandfrei erbracht** it has been conclusively proved; satisfactory proof has been furnished; **dem X obliegt der ~** it is incumbent on X to prove (or show)

nachweisbar provable; demonstrable; established; *(urkundlich)* on record; **~e Forderung** *(InsR)* provable debt

nachweislich →nachweisbar; **wenn die Personen ~ Verfolgte sind** if the persons can prove that they are being persecuted

nachweisen to prove, to furnish (or supply) proof of; to produce (or provide) evidence (of); to demonstrate; to establish; *(näher begründen)* to substantiate; **als →falsch ~**; **man konnte ihm nichts ~** nothing could be proved against him; **e-n Anspruch ~** to establish a claim; **seine →Befähigung ~**; **die Echtheit e-s Testaments ~** to establish the genuineness (or authenticity) of a will; **e-e →Forderung ~**; **seine Unschuld ~** to establish one's innocence; **jdm ein Zimmer ~** to inform sb. about a (vacant) room

nachgewiesen evidenced (durch by); **bei ~em Bedürfnis** upon proof of need; **bei ~er →Begründetheit**; **~e Forderung** established claim; proved debt; **~er Schaden** proved damage; damage that can be proved; *(im einzelnen)* substantiated loss; **auf e-m ~ schuldhaften Verhalten beruhen** to be due to a fault proved to have been committed

nachwiegen to check the weight, to reweigh

Nachwirkung after-effect

Nachwuchs trainees, junior staff; **~ausbildung** training of young people; **~führungskraft** executive trainee; management trainee; young executive; **~kräfte** *(e-s Unternehmens)* junior staff; **~mangel** shortage of young talent (or potential)

nachzählen, etw. ~ to recount sth.; to count sth. over again

nachzahlen to pay afterwards (or later); *(Gehalt, Pension)* to make a back payment; *(rückwirkend)* to pay retroactively (or retrospectively); *(Rückstände)* to pay arrears (of)

Nachzahlung subsequent payment, supplementary payment; *(Gehalt, Pension)* back payment; *(rückwirkend)* retroactive (or retrospective) payment; *(von Rückständen)* payment of arrears; **~ von Renten** *(Sozialvers.)* payment of arrears of pension; **~saufforderung** *(an Aktionäre)* call on shares

Nachzugsaktien deferred shares (or *Am* stock)

Nachzugsrecht ausländischer Ehegatten right of entry into the country of foreign spouses

Nadelgeld pin money

nah, der N~e Osten the Near East; **N~ost-Frage** Near East issue; **einander ~ekommende Rechtsvorschriften** closely related legal rules; **~egelegen** neighbo(u)ring; nearby; **jdm etw. ~elegen** to urge sb. (to do sth.); **N~eliegen e-r Erfindung** obviousness of an invention; **~eliegend** obvious; **e-r Partei ~estehen** to be in sympathy with a party; **Kommunisten und N~estehende** Communists and allied groups; **N~schnellverkehr** fast local rail passenger traffic; *Am* rapid transit; **N~verkehr** short distance traffic; local traffic; *Am* short hauls; *(Zug)* local train service; **~e Verwandte** near (or close) relatives; **N~zone** *tel* local call area

Nähe, in der ~ von in the proximity of; adjacent to; near

näher, ~e Angaben details, particulars; **~e Begründung** substantiation; **~e Bezeichnung** specification; **bei ~er Überprüfung** on closer examination; **N~es ist zu erfahren (od. erfragen) bei** details can be obtained from; for further particulars apply to; **N~es mitteilen über** to give some details (or particulars) on; **~**

angeben to specify; to itemize; **~** →bezeichnen

nähern, sich e-r Straße ~ to approach a road *(→ Vorfahrt)*; **ein sich ~des Fahrzeug** an approaching vehicle

Nahrungsmittel food, foodstuff(s) *(→Lebensmittel)*; **Länder mit ~defizit** food deficit countries; **~erzeugung** food production; **~fälschung** →Lebensmittelfälschung; **Nahrungs- und Genussmittelgewerbe** food, beverages and tobacco industry; **~handel** foodstuff trade

Nahrungsmittelhilfe food aid; **~programm** (zugunsten der Entwicklungsländer) food aid programme (for the benefit of developing countries); **~-Übereinkommen**[28] Food Aid Convention

Nahrungsmittel~, ~industrie food (manufacturing) industries; **~ und Getränkeindustrie** food and drink industries; **~knappheit** shortage of food; **~preise** food prices; **~sektor** foodstuffs sector; **~selbstversorgung** self-sufficiency in food (supplies); **~soforthilfe** emergency food aid; **~technologie** food technology; **~übereinkommen**[28a] Food Aid Convention; **~überschuss** food surplus; **n~verarbeitende Industrie** food processing industry; **~versorgung** food supply; **~werte** *(Börse)* foods; **~wissenschaft** food science; **~zuschussgebiet** food deficit area

Nahrungsverweigerung refusal of food

Nährwertkennzeichnung von Lebensmitteln nutritional labelling of foods

Name name; **im ~n von** on behalf of, in the name of; **(nur) dem ~n nach** nominal; **unter dem ~n von** by the name of; →**Deck~**; →**Familien~**; →**Firmen~**; →**Mädchen~**; →**Phantasie~**; →**Vor~**; →**Weiterführung des ~s des Ehemannes durch die geschiedene Frau**; **angenommener ~** →annehmen; **e-n anderen ~n annehmen** to assume a new name; to change one's name; **in eigenem ~n** in one's own name; **in eigenem ~n** →**handeln**; →**falscher ~**; **in fremdem ~n** →**handeln**; **e-n guten ~n haben** to have a good reputation; **auf den ~n lautende Aktien** registered shares

namenlos anonymous

namens in the name of

Namensaktien[29] registered shares; *Am (auch)* registered stocks; shares (stocks) in registered form; **vinkulierte ~**[30] registered shares with restricted transferability; **Inhaber von ~** registered shareholder

Namens~, ~änderung[31] change of name; **falsche ~angabe gegenüber e-r zuständigen Behörde** false statement of one's name vis-à-vis a competent authority; **~anteile** →Anteil 2.; **~aufruf** calling of sb.'s name; roll-call; call-over; **~ehe** marriage for the (only) purpose of a name

Namenserteilung[31a] bestowing a family name (up)on an illegitimate child (bearing the mother's family name at the time of birth)

Der Vater oder die Mutter und deren Ehemann, der nicht Vater des Kindes ist, können dem nichtehelichen Kind ihren Familiennamen durch Erklärung gegenüber dem Standesbeamten übertragen. Die Erklärung bedeutet nicht Anerkennung der Vaterschaft.

The father or the mother and her husband not being the child's father can by declaration before the registrar bestow his/their family name (up)on the child. The declaration is not a recognition of paternity.

Namensführung use of a name; **falsche ~** using (or bearing) a false name; *(Sichausgeben für e-n anderen)* impersonation

Namens~, ~konossement bill of lading to bearer; nonnegotiable B/L; *Am* straight bill of lading; **~lagerschein** warehouse warrant made out to a named person; **~liste** list of names; nominal roll; **~obligation** registered bond (or debenture); **~papiere** registered securities; **~pfandbrief** registered mortgage bond; **~recht**[32] right to bear (or use) a name; *(MarkenR)* right to a name; **~schild** name plate; *Br (e-s Arztes etc)* brass plate; *(bei Kongressen usw.)* badge; **~schuldverschreibung** →Namensobligation; **~schutz** protection of a name; **~stempel** facsimile stamp; **~unterschrift** signature; **~verwechslung** confusion of names; **~verzeichnis** list of names; nomenclature; *(abgekürztes)* **~zeichen (od. ~zug)** initials

Namen, seinen ~ angeben to give (or state) one's name; **den früheren ~ wieder annehmen**[32a] to resume one's previous name; **sich e-n ~ als Anwalt schaffen** to establish a reputation as a lawyer; **die Aktien können auf den** →**Inhaber oder auf den ~ lauten**

namentliche Abstimmung vote by roll-call; *parl* vote using members' ballot papers; **e-e ~ findet statt** a roll-call vote will be taken

namentlich, ~er →**Aufruf**; **~ abstimmen** to take a roll-call vote; **~** →aufrufen

namhaft renowned; reputable; well-known; **~e Summe** considerable sum of money; **~ machen** to name (or identify)

Namhaftmachung naming

Namibia *(seit 1968 Bezeichnung für Südwestafrika)* Namibia

Namibier(in), namibisch Namibian

nämlich namely; videlicet (viz.); that is to say

Nämlichkeit *(ZollR)* identification; identity; **~sbescheinigung** certificate of identification; **~smittel** means of identification; **Maßnahmen zur ~ssicherung** identification measures; **~szeichen** identification mark; **die ~ sichern** to ensure identification; to safeguard the identity

Narkotika, **Entzug von ~** withdrawal of narcotics

nasciturus →Leibesfrucht

Nässe, **„vor ~ schützen"** "keep dry"

Nation nation; **die** →**Vereinten ~en**

nationales Amt *(europ. PatR)*[32b] national authority

Die mit der Erteilung von Patenten beauftragte Regierungsbehörde eines Vertragsstaates.
The government authority of a Contracting State entrusted with the granting of patents.

national, **~e Anmeldung** *(europ. PatR)* →Anmeldung 2.; **~e Belange** matters of national concern; **N~er Ethik Rat** National Ethics Council; **~er Feiertag** national holiday; **~er Notstand** →Staatsnotstand; **~es** →**Patent**

nationales Recht domestic law; **in ~ überführt** *(EU)* converted into domestic law; **in ~ umsetzen** to implement in domestic law

National~, **~bewußtsein** national consciousness (or pride); patriotism; **~budget** national budget; **~einkommen** →Volkseinkommen; **~farben** national colo(u)rs; **~flagge** national flag (orensign); **~hymne** national anthem; **~ökonom** political economist; **~ökonomie** →Volkswirtschaftslehre; **~preis** *(DDR)* national award; **~sozialismus** National Socialism; **~sozialist** National Socialist (Nazi)

nationalsozialistisch, **~e Partei** (NSDAP) National Socialist Party; **Aufklärung ~er Verbrechen** investigation of National Socialist crimes; **Entschädigung für Opfer der ~en Verfolgung** compensation for victims of National Socialist persecution *(→Bundesentschädigungsgesetz)*

Nationalstaat nation(al) state

nationalisieren →verstaatlichen

Nationalisierung →Verstaatlichung

Nationalismus nationalism

nationalistisch nationalist

Nationalität nationality; *(VölkerR)* ethnic group (as minority within the state); **~enfrage** problem of national minorities; **~enstaat** multinational state; **~sprinzip** nationality principle; rule that only nationals of a country shall be subject to its laws; **~szeichen** *(Kfz)* international registration plate

NATO NATO (North Atlantic Treaty Organization); **~-Doppelbeschluss**[33] dual-track decision, two-track decision; **~-Streitkräfte** NATO armed forces; **~-Truppenstatut**[34] NATO Status of Forces Agreement

Natural~, **~bezüge** payment (or remuneration) in kind; **~dividende** dividend in kind; **~einkommen** income in kind; **~herausgabe** restitution in kind; **~herstellung** →Naturalrestitution; **~leistung** performance in kind; *(Krankenversicherung)* →Sachleistungen; **~lohn** wages (paid) in kind; **~obligation**[35] *(z. B. Forderung aus Spiel od. Wette)* imperfect obligation; obligatio naturalis; obligation unenforceable at law (but money paid in fulfilment of such an obligation is irrecoverable)

Naturalrestitution restitution in kind; *(bei Vertragsbruch)* specific performance; **Schadensersatz durch**[36] **~** compensation for damage in kind; compensation by restoration of the previous situation

naturalisieren, **Ausländer ~** to naturalize foreigners *(→einbürgern)*

Naturalisierung naturalization *(→Einbürgerung)*

Natur~, **n~bedingte Unterschiede** natural disparities; **~erbe** natural heritage *(s. Schutz des →Kultur- und Naturerbes der Welt)*; **~ereignis** natural occurrence (or phenomenon); *(höhere Gewalt)* act of God; **~gas** natural gas; **n~gegebenes Recht** inherent right; **Belastung des ~haushalts** ecological pressure; **~heilverfahren** naturopathy

Naturkatastrophe natural disaster; **~ngeschädigte** victims of a natural disaster; **von ~n heimgesucht** hit by natural disasters

Naturkautschuk natural rubber; **Internationales ~übereinkommen**[37] International Natural Rubber Agreement; **Vereinigung der ~-Erzeugerländer** Association of Natural Rubber Producing Countries (ANRPC)

Natur~, **~park** nature reserve; national park; **~recht** natural law, law of nature; jus naturale; **~reichtümer des Meeres** natural marine resources; **~schätze** (natural) resources

Naturschutz nature conservation; protection of nature; preservation of natural beauty; **~abkommen** *(der UNESCO)* s. Übereinkommen über →Feuchtgebiete; **~gebiet** conservation area; nature reserve

Naturschützer conservationist

natürlich, **~e Person** natural person, individual *(Ggs. juristische Person)*; **~er Schwund** normal loss; **~er Tod** natural death

nautisch nautical; **~e Führung** navigation

Navigations~, **~ausrüstung** navigational equipment; **~hilfe** navigational aid

Nebel~, **~scheinwerfer einschalten** *(Kfz)* to switch on foglamps; **~schlussleuchte** rear foglamps; **~signalgerät** *(Schiff)* fog-signalling apparatus

Neben~, **~abrede** collateral (or subsidiary) agreement; **~abreden zu e-m Vertrag** supplements to an agreement; **~amt** secondary office; additional job; **n~amtlich** in addition to regular duties; **~anschluss** *tel* extension; **~anspruch** accessory claim; *(PatR)* independent claim; **~arbeiten** supplementary labo(u)r; **~artikel** side(-)line; **~ausgaben** incidental expenses; **~ausschuss** subsidiary committee; **~bahnen** branch lines; **~bedingung in e-m Vertrag** clause of a contract

nebenbei, **es sei ~ bemerkt** be it noted in passing

Neben~, **~beruf** secondary occupation; side(-)line; *(Teilzeit)* part-time job; second job; **n~beruflich** as a secondary occupation; (as a) sideline; *(Teilzeit)* as a part-time job; **etw. n~beruflich tun** to do sth. on the side; **~beschäftigung** second (or additional) occupation; side(-)line (employment); spare time work (or job); **~bestimmung** collateral clause; **~betrieb** subsidiary enterprise; ancillary undertaking; **~bezüge** additional income (or emoluments); **~buch** subsidiary book of account; **~bürge** →Mitbürge; **~bürgschaft** →Mitbürgschaft

nebeneinander, **~ bestehen** to coexist; **~ fahren** *(Fahrzeuge)* to drive side by side; *(Radfahrer)* to travel two or more abreast

Neben~, **~einkommen** →Nebeneinkünfte; **~einkünfte** additional income; casual earnings *(s. außerordentliche →Einkünfte)*; *(Sondervergünstigungen)* perquisites, *sl.* perks; **~einnahmen** →Nebeneinkünfte; **~erwerbsbetrieb** *(nebenberuflich bewirtschafteter Landwirtschaftsbetrieb)* small farm (or agricultural holding) run on a part- time basis; *(Tätigkeit)* part-time farming; **~erwerbstätigkeit** (carrying on) a secondary gainful activity outside one's regular employment; **~erzeugnis** by-product; **~folgen** *(StrafR)*[38] incidental legal consequences (in addition to the sentence); **~frage** collateral issue, minor issue; **~gebäude** adjoining building; annex (to a hotel, etc); *Br* outhouse (adjoining a farm); **~gebühren** supplementary fees; **~geschäft** ancillary business; side(-)line; **~gesetz** supplementary statute

Nebenintervenient intervener; intervening (third) party; **e-m Prozess als ~ →beitreten**

Nebenintervention *(Zivilprozess)*[39] intervention by a third party in support of a plaintiff (or defendant); *(vom Beklagten geltend gemacht)* interpleader by counterclaim

Neben~, **~klage** *(StrafR)* civil action incidental to criminal proceedings *(→Privatklage)*; **~kläger**[40] joint plaintiff (private person joining the public prosecutor in the prosecution of certain offences [offenses]); **~kosten** ancillary costs; incidental expenses

Nebenleistung ancillary (or collateral) performance; performance of an additional service (or a subsidiary obligation); supplementary (or incidental) payment; *(des Arbeitgebers)* incidental benefits; fringe benefits; **Anspruch auf ~(en)** accessory claim; **~saktiengesellschaft**[41] company imposing obligations on the shareholders to render recurring performances (other than payment of money) *(→Nebenverpflichtungen)*; **sich im Vertrag zu e-r ~ verpflichten** to agree to an ancillary obligation in a contract

Neben~, **~linie** *(e-r Familie)* side(-)line, collateral line; *(e-r Bahn)* branch line; **~organ** subsidiary organ (or body); **~pflicht** collateral duty; accessory obligation; **~platz** *(Bank)* out-of-town place; **~produkt** by-product; spin-off product; **~recht** ancillary right; **~sache** matter of minor importance; minor point; **~sächlichkeit** unimportant matter; triviality; *(Unerheblichkeit)* irrelevancy; **~schaden** collateral damage; **~sicherheit** collateral security; **~sicherheitsfonds** collateral fund; **wie n~stehend** as per margin; **~stelle** branch office; *tel* extension; **~strafe** additional (or supprimentary) penalty (penalty imposed in addition to the principal punishment) *(z. B. →Fahrverbot)*; **~strafrecht** supplementary penal provisions outside the →Strafgesetzbuch; **~tätigkeit** →Nebenbeschäftigung; **~umstände** collateral circumstances (or facts); **~verdienst** subsidiary earnings; *(Sondervergünstigungen)* perquisites; **~verfahren** *(außerhalb der Streitverhandlung)* collateral proceedings; **~verpflichtungen der Aktionäre**[42] collateral obligations of the shareholders *(→Nebenleistungsaktiengesellschaft)*; **~versicherung** collateral insurance *(→Mehrfachversicherung)*; **~vertrag** collateral contract; *(Untervertrag)* subcontract; **~werte** *(Börse)* second-line securities; **~zentrum** secondary centre (center)

negativ, **~es Interesse** →Vertrauensschaden; **~es Kapitalkonto** negative capital account; **~e →Publizität**; **sich ~ auswirken** to have an adverse effect

Negativattest negative certification; *(EU)* negative clearance; **ein ~ beantragen** *(EU)* to apply for negative clearance; **ein ~ erteilen** to issue a negative certification (stating that a certain transaction does not require a permit); *(EU)* to grant a negative clearance

Negativ~, **~auslese** *(VersR)* adverse selection; **~beweis** negative evidence; **~klausel** negative declaration; negative pledge clause; **~liste** list of non- liberalized goods; list of goods, the import of which is restricted; **~zinsen** negative interest

negatorisch negating; denying

Negerdiskriminierung discrimination against negroes

Negotiationskredit →Negoziierungskredit

Negoziierbarkeit negotiability

negoziieren to negotiate

Negoziierung negotiation; **~sanzeige** advice of negotiation; **~sauftrag** order to negotiate; **~skredit** *(Exporthandel)* credit authorizing negotiation of bills; drawing authorization; **~ vornehmen** to effect negotiation

Neigung inclination, propensity, trend (towards); →**Investitions~**; →**Konsum~**; →**Spar~**

Nein-Stimmen votes against a motion (or candidate); negative votes; nays; *Br parl* Noes *(→Ja-Stimmen)*

Nekropsie *(Leichenöffnung)* necropsy

NE-Metalle →Nichteisenmetalle; **NE-Metallindustrie** nonferrous metal industries

Nennbetrag nominal amount, face amount, face value; par value; →**Aktien~**; →**Mindest~**; **den ~ der Aktien einzahlen** to pay in the par value of the shares

Nennkapital →Nominalkapital

Nennwert nominal value, face value; par value; **zum ~** at par; **~ von Aktien** par value of shares; **~aktien**[43] par value shares; shares (*Am auch* stocks) at par value; **n~lose Aktien** no par value shares; *Am* no par stocks; **Aktien unter ~** shares below par, shares at a discount; **die Anleihe ist zum ~ zurückzuzahlen** the loan is redeemable at par

Nennung naming; mention; **der Erfinder hat auf seine ~ verzichtet** the inventor has renounced his title as inventor

Neofaschismus neofacism

Neonbeleuchtung neon lighting, strip lighting

Nepal Nepal; **Königreich ~** Kingdom of Nepal

Nepalese, Nepalesin, nepalesisch Nepalese

netto Kasse *(Zahlung ohne Abzug)* net cash

Netto~, **~absatz** net sale; net amount sold; **~arbeitsentgelt** →Arbeitsentgelt; **~auslandsaktiva** *(der Banken)* net external assets; **~auslandsinvestition(en)** net foreign investment; **~auslandsverschuldung** net foreign debt; **~austauschverhältnis** *(Außenwirtschaft)* net barter terms of trade; **~bestand an Devisen** net holdings of foreign exchange; **~betriebsergebnis** net trading profit; net operating income; **~betriebsverlust** net operating loss; **~devisenausgaben** net foreign exchange expenditure; **~devisenposition** *(der Kreditinstitute)* net foreign exchange position; **~einkaufspreis** net purchase price; **~einkommen** net income; **~einnahmen** net receipts; **~erdöleinfuhren** net oil imports; **~erlös** net proceeds; **~ertrag** net earnings; net return; **~gehalt** net salary; **~geschäfte** *(Börse)* net price transactions; **~gewicht** net weight; **~gewinn** net profit; net earnings; **~gewinnspanne** net profit margin; **private ~inlandsinvestitionen** net private domestic investment; **~inlandsprodukt** net domestic product; **~investitionsausgaben** net investment spending

Nettokapital~, **~anlage** net capital investment; **~bildung** net capital formation; **~gewinne** net capital gains; **~verluste** net capital losses

Netto~, **~kreditaufnahme** net borrowing(s); **~kurs** net price; *Br* tel quel rate; **~lohn** net pay, net wage; take-home pay; **~prämie** *(VersR)* net premium; **~preis** net price; **~produktionswert** net production value; **~registertonne** (NRT) net register ton; **~schaden** net loss

Nettosozialprodukt (NSP) net national product (NNP); **~ zu Faktorkosten** net national product at factor cost *(→ Volkseinkommen)*

NSP ist das um die Abschreibungen gekürzte Bruttosozialprodukt.

NNP is the gross national product minus depreciation.

Netto~, **~steuerschuld** net tax liability; **~umlaufvermögen** net current assets; working capital

Nettoumsatz net turnover, net sales; **~steuer** net turnover tax *(→Mehrwertsteuer)*

Netto~, **~verdienst** net earnings; take-home pay; **~verkaufspreis** net selling price; **~vermögen** net assets; net worth; **~vermögenswert** net asset value; **~verzinsung** net interest; **~wert** net value; **kumulative ~zuteilung von Sonderziehungsrechten**[44] net cumulative allocation of special drawing rights

Netz~, **~karte** *(Eisenbahn)* area season ticket; rail rover ticket; **~plantechnik** (NPT) network planning technique, network analysis

Netzzugang, offener ~ open access to networks; **Einführung e-s offenen ~s** implementation of open network provision (ONP)

neu new; *(PatR)* novel; **~ aufteilen** to redistribute; **~ aushandeln** to renegotiate; **~bearbeitete Auflage** revised edition; **~ bewerten** to revalue; ~ **eröffnet** newly opened; ~ **fassen** *(Vertrag etc)* to redraft; to revise; ~ **geschaffener Wohnraum** *(durch Neubau, Ausbau, Wiederherstellung etc)* newly created living spaces; ~ **gestalten** to restyle; ~ **herausgekommen** *(Buch)* just published; ~ **verhandeln** to renegotiate; **der Erfindungsgegenstand ist nicht ~** *(PatR)* the subject matter of the invention lacks novelty

neu, **~er Anfang** *fig* new departure; **N~er Markt** *(Börse)* Neuer Markt (bestand in der Zeit vom 10.3.1997 bis 5.6.2003); **~es Beweismaterial** fresh evidence; **~es Gebiet** →Gebiet 2.; **N~es Gemeinschaftsinstrument** (NGI) *(EU)* New Community Instrument (NCI) (New Community borrowing and lending instrument); **~es Produkt** innovation; **~er Vertrag** →Novationsvertrag; **~e Wege einschlagende Außenpolitik** innovative foreign policy

neueste, ~ **Nachrichten** latest news; **auf den ~n →Stand bringen**

Neu~, **~abschluss** new business; *(z. B. Bausparvertrag)* new contract; **~anlage** new investment, reinvestment; **~anmeldung** new application; **~ansiedlung** *(z. B. von Flüchtlingen)* resettlement

Neuanschaffung (new) acquisition; ~ **e-s Autos** purchase of a new car

Neu~, **~auflage** new edition; *(unverändert)* reprint; **~aushandlung** renegotiation; **~ausrichtung** new orientation; new guidelines *(→Neuorientierung)*

Neubau new building; *Am bes.* new construction; newly built house; *(im Entstehen)* house under construction; ~ **e-s Flughafens** construction of a new airport; **~programm** new housing (construction) program(me); **~wohnung** *Br* flat (*Am* apartment) in a new building

Neu~, **~bauten** new buildings, new structures; **~bearbeitung** *(e-s Buches)* revised edition; **~beginn (der Verjährung)** recommencement of the limitation period; **~belebung der Nachfrage** revival (or restimulation) of demand; **~besetzung** *(e-r Stelle)* filling of a post (with sb.); new appointment (of sb.); **regelmäßige ~besetzung** replacement in rotation

Neubewertung revaluation, new valuation; reappraisal; **~srücklage** *(Bilanz)* revaluation reserve

Neu~, **~bildung** new formation, formation of a new ...; **~einstellung** appointment (of new personnel); engagement (of new labour); *Am* new hirings; *Am* taking on new labor; *(für e-n anderen)* replacement; **~einstufung** *(in Klassen)* reclassification; **~emission** new issue; **~erscheinung** *(e-s Buches)* new publication; **~erwerbung** new acquisition; acquisition of new ...; **~erwerbungen** (e-r Bibliothek) recent accessions (or acquisitions) (to a library); **n~fassen** to reformulate; **~fassung** redrafting; revised form (or text); *(e-s Gesetzes)* amended (or revised) version; **~fassung von Rechtsvorschriften** revision of rules of law

Neufestsetzung redetermination, reassessment; ~ **der Bedingungen** fresh settlement of conditions; ~ **der Preise** fixing of new prices; ~ **der Wechselkurse** reestablishment of exchange rates; fixing a new exchange rate

Neu~, **~geschäft** new business; **~gestaltung** reorganization; *(neue Formgebung)* restyling; **~gestaltung der →Arbeitszeit**; **~gewinnung** *(von Land durch Urbarmachung)* reclamation; **~gründung** new foundation, new establishment; foundation (or establishment) of a new ...; **~heit** →Neuheit; **~investition** new investment; **~jahrsansprache** New Year's address; **~jahrsempfang** *(des diplomatischen Corps)* New Year's reception; **~land** *fig* new ground; **~ordnung** reorganization; **~orientierung der Politik** realignment of policy; **~projektplanung** venture planning; **~regelung** new regulation; revised arrangement(s); readjustment; revision; **~veranlagung** reassessment; **~verhandlung** renegotiation (über of); *(vor Gericht)* retrial; **~verschuldung** new indebtedness; new borrowing; **~verteilung** redistribution; **~wahl** new election

Neuerung innovation; **~svorschläge machen** to propose innovations; **~en einführen** to introduce innovations; to innovate

Neuheit 1. *com* novelty; **~swert** novelty value

Neuheit 2. *(PatR)*, ~ **e-r Erfindung**[45] novelty of an invention; **mangelnde ~** want of novelty; **~smerkmal** novel feature; **~sprüfung** examination (or search) as to novelty; **~srecherche** novelty search; search as to novelty; **~sschonfrist** *Am* period of grace; **der Erfindung fehlt die ~** the invention lacks novelty; **auf ~ prüfen** to examine for novelty

neuheitsschädlich detrimental to novelty; **durch den Stand der Technik ~ getroffener Anspruch** claim met by the art; ~ **sein** to constitute a bar to novelty, to be detrimental to novelty; ~ **vorwegnehmen** to anticipate (by prior publication or prior use)

Neuseeland New Zealand

Neuseeländer(in) New Zealander

neuseeländisch (of) New Zealand

neutral neutral; **~es Ausland** neutral countries; **~e Gewässer** neutral waters; **~er Staat** neutral (state); **e-e ~e Haltung einnehmen** to maintain a neutral attitude; **sie verpflichteten sich,**

~ zu bleiben they undertook to remain neutral

neutralisieren to neutralize

neutralisierter Staat neutralized state

Neutralisierung neutralization

Neutralität neutrality; neutral status; **bewaffnete ~** armed neutrality; **dauernde ~** permanent neutrality; **wohlwollende ~** benevolent (or friendly) neutrality

Neutralitäts~, **~abkommen** neutrality agreement; **~bruch** breach of neutrality; **~erklärung** declaration of neutrality; **~gesetz**[46] neutrality law; **~politik betreiben** to practise a policy of neutrality; **~verletzung** violation of neutrality; **~zeichen** sign of neutrality; *(Rotes Kreuz)* the Red Cross emblem

Neutralität, **~ verletzen** to violate (or infract) neutrality; **~ wahren** to preserve neutrality; to remain neutral

Neutronenbombe neutron bomb; **~n stationieren** to deploy neutron bombs; **die Produktion der ~ verschieben** to defer production of the neutron bomb

Neutronensprengkopf neutron warhead

Neuwahl new election

Neuwert value when new; *(VersR)* replacement value; **~versicherung** replacement (or reinstatement) value insurance; **gleitende ~versicherung** indexed new value insurance

Neu~, **n~zeitlich** modern; **~zulassung** *(Zulassung e-r neuen Emission zum Börsenhandel)* admission of a new emission to stock exchange dealing; **~zulassung** *(Zulassung eines neuen Kraftfahrzeugs)* registration of a new car

Nicaragua Nicaragua; **Republik ~** Republic of Nicaragua

Nicaraguaner(in), nicaraguanisch Nicaraguan

Nicht~, **~abkommensländer** non(-)agreement countries; **~abnahme der Ware** failure to take delivery of goods; **~akzeptierung** non(-)acceptance; **~amerikaner** non(-)citizen of the United States; **n~amerikanische Gesellschaft** non-U.S. corporation; **n~amtlich** non(-)official, unofficial; **~anerkennung** *(e-s Anspruchs etc)* disallowance, disavowal; *(e-r Schuld, bes. Staatsschuld)* repudiation; *(VölkerR)* non(-)recognition; **~angriffspakt** *(VölkerR)* non(-)aggression pact; **~anliegerstaat** non(-)littoral state; **~annahme** non(-)acceptance; **n~** *(dauernd)* **ansässig** non(-)resident; **~ansässige(r)** non(-) resident; **n~ansässiger Ausländer** non(-)resident alien; **n~ansässige ausländische natürliche Person** non(-)resident alien individual; **~ansässigkeit** non(-)residence; **~anwendbarkeit** non(-)applicability; **~anwendung** non(-)application

Nichtanzeige, **die ~ geplanter (bestimmter) Straftaten ist mit Strafe bedroht**[47] failure to report planned criminal activity is subject to punishment

Nicht~, **n~assoziiert** non(-)associated; **~atomländer** non(-)nuclear countries; **~ausführung** non(-)execution; **~auslieferung** non(-)delivery; non-extradition; **~ausübung** *(e-s Patents)* non(-)working; *(e-s Rechts)* non(-)user; **~banken** non-banks; **~beachtung** *(von Vorschriften)* non(-)compliance, failure to comply (with); *(der Vorfahrt etc)* disregard of, ignoring; **~beachtung des Gesetzes** non-observance of the law; **n~beamtete Beschäftigte** unestablished employees; **~beantwortung** failure to answer; *(MMF)* non(-)response; **~befolgung** failure to obey; non(-)observance; non(-)compliance with; **~** →**beitreibbare Forderung**; **~beiwohnung** *(EheR)* non(-)access; **~benutzung** non(-)usage; non(-)use

Nicht~, **~berechtigter** unauthorized person; person having no authority (to do sth.); →**gutgläubiger Erwerb vom ~berechtigten**

Nicht~, **~berücksichtigung** s. ohne →Berücksichtigung; **n~ berufstätig** not working; not engaged in a gainful occupation; not gainfully employed; **~berufsunfall** non(-)occupational accident; **~bestehen** non(-)existence; **~besteuerbarkeit** non(-)taxability; **~bestreiten** *(e-r Tatsache Zivilprozess)* admission; **~bezahlung** non(-)payment; *(e-s Wechsels)* dishono(u)ring of a bill of exchange

nichtdeutsch, **Personen ~er Staatsangehörigkeit** persons of non-German nationality

Nicht~, **~diskriminierung** non(-)discrimination; **n~dokumentäre Tratte** clean draft; **~edelmetalle** base metals; **~ehe** (ipso jure) void marriage; non-existent marriage

nichtehelich, **~e Abstammung**[48] illegitimate descent

nichteheliches Kind[49] illegitimate child; child not born in lawful wedlock
Im deutschen Recht wurde der bisherige rechtliche Unterschied zwischen ehelichen und nichtehelichen Kindern durch das KindRG in Vollzug des Verfassungsauftrags des Art. 6 V GG beseitigt.
The former different treatment of legitimate and illegitimate children under the German law has been abolished by the KindRG which carries out the constitutional order of Art. 6 V GG.

nichtehelich, **~e Lebensgemeinschaft** (extramarital) cohabitation; **Anerkennung der ~en Vaterschaft**[50] recognition of illegitimate paternity; →**Ehelicherklärung des ~en Kindes**; →**rechtliche Stellung der ~en Kinder**; **ein ~es Kind ist gesetzlicher Erbe beider El-**

ternteile an illegitimate child has the right to succeed on the intestacy of either parent

Nichtehelichkeit illegitimacy; →**Anfechtungsfrist bei ~ des Kindes; die ~ e-s Kindes rechtskräftig feststellen** to determine judicially the illegitimacy of a child

Nicht~, **~einbeziehung in den Vertrag** non(-)inclusion in the contract; **~eingreifen** *(VölkerR)* non(-)intervention

nichteingeschriebene Briefsendungen unregistered post items

Nichteinhaltung non(-)compliance, failure to comply (with); non(-)observance, failure to observe; **~ der** →**Bedingungen**; **~ der** →**Frist**; **~ e-r vertraglichen Zusicherung** breach of warranty

Nicht~, **~einheitsstaat** non-centralized state; **~einklagbarkeit** non(-)enforceability; **~einlösung e-s Wechsels** dishono(u)ring a bill of exchange

Nichteinmischung non(-)interference; non(-)intervention; **~spolitik** non(-)intervention policy; hands off policy; **~ in die Angelegenheiten e-s anderen** non(-)interference in each other's affairs

Nichteintritt (des Erfolgs) non-occurence (of result)

Nicht~, **~eisenmetalle** (NE-Metalle) non(-)ferrous metals; **n~empfindliche Waren** non-sensitive products; **~entnommener Gewinn** →entnehmen 1.

nichterfüllt, →**Einrede des ~en Vertrages**[51]

Nichterfüllung non(-)performance, failure to perform; non(-)fulfilment, failure to fulfil; default; **~ e-r Pflicht** failure to perform a duty, non-feasance; neglect of duty; **(schuldhafte) ~ e-s Vertrags** (culpable i. e., intentional or negligent) breach of contract; default; nonperformance; **~ der Vertragspflichten** failure to comply with the contract (or to fulfil one's contractual obligations); non-compliance with one's contractual obligations; **für ~ haften** to be liable for non(-)performance (or default); **Schadensersatz wegen ~ verlangen** to claim damages for non-performance

Nichterscheinen non(-)appearance; non(-)attendance; **~ vor Gericht** failure to appear in court; default (of appearance); **bei ~** in case of default *(s. e-e Klage →abweisen)*

Nicht~, **~erwerbstätige** persons not gainfully employed; **n~erwerbstätig Versicherte** insured persons not pursuing an occupation; **n~europäisch** non-European; **~fachmann** layman, non-expert; **~fertigstellung** non(-)completion; **~gebietsansässig** non(-)resident; **~gebrauch** non(-)use, non(-)user; **~gebundenheit** *pol* non(-)alignment; **~gemeinschaftswaren** *(EU)* non-community goods; **~gewährung** non-grant; **n~gewerblich** non(-)commercial; **~gewerkschafter** →Gewerkschafter; **n~gewerkschaftlicher Streik** unofficial strike; **~haftung** non(-)liability

Nichtjude, nicht jüdisch gentile

Nichtkaufleute nonmerchants

Nichtkenntnis ignorance, lack of knowledge; *(der Rechte Dritter)* lack of notice; **schuldhafte ~** constructive notice *(→Kennenmüssen)*

Nicht~, **~kernwaffenstaat** non(-)nuclear weapon state; **~kombattant** non(-)combatant; **n~kommerziell** non(-)commercial; **~kriegführung** non(-)belligerency; **~küstenstaat** non-coastal state; **Einkommen aus n~landwirtschaftlicher Tätigkeit** non(-)farming income; **~lebensversicherung** non-life insurance; **~leistung** non(-)performance, failure to perform; **~lieferung** non(-)delivery, failure to deliver

Nichtmitglied non(-)member; **~sregierung** non(-)member government; **~sstaat** non(-)member state; **~sstaaten der EU** non-EU countries

Nicht~, **~mitteilung** failure to notify; **~nuklearmächte** non(-)nuclear powers; **n~obligatorische Ausgaben** (NOA) *(EU)* non- compulsory expenditure; **~offenbarung** non(-)disclosure; **~offenkundigkeit** *(PatR)* non-obviousness; **n~öffentlich** private; *(abgeschlossen)* closed; **n~öffentliche Sitzung** private meeting; meeting held in private; (des Gerichts) the court sitting in chambers; hearing in camera; **n~rechtsfähiger** →**Verein**; **~regierungsorganisation** (NRO) non(-)governmental organization (NGO); **~rückwirkung** non(-)retroactivity; **~schuld** debt not owed

nichtselbständig, **~e Arbeit** employment; →**Einkünfte aus ~er Arbeit**

nicht~, **N~seßhafte** persons without a permanent residence; **~staatlich** non(-)governmental; **~ständiges Mitglied** non-permanent member; **~tarifäre (od. ~tarifliche) Handelshemmnisse** *(z. B. Importquoten, Etikettierungsvorschriften)* non-tariff trade barriers (NTB)

Nichtteilnahme, **~ am Krieg** non(-)participation in war; **Möglichkeit der ~** possibility of opting out

Nichtteilnehmer~, **~regierung** non(-)participating government; **~staat** non(-)participating state

Nichtübereinstimmung disagreement (mit with); dissent (mit from); **~ mit dem Muster** non(-)conformity with the sample

Nichtübertragbarkeit non-transferability

Nichtumsetzung von Richtlinien *(EU)* failure to implement Directives; non-incorporation of Directives

Nicht~, ~unterzeichnerregierung non(-)signatory government; **rechtliche ~verantwortlichkeit** legal immunity

Nichtverbreitung, ~ von Kernmaterial nuclear material non(-)proliferation; **Vertrag über die ~ von →Kernwaffen**

Nicht~, ~verfolgung non(-)prosecution; **~vermarktung** non-marketing; **~vermögensschaden**[51a] non(-)pecuniary damage; **n~veröffentlichte Werke** unpublished works; **~vertragsgemäßheit** non(-)conformity with the contract; **~vertragsstaat** non(-)contracting state; **~verwertung** (e-s Patents) non(-)working of a patent; **~vollstreckbarkeit** unenforceability; **~wähler** non-voter; **~weitergabe von Atomwaffen** non(-)proliferation of nuclear weapons; **~weitergabe von Geschäftsgeheimnissen** non-disclosure of business secrets; **n~wirtschaftlicher Verein**[52] non(-)profit making association

Nichtwissen, schuldhaftes ~ culpable ignorance; ignorance through deliberate failure to ascertain facts (or to obtain information); *Am* voluntary ignorance; **~ geltend machen** to plead lack of knowledge (or ignorance)

Nichtwohngebäude non(-)residential building

Nichtzahlung non(-)payment; default (in payment); failure in payment; **bei ~** upon default; **im Falle der ~ e-r Geldstrafe** in default of payment of a fine

Nichtzulassung non(-)admission; **~ der Rechtsbeschwerde** *(z. B. in Kartellsachen)*[53] refusal of leave to appeal on points of law

Nicht~, ~zuständigkeit incompetence; **~zutreffendes bitte streichen** delete (or strike out) words not applicable

nichtig void; null and void; **von Anfang an (ex tunc) ~** void ab initio; **~e →Ehe**; **für ~ erklären** to declare void; to annul; to nullify; **e-e Ehe für ~ erklären** to declare a marriage void; to annul a marriage; to grant a decree of nullity; **e-e Gesellschaft für ~ erklären**[54] to declare a company invalid; **ein Patent für ~ erklären**[55] to revoke a patent; **e-n Vertrag für ~ erklären** to declare a contract void; to annul (or avoid) a contract; to invalidate an agreement

Nichtigerklärung declaration of nullity; invalidation; annulment; avoidance; **~ e-r Ehe** declaration (by decree) of nullity of marriage; **~ e-s Patents** invalidation (or revocation) of a patent

Nichtigkeit invalidity; nullity; *Am* voidness; **Teil~**[56] partial nullity; invalidity as to part

Nichtigkeit der Ehe nullity (or invalidity) of marriage; **Geltendmachung der ~**[57] assertion of nullity of marriage
Im deutschen Recht bedeutet Nichtigkeit der Ehe nur die Möglichkeit, die Ehe durch →Nichtigkeitsklage für nichtig erklären zu lassen *(Ggs. Nichtehe).*
In German law Nichtigkeit der Ehe merely means the possibility of bringing a →Nichtigkeitsklage to have the marriage declared void *(opp. Nichtehe).*

Nichtigkeit~, ~e-r Gesellschaft[58] nullity of a company; **~ von Rechtsgeschäften**[59] nullity (or invalidity) of legal transactions; **~ e-s Rechtsgeschäfts wegen Formmangels**[60] invalidity of a legal transaction due to a defect of form; **~ e-s Vertrages** invalidity of a contract; voidness of a contract; **~ von →Willenserklärungen**; **die ~ geltend machen** to assert nullity; to claim that ... is null and void

Nichtigkeits~, ~abteilung *(Europ. Patentamt)* Revocation Division; **~beschwerde** *(PatR)* nullity appeal; **~erklärung** declaration of nullity; declaration of invalidity; annulment; *(PatR)* revocation; **~grund** ground for nullity; *(PatR)* ground for revocation; **~kammer** *(Europ. Patentamt)* Revocation Board

Nichtigkeitsklage action for declaration of nullity; *(im Wiederaufnahmeverfahren)* action (or application) to have (final) judgment set aside; *(EheR)*[61a] petition for nullity; *(PatR)* revocation action; *(EU)*[61] action to have a decision declared void; **e-e ~ erheben** *(EU)* to bring an action to have a decision declared void; *Br (EheR)*[61a] to (file a) petition for nullity; to petition for a decree of nullity; *Am* to make a complaint for nullity

Nichtigkeits~, ~kläger *(PatR)* applicant for revocation; **~prozess** nullity suit; *(PatR)* revocation proceedings; **~senat** *(Europ. Patentamt)* Nullity Board; **~urteil** *(EheR)* decree of nullity; **~verfahren** nullity proceedings; *(PatR)* revocation proceedings

Nidation nidation

Niedergang *fig* downfall; decline; **wirtschaftlicher ~** economic decline; **im ~ befindliche Industriegebiete** industrial regions in decline, declining industrial regions

Niederkunft confinement; childbirth; **Betreuung vor und nach der ~** pre-natal and postnatal care

Niederlage defeat; failure; *com* depot, warehouse; **knappe ~** narrow defeat; **e-e ~ erleiden** to suffer a defeat

Niederlande, die ~ *(pl)* the Netherlands; **Königreich der ~** Kingdom of the Netherlands

Niederländer(in) Netherlander; Dutchman, Dutchwoman

niederländisch Netherlands *(z. B. Regierung)*; Dutch *(z. B. Hafen)*

niederlassen, sich ~ to establish oneself; to take up one's residence (or abode); **sich als Anwalt ~** to set up as a lawyer; **sich in e-r Stadt ~** to settle (down) in a town

Niederlassung establishment; place of business; taking up of residence; **Haupt~** main establishment; head office; **Zweig~** branch (establishment); →**gewerbliche ~**; **~ als Anwalt** setting up as a lawyer; **~ von Industrieunternehmen** setting up industrial concerns; **freie ~ von Staatsangehörigen e-s Mitgliedstaates im Hoheitsgebiet e-s anderen Mitgliedstaates**[62] freedom of establishment of nationals of a Member State in the territory of another Member State

Niederlassungs~, ~abkommen →Europäisches Niederlassungsabkommen; **~antrag für Ärzte** *(EU)* medical doctors' application for establishment; **~beschränkung** restriction on establishment

Niederlassungsfreiheit freedom (or right) of establishment *(→Freizügigkeit)*; **Aufhebung der Beschränkungen der ~ innerhalb der Gemeinschaft**[63] abolition of restrictions on freedom of establishment within the Community

Niederlassungs~, ~ort place of establishment; **~recht** right of establishment

Niederlassung, e-e ~ begründen to establish a place of business; **e-e ~ errichten** to set up (or establish) a branch

niederlegen to lay down; *(deponieren)* to deposit; *(aufgeben)* to resign, to cease; **etw. schriftlich ~** to take sth. down; to reduce sth. to writing; to set sth. down in writing; **sein →Amt ~**; **die Mitglieder legen geschlossen ihr Amt nieder** the members resign as a body; **die Arbeit ~** to stop work; *Br* to down tools; **e-e Vertretung ~** *com* to resign an agency; **die Vertretung des Beklagten ~** to withdraw from representing the defendant

Niederlegung, ~ e-s Amtes resignation; resigning an office; vacation (of a position); **~ der Arbeit** cessation of work

niederschlagen, jdn ~ und berauben to knock down and rob sb.; *sl.* to mug sb.; **e-n Aufstand ~** to suppress a riot; **e-e Gebühr ~** to abate (or cancel) a fee; **das Verfahren ~** to quash the proceedings

Niederschlagung abatement, cancellation; **~ e-r Gebühr** abatement of a fee; **~ von Strafverfahren** quashing (or abolition) of criminal proceedings; **~ von Zollabgaben** cancellation of customs duties

niederschreiben to write down; to record

Niederschrift *(Protokoll)* record (über of); minutes; **gemeinsame ~** *(VölkerR)* joint minutes; **vereinbarte ~** *(VölkerR)* agreed minutes; **~ e-s** *(noch nicht förmlich errichteten)* **Vertrages** memorandum; **in die ~ aufnehmen** to enter in the minutes; **e-e ~ aufnehmen** to take (or keep, draw up) minutes; **über die Aussagen von Zeugen e-e ~ aufnehmen** to record the testimony of witnesses

niederstimmen, e-n Antrag ~ to vote down a proposal; **jdn ~** to outvote sb.

niedrig low; **~e Auflage** low circulation; **~e Beweggründe**[88a] base motives; **~ bezahlt** low-paid; **~es Einkommen** low income; **N~lohnländer** low-wage countries; **~er Preis** low price; **~ im Preis** low-priced; **N~preiseinfuhren** low-price imports; **N~preisländer** low-price countries; **~ verzinslich** low-interest yielding; **N~zinsländer** low-interest rates countries; **zu ~ angeben** to understate; **~ bewerten** to rate low; **zu ~ →einschätzen**; **Kosten ~ halten** to hold down costs; to keep the costs low; **möglichst ~ halten** to minimize; **die Aktien stehen ~** the shares (stocks) are low

niedriger lower; **~ bewerten** to depreciate

Niedrigst, ~- und Höchstpreise floor and ceiling prices; **~preisgrenze** lowest price limit

niedrigstes Angebot lowest offer; *(bei Ausschreibungen)* lowest bid (or tender); **Vergebung an das niedrigste Angebot** allocation to the lowest tender

niedrigster, ~ Kurs bottom price (or rate); **~ Preis** lowest (or floor) price; bottom price; minimum price

Nießbrauch usufruct; *(lebenslänglich)* life interest; life estate

Nießbrauch ist das nicht übertragbare und unvererbliche Recht, die Nutzungen des belasteten Gegenstandes zu ziehen.[64]

Usufruct is the inalienable (or untransferable) and non-inheritable right to reap the fruits of (or use) something belonging to another (property or right).

Nießbrauch, ~ an e-r Erbschaft[65] usufruct of a *Br* deceased's (*Am* decedent's) estate; **~ an Rechten**[66] usufruct in intangibles (or choses in action); **~ an Sachen**[68] usufruct in intangible property; **~ an e-m Vermögen**[67] usufruct of an estate; **~ an e-r Versicherungsforderung**[69] usufruct in an insurance claim

Nießbrauchs~, ~berechtigter →Nießbraucher; **~recht** usufructuary right

Nießbrauch, e-n ~ bestellen to create a usufruct; **~ an e-m Nachlass bestellen**[65] to create a life interest (or usufruct) by will; **mit e-m ~ belastetes Vermögen** property encumbered (or burdened) with a usufruct; **den ~ an e-r beweglichen Sache durch Ersitzung erwerben**[70] to acquire usufructuary rights in the case of movables through acquisitive prescription

Nießbraucher usufructuary; *(lebenslängl.)* life tenant

Niger the Niger; **Republik ~** Republic of the Niger

Nigrer(in), nigrisch (of the) Niger

Nigeria Nigeria; **Bundesrepublik ~** Federal Republic of Nigeria

Nigerianer(in), nigerianisch Nigerian

NIMEXE *(EU)* →Warenverzeichnis für die Statistik des Außenhandels der Gemeinschaft und des Handels zwischen den Mitgliedstaaten für die Statistik des Außenhandels der Gemeinschaft und des Handels zwischen den Mitgliedstaaten

Nikotinsucht nicotine addiction

Niveau level; standard; **hohes sittliches ~** high standard of ethics; **wirtschaftliches ~** economic level (or standing)

nivellieren to level, to even out

Nizza, Abkommen von ~ über die Internationale Klassifikation von Waren und Dienstleistungen für die Eintragung von Marken (~er Klassifikationsabkommen, NKA)[71] Arrangement of Nice Concerning the International Classification of Goods and Services to Which Trade Marks Apply

Nobelpreis Nobel prize (or award); **~träger** Nobel prize winner; **den ~ verliehen bekommen** to be awarded the Nobel prize

Nochgeschäft *(Börse)* repeat option business; option to double; **~ (in Käufers Wahl)** buyer's option to double; call of more (transaction); **~ (in Verkäufers Wahl)** seller's option to double; put of more (transaction)

Nomenklatur nomenclature *(→Zolltarifschema)*; **~ des Rates für die Zusammenarbeit auf dem Gebiete des Zollwesens** (NRZZ) Customs Co-Operation Council Nomenclature (CCCN)

Nominal~, ~betrag →Nennbetrag; **~kapital** nominal capital; registered capital; **~lohn** nominal (or money) wage *(Ggs. Reallohn)*; **~wert** →Nennwert; **~wertprinzip** *(BilanzR)* nominal-value principle; **~zins** nominal (rate of) interest

nominell nominal; **~e Kapitalerhaltung** *(Bilanz)* nominal preservation of capital; **~er Kurs** nominal price; *(lediglich)* **~er Schaden** nominal damage

nominieren to nominate; to propose for an office (or position); *Am* to slate for nomination

Nominierter nominee

Nominierung nomination

Nomokratie nomocracy

Nonkonformist nonconformist; dissenter

Nonvaleurs *(Börse)* securities of no or little value

Nordatlantik~, ~pakt-Organisation North Atlantic Treaty Organization (→NATO); **~vertrag**[72] North Atlantic Treaty

Nordischer Rat *(Organ für die Zusammenarbeit zwischen Dänemark, Finnland, Island, Norwegen und Schweden)* Nordic Council

Nordostatlantik, Kommission für die Fischerei im ~ (NEAFC) North-East Atlantic Fisheries Commission (NEAFC)

Nordsee, Übereinkommen zur Zusammenarbeit bei der Bekämpfung der Verschmutzung der ~ durch Öl und andere Schadstoffe[73] Agreement for Cooperation in Dealing with Pollution of the North Sea by Oil and Other Harmful Substances; **Verschmutzung der ~** North Sea pollution; **~öl** North Sea oil; **~öl- und ~gasvorkommen** North Sea resources of oil and gas

Nord-Süd~, ~-Dialog North-South-Dialogue *(→Konferenz über Internationale wirtschaftliche Zusammenarbeit)*; **~-Gefälle** North-South divide (or differential); **~-Gegensatz** North-South-contrast (or conflict)

Nordwestatlantik, Organisation für die Fischerei im ~ Northwest Atlantic Fisheries Organization (NAFO)

Norm standard; norm; *(Rechtsregel)* rule (of law); **~größe** standard size; **~kontingent** standard quota; **~teil** standard part; **n~widrig** nonstandard

Normen, →Industrie~; →Kollisions~; →Sicherheits~; →Waren~; ~ für den Gesundheitsschutz health protection standards; **allgemeine ~** general standards; **Amerikanischer ~verband** American National Standards Institute (ANSI); **anerkannte ~** established standards; **Britischer ~verband** British Standards Institution (BSI)

Normen~, **~aufstellung** establishment of standards; **~ausschuss** standards committee; →**Internationaler ~ausschuss**; **~- und Typenkartell** standardization cartel; **~kollision** collision between rules; *(IPR)* conflict of laws; **~kontrolle** judicial review (power of the courts to review statutes or administrative acts and to determine their constitutionality); *com* standards testing; **~kontrollklage** avoidance petition

Normen, **den ~ entsprechen** to correspond to the standards; **~ festlegen** to set standards

normal normal; *(gewöhnlich)* regular, ordinary; **~e Größe** normal (or standard) size; **unter ~en Verhältnissen** under ordinary circumstances; **~erweise** normally

Normal~, **~abschreibung** ordinary depreciation; **~arbeitszeit** standard time; regular working time; normal working hours; **~ausführung** standard make (or design); **~benzin** →Benzin; **~format** standard size; **~kosten** normal cost; **~kostenrechnung** normal costing; **~leistung** normal performance; normal output; **~lohn** standard wage; regular pay; **~maß** standard measure; **~police** standard policy; **~preis** normal price; standard price; **~satz** standard rate; **~spurweite** standard gauge; **~verbrauch** normal consumption; **~verbraucher** normal (or average) consumer; **~wert** standard value

normalisieren to normalize, to make normal; **sich ~** to become normal

Normalisierung der Beziehungen normalization of relations

normativ normative; setting a standard; **~er Vertrag** *(VölkerR)* lawmaking treaty, legislative treaty

Normativbestimmungen legal provisions setting a standard *(für →Satzung od. für →Tarifvertrag)*

Normen →Norm

normen to standardize

genormt standardized

normieren to standardize

normierter Vertrag standardized contract

Normung standardization; →**Europäisches Komitee für ~**

Normzwecktheorie *(HaftungsR)* scope of the rule theory

Norwegen Norway; **Königreich ~** Kingdom of Norway

Norweger(in), norwegisch Norwegian

Nostrifikation recognition of a foreign examination (or qualification)

Nostro~, **~effekten** securities held by a bank at another bank; securities held for own account; **~guthaben** *(e-r Bank)* credit balance on a nostro account; nostro balance; **~konten** nostro accounts *(Ggs. Lorokonten)*

Not need, want, distress; *(Notlage)* emergency; **aus ~** from necessity; **in ~** distressed; **wirtschaftliche ~** economic distress; **in ~ geraten** to get into serious difficulties; to find it increasingly difficult to make ends meet; to fall below the poverty line; **in ~ geratenes Luftfahrzeug** distressed aircraft; **~ leiden** to suffer need (or want or distress); **e-n Wechsel ~ leiden lassen** to leave a bill dishono(u)red, to dishono(u)r a bill; **die allgemeine ~ lindern** to relieve the common distress

Nota →Rechnung

Not~, **~adresse** *(auf Wechseln)* address (or referee) in case of need; **~akzeptant** acceptor in case of need; **~anschrift** →Notadresse; **~anzeige** *(WechselR)* notice of dishono(u)r

Notar[87] notary (public); **der beglaubigende ~** the attesting notary; **der beurkundende ~** the recording notary; **Dienstsiegel des ~s** notarial seal; **~kammer** chamber of notaries; **~vertreter** substitute for a notary; **e-e Urkunde vom ~ →beglaubigen lassen**

Notariat notary's office; **~sakt** notarial act; **~sgebühren** notarial fees; *(auf nicht eingelöstem Wechsel)* notarial ticket; **~skosten** notarial charges; **~sverweser**[88] administrator of a notary's office

notariell notarial; **~ beglaubigt** notarially attested; attested (or certified, *Am* notarized) by a notary; **~ beurkundet** recorded by a notary; **~e →Beurkundung e-s Vertrages**; **~e Urkunde** notarial act

Notausgang emergency exit

Notbedarf, **Einrede des ~s**[74] *(bei Schenkung)* plea of (subsequent) hardship (after gift or promise of gift)

Not~, **~betrug** petty fraud committed by reason of distress; **~dienst** emergency service (or duty); **~entwendung** →Unterschlagung geringwertiger Sachen; **~erbe** →Pflichtteilsberechtigter; **~erbteil** →Pflichtteil; **~etat** emergency budget

Note 1. *dipl* note; **Antwort~** note in reply; **Kollektiv~** collective note; **Protest~** note of protest; **Zirkular~** circular note; **diplomatischer ~nwechsel** exchange of diplomatic notes; **e-e ~ überreichen** to deliver a note; **e-e ~ zurückweisen** to reject a note

Note 2. *(Banknote)* (bank) note; *Am (auch)* bill *(→Banknote)*

Notenausgabe *(durch die Bundesbank)* note issue; **ungedeckte ~** *Br* fiduciary (note) issue

Notenbank central bank *(→Zentralbank)*; bank of issue; issuing bank; **~ausweis** central bank return; **~politik** central bank policy; **~wesen** central banking; **~zinssatz** central bank interest rate

Noten~, ~deckung cover of note circulation; **~kontingent** fixed issue of notes; **~privileg** right to issue banknotes; **~stückelung** denomination of banknotes; **~umlauf** notes in circulation; circulation of banknotes; **~wechselautomat** changeomat

Notfall case of need; (case of) emergency; case of necessity; **im ~** →nötigenfalls; **gegen Notfälle Vorsorge treffen** to provide for emergencies

Not~, ~flagge distress flag; **~frist**[75] statutory period (or time, deadline); *Am* peremptory term; **~geld** emergency money; **~gemeinschaft** emergency (or token) association; **~groschen** nest(-)egg; **~hafen** harbo(u)r of refuge; port of distress; **~haushalt** emergency budget; **~hilfepflicht** duty to lend assistance in (time of) need *(s. unterlassene →Hilfeleistung)*

notieren to note down, to make a note of; *(Börse) (Kurs festsetzen)* to quote; to list; *(e-n bestimmten Kurs haben)* to stand at

notiert, ~er Kurs quoted price; **amtlich ~e Wertpapiere** quoted (or listed) securities; **nicht ~** unquoted, unlisted; **nicht ~e Wertpapiere** *Am (auch)* off board securities; **Markt für nicht ~e Wertpapiere** *Am* off board market; *Br* over the counter market; **der Dollar ~e wieder fester** the dollar was quoted more firmly again

Notierung quotation, listing, price quoted on the stock exchange (or a commodity exchange); **→Auslands~**; **→Börsen~**; **→Devisen~**; **→Kurs~**; **→Schluss~**; **→Termin~**; **~ von Aktien** quotation of shares (stocks); *Am* stock quotation; **die ~ der Anleihe an der Börse ist beantragt worden** application has been made to quote (or list) the loan (or bond) at the stock exchange; **~ im Freiverkehr** unofficial quotation (or listing); **Zulassung von Wertpapieren zur amtlichen ~** admission of securities to stock exchange listing; **zur amtlichen ~ zugelassen** admitted to official quotation; **die Zulassung zur amtlichen ~ beantragen** to apply for official quotation (or *Am* listing); **die ~en gaben nach** quotations weakened (or drifted down, declined)

Notifikation *(VölkerR)* notification; *(WechselR)* →Notanzeige; **~surkunde** notifying instrument

notifizieren *(VölkerR)* to notify

Notifizierungspflicht notification duty

nötig, wenn ~ if need arise, if need be; if required; **~ haben** to be in need, to have need, to need; **~enfalls** in case of need, if necessary, when needed

nötigen to force; to compel (by threat or force); to coerce

nötigenfalls wenden Sie sich an ... in case of need apply to ...

Nötigung[89] compulsion (by threat or force); coercion; duress; *(Einschüchterung)* intimidation; **~ e-s Staates** *(z. B. bei Geiselnahme)* compulsion directed against a state

Notiz *(Vermerk)* note, memorandum; **(Zeitungs-)~** (news) item; **amtliche ~** *(Börse)* official quotation (or listing); **Prozent~** *(für Aktien)* quotation in per cent; **Stück~** *(für Aktien)* unit quotation; **~buch** notebook; *Am* memo(randum) book; **sich ~en machen** to take (or make) notes (at a lecture, etc); **~ nehmen von** to take note of

Notlage distressed condition, emergency situation; state of need; **finanzielle ~** financial predicament (or emergency); **zur →Abwendung e-r ~**; **→Ausbeutung jds ~**; **jds ~ →ausnützen**; **e-e dringende ~ ist entstanden** a critical (or urgent) need has arisen

notlanden to make an emergency (or forced) landing

notleidend, ~e Anleihe bond issue in default; **~e Bevölkerung** destitute population; **~e Gebiete** distressed areas; **~e Obligationen** overdue bonds; *Am* defaulted bonds; **~er Wechsel** dishono(u)red (or overdue) bill

Not~, ~lüge white lie; **~maßnahme** emergency measure; **~ruf** *tel* emergency call; *(geplante)* **europaweit einheitliche ~rufnummer** standard Europe-wide emergency call number; **~schlachtung** emergency slaughter; **~signal** *(e-s Schiffes)* distress signal

Notstand 1. *(öffentl. Recht)*[76] state of emergency, emergency condition; public emergency; **→Gesetzgebungs~**; **~sbestimmungen** emergency provisions; **~sgebiet** disaster (or distressed) area; **~sgesetz** emergency law; *Br* Emergency Powers Act; **~sgesetzgebung** emergency legislation; **~smaßnahmen** emergency measures; **~splan** plan for emergency measures; emergency plan; **~sreserven** *(z. B. an Öl)* emergency reserves *(→Pflichtnotstandsreserven)*; **~sverfassung**[77] emergency constitution (amending the →Grundgesetz); **e-n ~ erklären** to proclaim a state of emergency

Notstand 2. *(Zivilrecht)*[78] necessity (the damaging or destruction of the property of a stranger in order to protect oneself or another from a threatening danger); **~sarbeiten** public relief work

Hat der im Notstand Handelnde die Gefahr verschuldet, ist er zum Schadensersatz verpflichtet.[79]

Necessity is no defence to a claim for damages, if the defendant was culpably responsible for the danger which caused the loss.

Notstand 3. *(StrafR)* necessity (as legal excuse or justification for an unlawful act); **entschuldigender ~**[80] necessity as excuse; **rechtfertigender ~**[80 a] necessity as justification

Not~, **~testament**[81] emergency will (made in the presence of a →Bürgermeister); **~verkauf**[82] emergency sale, forced sale (in case of perishable goods); **~verordnung** emergency decree; **~weg**[83] way of necessity

Notwehr[84] (right of) self-defence (defense); justifiable defence (defense); **~exzeß** excess of justifiable self-defence (defense); **in ~ handeln** to act in self-defence (defense)

notwendig necessary; essential; **~er Lebensbedarf** bare necessity of life; **~e →Streitgenossenschaft**; **~e Verteidigung**[85] compulsory legal representation of an accused; **für ~ halten** to consider (or deem) necessary; **~ machen** to necessitate, to make necessary

notwendigerweise necessarily

Notwendigkeit necessity; (urgent) need

Not~, **~zeichen** distress signal; **in ~zeiten** in periods of emergency (or need); **~zucht** →Vergewaltigung; **~zurückbehaltungsrecht**[86] extraordinary right of retention

notorische Tatsache notorious fact

Novation novation; **~svertrag** substituted contract

Novelle amendment, amending law

novellieren, **ein Gesetz ~** to amend a law

Novellierung e-s Gesetzes amendment to a law

nukleare Abfälle nuclear waste; **Lagerung und Verarbeitung von nuklearen Abfällen** storage and processing of nuclear waste

nuklear, **~e Abrüstung** nuclear disarmament; **~e Bewaffnung** nuclear armament; **~e Einrichtungen** nuclear facilities; **~es Endlager** nuclear waste dump

nukleares Ereignis nuclear incident *(→Atomunfall)*; **Anspruch auf Ersatz für e-n durch ein ~ verursachten Schaden**[90] right to compensation for damage caused by a nuclear incident

nuklear, **~es Gleichgewicht** nuclear balance; **~e →Mittelstreckensysteme**; **~e Planungsgruppe** *(NATO)* Nuclear Planning Group; **~er Schaden** nuclear damage; **~e Schäden** →Wiener Übereinkommen über die Haftung für nukleare Schäden; **~er Schadensfall** nuclear incident; **~e Sicherheit** nuclear safety; **~e Überlegenheit** nuclear superiority

nukleare Unfälle nuclear accidents; **Übereinkommen über die frühzeitige Benachrichtigung bei nuklearen Unfällen**[90 a] Convention on Early Notification of a Nuclear Accident; **Übereinkommen über Hilfeleistung bei nuklearen Unfällen oder radiologischen Notfällen**[90 b] Convention on Assistance in the Case of a Nuclear Accident or Radiological Emergency

nuklear, **~e und konventionelle Waffen** nuclear and conventional arms; **~es Wettrüsten** nuclear arms race

Nuklear~, **~energie** nuclear energy; **~geheimnisse** nuclear secrets; **~unfallversicherung** nuclear accident insurance; **~waffen** →Atomwaffen

Null nought; zero; **~ und nichtig** null and void; **~basis-Budgetierung** zero-base budgeting; **~kupon-Anleihen** *(die abgezinst ausgegeben und bei Fälligkeit zum Nennwert getilgt werden)* zero bonds

Nullösung *pol* zero option; **doppelte ~** *(Verzicht auf nukleare →Mittelstreckensysteme kürzerer und größerer Reichweite)* elimination of SRNF[90 c] and LRINF[90 d]; double zero option

Nullrunde *(ArbR)* pay freeze; wage freeze; zero round

Nullsatz zero rate; *(Zoll)* nil rate of duty; **dem ~ unterliegen** to be zero-rated

Null~, **~tarif** nil tariff; *(für öffentl. Verkehrsmittel)* fare-free transport; **~tarifierung** zero-rating; **~-wachstum** zero growth

numerieren to number

numeriert, **fortlaufend ~** consecutively numbered

Numerierung numbering

Numerus clausus numerus clausus; restricted admission (to university or profession)

Nummer (Nr., no.) number (No.); *(Ausgabe)* issue; *(Seite)* folio; **unter Angabe der ~** stating the number; **alte ~** *(e-r Zeitung)* back number; **laufende ~** consecutive (or serial) number; **→Rechnungs~**; **→Serien~**; **~nkonto** *(z. B. in der Schweiz)* numbered account; **~nschild** *Br (Auto)* number plate; *Am* license plate; **~nverzeichnis** list of serial numbers of securities purchased or deposited; **~ besetzt** *tel* number engaged; *Am* (line) busy; **mit ~n versehen** to number, to give numbers to; **e-e ~ wählen** *tel* to dial a number

Nuntiatur *dipl* nunciature

Nuntius *(päpstlicher Gesandter)* nuncio

Nurfrachtdienst →Frachtdienst

nur zur Verrechnung *(auf Schecks)* for account only

Nutzanwendung practicable application; **nutzbar** usable; profitable

Nutzbarmachung utilization; *(Boden)* cultivation; **industrielle ~ von →Erfindungen**; **~ wissenschaftlicher Ergebnisse** utilization of the results of scientific research

Nutz~, n~bringend useful; profitable; **~effekt** useful effect; **~fahrzeug** *(Lastkraftwagen und Autobus)* commercial (road) vehicle; utility vehicle; **~fläche** usable floor space; *(landwirtschaftlich)* agricultural area; **~holz** timber, *bes. Am* lumber; **~kraftfahrzeug**]utzfahrzeug

Nutzlast *(e-s Schiffes, Flugzeugs etc)* payload, useful load; **höchst zulässige ~** *(z. B. e-s Containers)* maximum permissible payload

Nutz~, ~losigkeit uselessness; inutility; **~nießer** usufructuary; beneficiary; **~nießung** usufruct; **~schwelle** breakeven point; **~tiere** farm animals; **~wert** utility value

Nutzen *(Nützlichkeit)* utility; *(Vorteil)* benefit, advantage, profit; **zum ~ von** for the benefit of; **zum allgemeinen ~** to the general benefit; **erfassbarer →betrieblicher ~**; **zum gemeinsamen ~** for the joint benefit; **~-Kosten-Analyse** benefit-cost analysis; **von ~ sein** to be of use (to sb.); **~ ziehen aus** to derive advantage (or a benefit, profit) from

nutzen, jdm ~ to be of use to sb.; to benefit sb.; **etw. ~** to make use of sth.; **die Kohle stärker ~** to make greater use of coal

genutzt, gemischt ~e →Grundstücke; **gewerblich ~es →Grundstück**; **→landwirtschaftlich ~er Boden**

nützen →nutzen

Nutzer user

nützlich useful, of use; beneficial

Nützlichkeit utility; usefulness

Nutzung use, utilization; **~en**[91] *(Früchte e-r Sache od. e-s Rechts)* fruits of a thing or usufruct of a right; **~ unbeweglichen Vermögens** use of immovable property (or *Br* land); **unzureichende ~ des Bodens** underutilization of land

Nutzungs~, ~abgaben royalties; **~ausfall** *(nach Kfz-Unfall)* loss of use of a motor vehicle (or the use of one's car); **~befugnis an Urheberrechten** licen|ce (~se); right to use copyrights

Nutzungsdauer period of usefulness; *(wirtschaftlich)* useful life, service life; **betriebsgewöhnliche ~** ordinary useful life; **tatsächliche ~ e-r Maschine** actual useful life of a machine; **vermutete ~** expectancy of life; **~ e-s Patents** useful life of a patent

Nutzungsentschädigung *(nach Kfz-Unfall)* compensation for →Nutzungsausfall; **~, des Vermieters**[92] *(bei unbewegl. Sachen)* landlord's *(auch bei bewegl. Sachen* lessor's) compensation for use by the tenant (hirer) after the end of the agreed period of lease (hire period)

Nutzungs~, ~gebühren user fees; **~genossenschaft** agricultural cooperative (society); **Einräumung von ~lizenzen an Patenten**[92a] granting of licenses to exploit patents; **~pfand**[93] antichresis

Nutzungsrecht licen|ce (~se); right of use; usufruct; usufructuary right; *(UrhR)*[94] right of utilization; **ausschließliches ~** *(UrhR)* exclusive licen|ce (~se); **einfaches ~** *(UrhR)* non-exclusive licen|ce (~se); **~ an unbeweglichem Vermögen** usufruct of immovable property; **gemeinschaftliches ~ an Grundbesitz** (right of) common; **Einräumung von ~en** granting of licen|ces (~ses); **Erwerber e-s ~s** *(UrhR)* grantee of a licence (license); **Weiterwirkung einfacher ~e**[95] continuing effect of non(-)exclusive licen|ces (~ses); **~e einräumen** *(UrhR)* to grant licen|ce (~ses)

Nutzungswert der Wohnung im eigenen Haus *(SteuerR)* rental value of the taxpayer's residence in his own house (or occupation of [part of] his own house)

Nutzungszeitraum period of use

O

obdachlos homeless

Obdachlose homeless persons; **~nheim** hostel for the homeless

Obdachlosigkeit homelessness

Obduktion autopsy *(→Leichenschau)*; **e-e ~ vornehmen** →obduzieren

obduzieren to perform (or carry out) an autopsy

oben, ~- *(Aufschrift auf Kisten etc)* top; this side up; **links ~** top left hand corner

oben~, **~erwähnt** above-mentioned; **~genannt** above-named

Ober~, **~aufsicht** superintendence, (general) supervision (or inspection); **~begriff** generic term; **als ~begriff** generically; **~bürgermeister** Mayor of a →Stadtkreis; **~finanzdirektion** Regional Finance Office; **~finanzpräsident** President of an →Oberfinanzdirektion; **~flächengewässer** surface waters; **~gericht** higher court; **~gesellschaft** parent company *(→Muttergesellschaft)*; **~gutachten** decisive expert opinion; **ärztlicher ~gutachter** medical referee; **~hoheit** supreme authority; supremacy; **~(be)kleidung** outer garment(s); **~kreisdirektor** *(in Niedersachsen und Nordrhein-Westfalen)* chief administrative officer of a rural district *(→Kreis 1.)*

obere, **~ Instanz** higher instance; **~ Bundesbehörde** higher Federal authority; **~ Unternehmensführung** top management; **~ Zehntausend** the upper ten (thousand)

Oberlandesgericht (OLG)[1] Higher Regional Court

Das OLG ist in Zivilsachen u. a. zuständig für Berufungen gegen Urteile des Landgerichts und des Amtsgerichts in Kindschafts- und Familiensachen; in Strafsachen hauptsächlich für die Revision gegen die Berufungsurteile des Landgerichts. In erster Instanz ist das OLG zuständig für wichtige Staatsschutzdelikte.

The civil jurisdiction of the OLG includes i. a. appeals against judgments of the →Landgericht as well as against judgments of the →Amtsgericht in →Kindschafts- and →Familiensachen. In criminal matters the OLG chiefly hears appeals by way of case stated from judgments on appeal of the →Landgericht. As court of first instance the OLG has jurisdiction over →Staatsschutzdelikte.

Ober~, **~schiedsrichter** umpire; **~schule** secondary school (leading to higher education); *Br (etwa)* grammar school; *Am* high school; **~schüler** pupil at a secondary school; *Am* high schooler; **~versicherungsamt**[2] *(Sozialvers.)* Higher Regional Insurance Office; **~verwaltungsgericht** (OVG) Higher Administrative Court

oberst, **~e Bundesbehörden** highest Federal authorities; **O~e Gerichtshöfe**[3] highest courts of justice; *Br* und *Am* s. Oberster →Gerichtshof; **Bayerisches O~es Landesgericht** Bavarian Higher Court (Oberlandesgericht); **O~es Rückerstattungsgericht** (ORG) Supreme Restitution Court

Obhut care; charge; custody; **Verletzung der ~spflicht**[4] violation of sb.'s duty to exercise proper care; **in ~ nehmen** to take charge of; to take in (one's) custody

Objekt object; *(Wertgegenstand, bes. Grundstück)* property; item; *(Geschäft)* transaction; **militärische ~e** military objectives; **o~bezogen** related to an object (or to a particular property); **~kredit** loan against a specific security; **~schutz von Kernmaterial** physical protection of nuclear material; **~steuern** impersonal taxes, taxes on objects *(Ggs. Personensteuern)*

objektiv objective; **~e** →**Klagenhäufung**; **~es** →**Risiko**; **~e Unmöglichkeit der Leistung** impossibility of performance

Obleute →Betriebsobleute

obliegen, **jdm ~** to be incumbent on sb.

obliegend, **jdm ~e Pflichten** duties incumbent on sb.

Obliegenheit obligation; **~serfindung** *(PatR)* obligatory invention; **~sverletzung** *(des Versicherungsnehmers)* breach of warranty

Obligation bond, debenture; debenture bond *(→Schuldverschreibung)*; **ausgegebene ~en** *(Bilanz)* bonds payable; *(vor Fälligkeit)* **kündbare ~en** redeemable bonds; **nicht kündbare (od. rückzahlbare) ~en** irredeemable bonds; **~en e-r Emission mit einheitlichem Fälligkeitsdatum** term bonds; **in Serien unterteilte ~en** serial bonds; **~ mit Tilgungsplan** sinking fund bonds; **~en mit überdurchschnittlichen Umsätzen** active bonds; →**Gewinn~en**; →**Industrie~en**; →**Inhaber~en**; →**Kommunal~en**; **~enmarkt** bond market; **~enrecht** *(Schweiz)* law of obligations; **~enzinsen** bond interest

Obligationsagio bond premium

Obligationsausgabe bond (or debenture) issue; **Zeichner e-r ~** subscriber to a bond issue

Obligations~, **~gläubiger** bondholder; **~inhaber** →Obligationär; **~kapital** debenture capital; **~schuld** bond (or debenture) debt; **~schulden** bonds payable; bond indebtedness; **~schuldner** bond debtor; **~tilgung** bond redemption; **~tilgungsfonds** bond sinking fund

Obligationen, **~ ausgeben (od. auflegen)** to issue bonds; to float a bond issue; **~en zur** →**Tilgung aufrufen**; **~ einlösen (od. tilgen)** to redeem bonds

Obligationär bondholder, debenture holder

obligatorisch obligatory, mandatory; **~er Anspruch** chose in action; claim based upon (a) contract, claim arising from contract; *(aus unerlaubter Handlung)* claim based upon tort, claim arising from tort; **~e Ausgaben** (OA) *(EU)* compulsory expenditure; **~e Gerichtsbarkeit des Internationalen Gerichtshofs**[4a] compulsory jurisdiction of the International Court of Justice; **~e Klage** personal action, action in personam *(Ggs. dingliche Klage)*; **~es Recht** right in personam (effective only against certain person) *(Ggs. Sachenrecht)*; **~es Verhältnis** contractual relationship; **~e Versicherung** compulsory insurance

Obligo liability; **ohne ~** *(freibleibend)* without engagement; without prejudice; without any liability; **~buch** *(für Diskontüberwachung e-r Bank)* bills discounted ledger

Obmann (workers' etc) representative; *(e-r jury)* foreman; *(e-s Schiedsgerichts)* umpire; **Betriebs~** shop steward

Obrigkeit the authorities; *colloq.* the powers that be; **weltliche und kirchliche ~** temporal and spiritual authorities

Observanz local custom

obsiegen to be successful, to prevail (over or against); *Am* to recover judgment; **der Kläger hat obsiegt** the plaintiff has prevailed, the plaintiff has won the action

obsiegend, **~e Partei** prevailing (or victorious) party; successful party (or litigant); **~es Urteil** favo(u)rable (*Am* affirmative) judgment

Obsoleszenz obsolescence

Obst fruit; **~bau** fruit growing; **~handel** fruit trade; **~konserven** preserved fruit; **~- und Gemüsegenossenschaften** fruit and vegetable cooperatives; **~- und Gemüseladen** greengrocery, greengrocer's store; **o~verarbeitende Industrie** fruit processing industry

Obstruktion *parl* obstruction; **~spolitik** policy of obstruction; obstructionism; **~spolitiker** obstructionist; *Am* filibusterer; **~ betreiben** to practise obstruction; *Am* to filibuster

obszöne Druckwaren obscene prints; pornographic literature

Obszönität obscenity

Obus trolley bus; **~se im Linienverkehr** trolley buses in scheduled service

Oder-Konto joint (bank) account (which can be operated by any of the account holders independent of the other[s]); partnership account

Ödland uncultivated land; wasteland

OECD →Organisation für wirtschaftliche Zusammenarbeit und Entwicklung; **~-Kernenergie-Agentur**[5] OECD Nuclear Energy Agency

offen open; **in ~er Abstimmung** by open ballot; **~e Arbeitsplätze** job vacancies; **~er →Arrest**; **~es Depot** (open) safekeeping account; custody account; **~er →Fehler**; **noch ~e Fragen** outstanding issues; matters still outstanding

Offene Handelsgesellschaft (OHG)[6] general partnership

Die OHG ist eine Personengesellschaft zum Betrieb eines Handelsgewerbes unter gemeinschaftlicher Firma, bei der alle Gesellschafter persönlich und unbeschränkt für die Schulden der Gesellschaft gesamtschuldnerisch haften. Die OHG kann unter ihrer Firma Rechte erwerben und Verbindlichkeiten eingehen sowie vor Gericht klagen und verklagt werden.
The OHG is a commercial partnership to carry on a business under a firm name. All the partners are jointly and severally liable for the firm's debts. The OHG can in its own name acquire rights, incur liabilities and sue or be sued.

offen, **~er →Immobilienfonds**; **~er Investmentfonds** open-ended trust; *Br* unit trust, *Am* mutual fund; **am ~en Markt** in the open market; **das ~e Meer** the high seas; **~e Police** open cover; **~e Rechnung** unsettled account; **~e Reserven** →offene Rücklagen; **~e Rücklagen** disclosed reserves

offene Stelle, **~n** (unfilled) vacancies; vacancies offered; **e-e ~ besetzen** to fill a vacancy

offen, **Politik der ~en Tür** open door policy

offenbar obvious, evident

offenbaren to disclose, to reveal; **die →Erfindung ~**

Offenbarung disclosure; **unschädliche ~ e-r Erfindung** *(PatR)*[7] non(-)prejudicial disclosure; **~seid**[8] oath of disclosure, oath of manifestation; affidavit as to the accuracy of an account or an inventory; **~seidverfahren** *[etwa]* discovery proceedings; **~spflicht** *(ArbeitsR)* duty to furnish particulars when entering into employment

offenkundig obvious; *(bes. negativ)* notorious; **~ beleidigend** defamatory upon its face; **~e Handlung** overt act; **~e Ungerechtigkeit** manifest injustice; **~ vorbenutzt** *(PatR)* in prior public use; **~e Vorbenutzung** *(PatR)* prior public use; **das Gericht anerkennt die Tatsache als ~** the court takes judicial notice of the fact; **~ sein** to be common knowledge

Offenkundigkeit obviousness; notoriety

offenlassen *fig* to leave open (or undecided)

offenlegen to disclose, to reveal, to publish

Offenlegung disclosure; discovery; publication; **~ von Beteiligungen** disclosure of holdings; **~ von Informationen** disclosure of information; **~ des Jahresabschlusses** disclosure of the annual accounts; **~ des schuldnerischen Vermögens** discovery of debtor's property; **~ von Vermögenswerten** disclosure of assets; **~spflicht**[9] disclosure requirement; duty to disclose one's financial conditions (in the case of credit to be granted of more than Euro

50,000); **~svorschriften** disclosure requirements; **nicht o~spflichtig sein** to be privileged from disclosure

Offenmarkt~, ~ausschuss der amerik. FED Federal Open Market Committee (FOMC); **~geschäfte** open market transactions (or dealings, operations); **~papiere** open market paper; **~politik** open market policy; **~verkäufe** open market sales

offensichtlich obvious(ly), manifest(ly); **nicht ~e Mängel** non-obvious defects

Offensichtlichkeit, Nicht Offensichtlichkeit *(PatR)* non-obviousness; **~sprüfung** *(PatR)* examination for obvious deficiencies

Offensivwaffen offensive weapons

offenstehen *(Rechnung etc)* to be outstanding, to be unpaid (or unsettled)

offenstehend, (noch) ~e Fragen outstanding questions, questions still to be attended to; **~e Rechnung** outstanding (or unsettled) account; unpaid (or open) invoice

öffentlich public; open; **nicht ~** private; *(Gericht)* in camera, in chambers; **~es Amt** public office; →**unfähig zur Bekleidung e-s ~en Amtes**; **~es Auftragswesen** public contracts; **~** →**Bedienstete**; **~er Dienst** public service, civil service; *(BRD-US DBA)* government service; →**Angestellte des ~en Dienstes**; **~e Druckschriften** *(PatR)* publications made available to the public; **~er** →**Glaube**; **~e** →**Hand**; **~es** →**Interesse**; **~e** →**Ordnung**; **~es Recht** public law

öffentlich-rechtlich under public law; **~e Anstalt** public institution; **in ~em** →**Dienstverhältnis stehen**; **~e Streitigkeiten** *(verfassungs- und verwaltungsrechtl. Streitigkeiten)* disputes involving public law; public law disputes; **~er Vertrag** contract under public law

öffentlich, ~e Sachen public property; **~e** →**Sicherheit und Ordnung**; **~e Stellen** public authorities

öffentliche, ~ Sitzung public (or open) session (or meeting); →**nicht-~ Sitzung**

öffentliche Urkunde[9a] public document

öffentlich, in ~er Verhandlung in open court; **in nicht ~er Verhandlung** trial (or hearing) in camera; **~e** →**Versteigerung**

öffentlich, ~ ankündigen to advertise publicly; **~ auslegen** to lay open to public inspection; **~ bekannt machen** to make public, to give public notice (of); **die Sitzungen des Ausschusses sind nicht ~** meetings of the committee are not held in public (or shall be private); **die Verhandlung (des Gerichts) ist ~** the hearing shall be public (or in open court); **die Verhandlung (des Gerichts) ist nicht ~** the court sits in camera

Öffentlichkeit *(das Öffentlichsein)* publicity, availability for public inspection; public nature; **die ~** *(die Allgemeinheit)* the public in general; **die breite ~** the general (or great) public; the public at large; **in der ~** publicly, in public; **Auftreten in der ~** public appearance; →**Ausschluss der ~**; **Unterrichtung der ~** information of the public

Öffentlichkeits~, ~arbeit public relations (work); P. R. activities; **Sachbearbeiter für ~fragen** public relations officer; **~grundsatz**[10] principle of public trial; principle of holding sittings in public

Öffentlichkeit, die ~ →**ausschließen**; **nicht für die ~ bestimmt** *colloq.* off the record; **an die ~ treten** to come forward; to go public; **der ~ zugänglich machen** to make available to the public

Offerent person making an offer, offeror

Offerte →Angebot 1.

Offizial~, ~delikt criminal offence (offense) rendering the accused liable to public prosecution *(Ggs. Antragsdelikt)*; **~maxime (od. ~prinzip)** principle according to which only the →Staatsanwaltschaft may institute criminal proceedings; **~verteidiger** counsel for the defence (defense) appointed by the court

offiziell official; *(an der Börse)* **~ zugelassene Papiere** officially quoted (or listed) securities; **~e Stellen** official bodies

Offizier officer; **hoher ~** high ranking officer; **höherer ~** senior officer; **Berufs~** regular (or *Am* professional) officer; **Reserve~** reserve officer; **Unter~** non-commissioned officer; **~skasino** officers' mess; **~spatent** officer's commission; **zum ~ ernannt werden** to be commissioned

offiziös semi-official

Öffnungs- und Schließungszeiten *(e-s Geschäfts)* opening and closing hours

Offshore~, ~-Auftrag offshore purchase order; **~-Bohrung** offshore drilling; **~-Finanzplätze** *(Steueroasen)* offshore financial centres (centers); **~-Käufe** offshore purchases; **~-Markt** →Euromarkt; **~-Steuerabkommen**[11] Offshore Tax Agreement; **~-Steuergesetz**[12] Offshore Tax Law

OHG →Offene Handelsgesellschaft

ohne, ~ alle Kosten free of all charges; **~ besondere Havarie** free of particular average; **~**→**Erben**; **~**→**Gewähr**; **„~ Kosten"** (Wechselvermerk) No protest (note on a bill of exchange); ~ →**Obligo**; ~ **Regreß** without recourse; ~ **Vorbehalt** without reservation; ~ **weiteres** ipso jure; forthwith; without more ado

Okkupation *(VölkerR)* occupation; **derivative ~** derivative occupation; **originäre ~** original occupation

Ökofonds green funds

Ökologe ecologist

Ökologie ecology; **o~bewußt** ecology-conscious

ökologisch ecological; **im ~en Anbau erzeugt werden** to be grown organically; **~es Gleichgewicht** ecological balance; **das ~e Gleichgewicht zerstören** to destroy the balance of the environment

Ökonometrie econometrics

Ökonomie economy

ökonomisch economic

Ökotrophologie *(Ernährungskunde)* dietetics

Ökumenischer Rat der Kirchen World Council of Churches (WCC)

Öl oil; →**Erd~**; →**Hauptvorkommen von ~**; →**Heiz~**; →**Oliven~**; →**Substitution von ~ durch Kohle**; →**Tonne ~**; →**Verschmutzung der See durch ~**; **ausgetretenes ~** oil spill; **pflanzliche ~e** vegetable oils; **tierische ~e** animal oils

Öl~, **~abhängigkeit** oil dependence; **~aktien** oil shares; **~beheizung** oil heating; **~bevorratung** oil stockpiling; **~bohrinsel (od. ~bohrturm)** oil rig; **~bohrung** oil drilling

„Öldollars", Rückführung der *(von den ölexportierenden Ländern)* **eingenommenen Öldollars"** recycling of petrol dollars

Öleinfuhren, →**Abhängigkeit von ~ verringern**

Öl~, **~fernleitung** oil pipeline, pipeline for oil; **~förderländer** oil producing countries; **~förderung** oil production; **~gelder** money from sales of oil; petro-dollars; **~heizung** oil heating; **~industrie** oil industry; *Am* petroleum industry; **~katastrophe** oil spill disaster; **~lake** *(z. B. auf Meer)* oil spill, oil slick; **~leitung** oil pipeline; **~lieferung** oil supply; **~mühle** oil mill; **~papier** oiled paper

Ölpest oil spillage; oil pollution; **von der ~ heimgesuchte Gebiete** regions affected by oil pollution; areas polluted by oil slicks

Ölpreis oil price; **~erhöhung** oil price rise (or increase); **~rückgang** fall in oil prices, oil price decline

Öl~, **~quelle** oil well; **~raffinerie** oil refinery; **~rechnung** oil bill; **(ins Meer) abgelassene ~reste** oil spills; **~sperre** oil embargo; **~stand** *(Auto)* oil level; **~suche** oil exploration; *Am* petroleum exploration; **~tanker** oil tanker

Ölteppich, **Zerstreuung des ~s** dispersing oil slicks (or spills)

Öl~, **~terminmarkt** oil futures market; **~unfall** accidental oil spill

Öl~, **~verbrauch** consumption of oil; **~verbraucherländer** oil consuming countries; **~verknappung** oil shortage; shortfall in oil supplies

Ölverschmutzung oil pollution; **~ des Meeres** oil pollution of the sea; marine oil pollution; pollution caused by hydrocarbons discharged at sea; **~ der Nordsee** oil pollution of the North Sea *(→Nordsee)*; **~ von See und Küste** oil pollution of sea and coastlines

Ölverschmutzungsabkommen →Internationales Übereinkommen zur Verhütung der Verschmutzung der See durch Öl

Ölverschmutzungsereignisse, **Opfer von ~n** victims of oil pollution incidents

Ölverschmutzungsschäden, **Internationaler Fonds zur Entschädigung für ~**[14] International Fund for Compensation for Oil Pollution Damage; International Oil Pollution Compensation Fund; **Internationales Übereinkommen über die zivilrechtliche Haftung für ~**[15] International Convention on Civil Liability for Oil Pollution Damage

Ölverschmutzungsunfälle, **Internationales Übereinkommen über Maßnahmen auf Hoher See bei ~n**[16]: Internationales Übereinkommen über Maßnahmen auf Hoher See bei Ölverschmutzungsunfällen International Convention Relating to Intervention on the High Seas in Cases of Oil Pollution Casualties

Ölverseuchung oil pollution, oil fouling

Ölversorgung oil supplies; **Bedrohung der ~** threat to oil supplies; **Schwierigkeiten in der ~ überwinden** to cope with the oil supply problem

Ölvorkommen oil deposits, oil finds (or findings); **neue ~ erschließen** to exploit new sources of oil

Öl~, **~vorräte** oil stocks; **~werte** oil shares; oils; **~wirtschaft** oil industry

Öl, **nach ~ bohren** to drill (or prospect) for oil; **~ fördern** to produce oil

Oligarchie *(Herrschaft e-r kleinen Gruppe)* oligarchy

Oligopol oligopoly

Oligopolist oligopolist

oligopolistisch oligopolistic

Oligopson oligopsony *(Ggs. Oligopol)*

Olivenöl olive oil; **~ ausführende Länder** countries exporting olive oil; →**Internationales ~-Übereinkommen**

Olympisch, ~e Spiele Olympic Games; →**Internationales ~es Komitee**; **an den ~en Spielen teilnehmen** to attend the Olympic Games

Oman Oman; **das Sultanat ~** the Sultanate of Oman

Omaner(in), omanisch Omani

Ombudsmann ombudsman

Omnibus omnibus; *(für Fernverkehr)* (motor) coach; **Personenverkehr mit ~sen** carriage of passengers by buses and coaches; **~linie** bus route; coach route; **~reise** journey by bus; coach trip (or tour)

Omniumpolice omnium policy *(→Wareneinheitsversicherung)*

Onchozerkose, Programm zur Bekämpfung der ~[17] Onchocerciasis Control Programme; **Übereinkommen über e-n ~fonds** Onchocerciasis Fund Agreement

OPEC s. Organisation der →erdölexportierenden Länder

Operationskosten-Versicherung insurance for fees for an operation; surgical fees insurance

Opfer, ~ der Gewalt victim(s) of violence; *(im Krieg oder durch Unfall)* casualty; **~entschädigungsgesetz** (OEG) Crime Victims Compensation Act

operative Planung operational planning

Opium opium; **~erzeugung** opium production; **~gesetz** →Betäubungsmittelgesetz; **Anbauverbot für ~mohn** prohibition of the cultivation of the opium poppy; **~sucht** addiction to opium; **~süchtige** (der/die) opium addict; **ständiger ~-Zentralausschuss** Permanent Central Opium Board *(Sitz: Genf)*

Opponent opponent

opponieren gegen to oppose (sb. or sth.)

opportun opportune; suitable

Opportunismus opportunism

Opportunität~, ~skosten opportunity costs; **~sprinzip** *(Strafprozess)* principle according to which prosecution of an offence (offense) is discretionary for the →Staatsanwaltschaft *(Ggs. Legalitätsprinzip)*

Opposition opposition; *parl* opposition (party); **außerparlamentarische ~** (APO) extraparliamentary opposition; **Bänke der ~** opposition benches; **innerparteiliche ~** intra-party opposition; **Links~** left-wing opposition; **Rechts~** right-wing opposition; **~sabgeordneter** member of the opposition; **~sführer** leader of the opposition; **~spartei** opposition (party); **~ssprecher** opposition spokesman; **~svorlage** opposition motion

Optant *pol* optant

optieren to opt *(→Option 1.)*

optimal optimum; **~e Bedingungen** best possible conditions; **~e Bestellmenge** optimum lot quantity; **~e Betriebsgröße** optimum size of undertaking; **~e Losgröße** optimum lot size

optimieren to optimize

Optimierung optimization, optimizing

Optimismus, vorsichtiger ~ cautious optimism

Option 1. *(StaatsR)* option (for citizenship or nationality)

Option 2. *(ZivilR)* option; **Kauf~** option to purchase; **~sberechtigter** grantee of an option; **~sklausel** option clause

Optionsrecht option (right); **~ auf Aktien** warrant right; *(vertragl.)* **~ auf Kauf e-s Grundstücks** option to purchase land; **sein ~ aufgeben (od. verfallen lassen)** to abandon (or drop) one's option; **sein ~ ausüben** to exercise one's (right of) option; **ein ~ vereinbaren** to stipulate an option right

Options~, ~verpflichteter grantor of the option; **~vertrag** option agreement (or contract)

Option 3. *(Börse)* option; **amerikanische ~** *(jederzeit ausübbar)* American-style option; **doppelte ~** double option *(→Stellage)*; **europäische ~** *(am Verfalltag ausübbar)* European option; **Kauf~** call option; option to buy; **Käufer e-r ~** option buyer; **Verkäufere-r ~** option seller *(→Stillhalter)*; **Verkaufs~** put option, option to sell; **~ auf e-n Terminkontrakt** futures option; **~sanleihe** bond with warrants (attached) *(Ggs: Wandelanleihe)*; **~sausübung** exercise of an option; **~sberechtigter** holder of an option; **~sbörse** options exchange; *Br* LIFE (London International Futures Exchange); **~serklärung** declaration of an option; **~sfrist** option period; period for exercising one's option; **~sgeber** giver of an option; **~genussschein** profit-sharing certificate (with warrants attached); **~sgeschäft** *(Termingeschäft an der Effektenbörse)* option dealing; option bargain; **~shändler** option dealer; **~snehmer** taker of an option; **~spapiere** *(zum Optionsgeschäft zugelassene Wertpapiere)* option securities; **~prämie** option money; **~spreis** option price; **~sschein** warrant; **einfach strukturierte ~sscheine** plain-vanilla warrants;

~sscheinemission warrant issue; **e-e ~ gewähren** to grant an option

optische Industrie optical industry

Orden medal; decoration; *relig.* order; **ausländischer ~** foreign medal; **~ und Ehrenzeichen** medals and decorations; **~sverleihung** awarding of a medal; **seine ~ tragen** to wear one's medals

ordentlich *(planmäßig)* ordinary; regular; *(in guter Ordnung)* orderly, tidy; **~e →Abschreibung**; **~es →Gericht**; **~e →Gerichtsbarkeit**; **~er Haushalt** regular (or ordinary) budget; **→Sorgfalt e-s ~en Kaufmanns**; **~e →Kündigung**; **~es Mitglied** full member; **~er Professor** →Ordinarius; **~e und außerordentliche Professoren** full and associate professors; **~er →Rechtsweg**; **~es Verfahren** due process of law; **in ~em Zustand** in a proper condition

Order *(Auftrag, Verfügung)* order; **„oder an ~"** "or to order"; **an eigene ~** to one's own order; **„nicht an ~"** "not to order"; **an ~ lautend** made out to order, payable to order

Ordergröße, **gerade ~** round-lot; **ungerade ~** odd-lot

Orderklausel *(ermöglicht, dass der Berechtigte durch →Indossament e-n anderen als Berechtigten ernennen kann)* order clause *(„oder an →Order")*; **negative ~** *(schließt die Übertragbarkeit durch →Indossament aus)* negative order clause *(→„nicht an Order")*

Order~, **~konnossement** order bill of lading; **~lagerschein** negotiable warehouse receipt

Orderpapiere instruments (made out) to order *(übertragbar durch →Indossament)*; **geborene ~** instruments to order by law *(→Wechsel, →Scheck, →Zwischenschein, →Namensaktie)*; **gewillkürte ~** instruments to order by option *(nur dann durch Indossament übertragbar, wenn sie die →Orderklausel enthalten s. kaufmännische →Anweisung, →Bodmereibrief, →Konnossement, →Ladeschein, →Lagerschein, →Transportversicherungspolice, →kaufmännischer Verpflichtungsschein)*; **kaufmännische (od. handelsrechtliche) ~**[18] s. gewillkürte →Orderpapiere

Order~, **~scheck** order cheque (check); **~schuldverschreibung** bond made out to order; negotiable bond

Order, **an ~ lauten** to be made out to order; **an ~ des X zahlen** to pay to the order of X

ordern to order, to give an order for (goods)

Ordinarius *univ* full professor

ordnen to put in order; to arrange; *(regeln)* to settle; *(einordnen)* to classify; *(geordnet zusammenstellen)* to marshal; **seine →Angelegenheiten ~**

geordnet, **nach Nummern ~** in numerical order

Ordner *(Akte)* file

Ordnung 1. *(geordneter Zustand)* order; **öffentliche ~** public order; **der öffentlichen ~ widersprechen** to be contrary to public policy (ordre public)

Ordnungshaft arrest (for disobedience to court orders) *(→Ordnungsstrafe)*

ordnungsgemäß orderly, proper; duly; **~ besetztes Gericht** properly constituted court; **~ gewählt** duly elected; **~ kündigen** to give due notice

ordnungsmäßig →ordnungsgemäß; **~e Buchführung** proper accounting; **~e →Geschäftsführung**; **~es →Verfahren**; **~e Zustellung** proper service

Ordnungsmäßigkeit regularity; propriety; conformity with regulations; **~ der Buchführung** propriety of accounting operations; **die ~ der Geschäfte des ... prüfen** to verify that the operations of ... are properly conducted

Ordnungsruf *parl* call to order; **j-m e-n ~ erteilen** to call a person to order

Ordnungsstrafe *(bes. Ordnungsgeld*[19] *[ersatzweise Ordnungshaft])* administrative fine (or penalty) (e. g. for contempt of court); **durch ~** by means of an administrative fine; **→Androhung e-r ~**; **zur Befolgung e-r gerichtlichen →Anordnung durch ~ anhalten**

Ordnungssystem classification system

ordnungswidrig contrary to regulations; illegal, irregular; **~ handelt, wer** ... an administrative offence (offense) is committed (or shall be deemed to be committed) by any person who ...

Ordnungswidrigkeit[20] breach of an administrative rule (or regulation) (not constituting a crime); administrative offence (offense) *(→Buße 2., →Geldbuße)*; **~en im Verkehr** traffic offences (offenses)

Ordnung, **in ~ sein** to be in order; **die (öffentl.) ~ aufrechterhalten** to maintain (or preserve) order; **seine Angelegenheiten in ~ bringen** to put one's affairs in order; to settle one's business; **zur ~ rufen** *parl* to call to order

Ordnung 2. *(Reihenfolge)* order; succession; **→Erbfolge~**; **→Rang~**; **→Tages~**

Ordnung 3. *(Vorschrift)* order; regulation(s); rule(s); code; **→Betriebs~**; **→Börsen~**; **→Dienst~**; **→Geschäfts~**; **→Hafen~**; **→Prozess~**

Organ organ; *(mit bestimmten Aufgaben betraute Person[engruppe])* institution, organ, (executive)

body; **gemeinsame ~e für die Europäischen Gemeinschaften** institutions common to the European Communities *(→Kommission, →Ministerrat, →Europäisches Parlament, →Gerichtshof)*; **das höchste ~ der ~isation** the supreme body of the organization; **staatliche ~e** state bodies; government agencies

Organ~, **~bank** organ bank; **~gesellschaft** *(SteuerR)*[21] (dominated-) controlled company (or *Am* corporation), organ company *(→Organschaft)*; **~haftung**[22] liability of legal persons in private and public law for wrongful acts or negligence on the part of their officers; **~kredite** *(AktienR)*[23] loans granted to members of a managing board or to →Prokuristen and their spouses or minor children; *(durch Kreditinstitute)*[24] loans granted by a bank to its executives and employees and their spouses and minor children as well as to certain associated firms

Organschaft *(SteuerR)*[25] special agreement establishing the relationship between two companies with their own legal personalities

Bei einer Organschaft ist ein rechtlich selbständiges Unternehmen (beherrschte Kapitalgesellschaft Organgesellschaft) von einem anderen Unternehmen (herrschendes Unternehmen Organträger) finanziell, wirtschaftlich und organisatorisch abhängig. Beide Unternehmen werden steuerrechtlich wie ein Unternehmen behandelt.

In the case of an →Organschaft a company with an own legal personality ([dominated-]controlled company [or *Am* corporation]) is dependent on another company ([dominating-]controlling company [or *Am* corporation]) financially, economically and operationally (e. g. a parent company and its subsidiary). Both companies are treated as one for tax purposes.

Organschafts~, **~verhältnis**[26] relationship between a controlled and a controlling company; single-entity relationship (for tax purposes) *(→Organschaft)*; **~vertrag**[27] contract establishing an →Organschaft; agreement (e. g. on profit sharing) between two interlocking companies

Organ~, **~spende** *(bei Transplantationen)* donation of organs; **~spender** organ donor; **~spenderausweis** organ donor card; **~träger(gesellschaft)** controlling company, parent company, dominant company *(→Organschaft)*; **~übertragung (od. ~transplantation)** transplantation of an organ

Organisation organization; **angeschlossene ~** affiliated organization; **→Europäische ~en**; **zwischenstaatliche ~en** intergovernmental organizations; **~ der Amerikanischen Staaten** Organization of American States (OAS); **~ der arabischen erdölexportierenden Staaten** Organization of Arab Petroleum Exporting Countries (OAPEC); **~ für die Einheit Afrikas** Organization of African Unity (OAU); **~ erdölexportierender Länder** Organization of Petroleum Exporting Countries (OPEC); **~ für Ernährung und Landwirtschaft** *(der Vereinten Nationen)*[27a] Food and Agricultural Organization (FAO); **~ der Vereinten Nationen für Erziehung, Wissenschaft und Kultur**[27b] United Nations Educational, Scientific and Cultural Organization (UNESCO); **~ der Vereinten Nationen für industrielle Entwicklung**[27c] United Nations Industrial Development Organization (UNIDO)

Organisation für internationale wirtschaftliche Zusammenarbeit (OIWZ) Organization for International Economic Cooperation

Eine Art Konsultationsbüro für den erloschenen →RGW.

A kind of consultation office for the defunct →RGW.

Organisation, **~ für wirtschaftliche Zusammenarbeit und Entwicklung** Organization for Economic Cooperation and Development (OECD); **~ der Zentralamerikanischen Staaten** Organization of Central American States (OCAS)

Organisations~, **~abteilung** organization and methods department; **~ausschuss** organizing committee; **~delikte** offences (offenses) relating to membership in or support of proscribed organizations (i. e. organizations threatening the democratic constitution); **~fehler** fault in the organization; **~formen** patterns of organization; **~freiheit** *(ArbeitsR)* right to organize, freedom of association; **~kosten** *(e-s Unternehmens)* organization cost (or expenses); preliminary cost (or expenses); **~plan** organization chart; **~ziel** organizational goal

Organisation, **aus e-r ~ austreten** to resign from an organization; **e-r ~ beitreten** to join an organization; **e-e ~ gründen** to found (or set up) an organization

Organisator organizer; organization and methods expert

organisatorisch organizational; **inner~** operational; **aus ~en Gründen** for organizational reasons

organisieren to organize; **sich ~** to form an organization; **sich gewerkschaftlich ~** to unionize

organisiert, **gewerkschaftlich nicht ~e Arbeitnehmer** unorganized labo(u)r; non(-)union workers

Organismen für gemeinsame Anlagen in Wertpapieren (OGAW) undertakings for collective investment in transferable securities (Ucits)

EG-Richtlinie für Investmentfonds and investment trusts

Organogramm organization chart

orientieren, jdn über etw. ~ to inform sb.about sth.; **sich ~** to orient(ate) oneself; **sich an etw. ~** to be guided by

orientiert, absatz~ sales oriented (or orientated); **falsch ~** misinformed; **gut ~** well-informed; **links~** *pol* tending towards the left

Orientierung orientation; information; **zu Ihrer ~** for your guidance; **~sdaten** guidelines; points of reference; **~sgespräche** exploratory talks; **~slinien** guidelines; **~spreis** guide price

Original original; top copy, first copy; **im ~** in the original; **~ oder beglaubigte Abschrift** original or certified copy; **~ des zuzustellenden Schriftstücks** *(europ. PatR)* original of the document to be notified; **~akkreditiv** original credit; **~belege** original documents (or vouchers); **~kunstwerke** original works of art; **~rechnung** original invoice; **~sprache** original language; **~tara** tare determined by the sender; **~wechsel** original bill (of exchange); **~werk** *(UrhR)* original work; **vom ~ Abschrift nehmen** to copy from the original; **die Übereinstimmung der →Abschrift mit dem ~ bestätigen**; **e-e →Fälschung für das ~ ausgeben**; **das ~** *(e-s Zeugnisses etc)* **beibringen** to produce the original

originär original

Ort place; **→Ankunfts~**; **→Aufenthalts~**; **→Ausstellungs~**; **→Erfüllungs~**; **→Geburts~**; **→Herkunfts~**; **→Hinterlegungs~**; **→Leistungs~**; **→Lieferungs~**; **→Tagungs~**; **→Unfall~**; **→Ursprungs~**; **→Wohn~**; **→Zahlungs~**; **am angegebenen ~** *(e-s Buches)* (a. a. O.) loco citato (loc. cit.); **bestimmter ~** particular place; **→vertraglich vereinbarter ~**; **~ des Verbrechens** scene of the crime; place where the crime was committed

Ort und Stelle, an ~ on the spot; in situ; **Nachforschung an ~** inquiry on the spot; field investigation; **bis zum Eintreffen der Polizei an ~ bleiben** *(bei Unfall)* to remain on the scene of the accident until the arrival of the police

Orts~, ~angabe indication of place; **o~ansässig** local, resident; **~ansässige** (der/die) local inhabitant; resident; **o~ansässiges Personal** local staff; **~ausgang** end of a built-up area; **~behörden** local authorities

Ortsbesichtigung local inspection; **~en vornehmen** to visit the scene

Orts~, ~bestimmung location; **~bewohner** local resident(s); **Beachtung der ~bräuche** observance of local customs (or usage); **~brief** local letter; **~eingang** beginning of a built-up area; **~gebrauch** local custom; **~gebühr** *tel* local charge; **~gespräch** *tel* local call; **~klasseneinteilung** *(bei Tarifverträgen etc)* locality classification; **(Allgemeine) ~krankenkasse** →Krankenkasse; **~name** place-name; **~netzbereich** *tel* local exchange area; **~netzkennzahl** *Br tel (für den Selbstwählferndienst)* dialling code; *Am* area code; **~polizei** local police; **~recht** *(IPR)* lex loci; **~satzung (od. ~statut)** →Gemeindeordnung; **~steuern** *Br* local taxes; **~tafel** place- name sign; **~tarif** local rate; **~termin** local inspection; judicial inspection of the locality; **o~üblich** customary in a (certain) place; in accordance with local custom; **~üblichkeit** local custom; **~umgehung** detour round a town; *(Bezeichnung der Straße)* by(-)pass; **~verkehr** local traffic; *tel* local telephone service; **~wechsel** change of locality; **~zeit** local time; **~zuschlag** *(Teil der Besoldung im öffentl. Dienst)* local bonus; residence allowance; *Br* weighting allowance

örtlich local; **~er Konflikt** *(VölkerR)* local dispute; **unter Berücksichtigung der ~en Usancen** taking into account local custom; **~e Verhältnisse** local conditions; **~e →Zuständigkeit**; **~ begrenzen (od. beschränken)** to localize; **~ zuständig** locally competent

Ortschaft locality; *(geschlossene Ortschaft)* built-up area; **innerhalb von ~en** in built-up areas; **Ausfahrt aus e-r ~** exit from a built-up area

Ossi *colloq.* Easterner; East German

Ost~, ~asien Eastern Asia; **~europa** Eastern Europe; **~europabank** →Europäische Bank für Wiederaufbau und Entwicklung Bank für Wiederaufbau und Entwicklung

Osten, Ferner ~ Far East; **Mittlerer ~** Middle East; **Naher ~** Near (or Middle) East

Ostsee Baltic Sea; **~anliegerstaaten** states of the Baltic Sea basin; **(Helsinki) Übereinkommen zum Schutz der Meeresumwelt des ~gebiets**[28] Convention on the Protection of the Marine Environment of the Baltic Sea Area

Österreicher(in), österreichisch Austrian

Österreichischer Schilling Austrian schilling

Ozeanstützpunkte im Nordatlantik[29] North Atlantic Ocean Stations

Ozeanographie oceanography

Ozonloch gap in the ozone layer

Ozonschicht, Montrealer Protokoll über Stoffe, die zu e-m Abbau der ~ führen[30] Montreal Protocol on Substances that Deplete the Ozone Layer; **Schutz der ~** protection of the ozone layer; **Verringerung der ~ in der Stratosphäre** depletion of the ozone layer of the stratosphere; **(Wiener) Übereinkommen zum Schutz der ~**[31] (Vienna) Convention for the Protection of the Ozone Layer; **Zerstö-**

rung der ~ depletion of the ozone layer; **die ~gefährdende Stoffe** substances dangerous to the ozone layer

ozonschichtschädigende Stoffe, stufenweiser Abbau der ozonschichtschädigenden Stoffe, insbesondere der FCKWs: stufenweiser Abbau der ozonschichtschädigenden Stoffe, insbesondere der FCKWs (Fluorkohlenwasserstoffe) gradual diminuation of substances damaging to the ozone layer, particularly of chlorofluoro-carbons

P

p. a. (per annum) for the year

Pacht[1] (usufructuary) lease; *(Pachtzins)* rent

Durch den Pachtvertrag ist der Pächter zum Gebrauch des gepachteten Gegenstandes und - im Gegensatz zur Miete - zum Genuss der Früchte berechtigt. Er ist verpflichtet, dem Verpächter den vereinbarten Pachtzins zu entrichten. Gegenstand des Pachtvertrages können (anders als bei der Miete) nicht nur Sachen, sondern auch Rechte sein (z.B. Urheber- und Patentrechte).

A lease entitles the lessee not only to use the leased property but also - other than in the case of Miete - to enjoy the fruits. In return, the lessee is obliged to pay the agreed rent. Unlike the normal contract of lease *(→Miete)*, this contract can cover not only things but also rights (or choses in action) (e. g. copyrights, patents).

Pacht, →**Jagd~**; →**Mit~**; **fällige ~** rent due; **hohe ~** high rent; **landwirtschaftliche ~** farming lease; **niedrige ~** low rent; **rückständige ~** back rent; rent arrears; **vorausbezahlte ~** rent paid in advance (or prepaid); **zur ~** on lease

Pacht, **~ e-s Landgutes**[2] lease of an estate; **~ e-s landwirtschaftlichen Grundstücks** agricultural tenancy; **~ auf Lebenszeit** lease for life; **~ von unbeweglichen Sachen** leasing of real property

Pacht~, **~abkommen** *(VölkerR)* lease agreement; **~ablauf** expiration of a lease; **~ausfall** loss of rent; **~ausfallversicherung** leasehold insurance; **~besitz** leasehold tenure, tenure under a lease; tenancy; *Br (Bilanz)* leasehold, land and buildings; **~betrag** (leasing) rental; **~dauer** duration of a lease (or tenancy); **~einnahmen** income from rent(s); rental(s); **~einnahmen aus Grundbesitz** rents (issuing from land); income from rents; **~einziehung** rent collection; **~erhöhung** rent increase; **p~frei** rent-free; **~gebiet** *(VölkerR)* leased territory; **~gegenstand** object leased; **~geld** →Pachtzins; **~grundstück** leasehold property; **~herabsetzung** reduction of rent; **~hof** leased farm; farm taken on lease; **~jahr** year of tenancy; year of a lease; **~kredit**[3] credit granted to tenant farmers; **~land** leasehold property; land (held) on lease; land let to a tenant; **~recht**[3] legislation on farm leases; **~sache** leased property; object of lease; **~rückstände** arrears of rent; **~schutz** protection of tenant farmers; security of tenure; **~summe** rent(al); **~verhältnis** tenancy; landlord and tenant relationship; **~verlängerung** renewal (or extension) of lease

Pachtvertrag agreement between landlord and tenant; tenancy agreement; (contract of) lease; **Urkunde über den ~** (instrument of) lease; **e-n ~ abschließen** to sign (or enter into) a lease; **e-n ~ kündigen** to terminate (or give notice of termination of) a lease

Pachtwesen, **landwirtschaftliches ~** matters concerning agricultural leases

Pachtzahlung payment of rent; **er geriet mit der ~ in →Verzug**

Pachtzeit term (or period) of (a) lease

Pachtzins[4] rent; **~en für landwirtschaftliche Grundstücke** farm rents; **~forderung** claim for rent; **~nachlass** reduction of rent

Pacht, **die ~ ist abgelaufen** the lease (or tenancy) has expired (or run out); **die ~ einziehen** to collect the rent; **die ~ erhöhen** to increase (or raise) the rent; **in ~ haben** to hold (land etc) under a lease; to tenant; **in ~ geben** →verpachten; **in ~ nehmen** to take a lease of; **die ~ verlängern** to renew the lease

pachten to take on lease; to lease; to rent; to be granted a lease; **e-n Hof ~** to take a farm on lease; to rent a farm

gepachtet, **~er Grundbesitz** leasehold property (or estate); **~es (Land-)Gut** estate taken (or held) on lease; leasehold estate

Pächter leaseholder, lessee; *(Landwirtschaft)* tenant; **~pfandrecht** lessee's lien; **Guts~** tenant farmer; **ausziehender ~** outgoing tenant; **jederzeit kündbarer ~** tenant at will; **landwirtschaftlicher ~** agricultural (or farm) tenant; **neuer ~** incoming tenant; **der ~ hat die gewöhnlichen →Ausbesserungskosten zu tragen**

Pachtung leasehold; (taking on) lease; leasing

Päckchen small packet; small parcel; *Am* small package

Pack~, **~liste** packing list; **~material** packing material; **~papier** wrapping (or packing) paper; brown paper; **~stück** package; **~stücksverschluss** *(Zoll)* sealing by unit

Packung package; packet; **Original~** original package; **e-e ~ Zigaretten** a packet of cigarettes

Pädagogische Hochschule (P. H.) college of education; teachers' training college

Päderastie pederasty

Paket parcel; package; *pol (Verhandlungsangebot)* package deal (or offer); →**Aktien~**; →**Eil~**; →**Nachnahme~**; →**Post~**; →**Schnell~**; →**Wert**; **~e mit zerbrechlichem Inhalt** fragile parcels; **sperrige ~e** cumbersome parcels; **Einlieferung e-s ~s** posting of a parcel

Paket~, **~annahmestelle** parcel (or *Am* package) counter; **~aufgabe** posting of parcels; **~ ausgabe(stelle)** parcel issuing office; **~beförderung** parcel delivery; **~gebühr** parcel rate; postage (or rate) for parcels; **~handel** *(Handel mit Aktienpaketen)* dealing in blocks of shares; block trading; **~karte** (parcel) dispatch note; parcel mailing form; **~police** *(VersR)* package policy; **~post** *Br* parcel post; *Am* fourth-class mail; **~versicherung** parcel (*Am* package) insurance; **~zuschlag** *(SteuerR)*[5] additional tax for a block of shares; **~zustellung** parcel delivery

Paket, **ein ~ abholen** to collect a parcel,; **ein ~ aufgeben** to post (or hand in) a parcel; **ein ~ auspacken** to unpack a parcel; **ein ~ nachsenden** to forward a parcel

Pakistan Pakistan; **Islamische Republik ~** Islamic Republic of Pakistan

Pakistaner(in) Pakistani

pakistanisch (of) Pakistan

Pakt *(VölkerR)* pact; covenant; →**Internationaler ~ über bürgerliche und politische Rechte**; →**Internationaler ~ über wirtschaftliche, soziale und kulturelle Rechte**; →**Warschauer ~**

Palästinensische Befreiungs-Organisation Palestine Liberation Organization (PLO)

Palästina-Flüchtlinge Palestinian refugees; **Hilfswerk der Vereinten Nationen für ~** United Nations Relief and Works Agency for Palestine Refugees (UNRWA)

Palette *(Transportplattform)* pallet; *(reiche Auswahl)* range; **~nregal** pallet rack; **Europäisches Übereinkommen über die Zollbehandlung von ~en, die im internationalen Verkehr verwendet werden**[6] European Convention on Customs Treatment of Pallets Used in International Transport

Panama Panama; **Republik ~** Republic of Panama

Panamaer(in), panamaisch Panamanian

Panamakanal, **Vertrag über die dauernde Neutralität und den Betrieb des ~s**[6a] Treaty Concerning the Permanent Neutrality and Operation of the Panama Canal

panaschieren to vote for candidates of different parties; to cross-vote; to split one's vote

Panikkauf panic purchase (or buying)

Panne breakdown; **~nversicherung** car breakdown insurance; **e-e ~ haben** to break down

pantomimische Werke works of pantomime

Panzer *mil* tank; **~abwehr** anti-tank; **~fahrzeug** armo(u)red vehicle; **~schrank** safe; **~verband** tank formation

Papier paper; **~e** *(Unterlagen)* papers, documents; *(Wertpapiere)* securities, shares; *colloq.* papers; **~ in Rollen oder Bogen** paper in rolls or sheets; **festverzinsliche ~e** fixed-interest securities; **kurzfristige ~e** short-term paper, shorts; **mittelfristige ~e** medium-term papers, mediums; →**Arbeits~e**; →**Ausweis~e**; →**Geldmarkt~e**; →**Handels~**; →**Industrie~e**; →**Pack~**; →**Staats~e**; →**Wert~e**

Papier~, **~abfälle** waste paper; **~fabrik** paper mill (or factory); **~geld** paper money; **~geldumlauf** paper money circulation; **~gewinn** paper profit; **~gold** paper gold *(→Sonderziehungsrechte)*; **~herstellung** paper manufacturing; **~industrie** paper industry; **~krieg** paper war(fare); **~patent** paper patent; **~rückgewinnung** recycling of paper; **~verlust** paper loss; **~währung** paper currency, paper standard; **~waren** paper products (or articles); *(Schreibwaren)* stationery; **~werte** paper securities

Papier, **sein Vermögen in ~en anlegen** to invest one's money in securities; **seine ~e ordnen** to put one's papers in order; **seine ~e vorzeigen** *(sich ausweisen)* to produce (or present) one's papers

Pappe cardboard

Papua-Neuguinea Papua New Guinea; **der Unabhängige Staat ~** the Independent State of Papua New Guinea

Papua-Neuguineer(in) Papua New Guinean

papua-neuguinesisch (of) Papua New Guinea

Parabank quasi-bank

parafiskalisch para-fiscal, quasi-fiscal

Paragraph paragraph; *(e-s Gesetzes)* section, article; **§ 20 Abs. 2 (§ 20 [2])** section 20, subsection 2 (or s. 20 [2])

Paraguay Paraguay; **Republik ~** Republic of Paraguay

Paraguayer(in), paraguayisch Paraguayan

Parallel~, **~anmeldung** *(PatR)* co-pending application; **~gesetzgebung** parallel jurisdiction; **Erteilung von ~lizenzen an mehrere Lizenznehmer** multiple licensing; **~markt** *(inoffizieller Devisenmarkt)* parallel market; **~verhalten** parallel conduct; **~währung** parallel currency (or standard)

Parallelität parallelism; **bewußte ~ des Handelns** conscious parallelism of action

Paraphe initials

paraphieren to sign; **e-n Vertrag ~** *(VölkerR)* to initial a treaty

Parentel parentela; →**Erbfolge nach ~en**

pari, **al ~** *(zum Nennwert)* at par; **al ~ stehen** to be (or stand) at par

pari, **über ~** above par; at a premium; **Über-~kurs** above par price (or rate); **nicht über ~ liegender Kurs** price not exceeding par; **über ~ stehen** to be above par

pari, **unter ~** below par; at a discount; **unter ~ ausgeben** to issue below par (or at a discount)

Pari~, **~-Emission** issue at par; **~kurs** par price; par rate; **~obligation** bond issued at par; **~platz** place where banks collect bills and cheques (checks) free of charge *(Ggs. Spesenplatz)*; **~wert** par value; **die Anleihe wurde öffentlich zum ~kurs angeboten** the loan was offered to the public at par

Pariser, **~ Atomhaftungsübereinkommen** (Paris) Convention on Third Party Liability in the Field of Nuclear Energy; **~ Börse** the Paris Bourse

Pariser Charta Charter of Paris

In der Pariser Charta wird den Völkern der KSZE-Staaten die Gewährleistung ihrer Menschenrechte und Grundfreiheiten in Verbindung mit einem Bekenntnis zur Marktwirtschaft zugesichert.

The Charter of Paris guarantees to the people of the CSCE-states their human rights and basic freedoms in conjunction with a commitment to private property and a free market economy.

Pariser Club Paris Club

Internationales Verhandlungsforum für die Umschuldung überschuldeter Länder *(Sitz: Paris)*.

International negotiating forum for the rescheduling of debts of overindebted countries *(seated in Paris)*.

Pariser, **~ Seerechtsdeklaration** Declaration of Paris; **~ Verband** *(der durch die ~ Verbandsübereinkunft errichtete internationale Verband)* Paris Union; **~ (Verbands-)Übereinkunft (~ Übereinkunft zum Schutz des gewerblichen Eigentums)**[7] Paris Convention (Paris Convention for the Protection of Industrial Property); **~ Vertrag** (von 1951) Treaty of Paris *(Gründung der →Montanunion)*

Parität parity; →**Gold~**; →**Kaufkraft~**; →**Kurs~**; →**Währungs~**; **~ der Devisenkurse** →Kursparität; **Ersetzung des Systems fester ~en durch das System floatender Wechselkurse** replacement of the system of fixed parities by floating exchange rates; **System der gleitenden ~en** *Am* system of the crawling peg; **Neufestlegung der ~en** realignment of parities; **~sänderung** parity change; **~skalkulation** calculation of parities; **~sklausel** *(in internationalen Abkommen)* parity clause; **~skurs** parity price (or rate); **~sprüfung** parity check; **~stabellen** parity tables, tables of parity; **~swert** par value; **die gegenwärtige ~ aufrechterhalten** to maintain the current parity

paritätisch on a basis (or footing) of equality; with equal representation; **~ besetzt** consisting of equal numbers of representatives; with joint representation; **~er Ausschuss (od. ~ zusammengesetzter Ausschuss)** joint committee; committee constituted on a basis of parity; committee with equal representation; **~e** →**Mitbestimmung**; **sich ~ aus Mitgliedern von ... und Mitgliedern von ... zusammensetzen** to be composed of equal numbers of members of ... and of ...

parken to park; **das Fahrzeug parkt** the vehicle is parked

parkendes Fahrzeug parked (or standing) vehicle

Parken *(für Kraftfahrzeuge)* parking; **auf eine Straßenseite beschränktes ~** unilateral parking; **~ ist nur gegen Bezahlung erlaubt** parking is subject to payment *(→Parkuhr)*; **~ verboten** parking prohibited; **~ verboten** (außer für Bewohner der angrenzenden Straße) no parking (except for residents); **das ~ betreffende Verstöße** *Br* parking offences; *Am* parking violations; **Geldbuße wegen falschen ~s** parking fine; **Strafzettel für falsches ~** parking ticket

Parkdauer, **zulässige ~** period for which parking is permitted; **die ~ ist begrenzt** parking for a limited time only

Park~, **~gebühr** parking fee; **~(hoch)haus** *Br* multistor(e)y car park; *Am* parking garage; **~leuchten** parking lights; **~lücke** parking space; gap between parked cars; **~platz** *Br* car park; *Am* parking lot

Parkreihe, **Herausfahren aus e-r od. Einfahren in e-e ~** pulling out of or into a line of parked vehicles

Park~, **~scheibe** parking disc (or disk); **~uhr** parking meter; **~verbot** parking prohibition; "no parking"; **~verbotslinie** double yellow line; **~wächter** *Br* car park attendant; *Am* parking lot attendant

Parkzeit parking period; **Zone mit ~beschränkung** restricted parking zone

Parkett *(Börse)* official stock market; floor *(Ggs. Kulisse)*

Parlament parliament; →**Europäisches ~**; **~sabstimmung** parliamentary vote; **~sauflösung** dissolution of parliament; **~sausschuss** parliamentary committee; **~sbericht** parliamentary report; **~sdebatte** parliamentary debate; **~sdrucksache** parliamentary publication; parliamentary document; **~seinberufung** calling (or convening, convocation) of parliament; **~seröffnung** opening of parliament; **~sferien** parliamentary recess; **~sfraktion** parliamentary group; **~smitglied** member of parliament (M. P.); deputy *(→Abgeordneter)*; **~snötigung**[8] coercion of (members of) a legislative assembly of the Federal Republic or the Länder (with a view to hindering or influencing them in the discharge of their legislative function); **~sprotokoll** minutes of parliamentary proceedings; *Br* Hansard; *Am* Congressional Record; **~sreform** parliamentary reform; **~ssitzung** parliamentary sitting; **~swahlen** parliamentary elections

Parlament, dem ~ angehören to be a member of parliament; to sit in parliament; **das ~ auflösen** to dissolve parliament; **das ~ einberufen** to convene parliament; to convoke (or summon) parliament; **im ~ einbringen** to introduce in parliament; **ins ~ gewählt werden** to enter parliament; to be elected a member of parliament; **das ~ tagt** parliament is in session (or is sitting); **das ~ hat sich vertagt** parliament is prorogued; **im ~ vertreten sein** to be represented in parliament; **jdn ins ~ wählen** to elect sb. to parliament

Parlamentär *mil* parliamentaire; truce delegate

Parlamentarier member of parliament; *(erfahrener Parlamentarier)* parliamentarian

parlamentarisch, ~e Anfrage parliamentary question (put to the Government); **~e Äußerungen**[8a] parliamentary statements; **~er** →**Staatssekretär**; **~es Verfahren** parliamentary procedure

Parlamentarismus parliamentarism

Partei 1. *(Zivilprozess)* party; →**Gegen~**; →**Prozess~**; **beklagte ~** defending party; defendant; **nicht erschienene (od. säumige) ~** defaulting party, party in default; **geladene ~** summoned party; →**obsiegende ~**; **streitende ~en** contending parties; →**unterliegende ~**

Partei~, ~änderung change of party *(→Parteibeitritt, →Parteiwechsel)*; **~antrag** party motion; **~beitritt** intervention (as third party) *(→Nebenintervenient)*; **~betrieb** principle of party initiative (institution and conduct of proceedings determined by the parties)

parteifähig, ~ ist, wer rechtsfähig ist[9] every natural and legal person is capable of being a party to legal proceedings; **die Organisation ist ~** the organization may be a party to legal proceedings

Partei~, ~fähigkeit[9] capacity to be a party to legal proceedings (plaintiff or defendant); **~handlung** act of party; **~prozess**[10] proceedings in which the parties are not obliged to be represented by a lawyer *(Ggs. Anwaltsprozess)*; **~vernehmung**[11] interrogation of a party; **~verrat**[11a] betrayal of a client (assistance given by a lawyer to his client's opponent)

Parteivorbringen arguments of the parties; allegation; *(Schriftsatz)* pleadings; **vom früheren ~ abweichen** to make a departure in pleading

Parteiwechsel change of party in a lawsuit

Partei 2. *(VertragsR)* party; →**Vertrags~**; **~ e-s Kaufvertrages** party to a sale; **~, die den Vertrag verletzt hat** party in breach; **vertragschließende ~en** contracting parties; →**vertraglich verpflichtete ~**; **in** →**Verzug befindliche ~**

Partei~, ~abmachung agreement between the parties; **~autonomie** *(IPR)* parties' autonomy to determine the proper law (e. g. of their contract)

Parteienhäufung joinder of parties

Parteivereinbarung, laut ~ according to the agreement between the parties; **in Ermangelung e-r ~** failing agreement; in the absence of (an) agreement (between the parties); **Schiedsspruch durch ~** award made by consent of the parties

Parteiverweisung *(IPR)* →Parteiautonomie

Parteiwille intention (or will) of the party (or parties); **mutmaßlicher ~** implied intention; **vom ~n unabhängige Umstände** circumstances beyond the control of the parties

Partei 3. *pol* party; **Links~** left-wing party; **linksextreme ~** extreme left-wing party; **Oppositions~** party in opposition; **Rechts~** right-wing party; **rechtsextreme ~** extreme right-wing party; **Splitter~** splinter party; **Anhänger e-r ~** party follower, party supporter; **Gespräche zwischen den ~en** inter-party talks; **~ der Mitte** centre (center) party, middle-of-the-road party

Partei~, ~abzeichen party badge; **~apparat** party machine(ry); **~ausschluss** expulsion (or exclusion) from a party; **~austritt** resignation (or withdrawal) from a party; **~beitrag** party dues; **~beitritt** joining (of) a party; **~bonze** party boss

Parteibuch party (membership) card; **~wirtschaft** party political favo(u)ritism

Parteidisziplin party discipline; **~ halten** to follow the party line; to toe the party line

Parteien~, **~finanzierung** financing of political parties; **~gesetz (Gesetz über die politischen ~)**[11b] Law Concerning the Political Parties; **~spende** donation to political parties

Parteiflügel wing of a party, party wing, faction within a party; **linker ~** party left wing; **rechter ~** party right wing

Parteifreund party colleague

Parteiführer party leader; *Am* party chairman; **stellvertretender ~** deputy party leader; **sich um das Amt e-s ~s bewerben** to run for (the) party leadership

Partei~, **~führung** party leadership; party leaders; **~funktionär** party official; party functionary; **nicht p~gebundener Wähler** floating voter; **zu keiner ~ Gehöriger** non-partisan; **~genosse** party member, member of a party; **~geist** party spirit; **~gruppe** faction; **~herrschaft** party hierarchy; **~hochburg** party stronghold; **p~intern** intra-party; **~kandidat** candidate (or nominee) of a party; **~kurs** →Parteilinie

Parteilinie party line, party course; **von der ~ abweichen** to deviate from the party line; **sich an die ~ halten** →Parteidisziplin halten

parteilos not belonging to a political party; non-party; independent; unattached

Parteimitglied party member; member of a party; **eingetragenes ~** enrol(l)ed party member; **~schaft** party membership, party affiliation

Partei~, **~organisation** →Parteiapparat; **~politik** party politics; party policy

parteipolitisch party political; **~e Betätigung im Betrieb** on the job activity in favo(u)r of a political party; **für ~e Zwecke** for party political ends (or purposes)

Partei~, **~programm** party program(me); party platform; **~programmatiker** party policymaker; **~sekretär** party secretary; **~spaltung** party split; **~spende** donation to political parties; **~sprecher** party spokesman; **~stärke** party strength; **~statuten** statutes of the party

Partei~, **~system** party system; **Mehr~ensystem** multiparty system; **Zwei~ensystem** two-party system

Partei~, **~tag** party conference; party convention; party rally; **~verbot** ban of a party; **~versammlung** →Parteitag; **~vorsitz** party chairmanship; **~vorsitzender** party chairman; chairman of the party; **~vorstand** executive committee of the party; party leadership; **~zentrale** party headquarters; **~zugehörigkeit** party membership (or affiliation)

Partei, von e-r ~ →abfallen; **e-r ~ angehören** to be a member of a party; to be affiliated to a party; **aus e-r ~ ausschließen** to expel from a party; **aus e-r ~ austreten** to withdraw (or resign) from a party, to leave a party; **e-r ~ beitreten (od. in e-e ~ eintreten)** to join a party; to become a member of a party; **sie bildeten e-e ~** they constituted themselves a party; **e-e ~ gründen** to establish (or form) a party; **e-e ~ verbieten** to ban (or outlaw) a party; **seine ~ wechseln** to change one's party; **die ~ erhielt ... Stimmen** the party polled ... votes

Partei 4. *fig* side; **~nahme** taking sides; partisanship; partiality; **jds ~ ergreifen** to side with sb.; **gegen jdn ~ ergreifen** to take sides against sb.

parteiisch *(einseitig für jdn eingestellt)* partial; *(befangen)* bias(s)ed; **~er Schiedsspruch** partial award; **~er Zeuge** interested witness

parteilich (by the) party; partisan; **über~** above party; non-party

Parten~, **~reeder** joint owner (or co-owner, part owner) of a ship; **~reederei** joint ownership (or co-ownership, part ownership) of a ship; shipping partnership

partiarisches Darlehen loan with profit participation (in addition to or instead of interest)

Partie *(Warenposten)* parcel, lot; **~waren** *(Ramschwaren)* job lots, substandard goods; **in kleinen ~n** in small lots; in parcels; **Waren in ~n aufteilen** to lot out goods in parcels; **p~nweise verkaufen** to sell in lots (or parcels)

partiell partial; partly

Partikularhavarie particular average

Partikularismus particularism

Partikularverfahren *(Int. InsR)* territorial insolvency proceedings; **nach der Eröffnung des →Hauptinsolvenzverfahrens (→Insolvenzverfahren) wird das ~ zum Sekundärinsolvenzverfahren (→Insolvenzverfahren)** if the main insolvency proceedings are opened, the territorial proceedings become secondary

Partikulier *(Binnenschiffahrt)* independent barge owner

Partisan partisan; **~enkrieg** guerilla warfare

Partizipations~, **~geschäft** transaction on joint account *(z. B. Konsortialgeschäft)*; **~konto** joint account (of the parties in a Partizipationsgeschäft); **~schein** participation certificate

Partner partner; associate; **Geschäfts~** business partner; **Junior~** junior partner; **Senior~** senior partner; **~land** member country

Partnerschaft partnership; *(Gewinnbeteiligung der gesamten Belegschaft)* copartnership; **Gründung von ~en zwischen Städten** town-twinning; **eheähnliche ~sbeziehung** →eheähnliche Gemeinschaft; **~sgesellschaft** *(nach dem PartnerschaftsgesellschaftsG von 1994)* professional partnership; **~sverhältnis** partnership relation

Partner~, **~staat** →Partnerland; **~stadt** twin town; **~stadt sein von** to be twinned with; **häufiger ~wechsel** sexual promiscuity

Partylieferant caterer

Parzelle parcel of land; plot of land; lot; *(Land)* **in ~n aufteilen** to parcel out; *Am* to lot (out), to divide into lots, to subdivide

parzellieren →in Parzellen aufteilen

Pass[11 c] passport; **Sammel~** collective passport; **gültiger ~** valid passport; **~behörde** passport office; **~bild** passport photo(graph); **~fälschung** forgery of a passport; **~formalitäten** passport formalities; **~inhaber** passport holder

Passkontrolle passport control (or inspection); **Aufhebung der ~** lifting of passport checks

Pass~, **~stelle** passport office; **~vergehen** offence (offense) against passport regulations; **~verlängerung** renewal (or extension) of the passport; **~wesen** passport system; **~zwang** obligation to show one's passport

Pass, **der ~ ist abgelaufen** the passport has expired; **e-n ~ ausstellen** to issue a passport; **sich e-n ~ ausstellen lassen** to obtain a passport; **sich durch e-n ~ ausweisen** to prove one's identity by means of a passport; **e-n ~ beantragen** to apply for a passport; **e-n ~ fälschen od. falsche Angaben zur Erlangung e-s ~es machen** to forge a passport or to make false statements for procuring a passport; **e-n ~ prüfen** to check (or examine) a passport; **sich e-n ~ verschaffen** to take out a passport; **e-n ~ verlängern** to extend (or renew) a passport; **seinen ~ vorzeigen** to produce one's passport

Passage *(Reise mit Schiff od. Flugzeug)* passage; *(Durchgang)* passage(way); *(mit Geschäften)* arcade; **~vertrag** passage contract

Passagier passenger; **blinder ~** stowaway; *(im Auto)* **unentgeltlich mitfahrende ~e** nonfare paying passengers; **~dampfer** passenger steamer; liner; **~flugzeug** passenger aircraft; **~flugverkehr** civil aviation; **~gut** →Reisegepäck; **~liste** passenger list; **~räume** passenger accommodation; **~schiffahrt** passenger shipping; **~verkehr** passenger traffic; **~ auf der Warteliste** *(für Flug)* waiting list passenger

Passierschein pass, permit; laissez-passer

passiv passive; **~legitimiert** →Passivlegitimation; **die Zahlungsbilanz ist ~** the balance of payments (BOP) is in deficit (or adverse, unfavo[u]rable)

passiv, **~e Bestechung** acceptance of a bribe, taking a bribe; **~e Handelsbilanz** unfavo(u)rable (or adverse) trade balance; **~er Veredelungsverkehr** outward processing; **~es Wahlrecht** eligibility (to stand) for election; **~er Widerstand** passive resistance

Passiva liabilities; **Aktiva und ~** assets and liabilities; →**antizipative ~**; →**transitorische ~**

Passiv~, **~geschäfte** *(e-r Bank)* deposit business; transactions creating a liability *(z. B. Depositengeschäft, Annahme von Spareinlagen)*; **~konten** *(e-r Bilanz)* liability accounts; accounts payable; **~legitimation** standing (or capacity) to be sued; to be the proper party with respect to plaintiff's claim; to be the proper defendant of the claim; **~masse** liabilities; **~posten** debit item

Passivsaldo deficit; unfavo(u)rable balance; *(Bank)* debit balance; **~ der Handelsbilanz** deficit in the balance of trade; trade balance deficit; negative trade balance; **~ im Waren- und Dienstleistungsverkehr** deficit on trade and services; **~ der Zahlungsbilanz** deficit in the BOP *(→Zahlungsbilanzdefizit)*; **die Handelsbilanz schloss mit e-m ~ ab** the balance of trade closed with a(n export) deficit; **e-n ~ aufweisen** to show a deficit

Passiv, **auf der ~seite** on the liabilities side (of the balance sheet); **~wechsel** *(Bilanz)* bills payable; **~zinsen** interest paid *(Ggs. →Aktivzinsen)*; interest on deposits; interest on credit balances; credit interest

passivieren to enter on the liabilities side (of a balance sheet) *(Ggs. aktivieren)*; **die Zahlungsbilanz ~** to move the balance of payments into deficit

passiviert, **der Außenhandel hat sich ~** there is a deterioration in the foreign trade balance

Passivierung *(Bilanz)* entering on the liabilities side; *(der Zahlungsbilanz, Handelsbilanz etc)* moving into deficit *(Ggs. Aktivierung)*; **~spflicht**[11 d] obligation to disclose all debts on the liabilities side of a balance sheet; mandatory disclosure; **~srecht** right to disclose (or enter) an item on the liabilities side; **~sverbot** prohibition of the entry of an item on the balance sheet; **~swahlrecht** option to disclose (or not to disclose) an item on the liabilities side (i. e.

disclosure of the pension liability in the balance sheet is optional)

Patenschaft sponsorship; **die ~ für e-e Stadt übernehmen** to adopt a town as a twin town *(→Partnerstadt)*

Patent patent; **~ angemeldet** patent applied for, patent pending; **~ erteilt** patent granted; **durch ~ geschützter Gegenstand** patented article

Patent, älteres ~ earlier (or prior) patent; **erloschenes ~** expired patent; **noch nicht erloschenes ~** unexpired patent; →**europäisches ~**; **gemeinsames ~** joint patent; **grundlegendes ~** basic patent; **gültiges ~** patent in force; **jüngeres ~** subsequent patent

Patent, nationales ~[11 e] national patent

Von einem →nationalen Amt erteiltes Patent

A patent granted by a national authority

Patent, pharmazeutisches ~ special pharmaceutical patent

Patent, regionales ~[11 e] regional patent

Ein von einem →nationalen Amt oder von einer zwischenstaatlichen Behörde erteiltes Patent, wenn das Amt oder die Behörde die Befugnis hat, Patente zu erteilen, die in mehr als einem Staat Wirkung entfalten.

A patent granted by a national authority or an intergovernmental authority having the power to grant patents effective in more than one state.

Patent, ungeprüftes ~ patent without examination; **verfallenes ~** lapsed patent; **Wiederherstellung verfallener ~e** restoration of lapsed patents

Patent, Auslands~ foreign patent; **Ausschließlichkeits~** exclusive patent; **Bezugs~** related patent; **Erfindungs~** patent for invention; **Geheim~** secret patent; **Gemeinschafts~** *(EU)* Community patent; **Haupt~** main patent, principal patent; **Kollisions~** interfering patent; **Sperr~** defensive patent; blocking-off patent; **Verbesserungs~** patent for an improvement; **Verfahrens~** process patent; **Vorrichtungs~** device patent; **Zusatz~** patent of addition; supplemental patent

Patent, Ablauf e-s ~s expiration of a patent; →**Erlöschen e-s ~s**; →**Erteilung e-s ~s**; **Gegenstand des ~s** subject-matter of the patent; **Inhaber e-s ~s** proprietor (or owner) of a patent; **Laufzeit e-s ~s** duration (or term) of a patent; **Lizenz an e-m ~** licen|ce (~se) under a patent; **Recht auf das ~** right to (apply for) a patent; **Recht aus e-m ~** right derived from a patent; →**Schutzdauer e-s ~s**; **(Schutz-)Umfang e-s ~s** scope of a patent; **Verfall e-s ~s** forfeiture of a patent; **Verzicht auf ein ~** surrender of a patent; **Widerruf e-s ~s** revocation of a patent; **Zurücknahme e-s ~s** withdrawal (or revocation) of a patent

Patent, ein ~ (als ungültig) anfechten to avoid a patent; **ein ~ anmelden (od. etw. zum ~ anmelden)** to apply for (the grant of) a patent; **~e aufrecht erhalten** to maintain patents; **das ~ betrifft** ... the patent covers ...; **ein ~ erlangen** to obtain a patent; **ein ~ erlischt** a patent expires (or ceases to have effect); **das ~ ist erloschen** the patent has lapsed; **ein ~ erteilen** to grant (or issue) a patent; **ein ~ löschen** to cancel a patent (in the register); **ein ~ für nichtig erklären** to revoke a patent; **ein ~ verfallen lassen** to abandon a patent; **ein ~ verlängern** to extend a patent; **ein ~ verletzen** to infringe a patent; **ein ~ versagen** to refuse to grant a patent; to withhold (the grant of) a patent; **das ~ wird versagt** the patent is denied; **ein ~ praktisch verwertbar machen** to reduce a patent to practice; **ein ~ verwerten** to utilize (or exploit) a patent; **auf ein ~ verzichten** to surrender (or abandon) a patent; **ein ~ widerrufen** to revoke a patent

Patent~, ~abteilung patent division; **~abtretung** patent assignment

Patentamt Patent Office; *Am* Patent and Trademark Office; →**Deutsches Patent- und Markenamt** (DPMA); →**Europäisches ~**; →**Präsident des ~es**

Patentanmelder applicant for a patent, patent applicant

Patentanmeldeverordnung Ordinance concerning patent applications

Patentanmeldung[12] application for a patent, *Br (auch)* application for letters patent *(→Anmeldung 2.)*; →**europäische ~**; **gleichzeitig anhängige ~** co-pending patent application; **die ~ zurücknehmen** to withdraw the patent application; **die ~ zurückweisen** to refuse the patent application

Patentanspruch patent claim *(→Anspruch 2.)*

Patentanwalt *Br* patent agent; *Am* patent attorney; *(intern. PatentR)* agent; **~schaft** Patent Bar; **~skammer** patent lawyers' association; *Br* Chartered Institute of Patent Agents

Patent~, ~austauschabkommen patent exchange agreement; patent pooling agreement; **unterlassene ~ausübung** non-user of a patent; **p~begründend** justifying the grant of a patent; **missbräuchliche ~benutzung** misuse (or abuse) of patent; **~berühmung**[13] arrogation of patent; wrongful representation of an article as patented; **~beschreibung** patent description, patent specification *(→Patentschrift)*; **~blatt**[14] Patent Office Journal; **~dauer** term of a patent; →**Internationales ~dokumentationszentrum**; **~einspruch (-sverfahren)** →Einspruch 3.; **~entziehung** revocation of a patent

Patenterteilung grant(ing) of a patent *(→Erteilung e-s Patents)*; **~sbeschluss** decision for the grant of a patent; **einheitliches ~sverfahren** single procedure for the grant of patents *(→Europ. Patentübereinkommen)*

patentfähig patentable; **der Gegenstand e-r Erfindung ist ~** an application contains a patentable subject-matter

Patentfähigkeit patentability; **mangelnde ~** lack of patentability

Patent~, **~gebühren**[15] patent fees; **~gemeinschaft** *(Zusammenlegung von Patenten)* patent pool; **~gericht** Patent Court, Patent Tribunal; *Br* Patents Appeal Tribunal *(→Bundespatentgericht)*; **~gesetz**[16] Patent Law; Patent(s) Act; **~gesetzgebung** patent legislation; **~hindernis** bar to patentability

Patent-Holdinggesellschaft patent pool, patent holding (company)
Gesellschaft, in die Patentinhaber Patente einbringen und unter Ausschluss Dritter gemeinsam nutzen.
Company of patent holders for the joint exploitation of their patents.

Patentinformationen, **Zugang zu ~** access to patent information

Patent~, **~inhaber** holder (or owner) of a patent; proprietor of a patent; patentee; **~jahresgebühren** renewal fees; patent annuities; **~kategorie** patent category; **~klage** patent action *(→Patentverletzungsklage)*

Patentklasse patent class; **Verzeichnis der ~n** class index of patents

Patentklassifikation patent classification; →**Europäische Übereinkunft über die internationale ~**; →**Straßburger Abkommen über die internationale ~**

Patentkosten patent charges

Patentlizenz licen|ce (~se) under a patent; patent licen|ce (~se); **Erteilung e-r ~** granting of a patent licen|ce (~se); **~vereinbarung (od. ~vertrag)** patent licensing agreement

Patent~, **~missbrauch** misuse of a patent; **~monopol** patent monopoly; **~nichtigkeitsklage** *Br* action for revocation of a patent; *Am* nullity action against a patent

Patentorganisation →Europäische Patentorganisation

Patent~, **~pool** →**~-Holdinggesellschaft**; **~prozess** patent suit (or ligitation); **~prüfer** patent examiner

Patentrecht patent law; patent right; **materielles ~** substantive patent law; **Übereinkommen zur Vereinheitlichung gewisser Begriffe des materiellen Rechts der Erfindungspatente**[17] Convention on the Unification of Certain Points of Substantive Law on Patents for Invention; **sein ~ geltend machen** to assert one's patent right; **auf sein ~ verzichten** to surrender one's patent right

patentrechtlich, **~ geschützt** patented; protected by letters patent; **~ nicht geschützt** unpatented

Patent, →**Europäisches ~register**; **jedermann kann in das ~register Einsicht nehmen** the Register of European Patents shall be open to public inspection; **~rolle**[18] Patent Register; *Br* Patent Roll(s); *Am* Patent Register

Patentschrift (printed) patent specification; **Druckkostengebühren für die ~** fees for the printing of a specification; **endgültige ~** complete specification; →**Europäische ~**; **Kurzfassung der ~** abridg(e)ment of specification; **vorläufige ~** provisional specification; **in der ~ beschriebene Erfindung** invention described in the specification

Patentschutz protection by patent, patent protection; **es besteht kein ~** there is no patent protection

Patent~, **~streitsache** patent case (or dispute); →**Europäisches ~übereinkommen**; →**Straßburger ~übereinkommen**; **~übertragung** assignment of a patent; **~urkunde** patent document, letters patent; **~verfahren** proceedings before the Patents Court; **~verlängerung** extension of (the terms of) a patent

Patentverletzer infringer of a patent; **vermeintlicher ~** assumed infringer; **gegen den ~ gerichtlich vorgehen** to institute legal proceedings against the infringer of a patent

Patentverletzung[19] infringement of a patent; **mittelbare ~** contributory infringement of a patent; **vorsätzliche ~** intentional infringement of a patent; **~sklage** action for infringement of a patent; **~sverfahren** patent infringement proceedings; **einstweilige Verfügung, weitere ~en zu unterlassen** injunction to restrain further infringement

Patent~, **~versagung** refusal of (grant of) a patent; **~verwaltungsabteilung** *(Europ. Patentamt)* Patent Administration Division; **~verwertung** exploitation of a patent; **~verwertungsvertrag** patent exploitation agreement; **~verzicht** abandonment of a patent; surrender of one's patent by giving notice; **~zeichnung** patent drawing; **~zusammenarbeitsvertrag** (Vertrag über die internationale Zusammenarbeit auf dem Gebiet des Patentwesens) Patent Cooperation Treaty (PCT)[20]

patentierbar patentable

Patentierbarkeit patentability; **Einwendungen gegen die ~ der angemeldeten Erfindung**

erheben to present objections concerning the patentability of the invention applied for

patentieren, (etw.) ~ to patent, to issue (or grant) a patent; **e-e Erfindung ~ lassen** to have an invention patented; to take out a patent on an invention

patentierte Erfindung patented invention; **nicht ~** unpatented invention

Patientenverfügung advance directive; advance statement; living will

Patient in stationärer Behandlung in-patient

Patronat patronage; **~serklärung** *(der Muttergesellschaft für die Tochtergesellschaft gegenüber derem Kreditgeber)* letter of support

Patt(situation) stalemate, deadlock

pauschal lump sum; on a flat-rate basis; blanket, global, overall; **~ festgesetzter Preis** flat-rate price; **~e** →**Abfindung**; **~e Beihilfe** flat-rate aid; **~er Beitrag** flat-rate contribution; **~e Bezahlung** payment in a lump sum; lump sum payment

Pauschal~, **~abfindung** s. pauschale →Abfindung; **~abschreibung** composite depreciation; **~arrangement** package deal; **~besteuerung** →Pauschbesteuerung; **~betrag** →Pauschbetrag

Pauschale lump sum (payment); flat charge

Pauschal~, **~bürgschaft** *(EU) (gemeinschaftliches Versandverfahren)* flat-rate guarantee; **~fracht** freight payable in a lump sum, lump sum freight; freighting by contract; **~gebühr** flat-rate fee; **~honorar** (professional) fee paid in a lump sum; **~police** blanket insurance policy; **~prämie** *(VersR)* flat- rate premium; **~preis** lump sum price; package price; blanket price; **~reise** package tour; all-in-tour; **~reiserichtlinie** package tour directive; **~satz** flat rate, blanket rate, lump sum rate; **~steuer** lump sum tax; **~steuersatz** flat tax rate; **~summe** lump sum; **~vereinbarung** bulk deal; **~versicherung** global insurance; **~zahlung** lump sum payment

pauschalieren to fix a lump sum; to consolidate into a lump sum

Pauschalierung der deutschen Steuer *(bei Doppelbesteuerung)* flat rate determination of the German tax; determination of the German tax at a flat rate

Pausch~, **~besteuerung** *(Pauschalierung e-r Steuerschuld)* lump sum taxation; **~betrag** flat rate amount; lump sum (amount); standard amount; **die Steuer in e-m ~betrag festsetzen** to determine the tax at a flat rate; to make a lump sum assessment; *Am* to use the standard deduction; **~steuer** lump sum tax; **~summe** lump sum

Pause *(e-r Sitzung etc)* break

Pazifismus pacifism

Pazifist pacifist

pazifistisch pacifist

pekuniär pecuniary; financial

pendeln *(zwischen Wohnung und Arbeitsstätte fahren)* to commute

Pendelverkehr shuttle (or commuter) service (or traffic); **~ mit Kraftomnibussen** shuttle service by coach and bus

Pendler commuter

Penicillinproduktion manufacture of penicillin

Pension 1. *(Ruhegehalt)* (retirement) pension; *(bes. für Beamte)* superannuation; **~ auf Lebenszeit** pension for life; **beitragspflichtige ~** contributory pension

Pensionär, pensionieren s. S. 544

Pensionsalter retirement (or retiring, pensionable) age; **vorgezogenes ~** early retirement age; **das ~ erreichen** to reach (the) retiring age

Pensions~, **~angelegenheiten** pension matters; **~anspruch** entitlement (or right, claim) to a pension; **~anwartschaft** pension expectancy; right to future pension benefits; **~anwartschaftsrecht** accrued pension right; **p~berechtigt** entitled to a pension; eligible for a pension; **p~berechtigte Stellung** pensionable post (or position); **~berechtigung** qualification for pension; entitlement to a pension; eligibility for a pension; **~bezüge** retirement benefits; pension payments; **~einkünfte** retirement income; **~empfänger** recipient of a pension; pensioner; holder of a pension; **~erhöhung** pension increase; **p~fähiges Arbeitsentgelt** pensionable pay; **~fonds** *(VersR)* pension fund

Pensionskasse pension fund (or scheme); superannuation fund (or scheme); **Beiträge zu ~n** pension fund contributions, contributions under a pension scheme; **betriebliche ~** firm's pension fund; staff pension fund

Pensionsleistung pension benefit

Pensionsordnung regulations concerning a firm's (or company's) pension scheme

Pensionsplan pension plan (or scheme); **~ mit (ohne) Beitragsleistung der Arbeitnehmer** (non-)contributory pension scheme

Pensionsrückstellung pension (or superannuation) reserve; reserve for pension; accrued pension obligation; provision for pension (or superannuation); →**Auflösung der ~**; **Bildung e-r ~** setting-up (or formation) of a pension reserve; **Zuführung zur ~** addition (or allocation, transfer) to the pension reserve)

Pensions~, **~verbindlichkeiten** *(Bilanz)* pension liabilities; **~verein** →Pensionskasse in the legal form of a →Versicherungsverein auf Gegenseitigkeit; **~verpflichtung** pension liability; a firm's (or company's) contractual obligation to pay a pension; **~zusage** confirmation of pension entitlement (or entitlement of a pension); pension commitment

Pension, **jdm e-e ~ aussetzen** to settle a pension on sb.; **e-e ~ beziehen** to draw a pension; **in ~ gehen** to retire, to go into retirement; to superannuate

Pension 2. **~sgeschäft** (sale and) repurchase agreement (repo); →**Devisen~**; →**Wechsel~**; →**Wertpapier~**; **~swechsel** bill of exchange sold under repurchase agreement

Pension 3. *(Fremdenheim)* boarding house, guest house, lodging house; *Am* rooming house; *(Unterkunft und Verpflegung)* board and lodging; **volle ~** full board; **~sgast** boarder; paying guest; **~spreis** price of board and lodging

Pensionär pensioner; *Am* retiree *(→Pensionsempfänger)*

pensionieren, **jdn ~** to retire sb., to pension sb. off; *(wegen Erreichung der Altersgrenze)* to superannuate sb.; **jdn zwangsweise ~** to retire sb. compulsorily; **sich ~ lassen** to retire (on a pension)

pensioniert retired; superannuated; **~er Beamter** retired civil servant; **auf eigenen Antrag ~** retired at one's own application; **~ sein** to be retired, to be in retirement; *mil* to be on the retired list; **~ werden** to go into retirement, to retire

Pensionierung retirement; placing in retirement; pensioning (off); *(wegen Erreichung der Altersgrenze)* superannuation; **Zwangs~** compulsory retirement (on a pension); **~ auf eigenen Wunsch (od. freiwillige ~)** voluntary (or optional) retirement; **vorzeitige ~** premature (or early) retirement; **zwangsweise ~** →Zwangspensionierung; **~ mit vollem (herabgesetzten) Ruhegehalt** retirement on full (reduced) pension; **~salter** →Pensionsalter

per, **~** →**Adresse**; **~ Bahn** by rail; **~**→**prokura**; **~ Kasse kaufen** *(Börse)* to buy spot; **~ Kasse verkaufen** *(Börse)* to sell spot

peremptorisch peremptory; destroying a right (or claim); **~e** →**Einrede**

Periode period; **p~nfremde Aufwendungen und Erträge** expenses and income not relating to the period under review; **~nleistung** quantitative result of an undertaking's activity during a certain period; **~nrechnung** method of accounting in which profit and loss are assessed over a certain period

periodisch periodic(al); **~e Druckschriften** periodical publications, periodicals; **sich ~ wiederholend** recurrent

permanente Inventur perpetual inventory

perpetuatio fori[21] perpetuatio fori (principle of continued jurisdiction)

Person person; →**~en**; **Privat~** private person, individual; **in (eigener) ~** in person, personally; *(nicht durch e-n Anwalt vertreten)* in person; *Am* in propria persona; **Angaben zur ~** personal data; **ohne** →**Ansehen der ~**; **in der Bundesrepublik ansässige ~** resident of the Federal Republic; **von ~ bekannt** of known identity; **einflussreiche ~** person of consequence; →**juristische ~**; →**natürliche ~**; *(als diplomatischer Vertreter)* **unerwünschte ~** persona non grata

persona, **~ grata** *(erwünschte Person)* persona grata; **~ non grata** *(unerwünschte Person)* persona non grata

Personal staff, personnel; labo(u)r force; **Aushilfs~** temporary staff; **im Außendienst tätiges ~** outdoor staff; field staff; **Büro~** office (or clerical) staff; **Fach~** technical staff; skilled (or trained) personnel; **Haushalts~** domestic staff; **im Innendienst tätiges ~** indoor staff; **leitendes ~** managerial staff; **Mitglied des ~s** staff member; **ständiges ~** permanent (or regular) staff; →**Verkaufs~**

Personal, **~** →**abbauen**; **mit ~ besetzen** to staff; **~ einstellen** to appoint (or employ, engage) staff; **~ entlassen** to dismiss staff; **zuviel ~ haben** to be overstaffed; **zu wenig ~ haben** to be understaffed; **~ halten** to keep personnel; **das ~ verringern** to reduce the staff; **mit ~ versehen** to staff, to provide with personnel; **gut mit ~ versehen sein** to be well-staffed

Personal~, **~abbau** reduction (or dismissal) of staff; staff cut(s); laying off of staff; **~abteilung** personnel (or staff) department

Personalakten personnel (or personal) files (or records); →**Einsicht in die ~**

Personal~, **~angaben** personal data; **~angelegenheiten** personal matters; **~aufwand (od. ~aufwendungen, ~ausgaben)** personnel (or staff) costs; expenditure on personnel; **~auswahl** selection of personnel

Personalausweis[22] personal identity card; *Am* identification card; **~ für Ausländer** aliens' identity card; **behelfsmäßiger ~** provisional identity card; **fälschungssicherer ~** forgery-proof identity card

Personal~, **~bedarf** manpower (or personnel) requirements; **~berater** personnel consultant; **~beratungsunternehmen** personnel consultancy; **~beschaffung** staff recruitment; **~beschreibung** personal description (or particulars); description of a person

Personalbestand number of persons employed; work force; manpower establishment; (size of the) staff; **den ~ verringern** to reduce (or cut) (the) staff; **der ~ wird auf dem gegenwärtigen Stand gehalten** the staff will be maintained at the present level

Personal~, **~bestimmungen** staff regulations; **~beurteilung** personnel merit rating; staff appraisal; **~bogen** personal record; **~buchhaltung** personnel accounting; **~büro** personnel office; **~chef** personnel manager, staff manager; head of personnel department; **~computer** personal computer (PC); **tragbarer ~computer** laptop; **~einschränkung** staff cut; **~einstellung** staff recruitment; **~entwicklung** personnel development; **~fluktuation** labo(u)r turnover; **~fragebogen**[22a] staff questionaire(s); **~führung** personnel management; human resources management; **~gemeinkosten** employment overhead costs; **~gesellschaft** →Personengesellschaft; **~hoheit** *(VölkerR)* personal sovereignty

Personalien personal data; *(z. B. in e-m Pass)* particulars; **die ~ angeben** to give (or supply) one's personal data

Personal~, **~kartei** personal file index; **~knappheit** →Personalmangel

Personalkosten labo(u)r (or staff) costs; personnel costs, employment costs; staff expenditure; **stark steigende ~** steeply rising labo(u)r costs

Personal~, **~kredit** personal loan (or credit); unsecured credit; **~leiter** →Personalchef; **~leitung** →Personalführung; **~management** personnel management

Personalmangel shortage (or lack) of staff (or personnel); labo(u)r shortage; **an ~ leiden** to be short of staff

Personal- und Befähigungsnachweis *(etwa)* merit rating

Personal~, **~nebenkosten** ancillary labo(u)r costs; **~ordnung** staff regulations; **~papiere** identity (or identification) papers; **~planung e-s Betriebes**[23] personnel planning in an enterprise; company manpower planning; **~politik** personnel policy; **~rat**[24] staff council; **~rechte** personal rights *(Ggs. Realrechte)*; **~stand** number of persons employed; **~statut** *(IPR)* personal statute; law governing the person; *(EU)* staff regulations; **~steuer** →Personensteuer; **~struktur** staff structure; **~umbesetzung** reallocation of staff; **~umschichtung** reallocation of staff; **~veränderungen** staff changes; *(Abgänge und Zugänge während e-r bestimmten Zeit)* staff turnover, labo(u)r turnover; **~verflechtung** →personelle Verflechtung; **~vermehrung** addition to personnel; **~verringerung** reduction of staff; **~versammlung** staff meeting; **~vertreter** personnel (or staff) representative

Personalvertretung staff representation; **~sgesetz** (BPerVG)[25] (public service) Staff Representation Act

Gegenstück zum Betriebsrat für im öffentlichen Dienst Beschäftigte (in den Verwaltungen, Betrieben und Gerichten des Bundes, der Länder und Gemeinden).

Counterpart of works council for employees in public service (in public administration, courts and enterprises of the Federal Republic, the Länder and the local authorities).

Personal~, **~verwaltung** personnel administration, staff management; **~wesen** personnel matters; **~wirtschaft** personnel management; **~zuweisung** allocation of staff

personell personnel; **~e Änderungen** changes in personnel; **~e Kosten** staff costs; **~e Verflechtung von Unternehmen** interlocking directorate; **~ besetzen** to staff

Personen, **natürliche oder juristische ~** natural or legal persons

Personenbeförderung carriage of passengers, passenger transport *(Am transportation)*; **~sgesetz**[26] Passenger Transport(ation) Act; **~ mit der Bahn** conveyance of passengers by rail; **Fahrzeuge, die der öffentlichen ~ dienen** public passenger-transport vehicles; **~ im Straßenverkehr** road passenger transport

Personenbeschreibung description (of a person)

personenbezogene, **~ Daten** *(EDV)* personal data; **Übereinkommen zum Schutz des Menschen bei der automatischen Verarbeitung ~r Daten**[26a] Convention for the Protection of Individuals with Regard to Automatic Processing of Personal Data *(s. automatisierte →Datei/Datensammlung)*

Personen~, **p~bezogene Kapitalgesellschaft** *(SteuerR)* company (*Am* corporation) in which at least 76 of the shares are held by individuals; **~firma**[27] personal-name firm *(Ggs. Sachfirma)*; **~-Garantie-Versicherung** fidelity insurance; *Am* suretyship insurance; **~gelegenheitsverkehr mit Kraftomnibussen** carriage of passengers by road by means of occasional coach and bus services

Personengesellschaft partnership (→OHG, →KG, →GmbH) *(Ggs. Kapitalgesellschaft)*; **e-e ~ betreiben** to carry on a partnership

Personen~, ~gruppe group of persons; *(für bestimmte Aufgaben ausgewähltMMF)* panel; **~handelsgesellschaft** partnership (OHG und KG); *(von dem zur Sicherheitsleistung Verpflichteten abgeschlossene)* Personenkautionsversicherung fidelity bond insurance; **~kennzahl** *(für Geldautomaten)* (PK) personal identification number (PIN); **~konto** *(für Lieferanten und Kunden)* personal account *(Ggs. Sachkonto)*

Personenkontrolle check on travellers; **~ an der Grenze** passport control at the frontier; **e-r ~ unterworfen sein** to be subject to a personal check

Personenkraftfahrzeug →Personenkraftwagen

Personenkraftverkehr road passenger transport; **grenzüberschreitender ~** international carriage of passengers by road; **linienmäßiger ~** regular road passenger service; **~sunternehmer** road passenger transport operator

Personen~, ~kraftwagen (Pkw) *bes. Br* (motor) car; passenger car; automobile; **~kreis** group (or category) of persons; **erfasster ~kreis** coverage; **~kult** personality cult; **~linienverkehr** regular passenger services; **~mehrheit** body of persons; **~name** (personal) name; **~recht** right of the individual (in respect of his person) *(Ggs. Vermögensrecht)*; **~schaden** personal injury; *(VersR)* bodily injury; **~- und Sachschaden** personal injury and damage to property; **~sorge** *(Teil der →elterlichen Sorge)* care for the person of the child, personal custody *(→Sorge für die Person des Kindes)*

Personenstand civil status; (person's) status; family status; **~sbücher** registers of civil status; *Br* Register of Births, Deaths and Marriages; *Am* Register of Vital Statistics; **~sfälschung**[28] falsification of personal statuts; concealment or false statements with regard to sb.'s civil status made to the authorities concerned with the matter; **~sgesetz**[29] Law on Civil Status; **~srecht** law of civil status; **~sregister** →Personenstandbücher; **~statistik** vital statistics; **~sunterdrückung** concealment of sb.'s civil status *(→Personenstandfälschung)*; **~surkunden** certificates of birth, marriage and death; **~swesen** registration of births, marriages and deaths

Personen~, ~steuer *(z. B. Einkommen-, Körperschaft-, Vermögen-, Erbschaftsteuer)* tax on persons *(Ggs. Realsteuer)*; **~tarif** →Eisenbahntarif; **~vereinigung** association (of persons)

Personenverkehr passenger transport; **Personen- und Güterverkehr** passenger and goods traffic; **freier ~**[30] free movement of persons; **~ mit Kraftomnibussen** carriage of passengers by coach and bus

Personen~, ~versicherung *(z. B. Lebens-, Kranken-, Unfallversicherung)* insurance of persons; personal insurance *(Ggs. Sach- und Vermögensversicherung)*; **~verwechslung** (case of) mistaken identity; **~verzeichnis** list (or register) of persons

persönlich personal; *(in Person)* in person, personally; **~ bekannt** personally known, of known identity; **~er** →**Arrest**; **für den ~en** →**Bedarf**; **~e Ehewirkung** *(IPR)* effect of marriage on status; **~es** →**Erscheinen**; **~→haftender Gesellschafter**; **~e Geheimzahl** *(Banken)* PIN; **~er Kleinkredit** (PKK) small personal credit; **~e Sachen** personal effects; **~→anwesend sein**; **~ haften** to be personally liable

persönlicher Umgang, Recht (der sorgeberechtigten Eltern) zum persönlichen Umgang mit e-m Kind[30a] right of access
Umfasst das Recht, das Kind für eine begrenzte Zeit an einen anderen als seinen gewöhnlichen Aufenthaltsort zu bringen.
Includes the right to take a child for a limited period of time to a place other than the child's habitual residence. *(anders: →Besuchsrecht, →Verkehrsrecht)*

Persönlichkeit personality; **~ des öffentlichen Lebens** public figure; **Recht auf freie Entfaltung der ~**[31] right to the free development of one's personality; **~sbeurteilung** appraisal of personality; personality rating

Persönlichkeitsrecht[31] personal right; right of personality; right to privacy; **Verletzung des ~s** invasion of personal privacy

Persönlichkeitsschutz legal protection of a person's personal rights

Peru Peru; **Republik ~** Republic of Peru

Peruaner(in), peruanisch Peruvian

Peseta, spanische ~ Spanish peseta

Pessimismus bekunden to express pessimism

Petition petition; **~sausschuss** Committee on Petitions; **~srecht**[32] right of petition; right to address written requests to the appropriate agencies or to parliamentary bodies

petrochemische Industrie petrochemical industry

Petrodollar petrodollar; **Rückfluss der ~s in die Industrieländer** *(in Form von Beteiligungen)* recycling of petrodollars
Im Besitz erdölexportierender Staaten befindliche US Dollars, die auf den internationalen Märkten angelegt werden.
US Dollars owned by oil-exporting countries which are invested in the international markets.

Pfadfinder (boy)scout

Pfand pledge, pawn; security; **als ~** in pledge (or pawn); **nicht ausgelöstes ~** unredeemed pledge; **verfallenes ~** forfeited pledge; →**Aufbewahrungsort des ~es**; **Befriedigung der durch das ~ gesicherten Schuld** satisfaction of the debt secured by the pledge (through payment by the pledgor); →**Erlös aus dem ~**; →**Versteigerung des ~es**

Pfand, ein ~ auslösen (od. einlösen) to redeem a pledge; to take out of pledge; **als ~ geben** to give (or put) in pledge; to pawn; to deposit as a pledge (for money borrowed); **als ~ haben (od. halten)** to hold in pledge; **als ~ nehmen** to take in pledge; **das ~ durch Verkauf verwerten** to enforce the pledge by selling it

Pfandauslösung redemption of the pledge; **bei nicht erfolgter ~ hat der Pfandinhaber das Recht auf Verkauf des Pfandes** in default of redemption of the pledge the pawnee has the power of sale

Pfandbestellung *(Bestellung des Pfandrechts an e-r bewegl. Sache)*[33] pledging a chattel as security for a debt; *(für fremde Schuld)* suretyship

Pfandbrief mortgage bond, mortgage debenture; **~absatz** sales of mortgage bonds; **~anstalt** mortgage bank; **~ausgabe** mortgage bond issue; **~gläubiger** bond creditor; **~inhaber** *Br* debenture holder; **~markt** (mortgage) bond market; **~schuldner** bond debtor

Pfandbruch rescue of goods seized in execution (or [lawfully] distrained); **unter ~ an sich nehmen** to rescue

Pfand~, ~effekten securities pledged to a bank (serving as a collateral); **~entstrickung**[34] →Pfandbruch; **~geber** →Pfandschuldner

Pfandgegenstand pledge, pawn, pledged chattel (or property); pawned object; article left with a pawnbroker; **e-n ~ zum Pfand geben** to put a chattel in pawn; **e-n ~ zum Pfand nehmen** to take a chattel (or pledge) in pawn

Pfand~, ~gläubiger pledgee, pawnee; creditor with right of lien; lienor; **~haus** pawnshop; **~hinterlegung** deposit of a pledge; **~inhaber** →Pfandgläubiger; **~kehr**[34a] unlawfully retaking (by owner) of goods pawned (or of pawn); **~leihanstalt** pawnshop; **~leihe** pawnbroker's business, pawnbroking; **~leiher** pawnbroker

Pfandrecht (right of) pledge *or* lien (security rights over movables)

Pfandrecht ist das dingliche Recht, sich durch Verwertung einer fremden Sache Befriedigung für eine Forderung zu verschaffen.

"Pfandrecht" is a right in rem to satisfy a claim.

Pfandrecht, Erlöschen des ~s extinguishment of the pledgee's right (in respect of the object pledged); extinguishment of the pledgee's lien (or *Am* security interest); **Geltendmachung (od. Verwertung) e-s ~s** enforcement of a lien

Pfandrecht, älteres *(im Rang vorgehendes)* **~** prior lien; **gesetzliches ~**[35] lien by implication (or operation) of law; statutory lien; implied lien; lien created by statute; **nachrangiges ~** second lien; **seerechtliches ~** maritime lien; **vertragliches ~**→**Vertrags~**; →**Fahrnis~**; →**Grund~e**; →**Kommissionärs~**; →**Pfändungs~**; →**Register~**; **Vertrags~** lien by agreement; contractual (or conventional) lien

Pfandrecht, ~ an beweglichen Sachen[36] pledge of movables; lien on movable chattels; **~ an e-r Forderung**[37] pledge of a claim; **~ des** →**Frachtführers**; **~ des** →**Gastwirts**; **~ an der Ladung** lien on the cargo; **~ an Luftfahrzeugen** aircraft mortgage; **~ des Pächters** tenant's lien; **~ an Rechten**[38] pledge of rights; **~ an dem Schiff** hypothecation of the ship; **~ des Unternehmers** →Unternehmerpfandrecht

Pfandrecht des Vermieters landlord's (or lessor's) lien; **das ~ kann durch Sicherheitsleistung des Mieters abgewendet werden**[39] the landlord's lien can be discharged if the tenant provides security

Pfandrecht, ~ des Verpächters →Verpächterpfandrecht; **~ an e-m Wechsel** lien on a bill; **~ an Wertpapieren** lien on (or over) securities

Pfandrecht, ein ~ bestellen to create a lien; **ein ~ erlischt** a lien is lost; a pledge is extinguished; **ein ~ geltend machen** to enforce a lien

Pfandreife maturity of a pledge; **Pfandrecht bei eingetretener ~** lien perfected; **das Recht zur Verwertung des Pfandes tritt mit der ~ ein** *(mit der Fälligkeit der Forderung)* the right to realize the pledge arises when the debt becomes payable

Pfand~, ~rückgabe restitution of the pledge; **~sache** →Pfandgegenstand; **~schein** pawn ticket; **~schuldner** pledgor, pawnor; lienee; **~siegel** bailiff's stamp *(→ Siegelbruch)*

Pfandverkauf sale of a pledge; **ausgeschlossene Käufer bei ~**[40] sale of pledged property - certain persons may not buy

Pfand~, ~versteigerung auction of the pledge; sale of the pledge by public auction; **~vertrag** pledge agreement; contract of lien; **~verwahrung**[41] custody of the pledge (or the pledged property); **~verwertung** realization (or sale) of the pledge (or security)

pfändbar attachable; seizable; subject to execution (or attachment); →**un~**; **~e Vermögensgegenstände** seizable assets

Pfändbarkeit liability to execution (or attachment); **~ des Lohnanspruchs** liability of earnings to attachment

pfänden to attach, to seize; to take (sth.) in execution; to levy execution (on); **jdn ~ lassen** to take out an execution against sb.; **ein →Bankkonto ~**; **e-e Forderung ~ (lassen)** to attach a claim (or debt); **e-e Forderung beim →Drittschuldner ~ (lassen)**; **das Gericht läßt e-e Forderung ~** the court makes an order attaching a debt; **Lohn ~** to attach wages (or earnings); **Waren des Schuldners ~ lassen** to levy execution against the debtor's goods

gepfändet, **~e Forderung** attached debt (or claim); *(beim Drittschuldner)* garnished debt; **Freigabe ~er Güter** release of seized goods (or of goods taken in execution); **~e Sachen** attached goods; goods (or chattel) seized in execution; goods under distress (or seizure); goods distressed (or distrained); **der Anspruch auf ... kann nicht ~ werden** the claim for ... is not subject to attachment

Pfändung[42] attachment (or seizure) of property of judgment debtor by court authorities; **~** *(aufgrund e-s Vollstreckungstitels)* levy of attachment; **→fruchtlose ~**; **→Anschluss~**; **→Lohn~**; **~ von Forderungen** →Forderungspfändung; **~ der Früchte auf dem Halm**[43] seizure of standing crops; **der ~ nicht unterworfene Gegenstände** objects protected from seizure in execution; **~ des Gehalts und anderer Bezüge** attachment of salary and other emoluments; **~ e-r Rente** attachment of an annuity; **von der ~ ausgenommen** exempt (ed) (or protected) from attachment (or seizure)

Pfändungs~, **~anordnung** (court) order (or writ of execution) to levy a judgment debt; fieri facias (fi.fa.); **~ankündigung** notice (served on the judgment debtor or the garnishee) that an attachment is imminent; **~aufhebung** release of seizure; **~beschluss**[44] order of attachment; *(Lohnpfändung)* attachment of earnings order; *(Forderungspfändung)* garnishee (*Am* garnishment) order; **~beschränkungen** restrictions on attachment; **~freigrenze** *(für Arbeitseinkommen)* protected earnings rate (up to which an amount is exempt from attachment); **~gläubiger** attaching creditor; execution creditor; holder of a →Pfändungspfandrecht; **~pfandrecht** security right of an execution creditor; **~schuldner** execution debtor; **~schutz**[45] protection from execution; **~- und Überweisungsbeschluss** attachment order and transfer of garnished claim; **~verbot**[46] prohibition of execution

Pfändung, **gegen jdn ~ betreiben** to have sb.'s property seized; **der ~ unterliegen** to be subject to attachment; **e-e ~ vornehmen** *(Gerichtsvollzieher)* to make an attachment; to have sb.'s property seized

Pfarrer clergyman; parson; *(Church of England)* vicar; **evangelischer ~** pastor; **katholischer ~** priest

Pflanzen~, **~gesundheitszeugnis**[47] phytosanitary certificate; **~patent** plant patent

Pflanzenschutz plant protection; **→Internationales ~abkommen**; **~gesetz**[47a] Plant Protection Law; **~mittel** pesticides; phytopharmaceutical products; plant protection products; **~-Organisation für Europa und den Mittelmeerraum**[47b] European and Mediterranean Plant Protection Organization; **~recht** plant health legislation; **p~rechtliches Zeugnis** phytopathological certificate

Pflanzen~, **~sorten** plant varieties *(→Sortenschutz)*; **~zucht (~züchtung)** plant breeding (or cultivation); **→Internationales Übereinkommen zum Schutz von ~züchtungen**

pflanzliche Erzeugnisse vegetable products

Pflege care; **Kranken~** nursing; **~ von Angehörigen** care of members of one's family; **~ e-s Grabes** maintenance of a grave; **~ zu Hause** home nursing; **~anstalt** nursing home; **p~bedürftig** in need of nursing care

Pflegeeltern foster parents; **bei ~ untergebrachte Kinder** foster children; children placed with foster parents; **ein Kind bei ~ unterbringen** to place a child in foster care (or in a foster home)

Pflege~, **~fall** person requiring nursing care (because of physical incapacity); **~geld** insurance benefits[48] or public assistance benefits[49] for payment of nursing care; **~heim** nursing home; **häusliche ~hilfe** nursing care at home; **~kinder**[50] foster children; **p~leicht** *(Garderobe)* easy(-)care; wash and wear; **~mutter** foster mother

Pflegepersonal nursing staff; **Betreuung durch ~ zu Hause oder in e-m Krankenhaus** nursing care at home or in hospital

Pflegesatz *(für Krankenhaus)* (hospital) accommodation and treatment charges

Pflegezulage *(des Kriegsbeschädigten, z. B. des Blinden)*[51] attendance supplement (to war disablement pension)

Pflege, **der ~ dauernd bedürfen** to be in constant need of care; **fremde ~ brauchen** to be in need of nursing services; **ein Kind in ~ geben** to place a child in care

Pfleger *(staatlich eingesetzte Vertrauensperson)* curator; **(Krankenhaus-)~** male nurse; →**Abwesenheits~**; →**Gebrechlichkeits~**; →**Nachlass~**; →**Prozess~** *(→Pflegschaft)*; **~ für e-n Geisteskranken** →Gebrechlichkeitspfleger; **~ für das nichteheliche Kind**[52] curator (ad litem) of the illegitimate child; **e-n ~ bestellen** to appoint a curator

Pflegschaft[53] curatorship; *(etwa)* trust

Pflegschaft ist die durch eine gerichtlich eingesetzte Vertrauensperson, den Pfleger, geführte Fürsorge für Person oder Vermögen eines Menschen, die sich auf einzelne besondere Angelegenheiten erstreckt; →Betreuung.

Pflegschaft is the care entrusted to a curator appointed by the →Vormundschaftsgericht to look after particular interests (particularly property interests) of another; →Betreuung.

Pflegschaft, →**Abwesenheits~**; →**Gebrechlichkeits~**; **~ für unbekannte Beteiligte**[54] *(z. B. unbekannte Erben)* curatorship (or trust) for unknown parties; **~ für die Leibesfrucht**[55] curatorship (or trust) for a child en ventre de sa mère (for a conceived but unborn child); **~ für gesammeltes Vermögen**[56] curatorship (or trust) for money raised by public collection (where the collectors or administrators of the fund are no longer available); **die ~ aufheben** to terminate the curatorship (or trust) (bei Wegfall des Grundes[57] when the reason for the appointment no longer applies)

Pflicht duty; obligation; →**Amts~**; →**Auskunfts~**; →**Entschädigungs~**; →**Gewährleistungs~**; →**Liefer~**; →**Offenbarungs~**; →**Offenlegungs~**; →**Sorgfalts~**; →**Unterhalts~**; **eheliche ~en** marital duties; **rechtliche ~en** legal obligations; **sittliche ~** moral duty; **staatsbürgerliche ~en** duties of a citizen; civic obligations; **vertragliche ~en** contractual duties; obligations arising from a contract; **~enkollision** conflict of duties; **~enkreis** (sphere of) responsibilities

Pflicht, **seine ~en erfüllen** to discharge or perform one's duties; **seinen ~en nicht nachkommen** to fail to perform one's duties; to default

Pflicht~, **~aktien** qualifying shares; **~beitrag** compulsory contribution; **~einlage** *(des Kommanditisten)* limited partner's contribution; **~erfüllung** discharge (or performance) of one's duties; **~exemplar** statutory copy, presentation copy; **~fach** compulsory subject

pflichtgemäß in accordance with one's duty; **nach ~em** →**Ermessen entscheiden**; **~ eingeholte Stellungnahme** opinion obtained as required; properly obtained opinion

Pflicht~, **~krankenkasse** compulsory health insurance fund; **~leistungen** *(Sozialversicherung)* standard insurance benefits; **p~mäßig** →pflichtgemäß; **~mitglied** compulsory member; **~mitgliedschaft** compulsory membership; **~-Notstandsreserven** *(an Öl)*[58] emergency reserve commitment; **~platz** job required by law to be filled by →Schwerbehinderte; **~prüfung** statutory (or compulsory) audit; **~reserven** required reserves; legal reserves

Pflichtteil[59] compulsory portion (of testator's estate); obligatory share; *Am* statutory forced share; *Am* portio legitima; **Zusatz~**[60] supplementary compulsory portion

Pflichtteilsanspruch[59] claim (or right) to a compulsory portion; **der ~ ist vererblich und übertragbar**[61] the right to a compulsory portion is inheritable and transferable

Ist ein Abkömmling, die Eltern oder der Ehegatte des Erblassers durch Verfügung von Todes wegen von der Erbfolge ausgeschlossen, so kann er von dem Erben den Pflichtteil verlangen. Der Pflichtteil besteht in der Hälfte des Wertes des gesetzlichen Erbteils.

If a descendant, the parents or the spouse of the testator are excluded from succession by will or contract of inheritance, they are entitled to payment by the heir of a compulsory portion (one-half the value of the statutory inheritance share).

Pflichtteilsberechtigte(r) person entitled to a compulsory portion in the estate; *Am* forced heir; →**Auskunftspflicht des Erben gegenüber dem ~n**; **Anfechtung e-r letztwilligen Verfügung wegen Übergehung des ~n** avoidance (or challenge) of a will (or disposition on death) when no provision has been made for a party entitled to a compulsory share in the estate (or *Am* forced share)

Pflichtteilsentziehung[62] disposition depriving sb. of his (entitlement to a) compulsory portion

Pflichtteilsergänzungsanspruch[63] right to a supplement to the compulsory portion

Bei Schenkungen des Erblassers an Dritte, die nicht länger als 10 Jahre vor dem Erbfall erfolgt sind, kann entsprechende Ergänzung des Pflichtteils verlangt werden.

Where the deceased made a gift to a third party up to 10 years before his death, the compulsory portion is (at the request of the person entitled) to be calculated on the basis that the gift forms part of the estate

Pflichtteilsrecht right to a compulsory portion; *Am* forced heirship

Pflichtteil, **Zuwendungen auf den ~ anrechnen**[64] to bring benefits into account in computing (or calculating) the compulsory portion; **den ~ berechnen** to assess (or calculate) the compulsory portion; **den ~ entziehen** to refuse (or deny) a compulsory portion

pflichtvergessen neglectful of duty

Pflichtverletzung violation (or neglect) of one's duty; failure to comply with one's duty; **grobe ~** gross (or grave) breach (or dereliction) of duty

Pflicht~, **p~versichert** compulsorily insured; **~versicherte** compulsorily insured persons

Pflichtversicherung compulsory (or obligatory) insurance; **~ in der Krankenversicherung der Rentner** compulsory sickness insurance relating to pensioners; **der ~ unterliegen** to be subject to compulsory insurance

Pflichtverteidiger →Offizialverteidiger

pflichtwidrig contrary to one's duty; in breach of duty; **~ nicht versicherter Fahrer** uninsured driver; driver of a motor vehicle not covered by compulsory insurance; *colloq.* insurance dodger

Pfründe *eccl* benefice

Pfund 1. *(Gewichtseinheit)* pound *(1 engl. Pfund 0,453 kg)*; **ein halbes ~** half a pound

Pfund 2. *(Währungseinheit)* pound; **~ Sterling** pound sterling; **~abwertung** devaluation of the pound (sterling); **~anleihe** sterling loan; **~aufwertung** revaluation of the pound (sterling); **~sturz** fall of the pound; drop in the pound; **das ~ Sterling zog scharf an** the pound sterling gained strongly

Phantasie~, **~bezeichnung (od. ~name)** made-up (or invented) name; **~zeichen** *(z. B. für e-n Markennamen)* coined word; *Am* coined and arbitrary trademark

pharmazeutische, **~ Erzeugnisse** pharmaceuticals; **~ Industrie** pharmaceutical industry

Phase phase; stage

Philippinen the Philippines; **die Republik der ~** the Republic of the Philippines

Philippiner(in) Filipino

philippinisch Philippine

Phonotypistin audio-typist, dictaphone typist

Photographie, **Werke der ~** photographic works

photographische Werke[65] photographic works

Photoindustrie photographic industry

Pilotvorhaben pilot project

Pioniererfindung *(PatR)* pioneer invention

Piraten~, **~schiff** pirate ship; **~sender** pirate station; **~waren** pirated goods

Piraterie piracy *(→Seeräuberei)*

Pkw →Personenkraftwagen; **~-Miete** car rental

placieren →plazieren

Placierung →Plazierung

plädieren, **vor Gericht ~** to plead before the court (or at the bar); to plead (a case) to a court of law; to address the court as a lawyer (on behalf of either the plaintiff or the defendant); **dafür ~, dass** to advocate (or argue) that

Plädoyer final speech for the defence (defense) or prosecution

Plafond ceiling; limit; **oberer (unterer) ~** upper (lower) limit; **unter e-n ~ fallende Erzeugnisse** products subject to a ceiling; **e-n ~ festsetzen** to establish a ceiling; **den ~ überschreiten** to exceed the ceiling

Plafondierung imposing a limit (on)

Plagiat plagiarism; literary piracy; **ein ~ begehen** to commit plagiarism

Plagiator plagiarist

plagiieren to plagiarize, to commit plagiarism

Plakat poster, placard; bill; →**Wahl~**; **~anschlag** billposting, placing of a poster; **~entwurf** poster design; **~säule** advertising pillar; placard post; **~schrift** poster lettering; **~träger** sandwichman; **~wand** *Br* hoarding, *Am* billboard; **~werbung** poster (or placard) advertising; **ein ~ →anschlagen**; **„~e ankleben verboten!"** "stick no bills"

Plan *(Vorhaben)* plan, project, scheme; *(Zeitplan)* schedule; *(Finanzplan)* budget; *(Vorausschau)* forecast; *(Entwurf)* plan, design; *(Karte)* map; →**Arbeits~**; →**Finanz~**; →**Fünfjahres~**; →**Investitions~**; →**Stellen~**; →**Termin~**; →**Urlaubs~**; →**Wirtschafts~**; →**Zeit~**

Plan~, **~abschnitt** budget period; **~durchführung** implementation of a plan (or project); **~feststellung**[66] official approval of a plan

Plankosten budget(ed) costs, standard cost(s); **~rechnung** (PKR) standard costing

planmäßig according to plan; regular, scheduled; on schedule, on time; *(etatmäßig)* budgetary; *(Beamte)* established; **~e →Abschreibung**; **~er →Beamter**; **nicht ~er Luftverkehr** non-scheduled air servieces; **~e Tilgung** scheduled redemption; **~ ankommen** to arrive on schedule (or on time); **~ langsam arbeiten** to work to rule *(→Bummelstreik)*

Plan~, **~spiele** business games; management games; **~stelle** permanent position; established post; **~wirtschaft** managed (or planned) economy; **~ziel** (planned) target

Plan, **e-n ~ aufstellen** to draw up a plan, to prepare a plan; **seine Pläne ändern** to alter one's plans; **jds ~ durchkreuzen** to frustrate sb.'s plan; **e-n ~ fallen lassen** to abandon a plan; **e-n ~ vorlegen** to submit a plan

Plane, **mit ~n versehener Waggon** wag(g)on equipped with tarpaulins

planen to plan, to intend to do; *(im Etat)* to budget; *(für e-n bestimmten Zeitpunkt)* to schedule

Planung planning; *(zeitlich)* scheduling; →**Finanz~**; →**Investitions~**; →**Landes~**; →**Stadt~**; →**Termin~**; →**Unternehmens~**; →**Wirtschafts~**; →**Ziel~**; **kurzfristige ~** short-range planning; **langfristige ~** long-range planning; **operative ~** operational planning

Planungs~, **~abteilung** planning department; **~ausschuss** planning committee; **~behörde** planning authority; **~forschung** →Unternehmensforschung; **~rechnung** budgetary accounting; **~recht** *(Raumplanung)* planning law; **~stab** planning staff; **~träger** authority responsible for planning; **~verband** association of →Gemeinden and other →Planungsträgern for planning purposes *(→Bauleitplanung)*

Plastik~, **~flasche** plastic bottle; **~geld** plastic money *(credit cards, such as Eurocards, which can be used instead of cash when making payments)*

plastisch, **sich e-r ~en Operation unterziehen** to undergo plastic surgery

Plattform, **feste oder schwimmende ~** fixed or floating platform; **Protokoll zur Bekämpfung widerrechtlicher Handlungen gegen die Sicherheit fester ~en, die sich auf dem →Festlandsockel befinden**; **~wagen** *(Eisenbahn)* flat car *(→Huckepackverkehr)*

Platz place, spot; *(Raum)* space; *(Sitzplatz)* seat; →**Arbeits~**; →**Bau~**; **am hiesigen ~** at this place; **~agent** →Platzvertreter; **~bedarf** space required; **~bedingungen** local conditions (or terms); *(e-s Schiffes)* berth terms; **~buchung** *(Flugzeug)* reservation; **~gebrauch** local use (or custom); **~geschäft** local transaction; **~handel** local trade; **~karte** reserved seat ticket; **~kauf** local purchase *(Ggs. Versendungskauf)*; **~kurs** *(Devisen)* spot rate; **~reservierung** booking (or reservation) of a seat; **~scheck** local cheque (or check); **~spesen** *(Zuschläge beim Inkasso von Wechseln auf Nebenplätzen)* local charges; **~usance** local usage; **~vertreter** local agent; **~vorschrift** appointed place, prescribed position *(→Plazierung)*; **~wechsel** *Br* local bill of exchange (payable at the place of issue); *Am* town bill *(Ggs. Distanzwechsel)*

platzen *colloq. (Wechsel, Scheck)* to bounce

geplatzt, **der Wechsel ist ~** the bill has been dishono(u)red

Plazet *(Erlaubnis, Zustimmung)* approval

plazieren to place; *(an bestimmtem Platz aufstellen)* to site; to locate; **Aktien beim Publikum ~** to place shares with the public; **e-e Anleihe (zum Kurse von 98) ~** to place a loan (at 98)

Plazierung *(Unterbringung)* placing, placement; *(Erscheinungsplatz e-r Anzeige in e-r Zeitung)* position; **~ von Wertpapieren** placing (or placement) of securities; **~saufschlag** surcharge for special position; **~srisiko** *(Effektenemission)* placing risk; **~svertrag** *(Effektenemission)* placing agreement

Plebiszit plebiscite

plebiszitär plebiscitary

Pleite (business) failure; flop; **er hat ~ gemacht** *colloq.* he has gone broke

Plenar~, **~ausschuss** Committee of the Whole House; **~beratung** plenary deliberation; **~debatte** plenary debate; **~entscheidung** plenary decision; decision of a (Federal) Court sitting in plenary session; **~saal** plenary hall; **~sitzung** plenary session (or meeting); **~tagung** plenary session; **~versammlung** plenary assembly

Plenum plenary session, full session

PLO →Palästinensische Befreiungs-Organisation

Plombe seal

plombieren, **Waren ~** to seal goods

Plünderer plunderer, looter, pillager

plündern to plunder, to loot, to pillage

Plünderung plundering, looting, pillage; spoliation; depredation

Pluralismus pluralism

Pluralwahlrecht plural vote

Plutokratie plutocracy

Pockenschutzimpfung[67] smallpox vaccination

Podiumsgespräch round table discussion, panel discussion

polarisieren to polarize

Polemik polemics, controversy; →**Presse~**

polemisch polemic, controversial

polemisieren to polemize; to carry on a controversy

Polen Poland; **Volksrepublik ~** the Polish People's Republic

Pole, Polin Pole

polnisch Polish

Police *(VersR)* policy; **~ mit Wertangabe** valued policy; **~ ohne Wertangabe** open (or unvalued) policy; **abgelaufene ~** expired policy; **offene ~** open (or floating, unvalued) policy;

prämienfreie ~ free policy, paid-up policy; **taxierte ~** *(mit Wertangabe)* valued policy; **verfallene ~** lapsed policy; →**Abschreibe~**; →**General~**; →**Nachtrags~**; →**Normal~**; →**Reise~**; →**Sammel~**; →**Zeit~**

Policen~, **~ausfertigung** issue of a policy; policy drafting; **~darlehen** policy loan, loan on policy; **~formular** blank policy; **~inhaber** policy- holder; **~nummer** policy number; **~register** policy book; **~vermerk** endorsement on a policy

Police, **e-e ~ ausstellen** to issue (or make out) a policy; **e-e ~ beleihen** to borrow (or lend money) on a policy; **e-e ~** *(als Versicherer)* **unterzeichnen** to underwrite a policy; **e-e ~ zurückkaufen** to surrender a policy

Poliklinik outpatients' department (of a hospital); polyclinic

Politik *(praktisch befolgte Politik)* policy; *(Staatskunst)* politics; **~ des billigen Geldes** cheap money policy; **~ der Mitte** middle-of-the-road policy; **~ auf weite Sicht** long-range policy; →**Außen~**; →**Beschwichtigungs~**; →**Bevölkerungs~**; →**Bündnis~**; →**Devisen~**; →**Einkreisungs~**; →**Entspannungs~**; →**Finanz~**; →**Handels~**; →**Innen~**; →**Investitions~**; →**Konjunktur~**; →**Neutralitäts~**; →**Nichteinmischungs~**; →**Partei~**; →**Preis~**; →**Real~**; →**Rechts~**; →**Sozial~**; →**Unternehmens~**; →**Verkehrs~**; →**Verständigungs~**; →**Vogel-Strauß-~**; →**Währungs~**; →**Wehr~**; →**Welt~**; →**Wirtschafts~**; →**Zoll~**

Politik, **sich mit ~ abgeben** to concern (or occupy) oneself with politics; **e-e ~ betreiben (od. verfolgen)** to pursue a policy; **über ~ sprechen** to talk politics

Politiker politician; **führender ~** leading (or top) politician; **gemäßigter ~** middle-of-the-road politician; **Partei~** party politician; **~ werden** to enter (or go into) politics

Politikum political issue (or matter)

politisch political; →**geo~**; →**sozial~**; →**wirtschafts~**; **~ nicht gebunden** nonaligned *(→blockfrei)*; **~ belastet** politically compromised; **~ zuverlässig** politically reliable; **~→Verfolgte**; **ein ~es Amt ausüben** to hold a political office; **~es Asyl** political asylum; **Freiheit der ~en Betätigung** freedom of political activity; **auf ~en Beweggründen beruhende Straftat** offence (offense) inspired by political motives; **~e Bildung** political education; **~er Druck** political pressure; **~e Fraktion** political group; **auf ~em Gebiet** in the political field; in the field of politics; **~er Gegner** political opponent; **~es Gleichgewicht** balance of power; **aus ~en Gründen** for political reasons; **~e Häftlinge** political prisoners *(→Häftlingshilfe)*; **in ~er Hinsicht** politically; **~e Kreise** political circles; **~er Kurs (od. ~e Linie)** policy; **~e Lage** politi56 cal situation; **~e Meinung** political opinion; **~e Partei** political party *(→Partei 3.)*; **~es Programm** *(e-r Partei)* platform; **~er Prozess** trial for a political offence (offense); *Am* state trial; **~e Risiken** political risks; **~e Schulung** political education; **~e Straftat** political offence (offense) *(z. B. →Hochverrat, →Landesverrat)*; **~e Strömungen** political currents; **~e Tendenz** *(z. B. e-r Zeitung)* political colo(u)r; **~e Überzeugung** political conviction; **~e Unruhen** political unrest, political disturbances; **~e →Verdächtigung**; **~e Verfolgung** political persecution, persecution on political grounds; **~e Verhältnisse** political conditions; **~e Versammlung** political gathering; **~es Vertrauen genießen** to enjoy political trust; **gemeinsames ~es Vorgehen** common political action; **Ausdruck e-s ~en Willens** manifestation of a political will; **~e Wissenschaft** political science; **~e Zielsetzungen** political objectives; **~e Zusammenarbeit** political cooperation

politisch, **sich ~ betätigen** to be engaged in political activities (or in politics)

politisieren to politicize; to talk politics; *Am* to politick

Politisierung politization; *Am* politicking

Politologe political scientist

Politologie political science

politologisch from the point of view of political science

Polizei police; police force; **~ auf Streife** police on the beat; →**Anzeige bei der ~**; →**Bahn~**; →**Grenz~**; →**Hafen~**; →**Militär~**; →**Orts~**; →**Verkehrs~**

Polizei~, **~aktion** police operation, police raid *(→Einschreiten der Polizei)*; **~aufgebot** police detachment; **starkes ~aufgebot** strong force of police; *Am (auch)* posse of police; **~aufsicht** police supervision; *(jetzt)* →Führungsaufsicht; **~beamter** police officer; **~behörde** police authority; **~bericht** police report; **~dienst** police service; **~foto** police photograph; *Am* mugshot; **~funk** police radio; **~gewalt** police power; **~haft** →polizeilicher Gewahrsam; **~knüppel** (policeman's) truncheon; *Am* billy club; **~kommissar** police inspector; **~kordon** police cordon; **~kräfte** police force; **~maßnahmen** police action; **~notruf** emergency call for the police; **~präsident** *Br* chief constable; *Am* chief of police; **~präsidium** police headquarters; **~razzia** police raid; **~recht** police law; **~revier** police station; police district; *Am* police precinct; **~rufanlage** security system (connected to a police station)

Polizeischutz police protection; **unter ~ stellen** to place under police protection

Polizei~, ~spitzel police informer, police spy; undercover agent; **~staat** police state; **~streife** police patrol; *(einzelner Polizist)* patrolman; **~stunde** →Sperrstunde; **~verfügung** police order (order given by the police to a particular person); **~verordnung** police by-laws; (traffic etc) regulations issued by police authorities; **~wache** police station; **p~widrig** contrary to police regulations

Polizei, jdn bei der ~ anzeigen to report sb. to the police; to inform against sb. to the police; **die ~ →benachrichtigen; von der ~ festgenommen werden** to be detained by the police; **von der ~ gesucht werden** to be wanted by the police; **sich (freiwillig) der ~ stellen** to give (or deliver) oneself up (or surrender) to the police; **jdn der ~ übergeben** to give sb. into the custody of the police; *colloq.* to turn sb. in; **von der ~ verhört werden** to be questioned by the police

polizeilich, ~e →Abmeldung; ~e Anmeldung registration with the police; **~e Anordnung** →Polizeiverfügung, →Polizeiverordnung; **~es →Führungszeugnis; ~e Gebote und Verbote** police orders and prohibitions; **~er Gewahrsam** police custody; **Person in ~em Gewahrsam** person detained in police custody; **~e Meldepflicht** obligation to register with the police; **~e Vernehmung** police interrogation (or questioning); **sich ~ →abmelden; sich ~ →anmelden**

Polizist policeman, police officer; *Br* constable; *Am (im Streifendienst)* patrolman

Polizistin policewoman

Polyandrie polyandry

Polygamie polygamy

polymetallische Knollen des Tiefseebodens polymetallic nodules of the deep sea bed; **Übereinkommen über vorläufige Regelungen für ~**[67a] Agreement Concerning Interim Arrangements Relating to Polymetallic Nodules of the Deep Sea Bed

Polypol *(Markt mit vielen kleinen Anbietern bzw. Nachfragern)* polypoly

polypolistische Konkurrenz polypolistic competition

Pool pool; **~bildung** pooling of profits; **~vereinbarung (od. ~vertrag)** pooling agreement (or contract)

poolen to pool (profits etc)

Poolung pooling; **Gewinn~** pooling of profits

Popularklage *(VerfassungsR und PatR)* popular action; collective action serving as a test case (brought in the public interest)

Population population

Pornofilm pornographic film

Pornographie pornography

pornographisch, ~e Literatur pornographic literature; **Verbreitung ~er Schriften**[67b] spreading (or distribution) of pornographic literature

Portefeuille, ~ (od. Portfolio) portfolio; **Effekten~** security portfolio; **Wechsel~** portfolio of bills (of exchange); bill portfolio; **~-Effekten** portfolio securities; **~-Investitionen** portfolio investments; **~kauf** portfolio buying (or purchase); **~umschichtung** portfolio switching; **~verwaltungsvertrag** portfolio managing contract

Porto postage; **einfaches ~** ordinary postage; **Auslands~** foreign postage (rates); overseas postage; **Inlands~** inland (or domestic) postage (rates); **Rück~** return postage; **~auslagen** postage (or postal) expenses; **~buch** postage book; **~erhöhung** raising of postage; increase of postal rates; **~ermäßigung** reduction of postal rates; **p~frei** post-free; *Am* post-paid; exempt from postage; **~freiheit** exemption from postage; **~gebühren** postal rates; **~hinterziehung** evasion of postage; **~kasse** petty cash; **p~pflichtig** liable to postage; **~spesen** postage expenses; **~vergütung** refunding of postage

Porträtfoto *(e-s Verbrechers)* →Polizeifoto

Portugal Portugal; **die Portugiesische Republik** the Portuguese Republic

Portugiese, Portugiesin, portugiesisch Portuguese

Porzellanindustrie china industry

POS Zahlungssystem POS (point of sale) payment system

Es ermöglicht die Direktbelastung des Kundenkontos durch elektronische Geldüberweisung mittels Euroscheckkarte und persönlicher Geheimzahl.

It makes possible the direct debiting of the customer's account by means of an eurocheque card and a secret personal number.

Position *(Stellung, Lage)* position; *(einzelner Posten)* item; **~ gegenüber dem Fonds** *(IWF)* position in the Fund; **Baisse~** *(Börse)* bear position; **Hausse~** *(Börse)* bull position; **Tarif~en** *(Zoll)* tariff headings; **e-e hohe ~ innehaben** to hold a high position; **sich in e-r schwachen ~ befinden** to be in a weak position

positionieren *(EDV)* to position

positiv positive; favourable; **~es Interesse** →Erfüllungsinteresse; **~e** →**Publizität**; **~es Recht** positive law; **~e Vertragsverletzung** positive violation of contractual duty (not consisting of delay of performance or due to supervening impossibility); **~ antworten** to answer in the affirmative; **~e Ergebnisse sind erzielt** positive results have been achieved

Positivattest *(über Eintragung im Handelsregister)* positive certification *(Ggs. Negativattest)*

Post mail; *Br (auch)* post; *(staatl. Einrichtung)* Post Office *(→Bundespost)*; *(Postamt)* post office; *(Postsendung)* mail, *bes. Br* post; **Auslands~** foreign mail; **Brief~** *Br* letter post; *Am* first-class mail, letter mail; **Feld~** *Br* army postal survice; *Am* army mail; **Früh~** early mail; **Morgen~** *Br* morning post; *Am* morning mail; **Paket~** *Br* parcel post; *Am* fourth-class mail; **Rohr~** pneumatic post; **ausgehende ~** outgoing mail; **eingehende ~** incoming mail; **gewöhnliche ~** ordinary (or surface) mail; **mit gleicher ~** *(gesondert)* under separate cover; **mit der heutigen ~** by today's mail; **inländische ~** domestic mail; **mit der nächsten ~** by the next mail; **Aufgabe bei der ~** mailing; *Br bes.* posting; **Tag der Aufgabe bei der ~** date of mailing

Post, die ~ austragen to deliver the mail (or *Br* post); **seine ~ durchsehen** to go through one's mail (or *Br* post); **seine ~ erledigen** to dispose of (or deal with) one's mail (or *Br* post); **mit der ~ versenden** *Br* to post, *Am* to mail

Post~, **~abfertigung** mail dispatch; **~abholung** collection of mail; **~amt** post office; **Haupt~-amt** head (or central) post office; **Zweig~amt** branch post office; **~anschrift** mailing (or *Br* postal) address; **internationaler ~antwortschein** international reply coupon

Postanweisung[68] (postal) money order; **~ auf das Ausland** international money order; **Einzahler e-r ~** sender of a money order; **telegrafische ~** telegraph money order

Postanweisungs- und Postreisescheckabkommen[68a] Money Orders and Postal Travellers' Cheques Agreement

Postaufgabeschluss *(letzter Termin für Postaufgabe)* latest time for *Br* posting *(Am mailing)*; *Am* mailing deadline

Postauftrag collection of bills; order for the collection of a debt on a bill of exchange by the post office or, in case of non-payment, for making a protest (Postprotestauftrag)[69]; order for formal service of documents through the post office (Postzustellungsauftrag)[70]; **~sabkommen**[70a] Collection of Bills Agreement; **zur Einlösung zugelassene ~spapiere** bills accepted for collection

Post~, **~ausgangsablage** out-tray; **~barscheck** open postal cheque (check); **~beamter** post office official; **~bedienstete** post office employees; **~beförderung** conveyance (or carriage) of mail; mail transport (auf dem Luftweg by air); **~bestimmungen** postal regulations; **~bezirk** postal district; **~bezug** *(von abonnierten Zeitungen od. Zeitschriften)* postal subscription; **~diebstahl** mail theft (or robbery); **~dienst** *Br* postal service; *Am* mail service; **~eingang** receipt (or arrival) of mail; **~eingangsablage** in-tray; **~einlieferungsschein** certificate of posting; post receipt

Postfach post office box (P. O. B.); private box; **~nummer** P. O. B. number

Postflugzeug mail plane

Postgebühren postal charges (or rates); postage; **Erhöhung der ~** rise in (or raising of) postal charges; increase in postal charges; **~freiheit** exemption from postal charges; **~hinterziehung** →Portohinterziehung

Post~, **~geheimnis**[71] secrecy of the post (or mail); privacy of posts; **~gewerkschaft** Post Office Workers' Union

Postgiro postal giro; **~abkommen**[71a] Giro Agreement; **~amt** *Br* giro centre; **~dauerauftrag** giro standing order; **~guthaben** balance on giro account, postal giro balance

Postgirokonto (postal) giro account; *Br* National Giro Account; **Einzahlung auf ein ~** inpayment into a giro account

Postgiro~, **~teilnehmer** giro account holder; **~überweisung** postal giro transfer; *Br* girocheque transfer

Post~, **~hoheit** state prerogative in the operation of postal services; **~karte** *Br* postcard; *Am* postal card

postlagernd poste restante; left till called for; *Am* general delivery; **~er Brief** letter to be called for; **~es Paket** parcel (*Am* package) addressed poste restante; **~e Sendungen** poste restante items

Postlauf-Akkreditiv credit granted (or allowed) by one bank to another while the documents are in transit

Post~, **~leitgebiet** postal area, *Br* postcode area; *Am* zip code area; **~leitzahl** *Br* postcode, postal code; *Am* zip code, postal zone number; **~ministerium** →Bundesminister für das Post- und Fernmeldewesen; **~monopol** postal monopoly

Postnachnahme~, **~abkommen**[71b] Cash-on-Delivery Agreement; **~sendungen** cash-on-delivery items; *Am* collect-on-delivery items

postnatal postnatal

Postordnung[72] postal regulations

Postpaket (postal) parcel; *Am* package; **~abkommen**[73] Postal Parcels Agreement

Post~, **~protestauftrag** →Postauftrag; **internationales ~recht** international postal law (→ *Weltpostverein*); **~regal** postal monopoly; **~reisedienst** postbus service

Postscheck →Postgiro *(seit 1. 1. 1984)*

Post~, **~schließfach** →Postfach; **~schluss** closing time of the post office; **~schnellgut** →Schnellsendungen; **~sendung** postal item, mail matter; letter (or parcel) sent by post (or mail); *Am* consignment by mail

Postspar~, **~buch** postal savings bank book; **~einlagen** post office (or postal) savings deposits

Postsparer post office saver

Postsparkasse post office savings bank; **~nabkommen**[73a] International Savings Agreement; **~namt** postal savings bank office

Postsparkonto postal savings account

Poststempel postmark; **Datum des ~s** date as postmarked

Post~, **~tarif** postal rate(s); **~überwachungsdienst** *(zur Aufklärung und Verhütung strafbarer Handlungen)* mail surveillance service; postal censorship; **~überweisung**[73b] postal remittance; giro transfer; **~- und Fernmeldewesen** post and telecommunications; **~verteilung** distribution of mail

Postverkehr postal service, mail service; **~ zwischen ...** postal relations between ...; **im ~ beförderte Waren** goods sent by post

Postvermerk official endorsement by the post office

Postversand dispatch of mail; **Bestellung** *(von Waren)* **durch ~** mail order; **~auftrag** mail order; **~geschäft (od. ~haus)** mail order firm (or house); **~katalog** mail order catalogue

Post~, **~verwaltung** post office administration; **~vollmacht** authorization to accept or receive mail

postwendend, **~e** →**Antwort**; **bitte benachrichtigen Sie uns ~** please inform us by *Br* return of post *(Am return mail)*

Post~, **~wertsendung** insured item; **~wertzeichen** postage stamp; **~wesen** postal affairs (or system)

Postwurfsendungen printed papers or samples of merchandise posted (or mailed) in bulk; **Werbung durch ~** direct mail advertising

Post~, **~zeitungsabkommen**[73c] Subscription to Newspapers and Periodicals Agreement; **~zeitungsdienst** newspaper post; **~zentrale** *(e-r Firma)* mailing department

Postzustellung postal (or mail) delivery; **~sauftrag** →Postauftrag; **~surkunde**[74] official certificate of delivery by the post office

Postzwang postal monopoly

postalisch postal

Posten 1. *(Amt, Stellung)* post, position, situation; job; **höherer ~** higher post (or position); superior job; **~jäger** place hunter, job hunter; **~jägerei** rat race; **seinen ~ aufgeben** to relinquish (or quit) one's job; **jdn seines ~s entheben** to remove sb. from his post

Posten 2. *(Ware)* lot, parcel; →**Auktions~**; →**Rest~**; **Waren in kleinen ~ verkaufen** to sell goods in (or by) small lots; **Waren in Einzel~ aufteilen** to parcel out goods in lots

Posten 3. *(Buchhaltung)* item; *(gebuchter Posten)* entry; **~ auf der Aktivseite** *(Bilanz)* asset; **~ des ordentlichen Haushalts** above-the-line items; **~ in e-r Rechnung** item in an account; **~ der Zahlungsbilanz** item of the balance of payments; **durchlaufende ~** items in transit; **vorläufige ~** suspense items; **Etat~** item of the budget; **Gutschrift~** credit item; **Kassen~** cash item; **Lastschrift~** debit item; **e-n ~ abstreichen** to tick off an entry; **e-n ~ belasten** to debit an entry; **e-n ~ gutschreiben** to credit an entry

postulationsfähig possessing the capacity (personally) to conduct a lawsuit

Postulationsfähigkeit a party's capacity to act in person; a lawyer's right of audience

Potential, **industrielles ~** industrial capacity; **wirtschaftliches ~** economic potential

potentiell potential, possible; **~er** →**Käufer**

Potestativbedingung potestative condition

Präambel preamble

Prädisposition predisposition

präemptiver Angriff *mil* preemptive attack

Präferenz preference; **Handelsabkommen ohne ~** non-preferential trade agreement; **~abkommen** *(EU)* preferential agreement; **p~begünstigt** enjoying preferential tariffs (or customs duties); **~ordnung** order of preference; hierarchy of needs; **~regelung** preferential arrangement, preferential system; **~spanne** margin of preference (difference between preferential and general rate of customs duties); **Allgemeines ~system** (APS) *(EU)* general(ized) system of preferences (GSP); **~zoll** preferential duty; **~en genießen** to enjoy preferential treatment (e. g., in respect of rates of customs duties)

Präge~, **~anstalt** mint; **~gebühr** mintage; **~stempel** impressed stamp; coin stamp (or die)

prägen, **Münzen ~** to strike (or mint) coins

geprägtes Geld coined money; mintage

pragmatisch, **auf ~er Grundlage** on a pragmatic basis; **~ vorgehen** to take a pragmatic approach

Präjudiz precedent, leading case; **Grundsatz der bindenden Kraft der ~ien** stare decisis

präjudizieren to predetermine; to prejudge (or prejudice) a case

präjudizierter Wechsel bill of exchange invalidated on account of failure to protest it in due time

präkludieren to preclude, to bar; to foreclose *(→Präklusivfrist)*

Präklusion extinction of the exercise of a right

Präklusivfrist →Ausschlussfrist

präkonzeptionell preconceptional

Praktikant(in) trainee; →**Firmen** Praktikant(in)

Praktiken, **missbräuchliche ~** *(WettbewerbsR)* abusive practices; **übliche (od. vorherrschende) ~** prevailing practices; **verabredete ~** concerted practices; →**Geschäfts~**; →**Verwaltungs~**; →**Wahl~**

Praktikum traineeship; period of practical training; in-service training

praktisch practical; **~er Arzt** general practitioner; **~e Ausbildung** practical training; **~e Durchführbarkeit** practicability; **~e Verwertung e-r Erfindung** *(PatR)* reduction to practice of an invention; **e-e Erfindung ~ verwerten** to reduce an invention to practice

praktizierbar *(praktisch möglich)* practicable

praktizieren, **als Anwalt ~** to practise law; **~der Anwalt** practising lawyer

Prälegat →Vorausvermächtnis

Präliminarfrieden *(VölkerR)* peace preliminaries

Präliminarien *dipl (Vorverhandlungen)* preliminaries

Prämie 1. *(als Belohnung gezahlter Teil des Arbeitsentgelts)* bonus; *(zur Förderung des Handels)* bounty; *(EG-Agrarpolitik)* premium; *(im Rahmen des prämienbegünstigten Sparens)* premium; →**Ausfuhr~**; →**Leistungs~**; →**Spar~**; →**Wohnungsbau~**; **Gewährung von ~n** grant of premiums

Prämien~, **~anleihe** →Prämie 3.; **~auslosung** premium drawing *(→Prämiensparen)*; **p~begünstigte Sparbeiträge**[75] savings deposits with benefits of premiums (or entitled to a bonus); **~gewährung** granting of a premium; **~lohn** time rate plus (incentive) bonus; **~lohnsystem** premium wage system; **~satz** rate of premium; bonus rate; **Festsetzung der ~sätze** fixing of bonus rates; **~sparen** premium-carrying savings; saving under a bonus scheme; **~sparkonto** bonus- carrying savings account; **~system** premium (or bonus) system *(→Gruppenprämiensystem)*; **~ziehung** premium drawing

Prämie, **für e-e ~ in Frage kommen** to be eligible for a bonus (or premium)

Prämie 2. *(VersR)* premium; →**Anfangs~**; →**Brutto~**; →**Einmal~**; →**Erst~**; →**Folge~**; →**Grund~**; →**Ist~**; →**Jahres~**; →**Netto~**; →**Pauschal~**; →**Soll~**; →**Tarif~**; →**Versicherungs~**; →**Zusatz~**

Prämie, **ausstehende ~** premium due; **eingenommene ~** premium paid; **eingezahlte ~** earned premium; **fällige ~** premium due; **feste ~** fixed premium; **gleichbleibende ~** level premium; **rückständige ~** premium in arrears; overdue premium; **steigende ~** increasing premium; **verdiente ~** earned premium; **noch nicht verdiente ~** unearned premium; **vereinbarte ~** agreed-upon premium

Prämie, →**Anpassung der ~ an das konkrete Risiko**; **Festsetzung der ~** fixing the premium; **Höhe der ~** amount of the premium; **Rückstellungen für** *(am Bilanztag)* **noch nicht verdiente ~n** provision for unearned premiums

Prämie, **die ~n entgegennehmen** to collect premiums; **die ~ erhöhen** to raise the premium; **e-e ~ stornieren** to cancel a premium; **e-e ~ vereinbaren** to arrange a premium; **die ~n sind verfallen** the premiums became void; **die ~ kann periodisch oder einmalig sein** the premium may be a periodical or single payment

Prämien~, **~abrechnung** premium statement; **~angleichungsklausel** *(Haftpflichtversicherung)* variable premium rates clause; **~aufkommen** premium income; **~außenstände** outstanding premiums; **~befreiung** exemption from payment of premiums; premium waiver; **~berechnung** calculation (or computation) of premiums; **~einnahmen** premium income; **~einziehung** collection of premiums; **~erhöhung** increase of (or in the) premium; **~ermäßigung** reduction of premium; **~ermäßigung für unfallfreies Fahren** no-claims bonus

prämienfrei free of premium; free from further premium; **~e Versicherung** paid-up insurance

Prämiengruppe, **Einstufung in e-e höhere ~** rating up

Prämien~, **~quittung** premium receipt; **~rabatt** premium discount; **~rate** premium instal(l)ment; **~rechnung** renewal notice; premium account; **~reserve** premium reserve; mathematical reserve; **~rückerstattung** refund of premium; **~satz** rate of premium; premium rate; **~stundung** deferment of payment of premiums; respite of premium; **~tabelle** rating table; **~tarif** *(Autovers.)* scale of premiums; premium rate; **~überhang** reserve for unearned premium; **~vorauszahlung** advance payment of the premium

Prämienzahlung premium payment; **Aufforderung zur ~** renewal notice; **abgekürzte ~** limited premium; **~stermin** time fixed for premium payment

Prämienzuschlag *(aus berufl. od. medizinischen Gründen)* extra (or additional) premium; loading

Prämie 3. *(Börse) (Reugeld im Prämiengeschäft)* option money, option price; **~nanleihe** *(Los- od. Lotterieanleihe mit geringer Verzinsung)* premium (or lottery) bond

Prämien~, **~aufgabe** abandonment of the option money; **~brief** option contract; **~erklärungstag** option (declaration) day

Prämiengeschäft option transaction; *Br* option dealing; *Am* privilege dealing; →**Rück~**; →**Vor~**; **ein ~ abandonnieren** to abandon an option; **~e machen** to deal in options

Prämien~, **~händler** option dealer; **~käufer** giver of an option; **~kurs** option rate; **~makler** option broker; *Am* privilege broker; **~nehmer** taker of an option; **~verkäufer** taker of an option; **~werte** option stock; **~zahler** giver of option money

prämieren to award a prize (or premium) to

pränatal prenatal

Pränidation prenidation

pränumerando in advance; **~ zahlen** to make an advance payment

Prärogative prerogative

Präsentation, **~ der Dokumente** *(z. B. beim Akkreditiv)* presentation of documents; **~sfrist** →Vorlegungsfrist

präsentieren, **e-n Wechsel zur Zahlung ~** to present a bill for payment

Präsenz presence; **~bibliothek** reference library; **~liste** →Anwesenheitsliste; **~pflicht** compulsory attendance

Präsident president; *(in e-r Sitzung)* chairman; **amtierender ~** acting president; president-in-office; **stellvertretender ~** vice-president; vice-chairman; **~ des Patentamtes** President of the Patent Office; *Br* Comptroller General (of Patents, Designs and Trademarks); *Am* Commissioner of Patents; **~ des** →**Rechnungshofes**; **~enamt** presidency; **~enanklage**[76] impeachment of the →Bundespräsident (before the →Bundesverfassungsgericht); **~enwahl** presidential election; **zum ~en gewählt werden** to be elected president

Präsidentschaft presidency; **~skandidat** presidential candidate; **als Kandidat für die ~ auftreten** to stand for the presidency

Präsidial~, **~ausschuss** (VN) General Committee; **~demokratie** presidential democracy; **~rat** *(bei den Gerichten)* presidential council; **~system** presidential (government) system

präsidieren, **bei e-r Versammlung ~** to preside over a meeting

Präsidium presidency; chairmanship; presiding committee; *(z. B. europ. PatR)*[77] Board; **das ~ übernehmen** to take the chair

Prätendent claimant; →**Thron~** *(Prätendentenstreit)* interpleading party; **~enstreit**[78] interpleader (proceedings)

Prävarikation →Parteiverrat, (Partei 1.)

Präventiv~, **~krieg** preventive war; **~schlag** *mil* preventive strike; **~wirkung** *(StrafR)* preventive effect

Praxis practice; *(praktische Erfahrung)* practice, experience; **Anwendung in der ~** practical application; *(PatR)* reducing to practice; **Gerichts~** court practice; **gut gehende (Anwalts- od. Arzt-)~** successful (or flourishing) practice; **~ e-s Anwalts** →Anwaltspraxis; **~ e-s Arztes** physician's practice; **e-e ~ aufgeben** to retire from practice; *(Brauch, Sitte)* to discontinue a practice; **e-e ~ ausüben** *(als Anwalt)* to practise law; to practise as a lawyer; *(als Arzt)* to practise medicine; **der international üblichen ~ entsprechen** to be in line with international practice (or usage); **e-e ~ eröffnen (od. aufmachen)** to start (or open) a professional practice; *Am colloq.* to hang out one's shingle

Präzedenzentscheidungen legal authorities

Präzedenzfall precedent, judical precedent; test case; **maßgeblicher ~** leading case; **ohne ~** unprecedented; **e-n ~ anführen** to quote a precedent; **e-n ~ nicht beachten** to disregard a precedent; **als ~ betrachten** to take as precedent; **e-n ~ bilden** to constitute a precedent; **dies stellt e-n ~ dar** this constitutes a precedent; **sich über e-n ~ hinwegsetzen** to overrule a precedent

präzisieren, seine Forderungen ~ to define (or specify) one's demands

Predigt[79] sermon

Preis 1. price; →**Anschaffungs~**; →**Bar~**; →**Bau~e**; →**Bezugs~**; →**Durchschnitts~**; →**Einheits~**; →**Einkaufs~**; →**Einzelhandels~**; →**End~**; →**Erdöl~e**; →**Fabrik~**; →**Fest~**; →**frei-Grenze~**; →**Gesamt~**; →**Grund~**; →**Höchst~**; →**Inlands~**; →**Kauf~**; →**Kleinhandels~**; →**Konkurrenz~**; →**Liebhaber~**; →**Liefer~**; →**Markt~**; →**Mindest~**; →**Pauschal~**; →**Rechnungs~**; →**Referenz~**; →**Richt~**; →**Schleuder~**; →**Sonder~**; →**Stopp~**; →**Stück~**; →**Stützungs~**; →**Tages~**; →**Über~**; →**Verbraucher~**; →**Verkaufs~**; →**Vertrags~**; **zu** →**Vorzugs~en**; →**Waren~**; →**Wucher** Preis

Preis, zum ~e von at the price of; **~ ab Fabrik** factory price; price ex works; **~ bei Barzahlung** cash price; **~ bei sofortiger Lieferung** *(Warenbörse)* spot price; **~ bei Ratenzahlung** *Br* hire purchase price; *Am* deferred payment price; **~ einschließlich Bedienung** *(im Hotel)* inclusive terms; **~ frei Grenze unverzollt** free-at-frontier price exclusive of duty; **~ freibleibend** open price; price subject to change without notice; price without engagement; **~ per Einheit** unit price

Preis, abgemachter ~ agreed price; **angebotener ~** offered price; **angegebener ~** indicated (or quoted) price; **angemessener ~** fair (or reasonable) price; **ausgezeichneter ~** marked price; **einheitliche ~e** uniform prices; **empfohlener ~** recommended (or suggested) price; **ermäßigter ~** reduced price; **zu ermäßigten ~en** at marked-down prices; **erzielter ~** obtained price; **fallende ~e** falling (or dropping) prices; **fester ~** firm price; **zu festgesetzten ~en** at fixed (or set) prices; **gebotener ~** offered price; **gebundener ~** maintained (or controlled) price; **geforderter ~** price asked; **gegenwärtiger (od. geltender) ~** prevailing (or current) price; **gestaffelter ~** graduated price; **gestützter ~** supported (or pegged) price; **gleiche ~e** identical prices; **zu e-m günstigen ~** at a favo(u)rable price; **herabgesetzter ~** reduced price; **heraufgesetzter ~** markedup price; →**hoher ~**; **scharf kalkulierter ~** close price; lowest (or keenest) price; **marktgerechter ~** fair market price; **niedriger ~** low price; **niedrigster ~** lowest (or bottom) price; **in Rechnung gestellter ~** invoice price; **stabiler ~** stable (or stationary) price; **steigende ~e** rising prices; **sprunghaft steigende ~e** soaring prices; **überhöhter ~** overcharged (or excessive) price; **üblicher ~** current price; **unangemessener ~** unreasonable price; **vereinbarter ~** agreed price, price agreed upon; **vertraglich vereinbarter ~** contract price

Preis, vom ~e →**ablassen**; **~e angeben** to quote prices; *(genau)* to specify prices; **~e angleichen** to adjust prices; **den ~ anheben** to raise the price; **~e anpassen** to adjust prices; **die ~e ziehen an** prices are rising (or stiffening); **auf den ~ aufschlagen** to add to the price; **e-n ~ aushandeln** to negotiate a price; **mit ~en auszeichnen** to pricemark, to price goods, to put a price tag on goods; **mit e-m höheren ~ auszeichnen** to mark up; **mit e-m niedrigeren ~ auszeichnen** to mark down; **den ~ berechnen** to calculate the price; **jdm e-n ~ berechnen** to charge sb. a price; **den ~ bestimmen** to determine the price; **die ~e bleiben auf ihrem alten Stand** prices remain at their initial level; **e-n hohen ~ bringen** to fetch a high price; **~e drücken** to force down prices; **~e einhalten** to comply with prices; to maintain prices; **sich über den ~ einigen** to reach agreement on the price; **e-n ~ empfehlen** to recommend (or suggest) a price; **im ~ enthalten sein** to be included in the price; **den ~ erhöhen** to increase (or advance, raise) the price; **die ~e haben sich sprunghaft erhöht** prices soared (or shot up); **sich nach dem ~ erkundigen** to ask the price; to inquire about the price; **den ~** →**ermäßigen**; **die ~e ermäßigten sich** prices went down; **den ~ ermitteln** to ascertain the price; **e-n guten ~ erzielen** to command a good price; **die ~e fallen** prices are going down (or falling); **im ~e fallen** to go down in price; **die ~e sind fest geblieben** prices remained stable; **den ~ festsetzen (od. festlegen)** to fix (or assess, determine) the price; **den ~ für e-n Artikel festsetzen** to price an article; **e-n ~ fordern** to ask (for) a price; to demand (payment of) a price (von jdm of sb.); to charge sb. a price; **e-n sehr hohen ~ fordern** to charge a very high price; **nach dem ~ fragen** to inquire about the price; **im ~ steil nach oben gehen** to rocket in price; **die ~e gehen in die Höhe** prices are rising; *(sprunghaft)* prices have jumped; **den ~ halten** to maintain the price; **~e niedrig halten** to hold prices down; to keep down prices; **den ~ herabsetzen** s. den →Preis senken; **den ~ heraufsetzen** s. den →Preis erhöhen; **auf den ~ kommt es nicht an** it is not a question of price; **die ~e liegen zwischen ...** prices range from ... to; **den ~ nennen** to name (or quote, indicate) a price; **den ~ senken** to reduce the price (um by); to lower the price, to cut (down) the price; **den ~ radikal senken** to slash the price; **die ~e sinken** prices are on the decrease; **der ~ spielt keine Rolle** price (is) no object; **~e stabilisieren** to stabilize prices; **hoch im ~e stehen** to command a high price; **die ~e steigen** prices are increasing (or going up); **im ~e steigen** to be rising in price; to advance (or increase, rise) in price; **die ~e**

steigen noch prices are still going up; **die ~e sind sprunghaft gestiegen** prices increased by leaps and bounds; **~e in die Höhe treiben** to force up prices; *(bei Auktionen)* to bid up; **~e überwachen** to monitor prices; **jds ~ unterbieten** to undercut sb.'s price; **e-n ~ vereinbaren** to agree (up)on a price; **~e vergleichen** *(beim Einkauf)* to compare prices; **über den ~ verhandeln** to negotiate the price; **unter dem ~ verkaufen** to undersell; **e-n ~ verlangen** to charge a price; **mit e-m ~ versehen** to mark; **mit e-m niedrigen (höheren) ~ versehen** to mark down (up); **die ~e ziehen an** prices are advancing (or hardening, firming); **die ~e zogen weiter an** prices increased further; **die ~e gehen zurück** prices are on the decline, prices are dropping; **im ~e zurückgehen** to go down in price

Preis~, **~abrede** →Preisabsprache; **~abschlag** markdown

Preisabsprache *(zwischen Wettbewerbern)* price fixing; price agreement (or arrangement); **an ~n nicht gebundener Betrieb** outsider business

Preisänderung change in price(s); **~en vorbehalten** prices are subject to alteration without notice

Preisanfrage price inquiry; **e-e ~ richten an jdn** to ask (or request) sb. for a quotation

Preisangabe (price) quotation; statement of (current) prices; price indication; **Katalog mit ~n** priced catalog(ue); **Waren ohne ~** unmarked goods

Preisangebot quotation; price(s) offered; offer of a price; *(bei Auktionen)* bid; *(bei Ausschreibungen)* bid; **~e einholen** to invite quotations (or offers, tenders); **jdm ein ~ machen** to quote sb. a price

Preis~, **~angleichung** price adjustment; alignment of prices; **~anpassung** *(z. B. an die Preise des Konkurrenten)* price adjustment; adaption of prices

Preisanstieg price rise, rise in prices; upward price trend; **anhaltender ~** persistent price increase; **~ bei Heizöl** increase in fuel oil prices; **der ~ hat sich abgeschwächt (verstärkt)** the prices slowed down (sharpened)

Preis~, **~aufgliederung** price breakdown; price composition; price analysis; **~aufschlag** markup *(→Aufschlag)*; **~aufsicht** price surveillance (or control)

Preisauftrieb upward trend of prices; upward price movement; upturn in prices; **~stendenzen** tendencies of prices to rise (or to move upwards); **den ~ bremsen** to curb price increases, to restrain the upward trend of prices; to check the upsurge of prices

Preisausgleich price equalization; compensation of prices

Preisausschreiben prize competition

Preisauszeichnung[80] marking (or ticketing, labelling) with price(s); pricing; **~spflicht** duty to mark goods with a price

Preis~, **p~bedingt** depending on price; price-conditioned; price-induced; **~berechnung** calculation of prices; **p~bereinigt** adjusted for price changes; **~bereinigung** adjustment of current prices; **~beruhigung** price steadying; **~beschränkung** price restraint; **p~bestimmende Faktoren** price-determining factors; pricing factors; **~bewegung** movement of prices; **~bewußtsein** price consciousness; **p~bezogen** price-related; **~bildung** price determination; formation of prices; pricing

preisbindendes Unternehmen resale price maintaining firm; *Am (auch)* fair trading firm

Preisbinder party establishing price maintenance; *Am (auch)* fair trader

Preisbindung *(Verpflichtung zur Einhaltung gebundener Preise)* obligation to maintain fixed prices; price maintenance; price fixing; **vertikale ~ (od. ~ der zweiten Hand)**[81] resale price maintenance; *Am (auch)* fair trade; **~svertrag** price maintenance agreement; **die ~ missbräuchlich handhaben**[82] to abuse resale price maintenance

Preis~, **~brecher** price-cutter; person undercutting competitors; **p~dämpfend** tending to check price rises; **~differenz** price difference, difference in prices; **~differenzierung** price differentiation, price discrimination; **~diskriminierung** price discrimination; **~disparität** price disparity

Preisdisziplin discipline as regards price increases; **die ~ einhalten** to observe price discipline

Preis/Dividenden-Verhältnis Price/Dividend Ratio (P/D)

Preis~, **~druck** (downward) pressure on prices; **~drücker** price-cutter; *(Feilscher)* haggler; **~drückerei** price-cutting; *(Feilschen)* haggling; **~dumping** price dumping; **~einbruch** general drop in prices, fall off in prices; slump in prices

Preiselastizität price elasticity *(→Angebotselastizität, →Nachfrageelastizität)*

Preisempfehlung, (unverbindliche) ~[83] (non-binding) price recommendation; (non-binding) recommended retail selling price

Preisentwicklung movement of prices; price development (or trend); **ungünstige ~** adverse price movement

Preiserhebung price survey; **Durchführung von ~en** conducting price surveys

Preiserhöhung price increase, price rise; advance in prices; markup; raising of prices; **sprunghafte ~** jump in prices; **e-e ~ vornehmen** to raise prices

Preiserholung recovery in prices

Preisermäßigung reduction in price(s); price reduction; price abatement; **e-e ~ von 10 gewähren** to reduce the price by 10

Preis~, **~ermittlung** →Preiskalkulation; **~erwartung** expectation regarding the price; **~etikett** price tag; price label; **~festsetzung** fixing (or determination, setting) of prices; price-fixing; pricing; **~fixierer** price maker; **~fixierung** price making; **~flexibilität** price flexibility; **~forderung** price demanded; asking price; **~frage** *colloq.* question of price, matter of price; **~freigabe** price decontrol; **~führer** price leader; **~führerschaft (od. ~führung)** price leadership

Preisgabe →*nach Preis 2.*

Preis~, **~garantie** price guarantee; **p~gebundene Waren** price-maintained goods; goods subject to retail price maintenance; price-controlled goods; **~gefälle** price differential; **~gefüge** price structure

Preisgegenüberstellung comparative price analysis; **Verbot der ~** (z. B. während der Saisonschlussverkäufe) prohibition on price comparisons (e. g. during seasonal sales)

Preis~, **~gesetz**[84] Price Law; **~gestaltung** price formation, pricing (policy); **~-Gewinn-Verhältnis** →Kurs-Gewinn-Verhältnis; **~gleitklausel** escalation clause

Preisgrenze price limit; **obere ~** price ceiling; **untere ~** price floor

preisgünstig reasonably (or low-)priced; favo(u)rably priced; **~er sein als** to be better priced than

Preisherabsetzung decrease in price; *(beim Kauf)* price reduction; *Am (durch Regierungsmaßnahmen)* rollback

Preisindex price index; **Einzelhandels~** retail price index; **Großhandels~** wholesale price index; **→Lebenshaltungs~**; **~klausel** price indexation clause; **~ziffer** price index number

Preis~, **~informationssystem** open price system (OPS); **~kalkulation** price calculation, calculation of prices; price estimating; **~kampf** price war; **~kartell** price ring, price cartel; *Am* price combination; price-fixing agreement; **~katalog** price catalog(ue), price list

Preisklasse price class (or range, category); **Hotel der gehobenen (mittleren, niedrigen) ~** a hotel in the high-price(d) (medium-price[d], low-price[d]) range

Preiskonjunktur cyclical increase of demand resulting in rising prices

Preiskontrolle price control (or inspection); **Aufhebung der ~** price decontrol; **~ durchführen** to monitor prices

Preis~, **~konvention** price convention; **~korrektur** adjustment (or correction) of prices; **p~kritisch** price conscious

Preislage price range; **in jeder ~** at all prices; **Waren mittlerer ~** medium-priced goods

Preislenkung control (or regulation) of prices

preislich in price; **~e Vorteile** price advantages; **~ hochliegend** highly priced; **~** →konkurrieren können

Preislimit price limit; **das ~ einhalten** to observe the price limit; **ein ~ setzen** to limit a price; **das ~ überschreiten** to exceed the price limit

Preisliste price list, list of prices; priced catalog(ue); **in unserer ~ angegebene Preise** prices quoted (or shown) in our price list; **e-e ~ aushängen** to post up a price list; **in der ~ nachsehen** to consult the price list

Preis~, **~-Lohn-Spirale** price-wage spiral; **~mechanismus** price mechanism; **~meldesystem** →Preisinformationssystem; **~messziffer** price relative; **~minderung** →Minderung; **~missbrauchsaufsicht über marktbeherrschende Unternehmen** control of unfair pricing by dominant firms

Preisnachlass price reduction; *(Rabatt)* rebate, discount (on goods); markdown; *(auf Grund e-r Mängelrüge)* allowance on the price; **~ gewähren** to allow a price reduction; to grant a rebate (or discount); to make an allowance (on the price)

Preisniveau price level; **unterschiedliches ~** differing level of prices; **~stabilität** price level stability; **das ~ beibehalten** to maintain prices

Preis~, **~notierung** price quotation; *(Devisenkursnotierung)* direct quotation *(Ggs. Mengennotierung)*; **~obergrenze** price ceiling

Preispolitik price policy; policy on prices; **e-e gemeinsame ~ betreiben** to operate a common price policy

preispolitisch as to (or with reference to) price policy; **~e Maßnahmen** measures of price policy

Preis~, **~prüfung** price auditing; **~rahmen** price range; **~recht** law regulating (fixing or supervising) prices; **~regelungen** regulation of prices; price fixing; **~relation** price ratio; **~rückgang** drop (or fall) in prices; price recession; **~schere** price gap; maladjustment between the price indices of different commodities; **~schild** price tag; *(aufklebbar)* price label; **~schleuderei** price slashing; undercutting of prices; **~schraube** upward price pressure; **~schwäche** weakness of prices

Preisschwankung price fluctuation (or variation); **~en unterliegen** to be subject to price fluctuations

Preis~, **~senkung** price reduction; price cut; *(niedrigere Preisauszeichnung)* mark(-)down; **~sicherung** hedging; **~sicherungsklausel** price escalation clause

Preisskala price range, range (or scale) of prices; **gleitende ~** sliding scale of prices

Preisspanne price margin, price range; **enge (weite) ~** narrow (wide) margin of prices

Preis~, **~spekulant** *(Kursspekulant im Wertpapiergeschäft)* arbitrage(u)r; **~spirale** price spiral; **p~stabil** of stable price; **~stabilisierung** stabilization of prices

Preisstabilität stability of prices *(→ Preisniveaustabilität)*; **Erhaltung der ~** maintenance of price stability; **Wiederherstellung der ~** restoring price stability

Preis~, **~staffel** price range; **~staffelung** graduation of prices; **~stand** level of prices, price level; **~starrheit** rigidity of prices; **~statistik** price statistics; **p~steigernd** price-raising

Preissteigerung price increase, price rise; advance in price(s); **~srate** rate of price increase; **~srücklage** price-increase reserve; **~stendenz** tendency to price increase; **~en ausgleichen** to offset price increases

Preisstellung determination of prices, price quotation; pricing

Preisstopp price stop (or freeze); mechanism against rises in price; **e-n ~ durchführen** to freeze prices

Preis~, **~struktur** price structure; **~sturz** fall (or drop) in prices; *(plötzlich)* slump in prices, collapse in prices

Preisstützung *(durch den Staat)* price support; **~smaßnahmen** price support measures

Preis~, **~subvention** →Preisstützung; **~tafel** price board; **p~treibend** price-enhancing, price-increasing; **~treiber** (price) booster

Preistreiberei forcing up prices; boosting; profiteering; *(bei Auktionen)* puffing; **~ betreiben** to force up prices

Preisüberhöhung[85] claiming (or promising, agreeing upon, accepting or granting) excessive prices *(→ Ordnungswidrigkeit)*

Preisüberprüfungsausschuss[86] Prices Review Committee

Preisüberwachung[87] price surveillance, price supervision, price control; **~sstelle** price authority; **System der ~** system of monitoring prices

Preisunterbieter price cutter, undercutter of prices

Preisunterbietung undercutting, underselling, offering (goods) at a lower price than competitors; **ruinöse ~** ruinous undercutting of prices

Preisuntergrenze price floor

Preisunterschied price difference, difference in price(s); price differential; **~e ausgleichen** to compensate differences in prices

Preis~, **~veränderung** price change; **~vereinbarung** price(-fixing) agreement, price arrangement; **~verfall** decline in prices; price deterioration; **~vergleich** comparison between prices; **~verhalten** price behavio(u)r, price practices; **~verhältnis** price relationship; **~verhandlung** price negotiation; **~verlust** loss in price(s); **~veröffentlichungspflicht** compulsory publication of prices; **der ~verschlechterung entgegenwirken** to combat the deterioration in prices; **~verzeichnis** price list; statement of prices; **~verzerrung** price distortion; **~vorbehalt** reservation as to the price; **~vorschlag** price proposal, proposal on price(s)

Preisvorschriften price regulations (or rules); **die ~ einhalten** to comply with the price regulations; **den ~ zuwiderhandeln** to infringe the price regulations

Preiswelle upsurge of prices; wave of price increases

preiswert worth the money (or price); good value; reasonably priced; at a reasonable price; **diese Waren sind äußerst ~** these goods are very good value

Preiswettbewerb competition in prices, price competition; **mit gleichartigen Waren in ~ stehen** to compete in price with similar goods

Preiswucher charging exorbitant prices

Preiszugeständnis price concession; **jdm mit ~sen entgegenkommen** to accommodate sb. with price concessions

Preis~, **~zuschlag** addition to the price; additional charge (or price); **~zuschläge und ~abschläge** sliding scale differentials

Preis 2. *(Belohnung für e-n Sieg in e-m Wettbewerb)* prize; award; **~ausschreiben**[88] prize (or open) competition; prize contest (offer of a prize to be competed for); **~empfänger** recipient of a prize (or an award); **~frage** question set in a competition; **p~gekröntes Vieh** prize(-winning) cattle; **~richter** judge, adjudicator; **~träger** prize- winner; **~vergabe (od. ~verleihung)** award of a prize; **~verteilung** distribution of prizes; **den ersten ~ gewinnen** to win first prize; **e-n ~ verleihen (od. zuerkennen)** to award a prize

Preisgabe *(Aufgabe)* abandonment, surrender; *(Verrat)* disclosure; **unbefugte ~** unauthorized disclosure; **~ von Berufsgeheimnissen** disclosure of professional secrets; **~ von Staatsgeheimnissen** disclosure of state secrets *(→Landesverrat)*; **~recht** →Abandon

preisgeben to abandon, to surrender; *(verraten)* to disclose; **ein →Geschäftsgeheimnis ~**

prekär precarious, difficult

Premierminister prime minister

Presse press, newspapers; *(Pressewesen)* journalism; **~agentur** news agency, press agency; **~attaché** press attaché; **~ausweis** press card, press pass; **nach ~berichten** according to press reports; **(positiver) ~bericht** write up; **~betrieb** newspaper undertaking; **~delikt** *(Presseordnungs- od. Presseinhaltsdelikt)* offence (offense) against the press laws; **~dienst** news agency; press service; **~erklärungen abgeben** to make statements to the press; **~feldzug** →Pressekampagne

Pressefreiheit freedom of the press; **Verletzung der ~** violation of press freedom; **die ~ einschränken** to restrict (or curtail) the freedom of the press

Presse~, **~geheimnis** →Redaktionsgeheimnis; **~gesetz** *(meist Landespressee)* press law; *Am* Journalists' Law; **~kampagne** press campaign; **~knebelung** gagging of the press; **~konferenz** press conference; *(zur Veröffentlichung freigegebene)* **~mitteilung** press release; press hand-out; communiqué; **~polemik** press controversy; **~recht** press law; **~referent** press officer; **~spiegelvergütung**[88a] press review remuneration; **~sprecher** spokesman; **~stelle** press office; **~stimmen** press commentary (or comments); extracts from the press; **~tribüne** *(z. B. im Parlament)* press gallery; **~- und Informationsamt der Bundesregierung** Press and Information Office of the Federal Government; **e-e ~verlautbarung veröffentlichen** to issue a press release (or communiqué); **~wesen** press, journalism; **~zensur** press censorship

Presse, der ~ mitteilen (od. bekanntgeben) to release to the press

Prestige~, **~einbuße** reduction in prestige; **~gewinn** gain in prestige; **~verlust** loss of prestige; **~werbung** prestige (or institutional) advertising

prima-facie-Beweis →Anscheinsbeweis

Prima~, **~diskonten** →Privatdiskonten; **~papiere** *(erstklassige Geldmarktpapiere)* prime papers; **~wechsel** first of exchange

Primage primage (percentage paid on the freight for care in handling cargo)

primäre Haftung primary liability

Primär~, **~datenerfassung** primary data collection; **~einkommen** primary income; **~energieverbrauch** (PEV) primary energy consumption; **~erhebung** *(MMF)* field research; **~markt** (Emissionsmarkt) *(Börse)* primary market *(Ggs. Sekundärmarkt)*; **~reserve** *(Bilanz, Währungspolitik)* primary reserve; **~sektor** *(Betriebe der Urproduktion, bes. Landwirtschaft und Bergbau)* primary sector *(→Sekundärsektor, →Tertiärsektor)*

Primat primacy; priority

Prinz~, **~gemahl** prince consort; **~regent** prince regent

prinzipiell on principle

Priorität priority; **~en** →Prioritätsobligationen; **beanspruchte ~** claimed priority; **mehrere ~en** *(PatR)* multiple priorities; **→Anmelde~**; **→Erfindungs~**; **→Unions~**; **→Verbands~**; **Inanspruchnahme der ~** claiming priority

Prioritäts~, **~aktien** →Vorzugsaktien; **p~älterer Anspruch** claim of earlier priority date; **~angaben** priority data; **~anspruch** priority claim; **~beanspruchung** claiming priority

prioritätsbegründend, **e-e Anmeldung als ~ anerkennen** *(PatR)* to recognize a filing as giving rise to a right of priority

Prioritäts~, **~belege** priority documents; **~bescheinigung** certificate of priority; **~datum** priority date

Prioritätserklärung declaration of priority; **~sfrist** period for claiming priority; **e-e ~ einreichen** to file a declaration of priority

Prioritätsfragen, **Verfahren zur Klärung von ~** *(PatR)* interference proceedings

Prioritäts~, **~frist** priority period; **~obligationen** preference bonds; **~prinzip**[89] principle of priority

Prioritätsrecht priority right; **Geltendmachung des ~s** →Prioritätsstreitverfahren; **Inanspruchnahme des ~s** claiming the right of priority; **das ~ geltend machen** to institute proceedings to determine priority; *Am* to interfere; **ein ~ genießen** to enjoy a right of priority; to have the benefit of a right of priority

Prioritäts~, **~streitverfahren** *(PatR und MarkenR)* proceedings to determine priority; *Am* interference (proceeding); **~tag** priority date; **~übertragung** priority assignment

Prioritätsunterlagen priority documents; **Verpflichtung zur Einreichung von ~** *(europ. PatR)* obligation to submit copy of earlier national application

Priorität, **~ beanspruchen** to claim priority; **die ~ e-r früheren Anmeldung in Anspruch nehmen** to claim the priority of previous application; **die ~ e-r Erfindung bestimmen** to determine the priority of an invention; **~ einräumen** to give priority; **~ festlegen** to fix priority; **~ haben gegenüber** to have priority over; **~en setzen** to establish (or set) priorities

Prise prize; **Einbringung e-r ~** bringing in a prize; **~nbesatzung** prize crew; **~ngeld(er)** prize money (to captors); **~ngericht (od. ~nhof)** prize court; **~nkommando** prize crew; **~nrecht** prize law; **~nsache** prize case; **als ~ aufbringen** to make a prize (of); **als ~ nehmen** to take in prize

prisengerichtlich, **ein (aufgebrachtes) Schiff und seine Ladung ~ einziehen** to condemn a captured vessel and her cargo

privat private; in one's private capacity; *(persönlich)* personal; **~ betrieben** privately operated; **~er Besitz** →Privatbesitz; **~e Effektenplazierung** private *Br* placing *(Am placement)*; **~es Eigentum** →Privateigentum; **~es Fernsehen** independent television; commercial television; **~e Pkw-Nutzung** private use of a car; **~es Unternehmertum** private enterprise; **~er Verbrauch** private consumption; **~er Verbrauch an Gütern und Dienstleistungen** *(Statistik)* consumers' expenditure on goods and services

Privat~, **~abhebungen** personal withdrawals; **~abkommen** private agreement; **~absatz** *(von Wertpapieren)* direct sale; **~adresse** private address, home address; **~angelegenheiten** private affairs (or matters); **~anklage** *(österreichisches Recht)* →Privatklage; **~arbitrage** →Hamburger Arbitrage; **~audienz** private audience; **~bank** private bank; **~bankier** private banker

Privatbesitz private property; **in ~** privately owned; **in ~ übergehen** to pass into private hands

Privat~, **~betrieb** private(ly owned) enterprise (or undertaking, concern); private firm; **~detektiv** private detective; inquiry agent

Privatdienst, **im ~ stehen** to be in private service (or employment)

Privatdiskont prime (bankers') acceptance rate; **~en** prime (bankers') acceptances; **p~fähig** qualifying as prime (bankers') acceptance; **~markt** prime acceptance market; **~satz** prime acceptance rate

Privatdozent *univ* lecturer (without tenure), assistant professor (without tenure)

Privateigentum *(Objekt)* private property; *(Recht)* private ownership; **in ~ (befindlich)** privately owned

Privat~, **~eigentümer** private owner; **~einkommen** private (or personal) income

Privatentnahmen personal (or private) drawings; **~ der Selbständigen** self-employed persons' profit withdrawals

Privat~, **~flugzeug** private aircraft; **für den ~gebrauch** for personal use; **~gespräch** *tel* private call; **~gläubiger** (partner's) creditor for a private debt; **~gleisanschluss** private siding; **~grundstück** private property; **~haftpflichtversicherung** personal liability insurance

Privathand, **in ~ (befindlich)** privately owned; **in ~ übergehen** to pass into private hands

Privat~, **~haus** private house (or *Am* home); **~haushalt** personal household; **~industrie** private industry; **~interesse** personal interest; **~klage**[90] private criminal action (admissable for certain offences (offenses) *(z. B. →Beleidigung, →Körperverletzung, →Sachbeschädigung;)*; **~kläger** plaintiff in a →Privatklage; **~klinik** private hospital; *(Pflegeheim)* nursing home; **~konto** private account, personal account; **~korrespondenz** private correspondence; **~kredit** →Personalkredit; **~kundschaft** private customers

Privatleben, **im ~** in private life; **Eingriffe in jds ~** interference with sb.'s privacy

Privat~, **~mann** →Privatperson; **~patient** private patient; **~person** (private) individual, private person; **als ~person** in one's private capacity; privately; **~plazierung** private placing *(Am placement)*; **~praxis** (doctor's) private practice

Privatrecht private law, civil law; →**interlokales ~**; →**internationales ~**

privatrechtlich, **~e Streitsachen** →bürgerliche Rechtsstreitigkeiten; **~er Vertrag** contract under private law

Privat~, **~satz** →Privatdiskont; **~schiffer** →Partikulier; **~schule** private school; **~sekretärin** private secretary

Privatsphäre private life; privacy; **Angriff auf die ~** assault on privacy; **Eindringen in die ~** invasion of privacy; **Schutz der ~** protection of privacy; **in jds ~ eindringen** to invade sb.'s privacy

Privat~, **~straßen** private streets (or ways); **~testament** holographic will; **~unternehmen** private undertaking (or enterprise); private business; **~unternehmer** private contractor; entrepreneur; **~urkunde** private document; **~verbrauch** →privater Verbrauch; **~vermögen** private property; private assets; personal fortune; *(des Gesellschafters)* personal assets; **~versicherung** private insurance; **~wege** private ways; **~wirtschaft** private sector of the economy; private enterprise (system); **auf p~wirtschaftlicher Grundlage** on a private enterprise basis; **~wohnung** private dwelling (or accommodation); private residence; **für ~zwecke** for private ends

privatisieren to privatize, to transfer to private ownership; *Br* to denationalize

Privatisierung privatization; transfer to private ownership; *Br* denationalization; selling off public assets

Privileg privilege

privilegieren to (grant a) privilege

privilegiert privileged

pro Kopf, **~ der Bevölkerung** per head of population; **~-Einkommen** per capita income; **~-Verbrauch** per capita consumption

Probe *(Prüfung, Versuch)* trial, test; *(Probezeit)* probation; *(Muster)* sample, specimen; *(Theater)* rehearsal; **auf ~** *(zur Ansicht)* on approval; *(Anstellung)* on a trial basis; on probation *(→Beamter auf Probe)*; **auf ~ angestellt** →anstellen 1.; **nach ~** according to sample; **zur ~** on trial; →**Qualitäts~**; →**Schrift~**; →**Stich~**; →**Unterschrifts~**; →**Waren~**; **der ~ entsprechend** up to sample

Probe, **~-** probationary; **~abstimmung** test ballot, straw vote; **~abzug** proof (sheet); pull; **~alarm** test alarm; **~anlage** →Versuchsanlage; **~anstellung** employment on probation (or trial); **~arbeitsverhältnis** employment for a trial period; probationary employment; **~auftrag** trial order; sample order; **~befragung** →Probeerhebung; **~bestellung** →Probeauftrag; **~bilanz** trial balance; **~entnahme** sampling; taking samples; **~entwurf** tentative draft; **~erhebung** *(Marktforschung)* pilot survey; **~exemplar** specimen (copy); complimentary copy; **~fahrt** *(Auto)* test drive; *(Schiff)* trial run; **~fall** test case; **~flug** test flight; **~jahr** probation year; **~kauf** →Kauf auf Probe; →Kauf nach Probe; **~lieferung** trial shipment; **~nahme** sampling; **~nehmer** sampler; **~packung** trial package; **~sendung** goods sent on trial; **~stück** sample, specimen; pattern (sample); test piece; **~vereinbarung** tentative agreement

probeweise on a trial basis; for a trial period; *(versuchsweise)* tentative; *(auf Probezeit)* on probation; **~ Benutzung** tentative use; **jdn ~ einstellen** to engage sb. on probation

Probezeit trial period; probationary period; **Lohn während der ~** probationary rate; **die ~ ist abgelaufen** the probationary period has expired; **die ~ wird erlassen** the probationary period will be dispensed with

Probe, **zur ~ angestellt sein** to be employed on probation; **~n entnehmen** to sample, to take samples; **mit der ~ übereinstimmen** to agree with the specimen

Problem problem; **sich mit e-m ~ befassen** to tackle a problem; **mit e-m ~ fertig werden** to cope with a problem; **e-m ~ gegenüberstehen** to be faced with a problem; **an ein ~ herangehen** to approach a problem

Produkt product; *(landwirtschaftlich)* produce; →**Agrar~e**; →**Boden~**; →**Industrie~**; →**Kuppel~**; →**Landes~e**; →**Neben~**; →**Sozial~**; →**Verbund~**; **chemische ~e** chemical products

Produkt, **fehlerhaftes ~** defective (or faulty) product; product in a defective condition *(→Entwicklungsfehler, →Fabrikationsfehler, →Instruktionsfehler, →Konstruktionsfehler)*

Ein Produkt ist fehlerhaft, wenn es nicht die Sicherheit bietet, die man zu erwarten berechtigt ist.[89a]

A product can be seen as defective when it does not provide the safety that one can rightfully expect.

Produkt, **gefährliches ~** dangerous product; **tierische ~e** animal products; **vergleichbares ~** *(Produkthaftung)* product of the same description

Produkt~, **~analyse** product analysis:; **~auswahl** product selection

Produktbeobachtungspflicht product monitoring duty

Pflicht des Produktherstellers, seine in Verkehr gebrachten Produkte daraufhin zu beobachten, ob (zunächst nicht erkennbare) schädliche Wirkungen auftreten.

Duty (of the manufacturer) to keep the performance of a product under observation after it has been put into circulations.

Produkt~, ~beschreibung product specification; **~bewertung** product valuation; **p~bezogenes Abkommen** agreement on specific products; **~differenzierung** product differentiation; **~einführung** launch of a product; **je ~einheit** per unit of output; **~enbörse** commodity exchange; **~enhandel** produce trade, trade in agricultural produce; **~enhändler** dealer in agricultural produce, produce dealer; **~enmarkt** produce market; **~entwicklung** product development

Produktfehler product defect *(s. fehlerhaftes →Produkt)*; **Verursacher von ~n** party responsible for the product defect

Produkt~, ~führer product leader; **~gestalter** product designer; **~gestaltung** product design; **~gruppe** product group (or line)

Produkthaftpflicht product liability; **~anspruch** product liability claim; **~fälle** product liability cases; **~klage** product liability action; **~prozess** product libaility lawsuit; **~versicherung** product liability insurance

Produkthaftung product liability

Die Produkthaftung (Haftung für Personen- und Sachschäden durch fehlerhafte Produkte) ist in der EU, in den Vereinigten Staaten und in anderen Industriestaaten zum Schutz der Verbraucher ausgebaut worden. Neben die Haftung für Verschulden ist die verschuldensunabhängige Haftung getreten. Zu ersetzen sind Personen- und Sachschäden, die den Käufern fehlerhafte Produkte und anderen Geschädigten (unbeteiligten Dritten) entstanden sind.

In the EU, the United States and other industrialized countries product liability (liability for personal injuries and property damage caused by defective products) has been expanded to encompass consumer protection. Strict liability has been added to libability for fault. Not only buyers of defective products but also other parties who have sustained personal injuries or property damage caused by defective products (bystanders) are entitled to recover damages.

Produkthaftungsgesetz (ProdhaftG od. ProdHG)[90a] Product Liability Act

Dieses Gesetz hat die EG-Produkthaftungsrichtlinie in deutsches nationales Recht umgesetzt.

This Act has incorporated the European Directive on Product Liability into German national law.

Produkthaftungsrichtlinie der EG (EG-Produkthaftungsrichtlinie)[90b] The EC Directive on Product Liability

Richtlinie des Rates der EWG vom 25. Juli 1985 zur Angleichung der Rechts- und Verwaltungsvorschriften der Mitgliedstaaten über die Haftung für fehlerhafte Produkte.

EEC Council Directive of 25 July 1985 on the approximation of legal and administrative provisions of the Member States concerning liability for defective products.

Die EG-Produkthaftungsrichtlinie und damit auch das deutsche ProdHG gewähren keinen Anspruch auf Ersatz von - an dem Produkt selbst entstandenen - (→Weiterfresser-)Schäden.

The EC product liability directive and accordingly the German Product Liability Act do not recognize liability for that type of damage that is caused to the product itself.

Produkt~, ~image product image; **~palette** range of products; product line; product mix; **~planung** product planning; **~-Plazierung** *(Form der Werbung)* product placement; **~piraterie** s. Gesetz zur Stärkung des Schutzes des →geistigen Eigentums und zur Bekämpfung der Produktpiraterie; **~qualität** product quality; **nachträgliche ~verbesserung** subsequent product improvement; **~(verkaufs)leiter** product manager; **~werbung** product advertising

Produktion production; *(produzierte Menge)* output; **→Gesamt~**; **→Industrie~**; **→Inlands~**; **→Jahres~**; **→Kriegs~**; **→Mindest~**; **→Tages~**; **→Über~**; **→Ur~**; **~ je Beschäftigtenstunde** output per man-hour

Produktion, mit der ~ von etw. anfangen to put sth. into production; **die ~ ankurbeln** to boost (or encourage) production; **die ~ aufnehmen** to take up production; **die ~ auslaufen lassen** to phase out production; **mit der ~ beginnen** to start production; **die ~ →einstellen**; **die ~ ging zurück** output decreased; production dropped; **die ~ steigern** to step up (or increase) production; **die ~ umstellen auf** to switch over production to; **die ~ verringern** to cut back (or decrease) production

Produktions~, ~ablauf production flow; **~anlagen** production facilities; production plants; **~anstieg** rise in production; increase of output; **~apparat** production machinery; **~aufnahme** commencement (of production); **~ausfall** loss of production (or output); **~aussichten** production outlook (or expectations); **~ausweitung** expansion of production (or output); **~begrenzung** limitation of production (or output); **~beihilfe** *(EU)* production aid; **~breite** horizontal range of production *(→Produktionstiefe)*; **~drosselung** curtailment of production, cutback in production; **~einbuße** loss of production; **~einschränkung** production cutback

Produktionseinstellung production stop; **endgültige ~** termination of production; **langsame ~** *(Auslaufenlassen der Produktion)* phasing-out of production; **vorübergehende ~** suspension (or stoppage) of production; **Einstellung der Produktion von Kernwaffen** cessation of the manufacture of nuclear weapons

Produktions~, ~einbruch production collapse; **~engpass** bottleneck in production; **~entwicklung** development (or trend) in production; **~erwartungen** production (or output)

expectations; **~erweiterung** →Produktionsausweitung; **~faktoren** factors of production, production factors; **~fehler** *(ProdHaftG)* production flaw (or defect) *(→Produktfehler)*; **~funktion** production function; **~genossenschaft** producers' cooperative (society)

Produktionsgüter producer goods; producers' capital goods; **~industrie** producer goods industry

Produktionsindex production index; **bereinigter ~** adjusted production index

Produktionskapazität production (or productive) capacity; **überschüssige ~** excess productive capacity; **ungenutzte ~** unused (or unutilized) productive capacity; **Auslastung der ~** exploitation of productive capacity

Produktions~, **~kartell** quota agreement, agreement restricting production; **~koeffizient** production coefficient

Produktionskosten production costs, cost of production; **~anstieg** rise (or increase) in production costs

Produktions~, **~kraft** capacity to produce; **~lage** production situation; **~länder** producing countries

Produktionsleistung output; **~ je Arbeitsstunde** output per man-hour; **volkswirtschaftliche ~** a country's output

Produktions~, **~leiter** production manager; **~lücke** output gap; **~menge** output

Produktionsmittel means of production; producer goods, production goods; **~industrie** producer goods industry

Produktions~, **~plan** production plan, production budget; **~planung und ~steuerung** (PPS) production management; **~potential** production potential; **~prämie** *Br* production grant; *Am* production bonus

Produktionsprogramm production (or manufacturing) program(me); product range; **Gesellschaft mit breitem ~** company with a wide range of products; diversified company; **Vielseitigkeit im ~** diversification of products; **das ~ erweitern** to widen the product range

Produktions~, **~programmierer** production scheduler; **~prozess** process of production; manufacturing process; **~quote** production quota; **~reserven** reserves of productive capacity; **~rückgang** fall (or decrease, decline) in production; **~schwankungen** fluctuations in production

Produktionssoll production quota (or target); **das ~ ist nicht erreicht** the (production) target has not been attained (or reached); output did not reach the required level

Produktions~, **~sortiment** production range; **~spitze** output peak; **~stand** level of production (or output); **~stätte** production centre (center); (manufacturing) plant; **~steigerung** increase in production; rise in output; **~struktur** production structure; **~stufe** stage of production; phase of production; **~technik** production engineering; **~tiefe** vertical range of production *(→Produktionsbreite)*; **~überkapazität** overcapacity of production; **~überschuss** production surplus; **~umfang** volume of production; **~umstellung** conversion of production; production switch; **~unternehmen** undertaking in the production sector; **~verfahren** production method; manufacturing process; **~wachstum** growth in production (or output); **~wert** production value; **~wirtschaft** producing industries; **~zahlen** output figures; **~ziel** production (or output) target; **~ziele setzen** to set production targets; **~ziffern** production figures; **~zunahme** increase in production; **~zweig** branch (or line) of production

produktiv productive

Produktiv~, **~genossenschaft** →Produktionsgenossenschaft; **~kapital** productive capital; **~kräfte** productive resources; **~kredit** credit granted for productive purposes *(Ggs. Konsumentenkredit)*; **~vermögen** productive property

Produktivität productivity; productive efficiency; productiveness; **steigende ~** increasing productivity; **~sanstieg** productivity increase; **~sfortschritt** advance in productivity; **~sgefälle** productivity ratio; **~sgewinn** productivity gain; **~srente** pension adapted to productivity changes *(→dynamische Rente)*; **~ssteigerung** increase in (or raising of) productivity; **~swachstum** productivity growth; **~szunahme** productivity increase

Produktivität, **die ~ steigern** to increase productivity

Produzent producer; manufacturer; **~enhaftung** product liability; producer's (or manufacturer's) liability *(cf. Produkthaftung)*; **~enhaftpflichtversicherung** product liability insurance; **~enpreis** producer's price; **~enrente** producer's surplus *(Ggs. Konsumentenrente)*

produzieren to produce, to manufacture

produzierend, **~es Gewerbe** producing sector; producing industries; **~es Unternehmen** producing (or manufacturing) enterprise

Professor, **außerordentlicher ~** associate professor; **ordentlicher ~** full professor

profilieren, **sich ~** to distinguish oneself

Profit profit; **~macher** profiteer; **~streben** profit-seeking

profitgierig sein *sl.* to be on make; to be a moneygrubber

profitieren von *(Nutzen ziehen)* to benefit from; *(Vorteil haben)* to take advantage of

Proforma-Rechnung pro forma invoice

Prognose forecast(ing); prediction; prognostication; **Verkaufs~** sales forecast; **~verfahren** forecasting techniques

Prognostiker prognosticator; forecast specialist

prognostizieren to forecast; to predict

Programm program(me); →**Partei~**; →**Wahl~**; **~ablaufplan** *(Computer)* flow chart; **~änderung** change of program(me); **~entwurf** draft program(me); **~fehler** *(Computer)* program error; **p~gemäß** →Programmmäßig; **~gestaltung** program(m)ing; program(me) planning; **p~gesteuert** *(Computer)* program- controlled; **p~mäßig** according to program(me) (or schedule); as scheduled; **~piraterie** (Computer) program(me) piracy; **durch Satelliten übertragene p~tragende Signale**[91] programme-carrying signals transmitted by satellite; **~speicher** *(Computer)* program storage; **~steuerung** computer process control; **~unterlagen** *(Computer)* program documentation; **~virus** (PV) *(Computervirus)* program virus (PV); **ein ~ durchführen** to implement a program(me); **ein ~ erstellen** to prepare (or draw up) a program(me)

programmieren *(auf ein Programm setzen)* to include in a program(me); *(Computer)* to program

Programmierer *(Computer)* programmer

Programmiersprache common business- oriented language (COBOL)

Programmierung (mathematical) programming; *(Computer)* programming

Progression progression; →**Steuer~**; **~svorbehalt** *(DBA)* saving clause as to progression (to avoid double taxation)

progressiv progressive; **~e** →**Abschreibung**; **~e Kalkulation** progressive cost accounting *(Ggs. retrograde Kalkulation)*; **~e Steuer** progressive (or graduated) tax; **die Steuer ist ~ gestaltet** the tax is imposed progressively

Prohibitivzoll prohibitive duty

Projekt project; **Geheim~** secret project; **Industrie~** industrial project; **gemeinsame wissenschaftliche ~e** cooperative scientific projects; **~finanzierung** project finance; **p~gebunden** project-tied; **~leiter** project manager; **~planung** project planning; **~studie** feasability study; **~wissenschaftler** project scientist; **ein ~ durchführen** to carry out a project

projektieren to project, to make plans for

Projektierungskosten planning costs

Proklamation proclamation

proklamieren to proclaim

Prokura[92] "prokura"; full power of attorney; *(ungenau)* commercial procuration

Prokura ist die dem Prokuristen von dem Inhaber eines Handelsgeschäftes erteilte Vollmacht, alle Arten von gerichtlichen und außergerichtlichen Geschäften und Rechtshandlungen vorzunehmen, die der Betrieb eines Handelsgewerbes mit sich bringt. Die Prokura ist im Handelsregister einzutragen.

"Prokura" is the power of attorney granted to the →Prokurist under the provisions of the Commercial Code conferring authority to act on behalf of the principal (owner of a commercial firm) in respect of all transactions in and out of court within the scope of mercantile trade. The "Prokura" has to be entered in the Commercial Register.

Prokura, per p~ (ppa.) *(ungenau)* by procuration (p. p., per pro.); →**Einzel~**; →**Gesamt~**; **Widerruf der ~** revocation of the "Prokura"; **~indossament**[93] endorsement per procuration; **die ~ entziehen** to cancel the "Prokura"; **jdm ~ erteilen** to confer "Prokura" on sb.; **~ haben** to hold "Prokura"; **per p~ zeichnen** to sign by procuration

Prokurist "Prokurist"; holder of a special statutory authority *(→Prokura)*; **Bestellung e-s ~en** appointment of a "Prokurist"; **Zeichnung des ~en**[94] signature of the "Prokurist" *(s. per →prokura)*

Prolongation *(beim Bankkredit)* extension; *(e-s Wechsels)* prolongation, renewal; *(im Börsentermingeschäft)* carrying-over, continuation; **~sgebühr** *Br (des Baissier)* backwardation rate; *Br (des Haussier)* contango rate; **~sgeschäft** *(Börsentermingeschäft)* prolongation business; *Br* continuation (or carrying-over) business; **~ssatz** renewal rate; **~swechsel** renewed bill of exchange

prolongieren *(Kredit)* to extend; *(Wechsel)* to prolong, to renew; *(Börse)* to continue

prolongierte Obligationen continued bonds

Promesse promissory note

Promille-Grenze blood alcohol limit

Promiskuität *(häufiger Partnerwechsel)* promiscuity

Promotion conferring of a doctorate (upon sb.); taking one's doctor's degree

promovieren to obtain the degree of "Doktor" (Dr.)

prompte Zahlung prompt payment, prompt cash

Promptgeschäft *(Warenbörse)* cash transaction (or dealing); spot transaction

Propaganda propaganda; *(Werbung)* publicity; **Greuel~** atrocity propaganda; **Kriegs~** war propaganda; **Wahl~** election propaganda; **~feldzug** propaganda campaign; publicity campaign; **~lüge** propagandistic lie; **~material** propaganda material; **~schriften** propaganda writings (or leaflets); **~ machen** to make propaganda (or publicity) (für for); to plug (für jmd. od. etw. for sb or sth.)

Propagandist propagandist, propagator

propagieren to propagate, to propagandize; to make publicity for

Propergeschäft business (or transaction) carried out on one's own account

proportional, **~e Kosten** proportionate costs; **~er Satz** proportional rate

Proportional~, **~steuer** proportional tax; **~wahl** proportional representation election system

Proporz →Proportionalwahl

Prorogation[95] →Zuständigkeitsvereinbarung *(zwischen Prozessparteien)*

Prospekt *(Werbeschrift)* brochure, pamphlet, leaflet, folder; prospectus; *(Börse)* prospectus; **unrichtige oder unvollständige ~angaben**[96] incorrect or incomplete statements in the prospectus; **~befreiung**[97] exemption from prospectus requirement; **~haftung**[98] prospect liability; **~material** descriptive literature; **~zwang**[99] obligation to issue a prospectus

Prospektierung *(Schürfen)* prospecting; *(vor e-r Wertpapieremission)* issuing a prospectus

Prospektor *(Lagerstättensucher)* prospector

Prosperität prosperity

Prostituierte prostitute, whore

Prostitution prostitution; **Förderung der ~**[100] causing prostitution of women; encouragement of prostitution

protegieren to patronize, to sponsor; to protect

protegiert werden von to be under the patronage of, to be sponsored by

Protektion patronage; protection given by a patron

Protektionismus *(Schutzzollsystem)* protectionism; **Wiederaufleben des ~** resurgence of protectionism

Protektionist protectionist

protektionistisch, **~er Druck** protectionist pressure; **~e Maßnahmen** protectionist measures; **~e Tendenzen** protectionist tendencies

Protektor protector; patron

Protektorat protectorate

Protest 1. protest; *(VölkerRformeller Protest)* diplomatic representation; **unter ~** in protest; **~erhebung** protestation; **~kundgebung** protest demonstration; **~marsch** protest march; **~note** *dipl* protest note; **~streik** protest strike; **~versammlung** protest meeting; **bei jdm ~ einlegen (od. erheben) gegen** to enter (or lodge, make) a protest to sb. against sth.; *dipl* to make representations to sb. about sth.

Protest 2. *(amtl. Beurkundung über Annahmeverweigerung bei Wechseln und über Zahlungsverweigerung bei Wechseln und Schecks)* protest; **„ohne ~"** "without protest" *(→Protesterlass)*; **rechtzeitig erhobener ~** due protest; **zu spät erhobener ~** past due protest; **Ehrenannahme nach ~** acceptance for hono(u)r supra protest; **~ mangels Annahme**[101] protest for non(-)acceptance; **~ mangels Sicherheit** protest for better security; **~ mangels Zahlung** protest for non(-)payment; **~aufnahme** →Protesterhebung

Protesterhebung protesting; making protest (against a bill of exchange); **~ bei der Post** →Postprotestauftrag

Protesterlass[102] waiver of protest

protestfähig, **den Wechsel als ~ ansehen** to consider the bill (of exchange) as protestable

Protest~, **~frist** period allowed for protest; **~gebühr** protest fee; **~kosten** expenses for protesting; **~listen** (confidential) lists (drawn up by the banks) of firms whose bills have been protested; **~ort** place of protest; **~urkunde** certificate of protest (or dishono[u]r); **~vermerk auf e-m Wechsel** *(durch den Notar)* notation on a bill of exchange; **~zeit** time for (drawing up a) protest (usually from 9-18 hours)

Protest, **~ erheben** to draw up a protest; to protest; **e-n Wechsel zu ~ gehen lassen** to have a bill protested; to cause a bill to be protested; **ein Wechsel ist zu ~ gebracht** a bill is protested; **den ~ vornehmen lassen** to have the protest drawn up

Protestat *(WechselR)* person protested against

protestieren to protest; to object (gegen to); **gegen e-e Maßnahme ~** to protest against a measure; **mangels Zahlung ~** *(WechselR)* to protest for non(-)payment

protestierter Wechsel protested bill (of exchange)

Protokoll 1. *(des Parlaments od. der ordentlichen Gerichte)* record (of proceedings); *(bei Geschäftsverhandlungen, Sitzungen etc)* minutes; procès-verbal; →**Beweisaufnahme~**; →**Sitzungs~**; →**Verhandlungs~**; →**Vernehmungs** Protokoll

Protokoll~, **~aufnahme** drawing up a record (or the minutes); **~buch** minute book; **~führer** person who takes down the minutes; *(bei Gericht)* recording clerk; *Br* (official) shorthand writer; **beeidigter ~führer** sworn minute-writer; **~führung** taking (down) the minutes (of a meeting); *(bei Gericht)* recording the proceedings; **~vermerk** entry in the minutes

Protokoll, **ein ~ abfassen** to establish a protocol; **ein ~ aufnehmen** to draw up a record (or the minutes); **im ~** →**aufnehmen**; **~ führen** to keep the minutes (of a meeting); to keep a record (über die Verhandlung of the proceedings); **etw. zu ~ geben** to have sth. recorded; **etw. zu ~ nehmen** to minute sth.; to record sth. in the minutes; to place sth. on record; **(Zeugen-)Aussage zu ~ nehmen** to place a deposition on the court records; to record the testimony of witnesses; **im ~ vermerken** to enter in the minutes

Protokoll 2. *(VölkerR und dipl)* protocol; **Chef des ~s** Chief of Protocol; **Änderungs~** protocol of amendment; **Auslegungs~** protocol of interpretation; **Berichtigungs~** protocol of rectification; **Geheim~** secret protocol; **Schluss~** final protocol; **Unterzeichnungs~** protocol of signature; **Verlängerungs~** protocol of extension; **Zusatz~** additional (or supplementary) protocol; **~(abteilung)** Protocol Service; **p~gemäß** according to protocol; **~vermerk** protocol note; **ein ~ aufsetzen (od. erstellen)** to draw up a procès-verbal; **das ~ liegt für ... zum Beitritt aus** the present protocol shall be open for accession by ...; **gegen die Regeln des ~s verstoßen** to break the rules of protocol

protokollarisch in the minutes; on record; according to protocol

protokollieren to minute, to record in the minutes; to enter in the record; to log; **die Beweisaufnahme ~** to record evidence

Prototyp prototype

Provenienz-Zertifikat certificate of provenance (or origin)

Provinz~, **~bank** provincial bank; Br country bank; **~börse** regional stock exchange

Provision commission; *(Maklerprovision)* brokerage; *(des Kommissionärs)* factorage; →**Abschluss~**; →**Akzept~**; →**Aval~**; →**Bank~**; →**Bürgschafts~**; →**Einkaufs~**; →**Kredit~**; →**Umsatz~**; →**Verkaufs~**; →**Vertreter~**; **gegen ~** on commission; **~ zu e-m festen Satz** commission at a fixed rate; **~ für Übernahme e-r Effektenemission** underwriting commission

Provisions~, **~anspruch** claim for commission; **auf ~basis** on a commission basis; **~berechnung** statement (or calculation) of a commission; **~betrag** amount of (the) commission; **~ertrag** commission income; **~forderung** commission demand; **p~frei** free of commission; **~konto** commission account; **p~pflichtig** subject to (a) commission; **~reisender** commercial traveller working on a commission basis; **~satz** rate of commission; **~zahlung** commission payment

Provision, **e-e zustehende ~ anmahnen** to remind sb. that commission is due; **~ berechnen** to charge a commission; **~ beziehen** to draw a commission; **die ~ beträgt ...** the commission amounts to ...; **wir vergüten Ihnen als ~ 2 des Rechnungsbetrages** we will pay you a commission of 2 per cent on the invoice amount

provisorisch provisional; temporary

Provisorium provisional (or temporary) arrangement

Provokation provocation

provozieren to provoke; to challenge

Prozent per cent; percentage; *(Rabatt)* discount; **6 ~ Zinsen** interest at 6 per cent; **10 ~ der Bevölkerung** ten per cent of the population; **~kurs** price expressed as a percentage of the nominal value; percentage quotation *(Ggs. Stückkurs)*; **~notierung** per cent quotation

Prozentsatz percentage (rate); **hoher ~** high percentage; **vertraglicher ~** contract percentage; **~auf Jahresbasis umgerechnet** annualized percentage rate

Prozente abwerfen to yield a percentage

prozentig per cent; **e-e vier~e Anleihe** a loan at 4 per cent, a 4 per cent loan

prozentual (expressed as) percentage; **~e Aufteilung** distribution on a percentage basis; **~e Beteiligung** percentage share; quota

Prozess 1. *(Gerichtsverfahren)* lawsuit, (legal) action; case (in a law court); suit litigation; proceedings, procedure; trial; →*Zivilprozess*, →*Strafprozess*; **~ über** →**Ehesachen**; →**anhängiger ~**; →**politischer ~**; →**Schau~**; **während des ~es** pendente lite; during litigation

Prozess, **jdm vom ~ abraten** to dissuade sb. from going to law; **gegen jdn e-n ~** →**anstrengen**; **e-n ~** →**betreiben**; **e-n ~ einleiten** to institute proceedings; **e-n ~ führen** *(als Kläger)* to prosecute an action, to litigate; *(als An-*

walt) to conduct a lawsuit (for a client); **seinen ~ gewinnen** to win one's case (or lawsuit); **seinen ~ verlieren** to lose one's case (or lawsuit); **in e-n ~ verwickelt sein** to be involved in legal (or court) proceedings

Prozessabweisung, **Antrag auf ~** *(ohne Entscheidung über den Sachantrag)* application for dismissal of action before trial; *Br* dismissal (of action) for want of prosecution or for default; *Am* plea in abatement, dilatory plea (asking for the abatement of the action)

Prozess~, **~agent**[103] litigation agent; person authorized to conduct proceedings without being a →Rechtsanwalt *(→Rechtsbeistand)*; **~akten** court records; **~antrag** motion; **~anwalt** trial lawyer

Prozessaussichten chances of success in litigation; **gute ~ haben** to have a good case

Prozessbetrug collusion; making false statements or giving false evidence in the course of proceedings

Prozessbevollmächtigter person having authority *(→Prozessvollmacht)* to represent a party in an action (usually as →Rechtsanwalt or →Prozessagent); **prozeßbevollmächtigter Anwalt** attorney of record; **~ des Beklagten** counsel for the defence (defense); **~ des Klägers** counsel for the plaintiff

Prozess, prozeßfähig having capacity to sue and to be sued; *(Strafprozess)* competent to stand trial; **~fähigkeit**[104] capacity to conduct proceedings in one's own name (or to appoint a representative to conduct proceedings); **fehlende ~fähigkeit** lack of capacity to sue and to be sued; **prozeßfreudig** litigious

prozessführende Partei litigant, person engaged in a lawsuit

Prozessführung litigation; *(als Anwalt)* conduct of a case; conducting a lawsuit; **~sbefugnis** right of action; **Einrede der mangelnden ~sbefugnis** plea (or defence) that plaintiff has no right of action

Prozess~, **~gegenstand** subject matter of the litigation; **~gegner** opposing party; adversary; **~gericht** trial court; court hearing the case; **prozeßhindernde →Einrede**; **~hindernis** impediment to an action

Prozesskosten *(Zivilprozess)*[105] (→Gerichtskosten und →außergerichtliche Kosten) legal costs; costs of the proceedings, costs of litigation *(→Kostenerstattungsanspruch)*; **~hilfe** (PKH)[105a] legal aid; **~hilfebewilligung** order granting legal aid; **~vorschuss** payment on account of costs ([total] costs incurred by a party to an action); advance on costs of litigation; **Urteil, das die ~ der unterliegenden Partei auferlegt** judgment imposing costs on the losing party; **die ~ sind hoch** litigation is expensive; **die ~ auferlegen** to order to pay the cost(s) of the proceedings; **den Kläger zur Zahlung der ~ verurteilen** to condemn the plaintiff in costs; **~ zugesprochen bekommen** to recover costs

Prozessleitung judicial control of the proceedings; **formelle ~** power of the judge to direct the formal course of the proceedings; **materielle ~** *(Sachleitung)* power of the judge to control the subject matter of the litigation

Prozess~, **~maximen** procedural principles; **~ordnung** rules of procedure *(→Strafprozess, →Zivil*prozess *())*

Prozesspartei party to an action, party in a lawsuit; party to a suit; litigant; **obsiegende ~** successful party; **unterlegene ~** unsuccessful party

Prozesspfleger[106] *(Br für den Beklagten)* guardian ad litem, *Am* curator ad litem; *(Br für den Kläger)* next friend; **ein Geisteskranker kann nur durch seinen ~ klagen** a mental patient can sue only through his next friend

Prozessrecht law of practice (or procedure); procedural law; adjective law; **prozeßrechtliche Grundsätze** procedural rules

Prozess~, **~risiko** risk of litigation; **~sache** legal case; **~standschaft** capacity to sue or be sued in one's own name without being directly involved in the subject matter of the action (e. g. through assignment of right in action); **p~unfähig** under a (legal) disability; incapable of being a party to an action; **~unfähiger** person under disability; person who cannot be a party to an action; **~unfähigkeit** disability (to be a party in a legal action); disability to sue; *Am* legal disability; **~urteil** procedural judgment, judgment on questions of procedure only *(Ggs. Sachurteil)*; **~verbindung** joinder of causes of action; **~vergleich** settlement recorded in the course of proceedings; settlement in court; **~verschleppung** delay of the proceedings; protraction of a lawsuit; want of prosecution; **~vollmacht**[107] power of attorney to represent a party in an action; written authorization to conduct legal proceedings on behalf of another; **~voraussetzungen** procedural prerequisites; **~zinsen**[108] interest payable as from commencement of proceedings; interest during pendency of legal action

Prozess 2. *(Ablauf, Verfahren)* process; **Fabrikations~** process of manufacture; **Produktions~** production process

prozessieren to carry on a lawsuit; to litigate; to sue; to go to law with sb.

prozessual procedural; **auf ~em Wege** by way of legal action, through court proceedings

Prüf~, **~anlagen** test systems; **~anstalt** testing institute; **~befund** test result; **~gegenstand** test item; **~gerät** testing instrument; **~kosten** testing costs; **~plakette** *(nach Inspektion bei e-m Auto)* (vehicle) inspection disc; **~stand** *(zum Prüfen von Maschinen)* test bench; **~stelle** testing station; **~stoff** *(PatR)* search file; **~verfahren** test procedure; **~zeichen** test mark

prüfen *(im Examen)* to examine; *(kontrollieren)* to inspect, to check; *(testen)* to test, to put sth. to a test; *(besichtigen)* to look into; to examine; *(Bücher, Rechnungen)* to audit; *(die Richtigkeit)* to verify; *(in Erwägung ziehen)* to consider; **genau ~** to scrutinize; to make a detailed examination of; *Br* to vet; **kritisch ~** to scan; **ein Angebot ~** to examine an offer; **e-n Antrag ~** to consider a request; **die Bücher der Gesellschaft ~** to audit the accounts of the company; **die Echtheit ~** to test (or verify) the authenticity (of); **Lebensmittel ~** to inspect foodstuffs; **e-e Rechnung ~** to check a bill

geprüft, **~e Bilanz** audited balance sheet; **~ und für richtig befunden** audited and found correct; **~ werden** *(Examen)* to take an examination; to be examined

Prüfer examiner; *(Buchprüfer)* auditor; *(Industrie)* tester; *(staatl.)* inspector; →**rechtskundiger ~**; →**technisch vorgebildeter ~**; **Haupt~** *(PatR)* examiner in chief; **Vor~** *(PatR)* primary examiner; **~schaft** *(PatR)* examining staff

Prüfling examinee, candidate

Prüfung 1. *(Kontrolle)* inspection, check(ing); *(Test)* test(ing); *(Bücher, Rechnungen)* audit (-ing); *(Untersuchung)* examination; *(Richtigbefund)* verification; **~ an Ort und Stelle** spot check; →**Abnahme~**; →**Bedürftigkeits~**; →**Buch~**; →**Eignungs~**; →**Fahr~**; →**Flaggen~**; →**Kassen~**; →**Material~**; →**Qualitäts~**; →**Rechnungs~**; →**Wirtschafts~**; **~ e-s Anspruchs** examination of a claim; **~ e-s Antrags** vetting an application; **~ der Ausgaben** verification of expenditure; **~ der Betriebstätigkeit** operational audit; **~ der Fahrausweise** ticket inspection; **~ der Jahresabschlüsse** audit of annual financial statements; **~ e-r Maschine** inspection (or testing) of a machine; **~ e-r Rechnung** audit of an account; checking an invoice; **~ der Ware** inspection of the goods

Prüfungs~, **~bericht** audit(or's) report; accountant's report; report on a test; **~bescheinigung** audit(or's) certificate; accountant's certificate; certificate of inspection; **~ergebnis** result of audit; result of a test; **~fahrt** *(Kfz)* test drive; **~gebühr** audit fee; **~gesellschaft** auditing company; firm of auditors; **~grundsätze** auditing standards; **~jahr** audit year; **~kosten** auditor's remuneration; **p~pflichtig sein** *(Kapitalgesellschaft)* to be subjected to a statutory audit requirement; **~protokoll** test record; **~richtlinien** →Prüfungsgrundsätze; **~stellen** *(der Sparkassen- und Giroverbände)* auditing agencies; **~termin** *(im Insolvenzverfahren)*[108a] verification meeting; meeting to prove claims; (date of) hearing (or appointment) for the proving of debts; **~verbände** auditing associations (registered associations having the right to audit cooperatives); **~vermerk** certificate of audit *(→Bestätigungsvermerk des Abschlussprüfers)*

Prüfung, **mit der Vornahme von ~en beauftragt sein** to be charged with making examinations; **~en durchführen** to carry out audits; **e-r jährlichen ~ unterliegen** to be subject to an annual inspection (or audit); **die Duldung von ~en verweigern**[109] to refuse to permit inspections; **zur ~ und Genehmigung vorlegen** to submit for consideration and approval; **~en vornehmen** to carry out checks (or inspections); to perform audits

Prüfung 2. *(PatR)* examination; →**Eingangs~**; **aufgeschobene ~** deferred examination; **vorläufige ~** preliminary examination; **internationale vorläufige ~ der Anmeldung**[110] international preliminary examination of the application; **~ des Einspruchs** examination of opposition; **~ der europäischen Patentanmeldung** examination of the European patent application; **~ auf Neuheit** examination as to novelty

Prüfungs~ *(des Europ. Patentamtes)*, **~abteilung**[111] Examining Division; **den ~antrag stellen**[112] to file the request for examination; **internationaler vorläufiger ~bericht**[113] international preliminary examination report; **~gebühr** examination fees; **~richtlinien** rules for examination; **~stelle** examining section; **~zeugnis** certificate

Prüfung 3. *(Examen)* examination; →**mündliche ~**; →**schriftliche ~**; →**Abschluss~**; →**Aufnahme~**; →**Eignungs~**; →**Zwischen~**; **~sanforderungen** examination standards; **~sausschuss** →Prüfungskommission; **~sergebnis** examination result; **~sgebühr** examination fee; **~skandidat** examination candidate; **~skommission** examining board, board of examiners; **~sordnung** examination rules; **~sverfahren** examination procedure; **~swesen** examinations; **e-e ~ abhalten** to hold an examination; **e-e ~ ablegen** to sit for (or take) an examination; **e-e ~ bestehen** to pass an examination; **e-e ~ nicht bestehen** to fail in an examination; **~en durchführen** to hold examinations; **zur ~ zugelassen werden** to be allowed to sit for an examination

Pseudonym pseudonym, fictitious name; **vom Urheber angenommenes ~**[114] pseudonym adapted by the author

pseudonymes Werk pseudonymous work

psychiatrisches Krankenhaus psychiatric hospital; mental hospital; *Br (untechnisch)* mental home; *Am* psychiatric clinic (or hospital); **Einweisung in ein ~ zur Beobachtung**[115] committal for observation in a mental hospital; (in a criminal case) committal for psychiatric observation (and report); **Unterbringung in e-m psychiatrischen Krankenhaus** confinement in a psychiatric hospital; **zwangsweise Unterbringung in e-m psychiatrischen Krankenhaus** *Br* (compulsory) detention in a psychiatric hospital; **jdn in ein ~ einweisen** to commit sb. to a psychiatric *Br* hospital *(Am auch institution)*; **in e-m psychiatrischen Krankenhaus untergebracht werden** to be placed in a psychiatric hospital; *Br* to be confined as a patient in a psychiatric hospital

Psychoanalyse psychoanalysis

Psychologie psychology; **gerichtliche ~** forensic psychology

psychologische Kriegführung psychological warfare

Psychopharmaka psychopharmacological drugs

psychotherapeutische Behandlung psychotherapeutic treatment

psychotrop, Übereinkommen über ~e Stoffe[116] Convention on Psychotropic Substances

Publikation publication; **~spflicht** →Publizitätspflicht

Publikum public; *(Zuhörer)* audience; *(Restaurant)* clientele; **das breite ~** the general public; →**Anlage~**; **p~sbezogene Kapitalgesellschaft** *(SteuerR)* company (*Am* corporation) in which less than 75 of the shares are held by individuals *(Ggs. personenbezogene Kapitalgesellschaft)*; **~sfonds** →Fonds 2.; **~sgesellschaft** →PublikumsKG; **~sKG** limited partnership with many members of the public as limited partners (used for investment projects, mainly in the legal form of a →GmbH Co KG); **p~swirksam** appealing (or attractive) to the public

publizieren to publish

Publizist publicist

Publizistik mass communication media; journalism

Publizität publicity; disclosure; **negative ~** negative reliance (on the nonexistence of a fact which is not entered in the →Handelsregister although it would be qualified for registration;; **positive ~**[116a] positive reliance (on the existence of a published fact which is entered in the →Handelsregister and is qualified for registration;; **~serfordernisse** disclosure requirements; **~sgesetz**[117] Disclosure Law; Publicity Law *(→Rechnungslegung von Unternehmen und Konzernen)*; **~spflicht**[118] legal obligation to disclose one's results (annual financial statement, etc); **p~spflichtig** subject to certain disclosure requirements; **~sprinzip** principle that entries in the →Grundbuch[119] or in the →Handelsregister[120] should be open to inspection; **~svorschriften** *(z. B. für Investmentgesellschaften)* disclosure provisions

Puffer~, ~staat buffer state; **~vorräte** buffer stocks; **Bildung e-r ~zone** establishment of a buffer zone

Punkt point; item; **~ der Tagesordnung** item on the agenda; **springender ~** essential point; **strittiger ~** controversial point; point at issue; **toter ~** deadlock; →**Streit~**; →**Verhandlungs~**; **~bewertung** points rating; **~system** *(z. B. bei Arbeitsbewertung)* points system; **um 3 ~e fallen** *(Börse)* to decline 3 points; **um 2 ~e steigen** *(Börse)* to rise 2 points; **in einem ~e nachgeben** *(Börse)* to concede one point; **3 ~e nachgeben** *(Börse)* to decline 3 points

punktierte Linie dotted line

pünktlich punctual; on time; *(planmäßig)* on schedule; **~ ankommen** *(Zug)* to arrive punctually (or on time); **nicht ~ ankommen** to arrive late; **seine Miete ~ bezahlen** to pay one's rent punctually; to be punctual in the payment of one's rent; **es wurde nicht ~ gezahlt** there was a delay in the payment (of)

Pusten *(in Pusteröhre)* breath test

Pusteröhre breathalyser

Putativ~, ~ehe putative marriage; **~notstand** putative necessity (as legal excuse); situation erroneously regarded as an emergency *(→Notstand)*; **~notwehr** putative right of self-defence (defense); self-defence (defense) in the mistaken belief that one is being attacked *(→Notwehr)*

Putsch coup (d'état); putsch; insurrection; **~versuch** attempted coup

putschen to make a putsch

Putschist insurrectionist, insurgent

Q

quälen, **Gefangene ~** to torture (or maltreat) prisoners; **Tiere ~** to torment animals *(→ Tierschutz)*

Qualifikation qualification; *(Eignung)* eligibility; *(IPR)* characterization, qualification; **~ für ein Amt** eligibility for (an) office; **berufliche ~** professional (or occupational) qualification; **~skonflikt** conflict of qualification; **~snachweis** proof of one's qualification; **~sregel** *(IPR)* classification rule; **die ~ nachweisen** to prove (or establish) one's qualifications

qualifizieren *(befähigen)* to qualify; *(kennzeichnen)* to describe (as); to designate; to characterize; *(IPR)* to apply the appropriate law; **sich ~** to qualify, to become eligible (für for)

qualifiziert, **~ für das Amt** eligible for the office (of); **~e Arbeitskräfte** qualified labo(u)r, skilled labo(u)r; **~e Gründung** *(e-r AG)*[1] formation involving →Sacheinlagen or →Sachübernahmen; **mit ~er Mehrheit** by (means of) a qualified majority (vote); **~e Straftat** aggravated offence (offense); offence (offense) committed under aggravating circumstances

Qualifizierung qualification

Qualität quality; *(Warenklasse)* grade; **~ laut Besicht** quality subject to approval; **~ laut Muster** quality as per sample; →**Durchschnitts~**; →**Gewährleistung für ~**; →**Lebens~**; →**Umwelt~**; **ausgesuchte ~** choice quality; **(von) beste(r) ~** (of) superior quality; **Waren bester ~** top quality products; **erste ~** first-(-class) (or finest) quality; **Waren erster ~** firsts; grade A; **erstklassige ~** prime quality; **Waren geringerer ~** inferior quality goods; **(von) gute(r) ~** (of) good (or high) quality; **handelsübliche (od. marktübliche) ~** *(Qualitätsbezeichnung für Waren mittlerer Güte)* merchantable quality; **minderwertige ~** inferior quality; →**Beanstandung der minderwertigen ~**; **mittlere ~** medium quality; **Waren mittlerer ~** medium quality goods; middlings; **(von) schlechte(r) ~** (of) poor (or inferior) quality; **schlechteste ~** bottom quality; →**unterschiedlich in der ~**; **unzureichende ~** unsatisfactory quality; **vereinbarte ~** stipulated quality; **zugesicherte ~** promised (or warranted) quality; **Waren zweiter ~** second-class (or second-rate) goods

Qualitäts~, **~abweichung** deviation from quality; **~anforderungen für Produkte**[2] product quality specifications; **~angabe** indication of quality; **~arbeit** quality workmanship; **~beanstandung** notice of defect in quality; **~bezeichnung** designation of quality; grade (designation); **~erzeugnis** (high-)quality product; **annehmbare ~grenzlage** acceptable quality level (AQL); **~konkurrenz** competing in quality; **~kontrolle** quality control; **~kosten** quality costs; **~mangel** defect in quality; quality failure; **~merkmal** quality characteristic; **~minderung** deterioration in quality; **~muster** quality sample; **~niveau** quality level

Qualitätsnorm quality standard; **von den ~en abweichen** to deviate from the quality standards; **den ~en entsprechen** to correspond to (or meet, satisfy) the quality standards

Qualitäts~, **~prämie** quality bonus (or premium); **~probe** quality test; **~prüfung** quality test, checking of quality; **~rüge** complaint regarding the quality

Qualitätsschwankungen fluctuations in quality; **die Erzeugnisse unterliegen ~** the quality of the products is subject to variation

Qualitäts~, **~sicherung** quality assurance; quality protection; **~steigerung** increase in quality; **~steuerung** quality control; **~typen** (quality) grades; **~unterschied** difference in quality; **~verbesserung** improvement in quality; **~verschlechterung** deterioration in quality; **~waren** (high-) quality goods (or products); **~wein** quality wine; **~zeichen** quality mark; *Am* certification mark; **~zertifikat** certificate of quality

Qualität, **die ~** →**beanstanden**; **die ~ entspricht unseren Erwartungen nicht** the quality does not answer (or come up to) our expectations; **die ~ prüfen** to check the quality; **die ~ verbessern** to improve the quality; **in der ~ zurückgehen** to fall off in quality; **die ~ sagt unseren Kunden zu** the quality finds our customers' approval

qualitativ qualitative, relating to quality; **~er Unterschied** qualitative difference; **~ schlechter sein als** to be of poorer quality than

Quantität quantity; **~smangel** defect as to quantity; **~srüge** complaint regarding the quantity

quantitativ quantitative, in terms of quantity

Quarantäne quarantine; **~bestimmungen** quarantine regulations; **~flagge** quarantine flag, yellow flag; **~gegenstand** object of quarantine; **~hafen** quarantine harbo(u)r

quarantänepflichtige Krankheit[3] quarantinable disease; **e-e ~ einschleppen** to introduce (or bring in) a disease subject to quarantine

Quarantäne, die ~ aufheben to lift the quarantine; **aus der ~ entlassen** to discharge from quarantine; **in ~ liegen** to be in quarantine; **unter ~ stellen** to put in (or under) quarantine; to quarantine

Quartal quarter; three-month period, quarterly period; **~sabschluss** quarterly statement of accounts; **~sbericht** quarterly report; **~sdividende** quarterly dividend; **~sschluss** end of a quarter; **~stag** quarter day; **q~sweise** quarterly; **~szahlung** quarterly payment; *(von Zinsen, Dividenden etc)* quarterly disbursement

Quartier accommodation; *mil* quarters, billet; **~macher** billeting officer; **~räume der Besatzung an Bord von Schiffen** crew accommodation on board ship; **~schein** billeting paper (or order)

Quasigeld *(Termineinlagen bis unter vier Jahren bei inländischen Nichtbanken)* near money, quasi-money; **quasigerichtliche Tätigkeit** *(z. B. der Verwaltungsbehörden)* quasi-judicial functions

Quasihersteller *(ProdHaftG)* quasi (or apparent) manufacturer

Jemand, der als Hersteller erscheint, da er das Produkt mit seinem Namen, seinem Warenzeichen oder anderen unterscheidenden Kennzeichen versieht.

Anyone who appears to be the manufacturer due to putting his name, trademark or other distinguishing mark on the product.

Quasi-Monopol quasi-monopoly

Quecksilberverschmutzung mercury pollution

Quelle source, origin; *(Belegstelle)* source of information; authority; reference; *(Wasser)* spring; →**Einkommens~**; →**Einnahme~**; →**Energie~**; →**Fehler~**; →**Informations~**; →**Rechts~**; →**Steuer~**; →**Versorgungs~**; **aus amtlicher ~** from an official source; **aus guter ~** on good authority; →**Steuerabzug an der ~**

Quellen~, ~abzug *Br* deduction (*Am* withholding) (of tax) at source; **~abzugsverfahren** *Br* pay as you earn system (PAYE); *Am* pay as you go system

Quellenangabe indication of sources; citing of sources; acknowledg(e)ment of source; **Gebot zur ~** requirement to state sources; **der →Nachdruck ist nur mit ~ gestattet**

Quellen~, ~beleg *Am* source document; **~besteuerung** (→Steuerabzug an der Quelle) deduction of tax at source *(Ggs. Wohnsitzbesteuerung)*; **~nachweis** →Quellenangabe; **~prinzip** principle of levying taxes by deduction at source

Quellenstaat source country; state (or country) of source; **die Steuer des ~es auf die deutsche Steuer anrechnen** *(DBA)* to credit the tax of the source state against the German tax

Quellensteuer tax (deducted) at source; withholding tax; *(DBA)* tax (deducted) at the source state; **Befreiung von der ~** exemption from withholding tax; **q~pflichtiges Einkommen** income subject to withholding tax; **~satz** rate of tax at source; **~n werden erhoben** taxes are deducted at source; **e-r ~unterliegen** to be subject to with holding tax

Quellenverzeichnis list of authors, list of references; sources

Quellwasser spring water

Quelle, die ~ angeben to quote as authority; to indicate (or name) the source (of); **die Steuer an der ~ einbehalten** to withhold the tax at source; **Steuern erheben durch →Abzug an der ~**

Querschnitt cross section; **~slähmung** paraplegia

querschreiben *(WechselR)* to accept a bill of exchange

Querulant querulous (or litigious) person; troublemaker

Querverweis cross-reference

quittieren to receipt, to give a receipt (for); *(den Empfang bescheinigen)* to acknowledge receipt (of)

quittiert, ~e Rechnung receipted invoice (or bill); **worüber hierdurch ~ wird** receipt whereof is hereby acknowledged

Quittung receipt; voucher; note, slip; *Am (auch)* quittance; **endgültige ~** final receipt; **gegen ~** against (a) receipt; →**löschungsfähige ~**; **Schluss~** receipt for the balance, receipt in full discharge; **Teil~** receipt in part

Quittungs~, ~buch receipt book; **~duplikat** duplicate receipt; **~formular** receipt form; **~inhaber** receipt holder; **~kopie** copy of a receipt

Quittung, e-e ~ aufheben to retain a receipt; **e-e ~ ausstellen** to make out (or write out) a receipt; to receipt; to issue a receipt; **e-e ~ bekommen** to get a receipt

Quorum quorum *(→Beschlussfähigkeit)*; **Fehlen des ~s** absence of quorum; **ein ~ bilden** to form a quorum; **das ~ erreichen** to attain the quorum

Quote quota, proportional share; **nicht voll ausgenutzte ~** underutilized quota; **nicht-q~ngebunden** not subject to a quota; non-quota; **in gleichen ~n** in equal quotas; **verbindliche ~n** mandatory quotas; →**Absatz~**;

→**Einwanderungs~**; →**Export~**; **jährliche Gesamt~** global annual quota; →**Grund~**; →**Import~**; →**Konkurs~**; →**Unfall~**

Quoten~, **~aktie** →nennwertlose Aktie; **~aufstockung** quota increase; **~auswahl** quota sample; **~auswahlverfahren** quota sampling; **~einhaltung** compliance with quotas; **~erhöhung** quota increase; **~kartell** quota-fixing cartel; **~konsolidierung** *(opp.* → *Vollkonsolidierung)* pro-quota consolidation; **~kürzung** quota reduction; **~regelung** quota arrangement; **~rückversicherung** quota share reinsurance; **~rückversicherungsvertrag** quota-share treaty; **~stichprobe** quota sample; **~überprüfung** quota review; **~überschreitung** quota overrun; **~übertragung** quota transfer; **~vereinbarung** quota agreement; **~zuteilung** allocation of quotas

Quote, **auf e-e ~ anrechnen** to charge to a quota; **die ~ erhöhen** to raise (or increase) the quota; **e-e ~ festsetzen** to fix (or establish) a quota; **die ~ kürzen** to reduce the quota; **die ~ überschreiten** to exceed the quota; **~n zuteilen** to allocate quotas

quotieren *(Börse)* →notieren

Quotierung quotation

R

Rabatt *(Preisnachlass)*[1] discount, rebate; allowance (made in consideration of prompt or cash payment); **mit ~** at a discount; →**Angestellten~**; →**Barzahlungs~**; →**Fracht~**; →**Funktions~**; →**Handels~**; →**Händler~**; →**Kunden~**; →**Mengen~**; →**Sonder~**; →**Treue~**

Rabatt~, **~gesetz**[2] Law Governing Discounts; **~gewährung** allowance of discount; grant (-ing) of a rebate; **~höhe** amount of discount; **~kartell** →Kartell; **~marke** trading stamp, discount ticket; *Am* patronage dividend; **~satz** rate of rebate; **~sparverein**[3] association of retailers with a common discount policy; **~verbot** discount ban

Rabatt, **~ geben (od. gewähren)** to allow (or give) a discount; to grant a rebate; **von diesem Preis geht ein ~ ab** this price is subject to (a) discount

Racheakt act of revenge

Radar~, **~anlage** radar equipment (or installation); **~falle** radar trap; **fliegendes ~frühwarnsystem** Airborne Warning and Control System (AWACS); **mit ~ orten** to detect by radar

Rädelsführer[4] leader of a gang, ringleader, riot leader

Radfahren verboten cycling prohibited

Radfahrer cyclist; **~ kreuzen** *(Gefahrenzeichen)* cyclists crossing

Radierstelle erasure

radikaler Flügel e-r Partei radical (or extreme) wing of a party

Radikalismus radicalism, extremism

Radio radio, wireless; **~gebühren** radio fees, *bes. Br* wireless licence; **~gerät** radio set; **~programm** radio programme; **~sendung** radio broadcasting; **~telefonie** radiotelephony; **~werbung** radio advertising; commercial

radioaktiv, **~e Abfälle** radioactive waste; **Bewirtschaftung und Lagerung ~er Abfälle** management and storage of radioactive waste; →**Verseuchung des Meeres durch das Versenken ~er Abfälle**

radioaktiv, **Ableitung ~er Abwässer** disposal of radioactive effluents

radioaktiv, **~e Stoffe** radioactive substances; **grenzüberschreitende Freisetzung ~er Stoffe** transboundary release of radioactive materials; **~e Stoffe in geschlossener oder offener Form** radioactive substances, whether sealed or unsealed; **~e Stoffe in** →**Trinkwasser und Atemluft**

Radioaktivität, **Gehalt der Luft an ~** level of radioactivity in the air; **erlaubte Höchstgrenze der ~** maximum permitted radioactivity level; **Einrichtungen zur Überwachung des Gehalts der Luft, des Wassers und des Bodens an ~** facilities for the control of the level of radioactivity in the atmosphere, water and soil

radiologisch, **grenzüberschreitende ~e Auswirkungen**[4a] transboundary radiological consequences; **~e Notfälle**[4a] radiological emergency

Raffinerie refinery; **~industrie** (oil) refining industry

raffinieren to refine

raffinierte Erdölerzeugnisse refined petroleum products

Rahmen framework, skeleton, outline; *(Hintergrund)* setting; **im ~ von** within the framework of, within the scope of, within the limits of; **im ~ des Abkommens** under the agreement;

im ~ seiner ordentlichen →**Geschäftstätigkeit handeln**; **im ~ des Gesetzes** within the limits imposed by the law; **im ~ der (zugewiesenen)** →**Haushaltsmittel**; **im ~ seiner Vollmacht handeln** to act within the scope of one's authority; **über den ~ der Vollmacht hinaus(gehend)** (acting) ultra vires

Rahmen~, **~abkommen** framework (or skeleton) agreement; **~bedingungen** outline conditions; **~gesetz** skeleton law (Federal law establishing framework for detailed legislation by →Länder); **~gesetzgebung** framework legislation; **~kredit** block credit, credit line; **~police** master policy; **~richtlinie** outline directive; **~strategie** framework strategy; **~tarifvertrag** →Manteltarifvertrag; **~vertrag** skeleton (or framework) contract; *(ArbeitsR)* basic agreement; **~vorschriften**[5] general provisions, outline provisions

Raiffeisenkassen Raiffeisen banks; local rural credit cooperatives

Rakete rocket; missile; →**Interkontinental~**; →**Kurzstrecken~**; →**Langstrecken~**; →**Mehrstufen~**; →**Mittelstrecken~**; **~nabbau** dismantling of missiles; **~nabwehr~** antiballistic missile; **~n(abschuss)basis** rocket launching base; **~nabwehrvertrag** →ABM-Vertrag; **~nbau** rocket engineering; **~ngeschoss** ballistic missile; **~nstationierung** deployment of missiles; **~nwissenschaft** rocketry; **unter ~nbeschuss liegen** to be under rocket fire; **~n stationieren** to deploy missiles

Ramschverkauf *Br* jumble sale; *Am* rummage sale

Rand *(Abstand)* margin; **am ~e der Stadt** on the outskirts of the town; **am ~e vermerkt** noted in the margin; *fig* mentioned in passing

Rand~, **~bemerkung** marginal note; **~gebiet** peripheral area; fringe area; **~gruppen** fringe groups; **~lochkarte** *(EDV)* edge-punched card; **~staat** bordering state, peripheral state; **~vermerk** note in the margin, marginal note

randalieren to riot

Rang *(Stellung)* rank, status, position; *(Reihenfolge)* rank, order; *(SachenR)* (order of) priority; **älterer ~** prior rank; **ersten ~es** first-class; first-rate; **gleichen ~es** of equal rank; **von hohem ~** high-ranking; **~ e-r Hypothek** priority of a mortgage (or *Br* charge); **~ der Insolvenzforderungen**[6] priority given to the claims against the bankrupt's estate

Rang, **im ~ folgende Hypothek** subsequent mortgage; **im ~ nachstehender Gläubiger** subordinated (or junior) creditor; **im ~ nachstehende Hypothek** s. nachrangige →Hypothek; **im ~ nachgehende Insolvenzforderung** postponed (or deferred) debt; **im ~ nachstehender Pfandgläubiger**[7] creditor (or pledgee) next in order of priority; **die im ~ nächstfolgende Person** the person following in rank; the person next in seniority; **im ~ vorgehende** →**Hypothek**; **im ~ vorgehender (Insolvenz-)Gläubiger** creditor by priority

Rang~, **~abzeichen** →Dienstgradabzeichen; **r~älter** senior; *(PfandR)* prior; **r~ältester Offizier** senior officer; officer senior in rank; **~änderung**[8] alteration of the order of priority (in the →Grundbuch)

Rangfolge order of rank (or precedence); sequence of priority; **~ der Anträge** *parl* order of precedence of motions; **~ der Gläubiger** ranking of creditors; **~verfahren** *(Arbeitsbewertung)* ranking system

Rang~, **r~gleich** of equal rank; **~gleichheit zwischen Gläubigern** equality (of rank) between creditors; **r~höchster Diplomat** highest-ranking diplomat; **r~hoher Offizier** senior officer; **~liste** *mil* army list, navy list, airforce list; **r~niedriger** lower in rank

Rangordnung order of rank (or precedence); (order of) priority; order of merit; hierarchy; →**diplomatische ~**; **~ unter mehreren Hypotheken** ranking (or priority) of mortgages; **~ von (Insolvenz-)Forderungen** ranking of claims; **~ von (Insolvenz-)Gläubigern** priority of creditors; **~ von Pfandrechten** *(an derselben Sache)* priority of liens

Rang~, **~rücktritt** subordination; waiver; **~verhältnis von Grundstücksbelastungen**[9] order of priorities of encumbrances; **~verlust** loss of priority; *Am unil* reduction to a lower grade; *(als Disziplinarstrafe)* forfeiture of seniority of rank; **~vermerk**[10] priority note (entry in →Grundbuch establishing the priority of a charge)

Rangvorbehalt[11] reservation of precedence (or priority)

Der Eigentümer eines Grundstücks kann sich bei Belastung des Grundstücks mit einem Recht die Befugnis vorbehalten, ein anderes Recht später mit Vorrang eintragen zu lassen.

The owner of land may, in creating an incumbrance, reserve power to register a later incumbrance with priority over the earlier one.

Rang, **e-n ~ einräumen** *(GrundstücksR)* to give priority (to); **im ~ gleichstehen (od. gleichen ~ haben wie)** to rank equally (or pari passu) with; **im ~ nachstehen** to rank after; **die Forderung geht im ~ vor** the debt ranks in priority to; the claim is prior to

Rangierbahnhof marshalling yard; shunting station

Rasse race; **aus vielen ~n bestehend** multiracial; **nach ~n getrennt** segregated; **nicht**

mehr nach ~n getrennt de(-)segregated; **Beziehungen zwischen den ~n** race relations; **ohne Rücksicht auf die ~** irrespective of race; **ohne Unterschied der ~** without distinction of race

Rassendiskriminierung racial discrimination; discrimination on racial grounds; **Internationales Übereinkommen zur Beseitigung von jeder Form der ~**[12] International Convention on the Elimination of All Forms of Racial Discrimination

Rassenfanatiker fanatical racialist (or racist)

Rassenfrage race issue, colo(u)r problem; **Unduldsamkeit in ~n** racial intolerance

Rassen~, ~gleichheit racial equality; **~haß** race hatred; **Aufstachelung zum ~haß**[12a] incitement to racial hatred; **~integration** racial integration; **~krawall** race riot; **~minderheiten** ethnic minorities; racial minorities; **~mord** genocide; **~politik** racial policy; **~problem** →Rassenfrage

Rassenschranken racial barriers; colo(u)r bar; **die ~ aufheben** to integrate; to remove racial barriers

Rassentrennung racial segregation; **Politik strikter ~** apartheid; **Aufhebung der ~** *Am (bes. an den Schulen)* desegregation; **Beseitigung der ~** abolition of (racial) segregation; **die ~ aufheben** *Am* to desegregate; **der ~ unterwerfen** to segregate, to subject to segregation

Rassen~, ~unruhen racial disturbances; racial incidents; racial unrest; **~vorurteil** racial prejudice

rassisch, aus ~en Gründen on racial grounds

Rassismus racism, racialism

rassistische Politik racist policies

Rat 1. *(Ratschlag)* advice; **~erteilung**[13] giving advice; **~geber** adviser; **~suchender** person seeking advice; **jds ~ befolgen** to act on sb.'s advice; **~ einholen** to seek (or take) advice; **juristischen ~ erhalten** to get legal advice; **jdm ~ erteilen** to advise (or give advice to) sb.; **jdn um ~ fragen** to ask for sb.'s advice, to ask sb. for advice; to consult sb.; to seek advice from sb.; **e-n Anwalt zu ~e ziehen** to consult a lawyer

Rat 2. *(beratendes Organ)* council; →**Betriebs~**; →**Europa~**; →**Gemeinde~**; →**Minister~**; →**Stadt~**; **~ der EG** Council of the European Communities *(am 8.11.1993 umbenannt in Rat der →Europäischen Union; nicht identisch mit →Europarat und →Europäischer Rat)*; **~ für Handel und Entwicklung** →Welthandelsrat; **~ für kulturelle Zusammenarbeit** *(Organ des →Europarates)* Council for Cultural Cooperation (CCC); **~ für die Zusammenarbeit auf dem Gebiet des Zollwesens** (RZZ) Customs Cooperation Council (CCC) *(→Brüsseler Zollrat)*

Rats~, ~ausschuss council committee; **~beschluss** *(EU)* Council Decision; **~herr** town council(l)or; **~mitglied** member of a council; council(l)or; *Am* councilman; **~präsident** *(EU)* President of the Council; **~richtlinie** Council Directive

Ratssitzung council meeting; **e-e ~ abhalten** to meet in council; **e-e ~ anberaumen** to call a council

Ratsverordnung *(EU)* Council Regulation

Rate *Br (Teilbetrag)* instalment, *Am* installment; *(Verhältnisziffer)* rate; →**Fracht~**; →**Inflations~**; →**Investitions~**; →**Wachstums~**; →**Zuwachs~**; **in ~n** in (*Br auch* by) instal(l)ments; **am ... fällige ~** instal(l)ment due on ...; **auf 5 Jahre verteilte ~n** instal(l)ments spread over 5 years; **in festgesetzten ~n** by stated instal(l)ments; **monatliche ~n** monthly instal(l)ments; **vereinbarte ~n** agreed instal(l)ments

Raten~, ~anleihe loan to be repaid in yearly instal(l)ments; **~geschäft** →Abzahlungsgeschäft; **~hypothek** →Tilgungshypothek; **~kauf** →Abzahlungskauf; **~kaufvertrag** *Br* hire-purchase agreement; (bis £ 5000) consumer credit agreement; *Am* installment purchase agreement; **~kredit** credit to be repaid in instal(l)ments; **~rückstände** instalment in arrear(s); **r~weise Tilgung von Schulden** redemption of debts by instal(l)ment

Ratenzahlung payment by instal(l)ments; *Am* payment on deferred terms; *Am* deferred payment; *Am* time payment; **günstige ~en** easy terms; **Nichteinhaltung der ~en** failure to keep up the instal(l)ments; →**Preis bei ~**; **~skredit** →Ratenkredit; **~sverkauf** →Abzahlungsverkauf; **~svertrag** contract to pay by instal(l)ments; *Br* hire purchase agreement; *Am* installment purchase (or sale) contract; **die ~en einhalten** *Br* to meet the payments; *Am* to meet the installments; **auf ~ kaufen** s. auf →Abzahlung kaufen

Rate, mit e-r ~ im Rückstand sein to be in arrears with an instal(l)ment; **mit e-r ~ in →Verzug geraten**; **in ~n zahlen** to pay by (*Br auch* in) instal(l)ments; *Am* to pay on time; **im ganzen oder in ~n (be)zahlen** to pay in full or by instal(l)ments

Rathaus *Br* town hall, *Am* city hall

Ratifikation ratification; **~surkunde** *(VölkerR)* instrument of ratification; **Austausch (Hin-**

terlegung) der ~surkunde exchange (deposit) of the instrument of ratification; **dieser Vertrag bedarf der ~** the present treaty is subject to ratification; **die ~ erfolgt** ratification is effected; **die ~surkunden werden bei ... hinterlegt** the instruments of ratification shall be deposited with ...

ratifizieren *(VölkerR)* to ratify

Ratifizierung ratification; **~sverfahren** ratification procedure

rationalisieren to rationalize; to streamline

Rationalisierung rationalization; streamlining; planned efficiency; **~sfachmann** *Am* efficiency expert; **~sinvestitionen** investments undertaken for rationalization purposes; capital expenditure on rationalization; **~skartell** →Kartell; **~skuratorium der Deutschen Wirtschaft** (RKW) Board for Rationalization of the German Economy; **~smaßnahmen** rationalization measures; **~sschutzabkommen** *(zur Sicherung rationalisierungsgefährdeter Arbeitsplätze)* agreement to safeguard jobs in the event of rationalization; **~sverband**[14] rationalization association

rationell efficient, economical; streamlined; **~er gestalten** to rationalize

Rationierung rationing; putting on rations; **Aufhebung der ~** abolition of rationing; derationing

ratsam advisable

Raub[15] robbery; **schwerer ~** aggravated robbery (e. g., armed robbery); **~ mit Todesfolge**[15a] robbery followed by death; **~ begehen** to commit robbery

Raubbau exhaustion of the soil; wasteful exploitation; **~ (be)treiben** to exhaust (e. g. the soil)

Raub~, **~druck** pirated edition; unauthorized reprint; **~drucker** pirate; **~kopie** pirate copy; **~mord** murder (attended) with robbery; **~mörder** robber committing murder; **~platte** pirate(d) record; **~presser** producer of pirate pressing; **~pressung** pirate pressing

Raubüberfall robbery; *colloq.* mugging; **bewaffneter ~** armed robbery *(→Beraubungsversicherung)*; **e-n ~ begehen** to commit a robbery

räuberischer Diebstahl[16] theft accompanied by the use (or threat) of force to defend possession of the stolen property

Rauchverbot ban on smoking; *(Aufschrift)* no smoking

Raufhandel brawl; affray

Raum *(pl. Räume)* space, area; room; *(Gebiet)* region; **~ für Anzeigen** *(e-r Zeitung)* advertising space; **besetzter (od. in Anspruch genommener) ~** space occupied (or taken up); **gewerbliche Räume** business premises; →**Arbeits~**; →**Diensträume**; →**Geschäftsräume**; →**Lade~**; →**Ladenräume**; →**Lebens~**; →**Luft~**; →**Schiffs~**; →**Versammlungs~**; →**Welt~**; →**Wohn~**

Raum~, **~aufteilung** layout of rooms; **~aufteilungsplan** floor plan; **~bedarf** space required; **~fähre** (space) shuttle

Raumfahrer astronaut; **Übereinkommen über die Rettung und Rückführung von ~n sowie die Rückgabe von in den →Weltraum gestarteten Gegenständen**

Raumfahrt space travel; astronautics; cosmonautics; **~behörde** space authority; *Am* space agency; **~industrie** space industry *(→Luft- und Raumfahrtindustrie)*; **~zeitalter** space age

Raum~, **~fahrzeug(e)** spacecraft; **~forschung** *(Weltraumforschung)* space research; *(Landesentwicklung)* regional development research; **~gehalt des Schiffes** ship's (register) tonnage; **~heizung** space heating; **~knappheit** shortage of space; **~kosten** space costs (including rent, heating, lighting, cleaning, etc)

Raumordnung[17] regional planning, regional development; town and country planning; **~spolitik** regional (planning) policy; (regional) policy with respect to the use and development of land; **r~swidrig** contrary to regional policy

Raum~, **~planung** →Raumordnung; **~politik** →Raumordnungspolitik; **~schiff** space ship; **~schiff(e)** spacecraft.

Raumstation space station (or platform); **Übereinkommen über Zusammenarbeit bei Detailentwurf, Entwicklung, Betrieb und Nutzung der ständig bemannten ~**[17a] Agreement on Cooperation in the Detailed Design, Development, Operation and Utilization of the Permanently Manned Civil Space Station

Raumtransporter space shuttle

räumen *(verlassen)* to vacate, to quit, to leave; *(vor Ablauf des Miet- od. Pachtvertrages)* to surrender a lease; *(evakuieren)* to evacuate; *(entfernen)* to clear; **den Gerichtssaal ~ lassen** to have the court cleared; **der Mieter muß die Wohnung ~** the tenant must vacate the *Br* flat *(Am apartment)*; the tenant must give up possession of the premises to the landlord

geräumt, unser Lager ist ~ our stock has been cleared

räumlicher Geltungsbereich *(e-s Übereinkommens etc)* territorial application, area of applicability

Räumlichkeiten rooms; premises; **Unverletzlichkeit der ~** inviolability of premises

Räumung *(Ausziehen)* vacation, quitting, leaving; *(zwangsweise)* eviction, dispossession; *(e-s Lagers)* clearance; *(e-r Stadt)* evacuation

Räumungs~, **~anspruch** claim for vacation of premises; *Br* claim for possession; **~aufforderung** notice to quit; **~ausverkauf** clearance sale; **(gerichtl.) ~befehl** eviction order; *Br* order for possession, order to quit; **~entschädigung** compensation for eviction

Räumungsfrist period of time before the tenant has to give up possession
Wird vom Gericht auf Räumung erkannt, kann es dem Mieter eine angemessene Räumungsfrist bis längstens 1 Jahr bewilligen.[18]
If the court makes an order for *Br* possession (*Am* eviction) it may grant the tenant a period of grace not exceeding one year.

Räumungsklage[19] *Br* action for possession, possession action; *Am* action of eviction, unlawful detainer action; action to recover possession of land; **mit seiner ~ durchdringen** *Br* to win an action for possession; **~ erheben** s. auf →Räumung klagen

Räumungs~, **~preis** clearance price; **~schutz** protection against eviction *(→Sozialklausel)*; **~urteil** *Br* judgment for possession; *Am* judgment for eviction; **~verfahren** *Br* possession proceedings; *Am* eviction proceedings; **~vergleich** amicable settlement of a possession action based on agreement that tenant will vacate the demised premises by a certain date; **~verkauf**[20] clearance sale (in urgent circumstances), *Am* close-out sale

Räumung, das Gericht erkannte auf ~ *Br* the court made an order for possession; *Am* the court ordered eviction (or rendered a judgment of eviction); **auf ~ klagen** *Br* to sue for possession; *Am* to take legal proceedings for eviction

Rauschgift (narcotic) drug; narcotic; *sl.* dope; **unter dem Einfluss von ~** under the influence of drugs; **Einspritzung e-s ~s** injection of a narcotic; **~bande** narcotics ring; **~einnahme** taking drugs, use of drugs; **~entziehung** drug withdrawal; **~handel** (illegal) drug traffic; narcotics traffic; **~händler** drug dealer, drug pedlar; drug trafficker; *colloq.* drug (or dope) pusher; **~händlerring** narcotics ring; **~kommission** Commission on Narcotic Drugs; **~missbrauch** drug abuse; **~schmuggel** smuggling of narcotics (or drugs); **~schmuggler** *sl.* dope smuggler; **~straftat** offence (offense) committed under the influence of drugs; **~sucht** drug addiction; **r~süchtig** drug addicted; **~süchtiger** drug addict; *Am bes.* narcotics addict; **mit ~ handeln** to traffic in drugs

Rauschmittel →Rauschgift; **Maßnahmen gegen den ~missbrauch** measures to prevent and combat drug addiction; **aufhören, ~ zu nehmen** to break the drug habit

Razzia (police) raid

reagieren to react, to respond (auf to)

Reaktion reaction; response (auf to); **~ in der ganzen Welt** world-wide response; **~szeit** *(im Straßenverkehr)* reaction time

Reaktionär reactionary

reaktionär reactionary

reaktivieren to reactivate; *mil* to recommission; to restore to full pay

Reaktor (nuclear) reactor; **~anlagen** reactor facilities; **~katastrophe von Tschernobyl** (1986) Chernobyl nuclear disaster; **~kernnotkühlung** emergency core-cooling system (ECCS)

Reaktorschiff nuclear ship; **Betrieb e-s ~es** operation of a nuclear ship; **Haftung der Inhaber von ~en**[21] liability of operators of nuclear ships

Reaktorsicherheit reactor safety; **~sforschung** research on reactor safety

Reaktorunglück (od. Reaktorunfall) nuclear accident

real real; **~ gesehen** in real terms; **~e Politik** realistic politics; **~e Vermögenswerte** tangible assets

Real~, **~angebot**[22] offer of performance in the manner laid down in the contract; offer of performance in accordance with the terms of a contract; **~einkommen** real income; **~faktor** real factor; **~gemeinden** *(SteuerR)* agricultural and forestry cooperatives for common use of agricultural and forestry lands (or *Am* real property); **~injurie** assault and battery; **~kapital** *(z. B. Grundstücke, Gebäude, Maschinen)* real capital, non-monetary capital *(Ggs. Geldkapital)*; **~kassenhaltungseffekt** real balance effect; **~kauf** →Handkauf; **~konkurrenz**[23] accumulation of offences (offenses) *(→Idealkonkurrenz)*

Realkredit credit secured by real property, credit on real estate; credit on landed property; collateral loan; **~geschäft(e)** real estate credit business; mortgage business; **~institut** real estate credit institution; mortgage bank

Reallast[24] realty charge; charge on land (other than by way of mortgage) (imposing certain recurring performances in favo[u]r of the holder of the charge)

Real~, **~lohn** real wage *(nominal wage divided by a price index)*; **~politik** practical (or realistic) policy; **~rechte** rights attached to *Br* land (*Am* real property) *(z. B. Grunddienstbarkeit)*; **~schule** secondary school (leading to →Mittlere Reife); **~statut** *(IPR)* real statute, statutes real; lex loci rei sitae; **~steuern** (kind of) →Objektsteuern *(→Gewerbesteuer, →Grundsteuer)*; **~vermögen** real wealth; tangible assets; **~zeitverfahren** *(EDV)* real time processing; **~zins** real (rate of) interest *(Ggs. Nominalzins)*

Realisation realization; conversion into money; *(Börse)* liquidation; →**Gewinn~**; **~swert** *(bei Veräußerung von Vermögenswerten)* realization value; amount realized on the sale of assets

realisierbar realizable; **kurzfristig ~e Wertpapiere** securities realizable at short notice; **leicht ~e Aktiva** easily realizable assets

realisieren to realize; to convert into money; to put into practice; **Gewinne ~** *(Börse)* to realize (or take) profits

realisiert, **~er Gewinn** realized profit; **nicht ~er Gewinn** unrealized profit

Realisierung →Realisation

Reassekuranz reinsurance

Rechen, **(elektronische) ~anlage** computer; **~einheit** unit of account; **~fehler** error in calculation; **~maschine** calculating machine, calculator; **~zentrum** computer centre (center)

Rechenschaft account; **~sbericht** statement of account; accounting; report on activities; **~slegung** rendering (of) an account; **~spflicht** obligation to give an account; accountability; **für r~spflichtig erklärt werden** to be declared accountable; **~ ablegen** →ablegen 2.; **~ fordern von jdm** to call sb. to account; **~ geben über** to account for; **jdn zur ~ ziehen für etw.** to call sb. to account for sth.

Recherche *(PatR)* search; **Einzel~** isolated search; **Hand~** manual search

Recherche, **internationale ~**[25] international search

Sie dient der Ermittlung des einschlägigen Standes der Technik.

Its objective is to discover relevant prior art

Recherche, **mechanische ~** mechanical search; **Neuheits~** search as to novelty

Recherchen~, **~abteilung** *(des Europ. Patentamts)* Search Division; **~anfrage** search question; **Internationale ~behörde**[25] International Searching Authority

Recherchenbericht search report; **dokumentarischer ~** documentary search report; →**europäischer ~**; **e-n internationalen ~ erstellen** to draw up an international search report

Recherche, **Internationales ~nbüro** International Searching Authority; **~ngebühr**[26] search fee; **e-e internationale ~ durchführen** to carry out an international search

Rechercheur investigator; *(PatR)* searcher

recherchieren to investigate; *(PatR)* to search

rechnen to reckon; to calculate; **mit etw. ~** to expect sth.; to reckon with sth.; **falsch ~** to miscalculate

rechnerabhängig *(EDV)* online (connected to a computer)

rechnergestützt computer-aided, computer- assisted; computerized (stored, performed or produced by computer); **~e Arbeitsplanung** computer-aided planning (CAP); **~e Bürotätigkeit** computer- aided office (CAO)

rechner~, **~integrierte Fertigung** computer-integrated manufacturing (CIM); **~unabhängig** *(EDV)* offline (not connected to a computer)

Rechnung account; bill; *(über e-e Ware)* invoice; *colloq.* tab; *Br (im Restaurant)* bill, *Am* check; *(Berechnung)* calculation; **e-e ~ über Euro 100,-** an invoice for Euro 100; **Bevorschussung von ~en** invoice discounting; **Bezahlung von ~en** payment (or settlement, settling) of accounts; **im Auftrag und für ~ von** by order and on account of; **für ~ und auf Gefahr von** for the account and at the risk of; **noch nicht bezahlte ~** unpaid account (or invoice); **detaillierte ~** detailed invoice; itemized account (or bill); **fällige ~** due bill; **für eigene ~** for one's own account; **für fremde ~** for account of a third party, for the account of another; **für eigene oder fremde ~ Geschäfte machen** to transact business for one's own or for another's account; **auf gemeinsame ~** on joint account; **getrennte ~** separate account; **laufende ~** current account; **laut ~** as per account; according to the invoice; **laut (früher) ausgestellter ~** per account rendered; **offene (od. offenstehende) ~** unsettled account, unpaid invoice; **quittierte ~** receipted bill; *(zur Prüfung und Bezahlung)* **vorgelegte ~** account rendered; **vorläufige ~** provisional account; **zu zahlende ~en** accounts payable

Rechnung, **e-e ~ nicht anerkennen** to disallow an invoice; **e-e ~ ausstellen** to make out an invoice; to prepare an account; **e-e ~ begleichen (od. bezahlen)** to pay (or settle) an invoice (or a bill); to meet a bill; *colloq.* to foot a bill; **an die Erledigung der ~ erinnern** to remind sb. to pay a bill; **über etw. ~ legen** to render (an) account of sth.; **e-e ~ prüfen** to check (or audit) an account; to verify an invoice; **e-e ~ quittieren** to receipt a bill (or an invoice); **auf die ~ setzen** to enter on the invoice; **auf e-r ~ stehen** to appear in an account; **jdm etw. in ~ stellen** to charge (or put) sth. to sb.'s account; to bill (or invoice) sb. for sth.; **die Verpackung in ~ stellen** to charge for packing; **den besonderen Verhältnissen ~ tragen** to take account of the special circumstances; to take the special circumstances into account; **e-e ~ vorlegen** to submit an account; to present a bill; **auf neue ~ vortragen** to carry forward to new account

Rechnungsabgrenzung apportionment of payments between accounting periods; **aktive ~** →antizipative Aktiva; **passive ~** →antizipative Passiva; **~sposten**[27] accrued and deferred items; *(auf der Aktivseite)* deferred expenses and accrued income; *(auf der Passivseite)* deferred income and accrued expenses; **transitorischer ~sposten** transitory item

Rechnungsabschluss statement of accounts *(→Jahresabschluss)*; **anerkannter ~** account stated, agreed account; **den ~ abnehmen (od. billigen)** to approve the final accounts

Rechnungs~, **~abteilung** *(e-s Unternehmens)* invoice (or billing) department; **~auszug** statement of account; **~beleg** voucher, accounting record; **~betrag** amount of invoice; invoice(d) amount; amount billed; **~datum** date of invoice; **~doppel (od. ~duplikat)** duplicate invoice; **~durchschlag** invoice copy

Rechnungseinheit (RE) unit of account *(u. a. →Europäische Währungseinheit)*

Rechnungseinzug collection of accounts; **~sverfahren** *(e-r Bank)* direct debiting; (procedure for) collection by direct debit transfer

Rechnungs~, **~formular** invoice form; **~führer** accountant; accounting officer; **~führung** accounting (system); keeping of accounts; accountancy; **~gutschrift** credit note, credit memorandum; **~halbjahr** half of the *Br* financial (*Am* fiscal) year

Rechnungshof Audit Office *(→Bundesrechnungshof)*; *(EU)* Court of Auditors; *Am* General Accounting Office (G. A. O.); **Präsident des ~es** *Br* Comptroller and Auditor-General; *Am* Comptroller General

Rechnungsjahr *Br (öffentlicher Haushalte)* financial year; *Am* fiscal year *(→Geschäftsjahr)*

Rechnungslegung rendering (of) accounts, accounting; **Grundsätze ordnungsgemäßer ~** generally accepted accounting principles (GAAP); **~ von Konzernen** group accounting; **~ von Unternehmen und Konzernen** accounts (or financial statements) disclosed by enterprises and groups *(→Publizitätsgesetz)*; **~sgrundsätze** accounting principles; **~spflicht** accounting duty; **~spflicht des Vormundes**[28] obligation (or duty) of the guardian to deliver an account; **~svorschriften** accounting rules; accounting standards

Rechnungs~, **~nummer** invoice number *(→angeben)*; **~periode** accounting period; **~posten** invoice item, item in a bill; **~preis** invoice(d) price

Rechnungsprüfer auditor *(→Wirtschaftsprüfer)*; **Bericht des ~s** report of the auditor

Rechnungsprüfung invoice checking, auditing of accounts; **innerbetriebliche ~** internal audit; **~samt** (e-r Gemeinde) audit(ing) office (of a local authority); **e-e ~ vornehmen** to audit accounts

Rechnungs~, **~summe** invoice amount; **~unterlagen** accounting documents; vouchers, records; **~vierteljahr** quarter of the *Br* financial (*Am* fiscal) year; **~vorlage** submission of accounts (or an invoice); **~wert** invoice value; **~wesen** accounting (system); accountancy

recht, **~ und billig** just and equitable; **zur ~en Zeit** in good (or proper, due) time *(→rechtzeitig)*

Recht *(im objektiven Sinn)* law *(→Rechtsordnung)*; *(im subjektiven Sinn)* right; *(Anrecht)* interest (an in); **~e Dritter** third party's rights; **~ an Grundbesitz** *Br* interest in land, *Am* right in real property; **~ und Ordnung** law and order; **~e und Pflichten** rights and obligations (or liabilities); **nach dem ~ e-s Landes** under the law of a country; **Mitglied kraft ~es** member as of right; **von ~s wegen** as of right; ipso jure; **alle ~e →vorbehalten**; **zu ~** rightly

Recht, **~ des Arbeitsortes** *(IPR)* lex loci laboris; **~ der belegenen Sache (od. des Lageortes)** *(IPR)* lex situs (od. lex rei sitae); **~ des Domizils** *(IPR)* lex domicilii; **~ des Erfüllungsortes** *(IPR)* lex loci solutionis; **~ des Gerichtsortes** *(IPR)* lex fori; **~ des Handlungsortes** *(z. B. des Abschlussortes von VerträgenIPR)* lex loci actus; **~ des Ortes der unerlaubten Handlung** *(IPR)* lex loci delicti (commissi); **~ des Vertragsortes** *(IPR)* lex loci contractus

Recht, **abdingbares ~** →nachgiebiges Recht; **→absolutes ~**; **älteres ~** prior right; **→anwendbares ~**; **das angemessenerweise anzuwendende ~** *(IPR)* the proper law; **→ausländisches ~**; **ausschließliches ~** exclusive right; **bestehendes ~** existing right; **→bestehenbleibende ~e**; **→dingliches ~**; **→dispositives ~**; **aus eigenem ~** in one's own right; **später entstandenes ~** →entstehen; **ersessenes ~** prescriptive right; **erworbenes ~** acquired right; **→Handeln unter falschem ~**; **gegenseitige ~e und Pflichten** reciprocal rights and obligations; **geltendes ~** established law; law in force; **nach →geltendem ~**; **ge-**

schriebenes ~ written law; **gesetztes ~** statutory law; →**inländisches ~**; →**innerstaatliches ~**; →**kodifiziertes ~**; **künftiges ~** future right; **mit Mängeln behaftetes ~** defective right; →**materielles ~**; →**nachgiebiges ~**; →**obligatorisches ~**; **öffentliches ~** public law; **politische ~e** civil rights; **schwächeres ~** yielding law *(in a conflict of laws, the law which is disregarded or held unapplicable in favo(u)r of another law)*; **stärkeres ~** prevailing law, controlling law; **unabdingbares ~** →zwingendes Recht; **uneingeschränktes ~** absolute right; **unveräußerliches ~** inalienable right; **mit e-m Patent verbundene ~e** rights attached to a patent; →**vertragliches ~**; **wohlerworbenes ~** vested right; duly acquired right; **zwingendes ~** mandatory law, obligatory law; **zwischenstaatliches ~** international law; *Am* interstate law

Recht, ein ~ abtreten to assign (or transfer) a right; **vereinbaren, welches ~ auf den Vertrag angewandt werden soll** *(IPR)* to agree on the law to govern the contract; **ein ~ aufgeben** to abandon a right; **ein ~ ausüben** to exercise a right; **jdn in seinen ~en** →**beeinträchtigen**; **ein ~ begründen** to constitute a right; **die ~e berühren** to affect the rights; **auf seinem ~ bestehen** to assert one's right; to stand on one's right; **das ~** →**beugen**; **ein ~ durchsetzen (od. einklagen)** to enforce a right; **ein ~ einräumen** to grant a right; **in jds ~e eintreten** →eintreten 5.; **für ~** →**erkennen**; **ein ~ ist erloschen** a right is extinct; **jdm r~ geben** to agree with sb.; **von e-m ~ Gebrauch machen** to make use of a right; **sein ~** →**geltend machen**; **ein ~ gewähren** to grant a right; **r~ haben** to be right; **das ~ auf seiner Seite haben** to have a good case; **ein ~ innehaben** to hold a right; **~ sprechen** to administer justice; **jds ~ streitig machen** to contest sb.'s right; **ein ~ übertragen** to transfer (or assign) a right (auf on); **ein ~ ist untergegangen** a right is extinct; **dem englischen ~ unterliegen** to be subject to (or governed by) English law; **ein ~ verleihen** to grant a right; **jds ~e verletzen** to infringe sb.'s rights; **e-s ~es verlustig gehen** to lose a right; **ein ~ verwirken** to forfeit a right; **auf ein ~ verzichten** to waive a right; to disclaim (or renounce) a right; **alle ~e sind vorbehalten** all rights reserved

Rechte, die ~ *pol* the Right; the Rightists; *(Flügel e-r Partei)* the right wing; →**dingliche ~ Dritter**

rechtfertigen to justify; *(begründen)* to warrant; *(verteidigen)* to vindicate

Rechtfertigung justification; vindication; **~sgrund** (legally recognized) (ground of) justification; *(bei Notwehr, Selbsthilfe etc)* plea of self-defence (defense) as justification

rechtlich legal; *(rechtmäßig)* lawful; **~ oder tatsächlich** in law or in fact; de jure or de facto; **~ begründet** legally founded; good in law; **~ bindend** legally binding; **~ geschützt** protected by law; **als ~ unbegründet abgewiesener Antrag** *Am* motion denied on the law; **innerhalb der ~en Befugnisse** *(e-r juristischen Person)* intra vires; **~es** →**Gehör 1.**; **~es** →**Interesse**; **~e Stellung der nichtehelichen Kinder**[29] legal status of illegitimate children; **~e Wirkung** legal effect; **sich ~ beraten lassen** to take legal advice; **~ verpflichtet sein (zu)** to be under a legal obligation (to do)

rechtmäßig lawful, in a lawful manner; **~er Anspruch** legitimate claim; **~er** →**Besitzer**; **~er Eigentümer** true (or rightful) owner

Rechtmäßigkeit lawfulness, legality; **~ des Handelns** legality of acts

rechtschaffen law-abiding

Rechtschöpfung law-making

rechtsetzender Vertrag *(VölkerR)* law-making treaty

Rechtsetzung law-making

rechtsprechend, ~e Gewalt judicial power, judiciary *(→Gewaltenteilung)*; **~e Tätigkeit** law-administering function

Rechtsprechung administration of justice; *(Gerichtsbarkeit)* jurisdiction; *(Rechtsspruch)* adjudication; *(Gerichtsentscheidungen)* judicial decisions, court rulings; *(Vorentscheidung)* legal precedent(s); **nach der ~** according to court rulings (or to precedents); **ständige ~** unbroken line of authorities; consistent (or established) practice (of the courts); **unter** →**Berücksichtigung der ~**; **Sammlung der ~ des** →**Gerichtshofes (der EU)**; **~ssammlung** →Urteilssammlung

Rechts 1. r~ abbiegen (oder geradeaus) right turn (or straight ahead); **~abbiegen verboten** no right turn; **~abbieger** vehicle (or driver) turning right; **r~eingestellte Zeitung** right-wing paper; **r~gerichtet (od. r~orientiert)** *pol* right-wing; rightist; **r~ halten** *(Verkehr)* keep (to the) right; **~partei** right-wing party; **~politiker** rightist; **r~radikal** of the extreme right; **~radikaler** extreme right-winger; **~regierung** right-wing government; **~ruck** swing to the right; **r~stehend** →rechtsgerichtet

Rechtsverkehr right-hand traffic; **bei ~** where traffic keeps to the right; **Länder mit ~** countries where traffic keeps (to the) right

Rechts 2. ~abteilung legal department; *(des Europ. Patentamtes)* Legal Division; **~abtretung** assignment of right

Rechtsakte, der Ministerrat erläßt jedes Jahr mehrere hundert ~ (Verordnungen, Richtlinien, Entscheidungen usw.) *(EU)* the Council of Ministers adopts each year several hundred legal instruments (Regulations, Directives, Decisions, etc); **damit zusammenhängende ~** related acts

Rechts~, ~änderung change of law; **~angelegenheit** legal matter; **~angleichung** *(EU)* approximation of laws; harmonization of legislation; **~anpassung** legal adjustment; **~ansicht** legal opinion

Rechtsanspruch legal claim; title (auf to); *(auf Pension)* vested right; **~ auf Grundbesitz** title to *Br* land *(Am real property)*; **e-n ~ mit Hilfe des Gerichts verfolgen** to enforce a legal claim by procedure in the courts

Rechtsanwalt →Anwalt; **Vertretung durch e-n ~** representation by a lawyer; **~schaft** the legal profession; **~sbüro** →Anwaltsbüro; **~sgebühren** →Anwaltsgebühren; **~sgebührenordnung** →Bundesgebührenordnung für Rechtsanwälte; **~skammer** →Anwaltskammer; **~ssozietät** law firm; *Br* firm of solicitors, barristers' chambers; **~stätigkeit ausüben** to practise (*Am* practice) as a lawyer; **sich durch e-n bei e-m Gericht zugelassenen ~ vertreten lassen** to be represented by a lawyer admitted to practise in a court

Rechts~, ~anwendung application of the law; **~argument** point of law

Rechtsauffassung legal opinion; interpretation of the law; **von der ~ e-s anderen Gerichts abweichen** to deviate from the legal opinion expressed by another court

Rechts~, ~aufsicht supervision limited to the question of legality of administrative activities; **~ausführungen** legal arguments; *Am (e-r Prozesspartei)* law memorandum; **~auskunft** information on a point of law; **~ausschuss** legal committee; committee on legal affairs; **~ausübung** exercise of a right; **~bedeutung** legal significance; **~begriff** concept of law

Rechtsbehelf (legal) remedy; appeal; (means of) redress; **außer gerichtliche ~e** extrajudicial remedies; **gerichtliche ~e** judicial remedies; **innerstaatliche ~e** domestic remedies; **die jdm zur Verfügung stehenden ~e** the remedies available to sb.; **~belehrung** instructions about a person's available legal remedies; **~sverfahren** redress procedure; **jdn über ~e belehren** to instruct a p. about his legal remedies available; **die ~e erschöpfen** to exhaust the remedies

Rechts~, ~beistand person authorized to practise law without being a →Rechtsanwalt; **~belehrung der Schöffen** *Br (durch den Richter im Schwurgerichtsverfahren)* direction to a jury (on a point of law); *Am* charge to a jury; **unrichtige ~belehrung** misdirection; **~berater** legal adviser; *Am* legal counsel

Rechtsberatung Minderbemittelter legal advice (granted to enable persons of limited means to consult a lawyer in connection with proposed legal proceedings); *Br (etwa)* help under Legal Advice and Assistance

Rechtsberatungs~, ~kosten legal expenses; *(gebührenfreie)* Rechtsberatungsstelle *Br* law centre, legal aid centre

Rechtsbeschwerde appeal on a point of law; **→Nichtzulassung der ~**; **~verfahren** proceedings on appeals on points of law; **e-e ~ einlegen** to appeal on a point of law

Rechts~, ~besorgung provision of legal services; **~beständigkeit** *(e-s Patents)* validity; **~beugung**[30] perversion of justice; departure from the law; **e-e ~beugung begehen** to pervert the course of justice; **~bewußtsein** sense of (the) law; ability to know right from wrong

Rechtsbeziehung(en) legal relation(ship); *(zwischen den unmittelbaren Vertragsparteien)* privity of contract

Rechts~, ~brauch legal custom; **~brecher** lawbreaker; **~bruch** breach of (the) law; **~denken** legal thinking; **~dokumentation** legal documentation; **~durchsetzung** *(durch den Staat)* law enforcement; *(durch e-e Privatperson)* prosecution of a claim; **~einheit** legal uniformity; legal unity; **~empfinden** sense of justice; **~entscheid** legal decision

rechtserheblich legally relevant; of legal relevance; **~e Erklärungen der Parteien** relevant statements made by the parties

Rechts~, ~erheblichkeit relevancy in law; **~erwerb** acquisition of a right; acquisition of a title (to land, etc)

rechtsfähig having legal personality; capable of holding rights (or incurring obligations); **~e →Gesellschaft**; **(nicht) ~er →Verein**; **~ sein** to have legal capacity

Rechtsfähigkeit[31] legal personality (capacity to be a subject of legal rights and duties); **→Entziehung der ~ e-s Vereins**; **e-m Verein die ~ entziehen**[32] to withdraw legal personality from an association; to deprive an association of legal personality

Rechts~, ~fall legal case, law case; **~fehler** error of law; **~fiktion** legal fiction

Rechtsfolge legal consequence; **die eingetretenen ~n** the legal consequences ensuing

Rechts~, **~folgerung** legal conclusion; conclusion of law; **~form** *(e-s Unternehmens)* legal form, legal structure; **~formalität** legal formality

Rechtsfrage question of law, point of law; **strittige ~** *(im Prozess)* issue of (the) law; **e-e ~ erörtern** to argue a point of law

Rechts~, **~früchte**[33] usufruct of a right; **~gang** course of law; legal procedure; **~garantien bei Freiheitsentziehung**[34] guarantees granted by law in case of deprivation of liberty; **~gebiet** field of law, branch of law; **~gefühl** sense of justice; **~gemeinschaft an e-r Aktie** rights in common to a share; joint holding of a share

Rechtsgeschäft legal transaction; act of legal significance; **durch ~** by a legal transaction; by act of a party; **~ unter Lebenden** transaction inter vivos; **~ von Todes wegen** transaction mortis causa; →**sittenwidriges ~**; **Vornahme e-s ~s** conclusion of a transaction; **ein ~ vornehmen** to enter into a transaction

rechtsgeschäftliche Beziehungen legal relations

Rechts~, **~geschichte** history of law; legal history; **r~gestaltend** constitutive; **~gewohnheit** (legal) custom; **~grund** cause in law, legal ground; **~grundlage** legal basis; statutory basis; **~grundsatz** principle of law; legal principle; (legal) maxim; rule; **bestehender ~grundsatz** established principle of law

rechtsgültig legally valid; valid (or good) in law; **für ~ erklären** to validate

Rechts~, **~gültigkeit** legal validity, validity in law; **~gut** object of legal protection; legal interest

Rechtsgutachten *Am (und Intern. Gerichtshof)* advisory opinion; *(e-s Rechtsanwalts)* counsel's opinion; **ein ~ einholen** to seek (or call for) a legal opinion; **ein ~ erstatten** *(Intern. Gerichtshof)* to issue an advisory opinion

Rechtsgüterschutz protection of legal interests

Rechtsgutsverletzung violation of an object of legal protection; injury of legal interests

Rechtshandlung legally significant act; legal act

rechtshängig pending (in court or at law); *(noch nicht entschieden)* sub judice; **~e Klage** pending action

Rechtshängigkeit lis pendence; pending suit; pendency; **Einrede der ~**[35] lis alibi pendens; objection that a suit is pending elsewhere; **während der ~** pendente lite; while litigation is pending (after an action has been commenced and before it has been disposed of)

rechtshemmender Einwand estoppel

Rechtshilfe legal assistance, judicial assistance; **~ in Strafsachen**[35a] mutual assistance in criminal matters *(→Europäisches Übereinkommen über die Rechtshilfe in Strafsachen)*; **~ in Zivilsachen** mutual assistance in civil matters *(→Haager Zivilprozessübereinkommen, →Haager Beweisaufnahmeübereinkommen, →Haager Übereinkommen über die Zustellung gerichtl. und außergerichtl. Schriftstücke im Ausland in Zivil- und Handelssachen, →Deutsch-Britisches Abkommen über den Rechtsverkehr, →Freundschafts-, Handels- und Schifffahrtsvertrag)*; **~ leisten** to provide legal assistance; **im Wege der ~ Zeugen vernehmen** to take evidence on commission; **~ verweigern** to refuse legal assistance

Rechtshilfeersuchen *(im Inland)* request for judicial assistance (or cooperation); *(an ausländische Gerichte)* letters of request; letters rogatory (a commission from a judge requesting a judge of foreign jurisdiction to examine a witness) *(→ersuchender Staat, →ersuchter Staat)*; *(in Strafsachen)*[36] request for assistance; letters rogatory; **~ in →Verwaltungssachen**; **Übermittlung und Erledigung von ~** transmission and execution of *Br* letters of request *(Am letters rogatory)*; **die Erledigung e-s ~s ablehnen**[37] to refuse the execution of a letter of request; **~ ausführen** to execute letters of request

Rechts~, **~inhaber** holder of a right (or interest); **~inhaberschaft** proprietorship; **~instrument** legal instrument; **~irrtum** mistake of law; error in law

Rechtskenntnis(se) knowledge of (the) law; **fehlende ~** lack of legal knowledge

Rechtskohärenz legislative coherence

Rechtskraft[38] res judicata (an issue once decided may not be litigated again, except in the way provided by law); →**Einrede der ~**; **mit →Eintritt der ~**; **formelle ~** formal res judicata; unappealability (of a judgment, etc); **materielle ~** (substantial) res judicata; force of a final judgment; **~wirkung** res judicata effect; **~zeugnis**[39] certificate that a judgment has become final (or unappealable); **die Entscheidung erlangt ~** the decision becomes final

rechtskräftig (being) res judicata; final and absolute; non-appealable; **ein ~ festgestellter Anspruch** a claim which has become res judicata; claim recognized by declaratory judgment; **~e gerichtliche Entscheidung** final court decision (not subject to appeal); non-appealable decision of the court; **~es Scheidungsurteil** *Br* decree absolute; **~es Urteil** final judgment (not subject to appeal); **die Klage ist ~ ent-**

schieden →entscheiden; **~ freigesprochen** finally acquitted; discharged with final and binding effect; **~ verurteilt** finally convicted; **~ sein** to have final and binding effect; **~ werden** to become final; to become absolute

rechtskundiger Prüfer *(PatR)* legally qualified examiner

Rechtslage legal situation, legal position; →**Sach- und ~**; **nach der gegenwärtigen ~** as the law stands

Rechts~, **~leben** legal life; **~lehre** jurisprudence; **~lücke** gap in the legal provisions; legal vacuum

Rechtsmangel defect of title; deficiency in title; flaw in a title; **~ bei Grundstücken**[40] defect of title in a contract for the sale of *Br* land *(Am real property)*; **Kenntnis des Käufers vom ~**[41] knowledge by the purchaser of a defect in title; **e-n ~ heilen** to cure a defect of title

Rechtsmängelhaftung liability arising from warranty of title (a warranty that title to property sold [or demised or bailed] is good) *(→Gewährleistung wegen Rechtsmängel)*; **~ des Schenkers**[42] liability of the donor for defects in title

Rechtsmissbrauch[43] abuse of legal right; misuse of rights; **steuerlicher ~** abuse of tax laws

Rechtsmittel appeal; *(im weitesten Sinn)* remedies; **innerstaatliche ~** local (or domestic) remedies; **ordnungsmäßig eingelegtes ~** appeal duly made; **Einlegung e-s ~s** filing an appeal; **~begründung** grounds for appeal; submission of the reasons for the appeal; **~belehrung** instructions about a person's right to appeal *(→Belehrung über das zulässige Rechtsmittel)*; **~entscheidung** decision on appeal; **~erwiderung** answer to the →Rechtsmittelbegründung

Rechtsmittelfrist period (allowed) for appeal; time prescribed for appeals; period for filing an appeal; **Versäumnis der ~** failure to take an appeal within the prescribed period; **die ~ ist abgelaufen** the time for appealing has elapsed; **die ~ verlängern** to extend the time for appeal

Rechtsmittel~, **~gebühr** appeal fee; **~gericht** appellate court

Rechtsmittelinstanz appellate instance; **Zuständigkeit in der ~** appellate jurisdiction; **~ sein für** to have appellate jurisdiction over

Rechtsmittel~, **~kläger** appellant; **~schrift** notice of appeal; **~verfahren** appellate procedure; proceedings on appeal; **~verzicht** waiver to file an appeal (acquiescing in a judgment)

Rechtsmittel, **innerstaatliche ~ ausschöpfen** to exhaust local judicial remedies; **ein ~ gegen e-e gerichtliche Entscheidung einlegen** to appeal from a court decision; to file an appeal (or notice of appeal) from a judgment; to lodge an appeal from a judgment; **gegen das Urteil kann kein ~ eingelegt werden** the judgment cannot be appealed against; **die ~ sind erschöpft** the remedies have been exhausted; **e-m ~ stattgeben** to allow (or grant) an appeal; **e-m ~ unterliegen** to be subject to an appeal; **das Urteil unterliegt keinem ~** the judgment is without appeal; **ein ~ verwerfen** to dismiss an appeal; **auf ein ~ verzichten** (sich mit e-r Entscheidung abfinden) to acquiesce in a decision; **ein ~ ist zulässig** an appeal lies; **ein ~ zurücknehmen** to withdraw an appeal; **ein ~ zurückweisen** to reject an appeal

Rechtsnachfolge legal succession, succession in law; succession in title; subrogation; **Einzel~** singular succession; **Gesamt~** universal succession; **Teil~** partial succession

Rechtsnachfolger legal successor, successor in title; **Einzel~** singular successor; assignee; **Gesamt~** universal successor; →**Gesamt~ und Einzel~**

Rechtsnachteil legal detriment, legal prejudice; **ohne ~** without prejudice to the rights (of); **e-n ~ zur Folge haben** to result in a legal detriment

Rechts~, **~natur** legal nature; **~norm** legal norm, rule of law; **~ordnung** legal system, legal order

Rechtspersönlichkeit legal personality; **Gesellschaft mit eigener ~** company having separate legal personality; **Unternehmen ohne eigene ~** unincorporated enterprise; enterprise having no legal personality; **Vereinigung ohne ~** association; **volle ~ besitzen** to possess full juridical personality; **die Gemeinschaft besitzt ~** *(EU)*[44] the Community shall have legal personality; **~ verleihen** to incorporate

Rechtspflege administration of justice; judicature; **die ~ behindern** to defeat justice; **in den Gang der ~ eingreifen** to impede the course of justice

Rechtspfleger[45] registrar (senior court officer exercising a wide range of functions)

Rechtspflicht legal duty, legal obligation; **ohne Anerkennung e-r ~** without prejudice

Rechts~, **~philosophie** philosophy of law, legal philosophy; jurisprudence; **~politik** legal policy; **~position** legal position; *(rechtl. Stellung)* legal status; **~quellen** sources of (the) law, legal sources; authorities; **~referendar** person receiving practical training in judicial or other legal work after having passed the first state examination; **~reform** law reform

Rechtssache case; legal matter; **anhängige ~** pending case; **die ~ aus dem Register** *(des Gerichts)* **streichen** *(EU)*[46] to remove the case from the Register

Rechtssatz legal rule; rule of law

Rechtsschein ostensible existence of a legal situation; **Eigentümer kraft ~s** prima facie owner; **Gesellschaft kraft ~s** partnership by estoppel; →**Gesellschafter kraft ~s**; **~vollmacht** authority by estoppel

Rechtsschutz legal protection; **gerichtlicher ~** relief (the remedy sought by the plaintiff in an action); judicial remedy; legal redress; →**gewerblicher ~**; **vorläufiger ~** temporary relief; **~bedürfnis** legitimate interest to take legal action; **fehlendes ~bedürfnis** abuse of the process of the court; **~interesse** →Rechtsschutzbedürfnis; *Am (bes. in verfassungsrechtl. Streitigkeiten)* standing to sue; **~versicherung** legal expenses insurance; **~ genießen** to be protected by law

Rechts~, **~sicherheit** legal certainty; legal security; stability of the law; **~soziologie** sociology of law; **~sprache** legal terminology; **~sprechung** →Rechtsprechung; **~spruch** adjudication; **~staat** state in which the rule of law prevails; state governed by the rule of law; constitutional state; **r~staatlich** in accordance with the rule of law; constitutional; **~staatlichkeit** due process; rule of law *(→Vorherrschaft des Rechts)*; **~standpunkt** legal viewpoint

Rechtsstellung legal position, (legal) status; **~ als (anerkannter) Flüchtling** refugee status

Rechtsstreit(igkeiten) legal disputes; (legal) action(s), lawsuit(s), litigation *(→Prozess)*; **~, die ... zum Gegenstand haben** cases involving ...; **e-n ~ führen** to litigate; **der ~ wurde durch e-n →Vergleich beigelegt**; **im ~ →unterlegen sein**

Rechtssystem legal system; **das ~ e-s anderen Staates berücksichtigen** to allow for the legal system of another state

Rechtstitel title; **(Grundstücks-)~überprüfung** *Br* investigation of title; *Am* title search; **~ auf Grund von gesetzl. Erbfolge** title by devolution on death intestate of previous owner; *Am bes.* title by descent; **fehlerhafter ~** defective title; **hinreichender ~** good title; **mangelhafter ~** bad title; **ordentlicher ~**[46a] recourse to the courts of ordinary jurisdiction; **zweifelhafter ~** doubtful title

Rechtsträger (legal) entity

Rechtsübergang devolution of title (auf to); transfer (or transmission) of a right; subrogation; **~ e-s Patents** transfer of a patent

Rechts~, **~übertragung** transfer of rights; **r~unfähig** (legally) incapacitated; **~unfähigkeit** (legal) incapacity; **r~ungültig** (legally) invalid; **~unkenntnis** ignorance of the law; **~unsicherheit** legal uncertainty; **r~unwirksam** of no legal force (or effect); **~urkunde** legal document; **r~verbindlich** legally binding, binding in law; with legally binding effect; **~verdreher** pettyfogger; **~verdrehung** pettyfogging; **~vereinheitlichung** unification of law

Rechtsverfahren legal procedure; **in e-m ordentlichen ~** by due process of law

Rechtsverfolgung *(StrafR)* prosecution; **Kosten für die ~** *(ZivilR)* cost of bringing an action; **die ~ bietet hinreichende →Aussicht auf Erfolg**

Rechtsvergleichung comparative law

Rechtsverhältnis legal relationship, legal relations; **vertragsähnliches ~** quasi-contractual relationship; **ein ~ begründen** to establish a legal relationship

rechtsverhindernde →Einwendung

Rechtsverkehr legal relations; **~ mit dem Ausland** legal relations with foreign countries *(→Deutsch-Britisches Abkommen über den Rechtsverkehr; →Haager Zivilprozessübereinkommen)*

Rechts~, **~verletzung** *(Beeinträchtigung e-s Rechts)* infringement of a right; *(StrafR)* violation of the law; **~verlust** loss of rights, forfeiture of a right

Rechtsvermutung presumption of law; **unwiderlegbare ~** irrebuttable (or irrefutable) presumption (praesumptio juris et de jure); **widerlegbare ~** rebuttable (or refutable) presumption (praesumptio juris)

rechtsvernichtende →Einwendung

Rechtsverordnung ordinance (having the force of law) (issued by the Federal Government, a Federal Minister or the Land Governments); regulation; *Br* statutory instrument; *Am* rule

Rechts~, **~vertreter** legal representative; **~verweigerung** denial of justice

Rechtsverwirkung forfeiture of a right; estoppel; **~ geltend machen** to estop

Rechts~, **~verzicht** disclaimer (or waiver) of a right; **~vorbehalt** reservation of a right; saving; **~vorgänger** predecessor (in title); legal predecessor

Rechtsvorschriften legal provisions; legislation; regulations; **~ über Preise** pricing regulations; **→innerstaatliche ~**

Rechtswahl *(IPR)* choice of law; **~klausel** choice of law clause

Rechtsweg recourse to the courts; legal recourse; **vorgeschriebener ~** due process of law; **auf dem ~** by legal procedure; **den ~ ausschließen** *(z. B. durch Schiedsvereinbarung)* to oust the jurisdiction of a court; **den ~ beschreiten** to go to law; to have recourse to law

Rechts~, **~wesen** legal system; **r~widrig** unlawful, contrary to law, illegal; **r~widrige Handlung** illegal (or unlawful) act; malfeasance; **~widrigkeit** unlawfulness; illegality; **r~wirksam** legally effective; operative; having legal effect; **~wirkung** legal effect; legal consequence

Rechtswissenschaft jurisprudence; legal science; **Studium der ~** law studies

Rechtswohltat des Satzes „in dubio pro reo" (zugunsten des Angeklagten) benefit of the doubt

Rechtszug instance

rechtzeitig timely; in (good) time; in due time; within the prescribed period; punctual(ly); **nicht ~** belatedly; delayed; **~e Anmeldung** application made at the proper time; **nicht ~e Zahlung des Kaufpreises** delay in the payment of the purchase price; **~ einreichen** to file in due time; **~ kündigen** to give due notice; **den Bericht nicht ~ vorlegen** to fail to submit the report in good time

Redakteur *(e-r Zeitung)* editor; **Lokal~** *Br* local news editor; *Am* city editor; **Wirtschafts~** business editor; *Br (auch)* city editor

Redaktion editorial department; **~sausschuss** drafting committee; **~schef** chief editor; **~sgeheimnis** right of journalist, editor, publisher etc not to disclose sources of information; **~sleiter** head of editorial staff; **~s(mitglieder)** editorial staff; **~sschluss** (editorial) deadline

redaktionell editorial; **~e Änderung** drafting change

Rede speech, address; **öffentliche ~** public address; **~freiheit** freedom of speech *(s. freie →Meinungsäußerung)*

Redezeit, **Begrenzung der ~** restriction of speaking time; **die ~ →begrenzen**

Rede, **e-e ~ halten** to make (or deliver, give) a speech

reden, **frei ~** to speak extempore, to extemporize; to speak off-hand

Rediskont rediscount; **r~fähig** eligible for rediscount(ing); **~geschäft** rediscount business; **~kontingent** rediscount quota; **~satz** rediscount rate; **~zusage** *(der Deutschen Bundesbank)* promise to rediscount; **zum ~ zugelassen sein** to be eligible for rediscount

rediskontierbare Wechsel rediscountable bills

rediskontieren (diskontierte Wechsel ankaufen od. weiterverkaufen) to rediscount (to buy or sell discounted bills or notes)

Rediskontierung rediscounting

redistributiv redistributive

redlich honest; *colloq.* straight; **~er Besitz** possession in good faith; **~es Verhalten** *(anständiges Geschäftsgebaren)* fair dealing; **~er Wettbewerb** fair competition

Redlichkeit honesty; integrity

Redner speaker; **~liste** list of speakers

reduzieren to reduce, to cut; **die (Zahl der) Arbeitskräfte ~** to cut manpower

Reduzierung reduction

Reede roadstead; roads; **Schiff, das auf ~ liegt** ship that lies in a roadstead

Reeder *(Seeschiffahrt)*[47] shipowner *(→Schiffseigner)*; **~haftpflicht** *(VersR)* protection and indemnity; **~haftung** liability of shipowners; **~verband** shipowners' association; **→Internationaler ~verein**

Reederei shipping company; shipowner's office; shipping line; **~flagge** house flag

Reexport *(Wiederausfuhr)* reexport(ation)

REFA *(Verband für Arbeitsstudien und Betriebsorganisation e. V.)*[48] Work Study Information; *Br (etwa)* Institute of Work Study Practitioners; **~-Mann** work/time study expert; **~-studie** work study

Refaktie allowance on the price of damaged or defective goods; *(bei Bruchschaden)* allowance for breakage

Referat *(Bericht)* report (of a technical or academic nature); paper; *(Dezernat e-s Ministeriums od. Amtes)* section; **ein ~ halten** to give a report; to deliver a paper

Referendar →Rechtsreferendar; **~examen** first state examination

Referendum *pol* referendum

Referent *(Berichterstatter)* reporter; reader of a paper; *(Sachbearbeiter)* head of section; **persönlicher ~** personal assistant (to); **Presse~** press officer

Referenz (person willing to provide a) reference; **Angabe von ~en** indication of references; **~anforderung** request for reference(s); **~index** reference index; **~menge** datum quantity; **~preis** *(EU)* reference price; **~-Verbraucher**

(der dem europäischen Verbraucherleitbild entspricht) reference consumer; **~währung** reference currency; **~zeitraum** *(EU)* reference period; **übliche ~en angeben** to give (or indicate, supply, furnish) usual references; **den letzten Arbeitgeber als ~ angeben** to refer a person to a former employer; **über jdn ~en einholen** to obtain references on sb.; to gather references about sb.

referieren über to report on

refinanzieren to refinance; to refund; to repay loan capital (such as bonds or debentures) by fresh borrowing; to finance by having recourse to another credit institution (e. g. to the →Bundesbank)

Refinanzierung refinancing; refunding; **~ bei der Deutschen Bundesbank** recourse to the German Federal Bank (by rediscount or by lombard loan); **~skredit** refinancing loan; **~slimit** limit of recourse; **~ssatz** interbank rate

Reflation reflation

Reflektant prospect, prospective buyer; interested party

Reform reform; **~haus** health-food shop; **durchgreifende ~** sweeping reform; **einschneidende ~** trenchant reform; →**Boden~**; →**Rechts~**; **Rechtschreib~** spelling reform; →**Verfassungs~**; →**Währungs~**; **r~bedürftig** in need of reform; **~bestrebungen** reformatory efforts; **~vorschlag** proposal on reform; **e-e ~ durchführen** to carry out a reform; **e-e ~ einführen** to initiate a reform

Regal 1. *(Gestell)* shelf; **~fläche** shelf space; **etw. ins ~ stellen** to put sth. on the shelf
Regal 2. *(Hoheitsrecht)* exclusive right (of coinage, etc); state monopoly; **~ien** royal prerogatives

Regel rule; canon; **in der ~** as a rule; **allgemeine ~** general rule; **feststehende ~** standing rule; **gemeinsame ~n** common rules; **~ der gesetzlichen Erbfolge** canon of descent; →**Auslegungs~n**; →**Ausnahme von der ~**; →**Rechts~**; →**Standes~n**; →**Verfahrens~n**; →**Verkehrs~**
Regel~, **~bedarf**[49] normal requirement (sum normally required for the maintenance of an illegitimate child); **~fall** normal case; **~leistungen** *(Sozialvers.)* minimum insurance benefits; **~lohn**[50] normal wage

regelmäßig, **in ~en Abständen** at regular intervals; periodically; **~e Überprüfung** periodic review; **~ wiederkehrende Ausgaben** recurring expenses; **~ wiederkehrende Zahlung** periodical payment

Regel~, **~sätze** *(der Sozialhilfe)*[51] standard rates; **~unterhalt**[52] periodic payments according to normal requirement to be made by father for an illegitimate child in the care of the mother; **r~widrig** against the rules; irregular; **~widrigkeit** irregularity
Regel, **~n aufstellen** to establish (or lay down) rules; **es zur ~ machen** to make it a rule

regeln to regulate; to adjust; to settle; to put in order, to arrange; **e-e Sache außergerichtlich ~** to settle a matter out of court; **gesetzlich ~** to regulate (or lay down) by law; **den Verkehr ~** to regulate traffic; *(Polizist)* to direct traffic

geregelt, **gütlich ~** settled amicably; disposed of by agreement; **vertraglich ~** contractually settled, settled by contract

Regelung regulation; *(Beilegung)* adjustment, settlement, arrangement; **befriedigende ~** satisfactory settlement; **bundesgesetzliche ~** regulation under Federal law; **beim Fehlen e-r gesetzlichen ~** in the absence of a statutory regulation; **vorläufige ~** provisional arrangement; →**Einfuhr~**; →**Härte~**; **Neu~** revised arrangement; →**Verkehrs~**; **~ von Beschwerden** adjustment of claims; **~ von Schadensfällen** *(VersR)* settlement of claims; **~ des Verkehrs** →Verkehrsregelung; **e-e ~ treffen** to enter into (or make) an arrangement

Regenversicherung rain insurance

Regiebetrieb publicly owned enterprise (set up to carry on certain business operations or to provide services) *(z. B. Schlachthaus [od. -hof], Domänen)*; *(in der Privatwirtschaft)* subsidiary plant providing services and facilities for the parent company

regieren to govern, to rule

Regierender Bürgermeister von Berlin Governing Mayor of Berlin

Regierung government; *Am* Administration; *Br* Ministry; **amerikanische ~** U. S. Administration; **britische ~** *(offizielle Bezeichnung)* Her Majesty's Government; Whitehall; **provisorische ~** provisional (or caretaker) government; →**Bundes~**; →**Exil~**; →**Interims~**; →**Koalitions~**; →**Militär~**; →**Übergangs~**; **zwischen den ~en** intergovernmental

Regierungs~, **~abkommen** intergovernmental agreement; **~akt** act of government; **~angestellte** government employees, *Br* civil servants; **~apparat** machinery of government; **Vergebung von ~aufträgen** *(bei Ausschreibungen)* awarding of government contracts; **~bank** *parl* government bench; **~beamter** government official; **~bezirk** administrative district of a →Land; **~bildung** formation of a government; **~chef** head of government; **~delegation** government delegation; **auf ~ebene** at government level; **~einrichtungen** government instrumentalities; **~entwurf** government draft; **~erklärung** government declaration; government policy statement; **~erlass** government decree (or ruling); **~erlasse** *Br* government notices (G. N.); **r~feindlich** anti-government; **~form** form of government

Regierungsgeschäfte government affairs (or business); **unfähiges Führen der ~** misrule; bad government

Regierungs~, ~handel government-run trade; **~käufe** government purchases; **~koalition** government coalition; **~kommission** government commission; **in ~kreisen** in government circles; **~krise** government crisis; **~lager** government camp; **~maßnahme** government measure (or action); **~mitglied** member of the government; **~neubildung** formation of a new government; **~organ** government body; **~partei** party in power; **~präsident** chief official in a →Regierungsbezirk; **~sachverständiger** government expert; **~sitz** seat of government; **~sprecher** government spokesman; **~stelle** government office (or *Am* agency); **~übernahme** coming into power, coming into office; **~umbildung** government reshuffle; **~vereinbarung** intergovernmental agreement

Regierungsvertreter government representative; **Ausschuss von ~n**[53] intergovernmental committee

Regierungs~, ~vorlage *Br* government bill; *Am* administration bill; **~wechsel** change of government; *Am* change of Administration

Regierung, e-e ~ bilden to form a government; *Am* to form an Administration; **an die ~ kommen** to come into power; **an der ~ sein** to be in office; **e-e ~ stürzen** to bring down a government; to overthrow a government; **die ~ umbilden** to reshuffle the Government; **die ~ ist zurückgetreten** the Government has resigned

Regime *pol* regime; **Anhänger e-s ~s** supporter of a regime; **~gegner** opponent of the regime; dissident; **~schulden** *(anrüchige Schulden)* odious debts; **r~treu** loyal to the regime

regional regional; **über~** supraregional; **~e Abmachungen** regional arrangements; **~es →Patent**; **~er Patentvertrag**[54] regional patent treaty; **~ verschieden sein** to differ from one region to another

Regional~, ~ausschuss regional committee; **~bank** regional bank; **~gefälle** disparities between regions; **~planung** regional planning; **~politik** regional policy; **~presse** regional press; **~verband** regional association

Regionalismus regionalism

Regionenfonds →Fonds 2.

Register register; index; **~ für Versicherungs- und Rückversicherungsvermittler** register for insurance and reinsurance intermediaries; **~ für Wettbewerbsregeln**[55] Register of Rules of Competition; **→Europäisches Patent~**; **→Genossenschafts~**; **→Muster~**; **→Schiffs~**; **→Straf~**; **→Vereins~**; **~auszug** extract from the register; copy of the register; **~brief** →Schiffszertifikat; **~einsicht** inspection of the register; **~eintragung** entry in the register; **~führer** registrar; **~gebühr** registration fee; **~gericht** Registration Court; **~pfandrecht** registered lien (*or* charge); **~tonnage** register tonnage

Registertonne register ton; **Brutto~** (BRT) gross register ton (g. r. t.); **Netto~** (NRT) net register ton (n. r. t.)

Registervorschriften registration rules

Register, ein ~ anlegen to establish a register; **→Einsicht in das ~ ablehnen (gewähren, haben)**; **das ~ einsehen** to inspect the register; **in das ~ eintragen** to enter (or record) in the register; **ein ~ führen** to maintain (or keep) a register; **etw. im ~ löschen** to strike sth. off the register; **mit ~ versehen** to index

Registratur filing department; depository of record; **in der ~ beschäftigter Angestellter** filing clerk

registrieren to register, to record; **(sich) ~ lassen** to register

registriert registered; on record

registrier~, ~fähig recordable; **R~kasse** cash register; **R~nummer** registration number; **~pflichtig** subject to registration; **R~verfahren** registration procedure

Registrierung registration; recording; logging; **~sbescheinigung** registration certificate; **~sgebühr** registration fee; *Am* recording fee

Reglementierung reglementation; subjection to control; **staatliche ~ der Wirtschaft** strict state control of the economy

Regress recourse (resort to those secondarily liable on an obligation); *Am* recovery over; **ohne ~** without recourse; **→Sprung~**; **→Wechsel~** *(Wechsel 2.)*; **~anspruch** right of recourse; recourse claim; **die ~frist ist abgelaufen** the right of recourse has been prescribed; **~haftung** liability to recourse; **~klage** action for recourse; **~pflicht** liability to recourse; *Am* liability over; **r~pflichtig** liable to recourse; **~recht** right of recourse; **~schuldner** party liable to recourse; **~urteil** *Am* judgment over; **~verzicht** waiver of recourse; **~ bei jdm neh-**

men to have recourse against sb.; *Am* to recover over

Regressionsanalyse regression analysis

regressive Steuer regressive tax

reguläres Bankgeschäft standard banking

regulieren to regulate; *(Forderung etc)* to settle; to adjust; **e-n Schaden ~** *(VersR)* to settle (or adjust) a claim

reguliert, **~er Schaden** *(VersR)* settled (or adjusted) claim; **noch nicht ~er Schaden** *(VersR)* pending loss; outstanding claim

Regulierung regulation; settlement; adjustment; →**Schaden~**; **~sfonds** *(VersR)* claims settlement fund

Rehabilitation rehabilitation; *(Wiederherstellung des Rufes)* restoring sb.'s reputation *(→Resozialisierung)*; *(Wiedereinsetzen in frühere Rechte)* restoration to former rights; **berufliche ~ Behinderter** vocational rehabilitation of the disabled; **~smaßnahmen** rehabilitation measures; **~szentren** rehabilitation centres (centers)

rehabilitieren to rehabilitate

Rehabilitierung →Rehabilitation; **~santrag** *(des Konkursschuldners)* application for discharge

rei vindicatio →Eigentumsherausgabeanspruch

Reich, **das Dritte ~** the Third Reich, the Nazi Reich

Reichs~, **~abgabenordnung** (RAO) Reich Tax Code (now: →Abgabenordnung); **~gericht** (RG) Supreme Court of the German Reich (now: →Bundesgerichtshof); **~gesetzblatt** (RGBl) Reich Law Gazette (1871-1945, now: →Bundesgesetzblatt); **~justizgesetze** general Imperial laws on the constitution of courts, civil procedure, criminal procedure and bankruptcy *(enacted in 1877, effective January 1879)*; **~knappschaftsgesetz** (RKG)[56] Reich Act on Miners' Insurance; **~mark** (RM) Reichsmark (German currency unit 1924-48) (replaced by →Deutsche Mark); **~steuerblatt** (RStBl) Reich Tax Gazette (now: →Bundessteuerblatt); **~versicherungsordnung** (RVO)[57] *(grundlegendes Sozialversicherungsgesetz)* Reich Insurance Code (regulations concerning the Social Security System in Germany)

reichen von ... bis zu ... to range from ... to ...

Reife, **geistige und sittliche ~** mental and moral maturity; →**Mittlere ~**

Reifeprüfung school-leaving examination qualifying for university entrance *(→Abitur)*; **Europäische ~** →Europäische Schulen

Reifezeugnis, **Gleichwertigkeit der ~se** equivalence of diplomas leading to admission to universities *(→Europäisches Übereinkommen über die Gleichwertigkeit der Reifezeugnisse)*

Reifen *Br (Auto)* (pneumatic) tyre, *Am* tire; **M + S-~** snow tyre (tire); **~industrie** tyre (tire) industry; **~spur** tyre (tire) track; **~typ** type of pneumatic tyre (tire); tyre (tire) type

Reihe series; *(Reihenfolge)* order, succession; turn; **der ~ nach** in turn; successively; seriatim (point by point); **e-e ~ von Unfällen** a series of accidents

Reihenfolge order, succession, sequence, turn; **nicht in der richtigen ~** out of order; **umgekehrte ~** reverse order; **in zahlenmäßiger ~** in numerical order; **zeitliche ~** chronological order (or sequence); **~ der Eintragungen** order of registration (or entry in the register); **~ der Forderungen** ranking of claims

Reihen~, **~geschäfte** serial transactions; **~haus** *Br* terrace(d) house, *Am* row house; **~korrelation** serial correlation; **~regreß (od. ~rückgriff)** *(bei →notleidendem Wechsel)* recourse (to a bill) against the other parties in consecutive order; **~untersuchung** mass examination

Reihe, **an die ~ kommen** to take one's turn; **in der Beförderung an der ~ sein** →Beförderung 2.; **in e-e ~ gestellt werden mit** to be ranked among

rein *(unverfälscht)* unadulterated; **e-e ~e Formsache** a mere formality; **~es Gold** pure gold; **~es Konnossement** clean bill of lading; **~er Wert** net value

Rein~, **~einkommen** net income; **~erhaltung der Umwelt** antipollution; **~erlös** net proceeds; **~ertrag** net proceeds, net earnings; net profit; *(Landwirtschaft)* net yield; net produce; *(Produktion)* net output; **~gewicht** *(ohne Verpackung)* net weight; **~gewinn** net profit, net earnings *(→Bilanzgewinn)*

Reinhaltung, **~ der Gewässer** water pollution control; maintenance of water quality; **~ der Luft** prevention of air pollution

Reinheit, **~ garantiert** *(bei Nahrungsmitteln)* warranted free from adulteration; **~skriterien** purity criteria *(→Lebensmittelzusatzstoffe)*

Rein~, **~schrift** fair copy; **~überschuss** net surplus; **~verdienst** net earnings; **~verlust** net loss *(→Bilanzverlust)*; **~vermögen** net assets, net worth; *Am (e-s Unternehmens)* shareholders' equity

Reinigung, **chemische ~** dry cleaners; dry cleaning

Reintegrierung der Behinderten reintegration of the disabled

reinvestieren to reinvest; to plough (*Am auch* plow) back profits into a business

reinvestierte Dividenden reinvested dividends

Reinvestierung reinvestment; ploughing back (*Am auch* plowing back) of profits

Reinvestition, ~ von Dividenden reinvestment of dividends; **~sbesteuerung** reinvestment taxation; **~srücklage** reinvestment reserve; **e-e ~ vornehmen** to make a reinvestment

Reise journey, trip; *(zur See)* voyage; →**Auslands~**; →**Dienst~**; →**Durch~**; →**Geschäfts~**; →**Pauschal~**

Reise~, ~agentur travel agency; **~artikel** travel goods; **~ausweis** travel document; **~bestimmungen** travel regulations; **~beschränkungen** travel(l)ing restrictions

Reisebüro travel agency (or *Am* bureau); **Inhaber e-s ~s** travel agent

Reise~, ~charter →Charter; **~devisen** tourist exchange; foreign exchange for travel(l)ing; **~entschädigung** travel allowance; **~führer** tour guide; **~- und Tagegelder** travel and maintenance expenses

Reisegepäck passenger's baggage (or luggage); **abgefertigtes ~** registered luggage; **Aufgabe von ~** registering baggage; **~versicherung** baggage (luggage) insurance

Reisegesellschaft tour operator(s); party of tourists

Reisegewerbe itinerant trade (or trading); hawking; trade with no fixed place of business; pedlary; **~karte**[58] itinerant trader's licen|ce (~se); *Br* pedlar's certificate, *Am* peddler's license; **~treibender** itinerant trader; hawker; travel(l)ing vendor; *Br* pedlar, *Am* peddler

Reisekosten *Br* travelling expenses; *Am* travel expenses; costs of the journey; **~ und Aufenthaltskosten** *Br* travelling (*Am* travel) and subsistance expenses; **~abrechnung** *Br* note (or account) of travelling expenses; *Am* travel expenses account (or report); **~erstattung** compensation for (or reimbursement of) travel(l)ing expenses; **~pauschale** travel(l)ing allowance; **~vorschuss** *Br* advance for travelling expenses; *Am* travel advance; **~zuschuss** travel(l)ing allowance; **~ erstatten** to reimburse sb.'s travel(l)ing expenses

Reise~, ~kreditbrief travel(l)er's letter of credit; **~land** tourist country; **~leiter** travel (or tour) guide; *Br bes.* courier; **~papiere** travel documents

Reisepass passport; **im Besitz e-s gültigen Reisepasses sein** to be in possession of a valid passport

Reise~, ~police *(Seevers.)* voyage policy; **~prospekt** travel brochure; travel leaflet; **~route** route, itinerary; **~scheck** *Br* traveller's cheque; *Am* traveler's check

Reisespesen travel(l)ing expenses *(→Reisekosten)*; **jdm die ~ erstatten** to reimburse sb. for his travel(l)ing expenses

Reise~, ~unfallversicherung travel(l)er's accident insurance; **~unternehmer (od. ~veranstalter)** travel organizer, tour operator

Reiseverkehr tourist traffic; travel; **grenzüberschreitender ~** international travel; **~ mit dem Ausland** foreign travel; **~sbilanz** balance of foreign travel; **~sstatistik** travel statistics

Reise~, ~vermittler travel agent; **~versicherung** travel insurance; *(Seevers.)* voyage insurance; **~vertrag** tourist travel contract; **~weg** →Reiseroute; **~wetterversicherung** insurance against bad weather on holiday; **~zahlungsmittel** travel(l)ers' payment media; **~zeit** travel(l)ing season; tourist season; **~ziel** destination

Reise, e-e ~ antreten to set out on a journey (or trip); **e-e ~ unterbrechen** to interrupt a journey

Reisen, ~ ins Ausland travel abroad, foreign travel; **~ in dienstlicher Angelegenheit** travel on official business

reisen to travel; **in Geschäften (od. geschäftlich) ~** to travel on business

Reisender travel(l)er; *(Fahrgast)* passenger; →**Geschäfts~**; →**Handlungs~**; →**Provisions~**

reißender Absatz rapid sales

Reitwechsel fictitious bill; kite; **e-n ~ ausstellen** to fly a kite *(→Wechselreiterei)*

Rekapitalisierung recapitalization

Reklamation complaint; claim; *(Zurückforderung)* reclamation; **berechtigte ~** legitimate (or justified) complaint; **e-e ~ anerkennen** to approve a claim; **e-e ~ erledigen** to adjust a complaint; **e-e ~ zurückweisen** to reject a complaint

Reklame advertising, advertisement; publicity *(→Werbung)*; →**Luft~**; →**Schaufenster~**; **täuschende ~**[59] deceptive advertising; **~artikel** advertising article(s); **~fachmann** →Werbefachmann

Reklamefeldzug, e-n ~ starten to launch an advertising campaign

Reklame~, ~kosten →Werbekosten; **~material** advertisement material; **~plakat** advertising poster; *(äußerst reduzierter* **~preis** cut-rate price; **~sendung** *(im Rundfunk, Fernsehen)* commercial(s); **~tafel** *Br* (advertising) hoarding, *Am* billboard; **~zettel** throwaway, printed handbill

Reklame, **~ machen für** to advertise (or make publicity) for; **für diesen Artikel ist viel ~ gemacht worden** this article has been widely advertised

reklamieren *(sich beschweren)* to complain about; to file (or lodge) a complaint (or claim); *(zurückfordern)* to reclaim, to demand that sth. be given back; *(Nachforschungen anstellen)* to make inquiries about (bei with) *(→Reklamation)*

rekonstruieren to reconstruct

Rekonstruktion reconstruction

Rekonzentration reconcentration

Rekord~, **~besuch** record attendance; **e-e ~höhe erreichen** to reach a record level

Rekta~, **~indossament** restrictive indorsement (marked "not to order") *(s. negative →Orderklausel)*; **~klausel**[60] clause "not to order"; **~konnossement** →Namenskonnossement; **~papier** non-negotiable instrument *(→Namenspapier)*; **~scheck** cheque (check) not to order; non-negotiable cheque (check); **~wechsel** bill of exchange not to order, non- negotiable bill of exchange

Rektor *Br univ* vice-chancellor; *Am* president (or chancellor)

Relaisfunkstelle relay station

Relation relation; ratio

relativ relative(ly); **~e Häufigkeit** relative frequency; **~er Preis** relative price

relativieren to relativize, to make relative

relevant relevant; **~e Kosten** relevant costs; **~er Markt** *(KartellR)* relevant market

Religionsausübung practice of religion; **Freiheit der ~** freedom to practise religion; **die ungestörte ~ wird gewährleistet**[61] the undisturbed practice of religion is guaranteed

Religions~, **~beschimpfung** insult to religion; **~freiheit**[61a] freedom of religion, religious freedom; **~gemeinschaft** religious community; **~gesellschaft** religious group; sect

Religionsunterricht[62] religious instruction; **Erteilung von ~** teaching of religion

Religionszugehörigkeit religious affiliation

religiös, **~es Bekenntnis** religious denomination; **~ Verfolgte** persons persecuted for religious reasons

Rembours *(indirekte Bankfinanzierung im Überseehandel)* reimbursement; payment by means of an acceptance credit *(→ Wechselrembours)*; **~auftrag** order to open an acceptance credit; **~geschäft** transaction based on an acceptance credit; **~kredit** documentary acceptance credit (granted by a bank to the importer); **~regreß (od. ~rückgriff)** *(WechselR)* recourse of an indorser against prior indorsers; **~wechsel** documentary bill (or draft)

Remedium tolerance, remedy

Remittenden *(Buchhandel)* returned copies, returns

Remittent *(WechselR)* payee of a bill

remittieren to return (goods)

Remonstration remonstrance

Rendite rate of return; (annual) yield; return (on investment, etc); **Aktien~** yield on shares; **Aktie mit hoher ~** high-yield share; **Eigenkapital~** return on equity; **Kapital~** return on capital; **laufende ~** current (or running) yield; **aus e-r Kapitalanlage e-e gute ~ bekommen** to get a good return on an investment; **e-e ~ von 4 ergeben** to yield 4; **die Schuldverschreibungen haben e-e ~ von ...** the return on the bonds amounts to ...

Renn~, **~fahrer** racing driver; **~wagen** racing car; **~wetten** race betting; **~wett- und Lotteriesteuer** betting and lottery tax

Renommee, **ein gutes ~ haben** to have a good reputation

renovieren to renovate, to restore to good condition; to refurbish

Renovierung renovation; **~sarbeiten** renovation work; **~skosten** cost(s) of renovation; **e-e ~ wurde vorgenommen** a renovation was carried out

rentabel profitable, yielding a return; **nicht ~** non-profitable; **rentables Geschäft** profitable business

Rentabilität profitability, earning power; **Eigenkapital~** return on equity; **~ des investierten Kapitals** return on invested capital; rate of return (on capital employed) (RoR), return on capital employed; **~sberechnung** profitability calculation; **~sgrenze** breakeven point; **~sindex** index of profitability; **r~smäßig** from the point of view of profitability; **~srechnung** calculation of the net returns; estimate of rate of return; **~sschwelle** breakeven point, level of profitability; **die ~ erhöhen** to increase the profitability

Rente pension, superannuation; (private) annuity; *(Sozialvers.)* social security benefit; **→Alters~**; **→Beschädigten~**; **→Geld~**; **→Hinterbliebenen~**; **→Invaliditäts~**; **→Leib~**; **→Sofort~**; **→Unfall~**; **→Unterhalts~**; **→Verletzten ~**; **→Waisen~**; **→Witwen~**;

→**Zeit~**; **nicht auf Beiträgen beruhende ~** non-contributory pension; **~ wegen Arbeitsunfalls** *Br* industrial injury benefit; disablement benefit; *Am* workmen's compensation; **~ wegen** →**Berufskrankheit**; **~ wegen** →**Berufsunfähigkeit**; **~ bei** →**Erwerbsunfähigkeit**; **~ mit unbestimmter Laufzeit** contingent annuity; **~ auf verbundene Leben** annuity on joint lives; **~ auf den Überlebensfall** reversionary (or survivorship) annuity; →**Zusammentreffen mehrerer ~n**

Rente, ablösbare ~ redeemable annuity; **nicht ablösbare ~** irredeemable annuity; **aufgeschobene ~** deferred annuity; **befristete ~** terminable annuity; **dynamische ~** (wage-)index-linked pension; wage-related pension; **ewige ~** perpetual annuity; **jährliche ~** annuity; **kündbare ~** terminable annuity; **lebenslängliche ~** life annuity; **nachschüssige (od. postnumerando) ~** annuity due at the end of the relevant period; **staatliche ~** state pension; **unkündbare ~** →ewige Rente; **vorschüssige (od. pränumerando) ~** annuity due at the beginning of the relevant period

Rente, e-e ~ durch Kapitalabfindung →**ablösen**; **~n anpassen** to adjust pensions *(→Rentenanpassung)*; **jdm e-e ~ aussetzen** to settle a pension on a p.; **e-e ~ beziehen** to receive an annuity (or a pension); **e-e ~ aus der Sozialversicherung beziehen** to draw social (security) benefits; **Anspruch auf e-e ~ erheben** to claim a benefit; **die ~ ist** →**monatlich im voraus zu zahlen**; **die ~** →**ruht**

Rentenalter retirement age, pensionable age; **gesetzliches ~** statutory pension age; **das ~ erreichen** to reach pensionable age; **das ~ festsetzen** to determine the pensionable age; **das ~ herabsetzen** to reduce the retirement age

Renten~, **~anleihen** (ewige Anleihen) annuity bonds; perpetual bonds; *Br* consolidated annuities, consols; **~anpassung** adjustment of pensions (in line with the general earnings level) *(→dynamische Rente)*

Rentenanspruch pension claim; entitlement to an annuity (or a benefit); **Aufrechterhaltung oder Wiederaufleben des ~s** maintenance or recovery of the right to receive a pension (or annuity, benefit)

Rentenantrag application for a pension; **~steller** applicant for a pension (or benefit)

Renten~, **~anwartschaft** qualification for a pension; **~aufbesserung** pension increase; **~aussetzung** suspension of a pension granted

Rentenbasis annuity basis; **e-n Grundbesitz auf ~ erwerben** to purchase *Br* land (*Am* real property) by paying an annuity to the seller

Renten~, **~bemessungsgrundlage** benefit computation base; basis of computing pensions; **~berater** consultant on pensions (or benefits); **~berechnung** calculation of pensions; **~berechtigter** person entitled to a pension (or benefit); *(bei Rentenschuld)* holder of an annuity charge; **~bescheid** notice of pension granted; **~besteuerung** taxation of pensions (or annuities, benefits); **~bezieher** →Rentenempfänger; **~bezug** *(Sozialvers.)* receipt of (or entitlement to) social security benefits; **~empfänger** annuitant; recipient of a pension (or a benefit or an annuity); pensioner; holder of an annuity, annuitant; **~erhöhung** pension increase; increase in (retirement) pension(s); *(Sozialvers.)* increase in social security benefits; **r~fähiges Alter** →Rentenalter

Rentenfonds pension fund; *(Investmentfonds)* bond fund; **~zertifikate** bond fund certificates (or *Br* units)

Rentenformel *(Rentenversicherung)* formula used in the calculation of pensions

Rentenleistungen pension payments, annuity payments; benefits; **~ anheben** to raise pension payments

Renten~, **~markt** bond market; market in fixed-interest securities; **~nachzahlung** payment of arrears of pension

Rentenpapiere bonds; fixed-interest (bearing) securities *(→Anleihen, →Hypothekenpfandbriefe, →Schuldverschreibungen)*; **Erwerb in- und ausländischer ~** purchase of domestic and foreign bonds

Rentenreform pension reform

Rentenschuld[63] annuity charge on land; rent charge (subject to redemption on payment of a registered capital sum); **~gläubiger** holder of an annuity charge

Die Rentenschuld ist eine Abart der Grundschuld, bei der regelmäßig wiederkehrende Zahlungen bis zu einer im Grundbuch vermerkten Höchstsumme zu leisten sind.

The annuity charge is a type of →Grundschuld under which land is charged with recurrent payments up to a registered capital sum

Renten~, **~schuldverschreibung** annuity bond; **~urteil** periodical payments order, judgment for periodical payments

Rentenversicherung annuity insurance; **gesetzliche (od. soziale) ~** social security pension insurance (scheme) *(→Angestelltenversicherung, →Arbeiter Rentenversicherung; →Handwerkerversicherung, →knappschaftliche* Rentenversicherung *())*; **private ~** annuity insurance *(Br assurance (→Lebensversicherung, →Unfallversicherung))*; **r~spflichtige Beschäftigung** employment entailing compulsory contributions to a pension scheme; employment subject to pension insurance contribution; **~sträger** social security insurance authority

Renten~, **~vertrag** annuity contract (or agreement); **~vorschuss** advance pension payment; **~werte** →Rentenpapiere; **~zahlung** pension payment; annuity payment; payment of benefits; **~zeichen** pension code number; **~zuschläge** supplements to a pension

rentieren, sich (finanziell) ~ to bring a return, to be profitable; **sich gerade noch ~** to break even; **sich gut ~** to pay well; to be profitable

Rentner(in) pensioner, recipient of a pension; *(Bezieher e-r Altersrente)* old age pensioner (OAP); **~bezüge** old age benefits; **~krankenversicherung**[64] compulsory health insurance of pensioners (being members of the →Arbeiterrentenversicherung or →Angestelltenversicherung)

Renvoi *(IPR)* renvoi *(→Rückverweisung)*

Reorganisation reorganization

reorganisieren to reorganize

Reparation, **~en** reparations; **~sforderung** reparation demand; (compensation for war damages demanded from a defeated enemy); **~sschaden**[65] loss suffered by reparations; **~szahlungen** reparations payments

Reparatur repair, repairing; **gewöhnliche ~en** ordinary repairs; **größere ~** major repair; **laufende ~en** running repairs; **unbedingt notwendige ~** emergency repair; **Klausel in e-m Mietvertrag betr. ~en** repairing covenant; **dem Mieter obliegende ~en** tenant's repairs; **die dem Mieter auferlegte Verpflichtung zu ~en** repairing obligation imposed on the tenant; **r~bedürftig** in need of repair, out of repair; **r~bedürftig sein** to need repairs; **~kosten** repair cost(s); **~schein** repair ticket; **~werkstatt** repair shop; **~en ausführen** to do repairs; **etw. in ~ geben** to have sth. repaired; **die ~ am Aufstellungsort vornehmen** to effect repairs on the site

reparieren to repair; **den Wagen ~ lassen** to have the car repaired; **nicht mehr zu ~ sein** to be beyond repair

repartieren *(Börse)* to apportion; to scale down

repartiert (rep.) *(Börse)* scaled down

Repartierung *(Börse)* subscribed allotment; apportionment; scaling down Repartierung *(→Zuteilung)*

repatriieren to repatriate (to withdraw assets invested abroad)

Repatriierung repatriation

Replik *(Gegeneinwendung)* counterplea, replication, reply; **~ und Duplik** reply and rejoinder

replizieren to make one's reply

Report *(Börse Vergütung bei Prolongationsgeschäften)* contango (rate), carryover; *(Zuschlag zum Kassakurs im Devisenterminhandel)* forward premium; *Br* over spot; **~geber** person carried over; **~geschäft** contango business; carryover transaction; **~makler** contango broker; **~nehmer** person carrying over; **~satz** contango rate, carry over rate; continuation rate; premium rate; **~tag** *(Tag für die Prolongation)* contango day, *Br* continuation day; *Br (Terminbörse)* making-up day; **in ~ nehmen** *Br* to take in (stock), to take the rate on stock

Reportage report(ing); *Am* coverage; feature article

Reporteur *(Börse)* taker-in (of stock)

Repräsentant representative; **~ für den Vertrieb ausländischer Investmentanteile**[66] representative for the distribution of foreign investment shares; **Haftung des ~en** liability of the representative; **~envertrag** contract of representation

Repräsentanz (foreign) representation; representative office

Repräsentation representation; **~saufwendungen**[67] expenditure on representation; entertainment expenses; **~skosten** →Repräsentationsaufwendungen; **~spflichten** official duties as a representative (of a firm, etc)

Repräsentativ~, **~erhebung** representative sampling; sample survey; **~geld** →Zeichengeld; **~system** representative system of government; **~werbung** prestige advertising

repräsentativ *(stellvertretend)* representative; *(eindrucksvoll)* imposing, impressive; **~ ausgewählte Personengruppe** *(Statistik)* sample; **~e Demokratie** representative democracy

repräsentative Kurse („grüne Kurse") *(EU)* representative rates ("green rates")
Kurse für die Umrechnung der in der gemeinsamen Agrarpolitik verwendeten ECU in Landeswährung
Conversion rates into national currencies for the ECU used in connection with the common agricultural policy.

repräsentativ, **~e Stichprobe** representative sample; **für etw. ~ sein** to be representative of sth.

Repressalien reprisals (gegen against); retaliatory measures; **Androhung von ~** threat of reprisals; **~ anwenden gegen** to make reprisals on; **~ ergreifen** to carry out reprisals

repräsentieren to represent; to act as representative (of)

reprivatisieren to transfer (a nationalized industry, etc) to private ownership again; to denationalize; to reprivatize

Reprivatisierung reversion (of nationalized enterprises) to private ownership; denationalization; reprivatization

Reproduktion reproduction; copy of sth. (esp. a work of art); **~skosten** reproduction cost

reproduzieren to reproduce

Reptilienfonds *(Haushaltsfonds des Bundeskanzlers)* secret fund (not subject to accountability); *Am* unvouched fund

Republik republic; **die ~ ausrufen** to proclaim the republic

Requisition *mil* requisition(ing)

Reservat *(den Indianern etc vorbehaltenes Schutzgebiet)* reservation

Reserve *(Vorrat)* reserve, reserve stock; **~n** *(Rücklagen)* reserves; **die ~** *mil* the Reserve; **in ~** *(vorrätig)* in reserve; →**Devisen~n**; →**Mindest~n**; →**Währungs~n**; **freiwillige ~n** voluntary reserves; **gesetzliche ~n** legal reserves; **offene ~n** disclosed reserves; **stille ~n** hidden (or secret) reserves; **versteckte ~n** undisclosed reserves; **~ für unvorhergesehene Ausgaben** contingency reserve; **~ für dringende Fälle** emergency reserve; **Entnahme aus den ~n** withdrawal from the reserve

Reserveaktiven *(IWF)* reserve assets; **reserveähnliche Ziehungsrechte** reserve-like drawing rights

Reserveeinheit, kollektive ~ *(intern. Währungspolitik)* Collective Reserve Unit (C.R.U.)

Reservefonds[68] reserve fund; *(Notrücklage)* contingency fund; **an den ~ abführen** to pay over into the reserve fund; to feed the reserve fund (by); **e-n ~ bilden** to build up a reserve fund

Reserve~, ~haltung maintenance of (minimum) reserves; **~klasse** *(Mindestreserven)* reserve class (or category); **~offizier** reserve officer

Reservepflicht, von der ~ freistellen *(Mindestreserven)* to exempt from reserve requirement

reservepflichtig subject to reserve obligations *(Mindestreserven)*; **~e Verbindlichkeiten** liabilities subject to reserve requirements; **~e Verbindlichkeiten der Banken** banks' reserve-carrying liabilities

Reserveposition im IWF reserve position in the IMF

Reservesätze reserve ratios *(Mindestreserven)*; **Heraufsetzung der ~** raising of the reserve ratios

Reserve~, r~schwache Länder *(Währungsreserve)* countries with a low level of reserves; **~soll** (minimum) reserve required of banks; reserve requirement; **r~stark** having a large reserve

Reservewährung reserve currency; **~sguthaben** reserve currency balance

Reserve, e-e ~ bilden to build up a reserve; **seine ~n einsetzen** to make use of one's reserves; **~n einziehen (od. aus dem Verkehr ziehen)** *(IWF)* to cancel reserves; **den ~n zuführen** to allocate to the reserves; **die ~n sind zurückgegangen auf** reserves have fallen to; **auf seine ~n zurückgreifen** to fall back on one's reserves

reservieren to reserve; *Br bes.* to book; *Am bes.* to make reservation; **sich e-n Platz ~ lassen** to have a seat reserved

Reservierung reservation; *Br bes.* booking; **e-e ~ rückgängig machen** to cancel a reservation

Residenzpflicht *(e-s Beamten)* duty of an official to reside at (or near) his place of employment

Resolution resolution; **e-e ~ in e-r Versammlung einbringen** to move a resolution at a meeting

Resolutivbedingung →auflösende Bedingung

resozialisieren to rehabilitate

Resozialisierung *(von Haftentlassungen)* social adjustment; rehabilitation *(→ Wiedereingliederung)*

Respekttage *(WechselR)* days of grace

Ressentiment resentment; prejudice

Ressort *(Geschäftsbereich e-r Behörde)* department; *(Arbeitsgebiet)* province, sphere; field of responsibility; **~besprechung** conference of heads of departments; interdepartmental conference; **~minister** departmental minister; **~übereinkommen** interdepartmental agreement

Ressourcen resources; **nutzbare ~** exploitable resources; **Nutzung der ~** use of resources; **~transfer** transfer of resources

Rest rest, remainder; residue; **~e** remains; *(Stoffe zu verbilligtem Preise)* remnants; *(Abfälle)* odds and ends; **~ e-s Nachlasses** remainder of an estate; **~auflage** remainder; **~bestand** remaining stock; remainder (of stock)

Restbetrag balance (of an amount), residual amount, remaining amount; remainder; **geschuldeter ~** balance due; **den ~ →stunden**

Rest~, ~buchwert remaining book value; *(nach Abzug der Abschreibungen)* written-down value (WDV); **~dividende** final dividend; **~forderung** balance of the debt; **~gewinn** balance of profit; **~guthaben** remaining balance

Restkaufgeld balance of purchase price; **~hypothek** *Br* vendor's mortgage; *Am* purchase money mortgage

Rest~, **~laufzeit** remaining life; residual time to maturity; **~masse** *(im Konkurs)* remaining (or residual) assets

Restnachlass residuary estate; residue; **Erbe des Restnachlasses** residuary beneficiary

Rest~, **~nutzungsdauer** remaining useful life; **~posten** remnants; residual (or balancing) item; **~schuld** residual debt; balance of debt; balance due

Restschuldbefreiung[68 a] *(InsR)* discharge of residual debt (wenn der Schuldner e-e natürliche Person ist) (if the debtor is an individual [or a natural person])

Reststrafe remaining sentence; →**Erlass der ~**

Rest~, **~summe** balance; **~vermächtnis** residuary legacy; **~vermögen(swerte)** residual assets

Restwert residual value; *(Bilanz)* net book value; *(Schrottwert)* salvage value; **~abschreibung** write down of residual value

Restzahlung payment of the balance

Restantenliste *(Börse)* list of securities drawn or called not collected by the holders

Restaurator restorer

restaurieren to restore

Restaurierung restoration

restitutio in integrum s. Wiedereinsetzung in den →vorigen Stand

Restitution *(VölkerR)* restitution, restoration (of property)

Restitutionsklage[69] action for retrial of a case *(→ Wiederaufnahmeverfahren)*

restlicher Betrag remaining (or residual) amount; balance

Restriktion restriction; **~smaßnahmen** restrictive measures; **~en lockern** to relax restrictions; **~en verstärken** to tighten restrictions

restriktiv restrictive; **~e** →**Auslegung**; **~e** →**Geschäftspraktiken**; **~e Kreditpolitik** restrictive credit policy; **~e Maßnahmen abbauen** to dismantle restrictive measures

Resultat result, outcome

Resümee summary, résumé

Retentionsrecht →Zurückbehaltungsrecht

Retorsion *(VölkerR)* retortion, retaliation; **~smaßnahmen** retaliatory measures; **~szoll** retaliatory duty

Retortenbaby test-tube baby

Retouren returns; returned goods; *(Bankverkehr)* dishono(u)red bills, dishono(u)red cheques (checks); *(von Kunden)* returns inwards (or sales returns); *(an Lieferanten)* returns outwards (or purchase returns); **~buch** returns book

retrograde Kalkulation inverse accounting

Retrozedent *(VersR)* retrocedent; retroceding company

retrozedieren *(VersR)* to retrocede

Retrozession *(Rück-Rückversicherung)* retrocession; **~sprämie** retrocession premium

Retrozessionär *(VersR)* retrocessionnaire

retten, jdm das Leben ~ to save sb.'s life

Rettung rescue; salvage; **~ eingeschlossener** →**Bergleute**

Rettungs~, **~aktion** rescue operation; **~boot** lifeboat; **~lohn** salvage (money); **~mannschaft** rescue party (or team); **~medaille** life-saving medal; **~pflicht** salvage obligation; **~ring** *(Schiff)* lifebuoy; **~schiff** naval auxiliary

Reue, tätige ~[70] voluntary act by which the perpetrator of a criminal attempt hinders the consummation of the offence (offense); *(SteuerR)* →Selbstanzeige

Reugeld *(bei Vertragsrücktritt)*[71] forfeit (money) (sum payable in order to exercise a [contractually agreed] power to terminate a contract); *(Börse)* option money *(→Prämie 3.)*; **ein ~ aufgeben** to abandon a forfeit money; *(Börse)* to abandon an option money

Revalierungsklausel *(WechselR)* →Deckungsklausel

Revaluation revaluation (of a currency) *(→Aufwertung)*

Revers *(Verpflichtungsschein)* written undertaking

revidieren *(überprüfen)* to check, to audit; *(nach Überprüfung abändern)* to revise

revidiert, die ~e Fassung e-s Abkommens *(VölkerR)* the revised text of a convention

Revision 1. *(Rechtsmittel)*[72] appeal on questions of law only *(→Berufung)*; *Br* appeal by case stated; *Br* application for an order of certiorari; *Am* writ of certiorari; →**Anschluss~**; →**Sprung~**

Revisions~, **~antrag** notice of appeal (on points of law); **~begründung**[73] statement of grounds for appeal; **~beklagte(r)** defendant against whom an appeal (on a question of law) is brought; respondent; *Am (auch)* appellee; **~einlegung** lodging of an appeal (on a question of law); **~frist** time for lodging an appeal (on question of law) *(→Berufungsfrist)*; **~gericht** court of appeal (dealing with appeals on questions of law) *(court of last resort, e. g. →Bundesgerichtshof, in Strafsachen →Oberlandesgericht)*; **~grund** ground of appeal; **~instanz** instance of appeal; **~kläger** appellant; **~schrift** notice of appeal (on points of law); **~summe**[74] amount in dispute on appeal (on points of law); **~verfahren** proceedings on appeal (on points of law)

Revision, **sich der ~ anschließen** to lodge a cross-appeal (on a point of law); **~ gegen das Urteil des ... gerichts einlegen** to lodge an appeal (on a question of law) from the judgment passed by the ... court; **in die ~ gehen** →Revision einlegen; **die ~ für zulässig erklären** to grant leave for the appeal; **die ~ ist zulässig** the appeal lies; **die ~ zurückweisen** to dismiss the appeal

Revision 2. *Überprüfung* audit(ing), examination; *(Änderung nach Überprüfung)* revision; **~ e-s Vertrages** *(VölkerR)* revision of a treaty; **Kassen~** cash audit; **betriebsinterne ~** internal auditing; **externe ~** external (or independent) auditing; **~sabteilung** auditing department; **~sbericht** audit report; auditor's report; **~sprotokoll zu e-m Abkommen** *(VölkerR)* protocol amending the Convention; **~sverband** →Prüfungsverband der Genossenschaften; **~sverfahren** procedure for revision; **~svorschlag** proposal concerning revision; **e-e ~ durchführen** to audit, to make an audit

Revisionismus revisionism

Revisor →Abschlussprüfer *(→Abschluss 2.)*

Revolte revolt; **e-e ~ niederschlagen** to suppress a revolt

revoltieren to revolt; to rebel

Revolution revolution; **~sregierung** revolutionary government

Revolutionär revolutionary

revolutionär revolutionary

revolvierend *(sich erneuernd)* revolving; **~er Kredit** revolving credit

Revolving~, **~akkreditiv** revolving letter of credit; **~geschäfte** revolving transactions; **~kredit** revolving credit

Rezension review, critique

Rezept~, **~gebühren** prescription charges; **r~pflichtig** (medicine) obtainable only on prescription; **r~pflichtige Arzneimittel** prescription drugs; **ein ~ ausstellen** to write out a prescription

Rezeption reception

Rezession recession, slump: downturn; slackening of business activity; **r~sbedingt** caused by the recession; **Bekämpfung der ~stendenzen** countering the trends towards recession (or the recession tendencies); **in e-r tiefen ~ stecken** to be in a deep recession

rezessiv recessive

reziprok reciprocal

Reziprozität reciprocity *(→Gegenseitigkeit)*

R-Gespräch *tel* reverse-charge call; *Br* transfer(red) charge call; *Am* collect call; *Br* freephone

RGW *(aufgelöst)* →COMECON

Rhein Rhine; **Internationale Kommission zum Schutz des ~s gegen Verunreinigung** International Commission for the Protection of the Rhine against Pollution; **~anliegerstaaten** Rhine riparian states; **~einzugsgebiet** Rhine basin; **~schiffahrt** Rhine shipping, navigation on the Rhine; **revidierte ~schiffahrtsakte** (sogen. „Mannheimer Akte") Revised Convention for the Navigation of the Rhine (the "Mannheim Convention"); **~schiffahrtsgericht** Rhine Navigation Court; **~schiffer** Rhine boatsman; **~verschmutzung** pollution of the Rhine

richten *(urteilen)* to judge; **e-e Anfrage ~ an** to address an inquiry to; **sich ~ gegen** *(EU, z. B. Interessen der Gemeinschaft)* to affect *(e. g. the interests of the Community)*; **sich ~ nach** to act in accordance with; **Preise ~ sich nach Angebot und Nachfrage** prices depend on supply and demand

Richter judge; *pl* judiciary; *Br (bei unteren Gerichten in Strafsachen auch)* magistrate; **~ und Anwälte** the Bench and the Bar; **~ auf Zeit** judge(s) for a limited period; →**Berufs~**; →**Ermittlungs~**; →**Hilfs~**; →**Insolvenz~**; →**Laien~**; →**Schieds~**; →**Straf~**; →**Untersuchungs~**; →**Vormundschafts~**; →**Zivil~**; **beauftragter ~** commissioned judge; judge delegated; **dienstältester ~** senior judge; →**ehrenamtlicher ~**; **ordentlicher ~** ordinary (or regular) judge; **stellvertretender ~** alternate judge; **vorsitzender ~** presiding judge

Richter, →**Ablehnung e-s ~s**; →**Unabhängigkeit der ~**

Richteramt judicial office; **die Befähigung zum ~ haben** to be qualified to exercise the functions of a judge

Richter~, **~amtsbezeichnung**[75] official title for judges; **~anklage**[76] impeachment of a judge; **~bestechung** bribery of a judge; judicial corruption (or bribery); →**Deutsches ~gesetz**[77]; **~kollegium** judicature; judiciary; **~rat**[78] Council of Judges; **~recht** judge-made law; case law; **~stand** judiciary; judicature; *Br* the Bench; **~wahlausschuss**[79] Committee for the

Selection of Judges (of the highest Federal Courts)

Richter, niemand darf seinem gesetzlichen ~ entzogen werden[80] no one may be removed from the jurisdiction of his lawful judge; **zum ~ ernannt werden** to be appointed judge; **die ~ sind unabhängig und nur dem Gesetz unterworfen**[81] the judiciary is independent and subject only to the law

richterlich, ~e Anordnung judicial order; **e-e ~e Entscheidung herbeiführen** to obtain a judicial decision; **~e Gewalt** judicial power

Richt~, ~fest topping-out (ceremony); **~geschwindigkeit** recommended speed

richtig correct; *(wahrheitsgemäß)* truthful; **e-e Aufstellung als ~ anerkennen (od. bestätigen)** to certify a statement to be true and correct; to verify a statement

richtigstellen, e-n Irrtum ~ to correct (or adjust) an error

Richtigbefund, nach ~ if verified, if found correct; **~anzeige** *(des Kunden)* reconcilation statement

Richtigkeit correctness; accuracy; **~ der →Abschrift; die ~ der →Angaben nachprüfen; die ~ e-r Aussage bestätigen** to verify a statement; to vouch for the truth of a statement; **die ~ e-r Aussage bezweifeln** to challenge the accuracy of a statement; **Vermutung der ~ des Erbscheins**[82] presumption of correctness of a certificate of inheritance; **Vermutung der ~ des Grundbuchs**[83] presumption that entries in the →Grundbuch are correct; **ein Verzeichnis mit der Versicherung der ~ und Vollständigkeit versehen**[84] to certify (or attest) that an inventory is accurate and complete

Richtlinie guideline, (guiding) rule; *(Anweisung)* directive; *(Norm)* standard; **~n** terms of reference; **~n der Politik** policy guidelines; **~ des Rates** *(EG)* Council Directive; **→Nichtumsetzung von ~n; allgemeine ~** general policy; **→Einheitliche ~n für das Inkasso von Handelspapieren; internationale ~n** international standards; **politische ~n gebend** policy-making; **steuerliche ~n** tax directives; **→Umsetzung der ~n; ~nvorschlag** guideline proposal; *(EU)* proposal for a directive; **~n aufstellen** to establish guidelines; to set standards; **~n erlassen** to give guidelines; to issue (or lay down) directives; **allgemeine ~n festlegen** to determine general policies; **die ~ in nationales Recht umsetzen** to incorporate the directive into national law; **e-e ~ ordnungsgemäß →umsetzen; e-e ~ verabschieden** *(EU)* to pass a directive

Richtpreis *(behördlich od. durch Wirtschaftsverbände od. einzelne Produzenten festgesetzter Preis)* suggested (or recommended) (retail) price; *(EU)* target price

Richtsatz *(SteuerR, für Abschreibungen)* guiding rate; **~miete** standard rent

Richt~, ~wert bench mark; norm; **~zahlen** guiding figures; **~zeichen**[85] signs of recommendation

Richtung direction; *fig* tendency, trend; **~sänderung** change of direction; **~sanzeiger** *(Auto)* direction indicator; **~spfeil** *(im Verkehr)* directing arrow; **politischer ~swechsel** change of political direction; change of policy; **r~weisende Entscheidung** policy-making decision; landmark decision; **e-e neue ~ einschlagen** *fig* to embark on a fresh course; *(die entgegengesetzte Richtung)* to make a U-turn

Riesenkonzern giant combine

Rimesse remittance; **dokumentäre ~** documentary remittance; **einfache ~** clean remittance; **~nbrief** remittance letter

Rindfleischpreise beef and veal prices

Ring *(Zusammenschluss zu e-m bestimmten Zweck)* ring; **~buch** ring binder; loose-leaf ledger; **~straße** ring road

Risiko (pl. Risiken) risk; *(Gefahr)* peril, jeopardy; **→Absatz~; Entwicklungs~** s. Entwicklung 3.; **→Kredit~; →Kurs~; →Transport~; →Unfall~; →Unternehmer~; →Verlade~; mit e-m Kauf verbundenes ~** risk inherent in an acquisition; **~ falscher Angaben des Versicherers** s. subjektives →Risiko; **Verzeichnis der abzulehnenden Risiken** *(VersR)* decline list; **ausgeschlossenes ~** risk excluded; *(VersR)* hazard not covered; **→Versicherung gegen außergewöhnliche Risiken; eingegangene Risiken** risks incurred; **erhöhtes ~** *(VersR)* aggravated risk; **gedecktes ~** *(VersR)* risk covered (or insured); **gefährliches ~** *(VersR)* substandard risk; **handelsübliche Risiken** customary risks; **objektives ~** *(VersR)* physical hazard; **politisches ~** political risk; **subjektives ~** *(VersR)* moral hazard; **übliche Risiken** usual risks; **ungedecktes ~** uncovered (or uninsured) risk; **mit hohem ~ verbundenes Unternehmen** high-risk venture; **versicherbares ~** insurable risk; **nicht versicherbares ~** uninsurable risk; **versichertes ~** risk insured against; contingency insured against; **nicht versichertes ~** excepted risk; **verteiltes ~** diversified risk; **wirtschaftliches ~** commercial risk; **zusätzliches ~** additional risk

Risiko~, ~abschätzung risk assessment (or evaluation); **~absicherung** covering (or insurance against) a risk; **~abwälzung** shifting of risk;

~art *(VersR)* type of risk; **~aufteilung** *(VersR)* distribution of risk; **~ausgleich** balancing of portfolio; **~ausschluss** *(VersR)* exclusion of risks; policy exclusion; **r~bereit** prepared to take a risk; **~beurteilung (od. Risikbewertung)** risk rating; risk assessment; **~deckung** risk cover; **~einstufung** *(VersR)* classification of risks; **~erhöhung** *(VersR)* risk aggravation; **~geschäft** hazardous transaction; venture; **~enhäufung** accumulation of risks; **~kapital** risk capital; venture capital; →**Europäische Vereinigung für Risikkapital**; **~lebensversicherung** term insurance *(Br assurance)*; **Grundsatz der ~mischung** *(e-r Investmentgesellschaft)* principle of diversification of risk (or of mixed risks); **~-Nutzen-Analyse** *(zur Beurteilung der Fehlerhaftigkeit eines Produkts) (ProduktH)* balancing test; **~pool** pool of risks; **~portfolio** portfolio of risks; **~prämie** risk premium; *(in der Kostenrechnung)* allowance for possible risks; **r~reich** risky; **~streuung** risk spreading, spreading of risks; **~träger** risk bearer; **~übernahme** assumption of risk; risk taking; **~umtauschversicherung** convertible term insurance *(Br assurance)*; **~versicherung** contingency insurance; *(abgekürzte Todesfallversicherung)* term insurance

Risikoverteilung spreading (or diversification) of risk; *(Rückversicherung)* risk spread; **e-e Seeversicherung unter ~ übernehmen** to underwrite marine risks

Risikozuschlag *(VersR)* risk markup

Risiko, das ~ abwägen to calculate the risk; **ein ~ ausgleichen** to offset a risk; **das ~ beginnt** *(VersR)* the risk attaches; **das ~ begrenzen** to limit the risk; **sich am ~ beteiligen** to (take a) share in the risk; **das ~ decken** to cover the risk; **ein ~ eingehen** to incur (or run, take, undertake) a risk; **ein ~ enthalten** to involve a risk; **ein ~ streuen** to spread a risk; **das ~ (mit anderen) teilen** to share the risk; **das ~ tragen** to bear the risk; **das ~ übernehmen** to assume the risk; **ein ~ versichern** to underwrite a risk; **das ~ verteilen** to spread the risk; to diversify the risk

Robben, →**antarktische ~**; **Massentötung von ~** mass killing of seals; **~fänger** sealer; **~sterben** seal deaths

Robe *(e-s Richters od. Anwalts)* gown, robe

Rodung clearing, grubbing up

Rohbau shell, outward structure of an unfinished building; **das Haus ist im ~ fertiggestellt** the shell of the house has been completed

Roh~, **~bilanz** trial balance sheet; **~einnahmen** gross receipts; **~ertrag** gross proceeds (or profit); **~gewicht** gross weight; **~gewinn** gross profit on sales

Rohöl crude oil, petroleum; **~förderung** crude oil production; **~versorgung** supply of crude oil; **~vorrat** stockpile of crude oil

Rohr~, **~bruch** pipe burst; **~(fern)leitung** pipeline; **~post** pneumatic post, pneumatic dispatch

Rohstoff commodity; **~e** raw materials, raw products; (basic or primary) commodities; **Roh-, Hilfs- und Betriebsstoffe** raw materials and supplies; **r~abhängige Länder** commodity-dependent countries; **~abkommen** commodity agreement; **~bedarf** requirement of raw materials; **r~erzeugende Industrie** extractive industry; **Internationales ~gremium**[85a] International Commodity Body (ICB)

Rohstoffhandel trade in raw materials; commodity trade; **Kommission für Internationalen ~** Commission for International Commodity Trade

Rohstoff~, **~knappheit** raw material shortage; **~makler** commodity broker; **~markt** commodity market; raw material market; **Internationale ~organisation**[85b] International Commodity Organization (ICO); **~preise** commodity prices; **~versorgung** provisioning with raw materials

Rohstoff, Internationale ~übereinkunft (Internationales Rohstoffübereinkommen od. Internationale Rohstoffvereinbarung)[85c] International Commodity Agreement or Arrangement (ICA)

Rolle *(Stoff, Geld, etc)* roll; *(amtl. Urkunde)* roll, register; *(Theater, Film etc)* part, role; **führende ~** leading role; →**Gebrauchsmuster~**; →**Luftfahrzeug~**; →**Muster~**; →**Patent~**; →**Stamm~**; →**Zeichen~**; **~nbesetzung** casting

Rolle, e-e große ~ spielen to play a big part; **keine ~ spielen** to be of no consequence; **Geld spielt keine ~** money is no object

Roll~, **~bahn** *(Flugzeug)* runway; **~fuhrdienst** *(der Bundesbahn)* collection and delivery service; cartage service; **~fuhrunternehmer** haulage contractor; *Br* haulier; *Am* hauler; **~fuhrversicherungsschein** (RVS) cartage insurance certificate; **~gebühr (od. ~geld)** haulage, cartage; *Am* drayage; **~gut** carted goods

Römische Verträge (von 1957) Treaties of Rome *(Gründung der →Europäischen Wirtschaftsgemeinschaft, der →Europäischen Atomgemeinschaft)*

Römisches Recht Roman law; civil law

Röntgen, **medizinische ~anlage** medical X-ray plant; **~reihenuntersuchung** mass radiography; **r~strahlendurchlässig** radiolucent

RoRo *(Schiffsausrüstung für direkte Aufnahme von Straßenfahrzeugen über Rampen)* ro(ll-on)/ro(ll-off)

rot, in den ~en Zahlen in the red

Rotkreuz~, ~-Abkommen →Genfer Konventionen; **Liga der ~-Gesellschaften** League of Red Cross Societies

Route route; *(Dampferweg)* (shipping) lane

Routine routine; **~angelegenheit** routine matter; **~arbeit** routine work; **r~mäßig** as a matter of routine

Ruanda Rwanda; **Republik ~** the Rwandese Republic

Ruander(in), ruandisch Rwandese

Rubrik *(Spalte)* special section; heading; **dies gehört in e-e besondere ~** this comes under a separate heading

Rubrum *(e-s Urteils)* caption (title or heading containing the names of the parties, their lawyers, etc)

Rück~, ~abtretung reassignment; **~antwort** reply; **internationaler ~antwortschein** international reply coupon; **Postkarte mit ~antwort** reply-paid postcard; **~äußerung** reply; **~behaltungsrecht** →Zurückbehaltungsrecht; **~berufung** *(z. B. e-s Diplomaten)* recall; **~beziehung** retroactivity; **~buchung** contra entry; **~bürge** counter(-) security; *Br* countersurety; **~bürgschaft** counter(-)security, surety for a surety; **r~datieren** to antedate, to backdate; **~datierung** *(Einsetzung e-s früheren Datums)* antedating; backdating; **~deckungsversicherung** employer's pension liability insurance; **~diskontierung** →Rediskontierung; **finanzielle ~endeckung** financial backing; **~entwicklung** retrogression; returning to a less advanced state; **r~erstatten** *(zurückzahlen)* to repay, to refund, to reimburse; *(Eigentum etc zurückgeben)* to make restitution; to restore

Rückerstattung repayment, refund, reimbursement; *(Rückgabe)* return, restitution; *(Wiedergutmachung national-sozialistischen Unrechts)*[86] restitution; **~ e-s Darlehens** repayment of a loan; **~ des Kaufpreises** refund of the purchase price; **~ der Kosten** reimbursement of costs; **~ von** *(unrechtmäßig angeeignetem)* **Vermögen** restitution of property; **~sanspruch** refund claim; claim for reimbursement; restitution claim; **~santrag** request for reimbursement; **~sgarantie** repayment guarantee (or bond); **r~spflichtig** liable to make repayment (or restitution); **r~srechtliche Ansprüche**[86] claims under the Restitution Law; **~sverfahren** *(SteuerR)* refund system; **e-e ~ erhalten** to receive (or obtain) a refund; **der ~ unterliegen** to be subject to restitution

Rück~, ~erwerb reacquisition; repurchase; **~fahrkarte** →Fahrkarte; **~fahrt** return journey (or trip); return passage; *(zur See)* return voyage *(→Hin- und Rückfahrt)*

Rückfall *(Wendung zu e-m früheren Zustand)* regress, retrogression; *(StrafR)*[87] recidivism, relapse; **bei ~** in the case of a second (or subsequent) offence (offense); in case of recidivism; →**Strafverschärfung bei ~**; **~ in den Protektionismus** resurgence of protectionism; **r~begründend** establishing recidivism; **~diebstahl** a second (or subsequent) offence (offense) of theft; **~strafe** penalty in case of recidivism; **~täter** recidivist, second (or subsequent) offender; **~verjährung** the treatment of a conviction as spent on expiring of rehabilitation period

rückfälliger Täter →Rückfalltäter

Rückflug return flight; inward flight *(→Hin- und Rückflug)*

Rückfluss reflux, return flow; *(Wiederverwertung)* recycling; →**Kapital~**

Rückforderung claim (or demand) for the return (of); **~ zuviel bezahlter Beträge** reclamation of overpayments; **~ des Geschenkes wegen Verarmung des Schenkers** claiming the return of the gift because the donor has become impoverished; **~ der Kaufsache** *(wegen Nichtbezahlung des Kaufpreises)* reclamation of the goods sold

Rückforderungsanspruch, ~ des Hinterlegers[89] depositor's claim for return of the deposited object; **~ des Verleihers**[88] borrower's claim for return of the borrowed article

Rückfracht return freight, return cargo; *Br (Kosten)* return carriage; **als ~ senden** to reship

Rückfrage further inquiry, check-back; *(telefonisch)* call back

rückführen →zurückführen

Rückführung *(Repatriierung)* repatriation; *(Rückgewinnung)* recycling; **~ von Abfallstoffen** recycling of waste; **~ von Kapital nach dem Inland** repatriation of capital; **~ von Kriegsgefangenen** repatriation of prisoners of war; **~ der Überschüsse der erdölerzeugenden Länder** *(in die Industrieländer in Form von Beteiligungen)* recycling the surpluses of the oil producing countries; **~skosten** repatriation costs

Rückgabe return; restitution, restoration; **~ von →Aktien** *(an die Gesellschaft)*; **~ der Geschenke** *(z. B. beim Rücktritt vom Verlöbnis)*[90] restitution (or restoration) of presents; **~ der →Mietsache**; **~ e-s Patents** *(durch den Nichtberechtigten)* surrender of a patent; **~pflicht** *(z. B. des Entleihers)* obligation to return (or restore); **gegen ~** in exchange for; →**Kauf mit ~recht**

Rückgang drop, decline, decrease, fall(-)off; **~ des Dollar** decline of the dollar; **~ der Einfuhren** decrease in imports; **~ des Handelsverkehrs** fall-off (or decrease) in business transactions; **~ der Nachfrage** downturn (or decrease, decline) in demand; **~ der Preise** decline in prices, drop in prices; **~ der Produktion** fall(-)off in production; →**Absatz~**; →**Ausfuhr~**; →**Bevölkerungs~**; →**Einnahme~**; →**Geburten~**; →**Geschäfts~**; →**Investitions~**; →**Konjunktur~**; →**Kurs~**; →**Umsatz~**; →**Verbrauchs~**; →**Wachstums~**; **e-n leichten ~ aufweisen** to show a slight falling off

rückgängig, **~e Geschäfte** declining business; **etw. ~ machen** to annul, to cancel; to revoke; to render null and void; **ein Geschäft ~ machen** to undo a business; **e-n Kauf(vertrag) ~ machen**[91] to rescind a sale; **nicht ~ zu machend** irreversible

Rückgängigmachung annulment, cancellation; rescission; **Klage auf ~** action for rescission; **~** *(e-s Vertrages)* **wegen Gewährleistungsbruch** rescission for breach of warranty; **~ des Kaufes** →Wandelung

Rückgewähr(ung) return; restitution; repayment; **~ von Einlagen**[92] return (or repayment) of contributions

Rückgewinnung *(aus Abfallmaterial)* recycling

Rückgriff recourse *(→Regreß)*; **~ auf Reserven** drawing on reserves; **~ auf den letzten Indossanten** recourse against the last endorser; **~sanspruch** →Regreßanspruch; **~sforderung** *(WechselR)* recourse claim; **~srecht** right of recourse; **~sschuldner** recourse debtor

Rückhalt support, backing

Rückkauf repurchase, buying back; *(von Effekten durch die eigene Gesellschaft)* redemption; *(e-r Lebens- od. Unfallversicherung)* surrender; **r~bar** repurchasable; redeemable; **~spreis** *(von Effekten)* redemption price; **~srecht** right of repurchase; right of redemption; **Verkauf mit ~srecht** sale with option of repurchase; **~svereinbarung** repurchase agreement; **~sverpflichtung** (der eigenen Währung e-s Mitgliedlandes des IWF) repurchase obligation (of its own currency by a member country of IMF); **~swert** redemption value; *(VersR)* surrender value, cash value

Rücklage, **~n** *(Reservefonds e-s Unternehmens)* reserves, reserve fund; *Am (AktienR)* capital surplus, surplus (reserves), appropriations (of surplus); *(VersR)* funds; *(erspartes Geld)* savings; **als ~n ausgewiesene Beträge** amounts shown as reserves; **den ~n zugewiesener Gewinn** appropriated surplus; **~ für laufende Risiken** *(VersR)* risk reserve; **~ für Verbindlichkeiten** liability reserve; →**Erneuerungs~**; →**Ersatzbeschaffungs~**; →**Ertrags~**; →**Neubewertungs~**; →**Preissteigerungs~**; →**Reinvestitions~**; →**Tilgungs~**; **außerordentliche ~n** extraordinary reserves; **freie ~n** unrestricted retained earnings; **gesetzliche ~n**[93] legally restricted retained earnings; legal reserves; **offene ~n** open reserves; disclosed reserves; **satzungsgemäße (od. statutarische) ~n** statutory reserves; reserves provided for by the articles of association; **stille ~n** hidden reserves; **technische ~** *(VersR)* technical reserve; **umwandlungsfähige ~n**[94] convertible reserves; **Einstellung von Beträgen in ~n** allocation of amounts to reserves; **Entnahme von Beträgen aus ~n** withdrawal of amounts from reserves; **Umwandlung von offenen ~n in Grundkapital**[95] conversion of disclosed reserves into →Grundkapital; **Zuweisung zur ~** appropriation (or transfer) to the reserve; **~nbildung** creation of reserves; **~nkonto** reserve account; **die ~n auffüllen** to replenish the reserves; **die ~n auflösen** to dissolve the reserves; **e-e ~ bilden** to create (or set up) a reserve; **den ~n zuweisen** to allocate to the reserves; *Am (auch)* to transfer to retained earnings

Rückkoppelung feedback

rückläufig retrograde, declining; **~e Konjunktur** declining economic activity; **~e Kursentwicklung** downward trend in prices; **die Geschäfte sind ~** business is declining; **~ sein** to show a downward trend (or declining tendency)

Rücknahme taking back; *(Rückziehung)* withdrawal; *(Widerruf)* revocation; *(Rückkauf)* repurchase; **~ e-s Angebots** revocation of an offer; **~ der Anklage** withdrawal of the charge; **~ e-r Anmeldung**[96] withdrawal of an application; **~ der Erlaubnis** revocation of the licen|ce (~se); **~ von Investmentanteilen** redemption of (investment) shares; **~ e-r Klage** →Klagerücknahme; **~ der Kündigung** withdrawal of notice; **~ e-s gefährlichen Produktes** withdrawal of a dangerous product; **~ der Warenzeichenanmeldung** retraction of the trademark registration; **~ von Zollzugeständnissen** *(GATT)* withdrawal of tariff concessions; **~preis** repurchase price; withdrawal price; *(bei der Zurücknahme von Investmentanteilen)* redemption price; **~recht** right to withdraw; **~sätze für Geldmarktpapiere** repurchase rates for money market paper

Rückporto return postage

Rückprämie *(Börsentermingeschäft)* put (option) *(→Prämie 3.)*; **Rück- und Vorprämie** put and call (p.a.c.); **~ mit Nachliefern** *Br* put of more; **~ngeschäft** put option transaction; **~nkurs** put price; price of put; **die ~ kaufen** *Br* to take for the put; **die ~ verkaufen** *Br* to give for the put

Rückrechnung *(beim Wechselregreß)* re-exchange; banker's ticket (on dishono[u]red bill); **den Betrag der ~ erhalten** to recover the amount of the re-exchange

Rückruf *(von fehlerhaften Produkten)* recall

Rückrufsrecht *(UrhR)* , Rückrufsrecht wegen Nichtausübung[97] right of revocation by reason of non- exercise; **~ wegen gewandelter Überzeugung**[98] right of revocation by reason of changed conviction

Rück~, **~scheck** returned cheque (check); **~schein** *(Post)* advice of delivery

Rückschlag setback, relapse; **e-n finanziellen ~ erleiden** to have (or suffer) a financial setback; **e-n schweren ~ erleiden** to suffer a major reverse; **e-n ~ hinnehmen** to accept a setback

Rückschleusung der Überschüsse der Ölfördererländer recycling of the surpluses of the oil- producing countries

Rück~, **~schluss** inference, conclusion; **~schritt** retrogression; return to a less advanced state

Rückseite back; reverse (side), reverse page; **bitte ~ beachten** please turn over (p.t.o.)

Rücksicht regard, consideration; **mit ~ auf** taking into account (or consideration); having regard to; **ohne ~ auf** not taking into account, not paying consideration to; irrespective of (whether); **ohne ~ auf entgegenstehende Bestimmungen** notwithstanding any provisions to the contrary; **~ nehmen auf** to take (sth.) into consideration, to pay regard to; to make allowance for

rücksichtsloses Verhalten im Straßenverkehr driving (or behaving) without due consideration for other road users; *(etwa)* reckless driving

Rücksichtslosigkeit recklessness; lack of consideration

Rück~, **~siedler** resettler; returning settler; **~spiegel** *(Kfz)* rear view mirror; driving (rear view) mirror

Rücksprache consultation; **~ nehmen mit** to consult; to confer with; to check with

Rückstand arrear; backlog; →**Arbeits~**; →**Auftrags~**; **struktureller ~** structural lag; →**Zahlungs~**; **e-n erheblichen ~ aufweisen** to lag far behind, to fall seriously behind; **mit seiner Arbeit im ~ sein** to be in arrears (or behind) with one's work; **mit der Entwicklung im ~ geblieben sein** to be lagging behind in terms of development; **in ~ kommen** to get into arrears; to get behindhand (in one's work, etc); **mit Zahlungen im ~ sein** to be in arrears with one's payments; to delay in making one's payments

Rückstände arrears; *(Restbestände)* residues; →**Gehalts~**; →**Miet~**; →**Steuer~**; **~ und Abfälle der Lebensmittelindustrie** residues and waste from the food industries; **~ von** →**Schädlingsbekämpfungsmitteln**

rückständig in arrears; **strukturell ~** structurally backward; **~er Beitrag** contribution in arrears; overdue contribution; **~e Dividende** dividend in arrears; overdue dividend; **~es Gebiet** backward area; **~e Länder** underdeveloped countries; **~er Lohn** back pay (or wages); **~e** →**Lohnforderungen**; **~e Miete** rent in arrears, arrears of rent; back rent; **~e** →**Prämie**; **~e Steuer** tax in arrears; *Br* back duty; *Am* back tax, delinquent tax; **~e Summe** arrears; **~e** →**Unterhaltsbeträge**; **~e Zahlung** payment in arrears; overdue payment; outstanding payment

Rückständigkeit backwardness; lag

Rückstellung(en) reserve(s), liability reserve(s); provision(s); *Am* accrued liabilities; accruals; →**Delkredere~**; →**Pensions~**; →**Steuer~**; **~ für Ersatzbeschaffung** provision for renewals; **~ für Eventualverbindlichkeiten** contingency reserve(s), reserve(s) for contingent liabilities; provision(s) for contingencies; **~ für zweifelhafte Forderungen** provisions (or reserves) for doubtful accounts; **~ für Lagerwertminderungen** inventory reserves; **~ für noch nicht verdiente Prämien** →Prämie 2.; **~ für unvorhergesehene Risiken** reserves for contingencies; **~ für Schadensfälle** *(VersR)* claims reserve; **~ für noch nicht abgewickelte Schadensfälle** *(VersR)* provisions (or reserves) for outstanding claims; **~ für Steuern** provision for taxation; amounts set aside for tax liabilities; **~ bilden** to set aside reserves; to make provisions

Rück~, **~strahler** *(e-s Autos)* reflector; *(für Straße)* cat's eye; **~strom von Auslandsgeldern** reflux of foreign funds; **~stufung** *(in e-e niedrigere Gehaltsstufe)* grading back, downgrading; demotion; **~transfer** retransfer

rücktragen *(Buchführung)* to carry back *(Ggs. vortragen)*

Rücktritt 1. *(Amtsniederlegung)* resignation (from [or of] an office), retirement (from office); →**Gesamt~**; **turnusmäßiger ~** retirement by rotation; **~ der Regierung** resignation of the government; **~sdrohung** threat to resign; **~serklärung** statement of resignation; **~sgesuch** offer of resignation; **sein ~sgesuch einreichen** to hand (or send) in one's resignation;

to offer (or tender) one's resignation; **~sschreiben** letter of resignation

Rücktritt 2. ~ vom Versuch[99] abandonment of an attempt to commit an offence (offense) *(s. tätige →Reue)*; **~ vom Vertrag**[100] rescission (or revocation) of a contract; termination (or cancellation) of a contract; withdrawal from an agreement; **Anzeige des ~s vom Vertrag** notice of rescission of the contract; **~sberechtigter** party entitled to terminate the contract; **~sgrund** ground for rescission; **~sklausel** cancellation clause; escape clause; **~srecht** right of rescission; right to rescind (or terminate, cancel) a contract; **~svorbehalt** reservation of the right to rescind (or terminate) the contract; **der ~** *(vom Vertrag)* **ist erfolgt** termination has been effected; **den ~ vom Vertrag erklären** to rescind the contract; **dem ~ unterliegen** to be subject to rescission

Rück~, r~übersetzen to translate back; **r~übertragen** to retransfer; to reassign; **~übertragung** retransfer, reassignment; *(im Hypothekenrecht)* reconveyance; **~überweisung** return remittance; *parl (e-s Berichtes an den Ausschuss)* reference or report back to committee; **~verflechtung** recartelization; reconcentration; **r~vergüten** to refund, to repay, to reimburse

Rückvergütung refund(ing), repayment, reimbursement; **~ von Zöllen** *(bei Wiederausfuhr)* drawback of customs duties

Rück~, r~versicherbar reinsurable; **~versicherer** reinsurer; **(sich) r~versichern** to reinsure (bei with); to take out reinsurance; **~versicherter** reinsured (person)

Rückversicherung reinsurance; **→Exzedenten~**; **proportionale ~** proportional reinsurance *(→Quotenrückversicherung; →Summenexzedenten*-rückversicherung *())*; **nicht proportionale ~** nonproportional reinsurance *(→Jahresüberschaden-rückversicherung; →Schadenexzedenten*-rückversicherung *())*; **Vertrags-~** treaty reinsurance; **Deckung durch ~** reinsurance cover; **~sgesellschaft** reinsurance company; **~spolice** reinsurance policy; **~sprämie** reinsurance premium; **~squote** reinsurance quota; **~srahmenvertrag** master treaty, basic agreement; **~sunternehmen** reinsurance company (or undertaking); **~svermittler** reinsurance intermediary; **e-n ~svertrag abschließen** to enter into a reinsurance contract (or agreement)

Rück~, ~verweisung referring back (an to); *(IPR)*[101] renvoi; remission to the law of the forum; **~wälzung** *(e-r Steuer)* backward shifting; **~wanderer** *(in die Heimat)* returning emigrant; **~wanderung** return migration; return of emigrants; **~waren** *(Zoll)* returned goods, returns

rückwärts~, R~fahren *Br (Straßenverkehr)* reversing, *Br* backing, *Am* backing up; **R~gang** reverse gear; **das Fahrzeug fährt ~** the vehicle is *Br* reversing *(Am backing up)*

Rückwechsel[102] redraft; cross-bill; **~spesen** redraft charges; **~ ziehen** to redraw (auf on)

rückwirkend retrospective, retroactive; **~es Gesetz (od. Gesetz mit ~er Kraft)** retroactive law (or statute); law with retroactive effect; ex post facto law; **mit ~er Kraft** retrospectively; **~e Lohnerhöhung** backdated wage increase; **e-e Entscheidung ~ aufheben** to revoke a decision retroactively; **~ →Gültigkeit erlangen**; **~ in Kraft treten** to take effect retrospectively; to come into force with retroactive effect

Rückwirkung retroactive effect; *(z. B. von Gesetzen)* retroactivity, retrospectivity; **~ auf** repercussion on

rückzahlbar repayable, reimbursable; redeemable; **nicht ~** non-reimbursable; irredeemable; **~e Obligationen** redeemable bonds; **in Jahresraten ~e Schuld** debt repayable by annual instal(l)ments; **~e (staatl.) Zuschüsse** reimbursable subsidies

Rückzahlung repayment; *(Tilgung)* redemption; *(Rückerstattung)* reimbursement, refund; **planmäßige ~** *(e-s Kredits)* scheduled repayment; **vorzeitige ~** premature (or advance) repayment; **~ e-s Darlehens** repayment of a loan; **~ e-r Hypothek** redemption of a mortgage; repayment (or paying off) of a mortgage debt; **~ von Steuern** refunding (or reimbursement) of taxes

Rückzahlungs~, ~agio redemption premium; **~anspruch** repayment claim; **~bedingungen** conditions of repayment; **~betrag** amount to be repaid; redenption amount; **r~freie Zeit** grace period; **~fristen** repayment deadlines; **~garantie** *(Außenhandel)* repayment guarantee; **~kurs** *(e-r Anleihe)* redemption price; **~plan** repayment schedule (or plan); **~pflicht** →Rückzahlungsverpflichtung; **~rate** repayment instal(l)ment; **~termin** date of repayment; *(für Anleihen)* redemption date; **~verpflichtung** obligation of repayment; **~wert** redemption value

Rückzoll customs drawback

Rückzug der Truppen withdrawal of the troops

Ruf *(Ansehen)* reputation; *(geschäftlich etc)* standing; *(Leistung in der Vergangenheit)* record; **guter ~** good reputation (or standing, name); **schlechter ~** bad reputation (or standing); **ein Arzt von ~** a doctor of repute; **~ e-r Firma** reputation of a firm; **~mord** character assassination; **~schädigung** damage to sb.'s reputation *(→Anschwärzung)*; **die Firma hat e-n guten ~** the firm is of good standing (or of good reputation); **e-n guten ~ als Arzt haben** to have a good reputation as a doctor; **e-n ~ an e-e Universität erhalten** to be offered a professorship (or chair) at a university

Rüge *(Verweis)* reprimand; *(Anzeige)* notification of a defect *(→Mängelrüge)*; **~frist** time limit for claim, period for making a claim; **~pflicht**[103] *(des Käufers)* requirement to make a complaint in respect of a defect immediately on receipt of the goods

rügen, jdn ~ to reprimand sb.; *(e-n Mangel anzeigen)* to give notice of a defect *(→Mängelrüge)*

Ruhegehalt pension, retirement pension; superannuation (→Pension); **~ bei Dienstunfähigkeit** disability pension; **Aberkennung des Anspruchs auf ~** abrogation of pension entitlement (or entitlement to retirement pension); **jdm den ~sanspruch →aberkennen**; **~sempfänger** recipient of a pension; pensioner; **r~sfähige Dienstjahre** years of pensionable service; **~svereinbarung** pension arrangement; **~szusage** →Pensionszusage; **ein ~ beziehen** to draw a pension

Ruhegeld *(Sozialversicherung)* →Altersrente; *(e-s Unternehmens)* retirement pension

Ruhestand retirement; **im ~** (i. R.) retired; **im ~ befindliche Personen** retired persons; **→einstweiliger ~**; **vorzeitiger (od. vorgezogener) ~** early retirement; **~salter** retirement age, pension(able) age; **~sbeamter** retired civil servant; **infolge Erreichung der →Altersgrenze in den ~ treten**; **vorzeitig in den ~ treten** to retire prematurely; to go into early retirement; **in den ~ versetzen** to retire, to superannuate; **in den →einstweiligen ~ versetzt werden**; **er wurde zwangsweise in den ~ versetzt** he was compulsorily retired (or pensioned off)

Ruhe~, ~ständler retired person, retiree; **r~störender Lärm** noise constituting a nuisance; **öffentliche ~störung** disturbance of the peace; **~zeit**[104] rest period

Ruhe und Ordnung aufrechterhalten to maintain public order

Ruhen, ~ von Leistungen *(VersR)* suspension of benefits; **~ des Verfahrens**[105] suspension (or stay) of proceedings

ruh, ~en *(vorübergehend nicht wirksam sein)* to be suspended; **die Rente ~t** payment of the pension is suspended; **die Verhandlungen ~en** the negotiations have been suspended; **die Verjährung ~t** the period of limitation is not running

ruhend, ~er *(noch nicht geltend gemachter)* **Anspruch** dormant claim; **~er Rechtstitel** dormant title

ruhig *(geschäftslos)* quiet, dull; **bei ~em Geschäft** *(Börse)* in quiet trading; **~er Mieter** quiet tenant; **das Dividendengeschäft verlief ~** the foreign exchange transaction proceeded quietly

ruinöser Wettbewerb ruinous competition; cut-throat competition

Rumänien Romania; **Republik ~** the Republic of Romania

Rumäne, Rumänin, rumänisch Romanian

Rumpfgeschäftsjahr incomplete business year; short financial (or fiscal) year

Rund~, ~brief circular (letter); **~erlass** circular order; **~frage** inquiry by circular

Rundfunk radio, *(Br auch)* wireless; **~ und Fernsehen** *Br* sound (*Am* radio) and television broadcasting; **durch ~** on the air; **~ansprache** radio address; (radio) broadcast; **~anstalt** broadcasting station; broadcasting organization; radio station; **verfassungsrechtlich geschützte ~freiheit** constitutionally protected broadcasting freedom *(s. Freiheit der →Berichterstattung)*; **~hörer** (radio) listener; **~künstler** radio artist; **~programm** radio program(me); **~reklame** radio advertising; **~sendung** (radio) broadcasting; **~- und Fernsehprogramme** radio and television program(me)s

Rundfunkwerbung radio advertising; **~ betreibende Firma** commercial sponsor; **~ betreiben** to advertise on the air

Rundfunk, im ~ gesendet (od. gehört) werden to be on the air; **im ~ senden** to broadcast; **im ~ sprechen** to be on the air

Rundreise circular tour; *Am* tour

Rundschreiben circular (letter); memorandum; **Werbe~** advertising circular; **durch ~ bekanntmachen** to circularize

Rüstkosten set-up cost

Rüstung armaments; arms; **~sabbau** reduction of armaments; **~sauftrag** arms order; defence (defense) contract (or order); **~sausgaben** defence (defense) expenditure; arms spending; **~sbegrenzung** limitation of armaments; arms limitation; **~sbeschaffung** arms procurement; **~sbetrieb** defence (defense) plant; **~sgüter** military supplies; armaments, arms; defence (defense) goods; **~sindustrie** armaments industry; **~skäufe** defence (defense) purchases; **~skontrolle** arms control; **~slieferant** defence (defense) contractor; **~sminderung** arms reduction (or cut); **~sproduktion** production of military equipment; **~svorsprung** *(etwa)* military advantage; advantage in the arms (or armament) race; **~swettlauf** arms race

S

Saatgut seed(s)

Sabotage sabotage; →**Wirtschafts~**; **~ an Luftfahrzeugen** sabotage to aircraft; **~abwehr** counter-sabotage; **~akt** act of sabotage; **~handlung** act of sabotage; **~tätigkeit** sabotage activities; **~verdacht** suspicion of sabotage; **~versuch** attempted sabotage; **Agententätigkeit zu ~zwecken**[1] acting as an agent for the purpose of committing a sabotage; **~ begehen** to commit sabotage

Saboteur saboteur

sabotieren to sabotage; to perform an act of sabotage

Sache 1. *(Gegenstand)* thing; *(Angelegenheit)* matter, affair, business; *(Anliegen)* cause; *(Thema)* point, subject; **zur ~!** keep to the point! to the subject!; **zur ~ gehörig** relevant, to the point; **nicht zur ~ gehörig** irrelevant, beside the point; **Antrag zur ~** *parl* substantive motion; **amtliche ~** matter of official concern; →**bewegliche ~**; →**persönliche ~n**; **versicherte ~** subject matter insured; **vorliegende ~** matter at hand; **es ist ~ des ..., zu entscheiden** it is for ... to decide; **zur ~ kommen** to get down to business; **die ~ e-m Anwalt übergeben** to entrust the matter to a lawyer

Sachenrecht[1a] property law, law of property (relating to *Br* land [*Am* real property] and to chattels); right in rem (over movables or immovables); interest in property

Sachspenden contributions in kind

Sache 2. *(Rechtssache)* case, matter; **in ~n XKY** in the matter of X versus Y; re X v. Y; **Berufungs~** case on appeal; **Straf~** criminal case; **Zivil~** civil case; **in der ~ selbst** (up)on the merits; **nicht in der ~ selbst ergehende Entscheidung** non-substantive decision; decision based on a technical ground; **rechtskräftig entschiedene ~** res judicata; **über e-e ~ gerichtlich verhandeln** to try a case; **e-e ~** *(an das untere Gericht)* →verweisen

Sachabweisung, **Antrag auf ~** plea to dismiss action (or suit) on the merits; *Am* plea in bar

Sachanlage, **~n (od. ~vermögen)** *(Grundstücke, Gebäude, Betriebs- und Gebäudeausstattung)* fixed assets, tangible assets, tangible fixed assets; physical assets; **~-Investitionen** capital expenditure in fixed assets; **~zugänge** *(Bilanz)* increase in fixed assets

Sach~, **~antrag** application relevant to the principal object of the action (i. e. not interlocutory); **~aufklärung** inquiry into the facts; **~ausschüttung** distribution in kind; **~bearbeiter** official (or employee) in charge (of a particular matter); *(e-r Werbeagentur)* account executive; *(Schriftverkehr)* please reply to: ...; please contact: ...; our reference: ...; *Br* this case is handled by ...; **~bericht** statement of the case; **~beschädigung** *(StrafR)*[2] damage to property; *Br* criminal damage; *Am* criminal mischief; *Am* malicious damage, malicious mischief; *(böswilligauch)* vandalism

Sach~, **~bezüge** payment (or remuneration, income, benefit) in kind (P. I. K.); **~darstellung** statement of the facts

sachdienlich pertinent, expedient; appropriate to the point; **~e Unterlagen** relevant documents; documents in support of; supporting documents

Sach~, **~dividende** dividend payable in kind, property dividend; **~einbringung** →Sacheinlage

Sach~, **~eigentum** tangible property; **~einlage** *(bei der Gründung e-r AG*[3] *od. GmbH)*[4] contribution in kind; subscription in kind; non-cash capital contribution; **~entscheidung** decision on the merits; **~firma** firm name derived from the object of the enterprise; **~frage** question (or point) of substance

Sachgebiet (special) field; subject; **nach ~en ablegen** to file under subjects

sachgemäß appropriate, proper; **~e Behandlung** proper handling

Sachgesamtheit group of assets (regarded as forming a single asset); **Übertragung e-r ~** bulk transfer

Sach~, **~gründung** formation (of an AG) by non-cash capital contribution; **~hehlerei** →Hehlerei; **~inbegriff** *(Inbegriff von Sachen)* aggregate of things; **~investition** investment in material assets; fixed investment; **~kapital** →Realkapital; **~kapitalerhöhung** *(AktienR)* capital increase by way of →Sacheinlagen; **~katalog** subject catalogue; **~kenntnis** know-how; special knowledge; expertise; **~konto** impersonal account, nonpersonal account; **~kosten** costs of materials; **~kredit** →Realkredit; **~kunde** →Sachkenntnis; **s~kundig** experienced (in); competent

Sach~, **~lage** factual position; state of affairs; **~- und Rechtslage** factual and legal position; situation of fact and law

Sachleistungen payments in kind; noncash contributions; *(VersR)* benefits in kind; benefits in the form of services; **Anspruch auf ~ haben** to be entitled to receive benefits

Sachleitung s. materielle →Prozessleitung

sachlich *(zur Sache gehörig)* pertinent; as regards the subject matter; *(objektiv)* objective; *(auf Tatsachen beruhend)* factual; **~er →Anwendungsbereich**; **~er →Geltungsbereich**; **~e Zuständigkeit** pertinent competence; subject matter jurisdiction; **~ aufeinander abstimmen** to coordinate as to subject; **~ begründen** to justify by the facts; **~ zuständig sein** to be competent as regards the subject matter; *(Gericht)* to have jurisdiction as regards the subject matter

Sachlichkeit objectivity

Sach~, **~mangel** defect of (or in) quality; material defect; **geringfügige ~mängel** minor faults in the goods; **Garantie wegen verborgener ~mängel** warranty for hidden defects; **~mängelhaftung**[6] warranty of quality; undertaking as to quality; liability for material defects *(→Gewährleistung wegen Mängel der Sache)*; **Ausschluss der ~mängelhaftung** nonwarranty clause

Sach~, **~normrückverweisung** *(IPR)* renvoi, partial renvoi; **~patent** product patent

Sachpfändung, die Zwangsvollstreckung bei dem Schuldner ist im Wege der ~ durchgeführt worden execution was levied by seizure of the debtor's goods

Sach~, **~prüfung** *(PatR)* examination as to substance; **~register** subject index

Sachschaden property damage; material damage; **~-(Haftpflicht-)Versicherung** property damage (liability) insurance; **Personen- und ~ ist entstanden** personal injury and damage to property has occurred

Sach~, **~spenden** contributions (or donations) in kind; **~steuern** impersonal taxes, taxes on objects *(Ggs. Personensteuern)*; **~übernahmen** *(bei Gründung e-r AG)*[7] acquisition of assets; **~urteil** judgment on the merits *(Ggs. Prozessurteil)*

Sachverhalt statement of affairs, facts (of a case); **entscheidungserheblicher ~** merits of the case; **kurze Darstellung des ~s** brief statement (or summary) of the facts; **den ~ aufklären** to ascertain the facts; **das Gericht stellt den ~ fest** the court makes findings of fact; **der ~ ist wie folgt** the facts are as follows

Sachvermögen material assets; tangible assets (or property), tangibles; fixed capital; **~sbildung** formation of tangible assets

Sachversicherung property insurance; non-life insurance; **Lebens- und ~(sgeschäfte)** life and non-life business; **~sgesellschaft** property insurance company; non-life insurance company; **~svertrag** property insurance contract

sachverständig →sachkundig; **~er Zeuge** expert witness; **Aussage des ~en Zeugen** expert testimony

Sachverständiger expert; *(bes. für Gebäude und Grundstücke)* surveyor; *(PatR)* →Fachmann; →**Schrift~**; **amtlich anerkannter ~** officially recognised expert; **gerichtlicher ~** court expert; expert appointed by the court; **~ für Schadenfestsetzung** →Schadenfestsetzer; **öffentlich bestellter ~** officially appointed expert; **vereidigter Sachverständigen** commissioning of experts; **Vernehmung von Sachverständigen** examination of experts

Sachverständigen~, **~ausschuss** committee of experts, expert committee; **~beweis**[8] expert evidence in the form of a written report; **auf ~ebene** at expert level; **~eid** expert's oath; **~gebühren** expert's fees; fees payable to experts; **~gruppe** group (or panel) of experts

Sachverständigengutachten expert opinion *(→Standardklausel für die Einholung technischer Sachverständigengutachten)*; **ein ~ anfordern** to call for a report by an expert; **ein ~ einholen** to obtain an expert opinion; **ein ~ erstatten** to give an expert opinion

Sachverständigenrat[9] Council of Experts

Sachverständige, e-n ~n ablehnen to object to an expert; **e-n ~n →beeidigen**; **~ zuziehen** to call in experts; **der ~ erstattet ein Gutachten** the expert delivers an opinion

Sach~, **~verzeichnis** subject index; **~vortrag** statement of facts; report on a matter; **~weiterverweisung** *(IPR)* transmission

Sachwalter[10] *(InsR) (bei Eigenverwaltung des Insolvenzschuldners)* custodian; *(VergleichsR)*[10a] creditors' trustee; *(VertragsR)*[10b] person supervising debtor's transactions during composition proceedings

Eine Person, die ohne selbst Vertragspartei oder Stellvertreter einer der Vertragsparteien zu sein, am Zustandekommen eines Vertrages mitwirkt. Der Sachwalter steht im Lager einer der Vertragsparteien und nimmt durch sein Verhalten in besonderem Maß persönliches Vertrauen der anderen Vertragspartei in Anspruch. Nach der Rspr. besteht eine Eigenhaftung des Sachwalters aus culpa in contrahendo, die sog. Sachwalterhaftung.

A person who is neither a party to a contract nor a representative of one of the parties, but is still involved in the conclusion of a contract. The Sachwalter stands within the camp of one of the contracting parties and enjoys the other party's confidence due to his way of conduct. According to court rulings there is a personal liability of the Sachwalter for →culpa in contrahendo, the so-called Sachwalter liability.

Sachwert real value; **~e** material (or physical) assets; **~ der Aktien** intrinsic value of shares; **Flucht in die ~e** flight into material assets; **~klausel** material value clause; commodity value clause

Sachsenspiegel collection of old Germanic law written down from 1221 to 1227

Sackgasse blind alley; deadlock, dead-end; **aus der ~ herausfinden** to break the deadlock

Safe safe; **~miete** safe deposit fee; **Mieter e-s ~s** hirer of a safe; **e-n ~ mieten** *Br* to hire (*Am* to rent) a safe; **seinen Schmuck im ~ verschließen** to shut up one's jewels in a safe

Saison season; **außerhalb der ~** (in the) off-season; **Haupt- (od. Hoch~)** peak season; **in der Hoch~** at the height of the season; **Nach~ (od. Vor~)** off-season; **tote ~** dead season

Saison season; **s~abhängig** subject to seasonal influences; **~arbeit** seasonal work; **~arbeitskräfte** seasonal workers; **~aufschlag** seasonal price increase; **~ausverkauf** →Saisonschlussverkauf; **s~bedingt** due to seasonal influences; **s~bedingte Nachfrage** seasonal demand; **s~bereinigt** seasonally adjusted; adjusted for seasonal variations; **~bereinigung** seasonal adjustment; **~betrieb** seasonal business (establishment operating only at certain seasons of the year); **~bewegungen** →Saisonschwankungen; **~sätze** seasonal rates; **~kredit** seasonal credit; **~schlussverkauf** end-of-season sale, seasonal (clearance) sale; **~schwankungen** seasonal fluctuations; **~tendenz** seasonal tendency; **s~üblich** seasonal; **~wanderung** seasonal migration

saisonal, **~e Arbeitslosigkeit** seasonal unemployment; **wie ~ üblich** in line with the seasonal trend

saldieren to balance; to settle; **ein Konto ~** to balance an account

Saldo balance; balance of account; →**Aktiv~**; →**Debet~**; →**Kredit~**; →**Passiv~**; →**Verrechnungs~**; **~ zu Ihren Gunsten** balance in your favo(u)r; **per ~** on balance; **~anerkenntnis** confirmation of balance; **~vortrag** balance brought (or carried) forward (to new account)

Salden~, **~abstimmung** balance reconcilement; reconciliation of balances; **~bestätigung** *(e-r Bank)* verification statement; **~bilanz** list of balances per account; **~übersicht** balance summary

Saldo, **e-n ~ ausgleichen** to clear (or settle) a balance; **e-n ~ zugunsten (zuungunsten) e-s Kontoinhabers ausweisen** to show a balance to the credit (debit) of the holder of an account; **als ~ ergibt sich ein Betrag von ...** a balance of ... is shown; **e-n ~ vortragen** to carry the balance forward (to new account); **den ~ ziehen** to strike a balance

SALT (Strategic Arms Limitation Talks) Gespräche über die Begrenzung strategischer Waffen (→START)

Salomonen, die ~ *(pl)* Solomon Islands

Salomoner(in), salomonisch (of) Solomon Islands

Salvadorianer(in), salvadorianisch Salvadorian *(→El Salvador)*

Sambia Zambia; **Republik ~** Republic of Zambia

Sambier(in), sambisch Zambian

Samenübertragung, **künstliche ~** artificial insemination

Sammel~, **~abschreibung** composite depreciation; **~aktie** →Globalaktie; **(große) ~aktion zugunsten von** drive to raise money for; **~anleihen** *(bes. bei Kommunalanleihen)* joint loans; **~auftrag** *(Postgiroverkehr)* collective giro order; **~band** miscellany; **~begriff** comprehensive term; **~bestellung** collective ordering; **~buch** general journal; **~buchung** collective entry, composite entry

Sammeldepot collective deposit (of securities); **~anteil** right in a collective deposit; **im ~ hinterlegte Aktien** shares kept in collective deposit

Sammel~, **~einkauf** group buying; **~fahrschein** collective ticket, party ticket; **~gut** collective consignment; joint cargo; **~gutverkehr** consolidated consignment; **~konnossement** collective bill of lading; **~konto** collective account, summary account

Sammelladung collective consignment (or shipment); mixed consignment; *Am* consolidated cargo; **~en zusammenstellen** to consolidate shipments (or goods)

Sammelladungsspediteur consolidator

Sammel~, **~nummer** *tel* collective number; **~pass** collective passport; **~police** group policy; **~scheck** *(Postgiroverkehr)* collective cheque (check); **~sendungen** combined items; **~stelle** meeting place; *(Lager)* collecting point; **~stück** collector's item; **~tarif** rate charged for a group; **~transport** collective transport; **~überweisung** collective transfer of money (to several payees)

Sammelvermögen collected property; →**Pflegschaft für ein ~**

Sammel~, **~versicherung** collective insurance; **~verwahrung** collective safekeeping of securities; **~werk**[11] *(UrhR)* collection; collected edition; collective work; compilation, composite work; **~werke**[11a] collections; **~wertberichtigung** global value adjustment; **~zoll-anmeldung** summary (customs) declaration; **~-Zollverfahren** *(EU)* collective customs procedure

sammeln, **~ für** to raise money for; **neues Beweismaterial ~** to collect fresh evidence; **Geld ~** to raise money

Sammler compiler; collector; **Antiquitäten~** collector of antiques; **~stück** collector's item (or piece)

Sammlung compilation; collection; **Beiträge zu ~en**[11b] contributions to collections; →**Entscheidungs~**; →**Geld~**; →**Gesetzes~**; →**Straßen~**; **~ des Bundesrechts** compilation of Federal law *(→Bundesgesetzblatt)*; **~ der Rechtsprechung des Gerichtshofes der EG** Reports of Cases before the Court of Justice of the European Community; **e-e ~ veranstalten** to organize (or hold) a collection

Samoa Samoa; **der Unabhängige Staat West~** the Independent State of Western Samoa

Samoaner(in), samoanisch Samoan

Sanatorium nursing home

sanieren *(in geordneten Zustand bringen)* to clean up; *(finanziell)* to restore to financial soundness; *(Firma)* to reorganize, to rehabilitate, to reconstruct; to recapitalize

Sanierung establishment of sound conditions; *(e-r Firma)* rescue; reorganization, rehabilitation, reconstruction; restructuring; (durch *Veränderung des Eigenkapitals oder des Fremdkapitals e-r Gesellschaft)* recapitalization, reorganization; **~ der Elendsviertel** slum clearance; **~sbilanz** recapitalization balance sheet; **~sgewinne** recapitalization gains; **~smaßnahmen** reorganization measures; *(Städtebau)* urban renewal; **~splan** reconstructuring (or reconstruction or reorganization or rehabilitation) plan; *(Städtebau)* development plan

Sanitätsflugzeug air ambulance

Sanktion sanction, penalty; **Verhängung von ~en** imposition of sanctions; **~smaßnahmen** *(VölkerR)* measures for imposing sanctions (or penalties); peaceful pressure; **~en anwenden** to apply sanctions; **~en verhängen** to impose sanctions; to impose an embargo

sanktionieren to sanction

Santomeer(in), santomeisch of Sao Tome and Principe

São Tomé und Principe Sao Tome and Principe; **Demokratische Republik ~** Democratic Republic of Sao Tome and Principe

Satellit satellite; **Fernsehübertragung über ~en** satellite television; television transmission via satellite; **Aufklärungs~** reconnaissance (or spy) satellite; **Forschungs~** research satellite; **Nachrichten~** communications satellite; **Überwachungs~** spy satellite; **Versuchs~** satellite test vehicle

Satelliten~, **~-Abwehrwaffe** anti-satellite weapon; **~-Fernmeldedienst** communication-satellite service; **kommerzielles ~fernmeldesystem** commercial telecommunications satellite system; **~-Fernmeldeverbindungen** telecommunication by means of satellites; **~fernsehen** satellite television; **~navigationssystem** global positioning system (GPS); **~stadt** satellite town; *Br* new town; **~übertragung** satellite broadcasting; **~-Wetterhilfenfunkdienst** meteorological- satellite service

Sattel~, **~anhänger** semi-trailer; **~kraftfahrzeug** articulated vehicle; **~schlepper** articulated lorry

Sättigung, **~ des Bedarfs** saturation of demand; **~spunkt** saturation point

Satz *(festgesetzter Betrag, Tarif)* rate; *(mehrere zusammengehörige Gegenstände derselben Art)* set; *(Drucktechnik)* composition, matter; **zum ~ e von** at the rate of; →**Beitrags~** ; →**Diskont~** ; → **Gebühren~** ; → **Lombard~** ; → **Pauschal~** ; → **Steuer~** ; → **Zins~** ; → **Zoll~** ; **ein ~ Wechsel** set of bills (of exchange); **Wechsel in einem ~** bills (drawn) in a set; **zu e-m bestimmten ~** at a fixed rate; **vollständiger ~ der Konnossemente** complete set of the bills of lading; **das Manuskript ist im ~** the manuscript is being set

Satzung *(Statuten)* statutes; *(e-s Verbandes, Vereins etc)* constitution, rules; *(von öffentl.-rechtlichen Körperschaften)* by-laws, charter; *Am (auch)* ordinance *(→Gemeindesatzung)*; **~ e-r AG (od. KGaA)** *Br* articles of association; company charter; *Am* certificate (or articles) of incorporation; charter *(regelt das Außenverhältnis)* and by-laws *(regeln das Innenverhältnis)*; **~ des** →**Gerichtshofs der EG**; **~ e-r GmbH** →Gesellschaftsvertrag; **~ des IWF** Statutes of the IMF; **~ e-r Personengesellschaft** →Gesellschaftsvertrag; **~ e-r Universität** statutes of a university; **~ der Vereinten Nationen** (SVN) Charter of the United Nations; **~sänderung**[12] amendment to the *Br* articles of association; *Am* amendment to the articles of incorporation; amendment to the constitution (or charter); amendment to the statutes; **~sbefugnis** →Satzungsgewalt; **~sbestimmung** by-law provision; provision in the by-laws; **~sentwurf** draft of the statutes (etc)

satzungsgemäß in accordance with the articles (of association) (or by-laws, etc); under the terms of the statutes; **~ bestellt** appointed by the articles (of association); **~e Rücklagen** statutory reserves; **~er Sitz** *(e-r Gesellschaft)* registered office

Satzungsgewalt right of the →Gemeinden to make by(e)-laws (or ordinances); **satzungsmäßig** →satzungsgemäß; **satzungswidrig** contrary to the articles (of association) (or statutes, etc); against the rules

Satzung, die ~ *(e-s Vereins etc)* **abfassen** to draw up the constitution; **e-e ~ ändern** to amend the statutes (etc); **e-e neue ~ annehmen** to adopt new by(e)-laws (etc); **die ~ erlassen** to make (or adopt) by(e)-laws (etc); **wenn die ~ nichts anderes bestimmt** unless otherwise provided by the articles of association (etc)

Säuberung *pol bes.* purge; **~ der Flüsse** cleaning up of rivers

Saudi-Arabien Saudi Arabia; **Königreich ~** Kingdom of Saudi Arabia

Saudiaraber(in), saudiarabisch Saudi Arabian

Säuglings~, ~sterbeziffer infant mortality rate; **~sterblichkeit** infant mortality

säumig dilatory, defaulting, in default; **Ausschluss ~er Aktionäre**[13] expulsion of defaulting shareholders; **~er Kunde** delinquent customer; **~e Partei** defaulting party, party in default; **~er Schuldner** defaulting debtor, *Am (auch)* delinquent debtor; **~er Steuerzahler** *Am* delinquent taxpayer; **~er Zahler** tardy (or dilatory) payer; defaulter

Säumnis delay; default; **~ im Termin** default of appearance at trial; failure to appear at the trial; **~zuschlag wegen verspäteter Zahlung des Steuerbetrages erheben** to levy a special charge owing to delayed payment of tax due; **Erhebung von ~zuschlägen bei rückständigen Beiträgen**[14] levying of surcharges on overdue contributions

Scannerkassen *(elektronisches Kassensystem)* checkout scanners

Schachtel *Br* intercompany, *Am* intercorporate; **~beteiligung** *Br (SteuerR)* intercompany *(Am* intercorporate) participation (at least 25 per cent of the controlled subsidiaries); *Am* intercorporate stockholding; **~dividende** *Br (SteuerR)* intercompany *(Am* intercorporate) dividend (dividend received from subsidiary company); exemption dividend

Schachtelprivileg *(SteuerR)* participation exemption (rules); *Am* intercorporate privilege (to avoid double taxation); affiliation privilege; **das ~-Prinzip findet Anwendung** the participation exemption rules apply; **unter das ~ fallen** to qualify for the participation exemption

Nach den meisten Doppelbesteuerungsabkommen werden die Ausschüttungen der ausländischen Tochtergesellschaften von der deutschen Körperschaftssteuer freigestellt.
According to most of the Double Taxation Conventions the distributions of the foreign subsidiaries are exempted from the German corporation tax.

Schaden damage, loss; harm, injury, prejudice; *(VersR)* claim; **zum ~ von** to the prejudice of, to the detriment of; **ohne ~ für die eigenen Rechte (od. Ansprüche)** without prejudice; **durch Versicherung gedeckter ~** loss covered by insurance; →**Brand~**; →**Folge~**; →**Gesamt~**; →**Personen~**; →**Sach~**; →**See~**; →**Teil~**; →**Total~**; →**Transport~**; →**Unfall~**; →**Vermögens~**; →**Verzugs~**; →**Wasser~**; →**Wild~**; **noch nicht abgewickelter ~** *(VersR)* outstanding claim; **beträchtlicher ~** considerable damage (or harm); **böswillig zugefügter ~** malicious injuries to property; **eingetretener ~** *(VersR)* claim incurred; **entstandener ~** damage (or loss) incurred; **erheblicher ~** material injury; **erlittener ~** damage (or loss) sustained (or suffered); **ersatzfähiger ~** recoverable damage; **geringfügiger ~** minor damage; →**ideeller ~**; →**immaterieller ~**; **körperlicher oder seelischer ~** bodily or mental harm; **mittelbarer ~** indirect damage; **nachgewiesener ~** substantiated loss; **regulierter ~** *(VersR)* settled claim; **schwebender ~** *(VersR)* outstanding claim; **seelischer ~** mental anguish; nervous shock; **tatsächlicher ~** actual damage; **unabsichtlich (od. durch Zufall) verursachter ~** accidental damage; **unmittelbarer ~** direct damage; **vermeidbarer ~** avoidable damage; **nicht wiedergutzumachender ~** irreparable damage; **zugefügter ~** damage done

Schaden, e-n ~ →**anmelden**; **den ~ beheben** to repair the damage; **der ~ beläuft sich auf** the damage amounts to; **alle Schäden decken** *(VersR)* to cover all losses; **ein ~ ist entstanden** damage has arisen, a loss has occurred; **~ erleiden** to suffer (or sustain) a loss (or damage, an injury); to incur a loss; **den ~ ersetzen** →ersetzen 2.; **vom Versicherer den ganzen ~ ersetzt bekommen** to recover from the insurer the whole of the loss; **den ~ feststellen** to ascertain (or assess) the damage; **für e-n ~ haftbar sein** to be liable (or answerable) for the damage; **den ~ der Versicherungsgesellschaft melden** to report the damage (or claim) to the insurance company; **e-n ~ regulieren** *(VersR)* to settle (or adjust) a claim; **der ~ wird auf Euro ... geschätzt** the damage ist estimated at Euro ...; **der ~ ist durch** →**Verschulden des X verursacht**; **jdm ~ zufügen** to do sb. harm; to cause injury to sb.; to harm (or injure) sb.

Schaden~, **~abteilung** *(VersR)* claims department; **~anzeige** *(VersR)* notice of claim; **~anzeige erstatten** to give notice of claim; **~bearbeitung** claims processing; **~bearbeitungspersonal** *(VersR)* claims staff; **~besichtiger** *(Havarie)* surveyor; **~ersatz** →Schadensersatz; **~exzedent** *(VersR)* excess of loss; **~exzedentenrückversicherung** excess of loss reinsurance; **~festsetzer** *Br* insurance assessor; *Am* insurance adjuster, claims adjuster; **~feststellung** loss assessment

schadenfrei free of damage; *Br bes.* claim-free; **~e Zeit** *(Kfz.-Vers.)* claim-free period; **S~heitsrabatt** *Br (Kfz.-Vers.)* no claim bonus (or discount); *Am* preferred risk plan

Schaden~, **~häufigkeit** *(VersR)* claims frequency; incidence of loss; **~meldung** →Schadenanzeige; **~quote** *(VersR)* claims percentage; loss ratio; **~regulierer** *(VersR)* (claims) adjuster, claims inspector, *Br* (loss) assessor; *(Seevers.)* average adjuster

Schadenregulierung *(VersR)* claims settlement; adjustment of a claim; loss adjustment; *(Seevers.)* average adjustment; **Vereinbarung über die ~** *(Kfz)* claim-settling agreement; **die ~ durchführen** to establish the allowable claim payment

Schaden~, **~reserve (od. ~rückstellung)** *(VersR)* loss reserve; outstanding claims reserve; *(Seevers.)* underwriting reserve; **~verhütung** loss prevention; **~versicherung** indemnity insurance; property insurance against loss or damage; *Am* casualty insurance

Schadens~, **~abschätzung** damage assessment; appraisal of damage; **~anzeige** *(VersR)* loss advice; **~ausgleich** compensation for damage; **~auswirkungen** effects of damage (or loss); **~begrenzung** limitation of damage; **~berechnung** *(VersR)* adjustment of claims; loss adjustment; *(bei Seeschäden)* adjustment of average *(→Dispache)*; **(amtl.) ~besichtigung** damage survey; **~eintritt (od. ~ereignis)** *(VersR)* occurrence of damage (or loss)

Schadensersatz damages; compensation (or indemnity) (for loss suffered); amount of money allowed as compensation (for the violation of a duty or the commission of a tort); **~ für Folgeschäden** consequential damages; **~ in Form von Geld** money (or monetary, pecuniary) damages; **~ durch Entrichtung e-r Geldrente**[15] damages (or compensation) by periodical payments; **~ wegen Nichterfüllung** damages for non-performance; **~ bei Nichtlieferung** amount recoverable for non-delivery; **~ wegen unerlaubter Handlung** damages owing to tort; **im voraus der Höhe nach vertraglich festgesetzter ~** liquidated damages; **der Höhe nach noch unbestimmter ~** unliquidated damages; **Berechnung des ~es** calculation of the amount of damages; **Betrag des ~es** quantum of damages; **Erlangung von ~** recovery of damages; **Festsetzung des ~es** assessment of damages; fixing compensation; **Höhe des ~es** amount of damages; **Leistung von ~** payment of damages; **Zubilligung von ~** award of damages

Schadensersatzanspruch claim for damages (or indemnification, compensation); damage claim; **vertraglicher ~** contract claim for damages; **~ aus unerlaubter Handlung** claim in tort, claim based on tort; **Geltendmachung e-s ~es** assertion of a claim for damages; **den ~ abweisen** to reject the claim for damages; **e-n ~ befriedigen** to settle a claim for damages; **e-n ~ einklagen** to sue for damages; **über e-n ~ gerichtlich entscheiden** to adjudicate a claim for damages; **ein ~ ist entstanden** a claim for damages has arisen; **e-n ~ geltend machen** to assert one's claim for damages; *(gerichtlich)* to bring an action for damages, to sue for damages; **sich ~ansprüche vorbehalten** to reserve the right to claim damages

Schadensersatz~, **~forderung** →**~anspruch**

Schadensersatzklage action for damages, action to recover damages; **~ wegen** →**Besitzstörung**; **~ wegen Nichterfüllung** action for non-performance; *(bei Verträgen)* action for breach of contract; **~ erheben** to bring an action for damages

Schadensersatzleistung indemnity, indemnification; payment of compensation for loss (or damage); settlement of a claim for damages; **e-e ~ gerichtlich anordnen** to make a compensation order

Schadensersatzpflicht liability for damages (or compensation); obligation to pay damages; **der ~ unterliegen** to be liable for damages

Schadensersatz~, **s~pflichtig** liable for (or in) damages; liable for compensation; **~pflichtiger** person liable for damages (or compensation); **~prozess** damage suit; suit for damages; **~recht** law of damages

Schadensersatz, **jdn auf ~ in Anspruch nehmen** to claim damages from sb.; **den ~ berechnen** to calculate (or assess) the amount of damages; **der ~ bestimmt sich nach ...** the damages shall be determined by ...; **der zugesprochene ~ beträgt mehr als Euro 1000.-** the damages awarded exceed Euro 1000; **~ erhalten** to obtain (or recover, be awarded) damages; **auf ~ erkennen** to find liability for damages, to order payment of damages, to award damages; **~erlangen** to recover damages; **auf ~ klagen** to sue for damages, to bring an action for damages; **~ leisten** to pay damages (or compensation); to indemnify (sb. for sth.); **~ verlangen** to ask for damages, to claim damages; **von X ~ verlangen** to claim from X the amount of one's loss; **zum ~ verpflichtende Handlung** act giving rise to a claim for damages; **zum ~ verpflichtet sein** to be liable for damages; **er wurde zu ~ →verurteilt**; **~ zuerkennen** to award damages

Schadens~, **~fall** case (or occurrence) of damage; *(VersR)* claim; **im ~falle** in the event of damage; in case of damage; **→Abwicklung von ~fällen**; **~fälle →abwickeln**; **e-n ~fall melden** *(VersR)* to report damage; to enter a claim

Schadens~, **~haftung** liability for damage; **~höhe** extent of damage (or loss); **~meldung** notification (or report) of damage (or loss); **~möglichkeit(en)** *(VersR)* contingencies

Schadensnachweis proof of loss (or damage); **klagbar ohne ~** actionable per se

Schadens~, **~regulierung**; **~schätzung** evaluation of damage *(vgl. Schadensabschätzung)*; **~umfang** extent of damage; **~ursache** cause of damage (or loss); **~versicherer** indemnity insurer; **~versicherung** →Schadenversicherung; **~wahrscheinlichkeit** *(VersR)* probability of loss; **~wiedergutmachung** reparation; **~zufügung** infliction of damage

schaden to damage; to be detrimental to; to be harmful to; **jds Ruf ~** to be injurious to sb.'s reputation; to damage (or injure) sb.'s reputation; **es schadet nicht** it is of no consequence; it makes no difference

schadhaft defective, damaged

schädigen, jdn ~ to damage sb., to cause damage (or injury) to sb.; *(finanziell)* to cause losses to sb.; **jds Ansehen ~** to bring sb. into disrepute; **jds Interessen ~** to be harmful to sb.'s interests; **die Umwelt ~** to pollute the environment

schädigend, **~e Folgen** harmful effects; **~e Handlung** action causing the damage

geschädigt damaged; injured; **erheblich ~** materially damaged (or injured); **~e Partei** injured (or aggrieved) party; **der ~e Staat** the state suffering damage; **~ worden sein** to have suffered damage (or loss) *(→Geschädigter)*

Schädigung damage, detriment, prejudice, injury; **~ jds Interessen** injury to sb.'s interests; **ohne ~ der Interessen** without prejudice to the interests; **in ~sabsicht (od. mit ~svorsatz)** with intent to cause damage

schädlich detrimental, harmful; injurious; noxiuos; **→gesundheits~**; **→neuheits~**; **~e Auswirkungen haben auf** to have harmful (or detrimental) effects on

Schädlingsbekämpfungsmittel pesticide(s); **Rückstände von ~n** pesticide residues

schadlos, jdn ~ halten to indemnify sb. (für for); **sich bei jdm ~ halten** to obtain compensation (or to recover one's losses) from sb.; **sich für seine Verluste ~ halten** to recover (or recoup) one's losses

Schadlos~, **~bürgschaft** →Ausfallbürgschaft; **~erklärung** declaration of indemnity; **~haltung** indemnity, indemnification, recoupment; **zur ~haltung Berechtigter** person entitled to be indemnified; *Am* indemnitee; **zur ~haltung Verpflichteter** indemnifier; *Am* indemnitor; **~verpflichtung** indemnity bond

Schadstoff, **~e** *(Umweltschutz)* pollutants; harmful substances; **Einleitung von ~en ins Meer** discharge of pollutants into the sea *(→Nordsee)*; **~arme Kraftfahrzeuge** less-polluting motor cars; **~emissionen von Kraftfahrzeugen** noxious emissions from motor vehicles; **~emissionen der Luft** pollutant discharges (or emission of pollutants) into the air

schaffen, Arbeitsplätze ~ to create jobs

Schaffung von Arbeitsplätzen job creation, creation of jobs

Schall~, **~aufnahmen** sound recording; **~emissionen von Flugzeugen** noise emissions from aircraft; **~platte** record (disc); **~plattenhersteller** manufacturer of records; **~plattenindustrie** record industry; **~plattenrechte ausübender Künstler** record rights of performers; **~schutz** protection against noise (or sound); **~zeichen** *(e-s Kfz)* audible (warning) signal

Schalter counter; **am ~** over the counter; **Bank~** bank counter; **Post~** post office counter; **~beamter** counter clerk; *Am* window clerk; *(e-r Bank)* teller; **~geschäft** *(im Bankbetrieb)* over-the-counter business; **~stunden** *(Post)* counter opening hours; **~verkauf** over-the-counter sale

Schank~, **~erlaubnis** permit to sell intoxicants; *Br* publican's licence; **~wirtschaft** licensed premises

scharfer Wettbewerb stiff (or keen) competition

Schattenkabinett shadow cabinet

Schattenwirtschaft (z. B. Schwarzarbeit) black (or hidden) economy; informal (or unrecorded) economy

Schatzamt Treasury

Schatzanweisung Treasury bond; *Br (langfristig)* Exchequer bond; *Am (mittelfristig)* Treasury note; **unverzinsliche ~** non-interest (bearing) Treasury bond; discountable Treasury bond; **verzinsliche ~** interest-bearing Treasury bond

Schatzfund[16] treasure trove
Eine Sache, die solange verborgen gelegen hat, dass der Eigentümer nicht ermittelt werden kann.
Something which has lain hidden so long that the owner cannot be traced.

Schatz~, **~schein** →**~wechsel**; **~wechsel** *(3-6 Monate)* Treasury bill; **~wechselkredit** credit granted on Treasury bills; discounting of Treasury bills

schätzbar assessable, rat(e)able

Schätze, **~ des Meeres** marine resources; **lebende ~** *(z. B. im Meer)* living resources; **U- ~** s. unverzinsliche →Schatzanweisung

schätzen to estimate; to value; to assess, to rate (auf at); *(bes. amtlich)* to appraise; **jds Rat ~** to value sb.'s advice

geschätzt, **grob ~** at a rough estimate; **~e Kosten** estimated cost; **~er Wert** appraisal; **~ werden auf** to be estimated (or valued) at

Schätzer appraiser; valuer, valuator

Schätzung estimate; valuation; rating; *(bes. amtlich)* appraisal; **annähernde ~** approximate rating; **nach ungefährer ~** at a rough estimate; **vorsichtige ~** conservative estimate; **s~sweise** approximately, roughly

Schätz(ungs)preis estimated price

Schätzwert estimated value, appraised value

Schaubild graph

Schauerleute stevedores

Schaufenster shop(-)window; **~auslage** window display; **~dekoration** window dressing; **~einbruch** smash-and-grab raid; looting; **~plakat** window card; **~reklame** shopwindow advertising; **Diebstahl nach Einschlagen e-s ~s** theft by breaking a shopwindow

Schau~, **~packung** *(Attrappe)* dummy; **~prozess** show trial; sham trial; mock trial; **~steller** showman

Scheck *Br* cheque, *Am* check; →**Auslands~**; →**Bar~**; →**Blanko~**; →**Order~**; →**Reise~**; →**Verrechnungs~**; **~ über Euro 100.-** cheque (check) for Euro 100; **abgelaufener ~** stale cheque (check); **abhandengekommener ~** lost cheque (check); *(durch die Bank)* **bestätigter ~** certified cheque (check); *Br* marked cheque; **eingelöster ~** hono(u)red cheque (check); **nicht eingelöster ~** dishono(u)red cheque (check); unpaid cheque (check); *colloq.* bounced cheque (check); **gedeckter ~** covered cheque (check); **nicht gedeckter ~** s. ungedeckter →Scheck; **gefälschter ~** forged cheque (check); *Am* kite; **gesperrter ~** stopped cheque (check); **ungedeckter ~** cheque (check) without sufficient funds; bad (or uncovered) cheque (check); kite; *Br sl.* dud cheque *Am* rubber check; **verfallener ~** overdue (or stale) cheque (check)

Scheck~, **~abrechnung** cheque (check) clearing; **~abteilung** cheque (check) collection department; **~aussteller** issuer (or drawer) of a cheque (check); **~austauschstelle** clearing house for cheques (checks); **~betrug** cheque (check) fraud; **~bezogener** drawee of a cheque (check); **~buch** cheque (check) book; **~bürge** cheque (check) guarantor; **~bürgschaft**[17] cheque (check) guarantee, guarantee for the payment of the cheque (check) sum; **~deckungsanfrage** advise fate; **~fähigkeit** (aktive) capacity to draw cheques (checks); (passive) capacity to be the drawee of cheques (checks); **~fälschung** cheque (check) forgery; alteration of a cheque (check); **~formular** cheque (check) form (or blank); **~gesetz**[18] Law on Cheques (Checks); **~heft** →Scheckbuch; **~inhaber** holder (or bearer) of a cheque (check); **~inkasso** cheque (check) collection, collection of cheques (checks); **~karte** guarantee card; *Am* identification card; **~konto** cheque account, *Am* checking account; **~mahnbescheid** order for payment of a cheque (check); **~prozess** action for assertion of a claim concerning payment of a cheque (check); **~reiterei** kiting; **~sperre** stopping of a cheque (check); cheque (check) blocking; *Am* check embargo; **Anordnung der ~sperre** stop order; **~summe** amount of the cheque (check); **~verkehr** cheque (check) transactions; **~verrechnungsverkehr** cheque (check) clearing system; **~zahlung** payment by cheque (check)

Scheck, **der ~ ist abgelaufen** the cheque (check) has expired (or is void); **jdm e-n ~ ausstellen** to draw a cheque (check) in sb.'s favo(u)r; to write a cheque (check) payable to sb.; **e-n ~ über Euro 100.- ausstellen** to make out (or draw) a cheque (check) for Euro 100; **e-n ~ bestätigen** *Br* to mark a cheque; *Am* to certify a check; **mit ~ bezahlen** to pay by cheque (check); **e-n ~ (nicht)** →**einlösen**; **e-n ~ fälschen** to forge (or alter) a cheque (check); **e-n ~ sperren** to stop (or block) a cheque (check); **e-n ~ bei der Bank vorlegen** to present a cheque (check) at the bank

Scheidemünze token (or fractional) coin

scheiden 1. sich von seiner Frau ~ lassen to divorce one's wife, to get a divorce from one's wife; **e-e Ehe** *(durch den Richter)* **~** to divorce (or dissolve) a marriage; to grant a divorce; **sie haben sich ~ lassen** they have been divorced

geschieden divorced; **~ werden** to get (or obtain) a divorce; **e-e Ehe ist ~** a marriage is terminated by divorce *(s. auch →geschieden unter g)*

scheiden 2. der ~de Präsident the outgoing president

Scheidung divorce; dissolution of marriage *(→Ehescheidung)*; **~ in beiderseitigem Einverständnis** divorce by mutual agreement; *Br* divorce by consent

Scheidungs~, ~antrag[19] **(od. ~antrag begehren)** petition for divorce; **e-en ~antrag stellen** to file a divorce petition; **nicht s~bereiter Ehegatte** spouse unwilling to consent to the divorce; *(im Scheidungsverfahren)* non-consenting spouse; **~folgen** legal consequences of divorce; **~gericht** divorce court; **~grund** ground for divorce *(→Ehescheidungsgrund)*

Scheidungsklage *obs.* petition for divorce, divorce petition; petition for dissolution of marriage; **e-e ~ abweisen** to dismiss a petition for dissolution of marriage (or a petition for divorce); **e-e ~ einreichen** to file a divorce petition

Scheidungs~, ~kosten costs of divorce proceedings; **~prozess** divorce suit; **~quote** divorce rate; **~recht**[20] law of divorce; **~sache** divorce case; **~ursache** cause for divorce

Scheidungsurteil divorce decree; judgment dissolving a marriage; **rechtskräftiges ~** final divorce judgment; *Br* decree absolute (of dissolution of marriage or divorce)

Scheidungs~, ~verfahren divorce proceedings; **das ~verfahren einleiten** to start divorce proceedings; **s~willig** willing to get a divorce; **hohe ~ziffer** high divorce rate

Scheidung, ~ beantragen (od. begehren) to petition for divorce; **auf ~ erkennen** to grant a divorce; **auf ~ klagen** to petition for divorce; *Am* to sue for divorce; **sich der ~ widersetzen** to oppose the granting of a divorce

Schein *(Zettel)* slip; *(Bescheinigung)* certificate; *(Anschein)* appearance

Schein~, ~angebot sham offer; *(bei Ausschreibungen)* dummy tender; **~auktion** mock auction; **s~bar** apparent, seeming; according to appearances; **~bieten** *(bei Auktionen)* puffing; **~bieter** mock bidder; *(bei Auktionen)* puffer; **~dividende** fictitious dividend; **~ehe** fictitious marriage; marriage in name only; **~firma** bogus firm; **~forderung** simulated claim; **~gebot** mock bid; **Abgabe von ~geboten** puffing; **~geschäft**[21] fictitious transaction; dummy (or sham, pro forma) transaction; **~gesellschaft** sham (or bogus) company; quasi partnership; *Br* partnership by estoppel; *Am* dummy corporation; **~gesellschafter** quasi partner; holding out partner; ostensible partner; *Br* partner by estoppel; **~gewinn** fictitious profit; *Am* paper profit; **~gründung** fictitious foundation of a company; **~kauf** fictitious (or mock) purchase; **~kaufmann**[21a] merchant by appearance; **~prozess** feigned action; mock trial; **~quittung** pro forma receipt; **~tod** apparent death; **~verkauf** fictitious (or mock) sale; *Am (Börse)* wash sale; **~vertrag** fictitious (or feigned, sham) contract; **~vollmacht** apparent authority

Scheinwerfer headlights; **→Abblenden von ~n**; **Vereinheitlichtes Europäisches ~licht**[22] standard European beam (or headlight)

Schein, das Rechtsgeschäft ist nur zum ~ erfolgt the legal transaction is a sham; **den ~ wahren** to keep up appearances

Scheitern failure; **~ der Ehe** failure (or breakdown) of a marriage *(→Ehescheidungsgrund)*; **~ e-r Politik** failure of a policy; **~ der Verhandlungen** breakdown of negotiations; **e-n Plan zum ~ bringen** to bring about the failure of a plan

scheitern to fail; to break down

gescheitert, die →Ehe ist ~; die Verhandlungen sind ~ the negotiations have broken down (or failed)

Schema, in ein ~ einfügen to fit into a pattern

Schengener Abkommen Schengen treaty

schenken, jdm etw. ~ to make a gift of sth. to sb.; to make sb. a present of sth.

Schenker donor; giver of a gift; **Haftung des ~s**[23] liability of the donor

Schenkung[24] gift, donation; transfer by way of gift; **letztwillige ~** gift by will, testamentary gift; **~ unter →Auflage; ~ unter Lebenden** gift inter vivos; life- time gift; **~ wegen sittlicher Pflicht** *(Pflichtschenkung)*[24a] gift out of moral duty; **~ von Todes wegen** donatio mortis causa

Schenkungs~, ~anfechtung[25] setting aside a gift (or voluntary conveyance) by creditor; **~annahme** acceptance of a gift; **~empfänger** donee; **~geber** donor

Schenkung~, ~steuer gift tax; *Br* inheritance tax *(seit 1986; davor capital transfer tax)*; **~- und Erbschaftsteuer** *Br* inheritance tax; *Am* gift and estate taxes

Schenkungs~, ~urkunde deed of donation; **~vermutung** presumption of gift (or advancement); **~versprechen**[26] promise of gift; executory gift (promise to transfer as a gift); **s~weise** by way of (a) gift; **~widerruf** revocation of a gift

Schenkung, e-e ~ wegen groben Undanks widerrufen[27]: e-e Schenkung wegen groben Undanks widerrufen to revoke a gift because of gross ingratitude; **e-e ~ wegen Verarmung des Schenkers zurückfordern** to demand the return of a gift when the donor has become impoverished

Scherzerklärung (nicht ernstlich gemeinte Willenserklärung)[28] declaration of intention not seriously intended (declaration not intended to have legal consequences)

Schicht shift; **Nacht~** night shift; **Sonder~** extra shift; **~arbeit** shift work; **~wechsel** change of shift; **~zeit** time of shift operation; **~zulage** *(für Arbeit außerhalb der normalen Arbeitszeit)* shift differential (or premium)

Schickschuld obligation to be performed at the debtor's place of business (or residence) (the debtor must, however, dispatch the goods or remit the money to the creditor) *(→Bringschuld, →Holschuld)*

Schieber racketeer; profiteer; *Am (auch)* jobber; **~geschäft** racket, graft; **~geschäfte machen** to be engaged in a racket

Schiebung racket, racketeering; profiteering; graft; acquisition of money, position, etc by dishonest means; **~en machen** to practise graft

Schichtung, soziale ~ social stratification

Schieds~, ~abrede arbitration agreement (relating to existing disputes); **~antrag** request for arbitration

Schiedsausschuss arbitral committee, board of arbitration; **e-n ~ bilden** to establish (or set up) an arbitration committee

Schiedsfähigkeit der juristischen Personen des öffentlichen Rechts right of legal persons of public law to resort to arbitration

Schiedsgericht arbitral tribunal; **ein vor dem ~ geschlossener →Vergleich; Sitz des ~s** seat of the arbitral tribunal; **Spruch des ~s** →Schiedsspruch; **→Einrede der Unzuständigkeit des ~s; die →Zuständigkeit e-s ~s vereinbaren; das ~ →anrufen; die Entscheidung des ~s ist endgültig und für beide Parteien bindend** the award of the arbitral tribunal is final and binding on both parties; **das ~ wird von Fall zu Fall gebildet** the arbitration tribunal shall be constituted ad hoc

schiedsgerichtlich, ~e Beilegung geschäftlicher Streitigkeiten settlement by arbitration of business disputes; **e-e ~e Entscheidung beantragen** to request (or go to) arbitration

Schiedsgerichtsbarkeit arbitration; arbitral jurisdiction; **gerichtliche ~** jurisdictional arbitration; **vertragliche ~** contractual arbitration; **→Internationale Handels~; die ~ der IHK in Anspruch nehmen** to submit a dispute to ICC arbitration; **sich der ~ unterwerfen** to submit to arbitration

Schiedsgerichtshof court of arbitration; **Ständiger ~** Permanent Court of Arbitration *(hat durch die Errichtung des →Internationalen Gerichtshofes an Bedeutung verloren)*

Schiedsgerichtshof der Internationalen Handelskammer Court of Arbitration of the ICC, ICC Arbitration Court

Seine Aufgabe ist die Vorsorge für die schiedsgerichtliche Beilegung geschäftlicher Streitigkeiten internationalen Charakters, nicht aber die Entscheidung der Streitsache selbst.

The function of the Court is to provide for the settlement by arbitration of economic disputes of an international character. The Court of Arbitration, however, does not itself settle disputes.

Schiedsgerichtsklausel arbitration clause

Schiedsgerichtskosten arbitration costs; **Vorschuss für ~** payment of the deposits in respect of arbitration costs

Schiedsgerichts~, ~ordnung der IHK →ICC-Schiedsgerichtsordnung; **~verfahren** arbitration proceedings; **~verhandlung** arbitration hearing; **~vorsitzender** chairman of an arbitration tribunal

Schieds~, ~gutachten arbitrator's expert opinion; **~instanz** arbitral authority (or body); **~klage**[28a] request for arbitration

Schiedsklausel[29] arbitration clause; arbitration agreement (relating to future disputes); **die ~ zur Anwendung bringen** to invoke the arbitration clause; **e-e für die Parteien bindende ~ besteht** an arbitration clause binding the parties exists

Schiedsklausel, ~ der IHK ICC arbitration clause; **die Einfügung der nachstehenden ~ in Verträgen mit dem Ausland wird von der Internationalen Handelskammer empfohlen:** The insertion of the following arbitration clause in foreign contracts is recommended by the International Chamber of Commerce:

„Alle aus dem gegenwärtigen Vertrag sich ergebenden Streitigkeiten werden nach der Vergleichs- und Schiedsgerichtsordnung der IHK von einem oder mehreren gemäß dieser Ordnung ernannten Schiedsrichtern endgültig entschieden"

"All disputes arising in connection with the present contract shall be finally settled under the Rules of Conciliation and Arbitration of the ICC by one or more arbitrators appointed in accordance with the said Rules".

Schiedsklausel, Fehlen der ~ absence of the arbitration clause; **die Inanspruchnahme der IHK-~ ist nicht auf Mitglieder der IHK**

beschränkt recourse to the ICC arbitration clause is not restricted to members of the ICC; **gegen die ~ verstoßen** to contravene the arbitration clause

Schiedskommission board of arbitration, arbitration commission (or committee); **die Entscheidungen der ~ sind →unanfechtbar**

Schieds~, ~mann arbitrator; **~ordnung** rules of arbitration *(→ICC-schiedsgerichtsordnung, →UNCITRAL*-schieds *(gerichtsordnung))*; **~ort** place of arbitration; **~regeln der UNCITRAL** →UNCITRAL-Schieds(gerichts-)ordnung

Schiedsrichter arbitrator, referee; *Scot* arbiter; **Einzel~** sole arbitrator; **e-n ~ ablehnen** to challenge an arbitrator; **sich auf e-n ~ einigen** to agree on an arbitrator; **sich vor dem ~ einigen** to reach an agreement before the arbitrator; **der ~ entscheidet nach billigem Ermessen** the arbitrator acts as amiable compositeur

schiedsrichterlich, ~es Verfahren[30] arbitral procedure; **Ort, an dem das ~e Verfahren durchgeführt wird** place of arbitration; **Regelung auf ~em Wege** settlement by arbitration; **~ entscheiden** to arbitrate, to decide by arbitration

Schiedssachen arbitral cases; **Verfahren in ~** arbitral procedure

Schiedsspruch[31] (arbitral) award, (arbitration) award *(→Spruch)*; *(ArbeitsR)* conciliator's proposal for settlement of the dispute *(→Schlichtung)*; **ausländischer ~** foreign arbitral award; **inländischer ~** domestic arbitral award; **(VN) Übereinkommen über die Anerkennung und Vollstreckung ausländischer Schiedssprüche**[32] (UN) Convention on the Recognition and Enforcement of Foreign Arbitral Awards; **→Anfechtung der Gültigkeit des ~s**; **Aufhebung des ~s** setting aside of the award; **nach Erlass des ~s** after the award is made; **Gegenstand des ~s** subject matter of the award; **Verkündung des ~s** pronouncement of the award; **Zustellung des ~s an die Parteien** notification of the award to the parties; **e-n ~ aufheben** to set aside an award; **e-n ~ befolgen** to abide by an award; **der ~ ist endgültig** the arbitral award shall be final; **e-n ~ erlassen (od. fällen)** to make (or render) an award; **e-n ~ geltend machen** to rely upon the award; **e-n ~ vollstrecken** to execute an award; **durch ~ →zuerkennen**

Schiedsstelle arbitral body; board of arbitration; **Internationale ~ der Intern. Handelskammer für Fälle unlauterer Werbung** ICC International Council on Advertising Practice (set up for supervising the observance of the Code of Standards of Advertising Practice)

Schiedsvereinbarung arbitration agreement *(→Schiedsabrede, →Schiedsklausel)*; **Fehlen e-r ~** absence of an agreement to arbitrate; **e-e ~ treffen** to enter into (or sign) an arbitration agreement

Schiedsverfahren arbitration (or arbitral) proceedings; **Einleitung des ~s** institution of arbitration proceedings; **Antrag auf Einleitung e-s ~s** request for (settlement by) arbitration; **Kosten des ~s** costs of the arbitral procedure; costs of arbitration; **das ~ der Intern. Handelskammer in Anspruch nehmen** to have recourse to arbitration by the ICC *(→ICC-Schiedsklausel)*; **ein ~ beantragen** to refer a dispute to arbitration; **e-m ~ beitreten** to join in an arbitration procedure; to intervene in arbitral proceedings; **sich e-m ~ unterwerfen** to submit to arbitration; **die Parteien vereinbaren das ~ der →ICC**; **ein ~ vorsehen** to provide for arbitration

Schiedsvergleich[33] (arbitral) award by consent

Schiedsvertrag[34] arbitration agreement, agreement to arbitrate; **~ über künftige Rechtsstreitigkeiten** arbitration agreement on future legal disputes

Schiedsweg, Antrag auf Beilegung auf dem ~ request for submission to arbitration; **alle sich aus dem Vertrag ergebenden Streitigkeiten werden auf dem ~e geregelt** all disputes arising in connection with this contract shall be settled by arbitration

Schiedswesen arbitration (system)

Schiene, kombinierter Verkehr ~/Straße mixed rail-road system; **~nfahrzeug** railborne vehicle; **s~ngleicher Übergang** *Br (Eisenbahn)* level crossing; *Am* grade crossing; **Ausbau des ~nnetzes** development of the railway network; **~nverkehr** rail traffic; rail transport; **auf dem ~nwege** by rail

Schiff ship, vessel; *(kleinere Schiffe)* craft; **Ab ~** (benannter Bestimmungshafen) ex ship ... (named port of destination); **→Atom~**; **→Fahrgast~**; **→Fracht~**; **→Handels~**; **→Kombi~**; **→Raum~**; **→See~**; **jd, der ein ~ betreibt** operator of a ship; **havariertes ~** ship under average; **~ in Seenot** ship in distress

Schiff, an Bord e-s ~es gehen to board a ship; **ein ~ in Dienst stellen** to put a ship in service; **das ~ ist gestrandet** the ship has run (or been driven) ashore; **das ~ ist gesunken** the vessel has sunk; **die Ware an das ~ liefern** to deliver the goods alongside; **ein ~ mieten** to charter a vessel; **Waren per ~ versenden** to ship goods by sea; **das ~ ist verspätet** the ship is overdue

schiffbare Gewässer navigable waters

Schiffbarkeit navigability

Schiffbau shipbuilding; **im ~ beschäftigte Personen** persons employed in the shipbuilding industry; **~beihilfe** shipbuilding subsidy; aid to shipbuilding

Schiffbruch shipwreck; **~ e-s Tankers** wreck (or grounding) of an oil tanker; **~ erleiden** *(Person)* to suffer shipwreck; to be cast away; *(Schiff)* to be wrecked

Schiffbrüchiger shipwrecked person; castaway

Schifffahrt shipping; navigation; →**Binnen~**; →**Fluss~**; →**Handels~**; →**Küsten~**; →**Linien~**; →**See~**

Schifffahrts~, **~abgaben** navigation dues; **~abkommen** navigation agreement; **~aktien** →Schiffahrtswerte; **~börse** →Schifferbörse; **~gebühren** shipping dues; **~gericht** inland waterways division of →Amtsgericht; **~gesellschaft** shipping company; **~konferenz** shipping conference *(→Konferenz 2.)*; **~linie** shipping line; **~nachrichten** *(in Zeitungen)* shipping news (or intelligence); **~recht** shipping law; **~reparaturwerft** ship repair yard; **~route** shipping route; ocean lane; **~verkehr** shipping traffic; **~vertrag** navigation treaty *(→Deutsch-Amerikanischer Freundschafts-, Handels- und Schiffahrtsvertrag)*; **~weg** shipping route; *(Seeweg)* sea route; **~werte** shipping shares (stocks); **~zeichen** nautical signal

Schiffer[36] master, captain; **~betriebsverband** ship operators' association; **~börse** Shipping Exchange, Freight Exchange; **~patent** master's certificate

Schiffs~, **~agent** shipping agent; **~agentur** shipping agency; **~aktien** shipping shares; **~anteil** share in a ship; **~arzt** ship's doctor; **~attest** *(für Binnenschiffe)* navigability licen|ce (~se); **~ausrüstung** equipment of a ship; **~bank** →Schiffspfandbriefbank; **~bauwerk** ship under construction; **~bauzuschuss** shipbuilding subsidy

Schiffsbedarf ship's requisites (or stores); **Handlung für ~** ship chandlery; **Lieferant von ~** →Schiffslieferant

Schiffs~, **~befrachtung** affreightment; **~besatzung** (ship's) crew; **~besichtiger** ship surveyor; **~brief** *(über Eintragung des Binnenschiffes im Schiffsregister)* (ship's) certificate of registry; **~dokumente** ship's papers; **~eichung** gauging of ships; **~eigentümer** *(e-s Seeschiffes)* shipowner; **~eigner** *(e-s Binnenschiffes)* ship- owner; **~flagge** ship's flag, ship's colo(u)rs

Schiffsfracht shipload, (ship's) freight; **~brief** →Konnossement; **~versicherung** ship's cargo insurance

Schiffs~, **~führung** navigation; ship's management; **~gefährdung durch Bannware**[37] endangering a ship by including contraband articles in the cargo; **~gläubiger**[38] maritime lienor; **~gläubigerrecht** maritime lien (lien on a ship, her accessories and freight); **~hypothek** maritime mortgage, mortgage on a ship; **~hypothekenbank** →Schiffspfandbriefbank; **~journal** →Schiffstagebuch; **~kaskoversicherung** *(nur im Transport)* hull insurance; **~klassifikation** classification of ships

Schiffsladung ship's cargo; goods carried in a ship; freight; shipment; **~sverzeichnis** *(für Zollbehörde)* (ship's) manifest, list of a ship's cargo

Schiffs~, **~lieferant** ship supplier; ship chandler; **~liste** list of ships; **~makler** shipbroker; marine transport broker; **~manifest** (ship's) manifest; **~maschinenbau** marine engineering; **~messbrief** certificate of measurement; tonnage certificate; **~miete** *(ohne Mannschaft und Treibstoff)* bare-boat charter; **~notsignal** ship's distress signal; **~papiere** ship's papers; **~part** *(Anteil des →Mitreeders)* share in a ship; **~pass** *(VölkerR)* sea letter

Schiffspfandbrief ship mortgage bond; **~bank** ship mortgage bank; **Kredite von ~banken** ship mortgage banks' credits

Schiffspfandrecht *(für nicht im →Schiffsregister eingetragene Schiffe)* maritime lien; *(für eingetragene Schiffe)* ship mortgage

Schiffsraum (ship's) hold; ship's space; *(Rauminhalt)* tonnage; **~mangel** lack (or shortage) of shipping space; **~ bestellen** to book shipping space; **die Ware im ~ verladen** to load the goods in the hold

Schiffsregister register of ships, ship register; **~behörde** marine registry office; **Eintragung e-s Schiffes in das ~** registry of a ship; **ein Schiff in das ~ eintragen** to enter a ship in the ship register *(→Schiffsbrief, →Schiffszertifikat)*

Schiffs~, **~reise** →Seereise; **~rumpf** hull

Schiffssicherheit safety of ships, safety on board; safety of life at sea; **~sausschuss** *(der Internationalen →Seeschiffahrts- Organisation)*[40] Maritime Safety Committee; **~sverordnung** (SSV) (Verordnung über die Sicherheit der Seeschiffe) Convention for the Safety of Life at Sea; **~svertrag** s. Internationales Übereinkommen zum Schutz des menschlichen Lebens auf →See

Schiffs~, **~tagebuch** ship's journal; (ship's) log (-book); **~taufe** christening (or naming) of a ship; **~unfall** casualty of a ship; maritime casualty; **~verkehr** shipping

Schiffsvermessung tonnage measurement; **Internationales ~sübereinkommen**[41] International Convention on Tonnage Measurement

Schiffs~, **~versicherung** →See(transport)versicherung; **~versorgung** supply of ships; **~zertifikat** certificate of registry (certifying entry in the →Schiffsregister and granting the right to fly the German merchant flag); **~zettel** shipping note, shipping order; **~zubehör** appurtenances

Schiffszusammenstöße collisions of ships; **strafgerichtliche Zuständigkeit bei ~n**[42] criminal jurisdiction in matters of collision; **zivilgerichtliche Zuständigkeit bei ~n**[43] civil jurisdiction in matters of collision

Schiit(in) Shiite

schiitisch Shiite

Schikane chicanery, vexation; **~verbot**[44] prohibition of chicanery (provision forbidding the exercise of a right, if it can only have the purpose of harming another person); **mit ~n arbeiten** to pettyfog

schikanös vexatious; pettifogging; oppressive

Schild sign(-board); name plate; *(Etikett)* label

Schilderung recital, (detailed) account

Schirmherr patron, sponsor

Schirmherrschaft patronage, sponsorship; **unter der ~ von** under the patronage (or aegis) of; under the auspices of; sponsored by; **die ~ übernehmen über** to assume the sponsorship of (or patronage over)

Schlachtanlage, **Halten von Tieren in der ~**[44a] lairaging

Schlachthaus slaughter house, abattoir

Schlachttiere, **Europäisches Übereinkommen über den Schutz von ~n**[44b] European Convention for the Protection of Animals for Slaughter

Schlafwagen sleeping car, sleeper; *Am (auch)* Pullman (car); **e-n ~ bestellen** to book a sleeping car

Schlaganfall stroke

Schlägerei affray, brawl

Schlag~, **~baum** toll-bar, toll-gate; **~kraft** *mil* striking power (or force); **~wetter** *(im Bergbau)* fire-damp explosion; **~zeile** catchline, headline

schlecht bad; *(verdorben)* rotten, spoiled; **~ beleumundet** ill-reputed; **~ bezahlt** badly paid, low-paid; **~gehendes Geschäft** slack (or slow) business; **~gläubig** →bösgläubig; **~ sichtbar** faint, barely visible; **~verkäuflicher Artikel** slow-selling article; **~es Benehmen** misbehavio(u)r; **~e** →**Qualität**; **Waren in ~em Zustand** goods in (a) poor (or bad) condition; **~ gearbeitet sein** to be of poor workmanship; **sich ~ verkaufen lassen** to sell badly, to go off heavily; **~ verwalten** to mismanage

Schlechterfüllung bad (or defective or insufficient) performance *(→positive Vertragsverletzung)*

Schlechtergestellte, **die wirtschaftlich ~n** the economically underprivileged

Schlechterstellung gegenüber discrimination against

Schlechtwetter, **ausgenommen ~** barring bad weather; **~geld** bad weather compensation (or allowance); **~zahlung** payment of bad weather allowance; **~zeit** (1. Nov. bis 31. März) period of bad weather

schleichende Inflation creeping inflation

Schleich~, **~handel** illegal (or clandestine) trade; *(Schmuggel)* smuggling; contraband trade; **~händler** illegal (or clandestine) trader; smuggler; contrabandist; **~ware** smuggled goods, contraband; *(verdeckte)* **~werbung** camouflaged advertisements *(kann →unlautere Werbung sein)*

schleppen *(Schiff, Auto)* to tow; **geschlepptes Schiff** vessel being towed; vessel on tow

Schlepp~, **~dienst** *(Auto)* towing (or wrecking) service; *(Schiff)* towing (or towage) service; **~gebühr** towage; **~kahn** (towed) barge; **~kosten** towing charges; **~lohn** towage; **~netzfischerei betreiben** to be engaged in trawling; **~schiff** towing vessel; **~schiffahrt** towing, tugging; **~schifffahrtsunternehmer** towage contractor

Schlepper tug

Schleudergefahr *(Gefahrzeichen)* slippery road (when wet or dirty)

Schleuderpreis give-away price, rockbottom price, underselling price; **zu ~en** at give-away prices; *sl.* dirt cheap; **Ausfuhr zu ~en** dumping

Schleuse lock, gate; **~ngebühr (od. ~ngelder)** lock charges, lockage

schlichten *(Streit)* to adjust, to arbitrate, to conciliate, to mediate (between); **Streitigkeiten auf schiedsrichterlichem Wege ~** to settle disputes by arbitration

geschlichtet, **der Fall kann nicht ~ werden** settlement of the case can not be reached by conciliation

Schlichter conciliator, mediator; *(durch Schiedsspruch)* arbitrator; **die ~ entscheiden nach**

billigem Ermessen the conciliators shall decide ex aequo et bono

Schlichtung *(e-s Streites)* settlement, adjustment; *(bes. von Arbeits- und Staatenstreitigkeiten)* conciliation, mediation; *(im Schiedsverfahren)* arbitration; **außergerichtliche ~ von Streitigkeiten** settling disputes out of court; **freiwillige ~** optional conciliation; **~santrag** request for concilation; **~sausschuss** arbitration commission (or committee); conciliation committee; *Am (bei Arbeitsstreitigkeiten)* grievance committee; **~sordnung** →UNCITRAL-Schlichtungsordnung, →ICC-Vergleichsordnung; **~sstelle**[45] arbitration (or conciliation) body (or board); **tarifliche ~sstelle** arbitration body set up under the collective agreement

Schlichtungsverfahren[45a] concilation process; *Am* grievance procedure; **Einleitung und Durchführung des ~s** initiation and conduct of the conciliation process; **Verfahrensordnung für freiwillige ~**[45a] Rules of Optional Conciliation; **ein ~ einleiten** to institute conciliation proceedings; **ein ~ in Anspruch nehmen** to recourse to conciliation

Schlichtungs~, **~versuch** attempt at conciliation; **~swesen** measures taken for the settlement of labo(u)r disputes

schließen, **~ aus** to infer from; **ein Geschäft ~** *(Betrieb aufgeben)* to close down a shop (or store, business); to give up (or discontinue) a business; to stop trading; **der Laden schließt um ... Uhr** the shop (or store) closes at ... o'clock; **die →Sitzung ~**; **e-n →Vergleich ~**; **e-n Vertrag ~** to conclude (or sign) a contract, to contract *(→geschlossen)*

Schließfach →Postfach; *(Bank)* safe deposit box; *(Gepäck)* luggage (or baggage) locker; **~miete** safe deposit box rental; hire of a safe deposit box

Schließung *(Stillegung)* closure, shutdown; **~ e-r Ehe** contraction (or celebration) of a marriage; **~ der Grenze** closure of the frontier

Schloss, **hinter ~ und Riegel setzen** to put under lock and key

Schluss *(Ende)* end, close, termination, conclusion; *(Schlussfolgerung)* conclusion, inference; **zum ~** finally, in conclusion; **→Anzeigen~**; **→Börsen~**; **→Geschäfts~**; **→Redaktions~**; **→Verlade~**; **→Vertrags~**; **→Zeichnungs~**; **Antrag auf ~ der Debatte stellen** *parl* to move for the closure (of the debate)

Schluss~, **~abrechnung** final account, final settlement; **~abstimmung** final vote; **~akte** *dipl* final act *(s. Schlussakte von →Helsinki, →KSZE)*; **~alter** *(VersR)* final age; **~antrag** final motion; **e-e Partei stellt ihre ~anträge** a party concludes its arguments; **~bemerkung** final remark; **~bericht** final report, final account; **~besprechung** final discussion; **~bestand** closing stock; ending inventory; **~bestimmung** concluding (or final) provision; *(e-s Vertrages etc)* final clause; **~bilanz** closing balance (sheet) *(Ggs. Eröffnungsbilanz)*; **~datum für die Abgabe von Angeboten** last date for filing tenders; **~dividende** final dividend; *(VersR)* terminal bonus; **~ergebnis** final result; **~feier** closing ceremony; **e-e ~folgerung ziehen** to draw a conclusion (aus from); to infer (from); **~formel** *(e-s Briefes)* complimentary close; **~inventur** closing (or ending) inventory; **~klausel** final clause; **~kommuniqué** final communiqué; **~kurs** *(Börse)* closing (or final) price (or quotation); *(Devisen)* closing rate; **~leuchten (od. ~lichter)** *(e-s Kfz)* tail(-)lights (or rear lamps); **~note** *(des Handelsmaklers)*[46] contract note, bought and sold note; **~notierung** *(Börse)* last (or closing) quotation

Schlussplädoyer *(des Anwalts)* summing up; *Am* summation; **das ~ halten** to sum up

Schluss~, **~protokoll** *dipl* final protocol; **~quittung** receipt for the balance; **~quote** *(KonkursR)* final dividend; **~rechnung** final account; **~rede** final (or closing) speech; **~schein** →Schlussnote; **~sitzung** final meeting, closing sitting; **~tag** *(z. B. e-r Ausschreibung)* closing date; **~tagung** final session; **~termin** closing date, deadline; *(InsR)*[47] (date fixed for) final hearing in bankruptcy proceedings; **~urteil** →Endurteil; **~verhandlung** final negotiation; **~verkauf** *(Saisonschlussverkauf)* seasonal sale; end-of-season sale; *(Räumungsverkauf)* clearance sale; **~verteilung** *(InsR)*[48] final distribution; **~verzeichnis** *(InsR)* final schedule of creditors and their claims against the bankrupt's estate; **~vorschriften** final (or concluding) provisions; **~vortrag** *(Strafprozess)* summing up (of the →Staatsanwalt, the accused or his/her →Verteidiger); **~wort** last (or final) word; **~zahlung** final payment

Schlüssel key; (Chiffreschlüssel) code, cipher; (Verteilungsschlüssel) distribution code (or formula); *(Verhältniszahl)* ratio

schlüsselfertig ready for immediate occupancy; turnkey; **~e Anlagen** turnkey systems; **Vertrag über ~e Erstellung e-s Projekts** turnkey contract

Schlüssel~, **~frage** key question, key issue; **~gemeinkosten** prorated expense; **~gewalt**[49] agency implied in fact (authority of both spouses to transact business to meet the appropriate necessaries of the family); **~industrien** key industries; **~kind** latchkey child; **~kraft** key man

schlüsselmäßig, sich an den Kosten ~ beteiligen to participate in the expenses pro rata; to pool expenses

Schlüssel~, ~nummer code (number); **~position** →Schlüsselstellung; **~rolle** key roll; **~stellung** key position; **Arbeitnehmer in ~stellungen** key employees; **~zahl** code number; key number; **~zuweisungen** (im Rahmen des →Finanzausgleichs) code for allocation of revenue (or funds) (within the framework of the →Finanzausgleich)

schlüssig *(ProzessR)* sufficient *(→Schlüssigkeit)*; **nicht ~** (unschlüssig) unsufficent *(→Schlüssigkeit)*; **~es Handeln** →konkludentes Handeln; **durch ~es Verhalten erteilte Vollmacht** agency (or authority) by estoppel; **durch ~es Verhalten entstandene Gesellschaft** *Am* corporation by estoppel; **~ argumentieren** to argue conclusively; **der Antrag war ~ begründet** the petition disclosed a conclusive cause of action; **das Vorbringen des Klägers muß ~ sein** the plaintiff's pleadings must state a cause of action entitling the plaintiff to the relief sought

Schlüssigkeit sufficiency of the pleadings to establish a cause of action (as far as the legal elements are concerned, i. e. assuming the alleged facts can be proved); **Bestreiten der ~ der Klage** objection in (point of) law; **mangelnde ~** *(ProzessR)* unsufficiency; **~sprüfung** examination (by the court) that the pleadings, assuming the truth of the factual allegations made therein, establish all of the elements of a cause of action supporting the requested relief

schmälern to diminish, to curtail; **jds Rechte ~** to encroach upon sb.'s rights

Schmerzensgeld[50] damages for pain and suffering; compensation for non-pecuniary (or immaterial) damage; solatium (compensation allowed for injury caused to the feelings of others)

Schmiergeld(er) palm-grease; bribe; *Am* graft, payola; *Am sl.* slush money, kickback(s)

Schmiergeldverbot[51] prohibition on the giving (or accepting) of bribes

Schmuck jewel(le)ry; *(billiger Schmuck)* trinket(s); **~sachen** articles of jewel(le)ry; **~stein** semiprecious stone; **~warenindustrie** jewel(le)ry industry

Schmuggel smuggling *(→Zollhinterziehung)*; **→Alkohol~**; **→Devisen~**; **~bekämpfung** prevention of smuggling; **~gefahr** risk of smuggling; **~handel** contraband trade; **~waren** smuggled goods; contraband articles (or goods); prohibited goods; **~waren unterliegen der →Einziehung**

schmuggeln to smuggle; **e-n Brief in ein Gefängnis ~** to smuggle a letter into a prison

geschmuggelte Waren smuggled goods

Schmuggler smuggler; **~bande** band (or gang) of smugglers

Schmutz~, ~konkurrenz unfair (or dirty) competition; **~literatur** obscene literature, pornography; **~- und Schundgesetz** law against dissemination of literature harmful to (or tending to corrupt) children and young persons; **~zulage** extra payment for dirty work; dirt(y) money

Schneeballsystem[51a] snowball system; pyramid selling scheme (sales practices promising the buyer a reduced price if he finds new buyers buying at the same price)

Schneeräumgerät snow removal equipment

schnell quick, rapid; *(sofortig)* prompt; *(Fahrzeug)* high-speed, fast; **~e Antwort** speedy reply; **S~er Brutreaktor (S~er Brüter)** fast breeder reactor; **~e Erledigung von Geschäften** prompt attention to business; speedy dispatch of business; **zu ~es Fahren** speeding; **~er Gewinn** quick (or instant) profit; **~es →Handeln ist geboten**; **~er Rückgang des Absatzes** rapid decline in sales; **~er Umsatz** quick returns (or turnover); **~ erledigen** to deal with promptly; to get business (etc) promptly done; **~ steigen** *(z. B. Preise)* to soar

Schnell~, ~bericht rapid information; **~brüter-Reaktor-Anlage** fast breeder reactor plant; **~dienst** express service; **~gaststätte** fast food restaurant; **~gericht** court of summary jurisdiction; **~hefter** folder, loose- leaf binder; **~kurs** accelerated course; **~paket** express parcel; *Am* special handling parcel; **~sendungen** express parcels; **~straße** express road; **~verfahren** →beschleunigtes Verfahren

schnurlose →Digital-Kommunikation (DECT)

Schock shock; **~wirkung** shock effect, impact of shock

Schöffe[52] lay judge in criminal cases *(→Schöffengericht, →Schwurgericht)*

Schöffengericht criminal court at →Amtsgericht consisting of one judge and two lay judges; **erweitertes ~** Schöffengericht enlarged by a second judge

Schöffenliste list of lay judges

Schonfrist period of grace, period of respite

Schönheitsreparaturen (repairs for) interior decoration; interior decorative repairs

Schonzeit *(für Wild od. Fische)* close season

schöpferisch creative; **~e Tätigkeit** creative activity

Schöpfung, ~ e-r Erfindung creation (or conception) of an invention; **e-e geistige ~ darstellen** *(UrhR)* to constitute an intellectual creation

Schott bulkhead

Schotte Scot; Scotsman

Schottin Scots woman

schottisch Scottish, Scots; **~er Anwaltsverein** Law Society of Scotland; **~e Rechtsbegriffe** Scottish legal terms; **~es Rechtssystem** Scottish legal system

Schottland verfügt über ein eigenes Rechtssystem, das von dem Englands und Wales völlig getrennt und unabhängig ist.

Scotland possesses her own legal system, which is entirely separate from, and independent of that existing in England and Wales.

(EU) Das in Schottland anwendbare „nationale" Recht ist demnach das schottische und nicht das englische Recht.

The "national" law applicable in Scotland is accordingly the law of Scotland, not the law of England.

Schottland Scotland

Schranke *(Hindernis)* barrier; *(im Gerichtssaal)* bar; *(Eisenbahn)* level-crossing gate; *(Schlagbaum)* toll(-)bar; →**Handels~n**; →**Zoll~**; **Bahnübergang ohne ~n** level-crossing without gates; **~n beseitigen** to remove (or eliminate) barriers; **~n errichten** to erect barriers

Schrankfach compartment; *(Bank)* safe deposit box

Schrebergarten →Kleingarten

Schreib~, **~arbeit** clerical (or paper) work; **~fehler** clerical error, slip (of the pen); *(Tippfehler)* typing error; *(Abschrift vom Stenogramm)* error in transcription; **~gebühren** copying fees; **~kraft** (shorthand) typist; clerk-typist; **~kräfte** clerical staff; **~maschine** typewriter; **~material** writing materials, stationery; **~saal** typing pool; **~tischarbeit** white-collar job; **~waren** stationery

Schrift writing, handwriting; *(Schriftstück)* writing, written work, paper, publication; **unleserliche ~** illegible handwriting; →**Druck~**; →**Kurz~**; →**Patent~**; **~bild** type-face; **~enreihe** series of publications; **~envergleich** comparison of handwritings

Schriftform written form; **gesetzliche** *(durch Gesetz vorgeschriebene)* **~**[53] legal requirement of writing; **~ ist Wirksamkeitsvoraussetzung bestimmter Verträge** writing is essential to the validity of certain contracts; **die vertraglichen Vereinbarungen bedürfen zu ihrer Gültigkeit der ~** the stipulations of the parties to the contract must be made in writing in order to be valid; **~ ist vorgeschrieben** required in writing; *Am* written form is mandatory

Schrift~, **~führer** secretary; keeper of the minutes; **~leiter** editor; **~leitung** editorial staff

schriftlich written, in writing; **~e Abmachung** agreement in writing; **~e Bevollmächtigung** written authorization; power of attorney; **~er →Beweis**; **~e Kündigung** written notice; **~e Prüfung** written examination; **~ abgefasster Vertrag** agreement in writing; memorandum of agreement; **~ anfragen** to inquire in writing; to make a written inquiry; **etw. ~ aufsetzen** to put sth. (down) in writing; **~ beanstanden** to give notice in writing of one's claim; to make a written complaint; **~ berichten** to make a written report; *(etw.)* **~ fixieren (od. niederlegen)** to reduce to writing

Schrift~, **~probe** specimen of handwriting; **~sachverständiger** handwriting expert

Schriftsatz pleading, written statement of the case; *Am* brief; *(dem Intern. Gerichtshof vorgelegter Schriftsatz)* memorial; **Einreichung e-s ~es** delivery of a pleading; →**Unterlassung der fristgerechten Einreichung des ~es**; **e-n ~ einreichen** to file (or submit) a pleading

Schriftsätze, **Abfassung von ~en zur Klageerwiderung** drawing up statements of claim and defence (defense)

Schriftsteller author, writer; **~name** pen name; **~verband** writers' union

schriftstellerische Werke literary works

Schriftstück document, (piece of) writing, paper, publication; **angeführte ~e** cited documents; **vorliegendes ~** these presents

Schrifttum literature; (legal) writers; **im ~** in literature

Schrift~, **~verkehr (od. ~wechsel)** correspondence; exchange of letters

Schriftwerk writing

Schriftzeichen letter, type; **Schutz typographischer ~ und ihre Hinterlegung**[54] protection of type faces and their international deposit

Schritt step; *(Maßnahme)* move; *(Tempo)* pace; **diplomatischer ~** diplomatic step (or move); démarche; **gerichtliche ~e androhen** to threaten legal proceedings (or action); **gerichtliche ~e ergreifen** to take legal action (or steps); **~ halten mit** *fig* to keep pace with, to keep up with

schrittweise step by step; progressive(ly), gradual(ly); **~ einstellen** to phase out; **~ vorgehen** to proceed by stages

Schrott scrap, scrap metal; **~handel** scrap trade; **s~reif** fit to be scrapped; **~verkauf** scrap sale; **~wert** scrap value, salvage value

Schrumpfung des Exporthandels shrinkage in the export trade

Schub~, **~leichter** barge; **~schiff** push boat, pusher; **~verband** pushed train

Schufa (Schutzgemeinschaft für allgemeine Kreditsicherung) General Credit Protection Agency
Von Kreditinstituten oder anderen Unternehmen der BRD errichtete Organisation, die Auskunft über Kreditwürdigkeit erteilt.
Central organisation set up by credit institutions or other concerns in the Federal Republic of Germany for collection and supply of data on credit worthiness.

Schul- →Schule

Schuld *(ZivilR)* fault, blame, liability *(→Schuldverhältnis, →Verschulden)*; *(StrafR)* guilt, mens rea; culpability; blameworthiness; *(geschuldeter Betrag)* debt; *(Verschuldung)* indebtedness; **→~en**; **→Gattungs~**; **→Geld~**; **→Gesamthands~**; **→Gesamt~**; **→Inlands~**; **→Kollektiv~**; **→Kriegs~**; **→Rest~**; **→Spezies~**; **→Staats~**; **→Wechsel~**; **beitreibbare ~** recoverable debt; **durch eigene ~** through one's own fault; **fällige ~** debt due; **durch Urteil festgestellte ~** judgment debt; **fundierte ~** funded debt; **gemeinschaftliche ~** →Gesamthandsschuld; **kurzfristige ~** short-term debt; **langfristige ~** long-term debt; **öffentliche ~** public debt; *Br* national debt; **schwebende ~** floating debt, unfunded debt; **verjährte ~** statute-barred debt

Schuld, e-e ~ begleichen to settle a debt; **e-e ~ einklagen** to sue for a debt; to take legal proceedings for the recovery of a debt; **jdm e-e ~ →erlassen**; **jdm die ~ geben** (an etw.) to blame sb. (for sth.); to lay (or put) the blame on sb. (for sth.); **jdm die ~ daran geben, getan zu haben** to blame sb. for doing; **an e-m →Unfall ~ haben**; **seine ~ leugnen** to deny one's guilt; to plead not guilty; **die ~ liegt bei** the blame lies with; the guilt is on; **s~ sein an etw.** to be to blame for sth.; **beide (Parteien) sind zu gleichen Teilen s~** *(z. B. bei Verkehrsunfällen)* both (parties) are equally to blame; **e-e ~ tilgen** to discharge a debt; to liquidate a debt; **uns trifft keine ~** we cannot be blamed; we cannot be held responsible; **die ~** *(e-s anderen)* **übernehmen** to assume a debt; **seine ~ zugeben** to admit (or confess) one's guilt (or fault); **jdm die ~ →zuschieben**

Schuld~, **~anerkenntnis**[55] acknowledgement (or recognition) of a debt *(→Schuldschein)*; **~arten** categories of debt; **~aufnahme** debt incurred; borrowing; **~ausschließungsgründe** legal excuse; grounds of precluding culpability; grounds for exemption from punishment (e. g., in the case of →Schuldunfähigkeit, →Notstand); **~beitritt** →Schuldmitübernahme; **~bekenntnis** confession (or plea) of guilt

Schuldbeweis proof of guilt; **~, der jeden Zweifel ausschließt** proof of guilt beyond reasonable doubt

Schuld~, **~bewußtsein** consciousness of guilt, guilty conscience; **~brief** →Schuldschein

Schuldbuch~, **~forderung** *(gegen den Staat)* Debt Register claim; government inscribed stock *(→Staatsschuldbuch)*; **~verpflichtungen** Debt Register liabilities

Schulden s. nach →Schuldzinsen

Schuld~, **~erfordernis** *(StrafR)* requirement of mens rea; **~erlass** →Erlass e-r Schuld; **~ersetzung** novation

Schuldfähigkeit *(StrafR)* criminal responsibility (or capacity); **verminderte ~**[55a] diminished criminal responsibility

Schuld~, **~frage** question of guilt; **~geständnis** admission of guilt; plea of guilty

schuldhaft culpable; *(vorsätzlich od. fahrlässig)* intentional or negligent; **~e Fahrlässigkeit** culpable negligence; **~es →Nichtwissen**; **auf e-m nachgewiesenen ~en Verhalten beruhen** →nachweisen; **das ~e Handeln kann vorsätzlich oder fahrlässig sein** the culpable action may be done wilfully or by negligence; **~ handeln** to act culpably, to be at fault; **die Unkenntnis war ~** ignorance was due to negligence

Schuld~, **~mitübernahme** collateral promise; suretyship; **~recht**[56] law of obligations

schuldrechtlich in personam *(Ggs. dinglich)*; **~er Anspruch** claim based upon (or arising from) (a) contract or tort; **~e Rechtsgeschäfte** legal transactions governed by the law of obligations

Schuldrechtsmodernisierungsgesetz[56a] Act to Modernise the Law of Obligations

Schuldschein[57] certificate of indebtedness; borrower's note; *(ohne Zahlungstermin)* IOU (I owe you); **dinglich gesicherte ~e** borrower's notes against ad rem security; **durch Sicherheiten gesicherter ~** collateral note; **~darlehen** loan against borrower's note; **~forderungen** (Bilanz) notes receivable

Schuld~, **~spruch** verdict of guilty; **~statut** *(IPR)* the law governing obligations; **~titel** →Vollstreckungstitel

Schuldübernahme[58] assumption of an obligation; assumption of a debt (or liability) (substitution of debtor with consent of creditor; promise to answer for the debt of another; *(cf. →Erfüllungsübernahme))*; **kumulative ~** →Schuldmitübernahme; **die ~ vereinbaren** to agree to assume the obligation

Schuld~, ~umschaffung novation; **~umwandlung** debt conversion; **~unfähigkeit wegen seelischer Störungen**[58a] lack of criminal capacity (or responsibility) due to mental disorder; **~urkunde** instrument of debt

Schuldverhältnis obligation; **Dauer~** longterm obligation; **vertragliche und außervertragliche ~se** contractual and non-contractual obligations; **Übereinkommen über das auf vertragliche ~se anzuwendende Recht** (EUIPRÜ)[58b] Convention on the Law Applicable to Contractual Obligations; **ein ~ begründen** to create an obligation; **das ~ →erlischt**

Schuldverschreibung bond, debenture, debenture bond; debt security *(→Obligation)*; **→Auslands~**; **→Gewinn~**; **→Inhaber~**; **→Namens~**; **→Staats~en**; **→Teil~**; **→Wandel~**; **hypothekarisch gesicherte ~** mortgage bond (or debenture); **rückzahlbare (od. tilgbare) ~** redeemable bond; **ungesicherte ~** *Br* naked debenture; *Am* debenture bond; **nicht zinstragende ~en** passive bonds; **~ auf den Inhaber**[59] bearer bond; **~ mit mittlerer Laufzeit** medium-term note (MTN); **~en mit Laufzeit bis 4 Jahre** bonds with maturities of up to 4 years; **~ mit Optionsrecht** debenture with option warrant; **~ ohne Tilgungsverpflichtung** perpetual bond; **~en der Weltbank** (IBRD) certificates of indebtedness; **Emission e-r ~** debenture issue; **Erlös aus dem Verkauf von ~en** debenture capital; **Rückkauf von ~en** bond redemption; **e-e ~ in Teilabschnitten ausfertigen** to subdivide a debenture; **~en emittieren** to issue bonds; **e-e ~ tilgen** to repay a bond

Schuld~, ~versprechen[60] promise of debt (promise to perform an act in which the obligation is created solely by the promise itself); **~wechsel** bills (or *Am* notes) payable *(Ggs. Besitzwechsel)*; **~zinsen** interest on the loan

Schulden debts, liabilities; **→Auslands~**; **→Bank~**; **→Gesellschafts~**; **→Stillhalte~**; **~abbau** reduction of debts; **~aufnahme** incurring of debts; borrowing; **~bereinigungsplan**[60a] plan for the settlement of debts; **~bezahlung** payment (or settlement) of debts; **~dienst** debt service; **~erlass** remission of a debt; debt cancellation; **~erleichterung** *(z. B. für Entwicklungsländer)* debt relief; **s~frei** free from debt; *(Grundbesitz)* unencumbered; **s~freie Firma** *(die ausschließlich mit Eigenkapital finanziert ist)* unlevered firm; **~haftung** liability for debts; **~handhabung** debt management; **~konsolidierung** consolidation of debts; **~last** burden of debts; *(Grundbesitz)* encumbrance; **~swap** →Swap

Schuldentilgung debt redemption; amortization (by means of a sinking fund); liquidation of debts; **~sfonds** sinking fund; **~splan** redemption plan; **~umwandlung** →Schuldumwandlung

Schulden~, ~verminderung reduction of debts; **~verwaltung** debt management; **~zahlung** payment of debts

Schulden, ~ abtragen to pay off debts; **~ anwachsen lassen** to run up debts; **~** *(gerichtlich)* **beitreiben** to enforce the payment of debts; to collect debts; **seine ~ bezahlen** to pay (or settle) one's debts; **seine ~ nicht bezahlen** to fail to pay one's debts; to default; **in ~ geraten** to get (or run) into debt; **~ machen** to contract (or incur) debts; **~ übernehmen** to assume debts

schulden to owe; to be indebted (to a p. for sth.)

geschuldet, ~er Betrag amount of the debt; amount (or sum) due (or owing); **~e Leistung** obligation (or duty) owed by the debtor; **~e Nachzahlungen** *(z. B. aus Sozialversicherung)* arrears of payment due; **der Betrag ist mir ~** the sum (or amount) is due to me

schuldhaftes Verhalten negligent conduct

schuldig 1. guilty; **allein oder überwiegend ~** solely or predominantly guilty; **für ~ Erklärter** person found guilty; **~e Partei** guilty party; **nicht ~e Partei** party not at fault; **jdn für ~ befinden** to find sb. guilty; **sich ~ bekennen** (getan zu haben) to plead guilty (to having done); **~ sein** to be at fault; **beide Parteien sind ~** both parties are at fault

schuldig 2. due, owing; **jdm etw. ~ sein** to owe sb. sth.; to owe sth. to sb.; to be in debt to sb. for sth.

Schuldige, der ~ e-s Unfalls the party at fault in (or responsible for) an accident

schuldlos innocent, guiltless; **~ geschieden** to have been the innocent party in a divorce

Schuldner debtor, party liable; obligor; **→Dritt~**; **→Hypotheken~**; **→Wechsel~**; **→Zweit~**; **~begünstigung**[60b] *(Insolvenzdelikt)* fraudulent preference of debtors; **~gewinne** *(z. B. durch Währungsumstellung)* profits accruing to debtors; **~land** debtor country *(Ggs. Gläubigerland)*; **~mehrheit** majority of debtors *(→Gesamtschuldner, →Gesamthandsschuldner ())*; **~schutz** protection of debtor(s); **~staat** borrowing country; **~vermögen** debtor's property; **~verzeichnis**[61] list of debtors (drawn up by the →Vollstreckungsgericht)

Schuldnerverzug[62] default of the debtor; debtor's delay *(Ggs. Annahmeverzug)*; **der Verkäufer befindet sich in ~** the seller has failed to tender delivery by the agreed date; the seller has failed to comply with the buyer's notice requiring delivery

Schule, **Abend~** night school; *Br* evening classes; →**Berufs~**; **Berufsaufbau~** vocational extension school; **Berufsfach~** specialized vocational school; →**Fachober~**; →**Fach~**; **Grund~** primary school, elementary school; **Haupt~** *(etwa)* main upper primary school; →**Ober~**; →**Real~**

Schul~, **~abgänger** school leaver; **~abgangsalter** school leaving age; **~ausbildung** education; schooling; **~besuch** school attendance

Schulbildung education, schooling; **höhere ~** secondary (or higher) education

Schul~, **~ferien** school *Br* holidays *(Am vacation)*; **~funksendungen**[62a] school broadcasts; **~geld** school fee; **~geldfreiheit** free schooling; **~leistungen** performance at school; **~pflicht** compulsory education; **s~pflichtiges Alter** (compulsory) school age; **Kinder im s~pflichtigen Alter** children of school age; **~speisung** school meals; **~system** school system; **~träger** schoolagency (or authority); **~wesen** (system of) education

Schüler~, **~lotse** school crossing guard; **~tarif** fare for schoolchildren

Schulung training; schooling; **politische ~** political education; **~skursus** training course

Schund trash; rubbish; **~literatur** trashy literature; **~waren** trashy goods, low class goods

Schürf~, **~arbeit** exploring (or prospecting) work; **~freiheit** freedom to prospect; **~genehmigung** prospecting licen|ce (~se); authority to prospect; freedom to prospect; **~recht** prospecting right; **~stelle** prospect; exploring location

Schürfen prospecting, exploration

schürfen to prospect, to explore

Schürfer prospector

Schusswaffe firearm; →**Europäisches Übereinkommen über die Kontrolle des Erwerbs und des Besitzes von ~n**; **~ngebrauch durch die Polizei** use of firearms by the police

Schute barge, lighter

Schuttabladeplatz dump(ing ground); *Br* (refuse) tip; *Am* garbage dump

Schütt~, **~frachter** bulk carrier; **~gut** *(z. B. Kohle, Getreide)* bulk goods, bulk cargo; **Verladung von ~gütern** bulk shipment

Schüttung, **Waren in loser ~** goods in bulk

Schutz protection; *(Sicherung)* safeguard; *(Naturschutz)* conservation; →**Arbeits~**; →**Daten~**; →**Gebrauchsmuster~**; →**Geschmacksmuster~**; →**gewerblicher Rechts~**; →**Kündigungs~**; →**Marken~**; →**Patent~**; →**Urheberrechts~**; **begehrter ~** *(PatR)* protection sought; **einstweiliger ~** provisional protection

Schutz der ausübenden Künstler, der Hersteller von Tonträgern und der Sendeunternehmen →Internationales Abkommen über den Schutz der ausübenden Künstler

Schutz~, **~gegen Inflation** hedge against inflation; **~ der Intimsphäre** protection of privacy; **gegenseitiger ~ von** →**Kapitalanlagen**; **~ des menschlichen Lebens auf** →**See**; **~ der Umwelt** conservation (or protection) of the environment

Schutz, **~ beanspruchen** to claim protection; **~ begehren für** *(PatR)* to seek protection for

Schutz~, **~anspruch**[63] protection claim; **sch~bedürftig** in need of protection; **~befohlene(r)** *(anvertraute Person, Mündel)* charge; **~begehren** application for protection; seeking protection

Schutzbereich extent of protection, scope of protection; **örtlicher ~** territorial scope of protection; **~ des** →**europäischen Patents**[64]

Schutzbestimmung protection provision

Schutzdauer *(PatentR)* period (or term) of protection (→Schutzfrist)

Das erteilte Patent schützt den Patentinhaber 20 Jahre, gerechnet vom Antragsdatum.

The patent once granted protects the patentee for 20 years measured from the date of application.

Schutzdauer, **ein Werk ist infolge des Ablaufs der ~** →Gemeingut geworden; **e-e ~ gewähren** to grant a term of protection

schutzfähig capable of being protected (by copyright etc); protectable

Schutzfähigkeit protectability

Schutzfrist[65] term of protection; *(UrhR)*[66] term (or duration) of copyright; **Ablauf der ~** expiration (or expiry) of the term of protection; **an den Tod des Urhebers anschließende ~**[67] term of protection subsequent to the death of the author

Schutz~, **~geleit** safe conduct; (police) escort; **~gemeinschaften** *(z. B. von Wertpapierinhabern)* protective associations; **~gesetz** protective law; **~gewahrsam** protective custody; **~herrschaft** protectorate; **~impfung** vaccination;

immunization; inoculation; **~klausel** protective clause; *(Sicherheitsklausel)* safeguard clause; *(GATT und Aktiengesetz)*[67a] escape clause; **~macht** *(VölkerR)* protector; protecting power; **~marke** →Warenzeichen

Schutzmaßnahmen protective measures; safeguards; **~ bedürfen (od. erfordern)** to require protective measures

Schutzniveau level of protection

Schutzpolizei police (force)

Schutzrecht *(z. B. KartellR)* protected privilege; **gewerbliche ~e** industrial property rights; →**verwandte ~e**

Schutz~, ~umfang extent (or scope) of protection; **~vorschriften** protective regulations; **~wirkung der Zölle** protective effect of duties

schutzwürdig worthy of (or meriting) protection; **~e Interessen** interests warranting protection

Schutzzoll protective duty (or tariff); **~politik** protectionism; **~politiker** protectionist

Schutzzweck der Norm protective purpose of the norm

schützen to protect, to safeguard; *(absichern gegen)* to guard against

geschützt, gesetzlich ~ protected by law; *(eingetragen)* registered; **gesetzlich oder patentrechtlich ~** proprietary; →**patentrechtlich ~**; **urheberrechtlich ~** protected by copyright; copyrighted; →**völkerrechtlich ~e Person**; **nicht mehr ~ sein** *(PatR, UrheberR)* to be no longer protected; to be in (or pass into) the public domain *(→ Gemeingut)*

schwach weak; →**devisen~e Länder**; →**einkommens~e Länder**; →**finanz~**; →**geburten~e Jahrgänge**

schwächer werden *(Nachfrage)* to slacken, to slow down, to recede

schwächeres →**Recht**

Schwachsinn feeble-mindedness; mental deficiency

schwachsinnig feeble-minded; mentally deficient

Schwägerschaft[68] affinity, relationship by marriage

schwanger pregnant; **~e Frau (od. S~e)** pregnant woman; expectant mother; **~ werden** to get pregnant

Schwangerschaft pregnancy; (period of) gestation; **während der ~** during the pregnancy; **Frau, deren ~ ärztlich bescheinigt ist** a woman medically certified as pregnant; **~sabbruch**[68a] termination of pregnancy; **~sabbruch aus medizinischer** →**Indikation** therapeutic abortion; **~sbeihilfe** maternity benefit (or allowance); **~surlaub** pregnancy leave; **die ~ unterbrechen** →abtreiben

schwanken *fig* to vary, to fluctuate; **frei ~** *(Wechselkurse)* to float; **die Einkünfte ~ zwischen ... und ...** income fluctuates between ... and ...; the income varies from ... to ...; **den Wechselkurs ~ lassen** to allow exchange rates to float

schwankend variable, fluctuating; **~e Preise** fluctuating prices; **Land mit frei ~en Wechselkursen** country with freely floating exchange rates; **~er Zins** fluctuating rate of interest

Schwankung fluctuation, variation; →**jahreszeitliche ~en**; *(unvorhergesehene)* **~en im Handelsverkehr** leads and lags in trade; →**Konjunktur~en**; →**Preis~en**; **~en unterworfen sein** to be subject to fluctuations

Schwankungsbreite der Wechselkurse margin of fluctuations (or spread) of exchange rates, spread between the intervention points; **die ~ erweitern** to extend (or widen) the margin of fluctuations of the exchange rates

Schwankungs~, ~reserven (od. ~rückstellungen) reserves for fluctuating annual requirement; *(VersR)* reserves for fluctuating claims

Schwänze *(Börse)* corner; **e-e ~ herbeiführen** to make a corner

schwarzes Brett notice-board, *bes. Am* bulletin board

schwarze Liste, auf der schwarzen Liste black-listed; **~ für Boykottbrecher** black list of boycott breakers; *Am* Denial List; **Führen von schwarzen Listen** black-listing; **jdn auf die ~ setzen** to enter sb.'s name on the black list, to black-list sb.

schwarzer Markt black market *(→ Schwarzmarkt)*

schwarz arbeiten to do illicit work, to work on the side

Schwarz~, ~arbeit[69] illicit work, clandestine work; illegal production of goods and services; *(bes. von Ausländern ohne Arbeitsgenehmigung)* black labo(u)r; **~fahrer** *colloq. (ohne Fahrschein)* fare dodger; **~fahrt** *(ohne Fahrschein)* ride without a ticket (or without paying fare in advance)

Schwarzhandel illicit trade, black market trade; black marketeering; **~ treiben** to (deal in) black market

Schwarzhändler black market dealer; black marketeer; **Schwarzhörer** radio licen|ce (~se)

dodger; radio pirate; *univ* student attending lectures without paying the fees

Schwarzmarkt black market; **~geschäfte** black market dealings (or transactions); **~ preis** black market price

Schwarzsender unlicensed (or pirate) transmitter; radio pirate

Schwebe, in der ~ in abeyance, in suspense; **~zeit** time (or period) of the pending fulfil(l)ment of a condition; **~zustand** abeyance

schwebend, ~ unwirksam provisionally invalid; **~e Anmeldung** *(PatR)* undisposed application; **~e** →**Schuld**; **~e Unwirksamkeit** provisional ineffectiveness; **~es Verfahren** pending lawsuit; case pending (before a court); **~e Verhandlungen** negotiations in progress

Schweden Sweden; **Königreich ~** Kingdom of Sweden

Schwede, Schwedin Swede

schwedisch Swedish

Schweigen gilt als Annahme des Antrags[70] silence is deemed to be (or shall amount to) acceptance of the offer

Schweigegeld hush money

Schweigepflicht duty not to disclose certain facts; professional confidentiality; **ärztliche ~** doctor-patient confidentiality; *Am* physician-patient privilege; **der ärztlichen ~ unterliegen** to be subject to medical secrecy *(Am to the physician-patient privilege)*; **Verletzung der ~** breach of confidence; **der ~ unterliegende Tatsachen** facts which are subject to professional discretion

Schweiz Switzerland; **die ~erische Eidgenossenschaft** the Swiss Confederation

Schweizer(in), schweizerisch Swiss

Schwellen~, ~länder newly industrialized countries (NICs); threshold countries; **~preis** *(EU)* threshold price; **~wert** threshold value

Schwemme am Geldmarkt glut on the money market

schwer, ~ abgehen →abgehen 4.; **~ zu besetzende offene Stelle** vacancy that is hard to fill; hard-to-fill vacancy; **~ verkäuflich** difficult to sell; **~er** →**Diebstahl**; **~e Papiere** high-priced shares; **~e Verletzung** serious injury

Schwer~, ~arbeit heavy work, heavy labo(u)r; **~arbeiter** heavy worker (or labourer)

schwerbehindert severely disabled; **die S~en** the severely disabled (persons); **S~ngesetz**[71] Disabled Persons Act; **S~enrente** disability benefit; **S~enzulage** disabled persons' supplement

schwerbeschädigt *(Sachen)* badly damaged; *(Personen)* severely disabled

Schwerbeschädigte severely disabled persons (whose earning capacity is reduced by at least 50); **die Eingliederung ~r fördern**[72] to promote the rehabilitation of severely disabled persons; to further (re)integration of the (severely) disabled in the community

Schwere e-r Straftat seriousness of an offence (offense)

Schwergewicht *fig* main emphasis, chief stress; **~ legen auf** to lay particular stress on

Schwergut heavy freight (or goods); *(nach Gewicht bezahlte Ladung)* deadweight (cargo); **~frachter** heavy cargo carrier; **~ladefähigkeit** deadweight (loading) capacity

Schwerindustrie heavy industry; **Aktien der ~** heavy industry shares

Schwerpunkt *fig* point of main emphasis; main theme; **~bereiche** sectors of priority; **~streik** selection strike; *Am* pressure-point (in only a few chosen enterprises); **der ~ des Programms lag in** ... the program(me) was heavily concentrated on ...

schwer~, S~verletzter seriously injured person; **~verwundet** seriously wounded; **~wiegende Folgen** serious (or grave) consequences

Schwester~, ~firma sister company; **~gesellschaft** affiliated company; *Br* associated company; **~schiff** sister ship

schwierige Lage straits

Schwierigkeit difficulty; →**finanzielle ~en**; **die aufgetretenen ~en beheben** to remedy (or overcome) the difficulties which have arisen; **ein Land steht vor wirtschaftlichen ~en** a country is faced with economic difficulties; **mit erheblichen ~en verbunden sein** to involve considerable difficulties

schwimmende Ladung *(unterwegs befindliche)* floating cargo, cargo afloat

Schwindel swindle; →**Gründungs~**; **~firma** bogus firm; **~geschäft** bogus transaction; *Am colloq.* racket; **~gesellschaft** bogus company; *Am (auch)* wildcat company

Schwindler swindler; impostor; **gewerbsmäßiger ~** confidence man (or trickster); **~trick** confidence trick

schwören to swear, to take an oath; **jdn ~ lassen** to cause sb. to take an oath; **falsch ~** to swear falsely, to commit perjury; **Sie ~ bei Gott dem Allmächtigen und Allwissenden, dass Sie nach bestem Wissen die reine Wahrheit gesagt und nichts verschwiegen haben**[77] you swear by Almighty God that you spoke the whole truth according to the best of your knowledge and belief and that you did not withhold the truth; **ich schwöre es, so wahr mir Gott helfe**[73] I swear it, so help me God

Schwund *(durch Schrumpfen)* shrinkage; *(durch Auslaufen)* leakage; *(Verlust)* waste, loss; **natürlicher ~** natural loss (or waste); **Haftung für ~** liability for wastage

Schwur oath; **~gericht**[74] criminal court sitting with 3 professional judges and 2 lay judges (Schöffen); **~gerichtsverhandlung** trial before a Schwurgericht

SE-Status SE status *(→ Societas Europaea)*

Sechsmonatsgeld *(Geldmarkt)* loan(s) for six months, six-month money

See sea; *(Binnensee)* lake; **auf hoher ~** on the high sea(s); **Beförderung von Gütern oder Reisenden zur ~** maritime transport(ation) of goods or passengers; **Gefahren der ~** perils of the sea; **Handel über ~** sea-borne trade; **Internationales Übereinkommen zum Schutz des menschlichen Lebens auf ~**[75] International Convention for the Safety of Life at Sea (SOLAS); **→Verschmutzung der ~ durch Öl**; **→Zusammenstöße auf ~**

See, an die ~ fahren to go to the seaside; **in ~ stechen** to put to sea

See~, **~amt** Maritime Court; *Br* Admiralty Court; **~-Berufsgenossenschaft**[76] seafarers' office (public authority responsible for insurance against accidents at work sustained by persons employed in maritime shipping and sea fishing); **~betriebsrat**[77] works council of the merchant fleet; **~blockade** naval blockade; **~fahrtsbuch** seaman's registration book; **~fischerei** deep-sea fishing; sea fishing (industry)

Seeforderungen maritime claims; **Übereinkommen über die Beschränkung der Haftung für ~**[77a] Convention on Limitation of Liability for Maritime Claims

Seefracht carriage of goods by sea; sea freight, maritime freight; *Am* ocean freight; **~- und Landfracht** *Br* freight and carriage; ocean and land freight; **~brief** sea waybill, liner waybill; **~führer** carrier by sea; **~kosten** sea freight rates; **~vertrag** (contract of) affreightment; sea freight contract

Seefunksatelliten-Organisation →Internationale Seefunksatelliten-Organisation

See~, **~gefahr** *(VersR)* marine (or sea) risk; **~gefahren** hazards (or perils) of the sea; **~gerichtsbarkeit** maritime (or admiralty) jurisdiction; **(geplanter) ~gerichtshof** International Tribunal for the Law of the Sea; **~gesundheitserklärung** maritime declaration of health; **~grenze** sea frontier; marine boundary

Seehafen harbo(u)r, (sea) port; **internationale Rechtsordnung der Seehäfen**[78] International Regime of Maritime Ports; **~spediteur** port forwarding agent; shipping agent

Seehaftpflichtversicherung marine liability insurance

Seehandel maritime trade (or commerce); merchant shipping; shipping industry; **Welt-~** world seaborne trade; **~srecht** merchant shipping law

See~, **~hoheitsrecht** maritime domain; **~kabel** submarine cable; **~kaskoversicherung** (marine) hull insurance; **~kasse** social security authority for seamen; **~konnossement** maritime bill of lading; **~krankenkasse** seamen's statutory health insurance; **~krieg** naval war (-fare); **~kriegsrecht** law of naval (or sea) warfare; **~küste** sea shore

Seeleute seamen, sailors, mariners; **~ abmustern** to discharge seamen; **~ anmustern** to engage seamen

Seemacht naval (or maritime) power

Seemann seaman, mariner, sailor; **~samt** (Land government) office implementing the provisions of the →Seemannsgesetz; **~sbrauch** maritime custom; **~sgesetz** Seamen's Law

seemäßig seaworthy; **~e Verpackung** sea- proof packing

Seemeile nautical mile (1,853 km); **1 ~ pro Stunde** →Knoten; **innerhalb e-r Zone von 6 ~n** within a limit of 6 nautical miles

Seenot distress at sea; **→Hilfeleistung in ~**; **→Schiff in ~**; **~(rettungs)dienst** sea rescue service; **~flugzeug** sea rescue aircraft; **~signal** distress signal

See~, **~passagevertrag** sea passage contract; **~passagierschiff** sea-going passenger vessel; **~protest** →Verklarung; **~räuber** pirate

Seeräuberei piracy; **Unterdrückung der ~** suppression of piracy; **der ~ verdächtiges Schiff** ship suspected of piracy; ship stopped (or arrested or boarded) on suspicion of piracy; **~ betreiben** to be engaged in piracy

Seeräuberschiff pirate ship; **ein ~ aufbringen** to seize a pirate ship

Seerecht maritime law, law of the sea; **~skonferenz der Vereinten Nationen** UN Conference on the Law of the Sea (UNCLOS) (dealing with →Seevölkerrecht); **~s-Übereinkommen der Vereinten Nationen** *(von 1982)* UN Convention on the Law of the Sea

seerechtlich, ~er Anspruch *(VersR)* maritime claim; **~es Pfandrecht** maritime lien; **~e Streitigkeiten** maritime causes (or disputes); *Br* admiralty actions

Seereise (sea) voyage; *(Überfahrt)* passage; **auf ~ befindliches Schiff** sea-going vessel

See~, ~risiko →Seegefahr; **~schaden** damage by sea, sea damage *(→Havarie)*; **~schadenberechnung** →Dispache

Seeschiedsgerichtsbarkeit maritime arbitration; **→Internationale Organisation für ~; Ständiges Komitee für ~**[78a] Standing Committee on Maritime Arbitration

Seeschiff sea-going vessel, ocean-going vessel; **Internationales Übereinkommen über die Beschränkung der Haftung der Eigentümer von ~en**[79] International Convention Relating to the Limitation of the Liability of Owners of Sea-Going Ships

Seeschiffahrt maritime shipping, ocean shipping; marine navigation; **See- und →Binnenschiffahrt; Internationale ~sorganisation**[80] International Maritime Organization (IMO); **Übereinkommen zur Bekämpfung widerrechtlicher Handlungen gegen die Sicherheit der ~** Convention for the Suppression of Unlawful Acts against the Safety of Maritime Navigation

Seeschiffahrtsstraße sea route; **~nordnung** (SeeSchStrO)[81] Rules of the Road at Sea

Seeschiffsraum hold of sea-going ship

Seesperre *(VölkerR)* maritime blockade

Seestraße sea route; **Internationale ~nordnung**[82] International Regulations for Preventing Collisions at Sea; Rules of the Road at Sea

See~, ~streitkräfte naval forces; **~stützpunkt** naval base

Seetestament[83] nautical will

Wer sich an Bord eines deutschen Schiffes außerhalb eines inländischen Hafens befindet, kann ein Testament durch mündliche Erklärung vor 3 Zeugen errichten.

Any person on board a German ship anywhere other than in a German port can make a will by oral declaration in the presence of 3 witnesses.

Seetransport carriage (or shipment) by sea; marine (or maritime) transport; sea transport (or *Am* transportation); sea transit; **~gefahr** marine (or maritime) peril (or risk); **~versicherung** →Seeversicherung

Se~, s~etüchtig seaworthy; **nicht s~etüchtig** unseaworthy; **Zusicherung der ~etüchtigkeit e-s Schiffes** *(VersR)* warranty of seaworthiness of a ship

Seeunfall maritime casualty; accident at sea; **durch den ~ betroffene Staaten** states affected by a maritime casualty; **~versicherung** insurance against accident at work and occupational disease of persons employed in maritime shipping and sea fishing

seeuntüchtig unseaworthy; **ein Schiff für ~ erklären** to condemn a ship

Seeverkehr sea (or marine) transport; maritime (or sea[-borne], ocean) traffic; **~sdienstleistung** *(EU)* maritime transport service; **See- und Luftverkehr** shipping and air transport; **Übereinkommen zur Erleichterung des internationalen ~s**[84] Convention on Facilitation of International Maritime Traffic; **~swirtschaft**[84a] economics of sea transport

Seeverschollenheit presumption of death at sea after a shipwreck

Seeversicherer marine insurer

Seeversicherung marine insurance; *Am (auch)* ocean marine insurance; **~sbedingungen** Institute Cargo Clauses; **→Allgemeine Deutsche ~sbedingungen; ~smakler** marine insurance broker; **~spolice** marine insurance policy; **Internationale ~sunion** International Union of Marine Insurers; **~svertrag** marine insurance contract

Seevölkerrecht international law of the sea

seewärtiger Außenhandel seaborne foreign trade

Seeweg sea route, sea lane; **auf dem ~** by sea; **Beförderung auf dem ~e** transport(ation) (or carriage) by sea; **auf dem ~ befördern** to carry by sea; **auf dem ~ beförderte Waren** sea-borne goods

Seewurf *(Überbordwerfen von Ladung)* jettison; *(geworfenes Strandgut)* jetsam

See~, ~zeichen sea (or nautical) mark; navigational aid; **~zollgrenze** customs maritime border

Segelflugzeug glider, sailplane

Sehvermögen sight; visual faculty

Seitenabstand, e-n ausreichenden ~ halten *(Auto)* to give a sufficiently wide berth

Seitenansicht side view

Seitenlinie collateral line; **→Abstammung in der ~; in der ~ verwandt** related in the collateral line

Seiten~, ~sprünge *fig* extramarital escapades; marital infidelity; **~straße** side street

Seite, *(sein Fahrzeug)* **zur ~ fahren** to pull to the side of the road; **sich auf jds ~ schlagen** *fig* to side with sb.; **auf die andere ~ übergehen** *pol* to change sides

Sekretariat Secretariat

Sekretärin secretary; **Teilzeit~** part-time secretary

Sektor sector; section; **öffentlicher ~** public sector; **primärer ~** →Primärsektor; **privater ~** private sector; **sekundärer ~** →Sekundärsektor; **tertiärer ~** →Tertiärsektor

Sekundär~, **~energie** secondary energy; **~erhebung** *(MMF)* secondary research; **~liquiditäten** secondary liquidity; *Am* near money; **~markt** (Umlaufmarkt) *(Börse)* secondary market *(Ggs. Primärmarkt)*; **~sektor** *(verarbeitende Industrie)* secondary sector *(→Primärsektor, →Tertiärsektor)*

Sekundawechsel second bill of exchange

selbständig *(unabhängig)* independent; *(beruflich)* self-employed; *(autonom)* autonomous; **rechtlich ~** legally independent; **~e →Arbeit**; **→Einkünfte aus ~er Arbeit**; **~e und nichtselbständige Arbeitnehmer** self-employed (persons) and wage-earners; **~e →Berufstätigkeit**; **~e Beschäftigung** self-employment; **nicht ~e Beschäftigung** wage-earning employment; dependent labour; **die Lage erfordert ein ~es Handeln** the situation calls for independent action; **~er →Handwerker**; **~er →Kaufmann**; **~ Tätiger** self-employed person; **~e Tätigkeit** work of (or working as) a self-employed person; *colloq.* being one's own boss; **~es Unternehmen** legally independent company; **~ arbeiten** to work independently; to be self-employed; **~ ein →Erwerbsgeschäft betreiben**; **rechtlich ~ bleiben** to retain one's legal independence; **sich ~ machen** to establish oneself; to set oneself up

Selbständige *pl* self-employed (persons); **als ~** on a self-employed basis

Selbst~, **~ablehnung** *(bes. e-s Richters)* disqualifying oneself; **~anzeige** *(SteuerR)*[85] report to the tax authorities of false or incomplete tax declaration *(s. tätige →Reue)*

Selbstbedienung self-service; **~sgeschäft** self-service shop (or store); **größeres ~sgeschäft** supermarket; **~sgroßhandel** cash and carry wholesaling

Selbstbefreiung *(e-s Gefangenen)* escape

Selbstbehalt *(VersR)* retention; *Br* excess; *Am* deductible; **Höchstgrenze des ~s** net line; **für den Versicherer ~ vorschreiben** to require the insurer to retain part of the risk uninsured

Selbstberechnung, **die Steuer im Verfahren der ~ erheben** to impose the tax under a self-assessment procedure

Selbstbeschränkung voluntary restraint; self-restraint; *(freiwilliges)* **~sabkommen** *(für Exporte)* voluntary restraint agreement; orderly market agreement (OMA); **Politik der ~sabkommen** *(im Export)* orderly marketing; **~splafonds** voluntary restraint ceilings; **~sverpflichtung** voluntary restraint undertaking

Selbstbestimmung self-determination; **~srecht** right to self-determination

Selbst~, **~beteiligung** →Selbstbehalt; **~beurteilung** self-appraisal; **s~bewirtschaftetes Gut** owner-operated farm; **~bewirtschaftung** *(e-s Hofes)* self-management; **s~bewohntes Eigenheim** owner-occupied home; **~bezichtigung** self- incrimination; **~einschätzung** self-assessment

Selbsteintritt contracting in one's own name; **~srecht des Kommissionärs**[86] (des Spediteuers[86a]) commission agent's (forwarding agent's) right to enter into the contract (or to contract with himself)

Selbstfahrer owner-driver; **Wagenvermietung an ~** *Br* (self-drive) car hire service; self-drive car rental; *Am* drive yourself service

Selbstfinanzierung self-financing; *(e-s Unternehmens)* internal financing; earnings retention; **~squote** self-financing ratio

selbstgenutztes →Wohneigentum

Selbsthilfe[87] self-help (if the assistance of the competent authorities cannot be obtained in time); **~recht des Vermieters**[88] right of the landlord to levy a distress on the goods of the tenant (to enforce performance of the tenant's obligations); **~verkauf**[89] public auction of chattels by the debtor when the creditor is in delay as to acceptance *(→Notverkauf)*; **im Wege der ~ mit Beschlag belegen** to distrain

Selbstkontrahent party contracting in its own name

Selbstkontrahieren[90] contracting with o.s., self-dealing; contracting by an agent with himself for his own account or as agent for a third party; transaction entered into by the agent with himself

Selbstkontrolle *(der Massenmedien)* voluntary control; self-monitoring

Selbstkosten cost; **unter ~** below cost; **zu ~** at cost; **~preis** cost price; **unter ~preis verkaufen** to sell below cost price

Selbstmord suicide; **~absicht** suicidal intent; **~rate** suicide rate; **~versuch** attempted suicide; **~ begehen** to commit suicide; to take one's own life

Selbstmörder suicide; felo de se

Selbstregierung, Gebiete ohne ~ *(VölkerR)* non-self-governing territories

Selbstschuldner *(bei Bürgschaft)*[91] surety waiving (or unable to avail himself of) the defence (defense) of failure to pursue remedies

selbstschuldnerisch, ~er →**Bürge**; **~e** →**Bürgschaft**; **~ haften** to be liable as a principal

Selbst~, ~veranlagung *(des Steuerpflichtigen)* self-assessment; **~verbrauch** private (or personal) consumption; **im ~verlag** published by the author; **s~verschuldet** through one's own fault; **~versenkung** scuttling; **s~versichert** self-insured; **~versicherung** self-insurance

Selbstversorgung self-sufficiency; self-supply; →**Nahrungsmittel~**; **~ mit Öl in Notständen** emergency self-sufficiency in oil supplies; **~swirtschaft** self-service economy; **~szeitraum** period of self-sufficiency

selbstverständlich, als ~ ansehen to take for granted

Selbstverstümmelung[92] self-mutilation

Selbstverteidigung, individuelle oder kollektive ~[93] individual or collective self-defence (defense)

Selbstverwaltung self-government; *(der Arbeiter)* self-management; **Körperschaft des öffentlichen Rechts mit ~** decentralized public corporation; **kommunale (od. örtliche) ~** local government

Selbstwählferndienst *Br tel* direct dialling of national calls; *(für Ausland)* international direct dialling (IDD); *Am* direct distance dialling (DDD)

Selbstzweck goal (or end) in itself

Seltenheitswert scarcity value

Semester *Br univ bes.* term; *Am* semester; **~ferien** vacation

Seminar seminar; *Am* workshop; *(univ.)* department; **~teilnehmer** seminar participant

Senat *(Landesregierung in Berlin, Hamburg, Bremen)* Senate, Land government; *(Abteilung e-s höheren Gerichts)* senate, division; **~ e-s Einzelstaates** *Am* state senate; **~swahl** senatorial election

senden, im Rundfunk (od. Fernsehen) ~ to broadcast

Sender (radio or television) station; **über alle ~** on all networks; **über mehrere ~ gleichzeitig senden** to syndicate

Sende~, ~recht[93a] broadcasting right; **~stelle** station; **~unternehmen**[93b] broadcasting organization; **~zeit** station time; *(Radio)* airtime; *(Fernsehen)* transmission time

Sendung 1. *(Versendung)* sending, consignment, shipment; *(von Geld)* remittance; *(das Versandte)* consignment, goods consigned; shipment, (quantity of) goods shipped; *(Postsendung)* item; →**Ansichts~**; →**Nachnahme~**; →**Sammel ~en**; →**Stückgut~**; →**Waren~**; **die am ... angekündigte ~ ist wohlbehalten bei uns angekommen** the consignment announced to us on ... has been received in good condition

Sendung 2. *(Rundfunk)* (radio) broadcast; *(Fernsehen)* television broadcast, telecast; *(Werbesendung)* commercial

Senegal Senegal; **Republik ~** Republic of Senegal

Senegalese, Senegalesin, senegalesisch Senegalese

Seniorchef senior partner

Senioren~, ~heim home for the aged; residential home for the elderly *(→Altersheim)*; **~pass** senior citizen's card

senken *(Löhne, Preise etc)* to reduce, to lower, to cut; **den →Diskontsatz ~**

Senkung *(von Löhnen, Preisen etc)* reduction, lowering; cut; →**Kosten~**; →**Lohn~**; →**Preis~**; →**Steuer~**; →**Tarif~**; →**Zins~**; →**Zoll~**

Separatfrieden separate peace

Separatismus separatism

Sequester *(Zwangsverwalter)*[94] sequestrator

Sequestration sequestration (legal process consisting of the temporary deprivation of a person of his property, deposing it with the →Sequester)

sequestrieren to sequestrate

Serie series; batch; **Artikel~** line of goods

Serien, ~- serial; **~anleihe** serial loan; **~arbeit** serial work; **~artikel** mass-produced article; **~bau** series (or serial) construction; **~fertigung (od. ~herstellung)** series (or batch, mass) production; series manufacture

serienmäßig serial, in series; **~e Herstellung** production in serial form; serialization; **~ hergestellt** mass-produced, produced in serial form, serialized

Serien~, ~muster representative sample; **~nummer** serial number; **~schaden** serial damage; **~schuldverschreibung** serial bond; **~wagen** production car; **s~weise** →serienmäßig; →**Container in ~ herstellen**

Servituten →Dienstbarkeiten; **völkerrechtliche ~** international servitudes

Seschellen, die ~ *(pl)* Seychelles; **Republik ~** Republic of Seychelles

Sescheller(in) Seychellois

seschellisch (of) Seychelles

sesshaft settled, sedentary *(→ansässig)*; **nicht ~** of no fixed abode; **nicht ~e Arbeitnehmer** mobile workers; **~ werden** to take up a permanent place of residence; to settle down

Setzfehler typographical error

setzen, e-e →Frist ~

Seuchen~, ~bekämpfung control of contagious diseases and livestock epidemics; **s~freies Schiff** healthy ship; **Bekämpfung von ~gefahr** combatting the danger of epidemics; **s~verdächtiges Schiff oder Luftfahrzeug** suspected ship or aircraft

Sexualstraftaten sexual offences (offenses)

sexuell, ~e Belästigung sexual harassement; **~e Handlungen** illicit sexual practices, sexual offences (offenses); **~er Missbrauch von Kindern**[94a] sexual abuse of children; child abuse; **~e Nötigung**[94b] sexual coercion

Seychellen →Seschellen

sich, von ~ aus prüfen to examine on one's own initiative

Sichausgeben, ~ für e-n anderen impersonation; **~ als Gesellschafter** holding oneself out as a partner

sicher safe; secure (against); **~e Anlage** safe investment; **~er →Container; aus ~er Quelle** from a reliable source; **~e Stellung** secure position; **~e Verwahrung** safekeeping

Sicherheben, durch ~ von den Sitzen abstimmen to vote by rising

Sicherheit *(Geschütztsein vor Gefahr)* security; *(für Gesundheit od. Leben)* safety; *(bes. für Kredit)* collateral; *(Gewißheit)* certainty; **~ am Arbeitsplatz** safety at work; **~ des Arbeitsplatzes** *(gegen Entlassung)* security of employment; **~ für e-e Forderung** security for a debt; **~ durch Hinterlegung von Effekten** collateral security; **~ des menschlichen Lebens auf See** safety of life at sea; **die ~ des Staates gefährden** to endanger national security (or the security of the state); **~ im Straßenverkehr** road safety

Sicherheit, ausreichende ~ sufficient security (or safety); **dingliche ~** real security; **mit hinreichender ~** with reasonable certainty; **hochwertige ~** high-grade security; **hypothekarische ~** security by mortgage; **innere und äußere ~** *pol* internal and external security; **nationale ~** national security; **nukleare ~** nuclear safety

Sicherheit, öffentliche ~ und Ordnung public safety and order; law and order; peace; **Aufrechterhaltung der öffentlichen ~ und Ordnung** maintenance of law and order; **die öffentliche ~ und Ordnung aufrechterhalten** to maintain law and order; **die öffentliche ~ und Ordnung stören** to commit a breach of the peace; to break the peace

Sicherheit, persönliche ~ leisten to give a personal security (or guarantee) *(Ggs. dingliche Sicherheit)*

Sicherheit, →soziale ~; wertlose ~ worthless security; **zusätzliche ~** additional (or collateral) security

Sicherheit, ~en bestellen to provide (collateral) securities; **als ~ dienen** to serve as collateral; **e-e ~ erbringen** to lodge a security; **die ~ erhöhen** to increase safety; **die ~ gefährden** to endanger the security; **~ leisten (od. stellen)** to provide (or give, furnish) security; *(bei Gericht)* to file (or lodge) a bond in court; *(StrafR)* to stand bail (for sb.); **~ verlangen** to request security; **e-e ~ verwerten** to realize a security

Sicherheits~, ~abkommen security agreement; **~anforderungen in der Luftfahrt** safety requirements in aviation; **~beamter** security officer; **~beauftragter** *(für Unfallschutz e-s Betriebes)*[95] person responsible for safety in a business; **~bestände**[96] safety (or emergency) stocks; **~einrichtungen** safety installations; **~faktor** safety factor; **~forschung und ~entwicklung** safety research and development, safety R D; **~garantie** security guarantee; **~geber** person providing security; *(bes. für Kredite)* holder of a collateral; **~gegenstand** collateral; **~gurt** *(Auto)* seat belt, safety belt; **~gurte anlegen** to fasten safety belts

sicherheitshalber in order to be sure; **→Abtretung ~**

Sicherheitshinterlegung guarantee deposit

Sicherheitskontrolle, Errichtung e-r ~ auf dem Gebiete der →Kernenergie

Sicherheitsleistung bond; provision of security; furnishing collateral (security); *(Kaution)* safety bond; *(StrafR)* bail; **angemessene ~** appropriate security; **gegen ~** on security; by way of security; on bail; **Einrede der mangelnden ~** defence (defense) that the requisite security has not been given; **Höhe der ~** amount of security (or bail)

Sicherheitsleistung für Prozesskosten[97] security for costs; **Befreiung von der ~** exemption from (having to give) security for costs

Sicherheitsleistung, ~ für die Verwaltung des Kindesvermögens[98] security to be given in respect of the administration of the minor's property; **das →Pfandrecht des Vermieters kann durch ~ des Mieters abgewendet**

werden; ~ des Vorerben[99] provision of security by the prior heir; **~ des →Vormunds; sich gegen ~ auf freiem Fuß befinden** to be out on bail; **gegen ~ aus der →Haft entlassen; ~en erbringen** to make a security deporit

Sicherheitsmaßnahmen *(z. B. des Staates)* security measures; *(für Gesundheit od. Leben)* safety measures; **~ treffen** to take security (or safety) measures

Sicherheitsnormen standards of safety; **Einhaltung der ~** maintenance of safety standards

Sicherheitsrat *(der Vereinten Nationen)* (SR)[100] Security Council; **Abstimmung im ~** vote of the Security Council; **sich an den ~ wenden** to have recourse to the Security Council

Sicherheits~, ~rücklage contingency reserve; **~scheiben** *(für Kraftfahrzeuge)* safety glass; **~spanne** safety margin; **~versprechen** recognizance; **~verwahrung** preventive detention *(to protect the public from dangerous and habitual criminals)*; **~vorschriften** safety regulations; **~wechsel** bill serving as collateral, collateral bill; **~zone** security zone; **~zulassungsschild** *(an e-m zugelassenen Container)* safety approval plate *(→CSC-Sicherheitszulassung)*; **~zuschlag** *(VersR)* safety premium

sichern to secure, to provide security for; *(schützen)* to safeguard, to protect; *(finanziell)* to cover; **~ gegen** to secure from (or against); **sich gegen die Inflation ~** to hedge against inflation; **e-e Forderung durch Verpfändung** *(bewegl. Sachen)* **~** to provide collateral for a debt; **e-e Forderung hypothekarisch ~** to secure a debt by mortgage; **den Frieden ~** to secure (or ensure) the peace; **den Nachlass ~** to preserve the estate; **sich die →Vertretung e-r Gesellschaft ~**

sichernde Maßregeln →Maßregeln der Besserung und Sicherung

gesichert secured; *(gedeckt, z. B. durch Versicherung)* covered; **→dinglich ~; hypothekarisch ~** secured by mortage; **teilweise (voll) ~er Gläubiger** partly (fully) secured creditor; **nicht ~er Gläubiger** unsecured creditor

sicherstellen to ensure, *Am (auch)* to insure; to make sure; to guarantee; to place (or take) in custody; **jdn ~** (gegen zukünftigen Schaden) to indemnify sb. (against loss); **die Versorgung ~** to guarantee supplies

Sicherstellung ensuring; guarantee; *(Beschlagnahme)* taking into custody, seizure

Sicherung securing, providing security; *(Schutz)* safeguard(ing), protection; **dingliche ~** real guarantee; **elektrische ~** fuse; **soziale ~** social security; **~ der Arbeitsplätze** safeguarding jobs; **→Maßregeln der Besserung und ~; ~ des Beweises** →Beweissicherung; **~ der Einkommen** income maintenance; **~ des Friedens** safeguarding of the peace; **~ e-s Kredits** providing security for a credit

Sicherungsabtretung assignment for security (purposes)

Sicherungseigentum equitable lien; **~ des Verkäufers** unpaid seller's lien; *Am* purchase money chattel mortgage

Sicherungs~, ~kasten *(elektrischer)* fuse-box; **~geber** person providing security (for a debt); *(bei Sicherungsübereignung)* chattel mortgagee; **~gegenstand** collateral; **~geschäft** covering operation; hedge (transaction); **~sgrundschuld** →Grundschuld created to secure a debt

Sicherungsgut, sich aus e-m ~ befriedigen to realize a security collateral

Sicherungshypothek[101] mortgage (*Br* charge) that is strongly dependent on the existence of the claim

Hypothek, bei der sich das Recht des Hypothekengläubigers allein nach der zugrundeliegenden Forderung bestimmt. Der Gläubiger muß den Bestand der Forderung nachweisen, er kann sich hierbei nicht auf die Eintragung im Grundbuch berufen.

A mortgage (*Br* charge) under which the rights of the creditor are determined solely by the claim secured; the creditor must prove the state of the claim and cannot rely on the entry in the register for this purpose

Sicherungs~, ~klausel safeguard clause; **~maßnahme** safeguard; **~nehmer** recipient of security (for a debt); *(bei Sicherungsübereignung)* chattel mortgagor

Sicherungsrecht security interest (an bewegl. Sachen in personal property); **~ des Verkäufers an dem veräußerten Grundstück** vendor's lien (for unpaid purchase money); **ein ~ aufgeben** to surrender a security interest

Sicherungsübereignung chattel mortgage (security for a debt by a lien on personal property of which the debtor retains possession); transfer by way of security; **~svertrag** security agreement; *Br (Urkunde)* bill of sale (by way of security); *Am* trust receipt

Sicherungsverwahrung[102] preventive detention (or custody); *Br* extended term of imprisonment; **Unterbringung in der ~** commitment to an institution of protective custody

sicherungsweise übereignete Sachen things assigned by way of (collateral) security

Sicherungszession →Sicherungsabtretung

Sicht sight; view; **bei ~** at sight, on demand; *(Wechsel)* **zahlbar bei ~** payable at sight (or on demand); **30 Tage nach ~** 30 days (after) sight; **gute ~** good visibility; **auf kurze ~** (in the) short run; **Planung auf kurze ~** short- range planning; **auf lange ~** (in the) long run; long-range; **schlechte ~** poor visibility; **verminderte ~** reduced visibility

sichtbar, **~e** →**Ausfuhr**; **~e Einfuhr** *(Warenimporte)* visible imports; **an gut ~er Stelle aufschlagen** to post (or display) in a conspicuous place

Sicht~, **~barkeit** visibility; **~behinderung** obstruction of visibility; **~depositen** →Sichteinlagen; **~einlagen** sight deposits; deposits at call; *Br* deposits on current account, current accounts; *Am* demand deposits *(Ggs. Termineinlagen)*; **~feld des Fahrers** *(Kfz)* driver's field of vision; **~guthaben** sight balance; **~kurs** *(Devisenmarkt)* sight rate, demand rate; **~tratte** sight (or demand) draft, draft at sight; **~verbindlichkeiten** sight liabilities, debts payable at sight; **~verhältnisse** *(im Verkehr)* visibility conditions

Sichtvermerk approval; *(Visum)* visa; *(Zoll)* customs endorsement; **mit e-m ~ versehen** to approve; *(Pass)* to visa, to put a visa on (a passport)

Sicht~, **~wechsel** bill (or note) payable at sight; *Am* demand bill (or note); **~weite** visibility; **~zahlung** sight payment

Sicht, **die ~ ist beeinträchtigt durch Nebel** the view is obstructed by mist (or fog); **die ~ ist ungenügend** the visibility is inadequate; **e-n Wechsel auf ~ ziehen** to make a bill payable at sight

sieben *fig* to screen

Siebenergruppe (G 7) Group of Seven
Seven leading industrial countries. G 5 countries (→Fünfergruppe) plus Canada and Italy

siebzig, **die ~er Jahre** the seventies

Siedler settler *(→Ansiedler)*

Siedlung settlement; housing estate; →**Arbeiter~**; →**Stadtrand~**; **~sgelände** development area, settlement area; **~sgrundstück** building estate; **~spolitik** policy of settlement; housing policy; **~sprogramm** settlement scheme; **~sraum** settlement area; **~sstruktur** settlement structure

Siegel seal; *(privat)* signet; →**Amts~**; →**Dienst~**; →**Firmen~**; →**Pfand~**; **aufgestempeltes oder gedrucktes ~** stamped or printed seal; **~abdruck** impression of a seal; **~bruch**[103] breaking official seals; **~lack** sealing wax; **ein ~ anbringen (od. aufdrücken)** to affix (or impress) a seal (to); **ein ~ erbrechen** to break a seal

siegeln, **e-e Urkunde ~** to seal a document, to affix a seal to a document

gesiegelt sealed; under seal; **von mir eigenhändig unterschrieben und ~** given under my hand and seal

Siegermächte victorious powers

Sierra Leone Sierra Leone; **Republik ~** Republic of Sierra Leone

Sierraleoner(in), **sierraleonisch** Sierra Leonean

Signal, **durch Satelliten übertragene** →**programmtragende ~e**; **~anlage** (electrical) signal(l)ing system; **Internationales ~buch** (ISB) *(für Schiffe)* International Code of Signals

Signatar signatory; **~staat** signatory state

Signatur *(bei Büchern)* symbol

signieren to sign; **eigenhändig ~** to autograph; *(mit Anfangsbuchstaben)* to initial; *(Waren)* to mark

Silber silver; **~barren** silver bullion; **~münze** silver coin; **~währung** silver standard

Simbabwe Zimbabwe; **Republik ~** Republic of Zimbabwe

Simbabwer(in), **simbabwisch** Zimbabwean

simulieren to simulate, to sham; *(Krankheit)* to malinger

simuliertes Geschäft →Scheingeschäft

Simultangründung[104] establishment of a company through the simultaneous subscription of all the shares by the incorporators

Simultanübersetzung simultaneous translation

Singapur, **Republik ~** Republic of Singapore

Singapurer(in), **singapurisch** Singaporean

Singularsukzession singular succession

Sinken der Kosten fall in costs

sinken *(abnehmen)* to drop, to go down, to sag, to decrease; *(Schiff)* to sink; **im Wert ~** to become depreciated

sinkende Kurse sagging prices

sanken, **die Exporte ~** exports dropped

gesunken, **das Schiff ist ~** the vessel has sunk

Sinn sense; *(Bedeutung)* meaning; **im ~e von** in terms of; **im engeren (weiteren) ~** in a narrower (broader) sense; **im ~e des Gesetzes** within the meaning of the law; as defined by the Act; **es hat keinen ~** it does not make sense; there is no point in it

sinngemäß corresponding(ly); analogous(ly); **~e Anwendung finden** to apply mutatis mutandis; **~e** →**Auslegung**; **§ 10 gilt ~** section 10 shall apply correspondingly

Sistierung s. vorläufige →Festnahme

Sitte custom, usage; **~n und Gebräuche e-s Landes** manners and customs of a country; **gute ~n** public policy; morality; **gegen die guten ~** against good morals; contra bonos mores; **gegen die guten ~n verstoßendes Rechtsgeschäft** transaction against public policy (or morality); **ein Rechtsgeschäft, das gegen die guten ~n verstößt, ist nichtig**[105] a transaction contrary to public policy is void

sittenwidrig unethical; immoral; contrary to public policy; **~es Rechtsgeschäft** transaction contrary to public policy; **~er Vertrag** unconscionable contract; agreement contrary to public policy; **~e Wettbewerbshandlungen**[106] competitive practices contrary to public policy; acts contrary to honest practices

Sittenwidrigkeit unconscionability; violation of bonos mores, violation of morality

sittlich, **~e Besserung** moral improvement; **hohes ~es Niveau** *(z. B. in der Werbung)* high standard of ethics; **~e Pflicht** moral duty

Sittlichkeitsdelikte →Sexualstraftaten

Sitz 1. *(Amt, Dienststellung)* seat; **frei werdender (od. gewordener) ~** vacancy; **~ im Aufsichtsrat** seat on the supervisory board; **~ der Regierung** seat of the government; **~ordnung** seating order; **~platzzahl** number of places, seating capacity; **~streik** sit-down strike; **~verteilung** *parl* allotment of seats, seat allocation; **e-n ~ erhalten** *parl* to obtain a seat; **ein ~ wird frei** a vacancy arises (or occurs); *parl* a seat falls vacant

Sitz 2. *(Ort)* , →Amtssitz; →**Geschäfts~**; →**Wohn~**; **eingetragener ~** *(e-r Gesellschaft, e-s Vereins)* registered office; **~ e-r Aktiengesellschaft** *Br* seat of a company; *(bei Geschäftstätigkeit im Ausland)* domicile of a company; *Am* seat of a corporation; **~ e-r Firma** head office of a firm (→Firmensitz); **~ e-r Gesellschaft** →Gesellschaftssitz; **Gesellschaft mit ~ in der Bundesrepublik Deutschland** company resident in the Federal Republic of Germany; **~ e-r Industrie** *(Lage)* site (or location) of an industry; **~** *(e-r Gesellschaft)* **im Inland** domestic seat; **~ e-r Organisation** headquarters of an organization; **~ e-s Unternehmens** seat (of management) (or head office, headquarters, residence) of an undertaking; **mit ~ im Vereinigten Königreich** incorporated in the United Kingdom; **~landkontrolle** *(Vers. Aufsicht)* Home Country Control; **~staat e-s Unternehmens** state in which an enterprise is registered; **~staatabkommen** *(VölkerR)* headquarters agreement; **~verlegung e-r Gesellschaft**[107] transfer of a company's domicile; **seinen ~ haben in** to be incorporated in; *(bei Geschäftstätigkeit im Ausland)* to be domiciled at

Sitzung meeting; *parl (und Gericht)* session, sitting; →**Ausschuss~**; →**Gerichts~**; →**Plenar~**; →**Rats~**; →**Schluss~**; →**Sonder~**; **auf (od. bei) e-r ~** at a sitting (or meeting); →**außerordentliche ~**; →**nicht öffentliche ~**; →**öffentliche ~**; **Ort und Tag der ~** location and date of the meeting

Sitzungsbericht report of proceedings; minutes of the meeting; **stenografischer ~** shorthand verbatim record of hearings

Sitzungs~, **~geld(er)** attendance fee; **~pause** recess; **~periode** parl session; **~programm** program(me) of the meeting; *parl* order paper; **~protokoll** minutes of proceedings (or of a meeting); *(Gericht)* record of the trial; official shorthand notes; **~saal** conference room, meeting room; *(im Gericht)* court(-)room; *parl* floor; **~teilnehmer** participant(s) at a meeting; **~termin** date (fixed) for a meeting

Sitzung, **e-e ~ abbrechen** to discontinue a meeting; **e-e ~ abhalten** to hold a session (or meeting, sitting); to be in session; **die Versammlung hält jährlich e-e ~ ab**[108] the Assembly shall hold an annual session; **e-e ~ anberaumen (od. ansetzen)** to fix (a date for) a meeting; **in geheimer ~ beraten** to sit in camera; **e-e ~ einberufen** to call (or convene, convoke) a session (or meeting); **die ~ eröffnen** to open the meeting; **die ~ leiten** to preside over the meeting; **die ~ schließen** to declare the meeting closed; **die ~en finden einmal im Monat statt** the sessions are held once a month; **e-e ~ vertagen** to adjourn a meeting

Skala, **gleitende (Lohn- etc) ~** sliding scale

Skalenertrag *(Produktionstheorie)* returns to scale

Skandalpresse gutter press

Sklavenhandel slave trade; **~ betreiben** to be engaged in slave trade

Sklaverei, **Abschaffung der ~**[109] abolition of slavery

sklavereiähnliche Einrichtungen institutions and practices similar to slavery

sklavische →**Nachahmung**

skontieren to deduct a (cash) discount

Skonto, **~ (pl. Skonti)** *(Nachlass für Barzahlung innerhalb e-r bestimmten Frist)* (cash) discount; **abzüglich ~** deducting (or less) discount; →**Kunden~**; →**Lieferanten~**; **~aufwendungen** discount allowed; **~erträge** discount received; **~frist** discount period; **~satz** (cash) discount percentage; **Zahlung innerhalb von 10 Tagen abzüglich 2 ~** payment within 10 days less 2 cash discount; **bei Barzahlung gehen 3 ~ ab** →abgehen 3.; **~** *(vom Preise)* **abziehen** to make an allowance for discount; to deduct a (cash) discount; **~ in Anspruch nehmen (od. ausnutzen)** to take a (cash) discount; **~ einräumen (od. gewähren)** to allow (or offer, give) a (cash) discount

Skontration *(Lagerbuchführung)* making entries in a →Skontro; *(zwischen Banken)* clearing; *(Börse)* settlement of time bargains

Skontro stock record

skrupellos unscrupulous

Slowakei Slovakia (**Slowakische Republik** Slovak Republic)

Slowak | e (-in) Slovak

slovakisch Slovak

Slovenien Slovenia

Sloven | e (-in) Slovenian

slovenisch Slovenian

Slumsanierung slum clearance

Societas Europaea (S. E.) →Europäische Aktiengesellschaft Aktiengesellschaft

Sodomie sodomy, crime against nature

soeben erschienen *(Buch etc)* just published, just out

sofern die Parteien nicht etwas anderes vereinbaren provided the parties do not agree otherwise; unless the parties agree otherwise

sofort, ~ beginnende Versicherungsleistung immediate benefit; **~ gültig** immediately effective; **~ lieferbar** deliverable immediately; **~ lieferbare Waren** *Br (Warenbörse)* prompts; **~ zahlbar** payable immediately; *(Warenbörse)* spot cash; **es muß ~ gehandelt werden** →handeln 1.; **~ in Kraft treten** to become immediately effective

sofortig, ~e →Beschwerde 1.; **~e Bezahlung** immediate payment; *(Warenbörse)* spot cash; **~e Lieferung** immediate delivery; **~e Lieferung** *(gegen Kasse Warenbörse)* spot delivery; **mit ~er Wirkung** with immediate effect, effective immediately

Sofort~, ~darlehen *(z. B. an Bausparer)* immediate loan; **~hilfe** emergency aid; immediate assistance; **~maßnahmen treffen** to take immediate measures (or action); *(z. B. Katastrophenhilfe)* to take emergency action; **~programm** immediate action program(me); crash program(me); **~rente** immediate annuity

Software-Ausstattung software equipment

Sog pull; →**Einfuhr~**

Solawechsel promissory note (P/N)

solange der Prozess schwebt while the suit is (or proceedings are) pending; pending action

Soldat soldier, serviceman; member of the armed forces; **~ auf Zeit** voluntary regular soldier (or serviceman) (for a limited period); short-term member of the armed forces; **Berufs~** professional soldier; **ehemaliger ~** ex- serviceman; **~engesetz**[110] Military Personnel Law; **~enversorgung**[111] provision for former members of the armed forces and their surviving dependants; **~ werden** *(freiwillig)* to enlist

Soldbuch (military) pay book

Solidar~, ~bürgschaft joint and several guarantee; **~haftung** *(Haftung mehrerer Personen als → Gesamtschuldner)* joint and several liability

solidarisch *(auf Solidarität beruhend)* solidary; *(gesamtschuldnerisch)* joint and several; **sich ~ erklären** to manifest one's solidarity (mit with); **~ haften**[112] to be jointly and severally liable

Solidarität solidarity

Soll *(linke Seite e-s Kontos)* debit *(→Debet)*; *(Planziel)* target; *(Lieferungssoll)* quota, estimate; **unter dem ~ liegende Produktion** production short of (or below) (the) target; **~ausgabe** estimated (or expected) expenditure *(Ggs. Istausgabe)*; **~bestand** *(an Wechseln, Wertpapieren etc)* estimated (or expected) balance *(Ggs. Istbestand)*; (Lagerbestand) nominal stock; target inventory; **~einnahmen** estimated receipts *(Ggs. Isteinnahmen)*; **~-Ist- Vergleich** comparison of estimates with results; **~kaufmann** →Kaufmann; **~kaufleute** businessmen by registration; **~kosten** →Plankosten; **~kostenrechnung** →Plankostenrechnung; **~miete** rent receivable; **~posten** debit item (or entry); **~prämie** *(VersR)* premium due; **~saldo** →Debetsaldo; **~seite** debit side, debtor side; **~ und Haben** debit and credit; **~- und Habenzinsen** lending and deposit rates; **~vorschrift** directory provision *(→Mußvorschrift, →Kannvorschrift)*; **~zinsen** debtor interest (rates); debit interest, interest receivable; **~zinssatz** *(der Banken)* lending rate

Soll, ins ~ eintragen to debit (a p.'s account); **im ~ stehen** to be on the debit side

solvent solvent

Solvenz, sich über die ~ e-s Kunden informieren to check on the solvency of a customer

Somalia Somalia; **Demokratische Republik ~** the Somali Democratic Republic

Somalier(in), somalisch Somali

Sommer~, **~ferien** *Br* summer holidays, *Am* summer vacation; **~schlussverkauf** (SSV) summer sale(s); **~zeit** *Br* summer time; *Am* daylight saving time

Sonder~, **~abkommen** *(VölkerRzweiseitig)* special agreement; **~abschreibung** →Abschreibung; **~aktion** special action; **~anfertigung** manufacture to customer's specification(s); **~angebot** special offer, special bargain; **~arbeitsgruppe** task force; **im ~auftrag** on a special mission; **~ausgabe** special edition

Sonderausgaben *(SteuerR*[113] *weder Betriebsausgaben noch Werbungskosten)* special expenses (deductible in assessing income tax); **~pauschale** blanket allowance for special expenses; *Am* standard deduction for expenses

Sonder~, **~ausschuss** special committee; *(ad hoc gebildet)* select committee; **~ausweis** special pass; **~beauftragter** special commissioner; **zu ~bedingungen** on special terms; **~behandlung** special treatment; **~beilage** *(e-r Zeitung)* special supplement; **~belastung** extra charge; **~bericht** special report; feature article; **~berichterstatter** special correspondent; **~besteuerung** special assessment (or taxation); **~bestimmung** special provision (or regulation); **~bevollmächtigter** special agent; **~bilanz** special purpose balance sheet; **~botschafter** ambassador-at-large; **~darlehen** special loan; **~dividende** extra dividend; **~einlage** special deposit; **~einnahmen** special receipts; **~einzelkosten** special direct costs; **~erlaubnis** special permit; **~fall** special case; **nur in ~fällen** in isolated instances only; **~fonds** special fund; **~frieden** separate peace; **~gefahren** *(VersR)* extraneous perils; **~genehmigung** special authorization; **~gesetz** special law (or statute)

Sondergut *(bei Gütergemeinschaft)*[114] special property

Sondergut sind die Gegenstände, die nicht durch Rechtsgeschäft übertragen werden können (z. B. unpfändbare Gehaltsansprüche). Das Sondergut ist Eigentum des betreffenden Ehegatten, und unterliegt dessen persönlicher Verwaltung, aber für Rechnung des Gesamtgutes.

Sondergut comprises assets incapable of transfer by legal transaction (e. g. inalienable salary rights). The special property is in the sole ownership of the spouse in question and is administered by him personally but on behalf of and for the benefit (or detriment) of joint marital property.

Sonder~, **~kartell** →Kartell; **~konto** special account; **~kosten** extra costs, special costs

Sonderleistung special (or extra) service (or performance); **~en** *(VersR)* special benefits; **freiwillige ~en des Arbeitgebers** *(z. B. Gratifikation)* payments which the employer is not contractually bound to make; bonus payments; **~en erbringen** to perform additional services

Sonder~, **~maßnahmen treffen** to take specific action; **~meinung zur Mehrheitsentscheidung** dissenting opinion; **~minister** minister without portfolio; **~nachfolger** privileged successor in title; **~nachlass** special (or extra) discount; **~opfer** special sacrifice *(→Aufopferungsanspruch)*; **~organisationen der Vereinten Nationen**[116] UN specialised agencies; **~preis** special price, exceptional price; **~prüfer**[117] special auditor; **~prüfung** special examination; *(bei AG)* special audit; **~rabatt** special (or extra) discount

Sonderrecht special right (or privilege); **~klausel** *(SeeversR)* liberties clause-termination contract of affreightment (Ende des Frachtvertrages); **jdm ein ~ zugestehen** to grant a privilege to sb.

Sonderregelung special arrangement; **~ für Ausländer** special provisions for foreign nationals; **für X gilt e-e ~** X enjoys special treatment

Sonder~, **~risiken** *(VersR)* special risks; **~rücklagen** special purpose reserves; **~schicht** extra (or special) shift; **~schuldverschreibung** special bond; **~schule** special school; **~schulwesen** special schools; **~sitzung** special meeting (or session); **~statut** special law (or statute)

Sonderstellung, **e-e ~ einnehmen** to have a special status; to occupy a special position

Sonder~, **~tagung** special session; **~übereinkommen** *(VölkerRmehrseitig)* special agreement; **~urlaub** special leave; *(bes. mil)* emergency leave; *(z. B. wegen Trauer)* compassionate leave; **~veranstaltung**[117a] special event; **~vereinbarungen treffen** to make special agreements (or arrangements)

Sonder~, **~verfahren** special proceedings (or procedure); **~vergünstigung** perquisite; *colloq.* perks; **~vergütung** special remuneration; *(ArbeitsR)* bonus; gratuity

Sondervermögen, **~ des Bundes** Federal Special Fund; *(des Gesellschafters)* separate estate; *(e-r Kapitalanlagegesellschaft)*[118] separate fund, fund's assets; **Grundstücks~** *(e-r Immobilien- Investmentgesellschaft)* assets of real estate funds; **Wertpapier~** *(e-r Wertpapier-Investmentgesellschaft)* assets of security funds

Sonder~, **~verwahrung** separate (safe) custody *(→Streifbanddepot)*; **~vollmacht** special power (of attorney); **~vorschrift** specific provision; special instruction; **~vorteil** special advantage; preference; **~votum** →Votum

Sonderziehungsrechte (SZR) *(wichtigste Form internationaler Währungsreserven)* special drawing rights (SDRs); **Einziehung von ~n** *(IWF)* cancellation of SDRs; **Gegenwert in ~n** equivalent in SDRs; **kumulative →Nettozuteilung von ~n**; **Zuteilung von ~n** *(IWF)* allocation of SDRs; **jedem Mitglied wird e-e in ~n ausgedrückte Quote zugeteilt**[119] each member shall be assigned a quota expressed in special drawing rights; **~ einziehen** to cancel SDRs; **~ zuteilen** to allocate SDRs

Sonderzug, e-n ~ einsetzen to run a special train; to lay on a special train

Sonder~, ~zulage special allowance; **~zuwendung** *(an Arbeitnehmer)* bonus

Sondierungsgespräch exploratory talk

Sonnenenergie solar energy (or power); **Umwandlung der ~ in elektrischen Strom** conversion of solar energy into electricity

Sonnenobservatorium auf Erdumlaufbahn Orbiting Solar Observatory (OSO)

Sonntags~, ~arbeit Sunday work, work on Sundays; **~arbeitsverbot** prohibition of Sunday working; **~ausgabe** Sunday edition; **~fahrverbot** prohibition against driving on Sundays; **~ruhe** Sunday observance; prohibition against working on Sundays

Sonn- und Feiertage Sundays and (public) holidays

sonstig other; **S~es** *(auf Tagesordnung)* any other business (AOB); **~e →Einkünfte**; **~es Vermögen** other property, other assets

Sorge *(Fürsorge)* care; *(Besorgnis)* concern, anxiety; **~ für die Person und das Vermögen des Kindes** →elterliche Sorge

Sorge für die Person des Kindes[120] care of the person of the child; personal custody
Sie umfasst das Recht und die Pflicht, das Kind zu erziehen, zu beaufsichtigen und seinen Aufenthalt zu bestimmen.
It includes the right and duty to care for the child and to determine his/her education and place of residence.

Sorge~, s~berechtigt entitled to the custody of the child; **~berechtigter** *(des Kindes)* person having the care and custody of the child; **Verfahren zur Feststellung des ~berechtigten** custody proceedings

Sorgepflichtiger person responsible for the care of another

Sorgerecht *(der Eltern)* child custody *(→Personensorge, →Vermögenssorge)*; **gemeinsames ~** joint custody; **Elternteil, der das ~ hat** custodial parent; **unter Verletzung des ~s** in breach of custody; **~sentscheidung** custody order

Sorgerechtsübereinkommen (Europäisches Übereinkommen über die Anerkennung und Vollstreckung von Entscheidungen über das Sorgerecht für Kinder und die Wiederherstellung des Sorgeverhältnisses)[120a] European Convention on Recognition and Enforcement of Decisions Concerning Custody of Children and on Restoration of Custody of Children

Sorgerecht, das ~beantragen to apply for custody; **das ~ für die Kinder erhalten** to be awarded custody of the children; **das ~ zusprechen** to award custody

Sorge, es macht uns große ~n this is a matter of great concern to us; **sich ~n machen um** to be worried about; **dafür ~ tragen (dass)** to ensure

sorgen, ~ für to attend to sth.; to take care of sth.; **dafür ~, dass** to ensure that; **für ein Kind zu ~ haben** to have the care of a child

Sorgfalt care, diligence; **~spflicht** duty of care (duty to take due care); **~ (wie) in eigenen Angelegenheiten** (diligentia quam in suis rebus)[121] diligence (or care) one usually employs in one's own affairs; **~ e-s ordentlichen Kaufmanns** diligence (or care) of a prudent businessman; **aufgewandte ~** care exercised; **äußerste ~** utmost care; **besondere ~** special care; **eigenübliche ~** care exercised in one's own affairs; **erforderliche ~** required (or due) care; **die im Verkehr erforderliche ~** care as is usual in the ordinary course of business; ordinary care; **→fahrlässig handelt, wer die im Verkehr erforderliche ~ außer acht läßt**; **gebührende ~** due diligence; **mangelnde ~** lack of care; **bei pflichtgemäßer ~** in exercising due care; **unterlassene ~** failure to exercise proper care; **verkehrsübliche ~** ordinary care, due diligence; *(Straßenverkehr)* due care and attention; **→Fehlen der verkehrsüblichen ~**; **~ anwenden** to exercise (or take) care; **die ~ e-s ordentlichen Geschäftsmanns anwenden**[122] to exercise the care (or to employ the diligence) of a prudent (or reasonable) businessman

sorgfältig careful; precise; **~e Ausführung** careful execution

Sorte 1. *(Art)* kind, sort; species; variety; *(Qualität)* quality, grade; *(Marke)* brand; **die besseren ~n →fehlen gänzlich**; **erste ~** first- class quality; grade A; **e-e gute ~** a good brand; **Apfelsinen~n** varieties of oranges; **Mittel~** middle quality, middling; **Pflanzen~** plant variety

Sorten~, ~liste list of plant varieties; **~schutz** protection of plant varieties; **~schutzgesetz**[123] plant varieties protection law; **~schutzrolle** Register of Plant Varieties

Sorte, nach ~n einstufen to grade

Sorten 2. *(ausländisches Bargeld)* foreign (bank) notes and coin; **~geschäft** foreign notes and coin business; **~handel** dealing in foreign notes and coin; **~kurs** rate for foreign notes and coin

sortieren to sort; to classify, to arrange in groups; to grade, to arrange in grades

sortiert, gut ~ *(verschiedene Sorten)* well assorted

Sortierung sorting, grading

Sortiment assortment, range (or goods); miscellaneous stock; sales mix; variety (of goods); **~sbreite** assortment range; **~sbuchhändler** retail bookseller; **~serweiterung** extending the variety of goods; diversification; **das ~ straffen** to reduce the variety of one's goods

Souveränität sovereignty

sozial social; **~ ungerechtfertigte** →**Kündigung**; **~e Abgaben** →Sozialabgaben; **~er** →**Abstieg**; **~er** →**Aufstieg**; **~e Aufwendungen** →Sozialkosten; **im ~en Bereich** in the social field; **~e Berufe** professions associated with social work; **auf ~er Ebene** on the social plane; **~e Einrichtungen** social services, social facilities; *(e-s Betriebes)* employees' amenities; **~es Engagement** social involvement (or commitment); **~e Erträge** *(volkswirtschaftliche Erträge)* social benefits; **~e Fürsorge** →Sozialarbeit; **~e Gerechtigkeit** social justice

soziales Jahr, ein freiwilliges ~ ableisten[124] to engage in voluntary welfare work for one year

sozial, ~e Kosten social costs (for environmental protection) *(anders →Sozialkosten)*; **~e Lasten** →Soziallasten; **~e** →**Marktwirtschaft**

soziale Sicherheit[125] social security; →**Gleichbehandlung von Inländern und Ausländern in der sozialen Sicherheit**

Soziale Sicherheit, Vorläufiges Europäisches Abkommen über ~ unter Ausschluss der Systeme für den Fall des Alters, der Invalidität und zugunsten der Hinterbliebenen[125 a] (mit Anhang I-III[125 b]) European Interim Agreement on Social Security other than Schemes for Old Age, Invalidity and Survivors (with annex I-III)

Soziale Sicherheit, Vorläufiges Europäisches Abkommen über die Systeme der Sozialen Sicherheit für den Fall des Alters, der Invalidität und zugunsten der Hinterbliebenen[125 c] (mit Anhang I-III[125 d]) European Interim Agreement on Social Securities Schemes Relating to Old Age, Invalidity and Survivors (with annex I-III)

soziale →**Unruhen**

soziale Unterschiede, Abbau der sozialen Unterschiede elimination of social disparities

sozial, ~e →**Wiedereingliederung**; **~er Wohnungsbau** publicly assisted housing; (construction of) low-cost housing (subsidized by the state or local authorities); *Br (etwa)* council housing

Sozial~, ~abgaben social security contributions (or *Am* taxes); **~amt** social welfare authority (or office); *Am* welfare agency; **~arbeit** social work; welfare work; social services; **~arbeiter(-in)** social worker; **~ausgaben** *(des Staates)* social expenditure; *Am* welfare expenditure; **~bericht** *(der Bundesregierung)* social policy report; *(e-r Gesellschaft)* socio-economic report (social section of company or corporate annual report); **~bilanz** social costs and benefits accounting; company or corporate socio-economic accounting; →**Europäische ~charta**; **~demokrat** Social Democrat; **~demokratische Partei** (SPD) Social Democratic Party; **~einrichtungen** social services, social facilities; welfare institutions; **~etat** social budget; **~forschung** social research; **~fürsorge** social welfare; community care; **~gefüge** social structure

Sozialgericht social court (court of social security and related matters); →**Bundes~**; →**Landes~**; **~sbarkeit** social jurisdiction; jurisdiction of the social courts

Sozialgesetzbuch (SGB) (planned) code of social law (embracing laws on social security and services, vocational training, procurement of employment and kindred matters)

Sozialhilfe public assistance; state welfare assistance; *Am bes.* social welfare (benefits); *Br (Geldleistungen)* income support; **~ für Deutsche im Ausland**[127] social assistance for Germans abroad; **~ in besonderen** →**Lebenslagen**; **~empfänger** recipient of social assistance; **~leistungen** social assistance benefits; **~träger** (state or municipal) authorities responsible for public assistance; **Formen der ~ sind persönliche Hilfe, Geldleistung oder Sachleistung**[128] state welfare assistance is granted in the form of personal assistance, cash benefits or benefits in kind

Sozialhilfe beziehen to be in receipt of state welfare assistance; *colloq.* to be on social security; *Am* to be on (social) welfare; *Br* to be in receipt of income support

Sozialklausel[129] hardship clause in favo(u)r of the tenant

Der Mieter kann der Kündigung des Mietvertrages durch den Vermieter widersprechen, wenn die vertragsgemäße Beendigung für den Mieter eine Härte bedeuten würde, die auch unter Würdigung der berechtigten Interessen des Vermieters nicht zu rechtfertigen ist.

The tenant can object to the landlord's notice to terminate the tenancy, if the termination of the tenancy in accordance with its terms would impose on the tenant a hardship which is unjustifiable even taking into account the legitimate interests of the landlord.

Sozialkosten employee benefit costs; **gesetzliche ~** *(z. B. →Arbeitgeberanteil zur Sozialversicherung)* statutory social insurance costs

Soziallasten →Sozialkosten

Sozialleistungen Sozialleistungen *(des Staates und der Ortsbehörden)* social services; *(aus Sozialversicherung)* social security benefits; *(aus Sozialhilfe)* (non-contributory) social security benefits; **betriebliche ~** →Sozialkosten; **freiwillige betriebliche ~** *(Lohnnebenleistungen)* fringe benefits

Sozial~, ~ökonomie social economics; **~ordnung** social order (or system)

Sozialpartner *(Gewerkschaften und Arbeitgeberverbände)* the two (or both) sides of industry; *Am* management and labor; (trade) unions and employers; social partners; parties to collective agreements; **Beziehungen zwischen den ~n** relations between both sides of industry; industrial relations; labo(u)r relations

Sozialplan[130] social compensation plan (in the case of a →Betriebsänderung)

Sozialpolitik social policy; **im Rahmen der ~** within the framework of social policy

sozialpolitisch socio-political; **Angelegenheiten ~er Art** matters in connection with social policy

Sozialprodukt national product; →**Brutto~**; →**Netto~**

Sozialrecht social law

Sozialreformen in Angriff nehmen to undertake social reforms

Sozial~, ~rente pension from social security; **~schutz** social protection; **~staat** *(sozialer Rechtsstaat)*[131] social state based on the rule of law; **~statistik** social statistics; **~struktur** social structure

Sozialversicherung social insurance, social security (system), *Br* National Insurance *(→Angestelltenversicherung, →Krankenversicherung, →Rentenversicherung, →Unfallversicherung)*; **Beiträge zur ~ (od. ~sabgaben)** social security contributions; *Br* National Insurance contributions; *Am* payroll taxes; **~sabkommen** *(VölkerR)* Social Security Agreement *(→soziale Sicherheit)*; **~sanspruch** claim to social security benefits; **~sbeiträge** s. Beiträge zur →Sozialversicherung; **~sbezüge** social security benefits; **~sleistungen** social security benefits; **s~spflichtig** liable to contribute to social security; **~recht** social security law; **~srente** social security benefit; **~sträger** social security authorities (or institutions); *Am* social security carrier; **bei der ~ angemeldet** registered with the social security institution; **e-e Rente aus der ~ beziehen** to draw a social security pension

Sozial~, ~vorschriften social welfare provisions; **~wesen** social welfare matters; **s~wirtschaftlich** socio-economic; **~wirtschaftler** socio-economist; **~wissenschaften** social sciences

Sozialwohnung social (low-cost) housing; *Br (etwa)* council flat (or house) *(→sozialer Wohnungsbau)*; **Mieter von ~en** *Br* council tenants

Sozialzulage supplementary allowance (extra pay to provide for employee's special needs arising out of his family circumstances, e. g. number of children, age etc)

sozialisieren to socialize; *Br* to nationalize, to transfer from private to state ownership

Sozialisierung socialization; *Br* nationalization

Sozialismus socialism

Sozialistische Internationale (SI) Socialist International

Sozietät partnership; **~ von Rechtsanwälten** partnership of lawyers *(Am attorneys)*; **aus e-r ~ ausscheiden** to retire as a partner

Soziologie sociology

Sozius partner

spaltbares Material *(AtomR)* fissionable material

Spalte *(e-r Zeitung)* column; **besondere ~** feature

spalten, sich ~ to split(up); →**ge~er Devisenmarkt**

Spaltgesellschaft *(IPR)* divided company (or corporation)

Gesellschaft, z. B. Aktiengesellschaft, die nach Enteignung in einem Staat in einem anderen Staat, in dem sie Vermögen hat, als abgespaltene Gesellschaft fortbesteht und auch als Restgesellschaft bezeichnet wird.

Term employed in private international law and international law relating to expropriation of companies to describe a company which was nationalized (or expropiated, confiscated) in one state but which continues to exist in antother state where it has property or members (shareholders).

Spaltung splitting

Spanien Spain; **Königreich ~** kingdom of Spain

Spanier(in) Spaniard

spanisch Spanish

Spanne margin; spread; range; difference; →**Gewinn~**; →**Handels~**; →**Zins~**

Spannung tension; strain; **~en auf dem →Arbeitsmarkt**; **~sfall**[132] state of tension; **~sgebiet** area of tension; **~en abbauen** to ease (or reduce) tensions; **~en steigern** to increase tensions

Spannweite range

Sparaufkommen bei Kreditinstituten savings accruing at banks

Sparbrief savings certificate; **Ausgabe von ~en** issuing of savings certificates

Sparbuch savings bank book; passbook

Spareinlagen savings deposits; **~ mit gesetzlicher Kündigungsfrist** savings deposits with a legal period of notice; **~ mit vereinbarter Kündigungsfrist** savings deposits with agreed period of notice; **→prämienbegünstigte ~**

Sparförderung, **staatliche ~** governmental savings promotion

Spar~, **~gelder** *(e-s Kreditinstituts)* →Spareinlagen; **~giroverkehr** savings banks' giro transfer system; **~guthaben** deposits on a savings account; *(des Bausparers)* credit balance

Sparkasse savings bank; **→Post~**; **~nbuch** →Sparbuch; **~nleiter** savings bank manager; **~nrevision** audit of savings banks; **Spar- und Darlehenskassen** savings and loan banks (rural credit cooperatives)

Sparkonto savings account; *Br* deposit account; **Inhaber e-s ~s** holder of a savings account; **Geld auf sein ~ einzahlen** to put money in (or into) one's savings account

Spar~, **~maßnahmen** economy (or economizing) measures; **~neigung** propensity to save; **~plan** savings plan

Sparprämie 1. savings premium (paid to young savers by a savings bank); *(nach dem Sparprämiengesetz)*[133] (government) savings bonus (for holders of savings accounts that have been maintained for 6 years); **Gutschriften von ~n** amounts credited in respect of savings bonuses

Spar~, **~quote** savings ratio; **~schuldverschreibungen** savings bonds; **~tätigkeit** saving (activity); **~vertrag** savings agreement; **~zugang** accrual of savings; **~zins** interest rates on savings deposits; **Arbeitnehmer- ~zulage**[134] employees' savings allowance

Sparen saving; **→steuerbegünstigtes ~**; **Zwangs~** forced saving

sparen to save; *(einsparen)* to economize; **Arbeit ~** to save labo(u)r; **Öl ~** to economize on oil

Sparer saver; (savings bank) depositor; **~publikum** saving public

sparsam economical, thrifty; **~ sein (od. umgehen) mit** to economize on

Sparsamkeit economy, thrift; **aus Gründen der ~** for reasons of economy

Sparte *(Fach, Gebiet)* branch, line; *(VersR)* class; *(Zeitungsteil)* section

später, **~er Anmelder** *(PatR)* subsequent applicant; **~er Anspruch** later claim; **zu e-m ~en Termin** at a later date

spätestens, **bis ~ 1. Januar** by January 1 at the latest

Spät~, **~schaden** *(VersR)* belated claim; **~wirkungen ionisierender Strahlen** delayed effects of ionizing radiation

SPD →Sozialdemokratische Partei Deutschlands

Spediteur forwarder; forwarding agent; carrier; shipper; **bahnamtlicher ~** common carrier; **→Gelegenheits~**; **→Möbel~**; **→Seehafen~**; **→Zwischen~**; **Allgemeine Deutsche ~-Bedingungen** (ADSp) German General Conditions for Forwarders; **~-Pfandrecht**[135] forwarding agent's statutory lien; **~-Übernahmebescheinigung** forwarder's receipt, Forwarding Certificate of Receipt (FCR)

Spedition forwarding; shipping; **~ zu festen Spesen**[136] forwarding at fixed charges; **See~** shipping; **~sfirma** forwarding agency; **~sgebühr** forwarding charge; **~sgewerbe** forwarding (or *Am* shipping) business (or trade); **~skaufmann** forwarding merchant; **~sversicherungsschein** (SVS) forwarding agent's insurance certificate; **~svertrag** forwarding (or shipping) contract

Speicher *(Lagerhaus)* warehouse, store(house); *(EDV)* storage, memory; **~miete** warehouse rent

speichern *(auf Lager nehmen)* to store; to warehouse; *(EDV)* to store, to record

speichernde Stelle *(Verantwortlicher für die Datei bei der Verarbeitung →personenbezogener Daten)* controller of the file

Speicherung storage; **~ von Daten** *(EDV)* storage of data

Spekulant speculator; speculative dealer; operator (engaged in speculation on the stock exchange); gambler; jobber; **→Aktien~**; **→Baisse~**; **→Börsen~**; **→Grundstücks~**; **→Hausse~**

Spekulation speculation; gambling; (stock) jobbing; *(gewagtes Unternehmen)* venture; **→Aktien~en durchführen**; **→Baisse~**; **→Börsen~**; **→Fehl~**; **→Grundstücks~**; **→Hausse~**; **~steuer**[137] tax on speculative gains; **sich auf**

gewagte ~en einlassen to engage in risky speculations

Spekulations~, ~geschäfte speculative operations (or transactions); **~gewinn** speculative profit (or gain); **~kapital** venture capital, risk capital; **~käufe** speculative buying; **~papiere** speculative securities (or shares, stocks); **unsichere ~papiere** *Am* fancy stocks; **~verkäufe** speculative selling; **die ~welle ist abgeebbt** the wave of speculation has declined

spekulativ speculative; →**Abwehr des Zuflusses ~er Auslandsgelder**; **Eindämmung des ~en Kapitalzuflusses** stemming the inflow of speculative capital

spekulieren to speculate; **an der Börse ~** to play the stock market; to gamble on the stock exchange; **auf Baisse ~** to speculate for a fall; **auf Hausse ~** to speculate for a rise

Spende donation; **Sach ~** donation in kind; **~n für gemeinnützige Zwecke**[138] charitable contributions; **~n an politische Parteien** contributions (or donations) to political parties; **~aktion** fund raising; **e-n Appell an die Öffentlichkeit zur ~ von Geldmitteln richten** to make a public appeal for funds

spenden to donate, to contribute; to give (to a good cause)

Spender donor; **Blut~** blood donor

Sperre *(Fahrerlaubnis)*[139] ban on grant of new *Br* driving (*Am* driver's) licen|ce (~se); stoppage; *(Maßnahme, die etw. verhindert)* ban, embargo; *(Boykott)* boycott; →**Einfuhr~**; →**Einwanderungs~**; →**Kredit~**; →**Liefer~**; →**Scheck~**; →**Urlaubs~**; **die ~ durchführen** *(beim Boykott)* to respond to a boycott request; **die ~ aufheben** to lift the ban; **e-e ~ verhängen** to place a ban (über on)

sperren to stop; to block; *(Hafen etc)* to close; *(Ausfuhr, Einfuhr etc)* to embargo; *(beim Boykott)* to boycott; *(Zufuhr)* to cut off; **e-n Grenzübergang ~** to close a border crossing; **ein Konto ~** to block an account; **e-n abhandengekommenen Scheck ~** to stop (payment of) a lost cheque (check)

gesperrt, ~ gedruckt spaced (out); **für Fahrzeuge ~** closed to vehicles; **~es Konto** blocked account; **~er Scheck** stopped cheque (check)

Sperrer *(der beim Boykott die Sperre durchführt)* boycotter, party responding to a boycott request

Sperrfrist blocking period, freeze period; *(UWG)*[139a] period of abstention; **e-e ~ einhalten** to observe a blocking period

Sperr~, ~gebiet prohibited area (or zone); restricted area; **~gut** bulky goods; measurement goods (or cargo); **~guthaben** blocked (credit) balance; **~jahr**[140] twelve-month ban; restrictive year; **~klausel** restrictive (or barring) clause; **~konto** blocked (or frozen) account; **~liste** *(Börse)* stopping list; **~minorität** *(AktienR)* blocking minority *(number of votes needed to block a majority decision)*; **~müll** bulky refuse (or waste); **~patent** defensive patent, blocking-off patent; **~stücke** blocked securities; **~stunde** closing hour (or time); *(Ausgehverbot)* curfew; **~vermerk** blocking note

Sperrzeit, während der ~ ruht der Anspruch auf Arbeitslosengeld[141] entitlement to unemployment benefit shall be suspended for the period of disqualification

Sperr~, ~zoll prohibitive duty; **~zone** →Sperrgebiet

sperrig bulky; **~e Güter** bulky goods, measurement goods (or cargo); **~e Ladung** bulk cargo

Sperrung blocking; stoppage; embargo

Spesen expenses, charges; →**Reise~**; **abzüglich der ~** charges (to be) deducted; **kleine ~** petty expenses; **sämtliche ~ inbegriffen** all charges included; **~abrechnung** statement of expenses; expense report; **s~frei** free (or clear) of charges, charges paid; free of expense; **~konto** expense account; **~pauschale** float; lump sum (payment) to cover (or for) expenses; **~platz** place where bills and cheques (checks) are collected subject to charges *(Ggs. Pariplatz)*; **~rechnung** bill of charges; note of expenses; **~rückerstattung** reimbursement of expenses (incurred); **~vorschuss** advance on expenses; **über ~ abrechnen** to state one's expenses; **jdm seine ~ erstatten** to reimburse sb. for his expenses; to refund sb.'s expenses

Spezial~, ~artikel special(i)ty (goods), special article(s); **~bank** *(z. B. Hypothekenbank)* special bank; **~fonds** →Fonds 2.; **~geschäft** one- line shop (or store); special(i)ty shop (or store); **~handel** special trade

Spezialkenntnisse special knowledge; **~ e-r Herstellungsmethode** manufacturing know-how

Spezial~, ~prävention concept that purpose of punishment is to deter the offender from further wrongdoing; **~vollmacht** special power (of attorney); **~werte** *Br* specialities (*Am* specialties) (shares or stocks)

spezialisieren, sich ~ auf etw. to specialize in sth.; to make a special feature of sth.

spezialisiert, die Firma ist ~ auf the firm is specializing in

Spezialisierung specialization; **~skartell** →Kartell

Spezies~, **~erfindung** specific invention; **~kauf** purchase of specified (or specific, ascertained) goods *(Ggs. Gattungskauf)*; **~schuld** specific obligation *(Ggs. Gattungsschuld)*

Spezifikation specification; *(Bestimmung für e-n bestimmten Zweck)* appropriation; (Herstellung e-r neuen bewegl. Sache durch Verarbeitung)[142] specification (acquisition of title to a chattel by working it into new forms); **~skauf** sale by buyer's specification

spezifisch, **~er Zoll** specific duty; **~e Zölle in Wertzölle umwandeln** to convert specific duties into ad valorem duties

spezifizieren to specify, to give particulars; to particularize; to itemize

spezifizierte Rechnung detailed (or itemized) account (or bill)

Spezifizierung specification; *Am bes.* itemization; **e-e ~ vornehmen** to make a specification

Spiel game; →**Glücks~**

Durch Spiel oder Wette wird eine Verbindlichkeit nicht begründet.[143]

Gaming and betting results in an unenforceable debt (but no claim lies for the repayment of any money paid in settlement of this debt).

Spielbank, **zugelassene öffentliche ~** licensed public gambling casino (or establishment); **e-e ~ sprengen** to break a bank

Spiel~, **~geräte** gambling machines; juke boxes; **~gewinn** money won in gambling; winnings; **~kartensteuer** tax on playing cards; **~kasino** gambling casino

Spielraum *fig* margin, (full) scope; **Ermessens~** scope for discretion; **~ gewähren** to leave a margin

Spiel~, **~schulden** wagering (or gaming) debts; **~theorie** theory of games; **~- und Wettschulden** gaming and betting debts; **~verluste** losses incurred in gambling; **~vertrag** wagering contract; **~waren** toys

Spiel, **aufs ~ setzen** to put (capital etc) at risk; to jeopardize; to put at stake; **auf dem ~ stehen** to be at stake

Spion spy; *(im Auftrag der eigenen Regierung)* secret agent; **Industrie~** industrial spy

Spionage espionage; →**Gegen~**; →**Wirtschafts~**; **~abwehr** counter(-)espionage, counter(-)intelligence *(→Abwehrdienst)*; **~dienst** →Nachrichtendienst; **sich für ~dienste anwerben lassen** to let oneself be drafted (or employed, *Am* hired) for intelligence (espionage) services; to agree to serve as a spy (or agent, intelligence agent); **e-n ~fall aufdecken** to uncover an espionage case; **~netz** spy network; **~prozess** espionage trial, spy trial; **s~verdächtig** suspected of espionage; **~ begehen** to commit (or to engage in) espionage

Spitze top; *fig* peak; *(überschießender Betrag)* remaining margin; **~n** *(Börse)* fractional shares; →**Verkehrs~**; **an der ~ stehen von** to be at the head (or top) of; **an der ~ e-r Liste stehen** to head a list

Spitzen~, **~aktien** blue chips; **~beamter** topranking official; **~belastung** peak load; **~ertrag** peak yield; **~erzeugnis** top-quality product; **~gehalt** top salary; **~gewinne** *(Börse)* top gains; **~kandidat** *(bei e-r Wahl)* most favo(u)red candidate; No. 1 candidate; front runner; **~leistung** peak performance; **~lohn** top wage (or pay); **~marke** brand leader; **~organisation**[144] leading organization, central organization; **~papiere** blue chips; leading securities; **~politiker** leading politician; **~preis** top price; **~qualität** top quality; **~regulierung** *(Börse)* settlement of fractions; **~satz** top rate; **~stellung** top position; **~technik (od. ~technologie)** high technology; **~unternehmen** blue chip undertaking; **~verband** leading association; **~verkauf(szahlen)** peak sales; **~verkehr** peak traffic; **~werte** *(Börse)* leading shares; blue chips; **~zeiten** *(des Verkehrs)* rush hour, peak (traffic) hour(s)

Spitzel (common) informer; →**Lock~**; **Polizei~** police informer; undercover agent

Spitzen *(Börse)* fractional shares, fractions

Split, →**Aktien~**

Splitter~, **~gruppe** splinter group; **~partei** splinter party; **die Partei hat sich in ~gruppen gespalten** the party has split into factions

Splitting *(Ehegattenbesteuerung)*[145] splitting; system of joint assessment of spouses (which ensures that their tax liability is no greater than it would have been if they had been assessed as single persons); **unter ~ des Einkommens zusammen veranlagt werden** to be assessed jointly under the splitting system

Spot *(kurze Werbesendung im Fernsehen od. Radio)* TV spot, radio spot

Spot~, **~geschäfte** *(Warenbörse)* spot transactions; **~kurs** *(Warenbörse)* spot price; **~sendung** spot broadcast

Sprache language; →**Arbeits~**; →**Rechts~**; **~ndienst** *(z. B. e-s Ministeriums)* foreign language department

Sprachkenntnisse knowledge of languages; **e-n Test über genügend englische ~ bestehen** to pass an English language proficiency test

Sprachwerk *(UrhR)*[145a] literary work

Sprech~, **~anlage** intercom(munication system); **~funk** radiotelephony; **~stunde** consulting hour; *Br (e-s Arztes)* surgery hours; *Am* office hours; **~zeit** speaking time

sprechen, **Recht ~** to administer justice

Sprecher, **offizieller ~** spokesman; **~ der Bundesregierung** Federal Government spokesman

Sprengstoff explosive; **Umgang mit ~en** handling explosives; **~attentat** explosive attack; **illegaler ~besitz** illegal possession of explosives; **~gesetz** (Gesetz über explosionsgefährliche Stoffe)[146] Explosives Act; **~- und Strahlungsverbrechen**[147] crimes caused by the use of explosives or nuclear energy

Spruch award, verdict *(→Schiedsspruch)*; **~ der →Einigungsstelle**; **gegen den ~ des Schiedsgerichts kann ein Rechtsmittel nicht eingelegt werden** no appeal shall lie against the award of the arbitration tribunal

sprunghaft, **~ in die Höhe gehen** *(Preise)* to rise by leaps and bounds; **die Preise sind ~ gestiegen** *colloq.* prices have jumped

Sprung~, **~klage**[147a] leap-frog action; **~regreß** *(beim Wechsel od. Scheck)*[148] recourse to a prior endorser (or party); **~revision** leap-frog appeal; **~rückgriff** →Sprungregreß

Spur 1. *(Fußabtritt etc)* trace; track; **~ensicherung** preserving traces; **~en hinterlassen** to leave traces; **jdm auf der ~ sein** to be on the track of sb.; **~en sichern** to preserve traces; **e-e falsche ~ verfolgen** to be on the wrong track; **~en verwischen** to remove traces

Spur 2. *(Fahrbahn)* lane; **in der ~ bleiben** to keep (or stay) in lane; **die ~ wechseln** to change lanes

spurig, **2~e Straße** two-lane road; **4~iger Verkehr** four-lane traffic

Sri Lanka Sri Lanka; **Demokratische Sozialistische Republik ~** Democratic Socialist Republic of Sri Lanka

Srilanker(in) Sri Lankan

srilankisch (of) Sri Lanka, Sri Lankan

Staat state; **der ~ als Fiskus** the state in its fiscal capacity; **→Bundes~**; **→Empfangs~**; **→Entsende~**; **→Gläubiger~**; **→Heimat~**; **→Mitglieds~**; **→Nichtvertrags~**; **→Signatar~**; **→Vertrags~**; **der →ersuchende ~**; **der →ersuchte ~**; **der geschädigte ~** the injured state

Staaten~, **~bund** confederation (of states); confederacy; **~gemeinschaft** community of states

Staatenimmunität[148a] immunity; *Am* Foreign Sovereign Immunity; **Europäisches Übereinkommen über ~**[148b] European Convention on State Immunity

staatenlos stateless; **~es Gebiet** (Niemandsland) *(VölkerR)* terra nullius; **~ werden** to become (or be rendered) stateless

Staatenlose stateless persons; **Ausweisung e-s ~n**[149] expulsion of a stateless person; **Einbürgerung e-s ~n** naturalization of a stateless person; **Rechtsstellung der ~n**[150] status of stateless persons

Staatenlosigkeit, **Übereinkommen zur Verminderung der ~**[151] Convention on the Reduction of Statelessness

Staaten~, **~nachfolge (od. ~sukzession)** succession of states

Staatenverbindung union of states

staatlich state; public; government(al); **nicht~** non(-)governmental; **~ →anerkannt**; **~ kontrolliert** government-controlled; **~ unterstützt** state-supported; government-aided; **der ~en Aufsicht unterliegen** to be subject to state supervision; to be controlled by the government; **~e Beihilfe** state aid; state subsidy; **in ~em →Besitz**; **~e →Beteiligungen**; **~er Eingriff** *(in die Wirtschaft)* government intervention; **~er →Grundbesitz**; **~es →Handelsmonopol**; **~er Hoheitsakt** act of state; **~e →Renten**; **~e Stelle** government(al) agency; **~es Unternehmen** stateowned enterprise; state-run enterprise; public undertaking; **~er Zuschuss** subsidy

Staatsakt act of state; *(feierlicher)* Staatsakt state ceremony

Staatsangehöriger *(Staatsbürger)* citizen, subject; *(Inländer)* national; **amerikanischer ~** American citizen, citizen of the United States; **amerikanischer ~ von Geburt** natural-born American citizen; **britischer ~** national of the United Kingdom; British subject; **britischer ~ von Geburt** natural-born British subject; **deutscher ~** German citizen (or national); **~ der Mitgliedstaaten** *(EU)* Community national

Staatsangehörigkeit nationality, citizenship; national status; **amerikanische ~** American citizenship; **britische ~** British citizenship; **doppelte ~** *Br* dual (*Am* double) nationality; **ursprüngliche ~** original nationality; **~ durch Einbürgerung** citizenship by naturalization; **~ verheirateter Frauen**[152] nationality of married women; **→Aberkennung der ~**; **→Aufgabe der ~**; **(Erklärung der) Beibehaltung der ~** (declaration of) retention of nationality; **→Erwerb e-r ~**; **Inhaber von zwei ~en** →Doppelstaater; **Inhaber mehrerer ~en** →Mehrstaater; **→Verleihung der ~**; **Verlust der ~** loss of nationality (or citizenship); **Wiederannahme der ~** resumption of nationality; **~sausweis** certificate of nationality; **~sehe**

marriage for the (only) purpose of acquiring a nationality; **~sprinzip** *(IPR)* principle of nationality; **~swechsel** change of nationality; **jdm die ~ →aberkennen; seine ~ →aufgeben; seine ~ →beibehalten; die deutsche ~ besitzen** to possess German citizenship; to be a German national; **jdm die ~ entziehen** to deprive sb. of his nationality (or citizenship) *(→ausbürgern)*; **~erwerben** to acquire nationality; **die ~ verleihen** to grant nationality; **seine ~ verlieren** to lose one's nationality; to be expatriated; **die britische ~ verlieren** to cease to be a British subject

Staats~, **~angelegenheiten** affairs (or matters) of state; state affairs; **~anleihe** government loan, government bond, state bond; **~anleihen** *Br* government stock

Staatsanwalt public prosecutor; *Br* Crown Prosecutor; *Am* prosecuting attorney, district attorney; **~schaft** public prosecutor's office; *Br* Crown Prosecution Service; *Br (für wichtige Strafsachen)* (office of the) Director of Public Prosecutions; *Am* office of the district attorney

Staats~, **~anzeiger** *(in einigen Bundesländern)* Official Gazette; **~apparat** state machinery; **unter ~aufsicht** under government supervision, controlled by the state; **~auftrag** government contract; **~ausgaben** public spending (or expenditure); government spending (or expenditure); **~bank** state bank; **~bankrott** national bankruptcy

Staatsbeamter civil servant; government official; state official; **~ sein** to be in the civil service

Staatsbegräbnis state funeral

Staatsbesitz state (or government) property; **im ~** state-owned, government-owned

Staatsbetrieb state(-owned) enterprise; public (-ly owned) enterprise

Staatsbürger citizen; *Br (auch)* subject; **~ mit Wohnsitz im Ausland** citizen resident abroad; *Am* non(-)resident citizen; **~kunde** civics; **~rechte** civil (or civic) rights; **~schaft** *(Österreich)* →Staatsangehörigkeit

staatsbürgerliche Rechte und Pflichten civic (or civil) rights and duties

Staats~, **~bürgerschaft** citizenship; **~bürgschaft** state guarantee; **~chef** head of state

Staatsdienst civil service; *Am (auch)* public service; **in den ~ aufgenommen werden** to be admitted into the Civil Service; **in den ~ eintreten** to enter the Civil Service

Staats~, **~dienstbarkeiten** *(VölkerR)* international servitudes; **~domäne** government farm; *Br* crown estate, demesne (land) of the Crown; *Am* public domain; **s~eigen** state-owned, government-owned

Staatseigentum *(Recht)* public (or state, government) ownership; *(Objekt)* public (or state, government) property; **im ~** (befindlich) state(or publicly) owned; **in ~ überführt werden** to be transferred into the ownership of the state; *Br* to be nationalized

Staats~, **~einkünfte** →Staatseinnahmen; **~einnahmen** public (or state, government) revenue; *Br (aus inländischen Steuern und Abgaben)* inland revenue; *Am* internal revenue

Staats~, **~empfang** state (or official) reception; **~erbrecht**[153] statutory right of the state to succession *(→Heimfallsrecht des Fiskus)*; **~feierlichkeiten** state ceremonies; **s~feindlich** anarchist; *(umstürzlerisch)* subversive; **~finanzen** public finances; national finances; **~finanzierung** state (or government) financing; **~flagge** national flag; **~form** form of government; **s~freies Gebiet** *(IPR)* area not subject to national sovereignty (e. g., the high seas); **~garantie** government guarantee; **~gebiet** national territory, territory of the state; **s~gefährdend** endangering the (democratic) constitution; **s~gefährdende Tätigkeiten** subversive activities; **~gefährdung** endangering the (democratic) constitution; threatening the democratic order of the state; **~geheimnis**[154] state secret *(→Landesverrat)*; **~gelder** public funds; **~gerichtshof** Constitutional Court (of some →Länder); **~geschäfte** state affairs

Staatsgewalt public authority; **→Widerstand gegen die ~; alle ~ geht vom Volk aus**[155] all state authority emanates from the people

Staats~, **~grenze** state border (or boundary); frontier of a state; *Am* national boundary; **~haftung** state liability; liability of public authorities and officials

Staatshandel state trading; **~sländer** state-trading countries (countries with government-controlled foreign trade)

Staats~, **~haushalt** state budget *(→Haushalt 2.)*; **~hoheit** sovereignty *(→Hoheitsgebiet)*; **~interesse** national (or public) interest; interest of the state; **~kapitalismus** state capitalism

Staatskasse *(Gesamtheit der Kasseneinrichtungen) state* treasury; public purse; *Br* exchequer; *(Barmittelbestand des Staates)* government funds, public funds; **die ~ ist leer** treasury funds have been exhausted

Staats~, **~kirche** state church, established church; **auf ~kosten** at (the) public expense, at state expense; *Br* at government expense; **~kredit** state (or government) credit; **~kunst** statecraft, statesmanship; **allgemeine ~lehre** general theory of the state *(→Staatswissenschaft)*; **~lieferant** government contractor; **~lotterie** state lottery; **~mann** statesman; **s~männisch** statesmanlike; **~meergebiet** *(VölkerR)* maritime territory; **~minister** minister of state *(in der BRD Amtsbezeichnung einzelner parlamentarischer →Staatssekretäre)*; **~monopol** *(z. B. Postmonopol)* government monopoly; fiscal monopoly; **~notstand** state emergency; national emergency; **~oberhaupt** head of (a) state

Staatspapiere *(z. B. Schatzwechsel, Staatsanleihen)* government securities; *Br* government funds; *Br (Gesamtheit aller an der Börse gehandelten Staatspapiere)* government stocks; **sein Geld in ~n anlegen** to invest one's money in government securities; *Br (auch)* to fund one's money

Staats~, **s~politisch** relating to national policy; **~präsident** president of the state; **~prüfung** state examination; **~raison** *pol* reason of state; raison d'état; **~recht** public law; constitutional law; **s~rechtlich** relating to public (or constitutional) law; constitutional

Staatsschuld national debt; *Am (auch)* public debt; **~buch** (National) Debt Register *(→Schuldbuchforderung)*; **~enaufnahme** state borrowing; **~verschreibungen** *Br* government bonds; *Am* public bonds; *Am (einzelstaatlich)* state bonds

Staatsschutzdelikte crimes against the (security of the) state (including treason, destruction of and damage to military installations, membership of illegal political organizations and similar offences)

Staatssekretär undersecretary of state; *Br* (beamteter Staatssekretär) permanent undersecretary; **parlamentarischer ~** parliamentary undersecretary

Staats, **~servituten** →**~dienstbarkeiten**; **~sicherheit** security (or safety) of the state; national security; **~sicherheitsdienst** (Stasi) *(der ex-DDR)* state security police; **~siegel** Seal of State; *Br* Great Seal; **~sozialismus** state socialism; **~stellung** government position; **~streich** coup d'état; **~subvention** state (or government) subsidy; **~titel** →Staatspapiere; **~trauer** national mourning; **~treue** allegiance; **~unternehmen** state- owned enterprise (or company); company under state control; **~verbrauch** government consumption (public expenditure on goods and services); **~verbrechen** crime against the State; **~verdrossenheit** public disaffection with the government; **~verleumdung** defamation of the state; **~vermögen** property of the state, public property; **~verpflichtungen** tax liabilities; **~verschuldung** state (or national) indebtedness; **~vertrag** *(Vertrag eines Bundeslandes mit einem anderen Bundesland, mit dem Bund oder mit auswärtigen Staaten)* State Treaty

Staatsvertrag zwischen der BRD und der DDR (1. 7. 1990) Treaty between the Federal Republic of Germany (FRG) and the German Democratic Republic (GDR)
Der Vertrag bildete den ersten und entscheidenden Schritt auf dem Weg zur Schaffung eines einheitlichen deutschen Staates. Er schuf eine Währungs-, Wirtschafts- und Sozialunion.
The treaty represented the first and decisive step on the way to the creation of a unified Germany, establishing a monetary, economic and social union

Staats~, **~verwaltung** state (or public) administration; **~wappen** state (coat of) arms; **~wirtschaft** public (or state) economy; **~wissenschaft** political science; **~wissenschaftler** political scientist; **~zugehörigkeit** *(z. B. e-s Schiffes)* nationality; **~zugehörigkeitszeichen** *(e-s Flugzeugs)* nationality mark; **~zuschuss** government grant (or subsidy)

Stab 1. *fig* staff; **~ von Mitarbeitern** staff of assistants
Stab 2. *(beratende Mitarbeiter, meist ohne Weisungsbefugnis)* staff *(Ggs. Linie)*; **~saufgaben** staff functions; **~spersonal** staff personnel; **~sstelle** *(z. B. Pressestelle, Sekretariat)* staff position

Stabex-System *(EU)* Stabex system *(s. System zur →Stabilisierung der Ausfuhrerlöse)*

stabil stable, firm; **~e Preise** stable (or stationary) prices; **die Währung ~ halten** to keep the currency stable

Stabilisator stabilizer

stabilisieren to stabilize, to make stable; **Preise (od. Kurse) ~** to stabilize prices; **sich ~** to stabilize, to steady; to become steadier

stabilisierend wirken to have a stabilizing effect

Stabilisierung stabilization; **System zur ~ der Ausfuhrerlöse** export earnings stabilization system (Stabex)
Stabex bietet Schutz gegen Ausfuhrausfälle, die durch einen Rückgang der Nachfrage oder durch einen Produktionsrückgang infolge von Naturkatastrophen bedingt sein können.
Stabex provides protection against export losses resulting from a fall in demand or caused by a drop in production attributable to natural disasters.

Stabilisierung, **Preis~** stabilization of prices; →**Währungs~**; **zur ~ des Weltmarktes beitragen** to contribute towards stabilizing the world market

Stabilität stability; quality of being stable; →**Währungs~**; **~ der Preise** price stability; firmness of prices; **s~sgefährdend** endangering stability

Stabilitätsgesetz (Gesetz zur Förderung der Stabilität und des Wachstums der Wirtschaft)[156] Stability Law (Law to Promote Economic Stability and Growth) *(→Konjunkturausgleichsrücklage, →Konjunkturrat)*

Stabilitäts~, **~politik** stability policy; **~tendenzen** tendencies towards stabilization

Stadium stage; **im Anfangs~** in the initial stage(s); **~ der Verhandlungen** stage of negotiations; **~ des Verfahrens** stage of proceedings

Stadt town; *(größere)* city; *(Stadtverwaltung)* municipality; →**kreisangehörige ~**; →**kreisfreie ~**

Stadt~, **~anleihe** municipal loan; *Br (auch)* corporation loan; **~bahn** (S-Bahn) city (or metropolitan) railway; *Br* urban railway; **~behörde** municipal authority; **~bevölkerung** urban population; **~bezirk** urban district; **~direktor** chief administrative officer of a city (or borough), *Br (untechnisch)* town clerk; *Am* city manager; **~entwicklung** urban development; urbanization; **~flucht** exodus from the cities; **~gebiet** town (or city, urban) area; **~gemeinde** municipality; *Br* borough; *Am* township; **~gespräch** *tel* local call; **~kämmerer** *Br* director of finance (of a city or borough); **~kern** →Stadtzentrum; **~kreis** →Kreis 1.; **~plan** town (or city) map; **~planung** town (or city) planning; **~rand- (-gebiete)** outskirts of a town (or city); **~randsiedlung** suburban housing estate; *Br (längs der Landstraße)* ribbon development; **~rat** *(Einrichtung)* town (or city, municipal) council; *Br* borough council; *Am* common council; *(Person)* town (or city, municipal) councillor; *Am (auch)* councilman; **~rundfahrt** town (or city) sight-seeing tour; **~staat** city state; **~verkehr** town (or city, urban) traffic; **~verordneter** →Stadtrat *(Person)*; **~verordnetenversammlung** city (or town) council meeting; **~verwaltung** town (or city, municipal) administration; *Br* (municipal) corporation; *Am* municipal government; **~werke** public utilities; **~zentrum** town (or city) centre (center); *Am* downtown

Städtebau town planning; city building; urban development; **~förderungsgesetz**[157] (Gesetz über städtebauliche Sanierungs- und Entwicklungsmaßnahmen in den Gemeinden) Town and Country Planning Act (Law concerning measures for urban and rural reconstruction and development)

Städtepartnerschaft town twinning (or partnership)

städtisch municipal; **~e Behörden** municipal authorities; **~e** →**Gemeinde**; **~er Grundbesitz** land owned by a town (or city); **~e Sparkasse** municipal savings bank; **~e Verordnung** *Br* by(e)-law; *Am* municipal ordinance

staffeln to graduate, to grade; to scale; to differentiate; *(Arbeits-, Ferienzeit etc)* to stagger; **Gehälter ~** to grade salaries

gestaffelt, **~e Arbeitszeit** staggered working hours; **~er Preis** →Staffelpreis; **~e Steuer** graduated tax

Staffel~, **~anleihe** graduated interest loan; **~lohn** graduated wage(s); **~preis** graduated (or differential) price; sliding price; **~rechnung** equated account; **~zinsen** equated (or graduated) interest; **~zinsrechnung** equated calculation of interest

Staffelung graduation, gradation, grading; *(zeitlich)* staggering; **Beitrags~** scaling of contributions; *(VersR)* grading of premiums; **Preis~** graduation of prices; **Zins~** interest gradation

Stagflation *(Stagnation des wirtschaftl. Wachstums bei steigenden Preisen)* stagflation

Stagnation stagnation; sluggishness

Stagnierung stagnation; **~ der Investitionen** lag in investment

stagnieren to stagnate; to remain stagnant (or stationary); **die Preise ~** prices are stagnant

stagnierend stagnant, stagnating; remaining at the same level

Stahl~, **~aktien** steels; steel shares (or *Am* stocks); **~band** steel band (or strap); **~betonbau** reinforced concrete construction; **~gewinnung** steel manufacture, steelmaking; **~kammer** *(e-r Bank)* strong-room, vault; **s~liefernde Länder** steel supplying countries; **~stich** steel engraving; **s~verarbeitende Industrie** steel-working industry; **~werk** steel- works

Stamm (der Belegschaft) regular staff; permanent workforce (or labo[u]r); **Erbfolge nach Stämmen** succession per stirpes

Stammaktien *Br* ordinary shares; *Am* common stocks; equity securities, equities; **~kapital** equity share capital; **Emission von ~** equity issue; *Am* issue of common stock; **an den Inhaber von ~ gezahlte Dividende** ordinary dividend; **Verhältnis von Obligationen und Vorzugsaktien zu ~** *Am* leverage

Stamm~, **~aktionär** ordinary shareholder; *Am* common stockholder; **~anmeldung** *(PatR)* parent application; **~anteil** *(in e-r GmbH)* →Stammeinlage; **~baum** genealogical tree; **~datei** *(EDV)* master file; **~dividende** ordinary dividend

Stammeinlage *(e-s Gesellschafters e-r GmbH)*[158] initial contribution; →**Einzahlung auf die ~**

Stamm~, **~gast** regular customer; **~haus** parent firm (or company); *Br* head office

Stammkapital[159] share capital; nominal capital; *Am* capital stock; **Erhöhung**[160] **(Herabsetzung**[161]**) des ~s** increase in (or decrease of) the share capital

Die Mindestsumme des Stammkapitals e-r GmbH beträgt Euro 25.000,-

The minimum amount of the nominal capital of a →Gesellschaft mit beschränkter Haftung is Euro 25,000.

Stamm~, **~kunde** regular customer; **~kundschaft** regular customers, regular (or established) clientele; **~patent** parent patent; **~personal** permanent staff; **~rolle** *mil* muster roll; military enrolment register

Stammzelle stem cell; **~ngesetz**[161 a] stem cell law

stammen aus to originate in; to come from

stammend, **aus ... ~e Erzeugnisse** products originating in ...

Stand *(Zustand)* state; *(Lage)* position; *(Status)* status; *(Niveau)* (position) level; *(Rang)* rank; *(bei e-r Messe etc)* stand; *Br (Börse)* pitch; *Am* post; **→Familien~**; **→Konto~**; **→Messe~**; **→Personen~**; **→Taxi~**; **nach dem ~(e) vom 1. Januar** (position) as per January 1; **Personen aus allen Ständen** persons from all walks of life; **über den ~ der Angelegenheit berichten** to make a progress report; **~ der Arbeiten** stage reached (in the work); progress; **Bericht über den ~ der Arbeiten** progress report; **~ auf e-r Ausstellung** booth (or stand) at an exhibition (or fair); **~ der Dinge** state of affairs; **letzter ~ der Kursnotierungen** financial update

Stand der Technik state of technology; *(PatR)* prior art; state of the art; **bisheriger ~** background art; **einschlägiger ~** relevant prior art; **gegenwärtiger ~** present state of the art; **Fortschritt gegenüber dem ~** improvement upon the prior art; **durch den ~ neuheitsschädlich getroffener Anspruch** claim met by the prior art; **zum ~ gehören** to form part of the state of the art

Stand des Verfahrens stage reached in the proceedings

Stand, die Kurse erreichten ihren alten ~ wieder prices recovered their old level; **auf den gegenwärtigen ~ bringen** to bring up to date; **hoher ~** high level; **hohen ~es** of high rank; **auf den neuesten ~ bringen** to update, to bring up to date; **niedriger ~** low level; **tiefster ~** lowest level; **die Preise haben den tiefsten ~ erreicht** prices have touched bottom; **→voriger ~**

Stand~, **~geld** stall money, rent paid for a stall *(→Wagenstandgeld)*; **~gericht**[162] courtmartial; **~licht** *(Auto)* parking light

Standort location, site; *(Schiff)* position; **~ von Kraftwerken** power station siting; location of power stations; **~faktoren** location factors; **~kommandant** *mil* officer commanding a garrison; **~politik** (industrial) location policy; **~politik für Kernkraftwerke** policy on the siting of nuclear power stations; **~vorteil** advantage of location; **~wahl** choice of location

Standpunkt point of view; **Rechts~** legal viewpoint; **seinen ~ darlegen** to define one's position; to state one's point of view

Standrecht martial law; **das ~ verhängen** to proclaim (or declare) martial law

standrechtlich according to martial law; **~ erschossen werden** to be shot by sentence of a courtmartial

Standstreifen stopping strip

Standard standard; **→Lebens~**; **~abweichung** standard deviation; **~aktien** established shares (or *Am* stocks); **~bedingungen** standard conditions (or terms); **~bestimmung** standard provisions; **~format** standard size; **~formular** standard form; **~gemeinkosten** standard overhead costs

Standardklausel[162 a] standard clause; **~ für die Einholung technischer Sachverständigengutachten** standard clause for obtaining technical expert opinion

„Die Vertragsparteien kommen überein, gegebenenfalls die internationale Zentralstelle für Gutachten bei der Internationalen Handelskammer nach ihren Bestimmungen über das Verfahren zur Einholung technischer Gutachten anzurufen."

"The parties to this agreement agree to have recourse, if necessary, to the International Chamber of Commerce (ICC), in accordance with the ICC's Rules for Technical Expertise".

Standard~, **~kosten** standard costs; **~leistungsgrad** standard rating; **~papiere** →Standardaktien; **~qualität** standard quality; **~schiedsklausel der IHK** Standard ICC Arbitration Clause *(→Schiedsklausel der IHK)*; **~verträge** standard (form) contracts; **~vertragsbedingungen** standard contract terms; **~werk** standard work; **~werte** →Standardaktien

standardisieren to standardize, to make ... of one size (quality, etc) according to fixed standards

Standardisierung standardization

Standesamt office for registration (*Am* recordation) of personal status (such as birth, death, marriage); *Br* register office, registrar's office; *Am* registry (office) of vital statistics

standesamtlich, **~e Trauung** civil marriage; civil ceremony; *Br* marriage at a registrar's office (without a religious ceremony); **sich ~ trauen**

lassen *Br* to get married at a registrar's office *(Am in a civil ceremony)*

Standesbeamter registrar (of births, deaths and marriages); *Am* recorder

Standesehre professional hono(u)r

standesgemäß, ~er (Lebens-)Unterhalt maintenance suitable to a p.'s station (in life); **Regeln des ~en Verhaltens** etiquette of the profession, professional etiquette

Standespflicht professional duty (or obligation); **~en e-s Juristen** legal ethics

Standesregeln conduct rules; *(der Anwälte, Ärzte etc)* canons of professional ethics; ethics of the profession

Standes~, s~üblich →standesgemäß; **~vorurteil** class prejudice

standeswidrig unprofessional, unethical; against professional ethics; **~es Verhalten** professional misconduct; breach of professional etiquette; conduct unbecoming to one's position (or status)

ständig permanent; regular; **~ steigend** continuously rising; **~e Arbeitskräfte** permanent workforce; **~er Aufenthalt(sort)** residence; **~er Ausschuss** permanent (or standing) committee; **S~er Ausschuss für die Anpassung von Verträgen der →IHK** Standing Committee for the Regulation of Contractual Relations of the ICC; **~er Bedarf** steady demand; **nicht ~ Beschäftigte** those not regularly employed; **~es Personal** regular (or permanent) staff; **~e →Rechtsprechung**; **S~er →Schiedsgerichtshof**; **~er Vertreter** permanent representative; regular agent; **~er Wohnsitz** permanent residence; **Person mit ~em Wohnsitz** permanent resident

Stapel pile; batch; **~lauf** *(e-s Schiffes)* launch (-ing); **~verarbeitung** *(EDV)* batch processing *(Ggs. Echtzeitverarbeitung)*; **~waren** staple commodities (or goods); **vom ~ laufen** *(Schiff)* to be launched

stapelweise, →Daten ~ verarbeiten

stapeln *(Container)* to stack; **Behältnisse übereinander ~** to place one container on top of another

stark strong; **→finanz~**; **~ beschädigt** severely (or heavily) damaged; **~verschuldet** heavily indebted; **~e Nachfrage** great demand; **~er Verkehr** heavy traffic

Starkwährungsland strong currency country

Stärke e-r Fraktion →Fraktionsstärke

stärkeres →Recht

START (Strategic Arms Reduction Talks) Gespräche über die Verminderung strategischer Atomwaffen (→SALT); **~-Vertrag** Start Treaty *(1991 von der Sowjetunion und den USA unterzeichneter Vertrag)*

Start start; *(Flugzeug)* take-off; **wirtschaftlicher ~** economic take-off; **~anlagen** *(Weltraumfahrt)* launching facilities; **~bedingungen** starting conditions; **~hilfe** launching aid; starting-up aid; **~staat** *(Weltraumfahrt)* launching state; **~- und Landezeiten** *(Flugzeug)* take-off and landing times; **~verbot für ein Flugzeug erteilen** to ground an aircraft

starten to start; to launch; **e-e Aktion ~** to launch a drive; **e-n Werbefeldzug ~** to launch an advertising campaign

Stasi →Staatssicherheitsdienst

Station station; *(e-s Krankenhauses)* ward; **freie ~** board and lodging; **gegen freie ~ arbeiten** to work for one's keep

stationär stationary, fixed; **→Patient in ~er Behandlung**; **~e →Fischerei**

stationieren, Raketen ~ to deploy missiles; **Truppen ~** to station troops

stationiert, in der Bundesrepublik ~e ausländische Truppen foreign forces stationed in the Federal Republic of Germany

Stationierung stationing; *(z. B. von Neutronenbomben)* deployment; **→Raketen~**; **~sschäden** damage caused by members of →Stationierungsstreitkräfte; **~sstreitkräfte** foreign armed forces stationed in the Federal Republic of Germany *(→NATO-Truppenstatut)*

Statistik statistics; **→Arbeits~**; **(laufende) ~en zusammenstellen** to compile (current) statistics

statistisch statistical; **~ erfasst** statistically recorded; **S~es Amt der Europäischen Gemeinschaften** (Eurostat) Statistical Office of the European Community (Eurostat); **~e Angaben liegen vor** statistical data are available; **~e Aufstellungen** statistical returns; **~e Berichte erstatten** to supply statistical reports; **S~es Bundesamt** (StBA) Federal Statistical Office; *Br* Central Statistical Office; *Am* Census Bureau; **~e Erhebungen anstellen** to investigate statistically; **~es Material zusammenstellen** to collect statistical material; **~e Unterlagen** statistical data, statistics

stattfinden to take place; **e-e Ausstellung findet statt** an exhibition is being held

stattgefunden, die Wahl hat ~ the election has been held

stattgeben to allow, to grant; *(bestätigen)* to sustain; to uphold; **e-m** →**Anspruch ~**; **e-m Antrag ~** →Antrag 1. und 2.; **e-r** →**Berufung (nicht) ~**; **e-m Gesuch ~** to grant a request; **e-r** →**Klage ~**; **e-m Rechtsmittel ~** to allow an appeal

statthaft admissible, allowable; available

Statthaftigkeit admissibility

Status status; standing; *(Vermögensübersicht)* statement of affairs; →**Finanz~**; →**Kredit~**; **ehelicher ~** *(e-s Kindes)* status of legitimacy; **sozialer ~** social status; **~beirat** *(EU)*[164] Staff Regulations Committee; **~symbol** status symbol, mark of status

Statut statute; *(IPR)* regime; governing (or applicable) law; **~en** →**Satzung**; →**Personal~**; →**Real~**; **~ der Beamten der EU** Staff Regulations of officials of the European Union; **~ des Internationalen Gerichtshofs**[165] Statute of the International Court of Justice; **~enänderung** amendment of the by(e)-laws (etc); **~enkollision** *(IPR)* conflict of laws; **~enwechsel** *(IPR)* change of governing law; **Vertrags~** *(IPR)* law applicable on a contract

statutarisch statutory *(→satzungsgemäß)*

Stau jam; →**Anmeldungs~**; →**Verkehrs~**; **~attest** →Stauungsattest; **~kosten** stowage; **~raum** stowage (space)

Staub~, **~bekämpfung** *(Bergbau)* measures against dust; dust control in mines; **~explosion** dust explosion; **~messgerät** dust measuring instrument; **~niederschlag** dustfall

stauen *(Ladung)* to stow; **sich ~** *(Verkehr)* to pile up

Stauer stevedore, longshoreman

Stauung stowage, stowing; **~sattest** stowage certificate

Steckbrief warrant for arrest of a fugitive (with description of his person)

steckbrieflich gesucht wanted by the police on a warrant

Stech~, **~karte** *Br* clock card; *Am* time card; **~uhr** time clock

Stegreifrede unprepared (or impromptu) speech

stehen, **sich finanziell gut ~** to be well off; **unter Anklage ~** to stand trial; **zur Diskussion ~** to be up for discussion; **soll ~ bleiben** stet (let it stand)

stehend, **~es Fahrzeug** stationary vehicle; **~es Gewerbe** trade with a fixed place of business *(Ggs. Reisegewerbe)*

stehlen to steal; to purloin; *(im Geschäft)* to shoplift; **jdm etw. ~** to steal sth. from sb.

gestohlen, **~es Gut** stolen property (or goods); **jd, dem etw. ~ worden ist** victim of a theft

Steigen *(von Preisen, Kursen)* rise, advance, upward movement

steigen *(Preise, Kurse etc)* to rise, to advance, to go up; **im Werte ~** to appreciate; **die Ausfuhr steigt** exports are rising; **die Kurse ~** prices (or rates) are going up; **die Preise ~ weiter** prices continue to rise

steigend, **~e Aktienkurse** rising share prices; **~e Anforderungen** growing demands; **~e Kosten** increasing costs; **~e Preise** advancing prices; **~e Tendenz der Kurse (od. Preise)** buoyancy; tendency of prices to rise

gestiegen, **die Arbeitslosigkeit ist stark ~** unemployment has risen sharply; **die Ausfuhr ist stark ~** exports increased strongly

steigern to increase, to raise, to step up; to intensify; **die Ausfuhr ~** to increase (or raise) exports; **die Produktion ~** to increase (or step up) production

Steigerung increase, raising, intensification; *(Gehalt)* increment; →**Absatz~**; →**Einfuhr~**; **~srate** rate of increase

Steigung *(Gefahrzeichen)* steep gradient

Steinbruch quarry

Steine- und Erdenindustrie non-metallic mineral industry

Steindruck lithograph(ic) print

Steinigung lapidation; stoning to death

Steinkohle hard (or mineral, pit, bituminous) coal; **~bergbau** hard coal mining

Steinschlag *(Gefahrzeichen)* falling rocks

Stellage *(Börse)* put and call; *Br* double option; spread; *Am* straddle *(→Stellkurs)*; **Käufer e-r ~** buyer of a put and call option; buyer of a spread; buyer of a two-way option

Stelle *(Arbeitsplatz)* position, job; (gehobene Stelle) post; *(Amt, Dienststelle)* authority, office, agency; *(Platz, Ort)* place, spot; *(Lage)* position, place; *(in e-m Buch)* passage; **an ~ von** in lieu of; in place of; **zu besetzende ~** position to be filled; **deutsche ~n** German authorities; **an erster ~** ranking first; first of all; →**offene ~n**; **öffentliche ~n** public bodies (or authorities); →**Plan~**; **verantwortungsvolle ~** position of authority

Stellenangebot offer of employment; job offer; position offered; **~e** situations offered, available jobs; *(in Zeitungen)* situations vacant; **ein ~ erhalten** to be offered a job

Stellen~, **~anzeige** *(in Zeitungen)* advertisement of a vacancy; job advertisement; *Br* situations vacant; *Am* job ads; **~ausschreibung** advertisement of a vacancy; **~beschreibung** job description; **~besetzung** staffing; **~bewerber** applicant for a position; job applicant; **~bewerbung** application for a position (or a job); *Am* job application; **~gesuch** *(in Zeitungen)* situation wanted; **~jäger** job hunter; **s~los** out of work (or a job); unemployed; **~markt** labo(u)r market

Stellenplan establishment plan, staff plan(ning); *Am (auch)* staffing schedule; **e-e im ~ vorgesehene Stelle innehaben** to hold a post shown on the establishment plan

Stellen~, **~suche** looking for (or seeking) work (or employment); search for a job; job hunting; **~suchender** person seeking employment; job seeker; **~vermittlung** employment agency; *Am* placement agency; *(für Hausangestellte)* domestic agency; *Br (Tätigkeit)* employment service; *Am* job placement; **häufiger ~wechsel** frequent changes of employment; *Am* job hopping; **~zulagen**[166] (revocable) allowance for special services

Stelle, **e-e ~ antreten** to take up a post; **e-e ~ aufgeben** to give up a job; to resign (or retire from) a post; **e-e ~** →**ausschreiben**; **jdn auf die freie ~ berufen** to appoint sb. to the vacant post; **e-e (freie) ~ neu besetzen** to fill a vacancy; **sich um e-e ~ bewerben** to apply for a position; **jds ~ einnehmen** to take the place of sb.; to replace sb.; **e-e ~ wird frei** a job becomes vacant; **e-e ~ innehaben** to hold a job; **an die ~ setzen von** to substitute for; **an dritter ~ stehen** to rank third; **an jds ~ treten** to take the place of sb.; to supersede sb.; **jdm e-e ~ verschaffen** to find employment (or a post or job) for sb.

stellen, **e-n Antrag ~** →Antrag 1.- 4.; **in** →**Frage ~**; **jdn vor** →**Gericht ~**; **ein** →**Gesuch ~**; **sich der** →**Polizei ~**

Stell~, **~geschäft** put and call transaction; **~kurs** put and call price; **~platz** →Garage

Stellung 1. *(Posten, Stelle)* position, post, situation, job; *(Rang, Ansehen)* position, status, rank, standing; **~ im Beruf** occupational (or professional) status; →**Dauer~**; →**Lebens~**; →**Schlüssel~**; →**Vertrauens~**; →**einflussreiche ~**; **früher innegehabte ~en** posts previously occupied; **gesellschaftliche ~** social status, social standing; station in life; **rechtliche ~** legal status, legal position; **soziale ~** →gesellschaftliche Stellung; **s~slos** out of work; jobless; **~ssuche** search for employment (or a job); **~suchender** job hunter, job seeker; **~swechsel** →Stellenwechsel; **e-e ~ antreten (aufgeben etc)** →Stelle

Stellung 2. **~ e-s Antrags** →Antragsstellung; **~ von Bedingungen** posing of conditions; stating one's terms (to sb.); **~ e-r Frage** →Fragestellung; **~ e-s Gesuchs** making a request; filing a petition; **~ e-r Kaution** →Kautionsstellung

Stellungnahme comment (zu on); opinion (delivered by); **mit der Bitte um ~** your comments would be appreciated; please let us have your comments; **ablehnende ~** →negative Stellungnahme; **befürwortende ~** →positive Stellungnahme; **mit Gründen versehene ~** reasoned opinion; **negative ~** unfavo(u)rable opinion; **positive ~** favo(u)rable opinion; **sachliche ~** comments as to the merits; **seine ~ abgeben** to deliver (or give, express) one's opinion; **jdn um ~ bitten** to ask for sb.'s opinion; **e-e ~ einholen** to obtain an opinion; **e-e ~ verabschieden** *(EU)* to adopt an opinion; **die ~n sind nicht verbindlich** the opinions shall not be binding (or shall have no binding force); **zur ~ vorlegen** to submit for an opinion

Stellung nehmen to state one's position, to express one's opinion; to make comments (or to comment) (zu on)

stellvertretend vicarious, representative (für of); alternate; substitute; acting, deputy, vice-; **~e Ausführung** *(z. B. weitergegebene Arbeit bei e-m Bauvertrag)* vicarious performance; **~er Direktor** deputy director, vice-director; *(bes. bei Krankheit od. bei Abwesenheit im Ausland)* alternate director; **~er Minister** deputy minister, acting minister; **~er Redakteur** deputy editor; **~er Vorsitzender** deputy chairman, vice-chairman

Stellvertreter agent, representative, deputy; locum tenens; *(bes. in jds Abwesenheit)* substitute; *(Ersatzmann)* alternate; *(bes. auf Grund e-r Vollmacht)* attorney (-in-fact); *(auf Grund e-r Vollmacht zur Stimmausübung)* proxy; **Abstimmung durch ~** voting by proxy; **mittelbarer (od. verdeckter) ~** undisclosed agent; **auf ~ebene** at deputy level; at alternate level; **e-n ~ benennen** to appoint (or nominate) an agent (or representative, deputy); *Am (auch)* to deputize; **als jds ~ handeln** to substitute for sb.

Stellvertretung agency, representation; *(auf Grund e-r Vollmacht zur Stimmausübung)* proxy; **mittelbare (od. verdeckte) ~** undisclosed agency; **bei offener (od. unmittelbarer) ~** when the principal is disclosed; **bei verdeckter ~** when the principal is undisclosed; **~svertrag** agency agreement (or contract); **in offener ~ für e-n Vertretenen handeln** to represent a disclosed principal

Stempel stamp; →**Datums~**; →**Eingangs~**; →**Firmen~**; →**Namens~**; →**Post~**; →**Präge~**; →**Unterschrifts~**; →**Zeit~**; **eingedruckter ~** impressed stamp; **~abgabe** *(auf*

Wertpapieren etc) stamp tax (or duty); **~bogen** →Stempelpapier; **~kissen** stamp pad; **~papier** stamp(ed) paper

Stempelsteuer stamp duty; **s~frei** exempt from stamp duty; **s~pflichtig** liable (or subject) to stamp duty; **Steuermarke für ~** *Br* inland (*Am* internal) revenue stamp; **für e-e Urkunde die ~ bezahlen** to get a document stamped

Stempel~, **~uhr** time clock; **mit e-m ~ versehen** to endorse with a stamp

stempeln (gehen) *colloq. (von Arbeitslosen)* to be (or go) on the dole

stenografischer →Sitzungsbericht

Sterbe, **Erklärung auf dem ~bett** dying declaration; **~buch** register of deaths *(→Personenstandsbücher)*; **Anzeige e-s ~falls** notification of a death; **~fallversicherung** insurance (*Br* assurance) payable at death; **~geld** sum payable at death; death benefit, death grant; funeral allowance; **~geldversicherung** death benefit insurance; funeral expenses insurance; **~hilfe** euthanasia; **~kasse** burial fund; death benefits fund; **~rate** death rate, mortality rate; **~risiko** *(VersR)* death risk; **~tafel** mortality table; **~urkunde** certificate of death; **~versicherung** burial insurance; **~wahrscheinlichkeit** probability of death; **~ziffer** mortality rate, death rate

sterben to die (an of); **gleichzeitig mit jdm ~** to die simultaneously with sb.; **vor jdm ~** to predecease sb.; **ohne Hinterlassung e-s Testamentes ~** to die intestate; **e-s gewaltsamen (natürlichen) Todes ~** to die a violent (natural) death

Sterblichkeit mortality; **~sannahme** expected mortality

Sterilisation sterilization

Sterling~, **~devise** sterling (note); **~einlagen** sterling deposits; **~raum** sterling area; **~silber** sterling silver

Steuer 1. ~ tax; (Kommunal~) *Br* rate; **nach Abzug der ~** after tax; **vor Abzug der ~** before tax; **~n vom Einkommen** taxes on income; **~n vom Ertrag** taxes on earnings; taxes on income from capital; **→Auto~**; **→Besitz~**; **→Börsenumsatz~**; **→Einkommen~**; **→Erbschaft~**; **→Gemeinde~**; **→Gewerbe~**; **→Grund~**; **→Grunderwerb~**; **→Heizöl~**; **→Kapitalertrag~**; **→Kapitalverkehr~**; **→Kommunal~**; **→Körperschaft~**; **→Kraftfahrzeug~**; **→Lohn~**; **→Lohnsummen~**; **→Mehrwert~**; **→Mineralöl~**; **→Personen~**; **→Quellen~**; **→Sach~n**; **→Schenkung~**; **→Umsatz~**; **→Veräußerungsgewinn~**; **→Verbrauch~**; **→Verkehr~**; **→Vermögen~**; **→Versicherung~**; **→Vor~**; **→Wechsel~**; **→Zusatz~**

Steuer, im →Abzugswege zu zahlende ~; **im Veranlagungsweg erhobene ~** tax imposed by assessment

Steuer, **→anrechenbare ausländische ~n**; **auf die ~ anrechenbare Gewinne** profits chargeable to tax; **bundeseigene ~** Federal tax; **degressive ~** degressive tax; **direkte ~** direct tax; *(vom Lohn etc)* **einbehaltene ~** *Br* tax deducted; *Am* tax withheld; **gestaffelte ~** graduated tax; **gestundete ~** deferred tax; **hinterzogene ~** evaded tax; **hohe ~** heavy tax; **indirekte ~** indirect tax; **im Inland gezahlte ~** domestic tax; **progressive ~** progressive tax; **überwälzte ~** passed-on tax; **veranlagte ~** assessed tax; tax levied by assessment; **den Gemeinden zufließende ~** tax accruing to communities

Steuer, die ~n abführen to pay over one's taxes; **von der ~ absetzen** to deduct from taxes; **die ausländische ~ im Inland →anrechnen**; **~n der USA auf ~n der Bundesrepublik →anrechnen**; **~n auferlegen** to impose taxes; **e-e ~ aufheben** to abolish a tax; **etw. mit e-r ~ belegen** to impose a tax on sth.; **die ~ selbst berechnen**[166a] to compute the tax oneself; **e-e ~** *(vom Lohne)* **einbehalten** *Br* to deduct (*Am* to withhold) a tax from wages; **ausländische ~n sind nicht einklagbar** foreign taxes are not recoverable by action; **e-e ~ eintreiben** to recover a tax; **~n einziehen** to collect taxes; **e-e ~ erheben auf etw.** to levy (or impose) a tax on sth.; **~n im →Abzugswege erheben**; **~n im Wege der →Veranlagung erheben**; **e-e ~ erhöhen** to increase (or raise) a tax; **e-e ~ erlassen** →erlassen 2.; **~n erstatten** to refund taxes; **geltend machen, zuviel ~n gezahlt zu haben** to claim overpayment of taxes; **die ~ herabsetzen** to reduce (or lower) the tax; **~n →hinterziehen**; **die ~n sind höher geworden** taxes have increased; **~n senken** to cut (or lower) taxes; **~n →stunden**; **e-e ~ →überwälzen**; **~n (legal) umgehen** to avoid taxes; **e-r ~ unterliegen** to be subject to a tax; **~n →verkürzen**

Steuer~, **~abgrenzung** deferred taxation; **~abkommen** tax convention *(→Doppelbesteuerungsabkommen)*; **~abzug** tax deduction (an der Quelle at source); withholding of tax *(→Lohnsteuer, →Kapitalertragsteuer)*; **~amnestie** tax amnesty; **~änderungsgesetz** Taxation Amendment Act; **~anmeldung**[167] tax return where taxpayer has to compute the tax himself; **~anpassungsgesetz** Tax Adaptation Act

Steueranrechnung (foreign) tax credit; **Höchstgrenze für die ~** maximum limit to which tax credit may be granted; **Recht auf ~** right to claim a tax credit; **~smethode** *(DBA)* tax credit system *(Ggs. Methode der →Steuerquellenzuteilung)*

Steuer~, **~anreize** tax incentives; **~anspruch** tax claim, claim for a tax; **~anwalt** tax lawyer; (specialist) counsel for tax law; *Am* tax attorney; **~arten** types of taxes

Steueraufkommen tax yield, receipts from taxes; tax revenue; *Br* inland (*Am* internal) revenue; **~ von Bund und Ländern** Federal and Länder tax revenue

Steuer~, **~aufschlag** additional tax; surtax; **~aufsicht** tax control (totality of measures taken by revenue authorities to ensure recovery of all taxes due); **~aufwand** tax expenditure; **~ausfall** tax loss; shortfall in tax revenue; **~ausgleichskonto** tax equalization account

Steuerauskünfte, **Austausch von ~n** exchange of tax information

Steuer~, **~ausländer** non-resident (individual); non(-)resident (taxpayer); *Am* nonresident alien; **~ausweichung** tax avoidance; **~autonomie** tax sovereignty

steuerbar taxable; assessable; **~er Umsatz**[168] taxable turnover

Steuerbeamter revenue officer, tax official

steuerbefreit exempt from tax, tax exempt; **~e Steuerpflichtige** exempt taxable persons; **~er Umsatz** tax- exempt turnover; **~e Wirtschaftsgüter** assets excepted from →Vermögensteuer

Steuerbefreiung tax exemption, exemption from tax(ation); *Br (Kommunalsteuer)* derating; **~en bei der Einfuhr**[169] tax exemption in case of importation; **die Voraussetzungen für ~ sind gegeben** the conditions for tax exemption are satisfied

steuerbegünstigt tax-privileged; eligible for tax relief; enjoying tax privileges; **~es Sparen** savings with tax privileges; **~ anlegen** to make use of (tax) concessions on investments

Steuer~, **~begünstigung** tax concession; **~behörde** tax (or fiscal) authority; *Br* Inland Revenue; *Am* Internal Revenue Service (IRS); **~beitreibung** collection of taxes; **~belastung** tax burden (or charge); **~beleg** tax voucher; **~bemessungsgrundlage**[170] basis of assessment; tax basis; **~berater** tax adviser, tax consultant; *Br (auch)* accountant, tax practitioner; **~beratung** advice on taxation (or tax matters); tax advice; **~beratungsgesellschaft** tax consultants (bureau); (firm of) tax counsellors; *Br (auch)* accountants; **~beratungsgesetz** Tax Advisory Act; **~beratungskosten** tax consultant's fees; **~berechnung** computation (or calculation) of (the) tax; **~berechtigung** right to levy taxes

Steuerbescheid notice of assessment; *Br* tax bill; **Einspruch gegen den ~** appeal against the tax assessment; **e-n ~ anfechten** to challenge a notice of assessment

Steuerbetrag amount of tax; →**fälliger ~**; **den ~ errechnen und festsetzen** to calculate and assess the tax due

Steuer~, **~betrug** tax fraud; **~bevollmächtigter** tax agent (person qualified to give advice and assistance in tax matters, ranking below →Steuerberater); **~bezirk** assessment district; **~bilanz** tax balance-sheet, balance-sheet determining profits or losses; **~buchhaltung** tax accounting; **~bußgeldverfahren** proceedings for imposition of administrative fines in tax matters; **~degression** tax degression; **~delikt** tax (or revenue) offence (offense); **~diskriminierung** tax discrimination; **~druck** tax pressure; **~einbehaltung** withholding of the tax; deduction of tax at source; **~einbuße** *(des Staates)* amount of tax revenue for(e)gone; **~einkommen** →Steuereinnahmen

Steuereinnahmen tax revenue, tax receipts; *Br* inland (*Am* internal) revenue; **~ des Bundes und der Länder** tax revenue of Federal and Länder governments; **Anstieg der ~** rise in tax receipts; **~ verkürzen** to reduce public revenue *(→Steuerhinterziehung)*

Steuer~, **~einspruch** tax appeal; **~einziehung** tax collection; **~entlastung** tax relief; tax saving; **~entrichtung** payment of taxes; **s~erhebender Staat** state imposing the tax, taxing state; **~erhebung** →Erhebung der Steuer; **~erhebung an der Quelle** collection at source; **~erhöhung** increase of taxes, tax increase

Steuererklärung (tax) return, tax declaration; **gemeinsame ~** *(der Ehegatten)* joint tax return; **getrennte ~** *(der Ehegatten)* separate tax return; **Nichteinreichung der ~** failure to file a return; **verspätete Einreichung der ~** delayed tax return; **Termin für Einreichung der ~** tax-filing date; **~sformular** tax form; **e-e ~ abgeben (od. einreichen)** to make (or *Am* to file) a tax return

Steuererlass →Erlass von Steuern

Steuererleichterung tax relief (or concession); **für ~en in Frage kommen** to qualify for tax relief

Steuer 1. ~ermäßigung tax reduction; reduction of taxes; **~ermittlungsverfahren** →Steuerfestsetzungsverfahren; [171] investigation of tax offences (offenses); **~ersparnis** tax saving; **~erstattung** refund of tax(es); **~fahndung(sdienst)** investigation (service) into suspected tax offence(s); **~fall** tax case; **~fehlbetrag** tax deficit; **~festsetzungsverfahren** tax assessment procedure; **~flucht** tax evasion; tax dodging; **~forderung** tax demand, tax claim

steuerfrei tax-free, exempt from taxation; non-taxable; **~e Einnahmen**[172] tax-free (or tax-exempt) income; **Ausfuhrlieferungen sind ~**[173] export deliveries are tax-exempt

Steuer~, **~freibetrag** tax allowance; exclusion; **~freiheit** tax exemption, exemption from taxes; *(Diplomaten etc)* immunity from taxes; **~gefährdung**[174] minor tax fraud (classified as →Ordnungswidrigkeit; constituted by furnishing of incorrect vouchers or misrepresentation of facts with intent to diminish tax liability); **zwischenstaatliches ~gefälle** difference in the level of taxation between states; **~gegenstand** object of taxation; taxable object

Steuergeheimnis tax secrecy; **Verletzung des ~ses**[175] breach of tax secrecy

Steuer~, **~gerechtigkeit** tax equity; fairness in taxation; **~gerichte** →Finanzgerichte; **~gerichtsverfahren** fiscal litigation, (pending) tax case, proceeding in the tax court; **~gesetz** tax law; fiscal law; *Br* Finance Act (FA); *Am* Internal Revenue Code (IRC); **~gesetzgebung** tax legislation; **~grenzen** *(EU)* fiscal frontiers; **~gruppe** tax bracket; **s~günstiger Staat** country with a favo(u)rable tax system; **~gutschein** tax credit certificate; **~gutschrift** tax credit; **~harmonisierung** *(EU)* fiscal harmonization; **~häufung** tax cumulation; **ein ~heft führen** *(für Straßenhandel)*[176] to keep a tax booklet; **~hehlerei**[177] receiving, concealing or selling property obtained by →Steuerhinterziehung or →Bannbruch; **~hinterzieher** tax evader; *colloq.* tax dodger

Steuerhinterziehung[178] tax evasion; fiscal evasion (or fraud); tax fraud; *Br* defrauding the Revenue; **~ begehen** to commit tax evasion; *Br* to defraud the Revenue

Steuerhoheit fiscal sovereignty, fiscal jurisdiction; jurisdiction in tax matters; **Abgrenzung der ~** delimitation of taxation powers

Steuer~, **~inländer** resident (taxpayer); resident (for tax purposes); **s~inländische natürliche Person** resident individual; **~inzidenz** tax incidence; **~jahr** tax (or fiscal) year; year of assessment; **~karte** →Lohnsteuerkarte; **~klasse** tax bracket; **~kompetenz** taxing competence; **~kraft** taxable capacity; **~kurswert**[179] officially ascertained value (of certain securities) for assessment purposes; **~kürzung** tax cut; **~last** tax load, tax burden, fiscal burden

steuerlich fiscal; **~ absetzbar** tax deductible; **~ bedingt** for tax reasons; **~ gefördertes Bauvorhaben** building project carrying tax privileges; **aus ~en Gründen** for tax reasons; **~e Maßnahmen** fiscal measures; **~e Richtlinien** tax directives; **~e Vergünstigungen** tax privileges; **~er Wohnsitz** fiscal domicil(e); residence for tax purposes; **~ begünstigt sein** to enjoy tax privileges; to be granted tax concessions

Steuer~, **~mahnung** demand for payment of overdue tax; **~marke** revenue stamp *(→Stempelsteuer)*; **~messbescheid** assessment notice fixing the Steuermessbetrag; **~messbetrag** basic tax amount for the assessment of →Gewerbesteuer and →Grundsteuer (calculated on assumed profitability or value of object taxed); **s~mindernd** tax cutting; **~mittel** tax proceeds; **~monopol** →Finanzmonopol; **~moral** taxpayer's honesty; **~nachforderung** additional tax demand; **~nachlass** tax abatement (or reduction, rebate); **~nachzahlung** additional (or subsequent) payment of taxes; **~neutralität** fiscal neutrality; **~nummer** tax payer's reference number (at tax office); tax payer's identification number (TIN); **~oase** tax haven; **~objekt** →Steuergegenstand; **~ordnungswidrigkeiten**[180] offences (offenses) against tax laws (punishable by →Geldbuße) *(z. B. leichtfertige →Steuerverkürzung, →Steuergefährdung)*

Steuerpflicht, **beschränkte ~** limited tax liability; **unbeschränkte ~** unlimited (or full) tax liability; **die ~ umgehen** *(unerlaubt)* to evade tax liability; *(erlaubt)* to avoid tax liability

steuerpflichtig liable to (pay a) tax; taxable; *Br (auch)* chargeable to tax; *Am (auch)* subject to a tax; *Br (Gemeindesteuer)* rateable; **beschränkt ~e Gesellschaft** non(-) resident company; **unbeschränkt ~er Gesellschafter** *(e-r Personengesellschaft)* resident partner; **unbeschränkt ~e** *(inländische)* **Gesellschaft** resident company subject to tax; company resident for tax purposes; **unbeschränkt ~e natürliche Person** natural person subject to unlimited tax liability; **~es Einkommen** taxable income; income subject to taxes; **~es Wirtschaftsjahr** chargeable accounting period

Steuerpflichtiger taxpayer; taxable person; *Br* person chargeable to tax; **alleinstehender ~** single taxpayer; **beschränkt ~**[181] person with limited tax liability; non(-)resident taxpayer; **inländischer** *(unbeschränkter)* **~** resident taxpayer; **rückständiger ~** taxpayer in arrears; **verheirateter ~** married taxpayer *(→Steuererklärung)*

Steuer~, **~planung** tax planning; **~politik** fiscal policy, taxation policy; **s~politische Maßnahmen** measures in the field of fiscal policy; **~praktiken** tax practices; **~privilegien** tax privileges; **~progression** tax progression; **~prüfer** *Br* tax inspector; *Am* tax auditor; **~prüfung** *Br* tax inspection; *Br* investigation by Inland Revenue; *Am* tax audit

Steuerquelle tax source; **Methode der ~nzuteilung** *(intern. SteuerR)* exemption method *(Ggs. Steueranrechnungsmethode)*

Steuer~, ~quittung tax receipt; **~rate** tax instal(l)ment; **~recht** tax law, fiscal law

steuerrechtlich under fiscal law; **~e Änderungen** amendments to tax legislation; **~e Bestimmungen** tax (or fiscal) regulations; **~zulässige Abschreibung** tax allowed depreciation

Steuer~, ~reform tax reform; **~richtlinien** tax guidelines; **~rückerstattung** →Steuerrückvergütung; **~rückstände** tax arrears; **~rückstellung** provision for taxation; tax reserve; **~rückvergütung** tax refund; repayment of taxes; **~rückwälzung** tax shifting backward; **~rückzahlung** tax refund; **~sachen** tax (or fiscal) matters; revenue cases; **~sachverständiger** tax expert

Steuersatz tax rate, rate of taxation, rate of assessment; **ermäßigter ~** reduced tax rate; **gestaffelter ~** graduated tax rate; **pauschaler ~** flat rate; **den ~ festsetzen** to determine the rate of tax

Steuersäumnis default in payment of tax; late payment of tax; *Am* tax delinquency; **~zuschlag** tax penalty *(→Säumniszuschlag)*

Steuer~, s~schädliche Anlageform tax-increasing form of investment; **~schätzung** estimation of taxes; **~schranken abbauen** to remove tax barriers

Steuerschraube, die ~ anziehen to increase the tax burden; **die ~ lockern** to lower (or reduce) the tax burden; to curb the tax spiral; to ease the pressure of taxes

Steuerschuld tax liability, tax due; **die ~ entsteht** tax liability arises

Steuer~, ~schulden tax debts (or liabilities); **~schuldner** taxpayer; person liable to pay the tax; **~senkung** tax abatement; tax cut, reduction of taxes

Steuer~, ~strafe fiscal penalty; penalty for revenue offences (offenses); **~strafrecht** law regarding fiscal (or revenue) offences (offenses) *(→Steuerstraftaten, →Steuerordnungswidrigkeiten)*; **~straftaten**[182] fiscal (or revenue) offences (offenses) *(z. B. →Steuerhinterziehung, →Bannbruch, →Steuerhehlerei, →fiskalische strafbare Handlung)*; **~strafverfahren** criminal proceedings involving →Steuerstraftaten

Steuer~, ~stufe tax bracket; **~stundung** respite granted for tax payment; tax deferment; *Am* tax deferral; **~subjekt** →Steuerschuldner; **~system** system of taxation; **~tabelle** tax table; **~tarif** tax scale; **~termin** tax payment date; tax deadline; **~träger** (ultimate) taxpayer; **~überwälzung** tax shifting; **~überzahlung** overpayment of tax

Steuerumgehung →Umgehung von Steuern; **~sabsicht** intent to evade (or avoid) taxation

Steuerveranlagung (tax) assessment, assessment of taxes; **~ auf Grund von Schätzung** arbitrary assessment; **~szeitraum** assessment period

Steuer~, ~verbund revenue sharing system (by which the proceeds of certain taxes are shared out between several public authorities [e. g. revenue derived from income tax and wage tax is divided between the Federal and Länder governments and local authorities]); **~vergehen** →Steuerstraftaten

Steuervergünstigung tax privilege, tax relief, tax benefit; **Abbau von ~en** dismantling of tax privileges; **~en genießen** to enjoy fiscal advantages

Steuerverkürzung, leichtfertige ~[183] fiscal evasion by failure to take due care; **Verhinderung der ~**[183a] prevention of fiscal evasion

Steuer~, ~vermeidung tax avoidance; **~verschwendung** waste of taxpayers' money by public authorities; **~verwaltung** tax administration; *Br (Behörde)* Inland Revenue; *Am* Internal Revenue Service; **~vorausschätzung** tax estimate; **~vorauszahlung** advance payment of taxes; prepayment of taxes (aufgrund des voraussichtlichen Einkommens on estimate basis); **~vorlage** *Br parl* finance bill, revenue bill; **~vorschriften** tax provisions, tax regulations; **~vorteil** tax advantage, tax benefit; **~vorwälzung** tax shifting forward; **~wert** tax value, value for tax purposes

Steuerwesen fiscal matters; **auf dem Gebiet des ~s** in the area of taxation

Steuer~, ~widerstand resistance to taxation; **~wohnsitz** →steuerlicher Wohnsitz; **~zahler** taxpayer; **~zahlung** payment of taxes; **~zahlungstermin** →Steuertermin

Steuerzeichen revenue stamp; **~fälschung**[184] forging of revenue stamps

Steuerzuschlag additional tax; surtax

Steuer 2. rudder, helm; *(Auto)* (steering) wheel

Steuermann *(Handelsmarine)* mate; **~spatent** mate's certificate (or patent); **~squittung** mate's receipt

Steuerung control; management

Stich *(Graphik)* engraving

stichhaltig, ~es →Argument; ~ begründen to present sound reasoning

Stichhaltigkeit soundness, validity

Stichprobe sample, spot check; *(bei Rechnungsprüfung)* sample audit; **Zufalls~** random sample; **geschichtete ~** stratified sample; **mehrstufige ~** multistage sample; **repräsentative ~** representative sample; **~nentnahme** sampling, spot checking; **~erhebung** sample survey; **~nfehler** sampling error; **~nverfahren** sampling procedure; **~n machen** to take random samples

Stichtag fixed day, qualifying date; record date; *Am* cut-off date, deadline

Stichwahl second (or final) ballot; tie-breaking vote; *Am* run-off election; **e-e ~ durchführen** to conduct a second ballot

Stichwort headword, heading; catchword; **~verzeichnis** index of headings

Stief~, **~bruder** stepbrother; **~eltern** stepparents; **~elternteil** stepparent; **~mutter** stepmother; **~schwester** stepsister; **~vater** stepfather

stiften *(spenden)* to donate; *(etw. begründen und die finanziellen Mittel dafür bereitstellen)* to found; to endow; to furnish with money as a permanent fund

Stifter donor; founder

Stiftung[186] *(Zuwendung von Vermögenswerten für bestimmten Zweck)* endowment; foundation; establishing an institution with provision of maintenance; *(Objekt der Stiftung)* endowment, foundation, endowed institution; fund of money for charity, research, etc; *(Spende)* donation; **öffentliche ~** public foundation (pursuing a charitable purpose); **öffentlich-rechtliche ~** →Stiftung des öffentlichen Rechts; **private ~** private foundation *(→Familienstiftung)*; **privatrechtliche ~** →Stiftung des Privatrechts; **rechtsfähige ~** foundation with legal capacity; **Erlöschen der ~**[187] dissolution of the foundation; **Errichtung e-r ~** establishment of a foundation; **~ für gemeinnützige Zwecke; ~ des öffentlichen Rechts** public law foundation (legal capacity conferred by the state); **~ des Privatrechts** private law foundation (endowed with legal capacity for the purpose of administering certain funds for a certain period according to the directions of the founder); **~ von Todes wegen**[188] foundation set up by a legacy; **~ Volkswagenwerk** Volkswagenwerk Foundation

Stiftungs~, **~akt (od. ~geschäft)** act of foundation; **~geschäft unter Lebenden**[189] agreement inter vivos to set up a foundation; **~urkunde** deed of foundation, foundation charter; **~vermögen** endowment; endowment money (or property) donated for a special purpose; assets of a foundation

Stiftung, **e-e ~ errichten** to create (or establish) a foundation

still *(Geschäftsgang)* slack, dull; **~e Beteiligung** dormant (or sleeping) partner's interest; silent partner's holding

stille Gesellschaft[190] dormant (or silent, sleeping) partnership; partnership in which one partner is a dormant (silent or sleeping) partner; **atypische ~** atypical (or pseudo) dormant (or silent) partnership *(s. stiller →Gesellschafter)*

stiller Gesellschafter →Gesellschafter

still, **~e →Reserven (od. →Rücklagen)**; **~er Teilhaber** s. stiller →Gesellschafter; **~e Zession** undisclosed assignment

stillende Mutter nursing mother

Stillgeld benefit for nursing mothers

Stillhalte~, **~abkommen** standstill agreement; moratorium; **~klausel** standstill clause; **~kredit** standstill credit; **~schulden** frozen debts; **~vereinbarung** →Stillhalteabkommen

Stillhalter *(Optionsverkäufer)* option writer, option seller

stilllegen *(Betrieb)* to close down; to shut down; *(Ackerflächen, EU)* to set aside; *(Geld festlegen)* to immobilize; **ein Fahrzeug vorübergehend ~** to withdraw a vehicle from the road temporarily; **e-e →Linie** *(der Eisenbahn)* **~**; **ein Schiff ~** to lay up a ship

stillgelegte Fabrik closed down factory; non(-) operating factory, factory standing idle

Stilllegung *(Betriebseinstellung)* closing down, closure; shutdown; **vorübergehende oder dauernde ~ e-r Fabrik** temporary or permanent closing down of a factory; shut-down of a factory; **~ von Ackerflächen** *(EU)* set-aside of agricultural land; **von der ~ betroffene Arbeitnehmer** workers affected by the closure; **~ e-s Bergwerks** closing down (or closure) of a mine; mine closure; **~ von →Eisenbahnstrecken**; **~ von Kernkraftwerken** decommissioning of nuclear power plants; **~ e-s Kraftfahrzeugs** →Abmeldung; **~ e-s Schiffes** laying up of a vessel; taking a vessel out of service

Stilllegungs~, **~prämie** *(im Steinkohlenbergbau)* pit closure premium; **~vergütung** compensation for closure; **~zeit** *(e-s Schiffes)* laying-up period

stillliegen *(außer Betrieb sein)* to lie idle; *(Schiff)* to be laid up; **der gesamte Verkehr liegt still** all traffic is suspended

Stillschweigen, **~ bedeutet Zustimmung** silence means consent; **~ bewahren** to maintain silence; to observe secrecy; **~ bewahren müssen** to be bound to secrecy

stillschweigend tacit; **~** *(mit einbegriffen)* implicit, implied; **~** *(gefolgert)* by implication; *(sich unmittelbar aus den Umständen ergebend)* implied in fact; **ausdrücklich oder ~** expressly or implicitly; **~ mit eingeschlossene (Vertrags-)Bedingungen** implied terms; **~ getroffene Vereinbarung** implicit agreement; **~** *(durch konkludentes Handeln)* **geschlossener Vertrag** contract implied in fact; **~ verlängerbares Abkommen** agreement subject to tacit renewal; **~er Einschluss von (Vertrags-)Bedingungen kann durch e-e Klausel ausdrücklich ausgeschlossen werden** implied terms may be excluded by an express clause; **~e Einbeziehung** implication; **~es →Einverständnis**; **~e →Einwilligung**; **~e Genehmigung** tacit approval; **~e Vereinbarung** tacit (or implicit) agreement; **~e →Verlängerung des Mietverhältnisses**; **unter der ~en Voraussetzung, dass ...** on the implicit understanding that ...; **~er Vertrag** implied agreement; **~e Zusicherung** implied warranty; *(etw. Unerlaubtes)* **~ dulden** to connive; **~ mit einbegreifen** to imply; **der Vertrag wurde ~ verlängert** the contract was tacitly (or implicitly) renewed

Stillstand standstill, stop; stagnation; tie-up; *(völliges Erliegen)* deadlock; **~ e-s Verfahrens** *(bei →Aussetzung, →Ruhen, →Unterbrechung des Verfahrens)* suspension of proceedings; **~szeit** idle time; **zum ~ kommen** to come to a standstill (or stop)

stillstehen *(Betrieb)* to be closed (down); to be idle; *(Handel)* to be stagnant; *(Maschinen)* to stand idle

stillstehend idle, inactive; *(stagnierend)* stagnant; *(Fahrzeug)* stationary, parked

Stimme vote, voting (at an election); **→Gegen~**; **→Ja~n**; **→Nein~n**; **~n der Parteilosen** floating votes; **mit 7 gegen 5 ~n** by 7 votes to 5; **abgegebene ~n** votes cast (or polled); **ausschlaggebende ~** casting (or decisive) vote; **die meisten ~n erhalten** to be at the head of the poll, to have the largest number of votes; **ungültige ~** invalid vote; **die wenigsten ~n erhalten** to be at the bottom of the poll

Stimme, **seine ~ abgeben** to cast one's vote (or ballot); **seine ~ abgeben für jdn** to vote for sb.; **~n auszählen** to count the votes; **sich der ~ enthalten** to abstain from voting; **viele ~n erhalten** to receive (or poll) many votes; **~n gewinnen** to gain votes; **um ~n werben** to solicit votes

Stimmabgabe vote, voting, casting of votes; poll, polling; **schriftliche ~** vote in writing, voting by correspondence; written vote; *(brieflich)* postal vote; **~ unter Fraktionszwang** *Br parl* whipped vote; **~ durch e-n Vertreter** proxy vote; voting by proxy; **sich der ~ enthalten** to abstain from voting; to withhold one's vote

stimmberechtigt entitled (or eligible) to vote; **nicht ~** non(-)voting; without right to vote; **~e Aktien** voting shares (stocks); **~e (Gesellschafts-)Anteile** voting shares; **~es Mitglied** voting member; **~e Stammaktien** common voting shares

Stimmberechtigte *pl.* voters, electors; **dieser Wahlkreis hat etwa ... ~** the voting strength of this constituency is about ...

Stimm~, **~berechtigung** voting right, right (or eligibility) to vote; **~bindungsvertrag** agreement binding a partner to exercise his voting right in a prescribed manner

Stimmen~, **~auszählung** counting of votes; **~fang** vote catching; **~gewinn** gain (or increase) in votes

Stimmengleichheit equality in number of votes; parity of votes; tie; **bei ~ gibt die Stimme des Vorsitzenden den Ausschlag** in the event of an equality of votes (or in case of a tie) the chairman shall have the casting vote; **die Abstimmung ergab ~** the vote ended in a tie

Stimmenkauf[190a] buying of votes

Stimmenmehrheit majority of votes; **einfache ~** simple (or bare) majority (of votes); **relative ~** relative majority (of votes); *Am pol (auch)* plurality; **es besteht ~** a majority has been obtained; **mit ~ entscheiden** to decide by a majority (vote); **mit ~ gewählt werden** to be elected by a majority (of votes)

Stimmenminderheit minority of votes

Stimmenthaltung abstention (from voting); **bei ~ des X** X abstaining from voting; **10 Stimmen dafür, 5 Stimmen dagegen und 2 ~en** 10 votes for, 5 against and 2 abstentions; **~ gilt nicht als Stimmabgabe** abstention shall not be considered as voting; **~ üben** to abstain from voting

Stimmen~, **~vereinigung** *(zwecks einheitlicher Geltendmachung von Aktionärsrechten)* pooling of votes; **~verhältnis** proportion of votes (cast); **~verlust** loss of votes; **~wägung** weighting of votes; **~werber** canvasser; **~werbung** canvassing

Stimmenzahl (total) number of votes; **erforderliche ~** requisite number of votes

Stimmenzählung counting of votes; poll

Stimmrecht right to vote, voting right; *(Wahlrecht)* franchise, suffrage; **→Mehr~**; **Aktien**

ohne ~ →stimmrechtslose Aktien; **~saktie** voting share (stock)

Stimmrechtsausübung exercise of the voting right; voting; **~ durch Vertreter** voting by proxy; **Bevollmächtigter des Aktionärs in der ~** proxy holder

Stimmrechts~, **~beauftragung** proxy; **s~lose Aktien**[191] non-voting shares (stocks); shares without voting right; **~missbrauch**[192] abuse of voting rights; **~vertreter** proxy exercising a voting right

Stimmrechtsvollmacht proxy; *(an die Aktionäre gerichtete)* **Aufforderung zur Abgabe von ~en** proxy solicitation

Stimmrecht, **das ~ ausschließen** to exclude the voting right; **das ~ als Bevollmächtigter ausüben** to act as proxy; **das ~ im Namen dessen, den es angeht, ausüben** to exercise the right to vote on behalf of an undisclosed agent; to act as proxy

Stimmzettel ballot paper, voting paper (or slip); **nicht ausgefüllter ~** blank ballot, voting paper left blank; **durch ~ abstimmen** to vote by ballot; **e-n ~ in die Wahlurne werfen** to deposit a ballot paper in the ballot box

stimmen *(zutreffen)* to be correct (or right); **für jdn ~** to vote for sb., to give one's vote for sb.; **für etw. ~** to vote for (or in favo[u]r of) sth.; **dafür oder dagegen ~** to vote for or against

Stimmung *(an der Börse)* tone, mood; →**lustlose ~ am Aktienmarkt**

stimulieren, **künstlich ~** *(im Hochleistungssport)* to dope *(→Doping)*

Stimulierung der Wirtschaft (SPES) stimulation plan for economic science (SPES)

Stipendiat recipient of a grant (or scholarship); grant holder, award holder; exhibitioner

Stipendi, **~um** scholarship; (study) grant, award; exhibition; *Scot bes.* bursary; **Empfänger e-s ~ums** scholarship holder, recipient of a grant (or scholarship); →**Europäisches Übereinkommen über die Fortzahlung von ~en an Studierende im Ausland**; **sich um ein ~um bewerben** to apply for a grant (or scholarship); **ein ~um erhalten** to be awarded a scholarship; **~en gewähren** to provide scholarships

stocken, der Handel stockt trade is stagnant

Stockung hold(-)up; →**Absatz~**; →**Verkehrs~**; **~en in unserer Fertigung** slowdown in our production

Stockwerkseigentum →Wohnungseigentum

Stoff material; substance; **gefährliche ~e** dangerous substances; **gefährliche und schädliche ~e** hazardous and noxious substances (HNS); →**luftverunreinigende ~e**; **~anspruch** *(PatR)* product claim; **~gemisch** composition; **~patent** product patent; **~schutz** *(PatR)* (chemical) product protection

Stopp, →**Lohn~**; **~preis** controlled price; **~-Verfügung** stop order

Stoppungsrecht[192a] *(Recht zum Anhalten unterwegs befindlicher Waren; eine Form des →Zurückbehaltungsrechts)* right of stoppage in transitu

stören to disturb; *(beeinträchtigen)* to interfere with; *(Rundfunkübertragung)* to jam; **jdn im →Besitz ~**; **die öffentliche Sicherheit und Ordnung ~** to break the peace; **die Tätigkeit des Betriebsrats ~**[193] to interfere with the activity of the works council; **gestörtes außenwirtschaftliches →Gleichgewicht**

Störer der öffentlichen Sicherheit und Ordnung peacebreaker

stornieren *(Auftrag, Vertrag)* to cancel; *(Buchung)* to reverse; **e-e Gutschrift ~** *(Bank)* to reverse a credit entry; **e-e Prämie ~** *(VersR)* to cancel a premium

Stornierung *(e-s Auftrags)* cancellation, counter(-)order; *(e-r Buchung)* reversal; **~ e-s Vertrags** cancellation of a contract

Storno(buchung) contra entry, reversing entry

Stornorecht *(e-r Bank)* right to cancel credit entries

Stör~, **~fall** incident; **~sender** jamming station

Störung disturbance; interference (with); *(z. B. vom Nachbargrundstück aus)* nuisance; →**Besitz~**; →**Betriebs~**; →**Geistes~**; →**Geschäfts~**; **öffentliche →Ruhe~**; **~ der Allgemeinheit** *(öffentliches Ärgernis)* public nuisance; **krankhafte ~ der →Geistestätigkeit**; **~en im →Gleichgewicht der Zahlungsbilanz**; **~en des Marktes** disturbances of the market; **~ des →Marktgleichgewichts**; **~ der →Nachtruhe**; **~ ausländischer Rundfunkübertragungen** jamming of foreign broadcasts; **~ der öffentlichen Sicherheit und Ordnung** breach of the peace; disturbance(s); **~ des Verkehrs** obstruction of traffic

Störung, →**Beseitigung der ~**; **Klage auf Beseitigung der ~** action for abatement of the nuisance; **e-e ~ beseitigen** to abate a nuisance

Stoß~, **~auftrag** rush order; **~verkehr** rush-hour (or peak) traffic

Straf~, **~akte** criminal record; **~aktion** punitive action; **~änderung** →Strafumwandlung

Strafandrohung threat of punishment; sanction *(→Androhung)*; **jdn unter ~** *(für den Fall des Ausbleibens)* **laden** to subpoena sb.

Strafanstalt penal institution *(amtl. Bez.: →Justizvollzugsanstalt)*; →**Jugend~**

Strafantrag[194] (initiation of a) criminal complaint; initiation of (criminal) prosecution; formal demand of injured party for the prosecution of the offender *(→Antragsdelikt)*; **e-n ~ stellen** to initiate a criminal complaint; to demand a prosecution

Straf~, **~antritt** beginning of imprisonment; **~anzeige** →Anzeige 2.; **~anzeigenerstatter** informant; *Am* complainant

Strafarrest *mil* [195] personal arrest; detention; **~ verhängen** to impose personal arrest

Strafaufhebungsgründe grounds for quashing a sentence *(→Straferlass, →Begnadigung etc)*

Strafaufschub[196] suspension of execution of sentence; reprieve; **~ gewähren** to grant a reprieve

Straf~, **~ausschließungsgrund** (personal) ground for exemption from punishment for an unlawful act; **~aussetzung zur →Bewährung**; **~ausstand** →Strafaufschub, →Strafunterbrechung

strafbar punishable; liable to prosecution; **~e Handlung** punishable act; criminal offence (offense), crime *(→Straftat)*; **e-e ~e Handlung begehen** to commit an offence (offense); **sich ~ machen** to incur a penalty, to render oneself liable to prosecution

Strafbarkeit criminal liability

Strafbefehl[197] penal order; order imposing punishment (fine or imprisonment up to 3 months) issued by the →Amtsrichter at the request of the public prosecutor without previous trial; **Einspruch gegen e-n ~** appeal from a Strafbefehl; **~sverfahren** summary proceedings without trial

Straf~, **~bemessung** →Strafzumessung; **~bescheid** *(obs.)* order imposing penalties issued by administrative authorities; **~bestimmung** penal provision (or regulation); *(in e-m Vertrag)* penal(ty) clause; **~dauer** length of sentence, duration of sentence

Strafe punishment; penalty; *(auferlegte Strafe)* sentence; →**Freiheits~**; →**Geld~**; →**Höchst~**; →**Mindest~**; →**Neben~**; →**Steuer~**; →**Todes~**; →**Vertrags~**; →**Zoll~**; **bei (Androhung e-r) ~ von** on (or under) penalty of; **mit ~ bedrohte Handlung** act subject to penalty; punishable offence (offense); **als Abschreckung dienende ~** exemplary punishment; **angemessene ~** reasonable sentence; **gesetzlich zulässige ~** lawful punishment; **grausame, unmenschliche oder erniedrigende Behandlung oder ~** →Folter; **hohe ~** severe punishment (or sentence); **übermäßig hohe ~** excessive sentence; **leichte ~** light punishment (or sentence); **milde ~** lenient sentence; **strenge ~** severe punishment; **verschärfte ~** increased penalty; **unzulängliche ~** inadequate sentence

Strafe, **seine ~ →abbüßen**; **jdn mit ~ belegen** to sentence sb. (e. g. to six months' imprisonment); to penalize sb.; to impose a penalty on sb.; **e-e ~ erhöhen** to increase a sentence; **auf ~ erkennen** to impose a penalty (or punishment); to award a sentence; **e-e ~ erlassen** to remit a punishment (or sentence); **e-e ~ festsetzen** to fix a penalty; to determine the sentence (to be awarded); **e-e ~ herabsetzen** to reduce a sentence; **eine ~ →verbüßen**; **e-e ~ (gegen jdn) verhängen** to inflict (or impose) a penalty (on sb.); *(Freiheitsstrafe)* to impose a custodial sentence; *(Geldstrafe)* to impose a fine; to sentence to pay a fine; **e-e ~ verwirken** to incur a penalty

Strafende *(Ende der Strafverbüßung)* completion of sentence

Strafentlassener discharged prisoner; **bedingt ~** prisoner released on parole

Straf~, **s~erhöhende Umstände** aggravating circumstances; **~erhöhung** increase of penalty; **~erlass** remission of a penalty (or sentence); **~ermäßigung** abatement (or reduction) of a penalty; **s~erschwerende Umstände** aggravating circumstances; **~expedition** punitive expedition; **s~fällig** punishable, liable to punishment; delinquent; **s~fällig werden** to incur a penalty; **~fälligkeit** liability to punishment; **~festsetzung** fixing the penalty

straffrei exempt from punishment; **~ ausgehen** to go unpunished

Straffreiheit, **jdm ~ zusichern** to guarantee sb. exemption from punishment

Strafgefangener prisoner (undergoing a sentence); *Am* convict

Strafgericht criminal court; **~sbarkeit** criminal jurisdiction

Strafgesetz criminal (or penal) law; **~buch** (StGB)[197a] Penal (or Criminal) Code; **~gebung** penal legislation

Straf~, **~gewalt** power of sentence; **~herabsetzung** reduction of sentence; **die ~höhe festsetzen** to determine the sentence (to be awarded); **~hoheit des Flaggenstaates** penal jurisdiction of the flag state; **~justiz** *(oft negativ gebraucht)* punitive justice; **~kammer** *(am Landgericht)* criminal division

Strafklage penal (or criminal) action; **~verbrauch**[198] ne bis in idem; *Am* double jeopardy

Straf~, ~klausel *(in e-m Vertrag)* penal(ty) clause; **~kolonie** convict settlement; **~kompanie** *mil* delinquent company; **~losigkeit** exemption from punishment; immunity from criminal proceedings; **~lager** detention camp; **~los** →Straffrei; **~makel**[199] blemish due to conviction; **~mandat** ticket; **das ~maß bestimmen** to fix the penalty

Strafmaßnahmen punitive measures; sanctions; penalties; **unter Androhung von ~** on pain of penalties

strafmildernd, -e Umstände mitigating circumstances; **~ berücksichtigen** to consider in mitigation

Straf~, ~milderung mitigation of sentence *(→Strafumwandlung)*; **s~mündig** having attained the age of criminal responsibility; **~mündigkeit** age of criminal responsibility; criminal discretion; **bedingte ~mündigkeit** limited criminal responsibility; **~nachlass** reduction of sentence; **Austausch von ~nachrichten**[200] exchange of information from judicial records; **~porto** →Nachgebühr

Strafprozess criminal proceedings (or action) *(→Strafverfahren)*; **~ordnung** (StPO)[200a] Code of Criminal Procedure; **~recht** law of criminal procedure

Stafrahmen, gesetzlicher ~ statutory range of punishment

Strafrecht criminal law; **~sänderungsgesetz** criminal law (amendment) act; criminal justice (amendment) act; **~spflege** criminal justice; **~sreformgesetz** penal reform law

strafrechtlich criminal, penal; **~e Maßnahmen** penal measures; **~ verantwortlich** responsible under criminal law; **~ verfolgbar** liable to criminal prosecution; **sich ~er Verfolgung aussetzen** to render onseself liable to criminal prosecution (or action); **~ verfolgen** to prosecute

Strafregister register of (previous) convictions; **Auszüge oder Auskünfte aus dem ~** extracts or information from the judicial records; **in das ~ eintragen** to enter in the register of convictions

Straf~, ~rest remainder of a sentence; **~richter** criminal judge, judge in a criminal court

Strafsache criminal matter (or case); **schwebende ~n** cases pending; →**Rechtshilfe in ~n**; →**Zuständigkeit in ~n**; **über e-e ~ gerichtlich verhandeln** to try a case

Straf~, ~sanktionen penal sanctions; **~schärfung** →Strafverschärfung; **~senat** criminal division *(with the →Bundesgerichtshof or the →Oberlandesgericht)*; **~steuer** penalty tax

Straftat criminal offence (offense); penal act *(→Verbrechen, →Vergehen)*; **e-e mit Freiheitsstrafe bedrohte ~** an offence (offense) punishable with imprisonment; an imprisonable offence (offense); **die zur Last gelegte ~** the offence (offense) charged with; **schwere ~** serious criminal offence (offense); →**vorsätzlich begangene ~**; **e-e ~ begehen** to commit an offence (offense); **e-e ~ verfolgen** to prosecute an offence (offense); **die ~ ist vollendet** the offence (offense) is completed

Straf~, ~täter offender; delinquent; **~tilgung** extinction in the criminal record; **~umwandlung** commutation of sentence; **~unterbrechung** interruption of sentence

Strafurteil sentence; **Vollstreckung des ~s** execution (or carrying out) of the sentence; *(Geldstrafe)* enforcement of a fine; **ein ~ fällen** to pass a sentence

Strafverbüßung serving a sentence (or a term of imprisonment); **Strafvereitelung**[201] aiding the perpetrator of an offence (offense) after the fact (by preventing his prosecution or the execution of the sentence imposed *([→Vollstreckungsvereitelung]))*

Strafverfahren criminal proceedings (or procedure); **beschleunigtes (od. summarisches) ~** summary trial *(→Strafbefehl)*; **ein ~ durchführen** to carry on a prosecution; to prosecute; **ein ~ einleiten** to institute (or take) criminal proceedings; **das ~ einstellen** to dismiss (or withdraw) the charge (or an indictment); to drop the case; **das ~ wegen Geringfügigkeit einstellen** to terminate (or discontinue) criminal proceedings (or prosecution) on the ground of insignificance

Strafverfolgung prosecution, criminal prosecution *(→Staatsanwalt)*; **doppelte ~** double jeopardy; **~sbehörde** prosecuting authority; **Entschädigung für ungerechtfertigte ~smaßnahmen**[202] compensation for wrongful prosecution; **~sverjährung**[201a] →Verfolgungsverjährung; **die ~ einstellen** to withdraw from prosecution; not to proceed with prosecution; **die ~ tritt nur auf Antrag ein**[203] criminal prosecution shall take place only upon request of the injured party

Straf~, ~verlangen[204] (a foreign government's) request for punishment; **~vermerk** entry of a penalty in the →Strafregister; **s~verschärfende Umstände** aggravating circumstances; **~verschärfung bei Rückfall**[205] increase of penalty in the case of a second (or subsequent) offence (offense); **~versetzung** transfer for disciplinary reasons; **~versprechen** promise of penalty; **~verteidiger** counsel for the defence (defense); *Am* defense attorney; **~verteidigung** defence (defense) in a criminal case

Strafvollstreckung execution of a sentence; →**Aufschub der ~**; **die ~ aussetzen** to suspend the execution of a sentence

Strafvollzug[206] execution of a sentence *(→Freiheitsstrafen, →Maßregeln der Besserung und Sicherung)*; **~sanstalt** →Justizvollzugsanstalt

Strafvorschriften penal provisions; provisions as to offences (offenses) punishable with imprisonment or fines; **gegen die ~ verstoßen** to constitute a breach of criminal law

strafwürdiges Verbrechen punishable crime

Strafzeit period of imprisonment; duration of sentence; →**Ablauf der ~**; →**Beendigung der ~**

Straf~, **~zettel** (traffic) ticket; **~zettel für falsches Parken** parking ticket; **~zoll** penal(ty) duty

Straf~, **~zumessung**[206a] assessment of punishment; determination of the (measure of a) penalty; fixing of the penalty (or fine); **~zuschlag** penal surcharge; *Am (SteuerR)* penalty; **~zweck** purpose of punishment

Sträfling prisoner, convict

Strahlen~, **~arbeiten** work exposed to radiation; **s~belastet** exposed to radiation; **~belastung** exposure (to radiation); **~chemie** radiation chemistry; **~detektor** →Strahlungsdetektor; **~dosis** radiation dose (or level); **beruflich s~exponierte Personen** persons occupationally exposed to radiation; **~exposition** radiation exposure; **~gefährdung** radiation hazard; **~geschädigter** radiation victim; **~grenzwerte** maximum radiation limits; **~krankheit** radiation sickness; **~risiko** radiation risk; risk of exposure; **~schäden** radiation damage (or injury); damage caused by radiation

Strahlenschutz[207] radiation protection; radiological protection; **Internationale ~kommission** International Commission on Radiological Protection (ICRP); **Grundnormen für den ~**[208] radiation protection norms; **~spezialist** specialist in radiation protection; **~verordnung** Radiation Protection Ordinance; **~vorsorgegesetz** Act on the Prevention of Radiation

Strahlen~, **~sicherheitsmaßnahmen** radiation safety measures; **~unfall** radiation accident; **~wirkungen** effects of radiation

Strahlung, **Messung schädlicher ~en** measurement of harmful radiations; **~sdetektor(engerät) (od. ~smesser)** radiation detection instrument; **~sdosis** radiation dose; **~serkrankung** radiation sickness

stranden to strand; to run aground (or ashore)

Strandgut stranded goods; salvage goods; *(schwimmendes)* flotsam; *(über Bord geworfenes)* jetsam; *(Wrackteile)* wreckage

Strandung stranding, shipwreck; **~sordnung**[209] regulations regarding flotsam and jetsam *(→Bergelohn)*

Strang, **Tod durch den ~** death by hanging

Straßburger Abkommen über die internationale Patentklassifikation[209a] Strasbourg Agreement Concerning the International Patent Classification

Straßburger Patentübereinkommen (Übereinkommen zur Vereinheitlichung gewisser Begriffe des materiellen Rechts der Erfindungspatente)[209b] Convention on the Unification of Certain Points of Substantive Law on Patents for Invention

Straße *(in der Stadt)* street; (Fahrstraße) road; (Landstraße) highway; **~ gesperrt** road closed; *Br (wegen Baustelle)* road up; *Am* road work ahead; **~ mit zwei (getrennten) Fahrbahnen** *Br* dual carriageway; *Am* double highway; **~ mit Schnellverkehr** road carrying fastmoving traffic; →**Einbahn~**; →**Fernverkehrs~**; →**Geschäfts~**; →**Hauptverkehrs~**; **Neben~** by- road; side street; **Haupt~ und Nebenstraßen** main and subsidiary roads; **nicht öffentliche ~** private road; →**See~**; →**Seiten~**; →**Vorfahrt~**; →**Zufahrt~**

Straße, **die ~ ist frei** the street is clear; **die ~ ist gesperrt** the street (or road) is closed (or barred); **die ~ bei „Rot" überqueren** to cross the street against the red light

Straßen~, **~anliegerkosten** road (maintenance) charges levied on frontagers; **~auflauf** street brawl; **~(ausbesserungs)arbeiten** road repairs; **~bahn** *Br* tram(car), tramway; *Am* streetcar, streetcar line

Straßenbau road construction (or building, making); highway construction; **~arbeiten** road construction work; **~bedarf** need for road construction; **~finanzierung** road construction financing; **~investitionen** road building investments; **~last** duty (imposed on public authorities) to construct and maintain roads

Straßen~, **~beleuchtung** street lighting; **~benutzer** road user; **~benutzungsgebühr** road toll; road usage tax; **e-e ~benutzungsgebühr für Lkw erheben** to levy a lorry road toll; **~bezeichnungsschilder** road identification signs; **~einmündung** road junction

Straßenfahrzeug road vehicle; **~bau** road vehicle construction

Straßen~, **~gewerbe** →Straßenhandel; **~güterbeförderung** carriage of goods by road

Straßengüterverkehr goods transport by road; road transport; road haulage (of goods); *Am* trucking; **TIR-Abkommen für den ~** TIR Agreement on goods transport by road; **Übereinkommen über den →Beförderungsvertrag im internationalen ~**

Straßen~, ~handel street vending (or trading); hawking; peddling *(→Reisegewerbe)*; **~händler** street vendor (or trader); hawker; pedlar; **~kampf** street fight(ing); **~kontrolle** road check; **~kreuzung** *Br* crossroads, intersection; **~markierung** road marking

Straßen~, ~meister official in charge of street cleaning and maintenance; **~netz** road network (or system); **~personenverkehr** road passenger transport; **~raub** highway robbery; hijacking; **~räuber** hijacker; **~reinigung** street cleaning; **~sammlung** street collection; **~schäden** damage to the road; **~schild** street sign; **~schlacht** *pol* street rioting; **~sicherheit** road safety; **~sperre** roadblock; **~sperrung** blocking of the road; **~überführung** (road) overpass; **~umleitung** detour; *Br* diversion; **~unterführung** (road) underpass; **~unterhaltung** road maintenance, maintenance of roads (or streets); **~verengung** bottleneck; **~verhältnisse** condition of the road(s); **~verkauf** →Straßenhandel; **~verkäufer** →Straßenhändler

Straßenverkehr road traffic; road transport, *Br* carriage by road; traffic on highways; *(in der Stadt)* street traffic; **gewerblicher ~** commercial road traffic; **Europäisches Übereinkommen über die Arbeit des im internationalen ~ beschäftigten Fahrpersonals** (AETR)[210] European Agreement Concerning the Work of Crews of Vehicles Engaged in International Road Transport; **Europäisches Zusatzübereinkommen zum (VN-)Übereinkommen über den ~**[211] European Agreement Supplementing the (UN-)Convention on Road Traffic

Straßenverkehrs~, ~behörde road traffic authorities; **~gefährdung** impairing the safety of road traffic; **~gesetz** (StVG)[212] Road Traffic Act (law regulating →Zulassung von Kfz, →Fahrerlaubnis etc); **~haftung**[213] liability for road traffic accidents; **~Ordnung** (StVO)[214] (German) Road Traffic Regulations (rules of the road); *Br (etwa)* Highway Code; **~recht** road traffic law; **~schilder** road signs; **~sicherheit** safety of road traffic; road safety; **~statistik** road traffic statistics; **~teilnehmer** road user; **~unfälle** road (traffic) accidents

Straßenverkehrszeichen[214a] road sign; **Europäisches Zusatzübereinkommen zum (VN-)Übereinkommen über ~**[215] European Agreement Supplementing the (UN-)Convention on Road Signs and Signals

Straßenverkehrs-Zulassungs-Ordnung (StVZO)[216] Regulations Authorizing the Use of Vehicles for Road Traffic

Straßen~, ~verzeichnis street directory *(→Stadtplan)*; **~zustand** state of the road, road condition

strategisch, ~es Gleichgewicht *mil* strategic balance; **~es Personalmanagement** (SPM) strategic personnel management; **S~es Programm für Innovation und Technologietransfer** (SPRINT) Strategie Programm for Innovation and Technology Transfer (SPRINT); **Gespräche über Begrenzung der ~en Rüstungen** Strategic Arms Limitation Talks (SALT); **S~e Verteidigungsinitiative** (SDI) *Am (Raketenabwehrsystem im Weltall)* Strategic Defense Initiative (SDI)

strategische Waffen, sowjetisch-amerikanischer Vertrag von 1979 über die Begrenzung der strategischen Waffen Soviet-American Arms Limitation Treaty of 1979

Strecke distance; *(Bahn)* track, line; *(Bergwerk)* roadway; drift; **~nbetrieb** drift mining; **~nbrände** *(Bergbau)* roadway fires; **~ngeschäft (od. ~nhandel)** *Am* drop shipment; **Großhändler mit ~ngeschäft** drop shipment wholesaler (who secures orders from buyers and sends the orders to manufacturers who ship directly to the buyer); **~nnetz** network of railway lines; *(Luft)* route system

Streckungsdarlehen loan granted to meet the discount deducted from a mortgage loan

streichen *(ausstreichen)* to delete, to erase, to strike off, to expunge; *(zurückziehen, z. B. Kredit)* to cancel, to withdraw; **jds Namen von der →Liste ~**; **→Nichtzutreffendes bitte ~**; **von der Tagesordnung ~** to delete from the agenda

Streichung deletion, striking off; cancellation; **~ von der Anwaltliste** *Br* striking off the roll (of a solicitor); disbarring (of a barrister); **~ von Schulden** cancellation of debts

Streifband (postal) wrapper; **~depot** separate custody of securities; safe custody deposit; securities deposited under wrapper *(Ggs. Girosammeldepot)*; **~verwahrung** *(Bank)* holding customers' securities on special deposit; (securities) held in jacket custody; **~zeitung** newspaper sent under wrapper

Streife, ~ (Polizei~, Militär~) patrol; *(Erkundungsgang)* beat; **~nwagen** patrol car; *Am (auch)* squad car

Streik strike; *colloq.* walk-out; **im ~** on strike; **~, Aufruhr und innere Unruhen** strikes, riots and civil commotions (S.R.C.C.); **~ ohne Ankündigung** strike without (giving) notice;

vom ~ betroffen strike-bound; →**Bummel~**; →**General~**; **mittelbarer ~** secondary strike; →**nichtgewerkschaftlicher ~**; **Protest~** protest strike; →**Sitz~**; →**Sympathie~**; **unmittelbarer ~** primary strike; →**Warn~**; →**wilder ~**

Streik~, **~abstimmung** strike ballot (or voting); **~abwendung** avoidance of strike; **~androhung** threat of (a) strike; strike warning; **~ankündigung** (giving) notice of a strike; **~aufruf** call to strike; **~ausschuss** strike committee; **~bestimmungen** strike provisions; **~brecher** strike(-)breaker; scab; *Br* blackleg; **~fonds** strike (benefit) fund; **~führer** strike leader; **~gefahr** danger of a strike; *(von der Gewerkschaft gezahlte)* **~gelder** strike benefits; strike pay; **~kasse** strike fund; **~leitung** strike leadership (or committee)

Streikposten picket; **Aufstellung von ~** picketing; **Aufstellung betriebsfremder ~** secondary picketing; **~kette** picket line; **~ nicht beachten** to cross the picket line; **als ~ stehen** to picket

Streik~, **~recht** right to strike; **~verbot** prohibition of a strike; ban on strikes; **~verzichtabkommen** no-strike agreement (or deal); **~wache** →Streikposten; **~welle** series (or chain, wave) of strikes

Streik, **e-n ~ abbrechen** to call off a strike; **zum ~ aufrufen** to call a strike; to call out on strike; **ein ~ ist ausgebrochen** a strike has broken out; **e-n ~ brechen** to break a strike; *sl.* to blackleg; **in den ~ treten** to go (out) on strike

streiken to strike, to be on strike; **bestreikte Fabrik** strike-bound factory

Streikender striker; **wild ~** wildcat striker

Streit dispute, contest, conflict, controversy; →**Erbschafts~**; →**Kompetenz~**; →**Rechts~**; →**Zuständigkeits~**; **s~befangen** in litigation; in issue; **in ~ befangener Vermögensgegenstand** property involved in litigation; **~beilegung** settlement of a dispute; **~betrag** amount in dispute; **~erledigung** dispute settlement,; →**außergerichtliche ~erledigung**

Streit~, **~fall** dispute, (contested) case; (matter in) controversy; **Beilegung internationaler ~fälle** settlement of international disputes; **Parteien e-s ~es** parties to a dispute; **e-n ~ vor ein Gericht bringen** to submit a dispute to a court

Streitfrage controversial question; *(im Prozess)* (question at) issue

Streitgegenstand subject matter of the action; matter in dispute; matter in controversy; **Wert des ~es** →Streitwert

Streit~, **~gehilfe (od. ~helfer)** →Nebenintervenient

Streitgenosse joined party (as plaintiff or defendant)

Streitgenossenschaft[217] joinder of parties (in one action as plaintiffs or defendants where the claim is in respect of the same transaction); **notwendige ~** compulsory joinder

Streithilfe →Nebenintervention

Streitkräfte armed forces, armed services; **Luft-, Land- und See~** air, land and naval forces; **Angehörige der ~** members of the armed forces

Streitkräfte, Vertrag über konventionelle ~ in Europa[217a] Treaty on Conventional Armed Forces in Europe

Streit~, **~objekt** →Streitgegenstand; **~parteien** parties to the dispute (or action); **~punkt** point at issue, point in dispute; **~sache** *(strittige Angelegenheit)* matter in dispute, contentious matter; *(zu entscheidender Rechtsstreit)* case; **~schlichtung** settlement of a dispute; **s~süchtig** controversial; **~summe** sum in dispute; **~verkündender** person serving a third party notice; **~verkündeter (od. ~verkündungsempfänger)** person served with a third party notice; third party defendant; **~verkündung**[218] third party notice; **~verkündungsverfahren** third party notice procedure

Streitwert value (of the matter) in dispute; amount in dispute; *Am* amount in controversy; **Fälle mit geringem ~** cases where a small amount is involved; small cases; **~festsetzung** assessment of the value in dispute (by the court); **~herabsetzung** reduction of the value in dispute

Streit, **e-n ~ beilegen** to settle a dispute; **ein ~ entstand** a dispute arose; **den ~ verkünden** to issue a third party notice; **jdm den ~ verkünden** to serve a third party notice on sb.; **in e-m ~ vermitteln** to intervene (or mediate) in a dispute

streiten to dispute, to argue

streitend, **~e Parteien** opposing parties, parties in dispute; parties to an action; litigants; **~e Staaten** contending states

streitig disputed, dispute; controversial; contestable; **~e Forderung** litigious claim; **~e Frage** *(im Prozess)* issue; **~ sein** to be disputed, to be at issue; **jdm das Recht ~ machen auf etw.** to contest sb.'s right to sth.; **ist unter den Parteien ~** in case of dispute among the parties; **es ist ~, ob ...** it is contested if ...

Streitigkeit dispute, controversy; difference; →**Arbeits~**; →**Grenz~**; →**Lohn~**;

→**Rechts~en**; **Beilegung internationaler ~en** settlement of international disputes; **sich aus dem Vertrag ergebende ~en** disputes arising out of the contract; **e-e ~ durch Verhandlung beilegen** to settle a dispute by negotiation; **~en sind entstanden** differences have arisen; **die ~ e-m Schiedsgericht unterbreiten** to submit the dispute to arbitration

streng severe, strict, stringent; **~ geheim** top secret; **~ genommen** strictly speaking; **~ vertraulich** strictly confidential; **~e Bestrafung** severe punishment; **~e Haftung** strict liability

Streu~, **~besitz** *(an Aktien e-r Gesellschaft)* widespread shareholdings; *Am* widely held stock; **~pflicht** obligation to strew sand or salt (in case of snow or icy conditions); **~salzschäden** damage caused by the use of salt in the defrosting of roads

Streuung diversification; dispersion; spreading; →**Anlage~**; →**Eigentums~**; →**Risiko~**; **~sbreite** range of dispersion

Strich~, **~code** *(EDV)* bar code; **~codierung** bar coding

strittig controversial, at issue; litigious; **~e Forderung** disputed claim; **~e Rechtsfrage** question of law; legal issue; **~e Tatfrage** question of fact; **die Frage ist ~** the question is controversial

Strohmann *(vorgeschobene Person)* man of straw, dummy; nominee; *(anonymer)* **Aktienbesitz durch e-n ~** nominee shareholding; **~gesellschaft** dummy company

Strom 1. *(Kraftstrom)* (electric) power, current; **~abnehmer** →Stromverbraucher; **~ausfall** power failure; **~entwendung**[219] unlawful use of electric energy; **~erzeuger** electricity producer; generator; **~lieferung** electricity supply; supply of electric current; **~rechnung** electricity bill; **~sperre** power cut; **~tarif** electricity tariff; **~verbrauch** electricity consumption; **~verbraucher** consumer of electricity; **~versorgung** (electric) power supply, provision of electric power (or electricity); **~zähler** electric current meter; **~ sparen** to save power (or current)

Strom 2. *(Fluss)* river; *(Fließen)* flow; **s~abwärts** downstream; **s~aufwärts** upstream; **Handels~** current of trade; **Verkehrs~** flow of traffic

Strömung, **politische ~en** political currents (or trends); **Zeit~** tide of events

Struktur structure, pattern; →**Personal~**; →**Preis~**; →**Wirtschafts~**; **~änderungen** structural alterations

Strukturanpassung structural adjustment; **Erweiterte ~sfazilität** Enhanced Structural Adjustment Facility (ESAF)

strukturbedingt structural; structurally conditioned

strukturell, **~ rückständig** structurally backward; **~e Anpassung** structural adjustment; **~e Arbeitslosigkeit** structural unemployment; **~e Verbesserungen** structural improvements

Strukturfonds *(EU)* structural fund

Strukturhilfe structural aid, restructuring aid

Zuschuss, den der Bund zum Ausgleich unterschiedlicher Wirtschaftskraft jährlich an die Länder zahlt.

Aunual federal contribution to the Laender to smooth out differences in their economic resources.

Strukturkrise, **unter e-r ~ leiden** to suffer from a structural crisis; **~nkartell** →Kartell

Struktur~, **~maßnahmen** structural measures; **~politik** structural policy; **s~schwaches Gebiet** structurally weak area (or region); **~schwierigkeiten überwinden** to cope with structural difficulties; **~veränderung** structural change; **~verbesserung** structural improvement; **~wandel** structural change (im Handel in trade or commerce)

Stück piece, item; unit; *(Vieh)* head; *(Theater)* play; **~e** *(Teilbeträge e-s Wertpapiers)* denominations; **in ~en von** in denominations of; **pro ~** apiece; **~ Land** plot (or parcel) of land; **Geld~** piece of money, coin

Stück~, **~akkord** piece-rate work; **~dividende** dividend per share; **s~eloser Wertpapierverkehr** trading in securities without passing over of the securities; **~everzeichnis**[220] list of numbers and other particulars of securities (bought for the bank's client)

Stückgut *(Schiff)* mixed (or general) cargo; *(Bahn)* part-load, *Am* less-than-carload lot (LCL); *Am* mixed carload; **~befrachtung** freighting by the piece; berth freighting; loading on the berth; **~fracht** general cargo; *Am* package freight; **~frachtrate** →Frachtrate; **~frachtvertrag** contract of carriage; **~ladung** →Stückgut; **~sendung** *(Bahn)* part-load consignment; **Stückgütertarif** *Br* mixed cargo rate; *Am* mixed carload rate; **~versand** general cargo shipping; *Am* shipment as less-than- carload lot (LCL)

Stück~, **~kauf** →Spezieskauf; **~kosten** costs per unit (or per item); unit cost; **~kurs** →Stücknotierung; **~liste** parts list; bill of materials; **~lizenz** royalty per unit; **~lohn(satz)** →Akkordlohn(satz); **~notierung** *(Börse)* unit quotation; quotation in Euro per share; **~notiz** →Stücknotierung; **~preis** unit price; **~schuld** →Speziesschuld; **~spanne** *(Differenz zwischen Ein- und Verkaufspreis e-s einzelnen Stückes Ware)* commercial margin per item; **~vermächtnis** legacy of a specific item; **s~weise** by the piece; piecemeal; *(im Akkord)* by the job

Stückzahl number of pieces (or items, packages); **nach der ~** by the piece (or item, package)

Stückzeitakkord piece-time rate

Stückzinsen broken period interest; accrued interest
Sie fallen an, wenn festverzinsliche Wertpapiere während des Zinszahlungszeitraums mit dem laufenden Zinsschein veräußert werden.
It accrues when fixed-interest securities are sold together with the current coupon between interest dates.

stückeln *(Wertpapiere)* to denominate

Stückelung denomination (of securities or banknotes)

Student student, undergraduate; *Am* college student; **~in** girl student, undergraduate; **~ der Rechtswissenschaft** law student; **~enaustausch** student exchange; **~enheim** residence hall (or hall of residence); students' hostel; *Am* dormitory; **~enschaft** the students, the student body; **~enunruhen** student riots (or unrest); **~enverbindung** *Br* students' society; *Am* fraternity; **~enwerk** students' union; students' welfare organization

Studie study; **~nabsolvent** graduate; **~nbeihilfe** student grant; **~ngebühren** tuition fees; **~ngeldversicherung** educational endowment insurance; **~nkollege** fellow student; **~nkosten** study expenses; cost of university studies; **Vergabe von ~nplätzen** allotment of places to study (at a university); allocation of university places; **~nreform** study reform; **~nreise** study tour; educational journey

Studienzeit duration (or period) of (university) study; →**Europäisches Übereinkommen über die Gleichwertigkeit der ~**

Studium study; **sein ~, abbrechen** to break off one's studies; **zum ~, zugelassen werden** to obtain admission to university

Stufe *(Stadium)* stage, phase; *(Rang)* grade, rank; **auf gleicher ~** on an equal footing, of equal rank; **Alarm~** emergency phase; **~nausbildung** training by stages; **~nflexibilität** *(der Wechselkurse)* crawling peg system; **~ngründung** *(AktienR)* successive formation of a company; foundation of a company by stages *(Ggs. Einheitsgründung)*; **~nklage**[221] action by stages (issues arising at various stages of action are tried separately); **~nplan** phase plan; stage-by-stage plan; **~ntarif** *(SteuerR)* graduated tax rate

stufenweise by stages, gradual(ly); **~ durchführen** to phase in, to carry out by phases; **~ fortschreitend** progressive

Stunde hour; (Privatstunde) lesson; →**Arbeits~**; →**Börsen~n**; →**Büro~n**; →**Dienst~n**; →**Frage~**; →**Geschäfts~n**; →**Sprech~**; **auf ~nbasis** on an hourly basis; **~nleistung** *(e-s Arbeiters od. e-r Maschine)* output per hour

Stundenlohn hourly wage(s), wage(s) per hour; →**Tarif~**; **~satz** hourly rate (of pay); **im ~ stehen** to be paid by the hour

Stundenverdienst hourly earnings, earnings per hour; **jdn stundenweise bezahlen** to pay sb. by the hour

stunden to allow time to pay; to grant a respite (or delay); **den Restbetrag ~** to grant an extension for the remainder; **die Steuern ~** to grant a respite for the payment of taxes; to defer payment of taxes; **die Zahlung ~** to allow payment to be deferred; to grant (or allow) deferment

gestundet, **~er Kaufpreis** purchase price which is not payable immediately; **~e Steuer** deferred tax

Stundung respite, delay, deferment; extension of (the term of) payment; prolongation of payment; granting time to pay; →**Steuer~**; **~sfrist** period of extension; **~sgesuch** request (or application) for a respite; **~svergleich**[222] settlement granting the debtor a respite in order to avoid bankruptcy; **~szinsen** interest charged for deferred payment; **~ gewähren** →stunden

Sturmversicherung storm and tempest insurance

Sturz fall; *(plötzlich)* collapse, slump; →**Kassen~**; →**Kurs~**; →**Preis~**; **~ e-r Regierung** fall (or overthrowing) of a government

stürzen *(Kurse, Preise)* to fall, to drop; *(plötzlich)* to collapse, to slump; **e-e Regierung ~** to overthrow (or bring down) a government; **Nicht ~!** *(Aufschrift auf Kisten etc)* This side up!

stützen *(Preise, Kurse)* to support, to peg; *(finanziell)* to back; **den Euro ~** to give support to the Euro

gestützt, **~ auf den Bericht** based on the report, on the basis of the report; **die Montanwerte wurden durch Käufe ~** mining shares were supported

Stütz~, **~kurs** supported (or pegged) price; **~punkt** base; **Auslands~punkt** foreign base

Stützung support; →**Preis~**; **finanzielle ~ von Unternehmen** financial support (or backing) of enterprises

Stützungsaktion support(ing action); **~ der Banken** bank support

Stützungs~, **~käufe** support buying (or purchases); buying to support the price(s); *(Börse)* backing; **~kredit** supporting (or standby) credit; **~preis** support(ed) price, pegged price

Subdelegation →Delegation 2.

subjektiv subjective *(Ggs. objektiv)*; **~e →Klagenhäufung**; **~es Recht** right; entitlement; **~es Risiko** *(VersR)* moral hazard; **~e Unmöglichkeit der Leistung** inability to perform *(→Unvermögen)*

Submission →Ausschreibung; **~sabsprache** tender agreement *(→Bietungsabsprache)*; **~sangebot** tender; bid; **~svertrag** tender agreement; **den Arbeitsauftrag im ~sweg vergeben** to give out work by tender (or by contract)

Submittent tenderer; bidder; **der ~ ist während e-r Frist an sein Angebot gebunden** the tenderer is bound to keep open his tender during a period

submittieren to send in a tender, to tender; to bid

Subrogation subrogation

Subsidiarität *(EU)* subsidiarity; **~sgrundsatz** principle of subsidiarity

subsidiär subsidiary; **~ geltendes Recht** *(IPR)* subsidiary law; **~e Haftung** secondary liability; **primär oder ~ →haften**

Subskribent subscriber

subskribieren to subscribe to

Subskription subscription; *(Buchhandel)* obligation to buy a book (etc) to be published shortly; *(Zeichnung von Neuemissionen)* obligation to buy shares or bonds to be issued

substantiieren to substantiate; to give facts to support (a claim, statement, etc)

Substanz substance; intrinsic value; (material) assets; **~besteuerung** →Vermögensbesteuerung; **~bewertung** *(für Zwecke der →Vermögensbesteuerung)* net assets valuation; **~erhaltung e-s Unternehmens** maintaining the real value of an undertaking; **~verringerung** depletion; **→Absetzung für ~verringerung**; **~verzehr** waste of real assets; depletion; **~wert** *(e-s Unternehmens)* intrinsic value; *(Nettovermögenswert)* net asset value

substituieren to substitute

Substitut *(Stellvertreter)* sub-agent

Substitution, **~ von Erdöl durch Kohle** substitution of coal for oil; **~sgüter** substitute goods, substitutes

subsumieren to subsume; to bring the facts of a case under a particular rule of law (in order to apply this law)

Subsumtion subsumption; **~sirrtum** mistaken belief that one's action constitutes an offence (offense)

Subunternehmer subcontractor; **Begründung e-s ~-Verhältnisses** subcontracting; **an ~ vergeben** to subcontract

Subvention subsidy; subvention; **→Export~en**; **→Staats~**; **~sabbau** reduction of subsidy (subsidies); **~sbetrug**[223] economic subsidy fraud; making false or incomplete statements (to an authority) relevant to eligibility for a subsidy; **~sempfänger** receiver of subsidies; **~sgeber** subsidy grantor; **~en gewähren** to grant subsidies

subventionieren to subsidize, to give a subsidy to

subventioniert, **übermäßig ~** oversubsidized; **~er Preis** subsidized (or supported, pegged) price

Subventionierung subsidization; **Export~** subsidizing of exports

Suche search (nach for); **~ nach und Auffindung von Schusswaffen** tracing and locating of firearms; **→Arbeit~**; **→Stellen~**; **→Wohnungs~**

Such~, **~anzeige** wanted ad(vertisement); **~dienst** tracing (or missing persons) service

Such- und Rettungsdienst search and rescue service (SAR); **Internationales Übereinkommen über den ~ auf See**[224] International Convention on Maritime Search and Rescue

Such~, **~gebiet** search area; **~kartei** *(der Polizei)* wanted persons file; **~scheinwerfer** searchlight; **~trupp** *(Rettungsmannschaft)* search party; **~vermerk** search notice in the →Strafregister

suchen to search; to trace; **→Arbeit ~**

gesucht 1. von der Polizei ~ wanted by the police

gesucht 2. *(in Anzeige)* wanted; *com* requested, in demand; **sehr ~ sein** to be in great (or brisk) demand; to be much in demand (or request); **wenig ~ sein** to be in little demand

Sucht *(nach Drogen, Alkohol etc)* addiction; **→Rauschgift~**

Suchtkranke(r) addict, drug addict; **Einweisung ~r in e-e Anstalt** commitment (or committal) of drug addicts to an institution

Suchtstoff, **~e** drugs, narcotic drugs, narcotics; **Anbau von ~en** cultivation of drugs; **Beschlagnahme und Einziehung von ~en** seizure and confiscation of drugs; **Einheits-Übereinkommen über ~e**[225] Single Convention on Narcotic Drugs; **Entziehung von ~en** withdrawal of narcotics; **Inverkehrbringen von ~e** trafficking in drugs; **~amt** →Internationales Suchtstoffkontrollamt; **~bedarf** drug requirement; **~kommission** Commission on

Narcotic Drugs; **~kontrolle** narcotics control; **~menge** quantity of drugs

süchtig addicted; →**alkohol~**; →**rauschgift~**

Süchtiger drug addict; →**Opium~**; →**Rauschgift~**

Süchtigkeit addiction

Sudan the Sudan; **Demokratische Republik ~** Democratic Republic of the Sudan

Sudanese, Sudanesin, sudanesisch Sudanese

Südafrika South Africa; **Republik ~** Republic of South Africa

Südafrikaner(in), südafrikanisch South African

Südostatlantik, →**Internationale Kommission für die Fischerei im ~**; **Übereinkommen zur Erhaltung der lebenden Schätze des ~s**[226] Convention on the Conservation of the Living Resources of the Southeast Atlantic

Suggestiv~, **~frage** leading question; **~werbung** suggestive advertising

Sühne~, **~bescheinigung** certificate of failure of conciliation; **~verfahren** conciliation proceedings; **~versuch** *(in Strafsachen)*[227] attempt at reconciliation *(bei Erhebung e-r →Privatklage)*; *(in Zivilsachen)*[228] attempt at reconciliation; *(Arbeitsgericht)* →Güteverhandlung; **der ~versuch ist erfolglos geblieben** the attempt at reconciliation has failed

Sukzession →Rechtsnachfolge

Sukzessiv~, **~gründung** →Stufengründung; **~lieferungsvertrag** contract for delivery by instalments; apportioned contract (agreement by which a supplier undertakes to make recurrent deliveries over a defined period of time)

summarisches Verfahren summary procedure

Summe sum, amount; →**Entschädigungs~**; →**Geld~**; →**Gesamt~**; →**Versicherungs~**; **in einer ~** in one amount; **bestimmte ~** definite (or given) sum; **hohe ~** big sum; **runde ~** round (or even) sum; **veranschlagte ~** estimated amount; **~naktie** →Nennwertaktie; **~nbilanz** turnover balance; **~nexzedenten-Rückversicherung** surplus (or excess-of-line) reinsurance; **~nvermächtnis** monetary proceeds of assets of the estate; **~nversicherung** *(z. B. Lebensversicherung)* insurance of fixed sums; **~nzuwachs** *Br (VersR)* reversionary bonus; *Am* reversionary dividend

Sunnit(in) Sunnite

sunnitisch Sunnite

Super~, **~benzin** →Benzin; **~macht** super power; **~markt** supermarket; **Werte der ~marktunternehmen** *(Börse)* supermarkets

supranationale Organisation supranational organization

Supranationalität supranationality

Surinam Suriname; **Republik ~** Republic of Suriname

Surinamer(in), surinamisch Surinamese

Surrogat substitute; surrogate; **~steuer** *(z. B. Zucker - Süßstoffsteuer)* tax on substitute product

Surrogation subrogation; **~ kraft Rechts** subrogation by operation of law; **~ kraft Vereinbarung** subrogation by contract

suspendieren to suspend

Suspendierung →Dienstenthebung

Suspensiv~, **~bedingung** →aufschiebende Bedingung; **~effekt** →aufschiebende Wirkung

Süßwasser fresh water; **~verschmutzung** fresh water pollution

Swap swap
Swap, Devisen ~ foreign exchange swap
Swap, kombinierter Zins- u. Währungs ~ (od. integrierter ~) cross currency (interestrate) swap
Swap, Schulden-~ *(Umwandlung von Forderungs- in Beteiligungskapital)* debt-equity swap (DES)
Mit ihrer Hilfe können Auslandsschulden von Problemländern in Direktinvestitionen umgewandelt werden.
With their help, foreign debts of problem countries can be converted into direct investments.

Swap, Währungs~ currency (interest rate) swap; cash swap
Die Vertragspartner nehmen Geld in unterschiedlicher Währung auf und vereinbaren einen Tausch bis zur Fälligkeit, einschließlich der anfallenden Zinsen.
The contracting parties raise money in different currencies and agree to an exchange until maturity, including accruing interest.

Swap, Zins~ interest-rate swap
Zwei Unternehmen tauschen im einfachen Fall ihre festen bzw. variablen Zinsverpflichtungen in gleicher Währung.
In the simple case, two undertakings exchange fixed-interest commitments for floating-interest rate commitments respectively.

Swap~, **~abschluss** swap contract; **~-Bank** *(Vermittler)* swap arranger; *(zwischengeschaltete Swappartei)* swap intermediary; **~engagement** swap commitment; **~geschäft** *(Devisenswap)* swap transaction; **~möglichkeit** swap facility; **~-Risiko** *(beim Zinsswap)* swap exposure; **~satz** *(Differenz zwischen Termin- und Kassakurs beim Devisenswap; beim Währungsswap erfolgt das Termingeschäft auf Basis des Kassakurses)* swap rate; **~-vereinbarung** swap arrangement (between central banks in the foreign exchange markets); **~geschäfte abschließen** to conclude swaps

Swasiland Swaziland; **Königreich ~** Kingdom of Swaziland

Swasi~, **s~ländisch** Swazi

Swing *(in zweiseitigen Handelsverträgen die vereinbarte Kreditgrenze)* swing; **~-Grenze** swing credit margin; **~überschreitung** swing overdraft

Switch~, **~geschäft** *(Außenhandelsgeschäft, das aus Devisengründen über ein drittes Land geleitet wird)* switch; **~export** switched export

switchen to switch

Sympathisant sympathizer

sympathisieren, **mit jdm ~** to sympathize with sb.

Sympathiestreik sympathetic (or sympathy) strike

synallagmatischer Vertrag →gegenseitiger Vertrag

synchronisieren to synchronize; to dub

Syndikat cartel with joint purchasing or marketing organization; syndicate; consortium

Syndikus (permanent) legal adviser (to a bank, association, firm etc); **~anwalt**[229] lawyer employed as permanent legal adviser to an enterprise

syndizierter Kredit →Konsortialkredit

Synode synod, church council

synthetische Fasern man-made fibres (fibers)

Syrien, **die Arabische Republik ~** the Syrian Arab Republic

Syrer(in), **syrisch** Syrian

System system; **~analytiker** system analyst; →Europäisches System der Volkswirtschaftlichen Gesamtrechnungen

systematisieren to systematize

T

Tabak~, **~erzeugnisse** tobacco products; **~konsum** tobacco consumption; **~monopol** tobacco monopoly; **~steuer** tobacco tax *(→Banderolensteuer)*; **~waren** tobacco products; manufactured tobacco; **~werbeverbot** tobacco advertising prohibition; **~werbung** tobacco advertising

tabellarisch tabular, arranged in tables; **~e Aufstellung** tabulation, tabular statement

Tabelle table, list, chart, scale, schedule; →**Gebühren~**; →**Insolvenz~**; →**Umrechnungs~**; →**Zins~**; **~nauszug** *(Konkursordnung)*[1] extract from schedule of debts; **in ~nform** in tabular form; **~n aufstellen** to compile tables

tabellarisieren to tabulate

Tabellierung tabulation

Tabularersitzung →Buchersitzung

Tabularverschweigung →Buchversitzung

Tadelantrag *parl* motion of censure *(→Misstrauensvotum)*

Tafelgeschäft over-the-counter business

Tag day; *(Datum)* date; **~ des Inkrafttretens** *(e-s Gesetzes)* effective date; →**freier ~**; **vom gleichen ~e** of the same date; **5 ~e hintereinander** on 5 consecutive days; **heute über acht ~en** this day week; **volle ~e** clear days; **~wechsel** →Tageswechsel

Tage~, **~bau** opencast (or surface) mining; **~buch** diary; *(Buchführung)* journal, daybook (d. b.); **~geld (-er)** *(bei Dienstreisen)* daily allowance; per diem allowance; allowance for subsistence expenses; *(Krankengeld)* daily benefit(s); →**Reise- und ~gelder**; **~geldversicherung** daily benefit insurance; **~löhner** day-labo(u)rer

tagen to sit, to meet, to hold a meeting; **das Gericht tagt** the court sits (or is sitting, is in session)

Tages~, **~auftrag** *(Börse)* day order; **~auszug** *(Bank)* daily statement of account; **~durchschnitt** daily average; **~einnahmen** daily (or day's) receipts (or takings); **~ereignisse** current events (or affairs); topics of the day; **~förderung** output per day

Tagesgeld *(Festgeld zwischen Banken für einen Werktag)* overnight money; day-to-day money (or loan); *Am* federal (or FED) funds *(short for federal fund's excess reserves loaned overnight to other banks)*; **Aufnahme von ~** overnight borrowing; **Überlassung von ~** overnight loan; **~ auf Abruf (od. bis auf weiteres [b. a. w.])** →täglich fälliges Geld; **~satz** overnight rate, day-to-day money rate; *Am* federal funds rate

Tageskurs *(von Effekten)* quotation (or price) of the day; current price; *(Devisen)* rate of the day; today's rate (of exchange); **zum ~** at the current price (or rate)

Tages~, **~leistung** daily output; **~lohn** day's wage(s); **~lohnsatz** daily rate (of pay); **~notierung** *(Börse)* daily quotation

Tagesordnung agenda; business to be discussed; order of the day; **Anträge der ~** motions on the agenda; **Punkte der ~** items on the agenda; **schriftliche ~** *parl* order paper; **von der ~ absetzen** to remove (or delete) from the agenda; **die ~ annehmen** to adopt the agenda; **in die ~ aufnehmen** to include in the agenda; **die ~ aufstellen** to prepare (or draw up) the agenda; **wir kommen zu Punkt 5 der ~** item 5 is next on the agenda; **die zu erledigenden Punkte auf die ~ setzen** to put down on the agenda the business to be transacted; **auf der ~ stehen** to be (or appear) on the agenda; **auf der ~ steht ...** the agenda calls for the discussion of ...; ... is on the agenda; **zum nächsten Punkt der ~ übergehen** to proceed to the next item on the agenda

Tages~, ~politik politics of the day; **~preis** current price; today's price; **~presse** daily press; daily news; **~produktion** daily production (or output)

Tagessatz *(Reisespesen)* daily (or *Am* per diem) allowance; *(Geldstrafe)*[1a] daily rate (unit); **~system**[1a] system of daily rated fines; **die Geldstrafe wird in Tagessätzen verhängt**[1a] fines shall be imposed at daily rates

Tages~, ~schicht daily shift; **~stempel** date stamp; **~umsatz** daily turnover; **~wechsel** day bill (payable at a fixed date); **~wert** current value; **~zinsen** daily interest

täglich daily, per diem; **dreimal ~** three times a day; **~e Ausgaben** routine expenditure

täglich fällige Gelder *(zinslose oder niedrigverzinste Sichteinlagen)* sight deposits; *Am* demand deposits

täglich fälliges Geld, ~ (oder Tagesgeld auf Abruf oder Tagesgeld bis auf weiteres) (oder Tagesgeld auf Abruf oder Tagesgeld bis auf weiteres) *(Kündigungsgeld zwischen Banken zum →Tagesgeldsatz des Abschlusstages; Kündigung beiderseits täglich auf den gleichen Tag)* money at call, call money; **Satz für ~** call (money) rate *(→Tagesgeld, →Satz für täglich fälliges Geld Geld)*

tägliches Geld *(Kündigungsgeld zwischen Banken zum Tagesgeldsatz des Abschlusstages)* money at one day's notice

täglich, auf ~e Kündigung *(ohne Einhaltung e-r Frist)* at call

Tagung meeting, conference; *(aus mehreren Sitzungen bestehend)* session; convention; **→Arbeits~**; **→Plenar~**; **ordentliche ~** regular session; **~sbericht** conference paper; **~sort** place of meeting (or conference); venue; **~steilnehmer** conference member; participant in a meeting; those present at the meeting; **e-e ~ abhalten** to hold a meeting; **e-e ~ einberufen** to convene a conference; **einmal im Jahr zu e-r ordentlichen ~ zusammenkommen** to meet in regular annual session

Tagwechsel →Tageswechsel

Taiwan Taiwan

taktieren to proceed tactically; to *Br* manoeuvre *(Am maneuver)*

taktische Waffen tactical arms

Talar *(e-s Richters od. Anwalts)* robe

Talfahrt, die Konjunktur ist in der ~ the economy is in a downswing; economic activity is declining

Talsohle *(Konjunktur)* bottom; **die ~ erreichen** to touch bottom; **die ~ verlassen** to bottom out

Tallyman *(der die Stückzahlen von Frachtgütern feststellt)* tally clerk

Talon →Erneuerungsschein

Tanker tanker; **Groß~** super tanker; **Öl~** oil tanker; **~flotte** tanker fleet; **~tonnage** tanker tonnage; **~verkehr** tanker traffic

Tank~, ~fahrzeug tanker; tanker (lorry [or *Am* truck]); **~ladung** tank cargo; **~schiffe auf See** tankers at sea; **~schiffreederei** tank shipping company; **~stelle** *Br* petrol (or filling) station; *Am* gas(oline) (or filling) station

Tansania, Vereinigte Republik ~ United Republic of Tanzania

Tansanier(in), tansanisch Tanzanian

Tante Emma Laden Ma and Pa Shop

Tantieme tantième; percentage of (annual) profits; *(für Autoren)* royalty; **~steuer** tax on directors' fees

Tanzkunst, Werke der ~ *(UrhR)*[1b] choreographic works

Tapferkeitsauszeichnung, höchste ~ highest award for gallantry; *Br* Victoria Cross; *Am* Congressional Medal of Honor

Tara tare; **wirkliche ~** actual (or real) tare; **Uso~** customary tare; **Zoll~** customs tare; **~gewicht**[1c] tare weight (weight of the packing); **~ vergüten** to make allowance for tare; to tare

tarieren to tare; to ascertain the tare (of)

Tarif tariff; rate; scale of charges; scale of rates; **→Anzeigen~**; **→Binnen~**; **→Eisenbahn~**; **→Fracht~**; **→Grund~**; **→Güter~**; **→Lohn~**; **→Prämien~**; **→Strom~**; **→Stückgüter~**; **→Zoll~**; **anwendbarer ~** applicable tariff; **geltende ~e** rates in force; **der integrierte ~ der Europäischen Gemeinschaft** (Taric) *(Grundlage für alle Einfuhrmaßnahmen der Ge-*

meinschaft basis for all import measures of the Community); **~ für Mustersendungen** *(Post)* sample rate

Tarif, unter ~ bezahlt werden to be paid below standard wages; **die ~e erhöhen** *(z. B. Eisenbahn)* to increase the scale of charges; **den ~ kündigen** to give notice of termination of the scale of rates; *(ArbeitsR)* to give notice of the termination of agreed wages

Tarif~, ~abkommen collective (wage) agreement; **~abschluss** conclusion of a collective agreement; **~art** *(Lufttransport)* rate classification; **~ausschuss**[2] committee dealing with →Allgemeinverbindlichkeitserklärungen; **~autonomie** autonomy in collective bargaining; *(VerkehrsR)* right to fix the rates; **t~besteuerte Wertpapiere** fully-taxed securities (fixed-interest securities subject to income tax or corporation tax); **~einstufung** tariff classification; classification rating; **~erhöhung** increase of tariff; *(im Personenverkehr)* increase in passenger fares; *(im Güterverkehr)* increase in freight rates; **~ermäßigung** reduction in rates; tariff reduction; **~fähigkeit**[3] capacity to be a party to a collective agreement; **~festsetzung** fixing of tariffs; rate fixing, rating; **~freibetrag**[3a] general (tax) allowance; **~freiheit** freedom of collective bargaining; **t~gebunden** bound by a collective agreement; **~gebundenheit**[4] (state of) being bound by collective agreements; **~gehalt** standard salary; collectively agreed salary; *Am* scale salary; **~hoheit** *(im Bahnverkehr)* right to authorize fixing, change or cancellation of rates; **~klasse** *(Eisenbahn-Gütertarif)* rate class; **~konflikt** wage dispute; **~konkurrenz** multiplicity of applicable collective agreements; **~kündigung** termination of collective agreement (by notice); *Am* collective contract termination; *Am* union contract termination; **~lohn** standard wage (or pay); (collectively) agreed wage (or pay); negotiated wages; *Am* scale wage; **~lohnsätze** wage rates according to collective agreement; *Br* standard rates; **~lohnstatistik** statistics of agreed wages; **t~mäßige Kündigungsfrist** period of notice fixed by collective agreements; **~normen** standards in industry; provisions of the collective agreement

Tarifnummer *(Zoll)* (tariff) heading, tariff item; **unter die ~ fallen** to fall under the heading No. ...

Tarifpartner parties to a collective agreement; both sides of industry; unions and management; **~beziehungen** industrial (or labo[u]r) relations; (relations between the collective bargaining partners); **Verhandlungen zwischen den ~n** labo(u)r negotiations

Tarif~, ~politik collective bargaining policies; *(Zoll)* tariff policy; **~positionen** tariff headings (or items); **~prämie** *(VersR)* tabular premium; **~recht** law concerning collective bargaining; **~regelung** tariff regime

Tarifregister[5] register of collective agreements (containing a record of the conclusion, alteration and cancellation of →Tarifverträge as well as the →Allgemeinverbindlichkeitserklärung)

Tarif~, ~satz *(Frachtsatz)* (freight) rate; *Br* (carriage) rate; *(Lohnsatz)* standard (wage) rate; **~schema** *(Zoll)* nomenclature; **~senkung** →Tarifermäßigung; **~staffelung** scale graduation; **~statistik** tariff (or rate) statistics

Tarifstelle *(Zoll)* subheading; **Waren in ~n einreihen** to classify goods in subheadings

Tarif~, ~streit(igkeit) dispute on tariffs (or rates); *(Löhne)* wage dispute; **~stundenlohn** standard hourly wages; **~unterbietung** rate cutting; **~verdienst** standard earnings; (collectively) agreed earnings

Tarifvereinbarung (collective) labo(u)r agreement; trade agreement; *(Löhne)* collective (wage) agreement; *(VersR)* rating agreement; *(Beförderungsentgelt)* rate-fixing agreement; **e-e ~ kam nicht zustande** *(Verkehr)* a tariff could not be agreed upon

Tarifverhandlungen collective bargaining; collective negotiations; *Br* negotiations for collective agreement; *Am* union contract negotiations; **~ führen** to bargain collectively; to take part in collective bargaining

Tarifvertrag (Vertrag zwischen Gewerkschaften und Arbeitgeberverbänden sowie einzelnen Arbeitgebern vornehmlich zur Regelung der Lohn- und Arbeitsbedingungen)[6] collective (bargaining) agreement (collective labo[u]r agreement) (agreement between trade unions and employers' associations or individual employers principally concerned with wages and working conditions); *Am (auch)* union agreement (or contract); →**Lohn~**; →**Mantel~**; **zustimmungsbedürftige Tarifverträge**[7] collective agreements requiring approval; **Außerkrafttreten e-s ~s**[8] termination of a collective agreement

tarifvertraglich collectively agreed; under a collective agreement; **~e Bestimmungen** collective agreement provisions; stipulations in a collective agreement

Tarifvertrag~, ~sbestimmungen collective agreement provisions; **~sgesetz** (TVG)[9] Law on Collective Agreements; Collective Bargaining Act; **~snormen sind** →**unabdingbar**; **~spartei** →Tarifpartner; **t~srechtliche Streitigkeiten** disputes involving collective agreements; **~sverhandlungen** negotiations for collective agreement; collective bargaining; **e-n ~ abschließen** to conclude a collective agreement; **e-n ~ für →allgemeinverbindlich erklären**; **e-n ~ aushandeln** to bargain collectively

Tarifwerte *(Versorgungswerte)* public utilities

tarifwidrig contrary to the provisions of a collective agreement; **~er Arbeitsvertrag** contract of employment on terms less favo(u)rable to the employee than those collectively agreed upon

tarifäre Handelshemmnisse tariff barriers

tarifieren to fix the tariff (or rates); to rate; *(Zoll)* to classify

Tarifierung assessment of tariffs; rating; **~ von Waren** classification of goods; classifying goods under a tariff; **~sänderung** change in classification

tariflich in accordance with the tariff (or rates); on the collectively agreed scale; according to the terms of a collective agreement; **~ vereinbart** collectively agreed; **~e Arbeitszeit** collectively agreed working hours; **~e Löhne** (collectively) agreed (or standard) wages; **~e →Schlichtungsstelle**; **die Aussperrung unterliegt ~ vereinbarten Begrenzungen** the lock(-)out is subject to the limitations laid down in the collective agreement

Tarnorganisation *pol* cover organization

Taschenbuch~, **~ausgabe** paperback (or pocket book) edition; **~lizenz** paperback edition licen|ce (~se); **~verleger** paperback publisher

Taschendieb pickpocket; **~esbande** gang of pickpockets; **~stahl** pickpocketing

Taschengeld pocket money, spending money, allowance; **~paragraph**[10] pocket-money paragraph (enabling a minor to enter into a valid contract if this is performed with pocket-money freely entrusted to him)

Taschenpfändung[11] seizure of property contained in debtor's pockets (e. g. money) by a →Gerichtsvollzieher

Tat deed, act, action; offence (Tatse) *(→Straftat)*; **auf →frischer ~**; **nach (vor) Begehung der ~ Beteiligter** accessory after (before) the fact

Tatbericht report about an incident; **den ~ aufnehmen** to take down the summary of evidence

Tatbestand facts of a case *(→Sachverhalt)*; **~ (e-s [Zivil-]Urteils)** statement of facts (in a judgment); **~** *(im Sinne der Voraussetzungen e-s Rechtssatzes)* elements of a rule; **~** *(i. S. der [gesetzlichen] Merkmale e-r Straftat)* (legal) elements of an offence (offense); **objektiver (subjektiver) ~** physical (mental) elements of an offence (offense); **~saufnahme** ascertainment of the facts; **~smerkmal** *(StrafR)* definitional element; element of an offence (offense); constituent fact; *Am* operative fact; **die ~smerkmale e-r strafbaren Handlung erfüllen** to constitute an offence (offense); **den ~ feststellen** to ascertain the facts

Tateinheit →Idealkonkurrenz

Tatfrage question of fact, point of fact *(Ggs. Rechtsfrage)*; **strittige ~** issue of fact

Tatmehrheit[11a] multiplicity of offences (offenses)

Tatmotiv motive for committing the offence (offense); motive for the crime

Tatort scene of the crime; place (of commission) of the offence (offense); **Recht des ~s** *(IPR)* lex loci delicti (commissi); **den ~ besichtigen** to view (or inspect) the scene of a crime

Tatsache fact, matter of fact; **allgemein anerkannte ~** accepted fact; **bestrittene ~** fact at issue; **erwiesene ~** ascertained fact; **feststehende ~** established fact; **unwesentliche ~** immaterial fact; **vollendete ~** accomplished fact; **in Anbetracht der ~** recognizing the fact; **den ~n nicht entsprechende Behauptung** misrepresentation; **→Entstellung wahrer ~n**; **→Vorbringen neuer ~n**; **→Vorspiegelung falscher ~n**; **in betrügerischer Absicht abgegebene unrichtige ~ndarstellung** misrepresentation

Tatsachenerklärung, **falsche ~** *(bes. e-r Vertragspartei)* misrepresentation; **unwissentlich (od. fahrlässig) abgegebene ~** innocent (or negligent) misrepresentation *(→Falschdarstellung)*

Tatsachen~, **~feststellung** *(des Gerichts)* finding of facts, fact-finding; **~frage** →Tatfrage; **~instanz** trial court; **~irrtum** *(StrafR)* mistake of fact; error in fact; factual error; **~material** factual data (or material); **~vermutung** presumption of facts

Tatsache, **~n angeben** to state facts; **auf ~n beruhen** to be founded on facts; **den ~n entsprechen** to be in accordance with the facts; **~n feststellen** to ascertain facts

tatsächlich actual; real; factual; in fact; de facto; *(wirklich vorhanden)* effective; **~e Bevölkerung** actual (or de facto) population; **in ~er und rechtlicher Beziehung** in fact and in law; **~e Geschäftsleitung e-s Unternehmens** effective management of an enterprise; **~e →Gewalt**; **~e Kosten** actual costs (or expenses); **~er Totalverlust** actual total loss; **~er Wert** actual (or real) value; **~e Zugehörigkeit der Kapitalbeteiligung zur Betriebsstätte** *(DBA)* effective connection of shareholding to the permanent establishment; **in ~em Zusammenhang stehend mit** effectively connected with

Tatumstände set of circumstances; evidentiary facts

Tatverdacht suspicion of a criminal act; **für Anklage hinreichender ~** sufficient evidence for a charge

Tat~, **t~verdächtig sein** to be suspected of having committed an offence (offense); **~zeit** *(StrafR)* material time

Täter *(e-r Straftatetwa)* perpetrator; offender; *Am (unter Aufgabe der Unterscheidung von perpetrator und secondary party bzw. principal and accessory)* principal; delinquent; malefactor; *(unerlaubte Handlung)* tortfeasor; **jugendlicher ~** juvenile offender (or delinquent); **Erst~** first offender; **→Mit~**; **→Rückfall~**; **~mehrheit** joint offenders; **~schaft** perpetration of an offence (offense); **mittelbare ~schaft** perpetration of an offence (offense) by using an innocent agent

tätig active; busy; **~e →Reue**; **beruflich ~ sein** to be employed, to be working; **als Anwalt ~ sein** to practise as a lawyer; **gewerblich ~ sein** to be engaged in trade or business

tätigen to transact; to effect; **Abschlüsse (in Devisen) auf London ~** to effect exchange deals in London; **ein Geschäft ~** to effect a deal, to transact a piece of business

Tätige(r), **→freiberuflich ~**

Tätigkeit *(Betätigung)* activity; *(Beruf)* occupation, job; *(Amtstätigkeit)* function; *(derzeitige berufl. Beschäftigung)* occupation; *(Arbeit)* work; *(Betrieb)* operation, action; **~ in e-m freien (od. akademischen) Beruf** occupation of a professional nature; **~ e-s Richters** function of a judge; **→Berufs~**; **Haupt~** chief occupation; **Neben~** →Nebenbeschäftigung; **→amtliche ~**; **→berufliche ~**; **→bisherige ~**; **erfinderische ~** inventive activity; **→freiberufliche ~**; **→geschäftliche ~**; **→gewerbliche ~**; **→handwerkliche ~en**; **→kaufmännische ~en**; **→leitende ~**; **→schöpferische ~**; **→selbständige ~**; **→unselbständige ~**

Tätigkeitsbereich range (or scope) of activities; field of activity; field (or sphere) of action; **~ e-s Ausschusses** *(auch)* terms of reference of a committee

Tätigkeitsbericht (action) report, (activity) report; progress report; **e-n ~ erstatten** to submit an action report; to (make a) report on one's activities

Tätigkeits~, **~beschreibung** job description (or specification); **~feld (od. ~gebiet)** field (or sphere) of activity (or action); **~landkontrolle** *(Vers. Aufsicht)* host country control; **~staat** *(intern. SteuerR)* state in which the occupation is carried on *(Ggs. Wohnsitzstaat)*

Tätigkeit, **seine ~ als ... aufgeben** to give up one's functions (or duties) as ...; **e-e ~ →aufnehmen**; **e-e ~ ausüben** to be engaged in an activity (or occupation); **die ~ des →Betriebsrats behindern oder stören**; **in ~ setzen** to put in action; to set going

tätliche Beleidigung[12] assault (and battery)

Tätlichkeit (act of) violence; assault and battery

„Taube" *pol* dove; moderate *(Ggs. Falke)*

taubstumm deaf and dumb

Taufschein certificate of baptism

Tauglichkeit fitness; (erforderl. Tauglichkeit) qualification; **~ für den gewöhnlichen Gebrauch** *(Produkthaftung)* merchantability; **~für e-e besondere Zweckbestimmung** fitness for a particular purpose; **~sgewährleistung** warranty of fitness

Tausch[13] exchange; barter; truck; *(Umschichtung des Portefeuilles)* switching; swap, *Br* swop; **→Aktien~**; **t~ähnlicher Umsatz**[14] turnover similar to an exchange; **~geschäft** barter transaction, exchange deal; *colloq.* swap, *Br* swop

Tauschhandel barter trade (or transactions); counter-trading; **~betreiben** to barter

Tausch~, **~mittel** medium of exchange; **~waren** barter goods; **~wert** exchange value; value in exchange; **~wirtschaft** barter economy; **in ~ nehmen** to take in exchange; **etw. im ~ weggeben** to barter sth. away

tauschen to exchange, to barter (gegen for); to swap

täuschen to deceive; to mislead (on purpose); **arglistig ~** to deceive wilfully; to defraud; to mislead fraudulently; **das Gericht ~** to deceive the court; to practise a fraud on the court; **die Öffentlichkeit ~** to practise deception on the public

täuschend deceptive; **~e →Reklame**; **~es Warenzeichen** deceptive trademark; **~e Werbung** misleading advertising

Täuschung deceit, deception, fraud; *(wissentliche Falschdarstellung)* fraudulent misrepresentation; **→arglistige ~**; **~sabsicht** intention to deceive; fraudulent intent; **durch ~shandlung hervorgerufener Irrtum** error caused by deception; **~sversuch** attempt at deception

Tauwetter *pol* thaw

Tauziehen *fig* tug-of-war

Taxameter taximeter

Taxator *Br bes.* valuer; *Am bes.* appraiser; assessor; valuator

Taxe 1. *(Schätzpreis)* estimated price; *(Schätzung durch amtl. Taxator)* estimate, valuation, tariff
Taxe 2. →Taxi

Taxi taxi, cab; **~fahrer** taxi driver, cab(-)driver; **~konzession** *Br* licence to operate a taxi; *Am* hack license; **~stand** taxi stand, *Br* taxi rank

taxieren to appraise, to estimate, to value, to rate, to assess

taxierte Police valued policy

Taxierer →Taxator

Tax~, ~kurs estimated quotation; **~wert** estimated (or appraised) value

Technik technics; technology; engineering; →**Stand der ~**

technisch, ~ fortgeschrittenes Land technically advanced country; **~ vorgebildeter Prüfer** *(PatR)* technical examiner; **~e Abteilung** engineering department; **~e Beratung** rendering of technical advice; **~er Fortschritt** technological progress; *(PatR)* advance in the art

technische Gutachten, Internationale Zentralstelle der ICC für ~[14a] ICC International Center for Technical Expertise; **ICC Verfahren zur Einholung technischer Gutachten** ICC Rules for Technical Expertise

technisch, ~e Hilfe technical aid *(s. Kommentar zu →Entwicklungshilfe)*; **T~es Hilfswerk** (THW) Technical Emergency Service (federal agency rendering technical services in case of natural disasters or other emergencies); **T~e Hochschule** (T. H.) technical university; *Br* college of advanced technology (CAT); **~e Neuerungen** technological innovations; **~e Sachverständigengutachten** →Standardklausel; **T~er Überwachungsverein** (TÜV) Technical Control Association (authorized body for compulsory inspection of motor vehicles and industrial plants and equipment); *Am (etwa)* underwriters' laboratories; **Abschreibung entsprechend ~em Verschleiß** depreciation on account of wear and tear; **~es Wissen** technical know-how

technisieren to technicalize; to mechanize

Technokratie technocracy

Technologie technology; **Hoch- (od. Spitzen-) ~** high technology (high tech); **~transfer** transfer of technology

technologische Arbeitslosigkeit technological unemployment

Tedis-Programm (elektronischer Transfer von kommerziellen Daten) Tedis Program (electronic transfer of commercial data)

Teesteuer excise duty on tea

Teichwirtschaft fish farming in ponds

Teil part, portion; *(Bestandteil)* component; *(Anteil)* share; *(in e-m Rechtsstreit)* party; →**Erb~**; →**Ersatz~**; **zum ~** partly, in part; **zu** →**gleichen ~en**; **der größere ~** the major part; the bulk (von of); **zum größten ~** for the most part; **der schuldige ~** the party at fault, the guilty party

Teil~, ~abkommen *(VölkerR)* partial agreement; **~abtretung** partial assignment; **~akzept** partial acceptance; **~anmeldung** *(PatR)* divisional application *(→Europäische Teilanmeldung)*; **~annahme** →Teilakzept; **~ansicht** part (-ial) view; **t~arbeitsunfähig** partially disabled; **~aufhebung** derogation; **t~bare Leistung**[15] divisible performance; **~beschäftigte** *(Sozialvers.)* →Mehrfachbeschäftigte; **~beschäftigung** short-time work(ing); **~besitz** *(z. B. abgesonderte Wohnräume)*[16] part possession, possession (or occupation) of part (e. g. of separate rooms in a house)

Teilbetrag part(ial) amount; fraction; *(Rate)* instal(l)ment; **~ e-r Anleihe** portion of a loan; tranche

Teil~, ~betrieb part of an establishment; **~charter**[17] partial charter; **~eigentum** part ownership; **~eigentümer** part owner; **t~eingezahlt** →einzahlen; **~erfüllung** partial performance; **~erhebung** partial survey; **~finanzierung** partial financing; **~forderung** partial claim; **~fracht** part cargo; **~gebiet** branch, subsection; **(nur) ~gedeckte Aktien** watered shares; **~gewinnabführungsvertrag** →Gewinnabführungsvertrag

teilhaben, ~ (an) to participate (in); to have a share, to take part (in); **am** →**Gewinn ~**

Teilhaber 1. *(Mitinhaber e-r Personengesellschaft)* partner, co(-)partner; associate; **~ auf gemeinsame Rechnung** partner in joint account; **stiller ~** s. stiller →Gesellschafter; **~schaft** partnership; **~versicherung** partnership insurance; **~vertrag** partnership deed; **jdn als ~ in e-e Firma aufnehmen** to admit sb. as (a) partner in a firm; to take a p. into a firm as a partner; **als ~ ausscheiden** to cease to be a partner; **in e-e Firma als ~ eintreten** to enter (or join) a firm as partner; to become a partner of a firm; **~ sein an** to be a partner in
Teilhaber 2. *(einer →Bruchteilsgemeinschaft)* participant *(of a fractionally shared joint ownership)*

Teil~, ~haftung partial liability; **~havarie** s. besondere →Havarie; **~hypothek** partial mortgage; **~indossament** partial indorsement; **~kaskoversicherung** partial car insurance; **~konzern** sub-group; **~konzernabschluss**[17a] subgroup accounts; *Am* partially consolidated financial statement; **~kostenrechnung** direct costing; **~ladung** part load (or shipment); **~leistung**[18] part performance

Teillieferung part(ial) delivery; delivery in (*Br auch* by) instal(l)ments; *(Ware)* part(ial) consignment; **~svertrag** instal(l)ment contract; **Verladung in ~en** shipment by instal(l) ments; **in ~en erscheinen** *(Buch)* to be published in instal(l)ments

teilmöbliert partly furnished

Teilnahme participation (an in); attendance (an at); *(StrafRetwa)* secondary participation *(→Anstiftung od. →Beihilfe)*; **~ an e-r Sitzung** attendance at a meeting; **~ am Straßenverkehr** participation in road traffic; **~handlung** *(StrafR)* an act constituting participation as an accomplice; **~rechte bei Tagungen** rights to participate in meetings

teilnehmen to participate, to take part; **~ an** to attend, to join in; **am Gewinn ~** to have a share in the profit; **an e-r Sitzung ~** to attend a meeting; **am Verkehr ~** to participate in traffic *(→berauschende Mittel)*

Teilnehmer participant; *tel und EDV* subscriber; *pl.* those taking part; *(StrafRetwa)* secondary party (or participant); accomplice *(→Anstifter, →Gehilfe)*; **alle ~** all those present; **→Fernschreib~**; **~ an e-r strafbaren Handlung** participator in an offence (offense); **~land** *(an e-m Abkommen)* participating country; *(an e-r Konferenz)* attending country; **~regierung** participating country; **~staat** participating state; **~system** *(EDV)* time-sharing system; **~verzeichnis** attendance register; list of participants; **~zahl** number of participants; number of subscribers

Teil~, **~nichtigkeit** →Nichtigkeit; **~nichtigkeitsklausel** severability clause; **~pächter** sharecropper; **~reform** partial reform; **~rente** *(Unfallvers.)*[19] partial benefit (according to the degree of disablement); **~schaden** part(ial) loss (or damage); **~schuld** part (of the) debt; **~schuldverschreibung** bond (forming part of a loan issue); **~sendung** part consignment, consignment in part; part shipment; **~strecke** (fare) stage; **~streik** partial strike, sectional strike; **~unmöglichkeit** →teilweise Unmöglichkeit; **~ur~**[20] partial judgment; **~verladung** partial shipment; **~verlust** part(ial) loss; **~versammlung**[20a] sectional meeting; **t~versichert** partially insured

teilweise partial; in part; **ganz oder ~** in whole or in part; wholly or partly; **~ eingezahlte Aktie** partly paid-up share; **~ gesichert** partly secured; **~ Erfüllung** part performance; **~ Unmöglichkeit**[21] partial impossibility of performance

Teilwert partial value; *(SteuerR)*[22] value of an asset as part of an enterprise (continuing as a going concern); going (concern) value; **~abschreibung**[23] write-down to the going (or going concern) value

Teilzahlung →Abschlagszahlung; **~ bei Geldstrafen**[24] part payment (or payment by instal[l]ments) of a fine; **Einräumung von ~en** acceptance of payments on the instal(l)ment plan; **~sbank** *Br* finance house; *Am* sales finance company; *Am* consumer finance company; **~sbedingungen** *Br* hire purchase terms; *Am* installment terms; **~sfinanzierung** financing of instal(l)ment buying; instal(l)ment credit financing; **~sgeschäft** →Abzahlungsgeschäft; **~sinstitut** →Kundenkreditgesellschaft; **~skauf** →Abzahlungskauf; **~skredit** *Br* hire purchase credit; *Am* installment credit; **~skunde** charge (account) customer; **~svertrag** →Abzahlungsvertrag; **~swechsel** instal(l)ment sale financing bill; **auf ~ kaufen** *Br* to buy on hire purchase; *Am* to buy on the installment plan, to buy on a deferred payment plan; **~ leisten** to make a part payment

Teilzeit part-time; **~arbeit** part-time work, part-time employment (or job) *(→Halbtagsarbeit)*; **~arbeitnehmer** part-time worker (or employee); part-timer; **~arbeitslose** part-time unemployed; **t~beschäftigt** employed part-time; **~beschäftigter (od. ~kraft)** →Teilzeitarbeitnehmer; **~unterricht** part-time education; **Umwandlung von Vollzeit- in ~arbeitsstellen** conversion of full-time jobs into part-time jobs

teilen to divide (unter among, between); to share; to partition; *(splitten)* to split; **sich etw. mit jdm ~** to share sth. with sb.; **e-e →Ansicht ~**; **ein Büro mit jdm ~** to share an office with sb.; **Gewinne ~** to share (or pool) profits; **sich in die Kosten ~** to share the expenses

Teilung division, partition; sharing; splitting; **~ der Beute** sharing of the spoil; **~ e-r Erbschaft** division of an estate (among heirs); **~ von →Geschäftsanteilen**; **~ der Gewalten** →Gewaltenteilung; **~ der Kosten** splitting of costs; **~sanordnung des Erblassers**[25] direction given by the testator as to the partitioning of the estate; **~sklage** *(der Miteigentümer e-s Grundstücks)* action for a partition; **~smasse** *(KonkursR)*[26] bankrupt's estate (or assets); **~splan** scheme (or plan) for partition; **~surkunde** *(der Miteigentümer e-s Grundstücks)* deed of partition

Telefax *(EDV)* Telefax

Telefon telephone; *colloq.* phone; **~anruf** telephone call; **~anschluss** telephone connection; **~buch** telephone directory, phone book; **Branchen~buch** Yellow Pages

Telefongespräch telephone conversation; telephone call; →**Abhören von ~en**

Telefongebühren →Fernsprechgebühren

Telefonhandel *(außerbürolicher Freiverkehr)* telephone dealing; inter-office trading; *Am* over-the-counter market; **im ~** in telephone transactions

Telefonrechnung telephone bill

Telefonseelsorge Samaritans; **Internationaler Verband für ~** International Federation of Telephonic Emergency Services

Telefonverkauf telephone selling

Telefonverkehr unofficial market; **(Wertpapier)-Handel im ~** *Br* inter-office trading; over-the-counter market *(s. ungeregelter →Freiverkehr)*

Telefonzelle (tele)phone booth; *Br* call box

Telefon, sich am ~ melden to answer the telephone

telefonisch telephonic, by telephone; **~ erteilter Auftrag** telephoned order; **~e →Auskunft**; **~e →Bestellung**; **jdn ~ benachrichtigen** to inform sb. by (tele)phone; to telephone sb.; **jdn ~ erreichen** to reach (or get) sb. on the (tele)phone

Telegrafen~, **~kabel** telegraph cable; **~schlüssel** telegraphic code

telegrafieren to send a telegram (or cable); to cable; *colloq.* to send a wire, to wire

telegrafisch by telegram, by cable; **~e Anschrift** telegraphic address, cable address; **~e Auszahlung (od. Banküberweisung)** telegraphic transfer (T.T.); cable transfer; **~e →Geldüberweisung**

Telegramm telegram *colloq.* wire; **(Übersee ~)** cable(gram), cabled telegram; **Dienst~** business telegram; **Glückwunsch~** telegram of congratulation; **Mehrfach~** multiple (address) telegram; **Schmuckblatt~** greetings telegram; **~ mit Empfangsbenachrichtigung** telegram with notice of delivery; **~ in Geheimschrift** telegram in code; **~ mit bezahlter Rückantwort** prepaid (or reply paid) telegram; **chiffriertes ~** cipher(ed) (or coded) telegram; telegram in cipher; **nicht chiffriertes ~** telegram in plain language; **dringendes ~** urgent telegram; **nachzusendendes ~** telegram to follow addressee; telegram to be redirected; **postlagerndes ~** telegram to be called for; **telefonisch zugestelltes ~** telephoned telegram; **verstümmeltes ~** mutilated telegram; **~anschrift** telegraphic address; **~formular** telegram form; **~gebühren** telegram charges; **~stil** telegram (or telegraphic) style; *colloq.* telegraphese; **ein ~ aufgeben** to send (or hand in) a telegram; **ein ~ zustellen** to deliver a telegram

telegraphieren →telegrafieren

telegraphisch →telegrafisch

Telekommunikation telecommunications; **~dienste (od. ~sdienstleistungen)** telecommunications services; **~sendgeräte** telecommunications terminals; **~sgeräte** telecommunications equipment; **~snetze** telecommunications network

telekopieren *colloq.* to fax

Telephon →Telefon

Telewerbung television advertising

Telex (aus teleprinter exchange) telex *(→Fernschreiber)*; **~-Mitteilung** telex message

telquel *(Qualitätsklausel)* tel quel

Telquel-Kurs *Br (Devisenkurs, in den Zinsen und Spesen bereits eingerechnet sind)* tel quel rate

Tempolimit *(zulässige Höchstgeschwindigkeit für Kfz)* speed limit

temporär temporary

Tendenz tendency, trend; **Kurs~ (od. Preis~)** trend in (or of) prices; **fallende (od. rückläufige) ~** downward tendency (or trend); **steigende ~** upward tendency (or trend); *(Börse)* buoyancy; **Baisse~** bearish (or downward) tendency; **Hausse~** bullish (or upward) tendency; **auf dem Aktienmarkt blieb die stabile ~ erhalten** the steady trend was maintained on the share market

Tendenz~, **~betrieb**[27] enterprise serving ideological purposes (e. g. political parties, charitable institutions, religious bodies, etc; they are exempted from certain provisions of the →Betriebsverfassungsgesetz); **~blatt** tendentious paper; **~umkehr (od. ~wende)** reversal of the tendency (or trend); turnaround

tendenziös, **~er Bericht** tendentious report; **baisse~** bearish; **hausse~** bullish

Tenderverfahren *Br (Emissionsmethode)* tender system

tendieren to tend (zu towards); to show a tendency; **schwächer ~** *(Börse)* to ease; **die Aktien ~ freundlich** the trend for shares is cheerful (or friendly); **die Aktien tendierten uneinheitlich** the shares showed an uneven (or irregular, unsteady, mixed) tendency (or trend); **die Auslandsanleihen tendierten fester** the trend for foreign bonds was firmer

Tenor e-s Urteils (Urteilsformel) operative provisions of a judgment

Termin 1. *(allgemein)* (fixed or set) date; appointment; (letzter Termin) deadline; *(Frist)* term; *(Gericht)* hearing (date); **im ~ vom ...** at the hearing on ...; →**Anfangs~**; →**End~**; →**Fälligkeits~**; →**Gerichts~**; →**Liefer~**; →**Orts~**; →**Verhandlungs~**; →**Zahlungs~**; **zu e-m bestimmten ~** at a set date (or deadline); **bis zu diesem ~** by this date; **zu e-m früheren ~** at an earlier date; **letzter ~** latest date, deadline; **neuer ~** new date of a hearing, new hearing date; **vereinbarter ~** date agreed upon; appointment; **~ zur Hauptverhandlung** date of trial; **~ für e-e Vorstellung** *(bei Bewerbung)* appointment for an interview

termin~, **~gebunden** tied to a specified date; **~gemäß (od. ~gerecht)** on schedule; at the right (or correct) time; punctually; **~gemäß vorgenommene Zahlung** payment made punctually

Termin~, **~kalender** appointment book; diary; *Br (bei Gericht)* cause list, list of cases for trial; *Am* calendar of causes, trial docket; **~kauf** time purchase; **~kontrolle** progress control; **~plan** time schedule; **~planung** scheduling; timing; **~schwierigkeiten** scheduling difficulties; difficulties concerning the deadline; **~überwacher** progress chaser, expediter; **~überwachung** *(e-s Unternehmens)* progress supervision; expediting; **~verlegung** postponement of an appointment; **~zahlung** *(Zahlung bei Ablauf e-r Frist)* payment on due date

Termin, **e-n ~ absagen** to cancel an appointment; **e-n ~ →anberaumen**; **e-m ~ beiwohnen** to attend a hearing; **den ~ einhalten** to observe (or keep to) the (stipulated) date; to meet the deadline; **e-n ~ →festsetzen**; **sich an den ~ halten** to adhere to the (agreed) date; **den ~ überschreiten** to exceed the deadline; **e-n ~ für ein Gespräch vereinbaren** to arrange a date for a (business) discussion

Termin 2. *(Börse, Bank)*, **~abschluss** forward contract; **~angebot** offer for forward delivery; **~börse** futures exchange *(→Deutsche Terminbörse)*; **~depositen** →Termineinlagen; **~devisen** forward exchange; *Am (auch)* foreign exchange futures; **~dollar** forward dollar; **~einlagen** *Br* fixed(-term) deposits; *Am* time deposits *(Ggs. Sichteinlagen)*; **~fixversicherung** *(Lebensversicherung)* fixed term insurance

Termingelder, **~ mit 3 monatiger Laufzeit** time deposits for 3 months; **~ von 1 Monat bis unter 3 Monaten** time deposits with maturities of 1 month to less than 3 months

Termingeschäft dealing in futures, time bargain (contract to deliver securities at a set future date); *Br* dealing for the account (or settlement); forward transaction (or operation); futures transaction (or operation); **~e** futures (most of the dealings on commodity exchanges are in futures); transactions for future (or forward) delivery; **~e betreiben** to trade in futures

Terminhandel forward dealing; dealing in futures, futures trading; →**Devisen~**; →**Wertpapier~**

Terminkauf forward buying; forward (or future) purchase; purchase for future delivery; *Br* dealing for future settlement; **~ von Devisen** forward purchase of foreign currency; **~shedge** *(Sicherungskauf auf Termin)* long hedge; **~tätigen** to buy forward

Termin~, **~käufer** forward buyer; **~konto** *(für Termineinlagen)* time deposit account

Terminkontrakt futures contract; **Absicherung durch ~e** futures hedge; **~e auf Bundesanleihen** Bund Future; **~handel** futures trading; **~markt** futures markt

Termin~, **~kurs** *(Kurs für Termingeschäfte)* forward price, futures price; *Br* price for the account; *(Devisen)* forward rate; **~lieferung** future delivery; **~markt** forward market, futures market; **~notierung** quotation for forward delivery (or for futures), futures quotation; **~papiere** forward securities; securities traded for future delivery; **~pfund** future sterling; **~sicherung** forward cover, hedging in a forward (or future) market; futures hedging; **~spekulation** speculation in futures

Terminverkauf forward (or future) sale; sale for the settlement; sale for future delivery; **~ von Devisen** forward sale of foreign exchange

Termin~, **~vertrag** forward (or futures) contract; **~waren** *(Baumwolle, Weizen, Kupfer etc)* futures

Termin, **auf ~ kaufen (verkaufen)** to purchase (sell) forward (or for future delivery); *Br* to buy (sell) for the account (or settlement)

Terminal *(EDV)* terminal; **Verkaufsstellen-~** point-of-sale terminal

terminieren →befristen

Terminierung →Befristung

territorial, **~e Ansprüche** territorial claims; **~er Geltungsbereich** territorial applicability; **~e Unverletzlichkeit e-s Landes** territorial integrity of a country

Territorial~, **~gewässer** territorial waters; **~hoheit** territorial jurisdiction (or sovereignty); **in die ~gewässer eindringen** to violate territorial waters

Territorialitätsprinzip principle of territoriality

Territorium territory

Terror terrorism; terror; **~akt** terrorist act; **~angriff** terrorist raid; **~anschläge** acts of terrorism; terrorist attacks (or outrages); **~bombenanschläge** terrorist bombing; **~herrschaft** reign of terror; **~justiz** intimidatory justice; **~organisation** terrorist organization

Terrorismus, Bekämpfung des ~ combatting (or suppression of) terrorism; fight against terrorism; counterterrorism; →**Europäisches Übereinkommen zur Bekämpfung des ~**; **Fälle von ~** incidents of terrorism; **den ~ eindämmen** to curb terrorism

Terrorist terrorist; **~enanschlag** terrorist plot (or attack); **~enversteck** terrorist hide-out; **~en** →**Unterschlupf gewähren**

terroristisch terroristic; **~e Drohungen** terroristic threats; **~er Erpressungsversuch** terrorist attempt at blackmail; **Zunahme ~er Handlungen** increase in acts of terrorism; **Bildung ~er Vereinigungen**[27a] formation of terrorist organizations

Tertiawechsel *(3. Ausfertigung)* third of exchange

Tertiärsektor *(bes. Handelsbetriebe, Bank- und Versicherungsbetriebe)* tertiary sector *(→Primärsektor, →Sekundärsektor)*

Test test; →**Waren~**; **~ zur Einstufung** grading test; **~bohrung** test (or exploratory) drilling; **~kauf** test purchase; **~-Stopp-Vertrag** Test-Ban-Treaty *(s. Vertrag über das Verbot von →Kernwaffenversuchen)*; **etw. e-m ~ unterwerfen** to put sth. to a test

Testament[28] will; (last will and) testament; →**Berliner ~**; →**Dreizeugen~**; →**Not~**; →**See~**

Testament, eigenhändiges ~[29] holographic will; **amtliche** →**Verwahrung des eigenhändigen ~s**; **ordnungsmäßig errichtetes ~** properly executed will; **gegenseitiges ~** (korrespektiv od. reziprok) mutual will, reciprocal will; **gemeinschaftliches ~** *(der Ehegatten)*[30] joint will, common will; **mündlich** *(vor Zeugen)* **erklärtes ~** nuncupative will; **öffentliches ~**[31] public will; will made by oral declaration before a notary or by handing him the will in writing; **ohne ~ (verstorben)** intestate

Testament, wechselbezügliches (korrespektives) ~[32] interdependent joint will

Die Verfügung eines Erblassers soll nur wirksam sein, wenn die Verfügung des anderen wirksam ist.

Disposition made by one testator only takes effect if the disposition made by the other is also effective.

Testament, (jederzeit) widerrufliches ~ ambulatory will

Testament, ordnungsgemäß beglaubigte Abschrift e-s ~s duly authenticated copy of a will; **vom Gericht erteilte Abschrift e-s ~s** probate copy (of a will); **Auslegung von ~en**[33] interpretation (or construction) of wills; **(rechtsgültige) Errichtung e-s ~s**[34] making of (or drawing up) a will; **Klage auf Feststellung der Gültigkeit e-s ~s** probate action; **Verwahrung e-s ~s** safekeeping of a will; **Widerruf des ~s**[35] revocation of the will

Testament, sein ~ ändern to alter (or modify) one's will; **ein ~ anfechten** to contest (or dispute) a will; **sein ~ aufsetzen** to draft (or draw up, make) one's will; **ein ~ ausführen** to carry out the provisions of a will; **jdn im ~** →**bedenken**; **durch ein ~** →**begünstigt sein**; **ein ~ eröffnen** to open (or read) a will; **ein ~ errichten** to make (or execute) a will; **sein ~ hinterlegen** to deposit one's will (bei with); **mit (ohne) Hinterlassung e-s ~s sterben** to die testate (intestate); **jdn im ~** →**übergehen**; **jdm etw. durch ~ vermachen** to leave sb. sth. by will; to bequeath (or *[Grundbesitz]* devise) sth. to sb.; to will sth. to sb.

Testaments~, ~anfechtung[36] contesting (of) a will; **~bestimmung** provision of a will; testamentary clause; **~erbe** →testamentarischer Erbe

Testamentseröffnung *(durch das Nachlassgericht)*[37] opening (or reading) of the will; **Protokoll der ~** (Eröffnungsprotokoll) record of opening (or reading) of the will

Das Nachlassgericht hat nach dem Erbfall ein in seiner Verwahrung befindliches Testament (andere Testamente sind nach § 2259 BGB unverzüglich an das Nachlassgericht abzuliefern) in einem besonderen Termin zu eröffnen und zu verkünden.

After the death of the testator the probate court is required to open the will in the presence of interested parties and to announce its contents. Any person in possession of a will must deliver it to the probate court immediately upon learning of the testator's death.

Testamentserrichtung s. Errichtung e-s →Testaments; **zur Zeit der ~** at the time of making the will

Testaments~, ~hinterlegung deposit of a will; **~nachtrag** codicil; **streitige ~sachen** contentious probate proceedings; **nicht streitige ~sachen** probate cases

Testamentsvollstrecker[38] executor; **~in** executrix; **Annahme und Ablehnung des Amtes des ~s**[39] acceptance and refusal of appointment as executor; **angemessene Vergütung des ~s**[40] reasonable remuneration of the executor; **~zeugnis** *Am* letters testamentary; certificate of executorship

Testaments~, ~vollstreckung[41] execution of a will; **~zusatz** codicil

testamentarisch testamentary; by will; **~e** →**Auflage**

testamentarischer Erbe testamentary heir; heir appointed by will; beneficiary under a will;

residuary legatee; **~ oder gesetzlicher Erbe** testate or intestate successor; **~ von bewegl. Vermögen** *(im amerik. Recht mitunter auch von unbewegl. Vermögen)* legatee; **~ von Grundbesitz** devisee

testamentarisch, **~e** →**Erbfolge**; **~es** →**Erbrecht**

Testat *(Bestätigungsvermerk)* attestation, (official) certificate

testen to test, to put to the test; **getestet werden** to be tested; to undergo a test

testieren to certify, to testify; *(ein Testament machen)* to make a will

testierfähig capable of making a will; competent to dispose by will; **~ sein** to have testamentary capacity; *Am* to be of sound and disposing mind; **nicht ~** incapable of making a will

Testierfähigkeit[42] testamentary capacity, capacity to make a will

Testierfreiheit testamentary freedom

testierunfähig sein[42] to lack testamentary capacity; to be incompetent to dispose by will

teuer dear, expensive, costly; highly priced; **Kredit ist ~ und knapp** credit is expensive and hard to get; **zu ~ bezahlen** to pay too much (or too highly); to overpay

teurer werden to get dearer; to go up (in price)

Teuerung rising prices; general price increase; **~srate** rate of price increase; **~szulage** *(für Anstieg der Lebenshaltungskosten)* cost of living allowance (or bonus); **die ~ bremsen** to slow down price increases

Text text; *(Wortlaut)* wording; *(zu e-m musikalischen Werk gehörend)* libretto, words; *(Werbetext)* copy; **maßgebender ~** authentic text; **verbesserter ~** revised text; →**Gesetzes~**; →**Vertrags~**; **~änderung** amendment to the text; **~bearbeitung** adaptation (for); **~fälschung** interpolation; **~schreiber** →Texter; **~synchronisation** *(e-s Films)* dubbing of texts; **~verarbeiter** *(EDV)* word processor; **~verarbeitung** *(EDV)* word processing; **im Zweifelsfall ist der englische ~ maßgebend** in case of doubt the English text will prevail; **der englische und deutsche ~ sind gleichermaßen verbindlich** the English and German texts are equally authentic

Texter *(Werbung)* copywriter; *(Radio, Fernsehen)* script writer

Textil~, **~erzeugnisse** textile products; **~fabrik** textile factory; **~industrie** textile industry; **~kennzeichnung**[43] textile marking; indication of the textile raw material used; **~messe** textile goods fair; **~veredelung** textile finishing; **~werte** textile shares

Textilien textile goods, textiles; **internationaler Handel mit ~** international trade in textiles *(→Allfaserabkommen)*

Thailand Thailand; **Königreich ~** Kingdom of Thailand

Thailänder(in), thailändisch Thai

Theat~, **~erabonnement** theatre (theater) subscription; **~eragentur** theatrical agency; **~ervorstellung** theatrical performance

Thema subject, topic; **vom ~** →**abschweifen**

Theorie, **e-e ~ aufstellen** to put forward a theory

thesaurieren to accumulate, to hoard; **Gewinne ~** to plough (*Am* plow) back profits (or earnings); to retain profits

thesaurierender Fonds →Fonds 2.

thesaurierter Gewinn retained profits (or earnings); net income retained in the business; *Am (unverteilter Reingewinn)* earned surplus

Thesaurierung retention of profits; ploughing (*Am* plowing) back of profits

Thron throne; **~besteigung** accession to the throne; **~folge** succession to the throne; **~folgegesetz** Act of Succession to the Throne; *Br* Act of Settlement; **~folger** successor to the throne; **~prätendent** pretender to the throne; **~rede** *Br parl* Queen's (or King's) speech; **~verzicht** abdication of the throne; **an (dritter etc) Stelle in der ~folge stehen** to be (third etc) in (the) line of succession to the throne

Tiefbau civil engineering; underground working; **~ingenieur** civil engineer; **~(wesen)** underground engineering

Tiefflüge low-level flights

Tiefgang *(e-s Schiffes)* draught, *Am* draft; **~ des beladenen Schiffes** load draught; **t~behinderte Fahrzeuge** vessels constrained by their draught

Tief~, **~garage** basement garage; *Am* underground parking lot; **t~gekühlte Nahrungsmittel** deep-frozen foods; **~punkt** *(des Konjunkturzyklusses)* trough

Tiefsee~, **~bergbau**[43a] seabed mining; **~bergbaufelder**[43b] deep seabed mining areas; **Unternehmungen auf dem ~boden**[44] deep seabed operations *(→polymetallische Knollen)*

Tiefseebodenfelder deep seabed areas; **Übereinkommen über die Wahrung der Vertraulichkeit von Daten betreffend ~**[44a] Agreement on the Confidentiality of Data Concerning Deep Seabed Areas

Tiefstand low level; the lowest point of anything; **die Kurse erreichten e-n neuen ~** the shares reached new lows

Tiefstkurs lowest price (or rate); **Höchst- und ~e** highest and lowest quotations

Tiefwasserstandszeichen low-water mark

Tier animal; →**Europäisches Übereinkommen über den Schutz von ~en beim internationalen Transport**; →**Europäisches Übereinkommen zum Schutz von Heim-~en**; →**Europäisches Übereinkommen zum Schutz der für Versuche und andere wissenschaftliche Zwecke verwendeten Wirbel~e**; →**freilebende ~e**

Tierarten animal varieties; **seltene ~** rare species

Tierarzt veterinary surgeon (vet)

tierärztliche Kontrolle veterinary check (von on)

Tieraufseher, **Haftung des ~s**[45] liability of an animal's caretaker (a person who has undertaken by contract to look after an animal)

Tierernährung livestock feed

Tierhalter keeper (or owner) of an animal; **~haftung**[46] liability for animals

Tier~, **~heim** animal sanctuary; **~quälerei** cruelty to animals; **~schadenshaftung**[46] liability for damage caused by animals; **~schutz**[47] protection of animals; **~schutzverein** Society for the Prevention of Cruelty to Animals; **~seuche** epizootic disease; →**Internationales ~seuchenamt**; **~versicherung** livestock insurance; **~versuche** animal testing (or experiments); **~- und Pflanzenwelt** flora and fauna; **~zucht** livestock breeding, animal husbandry

tierisch, **~e Öle** animal oils; **Waren ~en Ursprungs** products of animal origin, animal products

tilgbar redeemable, subject to redemption; repayable; amortizable; **nicht ~e Schuldverschreibungen** irredeemable bonds; **vorzeitig ~** redeemable in advance

tilgen to redeem, to repay; *(in Raten)* to amortize; **e-e Schuld ~** to discharge (or liquidate, extinguish) a debt

Tilgung redemption, repayment; *(ratenweise)* amortization; *(Auslöschung)* extinction, extermination; **freiwillige ~** *(e-r Anleihe)* optional redemption; **planmäßige ~** scheduled redemption; **vorzeitige ~** prior redemption; anticipated repayment; **~ e-r Anleihe auf einmal** redemption of a loan at one time; **~ e-s Darlehens** redemption of a loan; **~ e-r Hypothek** redemption (or amortization) of a mortgage; **~ in Teilbeträgen** redemption in instal(l)ments; **~ von Strafvermerken** →Straftilgung

Tilgungs~, **~anleihe** amortization loan; redemption (or redeemable) loan; sinking-fund loan; **~art** method of amortization (etc); **~aussetzung** suspension of redemption payments; **~bedingungen** terms of amortization; repayment terms; **~betrag** redemption amount; **~fonds** amortization fund, sinking fund

tilgungsfrei free from redemption; **~e Zeit** grace period (for repayment of principal amounts), days of grace; **das Darlehen der Europäischen Investitionsbank wurde für 30 Jahre, davon 8 ~, gewährt** the European Investment Bank granted a loan for a term of 30 years, including an 8-year period of grace

Tilgungs~, **~hypothek** redemption mortgage; instal(l)ment mortgage (repayable by fixed instal[l]ments [e. g. monthly] which cover both capital and interest); **~lebensversicherung** →Hypothekentilgungsversicherung; **~modalitäten** redemption terms; **~plan** redemption plan, amortization plan, sinking fund table; **~quote** redemption quota; **jährliche ~srate** annual rate of redemption (or repayment, amortization); **~rücklage** redemption reserve; reserve for sinking fund; **~schuld** redemption debt; debt repayable in equal instal(l)ments; **~streckung** repayment deferral; extension of loan; **~vereinbarung** redemption agreement; **~verpflichtung** repayment commitment; **~zahlung** redemption payment

Tilgung, **Obligationen zur ~ aufrufen** to call up bonds for redemption

Tip, **Börsen~** stock exchange tip

TIR, [48] **~-Übereinkommen** TIR-Convention (→Zollübereinkommen über den internationalen Warentransport mit Carnets TIR); **Transport im ~-Verfahren** transport under the TIR procedure; **e-n ~-Transport durchführen** to carry out a TIR operation

Tisch, **Gespräch am runden ~** round table discussion

Titel *(Rang, Titel e-s Buches etc, Rechtsanspruch, Abschnitt e-s Gesetzes)* title; *(Überschrift)* heading; *(des Haushaltsplans)* item; *(Wertpapier)* security; →**Adels~**; →**Eigentums~**; →**Kurz~**; →**Rechts~**; →**Unter~**; →**Vollstreckungs~**; **akademischer ~** degree; **ausländische ~**[49] foreign titles; **~blatt** title page; **e-n ~ unberechtigt annehmen** to assume a title; **e-n ~ führen** to bear (or hold) a title; **jdm e-n ~ verleihen** to confer a title on sb.

Tochtergesellschaft subsidiary (company [or *Br* undertaking, *Am* corporation]); affiliate, affiliated company *(Ggs. Muttergesellschaft)*; **~en**

ausländischher Firmen subsidiaries of foreign firms; **~, deren Aktienkapital zu mehr als 50 der Muttergesellschaft gehört** majority-owned subsidiary; **ausländische ~** subsidiary abroad; **neu gegründete ~** newly formed subsidiary; **100 ige ~** wholly-owned subsidiary; →**Erträge aus Beteiligungen an ~en**

Tochterunternehmen subsidiary enterprise; **~ mit Sitz im Ausland** foreign subsidiaries; **deutsche ~ im Ausland** German subsidiaries abroad

Tod death; →**Unfall~**; **~ durch Ertrinken** death by (or from) drowning; **~ durch den Strang** death by hanging; **angesichts (od. in Erwartung) des ~es** in anticipation (or in contemplation) of death; **bei jds ~** (up)on sb.'s death; **gewaltsamer ~** violent death; **natürlicher ~** natural death

Tod, von ~es wegen causa mortis; **Schenkung von ~es wegen** donatio mortis causa; →**Verfügung von ~es wegen**; **von ~es wegen Vermögen erwerben** to acquire property by succession; to inherit property

Tod, der ~ ist eingetreten death occurred; **seine Angelegenheiten vor dem ~e ordnen** to put one's affairs in order; **durch Unfall den ~ erleiden** to suffer death through accident

Todes~, **~anzeige** notice (or notification) of death; *(in der Zeitung)* obituary notice; **~datum** date of death; **amtliche ~erklärung**[50] official declaration of death *(→ Verschollenheitskonvention)*

Todesfall death; *pl* casualties; **im ~** in the event of death; **~kapital** sum payable at death; **~versicherung** whole life insurance *(Br assurance)*; insurance (*Br* assurance) payable at death; *Am* straight-life insurance; **e-n ~ anmelden** to report (or register) a death

Todesfolge, mit ~ if death (or loss of life) results

Todesopfer *(durch Unfall, im Krieg etc)* casualty, fatality; **Zahl der ~** death toll

Todesschuss, gezielter ~ *(durch Polizeibeamten zur Abwendung e-r akuten Gefahr)* shooting to kill

Todesstrafe[51] capital punishment, death penalty; **bei ~** on penalty of death; **Abschaffung der ~**[51a] abolition of the death penalty; **Beibehaltung der ~** retention of capital punishment; **die ~ abschaffen** to abolish the death penalty; **gegen jdn auf ~ erkennen** to pass a sentence of death on sb.; to sentence sb. to death; **die ~ in lebenslange Freiheitsstrafe umwandeln** to commute a death sentence into one of life imprisonment; **die ~ wiedereinführen** to reintroduce the death penalty

Todes~, **~ursache** cause of death; **~urteil** sentence of death; **~vermutung** presumption of death; **~zeitfeststellung**[52] determination of the time of death

tödlich fatal; causing (or ending in) death; **~ verletzt** mortally injured (or wounded); **~er Unfall** fatal accident; **~e Waffe** deadly weapon

Togo Togo; **Republik ~** the Togolese Republic

Togoer(in), togoisch Togolese

Toleranz *(Duldsamkeit)* tolerance; *(zulässige Abweichung)* allowable variation (or deviation); **~grenze** margin of tolerance; **~klausel** deviation clause

Tonaufnahme, unzulässige ~[53] unlawful sound recording; **~gerät** sound recorder

Tonband tape; **~aufnahme** tape recording; **~gerät** tape recorder; **~kassette** tape cassette; **auf ~ aufnehmen** to tape, to record on tape

Tonkunst, Werke der ~ musical works

Tonträger, Hersteller von ~n[53a] producer(s) of phonogram(s); **Übereinkommen zum Schutz der Hersteller von ~n gegen unerlaubte Vervielfältigung ihrer ~**[53b] Convention for the Protection of Producers of Phonograms against Unauthorized Duplication of their Phonograms

Ton~, **~werk** musical work; **~wiedergabegerät** sound recorder

Tonnage tonnage; **den ~überhang abbauen** to reduce the surplus in tonnage

Tonne *(Gewichtsmaß)* metric ton (1 t 1000 kg); **1 ~ Öl** 1 barrel of oil (158,97 l); **~nkilometer** (tkm) ton-kilometre (kilometer)

Topographien, Schutz der ~ von mikroelektronischen Halbleitererzeugnissen[53c] protection of the topographies of micro electronic semiconductor products

Torf peat; **~gerechtigkeit** common of turbary; **~gewinnung** peat production

Torremolinos, Internationales Übereinkommen von ~ über die Sicherheit von Fischereifahrzeugen[53d] Torremolinos Convention for the Safety of Fishing Vessels

tot dead; **T~geburt** still(-)birth; **~geboren** still(-)born; **~e Hand** mortmain; **~es** →**Inventar**; **~es** →**Kapital**; **auf e-m ~en Punkt angelangt sein** to be stalemated; **jdn für ~ erklären** to declare sb. (legally) dead *(→ Todeserklärung)*

Total~, **~ausverkauf** *(wegen Aufgabe des Geschäfts)* closing down sale; *Am* going-out-of- business sale; *(Räumungsausverkauf)* clearance sale; **~erhebung** *(Statistik)* census; **~schaden** total loss;

(am Auto) write off *(Ggs. Teilschaden)*; *(gesetzl.)* **fingierter** *(wirtschaftl.)* **~verlust** dead loss; *(SeeversR)* constructive total loss; **wirklicher ~verlust** *(SeeversR)* actual total loss

totalitärer Staat totalitarian state

Totalitarismus totalitarianism

Tote (der/die) dead (man/woman); *(Todesopfer)* casualty, victim; **Liste der ~n** casualty list; **~nschein** death certificate

töten to kill, to put (sb.) to death

Toto *(Fußball)* pool(s); *(Rennsport)* totalizator; *colloq.* tote; **~- und Wettsteuer** duty on pool betting and general betting; **im ~ spielen** to do the pools

Totschlag[54] manslaughter; unlawful homicide (not constituting the elements of a →Mord); **~ im Affekt**[55] homicide while overcome by anger (or passion); unpremeditated homicide upon provocation; **e-n ~ begehen** to commit homicide

Tötung killing (sb.) *(→Mord, →Totschlag, →Tötung auf Verlangen)*; **Kindes~**[56] killing an (illegitimate) child during or immediately after the birth; infanticide; **~ als Folge e-s Unglücksfalles** homicide by misadventure; **~ auf Verlangen (des Getöteten)**[57] mercy killing at the request (of the person killed); **fahrlässige ~**[56a] involuntary manslaughter; homicide caused by negligence; *Am* negligent homicide; **vorsätzliche ~** murder; voluntary homicide; **~sabsicht** intent to kill; **~sversuch** attempt to kill; homicidal attempt; **Ersatzansprüche Dritter bei ~**[58] claims for damages by third parties in case of death (e. g. in fatal-accident cases)

Tourismus tourism; **~börse** tourism exchange; **→Weltorganisation für ~**

Tourist tourist; **~enklasse** economy class; *Am* coach class; **~enkonjunktur** tourist boom; **→Zollerleichterungen im ~enverkehr**

Toxinwaffen toxin weapons *(→Waffen)*

Trabantenstadt satellite town (or city)

Tradition tradition; **t~sgemäß** as is customary; **~spapiere** documents of title (to goods)

tragen, **die Folgen ~** to bear the consequences; **den Schaden trägt X** the loss falls (up)on X; **die Schuld ~** to be to blame; **die →Verantwortung ~**

Träger 1. *(Institution)* agency, institution; authority (responsible for); *Am* carrier; *(Beförderer)* carrier; porter; **~ von Rechten und Pflichten** subject of rights and duties; **~ der Sozialversicherung** →Sozialversicherungsträger; **~lohn** porterage

Träger 2. *(Trägerrakete)* launcher; **Raumfahrzeug~** space vehicle launcher; **~fahrzeug** launching vehicle

Tragfähigkeit carrying capacity; load capacity; *(e-s Schiffes)* deadweight capacity; *(e-s Schiffes in Gewichtstonnen)* deadweight carrying capacity

Tragflächenboot hydrofoil

Tragung, **zur ~ der Kosten verurteilt werden** to be ordered to pay the costs

Tragweite, **~ e-r Entscheidung** scope of a decision; **~ haben** to have implications; to be of great consequences

Trajekt train-ferry

Tramp~, **~dienste** tramp vessel services; **~schiff** tramp steamer; **~schiffahrt** tramping; tramp navigation

Tranche tranche; **Anleihe~** tranche of a loan; **Aufteilung e-r Anleihe in ~n** splitting of a loan in tranches

Transaktion transaction; **Finanz~** financial transaction; **Kapital~** capital transaction

Transfer *(internationaler Zahlungsverkehr)* transfer; *(Geldüberweisung)* transfer; **Devisen~** (foreign) currency transfer; **~abkommen** transfer agreement; **~begünstigter** recipient of transfer; **~beschränkung** restriction on transfer; **~bewilligung** transfer licen|ce (~se); **~einkommen** transfer income; **t~fähig** transferable; **~moratorium** moratorium for transfer of foreign exchange; **~verbot** prohibition of transfer; **~zahlungen** transfer payments

transferieren to transfer; **ins Ausland ~** to transfer abroad

Transferierung transfer

Transfusionsgesetz (TFG) Act Regulating Transfusion Practice (Transfusion Act)

Transit transit; **~ der Ware durch ein oder mehrere Drittländer** passing of goods in transit through one or more third countries; **~abkommen** transit convention; **~ausfuhr** third-country export *(→Switchexport)*; **~einfuhr** third-country import; **~frachtsatz** transit freight rate, through rate; **~gebühren** transit charges; **~geschäfte** transit operations; **~güter** transit goods; *(unter Zollverschluss)* goods in bond; **~handel**[59] transit trade, third country trade; *Br* merchanting trade

Transithandelsgeschäfte merchanting transactions

Geschäfte, bei denen die Waren im Ausland gekauft und verkauft werden, ohne dass die Güter die deutsche Zollgrenze passieren.

Transactions in which goods are purchased and sold abroad without crossing the German customs border.

Transit~, **~händler** transit agent; **~lager** transit store; *(Zollager)* bonded warehouse; **~reisende** through travellers; **~schein** transit receipt; **~tarif** transit tariff (or rate); **(unbehinderter) ~verkehr** (unimpeded) transit traffic; **~versand** transit dispatch; **~visum** transit visa; **~waren** goods in transit, transit goods

Transitzoll transit duty

transitieren to pass in transit, to pass through

transitorisch, **~e Aktiva** *Am (Bilanz)* prepayments; prepaid expense; **~es Konto** suspense account; **~e Passiva** accrued liabilities, *Am (Bilanz)* deferred income; prepaid income

transnationale Gesellschaft *Am* transnational corporation

transnationale Unternehmen transnational corporations; **Zentrum der Vereinten Nationen für ~** United Nations Center for Transnational Corporations (UNCTC)

Transparent *(Werbung, Demonstration)* banner

Transparenz transparency

Transplantation →Organverpflanzung

Transport transport, *bes. Am* transportation; conveyance; shipment; (Inlandtransport, Kfztransport) carriage, haulage, hauling; *(der Ware vom Verkäufer zum Käufer)* transit; →**Bahn~**; →**Güter~**; →**Land~**; →**Luft~**; →**See~**; **~ mit Lastkraftwagen** *Br* carriage of goods by road; road haulage (or transport); *Am* truck transport, truckage; **Aufhalten** *(bereits versandter Waren)* **auf dem ~** stoppage in transitu; **Verlust oder Beschädigung während des ~s** loss or damage in transit (or during transport); **Waren auf dem ~** goods during (or in) transit *(→unterwegs)*

Transportarbeiter transport (*Am* transportation) worker; *Am (Lkw-Fahrer)* truck driver; **~streik** trucking strike

Transport~, **~art** mode of transport(ation); manner of conveyance (or carriage, shipment); **~bedarf** transport requirements; **~bedingungen** transport (or shipping) conditions; *Br* carriage conditions; **angemessene ~beschaffenheit** *Am* suitable shipping conditions; **~diebstahl** pilfering during transit; **~dokumente** transport documents; **~einrichtungen** transport equipment (or installations); **t~fähig** transportable; *(Tiere)* fit for transport; **~gefahr** →Transportrisiko; **~gefährdung**[60] interfering with transport(ation) (making it less safe); **~gewerbe** transport(ation) industry; **~haftung** carrier's liability; **~kapazität** transport(ation) capacity; **~kosten** transport(ation) costs (or charges); *Br* carriage charges; *(Speditionsgebühren)* forwarding charges, shipping charges; **~leistungen** transport services

Transportmittel means of transport *(Am transportation)*; means of conveyance; **öffentliche ~** *Br* public transport *(Am transportation)*

Transport~, **~papiere** documents covering transport(ation); *(Verladepapiere)* shipping documents; **~rechnung** transit bill; **~risiko** transport risk, risk of transport(ation); **~schaden** damage to (or loss of) goods in transit; **~tarife für Kohle und Stahl** rates for the carriage of coal and steel; **~unfähigkeit** *(z. B. von Tieren)* unfitness for transport(ation); **~unternehmer** carrier; haulage contractor; *(von Tieren)* transport operator

Transportversicherung transport(ation) insurance; insurance en route; *(Seevers.)* marine insurance; **~spolice**[61] transport(ation) insurance policy; **e-e ~ abschließen** to take out a transport insurance policy

Transportvertrag contract of carriage

Transport, **der ~ geht nach USA** the shipment is bound for the USA; **Waren auf dem ~ versichern** to insure goods in transit

transportieren to transport, to convey, to carry, to ship, to haul

Trassant *(e-s Wechsels)* drawer

Trassat *(e-s Wechsels)* drawee

trassiert eigener Wechsel bill drawn by the drawer on himself

Trassierung drawing (or a bill of exchange); **~skredit** documentary acceptance credit

Tratte draft; (especially not yet accepted) bill; **~ ohne Dokumente** clean draft; **Dokumenten~** documentary draft; **Sicht~** sight draft; **~nankündigung (od. ~navis)** advice of draft; **~nbetrag** amount of draft; **e-e ~ ankaufen** *(Außenhandel)* to accept a draft; **e-e ~ (nicht) einlösen** to (dis)hono(u)r a draft

trauen to marry, to give in marriage; *(Standesbeamter)* to perform a marriage; **sich →kirchlich ~ lassen**; **sich →standesamtlich ~ lassen**

Trauer~, **~beflaggung** flying flags at half-mast; **an e-m ~gottesdienst teilnehmen** to attend a funeral service (or memorial ceremony)

Trau~, **~schein** marriage certificate; **~zeuge** witness to a marriage

Trauung marriage ceremony; →**kirchliche ~**; →**standesamtliche ~**

Treffen meeting; →**Gipfel~**

treffen, →**Anordnungen ~**; →**Vorkehrungen ~**; **uns trifft keine →Schuld**

treffend pertinent, appropriate

Treib~, **~gut** flotsam; **~hauseffekt** *(Umwelt)* greenhouse effect; **~jagd** battue, drive; **~netzfischerei** drift netting

Treibstoff fuel *(→Kraftstoff)*; **~ für Raketen** propellant for rockets; **~knappheit** fuel shortage; **~verbrauch** fuel consumption; **~versorgung** fuel supply; **~ übernehmen** to fuel

Trend trend, tendency; **~wende** changing trends; trend reversal

trennen to separate, to divide; **sich ~** *(Eheleute)* to separate *(→getrennt)*

Trennung separation; division, partition; →**Güter~**; **einverständliche ~** *(von Ehegatten)* separation by consent; **~ der Gewalten** →Gewaltentrennung; **~ von Staat und** →**Kirche**; **~ von Tisch und Bett** divorce a mensa et thora (from board and bed); judicial separation

Trennungs~, **~beihilfe**[62] separation allowance; **~entschädigung** *(für Beamte)* separation allowance; **~geld** →Trennungsentschädigung; **~vereinbarung** separation agreement; **~zulage** →Trennungsentschädigung

Tresor →Stahlkammer; **~fachmiete** →Schließfachmiete; **~schlüssel** safe-deposit key; **seinen Schmuck im Bank~ aufbewahren** to keep one's jewel(le)ry in the vault at the bank; **e-n ~ aufbrechen** to crack (or break open) a safe; to break into a vault (or strongroom)

treu, **zu ~en Händen** in trust; **jdm etw. zu ~en Händen übergeben** to entrust sth. to sb.'s care

Treu und Glauben[63] (loyalty and) good faith; *(etwa)* equity; **nach ~** in good faith; **wider ~** in bad faith; **Verstoß gegen ~** *Am (etwa)* unconscionability; **gegen ~ verstoßen** to contravene the principles of good faith; **gegen ~ verstoßend** unconscionable

Der Schuldner ist verpflichtet, die Leistung so zu bewirken, wie Treu und Glauben mit Rücksicht auf die Verkehrssitte es erfordern.[64]

The debtor must perform his obligation in accordance with the requirements of good faith, taking into account the prevailing practice (or prevailing custom).

Verträge sind so auszulegen, wie Treu und Glauben mit Rücksicht auf die Verkehrssitte es erfordern.[65]

In the interpretation of contracts due consideration shall be given to the principle of good faith and the prevailing practice.

Treu~, **~bruch** breach of trust; **~eid** oath of allegiance; *Am* loyalty oath

Treue, **eheliche ~** conjugal fidelity; →**Vertrags~**; **~abmachung** loyalty arrangement; **~erklärung** *(gegenüber dem Staat)* declaration of allegiance

Treuepflicht fiduciary duty; **~ des Arbeitnehmers** employee's duty of good faith (towards his employer); duty of the employee to represent the interests of the employer; **~ des Beamten** (duty of) allegiance *(s. Kommentar zu →Beamter)*

Treue~, **~prämie** *(zusätzliches Arbeitsentgelt)* fidelity bonus; **~rabatt (od. ~vergütung)**[66] fidelity rebate; patronage discount; **~verhältnis** fiduciary relationship; **~vertrag** loyalty arrangement

Treu~, **~geber** beneficiary (of a trust); cestui que trust (a person for whom another is trustee); *Am* trustor; **~gut** trust property, property held on (or in) trust

Treuhandabkommen *(VN)*[67] trusteeship agreement

Treuhandanstalt[67a] *(Anstalt des öffentlichen Rechts in Berlin)* trust agency

Mit Wirkung vom 1. 7. 1990, dem Zeitpunkt der Währungsumstellung, sind alle volkseigenen Betriebe der ehemaligen DDR in Kapitalgesellschaften (GmbH und AG) umgewandelt worden, deren Anteile bei der Treuhandanstalt liegen.

Vorrangige Aufgabe der Treuhandanstalt ist es, die ihr übertragenen Unternehmen (frühere Staatsbetriebe) zu privatisieren.

As of 1 July, 1990, the day of the currency change, all state-owned enterprises were converted into limited liability companies and stock companies the shares of which are held by the Treuhandanstalt. The most important task of the Treuhandanstalt is to privatize the assigned enterprises.

Treuhand~, **~bank** *Am* trust company; **~begünstigter** beneficiary; cestui que trust; **~eigentum** trust property; **~gebiet** *(VN)* trust territory; **~gelder** trust fund(s); **~geschäft** trust transaction; fiduciary operation; **~gesellschaft** trust company; **~konto** account held on trust; escrow account; **~kredit** loan on a trust basis; **~rat** *(VN)* Trusteeship Council; **~system** *(VN)*[68] trusteeship system; **~urkunde** trust instrument

Treuhandverhältnis trust; fiduciary relationship; **ausdrücklich geschaffenes ~** express trust; *(als beabsichtigt)* **vermutetes ~** implied trust; **ein ~ begründen** to constitute (or create, declare, establish) a trust

Treuhandvermögen trust (property), trust fund(s); assets held in trust; subject matter of the trust; **Einkommen aus ~** trust income

Treuhand~, **~vertrag** fiduciary contract, trust agreement, trust deed, trust instrument; **~verwaltung** fiduciary management; trusteeship

Treuhänder trustee; *(InsR)* fiduciary; *(bei →Restschuldbefreiung des Schuldners)*[68a] fiduciary (according to the provisions on discharge of the residual debt); **als ~** in a fiduciary capacity; **Pflichten des ~s** duties of the trustee; fiduciary duties; **Verletzung der Pflichten als ~** breach of trust; **bei e-m Dritten als ~ hinterlegen** *(bis zur Erfüllung der Vertragsbedingung)* to give in escrow; **als ~ verwalten** to hold in trust; **als ~ zurücktreten** to resign from the trust (or as a trustee)

treuhänderisch in trust, on a trust basis; **in ~em Besitz sein** to be held in trust; **in ~er Eigenschaft** in a fiduciary (or trust) capacity; **~e Rechtsbeziehung** fiduciary relationship; **~ verwalten** to hold in trust; **~verwaltet** under trustee

Treuhänderschaft trusteeship

Tribüne platform; stand; *parl* gallery

Trickfilm, Zeichen~ animated cartoon film

triftig, ohne ~en Grund without good cause; **Entlassung aus ~em Grund** discharge on reasonable grounds (or for valid reasons); **bei Vorliegen von ~en Gründen** upon good cause shown

trilateral trilateral

Trimm *(Schiff)* trim; **~kosten** trimming charges

Trinidad und Tobago Trinidad and Tobago; **Republik ~** Republic of Trinidad and Tobago

Trinker heavy drinker, drunkard; **Unterbringung in e-r ~heilanstalt**[69] placing in an institution for alcoholics; *(durch das Gericht)* committal to an *Br* institution for alcoholics *(Am asylum for inebriates)*

Trinkgeld tip (for service); gratuity; **~ (e)inbegriffen** service included

Trinkwasser, radioaktive Stoffe in ~ und Atemluft[69a] radionuclides in drinking water and in air inhaled

Triplik surrejoinder

Triptyk *(Berechtigung zum einmaligen Grenzübertritt für Fahrzeuge)*[70] triptych; Carnet de Passages (en Douane)

Trittbrettfahrer free loader

Trockendock dry dock; **ins ~ bringen** to dry-dock

Trocken, von der ~heit betroffene Länder countries affected by draught; **~nahrungsmittel** dehydrated foods; **~stempel** embossed seal

Trödel~, ~handel →Gebrauchtwarenhandel; **~laden** junk shop

Trödler second(-)hand (or junk) dealer

Tropen~, ~ausrüstung tropical kit; **~hölzer** tropical timber; →**Internationale ~holzorganisation** (ITTO); →**Internationales ~holz-Übereinkommen**; **~krankenhaus** hospital for tropical diseases; **t~tauglich** fit for service in tropical countries; **~wälder** tropical forests

tropische Erzeugnisse tropical products

Trostpreis consolation prize

Troy-Unze *(Gewichtseinheit für Edelmetalle 31,1035 g)* ounce troy

Truckverbot[71] prohibition of the truck system (or payment in kind)

Trugschluss fallacy, false conclusion

Trümmerbeseitigung rubble clearance

Trunkenheit drunkenness, intoxication; **selbstverschuldete ~** drunkenness due to one's own fault; **~ im Verkehr**[72] drunk(en) driving, driving while under the influence of drink (*Am* alcohol) *(→Fahren im Zustand der Trunkenheit, →Blutalkoholgehalt)*

Trunksucht dipsomania, habitual drunkenness, alcoholism; →**Entmündigung wegen ~**

Truppenabbau, gegenseitiger und ausgewogener ~ *(in Europa)* Mutual and Balanced Reduction of Forces (MBFR)

Truppen~, ~abzug[72a] withdrawal of troops; **~entflechtung** disengagement of troops; **~dienstgericht**[73] →Wehrdienstgericht; **~schäden** damage caused by domestic or foreign forces; **~stärke** strength of the forces; **~statut** →NATO-Truppenstatut; **~übungsplatz** training area; **~verlegung** redeployment of troops; **~verringerung** reduction of troops (or forces)

Truppe, ~n abziehen to withdraw troops (aus from); **~n aufstellen** to raise forces

Tschad Chad; **Republik ~** Republic of Chad

Tschader(in), tschadisch Chadian

Tschechien Czech Republic

Tschech | e (in) Czech

tschechisch Czech

Tschernobyl, Reaktor-Unfall von ~ Chernobyl nuclear accident

Tuberkulosehilfe[74] assistance to persons affected by tuberculosis

Tumult tumult, uproar, disturbance; *(Aufruhr)* riot; **~ und Unruhen** riots and civil commotion

Tunesien Tunisia; **Tunesische Republik** Republic of Tunisia

Tunesier(in), tunesisch Tunisian

Türkei Turkey; **Republik ~** Republic of Turkey

Türke, Türkin Turk

türkisch Turkish

Turnus, im ~ in (or by) rotation, in turn; **t~mäßig ausscheiden** to retire by (or in) rotation; **t~mäßig wechseln** to rotate; **t~mäßig wechselnder Vorsitz** rotating chairmanship

TÜV →Technischer Überwachungsverein; **~-Bescheinigung** (statutory) certificate of road worthiness of motor vehicles; *Br* (Department of Transport) pass certificate (after compulsory vehicle inspection); *Br (untechnisch)* MoT[75] pass certificate

Type type; **~ngenehmigungsverfahren** *(für Kraftwagen, EU)* type approval system; **~nmuster** type sample(s); standards; **~nverminderung** reduction of the number of types

typen →typisieren

typisieren to standardize; to type

Typisierung standardization; typing

Typograph *(Setzer)* typographer

typographisch, Schutz ~er →**Schriftzeichen und ihre Hinterlegung**

Typung →Typisierung

U

u. a. (unter anderem) among other things; inter alia

U-Bahn *Br* underground (railway), *(in London auch)* tube; *Am* subway

überaltert *(überholt)* obsolete; outdated

Überalterung, ~ der Bevölkerung superannuation (or aging) of the population; **wirtschaftliche und technische ~** economic and technical obsolescence

Überangebot excessive supply; glut (of sth.); **~ an Arbeitskräften** excess supply of labour (or manpower); oversupply of labo(u)r (or manpower); **~ auf dem Markt** glut on the market

überantworten to deliver up, to surrender

überarbeiten *(erneut bearbeiten)* to revise; to rework; **sich ~** to overwork (oneself)

Überarbeitung revision; rework; *(von Personen)* overwork(ing)

Überbau[1] building over one's boundary; encroachment upon adjoining land

überbauen *(über die Grenze bauen)* to encroach upon adjoining land

überbeanspruchen to overstrain

Überbeschäftigung over-employment

überbesetzt, personell ~ sein to be overstaffed (or overmanned)

Überbesetzung mit Arbeitskräften overstaffing, overmanning; *(zur Verhinderung der Arbeitslosigkeit)* featherbedding

Überbesteuerung overtaxation

überbetriebliche Lehrwerkstätten interworks training centres (centers)

Überbevölkerung overpopulation

Überbevorratung overstocking

überbewerten to overvalue, to overstate; to overrate

Überbewertung overvaluation, overstatement; overrating

Überbezahlung overpayment

überbieten *(Person)* to overbid; *(Angebot)* to outbid; *(bei Auktionen)* to bid higher than (another person); **jdn ~** to outbid sb.

Überblick survey, outline

über Bord →Bord

Überbord~, ~-Auslieferungsklausel overside delivery clause; **~werfen der Ladung**[2] jettison of cargo, throwing of cargo overboard (esp. to lighten ship in distress)

Überbringer bearer; **~klausel** *(auf Scheck)* bearer clause; **~scheck** bearer cheque (check)

Überbrückung~, ~sbeihilfe[3] transitional allowance; **~sfinanzierung** bridging finance; **~skredit** bridging loan (or credit or advance); tide-over credit, accommodation credit; **~smaßnahmen** measures to bridge the gap; interim operations

Überbuchung *(von Flügen)* overbooking

überdenken, nochmals ~ to reconsider, to think over

Überdividende superdividend

überdurchschnittlich above average

übereignen to transfer ownership (or title); to assign; *(bes. Grundbesitz)* to convey; **zur Sicherung ~** to assign by way of security; to make an assignment as security for a debt

Übereignung →Eigentumsübertragung; →**Sicherungs~**

Übereinkommen 1. *(allgemein)* agreement, understanding; **laut ~** as agreed upon; **es wurde kein ~ erzielt** no agreement was reached

Übereinkommen 2. *(mehrseitige Übereinkunft)* agreement, convention; →**Europäisches ~**; →**Internationales ~**; →**Ressort~**; **Sonder~** special agreement; **Verwaltungs~** administrative agreement; **Zusatz~** supplementary agreement; **abgeändertes ~** revised agreement; **vorläufiges ~** interim agreement

Übereinkommen, ~ zum Schutz des →architektonischen Erbes Europas; ~ über den internationalen Handel mit gefährdeten Arten freilebender Tiere und Pflanzen (Washingtoner →Artenschutzübereinkommen); **~ über die berufliche Rehabilitation und die Beschäftigung der →Behinderten; ~ der vereinten Nationen über die Beseitigung aller Formen der →Diskriminierung von Frauen; ~ über den internationalen →Eisenbahnverkehr; ~ zur Gründung einer →europäischen Organisation für die Nutzung von meteorologischen Satelliten; ~ der Vereinten Nationen über den internationalen Warenkauf** →UN-Kaufrechtsübereinkommen; **~ zur Beilegung von** →Investitionsstreitigkeiten zwischen Staaten und Angehörigen anderer Staaten (Weltbankübereinkommen); **~ zum Schutz des →Kultur- und Naturerbes der Welt; ~ über weiträumige grenzüberschreitende →Luftverunreinigung; ~ über die Verringerung der →Mehrstaatigkeit und über die Wehrpflicht von Mehrstaatern; ~ zur Errichtung der →Multilateralen Investitions-Garantie-Agentur; ~ zur Zusammenarbeit bei der Bekämpfung der Verschmutzung der →Nordsee durch Öl und andere Schadstoffe; ~ über die frühzeitige Benachrichtigung bei →nuklearen Unfällen; ~über Hilfeleistung bei →nuklearen Unfällen; ~ zum Schutz des Menschen bei der automatischen Verarbeitung →personenbezogener Daten; ~ über die Anerkennung und Vollstreckung ausländischer →Schiedssprüche; ~ über das auf vertragliche →Schuldverhältnisse anzuwendende Recht; ~ zur Erleichterung des internationalen →Seeverkehrs; ~ über die Wahrung der Vertraulichkeit von Daten betreffend →Tiefseebodenfelder; ~ über das Verbot der militärischen oder einer sonstigen feindseligen Nutzung umweltverändernder Techniken** (→Umweltkriegsübereinkommen); **~ über die →Überstellung verurteilter Personen; ~ über die Anerkennung und Vollstreckung von →Unterhaltsentscheidungen; ~ über das auf →Unterhaltspflichten anzuwendende Recht; ~ über die Verhütung, Verfolgung und Bestrafung von Straftaten gegen völkerrechtlich geschützte Personen einschließlich Diplomaten** →Diplomatenschutzkonvention; **~ über die Erhaltung der europäischen →wildlebenden Pflanzen und Tiere und ihrer natürlichen Lebensräume; ~ zur Erhaltung der wandernden →wildlebenden Tierarten; ~ über die →Zustellung gerichtlicher und außergerichtlicher Schriftstücke im Ausland in Zivil- oder Handelssachen; ~ über die gerichtliche Zuständigkeit und die Vollstreckung gerichtlicher Entscheidungen in Zivil- und Handelssachen** →Europäisches Gerichtsstands- und Vollstreckungsübereinkommen

Übereinkommen~, ~sentwurf draft agreement; **~sländer** convention countries; **ein ~ aushandeln** to negotiate an agreement; **ein ~ außer Kraft setzen** to terminate an agreement; **e-m ~ beitreten** to accede to an agreement; **ein ~ schließen** to conclude an agreement

übereinkommen to agree (on); to come to an agreement; to conclude (or enter) into an agreement

übereingekommen, die Parteien sind wie folgt ~ the parties have agreed as follows

Übereinkunft *(VölkerR)* , *(zweiseitig)* →Vertrag, →Abkommen; *(mehrseitig)* →Übereinkommen; →**Berner ~**; →**Pariser ~ zum Schutz des gewerblichen Eigentums**

übereinstimmen *(zeitlich)* to synchronize; **mit jdm ~** to agree (or concur) with sb.; **mit jdm nicht ~** to disagree with sb., to take a different view; **mit etw. ~** to correspond to (or be in accordance with) sth.; **die beiden Listen stimmen nicht überein** the two lists do not tally; **mit dem Muster ~** to match the sample; **die Richter stimmten in ihrer Ansicht überein** the judges agreed (or were of the same opinion); **zwei Warenzeichen stimmen überein** two trademarks are analogous

übereinstimmend concurrent; in accordance (mit with); congruent (mit with); **~e Meinung** consensus of opinion; **~e Zeugenaussagen** concurrent depositions; **sie sagten ~ aus** their testimonies concurred (or coincided)

Übereinstimmung agreement, consensus; congruity; *(zeitlich)* synchronization; **in ~ mit** in conformity with, in accordance with; **mangelnde ~** disagreement, non(-)conformity; lacking congruity; **weitgehende ~** broad agreement, large measure of agreement; **~ von Merkmalen** congruity of features; **~ der Ware mit dem Kaufvertrag** conformity of the goods with the contract of sale; **~ von Warenzeichen** similarity of trademarks

Überemission overissue of securities

überfahren, jdn ~ to run over sb.

Überfahrt passage; **~svertrag** passage contract

Überfall raid, hold up, attack (auf on); *(auf der Straße)* mugging; →**Bank~**; **hinterlistiger ~**[4] insidious attack; **~kommando** *Br* flying squad; *Am* riot squad; *Am* SWAT (Special Weapons and Tactics squad); **e-n ~ machen auf** to raid, to carry out a raid on

überfallen to raid; *(auf der Straße)* to mug

überfällig overdue; *Am* past due; **~e Beträge** amounts overdue; **~e Forderungen** delinquent (or past due, overdue) accounts; **~e Waren** overdue goods; **~er Wechsel** bill overdue

Überfischung overfishing

Überfliegen e-s Gebietes flight over a territory

überfliegen to fly over (or across)

Überflugrecht right to use a country's airspace

Überfluss abundance, superfluity; **~ an Arbeitskräften** *(als Entlassungsgrund)* redundancy; **~gesellschaft** affluent society; **~ haben an** to abound in sth.

überflüssig *(Arbeitskräfte)* redundant

überfordern to place too great demands on

überfordert sein to be overstrained

Überforderung excessive demand; **Preis~** excessive price

Überfracht *(Gewicht)* excess freight, overfreight; *(zuviel berechnete Fracht)* overcharge

überfremdet *(bei Gesellschaften)* foreign-controlled; under foreign control

Überfremdung control by foreign capital; foreign control (in companies with a majority of foreign shareholders); *(hoher Ausländeranteil an der Bevölkerung)* excessive proportion of foreigners; **~sgefahr** risk of passing into foreign control

überführen 1. *(StrafR)*, **jdn ~** to convict sb.

überführt werden, getan zu haben to be convicted of doing

überführen 2. *(an e-n anderen Ort bringen)* to transport, to transfer

Überführung 1. *(StrafR)* conviction; **~sstück** corpus delicti (evidence that a crime has been committed)

Überführung 2. *(Verkehrsweg) Br* flyover, *Am* overpass; *(Transport)* transport, *Am* transportation, transfer; **~sfahrt** *(e-s Kfz)* delivery drive

überfüllt, dieser Beruf ist ~ this profession is overcrowded; **~ sein** *(Markt)* to be overstocked

Überfüllung *(Markt)* overstocking

Übergabe *(Übergeben)* delivery, handing over; *(Kapitulation)* surrender; →**Besitz~**; **bedingungslose ~** unconditional surrender; **eigenhändige ~** personal delivery; **tatsächliche ~** actual delivery; **unmittelbare ~** delivery by hand; **durch ~ übertragbare Aktien** securities transferable by delivery *(→Inhaberaktien)*; **~ von Dokumenten** handing over (or surrender) of documents; **~ des Verfolgten** *(im Auslieferungsverfahren)* surrender of the person sought; **~ von Waren** *(beim Kauf)* delivery of goods; **~bescheinigung** receipt of delivery; **durch ~ übertragen** to transfer by delivery

Übergang *(von Rechten)* transmission, devolution; passing; *(Überquerung)* crossing; *(zeitlich)* transition; →**Bahn~**; →**Eigentums~**; →**Forderungs~**; →**Gefahr~**; **gesetzlicher ~** transfer by operation of law; →**Grenz~**; →**Vermögens~**; **~ e-r Firma auf den Nachfolger** transfer of a firm to the successor; **~ kraft Gesetzes** transmission by operation of law; **~ zur Tagesordnung** moving on to the agenda

Übergangs~, **~bestimmungen** transitional provisions; **~frist** transitional period; **~geld** *(z. B. aus gesetzl. Rentenversicherung)* temporary allowance; **~gesetz** transitional law; **~konto** suspense account; **~maßnahmen** transitional measures; **~regelung** transitional arrangement (or rule); **~regierung** interim (or caretaker) government; **~rente** transitional pension; **~stadium** state of transition; **~stelle** *(Grenze)* crossing point; **~vorschriften** transitional provisions (or rules),; **~zeit** transitional period

übergeben to deliver, to hand over; *(e-n auszuliefernden Täter)* to surrender; **die Angelegenheit e-m Anwalt ~** to place the matter in the hands of a lawyer; **jdn der Polizei ~** to surrender sb. to the police; *colloq.* to turn sb. in

Übergebot higher bid *(→Gebot 1.)*

übergehen, ~ auf to pass to, to pass into the ownership of; to devolve (up)on; *(im Wege der gesetzl. Erbfolge)* **~ auf** to descend to; **jdn ~** to pass sb. over; **jdn im Testament ~** to fail to mention sb. in a will; to leave someone out of a will; **zu etw. ~** to proceed to; **in anderen →Besitz ~**; **die →Beweislast geht über auf**; **das Eigentum geht auf den Erben über** the property devolves on the heir; **zum Gegner ~** to switch (or change) sides; to join the opposing side (or party)

übergangen, in der Beförderung ~ werden to be passed over for promotion; **im Testament ~e Erben** relatives passed over in the testator's will

übergegangen, er ist zu e-r anderen Partei ~ he has gone over to another party; **die Gefahr**

ist auf den Käufer ~ the risk has passed to the buyer

Übergehung omission; passing over; **~ des Pflichtteilsberechtigten** failure to mention a →Pflichtteilsberechtigten in one's will

übergeordnet, **~e Dienststelle** authority at a higher level; **~es** →**Gericht**; **jdm ~ sein** to have authority over sb.

Übergepäck *(Flugzeug)* excess baggage; **Gebühren für ~** excess baggage charges

Übergewicht excess weight, overweight; **politisches ~** political preponderance; **das Gepäck hat ~** the baggage is overweight

Übergewinn excess profit, surplus profit; **~steuer** excess profits tax

übergreifen, **in jds Rechte ~** to encroach (up)on sb.'s rights

Übergriff encroachment; trespass

Übergröße oversize, outsize

übergroße Fracht (od. Ladung) outsize freight

Überhandnehmen von Einbrüchen increase (or prevalence) of burglaries

Überhang 1. *(überhängende Zweige)*[5] overhanging branches
Überhang 2. *(Überschuss)*, **Auftrags~** backlog of unfilled orders; →**Kaufkraft~**; **Liquiditäts~** excess liquidity; **~mandat**[6] excess mandate

überheben, **Abgaben ~** to levy excessive taxes

Überhebung von Gebühren →Gebührenüberhebung

überhitzte Konjunktur overheated economy

überhöhte Gehälter excessive salaries, excessively high salaries

Überholen *(im Straßenverkehr)* overtaking; passing; **falsches ~** *Br* incorrect overtaking; *Am* improper passing; **~ an Kreuzungen** *Br* overtaking (*Am* passing) at intersections; **~ verboten** *Br* no overtaking; *Am* no passing; **die Absicht des ~s anzeigen** to give warning of the intention *Br* to overtake *(Am to pass)*

Überhol, **auf der ~spur** in the *Br* overtaking (*Am* passing) lane; **~verbot** *Br* overtaking prohibited; *Am* passing prohibited

überholen 1. *(im Straßenverkehr)* to overtake, to catch up with and pass; **ein Auto ~** *Br* to overtake (*Am* to pass) a car; **es ist links (rechts) zu ~** *Br* overtaking (*Am* passing) on the left (right); **Schienenfahrzeuge sind rechts zu ~** rail cars are to be overtaken (*Am* passed) on the right side

überholend, **der U~e** the *Br* overtaking (*Am* passing) driver; **der zu U~e** the driver being *Br* overtaken *(Am passed)*

überholt werden to be *Br* overtaken *(Am passed)*; **jdm anzeigen, dass er ~ soll** to warn sb. that he is about to be *Br* overtaken *(Am passed)*

überholen 2. *(reparieren)* to overhaul, to recondition, to refit
überholen 3. *(übertreffen)* to outstrip, to surpass; *(auf den neusten Stand bringen)* to bring up to date

überholende →**Kausalität**

überholt outdated, out-of-date; obsolete; **~e Bestimmungen** outdated provisions

Überholung *(zu überholen 2.)* overhaul(ing), reconditioning; **u~sbedürftig** in need of overhaul

Überkapazität overcapacity, excess capacity

Überkapitalisierung overcapitalization

Überkreuz~, **~beteiligung** interlocking participation; **~verflechtung** interlocking (directorate)

überladen *(zuviel laden)* to overload; *(umladen)* to trans(s)hip

Überladung overload; *(Umladung)* trans(s)hipment; **~ e-s Schiffes** overloading a ship

überlagern, **sich ~** to overlap

überlassen to leave; *(auf etw. verzichten)* to give up, to abandon, to relinquish; to yield; **mietweise ~** to let; **jds →Ermessen ~**; **als →Leiharbeitnehmer dem Entleiher ~ werden**; **ein (beschädigtes) Schiff dem Versicherer ~** to abandon a (damaged) ship to the underwriter

Überlassung leaving; giving up, abandonment, relinquishment; **zeitweilige und entgeltliche ~ e-s Arbeitnehmers an e-n Dritten** temporary hire of an employee for profit to a third party *(→Arbeitnehmerüberlassung)*; **~ zur Nutzung** permitting the use (of); **zeitliche ~ von Rechten** temporary granting of rights

überlastet, **mit Arbeit ~** overburdened with work, overworked

Überlastung overload; *(e-r Person)* overstrain, stress; **~ des Luftraums** airspace congestion

Überläufer *mil* deserter, defector

Überleben survival; **im ~sfall** in case of survival; **~srente** →Rente auf den Überlebensfall; **~svermutung** presumption of survivorship; **wechselseitige ~sversicherung** joint lives insurance *(Br assurance)*; **~swahrscheinlichkeit** survivorship probability

überleben to survive; **~der Ehegatte** surviving spouse

Überlebende survivors; surviving dependants

Überlebenschance chance of survival

Überlegenheit, **strategische ~** strategic superiority

Überlegung, **nach reiflicher ~** on (or after) due consideration; **~sfrist** time for reflection

Überleitung transition; **~sbestimmungen** transitional provisions; **~sgesetz** transitory law; **~svertrag**[7] Transition Agreement

Überliege~, **~geld** demurrage charges; **~tage** demurrage days; **~zeit** (time of) demurrage (*→Liegegeld)*

Überliquidität, **die ~ abbauen** to reduce excess liquidity

Übermaß excess (an of)

übermäßig große Menge excessive amount (of)

übermitteln to communicate

Übermittlung conveyance; transmission; delivery; **falsche ~ (e-r Willenserklärung)**[8] incorrect transmission (of a declaration); **~sgebühr** *(PatR)* transmittal fee; **~sirrtum**[8] error in communicating a declaration; **telegrafischer ~sfehler** *(Post)* telegraphic transmission error; **~sstelle** *(betr. Auskünfte über ausländisches Recht)*[9] transmitting agency

Übermüdung *(z. B. des Kraftfahrers)* (over)fatigue

Übernachfrage excessive demand

Übernachtung overnight stay; **~skosten** overnight expenses, hotel expenses; **~smöglichkeit** overnight accommodation

Übernahme *(von Rechten und Pflichten)* assumption; *(auch Verantwortung für Personen)* taking charge of; *(Annahme)* acceptance, taking delivery; *(Besitznahme)* taking possession, taking over; *(der Mehrheit der Anteile e-s Unternehmens)* takeover; *Am* acquisition; **→Erfüllungs~**; **feindliche ~** *(gegen den Willen der Entscheidungsträger des Zielunternehmens)* hostile take-over; **freundliche (od. einvernehmliche) ~** friendly take-over; **~ der Aktien durch die Gründer** *(e-r AG)* subscription to the shares by the founders; **~ e-s Amtes** →Amtsübernahme; **~ e-r →Bürgschaft**; **feste ~ e-r Effektenemission** firm underwriting; **~ e-r Erbschaft** entering upon an inheritance; accession to an estate; **~ e-r Firma (od. e-s Geschäfts)** takeover (or acquisition) of a firm (or business); **~ des Geschäfts durch e-n Gesellschafter**[10] takeover of a business by one of the partners; **~ e-r Hypothek** →Hypothekenübernahme; **~ der Macht** →Machtübernahme; **~ e-r Schuld** →Schuldübernahme; **~ e-s Unternehmens durch leitende Angestellte** management buy-out (MBO) *(→Unternehmenskauf)*; **~ e-s Vermögens** →Vermögensübernahme

Übernahme~, **~angebot** *(an die Aktionäre e-s Unternehmens)* takeover bid, offer to purchase; tender solicitation; *Am* tender offer; **~bedingungen** takeover terms; **~finanzierung** takeover financing; **~gründung** formation of an →AG where founders take over all shares; **~konnossement** received for shipment bill of lading; **~konsortium** underwriting syndicate; *(für Obligationen od. Pfandbriefe)* bonding underwriters; **~kurs** *(bei Emission von Effekten)* takeover price; acceptance price; **~ort** place of taking over of the goods; **~preis** →Übernahmekurs; **~provision** underwriting commission; **~risiko** *(Effektenemission)* underwriting risk; **~verhandlungen** takeover negotiations; **~vertrag** takeover agreement; *Am* acquisition agreement; *(bei Wertpapieremission)* underwriting (or subscription) agreement; **~ziel** takeover target; targeted takeover firm

übernational supranational

übernehmen to assume; to take over; to undertake, to enter upon; *(etwas)* to take (sth.) in charge; **in ein Abkommen ~** *(VölkerR)* to incorporate in an agreement; **Aktien ~** to acquire shares; **Aktien bei der Gründung ~** to subscribe to shares upon formation; **ein (jds) →Amt ~**; **e-e Arbeit ~** to undertake (to do) a work; to take over a job; *(beim Werkvertrag)* to contract for work; **e-e →Bürgschaft ~**; **e-e Firma ~** to take over a firm; **e-e Gesellschaft ~** to take over a company; to acquire a company; **→Kosten ~**; **die →Leitung ~**; **e-e Schuld (e-s anderen) ~** to assume a debt; **ein Unternehmen ~** to take over (or acquire) an enterprise; **e-e →Verpflichtung ~**; **e-e →Vertretung ~**

übernehmende Gesellschaft company taking over; acquiring company

übernommen, **~e Gesellschaft** company taken over; acquired company; **die Anleihe ist durch ein Bankenkonsortium fest ~** the loan has been underwritten by a banking syndicate

Übernehmer transferee *(Ggs. Übertragender)*; **~ e-r Effektenemission** underwriter; **~ e-r Schuld**[11] substituted debtor (under a novation) *(→Schuldübernahme)*; **~ e-s Wechsels** transferee of a bill (of exchange)

über~, **~→pari**; **U~pariemission** issue (of securities) above par

überparteilich above party, non-party

Überpreis excessive price

Überproduktion overproduction, excess production

überprüfen to review, to inspect, to examine carefully; *pol* to screen, *Br* to vet *(→Überprüfung)*; **nochmals ~** to re-examine, to re- check; **~ und instandsetzen** to overhaul; **~ und für richtig befinden** to approve, to verify; **ein Gesetz ~ und abändern** to revise a law

überprüft werden to come under review; *(Gepäck etc)* to be examined (or checked)

Überprüfung review; inspection; examination, check-up, check; *(hinsichtl. politischer Vergangenheit)* screening, *Br* vetting; **gerichtl. ~** *(der Entscheidung e-r Vorinstanz od. von Verwaltungsakten)* judicial review; **technische ~ von Kraftfahrzeugen** motor vehicle inspection; **~ der Angelegenheit** investigation of the matter; **~ von Antragstellern für den Staatsdienst** screening of applicants for government jobs; **~ von Gesetzen auf Verfassungsmäßigkeit** judicial review *(→Normenkontrolle)*; **~ der Quoten** review of quotas; **~ der Renten** review of pensions; **~ von Waren** inspection of goods; **~sausschuss** board of review; **~svermerk** approval check

überqueren, unachtsames (und verkehrswidriges) U~ der Straße careless crossing of the road; *colloq.* jaywalking

überragend, ~e →Leistung; ~ →Marktstellung

Überraschungs~, ~angriff surprise attack; **~entscheidung** surprise decision

überreden, jdn ~ etw. zu tun to persuade sb. to do sth.; to talk sb. into doing sth.

überreichen to hand over, to present

überregional supra-regional; **~e Zeitung** national newspaper

Überrüstung excessive armament; excessive arms build-up

Überschallflugzeug supersonic aircraft

Überschicht overtime shift

überschlagen to make a rough estimate of

Überschlagsrechnung rough estimate

überschneiden, sich ~ to overlap, to collide; **sich ~de Bestimmungen e-s Gesetzes** overlapping provisions of a law

Überschneidung overlapping, collision; **~ von Renten** *(von 2 verschiedenen Rententrägern)* overlapping of pensions

überschreiben *(jdm etw. schriftlich übereignen)* to settle sth. (up)on sb.

Überschreiten, beim ~ der Grenze in crossing the border; **~ der →Geschwindigkeitsgrenze**

überschreiten *(überqueren)* to cross; *(darüber hinausgehen)* to exceed, to go beyond; **seine →Befugnisse ~; den →Etat ~; die →Frist ~; die →Grenze ~; das →Limit ~; die Mittel ~** to go beyond one's funds; *(Haushaltsmittel)* to exceed the limit of appropriations; **den Urlaub ~** to overstay one's leave (or *Br* holidays); **die →Vollmacht ~; das →Ziel ~**

Überschreitung, ~ der Befugnisse exceeding one's powers (or authority); acting ultra vires; **~ der Frist** exceeding (or overstepping) the time-limit; **~ der Notwehr** →Notwehrexzeß

überschuldet involved in debt; heavily encumbered; insolvent

Überschuldung excessive indebtedness, overindebtedness; debt overload; (total) insolvency; *(e-r Handelsgesellschaft)* excess of liabilities over assets; **~ des Nachlasses** insolvency of the estate

Überschuss residue *(das, was übrig bleibt)*; excess; surplus; **→Ausfuhr~; →Einfuhr~; →Einnahme~; →Geburten~; →Handelsbilanz~; →Kassen~; Leistungsbilanz~** →Bilanz 2.; **→Zahlungsbilanz~; ~ an Arbeitskräften** labo(u)r (or manpower) surplus, surplus of labo(u)r; **~dividende** surplus dividend; **~gebiet** area having a surplus *(Ggs. Mangelgebiet)*; **~güter** surplus goods; **~reserven** excess reserves, *Am* free reserves; **~verteilung** distribution of surplus; **~zuweisung an Versicherungsnehmer** allocation of surplus to policyholders; **Überschüsse abbauen** to reduce surpluses; **der ~ im Außenhandel schrumpft** the foreign trade surplus is shrinking; **die →Handelsbilanz wies hohe Überschüsse auf**

überschüssige Arbeitskräfte surplus (or redundant) labo(u)r

Überschwemmung flood; **→Markt~; Herbeiführung e-r ~** causing a flood (and thereby endangering life or property); **~sgebiet** flooded area; **~sversicherung** flood insurance; **den durch ~ verursachten Schaden beheben** to remedy the damage caused by a flood; **von ~en betroffen** affected by floods

Übersee, Bestellungen aus ~ oversea(s) orders; **~bank** overseas bank; **~fahrt** (sea) voyage; *(Vergnügungsfahrt)* cruise; **~fracht** ocean freight; **~gespräch** *tel* oversea(s) call; **~handel** oversea(s) trade, sea-borne trade

überseeisch oversea(s), transatlantic; **~e Länder und Gebiete** (ÜLG) Overseas Countries and Territories (OCT)

Übersee~, **~kauf** oversea(s) purchase; **~konnossement** ocean bill of lading; **~märkte** oversea(s) markets; **~transport** oversea(s) transport (or shipment); **~verpackung** →seemäßige Verpackung

übersenden to send, to forward; *(Waren)* to consign; *(Geld)* to remit; **Wechsel zum Inkasso ~** to remit bills for collection

Übersendung sending, forwarding; *(von Waren)* consignment; *(von Geld)* remittance

übersetzen, **falsch ~** to translate incorrectly, to mistranslate; **frei ~** to translate freely; **wortgetreu ~** to translate literally

Übersetzer, **freiberuflicher ~** free-lance translator; **vereidigter ~** sworn translator

Übersetzung, **beglaubigte ~** certified translation; **~sbüro** translation agency (or bureau); **~sfehler** mistake(s) in translation; **~sgebühr** translation fee; **~skosten** expense of translation; **~srechte** translation rights; **~szentrum für die Einrichtungen der Europäischen Union** Translation Centre for the Bodies of the European Union (CdT); **~en beibringen** to provide translations

Übersicht survey, general view, statement; *(kurz)* summary; **e-e allgemeine ~ über die Lage geben** to make a general survey of the situation; **vergleichende ~** synopsis; **zusammenfassende ~** summary statement; **~ über die politische Lage** political survey; **~ über Vermögenslage** statement of affairs

Übersiedler East-West mover(s) within Germany from the territory of the former DDR

Übersiedlungsgut *(ZollR)* removal goods

Überspringen von Gehaltsstufen leapfrogging of salaries

überstaatlich supranational

Überstaatlichkeit supranationality

überstehen, **e-e schwierige Zeit ~** to weather a difficult period

Überstellung verurteilter Personen, **Übereinkommen über ~**[11a] Convention on the Transfer of Sentenced Persons

Übersterblichkeit *(VersR)* excess mortality

überstimmen to outvote, to overrule; *parl* to override a vote (or veto)

überstimmt, **er wurde in der Sitzung ~** he was overruled at the meeting

Überstimmung outvoting; defeat by a majority

Überstunden overtime; **Leistung von ~** overtime working; **~lohnsatz** overtime rate (of pay); **~vergütung** overtime pay, payment for overtime; **~ machen** to do (or work) overtime

Übertagearbeit surface work

übertarifliche Bezahlung payment in excess of the agreed wage scale

Überteuerung overcharge; excessive charge (or price)

Übertrag *(Buchführung)* amount brought forward; *(Saldo)* balance; *(Umbuchung)* transfer (in the books)

übertragbar assignable, transferable, conveyable; alienable; *(begebbar)* negotiable; **~es** →**Akkreditiv**; **~e Krankheiten** contagious diseases; **nicht ~es Recht** inalienable right; **~es Wertpapier** negotiable (or marketable, transferable) security

Übertragbarkeit, **~ von Beteiligungen** transferability (or assignability) of interests; **~ von Wertpapieren** negotiability of securities

übertragen *(Rechte, Forderungen)* to assign; to make an assignment; *(Rechte, Vermögen)* to transfer; *(bes. Grundbesitz)* to convey, *(auf Zeit)* to demise, *(testamentarisch)* to devise; *(jdn betrauen mit)* to entrust sb. with; *(Buchführung)* to carry forward; *(Wechsel begeben)* to negotiate; *(Radio)* to broadcast; *(durch Fernsehen)* to televise; *(übersetzen)* to translate; **Aufgaben zur selbständigen** →**Erledigung ~**; **jdm Befugnisse ~** to vest powers in sb.; to confer powers upon sb.; to delegate powers to sb.; →**Eigentum ~**; →**Haushaltsmittel auf das nächste Haushaltsjahr ~**; **ein Patent ~** to assign a patent; **Vollmacht ~** to delegate one's powers (to sb.)

übertragene Gesetzgebung delegated legislation

Übertragender assignor; transferor

Übertragung *(durch Rechtsgeschäft)* assignment, transfer; *(kraft Gesetzes)* transmission, devolution; *(von Vermögen, bes. von Grundbesitz)* conveyance; *(aus dem Stenogramm)* transcription; *(Begebung e-s Wechsels)* negotiation; **~en** *(Zahlungsbilanz, unentgeltliche Leistungen)* transfers, transfer payments; **an Bedingungen geknüpfte ~** conditional transfer; **uneingeschränkte ~** absolute transfer; →**Daten~**; →**Eigentums~**; →**Geschäfts~**; →**Mittel~**; **~ von Aktien** transfer of shares; *(infolge von Erbschaft, Konkurs etc)* transmission of shares; **~ von Anteilen an e-r Personengesellschaft** assignment (or transfer) of shares in a partnership; **öffentliche ~ der Aufführung e-s Werkes** *(UrhR)* communication to the public of the performance of a work; **~ von Aufgaben** delegation (or assignment) of tasks; entrustment with tasks; **~ von Befugnissen** delegation of powers; **~ e-r Forderung**[12] assignment (or transfer) of a claim (or debt); *(kraft Gesetzes)* s. gesetzlicher →Forderungsübergang; **~ von Grundeigentum** transfer of title to land *(durch Eintragung im Grundbuch)* by registration, *(durch Urkunde)* by deed (or conveyance); **~ er Hypothek**[13] transfer of a mortgage; **~ von Namensaktien** →Umschreibung; **~ e-s Patents** assignment of a patent; **~ von Rechten** transfer of title; **~ von Rechten an Grundbesitz** transfer of an interest in land; **~ von Todes wegen** passing of (an interest in) property (or title) on death; *(kraft Gesetzes)* devolution upon death; **~ von Unternehmen** transfer of undertakings; **~ von Zuständigkeiten** conferring of powers (auf on)

Übertragungs~, **~bedingungen** terms of assignment; **~bilanz** s. Bilanz der Übertragungen (→Bilanz 2.); **~empfänger** assignee, transferee; **~urkunde** deed (or instrument) of transfer; deed of assignment; *(bei Grundeigentum)* deed of conveyance; **~vermerk** →Indossament

übertreffen to outperform

übertroffen, **zahlenmäßig ~ werden** to be outnumbered

übertreten *(Gesetz, Verbot etc)* to infringe, to transgress, to violate

Übertretung[14] contravention, infringement, transgression; violation; trespass *(→ Ordnungswidrigkeit)*

Überversicherung overinsurance

Übervölkerung overpopulation

überwachen to control; to supervise

Überwachung surveillance; supervision, control; monitoring; **polizeiliche ~** police surveillance; **~ der Mietpreise** rent control; **~ von Unternehmenszusammenschlüssen**[15] merger control; **~sbefugnisse** supervisory powers; **~srecht des Kommanditisten**[16] right of control of the limited partner; **~ssystem** monitoring system; **~szeitraum** control period

überwältigender Wahlsieg overwhelming electoral victory; landslide *(→Erdrutsch)*

überwälzen, →**Kosten ~ auf**; **e-e Steuer ~** to pass on (or shift) a tax (auf to); to roll forward a tax

Überwälzung passing on; **~ von Aufwendungen** *(SteuerR)* reallocation of expenses; **~ der Steuer** tax shifting, shifting of tax incidence

überweisen *(Geld)* to remit, to transfer; to make a transfer (or remittance); *(verweisen)* to refer; **Geld auf ein Konto ~** to transfer money to an account; **Geld durch e-e Bank ~** to remit money through a bank; **Geld telegrafisch ~** to transfer money by wire (nach Übersee by cable)

überweisende Bank remitting bank

überwiesenes Geld sum of money sent; remittance

Überweisung *(von Geld)* remittance, transfer; *(vom Konto im bargeldlosen Zahlungsverkehr)* credit transfer; **~ an e-n Ausschuss** *parl* referral to a committee; **~ an e-n Facharzt** referral to a medical specialist (or *Br* consultant); →**Bank~**; →**Lohn~en der ausländischen Arbeitskräfte**; **~ aus dem Ausland** remittance from abroad; **~ ins Ausland** remittance abroad; **telegrafische ~** telegraphic (or cable) transfer; **~sauftrag** remittance (or transfer) order; **Pfändungs- und ~sbeschluss** *(des Gerichts)* attachment and transfer order; **~sempfänger** remittee; **~sformular** credit transfer form; **~sgebühr** *(Post)* remittance fee; **~sschein** *(Postscheck)* transfer slip; **~sverkehr** money transfer transactions; **durch ~ (bargeldlos) bezahlen** to pay by transfer; **die ~ vornehmen** to send (or make) the remittance (or transfer); **~en bitten wir auf unser Konto ... vorzunehmen** please make remittances to our account No. ...

überwiegen *(das Übergewicht haben)* to predominate (or preponderate) (over); *(stärker sein als etw.)* to outweigh; **die Vorteile ~** the advantages predominate; **die Vorteile ~ die Nachteile** the advantages outweigh the disadvantages

überwiegend, **~er** →**Betriebszweck**; **~es Interesse** overriding (or predominant) interest; **~e Mehrheit** overwhelming majority; **~e Tätigkeit** principal activity

überzahlen to overpay

überzeichnen to oversubscribe

überzeichnet, **die Anleihe war hoch ~** the loan was heavily oversubscribed

Überzeichnung *(bei der Emission von Wertpapieren)* oversubscription; excess application (for shares)

überzeugen to convince; **das Gericht davon ~, dass** to satisfy the court that; **sich ~ lassen** to be open to argument

überzeugend, **~er Beweis** convincing proof (or evidence); **auf Grund des ~en Beweises** upon the preponderance of evidence; **~e Kraft e-s Argumentes** convoincing strength of an argument; **~ nachweisen** to show to the satisfaction (of)

Überzeugung conviction; **in der ~** believing; convinced (dass that); **politische ~** political conviction; **~skraft** persuasive power; **zu der ~ gelangen** to be satisfied

überziehen *(Konto, Kredit)* to overdraw; **sein Konto ~** to overdraw one's account; to have an overdraft; *colloq.* to be in the red; **Möglichkeiten, sein Konto zu ~** overdraft facilities

überzogen, **~es Konto** overdrawn account; **Zinssatz für ~es Konto** overdraft rate; **sein Konto bis zur Höhe von ... ~ haben** to have an overdraft (with one's bank) in the amount of

Überziehung overdrawing; *Am* overdraft; **~skredit** (inadvertant) overdraft credit *(anders →Kontokorrentkredit)*; **~slimit** overdraft limit; **~sprovision** overdraft commission

üble →Nachrede

üblich customary, usual; **→handels~**; **→landes~**; **~e Bedingungen** standard conditions; **unter ~em →Vorbehalt**; **~er Zinssatz** conventional rate of interest; **~erweise** customarily; **es ist allgemein ~** it is common practice; it is usual

übrig, **im ~en** in other respects

Ufer~, **~anlieger** riparian owner; **~grundstück** riparian property; **~staat** riparian state

Uganda Uganda; **Republik ~** Republic of Uganda

Ugander(in), ugandisch Ugandan

UK-Stellung →Unabkömmlichkeitsstellung Wehrpflichtiger

Ukraine Ukrainia

Ukrainer(in), ukrainisch Ukrainian

ultimativ in the form of an ultimatum

Ultimatum ultimatum; **jdm ein ~ stellen** to deliver an ultimatum to sb.

Ultimo end of the month; *(im Geld- und Börsenverkehr)* last day of the month; **per u~** for settlement at the end of the month; last day money; **~abrechnung** end-month account (or settlement); **~geld** *(Geldmarkt)* end of month settlement loan; **~geschäft** *(Börse)* last day business; **~regulierung** settlement at the end of the month; **~wechsel** bill maturing at the end of the month

Ultra-vires Lehre[17] ultra vires doctrine

umadressieren to redirect; to readdress, to change the address on (a letter, etc)

Umarbeitung e-s Werkes der Literatur *(UrhR)* alteration of a literary work

Umbau structural alteration (to a house); conversion (of a house); **~arbeiten** structural alteration work, construction work

umbauen to carry out structural alterations; **Wohnräume in Büroräume ~** to convert living accommodation into office space

Umbesetzung, **Personal~** reallocation of staff

umbilden *(Regierung)* to reshuffle (the cabinet)

Umbildung *(Regierung)* reshuffle; **~ e-r Sache** remodelling (or transformation) of an object

umbringen, **jdn ~** to kill sb.

umbuchen to transfer to another account; *(Reise)* to change a reservation

Umbuchung transfer of an entry; transfer of an amount from one account to another

Umdeutung von nichtigen Rechtsgeschäften[18] re-interpretation of void transactions (into others which are valid, when it can be assumed that the parties would have wished this if they had known of the invalidity)

umdisponieren to rearrange

Umdisposition fresh arrangements, rearrangement

Umfang *fig* extent, scope; *(Größe)* volume, size; **in gleichem ~** to the same extent; **in großem (kleinem) ~** on a large (small) scale; **in vollem ~** to the full extent; **in wachsendem ~** to a growing extent; **~ des Betriebes** size of the enterprise; **~ e-s Geschäftes** volume of a transaction; **~ der Haftung** extent of liability; **~ des Schadens** extent of the damage; **~ des Schadensersatzes** amount of (the) damages (or compensation); quantum of damages; **~ des begehrten Schutzes** *(PatR, UrhR)* scope of the protection sought; **~ der Vollmacht** scope of the power (of attorney)

umfangreich *fig* extensive; large-scale

umfassend, **~er Bericht** comprehensive report; **~es Geständnis** full confession

Umfeld environment

Umfrage *(MMF)* survey, poll; **~ zur Feststellung der öffentlichen Meinung** public opinion poll; **~ bei den Unternehmern** business survey; **~ bei den Verbrauchern** consumer survey; **~ergebnis** survey data; **e-e ~ vornehmen** to take a poll

Umgang personal contact; **den ~ des Kindes bestimmen** to determine the personal contacts of the child; **~srecht** s. Recht zum →persönlichen Umgang mit e-m Kind; **~ssprache** colloquial speech

umgehen *(ausweichen)* to evade; to avoid (etw. zu tun doing sth.); to circumvent, to by- pass; **das →Gesetz ~**; **die →Steuerpflicht ~**; **→Zölle ~**

umgehend immediate; without delay; **~ antworten** to reply by return (of post); **bitte geben Sie uns ~ →Antwort**; **~ benachrichtigen** to give prompt notice; to notify (or inform) immediately; **wir bitten um ~en Bescheid** we request an early reply; we request immediate notification

Umgehung evasion, avoidance, circumvention; **~ des Gesetzes** circumvention of the law; **~ von Steuern** *(unerlaubt)* evasion of taxes; *(erlaubt)* avoidance of taxes; **~smöglichkeiten** avoidance possibilities; **~sstraße** by(-)pass

umgekehrt conversely

umgestalten to transform; to reorganize; **e-e Sache in e-e andere ~**[19] to transform a thing into another

Umgestaltung *(UrhR)* transformation; reorganization

Umgründung →Umwandlung

umgruppieren to regroup; *(Unternehmen)* to reshuffle, to restructure; *(verlegen)* to redeploy; **in kleinere Mengen ~** to break bulk

Umgruppierung von Arbeitskräften regroupment (or redeployment) of labo(u)r

umherziehender Händler →Straßenhändler

Umkehr der Beweislast reversal (or shifting) of the burden (or onus) of proof

umkehren to reverse; **die →Beweislast ~**

umkreisen, in e-r Umlaufbahn ~ to orbit

Umlade~, ~gebühren reloading charges; tran(s)shipment charges; **~hafen** port of tran(s)shipment; **~konnossement** tran(s)shipment bill of lading; **~platz** place of tran(s)shipment

umladen to reload; to tran(s)ship; **die Warenladung ~** to transfer the load

Umladung reloading; tran(s)shipment

Umlage charge levied (on sb.); *(anteilig)* apportionment; *(Abgabenumlage)* assessment; *(VersR)* contribution (levied on members to cover costs); **→Kosten~**; **Betrag der ~** amount of assessment (etc); **Erhebung der ~** levying of assessment; collection of a levy; imposing a levy; **u~pflichtig** assessable; **~satz der Montanunion** (EGKS) ECSC levy rate; **der Verein setzte für jedes Mitglied e-e ~ von 100 Euro fest** the club assessed each member Euro 100; **e-e ~ erheben** to impose a levy

Umlageverfahren 1. *(SozV)* social insurance on a pay-as-you-earn basis (PAYE); *Am* social insurance on a pay-as-you-go basis *(Ggs. Kapitaldeckungsverfahren; fully-funded basis)*
Finanzierungsform für die Sozialversicherung. Verfahren zur Ermittlung der Prämien: Die Versicherungsleistungen des Versicherers in einer Versicherungsperiode werden ermittelt und auf die Versicherungsnehmer verteilt. Eine Kapitalbildung ist dadurch, anders als beim Kapitaldeckungsverfahren in der privaten Rentenversicherung, nicht möglich.
Way of financing in the social security system. Premium assessment method: The benefits paid by an insurer within a term are determined and imposed upon the insured persons. In contrast to the process of forming coverage capital in the annuity insurance industry, it is not possible to accumulate capital.

Umlageverfahren 2. *(VersR)* current disbursement; *(SeeV)* proportionate contribution system; *(Kostenrechnung)* method of cost allocation

Umlauf circulation; *(Rundschreiben)* circular letter; **→Bargeld~**; **→Noten~**; **in ~ befindliche Anleihen** loans (or bonds) in circulation

Umlaufbahn orbit; **in e-r ~ kreisen** to orbit

Umlauf~, u~fähig negotiable; **~fonds** *(automatisch sich erneuernder Fonds)* revolving fund; **~geschwindigkeit des Geldes** velocity of circulation of money; **~kapital** circulating capital; **~markt** *(Börse)* secondary market; **~vermögen** current (or floating, circulating) assets; liquid assets; **~zeit** time of circulation

Umlauf, in ~ bringen (od. setzen) to circulate, to bring (or put) into circulation; *(Falschgeld etc)* to utter; **in ~ sein** to be in circulation, to circulate; **nicht mehr im ~ sein** to be out of circulation

umlaufendes Geld money in circulation, currency

umlegen 1. ~ auf to assess upon, to allocate to; to apportion among; *Am* to prorate; **→Kosten ~ auf**

umlegen 2. jdn ~ *colloq.* to do sb. in, to bump sb. off

Umlegung, ~ von Grundbesitz reallocation of land; **~ der Kosten** apportionment of the expenses

umleiten *(Verkehr etc)* to divert, *bes. Am* to detour; *(e-e Sendung)* to re-route; *(Post etc)* to redirect

Umleitung diversion, detour; *(e-r Sendung)* rerouting; **~sstraße** by-pass; *(Umgehungsstraße)* detour

ummelden, sich *(beim Wohnungswechsel)* **polizeilich ~** to notify the police of one's change of address

Umorganisation reorganization

umorganisieren to reorganize

umpacken to repack

umplatzieren *(Arbeiter)* to reallocate

Umplatzierung *(von Arbeitern)* reallocation

umrechnen to convert (in into); to reduce (in to); *(Währungen)* to translate

Umrechnung conversion; **~ ausländischer Währungen** translation (or conversion) of foreign currencies; **~ des Dollar in die Währung e-s anderen Landes** conversion (or translation) of the dollar into the currency of another country; **~sfehler** error of conversion; **~skurs (od. ~ssatz)** rate of conversion, conversion rate; **~stabelle** conversion table

Umsatz turnover; *(mengenmäßig)* sales; transaction; →**Brutto~**; →**Gesamt~**; →**Netto~**; **erzielter ~** turnover attained; *(Börse)* business done; **hoher ~** high sales; **ohne ~** *(Börse)* no business done; **steuerfreier ~** tax-exempt turnover; **zu versteuernder ~** taxable turnover (or transaction); **tauschähnlicher ~** barterlike transaction; **Verhältnis von ~ zu Kapital** ratio of sales to invested capital *(→Kapitalumschlag)*

Umsatz, den ~ erhöhen to increase sales; to raise turnover; **guten ~ erzielen** to achieve a good turnover (or good sales); **der ~ ging um 20 zurück** sales declined by 20; **der ~ stieg um 20** sales rose by 20

Umsatz~, ~analyse sales analysis; **~anstieg** turnover increase; **~besteuerung** taxation of turnover; **~bilanz** →Rohbilanz; **~entwicklung** sales trend, sales development; **~ergebnis** gross profit from sales; **~erlöse** sales proceeds; **~freibetrag** →Freibetrag; **~geschäft** turnover transaction; **~geschwindigkeit** rate of turnover; **~kosten** cost of sales; **u~loses Konto** inactive account, dormant account; **~prämie** sales premium; **~provision** *(im Bankverkehr)* commission on turnover; **~rendite** net income percentage of sales; percentage return on sales; net operating margin; **~rückgang** decrease (or decline, slowing down) of sales; decline in turnover; **~schwankungen** sales fluctuations; **u~starkes Unternehmen** enterprise with a big turnover; **~statistik** sales statistics; **~steigerung** sales increase; increase in turnover

Umsatzsteuer[20] turnover tax *Am (für bestimmte Waren)* excise tax; →**Börsen~**; →**Brutto~**; →**Einfuhr~**; →**Netto~**; **~befreiung** exemption from turnover tax; **~erklärung** VAT declaration; **~gesetz** (UStG) Turnover Tax Law; **u~pflichtig** subject to turnover tax; **~richtlinie** VAT Directive; **~schuld** turnover tax liability; **~-Voranmeldung** preliminary (or advance) turnover tax return; **die ~ ist auf den Rechnungen gesondert auszuweisen** the turnover tax is to be listed separately on invoices; **der ~ unterliegen** to be subject to turnover tax

Umsatz~, ~volumen sales volume; *(Börsenumsätze Menge)* trading volume; *(Wert)* turnover; **~wachstum** growth of turnover; **~zahlen** sales figures

umschichten to regroup; to shift

umschiffen *(Güter)* to trans(s)hip

Umschiffung trans(s)hipment

Umschlag 1. (Gesamtumschlag) turnover; *(Güter)* (cargo) handling; *(Umladung)* tran(s)shipment; *(Hafenabfertigung)* turnround; **~anlagen** handling plants; **beim ~ von Containern** in handling containers; **~gebühren** handling (or trans(s)hipment) charges; **~hafen** port of tran(s)shipment; **~shäufigkeit** rate of turnover; volatility; **~lager für nicht abgefülltes Öl** bulk terminal; **~platz** rail and water terminal; place of trans(s)hipment

Umschlag 2. (Briefumschlag) envelope; →**Frei~**; **unter besonderem ~** under separate cover

umschlagen *(Ladung)* to handle, to turn over; to trans(s)hip

Umschließungen *(e-r Ware)* packings; packages; **Zollübereinkommen über die vorübergehende Einfuhr von ~**[22] Customs Convention on the Temporary Importation of Packings

umschreiben *(neu fassen)* to rewrite; *(Namenspapiere)* to transfer (auf to)

Umschreibung, ~ im Aktienbuch[23] transfer entry in the share register; **~ von Namensaktien** transfer of registered shares; **~sformular** transfer form; **~ e-r Inhaberschuldverschreibung auf den Namen** conversion of a bond *(made payable to bearer into one payable)* to the name *(of a specified person)*; **e-e ~ vornehmen** to effect a transfer

umschulden to convert a debt; to reschedule (or restructure) debts

Umschuldung conversion of debts; debt rescheduling, debt restructuring; **~sländer** countries with rescheduled debt, countries whose (foreign exchange) debt is being rescheduled (or restructured); **~svereinbarung** rescheduling agreement; **durch ~ ablösen** to reschedule

umschulen, Arbeiter ~ to retrain workers; **sich ~ lassen** to undergo occupational retraining

Umschulung retraining; →**berufliche ~**; **berufliche ~** →**Behinderter**; **~smöglichkeiten** retraining facilities; **~szeit** period of retraining

Umschwung reversal; swing; **Meinungs~** reversal of opinion; **~ in der Politik** reversal in policy; **~ nach links (rechts)** *pol* swing to the left (right)

umseitig overleaf; **~e Bedingungen** conditions stated on reverse (or overleaf)

umsetzen 1. *(Waren)* to turn over, to sell; *(auf anderen Dienstposten)* to shift; **jährlich ~** to have an annual turnover of

umsetzen 2. e-e Richtlinie in nationales Recht der Mitgliedstaaten ~ *(EU)* to implement (or incorporate) a directive into national law of the Member Sates

umgesetzt, ordnungsgemäß ~ properly incorporated

Umsetzung e-r EU-Richtlinie implementation (for incorporation) of a EU Directive, transposition (of a Directive); **Unterlassung der ~** failure to incorporate a EU Directive

Umsetzung~, ~sfrist transposition period; deadline for incorporation; time allowed for implementing (the directive); **~sgesetz** incorporating law; implementing law

umsichtig circumspect; cautious

umsiedeln to resettle; to relocate; *(vertreiben)* to displace

Umsiedler resettler, resettled person

Umsiedlung resettlement; relocation; **~sbeihilfe** resettlement allowance; **zwangsweise ~** →Vertreibung

Umstand circumstance; fact; factor; **vom →Vermieter nicht zu vertretender ~**

Umstände, →Begleit~; →Neben~; unter allen ~n under any circumstances; **unter Berücksichtigung aller ~** considering all circumstances; **unter keinen ~n** under no circumstances; **den ~n →angemessen; äußere ~** external factors; **außergewöhnliche ~** exceptional circumstances; **wegen der besonderen ~ des Einzelfalles** due to the particular circumstances of a (or the) case; **maßgebende ~** relevant circumstances; **→mildernde ~; →strafmildernde ~; →strafverschärfende ~; von jdm nicht zu vertretende ~** circumstances beyond sb.'s control; **zusätzliche verknüpfende ~** *(IPR)* additional affiliating circumstances; **den ~nach angemessene Entschädigung** compensation reasonable in the circumstances; **wenn es die ~ erfordern** if circumstances so require; **sich aus den ~n ergeben** to be implied from the circumstances; **~ zu vertreten haben** to be responsible for circumstances

umstauen to tran(s)ship

umstehend overleaf

umstellen to convert, to switch (auf to); **e-n Betrieb ~** to reorganize an undertaking; **die Produktion ~** to switch over production; to convert production; **e-e Währung ~** to convert a currency

Umstellung conversion; switching to; **~ von Erdöl auf Kohle** change-over from oil to coal; **~ der Industrie** reorganization (or conversion) of industry; **~ der DM auf Euro** conversion of DM to Euro; **~sdarlehen** *(EG)* conversion loan; **~sgesetz** Conversion Law (to implement the →Währungsreform); **~svorhaben** conversion project

umstoßen, e-e Entscheidung ~ to reverse a decision

umstritten controversial; **~es Vermögen** property in dispute; *(Nachlass od. Konkursmasse)* contested estate; **hart ~e Wahl** closely contested election; **diese Frage ist ~** this point is disputed; it is a moot (or debatable) point

umstrukturieren to restructure, to reorganize, to reshuffle

Umstrukturierung restructuring, reorganization; change in the pattern; **~ von Unternehmen** structural change in enterprises; reorganization of enterprises; **~splan** plan to restructure; **~spolitik** restructuring policy; **~svorhaben** restructuring project

Umsturz *pol* overthrow; subversion

umstürzlerische Tätigkeiten subversive activities

Umtausch exchange; *(von Wertpapieren)* conversion; **kein ~** all sales final; no goods exchanged; **~ von Aktien** →Aktienumtausch; **~ der Aktien** *(e-r AG)* **in Geschäftsanteile** *(e-r GmbH)*[24] exchange of shares for quotas; **~ der →Geschäftsanteile** *(e-r GmbH)* **in Aktien; ~angebot** offer of exchange; swap offer; **~frist** period for exchange; **~recht** right to exchange; *(AktienR)*[25] conversion right; **~vorbehalt** reservation of right to exchange

umtauschbar exchangeable; *(Wertpapiere)* convertible

umtauschen to exchange (gegen for); *(Wertpapiere)* to convert (gegen into); **Aktien ~** to exchange old shares for new ones

umverteilen to redistribute

Umverteilung redistribution; **→Vermögens~; ~ der Arbeit** work-sharing; redistribution of work; **~spolitik** redistribution policies

Umwälzung, soziale ~ social upheaval; **wirtschaftliche ~en** economic upheavals

umwandelbar convertible; transformable; commutable

Umwandelbarkeit convertibility; transformability; commutability

umwandeln to convert, to change (from one form, use, etc into another); to transform; to commute; *(Gesellschaft)* to restructure; **e-e Anleihe** *(in e-e Konvertierungsanleihe)* **~** to convert a loan; **e-e Freiheitsstrafe in e-e →Geldstrafe ~; e-e Personen- in e-e Kapitalgesellschaft ~** to convert a partnership into a company (or *Am* corporation); **e-e Rente in e-e Kapitalsumme** *(Einmalzahlung)* **~** to commute an annuity for (or into) a lump sum; **e-e Schuld ~** to convert a debt; **die →Todesstrafe in lebenslange Freiheitsstrafe ~**

Umwandlung conversion; transformation; commutation; **→Schuld~**; **→Straf~**; **~ von Obligationen in Aktien** conversion of bonds *(→Wandelschuldverschreibungen)*; **~ e-r Kapitalgesellschaft in e-e Personengesellschaft** transformation of a company (*Am* corporation) into a partnership; **~ e-r Kommanditgesellschaft auf Aktien in e-e AG**[26] (in e-e GmbH)[27] transformation of a company limited by shares into a *Br* joint stock company (*Am* corporation) (into a limited liability company); **~ in e-e nationale Patentanmeldung**[28] *(Europ. PatR)* conversion into a national patent application; **~ von offenen →Rücklagen in Grundkapital**; **~ der Schulden** debt conversion; **~ e-r Versicherung** *(in e-e andere Versicherungsform)* conversion of policy; **~santrag** *(Europ. PatR)* request for conversion; **~sbeschluss** resolution authorizing transformation; **u~sfähige Rücklagen**[29] convertible reserves; **~sgebühr** *(Europ. PatR)* conversion fee; **~sgesetz** *(UmwG)*[30] Law Regulating Transformation of Companies; **~sverkehr** *(Zoll)* processing prior to customs clearance; **die ~ durchführen** to carry out the transformation

Umwelt environment; **Gefahr für die ~** ecological hazard; **~abgabe** environmental levy; **→Gemeinschaftliche ~aktionen** (GUA); **~anforderung** environmental requirement; **u~bedingt** due to environmental factors; environmental; **u~belastende Industrien** industries detrimental to the environment

Umweltbelastung environment pollution; environmental impact; **Abbau der ~** reduction in pollution of the environment; **Haftung des Verursachers von ~en** civil liability of polluters; **Verhütung (Verminderung) von ~en** prevention (reduction) of threats to the environment; **Verhütung und Eindämmung der ~** prevention and reduction of pollution and nuisance

Umwelt~, ~beobachtungssatellit environmental survey satellite (ESSA); **~beschaffenheit** environment quality; **u~bewußt** environmental-conscious; **u~bewußt(e Landwirte)** ecologically-oriented (farmers); **~bundesamt**[31] Federal Environmental Protection Agency; **~chemikalien** chemical substances in the environment; **~erfordernisse** environmental requirements; **~erhaltung** environmental preservation; **~ethik** environmental ethics; **~experte** ecologist

umweltfeindlich harmful to the environment; **~e Industrien** industries causing pollution

Umweltforschung environmental research

umweltfreundlich beneficial to the environment; environmentally favo(u)rable; **~e Landwirtschaft** ecological farming; **~e Produkte** non(-)pollutant products, non(-)pollutants

umweltgefährdende Erzeugnisse pollutants

Umweltgefährdung danger to the environment; **schwere ~**[31a] aggravated endangering of the environment

Umweltgipfel (Konferenz für Umwelt und Entwicklung der Vereinten Nationen) Earth Summit (United Nation Conference on Environment and Development) Rio de Janeiro, Juni 1992

Umwelt~, ~gütesiegel *(EU)* environmental stamp of approval; **~haftung** environmental liability; **~haftungsgesetz** (UmweltHG)[31b] Environmental Liability Law; **~informationen** environmental information; **~investitionen** environmental protection investment

Umweltkriegsübereinkommen[31c] (Übereinkommen über das Verbot der militärischen oder einer sonstigen feindseligen Nutzung umweltverändernder Techniken) Convention on the Prohibition of Military or any other Hostile Use of Environmental Modification Techniques

Umwelt~, ~kriminalität[32] environmental offences (offenses); unlawful practices causing damage to the environment; **~minister** Secretary of State for the Environment; **~ministerium** *Br* Department of the Environment; **~normen** environmental standards; **~politik** environment(al) policy; green policy; **~programm der Vereinten Nationen** United Nations Environment Programme (UNEP); **~qualität** quality of the environment; **~qualitätsnormen** Environmental Quality Standards (EQS); **~recht** environmental law; **~ressourcen** environmental recources; **~risiken** environmental risks

Umweltschäden damage to the environment; **Strafmaßnahmen gegen Verursacher von ~** sanction(s) on polluters

umwelt~, ~schädigend causing pollution, polluting; **~schonend** favo(u)rable to the environment

Umweltschutz protection of the environment, environmental protection; pollution control; **Kosten des ~es** antipollution costs; **~auflage**

e-s Unternehmens obligation imposed on a company to protect the environment; **~behörde** environmental protection authority; *Am* Environmental Protection Agency (EPA); **~einrichtungen** antipollution devices; **~gesetz** Environment Protection Act; *Am* Superfund Amendments and Reauthorization Act; **~investitionen** antipollution investments; **~kosten der Industrie** cost of pollution control to industry; **~politik** environment protection policy; ecopolitics; **~recht** law on protection of the environment; **~vorschriften** provisions on protection of the environment; antipollution and anti-nuisance regulations

Umweltschützer environmentalist; conservationist

Umwelt~, **~strafrecht** law of crimes against the environment; **~-TÜV** →Umweltverträglichkeitsprüfung

umweltverändernde Techniken →Umweltkriegsübereinkommen

Umwelt~, **~verbesserung** improvement of the environment; **~verschlechterung** deterioration of the environment; **u~verschmutzend** pollutant, polluting, pollutive; **u~verschmutzende Industrie** industrial sectors causing pollution; **~verschmutzer** polluter

Umweltverschmutzung pollution (of the environment); (environmental) pollution; (environmental) contamination; **~ durch die Industrie** industrial pollution; **Bekämpfung der ~** campaign against pollution; **zur Bekämpfung der ~ getroffene Maßnahmen** anti-pollution measures; **grenzüberschreitende ~ und Haftung** transboundary pollution and liability; **Zunahme der ~** increase (or proliferation) of contamination, increasing pollution

umweltverträglich ecological; **~e Produkte** products that are in harmony with the environment; **~e Stoffe** environmentally safe (or acceptable) substances

Umweltverträglichkeit compatibility with the environment; **~sprüfung** (UVP)[32a] assessment of environmental effects; environmental impact assessment (EIA)

Umweltzeichen eco-label

umweltzerstörend ecocidal

Umweltzerstörung destruction of the environment; ecocide

umwerten to revalue, to reassess

umziehen to move (house); to remove (nach to)

Umzug 1. change of residence; *Br* move, removal; moving; relocation; **~sgut** household effects (to be) removed; *Br* removal goods; *Am* moving goods; *(Zoll)* removable articles imported on transfer of residence; **~skosten** relocation expenses; *Br* removal costs; cost of a move; *Am* moving expenses; **~skostenvergütung** allowance for *Br* removal (*Am* moving) costs; **~sversicherung** furniture-in-transit insurance

Umzug 2. procession, demonstration; **e-n ~ bilden** to form a procession

unabdingbar not subject to a contrary agreement by the parties; inalienable; mandatory; **~es Recht** →zwingendes Recht; **Tarifvertragsnormen sind ~** the provisions of collective (bargaining) agreements are mandatory (not subject to contrary agreement by the parties)

Unabdingbarkeit *(von Rechten)* binding (or imperative) nature (of rights); prohibition to change certain legal provisions by agreement

unabhängig independent; **finanziell ~** of independent means; financially self-sufficient; **wirtschaftlich ~** self-supporting; **~ →Beschäftigte**

unabhängig davon, ob regardless of, irrespective of

Unabhängigkeit independence; **~ der Richter**[33] independence of the judiciary; **die ~ erlangen** *(VölkerR)* to become independent

unabkömmlich indispensable; *(vom Wehrdienst befreit)* exempt from military service; in a reserved occupation; **~ gestellt sein** to be in a reserved occupation

Unabkömmlichkeitsstellung Wehrpflichtiger[34] exemption from military service; reserved occupation

Unabsetzbarkeit e-s Richters irremovability of a judge

unabwendbares Ereignis *(im Straßenverkehr)* circumstance beyond sb.'s control

unachtsames Fahren careless (and inconsiderate) driving; *Br* driving without due care and attention

Unachtsamkeit carelessness

unanfechtbar unappealable, final; incontestable; **die Entscheidungen der Schiedskommission sind ~** there shall be no right of appeal against the decisions of the arbitration committee

Unanfechtbarkeit non-appealability *(→Rechtskraft)*

unangemessener Preis unreasonable price; *(zu niedriger Preis)* inadequate price

unangreifbares Recht indefeasible right

unannehmbar unacceptable

Unannehmlichkeiten bereiten to cause inconvenience

unanständig indecent

Unantastbarkeit, Klausel der ~ der Verträge *Am pol* Contract Sanctity Clause

unanwendbar inapplicable

unaufgefordert unsolicited; without being asked; **~er Anruf (od. Besuch)** unsolicited call; **~ zugesandte Waren** unsolicited goods

unausgefüllt lassen *(Formular etc)* to leave blank

unausgeglichen *(Haushalt etc)* unbalanced

Unausgeglichenheit, ~ des Haushalts budgetary imbalance; **die ~ der Zahlungsbilanz bereinigen** to correct disequilibrium (or imbalance) of the balance of payments

unausgenutzter Kredit unused credit

Unausgewogenheit des Haushalts budgetary imbalance

unbarer Zahlungsverkehr cashless payments

unbeabsichtigt unintentional; **~e Falschdarstellung** innocent misrepresentation

Unbeachtlichkeit *(z.B. des entgegenstehenden Willens)* disregard of the opposing wish

unbeanstandet not objected to

unbebaut, ~es Grundstück land (or property) awaiting development; *Am* vacant lot; **bebaute und ~e Grundstücke** *Br* developed and undeveloped land; *Am* improved and unimproved real property

unbedenklich unobjectionable

Unbedenklichkeitsbescheinigung (des Finanzamtes) clearance certificate (furnished by tax office)

unbedingt unconditional; **~ →erforderlich**

unbeeidigte Aussage[35] unsworn statement (or testimony)

unbefriedigte Nachfrage unsatisfied demand

unbefristet unlimited in time; for an unlimited period; **~er Kredit** credit for an unlimited period; **~er Vertrag** contract of unlimited duration, open-end contract

unbefugt unauthorized, without authorization, without being authorized; **~es →Betreten bei Strafe verboten**; **~er Firmengebrauch** unauthorized use of a firm's name; **~er Gebrauch von Fahrzeugen**[36] unauthorized use of vehicles; joyriding; **jds Grundstück ~ betreten** to trespass on sb.'s property

Unbefugte, ~r unauthorized person; trespasser; **~n ist der Zutritt verboten** no admittance except on business

unbegrenzt unlimited; indefinite; **für ~e Zeit** for an unlimited period; in perpetuity; **das Abkommen bleibt auf ~e Zeit in Kraft** the Convention shall remain in force indefinitely (or for an unlimited period)

unbegründet unfounded; without merits; without (a) sufficient cause; **als rechtlich ~ abgewiesen** →abweisen; **die Beschwerde wird als ~ zurückgewiesen** the appeal is dismissed on the merits; **e-e Klage als ~ →abweisen**; **der Verdacht erweist sich als ~** the suspicion proves to be unfounded; **~ sein** to be without foundation

unbekannt, Anzeige gegen U~ *Br* complaint against a person unknown; **~ verzogen** removed (*Am* moved), address unknown; **~er Auftraggeber** undisclosed principal; **~es Flugobjekt** (UFO) unidentified flying object (UFO); **der Urheber ist ~** the identity of the author is unknown

unbelastet, ~er Grundbesitz unencumbered property; **politisch ~** politically clear

unbemanntes Luftfahrzeug pilotless aircraft, drone aircraft

unberechtigt unauthorized, unjustified; not entitled (to); **~er Anspruch** unjustified claim

unberücksichtigt, ~ bleiben to be disregarded, to be left out of account; **~ lassen** to disregard, to leave out of account, to ignore

unberührt unaffected; **die Rechte Dritter bleiben ~** the rights of third parties remain unaffected; **die Vorschriften über ... bleiben ~ von dem Gesetz** the law shall be without prejudice to (or not affect) the provisions about ...

unbeschadet without prejudice to; notwithstanding; **~ gegenteiliger Bestimmungen** notwithstanding any provision to the contrary; **~ jds Rechte** without prejudice to sb.'s rights

unbeschädigt undamaged, in undamaged condition

unbeschäftigt unemployed; idle

unbeschränkt unlimited, unrestricted; **~e Haftung** unlimited (or full) liability; **~ Steuerpflichtige** taxpayers subject to unlimited tax liability; **~→steuerpflichtige inländische Gesellschaft**; **~e Vollmacht** plenary powers; **~ steuerpflichtig sein** to be subject to unlimited tax liability

unbesetzt *(Stelle)* vacant

unbestechlich incorruptible

unbestellt, ~e Ware unsolicited goods; **~e Warensendung** unordered consignment of goods *(→Ansichtssendung)*

unbestimmt, Strafe von ~er Dauer[37] indeterminate sentence; **Verträge von ~er Dauer** contracts for an indefinite period; *(der Höhe nach)* **~er Schadensersatz**[38] unliquidated damages; **dieses Abkommen wird auf ~e Zeit abgeschlossen** this Convention is of unlimited duration; **auf ~e Zeit in →Kraft bleiben; (sich) auf ~e Zeit →vertagen**

unbestraft bleiben to go unpunished

unbestreitbar uncontestable; **~es Eigentum** indefeasible title; title not subject to attack

unbestritten without (or beyond) controversy; uncontested, undisputed; **~es Recht** clear title; **der Anspruch ist ~** the claim (or cause of action) has not been contested (or denied, disputed)

Unbeteiligter stranger; person not party to a transaction (or to legal proceedings); disinterested party

unbeteiligter Dritter *(bei Produzentenhaftung)* innocent bystander

unbewacht unguarded

unbewaffnet unarmed, without arms

unbeweglich, ~es Vermögen *(bes. IPR)* immovable property; *(DBA)* capital represented by immovable property; *Scot* heritable property; **→Einkünfte aus ~em Vermögen; →Zubehör zum ~en Vermögen**

unbewohnt unoccupied, vacant; **~e Gebiete** uninhabited areas

unbezahlt *(Rechnung)* unpaid, outstanding; *(Arbeit, Urlaub)* unpaid

unbillig inequitable, unfair; **~e Härte** undue hardship

Unbilligkeit inequity; unfairness; **Beseitigung von ~en** elimination of inequities

unbrauchbar useless, of no use; unserviceable; **~ machen** to render unusable

UNCITRAL UNCITRAL

Auch im Deutschen verwendete Abkürzung von United Nations Commission on International Trade Law (Kommission der Vereinten Nationen für Internationales Handelsrecht).

Die Kommission wurde im Dezember 1966 durch eine Resolution der Generalversammlung der Vereinten Nationen errichtet. Die Aufgabe der UNCITRAL besteht darin, die fortschreitende Harmonisierung und Vereinheitlichung des Rechts des internationalen Handels zu fördern.

The Commission was established by Resolution of the United Nations General Assembly in December 1966. The object of UNCITRAL is to promote the progressive harmonization and unification of the law of international trade.

UNCITRAL~, ~-Schieds(gerichts)ordnung UNCITRAL Arbitration Rules; **~-Schlichtungsordnung** UNCITRAL Conciliation Rules

UNCTAD →Welthandelskonferenz

Undank, grober ~ gross ingratitude *(→Schenkung)*

undurchführbar *(z. B. Plan)* impracticable, not feasible

undurchsetzbar unenforceable

unecht, ~e Banknote s. gefälschte →Banknote; **~er Schmuck** imitation jewel(le)

unedle Metalle base metals

unehelich →nichtehelich

unehrenhafte →Entlassung

unehrlich dishonest

uneidlich unsworn; not under oath; **~e falsche Aussage** *(e-s Zeugen od. Sachverständigen)*[39] unsworn false statement (or evidence); false statement not under oath; **~ aussagen** to make an unsworn statement

uneinbringbar, ~ die Forderung ist ~ geworden the account has defaulted

uneinbringliche Forderungen *(Bilanz)*[40] uncollectible receivables (or accounts); bad debts

uneingeschränkt unlimited, unrestricted; **~es →Akzept; ~er Bestätigungsvermerk** *(des Wirtschaftsprüfers)* unquaified audit certificate; **~e Garantie** unqualified guarantee; **~es Recht** absolute right

uneingeweihter Beobachter uninformed observer

uneinheitlich *(Preise, Kurse)* irregular; **die Aktien →tendierten ~**

Uneinheitlichkeit e-r Erfindung lack of unity of an invention

unentgeltlich free (of charge); gratuitous; without remuneration; **entgeltlich oder ~** free or against payment, free (of charge) or of a consideration; **~er Besorger fremder Geschäfte** volunteer *(→Auftrag 1.)*; **~e Dienstleistungen** unpaid services; **~er Erwerb** gratuitous acquisition; **~e Zuwendung** gratuitous transfer *(of property)*; gift; **~ erwerben** to acquire gratuitously

unentschieden undecided; *(schwebend)* pending; **~e →Abstimmung**

unentschuldigt fehlen (od. fernbleiben) to be absent (from one's place of work) without valid excuse; to be absent without leave

Unerfahrenheit inexperience; →**Ausbeutung der ~ e-s anderen**; **Missbrauch der ~ e-s Jugendlichen** taking (undue) advantage of the inexperience of a young person

unerheblich irrelevant; *(für die Entscheidung)* immaterial; **rechtlich ~** irrelevant in law; **~er Beweis** irrelevant evidence; **~es Vorbringen** *(im Prozess)* immaterial averment

unerlässlich indispensable; **~e** →**Bedingung**; **e-e ~e Voraussetzung sein** to constitute a conditio sine qua non

unerlaubt unlawful; unauthorized; not permitted; **~es Entfernen vom** →**Unfallort**; **~e Entfernung von der Truppe** absence without leave (AWOL); **~ Handelnder** tortfeasor

unerlaubte Handlung[41] tort, tortious act; delict

Wer vorsätzlich oder fahrlässig das Leben, den Körper, die Gesundheit, die Freiheit, das Eigentum oder ein sonstiges Recht eines anderen widerrechtlich verletzt, ist dem anderen zum Ersatz des daraus entstehenden Schadens verpflichtet.

A person who, intentionally or by his negligence, unlawfully causes death or injury or impairment of the health, freedom, property or other rights of another is bound to compensate him for any damage arising therefrom.

unerlaubte Handlung tort; tortious act; **~ gegen Eigentum od. Vermögen** property tort; **fahrlässig begangene ~** negligence (tort arising from a negligent act or omission); **vorsätzlich begangene ~** intentional tort; →**Anspruch aus unerlaubter Handlung**; **Haftung aus unerlaubter Handlung** liability in tort; tortious liability; **Haftung mehrerer Täter aus unerlaubter Handlung**[42] liability of joint tortfeasors; **Klage aus unerlaubter Handlung** action in tort; **Recht des Ortes der unerlaubten Handlung** *(IPR)* lex loci delicti (commissi); **Schadensersatz wegen unerlaubter Handlung erlangen** to obtain damages in tort

unerlaubter Verkehr illicit traffic; **~ mit Suchtstoffen** illegal drug traffic; **unerlaubten Verkehr Betreibender** (illicit) trafficker

unerledigt unfinished, not disposed of; **U~es** *parl* unfinished business; **Akte für U~es** pending file; **noch ~e Angelegenheit** unfinished business; **~e Anmeldung** *(PatR)* unsettled application; **~e Arbeit** outstanding work; **~e Bestellung** unfilled order; **~e Schadensfälle** *(VersR)* claims not yet settled

unerschlossen undeveloped

unersetzlich, **~e Unterlagen** irreplaceable records; **~er Verlust** irreparable (or irrecoverable) loss

unerwünscht, **~er Ausländer** undesirable alien; **~e Mitteilungen** *(durch Fernkommunikationsmittel, z.B. Telefon)* unsolicited communication *(by distance communications techniques)*

unfähig *(ungeeignet)* incapable, inefficient, incompetent; *(nicht in der Lage)* unable; →**arbeits~**; →**berufs~**; →**dienst~**; →**erwerbs~**; →**geschäfts~**; →**prozess~**; →**testier~**; →**zahlungs~**; **~ zur Bekleidung e-s öffentlichen Amtes** incapable of holding public office; **jdn für ~ erklären** to incapacitate sb. (from doing); to disqualify sb.

Unfähigkeit incapacity, incapability, inefficiency, incompetence; inability; →**Amts~**; →**Arbeits~**; →**Berufs~**; →**Beschluss~**; →**Dienst~**; →**Erwerbs~**; →**Geschäfts~**; →**Prozess~**; →**Zahlungs~**; **~, für ein Amt gewählt zu werden** ineligibility for office; **~, Zeuge zu sein** incompetence to testify (or to act as witness); **Erklärung der ~** disqualification

Unfall accident; *(bes. mit Todesfolge)* casualty; **größter anzunehmender ~** (GAU) largest-scale nuclear accident; **schwerer ~** major (or serious) accident; **selbstverschuldeter ~** accident due to one's own fault; **tödlicher ~** fatal accident; →**Arbeits~**; **~ auf dem Arbeitsweg** accident on the way to work; →**Berufs~**; →**Betriebs~**; →**Dienst~**; →**Ölverschmutzungs~**; →**See~**; →**Verkehrs~**; **durch e-n ~ begründete Forderung** accident claim; **am ~ beteiligte Personen** persons involved in the accident; **der** →**Schuldige e-s ~s**; →**Verhalten bei Unfällen**

Unfall, den ~ →**ausführlich beschreiben**; **ane-m ~** →**beteiligt sein**; **ein ~ hat sich ereignet** an accident occurred; **e-n ~ haben** to have (or meet with) an accident; **an e-m ~ Schuld haben** to be responsible for an accident; **e-n ~ verhüten** to prevent an accident; **er hat den ~** →**verschuldet**; **e-n ~ verursachen** to cause an accident

Unfall~, **~abteilung** *(e-s Krankenhauses)* casualty department (or ward); **~anzeige** notice of accident; **~bericht** accident report; **~entschädigung** accident damages; *Br (für Betriebsunfälle)* industrial injury benefit; *Am* workmen's compensation; **~flucht** →unerlaubtes Entfernen vom Unfallort

Unfallfolgen consequences of an accident; **sich über die ~ vergewissern**[43] to ascertain the consequences of the accident

unfallfrei accident-free; **~es Fahren** driving without accident, accident-free driving; →**Prämienermäßigung für ~es Fahren**

Unfall~, **~fremdversicherung** third party accident insurance; **~fürsorge** *(bei Dienstunfall e-s Beamten)* government officials' accident compensation; **~gefahr** accident hazard; danger of accident; **u~gefährdet** accident-prone; **~geschädigte(r)** victim of an accident; **~haftpflicht** liability for accidents; **~meldung** accident report; **~opfer** victim of an accident; casualty

Unfallort scene of accident; **am ~** at the scene of the accident; **unerlaubtes Entfernen vom ~**[44] unlawful(ly) leaving the scene of an accident (in which one has been involved); hit-and run offence (offense)

Unfall~, **~quote** accident ratio; **~rente** accident pension, accident benefit *(→Hinterbliebenenrente, →Verletztenrente)*; **~risiko** accident risk (or hazard); **~schaden** accidental damage; **~schutz** protection against accidents; *(Straßenverkehr)* road safety measures; **~statistik** accident statistics; **~stelle** site of the accident; **~tauglichkeit** crashworthiness

Unfalltod death by accident, accidental death; **doppelte Leistung bei ~** *(VersR)* double accident *Br* benefit *(Am indemnity)*

Unfall~, **~tote** persons killed in an accident, casualties; **~untersuchung** investigation of an accident; **~ursache** cause of an accident; **~verhütung** prevention of accidents; **~verhütungsvorschriften** regulations for the prevention of accidents; **~verletzte(r)** person injured in an accident; **~verletzung** accidental injury, injury caused by an accident

Unfallversicherung *(privatrechtl.)* personal accident insurance; *(Sozialvers.)* accident insurance; industrial injuries insurance; *Am* workmen's compensation insurance; **~srente** *Br* industrial injury benefit; *Am* workmen's compensation

Unfall~, **~zahlen** number of accidents; **~zeuge** witness of an accident; **~zusatzversicherung** supplementary accident insurance

unfertig unfinished; **~e Erzeugnisse** work in process (or progress), unfinished products

unfrankiert postage unpaid, unstamped

unfreundlich, **~er Akt** *(VölkerR)* unfriendly act; acte peu amicale; **~e Unternehmensübernahme** "hostile" or unfriendly takeover

Unfruchtbarmachung sterilization

Unfug, **grober ~** public mischief, public nuisance

unfundierte Schuld unfunded debt

Ungarn Hungary; **Republik ~** *(seit Oktober 1989)* Hungarian Republic

Ungar(in), ungarisch Hungarian

ungeachtet, **~ des Absatzes 1** notwithstanding the provisions of paragraph 1; **~ der Tatsache** regardless of the fact

Ungebühr vor Gericht[45] contempt of court

ungebührliches Verhalten unbecoming (or improper) conduct

ungebunden *pol* non-committed, non-aligned *(→blockfrei)*; **~er Kredit** *(Entwicklungshilfe)* untied loan (or credit)

ungedeckt, **~er Kredit** unsecured credit; **~er →Scheck**

ungeeignet unsuitable, inappropriate; ineligible

ungefähre Berechnung rough (or approximate) calculation

ungehörig undue, improper; **besonders ~** outrageous

Ungehorsam *mil*[46] insubordination

ungelernte Arbeitskräfte unskilled labo(u)r

ungemünztes Gold (od. Silber) bullion

ungenannter Käufer undisclosed buyer

ungenaue Angaben inexact (or inaccurate) statements

ungenügend insufficient; **~ bezahlen** to underpay, to pay (workers etc) insufficiently (or inadequately)

ungerecht unjust; inequitable; **~ behandeln** to treat unfairly

ungerechtfertigt, **sozial ~** socially unjustified; **~e →Bereicherung**; **~e →Entlassung**; **sich ~ →bereichern**

Ungerechtigkeit injustice, inequity, unfairness

ungeschützte Erfindung unprotected invention

ungesetzlich illegal, illicit, unlawful; **für ~ erklären** to declare illegal

ungesicherter Gläubiger unsecured creditor

ungestört undisturbed; **~er Besitz** quiet enjoyment (of possession)

ungestraft unpunished; with impunity

ungeteilt undivided; **Anteilsrecht an e-m Vermögensgegenstand, der mehreren in ~er Gemeinschaft zusteht** undivided right

ungewiss uncertain; doubtful; **ungewisse Verbindlichkeiten** contingent liabilities

unglaubwürdig *(Person)* untrustworthy; *(Aussage)* unbelievable

ungleich unequal; **~e Bedingungen** dissimilar conditions; **~e Behandlung** discrimination; unequal treatment

Ungleichgewicht disequilibrium; imbalance; **konjunkturelles ~** cyclical imbalance; **~ von Angebot und Nachfrage** imbalance between supply and demand; **~ der Zahlungsbilanz** disequilibrium in the balance of payments; **das ~ beheben** to remedy the imbalance

Ungleichheit diversity, inequality; **Beseitigung der sozialen ~en** eliminating social inequalities

Unglücksfall misadventure; *(Unfall)* accident

ungültig void, invalid; →**rechts~**; **~e Stimmen** invalid votes; **~er Stimmzettel** invalid ballot; **Betrug macht e-n Vertrag ~** fraud vitiates a contract; **für ~ erklären** to declare null and void, to cancel, to invalidate, to rescind

Ungültigkeit invalidity; nullity; **~serklärung** invalidation, declaration of invalidity; cancellation, rescission; **~ geltend machen** to set up invalidity

ungünstig, **~e Entscheidung** adverse decision; **~er Kurs** unfavo(u)rable price

unhaltbare Zustände untenable conditions

unheilbarer Mangel incurable defect

Unifizierung *(von Staatsanleihen)* consolidation

Unikat unique copy *(ggs. Duplikat)*; *(einzige Ausfertigung des Frachtbriefes)* unicum

Union der Industrien der Europäischen Gemeinschaft (UNICE) Union of the Industries of the European Community (Unice)

Unions~, **~bürger** citizen of the Union; **~bürgerschaft** citizenship of the Union; **~land** country of the Union, Convention country *(→Berner Übereinkunft, →Pariser Übereinkunft)*; **~parteien** *(in der BRD)* Union parties (→CDU and →CSU); **~priorität** *(bei Patenten, Marken, Mustern und Modellen)* Union priority

Unisex-Tarife unisex tariffs

Universal~, **~bank** universal bank, all-purpose bank; **~erbe** →Alleinerbe; **~sukzession** →Gesamtrechtsnachfolge; **~versicherer** *Am* composite insurance company (or office); **~versicherungspolice** all risks insurance policy

Universität university; **~sabsolvent** graduate; **~sausbildung** university education; **~sferien** vacation; **~skreise** university circles; academic world; **e-e ~ absolvieren** to graduate from a university; **e-e ~ beziehen** to enter a university

UN-Kaufrechtsübereinkommen (Übereinkommen der Vereinten Nationen über Verträge über den internationalen Warenkauf) UN Sales Convention (United Nations Convention on Contracts for the International Sale of Goods)
Das Übereinkommen[46a] wurde 1980 in Wien geschlossen. Es trat 1988 für zunächst 11 Staaten in Kraft. Danach sind viel andere Staaten hinzugekommen, unter ihnen die ehemalige DDR. Seit 1991 gilt es für die ganze Bundesrepublik Deutschland *(vgl. auch →Haager Kaufrechtsübereinkommen)*.
The Convention was concluded in Vienna in 1980. It was first put into effect in 11 countries in 1988. Afterwards many other countries joined, among them the former DDR. Since 1991 it has become effective for the whole German Federal Republic *(→Haager Kaufrechtsübereinkommen)*.

unkenntlich machen to obliterate, to deface; **die Marke ~** *(MarkenR)* to obliterate the trademark

Unkenntlichmachung obliteration, defacement

Unkenntnis ignorance, lack of knowledge; **fahrlässige ~ der Verschuldung des Nachlasses**[47] negligent lack of knowledge of the indebtedness of the estate; **schuldhafte ~** voluntary ignorance; **~ des Gesetzes entschuldigt nicht (od. schützt nicht vor Strafe)** ignorance is no excuse before the law; **sich auf ~** *(des Rechts)* **berufen** to plead one's ignorance; **e-e Leistung in ~ der →Verjährung bewirken**; **die ~ war schuldhaft** ignorance was due to negligence; **in ~ sein** to be unaware (über of)

unklar *(mehrdeutig)* ambiguous, uncertain

Unklarheit ambiguity, uncertainty; **wegen ~** *(bei unklarer Formulierung)* **nichtig** void for uncertainty

unkonvertierbar unconvertible

unkörperlich intangible; **~e Rechtsgegenstände** choses in action; intangibles

Unkosten costs, expenses *(→Kosten)*; **sich in ~ stürzen** to incur (or go to) expense

unkündbar *(Effekten etc)* irredeemable; *(Geld etc)* non(-)callable; *(Vertrag)* non(-)terminable, incapable of being terminated by notice; without the right of giving notice; **in ~er Stellung** permanently employed; **Angestellte, die in e-m ~en Dienstverhältnis stehen** employees with tenure

unlauter, **~e Werbung**[48] unfair advertising practices; →**Schiedsstelle der Internationalen Handelskammer für ~e Werbung**; **~er →Wettbewerb**

unlimitierter →Börsenauftrag

unmissverständlich unequivocally; unmistakably

unmittelbar, **~er Anspruch** direct claim; **~er Besitz** actual (or direct) possession; **~er →Be-**

sitzer; ~ **Beteiligter** immediate party; **~er →Beweis**; **~e Folge** direct result; **~ bevorstehende Gefahr** imminent danger; **~er Schaden** direct damage; **~e Ursache** proximate cause; **~er Zwang** direct enforcement; **~ haften** to be directly liable

Unmittelbarkeit~, **~sgrundsatz** principle of immediacy

unmögliche Leistung, bei unmöglicher Leistung if performance is (or becomes) impossible; **ein auf ~ gerichteter Vertrag ist nichtig**[49] a contract which is objectively incapable of performance is void

unmöglich, **die Vertragserfüllung ist ~ geworden** a contract has become (or is) frustrated (or incapable of performance)

Unmöglichkeit, **~ der Erfüllung (od. Leistung)** impossibility of performance; **~ der Herausgabe e-r Sache** *(bei Rücktritt vom Vertrag)* impossibility of returning a thing (or chattel); **anfängliche ~** *(der Leistung)*[49] existing (or initial, original) impossibility (or frustration); **nachträgliche ~** *(der Leistung)*[50] subsequent (or supervening) impossibility (or frustration); **objektive ~ der Vertragsleistung** frustration of a contract *(→Wegfall der Geschäftsgrundlage)*; **vom Gläubiger (Schuldner) zu vertretende ~ der Leistung** impossibility of performance caused by the fault of (or attributable to) the creditor (debtor); **vorübergehende ~**[51] temporary impossibility

unmoralisch unethical

unmündig under age, not of age

Unmündige(r) minor; person under age

unnachgiebige Haltung hard-line posture

Unnachgiebigkeit intransigence

unnotierte Wertpapiere unquoted (or unlisted) securities

UNO-Menschenrechtsdeklaration →Allgemeine Erklärung der Menschenrechte

unparteiisch impartial; unbiased, unprejudiced; even-handed; **~er Vorsitzender** independent chairman

Unparteilichkeit, **in völliger ~** with complete impartiality

unpfändbar unseizable; not subject to execution (or attachment); **~e Forderung**[52] chose in action not subject to attachment; non-attachable claim; **~e Sachen** chattels not seizable; property exempt from execution, exempt property

Unpfändbarkeit exemption from execution (or attachment); exemption from seizure; **~sbescheinigung** execution returned nulla bona

unpolitisch unpolitical, non-political

Unrecht wrong, injustice; **völkerrechtliches ~** offence (offense) against international law; **zu ~** wrongfully; **zu ~ entrichtete Beiträge** contributions paid in error (or improperly paid)

unrechtmäßig wrongful; unlawful, illegal; **~e Entlassung** wrongful dismissal; **~ erworbene Vermögenswerte** assets acquired unlawfully; **~e →Verwendung; (etw.) ~ für sich →verwenden**

unredlich dishonest; in bad faith

Unredlichkeit dishonesty, impropriety

unregelmäßige Zahlungen irregular payments

Unregelmäßigkeiten feststellen to uncover irregularities

unrentab, **~el** unprofitable; not yielding a return; uneconomic; **~le Arbeitskräfte** marginal labo(u)r

unrichtig false, incorrect; **~e Angaben** s. falsche →Angabe(n); **~e Darstellung** *(von Tatsachen)* misrepresentation

Unrichtigkeit, **~ des Grundbuchs**[53] inaccuracy of the land register *(→Berichtigung des Grundbuchs)*; **~ des Inventars (in der Absicht, die Nachlassgläubiger zu benachteiligen)**[54] inaccuracy of the inventory (in order to defraud creditors of the estate)

Unruhe, **~n** *pol* riots; (Studentenunruhen etc) unrest; (public or political) disturbances, disorders; **innere ~n** *(e-s Landes)* civil disorders; internal disturbances; *(VersR)* civil commotions (C. C.); **soziale ~n** social unrest; **→Studenten~n**; **~herd** focus of unrest; trouble spot; **schwere ~n brachen aus** serious riots broke out

unsachgemäße Behandlung improper handling

unsachlich irrelevant; not to the point

unschädlich harmless; innocuous; **~e →Offenbarung e-r Erfindung**; **etw. ~ machen** to render sth. innocuous

Unschlüssigkeit insufficiency in point of law, failure of the pleadings to state a cause of action (as a matter of law)

Unschuld, **erwiesene ~** proven (or established) innocence; **~svermutung**[54a] presumption of innocence (of the accused until [he is] found guilty); **seine ~ beteuern** to assert (or protest) one's innocence; to insist on one's innocence

unschuldig, **~ erlittene Haft** wrongful detention undergone (or suffered) (by); **~er →Dritter**

unselbständig dependent; **~e Arbeit (od. Beschäftigung)** employment; *(DAB)* dependent personal services; **~e Arbeitnehmer (od. Beschäftigte)** employed persons; wage or salary earners; **~e oder selbständige Tätigkeit** employment or self-employment

Unsicherheit, →**Rechts~**; **wirtschaftliche ~** unstable economic situation; **~sfaktoren** factors of uncertainty

unsichtbar, **~e Aktiven** *(z. B. Goodwill)* concealed assets; **~e Ausfuhren** *(aktive Dienstleistungen)* invisible exports; **~e Einfuhren** *(passive Dienstleistungen)* invisible imports; **~e Ausund Einfuhren** *(Zahlungsbilanz)* invisibles

unsittlich immoral; **~e Druckwaren** obscene literature; indecent prints; **~e Handlung** indecent act; act contrary to public policy; **~es Verhalten** immoral conduct

unsoziales Verhalten anti-social conduct

unständig Beschäftigte persons employed on a casual basis

unständige Beschäftigung casual employment

unstatthaft inadmissible, illegal; **~e** →**Gebührenforderung**; **~ Gebühren erheben** to extort fees

Unstimmigkeit discrepancy; disagreement

unstreitig *(nicht im Streit befangen)* nonlitigious; *(feststehend)* incontestable, indisputable; non-controversial

untätig inactive; idle

Untätigkeit inactivity; failing to act; *(des Arbeiters)* idleness; **~sklage** *(EU)*[54b] action to compel the performance of an act; application for *Br* an order (*Am* a writ) of mandamus; institution of proceedings for failure to act

untauglich unfit, unsuitable; **~er** →**Versuch**

Untauglichkeit unsuitability

unteilbare Leistung[55] indivisible performance

Unteilbarkeit indivisibility

unten erwähnt mentioned below

unter anderem (u. a.) inter alia

unter, **~er** →**Beamter**; **~e** →**Behörden**; **~e Einkommensgruppen** low income brackets (or groups); **~es** →**Gericht**; **~e** →**Instanz**

Unter~, **~absatz** subparagraph; **~abschnitt** subsection; **~abteilung** subdivision; branch; **~anspruch** →Anspruch 2.; **~auftrag** subcontract; **~auftragnehmer** subcontractor; **~ausschuss** subcommittee; **u~beschäftigte Arbeitnehmer** underemployed workers; **~beschäftigung** underemployment; **u~besetzt** *(personell)* understaffed; *(Fabrik, Schiff etc)* undermanned; **~beteiligung** sub-participation; **u~bevölkert** underpopulated; **jdn u~bevollmächtigen** to delegate one's powers to sb.; to subdelegate sb.; **~bevollmächtigter** subagent; **~bevollmächtigung** delegation of authority; subdelegation; subagency; **~bevorratung** understocking; **u~bewerten** to undervalue, to underrate, to underestimate; **u~bewertete Währung** undervalued currency; **~bewertung** undervaluation, underrating, underestimation; understatement in valuation; **~bezahlung** underpayment

Unterbieten von Preisen undercutting of prices

unterbieten to undercut, to undersell; *(bei Auktionen)* to underbid, to make a lower bid than; *(Dumping betreiben)* to dump; **jds Preis ~** to undercut sb.'s price; to underprice sb.; **~der Preis** cut-rate price

Unter~, **~bietung** undercutting, underselling; dumping; **~bilanz** adverse balance; capital impairment

unterbrechen to interrupt; to discontinue; to suspend; *tel* to cut off; *(Reise)* to break; **den** →**Kausalzusammenhang ~**; **das Verfahren ~** to interrupt the proceedings; **die Verjährung ~** to interrupt the running of the limitation period

unterbrochen, **die** →**Ersitzung wird ~**; **die Frist wird ~** the period will be interrupted; **Verjährung wird durch Klageerhebung ~** the statute of limitations is tolled by the filing of a complaint

Unterbrechung interruption; discontinuance; suspension; →**Betriebs~**; **~ der diplomatischen Beziehungen** suspension of diplomatic relations; **~ der Ersitzung** interruption of the period of prescription; **~ des Kausalzusammenhanges** break in the chain of causation; **~ des Verfahrens** interruption of the proceedings

Unterbrechung der Verjährung interruption of the (running of the) period of limitation (or prescriptive period); *Am* tolling of the period (or statute) of limitations

Die Verjährung wird unterbrochen, wenn der Verpflichtete dem Berechtigten gegenüber den Anspruch durch Abschlagszahlung, Zinszahlung, Sicherheitsleistung oder in anderer Weise anerkennt.[56]

The (running of the) limitation period is interrupted when the debtor acknowledges the claim by paying an instal(l)ment or interest or by putting up a security or in any other way.

Wird die Verjährung unterbrochen, so kommt die bis zur Unterbrechung verstrichene Zeit nicht in Betracht; eine neue Verjährung kann erst nach der Beendigung der Unterbrechung beginnen.[57]

If prescription is interrupted, the time that ran before the interruption is disregarded. Time begins to run afresh after the end of the interruption.

unterbreiten to submit, to present

unterbringen *(Gäste)* to accommodate, to provide lodging for, to house; *(Waren)* to store, to house; *(Kapital)* to invest; *(Wertpapiere)* to place; →**Aktien beim Publikum ~**; **jdn in e-r** →**Anstalt ~**

Unterbringung accommodation, housing; *(im Sinne von Überweisung z. B. ins Krankenhaus)* commitment, committal; **Dauer der ~** *(z. B. in e-r Entziehungsanstalt)*[57a] length of commitment; **~ e-r Anleihe** placing of a loan; **~ in e-r Anstalt** →Anstaltsunterbringung; **~ von Arbeitnehmern** placing (or finding employment for) workers; **~ Geistes- und Suchtkranker in e-r Anstalt** placement (or commitment) of mentally ill persons and drug addicts in an institution; **~ im Hotel** hotel accommodation; **~ in e-m** →**psychiatrischen Krankenhaus**; **~ von Wertpapieren** securities placement; **~sanordnung**[58] order to commit sb. to a mental hospital (after conviction of a criminal offence (offense)); **~sprovision** *(bei Emission von Wertpapieren)* underwriting commission

unterdrücken to suppress; to oppress; *(verheimlichen)* to conceal; **e-n Aufstand ~** to repress a revolt; →**Beweismaterial ~**; **e-e Urkunde ~** to suppress a document; **ein Volk ~** to oppress a people

Unterdrücker und Unterdrückte *pol* oppressor and oppressed

Unterdrückung suppression; oppression; *(Verheimlichung)* concealment; →**Urkunden~**; **~ der Minorität der Aktionäre** oppression of minority shareholders; **~ des Personenstandes** →Personenstandsfälschung; **~ wesentlicher Tatsachen** nondisclosure of material facts

Unter~, **u~entwickelte Länder** →Entwicklungsländer; **~entwicklung** underdevelopment; **~ernährung** malnutrition; undernourishment; **~führung** underpass; subway

Untergang, **~ e-s Rechts** extinguishment of a right; **~ e-r Sache** perishing (or loss, destruction) of a thing; **verschuldeter ~ der Sache**[59] perishing of the chattel for which a party is culpably responsible; **zufälliger ~**[60] accidental perishing (or loss); →**Gefahr des zufälligen ~s der verkauften Sache**; **~ e-s Schiffes** sinking (or foundering) of a ship; **~ e-s Staates** extinction of a state; **die Gefahr des ~s der verkauften Sache ist auf den Käufer übergegangen** the risk of loss of the goods sold has passed to the buyer

Untergebener subordinate; **Vorgesetzte und ~** superiors and subordinates

untergehen *(Sachen)* to perish, to be lost (or destroyed); *(Recht)* to become extinct, to extinguish; *(Schiff)* to sink, to founder

untergegangen, **ein Gegenstand ist ~** an object (or thing, chattel) has perished; **ein** →**Recht ist ~**; **die Ware ist ~** the goods have been lost

untergeordnet, **von ~em Interesse** of minor interest; **~e Stellung** subordinate position; **~ sein** to be subordinate to

Unter~, **~gesellschaft** subsidiary (company); **~gewicht** short weight, underweight; **u~gliedern** to subdivide; to break down; **~gliederung** sub-classification

Untergrund~, **~bahn** →U-Bahn; **~bewegung** underground movement; **~wirtschaft** hidden economy; **in den ~ gehen** *pol* to go underground

Untergruppe sub-group; **unterjährig** *(VersR)* for less than one year

Unterhalt maintenance, supply of the necessaries of life for a person; *Am (auch)* support; subsistence; *(EheR)* spousal support; *Br* maintenance; *Am* alimony; child support; *Scot* aliment; *(Instandhalten)* maintenance, upkeep; **~ e-s Ehegatten bei Getrenntleben**[61] *Br* maintenance (*Am* support) of a spouse during separation; **~ des nichtehelichen Kindes** illegitimate child's *Br* maintenance *(Am support)*; **~ während e-s Prozesses** *Br* maintenance pending suit; *Am* temporary support, support pending lite; **~ für die Vergangenheit**[62] *Br* maintenance (*Am* support) in respect of a past period; **angemessener ~**[63] reasonable (amount of) maintenance (support); **schuldhafte Nichtleistung e-s angemessenen ~s** wilful failure to maintain (to support); *Am* wilful non-support; **laufender ~** permanent maintenance (support); **nachehelicher (nach der Ehescheidung zu leistender) ~** maintenance after divorce; **notdürftiger ~**[64] maintenance (support) at the subsistence level; →**standesgemäßer ~**; →**Abfindung an Stelle des ~s des nichtehelichen Kindes**; **Verfahren auf Gewährung von ~** maintenance (support) proceedings

Unterhalt, **den ~ bemessen** to calculate (or determine) the maintenance (*Am* support, alimony) payments; **~ beziehen** to draw *Br* maintenance *(Am support)*; to be maintained *(Am supported)*; **~ gewähren** to furnish (or provide) maintenance *(Am support)*; **dem geschiedenen Ehegatten ~ gewähren** to maintain (*Am* support) the former spouse after divorce; **~ zuerkennen** to award (or grant) *Br* maintenance *(Am [spousal] support, alimony)*

Unterhalts~, **~anspruch** maintenance (*Am auch* support) claim; *(EheR)* claim for maintenance

(Am support); **Geltendmachung des ~anspruchs** assertion of maintenance (support) rights; **Übereinkommen über die Geltendmachung von ~ansprüchen im Ausland**[65] Convention on the Recovery Abroad of Maintenance

Unterhalts~, u~bedürftig in need of maintenance (support); **~beitrag e-s Ehegatten** contribution of a spouse towards maintenance (support); maintenance (support) contribution

unterhaltsberechtigt entitled to maintenance (support); **u~es Kind** dependent child; **Kinder, die dem Vater gegenüber ~ sind** children dependent on their father; **~ ist nur, wer außerstande ist, sich selbst zu unterhalten** a person is entitled to be maintained (supported) only if he is unable to provide for himself

Unterhaltsberechtigter person entitled to be maintained; maintenance creditor; dependent; **erwachsener ~** adult dependent

Unterhaltsbetrag maintenance (support) payment; **rückständiger ~** arrears of maintenance (support)

Unterhaltsentscheidung maintenance order; **Übereinkommen über die Anerkennung und Vollstreckung von ~en**[65a] Convention on the Recognition and Enforcement of Decisions Relating to Maintenance Obligations

Unterhalts~, ~forderung *Br* maintenance claim; *Am* support claim; **~geld**[66] maintenance allowance; **~gewährung an bedürftige Angehörige** providing maintenance for needy relatives

Unterhaltsklage *Br* maintenance application; *Am* action (or petition) for (spousal) support; **e-e ~ erheben** *Br* to institute maintenance proceedings; *Am* to file a suit (or petition) for (spousal) support; *Br (für uneheliches Kind)* to apply for an affiliation order; *Am* to file a suit (or petition) for the support of an illegitimate child

Unterhalts~, ~kosten cost of maintenance; cost of sb.'s support; **~pflegschaft**[67] *Br* curatorship for a minor in respect of maintenance claims against his/her parents; appointment of a guardian at litem for a minor *Br* for a maintenance application *(Am in respect of a child support claim)*

Unterhaltspflicht duty (or obligation, liability) of (or to provide) maintenance *(Am support)*; obligation to maintain a p.; *(EheR)* obligation to pay *Br* maintenance *(Am [spousal] support, alimony)*; **~ gegenüber Erwachsenen** maintenance obligation in respect of adults; **~ gegenüber Kindern** maintenance obligation in respect of children; **~ gegenüber dem nichtehelichen Kind**[68] maintenance obligation in respect of the illegitimate child; obligation to provide *Br* maintenance (*Am* support) for an illegitimate child *(→Regelunterhalt)*; **~ unter Verwandten**[69] obligation to maintain relatives; **Anerkennung und Vollstreckung von Entscheidungen auf dem Gebiet der ~ gegenüber Kindern**[70] recognition and enforcement of decisions relating to maintenance obligations in respect of children; **Übereinkommen über das auf ~en anzuwendende Recht**[70a] Convention on the Law Applicable to Maintenance Obligations; **Verletzung der ~** breach of the obligation to maintain (or support or provide for) one's spouse or children; *Am* wilful failure to support, non- support; **ein schriftliches →Anerkenntnis der ~ abgeben**; **seine ~ verletzen** to breach one's obligation in respect of *Br* maintenance *(Am support, alimony)*

unterhaltspflichtig responsible (or liable) for maintenance (support); **~ sein** *(EheR)* to be legally obliged (*Am* obligated) to provide *Br* maintenance *(Am support)*

Unterhaltspflichtiger person under a duty (or *Br* obliged, *Am* obligated) to provide (or pay) maintenance (support)

Unterhalts~, ~prozess *Br* maintenance proceedings; *Am* support (*EheR auch* alimony) proceedings (or action); **~rente** periodical (maintenance, *Am auch* support, alimony) payments; annuity paid under a *Br* maintenance (*Am* support) obligation; *Am (auch)* regular support payments; **~rückstände** *Br* maintenance (*Am* support) arrears; **~sachen** *Br* maintenance (*Am* support) claims (or matters); *Br (e-s nichtehelichen Kindes)* affiliation cases; **~sicherung** *(bei Wehrdienstleistung)*[71] assurance of livelihood; **~urteil** *Br* maintenance order; *Am* judgment for support; order awarding support, support award; **ein ~verfahren einleiten** to institute maintenance proceedings

Unterhaltsverpflichtete, ~r person responsible (or liable) for maintenance (of); maintenance debtor; **Reihenfolge der ~n** order in which relatives are liable for maintenance

Unterhaltsverpflichtung obligation to provide maintenance *(Am support)*; *Am* support obligation; **e-e ~ erfüllen** to meet a (legal) obligation to provide maintenance *(Am support)*

Unterhalts~, ~vereinbarung (od. ~vertrag) maintenance agreement; *Am* support agreement (or settlement); **~zahlung** maintenance allowance; subsistence allowance; payment of *Br* maintenance *(Am [spousal] support)*; **~zahlung für Kinder** *Br* maintenance (or financial provision) for children; *Am* child support; **~zuschuss** subsistence allowance

unterhalten to maintain, to support; *(als Gast haben)* to entertain; **Beziehungen ~** to maintain relations (zu with); **seine Eltern ~** to support one's parents; **ein →Konto bei e-r Bank ~**; **außerstande sein, sich selbst zu ~** to be incapable of supporting oneself; to be unable to provide for one's own maintenance (or to earn one's own livelihood)

Unterhaltung *(Instandhaltung)* maintenance, upkeep; *(Vergnügen)* entertainment; *(Gespräch)* conversation; **~selektronik** consumer electronics; entertainment electronics; **~skosten** (cost of) upkeep, cost of maintenance; **~skünstler** entertainer; **~smusik** light music; **e-e ~ führen** to carry on a conversation

Unter~, **~händler** negotiator; **~handlung** negotiation; **~haus** Lower Chamber (or House) (e. g. *Br* House of Commons); **~kapitalisierung** undercapitalization; **~kommission** subcommission

Unterkunft, **für ~ sorgen** to provide for accomodation

Unterlagen *(Belege)* supporting documents (or material); records; *(Angaben)* data; *(Akten)* dossier; **~ der →europäischen Patentanmeldung**; **→Anmeldungs~**; **→Geschäfts~**; **einzureichende ~** documents to be submitted; **statistische ~** statistical data; **technische ~** technical documents; **folgende ~ sind beizubringen** the following documents have to be supplied; **~ einreichen** to file (or submit) documents; **die ~ einsehen** to inspect the records; **~ führen** to keep (or maintain) records (über of); **~ zusammentragen** to collect data; to compile the documentation (for a meeting etc)

Unterlassen →Unterlassung; **Begehen durch ~**[71a] omission as commission; **die (geschuldete) Leistung besteht in e-m ~** the obligation owed by the debtor consists of refraining from an act

unterlassen *(etw. bewußt nicht tun)* to refrain (from doing); to forbear; *(versäumen)* to fail (or neglect) (to do); to omit (to do or doing sth.); *Am (KartellR)* to cease and desist; **~, rechtzeitig zu antworten** to fail to reply in time; **die Klagerhebung ~** to refrain from instituting (legal) proceedings

unterlassen, **~e →Hilfeleistung**; **~e Instandhaltung** failure to maintain

Unterlassung omission, failure to act, neglect, default; *(ZivilR)* forbearance; *(StrafR)* omission; **Handlung oder ~** act or failure (to act); **Klage~** forbearance to sue; refraining from legal action; **fahrlässige ~** *Am* passive negligence; **pflichtwidrige ~** nonfeasance; failure to perform a duty; **~ der Anmeldung e-r Forderung** failure to present a claim *(→Aufgebot)*; **~ der fristgerechten Einreichung des Schriftsatzes** default of pleading; **~ e-r Mitteilung (od. Anzeige)** non(-)disclosure; **~ e-r Strafanzeige** →Nichtanzeige; **einstweilige Verfügung zur ~ e-r Handlung** restrictive (or preventive) injunction; **Klage auf ~** →Unterlassungsklage; **Klage auf ~ der Störung** action to restrain interference; **~sanordnung** *Br (KartellR)* order to refrain; *Am* cease and desist order; **~sanspruch** claim to compel someone to refrain from doing sth.; *(des durch Patent- od. Warenzeichenverletzung Geschädigten)* injunctive relief; **~sdelikt** (wrongful) failure to (do an) act; failure to discharge a legal duty; **~sklage**[72] application for an injunction; *Am* action for permanent injunction; *Am (KartellR)* action to cease and desist; **vertragl. Vereinbarung über ~spflichten** restrictive covenant; **~sverfügung** (prohibitory) preliminary (or interlocutory) injunction; temporary restraining order[72a]; *(nach einer →Abmahnung)* cease-and-desist order; **~sverpflichtungserklärung** *(nach einer →Abmahnung)* cease-and-desist declaration; **(vertragl.) ~sversprechen** negative covenant; **auf ~ klagen** to apply (or sue) for an injunction

unterlaufen, **Fehler sind ~** errors have occurred

unter Lebenden inter vivos

unterlegen, **~e Prozesspartei** unsuccessful (or losing) party; **im Rechtsstreit ~ sein** to be defeated in the action; **zahlenmäßig ~ sein** to be outnumbered

Unterlieferant subcontractor

unterliegen to lose, to fail, to be unsuccessful; **Bedingungen ~** to be subject to conditions; **der Einkommensteuer ~** to be subject to income tax; **im Prozess ~** *Br* to lose an action (or one's case); *Am* to lose a lawsuit; **der Vertrag unterliegt deutschem Recht** the contract is subject to (or governed by) German law

unterliegende Partei losing (or unsuccessful) party; party failing in an action

Unterlizenz sublicen|ce (~se) (an e-m Patent under a patent); **~geber** sublicensor; **~nehmer** sublicensee; **e-e ~ erteilen (od. einräumen)** to grant a sublicen|ce (~se); **~en vergeben** to sublicence

Unter~, **~miete**[73] sublease, underlease; **~mieter** sublessee, subtenant; lodger; *Am (auch)* roomer; **~mietverhältnis** subtenancy

Unternehmen, **ein ~ anfangen** to launch an enterprise; **ein ~ aufgeben** to abandon an enterprise; **ein ~ betreiben** to carry on (or *Am* operate) an undertaking; **ein ~ errichten** to establish (or set up) an enterprise

Unternehmen enterprise, undertaking; firm; *(Gesellschaft)* company, *Am* corporation; **~ in vollem Betrieb** going concern; **~ der öffentlichen Hand** public enterprise; **~ ohne eigene Rechtspersönlichkeit** unincorporated enterprise; **~ der gewerblichen Wirtschaft** commercial enterprise; **~ der gleichen Wirtschaftsstufe**[74] enterprise in the same sector of the economy; →**Familien~**; →**Gemeinschafts~**; →**Groß~**; →**Privat~**; **abhängiges ~** controlled (or dependent) enterprise; **gemeinnütziges ~** non-profit (-making) enterprise; **gemeinsames ~** joint enterprise; **gemischtwirtschaftliches ~** mixed enterprise; **gewagtes ~** venture; **inländisches ~** domestic enterprise; **junges ~** start-up company; **kleine und mittlere ~** (KMU) small and medium-sized enterprises (SMEs); small and middle-sized enterprises; **staatliches ~** state(-owned) enterprise, public enterprise; *Br* nationalized undertaking; →**verbundene ~**; **wechselseitig beteiligte ~** interlocking enterprises

Unternehmens~, ~absprache *(KartellR)* agreement between companies; **~art** type of enterprise; **~befragung** poll of enterprises (or firms); **~berater** business consultant, management consultant; **~beratung** business consultants; management consulting; **~besteuerung** company (or corporation) taxation

Unternehmensbeteiligungsgesellschaft, Gesetz betreffend ~en (UBGG)[74a] *(betrifft Beteiligungskapital für nicht emissionsfähige Unternehmen)* equity investment company

Unternehmens~, ~bewertung valuation of an enterprise; **~bezeichnung** trade name; **~entscheidung** management decision; **~ergebnis** →Betriebsergebnis; **~finanzen (od ~finanzierung)** corporate finance; **~form** form of business organization; **~forschung** *Br* operational research; operations research; **~führer** head of an enterprise; **~führung** (business) management; **~führung mit Zielvorgabe** management by objectives (MBO); **Wissenschaft von der ~führung** management science; **~gewinn** profit of the enterprise; business profit; *Am* corporate profit; **~gründung** flo(a)tation (or formation) of an enterprise; *(Verleihung der Rechtspersönlichkeit)* incorporation of an enterprise; **~gruppe** group (of companies); group of enterprises; **~haftpflichtversicherung** →Betriebshaftpflichtversicherung; **~haftung** enterprise liability

Unternehmenskauf purchase of enterprises; *Br* company (*Am* corporate) acquisition; →**fremdfinanzierter ~**; **~ durch Führungskräfte** management buyout (MBO)

Unternehmens~, ~kooperation company cooperatioon; →**Büro für ~kooperation**; **~leiter** business executive, top manager, top executive, chief executive officer (CEO); **~leitung** executive management; **~organisation** *(zur Optimierung der Unternehmensführung und -kontrolle)* corporate governance; **~planung** company planning; *Am* corporate planning; **~politik** corporate policy; **~spiel** business game; **~spitze** top management; **~übernahme** →Unternehmenskauf; **~verband** federation of business enterprises; **~vereinigung** association of enterprises; **~verflechtung** interlinking of business enterprises; **~vertrag**[75] contract (or agreement) between business enterprises *(z. B. →Gewinnabführungsvertrag, →Betriebspachtvertrag, →Betriebsüberlassungsvertrag)*; **~wert** value of a company as a whole; value as a going concern; *Am* corporate value; **~ziel** goal (or objective) of a firm; company objective; **~zusammenschluss** consolidation (or amalgamation) of companies *(Am corporations)*; corporate (or company) merger *(→Fusion)*; tie-up

Unternehmer entrepreneur; *(Eigentümer e-s Großbetriebes)* industrialist; *(im Werkvertrag)* contractor; →**Bau~**; **Besteller und ~** *(im Werkvertrag)* customer and contractor; **Handelsvertreter und ~** commercial agent and principal

Unternehmer ist, wer eine gewerbliche oder berufliche Tätigkeit selbständig ausübt.[76]

An entrepreneur is a self-employed (or independent) trader, businessman or professional person.

Der Unternehmer hat das Werk so herzustellen, dass es die zugesicherten Eigenschaften hat und frei von Fehlern ist *(→Sachmängel)*.[77]

The contractor has to produce the work with the guaranteed characteristics and free from defects.

Unternehmer~, ~einkommen income of entrepreneur; entrepreneurial income; **~gewinn** entrepreneurial profit (or earnings, income); *Am* corporate profit; **~haftpflicht** employer's liability; **~pfandrecht**[78] contractor's lien; **~politik** entrepreneurial policy; **~tum** entrepreneurship; **freies ~tum** free enterprise (system); **~verband** employers' association; **~wagnis** commercial risk

unternehmerisch entrepreneurial; **~e Fähigkeiten** entrepreneurial (or managerial, business) capability; **~es Risiko** entrepreneurial risk

Unter~, ~nehmung →Unternehmen; **~offizier** non(-)commissioned officer; **u~ordnen** to subordinate; **~ordnung** subordination; **~ordnungskonzern** subordinate combine, vertical group (of subordinated affiliates); **~pacht**[79] sublease, subtenancy, underlease; **~pächter** sublessee, subtenant, underlessee; **~paragraph** subparagraph; **u~ pari** →pari; **~pariemission** issue (of securities) below par

unterrichten, jdn ~ to inform sb., to notify sb.; *(eingehend)* to brief sb. (über on); **falsch ~** to misinform; **sich gegenseitig ~** to inform each other

Unterrichtung information, notification; briefing; **~spflicht des Arbeitgebers**[80] employer's obligation to inform employees

Untersagung interdiction, prohibition; **~ der Berufsausübung**[81] →Berufsverbot; →Gewerbeuntersagung; **~sverfahren**[81 a] prohibition procedure

Unterscheidungskraft *(MarkenR)* distinctiveness, distinctive character; **mangelnde ~**[82] lack of distinctiveness; **Marken, die keine ~ haben** trade marks which have no distinctive character; **Marken ohne ~** non-distinctive trademark; **~ erlangen** to acquire a distinctive character; **keine ~ haben** to have no distinctive characteristic

Unterscheidungs~, u~kräftig distinctive; **~merkmal** distinctive feature, criterion, characteristic; **~zeichen der Kraftfahrzeuge im internationalen Verkehr**[83] distinguishing signs of motor vehicles in international traffic

Unterschieben, ~ e-s Kindes foisting a child (on sb.); **~ eigener Ware(n) als fremde** passing off one's own goods as someone else's

unterschieben to substitute; **falsche →Beweismittel ~**

unterschobenes Testament substituted (or forged) will

Unterschied difference, disparity, distinction; *(Ungleichheit)* inequality; **→Alters~**; **→Einkommens~e**; **→Kurs~**; **→Lohn~e**; **→Preis~**; **→Qualitäts~**; **ohne ~ der Rasse** without distinction of race; **soziale ~e** social disparities; **die ~e beseitigen** to eliminate the disparities; **keine ~e machen** not to differentiate; *(gleich behandeln auch)* not to discriminate

unterschiedlich different; *(von einander abweichend)* varying; *(benachteiligend)* discriminative, discriminatory; **bei ~er Auslegung** in case of divergence of interpretation; **~e →Behandlung**; **unter Vermeidung ~er Behandlung** on a non-discriminatory basis; **~e →Besteuerung**; **~ in der Qualität** varying in quality; **die Preise sind sehr ~** the prices vary widely; **~ behandeln** to discriminate (in favour of or against sb.)

unterschlagen to embezzle; *(Briefe abfangen)* to intercept; *(verheimlichen)* to suppress; **Geld ~** to embezzle money; to misappropriate funds; to divert (or convert) money fraudulently to one's own use; *(bes. öffentliche Gelder)* to peculate

Unterschlagung[84] embezzlement, misappropriation, conversion to one's own use; *(bes. von öffentl. Geldern)* peculation; *(Verheimlichung)* suppression; *(Abfangen von Postsachen)* interception

Rechtswidrige Aneignung einer fremden beweglichen Sache, die der Täter im Besitz oder Gewahrsam hat.

Fraudulent misappropriation of another person's movable property by sb. who already had it in his possession.

Unterschlagung, →Amts~; →Beweis~; →Depot~; →Fund~; ~ geringwertiger Sachen[85] conversion of small items

Unterschlupf, Terroristen ~ gewähren to give shelter (or refuge) to terrorists

unterschreiben to sign, to undersign; to subscribe (one's name to); **→eigenhändig ~; e-e Urkunde ~** to set one's signature to a document

unterschreiten, die Zollsätze ~ to go below (or short of) the rates of duty

Unterschrift signature; **→Blanko~**; **→Faksimile~**; **→Wechsel~**; **gefälschte ~** forged signature; **gemeinschaftliche ~** joint signature; **~ fehlt** signature missing; **~ ohne Vertretungsmacht** unauthorized signature; **~ in Vollmacht** signature by procuration; **~enfälschung** forgery of signatures; **~enkarte** signature card; **~enverzeichnis** list of authorized signatures; *(e-r Bank)* autograph (or signature) book

Unterschrifts~, ~beglaubigung certification (or attestation) of a signature; **u~berechtigt** authorized to sign; **~berechtigter** authorized signatory; **~berechtigung** authority to sign; **~probe** specimen (of one's) signature; **~stempel** signatory stamp; **~vollmacht** authority (or power) to sign; signing power

Unterschrift, e-e ~ nicht anerkennen to deny a signature; **e-e ~ beglaubigen** to certify (or attest, authenticate) a signature; **die Richtigkeit obiger ~ wird hiermit →beglaubigt**; **e-e ~ fälschen** to forge (or counterfeit) a signature; **die →Echtheit e-r ~ nachprüfen**; **die unterzeichneten Bevollmächtigten haben ihre ~en unter dieses Abkommen gesetzt** the undersigned plenipotentiaries have affixed their signatures below this agreement; **zur ~ vorlegen** to submit (or present) for signature

unterseeische Kabel legen to lay submarine cables

unterstehen, jdm ~ to be subordinate to sb., to be under the authority of sb.; to report to sb.

unterstellen *(unterordnen)* to put under the control of; *(annehmen)* to presume, to assume; *(als möglich annehmen)* to deem (or consider) (sth.) possible

unterstellt, stillschweigend ~ implied; **~e Bedingungen** constructive (or implied) conditions; **~e Mitarbeiter** subordinates; **~ sein** s. jdm →unterstehen

unterstützen to support, to assist, to back; *(Not beheben)* to relieve; **sich gegenseitig ~** to assist each other; **jdn mit Geld ~** to assist sb. with money; *(mit öffentl. Mitteln)* to subsidize sb.; **e-n Plan ~** to support (or back) a plan; **e-n Vorschlag in e-r Versammlung ~** to second a proposal at a meeting

Unterstützung support, assistance, relief; **finanzielle ~** financial aid (or assistance); **u~sbedürftige Angehörige** dependent relatives; **~sbeihilfen** financial aid granted to an employee (or worker) in case of special need; **~sfonds** aid (or benefit, benevolent) fund; **~sgelder** →Unterstützungsbeihilfen; **~skasse** benevolent fund; relief fund; **~ gewähren** to give (or render) assistance

untersuchen to examine; to investigate, to inquire into; *(prüfen)* to inspect; *(genau überprüfen)* to scrutinize; **sich** *(ärztlich)* **~ lassen** to have (or to undergo) a medical examination

untersucht, die Angelegenheit wird ~ the matter is under investigation

Untersuchung examination, investigation, inquiry; inspection; →**Unfall~**; **amtliche ~** official inquiry; **ärztliche ~** medical examination; **gerichtliche ~** judicial investigation (or inquiry); **parlamentarische ~** parliamentary inquiry; **~sausschuss** investigation committee; inquiry board (or commission); **~sergebnis** result of investigation; findings; **~sgefangener** prisoner awaiting trial; prisoner on remand; person held in custody pending trial; *Br* unconvicted prisoner; *Am* person detained for hearing or trial; **~sgrundsatz** principle of judicial investigation, inquisitorial system *(Ggs. Verhandlungsgrundsatz)*

Untersuchungshaft[86] remand in custody before or pending trial; detention awaiting trial; *Am* pretrial detention; **in ~** detained; **die ~ auf die Freiheitsstrafe anrechnen**[86a] to make allowance for the time already served before (or awaiting) trial; to make allowance for time spent in investigation custody when deciding prison sentences; **jdn in ~ einliefern** to take a p. into custody pending trial; **jdn gegen Kaution aus der ~ entlassen** to admit sb. to bail; *Br* to remand sb. on bail; **jdn in ~ nehmen (od. halten)** to detain sb.; to take sb. into custody pending trial

Untersuchungs~, ~maxime →**~grundsatz**; **~pflicht** *(beim Kauf)*[87] duty to examine; **~richter** investigating (or examining) magistrate

Untersuchung, e-e ~ anordnen duty to examine; **~srichter** investigating (or examining) magistrate

Untersuchung, e-e ~ anordnen to order an inquiry; **e-e ~ anstellen** to institute an inquiry; **~en durchführen** to make (or conduct) investigations (or inquiries); **e-e ~ einleiten** to institute an inquiry

Untertage~, ~arbeiter underground worker; **~bau** underground mining (or working)

Unter~, u~tauchen *fig* to disappear; *(aus politischen Gründen)* to go underground; **u~teilen** to subdivide; **~titel** subtitle; **~tochtergesellschaften** sub-subsidiaries; **~treibung** understatement; **~vermächtnis**[88] sublegacy; **u~vermieten** to sublet, to sublease; **~vermieter** sublessor; **~vermietung** subletting, subleasing; **u~verpachten** to sublet, to sublease; **~verpächter** sublessor; **~verpachtung** subletting; **u~versichern** to underinsure; **~versicherung** underinsurance *(Ggs. Überversicherung)*; **~vertrag** subcontract; **e-n ~vertrag abschließen** to subcontract; **~vertreter** *(e-s Handelsvertreters)* subagent; **~vertretung** subagency

Untervollmacht substitute power of attorney; delegated authority (or power); **~ erteilen** to delegate one's authority to another person

Unterwanderung infiltration; subversion

Unterwasser- undersea

unterwegs on the way, en route; in transit (nach to); *(von Schiffen)* bound (nach for); **~ befindliche** *(schwimmende)* **Fracht** floating freight; freight afloat; **~ beschädigt** damaged in transit; **Recht zum Anhalten ~ befindlicher Waren**[89] right of stoppage in transitu

Unterweisung instruction; briefing

unterwerfen, sich dem schiedsrichterlichen Verfahren ~ to submit to arbitration

unterworfen, Schwankungen ~ sein to be subject to fluctuations

Unterwerfungsklausel confession of judgment clause; *(in e-m Wechsel)* cognovit clause; **Wechsel, der e-e ~ enthält** *Am* judgment note

unterzahlen to underpay; to pay (workmen etc) inadequately

unter~, ~zeichnen to sign, to undersign, to subscribe; **~zeichnet werden** to be signed

Unterzeichner signatory; signer; **die ~ des Vertrages** *(VölkerR)* the signatories to the Treaty; **~regierung** signatory government; **~staat** signatory state; **die ~staaten dieses Übereinkommens** the States signatory to this Convention

Unterzeichnete, der ~ the undersigned; **die hierzu gehörig bevollmächtigten ~n** *(VölkerR)* the undersigned being duly authorized hereto by their governments

Unterzeichnung signing; signature; **zur ~ aufgelegtes Abkommen** *(VölkerR)* convention opened for signature; **~ der →Aktien**; **~ des Vertrages** signing of the contract *(VölkerR treaty)*; **~ in Vollmacht** signature by procuration; **~svollmacht** authority to sign; signatory power; **zur ~ für alle Staaten aufliegen** to be open for signature by all states

untilgbare Anleihe irredeemable loan

untreu unfaithful; disloyal

Untreue[90] breach of trust; breach of fiduciary duty; misuse of one's power as trustee (etc) to the detriment of the entrusted property; defalcation; unfaithfulness, disloyalty

unübersichtlich, ~e Fahrbahn concealed drive; **~e Straßenstelle** *(Straßenabzweigung)* blind turning

unübertragbar untransferable; unassignable; non(-)negotiable

Unübertragbarkeit non-transferability

unumstritten uncontested, uncontroversial

unverändert, die Bedingungen bleiben ~ the conditions remain unchanged

unveräußerliches Recht inalienable right

unverbindlich not binding; without obligation; without any commitment; **~e →Preisempfehlung**; **~sein** to have no binding force

unveredelte Waren unimproved goods; goods in the unaltered state

unvereidigt unsworn

unvereinbar incompatible, inconsistent (mit with); **miteinander ~ sein** to conflict with

Unvereinbarkeit, ~ der Zugehörigkeit zum Vorstand und zum →Aufsichtsrat; **~serklärung** declaration of incompatibility (with the common market)

unverfallbar non-forfeitable; **~e Pensionsanwartschaft** vested pension right

Unverfallbarkeit *(e-r Lebensversicherungspolice)* nonforfeitability; *(e-s Pensionsanspruchs)* vesting

unverfälscht unadulterated; **~er Wettbewerb** undistorted competition

unverhältnismäßig disproportionate, out of proportion

unverheiratet unmarried, single

unverhoffte Gewinne windfall profits

unverjährbar not subject to the statute of limitation(s)

Unverjährbarkeit nonapplicability of the statute of limitation(s) (von to)

unverkäuflich *(nicht absetzbar)* unsal(e)able, unmerchantable; *(nicht für den Verkauf bestimmt)* not for sale; **~e Ware** unsal(e)able goods; a drug on the market

unverlangte Warensendung unordered consignment of goods; unsolicited goods

unverletzlich inviolable; **die Wohnung ist ~**[91] the home is inviolable; *Br (untechnisch)* an Englishman's home is his castle

Unverletzlichkeit inviolability; **~ der Abgeordneten** →Immunität; **~ der Wohnung**[91] inviolability of the home; **die ~ geltend machen** to claim inviolability (or immunity)

unvermeidbarer Schaden unavoidable damage

Unvermögen inability (to do or perform); disability

unveröffentlichte Werke unpublished works

unverpackt unpacked; loose; in bulk

unverpfändbar non-pledgeable

unverschlüsselt not in cipher; in plain language

unverschuldet *(ohne Schulden)* not in debt; *(Grundbesitz)* unencumbered; *(ohne Schuld)* not (due to) sb.'s fault; not caused by someone's negligence; **~e Unkenntnis** not culpable ignorance

unversehrt *(Sachen)* undamaged; *(Personen)* uninjured, safe

Unversehrtheit, territoriale ~ *(e-s Staates)* territorial integrity; **~ des Werkes** (Änderungsverbot) *(UrhR)* intactness of the work (prohibition of changes)

unversicherbar uninsurable

unversorgte Kinder children in need of care; *(unterhaltsbedürftig)* dependent children

unversteuert untaxed

unverteilter Gewinn undistributed profit

unverzinslich bearing (or yielding) no interest; **~ vereinbartes Darlehen** interest-free loan; **~ sein** to bear no interest; to lie dormant

unverzollt duty unpaid; duty for buyer's account; *(in Zollverschluss)* in bond; **vom ~en Lager** out of bond; **~er Wert** bonded value

unverzüglich *(ohne schuldhaftes Zögern)*[92] without culpable (or undue) delay

unvollkommener Wettbewerb imperfect competition

unvollständige Angaben incomplete statements

unvoreingenommen unbias(s)ed; unprejudiced

unvorhergesehen unforeseen; **Fonds für ~e Ausgaben** contingency fund; **~e Ereignisse** unforeseen events; contingencies; **~e Landung** unscheduled landing; **~e Umstände** unforeseen circumstances

unvorhersehbar unforeseeable; *(PatR)* unobvious; **Mittel für ~e Ausgaben** appropriations for unforeseeable expenditure

unvorschriftsmäßig, das Gericht war ~ besetzt the court was improperly constituted

unwahr untrue, false; **~e Behauptung** statement contrary to the truth; **~e Werbung** false advertising; **sich als ~ erweisen** to prove to be untrue; **ein ~es Alibi vorbringen** to set up a false alibi

Unwahrheit e-r Behauptung falsity of a statement

Unwandelbarkeit e-s Statuts *(IPR)* immutability of the law governing an issue *(→ Wandelbarkeit e-s Statuts)*

unwesentlich immaterial, irrelevant

Unwetterschaden damage caused by violent or stormy weather

unwiderlegbar irrefutable, incontrovertible; **~e Rechtsvermutung** irrebuttable presumption; presumptio juris et de jure

unwiderruflich irrevocable; **~es Akkreditiv** irrevocable letter of credit

unwirksam ineffective, inoperative; inefficient; **e-n Vertrag für ~ erklären** to invalidate an agreement; to declare a contract null and void; **~sein** to be of no effect; **~ werden** to cease to be effective; to become ineffective

Unwirksamkeit ineffectiveness, inefficiency; inoperativeness; **e-e teilweise ~ berührt nicht die Wirksamkeit des übrigen Vertrages** the invalidity of any provision shall not affect any part of the remaining contract; **die ~ e-r Kündigung geltend machen** *(ArbeitsR)* to prevent a termination notice from taking effect; **sich über die ~ e-s Vertrages hinwegsetzen**[93] to disregard wilfully the invalidity of an agreement *(→ Ordnungswidrigkeit)*

unwirtschaftlich uneconomic; inefficient

Unwissenheit ignorance *(→ Unkenntnis)*

unwissentlich unknowingly; **~ falsch gemachte Angaben** innocent misrepresentation

unwürdige Behandlung indignity

Unze ounce (28,35 g)

Unzucht →sexuelle Handlungen

unzüchtige Schriften →pornographische Schriften

unzugänglich inaccessible

unzulänglich insufficient, inadequate; **~e Erklärung** inadequate statement; **das Beweismaterial ist ~** the evidence is unsufficient

unzulässig unlawful, inadmissible; **~es →Beweismittel**; **~er Lärm** inadmissible noise

Unzulässigkeit lack of admissibility

unzumutbar unreasonable; unconscionable, untolerable; **~e Belastung** burdensome charge

Unzumutbarkeit hardship; unconscionability

unzurechnungsfähig non compos mentis (not in possession of one's full mental faculties); not criminally responsible; *Am* incompetent

Unzurechnungsfähige (der/die) person non compos mentis; person not responsible for his actions; *Am* mentally incompetent person

Unzurechnungsfähigkeit[94] lack of criminal responsibility; incompetence (by mental incapacity or drunkenness); **→Einrede der ~**

unzureichend, ~er Beweis insufficient evidence; **~e Liquidität** inadequate liquidity

unzuständig having no jurisdiction; incompetent, not competent; **sich für ~ erklären** to decline jurisdiction (or competence)

Unzuständigkeit incompetence; lack (or want) of jurisdiction *(→ Zuständigkeit)*; **→Einrede der ~**; **die ~ des Gerichts geltend machen** to plead want of jurisdiction

unzustellbar *(Post)* undeliverable; **~er Brief** dead letter; **falls ~, zurück an ...** in case of non-delivery return to ...

Unzustellbarkeit, im Falle der ~ *(Post)* in case of non-delivery; **~sanzeige** advice of non-delivery

Unzutreffendes streichen delete if inappropriate

unzuverlässig unreliable; untrustworthy

unzweckmäßig inexpedient; unsuitable

Urabstimmung strike vote, (pre-) strike ballot (by members of a trade union)

Uran, Versorgung mit angereichertem ~ supply of enriched uranium

Urbanisierung urbanization

Urbarmachung von Land land reclamation

Ureinwohner the original inhabitants of a country; *(bes. Australien)* aboriginees

Urheber author; originator; **Mit~** joint author(s); **~ von →Filmwerken**; **~ von Wer-**

ken der Literatur, Wissenschaft und Kunst author(s) of literary, scientific and artistic works

Urheber~, **~bezeichnung** author's designation; designation of authorship; **~persönlichkeitsrechte**[95] moral rights of the author; author's personal rights

Urheberrecht copyright; **Allein~** exclusive copyright; **~ an Filmen** film copyright; **~ an literarischen, künstlerischen od. wissenschaftlichen Werken** copyright of literary, artistic or scientific works; **~ an Werken der bildenden Künste** artistic copyright; **internationales ~** international copyright *(→Berner Übereinkunft, →Welturheberrechtsabkommen)*; **Erwerb und Ausübung des ~s** acquisition and enjoyment of (the) copyright; **Übertragung des ~s** assignment of copyright; **unter ~ stehendes Werk** copyright work; **Werk, das gegen ein bestehendes ~ verstößt** infringing work

urheberrechtlich, **~er Schutz** copyright protection; **~er Schutzumfang** scope of copyright protection

urheberrechtlich geschützt protected by copyright; **urheberrechtlich nicht geschützt** out of copyright; **unerlaubte Verwertung ~er Werke**[95a] unlawful exploitation of copyrighted works

Urheberrechts~, **~eintragung** copyright registration; **~gesetz** *(UrhG)*[96] *(Gesetz über Urheberrecht und verwandte Schutzrechte)* Copyright Act (Act Dealing with Copyright and Related Rights); **~inhaber** owner of a copyright; copyright holder (or proprietor)

Urheberrechtslizenz copyright licen|ce (~se); **~gebühren** copyright royalties; **~vertrag** copyright licensing agreement

Urheberrechtsschutz protection by copyright; **~fähigkeit** copyrightability; **~frist** period of copyright protection

Urheberrechts~, **~streitigkeit** copyright litigation; **~streitsachen** copyright cases; **~übertragung** conveyance of copyright; **~verlängerung** renewal of copyright

Urheberrechtsverletzung infringement of copyright; **Klage wegen ~** *Br* action (*Am* suit) for infringement of (a) copyright; **mittelbare ~** contributory infringement of copyright; **e-e ~ darstellen** to constitute an infringement of copyright; **Klage wegen ~ einreichen** to bring an infringement action

Urhebervertragsrecht copyright contract law

Urheberrecht, **ein ~ besteht** a copyright exists; **das ~ erlischt** the copyright expires; **ein ~ erwerben** to acquire a copyright (an in); **wegen Verletzung des ~s klagen** to sue for infringement of copyright; **ein ~ verletzen** to infringe a copyright

Urheber~, **~rolle**[96a] register of authors; **~schaft** authorship; **~schutz** copyright protection

Urkund, **zu ~ dessen** in witness whereof

Urkunde document; *(rechtlich bedeutsam)* instrument, deed; *(Bescheinigung)* certificate; **~ über ein europäisches Patent** certificate for a European patent; →**Abdankungs~**; →**Abtretungs~**; →**Annahme~**; →**Beitritts~**; →**Ernennungs~**; →**Geburts~**; →**Heirats~**; →**Protest~**; →**Ratifikations~**; →**Schenkungs~**; →**Schuld~**; →**Übertragungs~**; →**Versprechens~**; →**Zessions~**; **durch diese ~** by these presents; **echte ~** authentic document; **gefälschte ~** forged (or fabricated) document; **notarielle ~** notarial deed (or instrument); **öffentliche ~** public document; **öffentlich beglaubigte ~**[97] document certified by a notary public; **private ~** private document; **vorliegende ~** these presents; →**Einsicht in ~n**; **Vorlage von ~n** →Urkundenvorlage

Urkunde, **e-e ~ aufsetzen** to draw up a document; **e-e ~** *(rechtsgültig)* **ausfertigen** to execute a deed; **e-e ~ ausstellen** to issue (or make out) a document; **e-e ~** →**beglaubigen lassen**; **~n beibringen** to produce documents; **e-e ~** →**fälschen**; **e-e ~** →**siegeln**; **e-e ~ vorlegen** to produce (or present, tender) a document; **an alle, denen diese ~ vorgelegt wird** to all to whom these presents shall come

Urkundenbeweis erbringen to furnish (or give) documentary evidence (of)

Urkundenfälscher forger of documents

Urkundenfälschung[98] falsification (or adulteration) of documents; counterfeiting a document; falsely and fraudulently making or altering documents; **~ begehen** to falsify (or alter, adulterate) a document; to make (or fabricate) a false document with intent to defraud

Urkunden~, **~mahnbescheid**[99] order (in summary proceedings) for payment of a debt *(→Mahnbescheid)* resulting in →Urkundenprozess if the debtor raises objections; **~prozess**[100] summary procedure (available for claims for a specified sum or quantity) where plaintiff relies entirely on documentary evidence

Urkundenrolle, **Einsicht in die ~** inspection of the register of authors

Urkundenstraftaten, **Vorschriften über ~** criminal provisions concerning documents

Urkunden~, **~unterdrückung**[101] suppression (or concealment) of a document; **~vernichtung** destruction of documents

Urkundenvorlage, **~ (od. ~vorlegung)** production (or presentation) of documents; **Recht der Verweigerung der ~** privilege from inspection

urkundlich, **~er Beleg** documentary evidence; **~er Nachweis** documentation; **~** →**belegen**; **~ übertragen** to convey (or transfer) by deed; *Am* to deed

Urkundsbeamter registrar (of the court registry), records clerk; clerk of the court

Urlaub *Br* holiday(s), *Am* vacation; *(bes. mil und für Beamte)* leave; *(für besondere Zwecke)* leave of absence; →**Erholungs~**; →**Jahres~**; **Krankheits~** sick leave; **bezahlter ~** holiday (vacation) with pay, paid holidays (vacation); **tariflicher ~** collectively agreed holiday (vacation); **vierzehntägiger ~** a two-week (or fortnight's) holiday (vacation)

Urlaubs~, **~anspruch** entitlement to (or eligibility for) holiday (vacation); **~dauer** duration (or length) of a holiday (vacation); **~entgelt**[102] *Br* holiday pay, *Am* vacation pay; **~geld** *Br* holiday allowance, *Am* vacation allowance; **~gesuch** holiday (vacation) request; **~plan**[102a] vacation schedule; **~reisende** *Br* holidaymakers, *Am* vacationers; **~sperre** *mil* suspension of leave; **~überschreitung** exceeding (or overstaying) one's holiday (vacation); **~vertreter** substitute (or deputy) (during sb.'s holidays/vacation); **~vertretung** replacement during holiday (vacation)

Urlaub, **in ~ gehen** to go on (or for a) holiday (vacation); **im ~ sein** to be (away) on holiday (vacation)

Urlauber holiday-maker; *Am* person on holiday (or vacation)

Urproduktion primary production; exploitation of natural resources

Ursache cause; →**Schadens~**; →**Todes~**; **den Kausalzusammenhang unterbrechende ~** intervening cause; **die eigentliche ~** the ultimate cause; **entfernte** *(für die Zurechnung des Schadens unbeachtliche)* **~** remote cause; **unmittelbare** *(die Zurechnung e-s Schadens begründende)* **~** proximate cause; **~nzusammenhang** causal connection

ursächlich, **~er Zusammenhang** →Kausalzusammenhang; **~ sein für** to be the cause of

Ursächlichkeit causality

Urschrift original, original text; first copy; **~en und Abschriften** originals and copies; **~ der Vereinbarung** original agreement; **in einer ~** *dipl* in a single original; **geschehen in 2 ~en** *dipl* done in duplicate; **geschehen in ... in 3 ~en** *dipl* done at ... in 3 originals

urschriftlich in the original

Ursprung origin; **mit ~ in** *(Waren)* originating in

ursprünglicher Wert original value

Ursprungs~, **~bezeichnung** designation of origin; **~erklärung** declaration of origin; **~erzeugnis** originating product; **~land** country of origin; **~nachweis** proof (or documentary evidence) of origin; **~ort** place of origin; **~staat** *(DBA)* country where income originates, country of origin *(→Quellenstaat)*; **~zeugnis** certificate of origin

Urteil *(Zivilprozess)*[103] judgment *(→Rubrum, →Tenor, →Tatbestand, →Entscheidungsgründe)*; *(Strafprozess)* sentence, judgment (→Strafurteil); *(bes. Ehescheidung)* decree; decision; →**Anerkenntnis~**; →**Ehescheidungs~**; →**End~**; →**Feststellungs~**; →**Gestaltungs~**; →**Leistungs~**; →**Prozess~**; →**Sach~**; →**Teil~**; →**Versäumnis~**; →**Vorbehalts~**; →**Zwischen~**; **angefochtenes ~** judgment under appeal, judgment appealed against; →**ausländisches ~**; **mildes ~** lenient sentence; →**obsiegendes ~**; →**rechtskräftiges ~**; **vorläufig vollstreckbares ~** provisionally enforceable judgment; **~ (ergangen) gegen** judgment given against; **~ auf Grund des materiellrechtlichen Tatbestandes** judgment on the merits; **~ betreffend dingliche Ansprüche** judgment in rem; **~ betreffend obligatorische Ansprüche** judgment in personam; **~, das die Prozesskosten der unterliegenden Partei auferlegt** judgment carrying costs; **~ auf Zahlung e-r bestimmten Geldsumme** judgment for the payment of a fixed (or ascertained) amount; judgment for the payment of a liquidated sum

Urteils~, **~abfassung** drawing up of the judgment; **~anerkennung** judgment recognition; **~aufhebung** →Aufhebung e-s Urteils; **~begründung** reasons (given) for the judgment; *Am* opinion (of the court); **~bekanntmachung** publication of a judgment; **Mangel der ~fähigkeit** *(bei Eheschließung)*[104] lack of understanding; **~forderung** judgment debt; **~formel** →Tenor; **~gründe** →Entscheidungsgründe; **~kopf** →Rubrum; **der Anspruch ist u~mäßig festgestellt** the claim has been reduced to judgment; **~sammlung** law reports; **~schelte** public criticism of a judgment; adverse comments on a judgment (by the media); **~schuld** judgment debt; **~schuldner** judgment debtor; **Recht des ~staates** law of the state in which the judgment was given; **~tenor** →Tenor; **~verfahren** proceedings leading to a judgment; **~verkündung** pronouncement of a judgment *(StrafR sentence)*; **~vollstreckung** execution of a judgment *(StrafR sentence)*; **~währung** money of judgment

Urteil, **ein ~ →aufheben**; **ein ~ bestätigen** to uphold (or confirm) a judgment (or sentence); **sich ein ~ bilden** to form a judgment; **ein ~ ist ergangen** a judgment has been given; *(StrafR)* a sentence has been passed; **ein ~ erlassen** to deliver a judgment; **ein ~ erwirken** to obtain a judgment; **ein ~ fällen** to give a judgment; *(StrafR)* to pass a sentence; **ein ~ verkünden** to pronounce a judgment *(StrafR sentence)*; **aus e-m ~ vollstrecken** to execute (or enforce) a judgment *(StrafR sentence)*

Uruguay Uruguay; **die Republik Östlich des ~ / die Republik ~** the Eastern Republic of Uruguay

Uruguayer(in), uruguayisch Uruguayan

Usance usage (of trade), practice, (trade) custom *(→Handelsbrauch)*; **Bank~n** banking practices; **Platz~** local usage (or custom); **u~nmäßig** in accordance with (commercial) custom

U-Schätze s. unverzinsliche →Schatzanweisung

Usowechsel bill at usance

V

Vakanz vacancy

validieren to validate

Validität validity

Valoren valuables; valuable assets; *(im Bankverkehr)* securities (including banknotes, gold and silver); **~versicherung** insurance of →Valoren in transit; transport insurance of valuables

Valori~, **~sation** valorization (valorisation)

valori~, **~sieren** to valorize (valorise)

Valuta valuta; (foreign) currency (exchange value of one currency in terms of another); *(Wertstellung e-s Postens auf dem Konto)* value date; **~ 1. Juni** value June 1st; **~ kompensiert** *(im Devisenhandel)* value compensated

Valuta~, **~akzept** foreign currency acceptance; **~anleihe** loan (or bond) in foreign currency; **~dumping** exchange dumping; **~geschäft** dealing in foreign notes and coin; **~gewinn** gains on foreign exchange; **~guthaben** foreign exchange holding; **~klausel** foreign currency clause; value given clause; **~konto** foreign currency account; **~kredit** foreign currency loan; **~notierung** quotation of exchange; **~papiere** foreign currency securities; securities issued in a foreign currency; **~risiko** exchange risk; **~schuld**[1] foreign currency debt; **~tag** *(Banküberweisung)* value date; **~versicherung** foreign currency insurance; **~wechsel** foreign currency bill

Valuten interest coupons of →Valutenpapiere; *(auch)* foreign notes and coin; **~änderung** change of value date; **~arbitrage** currency arbitrage

valutieren to state the value (date); to value

Valutierung (stating the) value (date); **~stag** value date

Vandalismus vandalism

variabel verzinsliche Anleihe floating rate note (FRN)

variable, **~ Kosten** variable costs; **~r Zinssatz** variable interest rate

Vater father; **→mutmaßlicher ~**

Vaterland (native) country, mother-country

väterliches Erbteil property inherited from one's father; patrimony

väterlicherseits, **mein Großvater ~** my paternal grandfather; **Verwandte(r) ~** relative on the father's side; agnate

Vaterschaft paternity; **→Anerkennung der nichtehelichen ~**; **→Anfechtung der Anerkennung der ~**; **~sanerkenntnis** acknowledgment (or recognition) of paternity; **~sfeststellung**[1a] determination of paternity (of an illegitimate child); affiliation; **~sgutachten** (medical) opinion (or report) on paternity; **~sklage** action to determine paternity; **~snachweis** establishment of paternity; **~sprozess** *Br* affiliation proceedings; *Am* paternity suit; **~ssachen** →Kindschaftssachen; **~svermutung** presumption of paternity; **die ~ anerkennen** to acknowledge paternity; **die ~ nicht anerkennen (od. bestreiten)** to deny paternity; **die ~** *(e-s nichtehelichen Kindes)* **feststellen** to determine (or establish) the paternity (durch Blutgruppenuntersuchung by means of blood test); **jdm die ~ e-s** *(nichtehelichen)* **Kindes zuschreiben** to affiliate a child on a p.

Venezuela Venezuela; **Republik ~** Republic of Venezuela

Venezolaner(in), venezolanisch Venezuelan

verabreden, **sich ~** to make an appointment; **sich** *(heimlich)* **~** (e-e unerlaubte Handlung zu begehen) to conspire (with sb.)

verabredet, **vorher ~** *(abgekartet)* preconcerted; **~e Praktiken** *(KartellR)* concerted practices

Verabredung appointment, engagement; *colloq.* date; **geheime** *(betrügerische)* **~** collusion; conspiracy; **~ zur Begehung e-r Straftat** conspiracy to commit a crime; **e-e ~ absagen** to cancel an appointment; **e-e ~ einhalten** to keep an appointment; **e-e ~ nicht einhalten** to fail to keep an appointment

verabschieden *(in den Ruhestand versetzen)* to discharge; *(annehmen und für rechtsgültig erklären)* to adopt, to approve; **ein Gesetz ~** to pass a bill; to adopt a bill; **den →Haushaltsplan ~**

verabschiedet, die Stellungnahme wurde einstimmig ~ the opinion was unanimously adopted

Verabschiedung, ~ e-s Gesetzes passage (or passing) of a bill; **~ des Haushaltsplanes** approval (or voting) of the budget; **~ e-r Richtlinie** *(EU)* adoption of a directive

Verächtlichmachung disparagement (of the Federal German State or its institutions) *(→Missachtung des Gerichts)*

veralten to become obsolete, to become out of date

veraltet antiquated, obsolete; outdated, out-of-date; **~e Anlage** obsolete plant; **~er Begriff** archaic term; **~e Lebensmittel** stale food; **~e Maschinen ersetzen** to replace obsolete machines; **~e Rechtsvorschriften** obsolete (or outdated) legal provisions

Veralterung, ~ der Produktionsverfahren product obsolescence; **Abschreibung wegen technischer ~** depreciation on account of obsolescence

veränderlich variable, changeable; *(schwankend)* fluctuating; **~e oder feste Vergütungen** variable or fixed payments

verändern to change, to alter; *(abändern)* to modify, to make changes in

veränderte Umstände changed circumstances

Veränderung change, alteration; *(Abänderung)* modification; *(Abweichung)* variation; **bauliche ~en** structural alterations; **→Personal~en**; **~ des Steuersatzes** change (or variation) of the tax rate; **~ssperre** (temporary) ban on development imposed by a local (*Am* municipal) authority to safeguard the planned development of the zone it affects; **e-e ~ bewirken (od. hervorrufen)** to effect (or work) a change

veranlagen, jdn zur Steuer ~ to assess sb. (mit Euro 3.000 at Euro 3.000); **zusammen ~** *(Ehegatten)* to assess jointly

veranlagt, ~e Steuern assessed taxes; taxes levied by assessment; **Eheleute, die gemeinsam (getrennt) ~ werden** married couple assessed jointly (separately) *(→Splitting)*

Veranlagung 1. *(in bestimmter Weise geartet od. befähigt)* disposition; talent, gift; **verbrecherische ~** criminal disposition

Veranlagung 2. *(SteuerR)* assessment; amount assessed; **→Nach ~**; **zu niedrige ~** underassessment; **~ zur Einkommensteuer** assessment on income; **~ zur Grundsteuer** *Br* assessment for rates; statement of rate due; *Am* assessment on landed property; **~sbescheid** tax assessment notice; **~sjahr** year of assessment; *Am* taxable year; **~sobjekt** object to be assessed; **~srichtlinien** assessment directives; **~szeitraum** assessment period; *Am* taxable period; **Steuern im Wege der ~ erheben** to impose taxes by assessment *(Ggs. Steuern im →Abzugswege erheben)*; **die Steuer wird im ~swege festgesetzt** the tax is determined by way of assessment

veranlassen to cause, to occasion; *(herbeiführen)* to bring about; *(überreden)* to induce; **etw. ~** to arrange for sth.; *(Maßnahmen treffen)* to take action; **jdn ~ zu tun** to cause sb. to do

Veranlassung *(Verursachung)* cause, occasion; *(Überredung)* inducement; *(Ersuchen)* request; **auf ~ von** at the instigation of; upon request of; **zur sofortigen ~** for immediate attention; **zur weiteren ~** for further (or appropriate) action; **~ geben zu** to give rise to

veranschlagen to estimate, to make an estimate of; to value; **im Haushalt ~** to budget for; **zu hoch ~** to overestimate; **zu niedrig ~** to underestimate; **die Kosten e-s neuen Hauses ~ auf** to estimate the cost of building (or building costs of) a house at

veranschlagt, ~er Betrag estimated amount; **~ werden auf** to be estimated (or valued) at

Veranschlagung estimate; valuation; **~ der Ausgaben** estimating expenditures

veranstalten to organize (a function)

Veranstalter organizer

Veranstaltung event; **öffentliche ~** public function, public gathering; entertainments; **betriebliche ~en** company social functions; **~en künstlerischer oder sportlicher Art** artistic or sporting events; **~ von Tagungen** organization of conferences

verantworten, zu ~ haben to be responsible for; **sich vor Gericht ~ müssen** to be answerable before the court

verantwortlich responsible, answerable; *(haftbar)* liable; *(rechenschaftspflichtig)* accountable; **~e Stellung** position of authority; **jdn ~ machen für** to hold sb. responsible (or answerable) for;

hierfür ist X in erster Linie ~ this is primarily the responsibility of X

Verantwortlichkeit responsibility; *(Haftbarkeit)* liability; *(Rechenschaftspflicht)* accountability; **strafrechtliche ~** criminal responsibility

Verantwortung responsibility; **auf eigene ~** on one's own responsibility; **~sbereich** sphere of responsibility; **v~sbewußt** responsible; **v~slos** irresponsible; **die ~ ablehnen** to deny (or disclaim, abdicate) responsibility; **sich e-r ~ entziehen** to withdraw from a responsibility; **die ~ liegt bei** the responsibility lies (or rests) with; **~ tragen** to bear responsibility; to be responsible (for); **die ~ übernehmen** to assume (or take) responsibility; **jdn zur ~ ziehen** to call sb. to account

verarbeiten to process, to manufacture (zu into); **~des Gewerbe** manufacturing sector (or industry); **~de Industrie** manufacturing (or finishing, processing) industry

verarbeitete Nahrungsmittel processed foodstuffs

Verarbeitung processing, manufacturing; working; (Qualität der Verarbeitung) workmanship; **Herstellung e-r neuen bewegl. Sache durch ~**[2] →Spezifikation; →**Daten~**; **~sanlage** processing plant; **~sbetrieb** processing enterprise; **landwirtschaftliche ~serzeugnisse** processed agricultural products; **~sindustrie** →verarbeitende Industrie; **~skosten** processing expenses; **~sstufe** stage of processing

verarmen to become poor; to be reduced to poverty

verarmt poverty-stricken

Verarmung, Rückforderung des →Geschenkes wegen ~ des Schenkers

verausgaben to spend, to expend

verausgabt, vereinnahmtes und ~es Geld money received and expended

verauslagter Betrag sum disbursed, disbursement

Veräußerer seller, transferor; assigner; *(bes. von Grundbesitz)* vendor; alienor, alienator; **~ und Erwerber** transferor and transferee

veräußerlich saleable; alienable

veräußern to sell, to alienate, to dispose of, to transfer (or convey) to another; to assign; to realize

Veräußerung sale, alienation, disposal; assignment; realization; **~ beweglichen oder unbeweglichen Vermögens** alienation of movable or immovable property; **~ von Beteiligungen** sale of share holdings; **~ von Vermögensgegenständen** realization of assets; **~sgewinn** (capital) gain; gain from sale or other disposition (of sth.); **~srecht** right to alienate; **~sverbot** restraint on (or prohibition of) alienation; **~sverlust** capital loss; **~swert** sale value; *(Restwert)* salvage value

Verbal~, ~injurie insulting words; verbal abuse; **~note** *dipl* verbal note

Verband 1. association; federation; →**Arbeitgeber~**; →**Arbeitnehmer~**; →**Berufs~**; →**Regional~**; →**Wirtschafts~**; **Kraftfahrzeuge in geschlossenem ~** vehicles in close formation; →**internationaler ~**; **rechtsfähiger ~** legally established association; **~sklage** legal action taken by an association; **~szeichen**[3] association mark; *Am* collective mark; **aus e-m ~ austreten** to withdraw from an association; **e-m ~ beitreten** to join an association; **e-n ~ gründen** to form (or set up) an association

Verband 2. *(UrhR und gewerbl. Rechtsschutz)* convention, union; **~ zum Schutz der Rechte der Urheber an ihren Werken der Literatur und Kunst** Union for the Protection of the Rights of Authors in their Literary and Artistic Works; →**Berner ~**; →**Pariser ~**; **~sanmeldung** Convention application; **v~sfremdes Land** country outside the Convention (or Union); **~sland** Convention country, country of the Union; **Angehöriger e-s ~slandes** national of a country of the Union; **~spriorität** Convention priority

Verbandsübereinkunft, →**Berner~**; →**Pariser ~**

Verbandszeichen[3] collective mark

verbauen, jdm die Aussicht ~ to obstruct sb.'s view

Verbergen von Vermögensgegenständen *(im Konkurs)* concealment of property (or assets)

verbergen, sich ~ to hide, to conceal; **sich vor seinen Gläubigern ~** to hide from one's creditors; *Br* to keep house *(→verborgen)*

verbessern to improve, to correct; *(abändern)* to revise, to amend; **die Bedingungen ~** to better the conditions

verbessert, ~e Auflage revised edition; **~er Text** amended (or revised) text

Verbesserung improvement, correction; *(Abänderung)* revision, amendment; **~ der Beziehungen** improvement of relations; **~ e-s Fehlers** correction of an error; **~ der Umwelt** improvement of the environment; **~spatent** improvement patent; **~svorschlag** suggestion for improvement; **e-e ~ →einführen**

verbieten to forbid; *(bes. durch Vorschriften)* to prohibit (sb. from doing sth.); to ban; *Am* to enjoin; **e-e Partei ~** to ban (or outlaw) a party *(→verboten)*

verbilligen to cheapen, to reduce (or lower) the price of; **sich ~** to fall (or go down) in prices

verbilligt lower-priced; at reduced price (or rate)

Verbilligung cheapening; (price) reduction

verbinden to connect, to join; to link; **sich ~ mit** to associate oneself with; **Klagen miteinander ~** to consolidate actions *(→verbunden)*

verbindlich binding, obligatory; *(zwingend)* compulsory; *(entgegenkommend)* obliging; **international ~e Rechtsvorschriften** internationally binding rules of law; **rechts~** legally binding; **~es Angebot** firm (or binding) offer; **der englische und deutsche Wortlaut ist gleichermaßen ~** the English and German texts are equally authentic; **~ entscheiden** to decide with binding force; **tarifvertragliche Vereinbarungen für ~ erklären** to render collective agreements compulsory

Verbindlichkeit liability, obligation; commitment, engagement; **~en** *(Bilanz)* liabilities; *Am* payables; **~en aus Warenlieferungen und Leistungen** trade accounts payable; trade payables; **~ von Tarifverträgen** binding force of collective agreements; **~en aus Wertpapiergeschäften** accounts payable for securities purchase; →**Auslands~en**; →**Eventual~**; →**Geschäfts~en**; →**Indossaments~en**; →**Inlands~en**; →**Kapital~en**; →**Nachlass~en**; **feste ~** fixed liability; **kurzfristige ~en** current liabilities; **laufende ~** floating liability; **ohne ~** without engagement; **sonstige ~en** *(Bilanz)* other liabilities; **~serklärung e-s Tarifvertrages** declaration of application of a collective agreement *(→Allgemeinverbindlichkeitserklärung)*; **e-e ~ eingehen** to enter into an engagement; to incur (or undertake) a liability (or commitment); **seine ~en einhalten** to meet one's obligations; **seine ~en erfüllen** to fulfil(l) (or perform, comply with) one's obligations; **seinen ~en nicht nachkommen** to fail to meet one's obligations; **die ~en überschreiten die Vermögenswerte** liabilities exceed assets

Verbindung connection, relation; *(Kontakt)* contact, touch; liaison; *(Vereinigung)* combination, union; consolidation; *(von Prozessen)* joinder; →**Auslands~en**; **Eisenbahn-, See-, Luft-, Draht-, Funk- und sonstige ~en** rail, sea, air, telegraphic, radio and other means of communication; →**Fernsprech~**; →**Flug~**; →**Geschäfts~(en)**; →**Klagen~**; →**Nachrichten~**; →**Prozess~**; →**Staaten~**; →**Zug~**; **direkte ~** *(Verkehr)* direct communication; **in enger ~** in close contact; **geschäftliche ~** business connection; **~ mit zuständigen Behörden** liaison with competent authorities; **~ von Klagen** →Klagenverbindung; **~ von beweglichen Sachen (miteinander)**[4] union of two or more movables; **~ e-r bewegl. Sache mit e-m Grundstück**[5] union of a movable with an immovable

Verbindungs~, **~aufnahme** establishment of relations (or contact); **~büro** liaison office; representative office; **~element** *(MusterR)* interconnection; **~fahrbahn**[5a] slip road; **~mann** liaison man (or *mil* officer); contact man; **~stelle** liaison body (or agency)

Verbindung, **e-e ~ abbrechen** to break off relations; **neue ~en anknüpfen** to make new connections; **mit jdm ~ aufnehmen** to enter into (or make) contact with sb.; to contact sb.; to get into touch (or communication) with sb.; **~en herstellen** to establish relations (or contacts); **sich mit jdm in ~ setzen** →Verbindung mit jdm aufnehmen; **mit jdm in ~ stehen** to be in contact (or communication) with sb.; to have relations with sb.; **in ~ treten mit** to enter into relations (or contact) with; **miteinander in ~ treten** to intercommunicate, to communicate with one another; **~en unterhalten mit** to maintain relations with

Verbleib *(z. B. e-r Sendung)* whereabouts; **~erecht der Wanderarbeiter** migrant workers' right to remain

verbleiben to remain, to stay; **im Amt ~** to continue in office; **~de Amtszeit** remaining time in office; **~de Vermögenswerte** remaining assets

verbleites Benzin leaded petrol (or *Am* gas[-oline])

Verbodmung →Bodmerei

verborgen, **~er** →**Fehler**; **sich ~ halten** to be in hiding; **e-e Erfindung ~ halten** to conceal an invention

Verbot prohibition; ban (gegen on); inhibition; **gerichtliches ~** injunction; **gesetzliches ~** statutory prohibition; →**Ausfuhr~**; →**Berufs~**; →**Einfuhr~**; →**Einwanderungs~**; →**Versammlungs~**; →**Waffenausfuhr~**; →**Wettbewerbs~**; →**Zahlungs~**; **~ der Doppelbestrafung** ne bis in idem; *Am* double jeopardy; **~ für Fahrzeuge aller Art** no entry for vehicles of any kind; **~ e-r Partei** outlawing of a (political) party; ban on a party

Verbots~, **~dauer** duration of prohibition; **~gesetz** blocking statute; **~irrtum** *(StrafR)*[5b] (Irrtum des Täters über die Rechtswidrigkeit der Straftat) *(Ggs. Tatsachenirrtum)* mistake as to the wrongful nature of the act, mistake as to the existence of a prohibition or absence of a legal defence (defense); *(more generally)* mistake of law; **~liste** prescription list; **~prinzip** *(Kar-*

tellR)[6] prohibition principle; **~verfügung** restrictive injunction; **v~widrig handeln** to act against a prohibition; **~- und Beschränkungszeichen** *(Verkehr)* prohibitory and restrictive sign(s); **~zone** prohibited zone

Verbot, ein ~ aufheben to remove a prohibition; to lift a ban; **unter ein ~ fallen** to be subject to a ban; **das ~ lockern** to relax the ban; **ein ~ verhängen** to impose a prohibition; to place a ban (on); **gegen ein ~ verstoßen** to violate a prohibition

verboten, gesetzlich ~ prohibited by law; **streng ~** strictly forbidden; **bei →Geldstrafe ~**; **unbefugtes →Betreten bei Strafe ~**; **~e →Eigenmacht**

Verbrauch consumption; quantity consumed; **zum Gebrauch und ~** for use and consumption; **→Eigen~**; **→Energie~**; **→Inlands~**; **pro-Kopf-~** per capita consumption; **den ~ einschränken** to reduce consumption; **der ~ ist gestiegen** consumption rose; **der ~ ist zurückgegangen um ...** consumption fell by ...

verbrauchbar consumable; **~e Sachen**[7] consumable things, things (or chattels) intended to be used by being consumed or transferred

verbrauchen to consume, to use (up)

verbraucht, nicht ~e Haushaltsmittel unexpended appropriations

Verbraucher consumer; user; **→Durchschnitts~**; **→End~**; **→Groß~**; **~aufklärung** consumer guidance; **~ausgaben** consumer expenditure; **~befragung** consumer inquiry; **~einkommen** consumer income; **~forschung** consumer research; **v~freundlich** consumerfriendly; **~genossenschaft** consumers' cooperative; *Br* cooperative society; **~geschäft der Banken** consumer banking; **~gesellschaft** *(im Sinne e-r Verbraucherschutzgesellschaft)* consumerist society; **~gewohnheiten** consumer habits; **~gruppe** consumer group; **~information** consumer information; **~kredit** consumer credit; **~land** consumer country; **~lenkung** consumption control; **~markt** convenience store; consumer market; **~nachfrage** consumer demand; **v~orientiert** *(Industrie)* consumer-oriented; **~preis** consumer price; **~preisindex** consumer price index (CPI); *Br* consumers' expenditure deflator; **~schutz** consumer protection; *Br* fair trading; **auf der ~stufe** at the consumer stage; **~umfrage** consumer survey; **~verband** consumer association; **~verhalten** consumer behavio(u)r; **~vertrag** consumer contract; **~werbung** consumer advertising; **~wirtschaft** consumer economy; **~zentralen** consumer associations; consumer organizations; *Br* consumer advice centres; **den Forderungen der ~ entsprechen** to meet consumers' requirements

Verbrauchs~, ~abgabe excise duty; **~ausgaben** expenditure on consumption; **v~bedingte Abschreibung** depreciation due to wear and tear; **~gebiet** consumption area

Verbrauchsgüter consumer goods *(Ggs. Investitionsgüter)*; consumer non-durables; **~industrie** consumer goods industry; **~konjunktur** boom (or trend) in consumer goods

Verbrauchs~, ~land consumer country; **~lenkung** direction of consumption; **~rate** rate of consumption; **~rückgang** decrease in consumption; **~stand** level of consumption; **~steigerung** increase in consumption

Verbrauchsteuer, ~n *(z. B. Mineralsteuer, Tabaksteuer)* excise duties (or taxes); **v~pflichtig** excisable; **v~pflichtige Waren** goods liable (or subject) to excise (duties); **~sätze** exciseduty rates

Verbrauchs~, ~verlagerung shift in consumption; **~wirtschaft** consumer (goods) economy

Verbrechen[8] felony; crime (punishable with imprisonment of not less than one year); *Br* indictable offence *(→Vergehen)*; **→Gewalt~**; **→Kapital~**; **schweres ~** major (or serious) crime; **→Staats~**; **versuchtes ~** attempted crime; **vollendetes ~** accomplished crime; **~ im Amt** →Amtsdelikt; **~ gegen den Frieden** crime against peace; **~ gegen die Menschlichkeit** crime against humanity; **Begehung e-s ~s** perpetration (or commission) of a crime; **Ort des ~s** scene of the crime; **~sbekämpfung** fight against (or fighting, combating, suppression) of crime; crime control; **~sopfer** victim of a crime *(→Opferentschädigungsgesetz)*; **~squote** crime rate; **~sverhütung** crime prevention; **~sziffer** crime rate; **ein ~ begehen** to commit (or perpetrate) a crime; **jdn e-s ~s überführen** to convict sb. of a crime

Verbrecher felon; criminal; offender; **schwer fassbarer ~** elusive criminal; **gemeingefährlicher ~** dangerous criminal; **überführter ~** convicted criminal; **~album** rogues' gallery; **~bande** gang of criminals; **~jagd** hunt for a criminal; **~tum** criminality; **~welt** underworld

verbrecherisch felonious; criminal; **~e Absicht** criminal intent

verbreiten to spread, to circulate; to disseminate; to distribute; **Falschgeld ~** to utter counterfeit money; **ein Gerücht ~** to spread a rumo(u)r; **falsche Nachrichten ~** to circulate (or propagate) false news (or misleading information)

verbreitet, weit ~e Ansicht widely held view

Verbreitung spread, circulation, dissemination; **~ von Gerüchten** dissemination of rumo(u)rs; **~ von Kernwaffen** proliferation of nuclear weapons; **~ von Krankheiten** spread of diseases; **~ falscher Tatsachen** spreading (or publication) of untrue information; **~sgebiet** *(z. B. von Zeitungen)* coverage; circulation area; **~srecht** *(UrhR)* right of distribution

Verbrennung, **~ von Abfällen auf See**[8a] incineration of wastes at sea; **Müll~** waste incineration

verbriefen to confirm in writing; to evidence by document; to charter

verbrieftes Recht vested right; chartered right

Verbringen von Waren in das Zollgebiet introduction of goods into customs territory

Verbringung, →**grenzüberschreitende ~ gefährlicher Abfälle**

verbuchen to post, to enter (in the books); **e-n Betrag als Ausgabe ~** to enter an amount as expenditure

Verbuchung der Umsätze entering of sales (in the books)

Verbund~, **~produkt** joint product; **~system** *(von Versorgungsbetrieben etc)* compound system; **~werbung** *(branchengleicher Unternehmen)* umbrella advertising; **~wirtschaft** integrated (or interlinked) economy; **in ~wirtschaft arbeiten** to be economically integrated

verbunden connected, linked; related (mit to); **mit Gefahr ~** attended with risk; hazardous; **die damit ~en Kosten** the costs involved; →**Rente auf ~e Leben**; **~e Lebensversicherung** joint life policy; **~e Rechtsgeschäfte** linked transactions; **~e Rechtssache** joined cases; **~e Unternehmen**[9] related (or affiliated, associated) companies; group companies; *(DBA)* associated enterprises; **~e Warenzeichen** associated trademarks; **~e Werke** *(UrhR)*[9a] composite works; **~ sein mit** to be incidental to; **ich bin falsch ~** *tel* I have (got) the wrong number; **mit dem Grund und Boden fest ~ sein** to be affixed to land; **mit Schwierigkeiten ~ sein** to be attended with difficulties

verbünden, **sich ~** to ally (or confederate) with

verbündet allied; confederate

verbürgen, **sich ~ für** to guarantee (or vouch) for (sb. or sth.)

verbüßen, **e-e Freiheitsstrafe ~** to serve a (prison) sentence; to undergo imprisonment

verchartern to charter

Verdacht suspicion; **unter dem ~** on suspicion of; →**Flucht~**; →**Tat~**; **wegen dringenden ~s** (up)on strong suspicion; →**frei von jedem ~**; **grundloser ~** unfounded suspicion; →**hinreichende ~sgründe**; **~skündigung** termination of employment without notice on the basis of strong suspicion of an offence (offense); **es besteht ~ gegen ihn** he is under suspicion (of having ...); **den ~ erwecken** to arouse suspicion; **im ~ stehen** to be suspected (of)

verdächtig suspect, suspected, suspicious; →**flucht~**; →**tat~**; **~e Person** suspect; **e-r strafbaren Handlung ~ sein** to be suspected of an offence (offense)

verdächtigen, **jdn ~** to cast suspicion on sb.; to suspect sb. (of sth.)

verdächtigt, **~ werden, getan zu haben** to be suspected of doing (or of having done)

Verdächtigte (der/die) suspect, person suspected (of); suspected (or alleged) offender

Verdächtigung casting suspicion (on sb.); suspecting sb. (of); **falsche ~ wider besseres Wissen**[9b] falsely casting suspicion on sb. against one's better knowledge; **politische ~**[9c] casting political suspicion (on sb.)

verdanken, jdm etw. ~ to owe sth. to sb.

verdeckt, **~e Arbeitslosigkeit** concealed unemployment; **~er** →**Ermittler**; **~e** →**Gewinnausschüttung**; **~es Nennkapital** hidden nominal capital; **~es Rechtsgeschäft**[9d] concealed transaction; **~e Stellvertretung**[10] undisclosed agency; **~ Vertretener** undisclosed principal

Verderb spoilage, deterioration; **~ von Lebensmitteln** perishing of foodstuffs; **innerer ~** intrinsic deterioration; inherent vice

verderben to spoil, to deteriorate; to perish, to rot *(→verdorbene Lebensmittel)*

verderblich, **(leicht) ~e Waren** perishable goods, perishables; **internationale Beförderung leicht ~er Lebensmittel und die besonderen Beförderungsmittel, die für diese Beförderungen zu verwenden sind**[11] international carriage of perishable foodstuffs and the special equipment to be used for such carriage (ATP)

Verdichtungsraum urban agglomeration

verdienen *(Geld erhalten)* to earn; to make a profit (on); *(würdig sein)* to merit, to deserve; **seinen** →**Lebensunterhalt ~**; **genug für den Lebensunterhalt ~** to pay one's way; **genug ~, um Auslagen zu decken** *colloq.* to break even; **gut ~** to earn good money; to earn a good salary (or good wages); **etw. nebenbei ~** to make some money on the side; **schwer ~** to make big profits; **er verdient volles Vertrauen** he deserves full confidence

Verdienst 1. (der ~) *(Geld, Gehalt, Lohn etc)* earnings, money earned; salary, wage(s), income; →**Brutto~**; →**Neben~**; →**Netto~**; →**Rein~**

Verdienstausfall loss (or suspension) of earnings; loss of salary (or wages); **Entschädigung für ~** compensation for loss of earnings; **~ haben** to suffer loss of earnings

Verdienst~, **~bescheinigung** statement of earnings; statement of salary (or wages); **v~bezogen** earnings-related; **~höhe** level of earnings; **~minderung** reduction of earnings; **~möglichkeit** opportunity to earn money; **~sicherungsklausel** clause (in contracts of employment or collective agreements) stipulating fall-back-payment (or minimum wage) for employees paid by result; (pieceworkers') guarantee clause; **~statistik** statistics of earnings

Verdienst 2. (das ~) *(Leistung, die Anerkennung verdient)* merit; credit; **in Anerkennung außerordentlicher ~e** in recognition of exceptional merit; **~orden** Order of Merit *(→Bundesverdienstkreuz)*; **jdm etw. als ~ anrechnen** to give sb. credit for sth.; **jds ~e würdigen** to pay tribute to sb.; **das ~ daran gebührt X** credit will be due to X

Verdingung placing of contracts by tender; **~sordnungen** contracting regulations; **~sordnung für Bauleistungen** (VOB) contracting rules for award of public works contracts; **~sunterlagen** contract documents, tendering documents; contract specifications

Verdoppelung der Lebensversicherungssumme double indemnity

verdorbene Lebensmittel spoilt (or condemned) food

verdrängen, vom Markt ~ to oust from the market; to freeze out from the market

verdrehen *(unrichtig darstellen)* to distort, to pervert; **die Wahrheit ~** to prevaricate

Verdrehung *(von Tatsachen)* distortion, perversion

Verdunkelung *(Luftschutz)* blackout; **~ des Sachverhalts** collusion to conceal facts; **~sgefahr** risk (or danger) of collusion; danger of prejudicing the course of justice

veredeln to process, to improve, to finish; **Waren ~** to improve goods

veredelt, wenig ~e Erzeugnisse goods in the early stage of processing; **Waren ~ wieder einführen** to reimport goods after they have been improved

Veredelung processing, improving, finishing; →**Lohn~**; **~sarbeiten** processing work; **~sbetrieb** processing enterprise; **~serzeugnisse** processed products; **~sindustrie** processing industry, finishing industry; **~skosten** processing (or finishing) costs; product improvement costs; **~sland** processing country; **aktiver ~sverkehr** *(ZollR)* inward processing; **passiver ~sverkehr** *(ZollR)* outward processing; **~swirtschaft** processing (or finishing) industry

Veredler *(ProdukthaftungsR)* processor *(→Weiterverarbeiter)*

vereidigen, jdn ~ to administer an oath to sb.; to swear sb. in *(→beeidigen)*

vereidigt, ~er Buchprüfer sworn auditor; **~er Dolmetscher** sworn interpreter; **~ sein** to be sworn in, to be put on oath

Vereidigung administering an oath (to sb.); swearing (sb.) in *(→Beeidigung)*

Verein association, club, society; **ausländischer ~**[12] foreign association; **(nicht) eingetragener ~** →eintragen; **gemeinnütziger ~** non(-)profit-making society; *Am (auch)* service organization; **rechtsfähiger ~** association (or society) having legal personality (or capacity); incorporated association; **nicht rechtsfähiger ~**[13] association (or society) without legal personality (or capacity); unincorporated association; **wirtschaftlicher ~**[14] profit-making association

Verein, →**Auflösung e-s ~s**; **Haftung e-s ~s** liability of an association[14a]

Vereins~, **~beitrag** (club) subscription; membership dues; **~freiheit**[15] freedom of association; **~gesetz**[16] Law Relating to Associations; **~gläubiger** association's creditor(s); **~gründung** →Gründung e-s Vereins; **~kasse** funds of a society, club funds; **~mitglied** club member; **~register**[17] Register of Associations (etc); **~satzung** rules of a club (etc), club rules; **~vermögen** association's assets

Verein, den ~ zur →**Eintragung anmelden**; **jdn in e-n ~** →**aufnehmen**; **aus e-m ~** →**austreten**; **e-n ~ eintragen (lassen)** to register an association; **in e-n ~ eintreten** to enter (or join) a society; to become a member of a club; **e-n ~ gründen** to form a society

verein~, **~bar** to register an association; **in e-n V~ eintreten** to enter (or join) a society; to become a member of a club; **e-n V~ gründen** to form a society

vereinbar compatible (mit with)

Vereinbarkeit compatibility (mit with)

vereinbaren to agree (on), to make an agreement; *(ausbedingen)* to stipulate; *(festlegen)* to settle; **ausdrücklich ~** to stipulate expressly;

vertraglich ~ to stipulate by contract; to covenant; **vorher ~** to agree in advance; **e-e Abfindung ~** to settle an amount of compensation; **Bedingungen ~** to stipulate conditions; **e-n Preis ~** to agree on a price

vereinbart, falls nichts anderes ~ wird unless otherwise agreed; **genau ~** agreed in precise terms; **wie ~** as agreed; **~e Bedingungen** agreed (or stipulated) conditions; **~e Erklärung** *(VölkerR)* agreed declaration; **innerhalb der vertraglich ~en Frist** within the period stipulated in the contract; **zu dem ~en Preis** at the price agreed upon; at the stipulated price; **~es Vorgehen** concerted action; **~e Zeit (der Leistung)** time agreed upon (for performance); **es wird weiter ausdrücklich ~** it is further expressly understood; **die Regierungen haben folgendes ~** the Governments have agreed as follows

Vereinbarung agreement, arrangement; stipulation; *(VölkerR)* memorandum of understanding; →**Abfindungs~**; →**Betriebs~**; →**Kredit~**; →**Lohn~**; →**Partei~**; →**Schieds~**; →**Sonder~**; →**Verkaufs~**; →**Zusatz~**; **vom Vertrag** →**abweichende ~en**; **vorbehaltlich e-r** →**abweichenden ~**; **ausdrückliche ~** express agreement; **besondere vertragliche ~** particular covenant; **in Ermangelung besonderer ~** failing special agreement; **entgegenstehende ~** agreement to the contrary; **ergänzende ~en der Vertragsparteien** supplementary stipulations between the parties to the contract; **mangels gegenteiliger ~** in the absence of agreement to the contrary; **mündliche ~** oral agreement; *(rechtl. nicht bindende, nur auf Treu und Glauben gegründete)* **~** gentlemen's agreement; **nach ~** *(vereinbarter Termin)* by appointment; **schriftliche ~** written agreement, agreement in writing; **stillschweigende ~** tacit agreement; **vertragliche ~** contractual provision (or stipulation); stipulation between the parties of the contract; *(in e-r Urkunde niedergelegt)* covenant; **nach vorheriger ~** as previously agreed; by prior agreement

Vereinbarungsdarlehen[18] contractual loan; **vereinbarungsgemäß** as agreed, as per agreement

Vereinbarung, e-e ~ aufheben to annul an agreement (or a stipulation); **e-e ~ außer Kraft setzen** to terminate an agreement; **die ~ einhalten** to keep to the arrangement; **e-e ~ schließen** to conclude an agreement; **e-e ~ treffen** to enter into (or make, reach) an agreement; **e-e ~ ist zustandegekommen** an agreement has been reached

vereinfachen to simplify; to streamline

Vereinfachung simplification; streamlining; **~ der Zollförmlichkeiten** simplifying customs formalities

vereinheitlichen to standardize; to make uniform, to unify

vereinheitlichtes Recht unified law

Vereinheitlichung standardization; unification; **~ des Rechts** unification of law; legal unification; →**Internationales Institut für die ~ des Privatrechts**

vereinigen to unite, to unify; to join; **sich ~** s. sich →zusammenschließen; **Aktien ~** to consolidate shares

Vereinigte Arabische Emirate, die Vereinigten Arabischen Emirate (Abu Dhabi, Adschman, Dubai, Fudschaira, Ras al Chaima, Schardscha, Umm al Kaiwain) the United Arab Emirates (Abu Dhabi, Ajman, Dubai, Fujaerah, Ras al Khaimah, Sharjah, Umm al Quaiwain)

Vereinigte Internationale Büros für den Schutz des geistigen Eigentums (BIRPI)[19] United International Bureaux for the Protection of Intellectual Property (BIRPI)

Vereinigtes Königreich (England, Wales, Schottland und Nordirland) United Kingdom (UK); **~ Großbritannien und Nordirland** United Kingdom of Great Britain and Northern Ireland

Vereinigte Staaten von Amerika United States of America (USA)

Vereinigung union; unification; association; *(Zusammenlegung)* merger, consolidation, amalgamation; **nicht rechtsfähige ~** unincorporated association; **~Deutschlands** (3. 10. 1990) unification of Germany; **~ von mehreren Grundstücken zu einem Grundstück** *(durch Eintragung e-s Grundstücks im Grundbuch)*[20] union of several plots in one; **~ von Hypotheken** *(zu e-r Gesamthypothek)* consolidation of mortgages; **~ von Hypothekenschuld und -forderung in e-r Hand** merger of charges on property; **~sfreiheit**[21] freedom of association; right to form associations; **~srecht** right to organize; right of association

vereinnahmen to collect, to cash

vereinnahmte Provision commission received

vereintes Deutschland unified Germany

Vereinte Nationen, die Vereinten Nationen (VN) the United Nations (UN) *(→Generalsekretariat, →Generalversammlung, →Internationaler Gerichtshof, →Sicherheitsrat, →Treuhandrat, →Wirtschafts- und Sozialrat)*; →**Charta der ~**; **Einsatzstreitkräfte der ~** (internationale UN-Truppe) United Nations Emergency

Forces (UNEF); **Kommission der Vereinten Nationen für** →**internationales Handelsrecht**; →**Organisation der Vereinten Nationen für Industrielle Entwicklung**; →**Sonderorganisationen der Vereinten Nationen**; **Übereinkommen der Vereinten Nationen über den internationalen Warenkauf** →UN-Kaufrechtsübereinkommen; →**Welthandelskonferenz der Vereinten Nationen**

vereinzelter Fall isolated case

vereiteln to thwart, to frustrate, to defeat, to obstruct; **e-n** →**Anschlag ~**; **den Gläubigeranspruch ~** to defeat one's creditors; **jds Pläne ~** to frustrate sb.'s plans

Vereiteln der →**Zwangsvollstreckung**

Vereitelung frustration, defeat; →**Erfüllungs~**; →**Straf~**; **~ e-s Anschlags** thwarting a plot; **~ e-s Gläubigeranspruchs** defeating a creditor; **~ des (vereinbarten) Zweckes** *(bei Vertragserfüllung)* frustration of purpose

vererbbar →vererblich

vererben, jdm etw. *(durch Testament)* **~** to leave sb. sth. by will; to will sth. to sb.; *(bewegl. Sachen)* to bequeath sth. to sb. *(Grundbesitz)* to devise sth. to sb.

vererblich inheritable; *Am* und *Scot* heritable; *(Anlagen)* hereditary; **die Geschäftsanteile e-r GmbH sind ~**[22] shares in a GmbH are transferable by succession (or inheritance); **das Urheberrecht ist ~**[23a] copyright may be transmitted by inheritance

Vererblichkeit transferability by succession (or inheritance); **~ des Besitzes**[23] transferability of possession by succession; **~ von Geschäftsanteilen e-r GmbH** transferability of shares in a GmbH by succession

Vererbung des Urheberrechts[23a] inheritance of copyright; transmission of copyright by succession

Verfahren 1. *(Gerichtsverfahren)* proceedings, procedure; process; →**Disziplinar~**; →**Gerichts~**; →**Insolvenz~**; →**Mahn~**; →**Rechtsmittel~**; →**Schiedsgerichts~**; →**Straf~**; →**Vergleichs~**; →**Versäumnis~**; →**Vor~**; →**Wiederaufnahme~**; →**Zivil~**; →**Zwangsvollstreckungs~**; **abgekürztes ~** summary proceedings (or procedure); **anhängiges ~** pending proceedings; **fehlerhaftes ~** irregular proceedings; **gerichtliches ~** judicial proceedings; **kostspieliges ~** costly proceedings; **langwieriges ~** lengthy proceedings; **nichtstreitiges ~** noncontentious proceedings *(→freiwillige Gerichtsbarkeit)*; **ordnungsmäßiges ~** due process of law; →**schwebendes ~**; **summarisches ~** summary proceedings; **vorbereitendes ~** preparatory proceedings

Verfahrens~, ~ausschuss procedural committee; **~bestimmungen** rules governing the proceedings; procedural provisions; **~einstellung** →Einstellung des Verfahrens; **~erfordernis** procedural requirement; **~fehler** procedure irregularity; procedural error; **~frage** procedural question; **~gang** course of procedure; **~grundsätze** →Prozessmaximen; **~hindernis** →Prozesshindernis; **~kosten** costs of the proceedings, litigation costs; **~kostenhilfe** *(PatR)*[23b] legal aid; **~mangel** irregularity (or defect) in the proceedings; **~missbrauch** abuse of the process of the court

Verfahrensordnung rules of procedure; procedural rules; *Am* rules of practice; *(gerichtl.)* rules of court; **die Organisation erläßt ihre ~ selbst** the organization shall adopt its own rules of procedure

Verfahrens~, ~ort place of (the) proceedings; **~recht** law of procedure, procedural law; adjective law; **v~rechtlich** procedural; →**materiell- und v~rechtliche Vorschriften**; **~regeln** rules of procedure, procedural rules; **~sprache** language of the proceedings; **~verstoß** breach (or non-observance) of rules of procedure; **~vorschriften** procedural provisions, rules of procedure; court rules

Verfahren, das ~ →**aussetzen**; **e-m ~** →**beitreten**; **ein ~** →**einleiten**; **das ~** →**einstellen**; **das ~** →**niederschlagen**; **das ~** →**unterbrechen**; **das ~** →**wiederaufnehmen**

Verfahren 2. *(Methode, Arbeitsweise)* method, process, procedure, practice; *(Ausführungsweise)* technique; **Arbeits~** method (or procedure) of operation; →**Fertigungs~**; →**Geheim~**; →**Produktions~**; **gewerbliches ~** industrial process; **patentiertes ~** patented process; **allgemein übliches ~** common practice; **~sanmeldung** *(PatR)* process application; **~spatent** process patent; patent in respect of the manufacturing process; **~stechnik** process (or methods) engineering

Verfall 1. *(Fälligkeitstermin, bes. e-s Wechsels, Schecks)* maturity; *(durch Zeit)* expiry, expiration; *(Verwirkung)* forfeiture, forfeit; *(Erlöschen e-s Rechts)* lapse; →**Preis~**; **bei ~** *(e-s Wechsels)* at (or on) maturity; when due; **~ der Kaution** forfeiture of the bond (or bail); **~ e-s Patents** forfeiture of a patent; **~ e-r Versicherungspolice** *(infolge Nichtzahlung der Prämie)* forfeiture (or lapse) of a policy

Verfall~, ~sabrede forfeiture agreement; **v~bar** forfeitable; **~buch** maturity index (or tickler); **~datum** →Verfalltag

Verfallerklärung, ~ von Aktien cancellation of shares; **gerichtliche ~**[24] statement of forfeiture;

(e-r Hypothek wegen Verzugs des Hypothekenschuldners) foreclosure

Verfall~, **~sgründe** *(MarkenR)* grounds for revocation; **~klausel** forfeiture clause; **~mitteilung** *(VersR)* lapse (or forfeiture) notice; **~tag** expiry (*Am* expiration) date; *(e-s Wechsels)* date of maturity; due date; **~wechsel** time bill; **~zeit** →Verfalltag

Verfall, e-n Wechsel bei ~ einlösen to hono(u)r a bill when due; **e-n Wechsel vor ~ einlösen** to anticipate a bill

Verfall 2. *(Baufälligkeit)* dilapidation; (state of) disrepair; decay; **in ~ geraten** to decay, to become dilapidated

verfallbar forfeitable; **~e Pensionsanwartschaft** nonvested pension right

verfallen *(fällig werden)* to mature, to become due; *(fällig sein)* to be due; *(ablaufen)* to expire; *(verwirken)* to forfeit; *(erlöschen)* to lapse; *(in Verfall geraten)* to decay, to become dilapidated; **die →Kaution ~ lassen**; **die Kaution verfällt** the security forfeits (or shall be forfeited); **ein Patent ~ lassen** to abandon a patent; to let a patent lapse

verfallen *(Gebäude)* dilapidated, in a state of disrepair; **~es Pfand** forfeited pledge; **~e Versicherungspolice** *(infolge Nichtzahlung der Prämie)* lapsed policy; **~er Wechsel** overdue bill (of exchange); **die geleistete Kaution ist ~** the security paid was forfeit(ed); **die Kaution für ~ erklären** to declare the security forfeit(ed)

verfälschen to falsify *(→fälschen)*; **Lebensmittel ~** to adulterate food; **Münzen ~** to adulterate (or debase) coins; **den Wettbewerb ~**[24a] to distort competition

Verfälscher →Fälscher

Verfälschung falsification; **→Münz~**; **~ von Lebensmitteln** adulteration of food; **~ e-r (echten) Urkunde** →Urkundenfälschung; **~ des Wettbewerbs** distortion of competition

Verfasser author; writer; **Mit~** co-author

Verfassung constitution; **→Betriebs~**; **~ der Bundesrepublik Deutschland** →Grundgesetz

Verfassungs~, **v~änderndes Gesetz** law amending the constitution; **v~ändernde Mehrheit**[24b] majority required for a constitutional amendment; **~änderung**[25] amendment of the constitution, constitutional amendment; **~beschwerde**[26] constitutional complaint; complaint of unconstitutionality; **~bestimmung** constitutional provision; **~bruch** breach (or infringement) of the constitution; **~entwurf** draft convention; **v~feindlich** hostile to the (democratic) Constitution of the state; **~frage** constitutional question (or issue); **v~gebende Versammlung** constituent assembly; **v~gemäß** →verfassungsmäßig

Verfassungsgericht constitutional court *(→Bundesverfassungsgericht)*; **~e der Länder** Constitutional Courts of the →Länder (Verfassungsgerichtshof or →Staatsgerichtshof); **~sbarkeit**[27] constitutional jurisdiction, jurisdiction of a constitutional court

Verfassungs~, **~geschichte** constitutional history; **~grundsätze** principles of constitution; **~klage** complaint of unconstitutionality (i. e. that an action, decision etc is contrary to the constitution); **~kontrolle** control of compliance with the constitution; **~krise** constitutional crisis

verfassungsmäßig constitutional; **gegen die ~e Ordnung verstoßen** to offend against the constitutional order; **~ garantierte Rechte** constitutionally guaranteed rights

Verfassungs~, **~mäßigkeit e-s Gesetzes** constitutionality of a law *(→Normenkontrolle)*; **~organ** constitutional organ *(Bundespräsident, Bundestag etc)*; **~recht** constitutional law

verfassungsrechtlich, **~e Streitigkeiten** constitutional disputes; **~es Verfahren** constitutional procedure

Verfassungs~, **~reform** constitutional reform; **~richter** judge of a constitutional court

Verfassungsschutz protection of the constitution; **Bundesamt für ~** (BfV)[28] Federal Office for the Protection of the Constitution

Verfassungs~, **~streitigkeiten**[29] constitutional disputes; **v~treu** loyal to the constitution; **~urkunde** charter of the constitution; **v~widrig** unconstitutional; not according to the constitution; contrary to the constitution

Verfassungswidrigkeit unconstitutionality; **~e-s Gesetzes** unconstitutionality of a law *(→Normenkontrolle, → Verfassungsbeschwerde)*

Verfassung, die ~ ändern to amend the constitution; **mit der ~ nicht vereinbar sein** to be incompatible with the constitution; to be unconstitutional

Verfechter advocate; supporter; champion

Verfehlung, der Beamte hat e-e schwere ~ begangen the official was guilty of serious misconduct

Verfilmung filming; **Recht zur ~ e-s Werkes**[29a] right of cinematographic adaptation of a work

Verflechtung integration, interpenetration, interlocking; **→Handels~en**; **→Kapital~**; **→Konzern~**; **→Markt~**; **→Unternehmens~**; **finanzielle ~ der Unternehmen** financial link between enterprises; **internationale ~ der Finanzmärkte** interdependence (or interlinking) of financial markets; **personelle ~ in den Unternehmensleitungen** interlocking directorate; **~ der amerikanischen und europäischen Wirtschaft** integration of US and European business

verflochten *(Gesellschaften)* integrated, interlocked; **wirtschaftlich ~ sein** to be integrated

verfolgen to pursue; *(gerichtlich)* to prosecute; *(aus religiösen od. rassischen Gründen)* to persecute; **e-n Anspruch ~** to pursue a claim; **jdn strafrechtlich ~** to prosecute sb. (wegen for)

verfolgt, **V~er** persecutee; *(bei Auslieferungsersuchen)* fugitive; person sought (or claimed); **politisch V~e** persons persecuted on political grounds[30] *(→Asylrecht)*; **V~e des Nationalsozialismus** victims of Nazi persecution; **die Tat wird nur auf →Antrag des Verletzten ~**

Verfolgung pursuit; prosecution; persecution; **Juden~** persecution of Jews; **→Rechts~**; **→Straf~**; **Entschädigung für Opfer der →national-sozialistischen ~**; *(zivilrechtliche)* **~ e-s Anspruchs** prosecution of a claim

Verfolgungs~, **~grundsatz** →Legalitätsprinzip; **~recht** *(bis 1.1.1999 KonkursR)*[31] right of stoppage in transitu; *(VölkerR)* right of hot pursuit *(→Nacheile)*; **~vereitelung** →Strafvereitelung; **~verjährung**[31a] statute of limitations for prosecution of crimes; **~verjährungsfristen** limitation period for the imposition of penalties

Verfolgung, **die ~ aufnehmen** to take up the pursuit; **~en ausgesetzt sein** to be subject to persecutions; **den →Angeschuldigten außer ~ setzen**

verfrachten *(Seefracht)* to carry (by sea)

Verfrachter[31b] *(Vertragspartner des Befrachters im Seefrachtgeschäft)* carrier

Verfrachtung carriage of goods by sea

verfügbar available; disposable; on hand; **~es Einkommen nach Steuerabzug** disposable income after taxes; **~es Kapital** capital at disposal; **~e Mittel** available funds; **~e Waren** goods on hand

Verfügbarkeit von Kapital availability of capital

verfügen *(behördl. od. gerichtl. anordnen)* to order, to decree; **über etw. ~** to dispose of sth.; *(zu seiner Verfügung haben)* to have sth. at one's disposal; **frei ~ über** to dispose freely of; **über etw. letztwillig ~** to dispose of sth. by will

Verfügung 1. *(behördl. od. gerichtl.)* order, decree; **→Polizei~**; **→Zwischen~**; **amtliche ~** official order; **→einstweilige ~**; **gerichtliche ~** court order, order of the court; **laut ~** as ordered; as directed; **~en von hoher Hand** *(Seevers. und Kriegsrisikopolice)* restraint(s) of princes (or rulers); **~sgrundsatz** →Dispositionsmaxime; **e-e ~ befolgen** to comply with (or obey) an order; **e-e ~ erlassen** to make an order

Verfügung 2. *(rechtsgeschäftlich)* disposition, disposal; **zur besonderen ~** (z. b. V.) *mil* detailed for special work (or on special service); **→letztwillige ~**; **~ unter Lebenden** disposition inter vivos; **~ e-s Nichtberechtigten** disposition made by a person having no title or a defective title; **~ von Todes wegen** disposition in contemplation of death; testamentary disposition, disposition by will; *(über bewegl. Vermögen)* bequest; *(über Grundbesitz)* devise; **~ über Vermögen** disposal of property; **zu jds ~ stehendes Geld** money at sb.'s disposal

Verfügungs~, **~befugnis** power of disposal; **v~berechtigt** authorized (or entitled) to dispose (of); **~beschränkung** restraint on disposal; limitation of the right of disposal; **v~fähig** capable of disposing; **~gewalt** (power of) disposal (or disposition); **tatsächliche und rechtliche ~macht** actual and legal power of disposition; **~recht** right to dispose (of); right of disposal; **~verbot** →Veräußerungsverbot

Verfügung, **zur ~ halten für jdn** to hold at sb.'s disposal; **zur ~ stehen** to be available; **jdm zur ~ stehen** to be at sb.'s disposal; **zur ~ stellen** to make available; **jdm zur ~ stellen** to place at sb.'s disposal; **sein Amt zur ~ stellen** to resign (from) one's office, to offer to resign

Verführung e-s noch nicht 16jährigen Mädchens zum Beischlaf[32] seduction of a girl under 16 years (of age)

Vergabe →Vergebung; **beschränkte ~** limited tender; **öffentliche ~** →Ausschreibung; **→Mittel~**; **~ öffentlicher →Bauaufträge**; **~ von Bundesmitteln** granting federal funds; **~ e-r Lizenz** grant of a licen|ce (~se); **~stelle** *(bei öffentlichem Bauauftrag)* authority awarding the contract; **~verfahren** *(bei Ausschreibungen)* procedure of awarding contracts; **~vorschriften** regulations for awarding contracts

Vergangenheit, **in der ~** in the past; **schlechte ~** *(e-s Menschen)* bad record; **die politische ~ überprüfen** to screen the political antecedents

vergeben, **Arbeit ~** to give out work (an to); *(bei Ausschreibungen)* to place a contract (with sb.); *(im Werkvertrag)* to contract out work; *(im Akkord)* to give out work by the job (or *Am* by the contract); **e-n Auftrag ~** to place an order (with sb.); *(bei Ausschreibungen)* to award (or place) the contract (with sb.); *(Arbeit)* **weiter~** to subcontract

Vergebung award(ing), allocation; **~ von Aufträgen** placing of orders; **~ öffentlicher of Aufträge** *(bei Ausschreibungen)* awarding public contracts; **~ von Konzessionen** awarding of concessions; **~ an das niedrigste Angebot** allocation to the lowest tender

Vergehen[33] misdemeano(u)r; offence (offense) (for which the regular minimum punishment laid down by law is a fine or less than one year's imprisonment); *Br* non-indictable offence; **~ im Amt** →Amtsdelikt; **ein ~ begehen** to commit an offence (offense)

vergehen, sich ~ gegen to offend against; to infringe (a law etc)

Vergeltung retaliation, retribution; *(VölkerR)* retortion; **als ~ für** in retaliation for

Vergeltungsmaßnahmen retaliatory measures, reprisals; **~ ergreifen** to adopt retaliatory measures, to take retaliatory action; to retaliate (against)

Vergeltungs~, ~srecht[34] law of retaliation; **~schlag** *mil* retaliatory raid (or strike); **~zoll** retaliatory duty (or tariff)

vergesellschaften to socialize

Vergesellschaftung[35] socialization

vergewaltigen to rape

Vergewaltigung[35 a] rape; **versuchte ~** attempted rape

vergewissern, sich über die Zahlungsfähigkeit e-s Kunden ~ to satisfy oneself on a customer's ability to pay

vergiften, jdn ~ to administer poison to sb.; to poison sb.; *(Luft, Wasser etc)* to pollute, to contaminate

Vergiftung[35 b] poisoning; pollution, contamination; **~ der Luft (od. des Wassers)** pollution of the air (or water); **~sgefahr** hazard of poisoning

Vergleich 1. *(Vertrag im Wege gegenseitigen Nachgebens)*[36] arrangement (with one's creditors); settlement; compromise; *(z. B. vor der IHK)* conciliation; Vergleich *(e-s zahlungsunfähigen Unternehmens mit Gläubigern) Am* reorganization; *(InsR)* composition; →**Gesellschafts~**; →**Prozess~**; →**Zwangs~**; →**außergerichtlicher ~**; **gerichtlicher oder außergerichtlicher ~** settlement (or compromise) (arrived at) in or out of court; judicial or private settlement; arrangement in bankruptcy or out of bankruptcy; **gütlicher ~** amicable settlement; **vor dem Schiedsgericht geschlossener ~** settlement by arbitration; **im ~ vereinbarte Summe** composition; **~ zur Abwendung des Konkurses**[36 a] composition (to avoid bankruptcy *(→ Vergleichsverfahren)*

vergleichbar →Vergleich 2.

Vergleich, Gläubiger im Wege des ~s →**abfinden**; **e-n ~ ablehnen (annehmen)** to reject (accept) terms of settlement; to reject (accept) a (creditor's) composition; to reject (accept) conciliation; **e-n ~ abschließen** →e-n Vergleich schließen; **e-n ~ aufheben** to set aside a composition; **e-n ~ ausführen** to execute a composition; **e-n ~ aushandeln** to negotiate a settlement; **seine Gläubiger durch ~** →**befriedigen**; **durch ~ beilegen** *(IHK)* to settle by conciliation; **der Rechtsstreit wurde außergerichtlich durch e-n ~ beigelegt** the dispute was settled out of court by a compromise; **e-m ~ beitreten** to participate (or join) in a settlement; to accede to a composition; **durch ~ erledigen** to settle by co to reject (accept) terms of settlement; to reject (accept) a (creditor's) composition; to reject (accept) conciliation; **e-n ~ abschließen** →e-n Vergleich schließen; **e-n ~ aufheben** to set aside a composition; **e-n ~ ausführen** to execute a composition; **e-n ~ aushandeln** to negotiate a settlement; **seine Gläubiger durch ~** →**befriedigen**; **durch ~ beilegen** to settle by conciliation; **der Rechtsstreit wurde außergerichtlich durch e-n ~ beigelegt** the dispute was settled out of court by a compromise; **e-m ~ beitreten** to participate (or join) in a settlement; to accede to a composition; **durch ~ erledigen** to settle by compromise; to compound (with sb. for sth.); **zu e-m ~ kommen** to arrive at (or come to) a compromise (or arrangement); to come to a composition; **e-n ~ schließen** to compromise; to effect (or make) a compromise; *(mit seinen Gläubigern)* to arrange (or compound) with one's creditors; **ein ~ ist zustandegekommen** an arrangement (or compromise) has been reached; **ein ~ kam nicht zustande** no settlement was reached

Vergleichs~, ~abschluss (reaching a) settlement (of a dispute); conclusion of a compromise; **~angebot** offer of a compromise; composition offered; **~antrag** petition for instituting composition proceedings; *(z. B. bei Ölverschmutzungs-Unfällen)* request for conciliation; **~ausschuss** *(IHK)* Conciliation Committee; **~bedingungen** terms of settlement; terms of composition; **~bereitschaft** readiness to make a compromise; **~bilanz** →Vergleichsstatus; **~eröffnung** s. Eröffnung des Vergleichsverfahrens; **~gebühr** lawyer's negotiation fee (for assistance in reaching a settlement); **~gläubiger** creditor(s) in composition proceedings; **~kommission** *(bei Ölverschmutzungs-Unfällen)*[37] Conciliation Commission; **~ordnung** (VerglO)[38]

Law on Composition Proceedings; *Br* Deed of Arrangement Act; →**ICC ~ordnung**[38a]; **~quote**[39] composition quota; **~schuldner** debtor in composition proceedings; **~status** statement of affairs (showing debtor's financial position at time of suspension of payment of his debts); **~termin** hearing date in composition proceedings (for negotiation and voting on the composition proposal made by the debtor); **(schriftl.) ~vereinbarung** composition deed

Vergleichsverfahren *(zur Abwendung des Konkurses)*[40] composition (or arrangement) proceedings; *(z. B. bei Schiedsgerichtsbarkeit)* conciliation proceedings *(→Insolvenzverfahren)*; **Anmeldung e-r Forderung im ~** →Anmeldung 1.; **die Eröffnung des (gerichtl.) ~s beantragen** to file a petition (with the court) for institution of composition proceedings; **im Falle e-s erfolglosen ~s** in the event of failure to achieve a settlement by composition (or conciliation); **das ~ →aufheben**; **ein ~ einleiten** to institute composition proceedings; to make a request for conciliation; **ein ~ ist gescheitert** conciliation proceedings have been unsuccessful; **sich dem IHK-~ unterwerfen** to agree on the ICC conciliation procedure

Vergleichsversuch attempt to reach a settlement; **e-n ~ unternehmen** to try conciliation; **der ~ war erfolglos** no settlement was reached

Vergleichs~, **~verwalter**[41] trustee in composition proceedings; **~vorschlag** proposal for a settlement; scheme of arrangement; composition proposal; *Am* reorganization scheme; **etw. auf dem ~weg regeln** to settle sth. (by way of compromise)

vergleichsweise by way of a settlement (or compromise); *(zur Abwendung des Konkurses)* by way of composition; **~ Erfüllung** *(e-r schuldrechtl. Verpflichtung)* accord and satisfaction; **~ Forderungsbefriedigung** compounding of claims; **Zahlung e-r Schuld ~ erledigen** to compound for a debt; to pay a debt by compromise

Vergleich 2. *(Nebeneinanderstellung)* comparison; **im ~ mit (od. zu)** in comparison with; compared with; →**Betriebs~e**; →**Schriften~**; **~sbasis** basis for comparison; **~smiete** comparative rent (rent for similar property in the locality); **~spreis** comparable price; **~szahlen** comparative figures; **e-n ~ anstellen** to make a comparison

vergleichbar comparable; **~es →Produkt**

vergleichen to draw (or make) a comparison; *(Texte)* to collate; **sich ~** to come to terms (with sb.); to settle a dispute; **sich mit seinen Gläubigern ~** to arrange (or compound) with one's creditors; to enter into a composition with one's creditors

vergleichende Werbung comparative advertising

Vergnügung~, **~sindustrie** public entertainment business, show business; **~sreise** pleasure trip; **~sschiff** pleasure craft (or vessel); **~sstätte** place of public entertainment; **~steuer** entertainment tax

vergriffen *(Buch)* out of print; *(Artikel)* sold out; **~e Auflage** exhausted edition; **der Verleger hat dafür zu sorgen, dass der Bestand nicht ~ wird**[42a] it is the publisher's duty to see that the stock does not become exhausted

Vergrößerung, **Geschäfts~** enlargement of a business

Vergünstigung *(Sonderrecht)* privilege, special favo(u)r (or benefit); *(Zugeständnis)* concession; *(bevorzugte Behandlung)* preferential treatment; *(Preisnachlass)* rebate, allowance, reduction in price; **Sonder~en** *(zum Lohn oder Gehalt)* perquisites, *colloq.* perks; →**Steuer~**; **~en aus dem DBA** double taxation treaty benefits; **~en gewähren** to grant privileges

vergüten *(bezahlen, entgelten)* to pay, to remunerate; *(rückerstatten)* to reimburse, to refund; *(entschädigen)* to compensate; **Tara ~** to make allowance for tare; **Zinsen ~** to pay (or allow) interest

vergütet, **seine →Auslagen ~ bekommen**

Vergütung *(Arbeitsentgelt, Entlohnung)* remuneration; compensation; *(Rückerstattung)* reimbursement, refund, allowance; *(Entschädigung)* compensation, indemnity; *(Lizenzgebühren, Bergwerksabgaben)* royalty; **~ für schnelles Entladen** dispatch money; **angemessene ~** adequate (or appropriate, equitable) remuneration; quantum meruit; **übliche ~** normal (or usual) remuneration; **~ der Aufsichtsratsmitglieder** →Aufsichtsratsvergütung; **~ der Reisekosten** travel(l)ing allowance; **~ von Sachverständigen** remuneration of experts; **~ der Spesen** reimbursement of expenses; **~ für Überstunden** overtime allowance; **~sanspruch des Auszubildenden**[42] trainee's claim for (or entitlement to) remuneration; **~spflicht** obligation to pay remuneration; **e-e feste ~ vereinbaren** to agree upon a fixed remuneration; **die vereinbarte ~ verlangen** to demand (payment of) the agreed remuneration; **e-e der geleisteten Arbeit entsprechende ~ verlangen** to claim (or demand) fair payment for work done (or services rendered); *(gerichtl.)* to claim on a quantum meruit

verhaften to arrest, to take into custody

Verhaftete (der/die) person held in police custody, arrested person *(→Haftbeschwerde)*

Verhaftung arrest, taking into custody; **die Polizei nahm mehrere ~en vor** the police made several arrests; **sich der ~ widersetzen** to resist arrest

Verhalten conduct, behavio(u)r; attitude; **~ bei Unfällen** behavio(u)r in case of accidents; **~ von Unternehmen im Wettbewerb** competitive practices of enterprises; **→arbeitsrechtlich unrechtmäßiges ~**; **ehewidriges ~** misconduct; **gesetzwidriges ~** illegal conduct; **gleichförmiges ~** *(im Markt)*[43] conscious parallelism of action; **→konkludentes ~**; **ordnungsmäßiges ~** orderly behavio(u)r; **ordnungswidriges ~** disorderly conduct; misconduct; **Regeln des →standesgemäßen ~s**; **→standeswidriges ~**; **strafbares ~** criminal conduct; **ungebührliches ~** unbecoming conduct; **ungehöriges ~** improper conduct; **→wettbewerbsbeschränkendes ~**

Verhaltens~, **~forscher** behavio(u)rist; **~forschung** behavio(u)r research; **~kodex** code of conduct; code of ethics; **~maßregeln** rules of conduct; **~normen** standards of conduct; **völkerrechtliche ~normen** international standards; **ICC internationale ~regeln für die →Verkaufsförderung**; **ICC internationale ~regeln für die →Werbepraxis**

Verhaltensweisen, **aufeinander abgestimmte ~** concerted practices; **~ der Unternehmen auf dem Markt** market behavio(u)r by firms; **~ aufeinander abstimmen** to concert practices

verhalten, **sich ~** to conduct oneself, to behave; **sich abwartend ~** to wait and see; **sich →arbeitsrechtlich unrechtmäßig ~**; **sich ordnungswidrig ~** to behave improperly

Verhältnis *(Proportion)* proportion; *(Verhältniszahl)* ratio; *(persönliche Beziehungen)* relationship; **~se** *(Lebensumstände)* circumstances; **im ~ zu** in proportion to; **→Arbeits~**; **→Außen~**; **→Beamten~**; **→Rechts~**; **→Verkehrs~se**; **→Vermögens~se**; **→Vertrags~**; **→Vertrauens~**; **Bezahlung im ~ zur geleisteten Arbeit** payment in proportion (or proportional) to the work done; **in beschränkten ~sen** in reduced (or straitened) circumstances; **→finanzielle ~se**; **freundschaftliches ~** friendly relationship; **unter den gegebenen ~sen** under the prevailing circumstances; **unter günstigen ~sen** under favo(u)rable conditions; **in guten ~sen leben** to live well; to be comfortably off; to live in good circumstances; **tatsächliche ~se** actual circumstances; **über seine ~se leben** to live beyond one's means; **in gar keinem ~ stehend** out of all proportion (zu to)

verhältnismäßig proportional, proportionate; commensurate; *(anteilig)* pro rata; *(relativ)* relative, comparative; **~er Anteil** proportional share

Verhältnismäßigkeit, **Grundsatz der ~** principle of proportionality

Verhältniswahl election by proportional representation; **(~system)** proportional representation (P. R.)

Verhältniszahl ratio

verhandelbar triable; negotiable

verhandeln *(unterhandeln)* to negotiate (with sb.); to discuss, to confer; *(vor Gericht als Richter)* to hear (a case); *(als Anwalt)* to plead (before the court); *(aushandeln)* to bargain (with sb. for sth.); **zur →Hauptsache ~**; **über e-n Preis ~** to negotiate a price; to bargain about a price; **über e-e (Zivil- od. Straf-)-Sache gerichtlich ~** to try a case

verhandelt, **die Sache ist vor Gericht ~** the case was heard (or tried) by the court

Verhandlung *(Unterhandlung)* negotiation; *(vor Gericht)* court hearing, trial; *(Besprechung)* conference, debate, discussion; **→Berufungs~**; **→Haupt~**; **→Vor~en**; **→Wirtschafts~en**; **→Zoll~en**; **bevorstehende ~(en)** forthcoming negotiation(s); **langwierige ~en** lengthy negotiations; **mündliche ~** hearing; (in court); trial; **nochmalige ~** re-hearing; **in (nicht) →öffentlicher ~**; **schwebende ~en** negotiations in progress; **~ unter Ausschluss der Öffentlichkeit** hearing in camera *(Br in chambers)*; **~ vor e-m Schöffengericht** trial by →Schöffengericht; **~ e-r Strafsache** trial of a criminal case; **~ e-r Zivilsache** hearing (or trial) of an action (or a case)

Verhandlung, **~en abbrechen** to break off negotiations; **zur ~ anstehen** *(Gericht)* to be set down for hearing; **die ~en erfolgreich →abschließen**; **~en aufnehmen** to commence (or enter into, take up) negotiations; **die ~ aussetzen** *(Gericht)* to suspend the hearing; **~en →einleiten**; **erneut in ~en eintreten** →Verhandlungen wiederaufnehmen; **~en fortsetzen** to continue negotiations; *(Gericht)* to proceed with the trial; **~en führen** to carry on (or conduct) negotiations; **in ~ stehen mit** to negotiate with; **die ~ vertagen** *(Gericht)* to adjourn the hearing; **~en wiederaufnehmen** to resume (or reopen) negotiations

Verhandlungs~, **~angebot** offer to negotiate; overture; **~aufnahme** opening of negotiations; **~basis** →Verhandlungsgrundlage; **~bereitschaft** readiness to enter into negotiations; **~bericht** minutes (of a meeting); **~delegation** negotiating team; **~ergebnis** result of the negotiation; **v~fähig** capable of pleading; able (or fit) to plead; **~führer** negotiator; **~führung** conduct of negotiations; *(bei Gericht)* conduct of the proceedings (or trial); **~gebühr** *(des Anwalts)* fee for pleading in court; **~geschick** negotiating skill; **~grundlage** basis for negotiations; **~grundsatz** *(Zivilprozess)* principle of party presentation; adversary system (the court does not conduct its own investigations but relies on facts and evidence placed before it by the parties) *(Ggs. Untersuchungsgrundsatz)*; **~klima** atmosphere of the negotiation; **~mandat** negotiating brief, brief to negotiate; **~maxime** →Verhandlungsgrundsatz; **~niederschrift** →Verhandlungsbericht; **~organisation** *(VölkerR)* negotiating organization *(→ Verhandlungsstaat)*; **~ort** place of negotiation; *(Gericht)* place of the hearing (or trial); **~paket** negotiation package; **~partner** negotiating partner; party to a negotiation; *(Tarifverhandlungen)* bargaining partner; **~position** negotiating position; bargaining position; **~protokoll** minutes of a negotiation; records of a hearing (or trial); **~punkt** point for negotiation; discussion point; **~richtlinien** negotiating directives; **~runde** round (or series) of negotiations; **~spielraum** margin for negotiations; **~sprache** language of negotiations, language in which negotiations are conducted; **~staat** *(an der Abfassung und Annahme e-s völkerrechtlichen Vertragstextes teilnehmend)* negotiating state; **~stärke** bargaining power; **~taktik** negotiating (or bargaining) tactics; **~teilnehmer** →Verhandlungspartner; **~termin** *(Zivilprozess)* hearing (date); *(Strafprozess)* (day of) trial, trial date; **v~unfähig** *(Strafprozess)* unfit to plead; *(Zivilprozess)* incapable of taking part in a trial (due to disability); **~unterlagen** negotiation dossiers; **~vollmacht** authority to negotiate; negotiating power; **~vorteil** bargaining leverage

Verhandlungsweg, auf dem ~e by (way of) negotiation; **auf dem ~e beilegen** to settle by negotiation; **auf dem ~e zustandegebracht** negotiated

verhängen to impose, to inflict; **e-e Sperre (od. ein Verbot) ~ über** to place a ban on; **e-e →Strafe gegen jdn ~**

Verhängung e-r Geldbuße imposition of (or imposing) a fine

verheimlichen to conceal, to suppress; **ein Testament ~** to suppress a will; **Vermögenswerte ~** *(z. B. im Konkursverfahren)* to conceal property (or assets)

Verheimlichung concealment, suppression

verheiraten, sich ~ to get married (mit to)

verhindern, jdn ~ an to prevent sb. from (doing)

verhindert sein, an e-r Sitzung teilzunehmen to be prevented from attending a meeting

Verhinderung prevention; **im Falle der ~** in case of being prevented (from attending a meeting etc); **~ der Verschmutzung** pollution prevention

Verhör examination, interrogation, questioning, *colloq.* grilling

verhören to interrogate, to question

verhört, von der →Polizei ~ werden

verhüten, e-n Unfall ~ to prevent an accident

Verhütung prevention; **~ der →Meeresverschmutzung**; **Unfall~** accident prevention

verifizierbar verifiable

verifizieren to verify

Verifizierung verification

verjährbar subject to (the statute of) limitations

verjähren to become statute-barred; to come (or fall) under the statute of limitations *(→ Verjährung)*; **in 2 Jahren ~** to be subject to a limitation period of 2 years; to become statute-barred after 2 years; **der Anspruch verjährt in 30 Jahren** the claim becomes statute-barred after 30 years (or is subject to a 30-year limitation period); **die Ansprüche des täglichen Lebens ~ meistens in 2 Jahren**[44] most everyday claims are time-barred after 2 years

verjährt statute-barred; barred by the statute of limitations; time-barred; barred by lapse of time; **~er Anspruch** statute-barred claim; claim barred by limitation; **~e Postanweisung** stale money order; **~ sein** to be barred by limitation

Verjährung[45] limitation of actions; statute of limitations; (negative or prescriptive) prescription; *(StrafR)* limitation (or lapse) of time

Durch die Verjährung erlischt der Anspruch nicht. Der Verpflichtete hat lediglich das Recht, die Befriedigung des Gläubigers zu verweigern.

The claim is not extinguished by limitation. The debtor has merely the right to refuse performance to the creditor.

Das zur Befriedigung eines verjährten Anspruchs Geleistete kann nicht zurückgefordert werden, auch wenn die Leistung in Unkenntnis der Verjährung bewirkt worden ist.[46]

No act performed voluntarily with a view to meeting a statute-barred claim can be retracted, even if it was performed in ignorance of the fact that the claim was statute-barred.

Verjährung, →Hemmung der ~; →Unterbrechung der ~; Verzicht auf Geltendmachung der *(bereits eingetretenen)* **~** waiver of the statute of limitations

Verjährung, ~ e-s Anspruchs limitation of (the right of) action (in respect of a claim); expiration of a right of action through lapse of time; prescription of a claim; **~ der Gewährlei-**

stungsansprüche[47] limitation of action for warranty claims; **~ von Kriegsverbrechen** (statutory) limitation in respect of war crimes; **durch ~ erworbenes Recht** prescriptive right; **~ der Strafverfolgung** →Strafverfolgungsverjährung

Verjährung~, ~sbeginn commencement of the limitation period; **die ~ beginnt mit der Entstehung des Anspruchs**[48] the limitation period begins to run when the cause of action accrues

Verjährungseinrede →Einrede der Verjährung; **e-r ~ entgegenstehen** to defeat the defence (defense) of the statute of limitations

Verjährungsfrist limitation period, period of limitation; period of prescription; **nach Ablauf der ~** upon expiry of the prescription period; **dreijährige ~** three-year limitation period, three-year statute of limitation; →**Verlängerung der ~ durch Vertrag**; **die ~ beginnt am ...** the limitation period runs from ... (or begins to run on ...) (zum Nachteil e-r Person against a person); **die ~ läuft noch nicht** the limitation period does not run; **die ~ →verlängern**

Verjährungs~, ~hemmung →Hemmung der Verjährung; **~unterbrechung** →Unterbrechung der Verjährung; **~vorschriften** statute of limitations

Verjährung, sich auf ~ berufen (od. die Einrede der ~ erheben): sich auf Verjährung berufen (od. die Einrede der Verjährung erheben) to plead the defence (defense) of limitation *(Br the statute of limitations)*; **e-e Leistung in Unkenntnis der ~ bewirken**[48a] to effect performance in ignorance of the fact that the claim is statute-barred; **der Anspruch erlischt durch ~** the claim is extinguished by prescription; the claim becomes time-barred (or barred by the statute of limitations); **die ~ →hemmen**; **die ~ ruht** the limitation period does not run; **die ~ →unterbrechen**; **die ~ wird durch Klageerhebung →unterbrochen**; **die Ansprüche aus** *(im Grundbuch)* **eingetragenen Rechten unterliegen nicht der ~**[49] claims arising out of *Br* registered (*Am* recorded) rights in land are not subject to the statute of limitations

Verkauf sale, selling; *(Flüssigmachen)* realization; **zum ~** for (or on) sale; →**Abzahlungs~**; →**Automaten~**; →**Bar~**; →**Klein~**; →**Kommissions~**; →**Kopplungs~**; →**Kredit~**; →**Leer~**; →**Pfand~**; →**Räumungs~**; →**Schein~**; →**Sommerschluss~**; →**Termin~**; →**Waren~**; →**Winterschluss~**; **~ zur Ansicht** sale on approval; **~ gegen bar** cash sale; **~ nur gegen bar** sale for cash only; **~ in Bausch und Bogen** bulk sale; sale in the lump; **~ der in Beschlag genommenen Gegenstände des Schuldners** distress sale; **~ gegen sofortige Bezahlung** *(Börse)* spot sale; **~ unter →Eigentumsvorbehalt**; **~ im Einzelhandel** retail sale; **~ von gemeinschaftlichen Forderungen**[50] sale of claims owned jointly by 2 or more persons; **~ zwecks Glattstellung** *(Börse)* realization sale; **~ am Kassamarkt** *(Börse)* spot sale; **~ auf Kommissionsbasis** sale on commission; **~ nach Muster** sale by sample; **~ an Ort und Stelle** sale(s) on the spot; sale on the premises; **~ zu herabgesetzten Preisen** sale at reduced prices; bargain sale; **~ mit Rückgaberecht** sale or return; **~ mit Rückkaufsrecht** sale with option of repurchase; **~** *(ins Ausland)* **zu Schleuderpreisen** dumping; **~ unter Selbstkosten** sale below cost; **~ und anschließende Vermietung an den Verkäufer** sale and lease back; **~ nach erfolgter Verzollung** duty-paid sale; **~ auf Ziel** sale on credit

Verkauf, fester ~ firm sale; →**freihändiger ~**; **schneller ~** brisk sale; **zwangsweiser ~** forced sale

Verkauf, e-n ~ abschließen to conclude (or effect) a sale; **zum ~ anbieten** to offer for sale, to put up for sale; **zum ~ angeboten werden** to be on the market; **zum ~ ausstellen** to expose for sale; **der ~ geht gut** we are getting on well with the sale; **zum ~ stellen** to put up for sale; **e-n ~ tätigen** to effect a sale; **e-n ~ zustandebringen** to negotiate a sale

Verkaufs~, ~abrechnung sales accounting; *(e-s Kommissionärs)* account sales; **~abschluss** sales contract; *(Börse)* selling transaction; **~absicht** intention to sell; **~abteilung** sales department; **~agentur** selling agency; **~aktion** →Verkaufsfeldzug; **~analyse** sales analysis; **~androhung durch den Pfandgläubiger**[51] notice of sale by the pledgee; **~angebot** offer for sale, offer to sell; **~anstrengungen** sales efforts; **~anzeige** *(in Zeitung)* advertisement (or announcement) of (a) sale; **~argument** sales argument, selling point

Verkaufsauftrag sales order, order to sell; **limitierter** *(kursgebundener)* **~** *(Börse)* stop loss order; **~bestens** sell order at market; **e-n ~ bestens ausführen** *(Effekten)* to sell at the market, to sell order at market

Verkaufs~, ~auslage *(im Schaufenster)* sales display; **~automat** vending machine; **~bedingungen** conditions (or terms) of sale, selling conditions; **~berater** sales consultant; **~berechtigung** right to sell; **~bezirk** sales territory (or zone); **~büro** sales office; **~einrichtung** sales outlet; **~erlös** sale proceeds (or revenue); **~erwartung** sales expectation; **~feldzug** sales (or selling) campaign; **~fläche** *(im Geschäft)* sales space

Verkaufsförderung sales promotion; **ICC Internationale Verhaltensregeln für die ~**[51a] ICC International Code of Sales Promotion; **Maßnahmen zur ~** sales promotion drive

Verkaufs~, ~gebiet sales area (or territory); **~gegenstand** object (or item) for sale; **~gemeinschaft** sales association; **~gespräch** sales talk; **~gewinn** sales profit; **~kampagne** →Verkaufsfeldzug; **~kartell** →Vertriebskartell; **~kommission** sales (or selling) commission; *(Überseehandel)* sales consignment; **~kommissionär** sales (or selling) agent (on commission); factor; *(Überseehandel)* consignee; **~kontingent** sales quota; **~kosten** cost of sales, cost of goods sold; **~kurs** selling price; *(Devisen)* selling rate; **~leistung** sales performance; **~leiter** sales manager; head of a sales department; **~leitung** sales management; **~lizenz** licen|ce (~se) to sell; **~objekt** object of sale; **v~offener Samstag** Saturday with all-day shopping; **~option** *(Börse)* put (option), option to sell; sellers' option; **~ort** point (or place) of sale; **~personal** sales personnel (or staff); sales force, sales people; **~plan** sales (or selling, marketing) plan; **~politik** selling (or merchandising) policy; **~preis** selling (or sales) price; **~prospekt** sales prospectus; **~provision** sales (or selling) commission; *(des Maklers)* selling brokerage; **~rechnung** invoice (of sale); **~recht** right to sell *(→Alleinverkaufsrecht)*; **~schlager** quick selling article; sales hit; popular line; *Am* hit seller; *(Buch)* best seller; **~spesen** selling expenses; **~stand** stall, stand; **~statistik** sales statistics; **~stelle** selling point; (sales) outlet; **~tätigkeit** sales activity; marketing; **~termin** date set for sale; **~urkunde** deed of sale; **~verbot** ban on sale (e. g. of dangerous drugs); embargo; **~vereinbarung** sales agreement; **~verhandlung** sales negotiation; **~vertreter** selling agent; **~verweigerung** refusal to sell; **~vollmacht** authority to sell; **~volumen** sales volume; **~vorhersage** sales forecast(ing); **~vorschriften** sales regulations; **~wert** market value, market price; **~ziffern** sales figures

verkaufen to sell, to vend; to dispose of; *(flüssig machen)* to realize; **sein Geschäft ~** to sell (or dispose of) one's business; **Grundstück zu ~** *(als Bauplatz)* site for sale; *(mit Haus)* property for sale; **etw. aus freier Hand ~** →freihändig verkaufen; **mit →Gewinn ~**; **→partienweise ~**; **unter →Selbstkostenpreis ~**; **auf →Termin ~**; **mit →Verlust ~**; **sich gut ~ lassen** to sell readily; to meet with a ready market; **sich schwer ~ lassen** to sell badly; to be hard to sell; to have difficulty in selling sth; **von etw. mehr ~ als vorhanden ist** to oversell sth.

Verkäufer seller; *(bes. im Grundstückskauf)* vendor; *(Angestellter)* salesman; *Br* shop assistant; *Am* sales clerk; **~markt** sellers' market; **~prämie** push money

Verkäuferin *(Ladenangestellte)* saleswoman, sales assistant; *Br* shop assistant; *Am* salesclerk, salesperson

verkäuflich sal(e)able, vendible; marketable; likely to find buyers; **schwer ~** difficult (or hard) to sell

Verkehr traffic, transport; *(Verbindung)* communication; *(Umlauf)* circulation; *(Umgang)* intercourse, dealings; **~ mit dem Feind** communication with the enemy; **~ mit Gefangenen** contact with prisoners; **die im ~ erforderliche →Sorgfalt**; **unerlaubter ~ mit Suchtstoffen** illicit traffic in narcotic drugs; **→Auto~**; **→Binnen~**; **→Durchgangs~**; **→Eisenbahn~**; **→Fern~**; **→Fracht~**; **→Frei~**; **→Fremden~**; **→Geschäfts~**; **→Geschlechts~**; **→Grenz~**; **→Güter~**; **→Güterkraft~**; **→Handels~**; **→Kapital~**; **→Luft~**; **→Nachrichten~**; **→Nah~**; **→Personen~**; **→Post~**; **→Schiffs~**; **→See~**; **→Straßen~**; **→Wirtschafts~**; **→Zahlungs~**; **außerehelicher ~** extramarital intercourse; **diplomatischer ~** diplomatic intercourse (or relations); **ehelicher ~** marital intercourse

Verkehr, zum freien ~ for unrestricted marketing; **in freiem ~ befindliche Waren** *(EU)*[52] goods in free circulation (in the Member States); **Papiere in freiem ~ handeln** to trade securities over the counter

Verkehr, gesellschaftlicher ~ social intercourse (or dealings); **→grenzüberschreitender ~**; **internationaler ~** international transport; **öffentlicher ~** public transport

Verkehr, Recht zum persönlichen ~ (mit dem Kind)[53] right of access (to the child)

Ein Elternteil, dem die Sorge für die Person des Kindes nicht zusteht, behält die Befugnis, mit ihm persönlich zu verkehren.

A parent who is not awarded (or entitled to) care and control (or the personal custody) of a child has a right of access.

Verkehr, jeglichen ~ abbrechen to break off all contacts; **den ~ aufhalten** to block (or hold up) the traffic; **den ~ behindern oder gefährden** to obstruct or endanger traffic; **in ~ bringen** to bring (or put) into circulation; to place (or put) on the market; to market; *(Falschgeld)* to pass, to utter; **im ~ sein** to circulate; **den ~ umleiten** to divert (or *Am* detour) the traffic; **aus dem ~ ziehen** *(Geld)* to withdraw from circulation; *(Waren)* to withdraw from the market; *(Flugzeug etc)* to withdraw from service; *(Auto)* to take (the car) off the road; *(Sonderziehungsrechte)* to cancel

Verkehrs~, ~ampel traffic light(s); *Am* stop light; **~amt** tourist information office; **~anlagen** transport facilities; **nach der ~anschauung**

(od. ~auffassung) in the accepted view; by applying generally accepted standards; **~aufkommen** volume of traffic; **~bedürfnisse** traffic needs (or requirements); **~beeinträchtigungen**[54] traffic impairments; **~behinderung** obstructing traffic; **~behörden** transport authorities; **~bestimmungen** traffic regulations; **~betrieb** (passenger) transport undertaking; **~delikt** traffic offence (offense); *Br (Kraftfahrer)* motoring offence; **~dichte** traffic density; **~durchsetzung** →Verkehrsgeltung; **~einrichtungen** *(Schranken, Parkuhren etc)* traffic installations; **~erziehung** road safety training; **~flugzeug** airliner; commercial (or passenger) plane; **~funk** travel news, travel roundup; **~gefährdung**[55] impairing the safety of road traffic; **~geltung** *(WarenzeichenR)* secondary meaning; **~gewerbe** transport industry; **v~günstig** favo(u)rably located for traffic; **~hypothek**[56] ordinary (or regular) mortgage; **~infrastruktur** transport infrastructure; **~insel** traffic island; *Br (auch)* refuge; **~kontrolle** traffic control; **~leistung** transport performance (or service); **~lichtzeichen** traffic light signal; **~luftfahrt** commercial aviation; **~minister** Minister of Transport *(→Bundesminister für Verkehr)*

Verkehrsmittel means of transport; means of communication; **öffentliches ~** *Br* public transport, *Am* public transportation; **~werbung** transport(ation) advertising

Verkehrs~, **~opfer** road accident victim(s); road casualties; **~ordnung** traffic regulations; **~ordnungswidrigkeit**[57] traffic offence (offense); **~pflicht** →Verkehrssicherungspflicht; **~planung** traffic planning; **~politik** transport policy; **v~politische Fragen** problems of traffic policy; **~polizei** traffic police; *Am (außerhalb der Stadt)* highway patrol; **~polizist** traffic policeman; policeman on point duty; *sl.* (traffic) cop; **~recht** (road) traffic law; *(EheR)* s. Recht zum persönlichen →Verkehr

Verkehrsregeln traffic regulations; **Einheitlichkeit der ~ in Europa** uniformity in the rules governing road traffic in Europe *(→Europäisches Zusatzübereinkommen zum Übereinkommen über den Straßenverkehr)*

Verkehrs~, **~regelung** traffic control; **~schild** traffic sign, road sign; **v~sicher** *(Kfz)* roadworthy; **~sicherheit** traffic safety, road safety; **~sicherungspflicht** duty to safeguard traffic; duty (or obligation) of occupier to make land or premises safe for persons or vehicles

Verkehrssitte[58] prevailing practice; accepted (or customary) standards; **~ im Handelsverkehr** →Usance

Verkehrs~, **~spitze** traffic peak; **~statistik** traffic statistics; **~stau** traffic jam (or congestion); tail(-)back; **~stockung** traffic slowdown; **~störung** disturbance (or interruption) of traffic; **~strafsachen** motoring cases; **~streife** traffic patrol; **~strom** traffic flow (or stream)

Verkehrssünder offender against traffic laws, traffic offender; **~kartei** →Verkehrszentralregister

Verkehrsteilnehmer road user

Verkehrsteuer *(z. B. Wechsel-, Versicherungsteuer)* tax on transactions, transaction tax; *Am* transfer tax

Verkehrs~, **~tote** road casualties; **~träger** common carrier; **v~übliche** →**Sorgfalt**; **~umfang** volume of traffic; **~umleitung** diversion of traffic, (traffic) detour

Verkehrsunfall road (or street) accident, traffic accident; **~ziffer** toll of the roads; **an e-m ~ Beteiligter** person involved in a traffic accident; **Verursacher e-s tödlichen ~s** person responsible for a fatal road accident; **e-n ~ aufnehmen** to draw up a report of an accident (or an accident report)

Verkehrsunternehmen transport (*Am* transportation) firm (or enterprise); carrier(s); **öffentliches ~** common carrier; **Güterkraft~** road (freight) *Br* haulier *(Am hauler)*

Verkehrs~, **~unterricht** road safety training; **~verbände** (regional) traffic associations; **~verbindung** communication; **~verbot** traffic prohibition; **~verein** tourist information association; **~verhältnisse** traffic conditions, transport conditions; **~verlagerung** shift of trade; **~verwirrung** *Am (MarkenR)* confusion of source; **~vorhersage** traffic forecast; **~vorschriften einhalten** to comply with traffic regulations; **~wacht** road traffic safety organization; **~warnfunk** →Verkehrsfunk

Verkehrsweg (traffic) route; **~e** traffic infrastructure

Verkehrs~, **~wert** (current) market value; **~wesen** traffic (system); transport (system); **v~widrig** contrary to traffic regulations; **~wirtschaft** transport industry

Verkehrszeichen traffic sign; *(→Straßenverkehrszeichen)* road sign; **ein ~ nicht beachten** to disobey a traffic sign

Verkehrszentralregister *(des Kraftfahrt-Bundesamtes)* Central Card-Index for Traffic Offences (Offenses); **Tilgung der Eintragungen im ~** annulment of entries in the card index

Verkehrs~, **~ziffern** traffic figures; **~zunahme** increase in traffic

verkehren *(Zug)* to run; **~ mit** to associate with; **die Behörden ~ unmittelbar miteinander**

the authorities communicate with each other directly; **auf der Straße ~de Fahrzeuge** vehicles moving along a road

verklagen, jdn ~ to bring (or file) an action against sb., to sue sb.; to file a complaint against sb.; **jdn auf Schadensersatz ~** to sue sb. for damages

verklagt, ~e Firma defendant company; **unter der Firma →klagen oder ~ werden; ~ werden von** to be sued by

Verklappung von →Abfällen

verklaren to enter (or make) a protest

Verklarung[60] (ship's or captain's) protest (a statement of the circumstances under which an injury happened to the ship or cargo)

verklausulieren to hedge in (or guard) by clauses

Verknappung shortage, (growing) scarcity; **bei ~** when a shortage occurs; **Öl~** oil shortage, shortage of oil

verknüpft, eng ~ mit closely linked to

verkünden, ein Gesetz ~ to promulgate a law; **den →Streit ~; ein Urteil ~** to pronounce a judgment

Verkündung publication; **→Streit~; ~ e-s Gesetzes** promulgation of a law; **~ e-s Urteils** pronouncing a judgment (or sentence); **dieses Gesetz tritt mit seiner ~ in Kraft** this Act shall come into operation at the date of its promulgation

verkürzen to shorten, to abridge, to curtail; **e-e →Frist ~; Steuern ~** *(erlaubt)* to avoid taxes; *(unerlaubt)* to evade taxes

verkürzte Arbeitszeit short time

Verkürzung shortening, abridgment; **~ der Arbeitszeit** shortening of working hours; reduction of working time; **~ von Steuern** *(erlaubt)* avoidance of taxes; *(unerlaubt)* evasion of taxes

Verlade~, ~anzeige loading (or shipping) advice; **~bahnhof** loading station; **~datum** date of shipment; **~dokumente** →Verladepapiere; **~einrichtungen** loading (or shipping) facilities; **~ frist** time for loading; **~hafen** loading (or shipping) port; port of dispatch; **~kosten** loading (or shipping) charges; **~papiere** *(Frachtbrief, Ladeschein, Konnossement)* shipping documents; **~risiko** loading risk; **~schein** shipping note; **~schluss** deadline for loading

Verladen →Verladung; **~ und Ausladen von Tieren** loading and unloading of animals

verladen to load, to ship; **lose ~** to ship in bulk; **auf Deck ~** to ship on deck

Verlader *(→Ablader oder →Befrachter)* loader; shipper

Verladung loading, shipment, shipping; **mangelhafte ~** faulty loading; **~ an Bord** loading on board; **~sanzeige** →Verladeanzeige; **~skosten** →Verladekosten

Verlag publishing house, (firm of) publishers; **~sbuchhandel** publishing business; **~sbuchhandlung** publishing house (or firm); **~serzeugnisse** publications, books published; **~sgesetz** *(Gesetz über das Verlagsrecht [VerlG])*[61] Act concerning the Law of Publication; **~skatalog** publisher's catalog(ue); **~slektor** publisher's reader

Verlagssrecht[61a] (publisher's) right of publication; right to publish a literary or musical work; **das ~ entsteht mit der Ablieferung des Werkes**[61b] the publisher's right of publication shall commence upon delivery of the work

Verlag~, ~svertrag[61c] contract of publication; **~swesen** publishing

verlagern to relocate, to shift; to displace

Verlagerung relocation, shifting; displacement; **→Verkehrs~; ~ der Industrie** relocation of industry

Verlangen, auf ~ (up)on (or at) request; on demand

verlangen to require, to demand, to ask for; to claim; *(berechnen)* to charge; **Schadensersatz ~** to claim damages

verlangtes Angebot solicited offer

verlängerbar extendable; renewable; **jährlich stillschweigend ~es Abkommen** agreement subject to tacit renewal each year; **der Vertrag ist ~** the agreement is renewable

verlängern to extend, to prolong, to renew; **sich stillschweigend ~** *(Vertrag)* to be renewed implicitly (or by implication); **ein Abonnement ~** to renew a subscription; **den →Aufenthalt ~; die →Erlaubnis ~; die →Frist ~; e-n →Kredit ~; die Lizenz ~ bis** to prolong (or renew) the licen|ce (~se) until; **e-n Pass ~** to extend (or renew) a passport; **die Verjährungsfrist ~** to extend the period of limitation; *Am* to toll the statute of limitations; **das →Ziel ~**

verlängerter Eigentumsvorbehalt extended reservation of title

Verlängerung extension, prolongation, renewal; **stillschweigende ~** *(e-s Vertrages)* implied continuation (of a contract); tacit (or automatic) renewal; extension by tacit agreement; **weitere ~** further extension; **~ e-s Abkommens** extension of an agreement (or convention); **~ der →Amtszeit; ~ e-r Frist** →Fristverlängerung; **~ der →Gültigkeitsdauer; stillschweigende ~ des Mietverhältnisses (wenn nach Ablauf**

der Mietzeit der Gebrauch der Sache von dem Mieter fortgesetzt wird)[62] implied continuation of the lease (when the lessee remains in possession after the expiry of the lease); **~ der Pacht** renewal (or extension) of lease; **~ des Patents** →Patentverlängerung; **~ der Verjährungsfrist durch Vertrag**[63] extension of the period of extinctive prescription by contract; **~ e-s Wechsels** prolongation of a bill of exchange; **~ der Zahlungsfrist** lengthening of the time for payment

Verlängerungs~, **v~fähig** →verlängerbar; **~gebühr** renewal fee; **~klausel** renewal clause; *(Seevers.)* continuation clause

verlangsamen, **(sich) ~** to slow down, to decelerate; **den Preisanstieg ~** to stem the rise in prices; **die Inflation verlangsamte sich** inflation eased

Verlangsamung slowdown, deceleration; **~ des Verbrauchs** slackening of consumption; **~ des Wachstums** deceleration of growth

Verlassen leaving; *(abhängiger Personen)* abandonment; *(des Ehepartners)* desertion; **~ des Hoheitsgebietes** departure from the territory; **geschlossenes ~ des Sitzungssaales** *colloq.* walk- out; **~schaftsgericht** *(Österreich)* probate court (or registry)

verlassen to leave; to abandon; to desert; **sich ~ auf** to rely (up)on

Verlauf, **im ~e von** in the course of

Verlautbarung, **amtliche ~** official statement

verlegen *(an e-n anderen Ort)* to move, *Br* to remove; to transfer; *(auf e-n anderen Zeitpunkt)* to postpone, to adjourn; *(Arbeitskräfte/Truppen)* to redeploy; *(Industrien/Betriebe)* to relocate; *(Bücher)* to publish; **seinen Wohnsitz ~** to move (or transfer) one's residence

verlegen, **etw. ~** to mislay sth.

Verlegenheit, **in →Geld~ sein**

Verleger publisher; **~verband** publishers' association

Verlegung, **→Sitz~ e-r Gesellschaft**; **~ von Arbeitskräften** redeployment of manpower; **~ e-s Betriebes** relocation (or transfer, *Br* removal) of a business; **~ von Industrien** relocation of industries; **~ e-s Termins** postponement of a date (or of a hearing)

verleihen *(ausleihen)* to lend, *bes. Am* to loan; *(Ehren, Titel)* to confer, to bestow; *(zubilligen)* to grant, to award; **e-e Konzession ~** to grant a licen|ce (~se); **e-n Leiharbeitnehmer ~** to hire out a temporary worker; **e-n Preis ~** to award a prize; **jdm ein Recht ~** to grant a right to sb.; to vest sb. with a right, to vest a right in sb.

Verleiher *(von Geld)* lender, *bes. Am* loaner; *(von Filmen)* distributor; *(e-r Konzession)* grantor; *(e-s Leiharbeitnehmers)* hirer out *(→Arbeitnehmerüberlassung)*; **~ und Entleiher** lender and borrower *(→Leihvertrag)*; **~betrieb** hiring-out firm; **als ~ e-n Arbeitnehmer e-m Entleiher überlassen** to hire out a worker to a hirer

Verleih~, **~firma (od. ~unternehmen)** *(Arbeitnehmerüberlassung)* firm hiring out temporary workers *(→Leiharbeitsfirma)*; **~vertrag** temporary employment contract *(→Arbeitnehmerüberlassung)*

Verleihung *(Geld)* lending; *(Titel)* conferment, bestowal; *(Zubilligung)* granting, award; *(Vermietung)* hiring out; **~ der Staatsangehörigkeit** grant of nationality (or citizenship)

Verleitung, **~ zur Fahnenflucht**[64] incitement to desertion; **~ zum Meineid** subornation of perjury; **~ zu e-r Straftat** inducing a p. to commit an offence (offense); **~ zum Vertragsbruch** inducement of breach of contract; interference with contractual relations

verlesen, **die Namensliste ~** to call the roll; **das Protokoll ~** to read the minutes

verletzen to violate, to infringe, to injure; **jdn körperlich ~** to injure sb.; **ein →Gesetz ~**; **jds Interessen ~** to injure sb.'s interests; **jds Intimsphäre ~** to violate (or invade) sb.'s privacy; **ein Patent ~** to infringe a patent; **ein Recht ~** to infringe a law; **jds Rechte ~** to injure sb.'s rights; to encroach (or infringe) upon sb.'s rights; **e-n →Vertrag ~**; **ein Warenzeichen ~** to infringe a trademark

verletzt, **tödlich ~** fatally injured; **~ werden** to be injured

Verletzer *(e-s Patents)* infringer, infringing party

Verletzte, **der/die ~** the injured party; *(in seinem/ihrem Recht)* the aggrieved party; the person whose interests (or rights) are prejudiced; *(PatR)* the infringed party; **~ngeld** *(bei Arbeitsunfall od. Berufskrankheit)* injury benefit; **~nrente**[65] injured person's pension; *Br* industrial injury benefit

Verletzung *(von Rechten, Vorschriften)* violation, infringement; *(bes. körperlich)* injury; **→Gesetzes~**; **→Grenz~**; **→Luftraum~**; **→Neutralitäts~**; **→Patent~**; **→Urheberrechts~**; **→Vertrags~**; **innere ~en** internal injuries; **körperliche ~** personal injury; **schwere ~** serious injury; *(von Rechten, Vorschriften etc)* gross violation; **tödliche ~** fatal injury; **~ der →Amtsverschwiegenheit**; **~ des →Berufsgeheimnisses**; **~ wesentlicher →Formvorschriften**; **~ der Geheimhaltungspflicht** breach of confidence; **~ der Intimsphäre** violation of privacy; **~ der →Menschenrechte**;

vorsätzliche ~ e-s Patents intentional infringement of a patent; **~ des Persönlichkeitsrechts** violation of personal privacy; **unter ~ des →Sorgerechts**; **~ der Sorgfaltspflicht** violation of the duty of care; **~ der →Unterhaltspflicht**; **~ e-r Verpflichtung** infringement of an obligation; **~ e-s Vertrages** →Vertragsverletzung; **~ e-r wesentlichen Vertragsbestimmung** *Br* breach of condition of a contract; **~ e-r vertraglichen Zusicherung** breach of warranty; **~ des Völkerrechts** violation of international law; **~ der Zollverschlüsse** breaking of the customs seals

Verletzungs~, **~handlung** act of infringement; **~sklage** *(PatR)* infringement action; **e-e ~klage erheben** to institute infringement proceedings; **~prozess** infringement suit; **~unfälle** accidents causing injury

verleumden, **jdn ~** to defame sb.'s reputation or credit (by making knowingly false statements); *(schriftlich, durch Film, Rundfunk oder auf sonstige dauerhafte Weise)* to libel sb.; *(mündlich oder auf sonst nicht dauerhafte Weise)* to slander sb.

verleumderisch defamatory; *(schriftlich)* libel(-l)ous; *(mündlich)* slanderous

Verleumdung[66] defamation, defaming sb.'s reputation (by making knowingly false statements); *(schriftlich, durch Film, Rundfunk oder auf sonstige dauerhafte Weise)* libel; *(mündlich oder auf sonst nicht dauerhafte Weise)* slander; **geschäftliche ~**[67] slander (or libel) against sb.'s business or goods (making knowingly false statements apt to inflict damage); trade disparagement; trade libel; **~sfeldzug** smear campaign; **~sklage** defamation action; action for libel (or slander); **e-e ~sklage einreichen** to sue for libel (or slander)

verlieren to lose; *(verlustig gehen)* to forfeit; **an Einfluss ~** to lose ground (bei with); **→Gültigkeit ~**; **die Kaution ~** to forfeit one's bail; **e-n Prozess ~** *Br* to lose an action; *Am* to lose a lawsuit; **an Wert ~** to lose value, to deteriorate

verlierende Partei losing (or unsuccessful) party; loser *(Ggs. obsiegende Partei)*

verloben, **sich ~** to become (or get) engaged

verlobt engaged

Verlobte, **der ~** the fiancé; **die ~** the fiancée

Verlöbnis engagement,; **Ersatzpflicht bei Rücktritt vom ~**[68] liability for damages for breach of promise to marry (on termination of the engagement); **~bruch** breaking-off of an engagement

Verlobung engagement; agreement to marry; **~sanzeige** announcement of an engagement; **~sgeschenke** engagement presents; **die ~ auflösen** to break off one's engagement

verloren, **~e Sache** lost object; **~gehen** to get lost

verlorengegangene Sendung lost shipment

verlosen, **Schuldverschreibungen ~** to draw bonds for redemption

Verlosungsliste list of drawings

Verlust loss; *(Verwirkung)* forfeiture; *mil* casualties; **e-n ~ aufweisend** showing a loss; **→Betriebs~**; **→Geschäfts~**; **→Gewichts~**; **→Jahres~**; **→Kapital~**; **→Kurs~**; **→Papier~**; **→Rechts~**; **→Total~**; **→Vermögens~**; **→Wett~**; **→Zeit~**; **→Zins~**; **buchmäßiger ~** book loss; **entstandene ~e** losses incurred; **schwerer ~** heavy (or severe) loss; **teilweiser ~** partial loss; **unersetzlicher ~** irrevocable loss; **~ an Absatzgebieten** loss of markets; **~ e-s Amtes** forfeiture of public office; **~ des Augenlichtes** loss of sight; **~ durch Auslaufen** loss by leakage; **~ der bürgerlichen →Ehrenrechte**; **~ der →Erwerbsfähigkeit**; **~ an Menschenleben** loss of life; **~ des Pensionsanspruchs** forfeiture (or loss) of (one's) pension rights; **~ auf See** maritime loss; **~ der →Staatsangehörigkeit**

Verlust~, **~abschluss** *(Bilanz)* debit balance, balance deficit; **~abzug** *(SteuerR)* loss deduction; **~anteil** share in the loss; **~anzeige** notice of loss; **~ausgleich**[69] loss compensation (or relief); **~bilanz** balance sheet showing a loss; **~dekkung** coverage of losses; **~geschäft** losing business (or bargain); operations resulting in a loss; **~konto** deficit (or loss) account; **~liste** *mil* list of casualties; **~quellenrechnung** calculation of losses caused by operational deficiencies; **→Gewinn- und ~rechnung**; **~rücktrag** loss carryback; **~spanne** deficit margin; **~übernahme** assumption of loss; **~verkauf** selling at a loss; **~vortrag** loss carry forward; loss brought forward (from prior years); **~ziffern** *mil* casualties; **~zuweisung** allocation of losses

Verlust, **mit ~ arbeiten** to work (or operate) at a loss; **die Gewinne gleichen die ~e aus** the profits offset the losses; **sich am ~ beteiligen** to participate (or share) in the loss; **jdn für e-n ~ →entschädigen**; **~e entstehen** losses arise; **e-n ~ erleiden** to suffer (or incur, sustain) a loss; **~e an der Börse erleiden** to meet with losses on the stock exchange; **der Anleger erlitt schwere ~e** the investor lost heavily; **seine ~e ersetzt bekommen** to recover one's losses; **in ~ geraten** to be lost; **mit ~ verkaufen** to sell at a loss; **seine ~e wieder einbringen** to recoup one's losses

verlustig, **e-s →Geschäftsanteils (für) ~ erklären**; **e-s Rechts für ~ erklärt werden** to be deprived of a right (by a judgment, etc); **e-s Rechts ~ gehen** to lose a right, to forfeit a right

vermachen to dispose by will; *(testamentarisch)* to will; *(bes. bewegl. Sachen und Geld)* to bequeath; *(Grundbesitz)* to devise; **unbewegl. und bewegl. Vermögen ~** to devise and bequeath real and personal property; **jdm etw. letztwillig ~** to leave sb. sth. by will

Vermächtnis[70] testamentary gift; *(Br über bewegl. Sachen)* (specific) legacy, bequest; *(über Grundbesitz)* devise

Vermächtnis ist die Zuwendung eines Vermögensvorteils durch Verfügung von Todes wegen derart, dass der Begünstigte (der Vermächtnisnehmer) gegen den Erben einen Anspruch auf Erfüllung hat.

Legacy is the grant of a pecuniary advantage by a disposition to take effect on death. The legatee acquires no proprietary right; he has merely a personal claim against the heir.

Vermächtnis, ~ unter →Auflage; bedingtes ~ contingent legacy; **→Ersatz~; →Gattungs~; →Geld~; →Geldsummen~; →Rest~; →Verschaffungs~; →Voraus~; →Zweck~**

Vermächtnis, Anfall des ~es[71] devolution of the legacy (or devise); **Ausschlagung e-s ~ses** disclaimer (or repudiation) of a legacy; **Kürzung des ~ses** *(bei nicht ausreichender Erbmasse)* abatement of a legacy; **Wegfall e-s ~ses** *(wegen Vorversterbens des Bedachten)* lapse of a legacy; **~geber** legator; **~nehmer** legatee; beneficiary under a will; *(von Grundbesitz)* devisee; *(e-r bestimmten Sache)* specific (or particular) legatee; **~unwürdigkeit** unworthiness to be a legatee; **~vollstrecker**[72] person (other than heir) appointed by will to carry out an obligation with which a legacy (or devise) has been burdened; **ein ~ ausschlagen** to disclaim a legacy; **ein ~ aussetzen** to bequeath (or leave) a legacy (to a p.); to make a bequest (or devise); **mit e-m ~ beschwert sein**[73] to be burdened (or charged) with (payment of) a legacy; **~se →kürzen**

vermarkten to market, to place on the market

Vermarktung, ~ landwirtschaftlicher Erzeugnisse marketing of agricultural products; **~snormen** *(EG)* marketing standards; **~sverbot** sales prohibition

vermeidbare Kosten avoidable costs

vermeiden, (es) ~ zu tun to avoid doing

Vermeidung avoidance; **bei ~ e-r Strafe von** (up)on (or under) pain of, on penalty of; **~ der →Doppelbesteuerung**

Vermengung von Sachen →Vermischung

Vermerk note, notation; entry; statement; memorandum; *(auf der Rückseite e-r Urkunde)* endorsement; **→Akten~; →Post~; →Protest~ auf e-m Wechsel; →Sperr~; ~ im Protokoll** note in the record; entry in the minutes

vermerken to make (or take) a note of; to make an entry; *(auf der Rückseite e-r Urkunde)* to indorse; **in den Akten ~** to make a note in the records

Vermessung measurement; *(Land)* survey(ing); **~swesen** surveying; **~szertifikat** *(Schiffahrt)* certificate of measurement, tonnage certificate

vermietbar lettable; *Am bes.* rentable

vermieten *(Immobilien)* to let; *Am bes.* to rent (out); to lease; *(bewegl. Sachen)* to let (out) on hire; *Br* to hire out; *Am* to rent; *(See- und Luftrecht)* to let (out) on charter; **Fahrräder zu ~** bicycles for hire; **ein Haus ~** to let a house; **Schiffe oder Luftfahrzeuge ~** to let ships or aircraft out on charter; **Zimmer zu ~** rooms to let *(Am for rent)*; **das Haus ist zu ~** the house is to be let; **das Haus läßt sich gut ~** the house is easy to let *(Am to rent)*; **ich habe 3 Häuser zu ~** *Am* I have 3 rentals

vermietet, ~er Gegenstand article let on hire, object hired out; *Am* article rented; **~er Grundbesitz** property leased; *Am bes.* rented property; **sie hat ihr Haus möbliert ~** she has let (*Am* rented) her house furnished

Vermieter *(Immobilien)* landlord, lessor, person granting a lease; *(bewegl. Sachen)* person letting on hire; lessor; **~ und Mieter** landlord and tenant; **vom ~ nicht zu vertretender Umstand** circumstance beyond the landlord's control; **~pfandrecht**[74] landlord's lien; landlord's right of distress

Vermieterin landlady

Vermietung *(von Immobilien)* letting, *bes. Am* renting; leasing (giving [or granting] a lease); *(von Sachen)* hiring out, letting (out) on hire; *(im Leasing)* lease, leasing; **→Auto~; →Einkünfte aus ~ und Verpachtung; ~ von Gebäuden** leasing and letting buildings; **~ von kompletten Betriebsanlagen** *(im Leasing)* plant leasing; **~ von Wasserfahrzeugen** hiring of vessels; **~ von Wohnungen** *Br* granting a lease of (or leasing) flats; *Am* renting (or leasing) apartments; **~ von Zimmern** letting (*Am* renting) of rooms; **~en anbieten** *(im Leasing)* to offer leases

vermindern to decrease, to reduce; **die Geschwindigkeit ~** to slow down, to decelerate

Verminderung decrease, reduction; **~ der Streitkräfte** reduction of forces; **~ von →Umweltbelastungen**

Vermischung beweglicher Sachen[75] mingling of things (belonging to different owners); confusion of goods

vermisst missing; **~ sein** to be missing

Vermisste missing persons; **~nanzeige** report that a person is missing; **~nsuchdienst** service for tracing missing persons *(→ Todeserklärung)*

vermittelbare Arbeitskräfte placeable labo(u)r

vermitteln *(jdm zu etw. verhelfen)* to bring about, to procure, to secure; **~ zwischen** to mediate between, to act as an intermediary between; *(für jdn eintreten)* to intercede for sb.; **Arbeit ~** to find (or arrange) work (for sb.); **Arbeitskräfte ~** to procure labo(u)r; **ein Geschäft ~** to negotiate a transaction (or business) (on behalf of sb.); **Geschäfte ~** *(als Vertreter od. Makler)* to act as an agent or broker; **in e-m →Streit ~**

vermittelnd conciliatory

Vermittler *(bes. in Arbeits- und internationalen Streitigkeiten)* mediator, conciliator; *(Fürsprecher)* interceder, intercessor; *(Mittelsperson)* intermediary, go-between; *(Vertreter)* agent; *(Makler)* broker; **→Darlehens~**; **~provision** →Maklerprovision

Vermittlung *(Tätigkeit, die jdm zu etw. verhilft)* procurement; arrangement; *(Schlichtung bes. von Arbeits- und internationalen Streitigkeiten)* mediation, conciliation; *(Fürsprache)* intercession; **durch ~ von** through the agency of; through mediation of; through the good offices of; **~ von →Adoptionen**; **~ e-s Darlehens** negotiation of a loan; **~ e-s Vertrages** negotiation of a contract with a third party *(→Maklervertrag)*; **→Arbeits~**; **→Heirats~**; **→Kredit~**; **→Stellen~**

Vermittlungs~, **~agent** →**~vertreter**; **~angebot** offer of mediation; **~ausschuss**[76] mediation committee; **~dienste** *(VölkerR)* s. gute →Dienste, gute Dienste; **~provision**[76a] commercial agent's commission; **~stelle**[76b] mediation committee (or board); **~verfahren** conciliation proceedings; *(VölkerR)* good offices procedure; **~versuch** attempt at mediation (or conciliation); **~vertreter** commercial agent acting as middleman in bringing about direct relations between his principal and a third party *(Ggs. Abschlussvertreter; →Handelsvertreter)*; **~vorschlag** proposal for mediation

Vermögen property, fortune, assets; *(Reichtum)* wealth; *(Geldmittel)* means; **→Anlage~**; **→Auslands~**; **→Bar~**; **→Betriebs~**; **→Firmen~**; **→Geschäfts~**; **→Gesellschafts~**; **→Grund~**; **Immobilien~** immovable property; **→Privat~**; **→Rein~**; **→Sach~**; **→Umlauf~**; **→Vereins~**; **→Volks~**; **→bewegliches und unbewegliches ~**; **sein ganzes ~** the whole of one's property (or fortune); **persönliches ~** →Privatvermögen; **verfügbares ~** disposable (or available) assets

Vermögen, **~ beschlagnahmen** to seize property; **~ besitzen** to hold property; **~ bilden** to accumulate capital *(→ Vermögensbildung)*; **~ erben** to come into property (or a fortune); to inherit property; **~ erwerben** to acquire property; **mit seinem ganzen ~ →haften**; **~ veräußern** to dispose of property; **sein ~ testamentarisch vermachen** to dispose of one's property by will; **~ verwalten** to administer property

Vermögens~, **~abgabe** levy on property, capital levy; **~anfall** accession to property

Vermögensanlage investment; **e-e breitgefächerte ~** a widely spread investment; **Gewinne (Verluste) aus ~** gain (loss) from sale of investments

Vermögens~, **~anmeldung** →Vermögenserklärung; **~arten** *(SteuerR)* types of property

Vermögensaufstellung inventory of property; statement of net assets; **e-e ~ vorlegen** *(InsR)* to submit a statement of one's affairs

Vermögens~, **~auseinandersetzung** apportionment of assests and liabilities; **~belastung** charge (or encumbrance) on property; **~beratung** investment advisory services; **~beschädigung e-s anderen** damage to sb.'s financial position *(→Betrug)*; **~beschlagnahme** →Beschlagnahme von Vermögen; **~besteuerung** taxation of property; *(DBA)* taxation of capital; **~bewertung** assets valuation; **~bilanz** statement of assets and liabilities; *Am* net asset position

Vermögensbildung capital (or asset) formation; **~ der Arbeitnehmer**[77] accumulation of capital by wage and salary earners *(→vermögenswirksame Leistungen)*; **Beteiligung der Arbeitnehmer an der ~** participation of employees (or workers) in asset formation; **Maßnahmen zur Förderung der ~** measures to promote capital formation

Vermögen~, **~sdelikte** offences (offenses) against property; **~seinbuße** loss of property; **~seinkommen** →Einkommen aus Vermögens; **~seinlage** capital contribution; **~seinziehung** seizure of property; **~serklärung** *(für Vermögensteuer)* declaration of property (or assets); **~serwerb** acquisition of property (or assets); **~sfolgeschaden** *(ProdhaftR)* consequential economic or financial loss; **~sgegenstand** item of property; asset; **unbeweglicher ~sgegenstand** real asset; **~sgegenstände im Ausland** *Br* foreign possessions; **~shöhe** amount of assets; **~sinteresse** property (or pecuniary) interest

Vermögenslage financial position (or situation), financial status; *(e-s Unternehmens)* state of affairs; **~ e-s Konzerns** net worth of a group;

seine ~ wissentlich falsch →darstellen; die ~ →verschleiern

Vermögens~, ~masse estate; a person's whole property; *(Insolvenzmasse)* (bankrupt's or insolvent's) assets; **~mehrungen** *(bei KapitalgesellschaftenSteuerR)* increase in capital; **~nachteil** pecuniary prejudice; **~recht** property right; **v~rechtlicher Anspruch** pecuniary claim

Vermögensschaden economic (or pecuniary or financial) loss; **allgemeiner (reiner) ~** pure economic loss; **~, der sich als Folge von Personen- und Sachschäden ergibt** consequential economic loss; financial loss caused by personal injury or damage to property (e. g. in the case of lost wages, in the case of destruction of a residence etc) *(→ Vermögensfolgeschaden)*

Vermögens~, ~schädigung e-s anderen →Vermögensbeschädigung; **~sorge**[78] care for the property of the child *(→elterliche Sorge)*; **~sperre** blocking of property; **~status** statement of assets and liabilities

Vermögensteuer[79] wealth tax; property tax, net wealth tax; **v~liche Vorschriften** capital tax provisions; **die ausländische ~ auf die deutsche ~ anrechnen** to credit the foreign capital tax against the German capital tax

Vermögens~, ~übergang devolution (or passing) of property; **~übernahme**[80] taking over the property of another person; **~übersicht** →Vermögensaufstellung

Vermögensübertragung[81] conveyance (or transfer) of (present or future) property; property transfer; *(AktienR)*[82] transfer of the company's assets; **e-e betrügerische ~ vornehmen** to make a fraudulent conveyance

Vermögens~, ~umverteilung redistribution of wealth; **~verfügung des Getäuschten** *(bei Betrug)* disposal (or disposition) of the property of the person deceived

Vermögensverhältnisse financial condition; circumstances; **in guten ~n** in easy (or good) circumstances; **in schlechten ~n** in reduced (or straitened) circumstances

Vermögens~, ~verletzung property tort; **~verlust** loss of property; **~verschlechterung**[83] deterioration of assets (influence on the performance of contracts); **~verschleierung** concealment of assets; **~verwalter** property administrator; administrator of an estate; trustee; custodian; property manager

Vermögensverwaltung administration of property (or of assets); property management; administration of an estate; *(Verwaltung von Kapitalanlagen)* investment management; **ein zur ~ bestellter Pfleger** a curator appointed to take care of the ward's property; **Entziehung der ~** *(durch das Vormundschaftsgericht)*[84] withdrawal of the authority to administer (or manage) property; **über die ~ Rechnung legen**[85] to deliver (or give) an account of the administration of property

Vermögens~, ~verzeichnis[86] list of assets; inventory of property, schedule of property (or assets); **e-n ~vorteil erlangen** to gain a pecuniary benefit (or advantage)

Vermögenswert value of assets

Vermögenswerte (capital) assets; property holdings; **Sach~** physical assets; **immaterielle ~** intangible assets; **materielle ~** tangible assets (or property); **→verschleierte ~**

vermögenswirksam, ~e Anlage investing money in a way designed to promote capital formation; capital-forming investment; **~e →Ergebnisbeteiligung; ~e Leistungen** *(der Arbeitgeber für den Arbeitnehmer)* capital accumulation benefits; payments to promote the formation of capital *(→ Vermögensbildung)*

Vermögenszuwachs capital appreciation, capital growth; accession of property

vermögend well off, well-to-do; **~er Mann** wealthy (or affluent) man; man of property

vermummt, ~e Demonstranten masked demonstrators

Vermummung disguise (used by demonstrators to avoid detection by the police); **~sverbot** ban on masking one's features at public meetings

vermuten to presume, to assume, to suppose (to be true)

vermutet, *(aus den Umständen zu folgernde)* **~e Vollmacht** implied authority

vermutlich presumable, presumptive; likely; **~er Erbe** heir presumptive

Vermutung presumption; **~ der →Richtigkeit des Erbscheins (des Grundbuchs); (un)widerlegbare →Rechts~; →Tatsachen~; →Überlebens~; →Vaterschafts~; e-e ~ aufstellen** to raise a presumption; **die ~ entfällt** the presumption does not apply; **e-e ~ widerlegen** to rebut a presumption

vernachlässigen to neglect, to be negligent of

Vernachlässigung neglect; **schuldhafte ~** culpable neglect

vernehmen to examine, to interrogate; to question; to take evidence; **eidlich ~** to examine under (or on) oath; **e-n Zeugen gerichtlich ~** to examine a witness in a court of law

vernommen werden to undergo an examination (or interrogation)

Vernehmung examination, interrogation; questioning; →**Partei~**; →**Zeugen~**; **polizeiliche ~** police interrogation; **v~sfähig** in a condition to undergo an examination; **~sprotokoll** record of interrogation; **~en durchführen** *(Zeugenvernehmung vor Gericht)* to examine a witness, to conduct the examination of a witness; *(Polizei)* to question sb.; **die ~ unter Eid oder in gleichermaßen verbindlicher Form vornehmen** to take evidence on oath or in an equally binding form

verneinen to answer in the negative; to deny; **~de** →**Antwort**

vernichten to destroy; **Akten ~** to destroy records; **e-n Anspruch ~** to defeat a claim

Vernichtung destruction; **~ von Beweismitteln** destroying evidence

vernünftig handelnde Person resonably prudent person

Verödung desertification; devastation

veröffentlichen to publish; *(UrhR)* to disseminate; *(bekanntgeben)* to announce; to release for publication; *(Gesetz)* to promulgate

veröffentlichte Werke published (or disseminated) works; **nach dem Tode des Verfassers ~** posthumous works

Veröffentlichung publication; *(Bekanntgabe)* public announcement; *(e-s Gesetzes)* promulgation; *(UrhR)* dissemination; →**amtliche ~en**; **druckschriftliche ~en** *(PatR)* printed publications; **regelmäßig erscheinende ~** periodical publication; **nicht zur ~ bestimmt sein** *colloq.* to be off the record; **~sblatt** gazette; **~spflicht** →Publizitätspflicht; **~srecht** right of publication; *(UrhR)* right of dissemination; **zur ~** →**freigeben**

verordnen to decree, to order

Verordnung decree, order, ordinance; regulation; **~en** subordinate legislation; →**Durchführungs~**; →**Not-**; →**Rechts~**; **ärztliche ~** prescription; **polizeiliche ~** police ordinance; →**städtische ~**; **~ mit Gesetzeskraft** →Rechtsverordnung; **~sblatt** official gazette

Die Verordnung der EG hat allgemeine Geltung. Sie ist in allen ihren Teilen verbindlich und gilt unmittelbar in jedem Mitgliedstaat.[87]

Die Verordnungen werden im Amtsblatt der Gemeinschaft veröffentlicht.

A regulation of the EC shall have general application. It shall be binding in its entirety and directly applicable in all Member States.

The Regulations are published in the Official Journal of the Community.

Verordnung (EG) Nr. 1346/2000 des Rates vom 25. Mai 2000 über Insolvenzverfahren (Eudus VO) Council Regulation (EC) No 1346/2000 of 29 May 2000 on involvency proceedings

Verordnung, e-e ~ erlassen to issue an ordinance; *(EU)* to adopt a regulation

verpachten to let, to lease, to let on lease, to demise; *Am* to rent *(→Pacht)*; **an jdn ~** to grant sb. a lease; **ein Grundstück samt Inventar ~**[88] to lease land together with an inventory; **zu ~ sein** to be offered for lease, to be let on lease

verpachteter Hof leased farm, farm let to a tenant

Verpächter lessor; landlord; **~ und Pächter** landlord and tenant; **~pfandrecht**[89] lessor's lien

Verpachtung leasing, letting (on lease); lease; *Am* renting; *(von Grundbesitz)* demise; **~ von Betriebsanlagen** plant leasing; **~ e-s Patents** lease of a patent

verpacken to pack, to package; *(in Papier)* to wrap up

verpackt, bahnmäßig ~ packed for railway (railroad) transport; **handelsüblich ~** packed as usual in trade; **seemäßig ~** packed for exportation by sea; **die Ware lose oder ~ kaufen** to buy the goods in bulk or packed

Verpackung packing, packaging; wrapping (up); **~ frei** packing included; **~ wird extra berechnet** packing extra; **~ wird nicht berechnet** no charge for packing; **~ zurücksenden** packing to be returned; **ordnungsgemäße ~** proper packing; **seemäßige ~** sea-proof packing; **unsachgemäße ~** improper packing

Verpackungs~, ~gewicht weight of packing, tare; **~industrie** packaging industry; **~kosten** packing costs, packaging costs; **~material** packing (or wrapping) material; **~müll** packaging waste; **~vorschriften** packing instructions

verpfändbar pawnable, pledgeable

verpfänden to pledge, to give in pledge; to pawn; to mortgage, to hypothecate; **e-e Sache als Sicherheit ~** to pledge a chattel as security for a debt (by transferring possession but not ownership)

verpfändet pledged, pawned, in pledge, in pawn; mortgaged; hypothecated; **der Anspruch auf ... kann nicht ~ werden** the claim to ... is not subject to pledge; **bei dem Pfandleiher ~e Sachen einlösen** to redeem goods pledged with the pawnbroker

Verpfänder pledger, pledgor; pawner, pawnor

Verpfändung pledge, pledging; pawning; mortgaging; hypothecation; →**Depot~**; **~ e-r Forderung** assignment of a claim by way of pledge; pledging of a claim; **~ e-s Patents** pledging of a patent; **~ von Vermögensgegenständen** mortgaging of property; **~ als Sicherheit für ein Darlehen** hypothecation as security for a loan; **~sbescheinigung** hypothecation certificate

Verpflegung providing food; board; *(im Betrieb)* catering; **~ an Bord** catering in flight; **~ und Unterkunft** board and lodging; **~sgeld** allowance for board; maintenance allowance

verpflichten, jdn ~ to bind (or engage, oblige, *Am* obligate) sb.; **sich ~, etw. zu tun** to bind oneself (or to engage [oneself], to commit oneself, to undertake) to do sth.; **sich ehrenwörtlich ~** to pledge one's hono(u)r; **sich eidlich ~** to bind oneself on oath; **wir ~ uns** →**gemeinsam**; **sich vertraglich ~** to bind oneself by contract; *(bindend versprechen)* to covenant, to make a covenant

verpflichtet obliged, *Am* obligated; *(festgelegt auf)* committed to; →**„Eigentum ~"**; **jdm gegenüber ~ sein** to be under an obligation (or engagement) to sb.; **wir sind Ihnen sehr zu Dank ~** we are greatly indebted (or obliged) to you; **vertraglich ~** bound by contract, liable under a contract; **zur (Amts-) Verschwiegenheit eidlich ~ werden** to be bound by oath to observe secrecy; to be sworn to secrecy

Verpflichteter *(Ggs. Berechtigter z. B. in Unterhaltsverfahren)* obligor *(opp. obligee for instance, in support proceedings, the person owing a duty of support)*

Verpflichtung obligation, liability; *(Verbindlichkeit)* engagement, commitment, undertaking; →**Eventual~**; →**Garantie~**; →**Zahlungs~**; **~ zur Herausgabe** →Herausgabepflicht; **~en gegenüber der Öffentlichkeit** obligations to the public; **~ zum Schadensersatz** liability for damages; **~ aus e-m Vertrag** contractual obligation; liability under a contract; *(VölkerR)* obligation pursuant to a treaty; **außervertragliche ~en** non-contractual obligations; **eingegangene ~en** liabilities incurred; **nicht einklagbare ~** imperfect obligation; **feierliche ~** solemn undertaking; **feste** *(langfristige)* **~** fixed liability; **finanzielle ~** financial obligation (or commitments); →**gemeinsame ~**; **gesellschaftliche ~** social engagement (or commitment); **gesetzliche ~** legal obligation; **internationale ~en** international obligations (or commitments); **laufende ~en** current liabilities; **moralische ~** moral obligation; **jdm obliegende ~** obligation incumbent on a p.; **stillschweigend unterstellte ~** implied obligation; **vertragliche ~** →Verpflichtung aus e-m Vertrag; **völkerrechtliche ~en** obligations under international law

Verpflichtungs~, **~erklärung** undertaking, commitment; **~ermächtigung** *(EU)* appropriation for commitment; **~fähigkeit** *(WechselR)* capacity to incur liability; **~klage** action (by public procedure) against a public authority to compel the performance of an administrative act for one's benefit (e. g. the granting of a licence); writ of mandamus; **~zusage** commitment; →**kaufmännischer ~schein**

Verpflichtung, jdm e-e ~ auferlegen to impose an obligation on a p.; **von e-r ~ befreien** to release from (or release of) an obligation; **e-e ~** →**eingehen**; **~en einhalten** to fulfil (or discharge) one's obligations; to meet liabilities; **keine ~en sollen entstehen** no obligation shall be incurred; **sich seinen ~en** →**entziehen**; **seine ~en** →**erfüllen**; **die ~ haben** to be under an obligation; **e-r ~ (nicht)** →**nachkommen**; **e-e ~ übernehmen** to assume (or incur) an obligation; to enter into a commitment; **gegen e-e ~ verstoßen** to act in breach of one's obligations

verplomb, ~en to seal; **~te** →**Transportmittel**

Verrat betrayal; →**Geheimnis~**; →**Hoch~**; →**Landes~**; →**Partei~** *(Partei 1.)*; **~ von Geschäfts- oder Betriebsgeheimnissen**[90] disclosure of trade or business secrets

verraten, ein militärisches Geheimnis ~ to disclose a military secret

verräterische Handlung treasonable act

verrechnen *(verbuchen)* to pass to sb.'s account; **etw. ~ mit** to charge sth. against; to set sth. off against; *(im Clearing)* to clear; **sich ~** to miscalculate, to calculate wrongly; to make a mistake in one's estimate

verrechnet werden auf to be charged (or offset) against

Verrechnung passing to sb.'s account; set off, offset (mit against); *(im Clearing)* clearing; **zur ~ vorgelegter Scheck** cheque (check) presented for clearing; **nur zur ~** *Br (Scheckvermerk)* account payee only; not negotiable; *Am* for deposit only

Verrechnungs~, **~abkommen** clearing agreement; **~dollar** clearing dollar, accounting dollar; **~einheit** (VE) clearing unit; **~guthaben** clearing balance; **~konto** clearing account; offset account; **~kurs** clearing rate; **~posten** offsetting item; clearing item; **~preis** transfer price; **~preismissbrauch** *(SteuerR)* transfer pricing tax evasion; **~saldo** offset balance; clearing balance; **~scheck** *Br* cheque only for account; crossed cheque; *Am* check for deposit (only); **~schuld** clearing debt; **~stelle** clearing house, clearing office; **~verbot** offset prohibition; **~verkehr** *(der Banken)* clearing; **Scheck~verkehr** cheque (check) clearing system; **~währung** clearing currency; **im ~weg** by way of clearing; **~wert** *(e-r in Zahlung gegebenen Sache)* trade-in value

verrichten, Arbeit ~ to do (or perform) work

Verrichtungsgehilfe vicarious agent; **Haftung für ~n**[90a] vicarious liability

verringern to decrease, to reduce; **Personal ~** to reduce the staff; to make staff cuts; **Metallgeld ~** to deface coins *(→Münzverringerung)*

Verringerung decrease, reduction, cutback; **~ von Truppen** troop reduction; **~ der Umsätze** decrease in sales

Verruf, jdn in ~ erklären to boycott sb.

Verrufener boycotted party

Verrufer boycotter (party inducing boycott)

Versagen, menschliches ~ human failure; **~ der Justiz** miscarriage of justice; failure of justice

versagen, die Erlaubnis ~ to refuse permission; **ein →Patent ~**

Versagung refusal, rejection, denial; **~ e-r →Aufenthaltserlaubnis**; **~ der Hilfe** refusal of assistance; **~ e-s Patents** →Patentversagung

versammeln, sich ~ to assemble, to meet

Versammlung assembly; gathering, meeting; **→Betriebs~**; **→Gesellschafter~**; **→Gläubiger~**; **→Haupt~**; **→Mitglieder~**; **→Personal~**; **→Voll~**; **~ des Berner Verbandes**[91] Assembly of the Berne Union; **~ unter freiem Himmel** open-air meeting; **~sfreiheit**[92] freedom of assembly; right to assemble; **~sgesetz**[93] Law concerning Assemblies and Processions; **~sraum** assembly room; **~srecht** right of assembly; law of assembly; **~sverbot** prohibition of assembly; **e-e ~ abhalten** to hold a meeting; **e-e ~ besuchen** to attend a meeting; **e-e ~ einberufen** to call (or convene, convoke) a meeting; **in e-r ~ sprechen** to address the meeting; **e-e ~ findet statt** a meeting is held

Versand dispatch, forwarding, shipment, shipping, sending; **→Post~**; **→Stückgut~**; **→Waren~**; **~abteilung** dispatch (or forwarding, shipping) department; mail-order department; **~anzeige** advice of dispatch, dispatch note; **~art** *(Bahn, Post etc)* mode of dispatch; **~artikel** mail-order article; **~→Ausfuhrerklärung**; **~bahnhof** dispatching station; station of departure; **v~bereit** ready for dispatch; **~bereitstellungskredit** *(im Dokumentenakkreditivverkehr)* packing credit; **~dokumente** shipping documents; *(EU)* transit documents; **~geschäft** mailorder business; mailorder firm; **~hafen** port of shipment, shipping port; **~handel** mailorder business; direct mail selling; **~haus** mailorder house; **~katalog** mailorder catalog(ue); **~kosten** forwarding charges (or costs), shipping charges (or costs); **~land** country of dispatch; forwarding country; **~liste** packing list; **~papiere** →Versanddokumente; **~rechnung** shipping invoice; **~station** *(Eisenbahn)* sending station; **~termin** date of shipment; **gemeinschaftliches ~verfahren** *(EU)* Community transit (procedure); **~verkäufe** *(EU)* distance selling *(anders →Versendungskauf)*; **~vorschriften** forwarding instructions; **zum ~ bringen** to ship

versäumen *(unterlassen)* to fail, to omit; *(verpassen)* to miss; *(vernachlässigen)* to neglect; **die →Einlassung ~**; **die →Frist ~**; **e-n Termin ~** to fail to appear at the hearing *(→Versäumnisurteil)*

Versäumnis default; failure (to appear, to observe etc); **~ der →Berufungsfrist**; **~ der →Einlassung**; **~ der Frist** default (in respect of time); failure to observe the time limit

Versäumnisentscheidung decision rendered by default

Versäumnisurteil[94] judgment by (or in) default; default judgment; **Einspruch gegen ein ~**[95] appeal from a default judgement; **ein ~ aufheben** to set aside a judgment by default; **es ergeht ein ~ gegen ihn** judgment by default is given against him

Versäumnisverfahren default proceedings; trial in the absence of the defendant

Verschachtelung, ~ des Aktienbesitzes interlocking stock (or share) ownership; **~ von Gesellschaften** interlocking of companies

verschaffen, jdm etw. ~ to get (or procure, find) sth. for sb.; **e-m Artikel Absatz ~** to find a market for an article; **sich Geld ~** to procure (or raise) money

Verschaffung procurement, procuring; **Anspruch auf ~ des Eigentums an e-m Grundstück** claim to the title to (a piece of) land (or to real property); claim to the ownership of land; **~svermächtnis**[96] demonstrative legacy

verschärfen, Bedingungen ~ to tighten conditions; **den Wettbewerb ~** to intensify competition

verschärft, die Lage hat sich ~ the situation has been aggravated

Verschärfung, ~ der Blockade tightening of the blockade; **~ der politischen Lage** aggravation of the political situation; **~ der Strafe** aggravation of the sentence

verschieben *(zeitlich)* to postpone, to put off, to defer; *(räumlich)* to shift, to move; **auf unbestimmte Zeit ~** to postpone sine die; **seine Abfahrt ~** to defer one's departure; **die Ladung verschiebt sich** the cargo is shifting; **Waren ~** to sell goods illicitly (or underhand)

Verschiebung *(zeitlich)* postponement, deferment; *(räumlich)* shift(ing); displacement; **~ von Geld ins Ausland** illicit removal of money to a foreign country

verschieden, **~e Ausgaben** sundry expenses; **~e Einnahmen** sundry receipts; **~er Meinung sein** to differ in opinion; **im Preis ~ sein** to differ in price

Verschiedenes miscellaneous; sundry items; *(auf Tagesordnung)* general business

verschiedenartig anlegen, **Aktien ~** to diversify shares

verschiffen to ship

Verschiffung shipment, shipping

Verschiffungs~, **~anzeige** shipping advice; **~dokumente** shipping documents; **~kosten** shipping charges; **~termin** shipping date

Verschlag *(offene Verpackung)* crate

verschlechtern to deteriorate; to make (or become) worse; *(Münzen)* to debase; **die finanzielle Lage hat sich wesentlich verschlechtert** the financial situation deteriorated considerably; **die Geschäftslage verschlechtert sich** business is getting worse; a recession is setting in

Verschlechterung, **~ der Beziehungen** worsening of relations; **~ der Gewinnlage** worsening in the earnings position; **~ des Grundstücks** *(Gefährdung der Hypothek)*[97] deterioration of the property; **~ der Konjunktur** deterioration (or worsening) of the economic situation; **~ der Qualität** deterioration in quality

verschleiern to conceal, to disguise; to cover up; **die Bilanz ~** to tamper with the balance sheet; *colloq.* to doctor the balance sheet; **die Vermögenslage ~** to conceal the financial situation

verschleiert, **~es Dumping** hidden dumping; **~e Vermögenswerte** concealed assets

Verschleierung concealment, disguise; **~ der Bilanz** →Bilanzverschleierung; **~ von Vermögenswerten** concealment of assets

Verschleiß *(durch Abnutzung im Gebrauch)* wear and tear; loss in value from normal use

verschleppen 1. *(jdn gewaltsam an e-n anderen Ort bringen)* to displace; *(entführen)* to kidnap, to carry away by force

verschleppte Personen *(im 2. Weltkrieg aus ihrer Heimat weggeführte Ausländer)* displaced persons (D. P.s)

verschleppen 2. *(verzögern)* to protract, to prolong, to delay; *parl* to obstruct, to filibuster; **e-n Prozess ~** to protract a lawsuit

Verschleppung 1.[97a] displacement; kidnapping, carrying away by force; abduction

Verschleppung 2. protraction; delay; **~ des Verfahrens** →Prozessverschleppung; **~staktik** delaying tactics; *parl* obstruction (tactics), filibustering

verschleudern *(Geld leichtsinnig ausgeben)* to squander, to waste, to dissipate; *(unter dem Preis verkaufen)* to sell at rock-bottom price(s); to undersell; *(Dumping betreiben)* to dump

Verschleuderung squandering, dissipation; selling at rock-bottom (or dumping) prices

verschließen, **amtlich ~** to seal officially; **sich der →Argumentation ~**

verschlossen, **zollamtlich ~** sealed by customs authorities

Verschluss lock; *(Plombe)* seal *(→Zollverschluss)*; **unter ~** under lock and key; *(Zoll)* in bond, bonded; **~sache** classified matter (or information); *mil* restricted (matter); **~sachenverordnung** *(z. B. bei Euratom)* security regulations; **~verletzung** breaking of the (customs) seal; **e-n ~ anlegen** *(Zoll)* to affix a seal; **e-n ~ erbrechen** to break a seal

Verschlüsseln von Daten *(EDV)* encoding

verschlüsseln to encode, to encipher (or encypher)

verschlüsselter Text coded text

verschmelzen *(fusionieren)* to merge; to amalgamate; to consolidate

Verschmelzung *(Unternehmenszusammenschluss)* (business) combination; **~** *(durch Aufnahme)* merger (of one company with another); **~** *(durch Zusammenschluss zu e-r neuen Gesellschaft)* amalgamation; **~** *(durch Neubildung)* consolidation *(z. B. die Gesellschaft A und die Gesellschaft B gehen in der neuen Gesellschaft C auf)*; **~sbeschluss** resolution authorizing the merger; **~svertrag**[98] merger agreement

verschmutzend →umweltverschmutzend

verschmutztes Wasser polluted water

Verschmutzung pollution, contamination *(→Umweltverschmutzung)*; **→Küsten~**; **→Luft~**; **→Meeres~**; **→Nordsee ~**; **→Öl~**; **~ der Gewässer** water contamination (or pollution); **~ der See durch Öl** pollution of the sea by oil *(→Internationales Übereinkommen zur*

Verhütung der Verschmutzung der See durch Öl); **Protokoll** *(von 1973)* **über Maßnahmen auf Hoher See bei Fällen von ~ durch andere Stoffe als Öl**[98a] Protocol Relating to Intervention on the High Seas in Cases of Pollution by Substances Other Than Oil *(1973)*; **~ des Wassers durch gefährliche Stoffe** water pollution by dangerous substances

Verschmutzungs~, **~ereignis** pollution incidence; **~gefahr** danger of pollution; **~grad** pollution level; **~schäden** pollution damage; **Ablassen von ~stoffen** discharge of pollutants; **~verhütung** anti-pollution measures

verschollen missing

Verschollener missing person

Verschollenheit disappearance; *(e-s Schiffes)* presumptive loss; **Kriegs~**[99] disappearance and presumption of death during war *(→ Todeserklärung)*; **Luft~**[100] disappearance and presumption of death after an air accident; →**See~**; **~serklärung** declaring a missing person legally dead; **~sfrist** period of presumptive loss (of a ship); **~sgesetz** Law on Missing Persons; **~skonvention (Konvention der Vereinten Nationen über die Todeserklärung Verschollener)**[100a] Convention on the Declaration of Death of Missing Persons

Verschonung von der Untersuchungshaft gegen Sicherheitsleistung granting bail; admission to bail

verschreibungspflichtige Arzneimittel prescription drugs

verschrotten to scrap

Verschrottung scrapping

Verschulden fault; negligence; **jds ~** fault attributable to sb.; **durch eigenes ~** through his/her fault; **Haftung für eigenes ~**[101] liability for fault *(→ Vorsatz und → Fahrlässigkeit)*; **Haftung für fremdes ~** vicarious liability (or responsibility) for an employee's negligence; *Am* imputed negligence; **Haftung ohne ~** liability regardless of (or without) fault *(→ Gefährdungshaftung)*; **~ beim Vertragsschluss** culpa in contrahendo; **Klausel über Schiffskollisionen bei beiderseitigem ~** both-to-blame-collision clause; **konkurrierendes (od. mitwirkendes) ~** →Mitverschulden; **ohne sein ~** without any fault on his part (without intention or negligence); innocently; **strafrechtliches ~** →Schuld; **~shaftung** liability based on fault, fault liability; negligent liability; **v~sunabhängige Haftung** no-fault liability, liability without fault; strict (or absolute) liability; **der Schaden ist durch das ~ des X verursacht** the damage was caused by X; X is responsible (or to blame for) the damage; **den Verkäufer trifft ein ~** the seller is at fault; the fault is on the side of (or lies with) the seller; **ihn trifft kein ~** no fault can be attributed to him

verschulde 1. *(die Schuld haben an etw.)*, **~n** to be responsible for, to be at fault; **er hat den Unfall ~t** he is responsible for the accident; the accident was his fault

verschulden 2. *(in Schulden geraten)* to become indebted; to run into debt; **sich ~** to incur debt (or liabilities)

verschuldet involved in debt(s); indebted; *(überschuldet)* encumbered with debt(s); **~e Firma** *(die Fremdkapital aufgenommen hat)* levered firm; **~er Nachlass** estate encumbered with debts; insolvent estate; **stark (od hoch) ~ sein** to be heavily in debt (or indebted); *(fremdfinanzierte Firma)* to have a high leverage; **das Unternehmen ~ sich** the firm is leveraging

Verschuldung indebtedness; running into debt; →**Auslands~**; →**Inlands~**; **Staats~** state indebtedness; **starke ~** heavy indebtedness; **~ des Bundes** indebtedness of the Federal Government; **~ der dritten Welt** Third World debt; **die ~ hat noch weiter zugenommen** the indebtedness inerlased further

Verschuldungsgrad *(Verhältnis von Fremd- zu Eigenkapital)* debtequity ratio; leverage (ratio); gearing (ratio); **e-n hohen ~ aufweisen** *(durch Fremdfinanzierung)* to be highly leveraged

Verschuldungs~, **~grenze** debt limit; borrowing limit; **~shöhe** amount of the indebtedness; **~sproblem** debt problem; **~situation e-s Landes** a country's state of indebtedness

verschwägert related by marriage

Verschwägerte relatives by marriage; *colloq.* in-laws; **~ in gerader Linie** relations by marriage in direct line

Verschweigen concealment; non(-)disclosure; →**arglistiges ~ e-s Mangels**; **~ e-s wesentlichen Umstandes** *(VersR)* material concealment; **~ der Wahrheit** withholding the truth

verschweigen, den →**Mangel der verkauften Sache arglistig ~**; **wesentliche Tatsachen ~** to fail to disclose (or to conceal) material facts

verschwenden, Geld ~ to squander (or dissipate, waste) money

Verschwender spendthrift

Verschwendung prodigality, wasteful spending, extravagance; →**Entmündigung wegen ~**; **Zeit~** waste of time

verschwiegen discreet; **nicht ~** indiscreet; **~e** →**Mängel**

Verschwiegenheit discretion, secrecy; confidentiality; →**Amts~**; **~spflicht** duty to observe secrecy; *(ArbeitsR)* (employee's) duty not to disclose confidential information (or trade secrets) *(→Berufsgeheimnis, →Schweigepflicht)*; **jdn zur ~ verpflichten** to bind sb. to secrecy; **strenge ~ wahren** to observe strict secrecy

verschwören, **sich ~** to conspire (or plot) (against)

Verschwörung conspiracy, plot; **e-e ~ anzetteln** to form (or hatch) a conspiracy; to lay a plot; **e-e ~ aufdecken** to discover (or unmask) a conspiracy (or plot)

Versehen oversight; mistake, error; **aus ~** inadvertently; by mistake

versehen to provide, to supply (with); **ein →Amt ~**; **reichlich mit →Geld ~**; **mit →Gründen ~e Entscheidung**; **mit e-m →Preis ~**

versehentlich erroneous(ly)

Versehrte disabled; **~nrente** s. Rente bei →Erwerbsunfähigkeit

versenden to send, to consign, to dispatch, to forward, to ship; **Ware als →Frachtgut ~**

Versender sender, consignor; shipper

Versendung consignment, dispatch, forwarding, shipment; **~sanzeige** →Versandanzeige; **~skauf**[102] sale by delivery to a place other than the place of performance (at the request of the purchaser); **~skosten** →Versandkosten; **~sort** place of consignment

Versenkung radioaktiver Abfallstoffe dumping of radioactive waste (at sea)

versetzen, jdn ~ to transfer sb. (to another place, institute, plant etc); **etw. ~** to pawn (or pledge) sth.; **sich ~ lassen** to get a transfer; **in den →Ruhestand ~**

versetzt werden *(Schule)* to be promoted; **ins Ausland ~** to be assigned abroad

Versetzung *(an e-n anderen Ort, in e-e anderen Betrieb etc)* transfer; move; →**Straf~**; **~ins In- od. Ausland** domestic or foreign relocation; **~ in den Ruhestand** pensioning (off); superannuation; **~santrag** request for transfer; **~en vornehmen** to effect transfers

verseuchte Nahrungsmittel contaminated food

Verseuchung contamination; **radioaktive ~ von Lebensmitteln** radioactive contamination of foodstuffs; **~ des Meeres durch das Versenken radioaktiver Abfälle** contamination of the sea by dumping of radioactive waste

versicherbar insurable; **nicht ~** uninsurable; **~es Risiko** insurable risk

Versicherbarkeit insurability; **~sprüfung** examination as to insurability

Versicherer insurer, *Br (Lebensvers.)* assurer; **Mit~** co-insurer; *bes.* **See~** underwriter; **Verband amerikanischer ~** American Insurance Association (AIA); **die Rechte des Versicherten gehen auf den ~ über** *(sowie er geleistet hat)* the insurer is subrogated to the rights of the insured

versichern 1. *(VersR)* to insure, *Br (Lebensvers.)* to assure; *(bes. Seevers.)* to underwrite; **höher ~** to rate up; →**unter~**; **sich ~ lassen** to get oneself insured (or to insure) (against a risk); **sich gegen Haftpflicht ~** to insure against third party risks; **ein Haus gegen Feuer ~** to insure a house against (the risk of) fire; **sein Leben mit Euro ... ~ (lassen)** to insure (*Br* assure) one's life for Euro ...; to take out a life policy for Euro ...

versichert insured, *Br (Lebensvers.)* assured; **~e Gefahr** insured risk, risk covered; **~er Gegenstand** insured object, subject matter insured; →**freiwillig ~**; →**pflicht~**; **~ sein gegen** to have insurance cover against; to be insured against; *Am* to carry insurance against

versichern 2. *(als sicher hinstellen)* to assure, to affirm; **an Eides Statt ~** s. e-e →eidesstattliche Versicherung abgeben

versichert, **Sie dürfen ~ sein** you may rest assured

Versicherte, (der/die) ~ (the) insured (person); *Br (Lebensvers.)* the assured (person) *(→Versicherer)*

Versicherung 1. *(Bestätigung)* affirmation; **~ an Eides statt**[102a] →eidesstattliche Versicherung; **fahrlässige, falsche ~ an Eides statt** negligent false affirmation in lieu of an oath; *Br* negligent false statutory declaration

Versicherung 2. insurance; *Br (Lebensvers.)* assurance; underwriting; →**Abonnenten~**; →**Alters~**; →**Arbeiterrenten~**; →**Arbeitslosen~**; →**Ausbildungs~**; →**Betriebsunterbrechungs~**; →**Direkt~**; →**Doppel~**; →**Einbruchsdiebstahl~**; →**Erlebensfall~**; →**Ernte~**; →**Feuer~**; →**Fluggast~**; →**Folgeschaden~**; →**Fracht~**; →**Fremd~**; →**Fremdwährungs~**; →**Gebäude~**; →**Gesamt~**; →**Gruppen~**; →**Haftpflicht~**; →**Hagel~**; →**Hausrat~**; →**Hinterbliebenen~**; →**Index~**; →**Kapital~**; →**Kasko~**; →**Kautions~**; →**Knappschafts~**; →**Kollektiv~**; →**Kraftfahrzeug~**; →**Kranken~**; →**Krankenhaustagegeld~**; →**Kredit~**; →**Lebens~**; →**Luftfahrt~**; →**Luftfracht**; →**Lufthaftpflicht~**; →**Luftunfall~**; →**Maschinen~**; →**Mehrfach~**; →**Nach~**; →**Neben~**; →**Pannen~**; →**Personen~**;

→**Pflicht~**; →**Quotenrück~**; →**Rechtsschutz~**; →**Renten~**; →**Risiko~**; →**Sach~**; →**Schaden~**; →**See(transport)~**; →**Selbst~**; →**Sozial~**; →**Teilhaber~**; →**Todesfall~**; →**Transport~**; →**Über~**; →**Überlebens~**; →**Unter~**; →**Valoren~**; →**Waren~**; →**Wertsachen~**; →**Wohnungseinbruch~**; →**Zusatz~**

Versicherung, **~ gegen Aufruhr, Streik und Bürgerkrieg** riot, strike and civil commotion insurance; **~ auf den Erlebens- und Todesfall** endowment (life) insurance; **~ auf fremdes Leben** insurance on the life of a third party; **~ auf verbundene Leben** →Überlebensversicherung; **~ auf Gegenseitigkeit** mutual insurance; **~ mit (ohne) Gewinnbeteiligung** with (without) profits insurance; insurance with (without) participation in profits; **~ mit der Möglichkeit der Wahl** *(Kapital- od. Rentenzahlung)* insurance with option; **~ mit abgekürzter Prämienzahlung** insurance with limited premium; **~ für Rechnung „wen es angeht"** insurance for account of whom it may concern; **~ für fremde Rechnung** →Fremdversicherung; **~ gegen außergewöhnliche Risiken** contingency risks insurance; **~ mit Selbstbehalt** deductable (or participating) insurance; **~ mit Selbstbeteiligung** →Versicherung mit Selbstbehalt; **~ auf den Todesfall** →Todesfallversicherung; **~ auf Zeit** time insurance

Versicherung, **befristete ~** term insurance; **freiwillige ~** voluntary insurance; **kombinierte ~** comprehensive insurance; multiple risks insurance; **prämienfreie ~** policy free of premium; **voll eingezahlte** *(und daher prämienfreie)* **~** paid up insurance

Versicherung, **e-e ~ abschließen** to effect an insurance; to take out (an insurance) policy; **e-e ~ beantragen** to propose (or apply for) an insurance policy; **die ~ erlischt** the insurance expires; **die ~ wird fällig** the policy matures; **die ~ wieder in Kraft setzen** to reinstate the insurance; **e-e ~ →kündigen**; **die ~ läuft** the insurance runs; **die ~ verfällt** the insurance lapses

Versicherungs~, **~abschluss** conclusion of an insurance contract; **~agent** insurance agent; **~aktie** insurance (company) share; **~anspruch** insurance claim; **keine weiteren ~ansprüche mehr haben** to have no further claims on an insurance policy *(→aussteuern)*; **~anstalt** insurance institution

Versicherungsantrag proposal; **~sformular** proposal form; **e-n ~ stellen** to submit a proposal for a policy

Versicherungsaufsicht[103] insurance control; state supervision of insurance companies; **~sbehörde** insurance supervisory authority; **~sgesetz** (VAG) Insurance Supervisory Law

Versicherungsbedingungen terms of insurance; **Allgemeine ~** (AVB) General Policy Conditions

Versicherungsbeginn *(formell)* date of concluding the insurance contract; *(materiell)* inception of insurance cover; **Jahr des ~s** policy year

Versicherungs~, **~beitrag** insurance premium; *(Sozialvers.)* social security contribution; **~berechtigter** beneficiary of insurance; **~bescheinigung** *(als Nachweis e-r →Pflichtversicherung)* insurance certificate; **~bestand** insurance portfolio; **~betrug begehen**[104] to commit insurance fraud (or swindling); **~binnenmarkt** internal market for insurance; **~dauer** term of an insurance; period of cover; **~deckung** insurance coverage; **v~fähig** insurable

Versicherungsfall event insured against; →**Eintritt des ~es**; **vorsätzliche Herbeiführung e-s ~es** causing an insured loss deliberately; **der ~ ist eingetreten** the insurance contingency has occurred

Versicherungs~, **v~frei** exempt from compulsory insurance; **~freiheit** exemption from compulsory insurance; **~gebühr** *(Post)* insurance fee; **~gegenstand** insured item; subject matter insured; **~geschäft** *(allgemein)* insurance business; *(das einzelne)* insurance operation (or transaction); *(Seevers.)* underwriting business; **das ~geschäft betreiben** to transact insurance business

Versicherungsgesellschaft insurance company; *Am* insurer; **~ auf Gegenseitigkeit** mutual insurance company; →**Lebens~**; **~en auf Aktien** *Am* stock insurance companies

Versicherungs~, **~gewerbe** insurance business; **~jahr** year of coverage; **~karte** insurance card; **~kosten** insurance charges (or expenses)

Versicherungsleistung (insurance) benefit (→Leistung 2.); **auf Beiträgen beruhende ~en** contributory benefits; **durch ~en nicht abgedeckter Schaden** uninsured loss

Versicherungs~, **~makler** insurance broker; **~marke** insurance stamp; **~mathematik** actuarial mathematics; **~mathematiker** actuary; **v~mathematische Abteilung** actuarial department; **v~mathematische Faktoren** actuarial factors; **v~mathematisch beraten** to give actuarial advice; **~nachweis** proof of insurance; **~nehmer** insured (person), policyholder

Versicherungspflicht liability (or obligation) to insure; **~grenze** compulsory insurance limit (minimum cover that must be provided, e. g. by motor insurance policies)

versicherungspflichtig liable to insurance; **~e Beschäftigung** compulsorily insurable employment; employment requiring the payment of social security contributions

Versicherungspolice insurance policy *(→ Police)*; **vorläufige ~** *Br* cover note; *Am* binder; **e-e ~ ausstellen** to issue an insurance policy

Versicherungsprämie insurance premium; **~nsatz** insurance rate

Versicherungs~, **~recht** insurance law; **~rückkauf** redemption of policy; **~rückkaufwert** surrender value; **~schein** insurance policy (or certificate); *Br* policy of assurance; **vorläufiger ~schein** insurance note *(→ Versicherungspolice)*; **~schutz gewähren** to provide insurance cover(age); **~sparen** saving through (life) insurance undertakings (or companies)

Versicherungsteuer insurance tax

Versicherungssumme insurance sum, insured sum; amount (or sum) insured; **doppelte ~ bei Unfalltod** double indemnity; **sich die ~ auszahlen lassen** to cash the policy

Versicherungs~, **~-Tarifierung** insurance rating; **v~technisch** actuarial; **~träger** insurance carrier, insurance institution *(→ Versicherer)*; **~unterlagen** policy records; **~unternehmen** insurance undertaking (or company)

Versicherungsverein, **~ auf Gegenseitigkeit** (VVaG) mutual insurance company; *Br* mutual insurance society; **Verband der ~e auf Gegenseitigkeit** *Br* Mutual Insurance Companies' Association; **Vereinigung amerikanischer ~e auf Gegenseitigkeit** American Mutual Insurance Alliance (AMIA)

Versicherungs~, **~verhältnis** relationship of insurer and insured; **~verlängerung** extension of (the term of) the policy

Versicherungsvermittler insurance intermediary; **(vertraglich) gebundener ~** tied insurance intermediary; **ein ~ muss e-n guten Leumund haben** an insurance intermediary shall be of good repute

Versicherungsvermittlung insurance mediation; **~sdienstleistung** insurance mediation services

Versicherungsvertrag[105] insurance contract; *(Seevers.)* underwriting contract; **Abschluss e-s ~es** conclusion of (or effecting) an insurance contract; **e-n ~ abschließen** to conclude (or enter into) an insurance contract; to take out an insurance policy

Versicherungs~, **~vertreter** insurance agent; insurance canvasser; **~wert** insurable value; **~werte** *(Börse)* insurance shares, insurances; **~wesen** insurance (system); **~wirtschaft** insurance industry

Versicherungszeit insurance period; period of coverage; **→Anrechnung von ~en**; **→Zurücklegung e-r ~**; **→Zusammenrechnung der ~en**; **nach dem Gesetz anrechnungsfähige ~en** periods of coverage which are creditable under the law; **~en sind zurückgelegt** periods of coverage have been completed

Versicherungs~, **~zwang** obligation to insure; **~zweig** insurance line; class of insurance

versiegeln to seal; **amtlich ~** to put under seal

versiegelt sealed, under seal

Versiegelung, **amtliche ~** official sealing

Versilberung conversion into money

Versitzung negative (or extinctive) prescription

versöhnen to reconcile, to conciliate; **sie versöhnten sich** they became reconciled

Versöhnung, **e-e ~ zustande bringen** to effect a reconciliation

versorgen to provide (for sb.); to supply, to furnish; *(unterhalten)* to maintain, to support; *(mit Gas, Wasser, Elektrizität etc)* to serve; *(mit Lebensmitteln)* to purvey; *(sorgen für)* to take care of, to look after; **ein Geschäft mit Waren ~** to stock a shop with goods; **er hat e-e große Familie zu ~** he has a large family to support

versorgt, **gut ~** well provided (for); receiving a good pension (or benefit); *(mit Waren)* well stocked; *(mit Gas, Elektrizität etc)* well served

Versorgung provision, supply; *(Unterhalt)* maintenance, support; *(Pension)* pension; **→Alters~**; **→Energie~**; **→Hinterbliebenen~**; **→Kredit~**; **→Kriegsopfer~**; **→Rohstoff~**; **→Strom~**; **→Wasser~**; **ärztliche ~** medical care; **ungenügende ~** insufficient supply

Versorgungs~, **~agentur** *(Euratom)* Supply Agency; **~amt** →Landesversorgungsamt; **~anspruch** entitlement to a pension; right to maintenance; *(z. B. auf Öl)* supply right; **vollständige oder teilweise Aberkennung der ~ansprüche** withdrawal in whole or in part of pension rights; **~anwartschaft** →Pensionsanwartschaft

Versorgungsausgleich *(nach Ehescheidung)* pension rights adjustment (equal division on divorce of all pension rights of the spouses accrued during the period of marriage); **~ durchführen** to carry the pension rights adjustment into effect

Versorgungs~, **v~berechtigt** entitled to a pension; entitled to maintenance (or support); **~berechtigter** person entitled to a pension

(→*Kriegsopferversorgung)*; person entitled to maintenance (or support)

Versorgungsbetriebe *Br (Strom, Wasser, Gas etc)* public utility undertakings; *Am* (public) utilities; **Angestellter der ~** utility worker; **Gebühren an die städtischen ~** *Am* utility rates

Versorgungs~, **~bezüge** pensions and related benefits; annuities; *(EheR)* maintenance (or *Am* support) (received); **~einrichtungen für Angehörige der freien Berufe** pension scheme for members of the professions; **~empfänger** pensioner; **~engpass** supply bottleneck

Versorgungsfall, **Eintritt des ~s** occurence of the covered event

Versorgungs~, **~freibetrag** →Freibetrag; **~gesetz** →Bundesversorgungsgesetz; **~industrie** *Am* (public) utilities industry; **~kasse** pension fund; **~krise** supply crisis; **~lage** supply situation; **~leistungen** pension payments; benefits paid under a pension scheme; **~problem** supply problem; problem of insufficient supplies; **~quelle** source of supply; **~schwierigkeiten** supply difficulties; **die ~sicherheit gewährleisten** to guarantee security of supplies; **~störung** disruption of supplies; **~tarife** rates charged for supply of (gas, electricity etc); **~träger** pension payer, pension fund; **~unternehmen** →Versorgungsbetriebe; **~verpflichtungen** pension liabilities; **~vertrag** supply contract; **~werte** *(Börse)* (public) utilities; **~wirtschaft** public utilities and public transport(ation); **~zusage** pension commitment

verspätet late, delayed, out of time; not at the proper time; **~e Auslieferung** delay in delivery; **~ eingelegte** →**Berufung**; **~e Einreichung der Steuererklärung** late filing of tax return; **~e Herstellung des Werkes** *(beim Werkvertrag)*[106] late completion of the work; **~e Zahlung** delayed (or late, belated) payment; **~e Zahlung der Steuer** *Am* tax delinquency; **~ zahlen** to be late in payment

Verspätung delay, lateness; **~ bei Erhebung e-s Anspruchs** delay in claiming; **~szuschlag** *(SteuerR)* surcharge on tax arrears; *Am* delinquency payment; **~ haben** *(Zug)* to be overdue

versperren *(Verkehr)* to block, to obstruct; **jdm die Aussicht ~** to obstruct sb.'s view

Versprechen promise; *(feierlich)* pledge; *(bindend)* undertaking; *(urkundlich festgelegt)* covenant; →**Darlehens~**; →**Ehe~**; →**Schenkungs~**; →**Schuld~**; →**Wahl~**; →**Zahlungs~**; **auf das bindende ~ hin** on the undertaking; **vertragliches ~** contractual undertaking; **~sempfänger** promisee; **~sgeber** promisor; **~surkunde** deed of covenant; **ein ~ brechen** to break a promise; **ein ~ einlösen** to meet a pledge; **ein ~ geben** to make a promise; **ein ~ halten** to keep (or fulfil, perform) a promise

versprechen to promise; **sich ~ lassen** to obtain a promise (of); **bindend ~** to covenant

verstaatlichen to nationalize; **e-e Industrie ~** to nationalize an industry

Verstaatlichung nationalization; transfer from private to state ownership

Verstädterung, **zunehmende ~** increasing urbanization

verständigen, **sich ~** to come to an understanding (or agreement); **jdn ~** to inform sb. (of sth.); to give sb. notice (of sth.)

verständigt worden sein to be on notice; to have been notified

Verständigung *(Benachrichtigung)* information; *(Übereinkunft)* understanding, agreement; **internationale ~** international understanding; **~spolitik** policy of mutual understanding; **~sverfahren** *(intern. SteuerR)* mutual agreement procedure; **zu e-r ~ gelangen** to come to (or reach) an understanding

verstärkter Wettbewerb increased competition

verstauen, **die Ladung ~** to stow (away) the cargo

verstaut, **schlecht ~** improperly stowed

Verstauung, **richtige ~** proper stowage

versteckt, **~e Arbeitslosigkeit** concealed unemployment; **~er** →**Dissens**; **~e Drohung** hidden threat; **~er** →**Fehler**; **~er Mangel** latent defect

Versteifung, **~ auf dem** →**Geldmarkt**; **~ der (politischen) Haltung** stiffening of (political) attitudes

Versteigerer auctioneer

versteigern to sell *Br* by (*Am* at) auction; to auction off; to put up for auction; **meistbietend ~** to auction (off) to the highest bidder

versteigert werden to be sold by (*Am* at) auction; to come under the hammer

Versteigerung auction; auction sale, sale *Br* by (*Am* at) auction (→*Auktion)*; **freiwillige ~** private auction (→*Zuschlag)*; **öffentliche ~**[107] public auction; →**Zwangs~**; **~ des Geschäftsanteils**[107a] forced sale of a share in a →GmbH; **~sbedingungen**[108] terms of public auction; **~sbeschluss** order of the court for the compulsory auction of a property; **~serlös** proceeds of an auction; **~sgewerbe** auctioneering trade; **~ort** place of auction; **~spreis** auction price (→*Mindestpreis)*; **~stermin** date of the auction; **~vermerk** →Zwangsversteigerungsvermerk; **etw. zur ~ bringen** to put sth. up for auction; **den Geschäftsanteil im Wege der öffentlichen ~ verkaufen lassen**[109] to have one's share (in a business) sold by public auction; **die ~ des Pfandes ist erst zulässig, nachdem sie dem Verpfänder angedroht worden ist**[109a] the pledge may only be sold after notice of the intended sale has been given to the pledgor

versteuern to pay tax on; **zu ~ sein** to be subject to taxation; **zu ~des Einkommen** taxable income

versteuert tax paid; taxed

Versteuerung payment of taxes (von on)

verstorben deceased; late; **ohne Testament ~** died intestate; **das Parlament gedachte ehrend des am ... ~en Mr. X** the House paid tribute to Mr. X who died on ...

Verstorbene (der/die) (the) deceased (person); *Am* (the) decedent

Verstoß offence (offense), infringement, infraction, violation, breach; →**Verfahrens~**; **~ gegen § 10** violation (or infringement) of section 10; **~ gegen die Etikette** breach of etiquette; **~ gegen das Gemeinschaftsrecht** infringement of Community law; **~ gegen die Verfassung** infringement of the Constitution; **~ gegen e-n Vertrag** *(VölkerR)* violation of a treaty; **~verfahren** *(EU)*[110] infringement procedure (or proceedings)

verstoßen, **gegen ein Gesetz ~** to offend against a law; to break a law; to infringe (or violate, contravene) a law; **gegen die guten** →**Sitten ~**

verstreichen, **e-e Frist ~ lassen** to let a term expire; to let a deadline pass

verstrichen, **die Frist ist ~** the term has expired; the period (of time) has elapsed; the deadline is passed

Verstrickungsbruch[111] rescue of goods seized in execution; unlawfully removing things impounded by public authority; *(hinsichtlich gepfändeten Viehs)* breach of pound

verstümmeln to mutilate

Verstümmelung *(UrhR)* mutilation; **Selbst~** self-mutilation

Versuch 1. *(StrafR)* attempt; →**Bestechungs~**; →**Betrugs~**; →**Flucht~**; →**Mord~**; →**Rücktritt vom ~**; →**Widerstands~**; **strafbarer ~** criminal attempt; **untauglicher ~** attempt that is incapable of success; futile attempt; **~ der Begehung e-r strafbaren Handlung** attempt to commit an offence (offense); **der ~ ist strafbar** the attempt shall be punishable; **vom ~ zurücktreten** to abandon an attempt

Versuch 2. *(Probe)* test, trial, experiment; →**Atomwaffen~**; **~e werden durchgeführt** trials are being carried out

Versuchs~, **~anlage** pilot plant; **~bohrung** experimental drilling; **~flug** test flight; **~gelände** test site; **~serie** test series; **~stadium** experimental stage

versuchsweise by way of experiment; tentatively; **~ auf den Markt bringen** to test-market

versuchen to attempt; to try, to test

vertagen *(mit Abbruch der Verhandlung)* to adjourn; *(verlegen)* to postpone; **(sich) ~** *parl* to prorogue; **(sich) auf unbestimmte Zeit ~** to adjourn sine die (or generally); **e-n Antrag auf unbestimmte Zeit ~** to postpone a motion indefinitely (or for an unspecified period); *Br* to table a motion, to lay a motion on the table; **die Sitzung ~** to declare the meeting adjourned; **das Verfahren ~** to adjourn the proceedings; *Am* to continue proceedings

vertagt, **auf unbestimmte Zeit ~** indefinitely postponed; **die (bereits begonnene) Sitzung ~e sich auf 4 Uhr** the meeting was adjourned until 4 o'clock; **die (noch nicht begonnene) Sitzung wurde um eine Woche ~** the meeting was postponed for a week

Vertagung adjournment; postponement; *parl* prorogation; **~ auf e-e bestimmte Zeit** adjournment to a fixed date; **~ auf unbestimmte Zeit** adjournment sine die; **~ e-s (bereits begonnenen) Verfahrens** adjournment of the proceedings; *Am* continuance of proceedings; **die ~ beantragen** to move an adjournment; *(gerichtlich)* to apply for an adjournment; **die ~ e-r Versammlung** →**beschließen**

Vertauschen von Waren *(irrtümlich)* unintentional delivery of the wrong goods; *(absichtlich)* substitution of goods

verteidigen, **sich ~** to defend oneself; **den Angeklagten ~** to act for the defendant; to act (or appear) as counsel for the defence (defense); **seinen Standpunkt ~** to defend one's point of view

Verteidiger *(Strafprozess)* defending counsel, counsel for the defence (defense); *Am* attorney for the defense; →**Offizial~**; →**Straf~**; **e-n ~ bestellen** *Br* to brief (durch das Gericht to assign) a defending counsel

Verteidigung 1. ~ vor Gericht defence (defense) in court; *(durch e-n Anwalt)* legal defence (defense); *(Rechtfertigung)* justification; **~smittel** *(Zivilprozess)* defence (defense) (pleadings); **unzulässiges ~svorbringen** inadmissible defence (defense); **der Angeschuldigte führte zu sei-**

ner ~ an →anführen; **die ~ (des Angeklagten) übernehmen (niederlegen)** to assume (abandon) the defence (defense)

Verteidigung 2. *mil* defence (defense); →**Landes~**; →**Selbst~**; **~sausgaben** defence (defense) expenditure (or spending); **~sbeitrag** defence (defense) contribution; **~sbündnis** defensive alliance; **~sfähigkeit** defence (defense) capability; **~sfall**[112] state of emergency (when nation is under attack from foreign enemy or such attack appears imminent); **~sfolgekosten** costs incidental to the defence (defense); **~shaushalt** defence (defense) budget; **~skrieg** defensive war; **~sminister** minister of defence (defense); *Br* Secretary of State for Defence; *Am* Secretary of Defense; **~swaffen** defensive weapons; **v~swichtige Erfindungen** inventions relating to defence (defense); **zu ~szwekken** for defence (defense) purposes

verteilbarer Gewinn profit available for distribution, distributable profit

verteilen to distribute (an to, unter among); *(aufteilen)* to allocate, to apportion; *(streuen)* to spread; →**anteilmäßig ~**; **e-e Geldsumme unter mehrere Personen ~** to distribute a sum of money among several persons; **die Kosten ~ sich auf mehrere Personen** the costs are spread among several persons; **e-e Ratenzahlung über mehrere Monate ~** to spread an instal(l)ment over several months; **das Risiko ~** to spread the risk

Verteiler distributor; **~liste** distribution list; **~netz** distributing network (or system); **~schlüssel** basis for allocation; distribution code; share-out key; key to distribution

Verteilung distribution, allocation; *(verhältnismäßig)* apportionment; *(Streuung)* spread; *(Aufgliederung)* breakdown; →**Einkommens~**; →**Geschäfts~**; →**Gewinn~**; →**Kosten~**; **Preis~** →Preis 2.; →**Risiko~**; **Sitz~** →Sitz 1.; **~ des Nachlasses** distribution of the estate

Verteilungsagentur distributing agency

Verteilungsplan plan of distribution; **e-n ~ zur Verteilung der Aktiven aufstellen** to marshal assets

Verteilungs~, **~quote** distribution quota; distributive share; **~schlüssel** →Verteilerschlüssel; **~stelle** distribution agency; **~verfahren** *(bei Zwangsvollstreckung)*[113] proceedings for distribution of assets available for execution creditors; *(bei Zwangsversteigerung)*[114] proceedings for distribution of the proceeds of a public auction

verteuern *(etw. teurer machen)* to raise (or increase) the price (of); **sich ~** to go up in price, to become more expensive

Verteuerung rise in price (of), price increase, rising cost; →**Kredit~**; **Öl~** increase in the cost of oil

vertiefen, die Zusammenarbeit ~ to deepen (or intensify) cooperation

Vertiefung e-s Grundstücks[115] excavation of a piece of land (lowering the level of the land so as to withdraw support from neighbo(u)ring land)

vertikal, horizontale und ~e Absprachen *(KartellR)* horizontal and vertical agreements; **~e Bindungen** vertical restraints; **~er Finanzausgleich** revenue apportionment (or allocation) between the Federation and the Länder; **~e** →**Preisbindung**; **~e** →**Wettbewerbsbeschränkungen**; **~er Zusammenschluss** *(Verschmelzung von Firmen verschiedener Produktionsstufen)* vertical combination (or merger)

Vertikalkonzern vertical combine (or combination)

Vertrag contract, agreement; covenant; *(VölkerR)* treaty; *(förmlicher Vertrag)* deed; →**Anstellungs~**; →**Arbeits~**; →**Atom(waffen)-sperr~**; →**Bau~**; →**Berufsausbildungs~**; →**Bürgschafts~**; →**Darlehens~**; →**Dienst~**; →**Ehe~**; →**Fracht~**; →**Fusions~**; →**Garantie~**; →**Gesamtarbeits~**; →**Gesellschafts~**; →**Grundstückskauf~**; →**Handelsvertreter~**; →**Kauf~**; →**Leih~**; →**Liefer~**; →**Lizenz~**; →**Mantel~**; →**Miet~**; →**Muster~**; →**Neben~**; →**Novations~**; →**Pacht~**; →**Schein~**; →**Schieds~**; →**Seefracht~**; →**Seeversicherungs~**; →**Tarif~**; →**Vor~**; →**Weltraum~**; →**Werk~**; →**Werklieferungs~**; →**Zusatz~**

Vertrag, bedingter ~ conditional contract; →**befristeter ~**; **einseitig verpflichtender ~** unilateral agreement; **noch zu erfüllender ~** executory contract; **erfüllter ~** executed contract; **fingierter ~** fictitious contract; **formbedürftiger ~** contract requiring a specific form; **förmlicher ~** formal contract; **förmliche und einfache Verträge** deeds and simple contracts; **formloser ~** simple contract; **gegenseitiger ~** reciprocal agreement; **durch konkludentes Handeln geschlossener ~** implied contract; **durch Tatsachenauslegung festgestellter ~** contract implied in fact; **kaufähnlicher ~** contract similar to purchase; **mündlicher ~** parol (or verbal) agreement; →**Einrede des nichterfüllten ~es**; **nichtiger ~** void contract; **normativer ~** *(VölkerR)* law-making treaty; **öffentlichrechtlicher ~** contract under public law; →**Pariser ~**; **rechtsgeschäftlicher ~** *(VölkerR)* non-lawmaking (or ordinary) treaty; **durch Rechtsvermutung begründeter ~** (Quasivertrag) contract implied in law; **rechtswidriger ~** illegal contract;

→**Römische Verträge**; **schriftlicher ~** agreement in writing, written agreement; **sich aus den Umständen ergebender ~** implied contract; **ungültiger ~** invalid contract; **vernichtbarer ~** voidable contract; **völkerrechtlicher ~** agreement under international law; treaty

Vertrag, Abfassung von Verträgen drafting of contracts; **zwischen ... abgeschlossener ~** agreement entered into between ...; →**Anspruch aus ~**; **notarielle** →**Beurkundung e-s ~s**; →**Einhaltung e-s ~s**; →**Klage aus ~**; **kraft e-s ~s** *(VölkerR)* by virtue of a treaty; →**Laufzeit e-s ~s**; **laut ~** as per contract; **(schuldhafte) Nichterfüllung e-s ~s** failure to perform an obligation under a contract; **Rechte und Pflichten aus e-m ~** rights and liabilities under a contract; →**Rücktritt vom ~**; **im Text (od. Wortlaut) des ~s** on the face of the contract; **~ auf Lebenszeit** life contract; **~ zugunsten** →**Dritter**; **~, der zu e-m Unterlassen verpflichtet** negative contract

Vertrag mit Schutzwirkung zugunsten Dritter contract with protective effects with respect to (or vis-à-vis) a third party

Vertrag, e-n ~ →**abschließen**; **e-n ~ ändern** to modify a contract; **den ~** →**anfechten**; **im ~ angeben** to state in the contract; **e-n ~** →**annullieren**; **e-n ~** →**aufheben**; **e-n ~** →**auflösen**; **Bestimmungen in e-n ~** →**aufnehmen**; **e-n ~ aufsetzen** to draw up (or prepare, draft) a contract (or an agreement); **e-m ~** →**beitreten**; **der ~** →**bestimmt**; **der ~ betrifft (od. hat zum Gegenstand)** the contract involves; **e-n ~** →**einhalten**; **e-n ~ (nicht)** →**erfüllen**; **unter e-n ~** →**fallen**; **im ~ festgelegt** →festlegen; **e-n Anspruch aus e-m ~ geltend machen** to assert a contractual claim; the contract involves; **e-n ~** →**einhalten**; **e-n ~ (nicht)** →**erfüllen**; **unter e-n ~** →**fallen**; **im ~ festgelegt** →festlegen; **e-n Anspruch aus e-m ~ geltend machen** to assert a contractual claim; **aus dem ~ kann geklagt werden** an action can be brought under the terms of the contract; **e-n ~** →**kündigen**; **der ~ läuft ab** →ablaufen; **e-n ~ für** →**nichtig erklären**; **e-n ~** →**schließen**; **der ~** →**unterliegt deutschem Recht**; **den ~ unterzeichnen** to sign the contract; **der ~ wurde** →**stillschweigend verlängert**; **e-n ~ verletzen** to violate (or break) a contract; to commit a breach of contract; *(VölkerR)* to violate a treaty; **im ~ ausdrücklich oder stillschweigend vorsehen** to provide expressly or impliedly in the contract; **vom ~** →**zurücktreten**; **ein ~ ist** →**zustande gekommen**

Vertrag, ~ von Amsterdam (zur Änderung des ~s über die Europäische Union, der Verträge zur Gründung der Europäischen Gemeinschaften sowie einiger damit zusammenhängender Rechtsakte) Treaty of Amsterdam (amending the Treaty on European Union, the Treaties establishing the European Communities and related acts); **~ von Maastricht** s. Vertrag über die →Europäische Union; **~ von Nizza (zur Änderungs des ~s über die Europäische Union, der Verträge zur Gründung der Europäischen Gemeinschaften sowie einiger damit zusammenhängender Rechtsakte)** Treaty of Nice (amending the Treaty on European Union, the Treaties establishing the European Communities and related acts)

vertraglich according to contract (or agreement); by contract (or agreement); contractual; *(VölkerR)* by treaty; **~ festgelegt** contracted; **~ verpflichtet** bound by contract; liable under a contract; **~ übernommene (od. vergebene)** →**Arbeit**; **~ vereinbartes Gehalt** (contractually) agreed salary; salary as agreed by contract; **~ vereinbarter Ort** place as provided for by contract; **wie ~ vereinbart** as contractually agreed; as contracted; **~ verpflichtete Partei** party liable under a contract; **zum ~ vereinbarten Zeitpunkt** at the time provided for by the contract

vertraglich, ~er Anspruch claim under a contract; contractual claim; **in ~e Beziehungen treten mit** to enter into contractual relations with; **~e Haftung** contractual liability; **~es Recht** contractual right; right under a contract; **~e Regelung** contractual arrangement; **~e** →**Schuldverhältnisse**; **~e** →**Vereinbarung**; **~e** →**Verpflichtung**; **der ~en Warenbeschreibung entsprechende Ware** goods of the contract description; **~** →**ausschließen**; **~** →**vereinbaren**; **sich ~** →**verpflichten**

Vertrags~, ~ablauf →Ablauf e-s Vertrages; **~abrede** (legally) binding agreement

Vertragsabschluss conclusion (or formation, completion) of a contract (or treaty); **Datum des ~es** contract date; **Ort des ~es** place of the contract; **schriftliche Bestätigung des ~es** written confirmation of an oral agreement; **vor ~** before entering into the contract; →**vorbehaltlich des ~es**

vertragsähnliches Rechtsverhältnis quasi-contractual relationship

Vertragsänderung modification (or amendment) of a contract; alteration to (or of) a contract; **sich ~en vorbehalten** to reserve the right to change the contract

Vertragsangebot offer of (a) contract; offer to enter into a contract; **Annahme e-s ~s** →Vertragsannahme

Vertragsannahme acceptance of a(n) (contractual) offer; **~ unter Erweiterungen, Ein-**

schränkungen oder sonstigen Änderungen[116] acceptance of an offer subject to additions, restrictions or other alterations

Vertrags~, **~annullierung** avoidance (or cancellation) of a contract; **~anpassung** adaptation of contracts; **~antrag** →Vertragsangebot; **~aufhebung** →Aufhebung e-s Vertrages; **~auflösung** →Auflösung e-s Vertrages; **~aufsage** anticipatary breach of a contract

Vertragsbedingung term of a contract; **allgemeine ~en** general terms of contract (or contract terms); *(durch Parteiwillen, Gesetz od. Gewohnheit)* **stillschweigend mit eingeschlossene ~en** implied terms; **Einhaltung der Frist ist wesentliche ~** time is (of) the essence of the contract; **~en aushandeln** to negotiate the contract terms; **die ~en festlegen** to stipulate the conditions of the contract

Vertrags~, **~beendigung** termination of the contract; **~beginn** beginning of the contract; **~beitritt** →Beitritt zu e-m Vertrag; **~bestandteil werden** to become part of the contract; to be incorporated in the contract

Vertragsbestimmungen provisions (or stipulations, terms) of a contract; *(schriftl.)* articles of agreement; covenants; **wesentliche ~** essential terms (of a contract); *Br* conditions; **Nichteinhaltung der ~** failure to comply with the contract terms; **von den ~ abweichen oder diese ergänzen** to derogate from or supplement the provisions of the contract; **die ~ einhalten** to observe the terms of the contract

Vertragsbeziehung contractual relationship; **~ zwischen den unmittelbaren Vertragsparteien** privity of contract

Vertragsbruch breach of contract (or agreement); *(VölkerR)* violation of a treaty; **antizipierter** *(vorzeitig angekündigter od. erkennbarer)* **~** anticipated breach of contract; **bei ~** in the event of breach of contract; **teilweiser ~** partial breach of contract; **Verleitung zum ~** *(WettbewerbsR)*[117] inducing a breach of contract; interference with a contract; **sich auf ~ berufen** to plead (or set up) a breach of contract; **e-n ~ herbeiführen** to induce a breach of contract

vertragsbrüchig, **~e Partei** party breaking a contract; party in breach of a contract; **~ werden** to commit a breach of contract; to break a contract

vertragschließend contracting

Vertragschließende (der/die) contracting party, contractor *(→ Vertragsparteien)*

Vertrags~, **~dauer** contract period; duration (or life) of contract; **~entwurf** draft contract (or agreement); *(VölkerR)* draft (of a) treaty, treaty draft

Vertragserbe heir conventional (one appointed to the succession by virtue of a contract entered into by *Br* deceased [*Am* decedent]) *(→ Erbvertrag)*

Vertragserfordernisse, **wesentliche ~** essentials of a contract

Vertragserfüllung →Erfüllung e-s Vertrages; **Ablehnung der ~** repudiation of a contract; **~sgarantie** *(Erfüllungsgarantie)* performance bond; **die ~ ist unmöglich geworden** a contract has become (or is) frustrated; **für die ~ vorgesehene Sachen** **→aussondern**

Vertrags~, **~ergänzung** supplement (or amendment) of a contract; **~erneuerung** renewal of a contract; **v~fähig** capable of entering into a contract; **mangelnde ~fähigkeit e-s Minderjährigen** incapacity of an infant to make a contract; **→handelsübliche ~formeln**; **~freiheit** freedom of contract; contractual freedom

Vertragsgarantien contract guarantees; **(ICC) Einheitliche Richtlinien für ~** →ICC

Vertrags~, **~gebiet** *(des Handelsvertreters)* contractual territory; **~gegenstand** subject matter of a contract

vertragsgemäß according to contract (or agreement); as agreed (upon); **~e Erfüllung** (specific) performance (of a contract); **~er Gebrauch der geliehenen Sache**[118] use of the property in accordance with the terms of the loan; stipulated use; **~e →Kündigung**; **~e Waren** goods which conform with the contract; goods of the contract description; **~ sein** to be in conformity with the contract

Vertrags~, **~gemäßheit** conformity with the contract; **~grundlage** basis of a contract; **~haftung** contractual liability

Vertragshändler authorized dealer; distributor; **~vereinbarung** dealership contract; **~vertrag** authorized dealer contract

Vertrags~, **~hilfe**[119] judicial assistance in connection with contracts (reduction or cancellation of liabilities which the debtor is not able to meet without his fault owing to the changes resulting from war and post-war conditions); **~inhalt** contents (or subject matter) of the contract; terms of the contract; **~klausel** contract(ual) clause; clause in a contract; **~kompetenz** *(VölkerR)* treaty- making power; **~kundschaft** *(e-s Handelsvertreters)* contractual clientele; **~mächte** treaty powers

vertragsmäßig →vertragsgemäß; **~es →Güterrecht**; **das ~ hergestellte Werk abnehmen**[120] to accept the work as on the whole in accordance with contractual specifications

Vertrags~, **~mäßigkeit der Ware** conformity of the goods with the contract; **~niederschrift** memorandum of agreement

Vertragspartei party to a contract (or an agreement); contracting party; party to a treaty; **die ~en dieses Abkommens** *(VölkerR)* the parties to the present Agreement; **die Hohen ~en** the High Contracting Parties

Vertrags~, **~partner** →Vertragspartei; **~pfandrecht** contractual lien, conventional lien, lien by agreement

Vertragspflicht obligation under a contract; contractual obligation; **Nichteinhaltung e-r** *(ausdrücklich erklärten)* **~** breach of convenant; **Verletzung der ~** breach of contract

Vertrags~, **~prämie** *(VersR)* stipulated premium; **~preis** contract price; **~prinzip** privity of contract; [121] **~punkte** articles of agreement; **~recht** law of contract; **~rechte** contractual rights; **die ~regierungen** the contracting governments; **~sammlung** *(VölkerR)* treaty collection; **~schluss (od. →~abschluss)** conclusion (or formation, completion) of a contract; **~schuld** contract debt; **~sparen** contractual savings; **~staat** contracting state; **~staaten e-s Abkommens** states party to a convention; **~statut** proper law of the contract; **~stornierung** cancellation of a contract

Vertragsstrafe[122] contractual (or stipulated) penalty; penal sum; *(Abrede über pauschalierten Schadensersatz)* (provision for) liquidated damages; **~klausel** penalty clause; **~ für nicht gehörige →Erfüllung e-s Vertrages**; **e-e ~ im Vertrag vereinbaren** to stipulate a penalty in the contract; **die ~ ist verwirkt, wenn der Schuldner in Verzug kommt** the liquidated damages (or contractual penalty) become (becomes) payable, if the debtor does not perform on time

Vertrags~, **~streitigkeiten** disputes arising from a contract (or in connection with a contract); **~text** text of the contract (or treaty); **~treue** contractual fidelity; loyalty to a treaty; **~unterlagen** contract documents; **~unterzeichnung** signing a contract (or *[VölkerR]* treaty); **~urkunde** deed; instrument; indenture (deed); **(bestehendes) ~verhältnis** (existing) contractual relationship; **~verhandlungen** contract negotiations; *(VölkerR)* treaty negotiations; **~verlängerung** prolongation of a contract *([VölkerR] treaty)*

Vertragsverletzung breach (or violation) of a contract; *(VölkerR)* violation of a treaty; treaty infringement; **erhebliche ~** material brach of contract; **geringfügige ~** minor breach of contract; **→positive ~**; **wesentliche ~** fundamental breach of contract; **~sverfahren** treaty violation proceedings,; **sich auf e-e ~ berufen** to rely on a breach of (the) contract; **zum →Ersatz des aus der ~ erlittenen Schadens verpflichtet sein**

Vertrags~, **~verpflichtung** contractual obligation; *(VölkerR)* treaty obligation; **internationales ~verzeichnis** international index of treaties; **~währung** currency of the contract; **internationale ~werke** international instruments

vertragswidrig contrary to the (terms of the) agreement; in breach of contract; not in conformity with the contract; **fristlose →Kündigung des Mietverhältnisses bei ~em Gebrauch der gemieteten Sache**

Vertragswidrigkeit non-conformity (or lack of conformity) with the contract; **~ von Waren** non-conformity of goods with the contract

Vertrags~, **~wirkungen** effects of the contract; **~zeit** period of a contract; **~zoll** conventional duty, contractual tariff; **~zuteilung** *(Bausparvertrag)* allocation of the contract

Vertrauen confidence, trust (zu, auf in); reliance; **im ~** in confidence; **im ~ auf** confiding (or trusting) in; relying (up)on

Vertrauens~, **~arzt** *Br* medical examiner (*Am* medical referee) (appointed by a welfare institution etc); **~bildende Maßnahmen**[122a] →Konferenz über Vertrauensbildende ... Maßnahmen etc. (KVAE); **~bruch** breach of confidence (or trust); **~entzug** withdrawal of confidence; **die ~frage stellen** *parl* to ask for a vote of confidence; **~haftung** liability based on principles of reliance; **~interesse** →Vertrauensschaden; **~krise** crisis of confidence

Vertrauensmänner *(im Betrieb)* shop stewards; **~ der Schwerbehinderten**[123] disabled persons' representatives

Vertrauens~, **~missbrauch** abuse of confidence; **~schaden** damage through (or loss incurred by) relying on (the validity of) a declaration; **~schadenversicherung** fidelity insurance; *Am* suretyship insurance; **~schutz** protection of confidence; **~stellung** position of trust; fiduciary position; **~verhältnis** confidential (or fiduciary) relationship; **~votum** *parl* vote of confidence; **~werbung** institutional advertising, goodwill advertising; public relations; **v~würdig** trustworthy, reliable

Vertrauen, **auf gegenseitigem ~ beruhen** to be based on mutual trust; **~ entgegenbringen** to show confidence; **jdm sein ~ entziehen** to withdraw one's confidence from sb.; **jds ~ genießen** to be in (or to enjoy) sb.'s confidence; **jdn ins ~ ziehen** to take sb. into one's confidence

vertrauen, jdm ~ to rely on sb.; to trust sb.

vertraulich confidential; private; private and confidential; in confidence; **streng ~** strictly confidential; **~e →Mitteilung; wir bitten um ~e Behandlung dieser →Auskunft; Anfragen werden auf Wunsch ~ behandelt** inquiries are treated confidentially on request

vertreiben *(des Landes verweisen)* to expel; *(im großen verkaufen)* to distribute, to sell, to market *(→ Vertrieb)*

Vertreibung expulsion; **~sgebiet** territory from which a p. is expelled *(→ Vertriebene)*; **~sschäden**[124] expulsion losses

vertretbar 1. ~e Sachen[125] fungibles, fungible goods (movable things usually determined by number, measurement and weight)

vertretbar 2. rechtlich ~ legally justifiable; **~er Standpunkt** justifiable (or arguable) position

vertreten 1. jdn ~ to represent sb.; *(an jds Stelle treten)* to act for sb., to replace sb.; to deputize for sb., to act as (a) deputy for sb.; to substitute for sb.; **etw. zu ~ haben** to be responsible (or liable) for sth.; **sich ~ lassen** to appoint a representative (or deputy); to provide a substitute; *(durch e-n Anwalt)* to be legally represented; *Br (durch e-n barrister)* to appear (or be represented) by counsel; *Am* to appear by one's attorney; *(bei der Stimmabgabe)* to vote by proxy; **den Beklagten (Kläger) ~** to appear for the defendant (plaintiff); **e-n Fall** *(vor Gericht)* **~** to plead a case (or cause) before a court; **e-e Firma ~** to be an agent (or a representative) for a firm; **jdn vor Gericht** *(als Anwalt)* **~** *(Zivilprozess)* to hold a brief for sb.; to appear for the plaintiff (or defendant); *(Strafprozess)* to appear for the defendant (or accused); **jds Interessen ~** to attend to (or look after) sb.'s interests; **die Interessen e-s Landes ~** to represent the interests of a country; **die Maßnahmen sind vom Arbeitgeber nicht zu ~** the measures are beyond the employer's control; **die Meinung ~** to be of the opinion (that); **e-n Wahlbezirk ~** to represent a constituency

vertretend, in ~er Eigenschaft in a representative capacity; **nicht zu ~e Umstände** circumstances beyond one's control; **vom →Vermieter nicht zu ~er Umstand**

vertreten 2. *part,* **~ durch** represented by; acting through; **alle Aktionäre erschienen oder waren ~** all of the shareholders appeared or were represented; **durch e-n Anwalt ~** represented by a lawyer

Vertretener *(Auftraggeber)* principal; **~ und Vertreter** principal and agent; **verdeckt ~** undisclosed principal

Vertreter *(Stellvertreter)* representative; agent; substitute, deputy; *Am* alternate; *(in der Stimmausübung)* proxy; *com* agent, selling (*Am* sales) agent; commercial travel(l)er, sales representative; **→Allein~; →Auslands~; →Bezirks~; →Einkaufs~; →General~; →Handels~; →Urlaubs~; →Verkaufs~; ~ ohne Vertretungsmacht**[126] agent acting without authority (falsus procurator); **ordnungsgemäß bevollmächtigter ~** duly authorized representative; **diplomatischer ~** diplomatic agent (or officer, representative); **einheimischer ~** domestic representative; **gemeinsamer ~** *(Europ. PatR)* common representative; **gesetzlicher ~** legal (or statutory) representative; representative by operation of law; **→konsularischer ~; ständiger ~** permanent representative; **vollmachtloser ~** →Vertreter ohne Vertretungsmacht; **zugelassener ~** *(vor dem Europ. Patentamt)* professional representative

Vertreter, ~ der Arbeitgeber employer's representative(s); **~ der Arbeitnehmer** workers' (or employers') representative(s)

Vertreter~, ~bestellung appointment of a representative; **~besuch** sales call; **~bezirk** contractual territory; **die ~gebiete festlegen** to establish the districts of the sales representatives; **~gebühr** agency fee; **~provision** agent's commission; **~versammlung** representatives' (or delegates') meeting; **~vertrag** agency agreement *(→ Handelsvertretervertrag)*

Vertreter, e-n ~ bestellen to appoint an agent (or representative); to appoint a proxy (to vote); **zu e-r Sitzung e-n ~ entsenden** to send a delegate to a meeting; *(zur Stimmausübung)* to send a proxy; **e-n ~ ernennen** to designate (or nominate) an agent (or representative); *(i. S. von Ersatzmann)* to designate a deputy (or *Am* alternate)

Vertretung representation; agency; *(Stellvertretung)* substitution; *(VölkerR)* mission

Vertretung, in ~ von acting (as agent) for; as representative for; *(bei Unterschriften)* (signed) for; per pro (p. p.); **in ~ abgegebene Stimme** vote by proxy

Vertretung; →Allein~; →Auslands~; →General~; →Gesamt~; →Handels~; →Interessen~; →Personal~; →Stell~; →Unter~; →diplomatische ~; gerichtliche und außergerichtliche ~ legal and general representation; **gesetzliche ~** legal representation; **→konsularische ~; parlamentarische ~** parliamentary representation; **ständige ~** *(im Ausland VölkerR)* permanent mission; **~ durch e-n Anwalt** representation by a lawyer (*Br* solicitor or counsel, *Am* attorney); **~ vor Gericht** *(in e-m Prozess)* legal representation; **~ ohne ~smacht** unauthorized agency

Vertretungs~, ~befugnis power of representation; right to represent; **v~berechtigt** authorized (or entitled) to represent; **~berechtigter** authorized representative; **~bezirk** *(e-s Handelsvertreters)* contractual territory

Vertretungsmacht[127] authority (to represent another); power of representation; power of agency (or of an agent); **~ nach außen** ostensible authority (to represent); **ausdrückliche oder stillschweigend übertragene ~** express or implied authority (to represent); **Mangel der ~ bei Handelsvertretern**[128] commercial agents' lack of authority to represent

Vertretungs~, **~verhältnis** agency; **~vertrag** agency agreement; contract of agency; **v~weise** as a representative (or substitute); per pro; by proxy; **~zwang** compulsory representation *(→Anwaltszwang)*

Vertretung, **jdn mit seiner ~ →beauftragen**; **e-e ~ einrichten** to establish an agency; *(VölkerR)* to establish a mission; **e-e ~ →niederlegen**; **sich die ~ e-r Gesellschaft sichern** to secure the agency of a company; **e-e ~ übernehmen** to take over an agency (or a representation); **~en** *(im Ausland)* **unterhalten** to maintain representations

Vertrieb to maintain representations
Vertrieb sale, distribution, marketing

Vertriebs~, **~absprache** *(KartellR)* distribution agreement; **~abteilung** marketing department; **~berater** marketing (or sales) consultant; **~bindung** *(KartellR)* tying arrangement regarding distribution; **~erlös** proceeds of distribution; **~firma** distributor; **~gemeinkosten** indirect distribution cost; sales overhead(s); **~gesellschaft** distribution (or marketing) company; **~händler** distributor; **~kartell** marketing cartel; **~kette** *(ProdHR)* distribution chain; **~kosten** distribution cost, selling expense(s); **~leiter** marketing director; **~netz** distribution network; **~organisation** sales (or marketing) organization; **~recht** right to distribute; distribution right; **~stelle** outlet; distributor; **~vereinbarung (od. ~vertrag)** *(KartellR)* distribution agreement; **~weg** distribution channel

Vertrieb, **den alleinigen ~ haben für** to be sole distributor for

Vertriebene (der/die) expelled person, expellee

Verübung e-s Verbrechens perpetration (or commission) of a crime

verunglimpfen to disparage

Verunglimpfung disparagement; **~ des Andenkens Verstorbener**[129] defiling the memory of the dead; **~ des Bundespräsidenten**[130] disparagement of the President of the Federal Republic of Germany; **~ des Staates und seiner Symbole**[130a] defamation of the state and its symbols

verunglücken to have (or meet with) an accident

verunglückt, **das Flugzeug ist ~** the aircraft (has) crashed

Verunreinigung der Luft air pollution

verunstaltete →Aktien

veruntreuen, **Geld ~** to misappropriate money; to defalcate; to make fraudulent use of money (entrusted to one's charge); *(unterschlagen)* to embezzle money; **öffentliche Gelder ~** to peculate public moneys; to appropriate wrongfully public moneys (entrusted to one's care)

veruntreutes Geld (amount of) money misappropriated; defalcation

Veruntreuung misappropriation, defalcation, embezzlement *(→Unterschlagung, →Untreue)*; **~ öffentlicher Gelder** peculation of public moneys; fraudulent conversion of public funds; **~sversicherung** commercial guarantee insurance; fidelity insurance

verursachen to cause; **jdm Kosten ~** to put a p. to expense; **Schaden ~** to cause damage

Verursacher *(Umweltschutz)* polluter *(→Haftpflicht des Verursachers)*; **~ e-s Verkehrsunfalls** person responsible for a road accident; **Strafmaßnahmen gegen ~ von →Umweltschäden**; **~prinzip** *(Umweltschutz)* principle of causal responsibility; principle of causation; pay-as-you- pollute principle; polluter pays principle

Verursachung →Kausalität

verurteilen to condemn; to pass judgment; *(zivilrechtl.)* to deliver judgment against; to adjudicate, to adjudge; *(strafrechtl.)* to sentence, to convict; **den Angeklagten ~** *(für schuldig befinden)* to convict the accused; *(e-e Strafe verhängen)* to sentence (or pass sentence on) the accused; **den Arbeitgeber zur Zahlung von Abfindungen ~**[131] to order the employer to pay indemnities; **den Beklagten ~** to find against the defendant; **den Beklagten zur Zahlung der Prozesskosten ~** to order the defendant to pay the costs; to award costs against the defendant; **→beantragen, den Beklagten zur Zahlung von Euro 500.- an den Kläger zu ~**; **jdn zu e-r Geldstrafe von Euro 100.- ~** to fine a p. Euro 100; to sentence a p. to pay a fine of Euro 100; **zur Schadensersatzleistung ~** to order to pay damages; **den Terrorismus ~** to express one's condemnation of terrorism; **jdn zum Tode ~** to sentence a p. to death

verurteilt, in Abwesenheit ~ werden to be sentenced in one's absence; **wegen Betrugs ~ werden** to be convicted of fraud; **zu Geld- oder Freiheitsstrafe ~ werden** to be fined or imprisoned; **er wurde zu 12 Monaten →Freiheitsstrafe ~; wegen Mordes ~ werden** to be convicted of murder; **er wurde zu Schadensersatz ~** he was ordered to pay damages; **er wurde zur Zahlung der Kosten ~** costs were awarded against him

verurteilte Partei *(Zivilprozess)* adjudged (or adjudicated) party

Verurteilte (der/die) *(Strafprozess)* person convicted of an offence; convicted person; **~r, dessen Strafe zur Bewährung ausgesetzt ist** probationer

Verurteilung condemnation; sentencing; conviction; **im Ausland erfolgte ~** foreign conviction; **~ in →Abwesenheit; ~ zu e-r Geldstrafe** imposition of a penalty (or fine); fining; **~ zur Übernahme der (Prozess-)Kosten** order to pay the costs (of the proceedings); (making an) order for costs (against a party); **~ zu Schadensersatz** award of damages (against sb.); **~ zum Tode** passing of the death sentence; **~ wegen Verkehrsvergehen** conviction for a driving offence (offense)

vervielfältigen to duplicate; to reproduce; **ein Werk ~** to reproduce a work

vervielfältigt, ~e Unterschrift facsimile signature; **~es Werk** reproduced work

Vervielfältigung duplication; reproduction; copy; **~smaschine** duplicating (or copying) machine, duplicator; **~srecht**[131 a] right of reproduction; right to make copies of the work; **~sstück** *(UrhR)* reproduction; copy (of a work); **Schutz der Hersteller von Tonträgern gegen unerlaubte ~ ihrer Tonträger**[132] protection of producers of phonograms against unauthorized duplication of their phonograms; **die ~ e-s Werkes der Literatur und Kunst erlauben**[133] to authorize the reproduction of a literary and artistic work

vervollständigen to complete; *(ergänzen)* to supplement

verwahren to hold (or keep) in (safe) custody *(→aufbewahren)*; *(in gutem Zustand erhalten)* to preserve; **sich ~ gegen** to protest against; **etw. amtlich ~** to have official custody of sth.; **~de Bank** custodian bank

verwahrt, im Ausland ~e Wertpapiere securities held in safe custody abroad; **im Depot ~e Wertpapiere** securities held in custody (or *Am* custodianship); **im Inland ~e Wertpapiere** securities held in domestic safekeeping

Verwahrer depositary; custodian; bailee; *Am* safekeeper

Verwahr~, ~regierung *(VölkerR)* depositary government; **~stelle e-s Vertrages** *(VölkerR)* depositary of a treaty

verwahrlost neglected; **~er Zustand** state of neglect

Verwahrung 1.[134] deposit; custody, safekeeping; bailment; *(Erhaltung)* preservation; **Ansprüche aus ~** claims arising from bailment; claims in respect of things held in safe custody; **Ersatz von →Aufwendungen bei ~; amtliche ~** official custody; **in gerichtliche ~ geben** to place in the custody of the court; to impound; **unentgeltliche ~** gratuitous deposit; **vorübergehende ~** *(von Waren)* temporary storage; **~ in Anstalten** →Anstaltsunterbringung; **amtliche ~ des eigenhändigen Testaments**[135] official custody of the holographic will; official deposit; **~ und Verwaltung von Wertpapieren für andere** custody and administration of securities for account of others *(→Depotgeschäft)*

Verwahrungs~, ~art method of holding in custody; **~bruch**[136] destruction (or removal) of (or damage to) documents (or other things) in official custody *(→Beiseiteschaffen von Urkunden)*; **~depot** →geschlossenes Depot; **~ort** place of deposit; depository; **~pflicht des Finders**[137] the finder's duty of safekeeping (or keeping the object safely); **~vertrag**[138] contract of deposit; custody agreement; contract of bailment

Verwahrung, zur ~ anvertrauen to entrust for safekeeping; **in ~ geben** to deposit; to give (or place) in custody; **in ~ nehmen** to take into custody (or safekeeping); *(gerichtlich)* to impound

Verwahrung 2. *(Einspruch)* protest; **~ einlegen** to enter (or make) a protest (bei with); to protest against

verwalten to administer; to manage; **schlecht ~** to mismanage, to manage badly; **treuhänderisch ~** to hold in trust; **Grundbesitz ~** to manage *Br* property *(Am real estate)*

Verwalter administrator; manager; steward; **→Guts~; →Haus~; →Insolvenz~; →Nachlass~; →Vermögens~; →Zwangs~**

Verwaltung administration; management; *(Behörde)* administrative authority; **→Guts~; →Haus~; →Insolvenz~; →Nachlass~; →Selbst~; →Treuhand~; →Vermögens~; →Zwangs~; öffentliche ~** (public) administration; *(Staatsbeamte)* civil service; **schlechte ~** maladministration, mismanagement

Verwaltungsabkommen *(VölkerRzweiseitig)* administrative agreement

Verwaltungsakt[139] administrative act; administrative action; **begünstigender oder belastender ~** administrative act which results in a benefit or which involves a burden; →**Aufhebung e-s ~es**; **e-n ~ anfechten** to contest an administrative act

Verwaltungs~, **~aktien** shares held at the disposal of the executive board; *Am* treasury stock; management shares; **~angelegenheit** administrative matter; **~apparat** administrative apparatus; **~aufgaben** administrative tasks; **~aufwand** administrative expense; **~ausgaben** administrative expenditure (or expense); **~ausschuss** administrative committee; management committee; **~autonomie** administrative autonomy; self-administration

Verwaltungsbeamter, höherer ~ administrative officer; *(mit untergeordneter Tätigkeit)* ministerial officer

Verwaltungs~, **~behörde** administrative authority; *Am* administrative agency; **~beschwerde** administrative complaint *(weitgehend ersetzt durch → Widerspruchsverfahren)*; **~bestimmungen** administrative provisions

Verwaltungsdienst, höherer ~ higher (public) administrative service; higher echelons of public (or government) service; *Br* administrative class; **untere, an Weisungen gebundene ~e** ministerial services; clerical work in public administration

Verwaltungs~, **~entscheidung** administrative decision; **~ermessen** administrative discretion; **~gebühr** administrative fee; management charge; **~gemeinkosten** administrative expense, administrative overhead(s)

Verwaltungsgericht administrative court; →**Bundes~**; →**Ober~**; **~sbarkeit**[140] administrative jurisdiction; **~shof** (VGH) *(in Baden-Württemberg, Bayern und Hessen)* →Oberverwaltungsgericht; **~sordnung** (VwGO) Rules of the Administrative Courts; **~sverfahren** legal proceedings in an administrative court

Verwaltungs~, **~gesellschaft**[141] management company *(Ggs. Vertriebsgesellschaft)*; **~haushaltsplan** *(EU)* administrative budget; **gegenseitige ~hilfe** *(z. B. auf dem Gebiet des Zollwesens)*[142] mutual administrative assistance; **~hoheit** administrative power; **~kompetenz** administrative jurisdiction

Verwaltungskosten administrative expense; **~zuschlag** *(VersR)* loading for management

Verwaltungs~, **v~mäßige Befugnisse** administrative powers; **~maßnahmen** administrative measures (or action); **~organ** administrative body; **~praktiken** administration practices; **~prozess** proceedings before an administrative court

Verwaltungsrat supervisory board (of a statutory board or body corporate under public law) *(Schweiz Aufsichtsrat)*; *(VN)* executive board; *(des Europäischen Patentamtes)* Administrative Council; **~sbezüge** directors' fees

Verwaltungsrecht administrative law; **~sweg** recourse to the administrative courts; **Erschöpfung des ~sweges** exhaustion of administrative remedies

Verwaltungssachen administrative matters; **Amtshilfe in ~** mutual assistance in administrative matters; **Europäisches Übereinkommen über die Erlangung von Auskünften und Beweisen in ~ im Ausland**[143] European Convention on the Obtaining Abroad of Information and Evidence in Administrative Matters; **Rechtshilfeersuchen in ~**[144] letters of request in administrative matters

Verwaltungs~, **~sitz** *(e-r Gesellschaft)* head office; **~stelle** administrative agency; **~streitverfahren** proceedings in contentious administrative matters; **~treuhand** administrative trust; **~-Übereinkommen** *(VölkerRmehrseitig)* administrative agreement; **~unrecht** administrative offences (offenses) *(→ Ordnungswidrigkeiten)*; **~verfahren**[145] administrative procedure; **~verfahrensgesetz** Law of Administrative Proceedings; **~verordnung** administrative decree; **~vertrag** s. öffentlich-rechtlicher →Vertrag; **~vollstreckung** administrative enforcement; **~vorschriften** administrative provisions (or regulations); **auf dem ~weg** by administrative action; administratively; **~zustellungsgesetz** (VwZG)[146] Law on Service in Administrative Procedure; **~zwang** administrative coercion; **~zwangsverfahren** execution proceedings instituted by administrative authorities for collecting debts due to the government

Verwaltung, **Rechenschaft ablegen über e-e mit Einnahmen oder Ausgaben verbundene ~**[147] to give (or deliver) an account of receipts and/or expenditure connected with the administration of property; **die ~ des Hauses für den Eigentümer wahrnehmen** to undertake the management of the house for the owner

verwandt related (by blood); **~e Gebiete** related fields; **~e Schutzrechte** *(UrhR)* neighbo(u)ring rights; related rights; **entfernt ~** distantly related; **nahe ~** closely related; **in gerader Linie ~** related in direct line; **in der Seitenlinie ~** related in collateral line; **er ist mit mir ~** he is a relative of mine

Verwandte (der/die) relative, relation; **nächster ~r** next of kin; **~ in →aufsteigender Linie**; **~ in gerader Linie** relations by blood in direct line; **~ in der Seitenlinie** collateral relative; **~ →mütterlicherseits**; **~ →väterlicherseits**

Verwandtschaft[148] relationship; consanguinity; *(durch Heirat)*[149] affinity; **~ in gerader Linie** relationship in direct line (ascendants and descendants); **~ in der Seitenlinie** collateral relationship; **angeheiratete ~** *colloq.* in(-)laws

Verwandtschaftsgrad degree of relationship; **→Erbfolge nach dem ~**; *(für die Heirat)* **e-n verbotenen ~ haben** to be within the prohibited degree of relationship

Verwandtschaftsverhältnis relationship

verwarnen, jdn ~ to warn sb., to give a warning to sb.; *Br (durch die Polizei)* to caution sb.

Verwarnung warning; admonition; *Br (durch die Polizei)* caution; *(Strafzettel bei leichteren Verkehrsdelikten)* ticket; **gebührenpflichtige ~** police warning with on-the-spot fining (especially for minor traffic offences [ses]); **~sgeld** on-the-spot cautionary fine; **e-e ~ erteilen** *Br* to give a caution

verwässerte Aktien watered shares

Verwässerung des Aktienkapitals watering of (share) capital, watering of stock; dilution of equity

verwechselbar *(Marken)* likely to lead to confusion

verwechseln to confuse; to mistake (sb. or sth.) for

verwechselt, e-e Marke, die ~ werden könnte a trademark capable of being confused

Verwechslung confusion; mistake; **→Namens~**; **~ mit e-r anderen Firma**[150] confusion with another firm; **v~sfähige Marke** trademark giving rise to confusion; **~gefahr**[150a] danger of confusion; **es besteht ~sgefahr** likelihood of confusion; *(MarkenR)* danger of confusion; confusion is likely to arise; **zu ~en führen** *(z. B. Marken)* to lead to confusion

verweigern to refuse, to deny, to reject; **die Annahme der Ware (e-s Wechsels) ~** →Annahme 1.; **die →Aussage ~**; **die →Belieferung e-s Händlers mit Waren ~**; **seine Zustimmung ~** to refuse one's consent

Verweigerung refusal, denial, rejection; **→Abschluss~**; **→Annahme~**; **→Auskunfts~**; **→Aussage~**[151]; **→Rechts~**; **→Zeugnis~**; **~ der Eidesleistung** refusal to take an oath; **~ des ehelichen Verkehrs** denial of marital intercourse; **~ der Zahlung** refusal of payment, refusal to pay; **den Zeugen über sein Recht zur ~ der Aussage belehren** to instruct the witness on his right to refuse evidence; **zur ~ der Aussage berechtigt sein** to be privileged to refuse to testify (or to give evidence)

Verweis reprimand; *(in e-m Buch)* reference; **e-n ~ erhalten** to receive a reprimand; **e-n ~ erteilen** to reprimand

verweisen, ~ auf to refer to; **jdn ~ an** to refer sb. to; **e-e Sache an ein anderes Gericht ~** to transfer a case to another court; **e-e Sache an ein unteres Gericht ~** to remit a case to a lower court; **Ausländer des Landes ~** to deport aliens; to expel aliens from the country

Verweisung 1. ~ reference (auf, an to) *(Landesverweisung)* deportation; expulsion; **→Kreuz~**; **→Zurück~**; **~ von Klagen** *(an ein anderes Gericht od. e-e andere Kammer)* transfer of action; removal of causes; **~sbeschluss** order to transfer an action; **~szeichen** reference mark

Verweisung 2. *(IPR)* determination of the municipal system of law (applicable in cases containing a foreign element); **kollisionsrechtliche ~** *(bei Schuldverträgen durch die Parteien)* selection (or choice) of the proper law (of the contract); **materiellrechtliche ~** *(auf dem Boden des anwendbaren Rechts werden Rechtssätze e-s anderen Rechts zum Vertragsinhalt erhoben)* incorporation of (some of the provisions of) foreign law (other than the proper law) as a term (or terms) of the contract

verwendbar usable

Verwendbarkeit, gewerbliche ~ *(PatR)* industrial applicability

verwenden to use, to make use of, to utilize, to employ; *(für bestimmten Zweck)* to appropriate; to apply; **sich bei jdm für jdn ~** to intercede with sb. for sb.; **für sich ~** to take for one's own use; *(etw.)* **unrechtmäßig für sich ~** to convert to one's own use; **nutzbringend ~** to turn to good account; **jds Geld widerrechtlich ~** to misappropriate sb.'s money; to apply sb.'s money to a wrong use; *(das Geld des Arbeit- od. Auftraggebers)* to embezzle

Verwendung use, utilization, employment; *(für bestimmten Zweck)* application, appropriation; *(Fürsprache)* intercession; **→Mittel~**; **→Wieder~**; **beabsichtigte ~ der Waren** intended use of goods; **zur besonderen ~** *mil* for special duty; **für eigene** for one's own use; **ordnungsmäßige ~** proper use; **unrechtmäßige ~** *(bes. von Geld)* misappropriation, missapplication; **unrechtmäßige ~** *(bewegl. Sachen e-s anderen)* conversion; **vorübergehende ~** temporary employment; **~szweck** purpose of use; purpose for which ... is to be used

Verwendungen expenses (or expenditures) incurred (in repairing, maintaining or improving property without essentially changing it); **notwendige ~** necessary expenses; **nützliche ~** useful expenses; **dem Mieter die auf die Sache gemachten notwendigen ~ ersetzen**[152] to reimburse the tenant (or hirer) for expenses necessarily incurred by him in connection with the property let (object hired)

verwerfen to dismiss, to reject; to overrule; **die →Berufung als unzulässig ~**; **e-n Einspruch als unzulässig ~** to overrule an objection; *(PatR)*[153] to reject the notice of opposition as inadmissible

Verwerfung dismissal, rejection; **~ des Einspruchs als unzulässig** *(PatR)*[153] rejection of the notice of opposition as inadmissible

verwertbar utilizable, realizable, exploitable

Verwertbarkeit, gewerbliche ~ industrial applicability (or exploitability)

verwerten to utilize, to make use of; to realize; to exploit; **wieder~** to recycle; **künstlerische Leistungen gewerblich ~** to commercialize artistic performances; **e-e Erfindung praktisch ~** to reduce an invention to practice; **Geschäftsgeheimnisse unbefugt ~** to make unauthorized use of business secrets; **ein Pfand ~** to enforce a lien; to realize a pledge; **e-e Sicherheit ~** to realize a security; **das Werk ~** *(UrhR)* to exploit the work

verwertet, nicht ~e Erfindung unexploited invention

Verwertung utilization; realization; exploitation; **(praktische) ~ der Abfälle** recycling; **~ der Erfindung** exploitation of the invention; reduction to practice of the invention; **die ~ der Hypothek geschieht durch Zwangsvollstreckung**[154] the mortgage is realized by process of execution; **~ des Patents** →Patentverwertung; **~ des Pfandes** →Pfandverwertung; **~saktien** →Verwaltungsaktien; **~sgesellschaften** *(UrhR)* performing rights societies *(z. B. GEMA)*; (copyright) collecting societies; **~srecht**[154a] exploitation right; **~sverbot**[154b] prohibition of exploitation; **~svertrag** exploitation contract

verwickeln, jdn in ein Verbrechen ~ to implicate (or involve) sb. in a crime

verwickelt *(z. B. Vorschriften)* complicated; **in e-n →Prozess ~ sein**; **in ein Verbrechen ~ werden** to get involved in a crime

Verwicklung, außenpolitische ~en external entanglements

verwirken to forfeit (to be deprived of sth. as a punishment or consequence); *(sich zuziehen)* to incur; **ein Recht ~** to forfeit a right; **e-e Strafe ~** to incur a penalty

verwirkt, ~er Anspruch forfeited claim; stale demand; **für ~ erklären** to declare forfeited; **e-e Strafe ist ~** a penalty is incurred

Verwirkung forfeiture; laches; *(etwa)* estoppel; **~ e-s Rechts** forfeiture of a right; (doctrine of) laches; estoppel by laches; **~ des Einwands, dass e-e Vollmacht nicht bestehe** authority by estoppel; **~ von Grundrechten**[155] forfeiture of fundamental rights; **~ durch Irreführung** estoppel by misrepresentation; **~ des →Lohnanspruchs des Maklers**; **~seinwand** claim of estoppel; **~sklausel** forfeiture clause; defeasance clause; **die ~ des Rechts ist ausgeschlossen** the right cannot be forfeited

Verwirrung confusion

verwitwet widowed

Verwüstung desertification

Verzehr consumption (of food, materials etc); **für den menschlichen ~ ungeeignet** unfit for human consumption; **Vermögenswerte unterliegen dem ~** *(z. B. Öl, Gasquellen, Waldbestände)* property is subject to exhaustion of substance

verzeichnen *(aufzeichnen)* to record, to (enter in a) register, to note (down); *(in e-r Liste)* to list, to make a list (of); *(im einzelnen)* to specify; *(in e-m Bestandsverzeichnis)* to include in an inventory; **e-n Erfolg ~** to score a success

Verzeichnis list, catalog(ue); inventory, schedule; (Inhaltsverzeichnis) index; *(amtlich geführtes Verzeichnis)* register; *(Einzelaufstellung)* specification, statement; **→Bestands~**; **→Masse~**; **→Nachlass~**; **→Namens~**; **→Preis~**; **→Unterschriften~**; **→Vermögens~**; **→Waren~**; **laut anliegendem ~** as per enclosed statement; **~ der Aktionäre** list of shareholders; **~ der Anlagewerte** schedule of investments; **~ der Hotels** list of hotels; **ein ~ aufstellen** to draw up (or make out) a list; to compile an inventory

verzeihen to condone

Verzeihung condonation

Verzerrung, ~ der Wettbewerbsstellung distortion of the competitive position; **~en verhindern** to avoid distortion

Verzicht waiver (auf of); renunciation (auf of); renouncing; *(Ausschlagung)* disclaimer; *(Aufgabe)* abandonment, relinquishment; **→Erb~**; **→Gewalt~**; **→Rechts~**; **→Thron~**; **ausdrücklicher ~** express waiver; **stillschweigender ~** implied waiver; **~ auf e-n Anspruch** release; waiver (or waiving, giving up, renunciation) of a claim; **~ auf alle gegenwärtigen oder zukünftigen Ansprüche** general release; **~ auf Geltendmachung der Verjährung** waiver of the statute of limitations; **~ auf ein Patent** surrender of a patent; **~ auf e-e Staatsangehörigkeit** renunciation of citizenship; **~erklärung** waiver; (written statement) waiving (a right, etc); declaration of renunciation; **~leistung** waiver, renunciation, disclaimer; **~urkunde** deed of renunciation; **~ leisten** →verzichten

verzichten, **~ auf** to waive, to renounce; *(ausschlagen)* to disclaim; *(aufgeben)* to abandon, to relinquish; *(auskommen ohne)* to dispense with; **schriftlich ~** to express a waiver in writing; **auf e-e Erbschaft ~** to renounce (*Am* to relinquish) an inheritance; **auf die Geltendmachung e-r Einwendung ~** to waive a defence (defense); **auf ein Recht ~** to renounce (or waive, disclaim) a right

Verzichtende, **der ~** *(bei Erbverzicht)* the party (or person) renouncing

verzichtet, **auf das Patent ist ~ worden** the patent has been surrendered

verzinsen to pay interest on; **sich ~** to yield (or bear) interest

verzinslich interest-bearing; yielding interest; **sein Geld ~ →anlegen**

Verzinsung (payment of) interest; *(Zinsertrag)* interest yield (or return); **durchschnittliche ~** average rate of interest; **Effektiv~** effective interest yield; **Nominal~** nominal interest; **~ des Kaufpreises**[156] payment of interest on the purchase price

verzogen, **falls ~** in case of change of address; **→Empfänger unbekannt ~**

verzögern, **sich ~** to be delayed; **der Versand wird sich um 1 Woche ~** the shipment will be delayed for one week

Verzögerung delay; time-lag; **→Lade~**; **→Liefer~**; **entschuldbare ~** excusable delay; **schuldhafte ~** culpable delay; **ungehörige ~** undue delay; **~sgebühr**[157] delaying fee; **~sstreifen** *(Kraftfahrzeugverkehr)* slow-traffic lane; deceleration lane; **~spolitik** delaying tactics; **e-e ~ trat ein** a delay occurred

verzollen to pay duty on; *(zur Verzollung anmelden)* do declare; *(Schiff zollamtlich abfertigen)* to clear (goods) through customs; *(aus dem Zollverschluss herausnehmen)* to take (goods) out of bond

verzollt customs cleared; **nicht ~** uncleared; **~e Waren** duty paid goods; goods out of bond

Verzollung *(Zollzahlung)* payment of duty; *(Zollanmeldung)* customs entry; *(Zollabfertigung)* clearance (through customs); **~sgebühren** clearance charges; **~spapiere** clearance papers; **Waren zur ~ angeben (od. anmelden)** to declare goods, to make a statement of dutiable goods; *(Schiff)* to enter goods for customs clearance

Verzug delay (in performance); default; **→Annahme~**; **→Gläubiger~**; **→Liefer~**; **→Schuldner~**; **→Zahlungs~**; **bei ~** upon default; **im ~ (od. in ~ befindlich)** in default; defaulting; **in ~ befindliche Hypothek** defaulted mortgage; **in ~ befindliche Partei** party in default; **im Falle des ~s** in case of default (of payments etc); **bei →Gefahr im ~**; **Gefahrübergang bei ~ des Gläubigers**[158] passing of risk when performance is not accepted at the due time by the creditor; **→Zinssatz bei ~**

Verzugsentschädigung compensation for default; **~ geltend machen** to claim compensation for loss occasioned by delay (or default)

Verzugs~, **~schaden**[159] damage caused by default (or delay); damage due to delay in performance; **~strafe** penalty for default (or delay); **~tage** days of grace; **~zinsen** default interest; interest on payments in arrears; interest upon defaults in payment; interest on overdue accounts; *Am* penal interest

Verzug, **der Käufer befindet sich in →Annahme~**; **der Verkäufer befindet sich in →Schuldner~**; **er geriet mit der Mietzahlung (Pachtzahlung) in ~** he failed to pay the rent when it fell due (or on time); he was in default in paying the rent; he got into arrears with the rent; **mit e-r Rate in ~ geraten** to default in payment of an instal(l)ment; to default on one's instal(l)ment; **in ~ geraten** to be behind schedule; **in ~ sein** to be in default; not to perform on time; to be in breach of a term as to time of performance; **mit der Lieferung 10 Tage in ~ sein** to be 10 days late in delivery; **in ~ setzen** to put in default; **ein ~ tritt ein** a default occurs

Veterinärrecht veterinary legislation; **v~liche Maßnahmen** veterinary measures

Veto veto; **absolutes ~** absolute veto; **aufschiebendes ~** suspensive veto; **~recht** right of veto; **ein ~ einlegen gegen** to put a veto on; to veto; **sich über ein ~ hinwegsetzen** to override a veto

Vetternwirtschaft nepotism

Video~, **~band** video tape; **~bandaufnahme** recorded on video tape; **~filme** video films, videos

Videokassette video cassette; **Vermietung und Verleih von ~n** hiring and gratuitious lending of video cassettes

Video~, **~piraterie** video piracy; **~recorder** video recorder; **~verleihrecht** video lending right

Vieh *(Viehbestand)* livestock; *(Rindvieh)* cattle; **~bestand** livestock; **~dieb** cattle thief; *Am colloq.* rustler; **~diebstahl** cattle-stealing; *Am colloq.* rustling; **~handel** cattle (or livestock) trade; **~händler** cattle (or livestock) dealer; **~kauf** sale of livestock; **~mängelhaftung**[160] liability for defects in quality of cattle sold; **~seuche** epizootic disease; infectious disease of animals; **v~seuchenrechtliche Fragen** veterinary health inspection questions; **~versicherung** livestock insurance; **~zählung** livestock census; **~zucht** stock-breeding, cattle breeding

vielseitig versatile; wide-ranging

Vielseitigkeit im →**Produktionsprogramm**

Vierer~, **~ausschuss** committee of four; **~treffen** quadripartite meeting

vierfach quadruple; **~e Ausfertigung** in quadruplicate

Vierjahresplan four-year plan

Vierteljahr quarter, three months; **~esabonnement** quarterly subscription; **~esgehalt** quarterly salary; **~esrechnung** quarterly account (or bill); **~eszahlung** *(von Zinsen, Dividenden etc)* quarterly disbursement; **~eszeitschrift** quarterly magazine

vierteljährliche Abrechnung quarterly account (or settlement, statement)

Vierte Welt *(ärmste Staaten der Welt, keine Rohstoffvorkommen)* Least Developed Countries (LLDCs)

vierzehntägiger Urlaub *Br* a fortnight's holiday, two weeks' holiday; *Am* two-week vacation

Vierzig-Stunden-Woche forty-hour week

Vietnam Vietnam; **Sozialistische Republik ~** Socialist Republic of Vietnam

Vietnamese, Vietnamesin, vietnamesisch Vietnamese

Viktimisierung victimisation

Vindikation →Eigentumsherausgabeanspruch; **~sklage**[161] owner's action for the return of his property; *Br (etwa)* replevin; **~szession**[162] assignment of owner's claim for return of his property (thereby transferring the ownership to the assignee)

vindizieren to claim return of one's property

Vinkulationsgeschäft (bank) advance on (imported or exported) goods in transit by rail

vinkulierte Namensaktien[163] registered shares with restricted transfer(ability) (subject to the consent of the company)

Vinkulierung restriction on transferability

Viren (Einzahl Virus) *(Computer)* virusses; **v~behaftet** →virusbefallen; **v~frei** free from virusses, virus-free; **v~sicher** virus-proof; **v~verseucht** infected by virus

virusbefallen struck by a virus

Visualizer *(Ideengestalter für Werbung)* visualizer

Visum visa; **Durchreise~** transit visa; **Einreise~** entry visa; **es besteht ~szwang** obtaining a visa is compulsory; **den ~szwang aufheben** to abolish visas; **e-n Pass mit dem ~ versehen** to put the visa in a passport

vitale Interessen vital interests

Vize~, **~kanzler** vice-chancellor; **~konsul** vice-consul; **~präsident** vice-president; vice- chairman

VN →UN; **~ Kaufrechtsübereinkommen** →UN-Kaufrechtsübereinkommen

Vogel, **Erhaltung der ~arten** bird conservation; **~schutz** protection of birds; **~schutzgebiete** bird sanctuaries; **~schutzrichtlinie** *(EG)* Bird Conservation Directive; **~-Strauß-Politik** ostrich policy, head-in-the-sand policy

Volk people; nation

Völkerbund League of Nations (1920-1946); **~ssatzung** Covenant of the League of Nations

Völker~, **~gemeinschaft** international community; **~gewohnheitsrecht** customary international law

Völkermord genocide; **(VN)Konvention über die Verhütung und Bestrafung des ~es**[164] (UN) Convention on the Prevention and Punishment of the Crime of Genocide

Völkerrecht (public) international law; law of nations; jus gentium; →**Kriegs~**; →**Meeres~**; →**See~**; **~sgelehrter**ularisconsult; **allgemein anerkannte ~sgrundsätze** generally accepted principles of international law; **~skommission** *(der Vereinten Nationen)* International Law Commission; **~snorm** rule of international law; **~spersönlichkeit haben** to have international personality; **~ssubjekt** subject of international law; international person; **~sverletzung** violation (or breach) of international law; **v~swidrig** contrary to (or violating) international law

Völkerrechtler specialist (or expert) in international law

völkerrechtlich relating to international law; **~ anerkannter Grundsatz** accepted principle of the jus gentium; **~ bindende Erklärung** declaration binding under international law; **~ geschützte Person** internationally protected person *(→Diplomatenschutzkonvention)*; **~er Begriff** term used in international law; **~es Delikt** offence (offense) against international law; **~es →Gewohnheitsrecht**; **~e Übereinkunft** (international) convention; **~es Unrecht** →völkerrechtliches Delikt; **verbindliche ~e Vereinbarungen eingehen** to enter into binding obligations under international law; **~e →Verhaltensnormen**; **~er Vertrag** (international) treaty; agreement under international law; **~e Vertretung** international representation

Völkerstrafgesetzbuch[164a] Code of Crimes against International Law

Völkerverständigung international understanding

Volks~, **~abstimmung** plebiscite, referendum *(→ Volksentscheid, → Volksbegehren)*; **~aktie** people's share (low-priced share issued after total or partial denationalization (or privatization) of an enterprise [e. g. of Preussag AG, Volkswagenwerk AG], with the aim of a broad distribution of ownership); **~banken**[165] s. gewerbliche →Kreditgenossenschaft; **e-e ~sbefragung durchführen** to organize a referendum; **~begehren** petition for a referendum (or plebiscite); referendum; **~demokratie** people's democracy; **~deutsche** ethnic Germans; **v~eigener Betrieb** (VEB) *(ehem. DDR)* state-owned enterprise; nationalized enterprise *(→ Treuhandanstalt)*

Volkseigentum *(ehem. DDRObjekt)* state-owned property; *(Recht)* state ownership; **in ~ überführen** to nationalize

Volks~, **~einkommen** national income; **~entscheid** referendum; plebiscite; **~gerichtshof** People's Court of Justice (of the Nazi period, which tried cases involving political offences [offenses]); **~gesundheit** public health; the nation's health; **~gruppe** ethnic group; **~hochschule** adult education centres (centers); **~schule** primary school *(4 klassige Grundschule und 5 klassige Hauptschule)*; **~trauertag** day of national mourning; *Br* Remembrance Day; *Am* Memorial Day; **~verhetzung**[166] incitement to hatred and violence against segments of the population (or minority groups) or publishing insults against them (in such a manner as to endanger the peace or to expose them to scorn or contempt); **~vermögen** national wealth; **~vertretung** representation of the people; parliament

Volks~, **~wirt** (political) economist; **~wirtschaft** (political or national) economy; **~wirtschaftslehre** economics, economic science; **~wirtschaftliche Gesamtrechnung** (VGR) national accounting, national (income and expenditure) accounts; national income and product accounting; **→Europäisches System der ~wirtschaftlichen Gesamtrechnung**

Volkszählung census (of population); **e-e ~ durchführen** to take a (population) census

voll~, **~abzugsfähig** fully deductible; **~ bezahlt** fully paid, paid in full; **~ eingezahlte Aktien** fully paid shares; **~ gezeichnete Anleihe** fully subscribed loan; **das Hotel ist ~** the hotel is booked up

voll, **in ~em Besitz der geistigen Kräfte** of sound mind and memory; **~er Betrag** full amount; **~er Erfolg** complete success; **~es Gehalt** full salary; **den Preis in ~er Höhe zahlen** to pay the price in full; **die ~e Summe** the full (or total, whole) sum; **in ~em Umfang** to the full extent

Voll~, **~ausschuss** *(VN)* Committee of the Whole; **v~automatisiert** fully automated; **v~berechtigt** fully entitled; **~beschäftigung** full employment; **~einzahlung** full payment

vollenden to complete; to accomplish; to achieve

vollendet, **~e Tatsache** accomplished fact; **das 18. Lebensjahr ~ haben** to have attained (or reached) the age of 18; **e-e Straftat ist ~** an offence (offense) is consummated

Vollendung completion; accomplishment; achievement; **~ des Binnenmarktes** completion of the internal market; **nach ~ des 18. Lebensjahres** upon completion of the 18 th year; **~ der Straftat** *(StrafR)* completion of the (criminal) offen|ce (se); **~ des Versuchs** *(StrafR)* completion of the attempt; **~ ersetzt Abnahme** completion takes the place of acceptance

Voll~, **~giro (od. ~indossament)** endorsement in full; special endorsement; **~invalidität** total disability (or disablement)

volljährig of full age; *Am* of legal age; **~ sein** to be of (full) age; **noch nicht ~ sein** to be under age; **~ werden** to come of age; to reach (or attain) one's majority

Volljährige(r) person of full (*Am* legal) age; major

Volljährigkeit full age; majority; **nach →Eintritt der ~**; **bei Erreichung der ~** on coming of age; upon reaching (or attaining) one's majority; **die ~ tritt regelmäßig**[167] **mit Vollendung des 18. Lebensjahres ein** majority is regularly reached upon completion of the 18 th year

Volljurist lawyer, judge etc. (who must have passed examinations, the first taken after at least seven semesters of law study, the second after 30 months of preparatory practice)

Voll~, **~kaskoversicherung** *(Fahrzeugvollversicherung)* complete vehicle insurance; *Am* comprehensive plus collision (automobile insurance); **~kaskoversicherungspolice** comprehensive motor own damage insurance policy; **~kaufmann** →Kaufmann; **v~kommene Konkurrenz** perfect competition; **~konsolidierung** full consolidation; **~kostenrechnung** full absorption (costing); full costing

Vollmacht[168] authority (to act for another); authorization; *(bes. VölkerR)* full power(s); *(Vertretungsbefugnis)* power of agency; *(Urkunde)* power of attorney; *(bes. zur Ausübung des Stimmrechts)* proxy; *Scot* commission; *(bes. im WechselR)* procuration

Die Vollmacht betrifft nur das Außenverhältnis zum Geschäftspartner. Sie ist scharf von dem ihr zugrundeliegenden Innenverhältnis (meist Auftrag) zu unterscheiden.

The authority of the agent is relevant only to the external relationship between principal and the third party. Authority must be sharply distinguished from the internal relationship (usually mandate) between the principal and the agent.

Vollmacht, →**Anscheins~**; →**Art~**; →**Bank~**; →**Blanko~**; →**Dauer~**; →**Einzel~**; →**General~**; →**Gesamt~**; →**Handlungs~**; →**Inkasso~**; →**Prozess~**; →**Rechtsschein~**; →**Sonder~**; →**Spezial~**; →**Stimmrechts~**; →**Unter~**; →**Unterschrifts~**; →**Verhandlungs~**; →**Zeichnungs~**; **~ zum Abschluss von Verträgen** authority to conclude contracts; **~ des Anwalts** lawyer's retainer; **ausdrücklich erteilte ~** express authority; **außerordentliche ~** extraordinary power; →**beglaubigte ~**; **die als gut und gehörig befundenen ~en** *dipl* the full powers found in good and due form; **notarielle ~** power (of attorney) drawn up before a notary; **durch schlüssiges Verhalten erteilte ~** authority by estoppel; **schriftlich erteilte ~** power of attorney; →**unbeschränkte ~**; *(aus den Umständen zu folgernde)* **unwiderrufliche ~** irrevocable authority (or proxy); **vermutete ~** implied authority

Vollmacht, →**Erlöschen der ~**; **Erteilung der ~**[169] conferment of authority (durch Urkunde by deed); granting of a power of attorney; **Inhaber e-r ~** holder of a power of attorney; *(zur Stimmausübung)* proxy; **im** →**Rahmen der ~**; **über den** →**Rahmen der ~ hinaus(gehend)**; →**Umfang der ~**

Vollmachtgeber grantor of a power of attorney; principal; proxy giver; mandator; **~ und Bevollmächtigter** principal and agent

vollmachtlos, **~er Vertreter** agent without authority (falsus procurator); **Haftung des ~en Vertreters** liability for breach of warranty of authority

Vollmacht~, **~saktionär**[170] proxy shareholder; **~sentzug** withdrawal of power (of attorney) (or of proxy); **~sformular** form of power of attorney; form of proxy; **~sindossament** procuration endorsement; **~sinhaber** holder of a power of attorney; **~sstimmrecht** proxy voting right; **~süberschreitung** acting in excess of one's authority; *(GesellschaftsR)* acting ultra vires; **~sübertragung** delegation of authority (or powers); **~sumfang** →Umfang der Vollmacht; **~surkunde** power of attorney; document conferring authority; letter of authorization; proxy; (document); **die ~surkunde durch öffentliche Bekanntmachung für** →**kraftlos erklären**; **~swiderruf** revocation of power of attorney; **~sverhältnis** relationship of principal and agent

Vollmacht, **e-e ~ ausstellen** to execute a power of attorney; **die ~ ist erloschen** the power of attorney is extinct; **jdm ~ erteilen** to give (or grant) a p. power of attorney; to vest sb. with authority; to confer authority on a p.; **allgemeine ~ haben** to hold a general power of attorney; **auf Grund e-r ~ handeln** to act under a power (of attorney); **in jds ~ handeln** to act as sb.'s agent; **seine ~ überschreiten** to exceed one's authority; to act ultra vires; **e-e ~ übertragen** to delegate a power (of attorney); **e-n Wechsel per ~ unterzeichnen** to sign a bill of exchange per procuration; **mit ~ versehen** to vest with authority (or power); to confer power(s) (upon); **e-e ~ vorlegen** to submit (or produce) a power of attorney; **e-e ~ widerrufen** to revoke a power of attorney; **die ~ ist jederzeit** →**widerruflich**; **e-e ~ zurücknehmen** to withdraw a power of attorney

Voll~, **~mitglied** full member; **~mitgliedschaft** full membership; **~rausch** total intoxication; **~pension** room and board; **~rente** full pension; **in ~sitzung tagen** to sit in plenary session

vollständig complete, entire, full; **~e Angaben** complete details; full particulars; **~e Zahlung** payment in full

Vollständigkeit completeness; **ein Verzeichnis mit der Versicherung der** →**Richtigkeit und ~ versehen**

vollstreckbar enforceable; **vorläufig ~** provisionally enforceable; **~e Ausfertigung**[171] official copy of a judgment provided with a →Vollstreckungsklausel; **~er Titel** →Vollstreckungstitel; **~e Urkunde**[172] enforceable deed; deed conferring a right to levy immediate execution; **ein Urteil für vorläufig ~ erklären**

to declare a judgment to be provisionally enforceable

Vollstreckbarerklärung order of enforcement; **Verfahren zur ~** *(ausländischer Urteile oder Schiedssprüche)* enforcement proceedings; **die ~ e-r Entscheidung beantragen** to make an application for the enforcement of a judgment

Vollstreckbarkeit, vorläufige ~ provisional enforceability; **~ ausländischer Strafen** enforceability of foreign penalties or fines; **~ e-s Schiedsspruches** enforceability of an award

vollstrecken to enforce; to execute; **gerichtliche (ausländische) Entscheidungen in Zivil- und Handelssachen anerkennen und ~** to recognize and enforce judgments in civil and commercial matters; **aus e-m →Urteil ~**; **in jds Vermögen ~** to execute against sb.'s property

Vollstreckung enforcement; execution; **fruchtlose ~** abortive (or unsuccessful) execution; **sofortige ~** *(auf Grund e-r Vollstreckungsklausel)* summary execution; **→Straf~**; **→Zwangs~**; **~ gerichtlicher Entscheidungen in Zivil- und Handelssachen** enforcement of judgments in civil and commercial matters; **~ von Entscheidungen auf dem Gebiet der →Unterhaltspflicht gegenüber Kindern**; **~ wegen Geldforderungen** enforcement on account of money due; **~ e-s Schiedsspruches** enforcement of an award; **~ e-s Todesurteils** execution (of a death sentence); **~ e-s (Zivil-) Urteils** enforcement of a judgment; **~ in jds Vermögen** execution against sb.'s property; **der ~ unterliegendes Vermögen** property (or assets) subject to execution, non-exempt assets

Vollstreckungs~, **~abwehrklage**[173] action raising an objection (on fresh grounds) to the judgment claim; **~befehl** *(jetzt)* →Vollstreckungsbescheid; **~behörden** law enforcement authorities; **~bescheid** →Mahnbescheid declared enforceable; writ of execution; **~gegenklage** →Vollstreckungsabwehrklage; **~gericht** court having jurisdiction over enforcement (of a judgment); **~gläubiger** judgment creditor; **~klausel**[174] execution clause (clause added to the official copy of the judgment rendering it enforceable); court's certificate of enforceability; **~leiter** *(StrafR)* official in charge of implementation of sentence; **~maßnahmen** measures (or steps) to levy execution; enforcement measures; **~schuldner** judgment debtor; **~schutz** protection from execution; *(durch gerichtl. Anordnung)* stay of execution; **~titel** executory title (document justifying the execution, e. g. judgment, award, →einstweilige Verfügung, →Vollstreckungsbescheid); **~urteil**[175] judgment for enforcement (authorizing execution of a foreign judgment, equivalent to an English court's judgment for plaintiff in an action on a foreign judgment); **~verbot**[175a] *(InsR)* prohibition of (individual) execution; **~vereitelung**[176] obstructing (or interference with) (legal) execution (by selling or concealing one's property) *(→Beiseiteschaffen gepfändeter Sachen)*; **~verfahren** enforcement proceedings; **~verjährung**[176a] *(von Strafen)* limitation (period) for the enforcements of penalties (or criminal judgements)

Vollstreckung, die sofortige ~ der Entscheidung anordnen to order that the decision be enforced immediately; **die ~ aussetzen** to stay execution; **die ~ e-r Strafe →aussetzen**; **die ~ aus e-m Urteil betreiben** to enforce a judgment; to take proceedings for the enforcement of a judgment; **die ~** *(einstweilen)* **einstellen** to suspend execution; **die ~ ist erfolglos (od. fruchtlos) geblieben** execution has been unsuccessful

Voll~, **~trunkenheit** →Vollrausch; **~versammlung** plenary assembly (or meeting); plenum; **~versammlung der Vereinten Nationen** United Nations General Assembly; **~versicherung (od. ~wertversicherung)** insurance at full value; **~zeitarbeitskräfte** full- time workers (or employees); **~zeitarbeitslose** full-time unemployed; **~zeitunterricht** full-time education

Vollziehbarkeit enforceability, executability; **~ von Verwaltungsakten** enforceability of administrative acts

vollziehen to execute, to accomplish, to carry out; to enforce; **den Arrest in ein Schiff ~** to effect the arrest of a ship; **den Eheakt ~** to consummate marriage

vollziehende Gewalt executive power *(→Gewaltenteilung)*

Vollziehung execution, accomplishment; enforcement; **→Arrest~**; **sofortige ~** immediate enforcement; **~ der Ehe** consummation of the marriage; **~ e-s Verwaltungsaktes** enforcement of an administrative act

Vollzug, **Aussetzung des ~s** suspension of execution; **~ e-r Freiheitsstrafe** execution of a prison sentence; **→Justiz~sanstalt**; **→Straf~sanstalt**

Volontär unpaid trainee; unsalaried clerk

Volumen volume; **Produktions~** volume of production; **dem ~ nach** in terms of volume

von, **~ →Amts wegen**; **~- →Haus-zu-Haus-Klausel**; **~ heute an** from this day on; **~ Rechts wegen** by right(s); according to law; **~ Todes wegen** mortis causa

vor Fälligkeit prior to maturity

Vorabentscheidung preliminary decision (or ruling); **~ über den Grund** (Grundurteil) judgment on the substance of the claim (judgment by which the court decides that the plaintiff has a claim against the defendant, but leaves open for later decision the question of the amount of the claim); **~ über Zuständigkeit**[177] interlocutory decision concerning jurisdiction; **der Gerichtshof entscheidet im Wege der ~** *(EU)* the Court of Justice renders preliminary rulings; **e-e Rechtsfrage dem Europäischen Gerichtshof zur ~ vorlegen** to refer a question of law to the Court of Justice (of the European Communities); **~sersuchen** request for a preliminary ruling; **~sverfahren** preliminary ruling procedure

Vorabinformation *(des Verbrauchers)* prior information *(of the consumer)*

vorangehen *(zeitlich)* to antedate

vorangehend preceding; *(in e-r Urkunde)* **das V~e** the premises

vorangegangenes Jahr the preceding year

Vorankündigung advance notice; *(Verkehrszeichen)* advance sign(s)

Voranmelder *(PatR)* prior applicant

Voranmeldung *(PatRältere Anmeldung)*[178] previous application; **~ der Steuer**[179] preliminary (tax) return; **(Gespräch mit) ~** *Br tel* personal call; *Am* person-to-person call; **e-e ~ abgeben** to file a preliminary return

Voranschlag estimate, approximate calculation; →**Baukosten~**; →**Haushalts~**; →**Kosten~**; **ungefährer ~** rough estimate; **~ für den Nachtragshaushaltsplan** supplementary budget estimate

Vor~, **~anzeige** advance notice; preliminary announcement; **~arbeiten** preparatory work; **~arbeiter** foreman

Voraus des überlebenden Ehegatten[180] preference of the surviving spouse; *Am* preferential benefit (of the surviving spouse)

Zusätzlicher Anspruch des überlebenden Ehegatten (der gesetzlicher Erbe ist) auf Haushaltsgegenstände und Hochzeitsgeschenke.

Surviving spouse's entitlement (as statutory heir) to objects belonging to the matrimonial household and wedding presents.

voraus, im ~ in advance; *(vorzeitig)* beforehand; by (or in) anticipation; **im ~ bezahlen** to pay in advance, to prepay; *(vor Fälligkeit)* to anticipate a payment; **die Miete im ~ bezahlen** to pay the rent in advance; **Ihnen im ~ dankend** thanking you in advance

Vorausabtretung assignment of future claim; **Finanzierung durch ~ von Geschäftsforderungen** *Am* accounts receivable financing

Voraus~, **v~bedingen** to stipulate; **~berechnung** advance calculation; **v~bezahlen** s. im →voraus bezahlen; **v~bezahlte Fracht** prepaid freight; **v~datieren** to postdate; **~empfang(enes)** *(ErbR)* →Vorempfang; **~festsetzung der Ausfuhrerstattung** advance fixing of export refunds; **v~gegangene Anmeldung** *(PatR)* prior application; **v~gehen** to precede; **v~gesetzt, dass** provided that; on condition that; **~klage** preliminary proceeding against the principal debtor; →**Einrede der ~klage**; **~planung** forward planning; **~planung für den Bedarfsfall** contingency planning; **~sage** forecast, prediction; **~schätzung** forecast; **die künftige →Entwicklung v~sehen**; **v~setzen** to assume, to suppose; to presuppose, to presume, to take for granted *(→vorausgesetzt)*

Voraussetzung *(Annahme, Vermutung)* supposition; *(Vorbedingung)* precondition, prerequisite, presupposition (für of); *(Qualifikation)* qualification (für for); *(Bedingung)* condition, requirement; **unter der ~, dass** on condition (or provided) that; if the following conditions are fulfilled; **unter der ~ der Gegenseitigkeit** subject to reciprocity; **~ für ein öffentliches Amt** eligibility (or qualfication) for a public office; **~ für die Gültigkeit** prerequisite of validity; **gesetzliche ~en** legal requirements; statutory prerequisites; **persönliche ~en für** personal requirements (or qualifications) for; →**unerläßliche ~**; **die ~en erfüllen** to comply with (or fulfil) the conditions; **die ~ erfüllen für** to qualify for, to be eligible for; **die ~en sind erfüllt** the requirements are satisfied; the conditions have been complied with; **die (berufl.) ~ haben** to hold the qualification; **die ~en liegen vor** the conditions exist; the requirements are met; **~ sein für** to be a prerequisite for

voraussichtlich probable, presumable, prospective; **~e Abfahrtszeit** estimated time of departure (ETD); **~e Ankunftszeit** expected time of arrival (ETA); **~er Bedarf** anticipated requirement; **~e →Entwicklung der Preise**; **~er Kunde** prospective customer; **~er Verbrauch** expected consumption

Vorausverfügung advance disposition

Voraus~, **~vermächtnis**[181] preferential legacy (legacy given to an heir); **v~zahlbar** payable in advance; **v~zahlen** to pay in advance, to prepay; *(vor Fälligkeit)* to anticipate a payment

Vorauszahlung payment in advance, advance payment, prepayment; instal(l)ment on account; *(vor Fälligkeit)* anticipation; →**Miet~**; →**Steuer~**; **~sbescheid** *(SteuerR)* notice claiming prepayment; **~en leisten** to make prepayments (or advance payments)

vorbedacht aforethought; premeditated

Vorbedingung prerequisite, preliminary condition; condition precedent; *(Voraussetzung)* qualification; **die nötigen ~en besitzen für** to qualify for

Vorbefassung *(mit e-r Rechtssache)* prior involvement

Vorbehalt reservation, reserve; proviso; →**Eigentums~**; →**Irrtums~**; →**Rechts~**; **~ des Rücktritts** reservation of right to rescind (or terminate); **mit ausdrücklichem ~** with all reserves; **bedingter ~** conditional reservation; **geheimer ~**[182] mental reservation; **ohne ~** without reservation (as to); **unter dem ~** provided that, with the reservation that; **unter dem üblichen ~** with the usual proviso; **unter dem ~ des Widerrufs** subject to countermand; **unter ~ annehmen** to accept with reservations; **e-n ~ machen** to make a reservation; **den Vertrag unter ~ ratifizieren** *(VölkerR)* to ratify the treaty with a reservation; **e-n ~ zurücknehmen** to withdraw a reservation

vorbehalten, sich ~ to reserve (the right to ...); to make it a proviso; **sich das →Eigentum ~**; **sich die Entscheidung ~** to reserve one's decision; **sich e-e Frist für die Abnahme der Ware ~** to reserve (to oneself) a period within which to take delivery of the goods; **sich den Rücktritt vom Vertrag ~** to reserve the right to terminate the contract

vorbehalten *part* reserved; subject to; **Änderungen ~** subject to alterations (or modifications); →**Irrtümer und Auslassungen ~**; **alle Rechte ~** all rights reserved

vorbehaltlich aside from, except (for); **~ etwaiger Änderungen** save as varied; **~ der Ausnahmen** subject to the exceptions; **~ der Bestimmungen des Art. 1** save (or except) as provided in Art. 1; subject to (the provisions of) Art. 1; **~ →anderslautender Bestimmungen**; **~ der Nachprüfung** subject to review; **~ besonderer Vereinbarungen** failing special agreements; **~ des Vertragsabschlusses** subject to (the) contract; **~ seiner Zustimmung** with the proviso that he will give his consent; subject to his consent

Vorbehaltsgut (bei Gütergemeinschaft)[183] reserved (or separate) property, paraphernal property, paraphernalia

Gegenstände, die im Ehevertrag als Vorbehaltsgut bestimmt worden sind; Gegenstände, die ein Ehegatte unter Lebenden oder von Todes wegen zugewendet bekommt und die ausdrücklich vom Gesamtgut ausgenommen wurden, sowie deren Surrogate (Ersatz, Ersatzstück).

Assets designated as reserved property in the marriage contract; assets received by way of gift or succession under a stipulation that they be reserved from the →Gesamtgut and property replacing any of theses assets (substitute).

Vorbehaltskauf *(Verkauf unter Eigentumsvorbehalt)* →Eigentumsvorbehalt

Vorbehaltsklausel reservation (clause); proviso clause (beginning ‚povided always that"); saving clause; *(IPR)*[184] principle of ordre public; rule of public policy (the application of a foreign law is excluded if this would be contrary to bonos mores or to the purpose of a German statute); **die ~n e-s Vertrages** the exceptions stipulated in a contract

Vorbehalts~, v~los unconditional, unreserved; without reservation; **~preis** *(bes. bei Auktionen)* reserve price; **~urteil**[185] judgment subject to a reservation (of rights); provisional judgment (enforceable and subject to appeal like a final judgment but leaving the proceedings pending until determination of certain issues raised by defendant, e. g. a counterclaim)

vorbeifahren, links (rechts) ~ to pass on the left (right) (side); **ein Fahrzeug ~ lassen** to allow a vehicle to pass

Vorbemerkung preliminary statement

vorbenannt aforementioned; said

Vorbenutzer previous (or prior) user

Vorbenutzung *(PatR)* prior use; **offenkundige ~** prior public use; notorious prior use; **~shandlungen** acts of prior use; **~srecht** right of prior use

vorbereiten, die Konferenz sorgfältig ~ to make careful preparations for the conference

vorbereitend, ~er Ausschuss preparatory committee; **~e Gespräche** exploratory talks; **~es Verfahren** preliminary proceedings

Vorbereitung preparation, arrangement; **~sarbeiten** preparatory work; **~sdienst** *(z. B. der Gerichtsreferendare)* practical professional training (or work) (for certain posts in public administration); **~sgespräch** preparatory discussion; **~shandlungen** *(zu e-r Straftat)* acts preparatory to the commission of an offence (offense); **die ~en abschließen** to complete preparations

Vor~, ~bescheid preliminary decision; *(im Verwaltungs-,*[186] *Sozial-*[187] *oder Finanz-*[188] *Gerichtsverfahren)* summary judgment (of an administrative labo[u]r or revenue court) dismissing complaint without trial; *(Baurecht)* preliminary determination by an administrative authority of a single question concerning a building project (before the application for the building permit has been filed); **~besitzer** previous possessor;

previous holder; **~besprechung** preliminary discussion (or talks); preparatory conference

vorbestellen, e-n Flug ~ to book a flight; **Karten ~** *Br* to book (*Am* to reserve) tickets; **Waren ~** to order goods in advance

Vorbestellung *(von Hotelzimmern, Theaterkarten)* reservation; *Br* (advance) booking; *(von Waren)* ordering in advance, advance order

vorbestraft previously convicted (wegen for); **nicht ~** without (or not having a) criminal record; **~ sein** to have a criminal record; to have previous conviction(s); **nicht ~ sein** to have no previous conviction(s); to be a first offender; **mehrfach ~ sein** to have several previous convictions

Vorbestrafte (der/die) previously convicted person; **(noch) nicht ~** first offender

Vorbeugehaft *(Inhaftnahme von →Wiederholungstätern bis zum Prozessbeginn)* preventive detention (or custody)

vorbeugend preventive; **~e Hilfe** *(Sozialhilfe)*[189] assistance granted as a preventive measure; **~e Maßnahmen** preventive (or precautionary) measures (or action); **~e Maßnahmen ergreifen** to guard against

Vorbildung educational background; **berufliche ~** vocational training; technical qualification(s); **mangelnde ~** insufficient training

Vorbörse trading in securities before official stock exchange hours; before hours dealings; pre-market dealings

vorbörslich before official hours; **~er Kurs** pre-market price

Vorbringen *(Behauptung)* allegation, assertion (of fact); *(im Prozess)* argument, submission, contention; *(schriftsätzlich)* pleadings *(→Parteivorbringen)*; **tatsächliches und rechtliches ~** allegations of fact and law; **unerhebliches ~** *(im Prozess)* immaterial averment; **~ e-s Anspruchs** assertation (or presentation) of a claim; **~ von Beweisen** production of evidence; **~ neuer Tatsachen** *(für das Wiederaufnahmeverfahren)* submission of new (or fresh) facts; **sein ~ ist begründet** there is merit in his argument; his contention has merit; **das ~ war darauf gerichtet, ob der Anspruch des Klägers begründet sei oder nicht** the argument was directed to the merits or demerits of plaintiff 's claim; **das gesamte ~ bestreiten** to plead the general issue; **ein Urteil schließt weiteres ~ aus** a judgment precludes further argument

vorbringen to allege, to assert; *(im Zivilprozess)* to argue, to contend, to submit (to the judge); *(als Partei od. Angeklagter)* to plead; **Beweise ~** to submit (or produce, adduce) evidence; **e-e Einrede ~** to put forward (or set up) a defence (defense); **Gründe ~ für oder gegen** to argue for or against

vordatieren *(mit e-m späteren Datum versehen)* to postdate

Vorder~, ~ansicht front view; **~seite des Wechsels** face of the bill

vordringlich urgent; **etw. ~ →behandeln**

Vordringlichkeit urgency; **Aufgabe von hoher ~** high priority task

Vordruck printed form; *Am* blank

vorehelich antenuptial; premarital; **~er güterrechtlicher Vertrag** antenuptial settlement; **~er Verkehr** premarital intercourse

voreingenommen prejudiced, bias(s)ed (gegenüber against)

Voreingenommenheit bias, prejudice *(→Befangenheit)*

Vorempfang advance, advancement (property received in advance of a future distribution); **Ausgleichung des ~es unter gesetzlichen Erben** hotchpot; *Am (auch)* collation; **den ~ zur Ausgleichung bringen** to bring one's advancement into hotchpot

vorenthalten, jdm etw. ~ to withhold (or retain) sth. from sb.

Vorenthaltung withholding; retention; *(widerrechtl. Vorenthaltung des Besitzes an e-r bewegl. Sache)* detinue; **~ des Gebrauchs e-r gemieteten bewegl. Sache**[190] refusal to permit use of the property let on hire

Vorentscheidung preliminary (or prior) decision; *(Präzedenzfall)* (judicial) precedent; **Abweichen von e-r ~** overruling; **sich auf e-e ~ berufen** to quote a precedent; to cite (as) an authority

Vorentwurf preliminary draft; **~ des Haushaltsplans** preliminary draft budget

Vorerbe[191] provisional heir *(first of successively appointed heirs) (→Nacherbe)*; **→befreiter ~**; **kinderloser ~**[192] prior heir without issue; **→Sicherheitsleistung des ~n**

Vorerbschaft estate (or inheritance) of the provisional heir (limited by the appointment of a →Nacherbe)

vorerwähnt above-mentioned, said; **wie ~** as mentioned above

Vorerzeugnis product for further processing; primary product

Vorexamen preliminary examination

Vorfahre ancestor

Vorfahrt right of way; *Br* precedence; *Am* priority; **~ beachten** *Br* give way; *Am* priority road ahead; *Am* yield; **v~sberechtigt** having the right of way; **~srecht** right of way; **~sregeln an** →**Kreuzungen**; **~straße** *Br* main road, major road; *Am* priority road; **~sverletzung** failure to grant right of way; failure to yield to traffic having right of way; **~szeichen** *Br* give way sign; *Am* priority sign; **die ~ beachten** to observe (or yield) the right of way; **die ~ gewähren** to give way; *Br* to give precedence (to vehicles coming from ...); **~ haben** to have right of way

Vorfall incidence, occurrence, event

Vorfertigung primary manufacture; *(serienmäßig)* prefabrication

vorfinanzieren to finance in anticipation; to prefinance

Vorfinanzierung advance financing, prefinancing *(→Überbrückungskredit, →Zwischenkredit)*; **~skredit** anticipatory credit; interim loan, preliminary loan

vorformuliert formulated in advance

Vorfrage *(IPR)* subsidiary (or preliminary, incidental) question; *parl* previous question

Vorfrieden →Präliminarfrieden

vorfristig before the deadline (or closing date)

vorführen *(vorzeigen)* to produce, to demonstrate, to present; **dem Richter ~** to bring before the judge (or court); **e-n Gefangenen** *(zur Verhandlung)* **~** to produce a prisoner

Vorführung production, demonstration, presentation; **~ e-s Artikels** demonstration of an item; **~ e-s Gefangenen** production of a prisoner; **zwangsweise ~** compulsory attendance; **~sbefehl** order (or warrant) to bring a person before the court; *(im Haftprüfungsverfahren)* writ of Habeas Corpus; **~srecht** *(UrhR)* right of representation; **die ~ e-s Zeugen anordnen** to order the appearance of a witness

Vorgabe~, **~kosten** standard costs; **~zeit** standard time (for a job)

Vorgang *(Ereignis)* occurrence, event; *(Geschäftsvorgang)* transaction, operation; *(Akten)* files, records

Vorgänger predecessor; →**Amts~**; →**Rechts~**

vorgeben to pretend, to allege, to purport

vorgebildet, **ausreichend ~** sufficiently trained; **~e Arbeitskräfte** trained manpower

vorgeburtliche Beihilfen prenatal allowances

vorgefasste Meinung prejudice

vorgefertigt prefabricated

Vorgehen action, procedure; **~(sweise)** approach; **einvernehmliches ~** concerted action; **gemeinsames ~** common (or joint) action (or approach); **gerichtliches ~** court action; lawsuit; **rechtliches ~** legal process; **weiteres ~** subsequent (or further) action

vorgehen *(in bestimmter Weise handeln)* to take action (gegen against), to proceed; *(den Vorrang haben)* to have priority over; to rank before; to take precedence over; **gegen jdn →gerichtlich ~**

vorgelesen und genehmigt (v. u. g.) read and approved (or agreed)

vorgenannt aforementioned; above-named

Vorgeschichte case history

vorgeschoben →vorschieben

vorgeschrieben →vorschreiben

vorgeschrittenes Alter advanced age

vorgesehen →vorsehen

Vorgesellschaft[192 a] company prior to registration

vorgesetzt, **~e Behörde** superior (or higher) authority; **~e Dienststelle** authority at a higher level

Vorgesetzte (der/die) superior; chief; *sl.* boss; **~ und Untergebene** *mil* superiors and subordinates; **meine ~n** those above me; **sein Dienst~r** his superior in rank

Vorgespräch preliminary talk

vorgetäuscht →vortäuschen

vorgezogenes Ruhestandsalter early retirement age

vorgreifen auf to anticipate sth.

Vorgriff anticipation (auf of); **~skontingent** advance quota

Vorgründungs~, **~gewinn** profit prior to company formation; **~vertrag** pre-formation agreement

Vorhaben project, plan; (gewagtes Vorhaben) venture; **Geschäfts~** business venture; **Investitions~** investment project; **bestimmtes ~** specific project; **ein ~ in Angriff nehmen** to engage in a project

vorhalten, **jdm etw. ~** to remonstrate with sb. (about sth.)

Vorhaltung reproach, remonstrance; representation; **jdm ~en machen** to reproach sb. (wegen with); **jdm eindringliche ~en machen** to make urgent representations to sb.

Vorhand *(beim Kauf)* first option

vorhanden available; on hand; **nur beschränkt ~ sein** to be in short supply; **reichlich ~ sein** to be abundant

vorher, jdn ~ benachrichtigen to give sb. (prior) notice (of)

vorhergesehen, ausgenommen nicht ~e Umstände unforeseen circumstances excluded

vorherig, ~e Abmachung prearrangement; **(nur) nach ~er Anmeldung** *(Sprechstunde)* by appointment (only); **ohne ~e Benachrichtigung** without prior (or previous) notice; **~er →Eigentümer**; **von der ~en Zustimmung abhängig** subject to prior consent

vorherrschend predominant; prevailing

Vorherrschaft des Rechts supremacy of law

Vorhersage forecast; prediction; **→Finanz~**; **→Wetter~**

vorhersagen to forecast; to predict

vorhersehbar foreseeable

voriger Stand, Wiedereinsetzung in den vorigen Stand restoration to one's original position, reestablishment of rights; reinstatement in the status quo ante (restitutio in integrum); **jdn wieder in den vorigen Stand einsetzen** to restore sb. to his original legal position

Vorinhaber previous owner; *(e-s Wechsels etc)* previous holder

Vorinstanz lower instance, lower court

Vorjahr previous (or preceding) year; last year; **über dem ~esniveau liegen** to be above last year's level; **~esumsatz** last year's sales (or turnover); **~esvergleich** comparison with the last year; **~eszeitraum** period of the preceding year

Vorkalkulation estimation of cost; preliminary calculation

Vorkauf[193] preemption; option to purchase before others; **~sberechtigter** *Am* preemptor; person possessing an option to purchase before others; **~sklausel** preemption clause; *Am* clause of first refusal

Vorkaufsrecht (right of) preemption, right of first refusal (the right of purchasing property before or in preference to some other); **dingliches ~** *(bei Grundstücken)*[194] real right of preemption (having effect against third persons); **~ der Miterben**[195] right of coheirs to buy in priority to a third party; **das ~ ausüben** to exercise the preemption right; **jdm ein ~ einräumen** to give a p. the (right of) first refusal; **auf Grund e-s ~s erwerben** *Am bes.* to preempt; to obtain by preemption; **e-m ~ unterliegen** to be subject or liable to a preemption; to be preemptible

Vorkehrung precaution; arrangement, provision; **~en treffen** to take precautions; to make arrangements (or provisions)

Vorkommen *(Lagerstätte)* deposit; **Haupt~ von Öl** main deposit of oil

vorkommen *(geschehen)* to occur, to happen

Vorkommnis occurrence, incident; **bestimmte ~se** certain events

Vorkriegs~, **~preise** pre(-)war prices; **~stand** pre(-)war level

vorladen to summon, to issue a summons; to cite; *(unter Strafandrohung)* to subpoena; **jdn ~ lassen** to take out a summons against a p.

vorgeladen werden to be summoned (or cited) to appear

Vorladung summons (to appear); citation; *(mit Strafandrohung)* subpoena; **~ zu e-r Beschuldigtenvernehmung** *Am (vor e-r Grand Jury)* target letter; **auf ~** when summoned; **e-e ~ erwirken** to take out a summons; **e-r ~ Folge leisten** to answer a summons; **jdm e-e ~ zustellen** to serve a summons on a p.

Vorlage *(Vorlegen)* presentation, presentment, production, exhibition, submission *(→ Vorlegung)*; *parl* bill; *(Vorbild, Muster)* model, pattern, sample; **bei ~** on presentation; **zur ~ bei ...** to be submitted to ...; **~ e-r Bescheinigung** presentation of a certificate; **~ von Beweisen** submission of evidence (or proof); **~ von Beweismitteln** presentation of evidence; **~ e-r Urkunde** production of a document; **Ersuchen um ~ von Urkunden** document request; **nach ~ der in guter und gehöriger Form befundenen Vollmachten** *dipl* having presented the full powers recognized as in good and due form; **~pflicht** duty of presentation; **~verwertung**[196] unauthorized use of technical drawings, models, etc entrusted to one in the ordinary course of business (constituting an act of unfair competition)

vorläufig preliminary, provisional; for the present, for the time being; **~ →vollstreckbar**; **~er →Aufenthalt**; **nach ~er Berechnung** according to provisional computation; **~e Beschreibung** *(PatR)* provisional specification; **~e Deckungszusage** *(VersR)* provisional cover; **~e Entziehung der →Fahrerlaubnis**; **~er Erbe** provisional heir (prior to his accepting or disclaiming the estate); **internationale ~e Prüfung der Anmeldung** *(PatR)* →Prüfung 2.; **~er Versicherungsschein** memorandum of insurance; *Br* cover note; *Am* binder

Vorleben antecedents

vorlegen to present, to submit, to produce; **e-n Antrag ~** →Antrag 4.; **die Bücher nicht, nicht rechtzeitig oder nicht vollständig ~** to fail to produce the books or to produce them belatedly or incompletely; **e-e Rechnung ~** to present a bill; **Sachen zur →Besichtigung ~**; **e-e →Urkunde ~**

Vorlegung presentation, production, submission, exhibition; **zahlbar bei ~** *(WechselR)* payable on presentation; **~ von Sachen zur →Besichtigung**; **~ e-r Urkunde** production of a document; **~ e-s Wechsels zur Annahme (Zahlung)** presentation of a bill (of exchange) for acceptance (payment); **~sfrist** period allowed for presentation (of a bill or cheque [check]); **nicht v~spflichtig** privileged from production (or discovery) (of documents)

vorleisten[197] to perform in advance

Vorleistung advance performance; (intermediate) input

Vorlesung (university) lecture, course (of lectures); **~sverzeichnis** *Br* (university) calendar; *Am* (university) catalogue; **e-e ~ →belegen**; **e-e ~ halten** to deliver (or give) a course (of lectures)

Vorliegen, **~ e-s berechtigten Interesses** existence of a legitimate (or justified) interest; **bei ~ von wichtigen Gründen** upon good cause shown; **bei ~ dieser Voraussetzung** when this condition has been met

vorliegen to be to hand; **die Akten liegen ihm vor** the records are at his disposal; **die Zahlen für ... liegen noch nicht vor** the ... figures are not yet available

vorliegend on hand; present; **bisher ~e Anmeldungen** *(zur Messe etc)* applications received so far; **~er Brief** the letter in hand; **~er Fall** *(Rechtssache)* case under consideration, case at issue; **im ~en Falle** in this case, in the present case; **~e Urkunde** these presents

Vormachtstellung *(e-s Staates gegenüber e-m anderen)* hegemony; **~ in Europa** predominant position in Europe

Vormann predecessor (in title); *(beim Giro von Wechseln od. Schecks)* preceding indorser

vormerken to note, to note down, to make a note of; to mark down; **„~"** (zur späteren Erledigung) to note on file; **e-e Bestellung ~** to book an order; **ein Recht ~** to note a right on the record

vorgemerkt, **er ist für e-e Beförderung ~** he has been marked down for promotion

Vormerkung[198] priority notice (in the →Grundbuch)

Vormerkung ist eine Eintragung in das Grundbuch zu dem Zweck, einen Anspruch auf ein eintragungsfähiges Recht an einem Grundstück dadurch zu schützen, dass spätere Verfügungen gegenüber dem Inhaber des Anspruchs unwirksam sind.

Vormerkung is an entry in the Grundbuch to protect a claim to a registrable right in landed property, making dispositions which run counter to the claim of the person in whose favo(u)r the Vormerkung has been registered void as against that person.

Vormerkung, Auflassung~ priority notice protecting a claim for transfer of title to land; **→Löschungs~**; **~ zum Protest** *(WechselR)* note for protest; **e-e ~ eintragen lassen** to apply for registration of a notice (in the →Grundbuch); to have a notice entered on the *Br* register of title

Vormund[199] guardian *(→Mündel)*; *Scot* tutor; **→Amts~**; **→Gegen~**; **→Mit~**; **durch Testament eingesetzter ~** testamentary guardian; **~ für e-n Minderjährigen** guardian for a minor; **→Auskunftspflicht des ~es**; **Haftung des ~es**[200] liability of the guardian; **Sicherheitsleistung des ~s für das seiner Verwaltung unterliegende Vermögen** provision of security by the guardian in respect of the property subject to his administration (or management); **Vergütung des ~s**[201] remuneration of the guardian; **jdn zum ~ bestellen** to appoint a p. (to be) guardian

Vormundschaft guardianship; **→Amts~**; **~ über Minderjährige**[202] guardianship of minors; **~ über Volljährige**[203] *(bis 31. 12. 1991; cf. Betreuung 1.)* guardianship of persons of full age; **Anordnung der ~** *(Br court, Am judicial)* order appointing a legal guardian; **Beendigung der ~**[204] termination of the guardianship

Vormundschaft, befreite ~[201 a] guardianship not subject to certain restrictions; exempted guardianship

Der Vater oder die Mutter eines Minderjährigen kann, wenn er oder sie einen Vormund benennt, bestimmen, dass dieser von gewissen gesetzlichen Bestimmungen befreit sein soll, z. B. von gewissen Beschränkungen bei der Anlegung und Verwaltung des Vermögens.

The father or mother of a minor can, on nominating a guardian, stipulate that the guardian shall not be subject to certain statutory restrictions in the investment and administration of property.

Vormundschaft, →Führung der ~; **die Übernahme der ~ ablehnen**[205] to refuse to take over the guardianship of a child; to refuse to act as guardian for a child; **unter ~ stehen** to be placed under the care of a guardian; **unter ~ stellen** to place under the care of a guardian; **vorläufige ~** temporary guardianship

vormundschaftlich, **der ~en Verwaltung unterliegendes Vermögen** *(e-s Minderjährigen)* ward's property; property subject to the administration of a guardian

Vormundschaftsbestellung appointment of a guardian

Vormundschaftsgericht guardianship court
Das Vormundschaftsgericht hat die Vormundschaft von Amts wegen anzuordnen.
The guardianship court must of its own motion make an order appointing a guardian.

Vormundschafts~, **~richter** judge of a guardianship court; **~sachen** guardianship cases; matters relating to guardian and ward

Vornahme, **~ e-r Handlung** performance of an act; **~ von Rechtsgeschäften** performance of legal transactions

Vor~, **~name** first (or Christian) name; **~- und Zuname** first name and last name

vornehmen, **Änderungen ~** to make amendments; **ein Geschäft ~** to engage in a transaction; to enter into a transaction; **e-e Handlung ~** to perform an act

Vorort suburb; **~bahn** suburban line; commuter train; **~bewohner** suburbanite; **~(s)verkehr** suburban service; commuter traffic

Vorpfändung notice of the imminent attachment of a debt (provisionally arresting debt in the hands of the debtor)

Vorprämie *(Börse)* call option (or premium) *(→Kaufoption)*; **Vor- und Rückprämie** put and call option; **~ngeschäft** call premium operation (or transaction, business); trading in call options; **~nkäufer** giver for the call; **~nkurs** call price; **~nverkäufer** taker for the call; **e-e ~ kaufen** to give for the call; to buy a call option; **e-e ~ verkaufen** to take for the call

Vorprodukt →Vorerzeugnis

Vorprüfung preliminary examination; *(Rechnungen, Bücher etc)* preaudit

Vorrang priority, precedence; primacy; *(nach dem Alter od. Dienstgrad)* seniority; **~(stellung)** preeminence; **~ des Bundesrechts** primacy of federal law (→Bundesrecht bricht Landesrecht); **~ des Gemeinschaftsrechts** superiority (or primacy) of Community law; **~ e-r Hypothek** priority of a mortgage; **mit ~ behandeln** to accord priority treatment (to); **~ haben vor** to take priority over; to rank before (or prior to); to precede; **Gemeinschaftsrecht hat ~** *(EU)* Community law in paramount; **Probleme, die vor allen anderen den ~ haben** problems which take precedence over all others

vorrangig having priority (over), prior-ranking; overriding; **~ zu behandelnder Antrag** application (or motion) to be given priority; **~e Forderungen** *(in der Insolvenz)* priorities; **~e Hypothek** *Br* prior (*Am* senior) mortgage; **~e Maßnahmen** priority measures; **~e Rechte** superior rights; **etw. als besonders ~ ansehen** to accord top priority to; **~ finanziert werden** to get priority financing

Vorrangigkeit priority (classification)

Vorrat stock, store, supply (an of); *(bes. an Lebensmitteln)* provision; *(Warenbestand)* inventory; **~ mit großen Reserven** stockpile; **→Geld~**; **geringer ~** low stock; **verfügbarer ~** available stock

Vorräte stocks, stores, supplies; inventories, inventory stocks; *(Bestände an Waren, Rohstoffen, Halb- od. Fertigfabrikaten)* stock in trade; **→Lebensmittel~**; **~ an Schiffsbedarf** marine stores; **übermäßig große ~** excessive supplies; **in ~n gebundenes Kapital** capital tied up in inventories

Vorrats~, **~aktien** →Verwaltungsaktien; **~bewertung** inventory valuation; **~bildung** stockbuilding; *(von strategisch wichtigen Rohstoffen)* stockpiling; **~haltung** *(der Regierung)* stockpiling; **~kauf** stockpiling purchase; **~lager** store; *(von strategisch wichtigen Rohstoffen)* buffer stocks; **~pfändung**[206] attachment of future income for future claims (e. g. maintenance); **~politik** *(Lagerhaltung von Reserven durch staatl. Stellen)* stockpiling policy; **~raum** store(-) room, stock(-)room; *(staatl.)* **~stellen** storage authorites; **~stellen-Wechsel** *(Solawechsel der →Einfuhr- und Vorratsstellen)* storage agency bill; **~vermögen** *(Lagerbestand)* inventory, inventories; **~wirtschaft** stockpiling; **~zeichen** trade mark for future use

Vorrat, **e-n ~ angreifen** to draw on a stock; **e-n ~ anlegen** to lay in a stock (an of); **übermäßig große Vorräte anlegen** to stockpile; **der ~ ist erschöpft** the stock is exhausted; **e-n zu großen ~ haben** to be overstocked; **solange unser ~ reicht** as long as our stocks last

vorrätig in stock, in store; available; **stets ~e Artikel** stock articles; **nicht mehr ~ sein** to be out of stock

Vorrecht privilege, preferential right (or benefit); priority; *Br* (königl. Vorrecht) (royal) prerogative; **~e des Präsidenten** *Am* presidential prerogatives; **~e und Immunitäten der Vereinten Nationen**[207] privileges and immunities of the United Nations; **persönliches ~** *(des Botschafters, Abgeordneten etc)* personal privilege; **~saktien** →Vorzugsaktien; **~sgläubiger** *(im Konkurs)* preferential creditor; **~e aufheben** to suspend privileges; **ein ~ beanspruchen** to claim a privilege; **ein ~ einräumen (od. gewähren)** to grant (or accord) a privilege; **~e genießen** to enjoy privileges; **auf ein ~** *(z. B.*

Zeugnisverweigerungsrecht) **verzichten** to waive a privilege

Vorredner last (or previous) speaker

Vorrichtung *(Gerät)* device; **~en** equipment; **~spatent** device patent

Vorruhestand[207a] (optional) early retirement

Vorsaison early season, off season

Vorsatz intent, intention; *(bes. Vorsatzform bei Mord)* premeditation, malice aforethought; **bedingter ~** conditional intent (dolus eventualis); **bei ~** if done intentionally (or deliberately or with [specific] intent); **konkreter ~** specific intent; **strafrechtlicher ~** criminal intent; **mit ~ begangene Handlung** deliberate act; **~ und grobe Fahrlässigkeit zu vertreten haben** to be liable for damage caused intentionally or by gross negligence

vorsätzlich intentional, wilful, deliberate(ly); *(bes. bei Mord)* premeditated, aforethought; **~ begangene Straftat** offence (offense) committed intentionally; **~ falsche Angaben** wilful misrepresentation; **~ oder fahrlässig** wilfully or by negligence; intentionally or negligently; **~e Begehung e-s Verbrechens** intentional commission of a crime; **~e Täuschung** (wilful) deceit

Vorschau forecast

vorschieben to plead as an excuse

vorgeschoben, **~er Gesellschafter** →Scheingesellschafter; **~e Person** straw man, nominee

vorschießen, **jdm Geld ~** to advance money to sb.

Vorschlag proposal, proposition, suggestion; *(Benennung)* nomination; →**Änderungs~**; →**Gegen~**; →**Vergleichs~**; →**Wahl~**; **auf ~ von** on a proposal of, at the suggestion of; **v~sberechtigt** *(zur Wahl)* entitled to make nominations; **~srecht** right of proposal; *(zur Wahl)* right of nomination; **betriebliches ~swesen** suggestion scheme (for employees); **e-n ~ ablehnen** to refuse (or reject) a proposal; **e-n ~ annehmen** to adopt a proposal; **e-n ~ machen** to make a proposal (or suggestion); **e-n ~ unterbreiten** to submit a proposal; **e-n ~ vorbringen** to put forward a proposition; **e-m ~ zustimmen** to agree to a proposal

vorschlagen to propose, to suggest; *(zur Wahl od. für ein Amt)* to nominate; **e-n Kandidaten ~** to nominate (or put forward) a candidate

vorgeschlagene Person *(für ein Amt)* nominee

vorschreiben to prescribe, to dictate, to order, to direct; *(im Vertrag od. Gesetz vorsehen)* to provide

vorgeschrieben, **gesetzlich ~** required by law; **zwingend ~** obligatory, mandatory; **in der ~en Form** in the prescribed form; **innerhalb der ~en** →**Frist**; **soweit nichts anderes ~ ist** unless otherwise provided; **~ sein** to be laid down (in the regulations etc); to be prescribed

Vorschrift *(Bestimmung)* provision, regulation, rule; *(Anweisung)* direction, instruction, prescription; **nach ~** according to instruction; as directed; **Dienst nach ~** →Bummelstreik; →**Bau~en**; →**Betriebs~en**; →**Dienst~en**; →**Form~**; →**Luftverkehrs~en**; →**Preis~en**; →**Rechts~en**; →**Sicherheits~en**; →**Verfahrens~en**; →**Verkehrs~en**; →**Versand~en**; →**Verwaltungs~en**; →**Zoll~en**; **die geltenden ~en** the regulations in force; **gesetzliche ~en** statutory (or legal) provisions; **innerstaatliche ~en** domestic regulations; **prozessuale ~en** rules of procedure; procedural rules; **steuerliche ~en** tax provisions; **zwingende ~en** mandatory provisions

vorschrifts~, **~gemäß** →vorschriftsmäßig; **~mäßig** in due form; as prescribed; according to regulations; **ein Fahrzeug erweist sich nicht als ~mäßig** a vehicle has proved not to comply with existing regulations; **~widrig** contrary to regulations; against the rules; **V~zeichen** *(Verkehrszeichen)*[207b] prohibitive regulatory (or mandatory) road sign(s)

Vorschrift, **~en beachten** to observe provisions; **~en befolgen (od. einhalten)** to comply with regulations; **~en erlassen** to lay down regulations; **sich streng an e-e ~ halten** to observe a rule strictly; **den ~en zuwiderhandeln** to contravene the provisions

Vorschub leisten to aid and abet

Vorschulalter, Kinder im ~ pre-school children

vorschulische Erziehung pre-school education

Vorschuss advance (of money), advance payment; advance money; anticipated payment; →**Gehalts~**; →**Kosten~**; →**Reisekosten~**; →**Spesen~**; **~akkreditiv** →Versandbereitstellungsakkreditiv; *(zugunsten e-s Vertreters des Importeurs im Exportland)* red clause letter of credit; **~bewilligung** grant of an advance; **~konto** advance account; **~pflicht des Auftraggebers**[208] obligation of the principal to pay the mandatory (or agent) in advance the expenses necessary to carry out the mandate; **~wechsel** collateral bill; **v~weise** as an advance; **um ~ bitten** to ask for an advance; **e-n ~ gewähren** to grant an advance; **~ leisten (od. zahlen)** to make an advance (payment) (in salary or wages); **Gehalts~ nehmen** to anticipate salary; **~ verlangen** to ask for an advance payment; *(Anwalt)* to ask for a payment on account of costs

vorschüssig, ~e →**Rente**; **~ zahlbar** payable in advance

vorsehen to provide, to plan; *(für e-n bestimmten Zweck)* to earmark; **der Vertrag sieht vor** the contract provides (or stipulates); **im Vertrag ausdrücklich oder stillschweigend ~** to provide expressly or impliedly by contract

vorgesehen provided (for); designated; scheduled; **nicht anderweitig ~** not otherwise provided for (n. o. p.); **vertraglich ~** provided for in the contract; **im Haushaltsplan ~** budgeted; **für ... ~e Tagung** meeting scheduled for ...; **in e-m Vertrag ~er Fall** *(VölkerR)* case provided for in a treaty; **wenn die Parteien vertraglich nicht etwas anderes ~ haben** in the absence of contract provisions to the contrary; unless provided otherwise by the parties; **~ sein für** to be scheduled for

Vorsicht caution; precaution; **besondere ~** special care; **„~, Glas!"** glass, handle with care (!); **v~shalber** as a precaution; **~smaßnahmen ergreifen (od. treffen)** to take precautionary measures; **zur ~ raten** to advise caution

vorsichtig cautious, careful; **~er Kaufmann** prudent businessman; **~e Schätzung** conservative estimate

Vorsitz chair, chairmanship; presidency; **den ~ führender Richter** presiding judge; **den ~ führendes Vorstandsmitglied** member of board acting as chairman (or presiding over a meeting); **unter dem ~ von X** with X in the chair (or as chairman); chaired by X; under the chairmanship (or presidency) of X; **stellvertretender ~** vice-chairmanship; **turnusmäßig wechselnder ~** rotating chairmanship; **den ~ in e-r Sitzung führen** to chair a meeting; to preside over a meeting; **den ~ niederlegen** to give up (or resign from) the chairmanship; **den ~ übernehmen** to take the chair

vorsitzen, e-r Versammlung ~ to chair a meeting, to preside over a meeting; **~der Richter** presiding judge

Vorsitzende chairwoman

Vorsitzender chairman, president; presiding judge; **stellvertretender ~** vice-chairman, deputy chairman, vice-president; **~ des Aufsichtsrats**[209] chairman of the supervisory board; **~ (e-r Kammer des Gerichts)** presiding judge; **~ des Vorstandes**[210] chairman of the managing board, board chairman; *Am* president; *(etwa)* chief executive (officer); **zum ~n gewählt werden** to be elected chairman (or president)

Vorsitzer →Vorsitzender

Vorsorge *(Vorsichtsmaßregel)* precaution; *(Besorgung)* provision; →**Daseins~**; →**Gesundheits~**; **~maßnahme** precaution(ary measure); **~untersuchung** precautionary medical examination; (health) screening; check-up; **~ treffen für** to take precautions, to make provision (or arrangements) for; **für e-n Notfall ~ treffen** to provide for an emergency

vorsorglich as a precaution

Vorspiegelung falscher Tatsachen fraudulent representation; *(colloq.)* dressing up; window dressing; **unter ~** under false pretences (pretenses); **Erlangung von Kredit unter ~** obtaining credit by false pretences (pretenses) *(→Kreditbetrug)*; **Irreführung durch ~** deceit, deception

Vorsprung lead, advantage; →**Wettbewerbs~**; **e-n technischen ~ erlangen** to gain technological lead (vor over)

Vorstadt suburb; **~bewohner** suburbanite

Vorstand board of (executive) directors; **~ der Aktiengesellschaft**[211] board of management; management board; managing directorate; managing board; **~smitglied** *(e-r AG)* member of the managing board; **~ssprecher** management board spokesman; company spokesman; **~stantieme** board members' percentage of profit; **~svergütung** board members' fees; **~svorsitzender** chairman of the board; *Br* managing director; *Am* chief executive officer; president of the board; **~swahl** election of the management board; →**Abberufung des ~es**; →**Vorsitzender des ~es**; **Unvereinbarkeit der Zugehörigkeit zum ~ und zum →Aufsichtsrat**; **dem ~ angehören** to be a member of the board of management

Vorstand, ~ e-s Vereins[212] committee of an association; **Bestellung des ~es**[213] election of the committee

Der Vorstand vertritt den Verein gerichtlich und außergerichtlich.

The committee is the legal representative of the association in litigation and for all other purposes.

vorstehen to preside over, to be at the head of

vorstehend foregoing, hereinbefore; **~e Bestimmungen** foregoing provisions

vorstellen, sich ~ to introduce oneself (to sb.); to make oneself known; *(bei Bewerbung)* to have an interview; **darf ich Sie Herrn X ~** may I introduce you to Mr. X

vorstellig werden to present a petition (bei to); to file a complaint (bei with); **auf diplomatischem Wege bei e-m Staat ~** to make diplomatic representations to a state; **offiziell ~** to make formal representations (bei to)

Vorstellung *(Bekanntmachen)* introduction; *(für Bewerbung)* interview; *(Aufführung)* performance; *(Auffassung, Begriff)* notion, conception;

(Vorhaltung) representation, remonstrance; **~sbild** *(z. B. von e-r Ware)* image

Vorstellungsgespräch *(für Bewerbung)* selection interview; **ein ~ durchführen** to interview

Vorstellungen erheben to make representations, to remonstrate

Vorsteuer *(Umsatzsteuer)* input tax; prior tax; **~abzug**[214] deduction of input tax; input tax deduction; **Anspruch auf ~abzug** right to deduct input tax; **~gewinn** pretax profit; **als ~ abziehen** to deduct as input tax
Der Unternehmer darf die Umsatzsteuer, die in dem Preis der an ihn gelieferten Ware enthalten ist, von seiner eigenen Umsatzsteuerschuld abziehen.
The entrepreneur is entitled to deduct from his own tax liability that amount of input tax which is already contained in the price of the goods which he receives.

Vorstrafe previous (or prior) conviction; **~(nverzeichnis)** criminal record *(→Strafregister, →vorbestraft)*

Vortagesgeldsatz money rate for previous day *(→Tagesgeldsatz)*

Vortäuschen e-r (mit e-r Strafe bedrohten) Straftat[215] simulating the commission of a (punishable) offence (offense)

vortäuschen, etw. ~ to make a pretence (pretense) of sth.; **e-e Krankheit ~** to feign an illness

vorgetäuscht, ~er (Ersatz-)Anspruch fictitious claim; **~e Geschäftstätigkeit** fictitious business (activity); pretence (pretense) of carrying on a business

Vorteil advantage; benefit; profit; **zum ~ von** to the advantage of; for the benefit of; **Vor- und →Nachteile**; **→Handels~**; **→Vermögens~**; **→Wettbewerbs~**; **Gewährung oder Versprechen von ~en** granting or promising advantages; **~sannahme** accepting an advantage; **~ausgleich** offset of advantages and disadvantages; **~sausgleichung** adjustment (or compensation) of damages by benefits received (mitigation of damages by benefits received); **~sbegrenzung** limitation on benefits; **~e bieten** to offer advantages; **dem Verbraucher ~e bringen** to benefit consumers; **e-n ~ erlangen** to receive (or obtain) an advantage; **~e gewähren** to grant advantages; **~ haben von** to take advantage of; to benefit from (or by); **von ~ sein** to be beneficial (or advantageous) (to); **~ ziehen aus** to derive benefit from; to use sth. profitably (or for one's own benefit)

vorteilhaft advantageous, profitable, favo(u)rable; beneficial (für to); **~e Bedingungen** advantageous conditions; **~e Kapitalanlage** profitable investment; **~er Kauf** bargain sale

Vortrag 1. lecture; *(formlos)* talk (über on); *(Vorbringen im Zivilprozess)* argument, submission; **~ e-s Werkes** *(UrhR)* recitation of a work; **öffentliche Übertragung des ~es** *(UrhR)* communication to the public of the recitation; **~srecht** *(UrhR)*[216] right to recitation; **e-n ~ halten** to deliver (or give) a lecture (über on); to give a talk; **der ~ war gut →besucht**; **der öffentliche ~ e-s literarischen Werkes stellt keine Veröffentlichung dar**[217] the public recitation of a literary work does not constitute publication

Vortrag 2. *(Buchführung)*; **~ (aus letzter Rechnung)** amount (or balance) brought forward (from last account); **~** (auf neue Rechnung) amount (or balance) carried forward (to new account); carrying over; **~sposten** item carried forward

vortragen to lecture on, to give a talk on; to recite; *(im Zivilprozess)* to submit (to the court); *(Buchführung)* to bring (or carry) forward; **auf neue →Rechnung ~**; **e-n Saldo ~** to carry over a balance; **dem Gericht e-n Fall** *(zur Entscheidung)* **~** to submit a case to the court; **der Anwalt trug die Sache vor** the lawyer argued the case

vorübergehend temporary; **~ eingeführt** temporarily imported; **~er Aufenthalt** temporary stay; **~e →Einfuhr**; **~e Entlassung** *(bes. wegen Auftragsmangels)* lay(-)off; **~ →wohnhaft sein**

Voruntersuchung[218] judicial investigation (or examination) before trial

Vorurteil prejudice, bias; **→Rassen~**; **→Standes~**; **rassische ~e abbauen** to break down racial prejudices

Vorverfahren preliminary proceedings; preparatory proceedings; *(Strafprozess)* →Ermittlungsverfahren durch die Staatsanwaltschaft

Vorverhandlungen preliminary negotiations; *dipl* preliminaries

Vorverkauf, **→Karten~**; **~skasse** booking office; *Am* ticket office; **Karten im ~ besorgen** to book tickets in advance

vorverlegen to put forward (to an earlier date); to set an earlier date for

vorveröffentlichen to publish first (or earlier)

Vorveröffentlichung *(PatR)* prior publication; **druckschriftliche ~** prior printed publication; **Angabe der ~en** statement of prior art; **→Einrede der ~**; **Liste der ~en** list of prior art documents

Vorversicherung previous insurance

vorversterben to predecease

Vorvertrag binding agreement to conclude a contract (the main points of which have already been agreed upon); preliminary contract; *(noch nicht endgültig ausgearbeiteter und unterschriebener Vertrag)* provisional contract (or agreement); (Vorvertrag *zu e-m völkerrechtlichen Vertrag)* pactum de contrahendo

vorvertraglich, ~e Erklärung representation; **~e Verhandlung** preliminary contract negotiation

Vorwahlen *Am (zu der Präsidentenwahl)* primaries

Vorwahl für den internationalen Fernsprechverkehr dialing code for international calls

Vorwählnummer *tel* →Ortsnetzkennzahl

Vorwand, unter dem ~ on the pretext; under the pretence (pretense) (of or that)

vorwärts kommen, beruflich ~ to advance in one's profession

Vorweg~, ~abzug deduction in advance; **~belastung** prior charge; **~entnahme** *Am* preferential benefit; *(neuheitsschädliche)* **~nahme e-r Erfindung** anticipation of an invention; **v~nehmen** to anticipate; **~pfändung**[219] provisional formal seizure (without taking actual possession) of judgment debtor's protected goods (e. g. goods not yet subject to seizure)

Vorwegweiser *(Verkehrszeichen)* advance direction sign(s)

vorweisen to produce, to present

Vorwerfbarkeit[220] guilt; blameworthiness

vorwerfen, jdm etw. ~ to blame sb. for sth.; to accuse sb. of sth.; to allege sth. against sb.

vorwiegend predominant(ly)

Vorwürfe, jdm ~ machen to reproach sb.

vorzeigen *(Urkunden, Wechsel etc)* to produce, to present

Vorzeigung, gegen ~ e-s Wechsels on presentation of a bill

vorzeitig premature, in advance; early; *(vor Fälligkeit)* prior to (or before) maturity; **~e Abschreibung** accelerated depreciation; **~e Arbeitsunfähigkeit** premature disablement; **~es Ausscheiden aus dem Beruf** premature retirement; **~er Erbausgleich** →Erbersatzanspruch; **~e Pensionierung** early retirement; **~e Rückzahlung e-s Darlehens** early repayment of a loan; repayment of a loan prior to maturity; **~e Versetzung in den Ruhestand** early retirement; **~e Zahlung** payment before due date; **~ ausscheiden** to retire prematurely; **e-n Wechsel ~ fällig stellen** to accelerate a bill; **den Vertrag ~ kündigen** to terminate the contract before the agreed date; **~ in den →Ruhestand treten**; **e-e Anleihe ~ zurückzahlen** to redeem a loan in advance

vorziehen *(bevorzugen)* to prefer; to give preference (to); *(zeitlich)* to antedate; **e-e Bestellung ~** to antedate an order, to give priority to an order

vorgezogenes →Pensionsalter

Vorzimmer outer office

Vorzug 1. *(zur Entlastung)* relief train

Vorzug 2. perference; *(Vorrang)* precedence, priority

Vorzugsaktien preference shares (or stocks); *Am* preferred stocks (shares/stocks giving the holder a prior claim over the holders of ordinary shares/stocks in respect of the payment or dividend and of return of capital if the company goes into liquidation); **kumulative ~** cumulative preference shares; *Am* cumulative preferred stocks; **rückzahlbare ~** redeemable preference shares; *Am* redeemable (or callable) preferred stocks; **~ mit zusätzlicher Dividendenberechtigung** participating preference shares; *Am* participating preferred stocks; **~ ohne Stimmrecht**[221] non-voting preference shares; *Am* non-voting preferred shares (or stocks); **Inhaber von ~** →Vorzugsaktionär; **Verhältnis von ~ und Obligationen zu Stammaktien** capital leverage

Vorzugsaktionär preference shareholder (or stockholder); *Am* holder of preferred shares (or stocks), preferred shareholder (or stockholder)

Vorzugs~, ~bedingungen preferential conditions; **~behandlung** preferential treatment; **~dividende** preferential dividend; *Am* preferred dividend; preference (or preferred) dividend; dividend on preference (or preferred) shares; **~dividendensatz** preferential rate of dividend; **~klage** s. Klage auf →vorzugsweise Befriedigung; **zu ~preisen** at special (or preferential) prices; **~stellung** preferential position; **~tarif** preferential tariff (or rate); *Am (im Luftfrachtverkehr bei namentlich aufgeführten Warengattungen)* commodity rate; **Klage auf v~weise Befriedigung** (creditor's) action for preferential (or preferred) satisfaction; **~zeichnungsrecht** preferential subscription right

Vorzugszinssatz preferential interest rate, prime rate; **~ für erstklassige Kreditnehmer** *Am* prime rate

Vorzugszoll preferential tariff (of customs duties)

Vorzug, den ~ aufheben oder beschränken[222] to cancel or restrict preference; **e-n ~ einräumen (od. geben)** to grant (or give) a preference; to favo(u)r

vorzüglich *(Qualität etc)* excellent, superior, first-rate; **mit ~er Hochachtung** *(als Briefschluss)* →hochachtungsvoll

Vostrokonten →Lorokonten

votieren für (gegen) to vote for (against)

Votum vote; opinion; →**Misstrauens~**; **Sonder~** *(mit abweichender Meinung zur Mehrheitsentscheidung beim Bundesverfassungsgericht)* dissenting opinion; →**Vertrauens~**; **zustimmendes ~** *(mit von der Mehrheit abweichender Begründung)* concurring opinion

W

Wach~, **~dienst** *mil* guard duty; **~verfehlung**[1] infraction of guard duty

wachsen to grow, to increase

wachsend, **~e Ausgaben** growing expenditure; **~es Missverhältnis zwischen Angebot und Nachfrage** →Angebot 2.; **~e Nachfrage** increasing demand

gewachsen, **e-r Aufgabe (nicht) ~ sein** to be (un)equal to a task

Wachstum growth; →**Wirtschafts~**; **anhaltendes und ausgewogenes ~** sustained and balanced growth; **gesamtwirtschaftliches ~** overall growth; **~ des BIP** GDP (gross domestic product) growth; **~ der Nachfrage** growth in demand

Wachstums~, **~aktien** growth shares (or stock); **~beschleunigung** acceleration in growth; **~chance** chance for growth; **~fonds** *(Investmentfonds)* growth fund; **~gesellschaften** growth companies; **~industrie** growth industry; **w~orientiert** growth-oriented; **~politik** growth policy; **~potential** growth potential; **~rate** rate of growth; **~rückgang** decline in growth; **~trend** growth trend; **~verlangsamung** slowdown in growth; **~werte** ÔWachstumsaktien; **~ziel** growth target

Wachstum, **das ~ dämpfen** to dampen growth; **das ~ ging kräftig zurück** there was a strong decline in growth

Waffe weapon; **~n** arms, weapons; **Schuss~** firearm, gun; **Verteidigungs~** weapon of defence (defense); **konventionelle ~** conventional weapon

Waffen, **Übereinkommen über das Verbot der Entwicklung, Herstellung und Lagerung bakteriologischer (biologischer) ~ und von Toxin~ sowie über die Vernichtung solcher ~**[1a] Convention on the Prohibition of the Development, Production and Stockpiling of Bacteriological (Biological) and Toxin Weapons and on their Destruction

Waffen~, **~ausfuhrverbot** arms embargo, ban on arms; **unerlaubter ~besitz** unauthorized possession of firearms; **~diebstahl** theft of arms; **~embargo** arms embargo; **w~fähiges Kernmaterial** nuclear material with military capability; **unerlaubtes ~führen** carrying (fire)arms without a licen|ce (~se); **~gebrauch** →Schusswaffengebrauch; **~gesetz** law on (fire)arms; **durch ~gewalt** by force of arms; **~handel** arms trade (or traffic); *(illegal, bes. zur Unterstützung ausländischer Revolten)* gun(-)running; **~händler** arms dealer; *(illegal)* gun(-)runner; **~hilfe** supply of arms to a foreign state; **~lager** store of arms; *(e-r Regierung)* arsenal; **~lieferant** arms supplier; **~lieferung** supply of arms; arms shipment; **~recht**[2] law on arms; **~ruhe** *(VölkerR)* cease- fire; truce; **~schein** licen|ce (~se) to carry firearms; gun licen|ce (~se); firearms certificate; **~schmuggel** gun(-) running; **~schmuggler** gun(-)runner

Waffenstillstand armistice; truce; cease-fire; **~sverhandlungen** negotiations for (an) armistice; **den ~ einhalten** to maintain the cease-fire

Wagen vehicle; *(Auto)* car, *Am* auto(mobile); →**Eisenbahn~**; →**Güter~**; →**Kraft~**; →**Lastkraft~**; →**Liefer~**; →**Personenkraft~**; **~ladung** *(Fuhre)* cartload; **~park** →Fuhrpark; **~standgeld** →Waggonstandgeld

wagen to risk, to take the risk of; to venture

gewagt, **~e Spekulation** daring speculation; **~es Unternehmen** venture

Waggon *Br* waggon, (railway) truck; railway carriage; *Am* wag(g)on, freight car; →**frei ~**; **~fracht(gut)** *Br* truck (or waggon) freight; *Am* carload freight; **~frachtrate** *Am* carload rate; **~ladung** *Br* waggon load, truck load; *Am* carloadlot; **~raum anfordern** to give notice of one's *Br* truck (*Am* car) requirement; **~standgeld** *Br* waggon (or truck) demurrage charge; *Am* freight car demurrage charge

Wagnis venture, risk; **~kapital** venture capital; risk capital; **~kapital-Beteiligungsgesellschaft** venture capital company; **~zuschlag** *(VersR)* risk premium; **ein ~ eingehen** to take a risk

Wahl 1. *(durch Stimmabgabe)* election; voting; poll, polling; **bei der ~** at the polls; →**Betriebsrats~**; →**Brief~**; →**Mehrheits~**; →**Stich~**; →**Verhältnis~**; **allgemeine, unmittelbare, freie, gleiche und geheime ~**[3] general, direct, free, equal, and secret election; **ange-**

fochtene ~ →anfechten; **freie ~en** free elections

Wahl, geheime ~ secret voting, ballot; **in geheimer ~ abstimmen** to vote by (secret) ballot, to take a ballot; **in geheimer ~ gewählt werden** to be elected by secret vote; **e-n Kandidaten in geheimer ~ wählen** to ballot for a candidate

Wahl, hart umstrittene ~ closely contested election; **vorgezogene ~** premature election; **~ ohne Gegenkandidaten** uncontested election; **~ durch Handheben** voting by show of hands; **~ durch Zuruf** voting by acclamation

Wahl, e-e ~ abhalten to hold an election; **die →Gültigkeit e-r ~ anfechten**; **e-n Kandidaten zur ~ aufstellen** to nominate a candidate; **die ~ des Betriebsrats behindern**[3a] to obstruct the election of the works council; to interfere with the election of the works council; **e-e ~ durchführen** to conduct (or organize) an election; **die ~ ist geheim** the election is by (secret) ballot; **zur ~ gehen** to go to the polls; **bei e-r ~ kandidieren** to run (or stand) as a candidate in an election; **in e-r ~ unterliegen** to be defeated in an election; **sich bei e-r ~ vertreten lassen** to vote by proxy; **jdn zur ~ vorschlagen** to nominate a p.; **die ~ findet statt** the election shall be held

Wahl~, ~abmachungen electoral arrangements; **~alter** voting age; **~anfechtung** contesting (or challenging) an election *(→ Wahlprüfung)*; **~ausgang** ÔWahlergebnis; **~ausschreiben** declaration of the election; **~ausschuss** election committee; **~aussichten** electoral chances (or prospects)

wählbar s. nach Wahl

Wahlbehinderung[4] obstructing an election; preventing or disturbing an election or the ascertainment of its result by (threats of) violence

wahlberechtigt entitled (or qualified, eligible) to vote; **für den Betriebsrat ~e Arbeitnehmer**[5] employees with voting rights

Wahlberechtigte (der/die) elector, person having the right to elect (especially by voting at a parliamentary election); eligible voter, person having the right to vote

Wahlberechtigung right to vote; franchise

Wahlbeteiligung turnout (at the election); poll; **geringe ~** light poll, poor turnout (at an election); voting by a small proportion of the voters; **starke ~** heavy poll, good turnout (at an election); voting by a large proportion of the voters

Wahl~, ~betrug electoral fraud; **~bezirk** →Wahlkreis; **~brief** election paper for vote by mail; **~bündnis** electoral coalition (or alliance); **~delikte**[6] election offences (offenses); **~einspruch** objection to an election; *Br* election petition; election protest

wählen s. nach Wahl

Wähler s. nach Wahl

Wahlergebnis election result (or returns); outcome of the election; **das ~ bekanntgeben** to declare the poll; to announce the election returns; **ein ~ anfechten** to challenge an election result

wahlfähig, passiv ~ eligible, qualified to be elected

Wahlfähigkeit, (passive) ~ e-s Kandidaten eligibility of a candidate

Wahl~, ~fälschung[7] electoral fraud; fraud (or corrupt practices) in connection with elections; **~feldzug** →Wahlkampf; **~finanzierung** election campaign financing

Wahlgang ballot; **im ersten ~** on the first ballot; **den Betriebsrat in getrennten Wahlgängen wählen**[8] to elect the works council on separate ballots; **ein zweiter ~ findet statt** a second ballot is held

Wahl~, ~geheimnis secrecy of the ballot; **~gesetz** electoral law *(→ Bundeswahlgesetz)*; **~helfer** voluntary worker at an election; campaign worker; *Am* precinct worker; **~kabine** polling booth, voting booth

Wahlkampf election campaign; **Hauptthema des ~es** campaign issue; **~kosten** campaign expenses; **sich im ~ einsetzen für** to campaign for (or on behalf of); **im ~ unterliegen** to be defeated (or suffer defeat) at an election

Wahlkampagne →Wahlkampf

Wahlkandidat election candidate; *(als Stimmzettel benutzte)* **Liste der ~en** party list of candidates; *Am* ticket; **e-n ~en aufstellen** to nominate a candidate

Wahlkosten election expenses

Wahlkreis constituency, electoral ward; electoral district; **~e willkürlich einteilen** to gerrymander

Wahl~, ~leiter official in charge of an election; *Br* returning officer; **~liste** →Wählerliste; **~lokal** polling place, *Br* polling station; **~männer** *(Mitbestimmungsgesetz)* chosen electors; **~männerausschuss**[8a] Committee of Delegates

Wahlniederlage defeat in the election (or at the polls or in the ballot); **e-e ~ erleiden** to suffer (or meet with) an election defeat; to be defeated at the polls

Wahl~, ~ordnung election regulations; **~ort** polling place; **~parole** electoral slogan

Wahlperiode (Legislaturperiode) legislative period

In der BRD werden der Bundestag und die meisten Landtage alle vier Jahre gewählt.

In the FRG the →Bundestag and most of the →Landtage are elected every four years.

Wahl~, **~plakat** election poster; **~praktiken** election practices; **~programm** election program(me) (or manifesto, platform); party manifesto

Wahlpropaganda election propaganda; electioneering; canvassing; **Aufwand für die ~** campaign expenditure; **~ machen** to electioneer, to campaign, to canvass

Wahlprüfer scrutineer; *Am (auch)* canvasser

Wahlprüfung[9] scrutiny (of votes); *Am (auch)* canvassing; **e-e ~ vornehmen** to make a scrutiny; to examine ballot papers officially

Wahl~, **~quotient** electoral ratio; **~raum** →Wahllokal

Wahlrecht right to vote; franchise; suffrage; *(objektiv)* electoral law *(→Wahlgesetz)*; **aktives ~** right to vote; **allgemeines, gleiches, geheimes und direktes ~** universal, equal, secret and direct suffrage; **Frauen~** women's suffrage; **passives ~** eligibility (for office); right to stand for election; *parl* eligibility for election, eligibility to stand for Parliament (or a legislative assembly); **~sverlust** loss of franchise; **sein ~ ausüben** to exercise one's right to vote; **jdm das ~ →entziehen**

Wahlrede election (or electoral) address (or speech); *Am* stump speech; **~n halten** to electioneer; *Am* to stump (in e-m Einzelstaat in a state)

Wahl~, **~redner** campaigner, election speaker; *Am* stump orator, stumper; **~reform** electoral reform; **~schein** *(zur Briefwahl)* ballot paper; **~schlacht** election campaign; **~schutz** *(bei Betriebsratswahl)*[10] protection against obstruction of the election

Wahlsieg electoral victory; **e-n ~ erringen** to gain a victory at the election (or poll); **über jdn e-n ~ erringen** to defeat sb. at the polls; **den ~ in e-m Einzelstaat davontragen** *Am* to carry a state; **e-n überwältigenden ~ erringen** to score a landslide victory

Wahl~, **~spruch** election slogan; **~stärke** voting strength; **~statistik** electoral statistics

Wahlstimme vote; **~nüberprüfung** →Wahlprüfung; **~nwerber** canvasser; **um ~n werben** to canvass (a district) for votes

Wahl~, **~system** voting system, electoral system; **~tag** election day, polling day; **aus w~taktischen Gründen** for reasons of election tactics; **~termin** election date, polling date; **~umschlag** envelope of ballot paper; **~umtriebe** electioneering practices; **(passive) ~unfähigkeit e-s Kandidaten** ineligibility of a candidate

Wahlurne ballotbox; **e-n Stimmzettel in die ~ werfen** to drop a ballot(-paper) in the ballotbox; **zur ~ gehen** to go to the polls

Wahl~, **~verfahren** election (or electoral) procedure; mode of election; **~verlauf** course of the election; **~versammlung** election meeting; electoral rally; **~versprechen** election promise, election pledge; pledge given to the electorate; **Ausschuss für die ~vorbereitung** election committee, caucus; **~vorgang** voting (process)

Wahlvorschlag election proposal; **~ von Aktionären** *(zur Wahl von Aufsichtsratsmitgliedern)*[11] nomination by shareholders; **e-n ~ einreichen** *(z. B. bei Betriebsratswahl)* to submit a list of candidates; to submit nominations

Wahlvorstand des Betriebsrates[12] works council electoral committee

Wahl~, **~zelle** voting (or polling) booth; **~zettel** ballot(paper) *(→Wahlurne)*

Wahl 2. *(Entscheidung zwischen zwei od. mehr Möglichkeiten)* option, choice, alternative; *(Auswahl)* selection; *(Güteklasse)* grade, quality; **freie Arzt~** free choice of a doctor; **freie →Berufs~**; **nach ~ des Käufers** at buyer's option (or choice); **in die engere ~ kommen** to be (put) on the short list; **erste ~** *com* first grade (or quality); **Waren erster ~** firsts; **nach jds freier ~** at sb.'s option; **freie ~ des Arbeitsplatzes** free choice of employment; **zweite ~** *com* seconds; **~ des richtigen Zeitpunkts** correct (or good) timing

Wahl~, **w~berechtigter Gläubiger (Schuldner)**[13] creditor (debtor) entitled to choose one of the optional modes of performance; **~fach** optional subject, *Am* elective subject; **~feststellung** *(StrafR)* conviction in the alternative; statement of facts (in judgment) supporting conviction for one or another of two offences (offenses) (e. g. for theft or receiving); **w~frei** optional; **~gerichtsstand**[14] jurisdiction according to plaintiff's choice; **~heimat** country of adoption, adopted country; **~konsul** honorary consul *(Ggs. Berufskonsul)*; **~möglichkeit** option; **~recht** *(Recht, zwischen zwei od. mehr Möglichkeiten zu wählen)*[15] option; **~recht für die Entschädigungsform** settlement option; **~schuld**[15] alternative obligation; (obligation to perform in one of several ways at the option of one of the parties); **~vermächtnis**[16] optional (or alternative) legacy (the testator provides that the legatee shall receive only one or the other of a number of items) *(→Stückvermächtnis)*; **~verteidiger** *(Strafprozess)* counsel for the defence (defense) chosen by the accused *(Ggs. Offizialverteidiger)*; **w~weise** alternative(ly); optional(ly); **w~weiser Anspruch** alternative (or optional) claim; **~wohnsitz** domicile of choice

Wahl, keine andere ~ haben (als) to have no alternative (but); **die ~ fiel mir schwer** it was difficult for me to choose; **in die engere ~ kommen** to be (put) on the short list; **jdm die ~ lassen** to leave the choice to sb.

wählbar *(passiv wahlfähig)* eligible (for election); **nicht ~** ineligible; →**wieder~**; **~ für den Betriebsrat sein**[17] to be eligible for the works council

Wählbarkeit *(passives Wahlrecht)* eligibility (to stand) for election; **~svoraussetzungen** necessary qualifications of election candidates; **Nicht~** non-eligibility; **Verlust der ~** loss of eligibility

wählen, jdn *(durch Stimmabgabe)* **~** to elect sb., to vote for sb.; *(zur Wahlurne gehen)* to go to the polls; *(seine Wahl treffen)* to choose, to make one's choice; *tel* to dial; **in geheimer Wahl ~** to elect by secret ballot

gewählt, ~ werden to be elected; **im ersten Wahlgang ~ werden** to be elected on the first ballot; **für die Dauer von 5 Jahren** *(für ein Amt)* **~ werden** to be elected for 5 years; to have a tenure of office of 5 years

gewählt, Sie haben gut ~ you have chosen well

Wähler voter, elector; *(e-s Wahlkreises)* constituent; →**Brief~**; **nicht parteigebundener ~ (od. Wechsel~)** floating voter; *Am* floater; **~bestechung**[17a] bribery of the electorate; **~initiative** voters' initiative (association of voters [mainly not members of political parties] who campaign for a particular candidate at an election); **~liste** list of electors, electoral register; poll; *(für Betriebsratswahl)* list of employees entitled to vote; **~schaft** electorate, *(e-s Wahlkreises)* constituency; voting public; **~täuschung**[17a] deception of the electorate; **~verzeichnis** →Wählerliste

wahr, sich als ~ erweisen to prove to be true

wahren, ein Geheimnis ~ to keep a secret; **jds Interessen ~** to safeguard sb.'s interests; **seine Rechte ~** to protect one's rights

Wahrheit truth; **die reine ~** nothing but the truth, the plain truth; **~sbeweis** *(bei Beleidigungsklage)* proof of the truth of the alleged facts as a defence (defense); **den ~sbeweis antreten (od. erbringen)** to prove the truth of one's statement; to prove (the defence of) justification; **~sfindung** ascertaining the truth; **w~sgemäß** truthful(ly); in accordance with the truth; **w~sgetreuer Bericht** true and accurate report; **w~sgetreue Werbung** truthful advertisement; **~spflicht**[18] duty to tell the truth; **w~swidrig** not truthful(ly); contrary to the truth; **die ~ e-r Aussage bezweifeln** to doubt the truth of a statement; **zur ~ ermahnen** to admonish to tell the truth; **die ~ ermitteln** to ascertain the truth; **die ~ verheimlichen** to suppress the truth

wahrnehmen *(sich für etw. einsetzen)* to look after, to protect, to pay attention to; to safeguard; *(bemerken)* to notice, to perceive; **Aufgaben ~** to perform (or carry out) duties; **Aufgaben durch e-e andere Person ~ lassen** to delegate one's duties to another person; **die Gelegenheit ~** to take the opportunity; **jds. Interessen ~** to safeguard (or protect) sb.'s interests; **ein Recht ~** to safeguard (or protect) a right

Wahrnehmung perception; **bei ~ seiner Aufgaben** in the performance of his duties; in the discharge (or exercise) of his functions; **~** →**berechtigter Interessen**; **~ von Rechten** safeguarding (or protection) of rights

wahrscheinlich, ~er Höchstschaden *(VersR)* probable maximum loss; **~e Lebenserwartung** *(VersR)* probable duration of life, expectation of life

Wahrscheinlichkeit likelihood; probability; **aller ~ nach** in all probability; **hinreichende ~** reasonable probability; **~sauswahl** *(Meinungsforschung)* probability sampling; **~srechnung** *(Statistik)* probability calculus; **mit an Sicherheit grenzender ~** with near certainty, almost certainly

Wahrung, ~ von Betriebsgeheimnissen preservation of trade secrets; **~ des** →**Friedens**; **~ der Interessen** safeguarding of (or looking after) the interests (of); **~ der Verbraucherinteressen** *(EU)* meeting consumers' expectations

Währung currency; →**Binnen~**; →**Doppel~**; →**Fremd~**; →**Gold~**; →**Landes~**; →**Metall~**; →**Papier~**; **ausländische ~** foreign currency; **Obligationen in ausländischer ~** currency bonds, bonds in foreign currency; **auf ausländische ~ lautend** expressed in foreign currency; **in deutscher ~** in German currency; **elastische ~** adjustable currency; **feste ~** stable currency; **frei konvertierbare ~** freely convertible currency; **gesetzliche ~** legal currency; **harte ~** hard currency; **inländische ~** domestic currency; **manipulierte ~** managed currency; **schwache ~** weak currency; **starke ~** strong currency; **Land mit starker ~** (Starkwährungsland) strong currency country; **weiche ~** soft currency

Währung, e-e ~ freigeben to allow a currency to float; **auf ausländische ~ lauten** to be expressed in foreign currency; **die ~ sichern** to safeguard the currency; **die ~ stabil halten** to keep the currency stable; **e-e ~ stützen** to support a currency; **in deutsche ~ umrechnen** to convert into German currency

Währungs~, **~abkommen** currency (or monetary) agreement; **~abwertung** exchange depreciation; currency devaluation; **~anpassung** monetary adjustment; **~aufwertung** currency revaluation; **~ausgleichsbetrag** (WAB) *(EU)* monetary compensatory amount (MCA); **~ausschuss** *(EU)* Monetary Committee; **~ausgleichsfonds** *Br* Exchange Equalization Account; *Am* Treasury's Exchange Stabilisation Fund; **w~bedingte Schwierigkeiten** difficulties caused by the currency situation; **~behörde** monetary authority; **~bereich** currency area; **~bestände** currency (or monetary) reserves; **~block** currency bloc *(→Währungsschlange)*; **internationale ~beziehungen** international monetary relations; **Europäische ~einheit** European Currency Unit (→ECU); →**Internationaler ~fonds**; **~fragen** monetary questions; **~gebiet** currency area; **~gesetz**[19] Currency Law; **~gewinn** currency exchange profit; (foreign) exchange gain; **~guthaben** foreign currency balance; **~hoheit** monetary sovereignty; **~klausel** currency clause; **~konto** (foreign) currency account

Währungskorb currency basket *(→ECU)*

Eine Rechnungseinheit vom Typ „Währungskorb" besteht aus einem Sortiment verschiedener Landeswährungen *(→ECU)*.

A "basket" unit of account is made up of different national currencies *(→ECU)*.

Währungs~, **~kredit** credit in foreign exchange; **~krise** monetary (or currency) crisis; **~lage** currency situation (or position); **~maßnahmen** monetary measures; **~mechanismus** monetary mechanism; **~ordnung** monetary system; **~parität** currency (or monetary) parity; parity of exchange; **~politik** monetary (or currency) policy; **aus w~politischen Gründen** for reasons of monetary policy; **~reform** currency reform

Währungsreserven *(e-s Landes)* currency reserves; **die offiziellen ~ der Mitgliedsstaaten** the official foreign reserves of the Member States; **die ~ der Bundesbank haben sich vermindert um ...** the monetary reserves of the Federal Bank have declined by ...

Währungs~, **~risiko** currency risk, exchange risk; **~scheck** (foreign) currency cheque (check); **~schlange** *(EU)* currency snake; **~schuld** →Valutaschuld; **w~schwaches Land** weak-currency country; **~schwankungen** monetary (or exchange) fluctuations; **~sicherung** safeguarding of the currency; **~spekulant** currency (or exchange) speculator; **~stabilisierung** stabilization of the currency; **~stabilität** currency stability; **w~starkes Land** strong-currency country; **~stichtag** day (or date) of the German currency reform (20. 6. 1948); **~swap** →Swap; **~system** monetary (or currency) system *(→Europäisches Währungssystem)*; **~umrechnung (od. ~umstellung)** currency conversion (or translation); **~union** monetary union; **~unruhen** monetary turmoil; **~unterschiede** differences in the value of currencies; **~verfall** deterioration of a currency; **internationaler ~verkehr** international currency transactions; **~verlust** currency exchange loss; (foreign) exchange loss; **~verzerrungen** monetary distortions

Währungs-, Wirtschafts- und Sozialunion Monetary, Economic and Social Union *(→Staatsvertrag 1. 7. 1990)*

Mit der Währungsunion kam zum 1. 7. 1990 die D-Mark in die neuen Bundesländer.

With the Monetary Union the D-Mark was introduced into the new Bundesländer on 1 July 1990.

Währungs~, **~wesen** currency (system); **~ziele** monetary objectives; **~zusammenarbeit** monetary cooperation

Waise orphan; **Halb~** half orphan; **Voll~** full orphan; **~ngeld** orphan's pension; **~nhaus** orphanage; **~nrente** *(gesetzl. Sozialversicherung)* orphan's benefit

Wald wood, forest; **~brand** forest fire; **~gebiet** *Br* woodland, forest land; *Am* timberland; **~genossenschaft** forestry cooperative; **~schadenserhebung** *(EU)* forest-damage inventory; **~sterben** dying-off of forests; forest die-back

Walfang whaling, whale-fishing; **~industrie** whaling industry; **Internationale ~kommission** International Whaling Commission; **Internationales Übereinkommen zur Regelung des ~s**[19a] International Convention for the Regulation of Whaling

Walfänger whaler

Wand~, **~plakat** wall poster,; **~protest** protest (of dishono[u]red bill of exchange) stating the fact that entry into the premises occupied by the debtor has been refused

Wandel change, variation; →**Struktur~**; **~ in der öffentlichen Meinung** change in public opinion; **~anleihe** →Wandelschuldverschreibung; **w~bar** convertible; **~barkeit e-s Statuts** *(IPR)* mutability of the law governing an issue; variability of the connecting factor in the event of changes in the factual situation; **~obligation** →Wandelschuldverschreibung; **~parität** conversion parity; **~prämie** conversion premium; **~preis** conversion price; **~recht** conversion right

Wandelschuldverschreibung[20] *(Wandelanleihe)* convertible bond; *(§ 221 AktG)* convertible bond or warrant issue *(→Optionsanleihe)*

wandeln to rescind (or avoid, cancel) a sale (or contract for work and labo[u]r) (for failure to comply with implied warranties) *(→ Wandelung)*

Wandelung *(Rückgängigmachung des Kaufs*[21] *oder Werkvertrags)*[22] rescission (or avoidance, cancellation) of sale (or of a contract for work and labo[u]r) *(→Minderung)*; **~ wegen Gewährleistungsbruch** recission for breach of warranty

Wander~, **~arbeitnehmer** *(aus- und einwandernde Arbeitnehmer)*[23] migrant(s) for employment; migrant worker(s); **~ausstellung** travelling exhibit(ion); **~gewerbe** →Reisegewerbe

Wanderung migration; →**Internationale Organisation für ~**; **~sbilanz** migration balance; **~sströme** *(der Arbeitnehmer)* migration flows; **~ziffer** migration rate

Wandlung conversion; **w~sfähige Wertpapiere** convertibles; *(bei der Emission von Wandelobligationen)* conversion price; **~srecht** conversion right *(→ Wandelung)*

Wanze *(Abhörgerät)* bug; **~n in e-m Raum anbringen** to bug a room

Wappen coat of arms

Ware article (of merchandise), commodity, product

Waren goods, merchandise, commodities; →**Ausschuss~**; →**Export~**; →**Fabrik~**; →**Fertig~**; →**Halbfertig~**; →**Import~**; →**Kommissions~**; →**Loko~**; →**Mangel~**; →**Marken~**; →**Partie~**; →**Qualitäts~**; **~ von mittlerer Art und Güte** goods of average kind and quality; **~ des täglichen Bedarfs** *(nahe der Wohnung)* convenience goods; **~ für den Inlandsverbrauch** goods for home (or internal) use; **~ auf Lager** warehouse goods; **~ der Lebensmittelindustrie** prepared foodstuffs; **~, die im Rahmen e-s Lizenzvertrages eingeführt werden** goods imported under licen | ce (~se); **~ mittlerer Preislage** medium- priced goods; **~ unter** →**Zollverschluss**; **ausgesuchte ~** choice (or selected) goods; **auf dem Transport beschädigte ~** goods damaged in transit; **bestimmte** *(besonders ausgesuchte)* **~** ascertained goods *(→Spezieskauf)*; **einheimische ~** inland commodities, domestic goods; **feuergefährliche ~** inflammable goods; **gangbare** *(leicht verkäufliche)* **~** marketable goods; **spontan gekaufte ~** *(auf Grund des Ansehens)* impulse goods; **gepfändete ~** goods seized in execution; **hochwertige ~** high-grade goods; **kontingentierte ~** quota goods; **kriegswichtige ~** strategic goods; →**minderwertige ~**; **preisgebundene ~** price-maintained goods; **schwimmende ~** goods afloat; **verderbliche ~** perishable goods; **sofort verfügbare ~** disposable goods; actuals; →**vertragsgemäße ~**; **zollfreie ~** duty-free goods; **zollpflichtige ~** dutiable goods; **zurückgesandte ~** →Retouren

Waren, **~ absetzen (od. verkaufen)** to place goods; to dispose of goods; *(bestimmte)* **~ aufkaufen** *(z. B. BaumwollvorräteBörse)* to corner the market; **~ beleihen** *(als Kreditgeber)* to lend money on goods; **~ in e-m Lagerhaus einlagern** to deposit (or store) goods in a warehouse; **~ nach Güteklassen einstufen** to grade goods; **~ etikettieren** to docket goods, to label goods; **die ~ auf Abzahlung kaufen** to buy the goods *Br* on hire purchase (*Am* on the instal[l-]ment system); **die ~ lose oder verpackt kaufen** to buy bulk or packed goods; **die ~ in** →**Empfang nehmen**; **~ auf Lager nehmen** to lay (or take) goods in stock; **~ zurücknehmen** to take goods back

Waren~, **~abkommen** commodity agreement; **~absatz** sale of goods; **~angaben** specifications of goods; **~annahme** receipt of goods; goods receiving department; **~ausfuhr** export (-ation) of goods; visible exports; *Am* merchandise export; **~ausgabe** goods issuing department; **~ausgang** sale of goods; outgoing goods; **~ausgangsbuch** sales journal; **~auslage** display (of goods); **~ausstattung** get(-) up of goods; **~austausch** exchange of goods; barter *(→Kompensationsgeschäft)*; **~auszeichnung** merchandise marking; **~automat** automatic vending machine; **~bedarf** requirement in goods; **~beförderung** carriage of goods; **~begleitschein** document accompanying goods; *(Zoll)* bond note; *(im Interzonenhandel)*[25] interzonal trade permit; **~beleihung** →Warenlombard; **~beschaffungskredit** purchase money loan; **~beschreibung** description of goods

Waren~, **~bestand** stock (of goods), stock on hand; inventory *(Vorräte an Waren, Rohstoffen, Halb- od. Fertigfabrikaten)* stock in trade; **~bestellung** order for goods; **~bezeichnung** description of goods; trade name; **~börse** commodity exchange; **~durchfuhr** transit of goods; **~einfuhr** import of goods, import of commodities; visible imports; *Am* merchandise import *(→Einfuhrliste)*; **~eingang** purchase of goods; incoming goods; **~eingangsbescheinigung** (WEB) delivery verification; **~eingangsbuch** purchase journal; **~einheitsversicherung** combined- risk insurance

Warenempfang receipt of goods; **~sbestätigung** acknowledgment of receipt of goods

Waren~, **~empfänger** receiver of goods, consignee; **~export** →Warenausfuhr; **~forderungen** *(Forderungen auf Grund von WarenlieferungenBilanz)* trade accounts receivable; **~gattung** kind (or category, class, line) of goods; **~geschäfte** commodity trade; **~gestaltung** *(im Rahmen der Vertriebstaktik)* merchandising

Warenhandel trade in goods, commodity trade; **~ in großen Mengen** *Am* mass merchandising

Warenhaus department store; **~detektiv** stores detective; **~diebstahl** shoplifting; **~kette** chain of department stores; **~konzern** department store combine (or group)

Warenherstellerhaftung →Produzentenhaftung

Waren~, **~import** →Wareneinfuhr; **internationaler ~kauf** →UN-Kaufrechtsübereinkommen; **internationale ~klasseneinteilung**[26] international classification of goods; **~klassifikation** s. Abkommen von →Nizza über die Internationale Klassifikation von Waren

Warenknappheit shortage of goods; **~ am Warenterminmarkt durch nicht abgedeckte Leerverkäufe** squeeze

Waren~, **~kontrolle** inspection (or checking) of goods; checks on goods; **~korb** *(Preisindexberechnung)* market basket; **~kredit** trade credit; commodity credit; credit on goods; **~kreditversicherung** trade credit insurance; **~kunde** knowledge of goods; merchandise knowledge; **~lager** →Lagerbestand; *(Lagerraum)* stockroom, storeroom, warehouse; **~lieferant** supplier of goods; *(Großlieferant)* contractor; **~lieferung** delivery (or supply) of goods; goods delivered; **~lombard** advance (or loan) on goods; **~makler** produce (or commodity) broker; **~manifest** goods manifest; **~markt** commodity market; **~menge** quantity of goods

Warenmuster commercial sample; →**Erleichterung der Einfuhr von ~n**

Warennormen, **Festlegung von ~** defining product standards

Warennormung commercial standardization

Waren~, **~papiere** documents of title to goods *(→Traditionspapiere)*; **~partie** parcel of goods, lot (of goods); **~posten** batch; **~preis** commodity price; **~probe** sample; *(Stoffprobe)* pattern; **~schulden** *(Verbindlichkeiten aus Warenlieferungen Bilanz)* trade accounts payable; **~sendung** consignment of goods; **~sortiment** merchandise assortment; assortment of goods

Warentermin~, **~börse** commodity forward (or futures) exchange; **~geschäfte** commodity forward (or future) transactions

Waren, **vergleichender ~test** comparative products test; **~transit** goods in transit; **~umsatz** merchandise turnover; **~umschlag** movement of goods; **~ursprung** origin of goods; **~verkauf** sale of goods; **~verkaufskonto** merchandise sales account

Waren~, **~verkehr** movement of goods, trade; goods (or merchandise) traffic, traffic in commodities; *(im Ggs. zum Dienstleistungsverkehr)* visible trade; **~verkehrsbescheinigung** *(EU)* movement certificate; **~- und Dienstleistungsverkehr mit dem Ausland** foreign (or external) trade and service transactions; trade in goods and services with foreign countries; **~- und Kapitalverkehr** goods and capital movement; transaction in goods and capital

Waren~, **~versand** dispatch (or shipping) of goods; **~versicherung** insurance of goods

Warenverzeichnis, →**Internationales ~ für den Außenhandel**; **~ für die Außenhandelsstatistik** Commodity Classification for Foreign Trade Statistics; **~ für die Statistik des Außenhandels der Gemeinschaft und des Handels zwischen ihren Mitgliedstaaten** (NIMEXE) Nomenclature of Goods for the External Trade Statistics of the Community and Statistics of Trade between Member States (NIMEXE)

Waren~, **~vorrat** stock on hand; goods in stock; stock in trade; inventories; **~vorzugsraten** *(im Luftverkehr)* commodity rates; **~wechsel** commercial bill, trade bill; trade acceptance

Warenzeichen trademark (→Marke 2.)

Warenzeichen, **Abgrenzungsvereinbarung über ~** trademark delimitation agreement

Warenzeichen~, **~abteilung** Trademark Division; **~blatt** trademark journal; **~gesetz** (WZG)[29] Trademark Act; *Br* Trade Descriptions Act; *Am* Lanham Act

Wärme~, **~isolierung** thermal insulation; **~kraftwerk** thermal power station

Warn~, **~blinkanlage** *(Auto)* warning flasher device; vehicular hazard warning; *Am* signal flasher; **das ~blinklicht einschalten** to switch on the warning flasher; **~dienst**[31] early warning service (civil defence); **~dreieck** warning triangle; **~einrichtungen** warning devices; **~fahne** *(Straßenverkehr)* warning flag; **~hinweis** *(aufgrund einer Regierungsanordnung, z. B. bei Alkohol- und Tabakprodukten)* government (health) warning; **~lichter** hazard (or warning) lights; **~schild** warning notice (or sign); **~schuss** warning shot; **~streik** token strike; warning strike; **akustische und optische ~zeichen** audible and luminous warnings (or warning signs)

warnen to warn, to caution (vor against)

Warnung warning, caution

Warschauer Abkommen zur Vereinheitlichung von Regeln über die Beförderung im internationalen Luftverkehr (WA)[32] Warsaw Convention for the Unification of Certain Rules Relating to International Carriage by Air

Wartefrist waiting period

Warteliste waiting list; **jdn auf die ~ setzen** to put sb. on the waiting list

Wartepflicht *(im Verkehr)* duty to wait *(→Vorfahrt)*; *(nach Verkehrsunfall)* duty to remain at the scene of the accident

Warte~, **~schlange** queue, waiting-line; **~stand** →einstweiliger Ruhestand

Wartezeit waiting time; *(VersR)* qualifying period, waiting period; **betrieblich bedingte ~** *(z. B. wegen Maschinenschadens)* dead time, idle time; *Am* down time; *(Überliegezeit e-s Schiffes)* demurrage; **die ~ erfüllen** to complete the qualifying period

Wartung *(Instandhaltung)* servicing, maintenance; **turnusmäßige ~** scheduled maintenance; **~sdienst** maintenance service; **~skosten** servicing cost, cost of maintenance; **~spersonal** maintenance personnel; **e-n ~svertrag abschließen** to enter into a service agreement (or contract)

Washingtoner →**Artenschutzübereinkommen**

Wasser water; **Beförderung zu ~** carriage by water; →**Hoch~**; **~aktien** watered shares; **~aufbereitung** water purification; **~beschaffenheit** water condition; **~bücher**[33] water rights register; **~entnahmerecht** water rights; **~fahrzeug** watercraft, vessel; **~flugzeug** seaplane; **~geld** water rate; water charges; **~haushalt**[34] water resources management; **~kraft** hydraulic power; **~kraftwerk** hydroelectric power station; **~lauf** water course; **~nutzungsrecht** water rights; **~recht** law relating to water; **~schaden** damage (caused) by water; **~schadenversicherung** water damage insurance; **~stand** water level; **~stoffbombe** hydrogen bomb, H-bomb

Wasserstraße waterway; →**Binnen~**; **~nnetz** (inland) waterways system

Wasser- und Schiffahrtsdirektion (WSD) authority in charge of waterways

Wasser~, **~transport** transport(ation) by water; **~verdrängung** displacement; **~verschmutzung** water pollution; **~versorgung** water supply; **w~verunreinigende Stoffe** substances liable to cause water pollution; **~verunreinigung** water pollution

Wasserweg, **Beförderung auf dem ~e** transport (-ation) (or carriage) by water; waterborne shipment

Wasser~, **~werk** waterworks; **~wirtschaft** management of water resources; **~zähler** water meter; **~zolldienst** (Customs) Waterways- and Coastguard Service

Wechsel 1. ~ change *(Austausch)* exchange; *(innerbetrieblicher)* **Arbeitsplatz~** job rotation; →**Berufs~**; →**Brief~**; →**Eigentums~**; →**Noten~**; →**Stellen~**; **turnusmäßiger (Amts-)~** *(von e-r Abteilung zur anderen)* rotation (in office); **~ des Flaggenstaates (od. der Staatsangehörigkeit von Schiffen)** transfer to another flag; change of flag; **~** *(des Studenten)* →Monatswechsel

Wechselbeziehung interrelation, interdependence; **in enger ~ stehen zu** to be closely interrelated with

Wechsel~, **w~bezügliches** →**Testament**; **~bürgschaft** bill guarantee; **~fälle des Lebens** vicissitudes of life; **~geld** (small) change

Wechselkurs *(Preis e-r Währung, ausgedrückt in e-r anderen Währung)* rate of exchange, exchange rate *(→Devisenkurs)*; **amtlicher ~** official rate of exchange; **fester ~** fixed exchange rate; **flexibler ~** flexible exchange rate; **floatender ~** floating exchange rate; **freier ~** free(ly fluctuating) exchange rate; **Währungen, deren ~ freigegeben ist** currencies which are floating; **multiple ~e** multiple exchange rates; →**Freigabe des ~es**; →**Neufestsetzung der ~e**

Wechselkurs~, **~änderung** change in exchange rates; **~anpassung** exchange rate adjustment; **~bandbreite** →Bandbreite des Wechselkurses; **~garantie** exchange rate guarantee; **~gefälle** exchange rate differentials; **~marge** exchange rate margin; **~mechanismus** *(des →Europäischen Währungssystems EWS)* exchange rate mechanism (ERM); **~parität** exchange rate parity; **~politik** exchange rate policy; **~risiko** exchange rate risk (or exposure)

Wechselkursschwankungen, **die Darlehensnehmer gegen ~ absichern** to safeguard borrowers against the effects of fluctuations in exchange rates (or against exchange rate volatility)

Wechselkurs~, **~sicherung** exchange rate hedging; **~stabilität** exchange rate stability; **~stufenflexibilität** crawling peg; **~system** exchange rate system; **~volatilität** exchange rate volatility

Wechselkurs, **den ~ freigeben** to float the exchange rate; **der ~ ist frei** the exchange rate is floating; **der ~ ist gefallen (gestiegen)** the rate of exchange has depreciated (advanced)

Wechselschicht rotating shift

wechselseitig mutual, reciprocal; **~ bedingt** correlative; **~ bestehende Schulden** mutual debts

wechselseitig beteiligte Unternehmen[35] interlocking enterprises

Jedes Unternehmen mit Sitz im Inland, dem mehr als der vierte Teil der Anteile des anderen Unternehmens (→Kapitalgesellschaft oder →bergrechtliche Gewerkschaft) gehört.

Any enterprise domiciled in the Federal Republic of Germany which holds more than one fourth of the shares of another enterprise.

wechselseitig, ~e Abhängigkeit interdependence; **~e Beteiligung** interlocking interest; reciprocal shareholding; **~e Beziehung** interrelation; **~e** →**Überlebensversicherung**

Wechsel~, ~wähler floating voter; **~wirtschaft** *(Feld)* rotation of crops

Wechsel 2. bill (of exchange) (B/E); *Am* draft *(→Tratte)*; (eigener Wechsel) promissory note (P/ N), note; *(Diskonten)* discounts; **gezogene oder eigene ~** bills or notes; →**Auslands~**; →**Bank~**; →**Besitz~**; →**Blanko~**; →**Dato~**; →**Depot~**; →**Devisen~**; →**Diskont~**; →**Domizil~**; **Eigen~** →eigener Wechsel; →**Finanz~**; →**Fremdwährungs~**; →**Gefälligkeits~**; →**Handels~**; →**Inkasso~**; →**Inlands~**; →**Kautions~**; →**Keller~**; →**Kunden~**; →**Nachsicht~**; →**Platz~**; →**Prima~**; →**Prolongations~**; →**Reit~**; →**Schuld~**; →**Sekunda~**; →**Sicht~**; **Sola~** →eigener Wechsel; **Tag~** →Tageswechsel; →**Tertia~**; →**Ultimo~**; →**Uso~**; →**Waren~**; →**Zeit~**; **abgelaufener ~** overdue bill; →**diskontfähiger ~**; **nicht** →**dokumentärer ~**; →**eigener ~**; **nicht eingelöster ~** →notleidender Wechsel; **einzulösende ~** bills receivable (B. R., b. r.) *(→Besitzwechsel)*; **erstklassiger ~** prime bill; **am ... fälliger ~** bill falling due on ...; **fällig werdender ~** bill to mature (am on); **gezogener ~** draft; **kurzfristiger ~** bill at short date, short-dated bill; **langfristiger ~** bill at long date, long-dated bill; →**Laufzeit e-s ~s**; **notleidender ~** dishono(u)red bill (by non-acceptance or non-payment); **protestierter ~** protested bill (of exchange); **reiner** *(nicht von Rechte übertragenden Dokumenten begleiteter)* **~** clean bill *(Ggs. Dokumententratte)*; →**trassiert eigener ~**; **umlaufende ~** bills in circulation; **unvollständig ausgefüllter ~** *Br (z. B. Blankoakzept)* inchoate bill; **zu zahlende ~** bills payable (B. P., b. p.) *(→Schuldwechsel)*

Wechsel, der ~ ist abgelaufen →ablaufen; **e-n ~ (e-e Tratte) ankaufen** *(Außenhandel)* to negotiate a draft; **e-n ~ akzeptieren (od. annehmen)** to accept a bill; **e-n ~ nicht** →**annehmen**; **e-n ~ ausstellen** to draw (or make out, issue) a bill (or draft) (auf on); *(Eigenwechsel)* to make a promissory note; **e-n ~ begeben** to negotiate a bill; **das** →**Inkasso e-s ~s besorgen**; **mit e-m ~ bezahlen** to pay by means of a bill; **e-n ~ diskontieren lassen** to get a bill discounted; **das** →**Akzept e-s ~s einholen**; **Zahlung e-s ~s** →**einklagen**; **e-n ~ (nicht)** →**einlösen**; **e-n ~ bei (vor)** →**Verfall einlösen**; **e-n ~ fälschen** to forge a bill; **e-n ~ girieren** to indorse a bill; **e-n ~ prolongieren** to prolong (or renew) a bill; **e-n ~ protestieren lassen** to have a bill protested; **e-n ~ zum** →**Inkasso übersenden**; **e-n ~ übertragen** to transfer a bill; **den ~ mit** →**Akzept versehen**; **e-n ~ dem Bezogenen zum** →**Akzept vorlegen**; **e-n ~ zahlbar stellen** to domicile a bill (bei e-r Bank at a bank); **e-n ~ ziehen** →e-n Wechsel ausstellen; **e-n ~ unbezahlt zurückgehen lassen** to return a bill unpaid

Wechsel~, ~abschrift →Wechselkopie; **~abteilung** *(e-r Bank)* bills department; **~agent** →Wechselmakler; **~akzept** acceptance of a bill; **~ausfertigung** duplicate of a bill; **~aussteller** drawer of a bill; maker of a note; **~bestand** bill holding(s), portfolio of bills (of exchange); *(Diskontwechsel)* discount holding(s); **~beteiligter** party to a bill (of exchange); **~buch** bill book; *Am* note register; **~bürge** guarantor of a bill (of exchange)

Wechselbürgschaft *Br* guarantee (*Am* guaranty) given on bills (of exchange) (or notes); bill guarantee (or guaranty); **~ leisten** to guarantee a bill

Wechsel~, ~courtage bill brokerage; **~diskont** discount of a bill (or note); **~diskontierung** discounting of a bill (or of bills); **~diskontsatz** bill discount rate; **~duplikat** duplicate bill; duplicate of exchange; **~fähigkeit**[36] ability to draw or accept bills of exchange; **~fälscher** bill forger; **~fälschung** forging of a bill, bill forgery

Wechselforderung claim based on a bill of exchange; **~en** *(Bilanz)* bills (or notes) receivable; **e-e ~ einziehen** to collect a bill (of exchange)

Wechselfrist time (allowed) for the payment of a bill; **übliche ~** usance

Wechselgeschäfte der Kreditinstitute bill transactions of the credit institutions *(→Diskontgeschäft, →Inkassogeschäft, →Kommissionsgeschäft, →Lombardgeschäft)*

Wechselgesetz (WG)[37] *Br* Bills of Exchange Act; *Am* Uniform Negotiable Instrument Law; *(von den meisten Einzelstaaten angenommen)* Uniform Commercial Code (Art. 3)

Wechsel~, ~gläubiger creditor on a bill, bill creditor; **~handel** bill (or note) brokerage

Wechselinhaber holder of a bill (or note, draft); *(kraft guten Glaubens)* **legitimierter**[38] **~** holder in due course

Wechselinkasso collection of bills (of exchange) *(→Inkassowechsel)*; bill (or draft) collection; **das ~ besorgen** to attend to the collection of a bill

Wechselklage action on (or arising out of) a bill; **e-e ~ einbringen** to sue on a bill (of exchange)

Wechsel~, ~klausel (... „gegen diesen Wechsel" ...) bill clause; **~kopie**[39] copy of a bill (of exchange); **~kredit** →Akzeptkredit, →Diskontkredit, →Rembourskredit; **~lombard** lending on bills (of exchange); **~mahnbescheid**[40] order (in summary proceedings) for payment of a bill of exchange (resulting in a →Wechselprozess if objections are raised); **~makler** bill broker, discount broker; *Am* note broker; **~nehmer** payee of a bill; **~obligo** *(Gesamtheit der bestehenden Wechselverpflichtungen)* bill commitments, liability on bills discounted; **~pensionsgeschäft** bill-based (sale and) repurchase agreement; **~portefeuille** →Wechselbestand; **~prolongation** prolongation (or renewal) of a bill

Wechselprotest[41] protest; **rechtzeitig erhobener ~** due protest; protest in due course; **zu spät erhobener ~**[41a] past due protest; **~aufnahme** act of protest; *Br* noting and protest; **~kosten** protest charges (or expenses, fees); **~urkunde** deed of protest, protest certificate; **~ aufnehmen (od. erheben)** to draw up (or enter, make) a protest (of a bill of exchange)

Wechsel~, **~prozess**[42] special procedure deciding claims arising out of a bill of exchange *(→Urkundenprozess)*; **~recht** law on bills of exchange; **w~rechtliche Ansprüche** claims based on the law of bills (of exchange); **~rediskontierung** rediscounting of bills of exchange; **~regreß**[43] recourse on a bill of exchange (resort of the holder of the bill to all persons liable on the bill, e. g. the indorsee or the drawer); **~reiter** bill jobber, jobber in bills

Wechselreiterei kite flying, kiting; drawing and redrawing of bills; jobbing in bills *(→Reitwechsel)*; **~ betreiben** to fly a kite

Wechsel~, **~rembours** documentary acceptance credit; **~rückgriff** →Wechselregreß; **~schuld** debt on a bill of exchange; **~schuldner** (any) person liable under a bill (of exchange), bill debtor; **~spekulant** bill jobber; **~spesen** bill charges; **~steuer** bill of exchange tax; stamp duty on bills of exchange; **~steuermarke** bill stamp; **~summe** amount of the bill; **~umlauf** circulation of bills; **~unterschrift** signature on a bill; **~verbindlichkeiten** liabilities on bills (or notes); *(Bilanz)* bills (or notes) payable; **~verjährung** prescription of a bill; **~verpflichteter** party liable on a bill; **~zahlung vor Fälligkeit** payment before maturity of the bill (or draft); **~zahlungsbefehl** *(jetzt:)* →Wechselmahnbescheid; **~zinsen** interest payable after maturity of a bill

wechseln to change; **turnusmäßig ~** to rotate; **den Besitzer ~** to change hands; **Geld ~** to change money; **das Thema ~** to change the subject

gewechselt, das Haus hat mehrere Male den Besitzer ~ the house has changed hands several times

Weg way; *(Reiseweg)* route; →**Beförderungs~**; **auf dem →Dienst~**; **auf dem →Land~**; **auf dem →Luft~**; **auf dem →See~**; **auf diplomatischem ~** through diplomatic channels; **auf gerichtlichem ~** by court (or legal) action; **~abweichungsklausel** *(Seevers.)* deviation clause; **~ebau** road construction, road making; **~egeld** toll; **~erecht** right of way; *(Grunddienstbarkeit)* easement (of access); *(zurückgelegte)* **~strecke** distance travelled, mileage; **~eunfall** accident on the way to or from work; **~weiser** signpost, road sign; direction sign; **~weisung** *(Autobahn)* direction marking

Weg, den ~ bereiten für to pioneer; **neue ~e einschlagende Außenpolitik** innovative foreign policy

Wegfall abolition, cessation, omission; **~ e-s Erben**[44] falling away of an heir; **~ der Geschäftsgrundlage** frustration of contract; fundamental change of circumstances underlying the contract; (doctrine of) clausula rebus sic stantibus; **~ von →Grenzkontrollen**; **~ e-s →Vermächtnisses**; **~ der Zölle** abolition of customs duties

wegfallen to cease (to exist), to be omitted, to be abolished; **die Zuschüsse fallen weg** the financial assistance shall no longer be granted

weggefallen, § 2 ist ~ section 2 has been deleted (or repealed); **die Geschäftsgrundlage für en Vertrag ist ~** a contract has become frustrated

weglassen to omit, to leave out

Wegnahme taking (away), removal (of sth.); *(Beschlagnahme)* seizure, confiscation; **widerrechtliche ~** unlawful removal; illegal seizure; **~recht (ius tollendi)**[45] right (e. g. of a tenant) to remove an object which is not a fixture

wegnehmen to take (away), to remove; *(in Beschlag nehmen)* to seize, to confiscate

wegwerfbar disposable

Wegwerf~, **~gesellschaft** throwaway society; waste society; **~güter** disposable products; disposables; **~packung** throwaway (or disposable) package

Wegzug departure

Wehr~, **~ausgaben** military spending; **~beauftragter des Bundestages** (WdB)[46] Defence (Defense) Commissioner of the →Bundestag; **~beschwerdeordnung** (WBO)[47] regulations for complaints by members of the armed forces

Wehrdienst[48] military service; compulsory military service *(Ggs. →Zivildienst)*; *Am* selective service; **Einberufung zum ~** call up for military service; →**Entlassung aus dem ~**; →**Zurückstellung vom ~**; **~beschädigung** disablement through service in the armed forces; **~entziehung**[49] evading compulsory military service by mutilation or by fraudulent practices with intent to deceive; **w~fähig** fit for military service; **~gericht** (Federal) Military Court (for disciplinary proceedings against soldiers or for complaints submitted by soldiers); **~leistender** person performing military service; **w~unfähig** unfit for military service; **~verhältnis** relation between members of the armed forces and the state; **~verweigerer** conscientious objector; *Am* draft resister; →*Zivildienstpflichtiger*; **~verweigerung** →Kriegsdienstverweigerung; **~zeit** duration of military service

Wehrdienst, den ~ ableisten to render military service; to serve one's time in the armed forces; *Br* to do one's military (or national) service; *Am* to fulfil (or complete) one's military service; **vom ~ befreit** exempt from military service; *Am* draft-exempt; **zum ~ einberufen werden** to be called up (*Am* drafted) for military service; **jdn vom ~ freistellen** to exempt sb. from military service

Wehr~, ~disziplinarordnung (WDO)[50] Military Disciplinary Code; **~ersatzwesen** recruitment for military service; **~gesetz** Military Service Act; **~kraftzersetzung** demoralization of the armed forces; **~macht** German armed forces before and during the Second World War; **~mittelbeschädigung**[51] wilfully and without lawful excuse causing damage to military installations; sabotage; **~pass** service book; *Am* military identification card

Wehrpflicht[52] liability for military service; obligation to serve in the armed forces; conscription; *Am* draft (into the armed forces); **allgemeine ~** compulsory military service; conscription; *Br* national service; **~ von Mehrstaatern** →Mehrstaatigkeit; **~entziehung durch Verstümmelung**[52] evading military service by self-mutilation

wehrpflichtig liable for military service

Wehrpflichtiger person liable for military service; **einberufener ~** conscript; *Br* national serviceman; *Am* draftee

Wehr~, ~politik defence (defense) policy; **~recht** military law; **~sold** soldier's pay; **~strafgesetz**[53] Military Criminal Code; **~strafrecht** military criminal law; **~übung** reserve duty training; **~wirtschaft** defence (defense) economy

weibliche Führungskräfte women executives

Weichwährungsländer soft currency countries *(Ggs. Hartwährungsländer)*

Weideland pasture; grassland for cattle; **~ in Gemeinschaftsbesitz** common grazing land

Weiderecht right of pasture; *(gemeinsam mit dem Eigentümer des Weidelandes)* common of pasture

Weigerung refusal; **im Falle der ~** in case of refusal

Weihnachts~, ~freibetrag →Freibetrag; **~geld (od. ~gratifikation)** Christmas bonus

Wein[54] wine; **Internationales ~amt**[55] International Wine Office; **~baukataster**[56] viticultural land register; **~handel** wine trade

Weißbuch *pol* White Book; *Br* White Paper

Weisung instruction, direction; directive; order; **~sbefugnis** authority (to instruct); **w~sgebunden sein** to be bound by instructions; **w~sgemäß** in accordance with instructions (or directions); **~srecht** *(übergeordneter Behörden)* authority to give directions (or instructions); **auf ~ von** on the instruction of; **um Erteilung von ~en bitten** to request (or ask for) instructions; **~en einholen** to seek instructions; **~en entgegennehmen** to receive instructions; **~en erteilen** to give instructions; *(als Aufsichtsbehörde)* to issue directives; **den ~en folgen** to follow (or comply with) the instructions; **e-r ~ zuwiderhandeln** to act contrary to an instruction (or directive)

Weite, die ~ des Ermessens scope of discretion

weiter, ~e Angaben further information; **~e →Beschwerde**; **zur ~en Erledigung** for further action; **ihm wurde e-e ~e →Frist gewährt**; **~e zwei Jahre** two additional years, two further years

weiteres, bis auf ~ until further notice; pending further instructions; **ohne ~** ipso jure

Weiter~, ~beförderung (re)forwarding, on- carriage; **~behandlung e-r Patentanmeldung** further processing of a patent application; **~behandlungsgebühr** *(PatR)* fee for further processing; **~benutzung** *(PatR)* continuation of use, continued use; **~beschäftigung** further (or continued) employment; **w~bestehen** to continue to exist

Weiterbildung further education; *(berufl.)* further training, retraining *(→Fortbildung)*; *(PatR)* (further) development; **innerbetriebliche ~** on the job training; **ständige ~**[56a] recurrent training; **~ von betrieblichen Mitarbeitern in besonderen Kursen** off the job training; **~skosten** educational expenses; **~skurs** extension course; further education course

Weiterentwicklung further development

Weiterfresserschaden (Schaden, der durch einen fehlerhaften Teil an einer im übrigen fehlerfreien Kaufsache entstanden ist) *(ProdHR)* damage which has spread (literally, eaten its way to) the defect-free portion of purchased property from a defective part

Durch die Trennung des fehlerhaften von einem fehlerfreien Teil der Kaufsache wird die Anwendung des Deliktsrechts (mit einer 3 jährigen Verjährungsfrist) eröffnet.

Separating the defective part from the initially defect free remainder of the purchased item permits application of the tort law (with a 3-year statute of limitations) as opposed to contract warranty law (with a 6-month statute of limitations).

weiterführen, die Firma ~ to carry on (or continue) the firm

Weiterführung des Namens des Ehemannes durch die geschiedene Frau[56b] retention of her husband's surname by the divorced wife

Weitergabe passing on (to sb.); **~ von Arbeit** *(im Werkvertrag)* subcontracting; **~ e-s Geschäftsgeheimnisses** disclosure (or dissemination) of a trade secret; **~ von Informationen** passing (or transmittal) of information, information disclosure

weitergeben, Informationen ~ to transmit information; **e-n Wechsel ~** to pass on a bill

weitergelten to continue to be valid; **die Versicherung gilt weiter** the insurance continues

Weitergeltung continuance in force

Weiterkommen, berufliches ~ career advancement

weiterleiten to pass on, to transmit onward (an to)

Weiterleitung passing on, transmission; **zur ~ an** for (onward) transmission to; **~ der internationalen Anmeldung** *(Europ. PatR)* transmittal of the international application

Weiterlieferung an e-n dritten Staat *(Auslieferungsverfahren)* reextradition to a third state

Weiterrück~, ~versicherer retrocessionaire; **~versicherung** retrocession; **~versicherungsnehmer** retrocedent

weiter~, ~senden to send on, to forward; *(umleiten)* to reconsign; **Waren ~verarbeiten** to process goods; **W~verarbeiter** processor; **W~verarbeitung** processing; **~veräußern** to resell; **W~veräußerung (od. W~verkauf)** resale; **~verkaufen** to resell; **~vermieten** to sublet; **W~verpfändung** *Am (von Effekten)* rehypothecation; **W~versicherung** *(Rentenversicherung)* voluntarily continued insurance; **W~verweisung** *(IPR)* transmission (to the law of a third country); reference forward (renvoi by the foreign law to a third law); **W~zahlung des Lohns** continued payment of wages

weitgefasster Anspruch broad claim

weitgehend largely, to a large extent; **~e Befugnisse** extensive powers

weit~, ~läufig verwandt distantly related; **~schweifig** using too many words, diffuse, copious, verbose, prolix; **~verbreitet** widespread

Weizenhandels-Übereinkommen von 1986[56c] Wheat Trade Convention, 1986

Welt, in der ganzen ~ all over the world; in the world at large; worldwide; →**Finanz~**; →**Geschäfts~**

Welt~, w~anschaulich ideological; **~anschauung** philosophy of life; ideology; **~ärztebund** World Medical Association (WMA); **~ausstellung** universal exhibition; world expo *(s. internationale →Ausstellung)*

Weltbank World Bank *(→Internationale Bank für Wiederaufbau und Entwicklung)*; **~anleihe** World Bank (or IBRD) bond; **~schiedszentrum** →Internationales Zentrum zur Beilegung von Investitionsstreitigkeiten

Weltbankübereinkommen zur Beilegung von Investitionsstreitigkeiten zwischen Staaten und Angehörigen anderer Staaten (WBA)[56d] Convention on the Settlement of Investment Disputes between States and Nationals of Other States

Das WBA ist der einzige völkerrechtliche Vertrag, auf dessen Grundlage internationale Schiedsgerichtsbarkeit durchgeführt wird.

The "WBA" is the only multilateral convention under which disputes are referred to international arbitration.

Welt~, w~bekannte Firma world-renowned firm; **schnell wachsende ~bevölkerung** fast growing world population; **~ernährungsprogramm** (WEP) World Food Programme (WFP); **~ernährungsrat** (WER)[57] (Rat der →Ernährungs- und Landwirtschaftsorganisation) World Food Council (WFC); **~frieden** world (or international) peace; **~geltung** world-wide reputation; **~gesundheitsorganisation (WGO)** *(Sonderorganisation der VN)*[58] World Health Organization (WHO); **~gesundheitsversammlung** World Health Assembly

Welthandel world trade, international trade; **~skonferenz** (WHK) United Nations Conference on Trade and Development (UNCTAD); **~sorganisation** (WHO) World Trade Organization (WTO); **~srat** UNCTAD Board, Trade and Development Board

Welt~, ~hungerproblem problem of world hunger; **~kinderhilfswerk** (der Vereinten Nationen) United Nations International Children's Emergency Fund (UNICEF); **~kirchenrat** →Ökumenischer Rat der Kirchen;

~krieg world war; **~krise** world crisis; **~macht** world power; **~marke** world brand

Weltmarkt world market, global market; **w~bedingt** caused by world market conditions; **~lage** state of the world market, world market situation; **~preis** world market price

Weltorganisation für geistiges Eigentum[59] *(Sonderorganisation der UN)* World Intellectual Property Organization (WIPO)
Art. 2 des Übereinkommens zur Errichtung der Weltorganisation für geistiges Eigentum umfasst:
Art. 2 of the Convention establishing the Weltorganisation für geistiges Eigentum includes:
die Werke der Literatur, Kunst und Wissenschaft
literary, artistic, and scientific works;
die Leistungen der ausübenden Künstler, die Tonträger und Funksendungen
performances of performing artists, phonograms, and broadcasts;
die Erfindungen auf allen Gebieten der menschlichen Tätigkeit
inventions in all fields of human endeavo(u)r;
die wissenschaftlichen Entdeckungen
scientific discoveries;
die gewerblichen Muster und Modelle
industrial designs;
die Fabrik-, Handels- und Dienstleistungsmarken sowie die Handelsnamen und Geschäftsbezeichnungen
trademarks, service marks, and commercial names and designations;
den Schutz gegen unlauteren Wettbewerb
protection against unfair competition;
und alle anderen Rechte, die sich aus der geistigen Tätigkeit auf gewerblichem, wissenschaftlichem, literarischem oder künstlerischem Gebiet ergeben.
and all other rights resulting from intellectual activity in the industrial, scientific, literary or artistic fields.

Weltorganisation, ~ für Meteorologie[60] *(Sonderorganization der UN)* World Meteorological Organization (WMO); **~ für Tourismus**[61] World Tourism Organization (WTO)

Welt~, ~politik world (or global) politics; **~postverein** (WPV)[62] *(Sonderorganisation der UN)* Universal Postal Union; **nicht dem ~postverein angehörendes Land** non-Union country; **~postvertrag**[62 a] Universal Postal Convention; **~rat der Kirchen** World Council of Churches *(→ Ökumenischer Rat der Kirchen)*; **~rat für Sport und Leibeserziehung** International Council of Sport and Physical Education (ICSPE)

Weltraum (outer) space; **Luft- und ~** aerospace; **→Erforschung und friedliche Nutzung des ~s**; **in den ~ gestartete Gegenstände** objects launched into outer space *(→ Weltraumgegenstand)*; **im ~ stationiert** space-based

Weltraum~, ~bedingungen space conditions; **~fähre** space shuttle; **~fahrer** astronaut; **~fahrt** space travel (or navigation); **~fahrzeug** space(-) craft; **~flug** space flight; **~flugzeug** space plane; **~forschung** (outer) space research; exploration of space; **~funkstelle** space station

Weltraum~, ~gegenstand (~gegenstände) space object(s); **Übereinkommen über die Rettung und Rückführung von Raumfahrern sowie die Rückgabe von in den ~ gestarteten Gegenständen**[63] Agreement on the Rescue of Astronauts, the Return of Astronauts and the Return of Objects Launched into Outer Space; **Übereinkommen über die völkerrechtliche Haftung für Schäden durch ~gegenstand**[64] Convention on International Liability for Damage Caused by Space Objects; **den ~gegenstand oder Bestandteile davon bergen (zurückgeben)** to recover (return) the space object or its component parts

Weltraum~, ~laboratorium space laboratory (spacelab); **~müll** space debris (or litter); **→Europäische ~organisation**; **~rakete** space rocket; multiple re-entry vehicle (MRV); **~recht** space law; **~segment** space segment; **~station** space station (or platform)

Weltraumvertrag[64 a] Space Treaty
Vertrag über die Grundsätze zur Regelung der Tätigkeiten von Staaten bei der Erforschung und Nutzung des Weltraums einschließlich des Mondes und anderer Himmelskörper.
Treaty on Principles Governing the Activities of States in the Exploration and Use of Outer Space, Including the Moon and Other Celestial Bodies.

Weltraum~, ~vorhaben space project; **~waffen** space arms (or weapons); **~wettrüsten** arms race in outer space

Welt~, ~rechtsprinzip *(IPR)* principle of worldwide uniform law; **~seehandel** world seaborne trade; **~sicherheitsrat** →Sicherheitsrat; **~textilabkommen** (WTA) Multifibre Agreement (MFA); **~tierschutzbund** World Federation for the Protection of Animals (WFPA); **~-Tourismus-Organisation** (WTO) World Tourism Organization (WTO); **w~umspannend** worldwide, global; **~urheberrechtsabkommen** (WUA)[65] Universal Copyright Convention; **~verband der Arbeitnehmer** (WVA) *(gewerkschaftlicher Dachverband)* World Confederation of Labour; **~verband zum Schutz wildlebender Tiere** World Wildlife Fund (WWF); **~währungsfonds** →Internationaler Währungsfonds

weltweit worldwide, global, on a worldwide (or global) basis; **~er Handel** *(Börse)* global trading; **Firmen von ~em Ruf** firms with a worldwide reputation

Weltwirtschaft world (or international) economy; **~sgipfel** world economic summit; **~skrise** worldwide economic crisis (or depression); **~slage** state of the world economy; **~sordnung** international economic order

Weltzeit (WZ) Universal Time

Wende~, **~hals** *pol* turncoat; **~punkt** *fig* turning point, landmark

Wenden ist verboten *(Autoverkehr)* U-turns are prohibited

wenden, **bitte ~** p. t. o. (please turn over)

Wendung turn; **Kehrt~** *pol (völliger Kurswechsel)* turnabout; U-turn; **~ zum Besseren (Schlechteren)** turn for the better (worse); **e-e andere ~ nehmen** *fig* to take a new turn

Werbe~, **~abteilung** advertising (or publicity) department; promotion department; **~agent** advertising (or publicity) agent; **~agentur** advertising (or publicity) agency

Werbeaktion advertising activity (or campaign); promotion campaign; **e-e ~ in den Massenmedien durchführen** to run a mass media campaign

Werbe~, **~aufwand** →Werbekosten; **~berater** advertising consultant; **~beruf** advertising profession; **~broschüre** advertising brochure; **~budget** →Werbeetat; **~drucksache** printed advertising matter; **~durchsage** *Am (Radio, Fernsehen)* spot (announcement); **~etat** advertising budget; *(bewilligter)* **~etat** advertising budget (or appropriation); promotion budget; **~ethik** advertising ethics; **~fachmann** advertising expert (or man); publicity man; *Am colloq.* adman

Werbefeldzug advertising (or publicity) campaign; promotion campaign; drive; **~** *(Geldsammlung)* **zugunsten von** drive to raise money for; **e-n ~ starten** to start (or launch) an advertising campaign

Werbe~, **~fernsehen** commercial television; *Br* independent television; **~film** advertising (or publicity) film; **~fläche** billboard; advertising space; *Br* (advertisement) boarding; **~funksendung** *(die von der werbenden Firma bezahlt wird)* commercial; **~geschenk** advertising gift, special(i)ty gift; give-away; **~graphik** commercial art; **~graphiker** commercial artist; **~kampagne** →Werbefeldzug; **~kosten** advertising charges (or costs); publicity expenses; promotion expenses; **~kurzfilm** (advertising) spot; commercial; **~leiter** advertising manager; promotion manager

Werbematerial advertising material; medium; advertising device; promotion matter; →**Erleichterungen der Einfuhr von ~**

Werbe, **unerwünschte ~mails** spam; **~medien** advertising media; **~mittel** *(Verkaufsgespräch, Modenschau, Werbefilm etc)* means of advertising; advertising; **~nummer** *(z. B. e-r Zeitschrift)* complimentary copy; **~plakat** advertising bill; poster; **Internationale Verhaltensregeln für die ~praxis**[65a] International Code of Advertising Practice; **~preis** advertising (or publicity) price; knock-down price; *Am (auch)* promotional price; **~prospekt** advertising prospectus; **~psychologie** advertising psychology; **~rabatt** advertising discount; **~schlagwort** advertising slogan; **~schrift** advertising brochure

Werbesendung *(Rundfunk, Fernsehen)* commercial; *(Post)* advertising mail; junk mail; **kurze ~** (advertising) spot

Werbe~, **~taktik** advertising tactics; **~tätigkeit** advertising activity; **~text** advertising copy; **aggressiver** *(den Konkurrenten angreifender)* **~text** competitive copy; **~texter** copywriter; **~träger** advertising medium *(pl media)*; **~unternehmen** advertisement contractor; **Internationaler ~verband** International Advertising Association; **~verbot** advertising ban; **~wesen** advertising; publicity; **~wirksamkeit** advertising effectiveness; **~wirkung e-r Anzeige** impact of an advertisement; **~wirtschaft** advertising industry; **zu ~zwecken** for advertising purposes

werben to advertise; to publicize; to promote; **intensiv ~** to push; *pol bes.* to canvass (or make propaganda) (for); **Abonnenten ~** to solicit subscriptions; **um Kunden ~** to drum up customers; to merchandise; **Mitglieder** *(für e-e wohltätige Sache)* **~** to enlist members; **um Wahlstimmen ~** to solicit votes; to canvass (a district) for votes

Werbung advertising; publicity; solicitation; promotion; *pol bes.* propaganda, canvassing; **~ Betreibender** advertiser; *(der e-e Radio- od. Fernsehsendung finanziert)* sponsor; **~im Fernsehen** television advertising; **~ von Kunden** solicitation of customers; →**Anzeigen~**; →**Direkt~**; →**Einführungs~**; →**Erzeugnis~**; →**Export~**; →**Fernseh~**; →**Hersteller~**; →**Industrie~**; →**Plakat~**; →**Prestige~**; →**Produkt~**; →**Rundfunk~**; →**Suggestiv~**; →**Verkehrsmittel~**; →**Zeitungs~**; **aufklärende ~** educational advertising; **herabsetzende ~** knocking (or disparaging) advertising; **gezielte ~** selective advertising; **irreführende ~** misleading advertising; →**lautere ~**; **täuschende ~**[66] misleading advertising; **übertriebene ~** hype; →**unlautere ~**; **Internationale** →**Schiedsstelle der IHK für unlautere ~**; **unwahre ~** false advertising; **vergleichende ~** comparative advertising; **Richtlinien für die** →**Lauterkeit in der ~**; **Wahrheit in der ~** truth in advertising; **Zugkraft e-r ~** advertising appeal

Werbungskosten →Werbekosten; *(SteuerR)*[67] expenses incurred for production of income (e. g. expenses in employment, business expenses); expenses connected with the exercise of a trade

or occupation; **e-n Pauschbetrag von ... für ~ abziehen** to take a lump sum deduction of ... for income-connected expenses
Werbungskosten sind Aufwendungen bei Erwerbung, Sicherung und Erhaltung der Einnahmen. Werbungskosten are expenses for the production, safeguarding, and conservation of income.

Werbungs~, ~missbrauch abuse of advertising; **~wettbewerb** competitive advertising

Werbung, in der ~ arbeiten to work in advertising; **~ betreiben** to advertise, to make publicity (for); **die ~ soll wahr sein** advertising should tell the truth

Werdegang background; →**beruflicher ~**

werdende, ~ Mutter expectant mother; pregnant woman; **Hilfe für ~ Mütter** assistance during pregnancy

werfen, über →Bord ~

Werft shipyard; **~arbeiter** docker; *Am* roustabout

Werk 1. *(UrhR)* work; **Auftrags~** s. Auftrag 2.; →**Nachschlage~**; →**Sammel~**; **~e der angewandten Kunst** works of applied art; **~e der Baukunst** works of architecture; **~e der bildenden Kunst** artistic works; **~e der →Literatur und Kunst**; **~e der Tonkunst** musical works; **~e der zeichnenden Kunst** works of drawing; **erschienenes ~** published work; **gesammelte ~e** collective works; **literarisches ~** literary work; **nachgelassene ~e** posthumous works; **veröffentlichte ~e** disseminated works; **wissenschaftliches ~** scientific work; **~stücke** copies of the work; **~veröffentlichung** dissemination of a work; **~verwertung** exploitation of the work; **ein ~ gemeinsam schaffen** to create a work in common *(→Miturheber)*

Werk 2. *(Arbeit)* work; **~leistung** work performance; **~leistung gegen Vergütung erbringen** to perform remunerated work; **~lieferung** work delivery; **~lieferungsvertrag**[68] contract for work and materials (contract of work and services in which the contractor supplies the material from which the work is to be made); **~statt (od. ~stätte)** workshop; **~stoff** (raw) material; **~stoffprüfung** material testing; **~student** working student; student who earns his living; **~tag** working day, business day; **~unternehmer** *(beim Werkvertrag)* (work) contractor; undertaker of the work

Werkvertrag[69] contract for work and services (in which the party undertakes to bring about a particular result, e. g. to paint a portrait, to transport goods or persons over a specified distance); **im ~ übergebene (od. übernommene) Arbeit** contract work; **Vergütung beim ~** remuneration, payment (due on the acceptance of the work); **Arbeit im ~ übernehmen (od. vergeben)** to contract for work

Werk~, ~zeuge tools; **~zeugmaschinen** machine tools

Werk 3. *(Fabrik)* works, factory; **ab ~** ex works; **~fernverkehr** works' long-distance transport; **~meister** foreman; **~nahverkehr** works' short-distance transport; **~sarzt** →Betriebsarzt; **~schutz** measures for the protection of security of the works; works protection force; **~sleiter** works manager; **~spionage** industrial espionage, industrial spying; **~svertreter** manufacturer's agent; **~swohnung** company-owned housing

Wert *(als Wertgröße)* value; *(als Wertgegenstand)* asset; **~e** →Wertpapiere; →**Anlage~**; →**Anschaffungs~**; →**Bar~**; →**Beleihungs~**; →**Betriebs~**; →**Buch~**; →**Effektiv~**; →**Geld~**; →**Gebrauchs~**; →**Gesamt~**; →**Geschäfts~**; →**Handels~**; →**Liebhaber~**; →**Markt~**; →**Mehr~**; →**Miet~**; →**Nenn~**; →**Neu~**; →**Sach~**; →**Schätz~**; →**Schrott~**; →**Seltenheits~**; →**Streit~**; →**Teil~**; →**Unternehmens~**; →**Verkehrs~**; →**Vermögens~**; →**Versicherungs~**; →**Wiederbeschaffungs~**; →**Zeit~**; **angegebener ~** declared value; **angemessener ~** fair value; **feste ~e** *(Börse)* fixed securities; **führende ~e** *(Börse)* leading shares, leaders; **garantierter ~** warranted value; **von geringem ~** of small value; **immaterieller ~** intangible value; **immaterielle ~e** *(e-s Unternehmens, z. B. Patente, Goodwill)* intangible assets; **tatsächlicher (innerer) ~** intrinsic value; **versicherbarer ~** insurable value; **voller ~** *(in unbeschädigtem Zustand VersR)* sound value

Wert, Verkauf weit unter dem ~ slaughter; **unter dem ~ verkaufte Aktien** slaughtered shares

Wert, im ~ fallen to decrease in value; to depreciate in value; **großen ~ legen auf** to attach great importance to; **den ~ schätzen** to estimate the value; **im ~ steigen** to rise in value; to appreciate

Wert~, ~analyse value analysis; **~angabe** declaration of value; **~ansatz** *(Bilanz)* valuation; **~ausgleich in Geld** value equalization in money; **~begriff** concept of value

Wertberichtigung *(Bilanz)* value adjustment (auf on); provision (for known or possible loss of value); (valuation) reserve; write-down; **~ auf das Anlagevermögen** depreciation reserve; **~ auf (zweifelhafte) Forderungen** allowance for doubtful accounts; **~skonto** absorption account

Wert~, w~beständig of stable value; **~beständigkeit** stability of value; **~bestimmung** valuation; **~brief** insured letter; **~erhaltung** maintaining (or keeping) the value

werterhöhende Aufwendungen *(z. B. des Pächters)* expenditure for improvements; **Ersatz für ~** compensation for improvements

Wert~, **~erhöhung** increase in value; increment of value; **~erklärung** *(Zoll)* declaration of value

Wertersatz *(z. B. im Steuerstrafrecht)* compensation for lost value; **gerichtliche Einziehung des entsprechenden Geldbetrages als ~** *(StrafR)*[70] (where forfeiture of an object has been frustrated by the action of an offender) forfeiture of a(n) (equivalent) sum of money

Wert~, **~festsetzung** valuation; assessment of value; **~fortschreibung** *(SteuerR)* new assessment of the →Einheitswert; **~gegenstand** article (or object) of value, valuable (object); **~gegenstände** valuables; **w~gesicherte Forderung** value-guaranteed claim *(→Geldwertsicherungsklausel)*; **~klausel** valuation clause; **w~los** worthless, valueless; **w~mäßig** in terms of value; **~maßstab (od. ~messer)** standard of value

Wertminderung decrease (or diminuition) in (or of) value; depreciation; deterioration; *(von Metallgeldstücken)* defacement of coins; *(von Grundbesitz)* waste; **~ der Bestände** *(Bilanz)* inventory price decline; depreciation of stock-in-trade; **e-e ~ ist entstanden** a loss (or lessening) of value has occurred; **e-e ~ erleiden** to suffer (or experience) a depreciation (in value)

Wertpaket insured parcel

Wertpapier security; document of title (any instrument embodying a proprietary right and necessary for the exercise of that right, including its assignment); *(durch Indossament od. Übergabe begebbares od. übertragbares)* Wertpapier negotiable instrument; **~analyse** securities analysis

Wertpapiere *(Effekten)* securities (e. g. dividend-bearing shares, stock[s] [→Dividendenwerte], or fixed interest-bearing securities, bonds [→Rentenwerte]); *Br* stock; *(Bilanz)* investments; *(Wechsel)* bills of exchange; **Handel mit ~n** trading of (or in) securities; **ausländische ~** foreign securities; *(durch Indossament od. Übergabe)* **begebbare ~** negotiable instruments; **beliehene ~** collateral securities; **börsenfähige ~** marketable securities; **an der Börse eingeführte ~** listed securities, securities negotiable on the stock exchange; **erstklassige ~** first-class securities; blue chips; **festverzinsliche ~** fixed-interest securities; fixed-yield securities; bonds; **gut eingeführte ~** seasoned securities; **inländische ~** domestic securities; **international gehandelte ~** international securities, internationals; *Am* interbourse securities; **lebhaft gehandelte ~** active securities; **lombardierte ~** collateral securities; **mündelsichere ~** trustee securities; gilt-edged securities; **an der Börse notierte ~** quoted (or listed) securities; **an der Börse nicht notierte ~** unquoted (or unlisted) securities *(→Freiverkehrswerte)*; **~ mit hoher Sicherheit** *Br* trustee securities (or stock); *Am* widow and orphan stock; **~ mit schwankendem Ertrag** variable yield interest-bearing securities; *(im Depot* **verwahrte ~** securities held in custody; **verzinsliche ~** securities bearing interest; **zur amtlichen Notierung zugelassene ~** quoted securities

Wertpapier~, **~absatz** sale(s) of securities; **~abteilung** securities department; **~anlage** investment in securities; **~arbitrage** arbitrage in securities; **~art** category of securities; **~behörde** securities regulatory body; *Br* Securities and Investments Board (SIB); *Am* [71] Securities and Exchange Commission (SEC); **~beleihung** lending on (or against) securities; **~beratung** investment counsel(l)ing; **~bereinigung** validation of securities (lost or destroyed during the Second World War or after the war); **~besitz** securities portfolio; **~besitzer** security holder; **~bestand** security holdings; investment portfolio; **~bewertung** securities evaluation; **~börse** →Effektenbörse; **~darlehen** loan on securities; **~depot** deposit of securities; **~dienstleistung** investment services; **~dienstleistungsunternehmen** investment services enterprises; **~emission** →Effektenemission; **~erträge** income from securities; **~firmen** investment firms; **~geschäft** →Effektengeschäft; **~gesetz** *Am* [72] Securities Act, Securities Exchange Act, Uniform Negotiable Instrument Law; **~gewinne** gains on securities; **~handel** trading (or dealing) in securities; *Br* market making; **~handelsgesetz** (WpHG) Securities Trading Act; **~händler** trader in securities; *Br* market maker; securities dealer, trader; **~inhaber** owner (or holder) of securities; **~-Investment-Gesellschaft** security investment company; **~kauf** purchase of securities; buying securities; **~käufe auf Kredit** margin buying (or trading); **~kennummer** security identification number; **~kommissionsgeschäft** security commission business; *(das einzelne)* transaction in securities on commission; **~konto** securities account; **~kredit** credit based on purchase of securities; **~lombard** →Effektenlombard; **~makler** →Effektenmakler; **~markt** securities market; **~notierung** securities quotation; **~pensionsgeschäft** securities (sale and) repurchase agreement; **~plazierung** placing (*Am auch* placement) of securities (bei dem Publikum with the public); **~portefeuille** securities portfolio; **~recht**[73] law on securities; negotiable instruments law; **~rendite** return on securities; **~sammelbanken** (WSB) banks for central depository of securities and →Effektengiroverkehr; **~-Sondervermögen** *(e-r Wertpapier-Investment-Gesellschaft)* assets of security funds; **~sparen** saving through securities; **~stücke-**

lung denomination of securities; **~terminhandel** forward transactions in securities; trading in security futures; **~umlauf** circulation of securities; **~verkauf** sale of securities, selling securities; **~verkauf auf Kredit** margin trading; **~verkaufsabrechnung** sold note; **~vermögen** funds made up of securities; security portfolio; **~verwahrung und -verwaltung** *Br* safe custody (*Am* custodianship) and administration of securities; **~verwaltung** portfolio management, securities administration

Wertpapiere, **~ beleihen** to advance money on securities; **~ beleihen lassen** to borrow on securities; **~ in Depot geben** *Br* to deposit securities (with a bank, etc); to place securities in safe custody; *Am* to place securities in a deposit; **~ aus e-m Depot nehmen** to withdraw securities from a deposit; **mit ~n handeln** to deal in securities; **~ lombardieren** →Wertpapiere beleihen; **~ zeichnen** to subscribe for securities; **~ zur Börse** →**zulassen**

Wertsachen valuables; items of value; **~versicherung** insurance of valuables

Wertschöpfung value added

Wertschriften securities; **~fonds** securities investment fund; **~portfeuille** securities portfolio; **~verwaltung** securities department

Wert~, **~sendung** consignment with value declared *(→Wertbrief, →Wertpaket)*; **~sicherung** value guarantee; **~sicherungsklausel** stable value clause; index clause; escalator clause; **w~steigernde Aufwendungen** →werterhöhende Aufwendungen

Wertsteigerung increase (or rise) in value; appreciation; *(von Grundbesitz)* betterment; **~e-r Kapitalanlage** increase in the value of an investment

Wert~, **~stellung** →Valutierung; **~urteil** value judgment *(bei Beleidigung; Ggs. Tatsachenbehauptung)*; **~verbesserungen durch den Mieter** improvements made by the lessee; **~verlust** loss in value; depreciation; **~verlust des Dollars** fall in the value of the dollar; **~zeichen** *(Post)* (postage) stamp; *(Gebührenmarke)* revenue stamp; **~zeichenfälschung**[74] counterfeiting of official stamps; **~zoll** ad valorem duty; customs duty ad valorem; **~zollrecht** valuation legislation; **~zuschlag** *(für erhöhte Haftung bei Luftfracht)* valuation charge

Wertzuwachs accretion; appreciation, increase in value; increment; *(von Grundbesitz)* betterment; **Steuern vom ~** *(DBA)* taxes on capital appreciation

wesentlich, **das W~e** the essence, the essentials; **im ~en übereinstimmend** in substantial agreement

wesentlich essential, material, substantial; **~e** →**Änderung**; **~er** →**Bestandteil**; **~er** →**Irrtum**; →**Irrtum über ~e Eigenschaften**; **~er Punkt** essentials; **in einem ~en Punkt** in a material particular; **unrichtige Angaben über e-n ~en Punkt** *(VersR)* material misrepresentation; **~e Vertragsbestimmung** stipulation going to the root of the contract; *Br* condition; **~e Vertragserfordernisse** essentials (or substantive requirements) of a contract

Wesentlichkeit materiality, importance

Wessi *(colloq.)* Westerner; West German

Westen, **der ~** the West; the Western countries

West~, **~afrikanische Wirtschaftsgemeinschaft** West African Economic Community; **~europäische Union** (WEU) Western European Union[74] *(→Brüsseler Vertrag)*; **~europäische Zeit** (WEZ) Western European Time, Greenwich (mean) time

Wettannahme(stelle) betting office

Wettbewerb competition (mit jdm um etw. with sb. for sth.); contest; **~ zwischen Produkten desselben Herstellers** intrabrand competition; **~ zwischen Produkten verschiedener Hersteller** interbrand competition; →**Preis~**; **gegen den ~ gerichtete Absprache** *Br* restrictive trading agreement; *Am* agreement (or conspiracy) in restraint of competition; **freier ~** free (or open) competition; **funktionsfähiger ~** *Am* workable competition; **lauterer ~** fair competition *(→lauter)*; **ruinöser ~** cut-throat competition; **scharfer ~** keen (or sharp, stiff) competition

Wettbewerb, **unlauterer ~** unfair competition; **Bekämpfung des unlauteren ~s** combatting (or counteracting) unfair competition; **Gesetz gegen den unlauteren ~** (UWG)[75] Unfair Competition Act; **unlauteren ~ betreiben** to engage in unfair competition

Wettbewerb, **unverfälschter ~** undistorted competition; **unvollkommener ~** imperfect competition; **vollkommener ~** perfect competition; **zunehmender ~** increasing (or stiffening) competition

Wettbewerb, **den ~ ausschalten** to eliminate competition; **e-n ~ ausschreiben** to invite public competition; **jdn im ~ benachteiligen** to place sb. at a competitive disadvantage; **sich an e-m ~ beteiligen** to compete in a contest; to take part in a competition; **unlauteren ~ betreiben** to engage in unfair competition; **dem internationalen ~ gewachsen sein** to cope with international competition; **den ~ vor Verfälschungen schützen** to ensure that competition is not distorted; **dem ~ standhalten** to resist competition; **in ~ stehen mit** to compete with; **auf dem Markt miteinander in ~ stehen** to be competing on the market; **~in ~ stehend** competitive; **in ~ treten mit** to enter into competition with; **den ~ verzerren** to distort competition; **den lauteren ~ wiederherstellen** to restore fair competition

Wettbewerber competitor, rival; competing trader; **~ ausschalten** to exclude competitors

Wettbewerbsabrede *(für die Zeit nach Beendigung des Arbeitsverhältnisses)* agreement restricting competition *(→ Wettbewerbsklausel)*; **formlose ~** hono(u)rable understanding

Wettbewerbs~, **~absicht** competition intention; **~ausschluss** non-competition clause

Wettbewerbsbedingungen conditions (or terms) of competition; **ungleiche ~** unequal competitive conditions; **~ verzerren** to distort conditions of competition

wettbewerbsbehindernde Vereinbarung competition-restricting agreement

Wettbewerbsbehörden competition authorities

wettbewerbsbeschränkend anti-competitive; restrictive; **e-e ~e Vereinbarung treffen** to enter into a restrictive agreement (or an agreement in restraint of trade); **~es Verhalten**[76] restrictive practices; activities in restraint of competition; **~e Wirkung** restrictive effect on competition; **~er Zusammenschluss** combination in restraint of trade

Wettbewerbsbeschränkung restraint of competition; restraint of trade (or commerce); restrictive practices; **Gesetz gegen ~en** (GWB)[77] Act Against Restraints of Competition (applies to restraints of competition whether or not characterized as unfair) *(→ Kartellgesetz)*; **horizontale (vertikale) ~en** horizontal (vertical) restraints of competition; **~en vereinbaren** to agree on restrictions of competition

Wettbewerbsdruck, **e-n ~ auslösen** to exert competitive pressure

wettbewerbsfähig competitive; able to meet competition; **nicht ~es Angebot** non-competitive (or uncompetitive) bid (or offer); **~ sein** to be able to compete

Wettbewerbsfähigkeit competitiveness; competitive ability (or strength); **die ~ erhöhen** to increase competitive capacity; **die ~ wiedererlangen (wiederherstellen)** to regain (restore) competitiveness

wettbewerbsfeindlich anticompetitive

Wettbewerbsfreiheit freedom of competition

Wettbewerbsgesetz s. Gesetz gegen →Wettbewerbsbeschränkungen (GWB) und Gesetz gegen den unlauteren →Wettbewerb (UWG)

Wettbewerbshandlung act of competition; competitive practices; **→sittenwidrige ~en**; **unlautere ~** act of unfair competition

Wettbewerbs~, **~hindernisse** competition barriers; **~klausel** clause restricting competition; non-competition clause; **gesundes ~klima** climate of healthy competition; **~lage** competitive situation; **~lauterkeit** fairness of competition; **~leistung** competitive performance; **unlautere ~methoden** unfair methods of competition; unfair trade practices; **~nachteil** competitive disadvantage; **w~neutral** neutral with regard to competition; **~politik** competition policy; **irreführende und täuschende ~praktiken** misleading and deceptive competitive practices; **~recht** law on competition; competition law *(→ UWG, → GWB)*

Wettbewerbsregeln[78] rules on competition; competition rules; trade practice rules; *Am* trade regulation rules; **Eintragung von ~, ihren Änderungen und Ergänzungen**[79] registration of rules of competition and amendments and supplements thereof; **Register für ~**[80] Register of rules of competition; **Zuwiderhandlungen gegen die ~n** infringements of the rules of competition

wettbewerbsschädlich anticompetitive; harmful to competition; **~e Absprache** anticompetitive agreement

Wettbewerbs~, **~schutz** protection of fair competition; **~stellung** competitive position; **~strategie** competitive strategy; **~tarif** competitive tariff; tariff fixed to meet competition

wettbewerbsunfähig, **durch seine Preise ~ werden** to become uncompetitive because of one's prices; to price o. s. out of the market

Wettbewerbsungleichheit competitive inequality

Wettbewerbsverbot, **gesetzliches ~**[81] statutory prohibition of competition; **vertragliches ~** contractual prohibition of competition *(→ Konkurrenzverbot)*

Wettbewerbs~, **~vereinbarungen** agreements restricting competition; **~verfälschung** distortion of competition; **~verhalten** competitive behavi(o)ur; **~verhältnisse** conditions of competition; **~verhinderung** prevention of competition; **~verletzung** infringement of competition; **~verstoß** violation of competition; **~verzerrungen beseitigen (verhüten)** to remove (prevent) distortions of competition; **~vorsprung** competitive lead; **~vorteil** competitive advantage (or edge); advantage in competition (gegenüber over)

wettbewerbswidrig, **~e Absprachen** anticompetitive agreements; **~e Praktiken** anticompetive practices; **Anweisung der Einstellung der ~en Praktiken** order to discontinue unfair competitive practices; *Am* cease-and-desist order; **~es Verhalten** anticompetitive conduct; **~sein** to violate competition law

Wettbewerbswirtschaft competitive economy

Wette bet, wager; **durch →Spiel oder ~ wird e-e Verbindlichkeit nicht begründet**; **e-e ~ eingehen** to make (or take) a bet

Wett~, **~rüsten** arms (or armaments) race; **~rüsten im Weltraum** arms race in space; **w~rüsten** to compete in the arms race; **~schein** betting slip; **~schuld** betting debt; **~steuer** betting tax; **~verlust** betting loss; **~vertrag** gaming contract; wagering contract

wetten to bet, to wager

Wetter weather; **~bericht** weather report (or forecast); **~dienst** meteorological service(s); **w~erlaubende Arbeitstage** weather(-permitting)working days; **~satellitenprogramm**[82] meteorological satellite programme; **~vorhersage** weather forecast; **die →Bautätigkeit wurde durch das ~ behindert**

WHO →Welthandelsorganisation

wichtig, **~e Angelegenheit** important matter; matter of concern (or consequence); **~er →Grund**; **~e Unterlagen** relevant documents

Wichtigkeit importance; **Angelegenheit von äußerster ~** matter of (the) utmost concern

Widerklage counterclaim; *Am* cross-complaint, cross-suit; **~ erhebende(r) Beklagte(r)** counterclaiming defendant; **e-e ~ erheben** to (put forward a) counterclaim; *Am* to cross-sue

widerlegbar confutable, rebuttable, refutable; **~e →Behauptung**; **~e →Rechtsvermutung**; **nicht ~** irrefutable, irrebuttable

widerlegen to confute, to refute, to rebut; to disprove

Widerlegung confutation, refutation, rebuttal; disproof

widerrechtlich unlawful, contrary to law, illegal; wrongful; **~e →Aneignung**; **~e Drohung**[82 a] unlawful threat; **~e →Entnahme**

Widerruf revocation; countermand; cancellation; withdrawal; retraction; **bis auf ~** until revoked (or cancelled); **gültig bis auf ~** *(Börse)* valid until recalled; **vorbehaltlich des ~s** subject to revocation; **~ e-s Auftrages** cancellation (or withdrawal) of an order; **~ falscher Aussagen**[83] withdrawal (or retraction) of false statements (or evidence); **~ e-r Genehmigung** revocation of an authorization; **~ kraft Gesetzes** constructive revocation; **~ des Geständnisses**[84] retraction of a confession; **~ des →europäischen Patents**; **~ der Schenkung**[85] revocation of the gift *(→grober Undank)*; **~ der Strafaussetzung (zur Bewährung)**[86] revocation of probation; **~ e-s Testamentes** revocation of a will; **~ e-s Vertretungsverhältnisses** *(seitens des Vertretenen)* revocation of an agency; *(seitens des Vertreters)* renunciation of an agency; **~ von Verwaltungsakten**[87] annulment (or setting aside) of (lawful) administrative acts; **~ der Vollmacht** revocation (or concellation) of the authority (or of the power of attorney); **~ der Bestellung zum Vorstand der AG** →Abberufung des Vorstands e-r AG; **~ e-r Zeugenaussage** retraction of testimony; **~sberechtigter** *(bei Schenkung)* person entitled to revoke (a gift); **~serklärung** declaration (or notice) of revocation; **~srecht** right to revoke; right to revocation; revocation right; right of withdrawal

widerrufen to revoke; to countermand; to cancel, to withdraw; to retract; **die →Aussage ~**; **ein Patent ~** to revoke a patent; **e-e Schenkung ~** to revoke a gift; **ein Testament ~** to revoke a will; **e-e Warenbestellung ~** to countermand (or cancel) an order for goods

widerruflich revocable; *(jederzeit)* **~es Testament** ambulatory will; **die Vollmacht ist jederzeit ~** the power of attorney may be revoked at any time

Widerruflichkeit revocability

widersetzen, **sich ~** to oppose, to object, to resist; **sich der Verhaftung ~** to resist arrest

widersprechen *(bestreiten)* to contradict, to deny the truth (of sth. said); *(Widerspruch erheben)* to oppose, to object to; to protest against; **sich ~** *(nicht übereinstimmen)* to conflict; to be inconsistent (with); **e-m Antrag ~** to oppose a motion; **die Aussagen ~ sich** the statements contradict each other; the statements are conflicting (or contradictory); **e-r Behauptung ~** to contradict a statement; to deny the truth of a statement; **dem EG-Recht ~** to conflict with Community law; **der Eintragung ~** *(MarkenR)* to oppose registration; **e-m Plan ~** to oppose a scheme

widersprechend, **(sich) ~** contradictory, conflicting; inconsistent; **einander (od. sich) ~e Aussagen** conflicting (or inconsistent) statements; *(Zeugenaussagen)* divergent testimonies; **einander ~e gerichtliche Entscheidungen** conflicting judicial decision; **einander ~e Gesetze** conflicting laws

Widerspruch *(Gegensatz)* contradiction; inconsistency (zu with); *(Abweichung)* discrepancy, variance; *(Einspruch)* opposition, objection; protest; **bei Widersprüchen** if discrepancies arise; in the event of discrepancies; **im ~ zu** in contradiction to; at variance with; **innerer ~** contradiction in terms; **~ des Aktionärs gegen den Hauptversammlungsbeschluss**[88] protest of the shareholder against the resolution of the general meeting; **~ e-s Mieters gegen die Kündigung**[89] objection by a tenant to the (notice of) termination of the lease (or tenancy) *(→Sozialklausel)*; **~ Dritter gegen die Zwangsvollstreckung** →Drittwiderspruchsklage; **~ gegen die Eintragung** *(MarkenR)*[90] opposition to registration; **~ gegen die Eintragung der Gemeinschaftsmarke erheben** to raise an objection to registration of the Community trademark; **~ gegen die Löschung von Marken**[90 a] opposition to the cancellation of trade mark registration; **~ gegen die Richtigkeit des Grundbuchs**[91] (um e-n gutgläubigen Erwerb vor erfolgter Grundbuchberichtigung zu verhindern) objection to incorrect entry in →Grundbuch (lodged in order to prevent acquisition in good faith [*s. öffentlicher →Glaube des Grundbuchs*] before rectification is effected); **~ zwischen Berichten** variance between reports; **~ zwischen zwei Rechtssätzen in einem Gesetz** antinomy; **~ zwischen Zeugenaussagen**[92] discrepancy between testimonies

Widerspruchs~, **~frist** time-limit for lodging an objection; *(MarkenR)* opposition period; **~klage** →Drittwiderspruchsklage; **~losigkeit** consistency; **~recht** right to object; right to oppose; **~verfahren** *(MarkenR)* opposition proceedings; *(Verwaltungsgerichtsbarkeit)*[93] protest procedure (preliminary proceedings prior to suing a public authority, application to it to reconsider an administrative act)

Wider, **sich in ~sprüchen befinden** to become entangled in contradictions; **~spruch einlegen** to object (to), to make an objection (against); to make a protest (against); to oppose, to give notice of opposition; **~spruch erheben** to raise objections; to lodge an objection (or opposition); **in ~spruch stehen zu** to be in contradiction with; to be repugnant to; to conflict with; to be inconsistent with; **den ~spruch zurückweisen** to reject the objection (or protest)

Widerstand resistance; **bewaffneter ~** armed resistance; **passiver ~** passive resistance; **~ gegen die Staatsgewalt**[94] resistance (or opposition) to public authority; **~ gegen Vollstrekkungsbeamte**[95] obstructing (or resisting) enforcement officers in the execution of their duty; **~sbewegung** *pol* resistance movement; **w~sfähig** able to resist; *(Börse)* resistant; **w~slos** without (offering) resistance; **~sleistung** offering resistance; **~srecht**[96] right to resist (any person seeking to abolish the constitutional order); **~sversuch** attempt at resistance; **den ~ brechen** to break (down) sb.'s resistance; **~ leisten** to resist, to obstruct; to offer resistance (to)

widerstreitend, **~e Ansprüche** contending claims; **~e Interessen** conflicting (or clashing) interests

widmen to dedicate

Widmung dedication (e. g. dedicating a private way to public use)

widrig, **~e Umstände** adverse circumstances; **~enfalls** failing which; in default whereof

Wieder~, **w~abtreten** to reassign; **~ankurbelung der Wirtschaft** (re)stimulation of the economy; **~anlage** reinvestment; **~anlage von Dividenden** dividend reinvestment; **~anlagerabatt** *(durch Investmentgesellschaft)* reinvestment discount; **~annäherung** *(zweier Staaten)* rapprochement; **~annahme** *(z. B. der Staatsangehörigkeit)* resumption; **w~annehmen** *(z. B. Namen)* to resume; **~ansiedlung** *(von Flüchtlingen)* reestablishment; **~anstellung** reemployment, reengagement; **w~aufarbeiten** to reprocess; **~aufbau** reconstruction, rebuilding; **~aufbaukredit** reconstruction credit; **~aufbereitung von Kernmaterial** reprocessing of nuclear materials; **atomare ~aufbereitungsanlage** (nuclear) reprocessing plant; **~aufflammen der Inflation** recrudescence of inflation; **~aufforstung** *Br* reafforestation; *Am* reforestation; *(Lager etc)* **w~auffüllen** to replenish; **~auffüllung e-s Lagers** replenishment of a stock

Wiederaufleben *(von Rechten)* revival; **~ des Antisemitismus** resurgence of antisemitism; **~ der Unruhen** recrudescence of civil disorders; **~ e-r verjährten Forderung** revival of a debt barred by the statute of limitation; **~sklausel**[97] revival clause (according to which a settlement having granted the debtor release of his debt or a respite for payment of the debt becomes void under certain circumstances defined by law)

wiederaufleben, **e-n Vertrag ~ lassen** to revive an agreement

Wiederaufnahme resumption; *(Wiederzulassung)* readmission; **~ der Arbeit** resumption of work; **~ der diplomatischen Beziehungen** resumption of diplomatic relations; **~ der Geschäftstätigkeit** resumption of business

Wiederaufnahme des Verfahrens[98] resumption of proceedings; reopening (of) the case; **~** *(vor dem IGH)*[99] revision of a judgment

Wiederaufnahme~, **~antrag** application (or motion) for a new trial; *(vor dem IGH)*[99 a] application for revision; **~verfahren**[98] new trial, retrial; *(EU)* re-hearing; *(vor dem IGH)*[99 b] proceedings for revision

wiederaufnehmen to resume; to readmit; **Verbindungen ~** to resume (or renew) relations; **das Verfahren ~** to reopen (or retry) a case; to resume proceedings; **Zahlungen ~** to resume payments

Wieder~, **w~aufrüsten** to rearm; **~aufrüstung** rearmament; **wirtschaftlicher ~aufstieg** economic recovery; **~auftreten e-r Krankheit** recurrence of a disease

Wiederaufschwung, **wirtschaftlicher ~** economic revival

Wiederausfuhr *(importierter Waren)* reexportation; **~behandlung** clearance on reexportation; **~bescheinigung** reexportation certificate; **~blatt** reexportation counterfoil; **~erklärung** reexport declaration; **~handel** reexport(ation) trade

Wieder~, **w~ausführen** to reexport; **~belebung des Kapitalmarktes** revitalization of the capital market; **~bepflanzung** replanting

Wiederbeschaffung replacement; **~skosten** replacement costs; **~spreis** replacement price; **~swert** replacement value; →**Absetzung vom ~swert**

Wieder~, **~beschäftigung** *(z. B. e-s entlassenen Arbeitnehmers)* reemployment, reengagement; **~bestellung** →Wiederernennung

wiedereinbringen, **die Kosten ~** to recover the costs

Wieder~, **w~einbürgern** to repatriate; **~einbürgerung** repatriation

Wiedereinfuhr *(ausgeführter Waren)* reimport(ation); **Genehmigung zur zollfreien ~** *(vorher ausgeführter zollfreier Waren)* permit for duty-free importation; bill of store(s)

wiedereinführen to reimport; *(Maßnahmen, Gebräuche etc)* to reintroduce, to reestablish, to restore

wiedereingliedern to rehabilitate, to reintegrate; *(Gebiet)* to reincorporate; **Behinderte (in das Berufsleben) ~** to rehabilitate the disabled; **Strafgefangene in die Gesellschaft ~** to rehabilitate (or resocialize) prisoners

Wiedereingliederung rehabilitation, reintegration; *(bes. von Flüchtlingen)* resettlement; **~sfonds** *(des Europarates)*[100] resettlement fund; **berufliche und soziale ~** occupational and social reintegration; **~ e-s Gebietes** reincorporation of a territory; **~ der Behinderten** *(in den Arbeitsprozess)* rehabilitation of the disabled; **soziale ~ von Drogensüchtigen** social reintegration of drug addicts

wieder~, **~einliefern** (in das Gefängnis) to recommit (to prison); **jdm den →Besitz ~einräumen**

Wiedereinräumung, **~ des Besitzes**[101] restoration of possession; **Klage auf ~ des Besitzes** action for recovery of possession *(→Besitzklage)*; **~ e-s früheren Rechtes durch Urteil** recovery of a right

wiedereinsetzen, **jdn in ein Amt ~** to reinstate sb. in his former office; to restore sb. to his former office; **jdn wieder in den →vorigen Stand einsetzen**; **wiedereingesetzt werden in seine Rechte** to be restored to one's (former) rights; to have one's rights reestablished

Wiedereinsetzung reinstatement, restoration; **~ in ein Amt** reinstatement in a (former) position; **~ in den Besitz** restoration of possession (to sb.); **~ in den →vorigen Stand**; **~sgebühr** *(Europ. PatR)* fee for reestablishment of rights

Wieder~, **w~einstellen** to reemploy; *(rückwirkend zu den früheren Arbeitsbedingungen)* to reinstate; **~einstellung** reemployment; reinstatement; **w~eintreten** to reenter; **~eintritt** reentry; **~ergreifung** *(e-s Gefangenen)* recapture; **w~erlangbar** recoverable; **w~erlangen** to recover, to retrieve; **~erlangung** *(des Eigentums etc)* recovery; *(der Freiheit)* regaining; **w~ernennen** to reappoint

Wiederernennung, **seine ~ ist (nicht) möglich** he shall (not) be eligible for reappointment; his appointment may (not) be renewed; **die ~ ist zulässig** appointment shall be renewable

Wieder~, **w~eröffnen** to reopen; **~eröffnung** reopening; **w~erstatten** to reimburse, to refund

Wiedergabe communication; reproduction; **öffentliche ~ von erschienenen Werken**[101a] public communication of published works; **Recht der ~ durch Bild- od. Tonträger** *(UrhR)* right of communicating the work by means of sound or visual recordings; **Recht der ~ von Funksendungen** *(UrhR)* right of communicating broadcasts; **~freiheit**[101a] freedom of communication

wieder~, **~geben** to give back; to reproduce; **~gewinnen** to recover, to win back

wieder gutmachen to make good, to redress; to make amends; **e-n Schaden ~** to repair damage; to make good a loss (occasioned to sb); *(bes. immateriellen, z. B. seelischen Schaden)* to redress an injury

wieder gutzumachend, **nicht ~er Schaden** irreparable damage

Wiedergutmachung amends, compensation (for); redress, indemnification; *(VölkerR)* reparation; **~ national-sozialistischen Unrechts** compensation (or indemnification) for wrongs perpetrated under National Socialism *(→Bundesentschädigungsgesetz)*; **~sberechtigter** person entitled to indemnification; **~szahlungen** indemnification payments

wiederherstellen to restore, to reestablish; *(wieder in Kraft setzen)* to reinstate; **diplomatische Beziehungen ~** to reestablish diplomatic relations; **das Gleichgewicht ~** to restore the equilibrium; **die eheliche →Lebensgemeinschaft ~; die öffentl. Ordnung ~** to restore (public) order

Wiederherstellung restoration, reestablishment; *(e-s früheren Rechtszustandes)* restitution; *(Wiederinkraftsetzung)* reinstatement; **~ der früheren →Arbeitsbedingungen; ~ der Demokratie** restoration of democracy; **~ der ehelichen →Lebensgemeinschaft; ~ e-r Lebensversicherung** reinstatement of a life insurance *(Br assurance)*; **~ verfallener Patente** restoration of lapsed patents; **~ des ursprünglichen Zustandes** restoration to the original condition; **~skosten** reproduction costs

wiederholbar capable of repetition

wiederholen to repeat; *(mehrmals)* to reiterate

wiederholend, sich ~ repetitive, revolving

wiederholt, jdn ~ auffordern to call upon a p. repeatedly

Wiederholung repetition; *(mehrmals)* reiteration; **im ~sfalle** in case of repetition of an offence (offense); **~kauf** repeat buying; **~stäter** repeat (or second) offender; person who repeated an offence (offense) (or fell back into crime); *(Rückfalltäter)* recidivist

Wieder~, ~inbesitznahme repossession; *(von Grundbesitz)* recovery (or resumption) of possession; *(e-s widerrechtl. vorenthaltenen Besitzes)* recaption; **~inbetriebnahme** reopening; **w~ in Kraft setzen** to revive; *(Gesetz)* to re- enact

Wiederinkraftsetzung revival; *(e-s Gesetzes)* reenactment; **~ e-r verfallenen Police** revival of a lapsed policy; **~ e-s (widerrufenen) Testamentes** revival of a (revoked) will; **~ e-r Versicherung** reinstatement of an insurance policy

Wieder~, ~inkrafttreten e-s Patents reinstatement of a patent; **w~ in Kraft treten** *(Gesetz)* to become effective again; **~inkurssetzung** *(von Metallgeld)* remonetization; **w~instandsetzen** to recondition, to repair; **~instandsetzung** reconditioning, repair; *(e-s Gebäudes)* restoration; **~kauf**[102] repurchase, repurchasing; **~kaufsrecht** option to repurchase; **w~kaufen** to repurchase, to buy back; **~käufer**[103] repurchaser; seller possessing an option to repurchase

wiederkehrend recurring, recurrent; **~e Bezüge**[104] recurrent payments; **einmalige oder** *(gleichmäßig)* **~e Beiträge** *(VersR)* single premiums; **regelmäßig ~e →Leistungen**

Wiederumstellung *(z. B. e-s Fabrikbetriebes auf Friedensproduktion)* reconversion

wiedervereinig, ~en to reunify; **ein ~tes Deutschland** a reunified Germany

Wiedervereinigung, ~ Deutschlands reunification of Germany; **~ von Familien** reuniting families

Wieder~, w~verheiraten to remarry, to marry again; **~verheiratung** remarriage; **~verkauf** resale; **~verkaufspreis** resale price

Wiederverkäufer[105] reseller; buyer liable to sell back to seller, if option to repurchase is exercised; dealer's buyer; *(im Einzelhandel)* retailer; **Rabatt für ~** trade discount; **an ~ verkaufen** to sell to the trade

Wieder~, w~verladen to reload; **~verladung** reloading; **~versöhnung** *(z. B. der Ehegatten)* reconciliation; **~verstaatlichung** *Br* renationalization; **~vertagung** further adjournment; **~verwendung** *(e-s Beamten)* reinstatement; *(von Altmaterial)* recycling; reuse; **~verwertbare Erzeugnisse** recyclable products; **~verwertung** *(von Altmaterial)* recycling; salvage

Wiedervorlage (WV) resubmission; **~mappe** follow-up file; **zur ~** to be resubmitted

Wiederwahl reelection; **seine ~ ist zulässig** he shall be eligible for reelection; *(nach abgelaufener Amtszeit)* his term of office shall be renewable; **sich zur ~ stellen** to stand for reelection

Wieder~, w~wählbar elegible for reelection; **w~gewählt werden** to be reelected, to be elected again; **w~zulassen** to readmit; **~zulassung** readmission (zu to)

Wiegen weighing; **Nach~** check weighing

Wiege~, ~schein weight note; **~stempel** weight stamp; **~zettel** weight slip

Wiener Dokument 1990[105a] Vienna Document 1990

Wiener Kaufrechtsübereinkommen (von 1980) Vienna Sales Convention (of 1980) *(→UN-Kaufrechtsübereinkommen)*

Wiener Übereinkommen, ~ über diplomatische Beziehungen[106] Vienna Convention on Diplomatic Relations; **~ über konsularische Beziehungen**[106a] Vienna Convention on Consular Relations

Wiener Übereinkommen über die Haftung für nukleare Schäden Vienna Convention on Civil Liability for Nuclear Damages

Wiener Übereinkommen über den internationalen Warenkauf →UN-Kaufrechtsübereinkommen

Wiener Übereinkommen (od. Konvention) über das Recht der Verträge (oder Wiener Vertragskonvention)[106b] Vienna Convention on the Law of Treaties
Das Übereinkommen findet auf Verträge zwischen Staaten Anwendung.
The Convention applies to treaties between States.

Wiener Übereinkommen über das Recht der Verträge zwischen Staaten und in internationalen Organisationen oder zwischen internationalen Organisationen[106c] Vienna Convention on the Law of Treaties and International Organizations or between International Organizations

Wiener Übereinkommen zum Schutze der →Ozonschicht

wild, ~e →Ehe; ~er Streik wildcat strike; (sudden) unofficial (or unauthorized) strike

Wild game; **jagdbares ~** fair game; **~dieb (od. ~erer)** poacher; **~erei (od. ~dieberei)**[107] poaching; trespassing on a game preserve *(→Jagdwilderei)*; **~hüter** game keeper; **~schaden** damage caused by game; **~wechsel** *(Gefahrzeichen)* game crossing

wildlebend, Übereinkommen über Erhaltung der europäischen ~en Pflanzen und Tiere und ihrer natürlichen Lebensräume[107a] Convention on the Conservation of European Wildlife and Natural Habitats; **Übereinkommen zur Erhaltung der wandernden ~en Tierarten**[107b] Convention on the Conservation of Migratory Species of Wild Animals

wildern to poach

Wille will; intent(ion); **~ der Parteien** →Parteiwille; **Friedens~** will for peace; **aus freiem ~n** of one's free will; **letzter ~** last will (and testament); **der wirkliche ~ des Erblassers** the true intention of the testator

Willensäußerung manifestation of will

Willensbestimmung, freie ~ free exercise of will; **e-e Person, die sich in e-m die freie ~ ausschließenden Zustande krankhafter Störung der Geistestätigkeit befindet**[107c] a person suffering from a mental disorder rendering him incapable of forming a rational intention

Willenseinigung meeting of minds; mutual consent

Willenserklärung declaration of intent(ion); **Nichtigkeit von ~en**[108] nullity of declarations of intention; **e-e ~ abgeben** to make a declaration of intention; **e-e falsch übermittelte ~ →anfechten; e-e irrtümlich abgegebene ~ →anfechten; die ~ e-s →Geschäftsunfähigen ist nichtig**

Willensmangel absence of intent(ion); **die Erklärung leidet unter e-m ~** the declaration was made by reason of mistake, deceit or duress (within the meaning of § 119 [1] or 123 BGB)

Wille, den ~n der Partei(en) erforschen to try to find out (or ascertain) the intent(ion) of the party (parties)

willkommen heißen, anwesende Personen ~ to welcome those present

Willkür arbitrariness; **~akt** arbitrary act; **~herrschaft** arbitrary rule (or government)

willkürlich arbitrary, arbitrarily

Windprotest protest for absence of drawer of a bill of exchange

Winkel~, ~advokat pettifogger; *sl.* shyster; **~börse** bucket shop

Winter~, ~bauförderung[109] subsidies granted to the building industry during winter; **~schlussverkauf** (WSV) winter clearance sale(s)

WIPO (→Weltorganisation für geistiges Eigentum); **~-Vertrag über Darbietungen und Tonträger** *(von 1996)* WIPO Performance and Phonogramms Treaty (WPPT); **~-Urheberrechtsvertrag** WIPO Copyright Treaty (WCT)

Wirbeltiere vertebrate animals; **→Europäisches Übereinkommen zum Schutze der für Versuche und andere wissenschaftliche Zwecke verwendeten ~**

wirklich *(tatsächlich)* actual, real; (wirklich *vorhanden*) effective

wirksam effective; effectual; operative, having an effect; **→rechts~; ~e Strafe** effectual punishment; **~ bleiben** to remain effective; **~ werden** to become effective (or operative); to take effect; **die →Kündigung wird ~ am ...**

Wirksamkeit effectiveness; effect; *(Stoßkraft)* impact; **→Werbe~; ~ des Rechtsgeschäfts** validity of the transaction

Wirksamsein e-s Abkommens *(VölkerR)* operation of a convention

Wirksamwerden taking effect; coming into effect; **~ der →Kündigung; mit dem ~ von ...** when ... takes effect

Wirkung effect (auf on); **→Rechts~; →Werbe~; mit ~ vom** with effect from; as of, as from; **aufschiebende ~** suspensive effect; **bindende ~** binding effect; **nachteilige ~** detrimental effect; **rechtliche ~** legal effect; **rechtsbegründende ~** constitutive effect; **~sdauer** period of effectiveness; **mit →sofortiger ~**

Wirkungskreis sphere of action (or activity); scope of operation; **e-n örtlich begrenzten ~ haben** to be local in scope

wirkungslos ineffective, ineffectual, without effect; **~ sein** to have no effect

Wirkungsstatut *(IPR)* lex causae

Wirtschaft economy; trade and industry; *(Haushaltsführung)* housekeeping; *(Landwirtschaftsbetrieb)* farm; *(Gastwirtschaft)* inn; *Br* public house *(colloq. pub)*; **→Außen~**; **→Bau~**; **→Gesamt~**; **→Haushalts~**; **→Land~**; **→Markt~**; **→Plan~**; **→Privat~**; **→Volks~**; **→Welt~**; **→Zwangs~**; **gelenkte ~** controlled economy; **in der gesamten ~** in the economy as a whole; **→gewerbliche ~**; **öffentliche ~** public sector (of the economy); **private ~** private sector (of the economy)

wirtschaften to manage (a house, farm etc); **sparsam ~** to economize

wirtschaftlich *(volkswirtschaftlich)* economic; *(sparsam)* economical, thrifty; **→außen~**; **→gesamt~**; **→privat~**; **→sozial~**; **~ gesehen** in economic terms; **~ Selbständiger** self- employed person; **~ Unselbständiger** employee; **~e Belange** economic concerns (or interests); **~e Einheit**[110] economic unit; **~e Entwicklung** economic development; **~es Gleichgewicht** economic equilibrium; **gestörtes ~es Gleichgewicht** economic disequilibrium; **~e Lage** →Wirtschaftslage; **~e →Machtstellung**; **jdm e-n ~en Nachteil zufügen**[111] to cause an economic disadvantage to another person; **mangelnde ~e Stabilität** economic instability; **~e Tätigkeit** economic activity; **Beschränkung der ~n Tätigkeit** restraint on trade; **~e Überlegenheit** economic superiority; **~er Verein**[112] profitmaking association; **nicht~er Verein**[113] non-profitmaking association; **~e Vorrangstellung** economic preeminence; **~er Vorteil** economic advantage; **die ~e Zusammenarbeit vertiefen** to intensify economic cooperation

Wirtschaftlichkeit *(Rentabilität)* economic efficiency; profitability; *(Sparsamkeit)* economy; **~sberechnung** profitability calculation

Wirtschafts~, **~abkommen** economic agreement; **~analyse** economic analysis; **~ankurbelung** →Ankurbelung der Wirtschaft; **~aufschwung** upturn in economic activity; economic upward surge (or upswing)

Wirtschaftsausschuss[114] Economic Committee
Der Wirtschaftsausschuss hat die Aufgabe, wirtschaftliche Angelegenheiten mit dem Unternehmer zu beraten und den Betriebsrat zu unterrichten.
It is the duty of the Economic Committee to consult with the employer on economic (or financial) matters and report to the works council.

Wirtschafts~, **~belebung** economic recovery; **~berater** economic adviser; **~bericht** report on the economic situation, economic report *(→Jahreswirtschaftsbericht)*; **~betriebe der öffentlichen Hand** publicly-owned undertakings; **~beziehungen** economic (or trade) relations; **~block** economic bloc; **~blockade** economic blockade; **~einheit** economic unit; **~flüchtling** economic refugee; **~förderung** promotion of economic development; **~forschung** economic research; **~forschungsinstitut** economic research institute; **~führer** leader(s) of industry, captains of industry; **~führung** economic management; *(bes. landwirtschaftl. Betrieb)* husbandry

Wirtschaftsgebiet economic area (or territory); **fremdes ~** foreign economic territory

Wirtschaftsgemeinschaft Westafrikanischer Staaten Economic Community of West African States (ECOWAS)

Wirtschaftsgenossenschaft, **→Erwerbs- und ~en**

Wirtschafts~, **~geographie** economic geography; **~gesetz** economic law; **~gipfel** economic summit; **~gut** asset

Wirtschaftsgüter economic assets; **immaterielle ~** *(e-s Unternehmens)* intangible assets; **materielle ~** tangible assets

Wirtschafts~, **~gymnasium** commercial high school; **~hilfe** economic assistance (or aid); **~hochschule** school of economics

Wirtschaftsjahr business year, accounting period *(→Geschäftsjahr)*; **steuerpflichtiges ~** *(DBA)* chargeable accounting period

Wirtschaftskommission, **~ der V. N. für Afrika** UN Economic Commission for Africa (ECA); **~ der V. N. für Asien und den Fernen Osten** UN Economic Commission for Asia and the Far East (ECAFE); **~ der V. N. für Europa** UN Economic Commission for Europe (ECE); **~ der V. N. für Lateinamerika** UN Economic Commission for Latin America (ECLA); **~ der V. N. für Westasien** UN Economic Commission for Western Asia (ECWA)

Wirtschafts~, **~kreise** business (or industrial) circles; **~kreislauf** business cycle; **~krieg** economic war; **~kriminalität** white collar crime;

commercial delinquency; **~krise** economic crisis

Wirtschaftslage economic situation; **allgemeine ~** general business conditions; **die ~ hat sich gebessert** the economic situation has improved

Wirtschafts~, **~macht** economic power; **~minister** Minister for Economic Affairs; *Br (etwa)* Secretary of State for Trade and Industry; *Am (etwa)* Secretary of Commerce; **~ministerium** Ministry of Economic Affairs; *Br (etwa)* Department of Trade and Industry; *Am (etwa)* Department of Commerce; **~ordnung** economic order (or system); **~plan** economic plan; **~planung** economic planning

Wirtschaftspolitik economic policy; **mittelfristige ~** medium-term economic policy

wirtschaftspolitisch politico-economic; **~e Ziele** economic policy objectives

Wirtschaftsprüfer auditor; *Br* chartered (or certified) accountant; *Am* certified public accountant (C. P. A.); **Prüfungsbericht des ~s** auditor's report; **zum ~ bestellt werden** to be appointed as auditor; **e-n ~ hinzuziehen** to call in an auditor

Wirtschaftsprüfung (qualified) auditing; industrial auditing; accountancy; **~sgebühren** audit fees; **~sgesellschaft** auditing company; certified auditing firm; *Am* firm of certified public accountants

Wirtschafts~, **~rat** economic council; **~- und Sozialrat** *(der Vereinten Nationen)*[117] (UN) Economic and Social Council (ECOSOC)

Wirtschafts~, **~recht** commercial law; **~sabotage** economic sabotage; **~sanktionen** economic sanctions; **~sicherstellungsgesetz** (WSG)[118] Economy Safeguarding Act; **~spion** industrial spy; **~spionage** business espionage, industrial espionage; **~stabilität** economic stability; **~statistik** business statistics; **~strafgesetz**[119] Economic Offences Act; **~strafrecht** law relating to economic offences (offenses); **~strafsachen** cases involving economic offences (offenses); white collar offences (offenses); **~streitigkeiten** commercial disputes; **~struktur** economic structure; **~tätigkeit** economic activity

Wirtschafts *(EU)*, **~- und Sozialausschuss** (WSA)[115] Economic and Social Committee *(geplant)*; **~- und Sozialrat** →Wirtschaftsrat; **~- und Sozialwissenschaften** →Wirtschaftswissenschaften; **~- und Währungsunion** (WWU) economic and monetary union (EMU)

Wirtschafts~, **~unternehmen** business enterprise; **~verband** trade association; **~verbrechen** serious economic offence (offense); white-collar crime; **~vereinigung** trade association; **~verfassung** *(e-s Landes)* economic constitution (or system); **~vergehen** economic offence (offense); **~verhandlungen** economic negotiations; **~verkehr** trade; commerce; commercial transactions; **~vermögen** economic wealth; **~wachstum** economic growth; growth of the economy; **~werbung** commercial advertising

Wirtschafts~, **~wissenschaft(en)** economics; *Am (auch)* economic science; **~- und Sozialwissenschaften** economic and social science

Wirtschafts~, **~wissenschaftler** economist; **~zeitung** business journal; **~ziel** economic goal; **~zweig** field (or sector) of the economy; economic branch; branch of industry

Wissen knowledge; **wider besseres ~** contrary to one's knowledge; **nach jds bestem ~ und →Ge~**; **aus eigenem ~** from one's own knowledge, from personal knowledge; **technisches ~** technical know-how

wissen to know; **etw. nicht ~** to be ignorant of sth; **gewusst, er hat ~ oder hätte wissen müssen** he knew or ought to have known; **geltend machen, dass der Beklagte ~ hat** to charge the defendant with knowledge

Wissenschaft *(bes. Naturwissenschaft)* science; *(nicht Naturwissenschaft)* arts (and humanities); **Freiheit der ~ und Kunst**[120] freedom of science and art; **mit der ~ Schritt halten** to keep abreast, to keep up with (the newest) developments

Wissenschaftler scholar; *(Naturwissenschaftler)* scientist; **hervorragende ~** eminent scientists

wissenschaftlich learned; *(naturwissenschaftlich)* scientific; **~e Arbeiten** learned (or scientific) efforts (or studies); **~er Beruf** learned profession; **~e Betriebsführung** scientific management; **Förderung der ~en Forschung** promotion of scientific research; **→Zollübereinkommen über die vorübergehende Einfuhr von ~em Gerät**

wissentlich knowingly; **~e →Falschdarstellung**

Witterung~, **w~sabhängiger Arbeitsplatz**[121] workplace dependent on the weather; **~seinflüsse** influence of the weather

Witwe widow; **~nabfindung** *(z. B. bei Wiederverheiratung)* lump sum payment to widows; **~nbeihilfe** *(der gesetzl. Unfallversicherung)*[122] widow's allowance; **~ngeld** *(für Ehefrau e-s Beamten nach dessen Tod)* widow's pension; **~nrente** *(der gesetzl. Renten- und Unfallvers.)* widow's pension (or annuity); **~n- und Waisenrente** widows' and orphans' pension

Witwer widower

Wochen~, **~arbeitsstunden** weekly working hours; **~ausweis** *(der Bundesbank)* weekly return; **~endverkehr** weekend traffic; **~geld** *(für Zeit der Arbeitslosigkeit)* weekly unemployment benefit; **~lohn** weekly pay (or wage); **~lohnsatz** weekly rate (of pay); **~markt** weekly market; **~schau** newsreel; **~zeitschrift** weekly; **jdm mit e-r Frist von vier ~ →kündigen**

wöchentlich weekly; **zweimal ~** twice a week; twice weekly; **~e Kündigung** seven days' notice

Wohl welfare, well-being, weal; **zum ~ der Allgemeinheit** for the common good (or weal); in the public interest; **dem ~ der Allgemeinheit dienen** to serve the public (or common) weal; **körperliches, geistiges und seelisches ~ des Kindes** physical, mental and spiritual welfare of the child; **dem ~e des Kindes dienen** to be in the best interest of the child; **das geistige oder →leibliche ~ des Kindes gefährden**

wohlbegründete Entscheidung well-founded decision

Wohlergehen well-being, welfare; **~ der Allgemeinheit** public welfare

wohlerworbene Rechte duly acquired rights, vested rights

Wohlfahrt welfare; **soziale ~seinrichtungen** social welfare services; **~sökonomie** welfare economics; **~spflege** welfare work; **Verbände der freien ~spflege** associations of private welfare work; voluntary welfare institutions; **~sstaat** welfare state; **~stätigkeit ausüben** to do welfare work; to be engaged in philanthropic work; to practise philanthropy

wohlhabend well-off; affluent; comfortably off; moneyed; *Am colloq.* well-fixed; **~e Länder** prosperous countries

Wohlstand prosperity; affluence; wealth; **Volks~** national prosperity; **~sgesellschaft** affluent society; **~sindex** index of prosperity; **im ~ leben** to live in easy circumstances

wohltätig charitable; philanthropic; **Beiträge für ~e Zwecke** charitable contributions; **~en Zwecken dienende Einrichtung** *(z. B. für Blinde od. Waisen)* philanthropic institution; **Vermächtnis zugunsten ~er Einrichtungen** charitable bequest; *(bes. testamentarische)* **Stiftung für ~e Zwecke** charitable trust; **für e-e ~e Organisation werben** to canvass on behalf of a charity (or charitable organization)

Wohltätigkeit charity; **~sbazar** charity baza(a)r; **~sorganisation** charitable organization; charity; **~sveranstaltungen** charity events; **~szweck** charitable purpose

Wohlverhalten good behavio(u)r, good conduct; **~ auf ausländischen Märkten** *(auf denen Störung durch Exporte droht)* orderly (export) marketing *(→ Selbstbeschränkungsabkommen)*

wohlwollend, **~ erwägen** to give favo(u)rable (or sympathetic) consideration (to); to consider favo(u)rably (or sympathetically)

Wohn~, **~bauten** residential buildings; **~berechtigung** entitlement to accommodation; **~bevölkerung** resident population; **~bezirk** residential district; **~block** *Br* block of flats; *Am* apartment house; **~dichte** residential density

Wohneigentum, **selbstgenutztes ~** owner-occupied residential property

wohnen *(ständigen Aufenthalt haben)* to reside; *(vorübergehend)* to stay, to lodge; *(leben)* to live; **im Ausland ~** to reside (or live) abroad; **in e-m Hotel ~** to stay at a hotel; **auf dem Lande ~** to live in the country; **bei jdm zur Miete ~** to lodge (or have lodgings) with sb.; to dwell (or live) as a lodger; **möbliert ~** to live in furnished rooms; *Br* to live in lodgings

wohnend, **ständig in der Bundesrepublik ~er Ausländer** resident alien

Wohn~, **~gebäude** residential building; *Am (auch)* apartment building; **~gebiet** residential area; **~geld**[123] rent subsidy; residence allowance; **~gemeinschaft** common household (of [especially young] people, not being members of the same family); **~grundstück** residential estate (or property)

wohnhaft, **~ in** resident in; **im Ausland ~** resident abroad; **vorübergehend ~ sein** to be temporarily resident; **ständig in e-m Land ~er Ausländer** resident alien; **e-e in der BRD ~e Person** a person residing in the BRD

Wohn~, **~haus** dwelling-house; residential building; *Am* home; *(mit geringer Miete)* tenement; **~heim** hostel; **~lage** residential location; **~ort** *(z. B. Studienort)* dwelling place; place of abode; *(untechnisch)* place of residence *(→ Wohnsitz)*

Wohnraum living accommodation; housing space; **~beschaffung** procurement of living accommodation; **~kündigungsschutzgesetz**[124] Law for the protection of residential tenants against eviction *(→ Sozialklausel)*

Wohn~, **~recht** dwelling (or residential) right *(→ Dauerwohnrecht)*; **~siedlung** (housing) estate; housing development

Wohnsitz[125] (permanent or habitual) residence; domicile

Der Wohnsitz als räumlicher Mittelpunkt der Lebensverhältnisse einer Person ist maßgebend für gewisse Rechtsbeziehungen, z. B. für den Gerichtsstand[126] oder die Erfüllung vertraglicher Verpflichtungen.[127]
The "Wohnsitz" as the centre (center) of a person's life is of legal significance in that it determines (for instance) the forum if he becomes involved in civil or criminal actions, or the performance of contractual obligations.

Wohnsitz, **Auslands~** residence abroad; →**Doppel~**; →**Geburts~**; **Haupt~** principal residence; **Ausländer mit ~ in den USA** *Am* resident alien; **Ausländer ohne ~ in den USA** *Am (DBA)* nonresident alien; **Person mit ~ in der Bundesrepublik** person resident in the Federal Republic of Germany; **~ des Anmelders** *(Europ. PatR)* residence of the applicant; →**ehelicher ~**; **ohne festen ~** without fixed abode; **gemeinsamer ~ der Ehegatten** matrimonial home (or domicile); **e-n ordentlichen ~ haben in** to be normally resident in; **ständiger ~** permanent residence; **Person ohne ständigen ~ in** non(-)resident of; **steuerlicher ~**[128] residence for tax purposes; *Br* ordinary residence; *(DBA)* fiscal domicile; **tatsächlicher ~** actual residence; **zweiter ~** second residence; separate residence

Wohnsitz~, **~anschrift** residential address; **~begründung** establishment of a residence; **~besteuerung** *(DBA)* residence taxation *(Ggs. Quellenbesteuerung)*; **~erfordernis für Wähler** residential qualification for voters; **~land** country of residence; **~prinzip** *(IPR)* principle of (habitual) residence; **~recht** *(IPR)* lex domicilii; **~staat** *(intern. SteuerR)* state of residence *(Ggs. Tätigkeitsstaat)*; **~voraussetzung** *(DBA)* residence requirement; **~wechsel** change of residence

Wohnsitz, **den ~ aufgeben** to abandon one's residence; **e-n ~ begründen** to establish a residence; **e-n ~ haben in** to reside in; to be resident in; **seinen ~ wechseln** to change one's residence

Wohn, **ständige ~stätte** *(DBA)* permanent home; **~verhältnisse** housing conditions; **~viertel** residential quarter; *Am* uptown; (gutes Wohnviertel) residential district; **~wagen** caravan; *Am bes.* trailer; **für ~zwecke** for residential purposes

Wohnung dwelling; home; *Br (Etage)* flat, *Am* apartment; →**Dienst~**; →**Eigentums~**; →**Privat~**; **~ mit allem Komfort** flat (apartment) with all modern conveniences; **abgeschlossene ~** self-contained flat (apartment); →**bezugsfertige ~**; **billige ~en** low-cost housing *(→sozialer Wohnungsbau)*; **freie ~ und Verpflegung** free board and lodging; **leerstehende ~** vacant (or unoccupied) dwelling; **Unverletzlichkeit der ~**[129] inviolability of the home

Wohnungs~, **~amt** housing office; **~angebot** housing supply

Wohnungsbau housing (construction); residential (or building) construction; housebuilding; **freifinanzierter ~** privately financed housing; →**sozialer ~**; **steuerbegünstigter ~** tax-privileged housing; **~darlehen** housing loan; housebuilding loan; **~finanzierung** housing (or house-building) finance; financing of residential construction; **~förderung** (government) housing promotion; **~genossenschaft** cooperative building society; **~gesellschaft** housing association; **~hypothek** housing mortgage loan; **~kredit** housing loan; **~prämie**[130] housing bonus; →**gemeinnütziges ~unternehmen**; **~vorhaben** housing scheme

Wohnungs~, **~bedarf** housing need (or requirements); **~beihilfe** housing allowance; **~bestand** dwelling (or housing) stock; **~eigentum**[131] *Br* flat property; *Am* apartment ownership (cooperative apartment ownership) *(→Eigentumswohnung)*; **~eigentümer** owner of an →Eigentumswohnung; **~einbruchversicherung** burglary and housebreaking insurance; **~einheit** housing unit; **~einrichtung** furniture; **~erbbaurecht**[132] proprietary interest in an apartment in a building held under a building lease *(→Erbbaurecht)*; **~geldzuschuss** housing subsidy *(→Ortszuschlag)*; **~inhaber** occupant (or occupier) of a dwelling; **~knappheit** housing shortage; **~makler** *Br* estate agent, house agent; *Am* real estate agent (or broker)

Wohnungsmiete (Mietzins) rent (for one's dwelling); *Am (auch)* rental; **Anstieg der ~** rent increase

Wohnungs~, **~modernisierung**[133] modernization of dwellings; **~recht** right of residence (right to use a building as a residence); **~statistik** housing statistics

Wohnungssuche search for accommodation (or *Br* a flat, *Am* an apartment); **auf ~ sein** to be looking for accommodation, to be looking for *Br* a flat *(Am an apartment)*

Wohnungs~, **~tausch** exchange of *Br* flats *(Am apartments)*; **~vermittlung** *(durch Wohnungsvermittler)* housing brokerage; **~wechsel** change of residence; **~wesen** housing (matters); **~wirtschaft** housing; **~zwangswirtschaft** housing control

Wohnung, **e-e ~ beziehen** to move into *Br* a flat *(Am an apartment)*; *(technisch)* to move into a dwelling; **e-e neue ~ benötigen** *Br* to need rehousing; **der Mieter mietet die ~** the tenant takes the *Br* flat *(Am apartment)*; **die ~ räumen** to deliver up possession of premises;

der Hauswirt vermietet die ~ the landlord lets the *Br* flat *(Am apartment)*

Wort word; →**Begrüßungs~e**; →**Ehren~**; →**Schluss~**; →**Stich~**; **Betrag in ~en** amount in words; **rechtsbegründende ~e** *(in e-m Vertrag)* operative words; **~ für ~** verbatim; **~bruch** breaking one's word; **w~brüchig werden** to break one's word; **~erteilung** granting of the right to speak; *parl* leave to speak; **~führer** spokesman

wortgetreu word for word; **~e Abschrift** exact (or true) copy; **~es Protokoll des Verfahrens** verbatim record of the proceedings; **~e Übersetzung** literal (or close) translation

Wortlaut wording, text; term; tenor; **gegenwärtiger ~** existing text; **genauer ~** exact terms; **genauer ~ e-r Urkunde** tenor of a deed; **maßgeblicher (od. verbindlicher) ~** authentic text; **~ des Gesetzes** wording of the law; **~ e-r Patentanmeldung** text of a patent application; **e-e Rede folgenden ~s** a speech worded as follows; **nach dem ~ des Vertrages** according to the wording (or terms) of the contract; **im ~ e-s Vertrages** on the face of a contract; **der englische ~ ist maßgeblich** the English text shall prevail; **der englische und deutsche ~ sind gleichermaßen verbindlich** the English and German texts are equally authentic

wörtlich literal, verbal, word for word, verbatim; **~e Übersetzung** literal (or verbal) translation; **~ zitieren** to quote verbatim

Wort, um das ~ bitten *(in e-r Versammlung)* to ask to be allowed to address the meeting (or to speak); *parl* to ask for (or claim) the floor; **das ~ brechen** to break one's word; **jdm das ~ entziehen** to withdraw sb.'s leave to speak; *(in e-r Versammlung)* to withdraw the right to address the meeting; **das ~ ergreifen** to speak in debate; *(in e-r Versammlung)* to address the meeting; *parl* to take the floor; **das ~ erhalten** to be allowed to speak in debate; *parl* to get (or be given) the floor; **das ~ erteilen** to permit sb. to speak; to grant sb. the right to speak; *parl* to give the floor to sb.; **ich erteile Herrn X das ~** I call upon Mr. X; *Am* I recognize Mr. X; **das ~ haben** to be allowed to speak; *parl* to have the floor

Wrack wreck; *(treibendes)* **~gut** flotsam

Wucher[133a] usury; usurious money-lending; →**Kredit~**; →**Miet~**; →**Zins~**; **unter ~bedingungen** on usurious terms; **~preis** usurious price, exorbitant price; predatory price; **~zinsen**[134] usurious (rate of) interest

Wucherer usurer; →**Zins~**

wucherisch usurious; **~es Darlehen** usurious loan, loan at usurious interest; **~e Rechtsgeschäfte** usurious legal transactions; **~er Vertrag** usurious contract; **~e Zinsen** usurious (or excessive) interest

Wuchs~, ~aktien (od. ~werte) growth stocks

Wunsch, auf ~ if desired, on the request (of); **in dem ~ (od. von dem ~ getragen)** desiring, desirous (of); **w~gemäß** as desired; according to one's wishes (or desire); **den ~ äußern** to express the wish

würdigen to appreciate; *(einschätzen)* to assess; **jds Verdienste ~** to pay tribute to sb.'s merits (or achievements)

Würdigung appreciation; assessment

Wurfsendung →Postwurfsendungen

Wüstenbildung desertification

Y

York-Antwerpener Regeln[1] York-Antwerp Rules

Z

Zahl number, figure; **~ von Beschäftigten** number of persons employed; **fortlaufende ~en** consecutive numbers; **an ~ übertreffen** to outnumber

Zahlkarte *(im Postgiroverkehr)* paying-in form

Zahlstelle *(Bank)* paying agent, paying office; *(Wechsel)* domicile; **~ngeschäft** *(Einlösung fälliger Zins- und Dividendenscheine)* paying agency business; **~nwechsel**[1] (irregularly) domiciled bill; **ein inländisches Kreditinstitut als ~ benennen**[2] to name a domestic bank as paying agent

Zahltag pay day; day of payment

zahlbar payable; **~ bei Auftragserteilung** cash with order (c. w. o.); **~ in bar** payable in cash; **~ bei Fälligkeit** payable when due (or at maturity); **~ an Order** payable to order; **~ bei** →**Lieferung;** *(Wechsel)* **~ bei (nach) Sicht**

payable at (after) sight; **~ an den Überbringer** payable to bearer; *(Wechsel)* **~ bei Vorlage** payable on presentation; **e-n Wechsel ~ stellen** to domiciliate a bill

Zahlbarstellung e-s Wechsels domiciliation of a bill

zahlen to pay, to make payment; **bar ~** to pay (in) cash; **vor Fälligkeit ~** to anticipate a payment; **in Raten ~** to pay by instal(l)ments; **den Preis vertragsgemäß ~** to pay the price as provided in the contract; **e-e Rechnung ~** to pay (or settle) a bill; **e-n Wechsel ~** to meet a bill; **mit e-m Wechsel ~** to pay by means of a bill; **e-e Woche im voraus ~** to make a payment a week in advance

Zahlen~, ~angaben numerical data; **~lotto** *(i. S. von Zahlenlotterie)* →Lotto; **z~mäßig überlegen** numerically superior; outnumbered; **den Betrag in ~ angeben** to express the amount in figures

zählen, sein Geld ~ to count one's money; **Stimmen ~** to count votes

Zahler payer; →**Ehren~**; →**Steuer~**; **pünktlicher ~** prompt payer; **säumiger ~** slow payer, defaulter

Zähler (Stimmenzähler) counter, teller; *(Messgerät)* meter; **e-n ~ ablesen** to read a meter

Zählung count(ing); enumeration; census; →**Volks~**; **e-e ~ durchführen** to take a (population) census

Zahlung payment; *(überwiesenes Geld)* remittance; →**Abschlags~**; →**Ab~**; →**An~**; →**Aus~**; →**Bar~**; →**Beitrags~**; →**Ehren~**; →**Ein~**; →**Miet~**; →**Nach~**; →**Nicht~**; →**Pauschal~**; →**Raten~**; →**Rest~**; →**Teil~**; →**Voraus~**; →**Zins~**

Zahlung, ~ bei Auftragserteilung cash (or payment) with order (c. w. o.); **~ in bar** →Barzahlung; **~ gegen Dokumente**[3] cash against documents (C. A. D.); **~ an** →**Erfüllungs Statt**; **~ vor Fälligkeit** payment before maturity; anticipated payment; **~ auf Grund e-s Gerichtsurteils** satisfaction of judgment; **~ in Metallgeld** payment in specie; **~ gegen Nachnahme** *Br* cash on delivery (C. O. D.); *Am* collect on delivery (C. O. D.); **~ gegen offene Rechnung** clean payment; **~ in Raten** →Ratenzahlung; **~ ohne Anerkennung e-r Rechtspflicht** ex gratia payment; **~ unter Vorbehalt** payment under reserve; **~ Zug um Zug** matching payment

Zahlung, Forderung auf ~ e-r bestimmten Geldsumme liquidated demand; →**Klage auf ~**; **Kosten der ~** expenses incidental to the payment; **Lieferung der Sache und ~ des Preises** →**Zug um Zug**; **Verbot der ~ an den Drittschuldner** →Zahlungsverbot; **Wiederaufnahme der ~** resumption of payment

Zahlung, anteilige ~ pro rata payment; **bargeldlose ~** non-cash payment; cashless payment; →**einmalige ~**; **die fällige ~** →**anmahnen**; **freiwillige ~** voluntary payment; *(ohne Anerkennung e-r Rechtspflicht)* ex gratia payment; **vor Fälligkeit geleistete ~** anticipated payment; **laufende ~en** current payments; **mangels ~** failing payment; **ordnungsmäßige ~** payment in due course; due payment; **prompte ~** prompt payment; **rückständige ~** payment in arrears; **sofortige ~** immediate payment; **symbolische ~** token payment; →**verspätete ~**; **volle ~** payment in full, full payment; **regelmäßig wiederkehrende ~** periodical payment; recurrent payment; **zusätzliche ~** additional payment

Zahlung, die fällige ~ →**anmahnen**; **e-e ~ auf e-e Schuld** →**anrechnen**; **~ gerichtlich** →**beitreiben**; **~en in Dollar durchführen** to settle payments in dollars; **(Raten-)~en einhalten** to meet the payments; **~ einklagen** to sue for payment; **~en** →**einstellen**; **die ~ des Preises und die Lieferung der Sache haben** →**Zug um Zug zu erfolgen**; **~ erfolgt in Dollar** payment will be made (or effected) in dollars; **~ nachdrücklich fordern** to make a strong demand for payment; to press for payment

Zahlung, in ~ geben to meet the payments; **~ einklagen** to sue for payment; **~en** →**einstellen**; **die ~ des Preises und die Lieferung der Sache haben** →**Zug um Zug zu erfolgen**; **~ erfolgt in Dollar** payment will be made (or effected) in dollars; **~ nachdrücklich fordern** to make a strong demand for payment; to press for payment

Zahlung, in ~ geben to trade in; *Br* to give in part exchange; *Am (auch)* to take in trade; **in ~ gegebener Wagen** trade-in (car) (as part of the purchase price)

Zahlung, die ~ hinausschieben to postpone payment; **auf ~ klagen** to sue for payment; **~ leisten** to make (or effect) a payment; **in ~ nehmen** to accept sth. as trade-in; *Br* to take (sth. of less value) in part exchange; **die ~** →**stunden**; **e-n Zeitpunkt für die ~ vereinbaren** to agree upon a date for (the) payment; **den Arbeitgeber zur ~ e-r angemessenen** →**Abfindung verurteilen**; **zur ~ der Kosten verurteilen** to order to pay the costs; **er wurde zur ~ der Kosten verurteilt** the costs were awarded against him; **die ~ verweigern** to refuse payment; **die ~ wiederaufnehmen** to resume payment

Zahlungs~, ~abkommen payments agreement; **~anerbieten (od. ~angebot)** offer to pay; tender; **~anspruch** claim for payment; **~anweisung** order to pay; **~art** way (or mode) of payment; *(bei Rechnungen)* way of settling accounts; **~aufforderung** request (or demand) for payment, payment demand; *(an Aktienzeichner)* call (letter); **dringende ~aufforderung** urgent (or pressing) request for payment

Zahlungsaufschub extension of time for payment; respite (for payment); **~ für Zölle bewilligen** to grant deferment of payment of customs duties

Zahlungs~, **~auftrag** payment order; **~ausfall** shortfall (or deficit) in payment; **~ausgänge** cash disbursements

Zahlungsausgleich settlements; →**Bank für Internationalen ~**

Zahlungsbedingungen terms (or conditions) of payment; payment terms; *(beim Lieferantenkredit)* credit terms; **günstige ~** easy terms of payment; **über ~ verhandeln** to negotiate terms of payment

Zahlungs~, **~befehl** →Mahnbescheid; **~bereitschaft** readiness to pay; **~bestätigung** confirmation of payment; →**fälliger ~betrag**

Zahlungsbilanz *(Gegenüberstellung sämtl. Soll- und Habenposten im zwischenstaatl. Zahlungsverkehr e-s Landes im Laufe eines Jahres)* balance of payments (BoP); **Unterarten der ~** →Bilanz 2.; **unausgeglichene ~** BoP in disequilibrium; **Aktivsaldo der ~** BoP surplus; **Passivsaldo der ~** BoP deficit; **~defizit** deficit in the balance of payments; external deficit; **~gleichgewicht** equilibrium of BoP; **~lücke** gap in the BoP; **~überschuss** surplus in the balance of payments; external surplus; **von ~schwierigkeiten betroffen oder ernstlich bedroht** faced with or threatened by balance of payments difficulties; **die ~ ist passiv** the balance of payments is in deficit

Zahlungs~, **~eingang** receipt of payment; incoming payment; **~einstellung** cessation (or suspension) of payments; **~erleichterungen** facilities of payment; easy terms (of payment); **~ermächtigung** payment authorization; authority to pay; *(EU)* appropriation for payment; **z~fähig** solvent; **~fähigkeit** solvency; ability to pay

Zahlungsfrist term of payment; time (fixed) for payment; payment deadline; **die ~ einhalten** to adhere to (or keep) the term of payment; **e-e ~ setzen** to set a term of payment; **die ~ verlängern** to extend the time for payment

Zahlungsgarantie payment guarantee (guaranty) (or bond)

Zahlungskarten payment cards

Diese Karten bieten die Möglichkeit, Bargeld aus einem Bargeldautomaten zu entnehmen oder Zahlungen über Verkaufsstellen-Terminals zu leisten.

These cards enable the user to draw money from cash dispensers or make payments at point-of-sale terminals.

Zahlungsmittel means of payment; **ausländische ~** foreign currency; **gesetzliches ~** legal tender; *Am* legal currency; **~umlauf** circulation of notes and coin

Zahlungs~, **~modalitäten** terms of payment; **~nachweis** evidence of payment; **~ort** place of payment; *(e-s Wechsels)* domicil(e); **z~pflichtig** liable to pay; **~rückstand** payment in arrears; **~schwierigkeiten** financial (or pecuniary) difficulties; financial embarrassments; **~sperre** stoppage of payments; **~swap** →Swap; **an ~ Statt** in lieu of payment; **~termin** date of (or for) payment, payment date

zahlungsunfähig unable to pay, insolvent; **sich für ~ erklären** to declare oneself insolvent; **den Schuldner** *(gerichtl.)* **für ~ erklären** *(mit nachfolgender Konkurseröffnung)* to adjudge the debtor (a) bankrupt

Zahlungsunfähigkeit inability to pay one's debt(s); insolvency; *(InsR)* illiquidity; **drohende ~** imminent illiquidity; **nach →Eintritt der ~**

Zahlungsverbot prohibition on payment; **~ an den →Drittschuldner**; *(dem Drittschuldner)* **ein ~ zustellen** to garnish; to serve a *Br* garnishee (*Am* garnishment) order (on)

Zahlungsverhalten payment behavio(u)r

Zahlungsverjährung *(SteuerR)*[4] lapse of right to enforce payment of overdue tax (through failure to exercise it within a time limit)

Zahlungsverkehr payment transactions; payments; →**bargeldloser ~**; →**elektronischer ~**; **internationaler ~ (od. ~ mit dem Ausland)** external payments; international payment transactions; payments to and from foreign countries; →**Abwicklung des ~s mit dem Ausland**

Zahlungsverpflichtung obligation (or duty) to pay; financial obligation; **Erlöschen der ~** *(bei Sachmangel)* extinction of the duty to pay the purchase price; **e-e ~ eingehen** to incur (or enter into, undertake) an obligation to pay (or for payment); *Am* to obligate oneself to pay; to make a financial commitment; **den ~en pünktlich nachkommen** to meet one's financial obligations punctually (or promptly)

Zahlungs~, **~versäumnis** failure to pay; **~versprechen** promise to pay, undertaking to pay; **~verweigerung** refusal to pay; *(e-s Wechsels)* dishono(u)r (by non-payment)

Zahlungsverzug *(verspätete Zahlung)* delay in payment; failure to pay on due date; *(Nichtzahlung)* default (in payment); debt delinquency;

→**anhaltender ~**; **in ~ geratener Schuldner** defaulting debtor; delinquent debtor; **~ des Mieters mit mehr als einer Monatsrate** tenant being in arrears by more than one monthly instal(l)ment of rent; **fristlose** →**Kündigung des Mietverhältnisses bei ~**; **in ~ geraten** to default, to get into arrears; **der Kunde ist 30 Tage in ~** the customer is 30 days delinquent

Zahlungsziel credit term; period (allowed) for payment; credit period; *(im Außenhandel)* term of payment; **~e, die im internationalen Handel üblich sind** terms of payment customary in international trade; **ein ~ von 2 Monaten gewähren** to allow a 2-month term for payment; to allow a credit term of 2 months

Zahlungszusage undertaking (or promise) to pay

Zaire Zaire; **Republik ~** Republic of Zaire

Zairer(in), zairisch Zairian

Zeche (coal) mine, colliery; **Stillegung e-r ~** closure of a mine, pit closure

Zechpreller bilker

Zechprellerei evading payment of one's bill; *colloq.* bilking

Zedent assignor, transferor *(Ggs. Zessionar)*; *Scot* cedent

zedierbar assignable

zedieren, **ein Recht ~** to assign (or transfer) a right

Zehnergruppe Group of Ten (G 10)

Gruppe der zehn wirtschaftlich wichtigsten Mitgliedstaaten des →Internationalen Währungsfonds (IWF), die 1962 die →Allgemeinen Kreditvereinbarungen im Bereich der internationalen Kredithilfe beschlossen haben.

Die Schweiz ist durch Assoziierungsabkommen als elftes Land im Jahre 1964 beigetreten und ist seit 1984 Vollmitglied.

Group of the ten economically most important members of the International Monetary Fund (IMF) who in 1962 adopted the General Arrangement to Borrow in the field of international credit assistance.

Switzerland entered as 11 th country by an Association Agreement in 1964 and became a full member in 1984.

Zeichen 1. sign; *(Kennzeichen)* mark; *(Signal)* signal; *(Anzeichen)* symptom (for of); *(Beweis)* token; →**Grenz~**; →**Güte~**; →**Hand~**; →**Herkunfts~**; →**Hoheits~**; →**Kenn~**; →**Staatszugehörigkeits~**; →**Verbands~**; →**Verkehrs~**; **~ für e-e Inflation** sign (or symptom) of an inflation; **~ der Wertschätzung** token of esteem; **~erklärung** legend; **~geld** token money; **~rolle** →Zeichen 2.; **mit ~ und Nummern versehen** marked and numbered; **~ geben** *(Auto)* to signal

Zeichen 2. trademark (→Warenzeichen[W4a])

Zeichenrolle Trademark Register

(nach dem 1994 durch das MarkenG aufgehobenen WarenzeichenG[6]; jetzt Markenregister, das beim →Deutschen Patent- und Markenamt geführt wird). Die Anmeldung eines Warenzeichens ist dort schriftlich einzureichen.[7]

An application for registration of a trademark has to be filed in writing with the German Patent and Trademark Office.

Zeichenrolle, **Anmeldung e-r** →**Marke zur Eintragung in die ~**; →**Löschung e-r Marke in der ~**; **die Handelsmarke in der ~ löschen** to cancel the trademark in the Trademark Register

Zeichen~, **~schutz** trademark protection; **~verletzung** trademark infringement

zeichnen *(bildhaft darstellen)* to draw, to design; *(mit e-m Zeichen versehen)* to mark, to brand; *(unterzeichnen)* to sign; *(VersR)* to underwrite; *(Wertpapiere zeichnen)* to subscribe; →**Aktien ~**; **e-e** →**Anleihe ~**; **für e-e** →**Firma ~**

zeichnend, **Werke der ~en Kunst** *(UrhR)* works of drawing

gezeichnet signed (sgd); **~e Aktien** subscribed shares; *Br (auch)* shares applied for; **~er Betrag** *(Geldsumme)* subscription; amount subscribed; **nicht in voller Höhe ~e Emission** undersubscribed issue; **die Anleihe wurde voll ~** the loan was fully subscribed

Zeichner designer, draftsman; subscriber; →**Aktien~**; **~ e-r Anleihe** subscriber to (*Br auch* for) a loan

Zeichnung drawing; design; *(Unterzeichnung)* signing, signature; *(von Wertpapieren)* subscription; →**Aktien~**; →**Anleihe~**; **zur ~ aufgelegte Wertpapiere** securities offered for subscription

Zeichnungsangebot offer for subscription; invitation to subscribe for (*Br auch* to) shares (or bonds); tender (auf öffentliche Anleihen for public loans); **öffentliches ~** public offering

Zeichnungs~, **~bedingungen** terms of subscription; **z~berechtigt** authorized to sign; **~berechtigter** person authorized to sign; authorized signatory; **~berechtigung** authority (or power) to sign; **~betrag** amount of the subscription

Zeichnungsblatt *(PatR)* sheet of drawings; **ein ~ kann mehrere Abbildungen enthalten** the same sheet of drawings may contain several figures

Zeichnungs~, **~datum** date of subscription; **~frist** subscription period; **~grenze** *(VersR)*

underwriting limit; line; **~kapazität** *(VersR)* underwriting capacity; **~kurs** subscription price; **~prospekt** prospectus inviting subscriptions; **~recht** authority to sign; subscription right; **~schein** *(zur Zeichnung neuer Aktien*[8]*)* certificate of subscription; **~schluss** closing of subscription; **~stelle** subscription agent

Zeichnungsvollmacht power to sign; signing authority; **~ hat ...** the power to sign is invested in ...

Zeichnung, Aktien zur ~ auflegen to invite subscription for shares; **e-e Anleihe zur ~ auflegen** to offer a loan for subscription; **zur ~ aufliegen** to be offered for subscription

Zeit time; period; *(Jahreszeit)* season; **mit der ~ (od. im Laufe der ~)** in the course of time; **zur ~** (z. Z.) at present, for the time being; →**Abfahrts~**; →**Amts~**; →**Ankunfts~**; →**Arbeits~**; →**Bedenk~**; →**Dienst~**; →**Empfängnis~**; →**Ersatz~en**; →**Frei~**; →**Ist~**; →**Lade~**; →**Lauf~**; →**Lebens~**; →**Liefer~**; →**Orts~**; →**Probe~**; →**Rede~**; →**Sende~**; →**Warte~**; →**Zwischen~**; **in angemessener ~** within a reasonable time; **innerhalb e-r bestimmten ~** within a given time; **zu e-r bestimmten ~** at a definite time; **seit einiger ~** for some time; **zur ~** (z. Zt.) at present; **zur festgesetzten ~** at the fixed (or stipulated) time; **zur gegebenen ~** at the appropriate time; **in der gegenwärtigen ~** nowadays; at present; **vor kurzer ~** a short time ago; **in kürzester ~** within the shortest possible time; **in nächster ~** in the next few days; in the near future; **in neuester ~** quite recently; **zur rechten ~** in due course; **schwere ~en** hard times; **auf unbestimmte ~ vertagen** to adjourn sine die; **den Vertrag auf bestimmte oder unbestimmte ~ schließen** to make the contract for a definite or indefinite period

Zeit~, ~ablauf lapse (or passage) of time; expiration (or expiry) of time; **~abschnitt** period; **in regelmäßigen ~abständen** periodically; **~angabe** date; **~ansage** *tel* time signal; speaking clock; **z~anteilig** pro rata temporis (p. r. t.)

Zeitarbeit *(Beschäftigung nach Zeit)* temporary work; *(nach Zeit bezahlte Arbeit)* time work *(Ggs. Akkordarbeit)*; **~sfirma** tempory employment agency; **~nehmer** temporary worker; temp; **~skräfte** temporary workers; **~svertrag** tempory employment contract

Zeit~, ~aufwand expenditure of time; **z~aufwendig** time consuming; **sich den z~bedingten Erfordernissen anpassen** to adapt to changing demands; to adjust to changing requirements; **~bestimmung** stipulation as to time; **~bombe** time bomb; **~charter** time charter; **angemessene ~dauer** reasonable length of time; **~depositen** →Termineinlagen; **~diebstahl** *(Computer)* theft of time; **~ersparnis** saving of time; **~fracht** time freight; **~frachtvertrag** time charter; **z~gemäß** timely; up to date, modern; **~geschäft** →Termingeschäft; **~gewinn** saving of time; **~karte** season ticket; *Am* commutation ticket

zeitlich in point of time; chronological; **~ festgelegt** timed; **~ unbegrenzt** for an indefinite period of time

Zeitlohn time wage; (payment by) time rates; **~arbeit** time work; **~satz** time rate of wages

Zeit~, ~mangel lack of time; **~personal** temporary staff

Zeitplan, fester ~ set timetable; **e-n ~ aufstellen** to prepare a time schedule

Zeit~, ~planung time management; **~police** *(bes. Seevers.)* time policy; **Reise- und ~police** mixed policy

Zeitpunkt time, point of time; moment; *(Datum)* date; **~ der Anmeldung** *(PatR)* filing date; application date; **~ des Auslaufens** *(e-s Schiffes)* date of sailing; **~ des Inkrafttretens** *(e-s Gesetzes)* effective date; **im ~ des Todes** at the time of death; **~ des Vertragsabschlusses** time of conclusion of the contract; **entscheidungserheblicher ~** *(StrafR)* material time; **der gegenwärtige ~** the present moment; **mit gut gewähltem ~** well-timed; **Bestimmung (od. Finden) des richtigen ~s** timing; **Wählen e-s schlechten ~s** bad timing; **zu dem vereinbarten ~** at the agreed date; **zum** →**vertraglich vereinbarten ~**; **zu jedem späteren ~** at any subsequent time; **e-n ~ festsetzen** to specify a time

Zeit~, z~raubend time-consuming; **~raum** period of time; **~reihe** time series; **~rente** term (-inable) annuity *(Ggs. ewige Rente)*

Zeitschrift periodical, magazine; journal; **juristische ~** law review; **Fach~** trade journal; →**Monats~**; **~enabonnement** subscription to periodicals; **~enauslage** display of periodicals; **~enverleger** publisher of a periodical; **e-e ~ halten** to take in (or subscribe to) a periodical

Zeit~, ~sichtwechsel →Nachsichtwechsel; **~stempel** time stamp

Zeit- und Bewegungsstudien *(Arbeitsablauf)* time and motion studies

Zeit, „~teilen" *(EDV)* time-sharing; **~überwachung** time-recording system; **gegenwärtige ~umstände** present circumstances (of the time); **~verlust** loss of time; **~vertrag** term contract; **richtige ~wahl** timing; **~wechsel** time draft; **z~weilig** temporary; **~wert** current (or present) (market) value; actual cash value *(Ggs. Neuwert)*

Zeit, **e-e ~ festsetzen** to appoint a date; to fix a time; **~ kosten** to take time

Zeitung newspaper, paper; journal; **linkseingestellte ~** leftist paper; **rechtseingestellte ~** rightist paper; **überregionale ~** national newspaper; **~en und Zeitschriften** newspapers and periodicals; **~sabonnement** subscription to a newspaper; **~sanzeige** →Anzeige 3.; **~sartikel** newspaper (or press) article; *(besonderer)* feature; **~sausschnitt** newspaper cutting; **~sbeilage** newspaper supplement; insert; **~spost** *Am* second-class mail; **~swerbung** newspaper advertising; **~wesen** journalism; the press; **e-e ~ →abbestellen**; **e-e ~ →abonnieren**; **das Erscheinen e-r ~ einstellen** to discontinue a newspaper; **e-e ~ halten** to subscribe to a newspaper; **e-e ~ herausgeben** to publish a newspaper; **in e-r ~ inserieren** to insert (or put) an advertisement in a newspaper; **es stand in der ~** it was stated in the (news)paper

Zelle *(StrafR: jetzt Haftraum)* cell; **Einzel~** single cell; **in e-r Fabrik ~n bilden** *pol* to set up cells in a factory; **in e-r (Haft-)~ eingesperrt sein** to be confined (or locked up) in a cell

zensieren, **Briefe ~** to exercise censorship over letters

Zensur censorship; **→Film~**; **→Presse~**; **~bestimmung** censorship order (or regulation); **z~pflichtig** subject to censorship; **die ~ aufheben** to lift the censorship; **von der ~ gestrichene Stelle** deletion made by the censor; **der ~ unterliegen** to be subject to censorship; **e-r strengen ~ unterwerfen** to submit to a severe (or strict) censorship; **die ~ verschärfen** to tighten up the censorship

Zentralafrikanische Republik Central African Republic

Zentralafrikaner(in), zentralafrikanisch of the Central African Republic

Zentralamerikanischer Gemeinsamer Markt Central American Common Market (CACM)

zentral, **Z~er Kapitalmarktausschuss** (ZKMA) *(Kommission, in der sämtliche deutsche Emittentengruppen [außer der öffentlichen Hand] und die Geschäftsbanken vertreten sind)* Central Capital Market Committee; **Z~er Kreditausschuss** (ZKA) *(Gremium der Spitzenverbände des deutschen Kreditgewerbes)* Central Credit Committee

Zentralbank central bank *(→Notenbank)*; **z~fähig** eligible for rediscount; with the central bank; **~rat** *(der Deutschen Bundesbank)* (ZBR) Central Bank Council; *Am (vergleichbar)* Open Market Committee; Federal Reserve Board; **Ausschuss der Präsidenten der ~en** *(EU)* Committee of Governors of the central banks

Zentrale central office; home office; head office; headquarters; *tel* (telephone) exchange

Zentral~, **~behörde** central authority, central office; **~behörde für den →gewerblichen Rechtsschutz** *(e-s Staates)*; **~kartei** central (or master) file; **~kassen** central institutions for credit cooperatives; **~kommission für die Rheinschiffahrt** (ZKR) Central Commission for the Navigation on the Rhine, Central Rhine Commission (CRC); **~notenbank** Central Bank; *(BRD) s.* Deutsche →Bundesbank; *Br* Bank of England; *Am* Federal Reserve System

Zentralregister central register; **→Verkehrs~**

Zentralstelle central office; *Am* central agency; headquarters; **~nverband** central association; **~nverwaltung** central administration

zentralisieren to centralize

Zentralisierung centralization; **~stendenzen** tendencies towards centralization; **~sprotokoll**[9] **(Protokoll über die ~ des europäischen Patentsystems)** Protocol on Centralization

Zentralismus centralism

Zent~, **~rum** centre (center); **→Einkaufs~rum**; **→Geschäfts~rum**

Zerfall ruin, decay; *fig* decadence; decay

zerlegt, **in Einzelteile ~** knocked down (into component parts)

Zerlegung dismantlement; *(des Steueraufkommens auf die Gebietskörperschaften)* reallocation of the tax base

Zermürbungskrieg war of attrition

zerrüttet, **~e →Ehe**; **die Ehe ist ~** the marriage has broken down

Zerrüttung collapse; **unheilbare ~ der Ehe**[10] *Br* irretrievable breakdown of marriage; *Am* irremediable breakdown of marriage; irreconciliable differences; **~sprinzip**[10] principle of broken marriage; *Am* principle of irreconciliability *(→Ehescheidungsgrund)*

Zersetzung *fig* demoralization, subversion; **→Wehrkraft~**

Zersiedlung der Landschaft despoliation of the landscape by development

zerstören to destroy; **böswillig ~** to vandalize

Zerstörung destruction, demolition *(→Sachbeschädigung)*

Zertifikat certificate; **→Investment~**

Zertifikation (od. Zertifizierung) certification

Zession assignment; transfer *(→Abtretung)*; →**Inkasso~**; →**stille ~**; **~surkunde** deed of assignment

Zessionar assign, assignee *(Ggs. Zedent)*

Zettel slip (of paper); →**Kassen~**; →**Wahl~**; **das Ankleben von ~n ist verboten** stick (or post) no bills

Zeuge witness; →**Augen~**; →**Belastungs~**; →**Entlastungs~**; →**Haupt~**; →**Trau~**; **~, der berechtigt ist, die Aussage zu verweigern** privileged witness; non-compellable witness; **~ der Gegenseite** adverse witness; **rechtlich fähig, ~ zu sein** competent to give evidence; **ausbleibender ~** defaulting witness; **nicht beeidigter ~** unsworn witness; **befangener ~** biased (or prejudiced) witness; **unter →Eid aussagender ~**; **eigener ~** friendly witness; *(trotz Ladung)* **nicht erschienener ~** contumacious witness; →**feindlicher ~**; **glaubwürdiger ~** credible witness; **parteiischer ~** interested witness; **sachverständiger ~** expert (or skilled) witness; **vereidigter ~** sworn witness; *(rechtl.)* **zulässiger ~** competent witness

Zeuge, e-n ~n ablehnen to object to a witness; **e-n ~n aufrufen** to call a p. as a witness; **als ~ aussagen** to give evidence (or testimony) as a witness; **als ~ eidlich aussagen** to give evidence on oath; to testify on oath; *(zu Protokoll)* to depose; **e-n ~n →beeidigen**; **e-n ~n benennen** to name a witness; to call a p. as a witness; **als ~ erklären** to testify, to give evidence as a witness; **als ~ erscheinen** to appear as witness; **e-e →Ladung** *(unter Strafandrohung)* **für das Erscheinen von ~n erlassen**; **~n gegenüberstellen** to confront witnesses; **e-n ~n laden** →laden 1.; **der ~ schilderte den Vorfall** the witness described the incident (or occurrence, event); **~ e-s Unfalls sein** to witness an accident; **jdn als ~n vernehmen** to take sb.'s evidence; **e-n ~n →eidlich vernehmen**; **e-n ~n zwangsweise vorführen**[11] to compel a witness to appear in court

Zeugen~, ~ablehnung objection to a witness; **~aufruf** calling of witnesses

Zeugenaussage (oral) evidence; statement (made) by witnesses; testimony; →**Erzwingbarkeit von ~n**; **~ unter Eid** →eidliche Zeugenaussage; **~ an Eides Statt** evidence given by a witness under affirmation; **zu Protokoll gegebene eidliche ~** deposition; statement on oath of a witness in a judicial proceeding (taken down in writing); **falsche ~** false evidence (or testimony); **uneidliche ~** unsworn evidence (or testimony); **sich widersprechende ~n** conflicting evidence; divergent testimonies; **~n →anfechten**; **e-e ~ machen** to give evidence; **e-e eidliche ~ machen** to testify on oath; **e-e ~ zu →Protokoll nehmen**; **die ~ verweigern** to refuse to testify; **seine ~ widerrufen** to withdraw (or retract) one's testimony; **die ~n widersprechen sich** the witnesses differ

Zeugen~, ~bank witness box; **~beeidigung** →Zeugenvereidigung; **~beeinflussung** →Beeinflussung von Zeugen; **~befragung** questioning of witnesses (by the court); **~bestechung** bribing (or corruption, subornation) of witnesses; **~beweis** →Beweis durch Zeugen; **~eid** oath taken by a witness; **~einvernahme** *(Österreich, Schweiz)* →Zeugenvernehmung; **~entschädigung** compensation to witnesses (for loss of earnings, expenses, etc); **~gebühren** witnesses' fees; fees payable to witnesses; *Br* conduct money; **~ladung** summons of a witness; **~ladung unter Strafandrohung** *Br* subpoena ad testificandum; **~nötigung** intimidation (or coercion) of witnesses; **~stand** *Br* witness box; *Am* witness stand; **~vereidigung** swearing witnesses in; administering an oath to witnesses; **~verhör** →Zeugenvernehmung

Zeugenvernehmung examination (or interrogation, hearing) of witnesses; hearing of evidence; taking testimony; **e-e ~ findet statt** testimony is taken

Zeugen~, ~vorführung production of a witness; **~vorladung** →Zeugenladung

Zeugnis *(Zeugenaussage)* evidence, testimony; *(bes. über Dienstleistungen, gutes Verhalten etc)* testimonial; *(für Angestellte)* reference; character; *(Bescheinigung)* certificate; *(Schulzeugnis)* report; →**Arbeits~**; →**Armuts~**; →**Dienst~**; **polizeiliches →Führungs~**; →**Gesundheits~**; →**Ursprungs~**; **falsches ~** false evidence; *(Dienstzeugnis)* false character; **~abschrift** copy of a testimonial; **Pflicht zur ~erteilung**[12] obligation (or duty) to supply references (for employee); **~pflicht** duty to give evidence

Zeugnisverweigerung refusal to give evidence; **~srecht**[13] privilege (of a witness to decline to answer questions); *(des Abgeordneten)*[14] right to refuse to give evidence; *(bei Gefahr strafrechtl. Verfolgung)* privilege of a witness against self-incrimination; **Geltendmachung des ~s** *Am* plea of privilege (to refuse testimony as a witness); **das ~srecht haben** to be privileged from testifying

Zeugnis, ~ ablegen to give (or bear) evidence; **der Dienstverpflichtete hat Anspruch auf ein schriftliches ~, das sich auf die Leistungen und Führung im Dienst erstreckt**[12] the employee is entitled to a written testimonial covering his performance and conduct; **auf die Erteilung e-s richtigen und vollständigen ~ses kann geklagt werden** an action can be brought to compel provision of an accurate and complete testimonial

Zeugungs~, **z~fähig** procreative; **~unfähigkeit** sterility, impotence

ziehen, **auf den IWF ~** to draw on the IMF; **~ nach** to move to; →**Folgerungen ~**; **die** →**Grenze ~**; **ein** →**Los ~**; →**Muster ~**; →**Nutzen ~ aus**; **e-n Wechsel auf jdn ~** to draw a bill on sb. *(→gezogen)*

Ziehung drawing; **~sliste** *(e-r Lotterie)* drawing list; **~srecht** *(e-s Mitglieds des IWF)* drawing right *(→Sonderziehungsrechte)*; **beim IWF die ~ von ... Millionen Dollar beantragen** to apply to the IMF for the drawing of ... million dollars

Ziel goal, objective; *(erstrebtes Ziel)* target; *(Zahlungsziel)* period allowed for payment; credit period; **Verkauf auf ~** sale on credit; **~gesellschaft** *(zur Übernahme ausgewählt)* target company; **~kauf** purchase on credit; **~land** target country; **~planung** target planning; **~setzung** goal, objective; **ein ~ erreichen** to achieve an objective; to reach a goal; to gain one's end; **auf ~ kaufen** to buy on credit; **das ~ überschreiten** to exceed the credit period; **das ~ verlängern** to extend the credit period

zielen →gezielt

Ziffer figure, cipher; *(e-s Gesetzes)* sub-paragraph; *(in e-m Vertrag)* item; →**Auflagen~**; →**Geburten~**; →**Verkehrs~n**; →**Verlust~n**; **in ~n und Worten** in figures and words; **den Betrag in ~n angeben** to express the amount in figures

Zimmer~, **~abbestellung** *(im Hotel)* room cancellation; **~bestellung** *(im Hotel)* room reservation; *Br* booking of a room; **~nachweis** letting agency; lodgings bureau; **ein ~** →**abbestellen**; **ein (Hotel)~ bestellen** to book (or reserve) a room; →**möblierte ~ vermieten**

Zinn, **Internationales ~-Übereinkommen**[15] International Tin Agreement

Zins interest; **~anleihe** loan repayable in full at due date *(Ggs. Tilgungsanleihe)*; **~anstieg** rise (or lift) in interest rates; **~arbitrage** *(Börse)* arbitrage on interest rates; **~arbitragegeschäfte** interest-rate arbitrage dealings; **~auftrieb** upswing (or upturn) in interest rates; **~aufwendungen** interest expense, interest paid; **~ausfall** loss of interest; **~bedingungen** terms of interest; **~belastung** interest load; **~berechnung** →Berechnung der Zinsen, →Berechnung von Zinsen; **~bogen** interest coupon; coupon sheet; **z~bringend** interest bearing; **~eingänge** interest receipts; **~einkünfte** interest income

Zinsen interest; **~ zu 3** interest at (the rate of) 3; **keine ~ tragend** non-interest bearing; →**Aktiv~**; →**Bank~**; →**Darlehens~**; →**Kapital~**; **Kapital und aufgelaufene ~** principal with interest accrued; →**Kapitalmarkt~**; →**Kredit~**; →**Passiv~**; →**Prozess~**; →**Schuld~**; →**Soll~**; →**Staffel~**; →**Stück~**; →**Verzugs~**; →**Wucher~**; →**Zwischen~**; **aufgelaufene ~** accrued (or accumulated) interest; **ausschließlich ~** ex interest; **einfache ~** simple interest; **fällige ~** interest due, interest payable; *(später)* **fällig werdende ~** accruing interest; **gesetzliche ~** legal (or statutory) interest; **gestaffelte ~** graduated interest; **hohe ~** high interest; **laufende ~** current interest; **niedrige ~** low interest; **ohne ~** ex interest; **rückständige ~** interest in arrears; **übliche ~** usual (or conventional) interest; *(vertraglich)* **vereinbarte ~** contract interest, stipulated interest

Zinsen, **~ abwerfen** to yield (or bear, carry) interest; **Geld gegen ~ ausleihen** to lend money at (or on) interest; **~ erhalten auf** to recover interest on; **~erheben** to charge interest; **die ~ erhöhen** to raise the interest; to increase the interest rate; **die ~ herabsetzen** to reduce the interest; **die ~ zum Kapital schlagen** to add the interest to the capital; **die ~ laufen ab 1. Januar** interest is due (or payable) from January 1; **die vereinbarten ~ bis zum Fälligkeitstermin zahlen** to pay the agreed interest until due date

Zinsendienst interest service; **Gelder für den ~ anschaffen** to provide funds for payment of interest

Zinsenkonto interest account

Zins~, **~erhöhung** interest rate increase; **~ertrag** interest earnings, interest income

Zinseszins compound interest

Zins~, **~fälligkeitstermin** date of interest due; **~forderung** claim for interest; *(Bilanz)* interest receivable; **z~frei** interest-free; **z~freies Darlehen** interest-free loan; **~fuß** →Zinssatz; **~garantie** interest guarantee; **~gefälle** margin between interest rates; **z~günstiger Kredit** low-interest credit; **~gutschrift** interest credited; amount credited as interest; **~herabsetzung** reduction of interest; lowering of the rate of interest; **~klausel** interest clause; **~kosten** interest cost; **~kupon** interest coupon; **~last** interest burden; **z~los** non-interest-bearing; interest-free; **~marge** interest margin; **~niveau** interest rate level; level of interest rates; **~politik** interest rate policy; **z~reagibel** sensitive to interest rate changes; **~rückstände** arrears of interest

Zinssatz interest rate, rate of interest; **Maximal~** cap rate; **Mindest~** floor rate; **gesetzlicher ~** legal rate of interest; **zu e-m hohen (niedri-**

gen) ~ at a high (low) rate of interest; **kurz- und langfristiger ~** short and long-term interest rate; **marktüblicher ~** current rate of interest; **Anleihe mit variablem ~** floating rate note; **Kredit zu verbilligtem ~** credit at reduced interest rate; **~ für festverzinsliche Wertpapiere** coupon rate; **~ für Investitionen** *(e-s Unternehmens)* rate of return(s); **~ bei Verzug** rate of interest on overdue payments; **den ~ erhöhen (senken)** to raise (reduce) the interest rate; **die Zinssätze gingen leicht nach oben** interest rates showed a slight upward trend

Zins~, **~schein** interest coupon (or warrant); **~schuld** interest debt; **~schwankungen** fluctuations of interest rates; **~senkung** reduction of interest; lowering of the rate of interest; **~spanne** interest margin; margin between the interest paid by a bank and the interest it earns spread; **~struktur** interest rate structure; **~subvention** interest subsidy; **~swap** interest rate swap *(→Swap)*; **~tabelle** interest table; **~termingeschäft** forward interest-rate agreement (FRA); **~termin** interest due date; **~terminkontrakte** *(Börse)* interest rate futures; future rate agreements (FRA); **z~tragend** interest-bearing; **z~variable Anleihen** floating rate notes (FRN); **z~verbilligtes Darlehen** reduced-interest loan, loan at reduced rates; **~verbilligung durch staatliche Zuschüsse** interest subsidising; **z~vergünstigtes Darlehen** loan at low rates of interest; loan at concessionary interest rates; **~vergünstigung** interest subsidy; **~verlust** interest loss; **~verzicht** waiver of interest; **~verzug** default of interest; **~vorteil** interest rate advantage; **~wucher** usury; lending money at a usurious rate of interest; **~wucherer** loan shark; **~zahlung für aufgenommenen Kredit** interest payment on loan taken out; *(Bankkredit)* interest payment on bank advance; **~zuschuss** interest subsidy

Zirkular~, **~kreditbrief** circular letter of credit; **~note** *dipl* circular note

Zitat quotation; **~e aus e-m der Öffentlichkeit erlaubterweise zugänglich gemachtem Werk**[16] quotations from a work which has been lawfully made available to the public; **~recht**[16a] right of quotation

zitieren to quote, to cite; **wörtlich ~** to quote literally

zitiert, **im oben ~en Werk** op. cit. (opere citato)

Zitierfreiheit freedom of quotation

Zivil, **in ~** in plain clothes; *mil* in civilian clothes

zivil, **~e Erwerbstätige** *(ohne Soldaten)* persons in civilian employment; **~e Verteidigung** civil defence (defense) *(→Zivilschutz)*

Zivil~, **~bevölkerung** civilian population; civilians; **~dienst** *(durch →Kriegsdienstverweigerer aus Gewissensgründen)*[17] Civil Alternative Service; alternative civilian service *(Ggs. Wehrdienst)*; **~dienstpflichtiger** person performing substitute military service; **~ehe** civil marriage; **~flugzeug** civil aircraft; **~flugzeugführerschein** civil pilot's licen|ce (~se); **~gericht** civil court; **~gerichtsbarkeit** civil jurisdiction; **~kammer** *(am Landgericht)* civil division *(Ggs. →Strafkammer)*; **~klage** civil action; **in ~kleidung** in plain clothes; **~liste** *parl* Civil List

Zivilluftfahrt civil aviation; **→Europäische Konferenz über ~**; **Internationale ~-Organisation** (IZLO) International Civil Aviation Organization (ICAO); **Abkommen über die Internationale ~**[18] Convention on International Civil Aviation; **Übereinkommen zur Bekämpfung widerrechtlicher Handlungen gegen die Sicherheit der ~**[19] Convention for the Suppression of Unlawful Acts against the Safety of Civil Aviation

Zivilluft~, **~fahrzeug** passenger airplane, civil aircraft; **~verkehr** civil aviation

Zivilprozess civil action, civil proceedings (or case); **~ordnung** (ZPO) Code of Civil Procedure; *Am* Federal Rules of Civil Procedure, General Practice Act; **~recht** law of civil procedure; **→Haager ~übereinkommen**

Zivilrecht civil law, private law *(→bürgerliches Recht)*

zivilrechtlich, **~er Anspruch** claim under civil law; **~es Delikt** tort; **~e Haftung für →Ölverschmutzungsschäden**; **~e Vorschriften** rules of civil law

Zivil~, **~richter** judge for civil cases; **~sache** civil case (or cause); **~schutz**[20] civil defence (defense) (against the effects of enemy attack, es- pecially by air); **~senat** *(am BGH, OLG)* division for civil matters; **~trauung** civil marriage; **~urteil** judgment in a civil case; **~verfahren** civil proceedings; **~verwaltung** civil administration

Zögern, **ohne schuldhaftes ~** without undue delay

Zoll *(Abgabe)* customs duty, duty; *(Zolltarif)* tariff; *(Zollbehörde)* customs; **→Abwehr~**; **→Ausfuhr~**; **→Ausgleichs~**; **→Durchgangs~**; **→Einfuhr~**; **→Erziehungs~**; **→Finanz~**; **→Gewichts~**; **→Gleit~**; **→Kampf~**; **→Mengen~**; **→Misch~**; **→Retorsions~**; **→Schutz~**; **→Vertrags~**; **→Vorzugs~**; **→Wert~**; **~ zu Lasten des Käufers** duties on buyer's account

Zoll, **etw. beim ~ angeben** to declare sth. at the customs; **vom ~ befreit sein** to be exempt from customs duties; **~ bezahlen für** to pay customs duties on; **durch den ~ gehen** to pass through the customs; **den ~ hinterziehen** to defraud the customs; to evade customs duties

Zölle, ~ und Abgaben customs duties and charges; *Br* excise duties; *Am* duties, imposts and excises; **~ und sonstige Abgaben** customs duties and charges of any kind; **Abbau der ~** reduction of customs duties; **erhobene ~** duties charged (on); **gemischte ~** compound duties; **mit hohen ~n belastet** subject to high tariffs; *colloq.* tariff ridden; **spezifische ~ in Wert~ umwandeln** to convert specific duties into ad valorem duties

Zölle, ~ anheben to raise customs tariffs; **~ aufheben** to abolish customs duties; **~ erheben** to levy (or collect) customs duties; **~ erhöhen** to raise (or increase) the tariffs; **~ senken** to lower (or decrease) the tariffs; **~ umgehen** to avoid customs duties

Zollabfertigung customs clearance; **~sgebühr** customs clearance charges; **~shafen** port of entry; **~sschein** customs permit; *(e-s Schiffes)* bill of clearance; *Br (bei eingeführten Waren)* bill of entry; **~sverfahren** customs clearing procedure

Zollabgaben customs duties

Zollabkommen customs convention; tariff agreement; **Allgemeines Zoll- und Handelsabkommen** →GATT; **~ über Behälter** Customs Convention on Containers

Zollabkommen über Carnets ECS für Warenmuster[20a] Customs Convention Regarding ECS Carnets for Commercial Samples

Zollabkommen über die vorübergehende Einfuhr gewerblicher Straßenfahrzeuge[20b] Customs Convention on the Temporary Importation of Commercial Road Vehicles

Zollabkommen über die vorübergehende Einfuhr privater Straßenfahrzeuge[20c] Customs Convention on the Temporary Importation of Private Road Vehicles

Zollabkommen über die vorübergehende Einfuhr von Wasserfahrzeugen und Luftfahrzeugen zum eigenen Gebrauch[21] Customs Convention on the Temporary Importation for Private Use of Aircraft and Pleasure Boats

Zollagent customs agent

Zolllager *(in dem Ware unverzollt eingelagert werden darf)* bonded warehouse; **öffentliches ~** public customs warehouse (unter Zollverschluss secured by the customs lock)

Zollamt customs office; →**Anmeldung beim ~**; **Waren vom ~ abholen** to take goods out of bond

zollamtlich, ~e Abfertigung customs clearance; **~er Verschluss** bond; **~ abgefertigt** cleared through the customs; **sein →Gepäck ~ abfertigen lassen**; **Waren ~ deklarieren** to enter goods at the customs; **~ überwacht werden** to be subject to customs supervision

Zoll~, ~änderung tariff change; **~angabe** customs declaration; bill of entry

Zollanmeldung customs declaration (or entry); goods declaration; **~ für die Abfertigung zum freien Verkehr** goods declaration for home use; **e-e ~ abgeben** to make a customs declaration

Zoll~, ~anschlussgebiet[22] customs enclave; **~antrag** customs application; **~ausschlussgebiet**[22] customs exclave (not subject to German Customs Act); **~beamter** customs officer (or official); **~befreiung** relief from customs duty; customs exemption; **~befund** official record of the →Zollbehandlung; **~begleitschein** *(zur Freigabe aus Zollverschluss)* bond note; **~begleitscheinheft** *(für internationalen Straßengüterverkehr)* Carnet TIR[23]

Zollbehandlung customs treatment; **benachteiligende ~** tariff discrimination; **~ von →Paletten**

Zoll~, ~behörden customs authorities; the Customs; **~beschau** customs examination; **~bescheid** assessment of customs duties; **~bestimmungen** customs (or tariff) regulations; customs provisions; **~bewertung** customs valuation; **~bezirk** customs district; **~boot** revenue cutter; **~bürgschaft** guarantee for the amount due to the customs; **~deklaration** →Zollerklärung; **~delikt** →Zollstraftat; **~dokumente** customs papers; **~einfuhrschein** *Br* bill of entry; **~einnahmen** customs receipts (or revenues); receipts from customs duties; **~erhöhung** tariff increase

Zollerklärung customs declaration (or entry); **~ zur Einlagerung unter Zollverschluss** entry for warehousing, warehousing entry

Zollerleichterungen customs facilities; **Abkommen über die ~ im Touristenverkehr**[24] Convention Concerning Customs Facilities for Tourists

Zoll~, ~ermäßigung tariff reduction; **~erstattung** →Zollrückvergütung

Zollfahndung customs investigation; **~sstelle** customs investigating office (investigating suspected tax and customs offences [offenses]); *Br* Investigation Division of the Board of Customs and Excise

Zoll~, ~festsetzung assessment of duty; **~flugplatz** customs airport, airport of entry

Zollformalitäten customs formalities; **Erledigung der ~** completion of the customs formalities; **die ~ erledigen** to attend to the customs formalities

zollfrei dutyfree; exempt from duty; **~e Einfuhr** dutyfree entry; **die Waren werden ~ eingeführt** the goods enter the country duty- free

Zollfreigebiet *(z. B. Freihafen)* free zone

Zollfreiheit exemption from customs duties; customs exemption

Zollgebiet customs territory; **einheitliches ~** *(EU)* uniform customs territory

Zollgebühren customs duties (or charges); **Erlass der ~** remission of customs duties

Zollgesetz (ZG) tariff law, customs law; *Br* Customs and Excise Act; *Am* Tariff Act; **~gebung** tariff legislation

Zoll~, **~gewahrsam** customs custody; **~gewicht** dutiable weight

zollgleich, **Abgaben ~er Wirkung** charges (or payments) equivalent in effect to customs duties

Zollgrenze customs frontier

Zollgrenz~, **~bezirk** customs surveillance zone; **~stelle** frontier control point

Zollgut dutiable goods; bonded goods; **~lager** bonded warehouse

Zoll~, **~hafen** port of entry; **~hinterziehung** defraudation of the customs; evasion of duties; customs fraud; **~hinterziehung begehen** to evade customs duties; **~hoheit** customs jurisdiction; **~hoheitsgebiet** customs territory; **~inhaltserklärung** *(bei Paketen ins Ausland)* customs declaration

Zollkodex customs code; **~ der Gemeinschaften** *(EU)* (erst ab 1. 1. 1993 anwendbar) Community Customs Code (applicable only after Jan. 1, 1993)

Zollkontrolle customs check; **Harmonisierung der ~n**[24a] harmonisation of customs controls

Zoll~, **~lager** →Zollager; **~maßnahmen** tariff measures; **~niederlage** public customs warehouse

Zollnomenklatur, **Brüsseler ~**[24b] Brussels Tariff Nomenclature (BTN); **Tarifierung von Waren in der ~** classification of goods in the customs nomenclature

Zoll~, **~ordnungswidrigkeit**[25] breach of customs (*Br* and excise) regulations; **~papiere** customs documents; clearance papers; **~passierschein** Carnets de Passages[26] *(→ Triptyk)*

zollpflichtig liable (or subject) to duty; **~e Güter (od. Waren)** dutiable goods, goods subject to customs duties; **ein Schiff nach ~en Waren durchsuchen** to search a vessel for dutiable goods

Zoll~, **~plombe** customs plumb, lead seal; **~politik** tariff policy, customs policy; **~präferenz** customs tariff preference *(→ Präferenz)*; **~quittung** customs receipt; *Br (auch)* docket

Zollrecht customs law

zollrechtlich, **Überführung von Waren in den ~ freien Verkehr** release of goods for free circulation; **Waren, die sich im ~ freien Verkehr innerhalb der Gemeinschaft befinden**[26a] *(EU)* goods moving within the customs territory of the Community

zollrechtliche Vorschriften provisions of customs law

Zoll~, **~revision** customs examination (des Handgepäcks of hand luggage); **~rückvergütung** refund of duty; *(bei Wiederausfuhr)* drawback

Zollsatz rate of duty; tariff rate; **Ausgangs~** basic duty; **autonomer ~** autonomous duty; **→autonome Zollsätze des Gemeinsamen Zolltarifs**; **zu berechnender ~** rate of duty chargeable; **vertragsmäßiger ~** conventional duty; **die Zollsätze erhöhen (herabsetzen)** to raise (reduce) customs duties

Zoll~, **~schranken** customs barriers; **~schuld** unpaid (or evaded) customs duty; customs debt; **~schuldner** person responsible for payment of customs duty; person liable for payment of a customs debt; **~schutz** tariff protection; **~senkung** tariff cut(ting) (or reduction); reduction in the rate (of duties); **~spediteur** customs agent (or broker)

Zollstelle customs office, customs post; **Abgangs~** customs office of departure; **Bestimmungs~** customs office of destination; **Durchgangs~** customs office en route

Zollstrafe customs penalty, customs fine; **e-e ~ auferlegen** to impose a customs fine

Zoll~, **~straftat** revenue offence (offense) *(→ Bannbruch, → Schmuggel etc)*; **~straße** approved (customs) route; **~system** tariff system; **~tara** customs tare

Zolltarif customs tariff; **gemeinsamer ~** *(EU)* Common Customs Tariff (CCT); **gemischter (od. kombinierter) ~** compound (or mixed) tariff; **laut ~** according to (or as per) tariff; **nach Menge, Stück od. Gewicht berechneter ~** specific tariff; **~schema** tariff nomenclature; **~schema für die Einreihung der Waren in die ~e** nomenclature for the classification of goods in customs tariffs; **~bestimmungen** tariff provisions; **~verhandlungen** tariff negotiations

Zollübereinkommen über das Carnet ATA für die vorübergehende Einfuhr von Waren[27] Customs Convention on the ATA Carnet for the Temporary Admission of Goods

Zollübereinkommen über den internationalen Warentransport mit Carnets TIR~, ~[28] Customs Convention on the International Transport of Goods under Cover of TIR Carnets; TIR Convention

Zollübereinkommen über Erleichterungen für die Einfuhr von Waren, Messen, Kongressen od. ähnlichen Veranstaltungen ausgestellt od. verwendet werden sollen, Zollübereinkommen über Erleichterungen für die Einfuhr von Waren, die auf Ausstellungen, Messen, Kongressen od. ähnlichen Veranstaltungen ausgestellt od. verwendet werden sollen[28a] Customs Convention Concerning Facilities for the Importation of Goods for Display or Use at Exhibitions, Fairs, Meetings or Similar Events

Zollübereinkommen über die grenzüberschreitende Warendurchfuhr Customs Convention on the International Transit of Goods

Zollübereinkommen über die vorübergehende Einfuhr von Berufsausrüstung[29] Customs Convention on the Temporary Importation of Professional Equipment

Zollübereinkommen über die vorübergehende Einfuhr von Lehrmaterial[29a] Customs Convention on the Temporary Importation of Educational Material

Zollübereinkommen über die vorübergehende Einfuhr von Umschließungen[30] Customs Convention on the Temporary Importation of Packings

Zollübereinkommen über die vorübergehende Einfuhr von wissenschaftlichem Gerät[31] Customs Convention on the Temporary Importation of Scientific Equipment

Zoll~, **~union** customs union; **~unterschied** *(Unterschied in den Zollsätzen)* tariff differential; **~verfahren** customs procedure; **~vergehen** offence (offense) against customs legislation; breach of customs regulations; **~- und Steuervergehen** fiscal offences (offenses); **~vergünstigung** preferential treatment; tariff preference (or advantage); **~verhandlungen** tariff negotiations

Zoll~, **~versandgut** goods in custom transit; **~versandschein** bond note

Zollverschluss customs seal; *Br bes.* bond; **ohne ~** non-sealed; **unter ~** bonded, in bond; **Güter (od. Waren) unter ~** goods under customs seal (or in bond); bonded goods; **Beförderung unter ~** transport under customs seal; **Gebühren der Einlagerung unter ~** warehousing charges; **Zolldeklaration zur Einlagerung unter ~** warehousing entry; **z~sichere Einrichtung** sealability; **~anerkenntnis**[32] certificate of customs sealability; **den ~ anlegen** to affix the customs seal; **unter ~ einlagern** to store in bond; to store in a warehouse; **aus dem ~ herausnehmen** to take goods out of bond; **unter ~ sein** to be in bond; **den ~ verletzen** to break the customs seal

Zoll~, **~verwaltung** customs authorities; customs administration; *Am* [33] customs services *(→Bundeszollverwaltung)*; **~vorschriften** customs regulations; **~vorteile** customs (or tariff) advantage

Zollwert dutiable value; value for customs purposes; **~anmeldung** customs value declaration; **~ermittlung** valuation for customs purposes; **den ~ feststellen** to determine the dutiable value

Zollwesen, Rat für die Zusammenarbeit auf dem Gebiet des ~s (RZZ) Customs Cooperation Council (CCC)

Zollzugeständnis, **~se** tariff concessions; **~listen** *(e-s GATT-Mitgliedes für den Warenverkehr mit den übrigen Mitgliedstaaten)* Schedules of Tariff Concessions

Zoll~, **~zuschlag** additional duty; **~zweigstelle** customs sub-office

Zone zone; **in ~n einteilen** to divide into zones, to zone

Zubehör accessories, appurtenances; *(nicht im technischen Sinne)* fixtures and fittings; *(Werkzeug, Geräte)* implements; →**Kraftfahrzeug~**
Zubehör sind bewegliche Sachen, die, ohne Bestandteil der Hauptsache zu sein, dem wirtschaftlichen Zwecke der Hauptsache zu dienen bestimmt sind[34].
"Zubehör" comprises movables which, while not being components of a (principle) thing (e. g. a building), have to serve the latter's purposes (e. g. lighting fixtures, dustbins).

Zubehör, ~ zum unbeweglichen Vermögen *(DBA)* accessory to immovable property; **dem gewerblichen Zwecke dienendes ~** trade fixture; **dem landwirtschaftlichen Zwecke dienendes ~** agricultural fixture

zubilligen, →**mildernde Umstände ~**; **jdm Schadensersatz ~** to award (or allow) sb. damages

Zubringer access road (or route), link road, feeder; **~bus** shuttle bus; **~dienste** shuttle services; **~flugzeug** feeder aircraft, *Am* commuter aircraft; **~linie** *(Bahn)* feeder line; **~schiff** *(im*

Containertransport) feeder vessel; **~straße** feeder road

Zubuße additional contribution demanded from a →Gewerke

Zuchthausstrafe penal servitude, *(jetzt:)* →Freiheitsstrafe

Zuchtmittel[35] disciplinary measures (for juvenile delinquents)

Zuckersteuer sugar tax

zueignen, sich rechtswidrig ~ to appropriate unlawfully *(→Diebstahl)*

zuerkennen *(als Ergebnis e-r Entscheidung)* to award; *(gerichtlich)* to award, to adjudge, to adjudicate; **e-n →Preis ~** *→Preis 2.*; **durch Schiedsspruch ~** to grant ... by an award; **→Unterhalt ~**

Zuerkennung von Schadensersatz award of damages

Zufahrt approach; *Br (zu e-m Gebäude)* drive, *Am* driveway; **~straße** access (or approach) road

Zufall coincidence; accident; random; **z~sbedingt** aleatory; depending upon chance; **~seinnahmen** windfall receipts; **~serfindung** accidental invention; **~sgewinn** windfall profits; **~smehrheit** *(bei Abstimmungen)* incidental majority; **~sstichprobe** random sample

zufällig fortuitous, accidental; **nur ~** merely incidental (or accidental); **~ oder absichtlich** by accident or by design; **~er Untergang e-r Sache** *(bei Rücktritt vom Vertrag*[36]*)* accidental perishing of a chattel; **~er Untergang des Werkes**[36a] accidental loss of the work

zufließen to accrue; to flow to; **Einkünfte fließen ihm zu aus** ... he derives an income from ...

Zuflucht refuge; shelter; **in e-m Lande ~ suchen** to seek (or take) refuge in a country

Zufluss influx, inflow; **→Devisen~**; **→Kapital~**; **Zu- und Abflüsse** *(von Kapital)* inflows and outflows

zufriedenstellen to satisfy, to give satisfaction; **~den Nachweis erbringen** to establish to the satisfaction (of)

Zufriedenheit, ~ am Arbeitsplatz job satisfaction; **Ihr Auftrag wird zu Ihrer vollen ~ ausgeführt werden** your order will be carried out (or executed) to your full satisfaction; **er hat die ihm übertragenen Aufgaben zu unserer vollsten (vollen) ~ erledigt** he has completed the tasks assigned to him to our entire satisfaction

zufügen, jdm Schaden ~ to do sb. harm; to cause damage to sb.

Zufuhr supply; **die ~ abschneiden** to cut off (the) supply (of)

zuführen, den Rücklagen ~ to allocate to the reserves

Zuführung zur Rücklage allocation (or transfer) to reserve

Zug train; **→durchgehender ~**; **→Güter~**; **~verbindung** train connection

Zug um Zug contemporaneously, concurrently; **~ zu erfüllende Bedingung** concurrent condition; **→Erfüllung ~**; **~-Leistung**[37] performance upon tender of counter- performance; **die Lieferung der Sache und Zahlung des Preises haben ~ zu erfolgen** delivery of the goods and payment of the price shall be a concurrent condition; **die Verpflichtungen sind ~ zu erfüllen** the performance by one party of its obligation(s) is a condition precedent for demanding performance (of its obligation[s]) by the other; **~ erfüllen** to perform against performance; to perform contemporaneously

Zugabe *(bei e-m Kauf)* extra, gift; **als ~** into the bargain; **~angebot** premium offer; **~artikel** gift item; premium; **~verordnung** *(von 1932)* Ordinance on Bonuses

Zugang access, entry; *(Zuwachs)* addition; *(Anfall)* accrual; *(Hinzukommen)* increase; *(in e-r Bücherei etc)* accession; **Zugänge** *(e-s Anlagegutes Bilanz)* additions; **~ an Arbeitslosen** number of new unemployed; **~ zu e-m (gehobenen) Beruf** access to a profession; *(freier)* **~ zum Meer** access to the sea; **Land ohne ~ zur See** landlocked country; **~srate** *(neu eingestellter Beschäftigter)* accession rate; **Zu- und Abgangsrate** replacement rate; **~srecht** right of access; **~sweg** access road; approach (nach to); **e-e Liste der Zugänge für e-e Bücherei** a list of accessions to a library

zugänglich accessible (für to); **schwer ~** difficult of access; **~ machen** *(Information)* to disclose; **das Werk der Öffentlichkeit ~ machen** to make the work available to the public; **allgemein ~ sein** *(nicht mehr geschützt sein UrhR, PatR)* to be in the public domain

zugeben *(einräumen)* to admit, to concede; **seine Schuld ~** to admit one's guilt

zugegebenermaßen admittedly

zugegen present; **nicht ~** absent

zugehen, jdm ~ *(Brief, Nachricht etc)* to reach sb.

zugegangen, e-e Erklärung gilt als ~ a declaration is deemed to have been received

zugehörig belonging to, pertinent, appurtenant (zu to)

Zugehörigkeit affiliation; membership; →**Berufs~**; **~ zu e-r** →**Gewerkschaft**; **~ zu e-r** →**Kirche**; **~ zu e-r Partei** party affiliation; **~ zu e-r Versicherung** membership in an insurance scheme; **tatsächliche ~ der Kapitalbeteiligung zur Betriebsstätte** *(SteuerR)* effective connection of the shareholding to the permanent establishment

zugelassen →zulassen

zugesichert →zusichern

Zugeständnis *(Zugeben)* admission; *(Konzession)* concession; →**Preis~**; →**Zoll~(listen)**; **~se erhalten (machen)** to obtain (make) concessions

zugestehen to grant, to concede, to admit

Zugewinn[38] accrued gains
Der Betrag, um den das →Endvermögen e-s Ehegatten das →Anfangsvermögen übersteigt.
Amount by which the assets owned by a spouse at the end of the →Zugewinngemeinschaft exceed that owned at the beginning.

Zugewinnausgleich equalization of the →Zugewinn *(s. gesetzliches →Erbrecht des Ehegatten)*
Der Zugewinn, der bei Beendigung der →Zugewinngemeinschaft ausgeglichen wird, wird verschieden ausgeglichen, je nachdem ob der Güterstand durch den Tod eines der Ehegatten endet[39] oder ob er auf andere Weise beendet wird, insbes. nach Ehescheidung[40].
On termination of the Zugewinngemeinschaft, the "accrued gains" effected by each spouse in his/her assets are equalized; different rules apply according to whether the regime is terminated by death or by some other event (e. g. divorce).

Zugewinngemeinschaft[41] community of accrued gains; **im gesetzlichen Güterstand der ~ leben** to be subject to the statutory (matrimonial) property regime of the community of accrued gains
Gesetzlicher Güterstand[42]; trotz seines Namens keine Gütergemeinschaft, sondern eine Gütertrennung mit Zugewinnausgleich. Das Vermögen des Mannes und das der Frau werden nicht gemeinschaftliches Vermögen der Ehegatten. Jeder Ehegatte haftet nur für die von ihm herrührenden Schulden. Der Gewinn, der von einem Ehegatten im Laufe der Ehe erzielt wird (Zugewinn), bleibt in dessen Vermögen, wird jedoch ausgeglichen, wenn die Zugewinngemeinschaft endet.
Statutory matrimonial property regime; despite its name, not a true community of property between spouses but a separation of property with →Zugewinnausgleich. Each spouse owns and administers independently his/her own property, being liable only for debts incurred by himself/herself. Any additional wealth created during the period of the regime (community of accrued gains) remains the property of the spouse who created it. It will, however, be equalized on termination of the regime.

Zugriff *(EDV)* access; **~ zur Datenbank** access to the data bank; **nicht dem ~ der Gläubiger unterliegen** *(KonkursR)* to be exempt from creditors' attachment

zugrunde legen to take (or use) as a basis

zugrunde liegen to be the basis of; **~des Geschäft** underlying business

zugunsten e-s Dritten for the benefit of a third party

zugute, jdm (e-r Sache) ~ kommen to be for the benefit of sb. (sth.)

Zuhälter (prostitute's) procurer, pander; whore master; *colloq.* pimp

Zuhälterei[43] procuration, procuring (of persons for the purposes of illicit intercourse); pimping

Zuhörerschaft audience, attendance

Zukunft, in ~ in future; **~saussichten** future prospects, future outlook; **z~sbezogen** future-related; **~sforschung** futurology; **~sgewinn** future profit; **z~sorientiert** future- orientated

zukünftig future; **gegenwärtige und ~ Forderungen** debts owing and accruing; **~e Gesetzgebung** prospective legislation; **Abtretung ~er** →**Gewinnansprüche**; **Ersatz für ~en Schaden** prospective damages

Zulage additional pay, increase, allowance; bonus; →**außertarifliche ~n**; →**Auslands~**; →**Gehalts~**; →**Kinder~**; →**Investitions~**; →**Leistungs~**; →**Sozial~**; →**Teuerungs~**

zulänglich adequate

zulassen *(amtlich)* to licen|se (~ce); to admit; *(erlauben)* to allow, to permit; **nicht ~** to deny access (zu to); **Aktien zum amtlichen Handel ~** to admit shares (or stock) to trading or dealings; **als Anwalt ~** to admit to practise as a lawyer; *Br* to admit as solicitor; (barrister) to call to the Bar; *Am* to admit as attorney; **e-n Arzt ~** to licen|se (~ce) a physician; **e-e Berufung ~** to allow an appeal; to grant leave to appeal; **ein Kraftfahrzeug ~** to register a motor vehicle; **Wertpapiere zur Börse ~** to admit securities to trading on the stock exchange

zugelassen, →**behördlich ~**; **als** →**Anwalt ~ werden**; **~es Auto** registered motor vehicle; **~e Gegenstände** *(Reisegepäck)* acceptable articles; **~es** *(zur Ausgabe genehmigtes)* **Kapital** authorized capital; **zum Geschäftsbetrieb ~es Unternehmen** licensed undertaking; **~er Vertreter** *(vor dem Europäischen Patentamt)* professional representative; *(zum Börsenhandel)* **~e Wertpapiere** listed (or quoted) securities; **zu e-m Examen ~ werden** to be admitted to an examination

zulässig admissible, permissible; **gesetzlich ~** permitted by statute; **~es Beweismittel** admissible evidence; **~er Einspruch** →Einspruch 3.; **~e Fangquote** allowable catch; **~e Strahlendosis** *(AtomR)* permissible dose; **die Berufung ist ~** there is a right of appeal (to a higher court); **e-e Berufung für ~ erklären** to grant leave for an appeal

Zulässigkeit admissibility, permissibility; **~ der →Berufung**

Zulassung *(amtlich)* licen|ce (~se); admission; allowance; approval; **→Börsen~**; **~ von Aktien zur Börsennotierung** admission of shares to quotation; **~ neuer Container**[44] approval of new containers; **~ von Kraftfahrzeugen** motor vehicle licensing; *Br* car (*Am* automobile) registration; **~ von Kraftfahrzeugen für den internationalen Verkehr** admission of motor vehicles to international traffic *(→Zulassungsschein)*; **~ zur Berufung**[44a] leave to appeal; **~ zur Rechtsanwaltschaft** admission to practise as a lawyer; *Br* admission as solicitor; *(e-s barrister)* call to the Bar; *Am* admission as attorney; **~ der Revision** leave to appeal (on a question of law); **~ zur Universität** admission to university (or *Am* college)

Zulassungs~, **~antrag** application for admission; *(Börse)* application for quotation (or listing); **~bedingungen** conditions for admission; *(Börse)* listing requirements; **~bescheid** *(Börse)* official listing notice; *(für Studierende)* offer of a place by a university; **~beschränkung der Universitäten** restriction on the number of students admitted to university; **z~freie →Anhänger**; **~nummer** *(Kfz)* registration number; **~pflicht** *(für Kfz)* duty to have a vehicle registered; **z~pflichtiges Gewerbe** licensable trade; **~schein**[45] registration certificate; **→Sicherheits-~schild** *(e-s Containers)*; **~staat** *(Kfz)*[46] state of registration; **~stelle** *Br (Kfz)* licensing office; *(Börse)*[47] board controlling the admission of securities; **~verfahren** approval procedure; *(Börse)* listing procedure; **~voraussetzungen** admission requirements (or standards); **die (erforderlichen) Voraussetzungen für die ~ erfüllen** to be eligible for admission; **die Voraussetzungen für die ~ zu e-r Prüfung erfüllen** to qualify for an examination

zuleiten, jdm etw. ~ to pass sth. on to sb.

Zuliefer~, **~arbeiten** ancillary work; **~betrieb** ancillary supplier; **~industrie** ancillary (or subcontracting) industry; **~vertrag** subcontracting agreement; **~wesen** subcontracting

Zulieferer (ancillary) supplier, subcontractor

Zulieferung supply, subcontracting

zumessen, Strafe ~ to allot (or mete out) punishment

Zumessung, →Straf~

zumutbar reasonable; **~e Arbeit** job that can be reasonably expected of a p.; **die Fortsetzung des Mietverhältnisses ist nicht ~** it would be unreasonable to require a party to continue the lease

zumuten, jdm e-e Arbeit ~ to expect a p. to do a job

Zunahme increase, growth, augmentation; **~ der Arbeitslosigkeit** increase in unemployment; **~ der Investitionen** increase in investment; **e-e ~ aufweisen** to show an increase

Zündwaren~, **~monopol**[47a] match monopoly; **~steuer** duty on matches

zunehmen to increase, to grow, to augment; **an Bedeutung ~** to gain in importance; **die Arbeitslosigkeit nimmt zu** unemployment is on the increase; **~der →Wettbewerb**

zuordnen to assign (or attribute) to

zurechenbar attributable, imputable; *(SteuerR)* allocable; **~e →Fahrlässigkeit**; **~e →Kenntnis** *(der Rechte Dritter)*

zurechnen *(zuschreiben)* to attribute, to impute; *(SteuerR)* to allocate; **Gewinne ~** to allocate profits; **jdm ein** *(od.* **als***)* **Verschulden ~** to attribute a fault to sb.

zuzurechnen, der →Betriebsstätte ~de Gewinne; **dem Beklagten ist die →Kenntnis ~**; **der Gewinn ist ~ auf** the profit is attributable to

Zurechnung attribution, imputation; allocation

zurechnungsfähig compos mentis; of sound mind; *(deliktsfähig)* responsible for torts; civilly responsible; *(schuldfähig)* criminally responsible

Zurechnungsfähigkeit mental capacity; soundness of mind; accountability for one's actions; *(ZivilR)* responsibility for torts (or civil wrongs) *(→Deliktsfähigkeit)*; *(StrafR)* criminal responsibility (*Am* capacity) *(→Schuldfähigkeit)*; **verminderte ~** diminished responsibility

Zurechnungsunfähigkeit →Schuldunfähigkeit

Zurechnungszeit *(Rentenversicherung)*[48] reckonable time; **e-e ~ anrechnen** to take into account a reckonable time

zurück~, **~abtreten** to reassign; **~behalten** to retain, to withhold; **Z~behaltung** retention

Zurückbehaltungsrecht[49] right of retention; right to refuse performance until counter-performance is effected; (retaining or possessory) lien; **kaufmännisches ~**[50] trader's right of retention (right of retention in case of mutual claims by traders arising out of bilateral transactions); **~ des Anwalts** *(an Urkunden etc des Mandanten bis zur Bezahlung des Honorars)* lawyer's retaining lien; **~ des Verkäufers** seller's lien (for unpaid purchase money); **Einrede des ~s** defence (-se) of lien; **ein ~ geltend machen** to enforce a lien

zurück~, **~bezahlen** →zurückzahlen; **~bleiben** to lag (hinter behind); **~datieren** *(ein früheres Datum einsetzen)* to antedate; **seine Auslagen ~erhalten** to get back (or recover) one's expenses; **~erstatten** to refund, to reimburse; **~erwerben** to reacquire; to repurchase; **an jdn ~fallen** to revert to sb.; **~fordern** to claim back, to reclaim

zurückführen *(in den Kreislauf)* to recycle, *(in den Heimatstaat)* to repatriate; **~ auf** to attribute (or reduce) to

zurückzuführen sein auf to be attributable (or due) to

zurückgehen *(Kurse, Preise)* to drop, to decline; to go down, to fall; **~ auf** to go back to; **die Ware ~ lassen** to return the goods; **die Aktien gingen um einen Punkt zurück** share prices receded by one point; **die Arbeitslosenquote ist leicht zurückgegangen** the unemployment rate has fallen slightly; **die →Einfuhr ging zurück um ... ; der Handel mit ... ist zurückgegangen** trade with ... slackened (or became less active); **in der Qualität ~** to drop in quality

zurück~, **~gewähren** to return, to refund; **~gewinnen** to regain; **~greifen auf** *(seine Ersparnisse etc)* to fall back upon, to have resort to

zurückhalten to hold back; to withhold; *(hindern)* to restrain (from doing sth.); **sich ~** to be reserved; **sich mit e-m Kauf ~** to hold back with a purchase; **die Polizei hielt die Menge zurück** the police held back the crowd; **Lieferungen ~** to withhold supplies

Zurückhaltung reserve; restraint; caution; **~ der Kunden** restraint shown by customers; **~ bei →Lohnforderungen**; **~ bei der Neuanlage** *(von Vermögenswerten)* caution over new investment; **~ e-s Schiffes** detention of a ship

zurückkaufen to repurchase, to redeem; to withdraw; *(eigene)* **Aktien ~** to redeem shares; **e-e (Lebensversicherungs-)Police ~** to redeem a policy

zurückkommen, **auf e-e Sache zu gegebener Zeit ~** to revert to a matter in due course

zurückgekommen, *(von Kunden)* **~e Waren** returns inwards; sales inwards

zurücklegen, für jdn etw. ~ to reserve (or keep back) sth. for sb.; *(sparen)* to lay aside,; **e-e Versicherungszeit ~** to complete a period of insurance

Zurücklegung e-r Versicherungszeit completion of an insurance period

zurückliegen, **ein 5 Jahre ~der Vorgang** a transaction which occurred five years ago

Zurücknahme withdrawal, revocation; retraction *(→Rücknahme)*; **~ der Berufung** →Berufungszurücknahme; **~ der Klage** →Klagerücknahme; **~ e-s Patents** revocation of a patent; **~ e-s Rechtsmittels** withdrawal (or abandonment) of an appeal; **~ e-s Versprechens** retraction of a promise

zurücknehmen to take back; to withdraw, to revoke, to retract; **ein Angebot ~** to revoke an offer; **die Anmeldung ~** *(PatR)* to withdraw the application; **die Beschwerde ~** to withdraw (or abandon) the appeal; **e-e Klage ~** to withdraw (or relinquish) an action; **e-e Konzession ~** to revoke a licen|ce (~se); **Waren ~** to take back the goods

zurückrufen to revoke; *(fehlerhafte Ware)* to call back

Zurückschiebung *(von Ausländern)*[51] expulsion (*Br* deportation) of illegal immigrants

zurücksenden to send back; to return; **jdn in die Untersuchungshaft ~** to remand a person *Br* in (*Am* into) custody

zurückgesandt, *(an Lieferanten)* **~e Waren** returns outwards, purchase return

zurückstellen to put off (to a later time); to postpone, to defer; *(zur weiteren Behandlung)* to pigeonhole, to shelve; **bis auf weiteres ~** to defer until further notice; **e-n Gesetzesentwurf auf unbestimmte Zeit ~** to defer a bill indefinitely; *Br* to shelve a bill; **vom Wehrdienst**[52] **~** to defer someone's military service

zurückgestellt sein to stand over

Zurückstellung vom Wehrdienst[52] deferment from (or postponement of) military service

zurückstufen *(niedriger einstufen)* to downgrade, to demote

zurücktreten to resign, to withdraw (from); **geschlossen ~** to resign in a body; **vom Amt ~** to resign (from) one's office; **vom Versuch ~** to abandon an attempt; **vom Vertrag ~** to withdraw from a contract; *(Vertragserfüllung ablehnen)* to repudiate a contract; *(wegen wesentlicher Vertragsverletzung)* to rescind a contract; *(aufheben)* to cancel a contract

zurücktretende Mitglieder withdrawing members

zurück~, **~übertragen** to reassign; to retransfer; **~verlangen** to demand that sth. be given back; to reclaim

zurückverweisen to refer back (an to); *(Gesetzesvorlage an e-n Ausschuss)* to recommit; **e-e Sache an das untere Gericht ~**[53] *Br* to remit a case to the lower court; *Am* to remand a case (which has been appealed) to the lower court; **der BGH hob die Entscheidung des OLG auf und verwies die Sache an dieses Gericht zurück** the BGH reversed the decision of OLG and remitted the case to that court

Zurückverweisung *(e-r Rechtssache von e-m höheren an ein unteres Gericht)* remittal; *Br* remission; *Am* remand (of a case to a lower court); *(IPR)* →Rückverweisung; *(e-r Gesetzesvorlage an e-n Ausschuss)* recommitment

zurückweisen to reject, to refuse (to accept or acknowledge), to repudiate, to disallow; *(Rechtsmittel als unzulässig)* to dismiss; **e-n Anspruch ~** to reject (or repudiate) a claim; **der Richter wies den Anspruch zurück** the judge disallowed the claim; **die →Beschwerde ~**; **e-n →Einspruch ~**; **die Patentanmeldung ~** to refuse the patent application

zurückgewiesen, **die Patentanmeldung ist rechtskräftig ~ worden** the patent application has been finally refused

Zurückweisung, **~ von Angeboten** *(bei Ausschreibung)* rejection of bids; **~ von Ausländern**[54] refusal to allow aliens to enter a country; **~ der →europäischen Patentanmeldung**; **~ der Klage** →Klageabweisung; **~ von Waren** rejection of goods

zurückzahlbar →rückzahlbar

zurückzahlen to pay back; to repay, to refund, to reimburse; *(tilgen)* to redeem; **e-e Anleihe vorzeitig ~** to redeem a loan in advance

zurückgezahlter Betrag repaid amount

Zurückzahlung →Rückzahlung

zurückziehen *(Angebot, Beschuldigung etc)* to withdraw, to take back; **e-n Auftrag ~** to countermand an order; **sich ~** to retire, to withdraw; **das Gericht zieht sich zur →Beratung zurück**; **sich aus dem →Geschäftsleben ~**

Zurückziehung withdrawal; **~ von Anlagekapital** *Am* disinvestment; **~ e-r Klage** →Klagerücknahme; **~ e-s Kraftfahrzeugs aus dem Verkehr**[55] withdrawal of a motor vehicle from the road

Zuruf, **Abstimmung durch ~** voting by acclamation; **durch ~abstimmen** to vote by acclamation; **durch ~ gewählt** elected by acclamation; **offener ~** open outcry

Zurverfügungstellung making available; placing at disposal; **~ e-s GmbH-Anteils** →Abandon a); **~ von Kredit** credit accommodation

Zusage promise; *(Zusicherung)* undertaking, commitment; assurance; *(auf Einladung)* acceptance; **→Darlehens~**; **→Finanzierungs~**; **→Kredit~**; **→Pensions~**; **→Zahlungs~**; **~provision** (für Bankkreditfazilität) commitment fee (for bank loan facility); **e-e ~ einhalten** to keep (or fulfil) a commitment

zusagen *(versprechen)* to promise; *(gefallen, Anklang finden)* to appeal (bei to); **auf e-e Einladung ~** to accept an invitation; **die Lieferung der Ware fest ~** to guarantee delivery of the goods; **die Qualität sagt unseren Kunden zu** the quality finds our customers' approval

Zusammenarbeit cooperation, collaboration; **enge und dauernde ~** close and lasting cooperation; **gegenseitige gerichtliche ~** mutual judicial cooperation; **polizeiliche und justitielle ~ in Strafsachen** police and judicial cooperation in criminal matters; **verstärkte ~** closer cooperation; **~ mit dem Feind** collaboration with the enemy; **~ e-r Gruppe** team work; **~ in den Bereichen Justiz und Inneres** cooperation in the fields of Justice and Home Affairs; **~ in Steuersachen** fiscal cooperation; **~ zwischen Firmen** inter-firm cooperation; **~ der Verwaltungen** administrative cooperation; **~svereinbarung** cooperation agreement; **~svertrag** →Patentzusammenarbeitsvertrag; **die ~ vertiefen** to step up cooperation

zusammenarbeiten to cooperate, to work together (mit with); to collaborate

Zusammenballung accumulation, concentration

zusammenbrechen to break down, to collapse

Zusammenbruch breakdown, collapse; **Bank~** bank(ing) failure; **geschäftlicher ~** collapse (or failure) of a business

zusammenfassen *(vereinigen)* to unite, to combine; to consolidate; *(kurz formulieren)* to summarize; *(Ergebnis)* to sum up; *(rekapitulieren)* to recapitulate; **das Ergebnis der Beweisaufnahme ~** to sum up evidence; **Gesetze ~** to consolidate statutes

zusammenfassend, **~ wiederholen** to recapitulate; **~er Bericht** summary report; synopsis; **~e Darstellung** summarized description; **~ ist festzuhalten** summarizing it can be stated

zusammengefasst, **kurz ~** summarized

Zusammenfassung *(Vereinigung)* consolidation; *(kurze Übersicht)* summary, summing up, synopsis; *(kurze Wiederholung)* recapitulation; *(Patentanmeldung)* abstract; **gedrängte ~** brief summing up; **~ von Gesetzen** consolidation of statutes; **~ von Lizenzen** *(PatR)* package licensing; **die ~ muß die Bezeichnung der Erfindung enthalten** *(PatR)* the abstract shall indicate the title of the invention; **die ~ einreichen** to file the abstract

Zusammenführung von Familien →Familienzusammenführung

Zusammenhalt cohesion

Zusammenhang connection; *(zusammenhängender Text)* context; *(logischer Zusammenhang)* coherence; *(ununterbrochener Zusammenhang)* continuity; **tatsächlicher ~ zwischen Einkünften und der gewerblichen Tätigkeit** *(SteuerR)* effective connection between income and trade or business; **ursächlicher ~** →Kausalzusammenhang; **wenn sich aus dem ~ nichts anderes ergibt** unless the context otherwise requires; **wie sich aus dem ~ ergibt** as the context requires; **in tatsächlichem ~ stehen mit** to be effectively connected with

zusammenkommen →zusammentreffen

Zusammen~, ~kunft meeting; **regelmäßige ~künfte** periodical meetings; **~leben** *(wie Eheleute)* cohabitation

zusammenlegen, Aktien *(zu größeren Stücken)* **~** to consolidate shares; **Firmen ~** to amalgamate (or merge) firms; **Gelder ~** to pool funds; **Grundstücke ~** to consolidate two or more plots of land *(→Flurbereinigung)*

Zusammenlegung pooling; **~ von Aktien** →Aktienzusammenlegung; **~ von Gesellschaften** merger of two or more companies; consolidation; **~ und Verteilung der Gewinne** pooling of profits

zusammenrechnen to aggregate; to sum up

Zusammenrechnung der Versicherungszeiten aggregation of periods of insurance

Zusammenrottung riotous assembly

zusammenschließen, sich ~ to join, to associate; *(Unternehmen)* to combine, to merge, to amalgamate

Zusammenschluss association, union; *(von Unternehmen)* combination, amalgamation, merger, combine; →**horizontaler ~**; →**vertikaler ~**; **~ mehrerer Banken** merging of several banks; **~ zur Beschränkung des Wettbewerbs** combination in restraint of trade; **~ der europäischen Länder** union of European countries; **~ von Unternehmen durch** →**Fusion**; **~kontrolle**[55a] control of mergers; **Anmeldung von ~vorhaben**[55b] notification of merger projects (or of planned mergers)

zusammensetzen, sich ~ aus to be composed of

Zusammensetzung des Gerichts constitution (or composition) of the court

Zusammenstellung e-s Programms compilation of a program(me)

Zusammenstoß *(von Fahrzeugen)* collision, crash; **Beinah~** near miss; →**Frontal~**; **~ zweier Flugzeuge** collision of two aircraft; **Internationale Regeln zur Verhütung von Zusammenstößen auf See**[55c] International Regulations for Preventing Collisions at Sea *(s. Internationale →Seestraßenordnung)*; **Zusammenstöße vermeiden** to avoid collisions

zusammenstoßen *(von Fahrzeugen)* to collide, to crash

Zusammentreffen, ~ von Pfandrecht und Eigentum[56] coincidence of pledge and ownership; **~ mehrerer Renten** cumulation of several pensions

zusammentreffen *(zeitl.)* to coincide; **in regelmäßigen Abständen ~** to meet periodically

zusammentreten to meet; **nach Bedarf ~** to meet whenever necessary

Zusammentritt meeting

Zusammenveranlagung von Ehegatten[57] joint assessment of husband and wife

Zusammenwirken, planvolles ~ unity of design; *(wettbewerbsbeschränkendes)* **~ mehrerer Personen** *(AntitrustR)* conspiracy

Zusatz addition; *(Nachtrag)* supplement; addendum; *(z. B. am Ende e-s Buches)* appendix; **Zusätze** appendices; *(zu Lebensmitteln)* additives; *(Zusatzklausel)* rider; *(Zusatzmetall)* alloy; **~ zu e-m Testament** codicil, appendix to a will

Zusatzabkommen additional agreement; *(VölkerR)* supplementary agreement (or convention); **~ zu e-m Vertrag** convention annexed to a treaty

Zusatz~, ~aktie bonus share; **~anmeldung** *(PatR)* additional application; application for a patent of addition; **~antrag** supplementary application (or motion); **~artikel** additional article; **~bescheinigung** *(PatR)* certificate of addition; **~bestimmung** additional provision; **~dividende** extra dividend; **~erfinderschein** *(PatR)* inventor's certificate of addition; **~erfindung** additional invention; **~faktor** *(für die AnknüpfungIPR)* plus factor; **~frage** supplementary question; **~gebrauchszertifikat** utility certificate of addition; **~gebühr** additional fee; **~klausel** additional clause, further clause, rider;

~krankenversicherung supplementary health insurance; **~maßnahmen** supplementary measures; **~patent** patent of addition; **~police** rider; **~prämie** premium for additional insurance; additional premium; **~protokoll** *(VölkerR)* additional (or supplementary) protocol; **~rente** supplementary allowance (or annuity); **~steuer** additional tax, surtax; **~stoffe** →Lebensmittel-Zusatzstoffe; **~stoffe in der Tierernährung** additives in feedingstuffs; **~übereinkommen** →Übereinkommen 2.; **~vereinbarung** additional (or supplementary) agreement; **~versicherung** additional (or supplementary) insurance; *(für Krankenhausaufenthalt)* hospital insurance; **~versorgung** supplementary old age provision; **~vertrag** additional (or supplementary) contract; **~zertifikat** *(PatR)* certificate of addition; **~zoll** additional duty

zusätzlich additional, extra, supplementary; **~ zu** in addition to; **~e Leistungen** *(des Arbeitgebers)* fringe benefits; *(VersR)* additional benefits; **~e** →**Sicherheit**; **~e Verpflichtung** additional obligation; **e-e ~e Frist gewähren** to grant a period of grace

zuschieben, **jdm die Schuld ~** to shift the responsibility on to a person

Zuschlag 1. *(zusätzlich zu zahlender Betrag)* extra (or additional) charge; addition to; surcharge; supplement; →**Fracht~**; →**Lohn~**; →**Preis~**; →**Verspätungs~**; →**Zoll~**; **~ zum Fahrpreis** surcharge on normal fare; **~ für Überstunden** overtime premium; **z~sfrei** *(Zug)* exempt from surcharge; **~sprämie** *(Vers.)* additional premium

Zuschlag 2. *(bei Versteigerungen)* fall of the hammer (accepting the highest bid at an auction); knocking down; acceptance of a bid; *(bei Ausschreibungen)* award (of the contract); **~sbeschluss** (*bei Zwangsversteigerung*[58]) (on judicial sale by way of execution) court order conferring title to real property on purchaser; **~serteilung** *(bei Versteigerungen)* knocking down (to the highest bidder); *(bei Ausschreibungen)* acceptance of the tender; award of (the) contract; **den ~ erhalten** *(bei Ausschreibungen)* to be awarded the contract; to receive the contract; **den ~ erteilen** *(bei Versteigerungen)* to knock down; *(bei Ausschreibungen)* to accept the tender; to award the contract; to place the contract

zuschlagen →den Zuschlag erteilen

zuschreiben to attribute, to impute; **den Unfall der Fahrlässigkeit des Fahrers ~** to impute the accident to the driver's carelessness

zugeschrieben, **das Verdienst ~ bekommen für** to be credited with

Zuschreibung *(Wertaufholung)* appreciation in value; write-up; **~ e-s Grundstücks zu e-m anderen**[59] entry of one piece of land (in the →Grundbuch) as part of another plot

Zuschriften erbeten unter ... *(Zeitungsinserat)* (please) write to ...; send applications to ...

Zuschuss allowance; *(einmalig)* contribution; *(staatlich)* subsidy, grant; →**Baukosten~**; →**Bundes~**; →**Miet~**; →**Unterhalts~**; **nicht rückzahlbarer ~** non-repayable grant; **~unternehmen** subsidized enterprise; **Zuschüsse gewähren** to grant subsidies; **e-n ~ erhöhen** to increase a grant

zusichern *(versichern)* to assure; *(gewährleisten)* to warrant, to guarantee

zugesichert, **~e Eigenschaften e-r verkauften Sache**[59a] warranted characteristics (or guaranteed quality) of an article sold; **Haftung für ausdrücklich oder stillschweigend ~e Eigenschaften** liability for express or implied warranties; **~e** →**Grundstücksgröße**; **der Hersteller hat bestimmte Eigenschaften der Ware ausdrücklich oder stillschweigend ~** the manufacturer has made express or implied representations of the goods

Zusicherung *(Zusage)* undertaking; *(Gewährleistung)* warranty; *(bes. bei Grundstücksgeschäften)* covenant; **ausdrückliche ~** express warranty; **fahrlässig falsche ~** *(ProdH)* negligent misrepresentation; **stillschweigende (od. gesetzlich unterstellte) ~** warranty implied by law; **~ e-r Eigenschaft** *(Sachmängelhaftung)* undertaking as to quality; **~ der Seetüchtigkeit des Schiffes** *(VersR)* warranty of seaworthiness of a ship; **~ des ungestörten Besitzes** covenant for quiet enjoyment; **~, dass Waren e-e bestimmte Qualität haben** warranty that goods are of a specified quality; **~sabrede** warranty; **~sempfänger** warrantee; **~sgeber** warrantor; **Verletzung e-r vertraglichen ~** breach of (express) warranty *(→Gewährleistungsbruch)*; **e-e ~ abbedingen** to disclaim a warranty; **e-e ~ nicht einhalten** to break a warranty

Zuspitzung der politischen Lage increasing gravity of the political situation

zusprechen to award; to adjudge, to adjudicate

zugesprochen, **Prozesskosten** *(durch Urteil)* **~ bekommen** to recover costs, to be awarded costs; **ihm wurden Euro 200,- als Schadenersatz ~** he was awarded Euro 200 as damages

Zustand state; condition; →**Ausnahme~**; →**Geistes~**; →**Gesundheits~**; →**Kriegs~**; **baulicher ~** state of repair; **bestehender ~** s. gegenwärtiger →Zustand; **in** →**betrunkenem ~**

Zustand, gegenwärtiger ~ present state (of affairs); status quo; **den gegenwärtigen ~ aufrechterhalten** to preserve the status quo

Zustand, in gutem ~ in good order (and condition); *(baulich)* in good repair; **herrschende Zustände** prevailing conditions; **in schlechtem ~** in bad (or poor) condition; *(baulich)* out of repair; **vorheriger ~** status quo ante

zustande bringen to achieve, to bring about

zustande kommen to be effected; to come into existence

zustande gekommen, ein Vergleich ist ~ a compromise has been reached; **ein Vertrag ist ~** a contract has been brought about

zuständig competent; **ausschließlich ~ sein** to have exclusive jurisdiction; **örtlich ~** locally competent; **das Gericht ist örtlich nicht ~** the venue is improper; →**sachlich ~ sein**; **~e Behörde** competent (or proper) authority; **~es Gericht** competent court, court having jurisdiction (or venue); **nicht ~es Gericht** court lacking jurisdiction; **~er Richter** competent judge; **~e Stellen** competent (or appropriate) bodies; **~e Stellen des Bundes und der Länder** (the) competent Federal Republic and →Länder authorities; **sich für ~ erklären** to declare oneself to be competent; **~ sein** to be competent; to have jurisdiction; **in erster Instanz ~ sein** to have original jurisdiction; **in zweiter Instanz ~ sein** to have appellate jurisdiction; **das Gericht war nicht ~** the court had no (or lacked) jurisdiction

Zuständigkeit competence; jurisdiction; **(nicht) →ausschließliche ~**; **die fehlende ~ geltend machen** to plead want (or lack) of jurisdiction; **gerichtliche ~** jurisdiction of the court; **innerhalb der ~ des Gerichts** within the limits of the court's jurisdiction; **innerstaatliche ~** domestic jurisdiction; **internationale ~** international jurisdiction

Zuständigkeit, konkurrierende ~ *(mehrerer Gerichte)* concurrent jurisdiction; **in Fällen konkurrierender ~** in cases where the right to exercise jurisdiction is concurrent

Zuständigkeit, mangelnde ~ want (or lack) of jurisdiction; **örtliche ~** local jurisdiction; *Am* venue; **persönliche ~** personal jurisdiction; **sachliche ~** subject matter jurisdiction; **~ in →Ehesachen**; **~ e-s Gerichts** jurisdiction (or competence) of a court; **~ in der ersten Instanz** →erstinstanzliche Zuständigkeit; **~ in der zweiten Instanz** appellate jurisdiction; **~ des Internationalen Gerichtshofs**[60] competence of the International Court of Justice; **~ in Strafsachen** criminal jurisdiction; **~ in Zivilsachen** civil jurisdiction

Zuständigkeits~, ~bereich competence; area of responsibility; *(gerichtlich)* area of jurisdiction; **~bereich e-s Ausschusses** *parl* terms of reference of a committee; **Angelegenheiten, die in jds ~bereich fallen** matters within sb's competence

Zuständigkeits~, ~erschleichung *(IPR)* forum shopping; attempt by a party to have the action tried in the court expected to be most favo(u)rable to his/her case; **~erweiterung** extension of competence (or jurisdiction); **~klausel** *(in e-m Vertrag)* jurisdiction clause; competence clause; **~konflikt** conflict of jurisdiction; **~streit** conflict of jurisdiction; *Am* jurisdictional dispute; **~überschreitung** exceeding one's competence; **~vereinbarung** *(zwischen Prozessparteien*[60a]*)* agreement (between the parties to an action) regulating the local or subject matter jurisdiction of a court; **~verteilung zwischen Bund und Ländern** division of jurisdiction between the Federal Government and the →Länder

Zuständigkeit, die ~ e-s ausländischen Gerichtes anerkennen to submit to the jurisdiction of a foreign court; **die ~ e-s Gerichts** *(vertraglich)* **ausschließen** to oust (or exclude) the jurisdiction of a court; **die ~ e-r Kommission bestimmen** to define the terms of reference of a commission; **die ~ des Gerichts bestreiten** to plead lack of jurisdiction of the court; **unter die ~ e-s Gerichts fallen** to come within the competence of a court; to be subject to the jurisdiction of a court; **die ~ e-s Schiedsgerichts vereinbaren** to agree to refer a dispute to a court of arbitration

zustehen, jdm ~ to be due to sb.

zustellbar, nicht ~ undeliverable; **falls nicht ~, bitte zurück an** in the event of non-delivery please return to

Zustell~, ~bezirk *(Post)* delivery district (or area); **~dienst** delivery service; **~gebühr** *(für Pakete)* delivery charge; **~postamt** delivery post office

zustellen to deliver; *(förmlich)* to serve; to effect service; **ein gerichtliches od. außergerichtliches Schriftstück im Ausland ~** *(→Haager Zustellungsabkommen)* to serve abroad a judicial or extrajudicial document; **jdm e-e Ladung ~** to serve a summons on sb.; to serve sb. with a summons; **Post ~** to deliver mail; **den Schiedsspruch jeder der Parteien ~** to notify each party of the award

Zusteller e-r gerichtlichen Verfügung process server

Zustellung delivery; *(förmlich)* service; **Ersatz~** substituted service; →**Europäisches Übereinkommen über die ~ von Schriftstücken in Verwaltungssachen im Ausland**; **öffentliche ~**[62] service by public notice; *Am* service by publication; →**Paket~**; →**Post~**; **Übereinkommen über die ~ gerichtlicher und außergerichtlicher Schriftstücke im Ausland in Zivil- oder Handelssachen**[61] Convention on the Service Abroad of Judicial and Extrajudicial Documents in Civil or Commerical Matters; **~von Amtswegen** service of process ex officio; **~von Anwalt zu Anwalt** service between lawyers; **~ im Ausland durch Ersuchungsschreiben an zuständige Behörde**[62a] service (of process) abroad by letter of request (or letter rogatory) to the appropriate authority; **~ durch Eilboten** *Br* express delivery; *Am* special delivery; **~der Klageschrift** service of process; **~durch die Post** *Br* service by post *(Am mail)*; **~durch Übergabe im Europäischen Patentamt** notification by delivery on the premises of the European Patent Office; **2 Wochen nach ~** within 2 weeks of service (or notification)

Zustellungs, →**Haager ~abkommen**; **~adressat (od. ~gegner)** party to be served, addressee for service, defendant; **~adresse** address for service; **~antrag** request for effecting service; **~bevollmächtigter** person authorized to accept service; authorized recipient; *(europ. PatentR)* domestic representative; **~empfänger** person receiving copies of the summons (and complaint); **~ersuchen** request for service; **~gebühr** delivery fee; charge for service; **~mängel** irregularities in the service; defects in service; **~nachweis** proof of service; **~tag** day of service; **~urkunde** certificate recording the service (or delivery) *(→Postzustellungsurkunde)*

Zustellung, **die ~** *(rechtswirksam)* **annehmen** to accept service; **sich der ~ entziehen** to evade service; **die ~ an den Beklagten vornehmen** to serve the defendant

zustimmen to assent, to consent, to agree (to); to concur (with sb. in sth.); **stillschweigend ~** to agree tacitly; **e-m Vorschlag ~** to approve a proposal

zustimmend, **nicht ~** dissenting

Zustimmung assent, consent; concurrence; approval; **~ zu e-r Meinung** endorsement of an opinion; **nachträgliche ~** *(Genehmigung)* subsequent consent; approval; **stillschweigende ~** implicit (or implied) consent; acquiescence; *(zu gesetzwidriger Handlung)* connivance; **Schweigen gilt als ~** silence will be taken to signify consent; **vorherige (od. im voraus gegebene) ~** *(Einwilligung)* prior consent; →**vorbehaltlich seiner ~**

zustimmungsbedürftig, **(nicht) ~es Gesetz**[62a] bill (not) requiring Bundesrat approval; **~e** →**Tarifverträge**

Zustimmung~, **~serklärung** declaration of consent; **~svorbehalt** reservation of consent; **der ~ bedürfen** to require the consent (or approval); **um jds ~** →**bitten**; **allgemeine ~ finden** to meet with general consent; to find general approval; **seine ~ verweigern** to refuse (or withhold) one's consent; to refuse to give one's consent

zuteilen to allot, to allocate; *(anteilsmäßig)* to apportion; *(in Rationen)* to ration; **Aktien ~** to allot (or distribute) shares

zugeteilt, **~er Vertrag** *(e-r Bausparkasse)* allocated contract; **~** *(rationiert)* **werden** to be rationed (or subject to rationing); to be allocated

Zuteilung allotment, allocation; *(Repartierung)* scaling down; *(in Rationen)* ration(ing); **~ von** →**Aktien**; **~ e-s Baudarlehens** allocation of a building loan; **~sempfänger** allottee; **~smitteilung** *(bei ~ von Effekten) (von Effekten)) Br* allotment letter; *Am* certificate of allotment; **~speriode** ration period; *(Sonderziehungsrecht)* basic period

zutreffen, **auf etw. ~** to apply to sth.; **das Z~de unterstreichen** to underline what is applicable

Zutritt access; entrance, admittance, admission; **~srecht** right to obtain access; **kein ~ (od. ~ verboten)** no admittance; *Br* out of bounds; *Am* off limits; **Unbefugten ist der ~ verboten** no admittance (or entrance) except on business; **den ~ verweigern** to deny admittance

zuverlässig reliable, trustworthy; **~e Angaben** reliable data; **er ist ~** he ist reliable (or can be relied on)

Zuverlässigkeit reliability, trustworthiness; **Anforderungen an jds ~** requirements as to sb.'s reliability

zuviel, **jdm ~**→**berechnen; ~**→**bezahlen**

Zuwachs accretion, accession, accrual, growth, increment; addition, increase; →**Kapital~**; →**Land~**; →**Mitglieder~**; →**Wert~**; **~rate** rate of increase, growth rate; **e-n ~ aufzuweisen haben** to show an increase

zuwachsen to accrue; **~des Recht** accruing right

zuwählen to coopt

zugewähltes Mitglied *(e-s Ausschusses)* coopted (new) member

zu- und abwandern *(Arbeitnehmer)* to migrate, to move; **innerhalb der Gemeinschaft ~** to move within the Community

Zuwanderung, **illegale ~** illegal immigration

zuweisen to assign, to allot, to allocate; **jdm e-e Aufgabe ~** to assign a task to sb.; **Mittel ~** to assign (or allocate) funds; *(für bestimmten Zweck)* to appropriate funds

Zuweisung assignment, allotment, allocation; grant; *(zweckbestimmte)* appropriation; **staatliche ~en** government grants; →**Mittel~**; **~ von Arbeitskräften** allocation of workers; **~ von Arbeitsplätzen** work assignment; **~ e-s anderen Arbeitsplatzes** transfer to a different job; **~ von Wohnräumen** *(der Arbeitnehmer)* assignment of accommodation

zuwenden *(zukommen lassen)*, **jdm etw. ~** to bestow sth. (up)on sb.; **e-m Kind etw. unter Lebenden unentgeltlich ~**[63] to make a gift of sth. to a child inter vivos; to make a lifetime gift to a child

Zuwendung disposition *(every mode by which property can pass)*; bestowal; donation, gift; *(Subvention)* grant, subsidy; *(Dotierung)* endowment; **finanzielle ~** financial allocation; **~en des Arbeitgebers** benefits granted by the employer; **~en für gemeinnützige Zwecke** charitable contributions; **~en auf den Pflichtteil anrechnen**[64] to bring benefits into account in computing the compulsory portion

zuwiderhandeln to contravene, to act in opposition to; to infringe, to offend against; **den Anweisungen ~** to act contrary to instructions; **e-r Auflage ~** to fail to meet requirements imposed by an →Auflage; **e-m Gesetz ~** to contravene a law

Zuwiderhandlung contravention; infringement (gegen of); offence (offense), violation; **~en im Straßenverkehr** road traffic offences (offenses); **e-e ~ feststellen** to find that an infringement has taken place; to detect an infringement

zuzahlen to pay in addition

zuziehen *(von außerhalb)* to move into a house or a district, etc.; **e-n Anwalt ~** to consult a lawyer; **e-n Sachverständigen ~** to call in an expert; **jdn zu e-r Verhandlung ~** to ask sb. to participate in the negotiations

Zuziehung calling in; **~ e-s Dolmetschers** recourse to an interpreter

Zuzug moving into a house or a district, etc.; *(Niederlassung)* taking up residence; **~sbeschränkung** *(z. B. für Gastarbeiterfamilien)* limitation on establishment of residence

zuzüglich plus

Zwang duress, coercion, compulsion, constraint; →**Anwalts~**; **~ zu Deckungskäufen** *(Börse)* bear squeeze; **behördlicher ~** administrative constraint; **unmittelbarer ~** direct enforcement; **z~los** informal

Zwangs~, **~abgabe** compulsory levy; **~aktion** *(VölkerR)* enforcement action; **~anleihe**[65] forced loan; **Abschaffung der ~arbeit** abolition of forced labo(u)r; **~sbeurlaubung** compulsory suspension from office; **~einquartierung** compulsory billeting; **~einweisung in e-e Anstalt** commitment to an institution; **~einziehung von Aktien**[66] compulsory redemption of shares; **~ernährung** *(e-s Häftlings)* forced feeding; **~geld** administrative fine; coercive penalty payment; **~haft** coercive detention; **~hypothek**[67] judgment creditor's mortgage; mortgage (→*Sicherungshypothek*) to be entered in the →Grundbuch on application of the creditor by way of execution; **~kartell** compulsory cartel

Zwangslage position of constraint; **in e-r ~ sein** to be hard pressed

Zwangs~, **~liquidation** →Liquidation; **~lizenz**[68] compulsory licen|ce (~se); *Br (unter bestimmten Voraussetzungen)* licence of right; **e-e ~lizenz erteilen** to grant a compulsory licen|ce (~se)

Zwangsmaßnahme coercive measure; **Abbau von ~n** relaxation of coercive measures; **Anwendung von ~n** application of enforcement measures; **~n ergreifen** to use coercive measures (or measures of compulsion); *(VölkerR)* to take enforcement action

Zwangs~, **~mitgliedschaft** compulsory membership; **~mittel** means of coercion; means to enforce administrative acts; coersive measures; **~pensionierung** compulsory retirement on a pension

Zwangsräumung eviction; *(auf Grund e-s Titels)* **~ betreiben** to evict (a tenant)

Zwangs~, **~schlichtung** compulsory settlement of a dispute; compulsory arbitration; **internationale ~schlichtung**[68a] international mandatory conciliation; **~sparen** compulsory saving; **~strafe** coercive penalty (to enforce certain acts or omissions); **~umsiedler** displaced person(s); **~umsiedlungen** forced resettlement (or removal) (of people); **~verfahren** *(SteuerR*[69]*)* →Zwangsvollstreckung; **~vergleich**[70] compulsory composition (or settlement) (effected between the bankrupt and non-privileged creditors with regard to the distribution of bankrupt's assets); **~verkauf** forced sale; **~versicherung** compulsory insurance; **z~versteigert** sold by →Zwangsversteigerung; auctioned pursuant to court order

Zwangsversteigerung compulsory auction; forced sale; sale by court order; sale under an execution; sale of goods seized (or taken) in execution; auction ordered by the court; *Am* execution sale; *Am (auf Grund e-r Hypothek)* foreclosure sale; **Anordnung der ~** *(e-s Grundstücks)*[71] order for judicial sale; **bei Ausfall in der ~** when there is a deficiency on a judicial sale; **~sgesetz** (ZVG) (Gesetz über die Zwangsversteigerung und die Zwangsverwaltung) Law on Compulsory Sale of Real Property (or Aircraft, Ships) and →Zwangsverwaltung

Zwangsversteigerungsverfahren compulsory sale procedure; *Am* foreclosure proceedings; **→Beteiligte im ~**; **Einstellung des ~s**[72] suspension of judicial sale

Zwangsversteigerungsvermerk[73] entry in the →Grundbuch of order for judicial sale

Zwangsverwalter *(etwa)* official receiver, sequestrator (→Zwangsverwaltung)

Zwangsverwaltung[74] compulsory administration *(administration of real property by an administrator appointed by the court in order to receive the rents and profits thereof)*; **unter ~ stehender Grundbesitz** sequestered real estate; **unter ~ stellen** to place (or put) under receivership (or sequestration)

zwangsvollstrecken, **aus e-r Hypothek ~** to foreclose a mortgage; **aus e-m Urteil ~** to enforce a judgment by execution

Zwangsvollstreckung[75] (compulsory) execution; enforcement (of a judgment); debt enforcement; *Scot* diligence; **→Immobiliar~**; **→Mobiliar~**; **erfolglose ~** unsuccessful (or abortive) execution; **Anordnung der ~** order of execution; **Aufhebung der ~** cancellation of the execution; **Aussetzung der ~** suspension of execution; **Betreibung der ~** levy of execution; **Einstellung der ~** stay of execution; **Vereiteln der ~**[76a] frustration of a writ of execution; obstructing the execution; avoidance of execution; **Verkauf im Wege der ~ - ausgeschlossene Käufer**[77] sale of goods seized in execution - certain persons may not purchase the property; **~ im Ausland** execution (or enforcement) of judgments abroad; **~ in das bewegliche (od. unbewegliche) Vermögen des Schuldners** execution levied upon the debtor's movables (tangible personal property) or immovables (real property); **~ in das Vermögen e-r Gesellschaft**[76] execution (up)on partnership assets; **~ in das Vermögen des Vollstreckungsschuldners** execution levied (up)on the property of the judgment debtor; **~ im Wege der Zwangsverwaltung** execution by (writ of) sequestration

Zwangsvollstreckungs~, **~klage** *(des Hypothekengläubigers)* foreclosure action; **~verfahren** execution proceedings, enforcement proceedings

Zwangsvollstreckung, **die ~ aussetzen** to suspend execution; **~ betreiben** to levy execution; **Forderungen in der ~ →beitreiben**; **die ~ durchführen** to carry out the execution; **bei dem Schuldner die ~ im Wege der Sachpfändung durchführen** to levy (an) execution by seizure of the debtor's goods; **die ~** *(einstweilig od. endgültig)* **einstellen** to stay execution; **die ~ erfolgt nach den Vorschriften des Zivilprozessrechts des Staates, in dessen Hoheitsgebiet sie stattfindet** *(EU)* execution shall be governed by the rules of civil procedure in force in the state in the territory of which it is carried out; **~ in Gegenstände des Schuldners erwirken** to issue (or levy) execution against the goods of the debtor; **Widerspruch gegen die ~ geltend machen** to oppose execution; **der ~ unterliegen** to be liable (or subject) to judicial execution; **nicht der ~ unterliegend** exempt from execution; **sich der sofortigen ~ unterwerfen**[77b] to consent to immediate execution; **der Gläubiger hat die ~ vergeblich versucht** the creditor has attempted unsuccessfully to levy execution (against); **Gegenstände, in die ein Gerichtsvollzieher die ~ vornimmt** goods taken in execution (or seized) by a sheriff

Zwangsvorführung von Zeugen compulsory attendance of witnesses

zwangsweise compulsory; **die Aktien ~ →einziehen**

Zwangswirtschaft controlled economy

Zweck purpose; object; end; **→Betriebs~**; **→Mehr~**; **→Verwendungs~**; **~ des Fonds** object of the fund; **→Zuwendungen für gemeinnützige ~e**; **→gewerbliche ~e**; **zu →Werbe~en**; **zur →Erreichung e-s ~es**; **in Verfolgung e-s ~es** in pursuit of a purpose; **~änderung** *(e-r Stiftung)* change of object; **~bestimmung (od. ~bindung) von Mitteln** earmarking of funds; **~bindung von Ausgaben** earmarking of expenditure

zweckdienlich expedient, appropriate, useful; **~e Maßnahmen treffen** to take appropriate measures (or steps)

zweckentfremden, etw. ~ to divert sth. from its intended use; **Wohnräume zu Büroräumen ~** to convert rooms for office use

zweckentsprechend verwenden to use appropriately (or for the purpose indicated)

zweckgebunden earmarked, appropriated; purpose-oriented; **~e Bereitstellung** appropriation; earmarking; **~e Leistungen** benefits granted for a specific purpose; earmarked benefits; **~e Mittel** earmarked funds; **~e Rücklagen** appropriated reserves

zweckmäßig, sich als ~ erweisen to prove expedient (or useful); **für ~ halten** to consider to be appropriate

Zweckmäßigkeit expediency; **aus ~sgründen** as a matter of convenience

Zweck~, ~sparunternehmen[78] special purpose savings institution; **~verband**[79] special purpose association (linking local authorities *[→Gemeinden und Gemeindeverbände]* for joint performance of certain tasks); **~vermächtnis**[80] legacy expressed to be for a special purpose; **~vermögen** *(Körperschaftsteuer)* special purpose fund; fund devoted to a special purpose (charity, research, etc); endowment fund; **~zuwendung** earmarked gift

Zweck, den ~ näher bezeichnen to specify the purpose (precisely); to indicate the precise purpose; **dem ~ entsprechen** to answer to the purpose; **der ~ rechtfertigt die Mittel** the end justifies the means; **e-n ~ verfolgen** to pursue a purpose; **dem ~ des Gesetzes zuwiderlaufen** to contravene the intent of the law

Zweidrittelmehrheit, mit ~ gefasster Beschluss decision taken by a two-thirds majority

zweifach, in ~er Ausfertigung in duplicate

Zweiparteiensystem two-party system

Zwei plus Vier~, ~-Gespräche Two plus Four Talks; **~-Vertrag** (Titel: Vertrag über die abschließende Regelung in bezug auf →Deutschland) Two plus Four Treaty (Title: Treaty on the Final Settlement with Respect to Germany)

zweiseitig, ~es Abkommen bilateral agreement; **~ beschrieben** written on two sides

Zweifel doubt; **im ~** (when) in doubt; **berechtigter ~** reasonable (or legitimate) doubt; **ohne ~** beyond (or without) doubt

zweifelhaft, ~er Anspruch doubtful claim; **günstige →Auslegung ~er Umstände**; **~e Forderungen** doubtful accounts (receivable)

Zweifelsfall, im ~ in case of doubt; if in doubt; **im ~ zu jds Gunsten entscheiden** *(StrafR)* to give a person the benefit of the doubt

Zweifel, ~ beseitigen to remove doubts; **~ sind entstanden** doubts have arisen; **in ~ ziehen** to doubt, to question the truth of

Zweig, herüberragende ~e[81] overhanging branches

Zweig~, ~anstalt branch; affiliated institution; **~büro** branch office; **~geschäft** branch business (or shop, store)

Zweigniederlassung branch, branch office (or establishment); **~en ausländischer Firmen** branches of foreign firms; **e-e ~ aufheben** to discontinue a branch; **e-e ~ errichten (od. gründen)** to set up a branch

Zweigstelle branch, branch office; sub-office; **~n ausländischer Unternehmen, die Bankgeschäfte betreiben**[82] branches of foreign enterprises that conduct banking transactions; **~ngründung** setting up of branches; **~nleiter** *(e-r Bank)* branch manager; **e-e ~ im Ausland eröffnen** to open a branch (office) abroad; **e-e ~ unterhalten** to maintain a branch (office)

Zweit~, ~ausfertigung duplicate; **~begünstigter e-s Akkreditivs** second beneficiary under a letter of credit; **~haftung** secondary liability; **z~klassiges Hotel** second-class hotel; **~rückversicherer** retroceding insurer; **~schrift** duplicate; **~schuldner** secondary debtor; **~stimme** second vote; **~wohnung** secondary residence

zwingen to compel, to force, to coerce *(→gezwungen)*

zwingend, ~es Argument cogent argument; **~e Gesetzesbestimmung** imperative (or peremptory) provision of the law; **aus ~en Gründen** for compelling reasons; **~es (od. unabdingbares)** Recht (jus cogens) mandatory (or obligatory) law (or provisions of a law)

Zwischen~, ~abkommen *(VölkerR)* interim agreement; **~abschluss** interim accounts; **~aufenthalt** *(Luftverkehr)* stop-over; **~ausweis** *(e-r Bank)* interim return; **~benutzungsrechte** *(PatR)* intervening rights; **~bericht** interim report; **z~betriebliche Vereinbarungen** agreements between enterprises; **z~betrieblicher Vergleich** interfirm comparison; **~bilanz** interim balance sheet; **~dividende** interim dividend; **~entscheidung** interim decision; **~erzeugnis** intermediate product; **~fall** incident; **~feststellungsklage** petition (or motion) for an interlocutory judgment (or interlocutory order); **~finanzierung** interim financing, bridging finance; **~frage** interim question; interposed question; **z~gemeinschaftlich** *(EU)* intra-Community; **z~geschaltete Gesellschaft**[82a] intermediate (*Am* interposed) company; **~gesellschaft**[82b] base (*Am* intermediate) company; **nachgeschaltete ~gesellschaft**[82c] second-tier base (*Am* intermediate) company; **z~gewerkschaftlich** inter-union; **~größe** intermediate size; **~hafen** intermediate port; way port; **~handel** intermediate trade; *Am* jobbing; **~händler** middleman; intermediate dealer; *Am* jobber; **~kredit** interim credit, bridging loan; **~meister**[83] intermediary; **z~menschliche Beziehungen** human relations; **~prüfung** intermediate examination; *(vor Rechnungsab-*

schluss) interim audit; **~quittung** interim receipt; **~rechnung** intermediate invoice; **~ruf** *parl* interruption; **~rufer** *pol* heckler; **~schaltung** interposition; **~schein**[84] interim certificate, interim share; script; **~spediteur** intermediate forwarding agent

zwischenstaatlich international, intergovernment(al); *Am (zwischen den Einzelstaaten)* interstate; **~e Gremien** intergovernmental bodies; **~er Handel** international trade; *(EU)* intra-Community trade; *Am* interstate trade; **Z~es Kommitee für Europäische Auswanderung**[85] Intergovernmental Committee for European Migration; **~es Recht** →internationales Recht; **~er Rechtsverkehr** international legal relations *(→Rechtshilfe)*

Zwischen~, **~urteil** interlocutory judgment; **~verfahren** interlocutory proceedings; **~verfügung** interim order; **~verkauf vorbehalten** subject to prior sale; **~zeit** interim period; **~zinsen** interim interest

zyklische Preisschwankungen cyclical price fluctuations

Zypern Cyprus; **Republik ~** Republic of Cyprus

Zyprer(in), zyprisch Cypriot

Fußnoten – Footnotes

Zu A

[1] cf. Incoterms 1990
[1a] Vertragsformel entsprechend den →Incoterms 1990
[2] z. B. § 54 GmbHG
[3] § 323 ZPO
[4] -
[5] -
[6] § 738 BGB
[7] § 1615 e BGB (1998 aufgehoben)
[7a] BGBl 1976 I S. 1749
[8] § 47 StVZO
[9] § 935 BGB
[10] § 799 BGB
[11] Art. 73, 74 Satzung der Vereinten Nationen
[12] §§ 205-208 BGB
[13] §§ 41 ff. ZPO; 22 ff. StPO
[14] in the latter case, a special proceeding takes place to determine whether the judge should be disqualified
[15] § 268 BGB
[16] § 919 BGB
[17] § 640 BGB
[18] § 640 BGB
[19] §§ 13 ff. AusländerG
[19a] § 59 AktG
[20] § 195 InsO
[21] § 59 II AktG
[22] § 322 HGB
[23] AbschöpfungserhebungsG - BGBl 1962 I 453, zuletzt geändert BGBl 1976 I 3341
[24] § 7 II EStG
[25] § 7 I EStG
[26] § 7 EStG
[27] § 7 VI EStG
[28] Internationale Gesundheitsvorschriften - BGBl 1975 II S. 460
[29] §§ 49 ff. InsO
[30] § 49 III Zif. 6 StVO
[31] § 226 AktG
[31a] § 25 GWB
[32] z. B. § 138 AktG
[33] z. B. § 929 BGB
[34] § 781 BGB
[35] § 780 BGB
[36] § 909 BGB
[37] z. B. § 42 BetrVG
[38] § 399 BGB
[39] § 15 WStG
[40] § 1911 BGB
[41] § 1911 BGB
[42] z. B. §§ 265 III AktG, 66 II GmbHG, 146 II HGB
[43] Gesetz betr. die Abzahlungsgeschäfte RGBl 1899 S. 450. Seitdem vielfach geändert.
[44] § 34 StVZO
[45] § 1741 BGB
[46] §§ 1760, 1763, 1771 BGB
[47] AdoptionsvermittlungsG - BGBl 1976 I S. 1762. Seitdem vielfach geändert.
[48] Übereinkommen zur Afrikanischen Entwicklungsbank - BGBl 1981 II S. 254
[49] Übereinkommen über die Errichtung des Afrikanischen Entwicklungsfonds - BGBl 1973 II S. 1794
[50] §§ 98, 99 StGB
[50a] § 98 StGB
[50b] Art. 330 ff. Abkommen von →Lomé
[51] § 251 a ZPO
[52] § 71 AktG
[53] § 74 AktG
[54] §§ 237 ff. AktG
[55] §§ 72 ff., 226 AktG
[56] § 13 AktG
[57] §§ 41, 219 AktG
[58] § 70 AktG
[59] § 186 AktG
[60] § 67 AktG
[61] § 67 III AktG
[62] § 237 ff. AktG
[63] BGBl 1965 I S. 1089
[64] § 202 AktG
[65] § 29 AktG
[69] § 307 AktG
[70] Art. 10 WG
[71] Art. 26 WG
[71a] Resolution Nr. 217 (III der Generalversammlung der Vereinten Nationen)
[71b] Sartorius II (Internationale Verträge) Nr. 19
[72] veröffentlicht von der VDMA (Verein deutscher Maschinenbau-Anstalten) in Frankfurt a. M.
[73] § 5 II, III TVG
[74] § 27 I Ziff. 12 und §§ 75 ff. BSHG
[75] § 80 Nr. 6 BetrVG
[75a] § 11 VAG (private Krankenversicherung)
[76] § 132 StGB
[76a] erfordert kein Universitäts-, sondern nur ein Fachhochschulstudium (Rechtspflegerschule)
[76b] § 45 StGB
[77] § 353 b StGB
[78] § 839 I BGB, Art 34 GG
[79] § 839 BGB, Art. 34 GG
[80] § 353 b StGB
[81] § 1791 b BGB

[82] §§ 2, 8 KSchG
[83] §§ 958 I, II BGB
[84] § 307 ZPO
[85] vgl. Europäische Konvention über die Gleichwertigkeit der Reifezeugnisse - BGBl 1971 II S. 18
[88] § 1594 BGB
[89] §§ 1594 und 1595 BGB
[90] BGBl 1976 II S. 982
[91] § 187 BGB
[92] § 1374 BGB
[93] § 142 BGB
[94] z. B. § 305 V AktG
[95] § 143 BGB
[96] § 120 BGB
[97] § 142 BGB
[98] §§ 1600 -1600 e BGB
[100] § 123 BGB
[101] §§ 119, 2078 BGB
[102] § 251 AktG
[103] §§ 121, 124, 1600 b, 1954, 2082, 2283, 2340 BGB
[104] § 1600 b BGB
[105] § 143 II BGB
[106] z. B. § 246 AktG
[107] z. B. § 10 I AuslInvestmentG
[107a] § 143 I Nr. 5 MarkenG
[108] § 157 StPO
[109] § 299 StGB
[110] ArbeitnehmererfindungsG - BGBl 1957 I S. 756
[113] RGBl 1924 I S. 563 i. d. F. des AnVNeuregelungsG von 1957 - BGBl 1957 I S. 88 mit spät. Änd.
[114] Berner Übereinkunft Art. 2 I (Fassung Berlin)
[115] § 13 I des Gesetzes über das Kreditwesen
[116] § 25 WStG
[117] § 32 a StVZO
[118] § 25 StVZO
[119] § 24 StVZO
[120] § 82 BetrVG
[121] Art. 61 GG
[122] § 170 StPO
[123] §§ 253, 266 HGB
[124] § 266 HGB
[125] Art. 1, 34-46 der Internationalen Gesundheitsvorschriften - BGBl 1971 II S. 868; 1975 II S. 457
[126] § 1806 BGB
[127] z. B. § 14 HGB
[128] Art. 10 des Patentzusammenarbeitsvertrages - BGBl 1976 II S. 664 ff.
[129] § 9 GWB
[130] § 67 VerglO, aufgehoben 1999 durch die InsO
[131] Art. 2 vii) des Patentzusammenarbeitsvertrages - BGBl 1976 II S. 670
[131a] Art. 2 vi) des Patentzusammenarbeitsvertrages - BGBl 1976 II S. 670
[132] § 150 BGB
[133] §§ 1943 ff. BGB
[134] Art. 77 GG
[135] § 147 BGB
[136] §§ 293 ff. BGB
[137] §§ 1741 ff. BGB
[138] Art. 7 III der →Berner Übereinkunft (Berliner Fassung)
[139] § 15 ZVG
[140] § 2050 BGB
[140a] §§ 246-251 HGB
[141] §§ 102-107 VerglO, aufgehoben 1999 durch die InsO
[142] § 826 ZPO
[143] § 164 StGB
[144] §§ 14, 15 UWG
[145] § 194 BGB
[146] Regel 31 der Ausführungsordnung zum →Europäischen Patentübereinkommen
[146a] § 534 BGB
[147] § 26 StGB
[148] BGBl 1978 II S. 1518; 1991 II S. 431
[148a] BGBl 1987 II S. 92
[149] § 2033 BGB
[150] §§ 8, 10 AktG
[151] § 145 BGB
[152] § 146 BGB
[153] z. B. § 230 StGB
[154] § 126 AktG
[155] Répondez, s'il vous plaît
[156] § 738 BGB
[157] § 2094 BGB
[158] Art. 42 des Statuts des Intern. Gerichtshofes - BGBl 1973 II S. 523
[159] § 78 ZPO
[160] § 783 BGB
[161] § 363 HGB
[162] z. B. EWG-Vertrag Art. 173 II
[164] § 377 HGB
[165] §§ 175, 179, 188, 189 AO
[166] § 965 BGB
[167] §§ 16 ff., 32 ff. PStG
[168] § 545 BGB
[169] § 16 VVG
[170] §§ 17 ff. KSchG
[171] § 138 StGB
[172] Gesetz über das Apothekenwesen - BGBl 1960 I S. 697, mit Änd.
[172a] BGBl 1987 I S. 1593
[173] vor 1957 Invalidenversicherung
[174] in der Bundesrepublik die Landesversicherungsanstalten
[175] BGBl 1957 I S. 756
[176] BGBl 1972 I S. 1393 i.d.F. vom 3.2.1995 (BGBl I S. 158ff.)
[177] § 8 KSchG
[179] Vgl. § 33 MitbestimmungsG (BGBl 1976 I S. 1153 ff.) und § 12 Montan-MitbestimmungsG (BGBl 1951 I S. 347)
[180] § 20 BSHG

[181] BGBl 1969 I S. 582; 1980 I S. 1754 jetzt SGB III
[182] BGBl 1953 I S. 1267
[183] §§ 190 ff. SGB III. Arbeitslosenhilfe ist niedriger als Arbeitslosengeld
[184] Rechtsgrundlage ist das →Arbeitsförderungsgesetz; jetzt SGB III
[185] genauer Titel: Bundesministerium für Arbeit und Sozialordnung
[186] Arbeitsplatzschutzgesetz - BGBl 1968 I S. 551
[187] z. B. BGB §§ 611 ff., HGB §§ 59 ff., Gewerbeordnung §§ 105 ff., Kündigungsschutzgesetz, Mitbestimmungsgesetz etc.
[187a] Übereinkommen Nr. 160 der ILO - BGBl 1991 II S. 307
[188] eine der wichtigsten Rechtsquellen des Rechts des Arbeitsverhältnisses ist auch heute noch das BGB in seinen Regeln über den Dienstvertrag (§§ 611-630)
[189] §§ 35 ff. SGB III
[190] z. B. §§ 35 ff. SGB III
[190a] Art. 30 EGBGB
[191] RGBl 1938 I S. 447
[192] →Europäisches Übereinkommen zum Schutze archäologischen Kulturguts
[192a] BGBl 1987 II S. 624
[192b] § 4 WZG (aufgehoben 1994)
[193] § 183 StGB
[194] § 123 BGB
[196] vgl. § 2072 BGB
[198] die Gegenseitigkeit bei der Bewilligung des Armenrechts *(jetzt: Prozeßkostenhilfe)* ist im Verhältnis zu Großbritannien durch Art. 14 des Deutsch-Britischen Abkommens über den Rechtsverkehr (RGBl 1928 II S. 624 und BGBl 1953 II S. 116) verbürgt. Im Verhältnis zu den Vereinigten Staaten ist das Armenrecht durch Art. VI Abs. 1 in Verbindung mit Nr. 7 des Protokolls des →Freundschafts-, Handels- und Schiffahrtsvertrages geregelt
[200] §§ 916-945 ZPO
[201] § 931 ZPO; Internationales Übereinkommen zur Vereinheitlichung von Regeln über den Arrest in Seeschiffe - BGBl 1972 II S. 653, 655
[202] § 917 ZPO
[203] § 28 III InsO
[204] § 933 ZPO
[204a] § 923 ZPO
[205] §§ 917, 918 ZPO
[206] BGBl 1975 II S. 777
[207] BGBl 1973 II S. 701
[208] § 2 Arzneimittelgesetz - BGBl 1976 I S. 2448
[209] BGBl 1966 II S. 617, 1968 II S. 906
[210] § 28 AusländerG
[211] Art. 16a) GG
[212] Art. 16 a) GG
[213] BGBl 1976 I S. 3053, 1985 I S. 1565, 1986 I S. 265
[214] BGBl 1972 II S. 65
[215] BGBl 1974 II S. 785
[216] §§ 688 ff. BGB
[217] § 257 HGB
[218] § 702 III BGB
[219] § 25 II, § 27 V StVZO
[220] Institute Cargo Clauses, 1946
[221] § 2 AusländerG
[222] § 111 StGB
[223] § 19 II UrhG
[224] §§ 946 ff. ZPO
[225] § 1970 BGB
[226] § 799 BGB
[227] § 72 AktG
[228] § 365 HGB
[229] Art. 90 WechselG
[230] Art. 59 ScheckG
[231] z. B. §§ 1104, 1112 BGB
[232] § 927 BGB
[233] § 12 EheG i.V.m. § 3 PStG
[234] §§ 20 ff. EheG
[235] §§ 90, 91, 96 VerglO
[236] §§ 2253 ff. BGB
[237] § 42 VwGO
[238] § 157 AktG, aufgehoben durch Gesetz v. 19.12.1985 (BGBl I. S. 590)
[240] § 525 BGB
[241] §§ 525 ff. BGB
[242] § 1940 BGB
[243] § 925 BGB
[244] § 396 AktG
[245] §§ 131 ff. HGB
[246] § 41 BGB
[247] § 158 II BGB
[248] § 396 AktG
[249] der AG §§ 262 ff. AktG, der GmbH §§ 60 ff. GmbHG, der KG §§ 161 II, 131, 177 HGB, der KGaA §§ 289 AktG
[250] §§ 723 ff. BGB
[251] § 41 BGB
[252] §§ 387 ff. BGB
[253] § 352 BGB
[254] z. B. § 543 I S. 2 BGB
[255] § 387 BGB
[256] vgl. Art. 102 des →Europ. Patentübereinkommens
[256a] -
[257] § 267 AktG
[258] § 243 StPO
[259] § 158 I BGB
[260] z. B. § 80 VwGO
[261] z. B. § 64 GWB
[262] z. B. Gewerbeaufsichtsbehörde (§ 139 b GewO)
[263] Aufsichtsrat der AG §§ 95 ff. AktG, der KGaA § 287 AktG, der Genossenschaft §§ 9, 36-41 GenG; für GmbH und bergrechtl. Gewerkschaft mit mehr als 500 Arbeitnehmern ist ein Aufsichtsrat obligatorisch (§ 77 I BetrVG)
[264] § 101 AktG

[265] § 111 AktG
[266] § 84 AktG
[267] § 111 AktG
[268] § 108 AktG
[269] § 110 AktG
[270] § 105 AktG
[271] §§ 96 ff. AktG
[272] § 104 AktG
[273] § 103 AktG
[274] § 102 AktG
[275] §§ 101, 104 AktG
[276] § 100 AktG
[277] § 116 AktG
[278] §§ 109, 110 AktG
[279] § 113 AktG
[280] § 110 AktG
[281] §§ 662 ff. BGB
[282] Art. 85 GG
[283] § 1298 BGB
[284] §§ 683 ff. BGB
[285] § 693 BGB
[286] §§ 140 ff. AO
[287] §§ 219 ZPO, 86 StPO
[288] §§ 371 ff. ZPO
[289] § 582 BGB
[290] § 138 BGB
[291] § 3 BerufsbildungsG
[292] § 45 BerufsbildungsG
[293] § 25 Handwerksordnung
[294] Vgl. (den jetzt aufgehobenen) § 30 BerufsbildungsG
[295] § 25 II Nr. 3 BerufsbildungsG
[296] BundesausbildungsförderungsG - BAföG - BGBl 1976 I S. 989; 1983 I S. 645
[297] §§ 31-35 BSHG
[298] vgl. § 1610 BGB
[299] § 25 BerufsbildungsG
[300] Art. 16 GG
[301] § 730 BGB
[302] § 621 HGB
[303] z. B. § 8 JArbSchG
[304] § 1259 RVO, § 36 AVG
[305] § 25 FeV
[306] Art. 64 WG
[307] §§ 5 ff., 17 ff. AWV
[308] §§ 9 ff. AWV
[309] § 9 AWV
[310] §§ 5, 7, 8, 12 AWG
[311] § 22 AWG
[312] § 8 III AWV
[313] § 8 III AWV
[314] § 65 AWV
[315] §§ 17, 18 AWV
[316] § 6 GWB
[317] §§ 4 Nr. 1, 6 UStG
[318] Bezeichnung der Anlage AL zur AußenwirtschaftsVO in der Fassung von 1973 - BGBl 1973 I S. 1069 - mit Änd.
[319] §§ 6 I Nr. 1 UStG; §§ 8-13 UStDV 1999
[320] § 5 AWV
[321] § 9 AWG
[322] § 10 III AWV
[323] § 450 I BGB
[324] Art. 46 EGV
[325] Art. 107 II GG
[327] Art. 107 II GG
[326] § 1934 d BGB, aufgehoben durch Gesetz v. 16.12.1997 (BGBI I S. 2968); Art. 12 § 10 II NEhelG
[328] z. B. § 304 AktG
[329] § 426 BGB
[330] § 2050 BGB
[331] § 2314 BGB
[332] § 1839 BGB
[333] § 131 AktG
[334] § 2127 BGB
[335] § 55 StPO, §§ 383 ff. ZPO
[336] § 1 II AWG
[337] § 1 II UStG
[337a] Es gibt auch ausländische Handelskammern in der BRD (→Amerikanische Handelskammer in Deutschland)
[338] BGBl 1969 I S. 1214 ff.; 1998 I S. 2820
[339] BGBl 1969 I S. 986 ff.
[339a] BGBl 1986 I S. 2563
[340] Ausländergesetz BGBl 1965 I S. 353; 1990 I S. 1354
[341] §§ 110 ff. ZPO
[342] § 6 I UStG
[343] § 7 I UStG
[343a] § 34 d EStG
[344] Europäische Übereinkommen betr. Auskünfte über ausländisches Recht - BGBl 1974 II S. 938; Zusatzprotokoll BGBl 1987 II S. 60
[345] § 396 HGB
[346] Art. 6 des Europ. Auslieferungsübereinkommens
[347] BGBl 1964 II S. 1371; 1982 I S. 2071; 1991 II S. 916
[348] Art. 17 des Europ. Auslieferungsübereinkommens
[349] Art. 2 des Europ. Auslieferungsübereinkommens
[350] Art. 16 des Europ. Auslieferungsübereinkommens
[351] UK ist dem Europäischen Auslieferungsvertrag beigetreten; BGBl 1991 II S. 916; BRD - USA: BGBl 1980 II S. 646, 1988 II S. 1086
[352] §§ 657 ff. BGB
[352a] z. B. Naturkautschukabk. BGBl 1989 II S. 122
[353] § 22 KSchG
[354] Art. 101 GG
[355] § 19 GWB
[356] Art. 82 EGV
[357] §§ 30 ff. StVZO; Übereinkommen über die Annahme einheitlicher Bedingungen für die Genehmigung der Ausrüstungsgegenstände und Teile von Kraftfahrzeugen - BGBl 1970 II S. 58 ff.

[358] § 394 II ZPO
[359] § 343 StGB
[360] BGB-Gesellschaft § 736 BGB
[361] §§ 1942 ff. BGB
[362] § 1944 BGB
[363] § 64 AktG
[364] Art. 71, 73 GG
[365] § 16 GWB
[366] §§ 1938, 2303 BGB
[367] z. B. § 41 ZPO, §§ 22, 23 StPO
[368] z. B. § 140 HGB, § 68 GenG
[369] § 64 AktG
[370] § 136 AktG
[371] z. B. § 532 BGB
[372] z. B. § 927 BGB
[373] § 927 I 1 BGB
[374] z. B. § 93 BetrVG
[375] Internationale Regeln für die Auslegung der hauptsächlichen in Handelsverträgen gebrauchten Begriffe →Incoterms
[376] z. B. §§ 295 II und 304 AktG
[377] BGBl 1972 I S. 1713 mit Änd.
[379] BGBl 1961 I S. 481; 1986 I S. 560
[380] Neufassung BGBl 1973 I S. 1070
[381] §§ 24-27, insbesondere 26 GWB
[382] § 204 II StPO
[383] § 221 StGB
[384] § 35 BetrVG
[385] § 228 StPO
[386] § 221 StGB
[387] §§ 148, 149, 246 ZPO
[389] § 47 InsO
[390] § 1624 BGB
[390a] BGBl 1974 II S. 276; 1991 II S. 427
[390b] Bureau International des Expositions, Sitz: Paris
[391] Regel 23 der Ausführungsordnung zum →Europ. Patentübereinkommen
[392] Übereinkommen über den zwischenstaatlichen Austausch von amtlichen Veröffentlichungen und Regierungsdokumenten - BGBl 1969 II S. 997
[393a] § 831 BGB
[393] § 95 BetrVG
[393b] BGBl 1989 II S. 59
[394] § 144 StGB
[395] § 3 des Gesetzes über Personalausweise
[396] § 4 StVZO
[397] §§ 10 ff. AuslG
[398] BGBl 1976 II S. 474 ff., 484
[399] Bezeichnung des Berufsbildungsgesetzes für Lehrlinge und Anlernlinge - BGBl 1969 I S. 1112
[400] § 3 Berufsbildungsgesetz
[401] § 21 Handwerksordnung

Zu B

[1] vgl. §§ 127, 244 I Nr. 2 StGB
[2] § 244 I Nr. 2 StGB
[3a] BGBl 1990 I S. 2570; siehe insbes. §§ 340 bis 340 o HGB
[4] § 1 I KWG
[5] § 32 KWG
[6] §§ 283 ff. StGB
[7] Die zur Abwehr der im Ausland aufgenommenen Kredite eingeführte Bardepotmeldepflicht ist 1974 aufgehoben worden - BGBl 1974 I S. 2324
[7a] § 319 StGB
[8] BGBl 1997 I S. 2141
[9] Berner Übereinkunft Art. 2 II - BGBl 1970 II S. 348
[9a] § 648 BGB
[10] Gesetz über Bausparkassen - BGBl 1972 I S. 2097, neugefasst BGBl 1991 I S. 454
[11] Vereinbarung über den internationalen Handel mit Baumwolltextilien - BGBl 1970 II 473 ff.
[12] -
[13] §§ 3 I Nr. 3, 6 II BRRG
[14] § 3 I Nr. 4 BRRG
[15] § 334 StGB
[16] § 839 I BGB, Art. 34 GG
[17] Berner Übereinkunft Art. 2 II
[18] §§ 32 ff. KWG
[19] Art. 26 WG
[20] § 194 AktG
[21] § 241 StGB
[22] § 23 WStG
[23] §§ 519, 528 BGB
[24] § 195 SGB
[25] § 410 ZPO
[26] § 452 III ZPO
[27] §§ 1882 ff. BGB
[28] Art. 25 EGBGB
[29] z. B. § 1 II des Gesetzes über die Eignungsprüfung für die Zulassung zur Patentanwaltschaft - BGBl 1990 I S. 1349
[30] §§ 42 ZPO, 24 StPO
[31] § 191 GVG
[32] § 406 ZPO
[32a] BGBl 1961 II S. 1119; seitdem mehrfach geändert
[33] § 2136 BGB
[35] § 129 BGB
[36] § 311 BGB
[37] § 257 StGB
[38] § 257 StGB
[39] § 291 AktG
[40] früher §§ 56 ff. AFG, jetzt SGB III
[41] § 235a SGB III
[42] § 48 ff. BerufsbildungsG

[43] §§ 46, 48, 49 BerufsbildungsG, § 42 HandwerksO
[43a] BGBl 1989 II S. 3
[44] §§ 47, 48, 49 BerufsbildungsG; § 42 b ff. HandwerksO
[45] § 5 II StVO
[47] § 27 StGB
[48] § 65 VwGO
[49] § 140 StPO
[50] § 121 ZPO
[51] § 288 StGB
[52] § 133 StGB
[53] § 76 BetrVG
[54] Art. 30 des Statuts des Intern. Gerichtshofes
[55] exempli gratia
[56] Übereinkommen über einen finanziellen Beistandfonds der Organisation für wirtschaftl. Zusammenarbeit und Entwicklung - BRGl 1976 II S. 506
[57] §§ 1712 ff. BGB
[58] z. B. § 90 ZPO
[59] § 149 StPO
[60] Art. 1 3. des Intern. Übereinkommens über die Errichtung eines intern. Fonds zur Entschädigung für Ölverschmutzungsschäden - BGBl 1975 II S. 321
[61] z. B. § 84 BRAO
[62] §§ 66 ff. ZPO
[63] § 27 ZVG
[64] Art. 105 des →Europäischen Patentübereinkommens
[65] § 1591 II a.F. BGB
[66] § 31 PatG, ersetzt durch § 57 PatG
[67] Art. 4 GG
[68] §§ 45, 101, 109 i StGB
[69] § 34 StVZO
[70] § 33 EStG
[71] § 873 BGB
[72] § 185 StGB
[73] z. B. § 319 BGB
[74] Durchschnittslohn, den alle Arbeiter und Angestellten in den letzten 3 Jahren verdient haben
[75] z. B. §§ 666 BGB, 86 HGB
[76] § 27 GWB
[77] § 1776 BGB
[78] § 16 UWG
[79] Übereinkommen der Intern. Arbeitsorganisation über den Schutz vor den durch Benzol verursachten Vergiftungsgefahren BGBl 1973 II S. 958
[80] § 81 StPO
[81] §§ 187 ff. BGB
[82] § 193 StGB
[83] § 812 BGB
[84] § 818 II BGB
[85] BGBl 1978 II S. 61
[86] Sitz in London
[87] Bergamt und übergeordnetes Oberbergamt
[88] Gesetz über Bergmannsprämien - BGBl 1969 I S. 434
[89] Bundesberggesetz - BGBl 1980 I S. 1310
[90] §§ 740-753 HGB
[91] §§ 615, 621, 632 HGB
[92] Art. 5 GG
[93] §§ 894, 1145 BGB
[94] §§ 319 ff. ZPO
[95] von den Botschaftern der 3 Westmächte und der UdSSR am 3. 9. 1972 unterzeichnet
[96] § 2269 BGB
[97] BGBl 1976 I S. 353; 1982 I S. 225
[98] Die Berner Übereinkunft von 1886 wurde mehrfach revidiert, zuletzt in Paris 1971 - BGBl 1973 II S. 1071; 1974 II S. 165. Die USA sind der Revidierten Berner Übereinkunft durch den Berne Implementation Act of 1988 beigetreten
[99] BGBl 1970 II S. 295 (Art. 2 VI des Übereinkommens zur Errichtung der Weltorganisation für geistiges Eigentum)
[100] §§ 235 ff. SGB III
[101] §§ 1 III, 46 BBiG, § 42 HandwO
[102] §§ 1 IV, 47 BBiG, § 42 a HandwO
[102a] § 3 BBiG
[103] Zollübereinkommen über die vorübergehende Einfuhr von Berufsausrüstung BGBl 1969 II S. 1076
[104] z. B. § 45 HandwO
[105] § 96 BetrVG
[106] §§ 73 ff. BBiG
[107] §§ 56 ff. BBiG, § 43 HandwO
[108] § 551 RVO
[109] § 30 III, IV BVG
[110] § 18 I 1. EinkommensteuerG
[111] § 1246 RVO, § 23 AVG, § 46 RKG
[112] Art. 12 GG
[113] § 521 ZPO
[114] § 519 ZPO, § 314 StPO
[115] § 519 ZPO
[116] § 516 ZPO
[117] §§ 519, 314 ZPO
[118] § 511 ZPO, § 313 StPO
[119] § 519 b ZPO
[120] § 516 ZPO
[121] §§ 30-34 BVG
[122] § 134 StGB
[123] §§ 228, 229 BGB
[124] § 274 StGB
[125] § 3 MutterschutzG
[125a] BGBl 1985 I S. 710
[126] z. B. § 561 BGB
[127] z. B. § 94 StPO
[128] z. B. § 561 BGB
[129] § 6 a WZG
[130] §§ 417 ff. StPO, Verbot in § 79 JGG
[131] § 119 AktG
[132] § 48 GWB
[133] § 119 AktG
[134] § 150 StGB

[135] §§ 1 Abs. 4, 49 EStG; § 2 KStG; § 2 VStG; § 21 Nr. 3 ErbStG
[135a] § 64 PatG
[136] z. B. §§ 567 ZPO, 304 StPO, 146 VwGO
[137] §§ 577 ZPO, 311 StPO, 22 FGG
[138] §§ 568 ZPO, 310 StPO, 27 FGG
[139] z. B. §§ 568 ZPO, 30 FGG
[140] Art. 21, 22 des →Europ. Patentübereinkommens
[141] § 85 BetrVG
[142] § 84 BetrVG
[143] § 86 BetrVG
[144] BGBl 1977 II S. 1278 ff. (Art. 14 ff. der Europäischen Kommission für Menschenrechte)
[145] Art. 17 GG
[146] § 633 BGB
[147] § 45 PatG
[148] § 495 BGB
[149] § 809 BGB
[150] §§ 854 ff. BGB
[151] § 866 BGB
[152] § 855 BGB
[153] § 885 ZPO
[154] § 861 BGB
[155] § 862 BGB
[156] § 930 BGB
[156a] § 14 GVG, Art. 101 II Grundgesetz
[156b] § 920 BGB
[157] § 662 BGB
[158] § 687 BGB
[159] § 93 BGB
[160] § 94 BGB
[W106c] BGBl 1990 II S. 1415
BGBl 1990 II S. 1415
[161a] § 167 AktG
[162] §§ 331-335 StGB
[163] § 12 UWG
[164] § 334 StGB
[165] § 108 b StGB
[166] z. B. § 52 ZVG
[167] § 1789 BGB
[168] § 84 AktG
[169] § 140 ff. StPO
[170] § 23 UStG
[171] Art. 2 des Vertrages über die internationale Zusammenarbeit auf dem Gebiet des Patentwesens - BGBl 1976 II S. 664
[172] Gesetz über den Verkehr mit Betäubungsmitteln - RGBl 1929 I S. 215 mit Änderungsgesetzen - BGBl 1968 II S. 503, 1971 II S. 2092
[173] z. B. § 328 AktG
[174] §§ 9, 163 ZVG
[175] § 155 StGB
[176] § 484 ZPO
[176a] Gesetz zur Reform des Rechts der Vormundschaft und Pflegschaft für Volljährige (Betreuungsgesetz - BtG) vom 12. 9. 1990, BGBl I S. 2002
[177] Zollübereinkommen über Betreuungsgut für Seeleute - BGBl 1969 II S. 1065, 1093
[178] § 97 BetrVG
[179] § 111 BetrVG
[180] § 112 I BetrVG
[181] § 4 IV EStG
[182] § 27 BetrVG
[183] § 18 III StVZO
[184] § 19 StVZO
[185] § 20 StVZO
[186] § 104 BetrVG
[187] § 23 II Nr. 3 b GWB
[188] § 79 BetrVG
[189] § 17 UWG
[189a] § 7 I EStG
[190] § 71 BetrVG
[191] § 9 BetrVG, wurde ersatzlos gestrichen. Den Begriff gibt es im Gesetz nicht mehr.
[192] § 111 Nr. 4 BetrVG
[193] § 292 I Nr. 3 AktG
[194] §§ 47 ff. BetrVG
[195] § 30 BetrVG
[196] § 53 BetrVG
[197] §§ 7 ff. BetrVG
[198] § 119 I Nr 2 BetrVG
[198a] BGBl 1974 I S. 3610
[199] § 104 BetrVG
[200] § 4 BetrVG
[200a] § 292 I 3 AktG
[201] § 37 I GWB
[202] § 77 BetrVG
[203] § 88 BetrVG
[204] BGBl 1972 I S. 13
[205] §§ 42 ff. BetrVG
[206] § 111 S. 3 Nr 4 BetrVG
[206a] BGBl 1985 II S. 540
[207] § 263 StGB
[208] Besonders der Notar - BeurkundungsG BGBl 1969 I S. 1513. Für Personenstandssachen (Geburts-, Heirats- und Sterbeurkunden) ist der Standesbeamte zuständig
[209] § 415 ZPO
[209a] §§ 187 ff. InsO
[210] § 56 StGB
[211] § 56 d StGB
[211a] § 56 a StGB
[212] §§ 445-455 ZPO
[213] §§ 72-84 StPO, 402-414 ZPO
[214] §§ 415-444 ZPO
[215] §§ 373-401 ZPO, 48-71 StPO
[216] § 244 StPO
[217] z. B. §§ 403, 445 ZPO
[218] §§ 355-370 ZPO, 244-257 StPO
[219] →Haager Übereinkommen über die Beweisaufnahme im Ausland in Zivil- und Handelssachen; BGBl 1977 II S. 1472
[220] z. B. § 158 AO
[221] §§ 355-455 ZPO
[222] §§ 485-494 a ZPO
[223] § 359 ZPO
[224] § 402 BGB
[225] § 286 ZPO

[227] BGBl 1974 I S. 2369; 1985 I S. 845
[228] Art. 25 GG
[229] § 2229 IV BGB; vgl. ferner § 20 StGB
[230] Art. 10 der Einheitlichen Richtlinien für das Inkasso von Handelspapieren
[231] § 21 GWB
[232] § 186 AktG
[233] § 192 AktG
[234] § 198 AktG
[235] § 186 I AktG
[236] § 962 BGB
[236a] BGBl 1986 I S. 527
[237] § 172 StGB
[238] § 158 AktG
[238a] BGBl 1985 I S. 2355
[238b] § 50 UrhG
[239] Art. 2 I Berner Übereinkunft zum Schutz von Werken der Literatur und Kunst, revidiert in Paris am 24. Juli 1971
[239a] § 74 UrhG
[240] Art. 9 III Berner Übereinkunft zum Schutz von Werken der Literatur und Kunst, revidiert in Paris am 24. Juli 1971
[240a] § 2 I Nr. 4 UrhG
[241] geschützt nach dem Ges. betr. das Urheberrecht an Werken der bildenden Künste und der Photographie - RGBl 1907 S. 7; neugeregelt 1965 im UrhG
[242] § 98 BetrVG
[243] Übereinkommen der Intern. Arbeitsorganisation über den bezahlten Bildungsurlaub - BGBl 1976 II S. 1527
[244] Panama, Honduras, Liberia (and Costa Rica)
[245] z. B. § 315 BGB
[246] § 145 BGB
[247] Gesetz über den gewerbl. Binnenschiffsverkehr - BGBl 1953 I S. 1453 ff. mit spät. Änd.
[248] Vereinbarung zwischen USA und BRD - BGBl 1976 II S. 1733
[249] Art. 13 II WG, Art. 16 II ScheckG
[250] Art. 13 ScheckG
[251] Art. 10 WG
[251a] Inoffizielle Bezeichnung für die Friedenstruppen der UN
[252] § 67 BSHG
[253] § 4 Nr. 19 UStG
[254] § 173 StGB
[255] Art. 75 I Nr. 4 GG
[256] § 880 HGB
[257] § 706 HGB
[259] § 115 VII Nr. 3 BetrVG
[260] § 115 V BetrVG
[261] § 115 BetrVG
[262] RGBl 1908 I S. 215 mit Änd.; Neufassung am 9.9.1998 (BGBl I 1998 S. 2682)
[263] Ab 1. 1. 1991 entfiel die Berechnung von Börsenumsatzsteuer für Wertpapierumsätze
[264] § 932 II BGB
[265] §§ 306 ff. StGB
[266] § 306 d StGB
[267] §§ 306 ff. StGB
[268] § 1301 BGB
[269] § 4 I StVO
[270] §§ 1116 I, 1117 BGB
[271] Art. 10 GG
[272] § 270 BGB
[273] §§ 1008 ff., 741 ff. BGB; §§ 1, 10 WEG
[274] §§ 741 ff. BGB
[275] § 314 I Nr. 1 StGB
[276] BGBl 1983 II S. 77
[277] BGBl 1959 II S. 1500
[278] BGBl 1984 II S. 517
[279] § 19 UStG
[280] § 118 HGB
[281] § 900 BGB
[282] §§ 238, 239 HGB
[283] § 1116 I, II BGB
[283a] § 80 UrhG
[284] §§ 189 ff. AFG
[285] Behörde, die das Amt des Staatsanwalts ausübt (höchster Ankläger des Staates), beim Bundesgerichtshof unter Leitung des Generalbundesanwalts, beim Bundesverwaltungsgericht unter Leitung des Oberbundesanwalts
[286] §§ 40 ff. ArbGG
[288] -
[289] BGBl 1971 I S. 1409; 1983 I S. 645 ber. 1680
[290] Gesetz über die Deutsche Bundesbank - BGBl 1957 I S. 745
[291] Die entsprechenden Banken sind *Br* Bank of England, *Am* Federal Reserve Board mit den 12 Federal Reserve Banks
[292] BGBl 1977 I S. 795; 1985 I S. 479
[293] BGBl 1975 I S. 1174; 1998 I S. 3434
[294] BGBl 1990 I S. 2954
[295] §§ 12 ff. BundesdisziplinarO; gem. § 85 VII BDG wird das Bundesdisziplinargericht mit Ablauf des 31.12.2003 aufgelöst.
[296] Genauer Titel: Bundesgesetz zur Entschädigung für Opfer der national-sozialistischen Verfolgung - BGBl 1965 I S. 1315
[296a] BGBl 1985 I S. 2154; neugefasst durch Bekanntmachung v. 7.12.2001 I 3358
[297] BGBl 1950 I S. 257
[298] BGBl 1957 I S. 861, 907 mit Änderungsgesetzen, 1976 I S. 3281
[299] §§ 123 ff. GVG
[300] Art. 77 I GG
[301] Art. 83 GG
[302] Art. 72 II GG, Art. 119 GG
[304] §§ 14 ff. AusbildungsplatzförderungsG
[305] Art. 62 ff. GG
[306] §§ 51-53 GWB
[306a] BGBl 1990 I S. 149, 967, 1354, neugefasst durch BGBl 1999 I S. 770, ber. S. 1062
[307] BGBl 1997 I S. 1650
[307a] BGBl 2002 I S. 1193
[308] Art. 87 III GG

[309] §§ 65 ff. PatG
[310] § 65 PatG
[311] § 10 GebrMG, §§ 56 ff. MarkG
[312] Art. 54 ff. GG
[313] Art. 54 GG
[314] Art. 59 GG
[315] Art. 50 ff. GG
[316] Art. 51 GG
[317] Art. 50 GG
[318] Art. 78 GG
[318a] BGBl 1985 I S. 1445
[319] Art. 31 GG
[320] Art. 62 ff. GG
[321] mit Inkrafttreten des →Grundgesetzes am 24. 5. 1949 errichtet
[322] Sozialgerichtsgesetz - BGBl 1975 I S. 2535
[323] BGBl 1994 I S. 646, ber. S. 2975
[324] Art. 20 GG; Art. 37 des Übereinkommens über die Rechtsstellung der Staatenlosen - BGBl 1976 II S. 486
[325] Art. 38 ff. GG
[326] Art. 39, 58, 63, 68 GG
[327] Bundeswahlgesetz - BGBl 1993 I S. 1288, ber. S. 1594
[328] BGBl 1963 I S. 2
[329] BGBl 1971 I S. 105; 1985 I S. 2229
[330] Art. 54 III GG
[331] BGBl 1953 I S. 857 mit Änd.
[332] BGBl 1976 I S. 1634 mit Änd.; 1982 I S. 21
[333] Genauer Titel: Gesetz über die Angelegenheiten der Vertriebenen und Flüchtlinge (BVFG) - BGBl 1953 I S. 201; neugefasst durch BGBl 1993 I S. 829
[334] § 2 VwGO - BGBl 1960 I S. 17; neugefasst durch BGBl 1997 I S. 2742
[335] BGBl 1993 I S. 1288, ber. S. 1594
[336] Art. 37, 84 IV GG
[337] § 769 BGB
[338] §§ 768, 770, 771 BGB
[339] die DDR setzte anstelle des BGB ein neues Zivilgesetzbuch (ZGB)
[340] § 765 BGB
[341] §§ 349, 350 HGB
[342] § 773 I Nr. 1 BGB
[343] § 775 BGB
[344] § 766 BGB
[345] § 153 a StPO
[346] §§ 65 ff. OWiG
[347] § 67 OWiG
[348] z. B. §§ 81 ff. GWB, §§ 2 III, 3 II WiStG
[349] §§ 35 ff. OWiG
[350] BGBl 1970 I S. 1287

Zu C

[1] BGBl 1965 II S. 948; ATA zusammengezogene Buchstaben von Admission Temporaire und Temporary Admission
[2] BGBl 1965 II S. 917; ECS zusammengezogene Buchstaben von Echantillons Commerciaux und Commercial Samples. →Carnet ATA ist an die Stelle des Carnet ECS getreten, das nur für Warenmuster galt
[3] BGBl 1979 II S. 445
[4] BGBl 1973 II S. 431; 1974 II S. 769; 1980 II S. 1252; 1985 II S. 306
[5] § 557 HGB
[5a] BGBl 1980 I S. 1718
[5b] § 263 a StGB
[5c] § 202 a StGB
[5d] § 303 b StGB
[6] BGBl 1976 II S. 253; 1977 II S. 42
[7] BGBl 1976 II S. 267 (269)
[8] § 99 HGB
[9] seit 2001 gesetzlich geregelt in § 311 II BGB

Zu D

[1] §§ 25k ff. KAGG
[2] §§ 488, 607 BGB
[3] § 1139 BGB
[4] § 610 BGB a.F.
[4a] Übk. v. 28.1.1981 zum Schutz des Menschen bei der automatischen Verarbeitung personenbezogener Daten - BGBl 1985 II S. 540
[5] BGBl 1977 I S. 201
[5a] § 303 a StGB
[6] Art. 33 WG
[7] § 31 RöV
[8] § 31 II WohnungseigentumsG
[9] § 31 I WohnungseigentumsG
[9a] § 66 Abs. 6 Versicherungsaufsichtsgesetz
[10] vgl. Art. 80 I (4) GG
[11] § 828 BGB
[12] § 394 HGB
[13] Art. 18, 21, 91 GG
[14] § 304 StGB
[15] § 12 KAGG
[16] § 14 DepotG
[17] § 1 I Nr. 5 Gesetz über das Kreditwesen (KredWG)
[18] RGBl 1937 I S. 171, i.d.F. v. 11.1.1995 (BGBl I S. 34), mit Änderungen
[19] § 29 KWG
[20] § 34 DepotG
[21] BGBl 1956 II S. 488, 762

[22] BGBl 1961 II S. 302, 1025
[23] RGBl 1928 II S. 624; BGBl 1953 II S. 116; zuletzt 1970 II S. 43
[24] BGBl 1973 II S. 554
[25] Art. 116 GG
[26] Sitz: DAAD, Kennedyallee 50, 53175 Bonn, im Internet www.daad.de
[27] Spitzenorganisation der Industrie- und Handelskammern, www.diht.de
[27a] in Kraft getreten am 15. März 1991 - BGBl 1991 II S. 587
[29] § 242 StGB
[30] § 243 StGB
[31] §§ 1090 ff. BGB
[32] § 1018 BGB
[33] § 18 WStG
[34] Art. 59 EWG-Vertrag
[34a] § 45 I BRRG
[35] § 611 BGB
[35a] § 25 ZPO
[36] BGBl 1976 II S. 1745
[37] Wiener Übereinkommen über diplomatische Beziehungen - BGBl 1964 II S. 957 mit Änderungen (Inkrafttreten für die USA BGBl 1973 II S. 227)
[38] BGBl 1956 II S. 2024, 2033
[39] Deutsch-Amerikanisches Doppelbesteuerungsabkommen Art. III (vgl. Debatin-Walter, Handbuch zum Deutsch-Amerikanischen DBA, B III Ziffer 55 ff.)
[40] Art. 8 des Protokolls über die Satzung der Europäischen Investitionsbank - BGBl 1957 II S. 964
[41] z. B. §§ 25 ff. GWB
[41a] BGBl 1961 II S. 98; BGBl 1985 II S. 643; 1988 II S. 109
[42] Übereinkommen gegen Diskriminierung im Unterrichtswesen - BGBl 1968 II S. 385
[42a] BGBl 1985 II S. 648; 1988 II S. 109
[42b] Art. 7 EWG-Vertrag
[43] § 26 (2) GWB
[44] §§ 727 ff. HGB
[45] § 729 HGB
[46] § 154 BGB
[47] § 155 BGB
[48] §§ 630 ff. HGB
[49] das Disziplinarrecht für Bundesbeamte ist in der Bundesdisziplinarordnung geregelt - BGBl 1967 I S. 750
[50] während der Begriff Disziplinarstrafe im Landesrecht noch neben Dienststrafe verwendet wird, ist er im Bundesrecht durch den Begriff Disziplinarmaßnahmen ersetzt
[51] Art. 27 WG
[52] Doppelbesteuerungsabkommen BRD-Großbritannien BGBl 1966 II S. 358; 1971 II S. 45, 841; Doppelbesteuerungsabkommen BRD - USA (Einkommen-, Vermögen-, Körperschaft-, Gewerbesteuer) BGBl 1991 II S. 355; (Nachlass-, Erbschaft-, Schenkungssteuer) BGBl 1982 II S. 846
[53] § 20 EheG
[54] z. B. § 10 (2) Ziff. 6 KWG
[55] §§ 336 ff. BGB
[56] § 2014 BGB
[57] § 1969 BGB
[58] § 2250 BGB
[59] z. B. Art. 226 II EWG-Vertrag
[60] § 328 BGB
[61] § 771 ZPO
[62] z. B. Art. 39 der Satzung des Gerichtshofs der EG
[63] §§ 123 ff. BGB
[64] § 38 AWV
[65] §§ 38 I Nr. 4 a), 39 AWV
[66] § 38 AWV
[67] z. B. Art. 136 EWG-Vertrag
[68] Art. 3 des Übereinkommens über die →Hohe See
[69] Art. 21 des Europäischen →Auslieferungsübereinkommens
[70] § 23 UStG
[71] §§ 102 ff. StPO
[72] § 105 StPO

Zu E

[1] kein Scheck im Sinne des Scheckgesetzes
[2] Altehen (vor Juli 1977 geschlossene Ehen) unterliegen ebenfalls dem neuen Scheidungsrecht
[3] Seit dem EheschlRG v. 4.5.1998 (BGBl I S. 833) gibt es keine nichtige Ehe mehr. Die Ehenichtigkeitsgründe nach altem Recht führen nunmehr zur Aufhebbarkeit der Ehe (§§ 1313 ff. BGB).
[4] §§ 1313 ff. BGB
[5] § 122 BSHG
[6] §§ 1313 ff. BGB, für Ausländer § 1309 BGB
[7] Gesetz Nr. 16 des Alliierten Kontrollrats von 1946 mit spät. Änd. Aufgehoben durch das EheschlRG v. 4.5.1998 (BGBl I S. 833)
[8] Art. 15 EGBGB
[9] § 9 NEhelG
[10] §§ 1591 ff. BGB; (IPR) § 18 EGBGB
[11] Gibt es seit dem KindRG v. 16.12.1997 (BGBl I S. 2942) nur noch auf Antrag des Kindes, nicht des Vater.
[12] §§ 1591, 1592 Nr. 1, 1593 BGB
[13] §§ 1599 ff. BGB, §§ 640 ff. ZPO
[14] § 1303 BGB
[14a] § 1355 V BGB
[15] §§ 16 ff. EheG
[16] §§ 1564 ff. BGB
[17] § 1565 I BGB
[18] §§ 606 ff. ZPO

[19] § 1310 BGB
[20] § 1306 BGB
[21] Das Verbot wurde durch das EheschlRG v. 4.5.1998 (BGBl I S. 833) aufgehoben.
[22] §§ 1408 ff. BGB
[23] Art. 56-58 WG
[24] §§ 3 II, 115 BRRG; Art. 54 des Statuts der Beamten der EG
[25] mit Aufhebung der Zuchthausstrafe als Nebenstrafe ab 1. 4. 1970 beseitigt
[26] Art. 63 WG
[27] Art. 59 ff. WG
[28] §§ 57 StPO, 480 ZPO
[29] §§ 66 c StPO, 481 ZPO
[30] §§ 66 d StPO, 484 ZPO
[31] §§ 60 Nr. 1 StPO, 393 ZPO
[32] § 156 StGB
[33] § 452 ZPO
[34] § 872 BGB
[35] § 2247 BGB
[35a] § 266 III HGB
[36] § 858 BGB
[37] § 859 BGB
[38] §§ 903 ff. BGB
[39] §§ 929 ff. BGB
[49] Art. 14 II GG
[40] § 959 BGB
[41] §§ 904 ff. BGB
[42] §§ 932 ff. BGB
[43] § 935 BGB
[44] § 973 BGB
[45] § 1004 BGB
[46] § 985 BGB
[47] §§ 873, 925, 929 ff. BGB
[48] § 449 BGB
[49] Art. 14 II GG
[50] §§ 1196, 1177 BGB
[51] §§ 1163, 1168 BGB
[52] § 4 UStG
[52a] §§ 272 ff. InsO
[53] § 1779 BGB
[54] § 218 I Nr. 3 SGB III
[55] §§ 394, 395 RVO (außer Kraft)
[56] bei Gastwirten §§ 701 ff. BGB; des Mieters § 562 BGB
[57] § 243 StGB
[58] § 8 StAG
[59] Art. 32 des Übereinkommens über die Rechtsstellung der Staatenlosen - BGBl 1976 II S. 473 ff., 484 ff.
[60] Art. 19 (1) EWG-Vertrag
[61] § 10 StVO
[63] § 30 AWV
[64] § 32 AWV
[62] BGBl 1957 II S. 170; 1989 II S. 491
[65] § 22 a AWV
[66] § 30 AWV
[67] § 7 GWB
[68] Anlage zum →Außenwirtschaftsgesetz § 10 AWG
[69] zuständige Marktordnungsstelle i. S. des Gesetzes zur Durchführung der gemeinsamen Marktorganisation (MOG) - BGBl 1972 I S. 1617
[70] §§ 22 ff. AWV
[71] § 370 VI AO
[72] §§ 319 ff. AktG
[73] § 97 I SGB III
[74] §§ 319 ff. AktG
[75] §§ 39 ff. BSHG
[76] § 80 I Nr. 7 BetrVG
[77] Art. 118 des Europ. Patentübereinkommens
[78] §§ 180 AO, 19 ff. BewG n. F.
[78a] BGBl 1986 II S. 1104
[79] Art. 142 des Europ. Patentübereinkommens
[80] Revision anwendbar seit 1. 10. 1984 - Publikation Nr. 400 der IHK
[82] Regel 13 der Ausführungsordnung zum Vertrag über die internationale Zusammenarbeit auf dem Gebiet des Patentwesens - BGBl 1976 II S. 800
[83] §§ 47 VI, 76, 98 IV BetrVG
[84] § 27 a UWG
[84a] BGBl 1990 II S. 889
[85] §§ 873, 925 BGB
[86] § 391 HGB
[87] RGBl I 1934, 1005; neugefasst BGBl 1997 I S. 821
[88] einkommensteuerpflichtig sind nur die Einnahmen, die unter eine der 7 Einkunftsarten fallen, § 2 I, II, §§ 13-24 EStG
[89] § 18 EStG
[90] §§ 22 Ziff. 2, 23 I EStG
[91] § 5 IV GmbHG
[92] § 237 II AktG
[93] § 63 AktG
[94] § 63 II AktG
[95] § 57 AktG
[96] § 274 III ZPO
[97] § 3 EStG
[98] z. B. § 102 ArbGG
[99] z. B. § 390 BGB
[100] § 320 BGB
[101] § 214 I BGB
[102] § 771 BGB
[103] §§ 106 III Nr. 6, 111 Nr. 1 BetrVG
[106] § 67 VI AktG
[107] § 2010 BGB
[108] § 83 I BetrVG
[109] § 810 BGB
[110] § 341 ZPO
[111] § 59 PatG
[112] Art. 99 des →Europ. Patentübereinkommens
[113] Regel 56 der Ausführungsordnung zum →Europäischen Patentübereinkommen
[114] § 243 I Nr. 1 StGB
[115] §§ 231, 232 AktG
[116] § 47 Gesetz über das Kreditwesen
[117] § 170 II StPO, §§ 707, 868 ZPO
[117a] -

[118] § 836 BGB
[119] § 935 ZPO
[120] § 940 ZPO
[121] §§ 55 ff., 65 BGB
[122] § 1115 BGB
[123] § 6 WZG
[124] §§ 19 GBO, 874 BGB
[125] z. B. § 38 AktG
[126] § 59 BGB
[127] § 162 BGB
[128] § 24 HGB
[129] §§ 563 ff. BGB
[130] vgl. Leitfaden für den Abschluß von Handelsvertreterverträgen zwischen Parteien in verschiedenen Ländern. Broschüre 13 der Internationalen Handelskammer
[131] § 863 BGB
[132] § 404 BGB
[133] § 183 BGB
[134] § 906 BGB
[135] § 215 AktG
[136] §§ 48, 54 III AktG
[137] § 63 I AktG
[138] § 19 GmbHG
[139] § 54 AktG
[140] § 16 V UStG
[141] Art. 28 EGBGB
[142] § 94 StPO
[143] §§ 74 ff. StGB
[144] § 237 AktG
[145] § 152 i.V.m. § 150 II StGB
[146] RGBl 1927 II S. 909
[147] franz. u. dt: BGBl 1985 II S. 133; engl: Command Paper Cmnd 853
[148] Convention relative aux transports internationaux ferroviaires (COTIF) frz. u. dt.: BGBl 1985 II S. 133; RID neugefaßt 1991 II S. 679; engl.: Command Paper Cmnd 853
[151] RGBl 1938 II S. 663, neugefasst BGBl 1999 I S. 782
[152] § 248 c StGB
[157] § 1705 BGB, aufgehoben durch KindRG v. 16.12.1997 (BGBl I S. 2942)
[157a] Art. 2 I des →Europ. Übereinkommens über ausländisches Recht
[158] § 1600 d III BGB
[159] z. B. Art. 249 V EGV
[160] § 188 BGB
[161] § 192 BGB
[162] § 300 ZPO
[163] § 1375 BGB
[164] Übereinkommen über ein Internationales Energieprogramm - BGBl 1975 II S. 701
[165] §§ 1938, 2333 BGB
[166] Art. 2 GG
[167] § 562 b BGB
[168] § 252 BGB
[169] § 1836 BGB
[170] § 10 UStG
[171] § 10 I UStG
[172] § 30 DRiG
[173] §§ 17 I Nr. 1, 18, 19, 22, 24 StAG
[174] § 2227 BGB
[175] z. B. Leitfaden für die Pflichten der Beamten und Bediensteten des Europäischen Parlaments
[176] § 18 KSchG
[177] § 8 AFG
[178] § 120 AktG
[179] § 601 BGB
[180] § 87 I Nr. 10 BetrVG
[181] Früher § 6 BGB (außer Kraft seit 1. 1. 1992 durch Betreuungsgesetz vom 12. 9. 1990 - BGBl I S. 2002)
[182] Früher §§ 645, 659 bis 663 ZPO (außer Kraft seit 1. 1. 1992; vgl. Anm. 181)
[183] Siehe z. B. § 288 AktG
[184] die nach dem 2. Weltkrieg in Deutschland „zur Befreiung des deutschen Volkes vom Nationalsozialismus und Militarismus“ durchgeführten Maßnahmen
[185] Art. 54 der Internationalen Gesundheitsvorschriften - BGBl 1971 II S. 890, 914
[186] Art. 14, 15 GG
[187] §§ 14, 83, 93 UrhG
[188] § 120 StGB
[189] EntwicklungshelferG - BGBl 1969 I S. 549
[190] Organization for Economic Cooperation and Development
[191] § 31 WStG
[192] §§ 43, 47 BGB
[193] im deutschen Recht unzulässig, Art. 16 I S. 1 GG
[194] § 64 StGB
[195] § 46 FeV
[196] §§ 2042 BGB
[197] ehemals § 1934 d BGB, aufgeh. durch ErbGleichG v. 16.12.1997 (BGBl I S. 2968)
[198] ErbbauVO - RGBl 1919 S. 72, ber. S. 122
[199] § 1 ErbbauVO
[200] § 1924 BGB
[201] § 1925 BGB
[202] § 1926 BGB
[203] § 1928 BGB
[204] § 1929 BGB
[205] §§ 2087 ff. BGB
[206] §§ 2032 ff. BGB
[207] §§ 1967 bis 2017, 2058 ff. BGB
[208] §§ 1975 ff. BGB
[209] §§ 1952, 2032 ff., 2058 BGB
[210] § 1963 BGB
[211] § bis 1997 in § 1934 a BGB, aufgehoben durch ErbGleichG v. 16.12.97 (BGBl I S. 2968)
[212] §§ 1923, 2101 BGB
[213] § 1922 BGB
[214] §§ 1922 ff. BGB
[215] §§ 1937-1941 BGB
[216] § 1924 BGB
[217] §§ 1928, 1929 BGB
[218] §§ 1924 ff. BGB

[219] 5. Buch des BGB
[220] § 1931 BGB
[221] § 1371 I BGB
[222] § 2346 BGB
[223] § 1942 BGB
[224] §§ 2018 ff. BGB
[225] §§ 2018 ff. BGB
[226] §§ 2030, 2371 ff. BGB
[227] Erbschaftsteuer- und Schenkungsteuergesetz (ErbStG)
[228] § 1922 BGB
[229] §§ 2353 ff. BGB
[230] § 2361 BGB
[230a] § 2361 BGB
[231] § 2361 BGB
[232] § 1922 II BGB
[233] §§ 2339 BGB
[234] § 1964 BGB
[235] §§ 2274 ff. BGB
[236] § 2276 BGB
[237] §§ 2346 ff. BGB
[238] § 2348 BGB
[239] § 283 I Nr. 4 StGB
[240] wenn kein Irrtum möglich ist, wird Erdöl mit oil übersetzt
[241] § 36 II Nr. 1 PatG; *Br* Patents Act 1977 s. 13
[242] § 5 I PatG
[243] BGBl 1976 II S. 649, 658
[244] in der Bundesrepublik verboten, in USA üblich und nicht standeswidrig; in England und Wales seit dem Conditional Fee Agreement Order als Vereinbarung e-s Prozentsatzes der Anwaltsgebühren zulässig
[245] §§ 274, 322, 348 BGB
[246] § 341 BGB
[247] § 278 BGB
[248] §§ 269, 270 BGB
[249] § 364 BGB
[250] § 329 BGB
[251] § 1909 BGB
[252] §§ 1909, 1916, 1917 BGB
[253] z. B. § 321 ZPO
[254] § 601 BGB
[255] § 14 GewStG
[256] § 64 MarkenG
[257] § 397 BGB
[258] § 131 AO
[259] § 32 Gesetz über das Kreditwesen
[260] BGBl 1995 II S. 354
[261] BGBl 1995 II S. 82
[262] § 1247 BGB
[263] § 1025 S. 2 BGB
[264] z. B. §§ 936, 945, 949 BGB
[265] §§ 164, 175 BGB
[266] § 362 BGB
[267] z. B. § 315 BGB
[268] § 1964 BGB
[269] § 160 StPO
[270] Satzung der FAO - BGBl 1971 II S. 1036 mit Änd.
[271] § 5 BRRG
[272] § 118 BGB
[273] § 2 ff. VerglO, außer Kraft seit 1.1.1999
[274] § 27 InsO
[275] § 207 StPO
[276] § 82 BetrVG
[277] § 343 StGB
[278] § 253 StGB
[279] § 1 BetrVG
[280] vertraglicher Güterstand, der durch das Gleichberechtigungsgesetz fortgefallen ist, aber noch für vor dem 1. 7. 1958 geschlossene Eheverträge gilt
[280a] § 74 AktG
[281] § 2096 BGB
[282] § 43 StGB
[283] § 25 BetrVG
[284] § 2190 BGB
[285] § 181 ZPO
[285a] § 123 ff BauGB
[285b] § 127 ff BauGB
[286] Art. 94 Abs. 2 GG
[287] § 937 BGB
[288] § 939 BGB
[289] § 940 BGB
[290] §§ 37 ff. AO
[291] Gesetz über das Verfahren für die Erstattung von Fehlbeständen an öffentlichem Vermögen BGBl 1951 I S. 109
[292] § 82 ZVG
[293] Art. 90 ff. des Europ. Patentübereinkommens
[294] § 1298 BGB
[295] § 929 BGB
[296] §§ 925 ff. BGB
[297] § 3 ErbStG
[298] § 37 I GWB
[299] zusammenfassende Bezeichnung für →Genossenschaften des Genossenschaftsgesetzes
[300] § 112 BGB
[301] §§ 1431, 1456 BGB
[302] „Erze" im Sinne des EAG-Vertrages vgl. Art. 197 Nr. 4 dieses Vertrages
[303] BGBl 1973 II S. 705
[304] BGBl 1957 II S. 1014
[304a] BGBl 1991 II S. 184
[304b] BGBl 1987 II S. 66
[304c] BGBl 1984 II S. 683; 1989 II S. 254
[305] Österreichisches Bundesgesetzblatt 1960 S. 893
[305a] BGBl 1991 II S. 615
[306] BGBl 1975 II S. 626
[306a] BGBl 1970 II S. 1029
[306b] Conférence Européenne d'Aviation Civile, CEAC; Sitz: Paris. Regionalorganisation der ICAO
[307] BGBl 1971 II S. 17
[308] BGBl 1991 II S. 839

308a BGBl 1952 II S. 685, 953; 1995 II S. 578
309 BGBl 1973 II S. 1006
310 BGBl 1970 II S. 910, 1971 II S. 207
311 BGBl 1969 II S. 1197, 1971 II S. 201
312 BGBl 1987 II S. 257 ff.
313 BGBl 1962 II S. 2273; 1984 II S. 69, 97; 1986 II S. 409
314 Art. 4 ff. des →Europ. Patentübereinkommens - BGBl 1976 II S. 8
315 Art. 98 des →Europ. Patentübereinkommens
316 BGBl 1956 II S. 581; 1970 II S. 1013
317 Organ der →OECD
318 Protokoll und Zusatzprotokoll über die Gründung Europäischer Schulen - BGBl 1969 II S. 1301, 1978 II S. 994
319 BGBl 1964 II S. 1261
320 Art. 76 des →Europäischen Patentübereinkommens
321 BGBl 1954 II S. 1099; 1960 II S. 1332; 1962 II S. 101
322 BGBl 1956 II S. 659, 810 (von der Bundesregierung gekündigt - BGBl 1975 S. 299)
323 Conférence Européenne des Ministres de Transports
324 BGBl 1976 II S. 1862
325 BGBl 1957 II S. 766
326 7. EEF (1990) etwa 11 Mrd. Ecu; BGBl 1970 II S. 636; 1991 II S. 176, 179
327 BGBl 1977 II S. 1445; 1989 II S. 955
328 Art. 2, 146 ff. EGV
328a BGBl 1989 II S. 378
328b Centre Européen de l'Entreprise Publique (CEEP), Bruxelles
329 BGBl 1965 II S. 1235; 1967 II S. 1786; 1984 II S. 1015
330 BGBl 1956 II S. 507, 531; 1985 II S. 311
331 BGBl 1973 II S. 701; 1993 II S. 15
332 BGBl 1956 II S. 563; 1979 II S. 290; 1983 II S. 338. Neufassung der Anhänge - BGBl 1991 II S. 687
332a BGBl 1972 II S. 773, 845; 1983 II S. 802; 1988 II S. 453
332b BGBl 1974 II S. 1138 (deutsch u. franz.); 1975 II S. 1489; 1989 II S. 31; 1990 II S. 858, 860
333 BGBl 1959 II S. 610; 1965 II S. 1334
334 BGBl 1955 II S. 1128
335 BGBl 1959 II S. 997
336 Art. 2 des Europäischen Patentübereinkommens - BGBl 1976 II S. 838
337 Übereinkommen über die Erteilung europäischer Patente →Europäisches Patentübereinkommen und Protokoll über die gerichtl. Zuständigkeit und die Anerkennung von Entscheidungen über den Anspruch auf Erteilung eines europ-Patents (Anerkennungsprotokoll) - BGBl 1976 II S. 994
338 Art. 60 des Europ. Patentübereinkommens
339 Art. 69 des Europ. Patentübereinkommens
340 BGBl 1979 II S. 833
341 Regel 54 der Ausführungsordnung zum Europ. Patentübereinkommen
342 Art. 68 des Europ. Patentübereinkommens
343 Art. 10 ff. des Europ. Patentübereinkommens
344 Art. 14 des Europ. Patentübereinkommens
345 Art. 127 des Europ. Patentübereinkommens
346 Regel 92 der Ausführungsordnung zum Europ. Patentübereinkommen
347 BGBl 1976 II S. 649, 826, 915; 1979 II S. 351; (Gebührenordnung) 1978 II S. 1133, 1148
348 BGBl 1980 II S. 1094
349 BGBl 1969 II S. 2057; 1977 II S. 211
349a BGBl 1985 II S. 58; 1986 II S. 548
350 BGBl 1972 II S. 630
351 BGBl 1974 II S. 938; 1987 II S. 60
351a BGBl 1981 II S. 550
352 BGBl 1971 II S. 86
353 BGBl 1961 II S. 82, 1026
354 BGBl 1978 II S. 321
355 BGBl 1972, II S. 553, 1973 II S. 240
355a BGBl 1988 II S. 409
356 BGBl 1971 II S. 1261
357 BGBl 1955 II S. 599
358 BGBl 1964 II S. 1289
358a Accord européen sur les grandes lignes internationales de chemin de fer (AGC)
358b BGBl 1983 II S. 246; 1985 II S. 53; 1988 II S. 988
358c BGBl 1977 I S. 1119
359 BGBl 1969 II S. 1489; Anlage A und B; BGBl 1977 II; 1985 II S. 605
360 BGBl 1965 II S. 281
361 BGBl 1964 II S. 426; 1985 II S. 107
362 BGBl 1964 II S. 1369, 1386; 1980 II S. 1334
363 BGBl 1983 II S. 771
363a BGBl 1980 II S. 953
364 BGBl 1974 II S. 1285
364a BGBl 1991 II S. 403
365 BGBl 1973 II S. 721
366 BGBl 1978 II S. 113
368 BGBl 1977 II S. 1445
369 BGBl 1969 II S. 1939
369a BGBl 1964 II S. 406
369b BGBl 1981 II S. 535
370 Übereinkommen zur Errichtung des Europäischen Zentrums für mittelfristige Wettervorhersage - BGBl 1975 II S. 873
371 BGBl 1950 II S. 263
372 BGBl 1989 II S. 253
373 Art. 23 der Berner Übereinkunft BGBl 1970 II S. 365
374 §§ 307, 308 StGB

Zu F

[1] § 16 WStG
[2] §§ 3 StVG, 46 FeV, 61 Nr. 5 StGB
[3] § 111 a StPO
[4] § 25 VI StVG
[5] § 47 I S. 2 FeV
[6] § 20 I FeV
[7] §§ 30, 31 FeV
[8] § 69 StGB
[9] § 3 StVO
[10] § 18 III Nr. 1 StVZO
[11] § 44 StGB (Nebenstrafe neben Freiheits- od. Geldstrafe); §§ 24, 25 StVG (Recht der Verwaltungsbehörden, ein Fahrverbot bis zu 3 Monaten zu verhängen)
[12] § 30 I S. 2 StVO
[13] § 316 StGB, §§ 315 c I Nr. 1a StGB
[13a] § 142 StGB
[14] § 276 BGB
[15] z. B. der Schenker (§ 521 BGB), der Verleiher (§ 599 BGB), der Finder (§ 968 BGB)
[16] §§ 222, 230 StGB
[17] § 277 BGB
[18] Fahrnisgemeinschaft war ein Güterstand des BGB (§§ 1549 ff. BGB a. F.), der durch das Gleichberechtigungsgesetz in Fortfall gekommen ist, aber noch für vor dem 1. 7. 1958 abgeschlossene Verträge gilt
[19] § 15 a StVZO, aufgehoben durch VO v. 18.8.1998 (BGBl I S. 2214)
[20] § 271 BGB
[21] die fahrlässige unbeeidete Falschaussage ist nicht strafbar
[22] § 153 StGB
[22a] § 160 StGB
[23] § 348 StGB
[24] § 271 StGB
[25] § 163 StGB
[26] § 160 StGB
[27] §§ 146 ff. StGB; Internationales Abkommen zur Bekämpfung der Falschmünzerei - RGBl 1933 II S. 913
[28] § 267 StGB
[29] vgl. auch Art. 31 des Abkommens zwischen der Bundesrepublik Deutschland und dem Vereinigten Königreich Großbritannien und Nordirland über Soziale Sicherheit, BGBl 1961 II S. 241
[30] § 2373 BGB
[31] die meisten Familiengesellschaften sind Personengesellschaften, bei Kapitalgesellschaften vorwiegend →GmbH
[32] §§ 1297 ff. BGB
[33] § 1360 BGB
[34] zusätzlich zum Arbeitsentgelt gewährter Betrag, z. B. Kindergeld
[35] zum Arbeitslosengeld
[36] §§ 434 ff. BGB
[37] §§ 536 ff. BGB
[38] §§ 858-863, 992, 2025 BGB
[39] § 444 BGB
[40] Art. 53 Abs. 2 der →Charta der Vereinten Nationen
[41] Art. 53 und 107 der →Charta der Vereinten Nationen
[42] § 200 GVG, aufgehoben durch Gesetz v. 28.10.1996 (BGBl I S. 1546)
[43] BGBl 1973 II S. 250, 1980 II S. 705
[44] BGBl 1985 II S. 426
[45] Vertrag zwischen der BRD und Großbritannien - BGBl 1972 II S. 897
[45a] BGBl 1990 II S. 494, 508
[46] § 127 StPO
[47] § 179 I AO
[48] § 256 I ZPO
[49] § 256 ZPO
[50] BGBl 1952 I S. 811 und spät. Änd.
[51] BGBl 1976 II S. 1265
[52] Art. 155 II der Weimarer Verfassung und spätere Gesetze bestimmten die Auflösung der Fideikommisse
[53] vgl. Debatin-Walter „Handbuch zum Deutsch-Amerik. Doppelbesteuerungsabkommen“ - B III Ziffer 71
[53a] UrhG § 88
[54] UrhG § 2 VI
[55] Art. 3 III der Berner Übereinkunft
[56] Art. 107 GG (zum Finanzausgleich zwischen den Bundesländern)
[57] BGBl 1965 I S. 1477 mit spät. Änd.
[58] Art. 105 GG
[59] z. B. Art. 22 II der Berner Übereinkunft
[60] z. B. Art. 91 EGKS-Vertrag
[61] § 970 BGB
[62] § 971 BGB
[63] § 4 GmbH-Gesetz
[64] § 27 HGB
[65] § 37 I HGB
[66] BGBl 1976 II S. 4
[67] Gesetz über den Verkehr mit Fischwaren - BGBl 1955 I S. 567
[68] § 293 StGB
[69] Übereinkommen über die Fischerei im Nordostatlantik - BGBl 1963 II S. 157
[70] Abkommen zu dem Intern. Vertrag (von 1882) betr. die polizeiliche Regelung der Fischerei in der Nordsee - BGBl 1957 II S. 214
[71] Intern. Übereinkommen über die Fischerei im Nordwestatlantik - BGBl 1957 II S. 265
[72] Konvention über die Fischerei und den Schutz der lebenden Ressourcen in der Ostsee und den Belten - BGBl 1976 II S. 1542, 1564
[73] §§ 323 II Nr. 2 BGB, 376 HGB
[74] Panama, Liberia, Honduras (and Costa Rica)

[75] § 104 StGB
[76] BGBl 1977 I S. 477
[77] §§ 112, 113 StPO
[79] Flüchtlingshilfegesetz - BGBl 1971 I S. 681
[80] Vereinbarung über Flüchtlingsseeleute - BGBl 1961 II S. 828; Protokoll BGBl 1975 II S. 422
[81] BGBl 1956 II S. 411, 442 mit Änd.
[82] Flurbereinigungsgesetz - BGBl 1976 I S. 546 mit spät. Änd.
[83] §§ 407-450 HGB, 26 ff. BinnenschiffahrtsG
[84] Abkürzung für (free on board) . . . (named port or shipment) (Frei an Bord) . . . (benannter Verschiffungshafen) - Incoterms 1953
[85] § 26 UrhRG
[85a] BGBl 1989 II S. 946; 1990 II S. 491
[85b] BGBl 1990 II S. 247
[85c] Übereinkommen zur Gründung des Gemeinsamen Fonds für Rohstoffe - BGBl 1985 II S. 715
[86] § 241 I BGB
[87] § 398 BGB
[88] § 409 BGB
[89] § 404 BGB
[90] §§ 453 I i.V.m. 433 ff. BGB
[91] §§ 828 ff. ZPO
[92] §§ 268, 412 BGB
[93] § 1225 BGB
[94] § 2 I Nr. 4 RaumordnungsG BGBl 1993 I S. 630
[95] z. B. §§ 209 Nr. 1a, 211 II S. 1, 216 I SGB III
[96] § 2231 BGB
[96a] § 6 II HGB
[97] § 192 StGB
[98] vgl. Debatin-Walter „Handbuch zum
[99] § 10 I Ziff. 7 EStG
[100] § 22 HGB
[101] Art. 126 GG
[102] Vertragsformel entsprechend den →Incoterms 1990
[103] §§ 407 I, 425 HGB
[104] §§ 429 ff. HGB
[105] § 441 HGB
[106] §§ 407 ff. HGB mit Sonderregelung in §§ 453 ff. HGB und EVO
[107] §§ 556 HGB im Seefrachtgeschäft heißt der Frachtführer Verfrachter, der Absender Befrachter
[108] §§ 139 ZPO, 240-242 StPO
[109] Vertragsformel entsprechend den →Incoterms 1990
[111] § 18 I EStG
[112] § 16 IV EStG
[113] aufgehoben durch die Neuregelung des EStG vom 7.9.1990
[114] § 17 ErbStG
[115] aufgehoben durch die Neuregelung des EStG vom 7.9.1990
[116] BGBl 1969 II S. 249, 1977 II S. 164
[117] § 385 BGB
[118] §§ 1221, 1235 II BGB
[118a] Art. 18 GG
[119] § 239 StGB
[120] Art. 104 II GG
[121] Art. 2 GG
[122] seit dem Strafrechtsreformgesetz von 1969 (BGBl 1969 I S. 645) sind Zuchthaus, Gefängnis, Einschließung und Haft zu einer einheitlichen Freiheitsstrafe zusammengefaßt; §§ 38 ff. StGB
[122a] § 38 StGB
[123] § 116 a StPO
[124] Übereinkommen über den internationalen Handel mit gefährdeten Arten freilebender Tiere und Pflanzen (Washingtoner Artenschutzabkommen) BGBl 1975 II S. 773
[125] § 267 V StPO
[126] § 38 BetrVG
[127] § 73 h EStDV
[128] z. B. Art. 81 III
[129] § 88 BetrVG
[130] § 4 WarenzeichenG
[131] eine der drei Formen des →Jugendarrestes, § 16 JGG
[132] Art. 11 GG
[133] § 4 AuslG
[134] Fremdrentengesetz BGBl 1960 I S. 93
[135] BGBl 1956 II S. 488, 763. Zur Verlängerung: Fundstellennachweis B (2002) S. 182 und ABlEG Nr. 320 S. 13
[135a] Art. 39 der UN Charta
[136] §§ 186-193 BGB
[137] § 99 II, III BGB
[138] § 99 I, III BGB
[139] Airborne Warning and Control System
[140] z. B. Art. 20 des Abkommens über die Internationale Zivilluftfahrt - BGBl 1956 II S. 416
[141] § 3 FeV
[142] § 4 I S. 1 i.V.m. II S. 1 FeV
[143] BGBl 1977 II S. 886
[144] BGBl 1977 II S. 881
[145] §§ 68 ff. StGB
[146] §§ 965 ff. BGB
[147] § 965 II S. 2 BGB
[148] § 55 a StVZO
[148a] § 76 UrhR
[149] Art. 13 der →Europäischen Sozialcharta
[150] Durch das Kinder- und Jugendhilfegesetz (KJHG) vom 26. 6. 1990 (BGBl I S. 1163) wurde die früher im JWG und im JGG geregelte Fürsorgeerziehung als Begriff abgeschafft. An ihre Stelle ist die Heimerziehung (§ 34 SGB VIII) getreten; vgl. ferner die Erziehungsbeistandschaft (§ 30 SGB VIII) und die Hilfe zur Erziehung gemäß § 12 JGG
[151] vgl. §§ 4 ff. UmwG
[152] vgl. §§ 36 ff. UmwG

Zu G

[1] § 1 I Nr. 8 des Gesetzes über das Kreditwesen
[2] RGBl 1929 II S. 173
[3] BGBl 1977 II S. 345
[4] BGBl 1971 II S. 929
[5] Gaststättengesetz BGBl 1970 I S. 465, 1298, neu bekannt gemacht BGBl 1998 I S. 3418
[6] §§ 701 ff. BGB; vgl. auch Übereinkommen über die Haftung der Gastwirte für die von ihren Gästen eingebrachten Sachen - BGBl 1966 II S. 26
[6a] § 704 BGB
[7] Die Bundesrepublik gehört dem GATT seit 1951 an - BGBl 1951 II S. 173, 200
[8] § 480 a.F. BGB
[9] § 243 BGB
[11] §§ 2155, 2182, 2183 BGB
[12] §§ 836-838 BGB
[13] § 4 I Nr. 5 AWG
[14] § 4 I Nr. 7 AWG (natürliche Person mit Wohnsitz in fremden Wirtschaftsgebieten)
[14a] BGBl 1981 II S. 966
[15] §§ 156 BGB, 71 ff. ZVG
[16] § 248 b StGB
[17] § 290 StGB
[17a] § 30 GebrMG
[18] BGBl I 1986 S. 1446
[19] § 8 I GebrMG
[20] §§ 18, 19, 27 GebrMG
[21] § 4 GebrMG
[22] § 8 GebrMG
[23] früher § 1910 BGB (aufgehoben durch Betreuungsgesetz)
[24] früher §§ 1910, 1920 BGB (aufgehoben durch Betreuungsgesetz)
[25] BGBl 1978 II S. 1133, 1148; 1980 II S. 94
[26] § 352 StGB
[27] § 2 II PStG
[28] z. B. § 115 HGB
[29] §§ 446, 447 BGB
[29a] § 40 StVO
[31] § 315 c StGB
[31a] BGBl 1975 I S. 2121; internationale Beförderung gefährl. Güter auf der Straße (ADR) E 359; mit der Eisenbahn (RID) E 147; auf Binnenwasserstraßen E 358 c; mit Seeschiffen - BGBl 1978 I S. 1017
[32] § 120 StGB
[33] § 121 StGB
[34] versus
[35] § 316 BGB
[36] Sonderregelungen in §§ 320 ff. BGB
[37] §§ 292, 445 ZPO
[38] §§ 1792, 1799 BGB
[39] §§ 850-850 k ZPO Pfändungsfreigrenzen
[40] es gibt drei deutsche Geheimdienste: Bundesamt für Verfassungsschutz (BfV), Bundesnachrichtendienst (BND) und Militärischer Abschirmdienst (MAD)
[41] z. B. Art. 28 EAG-Vertrag
[42] § 79 BetrVG
[42a] § 831 BGB
[43] § 27 StGB
[44] Art. 103 GG
[45] § 20 WStG
[46] Internationales Übereinkommen gegen Geiselnahme - BGBl 1980 II S. 1361; § 239 b StGB
[46a] BGBl 1990 I S. 422.
[47] Art. 37 f ScheckG
[48] die Geldbuße kommt vor bei allen Ordnungswidrigkeiten (bei Verstößen gegen das OWiG, gegen das GWB, gegen das WiStG etc.) und im Europarecht (z. B. Art. 83 II a EGV)
[49] §§ 81 ff. GWB
[50] Art. 27 des 2. Protokolls über die Satzung des Gerichtshofs der EWG
[51] zu den Geldmarktpapieren gehören z. B. Schatzwechsel, Schatzanweisungen, erstklassige Bankwechsel, Vorratsstellenwechsel
[52] z. B. §§ 843 ff. 1612 BGB
[53] § 245 BGB
[54] §§ 705 ff. BGB
[55] z. B. Gewerbe-, Grund-, Jagd- und Fischereisteuer
[56] § 9 BewG
[57] Art. 15 GG
[58] §§ 306 ff. StGB
[59] WohnungsgemeinnützigkeitsG RGBl 1940 I S. 438 nebst DVO - BGBl 1969 I S. 2142, aufgehoben durch Art. 2 I SteuerreformG 1990 m.W.v. 25.7.1988
[59a] BGBl 1985 II S. 715
[59b] BGBl II 1993 S. 242, BGBl II 1997 S. 1446
[60] § 37 I Nr. 3 Satz 4 GWB, Art. 3 der Verordnung (EWG) Nr. 4064/89 des Rates
[61] § 2265 BGB
[62] § 3 PatG
[63] § 202 AktG
[64] z. B. Vertragsstaat, der ein Reaktorschiff unter seiner Flagge betreibt
[65] § 8 I Nr. 6 GmbHG
[66] § 8 I Nr. 6 GmbHG
[67] Art. 222 EGV
[68] § 43 I GenG
[69] Kapitel IV der →Charta der Vereinten Nationen
[70] BGBl 1954 II S. 781 ff.
[71] § 6 Nr. 3 GenG

[72] die gewerblichen Genossenschaften, die im Deutschen Genossenschaftsverband e. V. zusammengesetzt sind, setzen sich aus Kredit-, Einkaufs-, Produktiv- und Handwerksgenossenschaften zusammen
[73] die landwirtschaftlichen Genossenschaften sind im Deutschen Raiffeisenverband e. V. zusammengefaßt
[74] Volksbanken, Raiffeisenkassen sowie deren Zentralkassen
[75] genauer Titel: Gesetz betr. die Erwerbs- und Wirtschaftsgenossenschaften - RGBl 1898 I S. 810 mit Änd.
[76] § 10 GenG
[77] z. B. § 221 III AktG
[78] wegen Urheberrecht s. Berner Übereinkunft Art. 2 I
[79] § 49 StVZO
[79a] VO (EG) Nr. 44, 2001 des Rates
[79b] § 13 GVG
[80] z. B. BGBl 1972 II S. 1102, BGBl 1975 II S. 843
[81] §§ 199 ff. GVG (die Gerichtsferien sind vom 15. Juli bis 15. September) aufgehoben durch Gesetz v. 28.10.1996 (BGBl I S. 1546)
[82] die Gebühren ergeben sich aus der Anlage zum GKG. Die wichtigsten nennt man Prozeß-, Beweis- und Urteilsgebühr
[83] Gerichtskostengesetz - BGBl 1975 I S. 3047; Kostenordnung - BGBl 1957 I S. 960
[84] § 184 GVG
[85] § 29 ZPO
[86] § 32 ZPO
[87] § 13 ZPO
[88a] BGBl 1975 I S. 1077; 1988 I S. 514; 1990 I S. 433
[89] § 154 GVG
[90] § 102 AFG, gemäß § 249 Nr. 1 vom 25.6.1969 (BGBl I S. 582) außer Kraft
[91] § 153 StPO
[92] §§ 44 ff. ZVG
[93] § 51 BetrVG
[94] § 87 AktG
[95] §§ 428 ff., 2151 III BGB
[96] §2231 BGB
[97] § 1471 BGB
[98] §§ 1438, 1460 BGB
[99] §§ 1421 ff., 1450 ff. BGB
[100] §§ 1437, 1459 BGB
[101] § 432 BGB
[102] § 1132 BGB
[103] §§ 72 ff. BetrVG
[104] §§ 48 II, 53 HGB
[105] §§ 421 ff BGB
[106] z. B. § 840 BGB
[107] § 769 BGB
[108] § 1459 BGB
[109] z. B. IPR, Art. 28 EGBGB
[110] z. B. § 78 II AktG
[111] zweite Rangklasse der diplomatischen Vertreter nach dem Wiener Übereinkommen über diplomatische Beziehungen von 1961 - BGBl 1964 II S. 957
[112] Vergleichs- und Schiedsordnung der Internationalen Handelskammer
[113] §§ 14 ff. GmbHG
[114] §§ 7 f. GenG
[115] § 15 GmbHG
[116] § 17 GmbHG
[117] § 382 AktG, aufgehoben durch Art. 6 UmwBerG vom 28.10.1994 (BGBl I S. 2355)
[118] § 34 GmbHG
[119] § 23 GmbHG
[120] § 21 II GmbHG
[120a] BGBl 1976 I S. 3317
[122] § 675 BGB
[123] z. B. e-s Kreditinstituts, § 32 Gesetz über das Kreditwesen
[124] § 106 BGB
[125] § 106 BGB
[126] § 107 BGB
[127] §§ 104 ff. BGB; (IPR) Art. 7 EGBGB
[128] § 106 BGB
[129] e-r BGB-Gesellschaft §§ 709-713 BGB; e-r OHG §§ 114-118 HGB
[130] z. B. § 38 GmbHG
[131] §§ 677 ff. BGB
[132] § 680 BGB
[133] §§ 17, 20, 20 a UWG
[134] § 39 II HGB, aufgehoben durch Gesetz vom 19.12.1985 (BGBl I S. 2355)
[135] BGBl 1980 I S. 400 mit Änd.
[136] Abkommen zwischen der Bundesrepublik Deutschland und den Vereinigten Staaten über die Zusammenarbeit in Bezug auf restriktive Geschäftspraktiken - BGBl 1976 II S. 1712
[137] unterste Klasse der diplomatischen Vertreter. Art. 14 lit. c des →Wiener Übereinkommens über dipl. Beziehungen
[138] § 22 HGB
[139] § 104 BGB
[140] § 105 BGB
[141] § 18 I der Kostenordnung
[142] § 1301 BGB
[143] § 528 BGB
[144] Gesetz zur Bekämpfung der Geschlechtskrankheiten - BGBl 1953 I S. 700 mit spät. Änd., aufgehoben durch Gesetz vom 20.7.2000 (BGBl I S. 1045)
[145] GeschmacksmusterG (Gesetz betr. das Urheberrecht an Mustern und Modellen) RGBl 1876 S. 11 mit spät. Änd.; zuletzt geändert BGBl 1990 I S. 426; International geregelt ist der Schutz von Geschmacksmustern in der Pariser Verbandsübereinkunft (Stockholmer Fassung), im →Haager Musterabkommen und, im Hinblick auf den Schutz von Werken der angewandten Kunst, in der Berner Übereinkunft, BGBl 1973 II S. 1073
[146] §§ 31 ff. Handwerksordnung

[147] §§ 705-740 BGB
[148] § 709 BGB
[149] §§ 718, 719 BGB
[150] GmbHG (von 1892) BGBl III 4123-1, zahlr. Änd., zuletzt 2002 I S. 2681
[151] § 5 I GmbHG (25.000 Euro)
[152] § 13 II GmbHG
[153] §§ 26-28 GmbHG
[154] § 6 GmbHG
[155] § 48 GmbHG
[156] § 52 GmbHG
[157] §§ 2 ff. KVStG - BGBl 1972 I S. 2129
[158] OHG oder KG. Nicht vergleichsfähig sind die Gesellschaften bürgerlichen Rechts und die stille Gesellschaft. Das Vergleichsverfahren wurde mit Inkrafttreten der Insolvenzordnung durch das Insolvenzverfahren abgelöst.
[158a] §§ 2, 3 GmbHG
[159] § 705 BGB; für die OHG § 109 HGB, für die KG §§ 163 ff. HGB, für die stille Gesellschaft §§ 230 ff. HGB
[160] der Gesellschafter gilt als Mitunternehmer, der auch an den stillen Reserven beteiligt ist
[161] der Gesellschafter gilt steuerlich nicht als Mitunternehmer
[162] § 48 I GmbHG
[163] §§ 8, 40 GmbHG
[164] § 48 GmbHG
[165] im Deutschen Reich bis 1945 Reichsgesetzblatt. BRD (und Österreich) Bundesgesetzblatt (BGBl.). DDR Gesetzblatt (GBl.)
[166] Art. 76 GG
[167] Art. 71, 73 GG
[168] Art. 72, 74 GG
[169] Art. 81 GG
[170] Art. 76 GG
[171] zulässige Bezeichnung bei Patentschutz, nicht bei Warenzeichenschutz - § 3 UWG
[172] § 309 a.F. BGB
[173] § 343 StGB
[174] § 259 StGB
[175] §§ 36 f. BSHG
[176] BGBl 1973 II S. 1255
[177] BGBl 1975 II S. 456
[178] § 278 StGB
[179] Gesetz über den Verkehr mit Getreide- und Futtermitteln - BGBl 1951 I S. 899 mit spät. Änd.
[180] § 26 a EStG
[181] § 620 Nr. 5 ZPO
[182] § 487 a.F. BGB
[183] §§ 434 ff. BGB
[184] §§ 434 ff. BGB
[185] § 365 BGB
[186] § 633 BGB
[187] § 463 a.F. BGB
[188] §§ 808 ff. ZPO
[189] Nr. 8 der Institute Cargo Clauses (FPA) von 1946
[190] § 231 StPO
[191] § 854 BGB
[192] der Gewerbebegriff der Gewerbeordnung ist zu unterscheiden von dem anderer Rechtsgebiete, z. B. des Handelsrechts (Handelsgewerbe), des Steuerrechts und des bürgerlichen Rechts
[193] § 14 GewO
[194] §§ 29 ff. GewO
[195] § 1 GewO, Art. 12 GG
[196] von 1869 - RGBl 1900 I S. 871; BGBl 1978 I S. 97; 1987 I S. 425
[197] GewStG - BGBl 1984 I S. 657 mit Änd.
[198] § 2 GewStG
[199] § 35 GewO
[200] §§ 105 ff. GewO
[201] § 42 GewO
[202] § 2 I UStG
[203] Preußisches Allgemeines Berggesetz von 1865
[204] §§ 63 ff. UmwG
[204a] z. B. § 301 AktG
[205] §§ 291, 293 AktG
[205a] § 292 I Nr. 2 AktG
[206] §§ 72 II, 75 AktG
[207] vgl. Debatin-Walter „Handbuch zum Deutsch-Amerik. Doppelbesteuerungsabkommen" A 3.1 Zif. 222; B VI Zif. 68 und 70
[209] §§ 179 ff. AO
[210] vgl. Debatin-Walter „Handbuch zum Deutsch-Amerik. Doppelbesteuerungsabkommen" B III Zif. 74
[211] z. B. § 292 AktG
[212] z. B. § 221 AktG
[214] Art. 4 GG
[215] § 66 StGB
[216] Art. 1 WG
[217] § 224 I Nr. 1 StGB
[218] § 1 I Nr. 9 KWG
[219] § 2366 BGB
[220] §§ 892 ff. BGB
[221] Art. 4 GG
[222] z. B. § 2010 BGB
[223] im Zivilprozeß ausnahmsweise zugelassen, z. B. bei Arrest und einstweiliger Verfügung § 294 ZPO, §§ 26, 56 StPO
[224] z. B. § 1994 BGB
[224a] § 283 c StGB
[225] AnfechtungsG BGBl 1994 I S. 2911
[226] § 67 InsO
[227] § 283 c StGB
[229] z. B. § 3 AnfechtungsG
[230] § 75 ZPO
[231] § 74 InsO
[232] § 152 InsO
[233] § 300 BGB
[234] Art. 3 GG
[235] BGBl 1970 II S. 802
[235a] Art. 3 GG
[236] BGBl 1957 I S. 609
[237] z. B. §§ 21, 22 GWB
[238] vgl. §§ 925, 1410 BGB

[239] §§ 266, 275 HGB; §§ 152, 158 AktG
[240] § 284 StGB
[241] § 167 StGB
[242] § 166 StGB
[243] § 168 StGB
[244] Graduiertenförderungsgesetz - BGBl 1976 I S. 207
[245] § 919 BGB
[246] § 921 BGB
[247] § 923 BGB
[248] § 912 BGB
[249] Art. 12 I des Verkehrsvertrages - BGBl 1972 II S. 1449
[250] § 920 BGB
[252] § 22 II Nr. 1 GWB
[253] § 13 KWG
[254] BGBl 1949 I mit spät. Änd.
[255] BGBl 1970 II S. 768
[256] § 182 AktG
[257] z. B. Art. 38 EAG
[257a] Art. 18 GG
[258] Art. 1-19 GG
[260] das materielle Recht ist geregelt im BGB, das formelle in der Grundbuchordnung
[261] § 1 GBO
[262] § 12 GBO
[263] §§ 13 ff. GBO
[264] § 448 BGB
[265] §§ 1018 ff. BGB
[266] der Steuersatz beträgt meist 2% des Kaufpreises
[266a] § 1 II a.F. HGB
[267] § 1191 BGB
[268] GrundsteuerG von 1973 - BGBl 1973 I S. 965 mit spät. Änd.
[269] § 12 III Nr. 3 StVO
[270] § 468 BGB
[271] §§ 433 ff., 311 b BGB
[272] GrundstücksverkehrsG - BGBl 1961 I S. 1091
[273] § 68 I BewG
[274] §§ 136 ff. Bundesbaugesetz
[275] § 28 AktG
[276] §§ 46 ff. AktG
[277] § 2 AktG
[278] z. B. § 26 AktG
[279] z. B. § 32 AktG
[280] § 33 II AktG
[281] § 461 HGB
[282] z. B. § 794 I Nr. 1 ZPO
[283] § 54 ArbGG
[283a] § 614 ZPO
[284] § 20 VI GWB
[285] §§ 1415 ff. BGB
[286] §§ 1483 ff. BGB
[287] § 1469 BGB
[288] §§ 1363 ff. BGB; (IPR) Art. 15, 16 EGBGB
[291] §§ 1558 ff. BGB
[292] § 1563 BGB
[293] § 1414 BGB
[294] § 1414 BGB
[295] § 932 BGB
[296] § 932 II BGB
[297] § 892 BGB
[298] § 936 BGB

Zu H

[1] BGBl 1962 II S. 774; in der BRD in Kraft 1984 II S. 798; 1970 II S. 293, 448; 1975 II S. 2272; 1987 II S. 546, 576. Das Haager Musterabkommen schützt nur Geschmacksmuster. UK und USA sind nicht Vertragspartner
[2] BGBl 1973 I S. 856, 868; 1973 II S. 885
[3] BGBl 1959 II S. 981
[4] RGBl 1910 S. 107 ff. (das Abkommen gilt noch heute)
[4a] BGBl 1971 II S. 219
[5] Internationales Abkommen zur Vereinheitlichung von Regeln über Konnossemente - RGBl 1939 II S. 1049; BGBl 1953 II S. 116; 1954 II S. 466
[6] BGBl 1979 II S. 780; 1977 II S. 1472
[6a] BGBl 1990 II S. 206, 207
[7] BGBl 1977 II S. 1453; 1971 II S. 219
[8] BGBl 1981 II S. 588
[9] BGBl 1958 II S. 577 (Deutsch und Französisch). Weder Großbritannien noch die Vereinigten Staaten sind Mitgliedstaaten des HZPrÜbk
[9a] BGBl 1982 II S. 586; 1986 II S. 682; Anlagen zuletzt geändert 1989 II S. 410
[10] z. B. §§ 390, 888 ZPO
[11] §§ 114 ff. StPO, Art. 104 GG
[12] §§ 304 ff., 305 S. 2 StPO
[13] Gesetz über die Entschädigung für Strafverfolgungsmaßnahmen - BGBl 1971 I S. 157
[14] §§ 112 II, 112 a StPO
[15] § 149 ff. VVG
[16] §§ 117 ff. StPO
[17] z. B. § 10 des Gesetzes über das Kreditwesen
[18] Häftlingshilfegesetz (HHG) - BGBl 1969 I S. 1793 mit spät. Änd.
[19] § 62 AktG
[20] § 462 HGB; § 278 BGB
[21] §§ 823 ff. BGB
[22] z.B. § 702 BGB
[23] § 189 BGB
[23a] BGBl 1987 I S. 2294, 1990 I S. 430
[24] § 12 StVO
[25] § 242 I HGB
[26] § 346 HGB. Die Handelsbräuche stellen kein Gewohnheitsrecht dar, sondern sind eine im Handelsverkehr übliche Verkehrssitte (Usance)

[27] § 350 HGB
[28] § 17 HGB
[29] §§ 343 ff. HGB
[30] RGBl 1897 S. 219 mit spät. Änd.
[31] § 1 II HGB
[32] §§ 373-382 HGB
[33] Handelsklassengesetz - BGBl 1972 I S. 2201
[34] §§ 93 ff. HGB
[35] im engeren Sinne Inhalt des Handelsgesetzbuches (HGB); im weiteren Sinne Inhalt des HGB und der Nebengesetze (z. B. Wechsel- und ScheckG, AktienG, GmbHG, BörsenG)
[36] öffentliches Verzeichnis aller Einzelkaufleute und Handelsgesellschaften (§§ 8 ff. HGB und Nebengesetze)
[37] § 9 HGB
[38] § 105 GVG
[39] § 95 GVG. Vgl. auch →Deutsch-Britisches Abkommen über die gegenseitige Anerkennung und Vollstreckung von gerichtl. Entscheidungen in Zivil- und Handelssachen
[40] a) Internationale Handelsschiedsgerichtsbarkeit der Internationalen Handelskammer (→IHK-Schiedsklausel, →IHK-Schiedsgerichtsbarkeit, →Vergleichs- und Schiedsordnung der IHK, →Schiedsgerichtshof der IHK)
b) New Yorker Übereinkommen über die Anerkennung und Vollstreckung ausländischer →Schiedssprüche
c) →Europäisches Übereinkommen über die internationale Handelsschiedsgerichtsbarkeit
[41] § 1 HGB
[42] von der Intern. Handelskammer herausgegebene synoptische Gegenüberstellung der gebräuchlichsten Lieferklauseln wie fob, cif etc. und deren unterschiedliche Auslegung in 18 verschiedenen Ländern
[43] Art. 110 EWG-Vertrag, jetzt Art. 131 EG-Vertrag
[44] §§ 84 ff. HGB
[45] HandelszählungsG - BGBl 1968 I S. 241
[46] §§ 54-58 HGB
[47] z. B. § 89 II AktG
[48] §§ 59 ff. HGB; §§ 611 ff. BGB
[49] §§ 54-58 HGB (Abart der Vollmacht des BGB, nicht so weit reichend wie die →Prokura)
[50] §§ 36 ff. HandwO
[51] §§ 52 ff. HandwO
[52] § 90 HandwO
[53] BGBl 1966 I S. 1 mit spät. Änd.
[54] § 6 HandwO
[55] HandwerksversicherungsG (HwVG) - BGBl 1960 I S. 737
[56] § 126 BGB
[56a] BGBl 1987 II S. 640
[57] § 89 BVG
[58] ehemals geregelt in §§ 68-84 AKG. DVO - BGBl 1958 I S. 9
[59] §§ 301, 301 a LAG
[60] z. B. § 1568 BGB
[61] §§ 64, 65 ZPO
[62] §§ 482 ff. BGB; aufgehoben durch Art. 6 SchuModG v. 26.11.2001 (BGBl I S. 3138) m.W.v. 1.1.2002
[63] z. B. §§ 39, 239 ZPO
[64] § 15 VStG
[65] §§ 213-275 StPO
[66] §§ 226-275 StPO
[67] für Aktiengesellschaft §§ 118 ff. AktG; für Kommanditgesellschaft auf Aktien § 285 AktG
[68] § 121 I AktG
[69] § 121 I AktG
[70] §§ 121 ff. AktG
[71] § 133 AktG
[72] § 13 VI des SchwerbeschädigtenG
[73] § 123 StGB
[74] § 124 StGB
[75] § 569 II BGB
[76] § 33 a III EStG
[77] auf Grund des BundesversorgungsG oder der Krankenversicherung
[78] Heimarbeitsgesetz (HAG) - BGBl 1951 I S. 191
[79] §§ 70 ff. BSHG
[80] § 14 VermögenssteuerG, vgl. § 28 b EStG
[81] § 1370 BGB
[82] Zeitraum vom 1. 1. bis 31. 12. eines Jahres
[83] Art. 45 des Europ. Patentübereinkommens
[84] z. B. Art. 209 EWG-Vertrag, jetzt Art. 279 EG-Vertrag
[85] Art. 112 GG
[86] Art. 111 GG
[87] § 1361 a BGB
[87a] BGBl 1986 I S. 122; 1990 I S. 2840; aufgehoben durch Art. 6 SchuModG v. 26.11.2001 (BGBl I S. 3138) m.W.v. 1.1.2002; jetzt in §§ 311 bis 314 BGB
[87b] § 247 StGB
[88] § 701 HGB
[89] § 700 HGB
[90] § 621 HGB
[91] Institute Cargo Clause
[92] § 259 StGB
[92a] § 260 StGB
[93] BGBl 1965 I S. 604
[94] § 1 HeilpraktikerG - RGBl 1939 I S. 251
[95] HeimarbeitsG (HAG) - BGBl 1951 I S. 191 mit spät. Änd.
[95a] § 34 KJHG (der Begriff der „Fürsorgeerziehung" wurde mit dem JWG abgeschafft)
[96] bes. im Erbbaurecht, Heimstättenrecht und Erbrecht des Staates
[97] § 1936 BGB
[98] HeimkehrerG - BGBl 1950 I S. 221 mit spät. Änd.
[99] ReichsheimstättenG - RGBl 1937 I S. 1291
[100] Gesetz über die Rechtsstellung heimatloser Ausländer im Bundesgebiet - BGBl 1951 I S. 269
[101] Form der Staatsangehörigkeit, siehe § 39 RuStAG

[102] Flüchtlinge und Zwangsumgesiedelte aus den Gebieten westlich von Oder und Neiße nach dem 2. Weltkrieg - BundesvertriebenenG - BGBl 1971 I S. 1565
[103] § 11 PStG
[103a] BGBl 1969 II S. 161
[104] § 656 BGB
[104a] Presse- und Informationsamt der Bundesregierung, Bulletin Nr. 102 (S. 965 v. 15. 8. 1975), engl. ILM vol. 14 (1975) p. 1292-1325
[104b] Korb 1 Ziff. 1 a der KSZE-Schlußakte; Zehn Prinzipien
[104c] Korb 4 der KSZE-Schlußakte: Auswärtiges Amt, Dokumente zum KSZE-Prozeß
[105] §§ 203 ff. BGB
[106] § 939 BGB
[107] § 1 II JGG
[108] § 2018 BGB
[109] §§ 12 ff. HinterlO
[110] § 1632 BGB
[111] § 422 ZPO
[112] § 822 BGB
[113] vgl. Stockholmer Zusatzvereinbarung zum Madrider Abkommen über die Unterdrükkung falscher od. irreführender Herkunftsangaben auf Waren - BGBl 1970 II S. 444
[114] § 17 AktG
[115] §§ 740 ff. HGB; BGBl 1965 II S. 480
[116] § 323 c StGB
[117] § 372 BGB
[118] § 232 BGB
[119] § 402 AktG
[120] § 1 HinterlO
[121] § 383 BGB
[122] Europ. Übereinkommen über die Anerkennung von akademischen Graden und Hochschulzeugnissen - BGBl 1969 II S. 2057
[123] §§ 81 ff. StGB
[124] § 1190 BGB
[125] BGBl 1976 II S. 245
[126] BGBl 1976 I S. 1933
[127] BGBl 1972 II S. 1089; 1980 II S. 373
[128] BGBl 1975 II S. 1282
[129] Kapitel XI der Charta der Vereinten Nationen - BGBl 1973 II S. 479
[130] vgl. Art. 24 GG
[131] §§ 2247, 2267 BGB
[132] § 269 BGB
[134] Art. 58 WG
[135] Art. 58 II WG
[136] die Kraftfahrzeugsteuer bemißt sich bei einem Pkw nach dem Hubraum und der Schadstoffemission
[137] §§ 1113 ff. BGB
[137a] in Kraft getreten 1900 - RGBl I S. 375
[138] § 1116 BGB
[139] §§ 91 ff. LastenausgleichsG - BGBl I 1952 S. 446, geändert durch Gesetz v. 9.9.2001 - BGBl I S. 2306
[140] §§ 1113, 1142, 1147 BGB
[141] § 416 BGB
[142] § 1181 BGB

Zu I

[1] ICC Publikation Nr. 325
[1a] mit Wirkung vom 1. 1. 1988 von der Internationalen Handelskammer geändert. ICC Publikation Nr. 447 (ICC Vergleichs- und Schiedsgerichtsordnung S. 12 ff.)
[1b] in Kraft seit 1. 1. 1988; ICC Publikation Nr. 447 (ICC Vergleichs- und Schiedsgerichtsordnung S. 8 ff.); die ICC verwendet als Überschrift den Ausdruck Vergleichsordnung und im Text den Ausdruck Schlichtungsregeln
[2] § 52 StGB
[2a] § 21 BGB
[3] § 253 I BGB
[4] Ifo Institut für Wirtschaftsforschung e. V. in München
[4a] vgl. Berner Übereinkunft Art. 2 I
[5] z. B. § 793 HGB
[6] § 253 I BGB
[7] § 906 BGB
[8] BundesimmissionsschutzG - BGBl 1974 I S. 721
[8a] BGBl 1990 I S. 880, 2634; BGBl 1990 II S. 889, 1114
[9] § 864 ZPO
[10] Art. 46 II-IV GG
[11] Neufassung 2000 veröffentlicht durch deutsche Landesgruppe der ICC
[12] die Incoterms gelten nur, wenn sie im Vertrag ausdrücklich vereinbart sind
[13] Art. 46 I GG, § 36 StGB
[14] § 187 StGB
[15] Art. 1 Nr. 3, 27 III des Intern. Kaffeeübereinkommens - BGBl 1996 II S. 170
[16] § 305 b BGB
[17] Art. 34 der →Menschenrechtskonvention
[18] Art. 11 WG, Art. 14 ScheckG, § 363 HGB
[19] Art. 13 WG
[20] oberste Instanz der IHK ist der →Deutsche Industrie- und Handelskammertag
[20a] unterzeichnet in Washington am 8. 12. 1987
[21] vgl. Internationale Gesundheitsvorschriften - BGBl 1975 II S. 459
[22] Sammelbegriff für Datenverarbeitung und Kybernetik
[23] § 10 AktG
[23a] im Ggs. zu Großbritannien und USA sind die Inhaberaktien der Regelfall
[24] § 24 AktG
[25] § 1195 BGB

[26] § 1188 BGB
[27] Art. 5 ScheckG
[28] ICC Publikation Nr. 522
[29] § 1747 II S. 2 BGB
[30] Art. 51 der Intern. Gesundheitsvorschriften - BGBl 1971 II S. 889
[31] Art. VII des →Freundschafts-, Handels- und Schiffahrtsvertrages
[32] §§ 52 ff. HandwerksO
[32a] Herausgegeben vom Vorstand der Frankfurter Wertpapierbörse, engl. Übersetzung hrsg. von der Arbeitsgemeinschaft der deutschen Wertpapierbörsen
[32b] Art. 110 EGInsO
[32c] §§ 129 ff. InsO
[32d] § 13 f. InsO
[32e] § 174 InsO
[32f] § 183 SGB III
[32g] § 38 InsO
[32h] § 35 InsO
[32i] vom 5.10.1994, in Kraft seit 1.1.1999 gem. Art. 10 EGInsO
[32j] §§ 217 ff. InsO
[32k] § 39 EGGVG
[32l] §§ 207 ff. InsO
[32m] § 336 InsO
[32n] § 336 InsO
[32o] §§ 283 ff. StGB
[32p] §§ 56 ff. InsO
[33] Art. 3 (2) des →Grundvertrages
[34] BGBl 1976 II S. 38; 1983 II S. 119; 1988 II S. 575 (Interamerikanische Investitionsgesellschaft: 1986 II S. 750)
[34a] BGBl 1986 II S. 749
[34b] § 113 I BetrVG
[35] BGBl 1952 II S. 607, 1957 II S. 317 mit spät. Änd.
[36] BGBl 1957 II S. 1357; 1958 II S. 4; 1963 II S. 329; 1971 II S. 849
[37] BGBl 1952 II S. 637
[38] BGBl 1975 II S. 738
[39] BGBl 1960 II S. 2137
[41] BGBl 1956 II S. 747; 1956 II S. 901
[42] BGBl 1975 II S. 456
[43] BGBl 1969 II S. 417
[44] BGBl 1959 II S. 673; 1968 II S. 862
[44a] ICC Publikation Nr. 324
[44b] BGBl 1975 II S. 1417; 1989 II S. 55, 1063
[44c] BGBl 1975 II S. 284
[44d] BGBl 1985 II S. 718
[45] BGBl 1979 II S. 1081; 1988 II S. 511; 1991 II S. 450, 454
[46] BGBl 1970 II S. 459
[46a] BGBl 1987 II S. 671
[47] BGBl 1978 II S. 1405
[48] Kapitel XIV der Charta der Vereinten Nationen - BGBl 1973 II S. 491
[49] BGBl 1977 II S. 1301
[50] BGBl 1973 II S. 1533
[51] BGBl 1973 II S. 1569
[52] BGBl 1976 II S. 649, 664
[53] (Bretton Woods-)Abkommen über den IWF und die Internationale Bank für Wiederaufbau und Entwicklung v. Juli 1944 - BGBl 1952 II S. 637; Neufassung 1976 BGBl 1978 II S. 13; 1991 II S. 815
[54] BGBl 1989 II S. 588
[54a] BGBl 1955 II S. 633
[54b] BGBl 1965 II S. 1244
[54c] RGBl 1939 II S. 1049; BGBl 1954 II S. 466
[55] BGBl 1970 II S. 315
[56] BGBl 1975 II S. 701
[56a] BGBl 1983 II S. 247; 1985 II S. 1024
[57] BGBl 1990 II S. 95
[58] BGBl 1988 II S. 303; 1990 II S. 1462
[59] BGBl 1959 II S. 933
[59a] BGBl 1989 II S. 107
[60] BGBl 1973 II S. 1309, 1676; 1978 II S. 1158
[61] RGBl 1921 II S. 6; 1929 II S. 407; BGBl 1959 II S. 333
[62] BGBl 1973 II S. 1311
[62a] BGBl 1986 I S. 1142
[62b] BGBl 1985 II S. 718
[63] BGBl 1974 II S. 676
[63a] BGBl 1986 II S. 172
[63b] BGBl 1984 II S. 209; 1988 II S. 976
[63c] BGBl 1986 II S. 1068
[63d] BGBl 1977 II S. 42
[63e] BGBl 1980 II S. 1362
[63f] BGBl 1982 II S. 4; 1984 II S. 231
[63g] BGBl 1956 II S. 379; 1964 II S. 749; 1978 II S. 1493; 1979 II S. 62
[63h] BGBl 1984 II S. 810
[63i] BGBl 1972 II S. 663; 1988 II S. 976
[63j] BGBl 1982 II S. 486
[64] ABl. 1984 C 126 S. 3
[65] von den Vereinten Nationen herausgegeben
[66] BGBl 1969 II S. 2179
[66a] BGBl 1969 II S. 372
[66b] BGBl 1984 II S. 15
[67] Art. 14 b des Wiener Übereinkommens über diplomatische Beziehungen
[70] Art. 1 Nr. 15 des Abkommens zwischen BRD und Großbritannien über Soziale Sicherheit - BGBl 1961 II S. 242
[71] § 582 II BGB
[72] § 582 I BGB
[73] § 240 HGB
[74] §§ 1993 ff. BGB
[75] § 1994 BGB
[76] § 2005 BGB
[77] § 2010 BGB
[78] §§ 240, 241 HGB
[78a] § 147 StGB
[79] Verhältnis zwischen Bruttoinvestition und Bruttosozialprodukt
[80] zur Verringerung des politischen Risikos bei Kapitalanlagen in Entwicklungsländern

[81] Begriff der Mehrwertsteuer
[82] BGBl 1969 II S. 372, 1191
[83] z. B. Art. 18 des Protokolls über die Satzung der Europäischen Investitionsbank
[84] InvZulG - BGBl 1979 I S. 24; 1982 I S. 664; BGBl 1997 I S. 2070
[85] §§ 17, 18 AuslInvestmentG
[86] Art. 30 ff. Euratom-Vertrag
[86a] § 309 StGB
[87] Übereinkommen der Intern. Arbeitsorganisation - BGBl 1973 II S. 934
[88] z. B. § 3 UWG
[89] § 119 II BGB
[90] § 119 I BGB
[91] Art. 223 Euratom-Vertrag

Zu J

[1] §§ 19 ff. BJagdG
[2] BJagdG - BGBl 1976 I S. 2849
[3] § 33 BJagdG
[4] §§ 242, 325, 339 HGB; §§ 5, 6, 9 Publizitätsgesetz
[5] § 165 RVO, aufgehoben durch Art. 5 Nr. 2 des Gesetzes v. 20.12.1988 - BGBl I S. 247 m.W.v. 1.1.1989; §§ 570-579, 780 RVO, aufgehoben durch Art. 35 Nr. 1 des Gesetzes v. 7.8.1996 - BGBl I S. 1254 m.W.v. 1.1.1997
[5a] § 157 Nr. 28 AktG, aufgehoben durch Gesetz v. 19.12.1985 - BGBl I S. 2355
[7] Übereinkommen der Intern. Arbeitsorganisation über den bezahlten Jahresurlaub - BGBl 1975 II S. 746
[7a] § 7 III Nr. 2 UWG
[8] §§ 69, 70 SGB VIII
[9] JArbSchG - BGBl 1976 I S. 965
[10] § 13 II Nr. 3 JGG
[11] BGBl 1985 I S. 1502
[12] Jugendgerichtsgesetz (JGG) - BGBl 1974 I S. 3427
[12a] Siehe dazu das Kinder- und Jugendhilfegesetz vom 26. 6. 1990 - BGBl. I S. 1163 -, das an die Stelle des früheren Jugendwohlfahrtsgesetzes getreten ist
[13] § 1 II JGG
[14] dient im Ggs. zur Jugendfürsorge der Förderung gesunder und nicht gefährdeter Jugend
[15] Gesetz zum Schutz der Jugend in der Öffentlichkeit - BGBl 1985 I S. 425
[16] §§ 62 ff. BetrVG
[17] §§ 60-71 BetrVG
[18] §§ 72-73 BetrVG
[19] z. B. §§ 21 ff. BGB
[20] In England gibt es keinen Justizminister; seine Aufgaben werden wahrgenommen vom Lord Chancellor, Innenminister und dem Attorney-General
[21] In England gibt es kein Justizministerium; die Funktionen werden teils vom Lord Chancellor, teils von den Law Officers ausgeübt
[22] BGBl 1985 II S. 842
[23] BGBl 1985 II S. 838

Zu K

[1] Art. 7 des Abkommens über die Intern. Zivilluftfahrt - BGBl 1956 II S. 412
[2] § 64 AktG
[3] § 21 GmbHG
[5] Vertragsformel entsprechend den Incoterms 1953
[6] BGBl 1959 II S. 933
[7] §§ 217-232 BBauG
[8] §§ 93 ff. GVG
[9] Art. 224 EG-Vertrag
[10] z. B. § 843 BGB
[10a] § 264 a StGB
[11] Gesetz über Kapitalanlagegesellschaften - BGBl 1970 I S. 128; 1980 I S. 1653; 1998 I S. 2726
[12] § 182 AktG; §§ 55, 56 GmbHG
[13] §§ 207 ff. AktG
[14] §§ 43-45 EStG
[15] §§ 222 ff. AktG; § 58 GmbHG
[16] Art. 56 ff. EG-Vertrag
[17] KVStG - BGBl 1972 I S. 2130
[18] § 186 AktG
[18a] BGBl 1989 II S. 299
[19] § 6 a.F. GWB
[20] § 7 a.F. GWB
[21] § 2 II GWB
[22] § 3 I a.F. GWB
[23] § 5 GWB
[24] § 8 GWB
[25] § 3 GWB
[26] § 6 GWB
[27] § 54 GWB
[28] § 1 GWB
[29] das Kartellregister wird beim Bundeskartellamt geführt, § 11 I GWB
[30] § 11 I GWB
[31] § 21 GWB; Art. 81 EG - Vertrag
[32] §§ 2-8 GWB
[33] Art. 81 EG-Vertrag
[33a] § 13 GWB
[33b] § 58 UrhG
[34] Art. 35 GG
[35] BGBl 1990 I S. 229
[36] §§ 454, 455 BGB

[37] § 494 a.F. BGB
[38] § 9 II des 2. WohnungsbauG - BGBl 1994 I S. 2137
[39] § 1 HGB
[40] § 2 HGB
[41] § 363 I S. 2 HGB
[41a] BGBl 1989 II S. 588
[42] § 433 BGB
[43] § 571 BGB
[44] § 4 c Nr. 6 AWV
[45] § 433 BGB
[46] § 166 BGB
[47] § 18 StVZO
[48] BGBl 1977 II S. 862
[49] Art. 20 des Abkommens über die →Internationale Zivilluftfahrt
[50] § 17 StVZO
[51] BGBl 1975 II S. 957
[52] BGBl 1959 II S. 586, 989
[53] Art. 8 I EURATOM-Vertrag
[53a] BGBl 1990 II S. 327
[54] BGBl 1975 II S. 957, 1026
[55] BGBl 1974 II S. 786
[55a] BGBl 1974 II S. 786
[56] BGBl 1964 II S. 906; 1965 II S. 855; 1966 II S. 7; 1969 II S. 1996; 1971 II S. 1306 mit spät. Änd.
[57] § 2 JArbSchG
[58] §§ 5, 7 JArbSchG
[59] BKGG - BGBl 2000 I S. 4
[60] BGBl 1972 II S. 1489
[61] BGBl 1976 II S. 1362
[62] § 583 RVO
[63] BGBl 1972 II S. 221
[64] § 1649 BGB
[65] § 1667 BGB
[66] § 640 ZPO
[67] § 260 ZPO
[68] §§ 59, 60 ZPO
[69] § 93 ZPO
[69a] BGBl 1983 II S. 359
[70] Art. 1 des Straßburger Abkommens über die Internationale Patentklassifikation
[71] Institute Cargo Clause
[71a] BGBl 1983 I S. 210
[72] § 239 SGB VI
[73] §§ 46, 47, 49, 52, 53 RKG
[74] §§ 48, 49, 53 RKG
[75] Art. 9 III GG
[76] BGBl 1977 II S. 219
[77] § 278 I AktG
[78] § 161 HGB
[79] §§ 278-290 AktG
[80] § 161 HGB
[81] Art. 6 III ScheckG
[83] §§ 383-406 HGB
[84] § 383 HGB
[86] Art. 109 IV GG; § 15 StabilitätsG
[87] § 18 StabilitätsG
[88] §§ 52 ff. StGB
[89] § 138 BGB, § 74 HGB, § 133 f GewO
[99] §§ 642 ff. HGB; Intern. Abkommen zur Vereinheitlichung von Regeln über Konnossemente - RGBl 1939 II S. 1049; International Convention of the Rules of Law Relating to Bills of Lading (Hague Rules)
[100] Institute Cargo Clause
[101] § 889 BGB
[102] § 1 I Nr. 5 GenG
[103] § 140 BGB
[104] z. B. § 272 ZPO
[105] § 18 AktG
[106] §§ 290 ff., 297, 340 i, 340 j HGB
[107] § 297 I S. 1 HGB
[108] § 315 HGB
[109] § 297 I S. 1 HGB
[109a] § 4 GWB
[110] z. B. im Vertrag über die EU Titel V Nr. 24 ABl. Nr. C 191 vom 29.7.1992
[111] § 16 Nr. 4 GWB
[112] § 81 a StPO
[113] § 5 KStG
[114] BGBl 1996 I S. 340
[115] § 223 StGB
[115a] § 229 StGB
[116] § 224 StGB
[117] § 226 StGB
[117a] § 227 StGB
[117b] § 20 VerlG
[118] § 650 BGB
[119] §§ 103 ff. ZPO
[120] §§ 49-69 GKG; §§ 2-6 KostO
[120a] →Incoterms 1990
[121] § 18 StVO
[122] Kraftfahrt-BundesamtG - BGBl 1951 I S. 488
[123] § 25 StVZO
[124] Vehicle (Excise) and Registration Act, 1994
[125] § 176 BGB
[126] §§ 946 ff. ZPO
[127] § 37 BSHG
[128] Europäisches Übereinkommen über die theoretische und praktische Ausbildung von Krankenschwestern und -pflegern - BGBl 1972 II S. 630
[129] BGBl 1969 I S. 573
[130] § 778 BGB
[131] § 265 b StGB
[132] § 765 II BGB
[133] § 824 BGB
[134] Kreditwesengesetz (KWG) - BGBl 1976 I S. 1121; 1984 I S. 1693; 1996 I S. 64
[135] § 291 I S. 1 Nr. 2 StGB
[135a] Art. 4 III S. 1, 12 a II S. 166; KDVG - BGBl 1983 I S. 203
[136] Art. 120 GG
[137] BGBl 1957 I S. 1747
[138] BGBl 1971 I S. 1545; 1987 I S. 506
[139] Art. 9 II GG; § 129 StGB

[139a] unterzeichnet in Paris im November 1990
[139b] Art. 4 III GG; BGBl 1983 I S. 203
[140] BGBl 1977 II S. 215
[141] BGBl 1967 II S. 1233
[142] z. B. Art. 97 EWG-Vertrag
[143] § 605 BGB
[144] § 626 I BGB
[145] § 626 I BGB
[146] § 543 II S. 1 Nr. 3 BGB
[147] § 543 I BGB
[148] § 1 II KSchG
[149] § 7 KSchG
[150] §§ 489, 490, 608 BGB
[151] § 723 BGB
[152] § 1141 BGB
[153] § 3 KSchG
[154] § 622 BGB
[155] § 580 a BGB
[156] § 594 a BGB
[157] KSchG - BGBl 1969 I S. 1317 mit spät. Änd.
[158] Wohnraumkündigungsschutzgesetz - BGBl 1971 I S. 1839; 1974 S. 3603
[159] §§ 15, 16 KSchG
[160] Internationales Abkommen über den Schutz der ausübenden Künstler - BGBl 1965 II S. 1243; §§ 73, 92 UrhG
[161] die deutsche Kuponsteuer wurde 1984 abgeschafft
[162] §§ 30, 32, 33, 34, 34 a BörsenG
[162a] § 244 Abs. 2 BGB
[163] § 19 KSchG
[164] § 63 AFG
[165] Gesetz über die Küstenschiffahrt - BGBl 1957 II S. 738; 1994 I S. 2810

Zu L

[1] § 444 HGB
[2] § 567 I, II HGB
[3] z. B. §§ 217 ZPO, 217 StPO
[4] §§ 467 ff. HGB
[5] § 475 c HGB; § 363 II HGB
[6] §§ 121-127 Gesetz über die Alterssicherung der Landwirte (ALG)
[7] BGBl 1957 I S. 134
[7a] § 114 IV BetrVG
[7b] § 117 I BetrVG
[8] LandpachtverkehrsG - BGBl 1985 I S. 2075
[9] BGBl 1953 I S. 667 mit spät. Änd.
[10] § 125 StGB
[11] § 60 GVG
[12] § 126 StGB
[13] §§ 33-39 ArbGG
[14] Internationale Handelskammer
[15] Art. 31, 72 I, 74 Nr. 1 GG
[16] §§ 94, 96 StGB
[17] § 1326 RVO, aufgehoben durch Art. 6 Nr. 24 des Gesetzes v. 18.12.1989 - BGBl I S. 2261 m.W.v. 1.1.1992
[18] § 8 I Gesetz über die Deutsche →Bundesbank
[19] Art. 1 der Internationalen Gesundheitsvorschriften - BGBl 1971 II S. 868, 1975 II S. 459, 1982 II S. 286, 577
[20] Gesetz über den Lastenausgleich (LAG) - BGBl 1993 I S. 845, 1995 I S. 248 mit spät. Änd.
[21] § 21 BSHG
[22] § 24 II GWB
[23] diese Richtlinien wurden von der Internationalen Handelskammer zur internationalen Beobachtung aufgestellt
[23a] § 74 UrhG
[23b] § 1353 BGB
[24] §§ 17, 52 LmBGG
[25] Lebensmittel- und BedarfsgegenständeG (LmBG) - BGBl 1997 I S. 2296
[26] §§ 40-46 LmBG
[27] § 2333 Nr. 5 BGB
[28] § 23 HGB
[29] § 412 BGB
[30] BGBl 1965 II S. 875, 1966 II S. 106, 1970 I S. 805
[31] §§ 152 II, 160, 163 StPO
[32] § 808 BGB
[33] §§ 1719 ff. BGB, aufgehoben durch Gesetz v. 16.12.1997, BGBl I S. 2942
[34] §§ 1723 ff. BGB, aufgehoben durch Gesetz v. 16.12.1997, BGBl I S. 2942
[35] Art. 5 III GG
[36] § 21 HandwO
[37] §§ 28-30 HandwO
[38] BGBl 1971 II S. 1101; 1976 II S. 1539
[39] § 1923 II BGB, § 1615 o BGB
[40] §§ 759 ff. BGB
[41] § 1666 BGB
[42] § 159 StPO
[43] § 87 StPO
[44] z. B. §§ 138 III, 218 II StGB
[45] Institute Cargo Clause
[47] §§ 598 ff. BGB
[48] § 605 BGB
[49] §§ 346, 348 BGB
[49a] § 320 II BGB
[50] §§ 362 ff. BGB
[51] § 267 BGB
[52] § 363 BGB
[53] § 269 BGB
[54] z. B. §§ 70-87 UrhG
[55] § 286 BGB
[56] § 271 BGB
[56a] § 308 AktG
[56b] BGBl 1985 II S. 897, 1997 II S. 1550

[57] § 1937 BGB
[58] BGBl 1965 II S. 1144, 1966 II S. 1
[59] § 2078 BGB
[60] BGBl 1959 I S. 613 mit spät. Änd., aufgehoben durch Art. 5 des Gesetzes v. 25.8.1992 - BGBl I S. 1548 m.W.v. 1.1.1993
[61] z. B. Art. 111 V EG-Vertrag, aufgehoben durch Vertrag v. Amsterdam v. 2.10.1997 - BGBl II 1998 S. 387, 1999 S. 416
[62] §§ 2, 72 UrhG
[63] § 323 c StGB
[63a] § 21 I GWB
[63b] →Incoterms 2000
[63c] § 67 UrhG
[63d] BGBl 1983 II S. 64, 1984 II S. 647, 1993 II S. 512, 559
[64] § 145 HGB
[65] § 154 HGB
[66] § 7 IV VerglO, aufgehoben durch Inkrafttreten der InsO am 1.1.1999 - BGBl I 1994 S. 2866
[67] § 48 BGB, § 265 AktG, § 66 GmbHG
[68] Art. 2 I Berner Übereinkunft zum Schutze von Werken der Literatur und Kunst - BGBl 1973 II S. 1069, 1974 II S. 165, 1974 II S. 1079
[69] § 3 UWG
[70] § 654 BGB
[71] § 134 II GewO
[73] LohnfortzahlungsG - BGBl 1969 I S. 946
[74] § 850 ZPO
[75] § 850 h ZPO
[76] § 41 a EStG
[77] § 42 EStG, aufgehoben durch Gesetz v. 19.10.2002 - BGBl I S. 4210
[78] BGBl 1989 I S. 1848
[79] § 38 EStG
[80] § 7 UStG
[81] § 219 ZPO
[81a] Viertes Lomé-Abkommen mit Finanzprotokoll nebst Anhängen. BGBl 1990 II S. 3, 149, 172, 176
[82] BGBl 1953 II S. 334
[82a] BGBl 1985 II S. 540
[83] § 10 WZG, aufgehoben durch Art. 48 des Markenrechtsreformgesetzes v. 25.10.1994 - BGBl I S. 3082
[84] § 29 GBO
[85] z. B. § 11 WZG, aufgehoben durch Art. 48 des Markenrechtsreformgesetzes v. 25.10.1994 - BGBl I S. 3082
[86] § 435 a.F. BGB
[87] § 46 GBO; § 17 GebrMG
[88] § 4 LuftverkehrsG
[89] BGBl 1954 I S. 354 mit spät. Änd.
[90] BGBl 1956 II S. 427, 1979 II S. 984, 1996 II S. 2498, 2501
[91] LuftverkehrsG - BGBl 1999 I S. 550
[92] § 1 LuftverkehrsG
[93] BGBl 1969 II S. 121
[94] BGBl 1972 II S. 1506
[95] BGBl 1959 I S. 57; 1959 II S. 129
[96] § 316 c StGB
[97] BGBl 1957 I S. 1696 mit spät. Änd.
[98] BGBl 1956 II S. 420
[99] zwischen BRD und Großbritannien - BGBl 1956 II S. 1071; zwischen BRD und USA - BGBl 1956 II S. 403, 1992 II S. 358, 1993 II S. 848
[100] BGBl 1999 I S. 550
[101] §§ 44 ff. LuftverkehrsG
[102] §§ 33 ff. LuftverkehrsG
[103] BGBl 1999 I S. 396
[104] Art. 87 d GG
[104a] BGBl 1982 II S. 374; 1986 II S. 1117; 1988 II S. 422; 1990 II S. 1279

Zu M

[1] BGBl 1972 II S. 1483, 1973 II S. 1679
[2] Fassung von Lissabon - BGBl 1961 II S. 273, 293; Fassung von Stockholm - BGBl 1970 II S. 444
[3] Fassung von Nizza - BGBl 1962 II S. 125; Stockholmer Fassung - BGBl 1970 II S. 293, 418; 1984 II S. 799 - Zusatzprotokoll BGBl 1995 II S. 1016. Das internationale Register wird geführt in: 32, Chemin des Colombettes, Place des Nations, Genf
[4] BGBl 1971 II S. 1011
[5] § 690 ZPO
[6] §§ 688-703 d ZPO
[7] § 653 BGB
[8] §§ 652 ff. BGB
[9] Art. 2 I der Berner Übereinkunft
[9a] §§ 634 Nr. 1, 635 BGB
[10] § 536 c BGB
[11] §§ 634 Nr. 1, 635 BGB
[12] § 478 a.F., § 438 IV S. 2 BGB
[12a] § 377 HGB
[12b] §§ 32 ff. MarkenG
[12c] § 47 MarkenG
[12d] § 9 MarkenG
[13] § 19 I GWB
[14] § 19 II GWB, Art. 82 EG-Vertrag
[15] § 19 I GWB
[16] Art. 40 2 c des EWG-Vertrages
[17] BGBl 1995 I S. 1146
[18] § 28 AWG, § 3 MOG
[19] § 2 MOG
[20] Marktstrukturgesetz - BGBl 1990 I S. 1860
[21] §§ 64 ff. GewO
[22] BGBl 1971 II S. 868 ff.
[23] §§ 61-72 StGB
[24] § 53 InsO

[25] § 54 InsO
[26] § 55 InsO
[26a] BGBl 1989 II S. 823
[27] BGBl 1969 II S. 1133; 1977 II S. 247
[27a] BGBl 1986 II S. 423 (Übereinkommen über die Internationale Seeschiffahrtsorganisation)
[28] BGBl 1977 II S. 165, 180; 1986 II S. 999; letzte Änd. 1987 II S. 118
[29] BGBl 1977 II S. 169; 1986 II S. 999
[29a] BGBl 1982 II S. 4; 1984 II S. 230, 1999 II S. 18
[30] BGBl 1981 II S. 871; 1989 II S. 171, ersetzt durch Übereinkommen v. 22.9.1992 zum Schutz der Meeresumwelt des Nordostatlantiks - BGBl 1994 II S. 1355, 1360; 1998 II S. 2946
[31] BGBl 1975 I S. 1313
[31a] § 34 GWB
[32] §§ 2032 ff. BGB
[33] § 16 AktG
[34] BGBl 1969 II S. 1953
[35] § 12 AktG
[36] BGBl 1999 I S. 1270
[37] Art. 5 GG
[38] § 181 StGB
[39] § 234 StGB
[39a] § 239 a StGB
[40] -
[41] BGBl 1959 II S. 673, 1961 II S. 567, 1968 II S. 862
[42] BGBl 1990 II S. 171, 172
[43] § 27 WStG
[44] §§ 535 ff. BGB
[45] § 546 BGB
[46] §§ 549 ff. BGB
[47] §§ 536, 536 b BGB
[48] BGBl 1980 II S. 1105, 1984 II S. 679
[48a] BGBl 1983 II S. 201
[49] z. B. § 10 BetrVG, aufgehoben durch Art. 1 des Gesetzes v. 23.7.2001 - BGBl I S. 1852
[50] z. B. § 50 GmbHG
[51] § 4 HGB, aufgehoben durch HRefG v. 22.6.1998 - BGBl I S. 1474
[52] §§ 462, 472 a.F. BGB
[53] BGBl 1952 I S. 17, 1993 I S. 278
[54] § 817 a ZPO
[55] Übereinkommen der Intern. Arbeitsorganisation - BGBl 1953 II S. 294, 1955 II S. 820
[55a] § 8 AktG
[56] § 7 des AktG
[57] § 16 BBankG, aufgehoben durch Art. 1 Nr. 10 des Gesetzes vom 22.12.1977 - BGBl I S. 3274 i.V.m. der Bekanntmachung v. 8.12.1998 - BGBl I S. 3582 m.W.v. 1.1.1999
[58] BGBl 1976 II S. 1361, 1996 II S. 301, 968
[59] § 100 BewG, aufgehoben durch Gesetz v. 9.11.1992 - BGBl I S. 1853 m.W.v. 1.1.1993
[60] BGBl 1978 I S. 1669
[61] in einigen Ländern der BRD vor dem Staatsgerichtshof
[63] § 145 StGB
[64] § 132 a StGB
[65] Art. 67 GG
[66] § 1356 BGB
[67] § 18 GmbHG
[68] § 866 BGB
[68a] § 102 BetrVG
[69] BetrVG - BGBl 2001 I S. 2518; Montanindustrie - BGBl 1951 I S. 347 mit spät Änd.
[70] BGBl 1956 I S. 707; 1967 I S. 505; 1989 I S. 147
[71] § 769 BGB
[72] § 2033 BGB
[73] § 32 BGB
[74] § 58 Nr. 4 BGB
[75] § 15 I Nr. 2 EStG
[75a] § 8 UrhG
[76] § 2157 BGB
[77] § 254 BGB
[78] § 846 BGB
[79] § 1775 BGB
[79a] §§ 74 ff. BetrVG
[80] Art. 13 (c) des →Europäisches Übereinkommen zur Bekämpfung des Terrorismus.
[81] § 1646 BGB
[82] vgl. etwa §§ 844 II, 845 BGB
[83] General Certificate of Education, Ordinary Level
[84] §§ 803 ff. ZPO
[85] BGBl 1973 II S. 1006; 1975 II S. 934
[86] § 189 BGB
[88] § 44 GWB
[88a] § 211 StGB
[88b] BGBl 1987 II S. 455; 1989 II S. 47
[89] §§ 1806 ff. BGB
[90] z. B. § 128 I ZPO
[91] §§ 146-152 StGB
[92] § 11 a ScheidemünzenG i. d. F. von Art. 171 Nr. 1 EGStGB und § 1 Nr. 11 ÄndG zum EGStGB v. 15. 8. 1974 - BGBl 1974 I, S. 1942, aufgehoben durch Gesetz v. 16.12.1999, BGBl I S. 2402 m.W.v. 1.1.2002
[93] §§ 146 StGB
[94] § 146-152 StGB
[94a] § 2 Nr. 2 UrhG
[95] § 7 GeschmMG
[95a] § 11 GeschmMG
[96] § 13 SeemG
[97] §§ 200 ff. RVO
[98] § 200 b RVO
[99] §§ 195 ff. RVO und § 15 MutterschaftsG
[100] §§ 157-163, 165-168 ASVG
[101] BGBl 1979 I S. 797
[102] BGBl 1997 I S. 22, 293

Zu N

[1] § 5 GeschmMG
[1a] §§ 97 ff. UrhG
[2] § 167 GVG
[3] Art. 23 ff. des Übereinkommens über die Hohe See - BGBl 1972 II S. 1098
[4] §§ 2100-2144 BGB
[5] § 52 AktG
[7] § 72 FGG
[8] § 1960 BGB
[9] § 1970 BGB
[10] § 1980 BGB, §§ 214 ff. KO, an deren Stelle seit 1.1.1999 die Regelung der Nachlassinsolvenz in den §§ 315 bis 331 InsO getreten ist
[11] §§ 1960 ff. BGB
[12] § 113 VerglO
[13] § 1975 BGB
[14] § 2215 BGB
[15] § 186 StGB
[18] § 26 GmbHG; §§ 6, 22 a, 98 ff GenG; § 240 BGB
[19] §§ 119, 126 AO
[20] § 35 WG
[21] § 38 (1) Nr. 9 GWB
[20a] § 113 BetrVG
[22] § 266 StPO
[23] § 17 VStG
[24] §§ 302 IV, 600 ZPO; § 439 StPO
[25] § 2191 BGB
[26] §§ 181 ff. SGB VI
[27] § 292 AO
[28] BGBl 1981 II S. 517 mit spät. Änd.
[28a] BGBl 1981 II S. 512; 1987 II S. 688
[29] §§ 24, 68 AktG
[30] § 68 II AktG
[31] BGBl 1961 I S. 1621
[31a] § 1618 BGB
[32] § 12 BGB
[32a] § 1355 V BGB
[32b] Art. 2 xii) des Patentzusammenarbeitsvertrages - BGBl 1976 II S. 671
[33] Beschluß vom 12. 12. 1979
[34] BGBl 1961 II S. 1190 mit Zusatzvereinbarungen
[35] § 762 BGB
[36] § 249 BGB
[37] BGBl 1989 II S. 107
[38] § 45 StGB
[39] §§ 66 ff. ZPO
[40] §§ 395-402 StPO
[41] § 55 AktG
[42] § 55 AktG
[43] §§ 6 ff. AktG
[44] BGBl 1978 II S. 62
[44a] § 212 BGB
[45] Art. 54 des Europ. Patentübereinkommens - BGBl 1976 II S. 858
[46] Kurzbez. für das österreichische Bundesverfassungsgesetz von 1955
[47] § 138 StGB
[48] §§ 1600a ff. a.F. BGB, neugef. durch KindRG v. 16.12.1997 - BGBl 1997 I S. 2942
[49] Gesetz über die rechtliche Stellung der nichtehelichen Kinder - BGBl 1969 I S. 1243, überholt durch das KindRG v. 16.12.1997 - BGBl 1997 I S. 2942
[50] §§ 1600 b, e BGB
[51] § 320 BGB
[51a] § 253 II BGB
[52] § 21 BGB
[53] § 74 GWB
[54] z. B. § 75 GmbHG
[55] Art. 138 des Europ. Patentübereinkommens
[56] § 139 BGB
[57] § 23 EheG; aufgehoben durch Gesetz v. 4.5.1998 - BGBl I S. 833; jetzt in §§ 1313 ff. BGB vereinheitlicht
[58] § 277 AktG, § 77 GmbHG
[59] §§ 125, 134, 138 ff. BGB
[60] § 125 S. 1 BGB
[61] z. B. Art. 33 EGKS
[61a] § 24 EheG, seit dem 1.7.1998 aufgehoben
[62] Art. 43 EG-Vertrag
[63] Art. 44 EG-Vertrag
[64] §§ 1030 ff., 1059 ff. BGB
[65] § 1089 BGB
[66] §§ 1068 ff. BGB
[67] § 1085 BGB
[68] §§ 1030 ff. BGB
[69] § 1046 BGB
[70] § 1033 BGB
[71] Stockholmer Fassung - BGBl 1970 II S. 434; Genfer Fassung BGBl 1981 II S. 359, 1984 II S. 799
[72] BGBl 1955 II S. 289
[73] BGBl 1990 II S. 70
[74] § 519 BGB
[75] § 224 ZPO
[76] innerer Notstand Art. 35 II S. 1, Art. 87 a IV GG →Katastrophenschutz; äußerer Notstand Art. 115 a GG →Verteidigungsfall
[77] BGBl 1968 I S. 709
[78] §§ 228, 904 BGB
[79] § 228 S. 2 BGB
[80] § 35 StGB
[80a] § 34 StGB
[81] § 2249 BGB
[82] § 373 II HGB
[83] §§ 917 ff. BGB
[84] § 227 BGB, § 32 StGB
[85] § 140 StPO
[86] § 370 HGB, aufgehoben durch Art. 40 EGInsO v. 5.10.1994, BGBl I S. 2911

[87] Bundesnotarordnung (BNotO) - BGBl 1961 I S. 98 mit spät. Änd.
[88] § 56 BNotO
[88a] § 211 StGB
[89] § 240 StGB
[90] Art. 6 des Übereinkommens über die Haftung gegenüber Dritten auf dem Gebiet der →Kernenergie
[90a] BGBl 1989 II S. 435
[90b] BGBl 1989 II S. 441
[90c] shorter-range INF
[90d] longer-range INF
[91] § 100 BGB
[92] § 546 a BGB
[92a] z. B. Art. 12 EAG
[93] § 1213 BGB
[94] §§ 31 ff. UrhG
[95] § 33 UrhG

Zu O

[1] §§ 115 ff. GVG
[2] §§ 90 II, 91 ff. SGB IV
[3] Art. 95 GG
[4] § 225 StGB
[4a] BGBl 1984 II S. 9
[5] BGBl 1978 II S. 909
[6] §§ 105-160 HGB
[7] Art. 55 des Europ. Patentübereinkommens
[8] seit 1970 ersetzt durch die eidesstattliche Versicherung - BGBl 1970 I S. 911
[9] § 18 KWG
[9a] § 415 ZPO
[10] z. B. § 169 GVG, § 55 VwGO
[11] BGBl 1967 I S. 1297
[12] BGBl 1955 II S. 281 mit DVO
[14] BGBl 1988 II S. 839
[15] BGBl 1975 II S. 305; 1980 II S. 724; 1988 II S. 707, 708, 825
[16] BGBl 1975 II S. 137
[17] BGBl 1978 II S. 794
[18] §§ 363 ff. HGB
[19] Art. 6 EGStGB
[20] OWiG - BGBl 1975 I S. 80; 1987 I S. 602
[21] § 73 AO 1977
[22] §§ 31, 89 BGB
[23] § 89 AktG
[24] § 15 KWG (aufgehoben)
[25] Körperschaftsteuer - §§ 14-19 KStG; Gewerbesteuer - § 2 II S. 2-3 GewStG; Umsatzsteuer - § 2 II Nr. 2 UStG
[26] § 17 AktG
[27] § 291 AktG
[27a] BGBl 1971 II S. 1036
[27b] BGBl 1989 II S. 588
[27c] BGBl 1985 II S. 1215; 1987 II S. 290
[28] BGBl 1979 II S. 1230 mit spät. Änd.
[29] BGBl 1971 II S. 1143
[30] BGBl 1988 II S. 1014; 1991 II S. 1333, 1349
[31] BGBl 1988 II S. 901

Zu P

[1] §§ 581 ff. BGB
[2] §§ 585 ff. BGB
[3] LandpachtG - BGBl 1952 I S. 343; 1969 I S. 451; PachtkreditG - BGBl 1951 I S. 494
[4] § 581 I S. 2 BGB
[5] § 11 III BewG
[6] BGBl 1964 II S. 406
[6a] BGBl 1988 II S. 294
[7] (Stockholmer Fassung) - BGBl 1970 II S. 293, 391; 1984 II S. 799
[8] § 105 StGB
[8a] § 36 StGB
[9] § 50 ZPO
[10] § 79 ZPO
[11] §§ 445-455 ZPO
[11a] § 356 StGB
[11b] BGBl 1989 I S. 327
[11c] BGBl 1986 I S. 537
[11d] § 249 I HGB
[11e] BGBl 1976 II S. 670
[12] § 34 PatG
[13] § 146 PatG
[14] § 32 V PatG
[15] BGBl 1999 I S. 2534
[16] BGBl 1981 I S. 1; 1986 I S. 2326; 1990 I S. 427; 2001 I S. 3681; 2002 I S. 2686
[17] BGBl 1976 II S. 649, 658
[18] § 30 PatG
[19] § 141 PatG
[20] BGBl 1976 II S. 649, 664; 1984 II S. 799, 975; 1986 I S. 548
[21] § 261 III ZPO
[22] Gesetz über Personalausweise - BGBl 1980 I S. 270; 1986 I S. 548
[22a] § 94 BetrVG
[23] § 92 BetrVG
[24] §§ 12 ff. BundespersonalvertretungsG
[25] BGBl 1974 I S. 693
[26] PersonenbeförderungsG - BGBl 1961 I S. 241; 1990 I S. 1690
[26a] BGBl 1985 II S. 539
[27] § 18 HGB
[28] § 169 StGB
[29] BGBl 1957 I S. 1125 mit spät. Änd.
[30] Art. 14 II, 61 ff. EG-Vertrag

[30a] →Haager Übereinkommen über die zivilrechtlichen Aspekte internationaler Kindesentführung
[31] Art. 2 Abs. 1 GG
[32] Art. 17 GG
[33] § 1205 BGB
[34] § 136 I StGB
[34a] § 289 StGB
[35] § 1257 BGB
[36] §§ 1204 ff. BGB
[37] vgl. § 1279 BGB
[38] §§ 1273 ff. BGB
[39] § 562 c BGB
[40] § 450 BGB
[41] § 1215 BGB
[42] § 803 ZPO
[43] §§ 810, 813 ZPO
[44] §§ 829, 857 ZPO
[45] §§ 850 ff. ZPO
[46] § 803 II ZPO
[47] BGBl 1956 II S. 950, 961
[47a] BGBl 1986 I S. 1505
[47b] BGBl 1956 II S. 581; 1970 II S. 1013
[48] Unfallversicherung - § 44 SGB VII
[49] Sozialhilfe - § 69 a BSHG
[50] Vgl. § 33 KJHG
[51] § 35 BVG
[52] § 1706 BGB, aufgehoben durch KindRG v. 16.12.1997 - BGBl I S. 2942
[53] §§ 1909 ff. BGB
[54] § 1913 BGB
[55] § 1912 BGB
[56] § 1914 BGB
[57] § 1919 BGB
[58] BGBl 1975 II S. 705
[59] § 2303 BGB
[60] § 2305 BGB
[61] § 2317 II BGB
[62] §§ 2333 ff. BGB
[63] §§ 2325, 2326 BGB
[64] § 2315 BGB
[65] Art. 2 I der Berner Übereinkunft
[66] §§ 72 ff. VwVfG
[67] BGBl 1976 I S. 1216; 1982 I S. 1529
[67a] BGBl 1982 II S. 984
[67b] § 184 StGB
[68] § 27 Postordnung, aufgehoben durch § 65 PostStrukturG v. 1.7.1989
[68a] BGBl 1986 II S. 334
[69] § 40 Postordnung, aufgehoben durch § 65 PostStrukturG v. 1.7.1989
[70] § 39 Postordnung, aufgehoben durch § 65 PostStrukturG v. 1.7.1989
[70a] BGBl 1986 II S. 374
[71] Art. 10 GG
[71a] BGBl 1986 II S. 351
[71b] BGBl 1986 II S. 367
[72] BGBl 1963 I S. 431 mit spät. Änd., aufgehoben durch § 65 PostStrukturG v. 1.7.1989
[73] BGBl 1981 II S. 902
[73a] BGBl 1986 II S. 384
[73b] BGBl 1986 II S. 355
[73c] BGBl 1986 II S. 390
[74] § 195 II ZPO
[75] Sparprämiengesetz - BGBl 1982 I S. 125
[76] Art. 61 GG
[77] BGBl 1976 II S. 848
[78] § 75 ZPO
[79] Art. 2 I der →Berner Übereinkunft
[80] § 4 Preisangabenverordnung (PAngV) - BGBl 1985 I S. 580; 2002 I S. 4197
[81] § 15 GWB
[82] § 15 III Nr. 1 GWB
[83] § 23 GWB
[84] Übergangsgesetz über Preisbildung und Preisüberwachung - BGBl 1951 I S. 223
[85] § 4 WiStG
[86] §§ 8 ff. Preisgesetz
[87] Art. 9 des Weizenhandels-Übereinkommens
[88] § 661 BGB
[88a] § 49 UrhG
[89] z. B. §§ 1208, 1209 BGB
[89a] Art. 6 der EG-Produkthaftungsrichtlinie
[90] §§ 374-394 StPO; § 22 UWG
[90a] BGBl 1989 I S. 2198. Das ProdHaftG setzt die →Produkthaftungsrichtlinie der EG in deutsches Recht um. Im Vereinigten Königreich (UK) ist das durch den Consumer Protection Act 1987 geschehen
[90b] ABl. EG 1985 Nr. L 210/29-33
[91] BGBl 1979 II S. 114
[92] §§ 48 ff. HGB
[93] Art. 18 WG
[94] § 51 HGB
[95] §§ 38-40, 504 ZPO
[96] § 20 I KAGG
[97] § 39 BörsG
[98] §§ 45-49 BörsG
[99] § 38 BörsG
[100] § 180 a a.F. StGB
[101] Art. 44 WG
[102] Art. 46 WG
[103] § 157 ZPO
[104] §§ 51, 52 ZPO
[105] §§ 91-107 ZPO
[105a] §§ 114-127 ZPO
[106] z. B. § 53 ZPO
[107] § 80 ZPO
[108] § 291 BGB
[108a] § 176 InsO
[109] § 81 I Nr. 8 GWB
[110] Art. 31 des Vertrages über die intern. Zusammenarbeit auf dem Gebiete des Patentwesens - BGBl 1976 II S. 803
[111] Art. 18 des Europ. Patentübereinkommens
[112] Art. 94 des Europ. Patentübereinkommens
[113] Regel 70 der Ausführungsordnung zum Vertrag über die intern. Zusammenarbeit auf dem Gebiet des Patentwesens
[114] Art. 7 III der Berner Übereinkunft

[115] § 126 a StPO
[116] BGBl 1976 II S. 1477; 1981 II S. 379
[116a] § 15 III HGB
[117] BGBl 1969 I S. 1189; 1985 I S. 2355; 2002 I S. 2681
[118] z. B. § 15 I S. 1 Wertpapierhandelsgesetz (WpHG)
[119] § 892 BGB
[120] § 15 HGB

Zu Q

[1] § 27 AktG
[2] BGBl 1983 II S. 162
[3] BGBl 1971 II S. 869

Zu R

[1] § 1 RabattG, aufgehoben durch Gesetz v. 25.7.2001 - BGBl I S. 1663, m.W.v. 24.7.2001
[2] RGBl 1933 I S. 1011; 1934 I S. 120, aufgehoben durch Gesetz v. 25.7.2001, BGBl I S. 1663, m.W.v. 24.7.2001
[3] § 4 II RabattG, aufgehoben durch Gesetz v. 25.7.2001 - BGBl I S. 1663, m.W.v. 24.7.2001
[4] Vgl. z. B. §§ 129 IV, 84 I, 85 I StGB; § 27 III WStG.
[4a] BGBl 1989 II S. 435
[5] Art. 75 GG
[6] § 39 InsO
[7] § 1232 BGB
[8] § 880 BGB
[9] § 879 BGB
[10] § 879 III BGB
[11] § 881 BGB
[12] BGBl 1969 II S. 961
[12a] § 130 StGB
[13] § 675 II BGB
[14] § 9 I KartellG
[15] § 249 StGB
[15a] § 251 StGB
[16] § 252 StGB
[17] RaumordnungsG - BGBl 1997 I S. 2081
[17a] BGBl 1990 II S. 639
[18] § 721 ZPO
[19] § 257 ZPO
[20] § 8 UWG
[21] Brüsseler Reaktorschiff-Übereinkommen - BGBl 1975 II S. 957, 977
[22] § 294 BGB
[23] § 53 StGB
[24] § 1105 BGB
[25] BGBl 1976 II S. 678
[26] BGBl 1976 II S. 748
[27] § 300 I HGB
[28] § 1840 BGB
[29] BGBl 1969 I S. 1243
[30] § 339 StGB
[31] § 1 BGB
[32] §§ 43, 73 BGB
[33] z. B. § 99 II BGB
[34] Art. 104 GG
[35] § 261 III Nr. 1 ZPO
[35a] Gesetz über die internationale Rechtshilfe in Strafsachen (IRSG) - BGBl 1982 I S. 2071; 1990 II S. 124; 1991 II S. 909
[36] Art. 3 des →Europäischen Übereinkommens über die Rechtshilfe in Strafsachen
[37] BGBl 1977 II S. 1475
[38] §§ 322 ff. ZPO
[39] § 706 ZPO
[40] § 435 S. 2 BGB
[41] §§ 442 i.V.m. 453 I BGB
[42] § 523 BGB
[43] § 226 BGB
[44] Art. 281 EG-Vertrag
[45] RechtspflegerG - BGBl 1969 I S. 2065 mit spät. Änd.
[46] Art. 77 u. 78 der Verfahrensordnung des Gerichtshofes der Europäischen Gemeinschaften
[46a] § 13 GVG
[47] § 484 HGB
[48] ursprünglich Abkürzung für „Reichsausschuß für Arbeitszeitermittlung"
[49] § 49 BSHG
[50] § 182 IV RVO
[51] BGBl 1962 I S. 515
[52] § 1615 f a.F. BGB, aufgehoben durch KindUG v. 6.4.1998 - BGBl I S. 666
[53] z. B. Art. XI Welturheberrechtsabkommen
[54] Art. 45 des Vertrages über die intern. Zusammenarbeit auf dem Gebiet des Patentwesens (→Patentzusammenarbeitsvertrag)
[55] § 24 ff. GWB
[56] RGBl 1926 I S. 369 mit spät. Änd.
[57] RGBl 1924 I S. 779 mit spät. Änd.
[58] § 55 GewO
[59] § 3 UWG
[60] Art. 11 II WG; Art. 14 II ScheckG
[61] Art. 4 II GG
[61a] Art. 4 GG
[62] Art. 7 GG
[63] §§ 1199 ff. BGB
[64] BGBl 1956 II S. 500 mit spät. Änd.
[65] § 2 RepG
[66] § 2 I Nr. 1, 6 AuslInvestmG
[67] § 12 Nr. 1 EStG
[68] § 7 GenG

[68a] §§ 286 ff. InsO
[69] § 580 ZPO; § 153 VwGO
[70] § 24 StGB
[71] § 353 BGB
[72] § 545 ZPO, § 333 StPO
[73] § 554 II ZPO, § 344 StPO
[74] § 543 ZPO
[75] DRiG - BGBl 1961 I S. 1665, neugefasst durch BGBl 1972 I S. 713
[76] Art. 98 II GG
[77] DRiG - BGBl 1961 I S. 1665, neugefasst durch BGBl 1972 I S. 713
[78] §§ 49 ff. DRiG
[79] Art. 95 II GG
[80] Art. 101 GG
[81] Art. 97 GG
[82] § 2365 BGB
[83] §§ 891, 1148 BGB
[84] § 1667 I BGB
[85] § 42 StVO
[85a] BGBl 1985 II S. 718 - Art. 1 VII
[85b] BGBl 1985 II S. 718 - Art. 1 III
[85c] BGBl 1985 II S. 718 - Art. 1 II
[86] BundesrückerstattungsG - BGBl 1957 I S. 734 mit spät. Änd.
[87] § 48 StGB, mittlerweile weggefallen
[88] § 604 BGB
[89] § 695 BGB
[90] § 1301 BGB
[91] § 437 Nr. 2 BGB
[92] § 57 AktG
[93] § 150 AktG
[94] § 208 AktG
[95] § 207 AktG
[96] § 58 II PatG
[97] § 41 UrhG
[98] § 42 UrhG
[99] § 24 StGB
[100] §§ 346 ff. BGB
[101] Art. 4 EGBGB
[102] Art. 52 WG
[103] § 377 HGB
[104] § 5 ArbZG
[105] §§ 251, 251 a ZPO

Zu S

[1] § 87 StGB
[1a] §§ 854-1296 BGB
[2] § 303 StGB
[3] § 27 AktG
[4] § 5 IV GmbH
[6] §§ 459 ff. BGB
[7] § 27 AktG
[8] z. B. §§ 402 ff. ZPO, §§ 72 ff. StPO
[9] StabilitätsG - BGBl 1967 I S. 582
[10] § 274 II InsO
[10a] § 91 VerglO, aufgehoben durch Inkrafttreten der InsO am 1.1.1999, s. Art. 2 und 110 EGInsO
[10b] seit 2001 gesetzlich geregelt in § 311 Abs. 3 BGB
[11] § 4 UrhG
[11a] § 4 UrhG
[11b] § 38 UrhG
[12] § 179 AktG
[13] § 64 AktG
[14] § 240 AO
[15] z. B. § 843 BGB
[16] § 984 BGB
[17] Art. 25-27 ScheckG
[18] RGBl 1933 I S. 597
[19] §§ 622 ff. ZPO
[20] §§ 1564 ff. BGB
[21] § 117 BGB
[21a] § 5 a.F. HGB
[22] BGBl 1973 II S. 842; 1997 II S. 998, 1360
[23] §§ 521 ff. BGB
[24] §§ 516 ff. BGB
[24a] § 534 BGB
[25] § 134 InsO
[26] § 518 BGB
[27] § 530 BGB
[28] § 118 BGB
[28a] Art. 4 der →ICC Schiedsgerichtsordnung
[29] §§ 1029 II ZPO
[30] §§ 1025-1048 ZPO
[31] §§ 1051 ff. ZPO; Art. 22 ff. der →ICC Schiedsgerichtsordnung
[32] BGBl 1961 II S. 122; 1962 II S. 102
[33] § 1053 ZPO; Art. 7a der →ICC-Schlichtungsordnung
[34] § 1029 ZPO; § 101 ArbGG
[36] §§ 511-555 HGB
[37] § 297 StGB
[38] § 755 HGB, § 102 BinnSchG
[40] BGBl I 1982 II S. 881; 1986 II S. 431
[41] BGBl 1975 II S. 67
[42] BGBl 1972 II S. 668
[43] BGBl 1972 II S. 663
[44] § 226 BGB
[44a] BGBl 1983 II S. 774
[44b] BGBl 1983 II S. 771
[45] § 76 VIII BetrVG
[45a] ICC Vergleichsordnung S. 8 ff - Publikation Nr. 447 der IHK
[46] § 94 I HGB
[47] § 197 InsO
[48] § 196 InsO
[49] § 1357 BGB
[50] § 253 II BGB
[51] § 12 UWG, aufgehoben durch Art. 4 des Gesetzes v. 13.8.1997 - BGBl I S. 2038
[51a] § 6 c UWG
[52] § 30 GVG

[53] § 126 BGB
[54] Schriftzeichengesetz - BGBl 1981 II S. 384
[55] § 781 BGB
[55a] § 21 StGB
[56] §§ 241 ff. BGB
[56a] (in Kraft seit 1.1.2002)
[57] §§ 371, 952 BGB
[58] §§ 414 ff. BGB
[58a] § 20 StGB
[58b] BGBl 1986 II S. 809; Inkrafttreten BGBl 1991 II S. 871 f.
[59] §§ 793 ff. BGB
[60] § 780 BGB
[60a] § 305 InsO
[60b] § 283 d StGB
[61] § 915 ZPO
[62] §§ 286-288 BGB
[62a] § 47 UrhG
[63] z. B. § 1 GebrMG
[64] Europäisches Patentübereinkommen von 1973
[65] z. B. § 16 PatG, § 23 GebrMG
[66] §§ 64 ff. UrhG
[67] Art. 4 VI bis der Berner Übereinkunft
[67a] § 160 II AktG
[68] § 1590 BGB
[68a] § 218 StGB
[69] BGBl 1974 I S. 1252; 1982 I S. 109; 1995 I S. 165
[70] § 362 HGB
[71] BGBl 1979 I S. 1649; 1986 I S. 1421
[72] § 80 I Nr. 4 BetrVG
[73] § 66 c StPO
[74] § 74 II GVG
[75] BGBl 1998 II S. 2579; 1998 II S. 2549; 1999 II S. 75; 2000 II S. 1556
[76] §§ 835, 850 RVO, aufgehoben durch Art. 35 Nr. 1 des Gesetzes v. 7.8.1996 - BGBl I S. 1254 m.W.v. 1.1.1997
[77] § 116 BetrVG
[77a] BGBl 1986 II S. 787
[78] RGBl 1928 II S. 23; BGBl 1953 II S. 116
[78a] BGBl 1986 II S. 787
[79] BGBl 1972 II S. 672; 1973 II S. 16 f.
[80] Übereinkommen über die Internationale Seeschiffahrts-Organisation - BGBl 1986 II S. 423
[81] BGBl 1977 I S. 1497; (Sonderrecht, § 2 Abs. 2 Seestraßenordnung)
[82] BGBl 1976 II S. 1017; 1983 II S. 303; 1989 II S. 541; 1991 II S. 627
[83] § 2251 BGB
[84] BGBl 1967 II S. 2435; zuletzt geändert 2000 II S. 1485
[84a] BGBl 1983 II S. 88
[85] §§ 371, 378 III AO
[86] § 400 HGB
[86a] § 412 a.F. HGB
[87] § 229 BGB
[88] § 562 b BGB
[89] § 383 BGB
[90] § 181 BGB
[91] § 773 BGB
[92] § 109 StGB
[93] Art. 51 der Charta der Vereinten Nationen
[93a] § 20 UrhG
[93b] Internationales Abkommen über den Schutz der ausübenden Künstler, der Hersteller von Tonträgern und der Sendeunternehmen - BGBl 1965 II S. 1244
[94] §§ 848, 855, 938 II ZPO
[94a] § 176 StGB
[94b] § 177 StGB
[95] § 719 RVO, aufgehoben durch Art. 35 Nr. 1 des Gesetzes v. 7.8.1996 - BGBl I S. 1254 m.W.v. 1.1.1997
[96] z. B. Art. 72 S. 1 EAG-Vertrag
[97] §§ 108 ff. ZPO
[98] § 1667 III BGB
[99] § 2128 BGB
[100] Art. 23 der UN-Charta
[101] § 1184 BGB
[102] §§ 61, 66 StGB
[103] § 136 StGB
[104] § 29 AktG
[105] § 138 BGB
[106] § 1 UWG
[107] z. B. § 45 AktG
[108] z. B. Art. 196 EG-Vertrag
[109] BGBl 1972 II S. 1474
[110] BGBl 2001 I S. 232, 478
[111] Soldatenversorgungsgesetz - BGBl 2002 I S. 1259, 1909
[112] § 11 II GmbHG
[113] §§ 10, 10 a, 10 b EStG
[114] § 1417 BGB
[116] BGBl 1954 II S. 639; 1971 II S. 129; 1985 II S. 1178; 1989 II S. 559 u. Anhang
[117] § 142 AktG
[117a] § 9 UWG, aufgehoben durch Gesetz v. 25.7.1986, BGBl I S. 1169
[118] § 6 KAGG
[119] BGBl 1978 II S. 20; 2000 II S. 759
[120] § 1631 BGB
[120a] BGBl 1990 II S. 206; 1991 II S. 329
[121] § 277 BGB und z. B. §§ 2131, 1359 BGB
[122] z. B. §§ 93 II AktG, 43 GmbHG
[123] BGBl 1997 I S. 3164
[124] BGBl 1964 I S. 640
[125] Abkommen zwischen Großbritannien und BRD - BGBl 1961 II S. 241; 1965 II S. 1273
[125a] BGBl 1956 II S. 508
[125b] BGBl 1972 II S. 176, 181, 192; BGBl 1985 II S. 312, 319, 331
[125c] BGBl 1956 II S. 531
[125d] BGBl 1972 II S. 194, 199, 207; BGBl 1985 II S. 333, 339, 349
[127] § 19 BSHG
[128] § 8 BSHG
[129] § 574 BGB

[130] § 112 BetrVG
[131] Art. 20, 28 GG
[132] z. B. Art. 80 a GG
[133] BGBl 1977 I S. 3165 mit spät. Änd., aufgehoben durch Art. 36, 37 des Haushaltsstrukturgesetzes v. 18.12.1975, BGBl I S. 3091 m.W.v. 1.1.1976
[134] § 13 VermBG
[135] § 441 HGB
[136] § 413 a.F. HGB
[137] § 23 EStG
[138] als →Sonderausgaben von der Einkommensteuer abzugsfähig - § 10 b EStG
[139] § 69 a StGB
[139a] § 7 c UWG, aufgehoben durch Gesetz v. 25.7.1986 - BGBl I S. 1169
[140] § 272 AktG, § 73 GmbHG
[141] § 119 AFG, aufgehoben durch Art. 82 I Nr. 1 des Gesetzes v. 24.3.1997 - BGBl I S. 594 m.W.v. 1.1.1998
[142] § 950 BGB
[143] § 762 BGB
[144] z. B. § 12 TVG
[145] §§ 26, 26 a, 26 b EStG
[145a] § 2 I Nr. 1 UrhG
[146] BGBl 2002 I S. 3518
[147] §§ 310 b, 311 StGB
[147a] § 45 FGO
[148] Art. 47 II WG, Art. 44 II ScheckG
[148a] *Br* State Indemnity Act 1978 (StIA); *Am* Foreign Sovereign Immunities Act 1976 (FSIA)
[148b] BGBl 1990 II S. 34, 52
[149] BGBl 1976 II S. 484
[150] BGBl 1976 II S. 474
[151] BGBl 1977 II S. 597
[152] BGBl 1973 II S. 1249
[153] § 1936 BGB
[154] § 93 StGB
[155] Art. 20 II GG
[156] BGBl 1967 I S. 582
[157] BGBl 1976 I S. 2318, aufgehoben durch Art. 2 Nr. 1 des Gesetzes v. 8.12.1986, BGBl I S. 2191 m.W.v. 1.7.1987
[158] §§ 3 I Nr. 4, 5 GmbHG
[159] § 5 GmbHG
[160] § 55 GmbHG
[161] § 58 GmbHG
[161a] BGBl 2002 I S.2277
[162] in der Bundesrepublik durch Art. 101 GG verboten
[162a] Publikation Nr. 307 der Internationalen Handelskammer
[163] bestand bis zur Wiedervereinigung zwischen der BRD und der DDR nach Art. 6 des →Grundvertrags
[164] Art. 10 des Statuts der Beamten der EG
[165] BGBl 1973 II S. 505
[166] § 42 BundesbesoldungsG
[166a] § 18 III S. 1 UStG
[167] § 150 I S. 2 AO
[168] § 1 UStG
[169] § 5 UStG
[170] § 10 UStG
[171] §§ 397 ff. AO
[172] § 3 EStG
[173] §§ 4 Nr. 1a, 6 UStG
[174] §§ 379-382 AO
[175] §§ 30 AO, 355 StGB
[176] § 22 V UStG
[177] § 374 AO
[178] § 370 AO
[179] §§ 11 (noch in Kraft), 112, 113 BewG, aufgehoben durch Gesetz v. 29.10.1997 - BGBl I S. 2590 m.W.v. 1.1.1998
[180] § 377 AO
[181] §§ 1 II, 49 EStG
[182] §§ 369-376 AO
[183] § 378 AO
[183a] →Doppelbesteuerungsabkommen, Fußn. D 52
[184] § 369 AO
[186] §§ 80 ff. BGB
[187] § 88 BGB
[188] § 83 BGB
[189] § 81 BGB
[190] §§ 230-237 HGB. Die S. G. ist keine Handelsgesellschaft, sondern eine →Gesellschaft des bürgerlichen Rechts
[190a] § 190 III Nr. 2 AktG
[191] §§ 139 ff. AktG
[192] § 405 III AktG
[192a] Vgl. Art. 58 II UN-Warenkauf-Übk. (CISG) sowie allgemein § 321 BGB
[193] § 119 I Nr. 2 BetrVG
[194] § 77 StGB
[195] § 9 WStG
[196] §§ 455, 456 StPO
[197] § 407 StPO
[197a] in der ab 1. 4. 1987 geltenden Fassung - BGBl 1998 I S. 3322
[198] Art. 103 II GG
[199] §§ 97 ff. JGG
[200] Art. 22 des →Europ. Übereinkommens über die Rechtshilfe in Strafsachen
[200a] BGBl 1987 I S. 1074, 1319
[201] § 258 StGB
[201a] §§ 78 ff. StGB
[202] StrEG v. 8. 3. 1971 - BGBl I S. 157
[203] z. B. § 77 StGB
[204] z. B. § 104 a StGB
[205] § 48 a.F. StGB, mittlerweile weggefallen
[206] StrafvollzugsG - BGBl 1976 I S. 581, 2088; 1977 I S. 436
[206a] § 46 StGB
[207] (auf Atomgesetz beruhende) StrahlenschutzVO - BGBl 1989 I S. 184, 269
[208] BGBl 1970 II S. 209
[209] RGBl 1874 S. 73 mit spät. Änd., aufgehoben durch Gesetz v. 28.6.1990 - BGBl I S. 1221
[209a] BGBl 1975 II S. 284

[209b] BGBl 1976 II S. 658
[210] BGBl 1974 II S. 1475
[211] BGBl 1977 II S. 803, 811 (Übereinkommen), 986 (Europäisches Zusatzübereinkommen)
[212] BGBl 1952 I S. 837 mit spät. Änd.
[213] §§ 7, 18 StVG, 823 ff. BGB
[214] BGBl 1970 I S. 1565 mit spät. Änd.
[214a] §§ 39-42 StVO
[215] BGBl 1977 II S. 809, 893
[216] BGBl 1988 I S. 1793
[217] §§ 59 ff. ZPO
[217a] BGBl 1991 II S. 1155; 1992 II S. 1175
[218] §§ 72 ff. ZPO
[219] § 248 c StGB
[220] § 18 DepotG
[221] § 254 ZPO
[222] § 9 VerglO, aufgehoben durch Inkrafttreten der InsO - BGBl I 1994 S. 2866 m.W.v. 1.1.1999
[223] § 264 StGB
[224] BGBl 1982 II S. 486
[225] BGBl 1973 II S. 1353; 1974 II S. 12
[226] BGBl 1976 II S. 1545
[227] § 380 StPO
[228] § 278 ZPO
[229] § 46 BRAO

Zu T

[1] § 201 II 1 InsO
[1a] § 40 StGB
[1b] § 2 I Nr. 3 UrhG
[1c] § 380 HGB
[2] § 5 TVG
[3] § 2 TVG
[3a] § 32 III EStG
[4] § 3 TVG
[5] § 6 TVG
[6] § 1 TVG
[7] § 3 BetrVG
[8] § 7 TVG
[9] BGBl 1969 I S. 1323
[10] § 110 BGB
[11] § 808 ZPO
[11a] § 53 StGB
[12] § 185 StGB
[13] § 480 BGB
[14] § 3 XII UStG
[14a] Publikation Nr. 307 der IHK
[15] § 420 BGB
[16] § 865 BGB
[17] § 557 HGB
[17a] § 330 AktG
[18] § 266 BGB
[19] § 581 I Nr. 2 a.F. RVO; § 56 III SGB VII
[20] § 301 ZPO
[20a] § 42 BetrVG
[21] § 283 BGB
[22] § 10 BewG, § 6 I Nr. 1 EStG
[23] § 6 EStG
[24] § 42 StGB
[25] § 2048 BGB
[26] § 35 InsO
[27] § 118 BetrVG
[27a] § 129 a StGB
[28] §§ 2064 ff. BGB
[29] § 2247 BGB
[30] §§ 2265 ff. BGB
[31] § 2232 BGB
[32] §§ 2269, 2270 BGB
[33] §§ 2066 ff., 2084 BGB
[34] §§ 2229 ff. BGB
[35] § 2253 BGB
[36] §§ 2078 ff. BGB
[37] § 2260 BGB
[38] §§ 2197 ff. BGB
[39] § 2202 BGB
[40] § 2221 BGB
[41] §§ 2197 ff. BGB
[42] § 2229 BGB
[43] TextilkennzeichnungsG - BGBl 1972 I S. 1545; 1986 I S. 1285
[43a] BGBl 1980 II S. 1457
[43b] BGBl 1988 II S. 807
[44] BGBl 1982 II S. 984; 1984 II S. 748
[44a] BGBl 1988 II S. 805
[45] § 834 BGB
[46] § 833 BGB
[47] TierschutzG - BGBl 1972 I S. 1277; 1986 I S. 1319
[48] *Fr* Transport International Routier international road transport
[49] § 132 a StGB
[50] §§ 2 ff. VerschG
[51] in der Bundesrepublik durch Art. 102 GG abgeschafft
[51a] Protokoll Nr. 6 zur Menschenrechtskommission - BGBl 1988 II S. 663
[52] §§ 39 ff. VerschG
[53] § 201 StGB
[53a] Int. Abkommen über den Schutz der ausübenden Künstler, der Hersteller von Tonträgern und der Sendeunternehmen - BGBl 1965 II S. 1244
[53b] BGBl 1973 II S. 1670
[53c] →Halbleiterschutzgesetz
[53d] BGBl 1983 II S. 660
[54] § 212 StGB
[55] § 213 StGB
[56] § 217 a.F., §§ 212, 213 StGB
[56a] § 222 StGB
[57] § 216 StGB
[58] § 844 BGB
[59] §§ 40-43 AWV
[60] §§ 315, 315 a StGB

[61] § 784 HGB
[62] § 53 II Nr. 3 b SGB III
[63] §§ 242, 138 BGB erfüllen eine der equity (vgl. Band 1) ähnliche Funktion
[64] § 242 BGB
[65] § 157 BGB
[66] § 13 DVO RabattG
[67] Art. 81 ff. der →Charta der Vereinten Nationen
[67a] Treuhandgesetz (TreuhandG) Gesetzblatt der DDR 1990 I S. 300 ff, 1076, 809, 1260; geändert insbes. durch →Einigungsvertrag
[68] Kapital XII der →Charta der Vereinten Nationen
[68a] §§ 288, 292 InsO
[69] § 64 StGB
[69a] BGBl 1970 II S. 219
[70] BGBl 1956 II S. 2012, 2021
[71] §§ 115 ff. GewO
[72] § 316 StGB
[72a] Vertrag zwischen der BRD und der UdSSR - BGBl 1991 II S. 256 (nebst 4 Anlagen)
[73] BGBl 1972 I S. 2154
[74] § 92 c BSHG
[75] Ministry of Transport

Zu U

[1] §§ 912 ff. BGB
[2] §§ 700 ff. HGB
[3] § 75 I StVollzG
[4] § 224 I Nr. 3 StGB
[5] § 910 BGB
[6] § 6 III BundeswahlG
[7] BGBl 1955 II S. 405
[8] § 120 BGB
[9] BGBl 1975 II S. 300
[10] § 142 a.F. HGB
[11] § 415 BGB
[11a] BGBl 1991 II S. 1007
[12] § 398 BGB
[13] § 1153 BGB
[14] seit 1. 1. 1975 außer Kraft gesetzter Strafrechtsbegriff
[15] §§ 35 ff. GWB
[16] § 166 HGB
[17] Definition vgl. Engl.-Deutschen Teil
[18] § 140 BGB
[19] § 346 II Nr. 3 BGB
[20] UStG - BGBl 1979 I S. 1953, neugefasst durch BGBl 1999 I S. 1270
[22] BGBl 1969 II S. 1065; 1975 II S. 734
[23] § 68 a.F. AktG
[24] § 248 UmwG
[25] § 192 AktG
[26] §§ 366 ff. a.F. AktG
[27] §§ 386 ff. a.F. AktG
[28] Art. 135 ff. des Europ. Patentübereinkommens
[29] §§ 208 ff. AktG
[30] BGBl 1994 I S. 3210; 1995 II S. 428
[31] BGBl 1974 I S. 1505
[31a] §§ 330, 330 a StGB
[31b] BGBl 1990 I S. 2634
[31c] BGBl 1983 II S. 125
[32] BGBl 1980 I S. 373
[32a] BGBl 1990 I S. 205
[33] Art. 97 I GG
[34] § 13 WehrpflichtG
[35] §§ 393 ZPO, 60 StPO
[36] § 248 b StGB
[37] § 19 JGG, aufgehoben durch Art. 1 Nr. 6 des Gesetzes v. 30.8.1990 - BGBl I S. 1853 m.W.v. 1.12.1990
[38] vgl. § 287 ZPO
[39] § 153 StGB
[40] § 40 III a.F. HGB
[41] §§ 823 ff. BGB
[42] § 840 BGB
[43] § 34 Abs. 1 Nr. 3 StVO
[44] § 142 StGB
[45] § 178 GVG
[46] § 19 WStG
[46a] BGBl 1989 II S. 588
[47] § 1980 BGB
[48] § 4 UWG
[49] § 311 a I BGB
[50] §§ 275, 280, 325 BGB
[51] § 308 BGB
[52] § 394 BGB
[53] § 894 BGB
[54] § 2005 BGB
[54a] vgl. Art. 6 § 2 EMRK
[54b] Art. 232 EG-Vertrag
[55] §§ 431 ff. BGB
[56] § 208 a.F. BGB
[57] § 217 a.F. BGB
[57a] § 67 d StGB
[58] §§ 63, 64 StGB
[59] § 346 II Nr. 3 BGB
[60] § 346 III Nr. 3 BGB
[61] § 1361 BGB
[62] § 1615 d a.F. BGB
[63] § 1610 BGB
[64] § 1611 BGB
[65] BGBl 1959 II S. 150; 1971 II S. 105; das UN-Übereinkommen zwischen der Bundesrepublik Deutschland und 45 anderen Staaten (nicht die USA)
[65a] BGBl 1986 II S. 826; 1986 I S. 1156
[66] §§ 153 ff. SGB III
[67] § 1706 BGB, aufgehoben durch KindRG v. 16.12.1997 - BGBl I S. 2942
[68] § 1615 a BGB

[69] § 1601 BGB
[70] BGBl 1961 II S. 1005 (deutscher und französischer Text)
[70a] BGBl 1986 II S. 837
[71] UnterhaltssicherungsG - BGBl 1980 I S. 1685
[71a] § 13 StGB
[72] §§ 12, 862, 1004 BGB
[72a] vgl. Rule 65(b) der Federal Rules of Civil Procedure
[73] § 540 BGB
[74] § 25 GWB
[74a] BGBl 1986 I S. 2488
[75] §§ 291, 292 AktG
[76] § 2 I UStG
[77] § 633 I BGB
[78] § 647 BGB
[79] § 589 BGB
[80] § 81 BetrVG
[81] §§ 70 ff. StGB
[81a] § 32 GWB, aufgehoben
[82] § 4 II Nr. 1 WZG
[83] BGBl 1977 II S. 862
[84] § 246 StGB
[85] § 248 a StGB
[86] §§ 112 ff. StPO
[86a] § 51 StGB
[87] § 377 HGB
[88] §§ 2147, 2186 BGB
[89] § 321 BGB
[90] § 266 StGB
[91] Art. 13 GG
[92] § 121 BGB
[93] § 38 a.F. GWB
[94] § 20 StGB
[95] §§ 12-14 UrhG
[95a] § 106 UrhG
[96] BGBl 1965 I S. 1273
[96a] § 138 a.F. UrhG
[97] § 129 BGB
[98] § 267 StGB
[99] § 703 a ZPO
[100] §§ 592-605 a ZPO
[101] § 274 StGB
[102] § 11 BUrlG
[102a] § 87 I Nr. 5 BetrVG
[103] §§ 300 ff. ZPO
[104] § 1304 BGB

Zu V

[1] (Valutaschuld) § 244 BGB
[1a] (Vaterschaftsfeststellung) § 1600 d BGB
[2] § 950 BGB
[3] §§ 97 ff. MarkenG
[4] § 947 BGB
[5] § 946 BGB
[5a] BGBl 1983 II S. 284
[5b] § 17 StGB
[6] § 1 GWB
[7] § 92 BGB
[8] § 12 I StGB
[8a] BGBl 1983 II S. 142; 1986 II S. 1002
[9] § 15 AktG
[9a] § 9 UrhG
[9b] § 164 StGB
[9c] § 241 a StGB
[9d] § 117 II BGB
[10] § 164 II BGB
[11] BGBl 1974 II S. 565; 1988 II S. 866
[12] § 23 BGB
[13] § 54 BGB
[14] § 22 BGB
[14a] § 31 BGB
[15] Art. 9 GG
[16] BGBl 1964 I S. 593
[17] § 79 BGB
[18] § 607 II BGB
[19] BGBl 1976 II S. 672
[20] § 890 BGB
[21] Art. 9 GG
[22] § 15 I GmbHG
[23] § 857 BGB
[23a] § 28 UrhG
[23b] § 129 PatG
[24] § 73 StGB
[24a] vgl. Art. 96 EG-Vertrag
[24b] Art. 79 II GG
[25] Art. 79 II u. III GG
[26] Art. 93 I Nr. 4 a GG
[27] Art. 93 GG
[28] BGBl 1972 I S. 1382
[29] Art. 93 GG
[29a] § 88 UrhG
[30] BGBl 1956 I S. 559
[31] § 44 KonkursO (KonkursO mit Wirkung vom 1.1.1999 aufgegangen in die InsO)
[31a] § 78 StGB
[31b] § 559 HGB
[32] § 182 StGB
[33] § 12 II StGB
[34] Art. 31 EGBGB
[35] Art. 15 GG
[35a] § 177 StGB
[35b] § 224 I Nr. 1 StGB
[36] § 779 BGB
[36a] § 44 KonkursO (KonkursO mit Wirkung vom 1.1.1999 aufgegangen in die InsO)
[37] BGBl 1975 II S. 146
[38] (VerglO mit Wirkung vom 1.1.1999 aufgegangen in die InsO)
[38a] Publikation Nr. 447 der IHK (ICC Vergleichs- und Schiedsgerichtsordnung S. 8 ff.)
[39] § 7 VerglO (VerglO mit Wirkung vom 1.1.1999 aufgegangen in die InsO)

[40] §§ 1 ff. VerglO (VerglO mit Wirkung vom 1.1.1999 aufgegangen in die InsO)
[41] §§ 38-43 VerglO (VerglO mit Wirkung vom 1.1.1999 aufgegangen in die InsO)
[42] § 10 BBiG
[42a] § 16 VerlG
[43] § 21 III Nr. 3 GWB
[44] § 196 a.F. BGB, Übergangsvorschrift in Art. 229 § 6 EGBGB
[45] §§ 194 ff. BGB; §§ 78 ff. StGB
[46] § 214 II BGB
[47] §§ 438, 204 I Nr. 7 BGB
[48] §§ 199 I Nr. 1 u. V, 200 BGB
[48a] § 214 II BGB
[49] § 902 BGB
[50] § 754 BGB
[51] § 1234 BGB
[51a] ICC Publikation Nr. 432 A
[52] Art. 23 ff. EG-Vertrag
[53] § 1684 BGB
[54] § 33 StVO
[55] § 315 c StGB
[56] Regelfall der §§ 1113 ff. BGB
[57] §§ 24 ff. StVG
[58] §§ 151, 242 BGB
[60] §§ 522 ff. HGB
[61] RGBl 1901 I S. 217; BGBl 1965 I S. 1273
[61a] § 8 VerlG
[61b] § 9 VerlG
[61c] § 1 VerlG
[62] § 545 BGB
[63] §§ 438, 204 I Nr.7, 634 a BGB
[64] §§ 1 IV, 16 WStG
[65] §§ 580 ff. a.F. RVO; §§ 56 ff. SGB VII
[66] § 187 StGB
[66a] § 36 StGB
[67] § 15 UWG
[68] § 1298 BGB
[69] §§ 15 a, 52 EStG
[70] §§ 1939, 2147 BGB
[71] § 2176 BGB
[72] § 2223 BGB
[73] § 2147 BGB
[74] § 562 BGB
[75] § 948 BGB
[76] Art. 77 GG
[76a] § 87 HGB
[76b] § 112 BetrVG
[77] 3. VermBG - BGBl 1975 I S. 257; 5. VermBG - BGBl 1987 I S. 631
[78] § 1638 BGB
[79] VStG - BGBl 1974 I S. 949; 1985 I S. 558
[80] § 419 BGB, aufgehoben durch Art. 33 EG InsO v. 5.10.1994 - BGBl I S. 2911; Übergangsvorschrift in Art. 223 a EGBGB
[81] § 311 b II u. III BGB
[82] §§ 359 ff. AktG, aufgehoben durch Gesetz v. 28.10.1994 - BGBl I S. 3210
[83] § 321 BGB
[84] § 1680 BGB
[85] § 1667 BGB
[86] vgl. z. B. § 260 BGB
[87] Art. 161 EAG; Art. 189 EWG-Vertrag
[88] § 585 BGB
[89] § 592 BGB
[90] §§ 17-20 a UWG
[90a] § 831 BGB
[91] BGBl 1970 II S. 362
[92] Art. 8 GG
[93] BGBl 1978 I S. 1789
[94] §§ 330, 331 ZPO
[95] § 338 ZPO
[96] § 2170 BGB
[97] § 1133 BGB
[97a] § 234 a StGB
[98] § 4 UmwG
[98a] BGBl 1985 II S. 596
[99] § 4 VerschG - Sondervorschriften BGBl 1951 I S. 59
[100] § 6 VerschG
[100a] BGBl 1955 II S. 701, 706
[101] § 276 BGB
[102] § 447 BGB
[102a] §§ 163, 156 StGB
[103] VersicherungsaufsichtsG (VAG) - RGBl 1931 I S. 513; BGBl 1983 I S. 1261
[104] §§ 263 III Nr. 5, 265 StGB
[105] VersicherungsvertragsG (VVG) - RGBl 1908 S. 263 mit spät. Änd.
[106] § 636 BGB
[107] § 383 III BGB
[107a] § 23 GmbHG
[108] § 66 ZVG
[109] § 23 GmbHG
[109a] § 1220 BGB
[110] z. B. Art. 169 EWG-Vertrag
[111] § 136 I StGB
[112] Art. 115 a GG
[113] §§ 872 ff. ZPO
[114] §§ 103 ff. ZPO
[115] § 909 BGB
[116] § 150 BGB
[117] § 1 UWG
[118] § 603 BGB
[119] VertragshilfeG -BGBl 1952 I S. 198
[120] § 640 BGB
[121] s. Englisch-Deutscher Teil
[122] §§ 339 ff. BGB
[122a] KSZE-Schlußakte von Helsinki Korb 1, Dokument 2
[123] § 26 SchwerbehG
[124] § 12 LAG
[125] § 91 BGB
[126] §§ 177 ff. BGB
[127] §§ 164 ff. BGB
[128] § 91 a HGB
[129] § 189 StGB
[130] § 90 StGB
[130a] § 90 a StGB
[131] § 113 I BetrVG

[131a] § 16 UrhG
[132] BGBl 1973 II S. 1670
[133] Art. 9 der Berner Übereinkunft
[134] §§ 688 ff. BGB
[135] § 2248 BGB
[136] § 133 StGB
[137] § 966 BGB
[138] §§ 688-700 BGB
[139] §§ 35 ff. VwVfG
[140] BGBl 1960 I S. 17
[141] § 3 II Ziff. 1 AuslInvestmG - BGBl 1969 I S. 986; 1998 I S. 2820
[142] BGBl 1959 II S. 1500
[143] BGBl 1981 II S. 550
[144] BGBl 1981 II S. 555
[145] VerwaltungsverfahrensG (VwVfG) - BGBl 1976 I S. 1253
[146] BGBl 1952 I S. 379
[147] § 259 BGB
[148] §§ 1589 ff. BGB
[149] nicht im Sinne des BGB
[150] § 30 HGB
[150a] § 9 I Nr. 2 MarkenG
[151] § 55 StPO
[152] § 539 BGB
[153] Regel 56 der Ausführungsordnung zum Europ. Patentübereinkommen - BGBl 1976 II S. 957
[154] § 1147 BGB
[154a] §§ 15 ff UrhG
[154b] § 96 UrhG
[155] Art. 18 GG
[156] § 452 a.F. BGB
[157] § 34 GKG
[158] § 300 II BGB
[159] §§ 280, 281, 286 ff. BGB
[160] §§ 481 a.F. ff. BGB; §§ 433 ff. BGB
[161] § 985 BGB
[162] § 931 BGB
[163] § 68 II AktG
[164] BGBl 1954 II S. 729; 1990 II S. 8, 601
[164a] BGBl 2002 I S.2254
[165] § 39 II des Gesetzes über das Kreditwesen (KWG)
[166] § 130 StGB
[166a] BGBl I S. 2078
[167] § 2 BGB
[168] § 166 II BGB
[169] § 167 BGB
[170] § 129 AktG
[171] § 724 ZPO
[172] § 794 I Nr. 5 ZPO
[173] § 767 ZPO
[174] § 725 ZPO
[175] §§ 722, 723 ZPO
[175a] § 82 InsO
[176] § 288 StGB
[176a] § 79 StGB
[177] § 55 GWB
[178] § 40 f. PatG
[179] § 18 UStG
[180] § 1932 BGB
[181] § 2150 BGB
[182] § 116 BGB
[183] § 1418 BGB
[184] Art. 6 EGBGB
[185] §§ 302, 599 ZPO
[186] § 84 VwGO
[187] § 105 SGG
[188] § 90 a FGO
[189] § 6 BSHG
[190] § 543 BGB
[191] §§ 2105 ff. BGB
[192] § 2107 BGB
[192a] § 41 AktG
[193] §§ 463 ff. BGB
[194] §§ 1094 ff. BGB
[195] § 2034 BGB
[196] § 18 UWG
[197] z. B. § 322 II BGB
[198] § 883 BGB
[199] §§ 1773 ff. BGB
[200] § 1833 BGB
[201] § 1836 BGB
[201a] §§ 1852 ff. BGB
[202] § 1773 BGB
[203] früher §§ 1896 ff. BGB (außer Kraft seit 1. 1. 1992 durch Betreuungsgesetz vom 12. 9. 1990, →B 176a)
[204] §§ 1882 ff. BGB
[205] § 1786 BGB
[206] § 850 d III ZPO
[207] BGBl 1981 II S. 943
[207a] § 44 a BRRG, § 72 e BBG, § 48 b DRiG, § 28 a SoldG
[207b] § 41 StVO
[208] BGBl 1980 II S. 943
[209] § 107 AktG
[210] § 107 AktG
[211] § 84 II AktG
[212] § 26 BGB
[213] § 27 BGB
[214] § 15 UStG
[215] § 145 d StGB
[216] § 19 UrhG
[217] Art. 2 I der →Berner Übereinkunft
[218] abgeschafft - vgl. BGBl 1974 I S. 3393
[219] § 811 d ZPO
[220] § 1 OWiG
[221] § 139 AktG
[222] § 141 AktG

Zu W

[1] § 44 WStG
[1a] BGBl 1983 II S. 133
[2] BGBl 1976 I S. 432
[3] Art. 38 I GG
[3a] § 20 BetrVG
[4] § 107 StGB
[4a] § 4 WZG, das durch das Markengesetz abgelöst wurde
[5] § 7 BetrVG
[6] §§ 107 ff. StGB
[7] § 107 a StGB
[8] § 14 II BetrVG
[8a] Art. 94 Abs. 1 GG
[9] Art. 41 GG
[10] § 20 BetrVG
[11] § 127 AktG
[12] § 16 BetrVG
[13] § 264 BGB
[14] § 35 ZPO
[15] § 262 BGB
[16] § 2154 BGB
[17] § 8 BetrVG
[17a] § 108 a StGB
[18] z. B. § 138 I ZPO
[19] als Grundlage der Währungsreform 1948
[19a] BGBl 1982 II S. 559
[20] § 221 AktG
[21] § 462 a.F. BGB
[22] § 634 a.F. BGB
[23] BGBl 1959 II S. 87
[25] BGBl 1951 I S. 463 § 21 AWV
[26] vgl. Englisch-Deutscher Teil, Kommentar zu international →classification of goods
[29] BGBl 1968 I S. 29 mit spät. Änd., aufgehoben am 25.10.1994 durch das MarkenG (BGBl I S. 3082, ber. 1995 I S. 156)
[31] § 6 des Gesetzes über den Zivilschutz
[32] RGBl 1933 II S. 1039 (in der Fassung von Den Haag [Haager Protokoll]) - BGBl 1958 II S. 312; Zusatzabkommen BGBl 1963 II S. 1159
[33] § 37 WHG
[34] Wasserhaushaltsgesetz (WHG) - BGBl 1996 I S. 1695
[35] § 19 AktG
[36] Art. 91 WG
[37] vgl. Kommentar zu bill of exchange (bill 4.) des Englisch-Deutschen Teiles
[38] vgl. Kommentar zu holder in due course des Englisch-Deutschen Teils
[39] Art. 67 WG
[40] § 703 a ZPO
[41] Art. 80 ff. WG
[41a] Art. 53 WG
[42] §§ 602 ff. ZPO
[43] Art. 43 WG
[44] z. B. §§ 1935, 2069 BGB
[45] z. B. §§ 258, 539 II BGB
[46] Art. 45 b GG
[47] BGBl 1972 I S. 1737
[48] §§ 4 ff. WehrpflG
[49] § 18 WehrstrafG
[50] BGBl 1972 I S. 1665
[51] § 109 e StGB
[52] Wehrpflichtgesetz - BGBl 1977 I S. 2021; 1986 I S. 879; 2002 I S. 954
[52a] § 109 StGB
[53] Wehrstrafgesetz - BGBl 1974 I S. 1213
[54] Weingesetz - BGBl 1971 I S. 893; 1982 I S. 1196; 2001 I S. 985
[55] BGBl 1969 II S. 2179
[56] BGBl 1968 I S. 471
[56a] BGBl 1985 II S. 654
[56b] § 1355 III BGB
[56c] BGBl 1987 II S. 673
[56d] BGBl 1969 II S. 371
[57] BGBl 1971 II S. 1036
[58] BGBl 1974 II S. 43; 1975 II S. 1103; 1977 II S. 339
[59] BGBl 1970 II S. 295
[60] BGBl 1967 II S. 1214 mit spät. Änd.
[61] BGBl 1977 II S. 1453
[62] Satzung BGBl 1965 II S. 1633; 1986 II S. 203; Verträge, darunter der Weltpostvertrag - 1986 II S. 206 ff.
[62a] BGBl 1986 II S. 223 in deutsch und französisch
[63] BGBl 1971 II S. 238
[64] BGBl 1975 II S. 121
[64a] BGBl 1969 II S. 1969
[65] BGBl 1973 II S. 1069, 1111; 1981 II S. 674; BGBl 1986 II S. 201
[65a] Publikation Nr. 432 der IHK
[66] §§ 3-5 UWG
[67] § 9 I EStG
[68] § 651 BGB
[69] § 631 BGB
[70] § 74 c StGB
[71] Näheres vgl. Englisch-Deutscher Teil
[72] Näheres über diese 3 Gesetze vgl. Englisch-Deutscher Teil
[73] in verschiedenen Gesetzen geregelt, bes. im Wechsel- und Scheckgesetz, Aktiengesetz, §§ 793 ff. BGB, §§ 363 ff. HGB
[74] § 148 StGB
[75] RGBl 1909 S. 499; BGBl 1987 I S. 2294; 1990 I S. 432
[76] §§ 19 ff. GWB
[77] BGBl 1980 I S. 1761; 1990 I S. 235; 1998 I S. 2546
[78] §§ 24 ff. GWB; Art. 81 ff. EG-Vertrag
[79] § 27 GWB
[80] § 28 III a.F. GWB

[81] z. B. §§ 60, 112, 113, 165 HGB; § 88 AktG
[82] BGBl 1975 II S. 1270
[82a] § 123 BGB
[83] § 158 StGB
[84] § 290 ZPO
[85] § 530 BGB
[86] §§ 56 f. StGB
[87] § 49 VwVfG
[88] § 245 AktG
[89] § 574 BGB
[90] § 42 MarkenG
[90a] § 44 MarkenG
[91] §§ 899, 927, 1140 BGB
[92] § 394 II ZPO
[93] §§ 68 ff. VwGO
[94] §§ 111 ff. StGB
[95] §§ 113, 114 StGB
[96] Art. 20 GG
[97] § 9 VerglO (aufgegangen in InsO)
[98] z. B. §§ 578 ff. ZPO; §§ 359 ff. StPO
[99] Art. 61 I des Statuts des Intern. Gerichtshofs - BGBl 1973 II S. 527
[99a] Art. 61 IV des Statuts des IHG
[99b] Art. 61 II des Statuts des IHG - BGBl 1973 II S. 505
[100] vgl. Englisch-Deutscher Teil
[101] § 861 BGB
[101a] § 52 UrhG
[102] § 456 BGB
[103] § 457 BGB
[104] § 22 EStG
[105] BGBl 1964 II S. 957, 1018
[105a] Wiener Dokument 1990 der Verhandlungen über vertrauens- und sicherheitsbildende Maßnahmen
[106] BGBl 1964 II S. 958; 1965 II S. 272
[106a] BGBl 1969 II S. 1587; 1972 II S. 613; 1974 II S. 945
[106b] englischer Text in UN Doc. A/Conf. 39/11 Add. 2, New York 1971
[106c] BGBl 1990 II S. 1415
[107] § 292 StGB
[107a] BGBl 1984 II S. 618; 1991 II S. 892
[107b] BGBl II S. 569
[107c] § 104 Nr. 2 BGB
[108] §§ 105, 116 ff. BGB
[109] §§ 209 ff. SGB III
[110] § 2 BewG
[111] § 38 IX GWB
[112] § 22 BGB
[113] § 21 BGB
[114] §§ 106 ff. BetrVG
[115] BGBl 1957 II S. 766, 1014
[117] vgl. Englisch-Deutscher Teil (United Nations)
[118] BGBl 1968 I S. 1069
[119] BGBl 1975 I S. 1313
[120] Art. 5 III GG
[121] § 76 I AFG
[122] § 71 SGB VII i.V.m. § 600 RVO
[123] § 1 WOGG
[124] §§ 573 ff. BGB - BGBl 1974 I S. 3603
[125] §§ 7 ff. BGB
[126] §§ 12, 13 ZPO, § 8 StPO
[127] §§ 269, 270 BGB
[128] § 13 StAnpG
[129] Art. 13 GG
[130] Wohnungsbau-PrämienG - BGBl 1997 I S. 2678
[131] Gesetz über das Wohnungseigentum und das Dauerwohnrecht (WEG) - BGBl 1951 I S. 175
[132] § 30 WEG
[133] Modernisierungs- und EnergieeinsparungsG - BGBl 1976 I S. 1873 mit spät. Änd.
[133a] § 138 BGB; § 291 StGB
[134] § 138 II BGB

Zu Y

[1] vgl. Englisch-Deutscher Teil

Zu Z

[1] Art. 4, 27 II WG
[2] § 2 I Nr. 3 AuslInvestmentG
[3] vgl. Englisch-Deutscher Teil des Wörterbuches
[4] § 228 AO
[5] § 47 MarkenG
[6] § 3 WZG
[7] § 32 MarkenG
[8] § 185 AktG
[9] BGBl 1976 II S. 994
[10] § 1565 BGB; § 43 EheG gilt nicht mehr
[11] § 380 ZPO
[12] § 630 BGB, § 73 HGB, § 113 GewO
[13] z. B. §§ 383 ff. ZPO, §§ 52 ff. StPO
[14] Art. 47 GG
[15] BGBl 1984 II S. 15
[16] Art. 10 der →Berner Übereinkunft
[16a] § 51 UrhG
[17] BGBl 1973 I S. 1013; 1986 I S. 1205
[18] BGBl 1956 II S. 411 mit spät. Änd.
[19] BGBl 1977 II S. 1230
[20] BGBl 1976 I S. 2109
[20a] BGBl 1965 II S. 917
[20b] BGBl 1961 II S. 922

[20c] BGBl 1960 II S. 1515
[21] BGBl 1961 II S. 837
[22] § 2 ZG
[23] BGBl 1964 II S. 109
[24] BGBl 1956 II S. 1886 mit spät. Änd.
[24a] BGBl 1987 II S. 650
[24b] BGBl 1983 II S. 77
[25] § 79 a ZG
[26] vgl. Englisch-Deutscher Teil
[26a] BGBl 1952 II S. 1; 1960 II S. 470
[27] BGBl 1965 II S. 949; ATA zusammengezogene Buchstaben von Admission Temporaire und Temporary Admission
[28] BGBl 1979 II S. 445; 1981 II S. 453; 1987 II S. 316; 4. ÄnderungsVO 1991 II S. 607
[28a] Art. 9 Abs. 2 EWG-Vertrag
[28b] BGBl 1987 II S. 650
[29] BGBl 1969 II S. 1076
[29a] BGBl 1971 II S. 1102
[30] BGBl 1969 II S. 1066
[31] BGBl 1969 II S. 1914
[32] Art. 21 des →Verkehrsvertrags
[33] gegenseitige Unterstützung der Zollverwaltungen zwischen BRD und USA - BGBl 1975 II S. 446
[34] § 97 BGB
[35] §§ 13 ff. JGG
[36] vgl. § 346 III Nr. 3 BGB
[36a] § 33 VerlG
[37] §§ 298, 322 BGB
[38] § 1373 BGB
[39] § 1371 BGB
[40] §§ 1372 ff. BGB
[41] §§ 1363 ff. BGB
[42] seit dem Inkrafttreten des Gleichberechtigungsgesetzes am 1.7.1958
[43] § 181 a StGB
[44] BGBl 1976 II S. 269
[44a] § 511 ZPO
[45] BGBl 1977 II S. 847
[46] BGBl 1977 II S. 862
[47] § 31 BörsG
[47a] Gesetz zur Abschaffung des Zündwarenmonopols - BGBl 1982 I S. 1241
[48] § 59 SGB VI
[49] §§ 273, 320 BGB
[50] § 369 HGB
[51] § 61 AuslG
[52] § 12 WehrpflG
[53] §§ 538, 539 ZPO; § 328 StPO
[54] § 61 AuslG
[55] § 27 StVZO
[55a] §§ 35 ff. GWB
[55b] § 39 GWB
[55c] BGBl 1976 II S. 1018; 1983 II S. 303; 1989 II S. 542; letzte Änderung 1991 II S. 621 - BGBl 1977 I S. 813; 1989 I S. 1107; 1991 I S. 880
[56] § 1256 BGB
[57] § 26 b EStG
[58] §§ 93 ff. ZVG
[59] § 890 BGB
[59a] § 437 Nr. 3 BGB
[60] BGBl 1973 II S. 517
[60a] §§ 38-40 ZPO
[61] BGBl 1977 II S. 1453; 1979 II S. 779; *Br* BGBl 1980 II S. 1281; 1982 II S. 1055; 1983 II S. 321
[62] §§ 185 ZPO, 15 VwZG
[62a] Art. 77 GG
[63] § 1638 BGB
[64] § 2315 BGB
[65] BGBl 1959 II S. 441
[66] § 237 AktG
[67] § 866 ZPO
[68] §§ 24, 81 ff. PatG; § 20 GebrMG (aufgehoben)
[68a] BGBl 1983 II S. 99
[69] §§ 328 ff. AO
[70] §§ 173 ff. KO (aufgegangen in InsO)
[71] § 15 ZVG
[72] §§ 28 ff. ZVG
[73] § 38 GBO, § 19 ZVG
[74] §§ 146 ff. ZVG
[75] §§ 704-915 ZPO
[76] §§ 808 ff. ZPO
[76a] § 288 StGB
[77] § 450 BGB
[77a] § 450 I BGB
[77b] § 794 Abs. 1 Ziff. 5 ZPO
[78] § 3 Ziff. 2 KWG
[79] Zweckverbandsgesetz - RGBl 1939 I S. 979
[80] § 2156 BGB
[81] § 910 BGB
[82] § 53 KWG
[82a] § 5 AStG (betrifft beschränkt Steuerpflichtige)
[82b] §§ 7, 8, 14 AStG
[82c] § 14 AStG
[83] § 2 Heimarbeitsgesetz
[84] § 8 VI AktG
[85] BGBl 1971 II S. 1319